BÍBLIA DO DISCÍPULO

UM PRESENTE PARA:
_____

DE:
_____

DATA:
_____

BÍBLIA DO DISCÍPULO

Editora Vida
Rua Conde de Sarzedas, 246 – Liberdade
CEP 01512-070 – São Paulo, SP
Tel.: 0 xx 11 2618 7000
atendimento@editoravida.com.br
www.editoravida.com.br

Direção executiva:
Sérgio Henrique de Lima

Editor geral:
Gisele Romão da Cruz

Assistente editorial:
Amanda Maiara Santos

Projeto gráfico:
Claudia Fatel Lino

Diagramação:
Claudia Fatel Lino,
Carolina do Prado
e SetUp Time

Conferência de textos bíblicos:
Marcello Parisi
e Eduardo Araujo

Capa:
Arte Peniel

Estudos:
Tradução: Sônia Freire Lula Almeida
Revisão de tradução: Josemar de Souza Pinto
Revisão de provas: Josemar de Souza Pinto
e Gisele Romão da Cruz

©Edição publicada sob permissão contratual com
Editorial Unilit, EUA.
Originalmente publicado com o título
Biblia del Discípulo
Copyright © 2012, Editorial Unilit
Estudos: Dr. Andrés Carrodeguas, Christopher Lautsbaugh

■

*Todos os direitos desta tradução em língua
portuguesa reservados por Editora Vida.*
Proibida a reprodução por quaisquer meios,
salvo em breves citações, com indicação da fonte.

■

Bíblia Sagrada, Nova Versão Internacional TM © 1993,2000
Copyright por Internacional Bible Society
Usado com permissão. Todos os direitos reservados mundialmente.

O texto pode ser citado de várias maneiras (escrito, visual, eletrônico
ou áudio) até quinhentos (500) versículos sem a expressa permissão por
escrito do editor, cuidando para que a soma de versículos citados não
complete um livro da Bíblia nem os versículos computem 25% ou mais
do texto do trabalho em que são citados.

O pedido de permissão que exceder as normas de procedimento acima
deve ser dirigido à e aprovado por escrito pela International Bible Society,
1820 Jet Stream Drive, Colorado Springs, CO 80921, USA.

Esta obra está em conformidade com o
Acordo Ortográfico da Língua Portuguesa,
assinado em 1990, em vigor desde janeiro de 2009.

1. edição: ago. 2018

Dados Internacionais de Catalogação na Publicação (CIP)
(Câmara Brasileira do Livro, SP, Brasil)

Bíblia do Discípulo / [Editora Vida] tradução Sônia Freire Lula Almeida.
-- São Paulo : Editora Vida, 2018.

Título original: *Biblia del Discípulo*.
ISBN 978-85-383-0369-5

1. Adoração 2. Bíblia - Uso 3. Aspectos religiosos - Cristianismo
4. Evangelização 5. Jesus Cristo - Discípulos 6. Vida cristã I. Almeida,
Sônia Freire Lula.

18-13463   CDD-248.4

Índices para catálogo sistemático:

1. Crescimento espiritual : Vida cristã 248.4
2. Discipulado : Vida cristã 248.4

SUMÁRIO

Índice dos livros da Bíblia	VII
Como usar a *Bíblia do Discípulo*	IX
Como usar o sistema de símbolos	XI
Como posso chegar ao céu?	XIII
As Escrituras e a palavra "discípulo"	XV
Plano de leitura diária das Escrituras	XIX
Introdução à Bíblia	XXV
O Antigo Testamento	1
Introdução ao Antigo Testamento	3
O Pentateuco	5
Os Livros Históricos	215
Os Livros de Sabedoria, ou Poéticos	497
Os Livros Proféticos: Profetas Maiores	687
Os Livros Proféticos: Profetas Menores	903
O período intertestamentário	990
O Novo Testamento	995
Introdução ao Novo Testamento	997
Os Evangelhos	1001
Atos dos Apóstolos	1149
As epístolas paulinas	1193
As epístolas gerais	1303
O Apocalipse	1357
Ajudas para o discípulo	1387
O discípulo de Jesus	1389
De recém-convertido a discipulador: o crescimento na vida espiritual	1391
A evangelização passo a passo	1443
Objeções e dúvidas têm um valor para Deus	1465

SUMÁRIO

Cem problemas e trezentas respostas bíblicas 1477

Promessas de poder para resolver os seus problemas 1483

Sugestões sobre aconselhamento 1487

Vocabulário básico 1489

A linguagem simbólica e as Escrituras 1523

As alianças na Bíblia 1529

Os nomes e títulos de Deus na Bíblia 1537

Os nomes e títulos de Jesus na Bíblia 1541

Uma visão sinóptica dos quatro Evangelhos 1545

Informações especiais sobre os quatro Evangelhos 1557

Anos, meses, dias e horas: o calendário hebraico do Antigo Testamento 1559

Festas bíblicas e festas cristãs 1563

Tabela de pesos, medidas e moedas mais usadas na Bíblia 1565

A biblioteca do discípulo 1567

Saiba mais sobre os profetas 1569

Índice de quadros 1573

Concordância bíblica abreviada 1575

ÍNDICE DOS LIVROS DA BÍBLIA

ANTIGO TESTAMENTO

LIVRO	ABREV.	Nº. CAP.	PÁG.
Gênesis	Gn	50	7
Êxodo	Êx	40	61
Levítico	Lv	27	106
Números	Nm	36	136
Deuteronômio	Dt	34	178
Josué	Js	24	217
Juízes	Jz	21	240
Rute	Rt	4	264
1Samuel	1Sm	31	270
2Samuel	2Sm	24	302
1Reis	1Rs	22	331
2Reis	2Rs	25	362
1Crônicas	1Cr	29	391
2Crônicas	2Cr	36	424
Esdras	Ed	10	458
Neemias	Ne	13	471
Ester	Et	10	488
Jó	Jó	42	499
Salmos	Sl	150	537
Provérbios	Pv	31	627
Eclesiastes	Ec	12	665
Cântico dos Cânticos	Ct	8	678
Isaías	Is	66	689
Jeremias	Jr	52	760
Lamentações	Lm	5	827
Ezequiel	Ez	48	835
Daniel	Dn	12	885
Oseias	Os	14	905
Joel	Jl	3	917
Amós	Am	9	924
Obadias	Ob	1	935
Jonas	Jn	4	939
Miqueias	Mq	7	943
Naum	Na	3	952
Habacuque	Hc	3	957
Sofonias	Sf	3	963
Ageu	Ag	2	969
Zacarias	Zc	14	973
Malaquias	Ml	4	984

NOVO TESTAMENTO

LIVRO	ABREV.	Nº. CAP.	PÁG.
Mateus	Mt	28	1003
Marcos	Mc	16	1047
Lucas	Lc	24	1072
João	Jo	21	1115
Atos dos Apóstolos	At	28	1151
Romanos	Rm	16	1195
1Coríntios	1Co	16	1216
2Coríntios	2Co	13	1233
Gálatas	Gl	6	1245
Efésios	Ef	6	1252
Filipenses	Fp	4	1262
Colossenses	Cl	4	1268
1Tessalonicenses	1Ts	5	1274
2Tessalonicenses	2Ts	3	1280
1Timóteo	1Tm	6	1284
2Timóteo	2Tm	4	1290
Tito	Tt	3	1296
Filemom	Fm	1	1300
Hebreus	Hb	13	1305
Tiago	Tg	5	1322
1Pedro	1Pe	5	1328
2Pedro	2Pe	3	1336
1João	1Jo	5	1341
2João	2Jo	1	1347
3João	3Jo	1	1351
Judas	Jd	1	1354
Apocalipse	Ap	22	1359

COMO USAR A BÍBLIA DO DISCÍPULO

A *Bíblia do Discípulo* é útil não só para o crescimento pessoal, como também para que se possa ajudar outros na caminhada cristã por meio dos recursos aqui disponíveis. Muitos desejam testemunhar do Senhor Jesus Cristo, mas nunca aprenderam como fazê-lo de modo eficaz. Outros, embora já tenham se arriscado, logo descobriram que, apesar de conhecer bem as verdades da fé cristã, não estão preparados para convencer os não cristãos acerca de sua fé. Além disso, há aqueles que se relacionam com pessoas com problemas, mas não se sentem capacitados a aconselhar à luz da Palavra de Deus. Entre outras coisas, a *Bíblia do Discípulo* prepara-nos para a evangelização, para o crescimento espiritual e pessoal e para o conhecimento das profecias sobre Jesus.

Para que você aproveite ao máximo os recursos da *Bíblia do Discípulo*, sugerimos:

1. Leia todas as informações correspondentes a "Ajudas para o discípulo", pois tratam do crescimento na vida espiritual, da evangelização, entre outros.
2. Pratique a arte da comunicação. Muitos de nós não sabemos conversar de maneira eficaz. Para que o consigamos, devemos pôr em prática algumas atitudes e evitar outras.

   Evite:
   - Distrair-se com o que nos rodeia; sejam pessoas, seja a paisagem ou o ambiente, ou, ainda, os traços particulares da pessoa com que está falando.
   - Pensar em um assunto totalmente diferente enquanto finge prestar atenção na conversa.
   - Interromper a pessoa, ou responder-lhe antes que ela conclua o que está dizendo.

   Ponha em prática:
   - Prestar total atenção (levando em conta os movimentos da pessoa, seus estados de ânimo, suas reações ao que lhe é dito) para entender com exatidão o que a outra pessoa intenta dizer a você.
   - Usar perguntas e frases para confirmar se você entendeu bem o que a pessoa deseja comunicar. Por exemplo: "Você quer dizer que não tem certeza de que Deus o ama e que não acredita que o Deus da Bíblia exista de verdade?".

3. Procure escutar sem nenhum preconceito, esforçando-se de verdade para entender a pessoa e suas ideias, mesmo que em princípio essa atitude possa ser cansativa e de pouco proveito.
4. Busque fazer amizade com cristãos que estejam dispostos a pôr em prática diferentes métodos e trocar informações. A Bíblia é infalível, mas nós somos propensos ao erro. É possível que você descubra métodos complementares e informações que também sejam de grande ajuda para o seu crescimento. Sugerimos que você forme dupla com outro cristão e que um de vocês faça o papel do não cristão, ou da pessoa que precisa de ajuda, ou do cético que busca respostas; o outro pode fazer o papel de evangelista, conselheiro ou apologeta. Em seguida, conversem sobre as reações mais comuns das pessoas: se houve dificuldade na comunicação de conceitos, se essa prática levou muito tempo, se foi cansativa ou se foi eficaz. Em seguida, troquem os papéis e façam uma nova avaliação.

5. Procure aprender algumas das ilustrações evangelísticas, referências bíblicas e informações relevantes. Em seguida, tente criar as suas próprias ilustrações. Para isso, a oração, o estudo bíblico e a comunicação são elementos fundamentais. Este material o ajudará a cooperar com Deus, mas não a dispensá-lo.

COMO USAR O SISTEMA DE SÍMBOLOS

Na *Bíblia do Discípulo* encontraremos uma série de quadros úteis para o momento em que você precisar pôr em prática todos os recursos aqui disponíveis. Por exemplo, sempre que um desses quadros aparece está destacado em cinza e vem acompanhado de um comentário a respeito do assunto em questão, que se identifica com um ícone correspondente. Tudo isso tem como objetivo facilitar a busca de temas de maior interesse. Além disso, tais símbolos serão úteis para você criar as suas próprias ilustrações do evangelho.

EVANGELIZAÇÃO

Por que devemos evangelizar? A ordem de Jesus antes de ele ter subido ao céu foi a de que devemos ir por todo o mundo, pregar o evangelho e fazer discípulos. Este símbolo ajuda-nos a seguir esse mandamento no nosso viver diário.

A VIA ROMANA

Trata-se de um método bastante simples e eficaz para apresentar o plano de salvação a outros; tem a vantagem de poder ser lembrado com facilidade.

AS QUATRO LEIS ESPIRITUAIS

As leis espirituais são aquelas que orientam a nossa relação com Deus e ajudam a explicar de forma breve a necessidade que temos de perdão e de um Salvador.

PROFECIAS MESSIÂNICAS

Neste tipo de quadro encontramos as profecias messiânicas do Antigo Testamento e como cada uma delas aponta para Jesus, o Salvador. (Para obter mais informações, vá para a p. 1458)

DISCIPULADO

Série de referências bíblicas de grande ajuda para o momento do discipulado.

PONTOS DETERMINANTES

Os pontos deste tipo de nota são valiosos para o crescimento espiritual e para a tomada de decisões que reflitam a maturidade na fé.

NOTAS DE ESTUDO

Trata-se de notas importantes sobre o estudo da Bíblia que favorecem o desenvolvimento pessoal.

NOTAS DE ORIENTAÇÃO

Estas notas nos permitem ver as Escrituras de uma forma prática e relevante na caminhada diária com Jesus.

ILUSTRAÇÃO NARRATIVA E DOUTRINÁRIA DO EVANGELHO

A ilustração narrativa, embasada no evangelho de João, fala do encontro de Jesus com uma samaritana. A ilustração doutrinária, por sua vez, expõe a justificação por meio da fé e começa na epístola de Romanos. (Para obter mais informações, veja as p. 1456-1457)

ILUSTRAÇÃO EM "TRÊS PALAVRAS"

Com apenas três palavras podemos compreender o plano de Deus sobre a vida eterna: juízo, presente e recompensa. Esta apresentação começa em Atos 17. (Para obter mais informações, veja a p. 1179)

COMO POSSO CHEGAR AO CÉU?
(Apresentação básica sobre o evangelho)

A Bíblia descreve a vida eterna como um presente de Deus. Em outras palavras, Deus pode dar a salvação gratuitamente porque ele mesmo pagou um alto preço por ela. Então, como podemos chegar ao céu? Vejamos...

A Bíblia diz que Deus nos ama. Embora alguns achem que Deus tenha prazer em castigar as pessoas, as Escrituras ensinam que, em seu amor, Deus prefere salvar cada um de nós em vez de julgar-nos.

> "Porque Deus tanto amou o mundo que deu o seu Filho Unigênito, para que todo o que nele crer não pereça, mas tenha a vida eterna. Pois Deus enviou o seu Filho ao mundo, não para condenar o mundo, mas para que este fosse salvo por meio dele" (João 3.16,17).

As Escrituras falam do amor de Deus, mas também deixam claro sua justiça. Para dizer a verdade, sem que houvesse a justiça, não teríamos amor, porque a injustiça demonstra a falta de um amor genuíno e de um verdadeiro cuidado. Deus tem pleno equilíbrio, ou seja, amor perfeito e justiça perfeita. Em sua justiça, ele tem de julgar todo pecado e, por último, lidar com o mal que há no mundo.

> "Pois estabeleceu um dia em que há de julgar o mundo com justiça [...]" (Atos 17.31).

Deus demonstrou seu amor e justiça na cruz. Jesus Cristo, o próprio Deus, veio ao mundo, em corpo e natureza humanos, e morreu na cruz como pagamento por nossos pecados. Ressuscitou dentre os mortos ao terceiro dia, mostrando, assim, que era Deus e que havia cumprido sua missão com êxito.

> Ele foi entregue à morte por nossos pecados e ressuscitado para nossa justificação (Romanos 4.25).

Podemos receber o presente da salvação quando confiamos em Deus para obter a vida eterna. Se você crê que Jesus morreu na cruz por seus pecados e que ressuscitou dentre os mortos, então tem a vida eterna.

> Ora, o salário do homem que trabalha não é considerado como favor, mas como dívida. Todavia, àquele que não trabalha, mas confia em Deus, que justifica o ímpio, sua fé lhe é creditada como justiça (Romanos 4.4,5).

Devido ao fato de Deus nos amar e sempre agir com justiça, ele não pode ser obrigado a receber a vida eterna como recompensa por ser justo. No entanto, ele tem todo o direito de oferecer a vida eterna gratuitamente. Se você deseja recebê-la, pode tomar uma decisão agora mesmo no seu coração. Além disso, pode expressar a sua decisão a Deus fazendo a seguinte oração:

> Senhor, reconheço que tenho pecado contra ti, mas creio que Jesus morreu por meus pecados na cruz e que ressuscitou. Hoje aceito o presente da vida eterna. Confio em Jesus Cristo como meu Salvador. Obrigado. Em nome de Jesus. Amém.

Você fez essa oração a Deus com sinceridade? Em caso afirmativo, Jesus oferece total garantia a você agora que tem a vida eterna e não precisa temer a condenação eterna:

> "Eu asseguro: Quem ouve a minha palavra e crê naquele que me enviou tem a vida eterna e não será condenado, mas já passou da morte para a vida" (João 5.24).

Como você já recebeu a vida eterna, Deus deseja que você demonstre o amor que tem por ele obedecendo-lhe em tudo (veja João 14.15; 15.9-17).

Para obter mais informações, veja a seção "Formas possíveis de apresentar o evangelho", na p. 1456.

AS ESCRITURAS E A PALAVRA "DISCÍPULO"

NO ANTIGO TESTAMENTO

"Discípulo" aparece apenas uma vez no Antigo Testamento, em Isaías 8.16: "Guarde o mandamento com cuidado e sele a lei entre os meus discípulos". A palavra hebraica usada é muito interessante: *limmud*, que descreve alguém que foi instruído até adquirir uma vida de disciplina. Trata-se de alguém a que se tenha auxiliado até o ponto de adquirir hábitos que o tornem uma pessoa útil. A palavra tem origem em um verbo do hebraico (*lamad*) com significado duplo peculiar: ensinar e aprender. A ideia por trás desse duplo significado é que ninguém aprende se não houver quem lhe ensine; tampouco ninguém ensina sem que haja alguém para aprender. Uma vez mais, observamos que há uma sucessão contínua de transferência de conhecimentos e propagação de vida.

NO NOVO TESTAMENTO

O substantivo comum "discípulo" aparece na forma masculina, *mazetés*, "aprendiz"; na forma feminina, *mazetria*; e em sua forma derivada *symmazetés*, "codiscípulo". O verbo correspondente é *mazetéyo* derivado do verbo *manzano*, "chegar a saber ou conhecer, interrogar, buscar, adquirir um costume".

Como se supõe, seu substantivo complementar é *didáskalos*, "mestre, instrutor, preceptor", derivado do verbo *didasko*, "instruir, aconselhar", e do substantivo *didajé*, "ensino, ensinamento". Como no caso do vocábulo hebraico usado no Antigo Testamento, já citado, não haverá *mazetés* se não houver *didáskalos*. No sentido mais estrito dos termos, todos devemos almejar ser discípulos, mas com o entendimento de que só existe um Mestre: Jesus, o Filho de Deus feito homem. Em um sentido mais amplo, o Novo Testamento usa o termo "mestre" para referir-se aos que na *Bíblia do Discípulo* chamamos de "discipuladores". A tarefa destes diz respeito a adquirir conhecimento, mas principalmente se refere ao processo de crescimento até que se adquira a maturidade espiritual de ser discípulo e começar sua vez de discipular. É bastante comum que em muitas igrejas os discipuladores não façam parte do grupo daqueles que mais têm conhecimento teórico ou teológico, mas, sim, do grupo dos que conhecem melhor a seu Deus e Salvador.

Textos do Novo Testamento em que se encontra a palavra *mazetés*:

Mateus 5.1	Mateus 19.10,13,23,25	Marcos 5.31
Mateus 8.21,23,25	Mateus 20.17	Marcos 6.1,29,35,41,45
Mateus 9.10,11,14,19,37	Mateus 21.1,6,20	Marcos 7.2,5,17
Mateus 10.1,24,25,42	Mateus 22.16	Marcos 8.1,4,6,10,27,33,34
Mateus 11.1,2	Mateus 23.1	Marcos 9.14,18,28,31
Mateus 12.1,2,49	Mateus 24.1,3	Marcos 10.10,13,23,24,46
Mateus 13.10,36	Mateus 26.1,8,17-19,26,35,36,40,45,56	Marcos 11.1,14
Mateus 14.12,15,19,22,26	Mateus 27.64	Marcos 12.43
Mateus 15.2,12,23,32,33,36	Mateus 28.7-9,13,16	Marcos 13.1
Mateus 16.5,13,20,21,24	Marcos 2.15,16,18,23	Marcos 14.12-14,16,32
Mateus 17.6,10,13,16,19	Marcos 3.7,9	Marcos 16.7
Mateus 18.1	Marcos 4.34	Lucas 5.30,33

AS ESCRITURAS E A PALAVRA "DISCÍPULO" XVI

Lucas 6.1,13,17,20,40	João 2.2,11,12,17,22	João 20.2,3,4,8,10,18,19,20,25,
Lucas 7.11,18,19	João 3.22,25	26,30
Lucas 8.9,22	João 4.1,2,8,27,31,33	João 21.1,2,4,7,8,12,14,20,23,24
Lucas 9.1,14,16,18,40,43,54	João 6.3,8,11,12,16,22,24,60,	Atos 1.15
Lucas 10.23	61,66	Atos 6.1,2,7
Lucas 11.1	João 7.3	Atos 9.1,10,19,25,26,38
Lucas 12.1,22	João 8.31	Atos 11.26,29
Lucas 14.26,27,33	João 9.2,27,28	Atos 13.52
Lucas 16.1	João 11.7,8,12,54	Atos 14.20,22,28
Lucas 17.1,22	João 12.4,16	Atos 15.10
Lucas 18.15	João 13.5,22,23,35	Atos 16.1
Lucas 19.29,37,39	João 15.8	Atos 18.23,27
Lucas 20.45	João 16.17,29	Atos 19.1,9,30
Lucas 22.11,39,45	João 18.1,2,15,16,17,19,25	Atos 20.1,7,30
João 1.35,37	João 19.26,27,38	Atos 21.4,16

TOTAL: Em 224 versículos dos Evangelhos mais 28 no livro de Atos, temos 252 versículos em 79 capítulos da Bíblia que fazem referência, em sua grande maioria, àqueles que haviam seguido Jesus mais de perto e convivido com ele durante seus três anos e meio de ministério.

Texto do Novo Testamento em que se encontra o substantivo *mazetria*:

Atos 9.36

TOTAL: 1

Texto do Novo Testamento em que se encontra o substantivo *symmazetés*:

João 11.16

TOTAL: 1

TOTAL GERAL: 227 versículos em 81 capítulos em toda a Bíblia.

POR QUE TANTOS NÚMEROS?

Há um motivo para todo esse esforço em se chegar a um número. Por uma questão de necessidade, essa palavra indica algo que é **importante na mente de Deus**, principalmente se a comparamos com a palavra normalmente traduzida por "crente", *pistós*, que é de uso corrente e preferida, se comparada à palavra "discípulo", no ambiente da igreja. O vocábulo "crente" (ou suas variáveis e sinônimos) aparece em 17 versículos de 13 capítulos e somente no Novo Testamento:

João 20.27	1Coríntios 14.22	1Timóteo 4.3,12
Atos 16.1	2Coríntios 6.15	1Timóteo 5.16
Romanos 4.11	Gálatas 3.9,22	1Timóteo 6.12
1Coríntios 1.21	1Tessalonicenses 2.10,13	Tito 1.6
1Coríntios 7.12,13		

Além disso, a palavra "discípulo" também ultrapassa o número de ocorrências da palavra "cristão", *Jristianós*, também de uso exclusivo no Novo Testamento. Esse vocábulo é uma combinação pouco comum do grego *Jristos* (veja a seção "Vocabulário básico", na p. 1498) e a terminação latina – *ianus* ("partidário de"), algo pouco frequente. Significa literalmente "do partido de Cristo" e teve origem entre os pagãos de Antioquia, como apelido depreciativo dado aos discípulos. Aparece apenas em três ocasiões, em três capítulos distintos:

Atos 11.26   Atos 26.28   1Pedro 4.16

Reflita sobre a necessidade de você amadurecer na fé até que alcance o nível de discípulo do único Mestre e torne-se um discipulador. **O discípulo não nasce de novo apenas para ficar citando textos da Palavra; tampouco se trata de prestar-lhe honra, e sim de vivenciá-la.**

NOTAL FINAL PARA OS LÍDERES

É necessário que os líderes da igreja local, do ponto de vista pessoal e também coletivo, invistam seus maiores esforços e recursos na tarefa que nos foi recomendada por Cristo, porque um de seus maiores frutos é a liberdade prometida por Cristo aos discípulos; e foi para dar-lhes tal liberdade e ajudá-los a propagá-la que Jesus enviou seu Espírito, que habita no coração discípulo. Quando tudo parece ir bem, não é o melhor momento de viver e comunicar essa liberdade. **O discípulo aprende a crer e viver, sem tropeçar nos períodos da escuridão, o que ele ouviu do Pai durante o dia. A palavra-chave é "permanecer":**

"Disse Jesus aos judeus que haviam crido nele: 'Se vocês permanecerem firmes na minha palavra, verdadeiramente serão meus discípulos. E conhecerão a verdade, e a verdade os libertará'. Eles lhe responderam: 'Somos descendentes de Abraão e nunca fomos escravos de ninguém. Como você pode dizer que seremos livres?'. Jesus respondeu: 'Digo a vocês a verdade: Todo aquele que vive pecando é escravo do pecado. O escravo não tem lugar permanente na família, mas o filho pertence a ela para sempre. Portanto, se o Filho os libertar, vocês de fato serão livres' " (João 8.31-36).

PLANO DE LEITURA DIÁRIA DAS ESCRITURAS

PRIMEIRA SEQUÊNCIA: INTRODUÇÃO À BÍBLIA

TEMPO NECESSÁRIO:
Duas semanas

OBJETIVO:
Obter um conhecimento geral dos fundamentos bíblicos

A Primeira Sequência é para quem está começando a ler a Bíblia. Três sequências de duas semanas cada uma o farão percorrer rapidamente as passagens da Bíblia que todo cristão deve conhecer. Os textos foram selecionados com duas preocupações em mente: primeira, são textos muito citados ou mencionados; segunda, são relativamente fáceis de ler e de entender. A Primeira Sequência é uma amostra que tem por objetivo despertar em você um maior apetite pela leitura da Palavra.

1. Duas semanas sobre a vida e os ensinos de Jesus

- ☐ Primeiro dia — LUCAS 1: Os preparativos para a chegada de Jesus
- ☐ Segundo dia — LUCAS 2: A história do nascimento de Jesus
- ☐ Terceiro dia — MARCOS 1: O começo do ministério de Jesus
- ☐ Quarto dia — MARCOS 9: Um dia na vida de Jesus
- ☐ Quinto dia — MATEUS 5: O "Sermão do Monte"
- ☐ Sexto dia — MATEUS 6: O "Sermão do Monte"
- ☐ Sétimo dia — LUCAS 15: As parábolas de Jesus
- ☐ Oitavo dia — JOÃO 3: Uma conversa com Jesus
- ☐ Nono dia — JOÃO 14: As últimas instruções de Jesus
- ☐ Décimo dia — JOÃO 17: A oração de Jesus a favor de seus discípulos
- ☐ Décimo primeiro dia — MATEUS 26: A traição e a prisão de Jesus
- ☐ Décimo segundo dia — MATEUS 27: A morte de Jesus na cruz
- ☐ Décimo terceiro dia — JOÃO 20: A ressurreição
- ☐ Décimo quarto dia — LUCAS 24: A aparição de Jesus após a ressurreição

2. Duas semanas sobre a vida e os ensinos de Paulo

- ☐ Primeiro dia — ATOS 9: A conversão de Saulo
- ☐ Segundo dia — ATOS 16: O chamado de Paulo para a Macedônia e um aprisionamento
- ☐ Terceiro dia — ATOS 17: Cenas da viagem missionária de Paulo
- ☐ Quarto dia — ATOS 26: Paulo conta a história de sua vida a um rei
- ☐ Quinto dia — ATOS 27: Naufrágio a caminho de Roma
- ☐ Sexto dia — ATOS 28: A chegada de Paulo a Roma
- ☐ Sétimo dia — ROMANOS 3: Um resumo da teologia de Paulo
- ☐ Oitavo dia — ROMANOS 7: A luta com o pecado
- ☐ Nono dia — ROMANOS 8: A vida no Espírito
- ☐ Décimo dia — 1CORÍNTIOS 13: Paulo explica o amor
- ☐ Décimo primeiro dia — 1CORÍNTIOS 15: Reflexões sobre a vida após a morte
- ☐ Décimo segundo dia — GÁLATAS 5: A liberdade em Cristo
- ☐ Décimo terceiro dia — EFÉSIOS 3: Paulo resume a sua missão
- ☐ Décimo quarto dia — FILIPENSES 2: Imitação de Cristo

3. Duas semanas sobre o AT

☐ Primeiro dia	GÊNESIS 1: A história da criação
☐ Segundo dia	GÊNESIS 3: A origem do pecado
☐ Terceiro dia	GÊNESIS 22: Abraão e Isaque
☐ Quarto dia	ÊXODO 3: Moisés encontra-se com Deus
☐ Quinto dia	ÊXODO 20: A entrega dos dez mandamentos
☐ Sexto dia	1SAMUEL 17: Davi e Golias
☐ Sétimo dia	2SAMUEL 11: Davi e Bate-Seba
☐ Oitavo dia	2SAMUEL 12: Natã repreende o rei
☐ Nono dia	1REIS 18: Elias e os profetas de Baal
☐ Décimo dia	JÓ 38: Deus responde a Jó
☐ Décimo primeiro dia	SALMO 51: Uma confissão clássica
☐ Décimo segundo dia	ISAÍAS 40: Palavras de consolo da parte de Deus
☐ Décimo terceiro dia	DANIEL 6: Daniel e os leões
☐ Décimo quarto dia	AMÓS 4: Séria advertência de um profeta

SEGUNDA SEQUÊNCIA: TODOS OS LIVROS DA BÍBLIA

TEMPO NECESSÁRIO:
Seis meses

OBJETIVO:
Obter um panorama de toda a Bíblia

A SEGUNDA SEQUÊNCIA abrange 186 dos 1 189 capítulos da Bíblia. Muitas das partes mais bem conhecidas das Escrituras não estão representadas, e de alguns livros (Levítico, p. ex.) você lerá não mais que um capítulo. Esses 186 capítulos foram selecionados por ser inteligíveis para a média dos leitores, dispensando a consulta a comentários. Considerados no conjunto, proporcionam um bom fundamento para a compreensão da Bíblia.

Se perder alguns dias, não se preocupe. Simplesmente retome a leitura assim que puder, por volta de um capítulo por dia. Em 180 dias no total, você terá um panorama que inclui pelo menos uma parte de cada livro da Bíblia.

GÊNESIS ☐1 ☐2 ☐3 ☐4 ☐7 ☐8 ☐15 ☐19 ☐22 ☐27 ☐28 ☐37 ☐41 ☐45
ÊXODO ☐3 ☐10,11 ☐14 ☐20 ☐32
LEVÍTICO ☐26
NÚMEROS ☐11 ☐14
DEUTERONÔMIO ☐4 ☐8 ☐28
JOSUÉ ☐2 ☐6 ☐7 ☐24
JUÍZES ☐6 ☐7 ☐16
RUTE ☐1
1SAMUEL ☐3 ☐16 ☐17 ☐20
2SAMUEL ☐6 ☐11 ☐12
1REIS ☐3 ☐8 ☐17 ☐18
2REIS ☐5 ☐17 ☐22
1CRÔNICAS ☐17
2CRÔNICAS ☐20 ☐30 ☐32
ESDRAS ☐3
NEEMIAS ☐2 ☐8
ESTER ☐4
JÓ ☐1,2 ☐38 ☐42
SALMOS ☐19 ☐23 ☐27 ☐51 ☐84 ☐103 ☐139
PROVÉRBIOS ☐4 ☐10
ECLESIASTES ☐3
CÂNTICO DOS CÂNTICOS ☐2
ISAÍAS ☐6 ☐25 ☐40 ☐52 ☐53 ☐55
JEREMIAS ☐2 ☐15 ☐31 ☐38
LAMENTAÇÕES DE JEREMIAS ☐3
EZEQUIEL ☐1 ☐2,3 ☐4 ☐37
DANIEL ☐1 ☐3 ☐5 ☐6
OSEIAS ☐2,3 ☐11
JOEL ☐2
AMÓS ☐4
OBADIAS ☐Obadias
JONAS ☐3,4
MIQUEIAS ☐6
NAUM ☐1

HABACUQUE ☐1
SOFONIAS ☐3
AGEU ☐1
ZACARIAS ☐8
MALAQUIAS ☐3
MATEUS ☐5 ☐6 ☐13 ☐19 ☐26 ☐27 ☐28
MARCOS ☐1 ☐2 ☐3 ☐4 ☐5 ☐6 ☐7 ☐8
☐9 ☐10 ☐11 ☐12 ☐13 ☐14 ☐15,16
LUCAS ☐1 ☐2 ☐10 ☐12 ☐15 ☐16 ☐18 ☐24
JOÃO ☐3 ☐6 ☐10 ☐14 ☐15 ☐16 ☐17 ☐20
ATOS ☐1 ☐2 ☐5 ☐9 ☐16 ☐17 ☐26 ☐27 ☐28
ROMANOS ☐3 ☐7 ☐8 ☐12
1CORÍNTIOS ☐13 ☐15
2CORÍNTIOS ☐4 ☐12
GÁLATAS ☐3

EFÉSIOS ☐2 ☐3
FILIPENSES ☐2
COLOSSENSES ☐1
1TESSALONICENSES ☐3,4
2TESSALONICENSES ☐2
1TIMÓTEO ☐1
2TIMÓTEO ☐2
TITO ☐2
FILEMOM ☐
HEBREUS ☐2 ☐11 ☐12
TIAGO ☐1
1PEDRO ☐1
2PEDRO ☐1
1JOÃO ☐3
2 E 3JOÃO ☐
JUDAS ☐
APOCALIPSE ☐1 ☐12 ☐21

TERCEIRA SEQUÊNCIA: CADA PALAVRA DA BÍBLIA

TEMPO NECESSÁRIO:
Três anos

OBJETIVO:
Ler toda a Bíblia com entendimento

A TERCEIRA SEQUÊNCIA o faz percorrer cada palavra da Bíblia, alternando leituras do AT com leituras do NT. Outros planos de leitura bíblica separam apenas um ano para essa empreitada, exigindo que pelo menos três capítulos sejam lidos a cada dia. Para muitos leitores, no entanto, esse ritmo é irrealista e desestimulante. Por essa razão, a TERCEIRA SEQUÊNCIA em geral destina um dia para cada capítulo, e não mais que isso. (Alguns capítulos pequenos foram agrupados, de modo que uma vez ou outra você lerá dois pequenos capítulos num dia.) O plano de leitura corresponde a um total de três anos.

GÊNESIS ☐1 ☐2 ☐3 ☐4 ☐5 ☐6 ☐7 ☐8
☐9 ☐10,11 ☐12 ☐13 ☐14 ☐15 ☐16 ☐17
☐18 ☐19 ☐20 ☐21 ☐22 ☐23 ☐24 ☐25
☐26 ☐27 ☐28 ☐29 ☐30 ☐31 ☐32 ☐33
☐34 ☐35 ☐36 ☐37 ☐38 ☐39 ☐40 ☐41
☐42 ☐43 ☐44 ☐45 ☐46 ☐47 ☐48 ☐49
☐50

MATEUS 1—9 ☐1 ☐2 ☐3 ☐4 ☐5 ☐6 ☐7 ☐8 ☐9

ÊXODO ☐1 ☐2 ☐3 ☐4 ☐5 ☐6 ☐7 ☐8
☐9 ☐10,11 ☐12 ☐13 ☐14 ☐15 ☐16 ☐17
☐18 ☐19 ☐20 ☐21 ☐22 ☐23 ☐24 ☐25
☐26 ☐27 ☐28 ☐29 ☐30 ☐31 ☐32 ☐33
☐34 ☐35 ☐36 ☐37 ☐38 ☐39 ☐40

MATEUS 10—20 ☐10 ☐11 ☐12 ☐13 ☐14
☐15 ☐16 ☐17 ☐18 ☐19 ☐20

LEVÍTICO 1—14 ☐1 ☐2 ☐3 ☐4 ☐5 ☐6
☐7 ☐8 ☐9 ☐10 ☐11,12 ☐13 ☐14

MATEUS 21—28 ☐21 ☐22 ☐23 ☐24 ☐25
☐26 ☐27 ☐28

LEVÍTICO 15—27 ☐15 ☐16 ☐17 ☐18 ☐19
☐20 ☐21 ☐22 ☐23 ☐24 ☐25 ☐26 ☐27

MARCOS 1—8 ☐1 ☐2 ☐3 ☐4 ☐5 ☐6 ☐7 ☐8

NÚMEROS ☐1,2 ☐3 ☐4 ☐5 ☐6 ☐7 ☐8
☐9 ☐10 ☐11 ☐12 ☐13 ☐14 ☐15 ☐16
☐17 ☐18 ☐19 ☐20 ☐21 ☐22 ☐23 ☐24
☐25 ☐26 ☐27 ☐28 ☐29 ☐30 ☐31 ☐32
☐33 ☐34 ☐35 ☐36

MARCOS 9—16 ☐9 ☐10 ☐11 ☐12 ☐13
☐14 ☐15,16

DEUTERONÔMIO 1—17 ☐1 ☐2 ☐3 ☐4 ☐5 ☐6 ☐7 ☐8 ☐9 ☐10 ☐11 ☐12 ☐13 ☐14 ☐15 ☐16 ☐17

LUCAS 1—8 ☐1 ☐2 ☐3 ☐4 ☐5 ☐6 ☐7 ☐8

DEUTERONÔMIO 18—34 ☐18 ☐19 ☐20 ☐21 ☐22 ☐23 ☐24 ☐25 ☐26 ☐27 ☐28 ☐29 ☐30 ☐31 ☐32 ☐33 ☐34

LUCAS 9—16 ☐9 ☐10 ☐11 ☐12 ☐13 ☐14 ☐15 ☐16

JOSUÉ ☐1 ☐2 ☐3 ☐4 ☐5 ☐6 ☐7 ☐8 ☐9 ☐10 ☐11 ☐12,13 ☐14,15 ☐16,17 ☐18 ☐19 ☐20 ☐21 ☐22 ☐23 ☐24

LUCAS 17—24 ☐17 ☐18 ☐19 ☐20 ☐21 ☐22 ☐23 ☐24

JUÍZES ☐1 ☐2 ☐3 ☐4 ☐5 ☐6 ☐7 ☐8 ☐9 ☐10 ☐11 ☐12 ☐13 ☐14 ☐15 ☐16 ☐17 ☐18 ☐19 ☐20 ☐21

JOÃO 1—7 ☐1 ☐2 ☐3 ☐4 ☐5 ☐6 ☐7

RUTE ☐1 ☐2 ☐3 ☐4

1SAMUEL 1—15 ☐1 ☐2 ☐3 ☐4 ☐5 ☐6 ☐7 ☐8 ☐9 ☐10 ☐11 ☐12 ☐13 ☐14 ☐15

JOÃO 8—14 ☐8 ☐9 ☐10 ☐11 ☐12 ☐13 ☐14

1SAMUEL 16—31 ☐16 ☐17 ☐18 ☐19 ☐20 ☐21 ☐22 ☐23 ☐24 ☐25 ☐26 ☐27 ☐28 ☐29 ☐30 ☐31

JOÃO 15—21 ☐15 ☐16 ☐17 ☐18 ☐19 ☐20 ☐21

2SAMUEL ☐1 ☐2 ☐3 ☐4 ☐5 ☐6 ☐7 ☐8 ☐9 ☐10 ☐11 ☐12 ☐13 ☐14 ☐15 ☐16 ☐17 ☐18 ☐19 ☐20 ☐21 ☐22 ☐23 ☐24

ATOS 1—7 ☐1 ☐2 ☐3 ☐4 ☐5 ☐6 ☐7

1REIS 1—11 ☐1 ☐2 ☐3 ☐4,5 ☐6 ☐7 ☐8 ☐9 ☐10 ☐11

ATOS 8—14 ☐8 ☐9 ☐10 ☐11 ☐12 ☐13 ☐14

1REIS 12—22 ☐12 ☐13 ☐14 ☐15 ☐16 ☐17 ☐18 ☐19 ☐20 ☐21 ☐22

ATOS 15—21 ☐15 ☐16 ☐17 ☐18 ☐19 ☐20 ☐21

2REIS ☐1 ☐2 ☐3 ☐4 ☐5 ☐6 ☐7 ☐8 ☐9 ☐10 ☐11 ☐12 ☐13 ☐14 ☐15 ☐16 ☐17 ☐18 ☐19 ☐20 ☐21 ☐22 ☐23 ☐24 ☐25

ATOS 22—28 ☐22 ☐23 ☐24 ☐25 ☐26 ☐27 ☐28

1CRÔNICAS 1—14 ☐1—9 ☐10 ☐11 ☐12 ☐13 ☐14

ROMANOS 1—8 ☐1 ☐2 ☐3 ☐4 ☐5 ☐6 ☐7 ☐8

1CRÔNICAS 15—29 ☐15 ☐16 ☐17 ☐18 ☐19 ☐20 ☐21 ☐22 ☐23 ☐24 ☐25 ☐26 ☐27 ☐29

ROMANOS 9—16 ☐9 ☐10 ☐11 ☐12,13 ☐14 ☐15,16

2CRÔNICAS 1—18 ☐1 ☐2 ☐3 ☐4 ☐5 ☐6 ☐7 ☐8 ☐9 ☐10 ☐11 ☐12 ☐13 ☐14 ☐15 ☐16,17 ☐18

1CORÍNTIOS 1—9 ☐1 ☐2 ☐3 ☐4,5 ☐6 ☐7 ☐8,9

2CRÔNICAS 19—36 ☐19 ☐20 ☐21 ☐22 ☐23 ☐24 ☐25 ☐26,27 ☐29 ☐30 ☐31 ☐32 ☐33 ☐34 ☐35 ☐36

1CORÍNTIOS 10—16 ☐10 ☐11 ☐12 ☐13 ☐14 ☐15 ☐16

ESDRAS ☐1,2 ☐3 ☐4 ☐5 ☐6 ☐7 ☐8 ☐9 ☐10

NEEMIAS ☐1 ☐2,3 ☐4 ☐5 ☐6 ☐7 ☐8 ☐9 ☐10 ☐11 ☐12 ☐13

2CORÍNTIOS ☐1 ☐2,3 ☐4 ☐5 ☐6 ☐7 ☐8,9 ☐10 ☐11 ☐12,13

XXIII PLANO DE LEITURA DIÁRIA DAS ESCRITURAS

ESTER ☐1 ☐2 ☐3 ☐4 ☐5 ☐6,7 ☐8 ☐9,10

JÓ 1—21 ☐1 ☐2 ☐3 ☐4 ☐5 ☐6 ☐7 ☐8 ☐9 ☐10 ☐11 ☐12 ☐13 ☐14 ☐15 ☐16 ☐17 ☐18 ☐19 ☐20 ☐21

GÁLATAS ☐1 ☐2 ☐3 ☐4 ☐5,6

JÓ 22—42 ☐22 ☐23 ☐24 ☐25,26 ☐27 ☐28 ☐29 ☐30 ☐31 ☐32 ☐33 ☐34 ☐35 ☐36 ☐37 ☐38 ☐39 ☐40 ☐41 ☐42

EFÉSIOS ☐1 ☐2 ☐3 ☐4 ☐5 ☐6

SALMOS 1—40 ☐1,2 ☐3,4 ☐5 ☐6 ☐7 ☐8 ☐9 ☐10 ☐11,12 ☐13,14 ☐15,16 ☐17 ☐18 ☐19 ☐20,21 ☐22 ☐23,24 ☐25 ☐26 ☐27 ☐28,29 ☐30 ☐31 ☐32 ☐33 ☐34 ☐35 ☐36 ☐37 ☐38 ☐39 ☐40

FILIPENSES ☐1 ☐2 ☐3 ☐4

SALMOS 41—80 ☐41 ☐42,43 ☐44 ☐45 ☐46,47 ☐48 ☐49 ☐50 ☐51 ☐52 ☐53,54 ☐55 ☐56 ☐57 ☐58 ☐59 ☐60,61 ☐62 ☐63,64 ☐65 ☐66 ☐67 ☐68 ☐69 ☐70 ☐71 ☐72 ☐73 ☐74 ☐75 ☐76 ☐77 ☐78 ☐79 ☐80

COLOSSENSES ☐1 ☐2 ☐3 ☐4

SALMOS 81—121 ☐81 ☐82 ☐83 ☐84 ☐85 ☐86 ☐87 ☐88 ☐89 ☐90 ☐91 ☐92,93 ☐94 ☐95 ☐96 ☐97 ☐98,99 ☐100,101 ☐102 ☐103 ☐104 ☐105 ☐106 ☐107 ☐108 ☐109 ☐110,111 ☐112 ☐113 ☐114 ☐115 ☐116 ☐117 ☐118 ☐119.1-48 ☐119.49-96 ☐119:97-144 ☐119.145-176 ☐120,121

1TESSALONICENSES ☐1,2 ☐3,4 ☐5

2TESSALONICENSES ☐1,2 ☐3

SALMOS 122—150 ☐122,123 ☐124,125 ☐126—128 ☐129,130 ☐131,132 ☐133,134 ☐135 ☐136 ☐137,138 ☐139 ☐140 ☐141,142 ☐143 ☐144 ☐145 ☐146 ☐147 ☐148 ☐149 ☐150

PROVÉRBIOS ☐1 ☐2 ☐3 ☐4 ☐5 ☐6 ☐7 ☐8 ☐9 ☐10 ☐11 ☐12 ☐13 ☐14 ☐15 ☐16 ☐17 ☐18 ☐19 ☐20 ☐21 ☐22 ☐23 ☐24 ☐25 ☐26 ☐27 ☐28 ☐29 ☐30 ☐31

1TIMÓTEO ☐1,2 ☐3,4 ☐5 ☐6

ECLESIASTES ☐1 ☐2 ☐3 ☐4 ☐5 ☐6 ☐7 ☐8 ☐9 ☐10 ☐11 ☐12

CÂNTICO DOS CÂNTICOS ☐1 ☐2 ☐3 ☐4 ☐5 ☐6 ☐7 ☐8

2TIMÓTEO ☐1 ☐2 ☐3 ☐4

ISAÍAS 1—36 ☐1 ☐2 ☐3 ☐4,5 ☐6 ☐7 ☐8 ☐9 ☐10 ☐11 ☐12 ☐13 ☐14 ☐15 ☐16 ☐17 ☐18 ☐19,20 ☐21 ☐22 ☐23 ☐24 ☐25 ☐26 ☐27 ☐28 ☐29 ☐30 ☐31 ☐32 ☐33 ☐34 ☐35 ☐36

TITO ☐1 ☐2,3

ISAÍAS 37—66 ☐37 ☐38,39 ☐40 ☐41 ☐42 ☐43 ☐44 ☐45 ☐46 ☐47 ☐48 ☐49 ☐50 ☐51 ☐52 ☐53 ☐54 ☐55 ☐56 ☐57 ☐58 ☐59 ☐60 ☐61 ☐62 ☐63 ☐64 ☐65 ☐66

FILEMOM ☐Filemom

JEREMIAS 1—26 ☐1 ☐2 ☐3 ☐4 ☐5 ☐6 ☐7 ☐8 ☐9 ☐10 ☐11 ☐12 ☐13 ☐14 ☐15 ☐16 ☐17 ☐18 ☐19 ☐20 ☐21 ☐22 ☐23 ☐24 ☐25 ☐26

HEBREUS 1—7 ☐1 ☐2 ☐3,4 ☐5,6 ☐7

JEREMIAS 27—52 ☐27 ☐28 ☐29 ☐30 ☐31 ☐32 ☐33 ☐34 ☐35 ☐36 ☐37 ☐38 ☐39 ☐40 ☐41 ☐42 ☐43 ☐44,45 ☐46 ☐47 ☐48 ☐49 ☐50 ☐51 ☐52

HEBREUS 8—13 ☐8 ☐9 ☐10 ☐11 ☐12 ☐13

LAMENTAÇÕES DE JEREMIAS ☐1 ☐2 ☐3 ☐4 ☐5

EZEQUIEL 1—24 ☐1 ☐2,3 ☐4 ☐5 ☐6 ☐7 ☐8 ☐9 ☐10 ☐11 ☐12 ☐13 ☐14 ☐15

☐16 ☐17 ☐18 ☐19 ☐20 ☐21 ☐22 ☐23 ☐24

TIAGO ☐1 ☐2 ☐3,4 ☐5

EZEQUIEL 25—48 ☐25 ☐26 ☐27 ☐28 ☐29 ☐30 ☐31 ☐32 ☐33 ☐34 ☐35 ☐36 ☐37 ☐38 ☐39 ☐40 ☐41 ☐42 ☐43 ☐44 ☐45 ☐46 ☐47 ☐48

1PEDRO ☐1 ☐2 ☐3 ☐4,5

DANIEL ☐1 ☐2 ☐3 ☐4 ☐5 ☐6 ☐7 ☐8 ☐9 ☐10 ☐11 ☐12

2PEDRO ☐1 ☐2 ☐3

OSEIAS ☐1 ☐2,3 ☐4 ☐5 ☐6,7 ☐8 ☐9 ☐10 ☐11,12 ☐13,14

1JOÃO ☐1,2 ☐3 ☐4 ☐5

JOEL ☐1 ☐2 ☐3

AMÓS ☐1 ☐2 ☐3 ☐4 ☐5 ☐6 ☐7 ☐8 ☐9

OBADIAS ☐Obadias

JONAS ☐1,2 ☐3,4

2 e 3JOÃO ☐

MIQUEIAS ☐1 ☐2 ☐3 ☐4 ☐5 ☐6 ☐7

NAUM ☐1 ☐2 ☐3

JUDAS ☐Judas

HABACUQUE ☐1 ☐2 ☐3

SOFONIAS ☐1 ☐2 ☐3

APOCALIPSE 1—7 ☐1 ☐2 ☐3 ☐4,5 ☐6 ☐7

AGEU ☐1 ☐2

APOCALIPSE 8—14 ☐8 ☐9 ☐10,11 ☐12 ☐13 ☐14

ZACARIAS ☐1 ☐2,3 ☐4,5 ☐6 ☐7 ☐8 ☐9 ☐10 ☐11 ☐12,13 ☐14

MALAQUIAS ☐1 ☐2 ☐3,4

APOCALIPSE ☐15—22 ☐15,16 ☐17 ☐18 ☐19

INTRODUÇÃO À BÍBLIA

Há séculos, a Bíblia é o livro mais vendido em todo o mundo. Um número infinito de pessoas busca sua mensagem de esperança, salvação e vida eterna. Portanto, é o livro mais importante já escrito, pois é a Palavra do próprio Deus. A Bíblia trata dos temas importantes para o crescimento espiritual e a vida prática do cristão, além de muitos outros aspectos que nos tornam pessoas melhores.

Foi escolhido para a *Bíblia do Discípulo* o texto da *Nova Versão Internacional* (*NVI*), que é uma das mais recentes traduções das Escrituras Sagradas em língua portuguesa com base nas línguas originais. A realização deste empreendimento tornou-se possível pelos esforços da Sociedade Bíblica Internacional, que, em 1990, reuniu uma comissão de estudiosos dedicados a um projeto de quase uma década.

O propósito dos estudiosos que traduziram a *NVI* foi somar à lista das várias traduções existentes em português um texto novo que se definisse por quatro elementos fundamentais: precisão, beleza de estilo, clareza e dignidade. Sem dúvida alguma, a língua portuguesa é privilegiada pelo fato de contar com tantas boas traduções das Escrituras Sagradas. A *NVI* pretende fazer coro a tais esforços, prosseguindo a tarefa de transmitir a Palavra de Deus com fidelidade e com clareza, reconhecendo ao mesmo tempo a necessidade de uma nova tradução das Escrituras em português. Essa necessidade comprova-se particularmente em razão de dois fatores:

1. a dinâmica de transformação constante da linguagem, tanto no vocabulário como na organização de frases (sintaxe).
2. o aperfeiçoamento científico no campo da arqueologia bíblica, do estudo das línguas originais e de línguas cognatas, da crítica textual e da própria ciência linguística.

Em primeiro lugar, Deus se dá a conhecer ao homem por meio de uma revelação natural. Em Salmos 19.1: "Os céus declaram a glória de Deus; o firmamento proclama a obra das suas mãos". No entanto, tendo a mente embotada após a Queda, o ser humano tem pouco com que contemplar a grandeza da criação a fim de compreender a existência de um Criador. Por esse motivo, Deus se dá a conhecer ao homem principalmente por meio da revelação sobrenatural e inspirada que é a Bíblia. Em outras palavras, a Bíblia não contém a verdade, mas, sim, é ela mesma toda a verdade; trata-se de sua própria substância.

Necessitamos afirmar algo com clareza: cremos que "Toda a Escritura é inspirada por Deus e útil para o ensino, para a repreensão, para a correção e para a instrução na justiça, para que o homem de Deus seja apto e plenamente preparado para toda boa obra" (2Timóteo 3.16,17). Portanto, podemos afirmar com tranquilidade que:

- não há nenhuma outra literatura em todo o Universo que seja Palavra inspirada do Deus vivo.
- existe uma verdade objetiva, exterior a nós, segundo a qual devemos orientar nosso pensamento, nossas atitudes e nossa conduta.
- essa verdade objetiva nos foi revelada nas Escrituras pelo Deus onipotente e soberano que é a própria Verdade.
- somente essa Verdade realmente nos pode tornar livres (João 8.31,32).

Desse modo, convidamos você, leitor, a que experimente a riqueza deslumbrante da Bíblia, pois "tudo o que foi escrito no passado foi escrito para nos ensinar, de forma que, por meio da perseverança e do bom ânimo procedentes das Escrituras, mantenhamos a nossa esperança" (Romanos 15.4).

O ANTIGO TESTAMENTO

O ANTIGO TESTAMENTO

Introdução ao
ANTIGO TESTAMENTO

O chamado Antigo Testamento é formado por um conjunto de 39 livros anteriores à vinda de Jesus Cristo, que contêm o mesmo material inspirado por Deus que as Escrituras hebraicas, mesmo que em ordem distinta. Toda uma diversidade de gêneros literários está entremeada nos livros. Os principais são revelação, história, legislação social, liturgia e moral, sabedoria, poesia, profecia e textos apocalípticos. Em geral, a Bíblia aceita pelo mundo evangélico segue o delineamento da Bíblia traduzida para o alemão por Martinho Lutero (1534), na qual se reconhece como inspirados os livros chamados "protocanônicos", ou do primeiro cânon, lista esta aceita pelo mundo hebreu desde os finais do século I d.C.

AS SEÇÕES DO ANTIGO TESTAMENTO

PENTATEUCO
- Gênesis
- Êxodo
- Levítico
- Números
- Deuteronômio

LIVROS HISTÓRICOS
- Josué
- Juízes
- Rute
- 1 e 2Samuel
- 1 e 2Reis
- 1 e 2Crônicas
- Esdras
- Neemias
- Ester

LIVROS POÉTICOS
- Jó
- Salmos
- Provérbios
- Eclesiastes
- Cântico dos Cânticos

LIVROS PROFÉTICOS: PROFETAS MAIORES
- Isaías
- Jeremias
- Lamentações
- Ezequiel
- Daniel

INTRODUÇÃO

LIVROS PROFÉTICOS: PROFETAS MENORES

- Oseias
- Joel
- Amós
- Obadias
- Jonas
- Miqueias
- Naum
- Habacuque
- Sofonias
- Ageu
- Zacarias
- Malaquias

Comecemos a leitura da Palavra de Deus com veneração, na esperança de que o Espírito Santo nos fale por seu intermédio. Sem o Antigo Testamento teríamos uma compreensão bastante reduzida do Novo Testamento; da mesma maneira que sem o Novo Testamento jamais compreenderíamos a razão de ser do Antigo Testamento.

O Antigo Testamento alcança a plenitude e o cumprimento de suas profecias no Novo Testamento e na pessoa de Jesus Cristo, a Palavra, o Filho de Deus feito carne, o Messias prometido, que veio a este mundo para estabelecer seu tabernáculo entre nós no meio do nosso acampamento (veja João 1.14) para habitar entre nós e acompanhar-nos em nossa jornada terrena. Ele continua indo à nossa frente em uma coluna de nuvem, durante o dia, para guiar o nosso caminho, e, pela noite, em uma coluna de fogo para iluminar-nos os passos; desse modo, andamos de dia e de noite. Nunca se distanciará de seu povo a coluna de nuvem nem a coluna de fogo (veja Êxodo 13.21,22).

INTRODUÇÃO

O PENTATEUCO
(Os cinco livros de Moisés)

- Gênesis
- Êxodo
- Levítico
- Números
- Deuteronômio

Introdução ao livro de
GÊNESIS

Autor e data de composição

Este livro, que inicia o Pentateuco (a *Torá*) e a Bíblia, é a semente de tudo que surgirá depois. Sem ele, é impossível entender o restante das Sagradas Escrituras. Mesmo que aqui não se mencione o nome de seu escritor, a própria Bíblia (veja Josué 1.7; Daniel 9.11-13; Lucas 16.29; João 7.19; Atos 26.22; Romanos 10.19), bem como todas as tradições judaico-cristãs mais antigas, atribuem a paternidade literária de Gênesis e de toda a *Torá* a Moisés, o líder que libertou Israel do Egito, lugar onde ele mesmo chegou a receber a educação primorosa de um príncipe da casa do faraó. Nesse caso, Gênesis e os demais quatro livros do Pentateuco devem ter sido escritos por Moisés enquanto o povo permaneceu no deserto, antes que entrasse na terra prometida, ou seja, entre os anos 1450 a.C. e 1410 a.C. aproximadamente. Ao que tudo indica, Moisés teria reunido tradições orais então existentes a revelações diretas da parte de Deus (Números 12.8).

ESBOÇO GERAL

Primeira parte: a origem do mundo e da humanidade (1—3)
I. A Criação e a Queda (1.1—3.24)
   A. A criação do mundo em geral (1.1—2.3)
   B. A criação do ser humano em particular (2.4-25)
   C. A queda do ser humano e a primeira boa-nova (3)
II. As primeiras gerações (4—5)
   A. Caim e Abel (4.1-16)
   B. Os descendentes de Caim (4.17-24)
   C. Os descendentes de Sete (4.25—5.32)

Segunda parte: A época dos patriarcas (6—50)
I. O ciclo de Noé (6.1—11.9)
   A. O Dilúvio (6.1—8.19)
   B. O pacto de Deus com Noé (8.20—9.17)
   C. A embriaguez de Noé; bênçãos e maldições (9.18-29)
   D. Os três filhos de Noé e seus descendentes (10)
   E. A torre de Babel e a dispersão do gênero humano (11.1-9)
II. O ciclo de Abrão/Abraão (11.10—25.18)
   A. A genealogia de Abrão (11.10-32)
   B. O pacto entre Deus e Abrão (12.1-9)
   C. A vida de Abrão (12.10—14.24)
   D. A promessa de um filho e a renovação do pacto (15)
   E. Ismael, a circuncisão e a promessa do nascimento de Isaque (16.1—18.15)
   F. A continuação da vida de Abraão (18.16—25.18)
III. O ciclo de Isaque (25.19—26.35)
   A. Esaú e Jacó (25.19-34)
   B. A renovação do pacto (26)
IV. O ciclo de Jacó/Israel (27.1—36.43)
   A. Isaque abençoa Jacó e depois Esaú (27.1-40)

ESBOÇO GERAL

B. Jacó foge de Esaú e vai para Harã (27.41—31.16)
C. Jacó volta com sua família (31.17—33.20)
D. Jacó em Canaã (34.1—35.8)
E. A renovação do pacto (35.9-15)
F. Os filhos de Jacó; a morte de Raquel e a morte de Isaque (35.16-29)
G. A descendência de Esaú (36)
V. O ciclo de José (37.1—50.26)
  A. Preferências, ciúmes e escravidão (37.1—40.23)
  B. O faraó ascende José a governador do Egito (41)
  C. Os irmãos de José no Egito (42—44)
  D. José se revela a seus irmãos (45)
  E. A família de Jacó se estabelece no Egito (46—50)

Versículos-chave
3.15; 12.1-3

Tema geral do livro
A origem de todas as coisas. A origem do gênero humano. A origem do pecado e o início da execução do plano de Deus para resgatar o homem do pecado. A origem da perseguição dos homens tementes a Deus em mãos de falsos religiosos (Abel e Caim). O drama fica mais intenso à medida que os seres humanos começam a usar o livre-arbítrio para escolher entre os caminhos de Deus e seus próprios caminhos. O novo início do gênero humano com Noé e sua família depois do Dilúvio. O foco volta-se para um homem, Abrão ("pai exaltado"), a quem Deus converteria de gentio, cujas origens eram de uma cidade idólatra, no pai de todos os que creem, em um homem justificado por sua fé, sem que fossem necessárias obras, e em alguém que passaria a chamar-se Abraão ("pai de muitas nações"). A origem da luta entre o povo hebreu e os descendentes de Ismael, o filho da escrava Hagar. E, por fim, depois de duas gerações, a conversão do clã de Jacó (Israel) em um povo formado por 12 tribos diferentes. A ação termina com uma triste observação. Na Bíblia, Egito é sinônimo de escravidão e opressão, e no final do texto de Gênesis vemos o povo hebreu ser deixado ali com um comentário sutil e importante: E José fez que os filhos de Israel lhe prestassem um juramento, dizendo-lhes: "Quando Deus intervier em favor de vocês, levem os meus ossos daqui". Morreu José com a idade de cento e dez anos. E, depois de embalsamado, foi colocado num sarcófago no Egito (50.25,26).

Em Gênesis, Jesus é...
... a semente da mulher (3.15).

Versículos-chave para o discípulo
12.4a; 15.6

O discípulo e Gênesis
O estudo de Gênesis pelo chamado "método de interiorização" é fundamental para o discípulo. Sem ele, o discípulo nunca poderá compreender plenamente o plano divino de salvação nem o poder ou o valor do sacrifício de Cristo. Do ponto de vista de conhecer Deus mais e mais, a lição é óbvia: Deus quer comunicar-se com seu povo; quer restabelecer a comunhão que tinha com Adão e Eva no jardim do Éden. Não somos uma parte adicional

da criação, mas, sim, seres especiais, criados à imagem e semelhança de Deus, que é quem nos dá o privilégio e também a responsabilidade de estar acima dos demais seres criados. É com esses seres que criou para a eternidade que Deus quer fazer aliança, e ele é fiel às alianças que faz. Do ponto de vista da conduta humana, Abraão é impressionante, não pelo que diz, mas pelo que faz. Seu padrão de conduta é praticamente o mesmo em diversas ocasiões, tanto no capítulo 12, quando Deus lhe diz que deixe tudo o que o rodeia, como no capítulo 22, quando lhe ordena que sacrifique Isaque, seu filho. Abraão limita-se a atuar de acordo com o que Deus lhe havia dito: "Abraão levou em conta que Deus pode ressuscitar os mortos e, figuradamente, recebeu Isaque de volta dentre os mortos" (Hebreus 11.19). O discípulo deve entender que a comunhão com Deus tem um preço, e a fé tem uma maneira de ser demonstrada: pela obediência irrestrita ao Senhor.

GÊNESIS

1.1 A Bíblia jamais sugere a possibilidade de que Deus exista. Limita-se simplesmente a apresentá-lo como o Ser que sempre existiu e a quem corresponde a tarefa de criar, do nada (verbo *bara'*) tudo o que existe. O nome usado para mencionar Deus neste primeiro versículo da Bíblia é Elohim, um nome com flexão de número indicativa de plural (veja a seção "Os nomes e títulos de Deus na Bíblia", na p. 1537). No que se refere à ausência do fenômeno hoje denominado "ateísmo", veja a nota correspondente a Salmos 14.1.

O Princípio

1 No princípio Deus criou os céus e a terra.[a] ² Era a terra sem forma e vazia; trevas cobriam a face do abismo, e o Espírito de Deus se movia sobre a face das águas.

³ Disse Deus: "Haja luz", e houve luz. ⁴ Deus viu que a luz era boa, e separou a luz das trevas. ⁵ Deus chamou à luz dia, e às trevas chamou noite. Passaram-se a tarde e a manhã; esse foi o primeiro dia.

⁶ Depois disse Deus: "Haja entre as águas um firmamento que separe águas de águas". ⁷ Então Deus fez o firmamento e separou as águas que ficaram abaixo do firmamento das que ficaram por cima. E assim foi. ⁸ Ao firmamento, Deus chamou céu. Passaram-se a tarde e a manhã; esse foi o segundo dia.

⁹ E disse Deus: "Ajuntem-se num só lugar as águas que estão debaixo do céu, e apareça a parte seca". E assim foi. ¹⁰ À parte seca Deus chamou terra, e chamou mares ao conjunto das águas. E Deus viu que ficou bom.

¹¹ Então disse Deus: "Cubra-se a terra de vegetação: plantas que deem sementes e árvores cujos frutos produzam sementes de acordo com as suas espécies". E assim foi. ¹² A terra fez brotar a vegetação: plantas que dão sementes de acordo com as suas espécies, e árvores cujos frutos produzem sementes de acordo com as suas espécies. E Deus viu que ficou bom. ¹³ Passaram-se a tarde e a manhã; esse foi o terceiro dia.

¹⁴ Disse Deus: "Haja luminares no firmamento do céu para separar o dia da noite. Sirvam eles de sinais para marcar estações, dias e anos, ¹⁵ e sirvam de luminares no firmamento do céu para iluminar a terra". E assim foi. ¹⁶ Deus fez os dois grandes luminares: o maior para governar o dia e o menor para governar a noite; fez também as estrelas. ¹⁷ Deus os colocou no firmamento do céu para iluminar a terra, ¹⁸ governar o dia e a noite, e separar a luz das trevas. E Deus viu que ficou bom. ¹⁹ Passaram-se a tarde e a manhã; esse foi o quarto dia.

²⁰ Disse também Deus: "Encham-se as águas de seres vivos, e voem as aves sobre a terra, sob o firmamento do céu". ²¹ Assim Deus criou os grandes animais aquáticos e os demais seres vivos que povoam as águas, de acordo com as suas espécies; e todas as aves, de acordo com as suas espécies. E Deus viu que ficou bom. ²² Então Deus os abençoou, dizendo: "Sejam férteis e multipliquem-se! Encham as águas dos mares! E multipliquem-se as aves na terra". ²³ Passaram-se a tarde e a manhã; esse foi o quinto dia.

²⁴ E disse Deus: "Produza a terra seres vivos de acordo com as suas espécies: rebanhos domésticos, animais selvagens e os demais seres vivos da terra, cada um de acordo com a sua espécie". E assim foi. ²⁵ Deus fez os animais selvagens de acordo com as suas espécies, os rebanhos domésticos de acordo com as suas espécies, e os demais seres vivos da terra de acordo com as suas espécies. E Deus viu que ficou bom.

²⁶ Então disse Deus: "Façamos o homem à nossa imagem, conforme a nossa semelhança. Domine ele[b] sobre os peixes do mar, sobre as aves do céu, sobre os grandes animais de toda a terra[c] e sobre todos os pequenos animais que se movem rente ao chão".

²⁷ Criou Deus o homem à sua imagem,
à imagem de Deus o criou;
homem e mulher[d] os criou.

²⁸ Deus os abençoou e lhes disse: "Sejam férteis e multipliquem-se! Encham e subjuguem a terra! Dominem sobre os peixes do mar, sobre

---

[a] **1.1-3** Ou *Quando Deus começou a criar os céus e a terra* ²*sendo a terra ...,* ³*disse Deus: ...*

[b] **1.26** Hebraico: *Dominem eles.*

[c] **1.26** A Versão Siríaca diz *sobre todos os animais selvagens da terra.*

[d] **1.27** Hebraico: *macho e fêmea.*

1.27 Os seres humanos foram o alvo de uma criação especial e separada por Deus, aquele que primeiro criou o "cenário" para em seguida colocar o ator principal. No texto de Gênesis 2.4-25, há a explicação detalhada dessa obra especial e distinta de Deus que nos separa do restante da criação e nos aproxima do Criador, à imagem e semelhança do qual fomos criados. Observe neste versículo como está redigido o fator de complementaridade entre os dois sexos, ambos à imagem de Deus.

as aves do céu e sobre todos os animais que se movem pela terra".
²⁹ Disse Deus: "Eis que dou a vocês todas as plantas que nascem em toda a terra e produzem sementes, e todas as árvores que dão frutos com sementes. Elas servirão de alimento para vocês. ³⁰ E dou todos os vegetais como alimento a tudo o que tem em si fôlego de vida: a todos os grandes animais da terra[a], a todas as aves do céu e a todas as criaturas que se movem rente ao chão". E assim foi.
³¹ E Deus viu tudo o que havia feito, e tudo havia ficado muito bom. Passaram-se a tarde e a manhã; esse foi o sexto dia.

2 Assim foram concluídos os céus e a terra, e tudo o que neles há.
² No sétimo dia Deus já havia concluído a obra que realizara, e nesse dia descansou. ³ Abençoou Deus o sétimo dia e o santificou, porque nele descansou de toda a obra que realizara na criação.

A Origem da Humanidade

⁴ Esta é a história das origens[b] dos céus e da terra, no tempo em que foram criados:

2.4 Primeira vez em que aparece o nome de Deus ("Senhor") como o Deus da aliança. Há, no Antigo Testamento, 6.823 ocorrências dessa palavra, que deriva do verbo hebraico *hayah*, "ser". Foi dessa maneira que Deus se revelou a Moisés ao dizer: "Eu Sou o que Sou" (veja a nota em Êxodo 3.14). Numa grande quantidade de versões da Bíblia optou-se por substituir o Nome sagrado (veja "Tetragrama" na seção "Vocabulário básico", na p. 1520) pelo nome apelativo "Senhor", costume este que tem origem nos anos anteriores a Cristo e destinado a evitar o uso indevido do Nome sagrado. Observe que "Senhor" também é um substantivo apelativo usado para referir-se a Jesus com bastante frequência no Novo Testamento.

Quando o Senhor Deus fez a terra e os céus, ⁵ ainda não tinha brotado nenhum arbusto no campo, e nenhuma planta havia germinado, porque o Senhor Deus ainda não tinha feito chover sobre a terra, e também não havia homem para cultivar o solo. ⁶ Todavia brotava água[c] da terra e irrigava toda a superfície do solo. ⁷ Então o Senhor Deus formou o homem[d] do pó da terra e soprou em suas narinas o fôlego de vida, e o homem se tornou um ser vivente.
⁸ Ora, o Senhor Deus tinha plantado um jardim no Éden, para os lados do leste, e ali colocou o homem que formara. ⁹ Então o Senhor Deus fez nascer do solo todo tipo de árvores agradáveis aos olhos e boas para alimento. E no meio do jardim estavam a árvore da vida e a árvore do conhecimento do bem e do mal.
¹⁰ No Éden nascia um rio que irrigava o jardim, e depois se dividia em quatro. ¹¹ O nome do primeiro é Pisom. Ele percorre toda a terra de Havilá, onde existe ouro. ¹² O ouro daquela terra é excelente; lá também existem o bdélio e a pedra de ônix. ¹³ O segundo, que percorre toda a terra de Cuxe, é o Giom. ¹⁴ O terceiro, que corre pelo lado leste da Assíria, é o Tigre. E o quarto rio é o Eufrates.
¹⁵ O Senhor Deus colocou o homem no jardim do Éden para cuidar dele e cultivá-lo. ¹⁶ E o Senhor Deus ordenou ao homem: "Coma livremente de qualquer árvore do jardim, ¹⁷ mas não coma da árvore do conhecimento do bem e do mal, porque no dia em que dela comer, certamente você morrerá".
¹⁸ Então o Senhor Deus declarou: "Não é bom que o homem esteja só; farei para ele alguém que o auxilie e lhe corresponda". ¹⁹ Depois que

---

[a] **1.30** Ou *os animais selvagens*
[b] **2.4** Hebraico: *história da descendência*; a mesma expressão aparece em 5.1; 6.9; 10.1; 11.10, 27; 25.12, 19; 36.1, 9 e 37.2.
[c] **2.6** Ou *brotavam fontes*; ou ainda *surgia uma neblina*
[d] **2.7** Os termos homem e Adão (*adam*) assemelham-se à palavra terra (*adamah*) no hebraico.

OS SETE DIAS DA CRIAÇÃO (GÊNESIS 1)			
OS DIAS EM QUE DEUS SEPAROU		OS DIAS EM QUE DEUS PREENCHEU O QUE HAVIA CRIADO	
1º	A luz e as trevas	4º	O luminar maior, o luminar menor e as estrelas
2º	As águas de cima e as águas de baixo	5º	As aves e os animais aquáticos
3º	A terra e os mares; criou também o reino vegetal	6º	Os animais terrestres O ser humano: a. "à nossa imagem" b. "conforme a nossa semelhança" c. "Domine ele" sobre todo ser vivente
O DIA EM QUE DEUS ESTABELECEU O DESCANSO			
7º	"E Deus viu tudo o que havia feito, e tudo havia ficado muito bom." (1.31)		

formou da terra todos os animais do campo e todas as aves do céu, o Senhor Deus os trouxe ao homem para ver como este lhes chamaria; e o nome que o homem desse a cada ser vivo, esse seria o seu nome. ²⁰ Assim o homem deu nomes a todos os rebanhos domésticos, às aves do céu e a todos os animais selvagens. Todavia não se encontrou para o homem[a] alguém que o auxiliasse e lhe correspondesse.

²¹ Então o Senhor Deus fez o homem cair em profundo sono e, enquanto este dormia, tirou-lhe uma das costelas[b], fechando o lugar com carne. ²² Com a costela que havia tirado do homem, o Senhor Deus fez uma mulher e a levou até ele. ²³ Disse então o homem:

"Esta, sim, é osso dos meus ossos
e carne da minha carne!
Ela será chamada mulher,
porque do homem[c] foi tirada".

²⁴ Por essa razão, o homem deixará pai e mãe e se unirá à sua mulher, e eles se tornarão uma só carne. ²⁵ O homem e sua mulher viviam nus, e não sentiam vergonha.

O Relato da Queda

3 Ora, a serpente era o mais astuto de todos os animais selvagens que o Senhor Deus tinha feito. E ela perguntou à mulher: "Foi isto mesmo que Deus disse: 'Não comam de nenhum fruto das árvores do jardim'?"

² Respondeu a mulher à serpente: "Podemos comer do fruto das árvores do jardim, ³ mas Deus disse: 'Não comam do fruto da árvore que está no meio do jardim, nem toquem nele; do contrário vocês morrerão' ".

⁴ Disse a serpente à mulher: "Certamente não morrerão! ⁵ Deus sabe que, no dia em que dele comerem, seus olhos se abrirão, e vocês, como Deus[d], serão conhecedores do bem e do mal".

⁶ Quando a mulher viu que a árvore parecia agradável ao paladar, era atraente aos olhos e, além disso, desejável para dela se obter discernimento, tomou do seu fruto, comeu-o e o deu a seu marido, que comeu[e] também. ⁷ Os olhos dos dois se abriram, e perceberam que estavam nus; então juntaram folhas de figueira para cobrir-se.

⁸ Ouvindo o homem e sua mulher os passos[f] do Senhor Deus, que andava pelo jardim quando soprava a brisa do dia, esconderam-se da presença do Senhor Deus entre as árvores do jardim. ⁹ Mas o Senhor Deus chamou o homem, perguntando: "Onde está você?"

¹⁰ E ele respondeu: "Ouvi teus passos no jardim e fiquei com medo, porque estava nu; por isso me escondi".

¹¹ E Deus perguntou: "Quem disse que você estava nu? Você comeu do fruto da árvore da qual o proibi de comer?"

¹² Disse o homem: "Foi a mulher que me deste por companheira que me deu do fruto da árvore, e eu comi".

¹³ O Senhor Deus perguntou então à mulher: "Que foi que você fez?"

Respondeu a mulher: "A serpente me enganou, e eu comi".

¹⁴ Então o Senhor Deus declarou à serpente:

"Uma vez que você fez isso,
maldita é você

---

[a] 2.20 Ou *Adão*
[b] 2.21 Ou *parte de um dos lados do homem*; também no versículo 22.
[c] 2.23 Os termos homem (*ish*) e mulher (*ishah*) formam um jogo de palavras no hebraico.
[d] 3.5 Ou *deuses*
[e] 3.6 Ou *comeu e estava com ela*
[f] 3.8 Ou *a voz*; também no versículo 10.

entre todos os rebanhos domésticos
e entre todos os animais selvagens!
Sobre o seu ventre você rastejará,
e pó comerá todos os dias da sua vida.
¹⁵ Porei inimizade
entre você e a mulher,
entre a sua descendência
e o descendente[a] dela;
este ferirá a sua cabeça,
e você lhe ferirá o calcanhar".

3.15 Cristo, a semente da mulher, derrotaria Satanás, a quem o Apocalipse identifica como "a antiga serpente" (20.2).
Cumprimento: João 12.31; Hebreus 2.14,15; 1João 3.8b; Apocalipse 20.10
Próximo texto: Gênesis 12.1-3

3.15 A primeira profecia da Bíblia — orquestrada por Deus e por meio da qual tem início a revelação do plano divino de salvação do gênero humano — tem como receptor imediato Satanás, que neste contexto assume a forma de uma serpente. Mesmo que a serpente pudesse fazer algum mal à semente da mulher (Jesus), esta última lhe pisaria a cabeça. A palavra "este", masculina também no hebraico, refere-se ao Redentor. A este versículo se costuma dar o nome de "protoevangelho", que significa "a primeira boa-nova". Observe que o plano de redenção de Deus foi manifesto antes mesmo de ele lançar a maldição contra o gênero humano em decorrência do pecado. Assim é sua misericórdia.

¹⁶ À mulher, ele declarou:

"Multiplicarei grandemente
o seu sofrimento na gravidez;
com sofrimento você dará à luz filhos.
Seu desejo será para o seu marido,
e ele[b] a dominará".

¹⁷ E ao homem declarou:

"Visto que você deu ouvidos à sua mulher
e comeu do fruto da árvore
da qual ordenei a você
que não comesse,
maldita é a terra por sua causa;
com sofrimento você
se alimentará dela
todos os dias da sua vida.

¹⁸ Ela lhe dará espinhos e ervas daninhas,
e você terá que alimentar-se
das plantas do campo.
¹⁹ Com o suor do seu rosto
você comerá o seu pão,
até que volte à terra,
visto que dela foi tirado;
porque você é pó,
e ao pó voltará".

²⁰ Adão deu à sua mulher o nome de Eva, pois ela seria mãe de toda a humanidade. ²¹ O Senhor Deus fez roupas de pele e com elas vestiu Adão e sua mulher.
²² Então disse o Senhor Deus: "Agora o homem se tornou como um de nós, conhecendo o bem e o mal. Não se deve, pois, permitir que ele tome também do fruto da árvore da vida e o coma, e viva para sempre". ²³ Por isso o Senhor Deus o mandou embora do jardim do Éden para cultivar o solo do qual fora tirado. ²⁴ Depois de expulsar o homem, colocou a leste do jardim do Éden querubins e uma espada flamejante que se movia, guardando o caminho para a árvore da vida.

Caim Mata Abel

4 Adão teve relações com Eva, sua mulher, e ela engravidou e deu à luz Caim. Disse ela:

4.1 O verbo "conhecer" significa conhecer de maneira pessoal e íntima, chegando até mesmo a ter o sentido de manter relações sexuais. Não se refere apenas a um conhecimento intelectual, como o entendemos hoje. Ao que parece, Eva teria pensado que Caim seria a semente que pisaria a cabeça de Satanás, uma vez que lhe dá um nome originário do verbo *qanah*, "adquirir", crendo que havia concebido a solução para o problema que ela e Adão tinham criado com o pecado. Caim, no

---

[a] **3.15** Ou *a descendência*. Hebraico: *semente*.
[b] **3.16** Ou *será contra o seu marido, mas ele*; ou ainda *a impelirá ao seu marido, e ele*

> entanto, acabaria sendo uma total desilusão, e o casal viveria ainda muitos séculos até que surgisse Jesus, o desejado de todas as nações (Ageu 2.7, nota *NVI*).

"Com o auxílio do Senhor tive um filho homem". ²Voltou a dar à luz, desta vez a Abel, irmão dele.

Abel tornou-se pastor de ovelhas, e Caim, agricultor. ³Passado algum tempo, Caim trouxe do fruto da terra uma oferta ao Senhor. ⁴Abel, por sua vez, trouxe as partes gordas das primeiras crias do seu rebanho. O Senhor aceitou com agrado Abel e sua oferta, ⁵mas não aceitou Caim e sua oferta. Por isso Caim se enfureceu e o seu rosto se transtornou.

⁶O Senhor disse a Caim: "Por que você está furioso? Por que se transtornou o seu rosto? ⁷Se você fizer o bem, não será aceito? Mas, se não o fizer, saiba que o pecado o ameaça à porta; ele deseja conquistá-lo, mas você deve dominá-lo".

⁸Disse, porém, Caim a seu irmão Abel: "Vamos para o campo".ª Quando estavam lá, Caim atacou seu irmão Abel e o matou.

⁹Então o Senhor perguntou a Caim: "Onde está seu irmão Abel?"

Respondeu ele: "Não sei; sou eu o responsável por meu irmão?"

¹⁰Disse o Senhor: "O que foi que você fez? Escute! Da terra o sangue do seu irmão está clamando. ¹¹Agora amaldiçoado é você pela terraᵇ, que abriu a boca para receber da sua mão o sangue do seu irmão. ¹²Quando você cultivar a terra, esta não lhe dará mais da sua força. Você será um fugitivo errante pelo mundo".

¹³Disse Caim ao Senhor: "Meu castigo é maior do que posso suportar. ¹⁴Hoje me expulsas desta terra, e terei que me esconder da tua face; serei um fugitivo errante pelo mundo, e qualquer que me encontrar me matará".

¹⁵Mas o Senhor lhe respondeu: "Não será assimᶜ; se alguém matar Caim, sofrerá sete vezes a vingança". E o Senhor colocou em Caim um sinal, para que ninguém que viesse a encontrá-lo o matasse. ¹⁶Então Caim afastou-se da presença do Senhor e foi viver na terra de Nodeᵈ, a leste do Éden.

Os Descendentes de Caim

¹⁷Caim teve relações com sua mulher, e ela engravidou e deu à luz Enoque. Depois Caim fundou uma cidade, à qual deu o nome do seu filho Enoque. ¹⁸A Enoque nasceu Irade, Irade gerou a Meujael, Meujael a Metusael, e Metusael a Lameque.

¹⁹Lameque tomou duas mulheres: uma chamava-se Ada; a outra, Zilá. ²⁰Ada deu à luz Jabal, que foi o pai daqueles que moram em tendas e criam rebanhos. ²¹O nome do irmão dele era Jubal, que foi o pai de todos os que tocam harpa e flauta. ²²Zilá também deu à luz um filho, chamado Tubalcaim, que fabricava todo tipo de ferramentas de bronze e de ferroᵉ. Tubalcaim teve uma irmã chamada Naamá.

²³Disse Lameque às suas mulheres:

"Ada e Zilá, ouçam-me;
mulheres de Lameque,
    escutem minhas palavras:
Eu matei um homem porque me feriu,
e um menino, porque me machucou.
²⁴Se Caim é vingado sete vezes,
    Lameque o será setenta e sete".

O Nascimento de Sete

²⁵Novamente Adão teve relações com sua mulher, e ela deu à luz outro filho, a quem chamou Sete, dizendo: "Deus me concedeu um filho no lugar de Abel, visto que Caim o matou". ²⁶Também a Sete nasceu um filho, a quem deu o nome de Enos.

Nessa época começou-se a invocarᶠ o nome do Senhor.

A Descendência de Adão

5 Este é o registro da descendência de Adão: Quando Deus criou o homem, à semelhança de Deus o fez; ²homem e mulher os criou. Quando foram criados, ele os abençoou e os chamou Homemᵍ.

³Aos 130 anos, Adão gerou um filho à sua semelhança, conforme a sua imagem; e deu-lhe

---

ª**4.8** Conforme o Pentateuco Samaritano, a Septuaginta, a Vulgata e a Versão Siríaca. O Texto Massorético não traz *"Vamos para o campo"*.
ᵇ**4.11** Ou *amaldiçoado é você e expulso da terra*; ou ainda *amaldiçoado é você mais do que a terra*
ᶜ**4.15** Conforme a Septuaginta, a Vulgata e a Versão Siríaca.
ᵈ**4.16** *Node* significa *peregrinação*.
ᵉ**4.22** Ou *que ensinou todos os que trabalham o bronze e o ferro*
ᶠ**4.26** Ou *proclamar*
ᵍ**5.2** Hebraico: *Adam*.

BELEZA, MEIO AMBIENTE E ADMINISTRAÇÃO

Muitas vezes, o usufruto do meio ambiente e a busca pela beleza são objeto de críticas quando as pessoas passam dos limites. Até mesmo alguns cristãos chegam a dizer: "Não importa que a terra seja destruída; Deus nos dará outra completamente nova". Em que medida essa posição está de acordo com as Escrituras? O que Deus pensa sobre o meio ambiente?

Em Gênesis 2.7, quando usa a terra para formar o homem, Deus valoriza o Planeta. O homem foi sua obra-prima; e a terra, a matéria que lhe deu origem.

Já Gênesis 2.9 diz que Deus criou árvores que eram agradáveis de ver. Isso não quer dizer que não tenham sido úteis e servissem a um propósito, mas Deus valoriza tanto a beleza quanto a função daquilo que criou, porque tudo que fez era bom e perfeito.

Se insistimos na lenda de que temos o direito de corromper a terra, estamos cometendo dois erros. Em primeiro lugar, destruímos a matéria da qual o homem foi formado. E, ao desprezá-la, diminuímos o valor da humanidade e da criação de Deus. Em segundo lugar, não prestamos atenção na ordem de Deus em Gênesis 1.26, no sentido de dominar e administrar a terra. "Domínio" indica governo, administração e capacidade de gerenciar melhor os recursos disponíveis.

Certamente há limites a esse tipo de respeito pelo meio ambiente. O homem é superior à natureza. Os seres humanos são os únicos que foram feitos à imagem de Deus e que lhe são semelhantes — o que nos torna superiores a toda a criação (Gênesis 1.27). Os homens sempre devem estar por cima da natureza. Os reinos animal e vegetal têm valor, mas não mais que os seres humanos.

Conserve e administre os recursos naturais que Deus deixou sob nossa responsabilidade. Feche a torneira; apague a luz; não desperdice alimentos. Estas não são táticas simples de uma agenda política, mas ações de uma administração reverente.

APLICAÇÃO

- Vemos o meio ambiente como parte de um programa político qualquer, ou como algo que merece atenção do ponto de vista religioso?
- Reserve um tempo para apreciar a beleza do mundo. Faça um passeio ao ar livre e aprecie a natureza. Visite museus de arte e veja as obras-primas que fizeram história — muitas delas da autoria de artistas que eram cristãos. Faça alguma atividade que não esteja associada a nenhum tipo de produtividade, mas que apenas celebre a beleza.

---

o nome de Sete. ⁴ Depois que gerou Sete, Adão viveu 800 anos e gerou outros filhos e filhas. ⁵ Viveu ao todo 930 anos e morreu.

⁶ Aos 105 anos, Sete gerou*ª* Enos. ⁷ Depois que gerou Enos, Sete viveu 807 anos e gerou outros filhos e filhas. ⁸ Viveu ao todo 912 anos e morreu.

⁹ Aos 90 anos, Enos gerou Cainã. ¹⁰ Depois que gerou Cainã, Enos viveu 815 anos e gerou outros filhos e filhas. ¹¹ Viveu ao todo 905 anos e morreu.

¹² Aos 70 anos, Cainã gerou Maalaleel. ¹³ Depois que gerou Maalaleel, Cainã viveu 840 anos e gerou outros filhos e filhas. ¹⁴ Viveu ao todo 910 anos e morreu.

¹⁵ Aos 65 anos, Maalaleel gerou Jarede. ¹⁶ Depois que gerou Jarede, Maalaleel viveu 830 anos e gerou outros filhos e filhas. ¹⁷ Viveu ao todo 895 anos e morreu.

¹⁸ Aos 162 anos, Jarede gerou Enoque. ¹⁹ Depois que gerou Enoque, Jarede viveu 800 anos e gerou outros filhos e filhas. ²⁰ Viveu ao todo 962 anos e morreu.

²¹ Aos 65 anos, Enoque gerou Matusalém. ²² Depois que gerou Matusalém, Enoque andou com Deus 300 anos e gerou outros filhos e filhas. ²³ Viveu ao todo 365 anos. ²⁴ Enoque andou com Deus; e já não foi encontrado, pois Deus o havia arrebatado.

²⁵ Aos 187 anos, Matusalém gerou Lameque. ²⁶ Depois que gerou Lameque, Matusalém viveu 782 anos e gerou outros filhos e filhas. ²⁷ Viveu ao todo 969 anos e morreu.

²⁸ Aos 182 anos, Lameque gerou um filho. ²⁹ Deu-lhe o nome de Noé e disse: "Ele nos

---

ª 5.6 *Gerar* pode ter o sentido de *ser ancestral*; também nos versículos 7-26.

DEUS E SUAS ESTRUTURAS

Nota: Pensamos que esta talvez seja uma maneira útil de reunir em um único quadro todas as estruturas físicas que têm tido e terão relação com Deus desde praticamente o começo da humanidade até o grande e maravilhoso final na eternidade.

Estrutura	Iniciativa	Personagens bíblicas relacionadas	Textos principais	Significado
A arca do dilúvio universal	Deus, que deu suas dimensões a Noé	Noé, seu construtor	Gênesis 6.1—9.17	Símbolo inequívoco de Cristo, o único em que há salvação. Nela se salvou da morte segura o único homem que agradara ao SENHOR, e também toda a sua família.
O tabernáculo do deserto ou a Tenda do Encontro	Deus, que, no monte, mostrou a Moisés o tabernáculo celestial que lhe serviu de modelo	Moisés, que orientou sua construção	Êxodo 25—30; 35.4—40.38; Hebreus 8.1.5; Apocalipse 11.19	A presença e a soberania de Deus no meio de seu povo. Os símbolos são muitos e cheios de detalhes, enfocando diferentes aspectos da pessoa, do ministério e do sacrifício de Cristo.
A tenda de Davi	Davi, que a fez para Deus e a arca; tratava-se de uma tenda simples de acampar, sem divisões internas, na qual a adoração jamais cessou ao longo de quarenta anos.	Davi, que a levantou no monte Sião	1Crônicas 15—16; Amós 9.11-12; Atos 15.16-18	Antecipação da adoração e da comunhão direta com Deus que seria estabelecida com a nova aliança, ao morrer Jesus e rasgar-se o véu do templo.
O primeiro templo	Davi e Deus; Davi providenciou os materiais e todos os desenhos e esquemas a seu filho Salomão	Davi e Salomão	1Crônicas 22—26; 28; 2Crônicas 2—7	A presença constante de Deus em Jerusalém, a capital de Israel. O sistema de sacrifícios aponta para a necessidade de um sacrifício cujo valor fosse permanente: o de Cristo. O sacerdócio aponta para a chegada de um sacerdócio superior: o de Cristo, descendente da tribo de Judá, mas sacerdote segundo a ordem de Melquisedeque.
O segundo templo	Deus, por meio de seus profetas; Zorobabel, seu primeiro construtor, e o idumeu Herodes, o Grande, que almejava a benevolência do povo judeu	Zorobabel e o sumo sacerdote Josué	Esdras 3—6; Mateus 12.3-6; 24.1,2	De aspecto mais humilde que o primeiro templo, mais tarde embelezado por um tirano, teve maior glória que o primeiro, porque os pés do Salvador pisaram seus átrios e aí sua voz se fez escutar por todos os lados.
A nova Jerusalém	Deus, seu construtor; ninguém mais; desce do céu à terra já totalmente terminada para ser o tabernáculo de Deus em meio de uma nova e eterna humanidade.	Deus e o Cordeiro	Hebreus 11.8-10; Apocalipse 21.1—22.5	O cumprimento definitivo do plano de Deus para o ser humano. A completa desaparição da maldição do Éden por causa do pecado.

aliviará do nosso trabalho e do sofrimento de nossas mãos, causados pela terra que o Senhor amaldiçoou". ³⁰ Depois que Noé nasceu, Lameque viveu 595 anos e gerou outros filhos e filhas. ³¹ Viveu ao todo 777 anos e morreu.

³² Aos 500 anos, Noé tinha gerado Sem, Cam e Jafé.

A Corrupção da Humanidade

6 Quando os homens começaram a multiplicar-se na terra e lhes nasceram filhas, ² os filhos de Deus viram que as filhas dos homens eram bonitas, e escolheram para si aquelas que lhes agradaram. ³ Então disse o Senhor: "Por causa da perversidade do homem[a], meu Espírito[b] não contenderá com ele[c] para sempre; ele só viverá cento e vinte anos".

⁴ Naqueles dias, havia nefilins[d] na terra, e também posteriormente, quando os filhos de Deus possuíram as filhas dos homens e elas lhes deram filhos. Eles foram os heróis do passado, homens famosos.

⁵ O Senhor viu que a perversidade do homem tinha aumentado na terra e que toda a inclinação dos pensamentos do seu coração era sempre e somente para o mal. ⁶ Então o Senhor arrependeu-se de ter feito o homem sobre a terra, e isso cortou-lhe o coração. ⁷ Disse o Senhor: "Farei desaparecer da face da terra o homem que criei, os homens e também os animais, grandes e pequenos, e as aves do céu. Arrependo-me de havê-los feito".

⁸ A Noé, porém, o Senhor mostrou benevolência.

A Arca de Noé

⁹ Esta é a história da família de Noé:

Noé era homem justo, íntegro entre o povo da sua época; ele andava com Deus. ¹⁰ Noé gerou três filhos: Sem, Cam e Jafé.

¹¹ Ora, a terra estava corrompida aos olhos de Deus e cheia de violência. ¹² Ao ver como a terra se corrompera, pois toda a humanidade havia corrompido a sua conduta, ¹³ Deus disse a Noé: "Darei fim a todos os seres humanos, porque a terra encheu-se de violência por causa deles. Eu os destruirei com a terra. ¹⁴ Você, porém, fará uma arca de madeira de cipreste[e]; divida-a em compartimentos e revista-a de piche por dentro e por fora. ¹⁵ Faça-a com cento e trinta e cinco metros de comprimento, vinte e dois metros e meio de largura e treze metros e meio de altura[f]. ¹⁶ Faça-lhe um teto com um vão de quarenta e cinco centímetros[g] entre o teto e o corpo da arca. Coloque uma porta lateral na arca e faça um andar superior, um médio e um inferior.

¹⁷ "Eis que vou trazer águas sobre a terra, o Dilúvio, para destruir debaixo do céu toda criatura que tem fôlego de vida. Tudo o que há na terra perecerá. ¹⁸ Mas com você estabelecerei a minha aliança, e você entrará na arca com seus filhos, sua mulher e as mulheres de seus filhos. ¹⁹ Faça entrar na arca um casal de cada um dos seres vivos, macho e fêmea, para conservá-los vivos com você. ²⁰ De cada espécie de ave, de cada espécie de animal grande e de cada espécie de animal pequeno que se move rente ao chão virá um casal a você para que sejam conservados vivos. ²¹ E armazene todo tipo de alimento, para que você e eles tenham mantimento".

²² Noé fez tudo exatamente como Deus lhe tinha ordenado.

7 Então o Senhor disse a Noé: "Entre na arca, você e toda a sua família, porque você é o único justo que encontrei nesta geração. ² Leve com você sete casais de cada espécie de animal puro, macho e fêmea, e um casal de cada espécie de animal impuro, macho e fêmea, ³ e leve também sete casais de aves de cada espécie, macho e fêmea, a fim de preservá-los em toda a terra. ⁴ Daqui a sete dias farei chover sobre a terra quarenta dias e quarenta noites, e farei desaparecer da face da terra todos os seres vivos que fiz".

⁵ E Noé fez tudo como o Senhor lhe tinha ordenado.

O Dilúvio

⁶ Noé tinha seiscentos anos de idade quando as águas do Dilúvio vieram sobre a terra. ⁷ Noé, seus filhos, sua mulher e as mulheres de seus filhos entraram na arca, por causa das águas do Dilúvio. ⁸ Casais de animais grandes,

---

[a] **6.3** Ou *Por ser o homem mortal*
[b] **6.3** Ou *o espírito que lhe dei*
[c] **6.3** Ou *não permanecerá nele*
[d] **6.4** Possivelmente gigantes ou homens poderosos. Veja também Nm 13.33.
[e] **6.14** Ou *de cipreste e de juncos*
[f] **6.15** Hebraico: *300 côvados de comprimento, 50 côvados de largura e 30 côvados de altura.* O côvado era uma medida linear de cerca de 45 centímetros.
[g] **6.16** Ou *Faça-lhe uma abertura para a luz no topo, de 45 centímetros,*

puros e impuros, de aves e de todos os animais pequenos que se movem rente ao chão ⁹ vieram a Noé e entraram na arca, como Deus tinha ordenado a Noé. ¹⁰ E, depois dos sete dias, as águas do Dilúvio vieram sobre a terra.

¹¹ No dia em que Noé completou seiscentos anos, um mês e dezesseis dias, nesse mesmo dia todas as fontes das grandes profundezas jorraram, e as comportas do céu se abriram. ¹² E a chuva caiu sobre a terra quarenta dias e quarenta noites.

¹³ Naquele mesmo dia, Noé e seus filhos, Sem, Cam e Jafé, com sua mulher e com as mulheres de seus três filhos, entraram na arca. ¹⁴ Com eles entraram todos os animais de acordo com as suas espécies: todos os animais selvagens, todos os rebanhos domésticos, todos os demais seres vivos que se movem rente ao chão e todas as criaturas que têm asas: todas as aves e todos os outros animais que voam. ¹⁵ Casais de todas as criaturas que tinham fôlego de vida vieram a Noé e entraram na arca. ¹⁶ Os animais que entraram foram um macho e uma fêmea de cada ser vivo, conforme Deus ordenara a Noé. Então o SENHOR fechou a porta.

¹⁷ Quarenta dias durou o Dilúvio, e as águas aumentaram e elevaram a arca acima da terra. ¹⁸ As águas prevaleceram, aumentando muito sobre a terra, e a arca flutuava na superfície das águas. ¹⁹ As águas dominavam cada vez mais a terra, e foram cobertas todas as altas montanhas debaixo do céu. ²⁰ As águas subiram até quase sete metrosᵃ acima das montanhas. ²¹ Todos os seres vivos que se movem sobre a terra pereceram: aves, rebanhos domésticos, animais selvagens, todas as pequenas criaturas que povoam a terra e toda a humanidade. ²² Tudo o que havia em terra seca e tinha nas narinas o fôlego de vida morreu. ²³ Todos os seres vivos foram exterminados da face da terra; tanto os homens como os animais grandes, os animais pequenos que se movem rente ao chão e as aves do céu foram exterminados da terra. Só restaram Noé e aqueles que com ele estavam na arca. ²⁴ E as águas prevaleceram sobre a terra cento e cinquenta dias.

O Fim do Dilúvio

8 Então Deus lembrou-se de Noé e de todos os animais selvagens e rebanhos domésticos que estavam com ele na arca, e enviou um vento sobre a terra, e as águas começaram a baixar. ² As fontes das profundezas e as comportas do céu se fecharam, e a chuva parou. ³ As águas foram baixando pouco a pouco sobre a terra. Ao fim de cento e cinquenta dias, as águas tinham diminuído, ⁴ e, no décimo sétimo dia do sétimo mês, a arca pousou nas montanhas de Ararate. ⁵ As águas continuaram a baixar até o décimo mês, e no primeiro dia do décimo mês apareceram os topos das montanhas.

⁶ Passados quarenta dias, Noé abriu a janela que fizera na arca. ⁷ Esperando que a terra já tivesse aparecido, Noé soltou um corvo, mas este ficou dando voltas. ⁸ Depois soltou uma pomba para ver se as águas tinham diminuído na superfície da terra. ⁹ Mas a pomba não encontrou lugar onde pousar os pés porque as águas ainda cobriam toda a superfície da terra e, por isso, voltou para a arca, a Noé. Ele estendeu a mão para fora, apanhou a pomba e a trouxe de volta para dentro da arca. ¹⁰ Noé esperou mais sete dias e soltou novamente a pomba. ¹¹ Quando voltou ao entardecer, a pomba trouxe em seu bico uma folha nova de oliveira. Noé então ficou sabendo que as águas tinham diminuído sobre a terra. ¹² Esperou ainda outros sete dias e de novo soltou a pomba, mas dessa vez ela não voltou.

¹³ No primeiro dia do primeiro mês do ano seiscentos e um da vida de Noé, secaram-se as águas na terra. Noé então removeu o teto da arca e viu que a superfície da terra estava seca. ¹⁴ No vigésimo sétimo dia do segundo mês, a terra estava completamente seca.

¹⁵ Então Deus disse a Noé: ¹⁶ "Saia da arca, você e sua mulher, seus filhos e as mulheres deles. ¹⁷ Faça que saiam também todos os animais que estão com você: as aves, os grandes animais e os pequenos que se movem rente ao chão. Faça-os sair para que se espalhem pela terra, sejam férteis e se multipliquem."

¹⁸ Então Noé saiu da arca com sua mulher e seus filhos e as mulheres deles. ¹⁹ E com todos os grandes animais e os pequenos que se movem rente ao chão e todas as aves. Tudo o que se move sobre a terra saiu da arca, uma espécie após outra. ²⁰ Depois Noé construiu um altar dedicado ao SENHOR e, tomando alguns animais e aves puros, ofereceu-os como holocaustoᵇ, queimando-os sobre o altar. ²¹ O SENHOR sentiu o aroma agradável e disse a si mesmo: "Nunca mais

---

ᵃ 7.20 Hebraico: *15 côvados.* O côvado era uma medida linear de cerca de 45 centímetros.

ᵇ 8.20 Isto é, sacrifício totalmente queimado.

amaldiçoarei a terra por causa do homem, pois o seu coração é inteiramente inclinado para o mal desde a infância. E nunca mais destruirei todos os seres vivos[a] como fiz desta vez.

> [22] "Enquanto durar a terra,
> plantio e colheita,
> frio e calor,
> verão e inverno,
> dia e noite
> jamais cessarão".

A Aliança de Deus com Noé

9 Deus abençoou Noé e seus filhos, dizendo-lhes: "Sejam férteis, multipliquem-se e encham a terra. [2] Todos os animais da terra tremerão de medo diante de vocês: os animais selvagens, as aves do céu, as criaturas que se movem rente ao chão e os peixes do mar; eles estão entregues em suas mãos. [3] Tudo o que vive e se move servirá de alimento para vocês. Assim como dei a vocês os vegetais, agora dou todas as coisas.

[4] "Mas não comam carne com sangue, que é vida. [5] A todo aquele que derramar sangue, tanto homem como animal, pedirei contas; a cada um pedirei contas da vida do seu próximo.

> [6] "Quem derramar sangue do homem,
> pelo homem seu sangue será
> derramado;
> porque à imagem de Deus
> foi o homem criado.

[7] "Mas vocês sejam férteis e multipliquem-se; espalhem-se pela terra e proliferem nela[b]".

[8] Então disse Deus a Noé e a seus filhos, que estavam com ele: [9] "Vou estabelecer a minha aliança com vocês e com os seus futuros descendentes, [10] e com todo ser vivo que está com vocês: as aves, os rebanhos domésticos e os animais selvagens, todos os que saíram da arca com vocês, todos os seres vivos da terra. [11] Estabeleço uma aliança com vocês: Nunca mais será ceifada nenhuma forma de vida pelas águas de um dilúvio; nunca mais haverá dilúvio para destruir a terra".

[12] E Deus prosseguiu: "Este é o sinal da aliança que estou fazendo entre mim e vocês e com todos os seres vivos que estão com vocês, para todas as gerações futuras: [13] o meu arco que coloquei nas nuvens. Será o sinal da minha aliança com a terra. [14] Quando eu trouxer nuvens sobre a terra e nelas aparecer o arco-íris, [15] então me lembrarei da minha aliança com vocês e com os seres vivos de todas as espécies[c]. Nunca mais as águas se tornarão um dilúvio para destruir toda forma de vida[d]. [16] Toda vez que o arco-íris estiver nas nuvens, olharei para ele e me lembrarei da aliança eterna entre Deus e todos os seres vivos de todas as espécies que vivem na terra".

[17] Concluindo, disse Deus a Noé: "Esse é o sinal da aliança que estabeleci entre mim e toda forma de vida que há sobre a terra".

Os Filhos de Noé

[18] Os filhos de Noé que saíram da arca foram Sem, Cam e Jafé. Cam é o pai de Canaã. [19] Esses foram os três filhos de Noé; a partir deles toda a terra foi povoada.

[20] Noé, que era agricultor, foi o primeiro a plantar uma vinha. [21] Bebeu do vinho, embriagou-se e ficou nu dentro da sua tenda. [22] Cam, pai de Canaã, viu a nudez do pai e foi contar aos dois irmãos que estavam do lado de fora. [23] Mas Sem e Jafé pegaram a capa, levantaram-na sobre os ombros e, andando de costas para não verem a nudez do pai, cobriram-no. [24] Quando Noé acordou do efeito do vinho e descobriu o que seu filho caçula lhe havia feito, [25] disse:

> "Maldito seja Canaã!
> Escravo de escravos
> será para os seus irmãos".

[26] Disse ainda:

> "Bendito seja o S<small>ENHOR</small>,
> o Deus de Sem!
> E seja Canaã seu escravo.
> [27] Amplie Deus o território de Jafé;
> habite ele nas tendas de Sem,
> e seja Canaã seu escravo".

[28] Depois do Dilúvio Noé viveu trezentos e cinquenta anos. [29] Viveu ao todo novecentos e cinquenta anos e morreu.

A Origem dos Povos

10 Este é o registro da descendência de Sem, Cam e Jafé, filhos de Noé. Os filhos deles nasceram depois do Dilúvio.

---

[a] 8.21 Ou *toda a raça humana*
[b] 9.7 Possivelmente *e a dominem*
[c] 9.15 Hebraico: *de toda carne*; também no versículo 16.
[d] 9.15 Hebraico: *toda carne*; também no versículo 17.

Os Jafetitas

² Estes foram os filhos[a] de Jafé:
Gômer, Magogue, Madai, Javã, Tubal, Meseque e Tirás.
³ Estes foram os filhos de Gômer:
Asquenaz, Rifate e Togarma.
⁴ Estes foram os filhos de Javã:
Elisá, Társis, Quitim e Rodanim[b]. ⁵ Deles procedem os povos marítimos, os quais se separaram em seu território, conforme a sua língua, cada um segundo os clãs de suas nações.

Os Camitas

⁶ Estes foram os filhos de Cam:
Cuxe, Mizraim[c], Fute e Canaã.
⁷ Estes foram os filhos de Cuxe:
Sebá, Havilá, Sabtá, Raamá e Sabtecá.
Estes foram os filhos de Raamá:
Sabá e Dedã.

⁸ Cuxe gerou[d] também Ninrode, o primeiro homem poderoso na terra. ⁹ Ele foi o mais valente dos caçadores[e], e por isso se diz: "Valente como Ninrode". ¹⁰ No início o seu reino abrangia Babel, Ereque, Acade e Calné[f], na terra de Sinear[g]. ¹¹ Dessa terra ele partiu para a Assíria, onde fundou Nínive, Reobote-Ir[h], Calá ¹² e Resém, que fica entre Nínive e Calá, a grande cidade.

¹³ Mizraim gerou os luditas, os anamitas, os leabitas, os naftuítas, ¹⁴ os patrusitas, os casluítas, dos quais se originaram os filisteus, e os caftoritas.

¹⁵ Canaã gerou Sidom, seu filho mais velho, e Hete[i], ¹⁶ como também os jebuseus, os amorreus, os girgaseus, ¹⁷ os heveus, os arqueus, os sineus, ¹⁸ os arvadeus, os zemareus e os hamateus.

Posteriormente, os clãs cananeus se espalharam. ¹⁹ As fronteiras de Canaã estendiam-se desde Sidom, iam até Gerar, e chegavam a Gaza e, de lá, prosseguiam até Sodoma, Gomorra, Admá e Zeboim, chegando até Lasa.

²⁰ São esses os descendentes de Cam, conforme seus clãs e línguas, em seus territórios e nações.

Os Semitas

²¹ Sem, irmão mais velho de Jafé[j], também gerou filhos. Sem foi o antepassado de todos os filhos de Héber.

²² Estes foram os filhos de Sem:
Elão, Assur, Arfaxade, Lude e Arã.
²³ Estes foram os filhos de Arã:
Uz, Hul, Géter e Meseque[k].
²⁴ Arfaxade gerou Salá[l], e este gerou Héber.
²⁵ A Héber nasceram dois filhos:

um deles se chamou Pelegue, porque em sua época a terra foi dividida; seu irmão chamou-se Joctã.

²⁶ Joctã gerou Almodá, Salefe, Hazarmavé, Jerá, ²⁷ Adorão, Uzal, Dicla, ²⁸ Obal, Abimael, Sabá, ²⁹ Ofir, Havilá e Jobabe. Todos esses foram filhos de Joctã.

³⁰ A região onde viviam estendia-se de Messa até Sefar, nas colinas ao leste.

³¹ São esses os descendentes de Sem, conforme seus clãs e línguas, em seus territórios e nações.

³² São esses os clãs dos filhos de Noé, distribuídos em suas nações, conforme a história da sua descendência. A partir deles, os povos se dispersaram pela terra, depois do Dilúvio.

A Torre de Babel

11 No mundo todo havia apenas uma língua, um só modo de falar.
² Saindo os homens do[m] Oriente, encontraram uma planície em Sinear e ali se fixaram.
³ Disseram uns aos outros: "Vamos fazer tijolos e queimá-los bem". Usavam tijolos em lugar de pedras, e piche em vez de argamassa.
⁴ Depois disseram: "Vamos construir uma cidade, com uma torre que alcance os céus. Assim nosso nome será famoso e não seremos espalhados pela face da terra".
⁵ O Senhor desceu para ver a cidade e a torre que os homens estavam construindo. ⁶ E disse o Senhor: "Eles são um só povo e falam uma só língua, e começaram a construir isso. Em breve nada poderá impedir o que planejam fazer. ⁷ Venham, desçamos e confundamos a língua que falam, para que não entendam mais uns aos outros".

---

[a] **10.2** *Filhos* pode significar *descendentes* ou *sucessores* ou *nações*; também nos versículos 3, 4, 6, 7, 20-23 e 29.
[b] **10.4** Alguns manuscritos dizem *Dodanim*.
[c] **10.6** Isto é, Egito; também no versículo 13.
[d] **10.8** Gerar pode ter o sentido de *ser ancestral* ou *predecessor*; também nos versículos 13, 15, 24 e 36.
[e] **10.9** Hebraico: *valente caçador diante do Senhor*.
[f] **10.10** Ou *e todos eles*
[g] **10.10** Isto é, Babilônia.
[h] **10.11** Ou *Nínive com as praças da cidade*
[i] **10.15** Ou *os sidônios, os primeiros, e os hititas*
[j] **10.21** Ou *Sem, cujo irmão mais velho era Jafé*
[k] **10.23** Alguns manuscritos dizem *Más*.
[l] **10.24** A Septuaginta diz gerou Cainã, e Cainã gerou Salá.
[m] **11.2** Ou *para o Oriente*

⁸ Assim o Senhor os dispersou dali por toda a terra, e pararam de construir a cidade. ⁹ Por isso foi chamada Babel[a], porque ali o Senhor confundiu a língua de todo o mundo. Dali o Senhor os espalhou por toda a terra.

A Descendência de Sem

¹⁰ Este é o registro da descendência de Sem:

Dois anos depois do Dilúvio, aos 100 anos de idade, Sem gerou[b] Arfaxade. ¹¹ E depois de ter gerado Arfaxade, Sem viveu 500 anos e gerou outros filhos e filhas.

¹² Aos 35 anos, Arfaxade gerou Salá. ¹³ Depois que gerou Salá, Arfaxade viveu 403 anos e gerou outros filhos e filhas.[c]

¹⁴ Aos 30 anos, Salá gerou Héber. ¹⁵ Depois que gerou Héber, Salá viveu 403 anos e gerou outros filhos e filhas.

¹⁶ Aos 34 anos, Héber gerou Pelegue. ¹⁷ Depois que gerou Pelegue, Héber viveu 430 anos e gerou outros filhos e filhas.

¹⁸ Aos 30 anos, Pelegue gerou Reú. ¹⁹ Depois que gerou Reú, Pelegue viveu 209 anos e gerou outros filhos e filhas.

²⁰ Aos 32 anos, Reú gerou Serugue. ²¹ Depois que gerou Serugue, Reú viveu 207 anos e gerou outros filhos e filhas.

²² Aos 30 anos, Serugue gerou Naor. ²³ Depois que gerou Naor, Serugue viveu 200 anos e gerou outros filhos e filhas.

²⁴ Aos 29 anos, Naor gerou Terá. ²⁵ Depois que gerou Terá, Naor viveu 119 anos e gerou outros filhos e filhas.

²⁶ Aos 70 anos, Terá havia gerado Abrão, Naor e Harã.

²⁷ Esta é a história da família de Terá:

Terá gerou Abrão, Naor e Harã. E Harã gerou Ló. ²⁸ Harã morreu em Ur dos caldeus, sua terra natal, quando ainda vivia Terá, seu pai. ²⁹ Tanto Abrão como Naor casaram-se. O nome da mulher de Abrão era Sarai, e o nome da mulher de Naor era Milca; esta era filha de Harã, pai de Milca e de Iscá. ³⁰ Ora, Sarai era estéril; não tinha filhos.

³¹ Terá tomou seu filho Abrão, seu neto Ló, filho de Harã, e sua nora Sarai, mulher de seu filho Abrão, e juntos partiram de Ur dos caldeus para Canaã. Mas, ao chegarem a Harã, estabeleceram-se ali.

³² Terá viveu 205 anos e morreu em Harã.

O Chamado de Abrão

12 Então o Senhor disse a Abrão: "Saia da sua terra, do meio dos seus parentes e da casa de seu pai, e vá para a terra que eu lhe mostrarei.

² "Farei de você um grande povo,
  e o abençoarei.
Tornarei famoso o seu nome,
  e você será uma bênção.
³ Abençoarei os que o abençoarem
  e amaldiçoarei os que o amaldiçoarem;
e por meio de você
  todos os povos da terra
  serão abençoados".

12.1-3 A promessa continua sendo cumprida; Deus continua abençoando quem enaltece a descendência de Abraão e maldizendo quem a difama. Lembremo-nos de que o descendente de Abraão por excelência é o próprio Jesus Cristo, em quem são benditas todas as famílias da terra.
Cumprimento: Mateus 1.1; Gálatas 3.8,16
Próximo texto: Gênesis 49.8-12

⁴ Partiu Abrão, como lhe ordenara o Senhor, e Ló foi com ele. Abrão tinha setenta e cinco anos quando saiu de Harã. ⁵ Levou sua mulher Sarai, seu sobrinho Ló, todos os bens que haviam acumulado e os seus servos, comprados em Harã; partiram para a terra de Canaã e lá chegaram. ⁶ Abrão atravessou a terra até o lugar do carvalho de Moré, em Siquém. Naquela época, os cananeus habitavam essa terra.

⁷ O Senhor apareceu a Abrão e disse: "À sua descendência darei esta terra". Abrão construiu ali um altar dedicado ao Senhor, que lhe havia aparecido. ⁸ Dali prosseguiu em direção às colinas a leste de Betel, onde armou acampamento, tendo Betel a oeste e Ai a leste. Construiu ali um altar dedicado ao Senhor e invocou o

---

[a] 11.9 Isto é, Babilônia.
[b] 11.10 Gerar pode ter o sentido de ser ancestral ou predecessor; também nos versículos 11-25.
[c] 11.12,13 A Septuaginta diz Aos 35 anos, Arfaxade gerou Cainã. ¹³Depois que gerou Cainã, Arfaxade viveu 430 anos e gerou outros filhos e filhas, e então morreu. Aos 130 anos, Cainã gerou Salá. Depois que gerou Salá, Cainã viveu 330 anos e gerou outros filhos e filhas. Veja Gn 10.24 e Lc 3.35,36.

nome do Senhor. ⁹ Depois Abrão partiu e prosseguiu em direção ao Neguebe.

Abrão no Egito

¹⁰ Houve fome naquela terra, e Abrão desceu ao Egito para ali viver algum tempo, pois a fome era rigorosa. ¹¹ Quando estava chegando ao Egito, disse a Sarai, sua mulher: "Bem sei que você é bonita. ¹² Quando os egípcios a virem, dirão: 'Esta é a mulher dele'. E me matarão, mas deixarão você viva. ¹³ Diga que é minha irmã, para que me tratem bem por amor a você e minha vida seja poupada por sua causa".

¹⁴ Quando Abrão chegou ao Egito, viram os egípcios que Sarai era uma mulher muito bonita. ¹⁵ Vendo-a, os homens da corte do faraó a elogiaram diante do faraó, e ela foi levada ao seu palácio. ¹⁶ Ele tratou bem a Abrão por causa dela, e Abrão recebeu ovelhas e bois, jumentos e jumentas, servos e servas, e camelos.

¹⁷ Mas o Senhor puniu o faraó e sua corte com graves doenças, por causa de Sarai, mulher de Abrão. ¹⁸ Por isso o faraó mandou chamar Abrão e disse: "O que você fez comigo? Por que não me falou que ela era sua mulher? ¹⁹ Por que disse que era sua irmã? Foi por isso que eu a tomei para ser minha mulher. Aí está a sua mulher. Tome-a e vá!" ²⁰ A seguir o faraó deu ordens para que providenciassem o necessário para que Abrão partisse com sua mulher e com tudo o que possuía.

A Desavença entre Abrão e Ló

13 Saiu, pois, Abrão do Egito e foi para o Neguebe, com sua mulher e com tudo o que possuía, e Ló foi com ele. ² Abrão tinha enriquecido muito, tanto em gado como em prata e ouro.

³ Ele partiu do Neguebe em direção a Betel, indo de um lugar a outro, até que chegou ao lugar entre Betel e Ai onde já havia armado acampamento anteriormente ⁴ e onde, pela primeira vez, tinha construído um altar. Ali Abrão invocou o nome do Senhor.

⁵ Ló, que acompanhava Abrão, também possuía rebanhos e tendas. ⁶ E não podiam morar os dois juntos na mesma região, porque possuíam tantos bens que a terra não podia sustentá-los. ⁷ Por isso surgiu uma desavença entre os pastores dos rebanhos de Abrão e os de Ló. Nessa época os cananeus e os ferezeus habitavam aquela terra.

⁸ Então Abrão disse a Ló: "Não haja desavença entre mim e você, ou entre os seus pastores e os meus; afinal somos irmãos! ⁹ Aí está a terra inteira diante de você. Vamos separar-nos. Se você for para a esquerda, irei para a direita; se for para a direita, irei para a esquerda".

¹⁰ Olhou então Ló e viu todo o vale do Jordão, todo ele bem irrigado, até Zoar; era como o jardim do Senhor, como a terra do Egito. Isto se deu antes de o Senhor destruir Sodoma e Gomorra. ¹¹ Ló escolheu todo o vale do Jordão e partiu em direção ao leste. Assim os dois se separaram: ¹² Abrão ficou na terra de Canaã, mas Ló mudou seu acampamento para um lugar próximo a Sodoma, entre as cidades do vale. ¹³ Ora, os homens de Sodoma eram extremamente perversos e pecadores contra o Senhor.

A Promessa de Deus a Abrão

¹⁴ Disse o Senhor a Abrão, depois que Ló separou-se dele: "De onde você está, olhe para o norte, para o sul, para o leste e para o oeste: ¹⁵ toda a terra que você está vendo darei a você e à sua descendência para sempre. ¹⁶ Tornarei a sua descendência tão numerosa como o pó da terra. Se for possível contar o pó da terra, também se poderá contar a sua descendência. ¹⁷ Percorra esta terra de alto a baixo, de um lado a outro, porque eu a darei a você".

¹⁸ Então Abrão mudou seu acampamento e passou a viver próximo aos carvalhos de Manre, em Hebrom, onde construiu um altar dedicado ao Senhor.

Abrão Socorre Ló

14 Naquela época, Anrafel, rei de Sinear, Arioque, rei de Elasar, Quedorlaomer, rei de Elão, e Tidal, rei de Goim, ² foram à guerra contra Bera, rei de Sodoma, contra Birsa, rei de Gomorra, contra Sinabe, rei de Admá, contra Semeber, rei de Zeboim, e contra o rei de Belá, que é Zoar. ³ Todos esses últimos juntaram suas tropas no vale de Sidim, onde fica o mar Salgado[a]. ⁴ Doze anos estiveram sujeitos a Quedorlaomer, mas no décimo terceiro ano se rebelaram.

⁵ No décimo quarto ano, Quedorlaomer e os reis que a ele tinham-se aliado derrotaram os refains em Asterote-Carnaim, os zuzins em Hã, os emins em Savé-Quiriataim ⁶ e os horeus desde os montes de Seir até El-Parã, próximo ao deserto. ⁷ Depois, voltaram e foram para En-Mispate, que é Cades, e conquistaram todo

---

[a] 14.3 Isto é, o mar Morto.

o território dos amalequitas e dos amorreus que viviam em Hazazom-Tamar.

⁸ Então os reis de Sodoma, de Gomorra, de Admá, de Zeboim e de Belá, que é Zoar, marcharam e tomaram posição de combate no vale de Sidim ⁹ contra Quedorlaomer, rei de Elão, contra Tidal, rei de Goim, contra Anrafel, rei de Sinear, e contra Arioque, rei de Elasar. Eram quatro reis contra cinco. ¹⁰ Ora, o vale de Sidim era cheio de poços de betume e, quando os reis de Sodoma e de Gomorra fugiram, alguns dos seus homens caíram nos poços e o restante escapou para os montes. ¹¹ Os vencedores saquearam todos os bens de Sodoma e de Gomorra e todo o seu mantimento, e partiram. ¹² Levaram também Ló, sobrinho de Abrão, e os bens que ele possuía, visto que morava em Sodoma.

¹³ Mas alguém que tinha escapado veio e relatou tudo a Abrão, o hebreu, que vivia próximo aos carvalhos de Manre, o amorreu. Manre e os seus irmãos*ᵃ* Escol e Aner eram aliados de Abrão. ¹⁴ Quando Abrão ouviu que seu parente fora levado prisioneiro, mandou convocar os trezentos e dezoito homens treinados, nascidos em sua casa, e saiu em perseguição aos inimigos até Dã. ¹⁵ Atacou-os durante a noite em grupos, e assim os derrotou, perseguindo-os até Hobá, ao norte*ᵇ* de Damasco. ¹⁶ Recuperou todos os bens e trouxe de volta seu parente Ló com tudo o que possuía, com as mulheres e o restante dos prisioneiros.

Melquisedeque Abençoa Abrão

¹⁷ Voltando Abrão da vitória sobre Quedorlaomer e sobre os reis que a ele se haviam aliado, o rei de Sodoma foi ao seu encontro no vale de Savé, isto é, o vale do Rei.

¹⁸ Então Melquisedeque, rei de Salém*ᶜ* e sacerdote do Deus Altíssimo, trouxe pão e vinho ¹⁹ e abençoou Abrão, dizendo:

"Bendito seja Abrão
  pelo Deus Altíssimo,
Criador*ᵈ* dos céus e da terra.
²⁰ E bendito seja o Deus Altíssimo,
  que entregou seus inimigos
    em suas mãos".

E Abrão lhe deu o dízimo de tudo.

ᵃ **14.13** Ou *parentes*; ou ainda *aliados*
ᵇ **14.15** Hebraico: *à esquerda*.
ᶜ **14.18** Isto é, Jerusalém.
ᵈ **14.19** Ou *Dono*; também no versículo 22.

²¹ O rei de Sodoma disse a Abrão: "Dê-me as pessoas e pode ficar com os bens".

²² Mas Abrão respondeu ao rei de Sodoma: "De mãos levantadas ao Senhor, o Deus Altíssimo, Criador dos céus e da terra, juro ²³ que não aceitarei nada do que pertence a você, nem mesmo um cordão ou uma correia de sandália, para que você jamais venha a dizer: 'Eu enriqueci Abrão'. ²⁴ Nada aceitarei, a não ser o que os meus servos comeram e a porção pertencente a Aner, Escol e Manre, os quais me acompanharam. Que eles recebam a sua porção".

A Aliança de Deus com Abrão

15 Depois dessas coisas o Senhor falou a Abrão numa visão:

"Não tenha medo, Abrão!
  Eu sou o seu escudo;
grande será a sua recompensa!"

² Mas Abrão perguntou: "Ó Soberano Senhor, que me darás, se continuo sem filhos e o herdeiro do que possuo é Eliézer de Damasco?" ³ E acrescentou: "Tu não me deste filho algum! Um servo da minha casa será o meu herdeiro!"

⁴ Então o Senhor deu-lhe a seguinte resposta: "Seu herdeiro não será esse. Um filho gerado por você mesmo será o seu herdeiro". ⁵ Levando-o para fora da tenda, disse-lhe: "Olhe para o céu e conte as estrelas, se é que pode contá-las". E prosseguiu: "Assim será a sua descendência".

⁶ Abrão creu no Senhor, e isso lhe foi creditado como justiça.

⁷ Disse-lhe ainda: "Eu sou o Senhor, que o tirei de Ur dos caldeus para dar a você esta terra como herança".

⁸ Perguntou-lhe Abrão: "Ó Soberano Senhor, como posso saber que tomarei posse dela?"

⁹ Respondeu-lhe o Senhor: "Traga-me uma novilha, uma cabra e um carneiro, todos com três anos de vida, e também uma rolinha e um pombinho".

¹⁰ Abrão trouxe todos esses animais, cortou-os ao meio e colocou cada metade em frente à outra; as aves, porém, ele não cortou. ¹¹ Nisso, aves de rapina começaram a descer sobre os cadáveres, mas Abrão as enxotava.

¹² Ao pôr do sol, Abrão foi tomado de sono profundo, e eis que vieram sobre ele trevas densas e apavorantes. ¹³ Então o Senhor lhe disse: "Saiba que os seus descendentes serão

estrangeiros numa terra que não lhes pertencerá, onde também serão escravizados e oprimidos por quatrocentos anos. ¹⁴ Mas eu castigarei a nação a quem servirão como escravos e, depois de tudo, sairão com muitos bens. ¹⁵ Você, porém, irá em paz a seus antepassados e será sepultado em boa velhice. ¹⁶ Na quarta geração, os seus descendentes voltarão para cá, porque a maldade dos amorreus ainda não atingiu a medida completa".

¹⁷ Depois que o sol se pôs e veio a escuridão, eis que um fogareiro esfumaçante, com uma tocha acesa, passou por entre os pedaços dos animais. ¹⁸ Naquele dia, o Senhor fez a seguinte aliança com Abrão: "Aos seus descendentes dei esta terra, desde o ribeiro do Egito até o grande rio, o Eufrates: ¹⁹ a terra dos queneus, dos quenezeus, dos cadmoneus, ²⁰ dos hititas, dos ferezeus, dos refains, ²¹ dos amorreus, dos cananeus, dos girgaseus e dos jebuseus".

O Nascimento de Ismael

16 Ora, Sarai, mulher de Abrão, não lhe dera nenhum filho. Como tinha uma serva egípcia, chamada Hagar, ² disse a Abrão: "Já que o Senhor me impediu de ter filhos, possua a minha serva; talvez eu possa formar família por meio dela". Abrão atendeu à proposta de Sarai. ³ Quando isso aconteceu, já fazia dez anos que Abrão, seu marido, vivia em Canaã. Foi nessa ocasião que Sarai, sua mulher, lhe entregou sua serva egípcia Hagar. ⁴ Ele possuiu Hagar, e ela engravidou.

Quando se viu grávida, começou a olhar com desprezo para a sua senhora. ⁵ Então Sarai disse a Abrão: "Caia sobre você a afronta que venho sofrendo. Coloquei minha serva em seus braços e, agora que ela sabe que engravidou, despreza-me. Que o Senhor seja o juiz entre mim e você".

⁶ Respondeu Abrão a Sarai: "Sua serva está em suas mãos. Faça com ela o que achar melhor". Então Sarai tanto maltratou Hagar que esta acabou fugindo.

⁷ O Anjo do Senhor encontrou Hagar perto de uma fonte no deserto, no caminho de Sur, ⁸ e perguntou-lhe: "Hagar, serva de Sarai, de onde você vem? Para onde vai?"

Respondeu ela: "Estou fugindo de Sarai, a minha senhora".

⁹ Disse-lhe então o Anjo do Senhor: "Volte à sua senhora e sujeite-se a ela". ¹⁰ Disse mais o Anjo: "Multiplicarei tanto os seus descendentes que ninguém os poderá contar".

¹¹ Disse-lhe ainda o Anjo do Senhor:

"Você está grávida e terá um filho,
e lhe dará o nome de Ismael,
porque o Senhor a ouviu
em seu sofrimento.
¹² Ele será como jumento selvagem;
sua mão será contra todos,
e a mão de todos contra ele,
e ele viverá em hostilidade*ᵃ*
contra todos os seus irmãos".

¹³ Este foi o nome que ela deu ao Senhor, que lhe havia falado: "Tu és o Deus que me vê", pois dissera: "Teria eu visto Aquele que me vê?" ¹⁴ Por isso o poço, que fica entre Cades e Berede, foi chamado Beer-Laai-Roi*ᵇ*.

¹⁵ Hagar teve um filho de Abrão, e este lhe deu o nome de Ismael. ¹⁶ Abrão estava com oitenta e seis anos de idade quando Hagar lhe deu Ismael.

A Circuncisão: O Sinal da Aliança

17 Quando Abrão estava com noventa e nove anos de idade o Senhor lhe apareceu e disse: "Eu sou o Deus todo-poderoso*ᶜ*; ande segundo a minha vontade e seja íntegro. ² Estabelecerei a minha aliança entre mim e você e multiplicarei muitíssimo a sua descendência".

³ Abrão prostrou-se com o rosto em terra, e Deus lhe disse: ⁴ "De minha parte, esta é a minha aliança com você. Você será o pai de muitas nações. ⁵ Não será mais chamado Abrão; seu nome será Abraão*ᵈ*, porque eu o constituí pai de muitas nações. ⁶ Eu o tornarei extremamente prolífero; de você farei nações e de você procederão reis. ⁷ Estabelecerei a minha aliança como aliança eterna entre mim e você e os seus futuros descendentes, para ser o seu Deus e o Deus dos seus descendentes. ⁸ Toda a terra de Canaã, onde agora você é estrangeiro, darei como propriedade perpétua a você e a seus descendentes; e serei o Deus deles.

⁹ "De sua parte", disse Deus a Abraão, "guarde a minha aliança, tanto você como os seus futuros descendentes. ¹⁰ Esta é a minha aliança com você e com os seus descendentes, aliança que terá que ser guardada: Todos os do sexo masculino entre

---

ᵃ **16.12** Ou *defronte de todos*
ᵇ **16.14** Isto é, *poço daquele que vive e me vê*.
ᶜ **17.1** Hebraico: *El-Shaddai*.
ᵈ **17.5** *Abrão* significa *pai exaltado*; *Abraão* significa *pai de muitas nações*

vocês serão circuncidados na carne. ¹¹ Terão que fazer essa marca, que será o sinal da aliança entre mim e vocês. ¹² Da sua geração em diante, todo menino de oito dias de idade entre vocês terá que ser circuncidado, tanto os nascidos em sua casa quanto os que forem comprados de estrangeiros e que não forem descendentes de vocês. ¹³ Sejam nascidos em sua casa, sejam comprados, terão que ser circuncidados. Minha aliança, marcada no corpo de vocês, será uma aliança perpétua. ¹⁴ Qualquer do sexo masculino que for incircunciso, que não tiver sido circuncidado, será eliminado do meio do seu povo; quebrou a minha aliança".

¹⁵ Disse também Deus a Abraão: "De agora em diante sua mulher já não se chamará Sarai; seu nome será Sara[a]. ¹⁶ Eu a abençoarei e também por meio dela darei a você um filho. Sim, eu a abençoarei e dela procederão nações e reis de povos".

¹⁷ Abraão prostrou-se com o rosto em terra; riu-se e disse a si mesmo: "Poderá um homem de cem anos de idade gerar um filho? Poderá Sara dar à luz aos noventa anos?" ¹⁸ E Abraão disse a Deus: "Permite que Ismael seja o meu herdeiro![b]"

¹⁹ Então Deus respondeu: "Na verdade Sara, sua mulher, lhe dará um filho, e você lhe chamará Isaque[c]. Com ele estabelecerei a minha aliança, que será aliança eterna para os seus futuros descendentes. ²⁰ E, no caso de Ismael, levarei em conta o seu pedido. Também o abençoarei; eu o farei prolífero e multiplicarei muito a sua descendência. Ele será pai de doze príncipes e dele farei um grande povo. ²¹ Mas a minha aliança, eu a estabelecerei com Isaque, filho que Sara dará a você no ano que vem, por esta época". ²² Quando terminou de falar com Abraão, Deus subiu e retirou-se da presença dele.

²³ Naquele mesmo dia, Abraão tomou seu filho Ismael, todos os nascidos em sua casa e os que foram comprados, todos os do sexo masculino de sua casa, e os circuncidou, como Deus lhe ordenara. ²⁴ Abraão tinha noventa e nove anos quando foi circuncidado, ²⁵ e seu filho Ismael tinha treze; ²⁶ Abraão e seu filho Ismael foram circuncidados naquele mesmo dia. ²⁷ E com Abraão foram circuncidados todos os de sua casa, tanto os nascidos em casa como os comprados de estrangeiros.

Deus Promete um Filho a Abraão

18 O Senhor apareceu a Abraão perto dos carvalhos de Manre, quando ele estava sentado à entrada de sua tenda, na hora mais quente do dia. ² Abraão ergueu os olhos e viu três homens em pé, a pouca distância. Quando os viu, saiu da entrada de sua tenda, correu ao encontro deles e curvou-se até o chão.

³ Disse ele: "Meu senhor, se mereço o seu favor, não passe pelo seu servo sem fazer uma parada. ⁴ Mandarei buscar um pouco d'água para que lavem os pés e descansem debaixo desta árvore. ⁵ Vou trazer a vocês também o que comer, para que recuperem as forças e prossigam pelo caminho, agora que já chegaram até este seu servo".

"Está bem; faça como está dizendo", responderam.

⁶ Abraão foi apressadamente à tenda e disse a Sara: "Depressa, pegue três medidas[d] da melhor farinha, amasse-a e faça uns pães".

⁷ Depois correu ao rebanho e escolheu o melhor novilho, e o deu a um servo, que se apressou em prepará-lo. ⁸ Trouxe então coalhada, leite e o novilho que havia sido preparado, e os serviu. Enquanto comiam, ele ficou perto deles em pé, debaixo da árvore.

⁹ "Onde está Sara, sua mulher?", perguntaram.

"Ali na tenda", respondeu ele.

¹⁰ Então disse o Senhor[e]: "Voltarei a você na primavera, e Sara, sua mulher, terá um filho".

Sara escutava à entrada da tenda, atrás dele. ¹¹ Abraão e Sara já eram velhos, de idade bem avançada, e Sara já tinha passado da idade de ter filhos. ¹² Por isso riu consigo mesma, quando pensou: "Depois de já estar velha e meu senhor[f] já idoso, ainda terei esse prazer?"

¹³ Mas o Senhor disse a Abraão: "Por que Sara riu e disse: 'Poderei realmente dar à luz, agora que sou idosa?' ¹⁴ Existe alguma coisa impossível para o Senhor? Na primavera voltarei a você, e Sara terá um filho".

¹⁵ Sara teve medo, e por isso mentiu: "Eu não ri". Mas ele disse: "Não negue, você riu".

Abraão Intercede por Sodoma

¹⁶ Quando os homens se levantaram para partir, avistaram lá embaixo Sodoma; e Abraão os acompanhou para despedir-se. ¹⁷ Então o Senhor disse: "Esconderei de Abraão o que

---

[a] **17.15** *Sara* significa *princesa*.
[b] **17.18** Hebraico: *Que Ismael viva na tua presença!*
[c] **17.19** *Isaque* significa *ele riu*.
[d] **18.6** Hebraico: *3 seás*. O seá era uma medida de capacidade para secos. As estimativas variam entre 7 e 14 litros.
[e] **18.10** Hebraico: *disse ele*.
[f] **18.12** Ou *marido*

estou para fazer? ¹⁸ Abraão será o pai de uma nação grande e poderosa, e por meio dele todas as nações da terra serão abençoadas. ¹⁹ Pois eu o escolhi, para que ordene aos seus filhos e aos seus descendentes que se conservem no caminho do Senhor, fazendo o que é justo e direito, para que o Senhor faça vir a Abraão o que lhe prometeu".

²⁰ Disse-lhe, pois, o Senhor: "As acusações contra Sodoma e Gomorra são tantas e o seu pecado é tão grave ²¹ que descerei para ver se o que eles têm feito corresponde ao que tenho ouvido. Se não, eu saberei".

²² Os homens partiram dali e foram para Sodoma, mas Abraão permaneceu diante do Senhor.ᵃ ²³ Abraão aproximou-se dele e disse: "Exterminarás o justo com o ímpio? ²⁴ E se houver cinquenta justos na cidade? Ainda a destruirás e não pouparás o lugar por amor aos cinquenta justos que nele estão? ²⁵ Longe de ti fazer tal coisa: matar o justo com o ímpio, tratando o justo e o ímpio da mesma maneira. Longe de ti! Não agirá com justiça o Juizᵇ de toda a terra?"

²⁶ Respondeu o Senhor: "Se eu encontrar cinquenta justos em Sodoma, pouparei a cidade toda por amor a eles".

²⁷ Mas Abraão tornou a falar: "Sei que já fui muito ousado a ponto de falar ao Senhor, eu que não passo de pó e cinza. ²⁸ Ainda assim pergunto: E se faltarem cinco para completar os cinquenta justos? Destruirás a cidade por causa dos cinco?"

Disse ele: "Se encontrar ali quarenta e cinco, não a destruirei".

²⁹ "E se encontrares apenas quarenta?", insistiu Abraão.

Ele respondeu: "Por amor aos quarenta não a destruirei".

³⁰ Então continuou ele: "Não te ires, Senhor, mas permite-me falar. E se apenas trinta forem encontrados ali?"

Ele respondeu: "Se encontrar trinta, não a destruirei".

³¹ Prosseguiu Abraão: "Agora que já fui tão ousado falando ao Senhor, pergunto: E se apenas vinte forem encontrados ali?"

Ele respondeu: "Por amor aos vinte não a destruirei".

³² Então Abraão disse ainda: "Não te ires, Senhor, mas permite-me falar só mais uma vez. E se apenas dez forem encontrados?"

Ele respondeu: "Por amor aos dez não a destruirei".

³³ Tendo acabado de falar com Abraão, o Senhor partiu, e Abraão voltou para casa.

A Destruição de Sodoma e Gomorra

19 Os dois anjos chegaram a Sodoma ao anoitecer, e Ló estava sentado à porta da cidade. Quando os avistou, levantou-se e foi recebê-los. Prostrou-se com o rosto em terra ² e disse: "Meus senhores, por favor, acompanhem-me à casa do seu servo. Lá poderão lavar os pés, passar a noite e, pela manhã, seguir caminho".

"Não, passaremos a noite na praça", responderam.

³ Mas ele insistiu tanto com eles que, finalmente, o acompanharam e entraram em sua casa. Ló mandou preparar-lhes uma refeição e assar pão sem fermento, e eles comeram.

⁴ Ainda não tinham ido deitar-se, quando todos os homens de toda parte da cidade de Sodoma, dos mais jovens aos mais velhos, cercaram a casa. ⁵ Chamaram Ló e lhe disseram: "Onde estão os homens que vieram à sua casa esta noite? Traga-os para nós aqui fora para que tenhamos relações com eles".

⁶ Ló saiu da casa, fechou a porta atrás de si ⁷ e lhes disse: "Não, meus amigos! Não façam essa perversidade! ⁸ Olhem, tenho duas filhas que ainda são virgens. Vou trazê-las para que vocês façam com elas o que bem entenderem. Mas não façam nada a estes homens, porque se acham debaixo da proteção do meu teto".

⁹ "Saia da frente!", gritaram. E disseram: "Este homem chegou aqui como estrangeiro, e agora quer ser o juiz! Faremos a você pior do que a eles". Então empurraram Ló com violência e avançaram para arrombar a porta. ¹⁰ Nisso, os dois visitantes agarraram Ló, puxaram-no para dentro e fecharam a porta. ¹¹ Depois feriram de cegueira os homens que estavam à porta da casa, dos mais jovens aos mais velhos, de maneira que não conseguiam encontrar a porta.

¹² Os dois homens perguntaram a Ló: "Você tem mais alguém na cidade — genros, filhos ou filhas, ou qualquer outro parente? Tire-os daqui, ¹³ porque estamos para destruir este lugar. As acusações feitas ao Senhor contra este povo são tantas que ele nos enviou para destruir a cidade".

¹⁴ Então Ló foi falar com seus genros, os quais iam casar-se com suas filhas, e lhes disse: "Saiam imediatamente deste lugar, porque o Senhor

---

ᵃ **18.22** Os massoretas indicam que a ordem original do texto era *o Senhor, porém, permaneceu diante de Abraão*.
ᵇ **18.25** Ou *Soberano*

está para destruir a cidade!" Mas pensaram que ele estava brincando.

¹⁵ Ao raiar do dia, os anjos insistiam com Ló, dizendo: "Depressa! Leve daqui sua mulher e suas duas filhas, ou vocês também serão mortos quando a cidade for castigada".

¹⁶ Tendo ele hesitado, os homens o agarraram pela mão, como também a mulher e as duas filhas, e os tiraram dali à força e os deixaram fora da cidade, porque o Senhor teve misericórdia deles. ¹⁷ Assim que os tiraram da cidade, um deles disse a Ló: "Fuja por amor à vida! Não olhe para trás e não pare em lugar nenhum da planície! Fuja para as montanhas, ou você será morto!"

¹⁸ Ló, porém, lhes disse: "Não, meu senhor! ¹⁹ Seu servo foi favorecido por sua benevolência, pois o senhor foi bondoso comigo, poupando-me a vida. Não posso fugir para as montanhas, senão esta calamidade cairá sobre mim, e morrerei. ²⁰ Aqui perto há uma cidade pequena. Está tão próxima que dá para correr até lá. Deixe-me ir para lá! Mesmo sendo tão pequena, lá estarei a salvo".

²¹ "Está bem", respondeu ele. "Também lhe atenderei esse pedido; não destruirei a cidade da qual você fala. ²² Fuja depressa, porque nada poderei fazer enquanto você não chegar lá". Por isso a cidade foi chamada Zoar[a].

²³ Quando Ló chegou a Zoar, o sol já havia nascido sobre a terra. ²⁴ Então o Senhor, o próprio Senhor, fez chover do céu fogo e enxofre sobre Sodoma e Gomorra. ²⁵ Assim ele destruiu aquelas cidades e toda a planície, com todos os habitantes das cidades e a vegetação. ²⁶ Mas a mulher de Ló olhou para trás e se transformou numa coluna de sal.

²⁷ Na manhã seguinte, Abraão se levantou e voltou ao lugar onde tinha estado diante do Senhor. ²⁸ E olhou para Sodoma e Gomorra, para toda a planície, e viu uma densa fumaça subindo da terra, como fumaça de uma fornalha. ²⁹ Quando Deus arrasou as cidades da planície, lembrou-se de Abraão e tirou Ló do meio da catástrofe que destruiu as cidades onde Ló vivia.

Os Descendentes de Ló

³⁰ Ló partiu de Zoar com suas duas filhas e passou a viver nas montanhas, porque tinha medo de permanecer em Zoar. Ele e suas duas filhas ficaram morando numa caverna.

³¹ Um dia, a filha mais velha disse à mais jovem: "Nosso pai já está velho, e não há homens nas redondezas que nos possuam, segundo o costume de toda a terra. ³² Vamos dar vinho a nosso pai e então nos deitaremos com ele para preservar a sua linhagem".

³³ Naquela noite, deram vinho ao pai, e a filha mais velha entrou e se deitou com ele. E ele não percebeu quando ela se deitou nem quando se levantou.

³⁴ No dia seguinte a filha mais velha disse à mais nova: "Ontem à noite deitei-me com meu pai. Vamos dar-lhe vinho também esta noite, e você se deitará com ele, para que preservemos a linhagem de nosso pai". ³⁵ Então, outra vez deram vinho ao pai naquela noite, e a mais nova foi e se deitou com ele. E ele não percebeu quando ela se deitou nem quando se levantou.

³⁶ Assim, as duas filhas de Ló engravidaram do próprio pai. ³⁷ A mais velha teve um filho e deu-lhe o nome de Moabe[b]; este é o pai dos moabitas de hoje. ³⁸ A mais nova também teve um filho e deu-lhe o nome de Ben-Ami[c]; este é o pai dos amonitas de hoje.

Abraão em Gerar

20 Abraão partiu dali para a região do Neguebe e foi viver entre Cades e Sur. Depois morou algum tempo em Gerar. ² Ele dizia que Sara, sua mulher, era sua irmã. Então Abimeleque, rei de Gerar, mandou buscar Sara e tomou-a para si.

³ Certa noite Deus veio a Abimeleque num sonho e lhe disse: "Você morrerá! A mulher que você tomou é casada".

⁴ Mas Abimeleque, que ainda não havia tocado nela, disse: "Senhor, destruirias um povo inocente? ⁵ Não foi ele que me disse: 'Ela é minha irmã'? E ela também não disse: 'Ele é meu irmão'? O que fiz foi de coração puro e de mãos limpas".

⁶ Então Deus lhe respondeu no sonho: "Sim, eu sei que você fez isso de coração puro. Eu mesmo impedi que você pecasse contra mim e por isso não lhe permiti tocá-la. ⁷ Agora devolva a mulher ao marido dela. Ele é profeta e orará em seu favor, para que você não morra. Mas, se não a devolver, esteja certo de que você e todos os seus morrerão".

⁸ Na manhã seguinte, Abimeleque convocou todos os seus conselheiros e, quando lhes contou

---

[a] **19.22** *Zoar* significa *pequena*.

[b] **19.37** *Moabe* assemelha-se à expressão hebraica que significa *do pai*.

[c] **19.38** *Ben-Ami* significa *filho do meu povo*.

tudo o que acontecera, tiveram muito medo. ⁹ Depois Abimeleque chamou Abraão e disse: "O que fizeste conosco? Em que foi que pequei contra ti para que trouxesses tamanha culpa sobre mim e sobre o meu reino? O que me fizeste não se faz a ninguém!" ¹⁰ E perguntou Abimeleque a Abraão: "O que te levou a fazer isso?"

¹¹ Abraão respondeu: "Eu disse a mim mesmo: Certamente ninguém teme a Deus neste lugar, e irão matar-me por causa da minha mulher. ¹² Além disso, na verdade ela é minha irmã por parte de pai, mas não por parte de mãe; e veio a ser minha mulher. ¹³ E, quando Deus me fez sair errante da casa de meu pai, eu disse a ela: Assim você me provará sua lealdade: em qualquer lugar aonde formos, diga que sou seu irmão".

¹⁴ Então Abimeleque trouxe ovelhas e bois, servos e servas, deu-os a Abraão e devolveu-lhe Sara, sua mulher. ¹⁵ E disse Abimeleque: "Minha terra está diante de ti; podes ficar onde quiseres".

¹⁶ A Sara ele disse: "Estou dando a seu irmão mil peças de prata, para reparar a ofensa feita a você[a] diante de todos os seus; assim todos saberão que você é inocente".

¹⁷ A seguir Abraão orou a Deus, e Deus curou Abimeleque, sua mulher e suas servas, de forma que puderam novamente ter filhos, ¹⁸ porque o Senhor havia tornado estéreis todas as mulheres da casa de Abimeleque por causa de Sara, mulher de Abraão.

O Nascimento de Isaque

21 O Senhor foi bondoso com Sara, como lhe dissera, e fez por ela o que prometera. ² Sara engravidou e deu um filho a Abraão em sua velhice, na época fixada por Deus em sua promessa. ³ Abraão deu o nome de Isaque ao filho que Sara lhe dera. ⁴ Quando seu filho Isaque tinha oito dias de vida, Abraão o circuncidou, conforme Deus lhe havia ordenado. ⁵ Estava ele com cem anos de idade quando lhe nasceu Isaque, seu filho.

⁶ E Sara disse: "Deus me encheu de riso, e todos os que souberem disso rirão comigo".

⁷ E acrescentou: "Quem diria a Abraão que Sara amamentaria filhos? Contudo eu lhe dei um filho em sua velhice!"

Abraão Expulsa Hagar e Ismael

⁸ O menino cresceu e foi desmamado. No dia em que Isaque foi desmamado, Abraão deu uma grande festa. ⁹ Sara, porém, viu que o filho que Hagar, a egípcia, dera a Abraão estava rindo de[b] Isaque, ¹⁰ e disse a Abraão: "Livre-se daquela escrava e do seu filho, porque ele jamais será herdeiro com o meu filho Isaque".

¹¹ Isso perturbou demais Abraão, pois envolvia um filho seu. ¹² Mas Deus lhe disse: "Não se perturbe por causa do menino e da escrava. Atenda a tudo o que Sara lhe pedir, porque será por meio de Isaque que a sua descendência há de ser considerada. ¹³ Mas também do filho da escrava farei um povo; pois ele é seu descendente".

¹⁴ Na manhã seguinte, Abraão pegou alguns pães e uma vasilha de couro cheia d'água, entregou-os a Hagar e, tendo-os colocado nos ombros dela, despediu-a com o menino. Ela se pôs a caminho e ficou vagando pelo deserto de Berseba[c].

¹⁵ Quando acabou a água da vasilha, ela deixou o menino debaixo de um arbusto ¹⁶ e foi sentar-se perto dali, à distância de um tiro de flecha, porque pensou: "Não posso ver o menino morrer". Sentada ali perto, começou a chorar[d].

¹⁷ Deus ouviu o choro do menino, e o anjo de Deus, do céu, chamou Hagar e lhe disse: "O que a aflige, Hagar? Não tenha medo; Deus ouviu o menino chorar, lá onde você o deixou. ¹⁸ Levante o menino e tome-o pela mão, porque dele farei um grande povo".

¹⁹ Então Deus lhe abriu os olhos, e ela viu uma fonte. Foi até lá, encheu de água a vasilha e deu de beber ao menino.

²⁰ Deus estava com o menino. Ele cresceu, viveu no deserto e tornou-se flecheiro. ²¹ Vivia no deserto de Parã, e sua mãe conseguiu-lhe uma mulher da terra do Egito.

O Acordo entre Abraão e Abimeleque

²² Naquela ocasião, Abimeleque, acompanhado de Ficol, comandante do seu exército, disse a Abraão: "Deus está contigo em tudo o que fazes. ²³ Agora, jura-me, diante de Deus, que não vais enganar-me, nem a mim nem a meus filhos e descendentes. Trata a nação que te acolheu como estrangeiro com a mesma bondade com que te tratei".

²⁴ Respondeu Abraão: "Eu juro!"

---

[a] **20.16** Hebraico: *para que lhe seja um véu para os olhos.*
[b] **21.9** Ou *brincando com*
[c] **21.14** Berseba pode significar poço dos sete ou poço do juramento; também em 21.31-33; 22.19; 26.23, 33 e 28.10.
[d] **21.16** A Septuaginta diz e o menino começou a chorar.

²⁵ Todavia Abraão reclamou com Abimeleque a respeito de um poço que os servos de Abimeleque lhe tinham tomado à força. ²⁶ Mas Abimeleque lhe respondeu: "Não sei quem fez isso. Nunca me disseste nada, e só fiquei sabendo disso hoje".
²⁷ Então Abraão trouxe ovelhas e bois, deu-os a Abimeleque, e os dois firmaram um acordo. ²⁸ Abraão separou sete ovelhas do rebanho, ²⁹ pelo que Abimeleque lhe perguntou: "Que significam estas sete ovelhas que separaste das demais?"
³⁰ Ele respondeu: "Aceita estas sete ovelhas de minhas mãos como testemunho de que eu cavei este poço".
³¹ Por isso aquele lugar foi chamado Berseba, porque ali os dois fizeram um juramento.
³² Firmado esse acordo em Berseba, Abimeleque e Ficol, comandante das suas tropas, voltaram para a terra dos filisteus. ³³ Abraão, por sua vez, plantou uma tamargueira em Berseba e ali invocou o nome do Senhor, o Deus Eterno. ³⁴ E morou Abraão na terra dos filisteus por longo tempo.

Deus Prova Abraão

22 Passado algum tempo, Deus pôs Abraão à prova, dizendo-lhe: "Abraão!"
Ele respondeu: "Eis-me aqui".
² Então disse Deus: "Tome seu filho, seu único filho, Isaque, a quem você ama, e vá para a região de Moriá. Sacrifique-o ali como holocausto[a] num dos montes que lhe indicarei".
³ Na manhã seguinte, Abraão levantou-se e preparou o seu jumento. Levou consigo dois de seus servos e Isaque, seu filho. Depois de cortar lenha para o holocausto, partiu em direção ao lugar que Deus lhe havia indicado. ⁴ No terceiro dia de viagem, Abraão olhou e viu o lugar ao longe. ⁵ Disse ele a seus servos: "Fiquem aqui com o jumento enquanto eu e o rapaz vamos até lá. Depois de adorar, voltaremos".
⁶ Abraão pegou a lenha para o holocausto e a colocou nos ombros de seu filho Isaque, e ele mesmo levou as brasas para o fogo, e a faca. E, caminhando os dois juntos, ⁷ Isaque disse a seu pai, Abraão: "Meu pai!"
"Sim, meu filho", respondeu Abraão.
Isaque perguntou: "As brasas e a lenha estão aqui, mas onde está o cordeiro para o holocausto?"

[a] **22.2** Isto é, sacrifício totalmente queimado; também nos versículos 3, 6-8 e 13.

⁸ Respondeu Abraão: "Deus mesmo há de prover o cordeiro para o holocausto, meu filho". E os dois continuaram a caminhar juntos.
⁹ Quando chegaram ao lugar que Deus lhe havia indicado, Abraão construiu um altar e sobre ele arrumou a lenha. Amarrou seu filho Isaque e o colocou sobre o altar, em cima da lenha. ¹⁰ Então estendeu a mão e pegou a faca para sacrificar seu filho. ¹¹ Mas o Anjo do Senhor o chamou do céu: "Abraão! Abraão!"
"Eis-me aqui", respondeu ele.
¹² "Não toque no rapaz", disse o Anjo. "Não lhe faça nada. Agora sei que você teme a Deus, porque não me negou seu filho, o seu único filho."
¹³ Abraão ergueu os olhos e viu um carneiro preso pelos chifres num arbusto. Foi lá pegá-lo, e o sacrificou como holocausto em lugar de seu filho. ¹⁴ Abraão deu àquele lugar o nome de "O Senhor Proverá". Por isso até hoje se diz: "No monte do Senhor se proverá".

22.14 "O Senhor Proverá" é um dos títulos de Deus que nos servem para conhecer melhor seu caráter. O verbo em hebraico tem os sentidos de "ver" e "prover" e também o de "prever como os profetas". Deus conhece muito bem as nossas necessidades e nos dá tudo de que temos falta no momento certo. (Veja a seção "Modelo de estudo por versículo: Gênesis 22.1-14", na p. 1410.)

¹⁵ Pela segunda vez o Anjo do Senhor chamou do céu a Abraão ¹⁶ e disse: "Juro por mim mesmo", declara o Senhor, "que, por ter feito o que fez, não me negando seu filho, o seu único filho, ¹⁷ esteja certo de que o abençoarei e farei seus descendentes tão numerosos como as estrelas do céu e como a areia das praias do mar. Sua descendência conquistará as cidades dos que lhe forem inimigos ¹⁸ e, por meio dela, todos os povos da terra serão abençoados, porque você me obedeceu".
¹⁹ Então voltou Abraão a seus servos, e juntos partiram para Berseba, onde passou a viver.

Os Filhos de Naor

²⁰ Passado algum tempo, disseram a Abraão que Milca dera filhos a seu irmão Naor: ²¹ Uz, o mais velho, Buz, seu irmão, Quemuel, pai de Arã, ²² Quésede, Hazo, Pildas, Jidlafe e Betuel,

GÊNESIS 22.23

23 pai de Rebeca. Estes foram os oito filhos que Milca deu a Naor, irmão de Abraão. **24** E sua concubina, chamada Reumá, teve os seguintes filhos: Tebá, Gaã, Taás e Maaca.

A Morte de Sara

23 Sara viveu cento e vinte e sete anos **2** e morreu em Quiriate-Arba, que é Hebrom, em Canaã; e Abraão foi lamentar e chorar por ela.

3 Depois Abraão deixou ali o corpo de sua mulher e foi falar com os hititas: **4** "Sou apenas um estrangeiro entre vocês. Cedam-me alguma propriedade para sepultura, para que eu tenha onde enterrar a minha mulher".

5 Responderam os hititas a Abraão: **6** "Ouça-nos, senhor; o senhor é um príncipe de Deus[a] em nosso meio. Enterre a sua mulher numa de nossas sepulturas, na que lhe parecer melhor. Nenhum de nós recusará ceder-lhe sua sepultura para que enterre a sua mulher".

7 Abraão levantou-se, curvou-se perante o povo daquela terra, os hititas, **8** e disse-lhes: "Já que vocês me dão permissão para sepultar minha mulher, peço que intercedam por mim junto a Efrom, filho de Zoar, **9** a fim de que ele me ceda a caverna de Macpela, que lhe pertence e se encontra na divisa do seu campo. Peçam-lhe que a ceda a mim pelo preço justo, para que eu tenha uma propriedade para sepultura entre vocês".

10 Efrom, o hitita, estava sentado no meio do seu povo e respondeu a Abraão, sendo ouvido por todos os hititas que tinham vindo à porta da cidade: **11** "Não, meu senhor. Ouça-me, eu lhe cedo o campo e também a caverna que nele está. Cedo-os na presença do meu povo. Sepulte a sua mulher".

12 Novamente Abraão curvou-se perante o povo daquela terra **13** e disse a Efrom, sendo ouvido por todos: "Ouça-me, por favor. Pagarei o preço do campo. Aceite-o, para que eu possa sepultar a minha mulher".

14 Efrom respondeu a Abraão: **15** "Ouça-me, meu senhor: aquele pedaço de terra vale quatrocentas peças de prata, mas o que significa isso entre mim e você? Sepulte a sua mulher".

16 Abraão concordou com Efrom e pesou-lhe o valor por ele estipulado diante dos hititas: quatrocentas peças de prata, de acordo com o peso corrente entre os mercadores.

17 Assim o campo de Efrom em Macpela, perto de Manre, o próprio campo com a caverna que nele há e todas as árvores dentro das divisas do campo, foi transferido **18** a Abraão como sua propriedade diante de todos os hititas que tinham vindo à porta da cidade. **19** Depois disso, Abraão sepultou sua mulher Sara na caverna do campo de Macpela, perto de Manre, que se encontra em Hebrom, na terra de Canaã. **20** Assim o campo e a caverna que nele há foram transferidos a Abraão pelos hititas como propriedade para sepultura.

Uma Esposa para Isaque

24 Abraão já era velho, de idade bem avançada, e o Senhor em tudo o abençoara. **2** Disse ele ao servo mais velho de sua casa, que era o responsável por tudo quanto tinha: "Ponha a mão debaixo da minha coxa **3** e jure pelo Senhor, o Deus dos céus e o Deus da terra, que não buscará mulher para meu filho entre as filhas dos cananeus, no meio dos quais estou vivendo, **4** mas irá à minha terra e buscará entre os meus parentes uma mulher para meu filho Isaque".

5 O servo lhe perguntou: "E se a mulher não quiser vir comigo a esta terra? Devo então levar teu filho de volta à terra de onde vieste?"

6 "Cuidado!", disse Abraão, "Não deixe o meu filho voltar para lá.

7 "O Senhor, o Deus dos céus, que me tirou da casa de meu pai e de minha terra natal e que me prometeu sob juramento que à minha descendência daria esta terra, enviará o seu anjo adiante de você para que de lá traga uma mulher para meu filho. **8** Se a mulher não quiser vir, você estará livre do juramento. Mas não leve o meu filho de volta para lá." **9** Então o servo pôs a mão debaixo da coxa de Abraão, seu senhor, e jurou cumprir aquela palavra.

10 O servo partiu, com dez camelos do seu senhor, levando também do que o seu senhor tinha de melhor. Partiu para a Mesopotâmia[b], em direção à cidade onde Naor tinha morado. **11** Ao cair da tarde, quando as mulheres costumam sair para buscar água, ele fez os camelos se ajoelharem junto ao poço que ficava fora da cidade.

12 Então orou: "Senhor, Deus do meu senhor Abraão, dá-me neste dia bom êxito e seja bondoso com o meu senhor Abraão. **13** Como vês, estou aqui ao lado desta fonte, e as jovens do povo desta cidade estão vindo para

---

[a] 23.6 Ou *príncipe poderoso*; ou ainda *príncipe dos deuses*

[b] 24.10 Hebraico: *Arã Naaraim*.

tirar água. ¹⁴ Concede que a jovem a quem eu disser: Por favor, incline o seu cântaro e dê-me de beber, e ela me responder: 'Bebe. Também darei água aos teus camelos', seja essa a que escolheste para teu servo Isaque. Saberei assim que foste bondoso com o meu senhor".

¹⁵ Antes que ele terminasse de orar, surgiu Rebeca, filha de Betuel, filho de Milca, mulher de Naor, irmão de Abraão, trazendo no ombro o seu cântaro. ¹⁶ A jovem era muito bonita e virgem; nenhum homem tivera relações com ela. Rebeca desceu à fonte, encheu seu cântaro e voltou.

¹⁷ O servo apressou-se ao encontro dela e disse: "Por favor, dê-me um pouco de água do seu cântaro".

¹⁸ "Beba, meu senhor", disse ela, e tirou rapidamente dos ombros o cântaro e o serviu.

¹⁹ Depois que lhe deu de beber, disse: "Tirarei água também para os seus camelos até saciá-los". ²⁰ Assim ela esvaziou depressa seu cântaro no bebedouro e correu de volta ao poço para tirar mais água para todos os camelos. ²¹ Sem dizer nada, o homem a observava atentamente para saber se o Senhor tinha ou não coroado de êxito a sua missão.

²² Quando os camelos acabaram de beber, o homem deu à jovem um pendente de ouro de seis gramasᵃ e duas pulseiras de ouro de cento e vinte gramasᵇ, ²³ e perguntou: "De quem você é filha? Diga-me, por favor, se há lugar na casa de seu pai para eu e meus companheiros passarmos a noite".

²⁴ "Sou filha de Betuel, o filho que Milca deu a Naor", respondeu ela; ²⁵ e acrescentou: "Temos bastante palha e forragem, e também temos lugar para vocês passarem a noite".

²⁶ Então o homem curvou-se em adoração ao Senhor, ²⁷ dizendo: "Bendito seja o Senhor, o Deus do meu senhor Abraão, que não retirou sua bondade e sua fidelidade do meu senhor. Quanto a mim, o Senhor me conduziu na jornada até a casa dos parentes do meu senhor".

²⁸ A jovem correu para casa e contou tudo à família de sua mãe. ²⁹ Rebeca tinha um irmão chamado Labão. Ele saiu apressado à fonte para conhecer o homem, ³⁰ pois tinha visto o pendente e as pulseiras no braço de sua irmã, e ouvira Rebeca contar o que o homem lhe dissera. Saiu, pois, e foi encontrá-lo parado junto à fonte, ao lado dos camelos. ³¹ E disse: "Venha, bendito do Senhor! Por que ficar aí fora? Já arrumei a casa e um lugar para os camelos".

³² Assim o homem dirigiu-se à casa, e os camelos foram descarregados. Deram palha e forragem aos camelos, e água ao homem e aos que estavam com ele para lavarem os pés. ³³ Depois lhe trouxeram comida, mas ele disse: "Não comerei enquanto não disser o que tenho para dizer".

Disse Labão: "Então fale".

³⁴ E ele disse: "Sou servo de Abraão. ³⁵ O Senhor o abençoou muito, e ele se tornou muito rico. Deu-lhe ovelhas e bois, prata e ouro, servos e servas, camelos e jumentos. ³⁶ Sara, mulher do meu senhor, na velhice lhe deu um filho, que é o herdeiro de tudo o que Abraão possui. ³⁷ E meu senhor fez-me jurar, dizendo: 'Você não buscará mulher para meu filho entre as filhas dos cananeus, em cuja terra estou vivendo, ³⁸ mas irá à família de meu pai, ao meu próprio clã, buscar uma mulher para meu filho'.

³⁹ "Então perguntei a meu senhor: E se a mulher não quiser me acompanhar?

⁴⁰ "Ele respondeu: 'O Senhor, a quem tenho servido, enviará seu anjo com você e coroará de êxito a sua missão, para que você traga para meu filho uma mulher do meu próprio clã, da família de meu pai. ⁴¹ Quando chegar aos meus parentes, você estará livre do juramento se eles se recusarem a entregá-la a você. Só então você estará livre do juramento'.

⁴² "Hoje, quando cheguei à fonte, eu disse: Ó Senhor, Deus do meu senhor Abraão, se assim desejares, dá êxito à missão de que fui incumbido. ⁴³ Aqui estou em pé diante desta fonte; se uma moça vier tirar água e eu lhe disser: Por favor, dê-me de beber um pouco de seu cântaro, ⁴⁴ e ela me responder: 'Bebe. Também darei água aos teus camelos', seja essa a que o Senhor escolheu para o filho do meu senhor.

⁴⁵ "Antes de terminar de orar em meu coração, surgiu Rebeca, com o cântaro ao ombro. Dirigiu-se à fonte e tirou água, e eu lhe disse: Por favor, dê-me de beber.

⁴⁶ "Ela se apressou a tirar o cântaro do ombro e disse: 'Bebe. Também darei água aos teus camelos'. Eu bebi, e ela deu de beber também aos camelos.

⁴⁷ "Depois lhe perguntei: De quem você é filha?

"Ela me respondeu: 'De Betuel, filho de Naor e Milca'.

"Então coloquei o pendente em seu nariz e as pulseiras em seus braços, ⁴⁸ e curvei-me em

---

ᵃ **24.22** Hebraico: *1 beca*.
ᵇ **24.22** Hebraico: *10 siclos*. Um siclo equivalia a 12 gramas.

adoração ao Senhor. Bendisse ao Senhor, o Deus do meu senhor Abraão, que me guiou pelo caminho certo para buscar para o filho dele a neta do irmão do meu senhor. ⁴⁹ Agora, se quiserem mostrar fidelidade e bondade a meu senhor, digam-me; e, se não quiserem, digam-me também, para que eu decida o que fazer".

O Casamento de Isaque e Rebeca

⁵⁰ Labão e Betuel responderam: "Isso vem do Senhor; nada lhe podemos dizer, nem a favor, nem contra. ⁵¹ Aqui está Rebeca; leve-a com você e que ela se torne a mulher do filho do seu senhor, como disse o Senhor".

⁵² Quando o servo de Abraão ouviu o que disseram, curvou-se até o chão diante do Senhor. ⁵³ Então o servo deu joias de ouro e de prata e vestidos a Rebeca; deu também presentes valiosos ao irmão dela e à sua mãe. ⁵⁴ Depois ele e os homens que o acompanhavam comeram, beberam e ali passaram a noite.

Ao se levantarem na manhã seguinte, ele disse: "Deixem-me voltar ao meu senhor".

⁵⁵ Mas o irmão e a mãe dela responderam: "Deixe a jovem ficar mais uns dez dias conosco; então você*ᵃ* poderá partir".

⁵⁶ Mas ele disse: "Não me detenham, agora que o Senhor coroou de êxito a minha missão. Vamos despedir-nos, e voltarei ao meu senhor".

⁵⁷ Então lhe disseram: "Vamos chamar a jovem e ver o que ela diz". ⁵⁸ Chamaram Rebeca e lhe perguntaram: "Você quer ir com este homem?"

"Sim, quero", respondeu ela.

⁵⁹ Despediram-se, pois, de sua irmã Rebeca, de sua ama, do servo de Abraão e dos que o acompanhavam. ⁶⁰ E abençoaram Rebeca, dizendo-lhe:

"Que você cresça, nossa irmã,
até ser milhares de milhares;
e que a sua descendência conquiste
as cidades dos seus inimigos".

⁶¹ Então Rebeca e suas servas se aprontaram, montaram seus camelos e partiram com o homem. E assim o servo partiu levando Rebeca.

⁶² Isaque tinha voltado de Beer-Laai-Roi*ᵇ*, pois habitava no Neguebe. ⁶³ Certa tarde, saiu ao campo para meditar. Ao erguer os olhos, viu que se aproximavam camelos. ⁶⁴ Rebeca também ergueu os olhos e viu Isaque. Ela desceu do camelo ⁶⁵ e perguntou ao servo: "Quem é aquele homem que vem pelo campo ao nosso encontro?"

"É meu senhor", respondeu o servo. Então ela se cobriu com o véu.

⁶⁶ Depois o servo contou a Isaque tudo o que havia feito. ⁶⁷ Isaque levou Rebeca para a tenda de sua mãe, Sara; fez dela sua mulher, e a amou; assim Isaque foi consolado após a morte de sua mãe.

A Morte de Abraão

25 Abraão casou-se com outra mulher, chamada Quetura. ² Ela lhe deu os seguintes filhos: Zinrã, Jocsã, Medã, Midiã, Isbaque e Suá. ³ Jocsã gerou Sabá e Dedã; os descendentes de Dedã foram os assuritas, os letusitas e os leumitas. ⁴ Os filhos de Midiã foram Efá, Éfer, Enoque, Abida e Elda. Todos esses foram descendentes de Quetura.

⁵ Abraão deixou tudo o que tinha para Isaque. ⁶ Mas para os filhos de suas concubinas deu presentes; e, ainda em vida, enviou-os para longe de Isaque, para a terra do oriente.

⁷ Abraão viveu cento e setenta e cinco anos. ⁸ Morreu em boa velhice, em idade bem avançada, e foi reunido aos seus antepassados. ⁹ Seus filhos, Isaque e Ismael, o sepultaram na caverna de Macpela, perto de Manre, no campo de Efrom, filho de Zoar, o hitita, ¹⁰ campo que Abraão comprara dos hititas. Foi ali que Abraão e Sara, sua mulher, foram sepultados. ¹¹ Depois da morte de Abraão, Deus abençoou seu filho Isaque. Isaque morava próximo a Beer-Laai-Roi.

Os Filhos de Ismael

¹² Este é o registro da descendência de Ismael, o filho de Abraão que Hagar, a serva egípcia de Sara, deu a ele.

¹³ São estes os nomes dos filhos de Ismael, alistados por ordem de nascimento: Nebaiote, o filho mais velho de Ismael, Quedar, Adbeel, Mibsão, ¹⁴ Misma, Dumá, Massá, ¹⁵ Hadade, Temá, Jetur, Nafis e Quedemá. ¹⁶ Foram esses os doze filhos de Ismael, que se tornaram os líderes de suas tribos; os seus povoados e acampamentos receberam os seus nomes. ¹⁷ Ismael viveu cento e trinta e sete anos. Morreu e foi reunido aos seus antepassados. ¹⁸ Seus descendentes se estabeleceram na região que vai de Havilá a Sur, próximo à fronteira com o Egito,

---

ᵃ 24.55 Ou *ela*
ᵇ 24.62 Isto é, poço daquele que vive e me vê; também em 25.11.

na direção de quem vai para Assur. E viveram em hostilidade[a] contra todos os seus irmãos.

Esaú e Jacó

¹⁹ Esta é a história da família de Isaque, filho de Abraão:

Abraão gerou Isaque, ²⁰ o qual aos quarenta anos se casou com Rebeca, filha de Betuel, o arameu de Padã-Arã[b], e irmã de Labão, também arameu.

²¹ Isaque orou ao Senhor em favor de sua mulher, porque era estéril. O Senhor respondeu à sua oração, e Rebeca, sua mulher, engravidou. ²² Os meninos se empurravam dentro dela, pelo que disse: "Por que está me acontecendo isso?" Foi então consultar o Senhor.

²³ Disse-lhe o Senhor:

"Duas nações estão em seu ventre;
    já desde as suas entranhas
    dois povos se separarão;
        um deles será mais forte que o outro,
    mas o mais velho servirá ao mais novo".

²⁴ Ao chegar a época de dar à luz, confirmou-se que havia gêmeos em seu ventre. ²⁵ O primeiro a sair era ruivo[c], e todo o seu corpo era como um manto de pelos; por isso lhe deram o nome de Esaú[d]. ²⁶ Depois saiu seu irmão, com a mão agarrada no calcanhar de Esaú; pelo que lhe deram o nome de Jacó[e]. Tinha Isaque sessenta anos de idade quando Rebeca os deu à luz.

²⁷ Os meninos cresceram. Esaú tornou-se caçador habilidoso e vivia percorrendo os campos, ao passo que Jacó cuidava do rebanho[f] e vivia nas tendas. ²⁸ Isaque preferia Esaú, porque gostava de comer de suas caças; Rebeca preferia Jacó.

²⁹ Certa vez, quando Jacó preparava um ensopado, Esaú chegou faminto, voltando do campo, ³⁰ e pediu-lhe: "Dê-me um pouco desse ensopado vermelho aí. Estou faminto!" Por isso também foi chamado Edom[g].

³¹ Respondeu-lhe Jacó: "Venda-me primeiro o seu direito de filho mais velho".

³² Disse Esaú: "Estou quase morrendo. De que me vale esse direito?"

³³ Jacó, porém, insistiu: "Jure primeiro". Ele fez um juramento, vendendo o seu direito de filho mais velho a Jacó.

³⁴ Então Jacó serviu a Esaú pão com ensopado de lentilhas. Ele comeu e bebeu, levantou-se e se foi.

Assim Esaú desprezou o seu direito de filho mais velho.

Isaque em Gerar

26 Houve fome naquela terra, como tinha acontecido no tempo de Abraão. Por isso Isaque foi para Gerar, onde Abimeleque era o rei dos filisteus. ² O Senhor apareceu a Isaque e disse: "Não desça ao Egito; procure estabelecer-se na terra que eu lhe indicar. ³ Permaneça nesta terra mais um pouco, e eu estarei com você e o abençoarei. Porque a você e a seus descendentes darei todas estas terras e confirmarei o juramento que fiz a seu pai, Abraão. ⁴ Tornarei seus descendentes tão numerosos como as estrelas do céu e lhes darei todas estas terras; e por meio da sua descendência todos os povos da terra serão abençoados, ⁵ porque Abraão me obedeceu e guardou meus preceitos, meus mandamentos, meus decretos e minhas leis". ⁶ Assim Isaque ficou em Gerar.

⁷ Quando os homens do lugar lhe perguntaram sobre a sua mulher, ele disse: "Ela é minha irmã". Teve medo de dizer que era sua mulher, pois pensou: "Os homens deste lugar podem matar-me por causa de Rebeca, por ser ela tão bonita".

⁸ Isaque estava em Gerar já fazia muito tempo. Certo dia, Abimeleque, rei dos filisteus, estava olhando do alto de uma janela quando viu Isaque acariciando Rebeca, sua mulher. ⁹ Então Abimeleque chamou Isaque e lhe disse: "Na verdade ela é tua mulher! Por que me disseste que ela era tua irmã?"

Isaque respondeu: "Porque pensei que eu poderia ser morto por causa dela".

¹⁰ Então disse Abimeleque: "Tens ideia do que nos fizeste? Qualquer homem bem poderia ter-se deitado com tua mulher, e terias trazido culpa sobre nós".

¹¹ E Abimeleque advertiu todo o povo: "Quem tocar neste homem ou em sua mulher certamente morrerá!"

---

[a] **25.18** Ou *defronte de todos*
[b] **25.20** Provavelmente na região noroeste da Mesopotâmia; também em 28.2 e 5-7.
[c] **25.25** Ou *moreno*
[d] **25.25** Esaú pode significar peludo, cabeludo.
[e] **25.26** Jacó significa ele agarra o calcanhar ou ele age traiçoeiramente; também em 27.36.
[f] **25.27** Hebraico: *era homem pacato*.
[g] **25.30** Edom significa vermelho.

¹² Isaque formou lavoura naquela terra e no mesmo ano colheu a cem por um, porque o Senhor o abençoou. ¹³ O homem enriqueceu, e a sua riqueza continuou a aumentar, até que ficou riquíssimo. ¹⁴ Possuía tantos rebanhos e servos que os filisteus o invejavam. ¹⁵ Estes taparam todos os poços que os servos de Abraão, pai de Isaque, tinham cavado na sua época, enchendo-os de terra.

¹⁶ Então Abimeleque pediu a Isaque: "Sai de nossa terra, pois já és poderoso demais para nós".

¹⁷ Por isso Isaque mudou-se de lá, acampou no vale de Gerar e ali se estabeleceu. ¹⁸ Isaque reabriu os poços cavados no tempo de seu pai, Abraão, os quais os filisteus fecharam depois que Abraão morreu, e deu-lhes os mesmos nomes que seu pai lhes tinha dado.

¹⁹ Os servos de Isaque cavaram no vale e descobriram um veio d'água. ²⁰ Mas os pastores de Gerar discutiram com os pastores de Isaque, dizendo: "A água é nossa!" Por isso Isaque deu ao poço o nome de Eseque, porque discutiram por causa dele. ²¹ Então os seus servos cavaram outro poço, mas eles também discutiram por causa dele; por isso o chamou Sitna. ²² Isaque mudou-se dali e cavou outro poço, e ninguém discutiu por causa dele. Deu-lhe o nome de Reobote, dizendo: "Agora o Senhor nos abriu espaço e prosperaremos na terra".

²³ Dali Isaque foi para Berseba. ²⁴ Naquela noite, o Senhor lhe apareceu e disse: "Eu sou o Deus de seu pai, Abraão. Não tema, porque estou com você; eu o abençoarei e multiplicarei os seus descendentes por amor ao meu servo Abraão".

²⁵ Isaque construiu nesse lugar um altar e invocou o nome do Senhor. Ali armou acampamento, e os seus servos cavaram outro poço.

O Acordo entre Isaque e Abimeleque

²⁶ Por aquele tempo, veio a ele Abimeleque, de Gerar, com Auzate, seu conselheiro pessoal, e Ficol, o comandante dos seus exércitos. ²⁷ Isaque lhes perguntou: "Por que me vieram ver, uma vez que foram hostis e me mandaram embora?"

²⁸ Eles responderam: "Vimos claramente que o Senhor está contigo; por isso dissemos: Façamos um juramento entre nós. Queremos firmar um acordo contigo; ²⁹ Tu não nos farás mal, assim como nada te fizemos, mas sempre te tratamos bem e te despedimos em paz. Agora sabemos que o Senhor te tem abençoado".

³⁰ Então Isaque ofereceu-lhes um banquete, e eles comeram e beberam. ³¹ Na manhã seguinte os dois fizeram juramento. Depois Isaque os despediu e partiram em paz.

³² Naquele mesmo dia, os servos de Isaque vieram falar-lhe sobre o poço que tinham cavado e disseram: "Achamos água!" ³³ Isaque deu-lhe o nome de Seba e, por isso, até o dia de hoje aquela cidade é conhecida como Berseba.

³⁴ Tinha Esaú quarenta anos de idade quando escolheu por mulher a Judite, filha de Beeri, o hitita, e também a Basemate, filha de Elom, o hitita. ³⁵ Elas amarguraram a vida de Isaque e de Rebeca.

Isaque Abençoa Jacó

27 Tendo Isaque envelhecido, seus olhos ficaram tão fracos que ele já não podia enxergar. Certo dia chamou Esaú, seu filho mais velho, e lhe disse: "Meu filho!"

Ele respondeu: "Estou aqui".

² Disse-lhe Isaque: "Já estou velho e não sei o dia da minha morte. ³ Pegue agora suas armas, o arco e a aljava, e vá ao campo caçar alguma coisa para mim. ⁴ Prepare-me aquela comida saborosa que tanto aprecio e traga-me, para que eu a coma e o abençoe antes de morrer".

⁵ Ora, Rebeca estava ouvindo o que Isaque dizia a seu filho Esaú. Quando Esaú saiu ao campo para caçar, ⁶ Rebeca disse a seu filho Jacó: "Ouvi seu pai dizer a seu irmão Esaú: ⁷ 'Traga-me alguma caça e prepare-me aquela comida saborosa, para que eu a coma e o abençoe na presença do Senhor antes de morrer'. ⁸ Agora, meu filho, ouça bem e faça o que lhe ordeno: ⁹ Vá ao rebanho e traga-me dois cabritos escolhidos, para que eu prepare uma comida saborosa para seu pai, como ele aprecia. ¹⁰ Leve-a então a seu pai, para que ele a coma e o abençoe antes de morrer".

¹¹ Disse Jacó a Rebeca, sua mãe: "Mas o meu irmão Esaú é homem peludo, e eu tenho a pele lisa. ¹² E se meu pai me apalpar? Vai parecer que estou tentando enganá-lo, fazendo-o de tolo e, em vez de bênção, trarei sobre mim maldição".

¹³ Disse-lhe sua mãe: "Caia sobre mim a maldição, meu filho. Faça apenas o que eu digo: Vá e traga-os para mim".

¹⁴ Então ele foi, apanhou-os e os trouxe à sua mãe, que preparou uma comida saborosa, como seu pai apreciava. ¹⁵ Rebeca pegou as melhores roupas de Esaú, seu filho mais velho, roupas que tinha em casa, e colocou-as em Jacó, seu filho mais novo. ¹⁶ Depois cobriu-lhe as mãos e a parte lisa do pescoço com as

peles dos cabritos, ¹⁷ e por fim entregou a Jacó a refeição saborosa e o pão que tinha feito.

¹⁸ Ele se dirigiu ao pai e disse: "Meu pai".

Respondeu ele: "Sim, meu filho. Quem é você?"

¹⁹ Jacó disse a seu pai: "Sou Esaú, seu filho mais velho. Fiz como o senhor me disse. Agora, assente-se e coma do que cacei para que me abençoe".

²⁰ Isaque perguntou ao filho: "Como encontrou a caça tão depressa, meu filho?"

Ele respondeu: "O Senhor, o seu Deus, a colocou no meu caminho".

²¹ Então Isaque disse a Jacó: "Chegue mais perto, meu filho, para que eu possa apalpá-lo e saber se você é realmente meu filho Esaú".

²² Jacó aproximou-se do seu pai, Isaque, que o apalpou e disse: "A voz é de Jacó, mas os braços são de Esaú". ²³ Não o reconheceu, pois seus braços estavam peludos como os de Esaú, seu irmão; e o abençoou.

²⁴ Isaque perguntou-lhe outra vez: "Você é mesmo meu filho Esaú?"

E ele respondeu: "Sou".

²⁵ Então lhe disse: "Meu filho, traga-me da sua caça para que eu coma e o abençoe".

Jacó a trouxe, e seu pai comeu; também trouxe vinho, e ele bebeu. ²⁶ Então Isaque, seu pai, lhe disse: "Venha cá, meu filho, dê-me um beijo".

²⁷ Ele se aproximou e o beijou. Quando sentiu o cheiro de suas roupas, Isaque o abençoou, dizendo:

"Ah, o cheiro de meu filho
 é como o cheiro de um campo
 que o Senhor abençoou.
²⁸ Que Deus lhe conceda
 do céu o orvalho
 e da terra a riqueza,
 com muito cereal e muito vinho.
²⁹ Que as nações o sirvam
 e os povos se curvem diante de você.
Seja senhor dos seus irmãos,
 e curvem-se diante de você
 os filhos de sua mãe.
Malditos sejam os que o amaldiçoarem
 e benditos sejam
 os que o abençoarem".

³⁰ Quando Isaque acabou de abençoar Jacó, mal tendo ele saído da presença do pai, seu irmão, Esaú, chegou da caçada. ³¹ Ele também preparou uma comida saborosa e a trouxe a seu pai. E lhe disse: "Meu pai, levante-se e coma da minha caça, para que o senhor me dê sua bênção".

³² Perguntou-lhe seu pai, Isaque: "Quem é você?"

Ele respondeu: "Sou Esaú, seu filho mais velho".

³³ Profundamente abalado, Isaque começou a tremer muito e disse: "Quem então apanhou a caça e a trouxe para mim? Acabei de comê-la antes de você entrar e a ele abençoei; e abençoado ele será!"

³⁴ Quando Esaú ouviu as palavras de seu pai, deu um forte grito e, cheio de amargura, implorou ao pai: "Abençoe também a mim, meu pai!"

³⁵ Mas ele respondeu: "Seu irmão chegou astutamente e recebeu a bênção que pertencia a você".

³⁶ E disse Esaú: "Não é com razão que o seu nome é Jacó? Já é a segunda vez que ele me engana! Primeiro tomou o meu direito de filho mais velho, e agora recebeu a minha bênção!" Então perguntou ao pai: "O senhor não reservou nenhuma bênção para mim?"

³⁷ Isaque respondeu a Esaú: "Eu o constituí senhor sobre você, e a todos os seus parentes tornei servos dele; a ele supri de cereal e de vinho. Que é que eu poderia fazer por você, meu filho?"

³⁸ Esaú pediu ao pai: "Meu pai, o senhor tem apenas uma bênção? Abençoe-me também, meu pai!" Então chorou Esaú em alta voz.

³⁹ Isaque, seu pai, respondeu-lhe:

"Sua habitação será
 longe das terras férteis,
 distante do orvalho
 que desce do alto céu.
⁴⁰ Você viverá por sua espada
 e servirá a seu irmão.
Mas, quando você não suportar mais,
 arrancará do pescoço o jugo".

A Fuga de Jacó

⁴¹ Esaú guardou rancor contra Jacó por causa da bênção que seu pai lhe dera. E disse a si mesmo: "Os dias de luto pela morte de meu pai estão próximos; então matarei meu irmão Jacó".

⁴² Quando contaram a Rebeca o que seu filho Esaú dissera, ela mandou chamar Jacó, seu filho mais novo, e lhe disse: "Esaú está se consolando com a ideia de matá-lo. ⁴³ Ouça, pois, o que lhe digo, meu filho: Fuja imediatamente para a casa de meu irmão Labão, em Harã. ⁴⁴ Fique com ele algum tempo, até que passe

o furor de seu irmão. ⁴⁵ Quando seu irmão não estiver mais irado contra você e esquecer o que você lhe fez, mandarei buscá-lo. Por que perderia eu vocês dois num só dia?"

⁴⁶ Então Rebeca disse a Isaque: "Estou desgostosa da vida, por causa destas mulheres hititas. Se Jacó escolher esposa entre as mulheres desta terra, entre mulheres hititas como estas, perderei a razão de viver".

28 Então Isaque chamou Jacó, deu-lhe sua bênção*ᵃ* e lhe ordenou: "Não se case com mulher cananeia. ² Vá a Padã-Arã, à casa de Betuel, seu avô materno, e case-se com uma das filhas de Labão, irmão de sua mãe. ³ Que o Deus todo-poderoso*ᵇ* o abençoe, faça-o prolífero e multiplique os seus descendentes, para que você se torne uma comunidade de povos. ⁴ Que ele dê a você e a seus descendentes a bênção de Abraão, para que você tome posse da terra na qual vive como estrangeiro, a terra dada por Deus a Abraão". ⁵ Então Isaque despediu Jacó e este foi a Padã-Arã, a Labão, filho do arameu Betuel, irmão de Rebeca, mãe de Jacó e Esaú.

28.1-3 Ainda que Jacó não fosse legalmente o primogênito, seu irmão Esaú havia manifestado indiferença à promessa divina (veja 25.29-34) e falta de responsabilidade para com sua família, uma vez que deveria ter-se convertido em juiz, sacerdote e porta--voz de Deus com a morte do pai. Em Hebreus 12.16 fala-se de Esaú de modo bastante negativo. Portanto, este passou para a história sagrada como o homem que vendeu seus direitos de herança de filho mais velho por um ensopado de lentilhas. O discípulo deve tomar cuidado para não cometer pecado semelhante, mas deve buscar manter viva a chama da fé que uma vez lhe foi posta no espírito pelo sacrifício redentor de Cristo. Aquele que dá mais valor ao mundo, ou a si mesmo, é como se estivesse vendendo sua herança por uma prato de lentilhas.

⁶ Esaú viu que Isaque havia abençoado a Jacó e o havia mandado a Padã-Arã para escolher ali uma mulher e que, ao abençoá-lo, dera-lhe a ordem de não se casar com mulher cananeia. ⁷ Também soube que Jacó obedecera a seu pai e a sua mãe e fora para Padã-Arã. ⁸ Percebendo então Esaú que seu pai Isaque não aprovava as mulheres cananeias, ⁹ foi à casa de Ismael e tomou a Maalate, irmã de Nebaiote, filha de Ismael, filho de Abraão, além das outras mulheres que já tinha.

O Sonho de Jacó em Betel

¹⁰ Jacó partiu de Berseba e foi para Harã. ¹¹ Chegando a determinado lugar, parou para pernoitar, porque o sol já se havia posto. Tomando uma das pedras dali, usou-a como travesseiro e deitou-se. ¹² E teve um sonho no qual viu uma escada apoiada na terra; o seu topo alcançava os céus, e os anjos de Deus subiam e desciam por ela. ¹³ Ao lado dele*ᶜ* estava o S‍ENHOR, que lhe disse: "Eu sou o S‍ENHOR, o Deus de seu pai Abraão e o Deus de Isaque. Darei a você e a seus descendentes a terra na qual você está deitado. ¹⁴ Seus descendentes serão como o pó da terra, e se espalharão para o Oeste e para o Leste, para o Norte e para o Sul. Todos os povos da terra serão abençoados por meio de você e da sua descendência. ¹⁵ Estou com você e cuidarei de você, aonde quer que vá; e eu o trarei de volta a esta terra. Não o deixarei enquanto não fizer o que lhe prometi".

¹⁶ Quando Jacó acordou do sono, disse: "Sem dúvida o S‍ENHOR está neste lugar, mas eu não sabia!" ¹⁷ Teve medo e disse: "Temível é este lugar! Não é outro, senão a casa de Deus; esta é a porta dos céus".

¹⁸ Na manhã seguinte, Jacó pegou a pedra que tinha usado como travesseiro, colocou-a em pé como coluna e derramou óleo sobre o seu topo. ¹⁹ E deu o nome de Betel*ᵈ* àquele lugar, embora a cidade anteriormente se chamasse Luz.

²⁰ Então Jacó fez um voto, dizendo: "Se Deus estiver comigo, cuidar de mim nesta viagem que estou fazendo, prover-me de comida e roupa, ²¹ e levar-me de volta em segurança à casa de meu pai, então o S‍ENHOR será o meu Deus. ²² E esta pedra que hoje coloquei como coluna servirá de santuário*ᵉ* de Deus; e de tudo o que me deres certamente te darei o dízimo".

Jacó Encontra-se com Raquel

29 Então Jacó seguiu viagem e chegou à Mesopotâmia*ᶠ*. ² Certo dia, olhando ao

---

ᵃ **28.1** Ou *saudou-o*
ᵇ **28.3** Hebraico: *El-Shaddai.*
ᶜ **28.13** Ou *Acima dela*
ᵈ **28.19** Betel significa *casa de Deus.*
ᵉ **28.22** Hebraico: *será a casa.*
ᶠ **29.1** Hebraico: *à terra dos filhos do oriente.*

redor, viu um poço no campo e três rebanhos de ovelhas deitadas por perto, pois os rebanhos bebiam daquele poço, que era tapado por uma grande pedra. ³ Por isso, quando todos os rebanhos se reuniam ali, os pastores rolavam a pedra da boca do poço e davam água às ovelhas. Depois recolocavam a pedra em seu lugar, sobre o poço.

⁴ Jacó perguntou aos pastores: "Meus amigos, de onde são vocês?"

"Somos de Harã", responderam.

⁵ "Vocês conhecem Labão, neto de Naor?", perguntou-lhes Jacó.

Eles responderam: "Sim, nós o conhecemos".

⁶ Então Jacó perguntou: "Ele vai bem?"

"Sim, vai bem", disseram eles, "e ali vem sua filha Raquel com as ovelhas".

⁷ Disse ele: "Olhem, o sol ainda vai alto e não é hora de recolher os rebanhos. Deem de beber às ovelhas e levem-nas de volta ao pasto".

⁸ Mas eles responderam: "Não podemos, enquanto os rebanhos não se agruparem e a pedra não for removida da boca do poço. Só então daremos de beber às ovelhas".

⁹ Ele ainda estava conversando, quando chegou Raquel com as ovelhas de seu pai, pois ela era pastora. ¹⁰ Quando Jacó viu Raquel, filha de Labão, irmão de sua mãe, e as ovelhas de Labão, aproximou-se, removeu a pedra da boca do poço e deu de beber às ovelhas de seu tio Labão. ¹¹ Depois Jacó beijou Raquel e começou a chorar bem alto. ¹² Então contou a Raquel que era parente do pai dela e filho de Rebeca. E ela foi correndo contar tudo a seu pai.

¹³ Logo que Labão ouviu as notícias acerca de Jacó, seu sobrinho, correu ao seu encontro, abraçou-o e o beijou. Depois, levou-o para casa, e Jacó contou-lhe tudo o que havia ocorrido. ¹⁴ Então Labão lhe disse: "Você é sangue do meu sangue"ᵃ.

O Casamento de Jacó

Já fazia um mês que Jacó estava na casa de Labão, ¹⁵ quando este lhe disse: "Só por ser meu parente você vai trabalhar de graça? Diga-me qual deve ser o seu salário".

¹⁶ Ora, Labão tinha duas filhas; o nome da mais velha era Lia, e o da mais nova, Raquel. ¹⁷ Lia tinha olhos meigosᵇ, mas Raquel era bonita e atraente. ¹⁸ Como Jacó gostava muito de Raquel, disse: "Trabalharei sete anos em troca de Raquel, sua filha mais nova".

ᵃ **29.14** Hebraico: *meu osso e minha carne*.
ᵇ **29.17** Ou *sem brilho*.

¹⁹ Labão respondeu: "Será melhor dá-la a você do que a algum outro homem. Fique aqui comigo". ²⁰ Então Jacó trabalhou sete anos por Raquel, mas lhe pareceram poucos dias, pelo tanto que a amava.

²¹ Então disse Jacó a Labão: "Entregue-me a minha mulher. Cumpri o prazo previsto e quero deitar-me com ela".

²² Então Labão reuniu todo o povo daquele lugar e deu uma festa. ²³ Mas, quando a noite chegou, deu sua filha Lia a Jacó, e Jacó deitou-se com ela. ²⁴ Labão também entregou sua serva Zilpa à sua filha, para que ficasse a serviço dela.

²⁵ Quando chegou a manhã, lá estava Lia. Então Jacó disse a Labão: "Que foi que você me fez? Eu não trabalhei por Raquel? Por que você me enganou?"

²⁶ Labão respondeu: "Aqui não é costume entregar em casamento a filha mais nova antes da mais velha. ²⁷ Deixe passar esta semana de núpcias e daremos a você também a mais nova, em troca de mais sete anos de trabalho".

²⁸ Jacó concordou. Passou aquela semana de núpcias com Lia, e Labão lhe deu sua filha Raquel por mulher. ²⁹ Labão deu a Raquel sua serva Bila, para que ficasse a serviço dela. ³⁰ Jacó deitou-se também com Raquel, que era a sua preferida. E trabalhou para Labão outros sete anos.

Os Filhos de Jacó

³¹ Quando o Senhor viu que Lia era desprezada, concedeu-lhe filhos; Raquel, porém, era estéril. ³² Lia engravidou, deu à luz um filho e deu-lhe o nome de Rúben, pois dizia: "O Senhor viu a minha infelicidade. Agora, certamente o meu marido me amará".

³³ Lia engravidou de novo e, quando deu à luz outro filho, disse: "Porque o Senhor ouviu que sou desprezada, deu-me também este". Pelo que o chamou Simeão.

³⁴ De novo engravidou e, quando deu à luz mais um filho, disse: "Agora, finalmente, meu marido se apegará a mim, porque já lhe dei três filhos". Por isso deu-lhe o nome de Levi.

³⁵ Engravidou ainda outra vez e, quando deu à luz mais outro filho, disse: "Desta vez louvarei o Senhor". Assim deu-lhe o nome de Judá. Então parou de ter filhos.

30

Quando Raquel viu que não dava filhos a Jacó, teve inveja de sua irmã. Por isso disse a Jacó: "Dê-me filhos ou morrerei!"

² Jacó ficou irritado e disse: "Por acaso estou no lugar de Deus, que a impediu de ter filhos?"
³ Então ela respondeu: "Aqui está Bila, minha serva. Deite-se com ela, para que tenha filhos em meu lugar*ª* e por meio dela eu também possa formar família".
⁴ Por isso ela deu a Jacó sua serva Bila por mulher. Ele deitou-se com ela, ⁵ Bila engravidou e deu-lhe um filho. ⁶ Então Raquel disse: "Deus me fez justiça, ouviu o meu clamor e deu-me um filho". Por isso deu-lhe o nome de Dã.
⁷ Bila, serva de Raquel, engravidou novamente e deu a Jacó o segundo filho. ⁸ Então disse Raquel: "Tive grande luta com minha irmã e venci". Pelo que o chamou Naftali.
⁹ Quando Lia viu que tinha parado de ter filhos, tomou sua serva Zilpa e a deu a Jacó por mulher. ¹⁰ Zilpa, serva de Lia, deu a Jacó um filho. ¹¹ Então disse Lia: "Que grande sorte!"*ᵇ* Por isso o chamou Gade.
¹² Zilpa, serva de Lia, deu a Jacó mais um filho. ¹³ Então Lia exclamou: "Como sou feliz! As mulheres dirão que sou feliz". Por isso lhe deu o nome de Aser.
¹⁴ Durante a colheita do trigo, Rúben saiu ao campo, encontrou algumas mandrágoras*ᶜ* e as trouxe a Lia, sua mãe. Então Raquel disse a Lia: "Dê-me algumas mandrágoras do seu filho".
¹⁵ Mas ela respondeu: "Não lhe foi suficiente tomar de mim o marido? Vai tomar também as mandrágoras que o meu filho trouxe?" Então disse Raquel: "Jacó se deitará com você esta noite, em troca das mandrágoras trazidas pelo seu filho".
¹⁶ Quando Jacó chegou do campo naquela tarde, Lia saiu ao seu encontro e lhe disse: "Hoje você me possuirá, pois eu comprei esse direito com as mandrágoras do meu filho". E naquela noite ele se deitou com ela.
¹⁷ Deus ouviu Lia, e ela engravidou e deu a Jacó o quinto filho. ¹⁸ Disse Lia: "Deus me recompensou por ter dado a minha serva ao meu marido". Por isso deu-lhe o nome de Issacar.
¹⁹ Lia engravidou de novo e deu a Jacó o sexto filho. ²⁰ Disse Lia: "Deus presenteou-me com uma dádiva preciosa. Agora meu marido me tratará melhor*ᵈ*; afinal já lhe dei seis filhos". Por isso deu-lhe o nome de Zebulom.

²¹ Algum tempo depois, ela deu à luz uma menina a quem chamou Diná.
²² Então Deus lembrou-se de Raquel. Deus ouviu o seu clamor e a tornou fértil. ²³ Ela engravidou, deu à luz um filho e disse: "Deus tirou de mim a minha humilhação". ²⁴ Deu-lhe o nome de José e disse: "Que o Senhor me acrescente ainda outro filho".

A Riqueza de Jacó

²⁵ Depois que Raquel deu à luz José, Jacó disse a Labão: "Deixe-me voltar para a minha terra natal. ²⁶ Dê-me as minhas mulheres, pelas quais o servi, e os meus filhos, e partirei. Você bem sabe quanto trabalhei para você".
²⁷ Mas Labão lhe disse: "Se mereço sua consideração, peço-lhe que fique. Por meio de adivinhação descobri que o Senhor me abençoou por sua causa". ²⁸ E acrescentou: "Diga o seu salário, e eu lhe pagarei".
²⁹ Jacó lhe respondeu: "Você sabe quanto trabalhei para você e como os seus rebanhos cresceram sob os meus cuidados. ³⁰ O pouco que você possuía antes da minha chegada aumentou muito, pois o Senhor o abençoou depois que vim para cá. Contudo, quando farei algo em favor da minha própria família?"
³¹ Então Labão perguntou: "Que você quer que eu lhe dê?" "Não me dê coisa alguma", respondeu Jacó. "Voltarei a cuidar dos seus rebanhos se você concordar com o seguinte: ³² hoje passarei por todos os seus rebanhos e tirarei do meio deles todas as ovelhas salpicadas e pintadas, todos os cordeiros pretos e todas as cabras pintadas e salpicadas. Eles serão o meu salário. ³³ E a minha honestidade dará testemunho de mim no futuro, toda vez que você resolver verificar o meu salário. Se estiver em meu poder alguma cabra que não seja salpicada ou pintada, e algum cordeiro que não seja preto, poderá considerá-los roubados."
³⁴ E disse Labão: "De acordo. Seja como você disse". ³⁵ Naquele mesmo dia, Labão separou todos os bodes que tinham listras*ᵉ* ou manchas brancas, todas as cabras que tinham pintas ou manchas brancas e todos os cordeiros pretos e os pôs aos cuidados de seus filhos. ³⁶ Afastou-se então de Jacó, à distância equivalente a três dias de viagem, e Jacó continuou a apascentar o resto dos rebanhos de Labão.

ª **30.3** Hebraico: *nos meus joelhos*.
ᵇ **30.11** Ou *"Uma tropa está vindo!"*
ᶜ **30.14** Isto é, plantas tidas por afrodisíacas e capazes de favorecer a fertilidade feminina.
ᵈ **30.20** Ou *me honrará*

ᵉ **30.35** Ou *cauda retorcida*; também em 30.39, 40; 31.8, 10 e 12.

³⁷ Jacó pegou galhos verdes de estoraque, amendoeira e plátano e neles fez listras brancas, descascando-os parcialmente e expondo assim a parte branca interna dos galhos. ³⁸ Depois fixou os galhos descascados junto aos bebedouros, na frente dos rebanhos, no lugar onde costumavam beber água. Na época do cio, os rebanhos vinham beber e ³⁹ se acasalavam diante dos galhos. E geravam filhotes listrados, salpicados e pintados. ⁴⁰ Jacó separava os filhotes do rebanho dos demais, e fazia com que esses ficassem juntos dos animais listrados e pretos de Labão. Assim foi formando o seu próprio rebanho que separou do de Labão. ⁴¹ Toda vez que as fêmeas mais fortes estavam no cio, Jacó colocava os galhos nos bebedouros, em frente dos animais, para que se acasalassem perto dos galhos; ⁴² mas, se os animais eram fracos, não os colocava ali. Desse modo, os animais fracos ficavam para Labão e os mais fortes para Jacó. ⁴³ Assim o homem ficou extremamente rico, tornando-se dono de grandes rebanhos e de servos e servas, camelos e jumentos.

Jacó Foge de Labão

31 Jacó, porém, ouviu falar que os filhos de Labão estavam dizendo: "Jacó tomou tudo que o nosso pai tinha e juntou toda a sua riqueza à custa do nosso pai". ² E Jacó percebeu que a atitude de Labão para com ele já não era a mesma de antes.

³ E o Senhor disse a Jacó: "Volte para a terra de seus pais e de seus parentes, e eu estarei com você".

⁴ Então Jacó mandou chamar Raquel e Lia para virem ao campo onde estavam os seus rebanhos, ⁵ e lhes disse: "Vejo que a atitude do seu pai para comigo não é mais a mesma, mas o Deus de meu pai tem estado comigo. ⁶ Vocês sabem que trabalhei para seu pai com todo o empenho, ⁷ mas ele tem me feito de tolo, mudando o meu salário dez vezes. Contudo, Deus não permitiu que ele me prejudicasse. ⁸ Se ele dizia: 'As crias salpicadas serão o seu salário', todos os rebanhos geravam filhotes salpicados; e, se ele dizia: 'As que têm listras serão o seu salário', todos os rebanhos geravam filhotes com listras. ⁹ Foi assim que Deus tirou os rebanhos de seu pai e os deu a mim.

¹⁰ "Na época do acasalamento, tive um sonho em que olhei e vi que os machos que fecundavam o rebanho tinham listras, eram salpicados e malhados. ¹¹ O Anjo de Deus me disse no sonho: 'Jacó!' Eu respondi: 'Eis-me aqui!' ¹² Então ele disse: 'Olhe e veja que todos os machos que fecundam o rebanho têm listras, são salpicados e malhados, porque tenho visto tudo o que Labão lhe fez. ¹³ Sou o Deus de Betel, onde você ungiu uma coluna e me fez um voto. Saia agora desta terra e volte para a sua terra natal' ".

¹⁴ Raquel e Lia disseram a Jacó: "Temos ainda parte na herança dos bens de nosso pai? ¹⁵ Não nos trata ele como estrangeiras? Não apenas nos vendeu como também gastou tudo o que foi pago por nós! ¹⁶ Toda a riqueza que Deus tirou de nosso pai é nossa e de nossos filhos. Portanto, faça tudo quanto Deus lhe ordenou".

¹⁷ Então Jacó ajudou seus filhos e suas mulheres a montar nos camelos, ¹⁸ e conduziu todo o seu rebanho, junto com todos os bens que havia acumulado em Padã-Arã*ᵃ*, para ir à terra de Canaã, à casa de seu pai, Isaque.

¹⁹ Enquanto Labão tinha saído para tosquiar suas ovelhas, Raquel roubou de seu pai os ídolos do clã. ²⁰ Foi assim que Jacó enganou a Labão, o arameu, fugindo sem lhe dizer nada. ²¹ Ele fugiu com tudo o que tinha e, atravessando o Eufrates*ᵇ*, foi para os montes de Gileade.

Labão Persegue Jacó

²² Três dias depois, Labão foi informado de que Jacó tinha fugido. ²³ Tomando consigo os homens de sua família, perseguiu Jacó por sete dias e o alcançou nos montes de Gileade. ²⁴ Então, de noite, Deus veio em sonho a Labão, o arameu, e o advertiu: "Cuidado! Não diga nada a Jacó, não lhe faça promessas nem ameaças".

²⁵ Labão alcançou Jacó, que estava acampado nos montes de Gileade. Então Labão e os homens se acamparam ali também. ²⁶ Ele perguntou a Jacó: "Que foi que você fez? Não só me enganou como também raptou minhas filhas como se fossem prisioneiras de guerra. ²⁷ Por que você me enganou, fugindo em segredo, sem avisar-me? Eu teria celebrado a sua partida com alegria e cantos, ao som dos tamborins e das harpas. ²⁸ Você nem sequer me deixou beijar meus netos e minhas filhas para despedir-me deles. Você foi insensato. ²⁹ Tenho poder para prejudicá-los; mas, na noite passada, o Deus do pai de vocês me advertiu: 'Cuidado! Não diga nada a Jacó, não lhe faça promessas nem ameaças'. ³⁰ Agora, se você

ᵃ **31.18** Provavelmente na região noroeste da Mesopotâmia; também em 33.18, 35.9 e 26.
ᵇ **31.21** Hebraico: *o Rio*.

partiu porque tinha saudade da casa de seu pai, por que roubou meus deuses?"

³¹ Jacó respondeu a Labão: "Tive medo, pois pensei que você tiraria suas filhas de mim à força. ³² Quanto aos seus deuses, quem for encontrado com eles não ficará vivo. Na presença dos nossos parentes, veja você mesmo se está aqui comigo qualquer coisa que lhe pertença, e, se estiver, leve-a de volta". Ora, Jacó não sabia que Raquel os havia roubado.

³³ Então Labão entrou na tenda de Jacó, e nas tendas de Lia e de suas duas servas, mas nada encontrou. Depois de sair da tenda de Lia, entrou na tenda de Raquel. ³⁴ Raquel tinha colocado os ídolos dentro da sela do seu camelo e estava sentada em cima. Labão vasculhou toda a tenda, mas nada encontrou.

³⁵ Raquel disse ao pai: "Não se irrite, meu senhor, por não poder me levantar em sua presença, pois estou com o fluxo das mulheres". Ele procurou os ídolos, mas não os encontrou.

³⁶ Jacó ficou irado e queixou-se a Labão: "Qual foi meu crime? Que pecado cometi para que você me persiga furiosamente? ³⁷ Você já vasculhou tudo o que me pertence. Encontrou algo que lhe pertença? Então coloque tudo aqui na frente dos meus parentes e dos seus, e que eles julguem entre nós dois.

³⁸ "Vinte anos estive com você. Suas ovelhas e cabras nunca abortaram, e jamais comi um só carneiro do seu rebanho. ³⁹ Eu nunca levava a você os animais despedaçados por feras; eu mesmo assumia o prejuízo. E você pedia contas de todo animal roubado de dia ou de noite. ⁴⁰ O calor me consumia de dia, e o frio de noite, e o sono fugia dos meus olhos. ⁴¹ Foi assim nos vinte anos em que fiquei em sua casa. Trabalhei para você catorze anos em troca de suas duas filhas e seis anos por seus rebanhos, e dez vezes você alterou o meu salário. ⁴² Se o Deus de meu pai, o Deus de Abraão, o Temor de Isaque, não estivesse comigo, certamente você me despediria de mãos vazias. Mas Deus viu o meu sofrimento e o trabalho das minhas mãos e, na noite passada, ele manifestou a sua decisão".

O Acordo entre Labão e Jacó

⁴³ Labão respondeu a Jacó: "As mulheres são minhas filhas, os filhos são meus, os rebanhos são meus. Tudo o que você vê é meu. Que posso fazer por essas minhas filhas ou pelos filhos que delas nasceram? ⁴⁴ Façamos agora, eu e você, um acordo que sirva de testemunho entre nós dois".

⁴⁵ Então Jacó tomou uma pedra e a colocou em pé como coluna. ⁴⁶ E disse aos seus parentes: "Juntem algumas pedras". Eles apanharam pedras e as amontoaram. Depois comeram ali, ao lado do monte de pedras. ⁴⁷ Labão o chamou Jegar-Saaduta, e Jacó o chamou Galeede*ª*.

⁴⁸ Labão disse: "Este monte de pedras é uma testemunha entre mim e você, no dia de hoje". Por isso foi chamado Galeede. ⁴⁹ Foi também chamado Mispá*ᵇ*, porque ele declarou: "Que o Senhor nos vigie, a mim e a você, quando estivermos separados um do outro. ⁵⁰ Se você maltratar minhas filhas ou menosprezá-las, tomando outras mulheres além delas, ainda que ninguém saiba, lembre-se de que Deus é testemunha entre mim e você".

⁵¹ Disse ainda Labão a Jacó: "Aqui estão este monte de pedras e esta coluna que coloquei entre mim e você. ⁵² São testemunhas de que não passarei para o lado de lá para prejudicá-lo, nem você passará para o lado de cá para prejudicar-me. ⁵³ Que o Deus de Abraão, o Deus de Naor, o Deus do pai deles, julgue*ᶜ* entre nós".

Então Jacó fez um juramento em nome do Temor de seu pai, Isaque. ⁵⁴ Ofereceu um sacrifício no monte e chamou os parentes que lá estavam para uma refeição. Depois de comerem, passaram a noite ali.

⁵⁵ Na manhã seguinte, Labão beijou seus netos e suas filhas e os abençoou, e depois voltou para a sua terra.

Jacó Prepara-se para o Encontro com Esaú

32 Jacó também seguiu o seu caminho, e anjos de Deus vieram ao encontro dele. ² Quando Jacó os avistou, disse: "Este é o exército de Deus!" Por isso deu àquele lugar o nome de Maanaim*ᵈ*.

³ Jacó mandou mensageiros adiante dele a seu irmão Esaú, na região de Seir, território de Edom. ⁴ E lhes ordenou: "Vocês dirão o seguinte ao meu senhor Esaú: Assim diz teu servo Jacó: Morei na casa de Labão e com ele permaneci até agora. ⁵ Tenho bois e jumentos, ovelhas e cabras, servos e servas. Envio agora

---

ª **31.47** Tanto Jegar-Saaduta (aramaico) como Galeede (hebraico) significam monte de pedras do testemunho.
ᵇ **31.49** Mispá significa *torre de vigia*.
ᶜ **31.53** Conforme a Septuaginta e o Pentateuco Samaritano. O Texto Massorético permite que o versículo seja entendido no plural.
ᵈ **32.2** Maanaim significa dois exércitos.

esta mensagem ao meu senhor, para que me recebas bem".

⁶ Quando os mensageiros voltaram a Jacó, disseram-lhe: "Fomos até seu irmão Esaú, e ele está vindo ao seu encontro, com quatrocentos homens".

⁷ Jacó encheu-se de medo e foi tomado de angústia. Então dividiu em dois grupos todos os que estavam com ele, bem como as ovelhas, as cabras, os bois e os camelos, ⁸ pois assim pensou: "Se Esaú vier e atacar um dos grupos, o outro poderá escapar".

⁹ Então Jacó orou: "Ó Deus de meu pai Abraão, Deus de meu pai Isaque, ó Senhor que me disseste: 'Volte para a sua terra e para os seus parentes e eu o farei prosperar'; ¹⁰ não sou digno de toda a bondade e lealdade com que trataste o teu servo. Quando atravessei o Jordão eu tinha apenas o meu cajado, mas agora possuo duas caravanas. ¹¹ Livra-me, rogo-te, das mãos de meu irmão Esaú, porque tenho medo que ele venha nos atacar, tanto a mim como às mães e às crianças. ¹² Pois tu prometeste: 'Esteja certo de que eu o farei prosperar e farei os seus descendentes tão numerosos como a areia do mar, que não se pode contar' ".

¹³ Depois de passar ali a noite, escolheu entre os seus rebanhos um presente para o seu irmão Esaú: ¹⁴ duzentas cabras e vinte bodes, duzentas ovelhas e vinte carneiros, ¹⁵ trinta fêmeas de camelo com seus filhotes, quarenta vacas e dez touros, vinte jumentas e dez jumentos. ¹⁶ Designou cada rebanho sob o cuidado de um servo e disse-lhes: "Vão à minha frente e mantenham certa distância entre um rebanho e outro".

¹⁷ Ao que ia à frente deu a seguinte instrução: "Quando meu irmão Esaú encontrar-se com você e lhe perguntar: 'A quem você pertence, para onde vai e de quem é todo este rebanho à sua frente?', ¹⁸ você responderá: É do teu servo Jacó. É um presente para o meu senhor Esaú; e ele mesmo está vindo atrás de nós".

¹⁹ Também instruiu o segundo, o terceiro e todos os outros que acompanhavam os rebanhos: "Digam também a mesma coisa a Esaú quando o encontrarem. ²⁰ E acrescentem: Teu servo Jacó está vindo atrás de nós". Porque pensava: "Eu o apaziguarei com esses presentes que estou enviando antes de mim; mais tarde, quando eu o vir, talvez me receba". ²¹ Assim os presentes de Jacó seguiram à sua frente; ele, porém, passou a noite no acampamento.

Jacó Luta com Deus

²² Naquela noite, Jacó levantou-se, tomou suas duas mulheres, suas duas servas e seus onze filhos para atravessar o lugar de passagem do Jaboque. ²³ Depois de havê-los feito atravessar o ribeiro, fez passar também tudo o que possuía. ²⁴ E Jacó ficou sozinho. Então veio um homem que se pôs a lutar com ele até o amanhecer. ²⁵ Quando o homem viu que não poderia dominar Jacó, tocou-lhe na articulação da coxa, de forma que a deslocou enquanto lutavam. ²⁶ Então o homem disse: "Deixe-me ir, pois o dia já desponta". Mas Jacó lhe respondeu: "Não te deixarei ir, a não ser que me abençoes".

²⁷ O homem lhe perguntou: "Qual é o seu nome?"

"Jacó[a]", respondeu ele.

²⁸ Então disse o homem: "Seu nome não será mais Jacó, mas sim Israel[b], porque você lutou com Deus e com homens e venceu".

²⁹ Prosseguiu Jacó: "Peço-te que digas o teu nome".

Mas ele respondeu: "Por que pergunta o meu nome?" E o abençoou ali.

³⁰ Jacó chamou àquele lugar Peniel, pois disse: "Vi a Deus face a face e, todavia, minha vida foi poupada".

³¹ Ao nascer do sol, atravessou Peniel, mancando por causa da coxa. ³² Por isso, até o dia de hoje, os israelitas não comem o músculo ligado à articulação do quadril, porque nesse músculo Jacó foi ferido.

O Encontro de Esaú e Jacó

33 Quando Jacó olhou e viu que Esaú estava se aproximando com quatrocentos homens, dividiu as crianças entre Lia, Raquel e as duas servas. ² Colocou as servas e os seus filhos à frente; Lia e seus filhos, depois; e Raquel com José, por último. ³ Ele mesmo passou à frente e, ao aproximar-se do seu irmão, curvou-se até o chão sete vezes.

⁴ Mas Esaú correu ao encontro de Jacó e abraçou-se ao seu pescoço, e o beijou. E eles choraram. ⁵ Então Esaú ergueu o olhar e viu as mulheres e as crianças. E perguntou: "Quem são estes?"

Jacó respondeu: "São os filhos que Deus concedeu ao teu servo".

⁶ Então as servas e os seus filhos se aproximaram e se curvaram. ⁷ Depois, Lia e os seus

---

[a] **32.27** Jacó significa *ele agarra o calcanhar* ou *ele age traiçoeiramente*; também em 35.10.

[b] **32.28** Israel significa *ele luta com Deus*; também em 35.10.

filhos vieram e se curvaram. Por último, chegaram José e Raquel, e também se curvaram.

⁸ Esaú perguntou: "O que você pretende com todos os rebanhos que encontrei pelo caminho?"

"Ser bem recebido por ti, meu senhor", respondeu Jacó.

⁹ Disse, porém, Esaú: "Eu já tenho muito, meu irmão. Guarde para você o que é seu".

¹⁰ Mas Jacó insistiu: "Não! Se te agradaste de mim, aceita este presente de minha parte, porque ver a tua face é como contemplar a face de Deus; além disso, tu me recebeste tão bem! ¹¹ Aceita, pois, o presente que te foi trazido, pois Deus tem sido favorável para comigo, e eu já tenho tudo o que necessito". Jacó tanto insistiu que Esaú acabou aceitando.

¹² Então disse Esaú: "Vamos seguir em frente. Eu o acompanharei".

¹³ Jacó, porém, lhe disse: "Meu senhor sabe que as crianças são frágeis e que estão sob os meus cuidados ovelhas e vacas que amamentam suas crias. Se forçá-las demais na caminhada, um só dia que seja, todo o rebanho morrerá. ¹⁴ Por isso, meu senhor, vai à frente do teu servo, e eu sigo atrás, devagar, no passo dos rebanhos e das crianças, até que eu chegue ao meu senhor em Seir".

¹⁵ Esaú sugeriu: "Permita-me, então, deixar alguns homens com você".

Jacó perguntou: "Mas para quê, meu senhor? Ter sido bem recebido já me foi suficiente!"

¹⁶ Naquele dia, Esaú voltou para Seir. ¹⁷ Jacó, todavia, foi para Sucote, onde construiu uma casa para si e abrigos para o seu gado. Foi por isso que o lugar recebeu o nome de Sucote.

¹⁸ Tendo voltado de Padã-Arã, Jacó chegou a salvo à[a] cidade de Siquém, em Canaã, e acampou próximo da cidade. ¹⁹ Por cem peças de prata[b] comprou dos filhos de Hamor, pai de Siquém, a parte do campo onde tinha armado acampamento. ²⁰ Ali edificou um altar e lhe chamou El Elohe Israel[c].

O Conflito entre os Filhos de Jacó e os Siquemitas

34 Certa vez, Diná, a filha que Lia dera a Jacó, saiu para conhecer as mulheres daquela terra. ² Siquém, filho de Hamor, o heveu, governador daquela região, viu-a, agarrou-a e a violentou. ³ Mas o seu coração foi atraído por Diná, filha de Jacó, e ele amou a moça e falou-lhe com ternura. ⁴ Por isso Siquém foi dizer a Hamor, seu pai: "Consiga-me aquela moça para que seja minha mulher".

⁵ Quando Jacó soube que sua filha Diná tinha sido desonrada, seus filhos estavam no campo, com os rebanhos; por isso esperou calado até que regressassem.

⁶ Então Hamor, pai de Siquém, foi conversar com Jacó. ⁷ Quando os filhos de Jacó voltaram do campo e souberam de tudo, ficaram profundamente entristecidos e irados, porque Siquém tinha cometido um ato vergonhoso em[d] Israel, ao deitar-se com a filha de Jacó — coisa que não se faz.

⁸ Mas Hamor lhes disse: "Meu filho Siquém apaixonou-se pela filha de vocês. Por favor, entreguem-na a ele para que seja sua mulher. ⁹ Casem-se entre nós; deem-nos suas filhas e tomem para vocês as nossas. ¹⁰ Estabeleçam-se entre nós. A terra está aberta para vocês: habitem-na, façam comércio[e] nela e adquiram propriedades".

¹¹ Então Siquém disse ao pai e aos irmãos de Diná: "Concedam-me este favor, e eu lhes darei o que me pedirem. ¹² Aumentem quanto quiserem o preço e o presente pela noiva, e pagarei o que me pedirem. Tão somente me deem a moça por mulher".

¹³ Os filhos de Jacó, porém, responderam com falsidade a Siquém e a seu pai, Hamor, por ter Siquém desonrado Diná, a irmã deles. ¹⁴ Disseram: "Não podemos fazer isso; jamais entregaremos nossa irmã a um homem que não seja circuncidado. Seria uma vergonha para nós. ¹⁵ Daremos nosso consentimento a vocês com uma condição: que vocês se tornem como nós, circuncidando todos os do sexo masculino. ¹⁶ Só então lhes daremos as nossas filhas e poderemos casar-nos com as suas. Nós nos estabeleceremos entre vocês e seremos um só povo. ¹⁷ Mas, se não aceitarem circuncidar-se, tomaremos nossa irmã[f] e partiremos".

¹⁸ A proposta deles pareceu boa a Hamor e a seu filho Siquém. ¹⁹ O jovem, que era o mais respeitado de todos os da casa de seu pai, não demorou em cumprir o que pediram, porque realmente gostava da filha de Jacó.

---

[a] **33.18** Ou *chegou a Salém, uma cidade de Siquém*.
[b] **33.19** Hebraico: *100 quesitas*. Uma *quesita* era uma unidade monetária de peso e valor desconhecidos.
[c] **33.20** Isto é, *Deus, o Deus de Israel* ou *poderoso é o Deus de Israel*.
[d] **34.7** Ou *contra*
[e] **34.10** Ou *movam-se livremente*; também no versículo 21.
[f] **34.17** Hebraico: *filha*.

²⁰ Assim Hamor e seu filho Siquém dirigiram-se à porta da cidade para conversar com os seus concidadãos. E disseram: ²¹ "Esses homens são de paz. Permitam que eles habitem em nossa terra e façam comércio entre nós; a terra tem bastante lugar para eles. Poderemos casar com as suas filhas, e eles com as nossas. ²² Mas eles só consentirão em viver conosco como um só povo sob a condição de que todos os nossos homens sejam circuncidados, como eles. ²³ Lembrem-se de que os seus rebanhos, os seus bens e todos os seus outros animais passarão a ser nossos. Aceitemos então a condição para que se estabeleçam em nosso meio".

²⁴ Todos os que saíram para reunir-se à porta da cidade concordaram com Hamor e com seu filho Siquém, e todos os homens e meninos da cidade foram circuncidados.

²⁵ Três dias depois, quando ainda sofriam dores, dois filhos de Jacó, Simeão e Levi, irmãos de Diná, pegaram suas espadas e atacaram a cidade desprevenida, matando todos os homens. ²⁶ Mataram ao fio da espada Hamor e seu filho Siquém, tiraram Diná da casa de Siquém e partiram. ²⁷ Vieram então os outros filhos de Jacó e, passando pelos corpos, saquearam a cidade onde[a] sua irmã tinha sido desonrada. ²⁸ Apoderaram-se das ovelhas, dos bois e dos jumentos, e de tudo o que havia na cidade e no campo. ²⁹ Levaram as mulheres e as crianças, e saquearam todos os bens e tudo o que havia nas casas.

³⁰ Então Jacó disse a Simeão e a Levi: "Vocês me puseram em grandes apuros, atraindo sobre mim o ódio[b] dos cananeus e dos ferezeus, habitantes desta terra. Somos poucos, e, se eles juntarem suas forças e nos atacarem, eu e a minha família seremos destruídos".

³¹ Mas eles responderam: "Está certo ele tratar nossa irmã como uma prostituta?"

O Retorno de Jacó a Betel

35 Deus disse a Jacó: "Suba a Betel[c] e estabeleça-se lá, e faça um altar ao Deus que lhe apareceu quando você fugia do seu irmão, Esaú".

² Disse, pois, Jacó aos de sua casa e a todos os que estavam com ele: "Livrem-se dos deuses estrangeiros que estão entre vocês, purifiquem-se e troquem de roupa. ³ Venham! Vamos subir a Betel, onde farei um altar ao Deus que me ouviu no dia da minha angústia e que tem estado comigo por onde tenho andado". ⁴ Então entregaram a Jacó todos os deuses estrangeiros que possuíam e os brincos que usavam nas orelhas, e Jacó os enterrou ao pé da grande árvore, próximo a Siquém. ⁵ Quando eles partiram, o terror de Deus caiu de tal maneira sobre as cidades ao redor que ninguém ousou perseguir os filhos de Jacó.

⁶ Jacó e todos os que com ele estavam chegaram a Luz, que é Betel, na terra de Canaã. ⁷ Nesse lugar construiu um altar e lhe deu o nome de El-Betel[d], porque ali Deus havia se revelado[e] a ele, quando fugia do seu irmão.

⁸ Débora, ama de Rebeca, morreu e foi sepultada perto de Betel, ao pé do Carvalho, que por isso foi chamado Alom-Bacute[f].

⁹ Depois que Jacó retornou de Padã-Arã, Deus lhe apareceu de novo e o abençoou, ¹⁰ dizendo: "Seu nome é Jacó, mas você não será mais chamado Jacó; seu nome será Israel". Assim lhe deu o nome de Israel.

¹¹ E Deus ainda lhe disse: "Eu sou o Deus todo-poderoso[g]; seja prolífero e multiplique-se. De você procederão uma nação e uma comunidade de nações, e reis estarão entre os seus descendentes. ¹² A terra que dei a Abraão e a Isaque, dou a você; e também aos seus futuros descendentes darei esta terra". ¹³ A seguir, Deus elevou-se do lugar onde estivera falando com Jacó.

¹⁴ Jacó levantou uma coluna de pedra no lugar em que Deus lhe falara, e derramou sobre ela uma oferta de bebidas[h] e a ungiu com óleo. ¹⁵ Jacó deu o nome de Betel ao lugar onde Deus tinha falado com ele.

A Morte de Isaque e de Raquel

¹⁶ Eles partiram de Betel, e, quando ainda estavam a certa distância de Efrata, Raquel começou a dar à luz com grande dificuldade. ¹⁷ E, enquanto sofria muito, tentando dar à luz, a parteira lhe disse: "Não tenha medo, pois você ainda terá outro menino". ¹⁸ Já a ponto de sair-lhe a vida, quando estava morrendo, deu ao filho o nome de Benoni[i]. Mas o pai deu-lhe o nome de Benjamim[j].

---

[a] **34.27** Ou *porque*
[b] **34.30** Hebraico: *transformando-me em mau cheiro para os.*
[c] **35.1** Betel significa casa de Deus.
[d] **35.7** El-Betel significa Deus de Betel.
[e] **35.7** Ou *ali os seres celestiais se revelaram*
[f] **35.8** Alom-Bacute significa carvalho do pranto.
[g] **35.11** Hebraico: *El-Shaddai.*
[h] **35.14** Veja Nm 28.7.
[i] **35.18** Benoni significa filho da minha aflição.
[j] **35.18** Benjamim significa filho da minha direita.

¹⁹ Assim morreu Raquel, e foi sepultada junto do caminho de Efrata, que é Belém. ²⁰ Sobre a sua sepultura Jacó levantou uma coluna, e até o dia de hoje aquela coluna marca o túmulo de Raquel.

²¹ Israel partiu novamente e armou acampamento adiante de Migdal-Éder[a]. ²² Na época em que Israel vivia naquela região, Rúben deitou-se com Bila, concubina de seu pai. E Israel ficou sabendo disso.

Jacó teve doze filhos:
²³ Estes foram seus filhos com Lia:
Rúben, o filho mais velho de Jacó,
Simeão, Levi, Judá, Issacar e Zebulom.
²⁴ Estes foram seus filhos com Raquel:
José e Benjamim.
²⁵ Estes foram seus filhos com Bila, serva de Raquel:
Dã e Naftali.
²⁶ Estes foram seus filhos com Zilpa, serva de Lia:
Gade e Aser.
Foram esses os filhos de Jacó, nascidos em Padã-Arã.

²⁷ Depois Jacó foi visitar seu pai Isaque em Manre, perto de Quiriate-Arba, que é Hebrom, onde Abraão e Isaque tinham morado. ²⁸ Isaque viveu cento e oitenta anos. ²⁹ Morreu em idade bem avançada e foi reunido aos seus antepassados. E seus filhos, Esaú e Jacó, o sepultaram.

Os Descendentes de Esaú

36 Esta é a história da família de Esaú, que é Edom.

² Esaú casou-se com mulheres de Canaã: com Ada, filha de Elom, o hitita, e com Oolibama, filha de Aná e neta de Zibeão, o heveu; ³ e também com Basemate, filha de Ismael e irmã de Nebaiote.

⁴ Ada deu a Esaú um filho chamado Elifaz; Basemate deu-lhe Reuel; ⁵ e Oolibama deu-lhe Jeús, Jalão e Corá. Esses foram os filhos de Esaú que lhe nasceram em Canaã.

⁶ Esaú tomou suas mulheres, seus filhos e filhas e todos os de sua casa, assim como os seus rebanhos, todos os outros animais e todos os bens que havia adquirido em Canaã, e foi para outra região, para longe do seu irmão Jacó. ⁷ Os seus bens eram tantos que eles já não podiam morar juntos; a terra onde estavam vivendo não podia sustentá-los, por causa dos seus rebanhos. ⁸ Por isso Esaú, que é Edom, fixou-se nos montes de Seir.

⁹ Este é o registro da descendência de Esaú, pai dos edomitas, nos montes de Seir.
¹⁰ Estes são os nomes dos filhos de Esaú:
Elifaz, filho de Ada, mulher de Esaú; e Reuel, filho de Basemate, mulher de Esaú.
¹¹ Estes foram os filhos de Elifaz:
Temã, Omar, Zefô, Gaetã e Quenaz.
¹² Elifaz, filho de Esaú, tinha uma concubina chamada Timna, que lhe deu um filho chamado Amaleque. Foram esses os netos de Ada, mulher de Esaú.
¹³ Estes foram os filhos de Reuel:
Naate, Zerá, Samá e Mizá. Foram esses os netos de Basemate, mulher de Esaú.
¹⁴ Estes foram os filhos de Oolibama, mulher de Esaú, filha de Aná e neta de Zibeão, os quais ela deu a Esaú:
Jeús, Jalão e Corá.

¹⁵ Foram estes os chefes dentre os descendentes de Esaú:
Os filhos de Elifaz, filho mais velho de Esaú: Temã, Omar, Zefô, Quenaz, ¹⁶ Corá[b], Gaetã e Amaleque. Foram esses os chefes descendentes de Elifaz em Edom; eram netos de Ada.
¹⁷ Foram estes os filhos de Reuel, filho de Esaú:
Os chefes Naate, Zerá, Samá e Mizá. Foram esses os chefes descendentes de Reuel em Edom; netos de Basemate, mulher de Esaú.
¹⁸ Foram estes os filhos de Oolibama, mulher de Esaú:
Os chefes Jeús, Jalão e Corá. Foram esses os chefes descendentes de Oolibama, mulher de Esaú, filha de Aná.
¹⁹ Foram estes os filhos de Esaú, que é Edom, e esses foram os seus chefes.

Os Descendentes de Seir

²⁰ Estes foram os filhos de Seir, o horeu, que estavam habitando aquela região: Lotã, Sobal, Zibeão e Aná, ²¹ Disom, Ézer e Disã. Esses filhos de Seir foram chefes dos horeus no território de Edom.
²² Estes foram os filhos de Lotã:
Hori e Hemã. Timna era irmã de Lotã.
²³ Estes foram os filhos de Sobal:
Alvã, Manaate, Ebal, Sefô e Onã.
²⁴ Estes foram os filhos de Zibeão:
Aiá e Aná. Foi esse Aná que descobriu as fontes de águas quentes[c] no deserto, quando levava para pastar os jumentos de Zibeão, seu pai.

---

[a] **35.21** Migdal-Éder significa torre do rebanho.

[b] **36.16** Alguns manuscritos não trazem Corá. Veja também o versículo 11 e 1Cr 1.36.

[c] **36.24** Ou *descobriu água*.

²⁵ Estes foram os filhos de Aná:
Disom e Oolibama, a filha de Aná.
²⁶ Estes foram os filhos de Disom:
Hendã, Esbã, Itrã e Querã.
²⁷ Estes foram os filhos de Ézer:
Bilã, Zaavã e Acã.
²⁸ Estes foram os filhos de Disã:
Uz e Arã.
²⁹ Estes foram os chefes dos horeus:
Lotã, Sobal, Zibeão, Aná, ³⁰ Disom, Ézer e Disã. Esses foram os chefes dos horeus, de acordo com as suas divisões tribais na região de Seir.

Os Reis e os Chefes de Edom

³¹ Estes foram os reis que reinaram no território de Edom antes de haver rei entre os israelitas: ³² Belá, filho de Beor, reinou em Edom. Sua cidade chamava-se Dinabá. ³³ Quando Belá morreu, foi sucedido por Jobabe, filho de Zerá, de Bozra. ³⁴ Jobabe morreu, e Husã, da terra dos temanitas, foi o seu sucessor. ³⁵ Husã morreu, e Hadade, filho de Bedade, que tinha derrotado os midianitas na terra de Moabe, foi o seu sucessor. Sua cidade chamava-se Avite. ³⁶ Hadade morreu, e Samlá de Masreca foi o seu sucessor. ³⁷ Samlá morreu, e Saul, de Reobote, próxima ao Eufrates*ª*, foi o seu sucessor. ³⁸ Saul morreu, e Baal-Hanã, filho de Acbor, foi o seu sucessor. ³⁹ Baal-Hanã, filho de Acbor, morreu, e Hadade*ᵇ* foi o seu sucessor. Sua cidade chamava-se Paú, e o nome de sua mulher era Meetabel, filha de Matrede, neta de Mezaabe. ⁴⁰ Estes foram os chefes descendentes de Esaú, conforme os seus nomes, clãs e regiões:
Timna, Alva, Jetete, ⁴¹ Oolibama, Elá, Pinom, ⁴² Quenaz, Temã, Mibzar, ⁴³ Magdiel e Irã. Foram esses os chefes de Edom; cada um deles fixou-se numa região da terra que ocuparam.
Os edomitas eram descendentes de Esaú.

Os Sonhos de José

37 Jacó habitou na terra de Canaã, onde seu pai tinha vivido como estrangeiro.
² Esta é a história da família de Jacó:
Quando José tinha dezessete anos, pastoreava os rebanhos com os seus irmãos. Ajudava os filhos de Bila e os filhos de Zilpa, mulheres de seu pai; e contava ao pai a má fama deles.
³ Ora, Israel gostava mais de José do que de qualquer outro filho, porque lhe havia nascido em sua velhice; por isso mandou fazer para ele uma túnica longa*ᶜ*. ⁴ Quando os seus irmãos viram que o pai gostava mais dele do que de qualquer outro filho, odiaram-no e não conseguiam falar com ele amigavelmente.
⁵ Certa vez, José teve um sonho e, quando o contou a seus irmãos, eles passaram a odiá-lo ainda mais.
⁶ "Ouçam o sonho que tive", disse-lhes. ⁷ "Estávamos amarrando os feixes de trigo no campo, quando o meu feixe se levantou e ficou em pé, e os seus feixes se ajuntaram ao redor do meu e se curvaram diante dele."
⁸ Seus irmãos lhe disseram: "Então você vai reinar sobre nós? Quer dizer que você vai nos governar?" E o odiaram ainda mais, por causa do sonho e do que tinha dito.
⁹ Depois teve outro sonho e o contou aos seus irmãos: "Tive outro sonho, e desta vez o sol, a lua e onze estrelas se curvavam diante de mim".
¹⁰ Quando o contou ao pai e aos irmãos, o pai o repreendeu e lhe disse: "Que sonho foi esse que você teve? Será que eu, sua mãe, e seus irmãos viremos a nos curvar até o chão diante de você?" ¹¹ Assim seus irmãos tiveram ciúmes dele; o pai, no entanto, refletia naquilo.

Vendido pelos Irmãos

¹² Os irmãos de José tinham ido cuidar dos rebanhos do pai, perto de Siquém, ¹³ e Israel disse a José: "Como você sabe, seus irmãos estão apascentando os rebanhos perto de Siquém. Quero que você vá até lá".
"Sim, senhor", respondeu ele.
¹⁴ Disse-lhe o pai: "Vá ver se está tudo bem com os seus irmãos e com os rebanhos, e traga-me notícias". Jacó o enviou quando estava no vale de Hebrom.
Mas José se perdeu quando se aproximava de Siquém; ¹⁵ um homem o encontrou vagueando pelos campos e lhe perguntou: "Que é que você está procurando?"
¹⁶ Ele respondeu: "Procuro meus irmãos. Pode me dizer onde eles estão apascentando os rebanhos?"
¹⁷ Respondeu o homem: "Eles já partiram daqui. Eu os ouvi dizer: 'Vamos para Dotã' ".

ª **36.37** Hebraico: *ao Rio*.
ᵇ **36.39** Vários manuscritos dizem Hadar. Veja 1Cr 1.50.
ᶜ **37.3** Ou *de diversas cores*; também nos versículos 23 e 32.

Assim José foi em busca dos seus irmãos e os encontrou perto de Dotã. ¹⁸ Mas eles o viram de longe e, antes que chegasse, planejaram matá-lo. ¹⁹ "Lá vem aquele sonhador!", diziam uns aos outros. ²⁰ "É agora! Vamos matá-lo e jogá-lo num destes poços, e diremos que um animal selvagem o devorou. Veremos então o que será dos seus sonhos".

²¹ Quando Rúben ouviu isso, tentou livrá-lo das mãos deles, dizendo: "Não lhe tiremos a vida!" ²² E acrescentou: "Não derramem sangue. Joguem-no naquele poço no deserto, mas não toquem nele". Rúben propôs isso com a intenção de livrá-lo e levá-lo de volta ao pai.

²³ Chegando José, seus irmãos lhe arrancaram a túnica longa, ²⁴ agarraram-no e o jogaram no poço, que estava vazio e sem água.

²⁵ Ao se assentarem para comer, viram ao longe uma caravana de ismaelitas que vinha de Gileade. Seus camelos estavam carregados de especiarias, bálsamo e mirra, que eles levavam para o Egito.

²⁶ Judá disse então a seus irmãos: "Que ganharemos se matarmos o nosso irmão e escondermos o seu sangue? ²⁷ Vamos vendê-lo aos ismaelitas. Não tocaremos nele, afinal é nosso irmão, é nosso próprio sangue"ᵃ. E seus irmãos concordaram.

²⁸ Quando os mercadores ismaelitas de Midiã se aproximaram, seus irmãos tiraram José do poço e o venderam por vinte peças de prata aos ismaelitas, que o levaram para o Egito.

²⁹ Quando Rúben voltou ao poço e viu que José não estava lá, rasgou suas vestes ³⁰ e, voltando a seus irmãos, disse: "O jovem não está lá! Para onde irei agora?"

³¹ Então eles mataram um bode, mergulharam no sangue a túnica de José ³² e a mandaram ao pai com este recado: "Achamos isto. Veja se é a túnica de teu filho".

³³ Ele a reconheceu e disse: "É a túnica de meu filho! Um animal selvagem o devorou! José foi despedaçado!"

³⁴ Então Jacó rasgou suas vestes, vestiu-se de pano de saco e chorou muitos dias por seu filho. ³⁵ Todos os seus filhos e filhas vieram consolá-lo, mas ele recusou ser consolado, dizendo: "Não! Chorando descerei à sepulturaᵇ para junto de meu filho". E continuou a chorar por ele.

³⁶ Nesse meio-tempo, no Egito, os midianitas venderam José a Potifar, oficial do faraó e capitão da guarda.

A História de Judá e Tamar

38 Por essa época, Judá deixou seus irmãos e passou a viver na casa de um homem de Adulão, chamado Hira. ² Ali Judá encontrou a filha de um cananeu chamado Suá e casou-se com ela. Ele a possuiu, ³ ela engravidou e deu à luz um filho, ao qual ele deu o nome de Er. ⁴ Tornou a engravidar, teve um filho e deu-lhe o nome de Onã. ⁵ Quando estava em Quezibe, ela teve ainda outro filho e chamou-o Selá.

⁶ Judá escolheu uma mulher chamada Tamar para Er, seu filho mais velho. ⁷ Mas o SENHOR reprovou a conduta perversa de Er, filho mais velho de Judá, e por isso o matou.

⁸ Então Judá disse a Onã: "Case-se com a mulher do seu irmão, cumpra as suas obrigações de cunhado para com ela e dê uma descendência a seu irmão". ⁹ Mas Onã sabia que a descendência não seria sua; assim, toda vez que possuía a mulher do seu irmão, derramava o sêmen no chão para evitar que seu irmão tivesse descendência. ¹⁰ O SENHOR reprovou o que ele fazia, e por isso o matou também.

¹¹ Disse então Judá à sua nora Tamar: "More como viúva na casa de seu pai até que o meu filho Selá cresça", porque temia que ele viesse a morrer, como os seus irmãos. Assim Tamar foi morar na casa do pai.

¹² Tempos depois morreu a mulher de Judá, filha de Suá. Passado o luto, Judá foi ver os tosquiadores do seu rebanho em Timna com o seu amigo Hira, o adulamita.

¹³ Quando foi dito a Tamar: "Seu sogro está a caminho de Timna para tosquiar suas ovelhas", ¹⁴ ela trocou suas roupas de viúva, cobriu-se com um véu para se disfarçar e foi sentar-se à entrada de Enaim, que fica no caminho de Timna. Ela fez isso porque viu que, embora Selá já fosse crescido, ela não lhe tinha sido dada em casamento.

¹⁵ Quando a viu, Judá pensou que fosse uma prostituta, porque ela havia encoberto o rosto. ¹⁶ Não sabendo que era a sua nora, dirigiu-se a ela, à beira da estrada, e disse: "Venha cá, quero deitar-me com você".

Ela lhe perguntou: "O que você me dará para deitar-se comigo?" ¹⁷ Disse ele: "Eu lhe mandarei um cabritinho do meu rebanho".

E ela perguntou: "Você me deixará alguma coisa como garantia até que o mande?"

ᵃ **37.27** Hebraico: *nossa carne*.

ᵇ **37.35** Hebraico: *Sheol*. Essa palavra também pode ser traduzida por profundezas, pó ou morte.

¹⁸ Disse Judá: "Que garantia devo dar-lhe?"

Respondeu ela: "O seu selo com o cordão, e o cajado que você tem na mão". Ele os entregou e a possuiu, e Tamar engravidou dele. ¹⁹ Ela se foi, tirou o véu e tornou a vestir as roupas de viúva.

²⁰ Judá mandou o cabritinho por meio de seu amigo adulamita, a fim de reaver da mulher sua garantia, mas ele não a encontrou, ²¹ e perguntou aos homens do lugar: "Onde está a prostituta cultual que costuma ficar à beira do caminho de Enaim?"

Eles responderam: "Aqui não há nenhuma prostituta cultual".

²² Assim ele voltou a Judá e disse: "Não a encontrei. Além disso, os homens do lugar disseram que lá não há nenhuma prostituta cultual".

²³ Disse Judá: "Fique ela com o que lhe dei. Não quero que nos tornemos objeto de zombaria. Afinal de contas, mandei a ela este cabritinho, mas você não a encontrou".

²⁴ Cerca de três meses mais tarde, disseram a Judá: "Sua nora Tamar prostituiu-se, e na sua prostituição ficou grávida".

Disse Judá: "Tragam-na para fora e queimem-na viva!"

²⁵ Quando ela estava sendo levada para fora, mandou o seguinte recado ao sogro: "Estou grávida do homem que é dono destas coisas". E acrescentou: "Veja se o senhor reconhece a quem pertencem este selo, este cordão e este cajado".

²⁶ Judá os reconheceu e disse: "Ela é mais justa do que eu, pois eu devia tê-la entregue a meu filho Selá". E não voltou a ter relações com ela.

²⁷ Quando lhe chegou a época de dar à luz, havia gêmeos em seu ventre. ²⁸ Enquanto ela dava à luz, um deles pôs a mão para fora; então a parteira pegou um fio vermelho e amarrou o pulso do menino, dizendo: "Este saiu primeiro". ²⁹ Mas, quando ele recolheu a mão, seu irmão saiu, e ela disse: "Então você conseguiu uma brecha para sair!" E deu-lhe o nome de Perez. ³⁰ Depois saiu seu irmão que estava com o fio vermelho no pulso, e foi-lhe dado o nome de Zerá.

José é Assediado pela Mulher de Potifar

39 José havia sido levado para o Egito, onde o egípcio Potifar, oficial do faraó e capitão da guarda, comprou-o dos ismaelitas que o tinham levado para lá.

² O Senhor estava com José, de modo que este prosperou e passou a morar na casa do seu senhor egípcio. ³ Quando este percebeu que o Senhor estava com ele e que o fazia prosperar em tudo o que realizava, ⁴ agradou-se de José e tornou-o administrador de seus bens. Potifar deixou a seu cuidado a sua casa e lhe confiou tudo o que possuía. ⁵ Desde que o deixou cuidando de sua casa e de todos os seus bens, o Senhor abençoou a casa do egípcio por causa de José. A bênção do Senhor estava sobre tudo o que Potifar possuía, tanto em casa como no campo. ⁶ Assim, deixou ele aos cuidados de José tudo o que tinha, e não se preocupava com coisa alguma, exceto com sua própria comida.

José era atraente e de boa aparência, ⁷ e, depois de certo tempo, a mulher do seu senhor começou a cobiçá-lo e o convidou: "Venha, deite-se comigo!" ⁸ Mas ele se recusou e lhe disse: "Meu senhor não se preocupa com coisa alguma de sua casa, e tudo o que tem deixou aos meus cuidados. ⁹ Ninguém desta casa está acima de mim. Ele nada me negou, a não ser a senhora, porque é a mulher dele. Como poderia eu, então, cometer algo tão perverso e pecar contra Deus?" ¹⁰ Assim, embora ela insistisse com José dia após dia, ele se recusava a deitar-se com ela e evitava ficar perto dela.

¹¹ Um dia ele entrou na casa para fazer suas tarefas, e nenhum dos empregados ali se encontrava. ¹² Ela o agarrou pelo manto e voltou a convidá-lo: "Vamos, deite-se comigo!" Mas ele fugiu da casa, deixando o manto na mão dela.

¹³ Quando ela viu que, ao fugir, ele tinha deixado o manto em sua mão, ¹⁴ chamou os empregados e lhes disse: "Vejam, este hebreu nos foi trazido para nos insultar! Ele entrou aqui e tentou abusar de mim, mas eu gritei. ¹⁵ Quando me ouviu gritar por socorro, largou seu manto ao meu lado e fugiu da casa".

¹⁶ Ela conservou o manto consigo até que o senhor de José chegasse à casa. ¹⁷ Então repetiu-lhe a história: "Aquele escravo hebreu que você nos trouxe aproximou-se de mim para me insultar. ¹⁸ Mas, quando gritei por socorro, ele largou seu manto ao meu lado e fugiu".

¹⁹ Quando o seu senhor ouviu o que a sua mulher lhe disse: "Foi assim que o seu escravo me tratou", ficou indignado. ²⁰ Mandou buscar José e lançou-o na prisão em que eram postos os prisioneiros do rei.

José ficou na prisão, ²¹ mas o Senhor estava com ele e o tratou com bondade, concedendo-lhe a simpatia do carcereiro. ²² Por isso o carcereiro encarregou José de todos os que estavam na prisão, e ele se tornou responsável por tudo o que lá sucedia. ²³ O carcereiro não se preocupava com nada do que estava a cargo de José, porque o Senhor estava com José e lhe concedia bom êxito em tudo o que realizava.

José Interpreta os Sonhos de Dois Prisioneiros

40 Algum tempo depois, o copeiro e o padeiro do rei do Egito fizeram uma ofensa ao seu senhor, o rei do Egito. ² O faraó irou-se com os dois oficiais, o chefe dos copeiros e o chefe dos padeiros, ³ e mandou prendê-los na casa do capitão da guarda, na prisão em que José estava. ⁴ O capitão da guarda os deixou aos cuidados de José, que os servia.

Depois de certo tempo, ⁵ o copeiro e o padeiro do rei do Egito, que estavam na prisão, sonharam. Cada um teve um sonho, ambos na mesma noite, e cada sonho tinha a sua própria interpretação.

⁶ Quando José foi vê-los na manhã seguinte, notou que estavam abatidos. ⁷ Por isso perguntou aos oficiais do faraó, que também estavam presos na casa do seu senhor: "Por que hoje vocês estão com o semblante triste?"

⁸ Eles responderam: "Tivemos sonhos, mas não há quem os interprete".

Disse-lhes José: "Não são de Deus as interpretações? Contem-me os sonhos".

⁹ Então o chefe dos copeiros contou o seu sonho a José: "Em meu sonho vi diante de mim uma videira, ¹⁰ com três ramos. Ela brotou, floresceu e deu uvas que amadureciam em cachos. ¹¹ A taça do faraó estava em minha mão. Peguei as uvas, e as espremi na taça do faraó, e a entreguei em sua mão".

¹² Disse-lhe José: "Esta é a interpretação: os três ramos são três dias. ¹³ Dentro de três dias o faraó vai exaltá-lo e restaurá-lo à sua posição, e você servirá a taça na mão dele, como costumava fazer quando era seu copeiro. ¹⁴ Quando tudo estiver indo bem com você, lembre-se de mim e seja bondoso comigo; fale de mim ao faraó e tire-me desta prisão, ¹⁵ pois fui trazido à força da terra dos hebreus, e também aqui nada fiz para ser jogado neste calabouço".

¹⁶ Ouvindo o chefe dos padeiros essa interpretação favorável, disse a José: "Eu também tive um sonho: sobre a minha cabeça havia três cestas de pão branco. ¹⁷ Na cesta de cima havia todo tipo de pães e doces que o faraó aprecia, mas as aves vinham comer da cesta que eu trazia na cabeça".

¹⁸ E disse José: "Esta é a interpretação: as três cestas são três dias. ¹⁹ Dentro de três dias o faraó vai decapitá-lo e pendurá-lo numa árvore^a. E as aves comerão a sua carne".

²⁰ Três dias depois era o aniversário do faraó, e ele ofereceu um banquete a todos os seus conselheiros. Na presença deles reapresentou o chefe dos copeiros e o chefe dos padeiros; ²¹ restaurou à sua posição o chefe dos copeiros, de modo que ele voltou a ser aquele que servia a taça do faraó, ²² mas ao chefe dos padeiros mandou enforcar^b, como José lhes dissera em sua interpretação.

²³ O chefe dos copeiros, porém, não se lembrou de José; ao contrário, esqueceu-se dele.

José Interpreta os Sonhos do Faraó

41 Ao final de dois anos, o faraó teve um sonho. Ele estava em pé junto ao rio Nilo, ² quando saíram do rio sete vacas belas e gordas, que começaram a pastar entre os juncos. ³ Depois saíram do rio mais sete vacas, feias e magras, que foram para junto das outras, à beira do Nilo. ⁴ Então as vacas feias e magras comeram as sete vacas belas e gordas. Nisso o faraó acordou.

⁵ Tornou a adormecer e teve outro sonho. Sete espigas de trigo, graúdas e boas, cresciam no mesmo pé. ⁶ Depois brotaram outras sete espigas, mirradas e ressequidas pelo vento leste. ⁷ As espigas mirradas engoliram as sete espigas graúdas e cheias. Então o faraó acordou; era um sonho.

⁸ Pela manhã, perturbado, mandou chamar todos os magos e sábios do Egito e lhes contou os sonhos, mas ninguém foi capaz de interpretá-los.

⁹ Então o chefe dos copeiros disse ao faraó: "Hoje me lembro de minhas faltas. ¹⁰ Certa vez o faraó ficou irado com dois dos seus servos e mandou prender-me junto com o chefe dos padeiros, na casa do capitão da guarda. ¹¹ Certa noite cada um de nós teve um sonho, e cada sonho tinha uma interpretação. ¹² Pois bem, havia lá conosco um jovem hebreu, servo do capitão da guarda. Contamos a ele os nossos sonhos, e ele os interpretou, dando a cada um de nós a interpretação do seu próprio sonho. ¹³ E tudo aconteceu conforme ele nos dissera: eu fui restaurado à minha posição, e o outro foi enforcado^c".

^{a} **40.19** Ou *empalar você numa estaca*
^{b} **40.22** Ou *empalar*
^{c} **41.13** Ou *empalado*

¹⁴ O faraó mandou chamar José, que foi trazido depressa do calabouço. Depois de se barbear e trocar de roupa, apresentou-se ao faraó. ¹⁵ O faraó disse a José: "Tive um sonho que ninguém consegue interpretar. Mas ouvi falar que você, ao ouvir um sonho, é capaz de interpretá-lo".

¹⁶ Respondeu-lhe José: "Isso não depende de mim, mas Deus dará ao faraó uma resposta favorável".

¹⁷ Então o faraó contou o sonho a José: "Sonhei que estava em pé, à beira do Nilo, ¹⁸ quando saíram do rio sete vacas, belas e gordas, que começaram a pastar entre os juncos. ¹⁹ Depois saíram outras sete, raquíticas, muito feias e magras. Nunca vi vacas tão feias em toda a terra do Egito. ²⁰ As vacas magras e feias comeram as sete vacas gordas que tinham aparecido primeiro. ²¹ Mesmo depois de havê-las comido, não parecia que o tivessem feito, pois continuavam tão magras como antes. Então acordei.

²² "Depois tive outro sonho. Vi sete espigas de cereal, cheias e boas, que cresciam num mesmo pé. ²³ Depois delas, brotaram outras sete, murchas e mirradas, ressequidas pelo vento leste. ²⁴ As espigas magras engoliram as sete espigas boas. Contei isso aos magos, mas ninguém foi capaz de explicá-lo".

²⁵ "O faraó teve um único sonho", disse-lhe José. "Deus revelou ao faraó o que ele está para fazer. ²⁶ As sete vacas boas são sete anos, e as sete espigas boas são também sete anos; trata-se de um único sonho. ²⁷ As sete vacas magras e feias que surgiram depois das outras, e as sete espigas mirradas, queimadas pelo vento leste, são sete anos. Serão sete anos de fome.

²⁸ "É exatamente como eu disse ao faraó: Deus mostrou ao faraó aquilo que ele vai fazer. ²⁹ Sete anos de muita fartura estão para vir sobre toda a terra do Egito, ³⁰ mas depois virão sete anos de fome. Então todo o tempo de fartura será esquecido, pois a fome arruinará a terra. ³¹ A fome que virá depois será tão rigorosa que o tempo de fartura não será mais lembrado na terra. ³² O sonho veio ao faraó duas vezes porque a questão já foi decidida por Deus, que se apressa em realizá-la.

³³ "Procure agora o faraó um homem criterioso e sábio e ponha-o no comando da terra do Egito. ³⁴ O faraó também deve estabelecer supervisores para recolher um quinto da colheita do Egito durante os sete anos de fartura. ³⁵ Eles deverão recolher o que puderem nos anos bons que virão e fazer estoques de trigo que, sob o controle do faraó, serão armazenados nas cidades. ³⁶ Esse estoque servirá de reserva para os sete anos de fome que virão sobre o Egito, para que a terra não seja arrasada pela fome."

José no Governo do Egito

³⁷ O plano pareceu bom ao faraó e a todos os seus conselheiros. ³⁸ Por isso o faraó lhes perguntou: "Será que vamos achar alguém como este homem, em quem está o espírito divino?"

³⁹ Disse, pois, o faraó a José: "Uma vez que Deus lhe revelou todas essas coisas, não há ninguém tão criterioso e sábio como você. ⁴⁰ Você terá o comando de meu palácio, e todo o meu povo se sujeitará às suas ordens. Somente em relação ao trono serei maior que você". ⁴¹ E o faraó prosseguiu: "Entrego a você agora o comando de toda a terra do Egito". ⁴² Em seguida, o faraó tirou do dedo o seu anel-selo e o colocou no dedo de José. Mandou-o vestir linho fino e colocou uma corrente de ouro em seu pescoço. ⁴³ Também o fez subir em sua segunda carruagem real, e à frente os arautos iam gritando: "Abram caminho!"[a] Assim José foi posto no comando de toda a terra do Egito.

⁴⁴ Disse ainda o faraó a José: "Eu sou o faraó, mas sem a sua palavra ninguém poderá levantar a mão nem o pé em todo o Egito". ⁴⁵ O faraó deu a José o nome de Zafenate-Paneia e lhe deu por mulher Azenate, filha de Potífera, sacerdote de Om[b]. Depois José foi inspecionar toda a terra do Egito.

⁴⁶ José tinha trinta anos de idade quando começou a servir[c] ao faraó, rei do Egito. Ele se ausentou da presença do faraó e foi percorrer todo o Egito. ⁴⁷ Durante os sete anos de fartura a terra teve grande produção. ⁴⁸ José recolheu todo o excedente dos sete anos de fartura no Egito e o armazenou nas cidades. Em cada cidade ele armazenava o trigo colhido nas lavouras das redondezas. ⁴⁹ Assim José estocou muito trigo, como a areia do mar. Tal era a quantidade que ele parou de anotar, porque ia além de toda medida.

⁵⁰ Antes dos anos de fome, Azenate, filha de Potífera, sacerdote de Om, deu a José dois filhos. ⁵¹ Ao primeiro, José deu o nome de Manassés,

---

[a] **41.43** Ou *"Curvem-se!"*
[b] **41.45** Isto é, Heliópolis; também no versículo 50.
[c] **41.46** Ou *quando se apresentou ao faraó*

dizendo: "Deus me fez esquecer todo o meu sofrimento e toda a casa de meu pai".

⁵² Ao segundo filho, chamou Efraim, dizendo: "Deus me fez prosperar na terra onde tenho sofrido".

⁵³ Assim chegaram ao fim os sete anos de fartura no Egito, ⁵⁴ e começaram os sete anos de fome, como José tinha predito. Houve fome em todas as terras, mas em todo o Egito havia alimento. ⁵⁵ Quando todo o Egito começou a sofrer com a fome, o povo clamou ao faraó por comida, e este respondeu a todos os egípcios: "Dirijam-se a José e façam o que ele disser".

⁵⁶ Quando a fome já se havia espalhado por toda a terra, José mandou abrir os locais de armazenamento e começou a vender trigo aos egípcios, pois a fome se agravava em todo o Egito. ⁵⁷ E de toda a terra vinha gente ao Egito para comprar trigo de José, porquanto a fome se agravava em toda parte.

Os Irmãos de José no Egito

42 Quando Jacó soube que no Egito havia trigo, disse a seus filhos: "Por que estão aí olhando uns para os outros?" ² Disse ainda: "Ouvi dizer que há trigo no Egito. Desçam até lá e comprem trigo para nós, para que possamos continuar vivos e não morramos de fome".

³ Assim dez dos irmãos de José desceram ao Egito para comprar trigo. ⁴ Jacó não deixou que Benjamim, irmão de José, fosse com eles, temendo que algum mal lhe acontecesse. ⁵ Os filhos de Israel estavam entre outros que também foram comprar trigo, por causa da fome na terra de Canaã.

⁶ José era o governador do Egito e era ele que vendia trigo a todo o povo da terra. Por isso, quando os irmãos de José chegaram, curvaram-se diante dele com o rosto em terra. ⁷ José reconheceu os seus irmãos logo que os viu, mas agiu como se não os conhecesse, e lhes falou asperamente: "De onde vocês vêm?"

Responderam eles: "Da terra de Canaã, para comprar comida".

⁸ José reconheceu os seus irmãos, mas eles não o reconheceram. ⁹ Lembrou-se então dos sonhos que tivera a respeito deles e lhes disse: "Vocês são espiões! Vieram para ver onde a nossa terra está desprotegida".

¹⁰ Eles responderam: "Não, meu senhor. Teus servos vieram comprar comida. ¹¹ Todos nós somos filhos do mesmo pai. Teus servos são homens honestos, e não espiões".

¹² Mas José insistiu: "Não! Vocês vieram ver onde a nossa terra está desprotegida".

¹³ E eles disseram: "Teus servos eram doze irmãos, todos filhos do mesmo pai, na terra de Canaã. O caçula está agora em casa com o pai, e o outro já morreu".

¹⁴ José tornou a afirmar: "É como lhes falei: Vocês são espiões! ¹⁵ Vocês serão postos à prova. Juro pela vida do faraó que vocês não sairão daqui, enquanto o seu irmão caçula não vier para cá. ¹⁶ Mandem algum de vocês buscar o seu irmão enquanto os demais aguardam presos. Assim ficará provado se as suas palavras são verdadeiras ou não. Se não forem, juro pela vida do faraó que ficará confirmado que vocês são espiões!" ¹⁷ E os deixou presos três dias.

¹⁸ No terceiro dia, José lhes disse: "Eu tenho temor de Deus. Se querem salvar sua vida, façam o seguinte: ¹⁹ se vocês são homens honestos, deixem um dos seus irmãos aqui na prisão, enquanto os demais voltam, levando trigo para matar a fome das suas famílias. ²⁰ Tragam-me, porém, o seu irmão caçula, para que se comprovem as suas palavras e vocês não tenham que morrer".

²¹ Eles se prontificaram a fazer isso e disseram uns aos outros: "Certamente estamos sendo punidos pelo que fizemos a nosso irmão. Vimos como ele estava angustiado, quando nos implorava por sua vida, mas não lhe demos ouvidos; por isso nos sobreveio esta angústia".

²² Rúben respondeu: "Eu não lhes disse que não maltratassem o menino? Mas vocês não quiseram me ouvir! Agora teremos que prestar contas do seu sangue".

²³ Eles, porém, não sabiam que José podia compreendê-los, pois ele lhes falava por meio de um intérprete.

²⁴ Nisso José retirou-se e começou a chorar, mas logo depois voltou e conversou de novo com eles. Então escolheu Simeão e mandou acorrentá-lo diante deles.

A Volta para Canaã

²⁵ Em seguida, José deu ordem para que enchessem de trigo suas bagagens, devolvessem a prata de cada um deles, colocando-a nas bagagens, e lhes dessem mantimentos para a viagem. E assim foi feito. ²⁶ Eles puseram a carga de trigo sobre os seus jumentos e partiram.

²⁷ No lugar onde pararam para pernoitar, um deles abriu a bagagem para pegar forragem

para o seu jumento e viu a prata na boca da bagagem. ²⁸ E disse a seus irmãos: "Devolveram a minha prata. Está aqui em minha bagagem".

Tomados de pavor em seu coração e tremendo, disseram uns aos outros: "Que é isto que Deus fez conosco?"

²⁹ Ao chegarem à casa de seu pai Jacó, na terra de Canaã, relataram-lhe tudo o que lhes acontecera, dizendo: ³⁰ "O homem que governa aquele país falou asperamente conosco e nos tratou como espiões. ³¹ Mas nós lhe asseguramos que somos homens honestos e não espiões. ³² Dissemos também que éramos doze irmãos, filhos do mesmo pai, e que um já havia morrido e que o caçula estava com o nosso pai, em Canaã. ³³ "Então o homem que governa aquele país nos disse: 'Vejamos se vocês são honestos: um dos seus irmãos ficará aqui comigo, e os outros poderão voltar e levar mantimentos para matar a fome das suas famílias. ³⁴ Tragam-me, porém, o seu irmão caçula, para que eu comprove que vocês não são espiões, mas sim, homens honestos. Então lhes devolverei o irmão e os autorizarei a fazer negócios nesta terra' ".

³⁵ Ao esvaziarem as bagagens, dentro da bagagem de cada um estava a sua bolsa cheia de prata. Quando eles e seu pai viram as bolsas cheias de prata, ficaram com medo. ³⁶ E disse-lhes seu pai Jacó: "Vocês estão tirando meus filhos de mim! Já fiquei sem José, agora sem Simeão e ainda querem levar Benjamim. Tudo está contra mim!"

³⁷ Então Rúben disse ao pai: "Podes matar meus dois filhos se eu não o trouxer de volta. Deixa-o aos meus cuidados, e eu o trarei".

³⁸ Mas o pai respondeu: "Meu filho não descerá com vocês; seu irmão está morto, e ele é o único que resta. Se qualquer mal lhe acontecer na viagem que estão por fazer, vocês farão estes meus cabelos brancos descer à sepultura*ᵃ* com tristeza".

De Volta ao Egito

43 A fome continuava rigorosa na terra. ² Assim, quando acabou todo o trigo que os filhos de Jacó tinham trazido do Egito, seu pai lhes disse: "Voltem e comprem um pouco mais de comida para nós".

³ Mas Judá lhe disse: "O homem nos advertiu severamente: 'Não voltem à minha presença, a não ser que tragam o seu irmão'. ⁴ Se enviares o nosso irmão conosco, desceremos e compraremos comida para ti. ⁵ Mas, se não o enviares conosco, não iremos, porque foi assim que o homem falou: 'Não voltem à minha presença, a não ser que tragam o seu irmão' ".

⁶ Israel perguntou: "Por que me causaram esse mal, contando àquele homem que tinham outro irmão?"

⁷ E lhe responderam: "Ele nos interrogou sobre nós e sobre nossa família. E também nos perguntou: 'O pai de vocês ainda está vivo? Vocês têm outro irmão?' Nós simplesmente respondemos ao que ele nos perguntou. Como poderíamos saber que ele exigiria que levássemos o nosso irmão?"

⁸ Então disse Judá a Israel, seu pai: "Deixa o jovem ir comigo e partiremos imediatamente, a fim de que tu, nós e nossas crianças sobrevivamos e não venhamos a morrer. ⁹ Eu me comprometo pessoalmente pela segurança dele; podes me considerar responsável por ele. Se eu não o trouxer de volta e não o colocar bem aqui na tua presença, serei culpado diante de ti pelo resto da minha vida. ¹⁰ Como se vê, se não tivéssemos demorado tanto, já teríamos ido e voltado duas vezes".

¹¹ Então Israel, seu pai, lhes disse: "Se tem que ser assim, que seja! Coloquem alguns dos melhores produtos da nossa terra na bagagem e levem-nos como presente ao tal homem: um pouco de bálsamo, um pouco de mel, algumas especiarias e mirra, algumas nozes de pistache e amêndoas. ¹² Levem prata em dobro, e devolvam a prata que foi colocada de volta na boca da bagagem de vocês. Talvez isso tenha acontecido por engano. ¹³ Peguem também o seu irmão e voltem àquele homem. ¹⁴ Que o Deus todo-poderoso*ᵇ* lhes conceda misericórdia diante daquele homem, para que ele permita que o seu outro irmão e Benjamim voltem com vocês. Quanto a mim, se ficar sem filhos, sem filhos ficarei".

¹⁵ Então os homens desceram ao Egito, levando o presente, prata em dobro e Benjamim, e foram à presença de José. ¹⁶ Quando José viu Benjamim com eles, disse ao administrador de sua casa: "Leve estes homens à minha casa, mate um animal e prepare-o; eles almoçarão comigo ao meio-dia".

¹⁷ Ele fez o que lhe fora ordenado e levou-os à casa de José. ¹⁸ Eles ficaram com medo, quando

---

ᵃ **42.38** Hebraico: *Sheol*. Essa palavra também pode ser traduzida por profundezas, pó ou morte.

ᵇ **43.14** Hebraico: *El-Shaddai*; também em 48.3 e 49.25.

foram levados à casa de José, e pensaram: "Trouxeram-nos aqui por causa da prata que foi devolvida às nossas bagagens na primeira vez. Ele quer atacar-nos, subjugar-nos, tornar-nos escravos e tomar de nós os nossos jumentos".

¹⁹ Por isso, dirigiram-se ao administrador da casa de José e lhe disseram à entrada da casa: ²⁰ "Ouça, senhor! A primeira vez que viemos aqui foi realmente para comprar comida. ²¹ Mas, no lugar em que paramos para pernoitar, abrimos nossas bagagens e cada um de nós encontrou a prata que tinha trazido, na quantia exata. Por isso a trouxemos de volta conosco, ²² além de mais prata, para comprar comida. Não sabemos quem pôs a prata em nossa bagagem".

²³ "Fiquem tranquilos", disse o administrador. "Não tenham medo. O seu Deus, o Deus de seu pai, foi quem lhes deu um tesouro em suas bagagens, porque a prata de vocês eu recebi." Então soltou Simeão e o levou à presença deles. ²⁴ Em seguida, os levou à casa de José, deu-lhes água para lavarem os pés e forragem para os seus jumentos. ²⁵ Eles então prepararam o presente para a chegada de José ao meio-dia, porque ficaram sabendo que iriam almoçar ali.

²⁶ Quando José chegou, eles o presentearam com o que tinham trazido e curvaram-se diante dele até o chão. ²⁷ Ele então lhes perguntou como passavam e disse em seguida: "Como vai o pai de vocês, o homem idoso de quem me falaram? Ainda está vivo?"

²⁸ Eles responderam: "Teu servo, nosso pai, ainda vive e passa bem". E se curvaram para prestar-lhe honra.

²⁹ Olhando ao redor e vendo seu irmão Benjamim, filho de sua mãe, José perguntou: "É este o irmão caçula de quem me falaram?" E acrescentou: "Deus lhe conceda graça, meu filho". ³⁰ Profundamente emocionado por causa de seu irmão, José apressou-se em sair à procura de um lugar para chorar, e, entrando em seu quarto, chorou.

³¹ Depois de lavar o rosto, saiu e, controlando-se, disse: "Sirvam a comida".

³² Serviram a ele em separado dos seus irmãos e também dos egípcios que comiam com ele, porque os egípcios não podiam comer com os hebreus, pois isso era sacrilégio para eles. ³³ Seus irmãos foram colocados à mesa perante ele por ordem de idade, do mais velho ao mais moço, e olhavam perplexos uns para os outros. ³⁴ Então lhes serviram da comida da mesa de José, e a porção de Benjamim era cinco vezes maior que a dos outros. E eles festejaram e beberam à vontade.

A Taça de José na Bagagem de Benjamim

44 José deu as seguintes ordens ao administrador de sua casa: "Encha as bagagens desses homens com todo o mantimento que puderem carregar e coloque a prata de cada um na boca de sua bagagem. ² Depois coloque a minha taça, a taça de prata, na boca da bagagem do caçula, junto com a prata paga pelo trigo". E ele fez tudo conforme as ordens de José.

³ Assim que despontou a manhã, despediram os homens com os seus jumentos. ⁴ Ainda não tinham se afastado da cidade, quando José disse ao administrador de sua casa: "Vá atrás daqueles homens e, quando os alcançar, diga-lhes: Por que retribuíram o bem com o mal? ⁵ Não é esta a taça que o meu senhor usa para beber e para fazer adivinhações? Vocês cometeram grande maldade!"

⁶ Quando ele os alcançou, repetiu-lhes essas palavras. ⁷ Mas eles lhe responderam: "Por que o meu senhor diz isso? Longe dos seus servos fazer tal coisa! ⁸ Nós lhe trouxemos de volta, da terra de Canaã, a prata que encontramos na boca de nossa bagagem. Como roubaríamos prata ou ouro da casa do seu senhor? ⁹ Se algum dos seus servos for encontrado com ela, morrerá; e nós, os demais, seremos escravos do meu senhor".

¹⁰ E disse ele: "Concordo. Somente quem for encontrado com ela será meu escravo; os demais estarão livres".

¹¹ Cada um deles descarregou depressa a sua bagagem e abriu-a. ¹² O administrador começou então a busca, desde a bagagem do mais velho até a do mais novo. E a taça foi encontrada na bagagem de Benjamim. ¹³ Diante disso, eles rasgaram as suas vestes. Em seguida, todos puseram a carga de novo em seus jumentos e retornaram à cidade.

¹⁴ Quando Judá e seus irmãos chegaram à casa de José, ele ainda estava lá. Então eles se lançaram ao chão perante ele. ¹⁵ E José lhes perguntou: "Que foi que vocês fizeram? Vocês não sabem que um homem como eu tem poder para adivinhar?"

¹⁶ Respondeu Judá: "O que diremos a meu senhor? Que podemos falar? Como podemos provar nossa inocência? Deus trouxe à luz a culpa dos teus servos. Agora somos escravos

do meu senhor, como também aquele que foi encontrado com a taça". ¹⁷ Disse, porém, José: "Longe de mim fazer tal coisa! Somente aquele que foi encontrado com a taça será meu escravo. Os demais podem voltar em paz para a casa do seu pai".

¹⁸ Então Judá dirigiu-se a ele, dizendo: "Por favor, meu senhor, permite-me dizer-te uma palavra. Não se acenda a tua ira contra o teu servo, embora sejas igual ao próprio faraó. ¹⁹ Meu senhor perguntou a estes seus servos se ainda tínhamos pai e algum outro irmão. ²⁰ E nós respondemos: Temos um pai já idoso, cujo filho caçula nasceu-lhe em sua velhice. O irmão deste já morreu, e ele é o único filho da mesma mãe que restou, e seu pai o ama muito. ²¹ "Então disseste a teus servos que o trouxessem a ti para que os teus olhos pudessem vê-lo. ²² E nós respondemos a meu senhor que o jovem não poderia deixar seu pai, pois, caso o fizesse, seu pai morreria. ²³ Todavia disseste a teus servos que, se o nosso irmão caçula não viesse conosco, nunca mais veríamos a tua face. ²⁴ Quando voltamos a teu servo, a meu pai, contamos-lhe o que o meu senhor tinha dito.

²⁵ "Quando o nosso pai nos mandou voltar para comprar um pouco mais de comida, ²⁶ nós lhe dissemos: 'Só poderemos voltar para lá, se o nosso irmão caçula for conosco. Pois não poderemos ver a face daquele homem, a não ser que o nosso irmão caçula esteja conosco'. ²⁷ "Teu servo, meu pai, nos disse então: 'Vocês sabem que minha mulher me deu apenas dois filhos. ²⁸ Um deles se foi, e eu disse: Com certeza foi despedaçado. E, até hoje, nunca mais o vi. ²⁹ Se agora vocês também levarem este de mim, e algum mal lhe acontecer, a tristeza que me causarão fará com que os meus cabelos brancos desçam à sepultura'ᵃ.

³⁰ "Agora, pois, se eu voltar a teu servo, a meu pai, sem levar o jovem conosco, logo que meu pai, que é tão apegado a ele, ³¹ perceber que o jovem não está conosco, morrerá. Teus servos farão seu velho pai descer seus cabelos brancos à sepultura com tristeza.

³² "Além disso, teu servo garantiu a segurança do jovem a seu pai, dizendo-lhe: 'Se eu não o trouxer de volta, suportarei essa culpa diante de ti pelo resto da minha vida!'

³³ "Por isso agora te peço, por favor, deixa o teu servo ficar como escravo do meu senhor no lugar do jovem e permite que ele volte com os seus irmãos. ³⁴ Como poderei eu voltar a meu pai sem levar o jovem comigo? Não! Não posso ver o mal que sobreviria a meu pai".

José Revela a Verdade

45 A essa altura, José já não podia mais conter-se diante de todos os que ali estavam, e gritou: "Façam sair a todos!" Assim, ninguém mais estava presente quando José se revelou a seus irmãos. ² E ele se pôs a chorar tão alto que os egípcios o ouviram, e a notícia chegou ao palácio do faraó.

³ Então disse José a seus irmãos: "Eu sou José! Meu pai ainda está vivo?" Mas os seus irmãos ficaram tão pasmados diante dele que não conseguiam responder-lhe.

⁴ "Cheguem mais perto", disse José a seus irmãos. Quando eles se aproximaram, disse-lhes: "Eu sou José, seu irmão, aquele que vocês venderam ao Egito! ⁵ Agora, não se aflijam nem se recriminem por terem me vendido para cá, pois foi para salvar vidas que Deus me enviou adiante de vocês. ⁶ Já houve dois anos de fome na terra, e nos próximos cinco anos não haverá cultivo nem colheita. ⁷ Mas Deus me enviou à frente de vocês para lhes preservar um remanescente nesta terra e para salvar-lhes a vida com grande livramentoᵇ.

⁸ "Assim, não foram vocês que me mandaram para cá, mas sim o próprio Deus. Ele me tornou ministroᶜ do faraó, e me fez administrador de todo o palácio e governador de todo o Egito. ⁹ Voltem depressa a meu pai e digam-lhe: Assim diz o seu filho José: 'Deus me fez senhor de todo o Egito. Vem para cá, não te demores. ¹⁰ Tu viverás na região de Gósen e ficarás perto de mim — tu, os teus filhos, os teus netos, as tuas ovelhas, os teus bois e todos os teus bens. ¹¹ Eu te sustentarei ali, porque ainda haverá cinco anos de fome. Do contrário, tu, a tua família e todos os teus rebanhos acabarão na miséria'.

¹² "Vocês estão vendo com os seus próprios olhos, e meu irmão Benjamim também, que realmente sou eu que estou falando com vocês. ¹³ Contem a meu pai quanta honra me prestam no Egito e tudo o que vocês mesmos testemunharam. E tragam meu pai para cá depressa".

¹⁴ Então ele se lançou chorando sobre o seu irmão Benjamim e o abraçou, e Benjamim também o abraçou, chorando. ¹⁵ Em seguida,

---

ᵃ **44.29** Hebraico: *Sheol*; também no versículo 31. Essa palavra também pode ser traduzida por *profundezas*, *pó* ou *morte*.
ᵇ **45.7** Ou *salvá-los como a um grande grupo de sobreviventes*
ᶜ **45.8** Hebraico: *pai*.

beijou todos os seus irmãos e chorou com eles. E só depois os seus irmãos conseguiram conversar com ele.

¹⁶ Quando se ouviu no palácio do faraó que os irmãos de José haviam chegado, o faraó e todos os seus conselheiros se alegraram. ¹⁷ Disse então o faraó a José: "Diga a seus irmãos que ponham as cargas nos seus animais, voltem para a terra de Canaã ¹⁸ e retornem para cá, trazendo seu pai e suas famílias. Eu lhes darei o melhor da terra do Egito e vocês poderão desfrutar a fartura desta terra.

¹⁹ "Mande-os também levar carruagens do Egito para trazerem as suas mulheres, os seus filhos e seu pai. ²⁰ Não se preocupem com os seus bens, pois o melhor de todo o Egito será de vocês".

²¹ Assim fizeram os filhos de Israel. José lhes providenciou carruagens, como o faraó tinha ordenado, e também mantimentos para a viagem. ²² A cada um deu uma muda de roupa nova, mas a Benjamim deu trezentas peças de prata e cinco mudas de roupa nova. ²³ E a seu pai enviou dez jumentos carregados com o melhor do que havia no Egito e dez jumentas carregadas de trigo, pão e outras provisões para a viagem. ²⁴ Depois despediu-se dos seus irmãos e, ao partirem, disse-lhes: "Não briguem pelo caminho!"

²⁵ Assim partiram do Egito e voltaram a seu pai Jacó, na terra de Canaã, ²⁶ e lhe deram a notícia: "José ainda está vivo! Na verdade ele é o governador de todo o Egito". O coração de Jacó quase parou! Não podia acreditar neles. ²⁷ Mas, quando lhe relataram tudo o que José lhes dissera, e, vendo Jacó, seu pai, as carruagens que José enviara para buscá-lo, seu espírito reviveu. ²⁸ E Israel disse: "Basta! Meu filho José ainda está vivo. Irei vê-lo antes que eu morra".

Jacó Emigra para o Egito

46 Israel partiu com tudo o que lhe pertencia. Ao chegar a Berseba[a], ofereceu sacrifícios ao Deus de Isaque, seu pai. ² E Deus falou a Israel por meio de uma visão noturna: "Jacó! Jacó!"

"Eis-me aqui", respondeu ele.

³ "Eu sou Deus, o Deus de seu pai", disse ele. "Não tenha medo de descer ao Egito, porque lá farei de você uma grande nação. ⁴ Eu mesmo descerei ao Egito com você e certamente o trarei de volta. E a mão de José fechará os seus olhos".

⁵ Então Jacó partiu de Berseba. Os filhos de Israel levaram seu pai, Jacó, seus filhos e as suas mulheres nas carruagens que o faraó tinha enviado. ⁶ Também levaram os seus rebanhos e os bens que tinham adquirido em Canaã. Assim Jacó foi para o Egito com toda a sua descendência. ⁷ Levou consigo para o Egito seus filhos, seus netos, suas filhas e suas netas, isto é, todos os seus descendentes.

⁸ Estes são os nomes dos israelitas, Jacó e seus descendentes, que foram para o Egito:

Rúben, o filho mais velho de Jacó.

⁹ Estes foram os filhos de Rúben:
Enoque, Palu, Hezrom e Carmi.

¹⁰ Estes foram os filhos de Simeão:
Jemuel, Jamim, Oade, Jaquim, Zoar e Saul, filho de uma cananeia.

¹¹ Estes foram os filhos de Levi:
Gérson, Coate e Merari.

¹² Estes foram os filhos de Judá:
Er, Onã, Selá, Perez e Zerá.
Er e Onã morreram na terra de Canaã.
Estes foram os filhos de Perez:
Hezrom e Hamul.

¹³ Estes foram os filhos de Issacar:
Tolá, Puá[b], Jasube[c] e Sinrom.

¹⁴ Estes foram os filhos de Zebulom:
Serede, Elom e Jaleel.

¹⁵ Foram esses os filhos que Lia deu a Jacó em Padã-Arã[d], além de Diná, sua filha. Seus descendentes eram ao todo trinta e três.

¹⁶ Estes foram os filhos de Gade:
Zefom[e], Hagi, Suni, Esbom, Eri, Arodi e Areli.

¹⁷ Estes foram os filhos de Aser:
Imna, Isvá, Isvi e Berias,
e a irmã deles, Sera.
Estes foram os filhos de Berias:
Héber e Malquiel.

¹⁸ Foram esses os dezesseis descendentes que Zilpa, serva que Labão tinha dado à sua filha Lia, deu a Jacó.

¹⁹ Estes foram os filhos de Raquel, mulher de Jacó:
José e Benjamim.

²⁰ Azenate, filha de Potífera, sacerdote de Om[f], deu dois filhos a José no Egito: Manassés e Efraim.

---

[a] **46.1** Berseba pode significar *poço dos sete* ou *poço do juramento*; também no versículo 5.

[b] **46.13** Alguns manuscritos dizem *Puva*. Veja 1Cr 7.1.

[c] **46.13** Alguns manuscritos dizem *Jó*. Veja Nm 26.24 e 1Cr 7.1.

[d] **46.15** Provavelmente na região noroeste da Mesopotâmia; também em 48.7.

[e] **46.16** Alguns manuscritos dizem *Zifiom*. Veja Nm 26.15.

[f] **46.20** Isto é, *Heliópolis*.

²¹ Estes foram os filhos de Benjamim:
Belá, Bequer, Asbel, Gera, Naamã,
Eí, Rôs, Mupim, Hupim e Arde.
²² Foram esses os catorze descendentes que Raquel deu a Jacó.
²³ O filho de Dã foi Husim.
²⁴ Estes foram os filhos de Naftali:
Jazeel, Guni, Jezer e Silém.
²⁵ Foram esses os sete descendentes que Bila, serva que Labão tinha dado à sua filha Raquel, deu a Jacó.

²⁶ Todos os que foram para o Egito com Jacó, todos os seus descendentes, sem contar as mulheres de seus filhos, totalizaram sessenta e seis pessoas. ²⁷ Com mais os dois filhos[a] que nasceram a José no Egito, os membros da família de Jacó que foram para o Egito chegaram a setenta[b].

²⁸ Ora, Jacó enviou Judá à sua frente a José, para saber como ir a Gósen. Quando lá chegaram, ²⁹ José, de carruagem pronta, partiu para Gósen para encontrar-se com seu pai, Israel. Assim que o viu, correu para abraçá-lo e, abraçado a ele, chorou longamente.

³⁰ Israel disse a José: "Agora já posso morrer, pois vi o seu rosto e sei que você ainda está vivo".

³¹ Então José disse aos seus irmãos e a toda a família de seu pai: "Vou partir e informar ao faraó que os meus irmãos e toda a família de meu pai, que viviam em Canaã, vieram para cá. ³² Direi que os homens são pastores, cuidam de rebanhos, e trouxeram consigo suas ovelhas, seus bois e tudo quanto lhes pertence. ³³ Quando o faraó mandar chamá-los e perguntar: 'Em que vocês trabalham?', ³⁴ respondam-lhe assim: 'Teus servos criam rebanhos desde pequenos, como o fizeram nossos antepassados'. Assim lhes será permitido habitar na região de Gósen, pois todos os pastores são desprezados pelos egípcios".

Jacó se Estabelece no Egito

47 José foi dar as notícias ao faraó: "Meu pai e meus irmãos chegaram de Canaã com suas ovelhas, seus bois e tudo o que lhes pertence, e estão agora em Gósen". ² Depois escolheu cinco de seus irmãos e os apresentou ao faraó.

³ Perguntou-lhes o faraó: "Em que vocês trabalham?"

Eles lhe responderam: "Teus servos são pastores, como os nossos antepassados".

⁴ Disseram-lhe ainda: "Viemos morar aqui por uns tempos, porque a fome é rigorosa em Canaã, e os rebanhos de teus servos não têm pastagem. Agora, por favor, permite que teus servos se estabeleçam em Gósen".

⁵ Então o faraó disse a José: "Seu pai e seus irmãos vieram a você, ⁶ e a terra do Egito está a sua disposição; faça com que seu pai e seus irmãos habitem na melhor parte da terra. Deixe-os morar em Gósen. E, se você vê que alguns deles são competentes, ponha-os como responsáveis por meu rebanho".

⁷ Então José levou seu pai Jacó ao faraó e o apresentou a ele. Depois Jacó abençoou[c] o faraó, ⁸ e este lhe perguntou: "Quantos anos o senhor tem?"

⁹ Jacó respondeu ao faraó: "São cento e trinta os anos da minha peregrinação. Foram poucos e difíceis e não chegam aos anos da peregrinação dos meus antepassados". ¹⁰ Então, Jacó abençoou[d] o faraó e retirou-se.

¹¹ José instalou seu pai e seus irmãos e deu-lhes propriedade na melhor parte das terras do Egito, na região de Ramessés, conforme a ordem do faraó. ¹² Providenciou também sustento para seu pai, para seus irmãos e para toda a sua família, de acordo com o número de filhos de cada um.

Os Anos de Fome

¹³ Não havia mantimento em toda a região, pois a fome era rigorosa; tanto o Egito como Canaã desfaleciam por causa da fome. ¹⁴ José recolheu toda a prata que circulava no Egito e em Canaã, dada como pagamento do trigo que o povo comprava, e levou-a ao palácio do faraó. ¹⁵ Quando toda a prata do Egito e de Canaã se esgotou, todos os egípcios foram suplicar a José: "Dá-nos comida! Não nos deixes morrer só porque a nossa prata acabou".

¹⁶ E José lhes disse: "Tragam então os seus rebanhos, e em troca lhes darei trigo, uma vez que a prata de vocês acabou". ¹⁷ E trouxeram a José os rebanhos, e ele deu-lhes trigo em troca de cavalos, ovelhas, bois e jumentos. Durante aquele ano inteiro ele os sustentou em troca de todos os seus rebanhos.

¹⁸ O ano passou, e no ano seguinte voltaram a José, dizendo: "Não temos como esconder de

---

[a] **46.27** A Septuaginta diz nove filhos.
[b] **46.27** A Septuaginta diz setenta e cinco. Veja Êx 1.5 e At 7.14.
[c] **47.7** Ou *saudou*
[d] **47.10** Ou *despediu-se do*

ti, meu senhor, que uma vez que a nossa prata acabou e os nossos rebanhos lhe pertencem, nada mais nos resta para oferecer, a não ser os nossos próprios corpos e as nossas terras. ¹⁹ Não deixes que morramos e que as nossas terras pereçam diante dos teus olhos! Compra-nos, e compra as nossas terras, em troca de trigo, e nós, com as nossas terras, seremos escravos do faraó. Dá-nos sementes para que sobrevivamos e não morramos de fome, a fim de que a terra não fique desolada".

²⁰ Assim, José comprou todas as terras do Egito para o faraó. Todos os egípcios tiveram que vender os seus campos, pois a fome os obrigou a isso. A terra tornou-se propriedade do faraó. ²¹ Quanto ao povo, José o reduziu à servidão*a*, de uma à outra extremidade do Egito. ²² Somente as terras dos sacerdotes não foram compradas, porque, por lei, esses recebiam sustento regular do faraó, e disso viviam. Por isso não tiveram que vender as suas terras.

²³ Então José disse ao povo: "Ouçam! Hoje comprei vocês e suas terras para o faraó; aqui estão as sementes para que cultivem a terra. ²⁴ Mas vocês darão a quinta parte das suas colheitas ao faraó. Os outros quatro quintos ficarão para vocês como sementes para os campos e como alimento para vocês, seus filhos e os que vivem em suas casas".

²⁵ Eles disseram: "Meu senhor, tu nos salvaste a vida. Visto que nos favoreceste, seremos escravos do faraó".

²⁶ Assim, quanto à terra, José estabeleceu o seguinte decreto no Egito, que permanece até hoje: um quinto da produção pertence ao faraó. Somente as terras dos sacerdotes não se tornaram propriedade do faraó.

O Último Desejo de Jacó

²⁷ Os israelitas se estabeleceram no Egito, na região de Gósen. Lá adquiriram propriedades, foram prolíferos e multiplicaram-se muito. ²⁸ Jacó viveu dezessete anos no Egito, e os anos da sua vida chegaram a cento e quarenta e sete. ²⁹ Aproximando-se a hora da sua morte, Israel chamou seu filho José e lhe disse: "Se quer agradar-me, ponha a mão debaixo da minha coxa e prometa que será bondoso e fiel comigo: Não me sepulte no Egito. ³⁰ Quando eu descansar com meus pais, leve-me daqui do Egito e sepulte-me junto a eles".

José respondeu: "Farei como o senhor me pede".

³¹ Mas Jacó insistiu: "Jure-me". E José lhe jurou, e Israel curvou-se apoiado em seu bordão*b*.

Jacó Abençoa Manassés e Efraim

48 Algum tempo depois, disseram a José: "Seu pai está doente"; e ele foi vê-lo, levando consigo seus dois filhos, Manassés e Efraim. ² E anunciaram a Jacó: "Seu filho José veio vê-lo". Israel reuniu suas forças e assentou-se na cama.

³ Então disse Jacó a José: "O Deus todo-poderoso apareceu-me em Luz, na terra de Canaã, e ali me abençoou, ⁴ dizendo: 'Eu o farei prolífero e o multiplicarei. Farei de você uma comunidade de povos e darei esta terra por propriedade perpétua aos seus descendentes'.

⁵ "Agora, pois, os seus dois filhos que lhe nasceram no Egito, antes da minha vinda para cá, serão reconhecidos como meus; Efraim e Manassés serão meus, como são meus Rúben e Simeão. ⁶ Os filhos que lhe nascerem depois deles serão seus; serão convocados sob o nome dos seus irmãos para receberem sua herança. ⁷ Quando eu voltava de Padã, para minha tristeza Raquel morreu em Canaã, quando ainda estávamos a caminho, a pouca distância de Efrata. Eu a sepultei ali, ao lado do caminho para Efrata, que é Belém".

⁸ Quando Israel viu os filhos de José, perguntou: "Quem são estes?".

⁹ Respondeu José a seu pai: "São os filhos que Deus me deu aqui".

Então Israel disse: "Traga-os aqui para que eu os abençoe".

¹⁰ Os olhos de Israel já estavam enfraquecidos por causa da idade avançada, e ele mal podia enxergar. Por isso José levou seus filhos para perto dele, e seu pai os beijou e os abraçou.

¹¹ E Israel disse a José: "Nunca pensei que veria a sua face novamente, e agora Deus me concede ver também os seus filhos!".

¹² Em seguida, José os tirou do colo de Israel e curvou-se com o rosto em terra. ¹³ E José tomou os dois, Efraim à sua direita, perto da mão esquerda de Israel, e Manassés à sua esquerda, perto da mão direita de Israel, e os aproximou dele. ¹⁴ Israel, porém, estendeu a mão direita e a pôs sobre a cabeça de Efraim, embora este fosse o mais novo, e, cruzando os braços, pôs a mão

---

a **47.21** Conforme o Pentateuco Samaritano e a Septuaginta. O Texto Massorético diz mudou-o para as cidades.

b **47.31** Conforme a Septuaginta. O Texto Massorético diz curvou-se à cabeceira de sua cama.

esquerda sobre a cabeça de Manassés, embora Manassés fosse o filho mais velho.

¹⁵ E abençoou a José, dizendo:
"Que o Deus, a quem serviram
  meus pais Abraão e Isaque,
o Deus que tem sido o meu pastor
  em toda a minha vida até o dia de hoje,
¹⁶ o Anjo que me redimiu de todo o mal,
  abençoe estes meninos.
Sejam eles chamados pelo meu nome
e pelos nomes de meus pais
  Abraão e Isaque,
e cresçam muito na terra".

¹⁷ Quando José viu seu pai colocar a mão direita sobre a cabeça de Efraim, não gostou; por isso pegou a mão do pai, a fim de mudá-la da cabeça de Efraim para a de Manassés, ¹⁸ e lhe disse: "Não, meu pai, este aqui é o mais velho; ponha a mão direita sobre a cabeça dele".

¹⁹ Mas seu pai recusou-se e respondeu: "Eu sei, meu filho, eu sei. Ele também se tornará um povo, também será grande. Apesar disso, seu irmão mais novo será maior do que ele, e seus descendentes se tornarão muitosᵃ povos". ²⁰ Assim, Jacó os abençoou naquele dia, dizendo:
"O povo de Israel usará os seus nomes para abençoar uns aos outros com esta expressão:
Que Deus faça a você como fez a Efraim e a Manassés!"
E colocou Efraim à frente de Manassés.
²¹ A seguir, Israel disse a José: "Estou para morrer, mas Deus estará com vocês e os levará de volta à terra de seus antepassados. ²² E a você, como alguém que está acima de seus irmãos, dou a região montanhosaᵇ que tomei dos amorreus com a minha espada e com o meu arco".

Jacó Abençoa seus Filhos

49 Então Jacó chamou seus filhos e disse: "Ajuntem-se a meu lado para que eu lhes diga o que lhes acontecerá nos dias que virão.

² "Reúnam-se para ouvir, filhos de Jacó;
  ouçam o que diz Israel, seu pai.

³ "Rúben, você é meu primogênito,
  minha força,

ᵃ **48.19** Hebraico: *uma plenitude de povos.*
ᵇ **48.22** Ou *E a você dou uma porção a mais do que a seus irmãos, a porção que tomei*

o primeiro sinal do meu vigor,
  superior em honra, superior em poder.
⁴ Turbulento como as águas,
  já não será superior,
porque você subiu à cama de seu pai,
  ao meu leito, e o desonrou.
⁵ Simeão e Levi são irmãos;
  suas espadas são armas de
    violência.
⁶ Que eu não entre no conselho deles,
  nem participe da sua assembleia,
porque em sua ira mataram homens
e a seu bel-prazer aleijaram bois,
  cortando-lhes o tendão.
⁷ Maldita seja a sua ira, tão tremenda,
  e a sua fúria, tão cruel!
Eu os dividirei pelas terras de Jacó
  e os dispersarei em Israel.
⁸ Judá, seus irmãos o louvarão,
sua mão estará sobre o pescoço
  dos seus inimigos;
os filhos de seu pai se curvarão
  diante de você.
⁹ Judá é um leão novo.
Você vem subindo, filho meu,
  depois de matar a presa.
Como um leão, ele se assenta;
  e deita-se como uma leoa;
quem tem coragem de acordá-lo?
¹⁰ O cetro não se apartará de Judá,
  nem o bastão de comando
    de seus descendentesᶜ,

49.8-12 Cristo descende da tribo de Judá, e o direito de reinar lhe pertencia por direito.

Cumprimento: Mateus 1.1-16; Apocalipse 5.5
Próximo texto: Êxodo 12.1-28

49.10 O cetro é símbolo de autoridade real; por meio desta profecia de Jacó, Deus está designando a tribo de Judá como aquela da qual sairia a linhagem real. A expressão "nem o bastão de comando de seus descendentes" é um eufemismo para referir-se aos órgãos sexuais masculinos, necessários

---
ᶜ **49.10** Hebraico: *de entre seus pés.*

para a procriação de uma sucessão de legisladores; ou seja, de reis que ponham em vigor leis e decretos. A palavra "Siló", em "até que Siló venha" (nota *NVI*), seria outra tradução possível do trecho "até que venha aquele a quem ele pertence", que é uma referência clara à pessoa de Cristo, confirmada pela frase seguinte no texto: "e a ele as nações obedecerão" (caro discípulo, leia todo o capítulo 14 de Zacarias, em especial o versículo 16, e alegre-se com a leitura dessa passagem).

até que venha aquele
    a quem ele pertence[a],
e a ele as nações obedecerão.
¹¹ Ele amarrará seu jumento
    a uma videira;
e o seu jumentinho,
    ao ramo mais seleto;
lavará no vinho as suas roupas;
    no sangue das uvas,
    as suas vestimentas.
¹² Seus olhos serão mais escuros
    que o vinho;
seus dentes, mais brancos que o leite[b].
¹³ Zebulom morará à beira-mar
    e se tornará um porto para os navios;
suas fronteiras se estenderão até
    Sidom.
¹⁴ Issacar é um jumento forte,
    deitado entre as suas cargas[c].
¹⁵ Quando ele perceber como é bom
    o seu lugar de repouso
    e como é aprazível a sua terra,
curvará seus ombros ao fardo
    e se submeterá a trabalhos forçados.
¹⁶ Dã defenderá o direito do seu povo
    como qualquer das tribos de Israel.
¹⁷ Dã será uma serpente
    à beira da estrada,
uma víbora à margem do caminho,
    que morde o calcanhar do cavalo
    e faz cair de costas o seu cavaleiro.
¹⁸ Ó Senhor, eu espero a tua libertação!
¹⁹ Gade será atacado por um bando,
    mas é ele que o atacará e o perseguirá[d].

²⁰ A mesa de Aser será farta;
    ele oferecerá manjares de rei.
²¹ Naftali é uma gazela solta,
    que por isso faz festa[e].
²² José é uma árvore frutífera,
    árvore frutífera à beira de uma fonte,
cujos galhos passam por cima do muro.[f]
²³ Com rancor arqueiros o atacaram,
    atirando-lhe flechas com hostilidade.
²⁴ Mas o seu arco permaneceu firme;
    os seus braços continuaram fortes, ágeis
        para atirar,
pela mão do Poderoso de Jacó,
    pelo nome do Pastor, a Rocha de Israel,
²⁵ pelo Deus de seu pai, que ajuda você,
    o Todo-poderoso[g], que o abençoa
com bênçãos dos altos céus,
    bênçãos das profundezas,
    bênçãos da fertilidade e da fartura.[h]
²⁶ As bênçãos de seu pai são superiores
    às bênçãos dos montes antigos,
    às delícias das colinas eternas[i].
Que todas essas bênçãos repousem
    sobre a cabeça de José,
sobre a fronte daquele que foi separado
    de entre[j] os seus irmãos.
²⁷ Benjamim é um lobo predador;
    pela manhã devora a presa
    e à tarde divide o despojo".

²⁸ São esses os que formaram as doze tribos de Israel, e foi isso que seu pai lhes disse, ao abençoá-los, dando a cada um a bênção que lhe pertencia.

A Morte de Jacó

²⁹ A seguir, Jacó deu-lhes estas instruções: "Estou para ser reunido aos meus antepassados. Sepultem-me junto aos meus pais na caverna do campo de Efrom, o hitita, ³⁰ na caverna do campo de Macpela, perto de Manre, em Canaã, campo que Abraão comprou de Efrom, o hitita, como propriedade para sepultura. ³¹ Ali foram

---

[a] **49.10** Ou *até que Siló venha*; ou ainda *até que venha aquele a quem pertence o tributo*
[b] **49.12** Ou *ficarão vermelhos por causa do vinho, seus dentes branqueados pelo leite*
[c] **49.14** Ou *os seus currais*; ou ainda *as suas fogueiras*
[d] **49.19** Hebraico: *atacará nos calcanhares*.
[e] **49.21** Ou *solta, que pronuncia lindas palavras*
[f] **49.22** Ou *José é um potro selvagem, um potro selvagem à beira de uma fonte, um asno selvagem numa colina aterrada*.
[g] **49.25** O Pentateuco Samaritano, a Septuaginta, a Versão Siríaca e alguns manuscritos do Texto Massorético dizem *Deus todo-poderoso*.
[h] **49.25** Hebraico: *dos seios e do ventre*.
[i] **49.26** Ou *superiores às bênçãos dos meus antepassados, até os limites das colinas eternas*
[j] **49.26** Ou *a fronte do príncipe entre*

sepultados Abraão e Sara, sua mulher, e Isaque e Rebeca, sua mulher; ali também sepultei Lia.

³² "Tanto o campo como a caverna que nele está foram comprados dos hititas".

³³ Ao acabar de dar essas instruções a seus filhos, Jacó deitou-se*ª*, expirou e foi reunido aos seus antepassados.

50 José atirou-se sobre seu pai, chorou sobre ele e o beijou. ² Em seguida, deu ordens aos médicos, que estavam ao seu serviço, que embalsamassem seu pai Israel. E eles o embalsamaram. ³ Levaram quarenta dias completos, pois esse era o tempo para o embalsamamento. E os egípcios choraram sua morte setenta dias.

⁴ Passados os dias de luto, José disse à corte do faraó: "Se posso contar com a bondade de vocês, falem com o faraó em meu favor. Digam-lhe que ⁵ meu pai fez-me prestar-lhe o seguinte juramento: 'Estou à beira da morte; sepulte-me no túmulo que preparei para mim na terra de Canaã'. Agora, pois, peçam-lhe que me permita partir e sepultar meu pai; logo depois voltarei".

⁶ Respondeu o faraó: "Vá e faça o sepultamento de seu pai como este o fez jurar".

⁷ Então José partiu para sepultar seu pai. Com ele foram todos os conselheiros do faraó, as autoridades da sua corte e todas as autoridades do Egito, ⁸ e, além deles, todos os da família de José, os seus irmãos e todos os da casa de seu pai. Somente as crianças, as ovelhas e os bois foram deixados em Gósen. ⁹ Carruagens e cavaleiros*ᵇ* também o acompanharam. A comitiva era imensa.

¹⁰ Chegando à eira de Atade, perto do Jordão, lamentaram-se em alta voz, com grande amargura; e ali José guardou sete dias de pranto pela morte do seu pai. ¹¹ Quando os cananeus que lá habitavam viram aquele pranto na eira de Atade, disseram: "Os egípcios estão celebrando uma cerimônia de luto solene". Por essa razão, aquele lugar, próximo ao Jordão, foi chamado Abel-Mizraim.

¹² Assim fizeram os filhos de Jacó o que este lhes havia ordenado; ¹³ Levaram-no à terra de Canaã e o sepultaram na caverna do campo de Macpela, perto de Manre, que, com o campo, Abraão tinha comprado de Efrom, o hitita, para que lhe servisse de propriedade para sepultura. ¹⁴ Depois de sepultar seu pai, José voltou ao Egito, com os seus irmãos e com todos os demais que o tinham acompanhado.

A Bondade de José

¹⁵ Vendo os irmãos de José que seu pai havia morrido, disseram: "E se José tiver rancor contra nós e resolver retribuir todo o mal que lhe causamos?" ¹⁶ Então mandaram um recado a José, dizendo: "Antes de morrer, teu pai nos ordenou ¹⁷ que te disséssemos o seguinte: 'Peço-lhe que perdoe os erros e pecados de seus irmãos que o trataram com tanta maldade!' Agora, pois, perdoa os pecados dos servos do Deus do teu pai". Quando recebeu o recado, José chorou.

¹⁸ Depois vieram seus irmãos, prostraram-se diante dele e disseram: "Aqui estamos. Somos teus escravos!"

¹⁹ José, porém, lhes disse: "Não tenham medo. Estaria eu no lugar de Deus? ²⁰ Vocês planejaram o mal contra mim, mas Deus o tornou em bem, para que hoje fosse preservada a vida de muitos. ²¹ Por isso, não tenham medo. Eu sustentarei vocês e seus filhos". E assim os tranquilizou e lhes falou amavelmente.

A Morte de José

²² José permaneceu no Egito, com toda a família de seu pai. Viveu cento e dez anos ²³ e viu a terceira geração dos filhos de Efraim. Além disso, recebeu como seus*ᶜ* os filhos de Maquir, filho de Manassés.

²⁴ Antes de morrer José disse a seus irmãos: "Estou à beira da morte. Mas Deus certamente virá em auxílio de vocês e os tirará desta terra, levando-os para a terra que prometeu com juramento a Abraão, a Isaque e a Jacó". ²⁵ E José fez que os filhos de Israel lhe prestassem um juramento, dizendo-lhes: "Quando Deus intervier em favor de vocês, levem os meus ossos daqui".

²⁶ Morreu José com a idade de cento e dez anos. E, depois de embalsamado, foi colocado num sarcófago no Egito.

ª **49.33** Hebraico: *recolheu seus pés na cama.*
ᵇ **50.9** Ou *condutores de carruagem*
ᶜ **50.23** Hebraico: *nasceram sobre os joelhos de José.*

OS DOZE FILHOS DE JACÓ POR ORDEM DE NASCIMENTO E AGRUPADOS CADA UM A SUA RESPECTIVA MÃE							
Lia	1º Rúben (29.32)	2º Simeão (29.33)	3º Levi (29.34)	4º Judá (29.35)	9º Issacar (30.18)	10º Zebulom (30.20)	
Raquel	11º José (30.24)	12º Benjamim (35.18)					
Bila (serva de Raquel)	5º Dã (30.5,6)	6º Naftali (30.7,8)					
Zilpa (serva de Lia)	7º Gade (30.10,11)	8º Aser (30.12,13)					
Nota: Diná era filha de Lia (30.21).							

Introdução ao livro de
ÊXODO

Autor e data de composição
Como acontece com o restante do Pentateuco, a autoria de Êxodo é atribuída a Moisés, conforme indicam alguns textos do livro: 17.14; 24.3; 34.27. Outros livros das Escrituras também o assinalam: Malaquias 4.4; João 1.45 e Romanos 10.5. Em várias ocasiões, o próprio Jesus o reconhece. Igualmente aos quatros outros livros, Êxodo foi escrito durante os quarenta anos de peregrinação no deserto, entre os anos 1450 e 1410 a.C., segundo cálculos mais conservadores.

ESBOÇO GERAL

Primeira parte: A saída do Egito (1.1—15.21)
  I. Deus escuta o gemido de seu povo na escravidão (1)
  II. Deus prepara os libertadores de seu povo (2—4)
   A. Moisés é salvo da morte (2.1-10)
   B. Moisés trata de salvar matando (2.11-22)
   C. Deus chama e envia Moisés (2.23—4.31)
  III. Deus resgata Israel da escravidão (5.1—15.21)
   A. Moisés enfrenta o faraó com palavras e milagres (5.1—7.13)
   B. Moisés enfrenta o faraó com pragas (7.14—11.10)
   C. A Páscoa: Israel é protegida com o sangue de cordeiro (12.1—13.16)
   D. A saída do Egito (13.17—15.21)

Segunda parte: O Sinai (15.22—18.27)
  I. Deus cuida das necessidades de seu povo (15.22—18.27)
  II. Deus protege o povo dos inimigos externos e internos (17.8—18.27)

Terceira parte: A revelação de Deus (19—40)
  I. Deus revela a aliança que deseja estabelecer com Israel (19—31)
   A. A revelação da aliança (19)
   B. Os Dez Mandamentos (20)
   C. Os juízos (21—23)
   D. A aliança, o tabernáculo e o sacerdócio arônico (24—31)
  II. A infidelidade do povo; o amor de Deus e de Moisés (32—40)
   A. Israel quebra a aliança, e Moisés intercede pelo povo (32—33)
   B. Deus renova a aliança, e Israel obedece (34.1—40.33)
   C. Deus enche com sua glória a Tenda do Encontro (40.34-38)

Versículo-chave
3.14

Tema geral do livro
Êxodo é um livro poderoso que até hoje inspira pessoas em todo o mundo; em especial ao povo judeu. O tema central do livro é a redenção. Deus revela-se aqui como o Deus fiel que escuta o clamor dos descendentes de amigos como Abraão, Isaque e Jacó. O clã desses patriarcas havia se multiplicado tanto que acabou se tornando em um povo, o povo de Israel; no entanto, um povo escravo.

Deus aparece como o grande EU SOU e com braço forte tira a todos do Egito, símbolo do mundo, sob a liderança de Moisés. Já fora da influência do Egito, começa o longo processo de converter aqueles homens com mentalidade de escravos em homens livres. Dessa vez, a aliança é estabelecida com o povo todo, e Deus permanece fiel apesar da infidelidade e das queixas do povo (v. 2Timóteo 2.13). O maná, o tabernáculo, a coluna de nuvem durante o dia e a coluna de fogo durante a noite são a prova visível da fidelidade de Deus que manifestaram sua presença no acampamento israelita.

Em Êxodo, Jesus é...
... O Cordeiro pascal (12).

Versículo-chave para o discípulo
23.20

O discípulo e Êxodo
Êxodo é o livro das saídas. O povo de Israel sai do Egito, símbolo de uma vida de pecado, e ao mesmo tempo Deus começa o longo processo de tirar o Egito do coração dos israelitas. As coisas do mundo têm um poder de sedução tão grande que Deus exige que paremos de brincar com elas. Não é diferente quando o assunto são os falsos deuses; no deserto, o Deus verdadeiro, que é o Deus da aliança, nos ama e protege. O Egito nunca poderá ser a pátria do povo de Deus, por muito que pareça oferecer. A infidelidade do povo é um alerta aos cristãos hoje para que não sejamos infiéis a Deus. Como discípulo, você talvez se pergunte como é possível que o mesmo povo que viu o milagre das dez pragas, cruzou o mar Vermelho em terra seca e foi protegido por Deus de tantas maneiras no deserto pôde manifestar tal ingratidão. A natureza caída da raça humana pode levar-nos a sérias consequências. Precisamos estar sempre conscientes do que Jesus fez por nós, principalmente pela forma com que nos resgatou, e olhar para o passado como forma de ter mais segurança no que Deus pode fazer no presente e no futuro. Estamos nas mãos do Deus vivo, aquele que por natureza própria será sempre fiel a quem fez aliança com ele.

ÊXODO

A Opressão no Egito

1 São estes, pois, os nomes dos filhos de Israel que entraram com Jacó no Egito, cada um com a sua respectiva família: ² Rúben, Simeão, Levi e Judá; ³ Issacar, Zebulom e Benjamim; ⁴ Dã, Naftali, Gade e Aser. ⁵ Ao todo, os descendentes de Jacó eram setenta^a; José, porém, já estava no Egito.

⁶ Ora, morreram José, todos os seus irmãos e toda aquela geração. ⁷ Os israelitas, porém, eram férteis, proliferaram, tornaram-se numerosos e fortaleceram-se muito, tanto que encheram o país.

⁸ Então subiu ao trono do Egito um novo rei, que nada sabia sobre José. ⁹ Disse ele ao seu povo: "Vejam! O povo israelita é agora numeroso e mais forte que nós. ¹⁰ Temos que agir com astúcia, para que não se tornem ainda mais numerosos e, no caso de guerra, aliem-se aos nossos inimigos, lutem contra nós e fujam do país".

¹¹ Estabeleceram, pois, sobre eles chefes de trabalhos forçados, para os oprimir com tarefas pesadas. E assim os israelitas construíram para o faraó as cidades-celeiros de Pitom e Ramessés. ¹² Todavia, quanto mais eram oprimidos, mais numerosos se tornavam e mais se espalhavam. Por isso os egípcios passaram a temer os israelitas ¹³ e os sujeitaram a cruel escravidão. ¹⁴ Tornaram-lhes a vida amarga, impondo-lhes a árdua tarefa de preparar o barro e fazer tijolos, e executar todo tipo de trabalho agrícola; em tudo os egípcios os sujeitavam a cruel escravidão.

¹⁵ O rei do Egito ordenou às parteiras dos hebreus, que se chamavam Sifrá e Puá: ¹⁶ "Quando vocês ajudarem as hebreias a dar à luz, verifiquem se é menino^b. Se for, matem-no; se for menina, deixem-na viver". ¹⁷ Todavia, as parteiras temeram a Deus e não obedeceram às ordens do rei do Egito; deixaram viver os meninos. ¹⁸ Então o rei do Egito convocou as parteiras e lhes perguntou: "Por que vocês fizeram isso? Por que deixaram viver os meninos?"

¹⁹ Responderam as parteiras ao faraó: "As mulheres hebreias não são como as egípcias. São cheias de vigor e dão à luz antes de chegarem as parteiras".

²⁰ Deus foi bondoso com as parteiras; e o povo ia se tornando ainda mais numeroso, cada vez mais forte. ²¹ Visto que as parteiras temeram a Deus, ele concedeu-lhes que tivessem suas próprias famílias.

²² Por isso o faraó ordenou a todo o seu povo: "Lancem ao Nilo todo menino recém-nascido^c, mas deixem viver as meninas".

O Nascimento de Moisés

2 Um homem da tribo de Levi casou-se com uma mulher da mesma tribo, ² e ela engravidou e deu à luz um filho. Vendo que era bonito, ela o escondeu por três meses. ³ Quando já não podia mais escondê-lo, pegou um cesto feito de junco e o vedou com piche e betume. Colocou nele o menino e deixou o cesto entre os juncos, à margem do Nilo. ⁴ A irmã do menino ficou observando de longe para ver o que lhe aconteceria.

⁵ A filha do faraó descera ao Nilo para tomar banho. Enquanto isso, as suas servas andavam pela margem do rio. Nisso viu o cesto entre os juncos e mandou sua criada apanhá-lo. ⁶ Ao abri-lo, viu um bebê chorando. Ficou com pena dele e disse: "Este menino é dos hebreus".

⁷ Então a irmã do menino aproximou-se e perguntou à filha do faraó: "A senhora quer que eu vá chamar uma mulher dos hebreus para amamentar e criar o menino?"

⁸ "Quero", respondeu ela. E a moça foi chamar a mãe do menino. ⁹ Então a filha do faraó disse à mulher: "Leve este menino e amamente-o para mim, e eu pagarei você por isso". A mulher levou o menino e o amamentou. ¹⁰ Tendo o menino crescido, ela o levou à filha do faraó, que o adotou e lhe deu o nome de Moisés, dizendo: "Porque eu o tirei das águas".

2.10 O nome de Moisés não é hebraico e significa "tirado das águas". Vemos aqui Moisés como símbolo profético da salvação humanamente impossível que Deus daria a seu povo, então escravo no Egito, fazendo-o

---

^a **1.5** Os manuscritos do mar Morto e a Septuaginta dizem *setenta e cinco*. Veja Gn 46.27 e At 7.14.

^b **1.16** Hebraico: *as duas pedras*. Possível eufemismo para os órgãos genitais ou ainda uma referência a um assento onde as mulheres davam à luz.

^c **1.22** O Pentateuco Samaritano, a Septuaginta e os Targuns dizem *recém-nascido hebreu*.

atravessar em terra seca até o outro lado do mar Vermelho, que foi aberto por seu poder pela vara de Moisés. Vemos também como Deus é o Soberano da História, que chega a incluir não judeus para que seus propósitos sejam cumpridos, como a filha do faraó, cujo coração se sensibilizou por um bebê que nada mais tinha senão a morte pela frente.

Moisés Mata um Egípcio e Foge para Midiã

¹¹ Certo dia, sendo Moisés já adulto, foi ao lugar onde estavam os seus irmãos hebreus e descobriu como era pesado o trabalho que realizavam. Viu também um egípcio espancar um dos hebreus. ¹² Correu o olhar por todos os lados e, não vendo ninguém, matou o egípcio e o escondeu na areia.

¹³ No dia seguinte saiu e viu dois hebreus brigando. Então perguntou ao agressor: "Por que você está espancando o seu companheiro?" ¹⁴ O homem respondeu: "Quem o nomeou líder e juiz sobre nós? Quer matar-me como matou o egípcio?" Moisés teve medo e pensou: "Com certeza tudo já foi descoberto!"

¹⁵ Quando o faraó soube disso, procurou matar Moisés, mas este fugiu e foi morar na terra de Midiã. Ali assentou-se à beira de um poço. ¹⁶ Ora, o sacerdote de Midiã tinha sete filhas. Elas foram buscar água para encher os bebedouros e dar de beber ao rebanho de seu pai. ¹⁷ Alguns pastores se aproximaram e começaram a expulsá-las dali; Moisés, porém, veio em auxílio delas e deu água ao rebanho.

¹⁸ Quando as moças voltaram a seu pai Reuel^a, este lhes perguntou: "Por que voltaram tão cedo hoje?"

¹⁹ Elas responderam: "Um egípcio defendeu-nos dos pastores e ainda tirou água do poço para nós e deu de beber ao rebanho".

²⁰ "Onde está ele?", perguntou o pai a elas. "Por que o deixaram lá? Convidem-no para comer conosco."

²¹ Moisés aceitou e concordou também em morar na casa daquele homem; este lhe deu por mulher sua filha Zípora. ²² Ela deu à luz um menino, a quem Moisés deu o nome de Gérson, dizendo: "Sou imigrante em terra estrangeira".

²³ Muito tempo depois, morreu o rei do Egito. Os israelitas gemiam e clamavam debaixo da escravidão; e o seu clamor subiu até Deus. ²⁴ Ouviu Deus o lamento deles e lembrou-se da aliança que fizera com Abraão, Isaque e Jacó. ²⁵ Deus olhou para os israelitas e viu a situação deles.

Moisés e a Sarça em Chamas

3 Moisés pastoreava o rebanho de seu sogro, Jetro, que era sacerdote de Midiã. Um dia levou o rebanho para o outro lado do deserto e chegou a Horebe, o monte de Deus. ² Ali o Anjo do Senhor lhe apareceu numa chama de fogo que saía do meio de uma sarça. Moisés viu que, embora a sarça estivesse em chamas, não era consumida pelo fogo. ³ "Que impressionante!", pensou. "Por que a sarça não se queima? Vou ver isso de perto."

⁴ O Senhor viu que ele se aproximava para observar. E então, do meio da sarça Deus o chamou: "Moisés, Moisés!"

"Eis-me aqui", respondeu ele.

⁵ Então disse Deus: "Não se aproxime. Tire as sandálias dos pés, pois o lugar em que você está é terra santa". ⁶ Disse ainda: "Eu sou o Deus de seu pai, o Deus de Abraão, o Deus de Isaque, o Deus de Jacó". Então Moisés cobriu o rosto, pois teve medo de olhar para Deus.

⁷ Disse o Senhor: "De fato tenho visto a opressão sobre o meu povo no Egito, tenho escutado o seu clamor, por causa dos seus feitores, e sei quanto eles estão sofrendo. ⁸ Por isso desci para livrá-los das mãos dos egípcios e tirá-los daqui para uma terra boa e vasta, onde há leite e mel com fartura: a terra dos cananeus, dos hititas, dos amorreus, dos ferezeus, dos heveus e dos jebuseus. ⁹ Pois agora o clamor dos israelitas chegou a mim, e tenho visto como os egípcios os oprimem. ¹⁰ Vá, pois, agora; eu o envio ao faraó para tirar do Egito o meu povo, os israelitas". ¹¹ Moisés, porém, respondeu a Deus: "Quem sou eu para apresentar-me ao faraó e tirar os israelitas do Egito?"

¹² Deus afirmou: "Eu estarei com você. Esta é a prova de que sou eu quem o envia: quando você tirar o povo do Egito, vocês prestarão culto a Deus neste monte".

¹³ Moisés perguntou: "Quando eu chegar diante dos israelitas e lhes disser: O Deus dos seus antepassados me enviou a vocês, e eles me perguntarem: 'Qual é o nome dele?' Que lhes direi?"

¹⁴ Disse Deus a Moisés: "Eu Sou o que Sou. É isto que você dirá aos israelitas: Eu Sou me enviou a vocês".

---

^a **2.18** Também chamado *Jetro*. Veja 3.1.

3.14 Este é o nome sagrado que identifica o Senhor como o Deus de alianças. Leia a esse respeito o artigo "Tetragrama" na seção "Vocabulário básico" (p. 1520) e também a seção "Os nomes e títulos de Deus na Bíblia" (p. 1537). Entre tantos deuses que Moisés se acostumara a ver no Egito, Deus declara-se o único capaz de cumprir o que promete e está disposto a isso, porque é o único e verdadeiro Deus, onipotente e fiel a seus pactos. O que ele está fazendo nada mais é que a extensão da aliança que ele havia firmado séculos antes com Abraão, Isaque e Jacó, antepassados do povo de Israel. Veja a esse respeito "As alianças na Bíblia" (p. 1529).

[15] Disse também Deus a Moisés: "Diga aos israelitas: O Senhor[a], o Deus dos seus antepassados, o Deus de Abraão, o Deus de Isaque, o Deus de Jacó, enviou-me a vocês. Esse é o meu nome para sempre, nome pelo qual serei lembrado de geração em geração.
[16] "Vá, reúna as autoridades de Israel e diga-lhes: O Senhor, o Deus dos seus antepassados, o Deus de Abraão, de Isaque e de Jacó, apareceu a mim e disse: Eu virei em auxílio de vocês; pois vi o que tem sido feito a vocês no Egito. [17] Prometi tirá-los da opressão do Egito para a terra dos cananeus, dos hititas, dos amorreus, dos ferezeus, dos heveus e dos jebuseus, terra onde há leite e mel com fartura.
[18] "As autoridades de Israel o atenderão. Depois você irá com elas ao rei do Egito e lhe dirá: O Senhor, o Deus dos hebreus, veio ao nosso encontro. Agora, deixe-nos fazer uma caminhada de três dias, adentrando o deserto, para oferecermos sacrifícios ao Senhor, o nosso Deus. [19] Eu sei que o rei do Egito não os deixará sair, a não ser que uma poderosa mão o force. [20] Por isso estenderei a minha mão e ferirei os egípcios com todas as maravilhas que realizarei no meio deles. Depois disso ele os deixará sair. [21] "E farei que os egípcios tenham boa vontade para com o povo, de modo que, quando vocês saírem, não sairão de mãos vazias. [22] Todas as israelitas pedirão às suas vizinhas, e às mulheres que estiverem hospedando em casa, objetos de prata e de ouro, e roupas, que vocês porão em seus filhos e em suas filhas. Assim vocês despojarão os egípcios".

Os Sinais Concedidos a Moisés

4 Moisés respondeu: "E se eles não acreditarem em mim nem quiserem me ouvir e disserem: 'O Senhor não apareceu a você'?"
[2] Então o Senhor lhe perguntou: "Que é isso em sua mão?"
"Uma vara", respondeu ele.

4.2 A vara era instrumento com o qual Moisés havia desempenhado o ofício de pastor durante quarenta anos. Com ela em mãos, o antigo filho adotivo da filha do faraó, provavelmente um homem bastante violento e arrogante (com um assassinato sobre os ombros), foi sendo convertido em um homem "muito paciente, mais do que qualquer outro que havia na terra" (Números 12.3). Observe, caro discípulo, como Deus utilizou a vara, que era o que Moisés tinha nas mãos, para realizar sinais e libertar seu povo da escravidão. Em algumas ocasiões, o cristão cede à tentação de achar que Deus precisa de coisas "grandes" para fazer milagres entre nós; assim, acabamos menosprezando o que temos à mão nas tarefas diárias e que pode converter-se em fonte de testemunho e poder para a adoração e glória de Deus, e salvação de quem está ao nosso redor.

[3] Disse o Senhor: "Jogue-a ao chão".
Moisés jogou-a, e ela se transformou numa serpente. Moisés fugiu dela, [4] mas o Senhor lhe disse: "Estenda a mão e pegue-a pela cauda". Moisés estendeu a mão, pegou a serpente e esta se transformou numa vara em sua mão. [5] E disse o Senhor: "Isso é para que eles acreditem que o Deus dos seus antepassados, o Deus de Abraão, o Deus de Isaque, o Deus de Jacó, apareceu a você".
[6] Disse-lhe mais o Senhor: "Coloque a mão no peito". Moisés obedeceu e, quando a retirou, ela estava leprosa[b]; parecia neve.
[7] Ordenou-lhe depois: "Agora, coloque de novo a mão no peito". Moisés tornou a pôr a mão no peito e, quando a tirou, ela estava novamente como o restante da sua pele.

[a] **3.15** Hebraico: YHWH. O termo assemelha-se à expressão *Eu sou* em hebraico.

[b] **4.6** O termo hebraico não se refere somente à lepra, mas também a diversas doenças da pele.

⁸ Prosseguiu o Senhor: "Se eles não acreditarem em você nem derem atenção ao primeiro sinal milagroso, acreditarão no segundo. ⁹ E, se ainda assim não acreditarem nesses dois sinais nem lhe derem ouvidos, tire um pouco de água do Nilo e derrame-a em terra seca. Quando você derramar essa água em terra seca, ela se transformará em sangue".

¹⁰ Disse, porém, Moisés ao Senhor: "Ó Senhor! Nunca tive facilidade para falar, nem no passado nem agora que falaste a teu servo. Não consigo falar bem!"

¹¹ Disse-lhe o Senhor: "Quem deu boca ao homem? Quem o fez surdo ou mudo? Quem lhe concede vista ou o torna cego? Não sou eu, o Senhor? ¹² Agora, pois, vá; eu estarei com você, ensinando-lhe o que dizer".

¹³ Respondeu-lhe, porém, Moisés: "Ah, Senhor! Peço-te que envies outra pessoa".

¹⁴ Então o Senhor se irou com Moisés e lhe disse: "Você não tem o seu irmão, Arão, o levita? Eu sei que ele fala bem. Ele já está vindo ao seu encontro e se alegrará ao vê-lo. ¹⁵ Você falará com ele e dirá o que ele deve dizer; eu estarei com vocês quando falarem e direi a vocês o que fazer. ¹⁶ Assim como Deus fala ao profeta, você falará a seu irmão, e ele será o seu porta-voz diante do povo. ¹⁷ E leve na mão esta vara; com ela você fará os sinais milagrosos".

A Volta de Moisés ao Egito

¹⁸ Depois Moisés voltou a Jetro, seu sogro, e lhe disse: "Preciso voltar ao Egito para ver se meus parentes ainda vivem".

Jetro lhe respondeu: "Vá em paz!"

¹⁹ Ora, o Senhor tinha dito a Moisés, em Midiã: "Volte ao Egito, pois já morreram todos os que procuravam matá-lo". ²⁰ Então Moisés levou sua mulher e seus filhos montados num jumento e partiu de volta ao Egito. Levava na mão a vara de Deus.

²¹ Disse mais o Senhor a Moisés: "Quando você voltar ao Egito, tenha o cuidado de fazer diante do faraó todas as maravilhas que concedi a você o poder de realizar. Mas eu vou endurecer o coração dele, para não deixar o povo ir. ²² Depois diga ao faraó que assim diz o Senhor: Israel é o meu primeiro filho, ²³ e eu já disse a você que deixe o meu filho ir para prestar-me culto. Mas você não quis deixá-lo ir; por isso matarei o seu primeiro filho!"

²⁴ Numa hospedaria ao longo do caminho, o Senhor foi ao encontro de Moisés*ᵃ* e procurou matá-lo. ²⁵ Mas Zípora pegou uma pedra afiada, cortou o prepúcio de seu filho e tocou os pés de Moisés*ᵇ*. E disse: "Você é para mim um marido de sangue!" ²⁶ Ela disse "marido de sangue", referindo-se à circuncisão. Nessa ocasião o Senhor o deixou.

²⁷ Então o Senhor disse a Arão: "Vá ao deserto encontrar-se com Moisés". Ele foi, encontrou-se com Moisés no monte de Deus e o saudou com um beijo. ²⁸ Moisés contou a Arão tudo o que o Senhor lhe tinha mandado dizer e prosseguiu falando de todos os sinais milagrosos que o Senhor lhe havia ordenado realizar.

²⁹ Assim Moisés e Arão foram e reuniram todas as autoridades dos israelitas, ³⁰ e Arão lhes contou tudo o que o Senhor dissera a Moisés. Em seguida, Moisés também realizou os sinais diante do povo, ³¹ e eles creram. Quando o povo soube que o Senhor decidira vir em seu auxílio, tendo visto a sua opressão, curvou-se em adoração.

O Faraó Aumenta a Opressão

5 Depois disso Moisés e Arão foram falar com o faraó e disseram: "Assim diz o Senhor, o Deus de Israel: 'Deixe o meu povo ir para celebrar-me uma festa no deserto' ".

² O faraó respondeu: "Quem é o Senhor, para que eu lhe obedeça e deixe Israel sair? Não conheço o Senhor e não deixarei Israel sair".

³ Eles insistiram: "O Deus dos hebreus veio ao nosso encontro. Agora, permite-nos caminhar três dias no deserto, para oferecer sacrifícios ao Senhor, o nosso Deus; caso contrário, ele nos atingirá com pragas ou com a espada".

⁴ Mas o rei do Egito respondeu: "Moisés e Arão, por que vocês estão fazendo o povo interromper suas tarefas? Voltem ao trabalho!" ⁵ E acrescentou: "Essa gente já é tão numerosa, e vocês ainda os fazem parar de trabalhar!"

⁶ No mesmo dia o faraó deu a seguinte ordem aos feitores e capatazes responsáveis pelo povo: ⁷ "Não forneçam mais palha ao povo para fazer tijolos, como faziam antes. Eles que tratem de ajuntar palha! ⁸ Mas exijam que continuem a fazer a mesma quantidade de tijolos; não reduzam a cota. São preguiçosos, e por isso estão clamando: 'Iremos oferecer sacrifícios ao

---

ᵃ **4.24** Ou *do filho de Moisés*
ᵇ **4.25** Hebraico: *pés dele*. Possível eufemismo para os órgãos genitais.

nosso Deus'. ⁹ Aumentem a carga de trabalho dessa gente para que cumpram suas tarefas e não deem atenção a mentiras".

¹⁰ Os feitores e os capatazes foram dizer ao povo: "Assim diz o faraó: 'Já não darei palha a vocês. ¹¹ Saiam e recolham-na onde puderem achá-la, pois o trabalho de vocês em nada será reduzido' ". ¹² O povo, então, espalhou-se por todo o Egito, a fim de ajuntar restolho em lugar da palha. ¹³ Enquanto isso, os feitores os pressionavam, dizendo: "Completem a mesma tarefa diária que foi exigida de vocês quando tinham palha". ¹⁴ Os capatazes israelitas indicados pelos feitores do faraó eram espancados e interrogados: "Por que não completaram ontem e hoje a mesma cota de tijolos dos dias anteriores?"

¹⁵ Então os capatazes israelitas foram apelar para o faraó: "Por que tratas os teus servos dessa maneira? ¹⁶ Nós, teus servos, não recebemos palha, e, contudo, nos dizem: 'Façam tijolos!' Os teus servos têm sido espancados, mas a culpa é do teu próprio povo"ᵃ.

¹⁷ Respondeu o faraó: "Preguiçosos é o que vocês são! Preguiçosos! Por isso andam dizendo: 'Iremos oferecer sacrifícios ao Senhor'. ¹⁸ Agora, voltem ao trabalho. Vocês não receberão palha alguma! Continuem a produzir a cota integral de tijolos!"

¹⁹ Os capatazes israelitas se viram em dificuldade quando lhes disseram que não poderiam reduzir a quantidade de tijolos exigida a cada dia. ²⁰ Ao saírem da presença do faraó, encontraram-se com Moisés e Arão, que estavam à espera deles, ²¹ e lhes disseram: "O Senhor os examine e os julgue! Vocês atraíram o ódioᵇ do faraó e dos seus conselheiros sobre nós, e lhes puseram nas mãos uma espada para que nos matem".

Deus Anuncia Libertação

²² Moisés voltou-se para o Senhor e perguntou: "Senhor, por que maltrataste este povo? Afinal, por que me enviaste? ²³ Desde que me dirigi ao faraó para falar em teu nome, ele tem maltratado este povo, e tu de modo algum libertaste o teu povo!"

6 Então o Senhor disse a Moisés: "Agora você verá o que farei ao faraó: Por minha mão poderosa, ele os deixará ir; por minha mão poderosa, ele os expulsará do seu país".

² Disse Deus ainda a Moisés: "Eu sou o Senhor. ³ Apareci a Abraão, a Isaque e a Jacó como o Deus todo-poderosoᶜ, mas pelo meu nome, o Senhorᵈ, não me revelei a elesᵉ. ⁴ Depois estabeleci com eles a minha aliança para dar-lhes a terra de Canaã, terra onde viveram como estrangeiros. ⁵ E agora ouvi o lamento dos israelitas, a quem os egípcios mantêm escravos, e lembrei-me da minha aliança.

⁶ "Por isso, diga aos israelitas: Eu sou o Senhor. Eu os livrarei do trabalho imposto pelos egípcios. Eu os libertarei da escravidão e os resgatarei com braço forte e com poderosos atos de juízo. ⁷ Eu os farei meu povo e serei o Deus de vocês. Então vocês saberão que eu sou o Senhor, o seu Deus, que os livra do trabalho imposto pelos egípcios. ⁸ E os farei entrar na terra que, com mão levantada, jurei que daria a Abraão, a Isaque e a Jacó. Eu a darei a vocês como propriedade. Eu sou o Senhor".

⁹ Moisés declarou isso aos israelitas, mas eles não lhe deram ouvidos, por causa da angústia e da cruel escravidão que sofriam.

¹⁰ Então o Senhor ordenou a Moisés: ¹¹ "Vá dizer ao faraó, rei do Egito, que deixe os israelitas saírem do país".

¹² Moisés, porém, disse na presença do Senhor: "Se os israelitas não me dão ouvidos, como me ouvirá o faraó? Ainda mais que não tenho facilidade para falarᶠ!"

¹³ Mas o Senhor ordenou a Moisés e a Arão que dissessem aos israelitas e ao faraó, rei do Egito, que tinham ordem para tirar do Egito os israelitas.

A Genealogia de Moisés e Arão

¹⁴ Estes foram os chefes das famílias israelitas:

Os filhos de Rúben, filho mais velho de Israel, foram: Enoque, Palu, Hezrom e Carmi. Esses foram os clãs de Rúben.

¹⁵ Os filhos de Simeão foram: Jemuel, Jamim, Oade, Jaquim, Zoar e Saul, filho de uma cananeia. Esses foram os clãs de Simeão.

¹⁶ Estes são os nomes dos filhos de Levi, por ordem de nascimento: Gérson, Coate e Merari. Levi viveu cento e trinta e sete anos.

ᶜ **6.3** Hebraico: *El-Shaddai*.
ᵈ **6.3** Hebraico: *YHWH*. O termo assemelha-se à expressão *Eu sou* em hebraico.
ᵉ **6.3** Ou *não fui conhecido por eles*
ᶠ **6.12** Hebraico: *Eu sou incircunciso de lábios*; também no versículo 30.

ᵃ **5.16** Ou *a culpa é tua*; ou ainda *tu estás pecando contra o teu próprio povo*
ᵇ **5.21** Hebraico: *transformaram-nos em mau cheiro para o*.

¹⁷ Os filhos de Gérson, conforme seus clãs, foram Libni e Simei.
¹⁸ Os filhos de Coate foram Anrão, Isar, Hebrom e Uziel. Coate viveu cento e trinta e três anos.
¹⁹ Os filhos de Merari foram Mali e Musi. Esses foram os clãs de Levi, por ordem de nascimento.
²⁰ Anrão tomou por mulher sua tia Joquebede, que lhe deu à luz Arão e Moisés. Anrão viveu cento e trinta e sete anos.
²¹ Os filhos de Isar foram Corá, Nefegue e Zicri.
²² Os filhos de Uziel foram Misael, Elzafã e Sitri.
²³ Arão tomou por mulher a Eliseba, filha de Aminadabe, irmã de Naassom, e ela lhe deu à luz Nadabe, Abiú, Eleazar e Itamar.
²⁴ Os filhos de Corá foram Assir, Elcana e Abiasafe. Esses foram os clãs dos coraítas.
²⁵ Eleazar, filho de Arão, tomou por mulher uma das filhas de Futiel, e ela lhe deu à luz Fineias.
Esses foram os chefes das famílias dos levitas, conforme seus clãs.
²⁶ Foi a este Arão e a este Moisés que o Senhor disse: "Tirem os israelitas do Egito, organizados segundo as suas divisões". ²⁷ Foram eles, Moisés e Arão, que falaram ao faraó, rei do Egito, a fim de tirarem os israelitas do Egito.

Arão: O Porta-voz de Moisés

²⁸ Ora, quando o Senhor falou com Moisés no Egito, ²⁹ disse-lhe: "Eu sou o Senhor. Diga ao faraó, rei do Egito, tudo o que eu disser a você".
³⁰ Moisés, porém, perguntou ao Senhor: "Como o faraó me dará ouvidos, se não tenho facilidade para falar?"

7 O Senhor lhe respondeu: "Dou a você a minha autoridade*ᵃ* perante o faraó, e seu irmão, Arão, será seu porta-voz. ² Você falará tudo o que eu ordenar, e o seu irmão, Arão, dirá ao faraó que deixe os israelitas sair do país. ³ Eu, porém, farei o coração do faraó resistir; e, embora multiplique meus sinais e maravilhas no Egito, ⁴ ele não os ouvirá. Então porei a minha mão sobre o Egito, e com poderosos atos de juízo tirarei do Egito os meus exércitos, o meu povo, os israelitas. ⁵ E os egípcios saberão que eu sou o Senhor, quando eu estender a minha mão contra o Egito e tirar de lá os israelitas".
⁶ Moisés e Arão fizeram como o Senhor lhes havia ordenado. ⁷ Moisés tinha oitenta anos de idade e Arão oitenta e três, quando falaram com o faraó.

A Vara de Arão Transforma-se em Serpente

⁸ Disse o Senhor a Moisés e a Arão: ⁹ "Quando o faraó pedir que façam algum milagre, diga a Arão que tome a sua vara e jogue-a diante do faraó; e ela se transformará numa serpente".
¹⁰ Moisés e Arão dirigiram-se ao faraó e fizeram como o Senhor tinha ordenado. Arão jogou a vara diante do faraó e seus conselheiros, e ela se transformou em serpente. ¹¹ O faraó, porém, mandou chamar os sábios e feiticeiros; e também os magos do Egito fizeram a mesma coisa por meio das suas ciências ocultas. ¹² Cada um deles jogou ao chão uma vara, e estas se transformaram em serpentes. Mas a vara de Arão engoliu as varas deles. ¹³ Contudo, o coração do faraó se endureceu, e ele não quis dar ouvidos a Moisés e a Arão, como o Senhor tinha dito.

A Primeira Praga: Sangue

¹⁴ Disse o Senhor a Moisés: "O coração do faraó está obstinado; ele não quer deixar o povo ir. ¹⁵ Vá ao faraó de manhã, quando ele estiver indo às águas. Espere-o na margem do rio para encontrá-lo e leve também a vara que se transformou em serpente. ¹⁶ Diga-lhe: O Senhor, o Deus dos hebreus, mandou-me dizer: Deixe ir o meu povo, para prestar-me culto no deserto. Mas até agora você não me atendeu. ¹⁷ Assim diz o Senhor: Nisto você saberá que eu sou o Senhor: com a vara que trago na mão ferirei as águas do Nilo, e elas se transformarão em sangue. ¹⁸ Os peixes do Nilo morrerão, o rio ficará cheirando mal, e os egípcios não suportarão beber das suas águas".
¹⁹ Disse o Senhor a Moisés: "Diga a Arão que tome a sua vara e estenda a mão sobre as águas do Egito, dos rios, dos canais, dos açudes e de todos os reservatórios, e elas se transformarão em sangue. Haverá sangue por toda a terra do Egito, até nas vasilhas de madeira e nas vasilhas de pedra".
²⁰ Moisés e Arão fizeram como o Senhor tinha ordenado. Arão levantou a vara e feriu as águas do Nilo na presença do faraó e dos seus

---

ᵃ **7.1** Hebraico: *Eu o coloco por Deus.*

conselheiros; e toda a água do rio transformou-se em sangue. ²¹ Os peixes morreram, e o rio cheirava tão mal que os egípcios não conseguiam beber das suas águas. Havia sangue por toda a terra do Egito.

²² Mas os magos do Egito fizeram a mesma coisa por meio de suas ciências ocultas. O coração do faraó se endureceu, e ele não deu ouvidos a Moisés e a Arão, como o Senhor tinha dito. ²³ Ao contrário, deu-lhes as costas e voltou para o seu palácio. Nem assim o faraó levou isso a sério. ²⁴ Todos os egípcios cavaram buracos às margens do Nilo para encontrar água potável, pois da água do rio não podiam mais beber.

²⁵ Passaram-se sete dias depois que o Senhor feriu o Nilo.

A Segunda Praga: Rãs

8 O Senhor falou a Moisés: "Vá ao faraó e diga-lhe que assim diz o Senhor: Deixe o meu povo ir para que me preste culto. ² Se você não quiser deixá-lo ir, mandarei sobre todo o seu território uma praga de rãs. ³ O Nilo ficará infestado de rãs. Elas subirão e entrarão em seu palácio, em seu quarto, e até em sua cama; estarão também nas casas dos seus conselheiros e do seu povo, dentro dos seus fornos e nas suas amassadeiras. ⁴ As rãs subirão em você, em seus conselheiros e em seu povo".

⁵ Depois o Senhor disse a Moisés: "Diga a Arão que estenda a mão com a vara sobre os rios, sobre os canais e sobre os açudes, e faça subir deles rãs sobre a terra do Egito".

⁶ Assim Arão estendeu a mão sobre as águas do Egito, e as rãs subiram e cobriram a terra do Egito. ⁷ Mas os magos fizeram a mesma coisa por meio das suas ciências ocultas: fizeram subir rãs sobre a terra do Egito.

⁸ O faraó mandou chamar Moisés e Arão e disse: "Orem ao Senhor para que ele tire estas rãs de mim e do meu povo; então deixarei o povo ir e oferecer sacrifícios ao Senhor".

⁹ Moisés disse ao faraó: "Tua é a honra de dizer-me quando devo orar por ti, por teus conselheiros e por teu povo, para que tu e tuas casas fiquem livres das rãs e sobrem apenas as que estão no rio".

¹⁰ "Amanhã", disse o faraó.

Moisés respondeu: "Será como tu dizes, para que saibas que não há ninguém como o Senhor, o nosso Deus. ¹¹ As rãs deixarão a ti, a tuas casas, a teus conselheiros e a teu povo; sobrarão apenas as que estão no rio".

¹² Depois que Moisés e Arão saíram da presença do faraó, Moisés clamou ao Senhor por causa das rãs que enviara sobre o faraó. ¹³ E o Senhor atendeu o pedido de Moisés; morreram as rãs que estavam nas casas, nos pátios e nos campos. ¹⁴ Foram ajuntadas em montões e, por isso, a terra cheirou mal. ¹⁵ Mas, quando o faraó percebeu que houve alívio, obstinou-se em seu coração e não deu mais ouvidos a Moisés e a Arão, conforme o Senhor tinha dito.

A Terceira Praga: Piolhos

¹⁶ Então o Senhor disse a Moisés: "Diga a Arão que estenda a sua vara e fira o pó da terra, e o pó se transformará em piolhos[a] por toda a terra do Egito". ¹⁷ Assim fizeram e, quando Arão estendeu a mão e com a vara feriu o pó da terra, surgiram piolhos nos homens e nos animais. Todo o pó de toda a terra do Egito transformou-se em piolhos. ¹⁸ Mas, quando os magos tentaram fazer surgir piolhos por meio das suas ciências ocultas, não conseguiram. E os piolhos infestavam os homens e os animais.

¹⁹ Os magos disseram ao faraó: "Isso é o dedo de Deus". Mas o coração do faraó permaneceu endurecido, e ele não quis ouvi-los, conforme o Senhor tinha dito.

A Quarta Praga: Moscas

²⁰ Depois o Senhor disse a Moisés: "Levante-se bem cedo e apresente-se ao faraó, quando ele estiver indo às águas. Diga-lhe que assim diz o Senhor: Deixe o meu povo ir para que me preste culto. ²¹ Se você não deixar meu povo ir, enviarei enxames de moscas para atacar você, os seus conselheiros, o seu povo e as suas casas. As casas dos egípcios e o chão em que pisam se encherão de moscas.

²² "Mas naquele dia tratarei de maneira diferente a terra de Gósen, onde habita o meu povo; nenhum enxame de moscas se achará ali, para que você saiba que eu, o Senhor, estou nessa terra. ²³ Farei distinção[b] entre o meu povo e o seu. Este sinal milagroso acontecerá amanhã".

²⁴ E assim fez o Senhor. Grandes enxames de moscas invadiram o palácio do faraó e as casas de seus conselheiros, e em todo o Egito a terra foi arruinada pelas moscas.

---

[a] **8.16** Ou *mosquitos*
[b] **8.23** Conforme a Septuaginta e a Vulgata. O Texto Massorético diz *Porei uma libertação*.

⁲⁵ Então o faraó mandou chamar Moisés e Arão e disse: "Vão oferecer sacrifícios ao seu Deus, mas não saiam do país".

²⁶ "Isso não seria sensato", respondeu Moisés; "os sacrifícios que oferecemos ao Senhor, o nosso Deus, são um sacrilégio para os egípcios. Se oferecermos sacrifícios que lhes pareçam sacrilégio, isso não os levará a nos apedrejar? ²⁷ Faremos três dias de viagem no deserto, e ofereceremos sacrifícios ao Senhor, o nosso Deus, como ele nos ordena".

²⁸ Disse o faraó: "Eu os deixarei ir e oferecer sacrifícios ao Senhor, o seu Deus, no deserto, mas não se afastem muito e orem por mim também".

²⁹ Moisés respondeu: "Assim que sair da tua presença, orarei ao Senhor, e amanhã os enxames de moscas deixarão o faraó, teus conselheiros e teu povo. Mas que o faraó não volte a agir com falsidade, impedindo que o povo vá oferecer sacrifícios ao Senhor".

³⁰ Então Moisés saiu da presença do faraó e orou ao Senhor, ³¹ e o Senhor atendeu o seu pedido: as moscas deixaram o faraó, seus conselheiros e seu povo; não restou uma só mosca. ³² Mas também dessa vez o faraó obstinou-se em seu coração e não deixou que o povo saísse.

A Quinta Praga: Morte dos Rebanhos

9 Depois o Senhor disse a Moisés: "Vá ao faraó e diga-lhe que assim diz o Senhor, o Deus dos hebreus: Deixe o meu povo ir para que me preste culto. ² Se você ainda não quiser deixá-lo ir e continuar a impedi-lo, ³ saiba que a mão do Senhor trará uma praga terrível sobre os rebanhos do faraó que estão nos campos: os cavalos, os jumentos, os camelos, os bois e as ovelhas. ⁴ Mas o Senhor fará distinção entre os rebanhos de Israel e os do Egito. Nenhum animal dos israelitas morrerá".

⁵ O Senhor estabeleceu um prazo: "Amanhã o Senhor fará o que prometeu nesta terra". ⁶ No dia seguinte o Senhor o fez. Todos os rebanhos dos egípcios morreram, mas nenhum rebanho dos israelitas morreu. ⁷ O faraó mandou verificar e constatou que nenhum animal dos israelitas havia morrido. Mesmo assim, seu coração continuou obstinado e não deixou o povo ir.

A Sexta Praga: Feridas Purulentas

⁸ Disse mais o Senhor a Moisés e a Arão: "Tirem um punhado de cinza de uma fornalha, e Moisés a espalhará no ar, diante do faraó. ⁹ Ela se tornará como um pó fino sobre toda a terra do Egito, e feridas purulentas surgirão nos homens e nos animais em todo o Egito".

¹⁰ Eles tiraram cinza duma fornalha e se puseram diante do faraó. Moisés a espalhou pelo ar, e feridas purulentas começaram a estourar nos homens e nos animais. ¹¹ Nem os magos podiam manter-se diante de Moisés, porque ficaram cobertos de feridas, como os demais egípcios. ¹² Mas o Senhor endureceu o coração do faraó, e ele se recusou a atender Moisés e Arão, conforme o Senhor tinha dito a Moisés.

A Sétima Praga: Granizo

¹³ Disse o Senhor a Moisés: "Levante-se logo cedo, apresente-se ao faraó e diga-lhe que assim diz o Senhor, o Deus dos hebreus: Deixe o meu povo ir para que me preste culto. ¹⁴ Caso contrário, mandarei desta vez todas as minhas pragas contra você, contra os seus conselheiros e contra o seu povo, para que você saiba que em toda a terra não há ninguém como eu. ¹⁵ Porque eu já poderia ter estendido a mão, ferindo você e o seu povo com uma praga que teria eliminado você da terra. ¹⁶ Mas eu o mantive em pé exatamente com este propósito: mostrar a você o meu poder e fazer que o meu nome seja proclamado em toda a terra. ¹⁷ Contudo você ainda insiste em colocar-se contra o meu povo e não o deixa ir. ¹⁸ Amanhã, a esta hora, enviarei a pior tempestade de granizo que já caiu sobre o Egito, desde o dia da sua fundação até hoje. ¹⁹ Agora, mande recolher os seus rebanhos e tudo o que você tem nos campos. Todos os homens e animais que estiverem nos campos, que não tiverem sido abrigados, serão atingidos pelo granizo e morrerão".

²⁰ Os conselheiros do faraó que temiam a palavra do Senhor apressaram-se em recolher aos abrigos os seus rebanhos e os seus escravos. ²¹ Mas os que não se importaram com a palavra do Senhor deixaram os seus escravos e os seus rebanhos no campo.

²² Então o Senhor disse a Moisés: "Estenda a mão para o céu, e cairá granizo sobre toda a terra do Egito: sobre homens, sobre animais e sobre toda a vegetação do Egito". ²³ Quando Moisés estendeu a vara para o céu, o Senhor fez vir trovões e granizo, e raios caíam sobre a terra. Assim o Senhor fez chover granizo sobre a terra do Egito. ²⁴ Caiu granizo, e raios cortavam o céu em todas as direções. Nunca houve uma tempestade de granizo como aquela em todo

o Egito, desde que este se tornou uma nação. ²⁵ Em todo o Egito o granizo atingiu tudo o que havia nos campos, tanto homens como animais; destruiu toda a vegetação, além de quebrar todas as árvores. ²⁶ Somente na terra de Gósen, onde estavam os israelitas, não caiu granizo.

²⁷ Então o faraó mandou chamar Moisés e Arão e disse-lhes: "Desta vez eu pequei. O Senhor é justo; eu e o meu povo é que somos culpados. ²⁸ Orem ao Senhor! Os trovões de Deus e o granizo já são demais. Eu os deixarei ir; não precisam mais ficar aqui".

²⁹ Moisés respondeu: "Assim que eu tiver saído da cidade, erguerei as mãos em oração ao Senhor. Os trovões cessarão e não cairá mais granizo, para que saibas que a terra pertence ao Senhor. ³⁰ Mas eu bem sei que tu e os teus conselheiros ainda não sabem o que é tremer diante do Senhor Deus!"

³¹ (O linho e a cevada foram destruídos, pois a cevada já havia amadurecido e o linho estava em flor. ³² Todavia, o trigo e o centeio nada sofreram, pois só amadurecem mais tarde.)

³³ Assim Moisés deixou o faraó, saiu da cidade, e ergueu as mãos ao Senhor. Os trovões e o granizo cessaram, e a chuva parou. ³⁴ Quando o faraó viu que a chuva, o granizo e os trovões haviam cessado, pecou novamente e obstinou-se em seu coração, ele e os seus conselheiros. ³⁵ O coração do faraó continuou endurecido, e ele não deixou que os israelitas saíssem, como o Senhor tinha dito por meio de Moisés.

A Oitava Praga: Gafanhotos

10 O Senhor disse a Moisés: "Vá ao faraó, pois tornei obstinado o coração dele e o de seus conselheiros, a fim de realizar estes meus prodígios entre eles, ² para que você possa contar a seus filhos e netos como zombei dos egípcios e como realizei meus milagres entre eles. Assim vocês saberão que eu sou o Senhor".

³ Dirigiram-se, pois, Moisés e Arão ao faraó e lhe disseram: "Assim diz o Senhor, o Deus dos hebreus: 'Até quando você se recusará a humilhar-se perante mim? Deixe ir o meu povo, para que me preste culto. ⁴ Se você não quiser deixá-lo ir, farei vir gafanhotos sobre o seu território amanhã. ⁵ Eles cobrirão a face*ᵃ* da terra até não se poder enxergar o solo. Devorarão o pouco que ainda lhes restou da tempestade de granizo e todas as árvores que estiverem brotando nos campos. ⁶ Encherão os seus palácios e as casas de todos os seus conselheiros e de todos os egípcios: algo que os seus pais e os seus antepassados jamais viram, desde o dia em que se fixaram nesta terra até o dia de hoje'". A seguir Moisés virou as costas e saiu da presença do faraó.

⁷ Os conselheiros do faraó lhe disseram: "Até quando este homem será uma ameaça para nós? Deixa os homens irem prestar culto ao Senhor, o Deus deles. Não percebes que o Egito está arruinado?"

⁸ Então Moisés e Arão foram trazidos de volta à presença do faraó, que lhes disse: "Vão e prestem culto ao Senhor, o seu Deus. Mas, digam-me, quem irá?"

⁹ Moisés respondeu: "Temos que levar todos: os jovens e os velhos, os nossos filhos e as nossas filhas, as nossas ovelhas e os nossos bois, porque vamos celebrar uma festa ao Senhor".

¹⁰ Disse-lhes o faraó: "Vocês vão mesmo precisar do Senhor quando eu deixá-los ir com as mulheres e crianças! É claro que vocês estão com más intenções. ¹¹ De forma alguma! Só os homens podem ir prestar culto ao Senhor, como vocês têm pedido". E Moisés e Arão foram expulsos da presença do faraó.

¹² Mas o Senhor disse a Moisés: "Estenda a mão sobre o Egito para que os gafanhotos venham sobre a terra e devorem toda a vegetação, tudo o que foi deixado pelo granizo".

¹³ Moisés estendeu a vara sobre o Egito, e o Senhor fez soprar sobre a terra um vento oriental durante todo aquele dia e toda aquela noite. Pela manhã, o vento havia trazido os gafanhotos, ¹⁴ os quais invadiram todo o Egito e desceram em grande número sobre toda a sua extensão. Nunca antes houve tantos gafanhotos, nem jamais haverá. ¹⁵ Eles cobriram toda a face da terra de tal forma que ela escureceu. Devoraram tudo o que o granizo tinha deixado: toda a vegetação e todos os frutos das árvores. Não restou nada verde nas árvores nem nas plantas do campo, em toda a terra do Egito.

¹⁶ O faraó mandou chamar Moisés e Arão imediatamente e disse-lhes: "Pequei contra o Senhor, o seu Deus, e contra vocês! ¹⁷ Agora perdoem ainda esta vez o meu pecado e orem ao Senhor, o seu Deus, para que leve esta praga mortal para longe de mim".

¹⁸ Moisés saiu da presença do faraó e orou ao Senhor. ¹⁹ E o Senhor fez soprar com muito mais força o vento ocidental, e este envolveu

---
ᵃ **10.5** Hebraico: *olho*; também no versículo 15.

os gafanhotos e os lançou no mar Vermelho. Não restou um gafanhoto sequer em toda a extensão do Egito. ²⁰ Mas o Senhor endureceu o coração do faraó, e ele não deixou que os israelitas saíssem.

A Nona Praga: Trevas

²¹ O Senhor disse a Moisés: "Estenda a mão para o céu, e trevas cobrirão o Egito, trevas tais que poderão ser apalpadas". ²² Moisés estendeu a mão para o céu, e por três dias houve densas trevas em todo o Egito. ²³ Ninguém pôde ver ninguém, nem sair do seu lugar durante três dias. Todavia, todos os israelitas tinham luz nos locais em que habitavam.

²⁴ Então o faraó mandou chamar Moisés e disse: "Vão e prestem culto ao Senhor. Deixem somente as ovelhas e os bois; as mulheres e as crianças podem ir".

²⁵ Mas Moisés contestou: "Tu mesmo nos darás os animais para os nossos sacrifícios e holocaustos[a] que ofereceremos ao Senhor. ²⁶ Além disso, os nossos rebanhos também irão conosco; nem um casco de animal será deixado. Temos que escolher alguns deles para prestar culto ao Senhor, o nosso Deus, e, enquanto não chegarmos ao local, não saberemos quais animais sacrificaremos".

²⁷ Mas o Senhor endureceu o coração do faraó, e ele se recusou a deixá-los ir. ²⁸ Disse o faraó a Moisés: "Saia da minha presença! Trate de não aparecer nunca mais diante de mim! No dia em que vir a minha face, você morrerá".

²⁹ Respondeu Moisés: "Será como disseste; nunca mais verei a tua face".

O Anúncio da Décima Praga

11 Disse então o Senhor a Moisés: "Enviarei ainda mais uma praga sobre o faraó e sobre o Egito. Somente depois desta ele os deixará sair daqui e até os expulsará totalmente. ² Diga ao povo, tanto aos homens como às mulheres, que peça aos seus vizinhos objetos de prata e de ouro". ³ O Senhor tornou os egípcios favoráveis ao povo, e o próprio Moisés era tido em alta estima no Egito pelos conselheiros do faraó e pelo povo.

⁴ Disse, pois, Moisés ao faraó: "Assim diz o Senhor: 'Por volta da meia-noite, passarei por todo o Egito. ⁵ Todos os primogênitos do Egito morrerão, desde o filho mais velho do faraó, herdeiro do trono, até o filho mais velho da escrava que trabalha no moinho, e também todas as primeiras crias do gado. ⁶ Haverá grande pranto em todo o Egito, como nunca houve antes nem jamais haverá. ⁷ Entre os israelitas, porém, nem sequer um cão latirá contra homem ou animal'. Então vocês saberão que o Senhor faz distinção entre o Egito e Israel! ⁸ Todos esses seus conselheiros virão a mim e se ajoelharão diante de mim, suplicando: 'Saiam você e todo o povo que o segue!' Só então eu sairei". E, com grande ira, Moisés saiu da presença do faraó.

⁹ O Senhor tinha dito a Moisés: "O faraó não dará ouvidos a vocês, a fim de que os meus prodígios se multipliquem no Egito". ¹⁰ Moisés e Arão realizaram todos esses prodígios diante do faraó, mas o Senhor lhe endureceu o coração, e ele não quis deixar os israelitas saírem do país.

A Páscoa

12 O Senhor disse a Moisés e a Arão, no Egito: ² "Este deverá ser o primeiro mês do ano para vocês. ³ Digam a toda a comunidade de Israel que no décimo dia deste mês todo homem deverá separar um cordeiro ou um cabrito, para a sua família, um para cada casa. ⁴ Se uma família for pequena demais para um animal inteiro, deve dividi-lo com seu vizinho mais próximo, conforme o número de pessoas e conforme o que cada um puder comer. ⁵ O animal escolhido será macho de um ano, sem defeito, e pode ser cordeiro ou cabrito. ⁶ Guardem-no até o décimo quarto dia do mês, quando toda a comunidade de Israel irá sacrificá-lo, ao pôr do sol. ⁷ Passem, então, um pouco do sangue nas laterais e nas vigas superiores das portas das casas nas quais vocês comerão o animal. ⁸ Naquela mesma noite comerão a carne assada no fogo, com ervas amargas e pão sem fermento. ⁹ Não comam a carne crua, nem cozida em água, mas assada no fogo: cabeça, pernas e vísceras. ¹⁰ Não deixem sobrar nada até pela manhã; caso isso aconteça, queimem o que restar. ¹¹ Ao comerem, estejam

12.1-28 O cordeiro pascal prefigura Cristo, a quem João Batista chama "o Cordeiro de Deus".

Cumprimento: João 1.29; 1Coríntios 5.7b
Próximo texto: Levítico 4.1—5.13

---

[a] **10.25** Isto é, sacrifícios totalmente queimados; também em 18.12.

prontos para sair: cinto no lugar, sandálias nos pés e cajado na mão. Comam apressadamente. Esta é a Páscoa do Senhor.

¹² "Naquela mesma noite passarei pelo Egito e matarei todos os primogênitos, tanto dos homens como dos animais, e executarei juízo sobre todos os deuses do Egito. Eu sou o Senhor! ¹³ O sangue será um sinal para indicar as casas em que vocês estiverem; quando eu vir o sangue, passarei adiante. A praga de destruição não os atingirá quando eu ferir o Egito.

¹⁴ "Este dia será um memorial que vocês e todos os seus descendentes celebrarão como festa ao Senhor. Celebrem-no como decreto perpétuo. ¹⁵ Durante sete dias comam pão sem fermento. No primeiro dia tirem de casa o fermento, porque quem comer qualquer coisa fermentada, do primeiro ao sétimo dia, será eliminado de Israel. ¹⁶ Convoquem uma reunião santa no primeiro dia e outra no sétimo. Não façam nenhum trabalho nesses dias, exceto o da preparação da comida para todos. É só o que poderão fazer.

¹⁷ "Celebrem a festa dos pães sem fermento, porque foi nesse mesmo dia que eu tirei os exércitos de vocês do Egito. Celebrem esse dia como decreto perpétuo por todas as suas gerações. ¹⁸ No primeiro mês comam pão sem fermento, desde o entardecer do décimo quarto dia até o entardecer do vigésimo primeiro. ¹⁹ Durante sete dias vocês não deverão ter fermento em casa. Quem comer qualquer coisa fermentada será eliminado da comunidade de Israel, seja estrangeiro, seja natural da terra. ²⁰ Não comam nada fermentado. Onde quer que morarem, comam apenas pão sem fermento".

A Décima Praga:
A Morte dos Primogênitos

²¹ Então Moisés convocou todas as autoridades de Israel e lhes disse: "Escolham um cordeiro ou um cabrito para cada família. Sacrifiquem-no para celebrar a Páscoa! ²² Molhem um feixe de hissopo no sangue que estiver na bacia e passem o sangue na viga superior e nas laterais das portas. Nenhum de vocês poderá sair de casa até o amanhecer. ²³ Quando o Senhor passar pela terra para matar os egípcios, verá o sangue na viga superior e nas laterais da porta e passará sobre aquela porta, e não permitirá que o destruidor entre na casa de vocês para matá-los.

²⁴ "Obedeçam a essas instruções como decreto perpétuo para vocês e para os seus descendentes. ²⁵ Quando entrarem na terra que o Senhor prometeu dar a vocês, celebrem essa cerimônia. ²⁶ Quando os seus filhos perguntarem: 'O que significa esta cerimônia?', ²⁷ respondam-lhes: É o sacrifício da Páscoa ao Senhor, que passou sobre as casas dos israelitas no Egito e poupou nossas casas quando matou os egípcios". Então o povo curvou-se em adoração. ²⁸ Depois os israelitas se retiraram e fizeram conforme o Senhor tinha ordenado a Moisés e a Arão.

²⁹ Então, à meia-noite, o Senhor matou todos os primogênitos do Egito, desde o filho mais velho do faraó, herdeiro do trono, até o filho mais velho do prisioneiro que estava no calabouço, e também todas as primeiras crias do gado. ³⁰ No meio da noite o faraó, todos os seus conselheiros e todos os egípcios se levantaram. E houve grande pranto no Egito, pois não havia casa que não tivesse um morto.

O Êxodo

³¹ Naquela mesma noite o faraó mandou chamar Moisés e Arão e lhes disse: "Saiam imediatamente do meio do meu povo, vocês e os israelitas! Vão prestar culto ao Senhor, como vocês pediram. ³² Levem os seus rebanhos, como tinham dito, e abençoem a mim também".

³³ Os egípcios pressionavam o povo para que se apressasse em sair do país, dizendo: "Todos nós morreremos!" ³⁴ Então o povo tomou a massa de pão ainda sem fermento e a carregou nos ombros, nas amassadeiras embrulhadas em suas roupas. ³⁵ Os israelitas obedeceram à ordem de Moisés e pediram aos egípcios objetos de prata e de ouro, bem como roupas. ³⁶ O Senhor concedeu ao povo uma disposição favorável da parte dos egípcios, de modo que lhes davam o que pediam; assim eles despojaram os egípcios.

³⁷ Os israelitas foram de Ramessés até Sucote. Havia cerca de seiscentos mil homens a pé, além de mulheres e crianças. ³⁸ Grande multidão de estrangeiros de todo tipo seguiu com eles, além de grandes rebanhos, tanto de bois como de ovelhas e cabras. ³⁹ Com a massa que haviam levado do Egito, fizeram pães sem fermento. A massa não tinha fermentado, pois eles foram expulsos do Egito e não tiveram tempo de preparar comida.

⁴⁰ Ora, o período que os israelitas viveram no Egito[a] foi de quatrocentos e trinta anos. ⁴¹ No dia em que se completaram os quatrocentos

---

[a] **12.40** O Pentateuco Samaritano e a Septuaginta dizem *no Egito e em Canaã.*

UM RESUMO DAS DEZ PRAGAS DO EGITO

Com exceção da última e mais terrível praga, vemos que as nove primeiras podem ser separadas em três grupos.

Cada um desses grupos começa com uma advertência feita ao faraó no período da manhã. Todos terminam com uma praga que cai sobre o Egito sem que houvesse a mínima advertência prévia a respeito.

É possível identificar uma progressão quanto aos efeitos de longo prazo sobre a terra do Egito. No primeiro grupo, trata-se de desconfortos temporais, que têm por alvo todos os habitantes daquelas terras. No segundo, há a separação entre israelitas e egípcios, além da presença de pragas que podem ter causado efeitos prolongados. No caso do terceiro grupo, o faraó recebe a mensagem de que Deus está a ponto de destruir o Egito (Êxodo 9.15), e é exatamente o que acontece (Êxodo 10.7). Nesse grupo de pragas, os servos do faraó e o próprio povo egípcio começam a envolver-se de maneira mais ativa na ação.

Precisamos levar em consideração que, em cada uma das pragas, Deus derrota pelo menos um dos deuses mais venerados do Egito.

PRIMEIRO GRUPO: DESCONFORTOS TEMPORAIS PARA TODOS

1-3	Praga	Advertência	Imitação dos feiticeiros	Consequências	Reação	O Senhor ataca um deus egípcio
1ª praga	A água se converte em sangue	O faraó é advertido e tem a permissão de observar	Sim	Os egípcios tentam resolver os problemas e seguir em frente	O faraó endurece o coração	Hapi, o deus do rio Nilo
2ª praga	As rãs	O faraó é advertido, mas não está presente quando de fato acontece	Sim	Moisés permitiu que o faraó dissesse quando seria o fim da praga	Inicialmente cede, mas de novo volta a endurecer o coração	Hect, a deusa com cabeça de rã que representava a ressurreição e a boa sorte
3ª praga	Os piolhos	Sem advertência prévia	Não conseguem imitar o feito e o consideram um ato de Deus	Não mencionadas	O faraó endurece o coração e nega-se a falar com Moisés	Kheper, ou Khepri, um dos deuses principais associado inicialmente com o escaravelho "rola-bosta" e mais tarde com o sol nascente.

SEGUNDO GRUPO: SEPARAÇÃO ENTRE ISRAELITAS E EGÍPCIOS

4-6	Praga	Advertência	Imitação dos feiticeiros	Consequências	Reação	O Senhor ataca um deus egípcio
4ª praga	As moscas	O faraó é advertido, mas não está presente quando de fato acontece	Nem chegam a tentar	As moscas desaparecem quando o faraó promete deixar ir Israel	O faraó volta a endurecer o coração	Kheper, também associado às moscas (a palavra usada por Moisés significa literalmente "enxames")
5ª praga	A praga sobre os rebanhos	O faraó é advertido e recebe a informação de quando acontecerá	Nem chegam a tentar	Morrem todos os rebanhos do Egito, mas não os dos israelitas	O faraó segue com o coração endurecido	Ápis, o touro sagrado; o mais importante de todos os animais sagrados do Egito

SEGUNDO GRUPO: SEPARAÇÃO ENTRE ISRAELITAS E EGÍPCIOS (cont.)						
4-6	Praga	Advertência	Imitação dos feiticeiros	Consequências	Reação	O Senhor ataca um deus egípcio
6ª praga	As feridas purulentas	Não há advertência prévia, mas o faraó está presente quando Moisés atua	Nem sequer conseguem curar-se a si próprios	Não são mencionadas, embora devam ter deixado cicatrizes	O Senhor endurece o coração do faraó	Imhotep, o deus da medicina e príncipe da paz; e Thot, o deus da magia e das curas; um homem com cabeça de íbis

TERCEIRO GRUPO: DEUS SE PREPARA PARA DESTRUIR O EGITO						
7-9	Praga	Advertência	Imitação dos feiticeiros	Consequências	Reação	O Senhor ataca um deus egípcio
7ª praga	O granizo e o fogo	O faraó e seus escravos são advertidos; os que fizeram caso conseguiram escapar	Nada fazem	A destruição de quase todas as colheitas	O faraó reconhece seu pecado, mas depois volta a endurecer o coração	Nuit, a deusa do céu e mãe dos deuses
8ª praga	Os gafanhotos	O faraó é advertido, e seus escravos por pouco não o convencem	Nada fazem	As colheitas do ano são devastadas por completo	O faraó se apressa em chamar Moisés e Arão; Deus tira a praga, mas o coração do governante continua endurecido	Seth, o deus das colheitas, do deserto, das tormentas e do caos
9ª praga	As trevas	Não há advertência prévia	Nada fazem	Duração de três dias	Deus endurece o coração do faraó, e este ordena que Moisés saia de sua presença	Rá, o deus-sol, com cabeça de falcão, é o principal dos deuses a partir da quinta dinastia

e trinta anos, todos os exércitos do Senhor saíram do Egito. ⁴² Assim como o Senhor passou em vigília aquela noite para tirar do Egito os israelitas, estes também devem passar em vigília essa mesma noite, para honrar o Senhor, por todas as suas gerações.

As Leis sobre a Participação na Páscoa

⁴³ Disse o Senhor a Moisés e a Arão: "Estas são as leis da Páscoa: Nenhum estrangeiro poderá comê-la. ⁴⁴ O escravo comprado poderá comer da Páscoa, depois de circuncidado, ⁴⁵ mas o residente temporário e o trabalhador contratado dela não comerão.

⁴⁶ "Vocês a comerão numa só casa; não levem nenhum pedaço de carne para fora da casa nem quebrem nenhum dos ossos. ⁴⁷ Toda a comunidade de Israel terá que celebrar a Páscoa.

⁴⁸ "Qualquer estrangeiro residente entre vocês que quiser celebrar a Páscoa do Senhor terá que circuncidar todos os do sexo masculino da sua família; então poderá participar como o natural da terra. Nenhum incircunciso poderá participar. ⁴⁹ A mesma lei se aplicará ao natural da terra e ao estrangeiro residente".

⁵⁰ Todos os israelitas fizeram como o Senhor tinha ordenado a Moisés e a Arão. ⁵¹ No mesmo dia o Senhor tirou os israelitas do Egito, organizados segundo as suas divisões.

A Consagração dos Primogênitos

13 E disse o Senhor a Moisés: ² "Consagre a mim todos os primogênitos. O primeiro filho israelita me pertence, não somente entre os homens, mas também entre os animais".

³ Então disse Moisés ao povo: "Comemorem esse dia em que vocês saíram do Egito, da terra da escravidão, porque o Senhor os tirou dali com mão poderosa. Não comam nada fermentado. ⁴ Neste dia do mês de abibe*ᵃ* vocês estão saindo. ⁵ Quando o Senhor os fizer entrar na terra dos cananeus, dos hititas, dos amorreus, dos heveus e dos jebuseus — terra que ele jurou aos seus antepassados que daria a vocês, terra onde há leite e mel com fartura — vocês deverão celebrar esta cerimônia neste mesmo mês. ⁶ Durante sete dias comam pão sem fermento e, no sétimo dia, façam uma festa dedicada ao Senhor. ⁷ Comam pão sem fermento durante os sete dias; não haja nada fermentado entre vocês, nem fermento algum dentro do seu território.

⁸ "Nesse dia cada um dirá a seu filho: Assim faço pelo que o Senhor fez por mim quando saí do Egito. ⁹ Isto lhe será como sinal em sua mão e memorial em sua testa, para que a lei do Senhor esteja em seus lábios, porque o Senhor o tirou do Egito com mão poderosa. ¹⁰ Cumpra esta determinação na época certa, de ano em ano.

¹¹ "Depois que o Senhor os fizer entrar na terra dos cananeus e entregá-la a vocês, como jurou a vocês e aos seus antepassados, ¹² separem para o Senhor o primeiro nascido de todo ventre. Todos os primeiros machos dos seus rebanhos pertencem ao Senhor. ¹³ Resgatem com um cordeiro toda primeira cria dos jumentos, mas, se não quiserem resgatá-la, quebrem-lhe o pescoço. Resgatem também todo primogênito entre os seus filhos.

¹⁴ "No futuro, quando os seus filhos perguntarem: 'Que significa isto?', digam-lhes: Com mão poderosa o Senhor nos tirou do Egito, da *terra da escravidão*. ¹⁵ Quando o faraó resistiu e recusou deixar-nos sair, o Senhor matou todos os primogênitos do Egito, tanto os de homens como os de animais. Por isso sacrificamos ao Senhor os primeiros machos de todo ventre e resgatamos os nossos primogênitos.

¹⁶ "Isto será como sinal em sua mão e símbolo em sua testa de que o Senhor nos tirou do Egito com mão poderosa".

A Partida dos Israelitas

¹⁷ Quando o faraó deixou sair o povo, Deus não o guiou pela rota da terra dos filisteus, embora esse fosse o caminho mais curto, pois disse: "Se eles se defrontarem com a guerra, talvez se arrependam e voltem para o Egito". ¹⁸ Assim, Deus fez o povo dar a volta pelo deserto, seguindo o caminho que leva ao mar Vermelho. Os israelitas saíram do Egito preparados para lutar.

¹⁹ Moisés levou os ossos de José, porque José havia feito os filhos de Israel prestarem um juramento, quando disse: "Deus certamente virá em auxílio de vocês; levem então os meus ossos daqui".

²⁰ Os israelitas partiram de Sucote e acamparam em Etã, junto ao deserto. ²¹ Durante o dia o Senhor ia adiante deles, numa coluna de nuvem, para guiá-los no caminho, e de noite, numa coluna de fogo, para iluminá-los, e assim podiam caminhar de dia e de noite. ²² A coluna de nuvem não se afastava do povo de dia; nem a coluna de fogo, de noite.

A Perseguição dos Egípcios

14 Disse o Senhor a Moisés: ² "Diga aos israelitas que mudem o rumo e acampem perto de Pi-Hairote, entre Migdol e o mar. Acampem à beira-mar, defronte de Baal-Zefom. ³ O faraó pensará que os israelitas estão vagando confusos, cercados pelo deserto. ⁴ Então endurecerei o coração do faraó, e ele os perseguirá. Todavia, eu serei glorificado por meio do faraó e de todo o seu exército; e os egípcios saberão que eu sou o Senhor". E assim fizeram os israelitas.

⁵ Contaram ao rei do Egito que o povo havia fugido. Então o faraó e os seus conselheiros mudaram de ideia e disseram: "O que foi que fizemos? Deixamos os israelitas sair e perdemos os nossos escravos!" ⁶ Então o faraó mandou aprontar a sua carruagem e levou consigo o seu exército. ⁷ Levou todos os carros de guerra do Egito, inclusive seiscentos dos melhores desses carros, cada um com um oficial no comando. ⁸ O Senhor endureceu o coração do faraó,

---

ᵃ **13.4** Aproximadamente março/abril.

rei do Egito, e este perseguiu os israelitas, que marchavam triunfantemente. ⁹ Os egípcios, com todos os cavalos e carros de guerra do faraó, os cavaleiros[a] e a infantaria, saíram em perseguição aos israelitas e os alcançaram quando estavam acampados à beira-mar, perto de Pi-Hairote, defronte de Baal-Zefom.

A Travessia do Mar

¹⁰ Ao aproximar-se o faraó, os israelitas olharam e avistaram os egípcios que marchavam na direção deles. E, aterrorizados, clamaram ao Senhor. ¹¹ Disseram a Moisés: "Foi por falta de túmulos no Egito que você nos trouxe para morrermos no deserto? O que você fez conosco, tirando-nos de lá? ¹² Já tínhamos dito a você no Egito: 'Deixe-nos em paz! Seremos escravos dos egípcios!' Antes ser escravos dos egípcios do que morrer no deserto!"

¹³ Moisés respondeu ao povo: "Não tenham medo. Fiquem firmes e vejam o livramento que o Senhor trará hoje, porque vocês nunca mais verão os egípcios que hoje veem. ¹⁴ O Senhor lutará por vocês; tão somente acalmem-se".

¹⁵ Disse então o Senhor a Moisés: "Por que você está clamando a mim? Diga aos israelitas que sigam avante. ¹⁶ Erga a sua vara e estenda a mão sobre o mar, e as águas se dividirão para que os israelitas atravessem o mar em terra seca. ¹⁷ Eu, porém, endurecerei o coração dos egípcios, e eles os perseguirão. E serei glorificado com a derrota do faraó e de todo o seu exército, com seus carros de guerra e seus cavaleiros. ¹⁸ Os egípcios saberão que eu sou o Senhor quando eu for glorificado com a derrota do faraó, com seus carros de guerra e seus cavaleiros".

¹⁹ A seguir o anjo de Deus que ia à frente dos exércitos de Israel retirou-se, colocando-se atrás deles. A coluna de nuvem também saiu da frente deles e se pôs atrás, ²⁰ entre os egípcios e os israelitas. A nuvem trouxe trevas para um e luz para o outro, de modo que os egípcios não puderam aproximar-se dos israelitas durante toda a noite.

²¹ Então Moisés estendeu a mão sobre o mar, e o Senhor afastou o mar e o tornou em terra seca, com um forte vento oriental que soprou toda aquela noite. As águas se dividiram, ²² e os israelitas atravessaram pelo meio do mar em terra seca, tendo uma parede de água à direita e outra à esquerda.

²³ Os egípcios os perseguiram, e todos os cavalos, carros de guerra e cavaleiros do faraó foram atrás deles até o meio do mar. ²⁴ No fim da madrugada, do alto da coluna de fogo e de nuvem, o Senhor viu o exército dos egípcios e o pôs em confusão. ²⁵ Fez que as rodas dos seus carros começassem a soltar-se[b], de forma que tinham dificuldade em conduzi-los. E os egípcios gritaram: "Vamos fugir dos israelitas! O Senhor está lutando por eles contra o Egito".

²⁶ Mas o Senhor disse a Moisés: "Estenda a mão sobre o mar para que as águas voltem sobre os egípcios, sobre os seus carros de guerra e sobre os seus cavaleiros". ²⁷ Moisés estendeu a mão sobre o mar, e ao raiar do dia o mar voltou ao seu lugar. Quando os egípcios estavam fugindo, foram de encontro às águas, e o Senhor os lançou ao mar. ²⁸ As águas voltaram e encobriram os seus carros de guerra e os seus cavaleiros, todo o exército do faraó que havia perseguido os israelitas mar adentro. Ninguém sobreviveu.

²⁹ Mas os israelitas atravessaram o mar pisando em terra seca, tendo uma parede de água à direita e outra à esquerda. ³⁰ Naquele dia o Senhor salvou Israel das mãos dos egípcios, e os israelitas viram os egípcios mortos na praia. ³¹ Israel viu o grande poder do Senhor contra os egípcios, temeu o Senhor e pôs nele a sua confiança, como também em Moisés, seu servo.

O Cântico de Moisés

15 Então Moisés e os israelitas entoaram este cântico ao Senhor:

"Cantarei ao Senhor,
 pois triunfou gloriosamente.
Lançou ao mar o cavalo
 e o seu cavaleiro!
² O Senhor é a minha força
 e a minha canção;
ele é a minha salvação!
Ele é o meu Deus, e eu o louvarei;
é o Deus de meu pai, e eu o exaltarei!
³ O Senhor é guerreiro,
 o seu nome é Senhor.
⁴ Ele lançou ao mar
 os carros de guerra
 e o exército do faraó.
Os seus melhores oficiais
 afogaram-se no mar Vermelho.

---

[a] **14.9** Ou *condutores dos carros de guerra*; também nos versículos 17, 18, 23, 26 e 28.

[b] **14.25** Ou *carros emperrassem*

⁵ Águas profundas os encobriram;
  como pedra desceram ao fundo.

⁶ "Senhor, a tua mão direita
    foi majestosa em poder.
  Senhor, a tua mão direita
    despedaçou o inimigo.
⁷ Em teu triunfo grandioso,
    derrubaste os teus adversários.
  Enviaste o teu furor flamejante,
    que os consumiu como palha.
⁸ Pelo forte sopro das tuas narinas
    as águas se amontoaram.
  As águas turbulentas
    firmaram-se como muralha;
  as águas profundas
    congelaram-se no coração do mar.

⁹ "O inimigo se gloriava:
  'Eu os perseguirei e os alcançarei,
  dividirei o despojo e os devorarei.
  Com a espada na mão,
    eu os destruirei'.
¹⁰ Mas enviaste o teu sopro,
    e o mar os encobriu.
  Afundaram como chumbo
    nas águas volumosas.

¹¹ "Quem entre os deuses
    é semelhante a ti, Senhor?
  Quem é semelhante a ti?
    Majestoso em santidade,
    terrível em feitos gloriosos,
    autor de maravilhas?
¹² Estendes a tua mão direita
    e a terra os engole.
¹³ Com o teu amor
    conduzes o povo que resgataste;
  com a tua força
    tu o levas à tua santa habitação.
¹⁴ As nações ouvem e estremecem;
  angústia se apodera
    do povo da Filístia.
¹⁵ Os chefes de Edom
    ficam aterrorizados;
  os poderosos de Moabe
    são tomados de tremor;
  o povo de Canaã esmorece;
¹⁶ terror e medo caem sobre eles;
  pelo poder do teu braço
    ficam paralisados como pedra,
  até que passe o teu povo,
    ó Senhor,
  até que passe
    o povo que tu compraste*ᵃ*.
¹⁷ Tu o farás entrar e o plantarás
    no monte da tua herança,
  no lugar, ó Senhor,
    que fizeste para a tua habitação,
  no santuário, ó Senhor,
    que as tuas mãos estabeleceram.
¹⁸ O Senhor reinará eternamente".

¹⁹ Quando os cavalos, os carros de guerra e os cavaleiros*ᵇ* do faraó entraram no mar, o Senhor fez que as águas do mar se voltassem sobre eles, mas os israelitas atravessaram o mar pisando em terra seca. ²⁰ Então Miriã, a profetisa, irmã de Arão, pegou um tamborim e todas as mulheres a seguiram, tocando tamborins e dançando. ²¹ E Miriã lhes respondia, cantando:

"Cantem ao Senhor,
  pois triunfou gloriosamente.
Lançou ao mar o cavalo
  e o seu cavaleiro".

As Águas de Mara e de Elim

²² Depois Moisés conduziu Israel desde o mar Vermelho até o deserto de Sur. Durante três dias caminharam no deserto sem encontrar água. ²³ Então chegaram a Mara, mas não puderam beber das águas de lá porque eram amargas. Esta é a razão pela qual o lugar chama-se Mara. ²⁴ E o povo começou a reclamar a Moisés, dizendo: "Que beberemos?"

²⁵ Moisés clamou ao Senhor, e este lhe indicou um arbusto. Ele o lançou na água, e esta se tornou boa.

Em Mara o Senhor lhes deu leis e ordenanças e os pôs à prova, ²⁶ dizendo-lhes: "Se vocês derem atenção ao Senhor, o seu Deus, e fizerem o que ele aprova, se derem ouvidos aos seus mandamentos e obedecerem a todos os seus decretos, não trarei sobre vocês nenhuma das doenças que eu trouxe sobre os egípcios, pois eu sou o Senhor que os cura".

²⁷ Depois chegaram a Elim, onde havia doze fontes de água e setenta palmeiras; e acamparam junto àquelas águas.

O Maná e as Codornizes

16 Toda a comunidade de Israel partiu de Elim e chegou ao deserto de Sim, que

---

ᵃ **15.16** Ou *criaste*
ᵇ **15.19** Ou *condutores dos carros de guerra*

fica entre Elim e o Sinai. Foi no décimo quinto dia do segundo mês, depois que saíram do Egito. ² No deserto, toda a comunidade de Israel reclamou a Moisés e Arão. ³ Disseram-lhes os israelitas: "Quem dera a mão do Senhor nos tivesse matado no Egito! Lá nos sentávamos ao redor das panelas de carne e comíamos pão à vontade, mas vocês nos trouxeram a este deserto para fazer morrer de fome toda esta multidão!"

⁴ Disse, porém, o Senhor a Moisés: "Eu lhes farei chover pão do céu. O povo sairá e recolherá diariamente a porção necessária para aquele dia. Com isso os porei à prova para ver se seguem ou não as minhas instruções. ⁵ No sexto dia trarão para ser preparado o dobro do que recolhem nos outros dias".

⁶ Assim Moisés e Arão disseram a todos os israelitas: "Ao entardecer, vocês saberão que foi o Senhor quem os tirou do Egito ⁷ e amanhã cedo verão a glória do Senhor, porque o Senhor ouviu a queixa de vocês contra ele. Quem somos nós para que vocês reclamem a nós?" ⁸ Disse ainda Moisés: "O Senhor dará a vocês carne para comer ao entardecer e pão à vontade pela manhã, porque ele ouviu as suas queixas contra ele. Quem somos nós? Vocês não estão reclamando de nós, mas do Senhor".

⁹ Disse Moisés a Arão: "Diga a toda a comunidade de Israel que se apresente ao Senhor, pois ele ouviu as suas queixas".

¹⁰ Enquanto Arão falava a toda a comunidade, todos olharam em direção ao deserto, e a glória do Senhor apareceu na nuvem.

¹¹ E o Senhor disse a Moisés: ¹² "Ouvi as queixas dos israelitas. Responda-lhes que ao pôr do sol vocês comerão carne e ao amanhecer se fartarão de pão. Assim saberão que eu sou o Senhor, o seu Deus".

¹³ No final da tarde, apareceram codornizes que cobriram o lugar onde estavam acampados; ao amanhecer havia uma camada de orvalho ao redor do acampamento. ¹⁴ Depois que o orvalho secou, flocos finos semelhantes a geada estavam sobre a superfície do deserto. ¹⁵ Quando os israelitas viram aquilo, começaram a perguntar uns aos outros: "Que é isso?", pois não sabiam do que se tratava.

Disse-lhes Moisés: "Este é o pão que o Senhor deu a vocês para comer. ¹⁶ Assim ordenou o Senhor: 'Cada chefe de família recolha quanto precisar: um jarro[a] para cada pessoa da sua tenda' ".

¹⁷ Os israelitas fizeram como lhes fora dito; alguns recolheram mais, outros menos. ¹⁸ Quando mediram com o jarro, quem tinha recolhido muito não teve demais, e não faltou a quem tinha recolhido pouco. Cada um recolheu quanto precisava.

¹⁹ "Ninguém deve guardar nada para a manhã seguinte", ordenou-lhes Moisés. ²⁰ Todavia, alguns deles não deram atenção a Moisés e guardaram um pouco até a manhã seguinte, mas aquilo criou bicho e começou a cheirar mal. Por isso Moisés irou-se contra eles.

²¹ Cada manhã todos recolhiam quanto precisavam, pois, quando o sol esquentava, aquilo se derretia. ²² No sexto dia recolheram o dobro: dois jarros para cada pessoa; e os líderes da comunidade foram contar isso a Moisés, ²³ que lhes explicou: "Foi isto que o Senhor ordenou: 'Amanhã será dia de descanso, sábado consagrado ao Senhor. Assem e cozinhem o que quiserem. Guardem o que sobrar até a manhã seguinte' ".

²⁴ E eles o guardaram até a manhã seguinte, como Moisés tinha ordenado, e não cheirou mal nem criou bicho. ²⁵ "Comam-no hoje", disse Moisés, "pois hoje é o sábado do Senhor. Hoje, vocês não o encontrarão no terreno. ²⁶ Durante seis dias vocês podem recolhê-lo, mas, no sétimo dia, o sábado, nada acharão."

²⁷ Apesar disso, alguns deles saíram no sétimo dia para recolhê-lo, mas não encontraram nada. ²⁸ Então o Senhor disse a Moisés: "Até quando vocês se recusarão a obedecer aos meus mandamentos e às minhas instruções? ²⁹ Vejam que o Senhor deu o sábado a vocês; por isso, no sexto dia, ele lhes envia pão para dois dias. No sétimo dia, fiquem todos onde estiverem; ninguém deve sair". ³⁰ Então o povo descansou no sétimo dia.

³¹ O povo de Israel chamou maná[b] àquele pão. Era branco como semente de coentro e tinha gosto de bolo de mel. ³² Disse Moisés: "O Senhor ordenou a vocês que recolham um jarro de maná e que o guardem para as futuras gerações, 'para que vejam o pão que lhes dei no deserto, quando os tirei do Egito' ".

³³ Então Moisés disse a Arão: "Ponha numa vasilha a medida de um jarro de maná e

---

[a] **16.16** Hebraico: *ômer*. O ômer era uma medida de capacidade para secos. As estimativas variam entre 2 e 4 litros.
[b] **16.31** *Maná* significa *Que é isso?*

coloque-a diante do Senhor, para que seja conservado para as futuras gerações".

³⁴ Em obediência ao que o Senhor tinha ordenado a Moisés, Arão colocou o maná junto às tábuas da aliança, para ali ser guardado. ³⁵ Os israelitas comeram maná durante quarenta anos, até chegarem a uma terra habitável; comeram maná até chegarem às fronteiras de Canaã. ³⁶ (O jarro é a décima parte de uma arroba*ᵃ*.)

Água Jorra da Rocha

17 Toda a comunidade de Israel partiu do deserto de Sim, andando de um lugar para outro, conforme a ordem do Senhor. Acamparam em Refidim, mas lá não havia água para beber. ² Por essa razão queixaram-se a Moisés e exigiram: "Dê-nos água para beber".

Ele respondeu: "Por que se queixam a mim? Por que põem o Senhor à prova?"

³ Mas o povo estava sedento e reclamou a Moisés: "Por que você nos tirou do Egito? Foi para matar de sede a nós, aos nossos filhos e aos nossos rebanhos?"

⁴ Então Moisés clamou ao Senhor: "Que farei com este povo? Estão a ponto de apedrejar-me!"

⁵ Respondeu-lhe o Senhor: "Passe à frente do povo. Leve com você algumas das autoridades de Israel, tenha na mão a vara com a qual você feriu o Nilo e vá adiante. ⁶ Eu estarei à sua espera no alto da rocha do monte Horebe. Bata na rocha, e dela sairá água para o povo beber". Assim fez Moisés, à vista das autoridades de Israel. ⁷ E chamou aquele lugar Massá*ᵇ* e Meribá*ᶜ*, porque ali os israelitas reclamaram e puseram o Senhor à prova, dizendo: "O Senhor está entre nós, ou não?"

A Vitória sobre os Amalequitas

⁸ Sucedeu que os amalequitas vieram atacar os israelitas em Refidim. ⁹ Então Moisés disse a Josué: "Escolha alguns dos nossos homens e lute contra os amalequitas. Amanhã tomarei posição no alto da colina, com a vara de Deus em minhas mãos".

¹⁰ Josué foi então lutar contra os amalequitas, conforme Moisés tinha ordenado. Moisés, Arão e Hur, porém, subiram ao alto da colina.

¹¹ Enquanto Moisés mantinha as mãos erguidas, os israelitas venciam; quando, porém, as abaixava, os amalequitas venciam. ¹² Quando as mãos de Moisés já estavam cansadas, eles pegaram uma pedra e a colocaram debaixo dele, para que nela se assentasse. Arão e Hur mantiveram erguidas as mãos de Moisés, um de cada lado, de modo que as mãos permaneceram firmes até o pôr do sol. ¹³ E Josué derrotou o exército amalequita ao fio da espada.

¹⁴ Depois o Senhor disse a Moisés: "Escreva isto num rolo, como memorial, e declare a Josué que farei que os amalequitas sejam esquecidos para sempre debaixo do céu".

¹⁵ Moisés construiu um altar e chamou-lhe "o Senhor é minha bandeira". ¹⁶ E jurou: "Pelo trono do Senhor!*ᵈ* O Senhor fará guerra contra os amalequitas de geração em geração".

A Visita de Jetro

18 Jetro, sacerdote de Midiã e sogro de Moisés, soube de tudo o que Deus tinha feito por Moisés e pelo povo de Israel, como o Senhor havia tirado Israel do Egito.

² Moisés tinha mandado Zípora, sua mulher, para a casa de seu sogro, Jetro, que a recebeu ³ com os seus dois filhos. Um deles chamava-se Gérson, pois Moisés dissera: "Tornei-me imigrante em terra estrangeira"; ⁴ e o outro chamava-se Eliézer, pois dissera: "O Deus de meu pai foi o meu ajudador; livrou-me da espada do faraó".

⁵ Jetro, sogro de Moisés, veio com os filhos e a mulher de Moisés encontrá-lo no deserto, onde estava acampado, perto do monte de Deus. ⁶ E Jetro mandou dizer-lhe: "Eu, seu sogro Jetro, estou indo encontrá-lo, e comigo vão sua mulher e seus dois filhos".

⁷ Então Moisés saiu ao encontro do sogro, curvou-se e beijou-o; trocaram saudações e depois entraram na tenda. ⁸ Então Moisés contou ao sogro tudo quanto o Senhor tinha feito ao faraó e aos egípcios por amor a Israel e também todas as dificuldades que tinham enfrentado pelo caminho e como o Senhor os livrara.

⁹ Jetro alegrou-se ao ouvir todas as coisas boas que o Senhor tinha feito a Israel, libertando-o das mãos dos egípcios. ¹⁰ Disse ele: "Bendito seja o Senhor que libertou vocês das mãos dos egípcios e do faraó; que livrou o povo das mãos dos egípcios! ¹¹ Agora sei que o

---

ᵃ **16.36** Hebraico: *efa*. O efa era uma medida de capacidade para secos. As estimativas variam entre 20 e 40 litros.
ᵇ **17.7** *Massá* significa *provação*.
ᶜ **17.7** *Meribá* significa *rebelião*.
ᵈ **17.16** Ou "*Mão levantada contra o trono do Senhor!*

Senhor é maior do que todos os outros deuses, pois ele os superou exatamente naquilo de que se vangloriavam". ¹² Então Jetro, sogro de Moisés, ofereceu um holocausto e sacrifícios a Deus, e Arão veio com todas as autoridades de Israel para comerem com o sogro de Moisés na presença de Deus.

O Conselho de Jetro

¹³ No dia seguinte Moisés assentou-se para julgar as questões do povo, e este permaneceu em pé diante dele, desde a manhã até o cair da tarde. ¹⁴ Quando o seu sogro viu tudo o que ele estava fazendo pelo povo, disse: "Que é que você está fazendo? Por que só você se assenta para julgar, e todo este povo o espera em pé, desde a manhã até o cair da tarde?"

¹⁵ Moisés lhe respondeu: "O povo me procura para que eu consulte a Deus. ¹⁶ Toda vez que alguém tem uma questão, esta me é trazida, e eu decido entre as partes, e ensino-lhes os decretos e leis de Deus".

¹⁷ Respondeu o sogro de Moisés: "O que você está fazendo não é bom. ¹⁸ Você e o seu povo ficarão esgotados, pois essa tarefa é pesada demais. Você não pode executá-la sozinho. ¹⁹ Agora ouça o meu conselho. E que Deus esteja com você! Seja você o representante do povo diante de Deus e leve a Deus as suas questões. ²⁰ Oriente-os quanto aos decretos e leis, mostrando-lhes como devem viver e o que devem fazer. ²¹ Mas escolha dentre todo o povo homens capazes, tementes a Deus, dignos de confiança e inimigos de ganho desonesto. Estabeleça-os como chefes de mil, de cem, de cinquenta e de dez. ²² Eles estarão sempre à disposição do povo para julgar as questões. Trarão a você apenas as questões difíceis; as mais simples decidirão sozinhos. Isso tornará mais leve o seu fardo, porque eles o dividirão com você. ²³ Se você assim fizer, e, se assim Deus ordenar, você será capaz de suportar as dificuldades, e todo este povo voltará para casa satisfeito".

²⁴ Moisés aceitou o conselho do sogro e fez tudo como ele tinha sugerido. ²⁵ Escolheu homens capazes de todo o Israel e colocou-os como líderes do povo: chefes de mil, de cem, de cinquenta e de dez. ²⁶ Estes ficaram como juízes permanentes do povo. As questões difíceis levavam a Moisés; as mais simples, porém, eles mesmos resolviam.

²⁷ Então Moisés e seu sogro se despediram, e este voltou para a sua terra.

Israel Chega ao Monte Sinai

19 No dia em que se completaram três meses que os israelitas haviam saído do Egito, chegaram ao deserto do Sinai. ² Depois de saírem de Refidim, entraram no deserto do Sinai, e Israel acampou ali, diante do monte.

³ Logo Moisés subiu o monte para encontrar-se com Deus. E o Senhor o chamou do monte, dizendo: "Diga o seguinte aos descendentes de Jacó e declare aos israelitas: ⁴ Vocês viram o que fiz ao Egito e como os transportei sobre asas de águias e os trouxe para junto de mim. ⁵ Agora, se me obedecerem fielmente e guardarem a minha aliança, vocês serão o meu tesouro pessoal entre todas as nações. Embora toda a terra seja minha, ⁶ vocês[a] serão para mim um reino de sacerdotes e uma nação santa. Essas são as palavras que você dirá aos israelitas".

⁷ Moisés voltou, convocou as autoridades do povo e lhes expôs tudo o que o Senhor havia mandado que ele falasse. ⁸ O povo todo respondeu unânime: "Faremos tudo o que o Senhor ordenou". E Moisés levou ao Senhor a resposta do povo.

⁹ Disse o Senhor a Moisés: "Virei numa densa nuvem, a fim de que o povo, ouvindo-me falar com você, passe a confiar sempre em você". Então Moisés relatou ao Senhor o que o povo lhe dissera.

¹⁰ E o Senhor disse a Moisés: "Vá ao povo e consagre-o hoje e amanhã. Eles deverão lavar as suas vestes ¹¹ e estar prontos no terceiro dia, porque nesse dia o Senhor descerá sobre o monte Sinai, à vista de todo o povo. ¹² Estabeleça limites em torno do monte e diga ao povo: Tenham o cuidado de não subir ao monte e de não tocar na sua base. Quem tocar no monte certamente será morto; ¹³ será apedrejado ou morto a flechadas. Ninguém deverá tocá-lo com a mão. Seja homem, seja animal, não viverá. Somente quando a corneta soar um toque longo eles poderão subir ao monte".

¹⁴ Tendo Moisés descido do monte, consagrou o povo; e eles lavaram as suas vestes. ¹⁵ Disse ele então ao povo: "Preparem-se para o terceiro dia, e até lá não se acheguem a mulher".

¹⁶ Ao amanhecer do terceiro dia houve trovões e raios, uma densa nuvem cobriu o monte, e uma trombeta ressoou fortemente. Todos no acampamento tremeram de medo. ¹⁷ Moisés levou o povo para fora do acampamento, para

---

[a] **19.5,6** Ou *nações, pois toda a terra é minha.* 6*Vocês*

O SÁBADO: O VALOR DO DESCANSO

- Hoje em dia, as pessoas dormem duas horas e meia menos que há cem anos.
- Um empregado comum tem em média 36 horas acumuladas de trabalho. Seriam necessárias 3 horas mais por semana para resolver pendências e rever assuntos não resolvidos.
- Investimos oito meses da nossa vida abrindo e-mails *sem importância*; dois anos inserindo na agenda números de telefone de pessoas ocupadas demais para nos atender; cinco anos esperando pessoas superocupadas que chegam atrasadas a seus compromissos.

No relato de Gênesis, quando Deus criou o mundo, ele estabeleceu um ritmo de descanso e de trabalho. Embora ele nunca fique cansado, descansou para deixar exemplo aos homens. Sua vontade era que mantivéssemos um ritmo.

Nos Dez Mandamentos, Deus mostrou quanto valoriza a ordem dada sobre o dia de descanso, o sábado (Êxodo 20.8).

Em resumo, Deus quer que confiemos nele, em vez de dependermos dos nossos próprios esforços. Ao interromper nossas tarefas no sétimo dia, depositamos nossa confiança em Deus para conseguir alcançar os objetivos que temos. Essa prática nos leva do esforço à dependência.

O dia de descanso não é apenas um conceito do Antigo Testamento. O texto de Êxodo 31.16,17 diz tratar-se de uma aliança perpétua, um sinal para sempre. Adiante, Hebreus usa a imagem do descanso para prefigurar o descanso eterno que teremos junto ao Pai no futuro.

APLICAÇÃO

- Você poderia deixar de fazer por um dia o que quase sempre faz em um dia da semana?
- Pense em todos os aspectos da vida que poderiam ser diferentes se o descanso fizesse parte da nossa cultura. Palavras como estresse, colapso e saturação seriam cada vez menos usadas. Imagine os benefícios à nossa saúde se vivêssemos da maneira que Deus nos criou. O que mudaria no seu caso?
- Você confia em Deus para fazer as suas tarefas, ou crê que a responsabilidade é toda sua? Seja qual for a nossa resposta, o que dizer da nossa fé em Deus?

"Deus fez do sétimo dia um memorial perpétuo da criação do Universo e de tudo quanto existe. Seu descanso seria símbolo de seu ritmo de trabalho, da suspensão de suas tarefas e de sua eterna esperança (ou descanso permanente)."

Walter Kaiser

---

encontrar-se com Deus, e eles ficaram ao pé do monte. ¹⁸ O monte Sinai estava coberto de fumaça, pois o Senhor tinha descido sobre ele em chamas de fogo. Dele subia fumaça como que de uma fornalha; todo o monte[a] tremia violentamente, ¹⁹ e o som da trombeta era cada vez mais forte. Então Moisés falou, e a voz de Deus lhe respondeu[b].

²⁰ O Senhor desceu ao topo do monte Sinai e chamou Moisés para o alto do monte. Moisés subiu ²¹ e o Senhor lhe disse: "Desça e alerte o povo que não ultrapasse os limites para ver o Senhor, e muitos deles pereçam. ²² Mesmo os sacerdotes que se aproximarem do Senhor devem consagrar-se; senão o Senhor os fulminará".

²³ Moisés disse ao Senhor: "O povo não pode subir ao monte Sinai, pois tu mesmo nos avisaste: 'Estabeleça um limite em torno do monte e declare-o santo' ".

---

[a] **19.18** Conforme a maioria dos manuscritos do Texto Massorético. Alguns manuscritos do Texto Massorético e a Septuaginta dizem *o povo*.
[b] **19.19** Ou *e Deus lhe respondeu com um trovão*

²⁴ O Senhor respondeu: "Desça e depois torne a subir, acompanhado de Arão. Quanto aos sacerdotes e ao povo, não devem ultrapassar o limite para subir ao Senhor; senão, o Senhor os fulminará".

²⁵ Então Moisés desceu e avisou o povo.

Os Dez Mandamentos

20 E Deus falou todas estas palavras:

² "Eu sou o Senhor, o teu Deus, que te tirou do Egito, da terra da escravidão.

³ "Não terás outros deuses além de mim.

⁴ "Não farás para ti nenhum ídolo, nenhuma imagem de qualquer coisa no céu, na terra, ou nas águas debaixo da terra. ⁵ Não te prostrarás diante deles nem lhes prestarás culto, porque eu, o Senhor, o teu Deus, sou Deus zeloso, que castigo os filhos pelos pecados de seus pais até a terceira e quarta geração daqueles que me desprezam, ⁶ mas trato com bondade até mil gerações[a] aos que me amam e obedecem aos meus mandamentos.

⁷ "Não tomarás em vão o nome do Senhor, o teu Deus, pois o Senhor não deixará impune quem tomar o seu nome em vão.

⁸ "Lembra-te do dia de sábado, para santificá-lo. ⁹ Trabalharás seis dias e neles farás todos os teus trabalhos, ¹⁰ mas o sétimo dia é o sábado dedicado ao Senhor, o teu Deus. Nesse dia não farás trabalho algum, nem tu, nem teus filhos ou filhas, nem teus servos ou servas, nem teus animais, nem os estrangeiros que morarem em tuas cidades. ¹¹ Pois em seis dias o Senhor fez os céus e a terra, o mar e tudo o que neles existe, mas no sétimo dia descansou. Portanto, o Senhor abençoou o sétimo dia e o santificou.

¹² "Honra teu pai e tua mãe, a fim de que tenhas vida longa na terra que o Senhor, o teu Deus, te dá.

¹³ "Não matarás.

¹⁴ "Não adulterarás.

¹⁵ "Não furtarás.

¹⁶ "Não darás falso testemunho contra o teu próximo.

¹⁷ "Não cobiçarás a casa do teu próximo. Não cobiçarás a mulher do teu próximo, nem seus servos ou servas, nem seu boi ou jumento, nem coisa alguma que lhe pertença".

20.1-17 Os Dez Mandamentos são o núcleo da aliança de Deus com Israel. Com respeito à estrutura dessa aliança, muito provavelmente inspirada nas alianças do Império Hitita, leia o artigo "As alianças na Bíblia" (p. 1529). Os quatro primeiros mandamentos referem-se diretamente ao relacionamento que deveria haver entre Deus e seu povo. O quinto funciona como um tipo de ponte, porque trata da relação com os pais, que são os representantes de Deus diante dos filhos, qualquer que seja a idade ou condição. Os últimos cinco mandamentos tratam das relações entre os seres humanos. É digno de nota que o sexto mandamento, traduzido de modo mais literal, não usa o verbo "matar", mas, sim, "assassinar", cujo sentido moral é notadamente distinto.

¹⁸ Vendo-se o povo diante dos trovões e dos relâmpagos, e do som da trombeta e do monte fumegando, todos tremeram assustados. Ficaram a distância ¹⁹ e disseram a Moisés: "Fala tu mesmo conosco, e ouviremos. Mas que Deus não fale conosco, para que não morramos".

²⁰ Moisés disse ao povo: "Não tenham medo! Deus veio prová-los, para que o temor de Deus esteja em vocês e os livre de pecar".

²¹ Mas o povo permaneceu a distância, ao passo que Moisés aproximou-se da nuvem escura em que Deus se encontrava.

A Lei sobre o Altar do Senhor

²² O Senhor disse a Moisés: "Diga o seguinte aos israelitas: Vocês viram por vocês mesmos que do céu lhes falei: ²³ não façam ídolos de prata nem de ouro para me representarem.

²⁴ "Façam-me um altar de terra e nele sacrifiquem-me os seus holocaustos[b] e as suas ofertas de comunhão[c], as suas ovelhas e os seus bois. Onde quer que eu faça celebrar o meu nome, virei a vocês e os abençoarei. ²⁵ Se me fizerem um altar de pedras, não o façam com pedras lavradas, porque o uso de ferramentas o profanaria. ²⁶ Não subam por degraus ao meu altar, para que nele não seja exposta a sua nudez.

---

[a] **20.6** Ou *a milhares que*

[b] **20.24** Isto é, sacrifícios totalmente queimados; também em 24.5; 29.18, 25 e 42.

[c] **20.24** Ou *de paz*; também em 24.5 e 29.28.

Leis acerca dos Escravos Hebreus

21 ¹"São estas as leis que você proclamará ao povo:

² "Se você comprar um escravo hebreu, ele o servirá por seis anos. Mas no sétimo ano será liberto, sem precisar pagar nada. ³ Se chegou solteiro, solteiro receberá liberdade; mas, se chegou casado, sua mulher irá com ele. ⁴ Se o seu senhor lhe tiver dado uma mulher, e esta lhe tiver dado filhos ou filhas, a mulher e os filhos pertencerão ao senhor; somente o homem sairá livre.

⁵ "Se, porém, o escravo declarar: 'Eu amo o meu senhor, a minha mulher e os meus filhos, e não quero sair livre', ⁶ o seu senhor o levará perante os juízes*ᵃ*. Terá que levá-lo à porta ou à lateral da porta e furar a sua orelha. Assim, ele será seu escravo por toda a vida.

⁷ "Se um homem vender sua filha como escrava, ela não será liberta como os escravos homens. ⁸ Se ela não agradar ao seu senhor que a escolheu, ele deverá permitir que ela seja resgatada. Não poderá vendê-la a estrangeiros, pois isso seria deslealdade para com ela. ⁹ Se o seu senhor a escolher para seu filho, dê a ela os direitos de uma filha. ¹⁰ Se o senhor tomar uma segunda mulher para si, não poderá privar a primeira de alimento, de roupas e dos direitos conjugais. ¹¹ Se não lhe garantir essas três coisas, ela poderá ir embora sem precisar pagar nada.

Leis acerca da Violência e dos Acidentes

¹² "Quem ferir um homem e o matar terá que ser executado. ¹³ Todavia, se não o fez intencionalmente, mas Deus o permitiu, designei um lugar para onde poderá fugir. ¹⁴ Mas, se alguém tiver planejado matar outro deliberadamente, tire-o até mesmo do meu altar e mate-o.

¹⁵ "Quem agredir o próprio pai ou a própria mãe terá que ser executado.

¹⁶ "Aquele que sequestrar alguém e vendê-lo ou for apanhado com ele em seu poder, terá que ser executado.

¹⁷ "Quem amaldiçoar seu pai ou sua mãe terá que ser executado.

¹⁸ "Se dois homens brigarem e um deles ferir o outro com uma pedra ou com o punho*ᵇ* e o outro não morrer, mas cair de cama, ¹⁹ aquele que o feriu será absolvido, se o outro se levantar e caminhar com o auxílio de uma bengala; todavia, ele terá que indenizar o homem ferido pelo tempo que este perdeu e responsabilizar-se por sua completa recuperação.

²⁰ "Se alguém ferir seu escravo ou escrava com um pedaço de pau e como resultado o escravo morrer, será punido; ²¹ mas, se o escravo sobreviver um ou dois dias, não será punido, visto que é sua propriedade.

²² "Se homens brigarem e ferirem uma mulher grávida, e ela der à luz prematuramente*ᶜ*, não havendo, porém, nenhum dano sério, o ofensor pagará a indenização que o marido daquela mulher exigir, conforme a determinação dos juízes*ᵈ*. ²³ Mas, se houver danos graves, a pena será vida por vida, ²⁴ olho por olho, dente por dente, mão por mão, pé por pé, ²⁵ queimadura por queimadura, ferida por ferida, contusão por contusão.

²⁶ "Se alguém ferir o seu escravo ou sua escrava no olho e o cegar, terá que libertar o escravo como compensação pelo olho. ²⁷ Se quebrar um dente de um escravo ou de uma escrava, terá que libertar o escravo como compensação pelo dente.

²⁸ "Se um boi chifrar um homem ou uma mulher, causando-lhe a morte, o boi terá que ser apedrejado até a morte, e a sua carne não poderá ser comida. Mas o dono do boi será absolvido. ²⁹ Se, todavia, o boi costumava chifrar e o dono, ainda que alertado, não o manteve preso, e o boi matar um homem ou uma mulher, o boi será apedrejado e o dono também terá que ser morto. ³⁰ Caso, porém, lhe peçam um pagamento, poderá resgatar a sua vida pagando o que for exigido. ³¹ Esta sentença também se aplica no caso de um boi chifrar um menino ou uma menina. ³² Se o boi chifrar um escravo ou escrava, o dono do animal terá que pagar trezentos e sessenta gramas*ᵉ* de prata ao dono do escravo, e o boi será apedrejado.

³³ "Se alguém abrir ou deixar aberta uma cisterna, não tendo o cuidado de tampá-la, e um jumento ou um boi nela cair, ³⁴ o dono da cisterna terá que pagar o prejuízo, indenizando o dono do animal, e ficará com o animal morto.

³⁵ "Se o boi de alguém ferir o boi de outro e o matar, venderão o boi vivo e dividirão em partes iguais, tanto o valor do boi vivo como o animal morto. ³⁶ Contudo, se o boi costumava chifrar e o dono não o manteve preso,

---

ᵃ **21.6** Ou *perante Deus*
ᵇ **21.18** Ou *com uma ferramenta*
ᶜ **21.22** Hebraico: *e a criança sair*.
ᵈ **21.22** Ou *de Deus*
ᵉ **21.32** Hebraico: *30 siclos*. Um siclo equivalia a 12 gramas.

este terá que pagar boi por boi, e ficará com o que morreu.

Leis acerca da Proteção da Propriedade

22 "Se alguém roubar um boi, ou uma ovelha, e abatê-lo ou vendê-lo, terá que restituir cinco bois pelo boi e quatro ovelhas pela ovelha.

² "Se o ladrão que for pego arrombando for ferido e morrer, quem o feriu não será culpado de homicídio, ³ mas, se isso acontecer depois do nascer do sol, será culpado de homicídio.

"O ladrão terá que restituir o que roubou, mas, se não tiver nada, será vendido para pagar o roubo. ⁴ Se o que foi roubado for encontrado vivo em seu poder, seja boi, seja jumento, seja ovelha, ele deverá restituí-lo em dobro.

⁵ "Se alguém levar seu rebanho para pastar num campo ou numa vinha e soltá-lo de modo que venha a pastar no campo de outro homem, fará restituição com o melhor do seu campo ou da sua vinha.

⁶ "Se um fogo se espalhar e alcançar os espinheiros e queimar os feixes colhidos ou o trigo plantado ou até a lavoura toda, aquele que iniciou o incêndio restituirá o prejuízo.

⁷ "Se alguém entregar ao seu próximo prata ou bens para serem guardados e estes forem roubados da casa deste, o ladrão, se for encontrado, terá que restituí-los em dobro. ⁸ Mas, se o ladrão não for encontrado, o dono da casa terá que comparecer perante os juízes[a] para que se determine se ele não lançou mão dos bens do outro. ⁹ Sempre que alguém se apossar de boi, jumento, ovelha, roupa ou qualquer outro bem perdido, mas alguém disser: 'Isto me pertence', as duas partes envolvidas levarão o caso aos juízes. Aquele a quem os juízes declararem[b] culpado restituirá o dobro ao seu próximo.

¹⁰ "Se alguém der ao seu próximo o seu jumento, ou boi, ou ovelha ou qualquer outro animal para ser guardado e o animal morrer, for ferido ou for levado sem que ninguém o veja, ¹¹ a questão entre eles será resolvida prestando-se um juramento diante do Senhor de que um não lançou mão da propriedade do outro. O dono terá que aceitar isso e nenhuma restituição será exigida. ¹² Mas, se o animal tiver sido roubado do seu próximo, este terá que fazer restituição ao dono. ¹³ Se tiver sido despedaçado por um animal selvagem, ele trará como prova o que restou dele; e não terá que fazer restituição.

¹⁴ "Se alguém pedir emprestado ao seu próximo um animal e este for ferido ou morrer na ausência do dono, terá que fazer restituição. ¹⁵ Mas, se o dono estiver presente, o que tomou emprestado não terá que restituí-lo. Se o animal tiver sido alugado, o preço do aluguel cobrirá a perda.

Leis acerca das Responsabilidades Sociais

¹⁶ "Se um homem seduzir uma virgem que ainda não tenha compromisso de casamento e deitar-se com ela, terá que pagar o preço do seu dote, e ela será sua mulher. ¹⁷ Mas, se o pai recusar-se a entregá-la, ainda assim o homem terá que pagar o equivalente ao dote das virgens.

¹⁸ "Não deixem viver a feiticeira.

¹⁹ "Todo aquele que tiver relações sexuais com animal terá que ser executado.

²⁰ "Quem oferecer sacrifício a qualquer outro deus, e não unicamente ao Senhor, será destruído.

²¹ "Não maltratem nem oprimam o estrangeiro, pois vocês foram estrangeiros no Egito.

²² "Não prejudiquem as viúvas nem os órfãos; ²³ porque, se o fizerem e eles clamarem a mim, eu certamente atenderei ao seu clamor. ²⁴ Com grande ira matarei vocês à espada; suas mulheres ficarão viúvas e seus filhos, órfãos.

²⁵ "Se fizerem empréstimo a alguém do meu povo, a algum necessitado que viva entre vocês, não cobrem juros dele; não emprestem visando a lucro. ²⁶ Se tomarem como garantia o manto do seu próximo, devolvam-no até o pôr do sol, ²⁷ porque o manto é a única coberta que ele possui para o corpo. Em que mais se deitaria? Quando ele clamar a mim, eu o ouvirei, pois sou misericordioso.

²⁸ "Não blasfemem contra Deus[c] nem amaldiçoem uma autoridade do seu povo.

²⁹ "Não retenham as ofertas de suas colheitas[d].

"Consagrem-me o primeiro filho de vocês ³⁰ e a primeira cria das vacas, das ovelhas e das cabras. Durante sete dias a cria ficará com a mãe, mas, no oitavo dia, entreguem-na a mim.

³¹ "Vocês serão meu povo santo. Não comam a carne de nenhum animal despedaçado por feras no campo; joguem-na aos cães.

---

[a] **22.8** Ou *perante Deus*; também no versículo 9.
[b] **22.9** Ou *a quem Deus declarar*
[c] **22.28** Ou *"Não insultem os juízes*
[d] **22.29** Ou *do trigo, do vinho e do azeite*. Hebraico: *a sua prosperidade e as suas lágrimas*.

Leis acerca do Exercício da Justiça

23 ¹"Ninguém faça declarações*a* falsas nem seja cúmplice do ímpio, sendo-lhe testemunha mal-intencionada.

²"Não acompanhe a maioria para fazer o mal. Ao testemunhar num processo, não perverta a justiça para apoiar a maioria, ³nem para favorecer o pobre num processo.

⁴"Se você encontrar perdido o boi ou o jumento que pertence ao seu inimigo, leve-o de volta a ele. ⁵Se você vir o jumento de alguém que o odeia caído sob o peso de sua carga, não o abandone, procure ajudá-lo.

⁶"Não perverta o direito dos pobres em seus processos. ⁷Não se envolva em falsas acusações nem condene à morte o inocente e o justo, porque não absolverei o culpado.

⁸"Não aceite suborno, pois o suborno cega até os que têm discernimento*b* e prejudica a causa do justo.

⁹"Não oprima o estrangeiro. Vocês sabem o que é ser estrangeiro, pois foram estrangeiros no Egito.

Leis acerca do Sábado

¹⁰"Plantem e colham em sua terra durante seis anos, ¹¹mas no sétimo deixem-na descansar sem cultivá-la. Assim os pobres do povo poderão comer o que crescer por si, e o que restar ficará para os animais do campo. Façam o mesmo com as suas vinhas e com os seus olivais.

¹²"Em seis dias façam os seus trabalhos, mas no sétimo não trabalhem, para que o seu boi e o seu jumento possam descansar, e o seu escravo e o estrangeiro renovem as forças.

¹³"Tenham o cuidado de fazer tudo o que ordenei a vocês. Não invoquem o nome de outros deuses; não se ouçam tais nomes dos seus lábios.

Leis acerca das Grandes Festas Anuais

¹⁴"Três vezes por ano vocês me celebrarão festa.

¹⁵"Celebrem a festa dos pães sem fermento; durante sete dias comam pão sem fermento, como ordenei a vocês. Façam isso na época determinada do mês de abibe*c*, pois nesse mês vocês saíram do Egito.

"Ninguém se apresentará a mim de mãos vazias.

¹⁶"Celebrem a festa da colheita dos primeiros frutos do seu trabalho de semeadura.

"Celebrem a festa do encerramento da colheita quando, no final do ano, vocês armazenarem as colheitas.

¹⁷"Três vezes por ano todos os homens devem comparecer diante do Senhor, o Soberano.

¹⁸"Não ofereçam o sangue de um sacrifício feito em minha honra com pão fermentado.

"A gordura das ofertas de minhas festas não deverá ser guardada até a manhã seguinte.

¹⁹"Tragam ao santuário do Senhor, o seu Deus, o melhor dos primeiros frutos das suas colheitas.

"Não cozinhem o cabrito no leite da própria mãe.

Promessas e Advertências sobre a Conquista de Canaã

²⁰"Eis que envio um anjo à frente de vocês para protegê-los por todo o caminho e fazê-los chegar ao lugar que preparei. ²¹Prestem atenção e ouçam o que ele diz. Não se rebelem contra ele, pois não perdoará as suas transgressões, pois nele está o meu nome. ²²Se vocês ouvirem atentamente o que ele disser e fizerem tudo o que lhes ordeno, serei inimigo dos seus inimigos, e adversário dos seus adversários. ²³O meu anjo irá à frente de vocês e os fará chegar à terra dos amorreus, dos hititas, dos ferezeus, dos cananeus, dos heveus e dos jebuseus, e eu os exterminarei. ²⁴Não se curvem diante dos deuses deles, nem lhes prestem culto, nem sigam as suas práticas. Destruam-nos totalmente e quebrem as suas colunas sagradas. ²⁵Prestem culto ao Senhor, o Deus de vocês, e ele os abençoará, dando a vocês alimento e água. Tirarei a doença do meio de vocês. ²⁶Em sua terra nenhuma grávida perderá o filho nem haverá mulher estéril. Farei completar-se o tempo de duração da vida de vocês.

²⁷"Mandarei adiante de vocês o meu terror, que porá em confusão todas as nações que vocês encontrarem. Farei que todos os seus inimigos virem as costas e fujam. ²⁸Causarei pânico*d* entre os heveus, os cananeus e os hititas para expulsá-los de diante de vocês. ²⁹Não os expulsarei num só ano, pois a terra se tornaria desolada e os animais selvagens se multiplicariam, ameaçando vocês. ³⁰Eu os expulsarei aos poucos, até que vocês sejam numerosos o suficiente para tomarem posse da terra.

---

a **23.1** Ou *não espalhe notícias*
b **23.8** Ou *os juízes*
c **23.15** Aproximadamente março/abril.

d **23.28** Ou *mandarei vespas*; ou ainda *mandarei uma praga*

³¹ "Estabelecerei as suas fronteiras desde o mar Vermelho até o mar dos filisteus*ª*, e desde o deserto até o Eufrates*ᵇ*. Entregarei em suas mãos os povos que vivem na terra, os quais vocês expulsarão de diante de vocês. ³² Não façam aliança com eles nem com os seus deuses. ³³ Não deixem que esses povos morem na terra de vocês, senão eles os levarão a pecar contra mim, porque prestar culto aos deuses deles será uma armadilha para vocês".

A Confirmação da Aliança

24 Depois Deus disse a Moisés: "Subam o monte para encontrar-se com o SENHOR, você e Arão, Nadabe e Abiú, e setenta autoridades de Israel. Adorem à distância. ² Somente Moisés se aproximará do SENHOR; os outros não. O povo também não subirá com ele".

³ Quando Moisés se dirigiu ao povo e transmitiu-lhes todas as palavras e ordenanças do SENHOR, eles responderam em uníssono: "Faremos tudo o que o SENHOR ordenou". ⁴ Moisés, então, escreveu tudo o que o SENHOR dissera.

Na manhã seguinte Moisés levantou-se, construiu um altar ao pé do monte e ergueu doze colunas de pedra, representando as doze tribos de Israel. ⁵ Em seguida, enviou jovens israelitas, que ofereceram holocaustos e novilhos como sacrifícios de comunhão ao SENHOR. ⁶ Moisés colocou metade do sangue em tigelas e a outra metade derramou sobre o altar. ⁷ Em seguida, leu o Livro da Aliança para o povo, e eles disseram: "Faremos fielmente tudo o que o SENHOR ordenou".

⁸ Depois Moisés aspergiu o sangue sobre o povo, dizendo: "Este é o sangue da aliança que o SENHOR fez com vocês de acordo com todas essas palavras".

⁹ Moisés, Arão, Nadabe, Abiú e setenta autoridades de Israel subiram ¹⁰ e viram o Deus de Israel, sob cujos pés havia algo semelhante a um pavimento de safira, como o céu em seu esplendor. ¹¹ Deus, porém, não estendeu a mão para punir esses líderes do povo de Israel; eles viram a Deus, e depois comeram e beberam.

Moisés na Presença de Deus

¹² Disse o SENHOR a Moisés: "Suba o monte, venha até mim e fique aqui; e lhe darei as tábuas de pedra com a lei e os mandamentos que escrevi para a instrução do povo".

ª 23.31 Isto é, o Mediterrâneo.
ᵇ 23.31 Hebraico: o Rio.

¹³ Moisés partiu com Josué, seu auxiliar, e subiu ao monte de Deus. ¹⁴ Disse ele às autoridades de Israel: "Esperem-nos aqui, até que retornemos. Arão e Hur ficarão com vocês; quem tiver alguma questão para resolver, poderá procurá-los".

¹⁵ Quando Moisés subiu, a nuvem cobriu o monte, ¹⁶ e a glória do SENHOR permaneceu sobre o monte Sinai. Durante seis dias a nuvem cobriu o monte. No sétimo dia o SENHOR chamou Moisés do interior da nuvem. ¹⁷ Aos olhos dos israelitas, a glória do SENHOR parecia um fogo consumidor no topo do monte. ¹⁸ Moisés entrou na nuvem e foi subindo o monte. E permaneceu no monte quarenta dias e quarenta noites.

As Ofertas para o Tabernáculo

25 Disse o SENHOR a Moisés: ² "Diga aos israelitas que me tragam uma oferta. Receba-a de todo aquele cujo coração o compelir a dar. ³ Estas são as ofertas que deverá receber deles: ouro, prata e bronze; ⁴ fios de tecidos azul, roxo e vermelho, linho fino, pelos de cabra; ⁵ peles de carneiro tingidas de vermelho, couro*ᶜ*, madeira de acácia; ⁶ azeite para iluminação, especiarias para o óleo da unção e para o incenso aromático; ⁷ pedras de ônix e outras pedras preciosas para serem encravadas no colete sacerdotal e no peitoral.

⁸ "E farão um santuário para mim, e eu habitarei no meio deles. ⁹ Façam tudo como eu lhe mostrar, conforme o modelo do tabernáculo e de cada utensílio.

A Arca da Aliança

¹⁰ "Faça uma arca de madeira de acácia com um metro e dez centímetros de comprimento, setenta centímetros de largura e setenta centímetros de altura*ᵈ*. ¹¹ Revista-a de ouro puro, por dentro e por fora, e faça uma moldura de ouro ao seu redor. ¹² Mande fundir quatro argolas de ouro para ela e prenda-as em seus quatro pés, com duas argolas de um lado e duas do outro. ¹³ Depois faça varas de madeira de acácia, revista-as de ouro ¹⁴ e coloque-as nas argolas laterais da arca, para que possa ser carregada. ¹⁵ As varas permanecerão nas argolas da arca; não devem ser retiradas. ¹⁶ Então coloque dentro da arca as tábuas da aliança que lhe darei.

ᶜ 25.5 Possivelmente animais marinhos; também em 26.14.
ᵈ 25.10 Hebraico: *2,5 côvados de comprimento, 1,5 côvados de largura e 1,5 côvados de altura*. O côvado era uma medida linear de cerca de 45 centímetros.

¹⁷ "Faça uma tampa*ᵃ* de ouro puro com um metro e dez centímetros de comprimento por setenta centímetros de largura, ¹⁸ com dois querubins de ouro batido nas extremidades da tampa. ¹⁹ Faça um querubim numa extremidade e o segundo na outra, formando uma só peça com a tampa. ²⁰ Os querubins devem ter suas asas estendidas para cima, cobrindo com elas a tampa. Ficarão de frente um para o outro, com o rosto voltado para a tampa. ²¹ Coloque a tampa sobre a arca e dentro dela as tábuas da aliança que darei a você. ²² Ali, sobre a tampa, no meio dos dois querubins que se encontram sobre a arca da aliança*ᵇ*, eu me encontrarei com você e lhe darei todos os meus mandamentos destinados aos israelitas.

A Mesa e seus Utensílios

²³ "Faça uma mesa de madeira de acácia com noventa centímetros de comprimento, quarenta e cinco centímetros de largura e setenta centímetros de altura. ²⁴ Revista-a de ouro puro e faça uma moldura de ouro ao seu redor. ²⁵ Faça também ao seu redor uma borda com a largura de quatro dedos e uma moldura de ouro para essa borda. ²⁶ Faça quatro argolas de ouro para a mesa e prenda-as nos quatro cantos dela, onde estão os seus quatro pés. ²⁷ As argolas devem ser presas próximas da borda para que sustentem as varas usadas para carregar a mesa. ²⁸ Faça as varas de madeira de acácia, revestindo-as de ouro; com elas se carregará a mesa. ²⁹ Faça de ouro puro os seus pratos e o recipiente para incenso, as suas tigelas e as bacias nas quais se derramam as ofertas de bebidas*ᶜ*. ³⁰ Coloque sobre a mesa os pães da Presença, para que estejam sempre diante de mim.

O Candelabro de Ouro

³¹ "Faça um candelabro de ouro puro e batido. O pedestal, a haste, as taças, as flores e os botões do candelabro formarão com ele uma só peça. ³² Seis braços sairão do candelabro: três de um lado e três do outro. ³³ Haverá três taças com formato de flor de amêndoa num dos braços, cada uma com botão e flor; e três taças com formato de flor de amêndoa no braço seguinte, cada uma com botão e flor. Assim será com os seis braços que saem do candelabro. ³⁴ Na haste do candelabro haverá quatro taças com formato de flor de amêndoa, cada uma com botão e flor. ³⁵ Haverá um botão debaixo de cada par dos seis braços que saem do candelabro. ³⁶ Os braços com seus botões formarão uma só peça com o candelabro; tudo feito de ouro puro e batido.

³⁷ "Faça-lhe também sete lâmpadas e coloque-as nele para que iluminem a frente dele. ³⁸ Seus cortadores de pavio e seus apagadores serão de ouro puro. ³⁹ Com trinta e cinco quilos*ᵈ* de ouro puro faça o candelabro e todos esses utensílios. ⁴⁰ Tenha o cuidado de fazê-lo segundo o modelo que lhe foi mostrado no monte.

O Tabernáculo

26 "Faça o tabernáculo com dez cortinas internas de linho fino trançado e de fios de tecidos azul, roxo e vermelho, e nelas mande bordar querubins. ² Todas as cortinas internas terão a mesma medida: doze metros e sessenta centímetros de comprimento e um metro e oitenta centímetros de largura*ᵉ*. ³ Prenda cinco dessas cortinas internas uma com a outra e faça o mesmo com as outra cinco. ⁴ Faça laçadas de tecido azul ao longo da borda da cortina interna, na extremidade do primeiro conjunto de cortinas internas; o mesmo será feito à cortina interna na extremidade do outro conjunto. ⁵ Faça cinquenta laçadas numa cortina interna e cinquenta laçadas na cortina interna que está na extremidade do outro conjunto, de modo que as laçadas estejam opostas umas às outras. ⁶ Faça também cinquenta colchetes de ouro com os quais se prenderão as cortinas internas uma na outra, para que o tabernáculo seja um todo.

⁷ "Com o total de onze cortinas internas de pelos de cabra faça uma tenda para cobrir o tabernáculo. ⁸ As onze cortinas internas terão o mesmo tamanho: treze metros e meio de comprimento e um metro e oitenta centímetros de largura. ⁹ Prenda de um lado cinco cortinas internas e também as outras seis do outro lado. Dobre em duas partes a sexta cortina interna na frente da tenda. ¹⁰ Faça cinquenta laçadas ao longo da borda da cortina interna na extremidade do primeiro conjunto de cortinas, e também ao longo da borda da cortina interna

---

ᵃ **25.17** Tradicionalmente *um propiciatório*; também no restante do capítulo e em 26.34.
ᵇ **25.22** Hebraico: *do Testemunho*. Isto é, das tábuas da aliança; também em 26.33 e 34.
ᶜ **25.29** Veja Nm 28.7.
ᵈ **25.39** Hebraico: *1 talento*.
ᵉ **26.2** Hebraico: *28 côvados de comprimento e 4 côvados de largura*. O côvado era uma medida linear de cerca de 45 centímetros.

A "TENDA DO ENCONTRO" NO DESERTO

"E farão um santuário para mim, e eu habitarei no meio deles. Façam tudo como eu lhe mostrar, conforme o modelo do tabernáculo e de cada utensílio. [...] Tenha o cuidado de fazê-lo segundo o modelo que lhe foi mostrado no monte" (Êxodo 25.8,9,40; v. Êxodo 26.30).

A presença de Deus manifestava-se de maneira especial no tabernáculo. Feito exatamente como o SENHOR havia mostrado a Moisés no monte, significava de modo direto que o SENHOR habitava no meio de seu povo. O tabernáculo está repleto de simbolismo e profecia, e estudá-lo é bastante útil para se compreender outras realidades bíblicas, desde a pessoa do Messias até a nova Jerusalém. A literatura que comenta sobre esse assunto é extensa e variada, por isso sugerimos ao amigo discípulo que peça orientação sobre o assunto aos líderes de sua igreja local. Aqui nos limitamos a mostrar alguns detalhes do tabernáculo em si e a mobília, bem como as realidades que podem ser analisadas do ponto de vista da profecia. Lembremo-nos de que se tratava de uma tenda de acampamento especial, localizada no centro do acampamento de Israel e sobre a qual se pousava a coluna de nuvem, de dia, e a coluna de fogo, à noite (veja Êxodo 13.21,22), que manifestava a presença de Javé e guiava o povo pelo deserto. O tabernáculo sempre estava voltado para o leste. Sua construção foi orientada pelo sacerdote Itamar, filho de Arão, e executada por Bezalel, filho de Uri, filho de Hur, da tribo de Judá, e por Aoliabe, filho de Aisamaque, da tribo de Dã, ambos escolhidos por Deus para esse projeto (Êxodo 38.21-23).

No tabernáculo vemos simbolizados de diferentes formas Jesus Cristo, a Igreja, o Reino, o cristão, a natureza tripartida do ser humano e a nova Jerusalém. Consistia em um pátio, a Tenda do Encontro propriamente dita, formada de duas partes: o Lugar Santo, onde ministravam os sacerdotes, e o Lugar Santíssimo, onde apenas o sumo sacerdote podia entrar uma vez por ano, no Dia da Expiação ("Yom Kippur"), para apresentar a oferta pelos pecados de todo o povo somente depois de ter apresentado uma oferta por seus próprios pecados.

O pátio (ou átrio) (Êxodo 27.9-19)

Dimensões: um retângulo de aproximadamente 100 x 50 côvados (45 m x 22,5 m; 1 côvado — 0,45 m) e 5 côvados de altura (2,25 m).

As cortinas eram de linho trançado.

As colunas para as cortinas eram de bronze, com ganchos e ligaduras de prata nas colunas.

A porta do pátio tinha uma cortina de tecidos azul, roxo e vermelho, de linho fino trançado, de cerca de 10 metros, amparada por quatro colunas.

Dentro do pátio, o altar de bronze (usado para os sacrifícios) era o primeiro que se via ao entrar. Destacavam-se suas pontas em forma de chifre, uma em cada lado, como símbolos de poder. Dimensões: 5 x 5 côvados, por 3 côvados de altura (2,25 m x 2,25 m x 1,35 m), e sua grelha ficava a 1,5 côvado (0,675 m) de altura, a mesma altura do propiciatório no Lugar Santíssimo.

Depois do altar de bronze, estava a bacia de bronze com uma base de bronze para a purificação dos sacerdotes antes que entrassem no Lugar Santo.

O Lugar Santo ("Kodesh")
Dimensões: 10 x 20 côvados (4,5 m x 9 m; 1 côvado = 0,45 m).
A porta era estreita em comparação à do pátio. Somente passavam por ela os sacerdotes.
A mesa dos pães da Presença (Êxodo 25.23-30) era composta por 12 pães, um por tribo de Israel. Era de madeira de acácia, revestida de ouro puro. Ficava ao lado direito do Kodesh.
O candelabro de ouro (Êxodo 37.17-24) era lavrado em uma única peça de ouro. Pesava cerca de 60 kg. Tinha sete braços; destes o braço central era o único em posição reta e que alimentava de azeite consagrado os outros seis (veja Isaías 11.1,2). Era a única luz que havia no Lugar Santo.
O altar do incenso (Êxodo 30.1-11), ou "altar de ouro", era feito de madeira de acácia revestida de ouro. Situava-se diante do véu. O incenso representava a adoração do povo de Deus.
O véu (Êxodo 26.32,33) era de linho fino trançado e de fios de tecidos azul, roxo e vermelho; além disso, era bordado com querubins. Separava o Lugar Santo do Lugar Santíssimo.

O Lugar Santíssimo ("Kodesh Hakodashim")
Dimensões: 10 x 10 côvados (4,5 m x 4,5 m; 1 côvado = 0,45 m).
A arca da aliança (Êxodo 25.10-22) era um baú feito de madeira de acácia revestida de ouro. Media 2,5 x 1,5 côvado, por 1,5 côvado de altura (1,125 m x 0,675 m x 0,675 m; veja o altar de bronze). Nela ficavam as duas tábuas da aliança, uma porção do maná e a vara de Arão que floresceu quando houve disputas sobre o direito ao sacerdócio.
A tampa (ou propiciatório) "da misericórdia" (Êxodo 25.17-22) era de ouro puro, insculpida com martelo ou cinzel. Servia para tampar a parte superior da arca da aliança e tinha na parte de cima dois querubins de ouro talhados na mesma peça. Sobre ela espargia-se em pequenas gotas o sangue do sacrifício em favor do povo de Deus no Dia da Expiação.
Os dois querubins (Êxodo 37.3-9) estavam de frente um para o outro, mesmo que tivessem o rosto voltado para a tampa.

Lembremo-nos de que, ao morrer Jesus, o véu do templo que havia substituído o tabernáculo, e do qual se dizia que nem mesmo quatro juntas de bois puxando de ambos os lados poderiam rompê-lo, foi rasgado por Deus de cima a baixo, significando sua dor diante da morte do Filho, como também a possibilidade de, a partir desse momento, toda pessoa que o busque com coração sincero poder entrar em sua santa presença com segurança e alegria. Essa é a vantagem que Jesus obteve em nosso favor sobre o Antigo Testamento:

A Lei traz apenas uma sombra dos benefícios que hão de vir, não a sua realidade. Por isso ela nunca consegue, mediante os mesmos sacrifícios repetidos ano após ano, aperfeiçoar os que se aproximam para adorar. [...]

Portanto, irmãos, temos plena confiança para entrar no Lugar Santíssimo pelo sangue de Jesus, por um novo e vivo caminho que ele nos abriu por meio do véu, isto é, do seu corpo. Temos, pois, um grande sacerdote sobre a casa de Deus. Assim, aproximemo-nos de Deus com um coração sincero e com plena convicção de fé, tendo os corações aspergidos para nos purificar de uma consciência culpada e os nossos corpos lavados com água pura. Apeguemo-nos com firmeza à esperança que professamos, pois aquele que prometeu é fiel. (Hebreus 10.1,19-23).

do outro conjunto. ¹¹ Em seguida, faça cinquenta colchetes de bronze e ponha-os nas laçadas para unir a tenda como um todo. ¹² Quanto à sobra no comprimento das cortinas internas da tenda, a meia cortina interna que sobrar será pendurada na parte de trás do tabernáculo. ¹³ As dez cortinas internas serão quarenta e cinco centímetros mais compridas de cada lado; e o que sobrar será pendurado nos dois lados do tabernáculo, para cobri-lo. ¹⁴ Faça também para a tenda uma cobertura de pele de carneiro tingida de vermelho e por cima desta uma cobertura de couro.

As Armações do Tabernáculo

¹⁵ "Faça armações verticais de madeira de acácia para o tabernáculo. ¹⁶ Cada armação terá quatro metros e meio de comprimento por setenta centímetros de largura, ¹⁷ com dois encaixes paralelos um ao outro. Todas as armações do tabernáculo devem ser feitas dessa maneira. ¹⁸ Faça vinte armações para o lado sul do tabernáculo ¹⁹ e quarenta bases de prata debaixo delas: duas bases para cada armação, uma debaixo de cada encaixe. ²⁰ Para o outro lado, o lado norte do tabernáculo, faça vinte armações ²¹ e quarenta bases de prata, duas debaixo de cada armação. ²² Faça seis armações para o lado ocidental do tabernáculo, ²³ e duas armações na parte de trás, nos cantos. ²⁴ As armações nesses dois cantos serão duplas, desde a parte inferior até a superior, colocadas numa única argola; ambas serão assim. ²⁵ Desse modo, haverá oito armações e dezesseis bases de prata; duas debaixo de cada armação.

²⁶ "Faça também travessões de madeira de acácia: cinco para as armações de um lado do tabernáculo, ²⁷ cinco para as do outro lado e cinco para as do lado ocidental, na parte de trás do tabernáculo. ²⁸ O travessão central se estenderá de uma extremidade à outra entre as armações. ²⁹ Revista de ouro as armações e faça argolas de ouro para sustentar os travessões, os quais também terão que ser revestidos de ouro.

³⁰ "Faça o tabernáculo de acordo com o modelo que lhe foi mostrado no monte.

O Véu

³¹ "Faça um véu de linho fino trançado e de fios de tecidos azul, roxo e vermelho, e mande bordar nele querubins. ³² Pendure-o com ganchos de ouro em quatro colunas de madeira de acácia revestidas de ouro e fincadas em quatro bases de prata. ³³ Pendure o véu pelos colchetes e coloque atrás do véu a arca da aliança. O véu separará o Lugar Santo do Lugar Santíssimo. ³⁴ Coloque a tampa sobre a arca da aliança no Lugar Santíssimo. ³⁵ Coloque a mesa do lado de fora do véu, no lado norte do tabernáculo; e o candelabro em frente dela, no lado sul.

³⁶ "Para a entrada da tenda faça uma cortina de linho fino trançado e de fios de tecidos azul, roxo e vermelho — obra de bordador. ³⁷ Faça ganchos de ouro para essa cortina e cinco colunas de madeira de acácia revestidas de ouro. Mande fundir para eles cinco bases de bronze.

O Altar dos Holocaustos

27 "Faça um altar de madeira de acácia. Será quadrado, com dois metros e vinte e cinco centímetros de largura e um metro e trinta e cinco centímetros de altura[a]. ² Faça uma ponta em forma de chifre em cada um dos quatro cantos, formando uma só peça com o altar, que será revestido de bronze. ³ Faça de bronze todos os seus utensílios: os recipientes para recolher cinzas, as pás, as bacias de aspersão, os garfos para carne e os braseiros. ⁴ Faça também para ele uma grelha de bronze em forma de rede e uma argola de bronze em cada um dos quatro cantos da grelha. ⁵ Coloque-a abaixo da beirada do altar, de maneira que fique a meia altura do altar. ⁶ Faça varas de madeira de acácia para o altar e revista-as de bronze. ⁷ Essas varas serão colocadas nas argolas, dos dois lados do altar, quando este for carregado. ⁸ Faça o altar oco e de tábuas, conforme lhe foi mostrado no monte.

O Pátio

⁹ "Faça um pátio para o tabernáculo. O lado sul terá quarenta e cinco metros de comprimento e cortinas externas de linho fino trançado, ¹⁰ com vinte colunas e vinte bases de bronze, com ganchos e ligaduras de prata nas colunas. ¹¹ O lado norte também terá quarenta e cinco metros de comprimento e cortinas externas, com vinte colunas e vinte bases de bronze, com ganchos e ligaduras de prata nas colunas.

¹² "O lado ocidental, com as suas cortinas externas, terá vinte e dois metros e meio de largura, com dez colunas e dez bases. ¹³ O lado oriental, que dá para o nascente, também terá

---
[a] 27.1 Hebraico: *5 côvados de largura e 3 côvados de altura.* O côvado era uma medida linear de cerca de 45 centímetros.

vinte e dois metros e meio de largura. ¹⁴ Haverá cortinas de seis metros e setenta e cinco centímetros de comprimento num dos lados da entrada, com três colunas e três bases, ¹⁵ e cortinas externas de seis metros e setenta e cinco centímetros de comprimento no outro lado, também com três colunas e três bases.

¹⁶ "À entrada do pátio, haverá uma cortina de nove metros de comprimento, de linho fino trançado e de fios de tecidos azul, roxo e vermelho — obra de bordador — com quatro colunas e quatro bases. ¹⁷ Todas as colunas ao redor do pátio terão ligaduras, ganchos de prata e bases de bronze. ¹⁸ O pátio terá quarenta e cinco metros de comprimento e vinte e dois metros e meio de largura, com cortinas de linho fino trançado de dois metros e vinte e cinco centímetros de altura e bases de bronze. ¹⁹ Todos os utensílios para o serviço do tabernáculo, inclusive todas as estacas da tenda e as do pátio, serão feitos de bronze.

O Óleo para o Candelabro

²⁰ "Ordene aos israelitas que tragam azeite puro de olivas batidas para a iluminação, para que as lâmpadas fiquem sempre acesas. ²¹ Na Tenda do Encontro, do lado de fora do véu que se encontra diante das tábuas da aliança, Arão e seus filhos manterão acesas as lâmpadas diante do Senhor, do entardecer até de manhã. Esse será um decreto perpétuo entre os israelitas, geração após geração.

As Vestes Sacerdotais

28 "Chame seu irmão, Arão, e separe-o dentre os israelitas, e também os seus filhos Nadabe e Abiú, Eleazar e Itamar, para que me sirvam como sacerdotes. ² Para o seu irmão Arão, faça vestes sagradas que lhe confiram dignidade e honra. ³ Diga a todos os homens capazes, aos quais dei habilidade, que façam vestes para a consagração de Arão, para que me sirva como sacerdote. ⁴ São estas as vestes que farão: um peitoral, um colete sacerdotal, um manto, uma túnica bordada, um turbante e um cinturão. Para que o sacerdote Arão e seus filhos me sirvam como sacerdotes, eles farão essas vestes sagradas ⁵ e usarão linho fino, fios de ouro e fios de tecidos azul, roxo e vermelho.

O Colete Sacerdotal

⁶ "Faça o colete sacerdotal de linho fino trançado, de fios de ouro e de fios de tecidos azul, roxo e vermelho — trabalho artesanal. ⁷ Terá duas ombreiras atadas às suas duas extremidades para uni-lo bem. ⁸ O cinturão e o colete que por ele é preso serão feitos da mesma peça. O cinturão também será de linho fino trançado, de fios de ouro e de fios de tecidos azul, roxo e vermelho.

⁹ "Grave em duas pedras de ônix os nomes dos filhos de Israel, ¹⁰ por ordem de nascimento: seis nomes numa pedra e seis na outra. ¹¹ Grave os nomes dos filhos de Israel nas duas pedras como o lapidador grava um selo. Em seguida, prenda-as com filigranas de ouro, ¹² costurando-as nas ombreiras do colete sacerdotal, como pedras memoriais para os filhos de Israel. Assim Arão levará os nomes em seus ombros como memorial diante do Senhor. ¹³ Faça filigranas de ouro ¹⁴ e duas correntes de ouro puro, entrelaçadas como uma corda; e prenda as correntes às filigranas.

O Peitoral

¹⁵ "Faça um peitoral de decisões — trabalho artesanal. Faça-o como o colete sacerdotal: de linho fino trançado, de fios de ouro e de fios de tecidos azul, roxo e vermelho. ¹⁶ Será quadrado, com um palmo de comprimento e um palmo de largura, e dobrado em dois. ¹⁷ Em seguida, fixe nele quatro fileiras de pedras preciosas. Na primeira fileira haverá um rubi, um topázio e um berilo; ¹⁸ na segunda, uma turquesa, uma safira e um diamante; ¹⁹ na terceira, um jacinto, uma ágata e uma ametista; ²⁰ na quarta, um crisólito, um ônix e um jaspe.ᵃ ²¹ Serão doze pedras, uma para cada um dos nomes dos filhos de Israel, cada uma gravada como um selo, com o nome de uma das doze tribos.

²² "Faça para o peitoral correntes de ouro puro trançadas como cordas. ²³ Faça também duas argolas de ouro e prenda-as às duas extremidades do peitoral. ²⁴ Prenda as duas correntes de ouro às argolas nas extremidades do peitoral, ²⁵ e as outras extremidades das correntes, às duas filigranas, unindo-as às peças das ombreiras do colete sacerdotal, na parte da frente. ²⁶ Faça outras duas argolas de ouro e prenda-as às outras duas extremidades do peitoral, na borda interna, próxima ao colete sacerdotal. ²⁷ Faça mais duas argolas de ouro e prenda-as na parte inferior das ombreiras, na frente do colete sacerdotal, próximas da costura, logo acima do cinturão do colete

---

ᵃ **28.20** A identificação precisa de algumas destas pedras não é conhecida.

sacerdotal. ²⁸ As argolas do peitoral serão amarradas às argolas do colete com um cordão azul, ligando o peitoral ao cinturão, para que não se separe do colete sacerdotal.

²⁹ "Toda vez que Arão entrar no Lugar Santo, levará os nomes dos filhos de Israel sobre o seu coração no peitoral de decisões, como memorial permanente perante o Senhor. ³⁰ Ponha também o Urim e o Tumim*ᵃ* no peitoral das decisões, para que estejam sobre o coração de Arão sempre que ele entrar na presença do Senhor. Assim, Arão levará sempre sobre o coração, na presença do Senhor, os meios para tomar decisões em Israel.

Outras Vestes Sacerdotais

³¹ "Faça o manto do colete sacerdotal inteiramente de fios de tecido azul, ³² com uma abertura para a cabeça no centro. Ao redor dessa abertura haverá uma dobra tecida, como uma gola, para que não se rasgue. ³³ Faça romãs de fios de tecidos azul, roxo e vermelho em volta da borda do manto, intercaladas com pequenos sinos de ouro. ³⁴ Os sinos de ouro e as romãs se alternarão por toda a volta da borda do manto. ³⁵ Arão o vestirá quando ministrar. O som dos sinos será ouvido quando ele entrar no Lugar Santo diante do Senhor e quando sair, para que não morra.

³⁶ "Faça um diadema de ouro puro e grave nele como se grava um selo: Consagrado ao Senhor. ³⁷ Prenda-o na parte da frente do turbante com uma fita azul. ³⁸ Estará sobre a testa de Arão; assim ele levará a culpa de qualquer pecado que os israelitas cometerem em relação às coisas sagradas, ao fazerem todas as suas ofertas. Estará sempre sobre a testa de Arão, para que as ofertas sejam aceitas pelo Senhor.

³⁹ "Teça a túnica e o turbante com linho fino. O cinturão será feito por um bordador. ⁴⁰ Faça também túnicas, cinturões e gorros para os filhos de Arão, para conferir-lhes honra e dignidade. ⁴¹ Depois de vestir seu irmão, Arão, e os filhos dele, unja-os e consagre-os, para que me sirvam como sacerdotes.

⁴² "Faça-lhes calções de linho que vão da cintura até a coxa, para cobrirem a sua nudez. ⁴³ Arão e seus filhos terão que vesti-los sempre que entrarem na Tenda do Encontro ou quando se aproximarem do altar para ministrar no Lugar Santo, para que não incorram em culpa e morram.

ᵃ **28.30** Objetos utilizados para se conhecer a vontade de Deus.

"Este é um decreto perpétuo para Arão e para os seus descendentes.

A Consagração dos Sacerdotes

29 "Assim você os consagrará, para que me sirvam como sacerdotes: separe um novilho e dois cordeiros sem defeito. ² Com a melhor farinha de trigo, sem fermento, faça pães e bolos amassados com azeite, e pães finos, untados com azeite. ³ Coloque-os numa cesta e ofereça-os dentro dela; também ofereça o novilho e os dois cordeiros. ⁴ Depois traga Arão e seus filhos à entrada da Tenda do Encontro e mande-os lavar-se. ⁵ Pegue as vestes e vista Arão com a túnica e o peitoral. Prenda o colete sacerdotal sobre ele com o cinturão. ⁶ Ponha-lhe o turbante na cabeça e prenda a coroa sagrada ao turbante. ⁷ Unja-o com o óleo da unção, derramando-o sobre a cabeça de Arão. ⁸ Traga os filhos dele, vista cada um com uma túnica ⁹ e um gorro na cabeça. Ponha também os cinturões em Arão e em seus filhos. O sacerdócio lhes pertence como ordenança perpétua. Assim você dedicará Arão e seus filhos.

¹⁰ "Traga o novilho para a frente da Tenda do Encontro. Arão e seus filhos colocarão as mãos sobre a cabeça do novilho, ¹¹ e você o sacrificará na presença do Senhor, defronte da Tenda do Encontro. ¹² Com o dedo, coloque um pouco do sangue do novilho nas pontas do altar e derrame o resto do sangue na base do altar. ¹³ Depois tire toda a gordura que cobre as vísceras, o lóbulo do fígado e os dois rins com a gordura que os envolve e queime-os no altar. ¹⁴ Mas queime a carne, o couro e o excremento do novilho fora do acampamento; é oferta pelo pecado.

¹⁵ "Separe um dos cordeiros sobre cuja cabeça Arão e seus filhos terão que colocar as mãos. ¹⁶ Sacrifique-o, pegue o sangue e jogue-o nos lados do altar. ¹⁷ Corte o cordeiro em pedaços, lave as vísceras e as pernas e coloque-as ao lado da cabeça e das outras partes. ¹⁸ Depois queime o cordeiro inteiro sobre o altar; é holocausto dedicado ao Senhor; é oferta de aroma agradável dedicada ao Senhor preparada no fogo.

¹⁹ "Pegue depois o outro cordeiro. Arão e seus filhos colocarão as mãos sobre a cabeça do animal, ²⁰ e você o sacrificará. Pegue do sangue e coloque-o na ponta da orelha direita de Arão e dos seus filhos, no polegar da mão direita e do pé direito de cada um deles. Depois derrame o resto do sangue nos lados do altar. ²¹ Pegue, então, um pouco do sangue do altar e um

pouco do óleo da unção, e faça aspersão com eles sobre Arão e suas vestes, sobre seus filhos e as vestes deles. Assim serão consagrados, ele e suas vestes, seus filhos e as vestes deles.

²² "Tire desse cordeiro a gordura, a parte gorda da cauda, a gordura que cobre as vísceras, o lóbulo do fígado, os dois rins e a gordura que os envolve, e a coxa direita. Esse é o cordeiro da oferta de ordenação. ²³ Da cesta de pães sem fermento, que está diante do Senhor, tire um pão, um bolo assado com azeite e um pão fino. ²⁴ Coloque tudo nas mãos de Arão e de seus filhos, e apresente-os como oferta ritualmente movida perante o Senhor. ²⁵ Em seguida, retome-o das mãos deles e queime os pães no altar com o holocausto de aroma agradável ao Senhor; é oferta dedicada ao Senhor preparada no fogo. ²⁶ Tire o peito do cordeiro para a ordenação de Arão e mova-o perante o Senhor, como gesto ritual de apresentação; essa parte pertencerá a você.

²⁷ "Consagre aquelas partes do cordeiro da ordenação que pertencem a Arão e a seus filhos: o peito e a coxa movidos como oferta. ²⁸ Essas partes sempre serão dadas pelos israelitas a Arão e a seus filhos. É a contribuição obrigatória que lhes farão, das suas ofertas de comunhão ao Senhor.

²⁹ "As vestes sagradas de Arão passarão aos seus descendentes, para que as vistam quando forem ungidos e consagrados. ³⁰ O filho que o suceder como sacerdote e vier à Tenda do Encontro para ministrar no Lugar Santo terá que usá-las durante sete dias.

³¹ "Pegue o cordeiro da ordenação e cozinhe a sua carne num lugar sagrado. ³² À entrada da Tenda do Encontro, Arão e seus filhos deverão comer a carne do cordeiro e o pão que está na cesta. ³³ Eles comerão dessas ofertas com as quais se fez propiciação para sua ordenação e consagração; somente os sacerdotes poderão comê-las, pois são sagradas. ³⁴ Se sobrar carne do cordeiro da ordenação ou pão até a manhã seguinte, queime a sobra. Não se deve comê-los, visto que são sagrados.

³⁵ "Para a ordenação de Arão e seus filhos, faça durante sete dias tudo que ordenei. ³⁶ Sacrifique um novilho por dia como oferta pelo pecado para fazer propiciação. Purifique o altar, fazendo propiciação por ele, e unja-o para consagrá-lo. ³⁷ Durante sete dias faça propiciação pelo altar, consagrando-o. Então o altar será santíssimo, e tudo o que nele tocar será santo.

Os Dois Holocaustos Diários

³⁸ "Eis o que você terá que sacrificar regularmente sobre o altar: a cada dia dois cordeiros de um ano. ³⁹ Ofereça um de manhã e o outro ao entardecer. ⁴⁰ Com o primeiro cordeiro ofereça um jarro*ᵃ* da melhor farinha misturada com um litro*ᵇ* de azeite de olivas batidas, e um litro de vinho como oferta derramada. ⁴¹ Ofereça o outro cordeiro ao entardecer com uma oferta de cereal e uma oferta derramada, como de manhã. É oferta de aroma agradável ao Senhor preparada no fogo.

⁴² "De geração em geração esse holocausto deverá ser feito regularmente à entrada da Tenda do Encontro, diante do Senhor. Nesse local eu os encontrarei e falarei com você; ⁴³ ali me encontrarei com os israelitas, e o lugar será consagrado pela minha glória.

⁴⁴ "Assim consagrarei a Tenda do Encontro e o altar, e consagrarei também Arão e seus filhos para me servirem como sacerdotes. ⁴⁵ E habitarei no meio dos israelitas e serei o seu Deus. ⁴⁶ Saberão que eu sou o Senhor, o seu Deus, que os tirou do Egito para habitar no meio deles. Eu sou o Senhor, o seu Deus.

O Altar do Incenso

30 "Faça um altar de madeira de acácia para queimar incenso. ² Será quadrado, com quarenta e cinco centímetros de cada lado*ᶜ* e noventa centímetros de altura; suas pontas formarão com ele uma só peça. ³ Revista de ouro puro a parte superior, todos os lados e as pontas, e faça uma moldura de ouro ao seu redor. ⁴ Faça duas argolas de ouro de cada lado do altar, abaixo da moldura, que sustentem as varas utilizadas para carregá-lo, ⁵ e use madeira de acácia para fazer as varas e revista-as de ouro. ⁶ Coloque o altar em frente do véu que se encontra diante da arca da aliança*ᵈ*, diante da tampa*ᵉ* que está sobre ele, onde me encontrarei com você.

⁷ "Arão queimará incenso aromático sobre o altar todas as manhãs, quando vier cuidar das

---

ᵃ **29.40** Hebraico: *1/10 de efa*. O efa era uma medida de capacidade para secos. As estimativas variam entre 20 e 40 litros.
ᵇ **29.40** Hebraico: *1/4 de him*. O him era uma medida de capacidade para líquidos. As estimativas variam entre 3 e 6 litros.
ᶜ **30.2** Hebraico: *1 côvado de comprimento e de largura*.
ᵈ **30.6** Hebraico: *do Testemunho*. Isto é, das tábuas da aliança; também em 30.26; 31.7; 39.35; 40.3, 5 e 21.
ᵉ **30.6** Tradicionalmente *um propiciatório*; também em 31.7; 35.12; 37.6-9; 39.35 e 40.20.

lâmpadas, ⁸ e também quando acendê-las ao entardecer. Será queimado incenso continuamente perante o Senhor, pelas suas gerações. ⁹ Não ofereçam nesse altar nenhum outro tipo de incenso nem holocausto*ᵃ* nem oferta de cereal nem derramem sobre ele ofertas de bebidas*ᵇ*. ¹⁰ Uma vez por ano, Arão fará propiciação sobre as pontas do altar. Essa propiciação anual será realizada com o sangue da oferta para propiciação pelo pecado, geração após geração. Esse altar é santíssimo ao Senhor".

O Preço da Propiciação

¹¹ Disse então o Senhor a Moisés: ¹² "Quando você fizer o recenseamento dos israelitas, cada um deles terá que pagar ao Senhor um preço pelo resgate por sua vida ao ser for contado. Dessa forma nenhuma praga virá sobre eles quando você os contar. ¹³ Cada recenseado contribuirá com seis gramas*ᶜ*, com base no peso padrão*ᵈ* do santuário, que tem doze gramas*ᵉ*. Os seis gramas são uma oferta ao Senhor. ¹⁴ Todos os alistados, da idade de vinte anos para cima, darão ao Senhor essa oferta. ¹⁵ Os ricos não contribuirão com mais, nem os pobres darão menos que seis gramas, quando apresentarem a oferta ao Senhor como propiciação por sua vida. ¹⁶ Receba dos israelitas o preço da propiciação e use-o para o serviço da Tenda do Encontro. Será um memorial perante o Senhor em favor dos israelitas, para fazerem propiciação por suas vidas".

A Bacia de Bronze

¹⁷ Disse então o Senhor a Moisés: ¹⁸ "Faça uma bacia de bronze com uma base de bronze, para se lavarem. Coloque-a entre a Tenda do Encontro e o altar, e mande enchê-la de água. ¹⁹ Arão e seus filhos lavarão as mãos e os pés com a água da bacia. ²⁰ Toda vez que entrarem na Tenda do Encontro, terão que lavar-se com água, para que não morram. Quando também se aproximarem do altar para ministrar ao Senhor, apresentando uma oferta preparada no fogo, ²¹ lavarão as mãos e os pés para que não morram. Esse é um decreto perpétuo, para Arão e os seus descendentes, geração após geração".

O Óleo para as Unções

²² Em seguida, o Senhor disse a Moisés: ²³ "Junte as seguintes especiarias: seis quilos de mirra líquida, a metade disso, ou seja, três quilos de canela, três quilos de cana aromática, ²⁴ seis quilos de cássia, com base no peso padrão do santuário, e um galão*ᶠ* de azeite de oliva. ²⁵ Faça com eles o óleo sagrado para as unções, uma mistura de aromas — obra de perfumista. Esse será o óleo sagrado para as unções. ²⁶ Use-o para ungir a Tenda do Encontro, a arca da aliança, ²⁷ a mesa e todos os seus utensílios, o candelabro e os seus utensílios, o altar do incenso, ²⁸ o altar do holocausto e todos os seus utensílios, e a bacia com a sua base. ²⁹ Você os consagrará e serão santíssimos, e tudo o que neles tocar se tornará santo.

³⁰ "Unja Arão e seus filhos e consagre-os para que me sirvam como sacerdotes. ³¹ Diga aos israelitas: Este será o meu óleo sagrado para as unções, geração após geração. ³² Não o derramem sobre nenhum outro homem e não façam nenhum outro óleo com a mesma composição. É óleo sagrado, e assim vocês devem considerá-lo. ³³ Quem fizer óleo como esse ou usá-lo em alguém que não seja sacerdote, será eliminado do meio do seu povo".

O Incenso

³⁴ Disse ainda o Senhor a Moisés: "Junte as seguintes essências: bálsamo, ônica, gálbano e incenso puro — todos em quantidades iguais —, ³⁵ e faça um incenso de mistura aromática — obra de perfumista. Levará sal e será puro e santo. ³⁶ Moa parte dele, até virar pó, e coloque-o diante das tábuas da aliança, na Tenda do Encontro, onde me encontrarei com você. O incenso lhes será santíssimo. ³⁷ Não façam nenhum outro incenso com a mesma composição para uso pessoal; considerem-no sagrado, reservado para o Senhor. ³⁸ Quem fizer um incenso semelhante, para usufruir sua fragrância, será eliminado do seu povo".

A Escolha dos Artesãos do Tabernáculo

31 Disse então o Senhor a Moisés: ² "Eu escolhi Bezalel, filho de Uri, filho de Hur, da tribo de Judá, ³ e o enchi do Espírito de Deus, dando-lhe destreza, habilidade e plena capacidade artística ⁴ para desenhar e executar

---

ᵃ 30.9 Isto é, sacrifício totalmente queimado; também em 30.28; 31.9; 32.6; 35.16; 38.1; 40.6, 10 e 29.
ᵇ 30.9 Veja Nm 28.7.
ᶜ 30.13 Hebraico: *1/2 siclo*. Um siclo equivalia a 12 gramas.
ᵈ 30.13 Hebraico: *no siclo*; também no versículo 24 e em 38.24 e 25.
ᵉ 30.13 Hebraico: *20 geras*. Uma gera equivalia a 0,6 gramas.
ᶠ 30.24 Hebraico: *1 him*. O him era uma medida de capacidade para líquidos. As estimativas variam entre 3 e 6 litros.

trabalhos em ouro, prata e bronze, ⁵ para talhar e esculpir pedras, para entalhar madeira e executar todo tipo de obra artesanal. ⁶ Além disso, designei Aoliabe, filho de Aisamaque, da tribo de Dã, para auxiliá-lo. Também capacitei todos os artesãos para que executem tudo o que lhe ordenei: ⁷ a Tenda do Encontro, a arca da aliança e a tampa que está sobre ela, e todos os outros utensílios da tenda — ⁸ a mesa com os seus utensílios, o candelabro de ouro puro e os seus utensílios, o altar do incenso, ⁹ o altar do holocausto com os seus utensílios, a bacia com a sua base — ¹⁰ as vestes litúrgicas, tanto as vestes sagradas para Arão, o sacerdote, como as vestes para os seus filhos, quando servirem como sacerdotes, ¹¹ e o óleo para as unções e o incenso aromático para o Lugar Santo. Tudo deve ser feito exatamente como eu lhe ordenei".

O Dia de Sábado

¹² Disse ainda o Senhor a Moisés: ¹³ "Diga aos israelitas que guardem os meus sábados. Isso será um sinal entre mim e vocês, geração após geração, a fim de que saibam que eu sou o Senhor, que os santifica.

¹⁴ "Guardem o sábado, pois para vocês é santo. Aquele que o profanar terá que ser executado; quem fizer algum trabalho nesse dia será eliminado do meio do seu povo. ¹⁵ Em seis dias qualquer trabalho poderá ser feito, mas o sétimo dia é o sábado, o dia de descanso, consagrado ao Senhor. Quem fizer algum trabalho no sábado terá que ser executado. ¹⁶ Os israelitas terão que guardar o sábado, eles e os seus descendentes, como aliança perpétua. ¹⁷ Isso será um sinal perpétuo entre mim e os israelitas, pois em seis dias o Senhor fez os céus e a terra, e no sétimo dia ele não trabalhou e descansou".

¹⁸ Quando o Senhor terminou de falar com Moisés no monte Sinai, deu-lhe as duas tábuas da aliança, tábuas de pedra, escritas pelo dedo de Deus.

O Bezerro de Ouro

32 O povo, ao ver que Moisés demorava a descer do monte, juntou-se ao redor de Arão e lhe disse: "Venha, faça para nós deuses[a] que nos conduzam, pois a esse Moisés, o homem que nos tirou do Egito, não sabemos o que lhe aconteceu".

² Respondeu-lhes Arão: "Tirem os brincos de ouro de suas mulheres, de seus filhos e de suas filhas e tragam-nos a mim". ³ Todos tiraram os seus brincos de ouro e os levaram a Arão. ⁴ Ele os recebeu e os fundiu, transformando tudo num ídolo, que modelou com uma ferramenta própria, dando-lhe a forma de um bezerro. Então disseram: "Eis aí os seus deuses[b], ó Israel, que tiraram vocês do Egito!"

⁵ Vendo isso, Arão edificou um altar diante do bezerro e anunciou: "Amanhã haverá uma festa dedicada ao Senhor". ⁶ Na manhã seguinte, ofereceram holocaustos e sacrifícios de comunhão[c]. O povo se assentou para comer e beber, e levantou-se para se entregar à farra.

⁷ Então o Senhor disse a Moisés: "Desça, porque o seu povo, que você tirou do Egito, corrompeu-se. ⁸ Muito depressa se desviaram daquilo que lhes ordenei e fizeram um ídolo em forma de bezerro, curvaram-se diante dele, ofereceram-lhe sacrifícios e disseram: 'Eis aí, ó Israel, os seus deuses que tiraram vocês do Egito' ".

⁹ Disse o Senhor a Moisés: "Tenho visto que este povo é um povo obstinado. ¹⁰ Deixe-me agora, para que a minha ira se acenda contra eles, e eu os destrua. Depois farei de você uma grande nação".

¹¹ Moisés, porém, suplicou ao Senhor, o seu Deus, clamando: "Ó Senhor, por que se acenderia a tua ira contra o teu povo, que tiraste do Egito com grande poder e forte mão? ¹² Por que diriam os egípcios: 'Foi com intenção maligna que ele os libertou, para matá-los nos montes e bani-los da face da terra'? Arrepende-te do fogo da tua ira! Tem piedade, e não tragas este mal sobre o teu povo! ¹³ Lembra-te dos teus servos Abraão, Isaque e Israel, aos quais juraste por ti mesmo: 'Farei que os seus descendentes sejam numerosos como as estrelas do céu e lhes darei toda esta terra que lhes prometi, que será a sua herança para sempre' ". ¹⁴ E sucedeu que o Senhor arrependeu-se do mal que ameaçara trazer sobre o povo.

¹⁵ Então Moisés desceu do monte, levando nas mãos as duas tábuas da aliança; estavam escritas em ambos os lados, frente e verso. ¹⁶ As tábuas tinham sido feitas por Deus; o que nelas estava gravado fora escrito por Deus.

¹⁷ Quando Josué ouviu o barulho do povo gritando, disse a Moisés: "Há barulho de guerra no acampamento".

---

[a] **32.1** Ou *um deus*; também nos versículos 23 e 31.
[b] **32.4** Ou *o seu deus*; também no versículo 8.
[c] **32.6** Ou *de paz*

¹⁸ Respondeu Moisés:

"Não é canto de vitória,
nem canto de derrota;
mas ouço o som de canções!"

¹⁹ Quando Moisés aproximou-se do acampamento e viu o bezerro e as danças, irou-se e jogou as tábuas no chão, ao pé do monte, quebrando-as. ²⁰ Pegou o bezerro que eles tinham feito e o destruiu no fogo; depois de moê-lo até virar pó, espalhou-o na água e fez com que os israelitas a bebessem.

²¹ E perguntou a Arão: "Que fez esse povo a você para que o levasse a tão grande pecado?"

²² Respondeu Arão: "Não te enfureças, meu senhor; tu bem sabes como esse povo é propenso para o mal. ²³ Eles me disseram: 'Faça para nós deuses que nos conduzam, pois não sabemos o que aconteceu com esse Moisés, o homem que nos tirou do Egito'. ²⁴ Então eu lhes disse: 'Quem tiver enfeites de ouro, traga-os para mim'. O povo trouxe-me o ouro, eu o joguei no fogo e surgiu esse bezerro!"

²⁵ Moisés viu que o povo estava desenfreado e que Arão o tinha deixado fora de controle, tendo se tornado objeto de riso para os seus inimigos. ²⁶ Então ficou em pé, à entrada do acampamento, e disse: "Quem é pelo Senhor, junte-se a mim". Todos os levitas se juntaram a ele.

²⁷ Declarou-lhes também: "Assim diz o Senhor, o Deus de Israel: 'Pegue cada um sua espada, percorra o acampamento, de tenda em tenda, e mate o seu irmão, o seu amigo e o seu vizinho' ". ²⁸ Fizeram os levitas conforme Moisés ordenou, e naquele dia morreram cerca de três mil dentre o povo. ²⁹ Disse então Moisés: "Hoje vocês se consagraram ao Senhor, pois nenhum de vocês poupou o seu filho e o seu irmão, de modo que o Senhor os abençoou neste dia".

³⁰ No dia seguinte Moisés disse ao povo: "Vocês cometeram um grande pecado. Mas agora subirei ao Senhor e talvez possa oferecer propiciação pelo pecado de vocês".

³¹ Assim, Moisés voltou ao Senhor e disse: "Ah, que grande pecado cometeu este povo! Fizeram para si deuses de ouro. ³² Mas agora, eu te rogo, perdoa-lhes o pecado; se não, risca-me do teu livro que escreveste".

³³ Respondeu o Senhor a Moisés: "Riscarei do meu livro todo aquele que pecar contra mim. ³⁴ Agora vá, guie o povo ao lugar de que lhe falei, e meu anjo irá à sua frente. Todavia, quando chegar a hora de puni-los, eu os punirei pelos pecados deles".

³⁵ E o Senhor feriu o povo com uma praga porque quiseram que Arão fizesse o bezerro.

33 Depois ordenou o Senhor a Moisés: "Saia deste lugar, com o povo que você tirou do Egito, e vá para a terra que prometi com juramento a Abraão, a Isaque e a Jacó, dizendo: 'Eu a darei a seus descendentes'. ² Mandarei à sua frente um anjo e expulsarei os cananeus, os amorreus, os hititas, os ferezeus, os heveus e os jebuseus. ³ Vão para a terra onde há leite e mel com fartura. Mas eu não irei com vocês, pois vocês são um povo obstinado, e eu poderia destruí-los no caminho".

⁴ Quando o povo ouviu essas palavras terríveis, começou a chorar, e ninguém usou enfeite algum. ⁵ Isso porque o Senhor ordenara que Moisés dissesse aos israelitas: "Vocês são um povo obstinado. Se eu fosse com vocês, ainda que por um só momento, eu os destruiria. Agora tirem os seus enfeites, e eu decidirei o que fazer com vocês". ⁶ Por isso, do monte Horebe em diante, os israelitas não usaram mais nenhum enfeite.

A Tenda do Encontro

⁷ Moisés costumava montar uma tenda do lado de fora do acampamento; ele a chamava Tenda do Encontro. Quem quisesse consultar o Senhor ia à tenda, fora do acampamento. ⁸ Sempre que Moisés ia até lá, todo o povo se levantava e ficava em pé à entrada de suas tendas, observando-o, até que ele entrasse na tenda. ⁹ Assim que Moisés entrava, a coluna de nuvem descia e ficava à entrada da tenda, enquanto o Senhor falava com Moisés. ¹⁰ Quando o povo via a coluna de nuvem parada à entrada da tenda, todos prestavam adoração em pé, cada qual na entrada de sua própria tenda. ¹¹ O Senhor falava com Moisés face a face, como quem fala com seu amigo. Depois Moisés voltava ao acampamento; mas Josué, filho de Num, que lhe servia como auxiliar, não se afastava da tenda.

33.11 A primeira parte deste versículo tem uma tradução mais literal: "face a face, como quem fala com seu amigo". Moisés era um amigo até então visto como gago, tímido e de poucas palavras, mas o Senhor o vira com todo o potencial que havia dado a ele: o futuro libertador e líder de Israel, o povo da aliança. A amizade que existia entre Deus e Moisés deve ser para você, caro discípulo, algo que queira para a sua própria vida. O Senhor vê o discípulo também com todo o potencial que deu a cada um; pelo fato de o discípulo ter crido e nascido de novo, Deus o vê como um amigo com quem deseja conversar. Devemos aprender uma importante lição: Deus não está se escondendo de ninguém, mas quer comunicar-se com cada um de nós; não deseja afastar-nos dele, mas, sim, ter a nossa amizade e estar em sintonia eterna com cada um de seus filhos, co-herdeiros com Cristo e membros de sua família.

Moisés diante da Glória de Deus

¹² Disse Moisés ao Senhor: "Tu me ordenaste: 'Conduza este povo', mas não me permites saber quem enviarás comigo. Disseste: 'Eu o conheço pelo nome e de você tenho me agradado'. ¹³ Se me vês com agrado, revela-me os teus propósitos, para que eu te conheça e continue sendo aceito por ti. Lembra-te de que esta nação é o teu povo".

¹⁴ Respondeu o Senhor: "Eu mesmo o acompanharei e lhe darei descanso".

¹⁵ Então Moisés lhe declarou: "Se não fores conosco, não nos envies. ¹⁶ Como se saberá que eu e o teu povo podemos contar com o teu favor, se não nos acompanhares? Que mais poderá distinguir a mim e a teu povo de todos os demais povos da face da terra?"

¹⁷ O Senhor disse a Moisés: "Farei o que me pede, porque tenho me agradado de você e o conheço pelo nome".

¹⁸ Então disse Moisés: "Peço-te que me mostres a tua glória".

¹⁹ E Deus respondeu: "Diante de você farei passar toda a minha bondade e diante de você proclamarei o meu nome: o Senhor. Terei misericórdia de quem eu quiser ter misericórdia e terei compaixão de quem eu quiser ter compaixão. ²⁰ E acrescentou: "Você não poderá ver a minha face, porque ninguém poderá ver-me e continuar vivo".

²¹ E prosseguiu o Senhor: "Há aqui um lugar perto de mim, onde você ficará, em cima de uma rocha. ²² Quando a minha glória passar, eu o colocarei numa fenda da rocha e o cobrirei com a minha mão até que eu tenha acabado de passar. ²³ Então tirarei a minha mão e você verá as minhas costas; mas a minha face ninguém poderá ver".

As Novas Tábuas da Lei

34 Disse o Senhor a Moisés: "Talhe duas tábuas de pedra semelhantes às primeiras, e nelas escreverei as palavras que estavam nas primeiras tábuas que você quebrou. ² Esteja pronto pela manhã para subir ao monte Sinai. E lá mesmo, no alto do monte, apresente-se a mim. ³ Ninguém poderá ir com você nem ficar em lugar algum do monte; nem mesmo ovelhas e bois deverão pastar diante do monte".

⁴ Assim Moisés lavrou duas tábuas de pedra semelhantes às primeiras e subiu ao monte Sinai, logo de manhã, como o Senhor lhe havia ordenado, levando nas mãos as duas tábuas de pedra. ⁵ Então o Senhor desceu na nuvem, permaneceu ali com ele e proclamou o seu nome: o Senhor. ⁶ E passou diante de Moisés, proclamando:

"Senhor, Senhor,
Deus compassivo e misericordioso,
paciente, cheio de amor e de fidelidade,
⁷ que mantém o seu amor a milhares
e perdoa a maldade,
a rebelião e o pecado.
Contudo, não deixa de punir o culpado;
castiga os filhos e os netos
pelo pecado de seus pais,
até a terceira e a quarta gerações".

⁸ Imediatamente Moisés prostrou-se com o rosto em terra e o adorou, dizendo: ⁹ "Senhor, se de fato me aceitas com agrado, que o Senhor nos acompanhe. Mesmo sendo esse um povo obstinado, perdoa a nossa maldade e o nosso pecado e faze de nós a tua herança".

A Renovação da Aliança

¹⁰ "Faço com você uma aliança", disse o Senhor. "Diante de todo o seu povo farei maravilhas jamais realizadas na presença de nenhum outro povo do mundo. O povo no meio do qual você habita verá a obra maravilhosa que eu, o Senhor, farei. ¹¹ Obedeça às ordens que hoje lhe dou. Expulsarei de diante de você os amorreus, os cananeus, os hititas, os ferezeus, os heveus e os jebuseus. ¹² Acautele-se para não fazer acordo com aqueles que vivem na terra para a qual você está indo, pois eles se tornariam uma armadilha. ¹³ Ao contrário, derrube os altares deles, quebre as suas colunas sagradas e corte os seus

postes sagrados. ¹⁴ Nunca adore nenhum outro deus, porque o Senhor, cujo nome é Zeloso, é de fato Deus zeloso.

¹⁵ "Acautele-se para não fazer acordo com aqueles que já vivem na terra; pois, quando eles se prostituírem seguindo os seus deuses e lhes oferecerem sacrifícios, convidarão você e poderão levá-lo a comer dos seus sacrifícios ¹⁶ e a escolher para os seus filhos mulheres dentre as filhas deles. Quando elas se prostituírem seguindo os seus deuses, poderão levar os seus filhos a se prostituir também.

¹⁷ "Não faça ídolos de metal para você.

¹⁸ "Celebre a festa dos pães sem fermento. Durante sete dias coma pão sem fermento, como lhe ordenei. Faça isso no tempo certo, no mês de abibeᵃ, porquanto naquele mês você saiu do Egito.

¹⁹ "O primeiro a nascer de cada ventre me pertence, todos os machos dentre as primeiras crias dos seus rebanhos: bezerros, cordeiros e cabritos. ²⁰ Resgate com um cordeiro cada primeiro jumentinho que nascer; mas, se não o resgatar, quebre-lhe o pescoço. Resgate todos os seus primogênitos.

"Ninguém compareça perante mim de mãos vazias.

²¹ "Trabalhe seis dias, mas descanse no sétimo; tanto na época de arar como na da colheita.

²² "Celebre a festa das semanasᵇ, na ocasião dos primeiros frutos da colheita do trigo, e a festa do encerramento da colheita, no fim do ano. ²³ Três vezes por ano todos os homens do seu povo comparecerão diante do Soberano, o Senhor, o Deus de Israel. ²⁴ Expulsarei nações de diante de você e ampliarei o seu território. Quando você subir três vezes por ano para apresentar-se ao Senhor, o seu Deus, ninguém cobiçará a sua terra.

²⁵ "Não me ofereça o sangue de nenhum sacrifício misturado com algo fermentado, e não deixe sobra alguma do sacrifício da festa da Páscoa até a manhã seguinte.

²⁶ "Traga o melhor dos primeiros frutos da terra ao santuário do Senhor, o seu Deus.

"Não cozinhe o cabrito no leite da própria mãe."

²⁷ Disse o Senhor a Moisés: "Escreva essas palavras; porque é de acordo com elas que faço aliança com você e com Israel". ²⁸ Moisés ficou ali com o Senhor quarenta dias e quarenta noites, sem comer pão e sem beber água. E escreveu nas tábuas as palavras da aliança: os Dez Mandamentos.

O Rosto Resplandecente de Moisés

²⁹ Ao descer do monte Sinai com as duas tábuas da aliança nas mãos, Moisés não sabia que o seu rosto resplandecia por ter conversado com o Senhor. ³⁰ Quando Arão e todos os israelitas viram Moisés com o rosto resplandecente, tiveram medo de aproximar-se dele. ³¹ Ele, porém, os chamou; Arão e os líderes da comunidade atenderam, e Moisés falou com eles. ³² Depois, todos os israelitas se aproximaram, e ele lhes transmitiu todos os mandamentos que o Senhor lhe tinha dado no monte Sinai.

³³ Quando acabou de falar com eles, cobriu o rosto com um véu. ³⁴ Mas toda vez que entrava para estar na presença do Senhor e falar com ele, tirava o véu até sair. Sempre que saía e contava aos israelitas tudo o que lhe havia sido ordenado, ³⁵ eles viam que o seu rosto resplandecia. Então, de novo Moisés cobria o rosto com o véu até entrar de novo para falar com o Senhor.

A Lei do Sábado

35 Moisés reuniu toda a comunidade de Israel e disse a ela: "Estas são as coisas que o Senhor os mandou fazer: ² Em seis dias qualquer trabalho poderá ser feito, mas o sétimo dia lhes será santo, um sábado de descanso consagrado ao Senhor. Todo aquele que trabalhar nesse dia terá que ser morto. ³ Nem sequer acendam fogo em nenhuma de suas casas no dia de sábado!"

O Material para o Tabernáculo

⁴ Disse Moisés a toda a comunidade de Israel: "Foi isto que o Senhor ordenou: ⁵ 'Separem dentre os seus bens uma oferta para o Senhor. Todo aquele que, de coração, estiver disposto, trará como oferta ao Senhor ouro, prata e bronze; ⁶ fios de tecidos azul, roxo e vermelho; linho fino e pelos de cabra; ⁷ peles de carneiro tingidas de vermelho e couroᶜ; madeira de acácia; ⁸ óleo para a iluminação; especiarias para o óleo da unção e para o incenso aromático; ⁹ pedras de ônix e outras pedras preciosas para serem encravadas no colete sacerdotal e no peitoral.

ᵃ **34.18** Aproximadamente março/abril.
ᵇ **34.22** Isto é, do Pentecoste.
ᶜ **35.7** Possivelmente de animais marinhos; também em 35.23, 36.19 e 39.34.

¹⁰ "Todos os que dentre vocês forem capazes virão fazer tudo quanto o Senhor ordenou: ¹¹ o tabernáculo com sua tenda e sua cobertura, os ganchos, as armações, os travessões, as colunas e as bases; ¹² a arca com suas varas, a tampa e o véu que a protege; ¹³ a mesa com suas varas e todos os seus utensílios, e os pães da Presença; ¹⁴ o candelabro com seus utensílios, as lâmpadas e o óleo para iluminação; ¹⁵ o altar do incenso com suas varas, o óleo da unção e o incenso aromático; a cortina divisória à entrada do tabernáculo; ¹⁶ o altar de holocaustos com sua grelha de bronze, suas varas e todos os seus utensílios; a bacia de bronze e sua base; ¹⁷ as cortinas externas do pátio com suas colunas e bases, e a cortina da entrada para o pátio; ¹⁸ as estacas do tabernáculo e do pátio e suas cordas; ¹⁹ as vestes litúrgicas para ministrar no Lugar Santo, tanto as vestes sagradas de Arão, o sacerdote, como as vestes de seus filhos, para quando servirem como sacerdotes'".

²⁰ Então toda a comunidade de Israel saiu da presença de Moisés, ²¹ e todos os que estavam dispostos, cujo coração os impeliu a isso, trouxeram uma oferta ao Senhor para a obra da Tenda do Encontro, para todos os seus serviços e para as vestes sagradas. ²² Todos os que se dispuseram, tanto homens como mulheres, trouxeram joias de ouro de todos os tipos: broches, brincos, anéis e ornamentos; e apresentaram seus objetos de ouro como oferta ritualmente movida perante o Senhor. ²³ Todos os que possuíam fios de tecidos azul, roxo e vermelho, ou linho fino, ou pelos de cabra, peles de carneiro tingidas de vermelho, ou couro, trouxeram-nos. ²⁴ Aqueles que apresentaram oferta de prata ou de bronze trouxeram-na como oferta ao Senhor, e todo aquele que possuía madeira de acácia para qualquer das partes da obra também a trouxe. ²⁵ Todas as mulheres capazes teceram com suas mãos e trouxeram o que haviam feito: tecidos azul, roxo e vermelho e linho fino. ²⁶ Todas as mulheres que se dispuseram e que tinham habilidade teceram os pelos de cabra. ²⁷ Os líderes trouxeram pedras de ônix e outras pedras preciosas para serem encravadas no colete sacerdotal e no peitoral. ²⁸ Trouxeram também especiarias e azeite de oliva para a iluminação, para o óleo da unção e para o *incenso aromático*. ²⁹ Todos os israelitas que se dispuseram, tanto homens como mulheres, trouxeram ao Senhor ofertas voluntárias para toda a obra que o Senhor, por meio de Moisés, ordenou-lhes que fizessem.

Os Artesãos do Tabernáculo

³⁰ Disse então Moisés aos israelitas: "O Senhor escolheu Bezalel, filho de Uri, neto de Hur, da tribo de Judá, ³¹ e o encheu do Espírito de Deus, dando-lhe destreza, habilidade e plena capacidade artística, ³² para desenhar e executar trabalhos em ouro, prata e bronze, ³³ para talhar e lapidar pedras e entalhar madeira para todo tipo de obra artesanal. ³⁴ E concedeu tanto a ele como a Aoliabe, filho de Aisamaque, da tribo de Dã, a habilidade de ensinar os outros. ³⁵ A todos esses deu capacidade para realizar todo tipo de obra como artesãos, projetistas, bordadores de linho fino e de fios de tecidos azul, roxo e vermelho, e como tecelões. Eram capazes de projetar e executar qualquer trabalho artesanal.

36 "Assim Bezalel, Aoliabe e todos os homens capazes, a quem o Senhor concedeu destreza e habilidade para fazer toda a obra de construção do santuário, realizarão a obra como o Senhor ordenou".

² Então Moisés chamou Bezalel e Aoliabe e todos os homens capazes a quem o Senhor dera habilidade e que estavam dispostos a vir realizar a obra. ³ Receberam de Moisés todas as ofertas que os israelitas tinham trazido para a obra de construção do santuário. E o povo continuava a trazer voluntariamente ofertas, manhã após manhã. ⁴ Por isso, todos os artesãos habilidosos que trabalhavam no santuário interromperam o trabalho ⁵ e disseram a Moisés: "O povo está trazendo mais do que o suficiente para realizar a obra que o Senhor ordenou".

⁶ Então Moisés ordenou que fosse feita esta proclamação em todo o acampamento: "Nenhum homem ou mulher deverá fazer mais nada para ser oferecido ao santuário". Assim, o povo foi impedido de trazer mais, ⁷ pois o que já haviam recebido era mais que suficiente para realizar toda a obra.

A Construção do Tabernáculo

⁸ Todos os homens capazes dentre os trabalhadores fizeram o tabernáculo com dez cortinas internas de linho fino trançado e de fios de tecidos azul, roxo e vermelho, com os querubins bordados sobre eles. ⁹ Todas as cortinas internas tinham o mesmo tamanho: doze metros e sessenta centímetros de comprimento por um metro e oitenta centímetros

de largura*a*. ¹⁰ Prenderam cinco cortinas internas e fizeram o mesmo com as outras cinco. ¹¹ Em seguida, fizeram laçadas de tecido azul ao longo da borda da última cortina interna do primeiro conjunto de cortinas internas, fazendo o mesmo com o segundo conjunto. ¹² Fizeram também cinquenta laçadas na primeira cortina interna e cinquenta laçadas na última cortina interna do segundo conjunto; as laçadas estavam opostas umas às outras. ¹³ Depois fizeram cinquenta ganchos de ouro e com eles prenderam um conjunto de cortinas internas ao outro, para que o tabernáculo formasse um todo.

¹⁴ Com o total de onze cortinas internas de pelos de cabra fizeram uma tenda para cobrir o tabernáculo. ¹⁵ As onze cortinas internas tinham a mesma medida: treze metros e meio de comprimento por um metro e oitenta centímetros de largura. ¹⁶ Prenderam cinco cortinas internas num conjunto e as outras seis noutro conjunto. ¹⁷ Depois fizeram cinquenta laçadas em volta da borda da última cortina interna de um dos conjuntos e também na borda da última cortina interna do outro conjunto. ¹⁸ Fizeram também cinquenta ganchos de bronze para unir a tenda, formando um todo. ¹⁹ Em seguida, fizeram para a tenda uma cobertura de pele de carneiro tingida de vermelho, e por cima desta uma cobertura de couro.

²⁰ Fizeram ainda armações verticais de madeira de acácia para o tabernáculo. ²¹ Cada armação tinha quatro metros e meio de comprimento por setenta centímetros de largura, ²² com dois encaixes paralelos um ao outro. E fizeram todas as armações do tabernáculo dessa madeira. ²³ Fizeram também vinte armações para o lado sul do tabernáculo ²⁴ e quarenta bases de prata para serem colocadas debaixo delas; duas bases para cada armação, uma debaixo de cada encaixe. ²⁵ Para o outro lado, o lado norte do tabernáculo, fizeram vinte armações ²⁶ e quarenta bases de prata, duas debaixo de cada armação. ²⁷ Fizeram ainda seis armações na parte de trás do tabernáculo, isto é, para o lado ocidental, ²⁸ e duas armações foram montadas nos cantos, na parte de trás do tabernáculo. ²⁹ Nesses dois cantos as armações eram duplas, desde a parte inferior até a mais alta, colocadas numa só argola, ambas feitas do mesmo modo. ³⁰ Havia, pois, oito armações e dezesseis bases de prata, duas debaixo de cada armação.

³¹ Também fizeram travessões de madeira de acácia: cinco para as armações de um lado do tabernáculo, ³² cinco para as do outro lado e cinco para as do lado ocidental, na parte de trás do tabernáculo. ³³ Fizeram o travessão central de uma extremidade à outra, passando pelo meio das armações. ³⁴ Revestiram de ouro as armações e fizeram argolas de ouro para sustentar os travessões, os quais também revestiram de ouro.

³⁵ Fizeram o véu de linho fino trançado e de fios de tecidos azul, roxo e vermelho, e mandaram bordar nele querubins. ³⁶ Fizeram-lhe quatro colunas de madeira de acácia e as revestiram de ouro. Fizeram-lhe ainda ganchos de ouro e fundiram as suas bases de prata. ³⁷ Para a entrada da tenda fizeram uma cortina de linho fino trançado e de fios de tecidos azul, roxo e vermelho — obra de bordador; ³⁸ e fizeram-lhe cinco colunas com ganchos. Revestiram de ouro as partes superior e lateral das colunas e fizeram de bronze as suas cinco bases.

A Arca da Aliança

37 Bezalel fez a arca com madeira de acácia, com um metro e dez centímetros de comprimento, setenta centímetros de largura e setenta centímetros de altura*b*. ² Revestiu-a de ouro puro, por dentro e por fora, e fez uma moldura de ouro ao seu redor. ³ Fundiu quatro argolas de ouro para ela, prendendo-as a seus quatro pés, com duas argolas de um lado e duas do outro. ⁴ Depois fez varas de madeira de acácia, revestiu-as de ouro ⁵ e colocou-as nas argolas laterais da arca para que pudesse ser carregada.

⁶ Fez a tampa de ouro puro com um metro e dez centímetros de comprimento por setenta centímetros de largura. ⁷ Fez também dois querubins de ouro batido nas extremidades da tampa. ⁸ Fez ainda um querubim numa extremidade e o segundo na outra, formando uma só peça com a tampa. ⁹ Os querubins tinham as asas estendidas para cima, cobrindo com elas a tampa. Estavam de frente um para o outro, com o rosto voltado para a tampa.

A Mesa e seus Utensílios

¹⁰ Fez a mesa com madeira de acácia com noventa centímetros de comprimento,

---

a **36.9** Hebraico: *28 côvados de comprimento por 4 côvados de largura*. O côvado era uma medida linear de cerca de 45 centímetros.

b **37.1** Hebraico: *2,5 côvados de comprimento e 1,5 côvados de largura e de altura*. O côvado era uma medida linear de cerca de 45 centímetros.

quarenta e cinco centímetros de largura e setenta centímetros de altura. ¹¹ Revestiu-a de ouro puro e fez uma moldura de ouro ao seu redor. ¹² Fez também ao seu redor uma borda com a largura de quatro dedos e uma moldura de ouro para essa borda. ¹³ Fundiu quatro argolas de ouro para a mesa e prendeu-as nos quatro cantos, onde estavam os seus quatro pés. ¹⁴ As argolas foram presas próximas da borda, para que sustentassem as varas usadas para carregar a mesa. ¹⁵ Fez as varas para carregar a mesa de madeira de acácia, revestidas de ouro. ¹⁶ E de ouro puro fez os utensílios para a mesa: seus pratos e recipientes para incenso, as tigelas e as bacias nas quais se derramam as ofertas de bebidas*ᵃ*.

O Candelabro de Ouro

¹⁷ Fez o candelabro de ouro puro e batido. O pedestal, a haste, as taças, as flores e os botões formavam com ele uma só peça. ¹⁸ Seis braços saíam do candelabro: três de um lado e três do outro. ¹⁹ Havia três taças com formato de flor de amêndoa, num dos braços, cada uma com botão e flor, e três taças com formato de flor de amêndoa no braço seguinte, cada uma com botão e flor. Assim era com os seis braços que saem do candelabro. ²⁰ Na haste do candelabro havia quatro taças com formato de flor de amêndoa, cada uma com flor e botão. ²¹ Havia um botão debaixo de cada par dos seis braços que saíam do candelabro. ²² Os braços com seus botões formavam uma só peça com o candelabro; tudo feito de ouro puro e batido.

²³ Fez de ouro puro suas sete lâmpadas, seus cortadores de pavio e seus apagadores. ²⁴ Com trinta e cinco quilos*ᵇ* de ouro puro fez o candelabro com seus botões e todos esses utensílios.

O Altar do Incenso

²⁵ Fez ainda o altar do incenso de madeira de acácia. Era quadrado, com quarenta e cinco centímetros de cada lado e noventa centímetros de altura; suas pontas formavam com ele uma só peça. ²⁶ Revestiu de ouro puro a parte superior, todos os lados e as pontas, e fez uma moldura de ouro ao seu redor. ²⁷ Fez também duas argolas de ouro de cada lado do altar, abaixo da moldura, para sustentar as varas utilizadas para carregá-lo, ²⁸ e usou madeira de acácia para fazer as varas e revestiu-as de ouro.

²⁹ Fez ainda o óleo sagrado para as unções e o incenso puro e aromático — obra de perfumista.

O Altar dos Holocaustos

38 Fez um altar de madeira de acácia para os holocaustos, com um metro e trinta e cinco centímetros*ᶜ* de altura; era quadrado, com dois metros e vinte e cinco centímetros de cada lado. ² E fez uma ponta em forma de chifre em cada um dos quatro cantos, formando uma só peça com o altar, o qual revestiu de bronze. ³ De bronze fez todos os seus utensílios: os recipientes para recolher cinzas, as pás, as bacias de aspersão, os garfos para carne e os braseiros. ⁴ Fez uma grelha de bronze para o altar em forma de rede, abaixo da sua beirada, a meia altura do altar. ⁵ Fundiu quatro argolas de bronze para sustentar as varas nos quatro cantos da grelha de bronze. ⁶ Fez as varas de madeira de acácia, revestiu-as de bronze ⁷ e colocou-as nas argolas, nos dois lados do altar, para que o pudessem carregar. O altar era oco, feito de tábuas.

⁸ Fez a bacia de bronze e a sua base com os espelhos das mulheres que serviam à entrada da Tenda do Encontro.

O Pátio

⁹ Fez também o pátio. O lado sul tinha quarenta e cinco metros de comprimento e cortinas externas de linho fino trançado, ¹⁰ com vinte colunas e vinte bases de bronze. Os ganchos e as ligaduras das colunas eram de prata. ¹¹ O lado norte também tinha quarenta e cinco metros de comprimento, com vinte colunas e vinte bases de bronze. Os ganchos e as ligaduras das colunas eram de prata.

¹² O lado ocidental, com suas cortinas externas, tinha vinte e dois metros e meio de largura, com dez colunas e dez bases. Os ganchos e as ligaduras das colunas eram de prata. ¹³ O lado oriental, que dá para o nascente, também tinha vinte e dois metros e meio de largura. ¹⁴ Havia cortinas de seis metros e setenta e cinco centímetros de comprimento num dos lados da entrada, com três colunas e três bases; ¹⁵ e cortinas de seis metros e setenta e cinco centímetros de comprimento no outro lado da entrada do pátio, também com três colunas e três bases. ¹⁶ Todas as cortinas ao redor do pátio eram feitas de linho

---

ᵃ **37.16** Veja Nm 28.7.
ᵇ **37.24** Hebraico: *1 talento*.
ᶜ **38.1** Hebraico: *3 côvados de altura*. O côvado era uma medida linear de cerca de 45 centímetros.

fino trançado. ¹⁷ As bases das colunas eram de bronze. Os ganchos e as ligaduras das colunas eram de prata, e o topo das colunas também eram revestidos de prata; de modo que todas as colunas do pátio tinham ligaduras de prata.

¹⁸ Na entrada do pátio havia uma cortina de linho fino trançado e de fios de tecidos azul, roxo e vermelho — obra de bordador. Tinha nove metros de comprimento e, à semelhança das cortinas do pátio, tinha dois metros e vinte e cinco centímetros de altura, ¹⁹ com quatro colunas e quatro bases de bronze. Seus ganchos e ligaduras eram de prata, e o topo das colunas também era revestido de prata. ²⁰ Todas as estacas da tenda do tabernáculo e do pátio que o rodeava eram de bronze.

O Material para a Construção do Tabernáculo

²¹ Esta é a relação do material usado para o tabernáculo, o tabernáculo da aliança, registrada por ordem de Moisés pelos levitas, sob a direção de Itamar, filho de Arão, o sacerdote. ²² Bezalel, filho de Uri, neto de Hur, da tribo de Judá, fez tudo o que o Senhor tinha ordenado a Moisés. ²³ Com ele estava Aoliabe, filho de Aisamaque, da tribo de Dã, artesão e projetista, e também bordador em linho fino e de fios de tecidos azul, roxo e vermelho. ²⁴ O peso total do ouro recebido na oferta movida e utilizado para a obra do santuário foi de uma tonelada*ᵃ*, com base no peso padrão do santuário.

²⁵ O peso da prata recebida dos que foram contados no recenseamento da comunidade foi superior a três toneladas e meia*ᵇ*, com base no peso padrão do santuário: ²⁶ seis gramas*ᶜ* para cada um dos recenseados, isto é, para seiscentos e três mil, quinhentos e cinquenta homens de vinte anos de idade para cima. ²⁷ As três toneladas e meia de prata foram usadas para fundir as bases do santuário e do véu: cem bases feitas das três toneladas e meia, trinta e cinco quilos para cada base. ²⁸ Vinte quilos e trezentos gramas foram usados para fazer os ganchos para as colunas, para revestir a parte superior das colunas e para fazer as suas ligaduras.

²⁹ O peso do bronze da oferta movida foi de duas toneladas e meia*ᵈ*. ³⁰ Ele o utilizou para fazer as bases da entrada da Tenda do Encontro, o altar de bronze, a sua grelha e todos os seus utensílios, ³¹ as bases do pátio ao redor e da sua entrada, e todas as estacas do tabernáculo e do pátio em derredor.

As Vestes Sacerdotais

39 Com fios de tecidos azul, roxo e vermelho fizeram as vestes litúrgicas para ministrar no Lugar Santo. Também fizeram as vestes sagradas de Arão, como o Senhor tinha ordenado a Moisés.

O Colete Sacerdotal

² Fizeram o colete sacerdotal de linho fino trançado e de fios de ouro e de fios de tecidos azul, roxo e vermelho. ³ E bateram o ouro em finas placas das quais cortaram fios de ouro para serem bordados no linho fino com os fios de tecidos azul, roxo e vermelho — trabalho artesanal. ⁴ Fizeram as ombreiras para o colete sacerdotal, atadas às suas duas extremidades, para que pudessem ser amarradas. ⁵ O cinturão e o colete por ele preso foram feitos da mesma peça. O cinturão também foi feito de linho fino trançado, de fios de ouro e de fios de tecidos azul, roxo e vermelho, como o Senhor tinha ordenado a Moisés.

⁶ Prenderam as pedras de ônix em filigranas de ouro e nelas gravaram os nomes dos filhos de Israel, como um lapidador grava um selo. ⁷ Então as costuraram nas ombreiras do colete sacerdotal, como pedras memoriais para os filhos de Israel, como o Senhor tinha ordenado a Moisés.

O Peitoral

⁸ Fizeram o peitoral — trabalho artesanal — como o colete sacerdotal: de linho fino trançado, de fios de ouro e de fios de tecidos azul, roxo e vermelho. ⁹ Era quadrado, com um palmo de comprimento e um palmo de largura; dobrado em dois. ¹⁰ Em seguida, fixaram nele quatro fileiras de pedras preciosas. Na primeira fileira havia um rubi, um topázio e um berilo; ¹¹ na segunda, uma turquesa, uma safira e um diamante; ¹² na terceira, um jacinto, uma ágata e uma ametista; ¹³ na quarta, um crisólito, um ônix e um jaspe;*ᵉ* todas fixadas em filigranas de ouro. ¹⁴ Havia doze pedras, uma para cada

---

ᵃ **38.24** Hebraico: *29 talentos e 730 siclos, segundo o siclo do santuário*. O talento equivalia a 35 quilos e o siclo, a 12 gramas.

ᵇ **38.25** Hebraico: *100 talentos e 1.775 siclos, segundo o siclo do santuário*.

ᶜ **38.26** Hebraico: *1 beca por cabeça, ou seja, 1/2 siclo, segundo o siclo do santuário*.

ᵈ **38.29** Hebraico: *70 talentos e 2.400 siclos*.

ᵉ **39.13** A identificação precisa de algumas destas pedras não é conhecida.

nome dos filhos de Israel, cada uma gravada como um lapidador grava um selo, com o nome de uma das doze tribos.

¹⁵ Para o peitoral fizeram correntes trançadas de ouro puro, como cordas. ¹⁶ De ouro fizeram duas filigranas e duas argolas, as quais prenderam às duas extremidades do peitoral. ¹⁷ Prenderam as duas correntes de ouro às duas argolas nas extremidades do peitoral; ¹⁸ as outras extremidades das correntes, às duas filigranas, unindo-as às peças das ombreiras do colete sacerdotal, na parte da frente. ¹⁹ Fizeram outras duas argolas de ouro e as prenderam às duas extremidades do peitoral na borda interna, próxima ao colete sacerdotal. ²⁰ Depois fizeram mais duas argolas de ouro e as prenderam na parte inferior das ombreiras, na frente do colete sacerdotal, próximas da costura, logo acima do cinturão do colete sacerdotal. ²¹ Amarraram as argolas do peitoral às argolas do colete com um cordão azul, ligando-o ao cinturão, para que o peitoral não se separasse do colete sacerdotal, como o SENHOR tinha ordenado a Moisés.

Outras Vestes Sacerdotais

²² Fizeram o manto do colete sacerdotal inteiramente de fios de tecido azul — obra de tecelão — ²³ com uma abertura no centro. Ao redor dessa abertura havia uma dobra tecida, como uma gola, para que não se rasgasse. ²⁴ Fizeram romãs de linho fino trançado e de fios de tecidos azul, roxo e vermelho em volta da borda do manto. ²⁵ Fizeram ainda pequenos sinos de ouro puro, atando-os em volta da borda, entre as romãs. ²⁶ Os sinos e as romãs se alternavam por toda a borda do manto. Tudo feito para ser usado ao se ministrar, como o SENHOR tinha ordenado a Moisés.

²⁷ Para Arão e seus filhos fizeram de linho fino as túnicas — obra de tecelão; ²⁸ o turbante, os gorros e os calções, de linho fino trançado. ²⁹ O cinturão também era de linho fino trançado e de fios de tecidos azul, roxo e vermelho — obra de bordador — como o SENHOR tinha ordenado a Moisés.

³⁰ Fizeram de ouro puro o diadema sagrado, e gravaram nele como se grava um selo: Consagrado ao SENHOR. ³¹ Depois usaram um cordão azul para prendê-lo na parte de cima do turbante, como o SENHOR tinha ordenado a Moisés.

A Condução do Trabalho

³² Assim foi encerrada toda a obra do tabernáculo, a Tenda do Encontro. Os israelitas fizeram tudo conforme o SENHOR tinha ordenado a Moisés. ³³ Então trouxeram o tabernáculo a Moisés; a tenda e todos os seus utensílios, os ganchos, as molduras, os travessões, as colunas e as bases; ³⁴ a cobertura de pele de carneiro tingida de vermelho, a cobertura de couro e o véu protetor; ³⁵ a arca da aliança com as suas varas e a tampa; ³⁶ a mesa com todos os seus utensílios e os pães da Presença; ³⁷ o candelabro de ouro puro com a sua fileira de lâmpadas e todos os seus utensílios e o óleo para iluminação; ³⁸ o altar de ouro, o óleo da unção, o incenso aromático e a cortina de entrada para a tenda; ³⁹ o altar de bronze com a sua grelha, as suas varas e todos os seus utensílios; a bacia e a sua base; ⁴⁰ as cortinas externas do pátio com as suas colunas e bases e a cortina para a entrada do pátio, as cordas e estacas da tenda do pátio — todos os utensílios para o tabernáculo, a Tenda do Encontro, ⁴¹ e as vestes litúrgicas para ministrar no Lugar Santo, tanto as vestes sagradas para Arão, o sacerdote, como as vestes de seus filhos, para quando servissem como sacerdotes.

⁴² Os israelitas fizeram todo o trabalho conforme o SENHOR tinha ordenado a Moisés. ⁴³ Moisés inspecionou a obra e viu que tinham feito tudo como o SENHOR tinha ordenado. Então Moisés os abençoou.

O Tabernáculo é Armado

40 Disse o SENHOR a Moisés: ² "Arme o tabernáculo, a Tenda do Encontro, no primeiro dia do primeiro mês. ³ Coloque nele a arca da aliança e proteja-a com o véu. ⁴ Traga a mesa e arrume sobre ela tudo o que lhe pertence. Depois traga o candelabro e coloque as suas lâmpadas. ⁵ Ponha o altar de ouro para o incenso diante da arca da aliança e coloque a cortina à entrada do tabernáculo.

⁶ "Coloque o altar dos holocaustos em frente da entrada do tabernáculo, da Tenda do Encontro; ⁷ ponha a bacia entre a Tenda do Encontro e o altar, e encha-a de água. ⁸ Arme ao seu redor o pátio e coloque a cortina na entrada do pátio.

⁹ "Unja com o óleo da unção o tabernáculo e tudo o que nele há; consagre-o, e com ele tudo o que lhe pertence, e ele será sagrado. ¹⁰ Depois unja o altar dos holocaustos e todos os seus utensílios; consagre o altar, e ele será

santíssimo. ¹¹ Unja também a bacia com a sua base e consagre-a.

¹² "Traga Arão e seus filhos à entrada da Tenda do Encontro e mande-os lavar-se. ¹³ Vista depois Arão com as vestes sagradas, unja-o e consagre-o para que me sirva como sacerdote. ¹⁴ Traga os filhos dele e vista-os com túnicas. ¹⁵ Unja-os como você ungiu o pai deles, para que me sirvam como sacerdotes. A unção deles será para um sacerdócio perpétuo, geração após geração". ¹⁶ Moisés fez tudo conforme o Senhor lhe havia ordenado.

¹⁷ Assim, o tabernáculo foi armado no primeiro dia do primeiro mês do segundo ano. ¹⁸ Moisés armou o tabernáculo, colocou as bases em seus lugares, armou as molduras, colocou as vigas e levantou as colunas. ¹⁹ Depois estendeu a tenda sobre o tabernáculo e colocou a cobertura sobre ela, como o Senhor tinha ordenado.

²⁰ Colocou também as tábuas da aliança na arca, fixou nela as varas, e pôs sobre ela a tampa. ²¹ Em seguida, trouxe a arca para dentro do tabernáculo e pendurou o véu protetor, cobrindo a arca da aliança, como o Senhor tinha ordenado.

²² Moisés colocou a mesa na Tenda do Encontro, no lado norte do tabernáculo, do lado de fora do véu, ²³ e sobre ela colocou os pães da Presença, diante do Senhor, como o Senhor tinha ordenado.

²⁴ Pôs o candelabro na Tenda do Encontro, em frente da mesa, no lado sul do tabernáculo, ²⁵ e colocou as lâmpadas diante do Senhor, como o Senhor tinha ordenado.

²⁶ Moisés também pôs o altar de ouro na Tenda do Encontro, diante do véu, ²⁷ e nele queimou incenso aromático, como o Senhor tinha ordenado. ²⁸ Pôs também a cortina à entrada do tabernáculo.

²⁹ Montou o altar de holocaustos à entrada do tabernáculo, a Tenda do Encontro, e sobre ele ofereceu holocaustos e ofertas de cereal, como o Senhor tinha ordenado.

³⁰ Colocou a bacia entre a Tenda do Encontro e o altar, e encheu-a de água; ³¹ Moisés, Arão e os filhos deste usavam-na para lavar as mãos e os pés. ³² Sempre que entravam na Tenda do Encontro e se aproximavam do altar, eles se lavavam, como o Senhor tinha ordenado a Moisés.

³³ Finalmente, Moisés armou o pátio ao redor do tabernáculo e colocou a cortina à entrada do pátio. Assim, Moisés terminou a obra.

A Glória do Senhor: o Guia de Israel

³⁴ Então a nuvem cobriu a Tenda do Encontro, e a glória do Senhor encheu o tabernáculo. ³⁵ Moisés não podia entrar na Tenda do Encontro, porque a nuvem estava sobre ela, e a glória do Senhor enchia o tabernáculo.

³⁶ Sempre que a nuvem se erguia sobre o tabernáculo, os israelitas seguiam viagem; ³⁷ mas, se a nuvem não se erguia, eles não prosseguiam; só partiam no dia em que ela se erguia. ³⁸ De dia a nuvem do Senhor ficava sobre o tabernáculo, e de noite havia fogo na nuvem, à vista de toda a nação de Israel, em todas as suas viagens.

Introdução ao livro de
LEVÍTICO

Autor e data de composição Em seus 27 capítulos, Levítico chega a afirmar cerca de 50 vezes que Moisés o escreveu inspirado por Deus. Além disso, o apóstolo Paulo, ao citar Levítico 18.5 em Romanos 10.5, afirma: "Moisés descreve desta forma [...]". O livro de Levítico é um guia sobre questões relacionadas a conduta e adoração. Abrange um período de poucas semanas: desde o estabelecimento do tabernáculo (Êxodo 40.17) até o momento em que o povo marchou do Sinai (Números 10.11). Provavelmente foi escrito em torno do ano 1445 a.C.

Primeira parte: O caminho para a comunhão com Deus (1—7)
  I. O caminho para aproximar-se de Deus quando há comunhão com ele (1—3)
  II. O caminho para aproximar-se de Deus quando a comunhão foi desfeita (4—7)

Segunda parte: As leis rituais (8—17)
  I. As leis relacionadas aos sacerdotes (8—10)
   A. Consagração e ministério (8—9)
   B. O sacrilégio de Nadabe e Abiú, filhos de Arão (10)
  II. As leis relacionadas à pureza ritual (11—15)
   A. Os alimentos permitidos e os alimentos impuros (11)
   B. O parto, a degeneração do corpo e a impureza sexual (12—15)
  III. As leis relacionadas à expiação: Dia da Expiação e sacrifícios (16—17)

Terceira parte: As leis sobre a santificação (18—27)
  I. A santificação do povo (18—20)
  II. A santificação dos sacerdotes (21—22)
  III. A adoração (23—24)
   A. As festas estabelecidas por Deus a Israel (23)
   B. A ordem no santuário de Deus (24.1-9)
   C. A reverência para com o nome de Deus (24.10-23)
   D. O ano sabático e o ano do jubileu (25)
  IV. Exortação final (26)
  V. Os votos voluntários (27)

Versículos-chave
11.44,45.

Tema geral do livro
Levítico focaliza a santidade de Deus e a necessidade de que o povo da aliança também seja santo. Para que tivessem acesso a Deus, era necessário estabelecer leis rituais, um sacerdócio e dias especiais de celebração e adoração. O povo já havia sido tirado do Egito, *lugar cheio de pecado e distanciamento de Deus em meio a tantos deuses falsos*, mas teria de caminhar pelo deserto, rumo à terra então prometida a seus pais, e aprender a segunda fase da santidade: distanciar-se do passado para servir exclusivamente ao Deus único e verdadeiro, não como lhes parecesse bem, mas da maneira que Deus os orientasse.

Em Levítico, Jesus é...
... nosso sumo sacerdote (8.12; Hebreus 4.15).

Versículo-chave para o discípulo:
26.13

O discípulo e Levítico
O fato de a palavra "santo" e a palavra "santificar" aparecerem em mais de cem referências neste livro indica ao discípulo que os que fazem parte do povo de Deus, os que fizeram aliança com ele, devem viver em santidade. Ao longo do livro, são vários os alertas de Deus: " 'consagrem-se e sejam santos, porque eu sou santo' " (11.44,45; 19.2; 20.7). O princípio também aparece no Novo Testamento pela evidente santidade de Jesus Cristo (1Pedro 1.15,16; 2.9). O escritor de Hebreus afirmará mais adiante: "Esforcem-se para viver em paz com todos e para serem santos; sem santidade ninguém verá o Senhor" (12.14). Desse modo, é preciso entender que o conceito de santidade no Novo Testamento tem como núcleo a identificação com Cristo, o Santo de Deus, não mais a celebração de ritos nem a realização de boas obras. As coisas boas que o verdadeiro discípulo faz não produzem fé e santidade, mas são seu resultado.

ESBOÇO GERAL

LEVÍTICO

O Holocausto

1 Da Tenda do Encontro o Senhor chamou Moisés e lhe ordenou: ² "Diga o seguinte aos israelitas: Quando alguém trouxer um animal como oferta ao Senhor, que seja do gado ou do rebanho de ovelhas.

³ "Se o holocausto*ª* for de gado, oferecerá um macho sem defeito. Ele o apresentará à entrada da Tenda do Encontro, para que seja aceito pelo Senhor, ⁴ e porá a mão sobre a cabeça do animal do holocausto para que seja aceito como propiciação em seu lugar. ⁵ Então o novilho será morto perante o Senhor, e os sacerdotes, descendentes de Arão, trarão o sangue e o derramarão em todos os lados do altar, que está à entrada da Tenda do Encontro. ⁶ Depois se tirará a pele do animal, que será cortado em pedaços. ⁷ Então os descendentes do sacerdote Arão acenderão o fogo do altar e arrumarão a lenha sobre o fogo. ⁸ Em seguida, arrumarão os pedaços, inclusive a cabeça e a gordura, sobre a lenha que está no fogo do altar. ⁹ As vísceras e as pernas serão lavadas com água. E o sacerdote queimará tudo isso no altar. É um holocausto; oferta preparada no fogo, de aroma agradável ao Senhor.

¹⁰ "Se a oferta for um holocausto do rebanho — quer de cordeiros quer de cabritos —, oferecerá um macho sem defeito. ¹¹ O animal será morto no lado norte do altar, perante o Senhor; os sacerdotes, descendentes de Arão, derramarão o sangue nos lados do altar. ¹² Então o animal será cortado em pedaços. O sacerdote arrumará os pedaços, inclusive a cabeça e a gordura, sobre a lenha que está no fogo do altar. ¹³ As vísceras e as pernas serão lavadas com água. O sacerdote trará tudo isso como oferta e o queimará no altar. É um holocausto; oferta preparada no fogo, de aroma agradável ao Senhor.

¹⁴ "Se a sua oferta ao Senhor for um holocausto de aves, traga uma rolinha ou um pombinho. ¹⁵ O sacerdote trará a ave ao altar, destroncará o pescoço dela e a queimará, e deixará escorrer o sangue da ave na parede do altar. ¹⁶ Ele retirará o papo com o seu conteúdo*ᵇ* e o jogará no lado leste do altar, onde ficam as cinzas. ¹⁷ Rasgará a ave pelas asas, sem dividi-la totalmente, e então o sacerdote a queimará sobre a lenha acesa no altar. É um holocausto; oferta preparada no fogo, de aroma agradável ao Senhor.

A Oferta de Cereal

2 "Quando alguém trouxer uma oferta de cereal ao Senhor, terá que ser da melhor farinha. Sobre ela derramará óleo, colocará incenso ² e a levará aos descendentes de Arão, os sacerdotes. Um deles apanhará um punhado da melhor farinha com óleo e com todo o incenso e os queimará no altar como porção memorial. É oferta preparada no fogo, de aroma agradável ao Senhor. ³ O que restar da oferta de cereal pertence a Arão e a seus descendentes; é parte santíssima das ofertas dedicadas ao Senhor, preparadas no fogo.

⁴ "Se um de vocês trouxer uma oferta de cereal assada no forno, seja da melhor farinha: bolos feitos sem fermento, amassados com óleo, ou*ᶜ* pães finos sem fermento e untados com óleo. ⁵ Se a sua oferta de cereal for preparada numa assadeira, seja da melhor farinha, amassada com óleo e sem fermento. ⁶ Divida-a em pedaços e derrame óleo sobre ela; é uma oferta de cereal. ⁷ Se a sua oferta de cereal for cozida numa panela, seja da melhor farinha com óleo. ⁸ Traga ao Senhor a oferta de cereal feita desses ingredientes e apresente-a ao sacerdote, que a levará ao altar. ⁹ Ele apanhará a porção memorial da oferta de cereal e a queimará no altar; é oferta preparada no fogo, de aroma agradável ao Senhor. ¹⁰ O restante da oferta de cereal pertence a Arão e a seus descendentes; é parte santíssima das ofertas dedicadas ao Senhor, preparadas no fogo.

¹¹ "Nenhuma oferta de cereal que vocês trouxerem ao Senhor será feita com fermento, pois vocês não queimarão fermento nem mel como oferta preparada no fogo ao Senhor. ¹² Podem trazê-los como oferta dos primeiros frutos ao Senhor, mas não podem oferecê-los no altar como aroma agradável. ¹³ Temperem com sal todas as suas ofertas de cereal. Não excluam de suas ofertas de cereal o sal da aliança do seu Deus; acrescentem sal a todas as suas ofertas.

¹⁴ "Se você trouxer ao Senhor uma oferta de cereal dos primeiros frutos, ofereça grãos

---

ª **1.3** Isto é, *sacrifício totalmente queimado*; também em todo o livro de Levítico.
ᵇ **1.16** Ou *o papo e as penas*
ᶜ **2.4** Ou *e*

esmagados de cereal novo, tostados no fogo. ¹⁵ Sobre ela derrame óleo e coloque incenso; é oferta de cereal. ¹⁶ O sacerdote queimará a porção memorial do cereal esmagado e do óleo, com todo o incenso, como uma oferta ao Senhor preparada no fogo.

A Oferta de Comunhão

3 "Quando a oferta de alguém for sacrifício de comunhão*ᵃ*, assim se fará: se oferecer um animal do gado — seja macho seja fêmea —, apresentará ao Senhor um animal sem defeito. ² Porá a mão sobre a cabeça do animal, que será morto à entrada da Tenda do Encontro. Os descendentes de Arão, os sacerdotes, derramarão o sangue nos lados do altar. ³ Desse sacrifício de comunhão, oferta preparada no fogo, ele trará ao Senhor toda a gordura que cobre as vísceras e está ligada a elas, ⁴ os dois rins com a gordura que os cobre e que está perto dos lombos, e o lóbulo do fígado, que ele removerá junto com os rins. ⁵ Os descendentes de Arão queimarão tudo isso em cima do holocausto que está sobre a lenha acesa no altar como oferta preparada no fogo, de aroma agradável ao Senhor.

⁶ "Se oferecer um animal do rebanho como sacrifício de comunhão ao Senhor, trará um macho ou uma fêmea sem defeito. ⁷ Se oferecer um cordeiro, ele o apresentará ao Senhor. ⁸ Porá a mão sobre a cabeça do animal, que será morto diante da Tenda do Encontro. Então os descendentes de Arão derramarão o sangue nos lados do altar. ⁹ Desse sacrifício de comunhão, oferta preparada no fogo, ele trará ao Senhor a gordura, tanto a da cauda gorda cortada rente à espinha, como toda a gordura que cobre as vísceras e está ligada a elas, ¹⁰ os dois rins com a gordura que os cobre e que está perto dos lombos, e o lóbulo do fígado, que ele removerá junto com os rins. ¹¹ O sacerdote os queimará no altar como alimento oferecido ao Senhor, preparado no fogo.

¹² "Se a sua oferta for um cabrito, ele o apresentará ao Senhor. ¹³ Porá a mão sobre a cabeça do animal, que será morto diante da Tenda do Encontro. Então os descendentes de Arão derramarão o sangue nos lados do altar. ¹⁴ Desse animal, que é uma oferta preparada no fogo, trará ao Senhor a gordura que cobre as vísceras e está ligada a elas, ¹⁵ os dois rins com a gordura que os cobre e que está perto dos lombos, e o lóbulo do fígado, que ele removerá junto com os rins. ¹⁶ O sacerdote os queimará no altar como alimento, como oferta preparada no fogo, de aroma agradável. Toda a gordura será do Senhor.

¹⁷ "Este é um decreto perpétuo para as suas gerações, onde quer que vivam: Não comam gordura alguma nem sangue algum".

A Oferta pelo Pecado

4 O Senhor ordenou a Moisés: ² "Diga aos israelitas: Quando alguém pecar sem intenção, fazendo o que é proibido em qualquer dos mandamentos do Senhor, assim se fará:

³ "Se for o sacerdote ungido que pecar, trazendo culpa sobre o povo, o sacerdote trará ao Senhor um novilho sem defeito como oferta pelo pecado que cometeu. ⁴ Apresentará ao Senhor o novilho à entrada da Tenda do Encontro. Porá a mão sobre a cabeça do novilho, que será morto perante o Senhor. ⁵ Então o sacerdote ungido pegará um pouco do sangue do novilho e o levará à Tenda do Encontro; ⁶ molhará o dedo no sangue e o aspergirá sete vezes perante o Senhor, diante do véu do santuário. ⁷ O sacerdote porá um pouco do sangue nas pontas do altar do incenso aromático que está perante o Senhor na Tenda do Encontro. Derramará todo o restante do sangue do novilho na base do altar do holocausto, na entrada da Tenda do Encontro. ⁸ Então retirará toda a gordura do novilho da oferta pelo pecado: a gordura que cobre as vísceras e está ligada a elas, ⁹ os dois rins com a gordura que os cobre e que está perto dos lombos, e o lóbulo do fígado, que ele removerá junto com os rins, ¹⁰ como se retira a gordura do boi*ᵇ* sacrificado como oferta de comunhão. Então o sacerdote queimará essas partes no altar dos holocaustos. ¹¹ Mas o couro do novilho e toda a sua carne, bem como a cabeça e as pernas, as vísceras e os excrementos — ¹² isto é, tudo o que restar do novilho — ele levará para fora do acampamento, a um local cerimonialmente puro, onde se lançam as cinzas. Ali os queimará sobre a lenha de uma fogueira, sobre o monte de cinzas.

¹³ "Se for toda a comunidade de Israel que pecar sem intenção, fazendo o que é proibido em qualquer dos mandamentos do Senhor, ainda que não tenha consciência disso, a

---

ᵃ **3.1** Ou *de paz*; também em todo o livro de Levítico.

ᵇ **4.10** A palavra hebraica pode significar *boi* ou *vaca*.

4.1—5.13 As ofertas pelo pecado prefiguram a morte expiatória de Cristo no nosso lugar.
Cumprimento: Romanos 3.21-26; 2Coríntios 5.21; Hebreus 9.9-15
Próximo texto: Deuteronômio 18.15,18,19

comunidade será culpada. ¹⁴ Quando tiver consciência do pecado que cometeu, a comunidade trará um novilho como oferta pelo pecado e o apresentará diante da Tenda do Encontro. ¹⁵ As autoridades da comunidade porão as mãos sobre a cabeça do novilho perante o Senhor. E o novilho será morto perante o Senhor. ¹⁶ Então o sacerdote ungido levará um pouco do sangue do novilho para a Tenda do Encontro; ¹⁷ molhará o dedo no sangue e o aspergirá sete vezes perante o Senhor, diante do véu. ¹⁸ Porá o sangue nas pontas do altar que está perante o Senhor na Tenda do Encontro e derramará todo o restante do sangue na base do altar dos holocaustos, na entrada da Tenda do Encontro. ¹⁹ Então retirará toda a gordura do animal e a queimará no altar, ²⁰ e fará com este novilho como se faz com o novilho da oferta pelo pecado. Assim o sacerdote fará propiciação por eles, e serão perdoados. ²¹ Depois levará o novilho para fora do acampamento e o queimará como queimou o primeiro. É oferta pelo pecado da comunidade.

²² "Quando for um líder que pecar sem intenção, fazendo o que é proibido em qualquer dos mandamentos do Senhor, o seu Deus, será culpado. ²³ Quando o conscientizarem do seu pecado, o líder trará como oferta um bode sem defeito. ²⁴ Porá a mão sobre a cabeça do bode, que será morto no local onde o holocausto é sacrificado, perante o Senhor. Esta é a oferta pelo pecado. ²⁵ Então o sacerdote pegará com o dedo um pouco do sangue da oferta pelo pecado e o porá nas pontas do altar dos holocaustos e derramará o restante do sangue na base do altar. ²⁶ Queimará toda a gordura no altar, como queimou a gordura do sacrifício de comunhão. Assim o sacerdote fará propiciação pelo pecado do líder, e este será perdoado.

²⁷ "Se for alguém da comunidade que pecar sem intenção, fazendo o que é proibido em qualquer dos mandamentos do Senhor, o seu Deus, será culpado. ²⁸ Quando o conscientizarem do seu pecado, trará como oferta pelo pecado que cometeu uma cabra sem defeito. ²⁹ Porá a mão sobre a cabeça do animal da oferta pelo pecado, que será morto no lugar dos holocaustos. ³⁰ Então o sacerdote pegará com o dedo um pouco do sangue e o porá nas pontas do altar dos holocaustos e derramará o restante do sangue na base do altar. ³¹ Então retirará toda a gordura, como se retira a gordura do sacrifício de comunhão; o sacerdote a queimará no altar como aroma agradável ao Senhor. Assim o sacerdote fará propiciação por esse homem, e ele será perdoado.

³² "Se trouxer uma ovelha como oferta pelo pecado, terá que ser sem defeito. ³³ Porá a mão sobre a cabeça do animal, que será morto como oferta pelo pecado no lugar onde é sacrificado o holocausto. ³⁴ Então o sacerdote pegará com o dedo um pouco do sangue da oferta pelo pecado e o porá nas pontas do altar dos holocaustos e derramará o restante do sangue na base do altar. ³⁵ Retirará toda a gordura, como se retira a gordura do cordeiro do sacrifício de comunhão; o sacerdote a queimará no altar, em cima das ofertas dedicadas ao Senhor, preparadas no fogo. Assim o sacerdote fará em favor do culpado propiciação pelo pecado cometido, e ele será perdoado.

5 "Se alguém pecar porque, tendo sido testemunha de algo que viu ou soube, não o declarou, sofrerá as consequências da sua iniquidade.

² "Se alguém tocar qualquer coisa impura — seja um cadáver de animal selvagem, seja de animal do rebanho, seja de uma das pequenas criaturas que povoam a terra —, ainda que não tenha consciência disso, ele se tornará impuro e será culpado.

³ "Se alguém tocar impureza humana ou qualquer coisa que o torne impuro sem ter consciência disso, será culpado quando o souber.

⁴ "Se alguém impensadamente jurar fazer algo bom ou mau em qualquer assunto que possa jurar descuidadamente ainda que não tenha consciência disso, será culpado quando o souber.

⁵ "Quando alguém for culpado de qualquer dessas coisas, confessará em que pecou ⁶ e, pelo pecado que cometeu, trará ao Senhor uma ovelha ou uma cabra do rebanho como oferta de reparação; e em favor do culpado o sacerdote fará propiciação pelo pecado.

⁷ "Se não tiver recursos para oferecer uma ovelha, trará pela culpa do seu pecado duas rolinhas ou dois pombinhos ao Senhor: um como oferta pelo pecado e o outro como holocausto. ⁸ Ele os trará ao sacerdote, que apresentará primeiro a oferta de sacrifício pelo pecado. Ele destroncará o pescoço da ave, sem arrancar-lhe a cabeça totalmente. ⁹ A seguir aspergirá no lado do altar o sangue da oferta pelo pecado e deixará escorrer o restante do sangue na base do altar. É oferta pelo pecado. ¹⁰ O sacerdote então oferecerá a outra ave como holocausto, de acordo com a forma prescrita, e fará propiciação em favor do culpado pelo pecado cometido, e ele será perdoado.

¹¹ "Se, contudo, não tiver recursos para oferecer duas rolinhas ou dois pombinhos, trará como oferta pelo pecado um jarro*ᵃ* da melhor farinha como oferta pelo pecado. Mas sobre ela não derramará óleo nem colocará incenso, porquanto é oferta pelo pecado. ¹² Ele a trará ao sacerdote, que apanhará um punhado dela como porção memorial e queimará essa porção no altar, em cima das ofertas dedicadas ao Senhor, preparadas no fogo. É oferta pelo pecado. ¹³ Assim o sacerdote fará propiciação em favor do culpado por qualquer desses pecados cometidos, e ele será perdoado. O restante da oferta pertence ao sacerdote, como no caso da oferta de cereal".

A Oferta pela Culpa

¹⁴ O Senhor disse a Moisés: ¹⁵ "Quando alguém cometer um erro, pecando sem intenção em qualquer coisa consagrada ao Senhor, trará ao Senhor um carneiro do rebanho, sem defeito, avaliado em prata com base no peso padrão*ᵇ* do santuário, como oferta pela culpa. ¹⁶ Fará restituição pelo que deixou de fazer em relação às coisas consagradas, acrescentará um quinto do valor e o entregará ao sacerdote. Este fará propiciação pelo culpado com o carneiro da oferta pela culpa, e ele será perdoado.

¹⁷ "Se alguém pecar, fazendo o que é proibido em qualquer dos mandamentos do Senhor, ainda que não o saiba, será culpado e sofrerá as consequências da sua iniquidade. ¹⁸ Do rebanho ele trará ao sacerdote um carneiro, sem defeito e devidamente avaliado, como oferta pela culpa. Assim o sacerdote fará propiciação em favor do culpado pelo erro que cometeu sem intenção, e ele será perdoado. ¹⁹ É oferta pela culpa, pois com certeza tornou-se culpado perante o Senhor".

6 Disse ainda o Senhor a Moisés: ² "Se alguém pecar, cometendo um erro contra o Senhor, enganando o seu próximo no que diz respeito a algo que lhe foi confiado ou deixado como penhor ou roubado, ou se lhe extorquir algo, ³ ou se achar algum bem perdido e mentir a respeito disso, ou se jurar falsamente a respeito de qualquer coisa, cometendo pecado; ⁴ quando assim pecar, tornando-se por isso culpado, terá que devolver o que roubou ou tomou mediante extorsão, ou o que lhe foi confiado, ou os bens perdidos que achou, ⁵ ou qualquer coisa sobre a qual tenha jurado falsamente. Fará restituição plena, acrescentará a isso um quinto do valor e dará tudo ao proprietário no dia em que apresentar a sua oferta pela culpa. ⁶ E por sua culpa trará ao sacerdote uma oferta dedicada ao Senhor: um carneiro do rebanho, sem defeito e devidamente avaliado. ⁷ Dessa forma, o sacerdote fará propiciação pelo culpado perante o Senhor, e ele será perdoado de qualquer dessas coisas que fez e que o tornou culpado".

A Regulamentação acerca do Holocausto

⁸ O Senhor disse a Moisés: ⁹ "Dê este mandamento a Arão e a seus filhos, a regulamentação acerca do holocausto: Ele terá que ficar queimando até de manhã sobre as brasas do altar, onde o fogo terá que ser mantido aceso. ¹⁰ O sacerdote vestirá suas roupas de linho e os calções de linho por baixo, retirará as cinzas do holocausto que o fogo consumiu no altar e as colocará ao lado do altar. ¹¹ Depois trocará de roupa e levará as cinzas para fora do acampamento, a um lugar cerimonialmente puro. ¹² Mantenha-se aceso o fogo no altar; não deve ser apagado. Toda manhã o sacerdote acrescentará lenha, arrumará o holocausto sobre o fogo e queimará sobre ele a gordura das ofertas de comunhão. ¹³ Mantenha-se o fogo continuamente aceso no altar; não deve ser apagado.

A Regulamentação da Oferta de Cereal

¹⁴ "Esta é a regulamentação da oferta de cereal: Os filhos de Arão a apresentarão ao Senhor, em frente do altar. ¹⁵ O sacerdote apanhará um

---

ᵃ **5.11** Hebraico: *1/10 de efa*. O efa era uma medida de capacidade para secos. As estimativas variam entre 20 e 40 litros.
ᵇ **5.15** Hebraico: *no siclo*. Um siclo equivalia a 12 gramas.

punhado da melhor farinha com óleo, com todo o incenso que está sobre a oferta de cereal, e queimará no altar a porção memorial como aroma agradável ao Senhor. ¹⁶ Arão e seus filhos comerão o restante da oferta, mas deverão comê-lo sem fermento e em lugar sagrado, no pátio da Tenda do Encontro. ¹⁷ Essa oferta não será assada com fermento; eu a dei a eles como porção das ofertas feitas a mim com fogo. É santíssima, como a oferta pelo pecado e como a oferta pela culpa. ¹⁸ Somente os homens descendentes de Arão poderão comer da porção das ofertas dedicadas ao Senhor, preparadas no fogo. É um decreto perpétuo para as suas gerações. Tudo o que nelas tocar se tornará santo*ª*".

¹⁹ O Senhor disse também a Moisés: ²⁰ "Esta é a oferta que Arão e os seus descendentes terão que trazer ao Senhor no dia em que ele*ᵇ* for ungido: um jarro*ᶜ* da melhor farinha, como na oferta regular de cereal, metade pela manhã e metade à tarde. ²¹ Prepare-a com óleo numa assadeira; traga-a bem misturada e apresente a oferta de cereal partida em pedaços, como aroma agradável ao Senhor. ²² Todo sacerdote ungido, dos descendentes de Arão, também preparará essa oferta. É a porção do Senhor por decreto perpétuo e será totalmente queimada. ²³ Toda oferta de cereal do sacerdote será totalmente queimada; não será comida".

A Regulamentação da Oferta pelo Pecado

²⁴ O Senhor disse a Moisés: ²⁵ "Diga a Arão e aos seus filhos a regulamentação da oferta pelo pecado: O animal da oferta pelo pecado será morto perante o Senhor no local onde é sacrificado o holocausto; é uma oferta santíssima. ²⁶ O sacerdote que oferecer o animal o comerá em lugar sagrado, no pátio da Tenda do Encontro. ²⁷ Tudo o que tocar na carne se tornará santo; se o sangue respingar na roupa, será lavada em lugar sagrado. ²⁸ A vasilha de barro em que a carne for cozida deverá ser quebrada; mas, se for cozida numa vasilha de bronze, a vasilha deverá ser esfregada e enxaguada com água. ²⁹ Somente os homens da família dos sacerdotes poderão comê-la; é uma oferta santíssima. ³⁰ Mas toda oferta pelo pecado, cujo sangue for trazido para a Tenda do Encontro para propiciação no Lugar Santo, não será comida; terá que ser queimada.

A Regulamentação da Oferta pela Culpa

7 "Esta é a regulamentação da oferta pela culpa, que é oferta santíssima: ² O animal da oferta pela culpa será morto no local onde são sacrificados os holocaustos, e seu sangue será derramado nos lados do altar. ³ Toda a sua gordura será oferecida: a parte gorda da cauda e a gordura que cobre as vísceras, ⁴ os dois rins com a gordura que os cobre e que está perto dos lombos, e o lóbulo do fígado, que será removido com os rins. ⁵ O sacerdote os queimará no altar como oferta dedicada ao Senhor, preparada no fogo. É oferta pela culpa. ⁶ Somente os homens da família dos sacerdotes poderão comê-la, mas deve ser comida em lugar sagrado; é oferta santíssima.

⁷ "A mesma regulamentação aplica-se tanto à oferta pelo pecado quanto à oferta pela culpa: a carne pertence ao sacerdote que faz propiciação pela culpa. ⁸ O sacerdote que oferecer um holocausto por alguém ficará com o couro do animal. ⁹ Toda oferta de cereal, assada num forno ou cozida numa panela ou numa assadeira, pertence ao sacerdote que a oferecer, ¹⁰ e toda oferta de cereal, amassada com óleo ou não, pertence igualmente aos descendentes de Arão.

A Regulamentação da Oferta de Comunhão

¹¹ "Esta é a regulamentação da oferta de comunhão que pode ser apresentada ao Senhor:

¹² "Se alguém a fizer por gratidão, então, com sua oferta de gratidão, terá que oferecer bolos sem fermento e amassados com óleo, pães finos sem fermento e untados com óleo, e bolos da melhor farinha bem amassados e misturados com óleo. ¹³ Com sua oferta de comunhão por gratidão, apresentará uma oferta que inclua bolos com fermento. ¹⁴ De cada oferta trará uma contribuição ao Senhor, que será dada ao sacerdote que asperge o sangue das ofertas de comunhão. ¹⁵ A carne da sua oferta de comunhão por gratidão será comida no dia em que for oferecida; nada poderá sobrar até o amanhecer.

¹⁶ "Se, contudo, sua oferta for resultado de um voto ou for uma oferta voluntária, a carne do sacrifício será comida no dia em que for oferecida, e o que sobrar poderá ser comido no

---

ª **6.18** Ou *Todo aquele que nelas tocar deve ser santo*; também no versículo 27.
ᵇ **6.20** Ou *cada um*
ᶜ **6.20** Hebraico: *1/10 de efa*. O efa era uma medida de capacidade para secos. As estimativas variam entre 20 e 40 litros.

dia seguinte. ¹⁷ Mas a carne que sobrar do sacrifício até o terceiro dia será queimada no fogo. ¹⁸ Se a carne da oferta de comunhão for comida ao terceiro dia, ela não será aceita. A oferta não será atribuída àquele que a ofereceu, pois a carne estará estragada; e quem dela comer sofrerá as consequências da sua iniquidade.

¹⁹ "A carne que tocar em qualquer coisa impura não será comida; será queimada no fogo. A carne do sacrifício, porém, poderá ser comida por quem estiver puro. ²⁰ Mas, se alguém que, estando impuro, comer da carne da oferta de comunhão que pertence ao Senhor, será eliminado do meio do seu povo. ²¹ Se alguém tocar em alguma coisa impura — seja impureza humana, seja de animal, seja qualquer outra coisa impura e proibida — e comer da carne da oferta de comunhão que pertence ao Senhor, será eliminado do meio do seu povo".

A Proibição de Comer Gordura e Sangue

²² E disse o Senhor a Moisés: ²³ "Diga aos israelitas: Não comam gordura alguma de boi, carneiro ou cabrito. ²⁴ A gordura de um animal encontrado morto ou despedaçado por animais selvagens pode ser usada para qualquer outra finalidade, mas nunca poderá ser comida. ²⁵ Quem comer a gordura de um animal dedicado ao Senhor numa oferta preparada no fogo, será eliminado do meio do seu povo. ²⁶ Onde quer que vocês vivam, não comam o sangue de nenhuma ave nem de animal. ²⁷ Quem comer sangue será eliminado do meio do seu povo".

A Porção dos Sacerdotes

²⁸ Disse mais o Senhor a Moisés: ²⁹ "Diga aos israelitas: Todo aquele que trouxer sacrifício de comunhão ao Senhor terá que dedicar parte dele ao Senhor. ³⁰ Com suas próprias mãos trará ao Senhor as ofertas preparadas no fogo; trará a gordura com o peito, e o moverá perante o Senhor como gesto ritual de apresentação. ³¹ O sacerdote queimará a gordura no altar, mas o peito pertence a Arão e a seus descendentes. ³² Vocês deverão dar a coxa direita das ofertas de comunhão ao sacerdote como contribuição. ³³ O descendente de Arão que oferecer o sangue e a gordura da oferta de comunhão receberá a coxa direita como porção. ³⁴ Das ofertas de comunhão dos israelitas, tomei o peito que é movido ritualmente e a coxa que é ofertada, e os dei ao sacerdote Arão e a seus descendentes por decreto perpétuo para os israelitas".

³⁵ Essa é a parte das ofertas dedicadas ao Senhor, preparadas no fogo, destinada a Arão e a seus filhos no dia em que foram apresentados para servirem ao Senhor como sacerdotes. ³⁶ Foi isso que o Senhor ordenou dar a eles, no dia em que foram ungidos dentre os israelitas. É um decreto perpétuo para as suas gerações.

³⁷ Essa é a regulamentação acerca do holocausto, da oferta de cereal, da oferta pelo pecado, da oferta pela culpa, da oferta de ordenação e da oferta de comunhão. ³⁸ O Senhor entregou-a a Moisés no monte Sinai, no dia em que ordenou aos israelitas que trouxessem suas ofertas ao Senhor, no deserto do Sinai.

A Ordenação de Arão e de seus Filhos

8 O Senhor disse a Moisés: ² "Traga Arão e seus filhos, suas vestes, o óleo da unção, o novilho para a oferta pelo pecado, os dois carneiros e o cesto de pães sem fermento; ³ e reúna toda a comunidade à entrada da Tenda do Encontro". ⁴ Moisés fez como o Senhor lhe tinha ordenado, e a comunidade reuniu-se à entrada da Tenda do Encontro.

⁵ Então Moisés disse à comunidade: "Foi isto que o Senhor mandou fazer"; ⁶ e levou Arão e seus filhos à frente e mandou-os banhar-se com água; ⁷ pôs a túnica em Arão, colocou-lhe o cinto e o manto e pôs sobre este o colete sacerdotal; depois a ele prendeu o manto sacerdotal com o cinturão; ⁸ colocou também o peitoral, no qual pôs o Urim e o Tumim^a; ⁹ e colocou o turbante na cabeça de Arão com a lâmina de ouro, isto é, a coroa sagrada, na frente do turbante, conforme o Senhor tinha ordenado a Moisés.

¹⁰ Depois Moisés pegou o óleo da unção e ungiu o tabernáculo e tudo o que nele havia, e assim os consagrou. ¹¹ Aspergiu sete vezes o óleo sobre o altar, ungindo o altar e todos os seus utensílios e a bacia com o seu suporte, para consagrá-los. ¹² Derramou o óleo da unção sobre a cabeça de Arão para ungi-lo e consagrá-lo. ¹³ Trouxe então os filhos de Arão à frente, vestiu-os com suas túnicas e cintos e colocou-lhes gorros, conforme o Senhor lhe havia ordenado.

¹⁴ Em seguida, trouxe o novilho para a oferta pelo pecado, e Arão e seus filhos puseram as

---

^a 8.8 Objetos utilizados para se conhecer a vontade de Deus.

mãos sobre a cabeça do novilho. ¹⁵ Moisés sacrificou o novilho e com o dedo pôs um pouco do sangue em todas as pontas do altar para purificá-lo. Derramou o restante do sangue na base do altar e assim o consagrou para fazer propiciação por ele. ¹⁶ Moisés pegou também toda a gordura que cobre as vísceras, o lóbulo do fígado e os dois rins com a gordura que os cobre e os queimou no altar. ¹⁷ Mas o novilho com o seu couro, a sua carne e o seu excremento, ele queimou fora do acampamento, conforme o Senhor lhe havia ordenado.

¹⁸ Mandou trazer então o carneiro para o holocausto, e Arão e seus filhos puseram as mãos sobre a cabeça do carneiro. ¹⁹ A seguir Moisés sacrificou o carneiro e derramou o sangue nos lados do altar. ²⁰ Depois, cortou o carneiro em pedaços; queimou a cabeça, os pedaços e a gordura. ²¹ Lavou as vísceras e as pernas e queimou o carneiro inteiro sobre o altar, como holocausto, oferta de aroma agradável ao Senhor, preparada no fogo, conforme o Senhor lhe havia ordenado.

²² A seguir mandou trazer o outro carneiro, o carneiro para a oferta de ordenação, e Arão e seus filhos colocaram as mãos sobre a cabeça do carneiro. ²³ Moisés sacrificou o carneiro e pôs um pouco do sangue na ponta da orelha direita de Arão, no polegar da sua mão direita e no polegar do seu pé direito. ²⁴ Moisés também mandou que os filhos de Arão se aproximassem e sobre cada um pôs um pouco do sangue na ponta da orelha direita, no polegar da mão direita e no polegar do pé direito; derramou o restante do sangue nos lados do altar. ²⁵ Apanhou a gordura, a cauda gorda, toda a gordura que cobre as vísceras, o lóbulo do fígado, os dois rins e a gordura que os cobre e a coxa direita. ²⁶ Então, do cesto de pães sem fermento que estava perante o Senhor, apanhou um pão comum, outro feito com óleo e um pão fino, e os colocou sobre as porções de gordura e sobre a coxa direita. ²⁷ Pôs tudo nas mãos de Arão e de seus filhos e moveu esses alimentos perante o Senhor como gesto ritual de apresentação. ²⁸ Depois Moisés os pegou de volta das mãos deles e queimou tudo no altar, em cima do holocausto, como uma oferta de ordenação, preparada no fogo, de aroma agradável ao Senhor. ²⁹ Moisés pegou também o peito que era a sua própria porção do carneiro da ordenação e o moveu perante o Senhor como gesto ritual de apresentação, como o Senhor lhe havia ordenado.

³⁰ A seguir pegou um pouco do óleo da unção e um pouco do sangue que estava no altar e os aspergiu sobre Arão e suas vestes, bem como sobre seus filhos e suas vestes. Assim consagrou Arão e suas vestes; seus filhos e suas vestes.

³¹ Moisés então disse a Arão e a seus filhos: "Cozinhem a carne na entrada da Tenda do Encontro, onde a deverão comer com o pão do cesto das ofertas de ordenação, conforme me foi ordenado*ᵃ*: 'Arão e seus filhos deverão comê-la'. ³² Depois queimem o restante da carne e do pão. ³³ Não saiam da entrada da Tenda do Encontro por sete dias, até que se completem os dias da ordenação de vocês, pois essa cerimônia de ordenação durará sete dias. ³⁴ O que se fez hoje foi ordenado pelo Senhor para fazer propiciação por vocês. ³⁵ Vocês terão que permanecer dia e noite à entrada da Tenda do Encontro por sete dias e obedecer às exigências do Senhor, para que não morram; pois isso me foi ordenado". ³⁶ Arão e seus filhos fizeram tudo o que o Senhor tinha ordenado por meio de Moisés.

Os Sacerdotes Começam o seu Ministério

9 Oito dias depois, Moisés convocou Arão, seus filhos e as autoridades de Israel. ² E disse a Arão: "Traga um bezerro para a oferta pelo pecado e um carneiro para o holocausto, ambos sem defeito, e apresente-os ao Senhor. ³ Depois diga aos israelitas: Tragam um bode para oferta pelo pecado; um bezerro e um cordeiro, ambos de um ano de idade e sem defeito, para holocausto; ⁴ e um boi*ᵇ* e um carneiro para oferta de comunhão, para os sacrificar perante o Senhor, com a oferta de cereal amassada com óleo; pois hoje o Senhor aparecerá a vocês".

⁵ Levaram então tudo o que Moisés tinha determinado para a frente da Tenda do Encontro, e a comunidade inteira aproximou-se e ficou em pé perante o Senhor. ⁶ Disse-lhes Moisés: "Foi isso que o Senhor ordenou que façam, para que a glória do Senhor apareça a vocês".

⁷ Disse Moisés a Arão: "Venha até o altar e ofereça o seu sacrifício pelo pecado e o seu holocausto, e faça propiciação por você mesmo e pelo povo; ofereça o sacrifício pelo povo e faça propiciação por ele, conforme o Senhor ordenou".

⁸ Arão foi até o altar e ofereceu o bezerro como sacrifício pelo pecado por si mesmo. ⁹ Seus filhos levaram-lhe o sangue, e ele molhou o dedo

---

ᵃ **8.31** Ou *conforme ordenei*
ᵇ **9.4** A palavra hebraica pode significar *boi* ou *vaca*.

no sangue e o pôs nas pontas do altar; depois derramou o restante do sangue na base do altar, ¹⁰ onde queimou a gordura, os rins e o lóbulo do fígado da oferta pelo pecado, conforme o Senhor tinha ordenado a Moisés; ¹¹ a carne e o couro, porém, queimou fora do acampamento.

¹² Depois sacrificou o holocausto. Seus filhos lhe entregaram o sangue, e ele o derramou nos lados do altar. ¹³ Entregaram-lhe, em seguida, o holocausto pedaço por pedaço, inclusive a cabeça, e ele os queimou no altar. ¹⁴ Lavou as vísceras e as pernas e as queimou em cima do holocausto sobre o altar.

¹⁵ Depois Arão apresentou a oferta pelo povo. Pegou o bode para a oferta pelo pecado do povo e o ofereceu como sacrifício pelo pecado, como fizera com o primeiro.

¹⁶ Apresentou o holocausto e ofereceu-o conforme fora prescrito. ¹⁷ Também apresentou a oferta de cereal, pegou um punhado dela e a queimou no altar, além do holocausto da manhã.

¹⁸ Matou o boi e o carneiro como sacrifício de comunhão pelo povo. Seus filhos levaram-lhe o sangue, e ele o derramou nos lados do altar. ¹⁹ Mas as porções de gordura do boi e do carneiro, a cauda gorda, a gordura que cobre as vísceras, os rins e o lóbulo do fígado, ²⁰ puseram em cima do peito; e Arão queimou essas porções no altar. ²¹ Em seguida, Arão moveu o peito e a coxa direita do animal perante o Senhor como gesto ritual de apresentação, conforme Moisés tinha ordenado.

²² Depois Arão ergueu as mãos em direção ao povo e o abençoou. E, tendo oferecido o sacrifício pelo pecado, o holocausto e o sacrifício de comunhão, desceu.

²³ Assim Moisés e Arão entraram na Tenda do Encontro. Quando saíram, abençoaram o povo; e a glória do Senhor apareceu a todos eles. ²⁴ Saiu fogo da presença do Senhor e consumiu o holocausto e as porções de gordura sobre o altar. E, quando todo o povo viu isso, gritou de alegria e prostrou-se com o rosto em terra.

A Morte de Nadabe e de Abiú

10 Nadabe e Abiú, filhos de Arão, pegaram cada um o seu incensário, nos quais acenderam fogo, acrescentaram incenso e trouxeram fogo profano perante o Senhor, sem que tivessem sido autorizados. ² Então saiu fogo da presença do Senhor e os consumiu. Morreram perante o Senhor. ³ Moisés então disse a Arão: "Foi isto que o Senhor disse:

'Aos que de mim se aproximam
   santo me mostrarei;
à vista de todo o povo
   glorificado serei'".

Arão, porém, ficou em silêncio.

⁴ Então Moisés chamou Misael e Elzafã, filhos de Uziel, tio de Arão, e lhes disse: "Venham cá; tirem os seus primos da frente do santuário e levem-nos para fora do acampamento". ⁵ Eles foram e os puxaram pelas túnicas, para fora do acampamento, conforme Moisés tinha ordenado.

⁶ Então Moisés disse a Arão e a seus filhos Eleazar e Itamar: "Não andem descabelados nem rasguem as roupas em sinal de luto, senão vocês morrerão e a ira do Senhor cairá sobre toda a comunidade. Mas os seus parentes, e toda a nação de Israel, poderão chorar por aqueles que o Senhor destruiu pelo fogo. ⁷ Não saiam da entrada da Tenda do Encontro, senão vocês morrerão, porquanto o óleo da unção do Senhor está sobre vocês". E eles fizeram conforme Moisés tinha ordenado.

⁸ Depois o Senhor disse a Arão: ⁹ "Você e seus filhos não devem beber vinho nem outra bebida fermentada antes de entrar na Tenda do Encontro, senão vocês morrerão. É um decreto perpétuo para as suas gerações. ¹⁰ Vocês têm que fazer separação entre o santo e o profano, entre o puro e o impuro, ¹¹ e ensinar aos israelitas todos os decretos que o Senhor lhes deu por meio de Moisés".

¹² Então Moisés disse a Arão e aos seus filhos que ficaram vivos, Eleazar e Itamar: "Peguem a oferta de cereal que sobrou das ofertas dedicadas ao Senhor, preparadas no fogo, e tratem de comê-la sem fermento junto ao altar, pois é santíssima. ¹³ Comam-na em lugar sagrado, porquanto é a porção que lhes cabe por decreto, a você e a seus filhos, das ofertas dedicadas ao Senhor, preparadas no fogo; pois assim me foi ordenado. ¹⁴ O peito ritualmente movido e a coxa ofertada, você, seus filhos e suas filhas poderão comer num lugar cerimonialmente puro; essa porção foi dada a você e a seus filhos como parte das ofertas de comunhão dos israelitas. ¹⁵ A coxa ofertada e o peito ritualmente movido devem ser trazidos com as porções de gordura das ofertas preparadas no fogo, para serem movidos perante o Senhor como gesto ritual de apresentação. Essa será a porção por decreto perpétuo para você e seus descendentes, conforme o Senhor tinha ordenado".

¹⁶ Quando Moisés procurou por toda parte o bode da oferta pelo pecado e soube que já fora queimado, irou-se contra Eleazar e Itamar, os filhos de Arão que ficaram vivos, e perguntou: ¹⁷ "Por que vocês não comeram a carne da oferta pelo pecado no Lugar Santo? É santíssima; foi dada para retirar a culpa da comunidade e fazer propiciação por ela perante o Senhor. ¹⁸ Como o sangue do animal não foi levado para dentro do Lugar Santo, vocês deviam tê-lo comido ali, conforme ordenei".

¹⁹ Arão respondeu a Moisés: "Hoje eles ofereceram o seu sacrifício pelo pecado e o seu holocausto perante o Senhor; mas e essas coisas que aconteceram comigo? Será que teria agradado ao Senhor se eu tivesse comido a oferta pelo pecado hoje?" ²⁰ Essa explicação foi satisfatória para Moisés.

Animais Puros e Impuros

11 Disse o Senhor a Moisés e a Arão: ² "Digam aos israelitas: De todos os animais que vivem na terra, estes são os que vocês poderão comer: ³ qualquer animal que tem casco fendido e dividido em duas unhas e que rumina.

⁴ "Vocês não poderão comer aqueles que só ruminam nem os que só têm o casco fendido. O camelo, embora rumine, não tem casco fendido; considerem-no impuro. ⁵ O coelho, embora rumine, não tem casco fendido; é impuro para vocês. ⁶ A lebre, embora rumine, não tem casco fendido; considerem-na impura. ⁷ E o porco, embora tenha casco fendido e dividido em duas unhas, não rumina; considerem-no impuro. ⁸ Vocês não comerão a carne desses animais nem tocarão em seus cadáveres; considerem-nos impuros.

⁹ "De todas as criaturas que vivem nas águas do mar e dos rios, vocês poderão comer todas as que possuem barbatanas e escamas. ¹⁰ Mas todas as criaturas que vivem nos mares ou nos rios, que não possuem barbatanas e escamas — quer entre todas as pequenas criaturas que povoam as águas, quer entre todos os outros animais das águas —, serão proibidas para vocês. ¹¹ Por isso, não poderão comer sua carne e considerarão impuros os seus cadáveres. ¹² Tudo o que vive na água e não possui barbatanas e escamas será proibido para vocês.

¹³ "Estas são as aves que vocês considerarão impuras, das quais não poderão comer porque são proibidas: a águia, o urubu, a águia-marinha, ¹⁴ o milhafre, o falcão, ¹⁵ qualquer espécie de corvo, ¹⁶ a coruja-de-chifre*a*, a coruja-de-orelha-pequena, a coruja-orelhuda*b*, qualquer espécie de gavião, ¹⁷ o mocho, a coruja-pescadora e o corujão, ¹⁸ a coruja-branca*c*, a coruja-do-deserto, o abutre, ¹⁹ a cegonha, qualquer tipo de garça, a poupa e o morcego.*d*

²⁰ "Todas as pequenas criaturas que enxameiam, que têm asas e se movem pelo chão*e* serão proibidas para vocês. ²¹ Dessas, porém, vocês poderão comer aquelas que têm pernas articuladas para saltar no chão. ²² Dessas vocês poderão comer os diversos tipos de gafanhotos. ²³ Mas considerarão impuras todas as outras criaturas que enxameiam, que têm asas e se movem pelo chão.

²⁴ "Por meio delas vocês ficarão impuros; todo aquele que tocar em seus cadáveres estará impuro até a tarde. ²⁵ Todo o que carregar o cadáver de alguma delas deverá lavar as suas roupas e estará impuro até a tarde.

²⁶ "Todo animal de casco não dividido em duas unhas ou que não rumina é impuro para vocês; quem tocar qualquer um deles ficará impuro. ²⁷ Todos os animais de quatro pés, que andam sobre a planta dos pés, são impuros para vocês; todo o que tocar os seus cadáveres ficará impuro até a tarde. ²⁸ Quem carregar o cadáver de algum deles lavará suas roupas e estará impuro até a tarde. São impuros para vocês.

²⁹ "Dos animais que se movem rente ao chão, estes vocês considerarão impuros: a doninha, o rato, qualquer espécie de lagarto grande, ³⁰ a lagartixa, o lagarto-pintado, o lagarto, o lagarto da areia e o camaleão. ³¹ De todos os que se movem rente ao chão, esses vocês considerarão impuros. Quem neles tocar depois de mortos estará impuro até a tarde. ³² E tudo sobre o que um deles cair depois de morto, qualquer que seja o seu uso, ficará impuro — não importa se o objeto for feito de madeira, de pano, de couro ou de pano de saco. Deverá ser posto em água e estará impuro até a tarde; então ficará puro. ³³ Se um deles cair dentro de uma vasilha de barro, tudo o que nela houver ficará impuro, e vocês quebrarão a vasilha. ³⁴ Qualquer alimento sobre o qual cair essa água ficará impuro, e qualquer bebida que estiver dentro

---

a **11.16** Ou *avestruz*
b **11.16** Ou *gaivota*
c **11.18** Ou *pelicano*
d **11.19** A identificação exata de algumas das aves, insetos e animais deste capítulo é desconhecida.
e **11.20** Hebraico: *sobre quatro pés*; também no versículo 23.

SANTIDADE: LEVÍTICO E VÁRIOS TEXTOS DO NOVO TESTAMENTO

É comum o cristianismo ser acusado de religião marcada por regras e parâmetros de conduta. Para a grande maioria, o traço de caráter que representaria esse argumento é a santidade. Sem dúvida, a santidade caracteriza-se por fazer o que é adequado. Certo?

Em Levítico, a palavra "santo" repete-se 70 vezes. Aqui o sistema de sacrifícios é acompanhado de requisitos aparentemente intermináveis sobre holocausto, sacerdócio e princípios da vida. Em Levítico 11.45, lemos: " 'consagrem-se e sejam santos, porque eu sou santo' ", o que estabelece um padrão bastante alto para os cristãos.

Se o cristianismo fosse uma religião fundamentada em boas obras, o livro de Levítico seria o mais importante. No entanto, com uma fé que se fundamenta na graça, podemos perguntar: "O que Deus mostra a respeito de si mesmo?". O capítulo 16 nos oferece a resposta. Nele temos o registro do Dia da Expiação, que prefigura o sacrifício de Cristo e a obra da graça, e mostra o que Deus sempre pretendeu de seu povo no Antigo Testamento: que olhasse para a vinda futura do Messias.

A santidade é descrita em Levítico como separação, ou seja, ser diferente das nações vizinhas de Israel; e muitos dos mandamentos aqui contidos baseiam-se nesse princípio. Outros mandamentos exortam aos pecadores que se aproximem do Deus santo. E ainda outros oferecem a sabedoria que Deus dá para termos uma vida santa. Portanto, cada "regra" deste livro tem como base um princípio de amor.

No Novo Testamento, a santidade é definida como o processo para se chegar à semelhança de Cristo. Trata-se do modo de viver e crescer como crentes em Cristo. Podemos dizer que até isso é um presente de Deus. Em 2Pedro 1.3, lemos: "Seu divino poder nos deu tudo de que necessitamos para a vida e para a piedade, por meio do pleno conhecimento daquele que nos chamou para a sua própria glória e virtude". É Deus quem nos salva e santifica.

Hoje tomamos decisões que devem estar de acordo com a santidade, uma vez que são reflexos do Deus a quem servimos. E é essa atitude que nos separa "das nações" que nos rodeiam. À medida que vivemos pelo Espírito (veja Gálatas 5.16), caminhamos em direção ao padrão de santidade de Deus; não é a perfeição que ele exige, mas que busquemos o Único e Santo.

APLICAÇÃO

- A santidade é uma lista de obrigações que devemos cumprir, ou a busca do conhecimento de Deus?
- Leia Levítico 16. O que este capítulo ensina sobre o perdão de pecados? Como Jesus completa o sentido do Dia da Expiação?
- Leve em consideração que devemos ser diferentes do mundo em que estamos. Não quer dizer separados no sentido de não nos envolver com descrentes, mas, sim, transformados. Que mudanças você precisa fazer na sua vida a esse respeito?

---

da vasilha ficará impura. ³⁵ Tudo aquilo sobre o que o cadáver de um desses animais cair ficará impuro; se for um forno ou um fogão de barro vocês o quebrarão. Estão impuros, e vocês os considerarão como tais. ³⁶ Mas, se cair numa fonte ou numa cisterna onde se recolhe água, ela permanece pura; mas quem tocar no cadáver ficará impuro. ³⁷ Se um cadáver cair sobre alguma semente a ser plantada, ela permanece pura; ³⁸ mas, se foi derramada água sobre a semente, vocês a considerarão impura.

³⁹ "Quando morrer um animal que vocês têm permissão para comer, quem tocar no seu cadáver ficará impuro até a tarde. ⁴⁰ Quem comer da carne do animal morto terá que lavar as suas roupas e ficará impuro até a tarde. Quem carregar o cadáver do animal terá que lavar as suas roupas e ficará impuro até a tarde.

⁴¹ "Todo animal que se move rente ao chão será proibido a vocês e não poderá ser comido. ⁴² Vocês não poderão comer animal algum que se move rente ao chão, quer se arraste sobre o ventre, quer ande de quatro ou com o auxílio de muitos pés; são proibidos a vocês. ⁴³ Não se contaminem com qualquer desses animais. Não se tornem impuros com eles nem deixem que eles os tornem impuros. ⁴⁴ Pois eu sou o SENHOR, o Deus de vocês; consagrem-se

e sejam santos, porque eu sou santo. Não se tornem impuros com qualquer animal que se move rente ao chão. ⁴⁵ Eu sou o Senhor que os tirou da terra do Egito para ser o seu Deus; por isso, sejam santos, porque eu sou santo.

⁴⁶ "Essa é a regulamentação acerca dos animais, das aves, de todos os seres vivos que se movem na água e de todo animal que se move rente ao chão. ⁴⁷ Vocês farão separação entre o impuro e o puro, entre os animais que podem ser comidos e os que não podem".

A Purificação após o Parto

12 Disse o Senhor a Moisés: ² "Diga aos israelitas: Quando uma mulher engravidar e der à luz um menino, estará impura por sete dias, assim como está impura durante o seu período menstrual. ³ No oitavo dia o menino terá que ser circuncidado. ⁴ Então a mulher aguardará trinta e três dias para ser purificada do seu sangramento. Não poderá tocar em nenhuma coisa sagrada e não poderá ir ao santuário, até que se completem os dias da sua purificação. ⁵ Se der à luz uma menina, estará impura por duas semanas, como durante o seu período menstrual. Nesse caso aguardará sessenta e seis dias para ser purificada do seu sangramento.

⁶ "Quando se completarem os dias da sua purificação pelo nascimento de um menino ou de uma menina, ela trará ao sacerdote, à entrada da Tenda do Encontro, um cordeiro de um ano para o holocausto e um pombinho ou uma rolinha como oferta pelo pecado. ⁷ O sacerdote os oferecerá ao Senhor para fazer propiciação por ela, que ficará pura do fluxo do seu sangramento. Essa é a regulamentação para a mulher que der à luz um menino ou uma menina. ⁸ Se ela não tiver recursos para oferecer um cordeiro, poderá trazer duas rolinhas ou dois pombinhos, um para o holocausto e o outro para a oferta pelo pecado. Assim o sacerdote fará propiciação por ela, e ela ficará pura".

Leis acerca da Lepra

13 Disse o Senhor a Moisés e a Arão: ² "Quando alguém tiver um inchaço, uma erupção ou uma mancha brilhante na pele que possa ser sinal de lepraᵃ, será levado ao sacerdote Arão ou a um dos seus filhosᵇ que seja sacerdote. ³ Este examinará a parte afetada da pele, e, se naquela parte o pelo tiver se tornado branco e o lugar parecer mais profundo do que a pele, é sinal de lepra. Depois de examiná-lo, o sacerdote o declarará impuro. ⁴ Se a mancha na pele for branca, mas não parecer mais profunda do que a pele e sobre ela o pelo não tiver se tornado branco, o sacerdote o porá em isolamento por sete dias. ⁵ No sétimo dia o sacerdote o examinará e, se verificar que a parte afetada não se alterou nem se espalhou pela pele, o manterá em isolamento por mais sete dias. ⁶ Ao sétimo dia o sacerdote o examinará de novo e, se a parte afetada diminuiu e não se espalhou pela pele, o sacerdote o declarará puro; é apenas uma erupção. Então ele lavará as suas roupas, e estará puro. ⁷ Mas, se depois que se apresentou ao sacerdote para ser declarado puro a erupção se espalhar pela pele, ele terá que se apresentar novamente ao sacerdote. ⁸ O sacerdote o examinará e, se a erupção tiver se espalhado pela pele, ele o declarará impuro; trata-se de lepra.

⁹ "Quando alguém apresentar sinal de lepra, será levado ao sacerdote. ¹⁰ Este o examinará e, se houver inchaço branco na pele, o qual tenha tornado branco o pelo, e se houver carne viva no inchaço, ¹¹ é lepra crônica na pele, e o sacerdote o declarará impuro. Não o porá em isolamento, porquanto já está impuro.

¹² "Se a doença se alastrar e cobrir toda a pele da pessoa infectada, da cabeça aos pés, até onde é possível ao sacerdote verificar, ¹³ este a examinará e, se observar que a lepra cobriu todo o corpo, ele a declarará pura. Visto que tudo tenha ficado branco, ela está pura. ¹⁴ Mas, quando nela aparecer carne viva, ficará impura. ¹⁵ Quando o sacerdote vir a carne viva, ele a declarará impura. A carne viva é impura; trata-se de lepra. ¹⁶ Se a carne viva retroceder e a pele se tornar branca, a pessoa voltará ao sacerdote. ¹⁷ Este a examinará e, se a parte afetada tiver se tornado branca, o sacerdote declarará pura a pessoa infectada, a qual então estará pura.

¹⁸ "Quando alguém tiver uma ferida purulenta em sua pele e ela sarar ¹⁹ e no lugar da ferida aparecer um inchaço branco ou uma mancha avermelhada, ele se apresentará ao sacerdote. ²⁰ Este examinará o local e, se parecer mais profundo do que a pele e o pelo ali tiver se tornado branco, o sacerdote o declarará impuro. É sinal de lepra que se alastrou onde estava a ferida. ²¹ Mas, se quando o sacerdote o examinar não houver nenhum pelo branco e o lugar não

---

ᵃ 13.2 O termo hebraico não se refere somente à lepra, mas também a diversas doenças da pele; também no restante do capítulo.
ᵇ 13.2 Ou *descendentes*

estiver mais profundo do que a pele e tiver diminuído, então o sacerdote o porá em isolamento por sete dias. ²² Se de fato estiver se espalhando pela pele, o sacerdote o declarará impuro; é sinal de lepra. ²³ Mas, se a mancha não tiver se alterado nem se espalhado, é apenas a cicatriz da ferida, e o sacerdote o declarará puro.

²⁴ "Quando alguém tiver uma queimadura na pele, e uma mancha avermelhada ou branca aparecer na carne viva da queimadura, ²⁵ o sacerdote examinará a mancha e, se o pelo sobre ela tiver se tornado branco e ela parecer mais profunda do que a pele, é lepra que surgiu na queimadura. O sacerdote o declarará impuro; é sinal de lepra na pele. ²⁶ Mas, se o sacerdote examinar a mancha e nela não houver pelo branco e esta não estiver mais profunda do que a pele e tiver diminuído, então o sacerdote o porá em isolamento por sete dias. ²⁷ No sétimo dia o sacerdote o examinará e, se a mancha tiver se espalhado pela pele, o sacerdote o declarará impuro; é sinal de lepra. ²⁸ Se, todavia, a mancha não tiver se alterado nem se espalhado pela pele, mas tiver diminuído, é um inchaço da queimadura, e o sacerdote o declarará puro; é apenas a cicatriz da queimadura.

²⁹ "Quando um homem ou uma mulher tiver uma ferida na cabeça ou no queixo, ³⁰ o sacerdote examinará a ferida e, se ela parecer mais profunda do que a pele e o pelo nela for amarelado e fino, o sacerdote declarará impura aquela pessoa; é sarna, isto é, lepra da cabeça ou do queixo. ³¹ Mas, se quando o sacerdote examinar o sinal de sarna este não parecer mais profundo do que a pele e não houver pelo escuro nela, então o sacerdote porá a pessoa infectada em isolamento por sete dias. ³² No sétimo dia o sacerdote examinará a parte afetada e, se a sarna não tiver se espalhado e não houver pelo amarelado nela e não parecer mais profunda do que a pele, ³³ a pessoa rapará os pelos, exceto na parte afetada, e o sacerdote a porá em isolamento por mais sete dias. ³⁴ No sétimo dia o sacerdote examinará a sarna e, se não tiver se espalhado mais e não parecer mais profunda do que a pele, o sacerdote declarará pura a pessoa. Esta lavará suas roupas e estará pura. ³⁵ Mas, se a sarna se espalhar pela pele depois que a pessoa for declarada pura, ³⁶ o sacerdote a examinará e, se a sarna tiver se espalhado pela pele, o sacerdote não precisará procurar pelo amarelado; a pessoa está impura. ³⁷ Se, entretanto, verificar que não houve alteração e cresceu pelo escuro, a sarna está curada. A pessoa está pura, e o sacerdote a declarará pura.

³⁸ "Quando um homem ou uma mulher tiver manchas brancas na pele, ³⁹ o sacerdote examinará as manchas; se forem brancas e sem brilho, é um eczema que se alastrou; essa pessoa está pura.

⁴⁰ "Quando os cabelos de um homem caírem, ele está calvo, todavia puro. ⁴¹ Se lhe caírem os cabelos da frente da cabeça, ele está meio-calvo, porém puro. ⁴² Mas, se tiver uma ferida avermelhada na parte calva da frente ou de trás da cabeça, é lepra que se alastra pela calva da frente ou de trás da cabeça. ⁴³ O sacerdote o examinará e, se a ferida inchada na parte da frente ou de trás da calva for avermelhada como a lepra de pele, ⁴⁴ o homem está leproso e impuro. O sacerdote terá que declará-lo impuro devido à ferida na cabeça.

⁴⁵ "Quem ficar leproso, apresentando quaisquer desses sintomas, usará roupas rasgadas, andará descabelado, cobrirá a parte inferior do rosto e gritará: 'Impuro! Impuro!' ⁴⁶ Enquanto tiver a doença, estará impuro. Viverá separado, fora do acampamento.

A Lei acerca do Mofo

⁴⁷ "Quando aparecer mancha de mofo*a* em alguma roupa — seja de lã, seja de linho — ⁴⁸ ou em qualquer peça tecida ou entrelaçada de linho ou de lã, ou em algum pedaço ou objeto de couro, ⁴⁹ se a mancha na roupa, ou no pedaço de couro, ou na peça tecida ou entrelaçada, ou em qualquer objeto de couro, for esverdeada ou avermelhada, é mancha de mofo que deverá ser mostrada ao sacerdote. ⁵⁰ O sacerdote examinará a mancha e isolará o objeto afetado por sete dias. ⁵¹ No sétimo dia examinará a mancha e, se ela tiver se espalhado pela roupa, ou pela peça tecida ou entrelaçada, ou pelo pedaço de couro, qualquer que seja o seu uso, é mofo corrosivo; o objeto está impuro. ⁵² Ele queimará a roupa, ou a peça tecida ou entrelaçada, ou qualquer objeto de couro que tiver a mancha, pois é mofo corrosivo; o objeto será queimado.

⁵³ "Mas, se, quando o sacerdote o examinar, a mancha não tiver se espalhado pela roupa, ou pela peça tecida ou entrelaçada, ou pelo objeto de couro, ⁵⁴ ordenará que o objeto afetado seja lavado. Então ele o isolará por mais sete dias. ⁵⁵ Depois de lavado o objeto afetado, o sacerdote

---

a **13.47** O termo hebraico é o mesmo traduzido por *lepra* nos versículos anteriores.

o examinará e, se a mancha não tiver alterado sua cor, ainda que não tenha se espalhado, o objeto estará impuro. Queime-o com fogo, quer o mofo corrosivo tenha afetado um lado do objeto quer o outro. ⁵⁶ Se, quando o sacerdote o examinar, a mancha tiver diminuído depois de lavado o objeto, ele cortará a parte afetada da roupa, ou do pedaço de couro, ou da peça tecida ou entrelaçada. ⁵⁷ Mas, se a mancha ainda aparecer na roupa, ou na peça tecida ou entrelaçada, ou no objeto de couro, é mofo que se alastra, e tudo o que tiver o mofo será queimado com fogo. ⁵⁸ Mas, se, depois de lavada, a mancha desaparecer da roupa, ou da peça tecida ou entrelaçada, ou do objeto de couro, o objeto afetado será lavado de novo, e então estará puro".

⁵⁹ Essa é a regulamentação acerca da mancha de mofo nas roupas de lã ou de linho, nas peças tecidas ou entrelaçadas, ou nos objetos de couro, para que sejam declarados puros ou impuros.

A Purificação da Lepra

14 Disse também o Senhor a Moisés: ² "Esta é a regulamentação acerca da purificação de um leproso: Ele será levado ao sacerdote, ³ que sairá do acampamento e o examinará. Se a pessoa foi curada da lepraᵃ, ⁴ o sacerdote ordenará que duas aves puras, vivas, um pedaço de madeira de cedro, um pano vermelho e um ramo de hissopo sejam trazidos em favor daquele que será purificado. ⁵ Então o sacerdote ordenará que uma das aves seja morta numa vasilha de barro com água da fonte. ⁶ Então pegará a ave viva e a molhará, com o pedaço de madeira de cedro, com o pano vermelho e com o ramo de hissopo, no sangue da ave morta em água corrente. ⁷ Sete vezes ele aspergirá aquele que está sendo purificado da lepra e o declarará puro. Depois soltará a ave viva em campo aberto.

⁸ "Aquele que estiver sendo purificado lavará as suas roupas, rapará todos os seus pelos e se banhará com água; e assim estará puro. Depois disso poderá entrar no acampamento, mas ficará fora da sua tenda por sete dias. ⁹ No sétimo dia rapará todos os seus pelos: o cabelo, a barba, as sobrancelhas e o restante dos pelos. Lavará suas roupas e banhará o corpo com água; então ficará puro.

¹⁰ "No oitavo dia pegará dois cordeiros sem defeito e uma cordeira de um ano sem defeito, com três jarrosᵇ da melhor farinha amassada com óleo, como oferta de cereal, e uma canecaᶜ de óleo. ¹¹ O sacerdote que faz a purificação apresentará ao Senhor, à entrada da Tenda do Encontro, tanto aquele que estiver para ser purificado como as suas ofertas.

¹² "Então o sacerdote pegará um dos cordeiros e o sacrificará como oferta pela culpa, com a caneca de óleo; ele os moverá perante o Senhor como gesto ritual de apresentação e ¹³ matará o cordeiro no Lugar Santo, onde são sacrificados a oferta pelo pecado e o holocausto. Como se dá com a oferta pelo pecado, também a oferta pela culpa pertence ao sacerdote; é santíssima. ¹⁴ O sacerdote porá um pouco do sangue da oferta pela culpa na ponta da orelha direita daquele que será purificado, no polegar da sua mão direita e no polegar do seu pé direito. ¹⁵ Então o sacerdote pegará um pouco de óleo da caneca e o derramará na palma da sua própria mão esquerda, ¹⁶ molhará o dedo direito no óleo que está na palma da mão esquerda e com o dedo o aspergirá sete vezes perante o Senhor. ¹⁷ O sacerdote ainda porá um pouco do óleo restante na palma da sua mão, na ponta da orelha direita daquele que está sendo purificado, no polegar da sua mão direita e no polegar do seu pé direito, em cima do sangue da oferta pela culpa. ¹⁸ O óleo que restar na palma da sua mão, o sacerdote derramará sobre a cabeça daquele que está sendo purificado e fará propiciação por ele perante o Senhor.

¹⁹ "Então o sacerdote sacrificará a oferta pelo pecado e fará propiciação em favor daquele que está sendo purificado da sua impureza. Depois disso, o sacerdote matará o animal do holocausto ²⁰ e o oferecerá sobre o altar com a oferta de cereal; e assim fará propiciação pelo ofertante, o qual estará puro.

²¹ "Se, todavia, o ofertante for pobre, sem recursos para isso, pegará um cordeiro como oferta pela culpa, o qual será movido para fazer propiciação pelo ofertante, com um jarro da melhor farinha, amassada com óleo, como oferta de cereal, uma caneca de óleo ²² e duas rolinhas ou dois pombinhos, conforme os seus recursos, um como oferta pelo pecado e o outro como holocausto.

ᵃ **14.3** O termo hebraico não se refere somente à lepra, mas também a diversas doenças da pele; também no restante do capítulo.

ᵇ **14.10** Hebraico: *3/10 de efa*. O efa era uma medida de capacidade para secos. As estimativas variam entre 20 e 40 litros.

ᶜ **14.10** Hebraico: *1 logue*. O logue era uma medida de capacidade. As estimativas variam entre 1/4 de litro e 1/2 litro.

²³ "No oitavo dia o ofertante os trará, para a sua purificação, ao sacerdote, à entrada da Tenda do Encontro, perante o Senhor. ²⁴ O sacerdote pegará o cordeiro da oferta pela culpa, com uma caneca de óleo, e os moverá perante o Senhor como gesto ritual de apresentação. ²⁵ Matará o cordeiro da oferta pela culpa e pegará um pouco do sangue e o porá na ponta da orelha direita daquele que está sendo purificado, no polegar da sua mão direita e no polegar do seu pé direito. ²⁶ O sacerdote derramará um pouco do óleo na palma da sua mão esquerda, ²⁷ e com o dedo indicador direito aspergirá um pouco do óleo da palma da sua mão esquerda sete vezes perante o Senhor. ²⁸ Ele porá o óleo da palma da sua mão nos mesmos lugares em que pôs o sangue da oferta pela culpa: na ponta da orelha direita daquele que está sendo purificado, no polegar da sua mão direita e no polegar do seu pé direito. ²⁹ O que restar do óleo na palma da sua mão, o sacerdote derramará sobre a cabeça daquele que está sendo purificado, para fazer propiciação por ele perante o Senhor. ³⁰ Depois sacrificará uma das rolinhas ou um dos pombinhos, conforme os seus recursos, ³¹ um como oferta pelo pecado e o outro como holocausto, com a oferta de cereal. Assim o sacerdote fará propiciação perante o Senhor em favor daquele que está sendo purificado".

³² Essa é a regulamentação para todo aquele que tem lepra e não tem recursos para fazer a oferta da sua purificação.

A Purificação do Mofo

³³ O Senhor disse a Moisés e a Arão: ³⁴ "Quando vocês entrarem na terra de Canaã, que dou a vocês como propriedade, e eu puser mancha de mofo numa casa, na terra que lhes pertence, ³⁵ o dono da casa irá ao sacerdote e dirá: Parece-me que há mancha de mofo em minha casa. ³⁶ Antes de examinar o mofo, o sacerdote ordenará que desocupem a casa para que nada que houver na casa se torne impuro. Depois disso, o sacerdote irá examinar a casa. ³⁷ Examinará as manchas nas paredes e, se elas forem esverdeadas ou avermelhadas e parecerem mais profundas do que a superfície da parede, ³⁸ o sacerdote sairá da casa e a deixará fechada por sete dias. ³⁹ No sétimo dia voltará para examinar a casa. Se as manchas se houverem espalhado pelas paredes da casa, ⁴⁰ ordenará que as pedras contaminadas pelas manchas sejam retiradas e jogadas num local impuro, fora da cidade. ⁴¹ Fará que a casa seja raspada por dentro e que o reboco raspado seja jogado num local impuro, fora da cidade. ⁴² Depois colocarão outras pedras no lugar das primeiras e rebocarão a casa com barro novo.

⁴³ "Se as manchas tornarem a alastrar-se na casa depois de retiradas as pedras e de raspada e rebocada a casa, ⁴⁴ o sacerdote irá examiná-la e, se as manchas se espalharam pela casa, é mofo corrosivo; a casa está impura. ⁴⁵ Ela terá que ser demolida: as pedras, as madeiras e todo o reboco da casa; tudo será levado para um local impuro, fora da cidade.

⁴⁶ "Quem entrar na casa enquanto estiver fechada estará impuro até a tarde. ⁴⁷ Aquele que dormir ou comer na casa terá que lavar as suas roupas.

⁴⁸ "Mas, se o sacerdote for examiná-la e as manchas não se houverem espalhado depois de rebocada a casa, declarará pura a casa, pois as manchas de mofo desapareceram. ⁴⁹ Para purificar a casa, ele pegará duas aves, um pedaço de madeira de cedro, um pano vermelho e hissopo. ⁵⁰ Depois matará uma das aves numa vasilha de barro com água da fonte. ⁵¹ Então pegará o pedaço de madeira de cedro, o hissopo, o pano vermelho e a ave viva, e os molhará no sangue da ave morta e na água da fonte, e aspergirá a casa sete vezes. ⁵² Ele purificará a casa com o sangue da ave, com a água da fonte, com a ave viva, com o pedaço de madeira de cedro, com o hissopo e com o pano vermelho. ⁵³ Depois soltará a ave viva em campo aberto, fora da cidade. Assim fará propiciação pela casa, e ela ficará pura".

⁵⁴ Essa é a regulamentação acerca de qualquer tipo de lepra, de sarna, ⁵⁵ de mofo nas roupas ou numa casa ⁵⁶ e de inchaço, erupção ou mancha brilhante, ⁵⁷ para se determinar quando uma coisa é pura ou impura.

Essa é a regulamentação acerca de qualquer tipo de lepra e de mofo.

Impurezas do Homem e da Mulher

15 O Senhor disse a Moisés e a Arão: ² "Digam o seguinte aos israelitas: Quando um homem tiver um fluxo que sai do corpo, o fluxo é impuro. ³ Ele ficará impuro por causa do seu fluxo, quer continue, quer fique retido.

⁴ "A cama em que um homem com fluxo se deitar ficará impura, e qualquer coisa em que se sentar ficará impura. ⁵ Quem tocar na cama dele lavará as suas roupas, se banhará com

água e ficará impuro até a tarde. **⁶** Todo aquele que se sentar sobre qualquer coisa na qual esse homem se sentou, lavará suas roupas, se banhará com água e estará impuro até a tarde.

⁷ "Quem tocar no homem que tiver um fluxo lavará as suas roupas, se banhará com água e ficará impuro até a tarde.

⁸ "Se o homem cuspir em alguém que está puro, este lavará as suas roupas, se banhará com água e ficará impuro até a tarde. **⁹** Tudo aquilo em que o homem se sentar quando montar um animal estará impuro, **¹⁰** e todo aquele que tocar em qualquer coisa que tenha estado debaixo dele ficará impuro até a tarde; quem pegar essas coisas lavará as suas roupas, se banhará com água e ficará impuro até a tarde.

¹¹ "Quaisquer pessoas tocadas pelo homem com fluxo, sem que este tenha lavado as mãos, lavarão as suas roupas, se banharão com água e ficarão impuras até a tarde.

¹² "A vasilha de barro na qual ele tocar será quebrada; se tocar numa vasilha de madeira, ela será lavada.

¹³ "Quando um homem sarar de seu fluxo, contará sete dias para a sua purificação; lavará as suas roupas, se banhará em água corrente e ficará puro. **¹⁴** No oitavo dia pegará duas rolinhas ou dois pombinhos e irá perante o Senhor, à entrada da Tenda do Encontro, e os dará ao sacerdote. **¹⁵** O sacerdote os sacrificará, um como oferta pelo pecado e o outro como holocausto, e assim fará propiciação perante o Senhor em favor do homem, por causa do fluxo.

¹⁶ "Quando de um homem sair o sêmen, banhará todo o seu corpo com água e ficará impuro até a tarde. **¹⁷** Qualquer peça de roupa ou de couro em que houver sêmen será lavada com água e ficará impura até a tarde.

¹⁸ "Quando um homem se deitar com uma mulher e lhe sair o sêmen, ambos terão que se banhar com água e estarão impuros até a tarde.

¹⁹ "Quando uma mulher tiver fluxo de sangue que sai do corpo, a impureza da sua menstruação durará sete dias, e quem nela tocar ficará impuro até a tarde.

²⁰ "Tudo sobre o que ela se deitar durante a sua menstruação ficará impuro, e tudo sobre o que ela se sentar ficará impuro. **²¹** Todo aquele que tocar em sua cama lavará as suas roupas e se banhará com água, e ficará impuro até a tarde. **²²** Quem tocar em alguma coisa sobre a qual ela se sentar lavará as suas roupas, se banhará com água e estará impuro até a tarde. **²³** Quer seja a cama, quer seja qualquer coisa sobre a qual ela esteve sentada, quando alguém nisso tocar, estará impuro até a tarde.

²⁴ "Se um homem se deitar com ela e a menstruação dela nele tocar, estará impuro por sete dias; qualquer cama sobre a qual ele se deitar estará impura.

²⁵ "Quando uma mulher tiver um fluxo de sangue por muitos dias fora da sua menstruação normal, ou um fluxo que continue além desse período, ela ficará impura enquanto durar o corrimento, como nos dias da sua menstruação. **²⁶** Qualquer cama em que ela se deitar enquanto continuar o seu fluxo estará impura, como acontece com a sua cama durante a sua menstruação, e tudo sobre o que ela se sentar estará impuro, como durante a sua menstruação. **²⁷** Quem tocar em alguma dessas coisas ficará impuro; lavará as suas roupas, se banhará com água e ficará impuro até a tarde.

²⁸ "Quando sarar do seu fluxo, contará sete dias e depois disso estará pura. **²⁹** No oitavo dia pegará duas rolinhas ou dois pombinhos e os levará ao sacerdote, à entrada da Tenda do Encontro. **³⁰** O sacerdote sacrificará um como oferta pelo pecado e o outro como holocausto, e assim fará propiciação em favor dela, perante o Senhor, devido à impureza do seu fluxo.

³¹ "Mantenham os israelitas separados das coisas que os tornam impuros, para que não morram por contaminar com sua impureza o meu tabernáculo, que está entre eles".

³² Essa é a regulamentação acerca do homem que tem fluxo e daquele de quem sai o sêmen, tornando-se impuro, **³³** da mulher em sua menstruação, do homem ou da mulher que têm fluxo e do homem que se deita com uma mulher que está impura.

O Dia da Expiação

16 O Senhor falou com Moisés depois que morreram os dois filhos de Arão, por haverem se aproximado do Senhor. **²** O Senhor disse a Moisés: "Diga a seu irmão Arão que não entre a toda hora no Lugar Santíssimo, atrás do véu, diante da tampa da arca, para que não morra; pois aparecerei na nuvem, acima da tampa.

³ "Arão deverá entrar no Lugar Santo com um novilho como oferta pelo pecado e com um carneiro como holocausto. **⁴** Ele vestirá a túnica sagrada de linho, com calções também de linho por baixo; porá o cinto de linho na cintura e também o turbante de linho. Essas vestes são sagradas; por isso ele se banhará com água antes de vesti-las. ⁵ Receberá da comunidade de Israel dois bodes como oferta pelo pecado e um carneiro como holocausto.

⁶ "Arão sacrificará o novilho como oferta pelo seu próprio pecado, para fazer propiciação por si mesmo e por sua família. ⁷ Depois pegará os dois bodes e os apresentará ao Senhor, à entrada da Tenda do Encontro. ⁸ E lançará sortes quanto aos dois bodes: uma para o Senhor e a outra para Azazel[a]. ⁹ Arão trará o bode cuja sorte caiu para o Senhor e o sacrificará como oferta pelo pecado. ¹⁰ Mas o bode sobre o qual caiu a sorte para Azazel será apresentado vivo ao Senhor para fazer propiciação e será enviado para Azazel no deserto.

¹¹ "Arão trará o novilho como oferta por seu próprio pecado para fazer propiciação por si mesmo e por sua família, e ele o oferecerá como sacrifício pelo seu próprio pecado. ¹² Pegará o incensário cheio de brasas do altar que está perante o Senhor e dois punhados de incenso aromático em pó e os levará para trás do véu. ¹³ Porá o incenso no fogo perante o Senhor, e a fumaça do incenso cobrirá a tampa que está acima das tábuas da aliança, a fim de que não morra. ¹⁴ Pegará um pouco do sangue do novilho e com o dedo o aspergirá sobre a parte da frente da tampa; depois, com o dedo aspergirá o sangue sete vezes, diante da tampa.

¹⁵ "Então sacrificará o bode da oferta pelo pecado, em favor do povo, e trará o sangue para trás do véu; fará com o sangue o que fez com o sangue do novilho; ele o aspergirá sobre a tampa e na frente dela. ¹⁶ Assim fará propiciação pelo Lugar Santíssimo por causa das impurezas e das rebeliões dos israelitas, quaisquer que tenham sido os seus pecados. Fará o mesmo em favor da Tenda do Encontro, que está entre eles no meio das suas impurezas. ¹⁷ Ninguém estará na Tenda do Encontro quando Arão entrar para fazer propiciação no Lugar Santíssimo, até a saída dele, depois que fizer propiciação por si mesmo, por sua família e por toda a assembleia de Israel.

¹⁸ "Depois irá ao altar que está perante o Senhor e pelo altar fará propiciação. Pegará um pouco do sangue do novilho e do sangue do bode e o porá em todas as pontas do altar. ¹⁹ Com o dedo aspergirá o sangue sete vezes sobre o altar para purificá-lo e santificá-lo das impurezas dos israelitas.

²⁰ "Quando Arão terminar de fazer propiciação pelo Lugar Santíssimo, pela Tenda do Encontro e pelo altar, trará para a frente o bode vivo. ²¹ Então colocará as duas mãos sobre a cabeça do bode vivo e confessará todas as iniquidades e rebeliões dos israelitas, todos os seus pecados, e os porá sobre a cabeça do bode. Em seguida, enviará o bode para o deserto aos cuidados de um homem designado para isso. ²² O bode levará consigo todas as iniquidades deles para um lugar solitário. E o homem soltará o bode no deserto.

²³ "Depois Arão entrará na Tenda do Encontro, tirará as vestes de linho que usou para entrar no Santo dos Santos e as deixará ali. ²⁴ Ele se banhará com água num lugar sagrado e vestirá as suas próprias roupas. Então sairá e sacrificará o holocausto por si mesmo e o holocausto pelo povo, para fazer propiciação por si mesmo e pelo povo. ²⁵ Também queimará sobre o altar a gordura da oferta pelo pecado.

²⁶ "Aquele que soltar o bode para Azazel lavará as suas roupas, se banhará com água e depois poderá entrar no acampamento. ²⁷ O novilho e o bode da oferta pelo pecado, cujo sangue foi trazido ao Lugar Santíssimo para fazer propiciação, serão levados para fora do acampamento; o couro, a carne e o excremento deles serão queimados com fogo. ²⁸ Aquele que os queimar lavará as suas roupas e se banhará com água; depois poderá entrar no acampamento.

²⁹ "Este é um decreto perpétuo para vocês: No décimo dia do sétimo mês vocês se humilharão[b] e não poderão realizar trabalho algum, nem o natural da terra, nem o estrangeiro residente. ³⁰ Porquanto nesse dia se fará propiciação por vocês, para purificá-los. Então, perante o Senhor, vocês estarão puros de todos os seus pecados. ³¹ Este lhes será um sábado de descanso, quando vocês se humilharão; é um decreto perpétuo. ³² O sacerdote que for ungido e ordenado para suceder seu pai como sumo sacerdote fará a propiciação. Porá as vestes sagradas de linho ³³ e fará propiciação pelo Lugar Santíssimo, pela Tenda do Encontro, pelo altar, por todos os sacerdotes e por todo o povo da assembleia.

³⁴ "Este é um decreto perpétuo para vocês: A propiciação será feita uma vez por ano, por todos os pecados dos israelitas".

E tudo foi feito conforme o Senhor tinha ordenado a Moisés.

---

[a] 16.8 Ou *o bode emissário*; também nos versículos 10 e 26.

[b] 16.29 Ou *jejuarão*; também no versículo 31.

A Proibição de Comer Sangue

17 O Senhor disse a Moisés: ² "Diga a Arão e seus filhos e a todos os israelitas o que o Senhor ordenou: ³ Qualquer israelita que sacrificar um boi*ª*, um cordeiro ou um cabrito dentro ou fora do acampamento, ⁴ e não o trouxer à entrada da Tenda do Encontro para apresentá-lo como oferta ao Senhor, diante do tabernáculo do Senhor, será considerado culpado de sangue; derramou sangue e será eliminado do meio do seu povo. ⁵ Os sacrifícios, que os israelitas agora fazem em campo aberto, passarão a trazer ao Senhor, entregando-os ao sacerdote, para oferecê-los ao Senhor, à entrada da Tenda do Encontro, e os sacrificarão como ofertas de comunhão. ⁶ O sacerdote aspergirá o sangue no altar do Senhor, à entrada da Tenda do Encontro, e queimará a gordura como aroma agradável ao Senhor. ⁷ Não oferecerão mais sacrifícios aos ídolos em forma de bode, aos quais prestam culto imoral. Este é um decreto perpétuo para eles e para as suas gerações.

⁸ "Diga-lhes: Todo israelita ou estrangeiro residente que oferecer holocausto ou sacrifício ⁹ e não o trouxer à entrada da Tenda do Encontro para oferecê-lo ao Senhor será eliminado do meio do seu povo.

¹⁰ "Todo israelita ou estrangeiro residente que comer sangue de qualquer animal, contra esse eu me voltarei e o eliminarei do meio do seu povo. ¹¹ Pois a vida da carne está no sangue, e eu o dei a vocês para fazerem propiciação por vocês mesmos no altar; é o sangue que faz propiciação pela vida. ¹² Por isso digo aos israelitas: Nenhum de vocês poderá comer sangue; tampouco, o estrangeiro residente.

¹³ "Qualquer israelita ou estrangeiro residente que caçar um animal ou ave que se pode comer, derramará o sangue e o cobrirá com terra, ¹⁴ porque a vida de toda carne é o seu sangue. Por isso eu disse aos israelitas: Vocês não poderão comer o sangue de nenhum animal, porque a vida de toda carne é o seu sangue; todo aquele que o comer será eliminado.

¹⁵ "Todo aquele que, natural da terra ou estrangeiro, comer um animal encontrado morto ou despedaçado por animais selvagens, lavará suas roupas, se banhará com água e ficará impuro até a tarde; então estará puro. ¹⁶ Mas, se não lavar suas roupas nem se banhar, sofrerá as consequências da sua iniquidade".

As Relações Sexuais Ilícitas

18 Disse o Senhor a Moisés: ² "Diga o seguinte aos israelitas: Eu sou o Senhor, o Deus de vocês. ³ Não procedam como se procede no Egito, onde vocês moraram, nem como se procede na terra de Canaã, para onde os estou levando. Não sigam as suas práticas. ⁴ Pratiquem as minhas ordenanças, obedeçam aos meus decretos e sigam-nos. Eu sou o Senhor, o Deus de vocês. ⁵ Obedeçam aos meus decretos e ordenanças, pois o homem que os praticar viverá por eles. Eu sou o Senhor.

⁶ "Ninguém poderá se aproximar de uma parenta próxima para se envolver sexualmente*ᵇ* com ela. Eu sou o Senhor.

⁷ "Não desonre o seu pai, envolvendo-se sexualmente com a sua mãe. Ela é sua mãe; não se envolva sexualmente com ela.

⁸ "Não se envolva sexualmente com a mulher do seu pai; isso desonraria seu pai.

⁹ "Não se envolva sexualmente com a sua irmã, filha do seu pai ou da sua mãe, tenha ela nascido na mesma casa ou em outro lugar.

¹⁰ "Não se envolva sexualmente com a filha do seu filho ou com a filha da sua filha; isso desonraria você.

¹¹ "Não se envolva sexualmente com a filha da mulher do seu pai, gerada por seu pai; ela é sua irmã.

¹² "Não se envolva sexualmente com a irmã do seu pai; ela é parenta próxima do seu pai.

¹³ "Não se envolva sexualmente com a irmã da sua mãe; ela é parenta próxima da sua mãe.

¹⁴ "Não desonre o irmão do seu pai aproximando-se da sua mulher para com ela se envolver sexualmente; ela é sua tia.

¹⁵ "Não se envolva sexualmente com a sua nora. Ela é mulher do seu filho; não se envolva sexualmente com ela.

¹⁶ "Não se envolva sexualmente com a mulher do seu irmão; isso desonraria seu irmão.

¹⁷ "Não se envolva sexualmente com uma mulher e sua filha. Não se envolva sexualmente com a filha do seu filho ou com a filha da sua filha; são parentes próximos. É perversidade.

¹⁸ "Não tome por mulher a irmã da sua mulher, tornando-a rival, envolvendo-se sexualmente com ela, estando a sua mulher ainda viva.

¹⁹ "Não se aproxime de uma mulher para se envolver sexualmente com ela quando ela estiver na impureza da sua menstruação.

ª 17.3 A palavra hebraica pode significar *boi* ou *vaca*.

ᵇ 18.6 Hebraico: *descobrir a nudez*; também nos versículos de 7 a 20 e no capítulo 20.

²⁰ "Não se deite com a mulher do seu próximo, contaminando-se com ela.
²¹ "Não entregue os seus filhos para serem sacrificados a Moloque^a. Não profanem o nome do seu Deus. Eu sou o Senhor.
²² "Não se deite com um homem como quem se deita com uma mulher; é repugnante.
²³ "Não tenha relações sexuais com um animal, contaminando-se com ele. Mulher nenhuma se porá diante de um animal para ajuntar-se com ele; é depravação.
²⁴ "Não se contaminem com nenhuma dessas coisas, porque assim se contaminaram as nações que vou expulsar da presença de vocês. ²⁵ Até a terra ficou contaminada; e eu castiguei a sua iniquidade, e a terra vomitou os seus habitantes. ²⁶ Mas vocês obedecerão aos meus decretos e às minhas leis. Nem o natural da terra nem o estrangeiro residente entre vocês farão nenhuma dessas abominações, ²⁷ pois todas estas abominações foram praticadas pelos que habitaram essa terra antes de vocês; por isso a terra ficou contaminada. ²⁸ E, se vocês contaminarem a terra, ela os vomitará, como vomitou os povos que ali estavam antes de vocês.
²⁹ "Todo aquele que fizer alguma dessas abominações, aqueles que assim procederem serão eliminados do meio do seu povo.
³⁰ Obedeçam aos meus preceitos e não pratiquem os costumes repugnantes praticados antes de vocês, nem se contaminem com eles. Eu sou o Senhor, o Deus de vocês".

Diversas Leis

19 Disse ainda o Senhor a Moisés: ² "Diga o seguinte a toda comunidade de Israel: Sejam santos porque eu, o Senhor, o Deus de vocês, sou santo.
³ "Respeite cada um de vocês a sua mãe e o seu pai e guarde os meus sábados. Eu sou o Senhor, o Deus de vocês.
⁴ "Não se voltem para os ídolos nem façam para vocês deuses de metal. Eu sou o Senhor, o Deus de vocês.
⁵ "Quando vocês oferecerem um sacrifício de comunhão ao Senhor, ofereçam-no de modo que seja aceito em favor de vocês. ⁶ Terá que ser comido no dia em que o oferecerem, ou no dia seguinte; o que sobrar até o terceiro dia será queimado. ⁷ Se alguma coisa for comida no terceiro dia, estará estragada e não será aceita.

⁸ Quem a comer sofrerá as consequências da sua iniquidade, porque profanou o que é santo ao Senhor; será eliminado do meio do seu povo.
⁹ "Quando fizerem a colheita da sua terra, não colham até as extremidades da sua lavoura nem ajuntem as espigas caídas de sua colheita. ¹⁰ Não passem duas vezes pela sua vinha nem apanhem as uvas que tiverem caído. Deixem-nas para o necessitado e para o estrangeiro. Eu sou o Senhor, o Deus de vocês.
¹¹ "Não furtem.
"Não mintam.
"Não enganem uns aos outros.
¹² "Não jurem falsamente pelo meu nome, profanando assim o nome do seu Deus. Eu sou o Senhor.
¹³ "Não oprimam nem roubem o seu próximo.
"Não retenham até a manhã do dia seguinte o pagamento de um diarista.
¹⁴ "Não amaldiçoem o surdo nem ponham pedra de tropeço à frente do cego, mas temam o seu Deus. Eu sou o Senhor.
¹⁵ "Não cometam injustiça num julgamento; não favoreçam os pobres nem procurem agradar os grandes, mas julguem o seu próximo com justiça.
¹⁶ "Não espalhem calúnias no meio do seu povo.
"Não se levantem contra a vida do seu próximo. Eu sou o Senhor.
¹⁷ "Não guardem ódio contra o seu irmão no coração; antes repreendam com franqueza o seu próximo para que, por causa dele, não sofram as consequências de um pecado.
¹⁸ "Não procurem vingança nem guardem rancor contra alguém do seu povo, mas ame cada um o seu próximo como a si mesmo. Eu sou o Senhor.
¹⁹ "Obedeçam às minhas leis.
"Não cruzem diferentes espécies de animais.
"Não plantem duas espécies de sementes na sua lavoura.
"Não usem roupas feitas com dois tipos de tecido.
²⁰ "Se um homem deitar-se com uma escrava prometida a outro homem, mas que não tenha sido resgatada nem tenha recebido sua liberdade, aplique-se a devida punição. Contudo não serão mortos, porquanto ela não havia sido libertada. ²¹ O homem, porém, trará ao Senhor, à entrada da Tenda do Encontro, um carneiro como oferta pela culpa. ²² Com o carneiro da oferta pela culpa, o sacerdote fará propiciação

---
^a **18.21** Ou *a Moloque fazendo-os passar pelo fogo*

pelo ofertante perante o Senhor, pelo pecado que cometeu; assim o pecado que ele cometeu será perdoado.

²³ "Quando vocês entrarem na terra e plantarem qualquer tipo de árvore frutífera, considerem proibidas[a] as suas frutas. Durante três anos vocês as considerarão proibidas; não poderão comê-las. ²⁴ No quarto ano todas as suas frutas serão santas; será uma oferta de louvor ao Senhor. ²⁵ No quinto ano, porém, vocês poderão comer as suas frutas. Assim a sua colheita aumentará. Eu sou o Senhor, o Deus de vocês.

²⁶ "Não comam nada com sangue.

"Não pratiquem adivinhação nem feitiçaria. ²⁷ "Não cortem o cabelo dos lados da cabeça nem aparem as pontas da barba.

²⁸ "Não façam cortes no corpo por causa dos mortos nem tatuagens em vocês mesmos. Eu sou o Senhor.

²⁹ "Ninguém desonre a sua filha tornando-a uma prostituta; se não, a terra se entregará à prostituição e se encherá de perversidade.

³⁰ "Guardem os meus sábados e reverenciem o meu santuário. Eu sou o Senhor.

³¹ "Não recorram aos médiuns nem busquem a quem consulta espíritos, pois vocês serão contaminados por eles. Eu sou o Senhor, o Deus de vocês.

³² "Levantem-se na presença dos idosos, honrem os anciãos, temam o seu Deus. Eu sou o Senhor.

³³ "Quando um estrangeiro viver na terra de vocês, não o maltratem. ³⁴ O estrangeiro residente que viver com vocês deverá ser tratado como o natural da terra. Amem-no como a si mesmos, pois vocês foram estrangeiros no Egito. Eu sou o Senhor, o Deus de vocês.

³⁵ "Não usem medidas desonestas quando medirem comprimento, peso ou quantidade. ³⁶ Usem balanças de pesos honestos, tanto para cereais quanto para líquidos[b]. Eu sou o Senhor, o Deus de vocês, que os tirei da terra do Egito.

³⁷ "Obedeçam a todos os meus decretos e a todas as minhas leis e pratiquem-nos. Eu sou o Senhor."

Punições para o Pecado

20 Disse o Senhor a Moisés: ² "Diga aos israelitas: Qualquer israelita ou estrangeiro residente em Israel que entregar[c] um dos seus filhos a Moloque, terá que ser executado. O povo da terra o apedrejará. ³ Voltarei o meu rosto contra ele e o eliminarei do meio do seu povo; pois deu os seus filhos a Moloque, contaminando assim o meu santuário e profanando o meu santo nome. ⁴ Se o povo deliberadamente fechar os olhos quando alguém entregar um dos seus filhos a Moloque e deixar de executar o agressor, ⁵ voltarei o meu rosto contra aquele homem e contra o seu clã e eliminarei do meio do seu povo tanto ele quanto todos os que o seguem, prostituindo-se com Moloque.

⁶ "Voltarei o meu rosto contra quem consulta espíritos e contra quem procura médiuns para segui-los, prostituindo-se com eles. Eu o eliminarei do meio do seu povo.

⁷ "Consagrem-se, porém, e sejam santos, porque eu sou o Senhor, o Deus de vocês. ⁸ Obedeçam aos meus decretos e pratiquem-nos. Eu sou o Senhor que os santifica.

⁹ "Se alguém amaldiçoar seu pai ou sua mãe, terá que ser executado. Por ter amaldiçoado o seu pai ou a sua mãe, merece a morte.

¹⁰ "Se um homem cometer adultério com a mulher de outro homem, com a mulher do seu próximo, tanto o adúltero quanto a adúltera terão que ser executados.

¹¹ "Se um homem se deitar com a mulher do seu pai, desonrou seu pai. Tanto o homem quanto a mulher terão que ser executados, pois merecem a morte.

¹² "Se um homem se deitar com a sua nora, ambos terão que ser executados. O que fizeram é depravação; merecem a morte.

¹³ "Se um homem se deitar com outro homem como quem se deita com uma mulher, ambos praticaram um ato repugnante. Terão que ser executados, pois merecem a morte.

¹⁴ "Se um homem tomar uma mulher e a mãe dela, comete perversidade. Tanto ele quanto elas serão queimados com fogo, para que não haja perversidade entre vocês.

¹⁵ "Se um homem tiver relações sexuais com um animal, terá que ser executado, e vocês matarão também o animal.

¹⁶ "Se uma mulher se aproximar de algum animal para ajuntar-se com ele, vocês matarão a mulher e o animal. Ambos terão que ser executados, pois merecem a morte.

¹⁷ "Se um homem tomar por mulher sua irmã, filha de seu pai ou de sua mãe, e se envolver sexualmente com ela, pratica um ato vergonhoso. Serão eliminados à vista de todo o

---

[a] **19.23** Hebraico: *incircuncisas*.
[b] **19.36** Hebraico: *efa honesto e him honesto*.
[c] **20.2** Ou *sacrificar*; também nos versículos 3 e 4.

povo. Esse homem desonrou sua irmã e sofrerá as consequências da sua iniquidade.

¹⁸ "Se um homem se deitar com uma mulher durante a menstruação e com ela se envolver sexualmente, ambos serão eliminados do meio do seu povo, pois expuseram o sangramento dela.

¹⁹ "Não se envolva sexualmente com a irmã de sua mãe nem com a irmã de seu pai; pois quem se envolver sexualmente com uma parenta próxima sofrerá as consequências da sua iniquidade.

²⁰ "Se um homem se deitar com a mulher do seu tio, desonrou seu tio. Eles sofrerão as consequências do seu pecado; morrerão sem filhos.

²¹ "Se um homem tomar por mulher a mulher do seu irmão, comete impureza; desonrou seu irmão. Ficarão sem filhos.

²² "Obedeçam a todos os meus decretos e leis e pratiquem-nos, para que a terra para onde os estou levando para nela habitar não os vomite. ²³ Não sigam os costumes dos povos que vou expulsar de diante de vocês. Por terem feito todas essas coisas, causam-me repugnância. ²⁴ Mas a vocês prometi que herdarão a terra deles; eu a darei a vocês como herança, terra onde há leite e mel com fartura. Eu sou o Senhor, o Deus de vocês, que os separou dentre os povos.

²⁵ "Portanto, façam separação entre animais puros e impuros e entre aves puras e impuras. Não se contaminem com animal, ou ave, ou com qualquer criatura que se move rente ao chão, os quais separei de vocês por serem eles impuros. ²⁶ Vocês serão santos para mim, porque eu, o Senhor, sou santo e os separei dentre os povos para serem meus.

²⁷ "Os homens ou mulheres que, entre vocês, forem médiuns ou consultarem os espíritos, terão que ser executados. Serão apedrejados, pois merecem a morte".

Regulamentação para os Sacerdotes

21 Disse ainda o Senhor a Moisés: "Diga o seguinte aos sacerdotes, os filhos de Arão: Um sacerdote não poderá tornar-se impuro por causa de alguém do seu povo que venha a morrer, ² a não ser por um parente próximo, como mãe ou pai, filho ou filha, irmão ³ ou irmã virgem dependente dele por ainda não ter marido; por causa dela, poderá tornar-se impuro. ⁴ Não poderá tornar-se impuro e contaminar-se por causa de parentes por casamento*a*.

⁵ "Os sacerdotes não raparão a cabeça, nem aparação as pontas da barba, nem farão cortes no corpo. ⁶ Serão santos ao seu Deus e não profanarão o nome do seu Deus. Pelo fato de apresentarem ao Senhor as ofertas preparadas no fogo, ofertas de alimento do seu Deus, serão santos.

⁷ "Não poderão tomar por mulher uma prostituta, uma moça que tenha perdido a virgindade, ou uma mulher divorciada do seu marido, porque o sacerdote é santo ao seu Deus. ⁸ Considerem-no santo, porque ele oferece o alimento do seu Deus. Considerem-no santo, porque eu, o Senhor, que os santifico, sou santo.

⁹ "Se a filha de um sacerdote se corromper, tornando-se prostituta, desonra seu pai; deverá morrer queimada.

¹⁰ "O sumo sacerdote, aquele entre seus irmãos sobre cuja cabeça tiver sido derramado o óleo da unção, e que tiver sido consagrado para usar as vestes sacerdotais, não andará descabelado nem rasgará as roupas em sinal de luto. ¹¹ Não entrará onde houver um cadáver. Não se tornará impuro, nem mesmo por causa do seu pai ou da sua mãe; ¹² e não deixará o santuário do seu Deus nem o profanará, porquanto foi consagrado pelo óleo da unção do seu Deus. Eu sou o Senhor.

¹³ "A mulher que ele tomar terá que ser virgem. ¹⁴ Não poderá ser viúva, nem divorciada, nem moça que perdeu a virgindade, nem prostituta, mas terá que ser uma virgem do seu próprio povo, ¹⁵ assim ele não profanará a sua descendência em meio ao seu povo. Eu sou o Senhor, que o santifico".

¹⁶ Disse ainda o Senhor a Moisés: ¹⁷ "Diga a Arão: Pelas suas gerações, nenhum dos seus descendentes que tenha algum defeito poderá aproximar-se para trazer ao seu Deus ofertas de alimento. ¹⁸ Nenhum homem que tenha algum defeito poderá aproximar-se: ninguém que seja cego ou aleijado, que tenha o rosto defeituoso ou o corpo deformado; ¹⁹ ninguém que tenha o pé ou a mão defeituosos, ²⁰ ou que seja corcunda ou anão, ou que tenha qualquer defeito na vista, ou que esteja com feridas purulentas ou com fluxo, ou que tenha testículos defeituosos. ²¹ Nenhum descendente do sacerdote Arão que tenha qualquer defeito poderá aproximar-se para apresentar ao Senhor ofertas preparadas no fogo. Tem defeito; não poderá aproximar-se para trazê-las ao seu Deus. ²² Poderá comer o alimento santíssimo de seu Deus e também o alimento santo; ²³ contudo, por causa do seu

---

a 21.4 Ou *impuro como líder no meio de seu povo*

defeito, não se aproximará do véu nem do altar, para que não profane o meu santuário. Eu sou o Senhor, que os santifico".

²⁴ Foi isso que Moisés falou a Arão e a seus filhos e a todos os israelitas.

22 Disse o Senhor a Moisés: ² "Diga a Arão e a seus filhos que tratem com respeito as ofertas sagradas que os israelitas me consagrarem, para que não profanem o meu santo nome. Eu sou o Senhor.

³ "Avise-lhes que, se, em suas futuras gerações, algum dos seus descendentes estiver impuro ao se aproximar das ofertas sagradas que os israelitas consagrarem ao Senhor, será eliminado da minha presença. Eu sou o Senhor.

⁴ "Nenhum descendente de Arão que tenha lepraᵃ ou fluxo no corpo poderá comer das ofertas sagradas até que esteja purificado. Também estará impuro se tocar em algo contaminado por um cadáver, ou se lhe sair o sêmen, ⁵ ou se tocar em alguma criatura ou em alguém que o torne impuro, seja qual for a impureza. ⁶ Aquele que neles tocar ficará impuro até a tarde. Não poderá comer das ofertas sagradas, a menos que se tenha banhado com água. ⁷ Depois do pôr do sol estará puro e então poderá comer as ofertas sagradas, pois são o seu alimento. ⁸ Também não poderá comer animal encontrado morto ou despedaçado por animais selvagens, pois se tornaria impuro por causa deles. Eu sou o Senhor.

⁹ "Os sacerdotes obedecerão aos meus preceitos, para que não sofram as consequências do seu pecado nem sejam executados por tê-los profanado. Eu sou o Senhor, que os santifico.

¹⁰ "Somente o sacerdote e a sua família poderão comer da oferta sagrada; não poderá comê-la o seu hóspede nem o seu empregado. ¹¹ Mas, se um sacerdote comprar um escravo, ou se um escravo nascer em sua casa, esse escravo poderá comer do seu alimento. ¹² Se a filha de um sacerdote se casar com alguém que não seja sacerdote, não poderá comer das ofertas sagradas. ¹³ Mas, se a filha de um sacerdote ficar viúva ou se divorciar, não tiver filhos e voltar a viver na casa do pai como na sua juventude, poderá comer do alimento do pai, mas dele não poderá comer ninguém que não seja da família do sacerdote.

¹⁴ "Se alguém, sem intenção, comer uma oferta sagrada, fará restituição da oferta ao sacerdote e lhe acrescentará um quinto do seu valor.

ᵃ 22.4 O termo hebraico não se refere somente à lepra, mas também a diversas doenças da pele.

¹⁵ "Os sacerdotes não profanarão as ofertas sagradas que os israelitas apresentam ao Senhor, ¹⁶ permitindo-lhes comê-las e trazendo assim sobre eles culpa que exige reparação. Eu sou o Senhor que os santifico".

Os Sacrifícios Inaceitáveis

¹⁷ Disse o Senhor a Moisés: ¹⁸ "Diga o seguinte a Arão e a seus filhos e a todos os israelitas: Se algum de vocês — seja israelita, seja estrangeiro residente em Israel —, apresentar uma oferta como holocausto ao Senhor — quer para cumprir voto, quer como oferta voluntária —, ¹⁹ apresentará um macho sem defeito do rebanho, isto é, um boi, um carneiro ou um bode, a fim de que seja aceito em seu favor. ²⁰ Não tragam nenhum animal defeituoso, porque não será aceito em favor de vocês. ²¹ Quando alguém trouxer um animal do gado ou do rebanho de ovelhas como oferta de comunhão para o Senhor, em cumprimento de voto ou como oferta voluntária, o animal, para ser aceitável, não poderá ter defeito nem mácula. ²² Não ofereçam ao Senhor animal cego, aleijado, mutilado, ulceroso, cheio de feridas purulentas ou com fluxo. Não coloquem nenhum desses animais sobre o altar como oferta ao Senhor, preparada no fogo. ²³ Todavia, poderão apresentar como oferta voluntária um boi ou um carneiro ou um cabrito deformados ou atrofiados, mas no caso do cumprimento de voto não serão aceitos. ²⁴ Não poderão oferecer ao Senhor um animal cujos testículos estejam machucados, esmagados, despedaçados ou cortados. Não façam isso em sua própria terra ²⁵ nem aceitem animais como esses das mãos de um estrangeiro para oferecê-los como alimento do seu Deus. Não serão aceitos em favor de vocês, pois são deformados e apresentam defeitos".

²⁶ Disse ainda o Senhor a Moisés: ²⁷ "Quando nascer um bezerro, um cordeiro ou um cabrito, ficará sete dias com sua mãe. Do oitavo dia em diante será aceito como oferta ao Senhor preparada no fogo. ²⁸ Não matem uma vaca ou uma ovelha ou uma cabra e sua cria no mesmo dia.

²⁹ "Quando vocês oferecerem um sacrifício de gratidão ao Senhor, ofereçam-no de maneira que seja aceito em favor de vocês. ³⁰ Será comido naquele mesmo dia; não deixem nada até a manhã seguinte. Eu sou o Senhor.

³¹ "Obedeçam aos meus mandamentos e ponham-nos em prática. Eu sou o Senhor. ³² Não profanem o meu santo nome. Eu serei

reconhecido como santo pelos israelitas. Eu sou o Senhor, eu os santifico, ³³ eu os tirei do Egito para ser o Deus de vocês. Eu sou o Senhor".

23 Disse o Senhor a Moisés: ² "Diga o seguinte aos israelitas: Estas são as minhas festas, as festas fixas do Senhor, que vocês proclamarão como reuniões sagradas:

O Sábado
³ "Em seis dias realizem os seus trabalhos, mas o sétimo dia é sábado, dia de descanso e de reunião sagrada. Não realizem trabalho algum; onde quer que morarem, será sábado dedicado ao Senhor.

A Páscoa e os Pães sem Fermento
⁴ "Estas são as festas fixas do Senhor, as reuniões sagradas que vocês proclamarão no tempo devido: ⁵ a Páscoa do Senhor, que começa no entardecer do décimo quarto dia do primeiro mês. ⁶ No décimo quinto dia daquele mês começa a festa do Senhor, a festa dos pães sem fermento; durante sete dias vocês comerão pães sem fermento. ⁷ No primeiro dia façam uma reunião sagrada e não realizem trabalho algum. ⁸ Durante sete dias apresentem ao Senhor ofertas preparadas no fogo. E no sétimo dia façam uma reunião sagrada e não realizem trabalho algum".

Os Primeiros Frutos
⁹ Disse o Senhor a Moisés: ¹⁰ "Diga o seguinte aos israelitas: Quando vocês entrarem na terra que dou a vocês e fizerem colheita, tragam ao sacerdote um feixe do primeiro cereal que colherem. ¹¹ O sacerdote moverá ritualmente o feixe perante o Senhor para que seja aceito em favor de vocês; ele o moverá no dia seguinte ao sábado. ¹² No dia em que moverem o feixe, vocês oferecerão em holocausto ao Senhor um cordeiro de um ano de idade sem defeito. ¹³ Apresentem também uma oferta de cereal de dois jarros[a] da melhor farinha amassada com óleo, oferta ao Senhor preparada no fogo, de aroma agradável, e uma oferta derramada de um litro[b] de vinho. ¹⁴ Vocês não poderão comer pão algum, nem cereal tostado, nem cereal novo, até o dia em que trouxerem essa oferta ao Deus de vocês. Este é um decreto perpétuo para as suas gerações, onde quer que morarem.

A Festa das Semanas
¹⁵ "A partir do dia seguinte ao sábado, o dia em que vocês trarão o feixe da oferta ritualmente movida, contem sete semanas completas. ¹⁶ Contem cinquenta dias, até um dia depois do sétimo sábado, e então apresentem uma oferta de cereal novo ao Senhor. ¹⁷ Onde quer que morarem, tragam de casa dois pães feitos com dois jarros da melhor farinha, cozidos com fermento, como oferta movida dos primeiros frutos ao Senhor. ¹⁸ Junto com os pães apresentem sete cordeiros, cada um com um ano de idade e sem defeito, um novilho e dois carneiros. Eles serão um holocausto ao Senhor, com as suas ofertas de cereal e ofertas derramadas; é oferta preparada no fogo, de aroma agradável ao Senhor. ¹⁹ Depois sacrifiquem um bode como oferta pelo pecado e dois cordeiros, cada um com um ano de idade, como oferta de comunhão. ²⁰ O sacerdote moverá os dois cordeiros perante o Senhor como gesto ritual de apresentação, com o pão dos primeiros frutos. São uma oferta sagrada ao Senhor e pertencem ao sacerdote. ²¹ Naquele mesmo dia, vocês proclamarão uma reunião sagrada e não realizarão trabalho algum. Este é um decreto perpétuo para as suas gerações, onde quer que morarem.

²² "Quando fizerem a colheita da sua terra, não colham até as extremidades da sua lavoura nem ajuntem as espigas caídas da sua colheita. Deixem-nas para o necessitado e para o estrangeiro. Eu sou o Senhor, o Deus de vocês".

A Festa das Trombetas
²³ Disse o Senhor a Moisés: ²⁴ "Diga também aos israelitas: No primeiro dia do sétimo mês vocês terão um dia de descanso, uma reunião sagrada, celebrada com toques de trombeta. ²⁵ Não realizem trabalho algum, mas apresentem ao Senhor uma oferta preparada no fogo".

O Dia da Expiação
²⁶ Disse o Senhor a Moisés: ²⁷ "O décimo dia deste sétimo mês é o Dia da Expiação[c]. Façam uma reunião sagrada e humilhem-se[d], e apresentem ao Senhor uma oferta preparada

---

[a] **23.13** Hebraico: *2/10 de efa*; também no versículo 17. O efa era uma medida de capacidade para secos. As estimativas variam entre 20 e 40 litros.

[b] **23.13** Hebraico: *1/4 de him*. O him era uma medida de capacidade para líquidos. As estimativas variam entre 3 e 6 litros.

[c] **23.27** O termo hebraico é o mesmo traduzido por *propiciação*.

[d] **23.27** Ou *e jejuem*; também nos versículos 29 e 32.

no fogo. ²⁸ Não realizem trabalho algum nesse dia, porque é o Dia da Expiação, quando se faz propiciação por vocês perante o Senhor, o Deus de vocês. ²⁹ Quem não se humilhar nesse dia será eliminado do seu povo. ³⁰ Eu destruirei do meio do seu povo todo aquele que realizar algum trabalho nesse dia. ³¹ Vocês não realizarão trabalho algum. Este é um decreto perpétuo para as suas gerações, onde quer que morarem. ³² É um sábado de descanso para vocês, no qual vocês se humilharão. Desde o entardecer do nono dia do mês até o entardecer do dia seguinte vocês guardarão esse sábado".

A Festa das Cabanas

³³ Disse o Senhor a Moisés: ³⁴ "Diga ainda aos israelitas: No décimo quinto dia deste sétimo mês começa a festa das cabanas*ᵃ* do Senhor, que dura sete dias. ³⁵ No primeiro dia haverá reunião sagrada; não realizem trabalho algum. ³⁶ Durante sete dias apresentem ao Senhor ofertas preparadas no fogo, no oitavo dia façam outra reunião sagrada e também apresentem ao Senhor uma oferta preparada no fogo. É reunião solene; não realizem trabalho algum.

³⁷ (Estas são as festas fixas do Senhor, que vocês proclamarão como reuniões sagradas para trazerem ao Senhor ofertas preparadas no fogo, holocaustos e ofertas de cereal, sacrifícios e ofertas derramadas exigidas para cada dia. ³⁸ Isso fora as do sábado do Senhor e fora as*ᵇ* dádivas e os votos de vocês, e todas as ofertas voluntárias que vocês derem ao Senhor.)

³⁹ "Assim, começando no décimo quinto dia do sétimo mês, depois de terem colhido o que a terra produziu, celebrem a festa do Senhor durante sete dias; o primeiro dia e também o oitavo serão dias de descanso. ⁴⁰ No primeiro dia vocês apanharão os melhores frutos das árvores, folhagem de tamareira, galhos frondosos e salgueiros, e se alegrarão perante o Senhor, o Deus de vocês, durante sete dias. ⁴¹ Celebrem essa festa do Senhor durante sete dias todos os anos. Este é um decreto perpétuo para as suas gerações; celebrem-na no sétimo mês. ⁴² Morem em tendas durante sete dias; todos os israelitas de nascimento morarão em tendas, ⁴³ para que os descendentes de vocês saibam que eu fiz os israelitas morarem em tendas quando os tirei da terra do Egito. Eu sou o Senhor, o Deus de vocês".

⁴⁴ Assim anunciou Moisés aos israelitas as festas fixas do Senhor.

O Candelabro e os Pães Sagrados

24 Disse o Senhor a Moisés: ² "Ordene aos israelitas que tragam azeite puro de olivas batidas para as lâmpadas, para que fiquem sempre acesas. ³ Na Tenda do Encontro, do lado de fora do véu que esconde as tábuas da aliança, Arão manterá as lâmpadas continuamente acesas diante do Senhor, desde o entardecer até a manhã seguinte. Este é um decreto perpétuo para as suas gerações: ⁴ Mantenha sempre em ordem as lâmpadas no candelabro de ouro puro perante o Senhor.

⁵ "Apanhe da melhor farinha e asse doze pães, usando dois jarros*ᶜ* para cada pão. ⁶ Coloque-os em duas fileiras, com seis pães em cada uma, sobre a mesa de ouro puro perante o Senhor. ⁷ Junto a cada fileira coloque um pouco de incenso puro como porção memorial para representar o pão e ser uma oferta ao Senhor preparada no fogo. ⁸ Esses pães serão colocados regularmente perante o Senhor, cada sábado, em nome dos israelitas, como aliança perpétua. ⁹ Pertencem a Arão e a seus descendentes, que os comerão num lugar sagrado, porque é parte santíssima de sua porção regular das ofertas dedicadas ao Senhor, preparadas no fogo. É decreto perpétuo".

O Castigo da Blasfêmia

¹⁰ Aconteceu que o filho de uma israelita com um egípcio saiu e foi para o meio dos israelitas. No acampamento houve uma briga entre ele e um israelita. ¹¹ O filho da israelita blasfemou o Nome com uma maldição; então o levaram a Moisés. O nome de sua mãe era Selomite, filha de Dibri, da tribo de Dã. ¹² Deixaram-no preso até que a vontade do Senhor lhes fosse declarada.

¹³ Então o Senhor disse a Moisés: ¹⁴ "Leve o que blasfemou para fora do acampamento. Todos aqueles que o ouviram colocarão as mãos sobre a cabeça dele, e a comunidade toda o apedrejará. ¹⁵ Diga aos israelitas: Se alguém amaldiçoar seu Deus, será responsável pelo seu pecado; ¹⁶ quem blasfemar o nome do Senhor terá que ser executado. A comunidade toda

---

ᵃ **23.34** Ou *dos tabernáculos*; hebraico: *sucote*.
ᵇ **23.38** Ou *Estas festas são além dos sábados do Senhor, e estas ofertas são as*

ᶜ **24.5** Hebraico: *2/10 de efa*. O efa era uma medida de capacidade para secos. As estimativas variam entre 20 e 40 litros.

o apedrejará. Seja estrangeiro seja natural da terra, se blasfemar o Nome, terá que ser morto. ¹⁷ "Se alguém ferir uma pessoa a ponto de matá-la, terá que ser executado. ¹⁸ Quem matar um animal fará restituição: vida por vida. ¹⁹ Se alguém ferir seu próximo, deixando-o defeituoso, assim como fez lhe será feito: ²⁰ fratura por fratura, olho por olho, dente por dente. Assim como feriu o outro, deixando-o defeituoso, assim também será ferido. ²¹ Quem matar um animal fará restituição, mas quem matar um homem será morto. ²² Vocês terão a mesma lei para o estrangeiro e para o natural da terra. Eu sou o Senhor, o Deus de vocês".

²³ Depois que Moisés falou aos israelitas, levaram o que blasfemou para fora do acampamento e o apedrejaram. Os israelitas fizeram conforme o Senhor tinha ordenado a Moisés.

O Ano Sabático

25 Então disse o Senhor a Moisés no monte Sinai: ² "Diga o seguinte aos israelitas: Quando entrarem na terra que dou a vocês, a própria terra guardará um sábado para o Senhor. ³ Durante seis anos semeiem as suas lavouras, aparem as suas vinhas e façam a colheita de suas plantações. ⁴ Mas no sétimo ano a terra terá um sábado de descanso, um sábado dedicado ao Senhor. Não semeiem as suas lavouras nem aparem as suas vinhas. ⁵ Não colham o que crescer por si, nem colham as uvas das suas vinhas, que não serão podadas. A terra terá um ano de descanso. ⁶ Vocês se sustentarão do que a terra produzir no ano de descanso, você, o seu escravo, a sua escrava, o trabalhador contratado e o residente temporário que vive entre vocês, ⁷ bem como os seus rebanhos e os animais selvagens de sua terra. Tudo o que a terra produzir poderá ser comido.

O Ano do Jubileu

⁸ "Contem sete semanas de anos, sete vezes sete anos; essas sete semanas de anos totalizam quarenta e nove anos. ⁹ Então façam soar a trombeta no décimo dia do sétimo mês; no Dia da Expiação façam soar a trombeta por toda a terra de vocês. ¹⁰ Consagrem o quinquagésimo ano e proclamem libertação por toda a terra a todos os seus moradores. Este será um ano de jubileu, quando cada um de vocês voltará para a propriedade da sua família e para o seu próprio clã. ¹¹ O quinquagésimo ano será jubileu; não semeiem e não ceifem o que cresce por si mesmo nem colham das vinhas não podadas. ¹² É jubileu e será santo a vocês; comam apenas o que a terra produzir.

¹³ "Nesse ano do Jubileu cada um de vocês voltará para a sua propriedade.

¹⁴ "Se vocês venderem alguma propriedade ao seu próximo ou se comprarem alguma propriedade dele, não explorem o seu irmão. ¹⁵ O que comprarem do seu próximo será avaliado com base no número de anos desde o Jubileu. E ele fará a venda com base no número de anos que restam de colheitas. ¹⁶ Quando os anos forem muitos, vocês deverão aumentar o preço, mas, quando forem poucos, deverão diminuir o preço, pois o que ele está lhes vendendo é o número de colheitas. ¹⁷ Não explorem um ao outro, mas temam o Deus de vocês. Eu sou o Senhor, o Deus de vocês.

¹⁸ "Pratiquem os meus decretos e obedeçam às minhas ordenanças, e vocês viverão com segurança na terra. ¹⁹ Então a terra dará o seu fruto, e vocês comerão até fartar-se e ali viverão em segurança. ²⁰ Vocês poderão perguntar: 'Que iremos comer no sétimo ano, se não plantarmos nem fizermos a colheita?' ²¹ Saibam que enviarei a vocês minha bênção no sexto ano, e a terra produzirá o suficiente para três anos. ²² Quando vocês estiverem plantando no oitavo ano, comerão ainda da colheita anterior e dela continuarão a comer até a colheita do nono ano.

²³ "A terra não poderá ser vendida definitivamente, porque ela é minha, e vocês são apenas estrangeiros e imigrantes. ²⁴ Em toda terra em que tiverem propriedade, concedam o direito de resgate da terra.

²⁵ "Se alguém do seu povo empobrecer e vender parte da sua propriedade, seu parente mais próximo virá e resgatará aquilo que o seu compatriota vendeu. ²⁶ Se, contudo, um homem não tiver quem lhe resgate a terra, mas ele mesmo prosperar e adquirir recursos para resgatá-la, ²⁷ calculará os anos desde que a vendeu e devolverá a diferença àquele a quem a vendeu; então poderá voltar para a sua propriedade. ²⁸ Mas, se não adquirir recursos para devolver-lhe o valor, a propriedade que vendeu permanecerá em posse do comprador até o ano do Jubileu. Será devolvida no Jubileu, e ele então poderá voltar para a sua propriedade.

²⁹ "Se um homem vender uma casa numa cidade murada, terá o direito de resgate até que se complete um ano após a venda. Nesse período poderá resgatá-la. ³⁰ Se não for resgatada antes de

se completar um ano, a casa da cidade murada pertencerá definitivamente ao comprador e aos seus descendentes; não será devolvida no Jubileu. ³¹ Mas as casas dos povoados sem muros ao redor serão consideradas campo aberto. Poderão ser resgatadas e serão devolvidas no Jubileu.

³² "No caso das cidades dos levitas, eles sempre terão direito de resgatar suas casas nas cidades que lhes pertencem. ³³ Assim, a propriedade dos levitas, isto é, uma casa vendida em qualquer cidade deles, é resgatável e deverá ser devolvida no Jubileu, porque as casas das cidades dos levitas são propriedade deles entre os israelitas. ³⁴ Mas as pastagens pertencentes às suas cidades não serão vendidas; são propriedade permanente deles.

³⁵ "Se alguém do seu povo empobrecer e não puder sustentar-se, ajudem-no como se faz ao estrangeiro e ao residente temporário, para que possa continuar a viver entre vocês. ³⁶ Não cobrem dele juro algum, mas temam o seu Deus, para que o seu próximo continue a viver entre vocês. ³⁷ Vocês não poderão exigir dele juros nem emprestar-lhe mantimento visando a algum lucro. ³⁸ Eu sou o Senhor, o Deus de vocês, que os tirou da terra do Egito para dar a vocês a terra de Canaã e para ser o seu Deus.

³⁹ "Se alguém do seu povo empobrecer e se vender a algum de vocês, não o façam trabalhar como escravo. ⁴⁰ Ele deverá ser tratado como trabalhador contratado ou como residente temporário; trabalhará para quem o comprou até o ano do Jubileu. ⁴¹ Então ele e os seus filhos estarão livres, e ele poderá voltar para o seu próprio clã e para a propriedade dos seus antepassados. ⁴² Pois os israelitas são meus servos, os quais tirei da terra do Egito; não poderão ser vendidos como escravos. ⁴³ Não dominem impiedosamente sobre eles, mas temam o seu Deus.

⁴⁴ "Os seus escravos e as suas escravas deverão vir dos povos que vivem ao redor de vocês; deles vocês poderão comprar escravos e escravas. ⁴⁵ Também poderão comprá-los entre os filhos dos residentes temporários que vivem entre vocês e entre os que pertencem aos clãs deles, ainda que nascidos na terra de vocês; eles se tornarão sua propriedade. ⁴⁶ Vocês poderão deixá-los como herança para os seus filhos e poderão fazê-los escravos para sempre, mas sobre os seus irmãos israelitas vocês não poderão dominar impiedosamente.

⁴⁷ "Se um estrangeiro ou um residente temporário entre vocês enriquecer e alguém do seu povo empobrecer e se vender a esse estrangeiro ou a alguém que pertence ao clã desse estrangeiro, ⁴⁸ manterá o direito de resgate mesmo depois de se vender. Um dos seus parentes poderá resgatá-lo: ⁴⁹ ou tio, ou primo, ou qualquer parente próximo poderá resgatá-lo. Se, todavia, prosperar, poderá resgatar a si mesmo. ⁵⁰ Ele e o seu comprador contarão o tempo desde o ano em que se vendeu até o ano do Jubileu. O preço do resgate se baseará no salário de um empregado contratado por aquele número de anos. ⁵¹ Se restarem muitos anos, pagará o seu resgate proporcionalmente ao preço de compra. ⁵² Se restarem apenas poucos anos até o ano do Jubileu, fará o cálculo e pagará o seu resgate proporcionalmente aos anos. ⁵³ Ele deverá ser tratado como um empregado contratado anualmente; não permitam que o seu senhor domine impiedosamente sobre ele.

⁵⁴ "Se não for resgatado por nenhuma dessas maneiras, ele e os seus filhos estarão livres no ano do Jubileu, ⁵⁵ porque os israelitas são meus servos, os quais tirei da terra do Egito. Eu sou o Senhor, o Deus de vocês.

A Recompensa da Obediência

26 "Não façam ídolos, nem imagens, nem colunas sagradas para vocês, e não coloquem nenhuma pedra esculpida em sua terra para curvar-se diante dela. Eu sou o Senhor, o Deus de vocês.

² "Guardem os meus sábados e reverenciem o meu santuário. Eu sou o Senhor.

³ "Se vocês seguirem os meus decretos, obedecerem aos meus mandamentos e os puserem em prática, ⁴ eu mandarei a vocês chuva na estação certa, e a terra dará a sua colheita e as árvores do campo darão o seu fruto. ⁵ A debulha prosseguirá até a colheita das uvas, e a colheita das uvas prosseguirá até a época da plantação, e vocês comerão até ficarem satisfeitos e viverão em segurança em sua terra.

⁶ "Estabelecerei paz na terra, e vocês se deitarão, e ninguém os amedrontará. Farei desaparecer da terra os animais selvagens, e a espada não passará pela sua terra. ⁷ Vocês perseguirão os seus inimigos, e estes cairão à espada diante de vocês. ⁸ Cinco de vocês perseguirão cem, cem de vocês perseguirão dez mil, e os seus inimigos cairão à espada diante de vocês.

⁹ "Eu me voltarei para vocês e os farei prolíferos; e os multiplicarei e guardarei a minha aliança com vocês. ¹⁰ Vocês ainda estarão comendo da colheita armazenada no ano anterior, quando terão que se livrar dela para dar espaço para a nova colheita. ¹¹ Estabelecerei a minha habitação entre vocês e não os rejeitarei. ¹² Andarei entre vocês e serei o seu Deus, e vocês serão o meu povo. ¹³ Eu sou o SENHOR, o Deus de vocês, que os tirou da terra do Egito para que não mais fossem escravos deles; quebrei as traves do jugo que os prendia e os fiz andar de cabeça erguida.

O Castigo da Desobediência

¹⁴ "Mas, se vocês não me ouvirem e não puserem em prática todos esses mandamentos, ¹⁵ e desprezarem os meus decretos, rejeitarem as minhas ordenanças, deixarem de pôr em prática todos os meus mandamentos e forem infiéis à minha aliança, ¹⁶ então assim os tratarei: eu trarei sobre vocês pavor repentino, doenças e febre que tirarão a sua visão e definharão a sua vida. Vocês semearão inutilmente, porque os seus inimigos comerão as suas sementes. ¹⁷ O meu rosto estará contra vocês, e vocês serão derrotados pelos inimigos; os seus adversários os dominarão, e vocês fugirão mesmo quando ninguém os estiver perseguindo.

¹⁸ "Se depois disso tudo vocês não me ouvirem, eu os castigarei sete vezes mais pelos seus pecados. ¹⁹ Eu quebrarei o seu orgulho rebelde e farei que o céu sobre vocês fique como ferro e a terra de vocês fique como bronze. ²⁰ A força de vocês será gasta em vão, porque a terra não dará a sua colheita nem as árvores da terra darão o seu fruto porque a terra não lhes dará colheita, nem as árvores da terra lhes darão fruto.

²¹ "Se continuarem se opondo a mim e recusarem ouvir-me, eu os castigarei sete vezes mais, conforme os seus pecados. ²² Mandarei contra vocês animais selvagens que matarão os seus filhos, acabarei com os seus rebanhos e reduzirei vocês a tão poucos que os seus caminhos ficarão desertos.

²³ "Se, apesar disso, vocês não aceitarem a minha disciplina, mas continuarem a opor-se a mim, ²⁴ eu mesmo me oporei a vocês e os castigarei sete vezes mais por causa dos seus pecados. ²⁵ E trarei a espada contra vocês para vingar a aliança. Quando se refugiarem em suas cidades, eu lhes mandarei uma praga, e vocês serão entregues em mãos inimigas. ²⁶ Quando eu cortar o suprimento de pão, dez mulheres assarão o pão num único forno e repartirão o pão a peso. Vocês comerão, mas não ficarão satisfeitos.

²⁷ "Se, apesar disso tudo, vocês ainda não me ouvirem, mas continuarem a opor-se a mim, ²⁸ então com furor me oporei a vocês, e eu mesmo os castigarei sete vezes mais por causa dos seus pecados. ²⁹ Vocês comerão a carne dos seus filhos e das suas filhas. ³⁰ Destruirei os seus altares idólatras, despedaçarei os seus altares de incenso[a] e empilharei os seus cadáveres sobre os seus ídolos mortos, e rejeitarei vocês. ³¹ Deixarei as cidades de vocês em ruínas e arrasarei os seus santuários, e não terei prazer no aroma das suas ofertas. ³² Desolarei a terra a ponto de ficarem perplexos os seus inimigos que vierem ocupá-la. ³³ Espalharei vocês entre as nações e empunharei a espada contra vocês. Sua terra ficará desolada; as suas cidades, em ruínas. ³⁴ Então a terra desfrutará os seus anos sabáticos enquanto estiver desolada e enquanto vocês estiverem na terra dos seus inimigos; e a terra descansará e desfrutará os seus sábados. ³⁵ Enquanto estiver desolada, a terra terá o descanso sabático que não teve quando vocês a habitavam.

³⁶ "Quanto aos que sobreviverem, eu lhes encherei o coração de tanto medo na terra do inimigo, que o som de uma folha levada pelo vento os porá em fuga. Correrão como quem foge da espada, e cairão, sem que ninguém os persiga. ³⁷ Tropeçarão uns nos outros, como que fugindo da espada, sem que ninguém os esteja perseguindo. Assim vocês não poderão subsistir diante dos inimigos. ³⁸ Vocês perecerão entre as nações, e a terra dos seus inimigos os devorará. ³⁹ Os que sobreviverem apodrecerão na terra do inimigo por causa dos seus pecados e também por causa dos pecados dos seus antepassados.

⁴⁰ "Mas, se confessarem os seus pecados e os pecados dos seus antepassados, sua infidelidade e oposição a mim, ⁴¹ que me levaram a opor-me a eles e enviá-los para a terra dos seus inimigos; se o seu coração obstinado[b] se humilhar, e eles aceitarem o castigo do seu pecado, ⁴² eu me lembrarei da minha aliança com Jacó, da minha aliança com Isaque e da minha aliança com Abraão, e também me lembrarei da terra, ⁴³ que por eles será abandonada e desfrutará os seus sábados enquanto permanecer desolada. Receberão o castigo pelos seus

[a] **26.30** Provavelmente colunas dedicadas ao deus Sol.
[b] **26.41** Hebraico: *incircunciso*.

pecados porque desprezaram as minhas ordenanças e rejeitaram os meus decretos. ⁴⁴ Apesar disso, quando estiverem na terra do inimigo, não os desprezarei, nem os rejeitarei, para destruí-los totalmente, quebrando a minha aliança com eles, pois eu sou o Senhor, o Deus deles. ⁴⁵ Mas por amor deles eu me lembrarei da aliança com os seus antepassados que tirei da terra do Egito à vista das nações, para ser o Deus deles. Eu sou o Senhor".

⁴⁶ São esses os decretos, as ordenanças e as leis que o Senhor estabeleceu no monte Sinai entre ele próprio e os israelitas, por intermédio de Moisés.

O Resgate do que Pertence ao Senhor

27 Disse também o Senhor a Moisés: ² "Diga o seguinte aos israelitas: Se alguém fizer um voto especial, dedicando pessoas ao Senhor, faça-o conforme o devido valor; ³ atribua aos homens entre vinte e sessenta anos o valor de seiscentos gramas^a de prata, com base no peso padrão^b do santuário; ⁴ e, se for mulher, atribua-lhe o valor de trezentos e sessenta gramas. ⁵ Se for alguém que tenha entre cinco e vinte anos, atribua aos homens o valor de duzentos e quarenta gramas e às mulheres o valor de cento e vinte gramas. ⁶ Se for alguém que tenha entre um mês e cinco anos de idade, atribua aos meninos o valor de sessenta gramas de prata e às meninas o valor de trinta e seis gramas de prata. ⁷ Se for alguém que tenha de sessenta anos para cima, atribua aos homens o valor de cento e oitenta gramas e às mulheres o valor de cento e vinte gramas. ⁸ Se quem fizer o voto for pobre demais para pagar o valor especificado, deverá ser apresentado ao sacerdote, que estabelecerá o valor de acordo com as possibilidades do homem que fez o voto.

⁹ "Se o que ele prometeu mediante voto for um animal aceitável como oferta ao Senhor, um animal assim dado ao Senhor torna-se santo. ¹⁰ Ele não poderá trocá-lo nem substituir um animal ruim por um bom, nem um animal bom por um ruim; caso troque um animal por outro, tanto o substituto quanto o substituído se tornarão santos. ¹¹ Se o que ele prometeu mediante voto for um animal impuro, não aceitável como oferta ao Senhor, o animal será apresentado ao sacerdote, ¹² que o avaliará por suas qualidades. A avaliação do sacerdote determinará o valor do animal. ¹³ Se o dono desejar resgatar o animal, terá que acrescentar um quinto ao seu valor.

¹⁴ "Se um homem consagrar a sua casa ao Senhor, o sacerdote avaliará a casa por suas qualidades. A avaliação do sacerdote determinará o valor da casa. ¹⁵ Se o homem que consagrar a sua casa quiser resgatá-la, terá que acrescentar um quinto ao seu valor, e a casa voltará a ser sua.

¹⁶ "Se um homem consagrar ao Senhor parte das terras da sua família, sua avaliação será de acordo com a semeadura: seiscentos gramas de prata para cada barril^c de semente de cevada. ¹⁷ Se consagrar a sua terra durante o ano do Jubileu, o valor será integral. ¹⁸ Mas, se a consagrar depois do Jubileu, o sacerdote calculará o valor de acordo com o número de anos que faltar para o ano do Jubileu seguinte, e o valor será reduzido. ¹⁹ Se o homem que consagrar a sua terra desejar resgatá-la, terá que acrescentar um quinto ao seu valor, e a terra voltará a ser sua. ²⁰ Mas, se não a resgatar ou se a tiver vendido, não poderá mais ser resgatada; ²¹ quando a terra for liberada no Jubileu, será santa, consagrada ao Senhor, e se tornará propriedade dos sacerdotes^d.

²² "Se um homem consagrar ao Senhor terras que tenha comprado, terras que não fazem parte da propriedade da sua família, ²³ o sacerdote determinará o valor de acordo com o tempo que falta para o ano do Jubileu; o homem pagará o valor no mesmo dia, consagrando-o ao Senhor. ²⁴ No ano do Jubileu as terras serão devolvidas àquele de quem ele as comprou. ²⁵ Todos os valores serão calculados com base no peso padrão do santuário, que são doze gramas^e.

²⁶ "Ninguém poderá consagrar a primeira cria de um animal, pois já pertence ao Senhor; seja cria de vaca, seja de cabra, seja de ovelha, pertence ao Senhor. ²⁷ Mas, se for a cria de um animal impuro, poderá resgatá-la pelo valor estabelecido, acrescentando um quinto a esse valor. Se não for resgatada, será vendida pelo valor estabelecido.

---

^{a} **27.3** Hebraico: *50 siclos*. Um siclo equivalia a 12 gramas.
^{b} **27.3** Hebraico: *no siclo*.
^{c} **27.16** Hebraico: *hômer*. O hômer era uma medida de capacidade para secos. As estimativas variam entre 200 e 400 litros.
^{d} **27.21** Ou *do sacerdote*
^{e} **27.25** Hebraico: *no siclo do santuário, que são 20 geras*. Um gera equivalia a 0,6 gramas.

²⁸ "Todavia, nada que um homem possua e consagre ao Senhor — seja homem, seja animal, sejam terras de sua propriedade — poderá ser vendido ou resgatado; todas as coisas assim consagradas são santíssimas ao Senhor.

²⁹ "Nenhuma pessoa consagrada para a destruição poderá ser resgatada; terá que ser executada.

³⁰ "Todos os dízimos da terra — seja dos cereais, seja das frutas — pertencem ao Senhor; são consagrados ao Senhor. ³¹ Se um homem desejar resgatar parte do seu dízimo, terá que acrescentar um quinto ao seu valor. ³² O dízimo dos seus rebanhos, um de cada dez animais que passem debaixo da vara do pastor, será consagrado ao Senhor. ³³ O dono não poderá retirar os bons dentre os ruins nem fazer qualquer troca. Se fizer alguma troca, tanto o animal quanto o substituto se tornarão consagrados e não poderão ser resgatados".

³⁴ São esses os mandamentos que o Senhor ordenou a Moisés, no monte Sinai, para os israelitas.

Introdução ao livro de
NÚMEROS

Autor e data de composição

Em Números também há mais de 80 ocasiões em que se afirma que Moisés escreveu o livro. Esse fato situa a composição da obra no final dos quarenta anos no deserto, antes de o povo entrar na terra prometida e servindo de preparação para essa entrada, cerca do ano 1410 a.C. Se Levítico abrangeu o período aproximado de um mês do povo no deserto, Números estende-se pelo período de quase trinta e nove anos.

ESBOÇO GERAL

Primeira parte: Israel prepara a saída do Sinai (1.1—10.10)
I. O recenseamento no Sinai (1—2)
II. O recenseamento e a organização dos levitas (3—4)
III. A santificação do povo (5.1—10.10)
  A. A santificação significa separação (5)
  B. O voto de nazireu (6.1-21)
  C. A bênção sacerdotal (6.22-27)
  D. A adoração ao Deus santo (7.1—9.14)
  E. A presença de Deus no meio de seu povo (9.15—10.10)

Segunda parte: A geração murmuradora não entrará na terra prometida (10.11—25.18)
I. Reclamações e murmurações (10.11—12.16)
  A. A saída do Sinai (10.11-36)
  B. O maná e as codornizes (11)
  C. As críticas de Arão e Miriã (12)
II. A missão dos doze espias, a revolta e o castigo (13—14)
III. Outras rebeliões (15.1—19.22)
  A. As leis sobre as ofertas (15)
  B. A rebelião de Corá (16.1-40)
  C. A rebelião do povo contra a autoridade de Moisés e de Arão (16.41—17.13)
IV. Os sacerdotes: sustento e responsabilidades (18.1—19.22)
V. Morte de Miriã; falha de Moisés e Arão (20.1-13)
VI. Diversos encontros armados com outros povos (20.14—25.18)

Terceira parte: O povo chega à margem do rio Jordão (26—36)
I. O povo prepara-se antes de entrar na terra prometida (26.1—27.23)
  A. O segundo recenseamento (26.1-51)
  B. A repartição das terras (26.52—27.11)
  C. Josué, o novo líder do povo (27.12-23)
II. As normas sobre os sacrifícios e as ofertas (28—30)
III. O início da conquista da terra prometida (31—36)
  A. A vingança contra os midianitas (31)
  B. A repartição das terras situadas a leste do rio Jordão (32)
  C. A repartição das terras situadas a oeste do rio Jordão (33—34)
  D. As cidades dos levitas: das quais seis eram cidades de refúgio (35)
  E. Algumas questões especiais: a lei da herança das mulheres (36)

Versículo-chave
10.35

Tema geral do livro
Em Números, Deus é o Soberano com quem o povo fez aliança. Como Soberano, ao mesmo tempo que exige obediência absoluta, manifesta sua misericórdia ao que se arrepende e obedece. Aqui Deus aparece como o pai que educa o filho. A geração rebelde é eliminada, e a geração que cresce no deserto é moldada como Deus deseja. É interessante observar como Deus usa um profeta pagão, não apenas para mostrar a Moisés, como também a Balaão, que ele tem autoridade suprema sobre o mundo espiritual e o mundo terreno.

No livro de Números, Jesus é...
... a coluna de nuvem durante o dia e a coluna de fogo durante a noite (9.16; 14.14).

Versículos-chave para o discípulo
11.29; 14.8,9

O discípulo e o livro de Números
Uma das certezas que mais ajudam o discípulo em sua caminhada é ter a consciência da soberania do Pai celestial. Ter a segurança de ser filho do Deus todo-poderoso, ao mesmo tempo exigente e temível em seu julgamento, mas também sempre disposto a perdoar aquele que se arrepende, é algo que suaviza a carga do discípulo, por saber que, graças ao sacrifício de Cristo, sempre poderá aproximar-se com confiança do trono de Deus para receber misericórdia e achar graça no momento da necessidade (leia Hebreus 4.16).

NÚMEROS

O Recenseamento

1 O Senhor falou a Moisés na Tenda do Encontro, no deserto do Sinai, no primeiro dia do segundo mês do segundo ano, depois que os israelitas saíram do Egito. Ele disse: ² "Façam um recenseamento de toda a comunidade de Israel, pelos seus clãs e famílias, alistando todos os homens, um a um, pelo nome. ³ Você e Arão contarão todos os homens que possam servir no exército, de vinte anos para cima, organizados segundo as suas divisões. ⁴ Um homem de cada tribo, o chefe dos grupos de famílias, deverá ajudá-los. ⁵ Estes são os nomes dos homens que os ajudarão:

de Rúben, Elizur, filho de Sedeur;
⁶ de Simeão, Selumiel,
filho de Zurisadai;
⁷ de Judá, Naassom,
filho de Aminadabe;
⁸ de Issacar, Natanael, filho de Zuar;
⁹ de Zebulom, Eliabe, filho de Helom;
¹⁰ dos filhos de José:
de Efraim, Elisama, filho de Amiúde;
de Manassés, Gamaliel,
filho de Pedazur;
¹¹ de Benjamim, Abidã,
filho de Gideoni;
¹² de Dã, Aieser, filho de Amisadai;
¹³ de Aser, Pagiel, filho de Ocrã;
¹⁴ de Gade, Eliasafe, filho de Deuel;
¹⁵ de Naftali, Aira, filho de Enã".

¹⁶ Foram esses os escolhidos da comunidade, líderes das tribos dos seus antepassados, chefes dos clãs de Israel.

¹⁷ Moisés e Arão reuniram os homens nomeados ¹⁸ e convocaram toda a comunidade no primeiro dia do segundo mês. Os homens de vinte anos para cima inscreveram-se conforme os seus clãs e as suas famílias, um a um, pelo nome, ¹⁹ conforme o Senhor tinha ordenado a Moisés. E assim ele os contou no deserto do Sinai, na seguinte ordem:

²⁰ Dos descendentes de Rúben, o filho mais velho de Israel:
Todos os homens de vinte anos para cima que podiam servir no exército foram relacionados, cada um pelo seu nome, de acordo com os registros de seus clãs e famílias. ²¹ O número dos da tribo de Rúben foi 46.500.

²² Dos descendentes de Simeão:
Todos os homens de vinte anos para cima que podiam servir no exército foram relacionados, cada um pelo seu nome, de acordo com os registros de seus clãs e famílias. ²³ O número dos da tribo de Simeão foi 59.300.

²⁴ Dos descendentes de Gade:
Todos os homens de vinte anos para cima que podiam servir no exército foram relacionados, cada um pelo seu nome, de acordo com os registros de seus clãs e famílias. ²⁵ O número dos da tribo de Gade foi 45.650.

²⁶ Dos descendentes de Judá:
Todos os homens de vinte anos para cima que podiam servir no exército foram relacionados, cada um pelo seu nome, de acordo com os registros de seus clãs e famílias. ²⁷ O número dos da tribo de Judá foi 74.600.

²⁸ Dos descendentes de Issacar:
Todos os homens de vinte anos para cima que podiam servir no exército foram relacionados, cada um pelo seu nome, de acordo com os registros de seus clãs e famílias. ²⁹ O número dos da tribo de Issacar foi 54.400.

³⁰ Dos descendentes de Zebulom:
Todos os homens de vinte anos para cima que podiam servir no exército foram relacionados, cada um pelo seu nome, de acordo com os registros de seus clãs e famílias. ³¹ O número dos da tribo de Zebulom foi 57.400.

³² Dos filhos de José:
Dos descendentes de Efraim:
Todos os homens de vinte anos para cima que podiam servir no exército foram relacionados, cada um pelo seu nome, de acordo com os registros de seus clãs e famílias. ³³ O número dos da tribo de Efraim foi 40.500.

³⁴ Dos descendentes de Manassés:
Todos os homens de vinte anos para cima que podiam servir no exército foram relacionados, cada um pelo seu nome, de acordo com os

registros de seus clãs e famílias. ³⁵ O número dos da tribo de Manassés foi 32.200.

³⁶ Dos descendentes de Benjamim: Todos os homens de vinte anos para cima que podiam servir no exército foram relacionados, cada um pelo seu nome, de acordo com os registros de seus clãs e famílias. ³⁷ O número dos da tribo de Benjamim foi 35.400.

³⁸ Dos descendentes de Dã: Todos os homens de vinte anos para cima que podiam servir no exército foram relacionados, cada um pelo seu nome, de acordo com os registros de seus clãs e famílias. ³⁹ O número dos da tribo de Dã foi 62.700.

⁴⁰ Dos descendentes de Aser: Todos os homens de vinte anos para cima que podiam servir no exército foram relacionados, cada um pelo seu nome, de acordo com os registros de seus clãs e famílias. ⁴¹ O número dos da tribo de Aser foi 41.500.

⁴² Dos descendentes de Naftali: Todos os homens de vinte anos para cima que podiam servir no exército foram relacionados, cada um pelo seu nome, de acordo com os registros de seus clãs e famílias. ⁴³ O número dos da tribo de Naftali foi 53.400.

⁴⁴ Esses foram os homens contados por Moisés e por Arão e pelos doze líderes de Israel, cada um representando a sua família. ⁴⁵ Todos os israelitas de vinte anos para cima que podiam servir no exército foram contados de acordo com as suas famílias. ⁴⁶ O total foi 603.550 homens.

A Função dos Levitas

⁴⁷ As famílias da tribo de Levi, porém, não foram contadas juntamente com as outras, ⁴⁸ pois o Senhor tinha dito a Moisés: ⁴⁹ "Não faça o recenseamento da tribo de Levi nem a relacione entre os demais israelitas. ⁵⁰ Em vez disso, designe os levitas como responsáveis pelo tabernáculo que guarda as tábuas da aliança, por todos os seus utensílios e por tudo o que pertence a ele. Eles transportarão o tabernáculo e todos os seus utensílios; cuidarão dele e acamparão ao seu redor. ⁵¹ Sempre que o tabernáculo tiver que ser removido, os levitas o desmontarão e, sempre que tiver que ser armado, os levitas o farão. Qualquer pessoa não autorizada que se aproximar do tabernáculo terá que ser executada. ⁵² Os israelitas armarão as suas tendas organizadas segundo as suas divisões, cada um em seu próprio acampamento e junto à sua bandeira. ⁵³ Os levitas, porém, armarão as suas tendas ao redor do tabernáculo que guarda as tábuas da aliança, para que a ira divina não caia sobre a comunidade de Israel. Os levitas terão a responsabilidade de cuidar do tabernáculo que guarda as tábuas da aliança".

⁵⁴ Os israelitas fizeram tudo exatamente como o Senhor tinha ordenado a Moisés.

A Disposição das Tribos no Acampamento

2 O Senhor disse a Moisés e a Arão: ² "Os israelitas acamparão ao redor da Tenda do Encontro, a certa distância, cada homem junto à sua bandeira com os emblemas da sua família".

³ A leste, os exércitos de Judá acamparão junto à sua bandeira. O líder de Judá será Naassom, filho de Aminadabe. ⁴ Seu exército é de 74.600 homens.
⁵ A tribo de Issacar acampará ao lado de Judá. O líder de Issacar será Natanael, filho de Zuar. ⁶ Seu exército é de 54.400 homens.
⁷ A tribo de Zebulom virá em seguida. O líder de Zebulom será Eliabe, filho de Helom. ⁸ Seu exército é de 57.400 homens.
⁹ O número total dos homens recenseados do acampamento de Judá, de acordo com os seus exércitos, foi 186.400. Esses marcharão primeiro.

¹⁰ Ao sul estarão os exércitos do acampamento de Rúben, junto à sua bandeira. O líder de Rúben será Elizur, filho de Sedeur. ¹¹ Seu exército é de 46.500 homens.
¹² A tribo de Simeão acampará ao lado de Rúben. O líder de Simeão será Selumiel, filho de Zurisadai. ¹³ Seu exército é de 59.300 homens.
¹⁴ A tribo de Gade virá em seguida. O líder de Gade será Eliasafe, filho de Deuel[a].
¹⁵ Seu exército é de 45.650 homens.
¹⁶ O número total dos homens recenseados do acampamento de Rúben, de acordo com os seus exércitos, foi 151.450. Esses marcharão em segundo lugar.

---
[a] **2.14** Alguns manuscritos dizem *Reuel*.

¹⁷ Em seguida, os levitas marcharão levando a Tenda do Encontro no meio dos outros acampamentos, na mesma ordem em que acamparem, cada um em seu próprio lugar, junto à sua bandeira.

¹⁸ A oeste estarão os exércitos do acampamento de Efraim, junto à sua bandeira. O líder de Efraim será Elisama, filho de Amiúde. ¹⁹ Seu exército é de 40.500 homens.
²⁰ A tribo de Manassés acampará ao lado de Efraim. O líder de Manassés será Gamaliel, filho de Pedazur. ²¹ Seu exército é de 32.200 homens.
²² A tribo de Benjamim virá em seguida. O líder de Benjamim será Abidã, filho de Gideoni. ²³ Seu exército é de 35.400 homens.
²⁴ O número total dos homens recenseados do acampamento de Efraim, de acordo com os seus exércitos, foi 108.100.
Esses marcharão em terceiro lugar.

²⁵ Ao norte estarão os exércitos do acampamento de Dã, junto à sua bandeira. O líder de Dã será Aieser, filho de Amisadai.
²⁶ Seu exército é de 62.700 homens.
²⁷ A tribo de Aser acampará ao lado de Dã. O líder de Aser será Pagiel, filho de Ocrã. ²⁸ Seu exército é de 41.500 homens.
²⁹ A tribo de Naftali virá em seguida. O líder de Naftali será Aira, filho de Enã.
³⁰ Seu exército é de 53.400 homens.
³¹ O número total dos homens recenseados do acampamento de Dã, de acordo com seus exércitos, foi 157.600. Esses marcharão por último, junto às suas bandeiras.

³² Foram esses os israelitas contados de acordo com as suas famílias. O número total dos que foram contados nos acampamentos, de acordo com os seus exércitos, foi 603.550. ³³ Os levitas, contudo, não foram contados com os outros israelitas, conforme o Senhor tinha ordenado a Moisés.

³⁴ Assim os israelitas fizeram tudo o que o Senhor tinha ordenado a Moisés; eles acampavam junto às suas bandeiras e depois partiam, cada um com o seu clã e com a sua família.

Os Levitas e suas Responsabilidades

3 Esta é a história da descendência de Arão e de Moisés quando o Senhor falou com Moisés no monte Sinai.

² Os nomes dos filhos de Arão são Nadabe, o mais velho, Abiú, Eleazar e Itamar. ³ São esses os nomes dos filhos de Arão, que foram ungidos para o sacerdócio e que foram ordenados sacerdotes. ⁴ Nadabe e Abiú, entretanto, caíram mortos perante o Senhor quando lhe trouxeram uma oferta com fogo profano, no deserto do Sinai. Como não tinham filhos, somente Eleazar e Itamar serviram como sacerdotes durante a vida de Arão, seu pai.

⁵ O Senhor disse a Moisés: ⁶ "Mande chamar a tribo de Levi e apresente-a ao sacerdote Arão para auxiliá-lo. ⁷ Eles cuidarão das obrigações próprias da Tenda do Encontro, fazendo o serviço do tabernáculo para Arão e para toda a comunidade. ⁸ Tomarão conta de todos os utensílios da Tenda do Encontro, cumprindo as obrigações dos israelitas no serviço do tabernáculo. ⁹ Dedique os levitas a Arão e a seus filhos; eles serão escolhidos entre os israelitas para serem inteiramente dedicados a Arão[a]. ¹⁰ Encarregue Arão e os seus filhos de cuidar do sacerdócio; qualquer pessoa não autorizada que se aproximar do santuário terá que ser executada".

¹¹ Disse também o Senhor a Moisés: ¹² "Eu mesmo escolho os levitas entre os israelitas em lugar do primeiro filho de cada mulher israelita. Os levitas são meus, ¹³ pois todos os primogênitos são meus. Quando feri todos os primogênitos no Egito, separei para mim mesmo todo primogênito de Israel, tanto entre os homens como entre os rebanhos. Serão meus. Eu sou o Senhor".

O Recenseamento dos Levitas

¹⁴ E o Senhor disse ainda a Moisés no deserto do Sinai: ¹⁵ "Conte os levitas pelas suas famílias e seus clãs. Serão contados todos os do sexo masculino de um mês de idade para cima".
¹⁶ Então Moisés os contou, conforme a ordem que recebera do Senhor.
¹⁷ São estes os nomes
dos filhos de Levi:
Gérson, Coate e Merari.
¹⁸ São estes os nomes
dos clãs gersonitas:
Libni e Simei.
¹⁹ São estes os nomes
dos clãs coatitas:
Anrão, Isar, Hebrom e Uziel.

---

[a] 3.9 Conforme a maioria dos manuscritos do Texto Massorético. Alguns manuscritos do Texto Massorético, o Pentateuco Samaritano e a Septuaginta dizem *a mim*. Veja Nm 8.16.

²⁰ E estes são os nomes dos clãs meraritas: Mali e Musi. Foram esses os líderes dos clãs levitas.

²¹ A Gérson pertenciam os clãs dos libnitas e dos simeítas; eram esses os clãs gersonitas. ²² O número de todos os que foram contados do sexo masculino, de um mês de idade para cima, foi 7.500. ²³ Os clãs gersonitas tinham que acampar a oeste, atrás do tabernáculo. ²⁴ O líder das famílias dos gersonitas era Eliasafe, filho de Lael. ²⁵ Na Tenda do Encontro os gersonitas tinham a responsabilidade de cuidar do tabernáculo, da tenda, da sua cobertura, da cortina da entrada da Tenda do Encontro, ²⁶ das cortinas externas do pátio, da cortina da entrada do pátio que rodeia o tabernáculo e o altar, das cordas, e de tudo o que estava relacionado com esse serviço.

²⁷ A Coate pertenciam os clãs dos anramitas, dos isaritas, dos hebronitas e dos uzielitas; eram esses os clãs coatitas. ²⁸ O número de todos os do sexo masculino, de um mês de idade para cima, foi 8.600^a. Os coatitas tinham a responsabilidade de cuidar do santuário. ²⁹ Os clãs coatitas tinham que acampar no lado sul do tabernáculo. ³⁰ O líder das famílias dos clãs coatitas era Elisafã, filho de Uziel. ³¹ Tinham a responsabilidade de cuidar da arca, da mesa, do candelabro, dos altares, dos utensílios do santuário com os quais ministravam, da cortina e de tudo o que estava relacionado com esse serviço. ³² O principal líder dos levitas era Eleazar, filho do sacerdote Arão. Ele tinha a responsabilidade de supervisionar os encarregados de cuidar do santuário.

³³ A Merari pertenciam os clãs dos malitas e dos musitas; eram esses os clãs meraritas. ³⁴ O número de todos os que foram contados do sexo masculino, de um mês de idade para cima, foi 6.200. ³⁵ O líder das famílias dos clãs meraritas era Zuriel, filho de Abiail; eles tinham que acampar no lado norte do tabernáculo. ³⁶ Os meraritas tinham a responsabilidade de cuidar das armações do tabernáculo, de seus travessões, das colunas, das bases, de todos os seus utensílios e de tudo o que estava relacionado com esse serviço, ³⁷ bem como das colunas do pátio ao redor, com suas bases, suas estacas e suas cordas.

^{a} **3.28** Alguns manuscritos da Septuaginta dizem *8.300*.

³⁸ E acamparam a leste do tabernáculo, em frente da Tenda do Encontro, Moisés, Arão e seus filhos. Tinham a responsabilidade de cuidar do santuário em favor dos israelitas. Qualquer pessoa não autorizada que se aproximasse do santuário teria que ser executada.

³⁹ O número total de levitas contados por Moisés e Arão, conforme a ordem do Senhor, segundo os clãs deles, todos os do sexo masculino, de um mês de idade para cima, foi 22.000.

O Resgate dos Primogênitos

⁴⁰ E o Senhor disse a Moisés: "Conte todos os primeiros filhos dos israelitas, do sexo masculino, de um mês de idade para cima e faça uma relação de seus nomes. ⁴¹ Dedique a mim os levitas em lugar de todos os primogênitos dos israelitas e os rebanhos dos levitas em lugar de todas as primeiras crias dos rebanhos dos israelitas. Eu sou o Senhor".

⁴² E Moisés contou todos os primeiros filhos dos israelitas, conforme o Senhor lhe havia ordenado. ⁴³ O número total dos primeiros filhos do sexo masculino, de um mês de idade para cima, relacionados pelo nome, foi 22.273.

⁴⁴ Disse também o Senhor a Moisés: ⁴⁵ "Dedique os levitas em lugar de todos os primogênitos dos israelitas e os rebanhos dos levitas em lugar dos rebanhos dos israelitas. Os levitas serão meus. Eu sou o Senhor. ⁴⁶ Para o resgate dos primeiros 273 filhos dos israelitas que excedem o número de levitas, ⁴⁷ recolha sessenta gramas de prata^b, com base no peso padrão do santuário, que são doze gramas^c. ⁴⁸ Entregue a Arão e aos seus filhos a prata para o resgate do número excedente de israelitas".

⁴⁹ Assim Moisés recolheu a prata para o resgate daqueles que excederam o número dos levitas. ⁵⁰ Dos primeiros filhos dos israelitas ele recolheu prata no peso de quase dezesseis quilos e meio^d, com base no peso padrão do santuário. ⁵¹ Moisés entregou a Arão e aos filhos dele a prata para o resgate, conforme a ordem que recebera do Senhor.

Os Coatitas e suas Responsabilidades

4 Disse o Senhor a Moisés e a Arão: ² "Façam um recenseamento dos coatitas na tribo de

^{b} **3.47** Hebraico: *5 siclos*. Um siclo equivalia a 12 gramas.
^{c} **3.47** Hebraico: *no siclo do santuário, 20 geras por siclo*. Um gera equivalia a 0,6 gramas.
^{d} **3.50** Hebraico: *1.365 siclos, de acordo com o siclo do santuário*.

Levi, pelos seus clãs e famílias; ³contem todos os homens entre trinta e cinquenta anos, aptos para servir, para que façam o serviço da Tenda do Encontro.

⁴ "O serviço dos coatitas na Tenda do Encontro será o cuidado das coisas santíssimas. ⁵ Quando o acampamento tiver que mudar, Arão e os seus filhos entrarão e descerão o véu protetor e com ele cobrirão a arca da aliança*ᵃ*. ⁶ Depois a cobrirão com couro*ᵇ*, estenderão um pano inteiramente azul sobre ela e colocarão as varas no lugar.

⁷ "Sobre a mesa da Presença eles estenderão um pano azul e colocarão os pratos, os recipientes para incenso, as tigelas e as bacias para as ofertas derramadas e os pães da Presença, que devem estar sempre sobre ela. ⁸ Sobre tudo isso estenderão um pano vermelho e o cobrirão com couro. Depois colocarão as varas no lugar.

⁹ "Pegarão também um pano azul e cobrirão o candelabro usado para iluminação, as suas candeias, as suas tesouras de aparo, os seus apagadores e todos os jarros para o seu suprimento de óleo. ¹⁰ Em seguida o embrulharão com todos os seus utensílios numa cobertura de couro e o colocarão num suporte para carregar.

¹¹ "Sobre o altar de ouro estenderão um pano azul e o cobrirão com couro. E colocarão as suas varas no lugar.

¹² "Apanharão todos os utensílios usados na ministração no santuário, depois os embrulharão num pano azul e os cobrirão com couro; a seguir, os colocarão num suporte para carregar.

¹³ "Tirarão a cinza do altar de bronze e estenderão sobre ele um pano roxo. ¹⁴ Colocarão sobre ele todos os utensílios usados na ministração no altar: os braseiros, os garfos de carne, as pás e as bacias da aspersão. Sobre ele estenderão uma cobertura de couro e colocarão as varas no lugar.

¹⁵ "Quando Arão e os seus filhos terminarem de cobrir os utensílios sagrados e todos os artigos sagrados e o acampamento estiver pronto para partir, os coatitas virão carregá-los. Mas não tocarão nas coisas sagradas; se o fizerem, morrerão. São esses os utensílios da Tenda do Encontro que os coatitas carregarão.

¹⁶ "Eleazar, filho do sacerdote Arão, ficará encarregado do azeite para a iluminação, do incenso aromático, da oferta costumeira de cereal e do óleo da unção. Ficará encarregado de todo o tabernáculo e de tudo o que nele há, isto é, seus utensílios e seus artigos sagrados".

¹⁷ O S͟ENHOR disse ainda a Moisés e a Arão: ¹⁸ "Não permitam que o ramo dos clãs coatitas seja eliminado dentre os levitas. ¹⁹ Mas, para que continuem vivos e não morram quando se aproximarem das coisas santíssimas, Arão e os seus filhos entrarão no santuário e designarão a cada homem a sua tarefa e o que deverá carregar. ²⁰ Os coatitas não entrarão para ver as coisas sagradas, nem por um breve momento, para que não morram".

Os Gersonitas e as suas Responsabilidades

²¹ E o S͟ENHOR disse a Moisés: ²² "Faça também um recenseamento dos gersonitas, pelas suas famílias e clãs; ²³ conte todos os homens entre trinta e cinquenta anos, aptos para servir, para que façam o serviço da Tenda do Encontro.

²⁴ "Este é o serviço dos clãs gersonitas, o que devem fazer e carregar: ²⁵ Eles levarão as cortinas internas do tabernáculo, a Tenda do Encontro, a sua cobertura, a cobertura externa de couro, as cortinas da entrada da Tenda do Encontro. ²⁶ Farão tudo o que for necessário com aquelas coisas e com as cortinas externas do pátio que rodeia o tabernáculo e o altar, com a cortina da entrada, com as cordas e com todos os utensílios usados em seu serviço. ²⁷ Todo o serviço deles, tudo o que devem fazer e carregar estará sob a direção de Arão e de seus filhos. Designe como responsabilidade deles tudo o que tiverem que carregar. ²⁸ Esse é o serviço dos clãs gersonitas na Tenda do Encontro. Suas atividades estarão sob a supervisão de Itamar, filho do sacerdote Arão.

Os Meraritas e as suas Responsabilidades

²⁹ "Conte os meraritas conforme os seus clãs e famílias, ³⁰ todos os homens entre trinta e cinquenta anos, aptos para servir, para que façam o serviço da Tenda do Encontro. ³¹ Esta é a responsabilidade deles no serviço que deverão realizar na Tenda do Encontro: carregar as armações do tabernáculo, seus travessões, suas colunas e suas bases, ³² bem como as colunas do pátio, que rodeia a tenda, com suas bases, suas estacas e suas cordas; todos os seus utensílios e tudo o que está relacionado com o seu uso. Designe a cada um aquilo que deverá levar.

ᵃ **4.5** Hebraico: *do Testemunho*. Isto é, das tábuas da aliança; também em 7.89.

ᵇ **4.6** Possivelmente peles de animais marinhos; também nos versículos 8, 10-12, 14 e 25.

³³ Esse é o serviço dos clãs meraritas. Todo o serviço deles na Tenda do Encontro estará sob a supervisão de Itamar, filho do sacerdote Arão".

O Recenseamento dos Levitas

³⁴ Moisés, Arão e os líderes da comunidade contaram os coatitas, conforme seus clãs e famílias, ³⁵ todos os homens entre trinta e cinquenta anos, aptos para servir, para que fizessem o serviço da Tenda do Encontro. ³⁶ Foram contados, conforme os seus clãs, 2.750 homens. ³⁷ Esse foi o total de recenseados dos clãs coatitas que serviam na Tenda do Encontro. Moisés e Arão os contaram de acordo com a ordem do Senhor, anunciada por Moisés.

³⁸ Os gersonitas foram contados conforme os seus clãs e famílias, ³⁹ todos os homens entre trinta e cinquenta anos, aptos para servir, para fazer o serviço da Tenda do Encontro. ⁴⁰ Foram contados conforme os seus clãs e famílias 2.630. ⁴¹ Esse foi o total de recenseados dos clãs gersonitas que serviam na Tenda do Encontro. Moisés e Arão os contaram de acordo com a ordem do Senhor.

⁴² Os meraritas foram contados conforme os seus clãs e famílias, ⁴³ todos os homens entre trinta e cinquenta anos, aptos para servir, para fazer o serviço da Tenda do Encontro. ⁴⁴ Foram contados conforme os seus clãs 3.200. ⁴⁵ Esse foi o total de recenseados dos clãs meraritas que serviam na Tenda do Encontro. Moisés e Arão os contaram de acordo com a ordem do Senhor, anunciada por Moisés.

⁴⁶ Assim Moisés, Arão e os líderes de Israel contaram todos os levitas conforme os seus clãs e famílias; ⁴⁷ todos os homens entre trinta e cinquenta anos de idade que vieram para servir e carregar a Tenda do Encontro ⁴⁸ somavam 8.580. ⁴⁹ Conforme a ordem do Senhor anunciada por Moisés, a cada um foi designado o seu trabalho e foi dito o que deveria carregar.

Assim foram todos contados, conforme o Senhor tinha ordenado a Moisés.

A Pureza do Acampamento

5 O Senhor disse a Moisés: ² "Ordene aos israelitas que mandem para fora do acampamento todo aquele que tiver lepra*ᵃ*, ou que tiver um fluxo, ou que se tornar impuro por tocar um cadáver. ³ Mande-os para fora do acampamento, tanto homens como mulheres, para que não contaminem o seu próprio acampamento, onde habito entre eles". ⁴ Os israelitas assim fizeram e os mandaram para fora do acampamento, como o Senhor tinha ordenado a Moisés.

A Restituição por Danos e Prejuízos

⁵ E o Senhor disse a Moisés: ⁶ "Diga aos israelitas: Quando um homem ou uma mulher prejudicar outra pessoa*ᵇ* e, portanto, ofender o Senhor, será culpado. ⁷ Confessará o pecado que cometeu, fará restituição total, acrescentará um quinto a esse valor e entregará tudo isso a quem ele prejudicou. ⁸ Mas, se o prejudicado não tiver nenhum parente próximo para receber a restituição, esta pertencerá ao Senhor e será entregue ao sacerdote, juntamente com o carneiro com o qual se faz propiciação pelo culpado. ⁹ Todas as contribuições, ou seja, todas as dádivas sagradas que os israelitas trouxerem ao sacerdote pertencerão a ele. ¹⁰ As dádivas sagradas de cada pessoa pertencem a ela, mas o que ela der ao sacerdote pertencerá ao sacerdote".

O Teste da Mulher Suspeita de Adultério

¹¹ Então o Senhor disse a Moisés: ¹² "Diga o seguinte aos israelitas: Se a mulher de alguém se desviar e lhe for infiel, ¹³ e outro homem deitar-se com ela, e isso estiver oculto de seu marido, e a impureza dela não for descoberta, por não haver testemunha contra ela nem ter ela sido pega no ato; ¹⁴ se o marido dela tiver ciúmes e suspeitar de sua mulher, esteja ela pura ou impura, ¹⁵ ele a levará ao sacerdote, com uma oferta de um jarro*ᶜ* de farinha de cevada em favor dela. Não derramará azeite nem porá incenso sobre a farinha, porque é uma oferta de cereal pelo ciúme, para que se revele a verdade sobre o pecado.

¹⁶ "O sacerdote trará a mulher e a colocará perante o Senhor. ¹⁷ Então apanhará um pouco de água sagrada num jarro de barro e colocará na água um pouco do pó do chão do tabernáculo. ¹⁸ Depois de colocar a mulher perante o Senhor, o sacerdote soltará o cabelo dela e porá nas mãos dela a oferta memorial, a oferta pelo ciúme, enquanto ele mesmo terá em sua mão a água amarga que traz maldição. ¹⁹ Então o sacerdote fará a mulher

---

ᵇ **5.6** Ou *cometer qualquer pecado que os homens cometem*
ᶜ **5.15** Hebraico: *1/10 de efa*. O efa era uma medida de capacidade para secos. As estimativas variam entre 20 e 40 litros.

ᵃ **5.2** O termo hebraico não se refere somente à lepra, mas também a diversas doenças da pele.

jurar e lhe dirá: Se nenhum outro homem se deitou com você e se você não foi infiel nem se tornou impura enquanto casada, que esta água amarga que traz maldição não faça mal a você. ²⁰ Mas, se você foi infiel enquanto casada e se contaminou por ter se deitado com um homem que não é seu marido — ²¹ então o sacerdote fará a mulher pronunciar este juramento com maldição — que o Senhor faça de você objeto de maldição e de desprezo no meio do povo fazendo que a sua barriga inche e que você jamais tenha filhos[a]. ²² Que esta água que traz maldição entre em seu corpo, inche a sua barriga e a impeça de ter filhos.

"Então a mulher dirá: Amém. Assim seja.

²³ "O sacerdote escreverá essas maldições num documento e depois as lavará na água amarga. ²⁴ Ele a fará beber a água amarga que traz maldição, e essa água entrará nela, causando-lhe amargo sofrimento. ²⁵ O sacerdote apanhará das mãos dela a oferta de cereal pelo ciúme, a moverá ritualmente perante o Senhor e a trará ao altar. ²⁶ Então apanhará um punhado da oferta de cereal como oferta memorial e a queimará sobre o altar; depois disso fará a mulher beber a água. ²⁷ Se ela houver se contaminado, sendo infiel ao seu marido, quando o sacerdote fizer que ela beba a água que traz maldição, essa água entrará nela e causará um amargo sofrimento; sua barriga inchará e ela, incapaz de ter filhos, se tornará objeto de maldição no meio do seu povo. ²⁸ Se, porém, a mulher não houver se contaminado, mas estiver pura, não sofrerá punição e será capaz de ter filhos.

²⁹ "Esse é, pois, o ritual quanto ao ciúme, quando uma mulher for infiel e se contaminar enquanto casada, ³⁰ ou quando o ciúme se apoderar de um homem porque suspeita de sua mulher. O sacerdote a colocará perante o Senhor e a fará passar por todo esse ritual. ³¹ Se a suspeita se confirmar ou não, o marido estará inocente; mas a mulher sofrerá as consequências da sua iniquidade".

As Regulamentações do Voto de Nazireu

6 O Senhor disse ainda a Moisés: ² "Diga o seguinte aos israelitas: Se um homem ou uma mulher fizer um voto especial, um voto de separação para o Senhor como nazireu, ³ terá que se abster de vinho e de outras bebidas fermentadas e não poderá beber vinagre feito de vinho ou de outra bebida fermentada. Não poderá beber suco de uva nem comer uvas nem passas. ⁴ Enquanto for nazireu, não poderá comer nada que venha da videira, nem mesmo as sementes ou as cascas.

⁵ "Durante todo o período de seu voto de separação, nenhuma lâmina será usada em sua cabeça. Até que termine o período de sua separação para o Senhor ele estará consagrado e deixará crescer o cabelo de sua cabeça. ⁶ Durante todo o período de sua separação para o Senhor, não poderá aproximar-se de um cadáver. ⁷ Mesmo que o seu próprio pai ou mãe ou irmã ou irmão morra, ele não poderá tornar-se impuro por causa deles, pois traz sobre a cabeça o símbolo de sua separação para Deus. ⁸ Durante todo o período de sua separação, estará consagrado ao Senhor.

⁹ "Se alguém morrer repentinamente perto dele, contaminando assim o cabelo que consagrou, ele terá que rapar a cabeça sete dias depois, dia da sua purificação. ¹⁰ No oitavo dia, trará duas rolinhas ou dois pombinhos ao sacerdote, à entrada da Tenda do Encontro. ¹¹ O sacerdote oferecerá um como oferta pelo pecado e o outro como holocausto[b], para fazer propiciação por ele, pois pecou ao se aproximar de um cadáver. Naquele mesmo dia, o nazireu reconsagrará a sua cabeça. ¹² Ele se dedicará ao Senhor pelo período de sua separação e trará um cordeiro de um ano de idade como oferta de reparação. Não se contarão os dias anteriores porque ficou contaminado durante a sua separação.

¹³ "Este é o ritual do nazireu quando terminar o período de sua separação: ele será trazido à entrada da Tenda do Encontro. ¹⁴ Ali apresentará a sua oferta ao Senhor: um cordeiro de um ano e sem defeito como holocausto, uma cordeira de um ano e sem defeito como oferta pelo pecado, um carneiro sem defeito como oferta de comunhão[c], ¹⁵ juntamente com a sua oferta de cereal, com a oferta derramada e com um cesto de pães sem fermento, bolos feitos da melhor farinha amassada com azeite e pães finos untados com azeite.

¹⁶ "O sacerdote os apresentará ao Senhor e oferecerá o sacrifício pelo pecado e o holocausto.

---

[a] **5.21** Hebraico: *que a sua coxa caia e seu ventre inche*; também nos versículos 22 e 27.

[b] **6.11** Isto é, sacrifício totalmente queimado; também em todo o livro de Números.

[c] **6.14** Ou *de paz*; também em 6.17, 18 e em todo o capítulo 7.

¹⁷ Apresentará o cesto de pães sem fermento e oferecerá o cordeiro como sacrifício de comunhão ao Senhor, juntamente com a oferta de cereal e a oferta derramada.

¹⁸ "Em seguida, à entrada da Tenda do Encontro, o nazireu rapará o cabelo que consagrou e o jogará no fogo que está embaixo do sacrifício da oferta de comunhão.

¹⁹ "Depois que o nazireu rapar o cabelo da sua consagração, o sacerdote lhe colocará nas mãos um ombro cozido do carneiro, um bolo e um pão fino tirados do cesto, ambos sem fermento. ²⁰ O sacerdote os moverá perante o Senhor como gesto ritual de apresentação; são santos e pertencem ao sacerdote, bem como o peito que foi movido e a coxa. Depois disso o nazireu poderá beber vinho.

²¹ "Esse é o ritual do voto de nazireu e da oferta dedicada ao Senhor de acordo com a sua separação, sem contar qualquer outra coisa que ele possa dedicar. Cumprirá o voto que tiver feito de acordo com o ritual do nazireu".

A Bênção Sacerdotal

²² O Senhor disse a Moisés: ²³ "Diga a Arão e aos seus filhos: Assim vocês abençoarão os israelitas:

²⁴ "O Senhor te abençoe e te guarde;
²⁵ o Senhor faça resplandecer
   o seu rosto sobre ti^a
   e te conceda graça;
²⁶ o Senhor volte para ti o seu rosto
   e te dê paz.

²⁷ "Assim eles invocarão o meu nome sobre os israelitas, e eu os abençoarei".

Ofertas por Ocasião da Dedicação do Tabernáculo

7 Quando Moisés acabou de armar o tabernáculo, ele o ungiu e o consagrou, juntamente com todos os seus utensílios. Também ungiu e consagrou o altar com todos os seus utensílios. ² Então os líderes de Israel, os chefes das famílias que eram os líderes das tribos encarregados do recenseamento apresentaram ofertas. ³ Trouxeram as suas dádivas ao Senhor: seis carroças cobertas e doze bois, um boi de cada líder e uma carroça de cada dois líderes; e as apresentaram diante do tabernáculo.

⁴ O Senhor disse a Moisés: ⁵ "Aceite as ofertas deles para que sejam usadas no trabalho da Tenda do Encontro. Entregue-as aos levitas, conforme exigir o trabalho de cada homem".

⁶ Então Moisés recebeu as carroças e os bois e os entregou aos levitas. ⁷ Deu duas carroças e quatro bois aos gersonitas, conforme exigia o trabalho deles, ⁸ e quatro carroças e oito bois aos meraritas, conforme exigia o trabalho deles. Estavam todos sob a supervisão de Itamar, filho do sacerdote Arão. ⁹ Mas aos coatitas Moisés não deu nada, pois eles deveriam carregar nos ombros os objetos sagrados pelos quais eram responsáveis.

¹⁰ Quando o altar foi ungido, os líderes trouxeram as suas ofertas para a dedicação do altar e as apresentaram diante dele. ¹¹ Pois o Senhor tinha dito a Moisés: "Cada dia um líder deverá trazer a sua oferta para a dedicação do altar".

¹² No primeiro dia, Naassom, filho de Aminadabe, da tribo de Judá, trouxe a sua oferta.

¹³ A oferta dele foi um prato de prata de um quilo e quinhentos e sessenta gramas^b e uma bacia de prata para as aspersões, de oitocentos e quarenta gramas, ambos pesados com base no peso padrão do santuário, cada um cheio da melhor farinha amassada com óleo, como oferta de cereal; ¹⁴ uma vasilha de ouro de cento e vinte gramas, cheia de incenso; ¹⁵ um novilho, um carneiro e um cordeiro de um ano como holocausto; ¹⁶ um bode como oferta pelo pecado; ¹⁷ e dois bois, cinco carneiros, cinco bodes e cinco cordeiros de um ano para serem oferecidos como sacrifício de comunhão. Essa foi a oferta de Naassom, filho de Aminadabe.

¹⁸ No segundo dia, Natanael, filho de Zuar e líder de Issacar, trouxe a sua oferta.

¹⁹ A oferta dele foi um prato de prata de um quilo e quinhentos e sessenta gramas e uma bacia de prata para as aspersões, de oitocentos e quarenta gramas, ambos pesados com base no peso padrão do santuário, cada um cheio da melhor farinha amassada com óleo, como oferta de cereal; ²⁰ uma vasilha de ouro de cento e vinte gramas, cheia de incenso; ²¹ um novilho, um carneiro e um cordeiro de um ano como holocausto; ²² um bode como oferta pelo pecado; ²³ e dois bois, cinco carneiros, cinco bodes e cinco cordeiros de um ano para serem

---

^{a}**6.25** Isto é, mostre a sua bondade para contigo.

^{b}**7.13** Hebraico: *130 siclos*. Um siclo equivalia a 12 gramas.

oferecidos como sacrifício de comunhão. Essa foi a oferta de Natanael, filho de Zuar.

²⁴ No terceiro dia, Eliabe, filho de Helom e líder de Zebulom, trouxe a sua oferta.
²⁵ A oferta dele foi um prato de prata de um quilo e quinhentos e sessenta gramas e uma bacia de prata para as aspersões, de oitocentos e quarenta gramas, ambos pesados com base no peso padrão do santuário, cada um cheio da melhor farinha amassada com óleo, como oferta de cereal; ²⁶ uma vasilha de ouro de cento e vinte gramas, cheia de incenso; ²⁷ um novilho, um carneiro e um cordeiro de um ano como holocausto; ²⁸ um bode como oferta pelo pecado; ²⁹ e dois bois, cinco carneiros, cinco bodes e cinco cordeiros de um ano para serem oferecidos como sacrifício de comunhão. Essa foi a oferta de Eliabe, filho de Helom.

³⁰ No quarto dia, Elizur, filho de Sedeur e líder de Rúben, trouxe a sua oferta.
³¹ A oferta dele foi um prato de prata de um quilo e quinhentos e sessenta gramas e uma bacia de prata para as aspersões, de oitocentos e quarenta gramas, ambos pesados com base no peso padrão do santuário, cada um cheio da melhor farinha amassada com óleo, como oferta de cereal; ³² uma vasilha de ouro de cento e vinte gramas, cheia de incenso; ³³ um novilho, um carneiro e um cordeiro de um ano como holocausto; ³⁴ um bode como oferta pelo pecado; ³⁵ e dois bois, cinco carneiros, cinco bodes e cinco cordeiros de um ano para serem oferecidos como sacrifício de comunhão. Essa foi a oferta de Elizur, filho de Sedeur.

³⁶ No quinto dia, Selumiel, filho de Zurisadai e líder de Simeão, trouxe a sua oferta.
³⁷ A oferta dele foi um prato de prata de um quilo e quinhentos e sessenta gramas e uma bacia de prata para as aspersões, de oitocentos e quarenta gramas, ambos pesados com base no peso padrão do santuário, cada um cheio da melhor farinha amassada com óleo, como oferta de cereal; ³⁸ uma vasilha de ouro de cento e vinte gramas, cheia de incenso; ³⁹ um novilho, um carneiro e um cordeiro de um ano como holocausto; ⁴⁰ um bode como oferta pelo pecado; ⁴¹ e dois bois, cinco carneiros, cinco bodes e cinco cordeiros de um ano para serem oferecidos como sacrifício de comunhão. Essa foi a oferta de Selumiel, filho de Zurisadai.

⁴² No sexto dia, Eliasafe, filho de Deuel e líder de Gade, trouxe a sua oferta.
⁴³ A oferta dele foi um prato de prata de um quilo e quinhentos e sessenta gramas e uma bacia de prata para as aspersões, de oitocentos e quarenta gramas, ambos pesados com base no peso padrão do santuário, cada um cheio da melhor farinha amassada com óleo, como oferta de cereal; ⁴⁴ uma vasilha de ouro de cento e vinte gramas, cheia de incenso; ⁴⁵ um novilho, um carneiro e um cordeiro de um ano como holocausto; ⁴⁶ um bode como oferta pelo pecado; ⁴⁷ e dois bois, cinco carneiros, cinco bodes e cinco cordeiros de um ano para serem oferecidos como sacrifício de comunhão. Essa foi a oferta de Eliasafe, filho de Deuel.

⁴⁸ No sétimo dia, Elisama, filho de Amiúde e líder de Efraim, trouxe a sua oferta.
⁴⁹ A oferta dele foi um prato de prata de um quilo e quinhentos e sessenta gramas e uma bacia de prata para as aspersões, de oitocentos e quarenta gramas, ambos pesados com base no peso padrão do santuário, cada um cheio da melhor farinha amassada com óleo, como oferta de cereal; ⁵⁰ uma vasilha de ouro de cento e vinte gramas, cheia de incenso; ⁵¹ um novilho, um carneiro e um cordeiro de um ano como holocausto; ⁵² um bode como oferta pelo pecado; ⁵³ e dois bois, cinco carneiros, cinco bodes e cinco cordeiros de um ano para serem oferecidos como sacrifício de comunhão. Essa foi a oferta de Elisama, filho de Amiúde.

⁵⁴ No oitavo dia, Gamaliel, filho de Pedazur e líder de Manassés, trouxe a sua oferta.
⁵⁵ A oferta dele foi um prato de prata de um quilo e quinhentos e sessenta gramas e uma bacia de prata para as aspersões, de oitocentos e quarenta gramas, ambos pesados com base no peso padrão do santuário, cada um cheio da melhor farinha amassada com óleo, como oferta de cereal; ⁵⁶ uma vasilha de ouro de cento e vinte gramas, cheia de incenso; ⁵⁷ um novilho, um carneiro e um cordeiro de um ano como holocausto; ⁵⁸ um bode como oferta pelo pecado; ⁵⁹ e dois bois, cinco carneiros, cinco bodes e cinco cordeiros de um ano para serem oferecidos como sacrifício de comunhão. Essa foi a oferta de Gamaliel, filho de Pedazur.

⁶⁰ No nono dia, Abidã, filho de Gideoni e líder de Benjamim, trouxe a sua oferta.

⁶¹ A oferta dele foi um prato de prata de um quilo e quinhentos e sessenta gramas e uma bacia de prata para as aspersões, de oitocentos e quarenta gramas, ambos pesados com base no peso padrão do santuário, cada um cheio da melhor farinha amassada com óleo, como oferta de cereal; ⁶² uma vasilha de ouro de cento e vinte gramas, cheia de incenso; ⁶³ um novilho, um carneiro e um cordeiro de um ano como holocausto; ⁶⁴ um bode como oferta pelo pecado; ⁶⁵ e dois bois, cinco carneiros, cinco bodes e cinco cordeiros de um ano para serem oferecidos como sacrifício de comunhão. Essa foi a oferta de Abidã, filho de Gideoni.

⁶⁶ No décimo dia, Aieser, filho de Amisadai e líder de Dã, trouxe a sua oferta.

⁶⁷ A oferta dele foi um prato de prata de um quilo e quinhentos e sessenta gramas e uma bacia de prata para as aspersões, de oitocentos e quarenta gramas, ambos pesados com base no peso padrão do santuário, cada um cheio da melhor farinha amassada com óleo, como oferta de cereal; ⁶⁸ uma vasilha de ouro de cento e vinte gramas, cheia de incenso; ⁶⁹ um novilho, um carneiro e um cordeiro de um ano como holocausto; ⁷⁰ um bode como oferta pelo pecado; ⁷¹ e dois bois, cinco carneiros, cinco bodes e cinco cordeiros de um ano para serem oferecidos como sacrifício de comunhão. Essa foi a oferta de Aieser, filho de Amisadai.

⁷² No décimo primeiro dia, Pagiel, filho de Ocrã e líder de Aser, trouxe a sua oferta.

⁷³ A oferta dele foi um prato de prata de um quilo e quinhentos e sessenta gramas e uma bacia de prata para as aspersões, de oitocentos e quarenta gramas, ambos pesados com base no peso padrão do santuário, cada um cheio da melhor farinha amassada com óleo, como oferta de cereal; ⁷⁴ uma vasilha de ouro de cento e vinte gramas, cheia de incenso; ⁷⁵ um novilho, um carneiro e um cordeiro de um ano como holocausto; ⁷⁶ um bode como oferta pelo pecado; ⁷⁷ e dois bois, cinco carneiros, cinco bodes e cinco cordeiros de um ano para serem oferecidos como sacrifício de comunhão. Essa foi a oferta de Pagiel, filho de Ocrã.

⁷⁸ No décimo segundo dia, Aira, filho de Enã e líder de Naftali, trouxe a sua oferta.

⁷⁹ A oferta dele foi um prato de prata de um quilo e quinhentos e sessenta gramas e uma bacia de prata para as aspersões, de oitocentos e quarenta gramas, ambos pesados com base no peso padrão do santuário, cada um cheio da melhor farinha amassada com óleo, como oferta de cereal; ⁸⁰ uma vasilha de ouro de cento e vinte gramas, cheia de incenso; ⁸¹ um novilho, um carneiro e um cordeiro de um ano como holocausto; ⁸² um bode como oferta pelo pecado; ⁸³ e dois bois, cinco carneiros, cinco bodes e cinco cordeiros de um ano para serem oferecidos como sacrifício de comunhão. Essa foi a oferta de Aira, filho de Enã.

⁸⁴ Essas foram as ofertas dos líderes israelitas para a dedicação do altar quando este foi ungido. Ao todo foram: doze pratos de prata, doze bacias de prata para as aspersões e doze vasilhas de ouro. ⁸⁵ Cada prato de prata pesava um quilo e quinhentos e sessenta gramas, e cada bacia para as aspersões pesava oitocentos e quarenta gramas. O total de peças de prata pesava vinte e oito quilos e oitocentos gramas, com base no peso padrão do santuário. ⁸⁶ As doze vasilhas de ouro cheias de incenso pesavam cada uma cento e vinte gramas, com base no peso padrão do santuário. O total de vasilhas de ouro pesava um quilo e quatrocentos e quarenta gramas. ⁸⁷ O total de animais oferecidos em holocausto foi doze novilhos, doze carneiros e doze cordeiros de um ano, juntamente com as ofertas de cereal. Doze bodes foram trazidos para a oferta pelo pecado. ⁸⁸ O total de animais oferecidos em sacrifício de comunhão foi vinte e quatro bois, sessenta carneiros, sessenta bodes e sessenta cordeiros de um ano. Foram essas as ofertas trazidas para a dedicação do altar depois que este foi ungido.

⁸⁹ Quando entrava na Tenda do Encontro para falar com o Senhor, Moisés ouvia a voz que lhe falava do meio dos dois querubins, de cima da tampa da arca da aliança. Era assim que o Senhor falava com ele.

A Preparação das Lâmpadas do Candelabro

8 Disse também o Senhor a Moisés: ² "Diga o seguinte a Arão: Quando você preparar as sete lâmpadas, estas deverão iluminar a área da frente do candelabro".

³ Arão assim fez; dispôs as lâmpadas de modo que estivessem voltadas para a frente do candelabro, como o Senhor tinha ordenado a Moisés. ⁴ O candelabro foi feito de ouro batido,

do pedestal às flores, conforme o modelo que o Senhor tinha mostrado a Moisés.

A Consagração dos Levitas

⁵ O Senhor disse a Moisés: ⁶ "Separe os levitas do meio dos israelitas e purifique-os. ⁷ A purificação deles será assim: você aspergirá a água da purificação sobre eles; fará com que rapem o corpo todo e lavem as roupas, para que se purifiquem. ⁸ Depois eles trarão um novilho com a oferta de cereal da melhor farinha amassada com óleo; e você trará um segundo novilho como oferta pelo pecado. ⁹ Você levará os levitas para a frente da Tenda do Encontro e reunirá toda a comunidade de Israel. ¹⁰ Levará os levitas à presença do Senhor, e os israelitas imporão as mãos sobre eles. ¹¹ Arão apresentará os levitas ao Senhor como oferta ritualmente movida da parte dos israelitas: eles serão dedicados ao trabalho do Senhor.

¹² "Depois que os levitas impuserem as mãos sobre a cabeça dos novilhos, você oferecerá um novilho como oferta pelo pecado e o outro como holocausto ao Senhor, para fazer propiciação pelos levitas. ¹³ Disponha os levitas em frente de Arão e dos filhos dele e apresente-os como oferta movida ao Senhor. ¹⁴ Dessa maneira você separará os levitas do meio dos israelitas, e os levitas serão meus.

¹⁵ "Depois que você purificar os levitas e os apresentar como oferta movida, eles entrarão na Tenda do Encontro para ministrar. ¹⁶ Eles são os israelitas que deverão ser inteiramente dedicados a mim. Eu os separei para serem meus em lugar dos primogênitos, do primeiro filho homem de cada mulher israelita. ¹⁷ Todo primogênito em Israel, entre os homens e entre os rebanhos, é meu. Eu os separei para mim quando feri todos os primogênitos no Egito ¹⁸ e escolhi os levitas em lugar de todos os primogênitos em Israel. ¹⁹ Dentre todos os israelitas, dediquei os levitas como dádivas a Arão e aos seus filhos; eles ministrarão na Tenda do Encontro em nome dos israelitas e farão propiciação por eles, para que nenhuma praga atinja os israelitas quando se aproximarem do santuário".

²⁰ Moisés, Arão e toda a comunidade de Israel fizeram com os levitas como o Senhor tinha ordenado a Moisés. ²¹ Os levitas se purificaram e lavaram suas roupas; e Arão os apresentou como oferta ritualmente movida perante o Senhor e fez propiciação por eles para purificá-los. ²² Depois disso os levitas passaram a ministrar na Tenda do Encontro sob a supervisão de Arão e dos seus filhos. Fizeram com os levitas como o Senhor tinha ordenado a Moisés.

²³ O Senhor disse ainda a Moisés: ²⁴ "Isto diz respeito aos levitas: os homens de vinte e cinco anos para cima, aptos para servir, tomarão parte no trabalho que se faz na Tenda do Encontro, ²⁵ mas aos cinquenta anos deverão afastar-se do serviço regular e nele não mais trabalharão. ²⁶ Poderão ajudar seus companheiros de ofício na responsabilidade de cuidar da Tenda do Encontro, mas eles mesmos não deverão fazer o trabalho. Assim você designará as responsabilidades dos levitas".

A Celebração da Páscoa

9 O Senhor falou com Moisés no deserto do Sinai, no primeiro mês do segundo ano depois que o povo saiu do Egito. Ele disse: ² "Os israelitas devem celebrar a Páscoa na ocasião própria. ³ Celebrem-na no tempo determinado, ao pôr do sol do décimo quarto dia deste mês, de acordo com todas as suas leis e ordenanças".

⁴ Então Moisés ordenou aos israelitas que celebrassem a Páscoa; ⁵ eles a celebraram no deserto do Sinai, ao pôr do sol do décimo quarto dia do primeiro mês. Os israelitas fizeram tudo conforme o Senhor tinha ordenado a Moisés.

⁶ Mas alguns deles não puderam celebrar a Páscoa naquele dia porque se haviam tornado impuros por terem tocado num cadáver. Por isso procuraram Moisés e Arão naquele mesmo dia ⁷ e disseram a Moisés: "Nós nos tornamos impuros por termos tocado num cadáver, mas por que deveríamos ser impedidos de apresentar a nossa oferta ao Senhor na ocasião própria, como os demais israelitas?"

⁸ Moisés respondeu-lhes: "Esperem até que eu saiba o que o Senhor ordena a respeito de vocês".

⁹ Então o Senhor disse a Moisés: ¹⁰ "Diga o seguinte aos israelitas: Quando algum de vocês ou dos seus descendentes se tornar impuro por tocar algum cadáver ou estiver distante por motivo de viagem, ainda assim poderá celebrar a Páscoa do Senhor. ¹¹ Deverão celebrá-la no décimo quarto dia do segundo mês, ao pôr do sol. Comerão o cordeiro com pães sem fermento e com ervas amargas. ¹² Não deixarão sobrar nada até o amanhecer e não quebrarão nenhum osso do cordeiro. Quando a

celebrarem, obedeçam a todas as leis da Páscoa. ¹³ Se, porém, um homem estiver puro e não estiver distante por motivo de viagem e ainda assim não celebrar a Páscoa, ele será eliminado do meio do seu povo porque não apresentou a oferta do Senhor na ocasião própria. Ele sofrerá as consequências do seu pecado.

¹⁴ "Um estrangeiro residente entre vocês, que queira celebrar a Páscoa do Senhor, deverá fazê-lo de acordo com as leis e ordenanças da Páscoa. Vocês terão as mesmas leis para o estrangeiro e para o natural da terra".

A Nuvem sobre o Tabernáculo

¹⁵ No dia em que foi armado o tabernáculo, a tenda que guarda as tábuas da aliança, a nuvem o cobriu. Desde o entardecer até o amanhecer a nuvem por cima do tabernáculo tinha a aparência de fogo. ¹⁶ Era assim que sempre acontecia: de dia a nuvem o cobria, e de noite tinha a aparência de fogo. ¹⁷ Sempre que a nuvem se levantava de cima da Tenda, os israelitas partiam; no lugar em que a nuvem descia, ali acampavam. ¹⁸ Conforme a ordem do Senhor, os israelitas partiam e, conforme a ordem do Senhor, acampavam. Enquanto a nuvem estivesse por cima do tabernáculo, eles permaneciam acampados. ¹⁹ Quando a nuvem ficava sobre o tabernáculo por muito tempo, os israelitas cumpriam suas responsabilidades para com o Senhor e não partiam. ²⁰ Às vezes a nuvem ficava sobre o tabernáculo poucos dias; conforme a ordem do Senhor, eles acampavam e, também conforme a ordem do Senhor, partiam. ²¹ Outras vezes a nuvem permanecia somente desde o entardecer até o amanhecer e, quando se levantava pela manhã, eles partiam. De dia ou de noite, sempre que a nuvem se levantava, eles partiam. ²² Quer a nuvem ficasse sobre o tabernáculo dois dias, quer um mês, quer mais tempo, os israelitas permaneciam no acampamento e não partiam; mas, quando ela se levantava, partiam. ²³ Conforme a ordem do Senhor acampavam e conforme a ordem do Senhor partiam. Nesse meio tempo, cumpriam suas responsabilidades para com o Senhor, de acordo com as suas ordens, anunciadas por Moisés.

As Cornetas de Prata

10 O Senhor disse a Moisés: ² "Faça duas cornetas de prata batida a fim de usá-las para reunir a comunidade e para dar aos acampamentos o sinal para partirem. ³ Quando as duas cornetas tocarem, a comunidade inteira se reunirá diante de você, à entrada da Tenda do Encontro. ⁴ Se apenas uma tocar, os líderes, chefes dos clãs de Israel, se reunirão diante de você. ⁵ Quando a corneta der um toque de alerta, as tribos acampadas a leste deverão partir. ⁶ Ao som do segundo toque, os acampamentos do lado sul partirão. O toque de alerta será o sinal para partir. ⁷ Para reunir a assembleia, faça soar as cornetas, mas não com o mesmo toque.

⁸ "Os filhos de Arão, os sacerdotes, tocarão as cornetas. Este é um decreto perpétuo para vocês e para as suas gerações. ⁹ Quando em sua terra vocês entrarem em guerra contra um adversário que os esteja oprimindo, toquem as cornetas; e o Senhor, o Deus de vocês, se lembrará de vocês e os libertará dos seus inimigos. ¹⁰ Também em seus dias festivos, nas festas fixas e no primeiro dia de cada mês, vocês deverão tocar as cornetas por ocasião dos seus holocaustos e das suas ofertas de comunhão^a, e elas serão um memorial em favor de vocês perante o seu Deus. Eu sou o Senhor, o Deus de vocês".

Os Israelitas Partem do Sinai

¹¹ No vigésimo dia do segundo mês do segundo ano, a nuvem se levantou de cima do tabernáculo que guarda as tábuas da aliança. ¹² Então os israelitas partiram do deserto do Sinai e viajaram por etapas, até que a nuvem pousou no deserto de Parã. ¹³ Assim partiram pela primeira vez, conforme a ordem do Senhor anunciada por Moisés.

¹⁴ Os exércitos do acampamento de Judá partiram primeiro, junto à sua bandeira. Naassom, filho de Aminadabe, estava no comando. ¹⁵ Natanael, filho de Zuar, comandava os exércitos da tribo de Issacar, ¹⁶ e Eliabe, filho de Helom, chefiava os exércitos da tribo de Zebulom. ¹⁷ Quando o tabernáculo era desmontado, os gersonitas e os meraritas o carregavam e partiam.

¹⁸ Os exércitos do acampamento de Rúben partiram em seguida, junto à sua bandeira. Elizur, filho de Sedeur, estava no comando. ¹⁹ Selumiel, filho de Zurisadai, comandava os exércitos da tribo de Simeão, ²⁰ e Eliasafe, filho de Deuel, chefiava os exércitos da tribo de Gade. ²¹ Então os coatitas partiam carregando as coisas sagradas. Antes que eles chegassem, o tabernáculo já deveria estar armado.

---

^a 10.10 Ou *de paz*; também em 15.8.

²² Os exércitos do acampamento de Efraim partiram em seguida, junto à sua bandeira. Elisama, filho de Amiúde, estava no comando. ²³ Gamaliel, filho de Pedazur, comandava os exércitos da tribo de Manassés, ²⁴ e Abidã, filho de Gideoni, os exércitos da tribo de Benjamim.

²⁵ Finalmente, partiram os exércitos do acampamento de Dã, junto à sua bandeira, como retaguarda para todos os acampamentos. Aieser, filho de Amisadai, estava no comando. ²⁶ Pagiel, filho de Ocrã, comandava os exércitos da tribo de Aser, ²⁷ e Aira, filho de Enã, a divisão da tribo de Naftali. ²⁸ Essa era a ordem que os exércitos israelitas seguiam quando se punham em marcha.

²⁹ Então Moisés disse a Hobabe, filho do midianita Reuel, sogro de Moisés: "Estamos partindo para o lugar a respeito do qual o Senhor disse: 'Eu o darei a vocês'. Venha conosco e o trataremos bem, pois o Senhor prometeu boas coisas para Israel".

³⁰ Ele respondeu: "Não, não irei; voltarei para a minha terra e para o meu povo".

³¹ Moisés, porém, disse: "Por favor, não nos deixe. Você sabe onde devemos acampar no deserto e pode ser o nosso guia*ᵃ*. ³² Se vier conosco, partilharemos com você todas as coisas boas que o Senhor nos der".

³³ Então eles partiram do monte do Senhor e viajaram três dias. A arca da aliança do Senhor foi à frente deles durante aqueles três dias para encontrar um lugar para descansarem. ³⁴ A nuvem do Senhor estava sobre eles de dia, sempre que partiam de um acampamento.

³⁵ Sempre que a arca partia, Moisés dizia:

"Levanta-te, ó Senhor!
Sejam espalhados os teus inimigos
e fujam de diante de ti
os teus adversários".

³⁶ Sempre que a arca parava, ele dizia:

"Volta, ó Senhor,
para os incontáveis milhares
de Israel".

O Fogo da Ira do Senhor

11 Aconteceu que o povo começou a queixar-se das suas dificuldades aos ouvidos do Senhor. Quando ele os ouviu, a sua ira acendeu-se, e fogo da parte do Senhor queimou entre eles e consumiu algumas extremidades do acampamento. ² Então o povo clamou a Moisés, este orou ao Senhor, e o fogo extinguiu-se. ³ Por isso aquele lugar foi chamado Taberá, porque o fogo da parte do Senhor queimou entre eles.

A Reclamação do Povo

⁴ Um bando de estrangeiros que havia no meio deles encheu-se de gula, e até os próprios israelitas tornaram a queixar-se e diziam: "Ah, se tivéssemos carne para comer! ⁵ Nós nos lembramos dos peixes que comíamos de graça no Egito, e também dos pepinos, das melancias, dos alhos-porós, das cebolas e dos alhos. ⁶ Mas agora perdemos o apetite; nunca vemos nada, a não ser este maná!"

⁷ O maná era como semente de coentro e tinha aparência de resina. ⁸ O povo saía recolhendo o maná nas redondezas e o moía num moinho manual ou socava-o num pilão; depois cozinhava o maná e com ele fazia bolos. Tinha gosto de bolo amassado com azeite de oliva. ⁹ Quando o orvalho caía sobre o acampamento à noite, também caía o maná.

¹⁰ Moisés ouviu gente de todas as famílias se queixando, cada uma à entrada de sua tenda. Então acendeu-se a ira do Senhor, e isso pareceu mal a Moisés. ¹¹ E ele perguntou ao Senhor: "Por que trouxeste este mal sobre o teu servo? Foi por não te agradares de mim, que colocaste sobre os meus ombros a responsabilidade de todo esse povo? ¹² Por acaso fui eu quem o concebeu? Fui eu quem o deu à luz? Por que me pedes para carregá-lo nos braços, como uma ama carrega um recém-nascido, para levá-lo à terra que prometeste sob juramento aos seus antepassados? ¹³ Onde conseguirei carne para todo esse povo? Eles ficam se queixando contra mim, dizendo: 'Dê-nos carne para comer!' ¹⁴ Não posso levar todo esse povo sozinho; essa responsabilidade é grande demais para mim. ¹⁵ Se é assim que vais me tratar, mata-me agora mesmo; se te agradas de mim, não me deixes ver a minha própria ruína".

A Missão Dada a Setenta Autoridades do Povo

¹⁶ E o Senhor disse a Moisés: "Reúna setenta autoridades de Israel, que você sabe que são líderes e supervisores entre o povo. Leve-os à Tenda do Encontro, para que estejam ali com

---

ᵃ 10.31 Hebraico: *os nossos olhos.*

você. ¹⁷ Eu descerei e falarei com você; e tirarei do Espírito que está sobre você e o porei sobre eles. Eles o ajudarão na árdua responsabilidade de conduzir o povo, de modo que você não tenha que assumir tudo sozinho.

¹⁸ "Diga ao povo: Consagrem-se para amanhã, pois vocês comerão carne. O Senhor os ouviu quando se queixaram a ele, dizendo: 'Ah, se tivéssemos carne para comer! Estávamos melhor no Egito!' Agora o Senhor dará carne a vocês, e vocês a comerão. ¹⁹ Vocês não comerão carne apenas um dia, ou dois, ou cinco, ou dez ou vinte, ²⁰ mas um mês inteiro, até que saia carne pelo nariz de vocês e vocês tenham nojo dela, porque rejeitaram o Senhor, que está no meio de vocês, e se queixaram a ele, dizendo: 'Por que saímos do Egito?' "

²¹ Disse, porém, Moisés: "Aqui estou eu no meio de seiscentos mil homens em pé, e dizes: 'Darei a eles carne para comerem durante um mês inteiro!' ²² Será que haveria o suficiente para eles se todos os rebanhos fossem abatidos? Será que haveria o suficiente para eles se todos os peixes do mar fossem apanhados?"

²³ O Senhor respondeu a Moisés: "Estará limitado o poder do Senhor? Agora você verá se a minha palavra se cumprirá ou não".

²⁴ Então Moisés saiu e contou ao povo o que o Senhor tinha dito. Reuniu setenta autoridades dentre eles e as dispôs ao redor da Tenda. ²⁵ O Senhor desceu na nuvem e lhe falou e tirou do Espírito que estava sobre Moisés e o pôs sobre as setenta autoridades. Quando o Espírito veio sobre elas, profetizaram, mas depois nunca mais tornaram a fazê-lo*ᵃ*.

²⁶ Entretanto, dois homens, chamados Eldade e Medade, tinham ficado no acampamento. Ambos estavam na lista das autoridades, mas não tinham ido para a Tenda. O Espírito também veio sobre eles, e profetizaram no acampamento. ²⁷ Então, certo jovem correu e contou a Moisés: "Eldade e Medade estão profetizando no acampamento".

²⁸ Josué, filho de Num, que desde jovem era auxiliar de Moisés, interferiu e disse: "Moisés, meu senhor, proíba-os!"

²⁹ Mas Moisés respondeu: "Você está com ciúmes por mim? Quem dera todo o povo do Senhor fosse profeta e que o Senhor pusesse o seu Espírito sobre eles!" ³⁰ Então Moisés e as autoridades de Israel voltaram para o acampamento.

O Senhor Envia Codornizes

³¹ Depois disso, veio um vento da parte do Senhor que trouxe codornizes do mar e as fez cair por todo o acampamento, a uma altura de noventa centímetros*ᵇ*, espalhando-as em todas as direções num raio de um dia de caminhada*ᶜ*. ³² Durante todo aquele dia e aquela noite e durante todo o dia seguinte, o povo saiu e recolheu codornizes. Ninguém recolheu menos de dez barris*ᵈ*. Então eles as estenderam para secar ao redor de todo o acampamento. ³³ Mas, enquanto a carne ainda estava entre os seus dentes e antes que a ingerissem, a ira do Senhor acendeu-se contra o povo, e ele o feriu com uma praga terrível. ³⁴ Por isso o lugar foi chamado Quibrote-Hataavá, porque ali foram enterrados os que tinham sido dominados pela gula.

³⁵ De Quibrote-Hataavá o povo partiu para Hazerote, e lá ficou.

Miriã e Arão Criticam Moisés

12 Miriã e Arão começaram a criticar Moisés porque ele havia se casado com uma mulher etíope*ᵉ*. ² "Será que o Senhor tem falado apenas por meio de Moisés?", perguntaram. "Também não tem ele falado por meio de nós?" E o Senhor ouviu isso.

³ Ora, Moisés era um homem muito paciente, mais do que qualquer outro que havia na terra.

⁴ Imediatamente o Senhor disse a Moisés, a Arão e a Miriã: "Dirijam-se à Tenda do Encontro, vocês três". E os três foram para lá. ⁵ Então o Senhor desceu numa coluna de nuvem e, pondo-se à entrada da Tenda, chamou Arão e Miriã. Os dois vieram à frente, ⁶ e ele disse:

"Ouçam as minhas palavras:
Quando entre vocês
há um profeta do Senhor*ᶠ*,
a ele me revelo em visões,
em sonhos falo com ele.
⁷ Não é assim, porém,
com meu servo Moisés,
que é fiel em toda a minha casa*ᵍ*.

ᵃ 11.25 Ou *profetizaram e continuaram a fazê-lo*

ᵇ 11.31 Hebraico: *2 côvados*. O côvado era uma medida linear de cerca de 45 centímetros.

ᶜ 11.31 Isto é, cerca de 30 quilômetros.

ᵈ 11.32 Hebraico: *hômeres*. O hômer era uma medida de capacidade para secos. As estimativas variam entre 200 e 400 litros.

ᵉ **12.1** Hebraico: cuxita

ᶠ f12.6 Ou *profeta, eu, o Senhor*

ᵍ 12.7 Ou *é o líder de todo o meu povo*; ou ainda *é o mais fiel dos meus servos*

⁸ Com ele falo face a face,
claramente, e não por enigmas;
e ele vê a forma do Senhor.
Por que não temeram
criticar meu servo Moisés?"

⁹ Então a ira do Senhor acendeu-se contra eles, e ele os deixou.

¹⁰ Quando a nuvem se afastou da Tenda, Miriã estava leprosa[a]; sua aparência era como a da neve. Arão voltou-se para Miriã, viu que ela estava com lepra ¹¹ e disse a Moisés: "Por favor, meu senhor, não nos castigue pelo pecado que tão tolamente cometemos. ¹² Não permita que ela fique como um feto abortado que sai do ventre de sua mãe com a metade do corpo destruída".

¹³ Então Moisés clamou ao Senhor: "Ó Deus, por misericórdia, concede-lhe cura!"

¹⁴ O Senhor respondeu a Moisés: "Se o pai dela lhe tivesse cuspido no rosto, não estaria ela envergonhada sete dias? Que fique isolada fora do acampamento sete dias; depois ela poderá ser trazida de volta". ¹⁵ Então Miriã ficou isolada sete dias fora do acampamento, e o povo não partiu enquanto ela não foi trazida de volta.

¹⁶ Depois disso, partiram de Hazerote e acamparam no deserto de Parã.

A Missão de Reconhecimento de Canaã

13 E o Senhor disse a Moisés: ² "Envie alguns homens em missão de reconhecimento à terra de Canaã, terra que dou aos israelitas. Envie um líder de cada tribo dos seus antepassados".

³ Assim Moisés os enviou do deserto de Parã, conforme a ordem do Senhor. Todos eles eram chefes dos israelitas. ⁴ São estes os seus nomes:

da tribo de Rúben, Samua,
filho de Zacur;
⁵ da tribo de Simeão, Safate,
filho de Hori;
⁶ da tribo de Judá, Calebe,
filho de Jefoné;
⁷ da tribo de Issacar, Igal,
filho de José;
⁸ da tribo de Efraim, Oseias,
filho de Num;
⁹ da tribo de Benjamim, Palti,
filho de Rafu;
¹⁰ da tribo de Zebulom, Gadiel,
filho de Sodi;
¹¹ da tribo de José, isto é,
da tribo de Manassés, Gadi,
filho de Susi;
¹² da tribo de Dã, Amiel,
filho de Gemali;
¹³ da tribo de Aser, Setur,
filho de Micael;
¹⁴ da tribo de Naftali, Nabi,
filho de Vofsi;
¹⁵ da tribo de Gade, Güel,
filho de Maqui.

¹⁶ São esses os nomes dos homens que Moisés enviou em missão de reconhecimento do território. (A Oseias, filho de Num, Moisés deu o nome de Josué.)

¹⁷ Quando Moisés os enviou para observarem Canaã, disse: "Subam pelo Neguebe e prossigam até a região montanhosa. ¹⁸ Vejam como é a terra e se o povo que vive lá é forte ou fraco, se são muitos ou poucos; ¹⁹ se a terra em que habitam é boa ou ruim; se as cidades em que vivem são cidades sem muros ou fortificadas; ²⁰ se o solo é fértil ou pobre; se existe ali floresta ou não. Sejam corajosos! Tragam alguns frutos da terra". Era a época do início da colheita das uvas.

²¹ Eles subiram e observaram a terra desde o deserto de Zim até Reobe, na direção de Lebo-Hamate. ²² Subiram do Neguebe e chegaram a Hebrom, onde viviam Aimã, Sesai e Talmai, descendentes de Enaque. (Hebrom havia sido construída sete anos antes de Zoã, no Egito.) ²³ Quando chegaram ao vale de Escol[b], cortaram um ramo do qual pendia um único cacho de uvas. Dois deles carregaram o cacho, pendurado numa vara. Colheram também romãs e figos. ²⁴ Aquele lugar foi chamado vale de Escol por causa do cacho de uvas que os israelitas cortaram ali. ²⁵ Ao fim de quarenta dias eles voltaram da missão de reconhecimento daquela terra.

O Relatório da Expedição

²⁶ Eles então retornaram a Moisés e a Arão e a toda a comunidade de Israel em Cades, no deserto de Parã, onde prestaram relatório a eles e a toda a comunidade de Israel, e lhes mostraram os frutos da terra. ²⁷ E deram o seguinte relatório a Moisés: "Entramos na terra à qual você nos

---

[a] **12.10** O termo hebraico não se refere somente à lepra, mas também a diversas doenças da pele.

[b] **13.23** *Escol* significa *cacho*; também no versículo 24.

enviou, onde há leite e mel com fartura! Aqui estão alguns frutos dela. ²⁸ Mas o povo que lá vive é poderoso, e as cidades são fortificadas e muito grandes. Também vimos descendentes de Enaque. ²⁹ Os amalequitas vivem no Neguebe; os hititas, os jebuseus e os amorreus vivem na região montanhosa; os cananeus vivem perto do mar e junto ao Jordão".

³⁰ Então Calebe fez o povo calar-se perante Moisés e disse: "Subamos e tomemos posse da terra. É certo que venceremos!"

³¹ Mas os homens que tinham ido com ele disseram: "Não podemos atacar aquele povo; é mais forte do que nós". ³² E espalharam entre os israelitas um relatório negativo acerca daquela terra. Disseram: "A terra para a qual fomos em missão de reconhecimento devora os que nela vivem. Todos os que vimos são de grande estatura. ³³ Vimos também os gigantes, os descendentes de Enaque, diante de quem parecíamos gafanhotos, a nós e a eles".

A Revolta do Povo

14 Naquela noite, toda a comunidade começou a chorar em alta voz. ² Todos os israelitas queixaram-se contra Moisés e contra Arão, e toda a comunidade lhes disse: "Quem dera tivéssemos morrido no Egito! Ou neste deserto! ³ Por que o Senhor está nos trazendo para esta terra? Só para nos deixar cair à espada? Nossas mulheres e nossos filhos serão tomados como despojo de guerra. Não seria melhor voltar para o Egito?" ⁴ E disseram uns aos outros: "Escolheremos um chefe e voltaremos para o Egito!"

⁵ Então Moisés e Arão prostraram-se com o rosto em terra, diante de toda a assembleia dos israelitas. ⁶ Josué, filho de Num, e Calebe, filho de Jefoné, dentre os que haviam observado a terra, rasgaram as suas vestes ⁷ e disseram a toda a comunidade dos israelitas: "A terra que percorremos em missão de reconhecimento é excelente. ⁸ Se o Senhor se agradar de nós, ele nos fará entrar nessa terra, onde há leite e mel com fartura, e a dará a nós. ⁹ Somente não sejam rebeldes contra o Senhor. E não tenham medo do povo da terra, porque nós os devoraremos como se fossem pão. A proteção deles se foi, mas o Senhor está conosco. Não tenham medo deles!"

¹⁰ Mas a comunidade toda falou em apedrejá-los. Então a glória do Senhor apareceu a todos os israelitas na Tenda do Encontro. ¹¹ E o Senhor disse a Moisés: "Até quando este povo me tratará com pouco caso? Até quando se recusará a crer em mim, apesar de todos os sinais que realizei entre eles? ¹² Eu os ferirei com praga e os destruirei, mas farei de você uma nação maior e mais forte do que eles".

¹³ Moisés disse ao Senhor: "Então os egípcios ouvirão que pelo teu poder fizeste este povo sair dentre eles, ¹⁴ e falarão disso aos habitantes desta terra. Eles ouviram que tu, ó Senhor, estás com este povo e que te veem face a face, Senhor, e que a tua nuvem paira sobre eles, e que vais adiante deles numa coluna de nuvem de dia e numa coluna de fogo de noite. ¹⁵ Se exterminares este povo, as nações que ouvirem falar do que fizeste dirão: ¹⁶ 'O Senhor não conseguiu levar esse povo à terra que lhes prometeu em juramento; por isso os matou no deserto'. ¹⁷ "Mas agora, que a força do Senhor se manifeste, segundo prometeste: ¹⁸ 'O Senhor é muito paciente e grande em fidelidade e perdoa a iniquidade e a rebelião, se bem que não deixa o pecado sem punição e castiga os filhos pela iniquidade dos pais até a terceira e quarta gerações'. ¹⁹ Segundo a tua grande fidelidade, perdoa a iniquidade deste povo, como a este povo tens perdoado desde que saíram do Egito até agora".

²⁰ O Senhor respondeu: "Eu o perdoei, conforme você pediu. ²¹ No entanto, juro pela glória do Senhor, que enche toda a terra, ²² que nenhum dos que viram a minha glória e os sinais milagrosos que realizei no Egito e no deserto e me puseram à prova e me desobedeceram dez vezes — ²³ nenhum deles chegará a ver a terra que prometi com juramento aos seus antepassados. Ninguém que me tratou com desprezo a verá. ²⁴ Mas, como o meu servo Calebe tem outro espírito e me segue com integridade, eu o farei entrar na terra que foi observar, e seus descendentes a herdarão. ²⁵ Visto que os amalequitas e os cananeus habitam nos vales, amanhã deem meia-volta e partam em direção ao deserto pelo caminho que vai para o mar Vermelho".

O Castigo do Povo

²⁶ Disse mais o Senhor a Moisés e a Arão: ²⁷ "Até quando esta comunidade ímpia se queixará contra mim? Tenho ouvido as queixas desses israelitas murmuradores. ²⁸ Diga-lhes: Juro pelo meu nome, declara o Senhor, que farei a vocês tudo o que pediram: ²⁹ Cairão neste deserto os cadáveres de todos vocês, de vinte anos para cima, que foram contados no recenseamento e que se queixaram contra mim. ³⁰ Nenhum de vocês entrará na terra que, com mão levantada,

jurei dar-lhes para sua habitação, exceto Calebe, filho de Jefoné, e Josué, filho de Num. ³¹ Mas, quanto aos seus filhos, sobre os quais vocês disseram que seriam tomados como despojo de guerra, eu os farei entrar para desfrutarem a terra que vocês rejeitaram. ³² Os cadáveres de vocês, porém, cairão neste deserto. ³³ Seus filhos serão pastores*ᵃ* aqui durante quarenta anos, sofrendo pela infidelidade de vocês, até que o último cadáver de vocês seja destruído no deserto. ³⁴ Durante quarenta anos vocês sofrerão a consequência dos seus pecados e experimentarão a minha rejeição; cada ano corresponderá a cada um dos quarenta dias em que vocês observaram a terra. ³⁵ Eu, o Senhor, falei, e certamente farei essas coisas a toda esta comunidade ímpia, que conspirou contra mim. Encontrarão o seu fim neste deserto; aqui morrerão".

³⁶ Os homens enviados por Moisés em missão de reconhecimento daquela terra voltaram e fizeram toda a comunidade queixar-se contra ele ao espalharem um relatório negativo; ³⁷ esses homens responsáveis por espalhar o relatório negativo sobre a terra morreram subitamente de praga perante o Senhor. ³⁸ De todos os que foram observar a terra, somente Josué, filho de Num, e Calebe, filho de Jefoné, sobreviveram.

³⁹ Quando Moisés transmitiu essas palavras a todos os israelitas, eles choraram amargamente. ⁴⁰ Na madrugada seguinte, subiram para o alto da região montanhosa e disseram: "Subiremos ao lugar que o Senhor prometeu, pois cometemos pecado".

⁴¹ Moisés, porém, disse: "Por que vocês estão desobedecendo à ordem do Senhor? Isso não terá sucesso! ⁴² Não subam, porque o Senhor não está com vocês. Vocês serão derrotados pelos inimigos, ⁴³ pois os amalequitas e os cananeus os enfrentarão ali, e vocês cairão à espada. Visto que deixaram de seguir o Senhor, ele não estará com vocês".

⁴⁴ Apesar disso, eles subiram desafiadoramente ao alto da região montanhosa, mas nem Moisés nem a arca da aliança do Senhor saíram do acampamento. ⁴⁵ Então os amalequitas e os cananeus que lá viviam desceram, derrotaram-nos e os perseguiram até Hormá.

Ofertas Suplementares

15 O Senhor disse a Moisés: ² "Diga o seguinte aos israelitas: Quando entrarem na terra que dou a vocês para sua habitação ³ e apresentarem ao Senhor uma oferta, de bois ou de ovelhas, preparada no fogo como aroma agradável ao Senhor, seja holocausto, seja sacrifício, para cumprir um voto ou como oferta voluntária ou como oferta relativa a uma festa, ⁴ aquele que trouxer a sua oferta apresentará também ao Senhor uma oferta de cereal de um jarro*ᵇ* da melhor farinha amassada com um litro*ᶜ* de óleo. ⁵ Para cada cordeiro do holocausto ou do sacrifício, prepare um litro de vinho como oferta derramada.

⁶ "Para um carneiro, prepare uma oferta de cereal de dois jarros da melhor farinha com um litro de óleo, ⁷ e um litro de vinho como oferta derramada. Apresente-a como aroma agradável ao Senhor.

⁸ "Quando algum de vocês preparar um novilho para holocausto ou para sacrifício, para cumprir voto especial ou como oferta de comunhão ao Senhor, ⁹ traga com o novilho uma oferta de cereal de três jarros da melhor farinha amassada com meio galão*ᵈ* de óleo. ¹⁰ Traga também meio galão de vinho para a oferta derramada. Será uma oferta preparada no fogo, de aroma agradável ao Senhor. ¹¹ Cada novilho ou carneiro ou cordeiro ou cabrito deverá ser preparado dessa maneira. ¹² Façam isso para cada animal, para tantos quantos vocês prepararem.

¹³ "Todo o que for natural da terra deverá proceder dessa maneira quando trouxer uma oferta preparada no fogo, de aroma agradável ao Senhor. ¹⁴ E, se um estrangeiro que vive entre vocês, ou entre os descendentes de vocês, apresentar uma oferta preparada no fogo, de aroma agradável ao Senhor, deverá fazer o mesmo. ¹⁵ A assembleia deverá ter as mesmas leis, que valerão tanto para vocês como para o estrangeiro que vive entre vocês; este é um decreto perpétuo pelas suas gerações, que, perante o Senhor, valerá tanto para vocês quanto para o estrangeiro residente. ¹⁶ A mesma lei e ordenança se aplicará tanto a vocês como ao estrangeiro residente".

¹⁷ O Senhor disse ainda a Moisés: ¹⁸ "Diga aos israelitas: Quando vocês entrarem na terra para

---

ᵃ **14.33** Possivelmente nômades. Veja Nm 32.13.

ᵇ **15.4** Hebraico: *1/10 de efa*. O efa era uma medida de capacidade para secos. As estimativas variam entre 20 e 40 litros.

ᶜ **15.4** Hebraico: *1/4 de him*. O him era uma medida de capacidade para líquidos. As estimativas variam entre 3 e 6 litros.

ᵈ **15.9** Hebraico: *him*.

onde os levo ¹⁹ e comerem do fruto da terra, apresentem uma porção como contribuição ao Senhor. ²⁰ Apresentem um bolo feito das primícias da farinha de vocês. Apresentem-no como contribuição da sua colheita. ²¹ Em todas as suas gerações vocês apresentarão das primícias da farinha uma contribuição ao Senhor.

Ofertas pelos Pecados Involuntários

²² "Mas, se vocês pecarem e deixarem de cumprir todos esses mandamentos ²³ — tudo o que o Senhor ordenou a vocês por meio de Moisés, desde o dia em que o ordenou e para todas as suas gerações — ²⁴ e, se isso for feito sem intenção e não for do conhecimento da comunidade, toda a comunidade terá que oferecer um novilho para o holocausto de aroma agradável ao Senhor. Também apresentarão com sua oferta de cereal uma oferta derramada, conforme as prescrições, e um bode como oferta pelo pecado. ²⁵ O sacerdote fará propiciação por toda a comunidade de Israel, e eles serão perdoados, pois o seu pecado não foi intencional e eles trouxeram ao Senhor uma oferta preparada no fogo e uma oferta pelo pecado. ²⁶ A comunidade de Israel toda e os estrangeiros residentes entre eles serão perdoados, porque todo o povo esteve envolvido num pecado involuntário.

²⁷ "Se, contudo, apenas uma pessoa pecar sem intenção, ela terá que trazer uma cabra de um ano como oferta pelo pecado. ²⁸ O sacerdote fará propiciação pela pessoa que pecar, cometendo uma falta involuntária perante o Senhor, e ela será perdoada. ²⁹ Somente uma lei haverá para todo aquele que pecar sem intenção, seja ele israelita de nascimento, seja estrangeiro residente.

³⁰ "Mas todo aquele que pecar com atitude desafiadora, seja natural da terra, seja estrangeiro residente, insulta o Senhor, e será eliminado do meio do seu povo. ³¹ Por ter desprezado a palavra do Senhor e quebrado os seus mandamentos, terá que ser eliminado; sua culpa estará sobre ele".

O Castigo pela Transgressão do Sábado

³² Certo dia, quando os israelitas estavam no deserto, encontraram um homem recolhendo lenha no dia de sábado. ³³ Aqueles que o encontraram recolhendo lenha levaram-no a Moisés, a Arão e a toda a comunidade, ³⁴ que o prenderam, porque não sabiam o que deveria ser feito com ele. ³⁵ Então o Senhor disse a Moisés: "O homem terá que ser executado. Toda a comunidade o apedrejará fora do acampamento". ³⁶ Assim, toda a comunidade o levou para fora do acampamento e o apedrejou até a morte, conforme o Senhor tinha ordenado a Moisés.

As Borlas das Roupas

³⁷ O Senhor disse a Moisés: ³⁸ "Diga o seguinte aos israelitas: Façam borlas nas extremidades das suas roupas e ponham um cordão azul em cada uma delas; façam isso por todas as suas gerações. ³⁹ Quando virem essas borlas, vocês se lembrarão de todos os mandamentos do Senhor, para que lhes obedeçam e não se prostituam nem sigam as inclinações do seu coração e dos seus olhos. ⁴⁰ Assim vocês se lembrarão de obedecer a todos os meus mandamentos, e para o seu Deus vocês serão um povo consagrado. ⁴¹ Eu sou o Senhor, o seu Deus, que os trouxe do Egito para ser o Deus de vocês. Eu sou o Senhor, o seu Deus".

A Rebelião de Corá, Datã e Abirão

16 Corá, filho de Isar, neto de Coate, bisneto de Levi, reuniu Datã e Abirão, filhos de Eliabe, e Om, filho de Pelete, todos da tribo de Rúben, ² e eles se insurgiram contra Moisés. Com eles estavam duzentos e cinquenta israelitas, líderes bem conhecidos na comunidade e que haviam sido nomeados membros do concílio. ³ Eles se ajuntaram contra Moisés e Arão, e lhes disseram: "Basta! A assembleia toda é santa, cada um deles é santo, e o Senhor está no meio deles. Então, por que vocês se colocam acima da assembleia do Senhor?"

⁴ Quando ouviu isso, Moisés prostrou-se com o rosto em terra. ⁵ Depois disse a Corá e a todos os seus seguidores: "Pela manhã o Senhor mostrará quem lhe pertence e fará aproximar-se dele aquele que é santo, o homem a quem ele escolher. ⁶ Você, Corá, e todos os seus seguidores deverão fazer o seguinte: peguem incensários ⁷ e amanhã coloquem neles fogo e incenso perante o Senhor. Quem o Senhor escolher será o homem consagrado. Basta, levitas!"

⁸ Moisés disse também a Corá: "Agora ouçam-me, levitas! ⁹ Não é suficiente para vocês que o Deus de Israel os tenha separado do restante da comunidade de Israel e os tenha trazido para junto de si a fim de realizarem o trabalho no tabernáculo do Senhor e para

estarem preparados para servir a comunidade? ¹⁰ Ele trouxe você e todos os seus irmãos levitas para junto dele, e agora vocês querem também o sacerdócio? ¹¹ É contra o Senhor que você e todos os seus seguidores se ajuntaram! Quem é Arão, para que se queixem contra ele?"

¹² Então Moisés mandou chamar Datã e Abirão, filhos de Eliabe. Mas eles disseram: "Nós não iremos! ¹³ Não basta a você nos ter tirado de uma terra onde há leite e mel com fartura para matar-nos no deserto? E ainda quer se fazer chefe sobre nós? ¹⁴ Além disso, você não nos levou a uma terra onde há leite e mel com fartura, nem nos deu uma herança de campos e vinhas. Você pensa que pode cegar os olhos destes homens? Nós não iremos!"

¹⁵ Moisés indignou-se e disse ao Senhor: "Não aceites a oferta deles. Não tomei deles nem sequer um jumento, nem prejudiquei a nenhum deles".

¹⁶ Moisés disse a Corá: "Você e todos os seus seguidores terão que apresentar-se amanhã ao Senhor, você, eles e Arão. ¹⁷ Cada homem pegará o seu incensário, nele colocará incenso e o apresentará ao Senhor. Serão duzentos e cinquenta incensários ao todo. Você e Arão também apresentarão os seus incensários". ¹⁸ Assim, cada um deles pegou o seu incensário, acendeu o incenso, e se colocou com Moisés e com Arão à entrada da Tenda do Encontro. ¹⁹ Quando Corá reuniu todos os seus seguidores à entrada da Tenda do Encontro, incitando-os contra Moisés e Arão, a glória do Senhor apareceu a toda a comunidade. ²⁰ E o Senhor disse a Moisés e a Arão: ²¹ "Afastem-se dessa comunidade para que eu acabe com eles imediatamente".

²² Mas Moisés e Arão prostraram-se com o rosto em terra e disseram: "Ó Deus, Deus que a todos dá vida*ᵃ*, ficarás tu irado contra toda a comunidade quando um só homem pecou?"

²³ Então o Senhor disse a Moisés: ²⁴ "Diga à comunidade que se afaste das tendas de Corá, Datã e Abirão".

²⁵ Moisés levantou-se e foi para onde estavam Datã e Abirão, e as autoridades de Israel o seguiram. ²⁶ Ele advertiu a comunidade: "Afastem-se das tendas desses ímpios! Não toquem em nada do que pertence a eles, senão vocês serão eliminados por causa dos pecados deles". ²⁷ Eles se afastaram das tendas de Corá, Datã e Abirão. Datã e Abirão tinham saído e estavam em pé, à entrada de suas tendas, junto com suas mulheres, seus filhos e suas crianças pequenas.

²⁸ E disse Moisés: "Assim vocês saberão que o Senhor me enviou para fazer todas essas coisas e que isso não partiu de mim. ²⁹ Se estes homens tiverem morte natural e experimentarem somente aquilo que normalmente acontece aos homens, então o Senhor não me enviou. ³⁰ Mas, se o Senhor fizer acontecer algo totalmente novo, e a terra abrir a sua boca e os engolir, junto com tudo o que é deles, e eles descerem vivos ao Sheol*ᵇ*, então vocês saberão que estes homens desprezaram o Senhor".

³¹ Assim que Moisés acabou de dizer tudo isso, o chão debaixo deles fendeu-se ³² e a terra abriu a sua boca e os engoliu juntamente com suas famílias, com todos os seguidores de Corá e com todos os seus bens. ³³ Desceram vivos à sepultura, com tudo o que possuíam; a terra fechou-se sobre eles, e pereceram, desaparecendo do meio da assembleia. ³⁴ Diante dos seus gritos, todos os israelitas ao redor fugiram, gritando: "A terra vai nos engolir também!"

³⁵ Então veio fogo da parte do Senhor e consumiu os duzentos e cinquenta homens que ofereciam incenso.

³⁶ O Senhor disse a Moisés: ³⁷ "Diga a Eleazar, filho do sacerdote Arão, que apanhe os incensários dentre os restos fumegantes e espalhe as brasas, porque os incensários são santos. ³⁸ Os incensários dos homens que pelo seu pecado perderam a vida serão batidos em forma de lâminas e servirão de revestimento do altar, pois foram apresentados ao Senhor e se tornaram sagrados. Que sejam um sinal para os israelitas".

³⁹ O sacerdote Eleazar juntou os incensários de bronze que tinham sido apresentados pelos que foram consumidos pelo fogo. Os incensários foram batidos e serviram de revestimento do altar, ⁴⁰ como o Senhor tinha dito por meio de Moisés. Isso foi feito como memorial para os israelitas, a fim de que ninguém que não fosse descendente de Arão queimasse incenso perante o Senhor, para não sofrer o que Corá e os seus seguidores sofreram.

⁴¹ No dia seguinte toda a comunidade de Israel começou a queixar-se contra Moisés e Arão, dizendo: "Vocês mataram o povo do Senhor".

ᵃ **16.22** Hebraico: *Deus dos espíritos de toda a humanidade.*

ᵇ **16.30** Essa palavra pode ser traduzida por sepultura, profundezas, pó ou morte; também no versículo 33.

A Revolta do Povo contra Moisés e Arão

⁴² Quando, porém, a comunidade se ajuntou contra Moisés e contra Arão, e eles se voltaram para a Tenda do Encontro, repentinamente a nuvem a cobriu e a glória do Senhor apareceu. ⁴³ Então Moisés e Arão foram para a frente da Tenda do Encontro, ⁴⁴ e o Senhor disse a Moisés: ⁴⁵ "Saia do meio dessa comunidade para que eu acabe com eles imediatamente". Mas eles se prostraram com o rosto em terra; ⁴⁶ e Moisés disse a Arão: "Pegue o seu incensário e ponha incenso nele, com fogo tirado do altar, e vá depressa até a comunidade para fazer propiciação por eles, porque saiu grande ira da parte do Senhor e a praga começou". ⁴⁷ Arão fez o que Moisés ordenou e correu para o meio da assembleia. A praga já havia começado entre o povo, mas Arão ofereceu o incenso e fez propiciação por eles. ⁴⁸ Arão se pôs entre os mortos e os vivos, e a praga cessou. ⁴⁹ Foram catorze mil e setecentos os que morreram daquela praga, além dos que haviam morrido por causa de Corá. ⁵⁰ Então Arão voltou a Moisés, à entrada da Tenda do Encontro, pois a praga já havia cessado.

A Vara de Arão Floresce

17 O Senhor disse a Moisés: ² "Peça aos israelitas que tragam doze varas, uma de cada líder das tribos. Escreva o nome de cada líder em sua vara. ³ Na vara de Levi escreva o nome de Arão, pois é preciso que haja uma vara para cada chefe das tribos. ⁴ Deposite-as na Tenda do Encontro, em frente da arca das tábuas da aliança, onde eu me encontro com vocês. ⁵ A vara daquele que eu escolher florescerá, e eu me livrarei dessa constante queixa dos israelitas contra vocês".

⁶ Assim Moisés falou aos israelitas, e seus líderes deram-lhe doze varas, uma de cada líder das tribos, e a vara de Arão estava entre elas. ⁷ Moisés depositou as varas perante o Senhor na tenda que guarda as tábuas da aliança.

⁸ No dia seguinte Moisés entrou na tenda e viu que a vara de Arão, que representava a tribo de Levi, tinha brotado, produzindo botões e flores, além de amêndoas maduras. ⁹ Então Moisés retirou todas as varas da presença do Senhor e as levou a todos os israelitas. Eles viram as varas, e cada líder pegou a sua.

¹⁰ O Senhor disse a Moisés: "Ponha de volta a vara de Arão em frente da arca das tábuas da aliança, para ser guardada como uma advertência para os rebeldes. Isso porá fim à queixa deles contra mim, para que não morram". ¹¹ Moisés fez conforme o Senhor lhe havia ordenado.

¹² Os israelitas disseram a Moisés: "Nós morreremos! Estamos perdidos, estamos todos perdidos! ¹³ Todo aquele que se aproximar do santuário do Senhor morrerá. Será que todos nós vamos morrer?"

Os Deveres dos Sacerdotes e dos Levitas

18 O Senhor disse a Arão: "Você, os seus filhos e a família de seu pai serão responsáveis pelas ofensas contra o santuário; você e seus filhos serão responsáveis pelas ofensas cometidas no exercício do sacerdócio. ² Traga também os seus irmãos levitas, que pertencem à tribo de seus antepassados, para se unirem a você e o ajudarem quando você e seus filhos ministrarem perante a tenda que guarda as tábuas da aliança. ³ Eles ficarão a seu serviço e cuidarão também do serviço da Tenda, mas não poderão aproximar-se dos utensílios do santuário ou do altar; se o fizerem, morrerão, tanto eles como vocês. ⁴ Eles se unirão a vocês e terão a responsabilidade de cuidar da Tenda do Encontro, realizando todos os trabalhos necessários. Ninguém mais poderá aproximar-se de vocês.

⁵ "Vocês terão a responsabilidade de cuidar do santuário e do altar, para que não torne a cair a ira divina sobre os israelitas. ⁶ Eu mesmo escolhi os seus irmãos, os levitas, dentre os israelitas, como um presente para vocês, dedicados ao Senhor para fazerem o trabalho da Tenda do Encontro. ⁷ Mas somente você e seus filhos poderão servir como sacerdotes em tudo o que se refere ao altar e ao que se encontra além do véu. Dou a vocês o serviço do sacerdócio como um presente. Qualquer pessoa não autorizada que se aproximar do santuário terá que ser executada".

As Ofertas Destinadas aos Sacerdotes e aos Levitas

⁸ Então o Senhor disse a Arão: "Eu mesmo o tornei responsável pelas contribuições trazidas a mim; todas as ofertas sagradas que os israelitas me derem, eu as dou como porção a você e a seus filhos. ⁹ Das ofertas santíssimas vocês terão a parte que é poupada do fogo. Dentre todas as dádivas que me trouxerem como ofertas santíssimas, seja oferta de cereal,

seja pelo pecado, seja de reparação, tal parte pertence a você e a seus filhos. ¹⁰ Comam-na como algo santíssimo; todos os do sexo masculino a comerão. Considerem-na santa.

¹¹ "Também dou a você, e a seus filhos e filhas, por decreto perpétuo, as contribuições que cabe a vocês de todas as ofertas dos israelitas e que devem ser ritualmente movidas. Todos os da sua família que estiverem cerimonialmente puros poderão comê-las.

¹² "Dou a você o melhor azeite e o melhor vinho novo e o melhor trigo que eles apresentarem ao Senhor como primeiros frutos da colheita. ¹³ Todos os primeiros frutos da terra que trouxerem ao Senhor serão seus. Todos os da sua família que estiverem cerimonialmente puros poderão comê-los.

¹⁴ "Tudo o que em Israel for consagrado a Deus pertencerá a você. ¹⁵ O primeiro nascido de todo ventre, oferecido ao Senhor, seja homem, seja animal, será seu. Mas você deverá resgatar todo filho mais velho, como também toda primeira cria de animais impuros. ¹⁶ Quando tiverem um mês de idade, você deverá resgatá-los pelo preço de resgate estabelecido em sessenta gramas^a de prata, com base no peso padrão do santuário, que são doze gramas^b.

¹⁷ "Não resgate, porém, a primeira cria de uma vaca, de uma ovelha ou de uma cabra. Derrame o sangue deles sobre o altar e queime a sua gordura como uma oferta preparada no fogo, de aroma agradável ao Senhor. ¹⁸ A carne desses animais pertence a você, como também o peito da oferta movida e a coxa direita. ¹⁹ Tudo aquilo que for separado dentre todas as dádivas sagradas que os israelitas apresentarem ao Senhor eu dou a você e a seus filhos e filhas como decreto perpétuo. É uma aliança de sal perpétua perante o Senhor, para você e para os seus descendentes".

²⁰ Disse ainda o Senhor a Arão: "Você não terá herança na terra deles, nem terá porção entre eles; eu sou a sua porção e a sua herança entre os israelitas.

²¹ "Dou aos levitas todos os dízimos em Israel como retribuição pelo trabalho que fazem ao servirem na Tenda do Encontro. ²² De agora em diante os israelitas não poderão aproximar-se da Tenda do Encontro, caso contrário, sofrerão as consequências do seu pecado e morrerão.

^{a} **18.16** Hebraico: *5 siclos*. Um siclo equivalia a 12 gramas.
^{b} **18.16** Hebraico: *no siclo do santuário, que são 20 geras*. Um gera equivalia a 0,6 gramas.

²³ É dever dos levitas fazer o trabalho na Tenda do Encontro e assumir a responsabilidade pelas ofensas contra ela. Este é um decreto perpétuo pelas suas gerações. Eles não receberão herança alguma entre os israelitas. ²⁴ Em vez disso, dou como herança aos levitas os dízimos que os israelitas apresentarem como contribuição ao Senhor. É por isso que eu disse que eles não teriam herança alguma entre os israelitas".

²⁵ O Senhor disse depois a Moisés: ²⁶ "Diga o seguinte aos levitas: Quando receberem dos israelitas o dízimo que dou a vocês como herança, vocês deverão apresentar um décimo daquele dízimo como contribuição pertencente ao Senhor. ²⁷ Essa contribuição será considerada equivalente à do trigo tirado da eira e do vinho do tanque de prensar uvas. ²⁸ Assim, vocês apresentarão uma contribuição ao Senhor de todos os dízimos recebidos dos israelitas. Desses dízimos vocês darão a contribuição do Senhor ao sacerdote Arão. ²⁹ E deverão apresentar como contribuição ao Senhor a melhor parte, a parte sagrada de tudo o que for dado a vocês.

³⁰ "Diga aos levitas: Quando vocês apresentarem a melhor parte, ela será considerada equivalente ao produto da eira e do tanque de prensar uvas. ³¹ Vocês e suas famílias poderão comer dessa porção em qualquer lugar, pois é o salário pelo trabalho de vocês na Tenda do Encontro. ³² Ao apresentarem a melhor parte, vocês não se tornarão culpados e não profanarão as ofertas sagradas dos israelitas, para que não morram".

A Água da Purificação

19 Disse também o Senhor a Moisés e a Arão: ² "Esta é uma exigência da lei que o Senhor ordenou: Mande os israelitas trazerem uma novilha vermelha, sem defeito e sem mancha, sobre a qual nunca tenha sido colocada uma canga. ³ Vocês a darão ao sacerdote Eleazar; ela será levada para fora do acampamento e sacrificada na presença dele. ⁴ Então o sacerdote Eleazar pegará um pouco do sangue com o dedo e o aspergirá sete vezes, na direção da entrada da Tenda do Encontro. ⁵ Na presença dele a novilha será queimada: o couro, a carne, o sangue e o excremento. ⁶ O sacerdote apanhará um pedaço de madeira de cedro, hissopo e lã vermelha e os atirará ao fogo que estiver queimando a novilha. ⁷ Depois disso o sacerdote lavará as suas roupas e se banhará com água. Então, poderá entrar no acampamento, mas estará impuro até o cair da tarde. ⁸ Aquele que queimar a novilha também lavará as suas roupas e se banhará com água, e também estará impuro até o cair da tarde.

⁹ "Um homem cerimonialmente puro recolherá as cinzas da novilha e as colocará num local puro, fora do acampamento. Serão guardadas pela comunidade de Israel para uso na água da purificação, para a purificação de pecados. ¹⁰ Aquele que recolher as cinzas da novilha também lavará as suas roupas, e ficará impuro até o cair da tarde. Este é um decreto perpétuo, tanto para os israelitas como para os estrangeiros residentes.

¹¹ "Quem tocar num cadáver humano ficará impuro durante sete dias. ¹² Deverá purificar-se com essa água no terceiro e no sétimo dias; então estará puro. Mas, se não se purificar no terceiro e no sétimo dias, não estará puro. ¹³ Quem tocar num cadáver humano e não se purificar, contamina o tabernáculo do Senhor e será eliminado de Israel. Ficará impuro porque a água da purificação não foi derramada sobre ele; sua impureza permanece sobre ele.

¹⁴ "Esta é a lei que se aplica quando alguém morre numa tenda: quem entrar na tenda e quem nela estiver ficará impuro sete dias, ¹⁵ e qualquer recipiente que não estiver bem fechado ficará impuro.

¹⁶ "Quem estiver no campo e tocar em alguém que tenha sido morto à espada, ou em alguém que tenha sofrido morte natural, ou num osso humano, ou num túmulo, ficará impuro durante sete dias.

¹⁷ "Pela pessoa impura, colocarão um pouco das cinzas do holocausto de purificação num jarro e derramarão água da fonte por cima. ¹⁸ Então um homem cerimonialmente puro pegará hissopo, molhará na água e a aspergirá sobre a tenda, sobre todos os utensílios e sobre todas as pessoas que estavam ali. Também a aspergirá sobre todo aquele que tiver tocado num osso humano, ou num túmulo, ou em alguém que tenha sido morto ou que tenha sofrido morte natural. ¹⁹ Aquele que estiver puro a aspergirá sobre a pessoa impura no terceiro e no sétimo dia, e no sétimo dia deverá purificá-la. Aquele que estiver sendo purificado lavará as suas roupas e se banhará com água, e naquela tarde estará puro. ²⁰ Mas, se aquele que estiver impuro não se purificar, será eliminado da assembleia, pois contaminou o santuário do Senhor. A água da purificação não foi aspergida sobre ele, e ele está impuro. ²¹ Este é um decreto perpétuo para eles.

"O homem que aspergir a água da purificação também lavará as suas roupas, e todo aquele que tocar na água da purificação ficará impuro até o cair da tarde. ²² Qualquer coisa na qual alguém que estiver impuro tocar se tornará impura, e qualquer pessoa que nela tocar ficará impura até o cair da tarde".

As Águas de Meribá

20 No primeiro mês toda a comunidade de Israel chegou ao deserto de Zim e ficou em Cades. Ali Miriã morreu e foi sepultada.

² Não havia água para a comunidade, e o povo se juntou contra Moisés e contra Arão. ³ Discutiram com Moisés e disseram: "Quem dera tivéssemos morrido quando os nossos irmãos caíram mortos perante o Senhor! ⁴ Por que vocês trouxeram a assembleia do Senhor a este deserto, para que nós e os nossos rebanhos morrêssemos aqui? ⁵ Por que vocês nos tiraram do Egito e nos trouxeram para este lugar terrível? Aqui não há cereal, nem figos, nem uvas, nem romãs, nem água para beber!"

⁶ Moisés e Arão saíram de diante da assembleia para a entrada da Tenda do Encontro e se prostraram com o rosto em terra, e a glória do Senhor lhes apareceu. ⁷ E o Senhor disse a Moisés: ⁸ "Pegue a vara, e com o seu irmão Arão reúna a comunidade e diante desta fale àquela rocha, e ela verterá água. Vocês tirarão água da rocha para a comunidade e os rebanhos beberem".

⁹ Então Moisés pegou a vara que estava diante do Senhor, como este lhe havia ordenado. ¹⁰ Moisés e Arão reuniram a assembleia em frente da rocha, e Moisés disse: "Escutem, rebeldes, será que teremos que tirar água desta rocha para dar a vocês?" ¹¹ Então Moisés ergueu o braço e bateu na rocha duas vezes com a vara. Jorrou água, e a comunidade e os rebanhos beberam.

¹² O Senhor, porém, disse a Moisés e a Arão: "Como vocês não confiaram em mim para honrar minha santidade à vista dos israelitas, vocês não conduzirão esta comunidade para a terra que dou a vocês".

¹³ Essas foram as águas de Meribá[a], onde os israelitas discutiram com o Senhor e onde ele manifestou sua santidade entre eles.

---

[a] 20.13 *Meribá* significa *rebelião*.

Edom Nega Passagem a Israel

¹⁴ De Cades, Moisés enviou mensageiros ao rei de Edom, dizendo:

"Assim diz o teu irmão Israel: Tu sabes de todas as dificuldades que vieram sobre nós. ¹⁵ Os nossos antepassados desceram para o Egito, e ali vivemos durante muitos anos. Os egípcios, porém, nos maltrataram, como também a eles, ¹⁶ mas, quando clamamos ao Senhor, ele ouviu o nosso clamor, enviou um anjo e nos tirou do Egito.

"Agora estamos em Cades, cidade na fronteira do teu território. ¹⁷ Deixa-nos atravessar a tua terra. Não passaremos por nenhuma plantação ou vinha, nem beberemos água de poço algum. Passaremos pela estrada do rei e não nos desviaremos nem para a direita nem para a esquerda, até que tenhamos atravessado o teu território".

¹⁸ Mas Edom respondeu:

"Vocês não poderão passar por aqui; se tentarem, nós os atacaremos com a espada".

¹⁹ E os israelitas disseram:

"Iremos pela estrada principal; se nós e os nossos rebanhos bebermos de tua água, pagaremos por ela. Queremos apenas atravessar a pé, e nada mais".

²⁰ Mas Edom insistiu:

"Vocês não poderão atravessar".

Então Edom os atacou com um exército grande e poderoso. ²¹ Visto que Edom se recusou a deixá-los atravessar o seu território, Israel desviou-se dele.

A Morte de Arão

²² Toda a comunidade israelita partiu de Cades e chegou ao monte Hor. ²³ Naquele monte, perto da fronteira de Edom, o Senhor disse a Moisés e a Arão: ²⁴ "Arão será reunido aos seus antepassados. Não entrará na terra que dou aos israelitas, porque vocês dois se rebelaram contra a minha ordem junto às águas de Meribá. ²⁵ Leve Arão e seu filho Eleazar para o alto do monte Hor. ²⁶ Tire as vestes de Arão e coloque-as em seu filho Eleazar, pois Arão será reunido aos seus antepassados; ele morrerá ali".

²⁷ Moisés fez conforme o Senhor ordenou; subiram o monte Hor à vista de toda a comunidade. ²⁸ Moisés tirou as vestes de Arão e as colocou em seu filho Eleazar. E Arão morreu no alto do monte. Depois disso, Moisés e Eleazar desceram do monte, ²⁹ e, quando toda a comunidade soube que Arão tinha morrido, toda a nação de Israel pranteou por ele durante trinta dias.

A Vitória sobre o Rei de Arade

21 Quando o rei cananeu de Arade, que vivia no Neguebe, soube que Israel vinha pela estrada de Atarim, atacou os israelitas e capturou alguns deles. ² Então Israel fez este voto ao Senhor: "Se entregares este povo em nossas mãos, destruiremos totalmente as suas cidades". ³ O Senhor ouviu o pedido de Israel e lhes entregou os cananeus. Israel os destruiu completamente, a eles e às suas cidades; de modo que o lugar foi chamado Hormá.

A Serpente de Bronze

⁴ Partiram eles do monte Hor pelo caminho do mar Vermelho, para contornarem a terra de Edom. Mas o povo ficou impaciente no caminho ⁵ e falou contra Deus e contra Moisés, dizendo: "Por que vocês nos tiraram do Egito para morrermos no deserto? Não há pão! Não há água! E nós detestamos esta comida miserável!"

⁶ Então o Senhor enviou serpentes venenosas que morderam o povo, e muitos morreram. ⁷ O povo foi a Moisés e disse: "Pecamos quando falamos contra o Senhor e contra você. Ore pedindo ao Senhor que tire as serpentes do meio de nós". E Moisés orou pelo povo.

⁸ O Senhor disse a Moisés: "Faça uma serpente e coloque-a no alto de um poste; quem for mordido e olhar para ela viverá".

⁹ Moisés fez então uma serpente de bronze e a colocou num poste. Quando alguém era mordido por uma serpente e olhava para a serpente de bronze, permanecia vivo.

A Viagem para Moabe

¹⁰ Os israelitas partiram e acamparam em Obote. ¹¹ Depois partiram de Obote e acamparam em Ijé-Abarim, no deserto defronte de Moabe, ao leste. ¹² Dali partiram e acamparam no vale de Zerede. ¹³ Partiram dali e acamparam do outro lado do Arnom, que fica no deserto que se estende até o território amorreu. O Arnom é a fronteira de Moabe, entre Moabe e os amorreus. ¹⁴ É por isso que se diz no Livro das Guerras do Senhor:

" ... Vaebe, em Sufá, e os vales,
    o Arnom ¹⁵ e as ravinas dos vales
       que se estendem até a cidade de Ar
    e chegam até a fronteira de Moabe".

¹⁶ De lá prosseguiram até Beer, o poço onde o Senhor disse a Moisés: "Reúna o povo, e eu lhe darei água".
¹⁷ Então Israel cantou esta canção:

"Brote água, ó poço!
 Cantem a seu respeito,
¹⁸ a respeito do poço
 que os líderes cavaram,
 que os nobres abriram
 com cetros e cajados".

Então saíram do deserto para Mataná, ¹⁹ de Mataná para Naaliel, de Naaliel para Bamote, ²⁰ e de Bamote para o vale de Moabe, onde o topo do Pisga defronta com o deserto de Jesimom.

A Vitória sobre Seom e Ogue

²¹ Israel enviou mensageiros para dizer a Seom, rei dos amorreus: ²² "Deixa-nos atravessar a tua terra. Não entraremos em nenhuma plantação, em nenhuma vinha, nem beberemos água de poço algum. Passaremos pela estrada do rei até que tenhamos atravessado o teu território".

²³ Seom, porém, não deixou Israel atravessar o seu território. Convocou todo o seu exército e atacou Israel no deserto. Quando chegou a Jaza, lutou contra Israel. ²⁴ Porém Israel o destruiu com a espada e tomou-lhe as terras desde o Arnom até o Jaboque, até o território dos amonitas, pois Jazar estava na fronteira dos amonitas. ²⁵ Israel capturou todas as cidades dos amorreus e as ocupou, inclusive Hesbom e todos os seus povoados. ²⁶ Hesbom era a cidade de Seom, rei dos amorreus, que havia lutado contra o antigo rei de Moabe, tendo tomado todas as suas terras até o Arnom.

²⁷ É por isso que os poetas dizem:

"Venham a Hesbom!
 Seja ela reconstruída;
 seja restaurada a cidade de Seom!

²⁸ Fogo saiu de Hesbom,
 uma chama da cidade de Seom;
 consumiu Ar, de Moabe,
 os senhores do alto Arnom.
²⁹ Ai de você, Moabe!
 Você está destruído, ó povo de Camos!
 Ele fez de seus filhos, fugitivos,
 e de suas filhas,
 prisioneiras de Seom,
 rei dos amorreus.

³⁰ "Mas nós os derrotamos;
 Hesbom está destruída
 por todo o caminho até Dibom.
 Nós os arrasamos até Nofá,
 e até Medeba".

³¹ Assim Israel habitou na terra dos amorreus. ³² Moisés enviou espiões a Jazar, e os israelitas tomaram os povoados ao redor e expulsaram os amorreus que ali estavam. ³³ Depois voltaram e subiram pelo caminho de Basã, e Ogue, rei de Basã, com todo o seu exército, marchou para enfrentá-los em Edrei.

³⁴ Mas o Senhor disse a Moisés: "Não tenha medo dele, pois eu o entreguei a você, juntamente com todo o seu exército e com a sua terra. Você fará com ele o que fez com Seom, rei dos amorreus, que habitava em Hesbom".

³⁵ Então eles o derrotaram, bem como os seus filhos e todo o seu exército, não lhes deixando sobrevivente algum. E tomaram posse da terra dele.

Balaque Manda Chamar Balaão

22 Os israelitas partiram e acamparam nas campinas de Moabe, para além do Jordão, perto de Jericó*ᵃ*.

² Balaque, filho de Zipor, viu tudo o que Israel tinha feito aos amorreus, ³ e Moabe teve muito medo do povo, porque era muita gente. Moabe teve pavor dos israelitas.

⁴ Então os moabitas disseram aos líderes de Midiã: "Essa multidão devorará tudo o que há ao nosso redor, como o boi devora o capim do pasto".

Balaque, filho de Zipor, rei de Moabe naquela época, ⁵ enviou mensageiros para chamar Balaão, filho de Beor, que estava em Petor, perto do Eufrates*ᵇ*, em sua terra natal. A mensagem de Balaque dizia:

"Um povo que saiu do Egito cobre a face da terra e se estabeleceu perto de mim. ⁶ Venha agora lançar uma maldição contra ele, pois é forte demais para mim. Talvez então eu tenha condições de derrotá-lo e de expulsá-lo da terra. Pois sei que aquele que você abençoa é abençoado, e aquele que você amaldiçoa é amaldiçoado".

⁷ Os líderes de Moabe e os de Midiã partiram, levando consigo a quantia necessária para pagar os encantamentos mágicos.

---

*ᵃ***22.1** Hebraico: *Jordão de Jericó*. Possivelmente um antigo nome do rio Jordão; também em 26.3 e 63.
*ᵇ***22.5** Hebraico: o Rio.

Quando chegaram, comunicaram a Balaão o que Balaque tinha dito.

⁸ Disse-lhes Balaão: "Passem a noite aqui, e eu trarei a vocês a resposta que o Senhor me der". E os líderes moabitas ficaram com ele.

⁹ Deus veio a Balaão e lhe perguntou: "Quem são esses homens que estão com você?"

¹⁰ Balaão respondeu a Deus: "Balaque, filho de Zipor, rei de Moabe, enviou-me esta mensagem: ¹¹ 'Um povo que saiu do Egito cobre a face da terra. Venha agora lançar uma maldição contra ele. Talvez então eu tenha condições de derrotá-lo e de expulsá-lo' ".

¹² Mas Deus disse a Balaão: "Não vá com eles. Você não poderá amaldiçoar este povo, porque é povo abençoado".

¹³ Na manhã seguinte Balaão se levantou e disse aos líderes de Balaque: "Voltem para a sua terra, pois o Senhor não permitiu que eu os acompanhe".

¹⁴ Os líderes moabitas voltaram a Balaque e lhe disseram: "Balaão recusou-se a acompanhar-nos".

¹⁵ Balaque enviou outros líderes, em maior número e mais importantes do que os primeiros. ¹⁶ Eles foram a Balaão e lhe disseram: "Assim diz Balaque, filho de Zipor: 'Que nada o impeça de vir a mim, ¹⁷ porque o recompensarei generosamente e farei tudo o que você me disser. Venha, por favor, e lance para mim uma maldição contra este povo' ".

¹⁸ Balaão, porém, respondeu aos conselheiros de Balaque: "Mesmo que Balaque me desse o seu palácio cheio de prata e de ouro, eu não poderia fazer coisa alguma, grande ou pequena, que vá além da ordem do Senhor, o meu Deus. ¹⁹ Agora, fiquem vocês também aqui esta noite, e eu descobrirei o que mais o Senhor tem para dizer-me".

²⁰ Naquela noite, Deus veio a Balaão e lhe disse: "Visto que esses homens vieram chamá-lo, vá com eles, mas faça apenas o que eu disser a você".

O Anjo do Senhor e a Jumenta de Balaão

²¹ Balaão levantou-se pela manhã, pôs a sela sobre a sua jumenta e foi com os líderes de Moabe. ²² Mas acendeu-se a ira de Deus quando ele foi, e o Anjo do Senhor pôs-se no caminho para impedi-lo de prosseguir. Balaão ia montado em sua jumenta, e seus dois servos o acompanhavam. ²³ Quando a jumenta viu o Anjo do Senhor parado no caminho, empunhando uma espada, saiu do caminho e prosseguiu pelo campo. Balaão bateu nela para fazê-la voltar ao caminho.

²⁴ Então o Anjo do Senhor se pôs num caminho estreito entre duas vinhas, com muros dos dois lados. ²⁵ Quando a jumenta viu o Anjo do Senhor, encostou-se no muro, apertando o pé de Balaão contra ele. Por isso ele bateu nela de novo.

²⁶ O Anjo do Senhor foi adiante e se colocou num lugar estreito, onde não havia espaço para desviar-se, nem para a direita nem para a esquerda. ²⁷ Quando a jumenta viu o Anjo do Senhor, deitou-se debaixo de Balaão. Acendeu-se a ira de Balaão, que bateu nela com uma vara. ²⁸ Então o Senhor abriu a boca da jumenta, e ela disse a Balaão: "Que foi que eu fiz a você, para você bater em mim três vezes?"

²⁹ Balaão respondeu à jumenta: "Você me fez de tolo! Quem dera eu tivesse uma espada na mão; eu a mataria agora mesmo".

³⁰ Mas a jumenta disse a Balaão: "Não sou sua jumenta, que você sempre montou até o dia de hoje? Tenho eu o costume de fazer isso com você?"

"Não", disse ele.

³¹ Então o Senhor abriu os olhos de Balaão, e ele viu o Anjo do Senhor parado no caminho, empunhando a sua espada. Então Balaão inclinou-se e prostrou-se com o rosto em terra.

³² E o Anjo do Senhor lhe perguntou: "Por que você bateu três vezes em sua jumenta? Eu vim aqui para impedi-lo de prosseguir porque o seu caminho me desagrada. ³³ A jumenta me viu e se afastou de mim por três vezes. Se ela não se afastasse, certamente eu já o teria matado; mas a jumenta eu teria poupado".

³⁴ Balaão disse ao Anjo do Senhor: "Pequei. Não percebi que estavas parado no caminho para me impedires de prosseguir. Agora, se o que estou fazendo te desagrada, eu voltarei".

³⁵ Então o Anjo do Senhor disse a Balaão: "Vá com os homens, mas fale apenas o que eu disser a você". Assim Balaão foi com os príncipes de Balaque.

Balaque Reencontra-se com Balaão

³⁶ Quando Balaque soube que Balaão estava chegando, foi ao seu encontro na cidade moabita da fronteira do Arnom, no limite do seu território. ³⁷ E Balaque disse a Balaão: "Não mandei chamá-lo urgentemente? Por que não veio? Acaso não tenho condições de recompensá-lo?"

³⁸ "Aqui estou!", respondeu Balaão. "Mas seria eu capaz de dizer alguma coisa? Direi somente o que Deus puser em minha boca".

³⁹ Então Balaão foi com Balaque até Quiriate-Huzote. ⁴⁰ Balaque sacrificou bois e ovelhas, e deu parte da carne a Balaão e aos líderes que com ele estavam. ⁴¹ Na manhã seguinte Balaque levou Balaão até o alto de Bamote-Baal, de onde viu uma parte do povo.

O Primeiro Oráculo de Balaão

23 Balaão disse a Balaque: "Construa para mim aqui sete altares e prepare-me sete novilhos e sete carneiros". ² Balaque fez o que Balaão pediu, e os dois ofereceram um novilho e um carneiro em cada altar.

³ E Balaão disse a Balaque: "Fique aqui junto ao seu holocausto, enquanto eu me retiro. Talvez o Senhor venha ao meu encontro. O que ele me revelar eu contarei a você". E foi para um monte.

⁴ Deus o encontrou, e Balaão disse: "Preparei sete altares, e em cada altar ofereci um novilho e um carneiro".

⁵ O Senhor pôs uma mensagem na boca de Balaão e disse: "Volte a Balaque e dê-lhe essa mensagem".

⁶ Ele voltou a Balaque e o encontrou ao lado de seu holocausto, e com ele todos os líderes de Moabe. ⁷ Então Balaão pronunciou este oráculo:

"Balaque trouxe-me de Arã,
o rei de Moabe
 buscou-me nas montanhas do oriente.
'Venha, amaldiçoe a Jacó para mim',
 disse ele,
'venha, pronuncie ameaças
 contra Israel!'
⁸ Como posso amaldiçoar
 a quem Deus não amaldiçoou?
Como posso pronunciar ameaças
 contra quem o Senhor não quis
 ameaçar?
⁹ Dos cumes rochosos eu os vejo,
 dos montes eu os avisto.
Vejo um povo que vive separado
 e não se considera
 como qualquer nação.
¹⁰ Quem pode contar o pó de Jacó
 ou o número da quarta parte de Israel?
Morra eu a morte dos justos,
 e seja o meu fim como o deles!"

¹¹ Então Balaque disse a Balaão: "Que foi que você me fez? Eu o chamei para amaldiçoar meus inimigos, mas você nada fez senão abençoá-los!"

¹² E ele respondeu: "Será que não devo dizer o que o Senhor põe em minha boca?"

O Segundo Oráculo de Balaão

¹³ Balaque lhe disse: "Venha comigo a outro lugar de onde você poderá vê-los; você verá só uma parte, mas não todos eles. E dali amaldiçoe este povo para mim". ¹⁴ Então ele o levou para o campo de Zofim, no topo do Pisga, e ali construiu sete altares e ofereceu um novilho e um carneiro em cada altar.

¹⁵ Balaão disse a Balaque: "Fique aqui ao lado de seu holocausto enquanto vou me encontrar com ele ali adiante".

¹⁶ Encontrando-se o Senhor com Balaão, pôs uma mensagem em sua boca e disse: "Volte a Balaque e dê-lhe essa mensagem".

¹⁷ Ele voltou e o encontrou ao lado de seu holocausto, e com ele os líderes de Moabe. Balaque perguntou-lhe: "O que o Senhor disse?"

¹⁸ Então ele pronunciou este oráculo:

"Levante-se, Balaque, e ouça-me;
 escute-me, filho de Zipor.
¹⁹ Deus não é homem para que minta,
 nem filho de homem
 para que se arrependa.
Acaso ele fala e deixa de agir?
Acaso promete e deixa de cumprir?
²⁰ Recebi uma ordem para abençoar;
 ele abençoou, e não o posso mudar.
²¹ Nenhuma desgraça se vê em Jacó,
 nenhum sofrimento em Israel.ᵃ
O Senhor, o seu Deus, está com eles;
 o brado de aclamação do Rei
 está no meio deles.
²² Deus os está trazendo do Egito;
 eles têm a força do boi selvagem.
²³ Não há magia que possa contra Jacó,
 nem encantamento contra Israel.
Agora se dirá de Jacó e de Israel:
 'Vejam o que Deus tem feito!'
²⁴ O povo se levanta como leoa;
 levanta-se como o leão,
 que não se deita
 até que devore a sua presa
 e beba o sangue das suas vítimas".

ᵃ **23.21** Ou *Ele não olhou para as ofensas de Jacó, nem para os erros encontrados em Israel.*

²⁵ Balaque disse então a Balaão: "Não os amaldiçoe nem os abençoe!" ²⁶ Balaão respondeu: "Não disse a você que devo fazer tudo o que o Senhor disser?"

O Terceiro Oráculo de Balaão

²⁷ Balaque disse a Balaão: "Venha, deixe-me levá-lo a outro lugar. Talvez Deus se agrade que dali você os amaldiçoe para mim". ²⁸ E Balaque levou Balaão para o topo do Peor, de onde se vê o deserto de Jesimom.

²⁹ Balaão disse a Balaque: "Edifique-me aqui sete altares e prepare-me sete novilhos e sete carneiros". ³⁰ Balaque fez o que Balaão disse e ofereceu um novilho e um carneiro em cada altar.

24 Quando Balaão viu que agradava ao Senhor abençoar Israel, não recorreu à magia como nas outras vezes, mas voltou o rosto para o deserto. ² Então viu Israel acampado, tribo por tribo; e o Espírito de Deus veio sobre ele, ³ e ele pronunciou este oráculo:

"Palavra de Balaão, filho de Beor,
palavra daquele cujos olhos
   veem claramente,
⁴ palavra daquele que ouve
   as palavras de Deus,
daquele que vê a visão
   que vem do Todo-poderoso*ᵃ*,
daquele que cai prostrado
   e vê com clareza:

⁵ "Quão belas são as suas tendas,
   ó Jacó,
as suas habitações, ó Israel!
⁶ Como vales estendem-se,
   como jardins que margeiam rios,
   como aloés plantados pelo Senhor,
   como cedros junto às águas.
⁷ Seus reservatórios de água
   transbordarão;
suas lavouras serão bem irrigadas.

"O seu rei será maior do que Agague;
o seu reino será exaltado.
⁸ Deus os está trazendo do Egito;
   eles têm a força do boi selvagem.
Devoram nações inimigas
   e despedaçam seus ossos;
com suas flechas os atravessam.

⁹ Como o leão e a leoa
   eles se abaixam e se deitam,
quem ousará despertá-los?
Sejam abençoados
   os que os abençoarem,
e amaldiçoados
   os que os amaldiçoarem!"

¹⁰ Então acendeu-se a ira de Balaque contra Balaão, e, batendo as palmas das mãos, disse: "Eu o chamei para amaldiçoar meus inimigos, mas você já os abençoou três vezes! ¹¹ Agora, fuja para a sua casa! Eu disse que daria a você generosa recompensa, mas o Senhor o impediu de recebê-la".

¹² Mas Balaão respondeu a Balaque: "Eu bem que avisei aos mensageiros que você me enviou: ¹³ 'Mesmo que Balaque me desse o seu palácio cheio de prata e de ouro, eu não poderia fazer coisa alguma de minha própria vontade, boa ou má, que vá além da ordem do Senhor, e devo dizer somente o que o Senhor disser.' ¹⁴ Agora estou voltando para o meu povo, mas venha, deixe-me adverti-lo do que este povo fará ao seu povo nos dias futuros".

O Quarto Oráculo de Balaão

¹⁵ Então pronunciou este seu oráculo:

"Palavra de Balaão, filho de Beor,
palavra daquele cujos olhos
   veem claramente,
¹⁶ daquele que ouve
   as palavras de Deus,
que possui o conhecimento
   do Altíssimo,
daquele que vê a visão
   que vem do Todo-poderoso,
daquele que cai prostrado,
   e vê com clareza:
¹⁷ Eu o vejo, mas não agora;
   eu o avisto, mas não de perto.
Uma estrela surgirá de Jacó;
   um cetro se levantará de Israel.
Ele esmagará as frontes de Moabe
   e o crânio*ᵇ* de todos
   os descendentes de Sete*ᶜ*.
¹⁸ Edom será dominado;
Seir, seu inimigo,
   também será dominado;
mas Israel se fortalecerá.

ᵃ **24.4** Hebraico: *Shaddai*; também no versículo 16.
ᵇ **24.17** Conforme o Pentateuco Samaritano. Veja Jr 48.45.
ᶜ **24.17** Ou *todos os arrogantes*

¹⁹ De Jacó sairá o governo;
ele destruirá os sobreviventes
das cidades".

Os Últimos Oráculos de Balaão

²⁰ Balaão viu Amaleque e pronunciou este oráculo:

"Amaleque foi o primeiro
das nações,
mas o seu fim será destruição".

²¹ Depois viu os queneus e pronunciou este oráculo:

"Sua habitação é segura,
seu ninho está firmado na rocha;
²² todavia, vocês, queneus,
serão destruídos
quando Assur
os levar prisioneiros".

²³ Finalmente pronunciou este oráculo:

"Ah, quem poderá viver
quando Deus fizer isto?"ᵃ
²⁴ Navios virão da costa de Quitim
e subjugarão Assur e Héber,
mas o seu fim
também será destruição".

²⁵ Então Balaão se levantou e voltou para casa, e Balaque seguiu o seu caminho.

A Adoração a Baal-Peor

25 Enquanto Israel estava em Sitim, o povo começou a entregar-se à imoralidade sexual com mulheres moabitas, ² que os convidavam aos sacrifícios de seus deuses. O povo comia e se prostrava perante esses deuses. ³ Assim Israel se juntou à adoração a Baal-Peor. E a ira do Senhor acendeu-se contra Israel.

⁴ E o Senhor disse a Moisés: "Prenda todos os chefes desse povo, enforque-os diante do Senhor, à luz do sol, para que o fogo da ira do Senhor se afaste de Israel".

⁵ Então Moisés disse aos juízes de Israel: "Cada um de vocês terá que matar aqueles que dentre os seus homens se juntaram à adoração a Baal-Peor".

ᵃ **24.23** Ou *"Um povo se ajuntará vindo do norte."*

⁶ Um israelita trouxe para casa uma mulher midianita, na presença de Moisés e de toda a comunidade de Israel, que choravam à entrada da Tenda do Encontro. ⁷ Quando Fineias, filho de Eleazar, neto do sacerdote Arão, viu isso, apanhou uma lança, ⁸ seguiu o israelita até o interior da tenda e atravessou os dois com a lança; atravessou o corpo do israelita e o da mulher. Então cessou a praga contra os israelitas. ⁹ Mas os que morreram por causa da praga foram vinte e quatro mil.

¹⁰ E o Senhor disse a Moisés: ¹¹ "Fineias, filho de Eleazar, neto do sacerdote Arão, desviou a minha ira de sobre os israelitas, pois foi zeloso, com o mesmo zelo que tenho por eles, para que em meu zelo eu não os consumisse. ¹² Diga-lhe, pois, que estabeleço com ele a minha aliança de paz. ¹³ Dele e dos seus descendentes será a aliança do sacerdócio perpétuo, porque ele foi zeloso pelo seu Deus e fez propiciação pelos israelitas".

¹⁴ O nome do israelita que foi morto com a midianita era Zinri, filho de Salu, líder de uma família simeonita. ¹⁵ E o nome da mulher midianita que morreu era Cosbi, filha de Zur, chefe de um clã midianita.

¹⁶ O Senhor disse a Moisés: ¹⁷ "Tratem os midianitas como inimigos e matem-nos, ¹⁸ porque trataram vocês como inimigos quando os enganaram no caso de Peor e de Cosbi, filha de um líder midianita, mulher do povo deles que foi morta pela praga que enviei por causa de Peor".

O Segundo Recenseamento

26 Depois da praga, o Senhor disse a Moisés e a Eleazar, filho do sacerdote Arão: ² "Façam um recenseamento de toda a comunidade de Israel, segundo as suas famílias; contem todos os de vinte anos para cima que possam servir no exército de Israel". ³ Nas campinas de Moabe, junto ao Jordão, frente a Jericó, Moisés e o sacerdote Eleazar falaram com eles e disseram: ⁴ "Façam um recenseamento dos homens de vinte anos para cima", conforme o Senhor tinha ordenado a Moisés.

Estes foram os israelitas que saíram do Egito:

⁵ Os descendentes de Rúben, filho mais velho de Israel, foram:
de Enoque, o clã enoquita;
de Palu, o clã paluíta;
⁶ de Hezrom, o clã hezronita;
de Carmi, o clã carmita.

⁷ Esses foram os clãs de Rúben; foram contados 43.730 homens.

⁸ O filho de Palu foi Eliabe, ⁹ e os filhos de Eliabe foram Nemuel, Datã e Abirão. Estes, Datã e Abirão, foram os líderes da comunidade que se rebelaram contra Moisés e contra Arão, estando entre os seguidores de Corá quando se rebelaram contra o Senhor. ¹⁰ A terra abriu a boca e os engoliu juntamente com Corá, cujos seguidores morreram quando o fogo devorou duzentos e cinquenta homens, que serviram como sinal de advertência. ¹¹ A descendência de Corá, contudo, não desapareceu.

¹² Os descendentes de Simeão segundo os seus clãs foram:
de Nemuel, o clã nemuelita;
de Jamim, o clã jaminita;
de Jaquim, o clã jaquinita;
¹³ de Zerá, o clã zeraíta;
de Saul, o clã saulita.
¹⁴ Esses foram os clãs de Simeão; havia 22.200 homens.

¹⁵ Os descendentes de Gade segundo os seus clãs foram:
de Zefom, o clã zefonita;
de Hagi, o clã hagita;
de Suni, o clã sunita;
¹⁶ de Ozni, o clã oznita;
de Eri, o clã erita;
¹⁷ de Arodi^a, o clã arodita;
de Areli, o clã arelita.
¹⁸ Esses foram os clãs de Gade; foram contados 40.500 homens.

¹⁹ Er e Onã eram filhos de Judá, mas morreram em Canaã.
²⁰ Os descendentes de Judá segundo os seus clãs foram:
de Selá, o clã selanita;
de Perez, o clã perezita;
de Zerá, o clã zeraíta.
²¹ Os descendentes de Perez foram:
de Hezrom, o clã hezronita;
de Hamul, o clã hamulita.
²² Esses foram os clãs de Judá; foram contados 76.500 homens.

²³ Os descendentes de Issacar segundo os seus clãs foram:

de Tolá, o clã tolaíta;
de Puá, o clã punita^b;
²⁴ de Jasube, o clã jasubita;
de Sinrom, o clã sinronita.
²⁵ Esses foram os clãs de Issacar; foram contados 64.300 homens.

²⁶ Os descendentes de Zebulom segundo os seus clãs foram:
de Serede, o clã seredita;
de Elom, o clã elonita;
de Jaleel, o clã jaleelita.
²⁷ Esses foram os clãs de Zebulom; foram contados 60.500 homens.

²⁸ Os descendentes de José segundo os seus clãs, por meio de Manassés e Efraim, foram:

²⁹ Os descendentes de Manassés:
de Maquir, o clã maquirita
(Maquir foi o pai de Gileade);
de Gileade, o clã gileadita.
³⁰ Estes foram os descendentes de Gileade:
de Jezer, o clã jezerita;
de Heleque, o clã helequita;
³¹ de Asriel, o clã asrielita;
de Siquém, o clã siquemita;
³² de Semida, o clã semidaíta;
de Héfer, o clã heferita.
³³ (Zelofeade, filho de Héfer,
não teve filhos; teve somente filhas,
cujos nomes eram
Maalá, Noa, Hogla, Milca e Tirza.)
³⁴ Esses foram os clãs de Manassés; foram contados 52.700 homens.

³⁵ Os descendentes de Efraim segundo os seus clãs foram:
de Sutela, o clã sutelaíta;
de Bequer, o clã bequerita;
de Taã, o clã taanita.
³⁶ Estes foram os descendentes de Sutela:
de Erã, o clã eranita.
³⁷ Esses foram os clãs de Efraim; foram contados 32.500 homens.

Esses foram os descendentes de José segundo os seus clãs.

³⁸ Os descendentes de Benjamim segundo os seus clãs foram:

^a **26.17** Alguns manuscritos dizem *Arode*. Veja Gn 46.16.

^b **26.23** Alguns manuscritos dizem *por meio de Puva, o clã puvita*. Veja 1 Cr 7.1.

de Belá, o clã belaíta;
de Asbel, o clã asbelita;
de Airã, o clã airamita;
³⁹ de Sufã*ª*, o clã sufamita;
de Hufã, o clã hufamita.
⁴⁰ Os descendentes de Belá, por meio de Arde e Naamã, foram:
de Arde*ᵇ*, o clã ardita;
de Naamã, o clã naamanita.
⁴¹ Esses foram os clãs de Benjamim; foram contados 45.600 homens.

⁴² Os descendentes de Dã segundo os seus clãs foram:
de Suã, o clã suamita.
Esses foram os clãs de Dã, ⁴³ todos eles clãs suamitas; foram contados 64.400 homens.

⁴⁴ Os descendentes de Aser segundo os seus clãs foram:
de Imna, o clã imnaíta;
de Isvi, o clã isvita;
de Berias, o clã beriaíta;
⁴⁵ e dos descendentes de Berias:
de Héber, o clã heberita;
de Malquiel, o clã malquielita.
⁴⁶ Aser teve uma filha chamada Sera.
⁴⁷ Esses foram os clãs de Aser; foram contados 53.400 homens.

⁴⁸ Os descendentes de Naftali segundo os seus clãs foram:
de Jazeel, o clã jazeelita;
de Guni, o clã gunita;
⁴⁹ de Jezer, o clã jezerita;
de Silém, o clã silemita.
⁵⁰ Esses foram os clãs de Naftali; foram contados 45.400 homens.

⁵¹ O número total dos homens de Israel foi 601.730.

As Normas para a Repartição da Terra

⁵² Disse ainda o Senhor a Moisés: ⁵³ "A terra será repartida entre eles como herança, de acordo com o número dos nomes alistados. ⁵⁴ A um clã maior dê uma herança maior, e a um clã menor, uma herança menor; cada um receberá a sua herança de acordo com o seu número de recenseados. ⁵⁵ A terra, porém, será distribuída por sorteio. Cada um herdará sua parte de acordo com o nome da tribo de seus antepassados. ⁵⁶ Cada herança será distribuída por sorteio entre os clãs maiores e os menores".

O Segundo Recenseamento dos Levitas

⁵⁷ Estes foram os levitas contados segundo os seus clãs:
de Gérson, o clã gersonita;
de Coate, o clã coatita;
de Merari, o clã merarita.
⁵⁸ Estes também eram clãs levitas:
o clã libnita;
o clã hebronita;
o clã malita;
o clã musita;
o clã coreíta.
Coate foi o pai de Anrão; ⁵⁹ o nome da mulher de Anrão era Joquebede, descendente de Levi, que nasceu no Egito. Ela lhe deu à luz Arão, Moisés e Miriã, irmã deles. ⁶⁰ Arão foi o pai de Nadabe, Abiú, Eleazar e Itamar. ⁶¹ Mas Nadabe e Abiú morreram quando apresentaram uma oferta com fogo profano perante o Senhor.

⁶² O total de levitas do sexo masculino, de um mês de idade para cima, que foram contados foi 23.000. Não foram contados junto com os outros israelitas porque não receberam herança entre eles.

⁶³ São esses os que foram recenseados por Moisés e pelo sacerdote Eleazar quando contaram os israelitas nas campinas de Moabe, junto ao Jordão, frente a Jericó. ⁶⁴ Nenhum deles estava entre os que foram contados por Moisés e pelo sacerdote Arão quando contaram os israelitas no deserto do Sinai. ⁶⁵ Pois o Senhor tinha dito àqueles israelitas que eles iriam morrer no deserto, e nenhum deles sobreviveu, exceto Calebe, filho de Jefoné, e Josué, filho de Num.

A Herança das Filhas de Zelofeade

27 Aproximaram-se as filhas de Zelofeade, filho de Héfer, neto de Gileade, bisneto de Maquir, trineto de Manassés; pertencia aos clãs de Manassés, filho de José. Os nomes das suas filhas eram Maalá, Noa, Hogla, Milca e Tirza. ² Elas se prostraram à entrada da Tenda do Encontro diante de Moisés, do sacerdote Eleazar, dos líderes de toda a comunidade, e disseram:

ª **26.39** Muitos manuscritos dizem *Sefufã*.
ᵇ **26.40** Conforme o Pentateuco Samaritano e a Vulgata. O Texto Massorético não traz *de Arde*.

³ "Nosso pai morreu no deserto. Ele não estava entre os seguidores de Corá, que se ajuntaram contra o Senhor, mas morreu por causa do seu próprio pecado e não deixou filhos. ⁴ Por que o nome de nosso pai deveria desaparecer de seu clã por não ter tido um filho? Dê-nos propriedade entre os parentes de nosso pai".

⁵ Moisés levou o caso perante o Senhor, ⁶ e o Senhor lhe disse: ⁷ "As filhas de Zelofeade têm razão. Você lhes dará propriedade como herança entre os parentes do pai delas e lhes passará a herança do pai.

⁸ "Diga aos israelitas: Se um homem morrer e não deixar filho, transfiram a sua herança para a sua filha. ⁹ Se ele não tiver filha, deem a sua herança aos irmãos dele. ¹⁰ Se não tiver irmãos, deem-na aos irmãos de seu pai. ¹¹ Se ainda seu pai não tiver irmãos, deem a herança ao parente mais próximo em seu clã". Esta será uma exigência legal para os israelitas, como o Senhor ordenou a Moisés.

Josué, Sucessor de Moisés

¹² Então o Senhor disse a Moisés: "Suba este monte da serra de Abarim e veja a terra que dei aos israelitas. ¹³ Depois de vê-la, você também será reunido ao seu povo, como seu irmão Arão, ¹⁴ pois, quando a comunidade se rebelou nas águas do deserto de Zim, vocês dois desobedeceram à minha ordem de honrar minha santidade perante eles". Isso aconteceu nas águas de Meribá, em Cades, no deserto de Zim.

¹⁵ Moisés disse ao Senhor: ¹⁶ "Que o Senhor, o Deus que a todos dá vida[a], designe um homem como líder desta comunidade ¹⁷ para conduzi-los em suas batalhas, para que a comunidade do Senhor não seja como ovelhas sem pastor".

¹⁸ Então o Senhor disse a Moisés: "Chame Josué, filho de Num, homem em quem está o Espírito[b], e imponha as mãos sobre ele. ¹⁹ Faça-o apresentar-se ao sacerdote Eleazar e a toda a comunidade e o comissione na presença deles. ²⁰ Dê-lhe parte da sua autoridade para que toda a comunidade de Israel lhe obedeça. ²¹ Ele deverá apresentar-se ao sacerdote Eleazar, que lhe dará diretrizes ao consultar o Urim[c] perante o Senhor. Josué e toda a comunidade dos israelitas seguirão suas instruções quando saírem para a batalha".

²² Moisés fez como o Senhor lhe ordenou. Chamou Josué e o apresentou ao sacerdote Eleazar e a toda a comunidade. ²³ Impôs as mãos sobre ele e o comissionou. Tudo conforme o Senhor tinha dito por meio de Moisés.

As Ofertas Diárias

28 O Senhor disse a Moisés: ² "Ordene aos israelitas e diga-lhes: Tenham o cuidado de apresentar-me na época designada a comida para as minhas ofertas preparadas no fogo, como um aroma que me seja agradável. ³ Diga-lhes: Esta é a oferta preparada no fogo que vocês apresentarão ao Senhor: dois cordeiros de um ano, sem defeito, como holocausto diário. ⁴ Ofereçam um cordeiro pela manhã e um ao cair da tarde, ⁵ juntamente com uma oferta de cereal de um jarro[d] da melhor farinha amassada com um litro[e] de azeite de olivas batidas. ⁶ Este é o holocausto diário instituído no monte Sinai, de aroma agradável; é oferta dedicada ao Senhor, preparada no fogo. ⁷ A oferta derramada que a acompanha será um litro de bebida fermentada para cada cordeiro. Derramem a oferta de bebida para o Senhor no Lugar Santo. ⁸ Ofereçam o segundo cordeiro ao cair da tarde, juntamente com o mesmo tipo de oferta de cereal e de oferta derramada que vocês prepararem de manhã. É uma oferta preparada no fogo, de aroma agradável ao Senhor.

As Ofertas do Sábado

⁹ "No dia de sábado, façam uma oferta de dois cordeiros de um ano de idade e sem defeito, juntamente com a oferta derramada e com uma oferta de cereal de dois jarros da melhor farinha amassada com óleo. ¹⁰ Este é o holocausto para cada sábado, além do holocausto diário e da oferta derramada.

As Ofertas Mensais

¹¹ "No primeiro dia de cada mês, apresentem ao Senhor um holocausto de dois novilhos, um carneiro e sete cordeiros de um ano, todos sem defeito. ¹² Para cada novilho deverá haver uma oferta de cereal de três jarros da melhor farinha amassada com óleo; para o carneiro, uma oferta de cereal de dois jarros da melhor

---

[a] 27.16 Hebraico: *o Deus dos espíritos de toda a humanidade.*
[b] 27.18 Ou *homem capaz*
[c] 27.21 Objeto usado para se conhecer a vontade de Deus.

[d] 28.5 Hebraico: *1/10 de efa.* O efa era uma medida de capacidade para secos. As estimativas variam entre 20 e 40 litros.
[e] 28.5 Hebraico: *1/4 de him.* O him era uma medida de capacidade para líquidos. As estimativas variam entre 3 e 6 litros.

farinha amassada com óleo; ¹³ e para cada cordeiro, uma oferta de cereal de um jarro da melhor farinha amassada com óleo. É um holocausto, de aroma agradável, uma oferta dedicada ao Senhor, preparada no fogo. ¹⁴ Para cada novilho deverá haver uma oferta derramada de meio galão[a] de vinho; para o carneiro, um litro; e para cada cordeiro, um litro. É o holocausto mensal, que deve ser oferecido cada lua nova durante o ano. ¹⁵ Além do holocausto diário com a oferta derramada, um bode será oferecido ao Senhor como sacrifício pelo pecado.

As Ofertas da Páscoa

¹⁶ "No décimo quarto dia do primeiro mês é a Páscoa do Senhor. ¹⁷ No décimo quinto dia desse mês haverá uma festa; durante sete dias comam pão sem fermento. ¹⁸ No primeiro dia convoquem uma santa assembleia e não façam trabalho algum. ¹⁹ Apresentem ao Senhor uma oferta preparada no fogo, um holocausto de dois novilhos, um carneiro e sete cordeiros de um ano, todos sem defeito. ²⁰ Para cada novilho preparem uma oferta de cereal de três jarros da melhor farinha amassada com óleo; para o carneiro, dois jarros; ²¹ e para cada cordeiro, um jarro. ²² Ofereçam um bode como sacrifício pela culpa, para fazer propiciação por vocês. ²³ Apresentem essas ofertas além do holocausto diário oferecido pela manhã. ²⁴ Façam assim diariamente, durante sete dias: apresentem a comida para a oferta preparada no fogo, de aroma agradável ao Senhor; isso será feito além do holocausto diário e da sua oferta derramada. ²⁵ No sétimo dia convoquem uma santa reunião e não façam trabalho algum.

As Ofertas da Festa das Semanas

²⁶ "No dia da festa da colheita dos primeiros frutos, a festa das semanas[b], quando apresentarem ao Senhor uma oferta do cereal novo, convoquem uma santa assembleia e não façam trabalho algum. ²⁷ Apresentem um holocausto de dois novilhos, de um carneiro e de sete cordeiros de um ano, como aroma agradável ao Senhor. ²⁸ Para cada novilho deverá haver uma oferta de cereal de três jarros da melhor farinha amassada com óleo; para o carneiro, dois jarros; ²⁹ e para cada um dos cordeiros, um jarro. ³⁰ Ofereçam também um bode para fazer propiciação por vocês. ³¹ Preparem tudo isso junto com a oferta derramada, além do holocausto diário e da oferta de cereal. Verifiquem que os animais sejam sem defeito.

As Ofertas da Festa das Trombetas

29 "No primeiro dia do sétimo mês convoquem uma santa assembleia e não façam trabalho algum. Nesse dia vocês tocarão as trombetas. ² Como aroma agradável ao Senhor, ofereçam um holocausto de um novilho, um carneiro e sete cordeiros de um ano, todos sem defeito. ³ Para o novilho preparem uma oferta de cereal de três jarros[c] da melhor farinha amassada com óleo; para o carneiro, dois jarros; ⁴ e para cada um dos sete cordeiros, um jarro. ⁵ Ofereçam também um bode como sacrifício pelo pecado, para fazer propiciação por vocês, ⁶ além dos holocaustos mensais e diários com as ofertas de cereal e com as ofertas derramadas, conforme prescritas. São ofertas preparadas no fogo, de aroma agradável ao Senhor.

As Ofertas do Dia da Expiação

⁷ "No décimo dia desse sétimo mês convoquem uma santa assembleia. Vocês se humilharão[d] e não farão trabalho algum. ⁸ Apresentem como aroma agradável ao Senhor um holocausto de um novilho, de um carneiro e de sete cordeiros de um ano de idade, todos sem defeito. ⁹ Para o novilho preparem uma oferta de cereal de três jarros da melhor farinha amassada com óleo; para o carneiro, dois jarros; ¹⁰ e para cada um dos sete cordeiros, um jarro. ¹¹ Ofereçam também um bode como sacrifício pelo pecado, além do sacrifício pelo pecado para fazer propiciação e do holocausto diário com a oferta de cereal e com as ofertas derramadas.

As Ofertas da Festa dos Tabernáculos

¹² "No décimo quinto dia do sétimo mês convoquem uma santa assembleia e não façam trabalho algum. Celebrem uma festa ao Senhor durante sete dias. ¹³ Apresentem a seguinte oferta preparada no fogo, de aroma agradável ao Senhor: um holocausto de treze novilhos, dois carneiros e catorze cordeiros de

---

[a] 28.14 Hebraico: *him*.
[b] 28.26 Isto é, do Pentecoste.
[c] 29.3 Hebraico: *3/10 de efa*. O efa era uma medida de capacidade para secos. As estimativas variam entre 20 e 40 litros.
[d] 29.7 Ou *devem jejuar*

um ano de idade, todos sem defeito. ¹⁴ Para cada um dos treze novilhos preparem uma oferta de cereal de três jarros da melhor farinha amassada com óleo; para cada um dos carneiros, dois jarros; ¹⁵ e para cada um dos catorze cordeiros, um jarro. ¹⁶ Ofereçam também um bode como sacrifício pelo pecado, além do holocausto diário com a oferta de cereal e com a oferta derramada.

¹⁷ "No segundo dia preparem doze novilhos, dois carneiros e catorze cordeiros de um ano de idade, todos sem defeito. ¹⁸ Para a oferta de novilhos, carneiros e cordeiros, preparem ofertas derramadas e de cereal, de acordo com o número especificado. ¹⁹ Ofereçam também um bode como sacrifício pelo pecado, além do holocausto diário com a oferta derramada e com a oferta de cereal.

²⁰ "No terceiro dia preparem onze novilhos, dois carneiros e catorze cordeiros de um ano de idade, todos sem defeito. ²¹ Para a oferta de novilhos, carneiros e cordeiros, preparem ofertas derramadas e de cereal, de acordo com o número especificado. ²² Ofereçam também um bode como sacrifício pelo pecado, além do holocausto diário com a oferta derramada e com a oferta de cereal.

²³ "No quarto dia preparem dez novilhos, dois carneiros e catorze cordeiros de um ano de idade, todos sem defeito. ²⁴ Para a oferta de novilhos, carneiros e cordeiros, preparem ofertas derramadas e de cereal, de acordo com o número especificado. ²⁵ Ofereçam também um bode como sacrifício pelo pecado, além do holocausto diário com a oferta derramada e com a oferta de cereal.

²⁶ "No quinto dia preparem nove novilhos, dois carneiros e catorze cordeiros de um ano de idade, todos sem defeito. ²⁷ Para a oferta de novilhos, carneiros e cordeiros, preparem ofertas derramadas e de cereal, de acordo com o número especificado. ²⁸ Ofereçam também um bode como sacrifício pelo pecado, além do holocausto diário com a oferta derramada e com a oferta de cereal.

²⁹ "No sexto dia preparem oito novilhos, dois carneiros e catorze cordeiros de um ano de idade, todos sem defeito. ³⁰ Para a oferta de novilhos, carneiros e cordeiros, preparem ofertas derramadas e de cereal, de acordo com o número especificado. ³¹ Ofereçam também um bode como sacrifício pelo pecado, além do holocausto diário com a oferta derramada e com a oferta de cereal.

³² "No sétimo dia preparem sete novilhos, dois carneiros e catorze cordeiros de um ano de idade, todos sem defeito. ³³ Para a oferta de novilhos, carneiros e cordeiros, preparem ofertas derramadas e de cereal, de acordo com o número especificado. ³⁴ Ofereçam também um bode como sacrifício pelo pecado, além do holocausto diário com a oferta derramada e com a oferta de cereal.

³⁵ "No oitavo dia convoquem uma assembleia e não façam trabalho algum. ³⁶ Apresentem uma oferta preparada no fogo, de aroma agradável ao Senhor, um holocausto de um novilho, um carneiro e sete cordeiros de um ano, todos sem defeito. ³⁷ Para a oferta do novilho, do carneiro e dos cordeiros, preparem ofertas derramadas e de cereal, de acordo com o número especificado. ³⁸ Ofereçam também um bode como sacrifício pelo pecado, além do holocausto diário com a oferta derramada e com a oferta de cereal.

³⁹ "Além dos votos que fizerem e das ofertas voluntárias, preparem isto para o Senhor nas festas que são designadas a vocês: os holocaustos, as ofertas derramadas, de cereal e de comunhãoᵃ."

⁴⁰ E Moisés comunicou aos israelitas tudo o que o Senhor lhe tinha ordenado.

A Regulamentação dos Votos

30 Moisés disse aos chefes das tribos de Israel: "É isto que o Senhor ordena: ² Quando um homem fizer um voto ao Senhor ou um juramento que o obrigar a algum compromisso, não poderá quebrar a sua palavra, mas terá que cumprir tudo o que disse.

³ "Quando uma moça que ainda vive na casa de seu pai fizer um voto ao Senhor ou obrigar-se por um compromisso ⁴ e seu pai souber do voto ou compromisso, mas nada lhe disser, então todos os votos e cada um dos compromissos pelos quais se obrigou serão válidos. ⁵ Mas, se o pai a proibir quando souber do voto, nenhum dos votos ou dos compromissos pelos quais se obrigou será válido; o Senhor a livrará porque o seu pai a proibiu.

⁶ "Se ela se casar depois de fazer um voto ou depois de seus lábios proferirem uma promessa precipitada pela qual obriga a si mesma ⁷ e o seu marido o souber, mas nada lhe disser no dia em que ficar sabendo, então os seus votos ou compromissos pelos quais ela se obrigou

---

ᵃ 29.39 Ou *de paz*

serão válidos. ⁸ Mas, se o seu marido a proibir quando o souber, anulará o voto que a obriga ou a promessa precipitada pela qual ela se obrigou, e o Senhor a livrará.

⁹ "Qualquer voto ou compromisso assumido por uma viúva ou por uma mulher divorciada será válido.

¹⁰ "Se uma mulher que vive com o seu marido fizer um voto ou obrigar-se por juramento a um compromisso ¹¹ e o seu marido o souber, mas nada lhe disser e não a proibir, então todos os votos ou compromissos pelos quais ela se obrigou serão válidos. ¹² Mas, se o seu marido os anular quando deles souber, então nenhum dos votos ou compromissos que saíram de seus lábios será válido. Seu marido os anulou, e o Senhor a livrará. ¹³ O marido poderá confirmar ou anular qualquer voto ou qualquer compromisso que a obrigue a humilhar-se[a]. ¹⁴ Mas, se o marido nada lhe disser a respeito disso até o dia seguinte, com isso confirma todos os seus votos ou compromissos pelos quais se obrigou. Ele os confirma por nada lhe dizer quando os ouviu. ¹⁵ Se, contudo, ele os anular algum tempo depois de ouvi-los, ele sofrerá as consequências de sua iniquidade".

¹⁶ São essas as ordenanças que o Senhor deu a Moisés a respeito do relacionamento entre um homem e sua mulher, e entre um pai e sua filha moça que ainda vive na casa do pai.

A Vingança contra os Midianitas

31 O Senhor disse a Moisés: ² "Vingue-se dos midianitas pelo que fizeram aos israelitas. Depois disso você será reunido aos seus antepassados".

³ Então Moisés disse ao povo: "Armem alguns dos homens para irem à guerra contra os midianitas e executarem a vingança do Senhor contra eles. ⁴ Enviem à batalha mil homens de cada tribo de Israel". ⁵ Doze mil homens armados para a guerra, mil de cada tribo, foram mandados pelos clãs de Israel. ⁶ Moisés os enviou à guerra, mil de cada tribo, juntamente com Fineias, filho do sacerdote Eleazar, que levou consigo objetos do santuário e as cornetas para o toque de guerra.

⁷ Lutaram então contra Midiã, conforme o Senhor tinha ordenado a Moisés, e mataram todos os homens. ⁸ Entre os mortos estavam os cinco reis de Midiã: Evi, Requém, Zur, Hur e Reba. Também mataram à espada Balaão, filho de Beor. ⁹ Os israelitas capturaram as mulheres e as crianças midianitas e tomaram como despojo todos os rebanhos e bens dos midianitas. ¹⁰ Queimaram todas as cidades em que os midianitas haviam se estabelecido, bem como todos os seus acampamentos. ¹¹ Tomaram todos os despojos, incluindo pessoas e animais, ¹² e levaram os prisioneiros, homens e mulheres, e os despojos a Moisés, ao sacerdote Eleazar e à comunidade de Israel, em seu acampamento, nas campinas de Moabe, frente a Jericó[b].

¹³ Moisés, o sacerdote Eleazar e todos os líderes da comunidade saíram para recebê-los fora do acampamento. ¹⁴ Mas Moisés indignou-se contra os oficiais do exército que voltaram da guerra, os líderes de milhares e os líderes de centenas.

¹⁵ "Vocês deixaram todas as mulheres vivas?", perguntou-lhes. ¹⁶ "Foram elas que seguiram o conselho de Balaão e levaram Israel a ser infiel ao Senhor no caso de Peor, de modo que uma praga feriu a comunidade do Senhor. ¹⁷ Agora matem todos os meninos. E matem também todas as mulheres que se deitaram com homem, ¹⁸ mas poupem todas as meninas virgens.

¹⁹ "Todos vocês que mataram alguém ou que tocaram em algum morto ficarão sete dias fora do acampamento. No terceiro e no sétimo dia vocês deverão purificar a vocês mesmos e aos seus prisioneiros. ²⁰ Purifiquem toda roupa e também tudo o que é feito de couro, de pelo de bode ou de madeira".

²¹ Depois o sacerdote Eleazar disse aos soldados que tinham ido à guerra: "Esta é a exigência da lei que o Senhor ordenou a Moisés: ²² Ouro, prata, bronze, ferro, estanho, chumbo ²³ e tudo o que resista ao fogo, vocês terão que passar pelo fogo para purificá-los, mas também deverão purificá-los com a água da purificação. E tudo o que não resistir ao fogo terá que passar pela água. ²⁴ No sétimo dia lavem as suas roupas, e vocês ficarão puros. Depois, poderão entrar no acampamento".

A Divisão dos Despojos

²⁵ O Senhor disse a Moisés: ²⁶ "Você, o sacerdote Eleazar e os chefes das famílias da comunidade deverão contar todo o povo e os animais capturados. ²⁷ Dividam os despojos pelos guerreiros que participaram da batalha

---

[a] **30.13** Ou *jejuar*

[b] **31.12** Hebraico: *Jordão de Jericó*. Possivelmente um antigo nome do rio Jordão; também em 33.48, 50; 34.15; 35.1 e 36.13.

e o restante da comunidade. ²⁸ Daquilo que os guerreiros trouxeram da guerra, separem como tributo ao Senhor um de cada quinhentos, sejam pessoas, bois, jumentos, ovelhas ou bodes. ²⁹ Tomem esse tributo da metade que foi dada como porção a eles e entreguem-no ao sacerdote Eleazar como a porção do Senhor. ³⁰ Da metade dada aos israelitas, escolham um de cada cinquenta, sejam pessoas, bois, jumentos, ovelhas ou bodes. Entreguem-nos aos levitas, encarregados de cuidar do tabernáculo do Senhor". ³¹ Moisés e o sacerdote Eleazar fizeram como o Senhor tinha ordenado a Moisés.

³² Os despojos que restaram da presa tomada pelos soldados foram 675.000 ovelhas, ³³ 72.000 cabeças de gado, ³⁴ 61.000 jumentos ³⁵ e 32.000 mulheres virgens.

³⁶ A metade dada aos que lutaram na guerra foi esta:
337.500 ovelhas, ³⁷ das quais o tributo para o Senhor foram 675;
³⁸ 36.000 cabeças de gado, das quais o tributo para o Senhor foram 72;
³⁹ 30.500 jumentos, dos quais o tributo para o Senhor foram 61;
⁴⁰ 16.000 pessoas, das quais o tributo para o Senhor foram 32.

⁴¹ Moisés deu o tributo ao sacerdote Eleazar como contribuição ao Senhor, conforme o Senhor tinha ordenado a Moisés.

⁴² A outra metade, pertencente aos israelitas, Moisés separou da dos combatentes; ⁴³ essa era a metade pertencente à comunidade, com 337.500 ovelhas, ⁴⁴ 36.000 cabeças de gado, ⁴⁵ 30.500 jumentos ⁴⁶ e 16.000 pessoas. ⁴⁷ Da metade pertencente aos israelitas, Moisés escolheu um de cada cinquenta, tanto de pessoas como de animais, conforme o Senhor lhe tinha ordenado, e os entregou aos levitas, encarregados de cuidar do tabernáculo do Senhor.

⁴⁸ Então os oficiais que estavam sobre as unidades do exército, os líderes de milhares e os líderes de centenas foram a Moisés ⁴⁹ e lhe disseram: "Seus servos contaram os soldados sob o nosso comando, e não está faltando ninguém. ⁵⁰ Por isso trouxemos como oferta ao Senhor os artigos de ouro dos quais cada um de nós se apossou: braceletes, pulseiras, anéis-selo, brincos e colares; para fazer propiciação por nós perante o Senhor".

⁵¹ Moisés e o sacerdote Eleazar receberam deles todas as joias de ouro. ⁵² Todo o ouro dado pelos líderes de milhares e pelos líderes de centenas que Moisés e Eleazar apresentaram como contribuição ao Senhor pesou duzentos quilos[a]. ⁵³ Cada soldado tinha tomado despojos para si mesmo. ⁵⁴ Moisés e o sacerdote Eleazar receberam o ouro dado pelos líderes de milhares e pelos líderes de centenas e o levaram para a Tenda do Encontro como memorial, para que o Senhor se lembrasse dos israelitas.

As Tribos de Rúben e de Gade se Estabelecem na Transjordânia

32 As tribos de Rúben e de Gade, donas de numerosos rebanhos, viram que as terras de Jazar e de Gileade eram próprias para a criação de gado. ² Por isso foram a Moisés, ao sacerdote Eleazar e aos líderes da comunidade e disseram: ³ "Atarote, Dibom, Jazar, Ninra, Hesbom, Eleale, Sebá, Nebo e Beom, ⁴ terras que o Senhor subjugou perante a comunidade de Israel, são próprias para a criação de gado, e os seus servos possuem gado". ⁵ E acrescentaram: "Se podemos contar com o favor de vocês, deixem que essa terra seja dada a estes seus servos como herança. Não nos façam atravessar o Jordão".

⁶ Moisés respondeu aos homens de Gade e de Rúben: "E os seus compatriotas irão à guerra enquanto vocês ficam aqui? ⁷ Por que vocês desencorajam os israelitas de entrar na terra que o Senhor lhes deu? ⁸ Foi isso que os pais de vocês fizeram quando os enviei de Cades-Barneia para verem a terra. ⁹ Depois de subirem ao vale de Escol e examinarem a terra, desencorajaram os israelitas de entrar na terra que o Senhor lhes tinha dado. ¹⁰ A ira do Senhor se acendeu naquele dia, e ele fez este juramento: ¹¹ 'Como não me seguiram de coração íntegro, nenhum dos homens de vinte anos para cima que saíram do Egito verá a terra que prometi sob juramento a Abraão, a Isaque e a Jacó, ¹² com exceção de Calebe, filho de Jefoné, o quenezeu, e Josué, filho de Num, que seguiram o Senhor com integridade de coração'. ¹³ A ira do Senhor acendeu-se contra Israel, e ele os fez andar errantes no deserto durante quarenta anos, até que passou toda a geração daqueles que lhe tinham desagradado com seu mau procedimento.

---

[a] **31.52** Hebraico: *16.750 siclos*. Um siclo equivalia a 12 gramas.

¹⁴ "E aí estão vocês, raça de pecadores, pondo-se no lugar dos seus antepassados e acendendo ainda mais a ira do Senhor contra Israel. ¹⁵ Se deixarem de segui-lo, de novo ele os abandonará no deserto, e vocês serão o motivo da destruição de todo este povo".

¹⁶ Então se aproximaram de Moisés e disseram: "Gostaríamos de construir aqui currais para o nosso gado e cidades para as nossas mulheres e para os nossos filhos. ¹⁷ Mas nós nos armaremos e estaremos prontos para ir à frente dos israelitas até que os tenhamos levado ao seu lugar. Enquanto isso, nossas mulheres e nossos filhos morarão em cidades fortificadas para se protegerem dos habitantes da terra. ¹⁸ Não retornaremos aos nossos lares enquanto todos os israelitas não receberem a sua herança. ¹⁹ Não receberemos herança alguma com eles do outro lado do Jordão, uma vez que a nossa herança nos seja dada no lado leste do Jordão".

²⁰ Disse-lhes Moisés: "Se fizerem isso, se perante o Senhor vocês se armarem para a guerra, ²¹ e se, armados, todos vocês atravessarem o Jordão perante o Senhor até que ele tenha expulsado os seus inimigos da frente dele, ²² então, quando a terra estiver subjugada perante o Senhor, vocês poderão voltar e estarão livres da sua obrigação para com o Senhor e para com Israel. E esta terra será propriedade de vocês perante o Senhor.

²³ "Mas, se vocês não fizerem isso, estarão pecando contra o Senhor; e estejam certos de que vocês não escaparão do pecado cometido. ²⁴ Construam cidades para as suas mulheres e crianças e currais para os seus rebanhos, mas façam o que vocês prometeram".

²⁵ Então os homens de Gade e de Rúben disseram a Moisés: "Nós, seus servos, faremos como o meu senhor ordena. ²⁶ Nossos filhos e nossas mulheres, e todos os nossos rebanhos ficarão aqui nas cidades de Gileade. ²⁷ Mas os seus servos, todos os homens armados para a batalha, atravessarão para lutar perante o Senhor, como o meu senhor está dizendo".

²⁸ Moisés deu as seguintes instruções acerca deles ao sacerdote Eleazar, a Josué, filho de Num, e aos chefes de família das tribos israelitas: ²⁹ "Se os homens de Gade e de Rúben, todos eles armados para a batalha, atravessarem o Jordão com vocês perante o Senhor, então, quando a terra for subjugada perante vocês, entreguem-lhes como propriedade a terra de Gileade. ³⁰ Mas, se não atravessarem armados com vocês, terão que aceitar a propriedade deles com vocês em Canaã".

³¹ Os homens de Gade e de Rúben responderam: "Os seus servos farão o que o Senhor disse. ³² Atravessaremos o Jordão perante o Senhor e entraremos armados em Canaã, mas a propriedade que receberemos como herança estará deste lado do Jordão".

³³ Então Moisés deu às tribos de Gade e de Rúben e à metade da tribo de Manassés, filho de José, o reino de Seom, rei dos amorreus, e o reino de Ogue, rei de Basã, toda a terra com as suas cidades e o território ao redor delas.

³⁴ A tribo de Gade construiu Dibom, Atarote, Aroer, ³⁵ Atarote-Sofã, Jazar, Jogbeá, ³⁶ Bete-Ninra e Bete-Harã como cidades fortificadas e fez currais para os seus rebanhos. ³⁷ E a tribo de Rúben reconstruiu Hesbom, Eleale e Quiriataim, ³⁸ bem como Nebo e Baal-Meom (esses nomes foram mudados) e Sibma. E deu outros nomes a essas cidades.

³⁹ Os descendentes de Maquir, filho de Manassés, foram a Gileade, tomaram posse dela e expulsaram os amorreus que lá estavam. ⁴⁰ Então Moisés deu Gileade aos maquiritas, descendentes de Manassés, e eles passaram a habitar ali. ⁴¹ Jair, descendente de Manassés, conquistou os povoados deles e os chamou Havote-Jair*ᵃ*. ⁴² E Noba conquistou Quenate e os seus povoados e a chamou Noba, dando-lhe seu próprio nome.

As Etapas da Viagem desde o Egito

33 Estas são as jornadas dos israelitas quando saíram do Egito, organizados segundo as suas divisões, sob a liderança de Moisés e Arão. ² Por ordem do Senhor Moisés registrou as etapas da jornada deles. Esta foi a jornada deles, por etapas:

³ Os israelitas partiram de Ramessés no décimo quinto dia do primeiro mês, no dia seguinte ao da Páscoa. Saíram, marchando desafiadoramente à vista de todos os egípcios, ⁴ enquanto estes sepultavam o primeiro filho de cada um deles, que o Senhor matou. O Senhor impôs castigo aos seus deuses.

⁵ Os israelitas partiram de Ramessés e acamparam em Sucote.

⁶ Partiram de Sucote e acamparam em Etã, nos limites do deserto.

ᵃ **32.41** Ou *povoados de Jair*

⁷ Partiram de Etã, voltaram para Pi-Hairote, a leste de Baal-Zefom, e acamparam perto de Migdol.

⁸ Partiram de Pi-Hairote e atravessaram o mar, chegando ao deserto, e, depois de viajarem três dias no deserto de Etã, acamparam em Mara.

⁹ Partiram de Mara e foram para Elim, onde havia doze fontes e setenta palmeiras, e acamparam ali.

¹⁰ Partiram de Elim e acamparam junto ao mar Vermelho.

¹¹ Partiram do mar Vermelho e acamparam no deserto de Sim.

¹² Partiram do deserto de Sim e acamparam em Dofca.

¹³ Partiram de Dofca e acamparam em Alus.

¹⁴ Partiram de Alus e acamparam em Refidim, onde não havia água para o povo beber.

¹⁵ Partiram de Refidim e acamparam no deserto do Sinai.

¹⁶ Partiram do deserto do Sinai e acamparam em Quibrote-Hataavá.

¹⁷ Partiram de Quibrote-Hataavá e acamparam em Hazerote.

¹⁸ Partiram de Hazerote e acamparam em Ritmá.

¹⁹ Partiram de Ritmá e acamparam em Rimom-Perez.

²⁰ Partiram de Rimom-Perez e acamparam em Libna.

²¹ Partiram de Libna e acamparam em Rissa.

²² Partiram de Rissa e acamparam em Queelata.

²³ Partiram de Queelata e acamparam no monte Séfer.

²⁴ Partiram do monte Séfer e acamparam em Harada.

²⁵ Partiram de Harada e acamparam em Maquelote.

²⁶ Partiram de Maquelote e acamparam em Taate.

²⁷ Partiram de Taate e acamparam em Terá.

²⁸ Partiram de Terá e acamparam em Mitca.

²⁹ Partiram de Mitca e acamparam em Hasmona.

³⁰ Partiram de Hasmona e acamparam em Moserote.

³¹ Partiram de Moserote e acamparam em Bene-Jaacã.

³² Partiram de Bene-Jaacã e acamparam em Hor-Gidgade.

³³ Partiram de Hor-Gidgade e acamparam em Jotbatá.

³⁴ Partiram de Jotbatá e acamparam em Abrona.

³⁵ Partiram de Abrona e acamparam em Eziom-Geber.

³⁶ Partiram de Eziom-Geber e acamparam em Cades, no deserto de Zim.

³⁷ Partiram de Cades e acamparam no monte Hor, na fronteira de Edom. ³⁸ Por ordem do Senhor, o sacerdote Arão subiu o monte Hor, onde morreu no primeiro dia do quinto mês do quadragésimo ano depois que os israelitas saíram do Egito. ³⁹ Arão tinha cento e vinte e três anos de idade quando morreu no monte Hor.

⁴⁰ O rei cananeu de Arade, que vivia no Neguebe, na terra de Canaã, soube que os israelitas estavam chegando.

⁴¹ Eles partiram do monte Hor e acamparam em Zalmona.

⁴² Partiram de Zalmona e acamparam em Punom.

⁴³ Partiram de Punom e acamparam em Obote.

⁴⁴ Partiram de Obote e acamparam em Ijé-Abarim, na fronteira de Moabe.

⁴⁵ Partiram de Ijim[a] e acamparam em Dibom-Gade.

⁴⁶ Partiram de Dibom-Gade e acamparam em Almom-Diblataim.

⁴⁷ Partiram de Almom-Diblataim e acamparam nos montes de Abarim, defronte de Nebo.

⁴⁸ Partiram dos montes de Abarim e acamparam nas campinas de Moabe junto ao Jordão, frente a Jericó. ⁴⁹ Nas campinas de Moabe eles acamparam junto ao Jordão, desde Bete-Jesimote até Abel-Sitim.

As Normas para a Ocupação e Distribuição de Canaã

⁵⁰ Nas campinas de Moabe, junto ao Jordão, frente a Jericó, o Senhor disse a Moisés: ⁵¹ "Diga aos israelitas: Quando vocês atravessarem o Jordão para entrar em Canaã, ⁵² expulsem da frente de vocês todos os habitantes da terra. Destruam todas as imagens esculpidas e todos os ídolos fundidos, e derrubem todos os altares idólatras deles. ⁵³ Apoderem-se da terra e instalem-se nela, pois eu dei a vocês a terra para que dela tomem posse. ⁵⁴ Distribuam a terra por sorteio, de acordo com os seus clãs. Aos clãs maiores vocês darão uma herança maior, e aos

---

[a] **33.45** Isto é, Ijé-Abarim.

menores, uma herança menor. Cada clã receberá a terra que lhe cair por sorte. Distribuam-na entre as tribos dos seus antepassados.

⁵⁵ "Se, contudo, vocês não expulsarem os habitantes da terra, aqueles que vocês permitirem ficar se tornarão farpas em seus olhos e espinhos em suas costas. Eles causarão problemas para vocês na terra em que vocês irão morar. ⁵⁶ Então farei a vocês o mesmo que planejo fazer a eles".

As Fronteiras de Canaã

34 Disse mais o Senhor a Moisés: ² "Dê ordem aos israelitas e diga-lhes: Quando vocês entrarem em Canaã, a terra que será sorteada para vocês como herança terá estas fronteiras:

³ "O lado sul começará no deserto de Zim, junto à fronteira de Edom. No leste, sua fronteira sul começará na extremidade do mar Salgado*ᵃ*, ⁴ passará pelo sul da subida de Acrabim*ᵇ*, prosseguirá até Zim e irá para o sul de Cades-Barneia. Depois passará por Hazar-Adar e irá até Azmom, ⁵ onde fará uma curva e se juntará ao ribeiro do Egito, indo terminar no Mar*ᶜ*.

⁶ A fronteira ocidental de vocês será o litoral do mar Grande. Será essa a fronteira do oeste.

⁷ Esta será a fronteira norte: façam uma linha desde o mar Grande até o monte Hor, ⁸ e do monte Hor até Lebo-Hamate. O limite da fronteira será Zedade, ⁹ prosseguirá até Zifrom e terminará em Hazar-Enã. Será essa a fronteira norte de vocês.

¹⁰ Esta será a fronteira oriental: façam uma linha de Hazar-Enã até Sefã. ¹¹ A fronteira descerá de Sefã até Ribla, no lado oriental de Aim, e prosseguirá ao longo das encostas a leste do mar de Quinerete*ᵈ*. ¹² A fronteira descerá ao longo do Jordão e terminará no mar Salgado. Será essa a terra de vocês, com as suas fronteiras de todos os lados".

¹³ Moisés ordenou aos israelitas: "Distribuam a terra por sorteio como herança. O Senhor ordenou que seja dada às nove tribos e meia, ¹⁴ porque as famílias da tribo de Rúben, da tribo de Gade e da metade da tribo de Manassés já receberam a herança delas. ¹⁵ Estas duas tribos e meia receberam sua herança no lado leste do Jordão, frente a Jericó, na direção do nascer do sol".

¹⁶ O Senhor disse a Moisés: ¹⁷ "Estes são os nomes dos homens que deverão distribuir a terra a vocês como herança: o sacerdote Eleazar e Josué, filho de Num. ¹⁸ Designem um líder de cada tribo para ajudar a distribuir a terra. ¹⁹ Estes são os seus nomes:

Calebe, filho de Jefoné,
da tribo de Judá;
²⁰ Samuel, filho de Amiúde,
da tribo de Simeão;
²¹ Elidade, filho de Quislom,
da tribo de Benjamim;
²² Buqui, filho de Jogli,
o líder da tribo de Dã;
²³ Haniel, filho de Éfode,
o líder da tribo de Manassés,
filho de José;
²⁴ Quemuel, filho de Siftã,
o líder da tribo de Efraim,
filho de José;
²⁵ Elisafã, filho de Parnaque,
o líder da tribo de Zebulom;
²⁶ Paltiel, filho de Azã,
o líder da tribo de Issacar;
²⁷ Aiúde, filho de Selomi,
o líder da tribo de Aser;
²⁸ Pedael, filho de Amiúde,
o líder da tribo de Naftali".

²⁹ Foram esses os homens a quem o Senhor ordenou que distribuíssem a herança aos israelitas na terra de Canaã.

As Cidades dos Levitas

35 Nas campinas de Moabe, junto ao Jordão, frente a Jericó, o Senhor disse a Moisés: ² "Ordene aos israelitas que, da herança que possuem, deem cidades para os levitas morarem. E deem-lhes também pastagens ao redor das cidades. ³ Assim eles terão cidades para habitar e pastagens para o gado, para os rebanhos e para todos os seus outros animais de criação.

⁴ "As pastagens ao redor das cidades que vocês derem aos levitas se estenderão para fora quatrocentos e cinquenta metros*ᵉ*, a partir do muro da cidade. ⁵ Do lado de fora da cidade, meçam novecentos metros para o lado leste, para o lado sul, para o lado oeste e para o lado

---

ᵃ **34.3** Isto é, o mar Morto; também no versículo 12.
ᵇ **34.4** Isto é, dos Escorpiões.
ᶜ **34.5** Isto é, o Mediterrâneo; também nos versículos 6 e 7.
ᵈ **34.11** Isto é, mar da Galileia.
ᵉ **35.4** Hebraico: *1.000 côvados*. O côvado era uma medida linear de cerca de 45 centímetros.

norte, tendo a cidade no centro. Eles terão essa área para pastagens das cidades.

⁶ "Seis das cidades que vocês derem aos levitas serão cidades de refúgio, para onde poderá fugir quem tiver matado alguém. Além disso, deem a eles outras quarenta e duas cidades. ⁷ Ao todo, vocês darão aos levitas quarenta e oito cidades, juntamente com as suas pastagens. ⁸ As cidades que derem aos levitas, das terras dos israelitas, deverão ser dadas proporcionalmente à herança de cada tribo; tomem muitas cidades da tribo que tem muitas, mas poucas da que tem poucas".

As Cidades de Refúgio

⁹ Disse também o SENHOR a Moisés: ¹⁰ "Diga aos israelitas: Quando vocês atravessarem o Jordão e entrarem em Canaã, ¹¹ escolham algumas cidades para serem suas cidades de refúgio, para onde poderá fugir quem tiver matado alguém sem intenção. ¹² Elas serão locais de refúgio contra o vingador da vítima, a fim de que alguém acusado de assassinato não morra antes de apresentar-se para julgamento perante a comunidade. ¹³ As seis cidades que vocês derem serão suas cidades de refúgio. ¹⁴ Designem três cidades de refúgio deste lado do Jordão e três outras em Canaã. ¹⁵ As seis cidades servirão de refúgio para os israelitas, para os estrangeiros residentes e para quaisquer outros estrangeiros que vivam entre eles, para que todo aquele que tiver matado alguém sem intenção possa fugir para lá.

¹⁶ "Se um homem ferir alguém com um objeto de ferro de modo que essa pessoa morra, ele é assassino; o assassino terá que ser executado. ¹⁷ Ou, se alguém tiver nas mãos uma pedra que possa matar e ferir uma pessoa de modo que ela morra, é assassino; o assassino terá que ser executado. ¹⁸ Ou, se alguém tiver nas mãos um pedaço de madeira que possa matar e ferir uma pessoa de modo que ela morra, é assassino; o assassino terá que ser executado. ¹⁹ O vingador da vítima matará o assassino; quando o encontrar o matará. ²⁰ Se alguém, com ódio, empurrar uma pessoa premeditadamente ou atirar alguma coisa contra ela de modo que ela morra, ²¹ ou se com hostilidade der-lhe um soco provocando a sua morte, ele terá que ser executado; é assassino. O vingador da vítima matará o assassino quando encontrá-lo.

²² "Todavia, se alguém, sem hostilidade, empurrar uma pessoa ou atirar alguma coisa contra ela sem intenção, ²³ ou se, sem vê-la, deixar cair sobre ela uma pedra que possa matá-la, e ela morrer, então, como não era sua inimiga e não pretendia feri-la, ²⁴ a comunidade deverá julgar entre ele e o vingador da vítima de acordo com essas leis. ²⁵ A comunidade protegerá o acusado de assassinato do vingador da vítima e o enviará de volta à cidade de refúgio para onde tinha fugido. Ali permanecerá até a morte do sumo sacerdote, que foi ungido com o óleo santo.

²⁶ "Se, contudo, o acusado sair dos limites da cidade de refúgio para onde fugiu ²⁷ e o vingador da vítima o encontrar fora da cidade, ele poderá matar o acusado sem ser culpado de assassinato. ²⁸ O acusado deverá permanecer em sua cidade de refúgio até a morte do sumo sacerdote; somente depois da morte do sumo sacerdote poderá voltar à sua propriedade.

²⁹ "Estas exigências legais serão para vocês e para as suas futuras gerações, onde quer que vocês vivam.

³⁰ "Quem matar uma pessoa terá que ser executado como assassino mediante depoimento de testemunhas. Mas ninguém será executado mediante o depoimento de apenas uma testemunha.

³¹ "Não aceitem resgate pela vida de um assassino; ele merece morrer. Certamente terá que ser executado.

³² "Não aceitem resgate por alguém que tenha fugido para uma cidade de refúgio, permitindo que ele retorne e viva em sua própria terra antes da morte do sumo sacerdote.

³³ "Não profanem a terra onde vocês estão. O derramamento de sangue profana a terra, e só se pode fazer propiciação em favor da terra em que se derramou sangue, mediante o sangue do assassino que o derramou. ³⁴ Não contaminem a terra onde vocês vivem e onde eu habito, pois eu, o SENHOR, habito entre os israelitas".

A Lei da Herança das Mulheres: o Caso das Filhas de Zelofeade

36 Os chefes de família do clã de Gileade, filho de Maquir, neto de Manassés, que pertenciam aos clãs dos descendentes de José, foram falar com Moisés e com os líderes, os chefes das famílias israelitas. ² E disseram: "Quando o SENHOR ordenou ao meu senhor que, por sorteio, desse a terra como herança aos israelitas, ordenou que vocês dessem a herança de nosso irmão Zelofeade às suas filhas. ³ Agora, suponham que elas se casem com homens de outras tribos israelitas; nesse caso a herança delas será tirada da herança dos nossos antepassados e acrescentada à herança da tribo com a qual se unirem pelo casamento. ⁴ Quando chegar o ano do Jubileu para os israelitas, a herança delas será acrescentada à da tribo com a qual se unirem pelo casamento, e a propriedade delas será tirada da herança da tribo de nossos antepassados".

⁵ Então, instruído pelo Senhor, Moisés deu esta ordem aos israelitas: "A tribo dos descendentes de José tem razão. ⁶ É isto que o Senhor ordena quanto às filhas de Zelofeade: Elas poderão casar-se com quem lhes agradar, contanto que se casem dentro do clã da tribo de seu pai. ⁷ Nenhuma herança em Israel poderá passar de uma tribo para outra, pois todos os israelitas manterão as terras das tribos que herdaram de seus antepassados. ⁸ Toda filha que herdar terras em qualquer tribo israelita se casará com alguém do clã da tribo de seu pai, para que cada israelita possua a herança dos seus antepassados. ⁹ Nenhuma herança poderá passar de uma tribo para outra, pois cada tribo israelita deverá manter as terras que herdou".

¹⁰ As filhas de Zelofeade fizeram conforme o Senhor havia ordenado a Moisés. ¹¹ As filhas de Zelofeade, Maalá, Tirza, Hogla, Milca e Noa, casaram-se com seus primos paternos, ¹² dentro dos clãs dos descendentes de Manassés, filho de José, e a herança delas permaneceu no clã e na tribo de seu pai.

¹³ São esses os mandamentos e as ordenanças que o Senhor deu aos israelitas por intermédio de Moisés nas campinas de Moabe, junto ao Jordão, frente a Jericó.

Introdução ao livro de
DEUTERONÔMIO

Autor e data de composição

Como acontece com o restante do Pentateuco, considera-se que Moisés tenha escrito o livro. Quem sabe o tenha feito às portas da terra prometida, no fim dos quarenta anos no deserto, quando o povo estava para entrar nela. Ao que parece, gira em torno de um mês de história e foi escrito aproximadamente no ano 1410. Como o último capítulo do livro fala da morte de Moisés, é bastante provável que essa parte tenha sido escrita por outra pessoa, talvez Josué, o líder que sucedeu Moisés.

ESBOÇO GERAL

Primeira parte: O primeiro discurso de Moisés (1.1—4.40)
  I. Deus ordena a saída do Sinai (1.1-5)
  II. Moisés fala (1.6—4.40)
    A. Comunica ao povo a ordem da saída (1.6-8)
    B. Nomeia líderes para ajudá-lo (1.9-18)
    C. Relembra os principais acontecimentos nos quarenta anos (1.19—3.20)
    D. Josué sucede Moisés como líder de Israel (3.21-29)
    E. Exortações à obediência e à fuga da idolatria (4.1-40)

Segunda parte: Transição para o segundo discurso de Moisés (4.41-49)
  I. As cidades de refúgio (4.41-43)
  II. Introdução ao segundo discurso (4.44-49)

Terceira parte: O segundo discurso de Moisés (5—26)
  I. O Decálogo e Os Dez Mandamentos (5.1—11.32)
    A. A aliança com o SENHOR, o Rei de Israel (5)
    B. A ordem para que se ensine a Lei (6)
    C. A ordem de conquistar a terra prometida e orientações sobre conduta (7—11)
  II. Outras leis (12—26)
    A. As leis rituais (12.1—16.17)
    B. As leis civis e sociais (16.18—26.19)

Quarta parte: O terceiro discurso de Moisés (27—28)
  I. A ordem de escrever a Lei em pedra (27)
  II. As bênçãos da obediência e as maldições da desobediência (28)

Quinta parte: A aliança e o quarto discurso de Moisés (29—30)
  I. Renovação da aliança com o SENHOR (29.1-18)
  II. Exortação final de Moisés à obediência (29.19—30.20)

Sexta parte: Os últimos dias na vida de Moisés (31—34)
  I. Moisés exorta o povo a manter viva a fé e passa o comando (31.1-23)
  II. A Lei é guardada ao lado da arca (31.24-29)
  III. Cântico de Moisés (31.30—32.43)
  IV. Moisés exorta o povo, e Deus permite que ele veja a terra prometida (32.44-52)
  V. Bênção final de Moisés sobre o povo (33)
  VI. Morte e sepultamento de Moisés (34.1-8)
  VII. Epílogo (34.9-12)

Versículos-chave
6.4-7

Tema geral do livro
O livro de Deuteronômio registra a revisão e a confirmação da aliança com Deus que Moisés fez antes de transferir a liderança do povo a Josué, seu sucessor. Contém quatro discursos de Moisés, que ampliam e esclarecem todas as orientações da Lei como preparação para a entrada na terra que Deus havia prometido a Abraão, Isaque e Jacó, e que agora era entregue a seus descendentes. O último capítulo traz uma declaração notável:

Em Israel nunca mais se levantou profeta como Moisés, a quem o Senhor conheceu face a face, e que fez todos aqueles sinais e maravilhas que o Senhor o tinha enviado para fazer no Egito, contra o faraó, contra todos os seus servos e contra toda a sua terra. Pois ninguém jamais mostrou tamanho poder como Moisés nem executou os feitos temíveis que Moisés realizou aos olhos de todo o Israel (34.1-12).

Seria necessário que o Filho de Deus viesse ao mundo em forma de homem para converter em realidade a profecia de Moisés em Deuteronômio 18.15,18.

No livro de Deuteronômio, Jesus é...
... o profeta semelhante a Moisés (18.15,18).

Versículos-chave para o discípulo
7.7-9

O discípulo e o livro de Deuteronômio
Em todos os seus discursos, Moisés insiste na grande diferença que há entre a obediência e a desobediência diante dos olhos de Deus. Hoje é comum chamar de "tolerância" o que na verdade não passa de rebeldia à lei de Deus; a palavra "pecado" virou um conceito ultrapassado e até mesmo prejudicial. Mas não deve ser assim. O discípulo deve manter-se em obediência a Deus, com a ajuda do Espírito, se deseja continuar sendo abençoado. Para isso, precisa deixar de ouvir as vozes do mundo que insistem em dizer que não existem normas morais objetivas, externas a nós mesmos, às quais devemos seguir. No entanto, essas normas existem e foram fixadas pelo próprio Deus. Um erro a esse respeito pode custar literalmente uma eternidade de sofrimento. Leia o texto de Deuteronômio 10.12-14,16,17 e medite nele.

DEUTERONÔMIO

A Ordem para Partir de Horebe

1 Estas são as palavras ditas por Moisés a todo o Israel no deserto, a leste do Jordão, na Arabá, defronte de Sufe, entre Parã e Tofel, Labã, Hazerote e Di-Zaabe. ² Em onze dias se vai de Horebe a Cades-Barneia pelo caminho dos montes de Seir.

³ No quadragésimo ano, no primeiro dia do décimo primeiro mês, Moisés proclamou aos israelitas todas as ordens do Senhor acerca deles. ⁴ Isso foi depois que ele derrotou Seom, rei dos amorreus, que habitava em Hesbom, e, em Edrei, derrotou Ogue, rei de Basã, que habitava em Asterote.

⁵ A leste do Jordão, na terra de Moabe, Moisés tomou sobre si a responsabilidade de expor esta lei:

⁶ "O Senhor, o nosso Deus, disse-nos em Horebe: 'Vocês já ficaram bastante tempo nesta montanha. ⁷ Levantem acampamento e avancem para a serra dos amorreus; vão a todos os povos vizinhos na Arabá, nas montanhas, na Sefelá[a], no Neguebe e ao longo do litoral, à terra dos cananeus e ao Líbano, até o grande rio, o Eufrates. ⁸ "'Ponho esta terra diante de vocês. Entrem e tomem posse da terra que o Senhor prometeu sob juramento dar aos seus antepassados, Abraão, Isaque e Jacó, e aos seus descendentes'.

A Nomeação de Líderes

⁹ "Naquela ocasião eu disse a vocês: Não posso levá-los sozinho. ¹⁰ O Senhor, o seu Deus, os fez multiplicar-se de tal modo que hoje vocês são tão numerosos quanto as estrelas do céu. ¹¹ Que o Senhor, o Deus dos seus antepassados, os multiplique mil vezes mais e os abençoe, conforme prometeu a vocês! ¹² Mas como poderei levar sozinho as suas cargas, os seus problemas, e as suas disputas? ¹³ Escolham homens sábios, criteriosos e experientes de cada uma de suas tribos, e eu os colocarei como chefes de vocês.

¹⁴ "Vocês me disseram que essa era uma boa proposta.

¹⁵ "Então convoquei os chefes das tribos, homens sábios e experientes, e os designei para chefes de mil, de cem, de cinquenta e de dez, além de oficiais para cada tribo.

¹⁶ "Naquela ocasião ordenei aos seus juízes: Atendam as demandas de seus irmãos e julguem com justiça, não só as questões entre os seus compatriotas mas também entre um israelita e um estrangeiro. ¹⁷ Não sejam parciais no julgamento! Atendam tanto o pequeno como o grande. Não se deixem intimidar por ninguém, pois o veredicto pertence a Deus. Tragam-me os casos mais difíceis e eu os ouvirei. ¹⁸ Naquela ocasião eu ordenei a vocês tudo o que deveriam fazer.

A Expedição de Reconhecimento da Terra

¹⁹ "Depois, conforme o Senhor, o nosso Deus, nos tinha ordenado, partimos de Horebe e fomos para a serra dos amorreus, passando por todo aquele imenso e terrível deserto que vocês viram, e assim chegamos a Cades-Barneia. ²⁰ Então eu disse a vocês: Vocês chegaram à terra dos amorreus, a qual o Senhor, o nosso Deus, nos dá. ²¹ Vejam, o Senhor, o seu Deus, põe diante de vocês esta terra. Entrem na terra e tomem posse dela, conforme o Senhor, o Deus dos seus antepassados, disse a vocês. Não tenham medo nem desanimem.

²² "Vocês todos vieram dizer-me: 'Mandemos alguns homens à nossa frente em missão de reconhecimento da região, para que nos indiquem por qual caminho subiremos e a quais cidades iremos'.

²³ "A sugestão pareceu-me boa; por isso escolhi doze de vocês, um homem de cada tribo. ²⁴ Eles subiram a região montanhosa, chegaram ao vale de Escol e o exploraram. ²⁵ Trouxeram alguns frutos da região, com o seguinte relato: 'Essa terra que o Senhor, o nosso Deus, nos dá é boa'.

A Rebelião contra o Senhor

²⁶ "Vocês, contudo, não quiseram ir e se rebelaram contra a ordem do Senhor, o seu Deus. ²⁷ Queixaram-se em suas tendas, dizendo: 'O Senhor nos odeia; por isso nos trouxe do Egito para nos entregar nas mãos dos amorreus e destruir-nos. ²⁸ Para onde iremos? Nossos compatriotas nos desanimaram quando disseram: "O povo é mais forte e mais alto do que nós; as cidades são grandes, com muros que vão até o céu. Vimos ali os enaquins"'.

²⁹ "Então eu disse a vocês: Não fiquem apavorados; não tenham medo deles. ³⁰ O

---

[a] 1.7 Pequena faixa de terra de relevo variável entre a planície costeira e as montanhas.

Senhor, o seu Deus, que está indo à frente de vocês, lutará por vocês, diante de seus próprios olhos, como fez no Egito. ³¹ Também no deserto vocês viram como o Senhor, o seu Deus, os carregou, como um pai carrega seu filho, por todo o caminho que percorreram até chegarem a este lugar.

³² "Apesar disso, vocês não confiaram no Senhor, o seu Deus, ³³ que foi à frente de vocês, numa coluna de fogo de noite e numa nuvem de dia, procurando lugares para vocês acamparem e mostrando a vocês o caminho que deviam seguir.

O Castigo dos Israelitas

³⁴ "Quando o Senhor ouviu o que vocês diziam, irou-se e jurou: ³⁵ 'Ninguém desta geração má verá a boa terra que jurei dar aos seus antepassados, ³⁶ exceto Calebe, filho de Jefoné. Ele a verá, e eu darei a ele e a seus descendentes a terra em que pisou, pois seguiu o Senhor de todo o coração'.

³⁷ "Por causa de vocês o Senhor irou-se contra mim e me disse: 'Você também não entrará na terra. ³⁸ Mas o seu auxiliar, Josué, filho de Num, entrará. Encoraje-o, pois ele fará com que Israel tome posse dela. ³⁹ E as crianças que vocês disseram que seriam levadas como despojo, os seus filhos que ainda não distinguem entre o bem e o mal, eles entrarão na terra. Eu a darei a eles, e eles tomarão posse dela. ⁴⁰ Mas quanto a vocês, deem meia-volta e partam para o deserto pelo caminho do mar Vermelho'.

⁴¹ "Então vocês responderam: 'Pecamos contra o Senhor. Nós subiremos e lutaremos, conforme tudo o que o Senhor, o nosso Deus, nos ordenou'. Cada um de vocês preparou-se com as suas armas de guerra, achando que seria fácil subir a região montanhosa.

⁴² "Mas o Senhor me disse: 'Diga-lhes que não subam nem lutem, porque não estarei com eles. Serão derrotados pelos seus inimigos'.

⁴³ "Eu disse isso a vocês, mas vocês não me deram ouvidos, rebelaram-se contra o Senhor e, com presunção, subiram a região montanhosa. ⁴⁴ Os amorreus que lá viviam os atacaram, os perseguiram como um enxame de abelhas e os arrasaram desde Seir até Hormá. ⁴⁵ Vocês voltaram e choraram perante o Senhor, mas ele não ouviu o seu clamor nem deu atenção a vocês. ⁴⁶ Então vocês ficaram em Cades, onde permaneceram muito tempo.

Os Anos no Deserto

2 "Então demos meia-volta e partimos para o deserto pelo caminho do mar Vermelho, como o Senhor me havia ordenado. E por muitos anos caminhamos em redor dos montes de Seir.

² "Então o Senhor me disse: ³ 'Vocês já caminharam bastante tempo ao redor destas montanhas; agora vão para o norte. ⁴ E diga ao povo: Vocês estão passando pelo território de seus irmãos, os descendentes de Esaú, que vivem em Seir. Eles terão medo de vocês, mas tenham muito cuidado. ⁵ Não os provoquem, pois não darei a vocês parte alguma da terra deles, nem mesmo o espaço de um pé. Já dei a Esaú a posse dos montes de Seir. ⁶ Vocês lhes pagarão com prata a comida que comerem e a água que beberem'.

⁷ "Pois o Senhor, o seu Deus, os tem abençoado em tudo o que vocês têm feito. Ele cuidou de vocês em sua jornada por este grande deserto. Nestes quarenta anos o Senhor, o seu Deus, tem estado com vocês, e não tem faltado coisa alguma a vocês.

⁸ "Assim, passamos ao largo de nossos irmãos, os descendentes de Esaú, que habitam em Seir. Saímos da rota da Arabá, de Elate e de Eziom-Geber. Voltamos e fomos pela rota do deserto de Moabe.

⁹ "Então o Senhor me disse: 'Não perturbem os moabitas nem os provoquem à guerra, pois não darei a vocês parte alguma da terra deles, pois já entreguei a região de Ar aos descendentes de Ló'.

¹⁰ (Antigamente os emins habitavam nessa terra; eram um povo forte e numeroso, alto como os enaquins. ¹¹ Como os enaquins, eles também eram considerados refains, mas os moabitas os chamavam emins. ¹² Também em Seir antigamente habitavam os horeus. Mas os descendentes de Esaú os expulsaram e os exterminaram e se estabeleceram no seu lugar, tal como Israel fez com a terra que o Senhor lhe deu.)

¹³ " 'Agora levantem-se! Atravessem o vale de Zerede'. Assim atravessamos o vale.

¹⁴ "Passaram-se trinta e oito anos entre a época em que partimos de Cades-Barneia e a nossa travessia do vale de Zerede, período no qual pereceu do acampamento toda aquela geração de homens de guerra, conforme o Senhor lhes havia jurado. ¹⁵ A mão do Senhor caiu sobre eles e por fim os eliminou completamente do acampamento.

¹⁶ "Depois que todos os guerreiros do povo tinham morrido, ¹⁷ o Senhor me disse: ¹⁸ 'Vocês estão prestes a passar pelo território de Moabe, pela região de Ar, ¹⁹ e vão chegar perto da fronteira dos amonitas. Não sejam hostis a eles, pois não darei a vocês parte alguma da terra dos amonitas, pois eu a entreguei aos descendentes de Ló'.

²⁰ (Essa região também era considerada terra dos refains, que ali habitaram no passado. Os amonitas os chamavam zanzumins. ²¹ Eram fortes, numerosos e altos como os enaquins. O Senhor os exterminou, e os amonitas os expulsaram e se estabeleceram em seu lugar. ²² O Senhor fez o mesmo em favor dos descendentes de Esaú que vivem em Seir, quando exterminou os horeus diante deles. Os descendentes de Esaú os expulsaram e se estabeleceram em seu lugar até hoje. ²³ Foi o que também aconteceu aos aveus, que viviam em povoados próximos de Gaza; os caftoritas, vindos de Caftor*ª*, os destruíram e se estabeleceram em seu lugar.)

A Vitória sobre Seom, Rei de Hesbom

²⁴ " 'Vão agora e atravessem o ribeiro do Arnom. Vejam que eu entreguei em suas mãos o amorreu Seom, rei de Hesbom, e a terra dele. Comecem a ocupação, entrem em guerra contra ele. ²⁵ Hoje mesmo começarei a infundir pavor e medo de vocês em todos os povos debaixo do céu. Quando ouvirem da fama de vocês, tremerão e ficarão angustiados.'

²⁶ "Do deserto de Quedemote enviei mensageiros a Seom, rei de Hesbom, oferecendo paz e dizendo: ²⁷ Deixa-nos passar pela tua terra. Iremos somente pela estrada; não nos desviaremos nem para a direita nem para a esquerda. ²⁸ Por prata nos venderás tanto a comida que comermos como a água que bebermos. Apenas deixa-nos passar a pé, ²⁹ como fizeram os descendentes de Esaú, que habitam em Seir, e os moabitas, que habitam em Ar. Assim chegaremos ao Jordão, e, atravessando-o, à terra que o Senhor, o nosso Deus, nos dá. ³⁰ Mas Seom, rei de Hesbom, não quis deixar-nos passar; pois o Senhor, o Deus de vocês, tornou-lhe obstinado o espírito e endureceu-lhe o coração, para entregá-lo nas mãos de vocês, como hoje se vê.

ª 2.23 Isto é, Creta.

³¹ "O Senhor me disse: 'Estou entregando a você Seom e sua terra. Comece a ocupação, tome posse da terra dele!'

³² "Então Seom saiu à batalha contra nós em Jaza, com todo o seu exército. ³³ Mas o Senhor, o nosso Deus, entregou-o a nós, e o derrotamos, a ele, aos seus filhos e a todo o seu exército. ³⁴ Naquela ocasião conquistamos todas as suas cidades e as destruímos totalmente, matando homens, mulheres e crianças, sem deixar nenhum sobrevivente. ³⁵ Tomamos como presa somente os animais e o despojo das cidades que conquistamos. ³⁶ Desde Aroer, junto ao ribeiro do Arnom, e a cidade que fica no mesmo vale, até Gileade, não houve cidade de muros altos demais para nós. O Senhor, o nosso Deus, entregou-nos tudo. ³⁷ Somente da terra dos amonitas vocês não se aproximaram, ou seja, toda a extensão do vale do rio Jaboque e as cidades da região montanhosa, conforme o Senhor, o nosso Deus, tinha ordenado.

A Vitória sobre Ogue, Rei de Basã

3 "Depois, voltamos e subimos rumo a Basã. Ogue, rei de Basã, atacou-nos com todo o seu exército, em Edrei. ² O Senhor me disse: 'Não tenha medo dele, pois eu o entreguei em suas mãos, com todo o seu exército, e dei a você também a terra dele. Você fará com ele como fez com Seom, rei dos amorreus, que habitava em Hesbom'.

³ "Então o Senhor, o nosso Deus, também entregou em nossas mãos Ogue, rei de Basã, e todo o seu exército. Nós os derrotamos, sem deixar nenhum sobrevivente. ⁴ Naquela ocasião, conquistamos todas as suas cidades. Não houve cidade que não tomássemos. Foram sessenta em toda a região de Argobe, o reino de Ogue, em Basã. ⁵ Todas elas eram fortificadas com muros altos, portas e trancas. Além delas havia muitas cidades sem muros. ⁶ Nós as destruímos completamente, tal como havíamos feito com Seom, rei de Hesbom, destruindo todas as cidades, matando também os homens, as mulheres e as crianças. ⁷ Mas os animais todos e o despojo das cidades tomamos como espólio de guerra.

⁸ "Foi assim que, naquela ocasião, tomamos desses dois reis amorreus o território a leste do Jordão, que vai desde o ribeiro do Arnom até o monte Hermom. ⁹ (Os sidônios chamam o Hermom de Siriom; os amorreus o chamam Senir.) ¹⁰ Conquistamos todas as cidades do

planalto, toda a Gileade, e também toda a Basã, até Salcá e Edrei, cidades do reino de Ogue, em Basã. ¹¹ Ogue, rei de Basã, era o único sobrevivente dos refains. Sua cama*ᵃ* era de ferro e tinha, pela medida comum, quatro metros de comprimento e um metro e oitenta centímetros de largura*ᵇ*. Ela ainda está em Rabá dos amonitas.

A Divisão da Terra

¹² "Da terra da qual tomamos posse naquela época, o território que vai de Aroer, junto ao ribeiro do Arnom, até mais da metade dos montes de Gileade com as suas cidades, dei-o às tribos de Rúben e de Gade. ¹³ O restante de Gileade e também toda a Basã, o reino de Ogue, dei-o à metade da tribo de Manassés. (Toda a região de Argobe em Basã era conhecida no passado como a terra dos refains. ¹⁴ Jair, um descendente de Manassés, conquistou toda a região de Argobe até a fronteira dos gesuritas e dos maacatitas; essa região recebeu o seu nome, de modo que até hoje Basã é chamada povoados de Jair.) ¹⁵ E dei Gileade a Maquir. ¹⁶ Às tribos de Rúben e de Gade dei a região que vai de Gileade até o ribeiro do Arnom (a fronteira passava bem no meio do vale) e até o vale do Jaboque, na fronteira dos amonitas. ¹⁷ Dei-lhes também a Arabá, tendo como fronteira ocidental o Jordão, desde Quinerete até o mar da Arabá, que é o mar Salgado*ᶜ*, abaixo das encostas do Pisga.

¹⁸ "Naquela ocasião eu ordenei o seguinte a vocês: O Senhor, o Deus de vocês, deu esta terra para que dela tomem posse. Todos os guerreiros devem marchar à frente dos seus irmãos israelitas, armados para a guerra! ¹⁹ Deixem nas cidades que dei a vocês as mulheres, as crianças e os grandes rebanhos, que eu sei que vocês possuem, ²⁰ até que o Senhor conceda descanso aos seus outros irmãos israelitas como deu a vocês, e tomem eles posse da terra que o Senhor, o Deus de vocês, está dando a eles do outro lado do Jordão. Depois vocês poderão retornar, cada um à propriedade que recebeu.

²¹ "Naquela ocasião também ordenei a Josué: Você viu com os seus próprios olhos tudo o que o Senhor, o Deus de vocês, fez com estes dois reis. Assim o Senhor fará com todos os reinos pelos quais vocês terão que passar. ²² Não tenham medo deles. O Senhor, o seu Deus, é quem lutará por vocês.

Moisés É Impedido de Entrar em Canaã

²³ "Naquela ocasião implorei ao Senhor: ²⁴ Ó Soberano Senhor, tu começaste a mostrar ao teu servo a tua grandeza e a tua mão poderosa! Que Deus existe no céu ou na terra que possa realizar as tuas obras e os teus feitos poderosos? ²⁵ Deixa-me atravessar, eu te suplico, e ver a boa terra do outro lado do Jordão, a bela região montanhosa e o Líbano!

²⁶ "Todavia, por causa de vocês, o Senhor irou-se contra mim e não quis me atender. 'Basta!', ele disse. 'Não me fale mais sobre isso. ²⁷ Suba ao ponto mais alto do Pisga e olhe para o norte, para o sul, para o leste, e para o oeste. Veja a terra com os seus próprios olhos, pois você não atravessará o Jordão. ²⁸ Portanto, dê ordens a Josué, fortaleça-o e encoraje-o; porque será ele que atravessará à frente deste povo, e lhes repartirá por herança a terra que você apenas verá.'

²⁹ "Então ficamos acampados no vale, diante de Bete-Peor.

Exortação à Obediência

4 "E agora, ó Israel, ouça os decretos e as leis que estou ensinando vocês a cumprir, para que vivam e tomem posse da terra, que o Senhor, o Deus dos seus antepassados, dá a vocês. ² Nada acrescentem às palavras que eu ordeno a vocês e delas nada retirem, mas obedeçam aos mandamentos do Senhor, o seu Deus, que eu ordeno a vocês.

³ "Vocês viram com os seus próprios olhos o que o Senhor fez em Baal-Peor. O Senhor, o seu Deus, destruiu do meio de vocês todos os que seguiram a Baal-Peor, ⁴ mas vocês, que permaneceram fiéis ao Senhor, o seu Deus, hoje estão todos vivos.

⁵ "Eu ensinei a vocês decretos e leis, como me ordenou o Senhor, o meu Deus, para que sejam cumpridos na terra na qual vocês estão entrando para dela tomar posse. ⁶ Vocês devem obedecer-lhes e cumpri-los, pois assim os outros povos verão a sabedoria e o discernimento de vocês. Quando eles ouvirem todos estes decretos, dirão: 'De fato esta grande nação é um povo sábio e inteligente'. ⁷ Pois, que

---

ᵃ **3.11** Ou *sarcófago*
ᵇ **3.11** Hebraico: *9 côvados de comprimento e 4 côvados de largura*. O côvado era uma medida linear de cerca de 45 centímetros.
ᶜ **3.17** Isto é, o mar Morto.

grande nação tem um Deus tão próximo como o Senhor, o nosso Deus, sempre que o invocamos? ⁸ Ou, que grande nação tem decretos e preceitos tão justos como esta lei que estou apresentando a vocês hoje?

⁹ "Apenas tenham cuidado! Tenham muito cuidado para que vocês nunca se esqueçam das coisas que os seus olhos viram; conservem-nas por toda a sua vida na memória. Contem-nas a seus filhos e a seus netos. ¹⁰ Lembrem-se do dia em que vocês estiveram diante do Senhor, o seu Deus, em Horebe, quando o Senhor me disse: 'Reúna o povo diante de mim para ouvir as minhas palavras, a fim de que aprendam a me temer enquanto viverem sobre a terra, e as ensinem a seus filhos'. ¹¹ Vocês se aproximaram e ficaram ao pé do monte. O monte ardia em chamas que subiam até o céu, e estava envolvido por uma nuvem escura e densa. ¹² Então o Senhor falou a vocês do meio do fogo. Vocês ouviram as palavras, mas não viram forma alguma; apenas se ouvia a voz. ¹³ Ele lhes anunciou a sua aliança, os Dez Mandamentos. Escreveu-os sobre duas tábuas de pedra e ordenou que os cumprissem. ¹⁴ Naquela ocasião, o Senhor mandou-me ensinar a vocês decretos e leis para que vocês os cumprissem na terra da qual vão tomar posse.

A Proibição da Idolatria

¹⁵ "No dia em que o Senhor falou a vocês do meio do fogo em Horebe, vocês não viram forma alguma. Portanto, tenham muito cuidado, ¹⁶ para que não se corrompam fazendo para si um ídolo, uma imagem de alguma forma semelhante a homem ou mulher, ¹⁷ ou a qualquer animal da terra, a qualquer ave que voa no céu, ¹⁸ a qualquer criatura que se move rente ao chão ou a qualquer peixe que vive nas águas debaixo da terra. ¹⁹ E para que, ao erguerem os olhos ao céu e virem o sol, a lua e as estrelas, todos os corpos celestes, vocês não se desviem e se prostrem diante deles e prestem culto àquilo que o Senhor, o seu Deus, distribuiu a todos os povos debaixo do céu. ²⁰ A vocês, porém, o Senhor tomou e tirou da fornalha de fundir ferro, do Egito, para serem o povo de sua herança, como hoje se pode ver.

²¹ "O Senhor irou-se contra mim por causa de vocês e jurou que eu não atravessaria o Jordão e não entraria na boa terra que o Senhor, o seu Deus, está dando a vocês por herança. ²² Eu morrerei nesta terra; não atravessarei o Jordão. Mas vocês atravessarão e tomarão posse daquela boa terra. ²³ Tenham o cuidado de não esquecer a aliança que o Senhor, o seu Deus, fez com vocês; não façam para si ídolo algum com a forma de qualquer coisa que o Senhor, o seu Deus, proibiu. ²⁴ Pois o Senhor, o seu Deus, é Deus zeloso; é fogo consumidor.

²⁵ "Quando vocês tiverem filhos e netos e já estiverem há muito tempo na terra e se corromperem e fizerem ídolos de qualquer tipo, fazendo o que o Senhor, o seu Deus, reprova, provocando a sua ira, ²⁶ invoco hoje o céu e a terra como testemunhas contra vocês de que vocês serão rapidamente eliminados da terra, da qual estão tomando posse ao atravessar o Jordão. Vocês não viverão muito ali; serão totalmente destruídos. ²⁷ O Senhor os espalhará entre os povos, e restarão apenas alguns de vocês no meio das nações às quais o Senhor os levará. ²⁸ Lá vocês prestarão culto a deuses de madeira e de pedra, deuses feitos por mãos humanas, deuses que não podem ver, nem ouvir, nem comer, nem cheirar. ²⁹ E lá procurarão o Senhor, o seu Deus, e o acharão, se o procurarem de todo o seu coração e de toda a sua alma. ³⁰ Quando vocês estiverem sofrendo e todas essas coisas tiverem acontecido com vocês, então, em dias futuros, vocês voltarão para o Senhor, o seu Deus, e lhe obedecerão. ³¹ Pois o Senhor, o seu Deus, é Deus misericordioso; ele não os abandonará, nem os destruirá, nem se esquecerá da aliança que com juramento fez com os seus antepassados.

O Senhor é Deus

³² "Perguntem, agora, aos tempos antigos, antes de vocês existirem, desde o dia em que Deus criou o homem sobre a terra; perguntem de um lado ao outro do céu: Já aconteceu algo tão grandioso ou já se ouviu algo parecido? ³³ Que povo ouviu a voz de Deus[a] falando do meio do fogo, como vocês ouviram, e continua vivo? ³⁴ Ou que deus decidiu tirar uma nação do meio de outra para lhe pertencer, com provas, sinais, maravilhas e lutas, com mão poderosa e braço forte, e com feitos temíveis e grandiosos, conforme tudo o que o Senhor fez por vocês no Egito, como vocês viram com os seus próprios olhos?

³⁵ "Tudo isso foi mostrado a vocês para que soubessem que o Senhor é Deus e que não

---

[a] 4.33 Ou *de um deus*

há outro além dele. ³⁶ Do céu ele fez com que vocês ouvissem a sua voz, para discipliná-los. Na terra, mostrou a vocês o seu grande fogo, e vocês ouviram as suas palavras vindas do meio do fogo. ³⁷ E porque amou os seus antepassados e escolheu a descendência deles, ele foi em pessoa tirá-los do Egito com o seu grande poder, ³⁸ para expulsar de diante de vocês nações maiores e mais fortes, a fim de fazê-los entrar e possuir como herança a terra delas, como hoje se vê.

³⁹ "Reconheçam isso hoje, e ponham no coração que o Senhor é Deus em cima nos céus e embaixo na terra. Não há nenhum outro. ⁴⁰ Obedeçam aos seus decretos e mandamentos que hoje eu ordeno a vocês, para que tudo vá bem com vocês e com seus descendentes e para que vivam muito tempo na terra que o Senhor, o seu Deus, dá a vocês para sempre".

As Cidades de Refúgio

⁴¹ Então Moisés separou três cidades a leste do Jordão, ⁴² para onde poderia fugir quem tivesse matado alguém sem intenção e sem premeditação. O perseguido poderia fugir para uma dessas cidades a fim de salvar sua vida. ⁴³ As cidades eram as seguintes: Bezer, no planalto do deserto, para a tribo de Rúben; Ramote, em Gileade, para a tribo de Gade; e Golã, em Basã, para a tribo de Manassés.

A Introdução da Lei

⁴⁴ Esta é a lei que Moisés apresentou aos israelitas. ⁴⁵ Estes são os mandamentos, os decretos e as ordenanças que Moisés promulgou como leis para os israelitas quando saíram do Egito. ⁴⁶ Estavam do outro lado do Jordão, no vale fronteiro a Bete-Peor, na terra de Seom, rei dos amorreus, que habitava em Hesbom, a quem Moisés e os israelitas derrotaram quando saíram do Egito. ⁴⁷ Eles tomaram posse da terra dele e da terra de Ogue, rei de Basã, os dois reis amorreus que viviam a leste do Jordão. ⁴⁸ Essa terra estendia-se desde Aroer, na margem do ribeiro do Arnom, até o monte Siom^a, isto é, o Hermom, ⁴⁹ e incluía toda a região da Arabá, a leste do Jordão, até o mar da Arabá^b, abaixo das encostas do Pisga.

Os Dez Mandamentos

5 Então Moisés convocou todo o Israel e lhe disse:

"Ouça, ó Israel, os decretos e as ordenanças que hoje estou anunciando a você. Aprenda-os e tenha o cuidado de cumpri-los. ² O Senhor, o nosso Deus, fez conosco uma aliança em Horebe. ³ Não foi com os nossos antepassados que o Senhor fez essa aliança, mas conosco, com todos nós que hoje estamos vivos aqui. ⁴ O Senhor falou com você face a face, do meio do fogo, no monte. ⁵ Naquela ocasião, eu fiquei entre o Senhor e você para declarar-lhe a palavra do Senhor, porque você teve medo do fogo e não subiu o monte. E ele disse:

⁶ 'Eu sou o Senhor, o teu Deus, que te tirei do Egito, da terra da escravidão.

⁷ " 'Não terás outros deuses além de mim.

⁸ " 'Não farás para ti nenhum ídolo, nenhuma imagem de qualquer coisa no céu, na terra ou nas águas debaixo da terra. ⁹ Não te prostrarás diante deles nem lhes prestarás culto, porque eu, o Senhor, o teu Deus, sou Deus zeloso, que castigo os filhos pelo pecado de seus pais até a terceira e quarta geração daqueles que me desprezam, ¹⁰ mas trato com bondade até mil gerações os^c que me amam e obedecem aos meus mandamentos.

¹¹ " 'Não tomarás em vão o nome do Senhor, o teu Deus, pois o Senhor não deixará impune quem usar o seu nome em vão.

¹² " 'Guardarás o dia de sábado a fim de santificá-lo, conforme o Senhor, o teu Deus, te ordenou. ¹³ Trabalharás seis dias e neles farás todos os teus trabalhos, ¹⁴ mas o sétimo dia é um sábado para o Senhor, o teu Deus. Nesse dia não farás trabalho algum, nem tu nem teu filho ou filha, nem o teu servo ou serva, nem o teu boi, teu jumento ou qualquer dos teus animais, nem o estrangeiro que estiver em tua propriedade; para que o teu servo e a tua serva descansem como tu.

¹⁵ Lembra-te de que foste escravo no Egito e que o Senhor, o teu Deus, te tirou de lá com mão poderosa e com braço forte. Por isso o Senhor, o teu Deus, te ordenou que guardes o dia de sábado.

¹⁶ " 'Honra teu pai e tua mãe, como te ordenou o Senhor, o teu Deus, para que tenhas longa vida e tudo te vá bem na terra que o Senhor, o teu Deus, te dá.

¹⁷ 'Não matarás.

¹⁸ 'Não adulterarás.

¹⁹ 'Não furtarás.

---

^{a} **4.48** A Versão Siríaca diz *Siriom*. Veja Dt 3.9.
^{b} **4.49** Isto é, o mar Morto.
^{c} **5.10** Ou *até milhares os que*

²⁰ " 'Não darás falso testemunho contra o teu próximo.
²¹ " 'Não cobiçarás a mulher do teu próximo. Não desejarás a casa do teu próximo, nem sua propriedade, nem seu servo ou serva, nem seu boi ou jumento, nem coisa alguma que lhe pertença'.

²² "Essas foram as palavras que o Senhor falou a toda a assembleia de vocês, em alta voz, no monte, do meio do fogo, da nuvem e da densa escuridão; e nada mais acrescentou. Então as escreveu em duas tábuas de pedra e as deu a mim.

²³ "Quando vocês ouviram a voz que vinha do meio da escuridão, estando o monte em chamas, aproximaram-se de mim todos os chefes das tribos de vocês, com as suas autoridades. ²⁴ E vocês disseram: 'O Senhor, o nosso Deus, mostrou-nos sua glória e sua majestade, e nós ouvimos a sua voz vinda de dentro do fogo. Hoje vimos que Deus fala com o homem e que este ainda continua vivo! ²⁵ Mas, agora, por que deveríamos morrer? Este grande fogo por certo nos consumirá. Se continuarmos a ouvir a voz do Senhor, o nosso Deus, morreremos. ²⁶ Pois, que homem mortal chegou a ouvir a voz do Deus vivo falando de dentro do fogo, como nós o ouvimos, e sobreviveu? ²⁷ Aproxime-se você, Moisés, e ouça tudo o que o Senhor, o nosso Deus, disser; você nos relatará tudo o que o Senhor, o nosso Deus, lhe disser. Nós ouviremos e obedeceremos'.

²⁸ "O Senhor ouviu quando vocês me falaram e me disse: 'Ouvi o que este povo disse a você, e eles têm razão em tudo o que disseram. ²⁹ Quem dera eles tivessem sempre no coração esta disposição para temer-me e para obedecer a todos os meus mandamentos. Assim tudo iria bem com eles e com seus descendentes para sempre!
³⁰ " 'Vá, diga-lhes que voltem às suas tendas. ³¹ Você ficará aqui comigo, e anunciarei a você toda a lei, isto é, os decretos e as ordenanças que você lhes ensinará e que eles deverão cumprir na terra que eu dou a eles como propriedade'.

³² "Por isso, tenham o cuidado de fazer tudo como o Senhor, o seu Deus, ordenou a vocês; não se desviem, nem para a direita, nem para a esquerda. ³³ Andem sempre pelo caminho que o Senhor, o seu Deus, ordenou a vocês, para que tenham vida, tudo vá bem com vocês e os seus dias se prolonguem na terra da qual tomarão posse.

O Grande Mandamento: Amar a Deus

6 "Esta é a lei, isto é, os decretos e as ordenanças, que o Senhor, o seu Deus, ordenou que eu ensinasse a vocês, para que vocês os cumpram na terra para a qual estão indo para dela tomar posse. ² Desse modo vocês, seus filhos e seus netos temerão o Senhor, o seu Deus, e obedecerão a todos os seus decretos e mandamentos, que eu lhes ordeno, todos os dias da sua vida, para que tenham vida longa. ³ Ouça e obedeça, ó Israel! Assim tudo lhe irá bem e você será muito numeroso numa terra onde há leite e mel com fartura, como lhe prometeu o Senhor, o Deus dos seus antepassados.

⁴ "Ouça, ó Israel: O Senhor, o nosso Deus, é o único Senhor.[a] ⁵ Ame o Senhor, o seu Deus, de todo o seu coração, de toda a sua alma e de todas as suas forças. ⁶ Que todas estas palavras que hoje lhe ordeno estejam em seu coração. ⁷ Ensine-as com persistência a seus filhos. Converse sobre elas quando estiver sentado em casa, quando estiver andando pelo caminho, quando se deitar e quando se levantar. ⁸ Amarre-as como um sinal nos braços e prenda-as na testa. ⁹ Escreva-as nos batentes das portas de sua casa e em seus portões.

Exortação à Obediência

¹⁰ "O Senhor, o seu Deus, os conduzirá à terra que jurou aos seus antepassados, Abraão, Isaque e Jacó, dar a vocês, terra com grandes e boas cidades que vocês não construíram, ¹¹ com casas cheias de tudo o que há de melhor, de coisas que vocês não produziram, com cisternas que vocês não cavaram, com vinhas e oliveiras que vocês não plantaram. Quando isso acontecer, e vocês comerem e ficarem satisfeitos, ¹² tenham cuidado! Não esqueçam o Senhor que os tirou do Egito, da terra da escravidão. ¹³ Temam o Senhor, o seu Deus e só a ele prestem culto e jurem somente pelo seu nome. ¹⁴ Não sigam outros deuses, os deuses dos povos ao redor; ¹⁵ pois o Senhor, o seu Deus, que está no meio de vocês, é Deus zeloso; a ira do Senhor, o seu Deus, se acenderá contra vocês, e ele os banirá da face da terra. ¹⁶ Não ponham à prova o Senhor, o seu Deus, como fizeram em Massá. ¹⁷ Obedeçam cuidadosamente aos mandamentos do Senhor, o seu Deus, e aos

---

[a] 6.4 Ou *O Senhor, o nosso Deus, é um só Senhor*; ou *O Senhor é nosso Deus, o Senhor é um só*; ou ainda *O Senhor é nosso Deus, o Senhor somente*.

preceitos e decretos que ele ordenou a vocês. ¹⁸ Façam o que é justo e bom perante o Senhor, para que tudo vá bem com vocês e vocês entrem e tomem posse da boa terra que o Senhor prometeu, sob juramento, a seus antepassados, ¹⁹ expulsando todos os seus inimigos de diante de vocês, conforme o Senhor prometeu.

²⁰ "No futuro, quando os seus filhos perguntarem a vocês: 'O que significam estes preceitos, decretos e ordenanças que o Senhor, o nosso Deus, ordenou a vocês?' ²¹ Vocês lhes responderão: 'Fomos escravos do faraó no Egito, mas o Senhor nos tirou de lá com mão poderosa. ²² O Senhor realizou, diante dos nossos olhos, sinais e maravilhas grandiosas e terríveis contra o Egito e contra o faraó e toda a sua família. ²³ Mas ele nos tirou do Egito para nos trazer para cá e nos dar a terra que, sob juramento, prometeu a nossos antepassados. ²⁴ O Senhor nos ordenou que obedecêssemos a todos estes decretos e que temêssemos o Senhor, o nosso Deus, para que sempre fôssemos bem-sucedidos e que fôssemos preservados em vida, como hoje se pode ver. ²⁵ E, se nós nos aplicarmos a obedecer a toda esta lei perante o Senhor, o nosso Deus, conforme ele nos ordenou, esta será a nossa justiça'.

As Nações Idólatras Serão Expulsas

7 "Quando o Senhor, o seu Deus, os fizer entrar na terra, para a qual vocês estão indo para dela tomarem posse, ele expulsará de diante de vocês muitas nações: os hititas, os girgaseus, os amorreus, os cananeus, os ferezeus, os heveus e os jebuseus. São sete nações maiores e mais fortes do que vocês; ² e quando o Senhor, o seu Deus, as tiver dado a vocês, e vocês as tiverem derrotado, então vocês as destruirão totalmente. Não façam com elas tratado algum e não tenham piedade delas. ³ Não se casem com pessoas de lá. Não deem suas filhas aos filhos delas, nem tomem as filhas delas para os seus filhos, ⁴ pois elas desviariam seus filhos de seguir-me para servir a outros deuses e, por causa disso, a ira do Senhor se acenderia contra vocês e rapidamente os destruiria. ⁵ Assim vocês tratarão essas nações: derrubem os seus altares, quebrem as suas colunas sagradas, cortem os seus postes sagrados e queimem os seus ídolos. ⁶ Pois vocês são um povo santo para o Senhor, o seu Deus. O Senhor, o seu Deus, os escolheu dentre todos os povos da face da terra para ser o seu povo, o seu tesouro pessoal.

⁷ "O Senhor não se afeiçoou a vocês nem os escolheu por serem mais numerosos do que os outros povos, pois vocês eram o menor de todos os povos. ⁸ Mas foi porque o Senhor os amou e por causa do juramento que fez aos seus antepassados. Por isso ele os tirou com mão poderosa e os redimiu da terra da escravidão, do poder do faraó, rei do Egito. ⁹ Saibam, portanto, que o Senhor, o seu Deus, é Deus; ele é o Deus fiel, que mantém a aliança e a bondade por mil gerações daqueles que o amam e obedecem aos seus mandamentos. ¹⁰ Mas àqueles que o desprezam, retribuirá com destruição; ele não demora em retribuir àqueles que o desprezam. ¹¹ Obedeçam, pois, à lei, isto é, aos decretos e às ordenanças que hoje ordeno a vocês.

As Bênçãos da Obediência

¹² "Se vocês obedecerem a essas ordenanças, as guardarem e as cumprirem, então o Senhor, o seu Deus, manterá com vocês a aliança e a bondade que prometeu sob juramento aos seus antepassados. ¹³ Ele os amará, os abençoará e fará com que vocês se multipliquem. Ele abençoará os seus filhos e os frutos da sua terra: o cereal, o vinho novo e o azeite, as crias das vacas e das ovelhas, na terra que aos seus antepassados jurou dar a vocês. ¹⁴ Vocês serão mais abençoados do que qualquer outro povo! Nenhum dos seus homens ou mulheres será estéril, nem mesmo os animais do seu rebanho. ¹⁵ O Senhor os guardará de todas as doenças. Não infligirá a vocês as doenças terríveis que, como sabem, atingiram o Egito, mas as infligirá a todos os seus inimigos. ¹⁶ Vocês destruirão todos os povos que o Senhor, o seu Deus, entregar a vocês. Não olhem com piedade para eles, nem sirvam aos seus deuses, pois isso seria uma armadilha para vocês.

¹⁷ "Talvez vocês digam a si mesmos: 'Essas nações são mais fortes do que nós. Como poderemos expulsá-las?' ¹⁸ Não tenham medo delas! Lembrem-se bem do que o Senhor, o seu Deus, fez ao faraó e a todo o Egito. ¹⁹ Vocês viram com os seus próprios olhos as grandes provas, os sinais miraculosos e as maravilhas, a mão poderosa e o braço forte com que o Senhor, o seu Deus, os tirou de lá. O Senhor, o seu Deus, fará o mesmo com todos os povos que agora vocês temem. ²⁰ Além disso, o Senhor, o seu Deus, causará pânico[a] entre eles até destruir o

---

[a] **7.20** Ou *mandará vespas*; ou ainda *a praga*

restante deles, os que se esconderem de vocês. ²¹ Não fiquem apavorados por causa deles, pois o Senhor, o seu Deus, que está com vocês, é Deus grande e temível. ²² O Senhor, o seu Deus, expulsará, aos poucos, essas nações de diante de vocês. Vocês não deverão eliminá-las de uma só vez, senão os animais selvagens se multiplicarão, ameaçando-os. ²³ Mas o Senhor, o seu Deus, as entregará a vocês, lançando-as em grande confusão, até que sejam destruídas. ²⁴ Ele entregará nas mãos de vocês os reis dessas nações, e vocês apagarão o nome deles de debaixo do céu. Ninguém conseguirá resistir a vocês até que os tenham destruído. ²⁵ Vocês queimarão as imagens dos deuses dessas nações. Não cobicem a prata e o ouro de que são revestidas; isso seria uma armadilha para vocês. Para o Senhor, o seu Deus, isso é detestável. ²⁶ Não levem coisa alguma que seja detestável para dentro de casa, senão também vocês serão separados para a destruição. Considerem tudo isso proibido e detestem-no totalmente, pois está separado para a destruição.

A Disciplina do Senhor no Caminho para a Boa Terra

8 "Tenham o cuidado de obedecer a toda a lei que eu hoje ordeno a vocês, para que vocês vivam, multipliquem-se e tomem posse da terra que o Senhor prometeu, com juramento, aos seus antepassados.

² "Lembrem-se de como o Senhor, o seu Deus, os conduziu por todo o caminho no deserto, durante estes quarenta anos, para humilhá-los e pô-los à prova, a fim de conhecer suas intenções, se iriam obedecer aos seus mandamentos ou não. ³ Assim, ele os humilhou e os deixou passar fome. Mas depois os sustentou com maná, que nem vocês nem os seus antepassados conheciam, para mostrar a vocês que nem só de pão viverá o homem, mas de toda palavra que procede da boca do Senhor. ⁴ As roupas de vocês não se gastaram e os seus pés não incharam durante esses quarenta anos. ⁵ Saibam, pois, em seu coração que, assim como um homem disciplina o seu filho, da mesma forma o Senhor, o seu Deus, os disciplina.

⁶ "Obedeçam aos mandamentos do Senhor, o seu Deus, andando em seus caminhos e dele tendo temor. ⁷ Pois o Senhor, o seu Deus, os está levando a uma boa terra, cheia de riachos e tanques de água, de fontes que jorram nos vales e nas colinas; ⁸ terra de trigo e cevada, videiras e figueiras, de romãzeiras, azeite de oliva e mel; ⁹ terra onde não faltará pão e onde não terão falta de nada; terra onde as rochas têm ferro e onde vocês poderão extrair cobre das colinas.

Advertência contra a Ingratidão

¹⁰ "Depois que tiverem comido até ficarem satisfeitos, louvem o Senhor, o seu Deus, pela boa terra que deu a vocês. ¹¹ Tenham o cuidado de não se esquecer do Senhor, o seu Deus, deixando de obedecer aos seus mandamentos, às suas ordenanças e aos seus decretos que hoje ordeno a vocês. ¹² Não aconteça que, depois de terem comido até ficarem satisfeitos, de terem construído boas casas e nelas morado, ¹³ de aumentarem os seus rebanhos, a sua prata e o seu ouro e todos os seus bens, ¹⁴ o seu coração fique orgulhoso e vocês se esqueçam do Senhor, o seu Deus, que os tirou do Egito, da terra da escravidão. ¹⁵ Ele os conduziu pelo imenso e pavoroso deserto, por aquela terra seca e sem água, de serpentes e escorpiões venenosos. Ele tirou água da rocha para vocês ¹⁶ e os sustentou no deserto com maná, que os seus antepassados não conheciam, para humilhá-los e prová-los, a fim de que tudo fosse bem com vocês. ¹⁷ Não digam, pois, em seu coração: 'A minha capacidade e a força das minhas mãos ajuntaram para mim toda esta riqueza'. ¹⁸ Mas, lembrem-se do Senhor, o seu Deus, pois é ele que dá a vocês a capacidade de produzir riqueza, confirmando a aliança que jurou aos seus antepassados, conforme hoje se vê.

¹⁹ "Mas, se vocês se esquecerem do Senhor, o seu Deus, e seguirem outros deuses, prestando-lhes culto e curvando-se diante deles, asseguro-lhes hoje que vocês serão destruídos. ²⁰ Por não obedecerem ao Senhor, o seu Deus, vocês serão destruídos como o foram as outras nações que o Senhor destruiu perante vocês.

O Mérito Não Foi de Israel

9 "Ouça, ó Israel: Hoje você está atravessando o Jordão para entrar na terra e conquistar nações maiores e mais poderosas do que você, as quais têm cidades grandes, com muros que vão até o céu. ² O povo é forte e alto. São enaquins! Você já ouviu falar deles e até conhece o que se diz: 'Quem é capaz de resistir aos enaquins?' ³ Esteja, hoje, certo de que o Senhor, o seu Deus, ele mesmo, vai adiante de você como fogo consumidor. Ele os exterminará e os subjugará diante de você.

E você os expulsará e os destruirá, como o Senhor lhe prometeu.

⁴ "Depois que o Senhor, o seu Deus, os tiver expulsado da presença de você, não diga: 'O Senhor me trouxe aqui para tomar posse desta terra por causa da minha justiça'. Não! É devido à impiedade destas nações que o Senhor vai expulsá-las da presença de você. ⁵ Não é por causa de sua justiça ou de sua retidão que você conquistará a terra delas. Mas é por causa da maldade destas nações que o Senhor, o seu Deus, as expulsará de diante de você, para cumprir a palavra que o Senhor prometeu, sob juramento, aos seus antepassados, Abraão, Isaque e Jacó. ⁶ Portanto, esteja certo de que não é por causa de sua justiça que o Senhor, o seu Deus, lhe dá esta boa terra para dela tomar posse, pois você é um povo obstinado.

O Bezerro de Ouro

⁷ "Lembrem-se disto e jamais esqueçam como vocês provocaram a ira do Senhor, o seu Deus, no deserto. Desde o dia em que saíram do Egito até chegarem aqui, vocês têm sido rebeldes contra o Senhor. ⁸ Até mesmo em Horebe vocês provocaram a ira do Senhor, e ele ficou furioso, ao ponto de querer exterminá-los. ⁹ Quando subi o monte para receber as tábuas de pedra, as tábuas da aliança que o Senhor tinha feito com vocês, fiquei no monte quarenta dias e quarenta noites; não comi pão, nem bebi água. ¹⁰ O Senhor me deu as duas tábuas de pedra escritas pelo dedo de Deus. Nelas estavam escritas todas as palavras que o Senhor proclamou a vocês no monte, de dentro do fogo, no dia da assembleia.

¹¹ "Passados os quarenta dias e quarenta noites, o Senhor me deu as duas tábuas de pedra, as tábuas da aliança, ¹² e me disse: 'Desça imediatamente, pois o seu povo, que você tirou do Egito, corrompeu-se. Eles se afastaram bem depressa do caminho que eu lhes ordenei e fizeram um ídolo de metal para si'.

¹³ "E o Senhor me disse: 'Vejo que este povo é realmente um povo obstinado! ¹⁴ Deixe que eu os destrua e apague o nome deles de debaixo do céu. E farei de você uma nação mais forte e mais numerosa do que eles'.

¹⁵ "Então voltei e desci do monte, enquanto este ardia em chamas. E as duas tábuas da aliança estavam em minhas mãos.ᵃ ¹⁶ E vi que vocês tinham pecado contra o Senhor, o seu Deus. Fizeram para si um ídolo de metal em forma de bezerro. Bem depressa vocês se desviaram do caminho que o Senhor, o Deus de vocês, tinha ordenado a vocês. ¹⁷ Então peguei as duas tábuas e as lancei das minhas mãos, quebrando-as diante dos olhos de vocês.

¹⁸ "Depois prostrei-me perante o Senhor outros quarenta dias e quarenta noites; não comi pão, nem bebi água, por causa do grande pecado que vocês tinham cometido, fazendo o que o Senhor reprova, provocando a ira dele. ¹⁹ Tive medo da ira e do furor do Senhor, pois ele estava irado ao ponto de destruí-los, mas de novo o Senhor me escutou. ²⁰ O Senhor irou-se contra Arão a ponto de querer destruí-lo, mas naquela ocasião também orei por Arão. ²¹ Então peguei o bezerro, o bezerro do pecado de vocês, e o queimei no fogo; depois o esmigalhei e o moí até virar pó e o joguei no riacho que desce do monte.

²² "Além disso, vocês tornaram a provocar a ira do Senhor em Taberá, em Massá e em Quibrote-Hataavá.

²³ "E, quando o Senhor os enviou de Cades-Barneia, disse: 'Entrem lá e tomem posse da terra que dei a vocês'. Mas vocês se rebelaram contra a ordem do Senhor, o seu Deus. Não confiaram nele, nem lhe obedeceram. ²⁴ Vocês têm sido rebeldes contra o Senhor desde que os conheço.

²⁵ "Fiquei prostrado perante o Senhor durante aqueles quarenta dias e quarenta noites porque o Senhor tinha dito que ia destruí-los. ²⁶ Foi quando orei ao Senhor, dizendo: Ó Soberano Senhor, não destruas o teu povo, a tua própria herança! Tu o redimiste com a tua grandeza e o tiraste da terra do Egito com mão poderosa. ²⁷ Lembra-te de teus servos Abraão, Isaque e Jacó. Não leves em conta a obstinação deste povo, a sua maldade e o seu pecado, ²⁸ senão os habitantes da terra de onde nos tiraste dirão: 'Como o Senhor não conseguiu levá-los à terra que lhes havia prometido, e como ele os odiava, tirou-os para fazê-los morrer no deserto'. ²⁹ Mas eles são o teu povo, a tua herança, que tiraste do Egito com o teu grande poder e com o teu braço forte.

Tábuas Iguais às Primeiras

10 "Naquela ocasião o Senhor me ordenou: 'Corte duas tábuas de pedra, como as primeiras, e suba para encontrar-se comigo no

---

ᵃ **9.15** Ou *E eu tinha as duas tábuas da aliança comigo, uma em cada mão.*

monte. Faça também uma arca de madeira. ² Eu escreverei nas tábuas as palavras que estavam nas primeiras, que você quebrou, e você as colocará na arca'.

³ "Então fiz a arca de madeira de acácia, cortei duas tábuas de pedra como as primeiras e subi o monte com as duas tábuas nas mãos. ⁴ O Senhor escreveu nelas o que tinha escrito anteriormente, os Dez Mandamentos que havia proclamado a vocês no monte, do meio do fogo, no dia em que estavam todos reunidos. O Senhor as entregou a mim, ⁵ e eu voltei, desci do monte e coloquei as tábuas na arca que eu tinha feito. E lá ficaram, conforme o Senhor tinha ordenado.

⁶ (Os israelitas partiram dos poços dos jaacanitas e foram até Moserá. Ali Arão morreu e foi sepultado, e o seu filho Eleazar foi o seu sucessor como sacerdote. ⁷ Dali foram para Gudgodá e de lá para Jotbatá, terra de riachos. ⁸ Naquela ocasião o Senhor separou a tribo de Levi para carregar a arca da aliança do Senhor, para estar perante o Senhor a fim de ministrar e pronunciar bênçãos em seu nome, como se faz ainda hoje. ⁹ É por isso que os levitas não têm nenhuma porção de terra ou herança entre os seus irmãos; o Senhor é a sua herança, conforme o Senhor, o seu Deus, lhes prometeu.)

¹⁰ "Assim eu fiquei no monte quarenta dias e quarenta noites, como da primeira vez; e também desta vez o Senhor me atendeu e não quis destruí-los. ¹¹ 'Vá', o Senhor me disse. 'Conduza o povo em seu caminho, para que tome posse da terra que jurei aos seus antepassados dar a você.'

Exortação ao Temor do Senhor

¹² "E agora, ó Israel, que é que o Senhor, o seu Deus, pede a você, senão que tema o Senhor, o seu Deus, que ande em todos os seus caminhos, que o ame e que sirva ao Senhor, o seu Deus, de todo o seu coração e de toda a sua alma, ¹³ e que obedeça aos mandamentos e aos decretos do Senhor, que hoje dou a você para o seu próprio bem?

¹⁴ "Ao Senhor, o seu Deus, pertencem os céus e até os mais altos céus, a terra e tudo o que nela existe. ¹⁵ No entanto, o Senhor se afeiçoou aos seus antepassados e os amou, e a vocês, descendentes deles, escolheu entre todas as nações, como hoje se vê. ¹⁶ Sejam fiéis, de coração[a], à sua aliança; e deixem de ser obstinados. ¹⁷ Pois o Senhor, o seu Deus, é o Deus dos deuses e o Soberano dos soberanos, o grande Deus, poderoso e temível, que não age com parcialidade nem aceita suborno. ¹⁸ Ele defende a causa do órfão e da viúva e ama o estrangeiro, dando-lhe alimento e roupa. ¹⁹ Amem os estrangeiros, pois vocês mesmos foram estrangeiros no Egito. ²⁰ Temam o Senhor, o seu Deus, e sirvam-no. Apeguem-se a ele e façam os seus juramentos somente em nome dele. ²¹ Seja ele o motivo do seu louvor, pois ele é o seu Deus, que por vocês fez aquelas grandes e temíveis maravilhas que vocês viram com os próprios olhos. ²² Os seus antepassados que desceram ao Egito eram setenta ao todo, mas agora o Senhor, o seu Deus, os tornou tão numerosos quanto as estrelas do céu.

Exortação ao Amor e à Obediência

11 "Amem o Senhor, o seu Deus e obedeçam sempre aos seus preceitos, aos seus decretos, às suas ordenanças e aos seus mandamentos. ² Lembrem-se hoje de que não foram os seus filhos que experimentaram e viram a disciplina do Senhor, o seu Deus, a sua majestade, a sua mão poderosa, o seu braço forte. ³ Vocês viram os sinais que ele realizou e tudo o que fez no coração do Egito, tanto com o faraó, rei do Egito, quanto com toda a sua terra; ⁴ o que fez com o exército egípcio, com os seus cavalos e carros, como os surpreendeu com as águas do mar Vermelho, quando estavam perseguindo vocês, e como o Senhor os destruiu para sempre. ⁵ Vocês também viram o que ele fez por vocês no deserto até chegarem a este lugar, ⁶ e o que fez a Datã e a Abirão, filhos de Eliabe, da tribo de Rúben, quando a terra abriu a boca no meio de todo o Israel e os engoliu com suas famílias, suas tendas e tudo o que lhes pertencia. ⁷ Vocês mesmos viram com os seus próprios olhos todas essas coisas grandiosas que o Senhor fez.

⁸ "Obedeçam, portanto, a toda a lei que hoje estou dando a vocês, para que tenham forças para invadir e conquistar a terra para onde estão indo ⁹ e para que vivam muito tempo na terra que o Senhor jurou dar aos seus antepassados e aos descendentes deles, terra onde há leite e mel com fartura. ¹⁰ A terra da qual vocês vão tomar posse não é como a terra do Egito, de onde vocês vieram e onde plantavam as sementes e tinham que fazer a irrigação a pé,

---

[a] **10.16** Hebraico: *Circuncidem o coração de vocês.*

como numa horta. ¹¹ Mas a terra em que vocês, atravessando o Jordão, vão entrar para dela tomar posse, é terra de montes e vales, que bebe chuva do céu. ¹² É uma terra da qual o Senhor, o seu Deus, cuida; os olhos do Senhor, o seu Deus, estão continuamente sobre ela, do início ao fim do ano.

¹³ "Portanto, se vocês obedecerem fielmente aos mandamentos que hoje dou a vocês, amando o Senhor, o seu Deus, e servindo-o de todo o coração e de toda a alma, ¹⁴ então, no devido tempo, enviarei chuva sobre a sua terra, chuva de outono e de primavera, para que vocês recolham o seu cereal e tenham vinho novo e azeite. ¹⁵ Ela dará pasto nos campos para os seus rebanhos, e quanto a vocês, terão o que comer e ficarão satisfeitos.

¹⁶ "Por isso, tenham cuidado para não serem enganados e levados a desviar-se para adorar outros deuses e a prostrar-se perante eles. ¹⁷ Caso contrário, a ira do Senhor se acenderá contra vocês e ele fechará o céu para que não chova e para que a terra nada produza, e assim vocês logo desaparecerão da boa terra que o Senhor está dando a vocês. ¹⁸ Gravem estas minhas palavras no coração e na mente; amarrem-nas como sinal nas mãos e prendam-nas na testa. ¹⁹ Ensinem-nas a seus filhos, conversando a respeito delas quando estiverem sentados em casa e quando estiverem andando pelo caminho, quando se deitarem e quando se levantarem. ²⁰ Escrevam-nas nos batentes das portas de suas casas e nos seus portões, ²¹ para que, na terra que o Senhor jurou que daria aos seus antepassados, os seus dias e os dias dos seus filhos sejam muitos, sejam tantos como os dias durante os quais o céu está acima da terra.

²² "Se vocês obedecerem a todos os mandamentos que mando vocês cumprirem, amando o Senhor, o seu Deus, andando em todos os seus caminhos e apegando-se a ele, ²³ então o Senhor expulsará todas essas nações da presença de vocês, e vocês despojarão nações maiores e mais fortes do que vocês. ²⁴ Todo lugar onde vocês puserem os pés será de vocês. O seu território se estenderá do deserto do Líbano e do rio Eufrates ao mar Ocidental*ᵃ*. ²⁵ Ninguém conseguirá resisti-los. O Senhor, o seu Deus, conforme prometeu a vocês, trará pavor e medo de vocês a todos os povos daquela terra, aonde quer que vocês forem.

²⁶ "Prestem atenção! Hoje estou pondo diante de vocês a bênção e a maldição. ²⁷ Vocês terão bênção se obedecerem aos mandamentos do Senhor, o seu Deus, que hoje estou dando a vocês; ²⁸ mas terão maldição se desobedecerem aos mandamentos do Senhor, o seu Deus, e se afastarem do caminho que hoje ordeno a vocês, para seguir deuses desconhecidos. ²⁹ Quando o Senhor, o seu Deus, os tiver levado para a terra da qual vão tomar posse, vocês terão que proclamar a bênção no monte Gerizim e a maldição no monte Ebal. ³⁰ Como sabem, esses montes estão do outro lado do Jordão, a oeste da estrada*ᵇ*, na direção do poente, perto dos carvalhos de Moré, no território dos cananeus que vivem na Arabá, próximos de Gilgal. ³¹ Vocês estão a ponto de atravessar o Jordão e de tomar posse da terra que o Senhor, o seu Deus, lhes está dando. Quando vocês a tiverem conquistado e estiverem vivendo nela, ³² tenham o cuidado de obedecer a todos os decretos e ordenanças que hoje estou dando a vocês.

O Único Local de Adoração

12 "Estes são os decretos e ordenanças que vocês devem ter o cuidado de cumprir enquanto viverem na terra que o Senhor, o Deus dos seus antepassados, deu a vocês como herança. ² Destruam completamente todos os lugares nos quais as nações que vocês estão desalojando adoram os seus deuses, tanto nos altos montes como nas colinas e à sombra de toda árvore frondosa. ³ Derrubem os seus altares, esmigalhem as suas colunas sagradas e queimem os seus postes sagrados; despedacem os ídolos dos seus deuses e eliminem os nomes deles daqueles lugares.

⁴ "Vocês, porém, não adorarão o Senhor, o seu Deus, como eles adoram os seus deuses. ⁵ Mas procurarão o local que o Senhor, o seu Deus, escolher dentre todas as tribos para ali pôr o seu Nome e sua habitação. Para lá vocês deverão ir ⁶ e levar holocaustos*ᶜ* e sacrifícios, dízimos e dádivas especiais, o que em voto tiverem prometido, as suas ofertas voluntárias e a primeira cria de todos os rebanhos. ⁷ Ali, na presença do Senhor, o seu Deus, vocês e suas famílias comerão e se alegrarão com tudo o que tiverem feito, pois o Senhor, o seu Deus, os terá abençoado.

ᵃ 11.24 Isto é, o Mediterrâneo.
ᵇ 11.30 Ou *Jordão, na direção oeste*
ᶜ 12.6 Isto é, sacrifícios totalmente queimados.

⁸ "Vocês não agirão como estamos agindo aqui, cada um fazendo o que bem entende, ⁹ pois ainda não chegaram ao lugar de descanso e à herança que o Senhor, o seu Deus, está dando a vocês. ¹⁰ Mas vocês atravessarão o Jordão e se estabelecerão na terra que o Senhor, o seu Deus, dá a vocês como herança, e ele concederá a vocês descanso de todos os inimigos que os cercam, para que vocês vivam em segurança. ¹¹ Então, para o lugar que o Senhor, o seu Deus, escolher como habitação do seu Nome, vocês levarão tudo o que eu ordenar a vocês: holocaustos e sacrifícios, dízimos e dádivas especiais e tudo o que tiverem prometido em voto ao Senhor. ¹² E regozijem-se ali perante o Senhor, o seu Deus, vocês, os seus filhos e filhas, os seus servos e servas e os levitas que vivem nas cidades de vocês por não terem recebido terras nem propriedades. ¹³ Tenham o cuidado de não sacrificar os seus holocaustos em qualquer lugar que agrade a vocês. ¹⁴ Ofereçam-nos somente no local que o Senhor escolher numa das suas tribos, e ali ponham em prática tudo o que eu ordenar a vocês.

¹⁵ "No entanto, vocês poderão abater os seus animais em qualquer das suas cidades e comer quanta carne desejarem, como se fosse carne de gazela ou de veado, de acordo com a bênção que o Senhor, o seu Deus, der a vocês. Tanto quem estiver cerimonialmente impuro quanto quem estiver puro poderá comê-la. ¹⁶ Mas não poderão comer o sangue; derramem-no no chão como se fosse água. ¹⁷ Vocês não poderão comer em suas próprias cidades o dízimo do cereal, do vinho novo e do azeite, nem a primeira cria dos rebanhos, nem o que, em voto, tiverem prometido, nem as suas ofertas voluntárias ou dádivas especiais. ¹⁸ Ao invés disso, vocês os comerão na presença do Senhor, o seu Deus, no local que o Senhor, o seu Deus, escolher; vocês, os seus filhos e filhas, os seus servos e servas e os levitas das suas cidades. Alegrem-se perante o Senhor, o seu Deus, em tudo o que fizerem. ¹⁹ Tenham o cuidado de não abandonar os levitas enquanto vocês viverem na sua própria terra.

²⁰ "Quando o Senhor, o seu Deus, tiver aumentado o seu território conforme prometeu a vocês, e vocês desejarem comer carne e disserem: 'Gostaríamos de um pouco de carne', poderão comer o quanto quiserem. ²¹ Se o local que o Senhor, o seu Deus, escolher para pôr o seu Nome ficar longe demais, vocês poderão abater animais de todos os rebanhos que o Senhor lhes der, conforme lhes ordenei, e em suas próprias cidades poderão comer quanta carne desejarem. ²² Vocês a comerão como comeriam carne de gazela ou de veado. Tanto os cerimonialmente impuros quanto os puros poderão comer. ²³ Mas não comam o sangue, porque o sangue é a vida, e vocês não poderão comer a vida com o sangue. ²⁴ Vocês não comerão o sangue; derramem-no no chão como se fosse água. ²⁵ Não o comam, para que tudo vá bem com vocês e com os seus filhos, porque estarão fazendo o que é justo perante o Senhor.

²⁶ "Todavia, apanhem os seus objetos consagrados e o que, em voto, tiverem prometido e dirijam-se ao local que o Senhor escolher. ²⁷ Apresentem os seus holocaustos colocando-os no altar do Senhor, o seu Deus, tanto a carne quanto o sangue. O sangue dos seus sacrifícios será derramado ao lado do altar do Senhor, o seu Deus, mas vocês poderão comer a carne. ²⁸ Tenham o cuidado de obedecer a todos estes regulamentos que estou dando a vocês, para que sempre vá tudo bem com vocês e com os seus filhos, porque estarão fazendo o que é bom e certo perante o Senhor, o seu Deus.

²⁹ "O Senhor, o seu Deus, eliminará da sua presença as nações que vocês estão a ponto de invadir e expulsar. Mas, quando vocês as tiverem expulsado e tiverem se estabelecido na terra delas, ³⁰ e depois que elas forem destruídas, tenham cuidado para não serem enganados e para não se interessarem pelos deuses delas, dizendo: 'Como essas nações servem aos seus deuses? Faremos o mesmo!' ³¹ Não adorem o Senhor, o seu Deus, da maneira como fazem essas nações, porque, ao adorarem os seus deuses, elas fazem todo tipo de coisas repugnantes que o Senhor odeia, como queimar seus filhos e filhas no fogo em sacrifícios aos seus deuses.

³² "Apliquem-se a fazer tudo o que eu ordeno a vocês; não acrescentem nem tirem coisa alguma.

A Adoração a Outros Deuses

13 "Se aparecer no meio de vocês um profeta ou alguém que faz predições por meio de sonhos e anunciar a vocês um sinal miraculoso ou um prodígio, ² e se o sinal ou prodígio de que ele falou acontecer, e ele disser: 'Vamos seguir outros deuses que vocês não conhecem e vamos adorá-los', ³ não deem ouvidos às palavras daquele profeta ou sonhador. O Senhor, o seu Deus, está pondo vocês à prova para ver se o amam de todo o coração e de toda a alma. ⁴ Sigam somente o Senhor, o seu Deus, e temam a ele somente. Cumpram os seus mandamentos e obedeçam-lhe; sirvam-no e apeguem-se a ele. ⁵ Aquele profeta ou sonhador terá que ser morto, pois pregou rebelião contra o Senhor, o seu Deus, que os tirou do Egito e os redimiu da terra da escravidão; ele tentou afastá-los do caminho que o Senhor, o seu Deus, ordenou a vocês que seguissem. Eliminem o mal do meio de vocês.

⁶ "Se o seu próprio irmão ou filho ou filha, ou a mulher que você ama ou o seu amigo mais chegado secretamente instigá-lo, dizendo: 'Vamos adorar outros deuses!' — deuses que nem você nem os seus antepassados conheceram, ⁷ deuses dos povos que vivem ao seu redor, quer próximos, quer distantes, de um ao outro lado da terra — ⁸ não se deixe convencer nem ouça o que ele diz. Não tenha piedade nem compaixão dele e não o proteja. ⁹ Você terá que matá-lo. Seja a sua mão a primeira a levantar-se para matá-lo, e depois as mãos de todo o povo. ¹⁰ Apedreje-o até a morte, porque tentou desviá-lo do Senhor, o seu Deus, que o tirou do Egito, da terra da escravidão. ¹¹ Então todo o Israel saberá disso; todos temerão e ninguém tornará a cometer uma maldade dessas.

¹² "Se vocês ouvirem dizer que numa das cidades que o Senhor, o seu Deus, dá a vocês para nelas morarem, ¹³ surgiram homens perversos e desviaram os seus habitantes, dizendo: 'Vamos adorar outros deuses!', deuses que vocês não conhecem, ¹⁴ vocês deverão verificar e investigar. Se for verdade e ficar comprovado que se praticou esse ato detestável no meio de vocês, ¹⁵ matem ao fio da espada todos os que viverem naquela cidade. Destruam totalmente a cidade, matando tanto os seus habitantes quanto os seus animais. ¹⁶ Ajuntem todos os despojos no meio da praça pública e queimem totalmente a cidade e todos os seus despojos, como oferta ao Senhor, o seu Deus. Fique ela em ruínas para sempre e nunca mais seja reconstruída. ¹⁷ Não seja encontrado em suas mãos nada do que foi destinado à destruição, para que o Senhor se afaste do fogo da sua ira. Ele terá misericórdia e compaixão de vocês e os fará multiplicar-se, conforme prometeu sob juramento aos seus antepassados, ¹⁸ somente se obedecerem ao Senhor, o seu Deus, guardando todos os seus mandamentos, que estou dando a vocês, e fazendo o que é justo para ele.

Animais Puros e Impuros

14 "Vocês são os filhos do Senhor, o seu Deus. Não façam cortes no corpo nem rapem a frente da cabeça por causa dos mortos, ² pois vocês são povo consagrado ao Senhor, o seu Deus. Dentre todos os povos da face da terra, o Senhor os escolheu para serem o seu tesouro pessoal.

³ "Não comam nada que seja proibido. ⁴ São estes os animais que vocês podem comer: o boi, a ovelha, o bode, ⁵ o veado, a gazela, a corça, o bode montês, o antílope, o bode selvagem e a ovelha montês.ᵃ ⁶ Vocês poderão comer qualquer animal que tenha o casco fendido e dividido em duas unhas e que rumine. ⁷ Contudo, dos que ruminam ou têm o casco fendido, vocês não poderão comer o camelo, o coelho e o rato silvestre. Embora ruminem, não têm casco fendido; são impuros para vocês. ⁸ O porco também é impuro; embora tenha casco fendido, não rumina. Vocês não poderão comer a carne desses animais nem tocar em seus cadáveres.

⁹ "De todas as criaturas que vivem nas águas vocês poderão comer as que possuem barbatanas e escamas. ¹⁰ Mas não poderão comer nenhuma criatura que não tiver barbatanas nem escamas; é impura para vocês.

¹¹ "Vocês poderão comer qualquer ave pura. ¹² Mas estas vocês não poderão comer: a águia, o urubu, a águia-marinha, ¹³ o milhafre, qualquer espécie de falcão, ¹⁴ qualquer espécie de corvo, ¹⁵ a coruja-de-chifreᵇ, a coruja-de-orelha-pequena, a coruja-orelhudaᶜ, qualquer espécie de gavião, ¹⁶ o mocho, o corujão, a coruja-brancaᵈ, ¹⁷ a coruja-do-deserto, o abutre, a coruja-pescadora, ¹⁸ a cegonha, qualquer tipo de garça, a poupa e o morcego.

¹⁹ "Todas as pequenas criaturas que enxameiam e têm asas são impuras para vocês; não as comam. ²⁰ Mas qualquer criatura que tem asas, sendo pura, vocês poderão comer.

²¹ "Não comam nada que encontrarem morto. Vocês poderão dá-lo a um estrangeiro residente de qualquer cidade de vocês, e ele poderá comê-lo, ou vocês poderão vendê-lo a outros estrangeiros. Mas vocês são povo consagrado ao Senhor, o seu Deus.

ᵃ **14.5** A identificação exata de algumas aves, insetos e animais deste capítulo não é conhecida.
ᵇ **14.15** Ou *o avestruz*
ᶜ **14.15** Ou *a gaivota*
ᵈ **14.16** Ou *o pelicano*

"Não cozinhem o cabrito no leite da própria mãe.

A Entrega dos Dízimos

²² "Separem o dízimo de tudo o que a terra produzir anualmente. ²³ Comam o dízimo do cereal, do vinho novo e do azeite, e a primeira cria de todos os seus rebanhos na presença do Senhor, o seu Deus, no local que ele escolher como habitação do seu Nome, para que aprendam a temer sempre o Senhor, o seu Deus. ²⁴ Mas, se o local for longe demais e vocês tiverem sido abençoados pelo Senhor, o seu Deus, e não puderem carregar o dízimo, pois o local escolhido pelo Senhor para ali pôr o seu Nome é longe demais, ²⁵ troquem o dízimo por prata, e levem a prata ao local que o Senhor, o seu Deus, tiver escolhido. ²⁶ Com prata comprem o que quiserem: bois, ovelhas, vinho ou outra bebida fermentada, ou qualquer outra coisa que desejarem. Então juntamente com suas famílias comam e alegrem-se ali, na presença do Senhor, o seu Deus. ²⁷ E nunca se esqueçam dos levitas que vivem em suas cidades, pois eles não possuem propriedade nem herança próprias.

²⁸ "Ao final de cada três anos, tragam todos os dízimos da colheita do terceiro ano, armazenando-os em sua própria cidade, ²⁹ para que os levitas, que não possuem propriedade nem herança, e os estrangeiros, os órfãos e as viúvas que vivem na sua cidade venham comer e saciar-se, e para que o Senhor, o seu Deus, os abençoe em todo o trabalho das suas mãos.

O Ano do Cancelamento das Dívidas

15 "No final de cada sete anos as dívidas deverão ser canceladas. ² Isso deverá ser feito da seguinte forma: todo credor cancelará o empréstimo que fez ao seu próximo. Nenhum israelita exigirá pagamento de seu próximo ou de seu parente, porque foi proclamado o tempo do Senhor para o cancelamento das dívidas. ³ Vocês poderão exigir pagamento do estrangeiro, mas terão que cancelar qualquer dívida de seus irmãos israelitas. ⁴ Assim, não deverá haver pobre algum no meio de vocês, pois na terra que o Senhor, o seu Deus, está dando a vocês como herança para que dela tomem posse, ele os abençoará ricamente, ⁵ contanto que obedeçam em tudo ao Senhor, o seu Deus, e ponham em prática toda esta lei que hoje estou dando a vocês. ⁶ Pois o Senhor, o seu Deus, os abençoará conforme prometeu, e vocês emprestarão a muitas nações, mas de nenhuma tomarão emprestado. Vocês dominarão muitas nações, mas por nenhuma serão dominados.

⁷ "Se houver algum israelita pobre em qualquer das cidades da terra que o Senhor, o seu Deus, está dando a vocês, não endureçam o coração, nem fechem a mão para com o seu irmão pobre. ⁸ Ao contrário, tenham mão aberta e emprestem-lhe liberalmente o que ele precisar. ⁹ Cuidado! Que nenhum de vocês alimente este pensamento ímpio: 'O sétimo ano, o ano do cancelamento das dívidas, está se aproximando, e não quero ajudar o meu irmão pobre'. Ele poderá apelar para o Senhor contra você, e você será culpado desse pecado. ¹⁰ Dê-lhe generosamente e sem relutância no coração; pois, por isso, o Senhor, o seu Deus, o abençoará em todo o seu trabalho e em tudo o que você fizer. ¹¹ Sempre haverá pobres na terra. Portanto, eu ordeno a você que abra o coração para o seu irmão israelita, tanto para o pobre como para o necessitado de sua terra.

A Libertação de Escravos

¹² "Se seu compatriota hebreu, homem ou mulher, vender-se a você e servi-lo seis anos, no sétimo ano dê-lhe a liberdade. ¹³ E, quando o fizer, não o mande embora de mãos vazias. ¹⁴ Dê-lhe com generosidade dos animais do seu rebanho e do produto da sua eira e do seu tanque de prensar uvas. Dê-lhe conforme a bênção que o Senhor, o seu Deus, tem dado a você. ¹⁵ Lembre-se de que você foi escravo no Egito e que o Senhor, o seu Deus, o redimiu. É por isso que hoje dou a você essa ordem.

¹⁶ "Mas, se o seu escravo disser a você que não quer deixá-lo, porque ama você e sua família e não tem falta de nada, ¹⁷ então apanhe um furador e fure a orelha dele contra a porta, e ele se tornará seu escravo para o resto da vida. Faça o mesmo com a sua escrava.

¹⁸ "Não se sinta prejudicado ao libertar o seu escravo, pois o serviço que ele prestou a você nesses seis anos custou a metade do serviço de um trabalhador contratado. Além disso, o Senhor, o seu Deus, o abençoará em tudo o que você fizer.

As Primeiras Crias

¹⁹ "Separe para o Senhor, o seu Deus, todo primeiro macho de todos os seus rebanhos.

Não use a primeira cria das suas vacas para trabalhar, nem tosquie a primeira cria das suas ovelhas. ²⁰ Todo ano você e a sua família as comerão na presença do Senhor, o seu Deus, no local que ele escolher. ²¹ Se o animal tiver defeito, ou for manco ou cego, ou tiver qualquer outro defeito grave, você não poderá sacrificá-lo ao Senhor, o seu Deus. ²² Coma-o na cidade onde estiver morando. Tanto o cerimonialmente impuro quanto o puro o comerão, como se come a carne da gazela ou do veado. ²³ Mas não poderá comer o sangue; derrame-o no chão como se fosse água.

A Páscoa

16 "Observem o mês de abibe[a] e celebrem a Páscoa do Senhor, o seu Deus, pois no mês de abibe, de noite, ele os tirou do Egito. ² Ofereçam como sacrifício da Páscoa ao Senhor, o seu Deus, um animal dos rebanhos de bois ou de ovelhas, no local que o Senhor escolher para habitação do seu Nome. ³ Não o comam com pão fermentado, mas durante sete dias comam pães sem fermento, o pão da aflição, pois foi às pressas que vocês saíram do Egito, para que todos os dias da sua vida vocês se lembrem da época em que saíram do Egito. ⁴ Durante sete dias não permitam que seja encontrado fermento com vocês em toda a sua terra. Tampouco permitam que alguma carne sacrificada à tarde do primeiro dia permaneça até a manhã seguinte.

⁵ "Não ofereçam o sacrifício da Páscoa em nenhuma das cidades que o Senhor, o seu Deus, der a vocês; ⁶ sacrifiquem-na apenas no local que ele escolher para habitação do seu Nome. Ali vocês oferecerão o sacrifício da Páscoa à tarde, ao pôr do sol, na data[b] da sua partida do Egito. ⁷ Vocês cozinharão a carne do animal e a comerão no local que o Senhor, o seu Deus, escolher. E, pela manhã, cada um de vocês voltará para a sua tenda. ⁸ Durante seis dias comam pão sem fermento e no sétimo dia façam uma assembleia em honra ao Senhor, o seu Deus; não façam trabalho algum.

A Festa das Semanas

⁹ "Contem sete semanas a partir da época em que vocês começarem a colheita do cereal. ¹⁰ Celebrem então a festa das semanas[c] ao Senhor, o seu Deus, e tragam uma oferta voluntária conforme as bênçãos recebidas do Senhor, o seu Deus. ¹¹ E alegrem-se perante o Senhor, o seu Deus, no local que ele escolher para habitação do seu Nome, junto com os seus filhos e as suas filhas, os seus servos e as suas servas, os levitas que vivem na sua cidade, os estrangeiros, os órfãos e as viúvas que vivem com vocês. ¹² Lembrem-se de que vocês foram escravos no Egito e obedeçam fielmente a estes decretos.

A Festa das Cabanas

¹³ "Celebrem também a festa das cabanas[d] durante sete dias, depois que ajuntarem o produto da eira e do tanque de prensar uvas. ¹⁴ Alegrem-se nessa festa com os seus filhos e as suas filhas, os seus servos e as suas servas, os levitas, os estrangeiros, os órfãos e as viúvas que vivem na sua cidade. ¹⁵ Durante sete dias celebrem a festa, dedicada ao Senhor, o seu Deus, no local que o Senhor escolher. Pois o Senhor, o seu Deus, os abençoará em toda a sua colheita e em todo o trabalho de suas mãos, e a sua alegria será completa.

¹⁶ "Três vezes por ano todos os seus homens se apresentarão ao Senhor, o seu Deus, no local que ele escolher, por ocasião da festa dos pães sem fermento, da festa das semanas e da festa das cabanas. Nenhum deles deverá apresentar-se ao Senhor de mãos vazias: ¹⁷ cada um de vocês trará uma dádiva conforme as bênçãos recebidas do Senhor, o seu Deus.

Os Juízes e suas Funções

¹⁸ "Nomeiem juízes e oficiais para cada uma de suas tribos em todas as cidades que o Senhor, o seu Deus, dá a vocês, para que eles julguem o povo com justiça. ¹⁹ Não pervertam a justiça nem mostrem parcialidade. Não aceitem suborno, pois o suborno cega até os sábios[e] e prejudica a causa dos justos. ²⁰ Sigam única e exclusivamente a justiça, para que tenham vida e tomem posse da terra que o Senhor, o seu Deus, dá a vocês.

Advertência contra a Idolatria

²¹ "Não ergam nenhum poste sagrado além do altar que construírem em honra ao Senhor, o seu Deus, ²² e não levantem nenhuma coluna

---

[a] 16.1 Aproximadamente março/abril.
[b] 16.6 Ou *hora*
[c] 16.10 Isto é, do Pentecoste; também no versículo 16.
[d] 16.13 Ou *dos tabernáculos*; hebraico: *sucote*; também no versículo 16.
[e] 16.19 Ou *juízes*

17 "Não sacrifiquem para o Senhor, o seu Deus, um boi ou uma ovelha que tenha qualquer defeito ou imperfeição; isso seria detestável para ele.

² "Se um homem ou uma mulher que vive numa das cidades que o Senhor dá a vocês for encontrado fazendo o que o Senhor, o seu Deus, reprova, violando a sua aliança ³ e, desobedecendo ao meu mandamento, estiver adorando outros deuses, prostrando-se diante deles, ou diante do sol, ou diante da lua, ou diante das estrelas do céu, ⁴ e vocês ficarem sabendo disso, investiguem o caso a fundo. Se for verdade e ficar comprovado que se fez tal abominação em Israel, ⁵ levem o homem ou a mulher que tiver praticado esse pecado à porta da sua cidade e apedreje-o até morrer. ⁶ Pelo depoimento de duas ou três testemunhas tal pessoa poderá ser morta, mas ninguém será morto pelo depoimento de uma única testemunha. ⁷ As mãos das testemunhas serão as primeiras a proceder à sua execução, e depois as mãos de todo o povo. Eliminem o mal do meio de vocês.

O Julgamento dos Casos Difíceis

⁸ "Se para os seus tribunais vierem casos difíceis demais de julgar, sejam crimes de sangue, litígios ou agressões, dirijam-se ao local escolhido pelo Senhor, o seu Deus, ⁹ e procurem os sacerdotes levitas e o juiz que estiver exercendo o cargo na ocasião. Apresentem-lhes o caso, e eles darão a vocês o veredicto. ¹⁰ Procedam de acordo com a decisão que eles proclamarem no local que o Senhor escolher. Tratem de fazer tudo o que eles ordenarem. ¹¹ Procedam de acordo com a sentença e as orientações que eles derem a vocês. Não se desviem daquilo que eles determinarem para vocês, nem para a direita, nem para a esquerda. ¹² Mas quem agir com rebeldia contra o juiz ou contra o sacerdote que ali estiver no serviço do Senhor terá que ser morto. Eliminem o mal do meio de Israel. ¹³ Assim, todo o povo temerá e não ousará mais agir com rebeldia.

Os Decretos do Rei

¹⁴ "Se, quando entrarem na terra que o Senhor, o seu Deus, dá a vocês, tiverem tomado posse dela, e nela tiverem se estabelecido, vocês disserem: 'Queremos um rei que nos governe, como têm todas as nações vizinhas', ¹⁵ tenham o cuidado de nomear o rei que o Senhor, o seu Deus, escolher. Ele deve vir dentre os seus próprios irmãos israelitas. Não coloquem um estrangeiro como rei, alguém que não seja israelita. ¹⁶ Esse rei, porém, não deverá adquirir muitos cavalos, nem fazer o povo voltar ao Egito para conseguir mais cavalos, pois o Senhor disse a vocês: 'Jamais voltem por este caminho'. ¹⁷ Ele não deverá tomar para si muitas mulheres; se o fizer, desviará o seu coração. Também não deverá acumular muita prata e muito ouro.

¹⁸ "Quando subir ao trono do seu reino, mandará fazer num rolo, para o seu uso pessoal, uma cópia da lei que está aos cuidados dos sacerdotes levitas. ¹⁹ Trará sempre essa cópia consigo e terá que lê-la todos os dias da sua vida, para que aprenda a temer o Senhor, o seu Deus, e a cumprir fielmente todas as palavras desta lei, e todos estes decretos. ²⁰ Isso fará que ele não se considere superior aos seus irmãos israelitas e que não se desvie da lei, nem para a direita, nem para a esquerda. Assim prolongará o seu reinado sobre Israel, bem como o dos seus descendentes.

A Herança dos Sacerdotes e dos Levitas

18 "Os sacerdotes levitas e todo o restante da tribo de Levi não terão posse nem herança em Israel. Viverão das ofertas sacrificadas para o Senhor, preparadas no fogo, pois esta é a sua herança. ² Não terão herança alguma no meio dos seus compatriotas; o Senhor é a sua herança, conforme lhes prometeu.

³ "Quando o povo sacrificar um novilho ou uma ovelha, os sacerdotes receberão a porção devida: a espádua, a queixada e o estômago. ⁴ Vocês terão que dar-lhes as primícias do trigo, do vinho e do azeite, e a primeira lã da tosquia das ovelhas, ⁵ pois, de todas as tribos, o Senhor, o seu Deus, escolheu os levitas e os seus descendentes para estarem na presença do Senhor e para ministrarem sempre em seu nome.

⁶ "Se um levita que estiver morando em qualquer cidade de Israel desejar ir ao local escolhido pelo Senhor, ⁷ poderá ministrar em nome do Senhor, o seu Deus, à semelhança de todos os outros levitas que ali servem na presença do Senhor. ⁸ Ele receberá uma porção de alimento igual à dos outros levitas; além disso, ficará com o que receber com a venda dos bens da sua família.

Advertência contra Práticas Pagãs

⁹ "Quando entrarem na terra que o Senhor, o seu Deus, dá a vocês, não procurem imitar as coisas repugnantes que as nações de lá praticam. ¹⁰ Não permitam que se ache alguém no meio de vocês que queime em sacrifício o seu filho ou a sua filha; que pratique adivinhação, ou se dedique à magia, ou faça presságios, ou pratique feitiçaria ¹¹ ou faça encantamentos; que seja médium, consulte os espíritos ou consulte os mortos. ¹² O Senhor tem repugnância por quem pratica essas coisas, e é por causa dessas abominações que o Senhor, o seu Deus, vai expulsar aquelas nações da presença de vocês. ¹³ Permaneçam inculpáveis perante o Senhor, o seu Deus.

O Profeta do Senhor

¹⁴ "As nações que vocês vão expulsar dão ouvidos aos que praticam magia e adivinhação. Mas, a vocês, o Senhor, o seu Deus, não permitiu tais práticas. ¹⁵ O Senhor, o seu Deus, levantará do meio de seus próprios irmãos um profeta como eu; ouçam-no. ¹⁶ Pois foi isso que pediram ao Senhor, o seu Deus, em Horebe, no dia em que se reuniram, quando disseram: 'Não queremos ouvir a voz do Senhor, do nosso Deus, nem ver o seu grande fogo, senão morreremos!'

¹⁷ "O Senhor me disse: 'Eles têm razão! ¹⁸ Levantarei do meio dos seus irmãos um profeta como você; porei minhas palavras na sua boca, e ele dirá a vocês tudo o que eu lhe ordenar. ¹⁹ Se alguém não ouvir as minhas palavras, que o profeta falará em meu nome, eu mesmo lhe pedirei contas. ²⁰ Mas o profeta que ousar falar em meu nome alguma coisa que não lhe ordenei, ou que falar em nome de outros deuses, terá que ser morto'.

²¹ "Mas talvez vocês se perguntem: 'Como saberemos se uma mensagem não vem do Senhor?' ²² Se o que o profeta proclamar em nome do Senhor não acontecer nem se cumprir, essa mensagem não vem do Senhor.

18.15,18,19 Com certeza, Jesus foi um profeta mais importante que Moisés, ainda que tivesse características semelhantes a este.
Cumprimento: João 6.14; Atos 3.22-26
Próximo texto: 2Samuel 7.8-17

Aquele profeta falou com presunção. Não tenham medo dele.

As Cidades de Refúgio

19 "Quando o Senhor, o seu Deus, tiver destruído as nações cuja terra dá a vocês, e quando vocês as expulsarem e ocuparem as cidades e as casas dessas nações, ² separem três cidades de refúgio na parte central da terra que o Senhor, o seu Deus, está dando a vocês para que dela tomem posse. ³ Dividam em três partes a terra que o Senhor, o seu Deus, está dando como herança a vocês e façam nela vias de acesso, para que aquele que matar alguém possa fugir para lá.

⁴ "Este é o caso em que um homem que matar outro poderá fugir para lá para salvar a vida: se matar o seu próximo sem intenção, sem que houvesse inimizade entre eles. ⁵ Por exemplo, se um homem for com o seu amigo cortar lenha na floresta e, ao levantar o machado para derrubar uma árvore, o ferro escapar e atingir o seu amigo e matá-lo, ele poderá fugir para uma daquelas cidades para salvar a vida. ⁶ Do contrário, o vingador da vítima poderia persegui-lo enfurecido e alcançá-lo, caso a distância fosse grande demais, e poderia matá-lo, muito embora este não merecesse morrer, pois não havia inimizade entre ele e o seu próximo. ⁷ É por isso que ordeno a vocês que separem três cidades.

⁸ "Se o Senhor, o seu Deus, aumentar o seu território, como prometeu sob juramento aos seus antepassados, e der a vocês toda a terra que prometeu a eles, ⁹ separem então mais três cidades. Isso acontecerá se vocês obedecerem fielmente a toda esta lei que hoje ordeno a vocês: Amar o Senhor, o seu Deus, e sempre andar nos seus caminhos. ¹⁰ Façam isso para que não se derrame sangue inocente na sua terra, a qual o Senhor, o seu Deus, dá a vocês por herança, e para que não sejam culpados de derramamento de sangue.

¹¹ "Mas, se alguém odiar o seu próximo, ficar à espreita dele, atacá-lo e matá-lo e fugir para uma dessas cidades, ¹² as autoridades da sua cidade mandarão buscá-lo na cidade de refúgio e o entregarão nas mãos do vingador da vítima, para que morra. ¹³ Não tenham piedade dele. Eliminem de Israel a culpa pelo derramamento de sangue inocente, para que tudo vá bem com vocês.

¹⁴ "Não mudem os marcos de divisa da propriedade do seu vizinho, que os seus antecessores colocaram na herança que vocês

receberão na terra que o Senhor, o seu Deus, dá a vocês para que dela tomem posse.

As Testemunhas

¹⁵ "Uma só testemunha não é suficiente para condenar alguém de algum crime ou delito. Qualquer acusação precisa ser confirmada pelo depoimento de duas ou três testemunhas.

¹⁶ "Se uma testemunha falsa quiser acusar um homem de algum crime, ¹⁷ os dois envolvidos na questão deverão apresentar-se ao Senhor, diante dos sacerdotes e juízes que estiverem exercendo o cargo naquela ocasião. ¹⁸ Os juízes investigarão o caso e, se ficar provado que a testemunha mentiu e deu falso testemunho contra o seu próximo, ¹⁹ deem-lhe a punição que ele planejava para o seu irmão. Eliminem o mal do meio de vocês. ²⁰ O restante do povo saberá disso e terá medo e nunca mais se fará uma coisa dessas entre vocês. ²¹ Não tenham piedade. Exijam vida por vida, olho por olho, dente por dente, mão por mão, pé por pé.

As Leis sobre a Guerra

20 "Quando vocês forem à guerra contra os seus inimigos e virem cavalos e carros e um exército maior do que o seu, não tenham medo, pois o Senhor, o seu Deus, que os tirou do Egito, estará com vocês. ² Quando chegar a hora da batalha, o sacerdote virá à frente e dirá ao exército: ³ 'Ouça, ó Israel. Hoje vocês vão lutar contra os seus inimigos. Não desanimem nem tenham medo; não fiquem apavorados nem aterrorizados por causa deles, ⁴ pois o Senhor, o seu Deus, os acompanhará e lutará por vocês contra os seus inimigos, para dar a vitória a vocês'.

⁵ "Os oficiais dirão ao exército: 'Há alguém que construiu uma casa e ainda não a dedicou? Volte ele para sua casa, para que não morra na guerra e outro a dedique. ⁶ Há alguém que plantou uma vinha e ainda não desfrutou dela? Volte ele para sua casa, para que não morra na guerra e outro desfrute da vinha. ⁷ Há alguém comprometido para casar-se que ainda não recebeu sua mulher? Volte ele para sua casa, para que não morra na guerra e outro se case com ela'. ⁸ Por fim os oficiais acrescentarão: 'Alguém está com medo e não tem coragem? Volte ele para sua casa, para que os seus irmãos israelitas também não fiquem desanimados'. ⁹ Quando os oficiais terminarem de falar ao exército, designarão chefes para comandar as tropas.

¹⁰ "Quando vocês avançarem para atacar uma cidade, enviem-lhe primeiro uma proposta de paz. ¹¹ Se os seus habitantes aceitarem e abrirem suas portas, serão seus escravos e se sujeitarão a trabalhos forçados. ¹² Mas, se eles recusarem a paz e entrarem em guerra contra vocês, sitiem a cidade. ¹³ Quando o Senhor, o seu Deus, entregá-la em suas mãos, matem ao fio da espada todos os homens que nela houver. ¹⁴ Mas as mulheres, as crianças, os rebanhos e tudo o que acharem na cidade, será de vocês; vocês poderão ficar com os despojos dos seus inimigos dados pelo Senhor, o seu Deus. ¹⁵ É assim que vocês tratarão todas as cidades distantes que não pertencem às nações vizinhas de vocês.

¹⁶ "Contudo, nas cidades das nações que o Senhor, o seu Deus, dá a vocês por herança, não deixem vivo nenhum ser que respira. ¹⁷ Conforme a ordem do Senhor, o seu Deus, destruam totalmente os hititas, os amorreus, os cananeus, os ferezeus, os heveus e os jebuseus. ¹⁸ Se não, eles os ensinarão a praticar todas as coisas repugnantes que fazem quando adoram os seus deuses, e vocês pecarão contra o Senhor, o seu Deus.

¹⁹ "Quando sitiarem uma cidade por um longo período, lutando contra ela para conquistá-la, não destruam as árvores dessa cidade a golpes de machado, pois vocês poderão comer as suas frutas. Não as derrubem. Por acaso as árvores são gente, para que vocês as sitiem?[a] ²⁰ Entretanto, poderão derrubar as árvores que vocês sabem que não são frutíferas, para utilizá-las em obras que ajudem o cerco, até que caia a cidade que está em guerra contra vocês.

Os Casos de Homicídio Não Desvendado

21 "Se alguém for encontrado morto no campo, na terra que o Senhor, o seu Deus, dá a vocês para dela tomarem posse, sem que se saiba quem o matou, ² as autoridades e os juízes sairão e medirão a distância do corpo até as cidades vizinhas. ³ Então as autoridades da cidade mais próxima do corpo apanharão uma novilha que nunca foi usada no trabalho e sobre a qual nunca foi posto jugo ⁴ e a levarão a um vale de terras nunca aradas nem semeadas e onde haja um ribeiro de águas perenes. Vocês quebrarão o pescoço da novilha. ⁵ Depois, os sacerdotes, descendentes de Levi,

---

[a] 20.19 Ou *derrubem para utilizá-las no cerco, pois as árvores frutíferas são para o benefício do homem.*

se aproximarão, pois o Senhor, o seu Deus, os escolheu para ministrarem e para pronunciarem bênçãos em nome do Senhor e resolverem todos os casos de litígio e de violência. ⁶ Então todas as autoridades da cidade mais próxima do corpo lavarão as mãos sobre a novilha cujo pescoço foi quebrado no vale, ⁷ e declararão: 'As nossas mãos não derramaram este sangue, nem os nossos olhos viram quem fez isso. ⁸ Aceita, Senhor, esta propiciação em favor de Israel, o teu povo, a quem resgataste, e não consideres o teu povo culpado do sangue de um inocente'. Assim a culpa do derramamento de sangue será propiciada. ⁹ Desse modo vocês eliminarão de vocês mesmos a culpa pelo derramamento de sangue inocente, pois fizeram o que o Senhor aprova.

O Casamento com uma Prisioneira

¹⁰ "Quando vocês guerrearem contra os seus inimigos e o Senhor, o seu Deus, os entregar em suas mãos e vocês fizerem prisioneiros, ¹¹ um de vocês poderá ver entre eles uma mulher muito bonita, agradar-se dela e tomá-la como esposa. ¹² Leve-a para casa; ela rapará a cabeça, cortará as unhas ¹³ e se desfará das roupas que estava usando quando foi capturada. Ficará em casa e pranteará seu pai e sua mãe um mês inteiro. Depois você poderá chegar-se a ela e tornar-se o seu marido, e ela será sua mulher. ¹⁴ Se você já não se agradar dela, deixe-a ir para onde quiser, mas não poderá vendê-la nem tratá-la como escrava, pois você a desonrou.

O Direito do Filho Mais Velho

¹⁵ "Se um homem tiver duas mulheres e preferir uma delas, e ambas lhe derem filhos, e o filho mais velho for filho da mulher que ele não prefere, ¹⁶ quando der a herança de sua propriedade aos filhos, não poderá dar os direitos do filho mais velho ao filho da mulher preferida se o filho da mulher que ele não prefere for de fato o mais velho. ¹⁷ Ele terá que reconhecer como primogênito o filho da mulher que ele não prefere, dando-lhe porção dupla de tudo o que possui. Aquele filho é o primeiro sinal da força de seu pai e o direito do filho mais velho lhe pertence.

O Castigo dos Filhos Rebeldes

¹⁸ "Se um homem tiver um filho obstinado e rebelde que não obedece ao seu pai nem à sua mãe e não os escuta quando o disciplinam, ¹⁹ o pai e a mãe o levarão aos líderes da sua comunidade, à porta da cidade, ²⁰ e dirão aos líderes: 'Este nosso filho é obstinado e rebelde. Não nos obedece! É devasso e vive bêbado'. ²¹ Então todos os homens da cidade o apedrejarão até a morte. Eliminem o mal do meio de vocês. Todo o Israel saberá disso e temerá.

Diversas Leis

²² "Se um homem culpado de um crime que merece a morte for morto e pendurado num madeiro, ²³ não deixem o corpo no madeiro durante a noite. Enterrem-no naquele mesmo dia, porque qualquer que for pendurado num madeiro está debaixo da maldição de Deus. Não contaminem a terra que o Senhor, o seu Deus, dá a vocês por herança.

22

"Se o boi ou a ovelha de um israelita se extraviar e você o vir, não ignore o fato, mas faça questão de levar o animal de volta ao dono. ² Se este não morar perto de você ou se você não o conhecer, leve o animal para casa e fique com ele até que o seu compatriota venha procurá-lo e você possa devolvê-lo. ³ Faça o mesmo com o jumento, com a capa e com qualquer coisa perdida que encontrar. Não ignore o fato.

⁴ "Se você vir o jumento ou o boi de um israelita caído no caminho, não o ignore. Ajude-o a pôr o animal em pé.

⁵ "A mulher não usará roupas de homem, e o homem não usará roupas de mulher, pois o Senhor, o seu Deus, tem aversão por todo aquele que assim procede.

⁶ "Se você passar por um ninho de pássaros, numa árvore ou no chão, e a mãe estiver sobre os filhotes ou sobre os ovos, não apanhe a mãe com os filhotes. ⁷ Você poderá apanhar os filhotes, mas deixe a mãe solta, para que tudo vá bem com você e você tenha vida longa.

⁸ "Quando você construir uma casa nova, faça um parapeito em torno do terraço, para que não traga sobre a sua casa a culpa pelo derramamento de sangue inocente, caso alguém caia do terraço.

⁹ "Não plante dois tipos de semente em sua vinha; se o fizer, tanto a semente que plantar como o fruto da vinha estarão contaminados[a].

¹⁰ "Não are a terra usando um boi e um jumento sob o mesmo jugo.

---

[a] **22.9** Ou *serão confiscados para o santuário*

¹¹ "Não use roupas de lã e de linho misturados no mesmo tecido.

¹² "Faça borlas nas quatro pontas do manto que você usa para cobrir-se.

As Violações do Casamento

¹³ "Se um homem casar-se e, depois de deitar-se com a mulher, rejeitá-la ¹⁴ e falar mal dela e difamá-la, dizendo: 'Casei-me com esta mulher, mas, quando me cheguei a ela, descobri que não era virgem', ¹⁵ o pai e a mãe da moça trarão aos líderes da cidade, junto à porta, a prova da sua virgindade. ¹⁶ Então o pai da moça dirá aos líderes: 'Dei a minha filha em casamento a este homem, mas ele a rejeita. ¹⁷ Ele também a difamou e disse: "Descobri que a sua filha não era virgem". Mas aqui está a prova da virgindade da minha filha'. Então os pais dela apresentarão a prova aos líderes da cidade, ¹⁸ e eles castigarão o homem. ¹⁹ Aplicarão a ele a multa de cem peças de prata, que serão dadas ao pai da moça, pois aquele homem prejudicou a reputação de uma virgem israelita. E ele não poderá divorciar-se dela enquanto viver.

²⁰ "Se, contudo, a acusação for verdadeira e não se encontrar prova de virgindade da moça, ²¹ ela será levada à porta da casa do seu pai e ali os homens da sua cidade a apedrejarão até a morte. Ela cometeu um ato vergonhoso em Israel, prostituindo-se enquanto estava na casa de seu pai. Eliminem o mal do meio de vocês.

²² "Se um homem for surpreendido deitado com a mulher de outro, os dois terão que morrer, o homem e a mulher com quem se deitou. Eliminem o mal do meio de Israel.

²³ "Se numa cidade um homem se encontrar com uma jovem prometida em casamento e se deitar com ela, ²⁴ levem os dois à porta daquela cidade e apedrejem-nos até a morte: a moça porque estava na cidade e não gritou por socorro, e o homem porque desonrou a mulher doutro homem. Eliminem o mal do meio de vocês.

²⁵ "Se, contudo, um homem encontrar no campo uma jovem prometida em casamento e a forçar, somente o homem morrerá. ²⁶ Não façam nada à moça, pois ela não cometeu pecado algum que mereça a morte. Este caso é semelhante ao daquele que ataca e mata o seu próximo, ²⁷ pois *o homem encontrou a moça virgem no campo*, e, ainda que a jovem prometida em casamento gritasse, ninguém poderia socorrê-la.

²⁸ "Se um homem se encontrar com uma moça sem compromisso de casamento e a violentar, e eles forem descobertos, ²⁹ ele pagará ao pai da moça cinquenta peças de prata e terá que casar-se com a moça, pois a violentou. Jamais poderá divorciar-se dela.

³⁰ "Nenhum homem poderá tomar por mulher a mulher do seu pai, pois isso desonraria a cama de seu pai.

Os Casos de Exclusão da Assembleia

23 "Qualquer que tenha os testículos esmagados ou tenha amputado o membro viril não poderá entrar na assembleia do Senhor.

² "Quem nasceu de união ilícita não poderá entrar na assembleia do Senhor, como também os seus descendentes, até a décima geração.

³ "Nenhum amonita ou moabita ou qualquer dos seus descendentes, até a décima geração, poderá entrar na assembleia do Senhor. ⁴ Pois eles não vieram encontrar-se com vocês com pão e água no caminho, quando vocês saíram do Egito; além disso convocaram Balaão, filho de Beor, para vir de Petor, na Mesopotâmia[a], para pronunciar maldição contra vocês. ⁵ No entanto, o Senhor, o seu Deus, não atendeu Balaão, e transformou a maldição em bênção para vocês, pois o Senhor, o seu Deus, os ama. ⁶ Não façam um tratado de amizade com eles enquanto vocês viverem.

⁷ "Não rejeitem o edomita, pois ele é seu irmão. Também não rejeitem o egípcio, pois vocês viveram como estrangeiros na terra deles. ⁸ A terceira geração dos filhos deles poderá entrar na assembleia do Senhor.

A Pureza do Acampamento

⁹ "Quando estiverem acampados, em guerra contra os seus inimigos, mantenham-se afastados de todas as coisas impuras. ¹⁰ Se um de seus homens estiver impuro devido à poluição noturna, ele terá que sair do acampamento. ¹¹ Mas ao entardecer ele se lavará, e ao pôr do sol poderá voltar ao acampamento.

¹² "Determinem um local fora do acampamento onde se possa evacuar. ¹³ Como parte do seu equipamento, tenham algo com que cavar e, quando evacuarem, façam um buraco e cubram as fezes. ¹⁴ Pois o Senhor, o seu Deus, anda pelo seu acampamento para protegê-los e entregar a vocês os seus inimigos. O acampamento terá que ser santo, para que ele não veja

---

[a] 23.4 Hebraico: *Arã Naaraim*.

no meio de vocês alguma coisa desagradável e se afaste de vocês.

Diversas Leis

¹⁵ "Se um escravo refugiar-se entre vocês, não o entreguem nas mãos do seu senhor. ¹⁶ Deixem-no viver no meio de vocês pelo tempo que ele desejar e em qualquer cidade que ele escolher. Não o oprimam.

¹⁷ "Nenhum israelita, homem ou mulher, poderá tornar-se prostituto cultual. ¹⁸ Não tragam ao santuário do Senhor, o seu Deus, os ganhos de uma prostituta ou de um prostituto*ᵃ*, a fim de pagar algum voto, pois o Senhor, o seu Deus, por ambos tem repugnância.

¹⁹ "Não cobrem juros de um israelita, por dinheiro, alimento, ou qualquer outra coisa que possa render juros. ²⁰ Vocês poderão cobrar juros do estrangeiro, mas não do seu irmão israelita, para que o Senhor, o seu Deus, os abençoe em tudo o que vocês fizerem na terra em que estão entrando para dela tomar posse.

²¹ "Se um de vocês fizer um voto ao Senhor, o seu Deus, não demore a cumpri-lo, pois o Senhor, o seu Deus, certamente pedirá contas a você, e você será culpado de pecado se não o cumprir. ²² Mas, se você não fizer o voto, de nada será culpado. ²³ Faça tudo para cumprir o que os seus lábios prometeram, pois com a sua própria boca você fez, espontaneamente, o seu voto ao Senhor, o seu Deus.

²⁴ "Se vocês entrarem na vinha do seu próximo, poderão comer as uvas que desejarem, mas nada poderão levar em sua cesta. ²⁵ Se entrarem na plantação de trigo do seu próximo, poderão apanhar espigas com as mãos, mas nunca usem foice para ceifar o trigo do seu próximo.

24

"Se um homem casar-se com uma mulher e depois não a quiser mais por encontrar nela algo que ele reprova, dará certidão de divórcio à mulher e a mandará embora. ² Se, depois de sair da casa, ela se tornar mulher de outro homem, ³ e este não gostar mais dela, lhe dará certidão de divórcio, e a mandará embora. Ou se o segundo marido morrer, ⁴ o primeiro, que se divorciou dela, não poderá casar-se com ela de novo, visto que ela foi contaminada. Seria detestável para o Senhor. Não tragam pecado sobre a terra que o Senhor, o seu Deus, dá a vocês por herança.

⁵ "Se um homem tiver se casado recentemente, não será enviado à guerra, nem assumirá nenhum compromisso público. Durante um ano estará livre para ficar em casa e fazer feliz a mulher com quem se casou.

⁶ "Não tomem as duas pedras de moinho, nem mesmo apenas a pedra de cima, como garantia de uma dívida, pois isso seria tomar como garantia o meio de subsistência do devedor.

⁷ "Se um homem for pego sequestrando um dos seus irmãos israelitas, tratando-o como escravo ou vendendo-o, o sequestrador terá que morrer. Eliminem o mal do meio de vocês.

⁸ "Nos casos de doenças de lepra*ᵇ*, tenham todo o cuidado de seguir exatamente as instruções dos sacerdotes levitas. Sigam cuidadosamente o que eu ordenei a eles. ⁹ Lembrem-se do que o Senhor, o seu Deus, fez com Miriã no caminho, depois que vocês saíram do Egito.

¹⁰ "Quando um de vocês fizer um empréstimo de qualquer tipo ao seu próximo, não entre na casa dele para apanhar o que ele oferecer a você como penhor. ¹¹ Fique do lado de fora e deixe que o homem, a quem você está fazendo o empréstimo, traga a você o penhor. ¹² Se o homem for pobre, não vá dormir tendo com você o penhor. ¹³ Devolva-lhe o manto ao pôr do sol, para que ele possa usá-lo para dormir, e lhe seja grato. Isso será considerado um ato de justiça pelo Senhor, o seu Deus.

¹⁴ "Não se aproveitem do pobre e necessitado, seja ele um irmão israelita ou um estrangeiro que viva numa das suas cidades. ¹⁵ Paguem-lhe o seu salário diariamente, antes do pôr do sol, pois ele é necessitado e depende disso. Se não, ele poderá clamar ao Senhor contra você, e você será culpado de pecado.

¹⁶ "Os pais não serão mortos em lugar dos filhos, nem os filhos em lugar dos pais; cada um morrerá pelo seu próprio pecado.

¹⁷ "Não neguem justiça ao estrangeiro e ao órfão, nem tomem como penhor o manto de uma viúva. ¹⁸ Lembrem-se de que vocês foram escravos no Egito e de que o Senhor, o seu Deus, os libertou; por isso ordeno a vocês que façam tudo isso.

¹⁹ "Quando vocês estiverem fazendo a colheita de sua lavoura e deixarem um feixe de trigo para trás, não voltem para apanhá-lo. Deixem-no

---

ᵃ **23.18** Hebraico: *de um cachorro*. Forma depreciativa de se referir a homens que se prostituíam.

ᵇ **24.8** O termo hebraico não se refere somente à lepra, mas também a diversas doenças da pele.

para o estrangeiro, para o órfão e para a viúva, para que o SENHOR, o seu Deus, os abençoe em todo o trabalho das suas mãos. ²⁰ Quando sacudirem as azeitonas das suas oliveiras, não voltem para colher o que ficar nos ramos. Deixem o que sobrar para o estrangeiro, para o órfão e para a viúva. ²¹ E, quando colherem as uvas da sua vinha, não passem de novo por ela. Deixem o que sobrar para o estrangeiro, para o órfão e para a viúva. ²² Lembrem-se de que vocês foram escravos no Egito; por isso ordeno a vocês que façam tudo isso.

25 "Quando dois homens se envolverem numa briga, terão que levar a causa ao tribunal, e os juízes decidirão a questão, absolvendo o inocente e condenando o culpado. ² Se o culpado merecer açoitamento, o juiz ordenará que ele se deite e seja açoitado em sua presença com o número de açoites que o seu crime merecer, ³ desde que nunca ultrapasse quarenta açoites. Açoitá-lo além disso seria humilhar publicamente um israelita.

⁴ "Não amordacem o boi enquanto está debulhando o cereal.

⁵ "Se dois irmãos morarem juntos, e um deles morrer sem deixar filhos, a sua viúva não se casará com alguém de fora da família. O irmão do marido se casará com ela e cumprirá com ela o dever de cunhado. ⁶ O primeiro filho que ela tiver levará o nome do irmão falecido, para que o seu nome não seja apagado de Israel.

⁷ "Se, todavia, ele não quiser casar-se com a mulher do seu irmão, ela irá aos líderes do lugar, à porta da cidade, e dirá: 'O irmão do meu marido está se recusando a dar continuidade ao nome do seu irmão em Israel. Ele não quer cumprir para comigo o dever de cunhado'. ⁸ Os líderes da cidade o convocarão e conversarão com ele. Se ele insistir em dizer: 'Não quero me casar com ela', ⁹ a viúva do seu irmão se aproximará dele, na presença dos líderes, tirará uma das sandálias dele, cuspirá no seu rosto e dirá: 'É isso que se faz com o homem que não perpetua a descendência do seu irmão'. ¹⁰ E a descendência daquele homem será conhecida em Israel como 'a família do descalçado'.

¹¹ "Se dois homens estiverem brigando, e a mulher de um deles vier para livrar o marido daquele que o ataca e pegá-lo pelos órgãos genitais, ¹² cortem a mão dela. Não tenham piedade.

¹³ "Não tenham na bolsa dois padrões para o mesmo peso, um maior e outro menor. ¹⁴ Não tenham em casa dois padrões para a mesma medida, um maior e outro menor. ¹⁵ Tenham pesos e medidas exatos e honestos, para que vocês vivam muito tempo na terra que o SENHOR, o seu Deus, dá a vocês. ¹⁶ Pois o SENHOR, o seu Deus, detesta quem faz essas coisas, quem negocia desonestamente.

¹⁷ "Lembrem-se do que os amalequitas lhes fizeram no caminho quando vocês saíram do Egito. ¹⁸ Quando vocês estavam cansados e exaustos, eles se encontraram com vocês no caminho e eliminaram todos os que ficaram para trás; não tiveram temor de Deus. ¹⁹ Quando o SENHOR, o seu Deus, der a vocês o descanso de todos os inimigos ao seu redor, na terra que ele lhes dá para dela tomarem posse como herança, vocês farão que os amalequitas sejam esquecidos debaixo do céu. Não se esqueçam!

Os Primeiros Frutos e os Dízimos

26 "Quando vocês tiverem entrado na terra que o SENHOR, o seu Deus, dá a vocês por herança e dela tiverem tomado posse e lá estiverem estabelecidos, ² apanhem alguns dos primeiros frutos de tudo o que produzirem na terra que o SENHOR, o seu Deus, dá a vocês e ponham tudo numa cesta. Depois vocês deverão ir ao local que o SENHOR, o seu Deus, escolher para habitação do seu Nome ³ e dizer ao sacerdote que estiver exercendo o cargo naquela ocasião: 'Declaro hoje ao SENHOR, o seu Deus, que vim para a terra que o SENHOR jurou aos nossos antepassados que nos daria'. ⁴ O sacerdote apanhará a cesta das suas mãos e a colocará em frente do altar do SENHOR, o seu Deus. ⁵ Então vocês declararão perante o SENHOR, o seu Deus: 'O meu pai era um arameu errante. Ele desceu ao Egito com pouca gente e ali viveu e se tornou uma grande nação, poderosa e numerosa. ⁶ Mas os egípcios nos maltrataram e nos oprimiram, sujeitando-nos a trabalhos forçados. ⁷ Então clamamos ao SENHOR, o Deus dos nossos antepassados, e o SENHOR ouviu a nossa voz e viu o nosso sofrimento, a nossa fadiga e a opressão que sofríamos. ⁸ Por isso o SENHOR nos tirou do Egito com mão poderosa e braço forte, com feitos temíveis e com sinais e maravilhas. ⁹ Ele nos trouxe a este lugar e nos deu esta terra, terra onde há leite e mel com fartura. ¹⁰ E agora trago os primeiros frutos do solo que tu, ó SENHOR, me deste'. Ponham a cesta perante o SENHOR, o seu Deus, e curvem-se perante ele. ¹¹ Vocês e os levitas e os estrangeiros que estiverem no meio de vocês se alegrarão com todas as coisas boás que o Senhor, o seu Deus, dá a vocês e às suas famílias.

¹² "Quando tiverem separado o dízimo de tudo quanto produziram no terceiro ano, o ano do dízimo, entreguem-no ao levita, ao estrangeiro, ao órfão e à viúva, para que possam comer até saciar-se nas cidades de vocês. ¹³ Depois digam ao Senhor, o seu Deus: 'Retirei da minha casa a porção sagrada e dei-a ao levita, ao estrangeiro, ao órfão e à viúva, de acordo com tudo o que ordenaste. Não me afastei dos teus mandamentos nem esqueci nenhum deles. ¹⁴ Não comi nada da porção sagrada enquanto estive de luto, nada retirei dela enquanto estive impuro, e dela não ofereci nada aos mortos. Obedeci ao Senhor, o meu Deus; fiz tudo o que me ordenaste. ¹⁵ Olha dos céus, da tua santa habitação, e abençoa Israel, o teu povo, e a terra que nos deste, conforme prometeste sob juramento aos nossos antepassados, terra onde há leite e mel com fartura'.

Exortação à Obediência

¹⁶ "O Senhor, o seu Deus, ordena a vocês hoje que sigam esses decretos e ordenanças; obedeçam-lhes atentamente, de todo o seu coração e de toda a sua alma. ¹⁷ Hoje vocês declararam que o Senhor é o seu Deus e que vocês andarão nos seus caminhos, que guardarão os seus decretos, os seus mandamentos e as suas ordenanças, e que vocês lhe obedecerão. ¹⁸ E hoje o Senhor declarou que vocês são o seu povo, o seu tesouro pessoal, conforme ele prometeu, e que vocês terão que obedecer a todos os seus mandamentos. ¹⁹ Ele declarou que dará a vocês uma posição de glória, fama e honra muito acima de todas as nações que ele fez e que vocês serão um povo santo para o Senhor, o seu Deus, conforme ele prometeu".

O Altar no Monte Ebal

27 Moisés, acompanhado das autoridades de Israel, ordenou ao povo: "Obedeçam a toda esta lei que hoje dou a vocês. ² Quando vocês atravessarem o Jordão e entrarem na terra que o Senhor, o seu Deus, dá a vocês, levantem algumas pedras grandes e pintem-nas com cal. ³ Escrevam nelas todas as palavras desta lei, assim que tiverem atravessado para entrar na terra que o Senhor, o seu Deus, dá a vocês, terra onde há leite e mel com fartura,

como o Senhor, o Deus dos seus antepassados, prometeu a vocês. ⁴ E, quando tiverem atravessado o Jordão, levantem essas pedras no monte Ebal, como hoje ordeno a vocês e pintem-nas com cal. ⁵ Construam ali um altar ao Senhor, o seu Deus, um altar de pedras. Não utilizem ferramenta de ferro nas pedras. ⁶ Façam o altar do Senhor, o seu Deus, com pedras brutas, e sobre ele ofereçam holocaustos*ᵃ* ao Senhor, o seu Deus. ⁷ Ofereçam também sacrifícios de comunhão*ᵇ* e comam e alegrem-se na presença do Senhor, o seu Deus. ⁸ E nessas pedras que levantarem, vocês escreverão com bastante clareza todas as palavras desta lei".

As Maldições Proferidas do Monte Ebal

⁹ Então Moisés, tendo ao seu lado os sacerdotes levitas, disse a todo o Israel: "Faça silêncio e escute, ó Israel! Agora você se tornou o povo do Senhor, o seu Deus. ¹⁰ Obedeça ao Senhor, o seu Deus, e siga os seus mandamentos e decretos que hoje dou a você".

¹¹ No mesmo dia Moisés ordenou ao povo: ¹² "Quando vocês tiverem atravessado o Jordão, as tribos que estarão no monte Gerizim para abençoar o povo serão: Simeão, Levi, Judá, Issacar, José e Benjamim. ¹³ E as tribos que estarão no monte Ebal para declararem maldições serão: Rúben, Gade, Aser, Zebulom, Dã e Naftali.

¹⁴ "E os levitas recitarão a todo o povo de Israel em alta voz:

¹⁵ " 'Maldito quem esculpir uma imagem ou fizer um ídolo fundido, obra de artesãos, detestável ao Senhor, e levantá-lo secretamente'.
Todo o povo dirá: 'Amém!'

¹⁶ 'Maldito quem desonrar o seu pai ou a sua mãe'.
Todo o povo dirá: 'Amém!'

¹⁷ 'Maldito quem mudar o marco de divisa da propriedade do seu próximo'.
Todo o povo dirá: 'Amém!'

¹⁸ 'Maldito quem fizer o cego errar o caminho'.
Todo o povo dirá: 'Amém!'

¹⁹ 'Maldito quem negar justiça ao estrangeiro, ao órfão ou à viúva'.
Todo o povo dirá: 'Amém!'

ᵃ **27.6** Isto é, sacrifícios totalmente queimados.
ᵇ **27.7** Ou *de paz*

²⁰ 'Maldito quem se deitar com a mulher do seu pai, desonrando a cama do seu pai'.
Todo o povo dirá: 'Amém!'
²¹ 'Maldito quem tiver relações sexuais com algum animal'.
Todo o povo dirá: 'Amém!'
²² 'Maldito quem se deitar com a sua irmã, filha do seu pai ou da sua mãe'.
Todo o povo dirá: 'Amém!'
²³ 'Maldito quem se deitar com a sua sogra'.
Todo o povo dirá: 'Amém!'
²⁴ 'Maldito quem matar secretamente o seu próximo'.
Todo o povo dirá: 'Amém!'
²⁵ 'Maldito quem aceitar pagamento para matar um inocente'.
Todo o povo dirá: 'Amém!'
²⁶ 'Maldito quem não puser em prática as palavras desta lei'.
Todo o povo dirá: 'Amém!'

As Bênçãos da Obediência

28 "Se vocês obedecerem fielmente ao Senhor, o seu Deus, e seguirem cuidadosamente todos os seus mandamentos que hoje dou a vocês, o Senhor, o seu Deus, os colocará muito acima de todas as nações da terra. ² Todas estas bênçãos virão sobre vocês e os acompanharão se vocês obedecerem ao Senhor, o seu Deus:

³ "Vocês serão abençoados na cidade
e serão abençoados no campo.
⁴ Os filhos do seu ventre
serão abençoados,
como também as colheitas da sua terra
e os bezerros e os cordeiros
dos seus rebanhos.
⁵ A sua cesta e a sua amassadeira
serão abençoadas.
⁶ Vocês serão abençoados
em tudo o que fizerem.

⁷ "O Senhor concederá que sejam derrotados diante de vocês os inimigos que os atacarem. Virão a vocês por um caminho e por sete fugirão.
⁸ "O Senhor enviará bênçãos aos seus celeiros e a tudo o que as suas mãos fizerem. O Senhor, o seu Deus, os abençoará na terra que dá a vocês.
⁹ "O Senhor fará de vocês o seu povo santo, conforme prometeu sob juramento se obedecerem aos mandamentos do Senhor, o seu Deus, e andarem nos caminhos dele. ¹⁰ Então todos os povos da terra verão que vocês pertencem ao Senhor e terão medo de vocês. ¹¹ O Senhor concederá grande prosperidade a vocês, no fruto do seu ventre, nas crias dos seus animais e nas colheitas da sua terra, nesta terra que ele jurou aos seus antepassados que daria a vocês.
¹² "O Senhor abrirá o céu, o depósito do seu tesouro, para enviar chuva à sua terra no devido tempo e para abençoar todo o trabalho das suas mãos. Vocês emprestarão a muitas nações e de nenhuma tomarão emprestado. ¹³ O Senhor fará de vocês a cabeça das nações e não a cauda. Se obedecerem aos mandamentos do Senhor, o seu Deus, que hoje dou a vocês e os seguirem cuidadosamente, vocês estarão sempre por cima, nunca por baixo. ¹⁴ Não se desviem, nem para a direita nem para a esquerda, de qualquer dos mandamentos que hoje dou a vocês, para seguir outros deuses e prestar-lhes culto.

As Maldições da Desobediência

¹⁵ "Entretanto, se vocês não obedecerem ao Senhor, o seu Deus, e não seguirem cuidadosamente todos os seus mandamentos e decretos que hoje dou a vocês, todas estas maldições cairão sobre vocês e os atingirão:

¹⁶ "Vocês serão amaldiçoados na cidade
e serão amaldiçoados no campo.
¹⁷ A sua cesta e a sua amassadeira
serão amaldiçoadas.
¹⁸ Os filhos do seu ventre
serão amaldiçoados,
como também as colheitas da sua terra,
e os bezerros e os cordeiros
dos seus rebanhos.
¹⁹ Vocês serão amaldiçoados
em tudo o que fizerem.

²⁰ "O Senhor enviará sobre vocês maldições, confusão e repreensão em tudo o que fizerem, até que vocês sejam destruídos e sofram repentina ruína pelo mal que praticaram ao se esquecerem dele[a]. ²¹ O Senhor os encherá de doenças até bani-los da terra em que vocês estão entrando para dela tomar posse. ²² O Senhor os ferirá com doenças devastadoras, febre e inflamação, com calor abrasador e seca, com ferrugem e mofo, que os infestarão até que

---

[a] **28.20** Hebraico: *de mim*.

morram. ²³ O céu sobre a sua cabeça será como bronze; o chão debaixo de vocês, como ferro. ²⁴ Na sua terra o Senhor transformará a chuva em cinza e pó, que descerão do céu até que vocês sejam destruídos.

²⁵ "O Senhor fará que vocês sejam derrotados pelos inimigos. Vocês irão a eles por um caminho, e por sete fugirão, e vocês se tornarão motivo de horror para todos os reinos da terra. ²⁶ Os seus cadáveres servirão de alimento para todas as aves do céu e para os animais da terra, e não haverá quem os espante. ²⁷ O Senhor os castigará com as úlceras do Egito e com tumores, feridas purulentas e sarna, males dos quais vocês não poderão curar-se. ²⁸ O Senhor os afligirá com loucura, cegueira e confusão mental. ²⁹ Ao meio-dia vocês ficarão tateando às voltas, como um cego na escuridão. Vocês não serão bem-sucedidos em nada que fizerem; dia após dia serão oprimidos e roubados, sem que ninguém os salve.

³⁰ "Você ficará noivo de uma mulher, mas outro homem a possuirá. Construirá uma casa, mas não morará nela. Plantará uma vinha, mas não provará dos seus frutos. ³¹ O seu boi será abatido diante dos seus olhos, mas você não comerá da sua carne. O seu jumento será tirado de você à força e não será devolvido. As suas ovelhas serão dadas aos inimigos, e ninguém as livrará. ³² Os seus filhos e as suas filhas serão entregues a outra nação e os seus olhos se consumirão à espera deles, dia após dia, sem que você possa erguer uma só mão para trazê-los de volta. ³³ Um povo que vocês não conhecem comerá aquilo que a terra e o seu trabalho produzirem, e vocês sofrerão opressão cruel todos os seus dias. ³⁴ Aquilo que os seus olhos virem os levará à loucura. ³⁵ O Senhor afligirá os seus joelhos e as suas pernas com feridas dolorosas e incuráveis, que se espalharão sobre vocês desde a sola do pé até o alto da cabeça.

³⁶ "O Senhor os levará, e também o rei que os governar, a uma nação que vocês e seus antepassados nunca conheceram. Lá vocês adorarão outros deuses, deuses de madeira e de pedra. ³⁷ Vocês serão motivo de horror e objeto de zombaria e de riso para todas as nações para onde o Senhor os levar.

³⁸ "Vocês semearão muito em sua terra, mas colherão bem pouco, porque gafanhotos devorarão quase tudo. ³⁹ Plantarão vinhas e as cultivarão, mas não beberão o vinho nem colherão as uvas, porque os vermes as comerão. ⁴⁰ Vocês terão oliveiras em todo o país, mas vocês mesmos não utilizarão o azeite, porque as azeitonas cairão. ⁴¹ Os seus filhos e filhas não ficarão com vocês, porque serão levados para o cativeiro. ⁴² Enxames de gafanhotos se apoderarão de todas as suas árvores e das plantações da sua terra.

⁴³ "Os estrangeiros que vivem no meio de vocês progredirão cada vez mais, e cada vez mais vocês regredirão. ⁴⁴ Eles emprestarão dinheiro a vocês, mas vocês não emprestarão a eles. Eles serão a cabeça, e vocês serão a cauda.

⁴⁵ "Todas essas maldições cairão sobre vocês. Elas os perseguirão e os alcançarão até que sejam destruídos, porque não obedeceram ao Senhor, o seu Deus, nem guardaram os mandamentos e decretos que ele deu a vocês. ⁴⁶ Essas maldições serão um sinal e um prodígio para vocês e para os seus descendentes para sempre. ⁴⁷ Uma vez que vocês não serviram com júbilo e alegria ao Senhor, o seu Deus, na época da prosperidade, ⁴⁸ então, em meio à fome e à sede, em nudez e pobreza extrema, vocês servirão aos inimigos que o Senhor enviará contra vocês. Ele porá um jugo de ferro sobre o seu pescoço, até que os tenha destruído.

⁴⁹ "O Senhor trará de um lugar longínquo, dos confins da terra, uma nação que virá contra vocês como a águia em mergulho, nação cujo idioma não compreenderão, ⁵⁰ nação de aparência feroz, sem respeito pelos idosos nem piedade para com os moços. ⁵¹ Ela devorará as crias dos seus animais e as plantações da sua terra até que vocês sejam destruídos. Ela não deixará para vocês cereal, vinho, azeite, como também nenhum bezerro ou cordeiro dos seus rebanhos, até que vocês sejam arruinados. ⁵² Ela sitiará todas as cidades da sua terra, até que caiam os altos muros fortificados em que vocês confiam. Sitiará todas as suas cidades, em toda a terra que o Senhor, o seu Deus, dá a vocês.

⁵³ "Por causa do sofrimento que o seu inimigo infligirá sobre vocês durante o cerco, vocês comerão o fruto do seu próprio ventre, a carne dos filhos e filhas que o Senhor, o seu Deus, deu a vocês. ⁵⁴ Até mesmo o homem mais gentil e educado entre vocês não terá compaixão do seu irmão, da mulher que ama e dos filhos que sobreviverem, ⁵⁵ de modo que não dará a nenhum deles nenhum pedaço da carne dos seus filhos que estiver comendo, pois nada lhe sobrará devido aos sofrimentos que o seu inimigo lhe infligirá durante o cerco de todas as suas cidades. ⁵⁶ A mulher mais gentil e delicada entre vocês, tão

delicada e gentil que não ousaria encostar no chão a sola do pé, será mesquinha com o marido a quem ama e com o filho e a filha, ⁵⁷ não lhes dando a placenta do ventre nem os filhos que gerar. Pois a intenção dela é comê-los secretamente durante o cerco e no sofrimento que o seu inimigo infligirá a vocês em suas cidades.

⁵⁸ "Se vocês não seguirem fielmente todas as palavras desta lei, escritas neste livro, e não temerem este nome glorioso e terrível, o Senhor, o seu Deus, ⁵⁹ ele enviará pestes terríveis sobre vocês e sobre os seus descendentes, desgraças horríveis e prolongadas, doenças graves e persistentes. ⁶⁰ Ele trará sobre vocês todas as temíveis doenças do Egito, e vocês as contrairão. ⁶¹ O Senhor também fará vir sobre vocês todo tipo de enfermidade e desgraça não registradas neste Livro da Lei, até que sejam destruídos. ⁶² Vocês, que no passado foram tantos quanto as estrelas do céu, ficarão reduzidos a um pequeno número, porque não obedeceram ao Senhor, o seu Deus. ⁶³ Assim como foi agradável ao Senhor fazê-los prosperar e aumentar em número, também lhe será agradável arruiná-los e destruí-los. Vocês serão desarraigados da terra em que estão entrando para dela tomar posse.

⁶⁴ "Então o Senhor os espalhará pelas nações, de um lado ao outro da terra. Ali vocês adorarão outros deuses; deuses de madeira e de pedra, que vocês e os seus antepassados nunca conheceram. ⁶⁵ No meio daquelas nações vocês não encontrarão repouso, nem mesmo um lugar de descanso para a sola dos pés. Lá o Senhor dará a vocês coração desesperado, olhos exaustos de tanto esperar, e alma ansiosa. ⁶⁶ Vocês viverão em constante incerteza, cheios de terror, dia e noite, sem nenhuma segurança na vida. ⁶⁷ De manhã dirão: 'Quem me dera fosse noite!' E de noite: 'Ah, quem me dera fosse dia!', por causa do terror que encherá o coração de vocês e por aquilo que os seus olhos verão. ⁶⁸ O Senhor os enviará de volta ao Egito, ou em navios ou pelo caminho que eu disse a vocês que nunca mais poderiam percorrer. Lá vocês serão postos à venda como escravos e escravas, mas ninguém os comprará".

A Renovação da Aliança

29 São estes os termos da aliança que o Senhor ordenou que Moisés fizesse com os israelitas em Moabe, além da aliança que tinha feito com eles em Horebe.

² Moisés convocou todos os israelitas e lhes disse:

"Os seus olhos viram tudo o que o Senhor fez no Egito ao faraó, a todos os seus oficiais e a toda a sua terra. ³ Com os seus próprios olhos vocês viram aquelas grandes provas, aqueles sinais e grandes maravilhas. ⁴ Mas até hoje o Senhor não deu a vocês mente que entenda, olhos que vejam, e ouvidos que ouçam. ⁵ 'Durante os quarenta anos em que os conduzi pelo deserto', disse ele, 'nem as suas roupas, nem as sandálias dos seus pés se gastaram. ⁶ Vocês não comeram pão, nem beberam vinho, nem qualquer outra bebida fermentada. Fiz isso para que vocês soubessem que eu sou o Senhor, o seu Deus.'

⁷ "Quando vocês chegaram a este lugar, Seom, rei de Hesbom, e Ogue, rei de Basã, atacaram-nos, mas nós os derrotamos. ⁸ Conquistamos a terra deles e a demos por herança às tribos de Rúben e de Gade e à metade da tribo de Manassés.

⁹ "Sigam fielmente os termos desta aliança, para que vocês prosperem em tudo o que fizerem. ¹⁰ Hoje todos vocês estão na presença do Senhor, o seu Deus: os seus chefes e homens destacados, os seus líderes e oficiais e todos os demais homens de Israel, ¹¹ juntamente com os seus filhos e as suas mulheres e os estrangeiros que vivem nos seus acampamentos cortando lenha e carregando água para vocês. ¹² Vocês estão aqui presentes para entrar em aliança com o Senhor, o seu Deus, aliança que ele está fazendo com vocês hoje, selando-a sob juramento, ¹³ para hoje confirmá-los como seu povo, para que ele seja o seu Deus, conforme prometeu a vocês e jurou aos seus antepassados, Abraão, Isaque e Jacó. ¹⁴ Não faço esta aliança, sob juramento, somente com vocês ¹⁵ que estão aqui conosco na presença do Senhor, o nosso Deus, mas também com aqueles que não estão aqui hoje.

¹⁶ "Vocês mesmos sabem como vivemos no Egito e como passamos por várias nações até chegarmos aqui. ¹⁷ Vocês viram nelas as suas imagens e os seus ídolos detestáveis, feitos de madeira, de pedra, de prata e de ouro. ¹⁸ Cuidem que não haja entre vocês nenhum homem ou mulher, clã ou tribo cujo coração se afaste do Senhor, o nosso Deus, para adorar os deuses daquelas nações e para que não haja no meio de vocês nenhuma raiz que produza esse veneno amargo.

¹⁹ "Se alguém, cujo coração se afastou do Senhor para adorar outros deuses, ouvir as palavras deste juramento, invocar uma bênção sobre si mesmo e pensar: 'Estarei em segurança, muito embora persista em seguir o meu próprio caminho', trará desgraça tanto à terra irrigada quanto à terra seca. ²⁰ O Senhor jamais se disporá a perdoá-lo; a sua ira e o seu zelo se acenderão contra tal pessoa. Todas as maldições escritas neste livro cairão sobre ela, e o Senhor apagará o seu nome de debaixo do céu. ²¹ O Senhor a separará de todas as tribos de Israel para que sofra desgraça, de acordo com todas as maldições da aliança escrita neste Livro da Lei.

²² "Os seus filhos, os seus descendentes e os estrangeiros que vierem de terras distantes verão as desgraças que terão caído sobre a terra e as doenças com que o Senhor a terá afligido. ²³ A terra inteira será um deserto abrasador de sal e enxofre, no qual nada que for plantado brotará, onde nenhuma vegetação crescerá. Será como a destruição de Sodoma e Gomorra, de Admá e Zeboim, que o Senhor destruiu com ira e furor. ²⁴ Todas as nações perguntarão: 'Por que o Senhor fez isto a esta terra? Por que tanta ira e tanto furor?'

²⁵ "E a resposta será: 'Foi porque este povo abandonou a aliança do Senhor, o Deus dos seus antepassados, aliança feita com eles quando os tirou do Egito. ²⁶ Eles foram adorar outros deuses e se prostraram diante deles, deuses que eles não conheciam antes, deuses que o Senhor não lhes tinha dado. ²⁷ Por isso a ira do Senhor acendeu-se contra esta terra, e ele trouxe sobre ela todas as maldições escritas neste livro. ²⁸ Cheio de ira, indignação e grande furor, o Senhor os desarraigou da sua terra e os lançou numa outra terra, como hoje se vê'.

²⁹ "As coisas encobertas pertencem ao Senhor, o nosso Deus, mas as reveladas pertencem a nós e aos nossos filhos para sempre, para que sigamos todas as palavras desta lei.

Misericórdia para Quem se Arrepende

30 "Quando todas essas bênçãos e maldições que coloquei diante de vocês acontecerem e elas os atingirem onde quer que o Senhor, o seu Deus, os dispersar entre as nações, ² e quando vocês e os seus filhos voltarem para o Senhor, o seu Deus, e lhe obedecerem de todo o coração e de toda a alma, de acordo com tudo o que hoje ordeno a vocês, ³ então o Senhor, o seu Deus, trará restauração a vocês*ᵃ*, terá compaixão de vocês e os reunirá novamente de todas as nações por onde os tiver espalhado. ⁴ Mesmo que tenham sido levados para a terra mais distante debaixo do céu, de lá o Senhor, o seu Deus, os reunirá e os trará de volta. ⁵ Ele os trará para a terra dos seus antepassados, e vocês tomarão posse dela. Ele fará com que vocês sejam mais prósperos e mais numerosos do que os seus antepassados. ⁶ O Senhor, o seu Deus, dará um coração fiel a vocês*ᵇ* e aos seus descendentes, para que o amem de todo o coração e de toda a alma e vivam. ⁷ O Senhor, o seu Deus, enviará então todas essas maldições sobre os inimigos que os odeiam e os perseguem. ⁸ Vocês obedecerão de novo ao Senhor e seguirão todos os seus mandamentos que dou a vocês hoje. ⁹ Então o Senhor, o seu Deus, abençoará o que as suas mãos fizerem, os filhos do seu ventre, a cria dos seus animais e as colheitas da sua terra. O Senhor se alegrará novamente em vocês e os tornará prósperos, como se alegrou em seus antepassados, ¹⁰ se vocês obedecerem ao Senhor, o seu Deus, e guardarem os seus mandamentos e decretos que estão escritos neste Livro da Lei e se vocês se voltarem para o Senhor, o seu Deus, de todo o coração e de toda a alma.

Vida ou Morte

¹¹ "O que hoje estou ordenando a vocês não é difícil fazer, nem está além do seu alcance. ¹² Não está lá em cima no céu, de modo que vocês tenham que perguntar: "Quem subirá ao céu para trazê-lo e proclamá-lo a nós a fim de que lhe obedeçamos?" ¹³ Nem está além do mar, de modo que vocês tenham que perguntar: "Quem atravessará o mar para trazê-lo e, voltando, proclamá-lo a nós a fim de que lhe obedeçamos?" ¹⁴ Nada disso! A palavra está bem próxima de vocês; está em sua boca e em seu coração; por isso vocês poderão obedecer-lhe.

¹⁵ "Vejam que hoje ponho diante de vocês vida e prosperidade, ou morte e destruição. ¹⁶ Pois hoje ordeno a vocês que amem o Senhor, o seu Deus, andem nos seus caminhos e guardem os seus mandamentos, decretos e ordenanças; então vocês terão vida e aumentarão em

---

ᵃ **30.3** Ou *Deus os trará de volta do exílio*
ᵇ **30.6** Hebraico: *circuncidará o coração de vocês*.

número, e o SENHOR, o seu Deus, os abençoará na terra em que vocês estão entrando para dela tomar posse.

¹⁷ "Se, todavia, o seu coração se desviar e vocês não forem obedientes, e se deixarem levar, prostrando-se diante de outros deuses para adorá-los, ¹⁸ eu hoje declaro a vocês que, sem dúvida, vocês serão destruídos. Vocês não viverão muito tempo na terra em que vão entrar e da qual vão tomar posse, depois de atravessarem o Jordão.

¹⁹ "Hoje invoco os céus e a terra como testemunhas contra vocês, de que coloquei diante de vocês a vida e a morte, a bênção e a maldição. Agora escolham a vida, para que vocês e os seus filhos vivam, ²⁰ e para que vocês amem o SENHOR, o seu Deus, ouçam a sua voz e se apeguem firmemente a ele. Pois o SENHOR é a sua vida, e ele dará a vocês muitos anos na terra que jurou dar aos seus antepassados, Abraão, Isaque e Jacó".

Josué, o Sucessor de Moisés

31 Moisés disse ainda estas palavras a todo o Israel: ² "Estou com cento e vinte anos de idade e já não sou capaz de liderá-los. O SENHOR me disse: 'Você não atravessará o Jordão'. ³ O SENHOR, o seu Deus, o atravessará pessoalmente à frente de vocês. Ele destruirá estas nações perante vocês, e vocês tomarão posse da terra delas. Josué também atravessará à frente de vocês, conforme o SENHOR disse. ⁴ E o SENHOR fará com elas como fez com Seom e Ogue, os reis dos amorreus, os quais destruiu juntamente com a sua terra. ⁵ O SENHOR as entregará a vocês, e vocês deverão fazer com elas tudo o que ordenei a vocês. ⁶ Sejam fortes e corajosos. Não tenham medo nem fiquem apavorados por causa delas, pois o SENHOR, o seu Deus, vai com vocês; nunca os deixará, nunca os abandonará".

⁷ Então Moisés convocou Josué e lhe disse na presença de todo o Israel: "Seja forte e corajoso, pois você irá com este povo para a terra que o SENHOR jurou aos seus antepassados que lhes daria, e você a repartirá entre eles como herança. ⁸ O próprio SENHOR irá à sua frente e estará com você; ele nunca o deixará, nunca o abandonará. Não tenha medo! Não desanime!"

A Leitura da Lei

⁹ Moisés escreveu esta lei e a deu aos sacerdotes, filhos de Levi, que transportavam a arca da aliança do SENHOR, e a todos os líderes de Israel. ¹⁰ E Moisés lhes ordenou: "Ao final de cada sete anos, no ano do cancelamento das dívidas, durante a festa das cabanas*a*, ¹¹ quando todo o Israel vier apresentar-se ao SENHOR, o seu Deus, no local que ele escolher, vocês lerão esta lei perante eles para que a escutem. ¹² Reúnam o povo, homens, mulheres e crianças, e os estrangeiros que morarem nas suas cidades, para que ouçam e aprendam a temer o SENHOR, o seu Deus, e sigam fielmente todas as palavras desta lei. ¹³ Os seus filhos, que não conhecem esta lei, terão que ouvi-la e aprender a temer o SENHOR, o seu Deus, enquanto vocês viverem na terra da qual tomarão posse quando atravessarem o Jordão".

A Predição da Rebeldia de Israel

¹⁴ O SENHOR disse a Moisés: "O dia da sua morte se aproxima. Chame Josué e apresentem-se na Tenda do Encontro, onde darei incumbências a ele". Então Moisés e Josué vieram e se apresentaram na Tenda do Encontro.

¹⁵ Então o SENHOR apareceu na Tenda, numa coluna de nuvem, e a coluna pairou sobre a entrada da Tenda. ¹⁶ E o SENHOR disse a Moisés: "Você vai descansar com os seus antepassados, e este povo logo irá prostituir-se, seguindo aos deuses estrangeiros da terra em que vão entrar. Eles se esquecerão de mim e quebrarão a aliança que fiz com eles. ¹⁷ Naquele dia, se acenderá a minha ira contra eles, e eu me esquecerei deles; esconderei deles o meu rosto, e eles serão destruídos. Muitas desgraças e sofrimentos os

---

31.8 Pode o discípulo apropriar-se destas palavras? Claro que sim. Não existe nenhum homem ou mulher para os quais Deus não tenha planos concretos em sua vida e uma forma em que possam atuar no Reino. Alguns poucos terão responsabilidades como as de Josué, mas todos necessitamos saber que o SENHOR vai adiante de nós e que não é um deus falso que necessita de algum empurrão para funcionar. Ele é a própria vida e dela nos oferece. Nele está o poder do Universo; por isso, não temos motivos para pensar por nem um momento que ele possa desamparar-nos, mesmo que os nossos olhos não o vejam.

---

a 31.10 Ou *dos tabernáculos*; hebraico: *sucote*.

atingirão, e naquele dia perguntarão: 'Será que essas desgraças não estão acontecendo conosco porque o nosso Deus não está mais conosco?' ¹⁸ E com certeza esconderei deles o meu rosto naquele dia, por causa de todo o mal que praticaram, voltando-se para outros deuses.

¹⁹ "Agora escrevam para vocês esta canção, ensinem-na aos israelitas e façam-nos cantá-la, para que seja uma testemunha a meu favor contra eles. ²⁰ Quando eu os tiver introduzido na terra onde há leite e mel com fartura, terra que prometi sob juramento aos seus antepassados, e quando tiverem comido à vontade e tiverem prosperado, eles se voltarão para outros deuses e os adorarão, rejeitando-me e quebrando a minha aliança. ²¹ E, quando muitas desgraças e dificuldades lhes sobrevierem, esta canção testemunhará contra eles, porque não será esquecida pelos seus descendentes. Sei o que estão dispostos a fazer antes mesmo de levá-los para a terra que lhes prometi sob juramento". ²² Então, naquele dia, Moisés escreveu esta canção e ensinou-a aos israelitas.

²³ O Senhor deu esta ordem a Josué, filho de Num: "Seja forte e corajoso, pois você conduzirá os israelitas à terra que lhes prometi sob juramento, e eu mesmo estarei com você".

²⁴ Depois que Moisés terminou de escrever num livro as palavras desta lei do início ao fim, ²⁵ deu esta ordem aos levitas que transportavam a arca da aliança do Senhor: ²⁶ "Coloquem este Livro da Lei ao lado da arca da aliança do Senhor, do seu Deus, onde ficará como testemunha contra vocês. ²⁷ Pois sei quão rebeldes e obstinados vocês são. Se vocês têm sido rebeldes contra o Senhor enquanto ainda estou vivo, quanto mais depois que eu morrer! ²⁸ Reúnam na minha presença todos os líderes das suas tribos e todos os seus oficiais, para que eu fale estas palavras de modo que ouçam, e ainda invoque os céus e a terra para testemunharem contra eles. ²⁹ Pois sei que depois da minha morte vocês com certeza se corromperão e se afastarão do caminho que ordenei a vocês. Nos dias futuros a desgraça cairá sobre vocês, porque vocês farão o que o Senhor reprova e o provocarão à ira por aquilo que as mãos de vocês terão feito".

A Canção de Moisés

³⁰ E Moisés recitou as palavras desta canção, do começo ao fim, na presença de toda a assembleia de Israel:

32 ¹"Escutem, ó céus, e eu falarei;
ouça, ó terra, as palavras da minha boca.
² Que o meu ensino caia como chuva
e as minhas palavras
    desçam como orvalho,
como chuva branda sobre o pasto novo,
como garoa sobre tenras plantas.

³ "Proclamarei o nome do Senhor.
Louvem a grandeza do nosso Deus!
⁴ Ele é a Rocha,
    as suas obras são perfeitas,
    e todos os seus caminhos são justos.
É Deus fiel, que não comete erros;
    justo e reto ele é.

⁵ "Seus filhos têm agido corruptamente
    para com ele,
e não como filhos;
    que vergonha!
São geração corrompida e depravada.ᵃ
⁶ É assim que retribuem ao Senhor,
    povo insensato e ignorante?
Não é ele o Pai de vocês, o seu Criadorᵇ,
    que os fez e os formou?

⁷ "Lembrem-se dos dias do passado;
    considerem as gerações
    há muito passadas.
Perguntem aos seus pais,
    e estes contarão a vocês,
aos seus líderes, e eles explicarão a vocês.
⁸ Quando o Altíssimo deu às nações
    a sua herança,
quando dividiu toda a humanidade,
estabeleceu fronteiras para os povos
de acordo com o número
    dos filhos de Israelᶜ.
⁹ Pois o povo preferido do Senhor
    é este povo,
Jacó é a herança que lhe coube.

¹⁰ "Numa terra deserta ele o encontrou,
    numa região árida e de ventos uivantes.
Ele o protegeu e dele cuidou;
    guardou-o como
    a menina dos seus olhos,
¹¹ como a águia
    que desperta a sua ninhada,

ᵃ **32.5** Ou *Corruptos são eles e não os seus filhos, uma geração corrompida e depravada para a sua vergonha.*
ᵇ **32.6** Ou *que os comprou*
ᶜ **32.8** Os manuscritos do mar Morto dizem *filhos de Deus.*

paira sobre os seus filhotes,
e depois estende as asas
para apanhá-los,
levando-os sobre elas.
¹² O Senhor sozinho o levou;
nenhum deus estrangeiro o ajudou.
¹³ Ele o fez cavalgar
nos lugares altos da terra
e o alimentou com o fruto dos campos.
Ele o nutriu com mel tirado da rocha,
e com óleo extraído
do penhasco pedregoso,
¹⁴ com coalhada e leite
do gado e do rebanho,
e com cordeiros e bodes cevados;
com os melhores carneiros de Basã
e com as mais excelentes
sementes de trigo.
Você bebeu o espumoso
sangue das uvas.

¹⁵ "Jesurum*ᵃ* engordou e deu pontapés;
você engordou, tornou-se pesado
e farto de comida.
Abandonou o Deus que o fez
e rejeitou a Rocha, que é o seu Salvador.
¹⁶ Eles o deixaram com ciúmes
por causa dos deuses estrangeiros,
e o provocaram
com os seus ídolos abomináveis.
¹⁷ Sacrificaram a demônios
que não são Deus,
a deuses que não conheceram,
a deuses que surgiram recentemente,
a deuses que os seus antepassados
não adoraram.
¹⁸ Vocês abandonaram a Rocha,
que os gerou;
vocês se esqueceram do Deus
que os fez nascer.

¹⁹ "O Senhor viu isso e os rejeitou,
porque foi provocado
pelos seus filhos e suas filhas.
²⁰ 'Esconderei o meu rosto deles', disse,
'e verei qual o fim que terão;
pois são geração perversa, filhos infiéis.
²¹ Provocaram-me os ciúmes
com aquilo que nem deus é
e irritaram-me
com seus ídolos inúteis.

Farei que tenham ciúmes
de quem não é meu povo;
eu os provocarei à ira
por meio de uma nação insensata.
²² Pois um fogo foi aceso pela minha ira,
fogo que queimará
até as profundezas do Sheol*ᵇ*.
Ele devorará a terra e as suas colheitas
e consumirá os alicerces dos montes.

²³ " 'Amontoarei desgraças sobre eles
e contra eles gastarei as minhas flechas.
²⁴ Enviarei dentes de feras,
uma fome devastadora,
uma peste avassaladora
e uma praga mortal;
enviarei contra eles
dentes de animais selvagens,
e veneno de víboras
que se arrastam no pó.
²⁵ Nas ruas a espada
os deixará sem filhos;
em seus lares reinará o terror.
Morrerão moços e moças,
crianças e homens já grisalhos.
²⁶ Eu disse que os dispersaria
e que apagaria da humanidade
a lembrança deles.
²⁷ Mas temi a provocação do inimigo,
que o adversário entendesse mal
e dissesse: "A nossa mão triunfou;
o Senhor nada fez"'.

²⁸ "É uma nação sem juízo
e sem discernimento.
²⁹ Quem dera fossem sábios
e entendessem;
e compreendessem qual será o seu fim!
³⁰ Como poderia um só homem
perseguir mil,
ou dois porem em fuga dez mil,
a não ser que a sua Rocha
os tivesse vendido,
a não ser que o Senhor
os tivesse abandonado?
³¹ Pois a rocha deles
não é como a nossa Rocha,
com o que até mesmo
os nossos inimigos concordam.
³² A vinha deles é de Sodoma
e das lavouras de Gomorra.

ᵃ **32.15** *Jesurum* (nome poético de Israel) significa *o íntegro*; também em 33.5 e 26.

ᵇ **32.22** Essa palavra pode ser traduzida por sepultura, profundezas, pó ou morte.

Suas uvas estão cheias de veneno,
e seus cachos, de amargura.
³³ O vinho deles
é a peçonha das serpentes,
o veneno mortal das cobras.

³⁴ " 'Acaso não guardei isto em
segredo?
Não o selei em meus tesouros?
³⁵ A mim pertence a vingança
e a retribuição.
No devido tempo
os pés deles escorregarão;
o dia da sua desgraça está chegando
e o seu próprio destino
se apressa sobre eles.'

³⁶ "O Senhor defenderá o seu povo
e terá compaixão dos seus servos,
quando vir que a força deles se
esvaiu
e que ninguém sobrou,
nem escravo nem livre.
³⁷ Ele dirá:
'Agora, onde estão os seus deuses,
a rocha em que se refugiaram,
³⁸ os deuses que comeram
a gordura dos seus sacrifícios
e beberam o vinho
das suas ofertas derramadas?
Que eles se levantem para ajudá-los!
Que eles ofereçam abrigo a vocês!

³⁹ " 'Vejam agora que eu sou o único,
eu mesmo.
Não há Deus além de mim.
Faço morrer e faço viver,
feri e curarei,
e ninguém é capaz
de livrar-se da minha mão.
⁴⁰ Ergo a minha mão para os céus
e declaro:
Juro pelo meu nome que,
⁴¹ quando eu afiar
a minha espada refulgente
e a minha mão empunhá-la para julgar,
eu me vingarei dos meus adversários
e retribuirei àqueles que me odeiam.
⁴² Embeberei as minhas flechas
em sangue,
enquanto a minha espada devorar carne:
o sangue dos mortos e dos cativos,
as cabeças dos líderes inimigos'.

⁴³ "Cantem de alegria, ó nações,
com o povo dele,ᵃ ᵇ
pois ele vingará
o sangue dos seus servos;
retribuirá com vingança
aos seus adversários
e fará propiciação
por sua terra e por seu povo".

⁴⁴ Moisés veio com Josué,ᶜ filho de Num, e recitou todas as palavras dessa canção na presença do povo. ⁴⁵ Quando Moisés terminou de recitar todas essas palavras a todo o Israel, ⁴⁶ disse-lhes: "Guardem no coração todas as palavras que hoje declarei a vocês solenemente, para que ordenem aos seus filhos que obedeçam fielmente a todas as palavras desta lei. ⁴⁷ Elas não são palavras inúteis. São a sua vida. Por meio delas vocês viverão muito tempo na terra da qual tomarão posse do outro lado do Jordão".

A Morte de Moisés no Monte Nebo

⁴⁸ Naquele mesmo dia, o Senhor disse a Moisés: ⁴⁹ "Suba as montanhas de Abarim, até o monte Nebo, em Moabe, em frente de Jericó, e contemple Canaã, a terra que dou aos israelitas como propriedade. ⁵⁰ Ali, na montanha que você tiver subido, você morrerá e será reunido aos seus antepassados, assim como o seu irmão Arão morreu no monte Hor e foi reunido aos seus antepassados. ⁵¹ Assim será porque vocês dois foram infiéis para comigo na presença dos israelitas, junto às águas de Meribá, em Cades, no deserto de Zim, e porque vocês não sustentaram a minha santidade no meio dos israelitas. ⁵² Portanto, você verá a terra somente a distância, mas não entrará na terra que estou dando ao povo de Israel".

A Bênção de Moisés

33 Esta é a bênção com a qual Moisés, homem de Deus, abençoou os israelitas antes da sua morte. ² Ele disse:

"O Senhor veio do Sinai
e alvoreceu sobre eles desde o Seir,
resplandeceu desde o monte Parã.
Veio com miríades de santos desde o sul,
desde as encostas de suas montanhas.

ᵃ **32.43** Ou *Façam o povo dele cantar de alegria, ó nações,*
ᵇ **32.43** Os manuscritos do mar Morto dizem *povo dele, e todos os anjos o adorem,*
ᶜ **32.44** Hebraico: *Oseias,* variante de *Josué.*

³ Certamente és tu que amas o povo;
  todos os santos estão em tuas mãos.
A teus pés todos eles se prostram
  e de ti recebem instrução,
⁴ a lei que Moisés nos deu,
  a herança da assembleia de Jacó.
⁵ Ele era rei sobre Jesurum,
  quando os chefes do povo se
    reuniam,
  juntamente com as tribos de Israel.

⁶ "Que Rúben viva e não morra,
  mesmo sendo poucos os seus
    homens".

⁷ E disse a respeito de Judá:

"Ouve, ó Senhor, o grito de Judá;
  traze-o para o seu povo.
Que as suas próprias mãos
  sejam suficientes,
e que haja auxílio
  contra os seus adversários!"

⁸ A respeito de Levi disse:

"O teu Urim e o teu Tumim[a] pertencem
  ao homem a quem favoreceste.
Tu o provaste em Massá[b];
  disputaste com ele
  junto às águas de Meribá[c].
⁹ Levi disse do seu pai e da sua mãe:
  'Não tenho consideração por eles'.
Não reconheceu os seus irmãos,
  nem conheceu os próprios filhos,
apesar de que guardaram a tua palavra
  e observaram a tua aliança.
¹⁰ Ele ensina as tuas ordenanças a Jacó
  e a tua lei a Israel.
Ele te oferece incenso
  e holocaustos completos no teu
    altar.
¹¹ Abençoa todos os seus esforços,
  ó Senhor,
e aprova a obra das suas mãos.
Despedaça os lombos
  dos seus adversários,
dos que o odeiam,
  sejam quem forem".

[a] 33.8 Objetos utilizados para se conhecer a vontade de Deus.
[b] 33.8 *Massá* significa *provação*.
[c] 33.8 *Meribá* significa *rebelião*.

¹² A respeito de Benjamim disse:

"Que o amado do Senhor
  descanse nele em segurança,
pois ele o protege o tempo inteiro,
e aquele a quem o Senhor ama
  descansa nos seus braços".

¹³ A respeito de José disse:

"Que o Senhor abençoe a sua terra
  com o precioso orvalho
  que vem de cima, do céu,
  e com as águas das profundezas;
¹⁴ com o melhor que o sol amadurece
  e com o melhor que a lua possa dar;
¹⁵ com as dádivas mais bem escolhidas
  dos montes antigos
  e com a fertilidade das colinas eternas;
¹⁶ com os melhores frutos da terra
  e a sua plenitude,
e com o favor daquele
  que apareceu na sarça ardente.
Que tudo isso repouse
  sobre a cabeça de José,
sobre a fronte do escolhido
  entre os seus irmãos.
¹⁷ É majestoso como a primeira cria
  de um touro;
seus chifres são os chifres
  de um boi selvagem,
com os quais ferirá as nações
  até os confins da terra.
Assim são as dezenas de milhares
  de Efraim;
assim são os milhares de Manassés".

¹⁸ A respeito de Zebulom disse:

"Alegre-se, Zebulom,
  em suas viagens,
e você, Issacar, em suas tendas.
¹⁹ Eles convocarão povos para o
    monte
  e ali oferecerão sacrifícios de justiça;
farão um banquete
  com a riqueza dos mares,
com os tesouros ocultos das praias".

²⁰ A respeito de Gade disse:

"Bendito é aquele
  que amplia os domínios de Gade!

Gade fica à espreita como um leão;
  despedaça um braço e também a cabeça.
²¹ Escolheu para si o melhor;
  a porção do líder lhe foi reservada.
Tornou-se o chefe do povo
  e executou a justa vontade do Senhor
e os seus juízos sobre Israel".

²² A respeito de Dã disse:

"Dã é um filhote de leão,
  que vem saltando desde Basã".

²³ A respeito de Naftali disse:

"Naftali tem fartura do favor do Senhor
  e está repleto de suas bênçãos;
suas posses estendem-se para o sul,
  em direção ao mar".

²⁴ A respeito de Aser disse:

"Bendito é Aser entre os filhos;
seja ele favorecido por seus irmãos,
  e banhe os seus pés no azeite!
²⁵ Sejam de ferro e bronze
  as trancas das suas portas,
e dure a sua força como os seus dias.

²⁶ "Não há ninguém
  como o Deus de Jesurum,
que cavalga os céus para ajudá-lo,
  e cavalga as nuvens em sua majestade!
²⁷ O Deus eterno é o seu refúgio,
  e para segurá-lo
  estão os braços eternos.
Ele expulsará os inimigos
  da sua presença,
  dizendo: 'Destrua-os!'
²⁸ Somente Israel viverá em
    segurança;
  a fonte de Jacó está segura
numa terra de trigo e de vinho
    novo,
  onde os céus gotejam orvalho.
²⁹ Como você é feliz, Israel!
Quem é como você,
  povo salvo pelo Senhor?
Ele é o seu abrigo, o seu ajudador
  e a sua espada gloriosa.
Os seus inimigos se encolherão
  diante de você,
mas você pisará as suas colinas".

A Morte de Moisés

34 Então, das campinas de Moabe Moisés subiu ao monte Nebo, ao topo do Pisga, em frente de Jericó. Ali o Senhor lhe mostrou a terra toda: de Gileade a Dã, ² toda a região de Naftali, o território de Efraim e Manassés, toda a terra de Judá até o mar ocidental[a], ³ o Neguebe e toda a região que vai do vale de Jericó, a cidade das Palmeiras, até Zoar. ⁴ E o Senhor lhe disse: "Esta é a terra que prometi sob juramento a Abraão, a Isaque e a Jacó, quando lhes disse: Eu a darei a seus descendentes. Permiti que você a visse com os seus próprios olhos, mas você não atravessará o rio, não entrará nela".

⁵ Moisés, o servo do Senhor, morreu ali, em Moabe, como o Senhor dissera. ⁶ Ele o sepultou[b] em Moabe, no vale que fica diante de Bete-Peor, mas até hoje ninguém sabe onde está localizado seu túmulo. ⁷ Moisés tinha cento e vinte anos de idade quando morreu; todavia, nem os seus olhos nem o seu vigor tinham se enfraquecido. ⁸ Os israelitas choraram Moisés nas campinas de Moabe durante trinta dias, até passar o período de pranto e luto.

⁹ Ora, Josué, filho de Num, estava cheio do Espírito[c] de sabedoria, porque Moisés tinha imposto as suas mãos sobre ele. De modo que os israelitas lhe obedeceram e fizeram o que o Senhor tinha ordenado a Moisés.

¹⁰ Em Israel nunca mais se levantou profeta como Moisés, a quem o Senhor conheceu face a face, ¹¹ e que fez todos aqueles sinais e maravilhas que o Senhor o tinha enviado para fazer no Egito, contra o faraó, contra todos os seus servos e contra toda a sua terra. ¹² Pois ninguém jamais mostrou tamanho poder como Moisés nem executou os feitos temíveis que Moisés realizou aos olhos de todo o Israel.

34.6 O motivo principal desta informação parece ter sido evitar que o povo caísse em idolatria com respeito à venerada figura de um grande libertador, que não passava de uma figura do verdadeiro e definitivo Libertador, Jesus Cristo (veja Hebreus 3.1-6). Nos versículos 8 e 9 de Judas, encontramos um detalhe enigmático e curioso sobre o corpo de Moisés.

---

[a] **34.2** Isto é, o mar Mediterrâneo.
[b] **34.6** Ou *Ele foi sepultado*
[c] **34.9** Ou *cheio de sabedoria*

DESENVOLVIMENTO EM COMUNIDADE: DEUTERONÔMIO E NEEMIAS

Como foi que Deus escolheu um grupo de refugiados e os converteu em nação poderosa? Podemos aprender algo dessa experiência que sirva de apoio às nações em desenvolvimento?

Deus começa essa viagem com Israel depois de livrá-lo da escravidão do Egito. Enquanto estavam no deserto, não tinham absolutamente nada! Nem governo, nem infraestrutura, nem sistema religioso, ou seja, não eram grande coisa!

Quando lemos os livros escritos por Moisés, vemos que Deus não apenas lidava com a vida espiritual das pessoas, mas também com a vida considerada "secular". Em Êxodo e Deuteronômio, Deus trata do sistema de governo; em Levítico, trata da saúde; em Números, de assuntos legais; isso só para mencionar alguns livros.

Há uma ilustração a esse respeito em Deuteronômio 20.19,20. Deus ordena que os judeus, ao atacarem alguma cidade, não deveriam cortar nenhuma árvore. Por quê? Estava tão preocupado assim com as árvores? Tratava-se de uma ação para planejar o futuro. Seria fácil entrar de imediato e tomar a cidade, mas manter a fonte de alimento era vital para o futuro. Se as árvores fossem poupadas, elas os sustentariam durante anos.

Neemias é um grande exemplo de líder interessado no bem-estar espiritual do povo e também na infraestrutura da nação. Enquanto reconstrói os muros da cidade, ocupa-se dos assuntos do governo, da defesa e do comércio. Tudo isso foi realizado no interior dos muros da cidade. Para Neemias, a reconstrução de tais aspectos da comunidade era tão espiritual quanto a adoração e a oração.

Vemos que Deus interessa-se por esses mesmos aspectos e que os princípios podem ser adaptados aos contextos do século XXI no que se refere à vida e à sociedade. A vida como um todo é espiritual para Deus. Não existe uma vida "secular" separada.

APLICAÇÃO

- Analise a passagem de Deuteronômio sobre não cortar as árvores que dão frutos. Que situações seriam diferentes se as nações planejassem o futuro seguindo esse princípio? O que seria diferente na sua própria família ou vida pessoal?
- Que tipos de tarefas consideramos "seculares"? Precisamos mudar nossa forma de pensar sobre isso?

OS LIVROS HISTÓRICOS
DO ANTIGO TESTAMENTO

- Josué
- Juízes
- Rute
- 1Samuel
- 2Samuel
- 1Reis
- 2Reis
- 1Crônicas
- 2Crônicas
- Esdras
- Neemias
- Ester

OS LIVROS
HISTÓRICOS
DO ANTIGO TESTAMENTO

Josué	2Reis
Juízes	1Crônicas
Rute	2Crônicas
1Samuel	Esdras
2Samuel	Neemias
1Reis	Ester

Introdução ao livro de
JOSUÉ

Autor e data de composição

A tradição atribui essa obra ao próprio Josué, ainda que alguns relatos possam ter sido acrescentados posteriormente. Sem dúvida, isso aconteceu com o registro de sua morte e sepultamento (24.29-33), bem como com a conquista de Debir (ou Quiriate-Sefer, veja 15.17,18) por Otoniel e pela tribo de Dã, acontecimentos posteriores à morte de Josué. Em seu formato atual, é possível que o livro tenha sido revisado e finalizado por um escritor anônimo no início da era dos reis. Com isso, não se pode precisar a data da composição final desta obra, ainda que possam ser identificados os eventos relatados, logo no início da conquista de Canaã, cerca do ano 1410 a.C.

ESBOÇO GERAL

Primeira parte: a conquista da terra prometida (1—12)
I. A preparação (1—5)
   A. Josué substitui Moisés (1)
   B. A preparação militar e espiritual do povo de Israel (2.1—5.12)
   C. Josué e o comandante do exército do SENHOR (5.13-15)
II. A conquista (6—13)
   A. Conquistas no centro, no sul e no norte (6.1—11.15)
   B. Resumo das conquistas feitas (11.16—12.24)
   C. Áreas a serem conquistadas (13.1-7)

Segunda parte: a distribuição da terra entre as tribos (13.8—21.45)
I. A divisão das terras a leste do rio Jordão (13.8-33)
II. A divisão das terras a oeste do rio Jordão (14—19)
III. As cidades dos levitas (20—21)
   A. As seis cidades de refúgio (20)
   B. As demais cidades dos levitas (21.1-42)
   C. Israel termina de se estabelecer na terra prometida (21.43-45)

Terceira parte: acontecimentos finais (22—24)
I. O regresso das tribos do leste (22)
II. O discurso de despedida e a morte de Josué (23—24)

Versículos-chave
1.8,9

Tema geral do livro
Neste livro há duas seções básicas: a conquista da terra prometida e o estabelecimento de cada uma das tribos na terra que lhe tenha sido designada. Devemos ter em conta que, apesar de não haver no livro profecias messiânicas relacionadas, é possível ver claramente a prefiguração de Cristo na pessoa de Josué. Lembremo-nos de que seu nome original era Oseias, que significa "salvação", mas Moisés o mudou para Josué, "o SENHOR salva", (Números 13.16), nome este que, séculos mais tarde, teria o Salvador da humanidade.

No livro de Josué, Jesus é...
... o Comandante do exército do SENHOR (5.14)

Versículos-chave para o discípulo
23.10; 24.15

O discípulo e o livro de Josué
Há uma quantidade expressiva de princípios espirituais para aprender neste livro excepcional, mas talvez nenhum seja tão encorajador para muitos que aspiram a ser discípulos legítimos do grande Josué, Jesus de Nazaré, e tenham no passado experiências das quais preferem não recordar. A prostituta Raabe foi salva da destruição, assim como sua família, por ter reconhecido Deus como o único e verdadeiro Deus de Israel, e isso graças ao cordão vermelho que pendurou na janela, conforme orientação dos espias para que pudessem identificá-la. Esse cordão escarlate nos remete ao sangue de Jesus, no qual temos total segurança, não importando como tenha sido nossa vida passada. O que nos admira é que Raabe, uma prostituta gentil, anos depois fará parte da genealogia do Senhor Jesus Cristo, pela linhagem real de Davi e Salomão, como mãe de Boaz — o "parente resgatador" de Noemi —; isso tudo está registrado no livro de Ester (veja também Mateus 1.5). Alegre-se, caro discípulo, e seja encorajado com estas palavras: "Quem é comparável a ti, ó Deus, que perdoas o pecado e esqueces a transgressão do remanescente da sua herança? Tu, que não permaneces irado para sempre, mas tens prazer em mostrar amor" (Miqueias 7.18).

JOSUÉ

Palavra do Senhor a Josué

1 Depois da morte de Moisés, servo do Senhor, disse o Senhor a Josué, filho de Num, auxiliar de Moisés: ² "Meu servo Moisés está morto. Agora, pois, você e todo este povo preparem-se para atravessar o rio Jordão e entrar na terra que eu estou para dar aos israelitas. ³ Como prometi a Moisés, todo lugar onde puserem os pés eu darei a vocês. ⁴ Seu território se estenderá do deserto ao Líbano*ᵃ*, e do grande rio, o Eufrates, toda a terra dos hititas até o mar Grande*ᵇ*, no oeste. ⁵ Ninguém conseguirá resistir a você todos os dias da sua vida. Assim como estive com Moisés, estarei com você; nunca o deixarei, nunca o abandonarei.

⁶ "Seja forte e corajoso, porque você conduzirá este povo para herdar a terra que prometi sob juramento aos seus antepassados. ⁷ Somente seja forte e muito corajoso! Tenha o cuidado de obedecer a toda a lei que o meu servo Moisés ordenou a você; não se desvie dela, nem para a direita nem para a esquerda, para que você seja bem-sucedido por onde quer que andar. ⁸ Não deixe de falar as palavras deste Livro da Lei e de meditar nelas de dia e de noite, para que você cumpra fielmente tudo o que nele está escrito. Só então os seus caminhos prosperarão e você será bem-sucedido. ⁹ Não fui eu que ordenei a você? Seja forte e corajoso! Não se apavore nem desanime, pois o Senhor, o seu Deus, estará com você por onde você andar".

Os Preparativos para a Conquista da Terra

¹⁰ Assim Josué ordenou aos oficiais do povo: ¹¹ "Percorram o acampamento e ordenem ao povo que prepare as provisões. Daqui a três dias vocês atravessarão o Jordão neste ponto, para entrar e tomar posse da terra que o Senhor, o seu Deus, lhes dá".

¹² Mas às tribos de Rúben, de Gade e à metade da tribo de Manassés Josué disse: ¹³ "Lembrem-se da ordem que Moisés, servo do Senhor, deu a vocês, quando o Senhor, o seu Deus, prometeu descanso e dar a vocês esta terra: ¹⁴ 'As suas mulheres, os seus filhos e os seus rebanhos poderão ficar na terra que Moisés lhes deu a leste do Jordão, mas todos os homens de guerra, preparados para lutar, atravessarão à frente dos seus irmãos israelitas'. Vocês os ajudarão ¹⁵ até que o Senhor conceda um lugar de descanso para eles, como deu a vocês, e até que eles também tenham tomado posse da terra que o Senhor, o seu Deus, lhes dá. Depois disso vocês poderão voltar e ocupar a sua própria terra, que Moisés, servo do Senhor, deu a vocês a leste do Jordão, na direção do nascer do sol".

¹⁶ Então eles responderam a Josué: "Tudo o que você nos ordenar faremos e aonde quer que nos enviar iremos. ¹⁷ Assim como obedecemos totalmente a Moisés, também obedeceremos a você. Somente que o Senhor, o seu Deus, seja com você, como foi com Moisés. ¹⁸ Todo aquele que se rebelar contra as suas instruções e não obedecer às suas ordens, seja o que for que você lhe ordenar, será morto. Somente seja forte e corajoso!"

Raabe e os Espiões

2 Então Josué, filho de Num, enviou secretamente de Sitim dois espiões e lhes disse: "Vão examinar a terra, especialmente Jericó".

1.6 Deus não faz acepção de pessoas (Deuteronômio 10.17; Atos 10.34; Romanos 2.11; Gálatas 2.6; Efésios 6.9; Colossenses 3.25), e ser imparcial é um de seus atributos mais encorajadores. A seus olhos e em seu Reino, não há "grandes personalidades" nem "párias". Somente filhos. O que ele prometeu a Josué quando lhe deu uma missão, também promete a cada de um seus filhos quando nos dá uma missão na vida. Que o mundo nos estime ou nos deprecie pouco importa para Deus e muito menos deve nos interessar. O melhor lugar do mundo para cada filho de Deus é onde o Pai o tem designado, e a missão mais valiosa do mundo para ele é a que Deus lhe entregou. O filho sabe que tem seu apoio e amparo e que debaixo de suas asas deve viver confiado, pois, como bem expressou Paulo: "eu sei em quem tenho crido" (2Timóteo 1.12).

ᵃ **1.4** Hebraico: *a este Líbano*. Provavelmente montanhas do Líbano.
ᵇ **1.4** Isto é, o mar Mediterrâneo; também em 9.1; 15.12, 47 e 23.4.

Eles foram e entraram na casa de uma prostituta chamada Raabe, e ali passaram a noite.

² Todavia, o rei de Jericó foi avisado: "Alguns israelitas vieram aqui esta noite para espionar a terra". ³ Diante disso, o rei de Jericó enviou esta mensagem a Raabe: "Mande embora os homens que entraram em sua casa, pois vieram espionar a terra toda".

⁴ Mas a mulher que tinha escondido os dois homens respondeu: "É verdade que os homens vieram a mim, mas eu não sabia de onde tinham vindo. ⁵ Ao anoitecer, na hora de fechar a porta da cidade, eles partiram. Não sei por onde foram. Corram atrás deles. Talvez os alcancem". ⁶ Ela, porém, os tinha levado para o terraço e os tinha escondido sob os talos de linho que havia arrumado lá.

⁷ Os perseguidores partiram atrás deles pelo caminho que vai para o lugar de passagem do Jordão. E, logo que saíram, a porta foi trancada.

⁸ Antes de os espiões se deitarem, Raabe subiu ao terraço ⁹ e lhes disse: "Sei que o Senhor deu a vocês esta terra. Vocês nos causaram um medo terrível, e todos os habitantes desta terra estão apavorados por causa de vocês. ¹⁰ Pois temos ouvido como o Senhor secou as águas do mar Vermelho perante vocês quando saíram do Egito, e o que vocês fizeram a leste do Jordão com Seom e Ogue, os dois reis amorreus que vocês aniquilaram. ¹¹ Quando soubemos disso, o povo desanimou-se completamente, e por causa de vocês todos perderam a coragem, pois o Senhor, o seu Deus, é Deus em cima nos céus e embaixo na terra. ¹² Jurem-me pelo Senhor que, assim como eu fui bondosa com vocês, vocês também serão bondosos com a minha família. Deem-me um sinal seguro ¹³ de que pouparão a vida de meu pai e de minha mãe, de meus irmãos e de minhas irmãs, e de tudo o que lhes pertence. Livrem-nos da morte".

¹⁴ "A nossa vida pela de vocês!", os homens lhe garantiram. "Se você não contar o que estamos fazendo, nós a trataremos com bondade e fidelidade quando o Senhor nos der a terra."

¹⁵ Então Raabe os ajudou a descer pela janela com uma corda, pois a casa em que morava fazia parte do muro da cidade, ¹⁶ e lhes disse: "Vão para aquela montanha, para que os perseguidores não os encontrem. Escondam-se lá por três dias, até que eles voltem; depois poderão seguir o seu caminho".

¹⁷ Os homens lhe disseram: "Estaremos livres do juramento que você nos levou a fazer ¹⁸ se, quando entrarmos na terra, você não tiver amarrado este cordão vermelho na janela pela qual nos ajudou a descer e se não tiver trazido para a sua casa o seu pai e a sua mãe, os seus irmãos e toda a sua família. ¹⁹ Qualquer pessoa que sair da casa será responsável por sua própria morte; nós seremos inocentes. Mas seremos responsáveis pela morte de quem estiver na casa com você, caso alguém toque nessa pessoa. ²⁰ E, se você contar o que estamos fazendo, estaremos livres do juramento que você nos levou a fazer".

²¹ "Seja como vocês disseram", respondeu Raabe. Assim ela os despediu, e eles partiram. Depois ela amarrou o cordão vermelho na janela.

²² Quando partiram, foram para a montanha e ali ficaram três dias, até que os seus perseguidores regressassem. Estes os procuraram ao longo de todo o caminho e não os acharam. ²³ Por fim os dois homens voltaram; desceram a montanha, atravessaram o rio e chegaram a Josué, filho de Num, e lhe contaram tudo o que lhes havia acontecido. ²⁴ E disseram a Josué: "Sem dúvida o Senhor entregou a terra toda em nossas mãos; todos estão apavorados por nossa causa".

A Travessia do Jordão

3 De manhã bem cedo Josué e todos os israelitas partiram de Sitim e foram para o Jordão, onde acamparam antes de atravessar o rio. ² Três dias depois, os oficiais percorreram o acampamento ³ e deram esta ordem ao povo: "Quando virem a arca da aliança do Senhor, o seu Deus, e os sacerdotes levitas*ᵃ* carregando a arca, saiam das suas posições e sigam-na. ⁴ Mas mantenham a distância de cerca de novecentos metros*ᵇ* entre vocês e a arca; não se aproximem! Desse modo saberão que caminho seguir, pois vocês nunca passaram por lá".

⁵ Josué ordenou ao povo: "Santifiquem-se, pois amanhã o Senhor fará maravilhas entre vocês".

⁶ E disse aos sacerdotes: "Levantem a arca da aliança e passem à frente do povo". Eles a levantaram e foram na frente.

⁷ E o Senhor disse a Josué: "Hoje começarei a exaltá-lo à vista de todo o Israel, para que saibam que estarei com você como estive com Moisés. ⁸ Portanto, você é quem dará a seguinte

---

ᵃ 3.3 Alguns manuscritos do Texto Massorético e as Versões Grega, Siríaca e Aramaica dizem *e os levitas*.
ᵇ 3.4 Hebraico: *cerca de 2.000 côvados*. O côvado era uma medida linear de cerca de 45 centímetros.

ordem aos sacerdotes que carregam a arca da aliança: Quando chegarem às margens das águas do Jordão, parem junto ao rio".

⁹ Então Josué disse aos israelitas: "Venham ouvir as palavras do Senhor, o seu Deus. ¹⁰ Assim saberão que o Deus vivo está no meio de vocês e que certamente expulsará de diante de vocês os cananeus, os hititas, os heveus, os ferezeus, os girgaseus, os amorreus e os jebuseus. ¹¹ Vejam, a arca da aliança do Soberano de toda a terra atravessará o Jordão à frente de vocês. ¹² Agora, escolham doze israelitas, um de cada tribo. ¹³ Quando os sacerdotes que carregam a arca do Senhor, o Soberano de toda a terra, puserem os pés no Jordão, a correnteza será represada e as águas formarão uma muralha".

¹⁴ Quando, pois, o povo desmontou o acampamento para atravessar o Jordão, os sacerdotes que carregavam a arca da aliança foram adiante. ¹⁵ (O Jordão transborda em ambas as margens na época da colheita.) Assim que os sacerdotes que carregavam a arca da aliança chegaram ao Jordão e seus pés tocaram as águas, ¹⁶ a correnteza que descia parou de correr e formou uma muralha a grande distância, perto de uma cidade chamada Adã, nas proximidades de Zaretã; e as águas que desciam para o mar da Arabá, o mar Salgado*a*, escoaram totalmente. E assim o povo atravessou o rio em frente de Jericó. ¹⁷ Os sacerdotes que carregavam a arca da aliança do Senhor ficaram parados em terra seca no meio do Jordão, enquanto todo o Israel passava, até que toda a nação o atravessou pisando em terra seca.

O Memorial das Doze Pedras

4 Quando toda a nação terminou de atravessar o Jordão, o Senhor disse a Josué: ² "Escolha doze homens dentre o povo, um de cada tribo, ³ e mande que apanhem doze pedras do meio do Jordão, do lugar onde os sacerdotes ficaram parados. Levem-nas com vocês para o local onde forem passar a noite".

⁴ Josué convocou os doze homens que escolhera dentre os israelitas, um de cada tribo, ⁵ e lhes disse: "Passem adiante da arca do Senhor, o seu Deus, até o meio do Jordão. Ponha cada um de vocês uma pedra nos ombros, conforme o número das tribos dos israelitas. ⁶ Elas servirão de sinal para vocês. No futuro, quando os seus filhos perguntarem: 'Que significam essas pedras?', ⁷ respondam que as águas do Jordão foram interrompidas diante da arca da aliança do Senhor. Quando a arca atravessou o Jordão, as águas foram interrompidas. Essas pedras serão um memorial perpétuo para o povo de Israel".

⁸ Os israelitas fizeram como Josué lhes havia ordenado. Apanharam doze pedras do meio do Jordão, conforme o número das tribos de Israel, como o Senhor tinha ordenado a Josué; e as levaram ao acampamento, onde as deixaram. ⁹ Josué ergueu também doze pedras no meio*b* do Jordão, no local onde os sacerdotes que carregavam a arca da aliança tinham ficado. E elas estão lá até hoje.

¹⁰ Os sacerdotes que carregavam a arca permaneceram em pé no meio do Jordão até que o povo fez tudo o que o Senhor ordenara a Josué, por meio de Moisés. E o povo atravessou apressadamente. ¹¹ Quando todos tinham acabado de atravessar, a arca do Senhor e os sacerdotes passaram para o outro lado, diante do povo. ¹² Os homens das tribos de Rúben, de Gade e da metade da tribo de Manassés atravessaram preparados para lutar, à frente dos israelitas, como Moisés os tinha orientado. ¹³ Cerca de quarenta mil homens preparados para a guerra passaram perante o Senhor, rumo à planície de Jericó.

¹⁴ Naquele dia o Senhor exaltou Josué à vista de todo o Israel; e eles o respeitaram enquanto viveu, como tinham respeitado Moisés.

¹⁵ Então o Senhor disse a Josué: ¹⁶ "Ordene aos sacerdotes que carregam a arca da aliança*c* que saiam do Jordão".

¹⁷ E Josué lhes ordenou que saíssem.

¹⁸ Quando os sacerdotes que carregavam a arca da aliança do Senhor saíram do Jordão, mal tinham posto os pés em terra seca, as águas do Jordão voltaram ao seu lugar e cobriram como antes as suas margens.

¹⁹ No décimo dia do primeiro mês o povo subiu do Jordão e acampou em Gilgal, na fronteira leste de Jericó. ²⁰ E em Gilgal Josué ergueu as doze pedras tiradas do Jordão. ²¹ Disse ele aos israelitas: "No futuro, quando os filhos perguntarem aos seus pais: 'Que significam essas pedras?', ²² expliquem a eles: Aqui Israel atravessou o Jordão em terra seca. ²³ Pois o Senhor, o seu Deus, secou o Jordão perante vocês até que o tivessem atravessado. O Senhor, o seu Deus, fez com o Jordão como fizera com o mar

---

a **3.16** Isto é, o mar Morto; também em 12.3; 15.2, 5 e 18.19.
b **4.9** Ou ergueu as doze pedras que haviam estado no meio
c **4.16** Hebraico: *do Testemunho*. Isto é, das tábuas da aliança.

Vermelho, quando o secou diante de nós até que o tivéssemos atravessado. ²⁴ Ele assim fez para que todos os povos da terra saibam que a mão do Senhor é poderosa e para que vocês sempre temam o Senhor, o seu Deus".

A Circuncisão dos Israelitas em Gilgal

5 Todos os reis amorreus que habitavam a oeste do Jordão e todos os reis cananeus que viviam ao longo do litoral souberam como o Senhor tinha secado o Jordão diante dos israelitas até que tivéssemos atravessado. Por isso, desanimaram-se e perderam a coragem de enfrentar os israelitas.

² Naquela ocasião o Senhor disse a Josué: "Faça facas de pedra e circuncide os israelitas". ³ Josué fez facas de pedra e circuncidou os israelitas em Gibeate-Aralote*ᵃ*.

⁴ Ele fez isso porque todos os homens aptos para a guerra morreram no deserto depois de terem saído do Egito. ⁵ Todos os que saíram haviam sido circuncidados, mas todos os que nasceram no deserto, no caminho, depois da saída do Egito, não passaram pela circuncisão. ⁶ Os israelitas andaram quarenta anos pelo deserto, até que todos os guerreiros que tinham saído do Egito morressem, visto que não tinham obedecido ao Senhor. Pois o Senhor lhes havia jurado que não veriam a terra que prometera aos seus antepassados que nos daria, terra onde há leite e mel com fartura. ⁷ Assim, em lugar deles colocou os seus filhos, e estes foram os que Josué circuncidou. Ainda estavam incircuncisos porque não tinham sido circuncidados durante a viagem. ⁸ E, depois que a nação inteira foi circuncidada, eles ficaram onde estavam, no acampamento, até se recuperarem.

⁹ Então o Senhor disse a Josué: "Hoje removi de vocês a humilhação sofrida no Egito". Por isso até hoje o lugar se chama Gilgal.

¹⁰ Na tarde do décimo quarto dia do mês, enquanto estavam acampados em Gilgal, na planície de Jericó, os israelitas celebraram a Páscoa. ¹¹ No dia seguinte ao da Páscoa, nesse mesmo dia, eles comeram pães sem fermento e grãos de trigo tostados, produtos daquela terra. ¹² Um dia depois de comerem do produto da terra, o maná cessou. Já não havia maná para os israelitas, e naquele mesmo ano eles comeram do fruto da terra de Canaã.

ᵃ 5.3 Gibeate-Aralote significa colina dos prepúcios.

A Queda de Jericó

¹³ Estando Josué já perto de Jericó, olhou para cima e viu um homem em pé, empunhando uma espada. Aproximou-se dele e perguntou-lhe: "Você é por nós, ou por nossos inimigos?" ¹⁴ "Nem uma coisa nem outra", respondeu ele. "Venho na qualidade de comandante do exército do Senhor." Então Josué prostrou-se com o rosto em terra, em sinal de respeito, e lhe perguntou: "Que mensagem o meu senhor tem para o seu servo?"

¹⁵ O comandante do exército do Senhor respondeu: "Tire as sandálias dos pés, pois o lugar em que você está é santo". E Josué as tirou.

6 Jericó estava completamente fechada por causa dos israelitas. Ninguém saía nem entrava.

² Então o Senhor disse a Josué: "Saiba que entreguei nas suas mãos Jericó, seu rei e seus homens de guerra. ³ Marche uma vez ao redor da cidade, com todos os homens armados. Faça isso durante seis dias. ⁴ Sete sacerdotes levarão cada um uma trombeta de chifre de carneiro à frente da arca. No sétimo dia, marchem todos sete vezes ao redor da cidade, e os sacerdotes toquem as trombetas. ⁵ Quando as trombetas soarem um longo toque, todo o povo dará um forte grito; o muro da cidade cairá e o povo atacará, cada um do lugar onde estiver".

⁶ Josué, filho de Num, chamou os sacerdotes e lhes disse: "Levem a arca da aliança do Senhor. Sete de vocês levarão trombetas à frente da arca". ⁷ E ordenou ao povo: "Avancem! Marchem ao redor da cidade! Os soldados armados irão à frente da arca do Senhor".

⁸ Quando Josué terminou de falar ao povo, os sete sacerdotes que levavam suas trombetas perante o Senhor saíram à frente, tocando as trombetas. E a arca da aliança do Senhor ia atrás deles. ⁹ Os soldados armados marchavam à frente dos sacerdotes que tocavam as trombetas, e o restante dos soldados seguia a arca. Durante todo esse tempo tocavam-se as trombetas. ¹⁰ Mas Josué tinha ordenado ao povo: "Não deem o brado de guerra, não levantem a voz, não digam palavra alguma, até o dia em que eu ordenar. Então vocês gritarão!" ¹¹ Assim se fez a arca do Senhor rodear a cidade, dando uma volta em torno dela. Então o povo voltou para o acampamento, onde passou a noite.

¹² Josué levantou-se na manhã seguinte, e os sacerdotes levaram a arca do Senhor. ¹³ Os

sete sacerdotes que levavam as trombetas iam adiante da arca do Senhor, tocando as trombetas. Os homens armados iam à frente deles, e o restante dos soldados seguia a arca do Senhor, enquanto as trombetas tocavam continuamente. ¹⁴ No segundo dia também rodearam a cidade uma vez e voltaram ao acampamento. E durante seis dias repetiram aquela ação.

¹⁵ No sétimo dia, levantaram-se ao romper da manhã e marcharam da mesma maneira sete vezes ao redor da cidade; foi apenas nesse dia que rodearam a cidade sete vezes. ¹⁶ Na sétima vez, quando os sacerdotes deram o toque de trombeta, Josué ordenou ao povo: "Gritem! O Senhor entregou a cidade a vocês! ¹⁷ A cidade, com tudo o que nela existe, será consagrada ao Senhor para destruição. Somente a prostituta Raabe e todos os que estão com ela em sua casa serão poupados, pois ela escondeu os espiões que enviamos. ¹⁸ Mas fiquem longe das coisas consagradas, não se apossem de nenhuma delas, para que não sejam destruídos. Do contrário trarão destruição e desgraça ao acampamento de Israel. ¹⁹ Toda a prata, todo o ouro e todos os utensílios de bronze e de ferro são sagrados e pertencem ao Senhor e deverão ser levados para o seu tesouro".

²⁰ Quando soaram as trombetas, o povo gritou. Ao som das trombetas e do forte grito, o muro caiu. Cada um atacou do lugar onde estava, e tomaram a cidade. ²¹ Consagraram a cidade ao Senhor, destruindo ao fio da espada homens, mulheres, jovens, velhos, bois, ovelhas e jumentos; todos os seres vivos que nela havia.

²² Josué disse aos dois homens que tinham espionado a terra: "Entrem na casa da prostituta e tirem-na de lá com todos os seus parentes, conforme o juramento que fizeram a ela". ²³ Então os jovens que tinham espionado a terra entraram e trouxeram Raabe, seu pai, sua mãe, seus irmãos e todos os seus parentes. Tiraram de lá todos os da sua família e os deixaram num local fora do acampamento de Israel.

²⁴ Depois incendiaram a cidade inteira e tudo o que nela havia, mas entregaram a prata, o ouro e os utensílios de bronze e de ferro ao tesouro do santuário do Senhor. ²⁵ E Josué poupou a prostituta Raabe, a sua família e todos os seus pertences, pois ela escondeu os homens que Josué tinha enviado a Jericó como espiões. E Raabe vive entre os israelitas até hoje.

²⁶ Naquela ocasião Josué pronunciou este juramento solene: "Maldito seja diante do Senhor o homem que reconstruir a cidade de Jericó:

"Ao preço de seu filho mais velho
lançará os alicerces da cidade;
ao preço de seu filho mais novo
porá suas portas!"

²⁷ Assim o Senhor esteve com Josué, cuja fama espalhou-se por toda a região.

O Pecado de Acã e suas Consequências

7 Mas os israelitas foram infiéis com relação às coisas consagradas. Acã, filho de Carmi, filho de Zinri[a], filho de Zerá, da tribo de Judá, apossou-se de algumas delas. E a ira do Senhor acendeu-se contra Israel.

² Sucedeu que Josué enviou homens de Jericó a Ai, que fica perto de Bete-Áven, a leste de Betel, e ordenou-lhes: "Subam e espionem a região". Os homens subiram e espionaram Ai. ³ Quando voltaram a Josué, disseram: "Não é preciso que todos avancem contra Ai. Envie uns dois ou três mil homens para atacá-la. Não canse todo o exército, pois eles são poucos". ⁴ Por isso cerca de três mil homens atacaram a cidade; mas os homens de Ai os puseram em fuga, ⁵ chegando a matar trinta e seis deles. Eles perseguiram os israelitas desde a porta da cidade até Sebarim[b] e os feriram na descida. Diante disso o povo desanimou-se completamente.

⁶ Então Josué, com as autoridades de Israel, rasgou as vestes, prostrou-se com o rosto em terra, diante da arca do Senhor, cobrindo de terra a cabeça, e ali permaneceu até a tarde. ⁷ Disse então Josué: "Ah, Soberano Senhor, por que fizeste este povo atravessar o Jordão? Foi para nos entregar nas mãos dos amorreus e nos destruir? Antes nos contentássemos em continuar no outro lado do Jordão! ⁸ Que poderei dizer, Senhor, agora que Israel foi derrotado por seus inimigos? ⁹ Os cananeus e os demais habitantes desta terra saberão disso, nos cercarão e eliminarão o nosso nome da terra. Que farás, então, pelo teu grande nome?"

¹⁰ O Senhor disse a Josué: "Levante-se! Por que você está aí prostrado? ¹¹ Israel pecou. Violou a aliança que eu lhe ordenei. Apossou-se

---

[a] 7.1 Alguns manuscritos dizem *Zabdi*; também nos versículos 17 e 18. Veja 1Cr 2.6.
[b] 7.5 Ou *as pedreiras*

de coisas consagradas, roubou-as, escondeu-as e as colocou junto de seus bens. ¹² Por isso os israelitas não conseguem resistir aos inimigos; fogem deles porque se tornaram merecedores da sua destruição. Não estarei mais com vocês, se não destruírem do meio de vocês o que foi consagrado à destruição.

¹³ "Vá, santifique o povo! Diga-lhes: Santifiquem-se para amanhã, pois assim diz o Senhor, o Deus de Israel: Há coisas consagradas à destruição no meio de vocês, ó Israel. Vocês não conseguirão resistir aos seus inimigos enquanto não as retirarem.

¹⁴ "Apresentem-se de manhã, uma tribo de cada vez. A tribo que o Senhor escolher virá à frente, um clã de cada vez; o clã que o Senhor escolher virá à frente, uma família de cada vez; e a família que o Senhor escolher virá à frente, um homem de cada vez. ¹⁵ Aquele que for pego com as coisas consagradas será queimado no fogo com tudo o que lhe pertence. Violou a aliança do Senhor e cometeu loucura em Israel!"

¹⁶ Na manhã seguinte Josué mandou os israelitas virem à frente segundo as suas tribos, e a de Judá foi a escolhida. ¹⁷ Os clãs de Judá vieram à frente, e ele escolheu os zeraítas. Fez o clã dos zeraítas vir à frente, família por família, e o escolhido foi Zinri. ¹⁸ Josué fez a família de Zinri vir à frente, homem por homem, e Acã, filho de Carmi, filho de Zinri, filho de Zerá, da tribo de Judá, foi o escolhido.

¹⁹ Então Josué disse a Acã: "Meu filho, para a glória do Senhor, o Deus de Israel, diga a verdade. Conte-me o que você fez; não me esconda nada".

²⁰ Acã respondeu: "É verdade que pequei contra o Senhor, o Deus de Israel. O que fiz foi o seguinte: ²¹ quando vi entre os despojos uma bela capa feita na Babilônia*ᵃ*, dois quilos e quatrocentos gramas de prata e uma barra de ouro de seiscentos gramas*ᵇ*, eu os cobicei e me apossei deles. Estão escondidos no chão da minha tenda, com a prata por baixo".

²² Josué enviou alguns homens que correram à tenda de Acã; lá estavam escondidas as coisas, com a prata por baixo. ²³ Retiraram-nas da tenda e as levaram a Josué e a todos os israelitas, e as puseram perante o Senhor.

²⁴ Então Josué, com todo o Israel, levou Acã, bisneto de Zerá, e a prata, a capa, a barra de ouro, seus filhos e filhas, seus bois, seus jumentos, suas ovelhas, sua tenda e tudo o que lhe pertencia, ao vale de Acor. ²⁵ Disse Josué: "Por que você nos causou esta desgraça? Hoje o Senhor causará a sua desgraça*ᶜ*". E todo o Israel o apedrejou e depois apedrejou também os seus, e queimou tudo e todos eles no fogo. ²⁶ Sobre Acã ergueram um grande monte de pedras, que existe até hoje. Então o Senhor se afastou do fogo da sua ira. Por isso foi dado àquele lugar o nome de vale de Acor, nome que permanece até hoje.

A Destruição de Ai

8 E disse o Senhor a Josué: "Não tenha medo! Não desanime! Leve todo o exército com você e avance contra Ai. Eu entreguei nas suas mãos o rei de Ai, seu povo, sua cidade e sua terra. ² Você fará com Ai e seu rei o que fez com Jericó e seu rei; e desta vez vocês poderão se apossar dos despojos e dos animais. Prepare uma emboscada atrás da cidade".

³ Então Josué e todo o exército se prepararam para atacar a cidade de Ai. Ele escolheu trinta mil dos seus melhores homens de guerra e os enviou de noite ⁴ com a seguinte ordem: "Atenção! Preparem uma emboscada atrás da cidade e não se afastem muito dela. Fiquem todos alerta. ⁵ Eu e todos os que estiverem comigo nos aproximaremos da cidade. Quando os homens nos atacarem como fizeram antes, fugiremos deles. ⁶ Eles nos perseguirão até que os tenhamos atraído para longe da cidade, pois dirão: 'Estão fugindo de nós como fizeram antes'. Quando estivermos fugindo, ⁷ vocês sairão da emboscada e tomarão a cidade. O Senhor, o seu Deus, a entregará em suas mãos. ⁸ Depois que tomarem a cidade, vocês a incendiarão. Façam o que o Senhor ordenou. Atentem bem para as minhas instruções".

⁹ Então Josué os enviou. Eles foram e ficaram de emboscada entre Betel e Ai, a oeste de Ai. Josué, porém, passou aquela noite com o povo. ¹⁰ Na manhã seguinte Josué passou em revista os homens, e ele e os líderes de Israel partiram à frente deles para atacar a cidade. ¹¹ Todos os homens de guerra que estavam com ele avançaram, aproximaram-se da cidade pela frente e armaram acampamento ao norte de Ai, onde o vale os separava da cidade. ¹² Josué pôs de emboscada cerca de cinco mil homens

---

ᵃ **7.21** Hebraico: *capa de Sinear.*
ᵇ **7.21** Hebraico: *200 siclos de prata e 50 siclos de ouro.* Um siclo equivalia a 12 gramas.
ᶜ **7.25** O termo aqui traduzido por *desgraça* está relacionado no hebraico com os nomes *Acã* e *Acor.*

entre Betel e Ai, a oeste da cidade. ¹³ Os que estavam no acampamento ao norte da cidade, e os que estavam na emboscada a oeste, tomaram posição. Naquela noite Josué foi ao vale.

¹⁴ Quando o rei de Ai viu isso, ele e todos os homens da cidade se apressaram, levantaram-se logo cedo e saíram para enfrentar Israel no campo de batalha, no local de onde se avista a Arabá. Ele não sabia da emboscada armada contra ele atrás da cidade. ¹⁵ Josué e todo o Israel deixaram-se perseguir por eles e fugiram para o deserto. ¹⁶ Todos os homens de Ai foram chamados para persegui-los. Eles perseguiram Josué e foram atraídos para longe da cidade. ¹⁷ Nem um só homem ficou em Ai e em Betel; todos foram atrás de Israel. Deixaram a cidade aberta e saíram em perseguição de Israel.

¹⁸ Disse então o Senhor a Josué: "Estende a lança que você tem na mão na direção de Ai, pois nas suas mãos entregarei a cidade". Josué estendeu a lança na direção de Ai, ¹⁹ e, assim que o fez, os homens da emboscada saíram correndo da sua posição, entraram na cidade, tomaram-na e depressa a incendiaram.

²⁰ Quando os homens de Ai olharam para trás e viram a fumaça da cidade subindo ao céu, não tinham para onde escapar, pois os israelitas que fugiam para o deserto se voltaram contra os seus perseguidores. ²¹ Vendo Josué e todo o Israel que os homens da emboscada tinham tomado a cidade e que desta subia fumaça, deram meia-volta e atacaram os homens de Ai. ²² Os outros israelitas também saíram da cidade para lutar contra eles, de modo que foram cercados, tendo os israelitas dos dois lados. Então os israelitas os mataram, sem deixar sobreviventes nem fugitivos, ²³ mas prenderam vivo o rei de Ai e o levaram a Josué.

²⁴ Israel terminou de matar os habitantes de Ai no campo e no deserto, onde os tinha perseguido; eles morreram ao fio da espada. Depois disso, todos os israelitas voltaram à cidade de Ai e mataram os que lá haviam ficado. ²⁵ Doze mil homens e mulheres caíram mortos naquele dia. Era toda a população de Ai. ²⁶ Pois Josué não recuou a lança até exterminar todos os habitantes de Ai. ²⁷ Mas Israel se apossou dos animais e dos despojos daquela cidade, conforme a ordem que o Senhor tinha dado a Josué.

²⁸ Assim Josué incendiou Ai e fez dela um perpétuo monte de ruínas, um lugar abandonado até hoje. ²⁹ Enforcou o rei de Ai numa árvore e ali o deixou até a tarde. Ao pôr do sol Josué ordenou que tirassem o corpo da árvore e que o atirassem à entrada da cidade. E sobre ele ergueram um grande monte de pedras, que perdura até hoje.

A Renovação da Aliança no Monte Ebal

³⁰ Então Josué construiu no monte Ebal um altar ao Senhor, o Deus de Israel, ³¹ conforme Moisés, servo do Senhor, tinha ordenado aos israelitas. Ele o construiu de acordo com o que está escrito no Livro da Lei de Moisés: um altar de pedras não lavradas, nas quais não se usou ferramenta de ferro. Sobre ele ofereceram ao Senhor holocaustos^a e sacrifícios de comunhão^b. ³² Ali, na presença dos israelitas, Josué copiou nas pedras a Lei que Moisés havia escrito. ³³ Todo o Israel, estrangeiros e naturais da terra, com os seus líderes, os seus oficiais e os seus juízes, estavam em pé dos dois lados da arca da aliança do Senhor, diante dos sacerdotes levitas, que a carregavam. Metade do povo estava em pé, defronte do monte Gerizim, e metade defronte do monte Ebal. Tudo conforme Moisés, servo do Senhor, tinha ordenado anteriormente, para que o povo de Israel fosse abençoado.

³⁴ Em seguida Josué leu todas as palavras da lei, a bênção e a maldição, segundo o que está escrito no Livro da Lei. ³⁵ Não houve uma só palavra de tudo o que Moisés tinha ordenado que Josué não lesse para toda a assembleia de Israel, inclusive mulheres, crianças e os estrangeiros que viviam no meio deles.

A Astúcia dos Gibeonitas: o Acordo com Josué

9 E souberam disso todos os reis que viviam a oeste do Jordão, nas montanhas, na Sefelá^c e em todo o litoral do mar Grande até o Líbano. Eram os reis dos hititas, dos amorreus, dos cananeus, dos ferezeus, dos heveus e dos jebuseus. ² Eles se ajuntaram para guerrear contra Josué e contra Israel.

³ Contudo, quando os habitantes de Gibeom souberam o que Josué tinha feito com Jericó e Ai, ⁴ recorreram a um ardil. Enviaram uma delegação, trazendo jumentos carregados de sacos

---
^{a}**8.31** Isto é, sacrifícios totalmente queimados.
^{b}**8.31** Ou *de paz*
^{c}**9.1** Pequena faixa de terra de relevo variável entre a planície costeira e as montanhas; também em 10.40; 11.2, 16; 12.8 e 15.33.

gastos e vasilhas de couro velhas, rachadas e remendadas. ⁵ Os homens calçavam sandálias gastas e remendadas e vestiam roupas velhas. Todos os pães do suprimento deles estavam secos e esmigalhados. ⁶ Foram a Josué, no acampamento de Gilgal, e disseram a ele e aos homens de Israel: "Viemos de uma terra distante. Queremos que façam um acordo conosco".

⁷ Os israelitas disseram aos heveus: "Talvez vocês vivam perto de nós. Como poderemos fazer um acordo com vocês?"

⁸ "Somos seus servos", disseram a Josué.

Josué, porém, perguntou: "Quem são vocês? De onde vocês vêm?"

⁹ Eles responderam: "Seus servos vieram de uma terra muito distante por causa da fama do Senhor, o seu Deus. Pois ouvimos falar dele, de tudo o que fez no Egito ¹⁰ e de tudo o que fez aos dois reis dos amorreus a leste do Jordão: Seom, rei de Hesbom, e Ogue, rei de Basã, que reinava em Asterote. ¹¹ E os nossos líderes e todos os habitantes da nossa terra nos disseram: 'Juntem provisões para a viagem, vão encontrar-se com eles e digam-lhes: Somos seus servos, façam um acordo conosco'. ¹² Este nosso pão estava quente quando o embrulhamos em casa no dia em que saímos de viagem para cá. Mas vejam como agora está seco e esmigalhado. ¹³ Estas vasilhas de couro que enchemos de vinho eram novas, mas agora estão rachadas. E as nossas roupas e sandálias estão gastas por causa da longa viagem".

¹⁴ Os israelitas examinaram*ᵃ* as provisões dos heveus, mas não consultaram o Senhor. ¹⁵ Então Josué fez um acordo de paz com eles, garantindo poupar-lhes a vida, e os líderes da comunidade o confirmaram com juramento.

¹⁶ Três dias depois de fazerem o acordo com os gibeonitas, os israelitas souberam que eram vizinhos e que viviam perto deles. ¹⁷ Por isso partiram de viagem e três dias depois chegaram às cidades dos heveus, que eram Gibeom, Quefira, Beerote e Quiriate-Jearim. ¹⁸ Mas não os atacaram, porque os líderes da comunidade lhes haviam feito um juramento em nome do Senhor, o Deus de Israel.

Toda a comunidade, porém, queixou-se contra os líderes, ¹⁹ que lhes responderam: "Fizemos a eles o nosso juramento em nome do Senhor, o Deus de Israel; por isso não podemos tocar neles. ²⁰ Todavia, nós os trataremos assim: vamos deixá-los viver, para que não caia sobre nós a ira divina por quebrarmos o juramento que lhes fizemos". ²¹ E acrescentaram: "Eles ficarão vivos, mas serão lenhadores e carregadores de água para toda a comunidade". E assim se manteve a promessa dos líderes.

²² Então Josué convocou os gibeonitas e disse: "Por que vocês nos enganaram dizendo que viviam muito longe de nós, quando na verdade vivem perto? ²³ Agora vocês estão debaixo de maldição: nunca deixarão de ser escravos, rachando lenha e carregando água para a casa do meu Deus".

²⁴ Eles responderam a Josué: "Os seus servos ficaram sabendo como o Senhor, o seu Deus, ordenou que o seu servo Moisés desse a vocês toda esta terra e que eliminasse todos os seus habitantes da presença de vocês. Tivemos medo do que poderia acontecer conosco por causa de vocês. Por isso agimos assim. ²⁵ Estamos agora nas suas mãos. Faça conosco o que parecer bom e justo".

²⁶ Josué então os protegeu e não permitiu que os matassem. ²⁷ Mas naquele dia fez dos gibeonitas lenhadores e carregadores de água para a comunidade e para o altar do Senhor, no local que o Senhor escolhesse. É o que eles são até hoje.

O Dia em que o Sol Parou

10 Sucedeu que Adoni-Zedeque, rei de Jerusalém, soube que Josué tinha conquistado Ai e a tinha destruído totalmente, fazendo com Ai e seu rei o que fizera com Jericó e seu rei, e que o povo de Gibeom tinha feito a paz com Israel e estava vivendo no meio deles. ² Ele e o seu povo ficaram com muito medo, pois Gibeom era tão importante como uma cidade governada por um rei; era maior do que Ai, e todos os seus homens eram bons guerreiros. ³ Por isso Adoni-Zedeque, rei de Jerusalém, fez o seguinte apelo a Hoão, rei de Hebrom, a Piram, rei de Jarmute, a Jafia, rei de Laquis, e a Debir, rei de Eglom: ⁴ "Venham para cá e ajudem-me a atacar Gibeom, pois ela fez a paz com Josué e com os israelitas".

⁵ Então os cinco reis dos amorreus, os reis de Jerusalém, de Hebrom, de Jarmute, de Laquis e de Eglom reuniram-se e vieram com todos os seus exércitos. Cercaram Gibeom e a atacaram.

⁶ Os gibeonitas enviaram esta mensagem a Josué, no acampamento de Gilgal: "Não abandone os seus servos. Venha depressa! Salve-nos!

ᵃ 9.14 Ou *provaram*

Ajude-nos, pois todos os reis amorreus que vivem nas montanhas se uniram contra nós!"

⁷ Josué partiu de Gilgal com todo o seu exército, inclusive com os seus melhores guerreiros. ⁸ E disse o Senhor a Josué: "Não tenha medo desses reis; eu os entreguei nas suas mãos. Nenhum deles conseguirá resistir a você".

⁹ Depois de uma noite inteira de marcha desde Gilgal, Josué os apanhou de surpresa. ¹⁰ O Senhor os lançou em confusão diante de Israel, que lhes impôs grande derrota em Gibeom. Os israelitas os perseguiram na subida para Bete-Horom e os mataram por todo o caminho até Azeca e Maquedá. ¹¹ Enquanto fugiam de Israel na descida de Bete-Horom para Azeca, do céu o Senhor lançou sobre eles grandes pedras de granizo, que mataram mais gente do que as espadas dos israelitas.

¹² No dia em que o Senhor entregou os amorreus aos israelitas, Josué exclamou ao Senhor, na presença de Israel:

"Sol, pare sobre Gibeom!
E você, ó lua, sobre o vale de Aijalom!"
¹³ O sol parou,
    e a lua se deteve,
até a nação vingar-se
    dosᵃ seus inimigos,

como está escrito no Livro de Jasar. O sol parou no meio do céu e por quase um dia inteiro não se pôs. ¹⁴ Nunca antes nem depois houve um dia como aquele, quando o Senhor atendeu a um homem. Sem dúvida o Senhor lutava por Israel!

¹⁵ Então Josué voltou com todo o Israel ao acampamento em Gilgal.

Os Cinco Reis Amorreus São Mortos

¹⁶ Os cinco reis fugiram e se esconderam na caverna de Maquedá. ¹⁷ Avisaram a Josué que eles tinham sido achados numa caverna em Maquedá. ¹⁸ Disse ele: "Rolem grandes pedras até a entrada da caverna, e deixem ali alguns homens de guarda. ¹⁹ Mas não se detenham! Persigam os inimigos. Ataquem-nos pela retaguarda e não os deixem chegar às suas cidades, pois o Senhor, o seu Deus, os entregou em suas mãos".

²⁰ Assim Josué e os israelitas os derrotaram por completo, quase exterminando-os. Mas alguns conseguiram escapar e se refugiaram em suas cidades fortificadas. ²¹ O exército inteiro voltou então em segurança a Josué, ao acampamento de Maquedá, e, depois disso, ninguém mais ousou abrir a boca para provocar os israelitas.

²² Então disse Josué: "Abram a entrada da caverna e tragam-me aqueles cinco reis". ²³ Os cinco reis foram tirados da caverna. Eram os reis de Jerusalém, de Hebrom, de Jarmute, de Laquis e de Eglom. ²⁴ Quando os levaram a Josué, ele convocou todos os homens de Israel e disse aos comandantes do exército que o tinham acompanhado: "Venham aqui e ponham o pé no pescoço destes reis". E eles obedeceram.

²⁵ Disse-lhes Josué: "Não tenham medo! Não desanimem! Sejam fortes e corajosos! É isso que o Senhor fará com todos os inimigos que vocês tiverem que combater". ²⁶ Depois Josué matou os reis e mandou pendurá-los em cinco árvores, onde ficaram até a tarde.

²⁷ Ao pôr do sol, sob as ordens de Josué, eles foram tirados das árvores e jogados na caverna onde haviam se escondido. Na entrada da caverna colocaram grandes pedras, que lá estão até hoje.

²⁸ Naquele dia Josué tomou Maquedá. Atacou a cidade e matou o seu rei à espada e exterminou todos os que nela viviam, sem deixar sobreviventes. E fez com o rei de Maquedá o que tinha feito com o rei de Jericó.

A Conquista das Cidades do Sul

²⁹ Então Josué, e todo o Israel com ele, avançou de Maquedá para Libna e a atacou. ³⁰ O Senhor entregou também aquela cidade e seu rei nas mãos dos israelitas. Josué atacou a cidade e matou à espada todos os que nela viviam, sem deixar nenhum sobrevivente ali. E fez com o seu rei o que fizera com o rei de Jericó.

³¹ Depois Josué, e todo o Israel com ele, avançou de Libna para Laquis, cercou-a e a atacou. ³² O Senhor entregou Laquis nas mãos dos israelitas, e Josué tomou-a no dia seguinte. Atacou a cidade e matou à espada todos os que nela viviam, como tinha feito com Libna. ³³ Nesse meio-tempo Horão, rei de Gezer, fora socorrer Laquis, mas Josué o derrotou, a ele e ao seu exército, sem deixar sobrevivente algum.

³⁴ Josué, e todo o Israel com ele, avançou de Laquis para Eglom, cercou-a e a atacou. ³⁵ Eles a conquistaram naquele mesmo dia, feriram-na à espada e exterminaram os que nela viviam, como tinham feito com Laquis.

ᵃ **10.13** Ou *derrotar os*

³⁶ Então Josué, e todo o Israel com ele, foi de Eglom para Hebrom e a atacou. ³⁷ Tomaram a cidade e a feriram à espada, como também o seu rei, os seus povoados e todos os que nela viviam, sem deixar sobrevivente algum. Destruíram totalmente a cidade e todos os que nela viviam, como tinham feito com Eglom.

³⁸ Depois Josué, e todo o Israel com ele, voltou e atacou Debir. ³⁹ Tomaram a cidade, seu rei e seus povoados e os mataram à espada. Exterminaram os que nela viviam, sem deixar sobrevivente algum. Fizeram com Debir e seu rei o que tinham feito com Libna e seu rei e com Hebrom.

⁴⁰ Assim Josué conquistou a região toda, incluindo a serra central, o Neguebe, a Sefelá e as vertentes, e derrotou todos os seus reis, sem deixar sobrevivente algum. Exterminou tudo o que respirava, conforme o Senhor, o Deus de Israel, tinha ordenado. ⁴¹ Josué os derrotou desde Cades-Barneia até Gaza, e toda a região de Gósen, e de lá até Gibeom. ⁴² Também subjugou todos esses reis e conquistou suas terras numa única campanha, pois o Senhor, o Deus de Israel, lutou por Israel.

⁴³ Então Josué retornou com todo o Israel ao acampamento em Gilgal.

A Vitória sobre os Reis do Norte

11 Quando Jabim, rei de Hazor, soube disso, enviou mensagem a Jobabe, rei de Madom, aos reis de Sinrom e Acsafe, ² e aos reis do norte que viviam nas montanhas, na Arabá ao sul de Quinerete, na Sefelá e em Nafote-Dor*ᵃ*, a oeste; ³ aos cananeus a leste e a oeste; aos amorreus, aos hititas, aos ferezeus e aos jebuseus das montanhas; e aos heveus do sopé do Hermom, na região de Mispá. ⁴ Saíram com todas as suas tropas, um exército imenso, tão numeroso como a areia da praia, além de um grande número de cavalos e carros. ⁵ Todos esses reis se uniram e acamparam junto às águas de Merom, para lutar contra Israel.

⁶ E o Senhor disse a Josué: "Não tenha medo deles, porque amanhã a esta hora os entregarei todos mortos a Israel. A você cabe cortar os tendões dos cavalos deles e queimar os seus carros".

⁷ Josué e todo o seu exército os surpreenderam junto às águas de Merom e os atacaram, ⁸ e o Senhor os entregou nas mãos de Israel, que os derrotou e os perseguiu até Sidom, a grande, até Misrefote-Maim e até o vale de Mispá, a leste. Eles os mataram sem deixar sobrevivente algum. ⁹ Josué os tratou como o Senhor lhe tinha ordenado. Cortou os tendões dos seus cavalos e queimou os seus carros.

¹⁰ Na mesma ocasião Josué voltou, conquistou Hazor e matou o seu rei à espada. (Hazor tinha sido a capital de todos esses reinos.) ¹¹ Matou à espada todos os que nela estavam. Exterminou-os totalmente, sem poupar nada que respirasse, e incendiou Hazor.

¹² Josué conquistou todas essas cidades e matou à espada os reis que as governavam. Destruiu-as totalmente, como Moisés, servo do Senhor, tinha ordenado. ¹³ Contudo, Israel não incendiou nenhuma das cidades construídas nas colinas, com exceção de Hazor, que Josué incendiou. ¹⁴ Os israelitas tomaram posse de todos os despojos e dos animais dessas cidades, mas mataram todo o povo à espada, até exterminá-lo completamente, sem poupar ninguém. ¹⁵ Tudo o que o Senhor tinha ordenado a seu servo Moisés, Moisés ordenou a Josué, e Josué obedeceu, sem deixar de cumprir nada de tudo o que o Senhor tinha ordenado a Moisés.

¹⁶ Assim Josué conquistou toda aquela terra: a serra central, todo o Neguebe, toda a região de Gósen, a Sefelá, a Arabá e os montes de Israel e suas planícies, ¹⁷ desde o monte Halaque, que se ergue na direção de Seir, até Baal-Gade, no vale do Líbano, no sopé do monte Hermom. Ele capturou todos os seus reis e os matou. ¹⁸ Josué guerreou contra todos esses reis por muito tempo. ¹⁹ Com exceção dos heveus que viviam em Gibeom, nenhuma cidade fez a paz com os israelitas, que a todas conquistou em combate. ²⁰ Pois foi o próprio Senhor que lhes endureceu o coração para guerrearem contra Israel, para que ele os destruísse totalmente, exterminando-os sem misericórdia, como o Senhor tinha ordenado a Moisés.

²¹ Naquela ocasião Josué exterminou os enaquins dos montes de Hebrom, de Debir e de Anabe, de todos os montes de Judá e de Israel. Josué destruiu-os totalmente e também as suas cidades. ²² Nenhum enaquim foi deixado vivo no território israelita; somente em Gaza, em Gate e em Asdode é que alguns sobreviveram. ²³ Foi assim que Josué conquistou toda a terra, conforme o Senhor tinha dito a Moisés, e deu-a por herança a Israel, repartindo-a entre as suas tribos.

E a terra teve descanso da guerra.

ᵃ **11.2** Ou *no planalto de Dor*; também em 12.23.

A Lista dos Reis Derrotados

12 São estes os reis que os israelitas derrotaram, e de cujo território se apossaram a leste do Jordão, desde o ribeiro do Arnom até o monte Hermom, inclusive todo o lado leste da Arabá:

² Seom, rei dos amorreus, que reinou em Hesbom. Governou desde Aroer, na borda do ribeiro do Arnom, desde o meio do ribeiro até o rio Jaboque, que é a fronteira dos amonitas. Esse território incluía a metade de Gileade. ³ Também governou a Arabá oriental, desde o mar de Quinerete[a] até o mar da Arabá, o mar Salgado, até Bete-Jesimote, e mais ao sul, ao pé das encostas do Pisga.

⁴ Tomaram o território de Ogue, rei de Basã, um dos últimos refains, que reinou em Asterote e Edrei. ⁵ Ele governou o monte Hermom, Salcá, toda a Basã até a fronteira do povo de Gesur e de Maaca, e metade de Gileade até a fronteira de Seom, rei de Hesbom.

⁶ Moisés, servo do Senhor, e os israelitas os derrotaram. E Moisés, servo do Senhor, deu a terra deles como propriedade às tribos de Rúben, de Gade e à metade da tribo de Manassés.

⁷ São estes os reis que Josué e os israelitas derrotaram no lado ocidental do Jordão, desde Baal-Gade, no vale do Líbano, até o monte Halaque, que se ergue na direção de Seir. Josué deu a terra deles por herança às tribos de Israel, repartindo-a entre elas — ⁸ a serra central, a Sefelá, a Arabá, as encostas das montanhas, o deserto e o Neguebe — as terras dos hititas, dos amorreus, dos cananeus, dos ferezeus, dos heveus e dos jebuseus:

⁹ o rei de Jericó, o rei de Ai, próxima a Betel, ¹⁰ o rei de Jerusalém, o rei de Hebrom, ¹¹ o rei de Jarmute, o rei de Laquis, ¹² o rei de Eglom, o rei de Gezer, ¹³ o rei de Debir, o rei de Geder, ¹⁴ o rei de Hormá, o rei de Arade, ¹⁵ o rei de Libna, o rei de Adulão, ¹⁶ o rei de Maquedá, o rei de Betel, ¹⁷ o rei de Tapua, o rei de Héfer, ¹⁸ o rei de Afeque, o rei de Lasarom, ¹⁹ o rei de Madom, o rei de Hazor, ²⁰ o rei de Sinrom-Merom, o rei de Acsafe, ²¹ o rei de Taanaque, o rei de Megido, ²² o rei de Quedes, o rei de Jocneão do Carmelo, ²³ o rei de Dor em Nafote-Dor, o rei de Goim de Gilgal, ²⁴ e o rei de Tirza. Trinta e um reis ao todo.

Terras a Serem Conquistadas

13 Sendo Josué já velho, de idade bastante avançada, o Senhor lhe disse: "Você já está velho, e ainda há muita terra para ser conquistada.

² "Esta é a terra que resta: todas as regiões dos filisteus e dos gesuritas; ³ desde o rio Sior, próximo ao Egito, até o território de Ecrom, ao norte, todo esse território considerado cananeu. Abrange a região dos aveus, isto é, dos cinco chefes filisteus, governantes de Gaza, de Asdode, de Ascalom, de Gate e de Ecrom. ⁴ Resta ainda, desde o sul, toda a terra dos cananeus, desde Ara dos sidônios até Afeque, a região dos amorreus, ⁵ a dos gibleus e todo o Líbano, para o leste, desde Baal-Gade, ao pé do monte Hermom, até Lebo-Hamate.

⁶ "Todos os habitantes das montanhas, desde o Líbano até Misrefote-Maim, isto é, todos os sidônios; eu mesmo os expulsarei da presença dos israelitas. Você, porém, distribuirá essa terra a Israel por herança, como ordenei, ⁷ repartindo-a agora entre as nove tribos e a metade da tribo de Manassés".

A Divisão das Terras a Leste do Jordão

⁸ Com a outra metade da tribo de Manassés, as tribos de Rúben e de Gade já haviam recebido a herança a leste do Jordão, conforme Moisés, servo do Senhor, lhes tinha designado.

⁹ Esse território se estendia de Aroer, na margem do ribeiro do Arnom, e da cidade situada no meio do vale desse ribeiro, incluindo todo o planalto de Medeba até Dibom, ¹⁰ e todas as cidades de Seom, rei dos amorreus, que governava em Hesbom, e prosseguia até a fronteira dos amonitas. ¹¹ Também incluía Gileade, o território dos gesuritas e maacatitas, toda a região do monte Hermom e toda a Basã até Salcá, ¹² isto é, todo o reino de Ogue, em Basã, que tinha reinado em Asterote e Edrei, um dos últimos refains sobreviventes. Moisés os tinha derrotado e tomado as suas terras. ¹³ Mas os israelitas não expulsaram os gesuritas e maacatitas, de modo que até hoje continuam a viver no meio deles.

¹⁴ Mas à tribo de Levi não deu herança alguma, visto que as ofertas preparadas no fogo ao Senhor, o Deus de Israel, são a herança deles, como já lhes dissera.

---

[a] **12.3** Isto é, o mar da Galileia; também em 13.27.

¹⁵ À tribo de Rúben, clã por clã, Moisés dera o seguinte território:

¹⁶ Desde Aroer, na margem do ribeiro do Arnom, e desde a cidade situada no meio do vale desse ribeiro e todo o planalto depois de Medeba ¹⁷ até Hesbom e todas as suas cidades no planalto, inclusive Dibom, Bamote-Baal, Bete-Baal-Meom, ¹⁸ Jaza, Quedemote, Mefaate, ¹⁹ Quiriataim, Sibma, Zerete-Saar, na encosta do vale, ²⁰ Bete-Peor, as encostas do Pisga, e Bete-Jesimote: ²¹ todas as cidades do planalto e todo o domínio de Seom, rei dos amorreus, que governava em Hesbom. Moisés o tinha derrotado, bem como aos líderes midianitas Evi, Requém, Zur, Hur e Reba, aliados de Seom, que viviam naquela terra. ²² Além dos que foram mortos na guerra, os israelitas mataram à espada Balaão, filho de Beor, que praticava adivinhação. ²³ A fronteira da tribo de Rúben era a margem do Jordão. Essas cidades e os seus povoados foram a herança de Rúben, clã por clã.

²⁴ À tribo de Gade, clã por clã, Moisés dera o seguinte território:

²⁵ O território de Jazar, todas as cidades de Gileade e metade do território amonita até Aroer, perto de Rabá. ²⁶ Estendia-se desde Hesbom até Ramate-Mispá e Betonim, e desde Maanaim até o território de Debir. ²⁷ No vale do Jordão incluía Bete-Arã, Bete-Ninra, Sucote e Zafom; o restante do domínio de Seom, rei de Hesbom. Abrangia a margem leste do Jordão até o mar de Quinerete. ²⁸ Essa região com suas cidades e povoados foram a herança de Gade, clã por clã.

²⁹ À metade da tribo de Manassés, isto é, à metade dos descendentes de Manassés, clã por clã, Moisés dera o seguinte território:

³⁰ O seu território se estendia desde Maanaim e incluía toda a região de Basã, todo o domínio de Ogue, rei de Basã: todos os povoados de Jair em Basã, sessenta cidades; ³¹ metade de Gileade, e Asterote e Edrei, cidades do reino de Ogue, em Basã. Esse foi o território destinado à metade dos descendentes de Maquir, filho de Manassés, clã por clã.

³² Essa foi a herança que Moisés lhes deu quando estava na planície de Moabe, do outro lado do Jordão, a leste de Jericó. ³³ Mas à tribo de Levi Moisés não deu herança alguma; o SENHOR, o Deus de Israel, é a herança deles, como já lhes dissera.

A Divisão das Terras a Oeste do Jordão

14 Foram estas as terras que os israelitas receberam por herança em Canaã e que o sacerdote Eleazar, Josué, filho de Num, e os chefes dos clãs das tribos dos israelitas repartiram entre eles. ² A divisão da herança foi decidida por sorteio entre as nove tribos e meia, como o SENHOR tinha ordenado por meio de Moisés, ³ pois Moisés já tinha dado herança às duas tribos e meia a leste do Jordão. Mas aos levitas não dera herança entre os demais. ⁴ Os filhos de José formaram as duas tribos de Manassés e Efraim. Os levitas não receberam porção alguma da terra; receberam apenas cidades onde viver, com pastagens para os seus rebanhos. ⁵ Os israelitas dividiram a terra conforme o SENHOR tinha ordenado a Moisés.

Calebe Recebe Hebrom

⁶ Os homens de Judá vieram a Josué em Gilgal, e Calebe, filho do quenezeu Jefoné, lhe disse: "Você sabe o que o SENHOR disse a Moisés, homem de Deus, em Cades-Barneia, sobre mim e sobre você. ⁷ Eu tinha quarenta anos quando Moisés, servo do SENHOR, enviou-me de Cades-Barneia para espionar a terra. Eu lhe dei um relatório digno de confiança, ⁸ mas os meus irmãos israelitas que foram comigo fizeram o povo desanimar-se de medo. Eu, porém, fui inteiramente fiel ao SENHOR, o meu Deus. ⁹ Por isso naquele dia Moisés me jurou: 'Certamente a terra em que você pisou será uma herança perpétua para você e para os seus descendentes, porquanto você foi inteiramente fiel ao SENHOR, o meu Deus'.

¹⁰ "Pois bem, o SENHOR manteve-me vivo, como prometeu. E foi há quarenta e cinco anos que ele disse isso a Moisés, quando Israel caminhava pelo deserto. Por isso aqui estou hoje, com oitenta e cinco anos de idade! ¹¹ Ainda estou tão forte como no dia em que Moisés me enviou; tenho agora tanto vigor para ir à guerra como tinha naquela época. ¹² Dê-me, pois, a região montanhosa que naquela ocasião o SENHOR me prometeu. Na época, você ficou sabendo que os enaquins lá viviam com suas cidades grandes e fortificadas; mas, se o SENHOR estiver comigo, eu os expulsarei de lá, como ele prometeu".

¹³ Então Josué abençoou Calebe, filho de Jefoné, e lhe deu Hebrom por herança. ¹⁴ Por isso, até hoje, Hebrom pertence aos descendentes de Calebe, filho do quenezeu Jefoné, pois ele foi inteiramente fiel ao Senhor, o Deus de Israel. ¹⁵ Hebrom era chamada Quiriate-Arba, em homenagem a Arba, o maior dos enaquins. E a terra teve descanso da guerra.

As Terras da Tribo de Judá

15 As terras distribuídas à tribo de Judá, clã por clã, estendiam-se para o sul até a fronteira com Edom, até o deserto de Zim, no extremo sul.

² Sua fronteira sul começava na ponta de terra do extremo sul do mar Salgado, ³ passava pelo sul da subida de Acrabim^a, prosseguia até Zim e daí até o sul de Cades-Barneia. Depois passava por Hezrom, indo até Adar e fazia uma curva em direção a Carca. ⁴ Dali continuava até Azmom, indo até o ribeiro do Egito e terminando no mar. Essa era a fronteira sul deles^b.

⁵ A fronteira oriental era o mar Salgado até a foz do Jordão.

A fronteira norte começava na enseada, na foz do Jordão, ⁶ subia até Bete-Hogla e passava ao norte de Bete-Arabá até a Pedra de Boã, filho de Rúben. ⁷ A fronteira subia então do vale de Acor até Debir, e virava para o norte, na direção de Gilgal, que fica defronte da subida de Adumim, ao sul do ribeiro. Passava pelas águas de En-Semes, indo até En-Rogel. ⁸ Depois subia pelo vale de Ben-Hinom, ao longo da encosta sul da cidade dos jebuseus, isto é, Jerusalém. Dali subia até o alto da montanha, a oeste do vale de Hinom, no lado norte do vale de Refaim. ⁹ Do alto da montanha a fronteira prosseguia para a fonte de Neftoa, ia para as cidades do monte Efrom e descia na direção de Baalá, que é Quiriate-Jearim. ¹⁰ De Baalá fazia uma curva em direção ao oeste até o monte Seir, prosseguia pela encosta norte do monte Jearim, isto é, Quesalom; em seguida continuava descendo até Bete-Semes e passava por Timna. ¹¹ Depois ia para a encosta norte de Ecrom, virava na direção de Sicrom, continuava até o monte Baalá e chegava a Jabneel, terminando no mar.

¹² A fronteira ocidental era o litoral do mar Grande.

Eram essas as fronteiras que demarcavam Judá por todos os lados, de acordo com os seus clãs.

^{a} **15.3** Isto é, dos Escorpiões.
^{b} **15.4** Hebraico: *de vocês*.

¹³ Conforme a ordem dada pelo Senhor, Josué deu a Calebe, filho de Jefoné, uma porção de terra em Judá, que foi Quiriate-Arba, isto é, Hebrom. Arba era antepassado de Enaque. ¹⁴ Calebe expulsou de Hebrom os três enaquins: Sesai, Aimã e Talmai, descendentes de Enaque. ¹⁵ Dali avançou contra o povo de Debir, anteriormente chamada Quiriate-Sefer. ¹⁶ E Calebe disse: "Darei minha filha Acsa por mulher ao homem que atacar e conquistar Quiriate-Sefer". ¹⁷ Otoniel, filho de Quenaz, irmão de Calebe, a conquistou; e Calebe lhe deu sua filha Acsa por mulher.

¹⁸ Quando Acsa foi viver com Otoniel, ela o^c pressionou para que pedisse um campo ao pai dela. Assim que ela desceu do jumento, perguntou-lhe Calebe: "O que você quer?"

¹⁹ "Quero um presente", respondeu ela. "Já que me deu terras no Neguebe, dê-me também fontes de água." Então Calebe lhe deu as fontes superiores e as inferiores.

²⁰ Esta é a herança da tribo de Judá, clã por clã:

²¹ As cidades que ficavam no extremo sul da tribo de Judá, no Neguebe, na direção da fronteira de Edom, eram:

Cabzeel, Éder, Jagur, ²² Quiná, Dimona, Adada, ²³ Quedes, Hazor, Itnã, ²⁴ Zife, Telém, Bealote, ²⁵ Hazor-Hadata, Queriote-Hezrom, que é Hazor, ²⁶ Amã, Sema, Moladá, ²⁷ Hazar-Gada, Hesmom, Bete-Pelete, ²⁸ Hazar-Sual, Berseba, Biziotiá, ²⁹ Baalá, Iim, Azém, ³⁰ Eltolade, Quesil, Hormá, ³¹ Ziclague, Madmana, Sansana, ³² Lebaote, Silim, Aim e Rimom. Eram vinte e nove cidades com seus povoados.

³³ Na Sefelá:

Estaol, Zorá, Asná, ³⁴ Zanoa, En-Ganim, Tapua, Enã, ³⁵ Jarmute, Adulão, Socó, Azeca, ³⁶ Saaraim, Aditaim, e Gederá ou^d Gederotaim. Eram catorze cidades com seus povoados.

³⁷ Zenã, Hadasa, Migdal-Gade, ³⁸ Dileã, Mispá, Jocteel, ³⁹ Laquis, Bozcate, Eglom, ⁴⁰ Cabom, Laamás, Quitlis, ⁴¹ Gederote, Bete-Dagom, Naamá e Maquedá. Eram dezesseis cidades com seus povoados.

⁴² Libna, Eter, Asã, ⁴³ Iftá, Asná, Nezibe, ⁴⁴ Queila, Aczibe e Maressa. Eram nove cidades com seus povoados.

^{c} **15.18** Conforme o Texto Massorético e alguns manuscritos da Septuaginta. Alguns manuscritos da Septuaginta dizem *ele a*. Veja Jz 1.14 e a nota.
^{d} **15.36** Ou *e*

⁴⁵ Ecrom, com suas vilas e seus povoados; ⁴⁶ de Ecrom até o mar, todas as cidades nas proximidades de Asdode, com os seus povoados; ⁴⁷ Asdode, com suas vilas e seus povoados; e Gaza, com suas vilas e seus povoados até o ribeiro do Egito e o litoral do mar Grande.

⁴⁸ Na região montanhosa:
Samir, Jatir, Socó, ⁴⁹ Daná, Quiriate-Sana, que é Debir, ⁵⁰ Anabe, Estemo, Anim, ⁵¹ Gósen, Holom e Gilo. Eram onze cidades com seus povoados.

⁵² Arabe, Dumá, Esã, ⁵³ Janim, Bete-Tapua, Afeca, ⁵⁴ Hunta, Quiriate-Arba, que é Hebrom e Zior. Eram nove cidades com seus povoados.

⁵⁵ Maom, Carmelo, Zife, Jutá, ⁵⁶ Jezreel, Jocdeão, Zanoa, ⁵⁷ Caim, Gibeá e Timna. Eram dez cidades com seus povoados.

⁵⁸ Halul, Bete-Zur, Gedor, ⁵⁹ Maarate, Bete-Anote e Eltecom. Eram seis cidades com seus povoados.

⁶⁰ Quiriate-Baal, que é Quiriate-Jearim e Rabá. Eram duas cidades com seus povoados.

⁶¹ No deserto:
Bete-Arabá, Midim, Secacá, ⁶² Nibsã, Cidade do Sal e En-Gedi. Eram seis cidades com seus povoados.

⁶³ Os descendentes de Judá não conseguiram expulsar os jebuseus, que viviam em Jerusalém; até hoje os jebuseus vivem ali com o povo de Judá.

As Terras das Tribos de Efraim e Manassés

16 As terras distribuídas aos descendentes de José iam desde o Jordão, perto de Jericó, a leste das águas de Jericó, e daí subiam pelo deserto até a serra que vai de Jericó a Betel. ² De Betel, que é Luz*ᵃ*, iam para o território dos arquitas, em Atarote, ³ desciam para o oeste até o território dos jafletitas, chegando à região de Bete-Horom Baixa, e prosseguiam até Gezer, terminando no mar.

⁴ Assim os descendentes de Manassés e Efraim, filhos de José, receberam a sua herança.

A Herança de Efraim

⁵ Este era o território de Efraim, clã por clã:
A fronteira da sua herança ia de Atarote-Adar, a leste, até Bete-Horom Alta ⁶ e prosseguia até o mar. De Micmetá, ao norte, fazia uma curva para o leste até Taanate-Siló e, passando por ela, ia até Janoa, a leste. ⁷ Depois descia de Janoa para Atarote e Naarate, encostava em Jericó e terminava no Jordão. ⁸ De Tapua a fronteira seguia rumo oeste até o ribeiro de Caná e terminava no mar. Essa foi a herança da tribo dos efraimitas, clã por clã, ⁹ que incluía todas as cidades com os seus povoados, separadas para os efraimitas na herança dos manassitas.

¹⁰ Os cananeus de Gezer não foram expulsos, e até hoje vivem no meio do povo de Efraim, mas são sujeitos a trabalhos forçados.

A Herança de Manassés

17 Estas foram as terras distribuídas à tribo de Manassés, filho mais velho de José. Foram entregues a Maquir, filho mais velho de Manassés. Maquir, pai de Gileade, guerreiro valente, recebeu Gileade e Basã. ² Também foram dadas terras para os clãs dos outros filhos de Manassés: Abiezer, Heleque, Asriel, Siquém, Héfer e Semida. Esses são os filhos homens de Manassés, filho de José, de acordo com os seus clãs.

³ Zelofeade, porém, filho de Héfer, neto de Gileade, bisneto de Maquir, trineto de Manassés, não teve nenhum filho, somente filhas. Seus nomes eram Maalá, Noa, Hogla, Milca e Tirza. ⁴ Elas foram ao sacerdote Eleazar, a Josué, filho de Num, e aos líderes, e disseram: "O Senhor ordenou a Moisés que nos desse uma herança entre os nossos parentes". Josué deu-lhes então uma herança entre os irmãos de seu pai, de acordo com a ordem do Senhor. ⁵ A tribo de Manassés recebeu dez quinhões de terra, além de Gileade e Basã, que ficam a leste do Jordão, ⁶ pois tanto as filhas de Manassés como os filhos dele receberam herança. A terra de Gileade ficou para os outros descendentes de Manassés.

⁷ O território de Manassés estendia-se desde Aser até Micmetá, a leste de Siquém. A fronteira ia dali para o sul, chegando até o povo que vivia em En-Tapua. ⁸ As terras de Tapua eram de Manassés, mas a cidade de Tapua, na fronteira de Manassés, pertencia aos efraimitas. ⁹ Depois a fronteira descia até o ribeiro de Caná. Ao sul do ribeiro havia cidades pertencentes a Efraim que ficavam em meio às cidades de Manassés, mas a fronteira de Manassés ficava ao norte do ribeiro e terminava no mar. ¹⁰ Do lado sul a terra pertencia a Efraim; do lado norte, a Manassés.

ᵃ **16.2** Conforme a Septuaginta. O Texto Massorético diz *De Betel vai até Luz*.

O território de Manassés chegava até o mar e alcançava Aser, ao norte, e Issacar, a leste.

¹¹ Em Issacar e Aser, Manassés tinha também Bete-Seã, Ibleã e as populações de Dor, En-Dor, Taanaque e Megido, com os seus respectivos povoados. A terceira da lista, isto é, Dor, é Nafote[a].

¹² Mas os manassitas não conseguiram expulsar os habitantes dessas cidades, pois os cananeus estavam decididos a viver naquela região. ¹³ Entretanto, quando os israelitas se fortaleceram, submeteram os cananeus a trabalhos forçados, mas não os expulsaram totalmente.

¹⁴ Os descendentes de José disseram então a Josué: "Por que nos deste apenas um quinhão, uma só porção de herança? Somos um povo numeroso, e o Senhor nos tem abençoado ricamente".

¹⁵ Respondeu Josué: "Se vocês são tão numerosos e se os montes de Efraim têm pouco espaço para vocês, subam, entrem na floresta e limpem o terreno para vocês na terra dos fereezeus e dos refains".

¹⁶ Os descendentes de José responderam: "Os montes não são suficientes para nós; além disso todos os cananeus que vivem na planície possuem carros de ferro, tanto os que vivem em Bete-Seã e seus povoados como os que vivem no vale de Jezreel".

¹⁷ Josué, porém, disse à tribo de José, a Efraim e a Manassés: "Vocês são numerosos e poderosos. Vocês não terão apenas um quinhão. ¹⁸ Os montes cobertos de floresta serão de vocês. Limpem o terreno, e será de vocês, até os seus limites mais distantes. Embora os cananeus possuam carros de ferro e sejam fortes, vocês poderão expulsá-los".

A Divisão do Restante da Terra

18 Toda a comunidade dos israelitas reuniu-se em Siló e ali armou a Tenda do Encontro. A terra foi dominada por eles; ² mas sete tribos ainda não tinham recebido a sua herança.

³ Então Josué disse aos israelitas: "Até quando vocês vão negligenciar a posse da terra que o Senhor, o Deus dos seus antepassados, deu a vocês? ⁴ Escolham três homens de cada tribo, e eu os enviarei. Eles vão examinar a terra e mapeá-la, conforme a herança de cada tribo. Depois voltarão a mim. ⁵ Dividam a terra em sete partes. Judá ficará em seu território ao sul, e a tribo de José em seu território ao norte. ⁶ Depois que fizerem um mapa das sete partes da terra, tragam-no para mim, e eu farei sorteio para vocês na presença do Senhor, o nosso Deus. ⁷ Mas os levitas nada receberão entre vocês, pois o sacerdócio do Senhor é a herança deles. Gade, Rúben e a metade da tribo de Manassés já receberam a sua herança no lado leste do Jordão, dada a eles por Moisés, servo do Senhor".

⁸ Quando os homens estavam de partida para mapear a terra, Josué os instruiu: "Vão examinar a terra e façam uma descrição dela. Depois voltem, e eu farei um sorteio para vocês aqui em Siló, na presença do Senhor". ⁹ Os homens partiram e percorreram a terra. Descreveram-na num rolo, cidade por cidade, em sete partes, e retornaram a Josué, ao acampamento de Siló. ¹⁰ Josué fez então um sorteio para eles em Siló, na presença do Senhor, e ali distribuiu a terra aos israelitas, conforme a porção devida a cada tribo.

As Terras da Tribo de Benjamim

¹¹ Saiu a sorte para a tribo de Benjamim, clã por clã. O território sorteado ficava entre as tribos de Judá e de José.

¹² No lado norte a sua fronteira começava no Jordão, passava pela encosta norte de Jericó e prosseguia para o oeste, para a região montanhosa, terminando no deserto de Bete-Áven. ¹³ Dali ia para a encosta sul de Luz, que é Betel, e descia para Atarote-Adar, na montanha que está ao sul de Bete-Horom Baixa.

¹⁴ Da montanha que fica defronte de Bete-Horom, no sul, a fronteira virava para o sul, ao longo do lado ocidental, e terminava em Quiriate-Baal, que é Quiriate-Jearim, cidade do povo de Judá. Esse era o lado ocidental.

¹⁵ A fronteira sul começava no oeste, nos arredores de Quiriate-Jearim, e chegava à fonte de Neftoa. ¹⁶ A fronteira descia até o sopé da montanha que fica defronte do vale de Ben-Hinom, ao norte do vale de Refaim. Depois, prosseguia, descendo pelo vale de Hinom ao longo da encosta sul da cidade dos jebuseus e chegava até En-Rogel. ¹⁷ Fazia então uma curva para o norte, ia para En-Semes, continuava até Gelilote, que fica defronte da subida de Adumim, e descia até a Pedra de Boã, filho de Rúben. ¹⁸ Prosseguia para a encosta norte de Bete-Arabá[b], e daí descia para a Arabá. ¹⁹ Depois ia para a encosta norte de Bete-Hogla

---

[a] 17.11 Isto é, Nafote-Dor, ou planalto de Dor.

[b] 18.18 Conforme a Septuaginta. O Texto Massorético diz *encosta norte defronte da Arabá*.

e terminava na baía norte do mar Salgado, na foz do Jordão, no sul. Essa era a fronteira sul.

²⁰ O Jordão delimitava a fronteira oriental.

Essas eram as fronteiras que demarcavam por todos os lados a herança dos clãs de Benjamim.

²¹ A tribo de Benjamim, clã por clã, recebeu as seguintes cidades:

Jericó, Bete-Hogla, Emeque-Queziz, ²² Bete-Arabá, Zemaraim, Betel, ²³ Avim, Pará, Ofra, ²⁴ Quefar-Amonai, Ofni e Geba. Eram doze cidades com os seus povoados.

²⁵ Gibeom, Ramá, Beerote, ²⁶ Mispá, Quefira, Mosa, ²⁷ Requém, Irpeel, Tarala, ²⁸ Zela, Elefe, Jebus, que é Jerusalém, Gibeá e Quiriate. Eram catorze cidades com os seus povoados.

Essa foi a herança dos clãs de Benjamim.

As Terras da Tribo de Simeão

19 Na segunda vez, a sorte saiu para a tribo de Simeão, clã por clã. A herança deles ficava dentro do território de Judá. ² Eles receberam:

Berseba ou Seba, Moladá, ³ Hazar-Sual, Balá, Azém, ⁴ Eltolade, Betul, Hormá, ⁵ Ziclague, Bete-Marcabote, Hazar-Susa, ⁶ Bete-Lebaote e Saruém. Eram treze cidades com os seus povoados.

⁷ Aim, Rimom, Eter e Asã, quatro cidades com os seus povoados, ⁸ e todos os povoados ao redor dessas cidades até Baalate-Beer, que é Ramá, no Neguebe.

Essa foi a herança da tribo dos simeonitas, clã por clã. ⁹ A herança dos simeonitas foi tirada de Judá, pois Judá recebera mais terras do que precisava. Assim os simeonitas receberam a sua herança dentro do território de Judá.

As Terras da Tribo de Zebulom

¹⁰ Na terceira vez, a sorte saiu para Zebulom, clã por clã.

A fronteira da sua herança ia até Saride. ¹¹ De lá ia para o oeste, chegava a Maralá, alcançava Dabesete e se estendia até o ribeiro próximo a Jocneão. ¹² De Saride fazia uma curva para o leste, para o lado do nascente, em direção ao território de Quislote-Tabor, prosseguia até Daberate e subia para Jafia. ¹³ Depois continuava para o leste até Gate-Héfer e Ete-Cazim, chegava a Rimom e fazia uma curva na direção de Neá. ¹⁴ Do norte a fronteira voltava até Hanatom e terminava no vale de Iftá-El. ¹⁵ Aí também estavam Catate, Naalal, Sinrom, Idala e Belém. Eram doze cidades com os seus povoados.

¹⁶ Essas cidades com os seus povoados foram a herança de Zebulom, clã por clã.

As Terras da Tribo de Issacar

¹⁷ Na quarta vez, a sorte saiu para Issacar, clã por clã. ¹⁸ Seu território abrangia:

Jezreel, Quesulote, Suném, ¹⁹ Hafaraim, Siom, Anaarate, ²⁰ Rabite, Quisiom, Ebes, ²¹ Remete, En-Ganim, En-Hadá e Bete-Pazes. ²² A fronteira chegava a Tabor, Saazima e Bete-Semes e terminava no Jordão. Eram dezesseis cidades com os seus povoados.

²³ Essas cidades com os seus povoados foram a herança da tribo de Issacar, clã por clã.

As Terras da Tribo de Aser

²⁴ Na quinta vez, a sorte saiu para Aser, clã por clã. ²⁵ Seu território abrangia:

Helcate, Hali, Béten, Acsafe, ²⁶ Alameleque, Amade e Misal. A oeste a fronteira alcançava o Carmelo e Sior-Libnate. ²⁷ De lá virava para o leste em direção a Bete-Dagom, alcançava Zebulom e o vale de Iftá-El e ia para o norte, para Bete-Emeque e Neiel, passando por Cabul, à esquerda, ²⁸ Ebrom, Reobe, Hamom e Caná até Sidom, a grande. ²⁹ Depois a fronteira voltava para Ramá e ia para a cidade fortificada de Tiro, virava na direção de Hosa e terminava no mar, na região de Aczibe, ³⁰ Umá, Afeque e Reobe. Eram vinte e duas cidades com os seus povoados.

³¹ Essas cidades com os seus povoados foram a herança da tribo de Aser, clã por clã.

As Terras da Tribo de Naftali

³² Na sexta vez, a sorte saiu para Naftali, clã por clã.

³³ Sua fronteira ia desde Helefe e do carvalho de Zaanim, passava por Adami-Neguebe e Jabneel e ia até Lacum, terminando no Jordão. ³⁴ Voltando para o oeste, a fronteira passava por Aznote-Tabor e ia para Hucoque. Atingia Zebulom ao sul, Aser a oeste e o Jordão[a] a leste. ³⁵ As cidades fortificadas eram Zidim, Zer, Hamate, Racate, Quinerete, ³⁶ Adamá, Ramá, Hazor, ³⁷ Quedes, Edrei, En-Hazor, ³⁸ Irom, Migdal-El, Horém, Bete-Anate e Bete-Semes. Eram dezenove cidades com os seus povoados.

³⁹ Essas cidades com os seus povoados foram a herança da tribo de Naftali, clã por clã.

---

[a] **19.34** Conforme a Septuaginta. O Texto Massorético diz *oeste, e Judá, o Jordão.*

As Terras da Tribo de Dã

⁴⁰ Na sétima vez, a sorte saiu para Dã, clã por clã. ⁴¹ O território da sua herança abrangia: Zorá, Estaol, Ir-Semes, ⁴² Saalabim, Aijalom, Itla, ⁴³ Elom, Timna, Ecrom, ⁴⁴ Elteque, Gibetom, Baalate, ⁴⁵ Jeúde, Bene-Beraque, Gate-Rimom, ⁴⁶ Me-Jarcom e Racom, e a região situada defronte de Jope.

⁴⁷ Mas a tribo de Dã teve dificuldade para tomar posse do seu território. Por isso atacaram Lesém, conquistaram-na, passaram-na ao fio da espada e a ocuparam. Estabeleceram-se em Lesém e lhe deram o nome de Dã, por causa do seu antepassado. ⁴⁸ Essas cidades com os seus povoados foram a herança da tribo de Dã, clã por clã.

As Terras Dadas a Josué

⁴⁹ Quando terminaram de dividir a terra em territórios delimitados, os israelitas deram a Josué, filho de Num, uma herança no meio deles, ⁵⁰ como o SENHOR tinha ordenado. Deram-lhe a cidade que ele havia pedido, Timnate-Sera[a], nos montes de Efraim, onde ele reconstruiu a cidade e se estabeleceu.

⁵¹ Foram esses os territórios que o sacerdote Eleazar, Josué, filho de Num, e os chefes dos clãs das tribos de Israel repartiram por sorteio em Siló, na presença do SENHOR, à entrada da Tenda do Encontro. E assim terminaram de dividir a terra.

As Cidades de Refúgio

20 Disse o SENHOR a Josué: ² "Diga aos israelitas que designem as cidades de refúgio, como lhes ordenei por meio de Moisés, ³ para que todo aquele que matar alguém sem intenção e acidentalmente possa fugir para lá e proteger-se do vingador da vítima.

⁴ "Quando o homicida involuntário fugir para uma dessas cidades, terá que colocar-se junto à porta da cidade e expor o caso às autoridades daquela cidade. Eles o receberão e lhe darão um local para morar entre eles. ⁵ Caso o vingador da vítima o persiga, eles não o entregarão, pois matou seu próximo acidentalmente, sem maldade e sem premeditação. ⁶ Todavia, ele terá que permanecer naquela cidade até comparecer a julgamento perante a comunidade e até morrer o sumo sacerdote que estiver servindo naquele período. Então poderá voltar para a sua própria casa, à cidade de onde fugiu".

⁷ Assim eles separaram Quedes, na Galileia, nos montes de Naftali, Siquém, nos montes de Efraim, e Quiriate-Arba, que é Hebrom, nos montes de Judá. ⁸ No lado leste do Jordão, perto de Jericó, designaram Bezer, no planalto desértico da tribo de Rúben; Ramote, em Gileade, na tribo de Gade; e Golã, em Basã, na tribo de Manassés. ⁹ Qualquer israelita ou estrangeiro residente que matasse alguém sem intenção, poderia fugir para qualquer dessas cidades para isso designadas e escapar do vingador da vítima, antes de comparecer a julgamento perante a comunidade.

As Cidades dos Levitas

21 Os chefes de família dos levitas se aproximaram do sacerdote Eleazar, de Josué, filho de Num, e dos chefes das outras famílias das tribos dos israelitas ² em Siló, na terra de Canaã, e lhes disseram: "O SENHOR ordenou por meio de Moisés que vocês nos dessem cidades onde pudéssemos habitar e pastagens para os nossos animais". ³ Por isso, de acordo com a ordem do SENHOR, os israelitas deram da sua própria herança as seguintes cidades com suas pastagens aos levitas:

⁴ A sorte saiu primeiro para os coatitas, clã por clã. Os levitas, que eram descendentes do sacerdote Arão, receberam treze cidades das tribos de Judá, de Simeão e de Benjamim. ⁵ Os outros descendentes de Coate receberam dez cidades dos clãs das tribos de Efraim e de Dã, e da metade da tribo de Manassés.

⁶ Os descendentes de Gérson receberam treze cidades dos clãs das tribos de Issacar, de Aser e de Naftali, e da metade da tribo de Manassés estabelecida em Basã.

⁷ Os descendentes de Merari, clã por clã, receberam doze cidades das tribos de Rúben, de Gade e de Zebulom.

⁸ Dessa maneira os israelitas deram aos levitas essas cidades com suas pastagens, como o SENHOR tinha ordenado por meio de Moisés.

⁹ Das tribos de Judá e de Simeão, os israelitas deram as seguintes cidades, indicadas nominalmente. ¹⁰ Foram dadas aos descendentes de Arão que pertenciam aos clãs coatitas dos levitas, pois para eles saiu a primeira sorte:

¹¹ Quiriate-Arba, que é Hebrom, com as suas pastagens ao redor, nos montes de Judá. (Arba era antepassado de Enaque.) ¹² Mas os campos e os povoados em torno da cidade foram dados a Calebe, filho de Jefoné, como sua propriedade.

---

[a] **19.50** Também conhecida como *Timnate-Heres*. Veja Jz 2.9.

¹³ Assim, aos descendentes do sacerdote Arão deram Hebrom, cidade de refúgio para os acusados de homicídio, Libna, ¹⁴ Jatir, Estemoa, ¹⁵ Holom, Debir, ¹⁶ Aim, Jutá e Bete-Semes, cada qual com os seus arredores. Foram nove cidades dadas por essas duas tribos.

¹⁷ Da tribo de Benjamim deram-lhes Gibeom, Geba, ¹⁸ Anatote e Almom, cada qual com os seus arredores. Eram quatro cidades.

¹⁹ Todas as cidades dadas aos sacerdotes, descendentes de Arão, foram treze; cada qual com os seus arredores.

²⁰ Os outros clãs coatitas dos levitas receberam cidades da tribo de Efraim.

²¹ Nos montes de Efraim receberam Siquém, cidade de refúgio para os acusados de homicídio, Gezer, ²² Quibzaim e Bete-Horom, cada qual com os seus arredores. Foram quatro cidades.

²³ Também da tribo de Dã receberam Elteque, Gibetom, ²⁴ Aijalom e Gate-Rimom, cada qual com os seus arredores. Foram quatro cidades.

²⁵ Da meia tribo de Manassés receberam Taanaque e Gate-Rimom, cada qual com os seus arredores. Foram duas cidades.

²⁶ Todas essas dez cidades e seus arredores foram dadas aos outros clãs coatitas.

²⁷ Os clãs levitas gersonitas receberam da metade da tribo de Manassés: Golã, em Basã, cidade de refúgio para os acusados de homicídio, e Beesterá, cada qual com os seus arredores. Foram duas cidades.

²⁸ Receberam da tribo de Issacar:
Quisiom, Daberate, ²⁹ Jarmute e En-Ganim, cada qual com os seus arredores. Foram quatro cidades.

³⁰ Receberam da tribo de Aser:
Misal, Abdom, ³¹ Helcate e Reobe, cada qual com os seus arredores. Foram quatro cidades.

³² Receberam da tribo de Naftali:
Quedes, na Galileia, cidade de refúgio dos acusados de homicídio, Hamote-Dor e Cartã, cada qual com os seus arredores. Foram três cidades.

³³ Todas as cidades dos clãs gersonitas foram treze.

³⁴ Os clãs meraritas, o restante dos levitas, receberam as seguintes cidades:
Da tribo de Zebulom:
Jocneão, Cartá, ³⁵ Dimna e Naalal, cada qual com os seus arredores. Foram quatro cidades.

³⁶ Da tribo de Rúben:
Bezer, Jaza, ³⁷ Quedemote e Mefaate, cada qual com os seus arredores. Foram quatro cidades.

³⁸ Da tribo de Gade:
em Gileade, Ramote, cidade de refúgio dos acusados de homicídio, Maanaim, ³⁹ Hesbom e Jazar, cada qual com os seus arredores. Foram quatro cidades ao todo.

⁴⁰ Todas as cidades dadas aos clãs meraritas, que eram o restante dos levitas, foram doze.

⁴¹ No total, as cidades dos levitas nos territórios dos outros israelitas foram quarenta e oito cidades com os seus arredores. ⁴² Cada uma de todas essas cidades tinha pastagens ao seu redor.

⁴³ Assim o Senhor deu aos israelitas toda a terra que tinha prometido sob juramento aos seus antepassados, e eles tomaram posse dela e se estabeleceram ali. ⁴⁴ O Senhor lhes concedeu descanso de todos os lados, como tinha jurado aos seus antepassados. Nenhum dos seus inimigos pôde resistir-lhes, pois o Senhor entregou todos eles em suas mãos. ⁴⁵ De todas as boas promessas do Senhor à nação de Israel, nenhuma delas falhou; todas se cumpriram.

O Regresso das Tribos do Leste

22 Josué convocou as tribos de Rúben, de Gade e a metade da tribo de Manassés ² e lhes disse: "Vocês fizeram tudo o que Moisés, servo do Senhor, ordenou. ³ Durante muito tempo, e até hoje, vocês não abandonaram os seus irmãos, mas cumpriram a missão que o Senhor, o seu Deus, entregou a vocês. ⁴ Agora que o Senhor, o seu Deus, já concedeu descanso aos seus irmãos israelitas, como tinha prometido, voltem para casa, para a terra que Moisés, servo do Senhor, deu a vocês no outro lado do Jordão. ⁵ Mas guardem fielmente o mandamento e a lei que Moisés, servo do Senhor, deu a vocês, que amem o Senhor, o seu Deus, andem em todos os seus caminhos, obedeçam aos seus mandamentos, apeguem-se a ele e o sirvam de todo o coração e de toda a alma".

⁶ Então Josué os abençoou e os despediu, e eles foram para casa. ⁷ (À metade da tribo de Manassés Moisés dera terras em Basã, e à outra metade da tribo Josué dera terras no lado oeste do Jordão, junto com os outros israelitas.) Ao mandá-los para casa, Josué os abençoou, ⁸ dizendo: "Voltem para casa com as riquezas que juntaram: grandes rebanhos, prata, ouro, bronze e ferro, e muitas roupas. Dividam com os seus irmãos os despojos de seus inimigos".

⁹ Assim as tribos de Rúben, de Gade e a metade da tribo de Manassés deixaram os outros israelitas em Siló, na terra de Canaã,

para voltarem para Gileade, sua própria terra, da qual se apossaram de acordo com a ordem do Senhor, dada por meio de Moisés.

¹⁰ Quando chegaram a Gelilote, perto do Jordão, em Canaã, as tribos de Rúben, de Gade e a metade da tribo de Manassés construíram um imponente altar ali, junto ao Jordão. ¹¹ Quando os outros israelitas souberam que eles tinham construído o altar na fronteira de Canaã, em Gelilote, perto do Jordão, no lado israelita, ¹² toda a comunidade de Israel reuniu-se em Siló para guerrear contra eles.

¹³ Então os israelitas enviaram Fineias, filho do sacerdote Eleazar, à terra de Gileade, às tribos de Rúben e Gade e à metade da tribo de Manassés. ¹⁴ Com ele enviaram dez líderes, um de cada tribo de Israel, sendo cada um deles chefe de suas respectivas famílias dos clãs israelitas.

¹⁵ Quando chegaram a Gileade, às tribos de Rúben e de Gade e à metade da tribo de Manassés, disseram-lhes: ¹⁶ "Assim diz toda a comunidade do Senhor: 'Como foi que vocês cometeram essa infidelidade para com o Deus de Israel? Como foi que se afastaram do Senhor, construindo um altar para vocês, rebelando-se assim contra ele? ¹⁷ Já não nos bastou o pecado de Peor? Até hoje não nos purificamos daquele pecado, muito embora uma praga tenha caído sobre a comunidade do Senhor! ¹⁸ E agora vocês estão abandonando o Senhor!

" 'Se hoje vocês se rebelarem contra o Senhor, amanhã a sua ira cairá sobre toda a comunidade de Israel. ¹⁹ Se a terra que vocês receberam como propriedade está contaminada, passem então para a terra que pertence ao Senhor, onde está o tabernáculo do Senhor, e se apossem de um território entre nós. Mas não se rebelem contra o Senhor nem contra nós, construindo para vocês um altar que não seja o altar do Senhor, o nosso Deus. ²⁰ Quando Acã, filho de Zerá, foi infiel com relação às coisas consagradas, não caiu a ira sobre toda a comunidade de Israel? E ele não foi o único que morreu por causa do seu pecado' ".

²¹ Então as tribos de Rúben, de Gade e a metade da tribo de Manassés responderam aos chefes dos clãs de Israel: ²² "O Poderoso, Deus, o Senhor! O Poderoso, Deus, o Senhor! Ele sabe! E que Israel o saiba! Se agimos com rebelião ou infidelidade para com o Senhor, não nos poupem hoje. ²³ Se construímos nosso próprio altar para nos afastarmos do Senhor e para oferecermos holocaustos*ᵃ* e ofertas de cereal, ou sacrifícios de comunhão*ᵇ* sobre ele, que o próprio Senhor nos peça contas disso!

²⁴ "Ao contrário! Fizemos isso temendo que no futuro os seus descendentes digam aos nossos: 'Que relação vocês têm com o Senhor, com o Deus de Israel? ²⁵ Homens de Rúben e de Gade! O Senhor fez do Jordão uma fronteira entre nós e vocês. Vocês não têm parte com o Senhor'. Assim os seus descendentes poderiam levar os nossos a deixarem de temer o Senhor.

²⁶ "É por isso que resolvemos construir um altar, não para holocaustos ou sacrifícios, ²⁷ mas para que esse altar sirva de testemunho entre nós e vocês e as gerações futuras de que cultuaremos o Senhor em seu santuário com nossos holocaustos, sacrifícios e ofertas de comunhão. Então, no futuro, os seus descendentes não poderão dizer aos nossos: 'Vocês não têm parte com o Senhor'.

²⁸ "E dissemos: Se algum dia disserem isso a nós ou aos nossos descendentes, responderemos: Vejam a réplica do altar do Senhor que os nossos antepassados construíram, não para holocaustos ou sacrifícios, mas como testemunho entre nós e vocês.

²⁹ "Longe de nós nos rebelarmos contra o Senhor e nos afastarmos dele, construindo para holocaustos, ofertas de cereal e sacrifícios um altar que não seja o altar do Senhor, o nosso Deus, que está diante do seu tabernáculo!"

³⁰ Quando o sacerdote Fineias e os líderes da comunidade, os chefes dos clãs dos israelitas, ouviram o que os homens de Rúben, de Gade e de Manassés disseram, deram-se por satisfeitos. ³¹ E Fineias, filho do sacerdote Eleazar, disse a Rúben, a Gade e a Manassés: "Hoje sabemos que o Senhor está conosco, pois vocês não foram infiéis para com o Senhor. Assim vocês livraram os israelitas da mão do Senhor".

³² Então Fineias, filho do sacerdote Eleazar, e os líderes voltaram do encontro com os homens de Rúben e de Gade em Gileade e foram para Canaã dar relatório aos outros israelitas. ³³ Estes se alegraram com o relatório e louvaram a Deus. E não mais falaram em guerrear contra as tribos de Rúben e de Gade nem em devastar a região onde eles viviam.

ᵃ **22.23** Isto é, sacrifícios totalmente queimados; também nos versículos 26-29.
ᵇ **22.23** Ou *de paz*; também no versículo 27.

³⁴ Os homens de Rúben e de Gade deram ao altar este nome: Um Testemunho Entre Nós de que o Senhor é Deus.

A Despedida de Josué

23 Passado muito tempo, depois que o Senhor concedeu a Israel descanso de todos os inimigos ao redor, Josué, agora velho, de idade muito avançada, ² convocou todo o Israel, com as autoridades, os líderes, os juízes e os oficiais, e lhes disse: "Estou velho, com idade muito avançada. ³ Vocês mesmos viram tudo o que o Senhor, o seu Deus, fez com todas essas nações por amor a vocês; foi o Senhor, o seu Deus, que lutou por vocês. ⁴ Lembrem-se de que eu reparti por herança para as tribos de vocês toda a terra das nações, tanto as que ainda restam como as que conquistei entre o Jordão e o mar Grande, a oeste. ⁵ O Senhor, o seu Deus, as expulsará da presença de vocês. Ele as empurrará de diante de vocês, e vocês se apossarão da terra delas, como o Senhor prometeu.

⁶ "Façam todo o esforço para obedecer e cumprir tudo o que está escrito no Livro da Lei de Moisés, sem se desviar, nem para a direita nem para a esquerda. ⁷ Não se associem com essas nações que restam no meio de vocês. Não invoquem os nomes dos seus deuses nem jurem por eles. Não lhes prestem culto nem se inclinem perante eles. ⁸ Mas apeguem-se somente ao Senhor, o seu Deus, como fizeram até hoje.

⁹ "O Senhor expulsou de diante de vocês nações grandes e poderosas; até hoje ninguém conseguiu resistir a vocês. ¹⁰ Um só de vocês faz fugir mil, pois o Senhor, o seu Deus, luta por vocês, conforme prometeu. ¹¹ Por isso dediquem-se com zelo a amar o Senhor, o seu Deus.

¹² "Se, todavia, vocês se afastarem e se aliarem aos sobreviventes dessas nações que restam no meio de vocês e se casarem com eles e se associarem com eles, ¹³ estejam certos de que o Senhor, o seu Deus, já não expulsará essas nações de diante de vocês. Ao contrário, elas se tornarão armadilhas e laços para vocês, chicote em suas costas e espinhos em seus olhos, até que vocês desapareçam desta boa terra que o Senhor, o seu Deus, deu a vocês.

¹⁴ "Agora estou prestes a ir pelo caminho de toda a terra. Vocês sabem, lá no fundo do coração e da alma, que nenhuma das boas promessas que o Senhor, o seu Deus, fez deixou de cumprir-se. Todas se cumpriram; nenhuma delas falhou. ¹⁵ Mas, assim como cada uma das boas promessas do Senhor, o seu Deus, se cumpriu, também o Senhor fará cumprir-se em vocês todo o mal com que os ameaçou, até eliminá-los desta boa terra que deu a vocês. ¹⁶ Se violarem a aliança que o Senhor, o seu Deus, ordenou e passarem a cultuar outros deuses e a inclinar-se diante deles, a ira do Senhor se acenderá contra vocês, e vocês logo desaparecerão da boa terra que ele deu a vocês".

A Renovação da Aliança em Siquém

24 Então Josué reuniu todas as tribos de Israel em Siquém. Convocou as autoridades, os líderes, os juízes e os oficiais de Israel, e eles compareceram diante de Deus.

² Josué disse a todo o povo: "Assim diz o Senhor, o Deus de Israel: 'Há muito tempo, os seus antepassados, inclusive Terá, pai de Abraão e de Naor, viviam além do Eufrates[a] e prestavam culto a outros deuses. ³ Mas eu tirei seu pai Abraão da terra que fica além do Eufrates e o conduzi por toda a Canaã e lhe dei muitos descendentes. Dei-lhe Isaque, ⁴ e a Isaque dei Jacó e Esaú. A Esaú dei os montes de Seir, mas Jacó e seus filhos desceram para o Egito.

⁵ " 'Então enviei Moisés e Arão e feri os egípcios com pragas, com as quais os castiguei, e depois tirei vocês de lá. ⁶ Quando tirei os seus antepassados do Egito, vocês vieram para o mar, e os egípcios os perseguiram com carros de guerra e cavaleiros[b] até o mar Vermelho. ⁷ Mas os seus antepassados clamaram a mim, e eu coloquei trevas entre vocês e os egípcios; fiz voltar o mar sobre eles e os encobrir. Vocês viram com os seus próprios olhos o que eu fiz com os egípcios. Depois disso vocês viveram no deserto longo tempo.

⁸ " 'Eu os trouxe para a terra dos amorreus que viviam a leste do Jordão. Eles lutaram contra vocês, mas eu os entreguei nas suas mãos. Eu os destruí diante de vocês, e vocês se apossaram da terra deles. ⁹ Quando Balaque, rei de Moabe, filho de Zipor, se preparava para lutar contra Israel, mandou buscar Balaão, filho de Beor, para lançar maldição sobre vocês. ¹⁰ Mas eu não quis ouvir Balaão, de modo que ele os abençoou vez após vez, e eu os livrei das mãos dele.

¹¹ " 'Depois vocês atravessaram o Jordão e chegaram a Jericó. Os chefes de Jericó lutaram contra vocês, assim como os amorreus, os

---

[a] **24.2** Hebraico: *do Rio*; também nos versículos 3, 14 e 15.
[b] **24.6** Ou *condutores de carros de guerra*

ferezeus, os cananeus, os hititas, os girgaseus, os heveus e os jebuseus, mas eu os entreguei nas mãos de vocês. ¹²Eu lhes causei pânico*ᵃ* para expulsá-los de diante de vocês, como fiz aos dois reis amorreus. Não foram a espada e o arco que lhes deram a vitória. ¹³Foi assim que dei a vocês uma terra que não cultivaram e cidades que vocês não construíram. Nelas vocês moram e comem de vinhas e olivais que não plantaram'.

¹⁴"Agora temam o Senhor e sirvam-no com integridade e fidelidade. Joguem fora os deuses que os seus antepassados adoraram além do Eufrates e no Egito e sirvam ao Senhor. ¹⁵Se, porém, não agrada a vocês servir ao Senhor, escolham hoje a quem irão servir, se aos deuses que os seus antepassados serviram além do Eufrates, ou aos deuses dos amorreus, em cuja terra vocês estão vivendo. Mas eu e a minha família serviremos ao Senhor".

¹⁶Então o povo respondeu: "Longe de nós abandonar o Senhor para servir outros deuses! ¹⁷Foi o próprio Senhor, o nosso Deus, que nos tirou, a nós e a nossos pais, do Egito, daquela terra de escravidão, e realizou aquelas grandes maravilhas diante dos nossos olhos. Ele nos protegeu no caminho e entre as nações pelas quais passamos. ¹⁸Além disso, o Senhor expulsou de diante de nós todas as nações, inclusive os amorreus, que viviam nesta terra. Nós também serviremos ao Senhor, porque ele é o nosso Deus".

¹⁹Josué disse ao povo: "Vocês não têm condições de servir ao Senhor. Ele é Deus santo! É Deus zeloso! Ele não perdoará a rebelião e o pecado de vocês. ²⁰Se abandonarem o Senhor e servirem a deuses estrangeiros, ele se voltará contra vocês e os castigará. Mesmo depois de ter sido bondoso com vocês, ele os exterminará".

²¹O povo, porém, respondeu a Josué: "De maneira nenhuma! Nós serviremos ao Senhor".

²²Disse então Josué: "Vocês são testemunhas contra vocês mesmos de que escolheram servir ao Senhor".

"Somos", responderam eles.

²³Disse Josué: "Agora, então, joguem fora os deuses estrangeiros que estão com vocês e voltem-se de coração para o Senhor, o Deus de Israel".

²⁴E o povo disse a Josué: "Serviremos ao Senhor, o nosso Deus, e lhe obedeceremos".

²⁵Naquele dia Josué firmou um acordo com o povo em Siquém e lhe deu decretos e leis. ²⁶Josué registrou essas coisas no Livro da Lei de Deus. Depois ergueu uma grande pedra ali, sob a Grande Árvore, perto do santuário do Senhor.

²⁷Então disse ele a todo o povo: "Vejam esta pedra! Ela será uma testemunha contra nós, pois ouviu todas as palavras que o Senhor nos disse. Será uma testemunha contra vocês, caso sejam infiéis ao seu Deus".

A Morte de Josué

²⁸Depois Josué despediu o povo, e cada um foi para a sua propriedade.

²⁹Passado algum tempo, Josué, filho de Num, servo do Senhor, morreu. Tinha cento e dez anos de idade. ³⁰E o sepultaram na terra que tinha recebido por herança, em Timnate-Sera, nos montes de Efraim, ao norte do monte Gaás.

³¹Israel serviu ao Senhor durante toda a vida de Josué e dos líderes que lhe sobreviveram e que sabiam de tudo o que o Senhor fizera em favor de Israel.

³²Os ossos de José, que os israelitas haviam trazido do Egito, foram enterrados em Siquém, no quinhão de terra que Jacó havia comprado dos filhos de Hamor, pai de Siquém, por cem peças de prata*ᵇ*. Aquele terreno tornou-se herança dos descendentes de José.

³³Sucedeu também que Eleazar, filho de Arão, morreu e foi sepultado em Gibeá, que fora dada a seu filho Fineias, nos montes de Efraim.

ᵃ **24.12** Ou *enviei vespas à sua frente*; ou ainda *enviei praga à sua frente*

ᵇ **24.32** Hebraico: *100 quesitas*. A quesita era uma unidade monetária de peso e valor desconhecidos.

Introdução ao livro de
JUÍZES

Autor e data de composição

O Talmude hebraico atribui o livro de Juízes ao profeta Samuel, que havia sido a pessoa de maior destaque no momento de transição entre a época dos juízes e o estabelecimento do reino de Israel. É muito possível que Samuel, ou alguém de sua escola, tenha copilado em um único volume escritos e tradições orais que procediam dos tempos dos juízes. A narração começa logo após a morte de Josué e termina com a morte de Sansão, além de vários trechos complementares que correspondem a momentos distintos dentro dessa mesma época, que abrange em torno de quatrocentos anos.

ESBOÇO GERAL

Primeira parte: Israel afunda cada vez mais no caos e não termina de possuir a terra prometida (1.1—3.6)
I. A posse incompleta de Canaã (1)
II. Deus julga o povo por não ter obedecido literalmente a suas ordens (2.1—3.6)

Segunda parte: Os ciclos de infidelidade, súplica e libertação (3.7—16.31)
I. Os juízes Otoniel, Eúde e Sangar, no sul de Canaã (3.7-31)
II. Débora e Baraque, no norte de Canaã (4—5)
   A. A campanha dirigida pela juíza Débora e o guerreiro Baraque (4)
   B. O cântico de Débora (5)
III. Gideão, seu filho Abimeleque, Tolá e Jair no centro de Canaã (6.1—10.5)
IV. Jefté no leste de Canaã (10.6—12.7)
   A. A opressão e a libertação (10.6—11.28)
   B. O voto impensado de Jefté e suas consequências (11.29-40)
   C. A luta de Jefté contra a tribo de Efraim (12.1-7)
V. Ibsã, Elom e Abdom, novamente no norte (12.8-15)
VI. Sansão no oeste (13—16)
   A. O nascimento milagroso de Sansão (13)
   B. O casamento de Sansão com uma filisteia (14)
   C. Sansão, juiz de Israel durante vinte anos (15)
   D. O fracasso e a vingança final de Sansão (16)

Terceira parte: o povo se contamina com a depravação dos cananeus (17—22)
I. A idolatria (17—18)
II. A imoralidade (19)
III. As lutas entre as tribos de Israel (20—21)

Versículos-chave
2.1,2

Tema geral do livro
Em contraposição à forte liderança de Josué, que entrou com o povo na terra prometida, o livro de Juízes apresenta uma longa época de anarquia advinda de falta de conhecimento, obediência e autoridade. A palavra "juiz" não tem o sentido que lhe

atribuímos atualmente. Os juízes eram homens e mulheres que Deus levantava para que fossem libertadores de Israel; o povo da aliança estava oprimido pelos mesmos povos cuja eliminação Deus havia ordenado para que seu povo fosse livre, mas nesse momento Israel era refém dos povos vizinhos. Enquanto o juiz vivia, o povo era fiel ao Senhor. Depois se extraviava a ponto de voltar a ser oprimido por seus inimigos, quando então clamava a Deus por misericórdia, e o Senhor lhe enviava outro libertador. Tratava-se de um ciclo de infidelidade, súplica e libertação que se repete vez após outra em todo o livro e que consiste em seu ensino principal. Os juízes não eram governantes de toda a nação, mas apenas de uma parte, ou seja, funcionavam como líderes locais ou regionais.

No livro de Juízes, Jesus é...
...nosso Juiz e Legislador (2.1, 2a)

Versículos-chave para o discípulo
6.12,14

O discípulo e o livro de Juízes
Exatamente pelo caos que reinava nessa época e pelos ciclos incessantes de infidelidade, súplica e libertação, o discípulo poderá aprender muito com este livro. Aprenderá sobre a necessidade de manter-se sempre fiel ao Senhor e sobre a urgência de suplicar pela ajuda de Deus quando lhe for infiel. A beleza desse processo é que, mesmo que sejamos infiéis a Deus, ele permanece fiel. Outro ensino importante é que ninguém é pequeno ou insignificante a ponto de não poder ser usado por Deus por meio de seu Espírito para fazer grandes feitos em seu nome. Basta mencionar aqui Gideão, que pensou ser incapaz de libertar Israel por proceder de uma das famílias menos importantes de Manassés e ele ser o menor de sua família (6.15). Tal atitude contrasta com a saudação que o anjo do Senhor lhe dirige: "O Senhor está com você, poderoso guerreiro" (v. 12). Definitivamente, Deus não nos vê como vemos a nós mesmos nem como o mundo nos vê. Deus nos contempla com todo o potencial que ele pôs em nós quando nos criou e espera ver esse potencial em sua capacidade máxima.

JUÍZES

A Guerra contra os Cananeus Restantes

1 Depois da morte de Josué, os israelitas perguntaram ao Senhor: "Quem de nós será o primeiro a atacar os cananeus?"

² O Senhor respondeu: "Judá será o primeiro; eu entreguei a terra em suas mãos".

³ Então os homens de Judá disseram aos seus irmãos de Simeão: "Venham conosco ao território que nos foi designado por sorteio, e lutemos contra os cananeus. Iremos juntos para o território". E os homens de Simeão foram com eles.

⁴ Quando os homens de Judá atacaram, o Senhor entregou os cananeus e os ferezeus nas mãos deles, e eles mataram dez mil homens em Bezeque. ⁵ Foi lá que encontraram Adoni-Bezeque, lutaram contra ele e derrotaram os cananeus e os ferezeus. ⁶ Adoni-Bezeque fugiu, mas eles o perseguiram e o prenderam, e lhe cortaram os polegares das mãos e dos pés.

⁷ Então Adoni-Bezeque disse: "Setenta reis com os polegares das mãos e dos pés cortados apanhavam migalhas debaixo da minha mesa. Agora Deus me retribuiu aquilo que lhes fiz". Eles o levaram para Jerusalém, onde morreu.

⁸ Os homens de Judá atacaram também Jerusalém e a conquistaram. Mataram seus habitantes ao fio da espada e a incendiaram.

⁹ Depois disso eles desceram para lutar contra os cananeus que viviam na serra, no Neguebe e na Sefelá[a]. ¹⁰ Avançaram contra os cananeus que viviam em Hebrom, anteriormente chamada Quiriate-Arba, e derrotaram Sesai, Aimã e Talmai.

¹¹ Dali avançaram contra o povo que morava em Debir, anteriormente chamada Quiriate-Sefer. ¹² E disse Calebe: "Darei minha filha Acsa em casamento ao homem que atacar e conquistar Quiriate-Sefer". ¹³ Otoniel, filho de Quenaz, irmão mais novo de Calebe, conquistou a cidade; por isso Calebe lhe deu sua filha Acsa por mulher.

¹⁴ Um dia, quando já vivia com Otoniel, ela o persuadiu[b] a pedir um campo ao pai dela. Assim que ela desceu do jumento, Calebe lhe perguntou: "O que você quer?"

¹⁵ Ela respondeu: "Dê-me um presente. Já que o senhor me deu terras no Neguebe, dê-me também fontes de água". E Calebe lhe deu as fontes superiores e as inferiores.

¹⁶ Os descendentes do sogro de Moisés, o queneu, saíram da Cidade das Palmeiras[c] com os homens de Judá e passaram a viver no meio do povo do deserto de Judá, no Neguebe, perto de Arade.

¹⁷ Depois os homens de Judá foram com seus irmãos de Simeão e derrotaram os cananeus que viviam em Zefate e destruíram totalmente a cidade. Por essa razão ela foi chamada Hormá[d]. ¹⁸ Os homens de Judá também conquistaram[e] Gaza, Ascalom e Ecrom, com os seus territórios.

¹⁹ O Senhor estava com os homens de Judá. Eles ocuparam a serra central, mas não conseguiram expulsar os habitantes dos vales, pois estes possuíam carros de guerra feitos de ferro. ²⁰ Conforme Moisés havia prometido, Hebrom foi dada a Calebe, que expulsou de lá os três filhos de Enaque. ²¹ Já os benjamitas deixaram de expulsar os jebuseus que estavam morando em Jerusalém. Os jebuseus vivem ali com os benjamitas até o dia de hoje.

²² Os homens das tribos de José, por sua vez, atacaram Betel, e o Senhor estava com eles. ²³ Enviaram espias a Betel, anteriormente chamada Luz. ²⁴ Quando os espias viram um homem saindo da cidade, disseram-lhe: "Mostre-nos como entrar na cidade, e nós pouparemos a sua vida". ²⁵ Ele mostrou como entrar, e eles mataram os habitantes da cidade ao fio da espada, mas pouparam o homem e toda a sua família. ²⁶ Ele foi, então, para a terra dos hititas, onde fundou uma cidade e lhe deu o nome de Luz, que é o seu nome até o dia de hoje.

²⁷ Manassés, porém, não expulsou o povo de Bete-Seã, o de Taanaque, o de Dor, o de Ibleã, o de Megido, nem tampouco o dos povoados ao redor dessas cidades, pois os cananeus estavam decididos a permanecer naquela terra. ²⁸ Quando Israel se tornou forte, impôs trabalhos forçados aos cananeus, mas não os expulsou completamente. ²⁹ Efraim também não expulsou os cananeus que viviam

---

[a] **1.9** Pequena faixa de terra de relevo variável entre a planície costeira e as montanhas.
[b] **1.14** Conforme o Texto Massorético. A Septuaginta e a Vulgata dizem *ele a persuadiu*.
[c] **1.16** Isto é, Jericó.
[d] **1.17** Hormá significa destruição.
[e] **1.18** A Septuaginta diz *Judá não conquistaram*.

em Gezer, mas os cananeus continuaram a viver entre eles. ³⁰ Nem Zebulom expulsou os cananeus que viviam em Quitrom e em Naalol, mas estes permaneceram entre eles e foram submetidos a trabalhos forçados. ³¹ Nem Aser expulsou os que viviam em Aco, Sidom, Alabe, Aczibe, Helba, Afeque e Reobe, ³² e, por esse motivo, o povo de Aser vivia entre os cananeus que habitavam naquela terra. ³³ Nem Naftali expulsou os que viviam em Bete-Semes e em Bete-Anate; mas o povo de Naftali também vivia entre os cananeus que habitavam a terra, e aqueles que viviam em Bete-Semes e em Bete-Anate passaram a fazer trabalhos forçados para eles. ³⁴ Os amorreus confinaram a tribo de Dã à serra central, não permitindo que descessem ao vale. ³⁵ E os amorreus igualmente estavam decididos a resistir no monte Heres, em Aijalom e em Saalbim, mas, quando as tribos de José ficaram mais poderosas, eles também foram submetidos a trabalhos forçados. ³⁶ A fronteira dos amorreus ia da subida de Acrabim^a até Selá, e mais adiante.

O Anjo do Senhor em Boquim

2 O Anjo do Senhor subiu de Gilgal a Boquim e disse: "Tirei vocês do Egito e os trouxe para a terra que prometi com juramento dar a seus antepassados. Eu disse: Jamais quebrarei a minha aliança com vocês. ² E vocês não farão acordo com o povo desta terra, mas demolirão os seus altares. Por que vocês não me obedeceram? ³ Portanto, agora digo a vocês que não os expulsarei da presença de vocês; eles serão seus adversários, e os deuses deles serão uma armadilha para vocês".

⁴ Quando o Anjo do Senhor acabou de falar a todos os israelitas, o povo chorou em alta voz, ⁵ e ao lugar chamaram Boquim^b. Ali ofereceram sacrifícios ao Senhor.

Desobediência e Derrota

⁶ Depois que Josué despediu os israelitas, eles saíram para ocupar a terra, cada um a sua herança. ⁷ O povo prestou culto ao Senhor durante toda a vida de Josué e dos líderes que sobreviveram a Josué e que tinham visto todos os grandes feitos do Senhor em favor de Israel.

⁸ Josué, filho de Num, servo do Senhor, morreu com a idade de cento e dez anos. ⁹ Foi sepultado na terra de sua herança, em Timnate-Heres^c, nos montes de Efraim, ao norte do monte Gaás.

¹⁰ Depois que toda aquela geração foi reunida a seus antepassados, surgiu uma nova geração que não conhecia o Senhor e o que ele havia feito por Israel. ¹¹ Então os israelitas fizeram o que o Senhor reprova e prestaram culto aos baalins. ¹² Abandonaram o Senhor, o Deus dos seus antepassados, que os havia tirado do Egito, e seguiram e adoraram vários deuses dos povos ao seu redor, provocando a ira do Senhor. ¹³ Abandonaram o Senhor e prestaram culto a Baal e a Astarote. ¹⁴ A ira do Senhor se acendeu contra Israel, e ele os entregou nas mãos de invasores que os saquearam. Ele os entregou aos inimigos ao seu redor, aos quais já não conseguiam resistir. ¹⁵ Sempre que os israelitas saíam para a batalha, a mão do Senhor era contra eles para derrotá-los, conforme havia advertido e jurado a vocês. Grande angústia os dominava.

¹⁶ Então o Senhor levantou juízes^d, que os libertaram das mãos daqueles que os atacavam. ¹⁷ Mesmo assim eles não quiseram ouvir os juízes, antes se prostituíram com outros deuses e os adoraram. Ao contrário dos seus antepassados, logo se desviaram do caminho pelo qual os seus antepassados tinham andado, o caminho da obediência aos mandamentos do Senhor. ¹⁸ Sempre que o Senhor lhes levantava um juiz, ele estava com o juiz e os salvava das mãos de seus inimigos enquanto o juiz vivia; pois o Senhor tinha misericórdia por causa dos gemidos deles diante daqueles que os oprimiam e os afligiam. ¹⁹ Mas, quando o juiz morria, o povo voltava a caminhos ainda piores do que os caminhos dos seus antepassados, seguindo outros deuses, prestando-lhes culto e adorando-os. Recusavam-se a abandonar suas práticas e seu caminho obstinado.

²⁰ Por isso a ira do Senhor acendeu-se contra Israel, e ele disse: "Como este povo violou a aliança que fiz com os seus antepassados e não tem ouvido a minha voz, ²¹ não expulsarei de diante dele nenhuma das nações que Josué deixou quando morreu. ²² Eu as usarei para pôr Israel à prova e ver se guardará o caminho do Senhor e se andará nele como o fizeram os seus antepassados". ²³ O Senhor havia permitido que essas nações permanecessem; não as

---

^a **1.36** Isto é, dos Escorpiões.
^b **2.5** *Boquim* significa *pranteadores*.
^c **2.9** Também conhecida como *Timnate-Sera*. Veja Js 19.50 e 24.30.
^d **2.16** Ou *líderes*; também nos versículos 17-19.

expulsou de imediato e não as entregou nas mãos de Josué.

3 São estas as nações que o Senhor deixou para pôr à prova todos os israelitas que não tinham visto nenhuma das guerras em Canaã ² (fez isso apenas para treinar na guerra os descendentes dos israelitas, pois não tinham tido experiência anterior de combate): ³ os cinco governantes dos filisteus, todos os cananeus, os sidônios e os heveus que viviam nos montes do Líbano, desde o monte Baal-Hermom até Lebo-Hamate. ⁴ Essas nações foram deixadas para que por elas os israelitas fossem postos à prova, se obedeceriam aos mandamentos que o Senhor dera aos seus antepassados por meio de Moisés.

⁵ Os israelitas viviam entre os cananeus, os hititas, os amorreus, os ferezeus, os heveus e os jebuseus. ⁶ Tomaram as filhas deles em casamento e deram suas filhas aos filhos deles, e prestaram culto aos deuses deles.

Otoniel

⁷ Os israelitas fizeram o que o Senhor reprova, pois se esqueceram do Senhor, o seu Deus, e prestaram culto aos baalins e a Aserá. ⁸ Acendeu-se a ira do Senhor de tal forma contra Israel que ele os entregou nas mãos de Cuchã-Risataim, rei da Mesopotâmia*ᵃ*, por quem os israelitas foram subjugados durante oito anos. ⁹ Mas, quando clamaram ao Senhor, ele lhes levantou um libertador, Otoniel, filho de Quenaz, o irmão mais novo de Calebe, que os libertou. ¹⁰ O Espírito do Senhor veio sobre ele, de modo que liderou Israel e foi à guerra. O Senhor entregou Cuchã-Risataim, rei da Mesopotâmia, nas mãos de Otoniel, que prevaleceu contra ele. ¹¹ E a terra teve paz durante quarenta anos, até a morte de Otoniel, filho de Quenaz.

Eúde

¹² Mais uma vez os israelitas fizeram o que o Senhor reprova, e por isso o Senhor deu a Eglom, rei de Moabe, poder sobre Israel. ¹³ Conseguindo uma aliança com os amonitas e com os amalequitas, Eglom veio e derrotou Israel e conquistou a Cidade das Palmeiras*ᵇ*. ¹⁴ Os israelitas ficaram sob o domínio de Eglom, rei de Moabe, durante dezoito anos.

¹⁵ Novamente os israelitas clamaram ao Senhor, que lhes deu um libertador chamado Eúde, homem canhoto, filho do benjamita Gera. Os israelitas o enviaram com o pagamento de tributos a Eglom, rei de Moabe. ¹⁶ Eúde havia feito uma espada de dois gumes, de quarenta e cinco centímetros*ᶜ* de comprimento, e a tinha amarrado na coxa direita, debaixo da roupa. ¹⁷ Ele entregou o tributo a Eglom, rei de Moabe, homem muito gordo. ¹⁸ Em seguida, Eúde mandou embora os carregadores. ¹⁹ Junto aos ídolos*ᵈ* que estão perto de Gilgal, ele voltou e disse: "Tenho uma mensagem secreta para ti, ó rei".

O rei respondeu: "Calado!" E todos os seus auxiliares saíram de sua presença.

²⁰ Eúde aproximou-se do rei, que estava sentado sozinho na sala superior do palácio de verão, e repetiu: "Tenho uma mensagem de Deus para ti". Quando o rei se levantou do trono, ²¹ Eúde estendeu a mão esquerda, apanhou a espada de sua coxa direita e cravou-a na barriga do rei. ²² Até o cabo penetrou com a lâmina; e, como não tirou a espada, a gordura se fechou sobre ela. ²³ Então Eúde saiu para o pórtico, depois de fechar e trancar as portas da sala atrás de si.

²⁴ Depois que ele saiu, vieram os servos e encontraram trancadas as portas da sala superior, e disseram: "Ele deve estar fazendo suas necessidades em seu cômodo privativo". ²⁵ Cansaram-se de esperar e, como ele não abria a porta da sala, pegaram a chave e a abriram. E lá estava o seu senhor, caído no chão, morto!

²⁶ Enquanto esperavam, Eúde escapou. Passou pelos ídolos e fugiu para Seirá. ²⁷ Quando chegou, tocou a trombeta nos montes de Efraim, e os israelitas desceram dos montes, com ele à sua frente. ²⁸ "Sigam-me", ordenou, "pois o Senhor entregou Moabe, o inimigo de vocês, em suas mãos." Eles o seguiram, tomaram posse do lugar de passagem do Jordão que levava a Moabe e não deixaram ninguém atravessar o rio. ²⁹ Naquela ocasião, mataram cerca de dez mil moabitas, todos eles fortes e vigorosos; nem um só homem escapou. ³⁰ Naquele dia, Moabe foi subjugado por Israel, e a terra teve paz durante oitenta anos.

Sangar

³¹ Depois de Eúde veio Sangar, filho de Anate, que matou seiscentos filisteus com uma aguilhada de bois. Ele também libertou Israel.

ᵃ **3.8** Hebraico: *Arã Naaraim*; também no versículo 10.
ᵇ **3.13** Isto é, Jericó.
ᶜ **3.16** Hebraico: *1 côvado*.
ᵈ **3.19** Ou *às pedreiras*; também no versículo 26.

Débora

4 Depois da morte de Eúde, mais uma vez os israelitas fizeram o que o Senhor reprova. ² Assim o Senhor os entregou nas mãos de Jabim, rei de Canaã, que reinava em Hazor. O comandante do seu exército era Sísera, que habitava em Harosete-Hagoim. ³ Os israelitas clamaram ao Senhor, porque Jabim, que tinha novecentos carros de ferro, os havia oprimido cruelmente durante vinte anos.

⁴ Débora, uma profetisa, mulher de Lapidote, liderava Israel naquela época. ⁵ Ela se sentava debaixo da tamareira de Débora, entre Ramá e Betel, nos montes de Efraim, e os israelitas a procuravam, para que ela decidisse as suas questões. ⁶ Débora mandou chamar Baraque, filho de Abinoão, de Quedes, em Naftali, e lhe disse: "O Senhor, o Deus de Israel, ordena a você que reúna dez mil homens de Naftali e Zebulom e vá ao monte Tabor. ⁷ Ele fará que Sísera, o comandante do exército de Jabim, vá atacá-lo, com seus carros de guerra e tropas, junto ao rio Quisom, e os entregará em suas mãos".

⁸ Baraque disse a ela: "Se você for comigo, irei; mas, se não for, não irei".

⁹ Respondeu Débora: "Está bem, irei com você. Mas saiba que, por causa do seu modo de agir[a], a honra não será sua; porque o Senhor entregará Sísera nas mãos de uma mulher". Então Débora foi a Quedes com Baraque, ¹⁰ onde ele convocou Zebulom e Naftali. Dez mil homens o seguiram, e Débora também foi com ele.

¹¹ Ora, o queneu Héber se havia separado dos outros queneus, descendentes de Hobabe, sogro de Moisés, e tinha armado sua tenda junto ao carvalho de Zaanim, perto de Quedes.

¹² Quando disseram a Sísera que Baraque, filho de Abinoão, tinha subido o monte Tabor, ¹³ Sísera reuniu seus novecentos carros de ferro e todos os seus soldados, de Harosete-Hagoim ao rio Quisom.

¹⁴ E Débora disse também a Baraque: "Vá! Este é o dia em que o Senhor entregou Sísera em suas mãos. O Senhor está indo à sua frente!" Então Baraque desceu o monte Tabor, seguido por dez mil homens. ¹⁵ Diante do avanço de Baraque, o Senhor derrotou Sísera e todos os seus carros de guerra e o seu exército ao fio da espada, e Sísera desceu do seu carro e fugiu a pé. ¹⁶ Baraque perseguiu os carros de guerra e o exército até Harosete-Hagoim. Todo o exército de Sísera caiu ao fio da espada; não sobrou um só homem.

¹⁷ Sísera, porém, fugiu a pé para a tenda de Jael, mulher do queneu Héber, pois havia paz entre Jabim, rei de Hazor, e o clã do queneu Héber.

¹⁸ Jael saiu ao encontro de Sísera e o convidou: "Venha, entre na minha tenda, meu senhor. Não tenha medo!" Ele entrou, e ela o cobriu com um pano.

¹⁹ "Estou com sede", disse ele. "Por favor, dê-me um pouco de água." Ela abriu uma vasilha de leite feita de couro, deu-lhe de beber, e tornou a cobri-lo.

²⁰ E Sísera disse à mulher: "Fique à entrada da tenda. Se alguém passar e perguntar se há alguém aqui, responda que não".

²¹ Entretanto, Jael, mulher de Héber, apanhou uma estaca da tenda e um martelo e aproximou-se silenciosamente enquanto ele, exausto, dormia um sono profundo. E cravou-lhe a estaca na têmpora até penetrar o chão, e ele morreu.

²² Baraque passou à procura de Sísera, e Jael saiu ao seu encontro. "Venha", disse ela, "eu mostrarei a você o homem que você está procurando." E entrando ele na tenda, viu ali caído Sísera, morto, com a estaca atravessada nas têmporas.

²³ Naquele dia, Deus subjugou Jabim, o rei cananeu, perante os israelitas. ²⁴ E os israelitas atacaram cada vez mais a Jabim, o rei cananeu, até que eles o destruíram.

O Cântico de Débora

5 Naquele dia, Débora e Baraque, filho de Abinoão, entoaram este cântico:

² "Consagrem-se para a guerra
os chefes de Israel.
Voluntariamente o povo se apresenta.
Louvem o Senhor!

³ "Ouçam, ó reis!
Governantes, escutem!
Cantarei ao[b] Senhor, cantarei;
comporei músicas ao[c] Senhor,
o Deus de Israel.

⁴ "Ó Senhor, quando saíste de Seir,
quando marchaste
 desde os campos de Edom,
a terra estremeceu, os céus gotejaram,
as nuvens despejaram água!

---

[a] 4.9 Ou *saiba que, quanto à expedição que você está assumindo*

[b] 5.3 Ou *sobre o*

[c] 5.3 Ou *Com cânticos louvarei o*

⁵ Os montes tremeram
 perante o Senhor, o Deus do Sinai,
 perante o Senhor, o Deus de Israel.

⁶ "Nos dias de Sangar, filho de Anate,
 nos dias de Jael,
as estradas estavam desertas;
os que viajavam seguiam
 caminhos tortuosos.
⁷ Já tinham desistido
 os camponeses de Israel,ᵃ
já tinham desistido,
até que eu, Débora, me levantei;ᵇ
levantou-se uma mãe em Israel.
⁸ Quando escolheram novos deuses,
 a guerra chegou às portas,
e não se via um só escudo ou lança
 entre quarenta mil de Israel.
⁹ Meu coração está
 com os comandantes de Israel,
com os voluntários dentre o povo.
Louvem o Senhor!

¹⁰ "Vocês, que cavalgam
 em brancos jumentos,
que se assentam em ricos tapetes,
que caminham pela estrada, considerem!
¹¹ Mais alto que a voz
 dos que distribuem águaᶜ
 junto aos bebedouros,
recitem-se os justos feitos do Senhor,
os justos feitos
 em favor dos camponesesᵈ de Israel.

"Então o povo do Senhor
 desceu às portas.
¹² 'Desperte, Débora! Desperte!
Desperte, desperte, irrompa em
 cânticos!
Levante-se, Baraque!
Leve presos os seus prisioneiros,
 ó filho de Abinoão!'

¹³ "Então desceram os restantes
 e foram aos nobres;
o povo do Senhor
 veio a mim contra os poderosos.
¹⁴ Alguns vieram de Efraim,
 das raízes de Amaleque;

Benjamim estava com o povo
 que seguiu você.
De Maquir desceram comandantes;
de Zebulom, os que levam
 a vara de oficial.
¹⁵ Os líderes de Issacar
 estavam com Débora;
sim, Issacar também estava
 com Baraque,
apressando-se após ele até o vale.
Nas divisões de Rúben
 houve muita inquietação.
¹⁶ Por que vocês permaneceram
 entre as fogueirasᵉ
 a ouvir o balido dos rebanhos?
Nas divisões de Rúben
 houve muita indecisão.
¹⁷ Gileade permaneceu
 do outro lado do Jordão.
E Dã, por que se deteve
 junto aos navios?
Aser permaneceu no litoral
 e em suas enseadas ficou.
¹⁸ O povo de Zebulom arriscou a vida,
 como o fez Naftali
 nas altas regiões do campo.

¹⁹ "Vieram reis e lutaram.
Os reis de Canaã lutaram
 em Taanaque, junto às águas de Megido,
mas não levaram prata alguma,
 despojo algum.
²⁰ Desde o céu lutaram as estrelas,
desde as suas órbitas
 lutaram contra Sísera.
²¹ O rio Quisom os levou,
 o antigo rio, o rio Quisom.
Avante, minh'alma! Seja forte!
²² Os cascos dos cavalos
 faziam tremer o chão;
galopavam,
 galopavam os seus poderosos cavalos.
²³ 'Amaldiçoem Meroz',
 disse o anjo do Senhor.
'Amaldiçoem o seu povo,
pois não vieram ajudar o Senhor,
ajudar o Senhor contra os poderosos.'

²⁴ "Que Jael seja
 a mais bendita das mulheres,
Jael, mulher de Héber, o queneu!

ᵃ **5.7** Ou *Desapareceram os guerreiros em Israel*.
ᵇ **5.7** Ou *até que você, Débora, se levantou*;
ᶜ **5.11** Ou *dos flecheiros*
ᵈ **5.11** Ou *guerreiros*
ᵉ **5.16** Ou *os alforjes*

Seja ela bendita entre as mulheres
   que habitam em tendas!
²⁵ Ele pediu água, e ela lhe deu leite;
   numa tigela digna de príncipes
   trouxe-lhe coalhada.
²⁶ Ela estendeu a mão e apanhou
   a estaca da tenda;
e com a mão direita
   o martelo do trabalhador.
Golpeou Sísera, esmigalhou sua cabeça,
   esmagou e traspassou suas têmporas.
²⁷ Aos seus pés ele se curvou,
   caiu e ali ficou prostrado.
Aos seus pés ele se curvou e caiu;
   onde caiu, ali ficou. Morto!

²⁸ "Pela janela olhava a mãe de Sísera;
   atrás da grade ela exclamava:
'Por que o seu carro
   se demora tanto?
Por que custa a chegar
   o ruído de seus carros?'
²⁹ As mais sábias de suas damas
   respondiam,
e ela continuava falando consigo mesma:
³⁰ 'Estarão achando e repartindo
   os despojos?
Uma ou duas moças
   para cada homem,
roupas coloridas
   como despojo para Sísera,
roupas coloridas e bordadas,
   tecidos bordados
   para o meu pescoço,
tudo isso como despojo?'

³¹ "Assim pereçam
   todos os teus inimigos, ó Senhor!
Mas os que te amam sejam como o sol
   quando se levanta na sua força".

E a terra teve paz durante quarenta anos.

Gideão

6 De novo os israelitas fizeram o que o Senhor reprova, e durante sete anos ele os entregou nas mãos dos midianitas. ² Os midianitas dominaram Israel; por isso os israelitas fizeram para si esconderijos nas montanhas, nas cavernas e nas fortalezas. ³ Sempre que os israelitas faziam as suas plantações, os midianitas, os amalequitas e outros povos da região a leste deles as invadiam. ⁴ Acampavam na terra e destruíam as plantações ao longo de todo o caminho, até Gaza, e não deixavam nada vivo em Israel, nem ovelhas nem gado nem jumentos. ⁵ Eles subiam trazendo os seus animais e suas tendas, e vinham como enxames de gafanhotos; era impossível contar os homens e os seus camelos. Invadiam a terra para devastá-la. ⁶ Por causa de Midiã, Israel empobreceu tanto que os israelitas clamaram por socorro ao Senhor.

⁷ Quando os israelitas clamaram ao Senhor por causa de Midiã, ⁸ ele lhes enviou um profeta, que disse: "Assim diz o Senhor, o Deus de Israel: 'Tirei vocês do Egito, da terra da escravidão. ⁹ Eu os livrei do poder do Egito e das mãos de todos os seus opressores. Expulsei-os e dei a vocês a terra deles. ¹⁰ E também disse a vocês: Eu sou o Senhor, o seu Deus; não adorem os deuses dos amorreus, em cuja terra vivem, mas vocês não me deram ouvidos' ".

¹¹ Então o Anjo do Senhor veio e sentou-se sob a grande árvore de Ofra, que pertencia ao abiezrita Joás. Gideão, filho de Joás, estava malhando o trigo num tanque de prensar uvas, para escondê-lo dos midianitas. ¹² Então o Anjo do Senhor apareceu a Gideão e lhe disse: "O Senhor está com você, poderoso guerreiro".

¹³ "Ah, Senhor", Gideão respondeu, "se o Senhor está conosco, por que aconteceu tudo isso? Onde estão todas as suas maravilhas que os nossos pais nos contam quando dizem: 'Não foi o Senhor que nos tirou do Egito?' Mas agora o Senhor nos abandonou e nos entregou nas mãos de Midiã".

¹⁴ O Senhor se voltou para ele e disse: "Com a força que você tem, vá libertar Israel das mãos de Midiã. Não sou eu quem o está enviando?"

¹⁵ "Ah, Senhor*ᵃ*", respondeu Gideão, "como posso libertar Israel? Meu clã é o menos importante de Manassés, e eu sou o menor da minha família".

¹⁶ "Eu estarei com você", respondeu o Senhor, "e você derrotará todos os midianitas como se fossem um só homem".

¹⁷ E Gideão prosseguiu: "Se de fato posso contar com o teu favor, dá-me um sinal de que és tu que estás falando comigo. ¹⁸ Peço-te que não vás embora até que eu volte e traga minha oferta e a coloque diante de ti".

E o Senhor respondeu: "Esperarei até você voltar".

ᵃ **6.15** Ou *senhor*

¹⁹ Gideão foi para casa, preparou um cabrito e com uma arroba*ª* de farinha fez pães sem fermento. Pôs a carne num cesto e o caldo numa panela, trouxe-os para fora e ofereceu-os a ele sob a grande árvore. ²⁰ E o Anjo de Deus lhe disse: "Apanhe a carne e os pães sem fermento, ponha-os sobre esta rocha e derrame o caldo". Gideão assim o fez. ²¹ Com a ponta do cajado que estava em sua mão, o Anjo do Senhor tocou a carne e os pães sem fermento. Fogo subiu da rocha, consumindo a carne e os pães. E o Anjo do Senhor desapareceu. ²² Quando Gideão viu que era o Anjo do Senhor, exclamou: "Ah, Senhor Soberano! Vi o Anjo do Senhor face a face!"

²³ Disse-lhe, porém, o Senhor: "Paz seja com você! Não tenha medo. Você não morrerá".

²⁴ Gideão construiu ali um altar em honra ao Senhor e lhe deu este nome: O Senhor é Paz. Até hoje o altar está em Ofra dos abiezritas.

²⁵ Naquela mesma noite, o Senhor lhe disse: "Separe o segundo novilho*ᵇ* do rebanho de seu pai, aquele de sete anos de idade. Despedace o altar de Baal, que pertence a seu pai, e corte o poste sagrado de Aserá que está ao lado do altar. ²⁶ Depois faça um altar para o Senhor, o seu Deus, no topo desta elevação. Ofereça o segundo novilho em holocausto*ᶜ* com a madeira do poste sagrado que você irá cortar".

²⁷ Assim Gideão chamou dez dos seus servos e fez como o Senhor lhe ordenara. Mas, com medo da sua família e dos homens da cidade, fez tudo de noite, e não durante o dia.

²⁸ De manhã, quando os homens da cidade se levantaram, lá estava demolido o altar de Baal, com o poste sagrado ao seu lado, cortado, e com o segundo novilho sacrificado no altar recém-construído!

²⁹ Perguntaram uns aos outros: "Quem fez isso?"

Depois de investigar, concluíram: "Foi Gideão, filho de Joás".

³⁰ Os homens da cidade disseram a Joás: "Traga seu filho para fora. Ele deve morrer, pois derrubou o altar de Baal e quebrou o poste sagrado que ficava ao seu lado".

³¹ Joás, porém, respondeu à multidão hostil que o cercava: "Vocês vão defender a causa de Baal? Estão tentando salvá-lo? Quem lutar por ele será morto pela manhã! Se Baal fosse realmente um deus, poderia defender-se quando derrubaram o seu altar". ³² Por isso naquele dia chamaram Gideão de "Jerubaal", dizendo: "Que Baal dispute com ele, pois derrubou o seu altar".

³³ Nesse meio tempo, todos os midianitas, amalequitas e outros povos que vinham do leste uniram os seus exércitos, atravessaram o Jordão e acamparam no vale de Jezreel. ³⁴ Então o Espírito do Senhor apoderou-se de Gideão, e ele, com toque de trombeta, convocou os abiezritas para segui-lo. ³⁵ Enviou mensageiros a todo o Manassés, chamando-o às armas, e também a Aser, a Zebulom e a Naftali, que também subiram ao seu encontro.

³⁶ E Gideão disse a Deus: "Quero saber se vais libertar Israel por meu intermédio, como prometeste. ³⁷ Vê, colocarei uma porção de lã na eira. Se o orvalho molhar apenas a lã e todo o chão estiver seco, saberei que tu libertarás Israel por meu intermédio, como prometeste". ³⁸ E assim aconteceu. Gideão levantou-se bem cedo no dia seguinte, torceu a lã e encheu uma tigela de água do orvalho.

6.34 A tradução literal da primeira parte do versículo 34 é impressionante: "Então, o Espírito do Senhor revestiu Gideão como uma luva". Para cumprir a missão que Deus lhe havia dado, Gideão foi totalmente cheio do Espírito e guiado por ele, como a mão guia os movimentos por baixo de uma luva. Sem dúvida, no Antigo Testamento isso acontecia enquanto a pessoa cumpria a missão que lhe fora designada por Deus. No entanto, no Novo Testamento, o enfoque é que estejamos sempre cheios do Espírito Santo (Efésios 5.18). Além disso, Jesus disse aos discípulos que o Espírito, que habitava neles, estaria para sempre em cada um (João 14.17), promessa esta que tem sido cumprida desde o dia de Pentecoste — tanto com os primeiros discípulos quanto com quem lhe segue até o dia de hoje: " 'Pois a promessa é para vocês, para os seus filhos e para todos os que estão longe, para todos quantos o Senhor, o nosso Deus, chamar' " (Atos 2.39).

ª **6.19** Hebraico: *1 efa*. O efa era uma capacidade de medidas para secos. As estimativas variam entre 20 e 40 litros.
ᵇ **6.25** Ou *um touro bem crescido*; também nos versículos 26 e 28.
ᶜ **6.26** Isto é, sacrifício totalmente queimado; também em 11.31; 13.16, 23; 20.26 e 21.4.

³⁹ Disse ainda Gideão a Deus: "Não se acenda a tua ira contra mim. Deixa-me fazer só mais um pedido. Permite-me fazer mais um teste com a lã. Desta vez faze ficar seca a lã e o chão coberto de orvalho". ⁴⁰ E Deus assim fez naquela noite. Somente a lã estava seca; o chão estava todo coberto de orvalho.

A Vitória de Gideão sobre os Midianitas

7 De madrugada Jerubaal, isto é, Gideão, e todo o seu exército acampou junto à fonte de Harode. O acampamento de Midiã estava ao norte deles, no vale, perto do monte Moré. ² E o Senhor disse a Gideão: "Você tem gente demais, para eu entregar Midiã nas suas mãos. A fim de que Israel não se orgulhe contra mim, dizendo que a sua própria força o libertou, ³ anuncie, pois, ao povo que todo aquele que estiver tremendo de medo poderá ir embora do monte Gileade". Então vinte e dois mil homens partiram, e ficaram apenas dez mil.

⁴ Mas o Senhor tornou a dizer a Gideão: "Ainda há gente demais. Desça com eles à beira d'água, e eu separarei os que ficarão com você. Se eu disser: Este irá com você, ele irá; mas, se eu disser: Este não irá com você, ele não irá".

⁵ Assim Gideão levou os homens à beira d'água, e o Senhor lhe disse: "Separe os que beberem a água lambendo-a como faz o cachorro, daqueles que se ajoelharem para beber". ⁶ O número dos que lamberam a água levando-a com as mãos à boca foi de trezentos homens. Todos os demais se ajoelharam para beber.

⁷ O Senhor disse a Gideão: "Com os trezentos homens que lamberam a água livrarei vocês e entregarei os midianitas nas suas mãos. Mande para casa todos os outros homens". ⁸ Gideão mandou os israelitas para as suas tendas, mas reteve os trezentos. E estes ficaram com as provisões e as trombetas dos que partiram.

O acampamento de Midiã ficava abaixo deles, no vale. ⁹ Naquela noite, o Senhor disse a Gideão: "Levante-se e desça ao acampamento, pois vou entregá-lo nas suas mãos. ¹⁰ Se você está com medo de atacá-los, desça ao acampamento com o seu servo Pura ¹¹ e ouça o que estiverem dizendo. Depois disso você terá coragem para atacar". Então ele e o seu servo Pura desceram até os postos avançados do acampamento. ¹² Os midianitas, os amalequitas e todos os outros povos que vinham do leste haviam se instalado no vale; eram numerosos como nuvens de gafanhotos. Assim como não se pode contar a areia da praia, também não se podia contar os seus camelos.

¹³ Gideão chegou bem no momento em que um homem estava contando seu sonho a um amigo. "Tive um sonho", dizia ele. "Um pão de cevada vinha rolando dentro do acampamento midianita e atingiu a tenda com tanta força que ela tombou e se desmontou."

¹⁴ Seu amigo respondeu: "Não pode ser outra coisa senão a espada de Gideão, filho de Joás, o israelita. Deus entregou os midianitas e todo o acampamento nas mãos dele".

¹⁵ Quando Gideão ouviu o sonho e a sua interpretação, adorou a Deus. Voltou para o acampamento de Israel e gritou: "Levantem-se! O Senhor entregou o acampamento midianita nas mãos de vocês". ¹⁶ Dividiu os trezentos homens em três companhias e pôs nas mãos de todos eles trombetas e jarros vazios, com tochas dentro.

¹⁷ E ele lhes disse: "Observem-me. Façam o que eu fizer. Quando eu chegar à extremidade do acampamento, façam o que eu fizer. ¹⁸ Quando eu e todos os que estiverem comigo tocarmos as nossas trombetas ao redor do acampamento, toquem as suas, e gritem: Pelo Senhor e por Gideão!"

¹⁹ Gideão e os cem homens que o acompanhavam chegaram aos postos avançados do acampamento pouco depois da meia-noite[a], assim que foram trocadas as sentinelas. Então tocaram as suas trombetas e quebraram os jarros que tinham nas mãos; ²⁰ as três companhias tocaram as trombetas e despedaçaram os jarros. Empunhando as tochas com a mão esquerda e as trombetas com a direita, gritaram: "À espada, pelo Senhor e por Gideão!" ²¹ Cada homem mantinha a sua posição em torno do acampamento, e todos os midianitas fugiam correndo e gritando.

²² Quando as trezentas trombetas soaram, o Senhor fez que em todo o acampamento os homens se voltassem uns contra os outros com as suas espadas. Mas muitos fugiram para Bete-Sita, na direção de Zererá, até a fronteira de Abel-Meolá, perto de Tabate. ²³ Os israelitas de Naftali, de Aser e de todo o Manassés foram convocados, e perseguiram os midianitas. ²⁴ Gideão enviou mensageiros a todos os montes de Efraim, dizendo: "Desçam para

---

[a] 7.19 Hebraico: *no início da vigília da meia-noite*.

atacar os midianitas e cerquem as águas do Jordão à frente deles até Bete-Bara".

Foram, pois, convocados todos os homens de Efraim, e eles ocuparam as águas do Jordão até Bete-Bara. ²⁵ Eles prenderam dois líderes midianitas, Orebe e Zeebe. Mataram Orebe na rocha de Orebe e Zeebe no tanque de prensar uvas de Zeebe. E, depois de perseguir os midianitas, trouxeram a cabeça de Orebe e a de Zeebe a Gideão, que estava do outro lado do Jordão.

A Derrota de Zeba e Zalmuna

8 Os efraimitas perguntaram, então, a Gideão: "Por que você nos tratou dessa forma? Por que não nos chamou quando foi lutar contra Midiã?" E o criticaram duramente.

² Ele, porém, lhes respondeu: "Que é que eu fiz, em comparação com vocês? O resto das uvas de Efraim não são melhores do que toda a colheita de Abiezer? ³ Deus entregou os líderes midianitas Orebe e Zeebe nas mãos de vocês. O que pude fazer não se compara com o que vocês fizeram!" Diante disso, acalmou-se a indignação deles contra Gideão.

⁴ Gideão e seus trezentos homens, já exaustos, continuaram a perseguição, chegaram ao Jordão e o atravessaram. ⁵ Em Sucote, disse ele aos homens dali: "Peço a vocês um pouco de pão para as minhas tropas; os homens estão cansados, e eu ainda estou perseguindo os reis de Midiã, Zeba e Zalmuna".

⁶ Os líderes de Sucote, porém, disseram: "Ainda não estão em seu poder Zeba e Zalmuna? Por que deveríamos dar pão às suas tropas?"

⁷ "É assim?", replicou Gideão. "Quando o Senhor entregar Zeba e Zalmuna em minhas mãos, rasgarei a carne de vocês com espinhos e espinheiros do deserto."

⁸ Dali subiu a Peniel e fez o mesmo pedido aos homens de Peniel, mas eles responderam como os de Sucote. ⁹ Aos homens de Peniel ele disse: "Quando eu voltar triunfante, destruirei esta fortaleza".

¹⁰ Ora, Zeba e Zalmuna estavam em Carcor, e com eles cerca de quinze mil homens. Estes foram todos os que sobraram dos exércitos dos povos que vinham do leste, pois cento e vinte mil homens que portavam espada tinham sido mortos. ¹¹ Gideão subiu pela rota dos nômades, a leste de Noba e Jogbeá, e atacou de surpresa o exército. ¹² Zeba e Zalmuna, os dois reis de Midiã, fugiram, mas ele os perseguiu e os capturou, derrotando também o exército.

¹³ Depois Gideão, filho de Joás, voltou da batalha, pela subida de Heres. ¹⁴ Ele capturou um jovem de Sucote e o interrogou, e o jovem escreveu para Gideão os nomes dos setenta e sete líderes e autoridades da cidade. ¹⁵ Gideão foi então a Sucote e disse aos homens de lá: "Aqui estão Zeba e Zalmuna, acerca dos quais vocês zombaram de mim, dizendo: 'Ainda não estão em seu poder Zeba e Zalmuna? Por que deveríamos dar pão aos seus homens exaustos?'" ¹⁶ Gideão prendeu os líderes da cidade de Sucote, castigando-os com espinhos e espinheiros do deserto; ¹⁷ depois derrubou a fortaleza de Peniel e matou os homens daquela cidade.

¹⁸ Então perguntou a Zeba e a Zalmuna: "Como eram os homens que vocês mataram em Tabor?"

"Eram como você", responderam, "cada um tinha o porte de um príncipe."

¹⁹ Gideão prosseguiu: "Aqueles homens eram meus irmãos, filhos de minha própria mãe. Juro pelo nome do Senhor que, se vocês tivessem poupado a vida deles, eu não mataria vocês". ²⁰ E Gideão voltou-se para Jéter, seu filho mais velho, e lhe disse: "Mate-os!". Jéter, porém, teve medo e não desembainhou a espada, pois era muito jovem.

²¹ Mas Zeba e Zalmuna disseram: "Venha, mate-nos você mesmo. Isso exige coragem de homem". Então Gideão avançou e os matou, e tirou os enfeites do pescoço dos camelos deles.

O Manto Sacerdotal de Gideão

²² Os israelitas disseram a Gideão: "Reine sobre nós, você, seu filho e seu neto, pois você nos libertou das mãos de Midiã".

²³ "Não reinarei sobre vocês", respondeu-lhes Gideão, "nem meu filho reinará sobre vocês. O Senhor reinará sobre vocês." ²⁴ E prosseguiu: "Só faço a vocês um pedido: que cada um de vocês me dê um brinco da sua parte dos despojos". (Os ismaelitasª costumavam usar brincos de ouro.)

²⁵ Eles responderam: "De boa vontade os daremos a você!" Então estenderam uma capa, e cada homem jogou sobre ela um brinco tirado de seus despojos. ²⁶ O peso dos brincos de ouro chegou a vinte quilos e meioᵇ, sem contar os enfeites, os pendentes e as roupas de púrpura que os reis de Midiã usavam e os colares que estavam no pescoço de seus camelos. ²⁷ Gideão

ª **8.24** Os ismaelitas eram parentes dos midianitas.
ᵇ **8.26** Hebraico: *1.700 siclos*. Um siclo equivalia a 12 gramas.

usou o ouro para fazer um manto sacerdotal, que ele colocou em sua cidade, em Ofra. Todo o Israel prostituiu-se, fazendo dele objeto de adoração; e veio a ser uma armadilha para Gideão e sua família.

A Morte de Gideão

²⁸ Assim Midiã foi subjugado pelos israelitas, e não tornou a erguer a cabeça. Durante a vida de Gideão a terra desfrutou paz quarenta anos.

²⁹ Jerubaal, filho de Joás, retirou-se e foi para casa, onde ficou morando. ³⁰ Teve setenta filhos, todos gerados por ele, pois tinha muitas mulheres. ³¹ Sua concubina, que morava em Siquém, também lhe deu um filho, a quem ele deu o nome de Abimeleque. ³² Gideão, filho de Joás, morreu em idade avançada e foi sepultado no túmulo de seu pai, Joás, em Ofra dos abiezritas.

³³ Logo depois que Gideão morreu, os israelitas voltaram a prostituir-se com os baalins, cultuando-os. Ergueram Baal-Berite como seu deus e ³⁴ não se lembraram do SENHOR, o seu Deus, que os tinha livrado das mãos dos seus inimigos em redor. ³⁵ Também não foram bondosos com a família de Jerubaal, isto é, Gideão, pois não reconheceram todo o bem que ele tinha feito a Israel.

Abimeleque

9 Abimeleque, filho de Jerubaal, foi aos irmãos de sua mãe em Siquém e disse a eles e a todo o clã da família de sua mãe: ² "Perguntem a todos os cidadãos de Siquém o que é melhor para eles, ter todos os setenta filhos de Jerubaal governando sobre eles, ou somente um homem? Lembrem-se de que eu sou sangue do seu sangue*ᵃ*".

³ Os irmãos de sua mãe repetiram tudo aos cidadãos de Siquém, e estes se mostraram propensos a seguir Abimeleque, pois disseram: "Ele é nosso irmão". ⁴ Deram-lhe setenta peças*ᵇ* de prata tiradas do templo de Baal-Berite, as quais Abimeleque usou para contratar alguns desocupados e vadios, que se tornaram seus seguidores. ⁵ Foi à casa de seu pai em Ofra e matou seus setenta irmãos, filhos de Jerubaal, sobre uma rocha. Mas Jotão, o filho mais novo de Jerubaal, escondeu-se e escapou. ⁶ Então todos os cidadãos de Siquém e de Bete-Milo reuniram-se ao lado do Carvalho, junto à coluna de Siquém, para coroar Abimeleque rei.

ᵃ 9.2 Hebraico: *osso e carne de vocês*.
ᵇ 9.4 Hebraico: *siclos*. Um siclo equivalia a 12 gramas.

⁷ Quando Jotão soube disso, subiu ao topo do monte Gerizim e gritou para eles: "Ouçam-me, cidadãos de Siquém, para que Deus os ouça. ⁸ Certo dia as árvores saíram para ungir um rei para si. Disseram à oliveira: 'Seja o nosso rei!' ⁹ "A oliveira, porém, respondeu: 'Deveria eu renunciar ao meu azeite, com o qual se presta honra aos deuses e aos homens, para dominar sobre as árvores?'

¹⁰ "Então as árvores disseram à figueira: 'Venha ser o nosso rei!'

¹¹ "A figueira, porém, respondeu: 'Deveria eu renunciar ao meu fruto saboroso e doce, para dominar sobre as árvores?'

¹² "Depois as árvores disseram à videira: 'Venha ser o nosso rei!'

¹³ "A videira, porém, respondeu: 'Deveria eu renunciar ao meu vinho, que alegra os deuses e os homens, para ter domínio sobre as árvores?'

¹⁴ "Finalmente todas as árvores disseram ao espinheiro: 'Venha ser o nosso rei!'

¹⁵ "O espinheiro disse às árvores: 'Se querem realmente ungir-me rei sobre vocês, venham abrigar-se à minha sombra; do contrário, sairá fogo do espinheiro e consumirá até os cedros do Líbano!'

¹⁶ "Será que vocês agiram de fato com sinceridade quando fizeram Abimeleque rei? Foram justos com Jerubaal e sua família, como ele merecia? ¹⁷ Meu pai lutou por vocês e arriscou a vida para livrá-los das mãos de Midiã. ¹⁸ Hoje, porém, vocês se revoltaram contra a família de meu pai, mataram seus setenta filhos sobre a mesma rocha e proclamaram Abimeleque, o filho de sua escrava, rei sobre os cidadãos de Siquém pelo fato de ser irmão de vocês. ¹⁹ Se hoje vocês de fato agiram com sinceridade para com Jerubaal e sua família, alegrem-se com Abimeleque, e alegre-se ele com vocês! ²⁰ Entretanto, se não foi assim, que saia fogo de Abimeleque e consuma os cidadãos de Siquém e de Bete-Milo, e que saia fogo dos cidadãos de Siquém e de Bete-Milo, e consuma Abimeleque!"

²¹ Depois Jotão fugiu para Beer, onde ficou morando, longe de seu irmão Abimeleque.

²² Fazia três anos que Abimeleque governava Israel, ²³ quando Deus enviou um espírito maligno entre Abimeleque e os cidadãos de Siquém, e estes agiram traiçoeiramente contra Abimeleque. ²⁴ Isso aconteceu para que o crime contra os setenta filhos de Jerubaal, o derramamento do sangue deles, fosse vingado em seu irmão Abimeleque e nos cidadãos de

Siquém que o ajudaram a assassinar os seus irmãos. ²⁵ Os cidadãos de Siquém enviaram homens para o alto das colinas para emboscarem os que passassem por ali, e Abimeleque foi informado disso.

²⁶ Nesse meio tempo, Gaal, filho de Ebede, mudou-se com seus parentes para Siquém, cujos cidadãos confiavam nele. ²⁷ Sucedeu que foram ao campo, colheram uvas, pisaram-nas e fizeram uma festa no templo do seu deus. Comendo e bebendo, amaldiçoaram Abimeleque. ²⁸ Então Gaal, filho de Ebede, disse: "Quem é Abimeleque para que o sirvamos? E quem é Siquém? Não é ele o filho de Jerubaal, e não é Zebul o seu representante? Sirvam aos homens de Hamor, o pai de Siquém! Por que servir a Abimeleque? ²⁹ Ah! Se eu tivesse esse povo sob o meu comando! Eu me livraria de Abimeleque e lhe diria: Mobilize o seu exército e venha!*ᵃ"

³⁰ Quando Zebul, o governante da cidade, ouviu o que dizia Gaal, filho de Ebede, ficou indignado. ³¹ Secretamente enviou mensageiros a Abimeleque dizendo: "Gaal, filho de Ebede, e seus parentes vieram a Siquém e estão agitando a cidade contra você. ³² Venha de noite, você e seus homens, e fiquem à espera no campo. ³³ De manhã, ao nascer do sol, avance contra a cidade. Quando Gaal e sua tropa atacarem, faça com eles o que achar melhor".

³⁴ E assim Abimeleque e todas as suas tropas partiram de noite e prepararam emboscadas perto de Siquém, em quatro companhias. ³⁵ Ora, Gaal, filho de Ebede, tinha saído e estava à porta da cidade quando Abimeleque e seus homens saíram da sua emboscada.

³⁶ Quando Gaal os viu, disse a Zebul: "Veja, vem gente descendo do alto das colinas!"

Zebul, porém, respondeu: "Você está confundindo as sombras dos montes com homens".

³⁷ Mas Gaal tornou a falar: "Veja, vem gente descendo da parte central do território*ᵇ*, e uma companhia está vindo pelo caminho do carvalho dos Adivinhadores".

³⁸ Disse-lhe Zebul: "Onde está toda aquela sua conversa? Você dizia: 'Quem é Abimeleque, para que o sirvamos?' Não são estes os homens que você ridicularizou? Saia e lute contra eles!"

³⁹ Então Gaal conduziu para fora os*ᶜ* cidadãos de Siquém e lutou contra Abimeleque.

⁴⁰ Abimeleque o perseguiu, e ele fugiu. Muitos dos homens de Siquém caíram mortos ao longo de todo o caminho, até a porta da cidade. ⁴¹ Abimeleque permaneceu em Arumá, e Zebul expulsou Gaal e os seus parentes de Siquém.

⁴² No dia seguinte, o povo de Siquém saiu aos campos, e Abimeleque ficou sabendo disso. ⁴³ Então dividiu os seus homens em três companhias e armou emboscadas no campo. Quando viu o povo saindo da cidade, levantou-se contra ele e atacou-o. ⁴⁴ Abimeleque e as tropas que estavam com ele avançaram até a porta da cidade. Então duas companhias avançaram sobre os que estavam nos campos e os mataram. ⁴⁵ E Abimeleque atacou a cidade o dia todo, até conquistá-la e matar o seu povo. Depois destruiu a cidade e espalhou sal sobre ela.

⁴⁶ Ao saberem disso, os cidadãos que estavam na torre de Siquém entraram na fortaleza do templo de El-Berite. ⁴⁷ Quando Abimeleque soube que se haviam reunido lá, ⁴⁸ ele e todos os seus homens subiram o monte Zalmom. Ele apanhou um machado, cortou um galho de árvore e o pôs nos ombros. Então deu esta ordem aos homens que estavam com ele: "Rápido! Façam o que eu estou fazendo!" ⁴⁹ Todos os homens cortaram galhos e seguiram Abimeleque. Empilharam os galhos junto à fortaleza e a incendiaram. Assim morreu também o povo que estava na torre de Siquém, cerca de mil homens e mulheres.

⁵⁰ A seguir, Abimeleque foi a Tebes, sitiou-a e conquistou-a. ⁵¹ Mas dentro da cidade havia uma torre bastante forte, para a qual fugiram todos os homens e mulheres, todo o povo da cidade. Trancaram-se por dentro e subiram para o telhado da torre. ⁵² Abimeleque foi para a torre e atacou-a. E, quando se aproximava da entrada da torre para incendiá-la, ⁵³ uma mulher jogou uma pedra de moinho na cabeça dele, e lhe rachou o crânio.

⁵⁴ Imediatamente ele chamou seu escudeiro e lhe ordenou: "Tire a espada e mate-me, para que não digam que uma mulher me matou". Então o jovem o atravessou, e ele morreu. ⁵⁵ Quando os israelitas viram que Abimeleque estava morto, voltaram para casa.

⁵⁶ Assim Deus retribuiu a maldade que Abimeleque praticara contra o seu pai, matando os seus setenta irmãos. ⁵⁷ Deus fez também os homens de Siquém pagarem por toda a sua maldade. A maldição de Jotão, filho de Jerubaal, caiu sobre eles.

ᵃ **9.29** Conforme a Septuaginta. O Texto Massorético diz *E ele disse a Abimeleque: Convoque todo o seu exército!*
ᵇ **9.37** Hebraico: *do Umbigo da Terra.*
ᶜ **9.39** Ou *Gaal saiu à vista dos*

Tolá

10 Depois de Abimeleque, um homem de Issacar chamado Tolá, filho de Puá, filho de Dodô, levantou-se para libertar Israel. Ele morava em Samir, nos montes de Efraim, ² e liderou Israel durante vinte e três anos; então morreu e foi sepultado em Samir.

Jair

³ Depois dele veio Jair, de Gileade, que liderou Israel durante vinte e dois anos. ⁴ Teve trinta filhos, que montavam trinta jumentos. Eles tinham autoridade sobre trinta cidades, as quais até hoje são chamadas "povoados de Jair" e ficam em Gileade. ⁵ Quando Jair morreu, foi sepultado em Camom.

Jefté

⁶ Mais uma vez os israelitas fizeram o que o Senhor reprova. Serviram aos baalins, às imagens de Astarote, aos deuses de Arã, aos deuses de Sidom, aos deuses de Moabe, aos deuses dos amonitas e aos deuses dos filisteus. E como os israelitas abandonaram o Senhor e não mais lhe prestaram culto, ⁷ a ira do Senhor se acendeu contra eles. Ele os entregou nas mãos dos filisteus e dos amonitas, ⁸ que naquele ano os humilharam e os oprimiram. Durante dezoito anos oprimiram todos os israelitas do lado leste do Jordão, em Gileade, terra dos amorreus. ⁹ Os amonitas também atravessaram o Jordão para lutar contra Judá, contra Benjamim e contra a tribo de Efraim; e grande angústia dominou Israel. ¹⁰ Então os israelitas clamaram ao Senhor, dizendo: "Temos pecado contra ti, pois abandonamos o nosso Deus e prestamos culto aos baalins!"

¹¹ O Senhor respondeu: "Quando os egípcios, os amorreus, os amonitas, os filisteus, ¹² os sidônios, os amalequitas e os maonitas[a] os oprimiram, e vocês clamaram a mim, eu os libertei das mãos deles. ¹³ Mas vocês me abandonaram e prestaram culto a outros deuses. Por isso não os livrarei mais. ¹⁴ Clamem aos deuses que vocês escolheram. Que eles os livrem na hora do aperto!"

¹⁵ Os israelitas, porém, disseram ao Senhor: "Nós pecamos. Faze conosco o que achares melhor, mas te rogamos, livra-nos agora". ¹⁶ Então eles se desfizeram dos deuses estrangeiros que havia no meio deles e prestaram culto ao Senhor. E ele não pôde mais suportar o sofrimento de Israel.

¹⁷ Quando os amonitas foram convocados e acamparam em Gileade, os israelitas reuniram-se e acamparam em Mispá. ¹⁸ Os líderes do povo de Gileade disseram uns aos outros: "Quem iniciar o ataque contra os amonitas será chefe dos que vivem em Gileade".

11 Jefté, o gileadita, era um guerreiro valente. Sua mãe era uma prostituta; seu pai chamava-se Gileade. ² A mulher de Gileade também lhe deu filhos, que, quando já estavam grandes, expulsaram Jefté, dizendo: "Você não vai receber nenhuma herança de nossa família, pois é filho de outra mulher". ³ Então Jefté fugiu dos seus irmãos e se estabeleceu em Tobe. Ali um bando de vadios uniu-se a ele e o seguia.

⁴ Algum tempo depois, quando os amonitas entraram em guerra contra Israel, ⁵ os líderes de Gileade foram buscar Jefté em Tobe. ⁶ "Venha", disseram. "Seja nosso comandante, para que possamos combater os amonitas."

⁷ Disse-lhes Jefté: "Vocês não me odiavam e não me expulsaram da casa de meu pai? Por que me procuram agora, quando estão em dificuldades?"

⁸ "Apesar disso, agora estamos apelando para você", responderam os líderes de Gileade. "Venha conosco combater os amonitas, e você será o chefe de todos os que vivem em Gileade."

⁹ Jefté respondeu: "Se vocês me levarem de volta para combater os amonitas e o Senhor os entregar a mim, serei o chefe de vocês?"

¹⁰ Os líderes de Gileade responderam: "O Senhor é nossa testemunha; faremos conforme você diz". ¹¹ Assim Jefté foi com os líderes de Gileade, e o povo o fez chefe e comandante sobre todos. E ele repetiu perante o Senhor, em Mispá, todas as palavras que tinha dito.

¹² Jefté enviou mensageiros ao rei amonita com a seguinte pergunta: "Que é que tens contra nós, para teres atacado a nossa terra?"

¹³ O rei dos amonitas respondeu aos mensageiros de Jefté: "Quando Israel veio do Egito tomou as minhas terras, desde o Arnom até o Jaboque e até o Jordão. Agora, devolvam-me essas terras pacificamente".

¹⁴ Jefté mandou de novo mensageiros ao rei amonita, ¹⁵ dizendo:

"Assim diz Jefté: Israel não tomou a terra de Moabe, e tampouco a terra dos amonitas.

---

[a] 10.12 Alguns manuscritos da Septuaginta dizem *midianitas*.

¹⁶ Quando veio do Egito, Israel foi pelo deserto até o mar Vermelho e daí para Cades. ¹⁷ Então Israel enviou mensageiros ao rei de Edom, dizendo: 'Deixa-nos atravessar a tua terra', mas o rei de Edom não quis ouvi-lo. Enviou o mesmo pedido ao rei de Moabe, e ele também não consentiu. Assim Israel permaneceu em Cades.

¹⁸ "Em seguida, os israelitas viajaram pelo deserto e contornaram Edom e Moabe; passaram a leste de Moabe e acamparam do outro lado do Arnom. Não entraram no território de Moabe, pois o Arnom era a sua fronteira.

¹⁹ "Depois Israel enviou mensageiros a Seom, rei dos amorreus, em Hesbom, e lhe pediu: 'Deixa-nos atravessar a tua terra para irmos ao lugar que nos pertence!' ²⁰ Seom, porém, não acreditou que Israel fosse apenas[a] atravessar o seu território; assim convocou todos os seus homens, acampou em Jaza e lutou contra Israel.

²¹ "Então o Senhor, o Deus de Israel, entregou Seom e todos os seus homens nas mãos de Israel, e este os derrotou. Israel tomou posse de todas as terras dos amorreus que viviam naquela região, ²² conquistando-a por inteiro, desde o Arnom até o Jaboque, e desde o deserto até o Jordão.

²³ "Agora que o Senhor, o Deus de Israel, expulsou os amorreus da presença de Israel, seu povo, queres tu tomá-la? ²⁴ Acaso não tomas posse daquilo que o teu deus Camos te dá? Da mesma forma tomaremos posse do que o Senhor, o nosso Deus, nos deu. ²⁵ És tu melhor do que Balaque, filho de Zipor, rei de Moabe? Entrou ele alguma vez em conflito com Israel ou lutou com ele? ²⁶ Durante trezentos anos Israel ocupou Hesbom, Aroer, os povoados ao redor e todas as cidades às margens do Arnom. Por que não os reconquistaste todo esse tempo? ²⁷ Nada fiz contra ti, mas tu estás cometendo um erro, lutando contra mim. Que o Senhor, o Juiz, julgue hoje a disputa entre os israelitas e os amonitas."

²⁸ Entretanto, o rei de Amom não deu atenção à mensagem de Jefté.

²⁹ Então o Espírito do Senhor se apossou de Jefté. Este atravessou Gileade e Manassés, passou por Mispá de Gileade, e daí avançou contra os amonitas. ³⁰ E Jefté fez este voto ao Senhor: "Se entregares os amonitas nas minhas mãos, ³¹ aquele que estiver saindo da porta da minha casa ao meu encontro, quando eu retornar da vitória sobre os amonitas, será do Senhor, e eu o oferecerei em holocausto".

³² Então Jefté foi combater os amonitas, e o Senhor os entregou nas suas mãos. ³³ Ele conquistou vinte cidades, desde Aroer até as vizinhanças de Minite, chegando a Abel-Queramim. Assim os amonitas foram subjugados pelos israelitas.

³⁴ Quando Jefté chegou à sua casa em Mispá, sua filha saiu ao seu encontro, dançando ao som de tamborins. E ela era filha única. Ele não tinha outro filho ou filha. ³⁵ Quando a viu, rasgou suas vestes e gritou: "Ah, minha filha! Estou angustiado e desesperado por sua causa, pois fiz ao Senhor um voto que não posso quebrar".

³⁶ "Meu pai", respondeu ela, "sua palavra foi dada ao Senhor. Faça comigo o que prometeu, agora que o Senhor o vingou dos seus inimigos, os amonitas." ³⁷ E prosseguiu: "Mas conceda-me dois meses para vagar pelas colinas e chorar com as minhas amigas, porque jamais me casarei".

³⁸ "Vá!", disse ele. E deixou que ela fosse por dois meses. Ela e suas amigas foram para as colinas e choraram porque ela jamais se casaria. ³⁹ Passados os dois meses, ela voltou a seu pai, e ele fez com ela o que tinha prometido no voto. Assim, ela nunca deixou de ser virgem.

Daí vem o costume em Israel ⁴⁰ de saírem as moças durante quatro dias, todos os anos, para celebrar a memória da filha de Jefté, o gileadita.

O Conflito de Jefté contra Efraim

12 Os homens de Efraim foram convocados para a batalha; dirigiram-se para Zafom e disseram a Jefté: "Por que você foi lutar contra os amonitas sem nos chamar para irmos juntos? Vamos queimar a sua casa e você junto!"

² Jefté respondeu: "Eu e meu povo estávamos envolvidos numa grande contenda com os amonitas, e, embora eu os tenha chamado, vocês não me livraram das mãos deles. ³ Quando vi que vocês não ajudariam, arrisquei a vida e fui lutar contra os amonitas, e o Senhor me deu a vitória sobre eles. E, por que vocês vieram para cá hoje? Para lutar contra mim?"

⁴ Jefté reuniu então todos os homens de Gileade e lutou contra Efraim. Os gileaditas feriram os efraimitas porque estes tinham dito: "Vocês, gileaditas, são desertores de Efraim e de Manassés". ⁵ Os gileaditas tomaram as passagens do Jordão que conduziam a Efraim. Sempre que um fugitivo de Efraim dizia: "Deixem-me atravessar", os homens de Gileade perguntavam:

---
[a] 11.20 Ou *porém, não quis fazer acordo com Israel, permitindo-lhe*

"Você é efraimita?" Se respondesse que não, ⁶diziam: "Então diga: Chibolete". Se ele dissesse: "Sibolete", sem conseguir pronunciar corretamente a palavra, prendiam-no e matavam-no no lugar de passagem do Jordão. Quarenta e dois mil efraimitas foram mortos naquela ocasião.

⁷ Jefté liderou Israel durante seis anos. Então o gileadita Jefté morreu e foi sepultado numa cidade de Gileade.

Ibsã, Elom e Abdom

⁸ Depois de Jefté, Ibsã, de Belém, liderou Israel. ⁹ Teve trinta filhos e trinta filhas. Deu suas filhas em casamento a homens de fora do seu clã e trouxe para os seus filhos trinta mulheres de fora do seu clã. Ibsã liderou Israel durante sete anos. ¹⁰ Então Ibsã morreu e foi sepultado em Belém.

¹¹ Depois dele, Elom, da tribo de Zebulom, liderou Israel durante dez anos. ¹² Elom morreu e foi sepultado em Aijalom, na terra de Zebulom.

¹³ Depois dele, Abdom, filho de Hilel, de Piratom, liderou Israel. ¹⁴ Teve quarenta filhos e trinta netos, que montavam setenta jumentos. Abdom liderou Israel durante oito anos. ¹⁵ Então Abdom, filho de Hilel, morreu e foi sepultado em Piratom, na terra de Efraim, na serra dos amalequitas.

O Nascimento de Sansão

13 Os israelitas voltaram a fazer o que o Senhor reprova, e por isso o Senhor os entregou nas mãos dos filisteus durante quarenta anos.

² Certo homem de Zorá, chamado Manoá, do clã da tribo de Dã, tinha mulher estéril. ³ Certo dia o Anjo do Senhor apareceu a ela e lhe disse: "Você é estéril, não tem filhos, mas engravidará e dará à luz um filho. ⁴ Todavia, tenha cuidado, não beba vinho nem outra bebida fermentada e não coma nada impuro; ⁵ e não se passará navalha na cabeça do filho que você vai ter, porque o menino será nazireu, consagrado a Deus desde o nascimento; ele iniciará a libertação de Israel das mãos dos filisteus".

⁶ Então a mulher foi contar tudo ao seu marido: "Um homem de Deus veio falar comigo. Era como um anjo de Deus, de aparência impressionante. Não lhe perguntei de onde tinha vindo, e ele não me disse o seu nome, ⁷ mas ele me assegurou: 'Você engravidará e dará à luz um filho. Todavia, não beba vinho nem outra bebida fermentada, e não coma nada impuro, porque o menino será nazireu, consagrado a Deus, desde o nascimento até o dia da sua morte' ".

⁸ Então Manoá orou ao Senhor: "Senhor, eu te imploro que o homem de Deus que enviaste volte para nos instruir sobre o que fazer com o menino que vai nascer".

⁹ Deus ouviu a oração de Manoá, e o Anjo de Deus veio novamente falar com a mulher quando ela estava sentada no campo; Manoá, seu marido, não estava com ela. ¹⁰ Mas ela foi correndo contar ao marido: "O homem que me apareceu outro dia está aqui!"

¹¹ Manoá levantou-se e seguiu a mulher. Quando se aproximou do homem, perguntou: "Foste tu que falaste com a minha mulher?"

"Sim", disse ele.

¹² "Quando as tuas palavras se cumprirem", Manoá perguntou, "como devemos criar o menino? O que ele deverá fazer?"

¹³ O Anjo do Senhor respondeu: "Sua mulher terá que seguir tudo o que eu ordenei a você. ¹⁴ Ela não poderá comer nenhum produto da videira, nem vinho ou bebida fermentada, nem comer nada impuro. Terá que obedecer a tudo o que ordenei a você".

¹⁵ Manoá disse ao Anjo do Senhor: "Gostaríamos que ficasses conosco; queremos oferecer-te um cabrito".

¹⁶ O Anjo do Senhor respondeu: "Se eu ficar, não comerei nada. Mas, se você preparar um holocausto, ofereça-o ao Senhor". Manoá não sabia que ele era o Anjo do Senhor.

¹⁷ Então Manoá perguntou ao Anjo do Senhor: "Qual é o teu nome, para que te prestemos homenagem quando se cumprir a tua palavra?"

¹⁸ Ele respondeu: "Por que pergunta o meu nome? Meu nome está além do entendimento[a]".

¹⁹ Então Manoá apanhou um cabrito e a oferta de cereal e os ofereceu ao Senhor sobre uma rocha. E o Senhor fez algo estranho enquanto Manoá e sua mulher observavam: ²⁰ quando a chama do altar subiu ao céu, o Anjo do Senhor subiu na chama. Vendo isso, Manoá e sua mulher prostraram-se com o rosto em terra. ²¹ Como o Anjo do Senhor não voltou a manifestar-se a Manoá e à sua mulher, Manoá percebeu que era o Anjo do Senhor.

²² "Sem dúvida vamos morrer!" disse ele à mulher, "pois vimos a Deus!"

---

[a] **13.18** Ou *nome é maravilhoso*

²³ Mas a mulher respondeu: "Se o Senhor tivesse a intenção de nos matar, não teria aceitado o holocausto e a oferta de cereal das nossas mãos, não nos teria mostrado todas essas coisas e não nos teria revelado o que agora nos revelou".

²⁴ A mulher deu à luz um menino e pôs-lhe o nome de Sansão. Ele cresceu, e o Senhor o abençoou, ²⁵ e o Espírito do Senhor começou a agir nele quando ele se achava em Maané-Dã, entre Zorá e Estaol.

O Casamento de Sansão

14 Sansão desceu a Timna e viu ali uma mulher do povo filisteu. ² Quando voltou para casa, disse a seu pai e a sua mãe: "Vi uma mulher filisteia em Timna; consigam essa mulher para ser minha esposa".

³ Seu pai e sua mãe lhe perguntaram: "Será que não há mulher entre os seus parentes ou entre todo o seu povo? Você tem que ir aos filisteus incircuncisos para conseguir esposa?"

Sansão, porém, disse ao pai: "Consiga-a para mim. É ela que me agrada". ⁴ Seus pais não sabiam que isso vinha do Senhor, que buscava ocasião contra os filisteus; pois naquela época eles dominavam Israel. ⁵ Sansão foi para Timna com seu pai e sua mãe. Quando se aproximavam das vinhas de Timna, de repente um leão forte veio rugindo na direção dele. ⁶ O Espírito do Senhor apossou-se de Sansão, e ele, sem nada nas mãos, rasgou o leão como se fosse um cabrito. Mas não contou nem ao pai nem à mãe o que fizera. ⁷ Então foi conversar com a mulher de quem gostava.

⁸ Algum tempo depois, quando voltou para casar-se com ela, Sansão saiu do caminho para olhar o cadáver do leão, e nele havia um enxame de abelhas e mel. ⁹ Tirou o mel com as mãos e o foi comendo pelo caminho. Quando voltou aos seus pais, repartiu com eles o mel, e eles também comeram. Mas não lhes contou que tinha tirado o mel do cadáver do leão.

¹⁰ Seu pai desceu à casa da mulher, e Sansão deu ali uma festa, como era costume dos noivos. ¹¹ Quando ele chegou, trouxeram-lhe trinta rapazes para o acompanharem na festa.

¹² "Vou propor um enigma para vocês", disse-lhes Sansão. "Se vocês puderem dar-me a resposta certa durante os sete dias da festa, então eu darei a vocês trinta vestes de linho e trinta mudas de roupas. ¹³ Se não conseguirem dar-me a resposta, vocês me darão trinta vestes de linho e trinta mudas de roupas."

"Proponha-nos o seu enigma", disseram. "Vamos ouvi-lo."

¹⁴ Disse ele então:

"Do que come saiu comida;
do que é forte saiu doçura".

Durante três dias eles não conseguiram dar a resposta.

¹⁵ No quarto*ᵃ* dia disseram à mulher de Sansão: "Convença o seu marido a explicar o enigma. Caso contrário, poremos fogo em você e na família de seu pai, e vocês morrerão. Você nos convidou para nos roubar?"

¹⁶ Então a mulher de Sansão implorou-lhe aos prantos: "Você me odeia! Você não me ama! Você deu ao meu povo um enigma, mas não me contou a resposta!"

"Nem a meu pai nem à minha mãe expliquei o enigma", respondeu ele. "Por que deveria explicá-lo a você?" ¹⁷ Ela chorou durante o restante da semana da festa. Por fim, no sétimo dia, ele lhe contou, pois ela continuava a perturbá-lo. Ela, por sua vez, revelou o enigma ao seu povo.

¹⁸ Antes do pôr do sol do sétimo dia, os homens da cidade vieram lhe dizer:

"O que é mais doce que o mel?
O que é mais forte que o leão?"

Sansão lhes disse:

"Se vocês não tivessem arado
com a minha novilha,
não teriam solucionado o meu enigma".

¹⁹ Então o Espírito do Senhor apossou-se de Sansão. Ele desceu a Ascalom, matou trinta homens, pegou as suas roupas e as deu aos que tinham explicado o enigma. Depois, enfurecido, foi para a casa do seu pai. ²⁰ E a mulher de Sansão foi dada ao amigo que tinha sido o acompanhante dele no casamento.

A Vingança de Sansão

15 Algum tempo depois, na época da colheita do trigo, Sansão foi visitar a sua mulher e levou-lhe um cabrito. "Vou ao quarto da minha mulher", disse ele. Mas o pai dela não quis deixá-lo entrar.

ᵃ 14.15 Conforme alguns manuscritos da Septuaginta e a Versão Siríaca. O Texto Massorético diz *sétimo*.

² "Eu estava tão certo de que você a odiava", disse ele, "que a dei ao seu amigo. A sua irmã mais nova não é mais bonita? Fique com ela no lugar da irmã".

³ Sansão lhes disse: "Desta vez ninguém poderá me culpar quando eu acertar as contas com os filisteus!" ⁴ Então saiu, capturou trezentas raposas e as amarrou aos pares pela cauda. Depois prendeu uma tocha em cada par de caudas, ⁵ acendeu as tochas e soltou as raposas no meio das plantações dos filisteus. Assim ele queimou os feixes, o cereal que iam colher e também as vinhas e os olivais.

⁶ Os filisteus perguntaram: "Quem fez isso?" Responderam-lhes: "Foi Sansão, o genro do timnita, porque a sua mulher foi dada ao seu amigo". Então os filisteus foram e queimaram a mulher e seu pai.

⁷ Sansão lhes disse: "Já que fizeram isso, não sossegarei enquanto não me vingar de vocês". ⁸ Ele os atacou sem dó nem piedade e fez terrível matança. Depois desceu e ficou numa caverna da rocha de Etã.

⁹ Os filisteus foram para Judá e lá acamparam, espalhando-se pelas proximidades de Leí. ¹⁰ Os homens de Judá perguntaram: "Por que vocês vieram lutar contra nós?"

Eles responderam: "Queremos levar Sansão amarrado, para tratá-lo como ele nos tratou".

¹¹ Três mil homens de Judá desceram então à caverna da rocha de Etã e disseram a Sansão: "Você não sabe que os filisteus dominam sobre nós? Você viu o que nos fez?"

Ele respondeu: "Fiz a eles apenas o que eles me fizeram".

¹² Disseram-lhe: "Viemos amarrá-lo para entregá-lo aos filisteus".

Sansão disse: "Jurem-me que vocês mesmos não me matarão".

¹³ "Certamente que não!", responderam. "Somente vamos amarrá-lo e entregá-lo nas mãos deles. Não o mataremos." E o prenderam com duas cordas novas e o fizeram sair da rocha. ¹⁴ Quando ia chegando a Leí, os filisteus foram ao encontro dele aos gritos. Mas o Espírito do SENHOR apossou-se dele. As cordas em seus braços se tornaram como fibra de linho queimada, e os laços caíram das suas mãos. ¹⁵ Encontrando a carcaça de um jumento, pegou a queixada e com ela matou mil homens.

¹⁶ Disse ele então:

"Com uma queixada de jumento
  fiz deles montões^a.
Com uma queixada de jumento
  matei mil homens".

¹⁷ Quando acabou de falar, jogou fora a queixada; e o local foi chamado Ramate-Leí^b.

¹⁸ Sansão estava com muita sede e clamou ao SENHOR: "Deste pela mão de teu servo esta grande vitória. Morrerei eu agora de sede para cair nas mãos dos incircuncisos?" ¹⁹ Deus então abriu a rocha que há em Leí, e dela saiu água. Sansão bebeu, suas forças voltaram, e ele recobrou o ânimo. Por esse motivo essa fonte foi chamada En-Hacoré^c, e ainda lá está, em Leí.

²⁰ Sansão liderou Israel durante vinte anos, no tempo do domínio dos filisteus.

Sansão e Dalila

16 Certa vez Sansão foi a Gaza, viu ali uma prostituta e passou a noite com ela. ² Disseram ao povo de Gaza: "Sansão está aqui!" Então cercaram o local e ficaram à espera dele a noite toda, junto à porta da cidade. Não se moveram a noite inteira, dizendo: "Ao amanhecer o mataremos".

³ Sansão, porém, ficou deitado só até à meia-noite. Levantou-se, agarrou firme a porta da cidade, com os dois batentes, e os arrancou, com tranca e tudo. Pôs tudo nos ombros e o levou ao topo da colina que fica defronte de Hebrom.

⁴ Depois dessas coisas, ele se apaixonou por uma mulher do vale de Soreque, chamada Dalila. ⁵ Os líderes dos filisteus foram dizer a ela: "Veja se consegue induzi-lo a mostrar para você o segredo da sua grande força e como poderemos dominá-lo, para que o amarremos e o subjuguemos. Cada um de nós dará a você treze quilos^d de prata".

⁶ Disse, pois, Dalila a Sansão: "Conte-me, por favor, de onde vem a sua grande força e como você pode ser amarrado e subjugado".

⁷ Respondeu-lhe Sansão: "Se alguém me amarrar com sete tiras de couro^e ainda úmidas, ficarei tão fraco quanto qualquer outro homem".

⁸ Então os líderes dos filisteus trouxeram a ela sete tiras de couro ainda úmidas, e Dalila

---

^{a} **15.16** Ou *jumentos*. Há um jogo de palavras no hebraico entre jumento e montão.
^{b} **15.17** *Ramate-Leí* significa *colina da queixada*.
^{c} **15.19** *En-Hacoré* significa *a fonte do que clama*.
^{d} **16.5** Hebraico: *1.100 siclos*. Um siclo equivalia a 12 gramas.
^{e} **16.7** Ou *sete cordas de arco*; também nos versículos 8 e 9.

o amarrou com elas. ⁹ Tendo homens escondidos no quarto, ela o chamou: "Sansão, os filisteus o estão atacando!" Mas ele arrebentou as tiras de couro como se fossem um fio de estopa posto perto do fogo. Assim, não se descobriu de onde vinha a sua força.

¹⁰ Disse Dalila a Sansão: "Você me fez de boba; mentiu para mim! Agora conte-me, por favor, como você pode ser amarrado".

¹¹ Ele disse: "Se me amarrarem firmemente com cordas que nunca tenham sido usadas, ficarei tão fraco quanto qualquer outro homem".

¹² Dalila o amarrou com cordas novas. Depois, tendo homens escondidos no quarto, ela o chamou: "Sansão, os filisteus o estão atacando!" Mas ele arrebentou as cordas de seus braços como se fossem uma linha.

¹³ Disse Dalila a Sansão: "Até agora você me fez de boba e mentiu para mim. Diga-me como pode ser amarrado".

Ele respondeu: "Se você tecer num pano as sete tranças da minha cabeça e o prender com uma lançadeira, ficarei tão fraco quanto qualquer outro homem". Assim, enquanto ele dormia, Dalila teceu as sete tranças da sua cabeça num pano ¹⁴ e^a o prendeu com a lançadeira.

Novamente ela o chamou: "Sansão, os filisteus o estão atacando!" Ele despertou do sono e arrancou a lançadeira e o tear, com os fios.

¹⁵ Então ela lhe disse: "Como você pode dizer que me ama se não confia em mim? Esta é a terceira vez que você me fez de boba e não contou o segredo da sua grande força". ¹⁶ Importunando-o o tempo todo, ela o cansava dia após dia, ficando ele a ponto de morrer.

¹⁷ Por isso ele lhe contou o segredo: "Jamais se passou navalha em minha cabeça", disse ele, "pois sou nazireu, desde o ventre materno. Se fosse rapado o cabelo da minha cabeça, a minha força se afastaria de mim, e eu ficaria tão fraco quanto qualquer outro homem".

¹⁸ Quando Dalila viu que Sansão lhe tinha contado todo o segredo, enviou esta mensagem aos líderes dos filisteus: "Subam mais esta vez, pois ele me contou todo o segredo". Os líderes dos filisteus voltaram a ela levando a prata. ¹⁹ Fazendo-o dormir no seu colo, ela chamou um homem para cortar as sete tranças do cabelo dele, e assim começou a subjugá-lo^b. E a sua força o deixou.

²⁰ Então ela chamou: "Sansão, os filisteus o estão atacando!"

Ele acordou do sono e pensou: "Sairei como antes e me livrarei". Mas não sabia que o Senhor o tinha deixado.

²¹ Os filisteus o prenderam, furaram os seus olhos e o levaram para Gaza. Prenderam-no com algemas de bronze, e o puseram a girar um moinho na prisão. ²² Mas, logo o cabelo da sua cabeça começou a crescer de novo.

A Morte de Sansão

²³ Os líderes dos filisteus se reuniram para oferecer um grande sacrifício a seu deus Dagom e para festejar. Comemorando sua vitória, diziam: "O nosso deus entregou o nosso inimigo Sansão em nossas mãos".

²⁴ Quando o povo o viu, louvou o seu deus:

"O nosso deus nos entregou
   o nosso inimigo,
o devastador da nossa terra,
   aquele que multiplicava
os nossos mortos".

²⁵ Com o coração cheio de alegria, gritaram: "Tragam-nos Sansão para nos divertir!" E mandaram trazer Sansão da prisão, e ele os divertia.

Quando o puseram entre as colunas, ²⁶ Sansão disse ao jovem que o guiava pela mão: "Ponha-me onde eu possa apalpar as colunas que sustentam o templo, para que eu me apoie nelas". ²⁷ Homens e mulheres lotavam o templo; todos os líderes dos filisteus estavam presentes e, no alto, na galeria, havia cerca de três mil homens e mulheres vendo Sansão, que os divertia. ²⁸ E Sansão orou ao Senhor: "Ó Soberano Senhor, lembra-te de mim! Ó Deus, eu te suplico, dá-me forças, mais uma vez, e faze com que eu me vingue dos filisteus por causa dos meus dois olhos!" ²⁹ Então Sansão forçou as duas colunas centrais sobre as quais o templo se firmava. Apoiando-se nelas, tendo a mão direita numa coluna e a esquerda na outra, ³⁰ disse: "Que eu morra com os filisteus!" Em seguida, ele as empurrou com toda a força, e o templo desabou sobre os líderes e sobre todo o povo que ali estava. Assim, na sua morte, Sansão matou mais homens do que em toda a sua vida.

---

^{a} 16.13,14 Conforme alguns manuscritos da Septuaginta. O Texto Massorético diz "*Só se você tecer num pano as sete tranças da minha cabeça". 14Assim, ela.*

^{b} 16.19 Alguns manuscritos da Septuaginta dizem *e ele começou a enfraquecer*.

³¹ Foram, então, os seus irmãos e toda a família do seu pai para buscá-lo. Trouxeram-no e o sepultaram entre Zorá e Estaol, no túmulo de Manoá, seu pai. Sansão liderou Israel durante vinte anos.

Os Ídolos de Mica

17 Havia um homem chamado Mica, dos montes de Efraim, ² que disse certa vez à sua mãe: "Os treze quilos[a] de prata que foram roubados de você e pelos quais eu a ouvi pronunciar uma maldição, na verdade a prata está comigo; eu a peguei".

Disse-lhe sua mãe: "O Senhor o abençoe, meu filho!"

³ Quando ele devolveu os treze quilos de prata à mãe, ela disse: "Consagro solenemente a minha prata ao Senhor para que o meu filho faça uma imagem esculpida e um ídolo de metal. Eu a devolvo a você".

⁴ Mas ele devolveu a prata à sua mãe, e ela separou dois quilos e quatrocentos gramas, e os deu a um ourives, que deles fez a imagem e o ídolo. E estes foram postos na casa de Mica.

⁵ Ora, esse homem, Mica, possuía um santuário, fez um manto sacerdotal e alguns ídolos da família e pôs um dos seus filhos como seu sacerdote. ⁶ Naquela época, não havia rei em Israel; cada um fazia o que lhe parecia certo.

⁷ Um jovem levita de Belém de Judá, procedente do clã de Judá, ⁸ saiu daquela cidade em busca de outro lugar para morar. Em sua viagem[b], chegou à casa de Mica, nos montes de Efraim.

⁹ Mica lhe perguntou: "De onde você vem?"

"Sou levita, de Belém de Judá", respondeu ele. "Estou procurando um lugar para morar."

¹⁰ "Fique comigo", disse-lhe Mica. "Seja meu pai e sacerdote, e eu darei a você cento e vinte gramas de prata por ano, roupas e comida." ¹¹ O jovem levita concordou em ficar com Mica, e tornou-se como um dos seus filhos. ¹² Mica acolheu o levita, e o jovem se tornou seu sacerdote, e ficou morando em sua casa. ¹³ E Mica disse: "Agora sei que o Senhor me tratará com bondade, pois esse levita se tornou meu sacerdote".

A Tribo de Dã se Estabelece em Laís

18 Naquela época, não havia rei em Israel, e a tribo de Dã estava procurando um local onde se estabelecer, pois ainda não tinha recebido herança entre as tribos de Israel. ² Então enviaram cinco guerreiros de Zorá e de Estaol para espionarem a terra e explorá-la. Esses homens representavam todos os clãs da tribo. Disseram-lhes: "Vão, explorem a terra".

Os homens chegaram aos montes de Efraim e foram à casa de Mica, onde passaram a noite. ³ Quando estavam perto da casa de Mica, reconheceram a voz do jovem levita; aproximaram-se e lhe perguntaram: "Quem o trouxe para cá? O que você está fazendo neste lugar? Por que você está aqui?"

⁴ O jovem lhes contou o que Mica fizera por ele, e disse: "Ele me contratou, e eu sou seu sacerdote".

⁵ Então eles lhe pediram: "Pergunte a Deus se a nossa viagem será bem-sucedida".

⁶ O sacerdote lhes respondeu: "Vão em paz. Sua viagem tem a aprovação do Senhor".

⁷ Os cinco homens partiram e chegaram a Laís, onde viram que o povo vivia em segurança, como os sidônios, despreocupado e tranquilo, e gozava prosperidade, pois a sua terra não lhe deixava faltar nada. Viram também que o povo vivia longe dos sidônios e não tinha relações com nenhum outro povo[c].

⁸ Quando voltaram a Zorá e a Estaol, seus irmãos lhes perguntaram: "O que descobriram?"

⁹ Eles responderam: "Vamos atacá-los! Vimos que a terra é muito boa. Vocês vão ficar aí sem fazer nada? Não hesitem em ir apossar-se dela. ¹⁰ Chegando lá, vocês encontrarão um povo despreocupado e uma terra espaçosa que Deus pôs nas mãos de vocês, terra onde não falta coisa alguma!"

¹¹ Então seiscentos homens da tribo de Dã partiram de Zorá e de Estaol, armados para a guerra. ¹² Na viagem armaram acampamento perto de Quiriate-Jearim, em Judá. É por isso que até hoje o local, a oeste de Quiriate-Jearim, é chamado Maané-Dã[d]. ¹³ Dali foram para os montes de Efraim e chegaram à casa de Mica.

¹⁴ Os cinco homens que haviam espionado a terra de Laís disseram a seus irmãos: "Vocês sabiam que numa dessas casas há um manto sacerdotal, ídolos da família, uma imagem esculpida e um ídolo de metal? Agora vocês sabem o que devem fazer". ¹⁵ Então eles se aproximaram e foram à casa do jovem levita, à casa de Mica, e o saudaram. ¹⁶ Os seiscentos

---

[a] **17.2** Hebraico: *1.100 siclos*. Um siclo equivalia a 12 gramas.
[b] **17.8** Ou *Querendo exercer a sua profissão*
[c] **18.7** Alguns manuscritos da Septuaginta dizem *com os arameus*.
[d] **18.12** *Maané-Dã* significa *campo de Dã*.

homens de Dã, armados para a guerra, ficaram junto à porta. ¹⁷ Os cinco homens que haviam espionado a terra entraram e apanharam a imagem, o manto sacerdotal, os ídolos da família e o ídolo de metal, enquanto o sacerdote e os seiscentos homens armados permaneciam à porta.

¹⁸ Quando os homens entraram na casa de Mica e apanharam a imagem, o manto sacerdotal, os ídolos da família e o ídolo de metal, o sacerdote lhes perguntou: "Que é que vocês estão fazendo?"

¹⁹ Eles lhe responderam: "Silêncio! Não diga nada. Venha conosco, e seja nosso pai e sacerdote. Não será melhor para você servir como sacerdote uma tribo e um clã de Israel do que apenas a família de um só homem?" ²⁰ Então o sacerdote se alegrou, apanhou o manto sacerdotal, os ídolos da família e a imagem esculpida e se juntou à tropa. ²¹ Pondo os seus filhos, os seus animais e os seus bens na frente deles, partiram de volta.

²² Quando já estavam a certa distância da casa, os homens que moravam perto de Mica foram convocados e alcançaram os homens de Dã. ²³ Como vinham gritando atrás deles, estes se voltaram e perguntaram a Mica: "Qual é o seu problema? Por que convocou os seus homens para lutar?"

²⁴ Ele respondeu: "Vocês estão levando embora os deuses que fiz e o meu sacerdote. O que me sobrou? Como é que ainda podem perguntar: 'Qual é o seu problema?' "

²⁵ Os homens de Dã responderam: "Não discuta conosco, senão alguns homens de temperamento violento o atacarão, e você e a sua família perderão a vida". ²⁶ E assim os homens de Dã seguiram seu caminho. Vendo que eles eram fortes demais para ele, Mica virou-se e voltou para casa.

²⁷ Os homens de Dã levaram o que Mica fizera e o seu sacerdote, e foram para Laís, lugar de um povo pacífico e despreocupado. Eles mataram todos ao fio da espada e queimaram a cidade. ²⁸ Não houve quem os livrasse, pois viviam longe de Sidom e não tinham relações com nenhum outro povo. A cidade ficava num vale que se estende até Bete-Reobe.

Os homens de Dã reconstruíram a cidade e se estabeleceram nela. ²⁹ Deram à cidade anteriormente chamada Laís o nome de Dã, em homenagem a seu antepassado Dã, filho de Israel. ³⁰ Eles levantaram para si o ídolo, e Jônatas, filho de Gérson, neto de Moisés*ᵃ*, e os seus filhos foram sacerdotes da tribo de Dã até que o povo foi para o exílio. ³¹ Ficaram com o ídolo feito por Mica durante todo o tempo em que o santuário de Deus esteve em Siló.

O Levita e a Morte da sua Concubina

19 Naquela época, não havia rei em Israel. Aconteceu que um levita que vivia nos montes de Efraim, numa região afastada, tomou para si uma concubina, que era de Belém de Judá. ² Mas ela lhe foi infiel. Deixou-o e voltou para a casa do seu pai, em Belém de Judá. Quatro meses depois, ³ seu marido foi convencê-la a voltar. Ele tinha levado o seu servo e dois jumentos. A mulher o levou para dentro da casa do seu pai, e quando seu pai o viu, alegrou-se. ⁴ O sogro dele o convenceu a ficar ali; e ele permaneceu com eles três dias; todos comendo, bebendo e dormindo ali.

⁵ No quarto dia, eles se levantaram cedo, e o levita se preparou para partir, mas o pai da moça disse ao genro: "Coma alguma coisa, e depois vocês poderão partir". ⁶ Os dois se assentaram para comer e beber juntos. Mas o pai da moça disse: "Eu peço a você que fique esta noite, e que se alegre". ⁷ E, quando o homem se levantou para partir, seu sogro o convenceu a ficar ainda aquela noite. ⁸ Na manhã do quinto dia, quando ele se preparou para partir, o pai da moça disse: "Vamos comer! Espere até a tarde!" E os dois comeram juntos.

⁹ Então, quando o homem, sua concubina e seu servo levantaram-se para partir, o pai da moça, disse outra vez: "Veja, o dia está quase acabando, é quase noite; passe a noite aqui. Fique e alegre-se. Amanhã de madrugada vocês poderão levantar-se e ir para casa". ¹⁰ Não desejando ficar outra noite, o homem partiu rumo a Jebus, isto é, Jerusalém, com dois jumentos selados e com a sua concubina.

¹¹ Quando estavam perto de Jebus e já se findava o dia, o servo disse a seu senhor: "Venha. Vamos parar nesta cidade dos jebuseus e passar a noite aqui".

¹² O seu senhor respondeu: "Não. Não vamos entrar numa cidade estrangeira, cujo povo não é israelita. Iremos para Gibeá". ¹³ E acrescentou: "Ande! Vamos tentar chegar a Gibeá ou a Ramá e passar a noite num desses lugares". ¹⁴ Então prosseguiram, e o sol se pôs quando

---

ᵃ **18.30** Conforme uma antiga tradição de escribas hebreus. O Texto Massorético diz *Manassés*.

se aproximavam de Gibeá de Benjamim. ¹⁵ Ali entraram para passar a noite. Foram sentar-se na praça da cidade. E ninguém os convidou para passarem a noite em sua casa.

¹⁶ Naquela noite, um homem idoso procedente dos montes de Efraim e que estava morando em Gibeá (os homens do lugar eram benjamitas), voltava de seu trabalho no campo. ¹⁷ Quando viu o viajante na praça da cidade, o homem idoso perguntou: "Para onde você está indo? De onde vem?"

¹⁸ Ele respondeu: "Estamos de viagem, indo de Belém de Judá para uma região afastada, nos montes de Efraim, onde moro. Fui a Belém de Judá, e agora estou indo ao santuário do Senhor*ª*. Mas aqui ninguém me recebeu em casa. ¹⁹ Temos palha e forragem para os nossos jumentos, e para nós mesmos, que somos seus servos, temos pão e vinho, para mim, para a sua serva e para o jovem que está conosco. Não temos falta de nada".

²⁰ "Você é bem-vindo em minha casa", disse o homem idoso. "Vou atendê-lo no que você precisar. Não passe a noite na praça." ²¹ E os levou para a sua casa e alimentou os jumentos. Depois de lavarem os pés, comeram e beberam alguma coisa.

²² Quando estavam entretidos, alguns vadios da cidade cercaram a casa. Esmurrando a porta, gritaram para o homem idoso, dono da casa: "Traga para fora o homem que entrou em sua casa para que tenhamos relações com ele!"

²³ O dono da casa saiu e lhes disse: "Não sejam tão perversos, meus amigos. Já que esse homem é meu hóspede, não cometam essa loucura. ²⁴ Vejam, aqui está minha filha virgem e a concubina do meu hóspede. Eu as trarei para vocês, e vocês poderão usá-las e fazer com elas o que quiserem. Mas, nada façam com esse homem, não cometam tal loucura!"

²⁵ Mas os homens não quiseram ouvi-lo. Então o levita mandou a sua concubina para fora, e eles a violentaram e abusaram dela a noite toda. Ao alvorecer a deixaram. ²⁶ Ao romper do dia a mulher voltou para a casa onde o seu senhor estava hospedado, caiu junto à porta e ali ficou até o dia clarear.

²⁷ Quando o seu senhor se levantou de manhã, abriu a porta da casa e saiu para prosseguir viagem, lá estava a sua concubina, caída à entrada da casa, com as mãos na soleira da porta. ²⁸ Ele lhe disse: "Levante-se, vamos!" Não houve resposta. Então o homem a pôs em seu jumento e foi para casa.

²⁹ Quando chegou, apanhou uma faca e cortou o corpo da sua concubina em doze partes, e as enviou a todas as regiões de Israel. ³⁰ Todos os que viram isso disseram: "Nunca se viu nem se fez uma coisa dessas desde o dia em que os israelitas saíram do Egito. Pensem! Reflitam! Digam o que se deve fazer!"

A Guerra entre os Israelitas e os Benjamitas

20 Então todos os israelitas, de Dã a Berseba, e de Gileade, saíram como um só homem e se reuniram em assembleia perante o Senhor, em Mispá. ² Os líderes de todo o povo das tribos de Israel tomaram seus lugares na assembleia do povo de Deus, quatrocentos mil soldados armados de espada. ³ (Os benjamitas souberam que os israelitas haviam subido a Mispá.) Os israelitas perguntaram: "Como aconteceu essa perversidade?"

⁴ Então o levita, marido da mulher assassinada, disse: "Eu e a minha concubina chegamos a Gibeá de Benjamim para passar a noite. ⁵ Durante a noite os homens de Gibeá vieram para atacar-me e cercaram a casa, com a intenção de matar-me. Então violentaram minha concubina, e ela morreu. ⁶ Peguei minha concubina, cortei-a em pedaços e enviei um pedaço a cada região da herança de Israel, pois eles cometeram essa perversidade e esse ato vergonhoso em Israel. ⁷ Agora, todos vocês, israelitas, manifestem-se e deem o seu veredicto".

⁸ Todo o povo se levantou como se fosse um só homem, dizendo: "Nenhum de nós irá para casa. Nenhum de nós voltará para o seu lar. ⁹ Mas é isto que faremos agora contra Gibeá: separaremos, por sorteio, de todas as tribos de Israel, ¹⁰ de cada cem homens dez, de cada mil homens cem, de cada dez mil homens mil, para conseguirem provisões para o exército poder chegar a Gibeá*ᵇ* de Benjamim e dar a eles o que merecem por esse ato vergonhoso cometido em Israel". ¹¹ E todos os israelitas se ajuntaram e se uniram como um só homem contra a cidade.

¹² As tribos de Israel enviaram homens a toda a tribo de Benjamim, dizendo: "O que vocês dizem dessa maldade terrível que foi cometida no meio de vocês? ¹³ Agora, entreguem esses

---

ª **19.18** A Septuaginta diz *para a minha casa*.

ᵇ **20.10** Muitos manuscritos dizem *Geba*, variante de *Gibeá*.

canalhas de Gibeá, para que os matemos e eliminemos esse mal de Israel".

Mas os benjamitas não quiseram ouvir seus irmãos israelitas. ¹⁴ Vindos de suas cidades, reuniram-se em Gibeá para lutar contra os israelitas. ¹⁵ Naquele dia, os benjamitas mobilizaram vinte e seis mil homens armados de espada que vieram das suas cidades, além dos setecentos melhores soldados que viviam em Gibeá. ¹⁶ Dentre todos esses soldados havia setecentos canhotos, muito hábeis, e cada um deles podia atirar com a funda uma pedra num cabelo sem errar.

¹⁷ Israel, sem os de Benjamim, convocou quatrocentos mil homens armados de espada, todos eles homens de guerra.

¹⁸ Os israelitas subiram a Betel[a] e consultaram a Deus. "Quem de nós irá lutar primeiro contra os benjamitas?", perguntaram.

O Senhor respondeu: "Judá irá primeiro".

¹⁹ Na manhã seguinte, os israelitas se levantaram e armaram acampamento perto de Gibeá. ²⁰ Os homens de Israel saíram para lutar contra os benjamitas e tomaram posição de combate contra eles em Gibeá. ²¹ Os benjamitas saíram de Gibeá e, naquele dia, mataram vinte e dois mil israelitas no campo de batalha. ²² Mas os homens de Israel procuraram animar-se uns aos outros e novamente ocuparam as mesmas posições do primeiro dia. ²³ Os israelitas subiram, choraram perante o Senhor até a tarde e consultaram o Senhor: "Devemos atacar de novo os nossos irmãos benjamitas?"

O Senhor respondeu: "Vocês devem atacar".

²⁴ Então os israelitas avançaram contra os benjamitas no segundo dia. ²⁵ Dessa vez, quando os benjamitas saíram de Gibeá para enfrentá-los, derrubaram outros dezoito mil israelitas, todos eles armados de espada.

²⁶ Então todos os israelitas subiram a Betel, e ali se assentaram, chorando perante o Senhor. Naquele dia, jejuaram até a tarde e apresentaram holocaustos e ofertas de comunhão[b] ao Senhor. ²⁷ E os israelitas consultaram ao Senhor. (Naqueles dias, a arca da aliança estava ali, ²⁸ e Fineias, filho de Eleazar, filho de Arão, ministrava perante ela.) Perguntaram: "Sairemos de novo ou não, para lutar contra os nossos irmãos benjamitas?"

O Senhor respondeu: "Vão, pois amanhã eu os entregarei nas suas mãos".

²⁹ Então os israelitas armaram uma emboscada em torno de Gibeá. ³⁰ Avançaram contra os benjamitas no terceiro dia e tomaram posição contra Gibeá, como tinham feito antes. ³¹ Os benjamitas saíram para enfrentá-los e foram atraídos para longe da cidade. Começaram a ferir alguns dos israelitas como tinham feito antes, e uns trinta homens foram mortos em campo aberto e nas estradas, uma que vai para Betel e a outra que vai para Gibeá.

³² Enquanto os benjamitas diziam: "Nós os derrotamos como antes", os israelitas diziam: "Vamos retirar-nos e atraí-los para longe da cidade, para as estradas".

³³ Todos os homens de Israel saíram dos seus lugares e ocuparam posições em Baal-Tamar, e a emboscada israelita atacou da sua posição a oeste[c] de Gibeá. ³⁴ Então dez mil dos melhores soldados de Israel iniciaram um ataque frontal contra Gibeá. O combate foi duro, e os benjamitas não perceberam que a desgraça estava próxima deles. ³⁵ O Senhor derrotou Benjamim perante Israel, e naquele dia os israelitas feriram vinte e cinco mil e cem benjamitas, todos armados de espada. ³⁶ Então os benjamitas viram que estavam derrotados.

Os israelitas bateram em retirada diante de Benjamim, pois confiavam na emboscada que tinham preparado perto de Gibeá. ³⁷ Os da emboscada avançaram repentinamente para dentro de Gibeá, espalharam-se e mataram todos os habitantes da cidade à espada. ³⁸ Os israelitas tinham combinado com os da emboscada que estes fariam subir da cidade uma grande nuvem de fumaça, ³⁹ e então os israelitas voltariam a combater.

Os benjamitas tinham começado a ferir os israelitas, matando cerca de trinta deles, e disseram: "Nós os derrotamos como na primeira batalha". ⁴⁰ Mas, quando a coluna de fumaça começou a se levantar da cidade, os benjamitas se viraram e viram a fumaça subindo ao céu. ⁴¹ Então os israelitas se voltaram contra eles, e os homens de Benjamim ficaram apavorados, pois perceberam que a sua desgraça havia chegado. ⁴² Assim, fugiram da presença dos israelitas tomando o caminho do deserto, mas não conseguiram escapar do combate. E os homens de Israel que saíram das cidades os mataram ali. ⁴³ Cercaram os benjamitas e os perseguiram, e facilmente os

---

[a] **20.18** Ou *subiram à casa de Deus*; também no versículo 26.
[b] **20.26** Ou *de paz*

[c] **20.33** Conforme alguns manuscritos da Septuaginta e a Vulgata.

alcançaram nas proximidades de Gibeá, no lado leste. ⁴⁴ Dezoito mil benjamitas morreram, todos eles soldados valentes. ⁴⁵ Quando se viraram e fugiram rumo ao deserto, para a rocha de Rimom, os israelitas abateram cinco mil homens ao longo das estradas. Até Gidom eles pressionaram os benjamitas e mataram mais de dois mil homens.

⁴⁶ Naquele dia, vinte e cinco mil benjamitas que portavam espada morreram, todos eles soldados valentes. ⁴⁷ Seiscentos homens, porém, viraram as costas e fugiram para o deserto, para a rocha de Rimom, onde ficaram durante quatro meses. ⁴⁸ Os israelitas voltaram a Benjamim e passaram todas as cidades à espada, matando inclusive os animais e tudo o que encontraram nelas. E incendiaram todas as cidades por onde passaram.

Mulheres para os Benjamitas

21 Os homens de Israel tinham feito este juramento em Mispá: "Nenhum de nós dará sua filha em casamento a um benjamita".

² O povo foi a Betel*ᵃ*, onde esteve sentado perante Deus até a tarde, chorando alto e amargamente. ³ "Ó Senhor Deus de Israel", lamentaram, "por que aconteceu isso em Israel? Por que teria que faltar hoje uma tribo em Israel?"

⁴ Na manhã do dia seguinte, o povo se levantou cedo, construiu um altar e apresentou holocaustos e ofertas de comunhão*ᵇ*.

⁵ Os israelitas perguntaram: "Quem dentre todas as tribos de Israel deixou de vir à assembleia perante o Senhor?" Pois tinham feito um juramento solene de que qualquer que deixasse de se reunir perante o Senhor em Mispá seria morto.

⁶ Os israelitas prantearam pelos seus irmãos benjamitas. "Hoje uma tribo foi eliminada de Israel", diziam. ⁷ "Como poderemos conseguir mulheres para os sobreviventes, visto que juramos pelo Senhor não lhes dar em casamento nenhuma de nossas filhas?" ⁸ Então perguntaram: "Qual das tribos de Israel deixou de reunir-se perante o Senhor em Mispá?" Descobriu-se então que ninguém de Jabes-Gileade tinha vindo ao acampamento para a assembleia. ⁹ Quando contaram o povo, verificaram que ninguém do povo de Jabes-Gileade estava ali.

¹⁰ Então a comunidade enviou doze mil homens de guerra com instruções para irem a Jabes-Gileade e matarem à espada todos os que viviam lá, inclusive mulheres e crianças. ¹¹ "É isto o que vocês deverão fazer", disseram, "matem todos os homens e todas as mulheres que não forem virgens." ¹² No meio de todo o povo que vivia em Jabes-Gileade encontraram quatrocentas moças virgens e as levaram para o acampamento de Siló, em Canaã.

¹³ Depois a comunidade toda enviou uma oferta de comunhão aos benjamitas que estavam na rocha de Rimom. ¹⁴ Os benjamitas voltaram naquela ocasião e receberam as mulheres de Jabes-Gileade que tinham sido poupadas. Mas não havia mulheres suficientes para todos eles.

¹⁵ O povo pranteou Benjamim, pois o Senhor tinha aberto uma lacuna nas tribos de Israel. ¹⁶ E os líderes da comunidade disseram: "Mortas as mulheres de Benjamim, como conseguiremos mulheres para os homens que restaram? ¹⁷ Os benjamitas sobreviventes precisam ter herdeiros, para que uma tribo de Israel não seja destruída. ¹⁸ Não podemos dar-lhes nossas filhas em casamento, pois nós, israelitas, fizemos este juramento: Maldito seja todo aquele que der mulher a um benjamita. ¹⁹ Há, porém, a festa anual do Senhor em Siló, ao norte de Betel, a leste da estrada que vai de Betel a Siquém, e ao sul de Lebona".

²⁰ Então mandaram para lá os benjamitas, dizendo: "Vão, escondam-se nas vinhas ²¹ e fiquem observando. Quando as moças de Siló forem para as danças, saiam correndo das vinhas e cada um de vocês apodere-se de uma das moças de Siló e vá para a terra de Benjamim. ²² Quando os pais ou irmãos delas se queixarem a nós, diremos: Tenham misericórdia deles, pois não conseguimos mulheres para eles durante a guerra, e vocês são inocentes, visto que não lhes deram suas filhas".

²³ Foi o que os benjamitas fizeram. Quando as moças estavam dançando, cada homem tomou uma para fazer dela sua mulher. Depois voltaram para a sua herança, reconstruíram as cidades e se estabeleceram nelas.

²⁴ Na mesma ocasião os israelitas saíram daquele local e voltaram para as suas tribos e para os seus clãs, cada um para a sua própria herança.

²⁵ Naquela época, não havia rei em Israel; cada um fazia o que lhe parecia certo.

ᵃ **21.2** Ou *foi à casa de Deus*
ᵇ **21.4** Ou *de paz*; também no versículo 13.

Introdução ao livro de
RUTE

Autor e data de composição

Mesmo que a tradição indique Samuel como o escritor deste livro, seu nome continua sendo desconhecido. É pouco provável que tenha sido Samuel, pois o texto começa dizendo: "Na época dos juízes [...]" (1.1). A história se desenvolve no final do período dos juízes e termina com a genealogia do rei Davi, sem mencionar Salomão, seu filho, o que poderia indicar que este livro pequeno e encantador tenha sido escrito nos tempos áureos do reinado de Davi sobre toda a nação de Israel.

ESBOÇO GERAL

Primeira parte: o amor da moabita Rute pela sogra Noemi (1—2)
  I. A tragédia de Noemi (1.1-13)
  II. Rute decide seguir Noemi, que regressa a Belém (1.13-18)
  III. Rute cuida de Noemi (1.19—2.23)

Segunda parte: Boaz, o parente resgatador (3—4)
  I. Rute pede a Boaz que resgate Noemi por meio dela (3)
      A. Noemi explica a Rute o que deve fazer (3.1-5)
      B. Rute obedece a Noemi (3.6-9)
      C. Boaz decide resgatar Noemi por meio de Rute (3.10-18)
  II. O resgate de Noemi (4)
      A. Boaz exige que outro parente mais próximo tome uma decisão (4.1-8)
      B. Boaz casa-se com Rute (4.9-12)
      C. Rute dá à luz Obede (4.13-15)
      D. Noemi é resgatada ao receber uma nova família (4.16)
      E. A moabita Rute — bisavó do rei Davi (4.17-22)

Versículo-chave
1.16

Tema geral do livro
Neste livro, além de Josué, temos mais uma personagem não judia que aceita o Deus de Israel como seu Deus e termina fazendo parte da genealogia do rei Davi, portanto do Salvador. Aqui também entra em cena Belém de Judá, cidade natal de ambos os reis. Uma família de Belém deixa Canaã para tentar a vida em Moabe, lugar no qual Noemi, a mãe, perde o esposo e os dois filhos. Noemi, então, regressa a Belém com uma de suas noras, Rute, que não quer separar-se dela. Rute havia visto algo na vida espiritual da sogra que lhe atrai a seu povo e a seu Deus. De volta a Belém, entra em cena a figura do parente resgatador, lei que aparece em Deuteronômio 25.5-10 e que representa o Redentor. A desgraça e a amargura de Noemi acabam convertendo-se em alegria e honra graças à lealdade de Rute, e, como consequência, toda sua família passa a ser a família de onde nascerá Aquele que reinará sobre o trono de Davi, seu pai, para sempre como "REI DOS REIS E SENHOR DOS SENHORES" (Apocalipse 19.16).

No livro de Rute, Jesus é...
... nosso resgatador (3.9)

Versículo-chave para o discípulo
2.12

O discípulo e o livro de Rute
O grande ensino deste pequeno livro está no testemunho silencioso de Noemi, que resultou na entrega total da nora Rute, cujo nome é símbolo de lealdade ao amor e à fidelidade que tinha Noemi pelo Deus verdadeiro, que Rute veio a conhecer por meio dela. Boaz é uma prefiguração de Jesus, nosso parente Resgatador, aquele que derramou o sangue que o tornava um de nós para nos resgatar; e desse modo agiu porque podia fazê-lo e o escolheu fazer, de forma voluntária e livre, movido exclusivamente por amor. Noemi assim se expressou sobre Boaz: " 'Sem dúvida aquele homem não descansará enquanto não resolver esta questão hoje mesmo' " (3.18). Hoje, caro discípulo, você pode ter uma segurança infinitamente maior, porque o nosso parente Resgatador — que foi enviado como resultado do amor de Deus, tomou forma de homem, morreu e ressuscitou por nós — já cumpriu obedientemente sua tarefa e agora faz parte da Nova Família Humana que ele mesmo deu início, o nosso "último Adão" (veja 1Coríntios 15.45).

RUTE

A Família de Elimeleque em Moabe

1 Na época dos juízes houve fome na terra. Um homem de Belém de Judá, com a mulher e os dois filhos, foi viver por algum tempo nas terras de Moabe. **²** O homem chamava-se Elimeleque; sua mulher, Noemi; e seus dois filhos, Malom e Quiliom. Eram efrateus de Belém de Judá. Chegaram a Moabe, e lá ficaram.

³ Morreu Elimeleque, marido de Noemi, e ela ficou sozinha, com seus dois filhos. **⁴** Eles se casaram com mulheres moabitas, uma chamada Orfa e a outra Rute. Depois de terem morado lá por quase dez anos, **⁵** morreram também Malom e Quiliom, e Noemi ficou sozinha, sem os seus dois filhos e sem o seu marido.

Noemi e Rute Voltam para Belém

⁶ Quando Noemi soube em Moabe que o Senhor viera em auxílio do seu povo, dando-lhe alimento, decidiu voltar com suas duas noras para a sua terra. **⁷** Assim, ela, com as duas noras, partiu do lugar onde tinha morado.

Enquanto voltavam para a terra de Judá, **⁸** disse-lhes Noemi: "Vão! Retornem para a casa de suas mães! Que o Senhor seja leal com vocês, como vocês foram leais com os falecidos e comigo. **⁹** O Senhor conceda que cada uma de vocês encontre segurança no lar doutro marido".

Então deu-lhes beijos de despedida. Mas elas começaram a chorar alto **¹⁰** e lhe disseram:

"Não! Voltaremos com você para junto de seu povo!"

¹¹ Disse, porém, Noemi: "Voltem, minhas filhas! Por que viriam comigo? Poderia eu ainda ter filhos, que viessem a ser seus maridos? **¹²** Voltem, minhas filhas! Vão! Estou velha demais para ter outro marido. E mesmo que eu pensasse que ainda há esperança para mim — ainda que eu me casasse esta noite e depois desse à luz filhos, **¹³** iriam vocês esperar até que eles crescessem? Ficariam sem se casar à espera deles? De jeito nenhum, minhas filhas! Para mim é mais amargo do que para vocês, pois a mão do Senhor voltou-se contra mim!"

¹⁴ Elas, então, começaram a chorar alto de novo. Depois Orfa deu um beijo de despedida em sua sogra, mas Rute ficou com ela.

¹⁵ Então Noemi a aconselhou: "Veja, sua concunhada está voltando para o seu povo e para o seu deus. Volte com ela!"

¹⁶ Rute, porém, respondeu:

"Não insistas comigo que te deixe
 e que não mais te acompanhe.
Aonde fores irei,
 onde ficares ficarei!
O teu povo será o meu povo
 e o teu Deus será o meu Deus!
¹⁷ Onde morreres morrerei,
 e ali serei sepultada.
Que o Senhor me castigue
 com todo o rigor
se outra coisa que não a morte
 me separar de ti!"

¹⁸ Quando Noemi viu que Rute estava de fato decidida a acompanhá-la, não insistiu mais. **¹⁹** Prosseguiram, pois, as duas até Belém. Ali chegando, todo o povoado ficou alvoroçado por causa delas. "Será que é Noemi?", perguntavam as mulheres. **²⁰** Mas ela respondeu:

"Não me chamem Noemi*ᵃ*,
 melhor que me chamem de Mara*ᵇ*,
pois o Todo-poderoso*ᶜ*
 tornou minha vida muito amarga!
²¹ De mãos cheias eu parti,
mas de mãos vazias
 o Senhor me trouxe de volta.
Por que me chamam Noemi?
O Senhor colocou-se contra mim!*ᵈ*
O Todo-poderoso me trouxe desgraça!"

²² Foi assim que Noemi voltou das terras de Moabe, com sua nora Rute, a moabita. Elas chegaram a Belém no início da colheita da cevada.

Rute nas Plantações de Boaz

2 Noemi tinha um parente por parte do marido. Era um homem rico e influente, pertencia ao clã de Elimeleque e chamava-se Boaz.

² Rute, a moabita, disse a Noemi: "Vou recolher espigas no campo daquele que me permitir".

ᵃ **1.20** *Noemi* significa *agradável*; também no versículo 21.
ᵇ **1.20** *Mara* significa *amarga*.
ᶜ **1.20** Hebraico: *Shaddai*; também no versículo 21.
ᵈ **1.21** Ou *me trouxe sofrimento!*

"Vá, minha filha", respondeu-lhe Noemi. ³ Então ela foi e começou a recolher espigas atrás dos ceifeiros. Casualmente entrou justo na parte da plantação que pertencia a Boaz, que era do clã de Elimeleque.

⁴ Naquele exato momento, Boaz chegou de Belém e saudou os ceifeiros: "O Senhor esteja com vocês!"

Eles responderam: "O Senhor te abençoe!"

⁵ Boaz perguntou ao capataz dos ceifeiros: "A quem pertence aquela moça?"

⁶ O capataz respondeu: "É uma moabita que voltou de Moabe com Noemi. ⁷ Ela me pediu que a deixasse recolher e juntar espigas entre os feixes, após os ceifeiros. Ela chegou cedo e está em pé até agora. Só sentou-se um pouco no abrigo".

⁸ Disse então Boaz a Rute: "Ouça bem, minha filha, não vá colher noutra lavoura, nem se afaste daqui. Fique com minhas servas. ⁹ Preste atenção onde os homens estão ceifando, e vá atrás das moças que vão colher. Darei ordem aos rapazes para que não toquem em você. Quando tiver sede, beba da água dos potes que os rapazes encheram".

¹⁰ Ela inclinou-se e, prostrada com o rosto em terra, exclamou: "Por que achei favor a seus olhos, ao ponto de o senhor se importar comigo, uma estrangeira?"

¹¹ Boaz respondeu: "Contaram-me tudo o que você tem feito por sua sogra, depois que você perdeu o seu marido: como deixou seu pai, sua mãe e sua terra natal para viver com um povo que você não conhecia bem. ¹² O Senhor retribua a você o que você tem feito! Que seja ricamente recompensada pelo Senhor, o Deus de Israel, sob cujas asas você veio buscar refúgio!"

¹³ E disse ela: "Continue eu a ser bem acolhida, meu senhor! O senhor me deu ânimo e encorajou sua serva*ᵃ* — e eu sequer sou uma de suas servas!"

¹⁴ Na hora da refeição, Boaz lhe disse: "Venha cá! Pegue um pedaço de pão e molhe-o no vinagre".

Quando ela se sentou junto aos ceifeiros, Boaz lhe ofereceu grãos tostados. Ela comeu até ficar satisfeita e ainda sobrou. ¹⁵ Quando ela se levantou para recolher espigas, Boaz deu estas ordens a seus servos: "Mesmo que ela recolha entre os feixes, não a repreendam! ¹⁶ Ao contrário, quando estiverem colhendo,

tirem para ela algumas espigas dos feixes e deixem-nas cair para que ela as recolha, e não a impeçam".

¹⁷ E assim Rute colheu na lavoura até o entardecer. Depois debulhou o que tinha ajuntado: quase uma arroba*ᵇ* de cevada. ¹⁸ Carregou-a para o povoado, e sua sogra viu quanto Rute havia recolhido quando ela lhe ofereceu o que havia sobrado da refeição.

¹⁹ A sogra lhe perguntou: "Onde você colheu hoje? Onde trabalhou? Bendito seja aquele que se importou com você!"

Então Rute contou à sogra com quem tinha trabalhado: "O nome do homem com quem trabalhei hoje é Boaz".

²⁰ E Noemi exclamou: "Seja ele abençoado pelo Senhor, que não deixa de ser leal e bondoso com os vivos e com os mortos!" E acrescentou: "Aquele homem é nosso parente; é um de nossos resgatadores*ᶜ*!"

²¹ E Rute, a moabita, continuou: "Pois ele mesmo me disse também: 'Fique com os meus ceifeiros até que terminem toda a minha colheita' ".

²² Então Noemi aconselhou à sua nora Rute: "É melhor mesmo você ir com as servas dele, minha filha. Noutra lavoura poderiam molestá-la".

²³ Assim Rute ficou com as servas de Boaz para recolher espigas, até acabarem as colheitas de cevada e de trigo. E continuou morando com a sua sogra.

Na Eira de Boaz

3 Certo dia, Noemi, sua sogra, lhe disse: "Minha filha, tenho que procurar um lar seguro*ᵈ*, para a sua felicidade. ² Boaz, senhor das servas com quem você esteve, é nosso parente próximo. Esta noite ele estará limpando cevada na eira. ³ Lave-se, perfume-se, vista sua melhor roupa e desça para a eira. Mas não deixe que ele perceba você até que tenha comido e bebido. ⁴ Quando ele for dormir, note bem o lugar em que ele se deitar. Então vá, descubra os pés dele e deite-se. Ele dirá a você o que fazer".

⁵ Respondeu Rute: "Farei tudo o que você está me dizendo".

ᵃ **2.13** Ou *falou com carinho à sua serva*

ᵇ **2.17** Hebraico: *efa*. O efa era uma medida de capacidade para secos; as estimativas variam entre 20 e 40 litros.

ᶜ **2.20** Isto é, o responsável por garantir os direitos de subsistência, descendência e propriedade; também nos capítulos 3 e 4.

ᵈ **3.1** Hebraico: *encontrar descanso*. Veja Rt 1.9.

⁶ Então ela desceu para a eira e fez tudo o que a sua sogra lhe tinha recomendado.

⁷ Quando Boaz terminou de comer e beber, ficou alegre e foi deitar-se perto do monte de grãos. Rute aproximou-se sem ser notada, descobriu os pés dele e deitou-se. ⁸ No meio da noite, o homem acordou de repente. Ele se virou e assustou-se ao ver uma mulher deitada a seus pés.

⁹ "Quem é você?", perguntou ele.

"Sou sua serva Rute", disse ela. "Estenda a sua capa sobre a sua serva, pois o senhor é resgatador."

¹⁰ Boaz lhe respondeu: "O Senhor a abençoe, minha filha! Este seu gesto de bondade é ainda maior do que o primeiro, pois você poderia ter ido atrás dos mais jovens, ricos ou pobres! ¹¹ Agora, minha filha, não tenha medo; farei por você tudo o que me pedir. Todos os meus concidadãos sabem que você é mulher virtuosa. ¹² É verdade que sou resgatador, mas há um outro que é parente mais próximo do que eu. ¹³ Passe a noite aqui. De manhã veremos: se ele quiser resgatá-la, muito bem, que resgate. Se não quiser, juro pelo nome do Senhor que eu a resgatarei. Deite-se aqui até de manhã".

¹⁴ Ela ficou deitada aos pés dele até de manhã, mas levantou-se antes de clarear para não ser reconhecida.

Boaz pensou: "Ninguém deve saber que esta mulher esteve na eira."

¹⁵ Por isso disse: "Traga-me o manto que você está usando e segure-o". Ela o segurou, e o homem despejou nele seis medidas de cevada e o pôs sobre os ombros dela. Depois ele*ᵃ* voltou para a cidade.

¹⁶ Quando Rute voltou à sua sogra, esta lhe perguntou: "Como foi, minha filha?"

Rute lhe contou tudo o que Boaz lhe tinha feito, ¹⁷ e acrescentou: "Ele me deu estas seis medidas de cevada, dizendo: 'Não volte para a sua sogra de mãos vazias' ".

¹⁸ Disse então Noemi: "Agora espere, minha filha, até saber o que acontecerá. Sem dúvida aquele homem não descansará enquanto não resolver esta questão hoje mesmo".

O Resgate de Noemi e de Rute

4 Enquanto isso, Boaz subiu à porta da cidade e sentou-se, exatamente quando o resgatador que ele havia mencionado estava passando por ali. Boaz o chamou e disse: "Meu amigo, venha cá e sente-se". Ele foi e sentou-se.

² Boaz reuniu dez líderes da cidade e disse: "Sentem-se aqui". E eles se sentaram. ³ Depois disse ao resgatador: "Noemi, que voltou de Moabe, está vendendo o pedaço de terra que pertencia ao nosso irmão Elimeleque. ⁴ Pensei que devia apresentar a você o assunto, na presença dos líderes do povo, e sugerir a você que adquira o terreno. Se quiser resgatar esta propriedade, resgate-a. Se não*ᵇ*, diga-me, para que eu o saiba. Pois ninguém tem esse direito, a não ser você; e depois eu".

"Eu a resgatarei", respondeu ele.

⁵ Boaz, porém, lhe disse: "No dia em que você adquirir as terras de Noemi e da moabita Rute, estará adquirindo*ᶜ* também a viúva do falecido, para manter o nome dele em sua herança".

⁶ Diante disso, o resgatador respondeu: "Nesse caso não poderei resgatá-la, pois poria em risco a minha propriedade. Resgate-a você mesmo. Eu não poderei fazê-lo!"

⁷ (Antigamente, em Israel, para que o resgate e a transferência de propriedade fossem válidos, a pessoa tirava a sandália e a dava ao outro. Assim oficializavam os negócios em Israel.)

⁸ Quando, pois, o resgatador disse a Boaz: "Adquira-a você mesmo!", tirou a sandália.

⁹ Então Boaz anunciou aos líderes e a todo o povo ali presente: "Vocês hoje são testemunhas de que estou adquirindo de Noemi toda a propriedade de Elimeleque, de Quiliom e de Malom. ¹⁰ Também estou adquirindo o direito de ter como mulher a moabita Rute, viúva de Malom, para manter o nome do falecido sobre a sua herança e para que o seu nome não desapareça do meio da sua família ou dos registros da cidade. Vocês hoje são testemunhas disso!"

¹¹ Os líderes e todos os que estavam na porta confirmaram: "Somos testemunhas! Faça o Senhor com essa mulher que está entrando em sua família como fez com Raquel e Lia, que, juntas, formaram as tribos de Israel. Seja poderoso em Efrata e ganhe fama em Belém! ¹² E com os filhos que o Senhor conceder a você

ᵃ 3.15 Conforme a maioria dos manuscritos do Texto Massorético. Muitos manuscritos do Texto Massorético, a Vulgata e a Versão Siríaca dizem *ela*.

ᵇ 4.4 Conforme muitos manuscritos do Texto Massorético, a Septuaginta, a Vulgata e a Versão Siríaca. A maioria dos manuscritos do Texto Massorético diz *se ele não*.

ᶜ 4.5 Conforme o Texto Massorético. A Vulgata e a Versão Siríaca dizem *Noemi, você estará adquirindo a moabita Rute*.

dessa jovem, seja a sua família como a de Perez, que Tamar deu a Judá!"

O Casamento de Boaz e Rute

¹³ Boaz casou-se com Rute, e ela se tornou sua mulher. Boaz a possuiu e o Senhor concedeu que ela engravidasse dele e desse à luz um filho. ¹⁴ As mulheres disseram a Noemi: "Louvado seja o Senhor, que hoje não a deixou sem resgatador! Que o seu nome seja celebrado em Israel! ¹⁵ O menino dará a você nova vida e a sustentará na velhice, pois é filho da sua nora, que a ama e que é melhor do que sete filhos para você!" ¹⁶ Noemi pôs o menino no colo[a] e passou a cuidar dele. ¹⁷ As mulheres da vizinhança celebraram o seu nome e disseram: "Noemi tem um filho!", e lhe deram o nome de Obede. Este foi o pai de Jessé, pai de Davi.

A Genealogia de Davi

¹⁸ Esta é a história dos antepassados de Davi, desde Perez:

Perez gerou Hezrom;
¹⁹ Hezrom gerou Rão;
Rão gerou Aminadabe;
²⁰ Aminadabe gerou Naassom;
Naassom gerou Salmom[b];
²¹ Salmom gerou Boaz;
Boaz gerou Obede;
²² Obede gerou Jessé;
e Jessé gerou Davi.

---

[a] 4.16 Possivelmente adotou o menino.
[b] 4.20 Muitos manuscritos dizem *Salma*. Veja Rt 4.21 e 1 Cr 2.11.

Introdução ao primeiro livro de
SAMUEL

Autor e data de composição Na forma original, os dois livros de Samuel consistiam em uma única obra. A tradição hebraica sustenta que Samuel foi seu escritor e que os profetas Gade e Natã acrescentaram à obra informações nos anos posteriores à morte de Samuel. No entanto, não há indícios suficientes para que se identifique quem a escreveu. Em razão de ocasiões em que parece haver referência à existência dos dois reinos nos quais se dividiu a nação, mas não se menciona a queda de Samaria (capital do Reino do Norte nas mãos dos assírios), é possível fixar a composição da obra entre o momento da divisão dos reinos (ano 931 a.C.) e a queda da capital Samaria (ano 722 a.C.).

ESBOÇO GERAL

Primeira parte: Samuel, o último juiz e o primeiro profeta (1—7)
  I. A transição do poder do sumo sacerdote a profeta (1—3)
    A. O nascimento de Samuel, graças à oração de Ana, sua mãe (1)
    B. O cântico de Ana e a consagração de Samuel ao serviço do tabernáculo (2.1-11)
    C. A corrupção dos filhos de Eli e seu castigo (2.12-36)
    D. A primeira revelação recebida por Samuel (3.1-18)
    E. Samuel é reconhecido como juiz de toda a nação de Israel (3.19-21)
  II. Samuel como juiz (4—7)
    A. Os desastres prévios (4—6)
    B. As vitórias obtidas sob a liderança de Samuel (7)

Segunda parte: Saul, o primeiro rei (8—31)
  I. Deus escolhe um rei para Israel (8—12)
    A. O povo pede um rei (8)
    B. Samuel aclama Saul como rei (9—12)
  II. O reinado de Saul (13.1—15.35)
    A. Os primeiros triunfos (13.1-4)
    B. A desobediência, os fracassos e a rejeição de Saul (13.5—15.35)

Terceira parte: Deus escolhe Davi para substituir Saul (16—31)
  I. Samuel unge Davi em Belém (16)
  II. Davi e Golias (17)
  III. O difícil relacionamento entre Saul e Davi (18—20)
    A. A amizade entre Davi e Jônatas, filho de Saul (18.1-7)
    B. Saul maquina matar Davi (18.8—19.17)
    C. A fuga de Davi (19.18—20.42)
  IV. Davi exilado (21—25)
    A. O sumo sacerdote Aimeleque ajuda Davi (21.1-10)
    B. Davi em Gate (21.11-15)
    C. Davi reúne 400 homens (22.1-5)
    D. A consolidação de Davi como líder (22.6—23.29)
    E. Davi poupa a vida de Saul em En-Gedi (24)
    F. Davi e Abigail (25)

G. Davi poupa novamente a vida de Saul em Zife (26)
  H. Davi entre os filisteus (27.1—28.2)
V. A decadência gradual de Saul (28.3—31.13)
  A. Saul e a médium de En-Dor (28.3-25)
  B. Os filisteus desconfiam de Davi (29)
  C. O ataque a Ziclague e o resgate das famílias (30)
  D. A derrota e a morte de Saul e Jônatas no monte Gilboa (31)

Versículo-chave
15.22

Tema geral do livro
Este primeiro livro de Samuel abrange um momento de grande importância na história de Israel. Até então, Deus era o único Rei de Israel; portanto, a nação era teocrata. A partir desse momento, o povo começa a exigir um rei humano, um monarca, pois queriam ser parecidos com os povos que o rodeavam e que tinham um rei. Os reis humanos do povo hebreu deveriam governar não por direito próprio, mas como representantes de Deus diante do povo. A figura de transição é Samuel, juiz e profeta, o único que governou todo o Israel em nome de Javé; e é Samuel que unge Saul por indicação de Deus e respaldo deste diante de todo o povo. Saul, no entanto, começa a tomar para si atribuições que não lhe foram designadas e desobedece à ordem estabelecida por Deus. Em seguida, o SENHOR envia Samuel a Belém, à casa de Jessé, da qual unge o filho de quem ninguém se lembrava e a quem mandam buscar o mais rápido possível. Davi é aquele que vencerá Golias e acabará sendo o grande rei guerreiro de Israel, como também o homem com quem Deus fará aliança, assegurando-lhe que um descendente seu ocupará o trono para sempre, como veremos no segundo livro de Samuel.

Em 1Samuel, Jesus é...
... o Profeta em quem confiamos (7.12).

Versículos-chave para o discípulo
17.45,47

O discípulo e 1Samuel
Aqui vemos um filho que nasce graças à oração de uma mulher, então estéril; alguém que se converte em profeta de Deus e líder de Israel, e que unge os dois primeiros reis da nação: o primeiro, um rei que se torna arrogante e que pensa que, por ser quem é, Deus perdoará qualquer pecado que venha a cometer; o segundo, um pastor humilde, de origem desconhecida, menosprezado até por seu pai, e que se torna no braço forte do SENHOR contra o gigante que o insultava e o rei cuja descendência ocuparia o trono de Judá e da qual viria Aquele a ser entronizado por todos os séculos. Sem dúvida, é necessário que o discípulo considere e aplique à sua vida esta verdade essencial: "Mas Deus escolheu o que para o mundo é loucura para envergonhar os sábios e escolheu o que para o mundo é fraqueza para envergonhar o que é forte. Ele escolheu o que para o mundo é insignificante, desprezado e o que nada é, para reduzir a nada o que é, a fim de que ninguém se vanglorie diante dele" (1Coríntios 1.27-29).

1 SAMUEL

O Nascimento de Samuel

1 Havia certo homem de Ramataim, zufita[a], dos montes de Efraim, chamado Elcana, filho de Jeroão, neto de Eliú e bisneto de Toú, filho do efraimita Zufe. ² Ele tinha duas mulheres: uma se chamava Ana e a outra Penina. Penina tinha filhos; Ana, porém, não tinha.

³ Todos os anos esse homem subia de sua cidade a Siló para adorar e sacrificar ao Senhor dos Exércitos. Lá, Hofni e Fineias, os dois filhos de Eli, eram sacerdotes do Senhor. ⁴ No dia em que Elcana oferecia sacrifícios, dava porções à sua mulher Penina e a todos os filhos e filhas dela. ⁵ Mas a Ana dava uma porção dupla, porque a amava, apesar de o Senhor tê-la deixado estéril. ⁶ E porque o Senhor a tinha deixado estéril, sua rival a provocava continuamente, a fim de irritá-la. ⁷ Isso acontecia ano após ano. Sempre que Ana subia à casa do Senhor, sua rival a provocava, e ela chorava e não comia. ⁸ Elcana, seu marido, lhe perguntava: "Ana, por que você está chorando? Por que não come? Por que está triste? Será que eu não sou melhor para você do que dez filhos?"

⁹ Certa vez quando terminou de comer e beber em Siló, estando o sacerdote Eli sentado numa cadeira junto à entrada do santuário do Senhor, Ana se levantou ¹⁰ e, com a alma amargurada, chorou muito e orou ao Senhor. ¹¹ E fez um voto, dizendo: "Ó Senhor dos Exércitos, se tu deres atenção à humilhação de tua serva, te lembrares de mim e não te esqueceres de tua serva, mas lhe deres um filho, então eu o dedicarei ao Senhor por todos os dias de sua vida, e o seu cabelo e a sua barba nunca serão cortados".

¹² Enquanto ela continuava a orar diante do Senhor, Eli observava sua boca. ¹³ Como Ana orava silenciosamente, seus lábios se mexiam, mas não se ouvia sua voz. Então Eli pensou que ela estivesse embriagada ¹⁴ e lhe disse: "Até quando você continuará embriagada? Abandone o vinho!"

¹⁵ Ana respondeu: "Não se trata disso, meu senhor. Sou uma mulher muito angustiada. Não bebi vinho nem bebida fermentada; eu estava derramando minha alma diante do Senhor. ¹⁶ Não julgues tua serva uma mulher vadia; estou orando aqui até agora por causa de minha grande angústia e tristeza".

¹⁷ Eli respondeu: "Vá em paz, e que o Deus de Israel conceda a você o que pediu".

¹⁸ Ela disse: "Espero que sejas benevolente para com tua serva!" Então ela seguiu seu caminho, comeu, e seu rosto já não estava mais abatido.

¹⁹ Na manhã seguinte, eles se levantaram e adoraram o Senhor; então voltaram para casa, em Ramá. Elcana teve relações com sua mulher Ana, e o Senhor se lembrou dela. ²⁰ Assim Ana engravidou e, no devido tempo, deu à luz um filho. E deu-lhe o nome de Samuel[b], dizendo: "Eu o pedi ao Senhor".

Ana Consagra Samuel

²¹ Quando no ano seguinte Elcana subiu com toda a família para oferecer o sacrifício anual ao Senhor e para cumprir o seu voto, ²² Ana não foi e disse a seu marido: "Depois que o menino for desmamado, eu o levarei e o apresentarei ao Senhor, e ele morará ali para sempre".

²³ Disse Elcana, seu marido: "Faça o que parecer melhor a você. Fique aqui até desmamá-lo; que o Senhor apenas confirme a palavra[c] dele!" Então ela ficou em casa e criou seu filho até que o desmamou.

²⁴ Depois de desmamá-lo, levou o menino, ainda pequeno, à casa do Senhor, em Siló, com um novilho de três anos de idade,[d] uma arroba[e] de farinha e uma vasilha de couro cheia de vinho. ²⁵ Eles sacrificaram o novilho e levaram o menino a Eli, ²⁶ e ela lhe disse: "Meu senhor, juro por tua vida que eu sou a mulher que esteve aqui a teu lado, orando ao Senhor. ²⁷ Era este menino que eu pedia, e o Senhor concedeu-me o pedido. ²⁸ Por isso, agora, eu o dedico ao Senhor. Por toda a sua vida será dedicado ao Senhor". E ali adorou o Senhor.

---

[a] **1.1** Ou *de Ramataim-Zofim*

[b] **1.20** *Samuel* assemelha-se à palavra hebraica para *ouvido por Deus*.

[c] **1.23** Os manuscritos do mar Morto, a Septuaginta e a Versão Siríaca dizem *a palavra que você disse*.

[d] **1.24** Conforme os manuscritos do mar Morto, a Septuaginta e a Versão Siríaca. O Texto Massorético diz *com três novilhos*.

[e] **1.24** Hebraico: *1 efa*. O efa era uma medida de capacidade para secos. As estimativas variam entre 20 e 40 litros.

A Oração de Ana

2 Então Ana orou assim:

"Meu coração exulta no Senhor;
no Senhor minha força[a] é exaltada.
Minha boca se exalta
sobre os meus inimigos,
   pois me alegro em tua libertação.

[2] "Não há ninguém santo[b]
   como o Senhor;
não há outro além de ti;
não há rocha alguma
   como o nosso Deus.

[3] "Não falem tão orgulhosamente,
nem saia de sua boca tal arrogância,
pois o Senhor é Deus sábio;
é ele quem julga os atos dos homens.

[4] "O arco dos fortes é quebrado,
mas os fracos são revestidos de força.
[5] Os que tinham muito
   agora trabalham por comida,
mas os que estavam famintos
   agora não passam fome.
A que era estéril deu à luz sete filhos,
mas a que tinha muitos filhos
   ficou sem vigor.

[6] "O Senhor mata e preserva a vida;
   ele faz descer à sepultura[c] e dela
      resgata.
[7] O Senhor é quem dá
   pobreza e riqueza;
ele humilha e exalta.
[8] Levanta do pó o necessitado
   e do monte de cinzas ergue o pobre;
ele os faz sentar-se com príncipes
   e lhes dá lugar de honra.

"Pois os alicerces da terra
   são do Senhor;
sobre eles estabeleceu o mundo.
[9] Ele guardará os pés dos seus santos,
mas os ímpios
   serão silenciados nas trevas,
pois não é pela força
   que o homem prevalece.

[10] Aqueles que se opõem ao Senhor
   serão despedaçados.
Ele trovejará do céu contra eles;
   o Senhor julgará
      até os confins da terra.

"Ele dará poder a seu rei
   e exaltará a força do seu ungido".

[11] Então Elcana voltou para casa em Ramá, mas o menino começou a servir o Senhor sob a direção do sacerdote Eli.

A Maldade dos Filhos de Eli

[12] Os filhos de Eli eram ímpios; não se importavam com o Senhor [13] nem cumpriam os deveres de sacerdotes para com o povo; sempre que alguém oferecia um sacrifício, o auxiliar do sacerdote vinha com um garfo de três dentes, [14] e, enquanto a carne estava cozinhando, ele enfiava o garfo na panela, ou travessa, ou caldeirão, ou caçarola, e o sacerdote pegava para si tudo o que vinha no garfo. Assim faziam com todos os israelitas que iam a Siló. [15] Mas, antes mesmo de queimarem a gordura, vinha o auxiliar do sacerdote e dizia ao homem que estava oferecendo o sacrifício: "Dê um pedaço desta carne para o sacerdote assar; ele não aceitará de você carne cozida, somente crua".

[16] Se o homem lhe dissesse: "Deixe primeiro a gordura se queimar e então pegue o que quiser", o auxiliar respondia: "Não. Entregue a carne agora. Se não, eu a tomarei à força".

[17] O pecado desses jovens era muito grande à vista do Senhor, pois eles estavam tratando com desprezo a oferta do Senhor.

[18] Samuel, contudo, ainda menino, ministrava perante o Senhor, vestindo uma túnica de linho. [19] Todos os anos sua mãe fazia uma pequena túnica e a levava para ele, quando subia a Siló com o marido para oferecer o sacrifício anual. [20] Eli abençoava Elcana e sua mulher, dizendo: "O Senhor dê a você filhos desta mulher no lugar daquele por quem ela pediu e dedicou ao Senhor". Então voltavam para casa. [21] O Senhor foi bondoso com Ana; ela engravidou e deu à luz três filhos e duas filhas. Enquanto isso, o menino Samuel crescia na presença do Senhor.

[22] Eli, já bem idoso, ficou sabendo de tudo o que seus filhos faziam a todo o Israel e que eles se deitavam com as mulheres que serviam junto à entrada da Tenda do Encontro. [23] Por

---

[a] 2.1 Hebraico: *meu chifre*; também no versículo 10.
[b] 2.2 Ou *Não há nenhum Santo*
[c] 2.6 Hebraico: *Sheol*. Essa palavra também pode ser traduzida por *profundezas*, *pó* ou *morte*.

isso lhes perguntou: "Por que vocês fazem estas coisas? De todo o povo ouço a respeito do mal que vocês fazem. ²⁴ Não, meus filhos; não é bom o que escuto se espalhando no meio do povo do Senhor. ²⁵ Se um homem pecar contra outro homem, os juízes poderão*ᵃ* intervir em seu favor; mas, se pecar contra o Senhor, quem intercederá por ele?" Seus filhos, contudo, não deram atenção à repreensão de seu pai, pois o Senhor queria matá-los.

²⁶ E o menino Samuel continuava a crescer, sendo cada vez mais estimado pelo Senhor e pelo povo.

Profecia contra a Família de Eli

²⁷ E veio um homem de Deus a Eli e lhe disse: "Assim diz o Senhor: 'Acaso não me revelei claramente à família de seu pai, quando eles estavam no Egito, sob o domínio do faraó? ²⁸ Escolhi seu pai dentre todas as tribos de Israel para ser o meu sacerdote, subir ao meu altar, queimar incenso e usar um colete sacerdotal na minha presença. Também dei à família de seu pai todas as ofertas preparadas no fogo pelos israelitas. ²⁹ Por que vocês zombam de meu sacrifício e da oferta que determinei para a minha habitação? Por que você honra seus filhos mais do que a mim, deixando-os engordar com as melhores partes de todas as ofertas feitas por Israel, o meu povo?'

³⁰ "Portanto, o Senhor, o Deus de Israel, declara: 'Prometi à sua família e à linhagem de seu pai que ministrariam diante de mim para sempre'. Mas agora o Senhor declara: 'Longe de mim tal coisa! Honrarei aqueles que me honram, mas aqueles que me desprezam serão tratados com desprezo. ³¹ É chegada a hora em que eliminarei a sua força e a força da família*ᵇ* de seu pai, e não haverá mais nenhum idoso na sua família, ³² e você verá aflição na minha habitação. Embora Israel prospere, na sua família ninguém alcançará idade avançada. ³³ E todo descendente seu que eu não eliminar de meu altar será poupado apenas para consumir os seus olhos com lágrimas*ᶜ* e para entristecer o seu coração, e todos os seus descendentes morrerão no vigor da vida.

³⁴ " 'E o que acontecer a seus dois filhos, Hofni e Fineias, será um sinal para você: os dois morrerão no mesmo dia. ³⁵ Levantarei para mim um sacerdote fiel, que agirá de acordo com o meu coração e o meu pensamento. Edificarei firmemente a família dele, e ele ministrará sempre perante o meu rei ungido. ³⁶ Então todo o que restar da sua família virá e se prostrará perante ele, para obter uma moeda de prata e um pedaço de pão. E lhe implorará que o ponha em alguma função sacerdotal, para ter o que comer' ".

O Chamado de Samuel

3 O menino Samuel ministrava perante o Senhor, sob a direção de Eli; naqueles dias raramente o Senhor falava, e as visões não eram frequentes.

² Certa noite, Eli, cujos olhos estavam ficando tão fracos que já não conseguia mais enxergar, estava deitado em seu lugar de costume. ³ A lâmpada de Deus ainda não havia se apagado, e Samuel estava deitado no santuário do Senhor, onde se encontrava a arca de Deus. ⁴ Então o Senhor chamou Samuel.

Samuel respondeu: "Estou aqui". ⁵ E correu até Eli e disse: "Estou aqui; o senhor me chamou?"

Eli, porém, disse: "Não o chamei; volte e deite-se". Então, ele foi e se deitou.

⁶ De novo o Senhor chamou: "Samuel!" E Samuel se levantou e foi até Eli e disse: "Estou aqui; o senhor me chamou?"

Disse Eli: "Meu filho, não o chamei; volte e deite-se".

⁷ Ora, Samuel ainda não conhecia o Senhor. A palavra do Senhor ainda não lhe havia sido revelada.

⁸ O Senhor chamou Samuel pela terceira vez. Ele se levantou, foi até Eli e disse: "Estou aqui; o senhor me chamou?"

Eli percebeu que o Senhor estava chamando o menino ⁹ e lhe disse: "Vá e deite-se; se ele chamá-lo, diga: 'Fala, Senhor, pois o teu servo está ouvindo' ". Então Samuel foi deitar-se.

¹⁰ O Senhor voltou a chamá-lo como nas outras vezes: "Samuel, Samuel!"

Samuel disse: "Fala, pois o teu servo está ouvindo".

¹¹ E o Senhor disse a Samuel: "Vou realizar em Israel algo que fará tinir os ouvidos de todos os que ficarem sabendo. ¹² Nessa ocasião executarei contra Eli tudo o que falei contra sua família, do começo ao fim. ¹³ Pois eu lhe disse que julgaria sua família para sempre, por causa do pecado dos seus filhos, do qual ele tinha consciência; seus filhos se fizeram

---

ᵃ **2.25** Ou *Deus poderá*
ᵇ **2.31** Hebraico: *cortarei o seu braço e o braço da casa*.
ᶜ **2.33** Ou *cegar os olhos*; ou ainda *consumir os olhos de inveja*

desprezíveis*a*, e ele não os puniu. ¹⁴ Por isso jurei à família de Eli: 'Jamais se fará propiciação pela culpa da família de Eli mediante sacrifício ou oferta' ".

¹⁵ Samuel ficou deitado até de manhã e então abriu as portas da casa do Senhor. Ele teve medo de contar a visão a Eli, ¹⁶ mas este o chamou e disse: "Samuel, meu filho".

"Estou aqui", respondeu Samuel.

¹⁷ Eli perguntou: "O que o Senhor disse a você? Não esconda de mim. Deus o castigue, e o faça com muita severidade, se você esconder de mim qualquer coisa que ele falou". ¹⁸ Então, Samuel lhe contou tudo e nada escondeu. Então Eli disse: "Ele é o Senhor; que faça o que lhe parecer melhor".

¹⁹ Enquanto Samuel crescia, o Senhor estava com ele e fazia com que todas as suas palavras se cumprissem. ²⁰ Todo o Israel, desde Dã até Berseba, reconhecia que Samuel estava confirmado como profeta do Senhor. ²¹ O Senhor continuou aparecendo em Siló, onde havia se revelado a Samuel por meio de sua palavra.

4 E a palavra de Samuel espalhou-se por todo o Israel.

Os Filisteus Tomam a Arca

Nessa época os israelitas saíram à guerra contra os filisteus. Eles acamparam em Ebenézer e os filisteus em Afeque. ² Os filisteus dispuseram suas forças em linha para enfrentar Israel, e, intensificando-se o combate, Israel foi derrotado pelos filisteus, que mataram cerca de quatro mil deles no campo de batalha. ³ Quando os soldados voltaram ao acampamento, as autoridades de Israel perguntaram: "Por que o Senhor deixou que os filisteus nos derrotassem?" E acrescentaram: "Vamos a Siló buscar a arca da aliança do Senhor, para que ele vá conosco e nos salve das mãos de nossos inimigos".

⁴ Então mandaram trazer de Siló a arca da aliança do Senhor dos Exércitos, que tem o seu trono entre os querubins. E os dois filhos de Eli, Hofni e Fineias, acompanharam a arca da aliança de Deus.

⁵ Quando a arca da aliança do Senhor entrou no acampamento, todos os israelitas gritaram tão alto que o chão estremeceu. ⁶ Os filisteus, ouvindo os gritos, perguntaram: "O que significam todos esses gritos no acampamento dos hebreus?"

Quando souberam que a arca do Senhor viera para o acampamento, ⁷ os filisteus ficaram com medo e disseram: "Deuses chegaram ao acampamento. Ai de nós! Nunca nos aconteceu uma coisa dessas! ⁸ Ai de nós! Quem nos livrará das mãos desses deuses poderosos? São os deuses que feriram os egípcios com toda espécie de pragas, no deserto. ⁹ Sejam fortes, filisteus! Sejam homens, ou vocês se tornarão escravos dos hebreus, assim como eles foram escravos de vocês. Sejam homens e lutem!"

¹⁰ Então os filisteus lutaram, e Israel foi derrotado; cada homem fugiu para a sua tenda. O massacre foi muito grande: Israel perdeu trinta mil homens de infantaria. ¹¹ A arca de Deus foi tomada, e os dois filhos de Eli, Hofni e Fineias, morreram.

A Morte de Eli

¹² Naquele mesmo dia um benjamita correu da linha de batalha até Siló, com as roupas rasgadas e terra na cabeça. ¹³ Quando ele chegou, Eli estava sentado em sua cadeira, ao lado da estrada. Estava preocupado, pois em seu coração temia pela arca de Deus. O homem entrou na cidade, contou o que havia acontecido, e a cidade começou a gritar.

¹⁴ Eli ouviu os gritos e perguntou: "O que significa esse tumulto?"

O homem correu para contar tudo a Eli. ¹⁵ Eli tinha noventa e oito anos de idade e seus olhos estavam imóveis; ele já não conseguia enxergar. ¹⁶ O homem lhe disse: "Acabei de chegar da linha de batalha; fugi de lá hoje mesmo".

Eli perguntou: "O que aconteceu, meu filho?"

¹⁷ O mensageiro respondeu: "Israel fugiu dos filisteus, e houve uma grande matança entre os soldados. Também os seus dois filhos, Hofni e Fineias, estão mortos, e a arca de Deus foi tomada".

¹⁸ Quando ele mencionou a arca de Deus, Eli caiu da cadeira para trás, ao lado do portão, quebrou o pescoço e morreu, pois era velho e pesado. Ele liderou Israel durante quarenta anos.

¹⁹ Sua nora, a mulher de Fineias, estava grávida e perto de dar à luz. Quando ouviu a notícia de que a arca de Deus havia sido tomada e que seu sogro e seu marido estavam mortos, entrou em trabalho de parto e deu à luz, mas não resistiu às dores do parto. ²⁰ Enquanto morria, as mulheres que a ajudavam disseram:

---

a **3.13** Uma antiga tradição dos escribas hebreus e a Septuaginta dizem *filhos blasfemaram contra Deus.*

"Não se desespere; você teve um menino". Mas ela não respondeu nem deu atenção.

²¹ Ela deu ao menino o nome de Icabode[a], e disse: "A glória se foi de Israel", porque a arca fora tomada e porque o sogro e o marido haviam morrido. ²² E ainda acrescentou: "A glória se foi de Israel, pois a arca de Deus foi tomada".

A Arca em Asdode e Ecrom

5 Depois que os filisteus tomaram a arca de Deus, eles a levaram de Ebenézer para Asdode ² e a colocaram dentro do templo de Dagom, ao lado de sua estátua. ³ Quando o povo de Asdode se levantou na madrugada do dia seguinte, lá estava Dagom caído com o rosto em terra, diante da arca do Senhor! Eles levantaram Dagom e o colocaram de volta em seu lugar. ⁴ Mas, na manhã seguinte, quando se levantaram de madrugada, lá estava Dagom caído com o rosto em terra, diante da arca do Senhor! Sua cabeça e mãos tinham sido quebradas e estavam sobre a soleira; só o seu corpo ficou no lugar. ⁵ Por isso, até hoje, os sacerdotes de Dagom e todos os que entram em seu templo, em Asdode, não pisam na soleira.

⁶ Depois disso a mão do Senhor pesou sobre o povo de Asdode e dos arredores, trazendo devastação sobre eles e afligindo-os com tumores.[b] ⁷ Quando os homens de Asdode viram o que estava acontecendo, disseram: "A arca do deus de Israel não deve ficar aqui conosco, pois a mão dele pesa sobre nós e sobre nosso deus Dagom". ⁸ Então reuniram todos os governantes dos filisteus e lhes perguntaram: "O que faremos com a arca do deus de Israel?"

Eles responderam: "Levem a arca do deus de Israel para Gate". E então levaram a arca do Deus de Israel.

⁹ Mas, quando a arca chegou, a mão do Senhor castigou aquela cidade e lhe trouxe grande pânico. Ele afligiu o povo da cidade, jovens e velhos, com uma epidemia de tumores.[c] ¹⁰ Então enviaram a arca de Deus para Ecrom.

Quando a arca de Deus estava entrando na cidade de Ecrom, o povo começou a gritar: "Eles trouxeram a arca do deus de Israel para cá a fim de matar a nós e a nosso povo". ¹¹ Então reuniram todos os governantes dos filisteus e disseram: "Levem embora a arca do deus de Israel; que ela volte ao seu lugar; caso contrário ela[d] matará a nós e a nosso povo". Pois havia pânico mortal em toda a cidade; a mão de Deus pesava muito sobre ela. ¹² Aqueles que não morreram foram afligidos com tumores, e o clamor da cidade subiu até o céu.

O Retorno da Arca a Israel

6 Quando já fazia sete meses que a arca do Senhor estava em território filisteu, ² os filisteus chamaram os sacerdotes e adivinhos e disseram: "O que faremos com a arca do Senhor? Digam-nos com o que devemos mandá-la de volta a seu lugar".

³ Eles responderam: "Se vocês devolverem a arca do deus de Israel, não mandem de volta só a arca, mas enviem também uma oferta pela culpa. Então vocês serão curados e saberão por que a sua mão não tem se afastado de vocês".

⁴ Os filisteus perguntaram: "Que oferta pela culpa devemos enviar-lhe?"

Eles responderam: "Cinco tumores de ouro e cinco ratos de ouro, de acordo com o número de governantes filisteus, porquanto a mesma praga atingiu vocês e todos os seus governantes. ⁵ Façam imagens dos tumores e dos ratos que estão assolando o país e deem glória ao deus de Israel. Talvez ele alivie a mão de sobre vocês, seus deuses e sua terra. ⁶ Por que ter o coração obstinado como os egípcios e o faraó? Só quando esse deus[e] os tratou severamente, eles deixaram os israelitas seguirem o seu caminho.

⁷ "Agora, então, preparem uma carroça nova, com duas vacas que deram cria e sobre as quais nunca foi colocado jugo. Amarrem-nas à carroça, mas afastem delas os seus bezerros e ponham-nos no curral. ⁸ Coloquem a arca do Senhor sobre a carroça e ponham numa caixa ao lado os objetos de ouro que vocês estão lhe enviando como oferta pela culpa. Enviem a carroça ⁹ e fiquem observando. Se ela for para o seu próprio território, na direção de Bete-Semes, então foi o Senhor quem trouxe essa grande desgraça sobre nós. Mas, se ela não for, então saberemos que não foi a sua mão que nos atingiu e que isso aconteceu conosco por acaso".

¹⁰ E assim fizeram. Pegaram duas vacas com cria, amarraram-nas a uma carroça e prenderam

---

[a] **4.21** *Icabode* significa *glória nenhuma*.
[b] **5.6** A Septuaginta e a Vulgata acrescentam *E ratos surgiram na região, e a morte e a destruição estavam por toda a cidade*.
[c] **5.9** Ou *com tumores na virilha*
[d] **5.11** Ou *ele*
[e] **6.6** Isto é, Deus.

seus bezerros no curral. ¹¹ Colocaram a arca do Senhor na carroça e junto dela a caixa com os ratos de ouro e as imagens dos tumores. ¹² Então as vacas foram diretamente para Bete-Semes, mantendo-se na estrada e mugindo por todo o caminho; não se desviaram nem para a direita nem para a esquerda. Os governantes dos filisteus as seguiram até a fronteira de Bete-Semes.

¹³ Ora, o povo de Bete-Semes estava colhendo trigo no vale e, quando viu a arca, alegrou-se muito. ¹⁴ A carroça chegou ao campo de Josué, de Bete-Semes, e ali parou ao lado de uma grande rocha. Então cortaram a madeira da carroça e ofereceram as vacas como holocausto*ᵃ* ao Senhor. ¹⁵ Os levitas tinham descido a arca do Senhor e a caixa com os objetos de ouro e as tinham colocado sobre a grande rocha. Naquele dia, o povo de Bete-Semes ofereceu holocaustos e sacrifícios ao Senhor. ¹⁶ Os cinco governantes dos filisteus viram tudo isso e voltaram naquele mesmo dia a Ecrom.

¹⁷ Os filisteus enviaram ao Senhor como oferta pela culpa estes tumores de ouro: um por Asdode, outro por Gaza, outro por Ascalom, outro por Gate e outro por Ecrom. ¹⁸ O número dos ratos de ouro foi conforme o número das cidades filisteias que pertenciam aos cinco governantes; tanto as cidades fortificadas como os povoados do campo. A grande rocha, sobre a qual puseram*ᵇ* a arca do Senhor, é até hoje uma testemunha no campo de Josué, de Bete-Semes.

¹⁹ O Senhor, contudo, feriu alguns dos homens de Bete-Semes, matando setenta*ᶜ* deles, por terem olhado para dentro da arca do Senhor. O povo chorou por causa da grande matança que o Senhor fizera, ²⁰ e os homens de Bete-Semes perguntaram: "Quem pode permanecer na presença do Senhor, esse Deus santo? A quem enviaremos a arca, para que ele se afaste de nós?"

²¹ Então enviaram mensageiros ao povo de Quiriate-Jearim, dizendo: "Os filisteus devolveram a arca do Senhor. Venham e levem-na para vocês".

ᵃ 6.14 Isto é, sacrifício totalmente queimado; também em todo o livro de 1 Samuel.
ᵇ 6.18 Conforme alguns manuscritos do Texto Massorético. A maioria dos manuscritos do Texto Massorético diz *povoados do campo até Abel Maior, onde puseram.*
ᶜ 6.19 Conforme alguns manuscritos do Texto Massorético. A maioria dos manuscritos do Texto Massorético e a Septuaginta dizem *50.070.*

7 Os homens de Quiriate-Jearim vieram para levar a arca do Senhor. Eles a levaram para a casa de Abinadabe, na colina, e consagraram seu filho Eleazar para guardar a arca do Senhor.

Samuel Subjuga os Filisteus em Mispá

² A arca permaneceu em Quiriate-Jearim muito tempo; foram vinte anos. E todo o povo de Israel buscava o Senhor com súplicas*ᵈ*. ³ E Samuel disse a toda a nação de Israel: "Se vocês querem voltar-se para o Senhor de todo o coração, livrem-se então dos deuses estrangeiros e das imagens de Astarote, consagrem-se ao Senhor e prestem culto somente a ele, e ele os libertará das mãos dos filisteus". ⁴ Assim, os israelitas se livraram dos baalins e dos postes sagrados e começaram a prestar culto somente ao Senhor.

⁵ E Samuel prosseguiu: "Reúnam todo o Israel em Mispá, e eu intercederei ao Senhor a favor de vocês". ⁶ Quando eles se reuniram em Mispá, tiraram água e a derramaram perante o Senhor. Naquele dia jejuaram e ali disseram: "Temos pecado contra o Senhor". E foi em Mispá que Samuel liderou os israelitas como juiz.

⁷ Quando os filisteus souberam que os israelitas estavam reunidos em Mispá, os governantes dos filisteus saíram para atacá-los. Quando os israelitas souberam disso, ficaram com medo. ⁸ E disseram a Samuel: "Não pares de clamar por nós ao Senhor, o nosso Deus, para que nos salve das mãos dos filisteus". ⁹ Então Samuel pegou um cordeiro ainda não desmamado e o ofereceu inteiro como holocausto ao Senhor. Ele clamou ao Senhor em favor de Israel, e o Senhor lhe respondeu.

¹⁰ Enquanto Samuel oferecia o holocausto, os filisteus se aproximaram para combater Israel. Naquele dia, porém, o Senhor trovejou com fortíssimo estrondo contra os filisteus e os colocou em pânico, e foram derrotados por Israel. ¹¹ Os soldados de Israel saíram de Mispá e perseguiram os filisteus até um lugar abaixo de Bete-Car, matando-os pelo caminho.

¹² Então Samuel pegou uma pedra e a ergueu entre Mispá e Sem; e deu-lhe o nome de Ebenézer*ᵉ*, dizendo: "Até aqui o Senhor nos ajudou". ¹³ Assim os filisteus foram dominados e não voltaram a invadir o território israelita.

ᵈ 7.2 Hebraico: *lamentava-se após o Senhor.*
ᵉ 7.12 Ebenézer significa *pedra de ajuda.*

A mão do SENHOR esteve contra os filisteus durante toda a vida de Samuel. ¹⁴ As cidades que os filisteus haviam conquistado foram devolvidas a Israel, desde Ecrom até Gate. Israel libertou os territórios ao redor delas do poder dos filisteus. E houve também paz entre Israel e os amorreus.

¹⁵ Samuel continuou como juiz de Israel durante todos os dias de sua vida. ¹⁶ A cada ano percorria Betel, Gilgal e Mispá, decidindo as questões de Israel em todos esses lugares. ¹⁷ Mas sempre retornava a Ramá, onde ficava sua casa; ali ele liderava Israel como juiz e naquele lugar construiu um altar em honra ao SENHOR.

Israel Pede um Rei

8 Quando envelheceu, Samuel nomeou seus filhos como líderes de Israel. ² Seu filho mais velho chamava-se Joel; o segundo, Abias. Eles eram líderes em Berseba. ³ Mas os filhos dele não andaram em seus caminhos. Eles se tornaram gananciosos, aceitavam suborno e pervertiam a justiça.

⁴ Por isso todas as autoridades de Israel reuniram-se e foram falar com Samuel, em Ramá. ⁵ E disseram-lhe: "Tu já estás idoso, e teus filhos não andam em teus caminhos; escolhe agora um rei para que nos lidere, à semelhança das outras nações".

⁶ Quando, porém, disseram: "Dá-nos um rei para que nos lidere", isso desagradou a Samuel; então ele orou ao SENHOR. ⁷ E o SENHOR lhe respondeu: "Atenda a tudo o que o povo está pedindo; não foi a você que rejeitaram; foi a mim que rejeitaram como rei. ⁸ Assim como fizeram comigo desde o dia em que os tirei do Egito até hoje, abandonando-me e prestando culto a outros deuses, também estão fazendo com você. ⁹ Agora atenda-os; mas advirta-os solenemente e diga-lhes quais direitos reivindicará o rei que os governará".

¹⁰ Samuel transmitiu todas as palavras do SENHOR ao povo, que estava lhe pedindo um rei, ¹¹ dizendo: "O rei que reinará sobre vocês reivindicará como seu direito o seguinte: ele tomará os filhos de vocês para servi-lo em seus carros de guerra e em sua cavalaria e para correr à frente dos seus carros de guerra. ¹² Colocará alguns como comandantes de mil e outros como comandantes de cinquenta. Ele os fará arar as terras dele, fazer a colheita e fabricar armas de guerra e equipamentos para os seus carros de guerra. ¹³ Tomará as filhas de vocês para serem perfumistas, cozinheiras e padeiras. ¹⁴ Tomará de vocês o melhor das plantações, das vinhas e dos olivais e o dará aos criados dele. ¹⁵ Tomará um décimo dos cereais e da colheita das uvas e o dará a seus oficiais e a seus criados. ¹⁶ Também tomará de vocês para seu uso particular os servos e as servas, e o melhor do gado*ᵃ* e dos jumentos. ¹⁷ E tomará de vocês um décimo dos rebanhos, e vocês mesmos se tornarão escravos dele. ¹⁸ Naquele dia, vocês clamarão por causa do rei que vocês mesmos escolheram, e o SENHOR não os ouvirá".

¹⁹ Todavia, o povo recusou-se a ouvir Samuel e disse: "Não! Queremos ter um rei. ²⁰ Seremos como todas as outras nações; um rei nos governará, e sairá à nossa frente para combater em nossas batalhas".

²¹ Depois de ter ouvido tudo o que o povo disse, Samuel o repetiu perante o SENHOR. ²² E o SENHOR respondeu: "Atenda-os e dê-lhes um rei".

Então Samuel disse aos homens de Israel: "Volte cada um para a sua cidade".

O Encontro entre Saul e Samuel

9 Havia um homem de Benjamim, rico e influente, chamado Quis, filho de Abiel, neto de Zeror, bisneto de Becorate e trineto de Afia. ² Ele tinha um filho chamado Saul, jovem de boa aparência, sem igual entre os israelitas; os mais altos batiam nos seus ombros.

³ E aconteceu que as jumentas de Quis, pai de Saul, extraviaram-se. E ele disse a Saul: "Chame um dos servos e vá procurar as jumentas". ⁴ Eles atravessaram os montes de Efraim e a região de Salisa, mas não as encontraram. Prosseguindo, entraram no distrito de Saalim, mas as jumentas não estavam lá. Então atravessaram o território de Benjamim e mesmo assim não as encontraram.

⁵ Chegando ao distrito de Zufe, disse Saul ao seu servo: "Vamos voltar, ou meu pai deixará de pensar nas jumentas para começar a preocupar-se conosco".

⁶ O servo, contudo, respondeu: "Nesta cidade mora um homem de Deus que é muito respeitado. Tudo o que ele diz acontece. Vamos falar com ele. Talvez ele nos aponte o caminho a seguir".

⁷ Saul disse a seu servo: "Se formos, o que lhe poderemos dar? A comida de nossos sacos de

---

ᵃ **8.16** Conforme a Septuaginta. O Texto Massorético diz *jovens*.

viagem acabou. Não temos nenhum presente para levar ao homem de Deus. O que temos para oferecer?"

⁸ O servo lhe respondeu: "Tenho três gramas*ᵃ* de prata. Darei isto ao homem de Deus para que ele nos aponte o caminho a seguir". ⁹ (Antigamente em Israel, quando alguém ia consultar a Deus, dizia: "Vamos ao vidente", pois o profeta de hoje era chamado vidente.) ¹⁰ E Saul concordou: "Muito bem, vamos!" Assim, foram em direção à cidade onde estava o homem de Deus.

¹¹ Ao subirem a colina para chegar à cidade, encontraram algumas jovens que estavam saindo para buscar água e perguntaram a elas: "O vidente está na cidade?"

¹² Elas responderam: "Sim. Ele está ali adiante. Apressem-se; ele chegou hoje à nossa cidade, porque o povo vai oferecer um sacrifício no altar que há no monte. ¹³ Assim que entrarem na cidade, vocês o encontrarão antes que suba ao altar do monte para comer. O povo não começará a comer antes que ele chegue, pois ele deve abençoar o sacrifício; depois disso, os convidados irão comer. Subam agora e vocês logo o encontrarão".

¹⁴ Eles foram à cidade e, ao entrarem, Samuel vinha na direção deles a caminho do altar do monte.

¹⁵ No dia anterior à chegada de Saul, o Senhor havia revelado isto a Samuel: ¹⁶ "Amanhã, por volta desta hora, enviarei a você um homem da terra de Benjamim. Unja-o como líder sobre Israel, o meu povo; ele libertará o meu povo das mãos dos filisteus. Atentei para o meu povo, pois o seu clamor chegou a mim".

¹⁷ Quando Samuel viu Saul, o Senhor lhe disse: "Este é o homem de quem falei; ele governará o meu povo".

¹⁸ Saul aproximou-se de Samuel na entrada da cidade e lhe perguntou: "Por favor, pode me dizer onde é a casa do vidente?"

¹⁹ Respondeu Samuel: "Eu sou o vidente. Vá na minha frente para o altar, pois hoje você comerá comigo. Amanhã cedo eu contarei a você tudo o que quer saber e o deixarei ir. ²⁰ Quanto às jumentas que você perdeu há três dias, não se preocupe com elas; já foram encontradas. E a quem pertencerá tudo o que é precioso em Israel, senão a você e a toda a família de seu pai?"

²¹ Saul respondeu: "Acaso não sou eu um benjamita, da menor das tribos de Israel, e não é o meu clã o mais insignificante de todos os clãs da tribo de Benjamim? Por que estás me dizendo tudo isso?"

²² Então Samuel levou Saul e seu servo para a sala e lhes deu o lugar de honra entre os convidados, cerca de trinta pessoas. ²³ E disse ao cozinheiro: "Traga-me a porção de carne que entreguei a você e mandei reservar".

²⁴ O cozinheiro pegou a coxa do animal com o que estava sobre ela e colocou tudo diante de Saul. E disse Samuel: "Aqui está o que foi reservado para você. Coma, pois desde o momento em que eu disse: Tenho convidados, essa parte foi separada para você para esta ocasião". E Saul comeu com Samuel naquele dia.

²⁵ Depois que desceu do altar do monte para a cidade, Samuel conversou com Saul no terraço de sua casa. ²⁶ Ao romper do dia, quando se levantaram, Samuel chamou Saul no terraço e disse: "Levante-se, e eu o acompanharei, e depois você seguirá viagem". Saul se levantou e saiu com Samuel. ²⁷ Enquanto desciam para a saída da cidade, Samuel disse a Saul: "Diga ao servo que vá na frente". O servo foi e Samuel prosseguiu: "Fique você aqui um instante, para que eu dê a você uma mensagem da parte de Deus".

Saul é Ungido Rei

10 Samuel apanhou um jarro de óleo, derramou-o sobre a cabeça de Saul e o beijou, dizendo: "O Senhor o ungiu como líder da herança dele.*ᵇ* ² Hoje, quando você partir, encontrará dois homens perto do túmulo de Raquel, em Zelza, na fronteira de Benjamim. Eles dirão: 'As jumentas que você foi procurar já foram encontradas. Agora seu pai deixou de se importar com elas e está preocupado com vocês. Ele está perguntando: "Como encontrarei meu filho?"'

³ "Então, dali, você prosseguirá para o carvalho de Tabor. Três homens virão subindo ao santuário de Deus, em Betel, e encontrarão você ali. Um estará levando três cabritos, outro três pães e outro uma vasilha de couro cheia de vinho. ⁴ Eles o cumprimentarão e oferecerão a você dois pães, que você deve aceitar.

ᵇ **10.1** A Septuaginta e a Vulgata dizem *líder de Israel, o seu povo. Você reinará sobre o povo do Senhor e o salvará do poder de seus inimigos ao redor. E isto lhe será um sinal de que o Senhor o ungiu como líder sobre a herança dele.*

ᵃ **9.8** Hebraico: *1/4 de siclo.* Um siclo equivalia a 12 gramas.

⁵ "Depois você irá a Gibeá de Deus, onde há um destacamento filisteu. Ao chegar à cidade, você encontrará um grupo de profetas que virão descendo do altar do monte tocando liras, tamborins, flautas e harpas; e eles estarão profetizando. ⁶ O Espírito do SENHOR se apossará de você, e com eles você profetizará[a] e será um novo homem. ⁷ Assim que esses sinais se cumprirem, faça o que achar melhor, pois Deus está com você.

⁸ "Vá na minha frente até Gilgal. Depois eu irei também, para oferecer holocaustos e sacrifícios de comunhão[b], mas você deve esperar sete dias, até que eu chegue e diga a você o que fazer".

⁹ Quando se virou para afastar-se de Samuel, Deus mudou o coração de Saul, e todos aqueles sinais se cumpriram naquele dia. ¹⁰ Chegando a Gibeá, um grupo veio em sua direção; o Espírito de Deus se apossou dele, e ele profetizou no meio deles. ¹¹ Quando os que já o conheciam viram-no profetizando com os profetas, perguntaram uns aos outros: "O que aconteceu ao filho de Quis? Saul também está entre os profetas?"

¹² Um homem daquele lugar respondeu: "E quem é o pai deles?" De modo que isto se tornou um ditado: "Saul também está entre os profetas?" ¹³ Depois que Saul parou de profetizar, foi para o altar do monte.

¹⁴ Então o tio de Saul perguntou a ele e ao seu servo: "Aonde vocês foram?"

Ele respondeu: "Procurar as jumentas. Quando, porém, vimos que não seriam encontradas, fomos falar com Samuel".

¹⁵ "O que Samuel disse a vocês?", perguntou o tio.

¹⁶ Saul respondeu: "Ele nos garantiu que as jumentas tinham sido encontradas". Todavia, Saul não contou ao tio o que Samuel tinha dito sobre o reino.

¹⁷ Samuel convocou o povo de Israel ao SENHOR, em Mispá, ¹⁸ e disse a eles: "Assim diz o SENHOR, o Deus de Israel: 'Eu tirei Israel do Egito e libertei vocês do poder do Egito e de todos os reinos que os oprimiam'. ¹⁹ Mas vocês agora rejeitaram o Deus que os salva de todas as suas desgraças e angústias. E disseram: 'Não! Escolhe um rei para nós'. Por isso, agora, apresentem-se perante o SENHOR, de acordo com as suas tribos e os seus clãs".

²⁰ Tendo Samuel feito todas as tribos de Israel se aproximarem, a de Benjamim foi escolhida. ²¹ Então fez ir à frente a tribo de Benjamim, clã por clã, e o clã de Matri foi escolhido. Finalmente foi escolhido Saul, filho de Quis. Quando, porém, o procuraram, ele não foi encontrado. ²² Consultaram novamente o SENHOR: "Ele já chegou?"

E o SENHOR disse: "Sim, ele está escondido no meio da bagagem".

²³ Correram e o tiraram de lá. Quando ficou em pé no meio do povo, os mais altos só chegavam aos seus ombros. ²⁴ E Samuel disse a todos: "Vocês veem o homem que o SENHOR escolheu? Não há ninguém como ele no meio de todo o povo".

Então todos gritaram: "Viva o rei!"

²⁵ Samuel expôs ao povo as leis do reino. Ele as escreveu num livro e o pôs perante o SENHOR. Depois disso, Samuel mandou o povo de volta para as suas casas.

²⁶ Saul também foi para sua casa em Gibeá, acompanhado por guerreiros, cujo coração Deus tinha tocado. ²⁷ Alguns vadios, porém, disseram: "Como este homem pode nos salvar?" Desprezaram-no e não lhe trouxeram presente algum. Mas Saul ficou calado.

Saul Liberta a Cidade de Jabes

11 O amonita Naás avançou contra a cidade de Jabes-Gileade e a cercou. E os homens de Jabes lhe disseram: "Faça um tratado conosco, e nos sujeitaremos a você".

² Contudo, Naás, o amonita, respondeu: "Só farei um tratado com vocês sob a condição de que eu arranque o olho direito de cada um de vocês e assim humilhe todo o Israel".

³ As autoridades de Jabes lhe disseram: "Dê-nos sete dias para que possamos enviar mensageiros a todo o Israel; se ninguém vier nos socorrer, nós nos renderemos".

⁴ Quando os mensageiros chegaram a Gibeá, cidade de Saul, e relataram essas coisas ao povo, todos choraram em alta voz. ⁵ Naquele momento, Saul estava trazendo o gado do campo e perguntou: "O que há com o povo? Por que estão chorando?" Então lhe contaram o que os homens de Jabes tinham dito.

⁶ Quando Saul ouviu isso, o Espírito de Deus apoderou-se dele, e ele ficou furioso. ⁷ Apanhou dois bois, cortou-os em pedaços e, por meio dos mensageiros, enviou os pedaços a todo o

---

[a] **10.6** Ou *você estará em transe*; também no versículo 10 e em 19.24. Veja 18.10.
[b] **10.8** Ou *de paz*

Israel, proclamando: "Isto é o que acontecerá aos bois de quem não seguir Saul e Samuel". Então o temor do Senhor caiu sobre o povo, e eles vieram unânimes. ⁸ Quando Saul os reuniu em Bezeque, havia trezentos mil homens de Israel e trinta mil de Judá.

⁹ E disseram aos mensageiros de Jabes: "Digam aos homens de Jabes-Gileade: 'Amanhã, na hora mais quente do dia, haverá libertação para vocês' ". Quando relataram isso aos habitantes de Jabes, eles se alegraram. ¹⁰ Então, os homens de Jabes disseram aos amonitas: "Amanhã nós nos renderemos a vocês, e poderão fazer conosco o que quiserem".

¹¹ No dia seguinte, Saul dividiu seus soldados em três grupos; entraram no acampamento amonita na alta madrugada e os mataram até a hora mais quente do dia. Aqueles que sobreviveram se dispersaram de tal modo que não ficaram dois juntos.

Saul Confirmado como Rei

¹² Então o povo disse a Samuel: "Quem foi que perguntou: 'Será que Saul vai reinar sobre nós?' Traze-nos esses homens, e nós os mataremos".

¹³ Saul, porém, disse: "Hoje ninguém será morto, pois neste dia o Senhor trouxe libertação a Israel".

¹⁴ Então Samuel disse ao povo: "Venham, vamos a Gilgal e reafirmemos ali o reino". ¹⁵ Assim, todo o povo foi a Gilgal e proclamou Saul como rei na presença do Senhor. Ali ofereceram sacrifícios de comunhão*ᵃ* ao Senhor, e Saul e todos os israelitas tiveram momentos de grande alegria.

A Palavra de Despedida de Samuel

12 Samuel disse a todo o Israel: "Atendi a tudo o que vocês me pediram e estabeleci um rei para vocês. ² Agora vocês têm um rei que os governará. Quanto a mim, estou velho e de cabelos brancos, e meus filhos estão aqui com vocês. Tenho vivido diante de vocês desde a minha juventude até agora. ³ Aqui estou. Se tomei um boi ou um jumento de alguém, ou se explorei ou oprimi alguém, ou se das mãos de alguém aceitei suborno, fechando os olhos para a sua culpa, testemunhem contra mim na presença do Senhor e do seu ungido. Se alguma dessas coisas pratiquei, eu farei restituição".

⁴ E responderam: "Tu não nos exploraste nem nos oprimiste. Tu não tiraste coisa alguma das mãos de ninguém".

⁵ Samuel lhes disse: "O Senhor é testemunha diante de vocês, como também o seu ungido é hoje testemunha, de que vocês não encontraram culpa alguma em minhas mãos".

E disseram: "Ele é testemunha".

⁶ Então Samuel disse ao povo: "O Senhor designou Moisés e Arão e tirou os seus antepassados do Egito. ⁷ Agora, pois, fiquem aqui, porque vou entrar em julgamento com vocês perante o Senhor, com base nos atos justos realizados pelo Senhor em favor de vocês e dos seus antepassados.

⁸ "Depois que Jacó entrou no Egito, eles clamaram ao Senhor, e ele enviou Moisés e Arão para tirar os seus antepassados do Egito e os estabelecer neste lugar.

⁹ "Seus antepassados, porém, se esqueceram do Senhor seu Deus; então ele os vendeu a Sísera, o comandante do exército de Hazor, aos filisteus e ao rei de Moabe, que lutaram contra eles. ¹⁰ Eles clamaram ao Senhor, dizendo: 'Pecamos, abandonando o Senhor e prestando culto aos baalins e aos postes sagrados. Agora, porém, liberta-nos das mãos dos nossos inimigos, e nós prestaremos culto a ti'. ¹¹ Então o Senhor enviou Jerubaal*ᵇ*, Baraque*ᶜ*, Jefté e Samuel*ᵈ*, e os libertou das mãos dos inimigos que os rodeavam, de modo que vocês viveram em segurança.

¹² "Quando porém, vocês viram que Naás, rei dos amonitas, estava avançando contra vocês, me disseram: 'Não! Escolha um rei para nós', embora o Senhor, o seu Deus, fosse o rei. ¹³ Agora, aqui está o rei que vocês escolheram, aquele que vocês pediram; o Senhor deu um rei a vocês. ¹⁴ Se vocês temerem, servirem, obedecerem ao Senhor e não se rebelarem contra suas ordens e se vocês e o rei que reinar sobre vocês seguirem o Senhor, o seu Deus, tudo irá bem a vocês! ¹⁵ Todavia, se vocês desobedecerem ao Senhor e se rebelarem contra o seu mandamento, sua mão se oporá a vocês da mesma forma como se opôs aos seus antepassados.

ᵃ **11.15** Ou *de paz*

ᵇ **12.11** Também chamado *Gideão*.

ᶜ **12.11** Conforme alguns manuscritos da Septuaginta e a Versão Siríaca. O Texto Massorético diz *Bedã*.

ᵈ **12.11** Alguns manuscritos da Septuaginta e a Versão Siríaca dizem *Sansão*.

¹⁶ "Agora, preparem-se para ver este grande feito que o Senhor vai realizar diante de vocês! ¹⁷ Não estamos na época da colheita do trigo? Pedirei ao Senhor que envie trovões e chuva para que vocês reconheçam que fizeram o que o Senhor reprova totalmente, quando pediram um rei".

¹⁸ Então Samuel clamou ao Senhor, e naquele mesmo dia o Senhor enviou trovões e chuva. E assim todo o povo temeu grandemente ao Senhor e a Samuel.

¹⁹ E todo o povo disse a Samuel: "Ora ao Senhor, o teu Deus, em favor dos teus servos, para que não morramos, pois a todos os nossos pecados acrescentamos o mal de pedir um rei".

²⁰ Respondeu Samuel: "Não tenham medo. De fato, vocês fizeram todo esse mal. Contudo, não deixem de seguir o Senhor, mas sirvam ao Senhor de todo o coração. ²¹ Não se desviem, para seguir ídolos inúteis, que de nada valem nem podem livrá-los, pois são inúteis. ²² Por causa de seu grande nome, o Senhor não os rejeitará, pois o Senhor teve prazer em torná-los o seu próprio povo. ²³ E longe de mim esteja pecar contra o Senhor, deixando de orar por vocês. Também ensinarei a vocês o caminho que é bom e direito. ²⁴ Somente temam ao Senhor e sirvam a ele fielmente de todo o coração; e considerem as grandes coisas que ele tem feito por vocês. ²⁵ Todavia, se insistirem em fazer o mal, vocês e o seu rei serão destruídos".

12.22 A reação apropriada de alguém que peca não é afastar-se de Deus com falsa humildade, que no fundo pode nascer do orgulho de quem pensa ser bom o bastante segundo seus critérios de justiça e que se envergonha de ter ofendido Deus, mas sem sentir arrependimento. A reação adequada está expressa no versículo 20: "sirvam ao Senhor de todo o coração". Em outras palavras, levantar-se, sacudir e limpar a sujeira e aproximar-se dele mais do que nunca. É isto o que deseja Deus em sua santidade: que confiemos em sua justiça, não na nossa. Tudo o que somos e temos deve-se ao fato de o Senhor ter decidido fazer-nos seu povo (v. 22). Essa foi a diferença fundamental entre Simão Pedro e Judas Iscariotes.

Samuel Repreende Saul

13 Saul tinha trinta[a] anos de idade quando começou a reinar e reinou sobre Israel quarenta[b] e dois anos.

² Saul[c] escolheu três mil homens de Israel; dois mil ficaram com ele em Micmás e nos montes de Betel e mil ficaram com Jônatas em Gibeá de Benjamim. O restante dos homens ele mandou de volta para suas tendas.

³ Jônatas atacou os destacamentos dos filisteus em Gibeá[d], e os filisteus foram informados disso. Então Saul mandou tocar a trombeta por todo o país, dizendo: "Que os hebreus fiquem sabendo disto!" ⁴ E todo o Israel ouviu a notícia de que Saul tinha atacado o destacamento dos filisteus, atraindo o ódio dos filisteus sobre Israel[e]. Então os homens foram convocados para se unirem a Saul em Gilgal.

⁵ Os filisteus reuniram-se para lutar contra Israel com três mil[f] carros de guerra, seis mil condutores de carros e tantos soldados quanto a areia da praia. Eles foram a Micmás, a leste de Bete-Áven, e lá acamparam. ⁶ Quando os soldados de Israel viram que a situação era difícil e que o seu exército estava sendo muito pressionado, esconderam-se em cavernas e buracos, entre as rochas e em poços e cisternas. ⁷ Alguns hebreus até atravessaram o Jordão para chegar à terra de Gade e de Gileade.

Saul ficou em Gilgal, e os soldados que estavam com ele tremiam de medo. ⁸ Ele esperou sete dias, o prazo estabelecido por Samuel; mas este não chegou a Gilgal, e os soldados de Saul começaram a se dispersar. ⁹ E ele ordenou: "Tragam-me o holocausto e os sacrifícios de comunhão[g]". Saul então ofereceu o holocausto; ¹⁰ quando terminou de oferecê-lo, Samuel chegou, e Saul foi saudá-lo.

¹¹ Perguntou-lhe Samuel: "O que você fez?"

Saul respondeu: "Quando vi que os soldados estavam se dispersando e que não tinhas

---

[a] **13.1** Conforme alguns manuscritos da Septuaginta. O Texto Massorético não traz *trinta*.
[b] **13.1** Veja o número arredondado em At 13.21. O Texto Massorético não traz *quarenta*.
[c] **13.1,2** Ou *com dois anos de reinado, 2Saul*
[d] **13.3** Conforme dois manuscritos do Texto Massorético. A maioria dos manuscritos do Texto Massorético diz *Geba*, variante de *Gibeá*; também no versículo 16.
[e] **13.4** Hebraico: *transformando Israel em mau cheiro para os filisteus*.
[f] **13.5** Conforme alguns manuscritos da Septuaginta e a Versão Siríaca. O Texto Massorético diz *trinta mil*.
[g] **13.9** Ou *de paz*

chegado no prazo estabelecido, e que os filisteus estavam reunidos em Micmás, ¹² pensei: Agora, os filisteus me atacarão em Gilgal, e eu não busquei o Senhor. Por isso senti-me obrigado a oferecer o holocausto".

¹³ Disse Samuel: "Você agiu como tolo, desobedecendo ao mandamento que o Senhor, o seu Deus, deu a você; se tivesse obedecido, ele teria estabelecido para sempre o seu reinado sobre Israel. ¹⁴ Mas agora o seu reinado não permanecerá; o Senhor procurou um homem segundo o seu coração e o designou líder de seu povo, pois você não obedeceu ao mandamento do Senhor".

¹⁵ Então Samuel partiu de Gilgal*ᵃ* e foi a Gibeá de Benjamim, e Saul contou os soldados que estavam com ele. Eram cerca de seiscentos.

A Desvantagem Militar de Israel

¹⁶ Saul e seu filho Jônatas, acompanhados de seus soldados, ficaram em Gibeá de Benjamim, enquanto os filisteus estavam acampados em Micmás. ¹⁷ Uma tropa de ataque saiu do acampamento filisteu em três divisões. Uma foi em direção a Ofra, nos arredores de Sual, ¹⁸ outra em direção a Bete-Horom, e a terceira em direção à região fronteiriça de onde se avista o vale de Zeboim, diante do deserto.

¹⁹ Naquela época não havia nem mesmo um único ferreiro em toda a terra de Israel, pois os filisteus não queriam que os hebreus fizessem espadas e lanças. ²⁰ Assim, eles tinham que ir aos filisteus para afiar seus arados, enxadas, machados e foices*ᵇ*. ²¹ O preço para afiar rastelos e enxadas era oito gramas*ᶜ* de prata, e quatro gramas*ᵈ* de prata para afiar tridentes, machados e pontas de aguilhadas.

²² Por isso, no dia da batalha, nenhum soldado de Saul e Jônatas tinha espada ou lança nas mãos, exceto o próprio Saul e seu filho Jônatas.

Jônatas Ataca os Filisteus

²³ Aconteceu que um destacamento filisteu foi para o desfiladeiro de Micmás.

ᵃ **13.15** A Septuaginta diz *Gilgal e seguiu seu caminho; o restante do povo foi com Saul encontrar-se com o exército, e saíram de Gilgal.*
ᵇ **13.20** Conforme a Septuaginta. O Texto Massorético diz *arados.*
ᶜ **13.21** Hebraico: *1 pim.*
ᵈ **13.21** Hebraico: *1/3 de siclo.* Um siclo equivalia a 12 gramas.

13.14 Como podemos chegar a ser alguém "segundo o coração de Deus"? Sendo alguém que se dedica a ele e que não confia em sua própria justificação, mas na que Jesus obteve ao derramar seu sangue e dar sua vida por nós. Davi não é um exemplo do inatingível; muito menos depois de o Espírito Santo ter sido derramado sobre os cristãos no dia de Pentecoste. Da mesma maneira, o discípulo fiel vai sendo transformado aos poucos em alguém "segundo o coração de Deus" à medida que se torna mais semelhante a Cristo.

14 Certo dia, Jônatas, filho de Saul, disse ao seu jovem escudeiro: "Vamos ao destacamento filisteu, do outro lado". Ele, porém, não contou isso a seu pai.

² Saul estava sentado debaixo de uma romãzeira na fronteira de Gibeá, em Migrom. Com ele estavam uns seiscentos soldados, ³ entre os quais Aías, que levava o colete sacerdotal. Ele era filho de Aitube, irmão de Icabode, filho de Fineias e neto de Eli, o sacerdote do Senhor em Siló. Ninguém sabia que Jônatas havia saído.

⁴ Em cada lado do desfiladeiro que Jônatas pretendia atravessar para chegar ao destacamento filisteu, havia um penhasco íngreme; um se chamava Bozez; o outro, Sené. ⁵ Havia um penhasco ao norte, na direção de Micmás, e outro ao sul, na direção de Geba.

⁶ E Jônatas disse a seu escudeiro: "Vamos ao destacamento daqueles incircuncisos. Talvez o Senhor aja em nosso favor, pois nada pode impedir o Senhor de salvar, seja com muitos seja com poucos".

⁷ Disse o seu escudeiro: "Faze tudo o que tiveres em mente; eu irei contigo".

⁸ Jônatas disse: "Venha, vamos atravessar na direção dos soldados e deixaremos que nos avistem. ⁹ Se nos disserem: 'Esperem aí até que cheguemos perto', ficaremos onde estivermos e não avançaremos. ¹⁰ Mas, se disserem: 'Subam até aqui', subiremos, pois este será um sinal para nós de que o Senhor os entregou em nossas mãos".

¹¹ Então os dois se deixaram ver pelo destacamento dos filisteus, que disseram: "Vejam, os hebreus estão saindo dos buracos onde estavam escondidos". ¹² E gritaram para Jônatas

e seu escudeiro: "Subam até aqui e daremos uma lição em vocês".

Diante disso, Jônatas disse a seu escudeiro: "Siga-me; o Senhor os entregou nas mãos de Israel".

¹³ Jônatas escalou o desfiladeiro, usando as mãos e os pés, e o escudeiro foi logo atrás. Jônatas os derrubava e seu escudeiro, logo atrás dele, os matava. ¹⁴ Naquele primeiro ataque, Jônatas e seu escudeiro mataram cerca de vinte homens numa pequena área de terra[a].

A Vitória de Israel sobre os Filisteus

¹⁵ Então caiu terror sobre todo o exército, tanto sobre os que estavam no acampamento e no campo como sobre os que estavam nos destacamentos, e até mesmo nas tropas de ataque. O chão tremeu e houve um pânico terrível[b].

¹⁶ As sentinelas de Saul em Gibeá de Benjamim viram o exército filisteu se dispersando, correndo em todas as direções. ¹⁷ Então Saul disse aos seus soldados: "Contem os soldados e vejam quem está faltando". Quando o fizeram, viram que Jônatas e seu escudeiro não estavam presentes.

¹⁸ Saul ordenou a Aías: "Traga a arca de Deus". Naquele tempo ela estava com os israelitas.[c] ¹⁹ Enquanto Saul falava com o sacerdote, o tumulto no acampamento filisteu ia crescendo cada vez mais. Então Saul disse ao sacerdote: "Não precisa trazer a arca"[d].

²⁰ Na mesma hora Saul e todos os soldados se reuniram e foram para a batalha. Encontraram os filisteus em total confusão, ferindo uns aos outros com suas espadas. ²¹ Alguns hebreus que antes estavam do lado dos filisteus e que com eles tinham ido ao acampamento filisteu, passaram para o lado dos israelitas que estavam com Saul e Jônatas. ²² Quando todos os israelitas que haviam se escondido nos montes de Efraim ouviram que os filisteus batiam em retirada, também entraram na batalha, perseguindo-os. ²³ Assim o Senhor concedeu vitória a Israel naquele dia, e a batalha se espalhou para além de Bete-Áven.

O Juramento Impensado de Saul

²⁴ Os homens de Israel estavam exaustos naquele dia, pois Saul lhes havia imposto um juramento, dizendo: "Maldito seja todo o que comer antes do anoitecer, antes que eu tenha me vingado de meus inimigos!" Por isso ninguém tinha comido nada.

²⁵ O exército inteiro entrou num bosque, onde havia mel no chão. ²⁶ Eles viram o mel escorrendo, contudo ninguém comeu, pois temiam o juramento. ²⁷ Jônatas, porém, não sabia do juramento que seu pai havia imposto ao exército, de modo que estendeu a ponta da vara que tinha na mão e a molhou no favo de mel. Quando comeu, seus olhos brilharam[e]. ²⁸ Então um dos soldados lhe disse: "Seu pai impôs ao exército um juramento severo, dizendo: 'Maldito seja todo o que comer hoje!' Por isso os homens estão exaustos".

²⁹ Jônatas disse: "Meu pai trouxe desgraça para nós. Veja como meus olhos brilham[f] desde que provei um pouco deste mel. ³⁰ Como teria sido bem melhor se os homens tivessem comido hoje um pouco do que tomaram dos seus inimigos. A matança de filisteus não teria sido ainda maior?"

³¹ Naquele dia, depois de derrotarem os filisteus, desde Micmás até Aijalom, os israelitas estavam completamente exaustos. ³² Eles então se lançaram sobre os despojos e pegaram ovelhas, bois e bezerros; mataram-nos ali mesmo e comeram a carne com o sangue. ³³ E alguém disse a Saul: "Veja, os soldados estão pecando contra o Senhor, comendo carne com sangue".

Ele disse: "Vocês foram infiéis. Rolem uma grande pedra até aqui. ³⁴ Saiam entre os soldados e digam-lhes: Cada um traga a mim seu boi ou sua ovelha, abatam-nos e comam a carne aqui. Não pequem contra o Senhor comendo carne com sangue".

Assim, cada um levou seu boi naquela noite e ali o abateu. ³⁵ Então, Saul edificou um altar para o Senhor; foi a primeira vez que fez isso.

³⁶ Saul disse ainda: "Desçamos atrás dos filisteus à noite; vamos saqueá-los até o amanhecer e não deixemos vivo nem um só deles".

Eles responderam: "Faze o que achares melhor".

O sacerdote, porém, disse: "Consultemos aqui a Deus".

³⁷ Então Saul perguntou a Deus: "Devo perseguir os filisteus? Tu os entregarás nas mãos de Israel?" Mas naquele dia Deus não lhe respondeu.

---

[a] 14.14 Isto é, a terra arada por um jugo de bois num dia.
[b] 14.15 Ou *um pânico de Deus*
[c] 14.18 A Septuaginta diz *"Traga o colete sacerdotal"*. Naquele tempo ele usava o colete sacerdotal diante dos israelitas.
[d] 14.19 Hebraico: ⊠*Retire a sua mão*⊠.
[e] 14.27 Ou *suas forças se renovaram*
[f] 14.29 Ou *como minhas forças se renovaram*

⁳⁸ Disse então Saul: "Venham cá, todos vocês que são líderes do exército, e descubramos que pecado foi cometido hoje. ³⁹ Juro pelo nome do Senhor, o libertador de Israel; mesmo que seja meu filho Jônatas, ele morrerá". Mas ninguém disse uma só palavra.

⁴⁰ A seguir disse Saul a todos os israelitas: "Fiquem vocês de um lado; eu e meu filho Jônatas ficaremos do outro".

E eles responderam: "Faze o que achares melhor".

⁴¹ E Saul orou ao Senhor, ao Deus de Israel: "Dá-me a resposta certa"ᵃ. A sorte caiu em Jônatas e Saul, e os soldados saíram livres. ⁴² Saul disse: "Lancem sortes entre mim e meu filho Jônatas". E Jônatas foi indicado.

⁴³ Então Saul disse a Jônatas: "Diga-me o que você fez".

E Jônatas lhe contou: "Eu provei um pouco de mel com a ponta de minha vara. Estou pronto para morrer".

⁴⁴ Saul disse: "Que Deus me castigue com todo rigor, caso você não morra, Jônatas!"

⁴⁵ Os soldados, porém, disseram a Saul: "Será que Jônatas, que trouxe esta grande libertação para Israel, deve morrer? Nunca! Juramos pelo nome do Senhor: Nem um só cabelo de sua cabeça cairá ao chão, pois o que ele fez hoje foi com o auxílio de Deus". Então os homens resgataram Jônatas, e ele não foi morto.

⁴⁶ E Saul parou de perseguir os filisteus, e eles voltaram para a sua própria terra.

⁴⁷ Quando Saul assumiu o reinado sobre Israel, lutou contra os seus inimigos em redor: moabitas, amonitas, edomitas, os reisᵇ de Zobá e os filisteus. Para qualquer lado que fosse, infligia-lhes castigoᶜ. ⁴⁸ Lutou corajosamente e derrotou os amalequitas, libertando Israel das mãos daqueles que os saqueavam.

A Família de Saul

⁴⁹ Os filhos de Saul foram Jônatas, Isvi e Malquisua. O nome de sua filha mais velha era Merabe, e o da mais nova era Mical. ⁵⁰ Sua mulher chamava-se Ainoã e era filha de Aimaás. O nome do comandante do exército de Saul era Abner, filho de Ner, tio de Saul. ⁵¹ Quis, pai de Saul, e Ner, pai de Abner, eram filhos de Abiel.

⁵² Houve guerra acirrada contra os filisteus durante todo o reinado de Saul. Por isso, sempre que Saul conhecia um homem forte e corajoso, alistava-o no seu exército.

O Senhor Rejeita Saul como Rei

15 Samuel disse a Saul: "Eu sou aquele a quem o Senhor enviou para ungi-lo como rei de Israel, o povo dele; por isso escute agora a mensagem do Senhor. ² Assim diz o Senhor dos Exércitos: 'Castigarei os amalequitas pelo que fizeram a Israel, atacando-o quando saía do Egito. ³ Agora vão, ataquem os amalequitas e consagrem ao Senhor para destruição tudo o que lhes pertence. Não os poupem; matem homens, mulheres, crianças, recém-nascidos, bois, ovelhas, camelos e jumentos' ".

⁴ Então convocou Saul os homens e os reuniu em Telaim: duzentos mil soldados de infantaria e dez mil homens de Judá. ⁵ Saul foi à cidade de Amaleque e armou uma emboscada no vale. ⁶ Depois disse aos queneus: "Retirem-se, saiam do meio dos amalequitas para que eu não os destrua com eles; pois vocês foram bondosos com os israelitas, quando eles estavam vindo do Egito". Então os queneus saíram do meio dos amalequitas.

⁷ E Saul atacou os amalequitas por todo o caminho, desde Havilá até Sur, a leste do Egito. ⁸ Capturou vivo Agague, rei dos amalequitas, e exterminou o seu povo. ⁹ Mas Saul e o exército pouparam Agague e o melhor das ovelhas e dos bois, os bezerros gordos e os cordeiros. Pouparam tudo o que era bom, mas tudo o que era desprezível e inútil destruíram por completo.

¹⁰ Então o Senhor falou a Samuel: ¹¹ "Arrependo-me de ter posto Saul como rei, pois ele me abandonou e não seguiu as minhas instruções". Samuel ficou irado e clamou ao Senhor toda aquela noite.

¹² De madrugada Samuel foi ao encontro de Saul, mas lhe disseram: "Saul foi para o Carmelo, onde ergueu um monumento em sua própria honra e depois foi para Gilgal".

¹³ Quando Samuel o encontrou, Saul disse: "O Senhor te abençoe! Eu segui as instruções do Senhor".

¹⁴ Samuel, porém, perguntou: "Então que balido de ovelhas é esse que ouço com meus próprios ouvidos? Que mugido de bois é esse que estou ouvindo?"

ᵃ **14.41** A Septuaginta diz *"Por que não respondeste a teu servo hoje? Se a falta está em mim ou no meu filho Jônatas, responde pelo Urim, mas, se os homens de Israel pecaram, responde pelo Tumim".*

ᵇ **14.47** Os manuscritos do mar Morto e a Septuaginta dizem *o rei.*

ᶜ **14.47** A Septuaginta diz *era vitorioso.*

¹⁵ Respondeu Saul: "Os soldados os trouxeram dos amalequitas; eles pouparam o melhor das ovelhas e dos bois para sacrificarem ao Senhor, o teu Deus, mas destruímos totalmente o restante".

¹⁶ Samuel disse a Saul: "Fique quieto! Eu direi a você o que o Senhor me falou esta noite".

Respondeu Saul: "Dize-me".

¹⁷ E Samuel disse: "Embora pequeno aos seus próprios olhos, você não se tornou o líder das tribos de Israel? O Senhor o ungiu como rei sobre Israel ¹⁸ e o enviou numa missão, ordenando: 'Vá e destrua completamente aquele povo ímpio, os amalequitas; guerreie contra eles até que os tenha eliminado'. ¹⁹ Por que você não obedeceu ao Senhor? Por que se lançou sobre os despojos e fez o que o Senhor reprova?"

²⁰ Disse Saul: "Mas eu obedeci ao Senhor! Cumpri a missão que o Senhor me designou. Trouxe Agague, o rei dos amalequitas, mas exterminei os amalequitas. ²¹ Os soldados tomaram ovelhas e bois do despojo, o melhor do que estava consagrado a Deus para destruição, a fim de os sacrificarem ao Senhor, o seu Deus, em Gilgal".

²² Samuel, porém, respondeu:

"Acaso tem o Senhor tanto prazer
  em holocaustos e em sacrifícios
quanto em que se obedeça
  à sua palavra?
A obediência é melhor
  do que o sacrifício,
e a submissão é melhor
  do que a gordura de carneiros.
²³ Pois a rebeldia
  é como o pecado da feitiçaria;
a arrogância, como o mal da idolatria.
Assim como você rejeitou
  a palavra do Senhor,
  ele o rejeitou como rei".

²⁴ "Pequei", disse Saul. "Violei a ordem do Senhor e as instruções que tu me deste. Tive medo dos soldados e os atendi. ²⁵ Agora eu te imploro, perdoa o meu pecado e volta comigo, para que eu adore o Senhor".

²⁶ Samuel, contudo, lhe disse: "Não voltarei com você. Você rejeitou a palavra do Senhor, e o Senhor o rejeitou como rei de Israel!"

²⁷ Quando Samuel se virou para sair, Saul agarrou-se à barra do manto dele, e o manto se rasgou. ²⁸ E Samuel lhe disse: "O Senhor rasgou de você, hoje, o reino de Israel, e o entregou a alguém que é melhor que você. ²⁹ Aquele que é a Glória de Israel não mente nem se arrepende, pois não é homem para se arrepender".

³⁰ Saul repetiu: "Pequei. Agora, honra-me perante as autoridades do meu povo e perante Israel; volta comigo, para que eu possa adorar o Senhor, o teu Deus". ³¹ E assim Samuel voltou com ele, e Saul adorou o Senhor.

³² Então Samuel disse: "Traga-me Agague, o rei dos amalequitas".

Agague veio confiante, pensando*a*: "Com certeza já passou a amargura da morte".

³³ Samuel, porém, disse:

"Assim como a sua espada
  deixou mulheres sem filhos,
também sua mãe, entre as mulheres,
  ficará sem o seu filho".

E Samuel despedaçou Agague perante o Senhor, em Gilgal.

³⁴ Então Samuel partiu para Ramá, e Saul foi para a sua casa, em Gibeá de Saul. ³⁵ Nunca mais Samuel viu Saul, até o dia de sua morte, embora se entristecesse por causa dele porque o Senhor se arrependera de ter estabelecido Saul como rei de Israel.

Samuel Unge Davi

16 O Senhor disse a Samuel: "Até quando você irá se entristecer por causa de Saul? Eu o rejeitei como rei de Israel. Encha um chifre com óleo e vá a Belém; eu o enviarei a Jessé. Escolhi um de seus filhos para fazê-lo rei".

² Samuel, porém, disse: "Como poderei ir? Saul saberá disto e me matará".

O Senhor disse: "Leve um novilho com você e diga que foi sacrificar ao Senhor. ³ Convide Jessé para o sacrifício, e eu mostrarei a você o que fazer. Você irá ungir para mim aquele que eu indicar".

⁴ Samuel fez o que o Senhor disse. Quando chegou a Belém, as autoridades da cidade foram encontrar-se com ele, tremendo de medo, e perguntaram: "Vens em paz?"

⁵ Respondeu Samuel: "Sim, venho em paz; vim sacrificar ao Senhor. Consagrem-se e venham ao sacrifício comigo". Então ele consagrou Jessé e os filhos dele e os convidou para o sacrifício.

---

a **15.32** Ou *veio tremendo, mas ao mesmo tempo pensava*

⁶ Quando chegaram, Samuel viu Eliabe e pensou: "Com certeza é este que o Senhor quer ungir".

⁷ O Senhor, contudo, disse a Samuel: "Não considere sua aparência nem sua altura, pois eu o rejeitei. O Senhor não vê como o homem: o homem vê a aparência, mas o Senhor vê o coração".

⁸ Então Jessé chamou Abinadabe e o levou a Samuel. Ele, porém, disse: "O Senhor também não escolheu este". ⁹ Em seguida Jessé levou Samá a Samuel, mas este disse: "Também não foi este que o Senhor escolheu". ¹⁰ Jessé levou a Samuel sete de seus filhos, mas Samuel lhe disse: "O Senhor não escolheu nenhum destes". ¹¹ Então perguntou a Jessé: "Estes são todos os filhos que você tem?"

Jessé respondeu: "Ainda tenho o caçula, mas ele está cuidando das ovelhas".

Samuel disse: "Traga-o aqui; não nos sentaremos para comer enquanto ele não chegar".

¹² Jessé mandou chamá-lo, e ele veio. Ele era ruivo*ᵃ*, de belos olhos e boa aparência.

Então o Senhor disse a Samuel: "É este! Levante-se e unja-o".

¹³ Samuel apanhou o chifre cheio de óleo e o ungiu na presença de seus irmãos, e, a partir daquele dia, o Espírito do Senhor apoderou-se de Davi. E Samuel voltou para Ramá.

Davi a Serviço de Saul

¹⁴ O Espírito do Senhor se retirou de Saul, e um espírito maligno, vindo da parte do Senhor, o atormentava.

¹⁵ Os oficiais de Saul lhe disseram: "Há um espírito maligno*ᵇ*, mandado por Deus, te atormentando. ¹⁶ Que o nosso soberano mande estes seus servos procurar um homem que saiba tocar harpa. Quando o espírito maligno, vindo da parte de Deus, se apoderar de ti, o homem tocará harpa e tu te sentirás melhor".

¹⁷ E Saul respondeu aos que o serviam: "Encontrem alguém que toque bem e tragam-no até aqui".

¹⁸ Um dos oficiais respondeu: "Conheço um filho de Jessé, de Belém, que sabe tocar harpa. É um guerreiro valente, sabe falar bem, tem boa aparência e o Senhor está com ele".

¹⁹ Então Saul mandou mensageiros a Jessé com a seguinte mensagem: "Envie-me seu filho Davi, que cuida das ovelhas". ²⁰ Jessé apanhou um jumento e o carregou de pães, uma vasilha de couro cheia de vinho e um cabrito e os enviou a Saul por meio de Davi, seu filho.

²¹ Davi apresentou-se a Saul e passou a trabalhar para ele. Saul gostou muito dele, e Davi tornou-se seu escudeiro. ²² Então Saul enviou a seguinte mensagem a Jessé: "Deixe que Davi continue trabalhando para mim, pois estou satisfeito com ele".

²³ Sempre que o espírito mandado por Deus se apoderava de Saul, Davi apanhava sua harpa e tocava. Então Saul sentia alívio e melhorava, e o espírito maligno o deixava.

Davi e Golias

17 Os filisteus juntaram suas forças para a guerra e se reuniram em Socó, de Judá. E acamparam em Efes-Damim, entre Socó e Azeca. ² Saul e os israelitas reuniram-se e acamparam no vale de Elá, posicionando-se em linha de batalha para enfrentar os filisteus. ³ Os filisteus ocuparam uma colina e os israelitas outra, estando o vale entre eles.

⁴ Um guerreiro chamado Golias, que era de Gate, veio do acampamento filisteu. Tinha dois metros e noventa centímetros*ᶜ* de altura. ⁵ Ele usava um capacete de bronze e vestia uma couraça de escamas de bronze que pesava sessenta quilos*ᵈ*; ⁶ nas pernas usava caneleiras de bronze e tinha um dardo de bronze pendurado nas costas. ⁷ A haste de sua lança era parecida com uma lançadeira de tecelão, e sua ponta de ferro pesava sete quilos e duzentos gramas. Seu escudeiro ia à frente dele.

⁸ Golias parou e gritou às tropas de Israel: "Por que vocês estão se posicionando para a batalha? Não sou eu um filisteu, e vocês os servos de Saul? Escolham um homem para lutar comigo. ⁹ Se ele puder lutar e vencer-me, nós seremos seus escravos; todavia, se eu o vencer e o puser fora de combate, vocês serão nossos escravos e nos servirão". ¹⁰ E acrescentou: "Eu desafio hoje as tropas de Israel! Mandem-me um homem para lutar sozinho comigo". ¹¹ Ao ouvirem as palavras do filisteu, Saul e todos os israelitas ficaram atônitos e apavorados.

¹² Davi era filho de Jessé, o efrateu de Belém de Judá. Jessé tinha oito filhos e já era idoso na época de Saul. ¹³ Os três filhos mais velhos de Jessé tinham ido para a guerra com Saul:

ᵃ **16.12** Ou *moreno*
ᵇ **16.15** Ou *arruinador*
ᶜ **17.4** Hebraico: *tinha 6 côvados e 1 palmo*. O côvado era uma medida linear de cerca de 45 centímetros.
ᵈ **17.5** Hebraico: *5.000 siclos*. Um siclo equivalia a 12 gramas.

Eliabe, o mais velho; Abinadabe, o segundo; e Samá, o terceiro. ¹⁴ Davi era o caçula. Os três mais velhos seguiram Saul, ¹⁵ mas Davi ia ao acampamento de Saul e voltava para apascentar as ovelhas de seu pai, em Belém.

¹⁶ Durante quarenta dias o filisteu aproximou-se, de manhã e de tarde, e tomou posição.

¹⁷ Nessa ocasião Jessé disse a seu filho Davi: "Pegue uma arroba*ᵃ* de grãos tostados e dez pães e leve-os depressa a seus irmãos no acampamento. ¹⁸ Leve também estes dez queijos ao comandante da unidade*ᵇ* deles. Veja como estão seus irmãos e traga-me alguma garantia*ᶜ* de que estão bem. ¹⁹ Eles estão com Saul e com todos os homens de Israel no vale de Elá, lutando contra os filisteus".

²⁰ Levantando-se de madrugada, Davi deixou o rebanho com outro pastor, pegou a carga e partiu, conforme Jessé lhe havia ordenado. Chegou ao acampamento na hora em que, com o grito de batalha, o exército estava saindo para suas posições de combate. ²¹ Israel e os filisteus estavam se posicionando em linha de batalha, frente a frente. ²² Davi deixou o que havia trazido com o responsável pelos suprimentos e correu para a linha de batalha para saber como estavam seus irmãos. ²³ Enquanto conversava com eles, Golias, o guerreiro filisteu de Gate, avançou e lançou seu desafio habitual; e Davi o ouviu. ²⁴ Quando os israelitas viram o homem, todos fugiram cheios de medo.

²⁵ Os israelitas diziam entre si: "Vocês viram aquele homem? Ele veio desafiar Israel. O rei dará grandes riquezas a quem o vencer. Também lhe dará sua filha em casamento e isentará de impostos em Israel a família de seu pai".

²⁶ Davi perguntou aos soldados que estavam ao seu lado: "O que receberá o homem que matar esse filisteu e salvar a honra de Israel? Quem é esse filisteu incircunciso para desafiar os exércitos do Deus vivo?"

²⁷ Repetiram a Davi o que haviam comentado e lhe disseram: "É isso que receberá o homem que matá-lo".

²⁸ Quando Eliabe, o irmão mais velho, ouviu Davi falando com os soldados, ficou muito irritado com ele e perguntou: "Por que você veio até aqui? Com quem deixou aquelas poucas ovelhas no deserto? Sei que você é presunçoso e que o seu coração é mau; você veio só para ver a batalha".

²⁹ E disse Davi: "O que fiz agora? Será que não posso nem mesmo conversar?" ³⁰ Ele então se virou para outro e perguntou a mesma coisa, e os homens responderam-lhe como antes.

³¹ As palavras de Davi chegaram aos ouvidos de Saul, que o mandou chamar.

³² Davi disse a Saul: "Ninguém deve ficar com o coração abatido por causa desse filisteu; teu servo irá e lutará com ele".

³³ Respondeu Saul: "Você não tem condições de lutar contra esse filisteu; você é apenas um rapaz, e ele é um guerreiro desde a mocidade".

³⁴ Davi, entretanto, disse a Saul: "Teu servo toma conta das ovelhas de seu pai. Quando aparece um leão ou um urso e leva uma ovelha do rebanho, ³⁵ eu vou atrás dele, dou-lhe golpes e livro a ovelha de sua boca. Quando se vira contra mim, eu o pego pela juba e lhe dou golpes até matá-lo. ³⁶ Teu servo pôde matar um leão e um urso; esse filisteu incircunciso será como um deles, pois desafiou os exércitos do Deus vivo. ³⁷ O SENHOR que me livrou das garras do leão e das garras do urso me livrará das mãos desse filisteu".

Diante disso Saul disse a Davi: "Vá, e que o SENHOR esteja com você".

³⁸ Saul vestiu Davi com sua própria túnica, colocou-lhe uma armadura e lhe pôs um capacete de bronze na cabeça. ³⁹ Davi prendeu sua espada sobre a túnica e tentou andar, pois não estava acostumado com aquilo.

E disse a Saul: "Não consigo andar com isto, pois não estou acostumado". Então tirou tudo aquilo ⁴⁰ e em seguida pegou seu cajado, escolheu no riacho cinco pedras lisas, colocou-as na bolsa, isto é, no seu alforje de pastor, e, com sua atiradeira na mão, aproximou-se do filisteu.

⁴¹ Enquanto isso, o filisteu, com seu escudeiro à frente, vinha se aproximando de Davi. ⁴² Olhou para Davi com desprezo, viu que era só um rapaz, ruivo*ᵈ* e de boa aparência, e fez pouco caso dele. ⁴³ Disse ele a Davi: "Por acaso sou um cão, para que você venha contra mim com pedaços de pau?" E o filisteu amaldiçoou Davi, invocando seus deuses, ⁴⁴ e disse: "Venha aqui, e darei sua carne às aves do céu e aos animais do campo!"

⁴⁵ Davi, porém, disse ao filisteu: "Você vem contra mim com espada, com lança e com

---

ᵃ **17.17** Hebraico: *1 efa*. O efa era uma medida de capacidade para secos. As estimativas variam entre 20 e 40 litros.
ᵇ **17.18** Hebraico: *dos mil*.
ᶜ **17.18** Ou *algum sinal*.

ᵈ **17.42** Ou *moreno*.

dardos, mas eu vou contra você em nome do Senhor dos Exércitos, o Deus dos exércitos de Israel, a quem você desafiou. ⁴⁶ Hoje mesmo o Senhor o entregará nas minhas mãos, eu o matarei e cortarei a sua cabeça. Hoje mesmo darei os cadáveres do exército filisteu às aves do céu e aos animais selvagens, e toda a terra saberá que há Deus em Israel. ⁴⁷ Todos os que estão aqui saberão que não é por espada ou por lança que o Senhor concede vitória; pois a batalha é do Senhor, e ele entregará todos vocês em nossas mãos".

⁴⁸ Quando o filisteu começou a vir na direção de Davi, este correu para a linha de batalha para enfrentá-lo. ⁴⁹ Tirando uma pedra de seu alforje, arremessou-a com a atiradeira e atingiu o filisteu na testa, de tal modo que ela ficou encravada, e ele caiu, dando com o rosto no chão.

⁵⁰ Assim Davi venceu o filisteu com uma atiradeira e uma pedra; sem espada na mão, derrubou o filisteu e o matou.

⁵¹ Davi correu, pôs os pés sobre ele, e, desembainhando a espada do filisteu, acabou de matá-lo, cortando-lhe a cabeça com ela.

Quando os filisteus viram que o seu guerreiro estava morto, recuaram e fugiram. ⁵² Então os homens de Israel e de Judá deram o grito de guerra e perseguiram os filisteus até a entrada de Gate*ᵃ* e até as portas de Ecrom. Cadáveres de filisteus ficaram espalhados ao longo da estrada de Saaraim até Gate e Ecrom. ⁵³ Quando os israelitas voltaram da perseguição aos filisteus, levaram tudo o que havia no acampamento deles. ⁵⁴ Davi pegou a cabeça do filisteu, levou-a para Jerusalém e guardou as armas do filisteu em sua própria tenda.

⁵⁵ Quando Saul viu Davi avançando para enfrentar o filisteu, perguntou a Abner, o comandante do exército: "Abner, quem é o pai daquele rapaz?"

Abner respondeu: "Juro por tua vida, ó rei, que eu não sei".

⁵⁶ E o rei ordenou-lhe: "Descubra quem é o pai dele".

⁵⁷ Logo que Davi voltou, depois de ter matado o filisteu, Abner levou-o perante Saul. Davi ainda segurava a cabeça de Golias.

⁵⁸ E Saul lhe perguntou: "De quem você é filho, meu jovem?"

Respondeu Davi: "Sou filho de teu servo Jessé, de Belém".

ᵃ **17.52** Conforme alguns manuscritos da Septuaginta. O Texto Massorético diz *até um vale*.

A Inveja de Saul

18 Depois dessa conversa de Davi com Saul, surgiu tão grande amizade entre Jônatas e Davi que Jônatas tornou-se o seu melhor amigo. ² Daquele dia em diante, Saul manteve Davi consigo e não o deixou voltar à casa de seu pai. ³ E Jônatas fez um acordo de amizade com Davi, pois se tornara o seu melhor amigo. ⁴ Jônatas tirou o manto que estava vestindo e o deu a Davi, com sua túnica, e até sua espada, seu arco e seu cinturão.

⁵ Tudo o que Saul lhe ordenava fazer, Davi fazia com tanta habilidade*ᵇ* que Saul lhe deu um posto elevado no exército. Isso agradou a todo o povo, bem como aos conselheiros de Saul.

⁶ Quando os soldados voltavam para casa, depois que Davi matou o filisteu, as mulheres saíram de todas as cidades de Israel ao encontro do rei Saul com cânticos e danças, com tamborins, com músicas alegres e instrumentos de três cordas. ⁷ As mulheres dançavam e cantavam:

"Saul matou milhares;
Davi, dezenas de milhares".

⁸ Saul ficou muito irritado com esse refrão e, aborrecido, disse: "Atribuíram a Davi dezenas de milhares, mas a mim apenas milhares. O que mais lhe falta senão o reino?" ⁹ Daí em diante Saul olhava com inveja para Davi.

¹⁰ No dia seguinte, um espírito maligno*ᶜ* mandado por Deus apoderou-se de Saul, e ele entrou em transe*ᵈ* em sua casa, enquanto Davi tocava harpa, como costumava fazer. Saul estava com uma lança na mão ¹¹ e a atirou, dizendo: "Encravarei Davi na parede". Mas Davi desviou-se duas vezes.

¹² Saul tinha medo de Davi porque o Senhor o havia abandonado e agora estava com Davi. ¹³ Então afastou Davi de sua presença e deu-lhe o comando de uma tropa de mil soldados, que Davi conduzia em suas campanhas. ¹⁴ Ele tinha êxito*ᵉ* em tudo o que fazia, pois o Senhor estava com ele. ¹⁵ Vendo isso, Saul teve muito medo dele. ¹⁶ Todo o Israel e todo o Judá, porém, gostavam de Davi, pois ele os conduzia em suas batalhas.

ᵇ **18.5** Ou *sabedoria*; também nos versículos 15 e 30.
ᶜ **18.10** Ou *arruinador*
ᵈ **18.10** Ou *e ele profetizou*; também em 19.20, 21 e 23. Veja 10.6.
ᵉ **18.14** Ou *Ele era muito sábio*

¹⁷ Saul disse a Davi: "Aqui está a minha filha mais velha, Merabe. Eu a darei em casamento a você; apenas sirva-me com bravura e lute as batalhas do Senhor". Pois Saul pensou: "Não o matarei. Deixo isso para os filisteus!"

¹⁸ Mas Davi disse a Saul: "Quem sou eu, e o que é minha família ou o clã de meu pai em Israel, para que eu me torne genro do rei?" ¹⁹ Por isso,ᵃ quando chegou a época de Merabe, a filha de Saul, ser dada em casamento a Davi, ela foi dada a Adriel, de Meolá.

²⁰ Mical, a outra filha de Saul, gostava de Davi. Quando disseram isso a Saul, ele ficou contente e pensou: ²¹ "Eu a darei a ele, para que lhe sirva de armadilha, fazendo-o cair nas mãos dos filisteus". Então Saul disse a Davi: "Hoje você tem uma segunda oportunidade de tornar-se meu genro".

²² Então Saul ordenou aos seus conselheiros que falassem em particular com Davi, dizendo: "O rei está satisfeito com você, e todos os seus conselheiros o estimam. Torne-se, agora, seu genro".

²³ Quando falaram com Davi, ele disse: "Vocês acham que tornar-se genro do rei é fácil? Sou homem pobre e sem recursos".

²⁴ Quando os conselheiros de Saul lhe contaram o que Davi tinha dito, ²⁵ Saul ordenou que dissessem a Davi: "O rei não quer outro preço pela noiva além de cem prepúcios de filisteus, para vingar-se de seus inimigos". O plano de Saul era que Davi fosse morto pelos filisteus.

²⁶ Quando os conselheiros falaram novamente com Davi, ele gostou da ideia de tornar-se genro do rei. Por isso, antes de terminar o prazo estipulado, ²⁷ Davi e seus soldados saíram e mataram duzentos filisteus. Ele trouxe os prepúcios e apresentou-os ao rei para que se tornasse seu genro. Então Saul lhe deu em casamento sua filha Mical.

²⁸ Quando Saul viu claramente que o Senhor estava com Davi e que sua filha Mical o amava, ²⁹ temeu-o ainda mais e continuou seu inimigo pelo resto da vida.

³⁰ Os comandantes filisteus continuaram saindo para a batalha, e, todas as vezes que o faziam, Davi tinha mais habilidade do que os outros oficiais de Saul e assim tornou-se ainda mais famoso.

Saul Procura Matar Davi

19 Saul falou a seu filho Jônatas e a todos os seus conselheiros sobre a sua intenção de matar Davi. Jônatas, porém, gostava muito de Davi ² e o alertou: "Meu pai está procurando uma oportunidade para matá-lo. Tenha cuidado amanhã cedo. Vá para um esconderijo e fique por lá. ³ Sairei e ficarei com meu pai no campo onde você estiver. Falarei a ele sobre você e, depois, contarei a você o que eu descobrir".

⁴ Jônatas falou bem de Davi a Saul, seu pai, e lhe disse: "Que o rei não faça mal a seu servo Davi; ele não lhe fez mal nenhum. Ao contrário, o que ele fez trouxe grandes benefícios ao rei. ⁵ Ele arriscou a vida quando matou o filisteu. O Senhor trouxe grande vitória para todo o Israel; tu mesmo viste tudo e ficaste contente. Por que, então, farias mal a um inocente como Davi, matando-o sem motivo?"

⁶ Saul atendeu Jônatas e fez este juramento: "Juro pelo nome do Senhor que Davi não será morto".

⁷ Então Jônatas chamou Davi e lhe contou a conversa toda. Levou-o até Saul, e Davi voltou a servir Saul como anteriormente.

⁸ E houve guerra outra vez, e Davi foi lutar contra os filisteus. Ele lhes impôs uma grande derrota, por isso fugiram de Davi.

⁹ Mas um espírito malignoᵇ mandado pelo Senhor apoderou-se de Saul quando ele estava sentado em sua casa, com sua lança na mão. Enquanto Davi estava tocando harpa, ¹⁰ Saul tentou encravá-lo na parede com sua lança, mas Davi desviou-se e a lança encravou na parede. E Davi conseguiu escapar. Naquela mesma noite, ¹¹ Saul enviou alguns homens à casa de Davi para vigiá-lo e matá-lo de manhã; mas Mical, a mulher de Davi, o alertou: "Se você não fugir esta noite para salvar sua vida, amanhã estará morto". ¹² Então Mical fez Davi descer por uma janela, e ele fugiu. ¹³ Depois Mical pegou um ídolo do clã e o deitou na cama, pôs uma almofada de pelos de cabra na cabeceira e o cobriu com um manto.

¹⁴ Quando chegaram os homens que Saul tinha enviado para prender Davi, Mical disse: "Ele está doente".

¹⁵ Então Saul enviou os homens de volta para verem Davi, dizendo: "Tragam-no até aqui em sua cama para que eu o mate". ¹⁶ Quando, porém, os homens entraram, o ídolo do clã estava na cama, e na cabeceira havia uma almofada de pelos de cabra.

ᵃ **18.19** Ou *Todavia,*

ᵇ **19.9** Ou *arruinador*

¹⁷ Saul disse a Mical: "Por que você me enganou desse modo e deixou que o meu inimigo escapasse?"

Ela lhe respondeu: "Ele me disse que o deixasse fugir, se não me mataria."

¹⁸ Depois que fugiu, Davi foi falar com Samuel em Ramá e lhe contou tudo o que Saul lhe havia feito. Então ele e Samuel foram a Naiote e ficaram lá. ¹⁹ E Saul foi informado: "Davi está em Naiote, em Ramá", disseram-lhe. ²⁰ Então Saul enviou alguns homens para capturá-lo. Todavia, quando viram um grupo de profetas profetizando, dirigidos por Samuel, o Espírito de Deus apoderou-se dos mensageiros de Saul, e eles também entraram em transe. ²¹ Contaram isso a Saul, e ele enviou mais mensageiros, e estes também entraram em transe. Depois mandou um terceiro grupo, e eles também entraram em transe. ²² Finalmente, ele mesmo foi para Ramá. Chegando à grande cisterna do lugar chamado Seco, perguntou onde estavam Samuel e Davi. E lhe responderam: "Em Naiote de Ramá".

²³ Então Saul foi para lá. Entretanto, o Espírito de Deus apoderou-se dele, e ele foi andando pelo caminho em transe, até chegar a Naiote. ²⁴ Despindo-se de suas roupas, também profetizou na presença de Samuel, e, despido, ficou deitado todo aquele dia e toda aquela noite. Por isso, o povo diz: "Está Saul também entre os profetas?"

A Amizade entre Davi e Jônatas

20 Depois Davi fugiu de Naiote, em Ramá, foi falar com Jônatas e lhe perguntou: "O que foi que eu fiz? Qual é o meu crime? Qual foi o pecado que cometi contra seu pai para que ele queira tirar a minha vida?"

² "Nem pense nisso", respondeu Jônatas; "você não será morto! Meu pai não fará coisa alguma sem antes me avisar, quer importante quer não. Por que ele iria esconder isso de mim? Não é nada disso!"

³ Davi, contudo, fez um juramento e disse: "Seu pai sabe muito bem que eu conto com a sua simpatia, e pensou: 'Jônatas não deve saber disso para não se entristecer'. No entanto, eu juro pelo nome do Senhor e por sua vida que estou a um passo da morte".

⁴ Jônatas disse a Davi: "Eu farei o que você achar necessário".

⁵ Então disse Davi: "Amanhã é a festa da lua nova, e devo jantar com o rei; mas deixe que eu vá esconder-me no campo até o final da tarde de depois de amanhã. ⁶ Se seu pai sentir minha falta, diga-lhe: Davi insistiu comigo que lhe permitisse ir a Belém, sua cidade natal, por causa do sacrifício anual que está sendo feito lá por todo o seu clã. ⁷ Se ele disser: 'Está bem', então seu servo estará seguro. Se ele, porém, ficar muito irado, você pode estar certo de que está decidido a me fazer mal. ⁸ Mas seja leal a seu servo, porque fizemos um acordo perante o Senhor. Se sou culpado, mate-me você mesmo! Por que entregar-me a seu pai?"

⁹ Disse Jônatas: "Nem pense nisso! Se eu tiver a menor suspeita de que meu pai está decidido a matá-lo, certamente o avisarei!"

¹⁰ Davi perguntou: "Quem irá contar-me, se seu pai responder asperamente?"

¹¹ Jônatas disse: "Venha, vamos ao campo". Eles foram, ¹² e Jônatas disse a Davi: "Pelo Senhor, o Deus de Israel, prometo que sondarei meu pai, a esta hora, depois de amanhã! Saberei se as suas intenções são boas ou não para com você, e mandarei avisá-lo. ¹³ E, se meu pai quiser fazer algum mal a você, que o Senhor me castigue com todo o rigor, se eu não o informar disso e não deixá-lo ir em segurança. O Senhor esteja com você assim como esteve com meu pai. ¹⁴ Se eu continuar vivo, seja leal comigo, com a lealdade do Senhor; mas, se eu morrer, ¹⁵ jamais deixe de ser leal com a minha família, mesmo quando o Senhor eliminar da face da terra todos os inimigos de Davi".

¹⁶ Assim Jônatas fez uma aliança com a família de Davi, dizendo: "Que o Senhor chame os inimigos de Davi para prestar contas". ¹⁷ E Jônatas fez Davi reafirmar seu juramento de amizade, pois era seu amigo leal.

¹⁸ Então Jônatas disse a Davi: "Amanhã é a festa da lua nova. Vão sentir sua falta, pois sua cadeira estará vazia. ¹⁹ Depois de amanhã, vá ao lugar onde você se escondeu quando tudo isto começou e espere junto à pedra de Ezel. ²⁰ Atirarei três flechas para o lado dela, como se estivesse atirando num alvo, ²¹ e mandarei um menino procurar as flechas. Se eu gritar para ele: As flechas estão mais para cá, traga-as aqui, você poderá vir, pois juro pelo nome do Senhor que você estará seguro; não haverá perigo algum. ²² Mas, se eu gritar para ele: Olhe, as flechas estão mais para lá, vá embora, pois o Senhor o manda ir. ²³ Quanto ao nosso acordo, o Senhor é testemunha entre mim e você para sempre".

²⁴ Então Davi escondeu-se no campo. Quando

chegou a festa da lua nova, o rei sentou-se à mesa. ²⁵ Ocupou o lugar de costume, junto à parede, em frente de Jônatas,ᵃ e Abner sentou-se ao lado de Saul, mas o lugar de Davi ficou vazio. ²⁶ Saul não disse nada naquele dia, pois pensou: "Algo deve ter acontecido a Davi, deixando-o cerimonialmente impuro. Com certeza ele está impuro". ²⁷ No dia seguinte, o segundo dia da festa da lua nova, o lugar de Davi continuou vazio. Então Saul perguntou a seu filho Jônatas: "Por que o filho de Jessé não veio para a refeição, nem ontem nem hoje?"

²⁸ Jônatas respondeu: "Davi me pediu, com insistência, permissão para ir a Belém, ²⁹ dizendo: 'Deixe-me ir, pois nossa família oferecerá um sacrifício na cidade, e meu irmão ordenou que eu estivesse lá. Se conto com a sua simpatia, deixe-me ir ver meus irmãos'. Por isso ele não veio à mesa do rei".

³⁰ A ira de Saul se acendeu contra Jônatas, e ele lhe disse: "Filho de uma mulher perversa e rebelde! Será que eu não sei que você tem apoiado o filho de Jessé para a sua própria vergonha e para vergonha daquela que o deu à luz? ³¹ Enquanto o filho de Jessé viver, nem você nem seu reino serão estabelecidos. Agora mande chamá-lo e traga-o a mim, pois ele deve morrer!"

³² Jônatas perguntou a seu pai: "Por que ele deve morrer? O que ele fez?" ³³ Então Saul atirou sua lança contra Jônatas para matá-lo. E assim Jônatas viu que seu pai estava mesmo decidido a matar Davi.

³⁴ Jônatas levantou-se da mesa muito irado; naquele segundo dia da festa da lua nova ele não comeu, entristecido porque seu pai havia humilhado Davi.

³⁵ Pela manhã, Jônatas saiu ao campo para o encontro combinado com Davi. Levava consigo um menino ³⁶ e lhe disse: "Vá correndo buscar as flechas que eu atirar". O menino correu, e Jônatas atirou uma flecha para além dele. ³⁷ Quando o menino chegou ao lugar onde a flecha havia caído, Jônatas gritou: "A flecha não está mais para lá? ³⁸ Vamos! Rápido! Não pare!" O menino apanhou a flecha e voltou ³⁹ sem saber de nada, pois somente Jônatas e Davi sabiam do que tinham combinado. ⁴⁰ Então Jônatas deu suas armas ao menino e disse: "Vá, leve-as de volta à cidade".

⁴¹ Depois que o menino foi embora, Davi saiu do lado sul da pedra e inclinou-se três vezes perante Jônatas com o rosto em terra. Então despediram-se beijando um ao outro e chorando; Davi chorou ainda mais do que Jônatas.

⁴² E ele disse a Davi: "Vá em paz, pois temos jurado um ao outro, em nome do SENHOR, quando dissemos: O SENHOR para sempre é testemunha entre nós e entre os nossos descendentes". ⁴³ Então Davi partiu, e Jônatas voltou à cidade.

Davi Vai para Nobe

21 Davi foi falar com o sacerdote Aimeleque, em Nobe. Aimeleque tremia de medo quando se encontrou com ele e perguntou: "Por que você está sozinho? Ninguém veio com você?"

² Respondeu Davi: "O rei me encarregou de uma certa missão e me disse: 'Ninguém deve saber coisa alguma sobre sua missão e sobre as suas instruções'. E eu ordenei aos meus soldados que se encontrassem comigo num certo lugar. ³ Agora, então, o que você pode oferecer-me? Dê-me cinco pães ou algo que tiver".

⁴ O sacerdote, contudo, respondeu a Davi: "Não tenho pão comum; somente pão consagrado; se os soldados não tiveram relações com mulheres recentemente, podem comê-lo".

⁵ Davi respondeu: "Certamente que não, pois esse é o nosso costume sempre que saímos em campanha. Não tocamos em mulher. Esses homens mantêm o corpo puro mesmo em missões comuns. Quanto mais hoje!" ⁶ Então, o sacerdote lhe deu os pães consagrados, visto que não havia outro além do pão da Presença, que era retirado de diante do SENHOR e substituído por pão quente no dia em que era tirado.

⁷ Aconteceu que um dos servos de Saul estava ali naquele dia, cumprindo seus deveres diante do SENHOR; era o edomita Doegue, chefe dos pastores de Saul.

⁸ Davi perguntou a Aimeleque: "Você tem uma lança ou uma espada aqui? Não trouxe minha espada nem qualquer outra arma, pois o rei exigiu urgência".

⁹ O sacerdote respondeu: "A espada de Golias, o filisteu que você matou no vale de Elá, está enrolada num pano atrás do colete sacerdotal. Se quiser, pegue-a; não há nenhuma outra espada".

Davi disse: "Não há outra melhor; dê-me essa espada".

ᵃ **20.25** Conforme a Septuaginta. O Texto Massorético diz *parede. Jônatas se levantou*.

Davi Foge para Gate

¹⁰ Naquele dia, Davi fugiu de Saul e foi procurar Aquis, rei de Gate. ¹¹ Todavia os conselheiros de Aquis lhe disseram: "Não é este Davi, o rei da terra de Israel? Não é aquele acerca de quem cantavam em suas danças:

'Saul matou milhares;
Davi, dezenas de milhares'?"

¹² Davi levou a sério aquelas palavras e ficou com muito medo de Aquis, rei de Gate. ¹³ Por isso, na presença deles fingiu que estava louco; enquanto esteve com eles, agiu como um louco, riscando as portas da cidade e deixando escorrer saliva pela barba.

¹⁴ Aquis disse a seus conselheiros: "Vejam este homem! Ele está louco! Por que trazê-lo aqui? ¹⁵ Será que me faltam loucos para que vocês o tragam para agir como doido na minha frente? O que ele veio fazer no meu palácio?"

Davi Refugia-se em Adulão e em Mispá

22 Davi fugiu da cidade de Gate e foi para a caverna de Adulão. Quando seus irmãos e a família de seu pai souberam disso, foram até lá para encontrá-lo. ² Também juntaram-se a ele todos os que estavam em dificuldades, os endividados e os descontentes; e ele se tornou o líder deles. Havia cerca de quatrocentos homens com ele.

³ De lá Davi foi para Mispá, em Moabe, e disse ao rei de Moabe: "Posso deixar meu pai e minha mãe virem para cá e ficarem contigo até que eu saiba o que Deus fará comigo?" ⁴ E assim Davi os deixou com o rei de Moabe, e lá eles ficaram enquanto Davi permaneceu na fortaleza.

⁵ Contudo, o profeta Gade disse a Davi: "Não fique na fortaleza. Vá para Judá". Então Davi foi para a floresta de Herete.

Saul Mata os Sacerdotes de Nobe

⁶ Saul ficou sabendo que Davi e seus homens tinham sido descobertos. Saul estava sentado, com a lança na mão, debaixo da tamargueira, na colina de Gibeá, com todos os seus oficiais ao redor, ⁷ e ele lhes disse: "Ouçam, homens de Benjamim! Será que o filho de Jessé dará a todos vocês terras e vinhas? Será que ele os fará todos comandantes de mil e comandantes de cem? ⁸ É por isso que todos vocês têm conspirado contra mim? Ninguém me informa quando meu filho faz acordo com o filho de Jessé. Nenhum de vocês se preocupa comigo nem me avisa que meu filho incitou meu servo a ficar à minha espreita, como ele está fazendo hoje".

⁹ Entretanto, Doegue, o edomita, que estava com os oficiais de Saul, disse: "Vi o filho de Jessé chegar em Nobe e encontrar-se com Aimeleque, filho de Aitube. ¹⁰ Aimeleque consultou o Senhor em favor dele; também lhe deu provisões e a espada de Golias, o filisteu".

¹¹ Então o rei mandou chamar o sacerdote Aimeleque, filho de Aitube, e toda a família de seu pai, que eram os sacerdotes em Nobe, e todos foram falar com o rei. ¹² E Saul disse: "Ouça agora, filho de Aitube".

Ele respondeu: "Sim, meu senhor".

¹³ Saul lhe disse: "Por que vocês conspiraram contra mim, você e o filho de Jessé? Porque você lhe deu comida e espada, e consultou a Deus em favor dele, para que se rebelasse contra mim e me armasse cilada, como ele está fazendo?"

¹⁴ Aimeleque respondeu ao rei: "Quem entre todos os teus oficiais é tão leal quanto Davi, o genro do rei, capitão de sua guarda pessoal e altamente respeitado em sua casa? ¹⁵ Será que foi essa a primeira vez que consultei a Deus em favor dele? Certamente que não! Que o rei não acuse a mim, seu servo, nem a qualquer um da família de meu pai, pois seu servo nada sabe acerca do que está acontecendo".

¹⁶ O rei, porém, disse: "Com certeza você será morto, Aimeleque, você e toda a família de seu pai".

¹⁷ Em seguida o rei ordenou aos guardas que estavam ao seu lado: "Matem os sacerdotes do Senhor, pois eles também apoiam Davi. Sabiam que ele estava fugindo, mas nada me informaram".

Contudo, os oficiais do rei recusaram erguer as mãos para matar os sacerdotes do Senhor.

¹⁸ Então o rei ordenou a Doegue: "Mate os sacerdotes", e ele os matou. E naquele dia, matou oitenta e cinco homens que vestiam túnica de linho. ¹⁹ Além disso, Saul mandou matar os habitantes de Nobe, a cidade dos sacerdotes: homens, mulheres, crianças, recém-nascidos, bois, jumentos e ovelhas.

²⁰ Entretanto, Abiatar, filho de Aimeleque e neto de Aitube, escapou e fugiu para juntar-se a Davi, ²¹ e lhe contou que Saul havia matado os sacerdotes do Senhor. ²² Então Davi disse a Abiatar: "Naquele dia, quando o edomita

Doegue estava ali, eu sabia que ele não deixaria de levar a informação a Saul. Sou responsável pela morte de toda a família de seu pai. ²³ Fique comigo, não tenha medo; o homem que está atrás de sua vida também está atrás da minha. Mas você estará a salvo comigo".

Davi Liberta o Povo de Queila

23 Quando disseram a Davi que os filisteus estavam atacando a cidade de Queila e saqueando as eiras, ² ele perguntou ao Senhor: "Devo atacar esses filisteus?"

O Senhor lhe respondeu: "Vá, ataque os filisteus e liberte Queila".

³ Os soldados de Davi, porém, lhe disseram: "Aqui em Judá estamos com medo. Quanto mais, se formos a Queila lutar contra as tropas dos filisteus!"

⁴ Davi consultou o Senhor novamente. "Levante-se", disse o Senhor, "vá à cidade de Queila, pois estou entregando os filisteus em suas mãos." ⁵ Então Davi e seus homens foram a Queila, combateram os filisteus e se apoderaram de seus rebanhos, impondo-lhes grande derrota e libertando o povo daquela cidade. ⁶ Ora, Abiatar, filho de Aimeleque, tinha levado o colete sacerdotal quando fugiu para se juntar a Davi, em Queila.

Saul Persegue Davi

⁷ Foi dito a Saul que Davi tinha ido a Queila, e ele disse: "Deus o entregou nas minhas mãos, pois Davi se aprisionou ao entrar numa cidade com portas e trancas". ⁸ E Saul convocou todo o seu exército para a batalha, para irem a Queila e cercarem Davi e os homens que o seguiam.

⁹ Quando Davi soube que Saul tramava atacá-lo, disse a Abiatar: "Traga o colete sacerdotal". ¹⁰ Então orou: "Ó Senhor, Deus de Israel, este teu servo ouviu claramente que Saul planeja vir a Queila e destruir a cidade por minha causa. ¹¹ Será que os cidadãos de Queila me entregarão a ele? Saul virá de fato, conforme teu servo ouviu? Ó Senhor, Deus de Israel, responde-me".

E o Senhor lhe disse: "Ele virá".

¹² E Davi, novamente, perguntou: "Será que os cidadãos de Queila entregarão a mim e a meus soldados a Saul?"

E o Senhor respondeu: "Entregarão".

¹³ Então Davi e seus soldados, que eram cerca de seiscentos, partiram de Queila, e ficaram andando sem direção definida. Quando informaram a Saul que Davi tinha fugido de Queila, ele interrompeu a marcha.

¹⁴ Davi permaneceu nas fortalezas do deserto e nas colinas do deserto de Zife. Dia após dia Saul o procurava, mas Deus não entregou Davi em suas mãos.

¹⁵ Quando Davi estava em Horesa, no deserto de Zife, soube que Saul tinha saído para matá-lo. ¹⁶ E Jônatas, filho de Saul, foi falar com ele, em Horesa, e o ajudou a encontrar forças em Deus. ¹⁷ "Não tenha medo", disse ele, "meu pai não porá as mãos em você. Você será rei de Israel, e eu serei o seu segundo em comando. Até meu pai sabe disso." ¹⁸ Os dois fizeram um acordo perante o Senhor. Então, Jônatas foi para casa, mas Davi ficou em Horesa.

¹⁹ Alguns zifeus foram dizer a Saul, em Gibeá: "Davi está se escondendo entre nós nas fortalezas de Horesa, na colina de Haquilá, ao sul do deserto de Jesimom. ²⁰ Agora, ó rei, vai quando quiseres, e nós seremos responsáveis por entregá-lo em tuas mãos".

²¹ Saul respondeu: "O Senhor os abençoe por terem compaixão de mim. ²² Vão e façam mais preparativos. Descubram aonde Davi geralmente vai e quem o tem visto ali. Dizem que ele é muito astuto. ²³ Descubram todos os esconderijos dele e voltem aqui com informações exatas[a]. Então irei com vocês; se ele estiver na região, eu o procurarei entre todos os clãs de Judá".

²⁴ E eles voltaram para Zife, antes de Saul. Davi e seus soldados estavam no deserto de Maom, na Arabá, ao sul do deserto de Jesimom. ²⁵ Depois, Saul e seus soldados saíram e começaram a busca, e, ao ser informado, Davi desceu à rocha e permaneceu no deserto de Maom. Sabendo disso, Saul foi para lá em perseguição a Davi.

²⁶ Saul ia por um lado da montanha, e, pelo outro, Davi e seus soldados fugiam depressa para escapar de Saul. Quando Saul e suas tropas estavam cercando Davi e seus soldados para capturá-los, ²⁷ um mensageiro veio dizer a Saul: "Venha depressa! Os filisteus estão atacando Israel". ²⁸ Então Saul interrompeu a perseguição a Davi e foi enfrentar os filisteus. Por isso chamam esse lugar Selá-Hamalecote[b]. ²⁹ E Davi saiu daquele lugar e foi viver nas fortalezas de En-Gedi.

---

[a] 23.23 Ou *a mim em Nacom*
[b] 23.28 *Selá-Hamalecote* significa *rocha da separação*.

LIDERANÇA

A Bíblia tem muitos exemplos de liderança. Josué demonstrou ter visão clara e ousadia ao conquistar a terra. Neemias provou que o líder faz cair muralhas espirituais e mundanas ao reconstruir os muros, ou seja, a infraestrutura, e a vida das pessoas. Jeremias mostra-nos o lado menos propagado da liderança e nos permite observar as lutas contra a solidão e contra a oposição por que passou o "profeta da lamentação".

Será de grande proveito estudarmos a vida dos líderes das Escrituras, mas Davi parece ser o melhor exemplo bíblico de liderança de que dispomos. Em 1Samuel 23.2, Davi surge pedindo direção ao Senhor. Quando busca de Deus sabedoria, o Senhor o conduz a situações bem-sucedidas e milagrosas na luta contra os filisteus.

Como ocorre com quase todas as personagens bíblicas, vemos também o lado frágil da humanidade de Davi. Seus maiores erros estiveram relacionados ou a casamento, ou aos temas familiares. Portanto, podemos aprender com Davi também em seus erros. Por exemplo, Davi deixou que a liderança da nação ocupasse o papel prioritário em detrimento da disciplina de seus filhos. Vemos o resultado dessa escolha quando seus filhos se rebelam contra Deus e contra o pai. No entanto, podemos encontrar esperança mesmo com os erros de Davi. Deus não exige pessoas perfeitas, e o texto de 2Coríntios 4.7 mostra isso: "Mas temos esse tesouro em vasos de barro, para mostrar que o poder que a tudo excede provém de Deus, e não de nós". Somos apenas "vasos": o poder vem de Deus.

O texto de Tito 1.5-9 traz uma lista das qualidades que deve ter o líder e que Paulo entrega a Tito para que a ponha em prática ao designar presbíteros em Creta. Todos esses aspectos são importantes, mas talvez Davi nos dê a contribuição de maior peso a esta discussão de liderança: os líderes devem depender de Deus.

APLICAÇÃO

- Você depende do Senhor onde quer que exerça influência, como no trabalho, em casa e na comunidade?
- Como está o seu relacionamento matrimonial? Apenas um dos dois toma decisões, ou as ideias são compartilhadas?
- Como está a caminhada dos seus filhos com o Senhor? Mesmo que os nossos filhos não nos desqualifiquem como líderes, eles são os nossos primeiros discípulos — e os mais importantes.

Davi Poupa a Vida de Saul

24 Saul voltou da luta contra os filisteus e disseram-lhe que Davi estava no deserto de En-Gedi. ²Então Saul tomou três mil de seus melhores soldados de todo o Israel e partiu à procura de Davi e seus homens, perto dos rochedos dos Bodes Selvagens.

³Ele foi aos currais de ovelhas que ficavam junto ao caminho; havia ali uma caverna, e Saul entrou nela para fazer suas necessidades. Davi e seus soldados estavam bem no fundo da caverna. ⁴Eles disseram: "Este é o dia sobre o qual o Senhor falou a você:ᵃ 'Entregarei nas suas mãos o seu inimigo para que você faça com ele o que quiser' ". Então Davi foi com muito cuidado e cortou uma ponta do manto de Saul, sem que este percebesse.

⁵Mas Davi sentiu bater-lhe o coração de remorso por ter cortado uma ponta do manto de Saul ⁶e então disse a seus soldados: "Que o Senhor me livre de fazer tal coisa a meu senhor, de erguer a mão contra ele, pois é o ungido do Senhor". ⁷Com essas palavras Davi repreendeu os soldados e não permitiu que atacassem Saul. E este saiu da caverna e seguiu seu caminho.

⁸Então Davi saiu da caverna e gritou para Saul: "Ó rei, meu senhor!" Quando Saul olhou para trás, Davi inclinou-se com o rosto em terra ⁹e depois disse: "Por que o rei dá atenção aos que dizem que eu pretendo fazer-te mal? ¹⁰Hoje o rei pode ver com teus próprios olhos como o Senhor te entregou em minhas mãos na caverna. Alguns insistiram que eu te matasse, mas eu te poupei, pois disse: Não erguerei a mão contra meu senhor, pois ele é

ᵃ **24.4** Ou *"Hoje o Senhor está dizendo:*

o ungido do Senhor. ¹¹ Olha, meu pai, olha para este pedaço de teu manto em minha mão! Cortei a ponta de teu manto, mas não te matei. Agora entende e reconhece que não sou culpado de fazer-te mal ou de rebelar-me. Não te fiz mal algum, embora estejas à minha procura para tirar-me a vida. ¹² O Senhor julgue entre mim e ti. Vingue ele os males que tens feito contra mim, mas não levantarei a mão contra ti. ¹³ Como diz o provérbio antigo: 'Dos ímpios vêm coisas ímpias'; por isso, não levantarei minha mão contra ti.

¹⁴ "Contra quem saiu o rei de Israel? A quem está perseguindo? A um cão morto! A uma pulga! ¹⁵ O Senhor seja o juiz e nos julgue. Considere ele minha causa e a sustente; que ele me julgue, livrando-me de tuas mãos".

¹⁶ Tendo Davi falado todas essas palavras, Saul perguntou: "É você, meu filho Davi?" E chorou em alta voz. ¹⁷ "Você é mais justo do que eu", disse a Davi. "Você me tratou bem, mas eu o tratei mal. ¹⁸ Você acabou de mostrar o bem que me tem feito; o Senhor me entregou em suas mãos, mas você não me matou. ¹⁹ Quando um homem encontra um inimigo e o deixa ir sem fazer-lhe mal? O Senhor o recompense com o bem, pelo modo com que você me tratou hoje. ²⁰ Agora tenho certeza de que você será rei e de que o reino de Israel será firmado em suas mãos. ²¹ Portanto, jure-me pelo Senhor que você não eliminará meus descendentes nem fará meu nome desaparecer da família de meu pai".

²² Então Davi fez seu juramento a Saul. E este voltou para casa, mas Davi e seus soldados foram para a fortaleza.

A Morte de Samuel

25 Samuel morreu, e todo o Israel se reuniu e o pranteou; e o sepultaram onde tinha vivido, em Ramá.

Davi e Abigail

Depois Davi foi para o deserto de Maom.ᵃ ² Certo homem de Maom, que tinha seus bens na cidade de Carmelo, era muito rico. Possuía mil cabras e três mil ovelhas, as quais estavam sendo tosquiadas em Carmelo. ³ Seu nome era Nabal e o nome de sua mulher era Abigail, mulher inteligente e bonita; mas seu marido, descendente de Calebe, era rude e mau.

⁴ No deserto, Davi ficou sabendo que Nabal estava tosquiando as ovelhas. ⁵ Por isso, enviou dez rapazes, dizendo-lhes: "Levem minha mensagem a Nabal, em Carmelo, e cumprimentem-no em meu nome. ⁶ Digam-lhe: Longa vida para o senhor! Muita paz para o senhor e sua família! E muita prosperidade para tudo o que é seu!

⁷ "Sei que você está tosquiando suas ovelhas. Quando os seus pastores estavam conosco, nós não os maltratamos, e, durante todo o tempo em que estiveram em Carmelo, nada que fosse deles se perdeu. ⁸ Pergunte a eles, e eles lhe dirão. Por isso, seja favorável, pois estamos vindo em época de festa. Por favor, dê a nós, seus servos, e a seu filho Davi o que puder".

⁹ Os rapazes foram e deram a Nabal essa mensagem, em nome de Davi. E ficaram esperando.

¹⁰ Nabal respondeu então aos servos de Davi: "Quem é Davi? Quem é esse filho de Jessé? Hoje em dia muitos servos estão fugindo de seus senhores. ¹¹ Por que deveria eu pegar meu pão e minha água, e a carne do gado que abati para meus tosquiadores, e dá-los a homens que vêm não se sabe de onde?"

¹² Então, os mensageiros de Davi voltaram e lhe relataram cada uma dessas palavras. ¹³ Davi ordenou a seus homens: "Ponham suas espadas na cintura!" Assim eles fizeram e também Davi. Cerca de quatrocentos homens acompanharam Davi, enquanto duzentos permaneceram com a bagagem.

¹⁴ Um dos servos disse a Abigail, mulher de Nabal: "Do deserto, Davi enviou mensageiros para saudar o nosso senhor, mas ele os insultou. ¹⁵ No entanto, aqueles homens foram muito bons para conosco. Não nos maltrataram, e, durante todo o tempo em que estivemos com eles nos campos, nada perdemos. ¹⁶ Dia e noite eles eram como um muro ao nosso redor, durante todo o tempo em que estivemos com eles cuidando de nossas ovelhas. ¹⁷ Agora, leve isso em consideração e veja o que a senhora pode fazer, pois a destruição paira sobre o nosso senhor e sobre toda a sua família. Ele é um homem tão mau que ninguém consegue conversar com ele".

¹⁸ Imediatamente, Abigail pegou duzentos pães, duas vasilhas de couro cheias de vinho, cinco ovelhas preparadas, cinco medidasᵇ

ᵃ **25.1** Conforme alguns manuscritos da Septuaginta. O Texto Massorético diz *Parã*.

ᵇ **25.18** Hebraico: *5 seás*. O seá era uma medida de capacidade para secos. As estimativas variam entre 7 e 14 litros.

de grãos torrados, cem bolos de uvas passas e duzentos bolos de figos prensados, e os carregou em jumentos. ¹⁹ E disse a seus servos: "Vocês vão na frente; eu os seguirei". Ela, porém, nada disse a Nabal, seu marido.

²⁰ Enquanto ela ia montada num jumento, encoberta pela montanha, Davi e seus soldados estavam descendo em sua direção, e ela os encontrou. ²¹ Davi tinha dito: "De nada adiantou proteger os bens daquele homem no deserto, para que nada se perdesse. Ele me pagou o bem com o mal. ²² Que Deus castigue Davi[a], e o faça com muita severidade, caso até de manhã eu deixe vivo um só do sexo masculino[b] de todos os que pertencem a Nabal!"

²³ Quando Abigail viu Davi, desceu depressa do jumento e prostrou-se perante Davi com o rosto em terra. ²⁴ Ela caiu a seus pés e disse: "Meu senhor, a culpa é toda minha. Por favor, permite que tua serva te fale; ouve o que ela tem a dizer. ²⁵ Meu senhor, não dês atenção àquele homem mau, Nabal. Ele é insensato, conforme o significado do seu nome; e a insensatez o acompanha. Contudo, eu, tua serva, não vi os rapazes que meu senhor enviou.

²⁶ "Agora, meu senhor, juro pelo nome do Senhor e por tua vida que foi o Senhor que te impediu de derramar sangue e de te vingares com tuas próprias mãos. Que teus inimigos e todos os que pretendem fazer-te mal sejam castigados como Nabal. ²⁷ E que este presente que esta tua serva trouxe ao meu senhor seja dado aos homens que te seguem. ²⁸ Esquece, eu te suplico, a ofensa de tua serva, pois o Senhor certamente fará um reino duradouro para ti, que travas os combates do Senhor. E, em toda a tua vida, nenhuma culpa se ache em ti. ²⁹ Mesmo que alguém te persiga para tirar-te a vida, a vida de meu senhor estará firmemente segura como a dos que são protegidos pelo Senhor, o teu Deus. Mas a vida de teus inimigos será atirada para longe como por uma atiradeira. ³⁰ Quando o Senhor tiver feito a meu senhor todo o bem que prometeu e te tiver nomeado líder sobre Israel, ³¹ meu senhor não terá no coração o peso de ter derramado sangue desnecessariamente, nem de ter feito justiça com tuas próprias mãos. E, quando o Senhor tiver abençoado a ti, lembra-te de tua serva".

³² Davi disse a Abigail: "Bendito seja o Senhor, o Deus de Israel, que hoje a enviou ao meu encontro. ³³ Seja você abençoada pelo seu bom senso e por evitar que eu hoje derrame sangue e me vingue com minhas próprias mãos. ³⁴ De outro modo, juro pelo nome do Senhor, o Deus de Israel, que evitou que eu fizesse mal a você, que, se você não tivesse vindo depressa encontrar-me, nem um só do sexo masculino pertencente a Nabal teria sido deixado vivo ao romper do dia".

³⁵ Então Davi aceitou o que Abigail lhe tinha trazido e disse: "Vá para sua casa em paz. Ouvi o que você disse e atenderei ao seu pedido".

³⁶ Quando Abigail retornou a Nabal, ele estava dando um banquete em casa, como um banquete de rei. Ele estava alegre e bastante bêbado, e ela nada lhe falou até o amanhecer. ³⁷ De manhã, quando Nabal estava sóbrio, sua mulher lhe contou tudo; ele sofreu um ataque e ficou paralisado como pedra. ³⁸ Cerca de dez dias depois, o Senhor feriu Nabal, e ele morreu.

³⁹ Quando Davi soube que Nabal estava morto, disse: "Bendito seja o Senhor, que defendeu a minha causa contra Nabal, por ter me tratado com desprezo. O Senhor impediu seu servo de praticar o mal e fez com que a maldade de Nabal caísse sobre a sua própria cabeça".

Então Davi enviou uma mensagem a Abigail, pedindo-lhe que se tornasse sua mulher. ⁴⁰ Seus servos foram a Carmelo e disseram a Abigail: "Davi nos mandou buscá-la para que seja sua mulher".

⁴¹ Ela se levantou, inclinou-se com o rosto em terra e disse: "Aqui está a sua serva, pronta para servi-los e lavar os pés dos servos de meu senhor". ⁴² Abigail logo montou num jumento e, acompanhada por suas cinco servas, foi com os mensageiros de Davi e tornou-se sua mulher. ⁴³ Davi também casou-se com Ainoã, de Jezreel; as duas foram suas mulheres. ⁴⁴ Saul, porém, tinha dado sua filha Mical, mulher de Davi, a Paltiel[c], filho de Laís, de Galim.

Davi Poupa Novamente a Vida de Saul

26 Os zifeus foram falar com Saul, em Gibeá, e disseram: "Davi está escondido na colina de Haquilá, em frente do deserto de Jesimom".

² Então Saul desceu ao deserto de Zife com três mil dos melhores soldados de Israel, em

---

[a] **25.22** Conforme alguns manuscritos da Septuaginta. O texto Massorético diz *os inimigos de Davi*.
[b] **25.22** Hebraico: *dos que urinam na parede*; também no versículo 34.

[c] **25.44** Hebraico: *Palti*, variante de *Paltiel*.

busca de Davi. ³ Saul acampou ao lado da estrada, na colina de Haquilá, em frente do deserto de Jesimom, mas Davi permaneceu no deserto. Quando viu que Saul o estava seguindo, ⁴ enviou espiões e soube que Saul havia, de fato, chegado.ᵃ

⁵ Então Davi foi para onde Saul estava acampado. E viu o lugar onde Saul e Abner, filho de Ner, comandante de seu exército, haviam se deitado. Saul estava deitado no acampamento, com o exército acampado ao redor.

⁶ Davi perguntou ao hitita Aimeleque e a Abisai, filho de Zeruia, irmão de Joabe: "Quem descerá comigo ao acampamento de Saul?"

Disse Abisai: "Irei com você".

⁷ Davi e Abisai entraram à noite no acampamento. Saul estava dormindo e tinha fincado sua lança no chão, perto da cabeça. Abner e os soldados estavam deitados à sua volta.

⁸ Abisai disse a Davi: "Hoje Deus entregou o seu inimigo nas suas mãos. Agora deixe que eu crave a lança nele até o chão, com um só golpe; não precisarei de outro".

⁹ Davi, contudo, disse a Abisai: "Não o mate! Quem pode levantar a mão contra o ungido do Senhor e permanecer inocente? ¹⁰ Juro pelo nome do Senhor", disse ele, "o Senhor mesmo o matará; ou chegará a sua hora e ele morrerá, ou ele irá para a batalha e perecerá. ¹¹ O Senhor me livre de levantar a mão contra o seu ungido. Agora, peguemos a lança e o jarro com água que estão perto da cabeça dele e vamos embora".

¹² Dito isso, Davi apanhou a lança e o jarro que estavam perto da cabeça de Saul, e eles foram embora. Ninguém os viu, ninguém percebeu nada e ninguém acordou. Estavam todos dormindo, pois um sono pesado vindo do Senhor havia caído sobre eles.

¹³ Então Davi foi para o outro lado e colocou-se no topo da colina, ao longe, a uma boa distância deles. ¹⁴ E gritou para o exército e para Abner, filho de Ner: "Você não vai me responder, Abner?"

Abner respondeu: "Quem é que está gritando para o rei?"

¹⁵ Disse Davi: "Você é homem, não é? Quem é como você em Israel? Por que você não protegeu o rei, seu senhor? Alguém foi até aí para matá-lo. ¹⁶ Não é bom isso que você fez! Juro pelo Senhor que todos vocês merecem morrer, pois não protegeram o seu rei, o ungido do Senhor. Agora, olhem! Onde estão a lança e o jarro de água do rei, que estavam perto da cabeça dele?"

¹⁷ Saul reconheceu a voz de Davi e disse: "É você, meu filho Davi?"

Davi respondeu: "Sim, ó rei, meu senhor". ¹⁸ E acrescentou: "Por que meu senhor está perseguindo este seu servo? O que eu fiz, e de que mal sou culpado? ¹⁹ Que o rei, meu senhor, escute as palavras de seu servo. Se o Senhor o instigou contra mim, queira ele aceitar uma oferta; se, porém, são homens que o fizeram, que sejam amaldiçoados perante o Senhor! Eles agora me afastaram de minha porção na herança do Senhor e disseram: 'Vá, preste culto a outros deuses'. ²⁰ Agora, que o meu sangue não seja derramado longe da presença do Senhor. O rei de Israel saiu à procura de uma pulga como alguém que sai à caça de uma perdiz nos montes".

²¹ Então Saul disse: "Pequei! Volte, meu filho Davi! Como hoje você considerou preciosa a minha vida, não farei mal a você de novo. Tenho agido como um tolo e cometi um grande erro".

²² Respondeu Davi: "Aqui está a lança do rei. Venha um de seus servos pegá-la. ²³ O Senhor recompensa a justiça e a fidelidade de cada um. Ele te entregou nas minhas mãos hoje, mas eu não levantaria a mão contra o ungido do Senhor. ²⁴ Assim como eu hoje considerei a tua vida de grande valor, que o Senhor também considere a minha vida e me livre de toda a angústia".

²⁵ Então Saul disse a Davi: "Seja você abençoado, meu filho Davi; você fará muitas coisas e em tudo será bem-sucedido".

Assim Davi seguiu seu caminho, e Saul voltou para casa.

Davi entre os Filisteus

27 Davi, contudo, pensou: "Algum dia serei morto por Saul. É melhor fugir para a terra dos filisteus. Então Saul desistirá de procurar-me por todo o Israel, e escaparei dele".

² Assim, Davi e os seiscentos homens que estavam com ele foram até Aquis, filho de Maoque, rei de Gate. ³ Davi e seus soldados se estabeleceram em Gate, acolhidos por Aquis. Cada homem levou sua família, e Davi, suas duas mulheres: Ainoã, de Jezreel, e Abigail, que fora mulher de Nabal, de Carmelo. ⁴ Quando contaram a Saul que Davi havia fugido para Gate, ele parou de persegui-lo.

ᵃ 26.4 Ou *tinha vindo a Nacom*.

⁵ Então Davi disse a Aquis: "Se eu conto com a tua simpatia, dá-me um lugar numa das cidades desta terra onde eu possa viver. Por que este teu servo viveria contigo na cidade real?" ⁶ Naquele dia Aquis deu-lhe Ziclague. Por isso, Ziclague pertence aos reis de Judá até hoje. ⁷ Davi morou em território filisteu durante um ano e quatro meses.

⁸ Ele e seus soldados atacavam os gesuritas, os gersitas e os amalequitas, povos que, desde tempos antigos, habitavam a terra que se estende desde Sur até o Egito. ⁹ Quando Davi atacava a região, não poupava homens nem mulheres e tomava ovelhas, bois, jumentos, camelos e roupas. Depois retornava a Aquis.

¹⁰ Quando Aquis perguntava: "Quem você atacou hoje?" Davi respondia: "O Neguebe de Judá" ou "O Neguebe de Jerameel" ou "O Neguebe dos queneus". ¹¹ Ele matava todos, homens e mulheres, para que não fossem levados a Gate, pois pensava: "Eles poderão denunciar-me". Este foi o seu procedimento enquanto viveu em território filisteu. ¹² Aquis confiava em Davi e dizia: "Ele se tornou tão odiado por seu povo, os israelitas, que será meu servo para sempre".

Saul e a Médium de En-Dor

28 Naqueles dias os filisteus reuniram suas tropas para lutar contra Israel. Aquis disse a Davi: "Saiba que você e seus soldados me acompanharão no exército".

² Disse Davi a Aquis: "Então tu saberás o que teu servo é capaz de fazer".

Aquis respondeu-lhe: "Muito bem, eu o colocarei como minha guarda pessoal permanente".

³ Samuel já havia morrido, e todo o Israel o havia pranteado e sepultado em Ramá, sua cidade natal. Saul havia expulsado do país os médiuns e os que consultavam espíritos.

⁴ Depois que os filisteus se reuniram, vieram e acamparam em Suném, enquanto Saul reunia todos os israelitas e acampava em Gilboa. ⁵ Quando Saul viu o acampamento filisteu, teve medo; ficou apavorado. ⁶ Ele consultou o Senhor, mas este não lhe respondeu nem por sonhos, nem por Urim*a*, nem por profetas. ⁷ Então Saul disse aos seus auxiliares: "Procurem uma mulher que invoca espíritos, para que eu a consulte".

Eles disseram: "Existe uma em En-Dor".

⁸ Saul então se disfarçou, vestindo outras roupas, e foi à noite, com dois homens, até a casa da mulher. Ele disse a ela: "Invoque um espírito para mim, fazendo subir aquele cujo nome eu disser".

⁹ A mulher, porém, lhe disse: "Certamente você sabe o que Saul fez. Ele eliminou os médiuns e os que consultam os espíritos da terra de Israel. Por que você está preparando uma armadilha contra mim, que me levará à morte?"

¹⁰ Saul jurou-lhe pelo Senhor: "Juro pelo nome do Senhor que você não será punida por isso".

¹¹ "Quem devo fazer subir?", perguntou a mulher.

Ele respondeu: "Samuel".

¹² Quando a mulher viu Samuel, gritou e disse a Saul: "Por que me enganaste? Tu mesmo és Saul!"

¹³ O rei lhe disse: "Não tenha medo. O que você está vendo?"

A mulher respondeu: "Vejo um ser*b* que sobe do chão".

¹⁴ Ele perguntou: "Qual a aparência dele?"

E disse ela: "Um ancião que veste um manto está subindo".

Então Saul ficou sabendo que era Samuel, inclinou-se e prostrou-se com o rosto em terra.

¹⁵ Samuel perguntou a Saul: "Por que você me perturbou, fazendo-me subir?"

Respondeu Saul: "Estou muito angustiado. Os filisteus estão me atacando, e Deus se afastou de mim. Ele já não responde nem por profetas, nem por sonhos; por isso te chamei para me dizeres o que fazer".

¹⁶ Disse Samuel: "Por que você me chamou, já que o Senhor se afastou de você e se tornou seu inimigo? ¹⁷ O Senhor fez o que predisse por meu intermédio: rasgou de suas mãos o reino e o deu a seu próximo, a Davi. ¹⁸ Porque você não obedeceu ao Senhor nem executou a grande ira dele contra os amalequitas, ele faz isso a você hoje. ¹⁹ O Senhor entregará você e o povo de Israel nas mãos dos filisteus, e amanhã você e seus filhos estarão comigo. O Senhor também entregará o exército de Israel nas mãos dos filisteus".

²⁰ Na mesma hora Saul caiu estendido no chão, aterrorizado pelas palavras de Samuel. Suas forças se esgotaram, pois ele tinha passado todo aquele dia e toda aquela noite sem comer.

---

a 28.6 Objeto utilizado para se conhecer a vontade de Deus.

b 28.13 Ou *deuses*; ou ainda *um espírito*. Hebraico: *Vejo elohim subindo do chão*.

²¹ Quando a mulher se aproximou de Saul e viu que ele estava profundamente perturbado, disse: "Olha, tua serva te obedeceu. Arrisquei minha vida e fiz o que me ordenaste. ²² Agora, por favor, ouve tua serva e come um pouco para que tenhas forças para seguir teu caminho".

²³ Ele recusou e disse: "Não vou comer".

Seus homens, porém, insistiram com ele, e a mulher também; e ele os atendeu. Ele se levantou do chão e sentou-se na cama.

²⁴ A mulher matou depressa um bezerro gordo que tinha em casa; apanhou um pouco de farinha, amassou-a e assou pão sem fermento. ²⁵ Então ela serviu Saul e seus homens, e eles comeram. E naquela mesma noite eles partiram.

Os Filisteus Desconfiam de Davi

29 Os filisteus reuniram todas as suas tropas em Afeque, e Israel acampou junto à fonte de Jezreel. ² Enquanto os governantes filisteus avançavam com seus grupos de cem e de mil, Davi e seus homens iam na retaguarda com Aquis. ³ Os comandantes dos filisteus perguntaram: "O que estes hebreus fazem aqui?"

Aquis respondeu: "Este é Davi, que era oficial de Saul, rei de Israel. Ele já está comigo há mais de um ano e, desde o dia em que deixou Saul, nada fez que mereça desconfiança".

⁴ Contudo, os comandantes filisteus se iraram contra ele e disseram: "Mande embora este homem para a cidade que você lhe designou. Ele não deve ir para a guerra conosco, senão se tornará nosso adversário durante o combate. Qual seria a melhor maneira de recuperar a boa vontade de seu senhor, senão à custa da cabeça de nossos homens? ⁵ Não é ele o Davi de quem cantavam em suas danças:

'Saul matou milhares;
Davi, dezenas de milhares'?"

⁶ Então Aquis chamou Davi e lhe disse: "Juro, pelo nome do Senhor, que você tem sido leal, e ficaria contente em tê-lo servindo comigo no exército. Desde o dia em que você veio a mim, nunca desconfiei de você, mas os governantes não o aprovam. ⁷ Agora, volte e vá em paz! Não faça nada que desagrade aos governantes filisteus".

⁸ Davi perguntou: "O que foi que eu fiz? O que descobriste contra teu servo, desde o dia em que cheguei? Por que não posso ir lutar contra os inimigos do rei, meu senhor?"

⁹ Aquis respondeu: "Reconheço que você tem feito o que eu aprovo, como um anjo de Deus. Os comandantes filisteus, no entanto, dizem que você não deve ir à batalha conosco. ¹⁰ Agora, levante-se bem cedo, com os servos de seu senhor que vieram com você, e partam de manhã, assim que clarear o dia".

¹¹ Então Davi e seus soldados levantaram-se de madrugada para voltar à terra dos filisteus. E os filisteus foram para Jezreel.

Davi Derrota os Amalequitas

30 Quando Davi e seus soldados chegaram a Ziclague, no terceiro dia, os amalequitas tinham atacado o Neguebe e incendiado a cidade de Ziclague. ² Levaram como prisioneiros todos os que lá estavam: as mulheres, os jovens e os idosos. A ninguém mataram, mas os levaram consigo, quando prosseguiram seu caminho.

³ Ao chegarem a Ziclague, Davi e seus soldados encontraram a cidade destruída pelo fogo e viram que suas mulheres, seus filhos e suas filhas tinham sido levados como prisioneiros. ⁴ Então Davi e seus soldados choraram em alta voz até não terem mais forças. ⁵ As duas mulheres de Davi também tinham sido levadas: Ainoã, de Jezreel, e Abigail, de Carmelo, a que fora mulher de Nabal. ⁶ Davi ficou profundamente angustiado, pois os homens falavam em apedrejá-lo; todos estavam amargurados por causa de seus filhos e de suas filhas. Davi, porém, fortaleceu-se no Senhor, o seu Deus.

⁷ Então Davi disse ao sacerdote Abiatar, filho de Aimeleque: "Traga-me o colete sacerdotal". Abiatar o trouxe a Davi, ⁸ e ele perguntou ao Senhor: "Devo perseguir esse bando de invasores? Irei alcançá-los?"

E o Senhor respondeu: "Persiga-os; é certo que você os alcançará e conseguirá libertar os prisioneiros".

⁹ Davi e os seiscentos homens que estavam com ele foram ao ribeiro de Besor, onde ficaram alguns, ¹⁰ pois duzentos deles estavam exaustos demais para atravessar o ribeiro. Todavia, Davi e quatrocentos homens continuaram a perseguição.

¹¹ Encontraram um egípcio no campo e o trouxeram a Davi. Deram-lhe água e comida: ¹² um pedaço de bolo de figos prensados e dois bolos de uvas passas. Ele comeu e recobrou as

forças, pois tinha ficado três dias e três noites sem comer e sem beber. ¹³ Davi lhe perguntou: "A quem você pertence e de onde vem?"

Ele respondeu: "Sou um jovem egípcio, servo de um amalequita. Meu senhor me abandonou quando fiquei doente há três dias. ¹⁴ Nós atacamos o Neguebe dos queretitas, o território que pertence a Judá e o Neguebe de Calebe. E incendiamos a cidade de Ziclague".

¹⁵ Davi lhe perguntou: "Você pode levar-me até esse bando de invasores?"

Ele respondeu: "Jura, diante de Deus, que não me matarás nem me entregarás nas mãos de meu senhor, e te levarei até eles".

¹⁶ Quando ele levou Davi até lá, os amalequitas estavam espalhados pela região, comendo, bebendo e festejando os muitos bens que haviam tomado da terra dos filisteus e de Judá. ¹⁷ Davi os atacou no dia seguinte, desde o amanhecer até a tarde, e nenhum deles escapou, com exceção de quatrocentos jovens que montaram em camelos e fugiram. ¹⁸ Davi recuperou tudo o que os amalequitas tinham levado, incluindo suas duas mulheres. ¹⁹ Nada faltou: nem jovens, nem velhos, nem filhos, nem filhas, nem bens, nem qualquer outra coisa que fora levada. Davi recuperou tudo. ²⁰ E tomou também todos os rebanhos dos amalequitas, e seus soldados os conduziram à frente dos outros animais, dizendo: "Estes são os despojos de Davi".

²¹ Então Davi foi até os duzentos homens que estavam exaustos demais para segui-lo e tinham ficado no ribeiro de Besor. Eles saíram para receber Davi e os que estavam com ele. Ao se aproximar com seus soldados, Davi os saudou. ²² Mas todos os elementos maus e vadios que tinham ido com Davi disseram: "Uma vez que não saíram conosco, não repartiremos com eles os bens que recuperamos. No entanto, cada um poderá pegar sua mulher e seus filhos e partir".

²³ Davi respondeu: "Não, meus irmãos! Não façam isso com o que o Senhor nos deu. Ele nos protegeu e entregou em nossas mãos os bandidos que vieram contra nós. ²⁴ Quem concordará com o que vocês estão dizendo? A parte de quem ficou com a bagagem será a mesma de quem foi à batalha. Todos receberão partes iguais". ²⁵ Davi fez disso um decreto e uma ordenança para Israel, desde aquele dia até hoje.

²⁶ Quando Davi chegou a Ziclague, enviou parte dos bens às autoridades de Judá, que eram seus amigos, dizendo: "Eis um presente para vocês, tirado dos bens dos inimigos do Senhor".

²⁷ Ele enviou esse presente às autoridades de Betel, de Ramote do Neguebe, de Jatir, ²⁸ de Aroer, de Sifmote, de Estemoa, ²⁹ de Racal, das cidades dos jerameelitas e dos queneus, ³⁰ de Hormá, de Corasã, de Atace, ³¹ de Hebrom e de todos os lugares onde Davi e seus soldados tinham passado.

O Suicídio de Saul

31 E aconteceu que, em combate com os filisteus, os israelitas foram postos em fuga e muitos caíram mortos no monte Gilboa. ² Os filisteus perseguiram Saul e seus filhos e mataram Jônatas, Abinadabe e Malquisua, filhos de Saul. ³ O combate foi ficando cada vez mais violento em torno de Saul, até que os flecheiros o alcançaram e o feriram gravemente. ⁴ Então Saul ordenou ao seu escudeiro: "Tire sua espada e mate-me com ela, senão sofrerei a vergonha de cair nas mãos desses incircuncisos".

Mas seu escudeiro estava apavorado e não quis fazê-lo. Saul, então, pegou sua própria espada e jogou-se sobre ela. ⁵ Quando o escudeiro viu que Saul estava morto, jogou-se também sobre sua espada e morreu com ele. ⁶ Assim foi que Saul, seus três filhos, seu escudeiro e todos os seus soldados morreram naquele dia.

⁷ Quando os israelitas que habitavam do outro lado do vale e a leste do Jordão viram que o exército tinha fugido e que Saul e seus filhos estavam mortos, fugiram, abandonando suas cidades. Depois os filisteus foram ocupá-las.

⁸ No dia seguinte, quando os filisteus foram saquear os mortos, encontraram Saul e seus três filhos caídos no monte Gilboa. ⁹ Cortaram a cabeça de Saul, pegaram suas armas e enviaram mensageiros por toda a terra dos filisteus para proclamar a notícia nos templos de seus ídolos e no meio do seu povo. ¹⁰ Expuseram as armas de Saul no templo de Astarote e penduraram seu corpo no muro de Bete-Seã.

¹¹ Quando os habitantes de Jabes-Gileade ficaram sabendo o que os filisteus tinham feito com Saul, ¹² os mais corajosos dentre eles foram durante a noite a Bete-Seã. Baixaram os corpos de Saul e de seus filhos do muro de Bete-Seã e os levaram para Jabes, onde os queimaram. ¹³ Depois enterraram seus ossos debaixo de uma tamargueira em Jabes e jejuaram durante sete dias.

Introdução ao segundo livro de
SAMUEL

Autor e data de composição

Lembremos que originariamente os dois livros de Samuel consistiam em uma única obra. A tradição hebraica sustenta que Samuel foi seu escritor e que os profetas Gade e Natã acrescentaram à obra informações nos anos posteriores à morte de Samuel. No entanto, não há indícios suficientes para que se identifique quem a escreveu. Conforme a introdução ao primeiro livro de Samuel, pode-se fixar sua composição entre o momento da divisão dos dois reinos (ano 931 a.C.) e a queda da capital Samaria (ano 722 a.C.).

Primeira parte: O começo triunfante do reino de Davi (1.1—10.19)
  I. Davi reina sobre Judá a partir de Hebrom (1.1—4.12)
  II. Davi toma Jerusalém e reina sobre toda a nação (5)
  III. A entrada triunfal da arca da aliança em Jerusalém (6)
  IV. O Senhor confirma Davi e sua descendência no trono: o pacto davídico (7)
  V. A carreira militar de Davi (8—10)
   A. As vitórias de Davi sobre seus inimigos (8.1-12)
   B. O governo de Davi (8.13-18)
   C. Davi beneficia Mefibosete por causa do pacto feito com Jônatas (9)
   D. As vitórias sobre os amonitas e os sírios (10)

Segunda parte: O pecado e as tribulações de Davi (11—24)
  I. O adultério e o assassinato (11)
  II. As tribulações de Davi dentro de sua própria casa (12.1—13.36)
   A. A profecia de Natã e a morte do primeiro filho de Bate-Seba (12.1-25)
   B. Joabe, sua grande importância e lealdade a Davi (12.26-31)
   C. Um incesto e um fratricídio (13.1-36)
  III. As tribulações de Davi durante seu reinado (13.37—21.22)
   A. A rebelião e a morte de Absalão (13.37—18.33)
   B. Davi restaura o trono (19—20)
   C. Diversos acontecimentos (21)
  IV. O final do reinado de Davi (22—24)
   A. Cântico de Davi (22)
   B. As últimas palavras de Davi (23.1-7)
   C. Os principais guerreiros de Davi (23.8-39)
   D. O recenseamento, a punição e a compra da eira de Araúna (24)

Versículos-chave
23.2-5

Tema geral do livro
O livro trata, em grande parte, da pessoa do rei Davi; no princípio como rei de Judá e depois como rei de Judá e de Israel. Primeiro, é apresentado como um guerreiro poderoso; depois, como pecador arrependido; e, por último, como pai que tem problemas em razão de sua tendência à poligamia e fraqueza em lidar com os filhos. Mesmo assim, seu coração

ESBOÇO GERAL

generoso impressiona o leitor, pois, apesar de todos os defeitos, delitos e pecados, demonstrou ter um coração fiel a Deus, por exemplo, quando clamou ao saber da morte do filho Absalão: "[...] 'Ah, meu filho Absalão! Meu filho, meu filho Absalão! Quem me dera ter morrido em seu lugar! [...]' " (18.33). É de admirar que a Bíblia apresente seus heróis exatamente como foram e que Deus sempre tenha manifestado sua misericórdia para com eles.

No segundo livro de Samuel, Jesus é...
... o Profeta em quem confiamos (12.13).

Versículos-chave para o discípulo
6.21,22

O discípulo e 2Samuel
A grande lição da vida de Davi para o discípulo é que nunca devemos deixar de vigiar e que o pior inimigo está dentro de nós mesmos: a velha natureza do homem que não desiste de querer tomar conta da nossa vida. Na verdade, não podemos censurar ou criticar Davi sem que nos lembremos das palavras de Paulo: "Essas coisas aconteceram a eles como exemplos e foram escritas como advertência para nós, sobre quem tem chegado o fim dos tempos. Assim, *aquele que julga estar firme, cuide-se para que não caia*! Não sobreveio a vocês tentação que não fosse comum aos homens. E Deus é fiel; ele não permitirá que vocês sejam tentados além do que podem suportar. Mas, quando forem tentados, ele mesmo providenciará um escape, para que o possam suportar" (1Coríntios 10.11-13, grifos nossos). O discípulo necessita manter os olhos e a espiritualidade com o foco em Deus, não em si mesmo, sabendo que tudo que recebeu não é resultado de seus méritos pessoais, mas, sim, produto do sacrifício e do sangue de seu Redentor.

2SAMUEL

Davi Recebe a Notícia da Morte de Saul

1 Depois da morte de Saul, Davi retornou de sua vitória sobre os amalequitas. Fazia dois dias que ele estava em Ziclague ² quando, no terceiro dia, chegou um homem que vinha do acampamento de Saul, com as roupas rasgadas e terra na cabeça. Ao aproximar-se de Davi, prostrou-se com o rosto em terra, em sinal de respeito.

³ Davi então lhe perguntou: "De onde você vem?"

Ele respondeu: "Fugi do acampamento israelita".

⁴ Disse Davi: "Conte-me o que aconteceu".

E o homem contou: "O nosso exército fugiu da batalha, e muitos morreram. Saul e Jônatas também estão mortos".

⁵ Então Davi perguntou ao jovem que lhe trouxera as notícias: "Como você sabe que Saul e Jônatas estão mortos?"

⁶ O jovem respondeu: "Cheguei por acaso ao monte Gilboa, e lá estava Saul, apoiado em sua lança. Os carros de guerra e os oficiais da cavalaria estavam a ponto de alcançá-lo. ⁷ Quando ele se virou e me viu, chamou-me gritando, e eu disse: Aqui estou.

⁸ "Ele me perguntou: 'Quem é você?'

"Sou amalequita, respondi.

⁹ "Então ele me ordenou: 'Venha aqui e mate-me! Estou na angústia da morte!'.

¹⁰ "Por isso aproximei-me dele e o matei, pois sabia que ele não sobreviveria ao ferimento. Peguei a coroa e o bracelete dele e trouxe-os a ti, meu senhor".

¹¹ Então Davi rasgou suas vestes; e os homens que estavam com ele fizeram o mesmo. ¹² E se lamentaram, chorando e jejuando até o fim da tarde, por Saul e por seu filho Jônatas, pelo exército do Senhor e pelo povo de Israel, porque muitos haviam sido mortos à espada.

¹³ E Davi perguntou ao jovem que lhe trouxera as notícias: "De onde você é?"

E ele respondeu: "Sou filho de um estrangeiro, sou amalequita".

¹⁴ Davi lhe perguntou: "Como você não temeu levantar a mão para matar o ungido do Senhor?"

¹⁵ Então Davi chamou um dos seus soldados e lhe disse: "Venha aqui e mate-o!" O servo o feriu, e o homem morreu. ¹⁶ Davi tinha dito ao jovem: "Você é responsável por sua própria morte. Sua boca testemunhou contra você, quando disse: 'Matei o ungido do Senhor' ".

Davi Lamenta-se por Saul e Jônatas

¹⁷ Davi cantou este lamento sobre Saul e seu filho Jônatas, ¹⁸ e ordenou que se ensinasse aos homens de Judá; é o Lamento do Arco, que foi registrado no Livro de Jasar:

¹⁹ "O seu esplendor, ó Israel,
 está morto sobre os seus montes.
Como caíram os guerreiros!

²⁰ "Não conte isso em Gate,
não o proclame nas ruas de Ascalom,
para que não se alegrem
 as filhas dos filisteus
nem exultem as filhas dos incircuncisos.

²¹ "Ó colinas de Gilboa,
nunca mais haja orvalho
nem chuva sobre vocês,
nem campos que produzam trigo
 para as ofertas.
Porque ali foi profanado
 o escudo dos guerreiros,
 o escudo de Saul,
que nunca mais será polido com óleo.

²² Do sangue dos mortos,
 da carne*ᵃ* dos guerreiros,
o arco de Jônatas nunca recuou,
a espada de Saul
 sempre cumpriu a sua tarefa.

²³ "Saul e Jônatas, mui amados,
nem na vida nem na morte
 foram separados.
Eram mais ágeis que as águias,
mais fortes que os leões.

²⁴ "Chorem por Saul,
 ó filhas de Israel!
Chorem aquele que as vestia
 de rubros ornamentos
e que suas roupas enfeitava
 com adornos de ouro.

ᵃ **1.22** Hebraico: *gordura*.

²⁵ "Como caíram os guerreiros
no meio da batalha!
Jônatas está morto
sobre os montes de Israel.
²⁶ Como estou triste por você,
Jônatas, meu irmão!
Como eu lhe queria bem!
Sua amizade era, para mim, mais
preciosa
que o amor das mulheres!

²⁷ "Caíram os guerreiros!
As armas de guerra foram destruídas!"

Davi é Ungido Rei de Judá

2 Passado algum tempo, Davi perguntou ao Senhor: "Devo ir para uma das cidades de Judá?" O Senhor respondeu que sim, e Davi perguntou para qual delas.

"Para Hebrom", respondeu o Senhor.

² Então Davi foi para Hebrom com suas duas mulheres, Ainoã, de Jezreel, e Abigail, viúva de Nabal, o carmelita. ³ Davi também levou os homens que o acompanhavam, cada um com sua família, e estabeleceram-se em Hebrom e nos povoados vizinhos. ⁴ Então os homens de Judá foram a Hebrom e ali ungiram Davi rei da tribo de Judá.

Informado de que os habitantes de Jabes-Gileade tinham sepultado Saul, ⁵ Davi enviou-lhes mensageiros que lhes disseram: "O Senhor os abençoe pelo seu ato de lealdade, dando sepultura a Saul, seu rei. ⁶ Seja o Senhor leal e fiel para com vocês. Também eu firmarei minha amizade com vocês, por terem feito essa boa ação. ⁷ Mas, agora, sejam fortes e corajosos, pois Saul, seu senhor, está morto, e já fui ungido rei pela tribo de Judá".

Is-Bosete Proclamado Rei de Israel

⁸ Enquanto isso, Abner, filho de Ner, comandante do exército de Saul, levou Is-Bosete, filho de Saul, a Maanaim, ⁹ onde o proclamou rei sobre Gileade, Assuri[a], Jezreel, Efraim, Benjamim e sobre todo o Israel.

¹⁰ Is-Bosete, filho de Saul, tinha quarenta anos de idade quando começou a reinar em Israel, e reinou dois anos. Entretanto, a tribo de Judá seguia Davi, ¹¹ que a governou em Hebrom por sete anos e seis meses.

A Guerra entre Judá e Israel

¹² Abner, filho de Ner, e os soldados de Is-Bosete, filho de Saul, partiram de Maanaim e marcharam para Gibeom. ¹³ Joabe, filho de Zeruia, e os soldados de Davi foram ao encontro deles no açude de Gibeom. Um grupo posicionou-se num lado do açude; o outro grupo, no lado oposto.

¹⁴ Então Abner disse a Joabe: "Vamos fazer alguns soldados lutarem diante de nós".

Joabe respondeu: "De acordo".

¹⁵ Então doze soldados aliados de Benjamim e Is-Bosete, filho de Saul, atravessaram o açude para enfrentar doze soldados aliados de Davi. ¹⁶ Cada soldado pegou o adversário pela cabeça e fincou-lhe o punhal no lado, e juntos caíram mortos. Por isso aquele lugar, situado em Gibeom, foi chamado Helcate-Hazurim[b]. ¹⁷ Houve uma violenta batalha naquele dia, e Abner e os soldados de Israel foram derrotados pelos soldados de Davi.

¹⁸ Estavam lá Joabe, Abisai e Asael, os três filhos de Zeruia. E Asael, que corria como uma gazela em terreno plano, ¹⁹ perseguiu Abner, sem se desviar nem para a direita nem para a esquerda. ²⁰ Abner olhou para trás e perguntou: "É você, Asael?"

"Sou eu", respondeu ele.

²¹ Disse-lhe então Abner: "É melhor você se desviar para a direita ou para a esquerda, capturar um dos soldados e ficar com as armas dele". Mas Asael não quis parar de persegui-lo.

²² Então Abner advertiu Asael mais uma vez: "Pare de me perseguir! Não quero matá-lo. Como eu poderia olhar seu irmão Joabe nos olhos de novo?"

²³ Como, porém, Asael não desistiu de persegui-lo, Abner cravou no estômago dele a ponta da lança, que saiu pelas costas. E ele caiu, morrendo ali mesmo. E paravam todos os que chegavam ao lugar onde Asael estava caído.

²⁴ Então Joabe e Abisai perseguiram Abner. Ao pôr do sol, chegaram à colina de Amá, defronte de Gia, no caminho para o deserto de Gibeom. ²⁵ Os soldados de Benjamim, seguindo Abner, reuniram-se formando um só grupo e ocuparam o alto de uma colina.

²⁶ Então Abner gritou para Joabe: "O derramamento de sangue vai continuar? Não vê que isso vai trazer amargura? Quando é que você

---

[a] **2.9** Ou *Aser*

[b] **2.16** Helcate-Hazurim significa *campo de punhais* ou *campo de hostilidades*.

vai mandar o seu exército parar de perseguir os seus irmãos?"

²⁷ Respondeu Joabe: "Juro pelo nome de Deus que, se você não tivesse falado, o meu exército perseguiria os seus irmãos até de manhã".

²⁸ Então Joabe tocou a trombeta, e o exército parou de perseguir Israel e de lutar.

²⁹ Abner e seus soldados marcharam pela Arabá durante toda a noite. Atravessaram o Jordão, marcharam durante a manhã[a] inteira e chegaram a Maanaim.

³⁰ Quando Joabe voltou da perseguição a Abner, reuniu todo o exército. E viram que faltavam dezenove soldados, além de Asael. ³¹ Mas os soldados de Davi tinham matado trezentos e sessenta benjamitas que estavam com Abner. ³² Levaram Asael e o sepultaram no túmulo de seu pai, em Belém. Depois disso, Joabe e seus soldados marcharam durante toda a noite e chegaram a Hebrom ao amanhecer.

3 A guerra entre as famílias de Saul e de Davi durou muito tempo. Davi tornava-se cada vez mais forte, enquanto a família de Saul se enfraquecia.

Os Filhos de Davi em Hebrom

² Estes foram os filhos de Davi
nascidos em Hebrom:
O seu filho mais velho era Amnom,
filho de Ainoã, de Jezreel;
³ o segundo, Quileabe,
de Abigail, viúva de Nabal,
de Carmelo;
o terceiro, Absalão, de Maaca,
filha de Talmai, rei de Gesur;
⁴ o quarto, Adonias, de Hagite;
o quinto, Sefatias, de Abital;
⁵ e o sexto, Itreão, de sua mulher Eglá.
Esses foram os filhos de Davi
que lhe nasceram em Hebrom.

O Apoio de Abner a Davi

⁶ Enquanto transcorria a guerra entre as famílias de Saul e de Davi, Abner foi ficando poderoso na família de Saul. ⁷ Saul tivera uma concubina chamada Rispa, filha de Aiá. Certa vez Is-Bosete perguntou a Abner: "Por que você se deitou com a concubina de meu pai?"

⁸ Abner ficou furioso com a pergunta de Is-Bosete e exclamou: "Por acaso eu sou um cão a serviço de Judá? Até agora tenho sido leal à família de Saul, seu pai, e aos parentes e amigos dele, e não deixei que você caísse nas mãos de Davi; agora você me acusa de um delito envolvendo essa mulher! ⁹ Que Deus me castigue com todo o rigor, se eu não fizer por Davi o que o Senhor lhe prometeu sob juramento: ¹⁰ tirar o reino da família de Saul e estabelecer o trono de Davi sobre Israel e Judá, de Dã a Berseba". ¹¹ Is-Bosete não respondeu nada a Abner, pois tinha medo dele.

¹² Então Abner enviou mensageiros a Davi com esta proposta: "A quem pertence esta terra? Faze um acordo comigo e eu te ajudarei a conseguir o apoio de todo o Israel".

¹³ "Está bem", disse Davi. "Farei um acordo com você, mas com uma condição: não compareça à minha presença, quando vier me ver, sem trazer-me Mical, filha de Saul." ¹⁴ E Davi enviou mensageiros a Is-Bosete, filho de Saul, exigindo: "Entregue-me minha mulher Mical, com quem me casei pelo preço de cem prepúcios de filisteus".

¹⁵ Diante disso, Is-Bosete mandou que a tirassem do seu marido Paltiel, filho de Laís. ¹⁶ Mas Paltiel foi atrás dela, e a seguiu chorando até Baurim. Então Abner ordenou-lhe que voltasse para casa, e ele voltou.

¹⁷ Nesse meio-tempo, Abner enviou esta mensagem às autoridades de Israel: "Já faz algum tempo que vocês querem Davi como rei. ¹⁸ Agora é o momento de agir! Porque o Senhor prometeu a Davi: 'Por meio de Davi, meu servo, livrarei Israel do poder dos filisteus e de todos os seus inimigos' ".

¹⁹ Abner também falou pessoalmente com os benjamitas. Depois foi a Hebrom dizer a Davi tudo o que Israel e a tribo de Benjamim haviam aprovado. ²⁰ Quando Abner, acompanhado de vinte homens, apresentou-se a Davi em Hebrom, este ofereceu um banquete para ele e para os homens que o acompanhavam. ²¹ Disse então Abner a Davi: "Deixa que eu me vá e reúna todo o Israel, meu senhor, para que façam um acordo contigo, ó rei, e reines sobre tudo o que desejares". Davi o deixou ir, e ele se foi em paz.

Joabe Mata Abner

²² Naquele momento os soldados de Davi e Joabe voltavam de um ataque, trazendo muitos bens. Abner, porém, já não estava com Davi em Hebrom, porque Davi o tinha deixado

---

[a] 2.29 Ou *por toda a região de Bitrom*; ou ainda *pelo vale*

partir em paz. ²³ Quando Joabe chegou com todo o seu exército, contaram-lhe que Abner, filho de Ner, se apresentara ao rei, que o tinha deixado ir em paz.

²⁴ Então Joabe foi falar com o rei e lhe disse: "Que foi que fizeste? Abner veio à tua presença e o deixaste ir? ²⁵ Conheces Abner, filho de Ner; ele veio para enganar-te, observar os teus movimentos e descobrir tudo o que estás fazendo".

²⁶ Saindo da presença de Davi, Joabe enviou mensageiros atrás de Abner, e eles o trouxeram de volta, desde a cisterna de Sirá. Mas Davi não ficou sabendo disso. ²⁷ Quando Abner retornou a Hebrom, Joabe o chamou à parte, na porta da cidade, sob o pretexto de falar-lhe em particular, e ali mesmo o feriu no estômago. E Abner morreu por ter derramado o sangue de Asael, irmão de Joabe.

²⁸ Mais tarde, quando Davi soube o que tinha acontecido, disse: "Eu e o meu reino, perante o Senhor, somos para sempre inocentes do sangue de Abner, filho de Ner. ²⁹ Caia a responsabilidade pela morte dele sobre a cabeça de Joabe e de toda a sua família! Jamais falte entre os seus descendentes quem sofra fluxo ou lepraª, quem use muletas, quem morra à espada, ou quem passe fome".

³⁰ Assim, Joabe e seu irmão Abisai mataram Abner, porque ele havia matado Asael, irmão deles, na batalha de Gibeom.

³¹ Então Davi disse a Joabe e a todo o exército que o acompanhava: "Rasguem suas vestes, vistam roupas de luto e vão chorando à frente de Abner". E o rei Davi seguiu atrás da maca que levava o corpo. ³² Enterraram-no em Hebrom, e o rei chorou em alta voz junto ao túmulo de Abner, como também todo o povo.

³³ Então o rei cantou este lamento por Abner:

"Por que morreu Abner
    como morrem os insensatos?
³⁴ Suas mãos não estavam algemadas
    nem seus pés acorrentados.
Você caiu como quem cai
    perante homens perversos".

E todo o povo chorou ainda mais por ele.

³⁵ Depois, quando o povo insistiu com Davi que comesse alguma coisa enquanto ainda era dia, Davi fez este juramento: "Deus me castigue com todo o rigor, caso eu prove pão ou qualquer outra coisa antes do pôr do sol!"

³⁶ Todo o povo ouviu isso e o aprovou; de fato, tudo o que o rei fazia o povo aprovava. ³⁷ Assim, naquele dia, todo o povo e todo o Israel reconheceram que o rei não tivera participação no assassinato de Abner, filho de Ner.

³⁸ Então o rei disse aos seus conselheiros: "Não percebem que caiu hoje em Israel um líder, um grande homem? ³⁹ Embora rei ungido, ainda sou fraco, e esses filhos de Zeruia são mais fortes do que eu. Que o Senhor retribua ao malfeitor de acordo com as suas más obras!"

O Assassinato de Is-Bosete

4 Ao saber que Abner havia morrido em Hebrom, Is-Bosete, filho de Saul, perdeu a coragem, e todo o Israel ficou alarmado. ² Ora, o filho de Saul tinha a seu serviço dois líderes de grupos de ataque. Um deles chamava-se Baaná; o outro, Recabe; ambos filhos de Rimom, de Beerote, da tribo de Benjamim; a cidade de Beerote era considerada parte de Benjamim. ³ O povo de Beerote fugiu para Gitaim e até hoje vive ali como estrangeiro.

⁴ (Jônatas, filho de Saul, tinha um filho aleijado dos pés. Ele tinha cinco anos de idade quando chegou a notícia de Jezreel de que Saul e Jônatas haviam morrido. Sua ama o apanhou e fugiu, mas, na pressa, ela o deixou cair, e ele ficou manco. Seu nome era Mefibosete.)

⁵ Aconteceu então que Recabe e Baaná, filhos de Rimom, de Beerote, foram à casa de Is-Bosete na hora mais quente do dia, na hora do seu descanso do meio-dia. ⁶ Os dois entraram na casa como se fossem buscar trigo, traspassaram-lhe o estômago e depois fugiram.

⁷ Eles haviam entrado na casa enquanto Is-Bosete estava deitado em seu quarto. Depois de o traspassar e matar, cortaram-lhe a cabeça. E, levando-a, viajaram toda a noite pela rota da Arabá. ⁸ Levaram a cabeça de Is-Bosete a Davi, em Hebrom, e lhe disseram: "Aqui está a cabeça de Is-Bosete, filho de Saul, teu inimigo, que tentou tirar-te a vida. Hoje o Senhor vingou o nosso rei e senhor, de Saul e de sua descendência".

⁹ Davi respondeu a Recabe e a Baaná, seu irmão, filhos de Rimom, de Beerote: "Juro pelo nome do Senhor, que me tem livrado de todas as aflições: ¹⁰ quando um homem me disse que Saul estava morto, pensando que me trazia boa notícia, eu o agarrei e o matei

---

ª 3.29 O termo hebraico não se refere somente à lepra, mas também a diversas doenças da pele.

em Ziclague, como recompensa pela notícia que trouxe! ¹¹ Muito mais agora, que homens ímpios mataram um inocente em sua própria casa e em sua própria cama! Vou castigá-los e eliminá-los da face da terra porque vocês fizeram correr o sangue dele!"

¹² Então Davi deu ordem a seus soldados, e eles os mataram. Depois cortaram as mãos e os pés deles e penduraram os corpos junto ao açude de Hebrom. Mas sepultaram a cabeça de Is-Bosete no túmulo de Abner, em Hebrom.

Davi Torna-se Rei de Israel

5 Representantes de todas as tribos de Israel foram dizer a Davi, em Hebrom: "Somos sangue do teu sangue[a]. ² No passado, mesmo quando Saul era rei, eras tu quem liderava Israel em suas batalhas. E o Senhor te disse: 'Você pastoreará Israel, o meu povo, e será o seu governante' ".

³ Então todas as autoridades de Israel foram ao encontro do rei Davi em Hebrom; o rei fez um acordo com eles em Hebrom perante o Senhor, e eles ungiram Davi rei de Israel.

⁴ Davi tinha trinta anos de idade quando começou a reinar e reinou durante quarenta anos. ⁵ Em Hebrom, reinou sobre Judá sete anos e meio e, em Jerusalém, reinou sobre todo o Israel e Judá trinta e três anos.

A Conquista de Jerusalém

⁶ O rei e seus soldados marcharam para Jerusalém para atacar os jebuseus que viviam lá. E os jebuseus disseram a Davi: "Você não entrará aqui! Até os cegos e os aleijados podem se defender de você". Eles achavam que Davi não conseguiria entrar, ⁷ mas Davi conquistou a fortaleza de Sião, que veio a ser a Cidade de Davi.

⁸ Naquele dia disse Davi: "Quem quiser vencer os jebuseus terá que utilizar a passagem de água para chegar àqueles cegos e aleijados, inimigos de Davi[b]". É por isso que dizem: "Os 'cegos e aleijados' não entrarão no palácio[c]".

⁹ Davi passou a morar na fortaleza e chamou-a Cidade de Davi. Construiu defesas na parte interna da cidade desde o Milo[d]. ¹⁰ E ele se tornou cada vez mais poderoso, pois o Senhor, o Deus dos Exércitos, estava com ele.

¹¹ Pouco depois Hirão, rei de Tiro, enviou a Davi uma delegação, que trouxe toras de cedro e também carpinteiros e pedreiros que construíram um palácio para Davi. ¹² Então Davi teve certeza de que o Senhor o confirmara como rei de Israel e que seu reino estava prosperando por amor de Israel, o seu povo.

¹³ Depois de mudar-se de Hebrom para Jerusalém, Davi tomou mais concubinas e esposas e gerou mais filhos e filhas. ¹⁴ Estes são os nomes dos que lhe nasceram ali: Samua, Sobabe, Natã, Salomão, ¹⁵ Ibar, Elisua, Nefegue, Jafia, ¹⁶ Elisama, Eliada e Elifelete.

Davi Derrota os Filisteus

¹⁷ Ao saberem que Davi tinha sido ungido rei de Israel, os filisteus foram com todo o exército prendê-lo, mas Davi soube disso e foi para a fortaleza. ¹⁸ Tendo os filisteus se espalhado pelo vale de Refaim, ¹⁹ Davi perguntou ao Senhor: "Devo atacar os filisteus? Tu os entregarás nas minhas mãos?"

O Senhor lhe respondeu: "Vá, eu os entregarei nas suas mãos".

²⁰ Então Davi foi a Baal-Perazim e lá os derrotou. E disse: "Assim como as águas de uma enchente causam destruição, pelas minhas mãos o Senhor destruiu os meus inimigos diante de mim". Então aquele lugar passou a ser chamado Baal-Perazim[e]. ²¹ Como os filisteus haviam abandonado os seus ídolos ali, Davi e seus soldados os apanharam.

²² Mais uma vez os filisteus marcharam e se espalharam pelo vale de Refaim; ²³ então Davi consultou o Senhor de novo, que lhe respondeu: "Não ataque pela frente, mas dê a volta por trás deles e ataque-os em frente das amoreiras. ²⁴ Assim que você ouvir um som de passos por cima das amoreiras, saia rapidamente, pois será esse o sinal de que o Senhor saiu à sua frente para ferir o exército filisteu". ²⁵ Davi fez como o Senhor lhe tinha ordenado e derrotou os filisteus por todo o caminho, desde Gibeom[f] até Gezer.

A Arca é Levada para Jerusalém

6 De novo Davi reuniu os melhores guerreiros de Israel, trinta mil ao todo. ² Ele e todos os que o acompanhavam partiram para

---

[a] **5.1** Hebraico: *teu osso e tua carne.*
[b] **5.8** Ou *odiados por Davi*
[c] **5.8** Ou *templo*
[d] **5.9** Ou *desde o aterro*
[e] **5.20** *Baal-Perazim* significa *o senhor que destrói.*
[f] **5.25** Conforme a Septuaginta. O Texto Massorético diz *Geba.* Veja 1Cr 14.16.

Baalá, em Judá[a], para buscar a arca de Deus, arca sobre a qual é invocado o Nome, o nome do SENHOR dos Exércitos, que tem o seu trono entre os querubins acima dela. ³ Puseram a arca de Deus num carroção novo e a levaram da casa de Abinadabe, na colina. Uzá e Aiô, filhos de Abinadabe, conduziam o carroção ⁴ com a arca de Deus[b]; Aiô andava na frente dela. ⁵ Davi e todos os israelitas iam cantando e dançando perante o SENHOR, ao som de todo tipo de instrumentos de pinho: harpas, liras, tamborins, chocalhos e címbalos.

⁶ Quando chegaram à eira de Nacom, Uzá esticou o braço e segurou a arca de Deus, porque os bois haviam tropeçado. ⁷ A ira do SENHOR acendeu-se contra Uzá por seu ato de irreverência. Por isso Deus o feriu, e ele morreu ali mesmo, ao lado da arca de Deus.

⁸ Davi ficou contrariado porque o SENHOR, em sua ira, havia fulminado Uzá. Até hoje aquele lugar é chamado Perez-Uzá[c].

⁹ Naquele dia Davi teve medo do SENHOR e se perguntou: "Como vou conseguir levar a arca do SENHOR?" ¹⁰ Por isso ele desistiu de levar a arca do SENHOR para a Cidade de Davi. Em vez disso, levou-a para a casa de Obede-Edom, de Gate. ¹¹ A arca do SENHOR ficou na casa dele por três meses, e o SENHOR o abençoou e a toda a sua família.

¹² E disseram ao rei Davi: "O SENHOR tem abençoado a família de Obede-Edom e tudo o que ele possui, por causa da arca de Deus". Então Davi, com grande festa, foi à casa de Obede-Edom e ordenou que levassem a arca de Deus para a Cidade de Davi. ¹³ Quando os que carregavam a arca do SENHOR davam seis passos, ele sacrificava um boi e um novilho gordo. ¹⁴ Davi, vestindo o colete sacerdotal de linho, foi dançando com todas as suas forças perante o SENHOR, ¹⁵ enquanto ele e todos os israelitas levavam a arca do SENHOR ao som de gritos de alegria e de trombetas.

¹⁶ Aconteceu que, entrando a arca do SENHOR na Cidade de Davi, Mical, filha de Saul, observava de uma janela. E, ao ver o rei Davi dançando e celebrando perante o SENHOR, ela o desprezou em seu coração.

---

[a] **6.2** Isto é, Quiriate-Jearim.
[b] **6.3,4** Conforme os manuscritos do mar Morto e alguns manuscritos da Septuaginta. O Texto Massorético diz *carroção 4e o trouxeram com a arca de Deus desde a casa de Abinadabe, na colina.*
[c] **6.8** Perez-Uzá significa *destruição de Uzá*.

¹⁷ Eles trouxeram a arca do SENHOR e a colocaram na tenda que Davi lhe havia preparado; e Davi ofereceu holocaustos[d] e sacrifícios de comunhão[e] perante o SENHOR. ¹⁸ Após oferecer os holocaustos e os sacrifícios de comunhão, ele abençoou o povo em nome do SENHOR dos Exércitos ¹⁹ e deu um pão, um bolo de tâmaras[f] e um bolo de uvas passas a cada homem e a cada mulher israelita. Depois todo o povo partiu, cada um para a sua casa.

²⁰ Voltando Davi para casa para abençoar sua família, Mical, filha de Saul, saiu ao seu encontro e lhe disse: "Como o rei de Israel se destacou hoje, tirando o manto na frente das escravas de seus servos, como um homem vulgar!"

²¹ Mas Davi disse a Mical: "Foi perante o SENHOR que eu dancei, perante aquele que me escolheu em lugar de seu pai ou de qualquer outro da família dele, quando me designou soberano sobre o povo do SENHOR, sobre Israel; perante o SENHOR celebrarei ²² e me rebaixarei ainda mais, e me humilharei aos meus próprios olhos. Mas serei honrado por essas escravas que você mencionou".

²³ E até o dia de sua morte, Mical, filha de Saul, jamais teve filhos.

A Promessa de Deus a Davi

7 O rei Davi já morava em seu palácio, e o SENHOR lhe dera descanso de todos os seus inimigos ao redor. ² Certo dia ele disse ao profeta Natã: "Aqui estou eu, morando num palácio de cedro, enquanto a arca de Deus permanece numa simples tenda".

³ Natã respondeu ao rei: "Faze o que tiveres em mente, pois o SENHOR está contigo".

⁴ E naquela mesma noite o SENHOR falou a Natã:

⁵ "Vá dizer a meu servo Davi que assim diz o SENHOR: Você construirá uma casa para eu morar? ⁶ Não tenho morado em nenhuma casa desde o dia em que tirei os israelitas do Egito. Tenho ido de uma tenda para outra, de um tabernáculo para outro. ⁷ Por onde tenho acompanhado os israelitas, alguma vez perguntei a algum líder deles, a quem ordenei que pastoreasse Israel, o meu povo: Por que você não me construiu um templo de cedro?

---

[d] **6.17** Isto é, sacrifícios totalmente queimados.
[e] **6.17** Ou *de paz*
[f] **6.19** Ou *um pedaço de carne*; ou ainda *um pouco de vinho*

 **7.8-17** Na aliança entre Deus e Davi vemos o surgimento de um descendente seu que ocuparia o trono para sempre. Esse descendente é Jesus.
Cumprimento: Mateus 1.1; Lucas 1.26-33
Próximo texto: Salmos 2.1-3

⁸ "Agora, pois, diga ao meu servo Davi: Assim diz o Senhor dos Exércitos: 'Eu o tirei das pastagens, onde você cuidava dos rebanhos, para ser o soberano de Israel, o meu povo. ⁹ Sempre estive com você por onde você andou e eliminei todos os seus inimigos. Agora eu o farei tão famoso quanto os homens mais importantes da terra. ¹⁰ E providenciarei um lugar para Israel, o meu povo, e os plantarei lá, para que tenham o seu próprio lar e não mais sejam incomodados. Povos ímpios não mais os oprimirão, como fizeram no início ¹¹ e têm feito desde a época em que nomeei juízes sobre Israel, o meu povo. Também subjugarei todos os seus inimigos. Saiba também que eu, o Senhor, estabelecerei para ele uma dinastia. ¹² Quando a sua vida chegar ao fim e você descansar com os seus antepassados, escolherei um dos seus filhos para sucedê-lo, um fruto do seu próprio corpo, e eu estabelecerei o reino dele. ¹³ Será ele quem construirá um templo em honra ao meu nome, e eu firmarei o trono dele para sempre. ¹⁴ Eu serei seu pai, e ele será meu filho. Quando ele cometer algum erro, eu o punirei com o castigo dos homens, com açoites aplicados por homens. ¹⁵ Mas nunca retirarei dele o meu amor, como retirei de Saul, a quem tirei do seu caminho. ¹⁶ Quanto a você, sua dinastia e seu reino permanecerão para sempre diante de mim*ᵃ*; o seu trono será estabelecido para sempre' ".

¹⁷ E Natã transmitiu a Davi tudo o que o Senhor lhe tinha falado e revelado.

A Oração de Davi

¹⁸ Então o rei Davi entrou no tabernáculo, assentou-se diante do Senhor e orou:

"Quem sou eu, ó Soberano Senhor, e o que é a minha família, para que me trouxesses a este ponto? ¹⁹ E, como se isso não bastasse para ti, ó Soberano Senhor, também falaste sobre o futuro da família deste teu servo. É assim que procedes com os homens, ó Soberano Senhor?

²⁰ "Que mais Davi poderá dizer-te? Tu conheces o teu servo, ó Soberano Senhor. ²¹ Por amor de tua palavra e de acordo com tua vontade, realizaste este feito grandioso e o revelaste ao teu servo.

²² "Quão grande és tu, ó Soberano Senhor! Não há ninguém como tu nem há outro Deus além de ti, conforme tudo o que sabemos. ²³ E quem é como Israel, o teu povo, a única nação da terra que tu, ó Deus, resgataste para dela fazeres um povo para ti mesmo e assim tornaste o teu nome famoso, realizaste grandes e impressionantes maravilhas ao expulsar nações e seus deuses de diante desta mesma nação que libertaste do Egito*ᵇ*? ²⁴ Tu mesmo fizeste de Israel o teu povo particular para sempre, e tu, ó Senhor, te tornaste o seu Deus.

²⁵ "Agora, Senhor Deus, confirma para sempre a promessa que fizeste a respeito de teu servo e de sua descendência. Faze conforme prometeste, ²⁶ para que o teu nome seja engrandecido para sempre e os homens digam: 'O Senhor dos Exércitos é o Deus de Israel!' E a descendência de teu servo Davi se manterá firme diante de ti.

²⁷ "Ó Senhor dos Exércitos, Deus de Israel, tu mesmo o revelaste a teu servo, quando disseste: 'Estabelecerei uma dinastia para você'. Por isso o teu servo achou coragem para orar a ti. ²⁸ Ó Soberano Senhor, tu és Deus! Tuas palavras são verdadeiras, e tu fizeste essa boa promessa a teu servo. ²⁹ Agora, por tua bondade, abençoa a família de teu servo, para que ela continue para sempre na tua presença. Tu, ó Soberano Senhor, o prometeste! E, abençoada por ti, bendita será para sempre a família de teu servo".

As Vitórias Militares de Davi

8 Depois disso Davi derrotou os filisteus, subjugou-os, e tirou do controle deles Metegue-Amá.

² Davi derrotou também os moabitas. Ele os fez deitar-se no chão e mandou que os medissem com uma corda; os moabitas que

---

ᵃ **7.16** Conforme alguns manuscritos do Texto Massorético e a Septuaginta. A maioria dos manuscritos do Texto Massorético diz *de você*.

ᵇ **7.23** O Texto Massorético diz *maravilhas para tua terra e perante teu povo, o qual resgataste do Egito, das nações e de seus deuses*. Veja 1Cr 17.21.

ficavam dentro das duas primeiras medidas da corda eram mortos, mas os que ficavam dentro da terceira eram poupados. Assim, os moabitas ficaram sujeitos a Davi, pagando-lhe impostos.

³ Além disso, Davi derrotou Hadadezer, filho de Reobe, rei de Zobá, quando Hadadezer tentava recuperar o controle na região do rio Eufrates. ⁴ Davi se apossou de mil dos seus carros de guerra, sete mil[a] cavaleiros[b] e vinte mil soldados de infantaria. Ainda levou cem cavalos de carros de guerra e aleijou todos os outros.

⁵ Quando os arameus de Damasco vieram ajudar Hadadezer, rei de Zobá, Davi matou vinte e dois mil deles. ⁶ Em seguida estabeleceu guarnições militares no reino dos arameus de Damasco, sujeitando-os a lhe pagarem impostos. E o Senhor dava vitórias a Davi em todos os lugares aonde ia.

⁷ Davi também levou para Jerusalém os escudos de ouro usados pelos oficiais de Hadadezer. ⁸ De Tebá[c] e Berotai, cidades que pertenciam a Hadadezer, o rei Davi levou grande quantidade de bronze.

⁹ Quando Toú, rei de Hamate, soube que Davi tinha derrotado todo o exército de Hadadezer, ¹⁰ enviou seu filho Jorão[d] ao rei Davi para saudá-lo e parabenizá-lo por sua vitória na batalha contra Hadadezer, que tinha estado em guerra contra Toú. E, com Jorão, mandou todo tipo de utensílios de prata, de ouro e de bronze. ¹¹ O rei Davi consagrou esses utensílios ao Senhor, como fizera com a prata e com o ouro tomados de todas as nações que havia subjugado: ¹² Edom[e] e Moabe, os amonitas e os filisteus, e Amaleque. Também consagrou os bens tomados de Hadadezer, filho de Reobe, rei de Zobá.

¹³ Davi ficou ainda mais famoso ao retornar da batalha em que matou dezoito mil edomitas[f] no vale do Sal.

¹⁴ Ele estabeleceu guarnições militares por todo o território de Edom, sujeitando todos os edomitas. O Senhor dava vitórias a Davi em todos os lugares aonde ia.

Os Oficiais de Davi

¹⁵ Davi reinou sobre todo o Israel, administrando o direito e a justiça a todo o seu povo. ¹⁶ Joabe, filho de Zeruia, era comandante do exército; Josafá, filho de Ailude, era o arquivista real; ¹⁷ Zadoque, filho de Aitube, e Aimeleque, filho de Abiatar, eram sacerdotes; Seraías era secretário; ¹⁸ Benaia, filho de Joiada, comandava os queretitas e os peletitas; e os filhos de Davi eram sacerdotes.

Davi e Mefibosete

9 Certa ocasião Davi perguntou: "Resta ainda alguém da família de Saul a quem eu possa mostrar lealdade, por causa de minha amizade com Jônatas?"

² Então chamaram Ziba, um dos servos de Saul, para apresentar-se a Davi, e o rei lhe perguntou: "Você é Ziba?"

"Sou teu servo", respondeu ele.

³ Perguntou-lhe Davi: "Resta ainda alguém da família de Saul a quem eu possa mostrar a lealdade de Deus?"

Respondeu Ziba: "Ainda há um filho de Jônatas, aleijado dos pés".

⁴ "Onde está ele?", perguntou o rei.

Ziba respondeu: "Na casa de Maquir, filho de Amiel, em Lo-Debar".

⁵ Então o rei Davi mandou trazê-lo de Lo-Debar.

⁶ Quando Mefibosete, filho de Jônatas e neto de Saul, compareceu diante de Davi, prostrou-se com o rosto em terra.

"Mefibosete?", perguntou Davi.

Ele respondeu: "Sim, sou teu servo".

⁷ "Não tenha medo", disse-lhe Davi, "pois é certo que eu o tratarei com bondade por causa de minha amizade com Jônatas, seu pai. Vou devolver-lhe todas as terras que pertenciam a seu avô, Saul, e você comerá sempre à minha mesa."

⁸ Mefibosete prostrou-se e disse: "Quem é o teu servo, para que te preocupes com um cão morto como eu?"

⁹ Então o rei convocou Ziba e disse-lhe: "Devolvi ao neto de Saul, seu senhor, tudo o que pertencia a ele e à família dele. ¹⁰ Você, seus filhos e seus servos cultivarão a terra para ele. Você trará a colheita para que haja provisões na casa do neto de seu senhor. Mas Mefibosete comerá sempre à minha mesa". Ziba tinha quinze filhos e vinte servos.

¹¹ Então Ziba disse ao rei: "O teu servo fará tudo o que o rei, meu senhor, ordenou". Assim,

---

[a] **8.4** Conforme a Septuaginta. O Texto Massorético diz *capturou mil e setecentos*. Veja 1Cr 18.4.
[b] **8.4** Ou *condutores de carros*
[c] **8.8** Muitos manuscritos dizem *Betá*. Veja 1Cr 18.8.
[d] **8.10** Variante de *Adorão*.
[e] **8.12** Muitos manuscritos dizem *Arã*. Veja 1Cr 18.11.
[f] **8.13** Muitos manuscritos dizem *arameus*. Veja 1Cr 18.12.

Mefibosete passou a comer à mesa de Davi[a] como se fosse um dos seus filhos.

¹² Mefibosete tinha um filho ainda jovem chamado Mica. E todos os que moravam na casa de Ziba tornaram-se servos de Mefibosete. ¹³ Então Mefibosete, que era aleijado dos pés, foi morar em Jerusalém, pois passou a comer sempre à mesa do rei.

A Guerra contra os Amonitas

10 Algum tempo depois o rei dos amonitas morreu, e seu filho Hanum foi o seu sucessor. ² Davi pensou: "Serei bondoso com Hanum, filho de Naás, como seu pai foi bondoso comigo". Então Davi enviou uma delegação para transmitir a Hanum seu pesar pela morte do pai dele.

Mas, quando os mensageiros de Davi chegaram à terra dos amonitas, ³ os líderes amonitas disseram a Hanum, seu senhor: "Achas que Davi está honrando teu pai ao enviar mensageiros para expressar condolências? Não é nada disso! Davi os enviou como espiões para examinarem a cidade, a fim de destruí-la". ⁴ Então Hanum prendeu os mensageiros de Davi, rapou metade da barba de cada um, cortou metade de suas roupas até as nádegas e os mandou embora.

⁵ Quando Davi soube disso, enviou mensageiros ao encontro deles, pois haviam sido profundamente humilhados, e lhes mandou dizer: "Fiquem em Jericó até que a barba cresça e então voltem para casa".

⁶ Vendo que tinham atraído sobre si o ódio de[b] Davi, os amonitas contrataram vinte mil soldados de infantaria dos arameus de Bete-Reobe e de Zobá, mil homens do rei de Maaca e doze mil dos homens de Tobe.

⁷ Ao saber disso, Davi ordenou a Joabe que marchasse com todo o exército. ⁸ Os amonitas saíram e se puseram em posição de combate à entrada da cidade, e os arameus de Zobá e de Reobe e os homens de Tobe e de Maaca posicionaram-se em campo aberto.

⁹ Vendo Joabe que estava cercado pelas linhas de combate, escolheu alguns dos melhores soldados de Israel e os posicionou contra os arameus. ¹⁰ Pôs o restante dos homens sob o comando de seu irmão Abisai e os posicionou contra os amonitas. ¹¹ E Joabe disse a Abisai: "Se os arameus forem fortes demais para mim, venha me ajudar; mas, se os amonitas forem fortes demais para você, eu irei ajudá-lo. ¹² Seja forte e lutemos com bravura pelo nosso povo e pelas cidades do nosso Deus. E que o Senhor faça o que for de sua vontade".

¹³ Então Joabe e seus soldados avançaram contra os arameus, que fugiram dele. ¹⁴ Quando os amonitas viram que os arameus estavam fugindo de Joabe, também fugiram de seu irmão Abisai e entraram na cidade. Assim, Joabe parou a batalha contra os amonitas e voltou para Jerusalém.

¹⁵ Vendo-se derrotados por Israel, os arameus tornaram a agrupar-se. ¹⁶ Hadadezer mandou trazer os arameus que viviam do outro lado do Eufrates[c]. Estes chegaram a Helã, tendo à frente Soboque, comandante do exército de Hadadezer.

¹⁷ Informado disso, Davi reuniu todo o Israel, atravessou o Jordão e chegou a Helã. Os arameus estavam em posição de combate para enfrentá-lo, ¹⁸ mas acabaram fugindo de diante de Israel. E Davi matou setecentos condutores de carros de guerra e quarenta mil soldados de infantaria[d] dos arameus. Soboque, o comandante do exército, também foi ferido e morreu ali mesmo. ¹⁹ Quando todos os reis vassalos de Hadadezer viram que tinham sido derrotados por Israel, fizeram a paz com os israelitas e sujeitaram-se a eles.

E os arameus ficaram com medo de voltar a ajudar os amonitas.

Davi Comete Adultério

11 Na primavera, época em que os reis saíam para a guerra, Davi enviou para a batalha Joabe com seus oficiais e todo o exército de Israel; e eles derrotaram os amonitas e cercaram Rabá. Mas Davi permaneceu em Jerusalém.

² Uma tarde Davi levantou-se da cama e foi passear pelo terraço do palácio. Do terraço viu uma mulher muito bonita, tomando banho, ³ e mandou alguém procurar saber quem era. Disseram-lhe: "É Bate-Seba, filha de Eliã e mulher de Urias, o hitita". ⁴ Davi mandou que a trouxessem e se deitou com ela, que havia acabado de se purificar da impureza da sua menstruação. Depois, voltou para casa. ⁵ A

---

[a] **9.11** Conforme a Septuaginta. O Texto Massorético diz *à minha mesa*.
[b] **10.6** Hebraico: *se transformado em mau cheiro para*.
[c] **10.16** Hebraico: *do Rio*.
[d] **10.18** Conforme alguns manuscritos da Septuaginta. O Texto Massorético diz *cavaleiros*. Veja 1Cr 19.18.

mulher engravidou e mandou um recado a Davi, dizendo que estava grávida.

⁶ Em face disso, Davi mandou esta mensagem a Joabe: "Envie-me Urias, o hitita". E Joabe o enviou. ⁷ Quando Urias chegou, Davi perguntou-lhe como estavam Joabe e os soldados e como estava indo a guerra; ⁸ e lhe disse: "Vá descansar um pouco em sua casa". Urias saiu do palácio e logo lhe foi mandado um presente da parte do rei. ⁹ Mas Urias dormiu na entrada do palácio, onde dormiam os guardas de seu senhor, e não foi para casa.

¹⁰ Quando informaram a Davi que Urias não tinha ido para casa, ele lhe perguntou: "Depois da viagem que você fez, por que não foi para casa?"

¹¹ Urias respondeu: "A arca e os homens de Israel e de Judá repousam em tendas; o meu senhor Joabe e os seus soldados estão acampados ao ar livre. Como poderia eu ir para casa para comer, beber e deitar-me com minha mulher? Juro por teu nome e por tua vida que não farei uma coisa dessas!"

¹² Então Davi lhe disse: "Fique aqui mais um dia; amanhã eu o mandarei de volta". Urias ficou em Jerusalém, mas no dia seguinte ¹³ Davi o convidou para comer e beber e o embriagou. À tarde, porém, Urias saiu para dormir em sua esteira, onde os guardas de seu senhor dormiam, e não foi para casa.

¹⁴ De manhã, Davi enviou uma carta a Joabe por meio de Urias. ¹⁵ Nela escreveu: "Ponha Urias na linha de frente e deixe-o onde o combate estiver mais violento, para que seja ferido e morra".

¹⁶ Como Joabe tinha cercado a cidade, colocou Urias no lugar onde sabia que os inimigos eram mais fortes. ¹⁷ Quando os homens da cidade saíram e lutaram contra Joabe, alguns dos oficiais da guarda de Davi morreram, e morreu também Urias, o hitita.

¹⁸ Joabe enviou a Davi um relatório completo da batalha, ¹⁹ dando a seguinte instrução ao mensageiro: "Ao acabar de apresentar ao rei este relatório, ²⁰ pode ser que o rei fique muito indignado e lhe pergunte: 'Por que vocês se aproximaram tanto da cidade para combater? Não sabiam que eles atirariam flechas da muralha? ²¹ Em Tebes, quem matou Abimeleque, filho de Jerubesete*a*? Não foi uma mulher que da muralha atirou-lhe uma pedra de moinho, e ele morreu? Por que vocês se aproximaram tanto da muralha?' Se ele perguntar isso, diga-lhe: E morreu também o teu servo Urias, o hitita".

²² O mensageiro partiu e, ao chegar, contou a Davi tudo o que Joabe lhe havia mandado falar, ²³ dizendo: "Eles nos sobrepujaram e saíram contra nós em campo aberto, mas nós os fizemos retroceder para a porta da cidade. ²⁴ Então os flecheiros atiraram do alto da muralha contra os teus servos e mataram alguns deles. E morreu também o teu servo Urias, o hitita".

²⁵ Davi mandou o mensageiro dizer a Joabe: "Não fique preocupado com isso, pois a espada não escolhe a quem devorar. Reforce o ataque à cidade até destruí-la". E ainda insistiu com o mensageiro que encorajasse Joabe.

²⁶ Quando a mulher de Urias soube que o seu marido havia morrido, chorou por ele. ²⁷ Passado o luto, Davi mandou que a trouxessem para o palácio; ela se tornou sua mulher e teve um filho dele. Mas o que Davi fez desagradou ao Senhor.

Natã Repreende Davi

12 E o Senhor enviou a Davi o profeta Natã. Ao chegar, ele disse a Davi: "Dois homens viviam numa cidade, um era rico e o outro pobre. ² O rico possuía muitas ovelhas e bois, ³ mas o pobre nada tinha, senão uma cordeirinha que havia comprado. Ele a criou, e ela cresceu com ele e com seus filhos. Ela comia junto dele, bebia do seu copo e até dormia em seus braços. Era como uma filha para ele.

⁴ "Certo dia, um viajante chegou à casa do rico, e este não quis pegar uma de suas próprias ovelhas ou de seus bois para preparar-lhe uma refeição. Em vez disso, preparou para o visitante a cordeira que pertencia ao pobre".

⁵ Então Davi encheu-se de ira contra o homem e disse a Natã: "Juro pelo nome do Senhor que o homem que fez isso merece a morte! ⁶ Deverá pagar quatro vezes o preço da cordeira, porquanto agiu sem misericórdia".

⁷ "Você é esse homem!", disse Natã a Davi. E continuou: "Assim diz o Senhor, o Deus de Israel: 'Eu o ungi rei de Israel e o livrei das mãos de Saul. ⁸ Dei a você a casa e as mulheres do seu senhor. Dei a você a nação de Israel e Judá. E, se tudo isso não fosse suficiente, eu teria dado mais ainda. ⁹ Por que você desprezou a palavra do Senhor, fazendo o que ele reprova? Você matou Urias, o hitita, com a espada dos

---

a **11.21** Também conhecido como *Jerubaal* (isto é, Gideão).

12.12 Davi talvez pensasse que a intimidade tão profunda que sempre tivera com Deus fosse suficiente para que Deus o perdoasse. Deus lhe enviou o profeta Natã com uma parábola por meio da qual frustrou suas esperanças: o pecado é pecado, venha de quem vier; e, quanto mais próxima a pessoa está de Deus, mais o ofende, porque essa pessoa conhece Deus e sua santidade muito mais que qualquer outra. Os discípulos que chegam a ocupar posições de destaque na igreja necessitam, em primeiro lugar, estar seguros de que as receberam de Deus; em segundo lugar, precisam compreender que têm uma obrigação muito maior de viver em santidade, em razão da responsabilidade que têm diante de Deus e seu povo. Observemos que, embora Deus tenha perdoado Davi, as consequências de seu pecado foram devastadoras.

amonitas e ficou com a mulher dele. **10** Por isso, a espada nunca se afastará de sua família, pois você me desprezou e tomou a mulher de Urias, o hitita, para ser sua mulher'.

11 "Assim diz o Senhor: 'De sua própria família trarei desgraça sobre você. Tomarei as suas mulheres diante dos seus próprios olhos e as darei a outro; e ele se deitará com elas em plena luz do dia. **12** Você fez isso às escondidas, mas eu o farei diante de todo o Israel, em plena luz do dia' ".

13 Então Davi disse a Natã: "Pequei contra o Senhor!"

E Natã respondeu: "O Senhor perdoou o seu pecado. Você não morrerá. **14** Entretanto, uma vez que você insultou o Senhor[a], o menino morrerá".

15 Depois que Natã foi para casa, o Senhor fez adoecer o filho que a mulher de Urias dera a Davi. **16** E Davi implorou a Deus em favor da criança. Ele jejuou e, entrando em casa, passou a noite deitado no chão. **17** Os oficiais do palácio tentaram fazê-lo levantar-se do chão, mas ele não quis e recusou comer.

18 Sete dias depois a criança morreu. Os conselheiros de Davi ficaram com medo de dizer-lhe que a criança estava morta e comentaram: "Enquanto a criança ainda estava viva, falamos com ele, e ele não quis escutar-nos. Como vamos dizer-lhe que a criança morreu? Ele poderá cometer alguma loucura!"

19 Davi, percebendo que seus conselheiros cochichavam entre si, compreendeu que a criança estava morta e perguntou: "A criança morreu?"

"Sim, morreu", responderam eles.

20 Então Davi levantou-se do chão, lavou-se, perfumou-se e trocou de roupa. Depois entrou no santuário do Senhor e o adorou. E, voltando ao palácio, pediu que lhe preparassem uma refeição e comeu.

21 Seus conselheiros lhe perguntaram: "Por que ages assim? Enquanto a criança estava viva, jejuaste e choraste; mas, agora que a criança está morta, te levantas e comes!"

22 Ele respondeu: "Enquanto a criança ainda estava viva, jejuei e chorei. Eu pensava: Quem sabe? Talvez o Senhor tenha misericórdia de mim e deixe a criança viver. **23** Mas agora que ela morreu, por que deveria jejuar? Poderia eu trazê-la de volta à vida? Eu irei até ela, mas ela não voltará para mim".

24 Depois Davi consolou sua mulher Bate-Seba e deitou-se com ela, e ela teve um menino, a quem Davi deu o nome de Salomão. O Senhor o amou **25** e enviou o profeta Natã com uma mensagem a Davi. E Natã deu ao menino o nome de Jedidias[b].

26 Enquanto isso, Joabe atacou Rabá dos amonitas e conquistou a fortaleza real. **27** Feito isso, mandou mensageiros a Davi, dizendo: "Lutei contra Rabá e apoderei-me dos seus reservatórios de água. **28** Agora, convoca o restante do exército, cerca a cidade e conquista-a. Se não, eu terei a fama de havê-la conquistado".

29 Então Davi convocou todo o exército, foi a Rabá, atacou a cidade e a conquistou. **30** A seguir tirou a coroa da cabeça de Moloque[c], uma coroa de ouro de trinta e cinco quilos[d]; ornamentada com pedras preciosas. E ela foi colocada na cabeça de Davi. Ele trouxe uma grande quantidade de bens da cidade **31** e trouxe também os seus habitantes, designando-lhes trabalhos com serras, picaretas e machados, além da fabricação de tijolos. Davi fez assim com todas as cidades amonitas. Depois voltou com todo o seu exército para Jerusalém.

---

[a] **12.14** Conforme um manuscrito da Septuaginta. O Texto Massorético diz *os inimigos do Senhor*.

[b] **12.25** *Jedidias* significa *amado pelo Senhor*.

[c] **12.30** Conforme a Septuaginta. O Texto Massorético diz *do rei deles*.

[d] **12.30** Hebraico: *1 talento*.

Tamar é Violentada por Amnom

13 Depois de algum tempo, Amnom, filho de Davi, apaixonou-se por Tamar; ela era muito bonita e era irmã de Absalão, outro filho de Davi.

² Amnom ficou angustiado a ponto de adoecer por causa de sua meia-irmã Tamar, pois ela era virgem, e parecia-lhe impossível aproximar-se dela.

³ Amnom tinha um amigo muito astuto chamado Jonadabe, filho de Simeia, irmão de Davi. ⁴ Ele perguntou a Amnom: "Filho do rei, por que todo dia você está abatido? Quer me contar o que se passa?"

Amnom lhe disse: "Estou apaixonado por Tamar, irmã de meu irmão Absalão".

⁵ "Vá para a cama e finja estar doente", disse Jonadabe. "Quando seu pai vier visitá-lo, diga-lhe: Permite que minha irmã Tamar venha dar-me de comer. Gostaria que ela preparasse a comida aqui mesmo e me servisse. Assim poderei vê-la."

⁶ Amnom aceitou a ideia e deitou-se, fingindo-se doente. Quando o rei foi visitá-lo, Amnom lhe disse: "Eu gostaria que minha irmã Tamar viesse e preparasse dois bolos aqui mesmo e me servisse".

⁷ Davi mandou dizer a Tamar no palácio: "Vá à casa de seu irmão Amnom e prepare algo para ele comer". ⁸ Tamar foi à casa de seu irmão, que estava deitado. Ela amassou a farinha, preparou os bolos na presença dele e os assou. ⁹ Depois pegou a assadeira e lhe serviu os bolos, mas ele não quis comer.

Então Amnom deu ordem para que todos saíssem e, depois que todos saíram, ¹⁰ disse a Tamar: "Traga os bolos e sirva-me aqui no meu quarto". Tamar levou os bolos que havia preparado ao quarto de seu irmão. ¹¹ Mas, quando ela se aproximou para servi-lo, ele a agarrou e disse: "Deite-se comigo, minha irmã".

¹² Mas ela lhe disse: "Não, meu irmão! Não me faça essa violência. Não se faz uma coisa dessas em Israel! Não cometa essa loucura. ¹³ O que seria de mim? Como eu poderia livrar-me da minha desonra? E o que seria de você? Você cairia em desgraça em Israel. Fale com o rei; ele deixará que eu me case com você". ¹⁴ Mas Amnom não quis ouvi-la e, sendo mais forte que ela, violentou-a.

¹⁵ Logo depois Amnom sentiu uma forte aversão por ela, mais forte que a paixão que sentira. E lhe disse: "Levante-se e saia!"

¹⁶ Mas ela lhe disse: "Não, meu irmão, mandar-me embora seria pior do que o mal que você já me fez".

Ele, porém, não quis ouvi-la ¹⁷ e, chamando seu servo, disse-lhe: "Ponha esta mulher para fora daqui e tranque a porta". ¹⁸ Então o servo a pôs para fora e trancou a porta. Ela estava vestindo uma túnica longa[a], pois esse era o tipo de roupa que as filhas virgens do rei usavam desde a puberdade. ¹⁹ Tamar pôs cinza na cabeça, rasgou a túnica longa que estava usando e se pôs a caminho, com as mãos sobre a cabeça e chorando em alta voz.

²⁰ Absalão, seu irmão, lhe perguntou: "Seu irmão, Amnom, fez algum mal a você? Acalme-se, minha irmã; ele é seu irmão! Não se deixe dominar pela angústia". E Tamar, muito triste, ficou na casa de seu irmão Absalão.

²¹ Ao saber de tudo isso, o rei Davi ficou indignado. ²² E Absalão não falou nada com Amnom, nem bem, nem mal, embora o odiasse por ter violentado sua irmã Tamar.

Absalão Mata Amnom

²³ Dois anos depois, quando os tosquiadores de ovelhas de Absalão estavam em Baal-Hazor, perto da fronteira de Efraim, Absalão convidou todos os filhos do rei para se reunirem com ele. ²⁴ Absalão foi ao rei e lhe disse: "Eu, teu servo, estou tosquiando as ovelhas e gostaria que o rei e os seus conselheiros estivessem comigo".

²⁵ Respondeu o rei: "Não, meu filho. Não iremos todos, pois isso seria um peso para você". Embora Absalão insistisse, ele se recusou a ir, mas o abençoou.

²⁶ Então Absalão lhe disse: "Se não queres ir, permite, por favor, que o meu irmão Amnom vá conosco".

O rei perguntou: "Por que ele iria com você?" ²⁷ Mas Absalão insistiu tanto que o rei acabou deixando que Amnom e os seus outros filhos fossem com ele.

²⁸ Absalão ordenou aos seus homens: "Ouçam! Quando Amnom estiver embriagado de vinho e eu disser: 'Matem Amnom!', vocês o matarão. Não tenham medo; eu assumo a responsabilidade. Sejam fortes e corajosos!" ²⁹ Assim os homens de Absalão mataram Amnom, obedecendo às suas ordens. Então todos os filhos do rei montaram em suas mulas e fugiram.

---

[a] **13.18** Ou *de diversas cores*; também no versículo 19.

³⁰ Estando eles ainda a caminho, chegou a seguinte notícia ao rei: "Absalão matou todos os teus filhos; nenhum deles escapou". ³¹ O rei levantou-se, rasgou as suas vestes, prostrou-se com o rosto em terra, e todos os conselheiros que estavam com ele também rasgaram as vestes.

³² Mas Jonadabe, filho de Simeia, irmão de Davi, disse: "Não pense o meu senhor que mataram todos os seus filhos. Somente Amnom foi morto. Essa era a intenção de Absalão desde o dia em que Amnom violentou Tamar, irmã dele. ³³ O rei, meu senhor, não deve acreditar que todos os seus filhos estão mortos. Apenas Amnom morreu".

³⁴ Enquanto isso, Absalão fugiu.

Nesse meio-tempo a sentinela viu muita gente que vinha pela estrada de Horonaim, descendo pela encosta da colina, e disse ao rei: "Vejo homens vindo pela estrada de Horonaim, na encosta da colina"ᵃ.

³⁵ E Jonadabe disse ao rei: "São os filhos do rei! Aconteceu como o teu servo disse".

³⁶ Acabando de falar, os filhos do rei chegaram, chorando em alta voz. Também o rei e todos os seus conselheiros choraram muito.

³⁷ Absalão fugiu para o território de Talmai, filho de Amiúde, rei de Gesur. E o rei Davi pranteava por seu filho todos os dias.

³⁸ Depois que Absalão fugiu para Gesur e lá permaneceu três anos, ³⁹ a ira do rei contra Absalão cessouᵇ, pois ele se sentia consolado da morte de Amnom.

Absalão Volta para Jerusalém

14 Joabe, filho de Zeruia, percebendo que o rei estava com saudade de Absalão, ² mandou buscar uma mulher astuta em Tecoa, e lhe disse: "Finja que está de luto: vista-se de preto e não se perfume. Aja como uma mulher que há algum tempo está de luto. ³ Vá dizer ao rei estas palavras", e a instruiu sobre o que ela deveria dizer.

⁴ Quando a mulher apresentou-seᶜ ao rei, prostrou-se com o rosto em terra, em sinal de respeito, e lhe disse: "Ajuda-me, ó rei!"

⁵ "Qual é o seu problema?", perguntou-lhe o rei, e ela respondeu:

"Sou viúva, meu marido morreu, ⁶ deixando-me com dois filhos. Eles brigaram no campo e, não havendo ninguém para separá-los, um acabou matando o outro. ⁷ Agora, todo o clã levantou-se contra a tua serva, exigindo: 'Entregue o assassino, para que o matemos pela vida do irmão, e nos livremos também do herdeiro'. Eles querem apagar a última centelha que me restou, deixando meu marido sem nome nem descendência na face da terra".

⁸ O rei disse à mulher: "Vá para casa. Eu mandarei que cuidem do seu caso".

⁹ Mas a mulher de Tecoa lhe disse: "Ó rei, meu senhor, é sobre mim e sobre a família de meu pai que pesará a iniquidade; não pesa culpa sobre o rei e sobre o seu trono".

¹⁰ O rei respondeu: "Se alguém ameaçá-la, traga-o a mim, e ele não mais a incomodará".

¹¹ Ela acrescentou: "Peço então ao rei que, em nome do Senhor, o seu Deus, não permita que o vingador da vítima cause maior destruição, matando meu outro filho".

E disse ele: "Eu juro pelo nome do Senhor: Nem um só fio de cabelo da cabeça de seu filho cairá".

¹² Disse-lhe ainda a mulher: "Permite que a tua serva fale mais uma coisa ao rei, meu senhor".

"Fale", respondeu ele.

¹³ Disse então a mulher: "Por que terá o rei agido contra o povo de Deus? O rei está se condenando com o que acaba de dizer, pois não permitiu a volta do que foi banido. ¹⁴ Que teremos que morrer um dia, é tão certo como não se pode recolher a água que se espalhou pela terra. Mas Deus não tira a vida; ao contrário, cria meios para que o banido não permaneça afastado dele.

¹⁵ "E eu vim falar sobre isso ao rei, meu senhor, porque o povo me ameaçou. Tua serva pensou que, se falasse com o rei, talvez ele atendesse ao seu pedido ¹⁶ e concordasse em livrar a sua serva das mãos do homem que está tentando eliminar tanto a mim como a meu filho da herança que Deus nos deu.

¹⁷ "E agora a tua serva diz: Traga-me descanso a decisão do rei, o meu senhor; pois o rei, meu senhor, é como um anjo de Deus, capaz de discernir entre o bem e o mal. Que o Senhor, o teu Deus, esteja contigo!"

ᵃ **13.34** Conforme a Septuaginta. O Texto Massorético não traz esta frase.
ᵇ **13.39** Ou *o rei teve saudade de Absalão*. Conforme os manuscritos do mar Morto e alguns manuscritos da Septuaginta.
ᶜ **14.4** Conforme muitos manuscritos do Texto Massorético, a Septuaginta, a Vulgata e a Versão Siríaca. A maioria dos manuscritos do Texto Massorético diz *falou*.

¹⁸ Então o rei disse à mulher: "Não me esconda nada do que vou perguntar".

"Fale o rei, meu senhor", disse a mulher.

¹⁹ O rei perguntou: "Não é Joabe que está por trás de tudo isso?"

A mulher respondeu: "Juro por tua vida, ó rei, ninguém é capaz de desviar-se para a direita ou para a esquerda do que tu dizes. Sim, foi o teu servo Joabe que me mandou aqui para dizer tudo isso. ²⁰ O teu servo Joabe agiu assim para mudar essa situação. Mas o meu senhor é sábio como um anjo de Deus, e nada lhe escapa de tudo o que acontece no país".

²¹ Depois o rei disse a Joabe: "Muito bem, atenderei a esse pedido. Vá e traga de volta o jovem Absalão".

²² Joabe prostrou-se com o rosto em terra, abençoou o rei e disse: "Hoje o teu servo ficou sabendo que o vês com bons olhos, pois o rei atendeu ao pedido de teu servo".

²³ Então Joabe foi a Gesur e trouxe Absalão de volta para Jerusalém. ²⁴ Mas o rei disse: "Ele irá para a casa dele; não virá à minha presença". Assim, Absalão foi para a sua casa e não compareceu mais à presença do rei.

²⁵ Em todo o Israel não havia homem tão elogiado por sua beleza como Absalão. Da cabeça aos pés não havia nele nenhum defeito. ²⁶ Sempre que o cabelo lhe ficava pesado demais, ele o cortava e o pesava: eram dois quilos e quatrocentos gramas*ᵃ*, segundo o padrão do rei.

²⁷ Ele teve três filhos e uma filha, chamada Tamar, que se tornou uma linda mulher.

²⁸ Absalão morou dois anos em Jerusalém sem ser recebido pelo rei. ²⁹ Então mandou chamar Joabe para enviá-lo ao rei, mas Joabe não quis ir. Mandou chamá-lo pela segunda vez, mas ele, novamente, não quis ir. ³⁰ Então Absalão disse a seus servos: "Vejam, a propriedade de Joabe é vizinha da minha, e ele tem uma plantação de cevada. Tratem de incendiá-la". E os servos de Absalão puseram fogo na plantação.

³¹ Então Joabe foi à casa de Absalão e lhe perguntou: "Por que os seus servos puseram fogo na minha propriedade?"

³² Absalão respondeu: "Mandei chamá-lo para enviá-lo ao rei com a seguinte mensagem: Por que voltei de Gesur? Melhor seria que eu lá permanecesse! Quero ser recebido pelo rei; e, se eu for culpado de alguma coisa, que ele mande me matar".

³³ Então Joabe foi contar tudo ao rei, que mandou chamar Absalão. Ele entrou e prostrou-se com o rosto em terra, perante o rei. E o rei saudou-o com um beijo.

A Conspiração de Absalão

15 Algum tempo depois, Absalão adquiriu uma carruagem, cavalos e uma escolta de cinquenta homens. ² Ele se levantava cedo e ficava junto ao caminho que levava à porta da cidade. Sempre que alguém trazia uma causa para ser decidida pelo rei, Absalão o chamava e perguntava de que cidade vinha. A pessoa respondia que era de uma das tribos de Israel, ³ e Absalão dizia: "A sua causa é válida e legítima, mas não há nenhum representante do rei para ouvi-lo". ⁴ E Absalão acrescentava: "Quem me dera ser designado juiz desta terra! Todos os que tivessem uma causa ou uma questão legal viriam a mim, e eu lhes faria justiça".

⁵ E sempre que alguém se aproximava dele para prostrar-se em sinal de respeito, Absalão estendia a mão, abraçava-o e beijava-o. ⁶ Absalão agia assim com todos os israelitas que vinham pedir que o rei lhes fizesse justiça. Assim ele foi conquistando a lealdade dos homens de Israel.

⁷ Ao final de quatro*ᵇ* anos, Absalão disse ao rei: "Deixa-me ir a Hebrom para cumprir um voto que fiz ao SENHOR. ⁸ Quando o teu servo estava em Gesur, na Síria, fez este voto: Se o SENHOR me permitir voltar a Jerusalém, prestarei culto a ele em Hebrom*ᶜ*".

⁹ "Vá em paz!", disse o rei. E ele foi para Hebrom.

¹⁰ Absalão enviou secretamente mensageiros a todas as tribos de Israel, dizendo: "Assim que vocês ouvirem o som das trombetas, digam: Absalão é rei em Hebrom". ¹¹ Absalão levou duzentos homens de Jerusalém. Eles tinham sido convidados e nada sabiam nem suspeitavam do que estava acontecendo. ¹² Depois de oferecer sacrifícios, Absalão mandou chamar Aitofel, da cidade de Gilo, conselheiro de Davi. A conspiração ganhou força, e cresceu o número dos que seguiam Absalão.

A Fuga de Davi

¹³ Então um mensageiro chegou e disse a Davi: "Os israelitas estão com Absalão!"

ᵃ **14.26** Hebraico: *200 siclos*. Um siclo equivalia a 12 gramas.

ᵇ **15.7** Conforme alguns manuscritos da Septuaginta, a Versão Siríaca e Josefo. O Texto Massorético diz *quarenta*.

ᶜ **15.8** Conforme alguns manuscritos da Septuaginta. O Texto Massorético não traz *em Hebrom*.

¹⁴ Em vista disso, Davi disse aos conselheiros que estavam com ele em Jerusalém: "Vamos fugir; caso contrário não escaparemos de Absalão. Se não partirmos imediatamente ele nos alcançará, causará a nossa ruína e matará o povo à espada".

¹⁵ Os conselheiros do rei lhe responderam: "Teus servos estão dispostos a fazer tudo o que o rei, nosso senhor, decidir".

¹⁶ O rei partiu, seguido por todos os de sua família; deixou, porém, dez concubinas para tomarem conta do palácio. ¹⁷ Assim, o rei partiu com todo o povo. Pararam na última casa da cidade, ¹⁸ e todos os seus soldados marcharam, passando por ele: todos os queretitas e peletitas, e os seiscentos giteus que o acompanhavam desde Gate.

¹⁹ O rei disse então a Itai, de Gate: "Por que você está indo conosco? Volte e fique com o novo rei, pois você é estrangeiro, um exilado de sua terra. ²⁰ Faz pouco tempo que você chegou. Como eu poderia fazê-lo acompanhar-me? Volte e leve consigo os seus irmãos. Que o Senhor o trate com bondade e fidelidade!"

²¹ Itai, contudo, respondeu ao rei: "Juro pelo nome do Senhor e por tua vida que, onde quer que o rei, meu senhor, esteja, ali estará o teu servo, para viver ou para morrer!"

²² Então Davi disse a Itai: "Está bem, pode ir adiante". E Itai, o giteu, marchou, com todos os seus soldados e com as famílias que estavam com ele.

²³ Todo o povo do lugar chorava em alta voz enquanto o exército passava. O rei atravessou o vale do Cedrom e todo o povo foi com ele em direção ao deserto.

²⁴ Zadoque também estava lá e com ele todos os levitas que carregavam a arca da aliança de Deus; Abiatar também estava lá. Puseram no chão a arca de Deus até que todo o povo saísse da cidade.

²⁵ Então o rei disse a Zadoque: "Leve a arca de Deus de volta para a cidade. Se o Senhor mostrar benevolência a mim, ele me trará de volta e me deixará ver a arca e o lugar onde ela deve permanecer. ²⁶ Mas, se ele disser que já não sou do seu agrado, aqui estou! Faça ele comigo a sua vontade".

²⁷ Disse ainda o rei ao sacerdote Zadoque: "Fique alerta! Volte em paz para a cidade, você, Aimaás, seu filho, e Jônatas, filho de Abiatar. ²⁸ Pelos desfiladeiros do deserto ficarei esperando notícias de vocês". ²⁹ Então Zadoque e Abiatar levaram a arca de Deus de volta para Jerusalém e lá permaneceram.

³⁰ Davi, porém, continuou subindo o monte das Oliveiras, caminhando e chorando, com a cabeça coberta e os pés descalços. E todos os que iam com ele também tinham a cabeça coberta e subiam chorando. ³¹ Quando informaram a Davi que Aitofel era um dos conspiradores que apoiavam Absalão, Davi orou: "Ó Senhor, transforma em loucura os conselhos de Aitofel".

³² Quando Davi chegou ao alto do monte, ao lugar onde o povo costumava adorar a Deus, veio ao seu encontro o arquita Husai, com a roupa rasgada e com terra sobre a cabeça. ³³ E Davi lhe disse: "Não adianta você vir comigo. ³⁴ Mas, se voltar à cidade, poderá dizer a Absalão: Estarei a teu serviço, ó rei. No passado estive a serviço de teu pai, mas agora estarei a teu serviço. Assim você me ajudará, frustrando o conselho de Aitofel. ³⁵ Os sacerdotes Zadoque e Abiatar estarão lá com você. Informe-os do que você souber no palácio. ³⁶ Também estão lá os dois filhos deles: Aimaás e Jônatas. Por meio deles me informe de tudo o que você ouvir".

³⁷ Husai, amigo de Davi, chegou a Jerusalém quando Absalão estava entrando na cidade.

Davi e Ziba

16 Mal Davi tinha passado pelo alto do monte, lá estava à sua espera Ziba, criado de Mefibosete. Ele trazia dois jumentos carregando duzentos pães, cem bolos de uvas passas, cem frutas da estação e uma vasilha de couro cheia de vinho.

² O rei perguntou a Ziba: "Por que você trouxe essas coisas?"

Ziba respondeu: "Os jumentos servirão de montaria para a família do rei, os pães e as frutas são para os homens comerem, e o vinho servirá para reanimar os que ficarem exaustos no deserto".

³ "Onde está Mefibosete, neto de seu senhor?", perguntou o rei.

Respondeu-lhe Ziba: "Ele ficou em Jerusalém, pois acredita que os israelitas lhe restituirão o reino de seu avô".

⁴ Então o rei disse a Ziba: "Tudo o que pertencia a Mefibosete agora é seu".

"Humildemente me prostro", disse Ziba. "Que o rei, meu senhor, agrade-se de mim".

Simei Amaldiçoa Davi

⁵ Chegando o rei Davi a Baurim, um homem do clã da família de Saul chamado Simei, filho de Gera, saiu da cidade proferindo maldições contra ele. ⁶ Ele atirava pedras em Davi e em todos os conselheiros do rei, embora todo o exército e a guarda de elite estivessem à direita e à esquerda de Davi. ⁷ Enquanto amaldiçoava, Simei dizia: "Saia daqui, saia daqui! Assassino! Bandido! ⁸ O Senhor retribuiu a você todo o sangue derramado na família de Saul, em cujo lugar você reinou. O Senhor entregou o reino nas mãos de seu filho Absalão. Você está arruinado porque é um assassino!"

⁹ Então Abisai, filho de Zeruia, disse ao rei: "Por que esse cão morto amaldiçoa o rei, meu senhor? Permite que eu lhe corte a cabeça".

¹⁰ Mas o rei disse: "Que é que vocês têm com isso, filhos de Zeruia? Ele me amaldiçoa porque o Senhor lhe disse que amaldiçoasse Davi. Portanto, quem poderá questioná-lo?"

¹¹ Disse então Davi a Abisai e a todos os seus conselheiros: "Até meu filho, sangue do meu sangue^a, procura matar-me. Quanto mais este benjamita! Deixem-no em paz! Que amaldiçoe, pois foi o Senhor que mandou fazer isso. ¹² Talvez o Senhor considere a minha aflição e me retribua com o bem a maldição que hoje recebo".

¹³ Assim, Davi e os seus soldados prosseguiram pela estrada, enquanto Simei ia pela encosta do monte, no lado oposto, amaldiçoando e jogando pedras e terra. ¹⁴ O rei e todo o povo que estava com ele chegaram exaustos a seu destino. E lá descansaram.

O Conselho de Husai e de Aitofel

¹⁵ Enquanto isso, Absalão e todos os homens de Israel entraram em Jerusalém, e Aitofel estava com eles. ¹⁶ Então Husai, o arquita, amigo de Davi, aproximou-se de Absalão e exclamou: "Viva o rei! Viva o rei!"

¹⁷ Mas Absalão disse a Husai: "É essa a lealdade que você tem para com o seu amigo? Por que você não foi com ele?"

¹⁸ Respondeu Husai: "Não! Sou do escolhido do Senhor, deste povo e de todos os israelitas, e com ele permanecerei. ¹⁹ Além disso, a quem devo servir? Não deveria eu servir ao filho? Assim como servi a teu pai, também te servirei".

²⁰ Então Absalão disse a Aitofel: "Dê-nos o seu conselho. Que devemos fazer?"

²¹ Aitofel respondeu: "Aconselho que tenhas relações com as concubinas de teu pai, que ele deixou para tomar conta do palácio. Então todo o Israel ficará sabendo que te tornaste repugnante para teu pai e todos os que estão contigo se encherão de coragem". ²² E assim armaram uma tenda no terraço do palácio para Absalão, e ele teve relações com as concubinas de seu pai à vista de todo o Israel.

²³ Naquela época, tanto Davi como Absalão consideravam os conselhos de Aitofel como se fossem a palavra do próprio Deus.

17 Aitofel disse a Absalão: "Permite-me escolher doze mil homens e partirei esta noite em perseguição a Davi. ² Eu o atacarei enquanto ele está exausto e fraco; vou causar-lhe pânico, e seu exército fugirá. Depois matarei somente o rei ³ e trarei todo o exército de volta a ti. É somente um homem que procuras matar. Assim, todo o exército ficará em paz". ⁴ Esse plano pareceu bom a Absalão e a todas as autoridades de Israel.

⁵ Entretanto, Absalão disse: "Chamem também Husai, o arquita, para que ouçamos a opinião dele". ⁶ Quando Husai entrou, Absalão lhe disse: "Aitofel deu-nos o conselho dele. Devemos fazer o que ele diz, ou você tem outra opinião?"

⁷ Husai respondeu: "O conselho que Aitofel deu desta vez não é bom. ⁸ Sabes que o teu pai e os homens que estão com ele são guerreiros e estão furiosos como uma ursa selvagem da qual roubaram os filhotes. Além disso, teu pai é um soldado experiente e não passará a noite com o exército. ⁹ Ele, agora, já deve estar escondido numa caverna ou nalgum outro lugar. Se alguns dos teus soldados forem mortos no primeiro ataque,^{b} quem souber disso dirá: 'Houve matança no meio do exército de Absalão'. ¹⁰ Então, até o mais bravo soldado, corajoso como leão, ficará morrendo de medo, pois todo Israel sabe que teu pai é um guerreiro valente e que seus soldados são corajosos.

¹¹ "Por isso, dou o seguinte conselho: que se reúnam a ti todos os homens de Israel, desde Dã até Berseba, tantos como a areia da praia, e que tu mesmo os conduzas na batalha. ¹² Então o atacaremos onde quer que ele se encontre e cairemos sobre ele como o orvalho cai sobre a terra. Ele e todos os seus homens não escaparão.

---

^{a} **16.11** Hebraico: *que saiu das minhas entranhas.*

^{b} **17.9** Ou *Quando alguns dos homens caírem no primeiro ataque,*

¹³ Se ele se refugiar em alguma cidade, todo o Israel levará cordas para lá, e arrastaremos aquela cidade para o vale, até que não reste ali nem sequer uma pequena pedra".

¹⁴ Absalão e todos os homens de Israel consideraram o conselho de Husai, o arquita, melhor do que o de Aitofel; pois o SENHOR tinha decidido frustrar o eficiente conselho de Aitofel, a fim de trazer ruína sobre Absalão.

¹⁵ Husai contou aos sacerdotes Zadoque e Abiatar o conselho que Aitofel dera a Absalão e às autoridades de Israel, e o que ele mesmo lhes tinha aconselhado em seguida. ¹⁶ Então pediu que enviassem imediatamente esta mensagem a Davi: "Não passe a noite nos pontos de travessia do Jordão, no deserto, mas atravesse logo o rio, senão o rei e todo o seu exército serão exterminados".

¹⁷ Jônatas e Aimaás estavam em En-Rogel, e uma serva os informava regularmente, pois não podiam arriscar-se a serem vistos na cidade. Eles, por sua vez, iam relatar ao rei Davi o que tinham ouvido. ¹⁸ Mas um jovem os viu e avisou Absalão. Então eles partiram rapidamente e foram para a casa de um habitante de Baurim, que tinha um poço no quintal. Eles desceram ao poço, ¹⁹ e a dona da casa colocou a tampa no poço. Para disfarçar, espalhou grãos de cereal por cima.

²⁰ Os soldados de Absalão chegaram à casa da mulher e lhe perguntaram: "Onde estão Aimaás e Jônatas?"

A mulher respondeu: "Eles atravessaram as águas"ᵃ. Os homens os procuraram sem sucesso, e voltaram a Jerusalém.

²¹ Tendo eles ido embora, os dois saíram do poço e foram informar o rei Davi. Falaram-lhe do conselho que Aitofel dera contra ele e lhe disseram que atravessasse imediatamente o Jordão. ²² Então Davi e todo o seu exército saíram e, quando o sol nasceu, todos tinham atravessado o Jordão.

²³ Vendo Aitofel que o seu conselho não havia sido aceito, selou seu jumento e foi para casa, para a sua cidade natal; pôs seus negócios em ordem e depois se enforcou. Ele foi sepultado no túmulo de seu pai.

²⁴ Davi já tinha chegado a Maanaim quando Absalão atravessou o Jordão com todos os homens de Israel. ²⁵ Absalão havia nomeado Amasa comandante do exército em lugar de Joabe. Amasa era filho de Jéterᵇ, um israelitaᶜ que havia possuído Abigail, filha de Naás e irmã de Zeruia, mãe de Joabe. ²⁶ Absalão e os israelitas acamparam em Gileade.

²⁷ Quando Davi chegou a Maanaim, Sobi, filho de Naás, de Rabá dos amonitas, Maquir, filho de Amiel, de Lo-Debar, e o gileadita Barzilai, de Rogelim, ²⁸ trouxeram a Davi e ao seu exército camas, bacias e utensílios de cerâmica e também trigo, cevada, farinha, grãos torrados, feijão e lentilhaᵈ, ²⁹ mel e coalhada, ovelhas e queijo de leite de vaca; pois sabiam que o exército estava cansado, com fome e com sede no deserto.

A Morte de Absalão

18 Davi passou em revista o exército e nomeou comandantes de batalhões de mil e de cem. ² Depois dividiu o exército em três companhias: uma sob o comando de Joabe, outra sob o comando de Abisai, irmão de Joabe, filho de Zeruia, e outra sob o comando de Itai, o giteu. Disse então o rei ao exército: "Eu também marcharei com vocês".

³ Mas os homens disseram: "Não faças isso! Se tivermos que fugir, eles não se preocuparão conosco e, mesmo que metade de nós morra em batalha, eles não se importarão. Tu, porém, vales por dez mil de nós.ᵉ Melhor será que fiques na cidade e dali nos dês apoio".

⁴ O rei respondeu: "Farei o que acharem melhor".

E o rei ficou junto à porta, enquanto os soldados marchavam, saindo em unidades de cem e de mil. ⁵ O rei ordenou a Joabe, a Abisai e a Itai: "Por amor a mim, tratem bem o jovem Absalão!" E todo o exército ouviu quando o rei deu essa ordem sobre Absalão a cada um dos comandantes.

⁶ O exército saiu a campo para enfrentar Israel, e a batalha aconteceu na floresta de Efraim, ⁷ onde o exército de Israel foi derrotado pelos soldados de Davi. Houve grande matança

---

ᵃ **17.20** Ou "*Passaram pelo curral de ovelhas e foram na direção da água*".

ᵇ **17.25** Hebraico: *Itra*, variante de *Jéter*.

ᶜ **17.25** Conforme o Texto Massorético e alguns manuscritos da Septuaginta. Outros manuscritos da Septuaginta dizem *ismaelita*. Veja 1Cr 2.17.

ᵈ **17.28** Conforme a maioria dos manuscritos da Septuaginta e a Versão Siríaca. O Texto Massorético diz *lentilha e grãos torrados*.

ᵉ **18.3** Conforme dois manuscritos do Texto Massorético, alguns manuscritos da Septuaginta e a Vulgata. A maioria dos manuscritos do Texto Massorético diz *importarão, pois agora existem dez mil como nós*.

naquele dia, elevando-se o número de mortos a vinte mil. ⁸ A batalha espalhou-se por toda a região e, naquele dia, a floresta matou mais que a espada.

⁹ Durante a batalha, Absalão, montado em sua mula, encontrou-se com os soldados de Davi. Passando a mula debaixo dos galhos de uma grande árvore, Absalão ficou preso nos galhos pela cabeça. Ficou pendurado entre o céu e a terra, e a mula prosseguiu.

¹⁰ Um homem o viu e informou a Joabe: "Acabei de ver Absalão pendurado numa grande árvore".

¹¹ "Você o viu?", perguntou Joabe ao homem. "E por que não o matou ali mesmo? Eu teria dado a você dez peças de prata e um cinturão de guerreiro!"

¹² Mas o homem respondeu: "Mesmo que fossem pesadas e colocadas em minhas mãos mil peças de prata, eu não levantaria a mão contra o filho do rei. Ouvimos o rei ordenar a ti, a Abisai e a Itai: 'Protejam, por amor a mim, o jovem Absalão'ᵃ. ¹³ Por outro lado, se eu tivesse atentado traiçoeiramente contra a vida dele, o rei ficaria sabendo, pois não se pode esconder nada dele, e tu mesmo ficarias contra mim".

¹⁴ E Joabe disse: "Não vou perder mais tempo com você". Então pegou três dardos e com eles traspassou o coração de Absalão, quando ele ainda estava vivo na árvore. ¹⁵ E dez dos escudeiros de Joabe cercaram Absalão e acabaram de matá-lo.

¹⁶ A seguir Joabe tocou a trombeta para que o exército parasse de perseguir Israel e assim deteve o exército. ¹⁷ Retiraram o corpo de Absalão, jogaram-no num grande fosso na floresta e fizeram um grande monte de pedras sobre ele. Enquanto isso, todos os israelitas fugiam para casa.

¹⁸ Quando em vida, Absalão tinha levantado um monumento para si mesmo no vale do Rei, dizendo: "Não tenho nenhum filho para preservar a minha memória". Por isso deu à coluna o seu próprio nome. Chama-se ainda hoje Monumento de Absalão.

A Tristeza de Davi

¹⁹ Então Aimaás, filho de Zadoque, disse: "Deixa-me correr e levar ao rei a notícia de que o Senhor lhe fez justiça, livrando-o de seus inimigos".

²⁰ "Não é você quem deve levar a notícia hoje", disse-lhe Joabe. "Deixe isso para outra ocasião. Hoje não, porque o filho do rei morreu."

²¹ Então Joabe ordenou a um etíopeᵇ: "Vá dizer ao rei o que você viu". O etíope inclinou-se diante de Joabe e saiu correndo para levar a notícia.

²² Todavia Aimaás, filho de Zadoque, disse de novo a Joabe: "Não importa o que aconteça, deixa-me ir com o etíope".

Joabe, porém, respondeu: "Por que está querendo tanto ir, meu filho? Você não receberá nenhuma recompensa pela notícia".

²³ Mas ele insistiu: "Não importa o que aconteça, quero ir".

Disse então Joabe: "Pois vá!" E Aimaás correu pelo caminho da planícieᶜ e passou à frente do etíope.

²⁴ Davi estava sentado entre a porta interna e a externa da cidade. E, quando a sentinela subiu ao terraço que havia sobre a porta junto à muralha, viu um homem que vinha correndo sozinho. ²⁵ A sentinela gritou, avisando o rei.

O rei disse: "Se ele está sozinho, deve trazer boa notícia". E o homem aproximou-se.

²⁶ Então a sentinela viu outro homem que vinha correndo e gritou ao porteiro: "Vem outro homem correndo sozinho!"

"Esse também deve estar trazendo boa notícia!", exclamou o rei.

²⁷ A sentinela disse: "Está me parecendo, pelo jeito de correr, que o da frente é Aimaás, filho de Zadoque".

"É um bom homem", disse o rei. "Ele traz boas notícias."

²⁸ Então Aimaás aproximou-se do rei e o saudou. Prostrou-se com o rosto em terra, diante do rei e disse: "Bendito seja o Senhor, o teu Deus! Ele entregou os homens que se rebelaram contra o rei, meu senhor".

²⁹ O rei perguntou: "O jovem Absalão está bem?"

Aimaás respondeu: "Vi que houve grande confusão quando Joabe, o servo do rei, ia enviar teu servo, mas não sei o que aconteceu".

³⁰ O rei disse: "Fique ali ao lado esperando". E Aimaás ficou esperando.

ᵃ **18.12** Conforme alguns manuscritos do Texto Massorético, a Septuaginta, a Vulgata e a Versão Siríaca. A maioria dos manuscritos do Texto Massorético diz *'Protejam o jovem Absalão, não importa quem vocês sejam'*.

ᵇ **18.21** Hebraico: *cuxita*; também em 18.21-23, 31 e 32.
ᶜ **18.23** Isto é, a planície do Jordão.

³¹ Então o etíope chegou e disse: "Ó rei, meu senhor, ouve a boa notícia! Hoje o Senhor te livrou de todos os que se levantaram contra ti".

³² O rei perguntou ao etíope: "O jovem Absalão está bem?"

O etíope respondeu: "Que os inimigos do rei, meu senhor, e todos os que se levantam para te fazer mal acabem como aquele jovem!"

³³ Então o rei, abalado, subiu ao quarto que ficava por cima da porta e chorou. Foi subindo e clamando: "Ah, meu filho Absalão! Meu filho, meu filho Absalão! Quem me dera ter morrido em seu lugar! Ah, Absalão, meu filho, meu filho!"

O Luto de Davi

19 ¹ Informaram a Joabe que o rei estava chorando e se lamentando por Absalão. ² Para todo o exército a vitória daquele dia se transformou em luto, porque as tropas ouviram dizer: "O rei está de luto por seu filho". ³ Naquele dia o exército ficou em silêncio na cidade, como fazem os que fogem humilhados da batalha. ⁴ O rei, com o rosto coberto, gritava: "Ah, meu filho Absalão! Ah, Absalão, meu filho, meu filho!"

Joabe Repreende Davi

⁵ Então Joabe entrou no palácio e foi falar com o rei: "Hoje humilhaste todos os teus soldados, os quais salvaram a tua vida, bem como a de teus filhos e filhas, e de tuas mulheres e concubinas. ⁶ Amas os que te odeiam e odeias os que te amam. Hoje deixaste claro que os comandantes e os seus soldados nada significam para ti. Vejo que ficarias satisfeito se, hoje, Absalão estivesse vivo e todos nós estivéssemos mortos. ⁷ Agora, vai e encoraja teus soldados! Juro pelo Senhor que, se não fores, nem um só deles permanecerá contigo esta noite, o que para ti seria pior do que todas as desgraças que já te aconteceram desde a tua juventude".

⁸ Então o rei levantou-se e sentou-se junto à porta da cidade. Quando o exército soube que o rei estava sentado junto à porta, todos os soldados juntaram-se a ele.

Davi Retorna para Jerusalém

Enquanto isso os israelitas fugiam para casa. ⁹ Em todas as tribos de Israel o povo discutia, dizendo: "Davi nos livrou das mãos de nossos inimigos; foi ele que nos libertou dos filisteus. Mas agora fugiu do país por causa de Absalão; ¹⁰ e Absalão, a quem tínhamos ungido rei, morreu em combate. E por que não falam em trazer o rei de volta?"

¹¹ Quando chegou aos ouvidos do rei o que todo o Israel estava comentando, Davi mandou a seguinte mensagem aos sacerdotes Zadoque e Abiatar: "Perguntem às autoridades de Judá: Por que vocês seriam os últimos a conduzir o rei de volta ao seu palácio? ¹² Vocês são meus irmãos, sangue do meu sangue[a]! Por que seriam os últimos a ajudar no meu retorno?" ¹³ E digam a Amasa: "Você é sangue do meu sangue! Que Deus me castigue com todo o rigor se, de agora em diante, você não for o comandante do meu exército em lugar de Joabe".

¹⁴ As palavras de Davi conquistaram a lealdade unânime de todos os homens de Judá. E eles mandaram dizer ao rei que voltasse com todos os seus servos. ¹⁵ Então o rei voltou e chegou ao Jordão.

E os homens de Judá foram a Gilgal, ao encontro do rei, para ajudá-lo a atravessar o Jordão. ¹⁶ Simei, filho de Gera, benjamita de Baurim, foi depressa com os homens de Judá para encontrar-se com o rei Davi. ¹⁷ Com ele estavam outros mil benjamitas e também Ziba, supervisor da casa de Saul, com seus quinze filhos e vinte servos. Eles entraram no Jordão antes do rei ¹⁸ e atravessaram o rio a fim de ajudar a família real na travessia e fazer o que o rei desejasse.

Simei, filho de Gera, atravessou o Jordão, prostrou-se perante o rei ¹⁹ e lhe disse: "Que o meu senhor não leve em conta o meu crime. E que não te lembres do mal que o teu servo cometeu no dia em que o rei, meu senhor, saiu de Jerusalém. Que o rei não pense mais nisso! ²⁰ Eu, teu servo, reconheço que pequei. Por isso, de toda a tribo de José, fui o primeiro a vir ao encontro do rei, meu senhor".

²¹ Então Abisai, filho de Zeruia, disse: "Simei amaldiçoou o ungido do Senhor; ele deve ser morto!"

²² Davi respondeu: "Que é que vocês têm com isso, filhos de Zeruia? Acaso se tornaram agora meus adversários? Deve alguém ser morto hoje em Israel? Ou não tenho hoje a garantia de que voltei a reinar sobre Israel?" ²³ E o rei prometeu a Simei, sob juramento: "Você não será morto".

²⁴ Mefibosete, neto de Saul, também foi ao encontro do rei. Ele não havia lavado os pés

---

[a] **19.12** Hebraico: *meu osso e minha carne*; também no versículo 13.

nem aparado a barba nem lavado as roupas, desde o dia em que o rei partira até o dia em que voltou em segurança. ²⁵ Quando chegou de Jerusalém e encontrou-se com o rei, este lhe perguntou: "Por que você não foi comigo, Mefibosete?"

²⁶ Ele respondeu: "Ó rei, meu senhor! Eu, teu servo, sendo aleijado, mandei selar o meu jumento para montá-lo e acompanhar o rei. Mas o meu servo me enganou. ²⁷ Ele falou mal de mim ao rei, meu senhor. Tu és como um anjo de Deus! Faze o que achares melhor. ²⁸ Todos os descendentes do meu avô nada mereciam do meu senhor e rei, senão a morte. Entretanto, deste a teu servo um lugar entre os que comem à tua mesa. Que direito tenho eu, pois, de te pedir qualquer outro favor?"

²⁹ Disse-lhe então o rei: "Você já disse o suficiente. Minha decisão é que você e Ziba dividam a propriedade".

³⁰ Mas Mefibosete disse ao rei: "Deixa que ele fique com tudo, agora que o rei, meu senhor, chegou em segurança ao seu lar".

³¹ Barzilai, de Gileade, também saiu de Rogelim, acompanhando o rei até o Jordão, para despedir-se dele. ³² Barzilai era bastante idoso; tinha oitenta anos. Foi ele que sustentou o rei durante a sua permanência em Maanaim, pois era muito rico. ³³ O rei disse a Barzilai: "Venha comigo para Jerusalém, e eu cuidarei de você".

³⁴ Barzilai, porém, respondeu: "Quantos anos de vida ainda me restam, para que eu vá com o rei e viva com ele em Jerusalém? ³⁵ Já fiz oitenta anos. Como eu poderia distinguir entre o que é bom e o que é mau? Teu servo mal pode sentir o gosto daquilo que come e bebe. Nem consigo apreciar a voz de homens e mulheres cantando! Eu seria mais um peso para o rei, meu senhor. ³⁶ Teu servo acompanhará o rei um pouco mais, atravessando o Jordão, mas não há motivo para uma recompensa dessas. ³⁷ Permite que o teu servo volte! E que eu possa morrer na minha própria cidade, perto do túmulo de meu pai e de minha mãe. Mas aqui está o meu servo Quimã. Que ele vá com o meu senhor e rei. Faze por ele o que achares melhor!"

³⁸ O rei disse: "Quimã virá comigo! Farei por ele o que você achar melhor. E tudo o mais que desejar de mim, eu o farei por você".

³⁹ Então todo o exército atravessou o Jordão, e também o rei o atravessou. O rei beijou Barzilai e o abençoou. E Barzilai voltou para casa.

⁴⁰ O rei seguiu para Gilgal; e com ele foi Quimã. Todo o exército de Judá e a metade do exército de Israel acompanharam o rei.

⁴¹ Logo os homens de Israel chegaram ao rei para reclamar: "Por que os nossos irmãos, os de Judá, sequestraram o rei e o levaram para o outro lado do Jordão, como também a família dele e todos os seus homens?"

⁴² Todos os homens de Judá responderam aos israelitas: "Fizemos isso porque o rei é nosso parente mais chegado. Por que vocês estão irritados? Acaso comemos das provisões do rei ou tomamos dele alguma coisa?"

⁴³ Então os israelitas disseram aos homens de Judá: "Somos dez com o rei; e muito maior é o nosso direito sobre Davi do que o de vocês. Por que nos desprezam? Nós fomos os primeiros a propor o retorno do nosso rei!"

Mas os homens de Judá falaram ainda mais asperamente do que os israelitas.

A Rebelião de Seba contra Davi

20 Também estava lá um desordeiro chamado Seba, filho de Bicri, de Benjamim. Ele tocou a trombeta e gritou:

"Não temos parte alguma com Davi,
nenhuma herança com o filho de Jessé!
Para casa todos, ó Israel!"

² Então todos os de Israel abandonaram Davi para seguir Seba, filho de Bicri. Mas os de Judá permaneceram com seu rei e o acompanharam desde o Jordão até Jerusalém.

³ Quando Davi voltou ao palácio, em Jerusalém, mandou confinar numa casa, sob guarda, as dez concubinas que tinha deixado tomando conta do palácio. Ele as sustentou, mas nunca mais as possuiu. Ficaram confinadas, vivendo como viúvas até a morte.

⁴ E o rei disse a Amasa: "Convoque os homens de Judá e, dentro de três dias, apresente-se aqui com eles". ⁵ Mas Amasa levou mais tempo para convocar Judá do que o prazo estabelecido pelo rei.

⁶ Disse então Davi a Abisai: "Agora Seba, filho de Bicri, será pior para nós do que Absalão. Chame os meus soldados e persiga-o, antes que ele encontre alguma cidade fortificada e, depois, nos arranque os olhos". ⁷ Assim, os soldados de Joabe, os queretitas, os peletitas e todos os guerreiros saíram de Jerusalém para perseguir Seba, filho de Bicri.

⁸ Quando estavam junto à grande rocha de Gibeom, Amasa encontrou-se com eles. Joabe vestia seu traje militar e tinha um cinto com um punhal na bainha. Ao aproximar-se de Amasa, deixou cair a adaga.

⁹ "Como vai, meu irmão?", disse Joabe, pegando Amasa pela barba com a mão direita, para beijá-lo. ¹⁰ E Amasa, não percebendo o punhal na mão esquerda de Joabe, foi por ele golpeado no estômago. Suas entranhas se derramaram no chão, e ele morreu, sem necessidade de um segundo golpe. Então Joabe e Abisai, seu irmão, perseguiram Seba, filho de Bicri.

¹¹ Um dos soldados de Joabe ficou ao lado do corpo de Amasa e disse: "Quem estiver do lado de Joabe e de Davi, que siga Joabe!" ¹² Amasa jazia numa poça de sangue no meio da estrada. Quando o homem viu que todos os que se aproximavam do corpo de Amasa paravam, arrastou-o para fora da estrada e o cobriu com uma coberta. ¹³ Depois que o corpo de Amasa foi retirado da estrada, todos os homens seguiram com Joabe em perseguição a Seba, filho de Bicri.

¹⁴ Seba atravessou todas as tribos de Israel e chegou até Abel-Bete-Maaca,ᵃ e todos os bicritasᵇ se reuniram para segui-lo. ¹⁵ O exército de Joabe veio, cercou Seba em Abel-Bete-Maaca e construiu contra a cidade uma rampa que chegou até a muralha externa. Quando o exército de Joabe estava para derrubar a muralha, ¹⁶ uma mulher sábia gritou da cidade: "Ouçam! Ouçam! Digam a Joabe que venha aqui para que eu fale com ele". ¹⁷ Quando ele se aproximou, a mulher perguntou: "Tu és Joabe?"

Ele respondeu: "Sim".

Ela disse: "Ouve o que a tua serva tem para dizer-te".

"Estou ouvindo", disse ele.

¹⁸ E ela prosseguiu: "Antigamente se dizia: 'Peça conselho na cidade de Abel', e isso resolvia a questão. ¹⁹ Nós somos pacíficos e fiéis em Israel. Tu procuras destruir uma cidade que é mãe em Israel. Por que queres arruinar a herança do Senhor?"

²⁰ Respondeu Joabe: "Longe de mim uma coisa dessas! Longe de mim arruinar e destruir esta cidade! ²¹ Não é esse o problema. Mas um homem chamado Seba, filho de Bicri, dos montes de Efraim, rebelou-se contra o rei Davi. Entreguem-me esse homem, e iremos embora".

A mulher disse a Joabe: "A cabeça dele te será jogada do alto da muralha".

²² Então a mulher foi falar com todo o povo, dando o seu sábio conselho, e eles cortaram a cabeça de Seba, filho de Bicri, e a jogaram para Joabe. Ele tocou a trombeta, e seus homens se dispersaram, abandonaram o cerco da cidade e cada um voltou para sua casa. E Joabe voltou ao rei, em Jerusalém.

²³ Joabe comandava todo o exército de Israel; Benaia, filho de Joiada, comandava os queretitas e os peletitas; ²⁴ Adonirãoᶜ era chefe do trabalho forçado; Josafá, filho de Ailude, era arquivista real; ²⁵ Seva era secretário; Zadoque e Abiatar eram sacerdotes; ²⁶ e Ira, de Jair, era sacerdote de Davi.

Os Gibeonitas São Vingados

21 Durante o reinado de Davi houve uma fome que durou três anos. Davi consultou o Senhor, que lhe disse: "A fome veio por causa de Saul e de sua família sanguinária, por terem matado os gibeonitas".

² O rei então mandou chamar os gibeonitas e falou com eles. (Os gibeonitas não eram de origem israelita, mas remanescentes dos amorreus. Os israelitas tinham feito com eles um acordo sob juramento; mas Saul, em seu zelo por Israel e Judá, havia tentado exterminá-los.) ³ Davi perguntou aos gibeonitas: "Que posso fazer por vocês? Como posso reparar o que foi feito, para que abençoem a herança do Senhor?"

⁴ Os gibeonitas responderam: "Não exigimos de Saul ou de sua família prata ou ouro nem queremos matar ninguém em Israel".

Davi perguntou: "O que querem que eu faça por vocês?", ⁵ e eles responderam: "Quanto ao homem que quase nos exterminou e que pretendia destruir-nos, para que não tivéssemos lugar em Israel, ⁶ que sete descendentes dele sejam executados perante o Senhor, em Gibeá de Saul, no monte do Senhor".

"Eu os entregarei a vocês", disse o rei.

⁷ O rei poupou Mefibosete, filho de Jônatas e neto de Saul, por causa do juramento feito perante o Senhor entre Davi e Jônatas, filho de Saul. ⁸ Mas o rei mandou buscar Armoni e Mefibosete, os dois filhos que Rispa, filha de Aiá, tinha dado a Saul. Com eles também os

---

ᵃ **20.14** Ou *Abel, inclusive Bete-Maaca*; também no versículo 15.
ᵇ **20.14** Conforme a Septuaginta e a Vulgata. O Texto Massorético diz *beritas*.

ᶜ **20.24** Conforme alguns manuscritos da Septuaginta. O Texto Massorético diz *Adorão*. Veja 1Rs 4.6 e 5.14.

cinco filhos que Merabe*ª*, filha de Saul, tinha dado a Adriel, filho de Barzilai, de Meolá. ⁹ Ele os entregou aos gibeonitas, que os executaram no monte, perante o Senhor. Os sete foram mortos ao mesmo tempo, nos primeiros dias da colheita da cevada.

¹⁰ Então Rispa, filha de Aiá, pegou um pano de saco e o estendeu para si sobre uma rocha. Desde o início da colheita até cair chuva do céu sobre os corpos, ela não deixou que as aves de rapina os tocassem de dia nem os animais selvagens à noite. ¹¹ Quando Davi foi informado do que Rispa, filha de Aiá, concubina de Saul, havia feito, ¹² mandou recolher os ossos de Saul e de Jônatas, tomando-os dos cidadãos de Jabes-Gileade. (Eles haviam roubado os ossos da praça de Bete-Seã, onde os filisteus os tinham pendurado, no dia em que mataram Saul no monte Gilboa.) ¹³ Davi trouxe de lá os ossos de Saul e de seu filho Jônatas, recolhidos dentre os ossos dos que haviam sido executados.

¹⁴ Enterraram os ossos de Saul e de Jônatas no túmulo de Quis, pai de Saul, em Zela, na terra de Benjamim, e fizeram tudo o que o rei tinha ordenado. Depois disso Deus respondeu às orações em favor da terra de Israel.

Guerras contra os Filisteus

¹⁵ Houve, ainda, outra batalha entre os filisteus e Israel; Davi e seus soldados foram lutar contra os filisteus. Davi se cansou muito, ¹⁶ e Isbi-Benobe, descendente de Rafa, prometeu matar Davi. (A ponta de bronze da lança de Isbi-Benobe pesava três quilos e seiscentos gramas*ᵇ*, e, além disso, ele estava armado com uma espada nova.) ¹⁷ Mas Abisai, filho de Zeruia, foi em socorro de Davi e matou o filisteu. Então os soldados de Davi lhe juraram, dizendo: "Nunca mais sairás conosco à guerra, para que não apagues a lâmpada de Israel".

¹⁸ Houve depois outra batalha contra os filisteus, em Gobe. Naquela ocasião Sibecai, de Husate, matou Safe, um dos descendentes de Rafa.

¹⁹ Noutra batalha contra os filisteus em Gobe, Elanã, filho de Jaaré-Oregim,*ᶜ* de Belém, matou Golias,*ᵈ* de Gate, que possuía uma lança cuja haste parecia uma lançadeira de tecelão.

²⁰ Noutra batalha, em Gate, havia um homem de grande estatura e que tinha seis dedos em cada mão e seis dedos em cada pé, vinte e quatro dedos ao todo. Ele também era descendente de Rafa ²¹ e desafiou Israel, mas Jônatas, filho de Simeia, irmão de Davi, o matou.

²² Esses quatro eram descendentes de Rafa, em Gate, e foram mortos por Davi e seus soldados.

Cântico de Louvor de Davi

22 ¹Davi cantou ao Senhor este cântico, quando ele o livrou das mãos de todos os seus inimigos e das mãos de Saul, ² dizendo:

"O Senhor é a minha rocha,
 a minha fortaleza e o meu libertador;
³ o meu Deus é a minha rocha,
 em que me refugio;
o meu escudo
 e o meu poderoso*ᵉ* salvador.
Ele é a minha torre alta,
 o meu abrigo seguro.
Tu, Senhor,
 és o meu salvador,
 e me salvas dos violentos.
⁴ Clamo ao Senhor,
 que é digno de louvor,
e sou salvo dos meus inimigos.

⁵ "As ondas da morte me cercaram;
as torrentes da destruição
 me aterrorizaram.
⁶ As cordas da sepultura*ᶠ* me envolveram;
as armadilhas da morte
 me confrontaram.
⁷ Na minha angústia, clamei ao Senhor;
 clamei ao meu Deus.
Do seu templo ele ouviu a minha voz;
 o meu grito de socorro
 chegou aos seus ouvidos.

⁸ "A terra abalou-se e tremeu,
 os alicerces dos céus*ᵍ* estremeceram;
 tremeram porque ele estava irado.

ª **21.8** Conforme dois manuscritos do Texto Massorético, alguns manuscritos da Septuaginta e a Versão Siríaca. A maioria dos manuscritos do Texto Massorético e da Septuaginta diz *Mical*. Veja 1Sm 18.19.
ᵇ **21.16** Hebraico: *300 siclos*. Um siclo equivalia a 12 gramas.
ᶜ **21.19** Ou *filho do tecelão Jair*,
ᵈ **21.19** Conforme o Texto Massorético e a Septuaginta. 1Cr 20.5 diz *filho de Jair, matou Lami, o irmão de Golias*.
ᵉ **22.3** Hebraico: *chifre*, que também simboliza a força.
ᶠ **22.6** Hebraico: *Sheol*. Essa palavra também pode ser traduzida por *profundezas*, *pó* ou *morte*.
ᵍ **22.8** A Vulgata e a Versão Siríaca dizem *montes*. Veja Sl 18.7.

⁹ Das suas narinas saiu fumaça;
da sua boca saiu fogo consumidor;
dele saíram brasas vivas e flamejantes.
¹⁰ Ele abriu os céus e desceu;
nuvens escuras estavam debaixo
  dos seus pés.
¹¹ Montou sobre um querubim e
  voou;
elevou-se[a] sobre as asas do vento.
¹² Pôs as trevas ao seu redor;
das densas[b] nuvens de chuva
  fez o seu abrigo.
¹³ Do brilho da sua presença
flamejavam carvões em brasa.
¹⁴ Dos céus o Senhor trovejou;
ressoou a voz do Altíssimo.
¹⁵ Ele atirou flechas
  e dispersou os inimigos,
arremessou raios
  e os fez bater em retirada.
¹⁶ Os vales apareceram,
  e os fundamentos da terra
  foram expostos,
diante da repreensão do Senhor,
com o forte sopro de suas narinas.

¹⁷ "Das alturas estendeu a mão
  e me segurou;
tirou-me de águas profundas.
¹⁸ Livrou-me do meu inimigo poderoso,
  dos meus adversários,
  que eram fortes demais para mim.
¹⁹ Eles me atacaram
  no dia da minha calamidade,
mas o Senhor foi o meu amparo.
²⁰ Deu-me ampla liberdade;
livrou-me, pois me quer bem.

²¹ "O Senhor me tratou
  conforme a minha retidão;
conforme a pureza das minhas mãos
  me recompensou.
²² Pois guardei os caminhos do Senhor;
  não cometi a perversidade
  de afastar-me do meu Deus.
²³ Todos os seus mandamentos
  estão diante de mim;
não me afastei dos seus decretos.

²⁴ Tenho sido irrepreensível
  para com ele
e guardei-me de pecar.
²⁵ O Senhor recompensou-me
  segundo a minha retidão,
conforme a pureza das minhas mãos
  perante ele.

²⁶ "Ao fiel te revelas fiel,
ao irrepreensível
  te revelas irrepreensível,
²⁷ ao puro te revelas puro,
mas ao perverso te revelas astuto.
²⁸ Salvas os humildes,
mas os teus olhos
  estão sobre os orgulhosos
  para os humilhar[c].
²⁹ Tu és a minha lâmpada, ó Senhor!
O Senhor ilumina-me as trevas.
³⁰ Contigo posso avançar
  contra uma tropa[d];
com o meu Deus
  posso transpor muralhas.

³¹ "Este é o Deus
  cujo caminho é perfeito;
a palavra do Senhor
  é comprovadamente genuína.
Ele é escudo
  para todos os que nele se refugiam.
³² Pois quem é Deus além do Senhor?
E quem é Rocha senão o nosso
  Deus?
³³ É Deus quem me reveste de força[e]
  e torna perfeito o meu caminho.
³⁴ Ele me faz correr veloz como a gazela
  e me firma os passos nos lugares altos.
³⁵ É ele que treina as minhas mãos
  para a batalha,
e assim os meus braços vergam
  o arco de bronze.
³⁶ Tu me dás o teu escudo de livramento;
a tua ajuda me fez forte.
³⁷ Alargas sob mim o meu caminho,
  para que os meus tornozelos
  não se torçam.

---

[a] **22.11** Conforme muitos manuscritos do Texto Massorético. A maioria dos manuscritos do Texto Massorético diz *apareceu*. Veja Sl 18.10.
[b] **22.12** Conforme a Septuaginta e a Vulgata. O Texto Massorético diz *escuras*. Veja Sl 18.11.
[c] **22.28** Um manuscrito da Septuaginta e o texto paralelo do Sl 18.27 dizem *mas humilhas os de olhos altivos*.
[d] **22.30** Ou *posso vencer uma barricada*
[e] **22.33** Conforme alguns manuscritos do mar Morto, alguns manuscritos da Septuaginta, a Vulgata e a Versão Siríaca. O Texto Massorético diz *Deus, que é minha fortaleza*. Veja Sl 18.32.

³⁸ "Persegui os meus inimigos
e os derrotei;
não voltei
enquanto não foram destruídos.
³⁹ Esmaguei-os completamente,
e não puderam levantar-se;
caíram debaixo dos meus pés.
⁴⁰ Tu me revestiste de força
para a batalha;
fizeste cair aos meus pés
os meus adversários.
⁴¹ Fizeste que os meus inimigos
fugissem de mim;
destruí os que me odiavam.
⁴² Gritaram por socorro,
mas não havia quem os salvasse;
gritaram ao Senhor,
mas ele não respondeu.
⁴³ Eu os reduzi a pó, como o pó da terra;
esmaguei-os
e os amassei como a lama das ruas.

⁴⁴ "Tu me livraste dos ataques
do meu povo;
preservaste-me como líder de nações.
Um povo que eu não conhecia
me é sujeito.
⁴⁵ Estrangeiros me bajulam;
assim que me ouvem, me obedecem.
⁴⁶ Todos eles perdem a coragem;
saem tremendo das suas fortalezas*ᵃ*.

⁴⁷ "O Senhor vive!
Bendita seja a minha Rocha!
Exaltado seja Deus,
a Rocha que me salva!
⁴⁸ Este é o Deus que em meu favor
executa vingança,
que sujeita nações ao meu poder,
⁴⁹ que me livrou dos meus inimigos.
Tu me exaltaste
acima dos meus agressores;
de homens violentos me libertaste.
⁵⁰ Por isso te louvarei entre as nações,
ó Senhor;
cantarei louvores ao teu nome.
⁵¹ Ele concede grandes vitórias ao seu rei;
é bondoso com o seu ungido,
com Davi e seus descendentes para
sempre".

ᵃ 22.46 Conforme alguns manuscritos da Septuaginta e a Vulgata. O Texto Massorético diz *desde suas fortalezas eles se armam*. Veja Sl 18.45.

As Últimas Palavras de Davi

23 Estas são as últimas palavras de Davi:

"Palavras de Davi, filho de Jessé;
palavras do homem que foi exaltado,
do ungido pelo Deus de Jacó,
do cantor dos cânticos de Israel*ᵇ*:

² "O Espírito do Senhor
falou por meu intermédio;
sua palavra esteve em minha língua.
³ O Deus de Israel falou,
a Rocha de Israel me disse:
'Quem governa o povo com justiça,
quem o governa com o temor de Deus,
⁴ é como a luz da manhã
ao nascer do sol,
numa manhã sem nuvens.
É como a claridade depois da chuva,
que faz crescer as plantas da terra'.
⁵ "A minha dinastia
está de bem com Deus.
Ele fez uma aliança eterna comigo,
firmada e garantida
em todos os aspectos.
Certamente me fará prosperar em tudo
e me concederá tudo quanto eu desejo.
⁶ Mas os perversos serão lançados fora
como espinhos,
que não se ajuntam com as mãos;
⁷ quem quer tocá-los usa uma ferramenta
ou o cabo de madeira da lança.
Os espinhos serão totalmente queimados
onde estiverem".

Os Principais Guerreiros de Davi

⁸ Estes são os nomes dos principais guerreiros de Davi:

Jabesão*ᶜ*, um tacmonita*ᵈ*, chefe dos três guerreiros principais; numa ocasião, com uma lança, enfrentou*ᵉ* oitocentos homens numa mesma batalha e os matou.

⁹ Depois dele, Eleazar, filho do aoíta Dodô. Ele era um dos três principais guerreiros e esteve com Davi quando os filisteus se reuniram

ᵇ 23.1 Ou *o amado cantor de Israel*
ᶜ 23.8 Alguns manuscritos da Septuaginta sugerem *Is-Bosete*, isto é, Esbaal ou Josebe-Bassebete. Veja 1Cr 11.11.
ᵈ 23.8 Provavelmente variante de *hacmonita*. Veja 1Cr 11.11.
ᵉ 23.8 Conforme alguns manuscritos da Septuaginta. O Texto Massorético e outros manuscritos da Septuaginta dizem *três*; foi o esnita Adino que matou oitocentos homens. Veja 1Cr 11.11.

em Pas-Damim para a batalha. Os israelitas recuaram, ¹⁰ mas ele manteve a sua posição e feriu os filisteus até a sua mão ficar dormente e grudar na espada. O Senhor concedeu uma grande vitória a Israel naquele dia, e o exército voltou para onde Eleazar estava, mas somente para saquear os mortos.

¹¹ Depois dele, Samá, filho de Agé, de Harar. Os filisteus reuniram-se em Leí, onde havia uma plantação de lentilha. O exército de Israel fugiu dos filisteus, ¹² mas Samá tomou posição no meio da plantação, defendeu-a e derrotou os filisteus. O Senhor concedeu-lhe uma grande vitória.

¹³ Durante a colheita, três chefes do batalhão dos Trinta foram encontrar Davi na caverna de Adulão, enquanto um grupo de filisteus acampava no vale de Refaim. ¹⁴ Estando Davi nessa fortaleza e o destacamento filisteu em Belém, ¹⁵ Davi expressou este forte desejo: "Quem me dera me trouxessem água da cisterna da porta de Belém!" ¹⁶ Então aqueles três atravessaram o acampamento filisteu, tiraram água da cisterna e a trouxeram a Davi. Mas ele se recusou a beber; em vez disso, derramou-a como oferta ao Senhor e disse: ¹⁷ "O Senhor me livre de beber desta água! Seria como beber o sangue dos que arriscaram a vida para trazê-la!" E Davi não bebeu daquela água.

Foram esses os feitos dos três principais guerreiros.

¹⁸ Abisai, irmão de Joabe e filho de Zeruia, era o chefe do batalhão dos Trinta[a]. Certa ocasião, com sua lança matou trezentos homens, tornando-se tão famoso quanto os três. ¹⁹ Foi mais honrado que o batalhão dos Trinta e tornou-se o chefe deles. Mas nunca igualou-se aos três principais guerreiros.

²⁰ Benaia, filho de Joiada, era um corajoso soldado de Cabzeel, que realizou grandes feitos. Matou dois dos melhores guerreiros de Moabe e, num dia de neve, desceu num buraco e matou um leão. ²¹ Também matou um egípcio de grande estatura. O egípcio tinha na mão uma lança, e Benaia o enfrentou com um cajado. Arrancou a lança da mão do egípcio e com ela o matou. ²² Esses foram os grandes feitos de Benaia, filho de Joiada, que também teve fama como os três principais guerreiros de Davi. ²³ Foi mais honrado do que qualquer dos Trinta, mas nunca igualou-se aos três. E Davi lhe deu o comando da sua guarda pessoal.

²⁴ Entre os Trinta estavam:
Asael, irmão de Joabe;
Elanã, filho de Dodô, de Belém;
²⁵ Samá e Elica, de Harode;
²⁶ Helez, de Pelete;
Ira, filho de Iques, de Tecoa;
²⁷ Abiezer, de Anatote;
Mebunai[b], de Husate;
²⁸ Zalmom, de Aoí;
Maarai, de Netofate;
²⁹ Helede[c], filho de Baaná, de Netofate;
Itai, filho de Ribai,
de Gibeá de Benjamim;
³⁰ Benaia, de Piratom;
Hidai[d], dos riachos de Gaás;
³¹ Abi-Albom, de Arbate;
Azmavete, de Baurim;
³² Eliaba, de Saalbom;
os filhos de Jasém;
Jônatas,
³³ filho de[e] Samá, de Harar;
Aião, filho de Sarar[f], de Harar;
³⁴ Elifelete, filho de Aasbai, de Maaca;
Eliã, filho de Aitofel, de Gilo;
³⁵ Hezrai, de Carmelo;
Paarai, de Arabe;
³⁶ Igal, filho de Natã, de Zobá;
o filho de Hagri[g];
³⁷ Zeleque, de Amom;
Naarai, de Beerote,
escudeiro de Joabe, filho de Zeruia;
³⁸ Ira e Garebe, de Jatir;
³⁹ e o hitita Urias.
Foram ao todo trinta e sete.

O Recenseamento e a sua Punição

24 Mais uma vez irou-se o Senhor contra Israel e incitou Davi contra o povo, levando-o a fazer um censo de Israel e de Judá.

² Então o rei disse a Joabe e aos outros comandantes do exército[h]: "Vão por todas as

---

[a] **23.18** Conforme a maioria dos manuscritos do Texto Massorético. Dois manuscritos do Texto Massorético e a Versão Siríaca dizem *chefe dos três*. Veja 1Cr 11.20.

[b] **23.27** Alguns manuscritos da Septuaginta dizem *Sibecai*. Veja 1Cr 11.29.

[c] **23.29** Muitos manuscritos dizem *Helebe*. Veja 1Cr 11.30.

[d] **23.30** Alguns manuscritos da Septuaginta dizem *Hurai*. Veja 1Cr 11.32.

[e] **23.33** Conforme alguns manuscritos da Septuaginta. O Texto Massorético não diz *filho de*. Veja 1Cr 11.34.

[f] **23.33** Alguns manuscritos dizem *Sacar*. Veja 1Cr 11.35.

[g] **23.36** Vários manuscritos dizem *Hagadi*. Veja 1Cr 11.38.

[h] **24.2** Conforme a Septuaginta. O Texto Massorético diz

tribos de Israel, de Dã a Berseba, e contem o povo, para que eu saiba quantos são".

³ Joabe, porém, respondeu ao rei: "Que o Senhor, o teu Deus, multiplique o povo por cem, e que os olhos do rei, meu senhor, o vejam! Mas, por que o rei, meu senhor, deseja fazer isso?"

⁴ Mas a palavra do rei prevaleceu sobre a de Joabe e sobre a dos comandantes do exército; então eles saíram da presença do rei para contar o povo de Israel.

⁵ E, atravessando o Jordão, começaram em Aroer, ao sul da cidade, no vale; depois foram para Gade e de lá para Jazar, ⁶ Gileade e Cades dos hititas*ª*, chegaram a Dã-Jaã e às proximidades de Sidom. ⁷ Dali seguiram na direção da fortaleza de Tiro e de todas as cidades dos heveus e dos cananeus. Por último, foram até Berseba, no Neguebe de Judá.

⁸ Percorreram todo o país e voltaram a Jerusalém ao fim de nove meses e vinte dias.

⁹ Então Joabe apresentou ao rei o relatório do recenseamento do povo: havia em Israel oitocentos mil homens habilitados para o serviço militar e, em Judá, quinhentos mil.

¹⁰ Depois de contar o povo, Davi sentiu remorso e disse ao Senhor: "Pequei gravemente com o que fiz! Agora, Senhor, eu imploro que perdoes o pecado do teu servo, porque cometi uma grande loucura!"

¹¹ Levantando-se Davi pela manhã, o Senhor já tinha falado a Gade, o vidente dele: ¹² "Vá dizer a Davi: Assim diz o Senhor: 'Estou dando a você três opções de punição; escolha uma delas, e eu a executarei contra você' ".

¹³ Então Gade foi a Davi e lhe perguntou: "O que você prefere: três*ᵇ* anos de fome em sua terra; três meses fugindo de seus adversários, que o perseguirão; ou três dias de praga em sua terra? Pense bem e diga-me o que deverei responder àquele que me enviou".

¹⁴ Davi respondeu: "É grande a minha angústia! Prefiro cair nas mãos do Senhor, pois grande é a sua misericórdia, a cair nas mãos dos homens".

¹⁵ Então o Senhor enviou uma praga sobre Israel, desde aquela manhã até a hora que tinha determinado. E morreram setenta mil homens do povo, de Dã a Berseba. ¹⁶ Quando o anjo estendeu a mão para destruir Jerusalém, o Senhor arrependeu-se de trazer essa catástrofe e disse ao anjo destruidor: "Pare! Já basta!" Naquele momento o anjo do Senhor estava perto da eira de Araúna, o jebuseu.

¹⁷ Ao ver o anjo que estava matando o povo, disse Davi ao Senhor: "Fui eu que pequei e cometi iniquidade. Estes não passam de ovelhas. O que eles fizeram? Que o teu castigo caia sobre mim e sobre a minha família!"

24.18 Araúna era jebuseu, membro do grupo étnico do qual Davi havia conquistado a cidade de Jerusalém. No entanto, foi tratado com o mesmo respeito que qualquer outro cidadão. Sua eira estava no exato lugar para o qual Abraão se dirigira a fim de sacrificar Isaque. Davi faria nela um altar, depois de comprá-la, e o Senhor afastaria a morte do povo. Dessa vez, o rei não esperou que acontecesse uma cena parecida com a orquestrada pelo profeta Natã, mas confessou o pecado cometido e pediu a Deus que o castigasse, mas não ao povo. Demonstrou ter ainda um coração de pastor. Anos mais tarde, seria na eira de Araúna que Salomão levantaria o grande templo.

Davi Constrói um Altar

¹⁸ Naquele mesmo dia Gade foi dizer a Davi: "Vá e edifique um altar ao Senhor na eira de Araúna, o jebuseu". ¹⁹ Davi foi para lá, em obediência à ordem que Gade tinha dado em nome do Senhor. ²⁰ Quando Araúna viu o rei e seus soldados vindo ao encontro dele, saiu e prostrou-se perante o rei com o rosto em terra, ²¹ e disse: "Por que o meu senhor e rei veio ao teu servo?"

Respondeu Davi: "Para comprar sua eira e edificar nela um altar ao Senhor, para que cesse a praga no meio do povo".

²² Araúna disse a Davi: "O meu senhor e rei pode ficar com o que desejar e oferecê-lo em sacrifício. Aqui estão os bois para o holocausto*ᶜ*, e o debulhador e o jugo dos bois para a lenha. ²³ Ó rei, eu dou tudo isso a ti". E acrescentou: "Que o Senhor, o teu Deus, aceite a tua oferta".

Joabe, o comandante do exército. Veja o versículo 4 e 1Cr 21.2.
ª **24.6** Hebraico: *Tatim-Hodsi*.
ᵇ **24.13** Conforme a Septuaginta. O Texto Massorético diz *sete*. Veja 1Cr 21.12.
ᶜ **24.22** Isto é, sacrifício totalmente queimado; também nos versículos 24 e 25.

²⁴ Mas o rei respondeu a Araúna: "Não! Faço questão de pagar o preço justo. Não oferecerei ao Senhor, o meu Deus, holocaustos que não me custem nada"; e comprou a eira e os bois por cinquenta peças[a] de prata.

²⁵ Davi edificou ali um altar ao Senhor e ofereceu holocaustos e sacrifícios de comunhão[b]. Então o Senhor aceitou as súplicas em favor da terra e terminou a praga que destruía Israel.

---

[a] 24.24 Hebraico: *50 siclos*. Um siclo equivalia a 12 gramas. [b] 24.25 Ou *de paz*

Introdução ao primeiro livro de
REIS

Autor e data de composição — O nome do escritor dos dois livros de Reis também é desconhecido, apesar de tradicionalmente o mundo judaico atribuir ao profeta Jeremias sua autoria. Quem quer que tenha sido o escritor deste livro deve tê-lo escrito vários anos depois da queda de Judá nas mãos de Nabucodonosor (ano 586 a.C.), rei da Babilônia, pois o segundo livro de Reis termina com a libertação de Joaquim, o último rei de Judá, ocorrida no "trigésimo sétimo ano" de seu exílio (cerca de 549 a.C.; 2Reis 25.27-30). (Veja outras informações na introdução do segundo livro de Reis.)

ESBOÇO GERAL

Primeira parte: O reinado de Salomão (1—11)
I. Salomão ascende ao trono (1—2)
II. O apogeu do reinado de Salomão (3—8)
  A. Salomão pede sabedoria (3)
  B. Salomão governa toda a nação de Israel (4)
  C. Salomão constrói o templo do SENHOR e edifica seu palácio (5.1—7.12)
  D. O término e a dedicação do templo (7.13—8.66)
  E. O SENHOR renova com Salomão a aliança feita com Davi, seu pai (9.1-9)
  F. Feitos de Salomão (9.10-28)
  G. A visita da rainha de Sabá e as riquezas de Salomão (10)
III. A decadência do reinado de Salomão (11)
  A. A desobediência e o castigo (11.1—11.40)
  B. A morte de Salomão (11.41-43)

Segunda parte: A divisão do reino (12—14)
I. O motivo da divisão (12.1-24)
II. Jeroboão, rei de Israel, no Norte (12.25—14.20)
III. Roboão, rei de Judá, no Sul (14.21-31)

Terceira parte: Os primeiros reis de Judá e de Israel (15—22)
I. Dois reis de Judá: Abias e Asa (15.1-24)
II. Cinco reis de Israel: Nadabe, Baasa, Elá, Zinri e Onri (15.25—16.28)
III. Acabe, rei de Israel (16.29—22.40)
  A. Acabe e Jezabel; idolatria e pecado (16.29-34)
  B. O ministério do profeta Elias (17—19)
  C. As guerras contra os sírios (20)
  D. O assassinato de Nabote e a profecia de Elias (21)
  E. A morte de Acabe (22.1-40)
IV. Os reinados de Josafá em Judá e de Acazias em Israel (22.41-53)

Versículos-chave
3.11-14

Tema geral do livro

O primeiro livro de Reis abrange três etapas sucessivas. Em primeiro lugar, descreve o reinado de Salomão; como sempre nas Escrituras, com seus pontos mais elevados e dignos, mas também com os mais baixos. Em seguida, descreve o rompimento das dez tribos do norte e Roboão, o filho de Salomão que o sucedeu no trono. As tribos do Norte sempre formaram sua própria frente e, com a ascensão de Roboão ao trono, pedem ao rei que sejam diminuídas as pressões de todo tipo que Salomão, o pai, lhes havia imposto, sobretudo por causa da grandiosidade das construções que levara a cabo. Roboão responde com arrogância, deixando-se influenciar por companheiros de sua idade, em vez de levar em consideração os conselheiros mais experientes de seu pai; o resultado foi a criação do Reino de Israel, ou Reino do Norte, sob o reinado do general Jeroboão. Judá, o Reino do Sul, sediado em Jerusalém, continuou a ser governado pela família de Davi. Depois desses fatos, tem início a época da divisão e dos combates entre ambos os reinos, retratados em 1Reis até os reinados de Josafá, em Judá, e Acazias, em Israel. Josafá foi um rei justo e que obteve a paz com Israel; sua conduta contrasta-se com a de Acazias, "que provoc[ou] assim a ira do SENHOR, o Deus de Israel" (1Reis 22.53).

No primeiro livro de Reis, Jesus é...
... o Rei que nos governa (8.27).

Versículo-chave para o discípulo
22.14

O discípulo e 1Reis

Na história de Salomão há uma advertência clara ao discípulo. Um homem que soube escolher a sabedoria de Deus em detrimento das riquezas e do poder, que edificou o templo do SENHOR com toda grandeza e paixão por Deus, que viu como a glória de Javé inundava esse templo, acabou deixando-se levar pela influência de suas mulheres e foi parar na idolatria. Se foi Salomão que realmente escreveu Eclesiastes, é de esperar que ao final da vida ele tenha ponderado seus erros e pecados. Roboão, seu filho, e Jeroboão, o adversário deste, não foram melhores líderes. Roboão ouviu conselhos que não deveria ter escutado e deixou de ouvir aqueles que teriam salvado Israel da divisão entre os reinos. Com seus atos impensados, estabeleceu o curso da história de todo um povo durante séculos. Jeroboão, ávido por quebrar o vínculo de seus súditos com respeito à dependência do templo de Jerusalém, criou dois lugares de culto idólatra, nos quais o SENHOR, assim como o fora no deserto, era representado e "adorado" com imagens de ídolos em forma de bezerros. Em sua grande maioria, tanto os reis da dinastia de Davi que reinaram em Judá quanto os numerosos líderes sanguinários que reinaram em Israel apresentam ao discípulo um claro exemplo do que significa o ser humano andar por seus próprios caminhos em vez de seguir Deus e as consequências que essa escolha traz, tanto para o líder quanto para seus seguidores.

1 REIS

Adonias Declara-se Rei

1 Quando o rei Davi envelheceu, estando já de idade bem avançada, cobriam-no de cobertores, mas ele não se aquecia. ² Por isso os seus servos lhe propuseram: "Vamos procurar uma jovem virgem que sirva o rei e cuide dele. Ela se deitará ao seu lado, a fim de aquecê-lo".

³ Então procuraram em todo o território de Israel uma jovem que fosse bonita e encontraram Abisague, uma sunamita, e a levaram ao rei. ⁴ A jovem, muito bonita, cuidava do rei e o servia, mas o rei não teve relações com ela.

⁵ Ora, Adonias, cuja mãe se chamava Hagite, tomou a dianteira e disse: "Eu serei o rei". Providenciou uma carruagem e cavalos[a], além de cinquenta homens para correrem à sua frente. ⁶ Seu pai nunca o havia contrariado; nunca lhe perguntava: "Por que você age assim?" Adonias também tinha boa aparência e havia nascido depois de Absalão.

⁷ Adonias fez acordo com Joabe, filho de Zeruia, e com o sacerdote Abiatar, e eles o seguiram e o apoiaram. ⁸ Mas o sacerdote Zadoque, Benaia, filho de Joiada, o profeta Natã, Simei, Reí e a guarda especial de Davi não deram apoio a Adonias.

⁹ Então Adonias sacrificou ovelhas, bois e novilhos gordos junto à pedra de Zoelete, próximo a En-Rogel. Convidou todos os seus irmãos, filhos do rei, e todos os homens de Judá que eram conselheiros do rei, ¹⁰ mas não convidou o profeta Natã nem Benaia, nem a guarda especial, nem o seu irmão Salomão.

¹¹ Natã perguntou então a Bate-Seba, mãe de Salomão: "Você ainda não sabe que Adonias, o filho de Hagite, tornou-se rei, sem que o nosso senhor Davi ficasse sabendo? ¹² Agora, vou dar a você um conselho para salvar a sua vida e também a vida do seu filho Salomão. ¹³ Vá perguntar ao rei Davi: Ó rei, meu senhor, não juraste a esta tua serva, prometendo: 'Pode estar certa de que o seu filho Salomão me sucederá como rei e se assentará no meu trono'? Por que foi, então, que Adonias se tornou rei? ¹⁴ Enquanto você ainda estiver conversando com o rei, eu entrarei e confirmarei as suas palavras".

¹⁵ Então Bate-Seba foi até o quarto do rei, já idoso, onde a sunamita Abisague cuidava dele. ¹⁶ Bate-Seba ajoelhou-se e prostrou-se com o rosto em terra, diante do rei.

"O que você quer?", o rei perguntou.

¹⁷ Ela respondeu: "Meu senhor, tu mesmo juraste a esta tua serva, pelo Senhor, o teu Deus: 'Seu filho Salomão me sucederá como rei e se assentará no meu trono'. ¹⁸ Mas agora Adonias se tornou rei, sem que o rei, meu senhor, o soubesse. ¹⁹ Ele sacrificou muitos bois, novilhos gordos e ovelhas e convidou todos os filhos do rei, o sacerdote Abiatar e Joabe, o comandante do exército, mas não convidou o teu servo Salomão. ²⁰ Agora, ó rei, meu senhor, os olhos de todo o Israel estão sobre ti para saber de tua parte quem sucederá ao rei, meu senhor, no trono. ²¹ De outro modo, tão logo o rei, meu senhor, descanse com os seus antepassados, eu e o meu filho Salomão seremos tratados como traidores".

²² Ela ainda conversava com o rei, quando o profeta Natã chegou. ²³ Assim que informaram ao rei que o profeta Natã havia chegado, ele entrou e prostrou-se com o rosto em terra, diante do rei.

²⁴ E Natã lhe perguntou: "Ó rei, meu senhor, por acaso declaraste que Adonias te sucederia como rei e que ele se assentaria no teu trono? ²⁵ Hoje ele foi matar muitos bois, novilhos gordos e ovelhas. Convidou todos os filhos do rei, os comandantes do exército e o sacerdote Abiatar. Agora eles estão comendo e bebendo com ele e celebrando: 'Viva o rei Adonias!' ²⁶ Mas ele não convidou a mim, que sou teu servo, nem ao sacerdote Zadoque, nem a Benaia, filho de Joiada, nem a teu servo Salomão. ²⁷ Seria isto algo que o rei, meu senhor, fez sem deixar que os seus conselheiros soubessem quem sucederia ao rei, meu senhor, no trono?"

O Início do Reinado de Salomão

²⁸ Então o rei Davi ordenou: "Chamem Bate-Seba". Ela entrou e ficou em pé diante dele.

²⁹ O rei fez um juramento: "Juro pelo nome do Senhor, o qual me livrou de todas as adversidades, ³⁰ que, sem dúvida, hoje mesmo vou executar o que jurei pelo Senhor, o Deus de Israel. O meu filho Salomão me sucederá como rei e se assentará no meu trono em meu lugar".

---
[a] 1.5 Ou *condutores de carros*

³¹ Então Bate-Seba prostrou-se com o rosto em terra, e, ajoelhando-se diante do rei, disse: "Que o rei Davi, meu senhor, viva para sempre!"

³² O rei Davi ordenou: "Chamem o sacerdote Zadoque, o profeta Natã e Benaia, filho de Joiada". Quando eles chegaram à presença do rei, ³³ ele os instruiu: "Levem os conselheiros do seu senhor com vocês, ponham o meu filho Salomão sobre a minha mula e levem-no a Giom. ³⁴ Ali o sacerdote Zadoque e o profeta Natã o ungirão rei sobre Israel. Nesse momento toquem a trombeta e gritem: Viva o rei Salomão! ³⁵ Depois acompanhem-no, e ele virá assentar-se no meu trono e reinará em meu lugar. Eu o designei para governar Israel e Judá".

³⁶ Benaia, filho de Joiada, respondeu ao rei: "Assim se fará! Que o Senhor, o Deus do rei, meu senhor, o confirme. ³⁷ Assim como o Senhor esteve com o rei, meu senhor, também esteja ele com Salomão para que ele tenha um reinado ainda mais glorioso*ᵃ* que o reinado de meu senhor, o rei Davi!"

³⁸ Então o sacerdote Zadoque, o profeta Natã, Benaia, filho de Joiada, os queretitas e os peletitas fizeram Salomão montar a mula do rei Davi e o escoltaram até Giom. ³⁹ O sacerdote Zadoque pegou na Tenda o chifre com óleo e ungiu Salomão. A seguir tocaram a trombeta e todo o povo gritou: "Viva o rei Salomão!" ⁴⁰ E todo o povo o acompanhou, tocando flautas e celebrando, de tal forma que o chão tremia com o barulho.

⁴¹ Adonias e todos os seus convidados souberam disso quando estavam terminando o banquete. Ao ouvir o toque da trombeta, Joabe perguntou: "O que significa essa gritaria, esse alvoroço na cidade?"

⁴² Falava ele ainda, quando chegou Jônatas, filho do sacerdote Abiatar. E Adonias lhe disse: "Entre, pois um homem digno como você deve estar trazendo boas notícias!"

⁴³ "De modo algum", respondeu Jônatas a Adonias. "Davi, o nosso rei e senhor, constituiu rei a Salomão. ⁴⁴ O rei enviou com ele o sacerdote Zadoque, o profeta Natã, Benaia, filho de Joiada, os queretitas e os peletitas, e eles o fizeram montar a mula do rei. ⁴⁵ Depois o sacerdote Zadoque e o profeta Natã o ungiram rei em Giom. De lá eles saíram celebrando, e a cidade está alvoroçada. É esse o barulho que vocês ouvem. ⁴⁶ Além disso, Salomão já se assentou no trono real. ⁴⁷ Até mesmo os oficiais do rei foram cumprimentar Davi, o nosso rei e senhor, dizendo: 'Que o teu Deus torne o nome de Salomão mais famoso que o teu, e o seu reinado mais glorioso do que o teu!' E o rei curvou-se reverentemente em sua cama, ⁴⁸ e disse: 'Bendito seja o Senhor, o Deus de Israel, que permitiu que os meus olhos vissem hoje um sucessor em meu trono' ".

⁴⁹ Diante disso, todos os convidados de Adonias entraram em pânico e se dispersaram. ⁵⁰ Mas Adonias, com medo de Salomão, foi agarrar-se às pontas do altar. ⁵¹ Então informaram a Salomão: "Adonias está com medo do rei Salomão e está agarrado às pontas do altar. Ele diz: 'Que o rei Salomão jure que não matará este seu servo pela espada' ".

⁵² Salomão respondeu: "Se ele se mostrar confiável, não cairá nem um só fio de cabelo da sua cabeça, mas, se nele se descobrir alguma maldade, ele morrerá". ⁵³ Então o rei enviou alguns soldados, e eles o fizeram descer do altar. E Adonias veio e se curvou solenemente perante o rei Salomão, que lhe disse: "Vá para casa".

As Instruções de Davi a Salomão

2 Quando se aproximava o dia de sua morte, Davi deu instruções ao seu filho Salomão:

² "Estou para seguir o caminho de toda a terra. Por isso, seja forte e seja homem. ³ Obedeça ao que o Senhor, o seu Deus, exige: ande nos seus caminhos e obedeça aos seus decretos, aos seus mandamentos, às suas ordenanças e aos seus testemunhos, conforme se acham escritos na Lei de Moisés; assim você prosperará em tudo o que fizer e por onde quer que for, ⁴ e o Senhor manterá a promessa que me fez: 'Se os seus descendentes cuidarem de sua conduta e se me seguirem fielmente de todo o coração e de toda a alma, você jamais ficará sem descendente no trono de Israel'.

⁵ "Você sabe muito bem o que Joabe, filho de Zeruia, me fez; o que fez com os dois comandantes dos exércitos de Israel, Abner, filho de Ner, e Amasa, filho de Jéter. Ele os matou, derramando sangue em tempos de paz; agiu como se estivesse em guerra, e com aquele sangue manchou o seu cinto e as suas sandálias. ⁶ Proceda com a sabedoria que você tem e não o deixe envelhecer e descer em paz à sepultura*ᵇ*.

ᵃ **1.37** Hebraico: *torne o seu trono ainda maior*; também no versículo 47.

ᵇ **2.6** Hebraico: *Sheol*. Essa palavra também pode ser traduzida por *profundezas*, *pó* ou *morte*; também no versículo 9.

⁷ "Mas seja bondoso com os filhos de Barzilai, de Gileade; admita-os entre os que comem à mesa com você, pois eles me apoiaram quando fugi do seu irmão Absalão.

⁸ "Saiba que também está com você Simei, filho de Gera, o benjamita de Baurim. Ele lançou terríveis maldições contra mim no dia em que fui a Maanaim. Mas depois desceu ao meu encontro no Jordão e lhe prometi, jurando pelo Senhor, que não o mataria à espada. ⁹ Mas, agora, não o considere inocente. Você é um homem sábio e saberá o que fazer com ele. Apesar de ele já ser idoso, faça-o descer ensanguentado à sepultura".

¹⁰ Então Davi descansou com os seus antepassados e foi sepultado na Cidade de Davi. ¹¹ Ele reinou quarenta anos em Israel: sete anos em Hebrom e trinta e três em Jerusalém. ¹² Salomão assentou-se no trono de Davi, seu pai, e o seu reinado foi firmemente estabelecido.

O Reinado de Salomão

¹³ Adonias, o filho de Hagite, foi até Bate-Seba, mãe de Salomão, que lhe perguntou: "Você vem em paz?"

Ele respondeu: "Sim". ¹⁴ E acrescentou: "Tenho algo a dizer".

Ela disse: "Fale!"

¹⁵ "Você sabe", disse ele, "que o reino era meu. Todo o Israel me via como o seu rei. Mas as circunstâncias mudaram, e o reino foi para o meu irmão; pois o Senhor o concedeu a ele. ¹⁶ Agora, quero fazer um pedido a você e espero que não me seja negado".

Ela disse: "Fale!"

¹⁷ Então ele prosseguiu: "Peça, por favor, ao rei Salomão que me dê a sunamita Abisague por mulher, pois ele não deixará de atender você".

¹⁸ "Está bem", respondeu Bate-Seba, "falarei com o rei em seu favor".

¹⁹ Quando Bate-Seba foi falar ao rei em favor de Adonias, Salomão levantou-se para recebê-la e inclinou-se diante dela. Depois assentou-se no seu trono, mandou que trouxessem um trono para a sua mãe, e ela se assentou à sua direita.

²⁰ "Tenho um pequeno pedido para fazer a você", disse ela. "Não deixe de me atender".

O rei respondeu: "Faça o pedido, minha mãe; não deixarei de atendê-lo".

²¹ Então ela disse: "Dê a sunamita Abisague por mulher a seu irmão Adonias".

²² O rei Salomão perguntou à sua mãe: "Por que você pede somente a sunamita Abisague para Adonias? Peça logo o reino para ele, para o sacerdote Abiatar e para Joabe, filho de Zeruia; afinal ele é o meu irmão mais velho!"

²³ Então o rei Salomão jurou pelo Senhor: "Que Deus me castigue com todo o rigor, se isso que Adonias falou não lhe custar a sua própria vida! ²⁴ E agora eu juro pelo nome do Senhor, que me estabeleceu no trono de meu pai, Davi, e, conforme prometeu, fundou uma dinastia para mim, que hoje mesmo Adonias será morto!" ²⁵ E o rei Salomão deu ordem a Benaia, filho de Joiada, que ferisse e matasse Adonias.

²⁶ Ao sacerdote Abiatar o rei ordenou: "Vá para Anatote, para as suas terras! Você merece morrer, mas hoje eu não o matarei, pois você carregou a arca do Soberano, o Senhor, diante de Davi, meu pai, e partilhou de todas as aflições dele". ²⁷ Então Salomão expulsou Abiatar do sacerdócio do Senhor, cumprindo a palavra que o Senhor tinha dito em Siló a respeito da família de Eli.

²⁸ Quando a notícia chegou a Joabe, que havia conspirado com Adonias, ainda que não com Absalão, ele fugiu para a Tenda do Senhor e agarrou-se às pontas do altar. ²⁹ Foi dito ao rei Salomão que Joabe havia se refugiado na Tenda do Senhor e estava ao lado do altar. Então Salomão ordenou a Benaia, filho de Joiada: "Vá matá-lo!"

³⁰ Então Benaia entrou na Tenda do Senhor e disse a Joabe: "O rei ordena que saia".

"Não", respondeu ele, "Vou morrer aqui".

Benaia relatou ao rei a resposta de Joabe.

³¹ Então o rei ordenou a Benaia: "Faça o que ele diz. Mate-o e sepulte-o, e assim você retirará de mim e da minha família a culpa do sangue inocente que Joabe derramou. ³² O Senhor fará recair sobre a cabeça dele o sangue que derramou: ele atacou dois homens mais justos e melhores do que ele, sem o conhecimento de meu pai, Davi, e os matou à espada. Os dois homens eram Abner, filho de Ner, comandante do exército de Israel, e Amasa, filho de Jéter, comandante do exército de Judá. ³³ Que o sangue deles recaia sobre a cabeça de Joabe e sobre a dos seus descendentes para sempre. Mas que a paz do Senhor esteja para sempre sobre Davi, sobre os seus descendentes, sobre a sua dinastia e sobre o seu trono".

³⁴ Então Benaia, filho de Joiada, atacou Joabe e o matou, e ele foi sepultado em sua casa no

campo*ᵃ*. ³⁵ No lugar dele o rei nomeou Benaia, filho de Joiada, para o comando do exército, e o sacerdote Zadoque no lugar de Abiatar.

³⁶ Depois o rei mandou chamar Simei e lhe ordenou: "Construa para você uma casa em Jerusalém. Você morará nela e não poderá ir para nenhum outro lugar. ³⁷ Esteja certo de que no dia em que sair e atravessar o vale de Cedrom, você será morto; e você será responsável por sua própria morte".

³⁸ Simei respondeu ao rei: "A ordem do rei é boa! O teu servo te obedecerá". E Simei permaneceu em Jerusalém por muito tempo.

³⁹ Mas três anos depois, dois escravos de Simei fugiram para a casa de Aquis, filho de Maaca, rei de Gate. Alguém contou a Simei: "Seus escravos estão em Gate". ⁴⁰ Então Simei selou um jumento e foi até Aquis, em Gate, procurar os seus escravos. E de lá Simei trouxe os escravos de volta.

⁴¹ Quando Salomão soube que Simei tinha ido a Gate e voltado a Jerusalém, ⁴² mandou chamá-lo e lhe perguntou: "Eu não o fiz jurar pelo Senhor e o adverti: No dia em que for para qualquer outro lugar, esteja certo de que você morrerá? E você me respondeu: 'Esta ordem é boa! Obedecerei'. ⁴³ Por que não manteve o juramento ao Senhor e não obedeceu à ordem que dei a você?"

⁴⁴ E acrescentou: "No seu coração você sabe quanto você prejudicou o meu pai, Davi. Agora o Senhor faz recair sua maldade sobre a sua cabeça. ⁴⁵ Mas o rei Salomão será abençoado, e o trono de Davi será estabelecido perante o Senhor para sempre".

⁴⁶ Então o rei deu ordem a Benaia, filho de Joiada, que atacasse Simei e o matasse.

Assim o reino ficou bem estabelecido nas mãos de Salomão.

Salomão Pede Sabedoria

3 Salomão aliou-se ao faraó, rei do Egito, casando-se com a filha dele. Ele a trouxe à Cidade de Davi até terminar a construção do seu palácio e do templo do Senhor, e do muro em torno de Jerusalém. ² O povo, porém, sacrificava nos lugares sagrados, pois ainda não tinha sido construído um templo em honra ao nome do Senhor. ³ Salomão amava o Senhor, o que demonstrava andando de acordo com os decretos do seu pai, Davi; mas oferecia sacrifícios e queimava incenso nos lugares sagrados.

⁴ O rei Salomão foi a Gibeom para oferecer sacrifícios, pois ali ficava o principal lugar sagrado, e ofereceu naquele altar mil holocaustos*ᵇ*. ⁵ Em Gibeom o Senhor apareceu a Salomão num sonho, à noite, e lhe disse: "Peça-me o que quiser, e eu darei a você".

⁶ Salomão respondeu: "Tu foste muito bondoso para com o teu servo, o meu pai, Davi, pois ele foi fiel a ti, e foi justo e reto de coração. Tu mantiveste grande bondade para com ele e lhe deste um filho que hoje se assenta no seu trono.

⁷ "Agora, Senhor, meu Deus, fizeste o teu servo reinar em lugar de meu pai, Davi. Mas eu não passo de um jovem e não sei o que fazer. ⁸ Teu servo está aqui no meio do povo que escolheste, um povo tão grande que nem se pode contar. ⁹ Dá, pois, ao teu servo um coração cheio de discernimento para governar o teu povo e capaz de distinguir entre o bem e o mal. Pois quem pode governar este teu grande povo?"

¹⁰ O pedido que Salomão fez agradou ao Senhor. ¹¹ Por isso Deus lhe disse: "Já que você pediu isso e não uma vida longa nem riqueza, nem pediu a morte dos seus inimigos, mas discernimento para ministrar a justiça, ¹² farei o que você pediu. Eu darei a você um coração sábio e capaz de discernir, de modo que nunca houve nem haverá ninguém como você. ¹³ Também darei o que você não pediu: riquezas e fama, de forma que não haverá rei igual a você durante toda a sua vida. ¹⁴ E, você andar nos meus caminhos e obedecer aos meus decretos e aos meus mandamentos, como o seu pai, Davi, eu prolongarei a sua vida". ¹⁵ Então Salomão acordou e percebeu que tinha sido um sonho.

A seguir voltou a Jerusalém, pôs-se perante a arca da aliança do Senhor, sacrificou holocaustos e apresentou ofertas de comunhão*ᶜ*. Depois ofereceu um banquete a toda a sua corte.

Um Sábio Veredicto

¹⁶ Certo dia duas prostitutas compareceram diante do rei. ¹⁷ Uma delas disse: "Ah meu senhor! Esta mulher mora comigo na mesma casa. Eu dei à luz um filho e ela estava comigo na casa. ¹⁸ Três dias depois de nascer o meu filho, esta mulher também deu à luz um filho.

ᵇ 3.4 Isto é, sacrifícios totalmente queimados; também no versículo 15.
ᶜ 3.15 Ou *de paz*
ᵃ 2.34 Ou *sepultado em seu túmulo no deserto*

Estávamos sozinhas; não havia mais ninguém na casa. ¹⁹ "Certa noite esta mulher se deitou sobre o seu filho, e ele morreu. ²⁰ Então ela se levantou no meio da noite e pegou o meu filho enquanto eu, tua serva, dormia, e o pôs ao seu lado. E pôs o filho dela, morto, ao meu lado. ²¹ Ao levantar-me de madrugada para amamentar o meu filho, ele estava morto. Mas, quando olhei bem para ele de manhã, vi que não era o filho que eu dera à luz".
²² A outra mulher disse: "Não! O que está vivo é meu filho; o morto é seu".
Mas a primeira insistia: "Não! O morto é seu; o vivo é meu". Assim elas discutiram diante do rei.
²³ O rei disse: "Esta afirma: 'Meu filho está vivo, e o seu filho está morto', enquanto aquela diz: 'Não! Seu filho está morto, e o meu está vivo' ".
²⁴ Então o rei ordenou: "Tragam-me uma espada". Trouxeram-lhe. ²⁵ Ele ordenou: "Cortem a criança viva ao meio e deem metade a uma e metade à outra".
²⁶ A mãe do filho que estava vivo, movida pela compaixão materna, clamou: "Por favor, meu senhor, dê a criança viva a ela! Não a mate!"
A outra, porém, disse: "Não será nem minha nem sua. Cortem-na ao meio!"
²⁷ Então o rei deu o seu veredicto: "Não matem a criança! Deem-na à primeira mulher. Ela é a mãe".
²⁸ Quando todo o Israel ouviu o veredicto do rei, passou a respeitá-lo profundamente, pois viu que a sabedoria de Deus estava nele para fazer justiça.

Os Assessores de Salomão

4 E assim o rei Salomão tornou-se rei sobre todo o Israel. ² Estes foram os seus principais assessores:

Azarias, filho de Zadoque: o sacerdote;
³ Eliorefe e Aías, filhos de Sisa: secretários;
Josafá, filho de Ailude: arquivista real;
⁴ Benaia, filho de Joiada: comandante do exército;
Zadoque e Abiatar: sacerdotes;
⁵ Azarias, filho de Natã: responsável pelos governadores distritais;
Zabude, filho de Natã: sacerdote e conselheiro pessoal do rei;
⁶ Aisar: responsável pelo palácio;
Adonirão, filho de Abda: chefe do trabalho forçado.

⁷ Salomão tinha também doze governadores distritais em todo o Israel, que forneciam provisões para o rei e para o palácio real. Cada um deles tinha que fornecer suprimentos durante um mês do ano. ⁸ Estes são os seus nomes:

Ben-Hur, nos montes de Efraim;
⁹ Ben-Dequer, em Macaz, Saalbim, Bete-Semes e Elom-Bete-Hanã;
¹⁰ Ben-Hesede, em Arubote, Socó e em toda a terra de Héfer;
¹¹ Ben-Abinadabe, em Nafote-Dor[a]. Tafate, filha de Salomão, era sua mulher;
¹² Baaná, filho de Ailude, em Taanaque e em Megido, e em toda a Bete-Seã, próxima de Zaretã, abaixo de Jezreel, desde Bete-Seã até Abel-Meolá, indo além dos limites de Jocmeão;
¹³ Ben-Geder, em Ramote-Gileade e nos povoados de Jair, filho de Manassés, em Gileade, bem como no distrito de Argobe, em Basã, e em suas sessenta grandes cidades muradas com trancas de bronze em suas portas;
¹⁴ Ainadabe, filho de Ido, em Maanaim;
¹⁵ Aimaás, em Naftali. Ele se casou com Basemate, filha de Salomão;
¹⁶ Baaná, filho de Husai, em Aser e em Bealote;
¹⁷ Josafá, filho de Parua, em Issacar;
¹⁸ Simei, filho de Elá, em Benjamim;
¹⁹ Geber, filho de Uri, em Gileade, a terra de Seom, rei dos amorreus, e de Ogue, rei de Basã. Ele era o único governador desse distrito.

As Provisões Diárias de Salomão

²⁰ O povo de Judá e de Israel era tão numeroso como a areia da praia; eles comiam, bebiam e eram felizes. ²¹ E Salomão governava todos os reinos, desde o Eufrates[b] até a terra dos filisteus, chegando até a fronteira do Egito. Esses reinos traziam tributos e foram submissos a Salomão durante toda a sua vida.
²² As provisões diárias de Salomão eram trinta tonéis[c] da melhor farinha e sessenta tonéis de farinha comum, ²³ dez cabeças de gado engordado em cocheiras, vinte de gado engordado no pasto e cem ovelhas e bodes, bem como cervos, gazelas, corças e aves escolhidas. ²⁴ Ele governava todos os reinos a oeste

---
[a] **4.11** Ou *no planalto de Dor*
[b] **4.21** Hebraico: *o Rio*; também no versículo 24.
[c] **4.22** Hebraico: *30 coros*. O coro era uma medida de capacidade. As estimativas variam entre 200 e 400 litros.

do Eufrates, desde Tifsa até Gaza, e tinha paz em todas as fronteiras. ²⁵ Durante a vida de Salomão, Judá e Israel viveram em segurança, cada homem debaixo da sua videira e da sua figueira, desde Dã até Berseba.

²⁶ Salomão possuía quatro*ᵃ* mil cocheiras para cavalos de carros de guerra, e doze mil cavalos*ᵇ*.

²⁷ Todo mês um dos governadores distritais fornecia provisões ao rei Salomão e a todos os que vinham participar de sua mesa. Cuidavam para que não faltasse nada. ²⁸ Também traziam ao devido lugar suas quotas de cevada e de palha para os cavalos de carros de guerra e para os outros cavalos.

A Sabedoria de Salomão

²⁹ Deus deu a Salomão sabedoria, discernimento extraordinário e uma abrangência de conhecimento tão imensurável quanto a areia do mar. ³⁰ A sabedoria de Salomão era maior do que a de todos os homens do oriente e do que toda a sabedoria do Egito. ³¹ Ele era mais sábio do que qualquer outro homem, mais do que o ezraíta Etã; mais sábio do que Hemã, Calcol e Darda, filhos de Maol. Sua fama espalhou-se por todas as nações em redor. ³² Ele compôs três mil provérbios, e os seus cânticos chegaram a mil e cinco. ³³ Descreveu as plantas, desde o cedro do Líbano até o hissopo que brota nos muros. Também discorreu sobre os quadrúpedes, as aves, os animais que se movem rente ao chão e os peixes. ³⁴ Homens de todas as nações vinham ouvir a sabedoria de Salomão. Eram enviados por todos os reis que tinham ouvido falar de sua sabedoria.

Os Preparativos para a Construção do Templo

5 Quando Hirão, rei de Tiro, soube que Salomão tinha sido ungido rei, mandou seus conselheiros a Salomão, pois sempre tinha sido amigo leal de Davi. ² Salomão enviou esta mensagem a Hirão:

³ "Tu bem sabes que foi por causa das guerras travadas de todos os lados contra meu pai, Davi, que ele não pôde construir um templo em honra ao nome do Senhor, o seu Deus, até que o Senhor pusesse os seus inimigos debaixo dos seus pés. ⁴ Mas agora o Senhor, o meu Deus, concedeu-me paz em todas as fronteiras, e não tenho que enfrentar nem inimigos nem calamidades. ⁵ Pretendo, por isso, construir um templo em honra ao nome do Senhor, o meu Deus, conforme o Senhor disse a meu pai, Davi: 'O seu filho, a quem colocarei no trono em seu lugar, construirá o templo em honra ao meu nome'.

⁶ "Agora te peço que ordenes que cortem para mim cedros do Líbano. Os meus servos trabalharão com os teus, e eu pagarei a teus servos o salário que determinares. Sabes que não há entre nós ninguém tão hábil em cortar árvores quanto os sidônios".

⁷ Hirão ficou muito alegre quando ouviu a mensagem de Salomão e exclamou: "Bendito seja o Senhor, pois deu a Davi um filho sábio para governar essa grande nação".

⁸ E Hirão respondeu a Salomão:

"Recebi a mensagem que me enviaste e atenderei ao teu pedido, enviando-te madeira de cedro e de pinho. ⁹ Meus servos levarão a madeira do Líbano até o mar, e eu a farei flutuar em jangadas até o lugar que me indicares. Ali eu a deixarei e tu poderás levá-la. E, em troca, fornecerás alimento para a minha corte".

¹⁰ Assim Hirão se tornou fornecedor de toda a madeira de cedro e de pinho que Salomão desejava, ¹¹ e Salomão deu a Hirão vinte mil tonéis*ᶜ* de trigo para suprir de mantimento a sua corte, além de vinte mil tonéis*ᵈ* de azeite de oliva puro. Era o que Salomão dava anualmente a Hirão. ¹² O Senhor deu sabedoria a Salomão, como lhe havia prometido. Houve paz entre Hirão e Salomão, e os dois fizeram um tratado.

¹³ O rei Salomão arregimentou trinta mil trabalhadores de todo o Israel. ¹⁴ Ele os mandou para o Líbano em grupos de dez mil por mês, e eles se revezavam: passavam um mês no Líbano e dois em casa. Adonirão chefiava o trabalho. ¹⁵ Salomão tinha setenta mil carregadores e oitenta mil cortadores de pedra nas colinas, ¹⁶ e três mil e trezentos*ᵉ* capatazes que supervisionavam o trabalho e comandavam os operários.

ᶜ **5.11** Hebraico: *20.000 coros*. O coro era uma medida de capacidade. As estimativas variam entre 200 e 400 litros.
ᵈ **5.11** Conforme a Septuaginta. O Texto Massorético diz *20 coros*. Veja 2Cr 2.10.
ᵉ **5.16** Alguns manuscritos da Septuaginta dizem *3.600*. Veja 2Cr 2.2,18.

ᵃ **4.26** Conforme alguns manuscritos da Septuaginta. O Texto Massorético diz *40*. Veja 2Cr 9.25.
ᵇ **4.26** Ou *condutores de carros*

¹⁷ Por ordem do rei retiravam da pedreira grandes blocos de pedra de ótima qualidade para servirem de alicerce de pedras lavradas para o templo. ¹⁸ Os construtores de Salomão e de Hirão e os homens de Gebal[a] cortavam e preparavam a madeira e as pedras para a construção do templo.

A Construção do Templo

6 Quatrocentos e oitenta[b] anos depois que os israelitas saíram do Egito, no quarto ano do reinado de Salomão em Israel, no mês de zive[c], o segundo mês, ele começou a construir o templo do SENHOR.

² O templo que o rei Salomão construiu para o SENHOR media vinte e sete metros de comprimento, nove metros de largura e treze metros e meio de altura[d]. ³ O pórtico da entrada do santuário tinha a largura do templo, que era de nove metros, e avançava quatro metros e meio à frente do templo. ⁴ Ele fez para o templo janelas com grades estreitas. ⁵ Junto às paredes do átrio principal e do santuário interior, construiu uma estrutura em torno do edifício, na qual havia salas laterais. ⁶ O andar inferior tinha dois metros e vinte e cinco centímetros de largura, o andar intermediário tinha dois metros e setenta centímetros e o terceiro andar tinha três metros e quinze centímetros. Ele fez saliências de apoio nas paredes externas do templo, de modo que não houve necessidade de perfurar as paredes.

⁷ Na construção do templo só foram usados blocos lavrados nas pedreiras, e não se ouviu no templo nenhum barulho de martelo, nem de talhadeira, nem de qualquer outra ferramenta de ferro durante a sua construção.

⁸ A entrada para o andar inferior[e] ficava no lado sul do templo; uma escada conduzia até o andar intermediário e dali ao terceiro. ⁹ Assim ele construiu o templo e o terminou, fazendo-lhe um forro com vigas e tábuas de cedro. ¹⁰ E fez as salas laterais ao longo de todo o templo. Cada uma tinha dois metros e vinte e cinco centímetros de altura, e elas estavam ligadas ao templo por vigas de cedro.

¹¹ E a palavra do SENHOR veio a Salomão dizendo: ¹² "Quanto a este templo que você está construindo, se você seguir os meus decretos, executar os meus juízos e obedecer a todos os meus mandamentos, cumprirei por meio de você a promessa que fiz ao seu pai, Davi, ¹³ viverei no meio dos israelitas e não abandonarei Israel, o meu povo".

¹⁴ Assim Salomão concluiu a construção do templo. ¹⁵ Forrou as paredes do templo por dentro com tábuas de cedro, cobrindo-as desde o chão até o teto, e fez o soalho do templo com tábuas de pinho. ¹⁶ Separou nove metros na parte de trás do templo, fazendo uma divisão com tábuas de cedro, do chão ao teto, para formar dentro do templo o santuário interno, o Lugar Santíssimo. ¹⁷ O átrio principal em frente dessa sala media dezoito metros de comprimento. ¹⁸ O interior do templo era de cedro, com figuras entalhadas de frutos e flores abertas. Tudo era de cedro; não se via pedra alguma.

¹⁹ Preparou também o santuário interno no templo para ali colocar a arca da aliança do SENHOR. ²⁰ O santuário interno tinha nove metros de comprimento, nove de largura e nove de altura. Ele revestiu o interior de ouro puro e também revestiu de ouro o altar de cedro. ²¹ Salomão cobriu o interior do templo de ouro puro e estendeu correntes de ouro em frente do santuário interno, que também foi revestido de ouro. ²² Assim, revestiu de ouro todo o interior do templo e também o altar que pertencia ao santuário interno.

²³ No santuário interno ele esculpiu dois querubins de madeira de oliveira, cada um com quatro metros e meio de altura. ²⁴ As asas abertas dos querubins mediam dois metros e vinte e cinco centímetros: quatro metros e meio da ponta de uma asa à ponta da outra. ²⁵ Os dois querubins tinham a mesma medida e a mesma forma. ²⁶ A altura de cada querubim era de quatro metros e meio. ²⁷ Ele colocou os querubins, com as asas abertas, no santuário interno do templo. A asa de um querubim encostava numa parede, e a do outro encostava na outra. As suas outras asas encostavam uma na outra no meio do santuário. ²⁸ Ele revestiu os querubins de ouro.

²⁹ Nas paredes ao redor do templo, tanto na parte interna como na externa, ele esculpiu querubins, tamareiras e flores abertas. ³⁰ Também revestiu de ouro os pisos, tanto na parte interna como na externa do templo.

---

[a] **5.18** Isto é, Biblos.
[b] **6.1** A Septuaginta diz *440*.
[c] **6.1** Aproximadamente abril/maio; também no versículo 37.
[d] **6.2** Hebraico: *60 côvados de comprimento, 20 de largura e 30 de altura*. O côvado era uma medida linear de cerca de 45 centímetros.
[e] **6.8** Conforme a Septuaginta. O Texto Massorético diz *intermediário*.

³¹ Para a entrada do santuário interno fez portas de oliveira com batentes de cinco lados. ³² E nas duas portas de madeira de oliveira esculpiu querubins, tamareiras e flores abertas e revestiu os querubins e as tamareiras de ouro batido. ³³ Também fez pilares de quatro lados, de madeira de oliveira para a entrada do templo. ³⁴ Fez também duas portas de pinho, cada uma com duas folhas que se articulavam por meio de dobradiças. ³⁵ Entalhou figuras de querubins, de tamareiras e de flores abertas nas portas e as revestiu de ouro batido.

³⁶ E construiu o pátio interno com três camadas de pedra lavrada e uma de vigas de cedro.

³⁷ O alicerce do templo do SENHOR foi lançado no mês de zive, do quarto ano. ³⁸ No mês de bul[a], o oitavo mês, do décimo primeiro ano, o templo foi terminado em todos os seus detalhes, de acordo com as suas especificações. Salomão levou sete anos para construí-lo.

A Construção do Palácio de Salomão

7 Salomão levou treze anos para terminar a construção do seu palácio. ² Ele construiu o Palácio da Floresta do Líbano com quarenta e cinco metros de comprimento, vinte e dois metros e meio de largura e treze metros e meio de altura[b], sustentado por quatro fileiras de colunas de cedro sobre as quais apoiavam-se vigas de cedro aparelhadas. ³ O forro, de cedro, ficava sobre as quarenta e cinco vigas, quinze por fileira, que se apoiavam nas colunas. ⁴ Havia janelas dispostas de três em três, uma em frente da outra. ⁵ Todas as portas tinham estrutura retangular; ficavam na parte da frente, dispostas de três em três, uma em frente da outra.

⁶ Fez um pórtico de colunas de vinte e dois metros e meio de comprimento e treze metros e meio de largura. Em frente havia outro pórtico com colunas e uma cobertura que se estendia além das colunas.

⁷ Construiu a Sala do Trono, isto é, a Sala da Justiça, onde iria julgar, e revestiu-a de cedro desde o chão até o teto[c]. ⁸ E o palácio para sua moradia, no outro pátio, tinha um formato semelhante. Salomão fez também um palácio como esse para a filha do faraó, com quem tinha se casado.

⁹ Todas essas construções, desde o lado externo até o grande pátio e do alicerce até o beiral, foram feitas de pedra de qualidade superior, cortadas sob medida e desbastadas com uma serra nos lados interno e externo. ¹⁰ Os alicerces foram lançados com pedras grandes de qualidade superior, algumas medindo quatro metros e meio e outras três metros e sessenta centímetros. ¹¹ Na parte de cima havia pedras de qualidade superior, cortadas sob medida, e vigas de cedro. ¹² O grande pátio era cercado por um muro de três camadas de pedras lavradas e uma camada de vigas de cedro aparelhadas, da mesma maneira que o pátio interior do templo do SENHOR, com o seu pórtico.

Os Utensílios do Templo

¹³ O rei Salomão enviara mensageiros a Tiro e trouxera Hurão[d], ¹⁴ filho de uma viúva da tribo de Naftali e de um cidadão de Tiro, artífice em bronze. Hurão era extremamente hábil e experiente e sabia fazer todo tipo de trabalho em bronze. Apresentou-se ao rei Salomão e fez depois todo o trabalho que lhe foi designado.

¹⁵ Ele fundiu duas colunas de bronze, cada uma com oito metros e dez centímetros de altura e cinco metros e quarenta centímetros de circunferência, medidas pelo fio apropriado. ¹⁶ Também fez dois capitéis de bronze fundido para colocar no alto das colunas; cada capitel tinha dois metros e vinte e cinco centímetros de altura. ¹⁷ Conjuntos de correntes entrelaçadas ornamentavam os capitéis no alto das colunas, sete em cada capitel. ¹⁸ Fez também romãs em duas fileiras[e] que circundavam cada conjunto de correntes para cobrir os capitéis no alto das colunas[f]. Fez o mesmo com cada capitel. ¹⁹ Os capitéis no alto das colunas do pórtico tinham o formato de lírios, com um metro e oitenta centímetros de altura. ²⁰ Nos capitéis das duas colunas, acima da parte que tinha formato de taça, perto do conjunto de correntes, havia duzentas romãs enfileiradas ao redor. ²¹ Ele levantou as colunas na frente do pórtico do templo. Deu o nome de Jaquim[g]

---

[a] **6.38** Aproximadamente outubro/novembro.

[b] **7.2** Hebraico: *100 côvados de comprimento, 50 de largura e 30 de altura*. O côvado era uma medida linear de cerca de 45 centímetros.

[c] **7.7** Conforme a Vulgata e a Versão Siríaca. O Texto Massorético diz *de cedro desde o chão*.

[d] **7.13** Hebraico: *Hirão*, variante de *Hurão*; também nos versículos 40 e 45.

[e] **7.18** Muitos manuscritos dizem *Fez as colunas, e havia duas fileiras*.

[f] **7.18** Muitos manuscritos dizem *das romãs*.

[g] **7.21** *Jaquim* provavelmente significa *ele firma*.

à coluna ao sul e de Boaz^a à coluna ao norte. ²² Os capitéis no alto tinham a forma de lírios. E assim completou-se o trabalho das colunas.

²³ Fez o tanque de metal fundido, redondo, medindo quatro metros e meio de diâmetro e dois metros e vinte e cinco centímetros de altura. Era preciso um fio de treze metros e meio para medir a sua circunferência. ²⁴ Abaixo da borda e ao seu redor havia duas fileiras de frutos, de cinco em cinco centímetros, fundidas numa só peça com o tanque.

²⁵ O tanque ficava sobre doze touros, três voltados para o norte, três para o oeste, três para o sul e três para o leste. Ficava em cima deles, e as pernas traseiras dos touros eram voltadas para o centro. ²⁶ A espessura do tanque era de quatro dedos, e sua borda era como a borda de um cálice, como uma flor de lírio. Sua capacidade era de quarenta mil litros^b.

²⁷ Também fez dez carrinhos de bronze; cada um tinha um metro e oitenta centímetros de comprimento e de largura, e um metro e trinta e cinco centímetros de altura. ²⁸ Os carrinhos eram feitos assim: tinham placas laterais presas a armações. ²⁹ Nas placas, entre as armações, havia figuras de leões, bois e querubins; sobre as armações, acima e abaixo dos leões e bois, havia grinaldas de metal batido. ³⁰ Em cada carrinho havia quatro rodas de bronze com eixos de bronze, cada um com uma bacia apoiada em quatro pés e fundida ao lado de cada grinalda. ³¹ No lado de dentro do carrinho havia uma abertura circular com quarenta e cinco centímetros de profundidade. Essa abertura era redonda e, com sua base, media setenta centímetros. Havia esculturas em torno da abertura. As placas dos carrinhos eram quadradas, e não redondas. ³² As quatro rodas ficavam sob as placas, e os eixos das rodas ficavam presos ao estrado. O diâmetro de cada roda era de setenta centímetros. ³³ As rodas eram feitas como rodas de carros; os eixos, os aros, os raios e os cubos eram todos de metal fundido.

³⁴ Havia quatro cabos que se projetavam do carrinho, um em cada canto. ³⁵ No alto do carrinho havia uma lâmina circular de vinte e dois centímetros de altura. Os apoios e as placas estavam fixados no alto do carrinho. ³⁶ Ele esculpiu figuras de querubins, leões e tamareiras na superfície dos apoios e nas placas, em cada espaço disponível, com grinaldas ao redor. ³⁷ Foi assim que fez os dez carrinhos. Foram todos fundidos nos mesmos moldes e eram idênticos no tamanho e na forma.

³⁸ Depois ele fez dez pias de bronze, cada uma com capacidade de oitocentos litros, medindo um metro e oitenta centímetros de diâmetro; uma pia para cada um dos dez carrinhos. ³⁹ Ele pôs cinco carrinhos no lado sul do templo e cinco no lado norte. Pôs o tanque no lado sul, no canto sudeste do templo. ⁴⁰ Também fez os jarros, as pás e as bacias para aspersão.

Assim, Hurão completou todo o trabalho de que fora encarregado pelo rei Salomão, no templo do Senhor:

⁴¹ as duas colunas;
os dois capitéis em forma de taça no alto das colunas;
os dois conjuntos de correntes que decoravam os dois capitéis;
⁴² as quatrocentas romãs para os dois conjuntos de correntes; duas fileiras de romãs para cada conjunto;
⁴³ os dez carrinhos com as suas dez pias;
⁴⁴ o tanque e os doze touros debaixo dele;
⁴⁵ e os jarros, as pás e as bacias de aspersão.

Todos esses utensílios que Hurão fez a pedido do rei Salomão para o templo do Senhor eram de bronze polido. ⁴⁶ Foi na planície do Jordão, entre Sucote e Zaretã, que o rei os mandou fundir, em moldes de barro. ⁴⁷ Salomão não mandou pesar esses utensílios; eram tantos que o peso do bronze não foi determinado.

⁴⁸ Além desses, Salomão mandou fazer também estes outros utensílios para o templo do Senhor:

O altar de ouro;
a mesa de ouro sobre a qual ficavam os pães da Presença;
⁴⁹ os candelabros de ouro puro, cinco à direita e cinco à esquerda, em frente do santuário interno;
as flores, as lâmpadas e as tenazes de ouro;
⁵⁰ as bacias, os cortadores de pavio, as bacias para aspersão, as tigelas e os incensários;
e as dobradiças de ouro para as portas da sala interna, isto é, o Lugar Santíssimo, e também para as portas do átrio principal.

---

^{a} **7.21** *Boaz* provavelmente significa *nele há força*.
^{b} **7.26** Hebraico: *2.000 batos*. O bato era uma medida de capacidade para líquidos. As estimativas variam entre 20 e 40 litros. A Septuaginta não traz esta frase.

⁵¹ Terminada toda a obra que Salomão realizou para o templo do Senhor, ele trouxe tudo o que seu pai havia consagrado e colocou-o com os tesouros do templo do Senhor: a prata, o ouro e os utensílios.

O Transporte da Arca para o Templo

8 Então o rei Salomão reuniu em Jerusalém as autoridades de Israel, todos os líderes das tribos e os chefes das famílias israelitas, para levarem de Sião, a Cidade de Davi, a arca da aliança do Senhor. ² E todos os homens de Israel uniram-se ao rei Salomão por ocasião da festa, no mês de etanim[a], que é o sétimo mês. ³ Quando todas as autoridades de Israel chegaram, os sacerdotes pegaram ⁴ a arca do Senhor e a levaram, com a Tenda do Encontro e com todos os seus utensílios sagrados. Foram os sacerdotes e os levitas que levaram tudo. ⁵ O rei Salomão e toda a comunidade de Israel, que se havia reunido a ele diante da arca, sacrificaram tantas ovelhas e bois que nem era possível contar.

⁶ Os sacerdotes levaram a arca da aliança do Senhor para o seu lugar no santuário interno do templo, isto é, no Lugar Santíssimo, e a colocaram debaixo das asas dos querubins. ⁷ Os querubins tinham suas asas estendidas sobre o lugar da arca e cobriam a arca e as varas utilizadas para o transporte. ⁸ Essas varas eram tão compridas que as suas pontas, que se estendiam para fora da arca, podiam ser vistas da frente do santuário interno, mas não de fora dele; e elas estão lá até hoje. ⁹ Na arca havia só as duas tábuas de pedra que Moisés tinha colocado quando estava em Horebe, onde o Senhor fez uma aliança com os israelitas depois que saíram do Egito.

¹⁰ Quando os sacerdotes se retiraram do Lugar Santo, uma nuvem encheu o templo do Senhor, ¹¹ de forma que os sacerdotes não podiam desempenhar o seu serviço, pois a glória do Senhor encheu o seu templo.

¹² E Salomão exclamou: "O Senhor disse que habitaria numa nuvem escura! ¹³ Na realidade construí para ti um templo magnífico, um lugar para nele habitares para sempre!"

¹⁴ Depois o rei virou-se e abençoou toda a assembleia de Israel, que estava ali em pé. ¹⁵ E disse:

"Bendito seja o Senhor, o Deus de Israel, que com sua mão cumpriu o que com sua própria boca havia prometido a meu pai, Davi, quando lhe disse: ¹⁶ 'Desde o dia em que tirei Israel, o meu povo, do Egito, não escolhi nenhuma cidade das tribos de Israel para nela construir um templo em honra ao meu nome. Mas escolhi Davi para governar Israel, o meu povo'.

¹⁷ "Meu pai, Davi, tinha no coração o propósito de construir um templo em honra ao nome do Senhor, o Deus de Israel. ¹⁸ Mas o Senhor lhe disse: 'Você fez bem em ter no coração o plano de construir um templo em honra ao meu nome; ¹⁹ no entanto, não será você que o construirá, mas o seu filho, que procederá de você; ele construirá o templo em honra ao meu nome'.

²⁰ "E o Senhor cumpriu a sua promessa: Sou o sucessor de meu pai, Davi, e agora ocupo o trono de Israel, como o Senhor tinha prometido, e construí o templo em honra ao nome do Senhor, o Deus de Israel. ²¹ Providenciei nele um lugar para a arca, na qual estão as tábuas da aliança do Senhor, aliança que fez com os nossos antepassados quando os tirou do Egito".

A Oração de Dedicação

²² Depois Salomão colocou-se diante do altar do Senhor, diante de toda a assembleia de Israel, levantou as mãos para o céu ²³ e orou:

"Senhor, Deus de Israel, não há Deus como tu em cima nos céus nem embaixo na terra! Tu que guardas a tua aliança de amor com os teus servos que, de todo o coração, andam segundo a tua vontade. ²⁴ Cumpriste a tua promessa a teu servo Davi, meu pai; com tua boca prometeste e com tua mão a cumpriste, conforme hoje se vê.

²⁵ "Agora, Senhor, Deus de Israel, cumpre a outra promessa que fizeste a teu servo Davi, meu pai, quando disseste: 'Você nunca deixará de ter, diante de mim, um descendente que se assente no trono de Israel, se tão somente os seus descendentes tiverem o cuidado de, em tudo, andarem segundo a minha vontade, como você tem feito'. ²⁶ Agora, ó Deus de Israel, que se confirme a palavra que falaste a teu servo Davi, meu pai.

²⁷ "Mas será possível que Deus habite na terra? Os céus, mesmo os mais altos céus, não podem conter-te. Muito menos este templo que construí! ²⁸ Ainda assim, atende à oração do teu servo e ao seu pedido de misericórdia, ó Senhor, meu Deus. Ouve o clamor e a oração

---

[a] 8.2 Aproximadamente setembro/outubro.

que o teu servo faz hoje na tua presença. ²⁹ Estejam os teus olhos voltados dia e noite para este templo, lugar do qual disseste que nele porias o teu nome, para que ouças a oração que o teu servo fizer voltado para este lugar. ³⁰ Ouve as súplicas do teu servo e de Israel, o teu povo, quando orarem voltados para este lugar. Ouve dos céus, lugar da tua habitação, e, quando ouvires, dá-lhes o teu perdão.

³¹ "Quando um homem pecar contra seu próximo, tiver que fazer um juramento e vier jurar diante do teu altar neste templo, ³² ouve dos céus e age. Julga os teus servos; condena o culpado, fazendo recair sobre a sua própria cabeça a consequência da sua conduta, e declara sem culpa o inocente, dando-lhe o que a sua inocência merece.

³³ "Quando Israel, o teu povo, for derrotado por um inimigo por ter pecado contra ti, voltar-se para ti e invocar o teu nome, orando e suplicando a ti neste templo, ³⁴ ouve dos céus e perdoa o pecado de Israel, o teu povo, e traze-o de volta à terra que deste aos seus antepassados.

³⁵ "Quando se fechar o céu e não houver chuva por haver o teu povo pecado contra ti e, se o teu povo, voltado para este lugar, invocar o teu nome e afastar-se do seu pecado por o haveres castigado, ³⁶ ouve dos céus e perdoa o pecado dos teus servos, de Israel, teu povo. Ensina-lhes o caminho certo e envia chuva sobre a tua terra, que deste por herança ao teu povo.

³⁷ "Quando houver fome ou praga no país, ferrugem e mofo, gafanhotos peregrinos e gafanhotos devastadores, ou quando inimigos sitiarem suas cidades, quando, em meio a qualquer praga ou epidemia, ³⁸ uma oração ou súplica por misericórdia for feita por um israelita ou por todo o Israel, teu povo, cada um sentindo as suas próprias aflições e dores, estendendo as mãos na direção deste templo, ³⁹ ouve dos céus, o lugar da tua habitação. Perdoa e age; trata cada um de acordo com o que merece, visto que conheces o seu coração. Sim, só tu conheces o coração do homem. ⁴⁰ Assim eles te temerão durante todo o tempo em que viverem na terra que deste aos nossos antepassados.

⁴¹ "Quanto ao estrangeiro, que não pertence a Israel, o teu povo, e que veio de uma terra distante por causa do teu nome — ⁴² pois ouvirão acerca do teu grande nome, da tua mão poderosa e do teu braço forte —, quando ele vier e orar voltado para este templo, ⁴³ ouve dos céus, lugar da tua habitação, e atende ao pedido do estrangeiro, a fim de que todos os povos da terra conheçam o teu nome e te temam, como faz Israel, o teu povo, e saibam que este templo que construí traz o teu nome.

⁴⁴ "Quando o teu povo for à guerra contra os seus inimigos, por onde quer que tu o enviares, e orar ao Senhor voltado para a cidade que escolheste e para o templo que construí em honra ao teu nome, ⁴⁵ ouve dos céus a sua oração e a sua súplica e defende a sua causa.

⁴⁶ "Quando pecarem contra ti, pois não há ninguém que não peque, e ficares irado com eles e os entregares ao inimigo que os leve prisioneiros para a sua terra, distante ou próxima; ⁴⁷ se eles caírem em si, na terra para a qual tiverem sido deportados, e se arrependerem e lá orarem: 'Pecamos, praticamos o mal e fomos rebeldes'; ⁴⁸ e se lá eles se voltarem para ti de todo o seu coração e de toda a sua alma, na terra dos inimigos que os tiverem levado como prisioneiros, e orarem voltados para a terra que deste aos seus antepassados, para a cidade que escolheste e para o templo que construí em honra ao teu nome, ⁴⁹ então, desde os céus, o lugar da tua habitação, ouve a sua oração e a sua súplica e defende a sua causa. ⁵⁰ Perdoa o teu povo, que pecou contra ti; perdoa todas as transgressões que cometeram contra ti e faze com que os seus conquistadores tenham misericórdia deles; ⁵¹ pois são o teu povo e a tua herança, que tiraste do Egito, da fornalha de fundição.

⁵² "Que os teus olhos estejam abertos para a súplica do teu servo e para a súplica de Israel, o teu povo, e que os ouças sempre que clamarem a ti. ⁵³ Pois tu os escolheste dentre todos os povos da terra para serem a tua herança, como declaraste por meio do teu servo Moisés, quando tu, ó Soberano Senhor, tiraste os nossos antepassados do Egito".

⁵⁴ Quando Salomão terminou a oração e a súplica ao Senhor, levantou-se diante do altar do Senhor, onde tinha se ajoelhado e estendido as mãos para o céu. ⁵⁵ Pôs-se em pé e abençoou em alta voz toda a assembleia de Israel, dizendo:

⁵⁶ "Bendito seja o Senhor, que deu descanso a Israel, o seu povo, como havia prometido. Não ficou sem cumprimento nem uma de todas as boas promessas que ele fez por meio do seu servo Moisés. ⁵⁷ Que o Senhor, o nosso Deus, esteja conosco, assim como esteve com os

nossos antepassados. Que ele jamais nos deixe nem nos abandone! ⁵⁸ E faça com que de coração nos voltemos para ele, a fim de andarmos em todos os seus caminhos e obedecermos aos seus mandamentos, decretos e ordenanças, que deu aos nossos antepassados. ⁵⁹ E que as palavras da minha súplica ao SENHOR tenham acesso ao SENHOR, o nosso Deus, dia e noite, para que ele defenda a causa do seu servo e a causa de Israel, o seu povo, de acordo com o que precisarem. ⁶⁰ Assim, todos os povos da terra saberão que o SENHOR é Deus e que não há nenhum outro. ⁶¹ Mas vocês, tenham coração íntegro para com o SENHOR, o nosso Deus, para viverem por seus decretos e obedecerem aos seus mandamentos, como acontece hoje".

A Dedicação do Templo

⁶² Então o rei Salomão e todo o Israel ofereceram sacrifícios ao SENHOR; ⁶³ ele ofereceu em sacrifício de comunhão*ᵃ* ao SENHOR vinte e dois mil bois e cento e vinte mil ovelhas. Assim o rei e todos os israelitas fizeram a dedicação do templo do SENHOR.

⁶⁴ Naquele mesmo dia o rei consagrou a parte central do pátio, que ficava na frente do templo do SENHOR, e ali ofereceu holocaustos*ᵇ*, ofertas de cereal e a gordura das ofertas de comunhão, pois o altar de bronze diante do SENHOR era pequeno demais para comportar os holocaustos, as ofertas de cereal e a gordura das ofertas de comunhão.

⁶⁵ E foi assim que Salomão, com todo o Israel, celebrou a festa naquela data; era uma grande multidão, gente vinda desde Lebo-Hamate até o ribeiro do Egito. Celebraram-na diante do SENHOR, o nosso Deus, durante sete dias*ᶜ*. ⁶⁶ No oitavo dia Salomão mandou o povo para casa. Eles abençoaram o rei e foram embora, jubilosos e de coração alegre por todas as coisas boas que o SENHOR havia feito por seu servo Davi e por Israel, o seu povo.

O SENHOR Aparece a Salomão

9 Quando Salomão acabou de construir o templo do SENHOR, o palácio real e tudo mais que desejara construir, ² o SENHOR lhe apareceu pela segunda vez, como lhe havia *aparecido em Gibeom*. ³ O SENHOR lhe disse:

"Ouvi a oração e a súplica que você fez diante de mim; consagrei este templo que você construiu, para que nele habite o meu nome para sempre. Os meus olhos e o meu coração estarão sempre nele.

⁴ "E, se você andar segundo a minha vontade, com integridade de coração e com retidão, como fez o seu pai, Davi; se fizer tudo o que ordeno a você, obedecendo aos meus decretos e às minhas ordenanças, ⁵ firmarei para sempre sobre Israel o seu trono, conforme prometi a Davi, seu pai, quando lhe disse: Nunca faltará descendente para governar Israel.

⁶ "Mas, se você ou seus filhos se afastarem de mim e não obedecerem aos mandamentos e aos decretos que lhes dei, e prestarem culto a outros deuses e adorá-los, ⁷ desarraigarei Israel da terra que lhes dei e lançarei para longe da minha presença este templo que consagrei ao meu nome. Israel se tornará então objeto de zombaria entre todos os povos. ⁸ E, embora este templo seja agora imponente, todos os que passarem por ele ficarão espantados e perguntarão: 'Por que o SENHOR fez uma coisa dessas a esta terra e a este templo?' ⁹ E a resposta será: 'Porque abandonaram o SENHOR, o seu Deus, que tirou os seus antepassados do Egito, e se apegaram a outros deuses, adorando-os e prestando-lhes culto; por isso o SENHOR trouxe sobre eles toda esta desgraça' ".

Outros Feitos de Salomão

¹⁰ Depois de vinte anos, durante os quais construiu estes dois edifícios, o templo do SENHOR e o palácio real, ¹¹ o rei Salomão deu vinte cidades da Galileia a Hirão, rei de Tiro, pois Hirão lhe havia fornecido toda a madeira de cedro e de pinho e o ouro de que ele precisou. ¹² Mas, quando este veio de Tiro para ver as cidades que Salomão lhe dera, não gostou. ¹³ "Que cidades são essas que tu me deste, meu irmão?", ele perguntou. E as chamou terra de Cabul*ᵈ*, nome que elas têm até hoje. ¹⁴ Hirão tinha enviado ao rei quatro mil e duzentos quilos*ᵉ* de ouro!

¹⁵ O rei Salomão impôs trabalhos forçados para que se construísse o templo do SENHOR, seu próprio palácio, o Milo*ᶠ*, o muro de Jerusalém, bem como Hazor, Megido e Gezer.

ᵃ **8.63** Ou *de paz*
ᵇ **8.64** Isto é, sacrifícios totalmente queimados.
ᶜ **8.65** Conforme a Septuaginta. O Texto Massorético acrescenta *e mais 7 dias, 14 no total*.
ᵈ **9.13** *Cabul* assemelha-se à palavra hebraica que significa *inútil*.
ᵉ **9.14** Hebraico: *120 talentos*. Um talento equivalia a 35 quilos.
ᶠ **9.15** Ou *aterro*; também no versículo 24.

¹⁶ O faraó, rei do Egito, havia atacado e conquistado Gezer. Incendiou a cidade e matou os seus habitantes, que eram cananeus, e a deu como presente de casamento à sua filha, mulher de Salomão. ¹⁷ E Salomão reconstruiu Gezer. Ele construiu Bete-Horom Baixa, ¹⁸ Baalate, e Tadmor[a], no deserto dessa região, ¹⁹ bem como todas as cidades-armazéns e as cidades onde ficavam os seus carros de guerra e os seus cavalos[b]. Construiu tudo o que desejou em Jerusalém, no Líbano e em todo o território que governou.

²⁰ Salomão recrutou para o trabalho forçado todos os não israelitas, descendentes dos amorreus, dos hititas, dos ferezeus, dos heveus e dos jebuseus, ²¹ que não tinham sido mortos pelos israelitas, e esses povos continuam nesse trabalho até hoje. ²² Mas Salomão não obrigou nenhum israelita a trabalhos forçados; eles eram seus homens de guerra, seus capitães, os comandantes dos seus carros de guerra e os condutores de carros. ²³ Também eram israelitas os principais oficiais encarregados das construções de Salomão: quinhentos e cinquenta oficiais que supervisionavam os trabalhadores.

²⁴ Somente depois que a filha do faraó mudou-se da Cidade de Davi para o palácio que Salomão havia construído para ela, foi que ele construiu o Milo.

²⁵ Três vezes por ano Salomão oferecia holocaustos[c] e sacrifícios de comunhão[d] no altar que havia construído para o Senhor e ao mesmo tempo queimava incenso diante do Senhor. E Salomão concluiu o templo.

²⁶ O rei Salomão também construiu navios em Eziom-Geber, que fica perto de Elate, na terra de Edom, às margens do mar Vermelho. ²⁷ E Hirão enviou em navios os seus marinheiros, homens experimentados que conheciam o mar, para trabalharem com os marinheiros de Salomão. ²⁸ Navegaram até Ofir e de lá trouxeram catorze mil e setecentos quilos de ouro para o rei Salomão.

A Rainha de Sabá Visita Salomão

10 A rainha de Sabá soube da fama que Salomão tinha alcançado, graças ao nome do Senhor, e foi a Jerusalém para pô-lo à prova com perguntas difíceis. ² Quando chegou, acompanhada de uma enorme caravana, com camelos carregados de especiarias, grande quantidade de ouro e pedras preciosas, fez a Salomão todas as perguntas que tinha em mente. ³ Salomão respondeu a todas; nenhuma lhe foi tão difícil que não pudesse responder. ⁴ Vendo toda a sabedoria de Salomão, bem como o palácio que ele havia construído, ⁵ o que era servido em sua mesa, o alojamento de seus oficiais, os criados e os copeiros — todos uniformizados — e os holocaustos[e] que ele fazia no[f] templo do Senhor, a visitante ficou impressionada.

⁶ Então ela disse ao rei: "Tudo o que ouvi em meu país acerca de tuas realizações e de tua sabedoria é verdade. ⁷ Mas eu não acreditava no que diziam, até ver com os meus próprios olhos. Na realidade, não me contaram nem a metade; tu ultrapassas em muito o que ouvi, tanto em sabedoria como em riqueza. ⁸ Como devem ser felizes os homens da tua corte, que continuamente estão diante de ti e ouvem a tua sabedoria! ⁹ Bendito seja o Senhor, o teu Deus, que se agradou de ti e te colocou no trono de Israel. Por causa do amor eterno do Senhor para com Israel, ele te fez rei, para manter a justiça e a retidão".

¹⁰ E ela deu ao rei quatro mil e duzentos quilos[g] de ouro e grande quantidade de especiarias e pedras preciosas. Nunca mais foram trazidas tantas especiarias quanto as que a rainha de Sabá deu ao rei Salomão.

¹¹ (Os navios de Hirão, que carregavam ouro de Ofir, também trouxeram de lá grande quantidade de madeira de junípero e pedras preciosas. ¹² O rei utilizou a madeira para fazer a escadaria do templo do Senhor e a do palácio real, além de harpas e liras para os músicos. Nunca mais foi importada nem se viu tanta madeira de junípero.)

¹³ O rei Salomão deu à rainha de Sabá tudo o que ela desejou e pediu, além do que já lhe tinha dado por sua generosidade real. Então ela e os seus servos voltaram para o seu país.

O Esplendor do Reino de Salomão

¹⁴ O peso do ouro que Salomão recebia anualmente era de vinte e três mil e trezentos quilos, ¹⁵ fora os impostos pagos por mercadores e

---

[a] **9.18** Ou *Tamar*
[b] **9.19** Ou *condutores de carros*
[c] **9.25** Isto é, sacrifícios totalmente queimados; também em 10.5.
[d] **9.25** Ou *de paz*
[e] **10.5** Isto é, sacrifícios totalmente queimados.
[f] **10.5** Ou *e o caminho pelo qual subia até o*
[g] **10.10** Hebraico: *120 talentos*. Um talento equivalia a 35 quilos.

comerciantes, por todos os reis da Arábia e pelos governadores do país.

¹⁶ O rei Salomão fez duzentos escudos grandes de ouro batido, utilizando três quilos e seiscentos gramas[a] de ouro em cada um. ¹⁷ Também fez trezentos escudos pequenos de ouro batido, com um quilo e oitocentos gramas de ouro em cada um. O rei os colocou no Palácio da Floresta do Líbano.

¹⁸ O rei mandou fazer ainda um grande trono de marfim revestido de ouro puro. ¹⁹ O trono tinha seis degraus, e o seu encosto tinha a parte alta arredondada. Nos dois lados do assento havia braços, com um leão junto a cada braço. ²⁰ Havia doze leões nos seis degraus, um em cada ponta de cada degrau. Nada igual havia sido feito em nenhum outro reino. ²¹ Todas as taças do rei Salomão eram de ouro, bem como todos os utensílios do Palácio da Floresta do Líbano. Não havia nada de prata, pois a prata quase não tinha valor nos dias de Salomão. ²² O rei tinha no mar uma frota de navios mercantes[b] com os navios de Hirão. Cada três anos a frota voltava, trazendo ouro, prata, marfim, macacos e pavões.

²³ O rei Salomão era o mais rico e o mais sábio de todos os reis da terra. ²⁴ Gente de todo o mundo pedia audiência a Salomão para ouvir a sabedoria que Deus lhe tinha dado. ²⁵ Ano após ano, todos os visitantes traziam algum presente: utensílios de prata e de ouro, mantos, armas e especiarias, cavalos e mulas.

²⁶ Salomão juntou carros e cavalos; possuía mil e quatrocentos carros e doze mil cavalos[c], dos quais mantinha uma parte nas guarnições de algumas cidades e a outra perto dele, em Jerusalém. ²⁷ O rei tornou a prata tão comum em Jerusalém quanto as pedras, e o cedro tão numeroso quanto as figueiras bravas da Sefelá[d]. ²⁸ Os cavalos de Salomão eram importados do Egito[e] e da Cilícia[f], onde os fornecedores do rei os compravam. ²⁹ Importavam do Egito um carro por sete quilos e duzentos gramas[g] de prata, e um cavalo por um quilo e oitocentos gramas, e os exportavam para todos os reis dos hititas e dos arameus.

---

[a] **10.16** Hebraico: *6 minas*. Uma mina equivalia a 600 gramas.
[b] **10.22** Hebraico: *de Társis*.
[c] **10.26** Ou *condutores de carros*
[d] **10.27** Pequena faixa de terra, de relevo variável, entre a planície costeira e as montanhas.
[e] **10.28** Ou *Muzur*, região da Cilícia; também no versículo 29.
[f] **10.28** Hebraico: *Cuve*.
[g] **10.29** Hebraico: *600 siclos*. Um siclo equivalia a 12 gramas.

As Mulheres de Salomão

11 O rei Salomão amou muitas mulheres estrangeiras, além da filha do faraó. Eram mulheres moabitas, amonitas, edomitas, sidônias e hititas. ² Elas eram das nações a respeito das quais o Senhor tinha dito aos israelitas: "Vocês não poderão tomar mulheres dentre essas nações, porque elas os farão desviar-se para seguir os seus deuses". No entanto, Salomão apegou-se amorosamente a elas. ³ Casou com setecentas princesas e trezentas concubinas, e as suas mulheres o levaram a desviar-se. ⁴ À medida que Salomão foi envelhecendo, suas mulheres o induziram a voltar-se para outros deuses, e o seu coração já não era totalmente dedicado ao Senhor, o seu Deus, como fora o coração do seu pai, Davi. ⁵ Ele seguiu Astarote, a deusa dos sidônios, e Moloque, o repugnante deus dos amonitas. ⁶ Dessa forma Salomão fez o que o Senhor reprova; não seguiu completamente o Senhor, como o seu pai, Davi.

⁷ No monte que fica a leste de Jerusalém, Salomão construiu um altar para Camos, o repugnante deus de Moabe, e para Moloque, o repugnante deus dos amonitas. ⁸ Também fez altares para os deuses de todas as suas outras mulheres estrangeiras, que queimavam incenso e ofereciam sacrifícios a eles.

⁹ O Senhor irou-se contra Salomão por ter se desviado do Senhor, o Deus de Israel, que lhe havia aparecido duas vezes. ¹⁰ Embora ele tivesse proibido Salomão de seguir outros deuses, Salomão não lhe obedeceu. ¹¹ Então o Senhor lhe disse: "Já que essa é a sua atitude e você não obedeceu à minha aliança e aos meus decretos, os quais ordenei a você, certamente tirarei de você o reino e o darei a um dos seus servos. ¹² No entanto, por amor a Davi, seu pai, não farei isso enquanto você viver. Eu o tirarei da mão do seu filho. ¹³ Mas não tirarei dele o reino inteiro; eu lhe darei uma tribo por amor de Davi, meu servo, e por amor de Jerusalém, a cidade que escolhi".

Os Adversários de Salomão

¹⁴ Então o Senhor levantou contra Salomão um adversário, o edomita Hadade, da linhagem real de Edom. ¹⁵ Anteriormente, quando Davi estava lutando contra Edom, Joabe, o comandante do exército, que tinha ido para lá enterrar os mortos, exterminara todos os homens de Edom. ¹⁶ Joabe e todo o exército israelita permaneceram lá seis meses, até matarem

todos os edomitas. ¹⁷ Mas Hadade, sendo ainda menino, fugiu para o Egito com alguns dos oficiais edomitas que tinham servido a seu pai. ¹⁸ Partiram de Midiã e foram a Parã. Lá reuniram alguns homens e foram ao Egito, até o faraó, rei do Egito, que deu uma casa e terras a Hadade e lhe forneceu alimento.

¹⁹ O faraó acolheu bem a Hadade, a ponto de dar-lhe em casamento uma irmã de sua própria mulher, a rainha Tafnes. ²⁰ A irmã de Tafnes deu-lhe um filho, chamado Genubate, que fora criado por Tafnes no palácio real. Ali Genubate viveu com os próprios filhos do faraó.

²¹ Enquanto estava no Egito, Hadade soube que Davi tinha descansado com seus antepassados e que Joabe, o comandante do exército, também estava morto. Então Hadade disse ao faraó: "Deixa-me voltar para a minha terra".

²² "O que falta aqui para que você queira voltar para a sua terra?", perguntou o faraó.

"Nada me falta", respondeu Hadade, "mas deixa-me ir!"

²³ E Deus fez um outro adversário levantar-se contra Salomão: Rezom, filho de Eliada, que tinha fugido do seu senhor, Hadadezer, rei de Zobá. ²⁴ Quando Davi destruiu o exército de Zobá, Rezom reuniu alguns homens e tornou-se líder de um bando de rebeldes. Eles foram para Damasco, onde se instalaram e assumiram o controle. ²⁵ Rezom foi adversário de Israel enquanto Salomão viveu e trouxe-lhe muitos problemas, além dos causados por Hadade. Assim Rezom governou a Síria e foi hostil a Israel.

A Rebelião de Jeroboão contra Salomão

²⁶ Também Jeroboão, filho de Nebate, rebelou-se contra o rei. Ele era um dos oficiais de Salomão, um efraimita de Zeredá, e a sua mãe era uma viúva chamada Zerua.

²⁷ Foi assim que ele se revoltou contra o rei: Salomão tinha construído o Milo*ᵃ* e havia tapado a abertura no muro da Cidade de Davi, seu pai. ²⁸ Ora, Jeroboão era homem capaz, e, quando Salomão viu como ele fazia bem o seu trabalho, encarregou-o de todos os que faziam trabalho forçado, pertencentes às tribos de José.

²⁹ Naquela ocasião, Jeroboão saiu de Jerusalém, e Aías, o profeta de Siló, que estava usando uma capa nova, encontrou-se com ele no caminho.

Os dois estavam sozinhos no campo, ³⁰ e Aías segurou firmemente a capa que estava usando, rasgou-a em doze pedaços ³¹ e disse a Jeroboão: "Apanhe dez pedaços para você, pois assim diz o Senhor, o Deus de Israel: 'Saiba que vou tirar o reino das mãos de Salomão e dar a você dez tribos. ³² Mas, por amor ao meu servo Davi e à cidade de Jerusalém, a qual escolhi dentre todas as tribos de Israel, ele terá uma tribo. ³³ Farei isso porque eles me abandonaram*ᵇ* e adoraram Astarote, a deusa dos sidônios, Camos, deus dos moabitas, e Moloque, deus dos amonitas, e não andaram nos meus caminhos, nem fizeram o que eu aprovo, nem obedeceram aos meus decretos e às minhas ordenanças, como fez Davi, pai de Salomão.

³⁴ " 'Mas não tirarei o reino todo das mãos de Salomão; eu o fiz governante todos os dias de sua vida por amor ao meu servo Davi, a quem escolhi e que obedeceu aos meus mandamentos e aos meus decretos. ³⁵ Tirarei o reino das mãos do seu filho e darei dez tribos a você. ³⁶ Darei uma tribo ao seu filho a fim de que o meu servo Davi sempre tenha diante de mim um descendente no trono*ᶜ* em Jerusalém, a cidade onde eu quis pôr o meu nome. ³⁷ Quanto a você, eu o farei reinar sobre tudo o que o seu coração desejar; você será rei de Israel. ³⁸ Se você fizer tudo o que eu ordenar e andar nos meus caminhos e fizer o que eu aprovo, obedecendo aos meus decretos e aos meus mandamentos, como fez o meu servo Davi, estarei com você. Edificarei para você uma dinastia tão permanente quanto a que edifiquei para Davi e darei Israel a você. ³⁹ Humilharei os descendentes de Davi por causa disso, mas não para sempre' ".

⁴⁰ Salomão tentou matar Jeroboão, mas ele fugiu para o Egito, para o rei Sisaque, e lá permaneceu até a morte de Salomão.

A Morte de Salomão

⁴¹ Os demais acontecimentos do reinado de Salomão, tudo o que fez e a sabedoria que teve, estão todos escritos nos registros históricos de Salomão. ⁴² Salomão reinou quarenta anos em Jerusalém sobre todo o Israel. ⁴³ Então descansou com os seus antepassados e foi sepultado na Cidade de Davi, seu pai. E o seu filho Roboão foi o seu sucessor.

ᵃ 11.27 Ou *aterro*
ᵇ 11.33 A Septuaginta, a Vulgata e a Versão Siríaca dizem *porque ele me abandonou*.
ᶜ 11.36 Hebraico: *haja uma lâmpada para Davi*.

A Revolta de Israel contra Roboão

12 Roboão foi a Siquém, onde todos os israelitas tinham se reunido para proclamá-lo rei. ² Assim que Jeroboão, filho de Nebate, que estava no Egito para onde tinha fugido do rei Salomão, soube disso, voltou de lá. ³ Depois disso mandaram chamá-lo. Então ele e toda a assembleia de Israel foram ao encontro de Roboão e disseram: ⁴ "Teu pai colocou sobre nós um jugo pesado, mas agora diminui o trabalho árduo e este jugo pesado, e nós te serviremos".

⁵ Roboão respondeu: "Voltem a mim daqui a três dias". Então o povo foi embora.

⁶ O rei Roboão perguntou às autoridades que haviam servido ao seu pai, Salomão, durante a vida dele: "Como vocês me aconselham a responder a este povo?"

⁷ Eles responderam: "Se hoje fores um servo deste povo e servi-lo, dando-lhe uma resposta favorável, eles sempre serão teus servos".

⁸ Roboão, contudo, rejeitou o conselho que as autoridades de Israel lhe tinham dado e consultou os jovens que haviam crescido com ele e o estavam servindo. ⁹ Perguntou-lhes: "Que conselho vocês me dão? Como devemos responder a este povo, que me diz: 'Diminui o jugo que teu pai colocou sobre nós'?"

¹⁰ Os jovens que haviam crescido com ele responderam: "A este povo que te disse: 'Teu pai colocou sobre nós um jugo pesado; torna-o mais leve', dize: Meu dedo mínimo é mais grosso do que a cintura do meu pai. ¹¹ Pois bem, meu pai lhes impôs um jugo pesado; eu o tornarei ainda mais pesado. Meu pai os castigou com simples chicotes; eu os castigarei com chicotes pontiagudos"[a].

¹² Três dias depois, Jeroboão e todo o povo voltaram a Roboão, segundo a orientação dada pelo rei: "Voltem a mim daqui a três dias". ¹³ E o rei lhes respondeu asperamente. Rejeitando o conselho das autoridades de Israel, ¹⁴ seguiu o conselho dos jovens e disse: "Meu pai tornou pesado o seu jugo; eu o tornarei ainda mais pesado. Meu pai os castigou com simples chicotes; eu os castigarei com chicotes pontiagudos". ¹⁵ E o rei não ouviu o povo, pois esta mudança nos acontecimentos vinha da parte do Senhor, para que se cumprisse a palavra que o Senhor havia falado a Jeroboão, filho de Nebate, por meio do silonita Aías.

¹⁶ Quando todo o Israel viu que o rei se recusava a ouvi-los, respondeu ao rei:

"Que temos em comum com Davi?
Que temos em comum
   com o filho de Jessé?
Para as suas tendas, ó Israel!
Cuide da sua própria casa, ó Davi!"

E assim os israelitas foram para as suas casas. ¹⁷ Quanto, porém, aos israelitas que moravam nas cidades de Judá, Roboão continuou como rei deles.

¹⁸ O rei Roboão enviou Adonirão[b], chefe do trabalho forçado, mas todo o Israel o apedrejou até a morte. O rei, contudo, conseguiu subir em sua carruagem e fugir para Jerusalém. ¹⁹ Dessa forma Israel se rebelou contra a dinastia de Davi, e assim permanece até hoje.

²⁰ Quando todos os israelitas souberam que Jeroboão tinha voltado, mandaram chamá-lo para a reunião da comunidade e o fizeram rei sobre todo o Israel. Somente a tribo de Judá permaneceu leal à dinastia de Davi.

²¹ Quando Roboão, filho de Salomão, chegou a Jerusalém, convocou cento e oitenta mil homens de combate, das tribos de Judá e de Benjamim, para guerrearem contra Israel e recuperarem o reino.

²² Entretanto, veio esta palavra de Deus a Semaías, homem de Deus: ²³ "Diga a Roboão, filho de Salomão, rei de Judá, às tribos de Judá e Benjamim, e ao restante do povo: ²⁴ Assim diz o Senhor: Não saiam à guerra contra os seus irmãos israelitas. Voltem para casa, todos vocês, pois fui eu que fiz isso". E eles obedeceram à palavra do Senhor e voltaram para as suas casas, conforme o Senhor tinha ordenado.

Bezerros de Ouro em Betel e em Dã

²⁵ Jeroboão fortificou Siquém, nos montes de Efraim, onde passou a morar. Depois saiu e fortificou Peniel.

²⁶ Jeroboão pensou: "O reino agora provavelmente voltará para a dinastia de Davi. ²⁷ Se este povo subir a Jerusalém para oferecer sacrifícios no templo do Senhor, novamente dedicarão sua lealdade ao senhor deles, Roboão, rei de Judá. Eles vão me matar e vão voltar para o rei Roboão".

---

[a] 12.11 Ou *com escorpiões*; também no versículo 14.

[b] 12.18 Conforme alguns manuscritos da Septuaginta e a Versão Siríaca. O Texto Massorético diz *Adorão*. Veja 1Rs 4.6 e 5.14.

²⁸ Depois de aconselhar-se, o rei fez dois bezerros de ouro e disse ao povo: "Vocês já subiram muito a Jerusalém. Aqui estão os seus deuses, ó Israel, que tiraram vocês do Egito". ²⁹ Mandou pôr um bezerro em Betel e outro em Dã. ³⁰ E isso veio a ser um pecado, pois o povo ia até Dã para adorar aquele bezerro.

³¹ Jeroboão construiu altares idólatras e designou sacerdotes dentre o povo, apesar de não serem levitas. ³² Instituiu uma festa no décimo quinto dia do oitavo mês, semelhante à festa realizada em Judá, e ofereceu sacrifícios no altar. Ele fez isso em Betel, onde sacrificou aos bezerros que havia feito. Também estabeleceu lá sacerdotes nos seus altares idólatras. ³³ No décimo quinto dia do oitavo mês, data que ele mesmo escolheu, ofereceu sacrifícios no altar que havia construído em Betel. Assim ele instituiu a festa para os israelitas e foi ao altar para queimar incenso.

O Homem de Deus que Veio de Judá

13 Por ordem do SENHOR um homem de Deus foi de Judá a Betel, quando Jeroboão estava em pé junto ao altar para queimar incenso. ² Ele clamou contra o altar, segundo a ordem do SENHOR: "Ó altar, ó altar! Assim diz o SENHOR: 'Um filho nascerá na família de Davi e se chamará Josias. Sobre você ele sacrificará os sacerdotes dos altares idólatras que agora queimam incenso aqui, e ossos humanos serão queimados sobre você' ". ³ Naquele mesmo dia o homem de Deus deu um sinal: "Este é o sinal que o SENHOR declarou: O altar se fenderá, e as cinzas que estão sobre ele se derramarão".

⁴ Quando o rei Jeroboão ouviu o que o homem de Deus proclamava contra o altar de Betel, apontou para ele e ordenou: "Prendam-no!" Mas o braço que ele tinha estendido ficou paralisado, e não voltava ao normal. ⁵ Além disso, o altar se fendeu, e as suas cinzas se derramaram, conforme o sinal dado pelo homem de Deus por ordem do SENHOR.

⁶ Então o rei disse ao homem de Deus: "Interceda ao SENHOR, o seu Deus, e ore por mim para que meu braço se recupere". O homem de Deus intercedeu ao SENHOR, e o braço do rei recuperou-se e voltou ao normal.

⁷ O rei disse ao homem de Deus: "Venha à minha casa e coma algo, e eu o recompensarei".

⁸ Mas o homem de Deus respondeu ao rei: "Mesmo que me desse a metade dos seus bens, eu não iria com você nem comeria ou beberia nada neste lugar. ⁹ Pois recebi estas ordens pela palavra do SENHOR: 'Não coma pão nem beba água, nem volte pelo mesmo caminho por onde foi' ". ¹⁰ Por isso, quando ele voltou, não foi pelo caminho por onde tinha vindo a Betel.

¹¹ Ora, havia um certo profeta, já idoso, que morava em Betel. Seus filhos lhe contaram tudo o que o homem de Deus havia feito naquele dia e também o que ele dissera ao rei. ¹² O pai lhes perguntou: "Por qual caminho ele foi?" E os seus filhos lhe mostraram por onde tinha ido o homem de Deus que viera de Judá. ¹³ Então disse aos filhos: "Selem o jumento para mim". E, depois de selarem o jumento, ele montou ¹⁴ e cavalgou à procura do homem de Deus, até que o encontrou sentado embaixo da Grande Árvore. E lhe perguntou: "Você é o homem de Deus que veio de Judá?"

"Sou", respondeu.

¹⁵ Então o profeta lhe disse: "Venha à minha casa comer alguma coisa".

¹⁶ O homem de Deus disse: "Não posso ir com você nem posso comer pão ou beber água neste lugar. ¹⁷ A palavra do SENHOR deu-me esta ordem: 'Não coma pão nem beba água lá, nem volte pelo mesmo caminho por onde você foi' ".

¹⁸ O profeta idoso respondeu: "Eu também sou profeta como você. E um anjo me disse por ordem do SENHOR: 'Faça-o voltar com você para a sua casa para que coma pão e beba água' ". Mas ele estava mentindo. ¹⁹ E o homem de Deus voltou com ele e foi comer e beber em sua casa.

²⁰ Enquanto ainda estavam sentados à mesa, a palavra do SENHOR veio ao profeta idoso que o havia feito voltar ²¹ e ele bradou ao homem de Deus que tinha vindo de Judá: "Assim diz o SENHOR: 'Você desafiou a palavra do SENHOR e não obedeceu à ordem que o SENHOR, o seu Deus, deu a você. ²² Você voltou e comeu pão e bebeu água no lugar onde ele falou que não comesse nem bebesse. Por isso o seu corpo não será sepultado no túmulo dos seus antepassados' ".

²³ Quando o homem de Deus acabou de comer e beber, o profeta idoso selou seu jumento para ele. ²⁴ No caminho, um leão o atacou e o matou, e o seu corpo ficou estendido no chão, ao lado do leão e do jumento. ²⁵ Algumas pessoas que passaram viram o cadáver estendido ali, com o leão ao lado, e foram dar a notícia na cidade onde o profeta idoso vivia. ²⁶ Quando este soube disso, exclamou: "É o homem de Deus que desafiou

a palavra do Senhor! O Senhor o entregou ao leão, que o feriu e o matou, conforme a palavra do Senhor o tinha advertido".

²⁷ O profeta disse aos seus filhos: "Selem o jumento para mim", e eles o fizeram. ²⁸ Ele foi e encontrou o cadáver caído no caminho, com o jumento e o leão ao seu lado. O leão não tinha comido o corpo nem ferido o jumento. ²⁹ O profeta apanhou o corpo do homem de Deus, colocou-o sobre o jumento e o levou de volta para Betel[a], a fim de chorar por ele e sepultá-lo. ³⁰ Ele o pôs no seu próprio túmulo, e se lamentaram por ele, cada um exclamando: "Ah, meu irmão!"

³¹ Depois de sepultá-lo, disse aos seus filhos: "Quando eu morrer, enterrem-me no túmulo onde está sepultado o homem de Deus; ponham os meus ossos ao lado dos ossos dele. ³² Pois a mensagem que declarou por ordem do Senhor contra o altar de Betel e contra todos os altares idólatras das cidades de Samaria certamente se cumprirá".

³³ Mesmo depois disso Jeroboão não mudou o seu mau procedimento, mas continuou a nomear dentre o povo sacerdotes para os altares idólatras. Ele consagrava para esses altares todo aquele que quisesse tornar-se sacerdote. ³⁴ Esse foi o pecado da família de Jeroboão, que levou à sua queda e à sua eliminação da face da terra.

A Profecia de Aías contra Jeroboão

14 Naquela época, Abias, filho de Jeroboão, ficou doente, ² e este disse à sua mulher: "Use um disfarce, para não ser reconhecida como a mulher de Jeroboão, e vá a Siló, onde vive o profeta Aías, aquele que me disse que eu seria rei sobre este povo. ³ Leve para ele dez pães, alguns bolos e uma garrafa de mel. Ele dirá a você o que vai acontecer com o menino". ⁴ A mulher de Jeroboão atendeu a seu pedido e foi à casa de Aías, em Siló.

Ora, Aías já não conseguia enxergar; tinha ficado cego por causa da idade. ⁵ Mas o Senhor lhe tinha dito: "A mulher de Jeroboão está vindo para perguntar a você acerca do filho dela, pois ele está doente, e você deve responder-lhe assim e assim. Quando ela chegar, vai fingir que é outra pessoa".

⁶ Quando Aías ouviu o som dos passos junto da porta, disse: "Entre, mulher de Jeroboão. Por que esse fingimento? Fui encarregado de dar más notícias a você. ⁷ Vá dizer a Jeroboão que é isto o que o Senhor, o Deus de Israel, diz: 'Tirei-o dentre o povo e o tornei líder sobre Israel, o meu povo. ⁸ Tirei o reino da família de Davi e o dei a você, mas você não tem sido como o meu servo Davi, que obedecia aos meus mandamentos e me seguia de todo o coração, fazendo apenas o que eu aprovo. ⁹ Você tem feito mais mal do que todos os que viveram antes de você, pois fez para você outros deuses, ídolos de metal; você provocou a minha ira e voltou as costas para mim.

¹⁰ " 'Por isso, trarei desgraça à família de Jeroboão. Matarei de Jeroboão até o último indivíduo do sexo masculino[b] em Israel, seja escravo seja livre. Queimarei a família de Jeroboão até o fim como quem queima esterco. ¹¹ Dos que pertencem a Jeroboão, os cães comerão os que morrerem na cidade, e as aves do céu se alimentarão dos que morrerem no campo. O Senhor falou!'

¹² "Quanto a você, volte para casa. Quando você puser os pés na cidade, o menino morrerá. ¹³ Todo o Israel chorará por ele e o sepultará. Ele é o único da família de Jeroboão que será sepultado, pois é o único da família de Jeroboão em quem o Senhor, o Deus de Israel, encontrou alguma coisa boa.

¹⁴ "O Senhor levantará para si um rei sobre Israel que eliminará a família de Jeroboão. O dia virá! Quando? Agora mesmo. ¹⁵ E o Senhor ferirá Israel, de maneira que ficará como junco balançando na água. Ele desarraigará Israel desta boa terra que deu aos seus antepassados e os espalhará para além do Eufrates[c], pois provocaram a ira do Senhor com os postes sagrados que fizeram. ¹⁶ E ele abandonará Israel por causa dos pecados que Jeroboão cometeu e tem feito Israel cometer".

¹⁷ Então a mulher de Jeroboão levantou-se e voltou para Tirza. Assim que entrou em casa, o menino morreu. ¹⁸ Eles o sepultaram, e todo o Israel chorou por ele, conforme o Senhor predissera por meio do seu servo, o profeta Aías.

¹⁹ Os demais acontecimentos do reinado de Jeroboão, suas guerras e como governou, estão escritos nos registros históricos dos reis de Israel. ²⁰ Ele reinou durante vinte e dois anos, e então descansou com os seus antepassados. E o seu filho Nadabe foi o seu sucessor.

---

[a] **13.29** Hebraico: *para a cidade.*
[b] **14.10** Hebraico: *dos que urinam na parede.*
[c] **14.15** Hebraico: do Rio.

O Reinado de Roboão, Rei de Judá

²¹ Roboão, filho de Salomão, foi rei de Judá. Tinha quarenta e um anos de idade quando começou a reinar e reinou dezessete anos em Jerusalém, cidade que o SENHOR havia escolhido dentre todas as tribos de Israel para nela pôr o seu nome. Sua mãe, uma amonita, chamava-se Naamá.

²² Judá fez o que o SENHOR reprova. Pelos pecados que cometeram, eles despertaram a sua ira zelosa mais do que os seus antepassados o tinham feito. ²³ Também construíram para si altares idólatras, colunas sagradas e postes sagrados sobre todos os montes e debaixo de todas as árvores frondosas. ²⁴ Havia no país até prostitutos cultuais; o povo se envolvia em todas as práticas detestáveis das nações que o SENHOR havia expulsado de diante dos israelitas.

²⁵ No quinto ano do reinado de Roboão, Sisaque, rei do Egito, atacou Jerusalém. ²⁶ Levou embora todos os tesouros do templo do SENHOR e do palácio real, inclusive os escudos de ouro que Salomão havia feito. ²⁷ Por isso o rei Roboão mandou fazer escudos de bronze para substituí-los e os entregou aos chefes da guarda da entrada do palácio real. ²⁸ Sempre que o rei ia ao templo do SENHOR, os guardas empunhavam os escudos e, em seguida, os devolviam à sala da guarda.

²⁹ Os demais acontecimentos do reinado de Roboão, e tudo o que fez, estão escritos nos registros históricos dos reis de Judá. ³⁰ Houve guerra constante entre Roboão e Jeroboão. ³¹ Roboão descansou com os seus antepassados e foi sepultado com eles na Cidade de Davi. Sua mãe, uma amonita, chamava-se Naamá. E o seu filho Abias foi o seu sucessor.

O Reinado de Abias, Rei de Judá

15 No décimo oitavo ano do reinado de Jeroboão, filho de Nebate, Abias tornou-se rei de Judá ² e reinou três anos em Jerusalém. O nome de sua mãe era Maaca, filha de Absalão.

³ Ele cometeu todos os pecados que o seu pai tinha cometido; seu coração não era inteiramente consagrado ao SENHOR, o seu Deus, quanto fora o coração de Davi, seu predecessor. ⁴ No entanto, por amor de Davi, o SENHOR, o seu Deus, concedeu-lhe uma lâmpada em Jerusalém, dando-lhe um filho como sucessor e fortalecendo Jerusalém. ⁵ Pois Davi fizera o que o SENHOR aprova e não deixara de obedecer a nenhum dos mandamentos do SENHOR durante todos os dias da sua vida, exceto no caso de Urias, o hitita.

⁶ E houve guerra entre Roboão e Jeroboão durante toda a vida de Abias[a]. ⁷ Os demais acontecimentos do reinado de Abias e todas as suas realizações estão escritos nos registros históricos dos reis de Judá. Também houve guerra entre Abias e Jeroboão. ⁸ E Abias descansou com os seus antepassados e foi sepultado na Cidade de Davi. E o seu filho Asa foi o seu sucessor.

O Reinado de Asa, Rei de Judá

⁹ No vigésimo ano do reinado de Jeroboão, rei de Israel, Asa tornou-se rei de Judá ¹⁰ e reinou quarenta e um anos em Jerusalém. O nome da sua avó era Maaca, filha de Absalão.

¹¹ Asa fez o que o SENHOR aprova, tal como Davi, seu predecessor. ¹² Expulsou do país os prostitutos cultuais e se desfez de todos os ídolos que seu pai havia feito. ¹³ Chegou até a depor sua avó Maaca da posição de rainha-mãe, pois ela havia feito um poste sagrado repugnante. Asa derrubou o poste e o queimou no vale do Cedrom. ¹⁴ Embora os altares idólatras não tenham sido eliminados, o coração de Asa foi totalmente dedicado ao SENHOR durante toda a sua vida. ¹⁵ Ele trouxe para o templo do SENHOR a prata, o ouro e os utensílios que ele e seu pai haviam consagrado.

¹⁶ Houve guerra entre Asa e Baasa, rei de Israel, durante todo o reinado deles. ¹⁷ Baasa, rei de Israel, invadiu Judá e fortificou Ramá, para que ninguém pudesse entrar nem sair do território de Asa, rei de Judá.

¹⁸ Então Asa ajuntou a prata e o ouro que haviam sobrado no tesouro do templo do SENHOR e do seu próprio palácio. Confiou tudo isso a alguns dos seus oficiais e os enviou a Ben-Hadade, filho de Tabriom e neto de Heziom, rei da Síria, que governava em Damasco, ¹⁹ com uma mensagem que dizia: "Façamos um tratado, como fizeram meu pai e o teu. Estou te enviando como presente prata e ouro. Agora, rompe o tratado que tens com Baasa, rei de Israel, para que ele saia do meu país".

²⁰ Ben-Hadade aceitou a proposta do rei Asa e ordenou aos comandantes das suas forças que atacassem as cidades de Israel. Ele conquistou Ijom, Dã, Abel-Bete-Maaca e

---

[a] 15.6 Alguns manuscritos dizem *Abião*, variante de *Abias*.

todo o Quinerete, além de Naftali. ²¹ Quando Baasa soube disso, abandonou a construção dos muros de Ramá e foi para Tirza. ²² Então o rei Asa reuniu todos os homens de Judá — ninguém foi isentado — e eles retiraram de Ramá as pedras e a madeira que Baasa estivera usando. Com esse material Asa fortificou Geba, em Benjamim, e também Mispá.

²³ Os demais acontecimentos do reinado de Asa, todas as suas realizações, todos os seus atos e todas as cidades que construiu, tudo isso está escrito nos registros históricos dos reis de Judá. Na velhice Asa sofreu uma doença nos pés ²⁴ e, quando descansou com os seus antepassados, foi sepultado com eles na Cidade de Davi, seu predecessor. E seu filho Josafá foi o seu sucessor.

O Reinado de Nadabe, Rei de Israel

²⁵ Nadabe, filho de Jeroboão, tornou-se rei de Israel no segundo ano do reinado de Asa, rei de Judá, e reinou dois anos sobre Israel. ²⁶ Fez o que o SENHOR reprova, andando nos caminhos do seu pai e no pecado que ele tinha levado Israel a cometer.

²⁷ Baasa, filho de Aías, da tribo de Issacar, conspirou contra ele, e o matou na cidade filisteia de Gibetom, enquanto Nadabe e todo o exército de Israel a sitiavam. ²⁸ Baasa matou Nadabe no terceiro ano do reinado de Asa, rei de Judá, e foi o seu sucessor.

²⁹ Assim que começou a reinar, matou toda a família de Jeroboão. Dos pertencentes a Jeroboão não deixou ninguém vivo; destruiu todos, de acordo com a palavra do SENHOR anunciada por seu servo, o silonita Aías. ³⁰ Isso aconteceu por causa dos pecados que Jeroboão havia cometido e havia feito Israel cometer, e porque ele tinha provocado a ira do SENHOR, o Deus de Israel.

³¹ Os demais acontecimentos do reinado de Nadabe e tudo o que fez estão escritos nos registros históricos dos reis de Israel. ³² Houve guerra entre Asa e Baasa, rei de Israel, durante todo o reinado deles.

O Reinado de Baasa, Rei de Israel

³³ No terceiro ano do reinado de Asa, rei de Judá, Baasa, filho de Aías, tornou-se rei de todo o Israel, em Tirza, e reinou vinte e quatro anos. ³⁴ Fez o que o SENHOR reprova, andando nos caminhos de Jeroboão e nos pecados que ele tinha levado Israel a cometer.

16 Então a palavra do SENHOR contra Baasa veio a Jeú, filho de Hanani: ² "Eu o levantei do pó e o tornei líder de Israel, o meu povo, mas você andou nos caminhos de Jeroboão e fez o meu povo pecar e provocar a minha ira por causa dos pecados deles. ³ Por isso estou na iminência de destruir Baasa e a sua família, fazendo a ela o que fiz à de Jeroboão, filho de Nebate. ⁴ Cães comerão os da família de Baasa que morrerem na cidade, e as aves do céu se alimentarão dos que morrerem no campo".

⁵ Os demais acontecimentos do reinado de Baasa, seus atos e suas realizações estão escritos nos registros históricos dos reis de Israel. ⁶ Baasa descansou com os seus antepassados e foi sepultado em Tirza. E seu filho Elá foi o seu sucessor.

⁷ A palavra do SENHOR veio por meio do profeta Jeú, filho de Hanani, a Baasa e sua família, por terem feito o que o SENHOR reprova, provocando a sua ira, tornando-se como a família de Jeroboão — e também porque Baasa destruiu a família de Jeroboão.

O Reinado de Elá, Rei de Israel

⁸ No vigésimo sexto ano do reinado de Asa, rei de Judá, Elá, filho de Baasa, tornou-se rei de Israel e reinou dois anos em Tirza.

⁹ Zinri, um dos seus oficiais, que comandava metade dos seus carros de guerra, conspirou contra ele. Elá estava em Tirza naquela ocasião, embriagando-se na casa de Arsa, o encarregado do palácio de Tirza. ¹⁰ Zinri entrou, feriu-o e matou-o, no vigésimo sétimo ano do reinado de Asa, rei de Judá. E foi o seu sucessor.

¹¹ Assim que começou a reinar, logo que se assentou no trono, eliminou toda a família de Baasa. Não poupou uma só pessoa do sexo masculino[a], fosse parente fosse amigo. ¹² Assim Zinri destruiu toda a família de Baasa, de acordo com a palavra do SENHOR que o profeta Jeú dissera contra Baasa, ¹³ por causa de todos os pecados que este e seu filho Elá haviam cometido e levado Israel a cometer, pois, com os seus ídolos inúteis, provocaram a ira do SENHOR, o Deus de Israel.

¹⁴ Os demais acontecimentos do reinado de Elá e tudo o que fez estão escritos nos registros históricos dos reis de Israel.

---

[a] **16.11** Hebraico: *dos que urinam na parede.*

O Reinado de Zinri, Rei de Israel

¹⁵ No vigésimo sétimo ano do reinado de Asa, rei de Judá, Zinri reinou sete dias em Tirza. O exército estava acampado perto da cidade filisteia de Gibetom. ¹⁶ Quando os acampados souberam que Zinri havia conspirado contra o rei e o tinha assassinado, no mesmo dia, ali no acampamento, proclamaram Onri, o comandante do exército, rei sobre Israel. ¹⁷ Então Onri e todo o seu exército saíram de Gibetom e sitiaram Tirza. ¹⁸ Quando Zinri viu que a cidade tinha sido tomada, entrou na cidadela do palácio real e incendiou o palácio em torno de si, e morreu. ¹⁹ Tudo por causa dos pecados que ele havia cometido, fazendo o que o Senhor reprova e andando nos caminhos de Jeroboão e no pecado que ele tinha cometido e levado Israel a cometer.

²⁰ Os demais acontecimentos do reinado de Zinri e a rebelião que liderou estão escritos nos registros históricos dos reis de Israel.

O Reinado de Onri, Rei de Israel

²¹ Então o povo de Israel dividiu-se em duas facções: metade apoiava Tibni, filho de Ginate, para fazê-lo rei, e a outra metade apoiava Onri. ²² Mas os seguidores de Onri revelaram-se mais fortes do que os de Tibni, filho de Ginate. E aconteceu que Tibni morreu e Onri tornou-se rei.

²³ No trigésimo primeiro ano do reinado de Asa, rei de Judá, Onri tornou-se rei de Israel e reinou doze anos, seis deles em Tirza. ²⁴ Por setenta quilos[a] de prata ele comprou de Sêmer a colina de Samaria, onde construiu uma cidade, a qual chamou Samaria, por causa de Sêmer, o nome do antigo proprietário da colina.

²⁵ Onri, porém, fez o que o Senhor reprova e pecou mais do que todos os que reinaram antes dele. ²⁶ Andou nos caminhos de Jeroboão, filho de Nebate, e no pecado que ele tinha levado Israel a cometer, e assim, com os seus ídolos inúteis, provocou a ira do Senhor, o Deus de Israel.

²⁷ Os demais acontecimentos do reinado de Onri, seus atos e suas realizações, tudo está escrito nos registros históricos dos reis de Israel. ²⁸ Onri descansou com os seus antepassados e foi sepultado em Samaria. E seu filho Acabe foi o seu sucessor.

O Reinado de Acabe, Rei de Israel

²⁹ No trigésimo oitavo ano do reinado de Asa, rei de Judá, Acabe, filho de Onri, tornou-se rei de Israel e reinou vinte e dois anos sobre Israel, em Samaria. ³⁰ Acabe, filho de Onri, fez o que o Senhor reprova, mais do que qualquer outro antes dele. ³¹ Ele não apenas achou que não tinha importância cometer os pecados de Jeroboão, filho de Nebate, mas também se casou com Jezabel, filha de Etbaal, rei dos sidônios, e passou a prestar culto a Baal e a adorá-lo. ³² No templo de Baal, que ele mesmo tinha construído em Samaria, Acabe ergueu um altar para Baal. ³³ Fez também um poste sagrado. Ele provocou a ira do Senhor, o Deus de Israel, mais do que todos os reis de Israel antes dele.

³⁴ Durante o seu reinado, Hiel, de Betel, reconstruiu Jericó. Lançou os alicerces à custa da vida do seu filho mais velho, Abirão, e instalou as suas portas à custa da vida do seu filho mais novo, Segube, de acordo com a palavra que o Senhor tinha falado por meio de Josué, filho de Num.

Elias Alimentado por Corvos

17 Ora, Elias, de Tisbe[b], em Gileade, disse a Acabe: "Juro pelo nome do Senhor, o Deus de Israel, a quem sirvo, que não cairá orvalho nem chuva nos anos seguintes, exceto mediante a minha palavra".

² Depois disso a palavra do Senhor veio a Elias: ³ "Saia daqui, vá para o leste e esconda-se perto do riacho de Querite, a leste do Jordão. ⁴ Você beberá do riacho, e dei ordens aos corvos para o alimentarem lá".

⁵ E ele fez o que o Senhor lhe tinha dito. Foi para o riacho de Querite, a leste do Jordão, e ficou lá. ⁶ Os corvos lhe traziam pão e carne de manhã e de tarde, e ele bebia água do riacho.

A Viúva de Sarepta

⁷ Algum tempo depois, o riacho secou-se por falta de chuva. ⁸ Então a palavra do Senhor veio a Elias: ⁹ "Vá imediatamente para a cidade de Sarepta de Sidom e fique por lá. Ordenei a uma viúva daquele lugar que lhe forneça comida". ¹⁰ E ele foi. Quando chegou à porta da cidade, encontrou uma viúva que estava colhendo gravetos. Ele a chamou e perguntou: "Pode me trazer um pouco d'água numa jarra para eu beber?" ¹¹ Enquanto ela ia buscar água,

---

[a] **16.24** Hebraico: *2 talentos*. Um talento equivalia a 35 quilos. [b] **17.1** Ou *o tesbita Elias, dos colonizadores*

ele gritou: "Por favor, traga também um pedaço de pão".

¹² Mas ela respondeu: "Juro pelo nome do Senhor, o teu Deus, que não tenho nenhum pedaço de pão; só um punhado de farinha num jarro e um pouco de azeite numa botija. Estou colhendo uns dois gravetos para levar para casa e preparar uma refeição para mim e para o meu filho, para que a comamos e depois morramos."

¹³ Elias, porém, lhe disse: "Não tenha medo. Vá para casa e faça o que eu disse. Mas primeiro faça um pequeno bolo com o que você tem e traga para mim, e depois faça algo para você e para o seu filho. ¹⁴ Pois assim diz o Senhor, o Deus de Israel: 'A farinha na vasilha não se acabará e o azeite na botija não se secará até o dia em que o Senhor fizer chover sobre a terra'".

¹⁵ Ela foi e fez conforme Elias lhe dissera. E aconteceu que a comida durou muito tempo, para Elias e para a mulher e sua família. ¹⁶ Pois a farinha na vasilha não se acabou e o azeite na botija não se secou, conforme a palavra do Senhor proferida por Elias.

¹⁷ Algum tempo depois o filho da mulher, dona da casa, ficou doente, foi piorando e finalmente parou de respirar. ¹⁸ E a mulher reclamou a Elias: "Que foi que eu te fiz, ó homem de Deus? Vieste para lembrar-me do meu pecado e matar o meu filho?"

¹⁹ "Dê-me o seu filho", respondeu Elias. Ele o apanhou dos braços dela, levou-o para o quarto de cima, onde estava hospedado, e o pôs na cama. ²⁰ Então clamou ao Senhor: "Ó Senhor, meu Deus, trouxeste também desgraça sobre esta viúva, com quem estou hospedado, fazendo morrer o seu filho?" ²¹ Então ele se deitou sobre o menino três vezes e clamou ao Senhor: "Ó Senhor, meu Deus, faze voltar a vida a este menino!"

²² O Senhor ouviu o clamor de Elias, e a vida voltou ao menino, e ele viveu. ²³ Então Elias levou o menino para baixo, entregou-o à mãe e disse: "Veja, seu filho está vivo!"

²⁴ Então a mulher disse a Elias: "Agora sei que tu és um homem de Deus e que a palavra do Senhor, vinda da tua boca, é a verdade".

Elias e Obadias

18 Depois de um longo tempo, no terceiro ano da seca, a palavra do Senhor veio a Elias: "Vá apresentar-se a Acabe, pois enviarei chuva sobre a terra". ² E Elias foi.

Como a fome era grande em Samaria, ³ Acabe convocou Obadias, o responsável por seu palácio, homem que temia muito o Senhor. ⁴ Jezabel estava exterminando os profetas do Senhor. Por isso Obadias reuniu cem profetas e os escondeu em duas cavernas, cinquenta em cada uma, e lhes forneceu comida e água. ⁵ Certa vez Acabe disse a Obadias: "Vamos a todas as fontes e vales do país. Talvez consigamos achar um pouco de capim para manter vivos os cavalos e as mulas e assim não será preciso matar nenhum animal". ⁶ Para isso dividiram o território que iam percorrer; Acabe foi numa direção e Obadias noutra.

⁷ Quando Obadias estava a caminho, Elias o encontrou. Obadias o reconheceu, inclinou-se até o chão e perguntou: "És tu mesmo, meu senhor Elias?"

⁸ "Sou", respondeu Elias. "Vá dizer ao seu senhor: 'Elias está aqui'."

⁹ "O que eu fiz de errado", perguntou Obadias, "para que entregues o teu servo a Acabe para ser morto? ¹⁰ Juro pelo nome do Senhor, o teu Deus, que não há uma só nação ou reino aonde o rei, meu senhor, não enviou alguém para procurar por ti. E, sempre que uma nação ou reino afirmava que tu não estavas lá, ele os fazia jurar que não conseguiram encontrar-te. ¹¹ Mas agora me dizes para ir dizer ao meu senhor: 'Elias está aqui'. ¹² Não sei para onde o Espírito do Senhor poderá levar-te quando eu te deixar. Se eu for dizer isso a Acabe e ele não te encontrar, ele me matará. E eu, que sou teu servo, tenho adorado o Senhor desde a minha juventude. ¹³ Por acaso não ouviste, meu senhor, o que eu fiz enquanto Jezabel estava matando os profetas do Senhor? Escondi cem dos profetas do Senhor em duas cavernas, cinquenta em cada uma, e os abasteci de comida e água. ¹⁴ E agora me dizes que vá dizer ao meu senhor: 'Elias está aqui'. Ele vai me matar!"

¹⁵ E disse Elias: "Juro pelo nome do Senhor dos Exércitos, a quem eu sirvo, que hoje eu me apresentarei a Acabe".

Elias no Monte Carmelo

¹⁶ Então Obadias dirigiu-se a Acabe, passou-lhe a informação, e Acabe foi ao encontro de Elias. ¹⁷ Quando viu Elias, disse-lhe: "É você mesmo, perturbador de Israel?"

¹⁸ "Não tenho perturbado Israel", Elias respondeu. "Mas você e a família do seu pai têm. Vocês abandonaram os mandamentos

do Senhor e seguiram os baalins. ¹⁹ Agora convoque todo o povo de Israel para encontrar-se comigo no monte Carmelo. E traga os quatrocentos e cinquenta profetas de Baal e os quatrocentos profetas de Aserá, que comem à mesa de Jezabel."

²⁰ Acabe convocou então todo o Israel e reuniu os profetas no monte Carmelo. ²¹ Elias dirigiu-se ao povo e disse: "Até quando vocês vão oscilar para um lado e para o outro? Se o Senhor é Deus, sigam-no; mas, se Baal é Deus, sigam-no".

O povo, porém, nada respondeu.

²² Disse então Elias: "Eu sou o único que restou dos profetas do Senhor, mas Baal tem quatrocentos e cinquenta profetas. ²³ Tragam dois novilhos. Escolham eles um, cortem-no em pedaços e o ponham sobre a lenha, mas não acendam fogo. Eu prepararei o outro novilho e o colocarei sobre a lenha, e também não acenderei fogo nela. ²⁴ Então vocês invocarão o nome do seu deus, e eu invocarei o nome do Senhor. O deus que responder por meio do fogo, esse é Deus".

Então todo o povo disse: "O que você disse é bom".

²⁵ Elias disse aos profetas de Baal: "Escolham um dos novilhos e preparem-no primeiro, visto que vocês são tantos. Clamem pelo nome do seu deus, mas não acendam o fogo". ²⁶ Então pegaram o novilho que lhes foi dado e o prepararam.

E clamaram pelo nome de Baal desde a manhã até o meio-dia. "Ó Baal, responde-nos!", gritavam. E dançavam em volta do altar que haviam feito. Mas não houve nenhuma resposta; ninguém respondeu.

²⁷ Ao meio-dia Elias começou a zombar deles. "Gritem mais alto!", dizia, "já que ele é um deus. Quem sabe está meditando, ou ocupado, ou viajando. Talvez esteja dormindo e precise ser despertado." ²⁸ Então passaram a gritar ainda mais alto e a ferir-se com espadas e lanças, de acordo com o costume deles, até sangrarem. ²⁹ Passou o meio-dia, e eles continuaram profetizando em transe até a hora do sacrifício da tarde. Mas não houve resposta alguma; ninguém respondeu, ninguém deu atenção.

³⁰ Então Elias disse a todo o povo: "Aproximem-se de mim". O povo aproximou-se, e Elias reparou o altar do Senhor, que estava em ruínas. ³¹ Depois apanhou doze pedras, uma para cada tribo dos descendentes de Jacó, a quem a palavra do Senhor tinha sido dirigida, dizendo-lhe: "Seu nome será Israel". ³² Com as pedras construiu um altar em honra ao nome do Senhor e cavou ao redor do altar uma valeta na qual poderiam ser semeadas duas medidas[a] de sementes. ³³ Depois arrumou a lenha, cortou o novilho em pedaços e o pôs sobre a lenha. Então lhes disse: "Encham de água quatro jarras grandes e derramem-na sobre o holocausto[b] e sobre a lenha".

³⁴ "Façam-no novamente", disse, e eles o fizeram de novo.

"Façam-no pela terceira vez", ordenou, e eles o fizeram pela terceira vez. ³⁵ A água escorria do altar, chegando a encher a valeta.

³⁶ À hora do sacrifício, o profeta Elias colocou-se à frente do altar e orou: "Ó Senhor, Deus de Abraão, de Isaque e de Israel, que hoje fique conhecido que tu és Deus em Israel e que sou o teu servo e que fiz todas estas coisas por ordem tua. ³⁷ Responde-me, ó Senhor, responde-me, para que este povo saiba que tu, ó Senhor, és Deus e que fazes o coração deles voltar para ti".

³⁸ Então o fogo do Senhor caiu e queimou completamente o holocausto, a lenha, as pedras e o chão, e também secou totalmente a água na valeta.

³⁹ Quando o povo viu isso, todos caíram prostrados e gritaram: "O Senhor é Deus! O Senhor é Deus!"

⁴⁰ Então Elias ordenou-lhes: "Prendam os profetas de Baal. Não deixem nenhum escapar!" Eles os prenderam, e Elias os fez descer ao riacho de Quisom e lá os matou.

⁴¹ E Elias disse a Acabe: "Vá comer e beber, pois já ouço o barulho de chuva pesada". ⁴² Então Acabe foi comer e beber, mas Elias subiu até o alto do Carmelo, dobrou-se até o chão e pôs o rosto entre os joelhos.

⁴³ "Vá e olhe na direção do mar", disse ao seu servo. E ele foi e olhou.

"Não há nada lá", disse ele.

Sete vezes Elias mandou: "Volte para ver". ⁴⁴ Na sétima vez o servo disse: "Uma nuvem tão pequena quanto a mão de um homem está se levantando do mar".

Então Elias disse: "Vá dizer a Acabe: Prepare o seu carro e desça, antes que a chuva o impeça".

---

[a] 18.32 Hebraico: *2 seás*. O seá era uma medida de capacidade para secos. As estimativas variam entre 7 e 14 litros.
[b] 18.33 Isto é, sacrifício totalmente queimado.

⁴⁵ Enquanto isso, nuvens escuras apareceram no céu, começou a ventar e a chover forte, e Acabe partiu de carro para Jezreel. ⁴⁶ O poder do SENHOR veio sobre Elias, e ele, prendendo a capa com o cinto, correu à frente de Acabe por todo o caminho até Jezreel.

A Fuga de Elias para Horebe

19 Ora, Acabe contou a Jezabel tudo o que Elias tinha feito e como havia matado todos aqueles profetas à espada. ² Por isso Jezabel mandou um mensageiro a Elias para dizer-lhe: "Que os deuses me castiguem com todo o rigor, se amanhã nesta hora eu não fizer com a sua vida o que você fez com a deles".

³ Elias teve medo e fugiu para salvar a vida. Em Berseba de Judá ele deixou o seu servo ⁴ e entrou no deserto, caminhando um dia. Chegou a um pé de giesta, sentou-se debaixo dele e orou, pedindo a morte: "Já tive o bastante, SENHOR. Tira a minha vida; não sou melhor do que os meus antepassados". ⁵ Depois se deitou debaixo da árvore e dormiu.

De repente um anjo tocou nele e disse: "Levante-se e coma". ⁶ Elias olhou ao redor e ali, junto à sua cabeça, havia um pão assado sobre brasas quentes e um jarro de água. Ele comeu, bebeu e deitou-se de novo.

⁷ O anjo do SENHOR voltou, tocou nele e disse: "Levante-se e coma, pois a sua viagem será muito longa". ⁸ Então ele se levantou, comeu e bebeu. Fortalecido com aquela comida, viajou quarenta dias e quarenta noites, até chegar a Horebe, o monte de Deus. ⁹ Ali entrou numa caverna e passou a noite.

O SENHOR Aparece a Elias

E a palavra do SENHOR veio a ele: "O que você está fazendo aqui, Elias?"

¹⁰ Ele respondeu: "Tenho sido muito zeloso pelo SENHOR, o Deus dos Exércitos. Os israelitas rejeitaram a tua aliança, quebraram os teus altares, e mataram os teus profetas à espada. Sou o único que sobrou, e agora também estão procurando matar-me".

¹¹ O SENHOR lhe disse: "Saia e fique no monte, na presença do SENHOR, pois o SENHOR vai passar".

Então veio um vento fortíssimo que separou os montes e esmigalhou as rochas diante do SENHOR, mas o SENHOR não estava no vento. Depois do vento houve um terremoto, mas o SENHOR não estava no terremoto. ¹² Depois do terremoto houve um fogo, mas o SENHOR não estava nele. E depois do fogo houve o murmúrio de uma brisa suave. ¹³ Quando Elias ouviu, puxou a capa para cobrir o rosto, saiu e ficou à entrada da caverna.

E uma voz lhe perguntou: "O que você está fazendo aqui, Elias?"

¹⁴ Ele respondeu: "Tenho sido muito zeloso pelo SENHOR, o Deus dos Exércitos. Os israelitas rejeitaram a tua aliança, quebraram os teus altares e mataram os teus profetas à espada. Sou o único que sobrou, e agora também estão procurando matar-me".

¹⁵ O SENHOR lhe disse: "Volte pelo caminho por onde veio e vá para o deserto de Damasco. Chegando lá, unja Hazael como rei da Síria. ¹⁶ Unja também Jeú, filho de Ninsi, como rei de Israel, e unja Eliseu, filho de Safate, de Abel-Meolá, para suceder a você como profeta. ¹⁷ Jeú matará todo aquele que escapar da espada de Hazael, e Eliseu matará todo aquele que escapar da espada de Jeú. ¹⁸ No entanto, fiz sobrar sete mil em Israel, todos aqueles cujos joelhos não se inclinaram diante de Baal e todos aqueles cujas bocas não o beijaram".

19.12 Estamos acostumados a pensar que a grandeza de Deus se parece ao que definimos como "grandeza": vento, terremoto, fogo... Sem dúvida, Deus pode manifestar-se de todas essas formas, mas, quando se manifesta a um de seus filhos, prefere fazê-lo com o "murmúrio de uma brisa suave", principalmente quando se trata de um filho ferido, deprimido e desiludido, como era Elias. Pensamos que orar com todas as forças ou gritar bem alto de alguma maneira nos garante que Deus nos escuta. E há ocasiões em que o nosso próprio espírito, por alguma situação extrema, nos leva a agir assim. No entanto, devemos recordar sempre que Deus está nesse "murmúrio suave" quando fala à alma. Necessitamos limpar a mente dos paradigmas que nos venderam o sensacionalismo de uma indústria cinematográfica dirigida em grande parte por pessoas alheias às Escrituras e aprender a "praticar a presença" de Deus, ou seja, conversar com ele de forma simples e amorosa, como fazem os filhos com o Pai, sobre tudo que os cerca.

O Chamado de Eliseu

¹⁹ Então Elias saiu de lá e encontrou Eliseu, filho de Safate. Ele estava arando com doze parelhas de bois e conduzindo a décima segunda parelha. Elias o alcançou e lançou sua capa sobre ele. ²⁰ Eliseu deixou os bois e correu atrás de Elias. "Deixa-me dar um beijo de despedida em meu pai e minha mãe", disse, "e então irei contigo."

"Vá e volte", respondeu Elias; "lembre-se do que fiz a você."

²¹ E Eliseu voltou, apanhou a sua parelha de bois e os matou. Queimou o equipamento de arar para cozinhar a carne e a deu ao povo, e eles comeram. Depois partiu com Elias, tornando-se o seu auxiliar.

Ben-Hadade Ataca Samaria

20 O rei Ben-Hadade, da Síria, convocou todo o seu exército e, acompanhado de trinta e dois reis com seus cavalos e carros de guerra, cercou e atacou Samaria. ² Ele enviou mensageiros à cidade, a Acabe, o rei de Israel, que lhe disseram: "Isto é o que diz Ben-Hadade: ³ 'A sua prata e o seu ouro são meus, e o melhor de suas mulheres e filhos também' ".

⁴ O rei respondeu: "Que seja conforme tu dizes, ó rei, meu senhor. Eu e tudo o que tenho somos teus".

⁵ Os mensageiros voltaram ao rei e disseram: "Assim diz Ben-Hadade: 'Mandei tomar sua prata e seu ouro, suas mulheres e seus filhos. ⁶ Mas amanhã, a esta hora, enviarei meus oficiais para vasculharem o seu palácio e as casas dos seus oficiais. Eles me trarão tudo o que você considera de valor' ".

⁷ O rei de Israel convocou todas as autoridades de Israel e lhes disse: "Vejam como esse homem está querendo a nossa desgraça! Quando mandou tomar as minhas mulheres e os meus filhos, a minha prata e o meu ouro, eu não lhe neguei!"

⁸ As autoridades e todo o povo responderam: "Não lhe dês atenção nem concordes com as suas exigências".

⁹ E ele respondeu aos mensageiros de Ben-Hadade: "Digam ao rei, meu senhor: 'Teu servo fará tudo o que exigiste na primeira vez, mas não posso atender a esta exigência' ". E eles levaram a resposta a Ben-Hadade.

¹⁰ Então Ben-Hadade mandou esta outra mensagem a Acabe: "Que os deuses me castiguem com todo o rigor, caso fique em Samaria pó suficiente para dar um punhado a cada um dos meus homens".

¹¹ O rei de Israel respondeu: "Digam-lhe: 'Quem está vestindo a sua armadura não deve se gabar como aquele que a está tirando' ".

¹² Ben-Hadade recebeu essa mensagem quando ele e os reis estavam bebendo em suas tendas[a], e ordenou aos seus homens: "Preparem-se para atacar a cidade". E eles lhe obedeceram.

A Derrota de Ben-Hadade

¹³ Nessa ocasião, um profeta foi até Acabe, rei de Israel, e anunciou: "Assim diz o SENHOR: 'Vê este exército enorme? Hoje eu o entregarei nas suas mãos, e então você saberá que eu sou o SENHOR' ".

¹⁴ "Mas quem fará isso?", perguntou Acabe.

O profeta respondeu: "Assim diz o SENHOR: 'Os jovens soldados dos líderes das províncias o farão' ".

"E quem começará a batalha?", perguntou.

O profeta respondeu: "Você".

¹⁵ Então Acabe convocou os jovens soldados dos líderes das províncias, duzentos e trinta e dois homens. Em seguida reuniu o restante dos israelitas, sete mil ao todo. ¹⁶ Eles partiram ao meio-dia, enquanto Ben-Hadade e os trinta e dois reis aliados a ele estavam se embriagando nas suas tendas. ¹⁷ Os jovens soldados dos líderes das províncias saíram primeiro.

Nisso, uma patrulha de Ben-Hadade informou: "Saíram alguns homens de Samaria".

¹⁸ Ele disse: "Quer tenham saído para a paz quer para a guerra, tragam-nos vivos".

¹⁹ Os jovens soldados dos líderes das províncias marcharam para fora da cidade, com o exército na retaguarda, ²⁰ e cada um matou o seu adversário. Diante disso, os arameus fugiram, perseguidos pelos israelitas. Mas Ben-Hadade, rei da Síria, escapou a cavalo com alguns de seus cavaleiros. ²¹ O rei de Israel avançou e matou os cavalos e destruiu os carros de guerra e infligiu pesadas baixas aos arameus.

²² Depois disso, o profeta foi ao rei de Israel e disse: "Fortaleça a sua posição e veja o que deve ser feito, pois na próxima primavera o rei da Síria o atacará de novo".

²³ Enquanto isso, os conselheiros do rei da Síria lhe diziam: "Os deuses deles são deuses das montanhas. É por isso que eles foram fortes demais para nós. Mas, se os combatermos nas planícies, com certeza seremos mais fortes do que eles. ²⁴ Deves tirar todos os reis dos seus

---

[a] 20.12 Ou *em Sucote*

comandos e substituí-los por outros comandantes. ²⁵ Também deves organizar um exército como o que perdeste, cavalo por cavalo e carro por carro, para que possamos combater Israel nas planícies. Então é certo que os venceremos". Ele concordou com eles e fez como foi aconselhado.

²⁶ Na primavera seguinte Ben-Hadade convocou os arameus e marchou até Afeque para lutar contra Israel. ²⁷ Os israelitas foram convocados e, tendo recebido provisões, saíram para enfrentar os arameus. Os israelitas acamparam no lado oposto como dois pequenos rebanhos de cabras, enquanto os arameus cobriam todo o campo.

²⁸ O homem de Deus foi ao rei de Israel e lhe disse: "Assim diz o SENHOR: 'Como os arameus pensam que o SENHOR é um deus das montanhas e não um deus dos vales, eu entregarei esse exército enorme nas suas mãos, e vocês saberão que eu sou o SENHOR' ".

²⁹ Durante sete dias estiveram acampados em frente um do outro, e no sétimo dia entraram em combate. Num só dia os israelitas mataram cem mil soldados de infantaria arameus. ³⁰ O restante deles escapou para a cidade de Afeque, onde o muro caiu sobre vinte e sete mil deles. Ben-Hadade também fugiu para a cidade e se escondeu, ora numa casa ora noutra.

³¹ Seus oficiais lhe disseram: "Soubemos que os reis do povo de Israel são misericordiosos. Nós vamos até o rei de Israel vestidos com panos de saco e com cordas no pescoço. Talvez ele poupe a tua vida".

³² Vestindo panos de saco e tendo cordas envolvendo o pescoço, foram ao rei de Israel e disseram: "Teu servo Ben-Hadade diz: 'Rogo-te que me deixes viver' ".

O rei respondeu: "Ele ainda está vivo? Ele é meu irmão!"

³³ Os homens interpretaram isso como um bom sinal e de imediato aproveitaram o que ele tinha dito. "Isso mesmo, teu irmão Ben-Hadade!", disseram.

"Tragam-no aqui", disse o rei. Quando Ben-Hadade chegou, Acabe o fez subir no seu carro.

³⁴ "Devolverei as cidades que o meu pai tomou do teu pai", ofereceu Ben-Hadade. "Tu poderás estabelecer os teus próprios mercados em Damasco, como fez meu pai em Samaria."

Acabe disse: "Mediante um tratado, libertarei você". Então fizeram um tratado, e Acabe o deixou ir.

Um Profeta Condena Acabe

³⁵ Por ordem do SENHOR um dos discípulos dos profetas disse ao seu companheiro: "Fira-me", mas o homem se recusou a fazê-lo. ³⁶ Então o profeta disse: "Como você não obedeceu ao SENHOR, assim que você sair daqui um leão o ferirá". E, logo que o homem partiu, um leão o atacou e o feriu.

³⁷ O profeta encontrou outro homem e lhe disse: "Fira-me, por favor". Este o atingiu e o feriu. ³⁸ Então o profeta saiu e ficou ao lado da estrada, à espera do rei. Ele se disfarçou, cobrindo os olhos com sua testeira. ³⁹ Quando o rei ia passando, o profeta gritou para ele: "Em pleno combate teu servo entrou, e alguém veio a mim com um prisioneiro e me disse: 'Vigie este homem. Se ele escapar, será a sua vida pela dele, ou você deverá pagar trinta e cinco quilos[a] de prata'. ⁴⁰ Enquanto o teu servo estava ocupado com outras coisas, o homem desapareceu".

"Essa é a sua sentença", disse o rei de Israel. "Você mesmo a pronunciou."

⁴¹ Então o profeta rapidamente removeu a testeira dos olhos, e o rei o reconheceu como um dos profetas. ⁴² Ele disse ao rei: "Assim diz o SENHOR: 'Você libertou um homem que eu havia decidido que devia morrer. Por isso, é a sua vida pela vida dele, o seu povo pelo povo dele' ". ⁴³ Aborrecido e irritado, o rei de Israel voltou para o seu palácio em Samaria.

A Vinha de Nabote

21 Algum tempo depois houve um incidente envolvendo uma vinha que pertencia a Nabote, de Jezreel. A vinha ficava em Jezreel, ao lado do palácio de Acabe, rei de Samaria. ² Acabe tinha dito a Nabote: "Dê-me a sua vinha para eu usar como horta, já que fica ao lado do meu palácio. Em troca eu darei a você uma vinha melhor ou, se preferir, eu pagarei, seja qual for o seu valor".

³ Nabote, contudo, respondeu: "O SENHOR me livre de dar a ti a herança dos meus pais!"

⁴ Então Acabe foi para casa aborrecido e indignado porque Nabote, de Jezreel, lhe dissera: "Não te darei a herança dos meus pais". Deitou-se na cama, virou o rosto para a parede e recusou-se a comer.

⁵ Jezabel, sua mulher, entrou e lhe perguntou: "Por que você está tão aborrecido? Por que não come?"

---

[a] **20.39** Hebraico: *1 talento*.

⁶ Ele respondeu-lhe: "Porque eu disse a Nabote, de Jezreel: 'Venda-me a sua vinha; ou, se preferir, eu darei a você outra vinha no lugar dessa.' Mas ele disse: 'Não te darei minha vinha' ".
⁷ Disse-lhe Jezabel, sua mulher: "É assim que você age como rei de Israel? Levante-se e coma! Anime-se. Conseguirei para você a vinha de Nabote, de Jezreel".
⁸ Então ela escreveu cartas em nome de Acabe, pôs nelas o selo do rei e as enviou às autoridades e aos nobres da cidade de Nabote. ⁹ Naquelas cartas ela escreveu:

"Decretem um dia de jejum e ponham Nabote sentado num lugar de destaque entre o povo. ¹⁰ E mandem dois homens vadios sentar-se em frente dele e façam com que testemunhem que ele amaldiçoou tanto a Deus quanto ao rei. Levem-no para fora e apedrejem-no até a morte".

¹¹ As autoridades e os nobres da cidade de Nabote fizeram conforme Jezabel os orientara nas cartas que lhes tinha escrito. ¹² Decretaram jejum e fizeram Nabote sentar-se num local destacado no meio do povo. ¹³ Então dois homens vadios vieram e se sentaram em frente dele e o acusaram diante do povo, dizendo: "Nabote amaldiçoou tanto a Deus quanto ao rei". Por isso o levaram para fora da cidade e o apedrejaram até a morte. ¹⁴ Então mandaram informar a Jezabel: "Nabote foi apedrejado e está morto".

¹⁵ Assim que Jezabel soube que Nabote tinha sido apedrejado até a morte, disse a Acabe: "Levante-se e tome posse da vinha que Nabote, de Jezreel, recusou-se a vender-lhe. Ele não está mais vivo; está morto!" ¹⁶ Quando Acabe ouviu que Nabote estava morto, levantou-se e foi tomar posse da vinha.

¹⁷ Então a palavra do Senhor veio ao tesbita Elias: ¹⁸ "Vá encontrar-se com Acabe, o rei de Israel, que reina em Samaria. Agora ele está na vinha de Nabote para tomar posse dela. ¹⁹ Diga-lhe que assim diz o Senhor: 'Você assassinou um homem e ainda se apossou de sua propriedade?' E acrescente: Assim diz o Senhor: 'No local onde os cães lamberam o sangue de Nabote, lamberão também o seu sangue; isso mesmo, o seu sangue!' "

²⁰ Acabe disse a Elias: "Então você me encontrou, meu inimigo!"

"Eu o encontrei", ele respondeu, "porque você se vendeu para fazer o que o Senhor reprova. ²¹ E ele diz: 'Vou trazer desgraça sobre você. Devorarei os seus descendentes e eliminarei da sua família todos os do sexo masculino*a* em Israel, sejam escravos sejam livres. ²² Farei à sua família o que fiz à de Jeroboão, filho de Nebate, e à de Baasa, filho de Aías, pois você provocou a minha ira e fez Israel pecar'.

²³ "E acerca de Jezabel o Senhor diz: 'Os cães devorarão Jezabel junto ao muro de*b* Jezreel'.

²⁴ "Os cães comerão os que pertencem a Acabe e que morrerem na cidade, e as aves do céu se alimentarão dos que morrerem no campo".

²⁵ (Nunca existiu ninguém como Acabe que, pressionado por sua mulher, Jezabel, vendeu-se para fazer o que o Senhor reprova. ²⁶ Ele se comportou da maneira mais detestável possível, indo atrás de ídolos, como faziam os amorreus, que o Senhor tinha expulsado de diante de Israel.)

²⁷ Quando Acabe ouviu essas palavras, rasgou as suas vestes, vestiu-se de pano de saco e jejuou. Passou a dormir sobre panos de saco e agia com mansidão.

²⁸ Então a palavra do Senhor veio ao tesbita Elias: ²⁹ "Você notou como Acabe se humilhou diante de mim? Visto que se humilhou, não trarei essa desgraça durante o seu reinado, mas durante o reinado de seu filho".

A Profecia contra Acabe

22 Durante três anos não houve guerra entre a Síria e Israel. ² Mas, no terceiro ano, Josafá, rei de Judá, foi visitar o rei de Israel. ³ Este havia perguntado aos seus oficiais: "Por acaso vocês não sabem que Ramote-Gileade nos pertence e ainda assim não estamos fazendo nada para retomá-la do rei da Síria?"

⁴ Então perguntou a Josafá: "Irás comigo lutar contra Ramote-Gileade?"

Josafá respondeu ao rei de Israel: "Sou como tu, e meu povo é como o teu povo, e os meus cavalos são como se fossem teus". ⁵ Mas acrescentou: "Peço-te que busques primeiro o conselho do Senhor".

⁶ Então o rei de Israel reuniu quatrocentos profetas e lhes perguntou: "Devo ir à guerra contra Ramote-Gileade, ou não?"

---

a **21.21** Hebraico: *os que urinam na parede*.
b **21.23** Conforme a maioria dos manuscritos do Texto Massorético. Alguns manuscritos do Texto Massorético, a Vulgata e a Versão Siríaca dizem *no campo de*. Veja 2Rs 9.26.

Eles responderam: "Sim, pois o Senhor a entregará nas mãos do rei".

⁷ Josafá, porém, perguntou: "Não existe aqui mais nenhum profeta do Senhor a quem possamos consultar?"

⁸ O rei de Israel respondeu a Josafá: "Ainda há um homem por meio de quem podemos consultar o Senhor, mas eu o odeio, porque nunca profetiza coisas boas a meu respeito, mas sempre coisas ruins. É Micaías, filho de Inlá".

"O rei não deveria dizer isso", Josafá respondeu.

⁹ Então o rei de Israel chamou um dos seus oficiais e disse: "Traga Micaías, filho de Inlá, imediatamente".

¹⁰ Usando vestes reais, o rei de Israel e Josafá, rei de Judá, estavam sentados em seus tronos, na eira, junto à porta de Samaria, e todos os profetas estavam profetizando em transe diante deles. ¹¹ E Zedequias, filho de Quenaaná, tinha feito chifres de ferro e declarou: "Assim diz o Senhor: 'Com estes chifres tu ferirás os arameus até que sejam destruídos' ".

¹² Todos os outros profetas estavam profetizando a mesma coisa, dizendo: "Ataca Ramote-Gileade, e serás vitorioso, pois o Senhor a entregará nas mãos do rei".

¹³ O mensageiro que tinha ido chamar Micaías lhe disse: "Veja, todos os outros profetas estão predizendo que o rei terá sucesso. Sua palavra também deve ser favorável".

¹⁴ Micaías, porém, disse: "Juro pelo nome do Senhor que direi o que o Senhor me mandar".

¹⁵ Quando ele chegou, o rei lhe perguntou: "Micaías, devemos ir à guerra contra Ramote-Gileade, ou não?"

Ele respondeu: "Ataca, e serás vitorioso, pois o Senhor a entregará nas mãos do rei".

¹⁶ O rei lhe disse: "Quantas vezes devo fazer você jurar que irá me dizer somente a verdade em nome do Senhor?"

¹⁷ Então Micaías respondeu: "Vi todo o Israel espalhado pelas colinas, como ovelhas sem pastor, e ouvi o Senhor dizer: 'Estes não têm dono. Cada um volte para casa em paz' ".

¹⁸ O rei de Israel disse a Josafá: "Não disse que ele nunca profetiza nada de bom a meu respeito, mas apenas coisas ruins?"

¹⁹ Micaías prosseguiu: "Ouça a palavra do Senhor: Vi o Senhor assentado em seu trono, com todo o exército dos céus ao seu redor, à sua direita e à sua esquerda. ²⁰ E o Senhor disse: 'Quem enganará Acabe para que ataque Ramote-Gileade e morra lá?'

"E um sugeria uma coisa, outro sugeria outra, ²¹ até que, finalmente, um espírito apresentou-se diante do Senhor e disse: 'Eu o enganarei'.

²² " 'De que maneira?', perguntou o Senhor.

"Ele respondeu: 'Irei e serei um espírito mentiroso na boca de todos os profetas do rei'.

"Disse o Senhor: 'Você conseguirá enganá-lo; vá e engane-o'.

²³ "E o Senhor pôs um espírito mentiroso na boca destes seus profetas. O Senhor decretou a sua desgraça".

²⁴ Então Zedequias, filho de Quenaaná, aproximou-se, deu um tapa no rosto de Micaías e perguntou: "Por qual caminho foi o espírito da parte do*ª* Senhor, quando saiu de mim para falar a você?"

²⁵ Micaías respondeu: "Você descobrirá no dia em que estiver se escondendo de quarto em quarto".

²⁶ O rei então ordenou: "Enviem Micaías de volta a Amom, o governador da cidade, e a Joás, filho do rei, ²⁷ e digam: Assim diz o rei: 'Ponham este homem na prisão a pão e água, até que eu volte em segurança' ".

²⁸ Micaías declarou: "Se você de fato voltar em segurança, o Senhor não falou por meu intermédio". E acrescentou: "Ouçam o que estou dizendo, todos vocês!"

A Morte de Acabe

²⁹ Então o rei de Israel e Josafá, rei de Judá, foram atacar Ramote-Gileade. ³⁰ E o rei de Israel disse a Josafá: "Entrarei disfarçado em combate, mas tu, usa as tuas vestes reais". O rei de Israel disfarçou-se, e ambos foram para o combate.

³¹ O rei da Síria havia ordenado aos seus trinta e dois chefes de carros de guerra: "Não lutem contra ninguém, seja soldado seja oficial, senão contra o rei de Israel". ³² Quando os chefes dos carros viram Josafá, pensaram: "É o rei de Israel", e o cercaram para atacá-lo, mas Josafá gritou, ³³ e, quando os comandantes dos carros viram que não era o rei de Israel, deixaram de persegui-lo.

³⁴ De repente, um soldado disparou seu arco ao acaso e atingiu o rei de Israel entre os encaixes da sua armadura. Então o rei disse ao condutor do seu carro: "Tire-me do combate. Fui ferido!" ³⁵ A batalha foi violenta durante todo o dia e, assim, o rei teve que enfrentar os arameus em pé no seu carro. O sangue de

---

ª 22.24 Ou *o Espírito do*

seu ferimento ficou escorrendo até o piso do carro de guerra, e, ao cair da tarde, ele morreu. ³⁶ Quando o sol estava se pondo, propagou-se um grito por todo o exército: "Cada homem para a sua cidade; cada um para a sua terra!"

³⁷ Assim o rei morreu e foi levado para Samaria, e ali o sepultaram. ³⁸ Lavaram o seu carro de guerra num açude em Samaria onde as prostitutas se banhavam,[a] e os cães lamberam o seu sangue, conforme a palavra do Senhor havia declarado.

³⁹ Os demais acontecimentos do reinado de Acabe, e tudo o que fez, o palácio que construiu com revestimento de marfim, e as cidades que fortificou, tudo está escrito nos registros históricos dos reis de Israel. ⁴⁰ Acabe descansou com os seus antepassados, e seu filho Acazias foi o seu sucessor.

O Reinado de Josafá, Rei de Judá

⁴¹ Josafá, filho de Asa, tornou-se rei de Judá no quarto ano do reinado de Acabe, rei de Israel. ⁴² Josafá tinha trinta e cinco anos de idade quando se tornou rei e reinou vinte e cinco anos em Jerusalém. O nome da sua mãe era Azuba, filha de Sili. ⁴³ Em tudo andou nos caminhos de seu pai, Asa, e não se desviou deles; fez o que o Senhor aprova. Contudo, não acabou com os altares idólatras, nos quais o povo continuou a oferecer sacrifícios e a queimar incenso. ⁴⁴ Josafá teve paz com o rei de Israel.

⁴⁵ Os demais acontecimentos do reinado de Josafá, suas realizações e suas façanhas militares, tudo está escrito nos registros históricos dos reis de Judá. ⁴⁶ Ele livrou o país dos prostitutos cultuais que restaram depois do reinado de seu pai, Asa. ⁴⁷ Ora, na época não havia rei em Edom, mas sim um governador nomeado.

⁴⁸ Josafá construiu uma frota de navios mercantes[b] para buscar ouro em Ofir, mas nunca o trouxeram, pois eles naufragaram em Eziom-Geber. ⁴⁹ Naquela ocasião, Acazias, filho de Acabe, disse a Josafá: "Os meus marinheiros poderão navegar com os teus", mas Josafá recusou.

⁵⁰ Josafá descansou com os seus antepassados e foi sepultado junto deles na Cidade de Davi, seu predecessor. E seu filho Jeorão foi o seu sucessor.

O Reinado de Acazias, Rei de Israel

⁵¹ Acazias, filho de Acabe, tornou-se rei de Israel em Samaria no décimo sétimo ano do reinado de Josafá, rei de Judá, e reinou dois anos sobre Israel. ⁵² Fez o que o Senhor reprova, pois andou nos caminhos de seu pai e de sua mãe e nos caminhos de Jeroboão, filho de Nebate, que fez Israel pecar. ⁵³ Prestou culto a Baal e o adorou, provocando assim a ira do Senhor, o Deus de Israel, como o seu pai tinha feito.

---

[a] 22.38 Ou *Samaria e limparam as armas,*

[b] 22.48 Hebraico: *navios de Társis.*

Introdução ao segundo livro de
REIS

Autor e data de composição

Veja esta mesma seção no primeiro livro de Reis. A única certeza que se tem sobre a autoria deste livro é que seu escritor teve acesso a três importantes documentos antigos: em primeiro lugar, os "registros históricos de Salomão" (1Reis 11.41), que parecem ter contido crônicas, dados biográficos e elementos dos arquivos do templo; em segundo lugar, os "registros históricos dos reis de Israel" (1Reis 14.19); e, em terceiro, os "registros históricos dos reis de Judá" (1Reis 14.29; 15.7). Tudo parece indicar que a redação dos livros de Reis terminou no período do cativeiro babilônico.

ESBOÇO GERAL

Primeira parte: A história da nação dividida em dois reinos continua (1.1—17.41)
  I. O reinado de Acazias (1Reis 22.51—2Reis 1.18)
  II. Elias é substituído por seu discípulo Eliseu (2)
  III. O reinado de Jorão em Israel (3)
  IV. O ministério de Eliseu (4.1—8.15)
  V. Os reinados de Jeorão e Acazias em Judá (8.16-29)
  VI. O reinado de Jeú em Israel (9—10)
  VII. Atalia usurpa o trono de Judá (11.1-16)
  VIII. O reinado de Joás em Judá (11.17—12.21)
  IX. Os reinados de Jeoacaz e Jeoás em Israel (13)
  X. O reinado de Amazias em Judá (14.1-22)
  XI. O reinado de Jeroboão em Israel (14.23-29)
  XII. O reinado de Azarias em Judá (15.1-7)
  XIII. Os reinados de Zacarias, Salum, Menaém, Pecaías e Peca em Israel (15.8-31)
  XIV. Os reinados de Jotão e Acaz em Judá (15.32—16.20)
  XV. O reinado de Oseias em Israel, a queda de Samaria e o exílio de Israel (17)

Segunda parte: Judá, o único reino sobrevivente (18—25)
  I. O reinado de Ezequias (18—20)
  II. O reinado de Manassés (21.1-18)
  III. O reinado de Amom (21.19-26)
  IV. O reinado de Josias (22.1—23.30)
  V. O reinado e o exílio de Jeoacaz (23.31-34)

O reinado de Jeoaquim (23.34—24.5)
  VII. O reinado de Joaquim e seu cativeiro na Babilônia (24.6-16)
  VIII. O reinado de Zedequias e a queda de Jerusalém nas mãos de Nabucodonosor (24.17—25.21)
  IX. A fuga de um remanescente ao Egito (25.22-26)
  X. Joaquim é posto em liberdade na Babilônia (25.27-30)

Versículo-chave
5.13

Tema geral do livro

No segundo livro de Reis vão sendo entrelaçados os reinados de personagens distintas tanto no Reino do Norte (Israel) como no Reino do Sul (Judá), até que, como consequência de uma vida idólatra e violenta, em que se sucediam magnicídios um atrás do outro, Deus envia os assírios para destruir o Reino do Norte. Resta o Reino do Sul, no qual se refugiam os sobreviventes da catástrofe sofrida pelas dez tribos e onde continuam reinando os descendentes de Davi, com exceção do período em que Atalia, filha de Acabe e Jezabel, usurpa o trono. Apesar dos esforços feitos por reis como Ezequias e Josias em tirar o povo da idolatria e da corrupção, evitando, assim, a ira de Deus, não há transformação genuína; por isso, o SENHOR permite que Nabucodonosor, o imperador da Babilônia, se apodere da terra prometida e leve embora a maioria da população. Assim teve início o cativeiro na Babilônia, que durou setenta anos, até que esta foi vencida pelos persas, e os hebreus (então chamados judeus por pertencerem ao Reino de Judá) voltaram a sua terra para reconstruir o templo e a cidade.

Em 2Reis, Jesus é...
... o Rei que nos governa (8.19).

Versículo-chave para o discípulo
6.17

O discípulo e 2Reis

Em 2Reis, o discípulo deve ver a grande diferença que há entre a vida de quem segue seus próprios caminhos e a vida de quem toma o caminho de Deus. Quando Israel se separou de Judá, adorava o SENHOR assim como as tribos do Sul, mas a influência de Jeroboão, o fundador do Reino do Norte, foi de tal maneira prejudicial que introduziu o culto a ídolos que hipoteticamente representavam Javé somente por motivos políticos: separar seus súditos da dependência de Jerusalém. Tal medida de Jeroboão havia sido considerada sábia e astuta pelos homens, mas foi o início da apostasia, da corrupção e da violência cada vez mais intensas que conduziram Israel a sua total extinção. O Reino de Judá, em vez de aprender com a lição, seguiu pelo mesmo caminho e só não foi totalmente destruído porque Deus havia feito uma aliança com o rei Davi. A influência de governantes maus, egoístas e corruptos chegou a ultrapassar a influência de Davi e da Palavra de Deus, e o resultado só podia ser esse. Uma vez mais, vemos as consequências e entendemos que é necessário perguntar, custe o que custar, o mesmo que Pedro e João séculos depois perguntaram aos membros do Sinédrio: "Julguem os senhores mesmos se é justo aos olhos de Deus obedecer aos senhores e não a Deus" (Atos 4.19b).

2REIS

O Julgamento do Senhor contra Acazias

1 Depois da morte de Acabe, Moabe rebelou-se contra Israel.

² Certo dia, Acazias caiu da sacada do seu quarto no palácio de Samaria e ficou muito ferido. Então enviou mensageiros para consultar Baal-Zebube, deus de Ecrom, para saber se ele se recuperaria.

³ Mas o anjo do Senhor disse ao tesbita Elias: "Vá encontrar-se com os mensageiros do rei de Samaria e pergunte a eles: Acaso não há Deus em Israel? Por que vocês vão consultar Baal-Zebube, deus de Ecrom? ⁴ Por isso, assim diz o Senhor: 'Você não se levantará mais dessa cama e certamente morrerá!' " E Elias foi embora.

⁵ Quando os mensageiros voltaram ao rei, ele lhes perguntou: "Por que vocês voltaram?"

⁶ Eles responderam: "Um homem veio ao nosso encontro e nos disse: 'Voltem ao rei que os enviou e digam-lhe: Assim diz o Senhor: "Acaso não há Deus em Israel? Por que você mandou consultar Baal-Zebube, deus de Ecrom? Por isso você não se levantará mais dessa cama e certamente morrerá!" ' "

⁷ O rei lhes perguntou: "Como era o homem que os encontrou e disse isso?"

⁸ Eles responderam: "Ele vestia roupas de pelos*a* e usava um cinto de couro".

O rei concluiu: "Era o tesbita Elias".

⁹ Em seguida mandou um oficial com cinquenta soldados procurar Elias. O oficial o encontrou sentado no alto de uma colina, e lhe disse: "Homem de Deus, o rei ordena que tu desças".

¹⁰ Elias respondeu ao oficial: "Se sou homem de Deus, que desça fogo do céu e consuma você e seus cinquenta soldados!" E desceu fogo do céu e consumiu o oficial e seus soldados.

¹¹ Depois disso o rei enviou outro oficial com mais cinquenta soldados. E ele disse a Elias: "Homem de Deus, o rei ordena que tu desças imediatamente".

¹² Respondeu Elias: "Se sou homem de Deus, que desça fogo do céu e consuma você e seus cinquenta soldados!" De novo, fogo de Deus desceu do céu e consumiu o oficial e seus soldados.

¹³ Então o rei enviou um terceiro oficial com outros cinquenta soldados. O oficial subiu o monte, caiu de joelhos diante de Elias e implorou: "Homem de Deus, tem consideração por minha vida e pela vida destes cinquenta soldados, teus servos! ¹⁴ Sei que desceu fogo do céu e consumiu os dois primeiros oficiais com todos os seus soldados. Mas agora tem consideração por minha vida!"

¹⁵ O anjo do Senhor disse a Elias: "Acompanhe-o; não tenha medo dele". Então Elias se levantou, desceu com ele e foi falar com o rei.

¹⁶ Ao chegar, disse ao rei: "Assim diz o Senhor: 'Acaso não há Deus em Israel? Por que você mandou consultar Baal-Zebube, deus de Ecrom? Por isso você não se levantará mais dessa cama e certamente morrerá!' " ¹⁷ E Acazias morreu, conforme a palavra do Senhor anunciada por Elias. Como não tinha filhos, Jorão foi o seu sucessor no segundo ano do reinado de Jeorão, rei de Judá, filho de Josafá. ¹⁸ Os demais acontecimentos do reinado de Acazias e suas realizações estão escritos nos registros históricos dos reis de Israel.

Elias é Levado aos Céus

2 Quando o Senhor levou Elias aos céus num redemoinho, aconteceu o seguinte: Elias e Eliseu saíram de Gilgal, ² e no caminho disse-lhe Elias: "Fique aqui, pois o Senhor me enviou a Betel".

Eliseu, porém, disse: "Juro pelo nome do Senhor e por tua vida que não te deixarei ir só". Então foram a Betel.

³ Em Betel os discípulos dos profetas foram falar com Eliseu e perguntaram: "Você sabe que hoje o Senhor vai levar para os céus o seu mestre, separando-o de você?"

Respondeu Eliseu: "Sim, eu sei, mas não falem nisso".

⁴ Então Elias lhe disse: "Fique aqui, Eliseu, pois o Senhor me enviou a Jericó".

Ele respondeu: "Juro pelo nome do Senhor e por tua vida que não te deixarei ir só". Desceram então a Jericó.

⁵ Em Jericó os discípulos dos profetas foram falar com Eliseu e lhe perguntaram: "Você sabe que hoje o Senhor vai levar para os céus o seu mestre, separando-o de você?"

---

a 1.8 Ou *Era um homem cabeludo*

Respondeu Eliseu: "Sim, eu sei, mas não falem nisso".

⁶ Em seguida Elias lhe disse: "Fique aqui, pois o Senhor me enviou ao rio Jordão".

Ele respondeu: "Juro pelo nome do Senhor e por tua vida que não te deixarei ir só!" Então partiram juntos.

⁷ Cinquenta discípulos dos profetas os acompanharam e ficaram olhando a distância, quando Elias e Eliseu pararam à margem do Jordão. ⁸ Então Elias tirou o manto, enrolou-o e com ele bateu nas águas. As águas se dividiram, e os dois atravessaram em chão seco.

⁹ Depois de atravessar, Elias disse a Eliseu: "O que posso fazer em seu favor antes que eu seja levado para longe de você?"

Respondeu Eliseu: "Faze de mim o principal herdeiro*ᵃ* de teu espírito profético".

¹⁰ Disse Elias: "Seu pedido é difícil; mas, se você me vir quando eu for separado de você, terá o que pediu; do contrário, não será atendido".

¹¹ De repente, enquanto caminhavam e conversavam, apareceu um carro de fogo puxado por cavalos de fogo que os separou, e Elias foi levado aos céus num redemoinho. ¹² Quando viu isso, Eliseu gritou: "Meu pai! Meu pai! Tu eras como os carros de guerra e os cavaleiros de Israel!" E, quando já não podia mais vê-lo, Eliseu pegou as próprias vestes e as rasgou ao meio.

¹³ Depois pegou o manto de Elias, que tinha caído, e voltou para a margem do Jordão. ¹⁴ Então bateu nas águas do rio com o manto e perguntou: "Onde está agora o Senhor, o Deus de Elias?" Tendo batido nas águas, elas se dividiram e ele atravessou.

¹⁵ Quando os discípulos dos profetas, vindos de Jericó, viram isso, disseram: "O espírito profético de Elias repousa sobre Eliseu". Então foram ao seu encontro, prostraram-se diante dele e disseram: ¹⁶ "Olha, nós, teus servos, temos cinquenta homens fortes. Deixa-os sair à procura do teu mestre. Talvez o Espírito do Senhor o tenha levado e deixado em algum monte ou em algum vale".

Respondeu Eliseu: "Não mandem ninguém".

¹⁷ Mas eles insistiram até que, constrangido, consentiu: "Podem mandar os homens". E mandaram cinquenta homens, que procuraram Elias por três dias, mas não o encontraram. ¹⁸ Quando voltaram a Eliseu, que tinha

---

ᵃ **2.9** Hebraico: *Dá-me porção dupla do teu espírito.*

ficado em Jericó, ele lhes falou: "Não disse a vocês que não fossem?"

A Purificação da Água

¹⁹ Alguns homens da cidade foram dizer a Eliseu: "Como podes ver, esta cidade está bem localizada, mas a água não é boa e a terra é improdutiva".

²⁰ E disse ele: "Ponham sal numa tigela nova e tragam-na para mim". Quando a levaram, ²¹ ele foi à nascente, jogou o sal ali e disse: "Assim diz o Senhor: 'Purifiquei esta água. Não causará mais mortes nem deixará a terra improdutiva' ". ²² E até hoje a água permanece pura, conforme a palavra de Eliseu.

O Castigo dos Zombadores

²³ De Jericó Eliseu foi para Betel. No caminho, alguns meninos que vinham da cidade começaram a caçoar dele, gritando: "Suma daqui, careca!" ²⁴ Voltando-se, olhou para eles e os amaldiçoou em nome do Senhor. Então, duas ursas saíram do bosque e despedaçaram quarenta e dois meninos. ²⁵ De Betel prosseguiu até o monte Carmelo e dali voltou a Samaria.

A Rebelião de Moabe

3 Jorão, filho de Acabe, tornou-se rei de Israel em Samaria no décimo oitavo ano de Josafá, rei de Judá, e reinou doze anos. ² Fez o que o Senhor reprova, mas não como seu pai e sua mãe, pois derrubou a coluna sagrada de Baal, que seu pai havia feito. ³ No entanto, persistiu nos pecados que Jeroboão, filho de Nebate, levara Israel a cometer e deles não se afastou.

⁴ Ora, Messa, rei de Moabe, tinha muitos rebanhos e pagava como tributo ao rei de Israel cem mil cordeiros e a lã de cem mil carneiros. ⁵ Mas, depois que Acabe morreu, o rei de Moabe rebelou-se contra o rei de Israel. ⁶ Então, naquela ocasião, o rei Jorão partiu de Samaria e mobilizou todo o Israel. ⁷ Também enviou esta mensagem a Josafá, rei de Judá: "O rei de Moabe rebelou-se contra mim. Irás acompanhar-me na luta contra Moabe?"

Ele respondeu: "Sim, eu irei. Serei teu aliado, os meus soldados e os teus, os meus cavalos e os teus serão um só exército".

⁸ E perguntou: "Por qual caminho atacaremos?"

Respondeu Jorão: "Pelo deserto de Edom".

⁹ Então o rei de Israel partiu com os reis de Judá e Edom. Depois de uma marcha de sete dias, já havia acabado a água para os homens e para os animais.

¹⁰ Exclamou, então, o rei de Israel: "E agora? Será que o SENHOR ajuntou a nós, os três reis, para nos entregar nas mãos de Moabe?"

¹¹ Mas Josafá perguntou: "Será que não há aqui profeta do SENHOR, para que possamos consultar o SENHOR por meio dele?"

Um conselheiro do rei de Israel respondeu: "Eliseu, filho de Safate, está aqui. Ele era auxiliar*a* de Elias".

¹² Josafá prosseguiu: "A palavra do SENHOR está com ele". Então o rei de Israel, Josafá e o rei de Edom foram falar com ele.

¹³ Eliseu disse ao rei de Israel: "Nada tenho que ver com você. Vá consultar os profetas de seu pai e de sua mãe".

Mas o rei de Israel insistiu: "Não, pois foi o SENHOR que nos ajuntou, três reis, para entregar-nos nas mãos de Moabe".

¹⁴ Então Eliseu disse: "Juro pelo nome do SENHOR dos Exércitos, a quem sirvo, que, se não fosse por respeito a Josafá, rei de Judá, eu não olharia para você nem mesmo lhe daria atenção. ¹⁵ Mas agora tragam-me um harpista".

Enquanto o harpista estava tocando, o poder do SENHOR veio sobre Eliseu, ¹⁶ e ele disse: "Assim diz o SENHOR: Cavem muitas cisternas neste vale. ¹⁷ Pois assim diz o SENHOR: Vocês não verão vento nem chuva; contudo, este vale ficará cheio de água, e vocês, seus rebanhos e seus outros animais beberão. ¹⁸ Mas para o SENHOR isso ainda é pouco; ele também entregará Moabe nas suas mãos. ¹⁹ Vocês destruirão todas as suas cidades fortificadas e todas as suas cidades importantes. Derrubarão toda árvore frutífera, taparão todas as fontes e encherão de pedras todas as terras de cultivo".

²⁰ No dia seguinte, na hora do sacrifício da manhã, a água veio descendo da direção de Edom e alagou a região.

²¹ Quando os moabitas ficaram sabendo que os reis tinham vindo para atacá-los, todos os que eram capazes de empunhar armas, do mais jovem ao mais velho, foram convocados e posicionaram-se na fronteira. ²² Ao se levantarem na manhã seguinte, o sol refletia na água. Para os moabitas que estavam defronte dela, a água era vermelha como sangue. ²³ Então gritaram: "É sangue! Os reis lutaram entre si e se mataram. Agora, ao saque, Moabe!"

²⁴ Quando, porém, os moabitas chegaram ao acampamento de Israel, os israelitas os atacaram e os puseram em fuga. Entraram no território de Moabe e o arrasaram. ²⁵ Destruíram as cidades e, quando passavam por um campo cultivável, cada homem atirava uma pedra até que ficasse coberto. Taparam todas as fontes e derrubaram toda árvore frutífera. Só Quir-Haresete ficou com as pedras no lugar, mas homens armados de atiradeiras a cercaram e também a atacaram.

²⁶ Quando o rei de Moabe viu que estava perdendo a batalha, reuniu setecentos homens armados de espadas para forçar a passagem, para alcançar o rei de Edom, mas fracassou. ²⁷ Então pegou seu próprio filho, o filho mais velho, que devia sucedê-lo como rei, e o sacrificou sobre o muro da cidade. Isso trouxe grande ira contra Israel, de modo que eles se retiraram e voltaram para a sua própria terra.

O Milagre do Azeite

4 Certo dia, a mulher de um dos discípulos dos profetas foi falar a Eliseu: "Teu servo, meu marido, morreu, e tu sabes que ele temia o SENHOR. Mas agora veio um credor que está querendo levar meus dois filhos como escravos".

² Eliseu perguntou-lhe: "Como posso ajudá-la? Diga-me, o que você tem em casa?"

E ela respondeu: "Tua serva não tem nada além de uma vasilha de azeite".

³ Então disse Eliseu: "Vá pedir emprestadas vasilhas a todos os vizinhos. Mas peça muitas. ⁴ Depois entre em casa com seus filhos e feche a porta. Derrame daquele azeite em cada vasilha e vá separando as que você for enchendo".

⁵ Depois disso ela foi embora, fechou-se em casa com seus filhos e começou a encher as vasilhas que eles lhe traziam. ⁶ Quando todas as vasilhas estavam cheias, ela disse a um dos filhos: "Traga-me mais uma".

Mas ele respondeu: "Já acabaram". Então o azeite parou de correr.

⁷ Ela foi e contou tudo ao homem de Deus, que lhe disse: "Vá, venda o azeite e pague suas dívidas. E você e seus filhos ainda poderão viver do que sobrar".

A Ressurreição do Filho da Sunamita

⁸ Certo dia, Eliseu foi a Suném, onde uma mulher rica insistiu que ele fosse tomar uma refeição em sua casa. Depois disso, sempre que passava por ali, ele parava para uma refeição. ⁹ Em vista disso, ela disse ao marido: "Sei que esse homem que sempre vem aqui é um santo homem de Deus. ¹⁰ Vamos construir

---

a 3.11 Hebraico: *Ele costumava derramar água nas mãos.*

lá em cima um quartinho de tijolos e colocar nele uma cama, uma mesa, uma cadeira e uma lamparina para ele. Assim, sempre que nos visitar ele poderá ocupá-lo".

¹¹ Um dia, quando Eliseu chegou, subiu ao seu quarto e deitou-se. ¹² Ele mandou o seu servo Geazi chamar a sunamita. Ele a chamou e, quando ela veio, ¹³ Eliseu mandou Geazi dizer-lhe: "Você teve todo este trabalho por nossa causa. O que podemos fazer por você? Quer que eu interceda por você ao rei ou ao comandante do exército?"

Ela respondeu: "Estou bem entre a minha própria gente".

¹⁴ Mais tarde Eliseu perguntou a Geazi: "O que se pode fazer por ela?"

Ele respondeu: "Bem, ela não tem filhos, e seu marido é idoso".

¹⁵ Então Eliseu mandou chamá-la de novo. Geazi a chamou, ela veio até a porta, ¹⁶ e ele disse: "Por volta desta época, no ano que vem, você estará com um filho nos braços".

Ela contestou: "Não, meu senhor. Não iludas a tua serva, ó homem de Deus!"

¹⁷ Mas, como Eliseu lhe dissera, a mulher engravidou e, no ano seguinte, por volta daquela mesma época, deu à luz um filho.

¹⁸ O menino cresceu e, certo dia, foi encontrar-se com seu pai, que estava com os ceifeiros. ¹⁹ De repente ele começou a chamar o pai, gritando: "Ai, minha cabeça! Ai, minha cabeça!"

O pai disse a um servo: "Leve-o para a mãe dele". ²⁰ O servo o pegou e o levou à mãe. O menino ficou no colo dela até o meio-dia e morreu. ²¹ Ela subiu ao quarto do homem de Deus, deitou o menino na cama, saiu e fechou a porta.

²² Ela chamou o marido e disse: "Preciso de um servo e de uma jumenta para ir falar com o homem de Deus. Vou e volto logo".

²³ Ele perguntou: "Mas por que hoje? Não é lua nova nem sábado!"

Ela respondeu: "Não se preocupe".

²⁴ Ela mandou selar a jumenta e disse ao servo: "Vamos rápido; só pare quando eu mandar". ²⁵ Assim ela partiu para encontrar-se com o homem de Deus no monte Carmelo.

Quando ele a viu a distância, disse a seu servo Geazi: "Olhe! É a sunamita! ²⁶ Corra ao seu encontro e pergunte a ela: 'Está tudo bem com você? Tudo bem com seu marido? E com seu filho?' "

Ela respondeu a Geazi: "Está tudo bem".

²⁷ Ao encontrar o homem de Deus no monte, ela se abraçou aos seus pés. Geazi veio para afastá-la, mas o homem de Deus lhe disse: "Deixe-a em paz! Ela está muito angustiada, mas o SENHOR nada me revelou e escondeu de mim a razão de sua angústia".

²⁸ E disse a mulher: "Acaso eu te pedi um filho, meu senhor? Não te disse para não me dar falsas esperanças?"

²⁹ Então Eliseu disse a Geazi: "Ponha a capa por dentro do cinto, pegue o meu cajado e corra. Se você encontrar alguém, não o cumprimente e, se alguém o cumprimentar, não responda. Quando lá chegar, ponha o meu cajado sobre o rosto do menino".

³⁰ Mas a mãe do menino disse: "Juro pelo nome do SENHOR e por tua vida que, se ficares, não irei". Então ele foi com ela.

³¹ Geazi chegou primeiro e pôs o cajado sobre o rosto do menino, mas ele não falou nem reagiu. Então Geazi voltou para encontrar-se com Eliseu e lhe disse: "O menino não voltou a si".

³² Quando Eliseu chegou à casa, lá estava o menino, morto, estendido na cama. ³³ Ele entrou, fechou a porta e orou ao SENHOR. ³⁴ Depois deitou-se sobre o menino, boca a boca, olhos com olhos, mãos com mãos. Enquanto se debruçava sobre ele, o corpo do menino ia se aquecendo. ³⁵ Eliseu levantou-se e começou a andar pelo quarto; depois subiu na cama e debruçou-se mais uma vez sobre ele. O menino espirrou sete vezes e abriu os olhos.

³⁶ Eliseu chamou Geazi e o mandou chamar a sunamita. E ele obedeceu. Quando ela chegou, Eliseu disse: "Pegue seu filho". ³⁷ Ela entrou, prostrou-se a seus pés, curvando-se até o chão. Então pegou o filho e saiu.

A Morte na Panela

³⁸ Depois Eliseu voltou a Gilgal. Nesse tempo a fome assolava a região. Quando os discípulos dos profetas estavam reunidos com ele, ordenou ao seu servo: "Ponha o caldeirão no fogo e faça um ensopado para estes homens".

³⁹ Um deles foi ao campo apanhar legumes e encontrou uma trepadeira. Apanhou alguns de seus frutos e encheu deles o seu manto. Quando voltou, cortou-os em pedaços e colocou-os no caldeirão do ensopado, embora ninguém soubesse o que era. ⁴⁰ O ensopado foi servido aos homens, mas, logo que o provaram, gritaram: "Homem de Deus, há morte na panela!" E não puderam mais tomá-lo.

⁴¹ Então Eliseu pediu um pouco de farinha, colocou no caldeirão e disse: "Sirvam a todos". E já não havia mais perigo no caldeirão.

O Milagre dos Pães

⁴² Veio um homem de Baal-Salisa, trazendo ao homem de Deus vinte pães de cevada, feitos dos primeiros grãos da colheita, e também algumas espigas verdes. Então Eliseu ordenou ao seu servo: "Sirva a todos". ⁴³ O auxiliar de Eliseu perguntou: "Como poderei servir isso a cem homens?"

Eliseu, porém, respondeu: "Sirva a todos, pois assim diz o Senhor: 'Eles comerão, e ainda sobrará' ". ⁴⁴ Então ele serviu a todos e, conforme a palavra do Senhor, eles comeram e ainda sobrou.

A Cura da Lepra de Naamã

5 Naamã, comandante do exército do rei da Síria, era muito respeitado e honrado pelo seu senhor, pois por meio dele o Senhor dera vitória à Síria. Mas esse grande guerreiro ficou leproso[a].

² Ora, tropas da Síria haviam atacado Israel e levado cativa uma menina, que passou a servir a mulher de Naamã. ³ Um dia ela disse à sua senhora: "Se o meu senhor procurasse o profeta que está em Samaria, ele o curaria da lepra".

⁴ Naamã foi contar ao seu senhor o que a menina israelita dissera. ⁵ O rei da Síria respondeu: "Vá. Eu darei uma carta que você entregará ao rei de Israel". Então Naamã partiu, levando consigo trezentos e cinquenta quilos[b] de prata, setenta e dois quilos[c] de ouro e dez mudas de roupas finas. ⁶ A carta que levou ao rei de Israel dizia: "Com esta carta estou te enviando meu oficial Naamã, para que o cures da lepra".

⁷ Assim que o rei de Israel leu a carta, rasgou as vestes e disse: "Por acaso sou Deus, capaz de conceder vida ou morte? Por que este homem me envia alguém para que eu o cure da lepra? Vejam como ele procura um motivo para se desentender comigo!"

⁸ Quando Eliseu, o homem de Deus, soube que o rei de Israel havia rasgado suas vestes, mandou-lhe esta mensagem: "Por que rasgaste tuas vestes? Envia o homem a mim, e ele saberá que há profeta em Israel". ⁹ Então Naamã foi com seus cavalos e carros e parou à porta da casa de Eliseu. ¹⁰ Eliseu enviou um mensageiro para lhe dizer: "Vá e lave-se sete vezes no rio Jordão; sua pele[d] será restaurada e você ficará purificado".

¹¹ Mas Naamã ficou indignado e saiu, dizendo: "Eu estava certo de que ele sairia para receber-me, invocaria em pé o nome do Senhor, o seu Deus, moveria a mão sobre o lugar afetado e me curaria da lepra. ¹² Não são os rios Abana e Farfar, em Damasco, melhores do que todas as águas de Israel? Será que não poderia lavar-me neles e ser purificado?" E foi embora dali furioso.

¹³ Mas os seus servos lhe disseram: "Meu pai, se o profeta tivesse pedido alguma coisa difícil, o senhor não faria? Quanto mais quando ele apenas diz que se lave, e será purificado!" ¹⁴ Assim ele desceu ao Jordão, mergulhou sete vezes conforme a ordem do homem de Deus e foi purificado; sua pele tornou-se como a de uma criança.

¹⁵ Então Naamã e toda a sua comitiva voltaram à casa do homem de Deus. Ao chegar diante do profeta, Naamã lhe disse: "Agora sei que não há Deus em nenhum outro lugar, senão em Israel. Por favor, aceita um presente do teu servo".

¹⁶ O profeta respondeu: "Juro pelo nome do Senhor, a quem sirvo, que nada aceitarei". Embora Naamã insistisse, ele recusou.

¹⁷ E disse Naamã: "Já que não aceitas o presente, ao menos permite que eu leve duas mulas carregadas de terra, pois teu servo nunca mais fará holocaustos[e] e sacrifícios a nenhum outro deus senão ao Senhor. ¹⁸ Mas que o Senhor me perdoe por uma única coisa: quando meu senhor vai adorar no templo de Rimom, eu também tenho que me ajoelhar ali, pois ele se apoia em meu braço. Que o Senhor perdoe o teu servo por isso".

¹⁹ Disse Eliseu: "Vá em paz".

O Castigo de Geazi

Quando Naamã já estava a certa distância, ²⁰ Geazi, servo de Eliseu, o homem de Deus, pensou: "Meu senhor foi bom demais para Naamã, aquele arameu, não aceitando o que ele lhe ofereceu. Juro pelo nome do Senhor que correrei atrás dele para ver se ganho alguma coisa".

---

[a] 5.1 O termo hebraico não se refere somente à lepra, mas também a diversas doenças da pele; também nos versículos 3, 6, 7, 11 e 27.
[b] 5.5 Hebraico: *10 talentos*. Um talento equivalia a 35 quilos.
[c] 5.5 Hebraico: *6.000 siclos*. Um siclo equivalia a 12 gramas.
[d] 5.10 Hebraico: *carne*.
[e] 5.17 Isto é, sacrifícios totalmente queimados.

²¹ Então Geazi correu para alcançar Naamã, que, vendo-o se aproximar, desceu da carruagem para encontrá-lo e perguntou: "Está tudo bem?" ²² Geazi respondeu: "Sim, tudo bem. Mas o meu senhor enviou-me para dizer que dois jovens, discípulos dos profetas, acabaram de chegar, vindos dos montes de Efraim. Por favor, dê-lhes trinta e cinco quilos de prata e duas mudas de roupas finas".
²³ "Claro", respondeu Naamã, "leve setenta quilos". Ele insistiu com Geazi para que os aceitasse e colocou os setenta quilos de prata em duas sacolas, com as duas mudas de roupas, entregando tudo a dois de seus servos, os quais foram à frente de Geazi, levando as sacolas. ²⁴ Quando Geazi chegou à colina onde morava, pegou as sacolas das mãos dos servos e as guardou em casa. Mandou os homens de volta, e eles partiram. ²⁵ Depois entrou e apresentou-se ao seu senhor, Eliseu.

E este perguntou: "Onde você esteve, Geazi?"

Geazi respondeu: "Teu servo não foi a lugar algum".

²⁶ Mas Eliseu lhe disse: "Você acha que eu não estava com você em espírito quando o homem desceu da carruagem para encontrar-se com você? Este não era o momento de aceitar prata nem roupas, nem de cobiçar olivais, vinhas, ovelhas, bois, servos e servas. ²⁷ Por isso a lepra de Naamã atingirá você e os seus descendentes para sempre". Então Geazi saiu da presença de Eliseu já leproso, parecendo neve.

Eliseu Faz Flutuar um Machado

6 Os discípulos dos profetas disseram a Eliseu: "Como vês, o lugar onde nos reunimos contigo é pequeno demais para nós. ² Vamos ao rio Jordão onde cada um de nós poderá cortar um tronco para construirmos ali um lugar de reuniões".

Eliseu disse: "Podem ir".

³ Então um deles perguntou: "Não gostarias de ir com os teus servos?"

"Sim", ele respondeu. ⁴ E foi com eles.

Foram ao Jordão e começaram a derrubar árvores. ⁵ Quando um deles estava cortando um tronco, o ferro do machado caiu na água. E ele gritou: "Ah, meu senhor, era emprestado!"

⁶ O homem de Deus perguntou: "Onde caiu?" Quando o homem lhe mostrou o lugar, Eliseu cortou um galho e o jogou ali, fazendo o ferro flutuar, ⁷ e disse: "Pegue-o". O homem esticou o braço e o pegou.

O Exército Arameu É Ferido de Cegueira

⁸ Ora, o rei da Síria estava em guerra contra Israel. Depois de reunir-se com os seus conselheiros, disse: "Montarei o meu acampamento em tal lugar".

⁹ Mas o homem de Deus mandava uma mensagem ao rei de Israel: "Evite passar por tal lugar, pois os arameus estão descendo para lá". ¹⁰ Assim, o rei de Israel investigava o lugar indicado pelo homem de Deus. Repetidas vezes Eliseu alertou o rei, que tomava as devidas precauções.

¹¹ Isso enfureceu o rei da Síria, que, convocando seus conselheiros, perguntou-lhes: "Vocês não me apontarão qual dos nossos está do lado do rei de Israel?"

¹² Respondeu um dos conselheiros: "Nenhum de nós, majestade. É Eliseu, o profeta que está em Israel, que revela ao rei de Israel até as palavras que tu falas em teu quarto".

¹³ Ordenou o rei: "Descubram onde ele está, para que eu mande capturá-lo". Quando lhe informaram que o profeta estava em Dotã, ¹⁴ ele enviou para lá uma grande tropa com cavalos e carros de guerra. Eles chegaram de noite e cercaram a cidade.

¹⁵ O servo do homem de Deus levantou-se bem cedo pela manhã e, quando saía, viu que uma tropa com cavalos e carros de guerra havia cercado a cidade. Então ele exclamou: "Ah, meu senhor! O que faremos?"

¹⁶ O profeta respondeu: "Não tenha medo. Aqueles que estão conosco são mais numerosos do que eles".

¹⁷ E Eliseu orou: "Senhor, abre os olhos dele para que veja". Então o Senhor abriu os olhos do rapaz, que olhou e viu as colinas cheias de cavalos e carros de fogo ao redor de Eliseu.

¹⁸ Quando os arameus desceram na direção de Eliseu, ele orou ao Senhor: "Fere estes homens de cegueira". Então ele os feriu de cegueira, conforme Eliseu havia pedido.

¹⁹ Eliseu lhes disse: "Este não é o caminho nem esta é a cidade que procuram. Sigam-me, e eu os levarei ao homem que vocês estão procurando". E os guiou até a cidade de Samaria.

²⁰ Assim que entraram na cidade, Eliseu disse: "Senhor, abre os olhos destes homens para que possam ver". Então o Senhor abriu-lhes os olhos, e eles viram que estavam dentro de Samaria.

²¹ Quando o rei de Israel os viu, perguntou a Eliseu: "Devo matá-los, meu pai? Devo matá-los?"

²² Ele respondeu: "Não! O rei costuma matar prisioneiros que captura com a espada e o arco? Ordena que lhes sirvam comida e bebida e deixe que voltem ao seu senhor". ²³ Então o rei preparou-lhes um grande banquete e, terminando eles de comer e beber, mandou-os de volta para o seu senhor. Assim, as tropas da Síria pararam de invadir o território de Israel.

Fome durante o Cerco de Samaria

²⁴ Algum tempo depois, Ben-Hadade, rei da Síria, mobilizou todo o seu exército e cercou Samaria. ²⁵ O cerco durou tanto e causou tamanha fome que uma cabeça de jumento chegou a valer oitenta peças^a de prata, e uma caneca^b de esterco de pomba, cinco peças de prata.

²⁶ Um dia, quando o rei de Israel inspecionava os muros da cidade, uma mulher gritou para ele: "Socorro, majestade!"

²⁷ O rei respondeu: "Se o Senhor não a socorrer, como poderei ajudá-la? Acaso há trigo na eira ou vinho no tanque de prensar uvas?" ²⁸ Contudo ele perguntou: "Qual é o problema?"

Ela respondeu: "Esta mulher me disse: 'Vamos comer o seu filho hoje, e amanhã comeremos o meu'. ²⁹ Então cozinhamos o meu filho e o comemos. No dia seguinte eu disse a ela que era a vez de comermos o seu filho, mas ela o havia escondido".

³⁰ Quando o rei ouviu as palavras da mulher, rasgou as próprias vestes. Como estava sobre os muros, o povo viu que ele estava usando pano de saco por baixo, junto ao corpo. ³¹ E ele disse: "Deus me castigue com todo o rigor, se a cabeça de Eliseu, filho de Safate, continuar hoje sobre seus ombros!"

³² Ora, Eliseu estava sentado em sua casa, reunido com as autoridades de Israel. O rei havia mandado um mensageiro à sua frente, mas, antes que ele chegasse, Eliseu disse às autoridades: "Aquele assassino mandou alguém para cortar-me a cabeça? Quando o mensageiro chegar, fechem a porta e mantenham-na trancada. Vocês não estão ouvindo os passos do seu senhor que vem atrás dele?"

³³ Enquanto ainda lhes falava, o mensageiro chegou. Na mesma hora o rei disse: "Esta desgraça vem do Senhor. Por que devo ainda ter esperança no Senhor?"

7 Eliseu respondeu: "Ouçam a palavra do Senhor! Assim diz o Senhor: 'Amanhã, por volta desta hora, na porta de Samaria, tanto uma medida^c de farinha como duas medidas de cevada serão vendidas por uma peça^d de prata' ".

² O oficial, em cujo braço o rei estava se apoiando, disse ao homem de Deus: "Ainda que o Senhor abrisse as comportas do céu, será que isso poderia acontecer?"

Mas Eliseu advertiu: "Você o verá com os próprios olhos, mas não comerá coisa alguma!"

O Cerco

³ Havia quatro leprosos^e junto à porta da cidade. Eles disseram uns aos outros: "Por que ficar aqui esperando a morte? ⁴ Se resolvermos entrar na cidade, morreremos de fome, mas, se ficarmos aqui, também morreremos. Vamos, pois, ao acampamento dos arameus para nos render. Se eles nos pouparem, viveremos; se nos matarem, morreremos".

⁵ Ao anoitecer, eles foram ao acampamento dos arameus. Quando chegaram às imediações do acampamento, viram que não havia ninguém ali, ⁶ pois o Senhor tinha feito os arameus ouvirem o ruído de um grande exército com cavalos e carros de guerra, de modo que disseram uns aos outros: "Ouçam, o rei de Israel contratou os reis dos hititas e dos egípcios para nos atacarem!" ⁷ Então, para salvar sua vida, fugiram ao anoitecer, abandonando tendas, cavalos e jumentos, deixando o acampamento como estava.

⁸ Tendo chegado às imediações do acampamento, os leprosos entraram numa das tendas. Comeram e beberam, pegaram prata, ouro e roupas e saíram para esconder tudo. Depois voltaram e entraram noutra tenda, pegaram o que quiseram e esconderam isso também.

⁹ Então disseram uns aos outros: "Não estamos agindo certo. Este é um dia de boas notícias, e não podemos ficar calados. Se esperarmos até o amanhecer, seremos castigados. Vamos imediatamente contar tudo no palácio do rei".

¹⁰ Então foram, chamaram as sentinelas da porta da cidade e lhes contaram: "Entramos no acampamento arameu e não vimos nem ouvimos ninguém. Havia apenas cavalos e

---

^{a} **6.25** Hebraico: *80 siclos*. Um siclo equivalia a 12 gramas.
^{b} **6.25** Hebraico: *1/4 de cabo*. O cabo era uma medida de capacidade para líquidos. As estimativas variam entre 1 e 2 litros.
^{c} **7.1** Hebraico: *1 seá*. O seá era uma medida de capacidade para secos. As estimativas variam entre 7 e 14 litros.
^{d} **7.1** Hebraico: *1 siclo*. Um siclo equivalia a 12 gramas.
^{e} **7.3** O termo hebraico não se refere somente à lepra, mas também a diversas doenças da pele; também no versículo 8.

jumentos amarrados, e tendas abandonadas". ¹¹As sentinelas da porta proclamaram a notícia, e ela foi anunciada dentro do palácio.

¹² O rei se levantou de noite e disse aos seus conselheiros: "Eu explicarei a vocês o que os arameus planejaram. Como sabem que estamos passando fome, deixaram o acampamento e se esconderam no campo, pensando: 'Com certeza eles sairão, e então os pegaremos vivos e entraremos na cidade' ".

¹³ Um de seus conselheiros respondeu: "Manda que alguns homens apanhem cinco dos cavalos que restam na cidade. O destino desses homens será o mesmo de todos os israelitas que ficarem, sim, como toda esta multidão condenada. Por isso vamos enviá-los para descobrir o que aconteceu".

¹⁴ Assim que prepararam dois carros de guerra com seus cavalos, o rei os enviou atrás do exército arameu, ordenando aos condutores: "Vão e descubram o que aconteceu". ¹⁵ Eles seguiram as pegadas do exército até o Jordão e encontraram todo o caminho cheio de roupas e armas que os arameus haviam deixado para trás enquanto fugiam. Os mensageiros voltaram e relataram tudo ao rei. ¹⁶ Então o povo saiu e saqueou o acampamento dos arameus. Assim, tanto uma medida de farinha como duas medidas de cevada passaram a ser vendidas por uma peça de prata, conforme o Senhor tinha dito.

¹⁷ Ora, o rei havia posto o oficial em cujo braço tinha se apoiado como encarregado da porta da cidade, mas, quando o povo saiu, atropelou-o junto à porta, e ele morreu, conforme o homem de Deus havia predito quando o rei foi à sua casa. ¹⁸ Aconteceu conforme o homem de Deus dissera ao rei: "Amanhã, por volta desta hora, na porta de Samaria, tanto uma medida de farinha como duas medidas de cevada serão vendidas por uma peça de prata".

¹⁹ O oficial tinha contestado o homem de Deus perguntando: "Ainda que o Senhor abrisse as comportas do céu, será que isso poderia acontecer?" O homem de Deus havia respondido: "Você verá com os próprios olhos, mas não comerá coisa alguma!" ²⁰ E foi exatamente isso que lhe aconteceu, pois o povo o pisoteou junto à porta da cidade, e ele morreu.

A Sunamita Recebe de Volta sua Propriedade

8 Eliseu tinha prevenido a mãe do menino que ele havia ressuscitado: "Saia do país com sua família e vá morar onde puder, pois o Senhor determinou para esta terra uma fome, que durará sete anos". ² A mulher seguiu o conselho do homem de Deus, partiu com sua família e passou sete anos na terra dos filisteus. ³ Ao final dos sete anos ela voltou a Israel e fez um apelo ao rei para readquirir sua casa e sua propriedade. ⁴ O rei estava conversando com Geazi, servo do homem de Deus, e disse: "Conte-me todos os prodígios que Eliseu tem feito". ⁵ Enquanto Geazi contava ao rei como Eliseu havia ressuscitado o menino, a própria mãe chegou para apresentar sua petição ao rei a fim de readquirir sua casa e sua propriedade. Geazi exclamou: "Esta é a mulher, ó rei, meu senhor, e este é o filho dela, a quem Eliseu ressuscitou". ⁶ O rei pediu que ela contasse o ocorrido, e ela confirmou os fatos.

Então ele designou um oficial para cuidar do caso dela e lhe ordenou: "Devolva tudo o que lhe pertencia, inclusive toda a renda das colheitas, desde que ela saiu do país até hoje".

A Morte de Ben-Hadade

⁷ Certa ocasião, Eliseu foi a Damasco. Ben-Hadade, rei da Síria, estava doente. Quando disseram ao rei: "O homem de Deus está na cidade", ⁸ ele ordenou a Hazael: "Vá encontrar-se com o homem de Deus e leve-lhe um presente. Consulte o Senhor por meio dele; pergunte-lhe se vou me recuperar desta doença".

⁹ Hazael foi encontrar-se com Eliseu, levando consigo de tudo o que havia de melhor em Damasco, um presente carregado por quarenta camelos. Ao chegar diante dele, Hazael disse: "Teu filho Ben-Hadade, rei da Síria, enviou-me para perguntar se ele vai recuperar-se da sua doença".

¹⁰ Eliseu respondeu: "Vá e diga-lhe: 'Com certeza te recuperarás', no entanto[a] o Senhor me revelou que de fato ele vai morrer". ¹¹ Eliseu ficou olhando fixamente para Hazael até deixá-lo constrangido. Então o homem de Deus começou a chorar.

¹² E perguntou Hazael: "Por que meu senhor está chorando?"

Ele respondeu: "Porque sei das coisas terríveis que você fará aos israelitas. Você incendiará suas fortalezas, matará seus jovens à espada, esmagará as crianças e rasgará o ventre das suas mulheres grávidas".

---

[a] **8.10** Ou '*Com certeza não te recuperarás*', pois

¹³ Hazael disse: "Como poderia teu servo, que não passa de um cão, realizar algo assim?"

Respondeu Eliseu: "O Senhor me mostrou que você se tornará rei da Síria".

¹⁴ Então Hazael saiu dali e voltou para seu senhor. Quando Ben-Hadade perguntou: "O que Eliseu disse a você?", Hazael respondeu: "Ele me falou que certamente te recuperarás". ¹⁵ Mas, no dia seguinte, ele apanhou um cobertor, encharcou-o e com ele sufocou o rei, até matá-lo. E assim Hazael foi o seu sucessor.

O Reinado de Jeorão, Rei de Judá

¹⁶ No quinto ano de Jorão, filho de Acabe, rei de Israel, sendo ainda Josafá rei de Judá, Jeorão, seu filho, começou a reinar em Judá. ¹⁷ Ele tinha trinta e dois anos de idade quando começou a reinar e reinou oito anos em Jerusalém. ¹⁸ Andou nos caminhos dos reis de Israel, como a família de Acabe havia feito, pois se casou com uma filha de Acabe. E fez o que o Senhor reprova. ¹⁹ Entretanto, por amor ao seu servo Davi, o Senhor não quis destruir Judá. Ele havia prometido manter para sempre um descendente de Davi no trono[a].

²⁰ Nos dias de Jeorão, os edomitas rebelaram-se contra o domínio de Judá, proclamando seu próprio rei. ²¹ Por isso Jeorão foi a Zair com todos os seus carros de guerra. Lá os edomitas cercaram Jeorão e os chefes dos seus carros de guerra, mas ele os atacou de noite e rompeu o cerco inimigo, e seu exército conseguiu fugir para casa. ²² E até hoje Edom continua independente de Judá. Nessa mesma época, a cidade de Libna também tornou-se independente.

²³ Os demais acontecimentos do reinado de Jeorão e todas as suas realizações estão escritos nos registros históricos dos reis de Judá. ²⁴ Jeorão descansou com seus antepassados e foi sepultado com eles na Cidade de Davi. E seu filho Acazias foi o seu sucessor.

O Reinado de Acazias, Rei de Judá

²⁵ No décimo segundo ano do reinado de Jorão, filho de Acabe, rei de Israel, Acazias, filho de Jeorão, rei de Judá, começou a reinar. ²⁶ Ele tinha vinte e dois anos de idade quando começou a reinar e reinou um ano em Jerusalém. O nome de sua mãe era Atalia, neta de Onri, rei de Israel. ²⁷ Ele andou nos caminhos da família de Acabe e fez o que o Senhor reprova, como a família de Acabe havia feito, pois casou-se com uma mulher da família de Acabe.

²⁸ Acazias aliou-se a Jorão, filho de Acabe, e saiu à guerra contra Hazael, rei da Síria, em Ramote-Gileade. Jorão foi ferido ²⁹ e voltou a Jezreel para recuperar-se dos ferimentos sofridos em Ramote[b], na batalha contra Hazael, rei da Síria.

Acazias, rei de Judá, foi a Jezreel visitar Jorão, que se recuperava de seus ferimentos.

Jeú é Consagrado Rei de Israel

9 Enquanto isso o profeta Eliseu chamou um dos discípulos dos profetas e lhe disse: "Ponha a capa por dentro do cinto, pegue este frasco de óleo e vá a Ramote-Gileade. ² Quando lá chegar, procure Jeú, filho de Josafá e neto de Ninsi. Dirija-se a ele e leve-o para uma sala, longe dos seus companheiros. ³ Depois pegue o frasco, derrame o óleo sobre a cabeça dele e declare: 'Assim diz o Senhor: Eu o estou ungindo rei sobre Israel'. Em seguida abra a porta e fuja sem demora!"

⁴ Então o jovem profeta foi a Ramote-Gileade. ⁵ Ao chegar, encontrou os comandantes do exército reunidos e disse: "Trago uma mensagem para ti, comandante".

"Para qual de nós?", perguntou Jeú.

Ele respondeu: "Para ti, comandante".

⁶ Jeú levantou-se e entrou na casa. Então o jovem profeta derramou o óleo na cabeça de Jeú e declarou-lhe: "Assim diz o Senhor, o Deus de Israel: 'Eu o estou ungindo rei de Israel, o povo do Senhor. ⁷ Você dará fim à família de Acabe, seu senhor, e assim eu vingarei o sangue de meus servos, os profetas, e o sangue de todos os servos do Senhor, derramado por Jezabel. ⁸ Toda a família de Acabe perecerá. Eliminarei todos os de sexo masculino[c] de sua família em Israel, seja escravo seja livre. ⁹ Tratarei a família de Acabe como tratei a de Jeroboão, filho de Nebate, e a de Baasa, filho de Aías. ¹⁰ E Jezabel será devorada por cães num terreno em Jezreel, e ninguém a sepultará' ". Então ele abriu a porta e saiu correndo.

¹¹ Quando Jeú voltou para junto dos outros oficiais do rei, um deles lhe perguntou: "Está tudo bem? O que esse louco queria com você?"

Jeú respondeu: "Vocês conhecem essa gente e sabem as coisas que eles dizem".

---

[a] 8.19 Hebraico: *uma lâmpada para ele e seus descendentes.*
[b] 8.29 Hebraico: *Ramá*, variante de *Ramote.*
[c] 9.8 Hebraico: *os que urinam na parede.*

¹² Mas insistiram: "Não nos engane! Conte-nos o que ele disse".

Então Jeú contou: "Ele me disse o seguinte: 'Assim diz o Senhor: Eu o estou ungindo rei sobre Israel' ".

¹³ Imediatamente eles pegaram os seus mantos e os estenderam sobre os degraus diante dele. Em seguida tocaram a trombeta e gritaram: "Jeú é rei!"

A Morte de Jorão e de Acazias

¹⁴ Então Jeú, filho de Josafá e neto de Ninsi, começou uma conspiração contra o rei Jorão, na época em que este defendeu, com todo o Israel, Ramote-Gileade contra Hazael, rei da Síria. ¹⁵ O rei Jorão tinha voltado a Jezreel para recuperar-se dos ferimentos sofridos na batalha contra Hazael, rei da Síria. Jeú propôs: "Se vocês me apoiam, não deixem ninguém sair escondido da cidade para nos denunciar em Jezreel". ¹⁶ Então ele subiu em seu carro e foi para Jezreel, porque Jorão estava lá se recuperando; e Acazias, rei de Judá, tinha ido visitá-lo.

¹⁷ Quando a sentinela que estava na torre de vigia de Jezreel percebeu a tropa de Jeú se aproximando, gritou: "Estou vendo uma tropa!"

Jorão ordenou: "Envie um cavaleiro ao encontro deles para perguntar se eles vêm em paz".

¹⁸ O cavaleiro foi ao encontro de Jeú e disse: "O rei pergunta: 'Vocês vêm em paz?' "

Jeú respondeu: "Não me venha falar em paz. Saia da minha frente".

A sentinela relatou: "O mensageiro chegou a eles, mas não está voltando".

¹⁹ Então o rei enviou um segundo cavaleiro. Quando chegou a eles disse: "O rei pergunta: 'Vocês vêm em paz?' "

Jeú respondeu: "Não me venha falar em paz. Saia da minha frente".

²⁰ A sentinela relatou: "Ele chegou a eles, mas também não está voltando". E acrescentou: "O jeito de o chefe da tropa guiar o carro é como o de Jeú, neto de Ninsi; dirige como louco".

²¹ Jorão ordenou que preparassem seu carro de guerra. Assim que ficou pronto, Jorão, rei de Israel, e Acazias, rei de Judá, saíram, cada um em seu carro, ao encontro de Jeú. Eles o encontraram na propriedade que havia pertencido a Nabote, de Jezreel. ²² Quando Jorão viu Jeú, perguntou: "Você vem em paz, Jeú?"

Jeú respondeu: "Como pode haver paz, enquanto continuam toda a idolatria e as feitiçarias de sua mãe, Jezabel?"

²³ Jorão deu meia-volta e fugiu, gritando para Acazias: "Traição, Acazias!"

²⁴ Então Jeú disparou seu arco com toda a força e atingiu Jorão nas costas. A flecha atravessou-lhe o coração e ele caiu morto. ²⁵ Jeú disse a Bidcar, seu oficial: "Pegue o cadáver e jogue-o nesta propriedade que pertencia a Nabote, de Jezreel. Lembre-se da advertência que o Senhor proferiu contra Acabe, pai dele, quando juntos acompanhávamos sua comitiva. Ele disse: ²⁶ 'Ontem, vi o sangue de Nabote e o sangue dos seus filhos, declara o Senhor, e com certeza farei você pagar por isso nesta mesma propriedade, declara o Senhor'. Agora, então, pegue o cadáver e jogue-o nesta propriedade, conforme a palavra do Senhor".

²⁷ Vendo isso, Acazias, rei de Judá, fugiu na direção de Bete-Hagã. Mas Jeú o perseguiu, gritando: "Matem-no também!" Eles o atingiram em seu carro de guerra na subida para Gur, perto de Ibleã, mas ele conseguiu refugiar-se em Megido, onde morreu. ²⁸ Seus oficiais o levaram a Jerusalém e o sepultaram com seus antepassados em seu túmulo, na Cidade de Davi. ²⁹ Acazias havia se tornado rei de Judá no décimo primeiro ano de Jorão, filho de Acabe.

A Morte de Jezabel

³⁰ Em seguida Jeú entrou em Jezreel. Ao saber disso, Jezabel pintou os olhos, arrumou o cabelo e ficou olhando de uma janela do palácio. ³¹ Quando Jeú passou pelo portão, ela gritou: "Como vai, Zinri, assassino do seu senhor?"

³² Ele ergueu os olhos para a janela e gritou: "Quem de vocês está do meu lado?" Dois ou três oficiais olharam para ele. ³³ Então Jeú ordenou: "Joguem essa mulher para baixo!" Eles a jogaram e o sangue dela espirrou na parede e nos cavalos, e Jeú a atropelou.

³⁴ Jeú entrou, comeu, bebeu e ordenou: "Peguem aquela maldita e sepultem-na; afinal era filha de rei". ³⁵ Mas, quando foram sepultá-la, só encontraram o crânio, os pés e as mãos. ³⁶ Então voltaram e contaram isso a Jeú, que disse: "Cumpriu-se a palavra do Senhor anunciada por meio do seu servo Elias, o tesbita: Num terreno em Jezreel cães devorarão a carne de Jezabel, ³⁷ os seus restos mortais

serão espalhados num terreno em Jezreel, como esterco no campo, de modo que ninguém será capaz de dizer: 'Esta é Jezabel' ".

A Morte da Família de Acabe

10 Ora, viviam em Samaria setenta descendentes de Acabe. Jeú escreveu uma carta e a enviou a Samaria, aos líderes da cidade[a], às autoridades e aos tutores dos descendentes de Acabe. A carta dizia: ² "Assim que receberem esta carta, vocês, que cuidam dos filhos do rei e que têm carros de guerra e cavalos, uma cidade fortificada e armas, ³ escolham o melhor e o mais capaz dos filhos do rei e coloquem-no no trono de seu pai. E lutem pela dinastia de seu senhor".

⁴ Eles, porém, estavam aterrorizados e disseram: "Se dois reis não puderam enfrentá-lo, como poderemos nós?"

⁵ Por isso o administrador do palácio, o governador da cidade, as autoridades e os tutores enviaram esta mensagem a Jeú: "Somos teus servos e faremos tudo o que exigires de nós. Não proclamaremos nenhum rei. Faze o que achares melhor".

⁶ Então Jeú escreveu-lhes uma segunda carta que dizia: "Se vocês estão do meu lado e estão dispostos a obedecer-me, tragam-me as cabeças dos descendentes de seu senhor a Jezreel, amanhã a esta hora".

Os setenta descendentes de Acabe estavam sendo criados pelas autoridades da cidade. ⁷ Logo que receberam a carta, decapitaram todos os setenta, colocaram as cabeças em cestos e as enviaram a Jeú, em Jezreel. ⁸ Ao ser informado de que tinham trazido as cabeças, Jeú ordenou: "Façam com elas dois montes junto à porta da cidade, para que fiquem expostas lá até amanhã".

⁹ Na manhã seguinte Jeú saiu e declarou a todo o povo: "Vocês são inocentes! Fui eu que conspirei contra meu senhor e o matei, mas quem matou todos estes? ¹⁰ Saibam, então, que não deixará de se cumprir uma só palavra que o SENHOR falou contra a família de Acabe. O SENHOR fez o que prometeu por meio de seu servo Elias". ¹¹ Então Jeú matou todos os que restavam da família de Acabe em Jezreel, bem como todos os seus aliados influentes, os seus amigos pessoais e os seus sacerdotes, não lhe deixando sobrevivente algum.

[a] **10.1** Conforme alguns manuscritos da Septuaginta e a Vulgata. O Texto Massorético diz *de Jezreel*.

¹² Depois Jeú partiu para Samaria. Em Bete-Equede dos Pastores ¹³ encontrou alguns parentes de Acazias, rei de Judá, e perguntou: "Quem são vocês?"

Eles responderam: "Somos parentes de Acazias e estamos indo visitar as famílias do rei e da rainha-mãe".

¹⁴ Então Jeú ordenou aos seus soldados: "Peguem-nos vivos!" Então os pegaram e os mataram junto ao poço de Bete-Equede. Eram quarenta e dois homens, e nenhum deles foi deixado vivo.

¹⁵ Saindo dali, Jeú encontrou Jonadabe, filho de Recabe, que tinha ido falar com ele. Depois de saudá-lo Jeú perguntou: "Você está de acordo com o que estou fazendo?"

Jonadabe respondeu: "Estou".

E disse Jeú: "Então, dê-me a mão". Jonadabe estendeu-lhe a mão, e Jeú o ajudou a subir no carro, ¹⁶ e lhe disse: "Venha comigo e veja o meu zelo pelo SENHOR". E o levou em seu carro.

¹⁷ Quando Jeú chegou a Samaria, matou todos os que restavam da família de Acabe na cidade; ele os exterminou, conforme a palavra que o SENHOR tinha dito a Elias.

A Morte dos Ministros de Baal

¹⁸ Jeú reuniu todo o povo e declarou: "Acabe não cultuou o deus Baal o bastante; eu, Jeú, o cultuarei muito mais. ¹⁹ Por isso convoquem todos os profetas de Baal, todos os seus ministros e todos os seus sacerdotes. Ninguém deverá faltar, pois oferecerei um grande sacrifício a Baal. Quem não vier morrerá". Mas Jeú estava agindo traiçoeiramente, a fim de exterminar os ministros de Baal.

²⁰ Então Jeú ordenou: "Convoquem uma assembleia em honra a Baal". Foi feita a proclamação, ²¹ e ele enviou mensageiros por todo o Israel. Todos os ministros de Baal vieram; nem um deles faltou. Eles se reuniram no templo de Baal, que ficou completamente lotado. ²² E Jeú disse ao encarregado das vestes cultuais: "Traga os mantos para todos os ministros de Baal". E ele os trouxe.

²³ Depois Jeú entrou no templo com Jonadabe, filho de Recabe, e disse aos ministros de Baal: "Olhem em volta e certifiquem-se de que nenhum servo do SENHOR está aqui com vocês, mas somente ministros de Baal". ²⁴ E eles se aproximaram para oferecer sacrifícios

e holocaustos*ª*. Jeú havia posto oitenta homens do lado de fora, fazendo-lhes esta advertência: "Se um de vocês deixar escapar um só dos homens que estou entregando a vocês, será a sua vida pela dele".

²⁵ Logo que Jeú terminou de oferecer o holocausto, ordenou aos guardas e oficiais: "Entrem e matem todos! Não deixem ninguém escapar!" E eles os mataram ao fio da espada, jogaram os corpos para fora e depois entraram no santuário interno do templo de Baal. ²⁶ Levaram a coluna sagrada para fora do templo de Baal e a queimaram. ²⁷ Assim destruíram a coluna sagrada de Baal e demoliram o seu templo, e até hoje o local tem sido usado como latrina.

²⁸ Assim Jeú eliminou a adoração a Baal em Israel. ²⁹ No entanto, não se afastou dos pecados de Jeroboão, filho de Nebate, pois levou Israel a cometer o pecado de adorar os bezerros de ouro em Betel e em Dã.

³⁰ E o Senhor disse a Jeú: "Como você executou corretamente o que eu aprovo, fazendo com a família de Acabe tudo o que eu queria, seus descendentes ocuparão o trono de Israel até a quarta geração". ³¹ Entretanto, Jeú não se preocupou em obedecer de todo o coração à lei do Senhor, Deus de Israel, nem se afastou dos pecados que Jeroboão levara Israel a cometer.

³² Naqueles dias, o Senhor começou a reduzir o tamanho de Israel. O rei Hazael conquistou todo o território israelita ³³ a leste do Jordão, incluindo toda a terra de Gileade. Conquistou desde Aroer, junto à garganta do Arnom, até Basã, passando por Gileade, terras das tribos de Gade, de Rúben e de Manassés.

³⁴ Os demais acontecimentos do reinado de Jeú, todos os seus atos e todas as suas realizações, estão escritos nos registros históricos dos reis de Israel. ³⁵ Jeú descansou com os seus antepassados e foi sepultado em Samaria. Seu filho Jeoacaz foi seu sucessor. ³⁶ Reinou Jeú vinte e oito anos sobre Israel em Samaria.

Joás Escapa de Atalia

11 Quando Atalia, mãe de Acazias, soube que seu filho estava morto, mandou matar toda a família real. ² Mas Jeoseba, filha do rei Jeorão e irmã de Acazias, pegou Joás, um dos filhos do rei que iam ser assassinados, e o colocou num quarto, com a sua ama, para escondê-lo de Atalia; assim ele não foi morto. ³ Seis anos ele ficou escondido com ela no templo do Senhor, enquanto Atalia governava o país.

⁴ No sétimo ano, o sacerdote Joiada mandou chamar à sua presença no templo do Senhor os líderes dos batalhões de cem dos cários*ᵇ* e dos guardas. E fez um acordo com eles no templo do Senhor, com juramento. Depois lhes mostrou o filho do rei ⁵ e lhes ordenou: "Vocês vão fazer o seguinte: Quando entrarem de serviço no sábado, uma companhia ficará de guarda no palácio real; ⁶ outra, na porta de Sur; a terceira, na porta que fica atrás das outras companhias. Elas montarão guarda no templo por turnos. ⁷ As outras duas companhias, que normalmente não estão de serviço*ᶜ* no sábado, ficarão de guarda no templo, para proteger o rei. ⁸ Posicionem-se ao redor do rei, de armas na mão. Matem todo o que se aproximar de suas fileiras*ᵈ*. Acompanhem o rei aonde quer que ele for".

⁹ Os líderes dos batalhões de cem fizeram como o sacerdote Joiada havia ordenado. Cada um levou seus soldados, tanto os que estavam entrando em serviço no sábado como os que estavam saindo, ao sacerdote Joiada. ¹⁰ Então ele deu aos líderes dos batalhões de cem as lanças e os escudos que haviam pertencido ao rei Davi e que estavam no templo do Senhor. ¹¹ Os guardas, todos armados, posicionaram-se em volta do rei, junto do altar e em torno do templo, desde o lado sul até o lado norte do templo.

¹² Depois Joiada trouxe para fora Joás, o filho do rei, colocou nele a coroa e lhe entregou uma cópia da aliança. Então o proclamaram rei, ungindo-o, e o povo aplaudia e gritava: "Viva o rei!"

¹³ Quando Atalia ouviu o barulho dos guardas e do povo, foi ao templo do Senhor, onde estava o povo, ¹⁴ e onde ela viu o rei, em pé junto à coluna, conforme o costume. Os oficiais e os tocadores de corneta estavam ao lado do rei, e todo o povo se alegrava ao som das cornetas. Então Atalia rasgou suas vestes e gritou: "Traição! Traição!"

¹⁵ O sacerdote Joiada ordenou aos líderes dos batalhões de cem que estavam no comando das

---

ᵃ 10.24 Isto é, sacrifícios totalmente queimados; também no versículo 25.
ᵇ 11.4 Isto é, mercenários que vinham da Ásia Menor; também no versículo 19.
ᶜ 11.7 Ou *As duas companhias que saírem do serviço*
ᵈ 11.8 Ou *do local*; também no versículo 15.

tropas: "Levem-na para fora por entre as fileiras e matem à espada quem a seguir". Pois o sacerdote dissera: "Ela não será morta no templo do Senhor". ¹⁶ Então eles a prenderam e a levaram ao lugar onde os cavalos entram no terreno do palácio e lá a mataram.

¹⁷ E Joiada fez uma aliança entre o Senhor, o rei e o povo, para que fossem o povo do Senhor; também fez um acordo entre o rei e o povo. ¹⁸ Depois todo o povo foi ao templo de Baal e o derrubou. Despedaçaram os altares e os ídolos e mataram Matã, sacerdote de Baal, em frente dos altares.

A seguir o sacerdote Joiada colocou guardas no templo do Senhor. ¹⁹ Levou consigo os líderes dos batalhões de cem cários, os guardas e todo o povo e, juntos, conduziram o rei do templo ao palácio, passando pela porta da guarda. O rei então ocupou seu lugar no trono real, ²⁰ e todo o povo se alegrou. E a cidade acalmou-se depois que Atalia foi morta à espada no palácio.

²¹ Joás tinha sete anos de idade quando começou a reinar.

A Reparação do Templo

12 No sétimo ano do reinado de Jeú, Joás começou a reinar e reinou quarenta anos em Jerusalém. O nome de sua mãe era Zíbia; ela era de Berseba. ² Joás fez o que o Senhor aprova durante todos os anos em que o sacerdote Joiada o orientou. ³ Contudo, os altares idólatras não foram derrubados; o povo continuava a oferecer sacrifícios e a queimar incenso neles.

⁴ Joás ordenou aos sacerdotes: "Reúnam toda a prata trazida como dádiva sagrada ao templo do Senhor: a prata recolhida no recenseamento, a prata recebida de votos pessoais e a que foi trazida voluntariamente ao templo. ⁵ Cada sacerdote recolha a prata de um dos tesoureiros para que seja usada na reforma do templo".

⁶ Contudo, no vigésimo terceiro ano do reinado de Joás, os sacerdotes ainda não tinham feito as reformas. ⁷ Por isso o rei Joás chamou o sacerdote Joiada e os outros sacerdotes e lhes perguntou: "Por que vocês não estão fazendo as reformas no templo? Não recolham mais prata com seus tesoureiros, mas deixem-na para as reformas". ⁸ Os sacerdotes concordaram em não mais receberem nenhuma prata do povo e em não serem mais os encarregados dessas reformas.

⁹ Então o sacerdote Joiada pegou uma caixa, fez um furo na tampa e colocou-a ao lado do altar, à direita de quem entra no templo do Senhor. Os sacerdotes que guardavam a entrada colocavam na caixa toda a prata trazida ao templo do Senhor. ¹⁰ Sempre que havia uma grande quantidade de prata na caixa, o secretário real e o sumo sacerdote vinham, pesavam a prata trazida ao templo do Senhor e a colocavam em sacolas. ¹¹ Depois de pesada, entregavam a prata aos supervisores do trabalho no templo. Assim pagavam aqueles que trabalhavam no templo do Senhor: os carpinteiros e os construtores, ¹² os pedreiros e os cortadores de pedras. Também compravam madeira e pedras lavradas para os consertos a serem feitos no templo do Senhor e cobriam todas as outras despesas.

¹³ A prata trazida ao templo não era utilizada na confecção de bacias de prata, cortadores de pavio, bacias para aspersão, cornetas ou quaisquer outros utensílios de ouro ou prata para o templo do Senhor; ¹⁴ era usada como pagamento dos trabalhadores, e eles a empregavam para o reparo do templo. ¹⁵ Não se exigia prestação de contas dos que pagavam os trabalhadores, pois agiam com honestidade. ¹⁶ Mas a prata das ofertas pela culpa e das ofertas pelo pecado não era levada ao templo do Senhor, pois pertencia aos sacerdotes.

¹⁷ Nessa época, Hazael, rei da Síria, atacou Gate e a conquistou. Depois decidiu atacar Jerusalém. ¹⁸ Então Joás, rei de Judá, apanhou todos os objetos consagrados por seus antepassados Josafá, Jeorão e Acazias, reis de Judá, e os que ele mesmo havia consagrado, e todo o ouro encontrado no depósito do templo do Senhor e do palácio real, e enviou tudo a Hazael, rei da Síria, que, assim, desistiu de atacar Jerusalém.

¹⁹ Os demais acontecimentos do reinado de Joás e as suas realizações estão todos escritos no livro dos registros históricos dos reis de Judá. ²⁰ Dois de seus oficiais conspiraram contra ele e o assassinaram em Bete-Milo, no caminho que desce para Sila. ²¹ Os oficiais que o assassinaram foram Jozabade, filho de Simeate, e Jeozabade, filho de Somer. Ele morreu e foi sepultado junto aos seus antepassados na Cidade de Davi. E seu filho Amazias foi o seu sucessor.

O Reinado de Jeoacaz, Rei de Israel

13 No vigésimo terceiro ano do reinado de Joás, filho de Acazias, rei de Judá, Jeoacaz, filho de Jeú, tornou-se rei de Israel em Samaria e reinou dezessete anos. ² Ele fez o que o Senhor reprova, seguindo os pecados que Jeroboão, filho de Nebate, levara Israel a cometer; e não se afastou deles. ³ Por isso a ira do Senhor se acendeu contra Israel, e por longo tempo ele os manteve sob o poder de Hazael, rei da Síria, e de seu filho Ben-Hadade.

⁴ Então Jeoacaz buscou o favor do Senhor, e este o atendeu, pois viu quanto o rei da Síria oprimia Israel. ⁵ O Senhor providenciou um libertador para Israel, que escapou do poder da Síria. Assim os israelitas moraram em suas casas como anteriormente. ⁶ Mas continuaram a praticar os pecados que a dinastia de Jeroboão havia levado Israel a cometer, permanecendo neles. Até mesmo o poste sagrado permanecia em pé em Samaria.

⁷ De todo o exército de Jeoacaz só restaram cinquenta cavaleiros, dez carros de guerra e dez mil soldados de infantaria, pois o rei da Síria havia destruído a maior parte, reduzindo-a a pó. ⁸ Os demais acontecimentos do reinado de Jeoacaz, os seus atos e tudo o que realizou, estão escritos nos registros históricos dos reis de Israel. ⁹ Jeoacaz descansou com os seus antepassados e foi sepultado em Samaria. Seu filho Jeoás foi o seu sucessor.

O Reinado de Jeoás, Rei de Israel

¹⁰ No trigésimo sétimo ano do reinado de Joás, rei de Judá, Jeoás, filho de Jeoacaz, tornou-se rei de Israel em Samaria e reinou dezesseis anos. ¹¹ Ele fez o que o Senhor reprova e não se desviou de nenhum dos pecados que Jeroboão, filho de Nebate, levara Israel a cometer; antes permaneceu neles.

¹² Os demais acontecimentos do reinado de Jeoás, os seus atos e as suas realizações, inclusive sua guerra contra Amazias, rei de Judá, estão escritos no livro dos registros históricos dos reis de Israel. ¹³ Jeoás descansou com os seus antepassados e Jeroboão o sucedeu no trono. Jeoás foi sepultado com os reis de Israel em Samaria.

¹⁴ Ora, Eliseu estava sofrendo da doença da qual morreria. Então Jeoás, rei de Israel, foi visitá-lo e, curvado sobre ele, chorou gritando: "Meu pai! Meu pai! Tu és como os carros e os cavaleiros de Israel!".

¹⁵ E Eliseu lhe disse: "Traga um arco e algumas flechas", e ele assim fez. ¹⁶ "Pegue o arco em suas mãos", disse ao rei de Israel. Quando pegou, Eliseu pôs suas mãos sobre as mãos do rei ¹⁷ e lhe disse: "Abra a janela que dá para o leste e atire". O rei o fez, e Eliseu declarou: "Esta é a flecha da vitória do Senhor, a flecha da vitória sobre a Síria! Você destruirá totalmente os arameus, em Afeque".

¹⁸ Em seguida Eliseu mandou o rei pegar as flechas e golpear o chão. Ele golpeou o chão três vezes e parou. ¹⁹ O homem de Deus ficou irado com ele e disse: "Você deveria ter golpeado o chão cinco ou seis vezes; assim iria derrotar a Síria e a destruiria completamente. Mas agora você a vencerá somente três vezes".

²⁰ Então Eliseu morreu e foi sepultado.

Ora, tropas moabitas costumavam entrar no país a cada primavera. ²¹ Certa vez, enquanto alguns israelitas sepultavam um homem, viram de repente uma dessas tropas; então jogaram o corpo do homem no túmulo de Eliseu e fugiram. Assim que o cadáver encostou nos ossos de Eliseu, o homem voltou à vida e se levantou.

²² Hazael, rei da Síria, oprimiu os israelitas durante todo o reinado de Jeoacaz. ²³ Mas o Senhor foi bondoso para com eles, teve compaixão e mostrou preocupação por eles, por causa da sua aliança com Abraão, Isaque e Jacó. Até hoje ele não se dispôs a destruí-los ou a eliminá-los de sua presença.

²⁴ E Hazael, rei da Síria, morreu, e seu filho Ben-Hadade foi o seu sucessor. ²⁵ Então Jeoás, filho de Jeoacaz, conquistou de Ben-Hadade, filho de Hazael, as cidades que em combate Hazael havia tomado de seu pai, Jeoacaz. Três vezes Jeoás o venceu e, assim, reconquistou aquelas cidades israelitas.

O Reinado de Amazias, Rei de Judá

14 No segundo ano do reinado de Jeoás, filho de Jeoacaz, rei de Israel, Amazias, filho de Joás, rei de Judá, começou a reinar. ² Ele tinha vinte e cinco anos de idade quando começou a reinar e reinou vinte e nove anos em Jerusalém. O nome de sua mãe era Jeoadã; ela era de Jerusalém. ³ Ele fez o que o Senhor aprova, mas não como Davi, seu predecessor. Em tudo seguiu o exemplo do seu pai, Joás. ⁴ Mas os altares não foram derrubados; o povo continuava a oferecer sacrifícios e a queimar incenso neles.

⁵ Quando Amazias sentiu que tinha o reino sob pleno controle, mandou executar os oficiais que haviam assassinado o rei, seu pai. ⁶ Contudo, não matou os filhos dos assassinos, de acordo com o que está escrito no Livro da Lei de Moisés, onde o Senhor ordenou:

"Os pais não morrerão no lugar dos filhos nem os filhos no lugar dos pais; cada um morrerá pelo seu próprio pecado"[a].

⁷ Foi ele que derrotou dez mil edomitas no vale do Sal e conquistou a cidade de Selá em combate, dando-lhe o nome de Jocteel, nome que tem até hoje.

⁸ Então Amazias enviou mensageiros a Jeoás, filho de Jeoacaz e neto de Jeú, rei de Israel, com este desafio: "Venha me enfrentar".

⁹ Jeoás, porém, respondeu a Amazias: "O espinheiro do Líbano enviou uma mensagem ao cedro do Líbano: 'Dê sua filha em casamento a meu filho'. Mas um animal selvagem do Líbano veio e pisoteou o espinheiro. ¹⁰ De fato, você derrotou Edom e agora está arrogante. Comemore a sua vitória, mas fique em casa! Por que provocar uma desgraça que levará você e também Judá à ruína?"

¹¹ Amazias não quis ouvi-lo, e Jeoás, rei de Israel, o atacou. Ele e Amazias, rei de Judá, enfrentaram-se em Bete-Semes, em Judá. ¹² Judá foi derrotado por Israel, e seus soldados fugiram para as suas casas. ¹³ Jeoás capturou Amazias, filho de Joás e neto de Acazias, em Bete-Semes. Então Jeoás foi a Jerusalém e derrubou cento e oitenta metros[b] do muro da cidade, desde a porta de Efraim até a porta da Esquina. ¹⁴ Ele se apoderou de todo o ouro, de toda a prata e de todos os utensílios encontrados no templo do Senhor e nos depósitos do palácio real. Também fez reféns e, então, voltou para Samaria.

¹⁵ Os demais acontecimentos do reinado de Jeoás, os seus atos e todas as suas realizações, inclusive sua guerra contra Amazias, rei de Judá, estão escritos nos registros históricos dos reis de Israel. ¹⁶ Jeoás descansou com seus antepassados e foi sepultado com os reis de Israel em Samaria. E seu filho Jeroboão foi o seu sucessor.

¹⁷ Amazias, filho de Joás, rei de Judá, viveu ainda mais quinze anos depois da morte de Jeoás, filho de Jeoacaz, rei de Israel. ¹⁸ Os demais acontecimentos do reinado de Amazias estão escritos nos registros históricos dos reis de Judá.

¹⁹ Vítima de uma conspiração em Jerusalém, ele fugiu para Laquis, mas o perseguiram até lá e o mataram. ²⁰ Seu corpo foi trazido de volta a cavalo e sepultado em Jerusalém, junto aos seus antepassados, na Cidade de Davi.

²¹ Então todo o povo de Judá proclamou rei a Azarias[c], de dezesseis anos de idade, no lugar de seu pai, Amazias. ²² Foi ele que reconquistou e reconstruiu a cidade de Elate para Judá, depois que Amazias descansou com os seus antepassados.

O Reinado de Jeroboão, Rei de Israel

²³ No décimo quinto ano do reinado de Amazias, filho de Joás, rei de Judá, Jeroboão, filho de Jeoás, rei de Israel, tornou-se rei em Samaria e reinou quarenta e um anos. ²⁴ Ele fez o que o Senhor reprova e não se desviou de nenhum dos pecados que Jeroboão, filho de Nebate, levara Israel a cometer. ²⁵ Foi ele que restabeleceu as fronteiras de Israel desde Lebo-Hamate até o mar da Arabá[d], conforme a palavra do Senhor, Deus de Israel, anunciada pelo seu servo Jonas, filho de Amitai, profeta de Gate-Héfer.

²⁶ O Senhor viu a amargura com que todos em Israel, tanto escravos quanto livres, estavam sofrendo; não havia ninguém para socorrê-los. ²⁷ Visto que o Senhor não dissera que apagaria o nome de Israel de debaixo do céu, ele os libertou pela mão de Jeroboão, filho de Jeoás.

²⁸ Os demais acontecimentos do reinado de Jeroboão, os seus atos e as suas realizações militares, inclusive a maneira pela qual recuperou para Israel Damasco e Hamate, que haviam pertencido a Iaudi[e], estão escritos nos registros históricos dos reis de Israel. ²⁹ Jeroboão descansou com os seus antepassados, os reis de Israel. Seu filho Zacarias foi o seu sucessor.

O Reinado de Azarias, Rei de Judá

15 No vigésimo sétimo ano do reinado de Jeroboão, rei de Israel, Azarias, filho de Amazias, rei de Judá, começou a reinar. ² Tinha dezesseis anos de idade quando se tornou rei e reinou cinquenta e dois anos em Jerusalém. Sua mãe era de Jerusalém e chamava-se Jecolias. ³ Ele fez o que o Senhor aprova, tal como o seu pai, Amazias. ⁴ Contudo, os altares idólatras não foram derrubados; o povo continuava a oferecer sacrifícios e a queimar incenso neles. ⁵ O Senhor feriu o rei com lepra[f], até o dia de sua morte. Durante todo esse tempo ele

---

[a] **14.6** Dt 24.16.
[b] **14.13** Hebraico: *400 côvados*. O côvado era uma medida linear de cerca de 45 centímetros.
[c] **14.21** Também chamado *Uzias*.
[d] **14.25** Isto é, o mar Morto.
[e] **14.28** Ou *Judá*.
[f] **15.5** O termo hebraico não se refere somente à lepra, mas também a diversas doenças da pele.

morou numa casa separada[a]. Jotão, filho do rei, tomava conta do palácio e governava o povo. ⁶ Os demais acontecimentos do reinado de Azarias e todas as suas realizações estão escritos nos registros históricos dos reis de Judá. ⁷ Azarias descansou com os seus antepassados e foi sepultado junto a eles na Cidade de Davi. Seu filho Jotão foi o seu sucessor.

O Reinado de Zacarias, Rei de Israel

⁸ No trigésimo oitavo ano do reinado de Azarias, rei de Judá, Zacarias, filho de Jeroboão, tornou-se rei de Israel em Samaria e reinou seis meses. ⁹ Ele fez o que o Senhor reprova, como seus antepassados haviam feito. Não se desviou dos pecados que Jeroboão, filho de Nebate, levara Israel a cometer.

¹⁰ Salum, filho de Jabes, conspirou contra Zacarias. Ele o atacou na frente do povo[b], assassinou-o e foi o seu sucessor. ¹¹ Os demais acontecimentos do reinado de Zacarias estão escritos nos registros históricos dos reis de Israel. ¹² Assim se cumpriu a palavra do Senhor anunciada a Jeú: "Seus descendentes ocuparão o trono de Israel até a quarta geração".

O Reinado de Salum, Rei de Israel

¹³ Salum, filho de Jabes, começou a reinar no trigésimo oitavo ano do reinado de Uzias, rei de Judá, e reinou um mês em Samaria. ¹⁴ Então Menaém, filho de Gadi, foi de Tirza a Samaria e atacou Salum, filho de Jabes, assassinou-o e foi o seu sucessor. ¹⁵ Os demais acontecimentos do reinado de Salum e a conspiração que liderou estão escritos nos registros históricos dos reis de Israel.

¹⁶ Naquela ocasião Menaém, partindo de Tirza, atacou Tifsa e todos que estavam na cidade e seus arredores, porque eles se recusaram a abrir as portas da cidade. Saqueou Tifsa e rasgou ao meio todas as mulheres grávidas.

O Reinado de Menaém, Rei de Israel

¹⁷ No trigésimo nono ano do reinado de Azarias, rei de Judá, Menaém, filho de Gadi, tornou-se rei de Israel e reinou dez anos em Samaria. ¹⁸ Ele fez o que o Senhor reprova. Durante todo o seu reinado não se desviou dos pecados que Jeroboão, filho de Nebate, levara Israel a cometer.

¹⁹ Então Pul[c], rei da Assíria, invadiu o país, e Menaém lhe deu trinta e cinco toneladas[d] de prata para obter seu apoio e manter-se no trono. ²⁰ Menaém cobrou essa quantia de Israel. Todos os homens de posses tiveram de contribuir com seiscentos gramas[e] de prata no pagamento ao rei da Assíria. Então ele interrompeu a invasão e foi embora.

²¹ Os demais acontecimentos do reinado de Menaém e todas as suas realizações estão escritos nos registros históricos dos reis de Israel. ²² Menaém descansou com os seus antepassados, e seu filho Pecaías foi o seu sucessor.

O Reinado de Pecaías, Rei de Israel

²³ No quinquagésimo ano do reinado de Azarias, rei de Judá, Pecaías, filho de Menaém, tornou-se rei de Israel em Samaria e reinou dois anos. ²⁴ Pecaías fez o que o Senhor reprova. Não se desviou dos pecados que Jeroboão, filho de Nebate, levara Israel a cometer. ²⁵ Um dos seus principais oficiais, Peca, filho de Remalias, conspirou contra ele. Levando consigo cinquenta homens de Gileade, assassinou Pecaías e também Argobe e Arié, na cidadela do palácio real em Samaria. Assim Peca matou Pecaías e foi o seu sucessor.

²⁶ Os demais acontecimentos do reinado de Pecaías e todas as suas realizações estão escritos nos registros históricos dos reis de Israel.

O Reinado de Peca, Rei de Israel

²⁷ No quinquagésimo segundo ano do reinado de Azarias, rei de Judá, Peca, filho de Remalias, tornou-se rei de Israel em Samaria e reinou vinte anos. ²⁸ Ele fez o que o Senhor reprova. Não se desviou dos pecados que Jeroboão, filho de Nebate, levara Israel a cometer.

²⁹ Durante o seu reinado, Tiglate-Pileser, rei da Assíria, invadiu e conquistou Ijom, Abel-Bete-Maaca, Janoa, Quedes e Hazor. Tomou Gileade e a Galileia, inclusive toda a terra de Naftali, e deportou o povo para a Assíria. ³⁰ Então Oseias, filho de Elá, conspirou contra Peca, filho de Remalias. Ele o atacou e o assassinou, tornando-se o seu sucessor no vigésimo ano do reinado de Jotão, filho de Uzias.

---

[a] **15.5** Ou *casa onde estava desobrigado de suas responsabilidades*
[b] **15.10** Alguns manuscritos da Septuaginta dizem *atacou em Ibleã*.
[c] **15.19** Também chamado *Tiglate-Pileser*.
[d] **15.19** Hebraico: *1.000 talentos*. Um talento equivalia a 35 quilos.
[e] **15.20** Hebraico: *50 siclos*. Um siclo equivalia a 12 gramas.

³¹ Os demais acontecimentos do reinado de Peca e todas as suas realizações estão escritos nos registros históricos dos reis de Israel.

O Reinado de Jotão, Rei de Judá

³² No segundo ano do reinado de Peca, filho de Remalias, rei de Israel, Jotão, filho de Uzias, rei de Judá, começou a reinar. ³³ Ele tinha vinte e cinco anos de idade quando começou a reinar e reinou dezesseis anos em Jerusalém. O nome da sua mãe era Jerusa, filha de Zadoque. ³⁴ Ele fez o que o Senhor aprova, tal como seu pai, Uzias. ³⁵ Contudo, os altares idólatras não foram derrubados; o povo continuou a oferecer sacrifícios e a queimar incenso neles. Jotão reconstruiu a porta superior do templo do Senhor.

³⁶ Os demais acontecimentos do reinado de Jotão e as suas realizações estão escritos nos registros históricos dos reis de Judá. ³⁷ (Naqueles dias o Senhor começou a enviar Rezim, rei da Síria, e Peca, filho de Remalias, contra Judá.) ³⁸ Jotão descansou com os seus antepassados e foi sepultado junto a eles na Cidade de Davi, seu predecessor. Seu filho Acaz foi o seu sucessor.

O Reinado de Acaz, Rei de Judá

16 No décimo sétimo ano do reinado de Peca, filho de Remalias, Acaz, filho de Jotão, rei de Judá, começou a reinar. ² Acaz tinha vinte anos de idade quando começou a reinar e reinou dezesseis anos em Jerusalém. Ao contrário de Davi, seu predecessor, não fez o que o Senhor, o seu Deus, aprova. ³ Andou nos caminhos dos reis de Israel e chegou até a queimar o seu filho em sacrifício, imitando os costumes detestáveis das nações que o Senhor havia expulsado de diante dos israelitas. ⁴ Também ofereceu sacrifícios e queimou incenso nos altares idólatras, no alto das colinas e debaixo de toda árvore frondosa.

⁵ Então Rezim, rei da Síria, e Peca, filho de Remalias, rei de Israel, saíram para lutar contra Acaz e sitiaram Jerusalém, mas não conseguiram vencê-lo. ⁶ Naquela ocasião, Rezim recuperou Elate para a Síria, expulsando os homens de Judá. Os edomitas então se mudaram para Elate, onde vivem até hoje.

⁷ Acaz enviou mensageiros para dizer a Tiglate-Pileser, rei da Assíria: "Sou teu servo e teu vassalo. Vem salvar-me das mãos do rei da Síria e do rei de Israel, que estão me atacando". ⁸ Acaz ajuntou a prata e o ouro encontrados no templo do Senhor e nos depósitos do palácio real e enviou-os como presente ao rei da Assíria. ⁹ Este atendeu ao pedido, atacou Damasco e a conquistou. Deportou seus habitantes para Quir e matou Rezim.

¹⁰ Então o rei Acaz foi a Damasco encontrar-se com Tiglate-Pileser, rei da Assíria. Ele viu o altar que havia em Damasco e mandou ao sacerdote Urias um modelo do altar, com informações detalhadas para a sua construção. ¹¹ O sacerdote Urias construiu um altar conforme as instruções que o rei Acaz tinha enviado de Damasco e o terminou antes do retorno do rei Acaz. ¹² Quando o rei voltou de Damasco e viu o altar, aproximou-se dele e apresentou ofertas*ᵃ* sobre ele. ¹³ Ofereceu seu holocausto*ᵇ* e sua oferta de cereal, derramou sua oferta de bebidas*ᶜ* e aspergiu sobre o altar o sangue dos seus sacrifícios de comunhão*ᵈ*. ¹⁴ Ele tirou da frente do templo, da parte entre o altar e o templo do Senhor, o altar de bronze que ficava diante do Senhor e o colocou no lado norte do altar.

¹⁵ Então o rei Acaz deu estas ordens ao sacerdote Urias: "No altar grande, ofereça o holocausto da manhã e a oferta de cereal da tarde, o holocausto do rei e sua oferta de cereal, e o holocausto, a oferta de cereal e a oferta derramada de todo o povo. Espalhe sobre o altar todo o sangue dos holocaustos e dos sacrifícios. Mas utilizarei o altar de bronze para buscar orientação". ¹⁶ E o sacerdote Urias fez como o rei Acaz tinha ordenado.

¹⁷ O rei tirou os painéis laterais e retirou as pias dos estrados móveis. Tirou o tanque de cima dos touros de bronze que o sustentavam e o colocou sobre uma base de pedra. ¹⁸ Por causa do rei da Assíria, tirou a cobertura que se usava no sábado*ᵉ*, que fora construída no templo, e suprimiu a entrada real do lado de fora do templo do Senhor.

¹⁹ Os demais acontecimentos do reinado de Acaz e suas realizações estão escritos nos registros históricos dos reis de Judá. ²⁰ Acaz descansou com os seus antepassados e foi sepultado junto a eles na Cidade de Davi. Seu filho Ezequias foi o seu sucessor.

O Reinado de Oseias, o Último Rei de Israel

17 No décimo segundo ano do reinado de Acaz, rei de Judá, Oseias, filho de Elá,

---

ᵃ **16.12** Ou *e subiu*
ᵇ **16.13** Isto é, sacrifício totalmente queimado.
ᶜ **16.13** Veja Nm 28.7.
ᵈ **16.13** Ou *de paz*
ᵉ **16.18** Ou *a plataforma de seu trono*

tornou-se rei de Israel em Samaria e reinou nove anos. ²Ele fez o que o Senhor reprova, mas não como os reis de Israel que o precederam.

³Salmaneser, rei da Assíria, foi atacar Oseias, que fora seu vassalo e lhe pagara tributo. ⁴Mas o rei da Assíria descobriu que Oseias era um traidor, pois havia mandado emissários a Sô, rei do Egito, e já não pagava mais o tributo, como costumava fazer anualmente. Por isso, Salmaneser mandou lançá-lo na prisão. ⁵O rei da Assíria invadiu todo o país, marchou contra Samaria e a sitiou por três anos. ⁶No nono ano do reinado de Oseias, o rei assírio conquistou Samaria e deportou os israelitas para a Assíria. Ele os colocou em Hala, em Gozã do rio Habor e nas cidades dos medos.

Israel é Castigado com o Exílio

⁷Tudo isso aconteceu porque os israelitas haviam pecado contra o Senhor, o seu Deus, que os tirara do Egito, de sob o poder do faraó, rei do Egito. Eles prestaram culto a outros deuses ⁸e seguiram os costumes das nações que o Senhor havia expulsado de diante deles, bem como os costumes que os reis de Israel haviam introduzido. ⁹Os israelitas praticaram o mal secretamente contra o Senhor, o seu Deus. Em todas as suas cidades, desde as torres das sentinelas até as cidades fortificadas, eles construíram altares idólatras. ¹⁰Ergueram colunas sagradas e postes sagrados em todo monte alto e debaixo de toda árvore frondosa. ¹¹Em todos os altares idólatras queimavam incenso, como faziam as nações que o Senhor havia expulsado de diante deles. Fizeram males que provocaram o Senhor à ira. ¹²Prestaram culto a ídolos, embora o Senhor houvesse dito: "Não façam isso". ¹³O Senhor advertiu Israel e Judá por meio de todos os seus profetas e videntes: "Desviem-se de seus maus caminhos. Obedeçam às minhas ordenanças e aos meus decretos, de acordo com toda a Lei que ordenei aos seus antepassados que obedecessem e que lhes entreguei por meio de meus servos, os profetas".

¹⁴Mas eles não quiseram ouvir e foram obstinados como seus antepassados, que não confiaram no Senhor, o seu Deus. ¹⁵Rejeitaram os seus decretos, a aliança que ele tinha feito com os seus antepassados e as suas advertências. Seguiram ídolos inúteis, tornando-se eles mesmos inúteis. Imitaram as nações ao seu redor, embora o Senhor lhes tivesse ordenado: "Não as imitem".

¹⁶Abandonaram todos os mandamentos do Senhor, o seu Deus, e fizeram para si dois ídolos de metal na forma de bezerros e um poste sagrado de Aserá. Inclinaram-se diante de todos os exércitos celestiais e prestaram culto a Baal. ¹⁷Queimaram seus filhos e filhas em sacrifício. Praticaram adivinhação e feitiçaria e venderam-se para fazer o que o Senhor reprova, provocando-o à ira.

¹⁸Então o Senhor indignou-se muito contra Israel e os expulsou da sua presença. Só a tribo de Judá escapou, ¹⁹mas nem ela obedeceu aos mandamentos do Senhor, o seu Deus. Seguiram os costumes que Israel havia introduzido. ²⁰Por isso o Senhor rejeitou todo o povo de Israel; ele o afligiu e o entregou nas mãos de saqueadores, até expulsá-lo da sua presença.

²¹Quando o Senhor separou Israel da dinastia de Davi, os israelitas escolheram como rei Jeroboão, filho de Nebate, que induziu Israel a deixar de seguir o Senhor e o levou a cometer grande pecado. ²²Os israelitas permaneceram em todos os pecados de Jeroboão e não se desviaram deles, ²³até que o Senhor os afastou de sua presença, conforme os havia advertido por meio de todos os seus servos, os profetas. Assim, o povo de Israel foi tirado de sua terra e levado para o exílio na Assíria, onde ainda hoje permanecem.

O Repovoamento de Samaria

²⁴O rei da Assíria trouxe gente da Babilônia, de Cuta, de Ava, de Hamate e de Sefarvaim e os estabeleceu nas cidades de Samaria para substituir os israelitas. Eles ocuparam Samaria e habitaram em suas cidades. ²⁵Quando começaram a viver ali, não adoravam o Senhor; por isso ele enviou leões para o meio deles, que mataram alguns dentre o povo. ²⁶Então informaram o rei da Assíria: "Os povos que deportaste e fizeste morar nas cidades de Samaria não sabem o que o Deus daquela terra exige. Ele enviou leões para matá-los, pois desconhecem as suas exigências".

²⁷Então o rei da Assíria deu esta ordem: "Façam um dos sacerdotes de Samaria que vocês levaram prisioneiros retornar e viver ali para ensinar as exigências do deus da terra". ²⁸Então um dos sacerdotes exilados de Samaria veio morar em Betel e lhes ensinou a adorar o Senhor.

²⁹No entanto, cada grupo fez seus próprios deuses nas diversas cidades em que moravam e os puseram nos altares idólatras que o povo de

Samaria havia feito. ³⁰ Os da Babilônia fizeram Sucote-Benote, os de Cuta fizeram Nergal e os de Hamate fizeram Asima; ³¹ os aveus fizeram Nibaz e Tartaque; os sefarvitas queimavam seus filhos em sacrifício a Adrameleque e Anameleque, deuses de Sefarvaim. ³² Eles adoravam o Senhor, mas também nomeavam qualquer pessoa para lhes servir como sacerdote nos altares idólatras. ³³ Adoravam o Senhor, mas também prestavam culto aos seus próprios deuses, conforme os costumes das nações de onde haviam sido trazidos.

³⁴ Até hoje eles continuam em suas antigas práticas. Não adoram o Senhor nem se comprometem com os decretos, com as ordenanças, com as leis e com os mandamentos que o Senhor deu aos descendentes de Jacó, a quem deu o nome de Israel. ³⁵ Quando o Senhor fez uma aliança com os israelitas, ele lhes ordenou: "Não adorem outros deuses, não se inclinem diante deles, não lhes prestem culto nem lhes ofereçam sacrifício. ³⁶ Mas o Senhor, que os tirou do Egito com grande poder e com braço forte, é quem vocês adorarão. Diante dele vocês se inclinarão e lhe oferecerão sacrifícios. ³⁷ Vocês sempre tomarão o cuidado de obedecer aos decretos, às ordenanças, às leis e aos mandamentos que lhes prescreveu. Não adorem outros deuses. ³⁸ Não esqueçam a aliança que fiz com vocês e não adorem outros deuses. ³⁹ Antes, adorem o Senhor, o seu Deus; ele os livrará das mãos de todos os seus inimigos".

⁴⁰ Contudo, eles não lhe deram atenção, mas continuaram em suas antigas práticas. ⁴¹ Mesmo quando esses povos adoravam o Senhor, também prestavam culto aos seus ídolos. Até hoje seus filhos e seus netos continuam a fazer o que os seus antepassados faziam.

O Reinado de Ezequias, Rei de Judá

18 No terceiro ano do reinado de Oseias, filho de Elá, rei de Israel, Ezequias, filho de Acaz, rei de Judá, começou a reinar. ² Ele tinha vinte e cinco anos de idade quando começou a reinar e reinou vinte e nove anos em Jerusalém. O nome de sua mãe era Abia*ª*, filha de Zacarias. ³ Ele fez o que o Senhor aprova, tal como tinha feito Davi, seu predecessor. ⁴ Removeu os *altares idólatras*, quebrou as *colunas sagradas* e derrubou os *postes sagrados*. Despedaçou a serpente de bronze que Moisés havia feito, pois até aquela época os israelitas lhe queimavam incenso. Era chamada*ᵇ* Neustã.

⁵ Ezequias confiava no Senhor, o Deus de Israel. Nunca houve ninguém como ele entre todos os reis de Judá, nem antes nem depois dele. ⁶ Ele se apegou ao Senhor e não deixou de segui-lo; obedeceu aos mandamentos que o Senhor tinha dado a Moisés. ⁷ E o Senhor estava com ele; era bem-sucedido em tudo o que fazia. Rebelou-se contra o rei da Assíria e deixou de submeter-se a ele. ⁸ Desde as torres das sentinelas até a cidade fortificada, ele derrotou os filisteus, até Gaza e o seu território.

⁹ No quarto ano do reinado do rei Ezequias, o sétimo ano do reinado de Oseias, filho de Elá, rei de Israel, Salmaneser, rei da Assíria, marchou contra Samaria e a cercou. ¹⁰ Ao fim de três anos, os assírios a tomaram. Assim a cidade foi conquistada no sexto ano do reinado de Ezequias, o nono ano do reinado de Oseias, rei de Israel. ¹¹ O rei assírio deportou os israelitas para a Assíria e os estabeleceu em Hala, em Gozã do rio Habor e nas cidades dos medos. ¹² Isso aconteceu porque os israelitas não obedeceram ao Senhor, o seu Deus, mas violaram a sua aliança: tudo o que Moisés, o servo do Senhor, tinha ordenado. Não o ouviram nem lhe obedeceram.

¹³ No décimo quarto ano do reinado do rei Ezequias, Senaqueribe, rei da Assíria, atacou todas as cidades fortificadas de Judá e as conquistou. ¹⁴ Então Ezequias, rei de Judá, enviou esta mensagem ao rei da Assíria, em Laquis: "Cometi um erro. Para de atacar-me, e eu pagarei tudo o que exigires". O rei da Assíria cobrou de Ezequias, rei de Judá, dez toneladas e meia*ᶜ* de prata e um mil e cinquenta quilos de ouro. ¹⁵ Assim, Ezequias lhes deu toda a prata que se encontrou no templo e na tesouraria do palácio real.

¹⁶ Nessa ocasião Ezequias, rei de Judá, retirou o ouro com que havia coberto as portas e os batentes do templo do Senhor e o deu ao rei da Assíria.

A Ameaça de Senaqueribe a Jerusalém

¹⁷ De Laquis o rei da Assíria enviou ao rei Ezequias, em Jerusalém, seu general, seu oficial principal e seu comandante de campo com

---

ª **18.2** Hebraico: *Abi*, variante de *Abia*.
ᵇ **18.4** Ou *Ele lhe deu o nome de*
ᶜ **18.14** Hebraico: *300 talentos*. Um talento equivalia a 35 quilos.

um grande exército. Eles subiram a Jerusalém e pararam no aqueduto do açude superior, na estrada que leva ao campo do Lavandeiro. ¹⁸ Eles chamaram pelo rei; e o administrador do palácio, Eliaquim, filho de Hilquias, o secretário Sebna e o arquivista real Joá, filho de Asafe, foram ao seu encontro.

¹⁹ O comandante de campo lhes disse: "Digam isto a Ezequias:

"Assim diz o grande rei, o rei da Assíria: 'Em que você baseia sua confiança? ²⁰ Você pensa que meras palavras já são estratégia e poderio militar. Em quem você está confiando para se rebelar contra mim? ²¹ Você está confiando no Egito, aquele caniço quebrado que espeta e perfura a mão do homem que nele se apoia! Assim o faraó, rei do Egito, retribui a quem confia nele. ²² Mas, se vocês me disserem: "Estamos confiando no Senhor, o nosso Deus"; não é ele aquele cujos santuários e altares Ezequias removeu, dizendo a Judá e Jerusalém: "Vocês devem adorar diante deste altar em Jerusalém"?'

²³ "Aceite, pois, agora, o desafio do meu senhor, o rei da Assíria: 'Eu lhe darei dois mil cavalos, se você tiver cavaleiros para eles!' ²⁴ Como você pode derrotar o mais insignificante guerreiro do meu senhor? Você confia no Egito para lhe dar carros de guerra e cavaleiros? ²⁵ Além disso, será que vim atacar e destruir este local sem uma palavra da parte do Senhor? O próprio Senhor me disse que marchasse contra este país e o destruísse".

²⁶ Então Eliaquim, filho de Hilquias, Sebna e Joá disseram ao comandante de campo: "Por favor, fala com teus servos em aramaico, porque entendemos essa língua. Não fales em hebraico, pois assim o povo que está sobre os muros o entenderá".

²⁷ O comandante, porém, respondeu: "Será que meu senhor enviou-me para dizer essas coisas somente para o seu senhor e para você, e não para os que estão sentados no muro, que, como vocês, terão que comer as próprias fezes e beber a própria urina?"

²⁸ Então o comandante levantou-se e gritou em hebraico: "Ouçam a palavra do grande rei, o rei da Assíria! ²⁹ Assim diz o rei: 'Não deixem que Ezequias os engane. Ele não poderá livrá-los de minha mão. ³⁰ Não deixem Ezequias convencê-los a confiar no Senhor, quando diz: "Com certeza o Senhor nos livrará; esta cidade não será entregue nas mãos do rei da Assíria"'.

³¹ "Não deem ouvidos a Ezequias. Assim diz o rei da Assíria: 'Façam paz comigo e rendam-se. Então cada um de vocês comerá de sua própria videira e de sua própria figueira e beberá água de sua própria cisterna, ³² até que eu venha e os leve para uma terra igual à de vocês, terra de cereais, de vinho, terra de pão e de vinhas, terra de oliveiras e de mel. Escolham a vida e não a morte! Não deem ouvidos a Ezequias, pois ele os está iludindo, quando diz: "O Senhor nos livrará"'.

³³ "Será que o deus de alguma nação conseguiu livrar sua terra das mãos do rei da Assíria? ³⁴ Onde estão os deuses de Hamate e de Arpade? Onde estão os deuses de Sefarvaim, de Hena e de Iva? Acaso livraram Samaria das minhas mãos? ³⁵ Qual dentre todos os deuses dessas nações conseguiu livrar sua terra do meu poder? Como então o Senhor poderá livrar Jerusalém das minhas mãos?"

³⁶ Mas o povo permaneceu calado e nada disse em resposta, pois o rei tinha ordenado: "Não lhe respondam".

³⁷ Então o administrador do palácio, Eliaquim, filho de Hilquias, o secretário Sebna e o arquivista real Joá, filho de Asafe, retornaram com as vestes rasgadas a Ezequias e lhe relataram o que o comandante de campo tinha dito.

A Predição da Libertação de Jerusalém

19 Ao ouvir o relato, o rei Ezequias rasgou as suas vestes, pôs roupas de luto e entrou no templo do Senhor. ² Ele enviou o administrador do palácio, Eliaquim, o secretário Sebna e os sacerdotes principais, todos vestidos com pano de saco, ao profeta Isaías, filho de Amoz. ³ Eles lhe disseram: "Assim diz Ezequias: 'Hoje é dia de angústia, de repreensão e de humilhação; estamos como a mulher que está para dar à luz filhos, mas não tem forças para fazê-los nascer. ⁴ Talvez o Senhor, o teu Deus, ouça todas as palavras do comandante de campo, a quem o senhor dele, o rei da Assíria, enviou para zombar do Deus vivo. E que o Senhor, o teu Deus, o repreenda pelas palavras que ouviu. Portanto, suplica a Deus pelo remanescente que ainda sobrevive'".

⁵ Quando os oficiais do rei Ezequias chegaram a Isaías, ⁶ este lhes disse: "Digam a seu senhor que assim diz o Senhor: 'Não tenha medo das palavras que você ouviu, das blasfêmias que os servos do rei da Assíria lançaram contra mim.

⁷ Ouça! Eu o farei tomar a decisão de*ᵃ* retornar ao seu próprio país, quando ele ouvir certa notícia. E lá o farei morrer à espada' ".

⁸ Quando o comandante de campo soube que o rei da Assíria havia partido de Laquis, retirou-se e encontrou o rei lutando contra Libna.

⁹ Ora, Senaqueribe fora informado de que Tiraca, rei etíope*ᵇ* do Egito, estava vindo lutar contra ele, de modo que mandou novamente mensageiros a Ezequias com este recado: ¹⁰ "Digam a Ezequias, rei de Judá: 'Não deixe que o Deus no qual você confia o engane, quando diz: "Jerusalém não cairá nas mãos do rei da Assíria". ¹¹ Com certeza você ouviu o que os reis da Assíria têm feito a todas as nações, como as destruíram por completo. E você haveria de livrar-se? ¹² Acaso os deuses das nações que foram destruídas por meus antepassados as livraram: os deuses de Gozã, Harã, Rezefe e do povo de Éden, que estava em Telassar? ¹³ Onde estão o rei de Hamate, o rei de Arpade, o rei da cidade de Sefarvaim, de Hena e de Iva?' "

A Oração de Ezequias

¹⁴ Ezequias recebeu a carta das mãos dos mensageiros e a leu. Então subiu ao templo do Senhor e estendeu-a perante o Senhor. ¹⁵ E Ezequias orou ao Senhor: "Senhor, Deus de Israel, que reinas em teu trono, entre os querubins, só tu és Deus sobre todos os reinos da terra. Tu criaste os céus e a terra. ¹⁶ Dá ouvidos, Senhor, e vê; ouve as palavras que Senaqueribe enviou para insultar o Deus vivo.

¹⁷ "É verdade, Senhor, que os reis assírios fizeram de todas essas nações e seus territórios um deserto. ¹⁸ Atiraram os deuses delas no fogo e os destruíram, pois não eram deuses; eram apenas madeira e pedra moldadas por mãos humanas. ¹⁹ Agora, Senhor nosso Deus, salva-nos das mãos dele, para que todos os reinos da terra saibam que só tu, Senhor, és Deus".

A Profecia de Isaías sobre a Queda de Senaqueribe

²⁰ Então Isaías, filho de Amoz, enviou uma mensagem a Ezequias: "Assim diz o Senhor, o Deus de Israel: 'Ouvi a sua oração acerca de Senaqueribe, o rei da Assíria.' ²¹ Esta é a palavra que o Senhor falou contra ele:

" 'A virgem, a filha de Sião,
o despreza e zomba de você.
A filha de Jerusalém
meneia a cabeça enquanto você foge.
²² De quem você zombou
e contra quem blasfemou?
Contra quem você levantou a voz
e contra quem ergueu o
seu olhar arrogante?
Contra o Santo de Israel!
²³ Sim, você insultou o Senhor
por meio dos seus mensageiros.
E declarou:
"Com carros sem conta subi,
aos pontos mais elevados
e às inacessíveis alturas do Líbano.
Derrubei os seus mais altos cedros,
os seus melhores pinheiros.
Entrei em suas regiões mais remotas,
e nas suas mais densas florestas.
²⁴ Em terras estrangeiras
cavei poços e bebi água.
Com as solas de meus pés
sequei todos os rios do Egito".
²⁵ " 'Você não percebe
que há muito tempo
eu já havia determinado tudo isso.
Desde a antiguidade planejei
o que agora faço acontecer,
que você deixaria cidades
fortificadas em ruínas.
²⁶ Seus habitantes, sem forças,
desanimam-se envergonhados.
São como pastagens,
como brotos tenros e verdes,
como ervas no telhado,
queimadas antes de crescer.
²⁷ Eu, porém, sei onde você está,
sei quando você sai e quando retorna;
e como você se enfurece contra mim.
²⁸ Sim, contra mim você se enfureceu
e o seu atrevimento
chegou aos meus ouvidos.
Por isso porei o meu anzol
em seu nariz
e o meu freio em sua boca,
e o farei voltar
pelo caminho por onde veio.

²⁹ " 'A você, Ezequias, darei este sinal:
Neste ano vocês comerão
do que crescer por si,

ᵃ **19.7** Ou *Colocarei nele um espírito que o fará*
ᵇ **19.9** Hebraico: *cuxita*.

e no próximo o que daquilo brotar.
Mas no terceiro ano
 semeiem e colham,
 plantem vinhas e comam o seu fruto.
³⁰ Mais uma vez, um remanescente
 da tribo de Judá sobreviverá,
 lançará raízes na terra
 e se encherão de frutos
 os seus ramos.
³¹ De Jerusalém sairão sobreviventes,
 e um remanescente do monte Sião.
O zelo do Senhor dos Exércitos
 o executará.

³² "Portanto, assim diz o Senhor
 acerca do rei da Assíria:
'Ele não invadirá esta cidade
 nem disparará contra ela
 uma só flecha.
Não a enfrentará com escudo
 nem construirá rampas de cerco
 contra ela.
³³ Pelo caminho por onde veio voltará;
 não invadirá esta cidade',
 declara o Senhor.
³⁴ 'Eu a defenderei e a salvarei,
 por amor de mim mesmo
 e do meu servo Davi' ".

³⁵ Naquela noite o anjo do Senhor saiu e matou cento e oitenta e cinco mil homens no acampamento assírio. Quando o povo se levantou na manhã seguinte, o lugar estava repleto de cadáveres! ³⁶ Então Senaqueribe, rei da Assíria, desmontou o acampamento e foi embora. Voltou para Nínive e lá ficou.

³⁷ Certo dia, enquanto ele estava adorando no templo de seu deus Nisroque, seus filhos Adrameleque e Sarezer mataram-no à espada e fugiram para a terra de Ararate. Seu filho Esar-Hadom foi o seu sucessor.

A Doença de Ezequias

20 Naquele tempo Ezequias ficou doente e quase morreu. O profeta Isaías, filho de Amoz, foi visitá-lo e lhe disse: "Assim diz o Senhor: 'Ponha em ordem a sua casa, pois você vai morrer; não se recuperará' ".

² Ezequias virou o rosto para a parede e orou ao Senhor: ³ "Lembra-te, Senhor, como tenho te servido com fidelidade e com devoção sincera. Tenho feito o que tu aprovas". E Ezequias chorou amargamente.

⁴ Antes de Isaías deixar o pátio intermediário, a palavra do Senhor veio a ele: ⁵ "Volte e diga a Ezequias, líder do meu povo: Assim diz o Senhor, Deus de Davi, seu predecessor: 'Ouvi sua oração e vi suas lágrimas; eu o curarei. Daqui a três dias você subirá ao templo do Senhor. ⁶ Acrescentarei quinze anos à sua vida. E livrarei você e esta cidade das mãos do rei da Assíria. Defenderei esta cidade por causa de mim mesmo e do meu servo Davi' ".

⁷ Então disse Isaías: "Preparem um emplastro de figos". Eles o fizeram e o aplicaram na úlcera; e ele se recuperou.

⁸ Ezequias havia perguntado a Isaías: "Qual será o sinal de que o Senhor me curará e de que de hoje a três dias subirei ao templo do Senhor?"

⁹ Isaías respondeu: "O sinal de que o Senhor vai cumprir o que prometeu é este: você prefere que a sombra avance ou recue dez degraus na escadaria?"

¹⁰ Disse Ezequias: "Como é fácil a sombra avançar dez degraus, prefiro que ela recue dez degraus".

¹¹ Então o profeta Isaías clamou ao Senhor, e este fez a sombra recuar os dez degraus que havia descido na escadaria de Acaz.

Mensageiros da Babilônia

¹² Naquela época, o rei da Babilônia, Merodaque-Baladã, filho de Baladã, enviou cartas e um presente para Ezequias, pois soubera da sua doença. ¹³ Ezequias recebeu em audiência os mensageiros e mostrou-lhes tudo o que havia em seus armazéns: a prata, o ouro, as especiarias e o azeite finíssimo, o seu arsenal e tudo o que havia em seus tesouros. Não houve nada em seu palácio ou em seu reino que Ezequias não lhes mostrasse.

¹⁴ Então o profeta Isaías foi ao rei Ezequias e lhe perguntou: "O que esses homens disseram? De onde vieram?"

Ezequias respondeu: "De uma terra distante. Vieram da Babilônia".

¹⁵ O profeta perguntou: "O que eles viram em seu palácio?"

Disse Ezequias: "Viram tudo em meu palácio. Não há nada em meus tesouros que eu não lhes tenha mostrado".

¹⁶ Então Isaías disse a Ezequias: "Ouça a palavra do Senhor: ¹⁷ 'Um dia, tudo o que se encontra em seu palácio, bem como tudo o que os seus antepassados acumularam até hoje,

será levado para a Babilônia. Nada restará, diz o Senhor. ¹⁸ 'Alguns dos seus próprios descendentes serão levados, e eles se tornarão eunucos no palácio do rei da Babilônia' ".

¹⁹ Respondeu Ezequias ao profeta: "Boa é a palavra do Senhor que anunciaste", pois ele entendeu que durante sua vida haveria paz e segurança.

²⁰ Os demais acontecimentos do reinado de Ezequias, todas as suas realizações, inclusive a construção do açude e do túnel que canalizou água para a cidade, estão escritos no livro dos registros históricos dos reis de Judá. ²¹ Ezequias descansou com os seus antepassados, e seu filho Manassés foi o seu sucessor.

O Reinado de Manassés, Rei de Judá

21 Manassés tinha doze anos de idade quando começou a reinar e reinou cinquenta e cinco anos em Jerusalém. O nome de sua mãe era Hefzibá. ² Ele fez o que o Senhor reprova, imitando as práticas detestáveis das nações que o Senhor havia expulsado de diante dos israelitas. ³ Reconstruiu os altares idólatras que seu pai, Ezequias, havia demolido e também ergueu altares para Baal e fez um poste sagrado para Aserá, como fizera Acabe, rei de Israel. Inclinou-se diante de todos os exércitos celestes e lhes prestou culto. ⁴ Construiu altares no templo do Senhor, do qual este havia dito: "Em Jerusalém porei o meu nome". ⁵ Nos dois pátios do templo do Senhor ele construiu altares para todos os exércitos celestes. ⁶ Chegou a queimar o próprio filho em sacrifício, praticou feitiçaria e adivinhação e recorreu a médiuns e a quem consultava os espíritos. Fez o que o Senhor reprova, provocando-o à ira.

⁷ Ele tomou o poste sagrado que havia feito e o pôs no templo, do qual o Senhor tinha dito a Davi e a seu filho Salomão: "Neste templo e em Jerusalém, que escolhi dentre todas as tribos de Israel, porei o meu nome para sempre. ⁸ Não farei os pés dos israelitas andarem errantes novamente, longe da terra que dei aos seus antepassados, se tão somente tiverem o cuidado de fazer tudo o que lhes ordenei e de obedecer a toda a Lei que meu servo Moisés lhes deu". ⁹ Mas o povo não quis ouvir. Manassés os desviou, a ponto de fazerem pior do que as nações que o Senhor havia destruído diante dos israelitas.

¹⁰ E o Senhor disse por meio dos seus servos, os profetas: ¹¹ "Manassés, rei de Judá, cometeu esses atos repugnantes. Agiu pior do que os amorreus que o antecederam e também levou Judá a pecar com os ídolos que fizera. ¹² Portanto, assim diz o Senhor, o Deus de Israel: Causarei uma tal desgraça em Jerusalém e em Judá que os ouvidos de quem ouvir a respeito ficarão zumbindo. ¹³ Estenderei sobre Jerusalém o fio de medir utilizado contra Samaria e o fio de prumo usado contra a família de Acabe. Limparei Jerusalém como se limpa um prato, lavando-o e virando-o de cabeça para baixo. ¹⁴ Abandonarei o remanescente da minha herança e o entregarei nas mãos de seus inimigos. Serão despojados e saqueados por todos os seus adversários, ¹⁵ pois fizeram o que eu reprovo e me provocaram à ira, desde o dia em que os seus antepassados saíram do Egito até hoje".

¹⁶ Manassés também derramou tanto sangue inocente que encheu Jerusalém de um extremo a outro; além disso levou Judá a cometer pecado e fazer o que o Senhor reprova.

¹⁷ Os demais acontecimentos do reinado de Manassés e todas as suas realizações, inclusive o pecado que cometeu, estão escritos no livro dos registros históricos dos reis de Judá. ¹⁸ Manassés descansou com os seus antepassados e foi sepultado no jardim do seu palácio, o jardim de Uzá. E seu filho Amom foi o seu sucessor.

O Reinado de Amom, Rei de Judá

¹⁹ Amom tinha vinte e dois anos de idade quando começou a reinar e reinou dois anos em Jerusalém. O nome de sua mãe era Mesulemete, filha de Haruz; ela era de Jotbá. ²⁰ Ele fez o que o Senhor reprova, como fizera Manassés, seu pai. ²¹ Imitou o seu pai em tudo; prestou culto aos ídolos aos quais seu pai havia cultuado e inclinou-se diante deles. ²² Abandonou o Senhor, o Deus dos seus antepassados, e não andou no caminho do Senhor.

²³ Os oficiais de Amom conspiraram contra ele e o assassinaram em seu palácio. ²⁴ Mas o povo matou todos os que haviam conspirado contra o rei Amom, e a seu filho Josias proclamou rei em seu lugar.

²⁵ Os demais acontecimentos do reinado de Amom e as suas realizações estão escritos no livro dos registros históricos dos reis de Judá. ²⁶ Ele foi sepultado em seu túmulo no jardim de Uzá. Seu filho Josias foi o seu sucessor.

O Livro da Lei é Encontrado

22 Josias tinha oito anos de idade quando começou a reinar e reinou trinta e um anos em Jerusalém. O nome de sua mãe era Jedida, filha de Adaías; ela era de Bozcate. ² Ele fez o que o Senhor aprova e andou nos caminhos de Davi, seu predecessor, sem desviar-se nem para a direita nem para a esquerda.

³ No décimo oitavo ano do seu reinado, o rei Josias enviou o secretário Safã, filho de Azalias e neto de Mesulão, ao templo do Senhor, dizendo: ⁴ "Vá ao sumo sacerdote Hilquias e mande-o ajuntar a prata que foi trazida ao templo do Senhor, que os guardas das portas recolheram do povo. ⁵ Eles deverão entregar a prata aos homens nomeados para supervisionar a reforma do templo, para poderem pagar os trabalhadores que fazem os reparos no templo do Senhor: ⁶ os carpinteiros, os construtores e os pedreiros. Além disso comprarão madeira e pedras lavradas para os reparos no templo. ⁷ Mas eles não precisarão prestar contas da prata que lhes foi confiada, pois estão agindo com honestidade".

⁸ Então o sumo sacerdote Hilquias disse ao secretário Safã: "Encontrei o Livro da Lei no templo do Senhor". Ele o entregou a Safã, que o leu. ⁹ O secretário Safã voltou ao rei e lhe informou: "Teus servos entregaram a prata que havia no templo do Senhor e a confiaram aos trabalhadores e aos supervisores no templo". ¹⁰ E o secretário Safã acrescentou: "O sacerdote Hilquias entregou-me um livro". E Safã o leu para o rei.

¹¹ Assim que o rei ouviu as palavras do Livro da Lei, rasgou suas vestes ¹² e deu estas ordens ao sacerdote Hilquias, a Aicam, filho de Safã, a Acbor, filho de Micaías, ao secretário Safã e ao auxiliar real Asaías: ¹³ "Vão consultar o Senhor por mim, pelo povo e por todo o Judá acerca do que está escrito neste livro que foi encontrado. A ira do Senhor contra nós deve ser grande, pois os nossos antepassados não obedeceram às palavras deste livro nem agiram de acordo com tudo o que nele está escrito a nosso respeito".

¹⁴ O sacerdote Hilquias, Aicam, Acbor, Safã e Asaías foram falar com a profetisa Hulda, mulher de Salum, filho de Ticvá e neto de Harás, responsável pelo guarda-roupa do templo. Ela morava no bairro novo de Jerusalém.

¹⁵ Ela lhes disse: "Assim diz o Senhor, o Deus de Israel: 'Digam ao homem que os enviou a mim ¹⁶ que assim diz o Senhor: Trarei desgraça sobre este lugar e sobre os seus habitantes; tudo o que está escrito no livro que o rei de Judá leu. ¹⁷ Porque me abandonaram e queimaram incenso a outros deuses, provocando a minha ira por meio de todos os ídolos que as mãos deles têm feito[a], a chama da minha ira arderá contra este lugar e não será apagada'. ¹⁸ Digam ao rei de Judá, que os enviou para consultar o Senhor: Assim diz o Senhor, o Deus de Israel, acerca das palavras que você ouviu: ¹⁹ 'Já que o seu coração se abriu e você se humilhou diante do Senhor ao ouvir o que falei contra este lugar e contra os seus habitantes, que seriam arrasados e amaldiçoados, e porque você rasgou as vestes e chorou na minha presença, eu o ouvi', declara o Senhor. ²⁰ 'Portanto, eu o reunirei aos seus antepassados, e você será sepultado em paz. Seus olhos não verão toda a desgraça que vou trazer sobre este lugar' ".

Então eles levaram a resposta ao rei.

Josias Renova a Aliança

23 Depois disso, o rei convocou todas as autoridades de Judá e de Jerusalém. ² Em seguida o rei subiu ao templo do Senhor acompanhado por todos os homens de Judá, todo o povo de Jerusalém, os sacerdotes e os profetas; todo o povo, dos mais simples aos mais importantes[b]. Para todos o rei leu em alta voz todas as palavras do Livro da Aliança que havia sido encontrado no templo do Senhor. ³ O rei colocou-se junto à coluna real e, na presença do Senhor, fez uma aliança, comprometendo-se a seguir o Senhor e a obedecer de todo o coração e de toda a alma aos seus mandamentos, aos seus preceitos e aos seus decretos, confirmando assim as palavras da aliança escritas naquele livro. Então todo o povo se comprometeu com a aliança.

⁴ O rei deu ordens ao sumo sacerdote Hilquias, aos sacerdotes auxiliares e aos guardas das portas que retirassem do templo do Senhor todos os utensílios feitos para Baal e Aserá e para todos os exércitos celestes. Ele os queimou fora de Jerusalém, nos campos do vale de Cedrom e levou as cinzas para Betel. ⁵ E eliminou os sacerdotes pagãos nomeados pelos reis de Judá para queimarem incenso nos altares idólatras das cidades de Judá e dos arredores de Jerusalém, aqueles que queimavam incenso a Baal, ao Sol e à Lua, às constelações e a todos os exércitos celestes. ⁶ Também mandou levar o poste

---

[a] **22.17** Ou *por meio de tudo o que eles têm feito*
[b] **23.2** Ou *dos mais jovens aos mais velhos*

sagrado do templo do Senhor para o vale de Cedrom, fora de Jerusalém, para ser queimado e reduzido a cinzas, que foram espalhadas sobre os túmulos de um cemitério público. ⁷ Também derrubou as acomodações dos prostitutos cultuais, que ficavam no templo do Senhor, onde as mulheres teciam para Aserá.

⁸ Josias trouxe todos os sacerdotes das cidades de Judá e, desde Geba até Berseba, profanou os altares onde os sacerdotes haviam queimado incenso. Derrubou os altares idólatras junto às portas, inclusive o altar da entrada da porta de Josué, o governador da cidade, que fica à esquerda da porta da cidade. ⁹ Embora os sacerdotes dos altares não servissem no altar do Senhor em Jerusalém, comiam pães sem fermento junto com os sacerdotes, seus colegas.

¹⁰ Também profanou Tofete, que ficava no vale de Ben-Hinom, de modo que ninguém mais pudesse usá-lo para sacrificar seu filho ou sua filha a Moloque.*ᵃ* ¹¹ Acabou com os cavalos, que os reis de Judá tinham consagrado ao Sol, e que ficavam na entrada do templo do Senhor, perto da sala de um oficial chamado Natã-Meleque. Também queimou as carruagens consagradas ao Sol.

¹² Derrubou os altares que os seus antecessores haviam erguido no terraço, em cima do quarto superior de Acaz, e os altares que Manassés havia construído nos dois pátios do templo do Senhor. Retirou-os dali, despedaçou-os e atirou o entulho no vale de Cedrom. ¹³ O rei também profanou os altares que ficavam a leste de Jerusalém, ao sul do monte da Destruição*ᵇ*, os quais Salomão, rei de Israel, havia construído para Astarote, a detestável deusa dos sidônios, para Camos, o detestável deus de Moabe, e para Moloque, o detestável deus do povo de Amom. ¹⁴ Josias despedaçou as colunas sagradas, derrubou os postes sagrados e cobriu os locais com ossos humanos.

¹⁵ Até o altar de Betel, o altar idólatra edificado por Jeroboão, filho de Nebate, que levou Israel a pecar; até aquele altar e o seu santuário ele os demoliu. Queimou o santuário e o reduziu a pó, queimando também o poste sagrado. ¹⁶ Quando Josias olhou em volta e viu os túmulos que havia na encosta da colina, mandou retirar os ossos dos túmulos e queimá-los no altar a fim de contaminá-lo, conforme a palavra do Senhor proclamada pelo homem de Deus que predisse essas coisas.

¹⁷ O rei perguntou: "Que monumento é este que estou vendo?"

Os homens da cidade disseram: "É o túmulo do homem de Deus que veio de Judá e proclamou estas coisas que tu fizeste ao altar de Betel".

¹⁸ Então ele disse: "Deixem-no em paz. Ninguém toque nos seus ossos". Assim pouparam seus ossos bem como os do profeta que tinha vindo de Samaria.

¹⁹ Como havia feito em Betel, Josias tirou e profanou todos os santuários idólatras que os reis de Israel haviam construído nas cidades de Samaria e que provocaram a ira do Senhor. ²⁰ Josias também mandou sacrificar todos os sacerdotes daqueles altares idólatras e queimou ossos humanos sobre os altares. Depois voltou a Jerusalém.

²¹ Então o rei deu a seguinte ordem a todo o povo: "Celebrem a Páscoa ao Senhor, o seu Deus, conforme está escrito neste Livro da Aliança". ²² Nem nos dias dos juízes que lideraram Israel, nem durante todos os dias dos reis de Israel e dos reis de Judá, foi celebrada uma Páscoa como esta. ²³ Mas, no décimo oitavo ano do reinado de Josias, esta Páscoa foi celebrada ao Senhor em Jerusalém.

²⁴ Além disso, Josias eliminou os médiuns, os que consultavam espíritos, os ídolos da família, os outros ídolos e todas as outras coisas repugnantes que havia em Judá e em Jerusalém. Ele fez isso para cumprir as exigências da Lei escritas no livro que o sacerdote Hilquias havia descoberto no templo do Senhor. ²⁵ Nem antes nem depois de Josias houve um rei como ele, que se voltasse para o Senhor de todo o coração, de toda a alma e de todas as suas forças, de acordo com toda a Lei de Moisés.

²⁶ Entretanto, o Senhor manteve o furor de sua grande ira, que se acendeu contra Judá por causa de tudo o que Manassés fizera para provocar a sua ira. ²⁷ Por isso o Senhor disse: "Também retirarei Judá da minha presença, tal como retirei Israel, e rejeitarei Jerusalém, a cidade que escolhi, e este templo, do qual eu disse: 'Ali porei o meu nome' ".

²⁸ Os demais acontecimentos do reinado de Josias e todas as suas realizações estão escritos no livro dos registros históricos dos reis de Judá.

²⁹ Durante o seu reinado, o faraó Neco, rei do Egito, avançou até o rio Eufrates ao encontro do rei da Assíria. O rei Josias marchou para combatê-lo, mas o faraó Neco o enfrentou e o matou em Megido. ³⁰ Os oficiais de Josias levaram o seu corpo de Megido para Jerusalém

---

ᵃ 23.10 Ou *Moloque, fazendo-os passar pelo fogo*
ᵇ **23.13** Isto é, o monte das Oliveiras.

e o sepultaram em seu próprio túmulo. O povo tomou Jeoacaz, filho de Josias, ungiu-o e o proclamou rei no lugar de seu pai.

O Reinado de Jeoacaz, Rei de Judá

³¹ Jeoacaz tinha vinte e três anos de idade quando começou a reinar e reinou três meses em Jerusalém. O nome de sua mãe era Hamutal, filha de Jeremias; ela era de Libna. ³² Ele fez o que o SENHOR reprova, tal como os seus antepassados. ³³ O faraó Neco o prendeu em Ribla, na terra de Hamate,ᵃ de modo que não mais reinou em Jerusalém. O faraó também impôs a Judá um tributo de três toneladas e meiaᵇ de prata e trinta e cinco quilos de ouro. ³⁴ Colocou Eliaquim, filho de Josias, como rei no lugar do seu pai, Josias, e mudou o nome de Eliaquim para Jeoaquim. Mas levou Jeoacaz consigo para o Egito, onde ele morreu. ³⁵ Jeoaquim pagou ao faraó Neco a prata e o ouro. Mas, para cumprir as exigências do faraó, Jeoaquim impôs tributos ao povo, cobrando a prata e o ouro de cada um conforme suas posses.

O Reinado de Jeoaquim, Rei de Judá

³⁶ Jeoaquim tinha vinte e cinco anos de idade quando começou a reinar e reinou onze anos em Jerusalém. O nome de sua mãe era Zebida, filha de Pedaías; ela era de Ruma. ³⁷ Ele fez o que o SENHOR reprova, tal como os seus antepassados.

24 Durante o reinado de Jeoaquim, Nabucodonosor, rei da Babilônia, invadiu o país, e Jeoaquim tornou-se seu vassalo por três anos. Então ele voltou atrás e rebelou-se contra Nabucodonosor. ² O SENHOR enviou contra ele tropas babilônicas,ᶜ aramaicas, moabitas e amonitas para destruir Judá, de acordo com a palavra do SENHOR proclamada por seus servos, os profetas. ³ Isso aconteceu a Judá conforme a ordem do SENHOR, a fim de removê-los da sua presença, por causa de todos os pecados que Manassés cometeu, ⁴ inclusive o derramamento de sangue inocente. Pois ele havia enchido Jerusalém de sangue inocente, e o SENHOR não o quis perdoar. ⁵ Os demais acontecimentos do reinado de Jeoaquim e todas as suas realizações estão escritos no livro dos registros históricos dos reis de Judá. ⁶ Jeoaquim descansou com os seus antepassados. Seu filho Joaquim foi o seu sucessor.

⁷ O rei do Egito não mais se atreveu a sair com seu exército de suas próprias fronteiras, pois o rei da Babilônia havia ocupado todo o território entre o ribeiro do Egito e o rio Eufrates, que antes pertencera ao Egito.

O Reinado de Joaquim, Rei de Judá

⁸ Joaquim tinha dezoito anos de idade quando começou a reinar e reinou três meses em Jerusalém. O nome da sua mãe era Neusta, filha de Elnatã; ela era de Jerusalém. ⁹ Ele fez o que o SENHOR reprova, tal como seu pai.

¹⁰ Naquela ocasião os oficiais de Nabucodonosor, rei da Babilônia, avançaram até Jerusalém e a cercaram. ¹¹ Enquanto os seus oficiais a cercavam, o próprio Nabucodonosor veio à cidade. ¹² Então Joaquim, rei de Judá, sua mãe, seus conselheiros, seus nobres e seus oficiais se entregaram; todos se renderam a ele.

No oitavo ano do reinado do rei da Babilônia, Nabucodonosor levou Joaquim como prisioneiro. ¹³ Conforme o SENHOR tinha declarado, ele retirou todos os tesouros do templo do SENHOR e do palácio real, quebrando todos os utensílios de ouro que Salomão, rei de Israel, fizera para o templo do SENHOR. ¹⁴ Levou para o exílio toda Jerusalém: todos os líderes e os homens de combate, todos os artesãos e artífices. Era um total de dez mil pessoas; só ficaram os mais pobres.

¹⁵ Nabucodonosor levou prisioneiro Joaquim para a Babilônia. Também levou de Jerusalém para a Babilônia a mãe do rei, suas mulheres, seus oficiais e os líderes do país. ¹⁶ O rei da Babilônia também deportou para a Babilônia toda a força de sete mil homens de combate, homens fortes e preparados para a guerra, e mil artífices e artesãos. ¹⁷ Fez Matanias, tio de Joaquim, reinar em seu lugar, e mudou seu nome para Zedequias.

O Reinado de Zedequias, Rei de Judá

¹⁸ Zedequias tinha vinte e um anos de idade quando começou a reinar e reinou onze anos em Jerusalém. O nome de sua mãe era Hamutal, filha de Jeremias; ela era de Libna. ¹⁹ Ele fez o que o SENHOR reprova, tal como fizera Jeoaquim. ²⁰ Por causa da ira do SENHOR tudo isso aconteceu a Jerusalém e a Judá; por fim ele os lançou para longe da sua presença.

A Queda de Jerusalém

Ora, Zedequias rebelou-se contra o rei da Babilônia.

ᵃ **23.33** A Septuaginta diz *Neco, em Ribla de Hamate, o levou*. Veja 2Cr 36.3.
ᵇ **23.33** Hebraico: *100 talentos*. Um talento equivalia a 35 quilos.
ᶜ **24.2** Ou *caldaicas*

25 Então, no nono ano do reinado de Zedequias, no décimo dia do décimo mês, Nabucodonosor, rei da Babilônia, marchou contra Jerusalém com todo o seu exército. Ele acampou em frente da cidade e construiu rampas de ataque ao redor dela. ² A cidade foi mantida sob cerco até o décimo primeiro ano do reinado de Zedequias. ³ No nono dia do quarto mês, a fome na cidade havia se tornado tão rigorosa que não havia nada para o povo comer. ⁴ Então o muro da cidade foi rompido, e todos os soldados fugiram de noite pela porta entre os dois muros próximos ao jardim do rei, embora os babilônios[a] estivessem em torno da cidade. Fugiram na direção da Arabá[b], ⁵ mas o exército babilônio perseguiu o rei e o alcançou nas planícies de Jericó. Todos os seus soldados o abandonaram, ⁶ e ele foi capturado. Foi levado ao rei da Babilônia, em Ribla, onde pronunciaram a sentença contra ele. ⁷ Executaram os filhos de Zedequias na sua frente, furaram os seus olhos, prenderam-no com algemas de bronze e o levaram para a Babilônia.

⁸ No sétimo dia do quinto mês do décimo nono ano do reinado de Nabucodonosor, rei da Babilônia, Nebuzaradã, comandante da guarda imperial, conselheiro do rei da Babilônia, foi a Jerusalém. ⁹ Incendiou o templo do Senhor, o palácio real, todas as casas de Jerusalém e todos os edifícios importantes. ¹⁰ Todo o exército babilônio que acompanhava Nebuzaradã derrubou os muros de Jerusalém. ¹¹ E ele levou para o exílio o povo que sobrou na cidade, os que passaram para o lado do rei da Babilônia e o restante da população. ¹² Mas o comandante deixou para trás alguns dos mais pobres do país, para trabalharem nas vinhas e nos campos.

¹³ Os babilônios destruíram as colunas de bronze, os suportes e o tanque de bronze que estavam no templo do Senhor e levaram o bronze para a Babilônia. ¹⁴ Também levaram as panelas, as pás, os cortadores de pavio, as vasilhas e todos os utensílios de bronze utilizados no serviço do templo. ¹⁵ O comandante da guarda imperial levou os incensários e as bacias de aspersão, tudo o que era feito de ouro puro ou de prata.

¹⁶ As duas colunas, o tanque e os suportes, que Salomão fizera para o templo do Senhor, eram mais do que podia ser pesado. ¹⁷ Cada coluna tinha oito metros e dez centímetros[c] de altura. O capitel de bronze no alto de cada coluna tinha um metro e trinta e cinco centímetros de altura e era decorado com uma fileira de romãs de bronze ao redor.

¹⁸ O comandante da guarda levou como prisioneiros o sumo sacerdote Seraías, Sofonias, o segundo sacerdote, e os três guardas da porta. ¹⁹ Dos que ainda estavam na cidade, ele levou o oficial responsável pelos homens de combate e cinco conselheiros reais. Também levou o secretário, principal líder responsável pelo alistamento militar no país, e sessenta homens do povo. ²⁰ O comandante Nebuzaradã levou todos ao rei da Babilônia, em Ribla. ²¹ Lá, em Ribla, na terra de Hamate, o rei mandou executá-los.

Assim Judá foi para o exílio, para longe da sua terra.

²² Nabucodonosor, rei da Babilônia, nomeou Gedalias, filho de Aicam e neto de Safã, como governador do povo que havia sido deixado em Judá. ²³ Quando Ismael, filho de Netanias, Joanã, filho de Careá, Seraías, filho do netofatita Tanumete, e Jazanias, filho de um maacatita, todos os líderes do exército, souberam que o rei da Babilônia havia nomeado Gedalias como governador, eles e os seus soldados foram falar com Gedalias em Mispá. ²⁴ Gedalias fez um juramento a esses líderes e a seus soldados, dizendo: "Não tenham medo dos oficiais babilônios. Estabeleçam-se nesta terra e sirvam o rei da Babilônia, e tudo lhes irá bem".

²⁵ Mas, no sétimo mês, Ismael, filho de Netanias e neto de Elisama, que tinha sangue real, foi com dez homens e assassinou Gedalias e os judeus e os babilônios que estavam com ele em Mispá. ²⁶ Então todo o povo, desde as crianças até os velhos, inclusive os líderes do exército, fugiram para o Egito, com medo dos babilônios.

Joaquim é Libertado da Prisão

²⁷ No trigésimo sétimo ano do exílio de Joaquim, rei de Judá, no ano em que Evil-Merodaque[d] se tornou rei da Babilônia, ele tirou Joaquim da prisão, no vigésimo sétimo dia do décimo segundo mês. ²⁸ Ele o tratou com bondade e deu-lhe o lugar mais honrado entre os outros reis que estavam com ele na Babilônia. ²⁹ Assim, Joaquim deixou suas vestes de prisão e pelo resto de sua vida comeu à mesa do rei. ³⁰ E diariamente, enquanto viveu, Joaquim recebeu uma pensão do rei.

---

[a] **25.4** Ou *caldeus*; também nos versículos 5, 10, 13 e 24-26.
[b] **25.4** Ou *direção do vale do Jordão*
[c] **25.17** Hebraico: *18 côvados*. O côvado era uma medida linear de cerca de 45 centímetros.
[d] **25.27** Também chamado *Amel-Marduque*.

Introdução ao primeiro livro de
CRÔNICAS

Autor e data de composição

É muito possível que os livros de Crônicas (primeiro e segundo), Esdras e Neemias tenham sido escritos pela mesma pessoa. Os dois últimos versículos de 2Crônicas aparecem nos três primeiros versículos do livro de Esdras. Mesmo que o texto bíblico não chegue a mencionar o nome do escritor, a tradição transmitida pelo Talmude e outras obras hebraicas, assim como os primeiros pais da Igreja, indicam o escriba Esdras como provável escritor. Os livros de Crônicas teriam sido escritos na época posterior ao cativeiro na Babilônia. Em 1Crônicas 29.7, encontramos a expressão traduzida por "dez mil moedas de ouro", que no original é "dárico" (palavra derivada de Dario, rei persa cujo nome é mencionado nos livros de Esdras, Ageu e Zacarias). A genealogia da família de Davi, mencionada no início deste livro e que remonta a Adão para depois chegar ao cativeiro na Babilônia, faz deste livro o mais abrangente das Escrituras do ponto de vista histórico.

ESBOÇO GERAL

Primeira parte: A linhagem de Davi (1—3)
   I. De Adão a Jacó (1)
   II. De Jacó a Davi (2)
   III. De Davi ao cativeiro na Babilônia (3)

Segunda parte: Outras genealogias (4—9)
   I. As genealogias das doze tribos de Israel (4—8)
   II. O remanescente (9.1-34)
   III. A genealogia da família de Saul (9.35-44)

Terceira parte: O reinado de Davi (10—29)
   I. Davi torna-se rei (10—12)
      A. A morte de Saul (10)
      B. Davi é ungido rei (11.1-3)
      C. A conquista de Jerusalém e os principais guerreiros de Davi (11.4—12.40)
   II. Davi leva a arca da aliança a Jerusalém (13.1—17.27)
      A. A maneira indevida de conduzir a arca e suas consequências (13)
      B. Davi edifica um palácio e vence os filisteus (14)
      C. A prosperidade no reino e o traslado da arca para Jerusalém (15.1—16.6)
      D. Davi entoa um cântico de gratidão e estabelece o culto no tabernáculo onde é colocada a arca (16.7-43)
      E. A promessa de Deus a Davi (17)
   III. As campanhas militares de Davi (18—20)
   IV. A preparação para construir o templo (21—27)
      A. O recenseamento que Deus não havia ordenado (21)
      B. Os materiais e a organização dos líderes para a construção do templo (22—26)
      C. A estruturação do reino (27)
   V. Os últimos dias de Davi (28—29)
      A. Exortações finais (28.1-10)

B. As regulamentações finais para o templo (28.11—29.9)
C. Cântico final de gratidão (29.10-17)
D. Davi proclama Salomão como rei; a morte de Davi (29.18-30)

Versículos-chave
17.19,20

Tema geral do livro
Os livros de Crônicas tratam exclusivamente do Reino de Judá; portanto, da linhagem de Davi. Fazem uma avaliação de cada um dos reis; em geral, pouco satisfatória e decepcionante. Abrangem desde a descendência de Adão até a morte do rei Davi e repetem muitos temas já tratados nos dois livros de Reis, ainda que de uma perspectiva distinta e mais próxima à da casa real, do sacerdócio e do culto sagrado.

Em 1Crônicas, Jesus é...
... o Rei que nos governa (29.14).

Versículo-chave para o discípulo
16.22

O discípulo e 1Crônicas
Davi foi e continua sendo uma figura central no mundo bíblico e de grande admiração na igreja atual. De fato, neste livro vemos o tabernáculo que Davi mandou levantar para a arca, sinal da presença divina em Jerusalém, tema que o profeta Amós apresenta profeticamente em seu livro (9.11,12) e que Tiago, o então líder da igreja que nascia em Jerusalém, retoma ao referir-se à chegada do evangelho aos gentios (Atos 15.16-18). Pelo fato de Davi ter sido um homem capaz de cometer os pecados que chegou a cometer, há quem não entenda o motivo do favor divino e da promessa tão especial que Deus faz a Davi, que culminará com a vinda definitiva de Jesus Cristo, o Rei dos reis e Senhor dos senhores, para reinar sobre a terra até a chegada da nova Jerusalém (Apocalipse 19.11-16). Qual era o segredo de Davi? Entende-se que era o fato de arrepender-se de coração e retomar o caminho certo depois de pecar, porque sentia uma paixão verdadeira por seu Deus. Por esse motivo, ao descrevê-lo, Samuel o caracteriza em contraste com o infiel rei Saul: o SENHOR procurou um homem segundo o seu coração (1Samuel 13.14). Você deseja ser uma pessoa segundo o coração de Deus? Não se trata de ser perfeito, mas, sim, de amá-lo e servi-lo de todo o coração.

1CRÔNICAS

A Descendência de Adão

1 Adão, Sete, Enos, ² Cainã, Maalaleel, Jarede, ³ Enoque, Matusalém, Lameque, Noé.

⁴ Estes foram os filhos de Noé[a]:
Sem, Cam e Jafé.

Os Descendentes dos Filhos de Noé

⁵ Estes foram os filhos[b] de Jafé:
Gômer, Magogue, Madai, Javã,
Tubal, Meseque e Tirás.
⁶ Estes foram os filhos de Gômer:
Asquenaz, Rifate[c] e Togarma.
⁷ Estes foram os filhos de Javã:
Elisá, Társis, Quitim e Rodanim[d].

⁸ Estes foram os filhos de Cam:
Cuxe, Mizraim[e], Fute e Canaã.
⁹ Estes foram os filhos de Cuxe:
Sebá, Havilá, Sabtá, Raamá e Sabtecá.
Estes foram os filhos de Raamá:
Sabá e Dedã.
¹⁰ Cuxe gerou[f] Ninrode,
o primeiro homem poderoso na terra.
¹¹ Mizraim gerou os luditas, os anamitas,
os leabitas, os naftuítas,
¹² os patrusitas, os casluítas,
dos quais se originaram os filisteus,
e os caftoritas.
¹³ Canaã gerou Sidom,
seu filho mais velho[g], e Hete[h],
¹⁴ como também os jebuseus,
os amorreus, os girgaseus,
¹⁵ os heveus, os arqueus, os sineus,
¹⁶ os arvadeus, os zemareus
e os hamateus.

¹⁷ Estes foram os filhos de Sem:
Elão, Assur, Arfaxade, Lude e Arã.

Estes foram os filhos de Arã:[i]
Uz, Hul, Géter e Meseque.
¹⁸ Arfaxade gerou Salá,
e este gerou Héber.
¹⁹ A Héber nasceram dois filhos:
um deles se chamou Pelegue[j],
porque em sua época
a terra foi dividida;
seu irmão chamou-se Joctã.
²⁰ Joctã gerou Almodá, Salefe,
Hazarmavé, Jerá,
²¹ Adorão, Uzal, Dicla,
²² Obal[k], Abimael, Sabá,
²³ Ofir, Havilá e Jobabe.
Todos esses foram filhos de Joctã.

A Descendência de Sem

²⁴ Sem, Arfaxade[l], Salá,
²⁵ Héber, Pelegue, Reú,
²⁶ Serugue, Naor, Terá
²⁷ e Abrão, que é Abraão.

Os Descendentes de Abraão

²⁸ Estes foram os filhos de Abraão:
Isaque e Ismael.
²⁹ Foram estes os seus descendentes:
Nebaiote, o filho mais velho de Ismael,
Quedar, Adbeel, Mibsão,
³⁰ Misma, Dumá, Massá, Hadade, Temá,
³¹ Jetur, Nafis e Quedemá.
Esses foram os filhos de Ismael.
³² Estes foram os filhos de Abraão
com sua concubina Quetura:
Zinrã, Jocsã, Medã, Midiã,
Isbaque e Suá.
Foram estes os filhos de Jocsã:
Sabá e Dedã.
³³ Foram estes os filhos de Midiã:
Efá, Éfer, Enoque, Abida e Elda.
Todos esses foram
descendentes de Quetura.
³⁴ Abraão gerou Isaque.
Estes foram os filhos de Isaque:
Esaú e Israel.

---

[a] **1.4** Conforme a Septuaginta. O Texto Massorético não traz *os filhos de Noé*.
[b] **1.5** *Filhos* pode significar *descendentes* ou *sucessores* ou *nações*; também nos versículos 6.9, 17 e 23.
[c] **1.6** Muitos manuscritos dizem *Difate*.
[d] **1.7** Muitos manuscritos dizem *Dodanim*.
[e] **1.8** Isto é, Egito; também no versículo 11.
[f] **1.10** *Gerar* pode ter o sentido de *ser ancestral* ou *ser predecessor*; também nos versículos 11, 13, 18 e 20.
[g] **1.13** Ou *os sidônios, os primeiros*
[h] **1.13** Ou *e os hititas*
[i] **1.17** Muitos manuscritos não trazem essa linha. Veja Gn 10.23.
[j] **1.19** *Pelegue* significa *divisão*.
[k] **1.22** Muitos manuscritos dizem *Ebal*.
[l] **1.24** Conforme o Texto Massorético. Alguns manuscritos da Septuaginta dizem *Arfaxade, Cainã*. Veja Gn 11.12,13.

Os Descendentes de Esaú

³⁵ Estes foram os filhos de Esaú:
Elifaz, Reuel, Jeús, Jalão e Corá.
³⁶ Estes foram os filhos de Elifaz:
Temã, Omar, Zefô*ª*, Gaetã e Quenaz;
e Amaleque, de Timna,
sua concubina*ᵇ*.
³⁷ Estes foram os filhos de Reuel:
Naate, Zerá, Samá e Mizá.

Os Descendentes de Seir

³⁸ Estes foram os filhos de Seir:
Lotã, Sobal, Zibeão, Aná,
Disom, Ézer e Disã.
³⁹ Estes foram os filhos de Lotã:
Hori e Homã.
Lotã tinha uma irmã chamada Timna.

⁴⁰ Estes foram os filhos de Sobal:
Alvã*ᶜ*, Manaate, Ebal, Sefô e Onã.
Estes foram os filhos de Zibeão:
Aiá e Aná.
⁴¹ Este foi o filho de Aná: Disom.
Estes foram os filhos de Disom:
Hendã*ᵈ*, Esbã, Itrã e Querã.
⁴² Estes foram os filhos de Ézer:
Bilã, Zaavã e Acã*ᵉ*.
Estes foram os filhos de Disã*ᶠ*:
Uz e Arã.

Os Reis e os Chefes de Edom

⁴³ Estes foram os reis que reinaram no território de Edom antes que os israelitas tivessem um rei:
Belá, filho de Beor. Sua cidade chamava-se Dinabá.
⁴⁴ Belá morreu; e Jobabe, filho de Zerá, de Bozra, foi o seu sucessor.
⁴⁵ Jobabe morreu; e Husã, da terra dos temanitas, foi o seu sucessor.
⁴⁶ Husã morreu; e Hadade, filho de Bedade, que tinha derrotado os midianitas na terra de Moabe, foi o seu sucessor. Sua cidade chamava-se Avite.
⁴⁷ Hadade morreu; e Samlá de Masreca foi o seu sucessor.
⁴⁸ Samlá morreu; e Saul, de Reobote, próxima ao Eufrates*ᵍ*, foi o seu sucessor.
⁴⁹ Saul morreu; e Baal-Hanã, filho de Acbor, foi o seu sucessor.
⁵⁰ Baal-Hanã morreu, e Hadade foi o seu sucessor. Sua cidade chamava-se Paú*ʰ*, e o nome de sua mulher era Meetabel, filha de Matrede e neta de Mezaabe.
⁵¹ Após a morte de Hadade, Edom foi governada pelos seguintes chefes:
Timna, Alva, Jetete, ⁵² Oolibama, Elá, Pinom, ⁵³ Quenaz, Temã, Mibzar, ⁵⁴ Magdiel e Irã. Foram esses os chefes de Edom.

Os Filhos de Israel

2 Estes foram os filhos de Israel:
Rúben, Simeão, Levi, Judá, Issacar, Zebulom, ² Dã, José, Benjamim, Naftali, Gade e Aser.

Os Descendentes de Judá

³ Estes foram os filhos de Judá:
Er, Onã e Selá. Ele teve esses três filhos com uma mulher cananeia, a filha de Suá. Mas o SENHOR reprovou a conduta perversa de Er, filho mais velho de Judá, e por isso o matou.
⁴ Tamar, nora de Judá, deu-lhe os filhos Perez e Zerá. A Judá nasceram ao todo cinco filhos.
⁵ Estes foram os filhos de Perez:
Hezrom e Hamul.
⁶ Estes foram os filhos de Zerá:
Zinri, Etã, Hemã, Calcol e Darda*ⁱ*. Foram cinco ao todo.
⁷ O filho de Carmi foi Acar*ʲ*. Ele causou desgraça a Israel ao violar a proibição de se apossar das coisas consagradas.
⁸ Este foi o filho de Etã: Azarias.
⁹ Os filhos que nasceram a Hezrom foram Jerameel, Rão e Calebe*ᵏ*.

¹⁰ Rão gerou Aminadabe, e Aminadabe gerou Naassom, o líder da tribo de Judá. ¹¹ Naassom gerou Salmom*ˡ*, Salmom gerou Boaz, ¹² Boaz gerou Obede, e Obede gerou Jessé. ¹³ Jessé gerou Eliabe, o seu filho mais velho; o segundo foi Abinadabe; o terceiro, Simeia; ¹⁴ o quarto,

---

ª **1.36** Muitos manuscritos dizem *Zefi*. Veja Gn 36.11.
ᵇ **1.36** Muitos manuscritos dizem *Gaetã, Quenaz, Timna e Amaleque*. Veja Gn 36.12.
ᶜ **1.40** Muitos manuscritos dizem *Aliã*. Veja Gn 36.23.
ᵈ **1.41** Muitos manuscritos dizem *Hanrão*. Veja Gn 36.26.
ᵉ **1.42** Muitos manuscritos dizem *Jaacã*. Veja Gn 36.27.
ᶠ **1.42** Hebraico: *Disom*, variante de *Disã*.
ᵍ **1.48** Hebraico: *ao Rio*.
ʰ **1.50** Muitos manuscritos dizem *Paí*. Veja Gn 36.39.
ⁱ **2.6** Muitos manuscritos dizem *Dara*. Veja 1Rs 4.31.
ʲ **2.7** *Acar*, também conhecido por *Acã*, significa *desgraça*. Veja Js 7.1.
ᵏ **2.9** Hebraico: *Quelubai*, variante de *Calebe*.
ˡ **2.11** Conforme a Septuaginta. O Texto Massorético diz *Salma*. Veja Rt 4.21.

Natanael; o quinto, Radai; ¹⁵o sexto, Ozém; e o sétimo, Davi. ¹⁶As irmãs deles foram Zeruia e Abigail. Os três filhos de Zeruia foram Abisai, Joabe e Asael. ¹⁷Abigail deu à luz Amasa, filho do ismaelita Jéter.

¹⁸Calebe, filho de Hezrom, teve, com sua mulher Azuba, uma filha chamada Jeriote. Estes foram os filhos de Azuba: Jeser, Sobabe e Ardom. ¹⁹Quando Azuba morreu, Calebe tomou por mulher Efrate, com quem teve Hur. ²⁰Hur gerou Uri, e Uri gerou Bezalel.
²¹Depois disso, Hezrom, aos sessenta anos, tomou por mulher a filha de Maquir, pai[a] de Gileade, e ela deu-lhe um filho chamado Segube. ²²Segube gerou Jair, que governou vinte e três cidades em Gileade. ²³Gesur e Arã conquistaram Havote-Jair[b], bem como Quenate e os povoados ao redor; ao todo sessenta cidades. Todos esses foram descendentes de Maquir, pai de Gileade.

²⁴Depois que Hezrom morreu em Calebe-Efrata, Abia, mulher de Hezrom, deu-lhe Asur, fundador[c] de Tecoa.
²⁵Estes foram os filhos de Jerameel, o filho mais velho de Hezrom:
Rão, o mais velho, Buna, Orém, Ozém e Aías[d].
²⁶Jerameel teve outra mulher, chamada Atara, que foi a mãe de Onã.
²⁷Estes foram os filhos de Rão, o filho mais velho de Jerameel:
Maaz, Jamim e Equer.
²⁸Estes foram os filhos de Onã:
Samai e Jada.
Estes foram os filhos de Samai:
Nadabe e Abisur.
²⁹O nome da mulher de Abisur era Abiail. Ela deu-lhe dois filhos: Abã e Molide.
³⁰Estes foram os filhos de Nadabe:
Selede e Apaim. Selede morreu sem filhos.
³¹O filho de Apaim foi Isi, pai de Sesã, pai de Alai.
³²Estes foram os filhos de Jada, irmão de Samai: Jéter e Jônatas. Jéter morreu sem filhos.
³³Estes foram os filhos de Jônatas:
Pelete e Zaza.
Foram esses os descendentes de Jerameel.

³⁴Sesã não teve filhos, apenas filhas. Tinha ele um escravo egípcio chamado Jará, ³⁵a quem deu uma de suas filhas por mulher. E ela deu-lhe um filho chamado Atai.
³⁶Atai gerou Natã, Natã gerou Zabade, ³⁷Zabade gerou Eflal, Eflal gerou Obede, ³⁸Obede gerou Jeú, Jeú gerou Azarias, ³⁹Azarias gerou Helez, Helez gerou Eleasa, ⁴⁰Eleasa gerou Sismai, Sismai gerou Salum, ⁴¹Salum gerou Jecamias, e Jecamias gerou Elisama.

⁴²Estes foram os filhos de Calebe, irmão de Jerameel:
Messa, o mais velho, que foi o pai de Zife, e seu filho Maressa, pai de Hebrom.
⁴³Estes foram os filhos de Hebrom:
Corá, Tapua, Requém e Sema. ⁴⁴Sema gerou Raão, pai de Jorqueão. Requém gerou Samai.
⁴⁵O filho de Samai foi Maom, e Maom foi o pai de Bete-Zur.
⁴⁶A concubina de Calebe, Efá, teve três filhos: Harã, Mosa e Gazez. Harã gerou Gazez.
⁴⁷Estes foram os filhos de Jadai:
Regém, Jotão, Gesã, Pelete, Efá e Saafe.
⁴⁸A concubina de Calebe, Maaca, teve dois filhos: Seber e Tiraná.
⁴⁹Ela também teve Saafe, pai de Madmana, e Seva, pai de Macbena e de Gibeá. A filha de Calebe chamava-se Acsa.
⁵⁰Calebe teve também estes outros descendentes.
Os filhos de Hur, o filho mais velho de Efrate: Sobal, fundador de Quiriate-Jearim, ⁵¹Salma, fundador de Belém, e Harefe, fundador de Bete-Gader.
⁵²Os descendentes de Sobal, fundador de Quiriate-Jearim:
O povo de Haroé, metade dos manaatitas, ⁵³e os clãs de Quiriate-Jearim: os itritas, os fateus, os sumateus e os misraeus. Desses descenderam os zoratitas e os estaoleus.
⁵⁴Os descendentes de Salma:
O povo de Belém e de Atarote-Bete-Joabe, os netofatitas, metade dos manaatitas, os zoreus, ⁵⁵e os clãs dos escribas[e] que viviam em Jabez: os tiratitas, os simeatitas e os sucatitas. Esses foram os queneus, descendentes de Hamate, antepassado da família de Recabe[f].

---

[a] **2.21** *Pai* pode significar *líder civil* ou *líder militar*; também no restante do capítulo. Veja 2.24, 4.4, 4.5 e 8.29.
[b] **2.23** Ou *os povoados de Jair*
[c] **2.24** Hebraico: *pai*; também nos versículos 50-52. Veja 2.21, 4.4, 4.5 e 8.29.
[d] **2.25** Ou *por meio de Aías*
[e] **2.55** Ou *dos soferitas*
[f] **2.55** Ou *Bete-Recabe*

Os Filhos de Davi

3 Estes foram os filhos de Davi nascidos em Hebrom:

O seu filho mais velho era Amnom, filho de Ainoã de Jezreel;

o segundo, Daniel, de Abigail, de Carmelo;

² o terceiro, Absalão, de Maaca, filha de Talmai, rei de Gesur;

o quarto, Adonias, de Hagite;

³ o quinto, Sefatias, de Abital;

e o sexto, Itreão, de sua mulher Eglá.

⁴ São esses os seis filhos de Davi que nasceram em Hebrom, onde ele reinou sete anos e seis meses. E, em Jerusalém, ⁵ onde Davi reinou trinta e três anos, nasceram-lhe os seguintes filhos:

Simeia, Sobabe, Natã e Salomão, os quatro filhos que ele teve com Bate-Seba*ª*, filha de Amiel. ⁶ Davi teve ainda mais nove filhos: Ibar, Elisua*ᵇ*, Elpalete, ⁷ Nogá, Nefegue, Jafia, ⁸ Elisama, Eliada e Elifelete. ⁹ Todos esses foram filhos de Davi, além dos que teve com suas concubinas, e a filha Tamar, irmã deles.

Os Reis de Judá

¹⁰ O filho de Salomão foi Roboão;

o filho de Roboão foi Abias;

o filho de Abias, Asa;

o filho de Asa, Josafá;

¹¹ o filho de Josafá, Jeorão;

o filho de Jeorão, Acazias;

o filho de Acazias, Joás;

¹² o filho de Joás, Amazias;

o filho de Amazias, Azarias;

o filho de Azarias, Jotão;

¹³ o filho de Jotão, Acaz;

o filho de Acaz, Ezequias;

o filho de Ezequias, Manassés;

¹⁴ o filho de Manassés, Amom;

o filho de Amom, Josias.

¹⁵ Os filhos de Josias foram:

Joanã, o primeiro;

Jeoaquim, o segundo;

Zedequias, o terceiro;

e Salum, o quarto.

¹⁶ Os sucessores de Jeoaquim foram:

Joaquim*ᶜ* e Zedequias.

A Linhagem Real após o Exílio

¹⁷ Estes foram os filhos de Joaquim, que foi levado para o cativeiro:

Sealtiel, ¹⁸ Malquirão, Pedaías, Senazar, Jecamias, Hosama e Nedabias.

¹⁹ Estes foram os filhos de Pedaías:

Zorobabel e Simei.

Estes foram os filhos de Zorobabel:

Mesulão, Hananias e

Selomite, irmã deles.

²⁰ Zorobabel teve ainda mais cinco filhos:

Hasubá, Oel, Berequias,

Hasadias e Jusabe-Hesede.

²¹ Estes foram os descendentes de Hananias:

Pelatias e Jesaías, e os filhos de Refaías, de Arnã, de Obadias e de Secanias.

²² Estes foram os descendentes de Secanias:

Semaías e seus filhos Hatus, Igal, Bariá, Nearias e Safate; seis descendentes ao todo.

²³ Estes foram os três filhos de Nearias:

Elioenai, Ezequias e Azricão.

²⁴ Estes foram os sete filhos de Elioenai:

Hodavias, Eliasibe, Pelaías, Acube,

Joanã, Delaías e Anani.

Os Outros Descendentes de Judá

4 Estes também foram os descendentes de Judá: Perez, Hezrom, Carmi, Hur e Sobal.

² Reaías, filho de Sobal, gerou Jaate, e Jaate gerou Aumai e Laade. Estes foram os clãs dos zoratitas.

³ Estes foram os filhos*ᵈ* de Etã:

Jezreel, Isma e Idbás. A irmã deles chamava-se Hazelelponi. ⁴ E ainda Penuel, pai*ᵉ* de Gedor, e Ézer, pai de Husá. Esses foram os descendentes de Hur, o filho mais velho de Efrate e pai de Belém.

⁵ Asur, fundador*ᶠ* de Tecoa, teve duas mulheres: Helá e Naará.

⁶ Naará lhe deu Auzã, Héfer, Temeni e Haastari. Esses foram os filhos de Naará.

⁷ Estes foram os filhos de Helá:

Zerete, Zoar, Etnã ⁸ e Coz, que gerou Anube e Zobeba e os clãs de Aarel, filho de Harum.

⁹ Jabez foi o homem mais respeitado de sua família. Sua mãe lhe deu o nome de Jabez,

---

ª **3.5** Muitos manuscritos dizem *Bate-Sua*. Veja 2Sm 11.3.
ᵇ **3.6** Muitos manuscritos dizem *Elisama*. Veja 2Sm 5.15 e 1Cr 14.5.
ᶜ **3.16** Hebraico: *Jeconias*, também conhecido como *Joaquim*; também no versículo 17.
ᵈ **4.3** Conforme alguns manuscritos da Septuaginta. O Texto Massorético diz *pai*.
ᵉ **4.4** *Pai* pode significar *líder civil* ou *líder militar*; também no restante do capítulo. Veja 2.21, 2.24, 4.5 e 8.29.
ᶠ **4.5** Hebraico: *pai*; também nos versículos 12, 14, 17 e 18. Veja 2.21, 2.24, 4.4 e 8.29.

dizendo: "Com muitas dores o dei à luz". ¹⁰ Jabez orou ao Deus de Israel: "Ah, abençoa-me e aumenta as minhas terras! Que a tua mão esteja comigo, guardando-me de males e livrando-me de dores". E Deus atendeu ao seu pedido.

¹¹ Quelube, irmão de Suá, gerou Meir, pai de Estom. ¹² Estom gerou Bete-Rafa, Paseia e Teína, fundador de Ir-Naás. Esses habitaram em Reca.

¹³ Estes foram os filhos de Quenaz:
Otoniel e Seraías.
Estes foram os filhos de Otoniel:
Hatate e Meonotai[a].
¹⁴ Meonotai gerou Ofra.
Seraías gerou Joabe,
fundador de Ge-Harasim[b],
que recebeu esse nome
porque os seus habitantes eram artesãos.
¹⁵ Estes foram os filhos de Calebe, filho de Jefoné:
Iru, Elá e Naã.
O filho de Elá foi Quenaz.
¹⁶ Estes foram os filhos de Jealelel:
Zife, Zifa, Tiria e Asareel.
¹⁷ Estes foram os filhos de Ezra:
Jéter, Merede, Éfer e Jalom. Merede casou-se com Bitia, filha do faraó, e teve os seguintes filhos: Miriã, Samai e Isbá, fundador de Estemoa. ¹⁸ Sua mulher judia deu à luz Jerede, fundador de Gedor, Héber, fundador de Socó, e Jecutiel, fundador de Zanoa.
¹⁹ Estes foram os filhos da mulher de Hodias, irmã de Naã:
o pai de Queila, o garmita, e Estemoa, o maacatita.
²⁰ Estes foram os filhos de Simão:
Amnom, Rina, Bene-Hanã e Tilom.
Estes foram os filhos de Isi:
Zoete e Ben-Zoete.
²¹ Estes foram os filhos de Selá, filho de Judá:
Er, pai de Leca; Lada, pai de Maressa. Selá também foi antepassado dos clãs daqueles que trabalhavam com linho em Bete-Asbeia, ²² de Joquim, dos homens de Cozeba, de Joás e de Sarafe, que governavam em Moabe e em Jasubi-Leém. (Estes registros são de épocas antigas.) ²³ Eles eram oleiros e habitavam em Netaim e em Gederá, perto do rei, para quem trabalhavam.

Os Descendentes de Simeão

²⁴ Estes foram os filhos de Simeão:
Nemuel, Jamim, Jaribe, Zerá e Saul.
²⁵ O filho de Saul era Salum, pai de Mibsão, que foi o pai de Misma.
²⁶ Estes foram os descendentes de Misma: seu filho Hamuel, pai de Zacur, que foi o pai de Simei.

²⁷ Simei teve dezesseis filhos e seis filhas, mas seus irmãos não tiveram muitos filhos; por isso todos os seus clãs não se igualam em número à tribo de Judá. ²⁸ Eles viviam em Berseba, Moladá, Hazar-Sual, ²⁹ Bila, Azém, Tolade, ³⁰ Betuel, Hormá, Ziclague, ³¹ Bete-Marcabote, Hazar-Susim, Bete-Biri e Saaraim. Essas foram as suas cidades até o reinado de Davi. ³² Tinham também as cinco cidades de Etã, Aim, Rimom, Toquém e Asã, ³³ com todos os povoados ao redor delas até Baalate[c]. Nessas cidades viviam e mantinham um registro genealógico.

³⁴ Mesobabe, Janleque, Josa –
filho de Amazias –,
³⁵ Joel, Jeú – filho de Josibias,
neto de Seraías e bisneto de Asiel –;
³⁶ também Elioenai, Jaacobá, Jesoaías,
Asaías, Adiel, Jesimiel, Benaia
³⁷ e Ziza – filho de Sifi, neto de Alom,
bisneto de Jedaías, trineto de Sinri
e tetraneto de Semaías.

³⁸ Essa é a lista dos líderes dos seus clãs. Suas famílias cresceram muito ³⁹ e, por isso, foram para os arredores de Gedor, a leste do vale, em busca de pastagens para os seus rebanhos. ⁴⁰ Encontraram muitas pastagens boas, numa região vasta, pacífica e tranquila, onde alguns camitas tinham vivido anteriormente.

⁴¹ Durante o reinado de Ezequias, rei de Judá, esses homens aqui alistados chegaram e atacaram os camitas e os meunitas da região e os destruíram totalmente, como até hoje se pode ver. Depois ocuparam o lugar daqueles povos, pois havia pastagens para os seus rebanhos. ⁴² E quinhentos desses simeonitas, liderados por Pelatias, Nearias, Refaías e Uziel, filhos de Isi, invadiram as colinas de Seir. ⁴³ Eles

---

[a] **4.13** Conforme alguns manuscritos da Septuaginta e a Vulgata. O Texto Massorético não traz *e Meonotai*.
[b] **4.14** *Ge-Harasim* significa *vale dos Artesãos*.
[c] **4.33** Conforme alguns manuscritos da Septuaginta. O Texto Massorético diz *Baal*. Veja Js 19.8.

mataram o restante dos amalequitas que tinha escapado, e ali vivem até hoje.

Os Descendentes de Rúben

5 Estes são os filhos de Rúben, o filho mais velho de Israel. (De fato ele era o mais velho, mas, por ter desonrado o leito de seu pai, seus direitos de filho mais velho foram dados aos filhos de José, filho de Israel, de modo que não foi alistado nos registros genealógicos como o primeiro filho. ² Embora Judá tenha sido o mais poderoso de seus irmãos e dele tenha vindo um líder, os direitos de filho mais velho foram dados a José.) ³ Os filhos de Rúben, filho mais velho de Israel, foram:

Enoque, Palu, Hezrom e Carmi.

⁴ Estes foram os descendentes de Joel:
Seu filho Semaías, pai de Gogue, que foi o pai de Simei, ⁵ pai de Mica, que foi o pai de Reaías, pai de Baal, ⁶ que foi o pai de Beera, a quem Tiglate-Pileser, rei da Assíria, levou para o exílio. Beera era um líder da tribo de Rúben.

⁷ Estes foram os parentes dele, de acordo com seus clãs, alistados conforme seus registros genealógicos:

Jeiel, o chefe, Zacarias ⁸ e Belá, filho de Azaz, neto de Sema e bisneto de Joel. Eles foram viver na região que vai desde Aroer até o monte Nebo e Baal-Meom. ⁹ A leste ocuparam a terra que vai até o deserto que se estende na direção do rio Eufrates, pois seus rebanhos tinham aumentado muito em Gileade.

¹⁰ Durante o reinado de Saul eles entraram em guerra contra os hagarenos e os derrotaram, passando a ocupar o acampamento deles por toda a região a leste de Gileade.

Os Descendentes de Gade

¹¹ Ao lado da tribo de Rúben ficou a tribo de Gade, desde a região de Basã até Salcá.

¹² Joel foi o primeiro chefe de clãs em Basã; Safã, o segundo; os outros foram Janai e Safate.

¹³ Estes foram os parentes deles, por famílias:
Micael, Mesulão, Seba, Jorai, Jacã, Zia e Héber. Eram sete ao todo.

¹⁴ Eles eram descendentes de Abiail, filho de Huri, neto de Jaroa, bisneto de Gileade e trineto de Micael, que foi filho de Jesisai, neto de Jado e bisneto de Buz. ¹⁵ Aí, filho de Abdiel e neto de Guni, foi o chefe dessas famílias.

¹⁶ A tribo de Gade habitou em Gileade, em Basã e seus povoados, e em toda a extensão das terras de pastagem de Sarom.

¹⁷ Todos esses entraram nos registros genealógicos durante os reinados de Jotão, rei de Judá, e de Jeroboão, rei de Israel.

¹⁸ As tribos de Rúben e Gade e a metade da tribo de Manassés tinham juntas quarenta e quatro mil e setecentos e sessenta homens de combate, capazes de empunhar escudo e espada, de usar o arco e treinados para a guerra. ¹⁹ Eles entraram em guerra contra os hagarenos e seus aliados Jetur, Nafis e Nodabe. ²⁰ Durante a batalha clamaram a Deus, que os ajudou, entregando os hagarenos e todos os seus aliados nas suas mãos. Deus os atendeu, porque confiaram nele. ²¹ Tomaram dos hagarenos o rebanho de cinquenta mil camelos, duzentas e cinquenta mil ovelhas e dois mil jumentos. Também fizeram cem mil prisioneiros. ²² E muitos foram os inimigos mortos, pois a batalha era de Deus. Eles ocuparam aquela terra até à época do exílio.

Os Descendentes da Metade da Tribo de Manassés

²³ A metade da tribo de Manassés era numerosa e se estabeleceu na região que vai de Basã a Baal-Hermom, isto é, até Senir, o monte Hermom.

²⁴ Estes eram os chefes das famílias dessa tribo: Éfer, Isi, Eliel, Azriel, Jeremias, Hodavias e Jadiel. Eram soldados valentes, homens famosos e chefes das famílias. ²⁵ Mas foram infiéis para com o Deus dos seus antepassados e se prostituíram, seguindo os deuses dos povos que Deus tinha destruído diante deles. ²⁶ Por isso o Deus de Israel incitou Pul, que é Tiglate-Pileser, rei da Assíria, a levar as tribos de Rúben e de Gade e a metade da tribo de Manassés para Hala, Habor, Hara e para o rio Gozã, onde estão até hoje.

Os Descendentes de Levi

6 Estes foram os filhos de Levi:
Gérson, Coate e Merari.
² Estes foram os filhos de Coate:
Anrão, Isar, Hebrom e Uziel.
³ Estes foram os filhos de Anrão:
Arão, Moisés e Miriã.

Estes foram os filhos de Arão:
Nadabe, Abiú, Eleazar e Itamar.
⁴ Eleazar gerou Fineias,
Fineias gerou Abisua,
⁵ Abisua gerou Buqui,
Buqui gerou Uzi,
⁶ Uzi gerou Zeraías,
Zeraías gerou Meraiote,
⁷ Meraiote gerou Amarias,
Amarias gerou Aitube,
⁸ Aitube gerou Zadoque,
Zadoque gerou Aimaás,
⁹ Aimaás gerou Azarias,
Azarias gerou Joanã,
¹⁰ Joanã gerou Azarias –
que foi sacerdote no templo
construído por Salomão em Jerusalém –,
¹¹ Azarias gerou Amarias,
Amarias gerou Aitube,
¹² Aitube gerou Zadoque,
Zadoque gerou Salum,
¹³ Salum gerou Hilquias,
Hilquias gerou Azarias,
¹⁴ Azarias gerou Seraías,
e Seraías gerou Jeozadaque.

¹⁵ Jeozadaque foi levado prisioneiro
quando o Senhor enviou Judá
e Jerusalém para o exílio
por meio de Nabucodonosor.

¹⁶ Estes foram os filhos de Levi:
Gérson, Coate e Merari.
¹⁷ Estes são os nomes
dos filhos de Gérson:
Libni e Simei.
¹⁸ Estes foram os filhos de Coate:
Anrão, Isar, Hebrom e Uziel.
¹⁹ Estes foram os filhos de Merari:
Mali e Musi.
Estes são os clãs dos levitas alistados
de acordo com os seus antepassados:
²⁰ De Gérson:
Seu filho Libni, que foi o pai de Jaate,
pai de Zima,
²¹ que foi o pai de Joá,
pai de Ido, pai de Zerá,
que foi o pai de Jeaterai.
²² De Coate:
Seu filho Aminadabe, pai de Corá,
que foi o pai de Assir,
²³ pai de Elcana, pai de Ebiasafe,
que foi o pai de Assir,

²⁴ pai de Taate, pai de Uriel,
pai de Uzias,
que foi o pai de Saul.
²⁵ De Elcana:
Amasai, Aimote
²⁶ e Elcana, pai de Zofai,ᵃ pai de Naate,
²⁷ que foi o pai de Eliabe,
pai de Jeroão,
pai de Elcana,
que foi o pai de Samuel.ᵇ
²⁸ De Samuel:
Joelᶜ, o mais velho,
e Abias, o segundo.
²⁹ De Merari:
Mali, pai de Libni,
pai de Simei,
que foi o pai de Uzá,
³⁰ pai de Simeia,
pai de Hagias,
que foi o pai de Asaías.

Os Músicos do Templo

³¹ Estes são os homens a quem Davi encarregou de dirigir os cânticos no templo do Senhor depois que a arca foi levada para lá. ³² Eles ministraram o louvor diante do tabernáculo, da Tenda do Encontro, até quando Salomão construiu o templo do Senhor em Jerusalém. Eles exercem suas funções de acordo com as normas estabelecidas.

³³ Estes são os que ministravam, junto com seus filhos:
Entre os coatitas:
O músico Hemã, filho de Joel,

filho de Samuel,
³⁴ filho de Elcana, filho de Jeroão,
filho de Eliel, filho de Toá,
³⁵ filho de Zufe, filho de Elcana,
filho de Maate, filho de Amasai,
³⁶ filho de Elcana, filho de Joel,
filho de Azarias, filho de Sofonias,
³⁷ filho de Taate, filho de Assir,
filho de Ebiasafe, filho de Corá,
³⁸ filho de Isar, filho de Coate,
filho de Levi, filho de Israel.

ᵃ **6.26** Muitos manuscritos dizem *e Elcana. De Elcana. Seu filho Zofai*.
ᵇ **6.27** Conforme alguns manuscritos da Septuaginta. O Texto Massorético não traz essa linha. Veja 1Sm 1.19,20 e 1Cr 6.33,34.
ᶜ **6.28** Muitos manuscritos não trazem *Joel*. Veja 1Sm 8.2 e 1Cr 6.33.

³⁹ À direita de Hemã
ficava seu parente Asafe,

filho de Berequias,
filho de Simeia,
⁴⁰ filho de Micael, filho de Baaseias*ᵃ*,
filho de Malquias, ⁴¹ filho de Etni,
filho de Zerá, filho de Adaías,
⁴² filho de Etã, filho de Zima,
filho de Simei, ⁴³ filho de Jaate,
filho de Gérson, filho de Levi.

⁴⁴ Entre os meraritas:
À esquerda de Hemã,
parente dos meraritas,

ficava Etã, filho de Quisi, filho de Abdi,
filho de Maluque, ⁴⁵ filho de Hasabias,
filho de Amazias, filho de Hilquias,
⁴⁶ filho de Anzi, filho de Bani,
filho de Sêmer, ⁴⁷ filho de Mali,
filho de Musi, filho de Merari,
filho de Levi.

⁴⁸ Seus parentes, os outros levitas, foram encarregados de cuidar de todo o serviço do tabernáculo, o templo de Deus. ⁴⁹ Mas eram Arão e seus descendentes que cuidavam dos sacrifícios no altar do holocausto*ᵇ*, das ofertas no altar de incenso e de todo o serviço do Lugar Santíssimo, como também dos sacrifícios de propiciação por Israel, conforme tudo o que Moisés, servo de Deus, tinha ordenado.

⁵⁰ Estes foram os descendentes de Arão:
o seu filho Eleazar, pai de Fineias,
que foi o pai de Abisua,
⁵¹ pai de Buqui, pai de Uzi,
que foi o pai de Zeraías,
⁵² pai de Meraiote, pai de Amarias,
que foi o pai de Aitube,
⁵³ pai de Zadoque, pai de Aimaás.

As Cidades dos Levitas

⁵⁴ Estas foram as cidades e as regiões dadas aos levitas para nelas habitarem. Entre os descendentes de Arão, o clã coatita foi sorteado primeiro; ⁵⁵ foi-lhe dada Hebrom, em Judá, com suas pastagens ao redor. ⁵⁶ Mas os campos e os povoados em torno da cidade foram dados a Calebe, filho de Jefoné.

ᵃ **6.40** Alguns manuscritos dizem *Masteias*.
ᵇ **6.49** Isto é, sacrifício totalmente queimado.

⁵⁷ Assim os descendentes de Arão receberam Hebrom, cidade de refúgio, e Libna, Jatir, Estemoa, ⁵⁸ Hilém, Debir, ⁵⁹ Asã, Jutá*ᶜ* e Bete-Semes, com suas respectivas pastagens. ⁶⁰ E da tribo de Benjamim receberam Gibeão*ᵈ*, Geba, Alemete e Anatote, com suas respectivas pastagens.
Ao todo treze cidades foram distribuídas entre os seus clãs.
⁶¹ Para os demais descendentes de Coate foram sorteadas dez cidades pertencentes aos clãs da metade da tribo de Manassés.
⁶² Para os descendentes de Gérson, clã por clã, foram sorteadas treze cidades das tribos de Issacar, de Aser e de Naftali, e da metade da tribo de Manassés que fica em Basã.
⁶³ Para os descendentes de Merari, clã por clã, foram sorteadas doze cidades das tribos de Rúben, de Gade e de Zebulom.
⁶⁴ Assim os israelitas deram aos levitas essas cidades com suas respectivas pastagens. ⁶⁵ As cidades anteriormente mencionadas dos territórios de Judá, de Simeão e de Benjamim também lhes foram dadas por sorteio.
⁶⁶ Alguns dos clãs coatitas receberam as seguintes cidades no território da tribo de Efraim:
⁶⁷ Siquém, cidade de refúgio nos montes de Efraim, e Gezer, ⁶⁸ Jocmeão, Bete-Horom, ⁶⁹ Aijalom e Gate-Rimom, com suas respectivas pastagens.
⁷⁰ E da metade da tribo de Manassés o restante dos clãs coatitas recebeu Aner e Bileã, com suas respectivas pastagens.

⁷¹ Os gersonitas receberam as seguintes cidades:
Do clã da metade da tribo de Manassés,
Golã, em Basã, e também Asterote, com suas respectivas pastagens;
⁷² da tribo de Issacar,
Quedes, Daberate, ⁷³ Ramote e Aném, com suas respectivas pastagens;
⁷⁴ da tribo de Aser,
Masal, Abdom, ⁷⁵ Hucoque e Reobe, com suas respectivas pastagens;
⁷⁶ e da tribo de Naftali,
Quedes, na Galileia, Hamom e Quiriataim, com suas respectivas pastagens.

ᶜ **6.59** Conforme a Versão Siríaca. O Texto Massorético não traz *Jutá*. Veja Js 21.16.
ᵈ **6.60** O Texto Massorético não traz *Gibeão*. Veja Js 21.17.

⁷⁷ E estas foram as cidades que os outros meraritas receberam:
Da tribo de Zebulom,
Rimono e Tabor, com suas respectivas pastagens;
⁷⁸ da tribo de Rúben, do outro lado do Jordão, a leste de Jericó,
Bezer, no deserto, Jaza, ⁷⁹ Quedemote e Mefaate, com suas respectivas pastagens;
⁸⁰ e da tribo de Gade,
Ramote, em Gileade, Maanaim, ⁸¹ Hesbom e Jazar, com suas respectivas pastagens.

Os Descendentes de Issacar

7 Estes foram os quatro filhos de Issacar:
Tolá, Puá, Jasube e Sinrom.
² Estes foram os filhos de Tolá:
Uzi, Refaías, Jeriel, Jamai, Ibsão e Samuel, chefes dos seus clãs. No reinado de Davi, os descendentes de Tolá alistados em suas genealogias como homens de combate eram 22.600.
³ O filho de Uzi foi Israías.
Estes foram os filhos de Israías:
Micael, Obadias, Joel e Issias. Todos os cinco eram chefes ⁴ que tinham muitas mulheres e muitos filhos. Por isso, conforme a genealogia de sua família, eles contavam com 36.000 homens prontos para o combate.
⁵ Incluindo seus parentes, os homens de combate de todos os clãs de Issacar, conforme alistados em sua genealogia, eram ao todo 87.000.

Os Descendentes de Benjamim

⁶ Estes foram os três filhos de Benjamim:
Belá, Bequer e Jediael.
⁷ Estes foram os filhos de Belá:
Esbom, Uzi, Uziel, Jeremote e Iri, cinco chefes de famílias. Seu registro genealógico alistava 22.034 homens de combate.
⁸ Estes foram os filhos de Bequer:
Zemira, Joás, Eliézer, Elioenai, Onri, Jeremote, Abias, Anatote e Alemete. Todos esses eram filhos de Bequer. ⁹ O registro genealógico deles alistava os chefes de famílias e 20.200 homens de combate.
¹⁰ O filho de Jediael foi Bilã.
Estes foram os filhos de Bilã:
Jeús, Benjamim, Eúde, Quenaaná, Zetã, Társis e Aisaar. ¹¹ Todos esses descendentes de Jediael eram chefes de famílias que contavam com 17.200 homens de combate prontos para a guerra.
¹² Supim e Hupim eram filhos de Ir; e Husim era filho de Aer.

Os Descendentes de Naftali

¹³ Estes foram os filhos de Naftali:
Jaziel, Guni, Jezer e Silém[a], netos de Bila.

Os Descendentes de Manassés

¹⁴ Estes foram os descendentes de Manassés:
Asriel, filho de sua concubina arameia, que também deu à luz Maquir, pai de Gileade.
¹⁵ Maquir casou-se com Maaca, irmã de Hupim e Supim.
Outro descendente de Manassés chamava-se Zelofeade, o qual só teve filhas.
¹⁶ Maaca, mulher de Maquir, deu à luz um filho, a quem deu o nome de Perez. O nome de seu irmão era Seres, cujos filhos chamavam-se Ulão e Requém.
¹⁷ O filho de Ulão foi Bedã.
Esses foram os descendentes de Gileade, filho de Maquir e neto de Manassés. ¹⁸ Sua irmã Hamolequete deu à luz Isode, Abiezer e Maalá.
¹⁹ Estes foram os filhos de Semida:
Aiã, Siquém, Liqui e Anião.

Os Descendentes de Efraim

²⁰ Estes foram os descendentes de Efraim:
Sutela, que foi o pai de Berede,
pai de Taate, pai de Eleada,
que foi o pai de Taate, ²¹ pai de Zabade, pai de Sutela.
Ézer e Eleade, filhos de Efraim, foram mortos por homens da cidade de Gate quando tentavam roubar os rebanhos deles. ²² Efraim chorou muitos dias por eles, e seus parentes vieram consolá-lo. ²³ Depois ele se deitou de novo com sua mulher, ela engravidou e deu à luz um filho. Ele o chamou Berias, pois tinha acontecido uma desgraça em sua família. ²⁴ Sua filha chamava-se Seerá. Foi ela que fundou Bete-Horom Alta e Bete-Horom Baixa e também Uzém-Seerá.
²⁵ O filho de Berias foi Refa, pai de Resefe[b], que foi o pai de Telá, pai de Taã,
²⁶ pai de Ladã, pai de Amiúde,
que foi o pai de Elisama, ²⁷ pai de Num, que foi o pai de Josué.

[a]**7.13** Muitos manuscritos dizem *Salum*. Veja Gn 46.24 e Nm 26.49.
[b]**7.25** Conforme alguns manuscritos da Septuaginta. O Texto Massorético não traz *pai de*.

²⁸ Suas terras e cidades incluíam Betel e os povoados ao redor, Naarã a leste, Gezer e seus povoados a oeste, e Siquém e Aiá com os seus povoados. ²⁹ A tribo de Manassés controlava as cidades de Bete-Seã, Taanaque, Megido e Dor, com seus respectivos povoados. Os descendentes de José, filho de Israel, viviam nessas cidades.

Os Descendentes de Aser

³⁰ Estes foram os filhos de Aser:
Imna, Isvá, Isvi e Berias. A irmã deles chamava-se Sera.
³¹ Estes foram os filhos de Berias:
Héber e Malquiel, que foi o pai de Birzavite.
³² Héber gerou Jaflete, Somer e Hotão e a irmã deles, Suá.
³³ Estes foram os filhos de Jaflete:
Pasaque, Bimal e Asvate.
Esses foram os filhos de Jaflete.
³⁴ Estes foram os filhos de Somer:
Aí, Roga, Jeubá e Arã.
³⁵ Estes foram os filhos de Helém[a], irmão de Somer:
Zofa, Imna, Seles e Amal.
³⁶ Estes foram os filhos de Zofa:
Suá, Harnefer, Sual, Beri, Inra, ³⁷ Bezer, Hode, Samá, Silsa, Itrã e Beera.
³⁸ Estes foram os filhos de Jéter:
Jefoné, Pispa e Ara.
³⁹ Estes foram os filhos de Ula:
Ara, Haniel e Rizia.

⁴⁰ Todos esses foram descendentes de Aser. Eram chefes de famílias, homens escolhidos, soldados valentes e líderes de destaque. O número dos alistados para combate no exército deles foi 26.000.

Os Descendentes de Benjamim

8 Benjamim gerou Belá, seu filho mais velho; Asbel, seu segundo filho, Aará, o terceiro; ² Noá, o quarto; e Rafa, o quinto.
³ Estes foram os filhos de Belá:
Adar, Gera, pai de Eúde, ⁴ Abisua, Naamã, Aoá, ⁵ Gera, Sefufá e Hurão.
⁶ Estes foram os descendentes de Eúde, chefes das famílias dos habitantes de Geba, que foram deportados para Manaate:
⁷ Naamã, Aías e Gera. Esse Gera, pai de Uzá e de Aiúde, foi quem os deportou.

⁸ Depois de ter se divorciado de suas mulheres Husim e Baara, Saaraim teve filhos na terra de Moabe. ⁹ Com sua mulher Hodes ele gerou Jobabe, Zíbia, Messa, Malcã, ¹⁰ Jeús, Saquias e Mirma. Esses foram seus filhos, chefes de famílias. ¹¹ Com Husim ele gerou Abitube e Elpaal.
¹² Estes foram os filhos de Elpaal:
Héber, Misã, Semede, que fundou Ono e Lode com seus povoados. ¹³ Berias e Sema foram os chefes das famílias dos habitantes de Aijalom e foram eles que expulsaram os habitantes de Gate.
¹⁴ Aiô, Sasaque, Jeremote, ¹⁵ Zebadias, Arade, Éder, ¹⁶ Micael, Ispa e Joá foram descendentes de Berias.
¹⁷ Zebadias, Mesulão, Hizqui, Héber, ¹⁸ Ismerai, Izlias e Jobabe foram descendentes de Elpaal.
¹⁹ Jaquim, Zicri, Zabdi, ²⁰ Elienai, Ziletai, Eliel, ²¹ Adaías, Beraías e Sinrate foram descendentes de Simei.
²² Ispã, Héber, Eliel, ²³ Abdom, Zicri, Hanã, ²⁴ Hananias, Elão, Antotias, ²⁵ Ifdeias e Penuel foram descendentes de Sasaque.
²⁶ Sanserai, Searias, Atalias, ²⁷ Jaaresias, Elias e Zicri foram descendentes de Jeroão.

²⁸ Todos esses foram chefes de famílias, líderes, conforme alistados em suas genealogias, e moravam em Jerusalém.

²⁹ Jeiel[b], pai[c] de Gibeom, morou na cidade de Gibeom. O nome de sua mulher era Maaca; ³⁰ o de seu filho mais velho, Abdom; e o de seus outros filhos, Zur, Quis, Baal, Ner[d], Nadabe, ³¹ Gedor, Aiô, Zequer ³² e Miclote, que gerou Simeia. Eles também moravam perto de seus parentes, em Jerusalém.
³³ Ner gerou Quis, que gerou Saul. Saul gerou Jônatas, Malquisua, Abinadabe e Esbaal[e].
³⁴ O filho de Jônatas foi Meribe-Baal[f], que gerou Mica.
³⁵ Estes foram os filhos de Mica:
Pitom, Meleque, Tareia e Acaz.
³⁶ Acaz gerou Jeoada, Jeoada gerou Alemete, Azmavete e Zinri, e Zinri gerou Mosa.

---

[a] **7.35** Chamado *Hotão* no versículo 32.
[b] **8.29** Conforme alguns manuscritos da Septuaginta. O Texto Massorético não traz *Jeiel*. Veja 1Cr 9.35.
[c] **8.29** Ou *líder*; ou ainda *fundador*. Veja 2.21, 2.24, 4.4 e 4.5.
[d] **8.30** Conforme alguns manuscritos da Septuaginta. O Texto Massorético não traz *Ner*. Veja 1Cr 9.36.
[e] **8.33** Também conhecido como *Is-Bosete*; também em 9.39.
[f] **8.34** Também conhecido como *Mefibosete*; também em 9.40.

³⁷ Mosa gerou Bineá, pai de Rafa, que foi o pai de Eleasa, pai de Azel. ³⁸ Azel teve seis filhos chamados Azricão, Bocru, Ismael, Searias, Obadias e Hanã. Todos esses foram filhos de Azel.
³⁹ Estes foram os filhos de Eseque, seu irmão: Ulão, o mais velho; Jeús, o segundo; e Elifelete, o terceiro.
⁴⁰ Os filhos de Ulão eram soldados valentes e bons flecheiros. Tiveram muitos filhos e netos, eram cento e cinquenta ao todo.

Todos esses foram descendentes de Benjamim.

9 Todos os israelitas foram alistados nas genealogias dos registros históricos dos reis de Israel.

O Povo de Jerusalém

Por sua infidelidade o povo de Judá foi levado prisioneiro para a Babilônia. ² Os primeiros a voltarem às suas propriedades e às suas cidades foram algumas pessoas do povo e alguns sacerdotes, levitas e servidores do templo.
³ Os de Judá, de Benjamim e de Efraim e Manassés que se instalaram em Jerusalém foram:
⁴ Utai, filho de Amiúde, neto de Onri, bisneto de Inri e trineto de Bani, um descendente de Perez, filho de Judá.
⁵ Dos descendentes de Selá:
O primogênito Asaías com seus filhos.
⁶ Dos descendentes de Zerá:
Jeuel.
Os de Judá eram 690.
⁷ Dos benjamitas:
Salu, filho de Mesulão, neto de Hodavias e bisneto de Hassenua;
⁸ Ibneias, filho de Jeroão; Elá, filho de Uzi, filho de Micri; e Mesulão, filho de Sefatias, filho de Reuel, filho de Ibnias.
⁹ Da tribo de Benjamim, relacionados em sua genealogia, eram 956. Todos esses homens eram chefes de suas famílias.
¹⁰ Dos sacerdotes:
Jedaías, Jeoiaribe, Jaquim;
¹¹ Azarias, filho de Hilquias, neto de Mesulão, bisneto de Zadoque, trineto de Meraiote e tetraneto de Aitube, o líder encarregado do templo de Deus;
¹² Adaías, filho de Jeroão, neto de Pasur e bisneto de Malquias; e Masai, filho de Adiel, neto de Jazera, bisneto de Mesulão, trineto de Mesilemite e tetraneto de Imer.

¹³ O número de sacerdotes que eram chefes de famílias era 1.760. Eram homens capazes, e sua responsabilidade era ministrar no templo de Deus.
¹⁴ Dos levitas:
Semaías, filho de Hassube, neto de Azricão e bisneto de Hasabias, um merarita;
¹⁵ Baquebacar, Heres, Galal e Matanias, filho de Mica, neto de Zicri e bisneto de Asafe;
¹⁶ Obadias, filho de Semaías, neto de Galal e bisneto de Jedutum; e Berequias, filho de Asa e neto de Elcana, que vivia nos povoados dos netofatitas.
¹⁷ Os guardas das portas eram:
Salum, o chefe, Acube, Talmom, Aimã e os irmãos deles, sendo até hoje ¹⁸ os guardas da porta do Rei, a leste. Salum era o chefe. Esses eram os guardas das portas, que pertenciam ao acampamento dos levitas.
¹⁹ Salum, filho de Coré, neto de Ebiasafe e bisneto de Corá e seus parentes, os coreítas, guardas das portas, responsáveis por guardar as entradas da Tenda*ᵃ*, como os seus antepassados tinham sido responsáveis por guardar a entrada da habitação do SENHOR.
²⁰ Naquela época, Fineias, filho de Eleazar, estivera encarregado dos guardas das portas, e o SENHOR estava com ele. ²¹ Zacarias, filho de Meselemias, era o guarda das portas da entrada da Tenda do Encontro.
²² A soma total dos escolhidos para serem guardas das portas, registrados nas genealogias dos seus povoados, era de 212. Eles haviam sido designados para esses postos de confiança por Davi e pelo vidente Samuel.
²³ Eles e os seus descendentes foram encarregados de vigiar as portas do templo do SENHOR, o templo chamado Tenda. ²⁴ Os guardas vigiavam as portas nos quatro lados: norte, sul, leste e oeste. ²⁵ Seus parentes, residentes em seus povoados, tinham que vir de tempos em tempos e trabalhar com eles por períodos de sete dias. ²⁶ Mas os quatro principais guardas das portas, que eram levitas, receberam a responsabilidade de tomar conta das salas e da tesouraria do templo de Deus.
²⁷ Eles passavam a noite perto do templo de Deus, pois tinham o dever de vigiá-lo e de abrir as portas todas as manhãs.
²⁸ Alguns levitas estavam encarregados dos utensílios utilizados no culto no templo; eles

---

ᵃ **9.19** Isto é, do templo; também nos versículos 21 e 23.

os contavam quando eram retirados e quando eram devolvidos. ²⁹ Outros eram responsáveis pelos móveis e por todos os demais utensílios do santuário, bem como pela farinha, pelo vinho, pelo óleo, pelo incenso e pelas especiarias. ³⁰ E ainda outros cuidavam da manipulação das especiarias. ³¹ Um levita chamado Matitias, filho mais velho do coreíta Salum, tinha a responsabilidade de assar os pães para as ofertas. ³² E entre os coatitas, seus irmãos, alguns estavam encarregados de preparar os pães que eram postos sobre a mesa todo sábado.

³³ Os cantores, chefes de famílias levitas, permaneciam nas salas do templo e estavam isentos de outros deveres, pois dia e noite se dedicavam à sua própria tarefa.

³⁴ Todos esses eram chefes de famílias levitas, alistados como líderes em suas genealogias, e moravam em Jerusalém.

A Genealogia de Saul

³⁵ Jeiel, pai^a de Gibeom,
morava em Gibeom.
O nome de sua mulher era Maaca;
³⁶ e o de seu filho mais velho, Abdom.
Depois nasceram Zur, Quis, Baal,
Ner, Nadabe, ³⁷ Gedor, Aiô,
Zacarias e Miclote.
³⁸ Miclote gerou Simeia.
Eles também moravam perto
de seus parentes em Jerusalém.
³⁹ Ner gerou Quis, Quis gerou Saul,
Saul gerou Jônatas, Malquisua,
Abinadabe e Esbaal.
⁴⁰ Este foi o filho de Jônatas:
Meribe-Baal, que gerou Mica.
⁴¹ Estes foram os filhos de Mica:
Pitom, Meleque, Tareia e Acaz^b.
⁴² Acaz gerou Jadá; Jadá^c gerou Alemete,
Azmavete e Zinri; e Zinri gerou Mosa.
⁴³ Mosa gerou Bineá,
cujo filho foi Refaías;
o filho deste foi Eleasa, pai de Azel.
⁴⁴ Azel teve seis filhos,
e os nomes deles foram:
Azricão, Bocru, Ismael, Searias,
Obadias e Hanã.
Esses foram os filhos de Azel.

^a**9.35** *Pai* pode significar *líder civil* ou *líder militar*.
^b**9.41** Conforme a Vulgata e a Versão Siríaca. O Texto Massorético não traz *e Acaz*. Veja 1Cr 8.35.
^c**9.42** Muitos manuscritos dizem *Jaerá*. Veja 1Cr 8.36.

O Suicídio de Saul

10 E aconteceu que, em combate com os filisteus, os israelitas foram postos em fuga, e muitos caíram mortos no monte Gilboa. ² Os filisteus perseguiram Saul e seus filhos e mataram Jônatas, Abinadabe e Malquisua, filhos de Saul. ³ O combate foi ficando cada vez mais violento em torno de Saul, até que os flecheiros o alcançaram e feriram gravemente.

⁴ Então Saul ordenou ao seu escudeiro: "Tire sua espada e mate-me, senão sofrerei a vergonha de cair nas mãos desses incircuncisos".

Mas o seu escudeiro estava apavorado e não quis fazê-lo. Saul, então, apanhou a própria espada e jogou-se sobre ela. ⁵ Quando o escudeiro viu que Saul estava morto, jogou-se também sobre sua espada e morreu. ⁶ Dessa maneira Saul e seus três filhos morreram e, assim, toda a descendência real.

⁷ Quando os israelitas que habitavam no vale viram que o exército tinha fugido e que Saul e seus filhos estavam mortos, fugiram, abandonando suas cidades. Depois os filisteus foram ocupá-las.

⁸ No dia seguinte, quando os filisteus foram saquear os mortos, encontraram Saul e seus filhos caídos no monte Gilboa. ⁹ Cortaram a cabeça de Saul, pegaram suas armas e enviaram mensageiros por toda a terra dos filisteus proclamando a notícia entre os seus ídolos e o seu povo. ¹⁰ Expuseram suas armas num dos templos dos seus deuses e penduraram sua cabeça no templo de Dagom.

¹¹ Quando os habitantes de Jabes-Gileade ficaram sabendo o que os filisteus haviam feito com Saul, ¹² os mais corajosos dentre eles foram e apanharam os corpos de Saul e de seus filhos e os levaram a Jabes. Lá sepultaram seus ossos sob a Grande Árvore e jejuaram por sete dias.

¹³ Saul morreu dessa forma porque foi infiel ao Senhor, não foi obediente à palavra do Senhor e chegou a consultar uma médium em busca de orientação, ¹⁴ em vez de consultar o Senhor. Por isso o Senhor o entregou à morte e deu o reino a Davi, filho de Jessé.

O Reinado de Davi, Rei de Israel

11 Todo o Israel reuniu-se com Davi em Hebrom e disse: "Somos sangue do teu sangue^d. ² No passado, mesmo quando Saul era rei, eras tu quem liderava Israel em suas

^d**11.1** Hebraico: *teu osso e tua carne*.

batalhas. E o Senhor, o teu Deus, te disse: 'Você pastoreará Israel, o meu povo, e será o seu governante' ".

³ Então todas as autoridades de Israel foram ao encontro do rei Davi em Hebrom, onde este fez um acordo com elas perante o Senhor, e ali ungiram Davi rei de Israel, conforme o Senhor havia anunciado por meio de Samuel.

A Conquista de Jerusalém

⁴ Davi e todos os israelitas marcharam para Jerusalém, que é Jebus. Os jebuseus, habitantes da cidade, ⁵ disseram a Davi: "Você não entrará aqui". No entanto, Davi conquistou a fortaleza de Sião, a Cidade de Davi.

⁶ Naquele dia Davi disse: "O primeiro que atacar os jebuseus se tornará o comandante do exército". Joabe, filho de Zeruia, foi o primeiro e por isso recebeu o comando do exército.

⁷ Davi passou a morar na fortaleza e por isso ela foi chamada Cidade de Davi. ⁸ Ele reconstruiu a cidade ao redor da fortaleza, desde o Milo[a] até os muros ao redor, e Joabe restaurou o restante da cidade. ⁹ E Davi ia se tornando cada vez mais poderoso, pois o Senhor dos Exércitos estava com ele.

Os Principais Guerreiros de Davi

¹⁰ Estes foram os chefes dos principais guerreiros de Davi que, junto com todo o Israel, deram um grande apoio para estender o seu reinado a todo o país, conforme o Senhor havia prometido. ¹¹ Esta é a lista deles: Jasobeão[b], um hacmonita, chefe dos oficiais[c]; foi ele que, empunhando sua lança, matou trezentos homens numa mesma batalha.

¹² Depois, Eleazar, filho de Dodô, de Aoí, um dos três principais guerreiros. ¹³ Ele estava com Davi na plantação de cevada de Pas-Damim, onde os filisteus se reuniram para a guerra. As tropas israelitas fugiram dos filisteus, ¹⁴ mas eles mantiveram sua posição no meio da plantação. Eles a defenderam e feriram os filisteus, e o Senhor lhes deu uma grande vitória.

¹⁵ Quando um grupo de filisteus estava acampado no vale de Refaim, três chefes do batalhão dos Trinta foram encontrar Davi na rocha que há perto da caverna de Adulão. ¹⁶ Estando Davi nessa fortaleza e o destacamento filisteu em Belém, ¹⁷ Davi expressou seu desejo: "Quem me dera me trouxessem água da cisterna que fica junto à porta de Belém!" . ¹⁸ Então aqueles três infiltraram-se no acampamento filisteu, tiraram água daquela cisterna e trouxeram-na a Davi. Mas ele se recusou a bebê-la; em vez disso, derramou-a como uma oferta ao Senhor. ¹⁹ "Longe de mim fazer isso, ó meu Deus!", disse Davi. "Esta água representa o sangue desses homens que arriscaram a própria vida!" Eles arriscaram a vida para trazê-la. E não quis bebê-la. Foram essas as proezas dos três principais guerreiros.

²⁰ Abisai, o irmão de Joabe, era o chefe do batalhão dos Trinta[d]. Com uma lança enfrentou trezentos homens e matou-os, tornando-se famoso como os três. ²¹ Foi honrado duas vezes mais do que o batalhão dos Trinta e tornou-se chefe deles, mas nunca igualou-se aos três principais guerreiros.

²² Benaia, filho de Joiada, era um corajoso soldado de Cabzeel e realizou grandes feitos. Matou dois dos melhores guerreiros de Moabe e, num dia de neve, desceu ao fundo de uma cova e matou um leão. ²³ Também matou um egípcio de dois metros e vinte e cinco centímetros[e] de altura. Embora o egípcio tivesse na mão uma lança parecida com uma lançadeira de tecelão, Benaia o enfrentou com um cajado. Arrancou a lança da mão do egípcio e com ela o matou. ²⁴ Esses foram os grandes feitos de Benaia, filho de Joiada, que também foi famoso como os três principais guerreiros de Davi. ²⁵ Foi mais honrado do que qualquer dos Trinta, mas nunca se igualou aos três. E Davi lhe deu o comando da sua guarda pessoal.

²⁶ Os outros guerreiros foram:
Asael, irmão de Joabe;
Elanã, filho de Dodô, de Belém;
²⁷ Samote, de Haror;
Helez, de Pelom;
²⁸ Ira, filho de Iques, de Tecoa;
Abiezer, de Anatote;
²⁹ Sibecai, de Husate;
Ilai, de Aoí;
³⁰ Maarai, de Netofate;
Helede, filho de Baaná, de Netofate;
³¹ Itai, filho de Ribai,
de Gibeá de Benjamim;
Benaia, de Piratom;

---

[a] 11.8 Ou *desde o aterro*
[b] 11.11 Possivelmente variante de *Jasobe-Baal*.
[c] 11.11 Ou *Trinta*. Veja 2Sm 23.8.
[d] 11.20 Conforme a Versão Siríaca e muitas versões. O Texto Massorético diz *chefe dos três*. Também no versículo 21.
[e] 11.23 Hebraico: *5 côvados*. O côvado era uma medida linear de cerca de 45 centímetros.

³² Hurai, dos riachos de Gaás;
Abiel, de Arbate;
³³ Azmavete, de Baurim;
Eliaba, de Saalbom;
³⁴ os filhos de Hasém, de Gizom;
Jônatas, filho de Sage, de Harar;
³⁵ Aião, filho de Sacar, de Harar;
Elifal, filho de Ur;
³⁶ Héfer, de Mequerate;
Aías, de Pelom;
³⁷ Hezro, de Carmelo;
Naarai, filho de Ezbai;
³⁸ Joel, irmão de Natã;
Mibar, filho de Hagri;
³⁹ o amonita Zeleque;
Naarai, de Beerote, escudeiro de Joabe, filho de Zeruia;
⁴⁰ Ira e Garebe, de Jatir;
⁴¹ Urias, o hitita;
Zabade, filho de Alai;
⁴² Adina, filho de Siza, de Rúben, chefe dos rubenitas
e do batalhão dos Trinta;
⁴³ Hanã, filho de Maaca;
Josafá, de Mitene;
⁴⁴ Uzia, de Asterote;
Sama e Jeiel, filhos de Hotão, de Aroer;
⁴⁵ Jediael, filho de Sinri;
seu irmão, Joá, de Tiz;
⁴⁶ Eliel, de Maave;
Jeribai e Josavias, filhos de Elnaão;
Itma, um moabita,
⁴⁷ e Eliel, Obede e Jaasiel, de Mezoba.

Os Aliados de Davi

12 Estes são os que se juntaram a Davi em Ziclague, onde se escondia de Saul, filho de Quis. Eles estavam entre os combatentes que o ajudaram na guerra; ² tanto com a mão direita como com a esquerda utilizavam arco e flecha, e a funda para atirar pedras; pertenciam à tribo de Benjamim e eram parentes de Saul:

³ Aiezer, o chefe deles,
e Joás, filhos de Semaá, de Gibeá;
Jeziel e Pelete, filhos de Azmavete;
Beraca, Jeú, de Anatote,
⁴ e Ismaías, de Gibeom,
um grande guerreiro
do batalhão dos Trinta
e chefe deles;
Jeremias, Jaaziel, Joanã,
Jozabade, de Gederate;
⁵ Eluzai, Jeremote, Bealias,
Semarias e Sefatias, de Harufe;
⁶ os coreítas Elcana, Issias, Azareel,
Joezer e Jasobeão;
⁷ e Joela e Zebadias,
filhos de Jeroão, de Gedor.

⁸ Da tribo de Gade alguns aliaram-se a Davi em sua fortaleza no deserto. Eram guerreiros corajosos, prontos para o combate, e sabiam lutar com escudo e com lança. Tinham a bravura de um leão e eram ágeis como gazelas nos montes.

⁹ Ézer era o primeiro;
Obadias, o segundo; Eliabe, o terceiro;
¹⁰ Mismana, o quarto; Jeremias, o quinto;
¹¹ Atai, o sexto; Eliel, o sétimo;
¹² Joanã, o oitavo; Elzabade, o nono;
¹³ Jeremias, o décimo; e Macbanai era o décimo primeiro.

¹⁴ Todos esses de Gade eram chefes de exército; o menor valia por[a] cem, e o maior enfrentava mil. ¹⁵ Foram eles que atravessaram o Jordão no primeiro mês do ano, quando o rio transborda em todas as suas margens, e puseram em fuga todos os que moravam nos vales, a leste e a oeste.

¹⁶ Alguns outros benjamitas e certos homens de Judá também vieram a Davi em sua fortaleza. ¹⁷ Davi saiu ao encontro deles e lhes disse: "Se vocês vieram em paz, para me ajudarem, estou pronto a recebê-los. Mas, se querem trair-me e entregar-me aos meus inimigos, sendo que as minhas mãos não cometeram violência, que o Deus de nossos antepassados veja isso e julgue vocês".

¹⁸ Então o Espírito veio sobre Amasai, chefe do batalhão dos Trinta, e ele disse:

"Somos teus, ó Davi!
Estamos contigo, ó filho de Jessé!
Paz, paz seja contigo,
e com os teus aliados,
pois o teu Deus te ajudará".

Davi os recebeu e os nomeou chefes dos seus grupos de ataque.

¹⁹ Alguns soldados de Manassés desertaram para Davi quando ele foi com os filisteus

---
[a] **12.14** Ou *comandava*

guerrear contra Saul. Eles não ajudaram os filisteus, porque os seus chefes os aconselharam e os mandaram embora, dizendo: "Pagaremos com a vida, caso Davi deserte e passe para Saul, seu senhor". ²⁰ Estes foram os homens de Manassés que desertaram para Davi quando ele foi a Ziclague: Adna, Jozabade, Jediael, Micael, Jozabade, Eliú e Ziletai, chefes de batalhões de mil em Manassés. ²¹ Eles ajudaram Davi contra grupos de ataque, pois todos eles eram guerreiros valentes e eram líderes no exército dele. ²² Diariamente chegavam soldados para ajudar Davi, até que o seu exército tornou-se tão grande como o exército de Deus*a*.

O Crescimento do Exército de Davi

²³ Este é o número dos soldados armados para a guerra que vieram a Davi em Hebrom para lhe entregar o reino de Saul, conforme o Senhor tinha dito:
²⁴ da tribo de Judá, 6.800 armados para a guerra, com escudo e lança;
²⁵ da tribo de Simeão, 7.100 guerreiros prontos para o combate;
²⁶ da tribo de Levi, 4.600, ²⁷ inclusive Joiada, líder da família de Arão, com 3.700 homens, ²⁸ e Zadoque, um jovem e valente guerreiro, com 22 oficiais de sua família;
²⁹ da tribo de Benjamim, parentes de Saul, 3.000, a maioria dos quais era até então fiel à família de Saul;
³⁰ da tribo de Efraim, 20.800 soldados valentes, famosos em seus próprios clãs;
³¹ da metade da tribo de Manassés, 18.000, indicados por nome para fazerem Davi rei;
³² da tribo de Issacar, 200 chefes que sabiam como Israel deveria agir em qualquer circunstância. Comandavam todos os seus parentes;
³³ da tribo de Zebulom, 50.000 soldados experientes, preparados para guerrear com qualquer tipo de arma, totalmente decididos a ajudar Davi;
³⁴ da tribo de Naftali, 1.000 líderes com 37.000 homens armados de escudos e lanças;
³⁵ da tribo de Dã, 28.600 preparados para o combate;
³⁶ da tribo de Aser, 40.000 soldados experientes, preparados para o combate;
³⁷ e do leste do Jordão, das tribos de Rúben e de Gade, e da metade da tribo de Manassés, 120.000 completamente armados.

³⁸ Todos esses eram homens de combate e se apresentaram voluntariamente para servir nas fileiras. Vieram a Hebrom totalmente decididos a fazer de Davi rei sobre todo o Israel. E todos os outros israelitas tinham esse mesmo propósito. ³⁹ Ficaram com Davi três dias, comendo e bebendo, pois as suas famílias haviam fornecido provisões para eles. ⁴⁰ Os habitantes das tribos vizinhas e também de lugares distantes como Issacar, Zebulom e Naftali, trouxeram-lhes muitas provisões em jumentos, camelos, mulas e bois. Havia grande fartura de suprimentos: farinha, bolos de figo, bolos de uvas passas, vinho, azeite, bois e ovelhas, pois havia grande alegria em Israel.

O Retorno da Arca

13 Depois de consultar todos os seus oficiais, os comandantes de mil e de cem, ² Davi disse a toda a assembleia de Israel: "Se vocês estão de acordo e se esta é a vontade do Senhor, o nosso Deus, enviemos uma mensagem a nossos irmãos em todo o território de Israel e também aos sacerdotes e aos levitas que estão com eles em suas cidades, para virem unir-se a nós. ³ Vamos trazer de volta a arca de nosso Deus, pois não nos importamos com ela*b* durante o reinado de Saul". ⁴ Toda a assembleia concordou, pois isso pareceu bom a todo o povo.

⁵ Então Davi reuniu todos os israelitas, desde o rio Sior, no Egito, até Lebo-Hamate, para trazerem de Quiriate-Jearim a arca de Deus. ⁶ Davi e todos os israelitas foram a Baalá, que é Quiriate-Jearim, em Judá, para buscar a arca de Deus, o Senhor, que tem o seu trono entre os querubins; a arca sobre a qual o seu nome é invocado.

⁷ Da casa de Abinadabe levaram a arca de Deus num carroção novo, conduzido por Uzá e Aiô. ⁸ Davi e todos os israelitas iam dançando e cantando com todo o vigor diante de Deus, ao som de harpas, liras, tamborins, címbalos e cornetas.

⁹ Quando chegaram à eira de Quidom, Uzá esticou o braço e segurou a arca, porque os bois haviam tropeçado. ¹⁰ A ira do Senhor acendeu-se contra Uzá, e ele o feriu por ter tocado na arca. Uzá morreu ali mesmo, diante de Deus.

¹¹ Davi ficou contrariado porque o Senhor, em sua ira, havia fulminado Uzá. Até hoje aquele lugar é chamado Perez-Uzá*c*.

---

a 12.22 Ou *um exército grande e poderoso*
b 13.3 Ou *a consultamos*; ou ainda *o consultamos*
c 13.11 *Perez-Uzá* significa *destruição de Uzá*.

¹² Naquele dia Davi teve medo de Deus e se perguntou: "Como vou conseguir levar a arca de Deus?" ¹³ Por isso desistiu de trazer a arca para a Cidade de Davi. Em vez disso, levou-a para a casa de Obede-Edom, de Gate. ¹⁴ A arca de Deus ficou na casa dele por três meses, e o Senhor abençoou sua família e tudo o que possuía.

O Palácio e a Família de Davi

14 Hirão, rei de Tiro, enviou a Davi uma delegação, que lhe trouxe toras de cedro, e também pedreiros e carpinteiros para lhe construírem um palácio. ² Então Davi teve certeza de que o Senhor o confirmara como rei de Israel e de que estava fazendo prosperar o seu reino por amor de Israel, seu povo.

³ Em Jerusalém Davi tomou para si mais mulheres e gerou mais filhos e filhas. ⁴ Estes são os nomes dos que lhe nasceram ali: Samua, Sobabe, Natã, Salomão, ⁵ Ibar, Elisua, Elpalete, ⁶ Nogá, Nefegue, Jafia, ⁷ Elisama, Beeliada*ᵃ* e Elifelete.

Davi Derrota os Filisteus

⁸ Quando os filisteus ficaram sabendo que Davi tinha sido ungido rei de todo o Israel, foram com todo o exército prendê-lo, mas Davi soube disso e saiu para enfrentá-los. ⁹ Tendo os filisteus invadido o vale de Refaim, ¹⁰ Davi perguntou a Deus: "Devo atacar os filisteus? Tu os entregarás nas minhas mãos?"

O Senhor lhe respondeu: "Vá, eu os entregarei nas suas mãos".

¹¹ Então Davi e seus soldados foram a Baal-Perazim, e Davi os derrotou e disse: "Assim como as águas de uma enchente causam destruição, pelas minhas mãos Deus destruiu os meus inimigos". E aquele lugar passou a ser chamado Baal-Perazim*ᵇ*. ¹² Como os filisteus haviam abandonado os seus ídolos ali, Davi ordenou que fossem queimados.

¹³ Os filisteus voltaram a atacar o vale; ¹⁴ de novo Davi consultou Deus, que lhe respondeu: "Não ataque pela frente, mas dê a volta por trás deles e ataque-os em frente das amoreiras. ¹⁵ Assim que você ouvir um som de passos por cima das amoreiras, saia para o combate, pois este é o sinal de que Deus saiu à sua frente para ferir o exército filisteu". ¹⁶ E Davi fez como Deus lhe tinha ordenado, e eles derrotaram o exército filisteu por todo o caminho, desde Gibeom até Gezer.

¹⁷ Assim a fama de Davi espalhou-se por todas as terras, e o Senhor fez com que todas as nações o temessem.

A Arca é Levada para Jerusalém

15 Depois que Davi tinha construído casas*ᶜ* para si na Cidade de Davi, ele preparou um lugar para a arca de Deus e armou uma tenda para ela. ² Então Davi disse: "Somente os levitas poderão carregar a arca de Deus, pois para isso o Senhor os escolheu e para ficarem sempre a seu serviço".

³ Davi reuniu todo o Israel em Jerusalém para trazer a arca do Senhor para o lugar que ele lhe havia preparado. ⁴ Reuniu também os descendentes de Arão e os levitas:

⁵ dos descendentes de Coate, Uriel, liderando 120;

⁶ dos descendentes de Merari, Asaías, liderando 220;

⁷ dos descendentes de Gérson, Joel, liderando 130;

⁸ dos descendentes de Elisafã, Semaías, liderando 200;

⁹ dos descendentes de Hebrom, Eliel, liderando 80;

¹⁰ dos descendentes de Uziel, Aminadabe, liderando 112.

¹¹ Em seguida, Davi convocou os sacerdotes Zadoque e Abiatar, os levitas Uriel, Asaías, Joel, Semaías, Eliel e Aminadabe, e ¹² lhes disse: "Vocês são os chefes das famílias levitas; vocês e seus companheiros levitas deverão consagrar-se e trazer a arca do Senhor, o Deus de Israel, para o local que preparei para ela. ¹³ Pelo fato de vocês não terem carregado a arca na primeira vez, a ira do Senhor, o nosso Deus, causou destruição entre nós. Nós não o tínhamos consultado sobre como proceder". ¹⁴ Então os sacerdotes e os levitas se consagraram para transportar a arca do Senhor, o Deus de Israel. ¹⁵ E os levitas carregaram a arca de Deus apoiando as varas da arca sobre os ombros, conforme Moisés tinha ordenado, de acordo com a palavra do Senhor.

¹⁶ Davi também ordenou aos líderes dos levitas que encarregassem os músicos que havia entre eles de cantar músicas alegres, acompanhados por instrumentos musicais: liras, harpas e címbalos sonoros.

ᵃ **14.7** Variante de *Eliada*.
ᵇ **14.11** *Baal-Perazim* significa *o senhor que destrói*.
ᶜ **15.1** Ou *um palácio*

¹⁷ Assim, os levitas escolheram Hemã, filho de Joel, e Asafe, um parente dele; dentre os meraritas, seus parentes, escolheram Etã, filho de Cuxaías; ¹⁸ e com eles seus parentes que estavam no segundo escalão: Zacarias*ᵃ*, Jaaziel, Semiramote, Jeiel, Uni, Eliabe, Benaia, Maaseias, Matitias, Elifeleu, Micneias, Obede-Edom e Jeiel*ᵇ*, os porteiros.

¹⁹ Os músicos Hemã, Asafe e Etã deviam tocar os címbalos de bronze; ²⁰ Zacarias, Aziel, Semiramote, Jeiel, Uni, Eliabe, Maaseias e Benaia deviam tocar as liras, acompanhando o soprano; ²¹ e Matitias, Elifeleu, Micneias, Obede-Edom, Jeiel e Azazias deviam tocar as harpas em oitava, marcando o ritmo. ²² Quenanias, o chefe dos levitas, ficou encarregado dos cânticos; essa era sua responsabilidade, pois ele tinha competência para isso. ²³ Berequias e Elcana seriam porteiros e deveriam proteger a arca. ²⁴ Os sacerdotes Sebanias, Josafá, Natanael, Amasai, Zacarias, Benaia e Eliézer deviam tocar as cornetas diante da arca de Deus. Obede-Edom e Jeías também deviam ser porteiros e vigiar a arca.

²⁵ Assim, com grande festa, Davi, as autoridades de Israel e os líderes dos batalhões de mil foram buscar a arca da aliança do Senhor que estava na casa de Obede-Edom. ²⁶ Como Deus havia poupado os levitas que carregavam a arca da aliança do Senhor, sete novilhos e sete carneiros foram sacrificados. ²⁷ Davi vestia um manto de linho fino, como também todos os levitas que carregavam a arca, os músicos e Quenanias, chefe dos músicos. Davi vestia também o colete sacerdotal de linho. ²⁸ E todo o Israel acompanhou a arca da aliança do Senhor alegremente, ao som de trombetas, cornetas e címbalos, ao toque de liras e de harpas.

²⁹ Quando a arca da aliança do Senhor estava entrando na Cidade de Davi, Mical, filha de Saul, observava de uma janela. E, aconteceu que ao ver o rei Davi dançando e celebrando, ela o desprezou em seu coração.

16 Eles trouxeram a arca de Deus e a colocaram na tenda que Davi lhe havia preparado, e ofereceram holocaustos*ᶜ* e sacrifícios de comunhão*ᵈ* diante de Deus. ² Após oferecer os holocaustos e os sacrifícios de comunhão, Davi abençoou o povo em nome do Senhor ³ e deu um pão, um bolo de tâmaras*ᵉ* e um bolo de uvas passas a cada homem e a cada mulher israelita.

⁴ Davi nomeou alguns dos levitas para ministrarem diante da arca do Senhor, fazendo petições, dando graças e louvando o Senhor, o Deus de Israel. ⁵ Desses, Asafe era o chefe, Zacarias vinha em seguida, e depois Jeiel, Semiramote, Jeiel, Matitias, Eliabe, Benaia, Obede-Edom e Jeiel. Eles deviam tocar lira e harpa enquanto Asafe tocava os címbalos. ⁶ Os sacerdotes Benaia e Jaaziel deviam tocar diariamente as trombetas diante da arca da aliança de Deus.

O Salmo de Gratidão de Davi

⁷ Foi naquele dia que, pela primeira vez, Davi encarregou Asafe e seus parentes de louvarem o Senhor com salmos de gratidão:

⁸ "Deem graças ao Senhor,
  clamem pelo seu nome,
  divulguem entre as nações
  o que ele tem feito.
⁹ Cantem para ele, louvem-no;
  contem todos os seus atos maravilhosos.
¹⁰ Gloriem-se no seu santo nome;
  alegre-se o coração
  dos que buscam o Senhor.
¹¹ Olhem para o Senhor
  e para a sua força;
  busquem sempre a sua face.
¹² Lembrem-se das maravilhas
  que ele fez,
  dos seus prodígios
  e das ordenanças que pronunciou,
¹³ ó descendentes de Israel, seu servo,
  ó filhos de Jacó, seus escolhidos.

¹⁴ "Ele é o Senhor, o nosso Deus;
  seu domínio alcança toda a terra.
¹⁵ Para sempre se lembra*ᶠ* da sua aliança,
  da palavra que ordenou
  para mil gerações,
¹⁶ da aliança que fez com Abraão,
  do juramento que fez a Isaque,
¹⁷ que confirmou para Jacó
  como um decreto

ᵃ **15.18** Muitos manuscritos dizem *Zacarias filho e* ou *Zacarias, Bene e.* Veja o versículo 20 e 1Cr 16.5.
ᵇ **15.18** A Septuaginta diz *Jeiel e Azarias.* Veja o versículo 21.
ᶜ **16.1** Isto é, sacrifícios totalmente queimados; também no versículo 40.
ᵈ **16.1** Ou *de paz*
ᵉ **16.3** Ou *um pedaço de carne;* ou ainda *um pouco de vinho*
ᶠ **16.15** Conforme alguns manuscritos da Septuaginta. O Texto Massorético diz *lembrem-se.* Veja Sl 105.8.

e para Israel como uma aliança eterna,
   dizendo:
¹⁸ 'A vocês darei a terra de Canaã,
a herança que possuirão'.

¹⁹ "Quando eles ainda eram poucos,
   muito poucos,
sendo estrangeiros nela
²⁰ e vagueando de nação em nação,
   de um reino a outro,
²¹ ele não permitiu que ninguém
   os oprimisse;
por causa deles repreendeu reis,
   ordenando:
²² 'Não maltratem os meus ungidos;
não façam mal aos meus profetas'.

²³ "Cantem ao Senhor, todas as terras!
Proclamem a sua salvação dia após dia!
²⁴ Anunciem a sua glória entre as nações,
seus feitos maravilhosos
   entre todos os povos!
²⁵ Pois o Senhor é grande
   e muitíssimo digno de louvor,
ele deve ser mais temido
   que todos os deuses.
²⁶ Pois todos os deuses das nações
   não passam de ídolos,
mas o Senhor fez os céus.
²⁷ O esplendor e a majestade
   estão diante dele;
força e alegria, na sua habitação.
²⁸ Deem ao Senhor,
   ó famílias das nações,
deem ao Senhor glória e força!
²⁹ Deem ao Senhor
   a glória devida ao seu nome.
Tragam ofertas
   e venham à sua presença.
Adorem o Senhor
   no esplendor da sua santidade,
³⁰ tremam diante dele, todas as nações!
Firmou o mundo, e este não se abalará!
³¹ Que os céus se alegrem
   e a terra exulte,
e diga-se entre as nações:
   'O Senhor reina!'
³² Ressoe o mar
   e tudo o que nele existe;
exultem os campos
   e tudo o que neles há!
³³ Então as árvores da floresta
   cantarão de alegria,

cantarão diante do Senhor,
   pois ele vem julgar a terra.

³⁴ "Rendam graças ao Senhor,
   pois ele é bom;
o seu amor dura para sempre.
³⁵ Clamem: 'Salva-nos, ó Deus,
   nosso Salvador!
Reúne-nos e livra-nos das nações,
   para que demos graças
   ao teu santo nome
e façamos do teu louvor a nossa glória'.
³⁶ Bendito seja o Senhor,
   o Deus de Israel,
de eternidade a eternidade".

Então todo o povo exclamou: "Amém!" e "Louvado seja o Senhor!"

³⁷ Davi deixou Asafe e seus parentes diante da arca da aliança do Senhor para ali ministrarem regularmente, de acordo com as prescrições para cada dia. ³⁸ Também deixou Obede-Edom e seus sessenta e oito parentes para ministrarem com eles. Obede-Edom, filho de Jedutum, e também Hosa foram porteiros.

³⁹ Davi deixou o sacerdote Zadoque e seus parentes sacerdotes diante do tabernáculo do Senhor em Gibeom ⁴⁰ para, regularmente, de manhã e à tarde, apresentarem holocaustos no altar de holocaustos, de acordo com tudo o que está escrito na Lei do Senhor, que ele deu a Israel. ⁴¹ Com eles estavam Hemã e Jedutum e os outros designados para darem graças ao Senhor, exclamando: "O seu amor dura para sempre". ⁴² Hemã e Jedutum eram responsáveis pelas trombetas, pelos címbalos e pelos outros instrumentos musicais para o culto. Os filhos de Jedutum foram nomeados como porteiros.

⁴³ Então todo o povo partiu, cada um para a sua casa, e Davi voltou para casa para abençoar sua família.

A Promessa de Deus a Davi

17 O rei Davi já morava em seu palácio quando, certo dia, disse ao profeta Natã: "Aqui estou eu, morando num palácio de cedro, enquanto a arca da aliança do Senhor permanece numa simples tenda".

² Natã respondeu a Davi: "Faze o que tiveres em mente, pois Deus está contigo".

³ E naquela mesma noite Deus falou a Natã:

⁴ "Vá dizer ao meu servo Davi que assim diz o Senhor: Não é você que vai construir uma casa para eu morar. ⁵ Não tenho morado em nenhuma casa, desde o dia em que tirei Israel do Egito, mas fui de uma tenda para outra, e de um tabernáculo para outro. ⁶ Por onde tenho acompanhado todo o Israel, alguma vez perguntei a algum líder deles, que mandei pastorear o meu povo: Por que você não me construiu um templo de cedro? ⁷ "Agora pois, diga ao meu servo Davi: Assim diz o Senhor dos Exércitos: Eu o tirei das pastagens, onde você cuidava dos rebanhos, para ser o soberano sobre Israel, o meu povo. ⁸ Sempre estive com você por onde você andou, e eliminei todos os seus inimigos. Agora eu o farei tão famoso quanto os homens mais importantes da terra. ⁹ E providenciarei um lugar para Israel, o meu povo, e os plantarei lá, para que tenham o seu próprio lar e não mais sejam incomodados. Povos ímpios não mais os oprimirão, como fizeram no início ¹⁰ e têm feito desde a época em que nomeei juízes sobre Israel, o meu povo. Também subjugarei todos os seus inimigos. Saiba também que eu, o Senhor, estabelecerei para você uma dinastia. ¹¹ Quando a sua vida chegar ao fim e você se juntar aos seus antepassados, escolherei um dos seus filhos para sucedê-lo, e eu estabelecerei o reino dele. ¹² É ele que vai construir um templo para mim, e eu firmarei o trono dele para sempre. ¹³ Eu serei seu pai, e ele será meu filho. Nunca retirarei dele o meu amor, como retirei de Saul. ¹⁴ Eu o farei líder do meu povo e do meu reino para sempre; seu reinado será estabelecido para sempre".

¹⁵ E Natã transmitiu a Davi tudo o que o Senhor lhe tinha falado e revelado.

A Oração de Davi

¹⁶ Então o rei Davi entrou no tabernáculo, assentou-se diante do Senhor, e orou:

"Quem sou eu, ó Senhor Deus, e o que é a minha família, para que me trouxesses a este ponto? ¹⁷ E, como se isso não bastasse para ti, ó Deus, tu falaste sobre o futuro da família deste teu servo. Tens me tratado como um homem de grande importância, ó Senhor Deus.

¹⁸ "O que mais Davi poderá dizer-te por honrares o teu servo? Tu conheces o teu servo, ¹⁹ ó Senhor. Por amor do teu servo e de acordo com tua vontade, realizaste este feito grandioso e tornaste conhecidas todas essas grandes promessas.

²⁰ "Não há ninguém como tu, ó Senhor, nem há outro Deus além de ti, conforme tudo o que sabemos. ²¹ E quem é como Israel, o teu povo, a única nação da terra que tu, ó Deus, resgataste para ti mesmo, e assim tornaste o teu nome famoso, realizando grandes e impressionantes maravilhas ao expulsar nações de diante do povo que libertaste do Egito? ²² Tu fizeste de Israel o teu povo especial para sempre, e tu, ó Senhor, te tornaste o seu Deus.

²³ "Agora, Senhor, que a promessa que fizeste a respeito de teu servo e de sua descendência se confirme para sempre. Faze conforme prometeste, ²⁴ para que tudo se confirme, para que o teu nome seja engrandecido para sempre e os homens digam: 'O Senhor dos Exércitos, o Deus de Israel, é Deus para Israel!' E a descendência de teu servo Davi se manterá firme diante de ti.

²⁵ "Tu, meu Deus, revelaste a teu servo que formarás uma dinastia para ele. Por isso teu servo achou coragem para orar a ti. ²⁶ Ó Senhor, tu és Deus! Tu fizeste essa boa promessa a teu servo. ²⁷ Agora, por tua bondade, abençoa a família de teu servo, para que ela continue para sempre na tua presença; pois o que tu, Senhor, abençoas, abençoado está para sempre".

As Vitórias Militares de Davi

18 Depois disso Davi derrotou os filisteus e os subjugou, e tirou do controle deles a cidade de Gate e seus povoados.

² Davi derrotou também os moabitas, que ficaram sujeitos a ele, pagando-lhe impostos.

³ Além disso, Davi derrotou Hadadezer, rei de Zobá, nas proximidades de Hamate, quando Hadadezer tentava obter o controle na região do rio Eufrates. ⁴ Davi se apossou de mil dos seus carros de guerra, sete mil cavaleiros*a* e vinte mil soldados de infantaria. Ainda levou cem cavalos de carros de guerra e aleijou todos os outros.

⁵ Quando os arameus de Damasco vieram ajudar Hadadezer, rei de Zobá, Davi matou vinte e dois mil deles. ⁶ Em seguida, estabeleceu guarnições militares no reino dos arameus

---

a 18.4 Ou *condutores de carros*

de Damasco, sujeitando-os a lhe pagarem impostos. E o Senhor dava vitórias a Davi em todos os lugares aonde ia.

⁷ Davi também trouxe para Jerusalém os escudos de ouro usados pelos oficiais de Hadadezer. ⁸ De Tebá[a] e Cum, cidades que pertenciam a Hadadezer, o rei Davi trouxe grande quantidade de bronze, que Salomão usou para fazer o tanque de bronze, as colunas e vários utensílios.

⁹ Quando Toú, rei de Hamate, soube que Davi tinha derrotado todo o exército de Hadadezer, rei de Zobá, ¹⁰ enviou seu filho Adorão ao rei Davi para saudá-lo e parabenizá-lo por sua vitória na batalha contra Hadadezer, que tinha estado em guerra contra Toú. Com Adorão, mandou todo tipo de utensílios de ouro, de prata e de bronze. ¹¹ O rei Davi consagrou esses utensílios ao Senhor, como fizera com a prata e o ouro tomados de todas estas nações: Edom e Moabe, os amonitas e os filisteus e Amaleque.

¹² Abisai, filho de Zeruia, derrotou dezoito mil edomitas no vale do Sal. ¹³ Depois colocou guarnições militares em Edom, sujeitando todos os edomitas a Davi. O Senhor dava vitórias a Davi em todos os lugares aonde ia.

Os Oficiais de Davi

¹⁴ Davi reinou sobre todo o Israel, administrando o direito e a justiça a todo o seu povo. ¹⁵ Joabe, filho de Zeruia, era comandante do exército; Josafá, filho de Ailude, era o arquivista real; ¹⁶ Zadoque, filho de Aitube, e Aimeleque[b], filho de Abiatar, eram sacerdotes; Sausa era secretário; ¹⁷ Benaia, filho de Joiada, comandava os queretitas e os peletitas; e os filhos do rei Davi eram seus principais oficiais.

A Guerra contra os Amonitas

19 Algum tempo depois, Naás, rei dos amonitas, morreu, e seu filho foi o seu sucessor. ² Davi pensou: "Serei bondoso com Hanum, filho de Naás, porque seu pai foi bondoso comigo". Então Davi enviou uma delegação para transmitir a Hanum seu pesar pela morte do pai.

Mas, quando os mensageiros de Davi chegaram à terra dos amonitas para expressar condolências a Hanum, ³ os líderes amonitas lhe disseram: "Achas que Davi está honrando teu pai ao enviar mensageiros para expressar condolências? Não é nada disso! Davi os enviou como espiões para examinar o país e destruí-lo". ⁴ Então Hanum prendeu os mensageiros de Davi, rapou-lhes a barba, cortou metade de suas roupas até as nádegas, e mandou-os embora.

⁵ Quando Davi soube disso, enviou mensageiros ao encontro deles, pois haviam sido profundamente humilhados, e mandou dizer-lhes: "Fiquem em Jericó até que a barba cresça e, então, voltem para casa".

⁶ Vendo Hanum e os amonitas que tinham atraído sobre si o ódio de[c] Davi, alugaram da Mesopotâmia[d], de Arã Maaca e de Zobá, carros de guerra e condutores de carros, por trinta e cinco toneladas[e] de prata. ⁷ Alugaram trinta e dois mil carros e seus condutores, contrataram o rei de Maaca com suas tropas, o qual veio e acampou perto de Medeba, e os amonitas foram convocados de suas cidades e partiram para a batalha.

⁸ Ao saber disso, Davi ordenou a Joabe que marchasse com todo o exército. ⁹ Os amonitas saíram e se puseram em posição de combate na entrada da cidade, e os reis que tinham vindo posicionaram-se em campo aberto.

¹⁰ Vendo Joabe que estava cercado pelas linhas de combate, escolheu alguns dos melhores soldados de Israel e posicionou-os contra os arameus. ¹¹ Pôs o restante dos homens sob o comando de seu irmão Abisai e posicionou-os contra os amonitas. ¹² E Joabe disse a Abisai: "Se os arameus forem fortes demais para mim, venha me ajudar; mas, se os amonitas forem fortes demais para você, eu irei ajudá-lo. ¹³ Seja forte e lutemos com bravura pelo nosso povo e pelas cidades do nosso Deus. E que o Senhor faça o que for de sua vontade".

¹⁴ Então Joabe e seus soldados avançaram contra os arameus, que fugiram dele. ¹⁵ Quando os amonitas viram que os arameus estavam fugindo de Joabe, também fugiram de seu irmão Abisai e entraram na cidade. Assim, Joabe voltou para Jerusalém.

¹⁶ Ao perceberem os arameus que haviam sido derrotados por Israel, enviaram mensageiros para trazer arameus que viviam do outro lado do Eufrates[f], e Sofaque, o comandante do exército de Hadadezer, veio à frente deles.

---

[a] 18.8 Hebraico: *Tibate*, variante de *Tebá*. Veja 2Sm 8.8.
[b] 18.16 Muitos manuscritos dizem *Abimeleque*. Veja 2Sm 8.17.
[c] 19.6 Hebraico: *se transformado em mau cheiro para*.
[d] 19.6 Hebraico: *Arã Naaraim*.
[e] 19.6 Hebraico: *1000 talentos*. Um talento equivalia a 35 quilos.
[f] 19.16 Hebraico: *do Rio*.

¹⁷ Informado disso, Davi reuniu todo o Israel e atravessou o Jordão; avançou contra eles e formou linhas de combate defronte deles. Mas, começado o combate, ¹⁸ eles fugiram de diante de Israel, e Davi matou sete mil dos seus condutores de carros de guerra e quarenta mil dos seus soldados de infantaria. Também matou Sofaque, o comandante do exército deles.

¹⁹ Quando os vassalos de Hadadezer viram que tinham sido derrotados por Israel, fizeram a paz com Davi e se sujeitaram a ele. E os arameus não quiseram mais ajudar os amonitas.

A Conquista de Rabá

20 Na primavera seguinte, na época em que os reis saem à guerra, Joabe conduziu o seu exército até a terra dos amonitas e a arrasou. Enquanto Davi ainda estava em Jerusalém, Joabe cercou Rabá, a capital, atacou-a e deixou-a em ruínas. ² Davi tirou a coroa da cabeça de Moloque[a], uma coroa de ouro de trinta e cinco quilos[b], ornamentada com pedras preciosas. E ela foi colocada na cabeça de Davi. Ele trouxe uma grande quantidade de bens da cidade ³ e trouxe também os seus habitantes, designando-lhes trabalhos com serras, picaretas de ferro e machados. Davi fez assim com todas as cidades amonitas. Depois voltou com todo seu exército para Jerusalém.

Guerras contra os Filisteus

⁴ Houve depois disso uma guerra contra os filisteus, em Gezer. Naquela época, Sibecai, de Husate, matou Sipai, um dos descendentes dos refains, e os filisteus foram subjugados.

⁵ Noutra batalha contra os filisteus, Elanã, filho de Jair, matou Lami, irmão de Golias, de Gate, que possuía uma lança cuja haste parecia uma lançadeira de tecelão.

⁶ Noutra batalha, em Gate, havia um homem de grande estatura e que tinha seis dedos em cada mão e seis dedos em cada pé; vinte e quatro dedos ao todo. Ele também era descendente de Rafa ⁷ e desafiou Israel, mas Jônatas, filho de Simeia, irmão de Davi, o matou.

⁸ Esses eram descendentes de Rafa, em Gate, e foram mortos por Davi e seus soldados.

O Recenseamento e a sua Punição

21 Satanás levantou-se contra Israel e levou Davi a fazer um recenseamento do povo.

² Davi disse a Joabe e aos outros comandantes do exército: "Vão e contem os israelitas desde Berseba até Dã e tragam-me um relatório para que eu saiba quantos são".

³ Joabe, porém, respondeu: "Que o Senhor multiplique o povo dele por cem. Ó rei, meu senhor, não são, porventura, todos eles súditos do meu senhor? Por que o meu senhor deseja fazer isso? Por que deveria trazer culpa sobre Israel?"

⁴ Mas a palavra do rei prevaleceu, de modo que Joabe partiu, percorreu todo o Israel e então voltou a Jerusalém. ⁵ Joabe apresentou a Davi o relatório com o número dos homens de combate: Em todo o Israel havia um milhão e cem mil homens habilitados para o serviço militar, sendo quatrocentos e setenta mil de Judá.

⁶ Mas Joabe não incluiu as tribos de Levi e de Benjamim na contagem, pois a ordem do rei lhe parecera absurda. ⁷ Essa ordem foi reprovada por Deus, e por isso ele puniu Israel.

⁸ Então Davi disse a Deus: "Pequei gravemente com o que fiz. Agora eu te imploro que perdoes o pecado do teu servo, porque cometi uma grande loucura!"

⁹ O Senhor disse a Gade, o vidente de Davi: ¹⁰ "Vá dizer a Davi: Assim diz o Senhor: Estou dando a você três opções. Escolha uma delas, e eu a executarei contra você".

¹¹ Gade foi a Davi e lhe disse: "Assim diz o Senhor: 'Escolha entre ¹² três anos de fome; três meses fugindo de seus adversários, perseguido pela espada deles; ou três dias da espada do Senhor, isto é, três dias de praga, com o anjo do Senhor assolando todas as regiões de Israel'. Decida agora como devo responder àquele que me enviou".

¹³ Davi respondeu: "É grande a minha angústia! Prefiro cair nas mãos do Senhor, pois é grande a sua misericórdia, a cair nas mãos dos homens".

¹⁴ O Senhor enviou, assim, uma praga sobre Israel, e setenta mil homens de Israel morreram. ¹⁵ E Deus enviou um anjo para destruir Jerusalém. Mas, quando o anjo ia fazê-lo, o Senhor olhou e arrependeu-se de trazer a catástrofe e disse ao anjo destruidor: "Pare! Já basta!" Naquele momento o anjo do Senhor estava perto da eira de Araúna[c], o jebuseu.

¹⁶ Davi olhou para cima e viu o anjo do Senhor entre o céu e a terra, com uma espada na mão, erguida sobre Jerusalém. Então Davi e

---

[a] **20.2** Conforme a Septuaginta. O Texto Massorético diz *do rei deles*
[b] **20.2** Hebraico: *1 talento*.
[c] **21.15** Hebraico: *Ornã*, variante de *Araúna*; também nos versículos 18-28.

as autoridades de Israel, vestidos de luto, prostraram-se com o rosto em terra.

¹⁷ Davi disse a Deus: "Não fui eu que ordenei contar o povo? Fui eu que pequei e fiz o mal. Estes não passam de ovelhas. O que eles fizeram? Ó Senhor meu Deus, que o teu castigo caia sobre mim e sobre a minha família, mas não sobre o teu povo!"

¹⁸ Depois disso, o anjo do Senhor mandou Gade dizer a Davi que construísse um altar ao Senhor na eira de Araúna, o jebuseu. ¹⁹ Davi foi para lá, em obediência à palavra que Gade havia falado em nome do Senhor.

²⁰ Araúna estava debulhando o trigo; virando-se, viu o anjo, e ele e seus quatro filhos que estavam com ele se esconderam. ²¹ Nisso chegou Davi e, quando Araúna o viu, saiu da eira e prostrou-se diante de Davi com o rosto em terra.

²² E Davi lhe pediu: "Ceda-me o terreno da sua eira para eu construir um altar em honra ao Senhor, para que cesse a praga sobre o povo. Venda-me o terreno pelo preço justo".

²³ Mas Araúna disse a Davi: "Considera-o teu! Que o meu rei e senhor faça dele o que desejar. Eu darei os bois para os holocaustos[a], o debulhador para servir de lenha e o trigo para a oferta de cereal. Tudo isso eu dou a ti".

²⁴ O rei Davi, porém, respondeu a Araúna: "Não! Faço questão de pagar o preço justo. Não darei ao Senhor aquilo que pertence a você, nem oferecerei um holocausto que não me custe nada".

²⁵ Então Davi pagou a Araúna sete quilos e duzentos gramas[b] de ouro pelo terreno. ²⁶ E Davi edificou ali um altar ao Senhor e ofereceu holocaustos e sacrifícios de comunhão[c]. Davi invocou o Senhor, e o Senhor lhe respondeu com fogo que veio do céu sobre o altar de holocaustos.

²⁷ O Senhor ordenou ao anjo que pusesse a espada na bainha. ²⁸ Nessa ocasião viu Davi que o Senhor lhe havia respondido na eira de Araúna, o jebuseu, e passou a oferecer sacrifícios ali. ²⁹ Naquela época, o tabernáculo do Senhor que Moisés fizera no deserto e o altar de holocaustos estavam em Gibeom[d]. ³⁰ Mas Davi não podia consultar a Deus lá, pois tinha medo da espada do anjo do Senhor.

---

[a] 21.23 Isto é, sacrifícios totalmente queimados; também nos versículos 24, 26 e 29.
[b] 21.25 Hebraico: *600 siclos*. Um siclo equivalia a 12 gramas.
[c] 21.26 Ou *de paz*
[d] 21.29 Hebraico: *no alto de Gibeom*.

22 Então disse Davi: "Este é o lugar para o templo de Deus, o Senhor, e do altar de holocaustos[e] para Israel".

Preparativos para o Templo

² Davi deu ordens para que se reunissem os estrangeiros que viviam em Israel, e dentre eles designou cortadores de pedra para prepararem pedras lavradas para a construção do templo de Deus. ³ Ele providenciou grande quantidade de ferro para a fabricação de pregos e dobradiças para as portas, e mais bronze do que se podia pesar. ⁴ Também providenciou mais toras de cedro do que se podia contar, pois os sidônios e os tírios haviam trazido muito cedro para Davi.

⁵ Davi pensava: "Meu filho Salomão é jovem e inexperiente, e o templo que será construído para o Senhor deve ser extraordinariamente magnífico, famoso e cheio de esplendor à vista de todas as nações. Por isso deixarei tudo preparado para a construção". Assim, Davi deixou tudo preparado antes de morrer.

⁶ Davi mandou chamar seu filho Salomão e ordenou que ele construísse um templo para o Senhor, o Deus de Israel, ⁷ dizendo: "Meu filho, eu tinha no coração o propósito de construir um templo em honra ao nome do Senhor, o meu Deus. ⁸ Mas veio a mim esta palavra do Senhor: 'Você matou muita gente e empreendeu muitas guerras. Por isso não construirá um templo em honra ao meu nome, pois derramou muito sangue na terra, diante de mim. ⁹ Mas você terá um filho que será um homem de paz, e eu farei com que ele tenha paz com todos os inimigos ao redor dele. Seu nome será Salomão, e eu darei paz e tranquilidade a Israel durante o reinado dele. ¹⁰ É ele que vai construir um templo em honra ao meu nome. Eu serei seu pai e ele será meu filho. E eu firmarei para sempre o trono do reinado dele sobre Israel'.

¹¹ "Agora, meu filho, que o Senhor seja com você, para que você consiga construir o templo do Senhor, o seu Deus, conforme ele disse que você faria. ¹² Que o Senhor dê a você prudência e entendimento para que você obedeça à lei do Senhor, o seu Deus, quando ele o puser como líder de Israel. ¹³ E você prosperará se for cuidadoso em obedecer aos decretos e às leis que o Senhor deu a Israel por meio de Moisés. Seja forte e corajoso! Não tenha medo nem se desanime!

---

[e] 22.1 Isto é, sacrifícios totalmente queimados.

¹⁴ "Com muito esforço providenciei para o templo do Senhor três mil e quinhentas toneladas*ᵃ* de ouro, trinta e cinco mil toneladas de prata, e mais bronze e ferro do que se pode calcular, além de madeira e pedra. E você ainda poderá aumentar a quantidade desse material. ¹⁵ Você tem muitos trabalhadores: cortadores de pedras, pedreiros e carpinteiros, bem como especialistas em todo tipo de trabalho ¹⁶ em ouro, prata, bronze e ferro. Agora comece o trabalho, e que o Senhor esteja com você".

¹⁷ Então Davi ordenou a todos os líderes de Israel que ajudassem seu filho Salomão. ¹⁸ Disse ele: "Certamente o Senhor, o seu Deus, está com vocês, e concedeu a vocês paz. Pois ele entregou os habitantes dessa terra em minhas mãos, e ela foi submetida ao Senhor e ao seu povo. ¹⁹ Agora consagrem o coração e a alma para buscarem o Senhor, o seu Deus. Comecem a construir o santuário de Deus, o Senhor, para que vocês possam trazer a arca da aliança do Senhor e os utensílios sagrados que pertencem a Deus para dentro do templo que será construído em honra ao nome do Senhor".

Os Levitas

23 Já envelhecido, de idade avançada, Davi fez do seu filho Salomão rei sobre Israel. ² Ele reuniu todos os líderes de Israel, bem como os sacerdotes e os levitas. ³ Os levitas de trinta anos para cima foram contados, e o número total deles chegou a trinta e oito mil. ⁴ Davi escolheu vinte e quatro mil deles para supervisionarem o trabalho do templo do Senhor e seis mil para serem oficiais e juízes, ⁵ quatro mil para serem guardas das portas e quatro mil para louvarem o Senhor com os instrumentos musicais que Davi tinha preparado com esse propósito.

⁶ Davi repartiu os levitas em grupos que descendiam de Gérson, Coate e Merari, filhos de Levi.

Os Descendentes de Gérson

⁷ Dos filhos de Gérson:
Ladã e Simei.
⁸ Estes foram os filhos de Ladã:
Jeiel, o primeiro, Zetã e Joel,
três ao todo.
⁹ Estes foram os filhos de Simei:
Selomote, Haziel e Harã, três ao todo.

Esses foram os chefes
das famílias de Ladã.
¹⁰ E os filhos de Simei foram:
Jaate, Ziza*ᵇ*, Jeús e Berias.
Esses foram os filhos de Simei,
quatro ao todo.
¹¹ Jaate foi o primeiro e Ziza, o segundo,
mas Jeús e Berias
não tiveram muitos descendentes,
por isso foram contados
como uma única família.

Os Descendentes de Coate

¹² Dos filhos de Coate:
Anrão, Isar, Hebrom e Uziel,
quatro ao todo.
¹³ Estes foram os filhos de Anrão:
Arão e Moisés.
Arão foi separado,
ele e seus descendentes, para sempre,
para consagrar as coisas santíssimas,
oferecer sacrifícios ao Senhor,
ministrar diante dele
e pronunciar bênçãos
em seu nome.
¹⁴ Os filhos de Moisés,
homem de Deus,
foram contados
como parte da tribo de Levi.
¹⁵ Estes foram os filhos de Moisés:
Gérson e Eliézer.
¹⁶ Sebuel foi o chefe
dos descendentes de Gérson.
¹⁷ Reabias foi o chefe
dos descendentes de Eliézer.
Eliézer não teve nenhum outro filho,
mas Reabias teve muitos filhos.
¹⁸ Selomite foi o chefe
dos filhos de Isar.
¹⁹ Estes foram os filhos de Hebrom:
Jerias foi o primeiro;
Amarias, o segundo;
Jaaziel, o terceiro;
e Jecameão foi o quarto.
²⁰ Estes foram os filhos de Uziel:
Mica, o primeiro;
e Issias, o segundo.

Os Descendentes de Merari

²¹ Dos filhos de Merari:
Mali e Musi.

ᵃ 22.14 Hebraico: *100.000 talentos*. Um talento equivalia a 35 quilos.

ᵇ 23.10 Muitos manuscritos dizem *Zina*.

Estes foram os filhos de Mali:
Eleazar e Quis.
²² Eleazar morreu sem ter filhos,
teve apenas filhas.
Os primos delas, os filhos de Quis,
casaram-se com elas.
²³ Estes foram os filhos de Musi:
Mali, Éder e Jeremote, três ao todo.

²⁴ Esses foram os descendentes de Levi pelas suas famílias: os chefes de famílias conforme registrados por seus nomes e contados individualmente, ou seja, os de vinte anos para cima, que serviam no templo do Senhor. ²⁵ Pois Davi dissera: "Uma vez que o Senhor, o Deus de Israel, concedeu descanso ao seu povo e veio habitar para sempre em Jerusalém, ²⁶ os levitas não mais precisam carregar o tabernáculo nem os utensílios usados em seu serviço". ²⁷ De acordo com as instruções finais de Davi, foram contados os levitas de vinte anos para cima.

²⁸ O dever dos levitas era ajudar os descendentes de Arão no serviço do templo do Senhor. Encarregavam-se dos pátios, das salas laterais, da purificação de todas as coisas sagradas e das outras tarefas da casa de Deus. ²⁹ Estavam encarregados do pão consagrado, da farinha para as ofertas de cereal, dos bolos sem fermento, de assar o pão e misturar a massa e de todos os pesos e medidas. ³⁰ Além disso, deviam se apresentar todas as manhãs e todas as tardes para dar graças e louvar ao Senhor, e fazer o mesmo ³¹ sempre que holocaustos*ᵃ* fossem apresentados ao Senhor nos sábados, nas festas da lua nova e nas festas fixas. Deviam servir regularmente diante do Senhor, conforme o número prescrito para eles.

³² Dessa maneira os levitas ficaram responsáveis pela Tenda do Encontro, pelo Lugar Santo e pela assistência aos seus irmãos, os descendentes de Arão, e pelo serviço do templo do Senhor.

O Serviço dos Sacerdotes

24 Os filhos de Arão foram assim agrupados: Os filhos de Arão foram Nadabe, Abiú, Eleazar e Itamar. ² Mas Nadabe e Abiú morreram antes de seu pai e não tiveram filhos; apenas Eleazar e Itamar serviram como sacerdotes. ³ Com a ajuda de Zadoque, descendente de Eleazar, e de Aimeleque, descendente de Itamar,

Davi os dividiu em grupos para que cumprissem as suas responsabilidades. ⁴ Havia um número maior de chefes de família entre os descendentes de Eleazar do que entre os de Itamar, e por isso eles foram assim divididos: dezesseis chefes de famílias entre os descendentes de Eleazar e oito entre os descendentes de Itamar. ⁵ Eles foram divididos de maneira imparcial mediante sorteio, pois havia líderes do santuário e líderes de Deus tanto entre os descendentes de Eleazar como entre os de Itamar.

⁶ O escriba Semaías, filho do levita Natanael, registrou os nomes deles na presença do rei, dos líderes, dos sacerdotes Zadoque e Aimeleque, filho de Abiatar, e dos chefes de famílias dos sacerdotes e dos levitas; as famílias de Eleazar e de Itamar foram sorteadas alternadamente.

⁷ A primeira sorte caiu para Jeoiaribe,
a segunda para Jedaías,
⁸ a terceira para Harim,
a quarta para Seorim,
⁹ a quinta para Malquias,
a sexta para Miamim,
¹⁰ a sétima para Hacoz,
a oitava para Abias,
¹¹ a nona para Jesua,
a décima para Secanias,
¹² a décima primeira para Eliasibe,
a décima segunda para Jaquim,
¹³ a décima terceira para Hupá,
a décima quarta para Jesebeabe,
¹⁴ a décima quinta para Bilga,
a décima sexta para Imer,
¹⁵ a décima sétima para Hezir,
a décima oitava para Hapises,
¹⁶ a décima nona para Petaías,
a vigésima para Jeezquel,
¹⁷ a vigésima primeira para Jaquim,
a vigésima segunda para Gamul,
¹⁸ a vigésima terceira para Delaías,
e a vigésima quarta para Maazias.

¹⁹ Conforme essa ordem eles deveriam ministrar quando entrassem no templo do Senhor, de acordo com as prescrições deixadas por Arão, antepassado deles, conforme o Senhor, o Deus de Israel, havia lhe ordenado.

O Restante dos Levitas

²⁰ Estes foram os chefes
dos outros levitas:

ᵃ **23.31** Isto é, sacrifícios totalmente queimados.

dos descendentes de Anrão: Subael;
dos descendentes de Subael: Jedias.
²¹ Quanto a Reabias,
Issias foi o chefe dos seus filhos.
²² Dos descendentes de Isar: Selomote;
dos filhos de Selomote: Jaate.
²³ Dos descendentes de Hebrom:
Jerias, o primeiro[a];
Amarias, o segundo;
Jaaziel, o terceiro;
e Jecameão, o quarto.
²⁴ Dos descendentes de Uziel: Mica;
dos filhos de Mica: Samir.
²⁵ Dos descendentes de Issias,
irmão de Mica, Zacarias.
²⁶ Dos filhos de Merari: Mali e Musi.
Dos filhos de Jaazias: Beno.
²⁷ Os descendentes de Merari, por Jaazias:
Beno, Soão, Zacur e Ibri.
²⁸ De Mali: Eleazar, que não teve filhos.
²⁹ De Quis: Jerameel.
³⁰ E foram estes os filhos de Musi:
Mali, Éder e Jeremote.

Esses foram os levitas, de acordo com as suas famílias. ³¹ Eles também tiraram sortes na presença do rei Davi, de Zadoque, de Aimeleque e dos chefes de famílias dos sacerdotes e dos levitas, assim como fizeram seus irmãos, os descendentes de Arão. As famílias dos irmãos mais velhos foram tratadas da mesma maneira que as dos mais novos.

Os Músicos

25 Davi, junto com os comandantes do exército, separou alguns dos filhos de Asafe, de Hemã e de Jedutum para o ministério de profetizar ao som de harpas, liras e címbalos. Esta é a lista dos escolhidos para essa função:

² Dos filhos de Asafe:
Zacur, José, Netanias e Asarela. Os filhos de Asafe estavam sob a sua supervisão, e ele, por sua vez, profetizava sob a supervisão do rei.
³ Dos filhos de Jedutum:
Gedalias, Zeri, Jesaías, Simei[b], Hasabias e Matitias, seis ao todo, sob a supervisão de seu pai, Jedutum, que profetizava ao som da harpa para dar graças e louvar ao Senhor.

⁴ Dos filhos de Hemã:
Buquias, Matanias, Uziel, Sebuel, Jeremote, Hananias, Hanani, Eliata, Gidalti, Romanti-Ézer, Josbecasa, Maloti, Hotir e Maaziote.
⁵ Todos esses eram filhos de Hemã, o vidente do rei. Esses lhe nasceram conforme as promessas de que Deus haveria de torná-lo poderoso[c]. E Deus deu a Hemã catorze filhos e três filhas.

⁶ Todos esses homens estavam sob a supervisão de seus pais quando ministravam a música do templo do Senhor, com címbalos, liras e harpas, na casa de Deus. Asafe, Jedutum e Hemã estavam sob a supervisão do rei. ⁷ Eles e seus parentes, todos capazes e preparados para o ministério do louvor do Senhor, totalizavam 288. ⁸ Então tiraram sortes entre jovens e velhos, mestres e discípulos para designar-lhes suas responsabilidades.

⁹ A primeira sorte caiu para José,
filho de Asafe,
com seus filhos e parentes[d];
eram ao todo doze[e];
a segunda, para Gedalias,
com seus filhos e parentes;
eram ao todo doze;
¹⁰ a terceira, para Zacur,
com seus filhos e parentes;
eram ao todo doze;
¹¹ a quarta, para Izri[f],
com seus filhos e parentes;
eram ao todo doze;
¹² a quinta, para Netanias,
com seus filhos e parentes;
eram ao todo doze;
¹³ a sexta, para Buquias,
com seus filhos e parentes;
eram ao todo doze;
¹⁴ a sétima, para Jesarela[g],
com seus filhos e parentes;
eram ao todo doze;
¹⁵ a oitava, para Jesaías,
com seus filhos e parentes;
eram ao todo doze;
¹⁶ a nona, para Matanias,
com seus filhos e parentes;
eram ao todo doze;

---

[a] **24.23** Muitos manuscritos dizem *Os filhos de Jerias*. Veja 1Cr 23.19.
[b] **25.3** Muitos manuscritos não trazem *Simei*.
[c] **25.5** Hebraico: *exaltar o chifre*.
[d] **25.9** O Texto Massorético não traz *seus filhos e parentes*.
[e] **25.9** O Texto Massorético não traz *doze*.
[f] **25.11** Variante de *Zeri*.
[g] **25.14** Variante de *Asarela*.

¹⁷ a décima, para Simei,
com seus filhos e parentes;
eram ao todo doze;
¹⁸ a décima primeira, para Azareel[a],
com seus filhos e parentes;
eram ao todo doze;
¹⁹ a décima segunda, para Hasabias,
com seus filhos e parentes;
eram ao todo doze;
²⁰ a décima terceira, para Subael,
com seus filhos e parentes;
eram ao todo doze;
²¹ a décima quarta, para Matitias,
com seus filhos e parentes;
eram ao todo doze;
²² a décima quinta, para Jeremote,
com seus filhos e parentes;
eram ao todo doze;
²³ a décima sexta, para Hananias,
com seus filhos e parentes;
eram ao todo doze;
²⁴ a décima sétima, para Josbecasa,
com seus filhos e parentes;
eram ao todo doze;
²⁵ a décima oitava, para Hanani,
com seus filhos e parentes;
eram ao todo doze;
²⁶ a décima nona, para Maloti,
com seus filhos e parentes;
eram ao todo doze;
²⁷ a vigésima, para Eliata,
com seus filhos e parentes;
eram ao todo doze;
²⁸ a vigésima primeira, para Hotir,
com seus filhos e parentes;
eram ao todo doze;
²⁹ a vigésima segunda, para Gidalti,
com seus filhos e parentes;
eram ao todo doze;
³⁰ a vigésima terceira, para Maaziote,
com seus filhos e parentes;
eram ao todo doze;
³¹ a vigésima quarta, para Romanti-Ézer,
com seus filhos e parentes;
eram ao todo doze.

Os Porteiros

26 Esta é a relação dos grupos dos porteiros:

Dos coreítas, Meselemias, filho de Coré,
da família de Asafe.

² Foram estes os filhos de Meselemias:
Zacarias, o primeiro;
Jediael, o segundo;
Zebadias, o terceiro;
Jatniel, o quarto;
³ Elão, o quinto;
Joanã, o sexto;
e Elioenai, o sétimo.
⁴ Foram estes os filhos de Obede-Edom:
Semaías, o primeiro;
Jeozabade, o segundo;
Joá, o terceiro;
Sacar, o quarto;
Natanael, o quinto;
⁵ Amiel, o sexto;
Issacar, o sétimo;
e Peuletai, o oitavo.
Pois Deus havia abençoado
Obede-Edom.

⁶ Seu filho Semaías também teve filhos,
que foram líderes na família do seu pai,
pois eram homens capazes.
⁷ Foram estes os filhos de Semaías:
Otni, Rafael, Obede e Elzabade.
Os parentes dele, Eliú e Semaquias,
também foram homens capazes.
⁸ Todos esses foram
descendentes de Obede-Edom;
eles e os seus filhos e parentes
eram capazes e aptos para a obra.
Eram ao todo 62 descendentes
de Obede-Edom.
⁹ Meselemias teve 18 filhos
e parentes chegados,
todos eles homens capazes.

¹⁰ Foram estes os filhos de Hosa,
o merarita:
Sinri, que foi nomeado chefe
por seu pai,
mesmo não sendo o mais velho;
¹¹ Hilquias, o segundo;
Tebalias, o terceiro;
e Zacarias, o quarto.
Os filhos e parentes de Hosa
foram 13 ao todo.

¹² Essas foram as divisões dos porteiros, feitas pelos chefes deles; eles cumpriam tarefas no serviço do templo do SENHOR, assim como seus parentes. ¹³ Lançaram sortes entre as famílias, incluindo jovens e velhos, para que cuidassem de cada porta.

---

[a] **25.18** Variante de *Uziel*.

¹⁴ A porta leste coube a Selemias*a*. Então lançaram sortes para seu filho Zacarias, sábio conselheiro, e a porta norte foi sorteada para ele. ¹⁵ A sorte da porta sul saiu para Obede-Edom, e a do depósito, para seus filhos. ¹⁶ A sorte da porta oeste e da porta Salequete, na rua de cima, saiu para Supim e Hosa. Os guardas ficavam um ao lado do outro. ¹⁷ Havia seis levitas por dia no leste, quatro no norte, quatro no sul e dois de cada vez no depósito. ¹⁸ Quanto ao pátio a oeste, havia quatro na rua e dois no próprio pátio.

¹⁹ Foram essas as divisões dos porteiros, descendentes de Coré e Merari.

Os Tesoureiros e Outros Oficiais

²⁰ Outros dos seus irmãos levitas estavam encarregados*b* dos depósitos dos tesouros do templo de Deus e do depósito das dádivas sagradas.

²¹ Os gersonitas, descendentes de Ladã, que eram chefes de famílias pertencentes a Ladã, foram Jeieli ²² e seus filhos Zetã e Joel, seu irmão. Estavam encarregados da tesouraria do templo do S̲enhor.

²³ Dos filhos de Anrão, de Isar, de Hebrom e de Uziel:

²⁴ Sebuel, um descendente de Gérson, filho de Moisés, era o oficial encarregado dos depósitos dos tesouros. ²⁵ Seus parentes por parte de Eliézer foram seu filho Reabias, que foi o pai de Jesaías, o avô de Jorão, o bisavô de Zicri, o trisavô de Selomote. ²⁶ Selomote e seus parentes estavam encarregados de todos os tesouros consagrados pelo rei Davi, pelos chefes de famílias, que eram os comandantes de mil e de cem, e pelos outros líderes do exército. ²⁷ Eles consagravam parte dos despojos tomados em combate para a manutenção do templo do S̲enhor. ²⁸ E todas as dádivas consagradas pelo vidente Samuel, por Saul, filho de Quis, por Abner, filho de Ner, por Joabe, filho de Zeruia, e todas as demais dádivas sagradas estavam sob os cuidados de Selomote e seus parentes.

²⁹ Dos filhos de Isar, Quenanias e seus filhos ficaram responsáveis pelos negócios públicos de Israel, atuando como oficiais e juízes.

³⁰ Dos filhos de Hebrom, Hasabias e seus parentes ficaram responsáveis por todo o trabalho do S̲enhor e pelo serviço do rei em Israel, a oeste do Jordão; ao todo eram mil e setecentos homens capazes. ³¹ De acordo com os registros genealógicos das famílias hebronitas, Jerias foi o chefe delas. No ano quarenta do reinado de Davi fez-se uma busca nos registros, e entre os descendentes de Hebrom encontraram-se homens capazes em Jazar de Gileade. ³² Jerias tinha dois mil e setecentos parentes, homens capazes e chefes de famílias, que o rei Davi encarregou de todas as questões pertinentes a Deus e aos negócios do rei nas tribos de Rúben e de Gade, e na metade da tribo de Manassés.

As Divisões do Exército

27 Esta é a lista dos israelitas, chefes de famílias, comandantes de mil e comandantes de cem, oficiais que serviam o rei na supervisão das divisões do exército que estavam de serviço mês a mês, durante o ano. Cada divisão era constituída por 24.000 homens.

² Encarregado da primeira divisão de 24.000 homens, para o primeiro mês, estava Jasobeão, filho de Zabdiel. ³ Ele era descendente de Perez e chefe de todos os oficiais do exército para o primeiro mês.

⁴ Encarregado da divisão para o segundo mês estava Dodai, descendente de Aoí; Miclote era o líder da sua divisão, que contava 24.000 homens.

⁵ O terceiro comandante do exército, para o terceiro mês, foi Benaia, filho do sacerdote Joiada. Ele era chefe da sua divisão de 24.000 homens. ⁶ Esse Benaia foi guerreiro, chefe do batalhão dos Trinta. Seu filho Amizabade estava encarregado da sua divisão.

⁷ O quarto, para o quarto mês, foi Asael, irmão de Joabe; seu filho Zebadias foi o seu sucessor. Havia 24.000 homens em sua divisão.

⁸ O quinto, para o quinto mês, foi o comandante Samute, o izraíta. Havia 24.000 homens em sua divisão.

⁹ O sexto, para o sexto mês, foi Ira, filho de Iques, de Tecoa. Havia 24.000 homens em sua divisão.

¹⁰ O sétimo, para o sétimo mês, foi Helez, de Pelom, descendente de Efraim. Havia 24.000 homens em sua divisão.

---

a **26.14** Variante de *Meselemias*.
b **26.20** Conforme a Septuaginta. O Texto Massorético diz *Quanto aos levitas, Aías estava encarregado*.

¹¹ O oitavo, para o oitavo mês, foi Sibecai, de Husate, da família de Zerá. Havia 24.000 homens em sua divisão.

¹² O nono, para o nono mês, foi Abiezer, de Anatote, da tribo de Benjamim. Havia 24.000 homens em sua divisão.

¹³ O décimo, para o décimo mês, foi Maarai, de Netofate, da família de Zerá. Havia 24.000 homens em sua divisão.

¹⁴ O décimo primeiro, para o décimo primeiro mês, foi Benaia, de Piratom, descendente de Efraim. Havia 24.000 homens em sua divisão.

¹⁵ O décimo segundo, para o décimo segundo mês, foi Heldai, de Netofate, da família de Otoniel. Havia 24.000 homens em sua divisão.

Os Líderes das Tribos

¹⁶ Estes foram os líderes das tribos de Israel:

de Rúben: Eliézer, filho de Zicri;
de Simeão: Sefatias, filho de Maaca;
¹⁷ de Levi: Hasabias, filho de Quemuel;
de Arão: Zadoque;
¹⁸ de Judá: Eliú, irmão de Davi;
de Issacar: Onri, filho de Micael;
¹⁹ de Zebulom: Ismaías, filho de Obadias;
de Naftali: Jeremote, filho de Azriel;
²⁰ dos descendentes de Efraim: Oseias, filho de Azazias;
da metade da tribo de Manassés: Joel, filho de Pedaías;
²¹ da outra metade da tribo de Manassés, em Gileade: Ido, filho de Zacarias;
de Benjamim: Jaasiel, filho de Abner;
²² de Dã: Azareel, filho de Jeroão.
Foram esses os líderes das tribos de Israel.

²³ Davi não contou os homens com menos de vinte anos, pois o Senhor havia prometido tornar Israel tão numeroso quanto as estrelas do céu. ²⁴ Joabe, filho de Zeruia, começou a contar os homens, mas não pôde terminar. A ira divina caiu sobre Israel por causa desse recenseamento, e o resultado não entrou nos registros históricos do rei Davi.

Os Superintendentes do Rei

²⁵ Azmavete, filho de Adiel, estava encarregado dos tesouros do palácio.

Jônatas, filho de Uzias, estava encarregado dos depósitos do rei nos distritos distantes, nas cidades, nos povoados e nas torres de sentinela.

²⁶ Ezri, filho de Quelube, estava encarregado dos trabalhadores rurais, que cultivavam a terra.

²⁷ Simei, de Ramá, estava encarregado das vinhas.

Zabdi, de Sifá, estava encarregado do vinho que era armazenado em tonéis.

²⁸ Baal-Hanã, de Gederá, estava encarregado das oliveiras e das figueiras bravas, na Sefelá*ᵃ*.

Joás estava encarregado do fornecimento de azeite.

²⁹ Sitrai, de Sarom, estava encarregado dos rebanhos que pastavam em Sarom.

Safate, filho de Adlai, estava encarregado dos rebanhos nos vales.

³⁰ O ismaelita Obil estava encarregado dos camelos.

Jedias, de Meronote, estava encarregado dos jumentos.

³¹ O hagareno Jaziz estava encarregado das ovelhas.

Todos esses eram encarregados de cuidar dos bens do rei Davi.

³² Jônatas, tio de Davi, era conselheiro, homem sábio e também escriba. Jeiel, filho de Hacmoni, cuidava dos filhos do rei.

³³ Aitofel era conselheiro do rei.

Husai, o arquita, era amigo do rei. ³⁴ Aitofel foi sucedido por Joiada, filho de Benaia, e por Abiatar.

Joabe era o comandante do exército real.

O Plano de Davi para o Templo

28 Davi reuniu em Jerusalém todos os líderes de Israel: os líderes das tribos, os líderes das divisões a serviço do rei, os comandantes de mil e de cem, e os líderes encarregados de todos os bens e rebanhos que pertenciam ao rei e aos seus filhos, junto com os oficiais do palácio, os principais guerreiros e todos os soldados valentes.

² O rei Davi se pôs em pé e disse: "Escutem-me, meus irmãos e meu povo. Eu tinha no coração o propósito de construir um templo para nele colocar a arca da aliança do Senhor, o estrado dos pés de nosso Deus; fiz planos para construí-lo, ³ mas Deus me disse: 'Você não construirá um templo em honra ao meu nome, pois você é um guerreiro e matou muita gente'.

ᵃ **27.28** Pequena faixa de terra de relevo variável entre a planície costeira e as montanhas.

⁴ "No entanto, o Senhor, o Deus de Israel, escolheu-me entre toda a minha família para ser rei em Israel, para sempre. Ele escolheu Judá como líder, e da tribo de Judá escolheu minha família, e entre os filhos de meu pai ele quis fazer-me rei de todo o Israel. ⁵ E, entre todos os muitos filhos que me deu, ele escolheu Salomão para sentar-se no trono de Israel, o reino do Senhor. ⁶ Ele me disse: 'Seu filho Salomão é quem construirá o meu templo e os meus pátios, pois eu o escolhi para ser meu filho, e eu serei o pai dele. ⁷ Firmarei para sempre o reino dele se ele continuar a obedecer os meus mandamentos e as minhas ordenanças, como faz agora'.

⁸ "Por isso, agora declaro a vocês perante todo o Israel e a assembleia do Senhor e diante dos ouvidos de nosso Deus: Tenham o cuidado de obedecer a todos os mandamentos do Senhor, o seu Deus, para que mantenham a posse dessa boa terra e a deem por herança aos seus descendentes para sempre.

⁹ "E você, meu filho Salomão, reconheça o Deus de seu pai, e sirva-o de todo o coração e espontaneamente, pois o Senhor sonda todos os corações e conhece a motivação dos pensamentos. Se você o buscar, o encontrará, mas, se você o abandonar, ele o rejeitará para sempre. ¹⁰ Veja que o Senhor o escolheu para construir um templo que sirva de santuário. Seja forte e mãos ao trabalho!"

¹¹ Então Davi deu a seu filho Salomão a planta do pórtico do templo, dos seus edifícios, dos seus depósitos, dos andares superiores e suas salas e do lugar do propiciatório. ¹² Entregou-lhe também as plantas de tudo o que o Espírito havia posto em seu coração*ᵃ* acerca dos pátios do templo do Senhor e de todas as salas ao redor, acerca dos depósitos dos tesouros do templo de Deus e dos depósitos das dádivas sagradas. ¹³ Deu-lhe instruções sobre as divisões dos sacerdotes e dos levitas e sobre a execução de todas as tarefas no templo do Senhor e os utensílios que seriam utilizados. ¹⁴ Determinou o peso do ouro para todos os utensílios de ouro e o peso da prata para todos os utensílios de prata, que seriam utilizados nas diferentes tarefas: ¹⁵ o peso de ouro para cada candelabro e suas lâmpadas; e o peso de prata para cada candelabro de prata e suas lâmpadas, de acordo com a finalidade de cada um; ¹⁶ o peso de ouro para cada mesa de pães consagrados; o peso de prata para as mesas de prata; ¹⁷ o peso de ouro puro para os garfos, para as bacias de aspersão e para os jarros; o peso de ouro para cada tigela de ouro; o peso de prata para cada tigela de prata; ¹⁸ e o peso de ouro refinado para o altar de incenso. Também lhe deu o desenho do carro dos querubins de ouro que, com suas asas estendidas, abrigam a arca da aliança do Senhor.

¹⁹ Disse Davi a Salomão: "Tudo isso a mão do Senhor me deu por escrito, e ele me deu entendimento para executar todos esses projetos."

²⁰ E acrescentou: "Seja forte e corajoso! Mãos ao trabalho! Não tenha medo nem desanime, pois Deus, o Senhor, o meu Deus, está com você. Ele não o deixará nem o abandonará até que se termine toda a construção do templo do Senhor. ²¹ As divisões dos sacerdotes e dos levitas estão definidas para todas as tarefas que se farão no templo de Deus, e você receberá ajuda de homens peritos em todo tipo de serviço. Os líderes e todo o povo obedecerão a todas as suas ordens".

Dádivas para a Construção do Templo

29 Então o rei Davi disse a toda a assembleia: "Deus escolheu meu filho Salomão, e mais ninguém. Mas ele é jovem e inexperiente e a tarefa é grande, pois o palácio não será feito para homens, mas para o Senhor, o nosso Deus. ² Forneci grande quantidade de recursos para o trabalho do templo do meu Deus: ouro, prata, bronze, ferro e madeira, bem como ônix para os engastes e ainda turquesas, pedras de várias cores e todo tipo de pedras preciosas e mármore. ³ Além disso, pelo amor ao templo do meu Deus, agora entrego, das minhas próprias riquezas, ouro e prata para o templo do meu Deus, além de tudo o que já tenho dado para este santo templo. ⁴ Ofereço, pois, cento e cinco toneladas*ᵇ* de ouro puro de Ofir e duzentos e quarenta e cinco toneladas de prata refinada, para o revestimento das paredes do templo, ⁵ para o trabalho em ouro e em prata e para todo o trabalho dos artesãos. Agora, quem hoje está disposto a ofertar dádivas ao Senhor?"

⁶ Então os chefes das famílias, os líderes das tribos de Israel, os comandantes de mil e de

---

ᵃ **28.12** Ou *tudo o que tinha em mente*

ᵇ **29.4** Hebraico: *3.000 talentos*. Um talento equivalia a 35 quilos.

cem e os oficiais encarregados do trabalho do rei ofertaram espontaneamente. ⁷ Para a obra do templo de Deus eles deram cento e setenta e cinco toneladas de ouro e dez mil moedas*ᵃ* de ouro, trezentas e cinquenta toneladas de prata, seiscentas e trinta toneladas de bronze e três mil e quinhentas toneladas de ferro. ⁸ Quem tinha pedras preciosas deu-as para o depósito dos tesouros do templo do SENHOR, cujo responsável era Jeiel, o gersonita. ⁹ O povo alegrou-se diante da atitude de seus líderes, pois fizeram essas ofertas voluntariamente e de coração íntegro ao SENHOR. E o rei Davi também encheu-se de alegria.

A Oração de Davi

¹⁰ Davi louvou o SENHOR na presença de toda a assembleia, dizendo:

"Bendito sejas, ó SENHOR,
  Deus de Israel, nosso pai,
de eternidade a eternidade.
¹¹ Teus, ó SENHOR,
  são a grandeza, o poder,
  a glória, a majestade e o esplendor,
pois tudo o que há
  nos céus e na terra é teu.
Teu, ó SENHOR, é o reino;
  tu estás acima de tudo.
¹² A riqueza e a honra vêm de ti;
  tu dominas sobre todas as coisas.
Nas tuas mãos estão a força e o poder
  para exaltar e dar força a todos.
¹³ Agora, nosso Deus, damos-te graças,
  e louvamos o teu glorioso nome.

¹⁴ "Mas quem sou eu, e quem é o meu povo para que pudéssemos contribuir tão generosamente como fizemos? Tudo vem de ti, e nós apenas te demos o que vem das tuas mãos. ¹⁵ Diante de ti somos estrangeiros e forasteiros, como os nossos antepassados. Os nossos dias na terra são como uma sombra, sem esperança. ¹⁶ Ó SENHOR, nosso Deus, toda essa riqueza que ofertamos para construir um templo em honra ao teu santo nome vem das tuas mãos, e toda ela pertence a ti. ¹⁷ Sei, ó meu Deus, que sondas o coração e que te agradas com a integridade. Tudo o que dei foi espontaneamente e com integridade de coração. E agora vi com alegria com quanta disposição o teu povo, que aqui está,

29.14 O rei Salomão, talvez o rei mais sábio, rico e poderoso que já existiu no Oriente Médio, ainda não havia deixado de amar o Senhor e reconheceu com sinceridade que tudo quanto tinha não provinha dele mesmo. O povo e o rei eram apenas administradores do que Deus lhes havia entregado. Por isso, chegou à conclusão a que também deve chegar o discípulo, expressa na oração de Davi, seu pai: "Tudo vem de ti". E prossegue: "e nós apenas te demos o que vem das tuas mãos". A verdadeira prova do fiel discípulo está no desprendimento que reconhece quem é o dono de tudo e que atua em conformidade com essa premissa. Nas palavras do patriarca Jó: "[...] O SENHOR o deu, o Senhor o levou; louvado seja o nome do Senhor" (Jó 1.21); e nas palavras do apóstolo Paulo: "[...] aprendi a adaptar-me a toda e qualquer circunstância. Sei o que é passar necessidade e sei o que é ter fartura. Aprendi o segredo de viver contente em toda e qualquer situação, seja bem alimentado, seja com fome, tendo muito, ou passando necessidade. Tudo posso naquele que me fortalece" (Filipenses 4.11-13).

tem contribuído. ¹⁸ Ó SENHOR, Deus de nossos antepassados Abraão, Isaque e Israel, conserva para sempre este desejo no coração de teu povo e mantém o coração deles leal a ti. ¹⁹ E dá ao meu filho Salomão um coração íntegro para obedecer aos teus mandamentos, aos teus preceitos e aos teus decretos, a fim de construir este templo para o qual fiz os preparativos necessários".

²⁰ Então Davi disse a toda a assembleia: "Louvem o SENHOR, o seu Deus". E todos eles louvaram o SENHOR, o Deus dos seus antepassados, inclinando-se e prostrando-se diante do SENHOR e diante do rei.

Salomão é Ungido Rei

²¹ No dia seguinte fizeram sacrifícios ao SENHOR e apresentaram-lhe holocaustos*ᵇ*: mil novilhos, mil carneiros e mil cordeiros, acompanhados de ofertas derramadas, e muitos outros sacrifícios, em favor de todo o Israel. ²² Naquele dia comeram e beberam com grande alegria na presença do SENHOR.

ᵃ **29.7** Hebraico: *dáricos*.

ᵇ **29.21** Isto é, sacrifícios totalmente queimados.

Assim, pela segunda vez, proclamaram Salomão, filho de Davi, rei, ungindo-o diante do Senhor como soberano, e Zadoque como sacerdote. ²³ De maneira que Salomão assentou-se como rei no trono do Senhor, em lugar de Davi, seu pai. Ele prosperou, e todo o Israel lhe obedecia. ²⁴ Todos os líderes e principais guerreiros, bem como todos os filhos do rei Davi, prometeram submissão ao rei Salomão.

²⁵ O Senhor exaltou muitíssimo Salomão em todo o Israel e concedeu-lhe tal esplendor em seu reinado como nenhum rei de Israel jamais tivera.

A Morte de Davi

²⁶ Davi, filho de Jessé, reinou sobre todo o Israel. ²⁷ Reinou quarenta anos em Israel: sete anos em Hebrom e trinta e três em Jerusalém. ²⁸ Morreu em boa velhice, tendo desfrutado vida longa, riqueza e honra. Seu filho Salomão foi o seu sucessor.

²⁹ Os feitos do rei Davi, desde o início até o fim do seu reinado, estão escritos nos registros históricos do vidente Samuel, do profeta Natã e do vidente Gade, ³⁰ incluindo os detalhes do seu reinado e do seu poder e os acontecimentos relacionados com ele, com Israel e com os reinos das outras terras.

Introdução ao segundo livro de
CRÔNICAS

Autor e data de composição
Veja os principais detalhes deste livro na introdução ao primeiro livro de Crônicas. Os versículos finais do segundo livro de Crônicas indicam o fim do cativeiro na Babilônia com o édito real de Ciro, rei da Pérsia, que deu passagem para os eventos narrados nos livros de Esdras e Neemias, que vêm em seguida.

ESBOÇO GERAL

Primeira parte: O reinado de Salomão (1.1—9.31)
  I. Salomão ascende ao trono (1)
  II. A edificação do templo (2—7)
  III. Salomão em toda a sua glória (8.1—9.28)
  IV. A morte de Salomão (9.29-31)

Segunda parte: Os reis de Judá (10.1—36.21)
  I. Roboão e a divisão da nação em dois reinos (10—12)
  II. Abias (13)
  III. Asa (14—16)
  IV. Josafá (17—20)
  V. Jeorão (21)
  VI. Acazias (22.1-9)
  VII. Atalia usurpa o trono (22.10—23.15)
  VIII. Joás (23.16—24.27)
  IX. Amazias (25)
  X. Uzias (26)
  XI. Jotão (27)
  XII. Acaz (28)
  XIII. Ezequias (29—32)
  XIV. Manassés (33.1-20)
  XV. Amom (33.21-25)
  XVI. Josias (34—35)
  XVII. Jeoacaz (36.1-3)
  XVIII. Jeoaquim (36.4-8)
  XIX. Joaquim (36.9,10)
  XX. Zedequias (36.11-21)
      A avaliação de Zedequias como rei (36.11,12)
      A destruição de Jerusalém e do templo por Nabucodonosor (36.13-21)

Terceira parte: o decreto de Ciro que autoriza a volta do povo à terra de Canaã (36.22,23)

Versículo-chave
7.14

Tema geral do livro
O conteúdo destas crônicas, que se refere a Salomão e seus descendentes no trono de Judá, faz um juízo de valor sobre cada um desses reis com destaque para os que recebem

uma avaliação positiva. O interessante a esse respeito é que alguns reis, apesar de terem empreendido grandes obras materiais, recebem no texto sagrado algumas poucas linhas a seu respeito além de uma avaliação pobre. Em contraposição, há reis que talvez não tenham feito tanto do ponto de vista material, mas que procuraram levar o povo de volta aos caminhos do Senhor, e, por esse motivo, recebem não apenas uma atenção detalhada, como também uma valoração final positiva.

Em 2Crônicas, Jesus é...
... o Rei que nos governa (12.8).

Versículo-chave para o discípulo
6.30

O discípulo e 2Crônicas
O discípulo precisa entender que não é o fato de sermos filhos ou descendentes de uma pessoa distinta e de renome no mundo cristão que nos faz filhos de Deus. A avaliação dos reis de Judá mostra-nos reis infiéis cujos filhos foram fiéis e bons governantes, mas também indica situações opostas. Como esclarece Hebreus 9.27: "o homem está destinado a morrer uma só vez e depois disso enfrentar o juízo", e os reis de Judá não eram diferentes: eram seres humanos que tinham um propósito de ser na vida, mas do qual se desviaram, vários deles, para satisfazer seu egoísmo ou tendência à idolatria. Em contraposição, temos Elias, que era homem como nós, sujeito às mesmas paixões (cf. Tiago 5.17), mas cuja história de vida, sobretudo seu final, é bastante distinta. Caro discípulo, use com sabedoria o livre-arbítrio que Deus deu a você de presente.

2CRÔNICAS

Salomão Pede Sabedoria

1 Salomão, filho de Davi, estabeleceu-se com firmeza em seu reino, pois o Senhor, o seu Deus, estava com ele e o tornou muito poderoso.

² Salomão falou a todo o Israel: os líderes de mil e de cem, os juízes, todos os líderes de Israel e os chefes de famílias. ³ Depois o rei foi com toda a assembleia ao lugar sagrado, no alto de Gibeom, pois ali estava a Tenda do Encontro que Moisés, servo do Senhor, havia feito no deserto. ⁴ Davi tinha transportado a arca de Deus de Quiriate-Jearim para a tenda que ele tinha armado para ela em Jerusalém. ⁵ O altar de bronze que Bezalel, filho de Uri e neto de Hur, fizera estava em Gibeom, em frente do tabernáculo do Senhor; ali Salomão e a assembleia consultaram o Senhor. ⁶ Salomão ofereceu ao Senhor mil holocaustos*ᵃ* sobre o altar de bronze, na Tenda do Encontro.

⁷ Naquela noite Deus apareceu a Salomão e lhe disse: "Peça-me o que quiser, e eu darei a você."

⁸ Salomão respondeu: "Tu foste muito bondoso para com meu pai Davi e me fizeste rei em seu lugar. ⁹ Agora, Senhor Deus, que se confirme a tua promessa a meu pai Davi, pois me fizeste rei sobre um povo tão numeroso quanto o pó da terra. ¹⁰ Dá-me sabedoria e conhecimento, para que eu possa liderar esta nação, pois quem pode governar este teu grande povo?"

¹¹ Deus disse a Salomão: "Já que este é o desejo de seu coração e você não pediu riquezas, nem bens, nem honra, nem a morte dos seus inimigos, nem vida longa, mas sabedoria e conhecimento para governar o meu povo, sobre o qual o fiz rei, ¹² você receberá o que pediu, mas também lhe darei riquezas, bens e honra, como nenhum rei antes de você teve e nenhum depois de você terá".

¹³ Então Salomão voltou de Gibeom, de diante da Tenda do Encontro, para Jerusalém, e reinou sobre Israel.

¹⁴ Salomão juntou carros e cavalos; chegou a ter mil e quatrocentos carros e doze mil cavalos*ᵇ*, dos quais mantinha uma parte nas guarnições de algumas cidades e a outra perto dele, em Jerusalém. ¹⁵ O rei tornou tão comuns a prata e o ouro em Jerusalém quanto as pedras, e o cedro tão numeroso quanto as figueiras bravas da Sefelá*ᶜ*. ¹⁶ Os cavalos de Salomão eram importados do Egito*ᵈ* e da Cilícia*ᵉ*, onde os fornecedores do rei os compravam. ¹⁷ Importavam do Egito um carro por sete quilos e duzentos gramas*ᶠ* de prata, e um cavalo por um quilo e oitocentos gramas, e os exportavam para todos os reis dos hititas e dos arameus.

Os Preparativos para a Construção do Templo

2 Salomão deu ordens para a construção de um templo em honra ao nome do Senhor e de um palácio para si mesmo. ² Ele designou setenta mil homens como carregadores, oitenta mil como cortadores de pedras nas colinas e três mil e seiscentos como capatazes.

³ Depois Salomão enviou esta mensagem a Hirão*ᵍ*, rei de Tiro:

"Envia-me cedros como fizeste para meu pai Davi, quando ele construiu seu palácio. ⁴ Agora estou para construir um templo em honra ao nome do Senhor, o meu Deus, e dedicá-lo a ele, para queimar incenso aromático diante dele, apresentar regularmente o pão consagrado e fazer holocaustos todas as manhãs e todas as tardes, nos sábados, nas luas novas e nas festas fixas do Senhor, o nosso Deus. Esse é um decreto perpétuo para Israel.

⁵ "O templo que vou construir será grande, pois o nosso Deus é maior do que todos os outros deuses. ⁶ Mas quem é capaz de construir um templo para ele, visto que os céus não podem contê-lo, nem mesmo os mais altos céus? Quem sou eu, então, para lhe construir um templo, a não ser como um lugar para queimar sacrifícios perante ele?

⁷ "Por isso, manda-me um homem competente no trabalho com ouro, com prata,

---

ᵃ **1.6** Isto é, sacrifícios totalmente queimados; também em todo o livro de 2Crônicas.
ᵇ **1.14** Ou *condutores de carros*
ᶜ **1.15** Pequena faixa de terra de relevo variável entre a planície costeira e as montanhas; também em 9.27, 26.10 e 28.18.
ᵈ **1.16** Ou *Muzur*, região da Cilícia; também no versículo 17.
ᵉ **1.16** Hebraico: *Cuve*.
ᶠ **1.17** Hebraico: *600 siclos*. Um siclo equivalia a 12 gramas.
ᵍ **2.3** Hebraico: *Hurão*, variante de *Hirão*; também no versículo 11 e em 8.2, 18 e 9.21.

com bronze, com ferro e com tecido roxo, vermelho e azul, e experiente em esculturas, para trabalhar em Judá e em Jerusalém com os meus hábeis artesãos, preparados por meu pai Davi.

⁸ "Também envia-me do Líbano madeira de cedro, de pinho e de junípero, pois eu sei que os teus servos são hábeis em cortar a madeira de lá. Os meus servos trabalharão com os teus ⁹ para me fornecerem madeira em grande quantidade, pois é preciso que o templo que vou edificar seja grande e imponente. ¹⁰ E eu darei como sustento a teus servos, os lenhadores, vinte mil tonéis[a] de trigo, vinte mil tonéis de cevada, dois mil barris[b] de vinho e dois mil barris de azeite".

¹¹ Hirão, rei de Tiro, respondeu por carta a Salomão:

"O Senhor ama o seu povo, e por isso te fez rei sobre ele".

¹² E acrescentou:

"Bendito seja o Senhor, o Deus de Israel, que fez os céus e a terra, pois deu ao rei Davi um filho sábio, que tem inteligência e discernimento, e que vai construir um templo para o Senhor e um palácio para si. ¹³ Estou te enviando Hurão-Abi, homem de grande habilidade. ¹⁴ Sua mãe era de Dã e seu pai, de Tiro. Ele foi treinado para trabalhar com ouro e prata, bronze e ferro, pedra e madeira, e em tecido roxo, azul e vermelho, em linho fino e em todo tipo de entalhe. Ele pode executar qualquer projeto que lhe for dado. Trabalhará com os teus artesãos e com os de meu senhor Davi, teu pai.

¹⁵ "Agora, envia, meu senhor, a teus servos o trigo, a cevada, o azeite e o vinho que o meu senhor prometeu, ¹⁶ e cortaremos toda a madeira do Líbano necessária, e a faremos flutuar em jangadas pelo mar, descendo até Jope. De lá poderás levá-la a Jerusalém".

¹⁷ Salomão fez um recenseamento de todos os estrangeiros que viviam em Israel, como o que fizera seu pai Davi; e descobriu-se que eram cento e cinquenta e três mil e seiscentos. ¹⁸ Ele designou setenta mil deles para serem carregadores e oitenta mil para serem cortadores de pedras nas colinas, com três mil e seiscentos capatazes para manter o povo trabalhando.

A Construção do Templo

3 Então Salomão começou a construir o templo do Senhor em Jerusalém, no monte Moriá, onde o Senhor havia aparecido a seu pai Davi, na eira de Araúna[c], o jebuseu, local que havia sido providenciado por Davi. ² Começou a construção no segundo dia do segundo mês do quarto ano de seu reinado.

³ Os alicerces que Salomão lançou para o templo de Deus tinham vinte e sete metros de comprimento e nove metros de largura[d], pela medida[e] antiga. ⁴ O pórtico da entrada do templo tinha nove metros de largura e nove metros[f] de altura. Ele revestiu de ouro puro o seu interior. ⁵ Recobriu de pinho o átrio principal, revestiu-o de ouro puro e decorou-o com desenhos de tamareiras e correntes. ⁶ Ornamentou o templo com pedras preciosas. O ouro utilizado era de Parvaim. ⁷ Também revestiu de ouro as vigas do forro, os batentes, as paredes e as portas do templo, e esculpiu querubins nas paredes.

⁸ Fez o Lugar Santíssimo, com nove metros de comprimento e nove metros de largura, igual à largura do templo. Revestiu o seu interior de vinte e uma toneladas[g] de ouro puro. ⁹ Os pregos de ouro pesavam seiscentos gramas[h]. Também revestiu de ouro as salas superiores.

¹⁰ No Lugar Santíssimo esculpiu e revestiu de ouro dois querubins, ¹¹ os quais, de asas abertas, mediam juntos nove metros. Cada asa, de dois metros e vinte e cinco centímetros, tocava, de um lado, na parede do templo ¹² e, do outro lado, na asa do outro querubim. ¹³ Assim os querubins, com asas que se estendiam por nove metros, estavam em pé, de frente para o átrio principal[i].

---

[a] **2.10** Hebraico: *20.000 coros*. O coro era uma medida de capacidade. As estimativas variam entre 200 e 400 litros.
[b] **2.10** Hebraico: *20.000 batos*. O bato era uma medida de capacidade para líquidos. As estimativas variam entre 20 e 40 litros.
[c] **3.1** Hebraico: *Ornã*, variante de *Araúna*.
[d] **3.3** Hebraico: *60 côvados de comprimento e 20 côvados de largura*. O côvado era uma medida linear de cerca de 45 centímetros.
[e] **3.3** Hebraico: *pelo côvado*.
[f] **3.4** Conforme alguns manuscritos da Septuaginta e da Versão Siríaca. O Texto Massorético diz *e 120 côvados*.
[g] **3.8** Hebraico: *600 talentos*. Um talento equivalia a 35 quilos.
[h] **3.9** Hebraico: *50 siclos*. Um siclo equivalia a 12 gramas.
[i] **3.13** Ou *pé, voltados para dentro*.

¹⁴ Ele fez o véu de tecido azul, roxo, vermelho e linho fino, com querubins desenhados nele.

¹⁵ Fez na frente do templo duas colunas, que, juntas, tinham dezesseis metros, cada uma tendo em cima um capitel com dois metros e vinte e cinco centímetros. ¹⁶ Fez correntes entrelaçadas*ᵃ* e colocou-as no alto das colunas. Fez também cem romãs, colocando-as nas correntes. ¹⁷ Depois levantou as colunas na frente do templo, uma ao sul, outra ao norte; à que ficava ao sul deu o nome de Jaquim*ᵇ* e à que ficava ao norte, Boaz*ᶜ*.

Os Utensílios do Templo

4 Salomão também mandou fazer um altar de bronze de nove metros de comprimento, nove metros de largura e quatro metros e meio de altura*ᵈ*. ² Fez o tanque de metal fundido, redondo, medindo quatro metros e meio de diâmetro e dois metros e vinte e cinco centímetros de altura. Era preciso um fio de treze metros e meio para medir a sua circunferência. ³ Abaixo da borda e ao seu redor havia figuras de touro, de cinco em cinco centímetros. Os touros foram fundidos em duas fileiras e numa só peça com o tanque.

⁴ O tanque ficava sobre doze touros, três voltados para o norte, três para o oeste, três para o sul e três para o leste. Ficava em cima deles, e as pernas traseiras dos touros eram voltadas para o centro. ⁵ A espessura do tanque era de quatro dedos, e sua borda era como a borda de um cálice, como uma flor de lírio. Sua capacidade era de sessenta mil litros*ᵉ*.

⁶ Fez dez pias, colocando cinco no lado sul e cinco no lado norte. Nelas era lavado tudo o que era usado nos holocaustos, enquanto que o tanque servia para os sacerdotes se lavarem.

⁷ Fez dez candelabros de ouro, de acordo com as especificações, e os colocou no templo, cinco no lado sul e cinco no lado norte.

⁸ Fez dez mesas e as colocou no templo, cinco no lado sul e cinco no lado norte. Também fez cem bacias de ouro para aspersão.

ᵃ **3.16** Ou *correntes no santuário interior*
ᵇ **3.17** *Jaquim* provavelmente significa *ele firma*.
ᶜ **3.17** *Boaz* provavelmente significa *nele há força*.
ᵈ **4.1** Hebraico: *20 côvados de comprimento e largura, e 10 côvados de altura*. O côvado era uma medida linear de cerca de 45 centímetros.
ᵉ **4.5** Hebraico: *3.000 batos*. O bato era uma medida de capacidade para líquidos. As estimativas variam entre 20 e 40 litros.

---

⁹ Fez ainda o pátio dos sacerdotes e o pátio principal com suas portas e revestiu de bronze as suas portas. ¹⁰ Pôs o tanque no lado sul, no canto sudeste do templo.

¹¹ Também fez os jarros, as pás e as bacias para aspersão.

Hurão-Abi terminou assim o trabalho de que fora encarregado pelo rei Salomão no templo de Deus:

¹² As duas colunas;
os dois capitéis em forma de taça no alto das colunas;
os dois conjuntos de correntes que decoravam os dois capitéis;
¹³ as quatrocentas romãs para os dois conjuntos de correntes, sendo duas fileiras de romãs para cada conjunto;
¹⁴ os dez carrinhos com as suas dez pias;
¹⁵ o tanque e os doze touros debaixo dele;
¹⁶ os jarros, as pás, os garfos de carne e todos os utensílios afins.

Todos esses utensílios que Hurão-Abi fez para o templo do Senhor, a pedido do rei Salomão, eram de bronze polido. ¹⁷ Foi na planície do Jordão, entre Sucote e Zeredá, que o rei os mandou fundir, em moldes de barro. ¹⁸ Salomão os fez em tão grande quantidade que não se pôde determinar o peso do bronze utilizado.

¹⁹ Além desses, Salomão mandou fazer também todos estes outros utensílios para o templo de Deus:

O altar de ouro;
as mesas sobre as quais ficavam os pães da Presença;
²⁰ os candelabros de ouro puro com suas lâmpadas, para alumiarem diante do santuário interno, conforme determinado;
²¹ as flores, as lâmpadas e as tenazes de ouro maciço;
²² os cortadores de pavio, as bacias para aspersão, as tigelas, os incensários de ouro puro e as portas de ouro do templo: tanto as portas da sala interna, o Lugar Santíssimo, quanto as portas do átrio principal.

5 Terminada toda a obra que Salomão havia realizado para o templo do Senhor, ele trouxe as coisas que seu pai, Davi, tinha consagrado e as colocou junto com os tesouros do templo de Deus: a prata, o ouro e todos os utensílios.

O Transporte da Arca para o Templo

² Então Salomão reuniu em Jerusalém as autoridades de Israel e todos os líderes das tribos e os chefes das famílias israelitas, para levarem de Sião, a Cidade de Davi, a arca da aliança do Senhor. ³ E todos os homens de Israel uniram-se ao rei por ocasião da festa, no sétimo mês.

⁴ Quando todas as autoridades de Israel chegaram, os levitas pegaram a arca ⁵ e a levaram com a Tenda do Encontro e com todos os seus utensílios sagrados. Foram os sacerdotes levitas que levaram tudo. ⁶ O rei Salomão e toda a comunidade de Israel que se havia reunido a ele diante da arca sacrificaram tantas ovelhas e bois que nem era possível contar.

⁷ Os sacerdotes levaram a arca da aliança do Senhor para o seu lugar no santuário interno do templo, no Lugar Santíssimo, e a colocaram debaixo das asas dos querubins. ⁸ Os querubins tinham suas asas estendidas sobre o lugar da arca e cobriam a arca e as varas utilizadas para o transporte. ⁹ Essas varas eram tão compridas que as suas pontas se estendiam para fora da arca e podiam ser vistas da parte da frente do santuário interno, mas não de fora dele; e elas estão lá até hoje. ¹⁰ Na arca havia só as duas tábuas que Moisés tinha colocado quando estava em Horebe, onde o Senhor fez uma aliança com os israelitas depois que saíram do Egito.

¹¹ Os sacerdotes saíram do Lugar Santo. Todos eles haviam se consagrado, não importando a divisão a que pertenciam. ¹² E todos os levitas que eram músicos — Asafe, Hemã, Jedutum e os filhos e parentes deles — ficaram a leste do altar, vestidos de linho fino, tocando címbalos, harpas e liras, e os acompanhavam cento e vinte sacerdotes tocando cornetas. ¹³ Os que tocavam cornetas e os cantores, em uníssono, louvaram e agradeceram ao Senhor. Ao som de cornetas, címbalos e outros instrumentos, levantaram suas vozes em louvor ao Senhor e cantaram:

"Ele é bom;
o seu amor dura para sempre".

Então uma nuvem encheu o templo do Senhor, ¹⁴ de forma que os sacerdotes não podiam desempenhar o seu serviço, pois a glória do Senhor encheu o templo de Deus.

6 E Salomão exclamou: "O Senhor disse que habitaria numa nuvem escura! ² Na realidade construí para ti um templo magnífico, um lugar para nele habitares para sempre!"

³ Depois o rei virou-se e abençoou toda a assembleia de Israel, que estava ali em pé. ⁴ E disse:

"Bendito seja o Senhor, o Deus de Israel, que por suas mãos cumpriu o que prometeu com sua própria boca a meu pai, Davi, quando lhe disse: ⁵ 'Desde o dia em que tirei meu povo do Egito, não escolhi nenhuma cidade das tribos de Israel para nela construir um templo em honra ao meu nome, nem escolhi ninguém para ser o líder de Israel, o meu povo. ⁶ Mas, agora, escolhi Jerusalém para o meu nome ali estar e escolhi Davi para governar Israel, o meu povo'.

⁷ "Meu pai, Davi, tinha no coração o propósito de construir um templo em honra ao nome do Senhor, o Deus de Israel. ⁸ Mas o Senhor lhe disse: 'Você fez bem em ter no coração o plano de construir um templo em honra ao meu nome; ⁹ no entanto, não será você que o construirá, mas o seu filho, que procederá de você; ele construirá o templo em honra ao meu nome'.

¹⁰ "E o Senhor cumpriu a sua promessa. Sou o sucessor de meu pai, Davi, e agora ocupo o trono de Israel, como o Senhor tinha prometido, e construí o templo em honra ao nome do Senhor, o Deus de Israel. ¹¹ Coloquei nele a arca, na qual estão as tábuas da aliança do Senhor, aliança que ele fez com os israelitas".

A Oração de Dedicação

¹² Depois Salomão colocou-se diante do altar do Senhor, e de toda a assembleia de Israel, e levantou as mãos para orar. ¹³ Ele havia mandado fazer uma plataforma de bronze com dois metros e vinte e cinco centímetros[a] de comprimento e de largura, e um metro e trinta e cinco centímetros de altura no centro do pátio externo. O rei ficou em pé na plataforma e depois ajoelhou-se diante de toda a assembleia de Israel, levantou as mãos para o céu, ¹⁴ e orou:

"Senhor, Deus de Israel, não há Deus como tu nos céus e na terra! Tu que guardas a tua aliança de amor com os teus servos que, de todo o coração, andam segundo a tua vontade.

---

[a] 6.13 Hebraico: *5 côvados*. O côvado era uma medida linear de cerca de 45 centímetros.

¹⁵ Cumpriste a tua promessa a teu servo Davi, meu pai; com tua boca a fizeste e com tua mão a cumpriste, conforme hoje se vê.

¹⁶ "Agora, Senhor, Deus de Israel, cumpre a outra promessa que fizeste a teu servo Davi, meu pai, quando disseste: 'Você nunca deixará de ter, diante de mim, um descendente que se assente no trono de Israel, se tão somente os seus descendentes tiverem o cuidado de, em tudo, andar segundo a minha lei, como você tem feito'. ¹⁷ Agora, ó Senhor, Deus de Israel, que se confirme a palavra que falaste a teu servo Davi.

¹⁸ "Mas será possível que Deus habite na terra com os homens? Os céus, mesmo os mais altos céus, não podem conter-te. Muito menos este templo que construí! ¹⁹ Ainda assim, atende à oração do teu servo e ao seu pedido de misericórdia, ó Senhor, meu Deus. Ouve o clamor e a oração que teu servo faz hoje na tua presença. ²⁰ Estejam os teus olhos voltados dia e noite para este templo, lugar do qual disseste que nele porias o teu nome, para que ouças a oração que o teu servo fizer voltado para este lugar. ²¹ Ouve as súplicas do teu servo e de Israel, o teu povo, quando orarem voltados para este lugar. Ouve desde os céus, lugar da tua habitação, e, quando ouvires, dá-lhes o teu perdão.

²² "Quando um homem pecar contra seu próximo e tiver que fazer um juramento e vier jurar diante do teu altar neste templo, ²³ ouve dos céus e age. Julga os teus servos; retribui ao culpado, fazendo recair sobre a sua própria cabeça o resultado da sua conduta, e declara sem culpa o inocente, dando-lhe o que a sua inocência merece.

²⁴ "Quando Israel, o teu povo, for derrotado por um inimigo por ter pecado contra ti e voltar-se para ti e invocar o teu nome, orando e suplicando a ti neste templo, ²⁵ ouve dos céus e perdoa o pecado de Israel, o teu povo, e traze-o de volta à terra que deste a ele e aos seus antepassados.

²⁶ "Quando se fechar o céu e não houver chuva por haver o teu povo pecado contra ti e o teu povo, voltado para este lugar, invocar o teu nome e afastar-se do seu pecado por o *haveres castigado,* ²⁷ *ouve dos céus e perdoa o pecado dos teus servos, de Israel, o teu povo.* Ensina-lhes o caminho certo e envia chuva sobre a tua terra, que deste por herança ao teu povo.

²⁸ "Quando houver fome ou praga no país, ferrugem e mofo, gafanhotos peregrinos e gafanhotos devastadores, ou quando inimigos sitiarem suas cidades, quando, em meio a qualquer praga ou epidemia, ²⁹ uma oração ou uma súplica por misericórdia for feita por um israelita ou por todo o Israel, teu povo, cada um sentindo as suas próprias aflições e dores, estendendo as mãos na direção deste templo, ³⁰ ouve dos céus, o lugar da tua habitação. Perdoa e trata cada um de acordo com o que merece, visto que conheces o seu coração. Sim, só tu conheces o coração do homem. ³¹ Assim eles te temerão e andarão segundo a tua vontade durante todo o tempo em que viverem na terra que deste aos nossos antepassados.

³² "Quanto ao estrangeiro, que não pertence a Israel, o teu povo, e que veio de uma terra distante por causa do teu grande nome, da tua mão poderosa e do teu braço forte; quando ele vier e orar voltado para este templo, ³³ ouve dos céus, lugar da tua habitação, e atende o pedido do estrangeiro, a fim de que todos os povos da terra conheçam o teu nome e te temam, como faz Israel, o teu povo, e saibam que este templo que construí traz o teu nome.

³⁴ "Quando o teu povo for à guerra contra os seus inimigos, por onde quer que tu o enviares, e orar a ti, voltado para a cidade que escolheste e para o templo que construí em honra ao teu nome, ³⁵ ouve dos céus a sua oração e a sua súplica e defende a sua causa.

³⁶ "Quando pecarem contra ti, pois não há ninguém que não peque, e ficares irado com eles e os entregares ao inimigo, e este os levar prisioneiros para uma terra distante ou próxima; ³⁷ se eles caírem em si, na terra para a qual foram deportados, e se arrependerem e lá orarem: 'Pecamos, praticamos o mal e fomos rebeldes'; ³⁸ e se lá eles se voltarem para ti de todo o coração e de toda a sua alma, na terra de seu cativeiro para onde foram levados, e orarem voltados para a terra que deste aos seus antepassados, para a cidade que escolheste e para o templo que construí em honra ao teu nome, ³⁹ então, dos céus, lugar da tua habitação, ouve a sua oração e a sua súplica, e defende a sua causa. Perdoa a teu povo, que pecou contra ti.

⁴⁰ "Assim, meu Deus, que os teus olhos estejam abertos e os teus ouvidos atentos às orações feitas neste lugar.

⁴¹ "Agora, levanta-te, ó Senhor, ó Deus,
e vem para o teu lugar de descanso,
tu e a arca do teu poder.
Estejam os teus sacerdotes
vestidos de salvação,
ó Senhor, ó Deus;
que os teus santos se regozijem
em tua bondade.
⁴² Ó Senhor, ó Deus,
não rejeites o teu ungido.
Lembra-te da fidelidade
prometida a teu servo Davi".

A Dedicação do Templo

7 Assim que Salomão acabou de orar, desceu fogo do céu e consumiu o holocausto e os sacrifícios, e a glória do Senhor encheu o templo. ² Os sacerdotes não conseguiam entrar no templo do Senhor, porque a glória do Senhor o enchia. ³ Quando todos os israelitas viram o fogo descendo e a glória do Senhor sobre o templo, ajoelharam-se no pavimento com o rosto em terra, adoraram e deram graças ao Senhor, dizendo:

"Ele é bom;
o seu amor dura para sempre".

⁴ Então o rei e todo o Israel ofereceram sacrifícios ao Senhor. ⁵ O rei Salomão ofereceu em sacrifício vinte e dois mil bois e cento e vinte mil ovelhas. Assim o rei e todo o povo fizeram a dedicação do templo de Deus. ⁶ Os sacerdotes tomaram seus lugares, bem como os levitas, com os instrumentos musicais do Senhor feitos pelo rei Davi para louvar o Senhor, cantando: "O seu amor dura para sempre". No outro lado, de frente para os levitas, os sacerdotes tocavam suas cornetas. Todo o povo estava em pé.

⁷ Salomão consagrou a parte central do pátio, que ficava na frente do templo do Senhor, e ali ofereceu holocaustos e a gordura das ofertas de comunhão*ᵃ*, pois o altar de bronze que Salomão tinha construído não comportava os holocaustos, as ofertas de cereal e as porções de gordura.

⁸ Durante sete dias, Salomão, com todo o Israel, celebrou a festa; era uma grande multidão, gente vinda desde Lebo-Hamate até o ribeiro do Egito. ⁹ No oitavo dia realizaram uma assembleia solene. Levaram sete dias para a dedicação do altar, e a festa se prolongou por mais sete dias. ¹⁰ No vigésimo terceiro dia do sétimo mês, o rei mandou o povo para as suas casas. E todos se foram, jubilosos e de coração alegre pelas coisas boas que o Senhor havia feito por Davi e Salomão e por Israel, o seu povo.

O Senhor Aparece a Salomão

¹¹ Quando Salomão acabou de construir o templo do Senhor e o palácio real, executando bem tudo o que pretendia realizar no templo do Senhor e em seu próprio palácio, ¹² o Senhor lhe apareceu de noite e disse:

"Ouvi sua oração e escolhi este lugar para mim, como um templo para sacrifícios.

¹³ "Se eu fechar o céu para que não chova ou mandar que os gafanhotos devorem o país ou sobre o meu povo enviar uma praga, ¹⁴ se o meu povo, que se chama pelo meu nome, se humilhar e orar, buscar a minha face e se afastar dos seus maus caminhos, dos céus o ouvirei, perdoarei o seu pecado e curarei a sua terra. ¹⁵ De hoje em diante os meus olhos estarão abertos e os meus ouvidos atentos às orações feitas neste lugar. ¹⁶ Escolhi e consagrei este templo para que o meu nome esteja nele para sempre. Meus olhos e meu coração nele sempre estarão.

¹⁷ "E, se você andar segundo a minha vontade, como fez seu pai Davi, e fizer tudo o que eu ordeno a você, obedecendo aos meus decretos e às minhas leis, ¹⁸ firmarei o seu trono, conforme a aliança que fiz com Davi, seu pai, quando eu lhe disse: Você nunca deixará de ter um descendente para governar Israel.

¹⁹ "Mas, se vocês se afastarem de mim e abandonarem os decretos e os mandamentos que dei a vocês e prestarem culto a outros deuses e adorá-los, ²⁰ desarraigarei Israel da minha terra, que dei a vocês, e lançarei para longe da minha presença este templo que consagrei ao meu nome. Farei que ele se torne objeto de zombaria entre todos os povos. ²¹ E todos os que passarem por este templo, agora imponente, ficarão espantados e perguntarão: 'Por que o Senhor fez uma coisa dessas a esta terra e a este templo?' ²² E a resposta será: 'Porque abandonaram o Senhor, o Deus dos seus antepassados, que os tirou do Egito, e se apegaram a outros deuses, adorando-os e prestando-lhes culto; por isso ele trouxe sobre eles toda esta desgraça' ".

ᵃ 7.7 Ou de paz

Outros Feitos de Salomão

8 Depois de vinte anos, durante os quais Salomão construiu o templo do Senhor e o seu próprio palácio, ² ele reconstruiu as cidades que Hirão lhe tinha dado, e nelas estabeleceu israelitas. ³ Depois atacou Hamate-Zobá e a conquistou. ⁴ Também reconstruiu Tadmor, no deserto, e todas as cidades-armazéns que havia construído em Hamate. ⁵ Reconstruiu Bete-Horom Alta e Bete-Horom Baixa, cidades fortificadas com muros, portas e trancas, ⁶ e também Baalate e todas as cidades-armazéns que possuía e todas as cidades onde ficavam os seus carros e os seus cavalos[a]. Construiu tudo o que desejou em Jerusalém, no Líbano e em todo o território que governou.

⁷ Todos os que não eram israelitas, descendentes dos hititas, dos amorreus, dos ferezeus, dos heveus e dos jebuseus, ⁸ que não tinham sido mortos pelos israelitas, Salomão recrutou para o trabalho forçado, e nisso continuam até hoje. ⁹ Mas Salomão não obrigou nenhum israelita a trabalhos forçados; eles eram seus homens de guerra, chefes de seus capitães, comandantes dos seus carros e condutores de carros. ¹⁰ Também eram israelitas os principais oficiais do rei Salomão, duzentos e cinquenta oficiais que supervisionavam os trabalhadores.

¹¹ Salomão levou a filha do faraó da Cidade de Davi para o palácio que ele havia construído para ela, pois dissera: "Minha mulher não deve morar no palácio de Davi, rei de Israel, pois os lugares onde entrou a arca do Senhor são sagrados".

¹² Sobre o altar do Senhor, que havia construído diante do pórtico, Salomão passou a sacrificar holocaustos ao Senhor, ¹³ conforme as determinações de Moisés acerca das ofertas diárias e dos sábados, das luas novas e das três festas anuais: a festa dos pães sem fermento, a festa das semanas[b] e a festa das cabanas[c]. ¹⁴ De acordo com a ordem de seu pai Davi, designou os grupos dos sacerdotes para as suas tarefas e os levitas para conduzirem o louvor e ajudarem os sacerdotes, conforme as determinações diárias. Também designou, por divisões, os porteiros das várias portas, conforme o que Davi, homem de Deus, tinha ordenado. ¹⁵ Todas as ordens dadas pelo rei aos sacerdotes e aos levitas, inclusive as ordens relativas aos tesouros, foram seguidas à risca.

¹⁶ Todo o trabalho de Salomão foi executado, desde o dia em que foram lançados os alicerces do templo do Senhor até seu término. Assim foi concluído o templo do Senhor.

¹⁷ Depois Salomão foi a Eziom-Geber e a Elate, no litoral de Edom. ¹⁸ E Hirão enviou-lhe navios comandados por seus próprios marinheiros, homens que conheciam o mar. Eles navegaram com os marinheiros de Salomão até Ofir e de lá trouxeram quinze mil e setecentos e cinquenta quilos[d] de ouro para o rei Salomão.

A Rainha de Sabá Visita Salomão

9 A rainha de Sabá soube da fama de Salomão e foi a Jerusalém para pô-lo à prova com perguntas difíceis. Quando chegou, acompanhada de uma enorme caravana, com camelos carregados de especiarias, grande quantidade de ouro e pedras preciosas, foi até Salomão e lhe fez todas as perguntas que tinha em mente. ² Salomão respondeu a todas; nenhuma lhe foi tão difícil que não pudesse responder. ³ Vendo a sabedoria de Salomão, bem como o palácio que ele havia construído, ⁴ o que era servido em sua mesa, o lugar de seus oficiais, os criados e os copeiros, todos uniformizados, e os holocaustos que ele fazia no[e] templo do Senhor, ela ficou impressionada.

⁵ Disse ela então ao rei: "Tudo o que ouvi em meu país acerca de tuas realizações e de tua sabedoria era verdade. ⁶ Mas eu não acreditava no que diziam até ver com os meus próprios olhos. Na realidade, não me contaram nem a metade da grandeza de tua sabedoria; tu ultrapassas em muito o que ouvi. ⁷ Como devem ser felizes os homens da tua corte, que continuamente estão diante de ti e ouvem a tua sabedoria! ⁸ Bendito seja o Senhor, o teu Deus, que se agradou de ti e te colocou no trono dele para reinar pelo Senhor, pelo teu Deus. Por causa do amor de teu Deus para com Israel e do seu desejo de preservá-lo para sempre, ele te fez rei, para manter a justiça e a retidão".

⁹ E ela deu ao rei quatro mil e duzentos quilos[f] de ouro e grande quantidade de especiarias e de pedras preciosas. Nunca se viram tantas e tais especiarias como as que a rainha de Sabá deu ao rei Salomão.

---

[a] 8.6 Ou *condutores de carros*
[b] 8.13 Isto é, do Pentecoste.
[c] 8.13 Ou *dos tabernáculos*; hebraico: *sucote*.
[d] 8.18 Hebraico: *450 talentos*. Um talento equivalia a 35 quilos.
[e] 9.4 Ou *e o caminho pelo qual subia até o*
[f] 9.9 Hebraico: *120 talentos*. Um talento equivalia a 35 quilos.

¹⁰ (Os marinheiros de Hirão e de Salomão trouxeram ouro de Ofir, e também madeira de junípero e pedras preciosas. ¹¹ O rei utilizou a madeira para fazer a escadaria do templo do Senhor e a do palácio real, além de harpas e liras para os músicos. Nunca se tinha visto algo semelhante em Judá.)

¹² O rei Salomão deu à rainha de Sabá tudo o que ela desejou e pediu; muito mais do que ela lhe tinha trazido. Então ela e seus servos voltaram para o seu país.

O Esplendor do Reino de Salomão

¹³ O peso do ouro que Salomão recebia anualmente era de vinte e três mil e trezentos quilos, ¹⁴ fora o que os mercadores e os comerciantes traziam. Também todos os reis da Arábia e os governadores do país traziam ouro e prata para Salomão. ¹⁵ O rei Salomão fez duzentos escudos grandes de ouro batido, utilizando três quilos e seiscentos gramas de ouro em cada um. ¹⁶ Também fez trezentos escudos pequenos de ouro batido, com um quilo e oitocentos gramas de ouro em cada um, e os colocou no Palácio da Floresta do Líbano. ¹⁷ O rei mandou fazer ainda um grande trono de marfim revestido de ouro puro. ¹⁸ O trono tinha seis degraus, e um estrado de ouro fixo nele. Nos dois lados do assento havia braços, com um leão junto a cada braço. ¹⁹ Doze leões ficavam nos seis degraus, um de cada lado. Nada igual havia sido feito em nenhum outro reino. ²⁰ Todas as taças do rei Salomão eram de ouro, bem como todos os utensílios do Palácio da Floresta do Líbano. Não havia nada de prata, pois a prata quase não tinha valor nos dias de Salomão. ²¹ O rei tinha uma frota de navios mercantes[a] tripulados por marinheiros do rei Hirão. Cada três anos a frota voltava, trazendo ouro, prata, marfim, macacos e pavões.

²² O rei Salomão era o mais rico e o mais sábio de todos os reis da terra. ²³ Estes pediam audiência a Salomão para ouvirem a sabedoria que Deus lhe tinha dado. ²⁴ Ano após ano, todos os que vinham traziam algum presente: utensílios de prata e de ouro, mantos, armas e especiarias, cavalos e mulas.

²⁵ Salomão possuía quatro mil estábulos para cavalos e carros e doze mil cavalos[b], dos quais mantinha uma parte nas guarnições de algumas cidades e a outra perto dele, em Jerusalém. ²⁶ Ele dominava sobre todos os reis desde o Eufrates[c] até a terra dos filisteus, junto à fronteira do Egito. ²⁷ O rei tornou a prata tão comum em Jerusalém quanto as pedras, e o cedro tão numeroso quanto as figueiras bravas da Sefelá. ²⁸ Os cavalos de Salomão eram importados do Egito[d] e de todos os outros países.

A Morte de Salomão

²⁹ Os demais acontecimentos do reinado de Salomão, desde o início até o fim, estão escritos nos relatos do profeta Natã, nas profecias do silonita Aías e nas visões do vidente Ido acerca de Jeroboão, filho de Nebate. ³⁰ Salomão reinou quarenta anos em Jerusalém, sobre todo o Israel. ³¹ Então descansou com os seus antepassados e foi sepultado na Cidade de Davi, seu pai. E o seu filho Roboão foi o seu sucessor.

A Revolta de Israel contra Roboão

10 Roboão foi a Siquém, onde todos os israelitas tinham se reunido para proclamá-lo rei. ² Jeroboão, filho de Nebate, tinha fugido do rei Salomão e estava no Egito. Assim que soube da reunião em Siquém, voltou do Egito. ³ E mandaram chamá-lo. Então ele e todo o Israel foram ao encontro de Roboão e disseram: ⁴ "Teu pai colocou sobre nós um jugo pesado, mas agora diminui o trabalho árduo e este jugo pesado, e nós te serviremos".

⁵ Roboão respondeu: "Voltem a mim daqui a três dias". E o povo foi embora.

⁶ O rei Roboão perguntou às autoridades que haviam servido ao seu pai Salomão durante a vida dele: "Como vocês me aconselham a responder a este povo?"

⁷ Eles responderam: "Se hoje fores bom para esse povo, se o agradares e lhe deres resposta favorável, eles sempre serão teus servos".

⁸ Roboão, contudo, rejeitou o conselho que as autoridades de Israel lhe deram e consultou os jovens que haviam crescido com ele e o estavam servindo. ⁹ Perguntou-lhes: "Qual é o conselho de vocês? Como devemos responder a este povo que me diz: 'Diminui o jugo que teu pai colocou sobre nós'?"

¹⁰ Os jovens que haviam crescido com ele responderam: "A este povo que te disse: 'Teu pai colocou sobre nós um jugo pesado; torna-o

---

[a] **9.21** Hebraico: *navios que iam para Társis.* Veja 20.36.
[b] **9.25** Ou *condutores de carros*
[c] **9.26** Hebraico: *o Rio.*
[d] **9.28** Ou *Muzur*, região da Cilícia.

mais leve' — dize: 'Meu dedo mínimo é mais grosso do que a cintura do meu pai. ¹¹ Pois bem, meu pai impôs a vocês um jugo pesado; eu o tornarei ainda mais pesado. Meu pai os castigou com simples chicotes; eu os castigarei com chicotes pontiagudos'".

¹² Três dias depois, Jeroboão e todo o povo voltaram a Roboão, segundo a orientação dada pelo rei: "Voltem a mim daqui a três dias". ¹³ Mas o rei lhes respondeu asperamente. Rejeitando o conselho das autoridades de Israel, ¹⁴ seguiu o conselho dos jovens e disse: "Meu pai tornou pesado o jugo para vocês; eu o tornarei ainda mais pesado. Meu pai os castigou com simples chicotes; eu os castigarei com chicotes pontiagudos". ¹⁵ E o rei não atendeu o povo, pois esta mudança nos acontecimentos vinha da parte de Deus, para que se cumprisse a palavra que o Senhor havia falado a Jeroboão, filho de Nebate, por meio do silonita Aías.

¹⁶ Quando todo o Israel viu que o rei se recusava a ouvi-lo, respondeu ao rei:

"Que temos em comum com Davi?
Que temos em comum
       com o filho de Jessé?
Para as suas tendas, ó Israel!
Cuide da sua própria casa, ó Davi!"

E assim os israelitas foram para as suas casas. ¹⁷ Quanto, porém, aos israelitas que moravam nas cidades de Judá, Roboão continuou como rei deles.

¹⁸ O rei Roboão enviou Adonirão*a*, chefe do trabalho forçado, mas todo o Israel o apedrejou até a morte. O rei, contudo, conseguiu subir em sua carruagem e fugir para Jerusalém. ¹⁹ Desta forma Israel se rebelou contra a dinastia de Davi, e assim permanece até hoje.

11 Quando Roboão chegou a Jerusalém, convocou cento e oitenta mil homens de combate, das tribos de Judá e de Benjamim, para guerrearem contra Israel e recuperarem o reino para Roboão.

² Entretanto, veio esta palavra do Senhor a Semaías, homem de Deus: ³ "Diga a Roboão, filho de Salomão, rei de Judá, e a todos os israelitas de Judá e de Benjamim: ⁴ Assim diz o Senhor: Não saiam à guerra contra os seus irmãos. Voltem para casa, todos vocês, pois fui eu que fiz isso". E eles obedeceram à palavra do Senhor e desistiram de marchar contra Jeroboão.

A Fortificação das Cidades de Judá

⁵ Roboão morou em Jerusalém e reconstruiu algumas cidades para a defesa de Judá. Foram elas: ⁶ Belém, Etã, Tecoa, ⁷ Bete-Zur, Socó, Adulão, ⁸ Gate, Maressa, Zife, ⁹ Adoraim, Laquis, Azeca, ¹⁰ Zorá, Aijalom e Hebrom. Essas cidades foram fortificadas em Judá e em Benjamim. ¹¹ Ele fortaleceu as suas defesas e nelas colocou comandantes, com suprimentos de alimentos, azeite e vinho. ¹² Armazenou escudos grandes e lanças em todas as cidades, tornando-as muito fortes. Assim, Judá e Benjamim continuaram sob o seu domínio.

¹³ Os sacerdotes e os levitas de todos os distritos de Israel o apoiaram. ¹⁴ Os levitas chegaram até a abandonar as suas pastagens e os seus bens e foram para Judá e para Jerusalém, porque Jeroboão e seus filhos os haviam rejeitado como sacerdotes do Senhor, ¹⁵ nomeando seus próprios sacerdotes para os altares idólatras e para os ídolos que haviam feito em forma de bodes e de bezerros. ¹⁶ De todas as tribos de Israel aqueles que estavam realmente dispostos a buscar o Senhor, o Deus de Israel, seguiram os levitas até Jerusalém para oferecerem sacrifícios ao Senhor, ao Deus dos seus antepassados. ¹⁷ Eles fortaleceram o reino de Judá e durante três anos apoiaram Roboão, filho de Salomão, andando nos caminhos de Davi e de Salomão durante esse tempo.

A Família de Roboão

¹⁸ Roboão casou-se com Maalate, filha de Jeremote e neta de Davi. A mãe de Maalate era Abiail, filha de Eliabe e neta de Jessé. ¹⁹ Ela deu-lhe três filhos: Jeús, Semarias e Zaão. ²⁰ Depois ele casou-se com Maaca, filha de Absalão, a qual lhe deu os filhos Abias, Atai, Ziza e Selomite. ²¹ Roboão amava Maaca, filha de Absalão, mais do que a qualquer outra de suas esposas e concubinas. Ao todo ele teve dezoito esposas e sessenta concubinas, vinte e oito filhos e sessenta filhas.

²² Roboão nomeou Abias, filho de Maaca, chefe entre os seus irmãos, com o intuito de fazê-lo rei. ²³ Ele agiu com sabedoria, dispersando seus filhos pelos distritos de Judá e de Benjamim e pelas cidades fortificadas. Garantiu-lhes fartas provisões e lhes conseguiu muitas mulheres.

---

a **10.18** Conforme alguns manuscritos da Septuaginta. O Texto Massorético diz *Adorão*. Veja 1Rs 4.6 e 5.14.

Sisaque Ataca Jerusalém

12 Depois que Roboão se fortaleceu e se firmou como rei, ele e todo o Israel[a] abandonaram a lei do Senhor. ² Por terem sido infiéis ao Senhor, Sisaque, rei do Egito, atacou Jerusalém no quinto ano do reinado de Roboão. ³ Com mil e duzentos carros de guerra, sessenta mil cavaleiros e um exército incontável de líbios, suquitas e etíopes[b], que vieram do Egito com ele, ⁴ conquistou as cidades fortificadas de Judá e chegou até Jerusalém.

⁵ Então o profeta Semaías apresentou-se a Roboão e aos líderes de Judá que se haviam reunido em Jerusalém, fugindo de Sisaque, e lhes disse: "Assim diz o Senhor: 'Vocês me abandonaram; por isso eu agora os abandono, entregando-os a Sisaque' ".

⁶ Os líderes de Israel e o rei se humilharam e disseram: "O Senhor é justo".

⁷ Quando o Senhor viu que eles se humilharam, veio a Semaías esta palavra do Senhor: "Visto que eles se humilharam, não os destruirei, mas em breve lhes darei livramento. Minha ira não será derramada sobre Jerusalém por meio de Sisaque. ⁸ Eles, contudo, ficarão sujeitos a ele, para que aprendam a diferença entre servir a mim e servir aos reis de outras terras".

⁹ Quando Sisaque, rei do Egito, atacou Jerusalém, levou todos os tesouros do templo do Senhor e do palácio real, inclusive os escudos de ouro que Salomão havia feito. ¹⁰ Por isso o rei Roboão mandou fazer escudos de bronze para substituí-los e os entregou aos chefes da guarda da entrada do palácio real. ¹¹ Sempre que o rei ia ao templo do Senhor, os guardas empunhavam os escudos e, em seguida, os devolviam à sala da guarda.

¹² Como Roboão se humilhou, a ira do Senhor afastou-se dele, e ele não foi totalmente destruído. Na verdade, em Judá ainda havia algo de bom.

¹³ O rei Roboão firmou-se no poder em Jerusalém e continuou a reinar. Tinha quarenta e um anos de idade quando começou a reinar e reinou dezessete anos em Jerusalém, cidade que o Senhor havia escolhido entre todas as tribos de Israel para nela pôr o seu nome. Sua mãe, uma amonita, chamava-se Naamá. ¹⁴ Ele agiu mal porque não dispôs o seu coração para buscar o Senhor.

¹⁵ Os demais acontecimentos do reinado de Roboão, do início ao fim, estão escritos nos relatos do profeta Semaías e do vidente Ido, que tratam de genealogias. Houve guerra constante entre Roboão e Jeroboão. ¹⁶ Roboão descansou com os seus antepassados e foi sepultado na Cidade de Davi; seu filho Abias foi o seu sucessor.

O Reinado de Abias, Rei de Judá

13 No décimo oitavo ano do reinado de Jeroboão, Abias tornou-se rei de Judá, ² e reinou três anos em Jerusalém. O nome de sua mãe era Maaca[c], filha[d] de Uriel, de Gibeá.

E houve guerra entre Abias e Jeroboão. ³ Abias entrou em combate levando uma força de quatrocentos mil excelentes guerreiros, e Jeroboão foi enfrentá-lo com oitocentos mil, igualmente excelentes.

⁴ Abias subiu o monte Zemaraim, nos montes de Efraim, e gritou: "Jeroboão e todo o Israel, ouçam-me! ⁵ Vocês não sabem que o Senhor, o Deus de Israel, deu para sempre o reino de Israel a Davi e a seus descendentes mediante uma aliança irrevogável[e]? ⁶ Mesmo assim, Jeroboão, filho de Nebate, servo de Salomão, filho de Davi, rebelou-se contra o seu senhor. ⁷ Alguns homens vadios e imprestáveis juntaram-se a ele e se opuseram a Roboão, filho de Salomão, quando ainda era jovem, indeciso e incapaz de oferecer-lhes resistência.

⁸ "E agora vocês pretendem resistir ao reino do Senhor, que está nas mãos dos descendentes de Davi! Vocês são de fato uma multidão imensa e têm os bezerros de ouro que Jeroboão fez para serem os seus deuses. ⁹ Mas, não foram vocês que expulsaram os sacerdotes do Senhor, os descendentes de Arão, e os levitas, e escolheram os seus próprios sacerdotes, como fazem os outros povos? Qualquer pessoa que se consagre com um novilho e sete carneiros pode tornar-se sacerdote daqueles que não são deuses.

¹⁰ "Quanto a nós, o Senhor é o nosso Deus, e não o abandonamos. Os nossos sacerdotes, que servem ao Senhor auxiliados pelos levitas, são descendentes de Arão. ¹¹ Todas as manhãs e todas as tardes eles apresentam holocaustos e incenso aromático ao Senhor, arrumam

---

[a] 12.1 Isto é, Judá, como ocorre frequentemente em 2 Crônicas.
[b] 12.3 Hebraico: *cuxitas*.
[c] 13.2 Conforme a maioria dos manuscritos da Septuaginta e a Versão Siríaca. O Texto Massorético diz *Micaías*. Veja 2Cr 11.20 e 1Rs 15.2.
[d] 13.2 Ou *neta*
[e] 13.5 Hebraico: *aliança de sal*.

os pães sobre a mesa cerimonialmente pura e todas as tardes acendem as lâmpadas do candelabro de ouro. Pois nós observamos as exigências do Senhor, o nosso Deus, enquanto vocês o abandonaram. ¹² E vejam bem! Deus está conosco; ele é o nosso chefe. Os sacerdotes dele, com suas cornetas, farão soar o grito de guerra contra vocês. Israelitas, não lutem contra o Senhor, o Deus dos seus antepassados, pois vocês não terão êxito!"

¹³ Enquanto isso, Jeroboão tinha mandado tropas para a retaguarda do exército de Judá, de forma que ele estava em frente de Judá e a emboscada estava atrás. ¹⁴ Quando o exército de Judá se virou e viu que estava sendo atacado pela frente e pela retaguarda, clamou ao Senhor. Os sacerdotes tocaram suas cornetas ¹⁵ e os homens de Judá deram o grito de guerra. Ao som do grito de guerra, Deus derrotou Jeroboão e todo o Israel diante de Abias e de Judá. ¹⁶ Os israelitas fugiram dos soldados de Judá, e Deus os entregou nas mãos deles. ¹⁷ Abias e os seus soldados lhes infligiram grande derrota; quinhentos mil excelentes guerreiros de Israel foram mortos. ¹⁸ Os israelitas foram subjugados naquela ocasião, e os homens de Judá tiveram força para vencer, pois confiaram no Senhor, o Deus dos seus antepassados.

¹⁹ Abias perseguiu Jeroboão e tomou-lhe as cidades de Betel, Jesana e Efrom, com os seus povoados. ²⁰ Durante o reinado de Abias, Jeroboão não recuperou o seu poder; até que o Senhor o feriu, e ele morreu.

²¹ Abias, ao contrário, fortaleceu-se. Ele se casou com catorze mulheres e teve vinte e dois filhos e dezesseis filhas.

²² Os demais acontecimentos do reinado de Abias, o que ele fez e o que disse, estão escritos nos relatos do profeta Ido.

O Reinado de Asa, Rei de Judá

14 Abias descansou com os seus antepassados e foi sepultado na Cidade de Davi. Seu filho Asa foi o seu sucessor, e em seu reinado o país esteve em paz durante dez anos.

² Asa fez o que o Senhor, o seu Deus, aprova. ³ Retirou os altares dos deuses estrangeiros e os altares idólatras que havia nos montes, despedaçou as colunas sagradas e derrubou os postes sagrados. ⁴ Ordenou ao povo de Judá que buscasse o Senhor, o Deus dos seus antepassados, e que obedecesse às leis e aos mandamentos dele. ⁵ Retirou os altares idólatras e os altares de incenso[a] de todas as cidades de Judá, e o reino esteve em paz durante o seu governo. ⁶ Também construiu cidades fortificadas em Judá, aproveitando esse período de paz. Ninguém entrou em guerra contra ele durante aqueles anos, pois o Senhor lhe deu descanso.

⁷ Disse ele ao povo de Judá: "Vamos construir estas cidades com muros ao redor, fortificadas com torres, portas e trancas. A terra ainda é nossa, porque temos buscado o Senhor, o nosso Deus; nós o buscamos, e ele nos tem concedido paz em nossas fronteiras". Eles então as construíram e prosperaram.

⁸ Asa tinha um exército de trezentos mil homens de Judá, equipados com escudos grandes e lanças, e duzentos e oitenta mil de Benjamim, armados com escudos pequenos e arcos. Todos eram valentes homens de combate.

⁹ O etíope[b] Zerá marchou contra eles com um exército de um milhão de soldados e trezentos carros de guerra e chegou a Maressa.

¹⁰ Asa saiu para enfrentá-lo, e eles se puseram em posição de combate no vale de Zefatá, perto de Maressa.

¹¹ Então Asa clamou ao Senhor, o seu Deus: "Senhor, não há ninguém como tu para ajudar os fracos contra os poderosos. Ajuda-nos, ó Senhor, ó nosso Deus, pois em ti pomos a nossa confiança, e em teu nome viemos contra este imenso exército. Ó Senhor, tu és o nosso Deus; não deixes o homem prevalecer contra ti".

¹² O Senhor derrotou os etíopes diante de Asa e de Judá. Os etíopes fugiram, ¹³ e Asa e seu exército os perseguiram até Gerar. Caíram tantos deles que o exército não conseguiu recuperar-se; foram destruídos perante o Senhor e suas forças. E os homens de Judá saquearam muitos bens. ¹⁴ Destruíram todas as cidades ao redor de Gerar, pois o terror do Senhor havia caído sobre elas. Saquearam todas essas cidades, pois havia nelas muitos despojos. ¹⁵ Também atacaram os acampamentos onde havia gado e se apoderaram de muitas ovelhas, cabras e camelos. E, em seguida, voltaram para Jerusalém.

A Reforma Realizada por Asa

15 O Espírito de Deus veio sobre Azarias, filho de Odede. ² Ele saiu para encontrar-se com Asa e lhe disse: "Escutem-me, Asa e todo o povo de Judá e de Benjamim. O

---
[a] **14.5** Provavelmente colunas dedicadas ao deus sol.
[b] **14.9** Hebraico: *cuxita*; também no versículo 12.

Senhor está com vocês quando vocês estão com ele. Se o buscarem, ele deixará que o encontrem, mas, se o abandonarem, ele os abandonará. ³ Durante muito tempo Israel esteve sem o verdadeiro Deus, sem sacerdote para ensiná-lo e sem a Lei. ⁴ Mas em sua angústia eles se voltaram para o Senhor, o Deus de Israel; buscaram-no, e ele deixou que o encontrassem. ⁵ Naqueles dias não era seguro viajar, pois muitos distúrbios afligiam todos os habitantes do território. ⁶ Nações e cidades se destruíam umas às outras, pois Deus as estava afligindo com toda espécie de desgraças. ⁷ Mas, sejam fortes e não desanimem, pois o trabalho de vocês será recompensado".

⁸ Assim que ouviu as palavras e a profecia do profeta Azarias, filho de*ᵃ* Odede, o rei Asa encheu-se de coragem. Retirou os ídolos repugnantes de toda a terra de Judá e de Benjamim e das cidades que havia conquistado nos montes de Efraim, e restaurou o altar do Senhor que estava em frente do pórtico do templo do Senhor.

⁹ Depois reuniu todo o povo de Judá e de Benjamim e convocou também os que pertenciam a Efraim, a Manassés e a Simeão que viviam entre eles, pois muitos de Israel tinham passado para o lado do rei Asa, ao verem que o Senhor, o seu Deus, estava com ele.

¹⁰ Eles se reuniram em Jerusalém no terceiro mês do décimo quinto ano do reinado de Asa. ¹¹ Naquela ocasião sacrificaram ao Senhor setecentos bois e sete mil ovelhas e cabras, do saque que haviam feito. ¹² Fizeram um acordo de todo o coração e de toda a alma de buscar o Senhor, o Deus dos seus antepassados. ¹³ Todo aquele que não buscasse o Senhor, o Deus de Israel, deveria ser morto, gente simples ou importante,*ᵇ* homem ou mulher. ¹⁴ Fizeram esse juramento ao Senhor em alta voz, bradando ao som de cornetas e trombetas. ¹⁵ Todo o povo de Judá alegrou-se com o juramento, pois o havia feito de todo o coração. Eles buscaram a Deus com a melhor disposição; ele deixou que o encontrassem e lhes concedeu paz em suas fronteiras.

¹⁶ O rei Asa chegou até a depor sua avó Maaca da posição de rainha-mãe, pois ela havia feito um poste sagrado repugnante. Asa derrubou o poste, despedaçou-o e queimou-o no vale do Cedrom. ¹⁷ Embora os altares idólatras não tivessem sido eliminados de Israel, o coração de Asa foi totalmente dedicado ao Senhor durante toda a sua vida. ¹⁸ Ele trouxe para o templo de Deus a prata, o ouro e os utensílios que ele e seu pai haviam consagrado.

¹⁹ E não houve mais nenhuma guerra até o trigésimo quinto ano do seu reinado.

Os Últimos Anos de Asa

16 No trigésimo sexto ano do reinado de Asa, Baasa, rei de Israel, invadiu Judá e fortificou Ramá, para que ninguém pudesse entrar no território de Asa, rei de Judá, nem sair de lá.

² Então Asa ajuntou a prata e o ouro do tesouro do templo do Senhor e do seu próprio palácio e os enviou a Ben-Hadade, rei da Síria, que governava em Damasco, com uma mensagem que dizia: ³ "Façamos um tratado, como fizeram meu pai e o teu. Estou te enviando prata e ouro. Agora, rompe o tratado que tens com Baasa, rei de Israel, para que ele saia do meu país".

⁴ Ben-Hadade aceitou a proposta do rei Asa e ordenou aos comandantes das suas forças que atacassem as cidades de Israel. Eles conquistaram Ijom, Dã, Abel-Maim*ᶜ* e todas as cidades-armazéns de Naftali. ⁵ Quando Baasa soube disso, abandonou a construção dos muros de Ramá. ⁶ Então o rei Asa reuniu todos os homens de Judá, e eles retiraram de Ramá as pedras e a madeira que Baasa estivera usando. Com esse material Asa fortificou Geba e Mispá.

⁷ Naquela época, o vidente Hanani foi dizer a Asa, rei de Judá: "Por você ter pedido ajuda ao rei da Síria e não ao Senhor, ao seu Deus, o exército do rei da Síria escapou de suas mãos. ⁸ Por acaso os etíopes*ᵈ* e os líbios não eram um exército poderoso, com uma grande multidão de carros e cavalos*ᵉ*? Contudo, quando você pediu ajuda ao Senhor, ele os entregou em suas mãos. ⁹ Pois os olhos do Senhor estão atentos sobre toda a terra para fortalecer aqueles que lhe dedicam totalmente o coração. Nisso você cometeu uma loucura. De agora em diante terá que enfrentar guerras".

¹⁰ Asa irritou-se contra o vidente por causa disso; ficou tão indignado que mandou prendê-lo. Nessa época Asa oprimiu brutalmente alguns do povo.

ᵃ **15.8** Conforme a Vulgata e a Versão Siríaca. O Texto Massorético não traz *Azarias, filho de*.
ᵇ **15.13** Ou *jovens ou idosos*.
ᶜ **16.4** Também conhecida como *Abel-Bete-Maaca*.
ᵈ **16.8** Hebraico: *cuxitas*.
ᵉ **16.8** Ou *condutores de carro*

¹¹ Os demais acontecimentos do reinado de Asa, do início ao fim, estão escritos nos registros históricos dos reis de Judá e de Israel. ¹² No trigésimo nono ano de seu reinado, Asa foi atacado por uma doença nos pés. Embora a sua doença fosse grave, não buscou ajuda do Senhor, mas só dos médicos. ¹³ Então, no quadragésimo primeiro ano do seu reinado, Asa morreu e descansou com os seus antepassados. ¹⁴ Sepultaram-no no túmulo que ele havia mandado cavar para si na Cidade de Davi. Deitaram-no num leito coberto de especiarias e de vários perfumes de fina mistura e fizeram uma imensa fogueira em sua honra.

O Reinado de Josafá, Rei de Judá

17 Josafá, filho de Asa, foi o seu sucessor e fortaleceu-se contra Israel. ² Posicionou tropas em todas as cidades fortificadas de Judá e pôs guarnições em Judá e nas cidades de Efraim que seu pai, Asa, tinha conquistado.

³ O Senhor esteve com Josafá porque, em seus primeiros anos, ele andou nos caminhos que seu predecessor Davi tinha seguido. Não consultou os baalins, ⁴ mas buscou o Deus de seu pai e obedeceu aos seus mandamentos, e não imitou as práticas de Israel. ⁵ O Senhor firmou o reino de Josafá, e todo o Judá lhe trazia presentes, de maneira que teve grande riqueza e honra. ⁶ Ele seguiu corajosamente os caminhos do Senhor; além disso, retirou de Judá os altares idólatras e os postes sagrados.

⁷ No terceiro ano de seu reinado, ele enviou seus oficiais Bene-Hail, Obadias, Zacarias, Natanael e Micaías para ensinarem nas cidades de Judá. ⁸ Com eles foram os levitas Semaías, Netanias, Zebadias, Asael, Semiramote, Jônatas, Adonias, Tobias, Tobe-Adonias e os sacerdotes Elisama e Jeorão. ⁹ Eles percorreram todas as cidades do reino de Judá, levando consigo o Livro da Lei do Senhor e ensinando o povo.

¹⁰ O temor do Senhor caiu sobre todos os reinos ao redor de Judá, de forma que não entraram em guerra contra Josafá. ¹¹ Alguns filisteus levaram presentes a Josafá, além da prata que lhe deram como tributo, e os árabes levaram-lhe rebanhos: sete mil e setecentos carneiros e sete mil e setecentos bodes.

¹² Josafá tornou-se cada vez mais poderoso; construiu fortalezas e cidades-armazéns em Judá, ¹³ onde guardava enorme quantidade de suprimentos. Também mantinha em Jerusalém homens de combate experientes. ¹⁴ A lista desses homens, por famílias, era a seguinte:

De Judá, líderes de batalhões de 1.000:
o líder Adna, com 300.000 homens de combate; ¹⁵ em seguida, o líder Joanã, com 280.000; ¹⁶ depois, Amasias, filho de Zicri, que se apresentou voluntariamente para o serviço do Senhor, com 200.000.

¹⁷ De Benjamim:
Eliada, um guerreiro valente, com 200.000 homens armados com arcos e escudos; ¹⁸ Jeozabade, com 180.000 homens armados para a batalha.

¹⁹ Esses eram os homens que serviam ao rei, além dos que estavam posicionados nas cidades fortificadas em todo o Judá.

A Profecia contra Acabe

18 Josafá tinha grande riqueza e honra e aliou-se a Acabe por laços de casamento. ² Alguns anos depois, ele foi visitar Acabe em Samaria. Acabe abateu muitas ovelhas e bois, para receber Josafá e sua comitiva, e insistiu que atacasse Ramote-Gileade. ³ Acabe, rei de Israel, perguntou a Josafá, rei de Judá: "Irás comigo lutar contra Ramote-Gileade?"

Josafá respondeu: "Sou como tu, e meu povo é como o teu povo; estaremos contigo na guerra". ⁴ Mas acrescentou: "Peço-te que busques primeiro o conselho do Senhor".

⁵ Então o rei de Israel reuniu quatrocentos profetas e lhes perguntou: "Devemos ir à guerra contra Ramote-Gileade, ou não?"

Eles responderam: "Sim, pois Deus a entregará nas mãos do rei".

⁶ Josafá, porém, perguntou: "Não existe aqui mais nenhum profeta do Senhor, a quem possamos consultar?"

⁷ O rei de Israel respondeu a Josafá: "Ainda há um homem por meio de quem podemos consultar o Senhor, porém eu o odeio, porque nunca profetiza coisas boas a meu respeito, mas sempre coisas ruins. É Micaías, filho de Inlá".

"O rei não deveria dizer isso", Josafá respondeu. ⁸ Então o rei de Israel chamou um dos seus oficiais e disse: "Traga imediatamente Micaías, filho de Inlá".

⁹ Usando vestes reais, o rei de Israel e Josafá, rei de Judá, estavam sentados em seus tronos, na eira, junto à porta de Samaria, e todos os profetas estavam profetizando em transe

diante deles. ¹⁰ E Zedequias, filho de Quenaaná, tinha feito chifres de ferro e declarou: "Assim diz o Senhor: 'Com estes chifres tu ferirás os arameus até que sejam destruídos' ".

¹¹ Todos os outros profetas estavam profetizando a mesma coisa, dizendo: "Ataca Ramote-Gileade, e serás vitorioso, pois o Senhor a entregará nas mãos do rei".

¹² O mensageiro que tinha ido chamar Micaías lhe disse: "Vê, todos os outros profetas estão predizendo que o rei terá sucesso. Tua palavra também deve ser favorável".

¹³ Micaías, porém, disse: "Juro pelo nome do Senhor que direi o que o meu Deus mandar".

¹⁴ Quando ele chegou, o rei lhe perguntou: "Micaías, devemos ir à guerra contra Ramote-Gileade, ou não?"

Ele respondeu: "Ataquem, e serão vitoriosos, pois eles serão entregues em suas mãos".

¹⁵ O rei lhe disse: "Quantas vezes devo fazer-te jurar que me irás dizer somente a verdade em nome do Senhor?"

¹⁶ Então Micaías respondeu: "Vi todo o Israel espalhado pelas colinas, como ovelhas sem pastor, e ouvi o Senhor dizer: 'Estes não têm dono. Cada um volte para casa em paz' ".

¹⁷ O rei de Israel disse a Josafá: "Não disse a você que ele nunca profetiza nada de bom a meu respeito, mas apenas coisas ruins?"

¹⁸ Micaías prosseguiu: "Ouçam a palavra do Senhor: Vi o Senhor assentado em seu trono, com todo o exército dos céus à sua direita e à sua esquerda. ¹⁹ E o Senhor disse: 'Quem enganará Acabe, rei de Israel, para que ataque Ramote-Gileade e morra lá?'

"E um sugeria uma coisa, outro sugeria outra, até que, ²⁰ finalmente, um espírito colocou-se diante do Senhor e disse: 'Eu o enganarei'.

" 'De que maneira?', perguntou o Senhor.

²¹ "Ele respondeu: 'Irei e serei um espírito mentiroso na boca de todos os profetas do rei'.

"Disse o Senhor: 'Você conseguirá enganá-lo; vá e engane-o'.

²² "E o Senhor pôs um espírito mentiroso na boca destes seus profetas. O Senhor decretou a sua desgraça".

²³ Então Zedequias, filho de Quenaaná, aproximou-se, deu um tapa no rosto de Micaías e perguntou: "Por qual caminho foi o espírito da parte do*ᵃ* Senhor, quando saiu de mim para falar a você?"

²⁴ Micaías respondeu: "Você descobrirá no dia em que estiver se escondendo de quarto em quarto".

²⁵ O rei de Israel então ordenou: "Enviem Micaías de volta a Amom, o governador da cidade, e a Joás, filho do rei, ²⁶ e digam que assim diz o rei: Ponham este homem na prisão a pão e água, até que eu volte em segurança".

²⁷ Micaías declarou: "Se você de fato voltar em segurança, o Senhor não falou por meu intermédio". E acrescentou: "Ouçam o que estou dizendo, todos vocês!"

A Morte de Acabe

²⁸ Então o rei de Israel e Josafá, rei de Judá, foram atacar Ramote-Gileade. ²⁹ E o rei de Israel disse a Josafá: "Entrarei disfarçado em combate, mas tu, usa as tuas vestes reais". O rei de Israel disfarçou-se, e ambos foram para o combate.

³⁰ O rei da Síria havia ordenado a seus chefes dos carros de guerra: "Não lutem contra ninguém, seja soldado seja oficial, senão contra o rei de Israel". ³¹ Quando os chefes dos carros viram Josafá, pensaram: "É o rei de Israel", e o cercaram para atacá-lo, mas Josafá clamou, e o Senhor o ajudou. Deus os afastou dele, ³² pois, quando os comandantes dos carros viram que não era o rei de Israel, deixaram de persegui-lo.

³³ De repente, um soldado disparou seu arco ao acaso e atingiu o rei de Israel entre os encaixes da sua armadura. Então o rei disse ao condutor do seu carro: "Tire-me do combate. Fui ferido!" ³⁴ A batalha foi violenta durante todo o dia, e assim, o rei de Israel teve que enfrentar os arameus em pé no seu carro, até a tarde. E, ao pôr do sol, ele morreu.

19 Quando Josafá, rei de Judá, voltou em segurança ao seu palácio em Jerusalém, ² o vidente Jeú, filho de Hanani, saiu ao seu encontro e lhe disse: "Será que você devia ajudar os ímpios e amar aqueles que odeiam o Senhor? Por causa disso, a ira do Senhor está sobre você. ³ Contudo, existe em você algo de bom, pois você livrou a terra dos postes sagrados e buscou a Deus de todo o seu coração".

A Nomeação de Juízes

⁴ Josafá morava em Jerusalém; e percorreu de novo a nação, desde Berseba até os montes de Efraim, fazendo-o voltar para o Senhor, o Deus dos seus antepassados. ⁵ Ele nomeou

---

ᵃ 18.23 Ou *Espírito do*

juízes em cada uma das cidades fortificadas de Judá, ⁶ dizendo-lhes: "Considerem atentamente aquilo que fazem, pois vocês não estão julgando para o homem, mas para o Senhor, que estará com vocês sempre que derem um veredicto. ⁷ Agora, que o temor do Senhor esteja sobre vocês. Julguem com cuidado, pois o Senhor, o nosso Deus, não tolera nem injustiça nem parcialidade nem suborno".

⁸ Também em Jerusalém nomeou Josafá alguns dos levitas, dos sacerdotes e dos chefes de famílias israelitas para julgarem questões da lei do Senhor e resolverem pendências dos habitantes. ⁹ Deu-lhes as seguintes ordens: "Vocês devem servir com fidelidade e com coração íntegro, no temor do Senhor. ¹⁰ Em cada causa que chegar a vocês da parte dos seus irmãos israelitas das outras cidades, seja de derramamento de sangue, sejam questões referentes à lei, aos mandamentos, aos decretos ou às ordenanças, vocês deverão adverti-los de que não pequem contra o Senhor; caso contrário, a ira dele virá sobre vocês e sobre eles. Façam assim, e vocês não pecarão.

¹¹ "Amarias, o sumo sacerdote, estará com vocês para decidir qualquer questão relacionada com o Senhor; Zebadias, filho de Ismael, líder da tribo de Judá, estará com vocês para decidir qualquer questão civil; e os levitas atuarão como oficiais diante de vocês. Cumpram seus deveres com coragem, e esteja o Senhor com aqueles que agirem corretamente".

Josafá Derrota Moabe e Amom

20 Depois disso, os moabitas e os amonitas, com alguns dos meunitas[a], entraram em guerra contra Josafá.

² Então informaram a Josafá: "Um exército enorme vem contra ti de Edom, do outro lado do mar Morto[b]. Já está em Hazazom-Tamar, isto é, En-Gedi". ³ Alarmado, Josafá decidiu consultar o Senhor e proclamou um jejum em todo o reino de Judá. ⁴ Reuniu-se, pois, o povo vindo de todas as cidades de Judá para buscar a ajuda do Senhor.

⁵ Josafá levantou-se na assembleia de Judá e de Jerusalém, no templo do Senhor, na frente do pátio novo, ⁶ e orou:

"Senhor, Deus dos nossos antepassados, não és tu o Deus que está nos céus? Tu dominas sobre todos os reinos do mundo. Força e poder estão em tuas mãos, e ninguém pode opor-se a ti. ⁷ Não és tu o nosso Deus, que expulsaste os habitantes desta terra perante Israel, o teu povo, e a deste para sempre aos descendentes do teu amigo Abraão? ⁸ Eles a têm habitado e nela construíram um santuário em honra ao teu nome, dizendo: ⁹ 'Se alguma desgraça nos atingir, seja o castigo da espada, seja a peste, seja a fome, nós nos colocaremos em tua presença diante deste templo, pois ele leva o teu nome, e clamaremos a ti em nossa angústia, e tu nos ouvirás e nos salvarás'.

¹⁰ "Mas agora, aí estão amonitas, moabitas e habitantes dos montes de Seir, cujos territórios não permitiste que Israel invadisse quando vinha do Egito; por isso os israelitas se desviaram deles e não os destruíram. ¹¹ Vê agora como estão nos retribuindo, ao virem expulsar-nos da terra que nos deste por herança. ¹² Ó nosso Deus, não irás tu julgá-los? Pois não temos força para enfrentar esse exército imenso que vem nos atacar. Não sabemos o que fazer, mas os nossos olhos se voltam para ti".

¹³ Todos os homens de Judá, com suas mulheres e seus filhos, até os de colo, estavam ali em pé, diante do Senhor.

¹⁴ Então o Espírito do Senhor veio sobre Jaaziel, filho de Zacarias, neto de Benaia, bisneto de Jeiel e trineto de Matanias, levita e descendente de Asafe, no meio da assembleia.

¹⁵ Ele disse: "Escutem, todos os que vivem em Judá e em Jerusalém e o rei Josafá! Assim diz o Senhor a vocês; 'Não tenham medo nem fiquem desanimados por causa desse exército enorme. Pois a batalha não é de vocês, mas de Deus. ¹⁶ Amanhã, desçam contra eles. Eis que virão pela subida de Ziz, e vocês os encontrarão no fim do vale, em frente do deserto de Jeruel. ¹⁷ Vocês não precisarão lutar nessa batalha. Tomem suas posições, permaneçam firmes e vejam o livramento que o Senhor dará, ó Judá, ó Jerusalém. Não tenham medo nem desanimem. Saiam para enfrentá-los amanhã, e o Senhor estará com vocês' ".

¹⁸ Josafá prostrou-se com o rosto em terra, e todo o povo de Judá e de Jerusalém prostrou-se em adoração perante o Senhor. ¹⁹ Então os

---

[a] 20.1 Conforme alguns manuscritos da Septuaginta. O Texto Massorético diz *amonitas*.

[b] 20.2 Conforme um manuscrito do Texto Massorético. A maioria dos manuscritos do Texto Massorético, a Septuaginta e a Vulgata dizem *da Síria*.

levitas descendentes dos coatitas e dos coreítas levantaram-se e louvaram o SENHOR, o Deus de Israel, em alta voz.

²⁰ De madrugada partiram para o deserto de Tecoa. Quando estavam saindo, Josafá lhes disse: "Escutem-me, Judá e povo de Jerusalém! Tenham fé no SENHOR, o seu Deus, e vocês serão sustentados; tenham fé nos profetas do SENHOR, e terão a vitória". ²¹ Depois de consultar o povo, Josafá nomeou alguns homens para cantarem ao SENHOR e o louvarem pelo esplendor de sua santidade, indo à frente do exército, cantando:

"Deem graças ao SENHOR,
pois o seu amor dura para sempre".

²² Quando começaram a cantar e a entoar louvores, o SENHOR preparou emboscadas contra os homens de Amom, de Moabe e dos montes de Seir, que estavam invadindo Judá, e eles foram derrotados. ²³ Os amonitas e os moabitas atacaram os dos montes de Seir para destruí-los e aniquilá-los. Depois de massacrarem os homens de Seir, destruíram-se uns aos outros.

²⁴ Quando os homens de Judá foram para o lugar de onde se avista o deserto e olharam para o imenso exército, viram somente cadáveres no chão; ninguém havia escapado. ²⁵ Então Josafá e os seus soldados foram saquear os cadáveres e encontraram entre eles grande quantidade de equipamentos e de roupas[a] e também objetos de valor; passaram três dias saqueando, mas havia mais do que eram capazes de levar. ²⁶ No quarto dia eles se reuniram no vale de Beraca, onde louvaram o SENHOR. Por isso até hoje esse lugar é chamado vale de Beraca[b].

²⁷ Depois, sob a liderança de Josafá, todos os homens de Judá e de Jerusalém voltaram alegres para Jerusalém, pois o SENHOR os enchera de alegria, dando-lhes vitória sobre os seus inimigos. ²⁸ Entraram em Jerusalém e foram ao templo do SENHOR, ao som de liras, harpas e cornetas.

²⁹ O temor de Deus veio sobre todas as nações, quando souberam como o SENHOR havia lutado contra os inimigos de Israel. ³⁰ E o reino de Josafá manteve-se em paz, pois o seu Deus lhe concedeu paz em todas as suas fronteiras.

O Final do Reinado de Josafá

³¹ Assim Josafá reinou sobre Judá. Ele tinha trinta e cinco anos de idade quando se tornou rei e reinou vinte e cinco anos em Jerusalém. O nome da sua mãe era Azuba, filha de Sili. ³² Ele andou nos caminhos de Asa, seu pai, e não se desviou deles; fez o que o SENHOR aprovava. ³³ Contudo, não acabou com os altares idólatras, e o povo ainda não havia firmado o coração no Deus dos seus antepassados.

³⁴ Os demais acontecimentos do reinado de Josafá, do início ao fim, estão escritos nos relatos de Jeú, filho de Hanani, e foram incluídos nos registros históricos dos reis de Israel. ³⁵ Posteriormente, Josafá, rei de Judá, fez um tratado com Acazias, rei de Israel, que tinha vida ímpia. ³⁶ Era um tratado para a construção de navios mercantes[c]. Depois de serem construídos os navios em Eziom-Geber, ³⁷ Eliézer, filho de Dodava de Maressa, profetizou contra Josafá, dizendo: "Por haver feito um tratado com Acazias, o SENHOR destruirá o que você fez". Assim, os navios naufragaram e não se pôde cumprir o tratado comercial.

21 Josafá descansou com os seus antepassados e foi sepultado junto deles na Cidade de Davi, e seu filho Jeorão foi o seu sucessor. ² Os irmãos de Jeorão, filhos de Josafá, foram Azarias, Jeiel, Zacarias, Azarias, Micael e Sefatias. Todos eles foram filhos de Josafá, rei de Israel[d]. ³ Ele lhes deu muitos presentes de prata, de ouro e objetos de valor, bem como cidades fortificadas em Judá, mas o reino, deu a Jeorão, porque este era seu filho mais velho.

O Reinado de Jeorão, Rei de Judá

⁴ Logo Jeorão se fortaleceu no reino de seu pai e matou à espada todos os seus irmãos e alguns líderes de Israel. ⁵ Ele tinha trinta e dois anos de idade quando começou a reinar e reinou oito anos em Jerusalém. ⁶ Andou nos caminhos dos reis de Israel, como a família de Acabe havia feito, pois se casou com uma filha de Acabe. E fez o que o SENHOR reprova. ⁷ Entretanto, por causa da aliança que havia feito com Davi, o SENHOR não quis destruir a

---

[a] **20.25** Conforme alguns manuscritos do Texto Massorético e a Vulgata. A maioria dos manuscritos do Texto Massorético diz *cadáveres*.

[b] **20.26** *Beraca* significa *louvor* ou *bênção*.

[c] **20.36** Hebraico: *de navios que pudessem ir a Társis*. Veja 9.21.

[d] **21.2** Isto é, Judá, como acontece frequentemente em 2 Crônicas.

dinastia dele. Ele havia prometido manter para sempre um descendente de Davi no trono[a].

⁸ Nos dias de Jeorão, os edomitas rebelaram-se contra o domínio de Judá, proclamando seu próprio rei. ⁹ Por isso Jeorão foi combatê-los com seus líderes e com todos os seus carros de guerra. Os edomitas cercaram Jeorão e os chefes dos seus carros de guerra, mas ele os atacou de noite e rompeu o cerco inimigo. ¹⁰ E até hoje Edom continua independente de Judá.

Nessa mesma época, a cidade de Libna também tornou-se independente, pois Jeorão havia abandonado o Senhor, o Deus dos seus antepassados. ¹¹ Ele até construiu altares idólatras nas colinas de Judá, levando o povo de Jerusalém a prostituir-se e Judá a desviar-se.

¹² Então Jeorão recebeu uma carta do profeta Elias, que dizia:

"Assim diz o Senhor, o Deus de Davi, seu antepassado: 'Você não tem andado nos caminhos de seu pai Josafá nem de Asa, rei de Judá, ¹³ mas sim nos caminhos dos reis de Israel, levando Judá e o povo de Jerusalém a se prostituírem na idolatria como a família de Acabe. E ainda assassinou seus próprios irmãos, membros da família de seu pai, homens que eram melhores do que você. ¹⁴ Por isso o Senhor vai ferir terrivelmente seu povo, seus filhos, suas mulheres e tudo o que é seu. ¹⁵ Você ficará muito doente; terá uma enfermidade no ventre, que irá piorar até que saiam os seus intestinos' ".

¹⁶ O Senhor despertou contra Jeorão a hostilidade dos filisteus e dos árabes que viviam perto dos etíopes[b]. ¹⁷ Eles atacaram o reino de Judá, invadiram-no e levaram todos os bens que encontraram no palácio do rei, e também suas mulheres e seus filhos. Só ficou Acazias[c], o filho mais novo.

¹⁸ Depois de tudo isso, o Senhor afligiu Jeorão com uma doença incurável nos intestinos. ¹⁹ Algum tempo depois, ao fim do segundo ano, tanto se agravou a doença que os seus intestinos saíram, e ele morreu sofrendo dores horríveis. Seu povo não fez nenhuma fogueira em sua homenagem, como havia feito para os seus antepassados.

²⁰ Jeorão tinha trinta e dois anos de idade quando começou a reinar e reinou oito anos em Jerusalém. Morreu sem que ninguém o lamentasse e foi sepultado na Cidade de Davi, mas não nos túmulos dos reis.

O Reinado de Acazias, Rei de Judá

22 O povo de Jerusalém proclamou Acazias, filho mais novo de Jeorão, rei em seu lugar, uma vez que as tropas que tinham vindo com os árabes mataram todos os outros filhos dele. Assim começou a reinar Acazias, filho de Jeorão, rei de Judá.

² Acazias tinha vinte e dois[d] anos de idade quando começou a reinar e reinou um ano em Jerusalém. O nome de sua mãe era Atalia, neta de Onri.

³ Ele também andou nos caminhos da família de Acabe, pois sua mãe lhe dava maus conselhos. ⁴ Ele fez o que o Senhor reprova, como os membros da família de Acabe haviam feito, pois, depois da morte de seu pai, eles se tornaram seus conselheiros, para sua ruína. ⁵ Ele também seguiu o conselho deles quando se aliou a Jorão, filho de Acabe, rei de Israel, e saiu à guerra contra Hazael, rei da Síria, em Ramote-Gileade. Jorão foi ferido ⁶ e voltou a Jezreel para recuperar-se dos ferimentos sofridos em Ramote[e], na batalha contra Hazael, rei da Síria.

Depois Acazias, rei de Judá, foi a Jezreel visitar Jorão, que se recuperava de seus ferimentos.

⁷ Por meio dessa visita, Deus provocou a queda de Acazias. Quando ele chegou, saiu com Jorão ao encontro de Jeú, filho de Ninsi, a quem o Senhor havia ungido para destruir a família de Acabe. ⁸ Quando Jeú estava executando juízo sobre a família de Acabe, encontrou os líderes de Judá e os filhos dos parentes de Acazias, que o serviam, e os matou. ⁹ Saiu então em busca de Acazias, e seus soldados o capturaram em Samaria, onde estava escondido. Levado a Jeú, Acazias foi morto. Mas não lhe negaram sepultura, pois disseram: "Ele era neto de Josafá, que buscou o Senhor de todo o coração". Assim, a família de Acazias não tinha mais ninguém que pudesse ser rei.

---

[a] 21.7 Hebraico: *uma lâmpada para ele e seus descendentes.*
[b] 21.16 Hebraico: *cuxitas.*
[c] 21.17 Hebraico: *Jeoacaz,* variante de *Acazias.*
[d] 22.2 Conforme alguns manuscritos da Septuaginta e a Versão Siríaca. O Texto Massorético diz *42.* Veja 2Rs 8.26.
[e] 22.6 Hebraico: *Ramá,* variante de *Ramote.*

Joás Escapa de Atalia

¹⁰ Quando Atalia, mãe de Acazias, soube que seu filho estava morto, mandou matar toda a família real de Judá. ¹¹ Mas Jeoseba[a], filha do rei Jeorão, pegou Joás, um dos filhos do rei Acazias que iam ser assassinados, e o colocou num quarto, junto com a sua ama. Assim Jeoseba, filha do rei Jeorão, mulher do sacerdote Joiada e irmã de Acazias, escondeu Joás de Atalia, de forma que ela não pôde matá-lo. ¹² Seis anos ele ficou escondido com elas no templo de Deus, enquanto Atalia governava o país.

23 No sétimo ano Joiada encorajou-se e fez um acordo com os líderes dos batalhões de cem[b]: Azarias, filho de Jeroão; Ismael, filho de Joanã; Azarias, filho de Obede; Maaseias, filho de Adaías; e Elisafate, filho de Zicri. ² Eles percorreram todo o Judá e reuniram de todas as cidades os levitas e os chefes das famílias israelitas. Quando chegaram a Jerusalém, ³ toda a assembleia fez um acordo com o rei no templo de Deus.

Joiada lhes disse: "Reinará o filho do rei, conforme o Senhor prometeu acerca dos descendentes de Davi. ⁴ Vocês vão fazer o seguinte: Um terço de vocês, sacerdotes e levitas que entrarão de serviço no sábado, deverá ficar vigiando nas portas do templo, ⁵ um terço no palácio real e um terço na porta do Alicerce; e todo o povo estará nos pátios do templo do Senhor. ⁶ Ninguém deverá entrar no templo do Senhor, exceto os sacerdotes e os levitas de serviço; estes podem entrar porque foram consagrados, mas o povo deverá observar o que o Senhor lhes determinou. ⁷ Os levitas deverão posicionar-se em torno do rei, todos de armas na mão. Matem todo aquele que entrar no templo. Acompanhem o rei aonde quer que ele for".

⁸ Os levitas e todos os homens de Judá fizeram como o sacerdote Joiada havia ordenado. Cada um levou seus soldados, tanto os que estavam entrando de serviço no sábado como os que estavam saindo, pois o sacerdote Joiada não havia dispensado nenhuma das divisões. ⁹ Então ele deu aos líderes dos batalhões de cem as lanças e os escudos grandes e pequenos que haviam pertencido ao rei Davi e que estavam no templo de Deus. ¹⁰ Posicionou todos os homens, cada um de arma na mão, em volta do rei, perto do altar e no templo, desde o lado sul até o lado norte do templo.

¹¹ Joiada e seus filhos trouxeram o filho do rei e o coroaram; entregaram-lhe uma cópia da aliança e o proclamaram rei, ungindo-o e gritando: "Viva o rei!"

¹² Quando Atalia ouviu o barulho do povo correndo e aclamando o rei, foi ao templo do Senhor, onde estava o povo. ¹³ Lá ela viu o rei à entrada, em pé, junto à coluna. Os oficiais e os tocadores de cornetas estavam ao lado do rei, e todo o povo se alegrava ao som das cornetas; os músicos, com seus instrumentos musicais, dirigiam os louvores. Então Atalia rasgou suas vestes e gritou: "Traição! Traição!"

¹⁴ O sacerdote Joiada ordenou aos líderes dos batalhões de cem que estavam no comando das tropas: "Levem-na para fora por entre as fileiras[c] e matem à espada todo aquele que a seguir". Pois o sacerdote dissera: "Não a matem no templo do Senhor". ¹⁵ Então eles a prenderam e a levaram à porta dos Cavalos, no terreno do palácio, e lá a mataram.

¹⁶ E Joiada fez um acordo pelo qual ele, o povo e o rei[d] seriam o povo do Senhor. ¹⁷ Então todo o povo foi ao templo de Baal e o derrubou. Despedaçaram os altares e os ídolos e mataram Matã, sacerdote de Baal, em frente aos altares.

¹⁸ Joiada confiou a supervisão do templo do Senhor aos sacerdotes levitas, aos quais Davi tinha atribuído tarefas no templo, para apresentarem os holocaustos ao Senhor, conforme está escrito na Lei de Moisés, com júbilo e cânticos, segundo as instruções de Davi. ¹⁹ Também pôs guardas nas portas do templo do Senhor para que não entrasse ninguém que de alguma forma estivesse impuro.

²⁰ Levou consigo os líderes dos batalhões de cem, os nobres, os governantes do povo e todo o povo e, juntos, conduziram o rei do templo do Senhor ao palácio, passando pela porta superior, e instalaram o rei no trono; ²¹ e todo o povo se alegrou. A cidade acalmou-se depois que Atalia foi morta à espada.

As Reformas de Joás no Templo

24 Joás tinha sete anos de idade quando se tornou rei e reinou quarenta anos em Jerusalém. O nome de sua mãe era Zíbia; ela era de Berseba. ² Joás fez o que o Senhor

---

[a] 22.11 Hebraico: *Jeosabeate*; variante de *Jeoseba*. Veja 2Rs 11.2
[b] 23.1 Hebraico: *chefes de cem*.
[c] 23.14 Ou *fora do recinto*
[d] 23.16 Ou *uma aliança entre* [o Senhor] *e o povo e o rei de que eles* (veja 2Rs 11.17)

aprova enquanto viveu o sacerdote Joiada. ³ Este escolheu para Joás duas mulheres, e ele teve filhos e filhas.

⁴ Algum tempo depois, Joás decidiu fazer reparos no templo do Senhor. ⁵ Ele reuniu os sacerdotes e os levitas e lhes disse: "Vão às cidades de Judá e recolham o imposto devido anualmente por todo o Israel, para fazer reparos no templo de seu Deus. Vão agora mesmo!" Os levitas, porém, não agiram imediatamente.

⁶ Por isso o rei convocou Joiada, o sumo sacerdote, e lhe perguntou: "Por que você não exigiu que os levitas trouxessem de Judá e de Jerusalém o imposto determinado por Moisés, servo do Senhor, e pela assembleia de Israel, para a tenda da arca da aliança[a]?"

⁷ De fato, Atalia, aquela mulher ímpia, e os seus filhos tinham arrombado o templo de Deus e tinham até usado os seus objetos sagrados para cultuar os baalins.

⁸ Então, por ordem do rei, fizeram uma caixa e a colocaram do lado de fora, à entrada do templo do Senhor. ⁹ Fez-se a seguir uma proclamação em Judá e em Jerusalém para que trouxessem ao Senhor o imposto que Moisés, servo de Deus, havia exigido de Israel no deserto. ¹⁰ Todos os líderes e todo o povo trouxeram com alegria as suas contribuições, colocando-as na caixa até enchê-la. ¹¹ Sempre que os levitas levavam a caixa até os supervisores do rei e estes viam que havia muita prata, o secretário real e o oficial do sumo sacerdote esvaziavam-na e a levavam de volta. Fazendo isso regularmente, ajuntaram uma grande quantidade de prata. ¹² O rei e Joiada entregavam essa prata aos homens que executavam os trabalhos necessários no templo do Senhor. Eles contratavam pedreiros, carpinteiros e também operários que trabalhavam em ferro e em bronze para restaurarem o templo do Senhor.

¹³ Os homens encarregados do trabalho eram diligentes, o que garantiu o progresso da obra de reforma. Eles reconstruíram o templo de Deus de acordo com o modelo original e o reforçaram. ¹⁴ Quando terminaram, trouxeram o restante da prata ao rei e a Joiada, e com ela foram feitos utensílios para o templo do Senhor; utensílios para o serviço e para os holocaustos, além de tigelas e outros objetos de ouro e de prata. Enquanto Joiada viveu, holocaustos foram apresentados continuamente no templo do Senhor.

¹⁵ Joiada morreu com idade avançada, com cento e trinta anos. ¹⁶ Foi sepultado com os reis na Cidade de Davi, em atenção ao bem que havia feito em Israel em favor de Deus e do seu templo.

A Impiedade de Joás

¹⁷ Depois da morte de Joiada, os líderes de Judá foram falar com o rei e lhe prestaram reverência, e ele aceitou o que disseram. ¹⁸ Então abandonaram o templo do Senhor, o Deus dos seus antepassados, e prestaram culto aos postes sagrados e aos ídolos. Por culpa deles, a ira de Deus veio sobre Judá e Jerusalém. ¹⁹ Embora o Senhor tivesse enviado profetas ao povo para trazê-lo de volta para ele, e os profetas tivessem testemunhado contra ele, o povo não quis ouvi-los.

²⁰ Então o Espírito de Deus apoderou-se de Zacarias, filho do sacerdote Joiada. Ele se colocou diante do povo e disse: "Isto é o que Deus diz: 'Por que vocês desobedecem aos mandamentos do Senhor? Vocês não prosperarão. Já que abandonaram o Senhor, ele os abandonará' ".

²¹ Mas alguns conspiraram contra ele e, por ordem do rei, apedrejaram-no até a morte no pátio do templo do Senhor. ²² O rei Joás não levou em conta que Joiada, pai de Zacarias, tinha sido bondoso com ele, e matou o seu filho. Este, ao morrer, exclamou: "Veja isto o Senhor e faça justiça!"

²³ Na virada do ano[b], o exército arameu marchou contra Joás; invadiu Judá e Jerusalém, matou todos os líderes do povo e enviou para Damasco, ao seu rei, tudo o que saqueou. ²⁴ Embora o exército arameu fosse pequeno, o Senhor entregou nas mãos dele um exército muito maior, por Judá ter abandonado o Senhor, o Deus dos seus antepassados. Assim o juízo foi executado sobre Joás. ²⁵ Quando os arameus foram embora, deixaram Joás seriamente ferido. Seus oficiais conspiraram contra ele, porque ele tinha assassinado o filho do sacerdote Joiada, e o mataram em sua cama. Assim ele morreu e foi sepultado na Cidade de Davi, mas não nos túmulos dos reis.

²⁶ Os que conspiraram contra ele foram Zabade, filho da amonita Simeate, e Jeozabade, filho da moabita Sinrite. ²⁷ Quanto a seus filhos, às muitas profecias a seu respeito e ao relato da restauração do templo de Deus, tudo está escrito nas anotações dos livros dos reis. E seu filho Amazias foi o seu sucessor.

---

[a] 24.6 Hebraico: *Tenda do Testemunho*.
[b] 24.23 Provavelmente na primavera.

O Reinado de Amazias, Rei de Judá

25 Amazias tinha vinte e cinco anos de idade quando começou a reinar e reinou vinte e nove anos em Jerusalém. O nome de sua mãe era Jeoadã; ela era de Jerusalém. ² Ele fez o que o Senhor aprova, mas não de todo o coração. ³ Quando sentiu que tinha o reino sob pleno controle, mandou executar os oficiais que haviam assassinado o rei, seu pai. ⁴ Contudo, não matou os filhos dos assassinos, de acordo com o que está escrito na Lei, no Livro de Moisés, onde o Senhor ordenou: "Os pais não morrerão no lugar dos filhos, nem os filhos no lugar dos pais; cada um morrerá pelo seu próprio pecado"ᵃ.

⁵ Amazias reuniu os homens de Judá e, de acordo com as suas respectivas famílias, nomeou chefes de mil e de cem em todo o Judá e Benjamim. Então convocou todos os homens com mais de vinte anos e constatou que havia trezentos mil homens prontos para o serviço militar, capazes de empunhar a lança e o escudo. ⁶ Também contratou em Israel cem mil homens de combate pelo valor de três toneladas e meiaᵇ de prata.

⁷ Entretanto, um homem de Deus foi até ele e lhe disse: "Ó rei, essas tropas de Israel não devem marchar com você, pois o Senhor não está com Israel; não está com ninguém do povo de Efraim. ⁸ Mesmo que vá e combata corajosamente, Deus o derrotará diante do inimigo, pois tem poder para dar a vitória e a derrota".

⁹ Amazias perguntou ao homem de Deus: "Mas, e as três toneladas e meia de prata que paguei a estas tropas israelitas?"

Ele respondeu: "O Senhor pode dar-lhe muito mais que isso".

¹⁰ Então Amazias mandou de volta os soldados de Efraim. Eles ficaram furiosos com Judá e foram embora indignados.

¹¹ Amazias encheu-se de coragem e conduziu o seu exército até o vale do Sal, onde matou dez mil homens de Seir. ¹² Também capturou outros dez mil, que levou para o alto de um penhasco e atirou de lá, e todos eles se espatifaram.

¹³ Enquanto isso, as tropas que Amazias havia mandado de volta, não lhes permitindo participar da guerra, atacaram cidades de Judá, desde Samaria até Bete-Horom. Mataram três mil pessoas e levaram grande quantidade de despojos.

¹⁴ Amazias voltou da matança dos edomitas trazendo os deuses do povo de Seir, os quais estabeleceu como seus próprios deuses, inclinou-se diante deles e lhes queimou incenso. ¹⁵ Então a ira do Senhor acendeu-se contra Amazias, e ele lhe enviou um profeta, que disse ao rei: "Por que você consulta os deuses desse povo, deuses que nem o seu povo puderam salvar?"

¹⁶ Enquanto ele ainda falava, o rei o interrompeu: "Por acaso nós o nomeamos conselheiro do rei? Pare! Por que você quer ser morto?"

O profeta parou, mas disse: "Sei que Deus decidiu destruí-lo, porque você fez tudo isso e não deu atenção ao meu conselho".

¹⁷ Depois de consultar os seus conselheiros, Amazias, rei de Judá, enviou mensageiros a Jeoás, filho de Jeoacaz e neto de Jeú, rei de Israel, com este desafio: "Vem me enfrentar".

¹⁸ Contudo, Jeoás, respondeu a Amazias: "O espinheiro do Líbano enviou uma mensagem ao cedro do Líbano: 'Dê sua filha em casamento a meu filho'. Mas um animal selvagem do Líbano veio e pisoteou o espinheiro. ¹⁹ Tu dizes a ti mesmo que derrotaste Edom e agora estás arrogante e orgulhoso. Mas fica em casa! Por que provocar uma desgraça que te levará, e Judá contigo, à ruína?"

²⁰ Amazias, porém, não quis ouvi-lo, pois Deus mesmo queria entregar Amazias e seu povo a Jeoás, pois pediram conselhos aos deuses de Edom. ²¹ Então Jeoás, rei de Israel, o atacou. Ele e Amazias, rei de Judá, enfrentaram-se em Bete-Semes, em Judá. ²² Judá foi derrotado por Israel, e seus soldados fugiram para as suas casas. ²³ Jeoás capturou Amazias, filho de Joás e neto de Acaziasᶜ, em Bete-Semes. Então Jeoás levou-o para Jerusalém e derrubou cento e oitenta metrosᵈ do muro da cidade, desde a porta de Efraim até a porta da Esquina. ²⁴ Ele se apoderou de todo o ouro, de toda a prata e de todos os utensílios encontrados no templo de Deus, que haviam estado sob guarda de Obede-Edom, e ainda dos tesouros do palácio real. Também fez reféns e, então, voltou para Samaria.

²⁵ Amazias, filho de Joás, rei de Judá, viveu ainda mais quinze anos depois da morte de Jeoás, filho de Jeoacaz, rei de Israel. ²⁶ Os demais

---

ᵃ **25.4** Dt 24.16.
ᵇ **25.6** Hebraico: *100 talentos*; também no versículo 9. Um talento equivalia a 35 quilos.
ᶜ **25.23** Hebraico: *Jeoacaz*, variante de *Acazias*.
ᵈ **25.23** Hebraico: *400 côvados*. O côvado era uma medida linear de cerca de 45 centímetros.

acontecimentos do reinado de Amazias, do início ao fim, estão escritos nos registros históricos dos reis de Judá e de Israel. ²⁷ A partir do momento em que Amazias deixou de seguir o Senhor, conspiraram contra ele em Jerusalém, e ele fugiu para Laquis, mas o perseguiram até lá e o mataram. ²⁸ Seu corpo foi trazido de volta a cavalo e sepultado junto aos seus antepassados na Cidade de Judá.

O Reinado de Uzias, Rei de Judá

26 Então todo o povo de Judá proclamou Uzias rei, aos dezesseis anos de idade, no lugar de seu pai, Amazias. ² Foi ele que reconquistou e reconstruiu a cidade de Elate para Judá, depois que Amazias descansou com os seus antepassados.

³ Uzias tinha dezesseis anos de idade quando se tornou rei e reinou cinquenta e dois anos em Jerusalém. Sua mãe era de Jerusalém e chamava-se Jecolias. ⁴ Ele fez o que o Senhor aprova, tal como o seu pai Amazias; ⁵ e buscou a Deus durante a vida de Zacarias, que o instruiu no temor^a de Deus. Enquanto buscou ao Senhor, Deus o fez prosperar.

⁶ Ele saiu à guerra contra os filisteus e derrubou os muros de Gate, de Jabne e de Asdode. Depois reconstruiu cidades próximo a Asdode e em outros lugares do território filisteu. ⁷ Deus o ajudou contra os filisteus, contra os árabes que viviam em Gur-Baal e contra os meunitas. ⁸ Os amonitas pagavam tributo a Uzias, e sua fama estendeu-se até a fronteira do Egito, pois havia se tornado muito poderoso.

⁹ Uzias construiu torres fortificadas em Jerusalém, junto à porta da Esquina, à porta do Vale e no canto do muro. ¹⁰ Também construiu torres no deserto e cavou muitas cisternas, pois ele possuía muitos rebanhos na Sefelá e na planície. Ele mantinha trabalhadores em seus campos e em suas vinhas, nas colinas e nas terras férteis, pois gostava da agricultura.

¹¹ Uzias possuía um exército bem preparado, organizado em divisões de acordo com o número dos soldados convocados pelo secretário Jeiel e pelo oficial Maaseias, sob o comando de Hananias, um dos oficiais do rei. ¹² O total de chefes de família no comando dos homens de combate era de dois mil e seiscentos. ¹³ Sob o comando deles havia um exército de trezentos e sete mil e quinhentos homens treinados para a guerra, uma força poderosíssima que apoiava o rei contra os seus inimigos. ¹⁴ Uzias providenciou escudos, lanças, capacetes, couraças, arcos e atiradeiras de pedras para todo o exército. ¹⁵ Em Jerusalém construiu máquinas projetadas por peritos para serem usadas nas torres e nas defesas das esquinas, máquinas que atiravam flechas e grandes pedras. Ele foi extraordinariamente ajudado e, assim, tornou-se muito poderoso e a sua fama espalhou-se para longe.

¹⁶ Entretanto, depois que Uzias se tornou poderoso, o seu orgulho provocou a sua queda. Ele foi infiel ao Senhor, o seu Deus, e entrou no templo do Senhor para queimar incenso no altar de incenso. ¹⁷ O sumo sacerdote Azarias e outros oitenta corajosos sacerdotes do Senhor, foram atrás dele. ¹⁸ Eles o enfrentaram e disseram: "Não é certo que você, Uzias, queime incenso ao Senhor. Isso é tarefa dos sacerdotes, os descendentes de Arão consagrados para queimar incenso. Saia do santuário, pois você foi infiel e não será honrado por Deus, o Senhor".

¹⁹ Uzias, que estava com um incensário na mão, pronto para queimar o incenso, irritou-se e indignou-se contra os sacerdotes; e na mesma hora, na presença deles, diante do altar de incenso no templo do Senhor, surgiu lepra^b em sua testa. ²⁰ Quando o sumo sacerdote Azarias e todos os outros sacerdotes viram a lepra, expulsaram-no imediatamente do templo. Na verdade, ele mesmo ficou ansioso para sair, pois o Senhor o havia ferido.

²¹ O rei Uzias sofreu de lepra até o dia em que morreu. Durante todo esse tempo morou numa casa separada^c, leproso e excluído do templo do Senhor. Seu filho Jotão tomava conta do palácio e governava o povo.

²² Os demais acontecimentos do reinado de Uzias, do início ao fim, foram registrados pelo profeta Isaías, filho de Amoz. ²³ Uzias descansou com os seus antepassados e foi sepultado perto deles, num cemitério que pertencia aos reis, pois o povo dizia: "Ele tinha lepra". Seu filho Jotão foi o seu sucessor.

---

^{a} **26.5** Conforme muitos manuscritos do Texto Massorético, a Septuaginta e a Versão Siríaca; outros manuscritos do Texto Massorético dizem *na visão*.

^{b} **26.19** O termo hebraico não se refere somente à lepra, mas também a diversas doenças da pele; também nos versículos 20, 21 e 23.

^{c} **26.21** Ou *casa onde estava desobrigado de suas responsabilidades*

O Reinado de Jotão, Rei de Judá

27 Jotão tinha vinte e cinco anos de idade quando começou a reinar e reinou dezesseis anos em Jerusalém. O nome da sua mãe era Jerusa, filha de Zadoque. ² Ele fez o que o Senhor aprova, tal como seu pai, mas, ao contrário deste, não entrou no templo do Senhor. O povo, contudo, prosseguiu em suas práticas corruptas. ³ Jotão reconstruiu a porta superior do templo do Senhor e fez amplos trabalhos no muro, na colina de Ofel. ⁴ Construiu cidades nos montes de Judá, bem como fortes e torres nas matas.

⁵ Jotão guerreou contra o rei dos amonitas e o derrotou. Então os amonitas pagaram-lhe três toneladas e meia*ᵃ* de prata, dez mil barris*ᵇ* de trigo e dez mil de cevada, durante três anos seguidos.

⁶ Jotão tornou-se cada vez mais poderoso, pois andava firmemente segundo a vontade do Senhor, o seu Deus.

⁷ Os demais acontecimentos do reinado de Jotão, inclusive todas as suas guerras e as suas outras realizações, estão escritos nos registros históricos dos reis de Israel e de Judá. ⁸ Tinha vinte e cinco anos de idade quando começou a reinar, e reinou dezesseis anos em Jerusalém. ⁹ Jotão descansou com os seus antepassados e foi sepultado na Cidade de Davi. Seu filho Acaz foi o seu sucessor.

O Reinado de Acaz, Rei de Judá

28 Acaz tinha vinte anos de idade quando começou a reinar e reinou dezesseis anos em Jerusalém. Ao contrário de Davi, seu predecessor, não fez o que o Senhor aprova. ² Ele andou nos caminhos dos reis de Israel e fez ídolos de metal a fim de adorar os baalins. ³ Queimou sacrifícios no vale de Ben-Hinom e chegou até a queimar seus filhos em sacrifício, imitando os costumes detestáveis das nações que o Senhor havia expulsado de diante dos israelitas. ⁴ Também ofereceu sacrifícios e queimou incenso nos altares idólatras, no alto das colinas e debaixo de toda árvore frondosa.

⁵ Por isso o Senhor, o seu Deus, entregou-o nas mãos do rei da Síria. Os arameus o derrotaram, fizeram muitos prisioneiros no meio do seu povo e os levaram para Damasco. Israel também lhe infligiu grande derrota. ⁶ Num único dia, Peca, filho de Remalias, matou cento e vinte mil soldados corajosos de Judá; pois Judá havia abandonado o Senhor, o Deus dos seus antepassados. ⁷ Zicri, guerreiro efraimita, matou Maaseias, filho do rei, Azricão, oficial encarregado do palácio, e Elcana, o braço direito do rei. ⁸ Os israelitas levaram para Samaria duzentos mil prisioneiros entre os seus parentes, incluindo mulheres, meninos e meninas. Também levaram muitos despojos.

⁹ Mas um profeta do Senhor, chamado Odede, estava em Samaria e saiu ao encontro do exército. Ele lhes disse: "Estando irado contra Judá, o Senhor, o Deus dos seus antepassados, entregou-os nas mãos de vocês. Mas a fúria com que vocês os mataram chegou aos céus. ¹⁰ E agora ainda pretendem escravizar homens e mulheres de Judá e de Jerusalém! Vocês também não são culpados de pecados contra o Senhor, o seu Deus? ¹¹ Agora, ouçam-me! Mandem de volta seus irmãos que vocês fizeram prisioneiros, pois o fogo da ira do Senhor está sobre vocês".

¹² Então Azarias, filho de Joanã, Berequias, filho de Mesilemote, Jeizquias, filho de Salum, e Amasa, filho de Hadlai, que eram alguns dos chefes de Efraim, questionaram os que estavam chegando da guerra, dizendo: ¹³ "Não tragam os prisioneiros para cá. Caso contrário seremos culpados diante do Senhor. Vocês querem aumentar ainda mais o nosso pecado e a nossa culpa? A nossa culpa já é grande, e o fogo da sua ira está sobre Israel".

¹⁴ Então os soldados libertaram os prisioneiros e colocaram os despojos na presença dos líderes e de toda a assembleia. ¹⁵ Aqueles homens citados nominalmente apanharam os prisioneiros e com as roupas e as sandálias dos despojos vestiram todos os que estavam nus. Deram-lhes comida, bebida e bálsamo medicinal. Puseram sobre jumentos todos aqueles que estavam fracos. Assim os levaram de volta a seus patrícios residentes em Jericó, a cidade das Palmeiras, e voltaram para Samaria.

¹⁶ Nessa época, o rei Acaz enviou mensageiros ao rei*ᶜ* da Assíria para pedir-lhe ajuda. ¹⁷ Os edomitas tinham voltado a atacar Judá fazendo prisioneiros, ¹⁸ e os filisteus atacaram cidades na Sefelá e no sul de Judá. Conquistaram e ocuparam Bete-Semes, Aijalom e Gederote,

---

ᵃ **27.5** Hebraico: *100 talentos*. Um talento equivalia a 35 quilos.
ᵇ **27.5** Hebraico: *10.000 coros*. O coro era uma medida de capacidade. As estimativas variam entre 200 e 400 litros.
ᶜ **28.16** Conforme um manuscrito do Texto Massorético,

bem como Socó, Timna e Ginzo, com os seus povoados. ¹⁹ O Senhor humilhou Judá por causa de Acaz, rei de Israel[a], por sua conduta desregrada em Judá, muito infiel ao Senhor. ²⁰ Quando chegou, Tiglate-Pileser, rei da Assíria, causou-lhe problemas em vez de ajudá-lo. ²¹ Acaz apanhou algumas coisas do templo do Senhor, do palácio real e dos líderes e ofereceu-as ao rei da Assíria, mas isso não adiantou.

²² Mesmo nessa época em que passou por tantas dificuldades, o rei Acaz tornou-se ainda mais infiel ao Senhor. ²³ Ele ofereceu sacrifícios aos deuses de Damasco que o haviam derrotado, pois pensava: "Já que os deuses da Síria os têm ajudado, oferecerei sacrifícios a eles para que me ajudem também". Mas eles foram a causa da sua ruína e da ruína de todo o Israel.

²⁴ Acaz juntou os utensílios do templo de Deus e os retirou de lá[b]. Trancou as portas do templo do Senhor e ergueu altares em todas as esquinas de Jerusalém. ²⁵ Em todas as cidades de Judá construiu altares idólatras para queimar sacrifícios a outros deuses e provocou a ira do Senhor, o Deus dos seus antepassados.

²⁶ Os demais acontecimentos de seu reinado e todos os seus atos, do início ao fim, estão escritos nos registros históricos dos reis de Judá e de Israel. ²⁷ Acaz descansou com os seus antepassados e foi sepultado na cidade de Jerusalém, mas não nos túmulos dos reis de Israel. Seu filho Ezequias foi o seu sucessor.

Ezequias e a Purificação do Templo

29 Ezequias tinha vinte e cinco anos de idade quando começou a reinar e reinou vinte e nove anos em Jerusalém. O nome de sua mãe era Abia, filha de Zacarias. ² Ele fez o que o Senhor aprova, tal como tinha feito Davi, seu predecessor.

³ No primeiro mês do primeiro ano de seu reinado, ele reabriu as portas do templo do Senhor e as consertou. ⁴ Convocou os sacerdotes e os levitas, reuniu-os na praça que fica no lado leste ⁵ e disse: "Escutem-me, levitas! Consagrem-se agora e consagrem o templo do Senhor, o Deus dos seus antepassados. Retirem tudo o que é impuro do santuário. ⁶ Nossos pais foram infiéis; fizeram o que o Senhor, o nosso Deus, reprova e o abandonaram. Desviaram o rosto do local da habitação do Senhor e deram-lhe as costas. ⁷ Também fecharam as portas do pórtico e apagaram as lâmpadas. Não queimaram incenso nem apresentaram holocausto no santuário para o Deus de Israel. ⁸ Por isso a ira do Senhor caiu sobre Judá e sobre Jerusalém; e ele fez deles objeto de espanto, horror e zombaria, conforme vocês podem ver com os seus próprios olhos. ⁹ Por isso os nossos pais caíram à espada e os nossos filhos, as nossas filhas e as nossas mulheres foram levados como prisioneiros. ¹⁰ Pretendo, pois, agora fazer uma aliança com o Senhor, o Deus de Israel, para que o fogo da sua ira se afaste de nós. ¹¹ Meus filhos, não sejam negligentes agora, pois o Senhor os escolheu para estarem diante dele e o servirem, para ministrarem perante ele e queimarem incenso".

¹² Então estes levitas puseram-se a trabalhar:
entre os descendentes de Coate:
Maate, filho de Amasai, e Joel, filho de Azarias;
entre os descendentes de Merari:
Quis, filho de Abdi,
e Azarias, filho de Jealelel;
entre os descendentes de Gérson:
Joá, filho de Zima,
e Éden, filho de Joá;
¹³ entre os descendentes de Elisafã:
Sinri e Jeuel;
entre os descendentes de Asafe:
Zacarias e Matanias;
¹⁴ entre os descendentes de Hemã:
Jeuel e Simei;
entre os descendentes de Jedutum:
Semaías e Uziel.

¹⁵ Tendo reunido e consagrado os seus parentes, os levitas foram purificar o templo do Senhor, conforme o rei havia ordenado, em obediência à palavra do Senhor. ¹⁶ Os sacerdotes entraram no santuário do Senhor para purificá-lo e trouxeram para o pátio do templo do Senhor todas as coisas impuras que lá havia, e os levitas as levaram para o vale de Cedrom. ¹⁷ Começaram a consagração no primeiro dia do primeiro mês e no oitavo dia chegaram ao pórtico do Senhor. Durante mais oito dias consagraram o templo do Senhor propriamente dito, terminando tudo no décimo sexto dia.

¹⁸ Depois foram falar com o rei Ezequias e lhe relataram: "Purificamos todo o templo do Senhor, o altar dos holocaustos e a mesa

---

a Septuaginta e a Vulgata. A maioria dos manuscritos do Texto Massorético diz *aos reis*. Veja 2Rs 16.7.

[a] **28.19** Isto é, Judá, como ocorre frequentemente em 2 Crônicas.

[b] **28.24** Ou *e os despedaçou*

do pão consagrado, ambos com todos os seus utensílios. ¹⁹ Preparamos e consagramos todos os utensílios que o rei Acaz, em sua infidelidade, retirou durante o seu reinado. Eles estão em frente ao altar do Senhor".

²⁰ Cedo, na manhã seguinte, o rei Ezequias reuniu os líderes da cidade e, juntos, subiram ao templo do Senhor, ²¹ levando sete novilhos, sete carneiros, sete cordeiros e sete bodes como oferta pelo pecado, em favor da realeza, do santuário e de Judá. O rei ordenou que os sacerdotes, descendentes de Arão, sacrificassem os animais no altar do Senhor. ²² Então os sacerdotes abateram os novilhos e aspergiram o sangue sobre o altar; em seguida, fizeram o mesmo com os carneiros e com os cordeiros. ²³ Depois, os bodes para a oferta pelo pecado foram levados para diante do rei e da assembleia, que impuseram as mãos sobre eles. ²⁴ Os sacerdotes abateram os bodes e apresentaram o sangue sobre o altar como oferta pelo pecado, para fazer propiciação por todo o Israel, pois era em favor de todo o Israel que o rei havia ordenado o holocausto e a oferta pelo pecado.

²⁵ O rei posicionou os levitas no templo do Senhor, com címbalos, liras e harpas, segundo a prescrição de Davi, de Gade, vidente do rei, e do profeta Natã; isso foi ordenado pelo Senhor, por meio de seus profetas. ²⁶ Assim os levitas ficaram em pé, preparados com os instrumentos de Davi, e os sacerdotes com as cornetas.

²⁷ Então Ezequias ordenou que sacrificassem o holocausto sobre o altar. Iniciado o sacrifício, começou também o canto em louvor ao Senhor, ao som das cornetas e dos instrumentos de Davi, rei de Israel. ²⁸ Toda a assembleia prostrou-se em adoração, enquanto os músicos cantavam e os corneteiros tocavam, até que terminou o holocausto.

²⁹ Então o rei e todos os presentes ajoelharam-se e adoraram. ³⁰ O rei Ezequias e seus oficiais ordenaram aos levitas que louvassem o Senhor com as palavras de Davi e do vidente Asafe. Eles o louvaram com alegria, depois inclinaram suas cabeças e o adoraram.

³¹ Disse então Ezequias: "Agora que vocês se dedicaram ao Senhor, tragam sacrifícios e ofertas de gratidão ao templo do Senhor". Assim, a comunidade levou sacrifícios e ofertas de gratidão, e alguns, espontaneamente, levaram também holocaustos.

³² Esses holocaustos que a assembleia ofertou ao Senhor foram setenta bois, cem carneiros e duzentos cordeiros. ³³ Os animais consagrados como sacrifícios chegaram a seiscentos bois e três mil ovelhas e bodes. ³⁴ Como os sacerdotes eram muito poucos para tirar a pele de todos os holocaustos, os seus parentes, os levitas, os ajudaram até o fim da tarefa e até que outros sacerdotes se consagrassem, pois os levitas demoraram menos que os sacerdotes para consagrar-se. ³⁵ Houve holocaustos em grande quantidade, oferecidos com a gordura das ofertas de comunhão[a] e com as ofertas derramadas que acompanhavam esses holocaustos.

Assim foi restabelecido o culto no templo do Senhor. ³⁶ Ezequias e todo o povo regozijavam-se com o que Deus havia feito por seu povo, e tudo em tão pouco tempo.

A Celebração da Páscoa

30 Ezequias enviou uma mensagem a todo o Israel e Judá e também escreveu cartas a Efraim e a Manassés, convidando-os para virem ao templo do Senhor em Jerusalém e celebrarem a Páscoa do Senhor, o Deus de Israel. ² O rei, seus oficiais e toda a comunidade de Jerusalém decidiram celebrar a Páscoa no segundo mês. ³ Não tinha sido possível celebrá-la na data prescrita, pois não havia número suficiente de sacerdotes consagrados, e o povo não estava reunido em Jerusalém. ⁴ A ideia pareceu boa tanto ao rei quanto a toda a assembleia. ⁵ Então decidiram fazer uma proclamação em todo o Israel, desde Berseba até Dã, convocando o povo a Jerusalém para celebrar a Páscoa do Senhor, o Deus de Israel, pois muitos não a celebravam segundo o que estava escrito.

⁶ Por ordem do rei, mensageiros percorreram Israel e Judá com cartas assinadas pelo rei e pelos seus oficiais, com a seguinte mensagem:

"Israelitas, voltem para o Senhor, o Deus de Abraão, de Isaque e de Israel, para que ele se volte para vocês que restaram e escaparam das mãos dos reis da Assíria. ⁷ Não sejam como seus pais e seus irmãos, que foram infiéis ao Senhor, o Deus dos seus antepassados, de maneira que ele os deixou em ruínas, conforme vocês veem. ⁸ Portanto, não sejam obstinados como os seus antepassados; submetam-se ao Senhor. Venham ao santuário que ele consagrou para sempre. Sirvam ao Senhor,

---

[a] 29.35 Ou *de paz*; também em 30.22, 31.2 e 33.16.

o seu Deus, para que o fogo da sua ira se desvie de vocês. ⁹ Se vocês voltarem para o Senhor, os que capturaram os seus irmãos e os seus filhos terão misericórdia deles, e eles voltarão a esta terra, pois o Senhor, o seu Deus, é bondoso e compassivo. Ele não os rejeitará se vocês se voltarem para ele".

¹⁰ Os mensageiros foram de cidade em cidade, em Efraim e em Manassés, e até em Zebulom, mas o povo zombou deles e os expôs ao ridículo. ¹¹ No entanto, alguns homens de Aser, de Manassés e de Zebulom humilharam-se e foram para Jerusalém. ¹² Já em Judá a mão de Deus esteve sobre o povo dando-lhes unidade de pensamento para executarem o que o rei e os seus oficiais haviam ordenado, conforme a palavra do Senhor.

¹³ Uma imensa multidão reuniu-se em Jerusalém no segundo mês, para celebrar a festa dos pães sem fermento. ¹⁴ Eles retiraram os altares que havia em Jerusalém e se desfizeram de todos os altares de incenso*ᵃ*, atirando-os no vale de Cedrom.

¹⁵ Abateram o cordeiro da Páscoa no décimo quarto dia do segundo mês. Os sacerdotes e os levitas, envergonhados, consagraram-se e trouxeram holocaustos ao templo do Senhor. ¹⁶ E assumiram seus postos, conforme prescrito na Lei de Moisés, homem de Deus. Os sacerdotes aspergiram o sangue que os levitas lhes entregaram. ¹⁷ Visto que muitos na multidão não se haviam consagrado, os levitas tiveram que matar cordeiros da Páscoa para todos os que não estavam cerimonialmente puros e que, por isso, não podiam consagrar os seus cordeiros ao Senhor. ¹⁸ Embora muitos dos que vieram de Efraim, de Manassés, de Issacar e de Zebulom não se tivessem purificado, assim mesmo comeram a Páscoa, contrariando o que estava escrito. Mas Ezequias orou por eles, dizendo: "Queira o Senhor, que é bondoso, perdoar todo ¹⁹ aquele que inclina o seu coração para buscar a Deus, o Senhor, o Deus dos seus antepassados, mesmo que não esteja puro de acordo com as regras do santuário". ²⁰ E o Senhor ouviu a oração de Ezequias e não castigou o povo.

²¹ *Os israelitas presentes em Jerusalém celebraram com muita alegria a festa dos pães sem fermento durante sete dias.* Diariamente os levitas e os sacerdotes cantavam louvores ao Senhor, ao som dos instrumentos ressonantes do Senhor.

²² Ezequias dirigiu palavras animadoras a todos os levitas que mostraram boa disposição para com o serviço do Senhor. Durante os sete dias eles comeram suas porções das ofertas, apresentaram sacrifícios de comunhão e louvaram o Senhor, o Deus dos seus antepassados.

²³ E toda a assembleia decidiu prolongar a festa por mais sete dias, e celebraram-na com alegria. ²⁴ Ezequias, rei de Judá, forneceu mil novilhos e sete mil ovelhas e bodes para a assembleia; e os líderes, mil novilhos e dez mil ovelhas e bodes. Muitos sacerdotes se consagraram, ²⁵ e toda a assembleia de Judá se regozijava com os sacerdotes, com os levitas e com todos os que se haviam reunido, vindos de Israel, inclusive os estrangeiros que viviam em Israel e em Judá. ²⁶ Houve grande alegria em Jerusalém, pois desde os dias de Salomão, filho de Davi, rei de Israel, não havia acontecido algo assim na cidade. ²⁷ Os sacerdotes e os levitas levantaram-se para abençoar o povo, e Deus os ouviu; a oração deles chegou aos céus, sua santa habitação.

31 Quando a festa acabou, os israelitas saíram pelas cidades de Judá e despedaçaram as pedras sagradas e derrubaram os postes sagrados. Eles destruíram os altares idólatras em todo o Judá e Benjamim, e em Efraim e Manassés. Depois de destruírem tudo, voltaram para as suas cidades, cada um para a sua propriedade.

O Serviço do Templo é Reorganizado

² Ezequias designou os sacerdotes e os levitas por turnos, cada um de acordo com os seus deveres, para apresentarem holocaustos e sacrifícios de comunhão, ministrarem, darem graças e cantarem louvores junto às portas da habitação do Senhor. ³ O rei contribuía com seus bens pessoais para os holocaustos da manhã e da tarde e para os holocaustos dos sábados, das luas novas e das festas fixas, conforme o que está escrito na Lei do Senhor. ⁴ Ele ordenou ao povo de Jerusalém que desse aos sacerdotes e aos levitas a porção que lhes era devida a fim de que pudessem dedicar-se à Lei do Senhor. ⁵ Assim que se divulgou essa ordem, os israelitas deram com generosidade

---

ᵃ **30.14** Provavelmente colunas dedicadas ao deus sol.

o melhor do trigo, do vinho, do óleo, do mel e de tudo o que os campos produziam. Trouxeram o dízimo de tudo. Era uma grande quantidade. ⁶ Os habitantes de Israel e de Judá que viviam nas cidades de Judá também trouxeram o dízimo de todos os seus rebanhos e das coisas sagradas dedicadas ao Senhor, o seu Deus, ajuntando-os em muitas pilhas. ⁷ Começaram a fazer isso no terceiro mês e terminaram no sétimo. ⁸ Quando Ezequias e os seus oficiais chegaram e viram as pilhas de ofertas, louvaram o Senhor e abençoaram Israel, o seu povo.

⁹ Ezequias perguntou aos sacerdotes e aos levitas sobre essas ofertas; ¹⁰ o sumo sacerdote Azarias, da família de Zadoque, respondeu: "Desde que o povo começou a trazer suas contribuições ao templo do Senhor, temos tido o suficiente para comer e ainda tem sobrado muito, pois o Senhor tem abençoado o seu povo, e esta é a grande quantidade que sobra".

¹¹ Ezequias ordenou que preparassem despensas no templo do Senhor, e assim foi feito. ¹² Então recolheram fielmente as contribuições, os dízimos e os presentes dedicados. O levita Conanias foi encarregado desses deveres, e seu irmão Simei era o seu auxiliar. ¹³ Jeiel, Azarias, Naate, Asael, Jeremote, Jozabade, Eliel, Ismaquias, Maate e Benaia eram supervisores, subordinados a Conanias e ao seu irmão Simei, por nomeação do rei Ezequias e de Azarias, o oficial encarregado do templo de Deus.

¹⁴ Coré, filho do levita Imna, guarda da porta leste, foi encarregado das ofertas voluntárias feitas a Deus, distribuindo as contribuições dedicadas ao Senhor e as ofertas santíssimas. ¹⁵ Sob o comando dele estavam Éden, Miniamim, Jesua, Semaías, Amarias e Secanias, que, nas cidades dos sacerdotes, com toda a fidelidade distribuíam ofertas aos seus colegas sacerdotes de acordo com seus turnos, tanto aos idosos quanto aos jovens.

¹⁶ Eles as distribuíam aos homens e aos meninos de três anos para cima, cujos nomes estavam nos registros genealógicos, e também a todos os que entravam no templo do Senhor para realizar suas várias tarefas diárias, de acordo com suas responsabilidades e seus turnos. ¹⁷ Os registros genealógicos dos sacerdotes eram feitos segundo suas famílias; o dos levitas com mais de vinte anos, de acordo com suas responsabilidades e seus turnos. ¹⁸ O registro incluía todos os filhos pequenos, as mulheres e os filhos e as filhas de todo o grupo,

pois os sacerdotes e os levitas haviam sido fiéis em se consagrarem.

¹⁹ Entre os sacerdotes, descendentes de Arão, que viviam nas terras de pastagem ao redor de suas cidades, foram nomeados alguns deles, de cidade em cidade, para distribuírem as ofertas a todos os sacerdotes e a todos os que estavam registrados nas genealogias dos levitas.

²⁰ Foi isso que Ezequias fez em todo o reino de Judá. Ele fez o que era bom e certo, e em tudo foi fiel diante do Senhor, do seu Deus. ²¹ Em tudo o que ele empreendeu no serviço do templo de Deus e na obediência à lei e aos mandamentos, ele buscou o seu Deus e trabalhou de todo o coração; e por isso prosperou.

A Ameaça de Senaqueribe contra Judá

32 Depois de tudo o que Ezequias fez com tanta fidelidade, Senaqueribe, rei da Assíria, invadiu Judá e sitiou as cidades fortificadas para conquistá-las. ² Quando Ezequias viu que Senaqueribe pretendia guerrear contra Jerusalém, ³ consultou os seus oficiais e os comandantes do exército sobre a ideia de mandar fechar a passagem de água das fontes do lado de fora da cidade; e eles concordaram. ⁴ Assim, ajuntaram-se muitos homens, e fecharam todas as fontes e o riacho que atravessava a região. Eles diziam: "Por que deixar que os reis[a] da Assíria venham e encontrem toda essa água?" ⁵ Depois, com grande empenho reparou todos os trechos quebrados do muro e construiu torres sobre ele. Construiu outro muro do lado de fora do primeiro e reforçou o Milo[b] da Cidade de Davi; e mandou fazer também muitas lanças e muitos escudos.

⁶ Nomeou sobre o povo oficiais militares e os reuniu na praça, junto à porta da cidade, animando-os com estas palavras: ⁷ "Sejam fortes e corajosos. Não tenham medo nem desanimem por causa do rei da Assíria e do seu enorme exército, pois conosco está um poder maior do que o que está com ele. ⁸ Com ele está somente o poder humano[c], mas conosco está o Senhor, o nosso Deus, para nos ajudar e para travar as nossas batalhas". E o povo ganhou confiança com o que disse Ezequias, rei de Judá.

⁹ Mais tarde, quando Senaqueribe, rei da Assíria, e todas as suas forças estavam sitiando

---

[a] **32.4** A Septuaginta e a Versão Siríaca dizem *o rei*.
[b] **32.5** Ou *o aterro*
[c] **32.8** Hebraico: *o braço de carne*.

Laquis, mandou oficiais a Jerusalém com a seguinte mensagem a Ezequias e a todo o povo de Judá que morava lá:

¹⁰ "Assim diz Senaqueribe, rei da Assíria: Em que vocês baseiam a sua confiança, para permanecerem cercados em Jerusalém? ¹¹ Quando Ezequias diz: 'O Senhor, o nosso Deus, nos salvará das mãos do rei da Assíria', ele os está enganando, para deixá-los morrer de fome e de sede. ¹² Mas não foi o próprio Ezequias que retirou os altares desse deus, dizendo a Judá e a Jerusalém: 'Vocês devem adorar diante de um só altar e sobre ele queimar incenso'?

¹³ "Vocês não sabem o que eu e os meus antepassados fizemos a todos os povos das outras terras? Acaso alguma vez os deuses daquelas nações conseguiram livrar das minhas mãos a terra deles? ¹⁴ De todos os deuses das nações que os meus antepassados destruíram, qual deles conseguiu salvar o seu povo de mim? Como então o deus de vocês poderá livrá-los das minhas mãos? ¹⁵ Portanto, não deixem Ezequias enganá-los ou iludi-los dessa maneira. Não acreditem nele, pois nenhum deus de qualquer nação ou reino jamais conseguiu livrar o seu povo das minhas mãos ou das mãos de meus antepassados. Muito menos o deus de vocês conseguirá livrá-los das minhas mãos!"

¹⁶ Os oficiais de Senaqueribe desafiaram ainda mais Deus, o Senhor, e seu servo Ezequias. ¹⁷ Senaqueribe também escreveu cartas insultando o Senhor, o Deus de Israel, e o desafiando: "Assim como os deuses dos povos das outras terras não livraram o povo deles das minhas mãos, também o deus de Ezequias não livrará o seu povo das minhas mãos". ¹⁸ Então os oficiais gritaram na língua dos judeus ao povo de Jerusalém que estava sobre o muro, para assustá-lo e amedrontá-lo, com o intuito de conquistarem a cidade. ¹⁹ Referiram-se ao Deus de Jerusalém como falavam dos deuses dos outros povos da terra, que não passam de obra das mãos dos homens.

²⁰ Por tudo isso o rei Ezequias e o profeta Isaías, filho de Amoz, clamaram em oração aos céus. ²¹ E o Senhor enviou um anjo, que matou todos os homens de combate e todos os líderes e oficiais no acampamento do rei assírio, de forma que este se retirou envergonhado para a sua terra. E certo dia, ao adentrar o templo do seu deus, alguns dos seus filhos o mataram à espada.

²² Assim o Senhor salvou Ezequias e o povo de Jerusalém das mãos de Senaqueribe, rei da Assíria, e das mãos de todos os outros e cuidou deles[a] em todas as fronteiras. ²³ Muitos trouxeram a Jerusalém ofertas para o Senhor e presentes valiosos para Ezequias, rei de Judá. Daquela ocasião em diante ele foi muito respeitado por todas as nações.

O Orgulho e a Morte de Ezequias

²⁴ Naquele tempo, Ezequias ficou doente e quase morreu. Ele orou ao Senhor, que lhe respondeu dando-lhe um sinal milagroso. ²⁵ Mas Ezequias tornou-se orgulhoso e não correspondeu à bondade com que foi tratado; por isso a ira do Senhor veio sobre ele, sobre Judá e sobre Jerusalém. ²⁶ Então Ezequias humilhou-se, reconhecendo o seu orgulho, como também o povo de Jerusalém; por isso a ira do Senhor não veio sobre eles durante o reinado de Ezequias.

²⁷ Possuía Ezequias muitíssimas riquezas e glória; construiu depósitos para guardar prata, ouro, pedras preciosas, especiarias, escudos e todo tipo de objetos de valor. ²⁸ Também construiu armazéns para estocar trigo, vinho e azeite; fez ainda estábulos para os seus diversos rebanhos e para as ovelhas. ²⁹ Construiu cidades e adquiriu muitos rebanhos, pois Deus lhe dera muitas riquezas.

³⁰ Foi Ezequias que bloqueou o manancial superior da fonte de Giom e canalizou a água para a parte oeste da Cidade de Davi. Ele foi bem-sucedido em tudo o que se propôs a fazer. ³¹ Mas, quando os governantes da Babilônia enviaram uma delegação para perguntar-lhe acerca do sinal milagroso que havia ocorrido no país, Deus o deixou, para prová-lo e para saber tudo o que havia em seu coração.

³² Os demais acontecimentos do reinado de Ezequias e os seus atos piedosos estão escritos na visão do profeta Isaías, filho de Amoz, no livro dos reis de Judá e de Israel. ³³ Ezequias descansou com os seus antepassados e foi sepultado na colina onde estão os túmulos dos descendentes de Davi. Todo o Judá e o povo de Jerusalém prestaram-lhe homenagens por ocasião da sua morte. E seu filho Manassés foi o seu sucessor.

[a] **32.22** A Septuaginta e a Vulgata dizem *deu-lhes descanso*.

O Reinado de Manassés, Rei de Judá

33 Manassés tinha doze anos de idade quando começou a reinar e reinou cinquenta e cinco anos em Jerusalém. ² Ele fez o que o Senhor reprova, imitando as práticas detestáveis das nações que o Senhor havia expulsado de diante dos israelitas. ³ Reconstruiu os altares idólatras que seu pai Ezequias havia demolido, ergueu altares para os baalins e fez postes sagrados. Inclinou-se diante de todos os exércitos celestes e lhes prestou culto. ⁴ Construiu altares no templo do Senhor, do qual o Senhor tinha dito: "Meu nome permanecerá para sempre em Jerusalém". ⁵ Nos dois pátios do templo do Senhor ele construiu altares para todos os exércitos celestes. ⁶ Chegou a queimar seus filhos em sacrifício no vale de Ben-Hinom; praticou feitiçaria, adivinhação e magia, e recorreu a médiuns e aos que consultavam os espíritos. Fez o que o Senhor reprova, provocando-o à ira.

⁷ Ele tomou a imagem esculpida que havia feito e a colocou no templo, do qual Deus tinha dito a Davi e a seu filho Salomão: "Neste templo e em Jerusalém, que escolhi entre todas as tribos de Israel, porei meu nome para sempre. ⁸ Não farei os pés dos israelitas deixarem novamente a terra que dei aos seus antepassados se tão somente tiverem o cuidado de fazer tudo o que lhes ordenei em todas as leis, decretos e ordenanças dados por meio de Moisés". ⁹ Manassés, porém, desencaminhou Judá e o povo de Jerusalém, ao ponto de fazerem pior do que as nações que o Senhor havia destruído diante dos israelitas.

¹⁰ O Senhor falou a Manassés e a seu povo, mas não lhe deram atenção. ¹¹ Por isso o Senhor enviou contra eles os comandantes do exército do rei da Assíria, os quais prenderam Manassés, colocaram-lhe um gancho no nariz e algemas de bronze e o levaram para a Babilônia. ¹² Em sua angústia, ele buscou o favor do Senhor, o seu Deus, e humilhou-se muito diante do Deus dos seus antepassados. ¹³ Quando ele orou, o Senhor o ouviu e atendeu o seu pedido e o trouxe de volta a Jerusalém e a seu reino. E assim Manassés reconheceu que o Senhor é Deus.

¹⁴ Depois disso ele reconstruiu e aumentou a altura do muro externo da Cidade de Davi, a oeste da fonte de Giom, no vale, até a entrada da porta do Peixe, em torno da colina de Ofel. Também pôs comandantes militares em todas as cidades fortificadas de Judá.

¹⁵ Manassés tirou do templo do Senhor os deuses estrangeiros e a imagem que havia colocado lá, bem como todos os altares idólatras que havia construído na colina do templo e em Jerusalém e jogou-os fora da cidade. ¹⁶ Depois restaurou o altar do Senhor e sobre ele ofereceu sacrifícios de comunhão e ofertas de gratidão, ordenando a Judá que servisse o Senhor, o Deus de Israel. ¹⁷ O povo, contudo, continuou a sacrificar nos altares idólatras, mas somente ao Senhor, o seu Deus.

¹⁸ Os demais acontecimentos do reinado de Manassés, inclusive sua oração a seu Deus e as palavras que os videntes lhe falaram em nome do Senhor, o Deus de Israel, estão escritos nos registros históricos dos reis de Israel[a]. ¹⁹ Sua oração e a resposta de Deus, bem como todos os seus pecados e a sua infidelidade, além dos locais onde construiu altares idólatras e ergueu postes sagrados e ídolos, antes de humilhar-se, tudo está escrito nos registros históricos dos videntes[b]. ²⁰ Manassés descansou com os seus antepassados e foi sepultado em sua propriedade. E seu filho Amom foi o seu sucessor.

O Reinado de Amom, Rei de Judá

²¹ Amom tinha vinte e dois anos de idade quando começou a reinar e reinou dois anos em Jerusalém. ²² Ele fez o que o Senhor reprova; à semelhança de seu pai, Amom prestou culto e ofereceu sacrifícios a todos os ídolos que Manassés havia feito. ²³ Mas, ao contrário de seu pai Manassés, não se humilhou diante do Senhor, antes, aumentou a sua culpa.

²⁴ Os oficiais de Amom conspiraram contra ele e o assassinaram em seu palácio. ²⁵ Mas o povo matou todos os que haviam conspirado contra o rei Amom, e proclamou seu filho Josias rei em seu lugar.

As Reformas de Josias

34 Josias tinha oito anos de idade quando começou a reinar e reinou trinta e um anos em Jerusalém. ² Ele fez o que o Senhor aprova e andou nos caminhos de Davi, seu predecessor, sem desviar-se nem para a direita nem para a esquerda.

³ No oitavo ano do seu reinado, sendo ainda bem jovem, ele começou a buscar o Deus de

---

[a] **33.18** Isto é, Judá, como ocorre frequentemente em 2 Crônicas.
[b] **33.19** Conforme um manuscrito do Texto Massorético e a Septuaginta. A maioria dos manuscritos do Texto Massorético diz *registros históricos de Hozai*.

Davi, seu predecessor. No décimo segundo ano, começou a purificar Judá e Jerusalém dos altares idólatras, dos postes sagrados, das imagens esculpidas e dos ídolos de metal. ⁴ Sob as suas ordens foram derrubados os altares dos baalins; além disso, ele despedaçou os altares de incenso*ᵃ* que ficavam acima deles. Também despedaçou e reduziu a pó os postes sagrados, as imagens esculpidas e os ídolos de metal, e os espalhou sobre os túmulos daqueles que lhes haviam oferecido sacrifícios. ⁵ Depois queimou os ossos dos sacerdotes sobre esses altares, purificando assim Judá e Jerusalém. ⁶ Nas cidades das tribos de Manassés, de Efraim e de Simeão, e até mesmo de Naftali, e nas ruínas ao redor delas, ⁷ derrubou os altares e os postes sagrados, esmagou os ídolos, reduzindo-os a pó, e despedaçou todos os altares de incenso espalhados por Israel. Então voltou para Jerusalém.

⁸ No décimo oitavo ano do seu reinado, a fim de purificar o país e o templo, ele enviou Safã, filho de Azalias, e Maaseias, governador da cidade, junto com Joá, filho do arquivista real Joacaz, para restaurarem o templo do Senhor, o seu Deus.

⁹ Eles foram entregar ao sumo sacerdote Hilquias a prata que havia sido trazida ao templo de Deus e que os porteiros levitas haviam recolhido das ofertas do povo de Manassés e de Efraim, e de todo o remanescente de Israel, e também de todo o povo de Judá e de Benjamim e dos habitantes de Jerusalém. ¹⁰ Confiaram a prata aos homens nomeados para supervisionarem a reforma no templo do Senhor, os quais pagavam os trabalhadores que faziam os reparos no templo. ¹¹ Também deram dessa prata aos carpinteiros e aos construtores para comprarem pedras lavradas e madeira para as juntas e as vigas dos edifícios que os reis de Judá haviam deixado ficar em ruínas.

¹² Esses homens fizeram o trabalho com fidelidade. Eram dirigidos por Jaate e Obadias, levitas descendentes de Merari, e por Zacarias e Mesulão, descendentes de Coate. Todos os levitas que sabiam tocar instrumentos musicais ¹³ estavam encarregados dos operários e supervisionavam *todos os trabalhadores* em todas as funções. Outros levitas eram secretários, oficiais e porteiros.

O Livro da Lei é Encontrado

¹⁴ Enquanto recolhiam a prata que tinha sido trazida para o templo do Senhor, o sacerdote Hilquias encontrou o Livro da Lei do Senhor que havia sido dada por meio de Moisés. ¹⁵ Hilquias disse ao secretário Safã: "Encontrei o Livro da Lei no templo do Senhor". E o entregou a Safã.

¹⁶ Então Safã levou o Livro ao rei e lhe informou: "Teus servos estão fazendo tudo o que lhes foi ordenado. ¹⁷ Fundiram a prata que estava no templo do Senhor e a confiaram aos supervisores e aos trabalhadores". ¹⁸ E acrescentou: "O sacerdote Hilquias entregou-me um livro". E Safã leu trechos do Livro para o rei.

¹⁹ Assim que o rei ouviu as palavras da Lei, rasgou suas vestes ²⁰ e deu estas ordens a Hilquias, a Aicam, filho de Safã, a Abdom, filho de Mica*ᵇ*, ao secretário Safã e ao auxiliar real Asaías: ²¹ "Vão consultar o Senhor por mim e pelo remanescente de Israel e de Judá acerca do que está escrito neste livro que foi encontrado. A ira do Senhor contra nós deve ser grande, pois os nossos antepassados não obedeceram à palavra do Senhor e não agiram de acordo com tudo o que está escrito neste livro".

²² Hilquias e aqueles que o rei tinha enviado com ele*ᶜ* foram falar com a profetisa Hulda, mulher de Salum, filho de Tocate*ᵈ* e neto de Harás, e responsável pelo guarda-roupa do templo. Ela morava no bairro novo de Jerusalém.

²³ Hulda lhes disse: "Assim diz o Senhor, o Deus de Israel: 'Digam ao homem que os enviou a mim: ²⁴ Assim diz o Senhor: Eu vou trazer uma desgraça sobre este lugar e sobre os seus habitantes; todas as maldições escritas no livro que foi lido na presença do rei de Judá. ²⁵ Porque me abandonaram e queimaram incenso a outros deuses, provocando a minha ira por meio de todos os ídolos que as mãos deles têm feito*ᵉ*, minha ira arderá contra este lugar e não será apagada'. ²⁶ Digam ao rei de Judá, que os enviou para consultar o Senhor: Assim diz o Senhor, o Deus de Israel, acerca das palavras que você ouviu: ²⁷ 'Já que o seu coração se abriu e você se humilhou diante

---

ᵃ **34.4** Provavelmente colunas dedicadas ao deus sol; também no versículo 7.

ᵇ **34.20** Também chamado Acbor, filho de Micaías.

ᶜ **34.22** Conforme um manuscrito do Texto Massorético, a Vulgata e a Versão Siríaca. A maioria dos manuscritos do Texto Massorético não traz *tinha enviado com ele*.

ᵈ **34.22** Também chamado *Ticvá*.

ᵉ **34.25** Ou *por meio de tudo o que eles têm feito*

de Deus quando ouviu o que ele falou contra este lugar e contra os seus habitantes e você se humilhou diante de mim, rasgou as suas vestes e chorou na minha presença, eu o ouvi', declara o Senhor. ²⁸ 'Portanto, eu o reunirei aos seus antepassados, e você será sepultado em paz. Seus olhos não verão a desgraça que trarei sobre este lugar e sobre os seus habitantes' ".

Então eles levaram a resposta a Josias.

²⁹ Em face disso, o rei convocou todas as autoridades de Judá e de Jerusalém. ³⁰ Depois subiu ao templo do Senhor acompanhado por todos os homens de Judá, todo o povo de Jerusalém, os sacerdotes e os levitas: todo o povo, dos mais simples aos mais importantes*a*. Para todos o rei leu em alta voz todas as palavras do Livro da Aliança, que havia sido encontrado no templo do Senhor. ³¹ Ele tomou o seu lugar e, na presença do Senhor, fez uma aliança, comprometendo-se a seguir o Senhor e obedecer de todo o coração e de toda a alma aos seus mandamentos, aos seus testemunhos e aos seus decretos, cumprindo as palavras da aliança escritas naquele livro.

³² Depois fez com que todos em Jerusalém e em Benjamim se comprometessem com a aliança; os habitantes de Jerusalém passaram a cumprir a aliança de Deus, o Deus dos seus antepassados.

³³ Josias retirou todos os ídolos detestáveis de todo o território dos israelitas e obrigou todos os que estavam em Israel a servirem ao Senhor, o seu Deus. E enquanto ele viveu, o povo não deixou de seguir o Senhor, o Deus dos seus antepassados.

Josias Celebra a Páscoa

35 Josias celebrou a Páscoa do Senhor em Jerusalém, e o cordeiro da Páscoa foi abatido no décimo quarto dia do primeiro mês. ² Ele nomeou os sacerdotes para as suas responsabilidades e os encorajou a se dedicarem ao serviço no templo do Senhor. ³ Ele disse aos levitas que instruíam todo o Israel e haviam sido consagrados ao Senhor: "Ponham a arca sagrada no templo construído por Salomão, filho de Davi, rei de Israel. Vocês não precisam mais levá-la de um lado para outro sobre os ombros. Agora sirvam ao Senhor, o seu Deus, e a Israel, o povo dele. ⁴ Preparem-se por famílias, em suas divisões, de acordo com a orientação escrita por Davi, rei de Israel, e por seu filho Salomão.

⁵ "Fiquem no Lugar Santo com um grupo de levitas para cada subdivisão das famílias do povo. ⁶ Abatam os cordeiros da Páscoa, consagrem-se e preparem os cordeiros para os seus irmãos israelitas, fazendo o que o Senhor ordenou por meio de Moisés".

⁷ Josias deu a todo o povo que ali estava um total de trinta mil ovelhas e cabritos para as ofertas da Páscoa, além de três mil bois; tudo foi tirado dos bens pessoais do rei.

⁸ Seus oficiais também contribuíram voluntariamente para o povo, para os sacerdotes e para os levitas. Hilquias, Zacarias e Jeiel, os administradores do templo de Deus, deram aos sacerdotes duas mil e seiscentas ovelhas e cabritos e trezentos bois. ⁹ Também Conanias, com seus irmãos Semaías e Natanael, e os líderes dos levitas – Hasabias, Jeiel e Jozabade – ofereceram aos levitas cinco mil ovelhas e cabritos e quinhentos bois.

¹⁰ O serviço foi organizado e os sacerdotes assumiram os seus lugares com os levitas em seus turnos, conforme o rei ordenara. ¹¹ Os cordeiros da Páscoa foram abatidos, e os sacerdotes aspergiram o sangue que lhes fora entregue, enquanto os levitas tiravam a pele dos animais. ¹² Eles separaram também os holocaustos para dá-los aos grupos das famílias do povo, para que elas os oferecessem ao Senhor, conforme está escrito no Livro de Moisés; e fizeram o mesmo com os bois. ¹³ Assaram os animais da Páscoa sobre o fogo, conforme prescrito, cozinharam as ofertas sagradas em potes, caldeirões e panelas, e serviram rapidamente todo o povo. ¹⁴ Depois disso, os levitas prepararam a parte deles e a dos sacerdotes, pois estes, descendentes de Arão, ficaram sacrificando os holocaustos e as porções de gordura até o anoitecer. Foi por isso que os levitas prepararam a parte deles e a dos sacerdotes, descendentes de Arão.

¹⁵ Os músicos, descendentes de Asafe, estavam nos locais prescritos por Davi e por Asafe, Hemã e Jedutum, vidente do rei. Os porteiros que guardavam cada porta não precisaram deixar os seus postos, pois os seus colegas levitas prepararam as ofertas para eles.

¹⁶ Assim, naquele dia, todo o serviço do Senhor foi executado para a celebração da Páscoa e para a apresentação de holocaustos no altar do Senhor, conforme o rei Josias

---

a **34.30** Ou *dos mais jovens aos mais velhos*

havia ordenado. ¹⁷ Os israelitas que estavam presentes celebraram a Páscoa naquele dia e durante sete dias celebraram a festa dos pães sem fermento. ¹⁸ A Páscoa não havia sido celebrada dessa maneira em Israel desde os dias do profeta Samuel; e nenhum dos reis de Israel havia celebrado uma Páscoa como esta, como o fez Josias, com os sacerdotes, os levitas e todo o Judá e Israel que estavam ali com o povo de Jerusalém. ¹⁹ Esta Páscoa foi celebrada no décimo oitavo ano do reinado de Josias.

A Morte de Josias

²⁰ Depois de tudo o que Josias fez, e depois de colocar em ordem o templo, Neco, rei do Egito, saiu para lutar em Carquemis, junto ao Eufrates, e Josias marchou para combatê-lo. ²¹ Neco, porém, enviou-lhe mensageiros, dizendo: "Não interfiras nisso, ó rei de Judá. Desta vez não estou atacando a ti, mas a outro reino com o qual estou em guerra. Deus me disse que me apressasse; por isso para de te opores a Deus, que está comigo; caso contrário ele te destruirá".

²² Josias, contudo, não quis voltar atrás, e disfarçou-se para enfrentá-lo em combate. Ele não quis ouvir o que Neco lhe dissera por ordem de Deus e foi combatê-lo na planície de Megido. ²³ Na batalha, flecheiros atingiram o rei Josias, pelo que disse aos seus oficiais: "Tirem-me daqui. Estou gravemente ferido". ²⁴ Eles o tiraram do seu carro, colocaram-no em outro e o levaram para Jerusalém, onde morreu. Ele foi sepultado nos túmulos dos seus antepassados, e todos os moradores de Judá e de Jerusalém choraram por ele.

²⁵ Jeremias compôs um cântico de lamento em homenagem a Josias, e até hoje todos os cantores e cantoras homenageiam Josias com cânticos de lamento. Estes se tornaram uma tradição em Israel e estão escritos na coletânea de lamentações.

²⁶ Os demais acontecimentos do reinado de Josias e os seus atos piedosos, de acordo com o que está escrito na Lei do SENHOR, ²⁷ todos os acontecimentos, do início ao fim, estão escritos nos registros históricos dos reis de Israel e de Judá.

36 E o povo tomou Jeoacaz, filho de Josias, e proclamou-o rei em Jerusalém, no lugar de seu pai.

O Reinado de Jeoacaz, Rei de Judá

² Jeoacaz tinha vinte e três anos de idade quando começou a reinar e reinou três meses em Jerusalém. ³ O rei do Egito destronou-o em Jerusalém e impôs a Judá um tributo de três toneladas e meia[a] de prata e trinta e cinco quilos de ouro. ⁴ O rei do Egito proclamou Eliaquim, irmão de Jeoacaz, rei sobre Judá e sobre Jerusalém e mudou-lhe o nome para Jeoaquim. Mas Neco levou Jeoacaz, irmão de Eliaquim, para o Egito.

O Reinado de Jeoaquim, Rei de Judá

⁵ Jeoaquim tinha vinte e cinco anos de idade quando começou a reinar e reinou onze anos em Jerusalém. Ele fez o que o SENHOR, o seu Deus, reprova. ⁶ Nabucodonosor, rei da Babilônia, atacou-o e prendeu-o com algemas de bronze para levá-lo para a Babilônia. ⁷ Levou também para a Babilônia objetos do templo do SENHOR e os colocou no seu templo[b].

⁸ Os demais acontecimentos do reinado de Jeoaquim, as coisas detestáveis que fez e tudo o que foi achado contra ele, estão escritos nos registros históricos dos reis de Israel e de Judá. Seu filho Joaquim foi o seu sucessor.

O Reinado de Joaquim, Rei de Judá

⁹ Joaquim tinha dezoito[c] anos de idade quando começou a reinar e reinou três meses e dez dias em Jerusalém. Ele fez o que o SENHOR reprova. ¹⁰ Na primavera o rei Nabucodonosor mandou levá-lo para a Babilônia, junto com objetos de valor retirados do templo do SENHOR, e proclamou Zedequias, tio[d] de Joaquim, rei sobre Judá e sobre Jerusalém.

O Reinado de Zedequias, Rei de Judá

¹¹ Zedequias tinha vinte e um anos de idade quando começou a reinar, e reinou onze anos em Jerusalém. ¹² Ele fez o que o SENHOR, o seu Deus, reprova e não se humilhou diante do profeta Jeremias, que lhe falava como porta-voz do SENHOR. ¹³ Também se revoltou contra o rei Nabucodonosor, que o havia obrigado a fazer um juramento em nome de Deus. Tornou-se muito obstinado e não quis se voltar para o SENHOR, o Deus de Israel. ¹⁴ Além disso, todos os líderes dos sacerdotes e o povo se tornaram cada vez mais infiéis, seguindo todas as práticas detestáveis

---

[a] **36.3** Hebraico: *100 talentos.* Um talento equivalia a 35 quilos.
[b] **36.7** Ou *palácio*
[c] **36.9** Conforme um manuscrito do Texto Massorético, alguns manuscritos da Septuaginta e a Versão Siríaca. A maioria dos manuscritos do Texto Massorético diz *oito.* Veja 2Rs 24.8.
[d] **36.10** Ou *parente*

das outras nações e contaminando o templo do Senhor, consagrado por ele em Jerusalém.

A Queda de Jerusalém

¹⁵ O Senhor, o Deus dos seus antepassados, advertiu-os várias vezes por meio de seus mensageiros, pois ele tinha compaixão de seu povo e do lugar de sua habitação. ¹⁶ Mas eles zombaram dos mensageiros de Deus, desprezaram as palavras dele e expuseram ao ridículo os seus profetas, até que a ira do Senhor se levantou contra o seu povo e já não houve remédio. ¹⁷ O Senhor enviou contra eles o rei dos babilônios[a] que, no santuário, matou os seus jovens à espada. Não poupou nem rapazes, nem moças, nem adultos, nem velhos. Deus entregou todos eles nas mãos de Nabucodonosor; ¹⁸ este levou para a Babilônia todos os utensílios do templo de Deus, tanto os pequenos como os grandes, com os tesouros do templo do Senhor, os do rei e os de seus oficiais. ¹⁹ Os babilônios incendiaram o templo de Deus e derrubaram o muro de Jerusalém; queimaram todos os palácios e destruíram todos os utensílios de valor que havia neles.

²⁰ Nabucodonosor levou para o exílio, na Babilônia, os remanescentes que escaparam da espada, para serem seus escravos e dos seus descendentes, até a época do domínio persa. ²¹ A terra desfrutou os seus descansos sabáticos; descansou durante todo o tempo de sua desolação, até que os setenta anos se completaram, em cumprimento da palavra do Senhor anunciada por Jeremias.

²² No primeiro ano do reinado de Ciro, rei da Pérsia, para que se cumprisse a palavra do Senhor anunciada por Jeremias, o Senhor tocou no coração de Ciro, rei da Pérsia, para que fizesse uma proclamação em todo o território de seu domínio e a pusesse por escrito, nestes termos:

²³ "Assim declaro eu, Ciro, rei da Pérsia:

'O Senhor, o Deus dos céus, deu-me todos os reinos da terra e designou-me para construir um templo para ele em Jerusalém, na terra de Judá. Quem dentre vocês pertencer ao seu povo vá para Jerusalém, e que o Senhor, o seu Deus, esteja com ele'".

---

[a] **36.17** Ou *caldeus*

Introdução ao livro de
ESDRAS

Autor e data de composição

Conforme mencionado na introdução a 1Crônicas, Esdras parece ter escrito este livro que leva seu nome; ele era da família sacerdotal de Zadoque, descendente direto de Arão. Em algumas partes desta narrativa, Esdras fala na primeira pessoa, como em 7.28—9.15. O escriba Esdras liderou o segundo grupo que voltou à terra de Canaã, no sétimo ano de reinado de Artaxerxes (cerca de 458 a.C.). O primeiro grupo, liderado por Zorobabel, neto do rei Jeconias, dedicou-se à reconstrução do templo (cerca de 520 a.C.); e o terceiro e último, dirigido por Neemias no vigésimo ano de Artaxerxes, realizou a tarefa de reconstrução total, especialmente dos muros da cidade. O livro de Esdras contém duas seções escritas em aramaico (4.8—6.18 e 7.12-26), o idioma internacional daquela época. Na divisão original das Escrituras do Antigo Testamento, Esdras e Neemias compunham um único livro.

ESBOÇO GERAL

Primeira parte: A construção do segundo templo (1—6)
I. O regresso do primeiro grupo, dirigido por Zorobabel (1—2)
  A. O decreto de Ciro (1.1-4)
  B. As ofertas de Israel e de Ciro, e a lista dos que regressaram (1.5—2.63)
  C. A primeira volta a Jerusalém é finalizada (2.64-70)
II. A construção do templo (3—6)
  A. Os alicerces são lançados (3)
  B. Os inimigos se opõem à edificação do templo (4)
  C. A reconstrução do templo é concluída, e a Páscoa é celebrada (5—6)

Segunda parte: A restauração do povo (7—10)
I. O regresso do segundo grupo liderado por Esdras (7.1—8.36)
  A. O decreto do rei Artaxerxes (7)
  B. A lista dos que voltaram e a preparação espiritual destes (8.1-23)
  C. A segunda volta a Jerusalém é finalizada (8.24-36)
II. A restauração (9—10)
  A. O casamento com estrangeiras e a intercessão de Esdras (9)
  B. A renovação em Israel (10)

Versículos-chave
1.1-4

Tema geral do livro
Neste livro encontramos praticamente tudo que se sabe sobre os judeus no exílio babilônico desde a vitória do Império Persa até a chegada de Esdras com o segundo grupo dos que voltaram a Jerusalém (457 a.C.). Vemos aqui que os costumes persas eram bastante distintos dos costumes babilônicos. O rei persa, movido pelo próprio Deus, permitiu que os judeus voltassem a sua terra além de lhes devolver os tesouros do templo que Nabucodonosor havia confiscado como despojo para a Babilônia.

Em outra ocasião, diante das queixas dos governadores vizinhos de Jerusalém, o rei Dario deu ordem para que se buscasse em seus arquivos a autorização da reconstrução do templo, e foi encontrado o decreto de Ciro, ao qual acatou plenamente; uma vez promulgadas, as leis persas não podiam ser revogadas. No Império Persa dominava a variedade e o respeito às culturas dos diferentes povos conquistados, fato que favorecia o bom entendimento entre o governo central e as diferentes regiões. Em Esdras, vemos a fidelidade de Deus em proteger seu povo, tanto no cativeiro quanto no regresso a Jerusalém, depois de setenta anos de exílio.

No livro de Esdras, Jesus é...
... o que nos leva de volta à verdadeira pátria (3.10,11).

Versículo-chave para o discípulo
8.21

O discípulo e o livro de Esdras
Nos últimos capítulos de Esdras encontramos uma situação que acontece com frequência na sociedade atual. Não poucos judeus haviam se casado com estrangeiras, que tinham crenças e culturas distintas dos judeus. Esse fato estava levando os judeus a aceitar a religião de suas mulheres e diminuindo sua lealdade ao Deus de Israel. A solução tomada por Esdras foi radical. Mesmo em meio a sofrimento e lágrimas, foi necessário expulsar de Israel as mulheres estrangeiras com seus filhos (10.1). Tal perigo espiritual, com seu poder e atração, faz parte do que o apóstolo Paulo definiu mais tarde como "jugo desigual com descrentes" (2Coríntios 6.14). O discípulo necessita pedir força ao Espírito de Deus para ajudá-lo a tomar decisões que agradem a Deus e que tenham resultados favoráveis na eternidade, não pensando apenas no imediato e terreno; além disso, deve manter-se firme em sua decisão, pois uma escolha pode resultar em vida ou morte eternas.

ESDRAS

O Decreto de Ciro

1 No primeiro ano do reinado de Ciro, rei da Pérsia, a fim de que se cumprisse a palavra do Senhor falada por Jeremias, o Senhor despertou o coração de Ciro, rei da Pérsia, para redigir uma proclamação e divulgá-la em todo o seu reino, nestes termos:

² "Assim diz Ciro, rei da Pérsia:

"O Senhor, o Deus dos céus, deu-me todos os reinos da terra e designou-me para construir um templo para ele em Jerusalém de Judá. ³ Qualquer do seu povo que esteja entre vocês, que o seu Deus esteja com ele, e que vá a Jerusalém de Judá reconstruir o templo do Senhor, o Deus de Israel, o Deus que em Jerusalém tem a sua morada. ⁴ E que todo sobrevivente, seja qual for o lugar em que esteja vivendo, receba dos que ali vivem prata, ouro, bens, animais e ofertas voluntárias para o templo de Deus em Jerusalém".

⁵ Então os líderes das famílias de Judá e de Benjamim, como também os sacerdotes e os levitas, todos aqueles cujo coração Deus despertou, dispuseram-se a ir para Jerusalém e a construir o templo do Senhor. ⁶ Todos os seus vizinhos os ajudaram, trazendo-lhes utensílios de prata e de ouro, bens, animais e presentes valiosos, além de todas as ofertas voluntárias que fizeram. ⁷ Além disso, o rei Ciro mandou tirar os utensílios pertencentes ao templo do Senhor, os quais Nabucodonosor tinha levado de Jerusalém e colocado no templo do seu deus[a]. ⁸ Ciro, rei da Pérsia, ordenou que fossem tirados pelo tesoureiro Mitredate, que os enumerou e os entregou a Sesbazar, governador de Judá.

⁹ O total foi o seguinte:

30 tigelas de ouro,
1.000 tigelas de prata,
29 panelas de prata,
¹⁰ 30 bacias de ouro,
410 bacias de prata
de qualidade inferior
e 1.000 outros objetos.

¹¹ Ao todo foram, na verdade, cinco mil e quatrocentos utensílios de ouro e de prata. Sesbazar trouxe tudo isso consigo quando os exilados vieram da Babilônia para Jerusalém.

A Lista dos Exilados que Voltaram

2 Esta é a lista dos homens da província que Nabucodonosor, rei da Babilônia, tinha levado prisioneiros para a Babilônia. Eles voltaram para Jerusalém e Judá, cada um para a sua própria cidade. ² Vieram na companhia de Zorobabel, Jesua, Neemias, Seraías, Reelaías, Mardoqueu, Bilsã, Mispar, Bigvai, Reum e Baaná.

Esta é a lista dos israelitas:

³ os descendentes
de Parós, 2.172;
⁴ de Sefatias, 372;
⁵ de Ara, 775;
⁶ de Paate-Moabe,
por meio da linhagem
de Jesua e Joabe, 2.812;
⁷ de Elão, 1.254;
⁸ de Zatu, 945;
⁹ de Zacai, 760;
¹⁰ de Bani, 642;
¹¹ de Bebai, 623;
¹² de Azgade, 1.222;
¹³ de Adonicão, 666;
¹⁴ de Bigvai, 2.056;
¹⁵ de Adim, 454;
¹⁶ de Ater,
por meio de Ezequias, 98;
¹⁷ de Besai, 323;
¹⁸ de Jora, 112;
¹⁹ de Hasum, 223;
²⁰ de Gibar, 95;

²¹ os da cidade de Belém, 123;
²² de Netofate, 56;
²³ de Anatote, 128;
²⁴ de Azmavete, 42;
²⁵ de Quiriate-Jearim[b],
Quefira e Beerote, 743;
²⁶ de Ramá e Geba, 621;
²⁷ de Micmás, 122;
²⁸ de Betel e Ai, 223;

---

[a] 1.7 Ou *seus deuses*

[b] 2.25 Conforme a Septuaginta. O Texto Massorético diz *Quiriate-Arim*. Veja Ne 7.29.

²⁹ de Nebo, 52;
³⁰ de Magbis, 156;
³¹ do outro Elão, 1.254;
³² de Harim, 320;
³³ de Lode, Hadide
e Ono, 725;
³⁴ de Jericó, 345;
³⁵ de Senaá, 3.630.

³⁶ Os sacerdotes:

os descendentes
de Jedaías,
por meio da família
de Jesua, 973;
³⁷ de Imer, 1.052;
³⁸ de Pasur, 1.247;
³⁹ de Harim, 1.017.

⁴⁰ Os levitas:

os descendentes de Jesua
e de Cadmiel,
por meio da linhagem
de Hodavias, 74.

⁴¹ Os cantores:

os descendentes de Asafe, 128.

⁴² Os porteiros do templo:

os descendentes de Salum, Ater,
Talmom, Acube, Hatita e Sobai, 139.

⁴³ Os servidores do templo:

os descendentes de Zia,
Hasufa, Tabaote,
⁴⁴ Queros, Sia, Padom,
⁴⁵ Lebana, Hagaba, Acube,
⁴⁶ Hagabe, Sanlai, Hanã,
⁴⁷ Gidel, Gaar, Reaías,
⁴⁸ Rezim, Necoda, Gazão,
⁴⁹ Uzá, Paseia, Besai,
⁵⁰ Asná, Meunim, Nefusim,
⁵¹ Baquebuque, Hacufa, Harur,
⁵² Baslute, Meída, Harsa,
⁵³ Barcos, Sísera, Tamá,
⁵⁴ Nesias e Hatifa.

⁵⁵ Os descendentes dos servos
de Salomão:

os descendentes de Sotai,
Soferete, Peruda,
⁵⁶ Jaala, Darcom, Gidel,
⁵⁷ Sefatias, Hatil,
Poquerete-Hazebaim e Ami.

⁵⁸ O total dos servidores
do templo e dos descendentes
dos servos de Salomão, 392.

⁵⁹ Os que chegaram
das cidades de Tel-Melá,
Tel-Harsa, Querube,
Adã e Imer, mas não
puderam comprovar
que suas famílias
descendiam de Israel,
foram os seguintes:

⁶⁰ os descendentes de Delaías,
Tobias e Necoda, 652.

⁶¹ E entre os sacerdotes:

os descendentes de Habaías, Hacoz e Barzilai, homem que se casou com uma filha de Barzilai, de Gileade, e que era chamado pelo nome do sogro.
⁶² Eles examinaram seus registros de família, mas não conseguiram achá-los e foram considerados impuros para o sacerdócio. ⁶³ Por isso o governador os proibiu de comer alimentos sagrados enquanto não houvesse um sacerdote capaz de consultar Deus por meio do Urim e do Tumim*ᵃ*.

⁶⁴ A totalidade dos que voltaram do exílio atingiu o número de 42.360 homens, ⁶⁵ além dos seus 7.337 servos e servas; havia entre eles 200 cantores e cantoras. ⁶⁶ Possuíam 736 cavalos, 245 mulas, ⁶⁷ 435 camelos e 6.720 jumentos.

⁶⁸ Quando chegaram ao templo do Senhor em Jerusalém, alguns dos chefes das famílias deram ofertas voluntárias para a reconstrução do templo de Deus no seu antigo local. ⁶⁹ De acordo com as suas possibilidades, deram à tesouraria para essa obra quinhentos quilos*ᵇ* de ouro, três toneladas*ᶜ* de prata e cem vestes sacerdotais.

ᵃ **2.63** Objetos utilizados para se conhecer a vontade de Deus.
ᵇ **2.69** Hebraico: *61.000 dracmas.*
ᶜ **2.69** Hebraico: *5.000 minas.* Uma mina equivalia a 600 gramas.

⁷⁰ Os sacerdotes, os levitas, os cantores, os porteiros e os servidores do templo, bem como os demais israelitas, estabeleceram-se em suas cidades de origem.

A Reconstrução do Altar

3 Quando chegou o sétimo mês e os israelitas já estavam em suas cidades, o povo se reuniu como um só homem em Jerusalém. ² Então Jesua, filho de Jozadaque, e seus colegas, os sacerdotes, e Zorobabel, filho de Sealtiel, e seus companheiros começaram a construir o altar do Deus de Israel para nele sacrificarem holocaustos[a], conforme o que está escrito na Lei de Moisés, homem de Deus. ³ Apesar do receio que tinham dos povos ao redor, construíram o altar sobre a sua base e nele sacrificaram holocaustos ao Senhor, tanto os sacrifícios da manhã como os da tarde. ⁴ Depois, de acordo com o que está escrito, celebraram a festa das cabanas[b] com o número determinado de holocaustos prescritos para cada dia. ⁵ A seguir apresentaram os holocaustos regulares, os sacrifícios da lua nova e os sacrifícios requeridos para todas as festas sagradas determinadas pelo Senhor, bem como os que foram trazidos como ofertas voluntárias ao Senhor. ⁶ A partir do primeiro dia do sétimo mês começaram a oferecer holocaustos ao Senhor, embora ainda não tivessem sido lançados os alicerces do templo do Senhor.

A Reconstrução do Templo

⁷ Então eles deram dinheiro aos pedreiros e aos carpinteiros, e deram comida, bebida e azeite ao povo de Sidom e de Tiro, para que, pelo mar, trouxessem do Líbano para Jope toras de cedro. Isso tinha sido autorizado por Ciro, rei da Pérsia. ⁸ No segundo mês do segundo ano depois de chegarem ao templo de Deus em Jerusalém, Zorobabel, filho de Sealtiel, Jesua, filho de Jozadaque, e o restante dos seus irmãos — os sacerdotes, os levitas e todos os que tinham voltado do cativeiro para Jerusalém — começaram o trabalho, designando levitas de vinte anos para cima para supervisionarem a construção do templo do Senhor. ⁹ Jesua, seus filhos e seus irmãos, e Cadmiel e seus filhos, descendentes de Hodavias[c], e os filhos de Henadade e seus filhos e seus irmãos, todos eles levitas, uniram-se para supervisionar os que trabalhavam no templo de Deus.

¹⁰ Quando os construtores lançaram os alicerces do templo do Senhor, os sacerdotes, com suas vestes e suas trombetas, e os levitas, filhos de Asafe, com címbalos, tomaram seus lugares para louvar o Senhor, conforme prescrito por Davi, rei de Israel. ¹¹ Com louvor e ações de graças, cantaram responsivamente ao Senhor:

"Ele é bom;
seu amor a Israel dura para sempre".

E todo o povo louvou o Senhor em alta voz, pois haviam sido lançados os alicerces do templo do Senhor. ¹² Mas muitos dos sacerdotes, dos levitas e dos chefes das famílias mais velhos, que tinham visto o antigo templo, choraram em alta voz quando viram o lançamento dos alicerces desse templo; muitos, porém, gritavam de alegria. ¹³ Não era possível distinguir entre o som dos gritos de alegria e o som do choro, pois o povo fazia enorme barulho. E o som foi ouvido a grande distância.

A Oposição à Obra

4 Quando os inimigos de Judá e de Benjamim souberam que os exilados estavam reconstruindo o templo do Senhor, o Deus de Israel, ² foram falar com Zorobabel e com os chefes das famílias: "Vamos ajudá-los nessa obra porque, como vocês, nós buscamos o Deus de vocês e temos sacrificado a ele desde a época de Esar-Hadom, rei da Assíria, que nos trouxe para cá".

³ Contudo, Zorobabel, Jesua e os demais chefes das famílias de Israel responderam: "Não compete a vocês a reconstrução do templo de nosso Deus. Somente nós o construiremos para o Senhor, o Deus de Israel, conforme Ciro, o rei da Pérsia, nos ordenou".

⁴ Então a gente da região começou a desanimar o povo de Judá e a atemorizá-lo, para que não continuasse a construção[d]. ⁵ Pagaram alguns funcionários para que se opusessem ao povo e frustrassem o seu plano. E fizeram isso durante todo o reinado de Ciro até o reinado de Dario, reis da Pérsia.

---

[a] **3.2** Isto é, sacrifícios totalmente queimados; também nos versículos 3-6.
[b] **3.4** Ou *dos tabernáculos*; hebraico: *sucote*.
[c] **3.9** Hebraico: *Judá*, possível variante de *Hodavias*.

[d] **4.4** Ou *a perturbá-lo enquanto construía*

A Oposição nos Reinados de Xerxes e Artaxerxes

⁶ No início do reinado de Xerxes*ᵃ*, apresentaram uma acusação contra o povo de Judá e de Jerusalém.

⁷ E nos dias de Artaxerxes, rei da Pérsia, Bislão, Mitredate, Tabeel e o restante dos seus companheiros escreveram uma carta a Artaxerxes. A carta foi escrita em aramaico, com caracteres aramaicos*ᵇ*.*ᶜ*

⁸ O comandante Reum e o secretário Sinsai escreveram uma carta contra Jerusalém ao rei Artaxerxes:

⁹ O comandante Reum e o secretário Sinsai, e o restante de seus companheiros — os juízes e os oficiais de Trípoli, da Pérsia, de Ereque e*ᵈ* da Babilônia, os elamitas de Susã, ¹⁰ e das outras nações que o grande e renomado Assurbanípal*ᵉ* deportou e assentou na cidade de Samaria e noutros lugares a oeste do Eufrates — escreveram, nos seguintes termos:

¹¹ (Esta é uma cópia da carta que lhe enviaram.)

"Ao rei Artaxerxes,

"De seus servos que vivem a oeste do Eufrates:

¹² "Informamos o rei que os judeus que chegaram a nós da tua parte vieram a Jerusalém e estão reconstruindo aquela cidade rebelde e má. Estão fazendo reparos nos muros e consertando os alicerces. ¹³ "Além disso, é preciso que o rei saiba que, se essa cidade for reconstruída e os seus muros reparados, não mais se pagarão impostos, tributos ou taxas, e as rendas do rei sofrerão prejuízo. ¹⁴ Agora, visto que estamos a serviço do palácio e não nos é conveniente ver a desonra do rei, nós enviamos esta mensagem ao rei, ¹⁵ a fim de que se faça uma pesquisa nos arquivos de seus antecessores. Nesses arquivos o rei descobrirá e saberá que essa cidade é uma cidade rebelde, problemática para reis e províncias, um lugar de revoltas desde épocas antigas, motivo pelo qual foi destruída. ¹⁶ Informamos ao rei que, se essa cidade for reconstruída e seus muros reparados, nada sobrará a oeste do Eufrates".

¹⁷ O rei enviou-lhes a seguinte resposta:

"Ao comandante Reum, ao secretário Sinsai e aos seus demais companheiros que vivem em Samaria e em outras partes, a oeste do Eufrates:

"Saudações de paz!

¹⁸ "A carta que vocês nos enviaram foi traduzida e lida na minha presença. ¹⁹ Sob minhas ordens fez-se uma pesquisa e descobriu-se que essa cidade tem uma longa história de rebeldia contra os reis e que tem sido um lugar de rebeliões e revoltas. ²⁰ Jerusalém teve reis poderosos que governaram toda a região a oeste do Eufrates, aos quais se pagavam impostos, tributos e taxas. ²¹ Ordene agora a esses homens que parem a obra, para que essa cidade não seja reconstruída enquanto eu não mandar. ²² Tenham cuidado, não sejam negligentes neste assunto, para que os interesses reais não sofram prejuízo".

²³ Lida a cópia da carta do rei Artaxerxes para Reum, para o secretário Sinsai e para os seus companheiros, eles foram depressa a Jerusalém e forçaram os judeus a parar a obra.

²⁴ Assim a obra do templo de Deus em Jerusalém foi interrompida e ficou parada até o segundo ano do reinado de Dario, rei da Pérsia.

A Carta de Tatenai a Dario

5 Ora, o profeta Ageu e o profeta Zacarias, descendente de Ido, profetizaram aos judeus de Judá e de Jerusalém, em nome do Deus de Israel, que estava sobre eles. ² Então Zorobabel, filho de Sealtiel, e Jesua, filho de Jozadaque, começaram a reconstruir o templo de Deus em Jerusalém. E os profetas de Deus estavam com eles e os ajudavam.

³ Tatenai, governador do território a oeste do Eufrates, Setar-Bozenai e seus companheiros foram logo perguntar a eles: "Quem os autorizou a reconstruir este templo e estes muros? ⁴ E como se chamam os homens que

---

ᵃ **4.6** Hebraico: *Assuero*, variante do nome persa *Xerxes*.
ᵇ **4.7** Ou *em aramaico, com sua respectiva tradução*
ᶜ **4.7** O texto de Esdras 4.8-6.18 está em aramaico.
ᵈ **4.9** Ou *oficiais, magistrados e governadores sobre Ereque e*; ou ainda *oficiais de Dim, Afarsaque, Tarpel e Afarsa*
ᵉ **4.10** Aramaico: *Osnapar*, variante de *Assurbanípal*.

estão construindo este edifício?*ᵃ* ⁵ Mas os olhos do seu Deus estavam sobre os líderes dos judeus, e eles não foram impedidos de trabalhar até que um relatório fosse enviado a Dario e dele se recebesse uma ordem oficial a respeito do assunto.

⁶ Esta é uma cópia da carta que Tatenai, governador do território situado a oeste do Eufrates, Setar-Bozenai e seus companheiros, os oficiais do oeste do Eufrates, enviaram ao rei Dario. ⁷ O relatório que lhe enviaram dizia o seguinte:

"Ao rei Dario:

"Paz e prosperidade!

⁸ "Informamos ao rei que fomos à província de Judá, ao templo do grande Deus. O povo o está reconstruindo com grandes pedras e já estão fixando as vigas de madeira nas paredes. A obra está sendo executada com diligência e apresentando rápido progresso.

⁹ "Então perguntamos aos líderes: Quem os autorizou a reconstruir este templo e estes muros? ¹⁰ Também perguntamos os nomes dos líderes deles, para que os registrássemos para a tua informação.

¹¹ "Esta é a resposta que nos deram:

" 'Somos servos do Deus dos céus e da terra e estamos reconstruindo o templo edificado há muitos anos, templo que foi construído e terminado por um grande rei de Israel. ¹² Mas, visto que os nossos antepassados irritaram o Deus dos céus, ele os entregou nas mãos do babilônio*ᵇ* Nabucodonosor, rei da Babilônia, que destruiu este templo e deportou o povo para a Babilônia.

¹³ " 'Contudo, no seu primeiro ano como rei da Babilônia, o rei Ciro emitiu um decreto ordenando a reconstrução desta casa de Deus. ¹⁴ Ele até mesmo tirou do templo*ᶜ* da Babilônia os utensílios de ouro e de prata da casa de Deus, os quais Nabucodonosor havia tirado do templo de Jerusalém e levado para o templo da Babilônia.

" 'O rei Ciro os confiou a um homem chamado Sesbazar, que ele tinha nomeado governador, ¹⁵ e lhe disse: "Leve estes utensílios, coloque-os no templo de Jerusalém e reconstrua a casa de Deus em seu antigo local". ¹⁶ Então Sesbazar veio e lançou os alicerces do templo de Deus em Jerusalém. Desde aquele dia o templo tem estado em construção, mas ainda não foi concluído.'

¹⁷ "Agora, se for do agrado do rei, que se faça uma pesquisa nos arquivos reais da Babilônia para verificar se o rei Ciro de fato emitiu um decreto ordenando a reconstrução da casa de Deus em Jerusalém. Aguardamos do rei a decisão sobre o assunto".

O Decreto de Dario

6 O rei Dario mandou então fazer uma pesquisa nos arquivos da Babilônia, que estavam nos locais em que se guardavam os tesouros. ² Encontrou-se um rolo na cidadela de Ecbatana, na província da Média, e nele estava escrito o seguinte, que Dario comunicou:

³ "No primeiro ano do seu reinado, o rei Ciro promulgou um decreto acerca do templo de Deus em Jerusalém, nestes termos:

" 'Que o templo seja reconstruído como local destinado à apresentação de sacrifícios e que se lancem os seus alicerces. Ele terá vinte e sete metros*ᵈ* de altura e vinte e sete metros de largura, ⁴ com três carreiras de pedras grandes e uma carreira de madeira. O custo será pago pela tesouraria do rei. ⁵ E os utensílios de ouro e de prata da casa de Deus, que Nabucodonosor tirou do templo de Jerusalém e trouxe para a Babilônia, serão devolvidos aos seus lugares no templo de Jerusalém; devem ser colocados na casa de Deus'.

⁶ "Agora, então, Tatenai, governador do território situado a oeste do Eufrates, e Setar-Bozenai, e vocês, oficiais dessa província e amigos deles, mantenham-se afastados de lá. ⁷ Não interfiram na obra que se faz nesse templo de Deus. Deixem o governador e os líderes dos judeus reconstruírem esse templo de Deus em seu antigo local.

⁸ "Além disso, promulgo o seguinte decreto a respeito do que vocês farão por esses líderes dos judeus na construção desse templo de Deus:

ᵃ 5.4 Conforme a Septuaginta. O Texto Massorético diz *Demos a eles os nomes dos homens que estavam construindo este edifício.*
ᵇ 5.12 Ou *caldeu*
ᶜ 5.14 Ou *palácio*; também no mesmo versículo.
ᵈ 6.3 Aramaico: *60 côvados.* O côvado era uma medida linear de cerca de 45 centímetros.

"As despesas desses homens serão integralmente pagas pela tesouraria do rei, do tributo recebido do território a oeste do Eufrates, para que a obra não pare. ⁹ E o que for necessário: novilhos, carneiros, cordeiros para os holocaustos*ᵃ* oferecidos ao Deus dos céus, e trigo, sal, vinho e azeite, conforme for solicitado pelos sacerdotes em Jerusalém, tudo deverá ser entregue diariamente a eles, sem falta, ¹⁰ para que ofereçam sacrifícios agradáveis ao Deus dos céus e orem pelo bem-estar do rei e dos seus filhos.
¹¹ "Além disso, determino que, se alguém alterar este decreto, atravessem-lhe o corpo com uma viga tirada de sua casa e deixem-no empalado. E seja a sua casa transformada num monte de entulho. ¹² E que Deus, que fez o seu nome ali habitar, derrube qualquer rei ou povo que estender a mão para mudar este decreto ou para destruir esse templo de Jerusalém.
"Eu, Dario, o decretei. Que seja plenamente executado".

A Dedicação do Templo

¹³ Tendo recebido o decreto do rei Dario, Tatenai, governador do território situado a oeste do Eufrates, Setar-Bozenai e os companheiros deles o cumpriram plenamente. ¹⁴ Dessa maneira, os líderes dos judeus continuaram a construir e a prosperar, encorajados pela pregação dos profetas Ageu e Zacarias, descendente de Ido. Eles terminaram a reconstrução do templo conforme a ordem do Deus de Israel e os decretos de Ciro, de Dario e de Artaxerxes, reis da Pérsia. ¹⁵ O templo foi concluído no terceiro dia do mês de adar*ᵇ*, no sexto ano do reinado do rei Dario.
¹⁶ Então o povo de Israel, os sacerdotes, os levitas e o restante dos exilados, celebraram com alegria a dedicação do templo de Deus. ¹⁷ Para a dedicação do templo de Deus ofereceram cem touros, duzentos carneiros, quatrocentos cordeiros e, como oferta pelo pecado de todo o Israel, doze bodes, de acordo com o número das tribos de Israel. ¹⁸ E organizaram os sacerdotes em suas divisões e os levitas em seus grupos para o serviço de Deus em Jerusalém, conforme o que está escrito no Livro de Moisés.

ᵃ 6.9 Isto é, sacrifícios totalmente queimados.
ᵇ 6.15 Aproximadamente fevereiro/março.

A Celebração da Páscoa

¹⁹ No décimo quarto dia do primeiro mês, os exilados celebraram a Páscoa. ²⁰ Os sacerdotes e os levitas tinham se purificado; estavam todos cerimonialmente puros. Os levitas sacrificaram o cordeiro da Páscoa por todos os exilados, por seus colegas sacerdotes e por eles mesmos. ²¹ Assim, os israelitas que tinham voltado do exílio comeram do cordeiro, participando com eles todos os que se haviam separado das práticas impuras dos seus vizinhos gentios para buscarem o SENHOR, o Deus de Israel. ²² Durante sete dias eles celebraram com alegria a festa dos pães sem fermento, pois o SENHOR os enchera de alegria ao mudar o coração do rei da Assíria, levando-o a dar-lhes força para realizarem a obra de reconstrução do templo de Deus, o Deus de Israel.

Esdras Vai para Jerusalém

7 Depois dessas coisas, durante o reinado de Artaxerxes, rei da Pérsia, vivia um homem chamado Esdras. Era filho de Seraías, filho de Azarias, filho de Hilquias, ² filho de Salum, filho de Zadoque, filho de Aitube, ³ filho de Amarias, filho de Azarias, filho de Meraiote, ⁴ filho de Zeraías, filho de Uzi, filho de Buqui, ⁵ filho de Abisua, filho de Fineias, filho de Eleazar, filho do sumo sacerdote Arão. ⁶ Este Esdras veio da Babilônia. Era um escriba que conhecia muito a Lei de Moisés dada pelo SENHOR, o Deus de Israel. O rei lhe concedera tudo o que ele tinha pedido, pois a mão do SENHOR, o seu Deus, estava sobre ele. ⁷ Alguns dos israelitas, inclusive sacerdotes, levitas, cantores, porteiros e servidores do templo, também foram para Jerusalém no sétimo ano do reinado de Artaxerxes.
⁸ Esdras chegou a Jerusalém no quinto mês do sétimo ano desse reinado. ⁹ No primeiro dia do primeiro mês ele saiu da Babilônia e chegou a Jerusalém no primeiro dia do quinto mês, porque a boa mão de seu Deus estava sobre ele. ¹⁰ Pois Esdras tinha decidido dedicar-se a estudar a Lei do SENHOR e a praticá-la, e ensinar os seus decretos e mandamentos aos israelitas.

A Carta do Rei Artaxerxes a Esdras

¹¹ Esta é uma cópia da carta que o rei Artaxerxes entregou ao sacerdote e escriba Esdras, conhecedor dos mandamentos e decretos do SENHOR para Israel:

O ESTUDO DA BÍBLIA

Muitos de nós já ouvimos desde pequenos: "Leia a Bíblia e ore todos os dias e você vai aprender e crescer muito". Mas por que devemos estudar a Bíblia?

Há muitos textos bíblicos que nos ensinam o benefício de se conhecer e estudar a Palavra de Deus. No livro de Salmos lemos:

"A lei do SENHOR é perfeita e revigora a alma. Os testemunhos do SENHOR são dignos de confiança e tornam sábios os inexperientes. Os preceitos do SENHOR são justos e dão alegria ao coração. Os mandamentos do SENHOR são límpidos e trazem luz aos olhos" (19.7,8).

Em 2Timóteo 3.16,17 também lemos que "Toda a Escritura é inspirada por Deus e útil para o ensino, para a repreensão, para a correção e para a instrução na justiça, para que o homem de Deus seja apto e plenamente preparado para toda boa obra".

Esdras é um dos melhores exemplos bíblicos que temos sobre o poder da Palavra de Deus. Foi um sacerdote que também chegou a ser o líder do povo de Deus. E, como sacerdote, havia estudado a fundo as Escrituras. Investiu tempo para conhecer o Senhor e, quando chegou a hora de liderar o povo, tinha conhecimento necessário ao qual recorrer para ensinar às pessoas. O texto de Esdras 7.10 resume bem sua filosofia: "[...] Esdras tinha decidido dedicar-se a estudar a Lei do SENHOR e a praticá-la, e a ensinar os seus decretos e mandamentos aos israelitas".

Observe os três elementos da filosofia de Esdras: dedicar-se a estudar, praticar e ensinar. Devemos moldar nossa vida como fez Esdras: investindo o tempo necessário para conhecer a Palavra de Deus, obedecendo ao que ela nos diz e levando sua mensagem a outros. Enquanto fazemos isso, Deus atenderá aos nossos sonhos e necessidades!

Muitas vezes, quando você, caro discípulo, ler as Escrituras não sentirá uma emoção arrebatadora. Numa sociedade movida à emoção como a nossa, esse fato pode nos levar a abandonar a busca da verdade. A sabedoria de Deus, no entanto, é algo que nos domina aos poucos, com o decorrer do tempo; portanto, o Espírito Santo se valerá desse fundamento no momento adequado. A aquisição da sabedoria é uma disciplina espiritual que nem sempre nos fará "sentir bem", mas que certamente nos beneficiará no futuro.

APLICAÇÃO

- Faça uma lista de todos os motivos pelos quais você não gosta de estudar a Palavra, se esse é o seu caso. Seja sincero. Se é algo cansativo ou difícil de entender, mencione isso.
- Agora leia o salmo 119 e faça uma lista de todos os benefícios de conhecer e estudar a Palavra de Deus.
- Decida qual das listas tem mais importância e faça um plano para investir tempo em conhecer mais de Deus por meio de sua Palavra.

[12a] "Artaxerxes, rei dos reis,

"Ao sacerdote Esdras, escriba da Lei do Deus dos céus:

"Paz e prosperidade!

[13] "Estou decretando que qualquer israelita em meu reino, inclusive entre os sacerdotes e levitas, que *desejar* ir a Jerusalém com você, poderá fazê-lo. [14] Você está sendo enviado pelo rei e por seus sete conselheiros para fazer uma investigação em Judá e em Jerusalém com respeito à Lei do seu Deus, que está nas suas mãos. [15] Além disso, você levará a prata e o ouro que o rei e seus conselheiros voluntariamente ofereceram ao Deus de Israel, cuja habitação está em Jerusalém, [16] além de toda a prata e todo o ouro que você receber da província da Babilônia, como também as ofertas voluntárias do povo e dos sacerdotes para o templo do Deus deles em Jerusalém. [17] Com esse dinheiro compre novilhos, carneiros, cordeiros e o que for necessário para as suas ofertas de cereal e de bebida, e sacrifique-os no altar do templo do seu Deus em Jerusalém.

---

[a] 7.12 O texto original de Esdras 7.12-26 está em aramaico.

¹⁸ "Você e seus irmãos poderão fazer o que acharem melhor com o restante da prata e do ouro, de acordo com a vontade do seu Deus. ¹⁹ Entregue ao Deus de Jerusalém todos os utensílios que foram confiados a você para o culto no templo de seu Deus. ²⁰ E todas as demais despesas necessárias com relação ao templo de seu Deus serão pagas pelo tesouro real.
²¹ "Agora eu, o rei Artaxerxes, ordeno a todos os tesoureiros do território situado a oeste do Eufrates que forneçam tudo o que lhes solicitar o sacerdote Esdras, escriba da Lei do Deus dos céus, ²² até três toneladas e meia^a de prata, cem tonéis^b de trigo, dez barris^c de vinho, dez barris de azeite de oliva e sal à vontade. ²³ Tudo o que o Deus dos céus tenha prescrito, que se faça com presteza para o templo do Deus dos céus, para que a sua ira não venha contra o império do rei e dos seus descendentes. ²⁴ Saibam também que vocês não têm autoridade para exigir impostos, tributos ou taxas de nenhum sacerdote, levita, cantor, porteiro, servidor do templo e de nenhum dos que trabalham nesse templo de Deus. ²⁵ "E você, Esdras, com a sabedoria que o seu Deus deu a você, nomeie magistrados e juízes para ministrarem a justiça a todo o povo do território situado a oeste do Eufrates, a todos os que conhecem as leis do seu Deus. E aos que não as conhecem você deverá ensiná-las. ²⁶ Aquele que não obedecer à lei do Deus de vocês e à lei do rei seja punido com a morte, ou com o exílio, ou com o confisco de bens, ou com a prisão".

²⁷ Bendito seja o S ENHOR, o Deus de nossos antepassados, que pôs no coração do rei o propósito de honrar desta maneira o templo do S ENHOR em Jerusalém, ²⁸ e que, por sua bondade, favoreceu-me perante o rei, seus conselheiros e todos os seus altos oficiais. Como a mão do S ENHOR, o meu Deus, esteve sobre mim, tomei coragem e reuni alguns líderes de Israel para me acompanharem.

^{a} **7.22** Aramaico: *100 talentos*. Um talento equivalia a 35 quilos.
^{b} **7.22** Aramaico: *100 coros*. O coro era uma medida de capacidade. As estimativas variam entre 200 e 400 litros.
^{c} **7.22** Aramaico: *100 batos*. O bato era uma medida de capacidade para líquidos. As estimativas variam entre 20 e 40 litros.

A Lista dos Líderes das Famílias que Voltaram

8 Estes são os chefes das famílias e dos que com eles foram registrados, os quais saíram comigo da Babilônia durante o reinado do rei Artaxerxes:

² dos descendentes de Fineias, Gérson;
dos descendentes de Itamar, Daniel;
dos descendentes de Davi, Hatus;
³ dos descendentes de Secanias,
dos descendentes de Parós, Zacarias,
sendo registrados com ele
150 homens;
⁴ dos descendentes de Paate-Moabe,
Elioenai, filho de Zeraías,
e com ele 200 homens;
⁵ dos descendentes de Zatu^d,
Secanias, filho de Jaaziel,
e com ele 300 homens;
⁶ dos descendentes de Adim,
Ebede, filho de Jônatas,
e com ele 50 homens;
⁷ dos descendentes de Elão,
Jesaías, filho de Atalias,
e com ele 70 homens;
⁸ dos descendentes de Sefatias,
Zebadias, filho de Micael,
e com ele 80 homens;
⁹ dos descendentes de Joabe,
Obadias, filho de Jeiel,
e com ele 218 homens;
¹⁰ dos descendentes de Bani^e,
Selomite, filho de Josifias,
e com ele 160 homens;
¹¹ dos descendentes de Bebai,
Zacarias, filho de Bebai,
e com ele 28 homens;
¹² dos descendentes de Azgade,
Joanã, filho de Hacatã,
e com ele 110 homens;
¹³ dos descendentes de Adonicão,
os últimos que chegaram,
Elifelete, Jeiel e Semaías,
e com eles 60 homens;
¹⁴ dos descendentes de Bigvai,
Utai e Zabude,
e com eles 70 homens.

^{d} **8.5** Muitos manuscritos não trazem *Zatu*.
^{e} **8.10** Muitos manuscritos não trazem *Bani*.

O Retorno a Jerusalém

¹⁵ Eu os reuni junto ao canal que corre para Aava e acampamos ali por três dias. Quando passei em revista o povo e os sacerdotes, não encontrei nenhum levita. ¹⁶ Por isso convoquei Eliézer, Ariel, Semaías, Elnatã, Jaribe, Elnatã, Natã, Zacarias e Mesulão, que eram líderes, e Joiaribe e Natã, que eram homens sábios, ¹⁷ e os enviei a Ido, o líder de Casifia. Eu lhes falei o que deveriam dizer a Ido e a seus parentes, os servidores do templo, em Casifia, para que nos trouxessem servidores para o templo de nosso Deus. ¹⁸ Como a bondosa mão de Deus estava sobre nós, eles nos trouxeram Serebias, homem capaz, dentre os descendentes de Mali, filho de Levi, neto de Israel, e os filhos e irmãos de Serebias, dezoito homens; ¹⁹ e também Hasabias, acompanhado de Jesaías, dentre os descendentes de Merari, e seus irmãos e filhos, vinte homens. ²⁰ Trouxeram ainda duzentos e vinte dos servidores do templo, um grupo que Davi e os seus oficiais tinham formado para ajudar os levitas. Todos eles tinham seus nomes registrados.

²¹ Ali, junto ao canal de Aava, proclamei jejum para que nos humilhássemos diante do nosso Deus e lhe pedíssemos uma viagem segura para nós e nossos filhos, com todos os nossos bens. ²² Tive vergonha de pedir soldados e cavaleiros ao rei para nos protegerem dos inimigos na estrada, pois lhe tínhamos dito: "A mão bondosa de nosso Deus está sobre todos os que o buscam, mas o seu poder e a sua ira são contra todos os que o abandonam". ²³ Por isso jejuamos e suplicamos essa bênção ao nosso Deus, e ele nos atendeu.

²⁴ Depois separei doze dos principais sacerdotes, a saber, Serebias, Hasabias e dez dos seus irmãos, ²⁵ e pesei diante deles a oferta de prata e de ouro e os utensílios que o rei, seus conselheiros, seus oficiais e todo o Israel ali presente tinham doado para a casa de nosso Deus. ²⁶ Pesei e entreguei-lhes vinte e dois mil e setecentos e cinquenta quilos*ᵃ* de prata, três toneladas e meia de utensílios de prata, três toneladas e meia de ouro, ²⁷ vinte tigelas de ouro pesando oito quilos e meio*ᵇ*, e dois utensílios finos de bronze polido, tão valiosos como se fossem de ouro.

²⁸ E eu lhes disse: Tanto vocês como estes utensílios estão consagrados ao Senhor. A prata e o ouro são uma oferta voluntária ao Senhor, o Deus dos seus antepassados. ²⁹ Peço que os guardem bem até que os pesem nas salas do templo do Senhor em Jerusalém diante dos sacerdotes principais, dos levitas e dos chefes das famílias de Israel. ³⁰ Então os sacerdotes e os levitas receberam a prata, o ouro e os utensílios sagrados, depois de pesados, para levá-los a Jerusalém, ao templo do nosso Deus.

³¹ No décimo segundo dia do primeiro mês nós partimos do canal de Aava e fomos para Jerusalém. A mão do nosso Deus esteve sobre nós, e ele nos protegeu do ataque de inimigos e assaltantes pelo caminho. ³² Assim chegamos a Jerusalém, e ficamos descansando três dias.

³³ No quarto dia, no templo do nosso Deus, pesamos a prata, o ouro e os utensílios sagrados, e os demos a Meremote, filho do sacerdote Urias. Estavam com ele Eleazar, filho de Fineias, e os levitas Jozabade, filho de Jesua, e Noadias, filho de Binui. ³⁴ Tudo foi contado e pesado, e o peso total foi registrado naquela mesma hora.

³⁵ Então os exilados que tinham voltado do cativeiro sacrificaram holocaustos*ᶜ* ao Deus de Israel: doze touros em favor de todo o Israel, noventa e seis carneiros, setenta e sete cordeiros e, como oferta pelo pecado, doze bodes — tudo oferecido como holocausto ao Senhor. ³⁶ Eles também entregaram as ordens do rei aos sátrapas e aos governadores do território a oeste do Eufrates, e ajudaram o povo na obra do templo de Deus.

A Oração de Esdras

9 Depois que foram feitas essas coisas, os líderes vieram dizer-me: "O povo de Israel, inclusive os sacerdotes e os levitas, não se mantiveram separados dos povos vizinhos e de suas práticas repugnantes, como as dos cananeus, dos hititas, dos ferezeus, dos jebuseus, dos amonitas, dos moabitas, dos egípcios e dos amorreus. ² Eles e seus filhos se casaram com mulheres daqueles povos e com eles misturaram a descendência santa. E os líderes e os oficiais estão à frente nessa atitude infiel!"

³ Quando ouvi isso, rasguei a minha túnica e o meu manto, arranquei os cabelos da cabeça e da barba e me sentei estarrecido! ⁴ Então todos os que tremiam diante das palavras do Deus de Israel reuniram-se ao meu redor por causa da infidelidade dos exilados. E eu fiquei sentado ali, estarrecido, até o sacrifício da tarde.

ᵃ **8.26** Hebraico: *650 talentos*. Um talento equivalia a 35 quilos.
ᵇ **8.27** Hebraico: *1.000 dáricos*.
ᶜ **8.35** Isto é, sacrifícios totalmente queimados.

⁵ Então, na hora do sacrifício da tarde, eu saí do meu abatimento, com a túnica e o manto rasgados, e caí de joelhos com as mãos estendidas para o Senhor, o meu Deus, ⁶ e orei:

Meu Deus, estou por demais envergonhado e humilhado para levantar o rosto diante de ti, meu Deus, porque os nossos pecados cobrem a nossa cabeça e a nossa culpa sobe até os céus. ⁷ Desde os dias dos nossos antepassados até agora, a nossa culpa tem sido grande. Por causa dos nossos pecados, nós, os nossos reis e os nossos sacerdotes temos sido entregues à espada e ao cativeiro, ao despojo e à humilhação nas mãos de reis estrangeiros, como acontece hoje.
⁸ Mas agora, por um breve momento, o Senhor, o nosso Deus, foi misericordioso, deixando-nos um remanescente e dando-nos um lugar seguro em seu santuário, e dessa maneira o nosso Deus ilumina os nossos olhos e nos dá um pequeno alívio em nossa escravidão. ⁹ Somos escravos, mas o nosso Deus não nos abandonou na escravidão. Ele tem sido bondoso para conosco diante dos reis da Pérsia: ele nos deu vida nova para reconstruir o templo do nosso Deus e levantar suas ruínas, e nos deu um muro de proteção em Judá e em Jerusalém.
¹⁰ E agora, ó nosso Deus, o que podemos dizer depois disso? Pois nós abandonamos os mandamentos que ¹¹ nos deste por meio dos teus servos, os profetas, quando disseste: "A terra que vocês estão conquistando está contaminada pelas práticas repugnantes dos seus povos. Com essas práticas eles encheram de impureza toda essa terra. ¹² Por isso, não deem as suas filhas em casamento aos filhos deles, nem aceitem as filhas deles para os filhos de vocês. Nunca procurem o bem-estar e a prosperidade desses povos, para que vocês sejam fortes e desfrutem os bons produtos da terra, e a deixem para os seus filhos como herança eterna".
¹³ Depois de tudo o que nos aconteceu por causa de nossas más obras e por causa de nossa grande culpa, apesar de nos teres punido menos do que os nossos pecados mereciam, ó Deus, e ainda nos teres dado um remanescente como este, ¹⁴ como podemos voltar a quebrar os teus mandamentos e a realizar casamentos mistos com esses povos de práticas repugnantes? Como não ficarias irado conosco, não nos destruirias, e não nos deixarias sem remanescente ou sobrevivente algum? ¹⁵ Ó Senhor, Deus de Israel, tu és justo! E até hoje nos deixaste sobreviver como um remanescente. Aqui estamos diante de ti com a nossa culpa, embora saibamos que por causa dela nenhum de nós pode permanecer na tua presença.

A Confissão de Pecado do Povo

10 Enquanto Esdras estava orando e confessando, chorando prostrado diante do templo de Deus, uma grande multidão de israelitas, homens, mulheres e crianças, reuniram-se em volta dele. Eles também choravam amargamente. ² Então Secanias, filho de Jeiel, um dos descendentes de Elão, disse a Esdras: "Fomos infiéis ao nosso Deus quando nos casamos com mulheres estrangeiras procedentes dos povos vizinhos. Mas, apesar disso, ainda há esperança para Israel. ³ Façamos agora um acordo diante do nosso Deus e mandemos de volta todas essas mulheres e seus filhos, segundo o conselho do meu senhor e daqueles que tremem diante dos mandamentos de nosso Deus. Que isso seja feito em conformidade com a Lei. ⁴ Levante-se! Esta questão está em suas mãos, mas nós o apoiaremos. Tenha coragem e mãos à obra!"
⁵ Esdras levantou-se e fez os sacerdotes principais, os levitas e todo o Israel jurarem que fariam o que fora sugerido. E eles juraram. ⁶ Então Esdras retirou-se de diante do templo de Deus e foi para o quarto de Joanã, filho de Eliasibe. Enquanto esteve ali, não comeu nem bebeu nada, lamentando a infidelidade dos exilados.
⁷ Fez-se então uma proclamação em todo o Judá e em Jerusalém convocando todos os exilados a se reunirem em Jerusalém. ⁸ Os líderes e as demais autoridades tinham decidido que aquele que não viesse no prazo de três dias perderia todos os seus bens e seria excluído da comunidade dos exilados.

⁹ No prazo de três dias, todos os homens de Judá e de Benjamim tinham se reunido em Jerusalém e, no vigésimo dia do nono mês, todo o povo estava sentado na praça que ficava diante do templo de Deus. Todos estavam profundamente abatidos por causa da reunião e também porque chovia muito. ¹⁰ Então o sacerdote Esdras levantou-se e lhes disse: "Vocês têm sido infiéis! Vocês se casaram com mulheres estrangeiras, aumentando a

culpa de Israel. ¹¹ Agora confessem seu pecado ao Senhor, o Deus dos seus antepassados, e façam a vontade dele. Separem-se dos povos vizinhos e das suas mulheres estrangeiras".

¹² A comunidade toda respondeu em alta voz: "Você está certo! Devemos fazer o que você diz. ¹³ Mas há muita gente aqui, e esta é a estação das chuvas; por isso não podemos ficar do lado de fora. Além disso, essa questão não pode ser resolvida em um dia ou dois, pois foram muitos os que assim pecaram. ¹⁴ Que os nossos líderes decidam por toda a assembleia. Depois, que cada homem de nossas cidades que se casou com mulher estrangeira venha numa data marcada, acompanhado dos líderes e juízes de cada cidade, para que se afaste de nós o furor da ira de nosso Deus por causa desse pecado". ¹⁵ Somente Jônatas, filho de Asael, e Jaseías, filho de Ticvá, apoiados por Mesulão e o levita Sabetai, discordaram.

¹⁶ E assim os exilados fizeram conforme proposto. O sacerdote Esdras escolheu chefes de família, um de cada grupo de famílias, todos eles chamados por nome. E no primeiro dia do décimo mês eles se assentaram para investigar cada caso. ¹⁷ No primeiro dia do primeiro mês terminaram de investigar todos os casos de casamento com mulheres estrangeiras.

Os Culpados de Casamento Misto

¹⁸ Entre os descendentes dos sacerdotes, estes foram os que se casaram com mulheres estrangeiras:

Entre os descendentes de Jesua, filho de Jozadaque, e de seus irmãos: Maaseias, Eliézer, Jaribe e Gedalias. ¹⁹ Eles apertaram as mãos em sinal de garantia de que iam despedir suas mulheres, e cada um apresentou um carneiro do rebanho como oferta por sua culpa.

²⁰ Entre os descendentes de Imer:
Hanani e Zebadias.
²¹ Entre os descendentes de Harim:
Maaseias, Elias, Semaías, Jeiel e Uzias.
²² Entre os descendentes de Pasur:
Elioenai, Maaseias, Ismael,
Natanael, Jozabade e Eleasa.
²³ Entre os levitas:

Jozabade, Simei, Quelaías,
também chamado Quelita,
Petaías, Judá e Eliézer.

²⁴ Entre os cantores:
Eliasibe.
Entre os porteiros:
Salum, Telém e Uri.

²⁵ E entre os outros israelitas:

Entre os descendentes de Parós:
Ramias, Jezias, Malquias, Miamim,
Eleazar, Malquias e Benaia.
²⁶ Entre os descendentes de Elão:
Matanias, Zacarias, Jeiel,
Abdi, Jeremote e Elias.
²⁷ Entre os descendentes de Zatu:
Elioenai, Eliasibe, Matanias,
Jeremote, Zabade e Aziza.
²⁸ Entre os descendentes de Bebai:
Joanã, Hananias, Zabai e Atlai.
²⁹ Entre os descendentes de Bani:
Mesulão, Maluque, Adaías,
Jasube, Seal e Jeremote.
³⁰ Entre os descendentes
de Paate-Moabe:
Adna, Quelal, Benaia, Maaseias,
Matanias, Bezalel, Binui e Manassés.
³¹ Entre os descendentes de Harim:
Eliézer, Issias, Malquias,
Semaías, Simeão,
³² Benjamim, Maluque e Semarias.
³³ Entre os descendentes de Hasum:
Matenai, Matatá, Zabade, Elifelete,
Jeremai, Manassés e Simei.
³⁴ Entre os descendentes de Bani:
Maadai, Anrão, Uel,
³⁵ Benaia, Bedias, Queluí,
³⁶ Vanias, Meremote, Eliasibe,
³⁷ Matanias, Matenai e Jaasai.
³⁸ Entre os descendentes de Binui:[a]
Simei, ³⁹ Selemias, Natã, Adaías,
⁴⁰ Macnadbai, Sasai, Sarai,
⁴¹ Azareel, Selemias, Semarias,
⁴² Salum, Amarias e José.
⁴³ Entre os descendentes de Nebo:
Jeiel, Matitias, Zabade, Zebina,
Jadai, Joel e Benaia.

⁴⁴ Todos esses tinham se casado com mulheres estrangeiras, e alguns deles tiveram filhos dessas mulheres.[b]

[a] **10.37,38** Muitos manuscritos dizem *Jaasai, 38Bani, Binui*.
[b] **10.44** Ou *e eles as despediram com seus filhos*.

Introdução ao livo de
NEEMIAS

Autor e data de composição

Muito provavelmente este livro foi escrito pelo sacerdote Esdras (veja as introduções aos três livros anteriores), que neste livro dedica-se a compilar as memórias pessoais do governador Neemias. Veja o que diz a primeira linha do livro: "Palavras de Neemias, filho de Hacalias" (1.1). Talvez Esdras tenha reunido anotações feitas pelo próprio Neemias ou resumido impressões recebidas diretamente deste.

Primeira parte: A reconstrução dos muros (1—7)
I. Neemias é informado do estado dos muros e ora para que o rei seja benevolente (1)
II. O rei permite que o copeiro Neemias vá a Jerusalém com outros judeus (2.1-8)
III. Neemias chega a Jerusalém e faz planos para reconstruir o muro (2.9-20)
IV. Começa a reconstrução dos muros (3)
V. Os inimigos externos ameaçam, mas a reconstrução continua (4)
VI. O clamor contra os inimigos internos do povo; Neemias faz justiça (5)
VII. Os inimigos externos mudam de tática sem resultado (6)
VIII. A reorganização da vida na cidade e o culto no templo (7.1-4)
IX. O alistamento dos que haviam regressado (7.5-73)

Segunda parte: a restauração do povo (8—13)
I. A renovação da aliança (8—10)
II. As cláusulas da aliança são postas em prática (11—13)

Versículo-chave
8.10

Tema geral do livro

Neemias ocupava um posto de grande responsabilidade na corte persa. Era o copeiro do rei, cargo que compreendia não apenas servir-lhe vinho, como também aconselhá-lo, protegê-lo de inimigos e realizar outras tarefas administrativas, como espionagem, que o tornavam numa poderosa personagem palaciana. É possível que, como muitos altos funcionários dos reinos da Antiguidade, Neemias fosse eunuco, o que explicaria o fato de sua família nunca ser mencionada. Ao ficar sabendo, por seu irmão Hanani, da triste situação de pobreza e desemparo de Jerusalém, Neemias ora e acaba pedindo ao rei que o envie a Jerusalém para levantar os muros da cidade, o que equivalia a pôr a cidade novamente no mapa. O rei concorda, e Neemias, sábio e prudente, bom administrador e homem de oração, termina liderando o povo num esforço que culminará na restauração, não apenas dos muros, mas sobretudo da moral do povo judeu, tanto no relacionamento com os povos vizinhos quanto nas relações internas de justiça social entre os próprios judeus. O rei persa que desenvolve essa ação é Artaxerxes I (465-424 a.C.), cuja madrasta era a rainha Ester, figura central do próximo livro bíblico. É notável observar como, mesmo em meio à solidão e ao exílio, o povo de Deus demonstra esforço a ponto de ter o reconhecimento de seus próprios captores, como aconteceu com Ester, Neemias e Daniel.

No livro de Neemias, Jesus é...
... o que reconstrói os muros caídos da vida humana (9.31).

Versículo-chave para o discípulo
4.20

O discípulo e o livro de Neemias
O livro de Neemias é uma espécie de "manual do líder". O primeiro ensino que o discípulo deve observar aqui é a frequência e a sinceridade com que Neemias fala com Deus. Seu relacionamento com o Pai é o ponto de partida para todas as suas grandes atitudes e obras. Isso significa que ele não se deixava levar por seus impulsos, tampouco por seus inimigos. Atuava orientado pela sabedoria do alto e por isso não alcançou apenas a reconstrução física da cidade de Deus, mas sobretudo a renovação espiritual e moral do povo. Quando lemos o relato deste livro com atenção, observamos que a oração está em todas as partes; caro discípulo, faça esse trajeto em sua leitura e torne suas as qualidades deste grande homem, precursor e tipo do nosso grande Restaurador, o Filho de Deus que desceu do trono celestial para viver conosco e "levantar os nossos muros".

NEEMIAS

A História de Neemias

1 Palavras de Neemias, filho de Hacalias:

No mês de quisleu[a], no vigésimo ano[b], enquanto eu estava na cidade de Susã, ²Hanani, um dos meus irmãos, veio de Judá com alguns outros homens, e eu lhes perguntei acerca dos judeus que restaram, os sobreviventes do cativeiro,[c] e também sobre Jerusalém.

³ E eles me responderam: "Aqueles que sobreviveram ao cativeiro e estão lá na província passam por grande sofrimento e humilhação. O muro de Jerusalém foi derrubado, e suas portas foram destruídas pelo fogo".

⁴ Quando ouvi essas coisas, sentei-me e chorei. Passei dias lamentando-me, jejuando e orando ao Deus dos céus. ⁵ Então eu disse:

Senhor, Deus dos céus, Deus grande e temível, fiel à aliança e misericordioso com os que te amam e obedecem aos teus mandamentos, ⁶ que os teus ouvidos estejam atentos e os teus olhos estejam abertos para a oração que o teu servo está fazendo diante de ti, dia e noite, em favor de teus servos, o povo de Israel. Confesso os pecados que nós, os israelitas, temos cometido contra ti. Sim, eu e o meu povo temos pecado. ⁷ Agimos de forma corrupta e vergonhosa contra ti. Não temos obedecido aos mandamentos, aos decretos e às leis que deste ao teu servo Moisés.

⁸ Lembra-te agora do que disseste a Moisés, teu servo: "Se vocês forem infiéis, eu os espalharei entre as nações, ⁹ mas, se voltarem para mim, obedecerem aos meus mandamentos e os puserem em prática, mesmo que vocês estejam espalhados pelos lugares mais distantes debaixo do céu, de lá eu os reunirei e os trarei para o lugar que escolhi para estabelecer o meu nome".

¹⁰ Estes são os teus servos, o teu povo. Tu os resgataste com o teu grande poder e com o teu braço forte. ¹¹ Senhor, que os teus ouvidos estejam atentos à oração deste teu servo e à oração dos teus servos que têm prazer em temer o teu nome. Faze com que hoje este teu servo seja bem-sucedido, concedendo-lhe a benevolência deste homem.

Nessa época, eu era o copeiro do rei.

Neemias em Jerusalém

2 No mês de nisã[d] do vigésimo ano do rei Artaxerxes, na hora de servir-lhe o vinho, levei-o ao rei. Nunca antes eu tinha estado triste na presença dele; ² por isso o rei me perguntou: "Por que o seu rosto parece tão triste se você não está doente? Essa tristeza só pode ser do coração!"

Com muito medo, ³ eu disse ao rei: Que o rei viva para sempre! Como não estaria triste o meu rosto se a cidade em que estão sepultados os meus pais está em ruínas e as suas portas foram destruídas pelo fogo?

⁴ O rei me disse: "O que você gostaria de pedir?"

Então orei ao Deus dos céus ⁵ e respondi ao rei: Se for do agrado do rei e se o seu servo puder contar com a sua benevolência, que ele me deixe ir à cidade onde meus pais estão enterrados, em Judá, para que eu possa reconstruí-la.

⁶ Então o rei, estando presente a rainha, sentada ao seu lado, perguntou-me: "Quanto tempo levará a viagem? Quando você voltará?" Marquei um prazo com o rei, e ele concordou que eu fosse.

⁷ A seguir, acrescentei: Se for do agrado do rei, eu poderia levar cartas do rei aos governadores do Trans-Eufrates para que me deixem passar até chegar a Judá. ⁸ E também uma carta para Asafe, guarda da floresta do rei, para que ele me forneça madeira para as portas da cidadela que fica junto ao templo, para os muros da cidade e para a residência que irei ocupar. Visto que a bondosa mão de Deus estava sobre mim, o rei atendeu os meus pedidos. ⁹ Com isso fui aos governadores do Trans-Eufrates e lhes entreguei as cartas do rei. Acompanhou-me uma escolta de oficiais do exército e de cavaleiros que o rei enviou comigo.

¹⁰ Sambalate, o horonita, e Tobias, o oficial amonita, ficaram muito irritados quando viram que havia gente interessada no bem dos israelitas.

A Inspeção dos Muros de Jerusalém

¹¹ Cheguei a Jerusalém e, depois de três dias de permanência ali, ¹² saí de noite com alguns

---

[a] 1.1 Aproximadamente novembro/dezembro.
[b] 1.1 Isto é, do reinado de Artaxerxes I, conforme 2.1.
[c] 1.2 Ou *os que não foram levados*; ou ainda *os que haviam voltado do cativeiro*.
[d] 2.1 O mesmo que *abibe*; aproximadamente março/abril.

dos meus amigos. Eu não havia contado a ninguém o que o meu Deus havia posto em meu coração que eu fizesse por Jerusalém. Não levava nenhum outro animal além daquele em que eu estava montado.

¹³ De noite saí pela porta do Vale na direção da fonte do Dragão e da porta do Esterco, examinando o muro de Jerusalém, que havia sido derrubado e suas portas, que haviam sido destruídas pelo fogo. ¹⁴ Fui até a porta da Fonte e do tanque do Rei, mas ali não havia espaço para o meu animal passar; ¹⁵ por isso subi o vale, ainda de noite, examinando o muro. Finalmente voltei e tornei a entrar pela porta do Vale. ¹⁶ Os oficiais não sabiam aonde eu tinha ido ou o que eu estava fazendo, pois até então eu não tinha dito nada aos judeus, aos sacerdotes, aos nobres, aos oficiais e aos outros que iriam realizar a obra.

¹⁷ Então eu lhes disse: Vejam a situação terrível em que estamos: Jerusalém está em ruínas, e suas portas foram destruídas pelo fogo. Venham, vamos reconstruir os muros de Jerusalém, para que não fiquemos mais nesta situação humilhante. ¹⁸ Também lhes contei como Deus tinha sido bondoso comigo e o que o rei me tinha dito.

Eles responderam: "Sim, vamos começar a reconstrução". E se encheram de coragem para a realização desse bom projeto.

¹⁹ Quando, porém, Sambalate, o horonita, Tobias, o oficial amonita, e Gesém, o árabe, souberam disso, zombaram de nós, desprezaram-nos e perguntaram: "O que vocês estão fazendo? Estão se rebelando contra o rei?"

²⁰ Eu lhes respondi: O Deus dos céus fará que sejamos bem-sucedidos. Nós, os seus servos, começaremos a reconstrução, mas, no que lhes diz respeito, vocês não têm parte nem direito legal sobre Jerusalém, e em sua história não há nada de memorável que favoreça vocês!

A Distribuição do Trabalho

3 O sumo sacerdote Eliasibe e os seus colegas sacerdotes começaram o seu trabalho e reconstruíram a porta das Ovelhas. Eles a consagraram e colocaram as portas no lugar. Depois construíram o muro até a torre dos Cem, que consagraram, e até a torre de Hananeel. ² Os homens de Jericó construíram o trecho seguinte, e Zacur, filho de Inri, construiu logo adiante.

³ A porta do Peixe foi reconstruída pelos filhos de Hassenaá. Eles puseram os batentes e colocaram as portas, os ferrolhos e as trancas no lugar. ⁴ Meremote, filho de Urias, neto de Hacoz, fez os reparos do trecho seguinte. Ao seu lado Mesulão, filho de Berequias, neto de Mesezabel, fez os reparos, e ao seu lado Zadoque, filho de Baaná, também fez os reparos. ⁵ O trecho seguinte foi reparado pelos homens de Tecoa, mas os nobres dessa cidade não quiseram se juntar ao serviço, rejeitando a orientação de seus supervisores[a].

⁶ A porta Jesana[b] foi consertada por Joiada, filho de Paseia, e por Mesulão, filho de Besodias. Eles puseram os batentes e colocaram as portas, os ferrolhos e as trancas no lugar. ⁷ No trecho seguinte os reparos foram feitos por Melatias de Gibeom e Jadom de Meronote, homens de Gibeom e de Mispá, localidades que estavam sob a autoridade do governador da província do Trans-Eufrates. ⁸ Uziel, filho de Haraías, um dos ourives, fez os reparos do trecho seguinte; e Hananias, um dos perfumistas, fez os reparos ao seu lado. Eles reconstruíram[c] Jerusalém até o muro Largo. ⁹ Refaías, filho de Hur, governador da metade do distrito de Jerusalém, fez os reparos do trecho seguinte. ¹⁰ Ao seu lado, Jedaías, filho de Harumafe, fez os reparos em frente da sua casa, e Hatus, filho de Hasabneias, fez os reparos ao seu lado. ¹¹ Malquias, filho de Harim, e Hassube, filho de Paate-Moabe, repararam outro trecho e a torre dos Fornos. ¹² Salum, filho de Haloês, governador da outra metade do distrito de Jerusalém, fez os reparos do trecho seguinte com a ajuda de suas filhas.

¹³ A porta do Vale foi reparada por Hanum e pelos moradores de Zanoa. Eles a reconstruíram e colocaram as portas, os ferrolhos e as trancas no lugar. Também repararam quatrocentos e cinquenta metros[d] do muro, até a porta do Esterco.

¹⁴ A porta do Esterco foi reparada por Malquias, filho de Recabe, governador do distrito de Bete-Haquerém. Ele a reconstruiu e colocou as portas, os ferrolhos e as trancas no lugar.

¹⁵ A porta da Fonte foi reparada por Salum, filho de Col-Hozé, governador do distrito de Mispá. Ele a reconstruiu, cobriu-a e colocou as portas, os ferrolhos e as trancas no lugar. Também fez os reparos do muro do tanque de

---

[a] 3.5 Ou *de seu Senhor*; ou ainda *de seu governador*
[b] 3.6 Ou *porta Velha*
[c] 3.8 Ou *Eles deixaram de lado parte de*
[d] 3.13 Hebraico: *1.000 côvados*. O côvado era uma medida linear de cerca de 45 centímetros.

Siloé*ª*, junto ao jardim do Rei, até os degraus que descem da Cidade de Davi. ¹⁶ Além dele, Neemias, filho de Azbuque, governador de meio distrito de Bete-Zur, fez os reparos até em frente dos túmulos*ᵇ* de Davi, até o açude artificial e a casa dos soldados.

¹⁷ Depois dele os reparos foram feitos pelos levitas que estavam sob a responsabilidade de Reum, filho de Bani. Junto a ele Hasabias, governador da metade do distrito de Queila, fez os reparos em seu distrito. ¹⁸ Depois dele os reparos foram feitos pelos seus compatriotas que estavam sob a responsabilidade de Binui*ᶜ*, filho de Henadade, governador da metade do distrito de Queila. ¹⁹ Ao seu lado Ézer, filho de Jesua, governador de Mispá, reconstruiu outro trecho, começando de um ponto que fica em frente da subida para a casa das armas, indo até a esquina do muro. ²⁰ Depois dele Baruque, filho de Zabai, reparou com zelo outro trecho, desde a esquina do muro até a entrada da casa do sumo sacerdote Eliasibe. ²¹ Em seguida, Meremote, filho de Urias, neto de Hacoz, reparou outro trecho, desde a entrada da casa de Eliasibe até o fim dela.

²² Os demais reparos foram feitos pelos sacerdotes das redondezas. ²³ Depois, Benjamim e Hassube fizeram os reparos em frente da sua casa, e ao lado deles Azarias, filho de Maaseias, filho de Ananias, fez os reparos ao lado de sua casa. ²⁴ Depois dele, Binui, filho de Henadade, reparou outro trecho, desde a casa de Azarias até a esquina do muro, ²⁵ e Palal, filho de Uzai, trabalhou em frente da esquina do muro e da torre que sai do palácio superior, perto do pátio da guarda. Junto a ele, Pedaías, filho de Parós, ²⁶ e os servos do templo que viviam na colina de Ofel fizeram os reparos até em frente da porta das Águas, na direção do leste e da torre que ali sobressaía. ²⁷ Depois dele os homens de Tecoa repararam outro trecho, desde a grande torre até o muro de Ofel.

²⁸ Acima da porta dos Cavalos, os sacerdotes fizeram os reparos, cada um em frente da sua própria casa. ²⁹ Depois deles Zadoque, filho de Imer, fez os reparos em frente da sua casa. Ao seu lado Semaías, filho de Secanias, o guarda da porta Oriental, fez os reparos. ³⁰ Depois, Hananias, filho de Selemias, e Hanum, filho de Zalafe, fez os reparos do outro trecho. Ao seu lado, Mesulão, filho de Berequias, fez os reparos em frente da sua moradia. ³¹ Depois dele, Malquias, um ourives, fez os reparos do muro até a casa dos servos do templo e dos comerciantes, em frente da porta da Inspeção, até o posto de vigia da esquina; ³² e entre a sala acima da esquina e a porta das Ovelhas os ourives e os comerciantes fizeram os reparos.

Oposição à Reconstrução

4 Quando Sambalate soube que estávamos reconstruindo o muro, ficou furioso. Ridicularizou os judeus ² e, na presença de seus compatriotas e dos poderosos de Samaria, disse: "O que aqueles frágeis judeus estão fazendo? Será que vão restaurar o seu muro? Irão oferecer sacrifícios? Irão terminar a obra num só dia? Será que vão conseguir ressuscitar pedras de construção daqueles montes de entulho e de pedras queimadas?"

³ Tobias, o amonita, que estava ao seu lado, completou: "Pois que construam! Basta que uma raposa suba lá, para que esse muro de pedras desabe!"

⁴ Ouve-nos, ó Deus, pois estamos sendo desprezados. Faze cair sobre eles a zombaria. E sejam eles levados prisioneiros como despojo para outra terra. ⁵ Não perdoes os seus pecados nem apagues as suas maldades, pois provocaram a tua ira diante dos construtores.

⁶ Nesse meio tempo fomos reconstruindo o muro, até que em toda a sua extensão chegamos à metade da sua altura, pois o povo estava totalmente dedicado ao trabalho.

⁷ Quando, porém, Sambalate, Tobias, os árabes, os amonitas e os homens de Asdode souberam que os reparos nos muros de Jerusalém tinham avançado e que as brechas estavam sendo fechadas, ficaram furiosos. ⁸ Todos juntos planejaram atacar Jerusalém e causar confusão. ⁹ Mas nós oramos ao nosso Deus e colocamos guardas de dia e de noite para proteger-nos deles.

¹⁰ Enquanto isso, o povo de Judá começou a dizer: "Os trabalhadores já não têm mais forças e ainda há muito entulho. Por nós mesmos não conseguiremos reconstruir o muro."

¹¹ E os nossos inimigos diziam: "Antes que descubram qualquer coisa ou nos vejam, estaremos bem ali no meio deles; vamos matá-los e acabar com o trabalho deles."

ᵃ 3.15 Hebraico: *Selá*, variante de *Siloé*.
ᵇ 3.16 A Septuaginta, alguns manuscritos da Vulgata e a Versão Siríaca dizem *do túmulo*.
ᶜ 3.18 Muitos manuscritos dizem *Bavai*; também no versículo 24.

¹² Os judeus que moravam perto deles dez vezes nos preveniram: "Para onde quer que vocês se virarem, saibam que seremos atacados de todos os lados".

¹³ Por isso posicionei alguns do povo atrás dos pontos mais baixos do muro, nos lugares abertos, divididos por famílias, armados de espadas, lanças e arcos. ¹⁴ Fiz uma rápida inspeção e imediatamente disse aos nobres, aos oficiais e ao restante do povo: Não tenham medo deles. Lembrem-se de que o Senhor é grande e temível e lutem por seus irmãos, por seus filhos e por suas filhas, por suas mulheres e por suas casas.

¹⁵ Quando os nossos inimigos descobriram que sabíamos de tudo e que Deus tinha frustrado a sua trama, todos nós voltamos para o muro, cada um para o seu trabalho.

¹⁶ Daquele dia em diante, enquanto a metade dos meus homens fazia o trabalho, a outra metade permanecia armada de lanças, escudos, arcos e couraças. Os oficiais davam apoio a todo o povo de Judá ¹⁷ que estava construindo o muro. Aqueles que transportavam material faziam o trabalho com uma das mãos e com a outra seguravam uma arma, ¹⁸ e cada um dos construtores trazia na cintura uma espada enquanto trabalhava; e comigo ficava um homem pronto para tocar a trombeta.

¹⁹ Então eu disse aos nobres, aos oficiais e ao restante do povo: A obra é grande e extensa, e estamos separados, distantes uns dos outros, ao longo do muro. ²⁰ Do lugar de onde ouvirem o som da trombeta, juntem-se a nós ali. Nosso Deus lutará por nós!

²¹ Dessa maneira prosseguimos o trabalho com metade dos homens empunhando espadas desde o raiar da alvorada até o cair da tarde. ²² Naquela ocasião, eu também disse ao povo: Cada um de vocês e o seu ajudante devem ficar à noite em Jerusalém, para que possam servir de guarda à noite e trabalhar durante o dia. ²³ Eu, os meus irmãos, os meus homens de confiança e os guardas que estavam comigo nem tirávamos a roupa, e cada um permanecia de arma na mão.

A Solução das Injustiças Sociais

5 Ora, o povo, homens e mulheres, começou a reclamar muito de seus irmãos judeus. ² Alguns diziam: "Nós, nossos filhos e nossas filhas somos numerosos; precisamos de trigo para comer e continuar vivos".

³ Outros diziam: "Tivemos que penhorar nossas terras, nossas vinhas e nossas casas para conseguir trigo para matar a fome".

⁴ E havia ainda outros que diziam: "Tivemos que tomar dinheiro emprestado para pagar o imposto cobrado sobre as nossas terras e as nossas vinhas. ⁵ Apesar de sermos do mesmo sangue[a] dos nossos compatriotas, e de nossos filhos serem tão bons quanto os deles, ainda assim temos que sujeitar os nossos filhos e as nossas filhas à escravidão. E, de fato, algumas de nossas filhas já foram entregues como escravas e não podemos fazer nada, pois as nossas terras e as nossas vinhas pertencem a outros".

⁶ Quando ouvi a reclamação e essas acusações, fiquei furioso. ⁷ Fiz uma avaliação de tudo e então repreendi os nobres e os oficiais, dizendo-lhes: "Vocês estão cobrando juros dos seus compatriotas!" Por isso convoquei uma grande reunião contra eles ⁸ e disse: Na medida do possível nós compramos de volta nossos irmãos judeus que haviam sido vendidos aos outros povos. Agora vocês estão até vendendo os seus irmãos! Assim eles terão que ser vendidos a nós de novo! Eles ficaram em silêncio, pois não tinham resposta.

⁹ Por isso prossegui: O que vocês estão fazendo não está certo. Vocês devem andar no temor do nosso Deus para evitar a zombaria dos outros povos, os nossos inimigos. ¹⁰ Eu, os meus irmãos e os meus homens de confiança também estamos emprestando dinheiro e trigo ao povo. Mas vamos acabar com a cobrança de juros! ¹¹ Devolvam-lhes imediatamente suas terras, suas vinhas, suas oliveiras e suas casas, e também os juros que cobraram deles, a centésima parte do dinheiro, do trigo, do vinho e do azeite.

¹² E eles responderam: "Nós devolveremos tudo o que você citou, e não exigiremos mais nada deles. Vamos fazer o que você está pedindo".

Então convoquei os sacerdotes e os fiz declarar sob juramento que cumpririam a promessa feita. ¹³ Também sacudi a dobra do meu manto e disse: Deus assim sacuda de sua casa e de seus bens todo aquele que não mantiver a sua promessa. Tal homem seja sacudido e esvaziado!

Toda a assembleia disse: "Amém!", e louvou o Senhor. E o povo cumpriu o que prometeu.

---

[a] 5.5 Hebraico: *carne*.

O Exemplo de Neemias

¹⁴ Além disso, desde o vigésimo ano do rei Artaxerxes, quando fui nomeado governador deles na terra de Judá, até o trigésimo segundo ano do seu reinado, durante doze anos, nem eu nem meus irmãos comemos a comida destinada ao governador. ¹⁵ Mas os governantes anteriores, aqueles que me precederam, puseram um peso sobre o povo e tomavam dele quatrocentos e oitenta gramas[a] de prata, além de comida e vinho. Até os seus auxiliares oprimiam o povo. Mas, por temer a Deus, não agi dessa maneira. ¹⁶ Ao contrário, eu mesmo me dediquei ao trabalho neste muro. Todos os meus homens de confiança foram reunidos ali para o trabalho; e não compramos[b] nenhum pedaço de terra.

¹⁷ Além do mais, cento e cinquenta homens, entre judeus do povo e seus oficiais, comiam à minha mesa, como também pessoas das nações vizinhas que vinham visitar-nos. ¹⁸ Todos os dias eram preparados, à minha custa, um boi, seis das melhores ovelhas e aves, e a cada dez dias eu recebia uma grande remessa de vinhos de todo tipo. Apesar de tudo isso, jamais exigi a comida destinada ao governador, pois eram demasiadas as exigências que pesavam sobre o povo.

¹⁹ Lembra-te de mim, ó meu Deus, levando em conta tudo o que fiz por este povo.

A Tentativa de Intimidação

6 Quando Sambalate, Tobias, Gesém, o árabe, e o restante de nossos inimigos souberam que eu havia reconstruído o muro e que não havia ficado nenhuma brecha, embora até então eu ainda não tivesse colocado as portas nos seus lugares, ² Sambalate e Gesém mandaram-me a seguinte mensagem: "Venha, vamos nos encontrar num dos povoados[c] da planície de Ono".

Eles, contudo, estavam tramando fazer-me mal; ³ por isso enviei-lhes mensageiros com esta resposta: "Estou executando um grande projeto e não posso descer. Por que parar a obra para ir encontrar-me com vocês?" ⁴ Eles me mandaram quatro vezes a mesma mensagem, e todas as vezes lhes dei a mesma resposta.

⁵ Então, na quinta vez, Sambalate mandou-me um dos seus homens de confiança com a mesma mensagem; ele tinha na mão uma carta aberta ⁶ em que estava escrito:

"Dizem entre as nações, e Gesém diz que é verdade, que você e os judeus estão tramando uma revolta e que, por isso, estão reconstruindo o muro. Além disso, conforme dizem, você está na iminência de se tornar o rei deles, ⁷ e até nomeou profetas para fazerem em Jerusalém a seguinte proclamação a seu respeito: 'Há um rei em Judá!' Ora, essa informação será levada ao rei; por isso, vamos conversar".

⁸ Eu lhe mandei esta resposta: Nada disso que você diz está acontecendo; é pura invenção sua.

⁹ Estavam todos tentando intimidar-nos, pensando: "Eles serão enfraquecidos e não concluirão a obra".

Eu, porém, orei pedindo: Fortalece agora as minhas mãos!

¹⁰ Um dia fui à casa de Semaías, filho de Delaías, neto de Meetabel, que estava trancado portas adentro. Ele disse: "Vamos encontrar-nos na casa de Deus, no templo, a portas fechadas, pois estão querendo matá-lo; eles virão esta noite".

¹¹ Todavia, eu lhe respondi: Acha que um homem como eu deveria fugir? Alguém como eu deveria entrar no templo para salvar a vida? Não, eu não irei! ¹² Percebi que Deus não o tinha enviado e que ele tinha profetizado contra mim porque Tobias e Sambalate o tinham contratado. ¹³ Ele tinha sido pago para me intimidar, a fim de que eu cometesse um pecado agindo daquela maneira, e então eles poderiam difamar-me e desacreditar-me.

¹⁴ Lembra-te do que fizeram Tobias e Sambalate, meu Deus, lembra-te também da profetisa Noadia e do restante dos profetas que estão tentando me intimidar.

O Término da Reconstrução

¹⁵ O muro ficou pronto no vigésimo quinto dia de elul[d], em cinquenta e dois dias. ¹⁶ Quando todos os nossos inimigos souberam disso, todas as nações vizinhas ficaram atemorizadas e com o orgulho ferido, pois perceberam que essa obra havia sido executada com a ajuda de nosso Deus.

---

[a] **5.15** Hebraico: *40 siclos*. Um siclo equivalia a 12 gramas.
[b] **5.16** Conforme a maioria dos manuscritos do Texto Massorético. Alguns manuscritos do Texto Massorético, a Septuaginta, a Vulgata e a Versão Siríaca dizem *eu não comprei*.
[c] **6.2** Ou *em Quefirim*
[d] **6.15** Aproximadamente agosto/setembro.

¹⁷ E também, naqueles dias, os nobres de Judá estavam enviando muitas cartas a Tobias, que lhes enviava suas respostas. ¹⁸ Porque muitos de Judá estavam comprometidos com ele por juramento, visto que era genro de Secanias, filho de Ara, e seu filho Joanã havia se casado com a filha de Mesulão, neto de Berequias. ¹⁹ Até ousavam elogiá-lo na minha presença e iam contar-lhe o que eu dizia. E Tobias continuou a enviar-me cartas para me intimidar.

7 Depois que o muro foi reconstruído e que eu coloquei as portas no lugar, foram nomeados os porteiros, os cantores e os levitas. ² Para governar Jerusalém encarreguei o meu irmão Hanani e, com ele, Hananias^a, comandante da fortaleza, pois Hananias era íntegro e temia a Deus mais do que a maioria dos homens. ³ Eu lhes disse: As portas de Jerusalém não deverão ser abertas enquanto o sol não estiver alto. E antes de deixarem o serviço, os porteiros deverão fechar e travar as portas. Também designei moradores de Jerusalém para sentinelas, alguns em postos no muro, outros em frente das suas casas.

A Lista dos Exilados que Retornaram

⁴ Ora, a cidade era grande e espaçosa, mas havia poucos moradores, e as casas ainda não tinham sido reconstruídas. ⁵ Por isso o meu Deus pôs no meu coração reunir os nobres, os oficiais e todo o povo para registrá-los por famílias. Encontrei o registro genealógico dos que foram os primeiros a voltar. Assim estava registrado ali:

⁶ "Estes são os homens da província que voltaram do exílio, os quais Nabucodonosor, rei da Babilônia, havia levado prisioneiros. Eles voltaram para Jerusalém e para Judá, cada um para a sua própria cidade, ⁷ em companhia de Zorobabel, Jesua, Neemias, Azarias, Raamias, Naamani, Mardoqueu, Bilsã, Misperete, Bigvai, Neum e Baaná. E esta é a lista e o número dos que retornaram, pelos chefes de família e respectivas cidades:

⁸ "os descendentes de Parós, 2.172;
⁹ de Sefatias, 372;
¹⁰ de Ara, 652;
¹¹ de Paate-Moabe,
por meio da linhagem
de Jesua e Joabe, 2.818;
¹² de Elão, 1.254;
¹³ de Zatu, 845;
¹⁴ de Zacai, 760;
¹⁵ de Binui, 648;
¹⁶ de Bebai, 628;
¹⁷ de Azgade, 2.322;
¹⁸ de Adonicão, 667;
¹⁹ de Bigvai, 2.067;
²⁰ de Adim, 655;
²¹ de Ater,
por meio de Ezequias, 98;
²² de Hasum, 328;
²³ de Besai, 324;
²⁴ de Harife, 112;
²⁵ de Gibeom, 95;

²⁶ "das cidades de Belém
e de Netofate, 188;
²⁷ de Anatote, 128;
²⁸ de Bete-Azmavete, 42;
²⁹ de Quiriate-Jearim^b,
Cefira e Beerote, 743;
³⁰ de Ramá e Geba, 621;
³¹ de Micmás, 122;
³² de Betel e Ai, 123;
³³ do outro Nebo, 52;
³⁴ do outro Elão, 1.254;
³⁵ de Harim, 320;
³⁶ de Jericó, 345;
³⁷ de Lode, Hadide
e Ono, 721;
³⁸ de Senaá, 3.930.

³⁹ "Os sacerdotes:

"os descendentes de Jedaías,
por meio da família
de Jesua, 973;
⁴⁰ de Imer, 1.052;
⁴¹ de Pasur, 1.247;
⁴² de Harim, 1.017.

⁴³ "Os levitas:

"os descendentes de Jesua,
por meio de Cadmiel,
pela linhagem de Hodeva, 74.

⁴⁴ "Os cantores:

"os descendentes de Asafe 148.

---

^a 7.2 Ou *Hanani, isto é, Hananias*.   ^b 7.29 Veja Ed 2.25.

⁴⁵ "Os porteiros do templo:
os descendentes de Salum,
Ater, Talmom, Acube,
Hatita e Sobai 138.

⁴⁶ "Os servidores do templo:

"os descendentes de Zia,
Hasufa, Tabaote,
⁴⁷ Queros, Sia, Padom,
⁴⁸ Lebana, Hagaba, Salmai,
⁴⁹ Hanã, Gidel, Gaar,
⁵⁰ Reaías, Rezim, Necoda,
⁵¹ Gazão, Uzá, Paseia,
⁵² Besai, Meunim, Nefusim,
⁵³ Baquebuque, Hacufa, Harur,
⁵⁴ Baslite, Meída, Harsa,
⁵⁵ Barcos, Sísera, Tamá,
⁵⁶ Nesias e Hatifa.

⁵⁷ "Os descendentes dos servos de Salomão:

"os descendentes de Sotai,
Soferete, Perida,
⁵⁸ Jaala, Darcom, Gidel,
⁵⁹ Sefatias, Hatil,
Poquerete-Hazebaim e Amom.

⁶⁰ "Os servos do templo
e os descendentes dos servos
de Salomão 392.

⁶¹ "Os que chegaram
das cidades de Tel-Melá,
Tel-Harsa, Querube, Adom
e Imer, mas não puderam
provar que suas famílias
eram descendentes de Israel:

⁶² "os descendentes de Delaías,
Tobias e Necoda 642.

⁶³ "E entre os sacerdotes:

"os descendentes de Habaías,
Hacoz e Barzilai, homem
que se casou com uma filha
de Barzilai, de Gileade,
e que era chamado
por aquele nome".

⁶⁴ Esses procuraram seus registros de família, mas não conseguiram achá-los e, dessa forma, foram considerados impuros para o sacerdócio. ⁶⁵ Por isso o governador determinou que eles não comessem das ofertas santíssimas enquanto não houvesse um sacerdote para consultar o Urim e o Tumim^a.

⁶⁶ O total de todos os registrados foi 42.360 homens, ⁶⁷ além dos seus 7.337 servos e servas; havia entre eles 245 cantores e cantoras. ⁶⁸ Possuíam 736 cavalos, 245 mulas,^{b} ⁶⁹ 435 camelos e 6.720 jumentos.
⁷⁰ Alguns dos chefes das famílias contribuíram para o trabalho. O governador deu à tesouraria oito quilos^c de ouro, 50 bacias e 530 vestes para os sacerdotes. ⁷¹ Alguns dos chefes das famílias deram à tesouraria cento e sessenta quilos de ouro e mil e trezentos e vinte quilos^d de prata, para a realização do trabalho. ⁷² O total dado pelo restante do povo foi de cento e sessenta quilos de ouro, mil e duzentos quilos de prata e 67 vestes para os sacerdotes.
⁷³ Os sacerdotes, os levitas, os porteiros, os cantores e os servidores do templo, e também alguns do povo e os demais israelitas, estabeleceram-se em suas próprias cidades.

A Leitura Pública da Lei

8 Quando chegou o sétimo mês e os israelitas tinham se instalado em suas cidades, todo o povo juntou-se como se fosse um só homem na praça, em frente da porta das Águas. Pediram ao escriba Esdras que trouxesse o Livro da Lei de Moisés, que o Senhor dera a Israel.
² Assim, no primeiro dia do sétimo mês, o sacerdote Esdras trouxe a Lei diante da assembleia, que era constituída de homens e mulheres e de todos os que podiam entender. ³ Ele a leu em alta voz desde o raiar da manhã até o meio-dia, de frente para a praça, em frente da porta das Águas, na presença dos homens, mulheres e de outros que podiam entender. E todo o povo ouvia com atenção a leitura do Livro da Lei.
⁴ O escriba Esdras estava numa plataforma elevada, de madeira, construída para a ocasião.

---

^{a} **7.65** Objetos utilizados para se conhecer a vontade de Deus.
^{b} **7.68** Conforme alguns manuscritos do Texto Massorético. A maioria dos manuscritos do Texto Massorético não traz este versículo. Veja Ed 2.66.
^{c} **7.70** Hebraico: *1.000 dracmas*.
^{d} **7.71** Hebraico: *2.200 minas*. Uma mina equivalia a 600 gramas.

Ao seu lado, à direita, estavam Matitias, Sema, Anaías, Urias, Hilquias e Maaseias; e à esquerda estavam Pedaías, Misael, Malquias, Hasum, Hasbadana, Zacarias e Mesulão.

⁵ Esdras abriu o Livro diante de todo o povo, e este podia vê-lo, pois ele estava num lugar mais alto. E, quando abriu o Livro, o povo todo se levantou. ⁶ Esdras louvou o Senhor, o grande Deus, e todo o povo ergueu as mãos e respondeu: "Amém! Amém!" Então eles adoraram o Senhor, prostrados com o rosto em terra.

⁷ Os levitas Jesua, Bani, Serebias, Jamim, Acube, Sabetai, Hodias, Maaseias, Quelita, Azarias, Jozabade, Hanã e Pelaías, instruíram o povo na Lei, e todos permaneciam ali. ⁸ Leram o Livro da Lei de Deus, interpretando-o e explicando-o, a fim de que o povo entendesse o que estava sendo lido.

⁹ Então Neemias, o governador, Esdras, o sacerdote e escriba, e os levitas que estavam instruindo o povo disseram a todos: "Este dia é consagrado ao Senhor, o nosso Deus. Nada de tristeza e de choro!" Pois todo o povo estava chorando enquanto ouvia as palavras da Lei.

¹⁰ E Neemias acrescentou: "Podem sair, e comam e bebam do melhor que tiverem, e repartam com os que nada têm preparado. Este dia é consagrado ao nosso Senhor. Não se entristeçam, porque a alegria do Senhor os fortalecerá".

¹¹ Os levitas tranquilizaram todo o povo, dizendo: "Acalmem-se, porque este é um dia santo. Não fiquem tristes!"

¹² Então todo o povo saiu para comer, beber, repartir com os que nada tinham preparado e para celebrar com grande alegria, pois agora compreendiam as palavras que lhes foram explicadas.

¹³ No segundo dia do mês, os chefes de todas as famílias, os sacerdotes e os levitas reuniram-se com o escriba Esdras para estudarem as palavras da Lei. ¹⁴ Descobriram na Lei que o Senhor tinha ordenado, por meio de Moisés, que os israelitas deveriam morar em tendas durante a festa do sétimo mês. ¹⁵ Por isso anunciaram em todas as suas cidades e em Jerusalém: "Saiam às montanhas e tragam ramos de oliveiras cultivadas, de oliveiras silvestres, de murtas, de tamareiras e de árvores frondosas, para fazerem tendas, conforme está escrito"ᵃ.

¹⁶ Então o povo saiu e trouxe os ramos, e eles mesmos construíram tendas nos seus terraços, nos seus pátios, nos pátios do templo de Deus e na praça junto à porta das Águas e na que fica junto à porta de Efraim. ¹⁷ Todos os que tinham voltado do exílio construíram tendas e moraram nelas. Desde os dias de Josué, filho de Num, até aquele dia, os israelitas não tinham celebrado a festa dessa maneira. E grande foi a alegria deles.

¹⁸ Dia após dia, desde o primeiro até o último dia da festa, Esdras leu o Livro da Lei de Deus. Eles celebraram a festa durante sete dias, e no oitavo dia, conforme o ritual, houve uma reunião solene.

A Confissão do Pecado

9 No vigésimo quarto dia do mês, os israelitas se reuniram, jejuaram, vestiram pano de saco e puseram terra sobre a cabeça. ² Os que eram de ascendência israelita tinham se separado de todos os estrangeiros. Levantaram-se nos seus lugares, confessaram os seus pecados e a maldade dos seus antepassados. ³ Ficaram onde estavam e leram o Livro da Lei do Senhor, do seu Deus, durante três horas, e passaram outras três horas confessando os seus pecados e adorando o Senhor, o seu Deus. ⁴ Em pé, na plataforma, estavam os levitas Jesua, Bani, Cadmiel, Sebanias, Buni, Serebias, Bani e Quenani, que em alta voz clamavam ao Senhor, o seu Deus. ⁵ E os levitas Jesua, Cadmiel, Bani, Hasabneias, Serebias, Hodias, Sebanias e Petaías conclamavam o povo, dizendo: "Levantem-se e louvem o Senhor, o seu Deus, que vive para todo o sempre.

"Bendito seja o teu nome glorioso! A tua grandeza está acima de toda expressão de louvor. ⁶ Só tu és o Senhor. Fizeste os céus, e os mais altos céus, e tudo o que neles há, a terra e tudo o que nela existe, os mares e tudo o que neles existe. Tu deste vida a todos os seres, e os exércitos dos céus te adoram.

⁷ "Tu és o Senhor, o Deus que escolheu Abrão, trouxe-o de Ur dos caldeus e deu-lhe o nome de Abraão. ⁸ Viste que o coração dele era fiel, e fizeste com ele uma aliança, prometendo dar aos seus descendentes a terra dos cananeus, dos hititas, dos amorreus, dos ferezeus, dos jebuseus e dos girgaseus. E cumpriste a tua promessa porque tu és justo.

⁹ "Viste o sofrimento dos nossos antepassados no Egito, e ouviste o clamor deles no mar Vermelho. ¹⁰ Fizeste sinais e maravilhas contra o faraó e todos os seus oficiais

---

ᵃ **8.15** Veja Lv 23.37-40.

e contra todo o povo da sua terra, pois sabias com quanta arrogância os egípcios os tratavam. Alcançaste renome, que permanece até hoje. ¹¹ Dividiste o mar diante deles, para que o atravessassem a seco, mas lançaste os seus perseguidores nas profundezas, como uma pedra em águas agitadas. ¹² Tu os conduziste de dia com uma nuvem e de noite com uma coluna de fogo, para iluminar o caminho que tinham que percorrer.

¹³ "Tu desceste ao monte Sinai; dos céus lhes falaste. Deste-lhes ordenanças justas, leis verdadeiras, decretos e mandamentos excelentes. ¹⁴ Fizeste que conhecessem o teu sábado santo e lhes deste ordens, decretos e leis por meio de Moisés, teu servo. ¹⁵ Na fome deste-lhes pão do céu, e na sede tiraste para eles água da rocha; mandaste-os entrar e tomar posse da terra que, sob juramento, tinhas prometido dar-lhes.

¹⁶ "Mas os nossos antepassados tornaram-se arrogantes e obstinados, e não obedeceram aos teus mandamentos. ¹⁷ Eles se recusaram a ouvir-te e esqueceram-se dos milagres que realizaste entre eles. Tornaram-se obstinados e, na sua rebeldia, escolheram um líder a fim de voltarem à sua escravidão. Mas tu és um Deus perdoador, um Deus bondoso e misericordioso, muito paciente e cheio de amor. Por isso não os abandonaste, ¹⁸ mesmo quando fundiram para si um ídolo na forma de bezerro e disseram: 'Este é o seu deus, que os tirou do Egito', ou quando proferiram blasfêmias terríveis.

¹⁹ "Foi por tua grande compaixão que não os abandonaste no deserto. De dia a nuvem não deixava de guiá-los em seu caminho, nem de noite a coluna de fogo deixava de brilhar sobre o caminho que deviam percorrer. ²⁰ Deste o teu bom Espírito para instruí-los. Não retiveste o teu maná que os alimentava, e deste-lhes água para matar a sede. ²¹ Durante quarenta anos tu os sustentaste no deserto; nada lhes faltou, as roupas deles não se gastaram nem os seus pés ficaram inchados. ²² "Deste-lhes reinos e nações, cuja terra repartiste entre eles. Eles conquistaram a terra de Seom, rei de Hesbom, e a terra de Ogue, rei de Basã. ²³ Tornaste os seus filhos tão numerosos como as estrelas do céu, e os trouxeste para entrar e possuir a terra que prometeste aos seus antepassados. ²⁴ Seus filhos entraram e tomaram posse da terra. Tu subjugaste diante deles os cananeus, que viviam na terra, e os entregaste nas suas mãos, com os seus reis e com os povos daquela terra, para que os tratassem como bem quisessem. ²⁵ Conquistaram cidades fortificadas e terra fértil; apossaram-se de casas cheias de bens, poços já escavados, vinhas, olivais e muitas árvores frutíferas. Comeram até fartar-se e foram bem alimentados; eles desfrutaram de tua grande bondade.

²⁶ "Mas foram desobedientes e se rebelaram contra ti; deram as costas para a tua Lei. Mataram os teus profetas, que os tinham advertido que se voltassem para ti; e fizeram-te ofensas detestáveis. ²⁷ Por isso tu os entregaste nas mãos de seus inimigos, que os oprimiram. Mas, quando foram oprimidos, clamaram a ti. Dos céus tu os ouviste, e na tua grande compaixão deste-lhes libertadores, que os livraram das mãos de seus inimigos. ²⁸ "Mas, tão logo voltavam a ter paz, de novo faziam o que tu reprovas. Então tu os abandonavas às mãos de seus inimigos, para que dominassem sobre eles. E, quando novamente clamavam a ti, dos céus tu os ouvias e na tua compaixão os livravas vez após vez. ²⁹ "Tu os advertiste que voltassem à tua Lei, mas eles se tornaram arrogantes e desobedeceram aos teus mandamentos. Pecaram contra as tuas ordenanças, pelas quais o homem vive se lhes obedece. Com teimosia, deram-te as costas, tornaram-se obstinados e recusaram ouvir-te. ³⁰ E durante muitos anos foste paciente com eles. Por teu Espírito, por meio dos profetas, os advertiste. Contudo, não te deram atenção, de modo que os entregaste nas mãos dos povos vizinhos. ³¹ Graças, porém, à tua grande misericórdia, não os destruíste nem os abandonaste, pois és Deus bondoso e misericordioso.

9.31 Não se trata da nossa bondade, mas, sim, da bondade de Deus. Não são os nossos méritos, mas a misericórdia do Pai. Caro discípulo, aprenda e nunca se esqueça de que se não fomos destruídos é por um motivo: "Porque Deus tanto amou o mundo que deu o seu Filho Unigênito, para que todo o que nele crer não pereça, mas tenha a vida eterna. Pois Deus enviou o seu Filho ao mundo, não para condenar o mundo, mas para que este fosse salvo por meio dele" (João 3.16,17).

³² "Agora, portanto, nosso Deus, ó Deus grande, poderoso e temível, fiel à tua aliança e misericordioso, não fiques indiferente a toda a aflição que veio sobre nós, sobre os nossos reis e sobre os nossos líderes, sobre os nossos sacerdotes e sobre os nossos profetas, sobre os nossos antepassados e sobre todo o teu povo, desde os dias dos reis da Assíria até hoje. ³³ Em tudo o que nos aconteceu foste justo; agiste com lealdade mesmo quando fomos infiéis. ³⁴ Nossos reis, nossos líderes, nossos sacerdotes e nossos antepassados não seguiram a tua Lei; não deram atenção aos teus mandamentos nem às advertências que lhes fizeste. ³⁵ Mesmo quando estavam no reino deles, desfrutando da tua grande bondade, na terra espaçosa e fértil que lhes deste, eles não te serviram nem abandonaram os seus maus caminhos.

³⁶ "Vê, porém, que hoje somos escravos, escravos na terra que deste aos nossos antepassados para que usufruíssem dos seus frutos e das outras boas coisas que ela produz. ³⁷ Por causa de nossos pecados, a sua grande produção pertence aos reis que puseste sobre nós. Eles dominam sobre nós e sobre os nossos rebanhos como bem lhes parece. É grande a nossa angústia!

O Acordo do Povo

³⁸ "Em vista disso tudo, estamos fazendo um acordo, por escrito, e assinado por nossos líderes, nossos levitas e nossos sacerdotes".

10 Esta é a relação dos que o assinaram:

Neemias, o governador,
filho de Hacalias,
e Zedequias,
² Seraías, Azarias, Jeremias,
³ Pasur, Amarias, Malquias,
⁴ Hatus, Sebanias, Maluque,
⁵ Harim, Meremote, Obadias,
⁶ Daniel, Ginetom, Baruque,
⁷ Mesulão, Abias, Miamim,
⁸ Maazias, Bilgai e Semaías.
Esses eram os sacerdotes.

⁹ Dos levitas:

Jesua, filho de Azanias, Binui,
dos filhos de Henadade, Cadmiel
¹⁰ e seus colegas: Sebanias,
Hodias, Quelita, Pelaías, Hanã,
¹¹ Mica, Reobe, Hasabias,
¹² Zacur, Serebias, Sebanias,
¹³ Hodias, Bani e Beninu.

¹⁴ Dos líderes do povo:

Parós, Paate-Moabe, Elão, Zatu, Bani,
¹⁵ Buni, Azgade, Bebai,
¹⁶ Adonias, Bigvai, Adim,
¹⁷ Ater, Ezequias, Azur,
¹⁸ Hodias, Hasum, Besai,
¹⁹ Harife, Anatote, Nebai,
²⁰ Magpias, Mesulão, Hezir,
²¹ Mesezabel, Zadoque, Jadua,
²² Pelatias, Hanã, Anaías,
²³ Oseias, Hananias, Hassube,
²⁴ Haloês, Pílea, Sobeque,
²⁵ Reum, Hasabna, Maaseias,
²⁶ Aías, Hanã, Anã,
²⁷ Maluque, Harim e Baaná.

²⁸ "O restante do povo — sacerdotes, levitas, porteiros, cantores, servidores do templo e todos os que se separaram dos povos vizinhos por amor à Lei de Deus, com suas mulheres e com todos os seus filhos e filhas capazes de entender — ²⁹ agora se une a seus irmãos, os nobres, e se obrigam sob maldição e sob juramento a seguir a Lei de Deus dada por meio do servo de Deus, Moisés, e a obedecer fielmente a todos os mandamentos, ordenanças e decretos do Senhor, o nosso Senhor.

³⁰ "Prometemos não dar nossas filhas em casamento aos povos vizinhos nem aceitar que as filhas deles se casem com os nossos filhos.

³¹ "Quando os povos vizinhos trouxerem mercadorias ou cereal para venderem no sábado ou em dia de festa, não compraremos deles nesses dias. Cada sete anos abriremos mão de trabalhar a terra e cancelaremos todas as dívidas.

³² "Assumimos a responsabilidade de, conforme o mandamento, dar anualmente quatro gramas*ᵃ* para o serviço do templo de nosso Deus: ³³ para os pães consagrados, para as ofertas regulares de cereal e para os holocaustos*ᵇ*, para as ofertas dos sábados, das festas de lua nova e das festas fixas, para as ofertas sagradas, para as ofertas pelo pecado para fazer propiciação por Israel e para as necessidades do templo de nosso Deus.

ᵃ **10.32** Hebraico: *1/3 de siclo*. Um siclo equivalia a 12 gramas, geralmente de prata.
ᵇ **10.33** Isto é, sacrifícios totalmente queimados.

³⁴ "Também lançamos sortes entre as famílias dos sacerdotes, dos levitas e do povo, para escalar anualmente a família que deverá trazer lenha ao templo de nosso Deus, no tempo determinado, para queimar sobre o altar do Senhor, o nosso Deus, conforme está escrito na Lei.

³⁵ "Também assumimos a responsabilidade de trazer anualmente ao templo do Senhor os primeiros frutos de nossas colheitas e de toda árvore frutífera.

³⁶ "Conforme também está escrito na Lei, traremos o primeiro de nossos filhos e a primeira cria de nossos rebanhos, tanto de ovelhas como de bois, para o templo de nosso Deus, para os sacerdotes que ali estiverem ministrando.

³⁷ "Além do mais, traremos para os depósitos do templo de nosso Deus, para os sacerdotes, a nossa primeira massa de cereal moído e as nossas primeiras ofertas de cereal, do fruto de todas as nossas árvores e de nosso vinho e azeite. E traremos o dízimo das nossas colheitas para os levitas, pois são eles que recolhem os dízimos em todas as cidades onde trabalhamos. ³⁸ Um sacerdote descendente de Arão acompanhará os levitas quando receberem os dízimos, e os levitas terão que trazer um décimo dos dízimos ao templo de nosso Deus, aos depósitos do templo. ³⁹ O povo de Israel, inclusive os levitas, deverão trazer ofertas de cereal, de vinho novo e de azeite aos depósitos onde se guardam os utensílios para o santuário. É onde os sacerdotes ministram e onde os porteiros e os cantores ficam.

"Não negligenciaremos o templo de nosso Deus."

O Repovoamento de Jerusalém

11 Os líderes do povo passaram a morar em Jerusalém, e o restante do povo fez um sorteio para que, de cada dez pessoas, uma viesse morar em Jerusalém, a santa cidade; as outras nove deveriam ficar em suas próprias cidades. ² O povo abençoou todos os homens que se apresentaram voluntariamente para morar em Jerusalém.

³ Alguns israelitas, sacerdotes, levitas, servos do templo e descendentes dos servos de Salomão viviam nas cidades de Judá, cada um em sua propriedade. Estes são os líderes da província que passaram a morar em Jerusalém ⁴ (além deles veio gente tanto de Judá quanto de Benjamim viver em Jerusalém):

Entre os descendentes de Judá:

Ataías, filho de Uzias, neto de Zacarias, bisneto de Amarias; Amarias era filho de Sefatias e neto de Maalaleel, descendente de Perez. ⁵ Maaseias, filho de Baruque, neto de Col-Hozé, bisneto de Hazaías; Hazaías era filho de Adaías, neto de Joiaribe e bisneto de Zacarias, descendente de Selá. ⁶ Os descendentes de Perez que viviam em Jerusalém totalizavam 468 homens de destaque.

⁷ Entre os descendentes de Benjamim:

Salu, filho de Mesulão, neto de Joede, bisneto de Pedaías; Pedaías era filho de Colaías, neto de Maaseias, bisneto de Itiel, tetraneto de Jesaías; ⁸ os seguidores de Salu, Gabai e Salai totalizavam 928 homens. ⁹ Joel, filho de Zicri, era o oficial superior entre eles, e Judá, filho de Hassenua, era responsável pelo segundo distrito da cidade.

¹⁰ Entre os sacerdotes:

Jedaías, filho de Joiaribe; Jaquim; ¹¹ Seraías, filho de Hilquias, neto de Mesulão, bisneto de Zadoque — Zadoque era filho de Meraiote, neto de Aitube, supervisor da casa de Deus — ¹² e seus colegas, que faziam o trabalho do templo, totalizavam 822 homens. Adaías, filho de Jeroão, neto de Pelaías, bisneto de Anzi — Anzi era filho de Zacarias, neto de Pasur, bisneto de Malquias — ¹³ e seus colegas, que eram chefes de famílias, totalizavam 242 homens. Amassai, filho de Azareel, neto de Azai, bisneto de Mesilemote, tetraneto de Imer, ¹⁴ e os seus colegas, que eram homens de destaque, totalizavam 128. O oficial superior deles era Zabdiel, filho de Gedolim.

¹⁵ Entre os levitas:

Semaías, filho de Hassube, neto de Azricão, bisneto de Hasabias, tetraneto de Buni; ¹⁶ Sabetai e Jozabade, dois dos líderes dos levitas, encarregados do trabalho externo do templo de Deus; ¹⁷ Matanias, filho de Mica, neto de Zabdi, bisneto de Asafe, o dirigente que conduzia as ações de graças e as orações; Baquebuquias, o segundo entre os seus colegas e Abda, filho de Samua, neto de Galal, bisneto de Jedutum. ¹⁸ Os levitas totalizavam 284 na cidade santa.

¹⁹ Os porteiros:

Acube, Talmom e os homens dos seus clãs, que guardavam as portas, eram 172.

²⁰ Os demais israelitas, incluindo os sacerdotes e os levitas, estavam em todas as cidades de Judá, cada um na propriedade de sua herança. ²¹ Os que prestavam serviço no templo moravam na colina de Ofel, e Zia e Gispa estavam encarregados deles.

²² O oficial superior dos levitas em Jerusalém era Uzi, filho de Bani, neto de Hasabias, bisneto de Matanias, tetraneto de Mica. Uzi era um dos descendentes de Asafe, que eram responsáveis pela música do templo de Deus. ²³ Eles estavam sujeitos às prescrições do rei, que regulamentavam suas atividades diárias.

²⁴ Petaías, filho de Mesezabel, descendente de Zerá, filho de Judá, representava o rei nas questões de ordem civil.

²⁵ Alguns do povo de Judá foram morar em Quiriate-Arba e seus povoados, em Dibom e seus povoados, em Jecabzeel e seus povoados, ²⁶ em Jesua, em Moladá, em Bete-Pelete, ²⁷ em Hazar-Sual, em Berseba e seus povoados, ²⁸ em Ziclague, em Meconá e seus povoados, ²⁹ em En-Rimom, em Zorá, em Jarmute, ³⁰ em Zanoa, em Adulão e seus povoados, em Laquis e seus arredores, e em Azeca e seus povoados. Eles se estabeleceram desde Berseba até o vale de Hinom.

³¹ Os descendentes dos benjamitas foram viver em Geba, Micmás, Aia, Betel e seus povoados, ³² em Anatote, Nobe e Ananias, ³³ Hazor, Ramá e Gitaim, ³⁴ Hadide, Zeboim e Nebalate, ³⁵ Lode e Ono, e no vale dos Artesãos.

³⁶ Alguns grupos dos levitas de Judá se estabeleceram em Benjamim.

A Lista dos Sacerdotes e dos Levitas

12 Estes foram os sacerdotes e os levitas que voltaram com Zorobabel, filho de Sealtiel, e com Jesua:

Seraías, Jeremias, Esdras,
² Amarias, Maluque, Hatus,
³ Secanias*ᵃ*, Reum, Meremote*ᵇ*,
⁴ Ido, Ginetom*ᶜ*, Abias,
⁵ Miamim*ᵈ*, Maadias, Bilga,
⁶ Semaías, Joiaribe, Jedaías,
⁷ Salu, Amoque, Hilquias e Jedaías.

Esses foram os chefes dos sacerdotes e seus colegas nos dias de Jesua.

⁸ Os levitas foram Jesua,
Binui, Cadmiel,
Serebias, Judá,
e também Matanias, o qual,
com seus colegas,
estava encarregado
dos cânticos de ações de graças.
⁹ Baquebuquias e Uni, seus colegas,
ficavam em frente deles
para responder-lhes.

¹⁰ Jesua foi o pai de Joiaquim,
Joiaquim foi o pai de Eliasibe,
Eliasibe foi o pai de Joiada,
¹¹ Joiada foi o pai de Jônatas,
Jônatas foi o pai de Jadua.

¹² Nos dias de Joiaquim
estes foram os líderes
das famílias dos sacerdotes:
da família de Seraías, Meraías;
da família de Jeremias, Hananias;
¹³ da família de Esdras, Mesulão;
da família de Amarias, Joanã;
¹⁴ da família de Maluqui, Jônatas;
da família de Secanias, José;
¹⁵ da família de Harim, Adna;
da família de Meremote, Helcai;
¹⁶ da família de Ido, Zacarias;
da família de Ginetom, Mesulão;
¹⁷ da família de Abias, Zicri;
da família de Miniamim
e de Maadias, Piltai;
¹⁸ da família de Bilga, Samua;
da família de Semaías, Jônatas;
¹⁹ da família de Joiaribe, Matenai;
da família de Jedaías, Uzi;
²⁰ da família de Salai, Calai;
da família de Amoque, Héber;
²¹ da família de Hilquias, Hasabias;
da família de Jedaías, Natanael.

²² Nos dias de Eliasibe, os chefes das famílias dos levitas e dos sacerdotes, Joiada, Joanã e Jadua, foram registrados durante o reinado de Dario,

---

ᵃ **12.3** Muitos manuscritos dizem *Sebanias*; também no versículo 14.

ᵇ **12.3** Muitos manuscritos dizem *Meraiote*; também no versículo 15.

ᶜ **12.4** Muitos manuscritos dizem *Ginetoi*; também no versículo 16.

ᵈ **12.5** Variante de *Miniamim*; também no versículo 17.

o persa. ²³ Os chefes das famílias dos descendentes de Levi até a época de Joanã, filho de Eliasibe, foram registrados no livro das crônicas. ²⁴ Os líderes dos levitas foram Hasabias, Serebias, Jesua, filho de Cadmiel, e seus colegas, que ficavam em frente deles quando entoavam louvores e ações de graças; um grupo respondia ao outro, conforme prescrito por Davi, homem de Deus.

²⁵ Matanias, Baquebuquias, Obadias, Mesulão, Talmom e Acube eram porteiros; vigiavam os depósitos localizados junto às portas. ²⁶ Eles serviram nos dias de Joiaquim, filho de Jesua, neto de Jozadaque, e nos dias do governador Neemias e de Esdras, sacerdote e escriba.

A Dedicação dos Muros de Jerusalém

²⁷ Por ocasião da dedicação dos muros de Jerusalém, os levitas foram procurados e trazidos de onde moravam para Jerusalém para celebrarem a dedicação alegremente, com cânticos e ações de graças, ao som de címbalos, harpas e liras. ²⁸ Os cantores foram trazidos dos arredores de Jerusalém, dos povoados dos netofatitas, ²⁹ de Bete-Gilgal, e das regiões de Geba e de Azmavete, pois esses cantores haviam construído povoados para si ao redor de Jerusalém. ³⁰ Os sacerdotes e os levitas se purificaram cerimonialmente e depois purificaram também o povo, as portas e os muros.

³¹ Ordenei aos líderes de Judá que subissem ao alto do muro. Também designei dois grandes coros para darem graças. Um deles avançou em cima do muro, para a direita, até a porta do Esterco. ³² Hosaías e metade dos líderes de Judá os seguiram. ³³ Azarias, Esdras, Mesulão, ³⁴ Judá, Benjamim, Semaías, Jeremias, ³⁵ e alguns sacerdotes com trombetas, além de Zacarias, filho de Jônatas, neto de Semaías, bisneto de Matanias, que era filho de Micaías, neto de Zacur, bisneto de Asafe, ³⁶ e seus colegas, Semaías, Azareel, Milalai, Gilalai, Maai, Natanael, Judá e Hanani, que tocavam os instrumentos musicais prescritos por Davi, homem de Deus. Esdras, o escriba, ia à frente deles. ³⁷ À porta da Fonte eles subiram diretamente os degraus da Cidade de Davi, na subida para o muro, e passaram sobre a casa de Davi até a porta das Águas, a leste.

³⁸ O segundo coro avançou no sentido oposto. Eu os acompanhei, quando iam sobre o muro, levando comigo a metade do povo; passamos pela torre dos Fornos até a porta Larga, ³⁹ sobre a porta de Efraim, a porta Jesana*ª*, a porta do Peixe, a torre de Hananeel e a torre dos Cem, indo até a porta das Ovelhas. Junto à porta da Guarda paramos.

⁴⁰ Os dois coros encarregados das ações de graças assumiram os seus lugares no templo de Deus, o que também fiz, acompanhado da metade dos oficiais ⁴¹ e dos sacerdotes Eliaquim, Maaseias, Miniamim, Micaías, Elioenai, Zacarias e Hananias, com suas trombetas, ⁴² além de Maaseias, Semaías, Eleazar, Uzi, Joanã, Malquias, Elão e Ézer. Os coros cantaram sob a direção de Jezraías. ⁴³ E, naquele dia, contentes como estavam, ofereceram grandes sacrifícios, pois Deus os enchera de grande alegria. As mulheres e as crianças também se alegraram, e os sons da alegria de Jerusalém podiam ser ouvidos de longe.

⁴⁴ Naquela ocasião, foram designados alguns encarregados dos depósitos onde se recebiam as contribuições gerais, os primeiros frutos e os dízimos. Das lavouras que havia em torno das cidades eles deveriam trazer para os depósitos as porções exigidas pela Lei para os sacerdotes e para os levitas. E, de fato, o povo de Judá estava satisfeito com os sacerdotes e os levitas que ministravam no templo. ⁴⁵ Eles celebravam o culto ao seu Deus e o ritual de purificação, dos quais também participavam os cantores e os porteiros, de acordo com as ordens de Davi e do seu filho Salomão. ⁴⁶ Pois muito tempo antes, nos dias de Davi e de Asafe, havia dirigentes dos cantores e pessoas que dirigiam os cânticos de louvor e de graças a Deus. ⁴⁷ Assim, nos dias de Zorobabel e de Neemias, todo o Israel contribuía com ofertas diárias para os cantores e para os porteiros. Também separavam a parte pertencente aos outros levitas, e os levitas separavam a porção dos descendentes de Arão.

As Últimas Reformas Realizadas por Neemias

13 Naquele dia, o Livro de Moisés foi lido em alta voz diante do povo, e nele achou-se escrito que nenhum amonita ou moabita jamais poderia ser admitido no povo de Deus, ² pois eles, em vez de darem água e comida aos israelitas, tinham contratado Balaão para invocar maldição sobre eles. O nosso Deus, porém, transformou a maldição em bênção. ³ Quando o povo ouviu essa Lei, excluiu de Israel todos os que eram de ascendência estrangeira.

ª **12.39** Ou *porta Velha*

⁴ Antes disso, o sacerdote Eliasibe tinha sido encarregado dos depósitos do templo de nosso Deus. Ele era parente próximo de Tobias ⁵ e lhe havia cedido uma grande sala, anteriormente utilizada para guardar as ofertas de cereal, o incenso, os utensílios do templo e também os dízimos do trigo, do vinho novo e do azeite prescritos para os levitas, para os cantores e para os porteiros, além das ofertas para os sacerdotes.

⁶ Mas, enquanto tudo isso estava acontecendo, eu não estava em Jerusalém, pois no trigésimo segundo ano do reinado de Artaxerxes, rei da Babilônia, voltei ao rei. Algum tempo depois pedi sua permissão ⁷ e voltei para Jerusalém. Aqui soube do mal que Eliasibe fizera ao ceder uma sala a Tobias nos pátios do templo de Deus. ⁸ Fiquei muito aborrecido e joguei todos os móveis de Tobias fora da sala. ⁹ Mandei purificar as salas e coloquei de volta nelas os utensílios do templo de Deus, com as ofertas de cereal e o incenso.

¹⁰ Também fiquei sabendo que os levitas não tinham recebido a parte que lhes era devida e que todos os levitas e cantores responsáveis pelo culto haviam voltado para suas próprias terras. ¹¹ Por isso repreendi os oficiais e lhes perguntei: "Por que essa negligência com o templo de Deus?" Então convoquei os levitas e os cantores e os coloquei em seus postos.

¹² E todo o povo de Judá trouxe os dízimos do trigo, do vinho novo e do azeite aos depósitos. ¹³ Coloquei o sacerdote Selemias, o escriba Zadoque e um levita chamado Pedaías como encarregados dos depósitos e fiz de Hanã, filho de Zacur, neto de Matanias, assistente deles, porque esses homens eram de confiança. Eles ficaram responsáveis pela distribuição de suprimentos aos seus colegas.

¹⁴ Lembra-te de mim por isso, meu Deus, e não te esqueças do que fiz com tanta fidelidade pelo templo de meu Deus e pelo seu culto.

¹⁵ Naqueles dias, vi que em Judá alguns trabalhavam nos tanques de prensar uvas no sábado e ajuntavam trigo e o carregavam em jumentos, transportando-o com vinho, uvas, figos e todo tipo de carga. Tudo isso era trazido para Jerusalém em pleno sábado. Então os adverti que não vendessem alimento nesse dia. ¹⁶ Havia alguns da cidade de Tiro que moravam em Jerusalém e que, no sábado, traziam e vendiam peixes e toda espécie de mercadoria em Jerusalém, para o povo de Judá. ¹⁷ Diante disso, repreendi os nobres de Judá e lhes disse: Como é que vocês podem fazer tão grande mal, profanando o dia de sábado? ¹⁸ Por acaso os seus antepassados não fizeram o mesmo, levando o nosso Deus a trazer toda essa desgraça sobre nós e sobre esta cidade? Pois agora, profanando o sábado, vocês provocam maior ira contra Israel!

¹⁹ Quando as sombras da tarde cobriram as portas de Jerusalém na véspera do sábado, ordenei que estas fossem fechadas e só fossem abertas depois que o sábado tivesse terminado. Coloquei alguns de meus homens de confiança junto às portas, para que nenhum carregamento pudesse ser introduzido no dia de sábado. ²⁰ Uma ou duas vezes os comerciantes e vendedores de todo tipo de mercadoria passaram a noite do lado de fora de Jerusalém. ²¹ Mas eu os adverti, dizendo: Por que vocês passam a noite junto ao muro? Se fizerem isso de novo, mandarei prendê-los. Depois disso não vieram mais no sábado. ²² Então ordenei aos levitas que se purificassem e fossem vigiar as portas a fim de que o dia de sábado fosse respeitado como sagrado.

Lembra-te de mim também por isso, ó meu Deus, e tem misericórdia de mim conforme o teu grande amor.

²³ Além disso, naqueles dias, vi alguns judeus que haviam se casado com mulheres de Asdode, de Amom e de Moabe. ²⁴ A metade dos seus filhos falavam a língua de Asdode ou a língua de um dos outros povos e não sabiam falar a língua de Judá. ²⁵ Eu os repreendi e invoquei maldições sobre eles. Bati em alguns deles e arranquei os seus cabelos. Fiz com que jurassem em nome de Deus e lhes disse: Não consintam mais em dar suas filhas em casamento aos filhos deles, nem haja casamento das filhas deles com seus filhos ou com vocês. ²⁶ Não foi por causa de casamentos como esses que Salomão, rei de Israel, pecou? Entre as muitas nações não havia rei algum como ele. Ele era amado por seu Deus, e Deus o fez rei sobre todo o Israel, mas até mesmo ele foi induzido ao pecado por mulheres estrangeiras. ²⁷ Como podemos tolerar o que ouvimos? Como podem vocês cometer essa terrível maldade e serem infiéis ao nosso Deus, casando-se com mulheres estrangeiras?

²⁸ Um dos filhos de Joiada, filho do sumo sacerdote Eliasibe, era genro de Sambalate, o horonita. Eu o expulsei para longe de mim.

²⁹ Não te esqueças deles, ó meu Deus, pois profanaram o ofício sacerdotal e a aliança do sacerdócio e dos levitas.

³⁰ Dessa forma purifiquei os sacerdotes e os levitas de tudo o que era estrangeiro e lhes designei responsabilidades, cada um em seu próprio cargo. ³¹ Também estabeleci regras para as provisões de lenha, determinando as datas certas para serem trazidas, e para os primeiros frutos.

Em tua bondade, lembra-te de mim, ó meu Deus.

Introdução ao livo de
ESTER

Autor e data de composição — Ainda que a autoria deste livro tenha sido atribuída a vários escritores, não há mal algum em atribuí-la a uma de suas personagens: Mardoqueu. A ação da narrativa se passa durante o reinado de Assuero, rei da Pérsia, e corresponderia à época entre o primeiro regresso dos judeus, sob o comando de Zorobabel, e o segundo, sob a orientação de Esdras (483-473 a.C.). Como o narrador do texto sempre fala sobre eventos passados, sugere-se que o livro tenha sido escrito depois dos fatos narrados.

ESBOÇO GERAL

Primeira parte: A ameaça (1—4)
  I. Ester é escolhida por Assuero para ser rainha da Pérsia (1.1—2.20)
     A. Assuero depõe a rainha Vasti (1)
     B. Ester é escolhida como rainha (2.1-20)
  II. As conspirações (2.21—4.17)
     A. A conspiração de dois oficiais do rei é descoberta por Mardoqueu (2.21-23)
     B. O plano de Hamã para exterminar Mardoqueu e todo o povo judeu (3—4)

Segunda parte: A vitória (5—10)
  I. Mardoqueu triunfa sobre Hamã (5.1—8.3)
     A. Ester arrisca a vida e revela ao rei os planos de Hamã (5—7)
     B. Hamã é enforcado; Mardoqueu recebe todos os bens de Hamã (8.1-3)
  II. O triunfo do povo judeu sobre seus inimigos (8.4—10.3)
     A. A preparação e a vitória (8.4—9.16)
     B. O povo judeu celebra a vitória (9.17—10.3)

Versículo-chave
4.14

Tema geral do livro
Uma das características deste livro é que nele não aparece o nome de Javé, o SENHOR, nem uma vez. No passado, esse fato levou alguns a não considerá-lo um livro inspirado por Deus. Nos manuscritos do mar Morto, ou de Qumran (veja "Vocabulário básico", p. 1514), foram encontrados fragmentos de todos os livros da Bíblia e de outros escritos, mas nada foi encontrado que estivesse relacionado à rainha Ester. No entanto, o livro tem indícios mais do que suficientes da presença de Deus materializada na forma de o Senhor proporcionar um caminho de salvação e vitória ao povo judeu. Ester, instrumento escolhido por Deus, estava no lugar certo na hora exata, tal como Deus faz todas as coisas. Mais uma vez o SENHOR evitou que o povo da aliança fosse exterminado pela fúria de um inimigo.

No livro de Ester, Jesus é...
... o nosso Mardoqueu (2.7).

Versículo-chave para o discípulo
4.16

O discípulo e o livro de Ester

Neste livro, o discípulo deve aprender uma combinação perfeita: a nossa vontade e confiança em Deus + a vontade e os planos de Deus. Ester pôs sua vida em perigo quando se apresentou diante de Assuero sem ter sido chamada por ele, mas sabia que era o que deveria fazer. Se não tivesse agido dessa maneira, tal como dissera seu tio Mardoqueu, teria resultado na morte de todo o povo e na dela também em ocasião posterior. O discípulo precisa aprender que os riscos que se corre por obedecer à vontade de Deus não são meros perigos, mas, sim, vitórias, mesmo que no momento não nos pareçam. Deus está conosco e é ele que planeja as estratégias e ganha as batalhas por nós. O que nos cabe é obedecer e atuar no momento certo. Até hoje o povo judeu celebra essa grande vitória com a mais alegre de suas festas, chamada "Purim" (veja 9.26,31; "sortes", 9.24), no dia 13 do mês de adar, último mês do ano.

ESBOÇO GERAL

ESTER

A Rainha Vasti Afronta o Rei

1 Foi no tempo de Xerxes[a], que reinou sobre cento e vinte e sete províncias, desde a Índia até a Etiópia[b]. ² Naquela época o rei Xerxes reinava em seu trono na cidadela de Susã ³ e, no terceiro ano do seu reinado, deu um banquete a todos os seus nobres e oficiais. Estavam presentes os líderes militares da Pérsia e da Média, os príncipes e os nobres das províncias.

⁴ Durante cento e oitenta dias ele mostrou a enorme riqueza de seu reino e o esplendor e a glória de sua majestade. ⁵ Terminados esses dias, o rei deu um banquete no jardim interno do palácio, de sete dias, para todo o povo que estava na cidadela de Susã, do mais rico ao mais pobre. ⁶ O jardim possuía forrações em branco e azul, presas com cordas de linho branco e tecido roxo, ligadas por anéis de prata a colunas de mármore. Tinha assentos de ouro e de prata num piso de mosaicos de pórfiro, mármore, madrepérola e outras pedras preciosas. ⁷ Pela generosidade do rei, o vinho real era servido em grande quantidade, em diferentes taças de ouro. ⁸ Por ordem real, cada convidado tinha permissão de beber o quanto desejasse, pois o rei tinha dado instruções a todos os mordomos do palácio que os servissem à vontade.

⁹ Enquanto isso, a rainha Vasti também oferecia um banquete às mulheres, no palácio do rei Xerxes.

¹⁰ No sétimo dia, quando o rei Xerxes já estava alegre por causa do vinho, ordenou aos sete oficiais que o serviam — Meumã, Bizta, Harbona, Bigtá, Abagta, Zetar e Carcas — ¹¹ que trouxessem à sua presença a rainha Vasti, usando a coroa real. Ele queria mostrar aos seus súditos e aos nobres a beleza dela, pois era de fato muito bonita. ¹² Quando, porém, os oficiais transmitiram a ordem do rei à rainha Vasti, esta se recusou a ir, e o rei ficou furioso e indignado.

¹³ Como era costume o rei consultar especialistas em questões de direito e justiça, ele mandou chamar os sábios que entendiam das leis ¹⁴ e que eram muito amigos do rei: Carsena, Setar, Adamata, Társis, Meres, Marsena e Memucã; eles eram os sete nobres da Pérsia e da Média que tinham acesso direto ao rei e eram os mais importantes do reino.

¹⁵ O rei lhes perguntou: "De acordo com a lei, o que se deve fazer à rainha Vasti? Ela não obedeceu à ordem do rei Xerxes transmitida pelos oficiais".

¹⁶ Então Memucã respondeu na presença do rei e dos nobres: "A rainha Vasti não ofendeu somente o rei, mas também todos os nobres e os povos de todas as províncias do rei Xerxes, ¹⁷ pois a conduta da rainha se tornará conhecida por todas as mulheres, e assim também elas desprezarão seus maridos e dirão: 'O rei Xerxes ordenou que a rainha Vasti fosse à sua presença, mas ela não foi'. ¹⁸ Hoje mesmo as mulheres persas e medas da nobreza que ficarem sabendo do comportamento da rainha agirão da mesma maneira com todos os nobres do rei. Isso provocará desrespeito e discórdia sem fim.

¹⁹ "Por isso, se for do agrado do rei, que ele emita um decreto real e que seja incluído na lei irrevogável da Pérsia e da Média, determinando que Vasti nunca mais compareça na presença do rei Xerxes. Também dê o rei a sua posição de rainha a outra que seja melhor do que ela. ²⁰ Assim, quando o decreto real for proclamado em todo o seu imenso domínio, todas as mulheres respeitarão seus maridos, do mais rico ao mais pobre".

²¹ O rei e seus nobres aceitaram de bom grado o conselho, de modo que o rei pôs em prática a proposta de Memucã. ²² Para isso, enviou cartas a todas as partes do reino, a cada província e a cada povo, em sua própria escrita e em sua própria língua, proclamando que todo homem deveria mandar em sua própria casa.

A Coroação da Rainha Ester

2 Algum tempo depois, quando cessou a indignação do rei Xerxes, ele se lembrou de Vasti, do que ela havia feito e do que ele tinha decretado contra ela. ² Então os conselheiros do rei sugeriram que se procurassem belas virgens para o rei ³ e que se nomeassem comissários em cada província do império para trazerem todas essas lindas moças ao harém da cidadela de Susã. Elas estariam sob os cuidados de Hegai, oficial responsável pelo harém, e deveriam receber tratamento de beleza. ⁴ A moça que mais agradasse o rei seria rainha em lugar de Vasti. Esse conselho agradou o rei, e ele o pôs em execução.

---

[a] 1.1 Hebraico: *Assuero*, variante do nome persa *Xerxes*.
[b] 1.1 Hebraico: *Cuxe*.

⁵ Nesse tempo vivia na cidadela de Susã um judeu chamado Mardoqueu, da tribo de Benjamim, filho de Jair, neto de Simei e bisneto de Quis. ⁶ Ele fora levado de Jerusalém para o exílio por Nabucodonosor, rei da Babilônia, entre os que foram levados prisioneiros com Joaquim[a], rei de Judá. ⁷ Mardoqueu tinha uma prima chamada Hadassa, que havia sido criada por ele, por não ter pai nem mãe. Essa moça, também conhecida como Ester, era atraente e muito bonita, e Mardoqueu a havia tomado como filha quando o pai e a mãe dela morreram.

⁸ Quando a ordem e o decreto do rei foram proclamados, muitas moças foram trazidas à cidadela de Susã e colocadas sob os cuidados de Hegai. Ester também foi trazida ao palácio do rei e confiada a Hegai, encarregado do harém. ⁹ A moça o agradou e ele a favoreceu. Ele logo lhe providenciou tratamento de beleza e comida especial. Designou-lhe sete moças escolhidas do palácio do rei e transferiu-a, junto com suas jovens, para o melhor lugar do harém.

¹⁰ Ester não tinha revelado a que povo pertencia nem a origem da sua família, pois Mardoqueu a havia proibido de fazê-lo. ¹¹ Diariamente ele caminhava de um lado para outro perto do pátio do harém para saber como Ester estava e o que lhe estava acontecendo.

¹² Antes de qualquer daquelas moças apresentar-se ao rei Xerxes, devia completar doze meses de tratamento de beleza prescritos para as mulheres: seis meses com óleo de mirra e seis meses com perfumes e cosméticos. ¹³ Quando ia apresentar-se ao rei, a moça recebia tudo o que quisesse levar consigo do harém para o palácio do rei. ¹⁴ À tarde ela ia para lá e de manhã voltava para outra parte do harém, que ficava sob os cuidados de Saasgaz, oficial responsável pelas concubinas. Ela não voltava ao rei, a menos que dela ele se agradasse e a mandasse chamar pelo nome.

¹⁵ Quando chegou a vez de Ester, filha de Abiail, tio de Mardoqueu, que a tinha adotado como filha, ela não pediu nada além daquilo que Hegai, oficial responsável pelo harém, sugeriu. Ester causava boa impressão a todos os que a viam. ¹⁶ Ela foi levada ao rei Xerxes, à residência real, no décimo mês, o mês de tebete[b], no sétimo ano do seu reinado.

¹⁷ O rei gostou mais de Ester do que de qualquer outra mulher; ela foi favorecida por ele e ganhou sua aprovação mais do que qualquer das outras virgens. Então ele colocou nela uma coroa real e tornou-a rainha em lugar de Vasti. ¹⁸ O rei deu um grande banquete, o banquete de Ester, para todos os seus nobres e oficiais. Proclamou feriado em todas as províncias e distribuiu presentes por sua generosidade real.

Mardoqueu Descobre uma Conspiração

¹⁹ Quando as virgens foram reunidas pela segunda vez, Mardoqueu estava sentado junto à porta do palácio real. ²⁰ Ester havia mantido segredo sobre seu povo e sobre a origem de sua família, conforme a ordem de Mardoqueu, pois continuava a seguir as instruções dele, como fazia quando ainda estava sob sua tutela.

²¹ Um dia, quando Mardoqueu estava sentado junto à porta do palácio real, Bigtã e Teres, dois dos oficiais do rei que guardavam a entrada, estavam indignados e conspiravam para assassinar o rei Xerxes. ²² Mardoqueu, porém, descobriu o plano e o contou à rainha Ester, que, por sua vez, passou a informação ao rei, em nome de Mardoqueu. ²³ Depois de investigada a informação e descobrindo-se que era verdadeira, os dois oficiais foram enforcados[c]. Tudo isso foi escrito nos registros históricos, na presença do rei.

O Plano de Hamã para Exterminar os Judeus

3 Depois desses acontecimentos, o rei Xerxes honrou Hamã, filho de Hamedata, descendente de Agague, promovendo-o e dando-lhe uma posição mais elevada do que a de todos os demais nobres. ² Todos os oficiais do palácio real curvavam-se e prostravam-se diante de Hamã, conforme as ordens do rei. Mardoqueu, porém, não se curvava nem se prostrava diante dele.

³ Então os oficiais do palácio real perguntaram a Mardoqueu: "Por que você desobedece à ordem do rei?" ⁴ Dia após dia eles lhe falavam, mas ele não lhes dava atenção e dizia que era judeu. Então contaram tudo a Hamã para ver se o comportamento de Mardoqueu seria tolerado. ⁵ Quando Hamã viu que Mardoqueu não se curvava nem se prostrava, ficou muito irado. ⁶ Contudo, sabendo quem era o povo de Mardoqueu, achou que não bastava matá-lo. Em vez disso, Hamã procurou uma forma

---

[a] 2.6 Hebraico: *Jeconias*, variante de *Joaquim*.
[b] 2.16 Aproximadamente dezembro/janeiro.
[c] 2.23 Ou *pendurados em postes*; ou ainda *empalados*

de exterminar todos os judeus, o povo de Mardoqueu, em todo o império de Xerxes.

⁷ No primeiro mês do décimo segundo ano do reinado do rei Xerxes, no mês de nisã[a], lançaram o pur, isto é, a sorte, na presença de Hamã a fim de escolher um dia e um mês para executar o plano. E foi sorteado o décimo segundo mês, o mês de adar[b].

⁸ Então Hamã disse ao rei Xerxes: "Existe certo povo disperso e espalhado entre os povos de todas as províncias do teu império, cujos costumes são diferentes dos de todos os outros povos e que não obedecem às leis do rei; não convém ao rei tolerá-los. ⁹ Se for do agrado do rei, que se decrete a destruição deles, e eu colocarei trezentas e cinquenta toneladas[c] de prata na tesouraria real à disposição para que se execute esse trabalho".

¹⁰ Em vista disso, o rei tirou seu anel-selo do dedo, deu-o a Hamã, o inimigo dos judeus, filho de Hamedata, descendente de Agague, e lhe disse: ¹¹ "Fique com a prata e faça com o povo o que você achar melhor".

¹² Assim, no décimo terceiro dia do primeiro mês, os secretários do rei foram convocados. Hamã ordenou que escrevessem cartas na língua e na escrita de cada povo aos sátrapas do rei, aos governadores das várias províncias e aos chefes de cada povo. Tudo foi escrito em nome do rei Xerxes e selado com o seu anel. ¹³ As cartas foram enviadas por mensageiros a todas as províncias do império com a ordem de exterminar e aniquilar completamente todos os judeus, jovens e idosos, mulheres e crianças, num único dia, o décimo terceiro dia do décimo segundo mês, o mês de adar, e de saquear os seus bens. ¹⁴ Uma cópia do decreto deveria ser publicada como lei em cada província e levada ao conhecimento do povo de cada nação, a fim de que estivessem prontos para aquele dia.

¹⁵ Por ordem do rei, os mensageiros saíram às pressas, e o decreto foi publicado na cidadela de Susã. O rei e Hamã assentaram-se para beber, mas a cidade de Susã estava em confusão.

O Pedido de Mardoqueu a Ester

4 Quando Mardoqueu soube de tudo o que tinha acontecido, rasgou as vestes, vestiu-se de pano de saco, cobriu-se de cinza, e saiu pela cidade, chorando amargamente em alta voz. ² Foi até a porta do palácio real, mas não entrou, porque ninguém vestido de pano de saco tinha permissão de entrar. ³ Em cada província onde chegou o decreto com a ordem do rei, houve grande pranto entre os judeus, com jejum, choro e lamento. Muitos se deitavam em pano de saco e em cinza.

⁴ Quando as criadas de Ester e os oficiais responsáveis pelo harém lhe contaram o que se passava com Mardoqueu, ela ficou muito aflita e mandou-lhe roupas para que as vestisse e tirasse o pano de saco; mas ele não quis aceitá-las. ⁵ Então Ester convocou Hatá, um dos oficiais do rei, nomeado para ajudá-la, e deu-lhe ordens para descobrir o que estava perturbando Mardoqueu e por que ele estava agindo assim.

⁶ Hatá foi falar com Mardoqueu na praça da cidade, em frente da porta do palácio real. ⁷ Mardoqueu contou-lhe tudo o que lhe tinha acontecido e quanta prata Hamã tinha prometido depositar na tesouraria real para a destruição dos judeus. ⁸ Deu-lhe também uma cópia do decreto que falava do extermínio e que tinha sido anunciado em Susã, para que ele o mostrasse a Ester e insistisse com ela para que fosse à presença do rei implorar misericórdia e interceder em favor do seu povo.

⁹ Hatá retornou e relatou a Ester tudo o que Mardoqueu lhe tinha dito. ¹⁰ Então ela o instruiu que dissesse o seguinte a Mardoqueu: ¹¹ "Todos os oficiais do rei e o povo das províncias do império sabem que existe somente uma lei para qualquer homem ou mulher que se aproxime do rei no pátio interno sem por ele ser chamado: será morto, a não ser que o rei estenda o cetro de ouro para a pessoa e lhe poupe a vida. E eu não sou chamada à presença do rei há mais de trinta dias".

¹² Quando Mardoqueu recebeu a resposta de Ester, ¹³ mandou dizer-lhe: "Não pense que pelo fato de estar no palácio do rei, você será a única entre os judeus que escapará, ¹⁴ pois, se você ficar calada nesta hora, socorro e livramento surgirão de outra parte para os judeus, mas você e a família do seu pai morrerão. Quem sabe se não foi para um momento como este que você chegou à posição de rainha?"

¹⁵ Então Ester mandou esta resposta a Mardoqueu: ¹⁶ "Vá reunir todos os judeus que estão em Susã, e jejuem em meu favor. Não

---

[a] 3.7 O mesmo que *abibe*; aproximadamente março/abril.
[b] 3.7 Aproximadamente fevereiro/março; também no versículo 13.
[c] 3.9 Hebraico: *10.000 talentos*. Um talento equivalia a 35 quilos.

comam nem bebam durante três dias e três noites. Eu e minhas criadas jejuaremos como vocês. Depois disso irei ao rei, ainda que seja contra a lei. Se eu tiver que morrer, morrerei".

¹⁷ Mardoqueu retirou-se e cumpriu todas as instruções de Ester.

O Pedido de Ester ao Rei

5 Três dias depois, Ester vestiu seus trajes de rainha e colocou-se no pátio interno do palácio, em frente do salão do rei. O rei estava no trono, de frente para a entrada. ² Quando viu a rainha Ester ali no pátio, teve misericórdia dela e estendeu-lhe o cetro de ouro que tinha na mão. Ester aproximou-se e tocou a ponta do cetro.

³ E o rei lhe perguntou: "Que há, rainha Ester? Qual é o seu pedido? Mesmo que seja a metade do reino, será dado a você".

⁴ Respondeu Ester: "Se for do agrado do rei, venha com Hamã a um banquete que lhe preparei".

⁵ Disse o rei: "Tragam Hamã imediatamente, para que ele atenda ao pedido de Ester".

Então o rei e Hamã foram ao banquete que Ester havia preparado. ⁶ Enquanto bebiam vinho, o rei tornou a perguntar a Ester: "Qual é o seu pedido? Você será atendida. Qual o seu desejo? Mesmo que seja a metade do reino, será concedido a você".

⁷ E Ester respondeu: "Este é o meu pedido e o meu desejo: ⁸ Se o rei tem consideração por mim e se lhe agrada atender e conceder o meu pedido, que o rei e Hamã venham amanhã ao banquete que lhes prepararei. Então responderei à pergunta do rei".

A Ira de Hamã contra Mardoqueu

⁹ Naquele dia, Hamã saiu alegre e contente. Mas ficou furioso quando viu que Mardoqueu, que estava junto à porta do palácio real, não se levantou nem mostrou respeito em sua presença. ¹⁰ Hamã, porém, controlou-se e foi para casa.

Reunindo seus amigos e Zeres, sua mulher, ¹¹ Hamã vangloriou-se de sua grande riqueza, de seus muitos filhos e de como o rei o havia honrado e promovido acima de todos os outros nobres e oficiais. ¹² E acrescentou Hamã: "Além disso, sou o único que a rainha Ester convidou para acompanhar o rei ao banquete que ela lhe ofereceu. Ela me convidou para comparecer amanhã, com o rei. ¹³ Mas tudo isso não me dará satisfação enquanto eu vir aquele judeu Mardoqueu sentado junto à porta do palácio real".

¹⁴ Então Zeres, sua mulher, e todos os seus amigos lhe sugeriram: "Mande fazer uma forca, de mais de vinte metros[a] de altura, e logo pela manhã peça ao rei que Mardoqueu seja enforcado nela. Assim você poderá acompanhar o rei ao jantar e alegrar-se". A sugestão agradou Hamã, e ele mandou fazer a forca.

Hamã é Obrigado a Honrar Mardoqueu

6 Naquela noite, o rei não conseguiu dormir; por isso ordenou que trouxessem o livro das crônicas do seu reinado e que o lessem para ele. ² E foi lido o registro de que Mardoqueu tinha denunciado Bigtã e Teres, dois dos oficiais do rei que guardavam a entrada do Palácio e que haviam conspirado para assassinar o rei Xerxes.

³ "Que honra e reconhecimento Mardoqueu recebeu por isso?", perguntou o rei.

Seus oficiais responderam: "Nada lhe foi feito".

⁴ O rei perguntou: "Quem está no pátio?" Ora, Hamã havia acabado de entrar no pátio externo do palácio para pedir ao rei o enforcamento de Mardoqueu na forca que ele lhe havia preparado.

⁵ Os oficiais do rei responderam: "É Hamã que está no pátio".

"Façam-no entrar", ordenou o rei.

⁶ Entrando Hamã, o rei lhe perguntou: "O que se deve fazer ao homem que o rei tem o prazer de honrar?"

E Hamã pensou consigo: "A quem o rei teria prazer de honrar, senão a mim?" ⁷ Por isso respondeu ao rei: "Ao homem que o rei tem prazer de honrar, ⁸ ordena que tragam um manto do próprio rei e um cavalo que o rei montou, e que ele leve o brasão[b] do rei na cabeça. ⁹ Em seguida, sejam o manto e o cavalo confiados a alguns dos príncipes mais nobres do rei, e ponham eles o manto sobre o homem que o rei deseja honrar e o conduzam sobre o cavalo pelas ruas da cidade, proclamando diante dele: 'Isto é o que se faz ao homem que o rei tem o prazer de honrar!' "

¹⁰ O rei ordenou então a Hamã: "Vá depressa apanhar o manto e o cavalo e faça ao judeu Mardoqueu o que você sugeriu. Ele está sentado

---

[a] **5.14** Hebraico: *50 côvados*. O côvado era uma medida linear de cerca de 45 centímetros.
[b] **6.8** Ou *e que o homem traga a coroa*

junto à porta do palácio real. Não omita nada do que você recomendou".

¹¹ Então Hamã apanhou o cavalo, vestiu Mardoqueu com o manto e o conduziu sobre o cavalo pelas ruas da cidade, proclamando à frente dele: "Isto é o que se faz ao homem que o rei tem o prazer de honrar!"

¹² Depois disso, Mardoqueu voltou para a porta do palácio real. Hamã, porém, correu para casa com o rosto coberto, muito aborrecido ¹³ e contou a Zeres, sua mulher, e a todos os seus amigos tudo o que lhe havia acontecido.

Tanto os seus conselheiros como Zeres, sua mulher, lhe disseram: "Visto que Mardoqueu, diante de quem começou a sua queda, é de origem judaica, você não terá condições de enfrentá-lo. Sem dúvida, você ficará arruinado!" ¹⁴ E, enquanto ainda conversavam, chegaram os oficiais do rei e, às pressas, levaram Hamã para o banquete que Ester havia preparado.

O Enforcamento de Hamã

7 O rei e Hamã foram ao banquete com a rainha Ester, ² e, enquanto estavam bebendo vinho no segundo dia, o rei perguntou de novo: "Rainha Ester, qual é o seu pedido? Você será atendida. Qual o seu desejo? Mesmo que seja a metade do reino, isso será concedido a você".

³ Então a rainha Ester respondeu: "Se posso contar com o favor do rei e se isto lhe agrada, poupe a minha vida e a vida do meu povo; este é o meu pedido e o meu desejo. ⁴ Pois eu e meu povo fomos vendidos para destruição, morte e aniquilação. Se apenas tivéssemos sido vendidos como escravos e escravas, eu teria ficado em silêncio, porque nenhuma aflição como essa justificaria perturbar o rei".ᵃ

⁵ O rei Xerxes perguntou à rainha Ester: "Quem se atreveu a uma coisa dessas? Onde está ele?"

⁶ Respondeu Ester: "O adversário e inimigo é Hamã, esse perverso".

Diante disso, Hamã ficou apavorado na presença do rei e da rainha. ⁷ Furioso, o rei levantou-se, deixou o vinho, saiu dali e foi para o jardim do palácio. E percebendo Hamã que o rei já tinha decidido condená-lo, ficou ali para implorar por sua vida à rainha Ester.

⁸ E voltando o rei do jardim do palácio ao salão do banquete, viu Hamã caído sobre o assento onde Ester estava reclinada. E então exclamou:

"Chegaria ele ao cúmulo de violentar a rainha na minha presença e em minha própria casa?"

Mal o rei terminou de dizer isso, alguns oficiais cobriram o rosto de Hamã. ⁹ E um deles, chamado Harbona, que estava a serviço do rei, disse: "Há uma forca de mais de vinte metrosᵇ de altura junto à casa de Hamã, que ele fez para Mardoqueu, aquele que intercedeu pela vida do rei".

Então o rei ordenou: "Enforquem-no nela!" ¹⁰ Assim Hamã morreu na forca que tinha preparado para Mardoqueu; e a ira do rei se acalmou.

O Decreto do Rei em Favor dos Judeus

8 Naquele mesmo dia, o rei Xerxes deu à rainha Ester todos os bens de Hamã, o inimigo dos judeus. E Mardoqueu foi trazido à presença do rei, pois Ester lhe dissera que ele era seu parente. ² O rei tirou seu anel-selo, que havia tomado de Hamã, e o deu a Mardoqueu; e Ester o nomeou administrador dos bens de Hamã.

³ Mas Ester tornou a implorar ao rei, chorando aos seus pés, que revogasse o plano maligno de Hamã, o agagita, contra os judeus. ⁴ Então o rei estendeu o cetro de ouro para Ester, e ela se levantou diante dele e disse:

⁵ "Se for do agrado do rei, se posso contar com o seu favor e se ele considerar justo, que se escreva uma ordem revogando as cartas que Hamã, filho do agagita Hamedata, escreveu para que os judeus fossem exterminados em todas as províncias do império. ⁶ Pois, como suportarei ver a desgraça que cairá sobre o meu povo? Como suportarei a destruição da minha própria família?"

⁷ O rei Xerxes respondeu à rainha Ester e ao judeu Mardoqueu: "Mandei enforcar Hamã e dei os seus bens a Ester porque ele atentou contra os judeus. ⁸ Escrevam agora outro decreto em nome do rei, em favor dos judeus, como melhor lhes parecer, e selem-no com o anel-selo do rei, pois nenhum documento escrito em nome do rei e selado com o seu anel pode ser revogado".

⁹ Isso aconteceu no vigésimo terceiro dia do terceiro mês, o mês de sivãᶜ. Os secretários do rei foram imediatamente convocados e escreveram todas as ordens de Mardoqueu aos

---

ᵃ 7.4 Ou *em silêncio, apesar de que o bem que oferece o nosso inimigo não se compara com a perda que o rei sofreria*".

ᵇ 7.9 Hebraico: *50 côvados*. O côvado era uma medida linear de cerca de 45 centímetros.

ᶜ 8.9 Aproximadamente maio/junho.

judeus, aos sátrapas, aos governadores e aos nobres das cento e vinte e sete províncias que se estendiam da Índia até a Etiópia*ª*. Essas ordens foram redigidas na língua e na escrita de cada província e de cada povo e também na língua e na escrita dos judeus. ¹⁰ Mardoqueu escreveu em nome do rei Xerxes, selou as cartas com o anel-selo do rei e as enviou por meio de mensageiros montados em cavalos velozes, das estrebarias do próprio rei.

¹¹ O decreto do rei concedia aos judeus de cada cidade o direito de se reunirem e de se protegerem, de destruir, matar e aniquilar qualquer força armada de qualquer povo ou província que os ameaçasse, a eles, suas mulheres e seus filhos*ᵇ*, e o direito de saquear os bens dos seus inimigos. ¹² O decreto entrou em vigor nas províncias do rei Xerxes no décimo terceiro dia do décimo segundo mês, o mês de adar*ᶜ*. ¹³ Uma cópia do decreto foi publicada como lei em cada província e levada ao conhecimento do povo de cada nação, a fim de que naquele dia os judeus estivessem prontos para vingar-se dos seus inimigos.

¹⁴ Os mensageiros, montando cavalos das estrebarias do rei, saíram a galope, por causa da ordem do rei. O decreto também foi publicado na cidadela de Susã.

¹⁵ Mardoqueu saiu da presença do rei usando vestes reais em azul e branco, uma grande coroa de ouro e um manto púrpura de linho fino. E a cidadela de Susã exultava de alegria. ¹⁶ Para os judeus foi uma ocasião de felicidade, alegria, júbilo e honra. ¹⁷ Em cada província e em cada cidade, onde quer que chegasse o decreto do rei, havia alegria e júbilo entre os judeus, com banquetes e festas. Muitos que pertenciam a outros povos do reino tornaram-se judeus, porque o temor dos judeus tinha se apoderado deles.

A Vitória dos Judeus

9 No décimo terceiro dia do décimo segundo mês, o mês de adar*ᵈ*, entraria em vigor o decreto do rei. Naquele dia, os inimigos dos judeus esperavam vencê-los, mas aconteceu o contrário: os judeus dominaram aqueles que os odiavam, ² reunindo-se em suas cidades, em todas as províncias do rei Xerxes, para atacar os que buscavam a sua destruição. Ninguém conseguia resistir-lhes, porque todos os povos estavam com medo deles. ³ E todos os nobres das províncias, os sátrapas, os governadores e os administradores do rei apoiaram os judeus, porque o medo que tinham de Mardoqueu havia se apoderado deles. ⁴ Mardoqueu era influente no palácio; sua fama espalhou-se pelas províncias, e ele se tornava cada vez mais poderoso.

⁵ Os judeus feriram todos os seus inimigos à espada, matando-os e destruindo-os, e fizeram o que quiseram com eles. ⁶ Na cidadela de Susã os judeus mataram e destruíram quinhentos homens. ⁷ Também mataram Parsandata, Dalfom, Aspata, ⁸ Porata, Adalia, Aridata, ⁹ Farmasta, Arisai, Aridai e Vaisata, ¹⁰ os dez filhos de Hamã, filho de Hamedata, o inimigo dos judeus. Mas não se apossaram dos seus bens.

¹¹ Naquele mesmo dia, o total de mortos na cidadela de Susã foi relatado ao rei, ¹² que disse à rainha Ester: "Os judeus mataram e destruíram quinhentos homens e os dez filhos de Hamã na cidadela de Susã. Que terão feito nas outras províncias do império? Agora, diga qual é o seu pedido, e você será atendida. Tem ainda algum desejo? Este será concedido a você".

¹³ Respondeu Ester: "Se for do agrado do rei, que os judeus de Susã tenham autorização para executar também amanhã o decreto de hoje, para que os corpos dos dez filhos de Hamã sejam pendurados na forca".

¹⁴ Então o rei deu ordens para que assim fosse feito. O decreto foi publicado em Susã, e os corpos dos dez filhos de Hamã foram pendurados na forca. ¹⁵ Os judeus de Susã ajuntaram-se no décimo quarto dia do mês de adar e mataram trezentos homens em Susã, mas não se apossaram dos seus bens.

¹⁶ Enquanto isso, o restante dos judeus que viviam nas províncias do império também se ajuntaram para se protegerem e se livrarem dos seus inimigos. Eles mataram setenta e cinco mil deles, mas não se apossaram dos seus bens. ¹⁷ Isso aconteceu no décimo terceiro dia do mês de adar, e no décimo quarto dia descansaram e fizeram dessa data um dia de festa e de alegria.

A Comemoração do Purim

¹⁸ Os judeus de Susã, porém, tinham se reunido no décimo terceiro e no décimo quarto dias e no décimo quinto descansaram e dele fizeram um dia de festa e de alegria.

ª **8.9** Hebraico: *Cuxe*.
ᵇ **8.11** Ou *inclusive mulheres e crianças*
ᶜ **8.12** Aproximadamente fevereiro/março.
ᵈ **9.1** Aproximadamente fevereiro/março; também nos versículos 15, 17, 19 e 21.

¹⁹ Por isso os judeus que vivem em vilas e povoados comemoram o décimo quarto dia do mês de adar como um dia de festa e de alegria, um dia de troca de presentes.

²⁰ Mardoqueu registrou esses acontecimentos e enviou cartas a todos os judeus de todas as províncias do rei Xerxes, próximas e distantes, ²¹ determinando que anualmente se comemorassem o décimo quarto e o décimo quinto dias do mês de adar, ²² pois nesses dias os judeus livraram-se dos seus inimigos; nesse mês a sua tristeza tornou-se em alegria; e o seu pranto, num dia de festa. Escreveu-lhes dizendo que comemorassem aquelas datas como dias de festa e de alegria, de troca de presentes e de ofertas aos pobres.

²³ E assim os judeus adotaram como costume aquela comemoração, conforme o que Mardoqueu lhes tinha ordenado por escrito. ²⁴ Pois Hamã, filho do agagita Hamedata, inimigo de todos os judeus, tinha tramado contra eles para destruí-los e tinha lançado o pur, isto é, a sorte para a ruína e destruição deles. ²⁵ Mas, quando isso chegou ao conhecimento do rei[a], ele deu ordens escritas para que o plano maligno de Hamã contra os judeus se voltasse contra a sua própria cabeça, e para que ele e seus filhos fossem enforcados. ²⁶ Por isso aqueles dias foram chamados Purim, da palavra pur. Considerando tudo o que estava escrito nessa carta, o que tinham visto e o que tinha acontecido, ²⁷ os judeus decidiram estabelecer o costume de que eles e os seus descendentes e todos os que se tornassem judeus não deixariam de comemorar anualmente esses dois dias, na forma prescrita e na data certa. ²⁸ Esses dias seriam lembrados e comemorados em cada família de cada geração, em cada província e em cada cidade, e jamais deveriam deixar de ser comemorados pelos judeus. E os seus descendentes jamais deveriam esquecer-se de tais dias.

²⁹ Então a rainha Ester, filha de Abiail, e o judeu Mardoqueu escreveram com toda a autoridade uma segunda carta para confirmar a primeira, acerca do Purim. ³⁰ Mardoqueu enviou cartas a todos os judeus das cento e vinte e sete províncias do império de Xerxes, desejando-lhes paz e segurança, ³¹ e confirmando que os dias de Purim deveriam ser comemorados nas datas determinadas, conforme o judeu Mardoqueu e a rainha Ester tinham decretado e estabelecido para si mesmos, para todos os judeus e para os seus descendentes, e acrescentou observações sobre tempos de jejum e de lamentação. ³² O decreto de Ester confirmou as regras do Purim, e isso foi escrito nos registros.

A Grandeza de Mardoqueu

10 O rei Xerxes impôs tributos a todo o império, até sobre as distantes regiões costeiras. ² Todos os seus atos de força e de poder, e o relato completo da grandeza de Mardoqueu, a quem o rei dera autoridade, estão registrados no livro das crônicas dos reis da Média e da Pérsia. ³ O judeu Mardoqueu foi o segundo na hierarquia, depois do rei Xerxes. Era homem importante entre os judeus e foi muito amado por eles, pois trabalhou para o bem do seu povo e promoveu o bem-estar de todos.

---

[a] 9.25 Ou *quando Ester foi à presença do rei*

OS LIVROS DE
SABEDORIA, OU POÉTICOS,
DO ANTIGO TESTAMENTO

- Jó
- Salmos
- Provérbios
- Eclesiastes
- Cântico dos Cânticos

Introdução ao livro de
JÓ

Autor e data de composição

Este é um livro anônimo, considerado pela grande maioria dos especialistas o mais antigo da Bíblia. A língua hebraica em que está escrito é uma das mais arcaicas de toda a Bíblia; até mesmo o nome de Jó é conhecido por ser usado em tempos bastante antigos. Por sua forma literária, corresponde a documentos que remontam à primeira metade do século II a.C. Não menciona a aliança de Deus com seu povo e muito menos a Lei de Moisés, o que indica que a personagem central não fazia parte do povo de Israel. Costuma-se considerá-lo uma personagem da vida real, cuja vida teria transcorrido na época dos patriarcas, ou seja, entre os anos 2100 e 1700 a.C. A ação narrativa se desenvolve em uma terra cuja localização é desconhecida, chamada Uz. Dentro da organização interna da Bíblia cristã, esse é o primeiro dos livros conhecidos como sapienciais, ou de sabedoria, ou ainda poéticos.

ESBOÇO GERAL

Primeira parte: As provações por que passou Jó (1—2)
I. O primeiro ataque satânico (1)
II. O segundo ataque satânico (2.1-10)
III. Os amigos de Jó (2.11-13)

Segunda parte: Os diálogos entre Jó e seus amigos (3—37)
I. O primeiro ciclo de diálogos (3—14)
II. O segundo ciclo de diálogos (15—21)
III. O terceiro ciclo de diálogos (22—26)
IV. O monólogo de Jó (27—31)
V. Eliú intervém (32—37)

Terceira parte: Deus e Jó, o fim das provações (38—42)
I. A primeira controvérsia entre Deus e Jó (38.1—40.5)
   A. Deus fala (38.1—40.2)
   B. Jó responde (40.3-5)
II. A segunda controvérsia entre Deus e Jó (40.6—42.6)
   A. Deus fala (40.6—41.34)
   B. Jó responde (42.1-6)
III. A restauração de Jó e seus amigos (42.7-17)

Versículo-chave
13.15a

Tema geral do livro
No livro de Jó se estabelece uma questão que tem acompanhado a humanidade ao longo de toda a sua peregrinação neste mundo: "Por que os bons sofrem?". Na vida humana sucedem coisas para as quais não parece haver explicação plausível, mas que, ao

contrário, podem causar perplexidade quando tentamos conciliar os fatos da vida com a fé em um Deus bom. Neste livro, passam-se várias coisas: a confiança que o próprio Deus tem em seu servo Jó; o empenho contínuo de Satanás (cujo nome significa "adversário", "acusador") em destruir o ser humano, já que não pode medir forças com Deus, do qual é criatura; e o domínio de Deus sobre Satanás, o qual permite que este atue dentro de limites por ele estabelecidos para seus propósitos. Neste livro também se delineia o fato de que o entendimento humano é altamente limitado para poder compreender o que Deus tem em mente para o homem.

No livro de Jó, Jesus é...
... o nosso Redentor que vive para sempre (19.25-27).

Versículo-chave para o discípulo
1.21

O discípulo e o livro de Jó
Muitas coisas servem de lição no livro de Jó; não tanto nos discursos infelizes de seus amigos convertidos em adversários, mas nos discursos de Deus, de Satanás e do próprio Jó. Quando finalmente fala com Jó, Deus não responde a nenhuma de suas exigências de ser ouvido ou de ter sua causa defendida como homem justo que era, mas lhe faz ver a infinita distância entre o Criador e a criação, entre o Soberano e o súdito, até que Jó, em um momento de iluminação e humildade, tem que exclamar: " 'Meus ouvidos já tinham ouvido a teu respeito, mas agora os meus olhos te viram. Por isso menosprezo a mim mesmo e me arrependo no pó e na cinza' " (42.5,6).

JÓ

Introdução

1 Na terra de Uz vivia um homem chamado Jó. Era homem íntegro e justo; temia a Deus e evitava fazer o mal. ² Tinha ele sete filhos e três filhas ³ e possuía sete mil ovelhas, três mil camelos, quinhentas juntas de boi e quinhentos jumentos e tinha muita gente a seu serviço. Era o homem mais rico do oriente.

⁴ Seus filhos costumavam dar banquetes em casa, um de cada vez, e convidavam suas três irmãs para comerem e beberem com eles. ⁵ Terminado um período de banquetes, Jó mandava chamá-los e fazia com que se purificassem. De madrugada ele oferecia um holocausto[a] em favor de cada um deles, pois pensava: "Talvez os meus filhos tenham, lá no íntimo, pecado e amaldiçoado a Deus". Essa era a prática constante de Jó.

A Primeira Provação de Jó

⁶ Certo dia os anjos[b] vieram apresentar-se ao Senhor, e Satanás[c] também veio com eles. ⁷ O Senhor disse a Satanás: "De onde você veio?"

Satanás respondeu ao Senhor: "De perambular pela terra e andar por ela".

⁸ Disse então o Senhor a Satanás: "Reparou em meu servo Jó? Não há ninguém na terra como ele, irrepreensível, íntegro, homem que teme a Deus e evita o mal".

⁹ "Será que Jó não tem razões para temer a Deus?", respondeu Satanás. ¹⁰ "Acaso não puseste uma cerca em volta dele, da família dele e de tudo o que ele possui? Tu mesmo tens abençoado tudo o que ele faz, de modo que os seus rebanhos estão espalhados por toda a terra. ¹¹ Mas estende a tua mão e fere tudo o que ele tem, e com certeza ele te amaldiçoará na tua face."

¹² O Senhor disse a Satanás: "Pois bem, tudo o que ele possui está nas suas mãos; apenas não toque nele".

Então Satanás saiu da presença do Senhor.

¹³ Certo dia, quando os filhos e as filhas de Jó estavam num banquete, comendo e bebendo vinho na casa do irmão mais velho, ¹⁴ um mensageiro veio dizer a Jó: "Os bois estavam arando e os jumentos estavam pastando por perto, ¹⁵ quando os sabeus os atacaram e os levaram embora. Mataram à espada os empregados, e eu fui o único que escapou para lhe contar!"

¹⁶ Enquanto ele ainda estava falando, chegou outro mensageiro e disse: "Fogo de Deus caiu do céu e queimou totalmente as ovelhas e os empregados, e eu fui o único que escapou para contar a você!"

¹⁷ Enquanto ele ainda estava falando, chegou outro mensageiro e disse: "Vieram caldeus em três bandos, atacaram os camelos e os levaram embora. Mataram à espada os empregados, e eu fui o único que escapou para contar a você!"

¹⁸ Enquanto ele ainda estava falando, chegou ainda outro mensageiro e disse: "Seus filhos e suas filhas estavam num banquete, comendo e bebendo vinho na casa do irmão mais velho, ¹⁹ quando, de repente, um vento muito forte veio do deserto e atingiu os quatro cantos da casa, que desabou. Eles morreram, e eu fui o único que escapou para contar a você!"

²⁰ Ao ouvir isso, Jó levantou-se, rasgou o manto e rapou a cabeça. Então prostrou-se com o rosto em terra, em adoração, ²¹ e disse:

"Saí nu do ventre da minha mãe,
  e nu partirei[d].
O Senhor o deu, o Senhor o levou;
  louvado seja o nome do Senhor".

²² Em tudo isso Jó não pecou e não culpou a Deus de coisa alguma.

A Segunda Provação de Jó

2 Num outro dia os anjos[e] vieram apresentar-se ao Senhor, e Satanás também veio com eles para apresentar-se. ² O Senhor perguntou a Satanás, "De onde você veio?"

Satanás respondeu ao Senhor: "De perambular pela terra e andar por ela".

³ Disse então o Senhor a Satanás: "Reparou em meu servo Jó? Não há ninguém na terra como ele, irrepreensível, íntegro, homem que teme a Deus e evita o mal. Ele se mantém íntegro, apesar de você me haver instigado contra ele para arruiná-lo sem motivo".

⁴ "Pele por pele!", respondeu Satanás. "Um homem dará tudo o que tem por sua vida.

---

[a] **1.5** Isto é, sacrifício totalmente queimado.
[b] **1.6** Hebraico: *os filhos de Deus*.
[c] **1.6** Satanás significa *acusador*.
[d] **1.21** Ou *nu voltarei para lá*
[e] **2.1** Hebraico: *os filhos de Deus*.

⁵ Estende a tua mão e fere a sua carne e os seus ossos, e com certeza ele te amaldiçoará na tua face."

⁶ O Senhor disse a Satanás: "Pois bem, ele está nas suas mãos; apenas poupe a vida dele".

⁷ Saiu, pois, Satanás da presença do Senhor e afligiu Jó com feridas terríveis, da sola dos pés ao alto da cabeça. ⁸ Então Jó apanhou um caco de louça e com ele se raspava, sentado entre as cinzas.

⁹ Então sua mulher lhe disse: "Você ainda mantém a sua integridade? Amaldiçoe a Deus, e morra!"

¹⁰ Ele respondeu: "Você fala como uma insensata. Aceitaremos o bem dado por Deus, e não o mal?"

Em tudo isso Jó não pecou com seus lábios.

Os Amigos de Jó

¹¹ Quando três amigos de Jó, Elifaz, de Temã, Bildade, de Suá, e Zofar, de Naamate, souberam de todos os males que o haviam atingido, saíram, cada um da sua região. Combinaram encontrar-se para, juntos, irem mostrar solidariedade a Jó e consolá-lo. ¹² Quando o viram a distância, mal puderam reconhecê-lo e começaram a chorar em alta voz. Cada um deles rasgou seu manto e colocou terra sobre a cabeça. ¹³ Depois os três se assentaram no chão com ele, durante sete dias e sete noites. Ninguém lhe disse uma palavra, pois viam como era grande o seu sofrimento.

O Discurso de Jó

3 Depois disso Jó abriu a boca e amaldiçoou o dia do seu nascimento, ² dizendo:

³ "Pereça o dia do meu nascimento
e a noite em que se disse:
   'Nasceu um menino!'
⁴ Transforme-se aquele dia em trevas,
e Deus, lá do alto,
   não se importe com ele;
não resplandeça a luz sobre ele.
⁵ Chamem-no de volta as trevas
   e a mais densa escuridão^a;
coloque-se uma nuvem sobre ele
   e o negrume aterrorize a sua luz.
⁶ Apoderem-se daquela noite
   densas trevas!
Não seja ela incluída

3.4 Neste texto emprega-se o vocábulo hebraico *Eloah*, que é traduzido por "Deus". Trata-se de um termo predominante na poesia do livro de Jó em 42 passagens e em menos de 15 em todo o restante do Antigo Testamento.

entre os dias do ano,
nem faça parte de nenhum dos meses.
⁷ Seja aquela noite estéril,
e nela não se ouçam brados de alegria.
⁸ Amaldiçoem aquele dia
   os que amaldiçoam os dias^b
e são capazes de atiçar o Leviatã^c.
⁹ Fiquem escuras
   as suas estrelas matutinas,
espere ele em vão pela luz do sol
e não veja os primeiros raios
   da alvorada,
¹⁰ pois não fechou as portas
   do ventre materno
para evitar
   que eu contemplasse males.

¹¹ "Por que não morri ao nascer
e não pereci quando saí do ventre?
¹² Por que houve joelhos
   para me receberem
e seios para me amamentarem?
¹³ Agora eu bem poderia
   estar deitado em paz
e achar repouso
¹⁴ junto aos reis e conselheiros da terra,
que construíram para si
   lugares que agora jazem em ruínas,
¹⁵ com governantes que possuíam ouro,
   que enchiam suas casas de prata.
¹⁶ Por que não me sepultaram
   como criança abortada,
como um bebê
   que nunca viu a luz do dia?
¹⁷ Ali os ímpios já não se agitam,
e ali os cansados
   permanecem em repouso;
¹⁸ os prisioneiros também
   desfrutam sossego,
já não ouvem mais os gritos
   do feitor de escravos.

---

^a 3.5 Ou *e a sombra da morte*
^b 3.8 Ou *o mar*
^c 3.8 Ou *monstro marinho*

¹⁹ Os simples e os poderosos ali estão,
e o escravo está livre do seu senhor.

²⁰ "Por que se dá luz aos infelizes,
e vida aos de alma amargurada,
²¹ aos que anseiam pela morte
e esta não vem,
e a procuram mais
do que a um tesouro oculto,
²² aos que se enchem de alegria
e exultam quando vão
para a sepultura?
²³ Por que se dá vida àquele
cujo caminho é oculto
e a quem Deus fechou as saídas?
²⁴ Pois me vêm suspiros
em vez de comida;
meus gemidos
transbordam como água.
²⁵ O que eu temia veio sobre mim;
o que eu receava me aconteceu.
²⁶ Não tenho paz,
nem tranquilidade, nem descanso;
somente inquietação".

Elifaz

4 Então respondeu Elifaz, de Temã:

² "Se alguém se aventurar
a dizer a você uma palavra,
isso tirará a sua paciência?
Mas quem pode refrear as palavras?
³ Pense bem! Você ensinou a tantos;
fortaleceu mãos fracas.
⁴ Suas palavras davam firmeza
aos que tropeçavam;
você fortaleceu joelhos vacilantes.
⁵ Mas agora que se vê em dificuldade,
você desanima;
quando você é atingido,
fica prostrado.
⁶ Sua vida piedosa
não inspira confiança a você?
E o seu procedimento irrepreensível
não dá a você esperança?

⁷ "Reflita agora:
Qual foi o inocente
que chegou a perecer?
Onde os íntegros
sofreram destruição?
⁸ Pelo que tenho observado,
quem cultiva o mal e semeia
maldade,
isso também colherá.
⁹ Pelo sopro de Deus são destruídos;
pelo vento de sua ira eles perecem.
¹⁰ Os leões podem rugir e rosnar,
mas até os dentes dos leões fortes
se quebram.
¹¹ O leão morre por falta de presa,
e os filhotes da leoa se dispersam.
¹² "Disseram-me uma palavra
em segredo,
da qual os meus ouvidos
captaram um murmúrio.
¹³ Em meio a sonhos perturbadores da
noite,
quando cai sono profundo
sobre os homens,
¹⁴ temor e tremor
se apoderaram de mim
e fizeram estremecer
todos os meus ossos.
¹⁵ Um espírito[a] roçou o meu rosto,
e os pelos do meu corpo
se arrepiaram.
¹⁶ Ele parou,
mas não pude identificá-lo.
Um vulto se pôs
diante dos meus olhos,
e ouvi uma voz suave, que dizia:
¹⁷ 'Poderá algum mortal
ser mais justo que Deus?
Poderá algum homem ser mais puro
que o seu Criador?
¹⁸ Se Deus não confia em seus
servos,
se vê erro em seus anjos e os acusa,
¹⁹ quanto mais nos que moram
em casas de barro,
cujos alicerces estão no pó!
São mais facilmente esmagados
que uma traça!
²⁰ Entre o alvorecer e o crepúsculo
são despedaçados;
perecem para sempre,
sem ao menos serem notados.
²¹ Não é certo que as cordas
de suas tendas
são arrancadas,
e eles morrem sem sabedoria?'[b]

---

[a] **4.15** Ou *vento*
[b] **4.21** Alguns sugerem que o discurso de Elifaz termina no versículo 17.

5 "Clame, se quiser,
 mas quem o ouvirá?
Para qual dos seres celestes[a]
 você se voltará?
² O ressentimento mata o insensato,
 e a inveja destrói o tolo.
³ Eu mesmo já vi
 um insensato lançar raízes,
mas de repente a sua casa
 foi amaldiçoada.
⁴ Seus filhos longe estão
 de desfrutar segurança,
maltratados nos tribunais,
 não há quem os defenda.
⁵ Os famintos devoram a sua colheita,
 tirando-a até do meio dos espinhos,
e os sedentos sugam a sua riqueza.
⁶ Pois o sofrimento não brota do pó,
 e as dificuldades não nascem do chão.
⁷ No entanto, o homem nasce
 para as dificuldades
tão certamente como as fagulhas
 voam para cima.

⁸ "Mas, se fosse comigo,
 eu apelaria para Deus;
apresentaria a ele a minha causa.
⁹ Ele realiza maravilhas insondáveis,
 milagres que não se pode contar.
¹⁰ Derrama chuva sobre a terra
 e envia água sobre os campos.
¹¹ Os humildes, ele exalta
 e traz os que pranteiam
 a um lugar de segurança.
¹² Ele frustra os planos dos astutos,
 para que fracassem as mãos deles.
¹³ Apanha os sábios na astúcia deles,
 e as maquinações dos astutos
 são malogradas por sua
 precipitação.
¹⁴ As trevas vêm sobre eles
 em pleno dia;
ao meio-dia eles tateiam
 como se fosse noite.
¹⁵ Ele salva o oprimido
 da espada
 que trazem na boca;
salva-o das garras dos poderosos.
¹⁶ Por isso os pobres têm esperança,
 e a injustiça cala a própria boca.

¹⁷ "Como é feliz o homem
 a quem Deus corrige;
portanto, não despreze
 a disciplina do Todo-poderoso[b].
¹⁸ Pois ele fere,
 mas trata do ferido;
ele machuca,
 mas suas mãos também curam.
¹⁹ De seis desgraças ele o livrará;
 em sete delas você nada sofrerá.
²⁰ Na fome ele o livrará da morte
 e na guerra o livrará
 do golpe da espada.
²¹ Você será protegido
 do açoite da língua
e não precisará ter medo
 quando a destruição chegar.
²² Você rirá da destruição e da fome
 e não precisará temer as feras da terra.
²³ Pois fará aliança
 com as pedras do campo,
e os animais selvagens
 estarão em paz com você.
²⁴ Você saberá que a sua tenda
 é segura;
contará os bens da sua morada
 e de nada achará falta.
²⁵ Você saberá que
 os seus filhos serão muitos,
e que os seus descendentes
 serão como a relva da terra.
²⁶ Você irá para a sepultura
 em pleno vigor,
como um feixe recolhido
 no devido tempo.

²⁷ "Verificamos isso e vimos
 que é verdade.
Portanto, ouça e aplique isso
 à sua vida".

Jó

6 Então Jó respondeu:

² "Se tão somente pudessem
 pesar a minha aflição
e pôr na balança a minha desgraça!
³ Veriam que o seu peso é maior
 que o da areia dos mares.
Por isso as minhas palavras
 são tão impetuosas.

---

[a] **5.1** Hebraico: *santos*.   [b] **5.17** Hebraico: *Shaddai*; também em todo o livro de Jó.

⁴ As flechas do Todo-poderoso
   estão cravadas em mim,
e o meu espírito suga delas o veneno;
os terrores de Deus me assediam.
⁵ Zurra o jumento selvagem
   se tiver capim?
Muge o boi se tiver forragem?
⁶ Come-se sem sal
   uma comida insípida?
E a clara do ovo, tem algum sabor?
⁷ Recuso-me a tocar nisso;
esse tipo de comida
   causa-me repugnância.

⁸ "Se tão somente fosse atendido
   o meu pedido,
se Deus me concedesse o meu desejo,
⁹ se Deus se dispusesse a esmagar-me,
a soltar a mão protetora
   e eliminar-me!
¹⁰ Pois eu ainda teria o consolo,
   minha alegria
em meio à dor implacável,
   de não ter negado
   as palavras do Santo.

¹¹ "Que esperança posso ter,
   se já não tenho forças?
Como posso ter paciência,
   se não tenho futuro?
¹² Acaso tenho a força da pedra?
Acaso a minha carne é de bronze?
¹³ Haverá poder que me ajude
agora que os meus recursos se foram?

¹⁴ "Um homem desesperado
   deve receber
   a compaixão de seus amigos,
muito embora ele tenha abandonado
   o temor do Todo-poderoso.
¹⁵ Mas os meus irmãos enganaram-me
   como riachos temporários,
como os riachos que transbordam
¹⁶ quando o degelo os torna turvos
   e a neve que se derrete os faz encher,
¹⁷ mas que param de fluir
   no tempo da seca
e no calor desaparecem
   dos seus leitos.
¹⁸ As caravanas se desviam
   de suas rotas;
   sobem para lugares desertos
   e perecem.

¹⁹ Procuram água
   as caravanas de Temá,
olham esperançosos
   os mercadores de Sabá.
²⁰ Ficam tristes,
   porque estavam confiantes;
lá chegaram tão somente
   para sofrer decepção.
²¹ Pois agora vocês
   de nada me valeram;
contemplam minha temível situação
   e se enchem de medo.
²² Alguma vez pedi a vocês
   que me dessem alguma coisa?
Ou que da sua riqueza
   pagassem resgate por mim?
²³ Ou que me livrassem
   das mãos do inimigo?
Ou que me libertassem das garras
   de quem me oprime?

²⁴ "Ensinem-me,
   e eu me calarei;
mostrem-me onde errei.
²⁵ Como doem as palavras verdadeiras!
Mas o que provam
   os argumentos de vocês?
²⁶ Vocês pretendem corrigir o que digo
   e tratar como vento
as palavras de um homem
   desesperado?
²⁷ Vocês seriam capazes
   de pôr em sorteio o órfão
e de vender um amigo
   por uma bagatela!

²⁸ "Mas agora,
   tenham a bondade
   de olhar para mim.
Será que eu mentiria
   na frente de vocês?
²⁹ Reconsiderem a questão,
   não sejam injustos;
tornem a analisá-la,
   pois a minha integridade
   está em jogo[a].
³⁰ Há alguma iniquidade em meus
   lábios?
Será que a minha boca
   não consegue discernir a maldade?

---

[a] **6.29** Ou *minha retidão ainda está firme*

7 "Não é pesado o labor
do homem na terra?
Seus dias não são
como os de um assalariado?
² Como o escravo que anseia
pelas sombras do entardecer,
ou como o assalariado
que espera ansioso pelo pagamento,
³ assim me deram meses de ilusão
e noites de desgraça
me foram destinadas.
⁴ Quando me deito,
fico pensando:
Quanto vai demorar
para eu me levantar?
A noite se arrasta,
e eu fico me virando na cama
até o amanhecer.
⁵ Meu corpo está coberto de vermes
e cascas de ferida,
minha pele está rachada
e vertendo pus.

⁶ "Meus dias correm mais depressa
que a lançadeira do tecelão,
e chegam ao fim
sem nenhuma esperança.
⁷ Lembra-te, ó Deus,
de que a minha vida
não passa de um sopro;
meus olhos jamais
tornarão a ver a felicidade.
⁸ Os que agora me veem,
nunca mais me verão;
puseste o teu olhar em mim,
e já não existo.
⁹ Assim como a nuvem se esvai
e desaparece,
assim quem desce à sepultura[a]
não volta.
¹⁰ Nunca mais voltará ao seu lar;
a sua habitação não mais o conhecerá.

¹¹ "Por isso não me calo;
na aflição do meu espírito
desabafarei,
na amargura da minha alma
farei as minhas queixas.
¹² Sou eu o mar,
ou o monstro das profundezas,
para que me ponhas sob guarda?

¹³ Quando penso que
a minha cama me consolará
e que o meu leito
aliviará a minha queixa,
¹⁴ mesmo aí me assustas com sonhos
e me aterrorizas com visões.
¹⁵ É melhor ser estrangulado e morrer
do que sofrer assim[b];
¹⁶ sinto desprezo pela minha vida!
Não vou viver para sempre;
deixa-me,
pois os meus dias não têm sentido.

¹⁷ "Que é o homem,
para que lhe dês importância
e atenção,
¹⁸ para que o examines a cada manhã
e o proves a cada instante?
¹⁹ Nunca desviarás de mim o teu olhar?
Nunca me deixarás a sós,
nem por um instante?
²⁰ Se pequei, que mal te causei,
ó tu que vigias os homens?
Por que me tornaste teu alvo?
Acaso tornei-me um fardo para ti?[c]
²¹ Por que não perdoas
as minhas ofensas
e não apagas os meus pecados?
Pois logo me deitarei no pó;
tu me procurarás,
mas eu já não existirei".

Bildade

8 Então Bildade, de Suá, respondeu:

² "Até quando você vai
falar desse modo?
Suas palavras
são um grande vendaval!
³ Acaso Deus torce a justiça?
Será que o Todo-poderoso
torce o que é direito?
⁴ Quando os seus filhos
pecaram contra ele,
ele os castigou
pelo mal que fizeram.
⁵ Mas, se você procurar Deus
e implorar junto ao Todo-poderoso,

---

[a] 7.9 Hebraico: *Sheol*. Essa palavra também pode ser traduzida por morte, pó ou profundezas.

[b] 7.15 Hebraico: *ter os meus ossos*.

[c] 7.20 Conforme alguns manuscritos do Texto Massorético, uma antiga tradição de escribas hebreus e a Septuaginta. A maioria dos manuscritos do Texto Massorético diz *para mim mesmo?*

⁶ se você for íntegro e puro,
ele se levantará agora mesmo
  em seu favor
e o restabelecerá no lugar
  que por justiça cabe a você.
⁷ O seu começo parecerá modesto,
mas o seu futuro será
  de grande prosperidade.

⁸ "Pergunte às gerações anteriores
e veja o que os seus pais aprenderam,
⁹ pois nós nascemos ontem
  e não sabemos nada.
Nossos dias na terra
  não passam de uma sombra.
¹⁰ Acaso eles não o instruirão,
  não lhe falarão?
Não proferirão palavras vindas
  do entendimento?
¹¹ Poderá o papiro crescer
  senão no pântano?
Sem água cresce o junco?
¹² Mal cresce e,
  antes de ser colhido, seca-se,
mais depressa que qualquer grama.
¹³ Esse é o destino
  de todo o que se esquece de Deus;
assim perece a esperança dos
  ímpios.
¹⁴ Aquilo em que ele confia é frágil,
aquilo em que se apoia
  é uma teia de aranha.
¹⁵ Encosta-se em sua teia, mas ela cede;
agarra-se a ela, mas ela não aguenta.
¹⁶ Ele é como uma planta
  bem regada ao brilho do sol,
espalhando seus brotos pelo jardim;
¹⁷ entrelaça as raízes
  em torno de um monte de pedras
e procura um lugar entre as rochas.
¹⁸ Mas, quando é arrancada
  do seu lugar,
este a rejeita e diz: 'Nunca a vi'.
¹⁹ Esse é o fim da sua vida,
e do solo brotam outras plantas.

²⁰ "Pois o certo é que
  Deus não rejeita o íntegro
e não fortalece as mãos
  dos que fazem o mal.
²¹ Mas, quanto a você,
ele encherá de riso a sua boca
e de brados de alegria os seus lábios.
²² Seus inimigos
  se vestirão de vergonha,
e as tendas dos ímpios
  não mais existirão".

Jó

9 Então Jó respondeu:

² "Bem sei que isso é verdade.
Mas como pode o mortal
  ser justo diante de Deus?
³ Ainda que quisesse discutir com ele,
não conseguiria argumentar
  nem uma vez em mil.
⁴ Sua sabedoria é profunda,
seu poder é imenso.
Quem tentou resistir-lhe e saiu ileso?
⁵ Ele transporta montanhas
  sem que elas o saibam
e em sua ira
  as põe de cabeça para baixo.
⁶ Sacode a terra e a tira do lugar,
e faz suas colunas tremerem.
⁷ Fala com o sol, e ele não brilha;
ele veda e esconde a luz das estrelas.
⁸ Só ele estende os céus
e anda sobre as ondas do mar.
⁹ Ele é o Criador da Ursa e do Órion,
das Plêiades e das constelações do sul.
¹⁰ Realiza maravilhas
  que não se pode perscrutar,
milagres incontáveis.
¹¹ Quando passa por mim,
  não posso vê-lo;
se passa junto de mim, não o percebo.
¹² Se ele apanha algo,
  quem pode pará-lo?
Quem pode dizer-lhe:
  'O que fazes?'
¹³ Deus não refreia a sua ira;
até o séquito de Raabe[a] encolheu-se
  diante dos seus pés.

¹⁴ "Como então poderei eu
  discutir com ele?
Como achar palavras
  para com ele argumentar?
¹⁵ Embora inocente,
  eu seria incapaz de responder-lhe;
poderia apenas implorar
  misericórdia ao meu Juiz.

---

[a] **9.13** Ou *até o mar*; ou ainda *até o séquito do Egito*

¹⁶ Mesmo que eu o chamasse
  e ele me respondesse,
não creio que me daria ouvidos.
¹⁷ Ele me esmagaria
  com uma tempestade
e sem motivo multiplicaria
  minhas feridas.
¹⁸ Não me permitiria
  recuperar o fôlego,
mas me engolfaria em agruras.
¹⁹ Recorrer à força?
  Ele é mais poderoso!
Ao tribunal?
  Quem o[a] intimará?
²⁰ Mesmo sendo eu inocente,
  minha boca me condenaria;
se eu fosse íntegro,
  ela me declararia culpado.

²¹ "Conquanto eu seja íntegro,
já não me importo comigo;
desprezo a minha própria vida.
²² É tudo a mesma coisa;
  por isso digo:
Ele destrói tanto o íntegro
  como o ímpio.
²³ Quando um flagelo
  causa morte repentina,
ele zomba do desespero dos inocentes.
²⁴ Quando um país
  cai nas mãos dos ímpios,
ele venda os olhos de seus juízes.
Se não é ele, quem é então?

²⁵ "Meus dias correm
  mais velozes que um atleta;
eles voam
  sem um vislumbre de alegria.
²⁶ Passam como barcos de papiro,
  como águias que mergulham
  sobre as presas.
²⁷ Se eu disser:
Vou esquecer a minha queixa,
vou mudar o meu semblante e sorrir,
²⁸ ainda assim me apavoro
  com todos os meus sofrimentos,
pois sei que não me considerarás
  inocente.
²⁹ Uma vez que já fui
  considerado culpado,
por que deveria eu lutar em vão?

³⁰ Mesmo que eu me lavasse
  com sabão[b]
e limpasse as minhas mãos
  com soda de lavadeira,
³¹ tu me atirarias num poço de lodo,
para que até as minhas roupas
  me detestassem.

³² "Ele não é homem como eu,
  para que eu lhe responda
e nos enfrentemos em juízo.
³³ Se tão somente houvesse alguém
  para servir de árbitro entre nós,
para impor as mãos sobre nós dois,
³⁴ alguém que afastasse de mim
  a vara de Deus,
para que o seu terror
  não mais me assustasse!
³⁵ Então eu falaria sem medo;
  mas não é esse o caso.

10 "Minha vida só me dá desgosto;
  por isso darei vazão à minha queixa
e de alma amargurada me expressarei.
² Direi a Deus: Não me condenes;
revela-me que acusações
  tens contra mim.
³ Tens prazer em oprimir-me,
em rejeitar a obra de tuas mãos,
enquanto sorris
  para o plano dos ímpios?
⁴ Acaso tens olhos de carne?
Enxergas como os mortais?
⁵ Teus dias são como
  os de qualquer mortal?
Os anos de tua vida
  são como os do homem?
⁶ Pois investigas a minha iniquidade
  e vasculhas o meu pecado,
⁷ embora saibas que não sou culpado
e que ninguém pode
  livrar-me das tuas mãos.

⁸ "Foram as tuas mãos
  que me formaram e me fizeram.
Irás agora voltar-te e destruir-me?
⁹ Lembra-te de que me moldaste
  como o barro;
e agora me farás voltar ao pó?
¹⁰ Acaso não me despejaste como leite
e não me coalhaste como queijo?

---

[a] **9.19** Conforme a Septuaginta. O Texto Massorético diz *me*.   [b] **9.30** Ou *neve*

¹¹ Não me vestiste de pele e carne
e não me juntaste
  com ossos e tendões?
¹² Deste-me vida e foste bondoso
  para comigo
e na tua providência
  cuidaste do meu espírito.

¹³ "Mas algo escondeste
  em teu coração,
e agora sei o que pensavas.
¹⁴ Se eu pecasse,
  estarias me observando
e não deixarias sem punição
  a minha ofensa.
¹⁵ Se eu fosse culpado, ai de mim!
Mesmo sendo inocente,
  não posso erguer a cabeça,
pois estou dominado pela vergonha
e mergulhado na ᵃ minha aflição.
¹⁶ Se mantenho a cabeça erguida,
  ficas à minha espreita como um
    leão
e, de novo, manifestas contra mim
  o teu poder tremendo.
¹⁷ Trazes novas testemunhas
    contra mim
e contra mim aumentas a tua ira;
teus exércitos atacam-me
  em batalhões sucessivos.

¹⁸ "Então, por que me fizeste
  sair do ventre?
Eu preferia ter morrido
  antes que alguém pudesse ver-me.
¹⁹ Se tão somente
  eu jamais tivesse existido,
ou fosse levado direto do ventre
  para a sepultura!
²⁰ Já estariam no fim
  os meus poucos dias?
Afasta-te de mim, para que eu tenha
  um instante de alegria,
²¹ antes que eu vá para o lugar
  do qual não há retorno,
para a terra de sombras
  e densas trevas ᵇ,
²² para a terra tenebrosa como a noite,
  terra de trevas e de caos,
onde até mesmo a luz é escuridão".

Zofar

11 Então Zofar, de Naamate, respondeu:

² "Ficarão sem resposta
  todas essas palavras?
Irá confirmar-se
  o que esse tagarela diz?
³ Sua conversa tola calará os homens?
Ninguém o repreenderá
  por sua zombaria?
⁴ Você diz a Deus:
  'A doutrina que eu aceito é perfeita,
  e sou puro aos teus olhos'.
⁵ Ah, se Deus falasse com você,
se contra você abrisse os lábios
⁶ e revelasse os segredos da sabedoria!
Pois a verdadeira sabedoria
  é complexa.
Fique sabendo que Deus esqueceu
  alguns dos seus pecados.

⁷ "Você consegue perscrutar
  os mistérios de Deus?
Pode sondar os limites
  do Todo-poderoso?
⁸ São mais altos que os céus!
  O que você poderá fazer?
São mais profundos
  que as profundezas ᶜ!
  O que você poderá saber?
⁹ Seu comprimento
  é maior que a terra
e a sua largura é maior que o mar.

¹⁰ "Se ele ordena uma prisão
  e convoca o tribunal,
quem poderá opor-se?
¹¹ Pois ele não identifica os enganadores
e não reconhece a iniquidade
  logo que a vê?
¹² Mas o tolo só será sábio
quando a cria do jumento selvagem
  nascer homem ᵈ.

¹³ "Contudo, se você lhe consagrar
  o coração
e estender as mãos para ele;
¹⁴ se afastar das suas mãos o pecado
e não permitir que a maldade
  habite em sua tenda,

ᵃ **10.15** Ou *e consciente da*
ᵇ **10.21** Ou *e trevas da morte*; também no versículo 22.
ᶜ **11.8** Hebraico: *Sheol*. Essa palavra também pode ser traduzida por sepultura, pó ou morte.
ᵈ **11.12** Ou *nascer domesticado*

¹⁵ então você levantará o rosto
 sem envergonhar-se;
 será firme e destemido.
¹⁶ Você esquecerá as suas desgraças,
 lembrando-as apenas
 como águas passadas.
¹⁷ A vida será mais refulgente
 que o meio-dia,
 e as trevas serão
 como a manhã em seu fulgor.
¹⁸ Você estará confiante,
 graças à esperança que haverá;
 olhará ao redor
 e repousará em segurança.
¹⁹ Você se deitará,
 e não terá medo de ninguém,
 e muitos procurarão o seu favor.
²⁰ Mas os olhos dos ímpios fenecerão
 e em vão procurarão refúgio;
 o suspiro da morte
 será a esperança que terão".

Jó

12 Então Jó respondeu:

² "Sem dúvida vocês são o povo,
 e a sabedoria morrerá com vocês!
³ Mas eu tenho a mesma capacidade
 de pensar que vocês têm;
 não sou inferior a vocês.
 Quem não sabe dessas coisas?

⁴ "Tornei-me objeto de riso
 para os meus amigos,
logo eu, que clamava a Deus
 e ele me respondia,
eu, íntegro e irrepreensível,
 um mero objeto de riso!
⁵ Quem está bem despreza a desgraça,
 o destino daqueles
 cujos pés escorregam.
⁶ As tendas dos saqueadores
 não sofrem perturbação,
 e aqueles que provocam a Deus
 estão seguros,
 aqueles que transportam o seu deus
 em suas mãos.ᵃ

⁷ "Pergunte, porém, aos animais,
 e eles o ensinarão,
ou às aves do céu, e elas contarão a você;

⁸ fale com a terra, e ela o instruirá,
 deixe que os peixes do mar
 o informem.
⁹ Quem de todos eles ignora
 que a mão do Senhor fez isso?
¹⁰ Em sua mão
 está a vida de cada criatura
 e o fôlego de toda a humanidade.
¹¹ O ouvido não experimenta
 as palavras
como a língua experimenta a comida?
¹² A sabedoria se acha entre os idosos?
 A vida longa traz entendimento?

¹³ "Deus é que tem sabedoria e poder;
 a ele pertencem o conselho
 e o entendimento.
¹⁴ O que ele derruba
 não se pode reconstruir;
 quem ele aprisiona
 ninguém pode libertar.
¹⁵ Se ele retém as águas,
 predomina a seca;
 se as solta, devastam a terra.
¹⁶ A ele pertencem a força
 e a sabedoria;
tanto o enganado quanto o enganador
 a ele pertencem.
¹⁷ Ele despoja e demite os conselheiros
 e faz os juízes de tolos.
¹⁸ Tira as algemas postas pelos reis,
 e amarra uma faixaᵇ
 em torno da cintura deles.
¹⁹ Despoja e demite os sacerdotes
 e arruína os homens de sólida posição.
²⁰ Cala os lábios
 dos conselheiros de confiança,
 e tira o discernimento dos anciãos.
²¹ Derrama desprezo sobre os nobres,
 e desarma os poderosos.
²² Revela coisas profundas das trevas
 e traz à luz densas sombras.
²³ Dá grandeza às nações e as destrói;
 faz crescer as nações e as dispersa.
²⁴ Priva da razão os líderes da terra
 e os envia a perambular
 num deserto sem caminhos.
²⁵ Andam tateando nas trevas,
 sem nenhuma luz;
ele os faz cambalear como bêbados.

ᵃ **12.6** Ou *seguros naquilo que a mão de Deus lhes traz.*
ᵇ **12.18** Ou *algemas de reis e amarra um cinto*

13

¹ "Meus olhos viram tudo isso,
meus ouvidos o ouviram
e entenderam.
² O que vocês sabem, eu também sei;
não sou inferior a vocês.
³ Mas desejo falar ao Todo-poderoso
e defender a minha causa
diante de Deus.
⁴ Vocês, porém, me difamam
com mentiras;
todos vocês são médicos
que de nada valem!
⁵ Se tão somente ficassem calados,
mostrariam sabedoria.
⁶ Escutem agora o meu argumento;
prestem atenção à réplica
de meus lábios.
⁷ Vocês vão falar com maldade
em nome de Deus?
Vão falar enganosamente a favor dele?
⁸ Vão revelar parcialidade por ele?
Vão defender a causa a favor de Deus?
⁹ Tudo iria bem se ele os examinasse?
Vocês conseguiriam enganá-lo
como podem enganar os homens?
¹⁰ Com certeza ele os repreenderia
se, no íntimo, vocês fossem parciais.
¹¹ O esplendor dele
não os aterrorizaria?
O pavor dele não cairia sobre vocês?
¹² As máximas que vocês citam
são provérbios de cinza;
suas defesas não passam de barro.

¹³ "Aquietem-se e deixem-me falar,
e aconteça comigo o que acontecer.
¹⁴ Por que me ponho em perigo
e tomo a minha vida
em minhas mãos?
¹⁵ Embora ele me mate,
ainda assim esperarei nele;
certo é que defenderei[a]
os meus caminhos diante dele.
¹⁶ Aliás, será essa a minha libertação,
pois nenhum ímpio ousaria
apresentar-se a ele!
¹⁷ Escutem atentamente
as minhas palavras;
que os seus ouvidos
acolham o que eu digo.

¹⁸ Agora que preparei a minha defesa,
sei que serei justificado.
¹⁹ Haverá quem me acuse?
Se houver, ficarei calado e morrerei.

²⁰ "Concede-me
só estas duas coisas, ó Deus,
e não me esconderei de ti:
²¹ Afasta de mim a tua mão
e não mais me assustes
com os teus terrores.
²² Chama-me, e eu responderei,
ou deixa-me falar, e tu responderás.
²³ Quantos erros e pecados cometi?
Mostra-me a minha falta
e o meu pecado.
²⁴ Por que escondes o teu rosto
e me consideras teu inimigo?
²⁵ Atormentarás uma folha
levada pelo vento?
Perseguirás a palha?
²⁶ Pois fazes constar contra mim
coisas amargas
e me fazes herdar os pecados
da minha juventude.
²⁷ Acorrentas os meus pés
e vigias todos os meus caminhos,
pondo limites aos meus passos.

²⁸ "Assim o homem se consome
como coisa podre,
como a roupa que a traça vai roendo.

14

¹ "O homem nascido de mulher
vive pouco tempo
e passa por muitas dificuldades.
² Brota como a flor e murcha.
Vai-se como a sombra passageira;
não dura muito.
³ Fixas o olhar num homem desses?
E o[b] trarás à tua presença
para julgamento?
⁴ Quem pode extrair algo puro da
impureza?
Ninguém!
⁵ Os dias do homem
estão determinados;
tu decretaste o número de seus meses
e estabeleceste limites
que ele não pode ultrapassar.

---

[a] **13.15** Ou *Certamente ele me matará; não tenho esperança; ainda assim defenderei*

[b] **14.3** Conforme a Septuaginta, a Vulgata e a Versão Siríaca. O Texto Massorético diz *me*.

⁶ Por isso desvia dele o teu olhar
e deixa-o
até que ele cumpra o seu tempo
como o trabalhador contratado.

⁷ "Para a árvore pelo menos há esperança:
se é cortada, torna a brotar,
e os seus renovos vingam.
⁸ Suas raízes poderão envelhecer no solo
e seu tronco morrer no chão;
⁹ ainda assim, com o cheiro de água
ela brotará
e dará ramos como se fosse
muda plantada.
¹⁰ Mas o homem morre
e morto permanece;
dá o último suspiro e deixa de existir.
¹¹ Assim como a água do mar evapora
e o leito do rio perde as águas e seca,
¹² assim o homem se deita
e não se levanta;
até quando os céus já não existirem,
os homens não acordarão
e não serão despertados do seu sono.

¹³ "Se tão somente me escondesses
na sepultura[a]
e me ocultasses até passar a tua ira!
Se tão somente me impusesses
um prazo
e depois te lembrasses de mim!
¹⁴ Quando um homem morre,
acaso tornará a viver?
Durante todos os dias
do meu árduo labor
esperarei pela minha dispensa[b].
¹⁵ Chamarás, e eu te responderei;
terás anelo pela criatura
que as tuas mãos fizeram.
¹⁶ Por certo contarás então
os meus passos,
mas não tomarás conhecimento
do meu pecado.
¹⁷ Minhas faltas serão encerradas
num saco;
tu esconderás a minha iniquidade.

¹⁸ "Mas, assim como a montanha
sofre erosão e se desmorona,
e a rocha muda de lugar;

[a] 14.13 Hebraico: *Sheol*. Essa palavra também pode ser traduzida por profundezas, pó ou morte.
[b] 14.14 Ou *libertação*

¹⁹ e assim como a água desgasta
as pedras e as torrentes arrastam
terra,
assim destróis a esperança do homem.
²⁰ Tu o subjugas de uma vez por todas,
e ele se vai;
alteras a sua fisionomia
e o mandas embora.
²¹ Se honram os seus filhos,
ele não fica sabendo;
se os humilham, ele não o vê.
²² Só sente a dor do seu próprio corpo;
só pranteia por si mesmo".

Elifaz

15 Então Elifaz, de Temã, respondeu:

² "Responderia o sábio com ideias vãs,
ou encheria o estômago com o vento?
³ Argumentaria
com palavras inúteis,
com discursos sem valor?
⁴ Mas você sufoca a piedade
e diminui a devoção a Deus.
⁵ O seu pecado motiva a sua boca;
você adota a linguagem dos astutos.
⁶ É a sua própria boca que o condena,
e não a minha;
os seus próprios lábios
depõem contra você.

⁷ "Será que você foi o primeiro a nascer?
Acaso foi gerado antes das colinas?
⁸ Você costuma ouvir
o conselho secreto de Deus?
Só a você pertence a sabedoria?
⁹ O que você sabe,
que nós não sabemos?
Que compreensão tem você,
que nós não temos?
¹⁰ Temos do nosso lado
homens de cabelos brancos,
muito mais velhos
que o seu pai.
¹¹ Não bastam para você
as consolações divinas
e as nossas palavras amáveis?
¹² Por que você se deixa levar
pelo coração,
e por que esse brilho nos seus olhos?
¹³ Pois contra Deus é que você
dirige a sua ira
e despeja da sua boca essas palavras!

¹⁴ "Como o homem pode ser puro?
Como pode ser justo
  quem nasce de mulher?
¹⁵ Pois, se nem nos seus santos
  Deus confia,
e se nem os céus são puros
  aos seus olhos,
¹⁶ quanto menos o homem,
  que é impuro e corrupto,
e que bebe iniquidade como água.

¹⁷ "Escute-me, e eu explicarei para você;
vou dizer a você o que vi,
¹⁸ o que os sábios declaram
sem esconder o que receberam
  dos seus pais,
¹⁹ a quem foi dada a terra,
  e a mais ninguém;
nenhum estrangeiro passou
  entre eles:
²⁰ O ímpio sofre tormentos
  a vida toda,
como também o homem cruel,
nos poucos anos
  que lhe são reservados.
²¹ Só ouve ruídos aterrorizantes;
quando se sente em paz,
  ladrões o atacam.
²² Não tem esperança
  de escapar das trevas;
sente-se destinado ao fio da espada.
²³ Fica perambulando;
é comida para os abutres;ª
sabe muito bem que logo
  virão sobre ele as trevas.
²⁴ A aflição e a angústia
  o apavoram e o dominam
como um rei pronto para atacar,
²⁵ porque agitou os punhos
  contra Deus
e desafiou o Todo-poderoso,
²⁶ afrontando-o com arrogância,
  com um escudo grosso e resistente.

²⁷ "Apesar de ter o rosto
  coberto de gordura
e a cintura estufada de carne,
²⁸ habitará em cidades
  prestes a arruinar-se,
em casas inabitáveis,
  caindo aos pedaços.

²⁹ Nunca mais será rico;
  sua riqueza não durará,
e os seus bens
  não se propagarão pela terra.
³⁰ Não poderá escapar das trevas;
o fogo chamuscará os seus renovos,
e o sopro da boca de Deus
  o arrebatará.
³¹ Que ele não se iluda em confiar
  no que não tem valor,
pois nada receberá
  como compensação.
³² Terá completa paga
  antes do tempo,
e os seus ramos não florescerão.
³³ Será como a vinha despojada
  de suas uvas verdes,
como a oliveira que perdeu
  a sua floração,
³⁴ pois o companheirismo dos ímpios
  nada lhe trará,
e o fogo devorará as tendas
  dos que gostam de subornar.
³⁵ Eles concebem maldade
  e dão à luz a iniquidade;
seu ventre gera engano".

Jó

16 Então Jó respondeu:

² "Já ouvi muitas palavras como essas.
Pobres consoladores são vocês todos!
³ Esses discursos inúteis
  nunca terminarão?
E você, o que o leva a continuar
  discutindo?
⁴ Bem que eu poderia falar
  como vocês,
se estivessem em meu lugar;
  eu poderia condená-los
  com belos discursos
e menear a cabeça contra vocês.
⁵ Mas a minha boca
  procuraria encorajá-los;
a consolação dos meus lábios
  daria alívio para vocês.

⁶ "Contudo, se falo,
  a minha dor não se alivia;
se me calo, ela não desaparece.
⁷ Sem dúvida, ó Deus,
  tu me esgotaste as forças;
deste fim a toda a minha família.

ª 15.23 Ou *Fica perambulando em busca de pão*;

⁸ Tu me deixaste deprimido,
o que é uma testemunha disso;
a minha magreza se levanta
e depõe contra mim.
⁹ Deus, em sua ira, ataca-me
e faz-me em pedaços
e range os dentes contra mim;
meus inimigos fitam-me
com olhar ferino.
¹⁰ Os homens abrem sua boca
contra mim,
esmurram meu rosto com zombaria
e se unem contra mim.
¹¹ Deus fez-me cair
nas mãos dos ímpios
e atirou-me nas garras dos maus.
¹² Eu estava tranquilo,
mas ele me arrebentou;
agarrou-me pelo pescoço
e esmagou-me.
Fez de mim o seu alvo;
¹³ seus flecheiros me cercam.
Ele traspassou sem dó os meus rins
e derramou na terra a minha bílis.
¹⁴ Lança-se sobre mim uma e outra vez;
ataca-me como um guerreiro.

¹⁵ "Costurei veste de lamento
sobre a minha pele
e enterrei a minha testa no pó.
¹⁶ Meu rosto está rubro
de tanto eu chorar,
e sombras densas
circundam os meus olhos,
¹⁷ apesar de não haver violência
em minhas mãos
e de ser pura a minha oração.

¹⁸ "Ó terra, não cubra o meu sangue!
Não haja lugar de repouso
para o meu clamor!
¹⁹ Saibam que agora mesmo
a minha testemunha está nos céus;
nas alturas está o meu advogado.
²⁰ O meu intercessor é meu amigo,ᵃ
quando diante de Deus
correm lágrimas dos meus olhos;
²¹ ele defende a causa do homem
perante Deus,
como quem defende
a causa de um amigo.

ᵃ **16.20** Ou *Meus amigos zombam de mim*.

²² "Pois mais alguns anos apenas,
e farei a viagem sem retorno.

17 "Meu espírito está quebrantado,
os meus dias se encurtam,
a sepultura me espera.
² A verdade é que
zombadores me rodeiam,
e tenho que ficar olhando
a sua hostilidade.

³ "Dá-me, ó Deus,
a garantia que exiges.
Quem, senão tu, me dará segurança?
⁴ Fechaste as mentes deles
para o entendimento
e com isso não os deixarás triunfar.
⁵ Se alguém denunciar os seus amigos
por recompensa,
os olhos dos filhos dele fraquejarão,

⁶ "mas de mim Deus fez
um provérbio para todos,
um homem em cujo rosto
os outros cospem.
⁷ Meus olhos se turvaram de tristeza;
o meu corpo não passa
de uma sombra.
⁸ Os íntegros ficam atônitos
em face disso,
e os inocentes se levantam
contra os ímpios.
⁹ Mas os justos se manterão firmes
em seus caminhos,
e os homens de mãos puras se tornarão
cada vez mais fortes.

¹⁰ "Venham, porém, vocês todos,
e façam nova tentativa!
Não acharei nenhum sábio
entre vocês.
¹¹ Foram-se os meus dias,
os meus planos fracassaram,
como também
os desejos do meu coração.
¹² Andam querendo tornar a noite em dia;
ante a aproximação das trevas dizem:
'Vem chegando a luz'.
¹³ Ora, se o único lar pelo qual espero
é a sepulturaᵇ,
se estendo a minha cama nas trevas,

ᵇ **17.13** Hebraico: *Sheol*. Essa palavra também pode ser traduzida por profundezas, pó ou morte; também no versículo 16.

¹⁴ se digo à corrupção mortal:
Você é o meu pai,
e se aos vermes digo:
Vocês são minha mãe e minha irmã,
¹⁵ onde está então
minha esperança?
Quem poderá ver
alguma esperança para mim?
¹⁶ Descerá ela às portas do Sheol?
Desceremos juntos ao pó?"

Bildade

18 Então Bildade, de Suá, respondeu:

² "Quando você vai parar de falar?
Proceda com sensatez,
e depois poderemos conversar.
³ Por que somos considerados
como animais
e somos ignorantes aos seus olhos?
⁴ Ah, você, que se dilacera de ira!
Deve-se abandonar a terra
por sua causa?
Ou devem as rochas mudar de lugar?

⁵ "A lâmpada do ímpio se apaga,
e a chama do seu fogo se extingue.
⁶ Na sua tenda a luz se escurece;
a lâmpada de sua vida se apaga.
⁷ O vigor dos seus passos
se enfraquece,
e os seus próprios planos
o lançam por terra.
⁸ Por seus próprios pés
você se prende na rede,
e se perde na sua malha.
⁹ A armadilha o pega pelo calcanhar;
o laço o prende firme.
¹⁰ O nó corredio está escondido na terra
para pegá-lo,
há uma armadilha em seu caminho.
¹¹ Terrores de todos os lados
o assustam e o perseguem
em todos os seus passos.
¹² A calamidade tem fome de alcançá-lo;
a desgraça está à espera
de sua queda.
¹³ e consome partes da sua pele;
o primogênito da morte
devora os membros do seu corpo.
¹⁴ Ele é arrancado da segurança
de sua tenda,
e o levam à força ao rei dos terrores.

¹⁵ O fogo mora na tenda dele;ᵃ
espalham enxofre ardente
sobre a sua habitação.
¹⁶ Suas raízes secam-se embaixo,
e seus ramos murcham em cima.
¹⁷ Sua lembrança desaparece da terra,
e nome não tem, em parte alguma.
¹⁸ É lançado da luz para as trevas;
é banido do mundo.
¹⁹ Não tem filhos nem descendentes
entre o seu povo,
nem lhe restou sobrevivente algum
nos lugares onde antes vivia.
²⁰ Os homens do ocidente assustam-se
com a sua ruína,
e os do oriente enchem-se de pavor.
²¹ É assim a habitação do perverso;
essa é a situação de quem
não conhece a Deus".

Jó

19 Então Jó respondeu:

² "Até quando vocês continuarão
a atormentar-me
e a esmagar-me com palavras?
³ Vocês já me repreenderam dez vezes;
não se envergonham de agredir-me!
⁴ Se é verdade que me desviei,
meu erro só interessa a mim.
⁵ Se de fato vocês se exaltam
acima de mim
e usam contra mim
a minha humilhação,
⁶ saibam que foi Deus
que me tratou mal
e me envolveu em sua rede.

⁷ "Se grito: É injustiça!
Não obtenho resposta;
clamo por socorro,
todavia não há justiça.
⁸ Ele bloqueou o meu caminho,
e não consigo passar;
cobriu de trevas as minhas veredas.
⁹ Despiu-me da minha honra
e tirou a coroa de minha cabeça.
¹⁰ Ele me arrasa por todos os lados
enquanto eu não me vou;
desarraiga a minha esperança
como se arranca uma planta.

ᵃ **18.15** Ou *Nada do que ele possuía permanece*;

¹¹ Sua ira acendeu-se contra mim;
 ele me vê como inimigo.
¹² Suas tropas avançam poderosamente;
 cercam-me e acampam
  ao redor da minha tenda.

¹³ "Ele afastou de mim
  os meus irmãos;
 até os meus conhecidos
  estão longe de mim.
¹⁴ Os meus parentes me abandonaram
 e os meus amigos
  esqueceram-se de mim.
¹⁵ Os meus hóspedes
 e as minhas servas
  consideram-me estrangeiro;
 veem-me como um estranho.
¹⁶ Chamo o meu servo,
  mas ele não me responde,
 ainda que eu lhe implore
  pessoalmente.
¹⁷ Minha mulher acha repugnante
  o meu hálito;
 meus próprios irmãos
  têm nojo de mim.
¹⁸ Até os meninos zombam de mim
 e dão risada quando apareço.
¹⁹ Todos os meus amigos chegados
  me detestam;
 aqueles a quem amo
  voltaram-se contra mim.
²⁰ Não passo de pele e ossos;
 escapei só com a pele
  dos meus dentesª.

²¹ "Misericórdia, meus amigos!
  Misericórdia!
 Pois a mão de Deus me feriu.
²² Por que vocês me perseguem
  como Deus o faz?
 Nunca irão saciar-se da minha carne?

²³ "Quem dera as minhas palavras
  fossem registradas!
 Quem dera fossem escritas num livro,
²⁴ fossem talhadas a ferro no chumboᵇ,
 ou gravadas para sempre na rocha!
²⁵ Eu sei que o meu Redentor vive
 e que no fim se levantará
  sobre a terraᶜ.

²⁶ E, depois que o meu corpo
  estiver destruídoᵈ e semᵉ carne,
 verei a Deus.
²⁷ Eu o verei
  com os meus próprios olhos;
 eu mesmo, e não outro!
 Como anseia no meu peito o coração!

²⁸ "Se vocês disserem:
 'Vejamos como vamos persegui-lo,
 pois a raiz do problema está neleᶠ',
²⁹ melhor será que temam a espada,
 porquanto por meio dela
  a ira trará castigo para vocês,
 e então vocês saberão
  que há julgamentoᵍ".

Zofar

20 Então Zofar, de Naamate, respondeu:

² "Agitam-se os meus pensamentos
  e levam-me a responder
 porque estou profundamente
  perturbado.
³ Ouvi uma repreensão
  que me desonra,
 e o meu entendimento
  faz-me contestar.

⁴ "Certamente você sabe
  que sempre foi assim,
 desde a antiguidade;
 desde que o homemʰ foi posto na terra,
⁵ o riso dos maus é passageiro,
 e a alegria dos ímpios
  dura apenas um instante.
⁶ Mesmo que o seu orgulho
  chegue aos céus
 e a sua cabeça toque as nuvens,
⁷ ele perecerá para sempre,
  como o seu próprio excremento;
 os que o tinham visto perguntarão:
  'Onde ele foi parar?'
⁸ Ele voa e vai-se como um sonho,
  para nunca mais ser encontrado,
 banido como uma visão noturna.

ª **19.20** Ou *apenas com minha gengiva*
ᵇ **19.24** Ou *talhadas com ferramenta de ferro e chumbo*
ᶜ **19.25** Ou *sobre o meu túmulo*
ᵈ **19.26** Ou *E, depois de eu despertar, embora este corpo tenha sido destruído*
ᵉ **19.26** Ou *fora da*
ᶠ **19.28** Conforme muitos manuscritos do Texto Massorético, a Septuaginta e a Vulgata. A maioria dos manuscritos do Texto Massorético diz *em mim*.
ᵍ **19.29** Ou *vocês poderão vir a conhecer o Todo-poderoso*
ʰ **20.4** Ou *Adão*

⁹ O olho que o viu não o verá mais,
nem o seu lugar o tornará a ver.
¹⁰ Seus filhos terão que indenizar
os pobres;
ele próprio, com suas mãos,
terá que refazer sua riqueza.
¹¹ O vigor juvenil que enche
os seus ossos
jazerá com ele no pó.

¹² "Mesmo que o mal seja doce
em sua boca
e ele o esconda sob a língua,
¹³ mesmo que o retenha na boca
para saboreá-lo,
¹⁴ ainda assim a sua comida azedará
no estômago;
e será como veneno de cobra
em seu interior.
¹⁵ Ele vomitará as riquezas
que engoliu;
Deus fará seu estômago lançá-las
fora.
¹⁶ Sugará veneno de cobra;
as presas de uma víbora o matarão.
¹⁷ Não terá gosto na contemplação
dos regatos
e dos rios que vertem mel e nata.
¹⁸ Terá que devolver
aquilo pelo que lutou,
sem aproveitá-lo,
e não desfrutará dos lucros
do seu comércio.
¹⁹ Sim, pois ele tem oprimido os pobres
e os tem deixado desamparados;
apoderou-se de casas
que não construiu.

²⁰ "Certo é que a sua cobiça
não lhe trará descanso,
e o seu tesouro não o salvará.
²¹ Nada lhe restou para devorar;
sua prosperidade não durará muito.
²² Em meio à sua fartura,
a aflição o dominará;
a força total da desgraça o atingirá.
²³ Quando ele estiver
de estômago cheio,
Deus dará vazão
às tremendas chamas de sua ira
e sobre ele despejará o seu furor.
²⁴ Se escapar da arma de ferro,
o bronze da sua flecha o atravessará.
²⁵ Ele a arrancará das suas costas,
a ponta reluzente saindo do seu
fígado.
Grande pavor virá sobre ele;
²⁶ densas trevas estarão à espera
dos seus tesouros.
Um fogo não assoprado o consumirá
e devorará o que sobrar em sua tenda.
²⁷ Os céus revelarão a sua culpa;
a terra se levantará contra ele.
²⁸ Uma inundação arrastará a sua casa,
águas avassaladorasᵃ,
no dia da ira de Deus.
²⁹ Esse é o destino que Deus dá aos
ímpios,
é a herança designada por Deus
para eles".

Jó

21 Então Jó respondeu:

² "Escutem com atenção
as minhas palavras;
seja esse o consolo
que vocês haverão de dar-me.
³ Suportem-me enquanto
eu estiver falando;
depois que eu falar
poderão zombar de mim.

⁴ "Acaso é dos homens que me queixo?
Por que não deveria eu
estar impaciente?
⁵ Olhem para mim e ficarão atônitos;
tapem a boca com a mão.
⁶ Quando penso nisso, fico aterrorizado;
todo o meu corpo se põe a tremer.
⁷ Por que vivem os ímpios?
Por que chegam à velhice
e aumentam seu poder?
⁸ Eles veem os seus filhos
estabelecidos ao seu redor
e os seus descendentes
diante dos seus olhos.
⁹ Seus lares estão seguros
e livres do medo;
a vara de Deus não os vem ferir.
¹⁰ Seus touros nunca deixam
de procriar;
suas vacas dão crias e não abortam.

ᵃ **20.28** Ou *Os bens de sua casa serão levados, arrastados pelas águas,*

¹¹ Eles soltam os seus filhos
   como um rebanho;
seus pequeninos põem-se a dançar.
¹² Cantam, acompanhando a música
   do tamborim e da harpa;
alegram-se ao som da flauta.
¹³ Os ímpios passam a vida na
      prosperidade
e descem à sepultura^a em paz^b.
¹⁴ Contudo, dizem eles a Deus:
'Deixa-nos! Não queremos conhecer
   os teus caminhos.
¹⁵ Quem é o Todo-poderoso,
   para que o sirvamos?
Que vantagem temos em orar a Deus?'
¹⁶ Mas não depende deles
   a prosperidade que desfrutam;
por isso fico longe
   do conselho dos ímpios.

¹⁷ "Pois, quantas vezes
   a lâmpada dos ímpios se apaga?
Quantas vezes a desgraça
   cai sobre eles,
o destino que em sua ira Deus lhes dá?
¹⁸ Quantas vezes o vento
   os leva como palha,
e o furacão os arrebata como cisco?
¹⁹ Dizem que Deus
   reserva o castigo de um homem
   para os seus filhos.
Que o próprio pai o receba,
   para que aprenda a lição!
²⁰ Que os seus próprios olhos
   vejam a sua ruína;
que ele mesmo beba da ira
   do Todo-poderoso!^c
²¹ Pois, que lhe importará a família
   que deixará atrás de si
quando chegarem ao fim os meses
   que lhe foram destinados?

²² "Haverá alguém que o ensine
   a conhecer a Deus,
uma vez que ele julga
   até os de mais alta posição?
²³ Um homem morre em pleno vigor,
   quando se sentia bem e seguro,
²⁴ tendo o corpo bem nutrido
   e os ossos cheios de tutano.
²⁵ Já outro morre
   tendo a alma amargurada,
sem nada ter desfrutado.
²⁶ Um e outro jazem no pó,
   ambos cobertos de vermes.

²⁷ "Sei muito bem
   o que vocês estão pensando,
as suas conspirações contra mim.
²⁸ 'Onde está agora a casa
   do grande homem?', vocês perguntam.
'Onde a tenda dos ímpios?'
²⁹ Vocês nunca fizeram perguntas
   aos que viajam?
Não deram atenção ao que eles contam?
³⁰ Pois eles dizem que o mau é poupado
   da calamidade
e que do dia da ira recebe livramento.
³¹ Quem o acusa, lançando em rosto
   a sua conduta?
Quem lhe retribui o mal que fez?
³² Pois o levam para o túmulo
   e vigiam a sua sepultura.
³³ Para ele é macio o terreno do vale;
   todos o seguem,
e uma multidão incontável o precede.^d

³⁴ "Por isso, como podem vocês
   consolar-me com esses absurdos?
O que sobra das suas respostas
   é pura falsidade!"

Elifaz

22 Então, Elifaz, de Temã, respondeu:

² "Pode alguém ser útil a Deus?
Mesmo um sábio,
   pode ser-lhe de algum proveito?
³ Que prazer você daria
   ao Todo-poderoso
se você fosse justo?
Que é que ele ganharia se os seus
   caminhos fossem irrepreensíveis?

⁴ "É por sua piedade
   que ele o repreende
   e faz acusações a você?
⁵ Não é grande a sua maldade?
Não são infindos os seus pecados?

---

^a **21.13** Hebraico: *Sheol*. Essa palavra também pode ser traduzida por profundezas, pó ou morte.
^b **21.13** Ou *de repente*
^c **21.17-20** Os versículos 17 e 18 podem ser lidos como exclamações e os 19 e 20 como afirmações.
^d **21.33** Ou *assim como uma multidão incontável o precedeu.*

⁶ Sem motivo você exigia penhores
  dos seus irmãos;
você despojava das roupas
  os que quase nenhuma tinham.
⁷ Você não deu água ao sedento
  e reteve a comida do faminto,
⁸ sendo você poderoso, dono de terras
  e delas vivendo, e honrado
  diante de todos.
⁹ Você mandou embora de mãos vazias
  as viúvas
e quebrou a força dos órfãos.
¹⁰ Por isso está cercado de armadilhas
  e o perigo repentino o apavora.
¹¹ Também por isso você se vê envolto
  em escuridão que o cega,
e o cobrem as águas,
  em tremenda inundação.

¹² "Não está Deus nas alturas dos céus?
  E em que altura
  estão as estrelas mais distantes!
¹³ Contudo, você diz:
  'O que sabe Deus?
Poderá julgar através
  de tão grande escuridão?
¹⁴ Nuvens espessas o cobrem,
  e ele não pode ver-nos
quando percorre a abóbada dos céus'.
¹⁵ Você vai continuar
  no velho caminho
  que os perversos palmilharam?
¹⁶ Estes foram levados antes da hora;
seus alicerces foram arrastados
  por uma enchente.
¹⁷ Eles disseram a Deus: 'Deixa-nos!
O que o Todo-poderoso
  poderá fazer conosco?'
¹⁸ Contudo, foi ele que encheu
  de bens as casas deles;
por isso fico longe
  do conselho dos ímpios.

¹⁹ "Os justos veem a ruína deles
  e se regozijam;
os inocentes zombam deles, dizendo:
²⁰ 'Certo é que os nossos inimigos
  foram destruídos,
e o fogo devorou a sua riqueza'.

²¹ "Sujeite-se a Deus,
  fique em paz com ele,
e a prosperidade virá a você.
²² Aceite a instrução
  que vem da sua boca
e ponha no coração
  as suas palavras.
²³ Se você voltar
  para o Todo-poderoso,
voltará ao seu lugar.
Se afastar da sua tenda a injustiça,
²⁴ lançar ao pó as suas pepitas,
o seu ouro puro de Ofir
  às rochas dos vales,
²⁵ o Todo-poderoso será o seu ouro,
será para você prata seleta.
²⁶ É certo que você achará prazer
  no Todo-poderoso
e erguerá o rosto para Deus.
²⁷ A ele orará, e ele o ouvirá,
e você cumprirá os seus votos.
²⁸ O que você decidir se fará,
e a luz brilhará em seus caminhos.
²⁹ Quando os homens
  forem humilhados
  e você disser: 'Levanta-os!',
ele salvará o abatido.
³⁰ Livrará até o que não é inocente,
que será liberto graças à pureza
  que há em você, nas suas mãos".

Jó

23 Então Jó respondeu:

² "Até agora me queixo com amargura;
a mão dele[a] é pesada,
  a despeito de meu gemido.
³ Se tão somente eu soubesse
  onde encontrá-lo e como ir à sua
  habitação!
⁴ Eu lhe apresentaria a minha causa
e encheria a minha boca
  de argumentos.
⁵ Estudaria o que ele me
  respondesse
e analisaria o que me dissesse.
⁶ Será que ele se oporia a mim
  com grande poder?
Não, ele não me faria acusações.
⁷ O homem íntegro poderia
  apresentar-lhe sua causa;
eu seria liberto para sempre
  de quem me julga.

---

[a] **23.2** Conforme a Septuaginta e a Versão Siríaca. O Texto Massorético diz *a mão sobre mim*.

⁸ "Mas, se vou para o oriente,
  lá ele não está;
se vou para o ocidente,
  não o encontro.
⁹ Quando ele está em ação no norte,
  não o enxergo;
quando vai para o sul,
  nem sombra dele eu vejo!
¹⁰ Mas ele conhece o caminho
  por onde ando;
se me puser à prova,
  aparecerei como o ouro.
¹¹ Meus pés seguiram de perto
  as suas pegadas;
mantive-me no seu caminho
  sem desviar-me.
¹² Não me afastei dos mandamentos
  dos seus lábios;
dei mais valor às palavras de sua boca
  do que ao meu pão de cada dia.

¹³ "Mas ele é ele!
Quem poderá fazer-lhe oposição?
Ele faz o que quer.
¹⁴ Executa o seu decreto contra mim
e tem muitos outros planos semelhantes.
¹⁵ Por isso fico apavorado diante dele;
pensar nisso me enche de medo.
¹⁶ Deus fez desmaiar o meu coração;
o Todo-poderoso causou-me pavor.
¹⁷ Contudo, não fui silenciado
  pelas trevas,
pelas densas trevas
  que cobrem o meu rosto.

24

"Por que o Todo-poderoso
não marca as datas de julgamento?
Por que aqueles que o conhecem
  não chegam a vê-las?
² Há os que mudam
  os marcos dos limites
e apascentam rebanhos
  que eles roubaram.
³ Levam o jumento
  que pertence ao órfão
e tomam o boi da viúva como penhor.
⁴ Forçam os necessitados
  a sair do caminho
e os pobres da terra a esconder-se.
⁵ Como jumentos selvagens no deserto,
os pobres vão em busca de comida;
da terra deserta a obtêm
  para os seus filhos.

⁶ Juntam forragem nos campos
e respigam nas vinhas dos ímpios.
⁷ Pela falta de roupas,
  passam a noite nus;
não têm com que cobrir-se no frio.
⁸ Encharcados pelas chuvas
  das montanhas,
abraçam-se às rochas
  por falta de abrigo.
⁹ A criança órfã é arrancada
  do seio de sua mãe;
o recém-nascido do pobre é tomado
  para pagar uma dívida.
¹⁰ Por falta de roupas, andam nus;
carregam os feixes,
  mas continuam famintos.
¹¹ Espremem azeitonas
  dentro dos seus muros[a];
pisam uvas nos lagares,
  mas assim mesmo sofrem sede.
¹² Sobem da cidade os gemidos
  dos que estão para morrer,
e as almas dos feridos
  clamam por socorro.
Mas Deus não vê mal nisso.

¹³ "Há os que se revoltam
  contra a luz,
não conhecem os caminhos dela
  e não permanecem em suas veredas.
¹⁴ De manhã o assassino se levanta
  e mata os pobres e os necessitados;
de noite age como ladrão.
¹⁵ Os olhos do adúltero
  ficam à espera do crepúsculo;
'Nenhum olho me verá, pensa ele;
  e mantém oculto o rosto.
¹⁶ No escuro os homens invadem casas,
  mas de dia se enclausuram;
não querem saber da luz.
¹⁷ Para eles a manhã
  é tremenda escuridão;[b]
eles são amigos
  dos pavores das trevas.

¹⁸ "São, porém, como espuma
  sobre as águas;
sua parte da terra foi amaldiçoada,
  e por isso ninguém vai às vinhas.
¹⁹ Assim como o calor e a seca
  depressa consomem a neve derretida,

---
[a] **24.11** Ou *entre as pedras de moinho*
[b] **24.17** Ou *A manhã deles é como a sombra da morte;*

assim a sepultura[a] consome
   os que pecaram.
²⁰ Sua mãe os esquece,
os vermes se banqueteiam neles.
Ninguém se lembra dos maus;
quebram-se como árvores.
²¹ Devoram a estéril e sem filhos
e não mostram bondade
   para com a viúva.
²² Mas Deus, por seu poder, os arranca;
embora firmemente estabelecidos,
   a vida deles não tem segurança.
²³ Ele poderá deixá-los descansar,
   sentindo-se seguros,
mas atento os vigia
   nos caminhos que seguem.
²⁴ Por um breve instante são exaltados
   e depois se vão,
colhidos como todos os demais,
ceifados como espigas de cereal.

²⁵ "Se não é assim,
   quem poderá provar que minto
e reduzir a nada as minhas palavras?"

Bildade

25
Então Bildade, de Suá, respondeu:

² "O domínio e o temor pertencem
   a Deus;
ele impõe ordem nas alturas,
   que a ele pertencem.
³ Seria possível contar
   os seus exércitos?
E a sua luz, sobre quem
   não se levanta?
⁴ Como pode então o homem
   ser justo diante de Deus?
Como pode ser puro
   quem nasce de mulher?
⁵ Se nem a lua é brilhante
e nem as estrelas são puras
   aos olhos dele,
⁶ muito menos o será o homem,
   que não passa de larva,
o filho do homem,
   que não passa de verme!"

Jó

26
Então Jó respondeu:

² "Grande foi a ajuda que você deu
   ao desvalido!
Que socorro você prestou
   ao braço frágil!
³ Belo conselho você ofereceu
   a quem não é sábio,
e que grande sabedoria você revelou!
⁴ Quem o ajudou a proferir
   essas palavras,
e por meio de que espírito você falou?

⁵ "Os mortos estão em grande angústia
   sob as águas, e com eles sofrem os que
      nelas vivem.
⁶ Nu está o Sheol[b] diante de Deus,
   e nada encobre a Destruição[c].
⁷ Ele estende os céus do norte
   sobre o espaço vazio;
suspende a terra sobre o nada.
⁸ Envolve as águas em suas nuvens,
e estas não se rompem
   sob o peso delas.
⁹ Ele cobre a face da lua cheia
   estendendo sobre ela as suas nuvens.
¹⁰ Traça o horizonte
   sobre a superfície das águas
para servir de limite
   entre a luz e as trevas.
¹¹ As colunas dos céus estremecem
   e ficam perplexas
diante da sua repreensão.
¹² Com seu poder agitou
   violentamente o mar;
com sua sabedoria
   despedaçou o Monstro dos Mares[d].
¹³ Com seu sopro
   os céus ficaram límpidos;
sua mão feriu a serpente arisca.
¹⁴ E isso tudo é apenas
   a borda de suas obras!
Um suave sussurro
   é o que ouvimos dele.
Mas quem poderá compreender
   o trovão do seu poder?"

27
E Jó prosseguiu em seu discurso:

² "Pelo Deus vivo,
   que me negou justiça,

---

[a] **24.19** Hebraico: *Sheol*. Essa palavra também pode ser traduzida por profundezas, pó ou morte.

[b] **26.6** Essa palavra pode ser traduzida por sepultura, profundezas, pó ou morte.
[c] **26.6** Hebraico: *Abadom*.
[d] **26.12** Hebraico: Raabe. Veja Sl 89.10 e Is 51.9.

pelo Todo-poderoso,
   que deu amargura à minha alma,
³ enquanto eu tiver vida em mim,
o sopro de Deus em minhas narinas,
⁴ meus lábios não falarão maldade,
e minha língua não proferirá
   nada que seja falso.
⁵ Nunca darei razão a vocês!
Minha integridade não negarei jamais,
   até a morte.
⁶ Manterei minha retidão
   e nunca a deixarei;
enquanto eu viver,
   a minha consciência
   não me repreenderá.

⁷ "Sejam os meus inimigos
   como os ímpios,
e os meus adversários
   como os injustos!
⁸ Pois, qual é a esperança do ímpio,
   quando é eliminado,
quando Deus lhe tira a vida?
⁹ Ouvirá Deus o seu clamor
   quando vier sobre ele a aflição?
¹⁰ Terá ele prazer no Todo-poderoso?
Chamará a Deus a cada instante?

¹¹ "Eu os instruirei
   sobre o poder de Deus;
não esconderei de vocês
   os caminhos do Todo-poderoso.
¹² Pois a verdade é que todos vocês
   já viram isso.
Então por que essa conversa
   sem sentido?

¹³ "Este é o destino
   que Deus determinou para o ímpio,
a herança que o mau recebe
   do Todo-poderoso:
¹⁴ Por mais filhos que o ímpio tenha,
   o destino deles é a espada;
sua prole jamais
   terá comida suficiente.
¹⁵ A epidemia sepultará aqueles
   que lhe sobreviverem,
e as suas viúvas não chorarão por eles.
¹⁶ Ainda que ele acumule
   prata como pó
e amontoe roupas como barro,
¹⁷ o que ele armazenar ficará para os justos,
e os inocentes dividirão sua prata.

¹⁸ A casa que ele constrói
   é como casulo de traça,
como cabana feita pela sentinela.
¹⁹ Rico ele se deita, mas nunca mais o será!
Quando abre os olhos, tudo se foi.
²⁰ Pavores vêm sobre ele
   como uma enchente;
de noite a tempestade o leva de roldão.
²¹ O vento oriental o leva,
   e ele desaparece;
arranca-o do seu lugar.
²² Atira-se contra ele sem piedade,
   enquanto ele foge às pressas
   do seu poder.
²³ Bate palmas contra ele
e com assobios o expele do seu lugar.

28

"Existem minas de prata
e locais onde se refina ouro.
² O ferro é extraído da terra,
e do minério se funde o cobre.
³ O homem dá fim à escuridão
e vasculha os recônditos mais remotos
   em busca de minério,
   nas mais escuras trevas.
⁴ Longe das moradias
   ele cava um poço,
em local esquecido
   pelos pés dos homens;
longe de todos,
   ele se pendura e balança.
⁵ A terra, da qual vem o alimento,
   é revolvida embaixo
como que pelo fogo;
⁶ das suas rochas saem safiras,
e seu pó contém pepitas de ouro.
⁷ Nenhuma ave de rapina conhece
   aquele caminho oculto,
e os olhos de nenhum falcão o viram.
⁸ Os animais altivos
   não põem os pés nele,
e nenhum leão ronda por ali.
⁹ As mãos dos homens
   atacam a dura rocha
e transtornam as raízes das montanhas.
¹⁰ Fazem túneis através da rocha,
e os seus olhos enxergam todos
   os tesouros dali.
¹¹ Eles vasculham[a] as nascentes
   dos rios
e trazem à luz coisas ocultas.

[a] **28.11** Conforme a Septuaginta e a Vulgata. O Texto Massorético diz *Eles fecham*.

¹² "Onde, porém, se poderá
achar a sabedoria?
Onde habita o entendimento?
¹³ O homem não percebe
o valor da sabedoria;
ela não se encontra
na terra dos viventes.
¹⁴ O abismo diz: 'Em mim não está';
o mar diz: 'Não está comigo'.
¹⁵ Não pode ser comprada,
mesmo com o ouro mais puro,
nem se pode pesar o seu preço em prata.
¹⁶ Não pode ser comprada
nem com o ouro puro de Ofir,
nem com o precioso ônix,
nem com safiras.
¹⁷ O ouro e o cristal
não se comparam com ela,
e é impossível tê-la em troca
de joias de ouro.
¹⁸ O coral e o jaspe
nem merecem menção;
o preço da sabedoria
ultrapassa o dos rubis.
¹⁹ O topázio da Etiópia[a]
não se compara com ela;
não se compra a sabedoria
nem com ouro puro!

²⁰ "De onde vem, então, a sabedoria?
Onde habita o entendimento?
²¹ Escondida está dos olhos
de toda criatura viva,
até das aves dos céus.
²² A Destruição[b] e a Morte dizem:
'Aos nossos ouvidos só chegou
um leve rumor dela'.
²³ Deus conhece o caminho;
só ele sabe onde ela habita,
²⁴ pois ele enxerga os confins da terra
e vê tudo o que há debaixo dos céus.
²⁵ Quando ele determinou
a força do vento
e estabeleceu a medida exata
para as águas,
²⁶ quando fez um decreto para a chuva
e o caminho
para a tempestade trovejante,
²⁷ ele olhou para a sabedoria
e a avaliou;
confirmou-a e a pôs à prova.

---
[a] **28.19** Hebraico: *Cuxe*.
[b] **28.22** Hebraico: *Abadom*.

²⁸ Disse então ao homem:
'No temor do Senhor
está a sabedoria,
e evitar o mal é ter entendimento' ".

29

Jó prosseguiu sua fala:

² "Como tenho saudade
dos meses que se passaram,
dos dias em que Deus
cuidava de mim,
³ quando a sua lâmpada brilhava
sobre a minha cabeça
e por sua luz eu caminhava
em meio às trevas!
⁴ Como tenho saudade
dos dias do meu vigor,
quando a amizade de Deus
abençoava a minha casa,
⁵ quando o Todo-poderoso
ainda estava comigo
e meus filhos estavam ao meu redor,
⁶ quando as minhas veredas
se embebiam em nata
e a rocha me despejava
torrentes de azeite.

⁷ "Quando eu ia à porta da cidade
e tomava assento na praça pública;
⁸ quando, ao me verem,
os jovens saíam do caminho,
e os idosos ficavam em pé;
⁹ os líderes se abstinham de falar
e com a mão cobriam a boca.
¹⁰ As vozes dos nobres silenciavam,
e suas línguas
colavam-se ao céu da boca.
¹¹ Todos os que me ouviam
falavam bem de mim,
e quem me via me elogiava,
¹² pois eu socorria o pobre
que clamava por ajuda
e o órfão que não tinha
quem o ajudasse.
¹³ O que estava à beira da morte me
abençoava,
e eu fazia regozijar-se o coração
da viúva.
¹⁴ A retidão era a minha roupa;
a justiça era o meu manto e
o meu turbante.
¹⁵ Eu era os olhos do cego
e os pés do aleijado.

¹⁶ Eu era o pai dos necessitados
e me interessava
   pela defesa de desconhecidos.
¹⁷ Eu quebrava as presas dos ímpios
e dos seus dentes arrancava
   as suas vítimas.

¹⁸ "Eu pensava: Morrerei em casa,
e os meus dias serão numerosos
   como os grãos de areia.
¹⁹ Minhas raízes chegarão até as águas,
e o orvalho passará a noite
   nos meus ramos.
²⁰ Minha glória se renovará em mim,
e novo será o meu arco
   em minha mão.

²¹ "Os homens me escutavam
   em ansiosa expectativa,
aguardando em silêncio
   o meu conselho.
²² Depois que eu falava,
   eles nada diziam;
minhas palavras caíam suavemente
   em seus ouvidos.
²³ Esperavam por mim
   como quem espera
   por uma chuvarada
e bebiam minhas palavras
   como quem bebe a chuva
   da primavera.
²⁴ Quando eu lhes sorria,
   mal acreditavam;
a luz do meu rosto lhes era preciosa.
²⁵ Era eu que escolhia o caminho
   para eles
e me assentava como seu líder;
instalava-me como um rei
   no meio das suas tropas;
eu era como um consolador
   dos que choram.

30 "Mas agora eles zombam de mim,
homens mais jovens que eu,
homens cujos pais eu teria rejeitado,
   não lhes permitindo sequer estar
   com os cães de guarda do rebanho.
² De que me serviria
   a força de suas mãos,
já que desapareceu o seu vigor?
³ Desfigurados
   de tanta necessidade e fome,
perambulavam pelaᵃ terra ressequida,
   em sombrios e devastados desertos.
⁴ Nos campos de mato rasteiro
   colhiam ervas,
e a raiz da giesta era a sua comidaᵇ.
⁵ Da companhia dos amigos
   foram expulsos aos gritos,
como se fossem ladrões.
⁶ Foram forçados a morar
   nos leitos secos dos rios,
entre as rochas e nos buracos da terra.
⁷ Rugiam entre os arbustos
   e se encolhiam sob a vegetação.
⁸ Prole desprezível e sem nome,
   foram expulsos da terra.

⁹ "E agora os filhos deles
   zombam de mim
   com suas canções;
tornei-me um provérbio entre eles.
¹⁰ Eles me detestam
   e se mantêm a distância;
não hesitam em cuspir em meu rosto.
¹¹ Agora que Deus afrouxou
   a corda do meu arco e me afligiu,
eles ficam sem freios
   na minha presença.
¹² À direita os embrutecidos
   me atacam;
preparam armadilhas
   para os meus pés
e constroem rampas de cerco
   contra mim.
¹³ Destroem o meu caminho;
conseguem destruir-me
   sem a ajuda de ninguém.
¹⁴ Avançam como através
   de uma grande brecha;
arrojam-se entre as ruínas.
¹⁵ Pavores apoderam-se de mim;
a minha dignidade é levada
   como pelo vento,
a minha segurança
   se desfaz como nuvem.

¹⁶ "E agora esvai-se a minha vida;
estou preso a dias de sofrimento.
¹⁷ A noite penetra os meus ossos;
minhas dores me corroem sem
   cessar.

ᵃ **30.3** Ou *roíam a*
ᵇ **30.4** Ou *o seu combustível*

¹⁸ Em seu grande poder,
  Deus é como a minha roupaᵃ;
ele me envolve
  como a gola da minha veste.
¹⁹ Lança-me na lama,
  e sou reduzido a pó e cinza.

²⁰ "Clamo a ti, ó Deus,
  mas não me respondes;
fico em pé, mas apenas
  olhas para mim.
²¹ Contra mim te voltas com dureza
e me atacas com a força de tua mão.
²² Tu me apanhas
  e me levas contra o vento
e me jogas de um lado a outro
  na tempestade.
²³ Sei que me farás descer até a morte,
  ao lugar destinado a todos os viventes.

²⁴ "A verdade é que ninguém dá a mão
  ao homem arruinado,
quando este, em sua aflição,
  grita por socorro.
²⁵ Não é certo que chorei por causa
  dos que passavam dificuldade?
E que a minha alma se entristeceu
  por causa dos pobres?
²⁶ Mesmo assim,
  quando eu esperava o bem,
  veio o mal;
quando eu procurava luz,
  vieram trevas.
²⁷ Nunca para a agitação
  dentro de mim;
dias de sofrimento me confrontam.
²⁸ Perambulo escurecido,
  mas não pelo sol;
levanto-me na assembleia
  e clamo por ajuda.
²⁹ Tornei-me irmão dos chacais,
companheiro das corujas.
³⁰ Minha pele escurece e cai;
meu corpo queima de febre.
³¹ Minha harpa está afinada
  para cantos fúnebres,
e minha flauta para o som de pranto.

31 "Fiz acordo com os meus olhos
  de não olhar com cobiça
  para as moças.

² Pois qual é a porção que o homem
  recebe de Deus lá de cima?
Qual a sua herança do Todo-poderoso,
  que habita nas alturas?
³ Não é ruína para os ímpios,
  desgraça para os que fazem o mal?
⁴ Não vê ele os meus caminhos
e não considera
  cada um de meus passos?

⁵ "Se me conduzi com falsidade,
ou se meus pés se apressaram
  a enganar,
⁶ — Deus me pese em balança justa,
e saberá que não tenho culpa —
⁷ se meus passos
  desviaram-se do caminho,
se o meu coração foi conduzido
  por meus olhos,
ou se minhas mãos
  foram contaminadas,
⁸ que outros comam o que semeei
e que as minhas plantações
  sejam arrancadas pelas raízes.

⁹ "Se o meu coração
  foi seduzido por mulher,
ou se fiquei à espreita
  junto à porta do meu próximo,
¹⁰ que a minha esposa moa cereal
  de outro homem,
e que outros durmam com ela.
¹¹ Pois fazê-lo seria vergonhoso,
crime merecedor de julgamento.
¹² Isso é um fogo que consome
  até a Destruiçãoᵇ;
teria extirpado a minha colheita.

¹³ "Se neguei justiça
  aos meus servos e servas,
quando reclamaram contra mim,
¹⁴ que farei quando Deus
  me confrontar?
Que responderei quando chamado
  a prestar contas?
¹⁵ Aquele que me fez no ventre materno
  não os fez também?
Não foi ele que nos formou,
  a mim e a eles,
  no interior de nossas mães?

ᵃ **30.18** A Septuaginta diz *Deus agarra minha roupa*.

ᵇ **31.12** Hebraico: *Abadom*.

¹⁶ "Se não atendi os desejos do pobre,
ou se fatiguei os olhos da viúva,
¹⁷ se comi meu pão sozinho,
sem compartilhá-lo com o órfão,
¹⁸ sendo que desde a minha juventude
o criei
como se fosse seu pai,
e desde o nascimento guiei a viúva;
¹⁹ se vi alguém morrendo
por falta de roupa,
ou um necessitado sem cobertor,
²⁰ e o seu coração não me abençoou
porque o aqueci com a lã
de minhas ovelhas,
²¹ se levantei a mão contra o órfão,
ciente da minha influência no tribunal,
²² que o meu braço descaia do ombro
e se quebre nas juntas.
²³ Pois eu tinha medo
que Deus me destruísse,
e, temendo o seu esplendor,
não podia fazer tais coisas.

²⁴ "Se pus no ouro a minha confiança
e disse ao ouro puro:
Você é a minha garantia,
²⁵ se me regozijei
por ter grande riqueza,
pela fortuna que as minhas mãos
obtiveram,
²⁶ se contemplei o sol em seu fulgor
e a lua a mover-se esplêndida,
²⁷ e em segredo o meu coração
foi seduzido
e a minha mão lhes ofereceu
beijos de veneração,
²⁸ esses também seriam pecados
merecedores de condenação,
pois eu teria sido infiel a Deus,
que está nas alturas.

²⁹ "Se a desgraça do meu inimigo
me alegrou,
ou se os problemas que teve
me deram prazer;
³⁰ eu, que nunca deixei minha boca pecar,
lançando maldição sobre ele;
³¹ se os que moram em minha casa
nunca tivessem dito:
'Quem não recebeu de Jó
um pedaço de carne?',
³² sendo que nenhum estrangeiro
teve que passar a noite na rua,
pois a minha porta
sempre esteve aberta para o viajante;
³³ se escondi o meu pecado,
como outros fazem[a],
acobertando no coração a minha culpa,
³⁴ com tanto medo da multidão
e do desprezo dos familiares
que me calei e não saí de casa...

³⁵ ("Ah, se alguém me ouvisse!
Agora assino a minha defesa.
Que o Todo-poderoso me responda;
que o meu acusador
faça a denúncia por escrito.
³⁶ Eu bem que a levaria nos ombros
e a usaria como coroa.
³⁷ Eu lhe falaria
sobre todos os meus passos;
como um príncipe
eu me aproximaria dele.)

³⁸ "Se a minha terra se queixar de mim
e todos os seus sulcos chorarem,
³⁹ se consumi os seus produtos
sem nada pagar,
ou se causei desânimo
aos seus ocupantes,
⁴⁰ que me venham espinhos
em lugar de trigo
e ervas daninhas em lugar de cevada".

Aqui terminam as palavras de Jó.

Eliú

32 Então esses três homens pararam de responder a Jó, pois este se julgava justo. ² Mas Eliú, filho de Baraquel, de Buz, da família de Rão, indignou-se muito contra Jó, porque este se justificava diante de Deus. ³ Também se indignou contra os três amigos, pois não encontraram meios de refutar Jó, e mesmo assim o tinham condenado.[b] ⁴ Eliú tinha ficado esperando para falar a Jó porque eles eram mais velhos que ele. ⁵ Mas, quando viu que os três não tinham mais nada a dizer, indignou-se.

⁶ Então Eliú, filho de Baraquel, de Buz, falou:

"Eu sou jovem, vocês têm idade.
Por isso tive receio
e não ousei dizer a vocês o que sei.

---

[a] **31.33** Ou *como fez Adão*
[b] **32.3** Uma antiga tradução de escribas hebreus diz *Jó, e assim haviam condenado a Deus.*

⁷ Os que têm idade é que devem falar,
   pensava eu,
os anos avançados é que devem
   ensinar sabedoria.
⁸ Mas é o espírito^a dentro do homem
   que lhe dá entendimento;
o sopro do Todo-poderoso.
⁹ Não são só os mais velhos^b, os sábios,
   não são só os de idade
que entendem o que é certo.

¹⁰ "Por isso digo: Escutem-me;
também vou dizer o que sei.
¹¹ Enquanto vocês estavam falando,
      esperei;
fiquei ouvindo os seus arrazoados;
enquanto vocês estavam
      procurando palavras,
¹² escutei suas palavras com toda atenção.
Mas nenhum de vocês
      demonstrou que Jó está errado.
Nenhum de vocês respondeu
   aos seus argumentos.
¹³ Não digam: 'Encontramos
      a sabedoria;
que Deus o refute, não o homem'.
¹⁴ Só que não foi contra mim
   que Jó dirigiu as suas palavras,
e não vou responder a ele
   com os argumentos de vocês.

¹⁵ "Vejam, eles estão consternados
e não têm mais o que dizer;
as palavras lhes fugiram.
¹⁶ Devo aguardar,
   agora que estão calados
   e sem resposta?
¹⁷ Também vou dar a minha opinião,
também vou dizer o que sei,
¹⁸ pois não me faltam palavras,
e dentro de mim o espírito
   me impulsiona.
¹⁹ Por dentro estou
   como vinho arrolhado,
como odres novos
   prestes a romper.
²⁰ Tenho que falar; isso me aliviará.
Tenho que abrir os lábios e responder.
²¹ Não serei parcial com ninguém
e a ninguém bajularei,

²² porque não sou bom em bajular;
se fosse, o meu Criador
   em breve me levaria.

33

"Mas agora, Jó,
escute as minhas palavras;
preste atenção a tudo o que vou dizer.
² Estou prestes a abrir a boca;
minhas palavras
   estão na ponta da língua.
³ Minhas palavras procedem
   de um coração íntegro;
meus lábios falam com sinceridade
   o que eu sei.
⁴ O Espírito de Deus me fez;
o sopro do Todo-poderoso me dá vida.
⁵ Responda-me, então, se puder;
prepare-se para enfrentar-me.
⁶ Sou igual a você diante de Deus;
eu também fui feito do barro.
⁷ Por isso não devo inspirar nenhum
      temor,
e a minha mão não há de ser pesada
   sobre você.

⁸ "Mas você disse ao meu alcance;
eu ouvi bem as palavras:
⁹ 'Estou limpo e sem pecado;
estou puro e sem culpa.
¹⁰ Contudo, Deus procurou em mim
      motivos para inimizade;
ele me considera seu inimigo.
¹¹ Ele acorrenta os meus pés;
vigia de perto
   todos os meus caminhos'.

¹² "Mas eu digo
   que você não está certo,
porquanto Deus é maior
   do que o homem.
¹³ Por que você se queixa a ele
de que não responde
às palavras dos homens?^c
¹⁴ Pois a verdade é que Deus fala,
ora de um modo, ora de outro,
mesmo que o homem não o perceba.
¹⁵ Em sonho ou em visão
      durante a noite,
quando o sono profundo
      cai sobre os homens
e eles dormem em suas camas,

---

^a **32.8** Ou *Espírito*; também no versículo 18.
^b **32.9** Ou *muitos*; ou ainda *grandes*

^c **33.13** Ou *por quaisquer de suas ações?*

¹⁶ ele pode falar aos ouvidos deles
e aterrorizá-los com advertências,
¹⁷ para prevenir o homem
  das suas más ações
  e livrá-lo do orgulho,
¹⁸ para preservar da cova a sua alma,
  e a sua vida da espada.ᵃ
¹⁹ Ou o homem pode ser castigado
  no leito de dor,
  com os seus ossos
  em constante agonia,
²⁰ sendo levado a achar a comida
  repulsiva
  e a detestar na alma
  sua refeição preferida.
²¹ Já não se vê sua carne,
  e seus ossos, que não se viam,
  agora aparecem.
²² Sua alma aproxima-se da cova,
  e sua vida, dos mensageiros da morte.

²³ "Havendo, porém, um anjo
  ao seu lado,
  como mediador entre mil,
  que diga ao homem o que é certo
  a seu respeito,
²⁴ para ser-lhe favorável e dizer:
  'Poupa-o de descer à cova;
  encontrei resgate para ele',
²⁵ então sua carne se renova
  voltando a ser como de criança;
  ele se rejuvenesce.
²⁶ Ele ora a Deus e recebe o seu favor;
  vê o rosto de Deus
  e dá gritos de alegria,
  e Deus lhe restitui a condição de justo.
²⁷ Depois ele vem aos homens e diz:
  'Pequei e torci o que era certo,
  mas ele não me deu o que eu merecia.
²⁸ Ele resgatou a minha alma,
  impedindo-a de descer à cova,
  e viverei para desfrutar a luz'.

²⁹ "Deus faz dessas coisas ao homem,
  duas ou três vezes,
³⁰ para recuperar sua alma da cova,
  a fim de que refulja sobre ele
  a luz da vida.

³¹ "Preste atenção, Jó, e escute-me;
fique em silêncio, e falarei.

³² Se você tem algo para dizer,
  responda-me;
fale logo, pois quero que você
  seja absolvido.
³³ Se não tem nada para dizer, ouça-me,
  fique em silêncio,
e eu ensinarei
  a sabedoria a você".

34 Eliú continuou:

² "Ouçam as minhas palavras,
  vocês que são sábios;
escutem-me,
  vocês que têm conhecimento.
³ Pois o ouvido prova as palavras
como a língua prova o alimento.
⁴ Tratemos de discernir juntos
  o que é certo
e de aprender o que é bom.

⁵ "Jó afirma: 'Sou inocente,
  mas Deus me nega justiça.
⁶ Apesar de eu estar certo,
  sou considerado mentiroso;
apesar de estar sem culpa,
  sua flecha me causa ferida incurável'.
⁷ Que homem existe como Jó,
  que bebe zombaria como água?
⁸ Ele é companheiro
  dos que fazem o mal
e anda com os ímpios.
⁹ Pois diz: 'Não dá lucro
  agradar a Deus'.

¹⁰ "Por isso escutem-me,
vocês que têm conhecimento.
Longe de Deus esteja o fazer o mal,
e do Todo-poderoso
  o praticar a iniquidade.
¹¹ Ele retribui ao homem
  conforme o que este fez,
e lhe dá o que a sua conduta merece.
¹² Não se pode nem pensar
  que Deus faça o mal,
que o Todo-poderoso
  perverta a justiça.
¹³ Quem o nomeou
  para governar a terra?
Quem o encarregou de cuidar
  do mundo inteiro?

ᵃ **33.18** Ou *e de atravessar o Rio*.

¹⁴ Se fosse intenção dele,
   e de fato retirasse o seu espírito[a]
   e o seu sopro,
¹⁵ a humanidade pereceria
   toda de uma vez,
e o homem voltaria ao pó.

¹⁶ "Portanto, se você
   tem entendimento,
ouça-me, escute o que tenho a dizer.
¹⁷ Acaso quem odeia a justiça
   poderá governar?
Você ousará condenar
   aquele que é justo e poderoso?
¹⁸ Não é ele que diz aos reis:
   'Vocês nada valem',
e aos nobres: 'Vocês são ímpios'?
¹⁹ Não é verdade que ele não mostra
   parcialidade a favor dos príncipes
e não favorece o rico
   em detrimento do pobre,
uma vez que todos
   são obra de suas mãos?
²⁰ Morrem num momento,
   em plena noite;
cambaleiam e passam.
Os poderosos são retirados
   sem a intervenção de mãos humanas.

²¹ "Pois Deus vê o caminho
   dos homens;
ele enxerga cada um dos seus passos.
²² Não há sombra densa o bastante,
   onde os que fazem o mal
   possam esconder-se.
²³ Deus não precisa de maior tempo
   para examinar os homens
   e levá-los à sua presença
   para julgamento.
²⁴ Sem depender de investigações,
   ele destrói os poderosos
e coloca outros em seu lugar.
²⁵ Visto que ele repara nos atos
   que eles praticam,
derruba-os, e eles são esmagados.
²⁶ Pela impiedade deles,
   ele os castiga onde todos
   podem vê-los.
²⁷ Isso porque deixaram de segui-lo
   e não deram atenção aos caminhos
   por ele traçados.

²⁸ Fizeram chegar a ele
   o grito do pobre,
e ele ouviu o clamor do necessitado.
²⁹ Mas, se ele permanecer calado,
   quem poderá condená-lo?
Se esconder o rosto,
   quem poderá vê-lo?
No entanto, ele domina igualmente
   sobre homens e nações,
³⁰ para evitar que o ímpio governe
e prepare armadilhas para o povo.

³¹ "Suponhamos que um homem
   diga a Deus:
'Sou culpado,
   mas não vou mais pecar.
³² Mostra-me o que não estou vendo;
se agi mal, não tornarei a fazê-lo'.
³³ Quanto a você,
   deveria Deus recompensá-lo
quando você nega a sua culpa?
É você que deve decidir, não eu;
conte-me, pois, o que você sabe.

³⁴ "Os homens de bom senso,
os sábios que me ouvem,
   me declaram:
³⁵ 'Jó não sabe o que diz;
não há discernimento em suas palavras'.
³⁶ Ah, se Jó sofresse a mais dura prova,
   por sua resposta de ímpio!
³⁷ Ao seu pecado ele acrescenta
   a revolta;
com desprezo bate palmas entre nós
e multiplica suas palavras
   contra Deus".

35
Eliú prosseguiu:

² "Você acha que isso é justo?
   Pois você diz:
'Serei absolvido por Deus'.[b]
³ Contudo, você lhe pergunta:
'Que vantagem tenho eu[c],
e o que ganho, se não pecar?'

⁴ "Desejo responder
a você e aos seus amigos
   que estão com você.
⁵ Olhe para os céus e veja;
mire as nuvens, tão elevadas.

---

[a] 34.14 Ou *Espírito*
[b] 35.2 Ou '*Minha justiça é maior que a de Deus*.
[c] 35.3 Ou *você tem*

⁶ Se você pecar, em que isso o afetará?
Se os seus pecados forem muitos,
  que é que isso lhe fará?
⁷ Se você for justo, o que lhe dará?
Ou o que ele receberá de sua mão?
⁸ A sua impiedade só afeta aos homens,
  seus semelhantes,
e a sua justiça, aos filhos dos homens.

⁹ "Os homens se lamentam
  sob fardos de opressão;
imploram que os libertem
  do braço dos poderosos.
¹⁰ Mas não há quem pergunte:
'Onde está Deus, o meu Criador,
que de noite faz surgirem cânticos,
¹¹ que nos ensina mais
  que aos animais da terra
e nos faz mais sábios
  que as^a aves dos céus?'
¹² Quando clamam, ele não responde,
  por causa da arrogância dos ímpios.
¹³ Aliás, Deus não escuta
  a vã súplica que fazem;
o Todo-poderoso não lhes dá atenção.
¹⁴ Pois muito menos escutará
  quando você disser que não o vê,
que a sua causa está diante dele
  e que você tem que esperar por ele.
¹⁵ Mais que isso,
  que a sua ira jamais castiga
e que ele não dá a mínima atenção
  à iniquidade.^{b}
¹⁶ Assim é que Jó abre a sua boca
  para dizer palavras vãs;
em sua ignorância
  ele multiplica palavras".

36
Disse mais Eliú:

² "Peço-lhe que seja um pouco mais
  paciente comigo,
e mostrarei a você que se pode dizer
  mais verdades em defesa de Deus.
³ Vem de longe o meu conhecimento;
  atribuirei justiça ao meu Criador.
⁴ Não tenha dúvida,
  as minhas palavras não são falsas;
quem está com você
  é a perfeição no conhecimento.

⁵ "Deus é poderoso,
  mas não despreza os homens;
é poderoso e firme em seu propósito.
⁶ Não poupa a vida dos ímpios,
  mas garante os direitos dos aflitos.
⁷ Não tira os seus olhos do justo;
ele o coloca nos tronos com os reis
  e o exalta para sempre.
⁸ Mas, se os homens
  forem acorrentados,
presos firmemente
  com as cordas da aflição,
⁹ ele lhes dirá o que fizeram,
que pecaram com arrogância.
¹⁰ Ele os fará ouvir a correção
e lhes ordenará que se arrependam
  do mal que praticaram.
¹¹ Se lhe obedecerem e o servirem,
  serão prósperos até o fim dos seus dias
e terão contentamento
  nos anos que lhes restam.
¹² Mas, se não obedecerem,
  perecerão à espada^c
e morrerão na ignorância.

¹³ "Os que têm coração ímpio
  guardam ressentimento;
mesmo quando ele os agrilhoa
  eles não clamam por socorro.
¹⁴ Morrem em plena juventude
  entre os prostitutos dos santuários.
¹⁵ Mas aos que sofrem ele os livra
  em meio ao sofrimento;
em sua aflição ele lhes fala.

¹⁶ "Ele o está atraindo
  para longe das mandíbulas da aflição,
para um lugar amplo e livre,
  para o conforto da mesa farta e seleta
  que você terá.
¹⁷ Mas, agora, farto sobre você
é o julgamento que cabe aos ímpios;
o julgamento e a justiça o pegaram.
¹⁸ Cuidado!
Que ninguém o seduza com riquezas;
não se deixe desviar por suborno,
  por maior que este seja.
¹⁹ Acaso a sua riqueza, ou mesmo
  todos os seus grandes esforços,
dariam a você apoio
  e alívio da aflição?

---

^{a} **35.11** Ou *ensina pelos animais da terra e nos faz sábios através das*
^{b} **35.15** Conforme as versões de Símaco, Teodócio e a Vulgata.
^{c} **36.12** Ou *atravessarão o Rio*

²⁰ Não anseie pela noite,
quando o povo é tirado dos seus lares.
²¹ Cuidado! Não se volte
  para a iniquidade,
que você parece preferir à aflição.

²² "Deus é exaltado em seu poder.
Quem é mestre como ele?
²³ Quem lhe prescreveu
  os seus caminhos
ou lhe disse: 'Agiste mal'?
²⁴ Lembre-se de exaltar as suas obras,
  às quais os homens dedicam
cânticos de louvor.
²⁵ Toda a humanidade as vê;
de lugares distantes
  os homens as contemplam.
²⁶ Como Deus é grande!
Ultrapassa o nosso entendimento!
Não há como calcular
  os anos da sua existência.

²⁷ "Ele atrai as gotas de água,
  que se dissolvem
  e descem como chuva
  para os regatos^a;
²⁸ as nuvens as despejam em aguaceiros
  sobre a humanidade.
²⁹ Quem pode entender
  como ele estende as suas nuvens,
como ele troveja
  desde o seu pavilhão?
³⁰ Observe como ele espalha
  os seus relâmpagos ao redor,
iluminando até as profundezas do mar.
³¹ É assim que ele governa^b as nações
e lhes fornece grande fartura.
³² Ele enche as mãos de relâmpagos
e lhes determina o alvo
  que deverão atingir.
³³ Seu trovão anuncia a tempestade
  que está a caminho;
até o gado a pressente.^c

37 "Diante disso o meu coração
  bate aceleradamente
e salta do seu lugar.
² Ouça! Escute o estrondo da sua voz,
o trovejar da sua boca.

³ Ele solta os seus relâmpagos
  por baixo de toda a extensão do céu
e os manda para os confins da terra.
⁴ Depois vem o som
  do seu grande estrondo:
ele troveja com sua majestosa voz.
Quando a sua voz ressoa,
nada o faz recuar.
⁵ A voz de Deus troveja
  maravilhosamente;
ele faz coisas grandiosas,
acima do nosso entendimento.
⁶ Ele diz à neve: 'Caia sobre a terra',
  e à chuva: 'Seja um forte aguaceiro'.
⁷ Ele paralisa
  o trabalho de cada homem,
a fim de que todos os que ele criou
  conheçam a sua obra.^d
⁸ Os animais vão
  para os seus esconderijos
  e ficam nas suas tocas.
⁹ A tempestade sai da sua câmara,
e dos ventos vem o frio.
¹⁰ O sopro de Deus produz gelo,
  e as vastas águas se congelam.
¹¹ Também carrega de umidade
  as nuvens,
e entre elas espalha
  os seus relâmpagos.
¹² Ele as faz girar, circulando
  sobre a superfície de toda a terra,
para fazerem tudo
  o que ele lhes ordenar.
¹³ Ele traz as nuvens,
ora para castigar os homens,
ora para regar a sua terra^e
  e lhes mostrar o seu amor.

¹⁴ "Escute isto, Jó;
pare e reflita nas maravilhas de Deus.
¹⁵ Acaso você sabe como Deus
  comanda as nuvens
e faz brilhar os seus relâmpagos?
¹⁶ Você sabe como ficam
  suspensas as nuvens,
essas maravilhas daquele
  que tem perfeito conhecimento?
¹⁷ Você, que em sua roupa
  desfalece de calor
quando a terra fica amortecida
  sob o vento sul,

---

^a **36.27** Ou *destilam como chuva a partir da névoa*
^b **36.31** Ou *nutre*
^c **36.33** Ou *anuncia a sua vinda, a vinda do que é zeloso contra o mal.*
^d **37.7** Ou *pelo seu poder ele enche de temor todos os homens.*
^e **37.13** Ou *para favorecê-los*

¹⁸ pode ajudá-lo a estender os céus,
   duros como espelho de bronze?

¹⁹ "Diga-nos o que devemos
   dizer a ele;
não podemos elaborar a nossa defesa
   por causa das nossas trevas.
²⁰ Deve-se dizer-lhe
   o que lhe quero falar?
Quem pediria para ser devorado?
²¹ Ninguém pode olhar
   para o fulgor do sol nos céus
depois que o vento os clareia.
²² Do norte vem luz dourada;
Deus vem em temível majestade.
²³ Fora de nosso alcance
   está o Todo-poderoso,
exaltado em poder;
   mas, em sua justiça e retidão,
   não oprime ninguém.
²⁴ Por isso os homens o temem;
não dá ele atenção
   a todos os sábios de coração?"ᵃ

O Senhor Fala

38 Então o Senhor respondeu a Jó do meio da tempestade e disse:

² "Quem é esse que obscurece
   o meu conselho
   com palavras sem conhecimento?
³ Prepare-se como simples homem;
vou fazer perguntas a você,
   e você me responderá.

⁴ "Onde você estava quando lancei
   os alicerces da terra?
Responda-me, se é que você sabe tanto.
⁵ Quem marcou os limites
   das suas dimensões?
Talvez você saiba!
E quem estendeu sobre ela
   a linha de medir?
⁶ E os seus fundamentos,
   sobre o que foram postos?
E quem colocou sua pedra de esquina,
⁷ enquanto as estrelas matutinas
   juntas cantavam
e todos os anjosᵇ se regozijavam?

⁸ "Quem represou o mar
   pondo-lhe portas,
quando ele irrompeu
   do ventre materno,
⁹ quando o vesti de nuvens
   e em densas trevas o envolvi,
¹⁰ quando fixei os seus limites
   e lhe coloquei portas e barreiras,
¹¹ quando eu lhe disse:
Até aqui você pode vir,
   além deste ponto não;
aqui faço parar suas ondas
   orgulhosas?

¹² "Você já deu ordens à manhã
ou mostrou à alvorada o seu lugar,
¹³ para que ela apanhasse a terra
   pelas pontas
e sacudisse dela os ímpios?
¹⁴ A terra toma forma
   como o barro sob o sinete;
e tudo nela se vê como uma veste.
¹⁵ Aos ímpios é negada a sua luz,
e quebra-se o seu braço levantado.

¹⁶ "Você já foi
   até as nascentes do mar,
ou já passeou pelas obscuras
   profundezas
   do abismo?
¹⁷ As portas da morte
   foram mostradas a você?
Você viu as portas das densas trevas?ᶜ
¹⁸ Você faz ideia de quão imensas
   são as áreas da terra?
Fale-me, se é que você sabe.

¹⁹ "Como se vai ao lugar
   onde mora a luz?
E onde está a residência das trevas?
²⁰ Poderá você conduzi-las
   ao lugar que lhes pertence?
Conhece o caminho
   da habitação delas?
²¹ Talvez você conheça,
   pois você já tinha nascido!
Você já viveu tantos anos!

²² "Acaso você entrou
   nos reservatórios de neve,
   já viu os depósitos de saraiva

ᵃ **37.24** Ou *pois ele não tem consideração por ninguém que se ache sábio.*
ᵇ **38.7** Hebraico: *os filhos de Deus.*
ᶜ **38.17** Ou *da sombra da morte?*

²³ que eu guardo para
 os períodos de tribulação,
para os dias de guerra e de combate?
²⁴ Qual o caminho
 por onde se repartem
 os relâmpagos?
Onde é que os ventos orientais
 são distribuídos sobre a terra?
²⁵ Quem é que abre um canal
 para a chuva torrencial,
e um caminho
 para a tempestade trovejante,
²⁶ para fazer chover na terra
 em que não vive nenhum homem,
no deserto onde não há ninguém,
²⁷ para matar a sede do deserto árido
 e nele fazer brotar vegetação?
²⁸ Acaso a chuva tem pai?
Quem é o pai das gotas de orvalho?
²⁹ De que ventre materno vem o gelo?
E quem dá à luz a geada
 que cai dos céus,
³⁰ quando as águas se tornam
 duras como pedra
e a superfície do abismo se congela?

³¹ "Você pode amarrar
 as lindas[a] Plêiades?
Pode afrouxar as cordas do Órion?
³² Pode fazer surgir no tempo certo
 as constelações[b]
ou fazer sair a Ursa[c]
 com seus filhotes?
³³ Você conhece as leis dos céus?
Você pode determinar
 o domínio de Deus[d] sobre a terra?

³⁴ "Você é capaz de levantar a voz
 até as nuvens
e cobrir-se com uma inundação?
³⁵ É você que envia os relâmpagos,
 e eles respondem: 'Aqui estamos'?
³⁶ Quem foi que deu sabedoria
 ao coração
e entendimento à mente?
³⁷ Quem é que tem sabedoria
 para avaliar as nuvens?
Quem é capaz de despejar
 os cântaros de água dos céus,

³⁸ quando o pó se endurece
 e os torrões de terra
 aderem uns aos outros?

³⁹ "É você que caça a presa para a leoa
 e satisfaz a fome dos leões
⁴⁰ quando se agacham em suas tocas
 ou ficam à espreita no matagal?
⁴¹ Quem dá alimento aos corvos
 quando os seus filhotes clamam
  a Deus
 e vagueiam por falta de comida?

39 "Você sabe quando
 as cabras-montesas dão à luz?
Você está atento quando a corça
 tem o seu filhote?
² Acaso você conta os meses
 até elas darem à luz?
Sabe em que época
 elas têm as suas crias?
³ Elas se agacham,
 dão à luz os seus filhotes,
e suas dores se vão.
⁴ Seus filhotes crescem nos campos
 e ficam fortes;
partem, e não voltam mais.

⁵ "Quem pôs em liberdade
 o jumento selvagem?
Quem soltou suas cordas?
⁶ Eu lhe dei o deserto como lar,
 o leito seco de lagos salgados
  como sua morada.
⁷ Ele se ri da agitação da cidade;
 não ouve os gritos do tropeiro.
⁸ Vagueia pelas colinas
 em busca de pasto
e vai em busca daquilo
 que é verde.

⁹ "Será que o boi selvagem consentirá
 em servir você?
E em passar a noite ao lado dos cochos
 do seu curral?
¹⁰ Poderá você prendê-lo
 com arreio na vala?
Irá atrás de você arando os vales?
¹¹ Você vai confiar nele,
 por causa da sua grande força?
Vai deixar a cargo dele
 o trabalho pesado
 que você tem que fazer?

---

[a] **38.31** Ou *as cintilantes*; ou ainda *as cadeias das*
[b] **38.32** Ou *a estrela da manhã*
[c] **38.32** Ou o *Leão*
[d] **38.33** Ou *deles*

¹² Poderá você estar certo
de que ele recolherá o seu trigo
e o ajuntará na sua eira?

¹³ "A avestruz bate as asas alegremente.
Que se dirá então das asas
e da plumagem da cegonha?
¹⁴ Ela abandona os ovos no chão
e deixa que a areia os aqueça,
¹⁵ esquecida de que um pé
poderá esmagá-los,
que algum animal selvagem
poderá pisoteá-los.
¹⁶ Ela trata mal os seus filhotes,
como se não fossem dela,
e não se importa se o seu trabalho
é inútil.
¹⁷ Isso porque Deus
não lhe deu sabedoria
nem parcela alguma de bom senso.
¹⁸ Contudo, quando estende as penas
para correr,
ela ri do cavalo e daquele que o cavalga.

¹⁹ "É você que dá força ao cavalo
ou veste o seu pescoço
com sua crina tremulante?
²⁰ Você o faz saltar como gafanhoto,
espalhando terror
com o seu orgulhoso resfolegar?
²¹ Ele escarva com fúria,
mostra com prazer a sua força
e sai para enfrentar as armas.
²² Ele ri do medo e nada teme;
não recua diante da espada.
²³ A aljava balança ao seu lado,
com a lança e o dardo flamejantes.
²⁴ Num furor frenético
ele devora o chão;
não consegue esperar
pelo toque da trombeta.
²⁵ Ao ouvi-lo, ele relincha:
'Eia!'
De longe sente cheiro de combate,
o brado de comando
e o grito de guerra.

²⁶ "É graças à inteligência que você tem
que o falcão alça voo
e estende as asas rumo ao sul?
²⁷ É por sua ordem
que a águia se eleva
e no alto constrói o seu ninho?

²⁸ Um penhasco é sua morada,
e ali passa a noite;
uma escarpa rochosa é a sua fortaleza.
²⁹ De lá sai ela em busca de alimento;
de longe os seus olhos o veem.
³⁰ Seus filhotes bebem sangue,
e, onde há mortos, ali ela está".

40

Disse ainda o Senhor a Jó:

² "Aquele que contende
com o Todo-poderoso
poderá repreendê-lo?
Que responda a Deus
aquele que o acusa!"
³ Então Jó respondeu ao Senhor:

⁴ "Sou indigno;
como posso responder-te?
Ponho a mão sobre a minha boca.
⁵ Falei uma vez,
mas não tenho resposta;
sim, duas vezes,
mas não direi mais nada".

⁶ Depois, o Senhor falou a Jó
do meio da tempestade:

⁷ "Prepare-se como simples homem que é;
eu farei perguntas,
e você me responderá.

⁸ "Você vai pôr em dúvida
a minha justiça?
Vai condenar-me para justificar-se?
⁹ Seu braço é como o de Deus,
e sua voz pode trovejar como a dele?
¹⁰ Adorne-se, então,
de esplendor e glória
e vista-se de majestade e honra.
¹¹ Derrame a fúria da sua ira,
olhe para todo orgulhoso
e lance-o por terra,
¹² olhe para todo orgulhoso e humilhe-o,
esmague os ímpios onde estiverem.
¹³ Enterre-os todos juntos no pó;
encubra os rostos deles no túmulo.
¹⁴ Então admitirei que a sua mão direita
pode salvá-lo.

¹⁵ "Veja o Beemote[a]
que criei quando criei você

---

[a] **40.15** Grande animal de identificação desconhecida. Tradicionalmente *hipopótamo*.

e que come capim
   como o boi.
¹⁶ Que força ele tem em seus lombos!
Que poder nos músculos
   do seu ventre!
¹⁷ Sua cauda[a] balança como o cedro;
os nervos de suas coxas
   são firmemente entrelaçados.
¹⁸ Seus ossos são canos de bronze,
seus membros são varas de ferro.
¹⁹ Ele ocupa o primeiro lugar
   entre as obras de Deus.
No entanto, o seu Criador
   pode chegar a ele com sua espada.
²⁰ Os montes lhe oferecem
   tudo o que produzem,
e todos os animais selvagens
   brincam por perto.
²¹ Sob os lotos se deita,
   oculto entre os juncos do brejo.
²² Os lotos o escondem à sua sombra;
os salgueiros junto ao regato o cercam.
²³ Quando o rio se enfurece,
   ele não se abala;
mesmo que o Jordão
   encrespe as ondas
   contra a sua boca,
   ele se mantém calmo.
²⁴ Poderá alguém capturá-lo
   pelos olhos[b],
ou prendê-lo em armadilha
   e enganchá-lo pelo nariz?

41

"Você consegue pescar com anzol
o Leviatã[c]
ou prender sua língua com uma corda?
² Consegue fazer passar um cordão
   pelo seu nariz
ou atravessar seu queixo
   com um gancho?
³ Você imagina que ele vai
   implorar misericórdia
e dizer palavras amáveis?
⁴ Acha que ele vai fazer
   acordo com você,
para que o tenha como escravo
   pelo resto da vida?
⁵ Acaso você consegue fazer dele
   um bichinho de estimação,
como se fosse um passarinho,

ou pôr-lhe uma coleira
   para dá-lo às suas filhas?
⁶ Poderão os negociantes vendê-lo?
Ou reparti-lo
   entre os comerciantes?
⁷ Você consegue encher de arpões
   o seu couro
e de lanças de pesca a sua cabeça?
⁸ Se puser a mão nele,
   a luta ficará em sua memória,
e nunca mais você tornará a fazê-lo.
⁹ Esperar vencê-lo é ilusão;
apenas vê-lo já é assustador.
¹⁰ Ninguém é suficientemente corajoso
   para despertá-lo.
Quem então será capaz
   de resistir a mim?
¹¹ Quem primeiro me deu alguma
   coisa,
que eu lhe deva pagar?
Tudo o que há debaixo dos céus
   me pertence.

¹² "Não deixarei de falar
   de seus membros,
de sua força e de seu porte gracioso.
¹³ Quem consegue arrancar
   sua capa externa?
Quem se aproximaria dele
   com uma rédea?
¹⁴ Quem ousa abrir as portas
   de sua boca,
cercada com seus dentes temíveis?
¹⁵ Suas costas possuem[d]
   fileiras de escudos
   firmemente unidos;
¹⁶ cada um está tão junto do outro
   que nem o ar passa entre eles;
¹⁷ estão tão interligados
   que é impossível separá-los.
¹⁸ Seu forte sopro
   atira lampejos de luz;
seus olhos são como
   os raios da alvorada.
¹⁹ Tições saem da sua boca;
fagulhas de fogo estalam.
²⁰ Das suas narinas sai fumaça
   como de panela fervente
   sobre fogueira de juncos.
²¹ Seu sopro acende o carvão,
e da sua boca saltam chamas.

---

[a] **40.17** Ou *tronco*; ou ainda *tromba*
[b] **40.24** Ou capturá-lo por meio de um açude
[c] **41.1** Ou *monstro marinho*
[d] **41.15** Ou *Seu orgulho são suas costas*

²² Tanta força reside em seu pescoço
que o terror vai adiante dele.
²³ As dobras da sua carne
são fortemente unidas;
são tão firmes que não se movem.
²⁴ Seu peito é duro como pedra,
rijo como a pedra inferior do
moinho.
²⁵ Quando ele se ergue,
os poderosos se apavoram;
fogem com medo dos seus golpes.
²⁶ A espada que o atinge
nada lhe faz,
nem a lança nem a flecha
nem o dardo.
²⁷ Ferro ele trata como palha,
e bronze como madeira podre.
²⁸ As flechas não o afugentam;
as pedras das fundas
são como cisco para ele.
²⁹ O bastão lhe parece fiapo de palha;
o brandir da grande lança o faz rir.
³⁰ Seu ventre é como caco denteado
e deixa rastro na lama
como o trilho de debulhar.
³¹ Ele faz as profundezas se agitarem
como caldeirão fervente
e revolve o mar
como pote de unguento.
³² Deixa atrás de si
um rastro cintilante,
como se fossem
os cabelos brancos do abismo.
³³ Nada na terra se equipara a ele:
criatura destemida!
³⁴ Com desdém olha todos os altivos;
reina soberano
sobre todos os orgulhosos".

Jó

42 Então Jó respondeu ao Senhor:

² "Sei que podes fazer todas as coisas;
nenhum dos teus planos
pode ser frustrado.
³ Tu perguntaste: 'Quem é esse
que obscurece o meu conselho
sem conhecimento?'
Certo é que falei de coisas
que eu não entendia,
coisas tão maravilhosas
que eu não poderia saber.

⁴ "Tu disseste:
'Agora escute, e eu falarei;
vou fazer perguntas,
e você me responderá'.
⁵ Meus ouvidos já tinham
ouvido a teu respeito,
mas agora os meus olhos te viram.
⁶ Por isso menosprezo a mim mesmo
e me arrependo no pó e na cinza".

Epílogo

⁷ Depois que o Senhor disse essas palavras a Jó, disse também a Elifaz, de Temã: "Estou indignado com você e com os seus dois amigos, pois vocês não falaram o que é certo a meu respeito, como fez meu servo Jó. ⁸ Vão agora até meu servo Jó, levem sete novilhos e sete carneiros, e com eles apresentem holocaustosª em favor de vocês mesmos. Meu servo Jó orará por vocês; eu aceitarei a oração dele e não farei a vocês o que merecem pela loucura que cometeram. Vocês não falaram o que é certo a meu respeito, como fez meu servo Jó". ⁹ Então Elifaz, de Temã, Bildade, de Suá, e Zofar, de Naamate, fizeram o que o Senhor lhes ordenara; e o Senhor aceitou a oração de Jó.

¹⁰ Depois que Jó orou por seus amigos, o Senhor o tornou novamente próspero e lhe deu em dobro tudo o que tinha antes. ¹¹ Todos os seus irmãos e irmãs e todos os que o haviam conhecido anteriormente vieram comer com ele em sua casa. Eles o consolaram e o confortaram por todas as tribulações que o Senhor tinha trazido sobre ele, e cada um lhe deu uma peça de prataᵇ e um anel de ouro.

¹² O Senhor abençoou o final da vida de Jó mais do que o início. Ele teve catorze mil ovelhas, seis mil camelos, mil juntas de boi e mil jumentos. ¹³ Também teve ainda sete filhos e três filhas. ¹⁴ À primeira filha deu o nome de Jemima, à segunda o de Quézia e à terceira o de Quéren-Hapuque. ¹⁵ Em parte alguma daquela terra havia mulheres tão bonitas como as filhas de Jó, e seu pai lhes deu herança junto com os seus irmãos.

¹⁶ Depois disso Jó viveu cento e quarenta anos; viu seus filhos e os descendentes deles até a quarta geração. ¹⁷ E então morreu, em idade muito avançada.

ª **42.8** Isto é, sacrifícios totalmente queimados.
ᵇ **42.11** Hebraico: *1 quesita*. Uma quesita era uma unidade monetária de peso e valor desconhecidos.

Introdução ao livro de
SALMOS

Autor e data de composição

Segundo os títulos que vão aparecendo no início dos salmos, 73 deles são atribuídos ao rei Davi, "do cantor dos cânticos de Israel" (2Samuel 23.1). Os salmos têm origem na inspiração de Davi quando ele ainda era um pastor relegado ao campo com as ovelhas de seu pai, que, ao que parece, não se preocupava muito com o filho (1Samuel 16.10,11). O livro de Salmos foi o "hinário" do tabernáculo de Davi, que alojou em Jerusalém a arca da aliança durante quarenta anos até que o templo fosse construído, e continua sendo a parte da Palavra de Deus que mais traz inspiração e consolo a seu povo. Outros escritores, músicos e poetas também contribuíram para a composição deste livro, a ponto de ser o livro com o maior número de escritores em toda a Bíblia. A Asafe são atribuídos 12 salmos; aos levitas filhos de Corá, 11 salmos; ao rei Salomão, 2 salmos (salmos 72 e 127); 1 salmo a Moisés (salmo 90, o mais antigo de todos); e outro ao ezraíta Etã (salmo 89); além destes, sobram outros 50 cujos escritores permanecem no anonimato. A maioria foi composta em torno do ano 1000 a.C. É importante lembrar que se trata de canções poéticas que, ao serem traduzidas do hebraico para outros idiomas, perdem grande parte de sua beleza estilística.

ESBOÇO GERAL

PRIMEIRO LIVRO
 I. Salmos (1.1—41.12)
 II. Doxologia final do primeiro livro (41.13)

SEGUNDO LIVRO
 I. Salmos (42.1—72.17)
 II. Doxologia final do segundo livro (72.18,19)
 III. Anotação final (72.20)

TERCEIRO LIVRO
 I. Salmos (73.1—89.51)
 II. Doxologia final do terceiro livro (89.52)

QUARTO LIVRO
 I. Salmos (90.1—106.47)
 II. Doxologia final do quarto livro (106.48)

QUINTO LIVRO
 I. Salmos (107—149)
 II. Doxologia final de todo o Saltério (150)

Versículo-chave
118.8

Tema geral do livro

Divididos em cinco livros, talvez com o objetivo de relacioná-los com os cinco livros do Pentateuco, os 150 salmos têm sido classificados de diversas maneiras e de distintos pontos de vista. Os temas tratados são bastante variados e abrangem uma totalidade cujo denominador comum é a oração e a relação com Deus, numa linguagem que vai desde a lamentação até a ação de graças, que trata de sabedoria e de imprecação, entre outras. Seu estilo poético baseia-se no paralelismo, que é o fundamento da poesia hebraica. Nove salmos são acrósticos; ou seja, cada versículo ou grupo de versículos começa com a letra que lhe corresponde na ordem tradicional das consoantes hebraicas (o Álef-Bêt, ou alfabeto hebraico; veja em "Vocabulário básico", a entrada Álef-Bêt, na p. 1490). O melhor exemplo de acróstico é o salmo 119; nele o primeiro versículo dos oito que compõem cada estrofe começa com a letra correspondente na ordem das consoantes hebraicas.

A *Septuaginta*, ou *Versão dos Setenta* (tradução grega do Antigo Testamento realizada em Alexandria dois séculos antes de Cristo), apresenta uma divisão distinta dos versículos, embora o conteúdo seja o mesmo e termine também com o salmo 150. A seguir, veja a correspondência entre a divisão dos salmos na *Septuaginta* e a divisão tradicional no hebraico. A primeira divisão foi encontrada nas Escrituras dos grupos que também aceitam os livros apócrifos; a segunda é a que aceitam o mundo judaico, o protestante e o evangélico.

BÍBLIA HEBRAICA	SEPTUAGINTA GREGA
Salmos 1—8	Salmos 1—8
Salmo 9	Salmo 9.1-21
Salmo 10	Salmo 9.22-39
Salmos 11—113	Salmos 10—112
Salmo 114	Salmo 113.1-8
Salmo 115	Salmo 113.9-26
Salmo 116.1-9	Salmo 114
Salmo 116.10-19	Salmo 115
Salmos 117—146	Salmos 116—145
Salmo 147.1-11	Salmo 146
Salmo 147.12-20	Salmo 147
Salmos 148—150	Salmos 148—150

No livro de Salmos, Jesus é...
... nosso Pastor (salmo 23).

Versículos-chave para o discípulo
Salmos 150

O discípulo e o livro de Salmos
O *discípulo* não pode dispensar o livro de Salmos. Nele encontra, qualquer que seja o tema, uma relação com Deus em oração que se baseia em total submissão e debilidade. Os salmistas abrem-se completamente para Deus e esperam tudo dele. Em seu crescimento espiritual, o discípulo deve reservar um lugar especial para este livro e não

limitar-se a considerá-lo um compêndio de poemas de beleza considerável. De fato, são muito mais do que isso; não há dor ou alegria, gratidão ou perplexidade que não sejam aqui manifestos abertamente. É importante que o discípulo considere a necessidade de se familiarizar com os diferentes tipos de salmos e seu conteúdo a fim de poder localizar neles o recado de Deus que se identifique com dada situação e, até mesmo, aprendê-los de memória. O salmo 23, por exemplo, talvez seja a peça literária que mais tenha dado consolo a milhões de seres humanos.

SALMOS

PRIMEIRO LIVRO

1 Como é feliz aquele
  que não segue o conselho dos ímpios,
não imita a conduta dos pecadores,
  nem se assenta na roda dos zombadores!
² Ao contrário, sua satisfação
  está na lei do Senhor,
  e nessa lei medita dia e noite.
³ É como árvore plantada
  à beira de águas correntes:
Dá fruto no tempo certo
  e suas folhas não murcham.
Tudo o que ele faz prospera!

⁴ Não é o caso dos ímpios!
São como palha que o vento leva.
⁵ Por isso os ímpios
  não resistirão no julgamento
nem os pecadores na comunidade dos justos.

⁶ Pois o Senhor aprova o*ᵃ* caminho dos justos,
  mas o caminho dos ímpios leva à destruição!

2 Por que se amotinam*ᵇ* as nações
  e os povos tramam em vão?
² Os reis da terra tomam posição
  e os governantes conspiram unidos
contra o Senhor e contra o seu ungido,
  e dizem:
³ "Façamos em pedaços as suas correntes,
  lancemos de nós as suas algemas!"

⁴ Do seu trono nos céus
  o Senhor põe-se a rir e caçoa deles.
⁵ Em sua ira os repreende
  e em seu furor os aterroriza, dizendo:
⁶ "Eu mesmo estabeleci o meu rei
  em Sião, no meu santo monte".

⁷ Proclamarei o decreto do Senhor:
Ele me disse: "Tu és meu filho;
  eu hoje te gerei.
⁸ Pede-me, e te darei as nações como herança

2.1-3 A hostilidade dos poderosos da terra contra Deus é um fenômeno normal. Este trecho adverte que esse comportamento não tem como alvo apenas o Senhor, mas também o Ungido de Deus, o Messias: Jesus Cristo.
Cumprimento: Lucas 23; Atos 4.25-27
Próximo texto: Salmos 2.7-9

  e os confins da terra como tua propriedade.
⁹ Tu as quebrarás com vara de ferro*ᶜ*
  e as despedaçarás como a um vaso de barro".
¹⁰ Por isso, ó reis, sejam prudentes;
aceitem a advertência, autoridades da terra.
¹¹ Adorem o Senhor com temor;
exultem com tremor.
¹² Beijem o filho,*ᵈ* para que ele não se ire
  e vocês não sejam destruídos de repente,
pois num instante acende-se a sua ira.
Como são felizes todos os que nele se refugiam!

Salmo de Davi, quando fugiu de seu filho Absalão.

3 Senhor, muitos são os meus adversários!
Muitos se rebelam contra mim!
² São muitos os que dizem a meu respeito:
  "Deus nunca o salvará!"

PAUSA*ᵉ*

2.7-9 Jesus Cristo, o Filho de Deus, receberia o Reino de seu Pai e dominaria as nações da terra.
Cumprimento: Apocalipse 2.26,27; 19.11—20.6
Próximo texto: Salmos 16.8-11

ᵃ **1.6** Ou *cuida do*; ou ainda *conhece o*
ᵇ **2.1** A Septuaginta diz *se enfureçam*.
ᶜ **2.9** Ou *as governarás com cetro de ferro*
ᵈ **2.12** Os versículos 11 e 12 permitem traduções alternativas.
ᵉ **3.2** Hebraico: *Selá*; também em todo o livro de Salmos.

³ Mas tu, Senhor,
és o escudo que me protege;
és a minha glória
e me fazes andar de cabeça erguida.
⁴ Ao Senhor clamo em alta voz,
e do seu santo monte ele me responde.

PAUSA

⁵ Eu me deito e durmo, e torno a acordar,
porque é o Senhor que me sustém.
⁶ Não me assustam os milhares que me cercam.

⁷ Levanta-te, Senhor!
Salva-me, Deus meu!
Quebra o queixo de todos os meus inimigos;
arrebenta os dentes dos ímpios.

⁸ Do Senhor vem o livramento.
A tua bênção está sobre o teu povo.

PAUSA

Para o mestre de música.
Com instrumentos de cordas.
Salmo davídico.

4 Responde-me quando clamo,
ó Deus que me fazes justiça!
Dá-me alívio da minha angústia;
tem misericórdia de mim
e ouve a minha oração.

² Até quando vocês, ó poderosos*ᵃ*,
ultrajarão a minha honra?*ᵇ*
Até quando estarão amando ilusões
e buscando mentiras*ᶜ*?

PAUSA

³ Saibam que o Senhor escolheu o piedoso;
o Senhor ouvirá quando eu o invocar.

⁴ Quando vocês ficarem irados, não pequem;
ao deitar-se, reflitam nisso
e aquietem-se.

PAUSA

⁵ Ofereçam sacrifícios como Deus exige
e confiem no Senhor.

⁶ Muitos perguntam:
"Quem nos fará desfrutar o bem?"

Faze, ó Senhor, resplandecer sobre nós
a luz do teu rosto!*ᵈ*
⁷ Encheste o meu coração de alegria,
alegria maior do que a daqueles
que têm fartura de trigo e de vinho.
⁸ Em paz me deito e logo adormeço,
pois só tu, Senhor,
me fazes viver em segurança.

Para o mestre de música. Para
flautas. Salmo davídico.

5 Escuta, Senhor, as minhas palavras,
considera o meu gemer.
² Atenta para o meu grito de socorro,
meu Rei e meu Deus,
pois é a ti que imploro.
³ De manhã ouves, Senhor, o meu clamor;
de manhã te apresento a minha oração*ᵉ*
e aguardo com esperança.

⁴ Tu não és um Deus
que tenha prazer na injustiça;
contigo o mal não pode habitar.
⁵ Os arrogantes não são aceitos
na tua presença;
odeias todos os que praticam o mal.
⁶ Destróis os mentirosos;
os assassinos e os traiçoeiros
o Senhor detesta.

⁷ Eu, porém, pelo teu grande amor,
entrarei em tua casa;
com temor me inclinarei
para o teu santo templo.
⁸ Conduze-me, Senhor, na tua justiça,
por causa dos meus inimigos;
aplaina o teu caminho diante de mim.

⁹ Em seus lábios não há palavra confiável;
a mente deles só trama destruição.
A garganta é um túmulo aberto;
com a língua enganam sutilmente.
¹⁰ Condena-os, ó Deus!
Caiam eles por suas próprias maquinações.
Expulsa-os por causa dos seus muitos crimes,
pois se rebelaram contra ti.

¹¹ Alegrem-se, porém,
todos os que se refugiam em ti;
cantem sempre de alegria!

ᵃ **4.2** Ou *mortais*
ᵇ **4.2** Ou *desonrarão aquele em quem me glorio?*
ᶜ **4.2** Ou *deuses falsos?*
ᵈ **4.6** Isto é, mostra-nos, Senhor, a tua bondade!
ᵉ **5.3** Ou *o meu sacrifício*

Estende sobre eles a tua proteção.
Em ti exultem os que amam o teu nome.
¹² Pois tu, Senhor, abençoas o justo;
o teu favor o protege como um escudo.

Para o mestre de música.
Com instrumentos de cordas.
Em oitava. Salmo davídico.

6 Senhor, não me castigues na tua ira
nem me disciplines no teu furor.
² Misericórdia, Senhor, pois vou
desfalecendo!
Cura-me, Senhor, pois os meus ossos
tremem:
³ todo o meu ser estremece.
Até quando, Senhor, até quando?

⁴ Volta-te, Senhor, e livra-me;
salva-me por causa do teu amor leal.
⁵ Quem morreu não se lembra de ti.
Entre os mortos[a], quem te louvará?
⁶ Estou exausto de tanto gemer.
De tanto chorar inundo de noite
a minha cama;
de lágrimas encharco o meu leito.
⁷ Os meus olhos se consomem de tristeza;
fraquejam por causa de todos
os meus adversários.

⁸ Afastem-se de mim
todos vocês que praticam o mal,
porque o Senhor ouviu o meu choro.
⁹ O Senhor ouviu a minha súplica;
o Senhor aceitou a minha oração.
¹⁰ Serão humilhados e aterrorizados
todos os meus inimigos;
frustrados, recuarão de repente.

Confissão de Davi, que ele
cantou ao Senhor acerca de Cuxe,
o benjamita.

7 Senhor, meu Deus, em ti me refugio;
salva-me e livra-me de todos
os que me perseguem,
² para que, como leões,
não me dilacerem nem me despedacem,
sem que ninguém me livre.

³ Senhor, meu Deus, se assim procedi,
se nas minhas mãos há injustiça,
⁴ se fiz algum mal a um amigo
ou se poupei[b] sem motivo o meu
adversário,
⁵ persiga-me o meu inimigo até me alcançar,
no chão me pisoteie e aniquile a minha vida,
lançando a minha honra no pó.

PAUSA

⁶ Levanta-te, Senhor, na tua ira;
ergue-te contra o furor dos meus
adversários.
Desperta-te, meu Deus! Ordena a justiça!
⁷ Reúnam-se os povos ao teu redor.
Das alturas reina sobre eles.
⁸ O Senhor é quem julga os povos.
Julga-me, Senhor, conforme a minha
justiça,
conforme a minha integridade.
⁹ Deus justo,
que sondas a mente e o coração dos
homens,
dá fim à maldade dos ímpios
e ao justo dá segurança.

¹⁰ O meu escudo está nas mãos de Deus,
que salva o reto de coração.
¹¹ Deus é um juiz justo,
um Deus que manifesta cada dia o seu furor.
¹² Se o homem não se arrepende,
Deus afia a sua espada,
arma o seu arco e o aponta,
¹³ prepara as suas armas mortais
e faz de suas setas flechas flamejantes.

¹⁴ Quem gera a maldade concebe sofrimento
e dá à luz a desilusão.
¹⁵ Quem cava um buraco e o aprofunda
cairá nessa armadilha que fez.
¹⁶ Sua maldade se voltará contra ele;
sua violência cairá sobre a sua própria
cabeça.

¹⁷ Darei graças ao Senhor por sua justiça;
ao nome do Senhor Altíssimo
cantarei louvores.

Para o mestre de música.
De acordo com a melodia
Os Lagares. Salmo davídico.

8 Senhor, Senhor nosso,
como é majestoso o teu nome

---

[a] 6.5 Hebraico: *Sheol*. Essa palavra também pode ser traduzida por sepultura, profundezas, pó ou morte.

[b] 7.4 Ou *explorei*

em toda a terra!
Tu, cuja glória é cantada nos céus.ᵃ
² Dos lábios das crianças e dos recém-
nascidos
firmaste o teu nome como fortaleza*ᵇ*,
por causa dos teus adversários,
para silenciar o inimigo que busca
vingança.

³ Quando contemplo os teus céus,
obra dos teus dedos,
a lua e as estrelas que ali firmaste,
⁴ pergunto: Que é o homem,
para que com ele te importes?
E o filho do homem,
para que com ele te preocupes?

⁵ Tu o fizeste um pouco menor
do que os seres celestiais*ᶜ*
e o coroaste de glória e de honra.
⁶ Tu o fizeste dominar
as obras das tuas mãos;
sob os seus pés tudo puseste:
⁷ todos os rebanhos e manadas,
e até os animais selvagens,
⁸ as aves do céu, os peixes do mar
e tudo o que percorre as veredas
dos mares.

⁹ Senhor, Senhor nosso,
como é majestoso o teu nome em toda
a terra!

Para o mestre de música. De acordo com *muth-laben*ᵉ. Salmo davídico.

9ᵈ Senhor, quero dar-te graças de todo o
coração
e falar de todas as tuas maravilhas.
² Em ti quero alegrar-me e exultar,
e cantar louvores ao teu nome, ó
Altíssimo.

³ Quando os meus inimigos
contigo se defrontam,
tropeçam e são destruídos.

⁴ Pois defendeste o meu direito e a minha
causa;
em teu trono te assentaste,
julgando com justiça.
⁵ Repreendeste as nações e destruíste os
ímpios;
para todo o sempre apagaste o nome deles.
⁶ O inimigo foi totalmente arrasado,
para sempre;
desarraigaste as suas cidades;
já não há quem delas se lembre.

⁷ O Senhor reina para sempre;
estabeleceu o seu trono para julgar.
⁸ Ele mesmo julga o mundo com justiça;
governa os povos com retidão.
⁹ O Senhor é refúgio para os oprimidos,
uma torre segura na hora da adversidade.
¹⁰ Os que conhecem o teu nome confiam
em ti,
pois tu, Senhor, jamais abandonas
os que te buscam.

¹¹ Cantem louvores ao Senhor,
que reina em Sião;
proclamem entre as nações os seus feitos.
¹² Aquele que pede contas do sangue
derramado
não esquece;
ele não ignora o clamor dos oprimidos.

¹³ Misericórdia, Senhor!
Vê o sofrimento que me causam
os que me odeiam.
Salva-me das portas da morte,
¹⁴ para que, junto às portas da cidade*ᶠ*
de Sião,
eu cante louvores a ti
e ali exulte em tua salvação.
¹⁵ Caíram as nações na cova que abriram;
os seus pés ficaram presos
no laço que esconderam.
¹⁶ O Senhor é conhecido
pela justiça que executa;
os ímpios caem em suas próprias
armadilhas.
INTERLÚDIO*ᵍ*. PAUSA
¹⁷ Voltem os ímpios ao pó*ʰ*,
todas as nações que se esquecem de Deus!

ᵃ **8.1** Ou *Puseste a tua glória nos céus*; ou ainda *Eu te cultuarei acima dos céus.*
ᵇ **8.2** Ou *suscitaste louvor*
ᶜ **8.5** Ou *do que Deus*
ᵈ Os salmos 9 e 10 talvez tenham sido originalmente um único poema, organizado em ordem alfabética, no hebraico. Na Septuaginta constituem um único salmo.
ᵉ Expressão de sentido desconhecido. Tradicionalmente: De acordo com a melodia *A Morte para o Filho.*
ᶠ **9.14** Hebraico: *filha.*
ᵍ **9.16** Hebraico: *Higaion.*
ʰ **9.17** Hebraico: *Sheol.* Essa palavra também pode ser traduzida por sepultura, profundezas ou morte.

¹⁸ Mas os pobres nunca serão esquecidos,
nem se frustrará a esperança dos
   necessitados.

¹⁹ Levanta-te, Senhor!
   Não permitas que o mortal triunfe!
Julgadas sejam as nações na tua presença.
²⁰ Infunde-lhes terror, Senhor;
saibam as nações
   que não passam de seres humanos.

PAUSA

10 Senhor, por que estás tão longe?
Por que te escondes em tempos de
   angústia?

² Em sua arrogância o ímpio persegue o pobre,
   que é apanhado em suas tramas.
³ Ele se gaba de sua própria cobiça
e, em sua ganância,
   amaldiçoa[a] e insulta o Senhor.
⁴ Em sua presunção o ímpio não o busca;
não há lugar para Deus
   em nenhum dos seus planos.
⁵ Os seus caminhos prosperam sempre;
tão acima da sua compreensão estão as
   tuas leis
   que ele faz pouco caso
   de todos os seus adversários,
⁶ pensando consigo mesmo: "Nada me
   abalará!
Desgraça alguma me atingirá,
nem a mim nem aos meus descendentes".
⁷ Sua boca está cheia de maldições,
   mentiras e ameaças;
violência e maldade estão em sua língua.
⁸ Fica à espreita perto dos povoados;
em emboscadas mata os inocentes,
   procurando às escondidas as suas vítimas.
⁹ Fica à espreita como o leão escondido;
   fica à espreita para apanhar o necessitado;
apanha o necessitado e o arrasta para a
   sua rede.
¹⁰ Agachado, fica de tocaia;
   as suas vítimas caem em seu poder.
¹¹ Pensa consigo mesmo: "Deus se esqueceu;
   escondeu o rosto e nunca verá isto".

¹² Levanta-te, Senhor!
Ergue a tua mão, ó Deus!
Não te esqueças dos necessitados.

¹³ Por que o ímpio insulta a Deus,
   dizendo no seu íntimo:
   "De nada me pedirás contas!"?
¹⁴ Mas tu enxergas o sofrimento e a dor;
   observa-os para tomá-los em tuas mãos.
A vítima deles entrega-se a ti;
   tu és o protetor do órfão.
¹⁵ Quebra o braço do ímpio e do perverso,
pede contas de sua impiedade
   até que dela nada mais se ache[b].

¹⁶ O Senhor é rei para todo o sempre;
da sua terra desapareceram os outros
   povos.
¹⁷ Tu, Senhor, ouves a súplica dos
   necessitados;
tu os reanimas e atendes ao seu clamor.
¹⁸ Defendes o órfão e o oprimido,
   a fim de que o homem, que é pó,
   já não cause terror.

Para o mestre de música. Davídico.

11 No Senhor me refugio.
Como então vocês podem dizer-me:
   "Fuja como um pássaro para os
   montes"?
² Vejam! Os ímpios preparam os
   seus arcos;
colocam as flechas contra as cordas
para das sombras as atirarem
   nos retos de coração.
³ Quando os fundamentos
   estão sendo destruídos,
que pode fazer o justo?

⁴ O Senhor está no seu santo templo;
   o Senhor tem o seu trono nos céus.
Seus olhos observam;
   seus olhos examinam os filhos dos
   homens.
⁵ O Senhor prova o justo,
   mas o ímpio e a quem[c] ama a injustiça,
   a sua alma odeia.
⁶ Sobre os ímpios ele fará chover
   brasas ardentes e enxofre incandescente;
vento ressecante é o que terão.
⁷ Pois o Senhor é justo e ama a justiça;
   os retos verão a sua face.

---

[a] **10.3** Hebraico: *abençoa*. Aqui empregado como eufemismo.
[b] **10.15** Ou *do contrário, não será descoberta*
[c] **11.5** Ou *O Senhor examina o justo e o ímpio, mas a quem*; ou ainda *O Senhor, o Justo, examina o ímpio, mas a quem*

Para o mestre de música.
Em oitava. Salmo davídico.

12 Salva-nos, Senhor!
Já não há quem seja fiel;
já não se confia em ninguém entre os
   homens.
² Cada um mente ao seu próximo;
seus lábios bajuladores falam
   com segundas intenções.

³ Que o Senhor corte
   todos os lábios bajuladores
   e a língua arrogante
⁴ dos que dizem:
"Venceremos graças à nossa língua;
somos donos dos nossos lábios!*ª*
Quem é senhor sobre nós?"

⁵ "Por causa da opressão do necessitado
e do gemido do pobre, agora me
   levantarei",
diz o Senhor.
"Eu lhes darei a segurança que tanto
   anseiam."*ᵇ*
⁶ As palavras do Senhor são puras,
são como prata purificada num forno,
sete vezes refinada.

⁷ Senhor, tu nos guardarás seguros,
e dessa gente nos protegerás para
   sempre.
⁸ Os ímpios andam altivos por toda parte,
quando a corrupção é exaltada entre os
   homens.

Para o mestre de música.
Salmo davídico.

13 Até quando, Senhor?
Para sempre te esquecerás de mim?
Até quando esconderás de mim o teu
   rosto?
² Até quando terei inquietações
e tristeza no coração dia após dia?
Até quando o meu inimigo triunfará
   sobre mim?
³ Olha para mim e responde, Senhor,
   meu Deus.
Ilumina os meus olhos,
   ou do contrário dormirei o sono da
   morte;

⁴ os meus inimigos dirão: "Eu o venci",
e os meus adversários festejarão o meu
   fracasso.
⁵ Eu, porém, confio em teu amor;
o meu coração exulta em tua salvação.
⁶ Quero cantar ao Senhor
pelo bem que me tem feito.

Para o mestre de música. Davídico.

14 Diz o tolo em seu coração: "Deus não existe".
Corromperam-se e cometeram atos
   detestáveis;
não há ninguém que faça o bem.

² O Senhor olha dos céus
   para os filhos dos homens,
para ver se há alguém que tenha
   entendimento,
   alguém que busque a Deus.
³ Todos se desviaram,
   igualmente se corromperam;
não há ninguém que faça o bem,
   não há nem um sequer.

⁴ Será que nenhum dos malfeitores
   aprende?
Eles devoram o meu povo
   como quem come pão
e não clamam pelo Senhor!
⁵ Olhem! Estão tomados de pavor!
Pois Deus está presente no meio dos justos.
⁶ Vocês, malfeitores,
   frustram os planos dos pobres,
mas o refúgio deles é o Senhor.

⁷ Ah, se de Sião viesse a salvação para
   Israel!
Quando o Senhor restaurar o seu*ᶜ* povo,
Jacó exultará! Israel se regozijará!

Salmo davídico.

15 Senhor, quem habitará no teu santuário?
Quem poderá morar no teu santo
   monte?

² Aquele que é íntegro em sua conduta
   e pratica o que é justo;
que de coração fala a verdade
³ e não usa a língua para difamar;
que nenhum mal faz ao seu semelhante
   e não lança calúnia contra o seu próximo;

ª **12.4** Ou *nossos lábios são lâminas cortantes!*
ᵇ **12.5** Ou "*Eu os protegerei dos que anseiam destruí-los.*
ᶜ **14.7** Ou *trouxer de volta os cativos do seu*

⁴ que rejeita quem merece desprezo,
  mas honra os que temem o Senhor;
  que mantém a sua palavra,
  mesmo quando sai prejudicado;
⁵ que não empresta o seu dinheiro visando
  a algum lucro
  nem aceita suborno contra o inocente.

Quem assim procede
  nunca será abalado!

Poema epigráfico davídico.

16 Protege-me, ó Deus,
  pois em ti me refugio.

² Ao Senhor declaro: "Tu és o meu
  Senhor;
  não tenho bem nenhum além de ti".
³ Quanto aos fiéis que há na terra,
  eles é que são os notáveis
  em quem está todo o meu prazer.
⁴ Grande será o sofrimento
  dos que correm atrás de outros deuses.ᵃ
  Não participarei dos seus sacrifícios de
  sangue,
  e os meus lábios nem mencionarão
  os seus nomes.

⁵ Senhor, tu és a minha porção e o meu
  cálice;
  és tu que garantes o meu futuro.
⁶ As divisas caíram para mim
  em lugares agradáveis:
  Tenho uma bela herança!

⁷ Bendirei o Senhor, que me aconselha;
  na escura noite o meu coração me
  ensina!
⁸ Sempre tenho o Senhor diante de mim.
  Com ele à minha direita, não serei
  abalado.
⁹ Por isso o meu coração se alegra
  e no íntimo exulto;
  mesmo o meu corpo repousará tranquilo,
¹⁰ porque tu não me abandonarás no
  sepulcro,ᵇ
  nem permitirás que o teu santo
  sofra decomposição.

16.8-11 Esta profecia indica que Jesus Cristo haveria de ressuscitar.
Cumprimento: Lucas 24.1-12; João 20.24-31; Atos 2.22-32
Próximo texto: Salmos 22

¹¹ Tu me farásᶜ conhecer a vereda da vida,
  a alegria plena da tua presença,
  eterno prazer à tua direita.

Oração davídica.

17 Ouve, Senhor, a minha justa queixa;
  atenta para o meu clamor.
  Dá ouvidos à minha oração,
  que não vem de lábios falsos.
² Venha de ti a sentença em meu favor;
  vejam os teus olhos onde está a justiça!

³ Provas o meu coração e de noite me
  examinas;
  tu me sondas e nada encontras;
  decidi que a minha boca não pecará
⁴ como fazem os homens.
  Pela palavra dos teus lábios
  eu evitei os caminhos do violento.
⁵ Meus passos seguem firmes nas tuas
  veredas;
  os meus pés não escorregaram.

⁶ Eu clamo a ti, ó Deus, pois tu me
  respondes;
  inclina para mim os teus ouvidos
  e ouve a minha oração.
⁷ Mostra a maravilha do teu amor,
  tu, que com a tua mão direita salvas
  os que em ti buscam proteção
  contra aqueles que os ameaçam.
⁸ Protege-me como à menina dos teus
  olhos;
  esconde-me à sombra das tuas asas,
⁹ dos ímpios que me atacam com
  violência,
  dos inimigos mortais que me cercam.

¹⁰ Eles fecham o coração insensível
  e com a boca falam com arrogância.
¹¹ Eles me seguem os passos e já me
  cercam;

ᵃ **16.3,4** Ou *Quanto aos sacerdotes pagãos que estão na terra e aos nobres em quem todos têm prazer, eu disse: Aumentarão suas tristezas, pois correm atrás de outros deuses.*

ᵇ **16.10** Hebraico: *Sheol.* Essa palavra também pode ser traduzida por profundezas, pó ou morte.

ᶜ **16.11** Ou *fizeste*

seus olhos estão atentos,
prontos para derrubar-me.
¹² São como um leão ávido pela presa,
como um leão forte agachado na
emboscada.
¹³ Levanta-te, Senhor!
Confronta-os! Derruba-os!
Com a tua espada livra-me dos ímpios.
¹⁴ Com a tua mão, Senhor,
livra-me de homens assim,
de homens deste mundo,
cuja recompensa está nesta vida.
Enche-lhes o ventre de tudo
o que lhes reservaste;
sejam os seus filhos saciados,
e o que sobrar fique para os seus
pequeninos.ᵃ

¹⁵ Quanto a mim, feita a justiça, verei a tua
face;
quando despertar, ficarei satisfeito
ao ver a tua semelhança.

Para o mestre de música. De Davi, servo do Senhor. Ele cantou as palavras deste cântico ao Senhor quando este o livrou das mãos de todos os seus inimigos e das mãos de Saul. Ele disse:

18
Eu te amo, ó Senhor, minha força.

² O Senhor é a minha rocha, a minha
fortaleza
e o meu libertador;
o meu Deus é o meu rochedo,
em quem me refugio.
Ele é o meu escudo e o poderᵇ que me salva,
a minha torre alta.
³ Clamo ao Senhor, que é digno de louvor,
e estou salvo dos meus inimigos.
⁴ As cordas da morte me enredaram;
as torrentes da destruição me
surpreenderam.
⁵ As cordas do Sheolᶜ me envolveram;
os laços da morte me alcançaram.
⁶ Na minha aflição clamei ao Senhor;
gritei por socorro ao meu Deus.

ᵃ **17.14** Ou *Tu sacias a fome daqueles a quem queres bem; os seus filhos têm fartura e armazenam bens para os seus pequeninos.*
ᵇ **18.2** Hebraico: *chifre.*
ᶜ **18.5** Essa palavra pode ser traduzida por sepultura, profundezas, pó ou morte.

Do seu templo ele ouviu a minha voz;
meu grito chegou à sua presença,
aos seus ouvidos.
⁷ A terra tremeu e agitou-se,
e os fundamentos dos montes se
abalaram;
estremeceram porque ele se irou.
⁸ Das suas narinas subiu fumaça;
da sua boca saíram brasas vivas
e fogo consumidor.
⁹ Ele abriu os céus e desceu;
nuvens escuras estavam sob os seus pés.
¹⁰ Montou um querubim e voou,
deslizando sobre as asas do vento.
¹¹ Fez das trevas o seu esconderijo;
das escuras nuvens, cheias de água,
o abrigo que o envolvia.
¹² Com o fulgor da sua presença
as nuvens se desfizeram em granizo e
raios,
¹³ quando dos céus trovejou o Senhor,
e ressoou a voz do Altíssimo.
¹⁴ Atirou suas flechas e dispersou meus
inimigos,
com seus raios os derrotou.
¹⁵ O fundo do mar apareceu,
e os fundamentos da terra foram
expostos
pela tua repreensão, ó Senhor,
com o forte sopro das tuas narinas.

¹⁶ Das alturas estendeu a mão e me
segurou;
tirou-me das águas profundas.
¹⁷ Livrou-me do meu inimigo poderoso,
dos meus adversários, fortes demais para
mim.
¹⁸ Eles me atacaram no dia da minha
desgraça,
mas o Senhor foi o meu amparo.
¹⁹ Ele me deu total libertação;ᵈ
livrou-me porque me quer bem.
²⁰ O Senhor me tratou
conforme a minha justiça;
conforme a pureza das minhas mãos
recompensou-me.
²¹ Pois segui os caminhos do Senhor;
não agi como ímpio,
afastando-me do meu Deus.

ᵈ **18.19** Hebraico: *Ele me levou para um local espaçoso.*

²² Todas as suas ordenanças estão diante de mim;
não me desviei dos seus decretos.
²³ Tenho sido irrepreensível para com ele
e guardei-me de praticar o mal.
²⁴ O Senhor me recompensou
conforme a minha justiça,
conforme a pureza das minhas mãos
diante dos seus olhos.

²⁵ Ao fiel te revelas fiel,
ao irrepreensível te revelas irrepreensível,
²⁶ ao puro te revelas puro,
mas com o perverso reages à altura.
²⁷ Salvas os que são humildes,
mas humilhas os de olhos altivos.
²⁸ Tu, Senhor, manténs acesa a minha lâmpada;
o meu Deus transforma em luz as minhas trevas.
²⁹ Com o teu auxílio posso atacar uma tropa;
com o meu Deus posso transpor muralhas.

³⁰ Este é o Deus cujo caminho é perfeito;
a palavra do Senhor
é comprovadamente genuína.
Ele é um escudo para todos
os que nele se refugiam.
³¹ Pois quem é Deus além do Senhor?
E quem é rocha senão o nosso Deus?
³² Ele é o Deus que me reveste de força
e torna perfeito o meu caminho.
³³ Torna os meus pés ágeis como os da corça,
sustenta-me firme nas alturas.
³⁴ Ele treina as minhas mãos para a batalha
e os meus braços
para vergar um arco de bronze.
³⁵ Tu me dás o teu escudo de vitória;
tua mão direita me sustém;
desces ao meu encontro para exaltar-me.
³⁶ Deixaste livre o meu caminho,
para que não se torçam os meus tornozelos.

³⁷ Persegui os meus inimigos e os alcancei;
e não voltei enquanto não foram destruídos.
³⁸ Massacrei-os, e não puderam levantar-se;
jazem debaixo dos meus pés.
³⁹ Deste-me força para o combate;
subjugaste os que se rebelaram contra mim.
⁴⁰ Puseste os meus inimigos em fuga
e exterminei os que me odiavam.
⁴¹ Gritaram por socorro,
mas não houve quem os salvasse;
clamaram ao Senhor, mas ele não respondeu.
⁴² Eu os reduzi a pó, pó que o vento leva.
Pisei-os como à lama das ruas.

⁴³ Tu me livraste de um povo em revolta;
fizeste-me o cabeça de nações;
um povo que não conheci sujeita-se a mim.
⁴⁴ Assim que me ouvem, me obedecem;
são estrangeiros que se submetem a mim.
⁴⁵ Todos eles perderam a coragem;
tremendo, saem das suas fortalezas.

⁴⁶ O Senhor vive! Bendita seja a minha Rocha!
Exaltado seja Deus, o meu Salvador!
⁴⁷ Este é o Deus que em meu favor
executa vingança,
que a mim sujeita nações.
⁴⁸ Tu me livraste dos meus inimigos;
sim, fizeste-me triunfar
sobre os meus agressores,
e de homens violentos me libertaste.
⁴⁹ Por isso eu te louvarei entre as nações,
ó Senhor;
cantarei louvores ao teu nome.
⁵⁰ Ele dá grandes vitórias ao seu rei;
é bondoso com o seu ungido, com Davi
e os seus descendentes para sempre.

**Para o mestre de música.
Salmo davídico.**

19 Os céus declaram a glória de Deus;
o firmamento proclama a obra das suas mãos.
² Um dia fala disso a outro dia;
uma noite o revela a outra noite.
³ Sem discurso nem palavras,
não se ouve a sua voz.
⁴ Mas a sua voz[a] ressoa por toda a terra
e as suas palavras até os confins do mundo.

Nos céus ele armou uma tenda para o sol,
⁵ que é como um noivo que sai de seu aposento

---

[a] **19.4** Conforme a Septuaginta e a Versão Siríaca. O Texto Massorético diz *corda*.

e se lança em sua carreira
com a alegria de um herói.
⁶ Sai de uma extremidade dos céus
e faz o seu trajeto até a outra;
nada escapa ao seu calor.

⁷ A lei do Senhor é perfeita e revigora a
alma.
Os testemunhos do Senhor
são dignos de confiança
e tornam sábios os inexperientes.
⁸ Os preceitos do Senhor são justos
e dão alegria ao coração.
Os mandamentos do Senhor são límpidos
e trazem luz aos olhos.
⁹ O temor do Senhor é puro
e dura para sempre.
As ordenanças do Senhor são verdadeiras,
são todas elas justas.
¹⁰ São mais desejáveis do que o ouro,
do que muito ouro puro;
são mais doces do que o mel,
do que as gotas do favo.
¹¹ Por elas o teu servo é advertido;
há grande recompensa em obedecer-lhes.

¹² Quem pode discernir os próprios erros?
Absolve-me dos que desconheço!
¹³ Também guarda o teu servo
dos pecados intencionais;
que eles não me dominem!
Então serei íntegro,
inocente de grande transgressão.

¹⁴ Que as palavras da minha boca
e a meditação do meu coração
sejam agradáveis a ti,
Senhor, minha Rocha e meu Resgatador!

**Para o mestre de música.
Salmo davídico.**

20 Que o Senhor te responda
no tempo da angústia;
o nome do Deus de Jacó te proteja!
² Do santuário te envie auxílio
e de Sião te dê apoio.
³ Lembre-se de todas as tuas ofertas
e aceite os teus holocaustos*ᵃ*.

PAUSA

⁴ Conceda-te o desejo do teu coração
e leve a efeito todos os teus planos.

⁵ Saudaremos a tua vitória com gritos de
alegria
e ergueremos as nossas bandeiras
em nome do nosso Deus.
Que o Senhor atenda a todos os teus
pedidos!

⁶ Agora sei que o Senhor
dará vitória ao seu ungido;
dos seus santos céus lhe responde
com o poder salvador da sua mão direita.
⁷ Alguns confiam em carros e outros em
cavalos,
mas nós confiamos
no nome do Senhor, o nosso Deus.
⁸ Eles vacilam e caem,
mas nós nos erguemos e estamos firmes.

⁹ Senhor, concede vitória ao rei!
Responde-nos*ᵇ* quando clamamos!

**Para o mestre de música.
Salmo davídico.**

21 O rei se alegra na tua força, ó Senhor!
Como é grande a sua exultação
pelas vitórias que lhe dás!
² Tu lhe concedeste o desejo do seu
coração
e não lhe rejeitaste o pedido
dos seus lábios.

PAUSA

³ Tu o recebeste dando-lhe ricas bênçãos,
e em sua cabeça
puseste uma coroa de ouro puro.
⁴ Ele te pediu vida, e tu lhe deste!
Vida longa e duradoura.

⁵ Pelas vitórias que lhe deste,
grande é a sua glória;
de esplendor e majestade o cobriste.
⁶ Fizeste dele uma grande bênção para
sempre
e lhe deste a alegria da tua presença.
⁷ O rei confia no Senhor:
por causa da fidelidade do Altíssimo
ele não será abalado.

⁸ Tua mão alcançará todos os teus
inimigos;
tua mão direita atingirá todos os que te
odeiam.

ᵃ **20.3** Isto é, sacrifícios totalmente queimados. *ᵇ* **20.9** Ou *Vitória! Ó Rei, responde-nos*

⁹ No dia em que te manifestares
  farás deles uma fornalha ardente.
Na sua ira o Senhor os devorará,
  um fogo os consumirá.
¹⁰ Acabarás com a geração deles na terra,
com a sua descendência entre os homens.
¹¹ Embora tramem o mal contra ti
  e façam planos perversos,
nada conseguirão;
¹² pois tu os porás em fuga
quando apontares para eles o teu arco.

¹³ Sê exaltado, Senhor, na tua força!
  Cantaremos e louvaremos o teu poder.

**Para o mestre de música.
De acordo com a melodia
A Corça da Manhã.
Salmo davídico.**

22.1-31 A hostilidade dos inimigos de Jesus o levaria à cruz, e foi cravado nela que Jesus citou o primeiro versículo deste salmo. Mas já sabemos que ele ressuscitou. Veja também Mateus 27.46 e Marcos 15.34.
Cumprimento: Mateus 27.32-56; Lucas 24.36-49; João 19.17-24; Hebreus 5.7
Próximo texto: Salmo 41.9

22 ¹ Meu Deus! Meu Deus!
Por que me abandonaste?
Por que estás tão longe de salvar-me,
tão longe dos meus gritos de angústia?
² Meu Deus!
Eu clamo de dia, mas não respondes;
de noite, e não recebo alívio!
³ Tu, porém, és o Santo,
és rei, és o louvor de Israel.
⁴ Em ti os nossos antepassados
  puseram a sua confiança;
confiaram, e os livraste.
⁵ Clamaram a ti, e foram libertos;
em ti confiaram, e não se decepcionaram.

⁶ Mas eu sou verme, e não homem,
motivo de zombaria
  e objeto de desprezo do povo.
⁷ Caçoam de mim todos os que me veem;
balançando a cabeça,
  lançam insultos contra mim, dizendo:
⁸ "Recorra ao Senhor!
  Que o Senhor o liberte!
  Que ele o livre, já que lhe quer bem!"

⁹ Contudo, tu mesmo me tiraste do ventre;
deste-me segurança
  junto ao seio de minha mãe.
¹⁰ Desde que nasci fui entregue a ti;
desde o ventre materno és o meu Deus.

¹¹ Não fiques distante de mim,
pois a angústia está perto
  e não há ninguém que me socorra.

¹² Muitos touros me cercam,
sim, rodeiam-me os poderosos de Basã.
¹³ Como leão voraz rugindo,
  escancaram a boca contra mim.
¹⁴ Como água me derramei,
e todos os meus ossos estão desconjuntados.
Meu coração se tornou como cera;
derreteu-se no meu íntimo.
¹⁵ Meu vigor secou-se como um caco de barro,
e a minha língua gruda no céu da boca;
deixaste-me no pó, à beira da morte.
¹⁶ Cães me rodearam!
  Um bando de homens maus me cercou!
  Perfuraram minhas mãos e meus pés.
¹⁷ Posso contar todos os meus ossos,
  mas eles me encaram com desprezo.
¹⁸ Dividiram as minhas roupas entre si,
  e lançaram sortes pelas minhas vestes.

¹⁹ Tu, porém, Senhor, não fiques distante!
Ó minha força, vem logo em meu socorro!
²⁰ Livra-me da espada,
livra a minha vida do ataque dos cães.
²¹ Salva-me da boca dos leões,
  e dos chifres dos bois selvagens.
E tu me respondeste.

²² Proclamarei o teu nome a meus irmãos;
na assembleia te louvarei.
²³ Louvem-no, vocês que temem o Senhor!
Glorifiquem-no, todos vocês,
  descendentes de Jacó!
Tremam diante dele, todos vocês,
  descendentes de Israel!
²⁴ Pois não menosprezou
  nem repudiou o sofrimento do aflito;
não escondeu dele o rosto,
  mas ouviu o seu grito de socorro.

²⁵ De ti vem o tema do meu louvor
  na grande assembleia;

na presença dos que te*ª* temem
  cumprirei os meus votos.
²⁶ Os pobres comerão até ficarem
  satisfeitos;
aqueles que buscam o Senhor o louvarão!
  Que vocês tenham vida longa!
²⁷ Todos os confins da terra
  se lembrarão e se voltarão para o
    Senhor,
e todas as famílias das nações
  se prostrarão diante dele,
²⁸ pois do Senhor é o reino;
ele governa as nações.

²⁹ Todos os ricos da terra
  se banquetearão e o adorarão;
haverão de ajoelhar-se diante dele
  todos os que descem ao pó,
  cuja vida se esvai.
³⁰ A posteridade o servirá;
gerações futuras ouvirão falar do Senhor,
³¹ e a um povo que ainda não nasceu
  proclamarão seus feitos de justiça,
pois ele agiu poderosamente.

Salmo davídico.

23 O Senhor é o meu pastor; de nada terei
  falta.
² Em verdes pastagens me faz repousar
  e me conduz a águas tranquilas;
³ restaura-me o vigor.
Guia-me nas veredas da justiça
  por amor do seu nome.

23.1-6 Este salmo de Davi, tão conhecido e apreciado, é na realidade uma confissão, uma profissão de fé no Deus a quem ele servia. Partindo de sua larga experiência como pastor de ovelhas, Davi se lembra do Senhor como seu Pastor, aquele que o leva e acompanha por pastos verdes, que lhe dá alento e, sobretudo, que sempre está com ele. Que esta seja a confissão de fé do discípulo, principalmente depois de ter conhecimento do amor incondicional de Deus para resgatá-lo, enviando seu Filho à morte para que possamos ter "vida [...] plenamente" (João 10.10).

ª **22.25** Hebraico: *o.*

⁴ Mesmo quando eu andar
  por um vale de trevas e morte,
não temerei perigo algum, pois tu estás
  comigo;
  a tua vara e o teu cajado me protegem.

⁵ Preparas um banquete para mim
  à vista dos meus inimigos.
Tu me honras,
  ungindo a minha cabeça com óleo
  e fazendo transbordar o meu cálice.
⁶ Sei que a bondade e a fidelidade
  me acompanharão todos os dias da
    minha vida,
e voltarei à*ᵇ* casa do Senhor enquanto
  eu viver.

Salmo davídico.

24 Do Senhor é a terra e tudo o que nela
  existe,
o mundo e os que nele vivem;
² pois foi ele quem a estabeleceu sobre
  os mares
e a firmou sobre as águas.

³ Quem poderá subir o monte do Senhor?
Quem poderá entrar no seu Santo Lugar?
⁴ Aquele que tem as mãos limpas
  e o coração puro,
que não recorre aos ídolos
  nem jura por deuses falsos*ᶜ*.
⁵ Ele receberá bênçãos do Senhor,
e Deus, o seu Salvador, lhe fará justiça.
⁶ São assim aqueles que o buscam,
  que buscam a tua face, ó Deus de Jacó*ᵈ*.
            PAUSA

⁷ Abram-se, ó portais;
  abram-se,*ᵉ* ó portas antigas,
para que o Rei da glória entre.
⁸ Quem é o Rei da glória?
O Senhor forte e valente,
o Senhor valente nas guerras.
⁹ Abram-se, ó portais;
  abram-se, ó portas antigas,
para que o Rei da glória entre.

ᵇ **23.6** A Septuaginta e outras versões antigas dizem *habitarei na.*
ᶜ **24.4** Ou *não se volta para a mentira nem jura falsamente*
ᵈ **24.6** Conforme dois manuscritos do Texto Massorético, a Versão Siríaca e a Septuaginta. A maioria dos manuscritos do Texto Massorético diz *a tua face, Jacó.*
ᵉ **24.7** Hebraico: *Levantem a cabeça, ó portais; estejam erguidas*; também no versículo 9.

¹⁰ Quem é esse Rei da glória?
O Senhor dos Exércitos;
ele é o Rei da glória!

PAUSA

Davídico.

25 ᵃ A ti, Senhor, elevo a minha alma.
² Em ti confio, ó meu Deus.
Não deixes que eu seja humilhado
nem que os meus inimigos triunfem sobre mim!
³ Nenhum dos que esperam em ti
 ficará decepcionado;
decepcionados ficarão
 aqueles que, sem motivo, agem traiçoeiramente.

⁴ Mostra-me, Senhor, os teus caminhos,
ensina-me as tuas veredas;
⁵ guia-me com a tua verdade e ensina-me,
 pois tu és Deus, meu Salvador,
e a minha esperança está em ti o tempo todo.
⁶ Lembra-te, Senhor,
 da tua compaixão e da tua misericórdia,
 que tens mostrado desde a antiguidade.
⁷ Não te lembres dos pecados e transgressões
 da minha juventude;
conforme a tua misericórdia, lembra-te de mim,
 pois tu, Senhor, és bom.

⁸ Bom e justo é o Senhor;
por isso mostra o caminho aos pecadores.
⁹ Conduz os humildes na justiça
e lhes ensina o seu caminho.
¹⁰ Todos os caminhos do Senhor
 são amor e fidelidade
para com os que cumprem
 os preceitos da sua aliança.
¹¹ Por amor do teu nome, Senhor,
perdoa o meu pecado, que é tão grande!
¹² Quem é o homem que teme o Senhor?
Ele o instruirá no caminho que deve seguir.
¹³ Viverá em prosperidade,
e os seus descendentes herdarão a terra.
¹⁴ O Senhor confia os seus segredos
 aos que o temem,
e os leva a conhecer a sua aliança.
¹⁵ Os meus olhos estão sempre voltados
 para o Senhor,
pois só ele tira os meus pés da armadilha.

ᵃ O salmo 25 é um poema organizado em ordem alfabética, no hebraico.

¹⁶ Volta-te para mim e tem misericórdia de mim,
 pois estou só e aflito.
¹⁷ As angústias do meu coração se multiplicaram;
 liberta-me da minha aflição.
¹⁸ Olha para a minha tribulação
 e o meu sofrimento,
e perdoa todos os meus pecados.
¹⁹ Vê como aumentaram os meus inimigos
 e com que fúria me odeiam!
²⁰ Guarda a minha vida e livra-me!
Não me deixes decepcionado,
 pois eu me refugio em ti.
²¹ Que a integridade e a retidão me protejam,
porque a minha esperança está em ti.

²² Ó Deus, liberta Israel de todas as suas aflições!

Davídico.

26 Faze-me justiça, Senhor,
pois tenho vivido com integridade.
Tenho confiado no Senhor, sem vacilar.
² Sonda-me, Senhor, e prova-me,
examina o meu coração e a minha mente;
³ pois o teu amor está sempre diante de mim,
e continuamente sigo a tua verdade.
⁴ Não me associo com homens falsos
nem ando com hipócritas;
⁵ detesto o ajuntamento dos malfeitores
e não me assento com os ímpios.
⁶ Lavo as mãos na inocência,
e do teu altar, Senhor, me aproximo
⁷ cantando hinos de gratidão
 e falando de todas as tuas maravilhas.
⁸ Eu amo, Senhor, o lugar da tua habitação,
 onde a tua glória habita.

⁹ Não me dês o destino dos pecadores
nem o fim dos assassinos;
¹⁰ suas mãos executam planos perversos,
praticam suborno abertamente.

¹¹ Mas eu vivo com integridade;
livra-me e tem misericórdia de mim.
¹² Os meus pés estão firmes na retidão;
na grande assembleia bendirei o Senhor.

Davídico.

27 O Senhor é a minha luz e a minha salvação;
de quem terei temor?

O Senhor é o meu forte refúgio;
  de quem terei medo?
² Quando homens maus avançarem contra mim
  para destruir-me,ᵃ
eles, meus inimigos e meus adversários,
  é que tropeçarão e cairão.
³ Ainda que um exército se acampe contra mim,
  meu coração não temerá;
ainda que se declare guerra contra mim,
  mesmo assim estarei confiante.

⁴ Uma coisa pedi ao Senhor
  e a procuro:
que eu possa viver na casa do Senhor
  todos os dias da minha vida,
para contemplar a bondade do Senhor
  e buscar sua orientação no seu templo.
⁵ Pois no dia da adversidade
  ele me guardará protegido em sua habitação;
no seu tabernáculo me esconderá
  e me porá em segurança sobre um rochedo.
⁶ Então triunfarei sobre os inimigos
  que me cercam.
Em seu tabernáculo oferecerei sacrifícios
  com aclamações;
cantarei e louvarei ao Senhor.

⁷ Ouve a minha voz quando clamo, ó Senhor;
tem misericórdia de mim e responde-me.
⁸ A teu respeito diz o meu coração:
  Busque a minha face!ᵇ
A tua face, Senhor, buscarei.
⁹ Não escondas de mim a tua face,
não rejeites com ira o teu servo;
tu tens sido o meu ajudador.
Não me desampares nem me abandones,
  ó Deus, meu salvador!
¹⁰ Ainda que me abandonem pai e mãe,
  o Senhor me acolherá.
¹¹ Ensina-me o teu caminho, Senhor;
conduze-me por uma vereda segura
  por causa dos meus inimigos.
¹² Não me entregues
  ao capricho dos meus adversários,
pois testemunhas falsas se levantam

ᵃ **27.2** Hebraico: *devorar a minha carne.*
ᵇ **27.8** Ou *A você, ó meu coração, ele diz:* "Busque a minha face!"

27.10 Temos o costume de falar do instinto e da proteção paternal e maternal, mas nos esquecemos de uma triste realidade: o ser humano é a única criatura que tem diante de si a opção de cuidar de seus filhos e amá-los, ou de abandoná-los. Nestes tempos de corrupção, uma das grandes sequelas do pecado é a destruição de famílias e com ela a criação de uma nova geração carente de afeto e aberta a todo tipo de pecado. É claro que, se o discípulo passou ou está passando por uma situação desse tipo, necessitará gastar tempo diante de Deus e apropriar-se da verdade contida neste versículo. Caso não esteja nessa situação, precisa olhar ao redor e verificar se alguém sofre por esse motivo, quer o reconheça quer não, e procurar ser a mão e o coração de Deus em seu favor. Disso é que se trata o cristianismo e o Reino de Deus, mais que de cerimônias um tanto interessantes entre quadro paredes que nunca se rompem para ir em busca dos que sofrem, no poder do Espírito Santo.

contra mim,
  respirando violência.
¹³ Apesar disso, esta certeza eu tenho:
  viverei até ver a bondade do Senhor na terra.
¹⁴ Espere no Senhor.
  Seja forte! Coragem!
  Espere no Senhor.

Davídico.

28 A ti eu clamo, Senhor, minha Rocha;
não fiques indiferente para comigo.
Se permaneceres calado,
  serei como os que descem à cova.
² Ouve as minhas súplicas
  quando clamo a ti por socorro,
quando ergo as mãos
  para o teu Lugar Santíssimo.

³ Não me dês o castigo reservado para os ímpios
  e para os malfeitores,
que falam como amigos com o próximo,
  mas abrigam maldade no coração.
⁴ Retribui-lhes conforme os seus atos,
  conforme as suas más obras;

retribui-lhes o que as suas mãos têm feito
e dá-lhes o que merecem.
⁵ Visto que não consideram os feitos do Senhor
nem as obras de suas mãos,
ele os arrasará e jamais os deixará reerguer-se.

⁶ Bendito seja o Senhor,
pois ouviu as minhas súplicas.
⁷ O Senhor é a minha força e o meu escudo;
nele o meu coração confia, e dele recebo ajuda.
Meu coração exulta de alegria,
e com o meu cântico lhe darei graças.
⁸ O Senhor é a força do seu povo,
a fortaleza que salva o seu ungido.

⁹ Salva o teu povo e abençoa a tua herança!
Cuida deles como o seu pastor
e conduze-os para sempre.

Salmo davídico.

29 Atribuam ao Senhor, ó seres celestiais*ᵃ*,
atribuam ao Senhor glória e força.
² Atribuam ao Senhor
a glória que o seu nome merece;
adorem o Senhor
no esplendor do seu santuário*ᵇ*.

³ A voz do Senhor ressoa sobre as águas;
o Deus da glória troveja,
o Senhor troveja sobre as muitas águas.
⁴ A voz do Senhor é poderosa;
a voz do Senhor é majestosa.
⁵ A voz do Senhor quebra os cedros;
o Senhor despedaça os cedros do Líbano.
⁶ Ele faz o Líbano saltar como bezerro,
o Siriom*ᶜ* como novilho selvagem.
⁷ A voz do Senhor corta os céus
com raios flamejantes.
⁸ A voz do Senhor faz tremer o deserto;
o Senhor faz tremer o deserto de Cades.
⁹ A voz do Senhor retorce os carvalhos*ᵈ*
e despe as florestas.
E no seu templo todos clamam: "Glória!"

¹⁰ O Senhor assentou-se soberano
sobre o Dilúvio;
o Senhor reina soberano para sempre.

ᵃ **29.1** Ou *filhos de Deus*; ou ainda *poderosos*
ᵇ **29.2** Ou *da sua santidade*
ᶜ **29.6** Isto é, o monte Hermom.
ᵈ **29.9** Ou *faz a corça dar cria*

¹¹ O Senhor dá força ao seu povo;
o Senhor dá a seu povo a bênção da paz.

Salmo. Cântico para a dedicação do templo*ᵉ*. Davídico.

30 Eu te exaltarei, Senhor,
pois tu me reergueste
e não deixaste que os meus inimigos
se divertissem à minha custa.
² Senhor meu Deus, a ti clamei por socorro,
e tu me curaste.
³ Senhor, tiraste-me da sepultura*ᶠ*;
prestes a descer à cova, devolveste-me à vida.

⁴ Cantem louvores ao Senhor,
vocês, os seus fiéis;
louvem o seu santo nome.
⁵ Pois a sua ira só dura um instante,
mas o seu favor dura a vida toda;
o choro pode persistir uma noite,
mas de manhã irrompe a alegria.

⁶ Quando me senti seguro, disse:
Jamais serei abalado!
⁷ Senhor, com o teu favor,
deste-me firmeza e estabilidade;*ᵍ*
mas, quando escondeste a tua face,
fiquei aterrorizado.

⁸ A ti, Senhor, clamei,
ao Senhor pedi misericórdia:
⁹ Se eu morrer*ʰ*, se eu descer à cova,
que vantagem haverá?
Acaso o pó te louvará?
Proclamará a tua fidelidade?
¹⁰ Ouve, Senhor, e tem misericórdia de mim;
Senhor, sê tu o meu auxílio.

¹¹ Mudaste o meu pranto em dança,
a minha veste de lamento em veste de alegria,
¹² para que o meu coração
cante louvores a ti e não se cale.
Senhor, meu Deus,
eu te darei graças para sempre.

ᵉ Título: Ou *do palácio*. Hebraico: *casa*.
ᶠ **30.3** Hebraico: *Sheol*. Essa palavra também pode ser traduzida por *profundezas*, *pó* ou *morte*.
ᵍ **30.7** Hebraico: *firmaste a minha montanha*.
ʰ **30.9** Hebraico: *No meu sangue*.

Para o mestre de música.
Salmo davídico.

31

Em ti, Senhor, me refugio;
nunca permitas que eu seja humilhado;
livra-me pela tua justiça.
² Inclina os teus ouvidos para mim,
vem livrar-me depressa!
Sê minha rocha de refúgio,
uma fortaleza poderosa para me salvar.
³ Sim, tu és a minha rocha e a minha fortaleza;
por amor do teu nome, conduze-me e guia-me.
⁴ Tira-me da armadilha que me prepararam,
pois tu és o meu refúgio.
⁵ Nas tuas mãos entrego o meu espírito;
resgata-me, Senhor, Deus da verdade.

⁶ Odeio aqueles que se apegam a ídolos inúteis;
eu, porém, confio no Senhor.
⁷ Exultarei com grande alegria por teu amor,
pois viste a minha aflição
e conheceste a angústia da minha alma.
⁸ Não me entregaste
nas mãos dos meus inimigos;
deste-me segurança e liberdade.ᵃ

⁹ Misericórdia, Senhor! Estou em desespero!
A tristeza me consome
a vista, o vigor e o apetiteᵇ.
¹⁰ Minha vida é consumida pela angústia,
e os meus anos pelo gemido;
minha afliçãoᶜ esgota as minhas forças,
e os meus ossos se enfraquecem.
¹¹ Por causa de todos os meus adversários,
sou motivo de ultraje para os meus vizinhos
e de medo para os meus amigos;
os que me veem na rua fogem de mim.
¹² Sou esquecido por eles
como se estivesse morto;
tornei-me como um pote quebrado.
¹³ Ouço muitos cochicharem a meu respeito;
o pavor me domina,
pois conspiram contra mim,
tramando tirar-me a vida.

¹⁴ Mas eu confio em ti, Senhor,
e digo: Tu és o meu Deus.
¹⁵ O meu futuro está nas tuas mãos;
livra-me dos meus inimigos
e daqueles que me perseguem.
¹⁶ Faze o teu rosto resplandecer
sobreᵈ o teu servo;
salva-me por teu amor leal.
¹⁷ Não permitas que eu seja humilhado, Senhor,
pois tenho clamado a ti;
mas que os ímpios sejam humilhados,
e calados fiquem no Sheolᵉ.
¹⁸ Sejam emudecidos os seus lábios mentirosos,
pois com arrogância e desprezo
humilham os justos.

¹⁹ Como é grande a tua bondade,
que reservaste para aqueles que te temem,
e que, à vista dos homens,
concedes àqueles que se refugiam em ti!
²⁰ No abrigo da tua presença os escondes
das intrigas dos homens;
na tua habitação os proteges
das línguas acusadoras.

²¹ Bendito seja o Senhor,
pois mostrou o seu maravilhoso amor
para comigo
quando eu estava numa cidade cercada.
²² Alarmado, eu disse:
Fui excluído da tua presença!
Contudo, ouviste as minhas súplicas
quando clamei a ti por socorro.

²³ Amem o Senhor, todos vocês, os seus santos!
O Senhor preserva os fiéis,
mas aos arrogantes dá o que merecem.
²⁴ Sejam fortes e corajosos,
todos vocês que esperam no Senhor!

Davídico. Poema.

32

Como é feliz aquele
que tem suas transgressões perdoadas
e seus pecados apagados!
² Como é feliz aquele
a quem o Senhor não atribui culpa
e em quem não há hipocrisia!

ᵃ **31.8** Hebraico: puseste os meus pés num lugar espaçoso.
ᵇ **31.9** Ou os olhos, a garganta e o ventre
ᶜ **31.10** Ou culpa
ᵈ **31.16** Isto é, mostra a tua bondade para com.
ᵉ **31.17** Essa palavra pode ser traduzida por sepultura, profundezas, pó ou morte.

³ Enquanto eu mantinha escondidos os
    meus pecados,
  o meu corpo definhava de tanto gemer.
⁴ Pois dia e noite
    a tua mão pesava sobre mim;
  minhas forças foram-se esgotando
    como em tempo de seca.
                              PAUSA
⁵ Então reconheci diante de ti o meu
    pecado
  e não encobri as minhas culpas.
  Eu disse: "Confessarei as minhas
    transgressões",
                           AO SENHOR,
  e tu perdoaste a culpa do meu
    pecado.
                              PAUSA

⁶ Portanto, que todos os que são fiéis
    orem a ti
  enquanto podes ser encontrado;
  quando as muitas águas se levantarem,
    elas não os atingirão.
⁷ Tu és o meu abrigo;
  tu me preservarás das angústias
  e me cercarás de canções de livramento.
                              PAUSA

⁸ Eu o instruirei e o ensinarei
    no caminho que você deve seguir;
  eu o aconselharei e cuidarei de você.
⁹ Não sejam como o cavalo ou o burro,
    que não têm entendimento
  mas precisam ser controlados
    com freios e rédeas;
  caso contrário não obedecem.
¹⁰ Muitas são as dores dos ímpios,
  mas a bondade do SENHOR
    protege quem nele confia.
¹¹ Alegrem-se no SENHOR e exultem,
    vocês que são justos!
  Cantem de alegria,
    todos vocês que são retos de coração!

33 Cantem de alegria ao SENHOR,
    vocês que são justos;
  aos que são retos fica bem louvá-lo.
² Louvem o SENHOR com harpa;
  ofereçam-lhe música com lira de dez
    cordas.
³ Cantem-lhe uma nova canção;
  toquem com habilidade ao aclamá-lo.

32.10 Este versículo não está sugerindo que a bondade do SENHOR é uma espécie de seguro celestial contra as dificuldades e dores da vida. O que afirma é que o homem que espera em Deus é rodeado e protegido por sua misericórdia. Não se trata tanto do que acontece, como da nossa reação com respeito aos fatos. Quando sabemos que podemos contar com Aquele que criou o Universo, os sofrimentos desta vida tomam uma dimensão totalmente distinta.

⁴ Pois a palavra do SENHOR é verdadeira;
  ele é fiel em tudo o que faz.
⁵ Ele ama a justiça e a retidão;
  a terra está cheia da bondade do SENHOR.
⁶ Mediante a palavra do SENHOR
    foram feitos os céus,
  e os corpos celestes, pelo sopro de sua boca.
⁷ Ele ajunta as águas do mar num só lugar;
  das profundezas faz reservatórios.
⁸ Toda a terra tema o SENHOR;
  tremam diante dele
    todos os habitantes do mundo.
⁹ Pois ele falou, e tudo se fez;
  ele ordenou, e tudo surgiu.
¹⁰ O SENHOR desfaz os planos das nações
  e frustra os propósitos dos povos.
¹¹ Mas os planos do SENHOR
    permanecem para sempre,
  os propósitos do seu coração,
    por todas as gerações.

¹² Como é feliz a nação
    que tem o SENHOR como Deus,
  o povo que ele escolheu para lhe pertencer!
¹³ Dos céus olha o SENHOR
    e vê toda a humanidade;
¹⁴ do seu trono ele observa
    todos os habitantes da terra;
¹⁵ ele, que forma o coração de todos,
    que conhece tudo o que fazem.
¹⁶ Nenhum rei se salva
    pelo tamanho do seu exército;
  nenhum guerreiro escapa por sua grande
    força.
¹⁷ O cavalo é vã esperança de vitória;
  apesar da sua grande força, é incapaz de
    salvar.

33.20,21 A alegria do coração é passageira e pouco sólida se está baseada nos nossos sucessos e até mesmo nos nossos relacionamentos humanos. Deus não é apenas a nossa ajuda, como também o nosso escudo e proteção. No Novo Testamento contamos com dois Consoladores, os quais são nossos defensores: Jesus, que está diante do Pai no céu, e o Espírito Santo, que habita dentro de nós na terra. Aconteça o que for, temos motivos para estarmos alegres, porque não caímos na armadilha de confiar em terceiros. Caso você, discípulo, tenha caído ou começado a cair nessa armadilha, ainda é tempo de sair dela, porque "temos um intercessor junto ao Pai, Jesus Cristo, o Justo" (1João 2.1).

¹⁸ Mas o Senhor protege aqueles que o temem,
    aqueles que firmam a esperança no seu amor,
¹⁹ para livrá-los da morte e garantir-lhes vida,
    mesmo em tempos de fome.
²⁰ Nossa esperança está no Senhor;
    ele é o nosso auxílio e a nossa proteção.
²¹ Nele se alegra o nosso coração,
    pois confiamos no seu santo nome.
²² Esteja sobre nós o teu amor, Senhor,
    como está em ti a nossa esperança.

De Davi, quando ele se fingiu de louco diante de Abimeleque — que o expulsou — e depois partiu.ᵃ

34

ᵃ Bendirei o Senhor o tempo todo!
    Os meus lábios sempre o louvarão.
² Minha alma se gloriará no Senhor;
    ouçam os oprimidos e se alegrem.
³ Proclamem a grandeza do Senhor comigo;
    juntos exaltemos o seu nome.
⁴ Busquei o Senhor, e ele me respondeu;
    livrou-me de todos os meus temores.
⁵ Os que olham para ele
    estão radiantes de alegria;
    seu rosto jamais mostrará decepção.

⁶ Este pobre homem clamou,
    e o Senhor o ouviu;
    e o libertou de todas as suas tribulações.
⁷ O anjo do Senhor é sentinela ao redor daqueles que o temem,
    e os livra.
⁸ Provem e vejam como o Senhor é bom.
    Como é feliz o homem que nele se refugia!
⁹ Temam o Senhor,
    vocês que são os seus santos,
pois nada falta aos que o temem.
¹⁰ Os leõesᵇ podem passar necessidade e fome,
mas os que buscam o Senhor de nada têm falta.

¹¹ Venham, meus filhos, ouçam-me;
eu ensinarei a vocês o temor do Senhor.
¹² Quem de vocês quer amar a vida
e deseja ver dias felizes?
¹³ Guarde a sua língua do mal
e os seus lábios da falsidade.
¹⁴ Afaste-se do mal e faça o bem;
busque a paz com perseverança.
¹⁵ Os olhos do Senhor voltam-se para os justos
e os seus ouvidos
    estão atentos ao seu grito de socorro;
¹⁶ o rosto do Senhor
    volta-se contra os que praticam o mal,
para apagar da terra a memória deles.
¹⁷ Os justos clamam, o Senhor os ouve
e os livra de todas as suas tribulações.
¹⁸ O Senhor está perto
    dos que têm o coração quebrantado
e salva os de espírito abatido.
¹⁹ O justo passa por muitas adversidades,
mas o Senhor o livra de todas;
²⁰ protege todos os seus ossos;
nenhum deles será quebrado.
²¹ A desgraça matará os ímpios;ᶜ
    os que odeiam o justo serão condenados.
²² O Senhor redime a vida dos seus servos;
    ninguém que nele se refugia será condenado.

ᵃ O salmo 34 é um poema organizado em ordem alfabética, no hebraico.
ᵇ **34.10** A Septuaginta e a Versão Siríaca dizem *ricos*.
ᶜ **34.21** Ou *Os ímpios serão mortos nas suas próprias maldades*;

Davídico.

35 Defende-me, Senhor, dos que me acusam;
luta contra os que lutam comigo.
² Toma os escudos, o grande e o pequeno;
levanta-te e vem socorrer-me.
³ Empunha a lança e o machado de guerra[a]
contra os meus perseguidores.
Dize à minha alma: "Eu sou a sua salvação".

⁴ Sejam humilhados e desprezados
os que procuram matar-me;
retrocedam envergonhados
aqueles que tramam a minha ruína.
⁵ Que eles sejam como a palha ao vento,
quando o anjo do Senhor os expulsar;
⁶ seja a vereda deles sombria e escorregadia,
quando o anjo do Senhor os perseguir.
⁷ Já que, sem motivo, prepararam contra mim
uma armadilha oculta
e, sem motivo, abriram uma cova para mim,
⁸ que a ruína lhes sobrevenha de surpresa:
sejam presos pela armadilha que prepararam,
caiam na cova que abriram,
para a sua própria ruína.
⁹ Então a minha alma exultará no Senhor
e se regozijará na sua salvação.
¹⁰ Todo o meu ser exclamará:
"Quem se compara a ti, Senhor?
Tu livras os necessitados daqueles que são
mais poderosos do que eles,
livras os necessitados e os pobres
daqueles que os exploram."

¹¹ Testemunhas maldosas enfrentam-me
e questionam-me sobre coisas de que nada sei.
¹² Elas me retribuem o bem com o mal
e procuram tirar-me a vida.[b]
¹³ Contudo, quando estavam doentes,
usei vestes de lamento,
humilhei-me com jejum
e recolhi-me em oração.[c]
¹⁴ Saí vagueando e pranteando,
como por um amigo ou por um irmão.
Eu me prostrei enlutado,
como quem lamenta por sua mãe.
¹⁵ Mas, quando tropecei,
eles se reuniram alegres;
sem que eu o soubesse,
ajuntaram-se para me atacar.
Eles me agrediram sem cessar.
¹⁶ Como ímpios caçoando do meu refúgio,
rosnaram contra mim.
¹⁷ Senhor, até quando ficarás olhando?
Livra-me dos ataques deles,
livra a minha vida preciosa desses leões.
¹⁸ Eu te darei graças na grande assembleia;
no meio da grande multidão te louvarei.

¹⁹ Não deixes que os meus inimigos traiçoeiros
se divirtam à minha custa;
não permitas que aqueles
que sem razão me odeiam
troquem olhares de desprezo.
²⁰ Não falam pacificamente,
mas planejam acusações falsas
contra os que vivem tranquilamente na terra.
²¹ Com a boca escancarada,
riem de mim e me acusam:
"Nós vimos! Sabemos de tudo!"

²² Tu viste isso, Senhor! Não fiques calado.
Não te afastes de mim, Senhor,
²³ Acorda! Desperta! Faze-me justiça!
Defende a minha causa, meu Deus e Senhor.
²⁴ Senhor, meu Deus, tu és justo;
faze-me justiça para que eles
não se alegrem à minha custa.
²⁵ Não deixes que pensem:
"Ah! Era isso que queríamos!"
nem que digam: "Acabamos com ele!"

²⁶ Sejam humilhados e frustrados
todos os que se divertem
à custa do meu sofrimento;
cubram-se de vergonha e desonra
todos os que se acham superiores a mim.
²⁷ Cantem de alegria e regozijo
todos os que desejam ver provada
a minha inocência
e sempre repitam:
"O Senhor seja engrandecido!
Ele tem prazer no bem-estar do seu servo".
²⁸ Minha língua proclamará a tua justiça
e o teu louvor o dia inteiro.

---

[a] **35.3** Ou *e bloqueia o caminho*
[b] **35.12** Ou *e estou abandonado*
[c] **35.13** Ou *orei por eles sem cessar*; ou ainda *Ah! Se eu pudesse cancelar minhas orações*

**Para o mestre de música.
De Davi, servo do Senhor.**

36 ¹Há no meu íntimo um oráculo
a respeito da maldade do ímpio:
Aos seus olhos é inútil temer a Deus.
² Ele se acha tão importante,
que não percebe nem rejeita o seu pecado.
³ As palavras da sua boca
são maldosas e traiçoeiras;
abandonou o bom senso e não quer fazer
o bem.
⁴ Até na sua cama planeja maldade; nada
há de bom no caminho a que se
entregou,
e ele nunca rejeita o mal.

⁵ O teu amor, Senhor, chega até os céus;
a tua fidelidade até as nuvens.
⁶ A tua justiça é firme como as altas
montanhas;
as tuas decisões, insondáveis como o
grande mar.
Tu, Senhor, preservas
tanto os homens quanto os animais.
⁷ Como é precioso o teu amor, ó Deus!
Os homens encontram
refúgio à sombra das tuas asas.
⁸ Eles se banqueteiam na fartura da tua casa;
tu lhes dás de beber do teu rio de delícias.
⁹ Pois em ti está a fonte da vida;
graças à tua luz, vemos a luz.

¹⁰ Estende o teu amor aos que te conhecem;
a tua justiça, aos que são retos de coração.
¹¹ Não permitas que o arrogante me pisoteie
nem que a mão do ímpio me faça recuar.
¹² Lá estão os malfeitores caídos,
lançados ao chão, incapazes de levantar-se!

Davídico.

37 ᵃ Não se aborreça por causa dos homens
maus
e não tenha inveja dos perversos;
² pois como o capim logo secarão,
como a relva verde logo murcharão.

³ Confie no Senhor e faça o bem;
assim você habitará na terra
e desfrutará segurança.
⁴ Deleite-se no Senhor,
e ele atenderá aos desejos do seu coração.

ᵃ O salmo 37 é um poema organizado em ordem alfabética,
no hebraico.

37.7 Guardar silêncio diante de Deus, em vez de lhe encher de perguntas impertinentes, é sinal de sabedoria. Se perguntamos a ele o porquê de alguns fatos, devemos fazê-lo com a manifestação de total submissão, não apenas sobre o que ele está fazendo, como também sobre o motivo pelo qual o faz ou permite. Descansar e aguardar no Senhor significa confiar em que ele quer sempre o melhor para nós. Nossa natureza humana nos leva a desconfiar dele e a levar o antropomorfismo ao extremo a ponto de crermos que Deus é como o homem e que, portanto, nada mais normal e prudente que desconfiemos dele. Necessitamos estar tranquilos, guardar silêncio e esperar nele, sem que nada nos altere, simplesmente porque estamos em suas mãos. Nas palavras do apóstolo Paulo: "Se vivemos, vivemos para o Senhor; e, se morremos, morremos para o Senhor. Assim, quer vivamos, quer morramos, pertencemos ao Senhor" (Romanos 14.8).

⁵ Entregue o seu caminho ao Senhor;
confie nele, e ele agirá:
⁶ ele deixará claro como a alvorada
que você é justo,
e como o sol do meio-dia que você é
inocente.

⁷ Descanse no Senhor
e aguarde por ele com paciência;
não se aborreça com o sucesso dos outros
nem com aqueles que maquinam o mal.

⁸ Evite a ira e rejeite a fúria;
não se irrite: isso só leva ao mal.
⁹ Pois os maus serão eliminados,
mas os que esperam no Senhor
receberão a terra por herança.

¹⁰ Um pouco de tempo,
e os ímpios não mais existirão;
por mais que você os procure, não serão
encontrados.
¹¹ Mas os humildes receberão a terra por
herança
e desfrutarão pleno bem-estar.

¹² Os ímpios tramam contra os justos
e rosnam contra eles;

¹³ O Senhor, porém, ri dos ímpios,
pois sabe que o dia deles está chegando.

¹⁴ Os ímpios desembainham a espada
e preparam o arco
para abater o necessitado e o pobre,
para matar os que andam na retidão.
¹⁵ Mas as suas espadas
irão atravessar-lhes o coração,
e os seus arcos serão quebrados.

¹⁶ Melhor é o pouco do justo
do que a riqueza de muitos ímpios;
¹⁷ pois o braço forte dos ímpios será
quebrado,
mas o Senhor sustém os justos.

¹⁸ O Senhor cuida da vida dos íntegros,
e a herança deles permanecerá para sempre.
¹⁹ Em tempos de adversidade
não ficarão decepcionados;
em dias de fome desfrutarão fartura.

²⁰ Mas os ímpios perecerão;
os inimigos do Senhor
murcharão como a beleza dos campos;
desvanecerão como fumaça.

²¹ Os ímpios tomam emprestado e não
devolvem,
mas os justos dão com generosidade;
²² aqueles que o Senhor abençoa
receberão a terra por herança,
mas os que ele amaldiçoa serão eliminados.

²³ O Senhor firma os passos de um
homem,
quando a conduta deste o agrada;
²⁴ ainda que tropece, não cairá,
pois o Senhor o toma pela mão.

²⁵ Já fui jovem e agora sou velho,
mas nunca vi o justo desamparado
nem seus filhos mendigando o pão.
²⁶ Ele é sempre generoso
e empresta com boa vontade;
seus filhos serão abençoados.

²⁷ Desvie-se do mal e faça o bem;
e você terá sempre onde morar.
²⁸ Pois o Senhor ama quem pratica a justiça,
e não abandonará os seus fiéis.
Para sempre serão protegidos,
mas a descendência dos ímpios será
eliminada;
²⁹ os justos herdarão a terra
e nela habitarão para sempre.

³⁰ A boca do justo profere sabedoria,
e a sua língua fala conforme a justiça.
³¹ Ele traz no coração a lei do seu Deus;
nunca pisará em falso.

³² O ímpio fica à espreita do justo,
querendo matá-lo;
³³ mas o Senhor não o deixará cair
em suas mãos
nem permitirá que o condenem quando
julgado.

³⁴ Espere no Senhor
e siga a sua vontade.
Ele o exaltará, dando-lhe a terra por
herança;
quando os ímpios forem eliminados,
você o verá.

³⁵ Vi um homem ímpio e cruel
florescendo como frondosa árvore nativa,
³⁶ mas logo desapareceu e não mais existia;
embora eu o procurasse,
não pôde ser encontrado.

³⁷ Considere o íntegro, observe o justo;
há futuro[a] para o homem de paz.
³⁸ Mas todos os rebeldes serão destruídos;
futuro para os ímpios nunca haverá.

³⁹ Do Senhor vem a salvação dos justos;
ele é a sua fortaleza na hora da
adversidade.
⁴⁰ O Senhor os ajuda e os livra;
ele os livra dos ímpios e os salva,
porque nele se refugiam.

Salmo davídico. Uma petição.

38 Senhor, não me repreendas no
teu furor
nem me disciplines na tua ira.
² Pois as tuas flechas me atravessaram,
e a tua mão me atingiu.
³ Por causa de tua ira,
todo o meu corpo está doente;
não há saúde nos meus ossos
por causa do meu pecado.

---
[a] 37.37 Ou *haverá posteridade*; também no versículo 38.

⁴ As minhas culpas me afogam;
são como um fardo pesado e insuportável.

⁵ Minhas feridas cheiram mal e supuram
   por causa da minha insensatez.
⁶ Estou encurvado e muitíssimo abatido;
o dia todo saio vagueando e pranteando.
⁷ Estou ardendo em febre;
todo o meu corpo está doente.
⁸ Sinto-me muito fraco e totalmente
   esmagado;
meu coração geme de angústia.

⁹ Senhor, diante de ti
   estão todos os meus anseios;
o meu suspiro não te é oculto.
¹⁰ Meu coração palpita, as forças me faltam;
até a luz dos meus olhos se foi.
¹¹ Meus amigos e companheiros me evitam
   por causa da doença que me aflige;
ficam longe de mim os meus vizinhos.
¹² Os que desejam matar-me
   preparam armadilhas,
os que me querem prejudicar
   anunciam a minha ruína;
passam o dia planejando traição.

¹³ Como um surdo, não ouço,
como um mudo, não abro a boca.
¹⁴ Fiz-me como quem não ouve,
e em cuja boca não há resposta.
¹⁵ SENHOR, em ti espero;
tu me responderás, ó Senhor meu Deus!
¹⁶ Pois eu disse: "Não permitas
   que eles se divirtam à minha custa
nem triunfem sobre mim quando eu
   tropeçar".

¹⁷ Estou a ponto de cair,
e a minha dor está sempre comigo.
¹⁸ Confesso a minha culpa;
em angústia estou por causa do meu
   pecado.
¹⁹ Meus inimigos, porém,
   são muitos e poderosos;
é grande o número
   dos que me odeiam sem motivo.
²⁰ Os que me retribuem o bem com o mal
caluniam-me porque é o bem que procuro.
²¹ SENHOR, não me abandones!
   Não fiques longe de mim, ó meu Deus!
²² Apressa-te a ajudar-me,
   Senhor, meu Salvador!

**Para o mestre de música.
Ao estilo de Jedutum.
Salmo davídico.**

39 Eu disse: Vigiarei a minha conduta
e não pecarei em palavras;
porei mordaça em minha boca
enquanto os ímpios
   estiverem na minha presença.
² Enquanto me calei resignado,
e me contive inutilmente,
minha angústia aumentou.
³ Meu coração ardia-me no peito
e, enquanto eu meditava, o fogo
   aumentava;
então comecei a dizer:
⁴ Mostra-me, SENHOR, o fim da minha vida
e o número dos meus dias,
para que eu saiba quão frágil sou.
⁵ Deste aos meus dias
   o comprimento de um palmo;
a duração da minha vida é nada diante
   de ti.
   De fato, o homem não passa de um sopro.
                                      PAUSA
⁶ Sim, cada um vai e volta como a sombra.
Em vão se agita, amontoando riqueza
   sem saber quem ficará com ela.

⁷ Mas agora, Senhor, que hei de esperar?
Minha esperança está em ti.
⁸ Livra-me de todas as minhas
   transgressões;
não faças de mim
   um objeto de zombaria dos tolos.
⁹ Estou calado! Não posso abrir a boca,
pois tu mesmo fizeste isso.
¹⁰ Afasta de mim o teu açoite;
fui vencido pelo golpe da tua mão.
¹¹ Tu repreendes e disciplinas o homem
   por causa do seu pecado;
como traça destróis o que ele mais
   valoriza;
de fato, o homem não passa de um sopro.
                                      PAUSA
¹² Ouve a minha oração, SENHOR;
escuta o meu grito de socorro;
não sejas indiferente ao meu lamento.

39 *Jedutum*: Veja 1Crônicas 25.1,3

Pois sou para ti um estrangeiro,
como foram todos os meus antepassados.
¹³ Desvia de mim os teus olhos,
para que eu volte a ter alegria,
antes que eu me vá e deixe de existir.

Para o mestre de música. Davídico. Um salmo.

40 Depositei toda a minha esperança no Senhor;
ele se inclinou para mim
e ouviu o meu grito de socorro.
² Ele me tirou de um poço de destruição,
de um atoleiro de lama;
pôs os meus pés sobre uma rocha
e firmou-me num local seguro.
³ Pôs um novo cântico na minha boca,
um hino de louvor ao nosso Deus.
Muitos verão isso e temerão,
e confiarão no Senhor.

⁴ Como é feliz o homem
que põe no Senhor a sua confiança,
e não vai atrás dos orgulhosos*ᵃ*,
dos que se afastam para seguir deuses falsos*ᵇ*!
⁵ Senhor meu Deus!
Quantas maravilhas tens feito!
Não se pode relatar
os planos que preparaste para nós!
Eu queria proclamá-los e anunciá-los,
mas são por demais numerosos!

⁶ Sacrifício e oferta não pediste,
mas abriste os meus ouvidos*ᶜ*;
holocaustos*ᵈ* e ofertas pelo pecado
não exigiste.
⁷ Então eu disse: "Aqui estou!"
No livro está escrito a meu respeito.
⁸ Tenho grande alegria em fazer a tua vontade,
ó meu Deus;
a tua lei está no fundo do meu coração.

⁹ Eu proclamo as novas de justiça
na grande assembleia;

ᵃ **40.4** Ou *idólatras*
ᵇ **40.4** Ou *para a falsidade*
ᶜ **40.6** Ou *furaste as minhas orelhas*. A Septuaginta diz *mas tens preparado um corpo para mim*.
ᵈ **40.6** Isto é, sacrifícios totalmente queimados.

 **40.1** O costume de "depositar toda a esperança no Senhor" é frequente no Antigo Testamento e também presente em alguns movimentos da Igreja, como se explica no artigo "De recém-convertido a discipulador: o crescimento na vida espiritual" (veja a p. 1391 da seção "Ajudas para o discípulo").

---

como sabes, Senhor, não fecho os meus lábios.
¹⁰ Não oculto no coração a tua justiça;
falo da tua fidelidade e da tua salvação.
Não escondo da grande assembleia
a tua fidelidade e a tua verdade.

¹¹ Não me negues a tua misericórdia, Senhor;
que o teu amor e a tua verdade
sempre me protejam.
¹² Pois incontáveis problemas me cercam,
as minhas culpas me alcançaram
e já não consigo ver.
Mais numerosos são
que os cabelos da minha cabeça,
e o meu coração perdeu o ânimo.

¹³ Agrada-te, Senhor, em libertar-me;
apressa-te, Senhor, a ajudar-me.
¹⁴ Sejam humilhados e frustrados
todos os que procuram tirar-me a vida;
retrocedam desprezados
os que desejam a minha ruína.
¹⁵ Fiquem chocados com a sua própria desgraça
os que zombam de mim.
¹⁶ Mas regozijem-se e alegrem-se em ti
todos os que te buscam;
digam sempre aqueles que amam a tua salvação:
"Grande é o Senhor!"

¹⁷ Quanto a mim, sou pobre e necessitado,
mas o Senhor preocupa-se comigo.
Tu és o meu socorro e o meu libertador;
meu Deus, não te demores!

Para o mestre de música. Salmo davídico.

41 Como é feliz aquele
que se interessa pelo pobre!

O SENHOR o livra em tempos de
   adversidade.
² O SENHOR o protegerá e preservará a sua
   vida;
ele o fará feliz na terra
e não o entregará ao desejo dos seus
   inimigos.
³ O SENHOR o susterá
   em seu leito de enfermidade,
e da doença o restaurará.

⁴ Eu disse: "Misericórdia, SENHOR!
Cura-me, pois pequei contra ti".
⁵ Os meus inimigos
   dizem maldosamente a meu respeito:
"Quando ele vai morrer?
   Quando vai desaparecer o seu nome?"
⁶ Sempre que alguém vem visitar-me,
   fala com falsidade,
   enche o coração de calúnias
   e depois as espalha por onde vai.
⁷ Todos os que me odeiam
   juntam-se e cochicham contra mim,
imaginando que o pior me acontecerá:
⁸ "Uma praga terrível o derrubou;
está de cama e jamais se levantará".
⁹ Até o meu melhor amigo,
   em quem eu confiava
   e que partilhava do meu pão,
   voltou-se[a] contra mim.

¹⁰ Mas, tu, SENHOR, tem misericórdia de mim;
   levanta-me, para que eu lhes retribua.
¹¹ Sei que me queres bem,
   pois o meu inimigo não triunfa sobre
   mim.
¹² Por causa da minha integridade me
   susténs
   e me pões na tua presença para sempre.

¹³ Louvado seja o SENHOR, o Deus de Israel,
de eternidade a eternidade!
   Amém e amém!

SEGUNDO LIVRO

**Para o mestre de música.
Um poema dos coraítas.**

42[b] Como a corça anseia por águas
   correntes,

[a] **41.9** Hebraico: *levantou o calcanhar*.
[b] Os salmos 42 e 43 constituem um único poema em muitos
manuscritos do Texto Massorético.

41.9 Um dos discípulos e amigos íntimos de Cristo o trairia.
Cumprimento: Mateus 26.24; João 13.18-30; 18.1-14 (veja também Salmos 69.25; 109.8; Atos 1.12-26)
Próximo texto: Salmos 45.6,7

a minha alma anseia por ti, ó Deus.
² A minha alma tem sede de Deus, do
   Deus vivo.
Quando poderei entrar
   para apresentar-me a Deus?
³ Minhas lágrimas têm sido o meu alimento
   de dia e de noite,
pois me perguntam o tempo todo:
   "Onde está o seu Deus?"
⁴ Quando me lembro dessas coisas,
   choro angustiado.
Pois eu costumava ir com a multidão,
   conduzindo a procissão à casa de Deus,
   com cantos de alegria e de ação de graças
   em meio à multidão que festejava.

⁵ Por que você está assim tão triste,
   ó minha alma?
Por que está assim tão perturbada
   dentro de mim?
Ponha a sua esperança em Deus!
   Pois ainda o louvarei;
ele é o meu Salvador e ⁶ o meu Deus[c].
A minha alma está profundamente triste;
   por isso de ti me lembro
desde a terra do Jordão,
das alturas do Hermom,
desde o monte Mizar.
⁷ Abismo chama abismo
   ao rugir das tuas cachoeiras;
todas as tuas ondas e vagalhões
   se abateram sobre mim.

⁸ Conceda-me o SENHOR o seu fiel amor
   de dia;
de noite esteja comigo a sua canção.
É a minha oração ao Deus que me dá vida.

⁹ Direi a Deus, minha Rocha:
   "Por que te esqueceste de mim?

[c] **42.5,6** Conforme alguns manuscritos do Texto Massorético, a Septuaginta e a Versão Siríaca. A maioria dos manuscritos do Texto Massorético diz *louvarei por teu auxílio salvador. 6 Ó meu Deus*.

Por que devo sair vagueando e pranteando,
  oprimido pelo inimigo?"
¹⁰ Até os meus ossos sofrem agonia mortal
  quando os meus adversários zombam
    de mim,
  perguntando-me o tempo todo:
  "Onde está o seu Deus?"

¹¹ Por que você está assim tão triste,
    ó minha alma?
  Por que está assim tão perturbada
    dentro de mim?
  Ponha a sua esperança em Deus!
    Pois ainda o louvarei;
  ele é o meu Salvador e o meu Deus.

43

Faze-me justiça, ó Deus,
  e defende a minha causa contra um
    povo infiel;
livra-me dos homens traidores e perversos.
² Pois tu, ó Deus, és a minha fortaleza.
  Por que me rejeitaste?
  Por que devo sair vagueando e
    pranteando,
  oprimido pelo inimigo?
³ Envia a tua luz e a tua verdade;
  elas me guiarão
    e me levarão ao teu santo monte,
  ao lugar onde habitas.
⁴ Então irei ao altar de Deus,
    a Deus, a fonte da minha plena alegria.
  Com a harpa te louvarei,
    ó Deus, meu Deus!

⁵ Por que você está assim tão triste,
    ó minha alma?
  Por que está assim tão perturbada
    dentro de mim?
  Ponha a sua esperança em Deus!
    Pois ainda o louvarei;
  ele é o meu Salvador e o meu Deus.

Para o mestre de música. Dos coraítas. Um poema.

44

Com os nossos próprios ouvidos
  ouvimos,
    ó Deus;
  os nossos antepassados nos contaram
    os feitos que realizaste no tempo deles,
    nos dias da antiguidade.
² Com a tua própria mão expulsaste as
    nações
  para estabelecer os nossos antepassados;

arruinaste povos e fizeste prosperar
  os nossos antepassados.
³ Não foi pela espada que conquistaram a
    terra
  nem pela força do seu braço
    que alcançaram a vitória;
  foi pela tua mão direita, pelo teu braço
    e pela luz do teu rosto[a],
  por causa do teu amor para com eles.

⁴ És tu, meu Rei e meu Deus![b]
  És tu que decretas vitórias para Jacó!
⁵ Contigo pomos em fuga os nossos
    adversários;
  pelo teu nome pisoteamos os que nos
    atacam.
⁶ Não confio em meu arco,
  minha espada não me concede a vitória;
⁷ mas tu nos concedes a vitória
    sobre os nossos adversários
  e humilhas os que nos odeiam.
⁸ Em Deus nos gloriamos o tempo todo,
  e louvaremos o teu nome para sempre.
                                    PAUSA

⁹ Mas agora nos rejeitaste e nos
    humilhaste;
  já não sais com os nossos exércitos.
¹⁰ Diante dos nossos adversários
    fizeste-nos bater em retirada,
  e os que nos odeiam nos saquearam.
¹¹ Tu nos entregaste
  para sermos devorados como ovelhas
  e nos dispersaste entre as nações.
¹² Vendeste o teu povo por uma ninharia,
  nada lucrando com a sua venda.
¹³ Tu nos fizeste
    motivo de vergonha dos nossos
      vizinhos,
  objeto de zombaria e menosprezo dos que
    nos rodeiam.
¹⁴ Fizeste de nós um provérbio entre as
    nações;
  os povos meneiam a cabeça quando nos
    veem.
¹⁵ Sofro humilhação o tempo todo,
  e o meu rosto está coberto de vergonha
¹⁶ por causa da zombaria
    dos que me censuram e me provocam,
  por causa do inimigo, que busca vingança.

---
[a] **44.3** Isto é, pela tua bondade.
[b] **44.4** Conforme a Septuaginta e a Versão Siríaca. O Texto Massorético diz *meu Rei, ó Deus!*

¹⁷ Tudo isso aconteceu conosco,
   sem que nos tivéssemos esquecido de ti
   nem tivéssemos traído a tua aliança.
¹⁸ Nosso coração não voltou atrás
   nem os nossos pés se desviaram da tua
      vereda.
¹⁹ Todavia, tu nos esmagaste e fizeste
      de nós
   um covil de chacais,
   e de densas trevas nos cobriste.

²⁰ Se tivéssemos esquecido
   o nome do nosso Deus
   e tivéssemos estendido as nossas mãos
   a um deus estrangeiro,
²¹ Deus não o teria descoberto?
Pois ele conhece os segredos do coração!
²² Contudo, por amor de ti
   enfrentamos a morte todos os dias;
somos considerados como ovelhas
   destinadas ao matadouro.

²³ Desperta, Senhor! Por que dormes?
Levanta-te! Não nos rejeites para sempre.
²⁴ Por que escondes o teu rosto
   e esqueces o nosso sofrimento
   e a nossa aflição?

²⁵ Fomos humilhados até o pó;
nossos corpos se apegam ao chão.
²⁶ Levanta-te! Socorre-nos!
Resgata-nos por causa da tua fidelidade.

**Para o mestre de música.
De acordo com a melodia *Os Lírios*.
Dos coraítas. Poema.
Cântico de casamento.**

45 Com o coração vibrando de boas palavras
   recito os meus versos em honra ao rei;
   seja a minha língua
   como a pena de um hábil escritor.

² És dos homens o mais notável;
derramou-se graça em teus lábios,
visto que Deus te abençoou para sempre.
³ Prende a espada à cintura, ó poderoso!
Cobre-te de esplendor e majestade.
⁴ Na tua majestade cavalga vitoriosamente
   pela verdade, pela misericórdia e pela
      justiça;
que a tua mão direita realize feitos
   gloriosos.

45.6,7 O reinado do Cristo de Deus será eterno, justo e cheio de alegria.
Cumprimento: Hebreus 1.8,9
Próximo texto: Salmos 68.18

⁵ Tuas flechas afiadas atingem
   o coração dos inimigos do rei;
debaixo dos teus pés caem nações.
⁶ O teu trono, ó Deus,
   subsiste para todo o sempre;
cetro de justiça é o cetro do teu reino.
⁷ Amas a justiça e odeias a iniquidade;
por isso Deus, o teu Deus,
   escolheu-te dentre os teus companheiros
   ungindo-te com óleo de alegria.
⁸ Todas as tuas vestes exalam
   aroma de mirra, aloés e cássia;
nos palácios adornados de marfim ressoam
   os instrumentos de corda que te alegram.
⁹ Filhas de reis
   estão entre as mulheres da tua corte;
à tua direita está a noiva real
   enfeitada de ouro puro de Ofir.

¹⁰ Ouça, ó filha, considere
   e incline os seus ouvidos:
Esqueça o seu povo e a casa paterna.
¹¹ O rei foi cativado pela sua beleza;
honre-o, pois ele é o seu senhor.
¹² A cidade[a] de Tiro trará[b] seus presentes;
seus moradores mais ricos buscarão o seu
   favor.

¹³ Cheia de esplendor está a princesa
   em seus aposentos,
com vestes enfeitadas de ouro.
¹⁴ Em roupas bordadas é conduzida ao rei,
   acompanhada de um cortejo de virgens;
são levadas à tua presença.
¹⁵ Com alegria e exultação
   são conduzidas ao palácio do rei.

¹⁶ Os teus filhos ocuparão o trono dos teus pais;
por toda a terra os farás príncipes.
¹⁷ Perpetuarei a tua lembrança
   por todas as gerações;
por isso as nações te louvarão
   para todo o sempre.

[a] **45.12** Hebraico: *filha*.
[b] **45.12** Ou *Um manto feito em Tiro está entre*

**Para o mestre de música.
Dos coraítas. Para vozes agudas.
Um cântico.**

46

Deus é o nosso refúgio e a nossa fortaleza,
auxílio sempre presente na adversidade.
² Por isso não temeremos,
ainda que a terra trema
e os montes afundem no coração do mar,
³ ainda que estrondem as suas águas turbulentas
e os montes sejam sacudidos
pela sua fúria.

PAUSA

⁴ Há um rio cujos canais alegram
a cidade de Deus,
o Santo Lugar onde habita o Altíssimo.
⁵ Deus nela está! Não será abalada!
Deus vem em seu auxílio
desde o romper da manhã.
⁶ Nações se agitam, reinos se abalam;
ele ergue a voz, e a terra se derrete.

⁷ O Senhor dos Exércitos está conosco;
o Deus de Jacó é a nossa torre segura.

PAUSA

⁸ Venham! Vejam as obras do Senhor,
seus feitos estarrecedores na terra.
⁹ Ele dá fim às guerras até os confins da terra;
quebra o arco e despedaça a lança;
destrói os escudos*ᵃ* com fogo.
¹⁰ "Parem de lutar! Saibam que eu sou Deus!
Serei exaltado entre as nações,
serei exaltado na terra."

¹¹ O Senhor dos Exércitos está conosco;
o Deus de Jacó é a nossa torre segura.

PAUSA

**Para o mestre de música.
Salmo dos coraítas.**

47

Batam palmas, vocês, todos os povos;
aclamem a Deus com cantos de alegria.
² Pois o Senhor Altíssimo é temível,
é o grande Rei sobre toda a terra!
³ Ele subjugou as nações ao nosso poder;
os povos, colocou debaixo de nossos pés
⁴ e escolheu para nós a nossa herança,
o orgulho de Jacó, a quem amou.

PAUSA

⁵ Deus subiu em meio a gritos de alegria;
o Senhor, em meio ao som de trombetas.
⁶ Ofereçam música a Deus, cantem louvores!
Ofereçam música ao nosso Rei,
cantem louvores!
⁷ Pois Deus é o rei de toda a terra;
cantem louvores com harmonia e arte.

⁸ Deus reina sobre as nações;
Deus está assentado em seu santo trono.
⁹ Os soberanos das nações se juntam
ao povo do Deus de Abraão,
pois os governantes*ᵇ* da terra pertencem a Deus;
ele é soberanamente exaltado.

Um cântico. Salmo dos coraítas.

48

Grande é o Senhor,
e digno de todo louvor
na cidade do nosso Deus.
² Seu santo monte, belo e majestoso,
é a alegria de toda a terra.
Como as alturas do Zafom*ᶜ* é o monte Sião,
a cidade do grande Rei.
³ Nas suas cidadelas
Deus se revela como sua proteção.

⁴ Vejam! Os reis somaram forças,
e juntos avançaram contra ela.
⁵ Quando a viram, ficaram atônitos,
fugiram aterrorizados.
⁶ Ali mesmo o pavor os dominou;
contorceram-se como a mulher no parto.

46.1-3 Todo este salmo, em especial os três primeiros versículos, é um canto de vitória; uma confissão de fé em Deus, nosso refúgio e fortaleza. Caro discípulo, faça uma avaliação das suas atitudes, mude as que precisa mudar na vida e confie em Deus, ainda que o mundo pareça ruir debaixo dos seus pés. Isto é viver pela fé.

ᵃ **46.9** Ou *carros*

ᵇ **47.9** Hebraico: *escudos*.

ᶜ **48.2** *Zafom* refere-se ou a um monte sagrado ou à direção norte.

⁷ Foste como o vento oriental
  quando destruiu os navios de Társis.

⁸ Como já temos ouvido,
  agora também temos visto
na cidade do Senhor dos Exércitos,
  na cidade de nosso Deus:
Deus a preserva firme para sempre.
                                    PAUSA

⁹ No teu templo, ó Deus,
  meditamos em teu amor leal.
¹⁰ Como o teu nome, ó Deus,
  o teu louvor alcança os confins da terra;
a tua mão direita está cheia de justiça.
¹¹ O monte Sião se alegra,
  as cidades*ᵃ* de Judá exultam
por causa das tuas decisões justas.

¹² Percorram Sião, contornando-a,
contem as suas torres,
¹³ observem bem as suas muralhas,
examinem as suas cidadelas,
para que vocês falem à próxima geração
¹⁴ que este Deus é o nosso Deus
  para todo o sempre;
ele será o nosso guia até o fim*ᵇ*.

**Para o mestre de música.
Salmo dos coraítas.**

49 Ouçam isto vocês, todos os povos;
  escutem, todos os que vivem neste
  mundo,
² gente do povo, homens importantes,
ricos e pobres igualmente:
³ A minha boca falará com sabedoria;
a meditação do meu coração
  trará entendimento.
⁴ Inclinarei os meus ouvidos a um provérbio;
com a harpa exporei o meu enigma:

⁵ Por que deverei temer,
  quando vierem dias maus,
quando inimigos traiçoeiros me cercarem,
⁶ aqueles que confiam em seus bens
e se gabam de suas muitas riquezas?
⁷ Homem algum pode redimir seu irmão
ou pagar a Deus o preço de sua vida,
⁸ pois o resgate de uma vida não tem preço.
Não há pagamento que o livre

⁹ para que viva para sempre
e não sofra decomposição.
¹⁰ Pois todos podem ver que os sábios
  morrem,
como perecem o tolo e o insensato
e para outros deixam os seus bens.
¹¹ Seus túmulos serão sua morada
  para sempre,*ᶜ*
sua habitação de geração em geração,
ainda que tenham*ᵈ* dado seu nome a terras.

¹² O homem, mesmo que muito importante,
não vive para sempre*ᵉ*;
é como os animais, que perecem.

¹³ Este é o destino
  dos que confiam em si mesmos,
e dos seus seguidores,
  que aprovam o que eles dizem.
                                    PAUSA

¹⁴ Como ovelhas,
  estão destinados à sepultura*ᶠ*,
e a morte lhes servirá de pastor.
Pela manhã os justos triunfarão sobre eles!
A aparência deles se desfará na sepultura,
longe das suas gloriosas mansões.
¹⁵ Mas Deus redimirá a minha vida da
  sepultura
e me levará para si.
                                    PAUSA

¹⁶ Não se aborreça quando alguém se
  enriquece
e aumenta o luxo de sua casa;
¹⁷ pois nada levará consigo quando morrer;
não descerá com ele o seu esplendor.
¹⁸ Embora em vida ele se parabenize:
"Todos o elogiam, pois você está
  prosperando",
¹⁹ ele se juntará aos seus antepassados,
que nunca mais verão a luz.

²⁰ O homem, mesmo que muito
  importante,

ᶜ **49.11** Conforme a Septuaginta e a Versão Siríaca. O Texto Massorético diz *Em seus pensamentos suas casas serão perpétuas.*
ᵈ **49.11** Ou *pois eles têm*
ᵉ **49.12** Conforme o Texto Massorético. A Septuaginta e a Versão Siríaca dizem *não tem entendimento*. Veja o versículo 20.
ᶠ **49.14** Hebraico: *Sheol*. Essa palavra também pode ser traduzida por profundezas, pó ou morte; também no final deste versículo e no versículo 15.

ᵃ **48.11** Hebraico: *filhas*.
ᵇ **48.14** Ou *até à morte*

não tem entendimento;
é como os animais, que perecem.

Salmo da família de Asafe.

50 Fala o Senhor, o Deus supremo;
convoca toda a terra, do nascente ao poente.
² Desde Sião, perfeita em beleza,
Deus resplandece.
³ Nosso Deus vem!
Certamente não ficará calado!
À sua frente vai um fogo devorador,
e, ao seu redor, uma violenta tempestade.
⁴ Ele convoca os altos céus e a terra,
para o julgamento do seu povo:
⁵ "Ajuntem os que me são fiéis,
que, mediante sacrifício,
fizeram aliança comigo".
⁶ E os céus proclamam a sua justiça,
pois o próprio Deus é o juiz.

PAUSA

⁷ "Ouça, meu povo, pois eu falarei;
vou testemunhar contra você, Israel,
eu, que sou Deus, o seu Deus.
⁸ Não o acuso pelos seus sacrifícios,
nem pelos holocaustos*ᵃ*,
que você sempre me oferece.
⁹ Não tenho necessidade
de nenhum novilho dos seus estábulos
nem dos bodes dos seus currais,
¹⁰ pois todos os animais da floresta são meus,
como são as cabeças de gado
aos milhares nas colinas.
¹¹ Conheço todas as aves dos montes
e cuido das criaturas do campo.
¹² Se eu tivesse fome, precisaria dizer a você?
Pois o mundo é meu, e tudo o que nele existe.
¹³ Acaso como carne de touros
ou bebo sangue de bodes?
¹⁴ Ofereça a Deus em sacrifício a sua gratidão,
cumpra os seus votos para com o Altíssimo,
¹⁵ e clame a mim no dia da angústia;
eu o livrarei, e você me honrará."

¹⁶ Mas ao ímpio Deus diz:

"Que direito você tem de recitar as minhas leis

ᵃ **50.8** Isto é, sacrifícios totalmente queimados; também em 51.16.

ou de ficar repetindo a minha aliança?
¹⁷ Pois você odeia a minha disciplina
e dá as costas às minhas palavras!
¹⁸ Você vê um ladrão e já se torna seu cúmplice,
e com adúlteros se mistura.
¹⁹ Sua boca está cheia de maldade
e a sua língua formula a fraude.
²⁰ Deliberadamente você fala contra o seu irmão
e calunia o filho de sua própria mãe.
²¹ Ficaria eu calado
diante de tudo o que você tem feito?
Você pensa que eu sou como você?
Mas agora eu o acusarei diretamente,
sem omitir coisa alguma.

²² "Considerem isto,
vocês que se esquecem de Deus;
caso contrário os despedaçarei,
sem que ninguém os livre.
²³ Quem me oferece sua gratidão
como sacrifício honra-me,
e eu mostrarei a salvação de Deus
ao que anda nos meus caminhos".

Para o mestre de música. Salmo de Davi. Escrito quando o profeta Natã veio falar com Davi, depois que este cometeu adultério com Bate-Seba.

51 Tem misericórdia de mim, ó Deus,
por teu amor;
por tua grande compaixão
apaga as minhas transgressões.
² Lava-me de toda a minha culpa
e purifica-me do meu pecado.

³ Pois eu mesmo
reconheço as minhas transgressões,
e o meu pecado sempre me persegue.
⁴ Contra ti, só contra ti, pequei
e fiz o que tu reprovas,
de modo que justa é a tua sentença
e tens razão em condenar-me.

51.1-12 Leia o estudo destinado à interiorização deste poderoso salmo de contrição no artigo "De recém-convertido a discipulador: o crescimento na vida espiritual", na p. 1411.

51.12 Observemos que Davi não pede ao Senhor que lhe devolva a salvação, mas, sim, a alegria da salvação, que evidentemente havia perdido em meio ao pecado e à luta interior subsequente. Por esse motivo, o salmista almeja um espírito firme e estável, em vez de continuar batalhando com o sofrimento de ser rejeitado por Deus. A consequência imediata é prometer dedicar-se a ensinar aos transgressores os caminhos do Senhor, para que se convertam a ele (v. 13).

⁵ Sei que sou pecador desde que nasci;
sim, desde que me concebeu minha mãe.
⁶ Sei que desejas a verdade no íntimo;
e no coração me ensinas a sabedoria.

⁷ Purifica-me com hissopo, e ficarei puro;
lava-me, e mais branco do que a neve
  serei.
⁸ Faze-me ouvir de novo júbilo e alegria,
e os ossos que esmagaste exultarão.
⁹ Esconde o rosto dos meus pecados
e apaga todas as minhas iniquidades.

¹⁰ Cria em mim um coração puro, ó Deus,
e renova dentro de mim um espírito
  estável.
¹¹ Não me expulses da tua presença
nem tires de mim o teu Santo Espírito.
¹² Devolve-me a alegria da tua salvação
e sustenta-me
  com um espírito pronto a obedecer.
¹³ Então ensinarei os teus caminhos
  aos transgressores,
para que os pecadores se voltem para ti.

¹⁴ Livra-me da culpa dos crimes de sangue,
  ó Deus, Deus da minha salvação!
E a minha língua aclamará a tua justiça.
¹⁵ Ó Senhor, dá palavras aos meus lábios,
e a minha boca anunciará o teu louvor.
¹⁶ Não te deleitas em sacrifícios
nem te agradas em holocaustos,
  senão eu os traria.
¹⁷ Os sacrifícios que agradam a Deus
  são um espírito quebrantado;
um coração quebrantado e contrito,
  ó Deus, não desprezarás.

¹⁸ Por tua boa vontade faze Sião prosperar;
ergue os muros de Jerusalém.
¹⁹ Então te agradarás dos sacrifícios
  sinceros,
  das ofertas queimadas e dos holocaustos;
e novilhos serão oferecidos sobre o teu
  altar.

**Para o mestre de música.
Poema de Davi, quando o edomita
Doegue foi a Saul e lhe contou:
"Davi foi à casa de Aimeleque".**

52 Por que você se vangloria do mal
e de ultrajar a Deus continuamente?[a],
  ó homem poderoso!
² Sua língua trama destruição;
é como navalha afiada, cheia de engano.
³ Você prefere o mal ao bem;
a falsidade, à verdade.
                          PAUSA

⁴ Você ama toda palavra maldosa,
  ó língua mentirosa!
⁵ Saiba que Deus o arruinará para sempre:
ele o agarrará e o arrancará da sua tenda;
ele o desarraigará da terra dos vivos.
                          PAUSA

⁶ Os justos verão isso e temerão;
rirão dele, dizendo:
⁷ "Veja só o homem
  que rejeitou a Deus como refúgio;
confiou em sua grande riqueza
  e buscou refúgio em sua maldade!"

⁸ Mas eu sou como uma oliveira
  que floresce na casa de Deus;
confio no amor de Deus
  para todo o sempre.
⁹ Para sempre te louvarei pelo que fizeste;
na presença dos teus fiéis
  proclamarei o teu nome,
porque tu és bom.

**Para o mestre de música. De acordo
com *mahalath*[b]. Poema davídico.**

53 Diz o tolo em seu coração:
"Deus não existe!"
Corromperam-se
  e cometeram injustiças detestáveis;
não há ninguém que faça o bem.

[a] 52.1 Ou *se a fidelidade de Deus dura para sempre?*
[b] Título: Possivelmente uma melodia solene.

² Deus olha lá dos céus
   para os filhos dos homens,
para ver se há alguém
   que tenha entendimento,
alguém que busque a Deus.
³ Todos se desviaram,
   igualmente se corromperam;
não há ninguém que faça o bem;
   nem um sequer.

⁴ Será que os malfeitores não aprendem?
Eles devoram o meu povo
   como quem come pão
e não clamam a Deus!
⁵ Olhem! Estão tomados de pavor,
   quando não existe motivo algum para temer!
Pois foi Deus quem espalhou os ossos
   dos que atacaram você;
você os humilhou porque Deus os rejeitou.

⁶ Ah, se de Sião viesse a salvação para Israel!
Quando Deus restaurar*ᵃ* o seu povo,
   Jacó exultará! Israel se regozijará!

Para o mestre de música.
Com instrumentos de cordas.
Poema de Davi, quando os zifeus foram a Saul e disseram: "Acaso Davi não está se escondendo entre nós?"

54

Salva-me, ó Deus, pelo teu nome;
defende-me pelo teu poder.
² Ouve a minha oração, ó Deus;
escuta as minhas palavras.
³ Estrangeiros*ᵇ* me atacam;
homens cruéis querem matar-me,
homens que não se importam com Deus.
             PAUSA

⁴ Certamente Deus é o meu auxílio;
é o Senhor que me sustém.
⁵ Recaia o mal sobre os meus inimigos!
Extermina-os por tua fidelidade!

⁶ Eu te oferecerei um sacrifício voluntário;
louvarei o teu nome, ó SENHOR,
   porque tu és bom.
⁷ Pois ele me livrou de todas as minhas angústias,
e os meus olhos contemplaram
   a derrota dos meus inimigos.

Para o mestre de música.
Com instrumentos de cordas.
Poema davídico.

55

Escuta a minha oração, ó Deus,
não ignores a minha súplica;
² ouve-me e responde-me!
Os meus pensamentos me perturbam,
   e estou atordoado
³ diante do barulho do inimigo,
   diante da gritaria*ᶜ* dos ímpios;
pois eles aumentam o meu sofrimento
   e, irados, mostram seu rancor.

⁴ O meu coração está acelerado;
os pavores da morte me assaltam.
⁵ Temor e tremor me dominam;
o medo tomou conta de mim.
⁶ Então eu disse:
   Quem dera eu tivesse asas como a pomba;
   voaria até encontrar repouso!
⁷ Sim, eu fugiria para bem longe,
e no deserto eu teria o meu abrigo.
             PAUSA
⁸ Eu me apressaria em achar refúgio
   longe do vendaval e da tempestade.

⁹ Destrói os ímpios, Senhor,
   confunde a língua deles,
pois vejo violência e brigas na cidade.
¹⁰ Dia e noite eles rondam por seus muros;
nela permeiam o crime e a maldade.
¹¹ A destruição impera na cidade;
a opressão e a fraude jamais deixam suas ruas.

¹² Se um inimigo me insultasse,
   eu poderia suportar;
se um adversário se levantasse contra mim,
   eu poderia defender-me;
¹³ mas logo você, meu colega,
   meu companheiro, meu amigo chegado,
¹⁴ você, com quem eu partilhava
   agradável comunhão
enquanto íamos com a multidão festiva
   para a casa de Deus!

¹⁵ Que a morte
   apanhe os meus inimigos de surpresa!

ᵃ **53.6** Ou *trouxer de volta os cativos do seu*
ᵇ **54.3** Alguns manuscritos do Texto Massorético dizem *Arrogantes*.
ᶜ **55.3** Ou *opressão*

Desçam eles vivos para a sepultura*ᵃ*,
   pois entre eles o mal acha guarida.

¹⁶ Eu, porém, clamo a Deus,
   e o Senhor me salvará.
¹⁷ À tarde, pela manhã e ao meio-dia
   choro angustiado,
e ele ouve a minha voz.
¹⁸ Ele me guarda ileso na batalha,
sendo muitos os que estão contra mim.
¹⁹ Deus, que reina desde a eternidade,
   me ouvirá e os castigará.

PAUSA

Pois jamais mudam sua conduta
   e não têm temor de Deus.

²⁰ Aquele homem se voltou
   contra os seus aliados,
violando o seu acordo.
²¹ Macia como manteiga é a sua fala,
   mas a guerra está no seu coração;
suas palavras são mais suaves que o óleo,
   mas são afiadas como punhais.

²² Entregue suas preocupações ao Senhor,
   e ele o susterá;
jamais permitirá que o justo venha a cair.

²³ Mas tu, ó Deus,
   farás descer à cova da destruição
aqueles assassinos e traidores,
   os quais não viverão a metade dos seus
      dias.
Quanto a mim, porém, confio em ti.

**Para o mestre de música.
De acordo com a melodia
Uma Pomba em Carvalhos Distantes.
Poema epigráfico davídico.
Quando os filisteus prenderam
Davi em Gate.**

56 Tem misericórdia de mim, ó Deus,
   pois os homens me pressionam;
o tempo todo me atacam e me oprimem.
² Os meus inimigos pressionam-me sem
      parar;
muitos atacam-me arrogantemente.

³ Mas eu, quando estiver com medo,
   confiarei em ti.
⁴ Em Deus, cuja palavra eu louvo,
   em Deus eu confio e não temerei.
Que poderá fazer-me o simples mortal?

⁵ O tempo todo
   eles distorcem as minhas palavras;
estão sempre tramando prejudicar-me.
⁶ Conspiram, ficam à espreita,
vigiam os meus passos,
   na esperança de tirar-me a vida.
⁷ Deixarás escapar essa gente tão
      perversa?*ᵇ*
Na tua ira, ó Deus, derruba as nações.
⁸ Registra, tu mesmo, o meu lamento;
recolhe as minhas lágrimas em teu odre;
acaso não estão anotadas em teu livro?

⁹ Os meus inimigos retrocederão,
   quando eu clamar por socorro.
Com isso saberei que Deus está a meu
      favor.
¹⁰ Confio em Deus, cuja palavra louvo,
no Senhor, cuja palavra louvo,
¹¹ em Deus eu confio e não temerei.
Que poderá fazer-me o homem?

¹² Cumprirei os votos que te fiz, ó Deus;
a ti apresentarei minhas ofertas de
      gratidão.
¹³ Pois me livraste da morte
   e aos meus pés de tropeçar,
para que eu ande diante de Deus
   na luz que ilumina os vivos.

**Para o mestre de música. De acordo
com a melodia *Não Destruas*. Poema
epigráfico davídico. Quando Davi
fugiu de Saul para a caverna.**

57 Misericórdia, ó Deus; misericórdia,
   pois em ti a minha alma se refugia.
Eu me refugiarei à sombra das tuas asas,
   até que passe o perigo.

² Clamo ao Deus Altíssimo,
a Deus, que para comigo
   cumpre o seu propósito.
³ Dos céus ele me envia a salvação,
põe em fuga
   os que me perseguem de perto;

PAUSA

Deus envia o seu amor e a sua fidelidade.

ᵃ **55.15** Hebraico: *Sheol*. Essa palavra também pode ser traduzida por profundezas, pó ou morte.

ᵇ **56.7** Ou *Rejeita-os por causa de sua maldade*;

⁴ Estou em meio a leões,
  ávidos para devorar;
seus dentes são lanças e flechas,
sua língua é espada afiada.

⁵ Sê exaltado, ó Deus, acima dos céus!
Sobre toda a terra esteja a tua glória!

⁶ Preparam armadilhas para os meus pés;
  fiquei muito abatido.
Abriram uma cova no meu caminho,
  mas foram eles que nela caíram.

                            PAUSA

⁷ Meu coração está firme, ó Deus,
  meu coração está firme;
cantarei ao som de instrumentos!
⁸ Acorde, minha alma!
  Acordem, harpa e lira!
  Vou despertar a alvorada!
⁹ Eu te louvarei, ó Senhor, entre as nações;
cantarei teus louvores entre os povos.
¹⁰ Pois o teu amor é tão grande
  que alcança os céus;
a tua fidelidade vai até as nuvens.

¹¹ Sê exaltado, ó Deus, acima dos céus!
  Sobre toda a terra esteja a tua glória!

Para o mestre de música. De acordo com a melodia *Não Destruas*. Davídico. Poema epigráfico.

58 Será que vocês, poderosos*ᵃ*,
falam de fato com justiça?
Será que vocês, homens, julgam retamente?
² Não! No coração vocês tramam a injustiça,
e na terra as suas mãos espalham a violência.

³ Os ímpios erram o caminho desde o
  ventre;
desviam-se os mentirosos desde que
  nascem.
⁴ Seu veneno é como veneno de serpente;
tapam os ouvidos,
  como a cobra que se faz de surda
⁵ para não ouvir a música dos
  encantadores,
que fazem encantamentos com tanta
  habilidade.
⁶ Quebra os dentes deles, ó Deus;
arranca, Senhor, as presas desses leões!

⁷ Desapareçam como a água que escorre!
Quando empunharem o arco,
  caiam sem força as suas flechas!*ᵇ*
⁸ Sejam como a lesma
  que se derrete pelo caminho;
como feto abortado, não vejam eles o sol!

⁹ Os ímpios serão varridos
  antes que as suas panelas
  sintam o calor da lenha*ᶜ*,
  esteja ela verde ou seca.
¹⁰ Os justos se alegrarão quando forem
  vingados,
quando banharem seus pés
  no sangue dos ímpios.
¹¹ Então os homens comentarão:
"De fato os justos
  têm a sua recompensa;
com certeza há um Deus
  que faz justiça na terra".

Para o mestre de música. De acordo com a melodia *Não Destruas*. Poema epigráfico davídico, quando Saul enviou homens para vigiar a casa de Davi a fim de matá-lo.

59 Livra-me dos meus inimigos, ó Deus;
põe-me fora do alcance dos meus
  agressores.
² Livra-me dos que praticam o mal
e salva-me dos assassinos.

³ Vê como ficam à minha espreita!
Homens cruéis conspiram contra mim,
sem que eu tenha cometido
  qualquer delito ou pecado, ó Senhor.
⁴ Mesmo eu não tendo culpa de nada,
  eles se preparam às pressas para atacar-me.
Levanta-te para ajudar-me;
  olha para a situação em que me encontro!
⁵ Ó Senhor, Deus dos Exércitos,
  ó Deus de Israel!
Desperta para castigar todas as nações;
não tenhas misericórdia
  dos traidores perversos.

                            PAUSA

⁶ Eles voltam ao cair da tarde,
  rosnando como cães
  e rondando a cidade.

ᵃ 58.1 Ou *deuses*
ᵇ 58.7 Ou *murchem como a erva que é pisada!*
ᶜ 58.9 Hebraico: *dos espinhos*.

⁷ Vê que ameaças saem de sua boca;
  seus lábios são como espadas
e dizem: "Quem nos ouvirá?"
⁸ Mas tu, Senhor, vais rir deles;
  caçoarás de todas aquelas nações.

⁹ Ó tu, minha força, por ti vou aguardar;
  tu, ó Deus, és o meu alto refúgio.
¹⁰ O meu Deus fiel
  virá ao meu encontro
e permitirá que eu triunfe
  sobre os meus inimigos.
¹¹ Mas não os mates, ó Senhor, nosso escudo,
  se não, o meu povo o esquecerá.
Em teu poder faze-os vaguear,
  e abate-os.
¹² Pelos pecados de sua boca,
  pelas palavras de seus lábios,
sejam apanhados em seu orgulho.
Pelas maldições e mentiras que
  pronunciam,
¹³ consome-os em tua ira,
  consome-os até que não mais existam.
Então se saberá até os confins da terra
  que Deus governa Jacó.

PAUSA

¹⁴ Eles voltam ao cair da tarde,
  rosnando como cães
  e rondando a cidade.
¹⁵ À procura de comida perambulam
e, se não ficam satisfeitos, uivam.
¹⁶ Mas eu cantarei louvores à tua força;
  de manhã louvarei a tua fidelidade,
pois tu és o meu alto refúgio,
  abrigo seguro nos tempos difíceis.

¹⁷ Ó minha força, canto louvores a ti;
  tu és, ó Deus, o meu alto refúgio,
    o Deus que me ama.

Para o mestre de música. De acordo com a melodia *O Lírio da Aliança*. Didático. Poema epigráfico davídico. Quando Davi combateu Arã Naaraim[a] e Arã Zobá[b], e quando Joabe voltou e feriu doze mil edomitas no vale do Sal.

60 Tu nos rejeitaste e dispersaste, ó Deus;
  tu derramaste a tua ira;
  restaura-nos agora!

[a] Título: Isto é, os arameus do nordeste da Mesopotâmia.
[b] Título: Isto é, os arameus da Síria central.

² Sacudiste a terra e abriste-lhe fendas;
  repara suas brechas,
    pois ameaça desmoronar-se.
³ Fizeste passar o teu povo por tempos
    difíceis;
  deste-nos um vinho estontecante.

⁴ Mas aos que te temem deste um sinal
  para que fugissem das flechas.

PAUSA

⁵ Salva-nos com a tua mão direita
  e responde-nos,
para que sejam libertos aqueles a quem
  amas.
⁶ Do seu santuário[c] Deus falou:
  "No meu triunfo dividirei Siquém
  e repartirei o vale de Sucote.
⁷ Gileade é minha, Manassés também;
  Efraim é o meu capacete,
  Judá é o meu cetro.
⁸ Moabe é a pia em que me lavo,
  em Edom atiro a minha sandália;
  sobre a Filístia dou meu brado de
    vitória!"

⁹ Quem me levará à cidade fortificada?
  Quem me guiará a Edom?
¹⁰ Não foste tu, ó Deus, que nos rejeitaste
  e deixaste de sair com os nossos
    exércitos?
¹¹ Dá-nos ajuda contra os adversários,
pois inútil é o socorro do homem.
¹² Com Deus conquistaremos a vitória,
  e ele pisoteará os nossos adversários.

Para o mestre de música. Com instrumentos de cordas. Davídico.

61 Ouve o meu clamor, ó Deus;
  atenta para a minha oração.

² Desde os confins da terra eu clamo a ti
  com o coração abatido;
põe-me a salvo na rocha mais alta do
  que eu.
³ Pois tu tens sido o meu refúgio,
  uma torre forte contra o inimigo.
⁴ Para sempre anseio habitar na tua tenda
  e refugiar-me no abrigo das tuas asas.

PAUSA

[c] **60.6** Ou *Na sua santidade*

⁵ Pois ouviste os meus votos, ó Deus;
deste-me a herança que concedes
  aos que temem o teu nome.

⁶ Prolonga os dias do rei,
por muitas gerações os seus anos de vida.
⁷ Para sempre esteja ele em seu trono,
  diante de Deus;
envia o teu amor e a tua fidelidade
  para protegê-lo.

⁸ Então sempre cantarei louvores ao teu nome,
cumprindo os meus votos cada dia.

Para o mestre de música. Ao estilo de Jedutum. Salmo davídico.

62 A minha alma descansa somente em Deus;
dele vem a minha salvação.
² Somente ele é a rocha que me salva;
ele é a minha torre segura! Jamais serei abalado!

³ Até quando todos vocês atacarão um homem
  que está como um muro inclinado,
como uma cerca prestes a cair?
⁴ Todo o propósito deles é derrubá-lo
  de sua posição elevada;
eles se deliciam com mentiras.
Com a boca abençoam,
  mas no íntimo amaldiçoam.
                              PAUSA

⁵ Descanse somente em Deus,
  ó minha alma;
dele vem a minha esperança.
⁶ Somente ele é a rocha que me salva;
ele é a minha torre alta! Não serei abalado!
⁷ A minha salvação e a minha honra
  de Deus dependem;
ele é a minha rocha firme, o meu refúgio.
⁸ Confie nele em todos os momentos,
  ó povo,
derrame diante dele o coração,
  pois ele é o nosso refúgio.
                              PAUSA

⁹ Os homens de origem humilde
  não passam de um sopro,
os de origem importante
  não passam de mentira;
pesados na balança,
  juntos não chegam ao peso de um sopro.
¹⁰ Não confiem na extorsão
  nem ponham a esperança em bens roubados;
se as suas riquezas aumentam,
  não ponham nelas o coração.

¹¹ Uma vez Deus falou,
  duas vezes eu ouvi,
que o poder pertence a Deus.
¹² Contigo também, Senhor, está a fidelidade.
É certo que retribuirás a cada um
  conforme o seu procedimento.

Salmo de Davi, quando ele estava no deserto de Judá.

63 Ó Deus, tu és o meu Deus,
eu te busco intensamente;
a minha alma tem sede de ti!
Todo o meu ser anseia por ti,
  numa terra seca, exausta e sem água.

² Quero contemplar-te no santuário
e avistar o teu poder e a tua glória.
³ O teu amor é melhor do que a vida!
Por isso os meus lábios te exaltarão.
⁴ Enquanto eu viver te bendirei,
e em teu nome levantarei as minhas mãos.
⁵ A minha alma ficará satisfeita
  como quando tem rico banquete;
com lábios jubilosos a minha boca te louvará.

⁶ Quando me deito, lembro-me de ti;
penso em ti durante as vigílias da noite.
⁷ Porque és a minha ajuda,
canto de alegria à sombra das tuas asas.
⁸ A minha alma apega-se a ti;
a tua mão direita me sustém.
⁹ Aqueles, porém, que querem matar-me
  serão destruídos;
descerão às profundezas da terra.
¹⁰ Serão entregues à espada
  e devorados por chacais.

¹¹ Mas o rei se alegrará em Deus;
todos os que juram pelo nome de Deus
  o louvarão,
mas a boca dos mentirosos será tapada.

Para o mestre de música. Salmo davídico.

64 Ouve-me, ó Deus, quando faço a minha queixa;
protege a minha vida do inimigo ameaçador.
² Defende-me da conspiração dos ímpios
e da ruidosa multidão de malfeitores.

³ Eles afiam a língua como espada
e apontam, como flechas, palavras envenenadas.
⁴ De onde estão emboscados atiram no homem íntegro;
atiram de surpresa, sem nenhum temor.

⁵ Animam-se uns aos outros
com planos malignos,
combinam como ocultar as suas armadilhas,
e dizem: "Quem as*ᵃ* verá?"
⁶ Tramam a injustiça e dizem:
"Fizemos*ᵇ* um plano perfeito!"
A mente e o coração de cada um deles
o escondem!*ᶜ*

⁷ Mas Deus atirará neles suas flechas;
repentinamente serão atingidos.
⁸ Pelas próprias palavras
farão cair uns aos outros;
menearão a cabeça e zombarão deles
todos os que os virem.

⁹ Todos os homens temerão
e proclamarão as obras de Deus,
refletindo no que ele fez.
¹⁰ Alegrem-se os justos no Senhor
e nele busquem refúgio;
congratulem-se todos os retos de coração!

Para o mestre de música. Salmo davídico. Um cântico.

65 O louvor te aguarda*ᵈ* em Sião, ó Deus;
os votos que te fizemos serão cumpridos.
² Ó tu que ouves a oração,
a ti virão todos os homens.
³ Quando os nossos pecados pesavam sobre nós,

65.1 A Bíblia insiste em que devemos ser cuidadosos em fazer votos ao Senhor, pois, uma vez feitos, temos a obrigação de cumpri-los. O fato de não vermos Deus não significa que ele não esteja presente e que não se lembre do voto que lhe fizemos. Em Números 30.2, lemos: "Quando um homem fizer um voto ao Senhor ou um juramento que o obrigar a algum compromisso, não poderá quebrar a sua palavra, mas terá que cumprir tudo o que disse".

tu mesmo fizeste propiciação
por nossas transgressões.
⁴ Como são felizes aqueles que escolhes
e trazes a ti para que vivam nos teus átrios!
Transbordamos de bênçãos da tua casa,
do teu santo templo!

⁵ Tu nos respondes
com temíveis feitos de justiça,
ó Deus, nosso Salvador,
esperança de todos os confins da terra
e dos mais distantes mares.
⁶ Tu que firmaste os montes pela tua força,
pelo teu grande poder.
⁷ Tu que acalmas o bramido dos mares,
o bramido de suas ondas,
e o tumulto das nações.
⁸ Tremem os habitantes das terras distantes
diante das tuas maravilhas;
do nascente ao poente
despertas canções de alegria.

⁹ Cuidas da terra e a regas;
fartamente a enriqueces.
Os riachos de Deus transbordam
para que nunca falte o trigo,
pois assim ordenaste.*ᵉ*
¹⁰ Encharcas os seus sulcos
e aplainas os seus torrões;
tu a amoleces com chuvas
e abençoas as suas colheitas.
¹¹ Coroas o ano com a tua bondade,
e por onde passas emana fartura;

ᵃ **64.5** Ou *nos*
ᵇ **64.6** Ou *Eles ocultam*
ᶜ **64.6** Ou *Ninguém nos descobrirá!*
ᵈ **65.1** Ou *O louvor é apropriado a ti*
ᵉ **65.9** Ou *pois é assim que preparas a terra.*

¹² fartura vertem as pastagens do deserto,
e as colinas se vestem de alegria.
¹³ Os campos se revestem de rebanhos,
e os vales se cobrem de trigo;
eles exultam e cantam de alegria!

**Para o mestre de música.
Um cântico. Um salmo.**

66

Aclamem a Deus, povos de toda terra!
² Cantem louvores ao seu glorioso nome;
louvem-no gloriosamente!
³ Digam a Deus:
"Quão temíveis são os teus feitos!
Tão grande é o teu poder que os teus inimigos
rastejam diante de ti!
⁴ Toda a terra te adora
e canta louvores a ti,
canta louvores ao teu nome".

PAUSA

⁵ Venham e vejam o que Deus tem feito;
como são impressionantes
as suas obras em favor dos homens!
⁶ Ele transformou o mar em terra seca,
e o povo atravessou as águas*ᵃ* a pé;
e ali nos alegramos nele.*ᵇ*
⁷ Ele governa para sempre com o seu poder,
seus olhos vigiam as nações;
que os rebeldes
não se levantem contra ele!

PAUSA

⁸ Bendigam o nosso Deus, ó povos,
façam ressoar o som do seu louvor;
⁹ foi ele quem preservou a nossa vida
impedindo que os nossos pés escorregassem.
¹⁰ Pois tu, ó Deus, nos submeteste à prova
e nos refinaste como a prata.
¹¹ Fizeste-nos cair numa armadilha
e sobre nossas costas puseste fardos.
¹² Deixaste que os inimigos cavalgassem
sobre a nossa cabeça;
passamos pelo fogo e pela água,
mas a um lugar de fartura*ᶜ* nos trouxeste.

¹³ Para o teu templo virei com holocaustos*ᵈ*
e cumprirei os meus votos para contigo,
¹⁴ votos que os meus lábios fizeram
e a minha boca falou
quando eu estava em dificuldade.
¹⁵ Oferecerei a ti animais gordos em holocausto;
sacrificarei carneiros, cuja fumaça subirá a ti,
e também novilhos e cabritos.

PAUSA

¹⁶ Venham e ouçam,
todos vocês que temem a Deus;
vou contar-lhes o que ele fez por mim.
¹⁷ A ele clamei com os lábios;
com a língua o exaltei.
¹⁸ Se eu acalentasse o pecado no coração,
o Senhor não me ouviria;
¹⁹ mas Deus me ouviu,
deu atenção à oração que lhe dirigi.
²⁰ Louvado seja Deus,
que não rejeitou a minha oração
nem afastou de mim o seu amor!

**Para o mestre de música.
Com instrumentos de cordas.
Um salmo. Um cântico.**

67

Que Deus tenha misericórdia de nós
e nos abençoe,
e faça resplandecer
o seu rosto sobre nós;*ᵉ*

PAUSA

² para que sejam conhecidos na terra
os teus caminhos, ó Deus,
a tua salvação entre todas as nações.

³ Louvem-te os povos, ó Deus;
louvem-te todos os povos.
⁴ Exultem e cantem de alegria as nações,
pois governas os povos com justiça
e guias as nações na terra.

PAUSA

⁵ Louvem-te os povos, ó Deus;
louvem-te todos os povos.

⁶ Que a terra dê a sua colheita,
e Deus, o nosso Deus, nos abençoe!
⁷ Que Deus nos abençoe,
e o temam todos os confins da terra.

ᵃ **66.6** Ou *o rio*
ᵇ **66.6** Ou *venham, alegremo-nos nele.*
ᶜ **66.12** Algumas versões antigas dizem *de repouso.*
ᵈ **66.13** Isto é, sacrifícios totalmente queimados; também no versículo 15.
ᵉ **67.1** Isto é, mostre-nos a sua bondade.

**Para o mestre de música. Davídico.
Um salmo. Um cântico.**

68

Que Deus se levante!
Sejam espalhados os seus inimigos,
fujam dele os seus adversários.
² Que tu os dissipes
   assim como o vento leva a fumaça;
como a cera se derrete na presença do
   fogo,
   assim pereçam os ímpios na presença
   de Deus.
³ Alegrem-se, porém, os justos!
   Exultem diante de Deus!
   Regozijem-se com grande alegria!

⁴ Cantem a Deus, louvem o seu nome,
exaltem aquele que cavalga sobre as
   nuvens;*ᵃ*
   seu nome é Senhor!
   Exultem diante dele!
⁵ Pai para os órfãos e defensor das viúvas
   é Deus em sua santa habitação.
⁶ Deus dá um lar aos solitários,
liberta os presos para a prosperidade,
mas os rebeldes vivem em terra árida.

⁷ Quando saíste à frente do teu povo, ó Deus,
quando marchaste pelo ermo,

                                    PAUSA

⁸ a terra tremeu,
   o céu derramou chuva
diante de Deus, o Deus do Sinai;
   diante de Deus, o Deus de Israel.
⁹ Deste chuvas generosas, ó Deus;
refrescaste a tua herança exausta.
¹⁰ O teu povo nela se instalou,
e da tua bondade, ó Deus, supriste os
   pobres.

¹¹ O Senhor anunciou a palavra,
e muitos mensageiros a proclamavam:
¹² "Reis e exércitos fogem em debandada;
   a dona de casa reparte os despojos.*ᵇ*
¹³ Mesmo quando vocês dormem
   entre as fogueiras do acampamento*ᶜ*,
   as asas da minha pomba
   estão recobertas de prata;
   as suas penas, de ouro reluzente".

ᵃ **68.4** Ou *preparem o caminho para aquele que cavalga pelos desertos;*
ᵇ **68.12** Ou *as belas mulheres do palácio são repartidas como despojo.*
ᶜ **68.13** Ou *os alforjes*

68.18 O Cristo de Deus ascenderia aos céus como o Cristo vitorioso e ao mesmo tempo daria a seus discípulos dons especiais, que seriam na realidade "homens como dádivas", aos quais daria a tarefa de aperfeiçoar os santos para a obra do ministério e para a edificação de seu corpo (veja Efésios 4.11,12).
Cumprimento: Efésios 4.8
Próximo texto: Salmos 69.4,9,21

¹⁴ Quando o Todo-poderoso espalhou
   os reis,
foi como neve no monte Zalmom.

¹⁵ Os montes de Basã são majestosos;
escarpados são os montes de Basã.
¹⁶ Por que, ó montes escarpados,
   estão com inveja do monte que Deus
   escolheu para sua habitação,
onde o próprio Senhor habitará para
   sempre?
¹⁷ Os carros de Deus são incontáveis,
   são milhares de milhares;
neles o Senhor veio do Sinai
   para o seu Lugar Santo.
¹⁸ Quando subiste em triunfo às alturas,
   ó Senhor Deus,
levaste cativos muitos prisioneiros;
recebeste homens como dádivas,
   até mesmo rebeldes,
para estabeleceres morada.*ᵈ*

¹⁹ Bendito seja o Senhor,
   Deus, nosso Salvador,
que cada dia suporta as nossas cargas.

                                    PAUSA

²⁰ O nosso Deus é um Deus que salva;
ele é o Soberano, ele é o Senhor
   que nos livra da morte.

²¹ Certamente Deus
   esmagará a cabeça dos seus inimigos,
   o crânio cabeludo
   dos que persistem em seus pecados.
²² "Eu os trarei de Basã", diz o Senhor,
   "eu os trarei das profundezas do mar,
²³ para que você encharque os pés
   no sangue dos inimigos,

ᵈ **68.18** Ou *dádivas dentre os homens, até dos que se rebelaram contra a tua habitação.*

sangue do qual a língua dos cães
terá a sua porção."

²⁴ Já se vê a tua marcha triunfal, ó Deus,
a marcha do meu Deus e Rei
adentrando o santuário.
²⁵ À frente estão os cantores, depois os músicos;
com eles vão as jovens tocando tamborins.
²⁶ Bendigam a Deus na grande congregação!
Bendigam o Senhor,
descendentes*ª* de Israel!
²⁷ Ali está a pequena tribo de Benjamim,
a conduzi-los,
os príncipes de Judá
acompanhados de suas tropas,
e os príncipes de Zebulom e Naftali.
²⁸ A favor de vocês,
manifeste Deus o seu poder!*ᵇ*
Mostra, ó Deus, o poder que já tens operado
para conosco.
²⁹ Por causa do teu templo em Jerusalém,
reis te trarão presentes.
³⁰ Repreende a fera entre os juncos,
a manada de touros
entre os bezerros das nações.
Humilhados, tragam barras de prata.
Espalha as nações que têm prazer na guerra.
³¹ Ricos tecidos*ᶜ* venham do Egito;
a Etiópia corra para Deus de mãos cheias.
³² Cantem a Deus, reinos da terra,
louvem o Senhor,

PAUSA

³³ aquele que cavalga os céus, os antigos céus.
Escutem! Ele troveja com voz poderosa.
³⁴ Proclamem o poder de Deus!
Sua majestade está sobre Israel,
seu poder está nas altas nuvens.
³⁵ Tu és temível no teu santuário, ó Deus;
é o Deus de Israel
que dá poder e força ao seu povo.

Bendito seja Deus!

ª **68.26** Hebraico: *fonte*.
ᵇ **68.28** Conforme alguns manuscritos do Texto Massorético. Muitos manuscritos do Texto Massorético e algumas versões antigas dizem *Manifesta, ó Deus, o teu poder!*
ᶜ **68.31** Ou *embaixadores*

Para o mestre de música. De acordo com a melodia *Lírios*. Davídico.

69 Salva-me, ó Deus!,
pois as águas subiram até o meu pescoço.
² Nas profundezas lamacentas eu me afundo;
não tenho onde firmar os pés.
Entrei em águas profundas;
as correntezas me arrastam.
³ Cansei-me de pedir socorro;
minha garganta se abrasa.
Meus olhos fraquejam
de tanto esperar pelo meu Deus.
⁴ Os que sem razão me odeiam
são mais do que os fios de cabelo
da minha cabeça;
muitos são os que me prejudicam sem motivo;
muitos, os que procuram destruir-me.
Sou forçado a devolver o que não roubei.
⁵ Tu bem sabes como fui insensato, ó Deus;
a minha culpa não te é encoberta.
⁶ Não se decepcionem por minha causa
aqueles que esperam em ti,
ó Senhor, Senhor dos Exércitos!
Não se frustrem por minha causa
os que te buscam, ó Deus de Israel!
⁷ Pois por amor a ti suporto zombaria,
e a vergonha cobre-me o rosto.
⁸ Sou um estrangeiro para os meus irmãos,
um estranho até para os filhos da minha mãe;
⁹ pois o zelo pela tua casa me consome,
e os insultos daqueles que te insultam
caem sobre mim.
¹⁰ Até quando choro e jejuo,
tenho que suportar zombaria;
¹¹ quando ponho vestes de lamento,
sou objeto de chacota.
¹² Os que se ajuntam na praça falam de mim,
e sou a canção dos bêbados.

69.4,9,21 Os inimigos de Cristo o detestariam e em meio a seus sofrimentos lhe dariam vinagre para beber.
Cumprimento: João 2.13-17; 15.18-25; 19.28-30
Próximo texto: Salmos 110

¹³ Mas eu, Senhor, no tempo oportuno,
    elevo a ti minha oração;
responde-me, por teu grande amor, ó Deus,
    com a tua salvação infalível!
¹⁴ Tira-me do atoleiro,
    não me deixes afundar;
liberta-me dos que me odeiam
    e das águas profundas.
¹⁵ Não permitas que as correntezas
    me arrastem
nem que as profundezas me engulam,
nem que a cova feche sobre mim a sua
    boca!
¹⁶ Responde-me, Senhor,
    pela bondade do teu amor;
por tua grande misericórdia, volta-te para
    mim.
¹⁷ Não escondas do teu servo a tua face;
responde-me depressa, pois estou em
    perigo.
¹⁸ Aproxima-te e resgata-me;
livra-me por causa dos meus inimigos.
¹⁹ Tu bem sabes como sofro zombaria,
    humilhação e vergonha;
conheces todos os meus adversários.
²⁰ A zombaria partiu-me o coração;
    estou em desespero!
Supliquei por socorro, nada recebi;
por consoladores, e ninguém encontrei.
²¹ Puseram fel na minha comida
e para matar-me a sede deram-me vinagre.

²² Que a mesa deles se lhes transforme em
    laço;
torne-se retribuição e[a] armadilha.
²³ Que se lhe escureçam os olhos
    para que não consigam ver;
faze-lhes tremer o corpo sem parar.
²⁴ Despeja sobre eles a tua ira;
que o teu furor ardente os alcance.
²⁵ Fique deserto o lugar deles;
não haja ninguém que habite nas suas
    tendas.
²⁶ Pois perseguem aqueles que tu feres
e comentam a dor daqueles a quem
    castigas.
²⁷ Acrescenta-lhes pecado sobre pecado;
não os deixes alcançar a tua justiça.
²⁸ Sejam eles tirados do livro da vida
e não sejam incluídos no rol dos justos.

---
[a] 69.22 Ou *Que até as suas ofertas de comunhão se tornem em armadilha*; ou ainda *Que até os seus aliados se tornem uma armadilha*

²⁹ Grande é a minha aflição e a minha dor!
Proteja-me, ó Deus, a tua salvação!

³⁰ Louvarei o nome de Deus com cânticos
e proclamarei sua grandeza
    com ações de graças;
³¹ isso agradará o Senhor mais do que bois,
mais do que touros com seus chifres e
    cascos.
³² Os necessitados o verão e se alegrarão;
a vocês que buscam a Deus,
    vida ao seu coração!
³³ O Senhor ouve o pobre
e não despreza o seu povo aprisionado.

³⁴ Louvem-no os céus e a terra,
os mares e tudo o que neles se move,
³⁵ pois Deus salvará Sião
    e reconstruirá as cidades de Judá.
Então o povo ali viverá e tomará posse
    da terra;
³⁶ a descendência dos seus servos a herdará,
e nela habitarão os que amam o seu nome.

Para o mestre de música. Davídico.
Uma petição.

70

Livra-me, ó Deus!
Apressa-te, Senhor, a ajudar-me!
² Sejam humilhados e frustrados
    os que procuram tirar-me a vida;
retrocedam desprezados
    os que desejam a minha ruína.
³ Retrocedam em desgraça
    os que zombam de mim.
⁴ Mas regozijem-se e alegrem-se em ti
    todos os que te buscam;
digam sempre os que amam a tua salvação:
    "Como Deus é grande!"

⁵ Quanto a mim, sou pobre e necessitado;
    apressa-te, ó Deus.
Tu és o meu socorro e o meu libertador;
Senhor, não te demores!

71

Em ti, Senhor, busquei refúgio;
nunca permitas que eu seja humilhado.
² Resgata-me e livra-me por tua justiça;
inclina o teu ouvido para mim e salva-me.
³ Peço-te que sejas a minha rocha de refúgio,
    para onde eu sempre possa ir;
dá ordem para que me libertem,
    pois és a minha rocha
    e a minha fortaleza.

⁴ Livra-me, ó meu Deus, das mãos
dos ímpios,
das garras dos perversos e cruéis.

⁵ Pois tu és a minha esperança,
ó Soberano SENHOR,
em ti está a minha confiança desde a
juventude.
⁶ Desde o ventre materno dependo de ti;
tu me sustentaste*ᵃ*
desde as entranhas de minha mãe.
Eu sempre te louvarei!
⁷ Tornei-me um exemplo para muitos,
porque tu és o meu refúgio seguro.
⁸ Do teu louvor transborda a minha boca,
que o tempo todo proclama o teu
esplendor.

⁹ Não me rejeites na minha velhice;
não me abandones
quando se vão as minhas forças.
¹⁰ Pois os meus inimigos me caluniam;
os que estão à espreita juntam-se e
planejam matar-me.
¹¹ "Deus o abandonou", dizem eles;
"persigam-no e prendam-no,
pois ninguém o livrará."
¹² Não fiques longe de mim, ó Deus;
ó meu Deus, apressa-te em ajudar-me.
¹³ Pereçam humilhados os meus
acusadores;
sejam cobertos de zombaria e vergonha
os que querem prejudicar-me.

¹⁴ Mas eu sempre terei esperança
e te louvarei cada vez mais.
¹⁵ A minha boca falará sem cessar da
tua justiça
e dos teus incontáveis atos de salvação.
¹⁶ Falarei dos teus feitos poderosos,
ó Soberano SENHOR;
proclamarei a tua justiça,
unicamente a tua justiça.
¹⁷ Desde a minha juventude, ó Deus,
tens me ensinado,
e até hoje eu anuncio as tuas maravilhas.
¹⁸ Agora que estou velho, de cabelos
brancos,
não me abandones, ó Deus,
para que eu possa falar da tua força
aos nossos filhos,
e do teu poder às futuras gerações.

¹⁹ Tua justiça chega até as alturas, ó Deus,
tu, que tens feito coisas grandiosas.
Quem se compara a ti, ó Deus?
²⁰ Tu, que me fizeste passar
muitas e duras tribulações,
restaurarás a minha vida,
e das profundezas da terra
de novo me farás subir.
²¹ Tu me farás mais honrado
e mais uma vez me consolarás.

²² E eu te louvarei com a lira
por tua fidelidade, ó meu Deus;
cantarei louvores a ti com a harpa,
ó Santo de Israel.
²³ Os meus lábios gritarão de alegria
quando eu cantar louvores a ti,
pois tu me redimiste.
²⁴ Também a minha língua sempre falará
dos teus atos de justiça,
pois os que queriam prejudicar-me
foram humilhados e ficaram frustrados.

De Salomão.

72 Reveste da tua justiça o rei, ó Deus,
e da tua retidão o filho do rei,
² para que ele julgue com retidão
e com justiça os teus que sofrem opressão.
³ Que os montes tragam prosperidade
ao povo
e as colinas o fruto da justiça.
⁴ Defenda ele os oprimidos no meio do povo
e liberte os filhos dos pobres;
esmague ele o opressor!

⁵ Que ele perdure*ᵇ* como o sol
e como a lua por todas as gerações.
⁶ Seja ele como chuva
sobre uma lavoura ceifada,
como aguaceiros que regam a terra.
⁷ Floresçam os justos nos dias do rei,
e haja grande prosperidade enquanto
durar a lua.

⁸ Governe ele de mar a mar
e desde o rio Eufrates até os confins da terra*ᶜ*.
⁹ Inclinem-se diante dele as tribos
do deserto*ᵈ*,
e os seus inimigos lambam o pó.

ᵇ **72.5** Conforme a Septuaginta. O Texto Massorético diz *Que tu sejas temido*.
ᶜ **72.8** Ou *do país*.
ᵈ **72.9** Ou *criaturas do deserto*; ou ainda *adversários*.

ᵃ **71.6** Ou *separaste*.

¹⁰ Que os reis de Társis e das regiões litorâneas
lhe tragam tributo;
os reis de Sabá e de Sebá
lhe ofereçam presentes.
¹¹ Inclinem-se diante dele todos os reis,
e sirvam-no todas as nações.

¹² Pois ele liberta os pobres que pedem socorro,
os oprimidos que não têm quem os ajude.
¹³ Ele se compadece dos fracos e
dos pobres
e os salva da morte.
¹⁴ Ele os resgata da opressão e da violência,
pois aos seus olhos a vida[a] deles é
preciosa.

¹⁵ Tenha o rei vida longa!
Receba ele o ouro de Sabá.
Que se ore por ele continuamente,
e todo o dia se invoquem bênçãos
sobre ele.
¹⁶ Haja fartura de trigo por toda a terra,
ondulando no alto dos montes.
Floresçam os seus frutos como os
do Líbano
e cresçam as cidades como as plantas
no campo.
¹⁷ Permaneça para sempre o seu nome
e dure a sua fama enquanto o sol brilhar.
Sejam abençoadas todas as nações
por meio dele,
e que elas o chamem bendito.
¹⁸ Bendito seja o Senhor Deus,
o Deus de Israel,
o único que realiza feitos maravilhosos.
¹⁹ Bendito seja
o seu glorioso nome para sempre;
encha-se toda a terra da sua glória.
Amém e amém.

²⁰ Encerram-se aqui as orações de Davi,
filho de Jessé.

TERCEIRO LIVRO

Salmo da família de Asafe.

73 Certamente Deus é bom para Israel,
para os puros de coração.

² Quanto a mim, os meus pés quase tropeçaram;
por pouco não escorreguei.
³ Pois tive inveja dos arrogantes
quando vi a prosperidade desses ímpios.

⁴ Eles não passam por sofrimento[b]
e têm o corpo saudável e forte.
⁵ Estão livres dos fardos de todos;
não são atingidos por doenças
como os outros homens.
⁶ Por isso o orgulho lhes serve de colar,
e eles se vestem de violência.
⁷ Do seu íntimo[c] brota a maldade[d];
da sua mente transbordam maquinações.
⁸ Eles zombam e falam com más intenções;
em sua arrogância ameaçam com
opressão.
⁹ Com a boca arrogam a si os céus,
e com a língua se apossam da terra.
¹⁰ Por isso o seu povo se volta para eles
e bebe suas palavras até saciar-se.
¹¹ Eles dizem: "Como saberá Deus?
Terá conhecimento o Altíssimo?"

¹² Assim são os ímpios;
sempre despreocupados,
aumentam suas riquezas.

¹³ Certamente me foi inútil
manter puro o coração
e lavar as mãos na inocência,
¹⁴ pois o dia inteiro sou afligido,
e todas as manhãs sou castigado.
¹⁵ Se eu tivesse dito: "Falarei como eles",
teria traído os teus filhos.
¹⁶ Quando tentei entender tudo isso,
achei muito difícil para mim,
¹⁷ até que entrei no santuário de Deus,
e então compreendi o destino dos ímpios.

¹⁸ Certamente os pões em terreno
escorregadio
e os fazes cair na ruína.
¹⁹ Como são destruídos de repente,
completamente tomados de pavor!
²⁰ São como um sonho
que se vai quando acordamos;

---

[a] 72.14 Hebraico: *sangue*.

[b] 73.4 Ou *sofrimento até morrer*; ou ainda *sofrimento; até morrer o corpo deles é*

[c] 73.7 Hebraico: *gordura*.

[d] 73.7 Conforme a Versão Siríaca. O Texto Massorético diz *Seus olhos saltam-lhes da gordura*.

quando te levantares, Senhor,
    tu os farás desaparecer.

²¹ Quando o meu coração estava amargurado
e no íntimo eu sentia inveja,
²² agi como insensato e ignorante;
minha atitude para contigo
    era a de um animal irracional.

²³ Contudo, sempre estou contigo;
tomas a minha mão direita e me susténs.
²⁴ Tu me diriges com o teu conselho,
e depois me receberás com honras.
²⁵ A quem tenho nos céus senão a ti?
E, na terra, nada mais desejo
    além de estar junto a ti.
²⁶ O meu corpo e o meu coração
    poderão fraquejar,
mas Deus é a força do meu coração
e a minha herança para sempre.

²⁷ Os que te abandonam sem dúvida
    perecerão;
tu destróis todos os infiéis.
²⁸ Mas, para mim, bom é estar perto de
    Deus;
fiz do Soberano SENHOR o meu refúgio;
proclamarei todos os teus feitos.

Poema da família de Asafe.

74 Por que nos rejeitaste definitivamente,
    ó Deus?
Por que se acende a tua ira
    contra as ovelhas da tua pastagem?
² Lembra-te do povo que adquiriste
    em tempos passados,
da tribo da tua herança, que resgataste,
do monte Sião, onde habitaste.
³ Volta os teus passos
    para aquelas ruínas irreparáveis,
para toda a destruição
    que o inimigo causou em teu santuário.

⁴ Teus adversários gritaram triunfantes
    bem no local onde te encontravas conosco,
e hastearam suas bandeiras em sinal de
    vitória.
⁵ Pareciam homens armados com
    machados
    invadindo um bosque cerrado.
⁶ Com seus machados e machadinhas
esmigalharam todos os revestimentos
    de madeira esculpida.

⁷ Atearam fogo ao teu santuário;
profanaram o lugar da habitação do
    teu nome.
⁸ Disseram no coração:
    "Vamos acabar com eles!"
Queimaram todos os santuários do país.
⁹ Já não vemos sinais milagrosos;
não há mais profetas,
e nenhum de nós sabe
    até quando isso continuará.

¹⁰ Até quando o adversário irá zombar,
    ó Deus?
Será que o inimigo blasfemará
    o teu nome para sempre?
¹¹ Por que reténs a tua mão, a tua mão
    direita?
Não fiques de braços cruzados! Destrói-os!

¹² Mas tu, ó Deus,
    és o meu rei desde a antiguidade;
trazes salvação sobre a terra.
¹³ Tu dividiste o mar pelo teu poder;
quebraste as cabeças das serpentes
    das águas.
¹⁴ Esmagaste as cabeças do Leviatã[a]
e o deste por comida às criaturas
    do deserto.
¹⁵ Tu abriste fontes e regatos;
secaste rios perenes.
¹⁶ O dia é teu, e tua também é a noite;
estabeleceste o sol e a lua.
¹⁷ Determinaste todas as fronteiras
    da terra;
fizeste o verão e o inverno.

¹⁸ Lembra-te de como o inimigo
    tem zombado de ti, ó SENHOR,
como os insensatos têm blasfemado o
    teu nome.
¹⁹ Não entregues a vida da tua pomba
    aos animais selvagens;
não te esqueças para sempre da vida
    do teu povo indefeso.
²⁰ Dá atenção à tua aliança,
porque de antros de violência se enchem
    os lugares sombrios do país.
²¹ Não deixes que o oprimido
    se retire humilhado!
Faze que o pobre e o necessitado
    louvem o teu nome.

---

[a] **74.14** Ou *monstro marinho*

²² Levanta-te, ó Deus, e defende a
tua causa;
lembra-te de como os insensatos
zombam de ti sem cessar.
²³ Não ignores a gritaria dos teus
adversários,
o crescente tumulto dos teus inimigos.

Para o mestre de música. De acordo com a melodia *Não Destruas*. Salmo da família de Asafe. Um cântico.

75 Damos-te graças, ó Deus,
damos-te graças, pois perto está o
teu nome;
todos falam dos teus feitos maravilhosos.

² Tu dizes: "Eu determino o tempo
em que julgarei com justiça.
³ Quando treme a terra
com todos os seus habitantes,
sou eu que mantenho firmes
as suas colunas.
PAUSA

⁴ "Aos arrogantes digo: Parem de
vangloriar-se!
E aos ímpios: Não se rebelem!*ᵃ*
⁵ Não se rebelem contra os céus;
não falem com insolência".

⁶ Não é do oriente nem do ocidente
nem do deserto que vem a exaltação.
⁷ É Deus quem julga:
Humilha a um, a outro exalta.
⁸ Na mão do SENHOR está um cálice
cheio de vinho espumante e misturado;
ele o derrama, e todos os ímpios da terra
o bebem até a última gota.
⁹ Quanto a mim,
para sempre anunciarei essas coisas;
cantarei louvores ao Deus de Jacó.
¹⁰ Destruirei o poder*ᵇ* de todos os ímpios,
mas o poder dos justos aumentará.

Para o mestre de música. Com instrumentos de cordas. Salmo da família de Asafe. Um cântico.

76 Em Judá Deus é conhecido;
o seu nome é grande em Israel.
² Sua tenda está em Salém;
o lugar da sua habitação está em Sião.
³ Ali quebrou ele as flechas reluzentes,
os escudos e as espadas,
as armas de guerra.
PAUSA

⁴ Resplendes de luz!
És mais majestoso que os montes
cheios de despojos.
⁵ Os homens valorosos jazem saqueados,
dormem o sono final;
nenhum dos guerreiros
foi capaz de erguer as mãos.
⁶ Diante da tua repreensão, ó Deus
de Jacó,
o cavalo e o carro estacaram.
⁷ Somente tu és temível.
Quem poderá permanecer diante de ti
quando estiveres irado?
⁸ Dos céus pronunciaste juízo,
e a terra tremeu e emudeceu,
⁹ quando tu, ó Deus, te levantaste
para julgar,
para salvar todos os oprimidos da terra.
PAUSA

¹⁰ Até a tua ira contra os homens
redundará em teu louvor,
e os sobreviventes da tua ira se refrearão.*ᶜ*

¹¹ Façam votos ao SENHOR, ao seu Deus,
e não deixem de cumpri-los;
que todas as nações vizinhas tragam
presentes
a quem todos devem temer.
¹² Ele tira o ânimo dos governantes
e é temido pelos reis da terra.

Para o mestre de música. Ao estilo de Jedutum. Salmo da família de Asafe.

77 Clamo a Deus por socorro;
clamo a Deus que me escute.
² Quando estou angustiado, busco o
Senhor;
de noite estendo as mãos sem cessar;
a minha alma está inconsolável!

³ Lembro-me de ti, ó Deus, e suspiro;
começo a meditar,
e o meu espírito desfalece.
PAUSA

ᵃ 75.4 Hebraico: *Não levantem o chifre*; também no versículo 5.
ᵇ 75.10 Hebraico: *chifre*. Duas vezes neste versículo.
ᶜ 76.10 Ou *Até a ira dos homens redundará em teu louvor, e com o restante da ira tu te armas*.

⁴ Não me permites fechar os olhos;
tão inquieto estou que não consigo falar.
⁵ Fico a pensar nos dias que se foram,
nos anos há muito passados;
⁶ de noite recordo minhas canções.
O meu coração medita,
  e o meu espírito pergunta:

⁷ Irá o Senhor rejeitar-nos para sempre?
Jamais tornará a mostrar-nos o seu favor?
⁸ Desapareceu para sempre o seu amor?
Acabou-se a sua promessa?
⁹ Esqueceu-se Deus de ser misericordioso?
Em sua ira refreou sua compaixão?

PAUSA

¹⁰ Então pensei: "A razão da minha dor
  é que a mão direita do Altíssimo não
  age mais".ª

¹¹ Recordarei os feitos do Senhor;
recordarei os teus antigos milagres.
¹² Meditarei em todas as tuas obras
e considerarei todos os teus feitos.

¹³ Teus caminhos, ó Deus, são santos.
Que deus é tão grande como o nosso Deus?
¹⁴ Tu és o Deus que realiza milagres;
mostras o teu poder entre os povos.
¹⁵ Com o teu braço forte resgataste o
    teu povo,
  os descendentes de Jacó e de José.

PAUSA

¹⁶ As águas te viram, ó Deus,
as águas te viram e se contorceram;
até os abismos estremeceram.
¹⁷ As nuvens despejaram chuvas,
  ressoou nos céus o trovão;
as tuas flechas reluziam em todas
  as direções.
¹⁸ No redemoinho, estrondou o teu trovão,
os teus relâmpagos iluminaram o mundo;
a terra tremeu e sacudiu-se.
¹⁹ A tua vereda passou pelo mar,
o teu caminho pelas águas poderosas,
e ninguém viu as tuas pegadas.

²⁰ Guiaste o teu povo como a um rebanho
  pela mão de Moisés e de Arão.

ª **77.10** Ou *Apelarei para o que há muito fez a mão direita do Altíssimo.*

Poema da família de Asafe.

78 ¹ Povo meu, escute o meu ensino;
incline os ouvidos
  para o que eu tenho a dizer.
² Em parábolas abrirei a minha boca,
proferirei enigmas do passado;
³ o que ouvimos e aprendemos,
o que nossos pais nos contaram.
⁴ Não os esconderemos dos nossos filhos;
contaremos à próxima geração
  os louváveis feitos do Senhor,
o seu poder e as maravilhas que fez.
⁵ Ele decretou estatutos para Jacó,
e em Israel estabeleceu a lei,
e ordenou aos nossos antepassados
  que a ensinassem aos seus filhos,
⁶ de modo que a geração seguinte
  a conhecesse,
e também os filhos que ainda nasceriam,
e eles, por sua vez,
  contassem aos seus próprios filhos.
⁷ Então eles porão a confiança em Deus;
não esquecerão os seus feitos
e obedecerão aos seus mandamentos.
⁸ Eles não serão como os seus
    antepassados,
  obstinados e rebeldes,
povo de coração desleal para com Deus,
  gente de espírito infiel.

⁹ Os homens de Efraim, flecheiros armados,
viraram as costas no dia da batalha;
¹⁰ não guardaram a aliança de Deus
e se recusaram a viver de acordo com a
  sua lei.
¹¹ Esqueceram o que ele tinha feito,
as maravilhas que lhes havia mostrado.
¹² Ele fez milagres diante dos seus
    antepassados,
na terra do Egito, na região de Zoã.
¹³ Dividiu o mar para que pudessem passar;
fez a água erguer-se como um muro.
¹⁴ Ele os guiou com a nuvem de dia
e com a luz do fogo de noite.
¹⁵ Fendeu as rochas no deserto
e deu-lhes tanta água
  como a que flui das profundezas;
¹⁶ da pedra fez sair regatos
e fluir água como um rio.

¹⁷ Mas contra ele continuaram a pecar,
revoltando-se no deserto contra
  o Altíssimo.

¹⁸ Deliberadamente puseram Deus à prova,
exigindo o que desejavam comer.
¹⁹ Duvidaram de Deus, dizendo:
"Poderá Deus preparar uma mesa
   no deserto?
²⁰ Sabemos que, quando ele feriu a rocha,
a água brotou e jorrou em torrentes.
Mas conseguirá também dar-nos de comer?
Poderá suprir de carne o seu povo?"
²¹ O Senhor os ouviu e enfureceu-se;
com fogo atacou Jacó,
e sua ira levantou-se contra Israel,
²² pois eles não creram em Deus
nem confiaram no seu poder salvador.
²³ Contudo, ele deu ordens às nuvens
e abriu as portas dos céus;
²⁴ fez chover maná para que o povo comesse,
deu-lhe o pão*ᵃ* dos céus.
²⁵ Os homens comeram o pão dos anjos;
enviou-lhes comida à vontade.
²⁶ Enviou dos céus o vento oriental
e pelo seu poder fez avançar o vento sul.
²⁷ Fez chover carne sobre eles como pó,
bandos de aves como a areia da praia.
²⁸ Levou-as a cair dentro do
   acampamento,
ao redor das suas tendas.
²⁹ Comeram à vontade,
e assim ele satisfez o desejo deles.
³⁰ Mas, antes de saciarem o apetite,
quando ainda tinham a comida na boca,
³¹ acendeu-se contra eles a ira de Deus;
e ele feriu de morte os mais fortes dentre eles,
   matando os jovens de Israel.

³² A despeito disso tudo, continuaram
   pecando;
não creram nos seus prodígios.
³³ Por isso ele encerrou
os dias deles como um sopro
e os anos deles em repentino pavor.
³⁴ Sempre que Deus os castigava com
   a morte,
eles o buscavam;
com fervor se voltavam de novo para ele.
³⁵ Lembravam-se de que Deus era a
   sua Rocha,
de que o Deus Altíssimo era o
   seu Redentor.
³⁶ Com a boca o adulavam,
com a língua o enganavam;

³⁷ o coração deles não era sincero;
não foram fiéis à sua aliança.
³⁸ Contudo, ele foi misericordioso;
perdoou-lhes as maldades
   e não os destruiu.
Vez após vez conteve a sua ira,
   sem despertá-la totalmente.
³⁹ Lembrou-se de que eram meros mortais,
brisa passageira que não retorna.
⁴⁰ Quantas vezes mostraram-se rebeldes
   contra ele no deserto
e o entristeceram na terra solitária!
⁴¹ Repetidas vezes puseram Deus à prova;
irritaram o Santo de Israel.
⁴² Não se lembravam da sua mão poderosa,
do dia em que os redimiu do opressor,
⁴³ do dia em que mostrou
   os seus prodígios no Egito,
as suas maravilhas na região de Zoã,
⁴⁴ quando transformou os rios
   e os riachos dos egípcios em sangue,
e eles não mais conseguiam beber das
   suas águas,
⁴⁵ e enviou enxames de moscas
   que os devoraram,
e rãs que os devastaram;
⁴⁶ quando entregou as suas plantações
   às larvas,
a produção da terra aos gafanhotos,
⁴⁷ e destruiu as suas vinhas com a saraiva
e as suas figueiras bravas com a geada;
⁴⁸ quando entregou o gado deles
   ao granizo,
os seus rebanhos aos raios;
⁴⁹ quando os atingiu com a sua ira ardente,
   com furor, indignação e hostilidade,
com muitos anjos destruidores.
⁵⁰ Abriu caminho para a sua ira;
não os poupou da morte,
mas os entregou à peste.
⁵¹ Matou todos os primogênitos do Egito,
as primícias do vigor varonil
   das tendas de Cam.
⁵² Mas tirou o seu povo como ovelhas
e o conduziu como a um rebanho
   pelo deserto.
⁵³ Ele os guiou em segurança,
   e não tiveram medo;
e os seus inimigos afundaram-se no mar.
⁵⁴ Assim os trouxe à fronteira
   da sua terra santa,
aos montes que a sua mão direita
   conquistou.

ᵃ **78.24** Hebraico: *trigo*.

⁵⁵ Expulsou nações que lá estavam,
distribuiu-lhes as terras por herança
e deu suas tendas às tribos de Israel
  para que nelas habitassem.

⁵⁶ Mas eles puseram Deus à prova
  e foram rebeldes contra o Altíssimo;
não obedeceram aos seus testemunhos.
⁵⁷ Foram desleais e infiéis,
  como os seus antepassados,
confiáveis como um arco defeituoso.
⁵⁸ Eles o irritaram com os altares idólatras;
com os seus ídolos lhe provocaram ciúmes.
⁵⁹ Sabendo-o Deus, enfureceu-se
e rejeitou totalmente Israel;
⁶⁰ abandonou o tabernáculo de Siló,
a tenda onde habitava entre os homens.
⁶¹ Entregou o símbolo do seu poder
  ao cativeiro
e o seu esplendor nas mãos do
  adversário.
⁶² Deixou que o seu povo fosse morto à
  espada,
pois enfureceu-se com a sua herança.
⁶³ O fogo consumiu os seus jovens,
e as suas moças não tiveram
  canções de núpcias;
⁶⁴ os sacerdotes foram mortos à espada!
As viúvas já nem podiam chorar!

⁶⁵ Então o Senhor despertou
  como que de um sono,
como um guerreiro despertado do
  domínio do vinho.
⁶⁶ Fez retroceder a golpes os seus
  adversários
e os entregou a permanente humilhação.
⁶⁷ Também rejeitou as tendas de José
e não escolheu a tribo de Efraim;
⁶⁸ ao contrário, escolheu a tribo de Judá
e o monte Sião, o qual amou.
⁶⁹ Construiu o seu santuário como
  as alturas;
como a terra o firmou para sempre.
⁷⁰ Escolheu o seu servo Davi
e o tirou do aprisco das ovelhas,
⁷¹ do pastoreio de ovelhas,
para ser o pastor de Jacó, seu povo,
de Israel, sua herança.
⁷² E de coração íntegro Davi os
  pastoreou;
  com mãos experientes os conduziu.

Salmo da família de Asafe.

79

Ó Deus, as nações invadiram a tua
herança,
profanaram o teu santo templo,
reduziram Jerusalém a ruínas.
² Deram os cadáveres dos teus servos
  às aves do céu por alimento;
a carne dos teus fiéis, aos animais
  selvagens.
³ Derramaram o sangue deles como água
  ao redor de Jerusalém,
e não há ninguém para sepultá-los.
⁴ Somos objeto de zombaria
  para os nossos vizinhos,
de riso e menosprezo
  para os que vivem ao nosso redor.

⁵ Até quando, Senhor?
Ficarás irado para sempre?
Arderá o teu ciúme como o fogo?
⁶ Derrama a tua ira sobre as nações
  que não te reconhecem,
sobre os reinos
  que não invocam o teu nome,
⁷ pois devoraram Jacó,
  deixando em ruínas a sua terra.
⁸ Não cobres de nós
  as maldades dos nossos antepassados;
venha depressa ao nosso encontro
  a tua misericórdia,
pois estamos totalmente desanimados!
⁹ Ajuda-nos, ó Deus, nosso Salvador,
  para a glória do teu nome;
livra-nos e perdoa os nossos pecados,
  por amor do teu nome.
¹⁰ Por que as nações haverão de dizer:
  "Onde está o Deus deles?"
Diante dos nossos olhos, mostra às nações
  a tua vingança pelo sangue dos teus servos.
¹¹ Cheguem à tua presença
  os gemidos dos prisioneiros.
Pela força do teu braço
  preserva os condenados à morte.

¹² Retribui sete vezes mais aos nossos
  vizinhos
  as afrontas com que te insultaram,
  Senhor!
¹³ Então nós, o teu povo,
  as ovelhas das tuas pastagens,
  para sempre te louvaremos;
de geração em geração
  cantaremos os teus louvores.

Para o mestre de música. De acordo com a melodia *Os Lírios da Aliança*. Salmo da família de Asafe.

80

Escuta-nos, Pastor de Israel,
tu, que conduzes José como um rebanho;
tu, que tens o teu trono sobre os querubins,
manifesta o teu esplendor
² diante de Efraim, Benjamim e Manassés.
Desperta o teu poder e vem salvar-nos!

³ Restaura-nos, ó Deus!
Faze resplandecer sobre nós o teu rosto,*a*
para que sejamos salvos.

⁴ Ó Senhor, Deus dos Exércitos,
até quando arderá a tua ira
contra as orações do teu povo?
⁵ Tu o alimentaste com pão de lágrimas
e o fizeste beber copos de lágrimas.
⁶ Fizeste de nós um motivo de disputas
entre as nações vizinhas,
e os nossos inimigos caçoam de nós.

⁷ Restaura-nos, ó Deus dos Exércitos;
faze resplandecer sobre nós o teu rosto,
para que sejamos salvos.

⁸ Do Egito trouxeste uma videira;
expulsaste as nações e a plantaste.
⁹ Limpaste o terreno,
ela lançou raízes e encheu a terra.
¹⁰ Os montes foram cobertos pela
  sua sombra
e os mais altos cedros pelos seus ramos.
¹¹ Seus ramos se estenderam até o Mar*b*
e os seus brotos até o Rio*c*.

¹² Por que derrubaste as suas cercas,
permitindo que todos os que passam
apanhem as suas uvas?
¹³ Javalis da floresta a devastam
e as criaturas do campo dela
  se alimentam.
¹⁴ Volta-te para nós, ó Deus dos Exércitos!
Dos altos céus olha e vê!
Toma conta desta videira,
¹⁵ da raiz que a tua mão direita plantou,
do filho*d* que para ti fizeste crescer!

¹⁶ Tua videira foi derrubada;
como lixo foi consumida pelo fogo.
Pela tua repreensão perece o teu povo!*e*
¹⁷ Repouse a tua mão sobre aquele
que puseste à tua mão direita,
o filho do homem que para ti fizeste crescer.
¹⁸ Então não nos desviaremos de ti;
vivifica-nos, e invocaremos o teu nome.
¹⁹ Restaura-nos, ó Senhor, Deus
  dos Exércitos;
faze resplandecer sobre nós o teu rosto,
para que sejamos salvos.

Para o mestre de música. De acordo com a melodia *Os Lagares*. Da família de Asafe.

81

Cantem de alegria a Deus, nossa força;
aclamem o Deus de Jacó!
² Comecem o louvor, façam ressoar o
  tamborim,
toquem a lira e a harpa melodiosa.

³ Toquem a trombeta na lua nova
e no dia de lua cheia, dia da nossa festa;
⁴ porque este é um decreto para Israel,
uma ordenança do Deus de Jacó,
⁵ que ele estabeleceu como estatuto
  para José,
  quando atacou o Egito.
Ali ouvimos uma língua*f* que não
  conhecíamos.

⁶ Ele diz: "Tirei o peso dos seus ombros;
suas mãos ficaram livres dos cestos
  de cargas.
⁷ Na sua aflição vocês clamaram e eu os livrei,
do esconderijo dos trovões lhes respondi;
eu os pus à prova nas águas de Meribá*g*.
  PAUSA

⁸ "Ouça, meu povo, as minhas advertências;
se tão somente você me escutasse, ó Israel!
⁹ Não tenha deus estrangeiro no seu meio;
não se incline perante nenhum
  deus estranho.
¹⁰ Eu sou o Senhor, o seu Deus,
que o tirei da terra do Egito.
Abra a sua boca, e eu o alimentarei.

---

a 80.3 Isto é, mostra-nos a tua bondade; também nos versículos 7 e 19.
b 80.11 Isto é, o Mediterrâneo.
c 80.11 Isto é, o Eufrates.
d 80.15 Ou *ramo*
e 80.16 Ou *Pela tua repreensão faze perecer os que a derrubaram e a queimaram como lixo!*
f 81.5 Ou *voz*
g 81.7 *Meribá* significa *rebelião*.

CULTO

Como definimos a adoração? Seriam as canções ou o estilo de cantar? Seriam os hinos ou as coreografias? A adoração não deve ser um espetáculo, mas um estilo de vida.

Talvez Davi seja o adorador mais conhecido da Bíblia. É mencionado como o homem "segundo o coração de Deus". Ao longo de sua vida o vemos em momentos de profunda adoração e sacrifício a Deus. No entanto, em Salmos, vemos também suas dificuldades e seus momentos de desespero. Até mesmo em meio às batalhas, foi capaz de vencer as emoções e adorar ao Senhor. Deus não havia mudado; as circunstâncias de Davi, sim, é que foram alteradas. O salmo 79 indica isso quando Davi começa a clamar a Deus no versículo 4: "Somos objeto de zombaria para os nossos vizinhos, de riso e menosprezo para os que vivem ao nosso redor".

Vemos o trajeto que ele percorreu desde a frustração até um verdadeiro estado de adoração ao finalizar o salmo no versículo 13 com estas palavras: "Então nós, o teu povo, as ovelhas das tuas pastagens, para sempre te louvaremos; de geração em geração cantaremos os teus louvores".

Em Neemias 12, na dedicação dos muros de Jerusalém, Neemias nomeia adoradores em tempo integral (v. 8,24,31). Na época de Neemias, essa tarefa era realizada no decorrer de todo o dia. A gratidão é uma maneira de expressarmos uma vida de adoração.

Adoramos a Deus por ele ser quem é e pelo que fez por nós. Adoramos seu caráter imutável. Também estamos agradecidos pela salvação que nos deu como presente. Esse fato não é alterado quando mudam as nossas emoções ou circunstâncias. É dessa maneira que podemos ter uma vida de adoração independentemente do que aconteça.

A adoração não é um estilo nem um sentimento. A adoração é uma opção para viver de um modo que engrandeça o nome de Deus e que o agrade (Mateus 3.17).

APLICAÇÃO
- Temos uma vida de adoração, ou simplesmente participamos de um espetáculo semanal na igreja?
- Conseguimos deixar para trás nossas decepções e expectativas não cumpridas para adorar a Deus em meio às provações?
- Tenha uma atitude de gratidão nesta semana. Uma vez por dia, conte a alguém seus motivos para estar grato.

¹¹ "Mas o meu povo não quis ouvir-me;
Israel não quis obedecer-me.
¹² Por isso os entreguei
ao seu coração obstinado,
para seguirem os seus próprios planos.

¹³ "Se o meu povo apenas me ouvisse,
se Israel seguisse os meus caminhos,
¹⁴ com rapidez eu subjugaria os seus inimigos
e voltaria a minha mão
contra os seus adversários!
¹⁵ Os que odeiam o Senhor
se renderiam diante dele
e receberiam um castigo perpétuo.
¹⁶ Mas eu sustentaria Israel
com o melhor trigo,
e com o mel da rocha eu o satisfaria".

Para o mestre de música.
Salmo da família de Asafe.

82 É Deus quem preside a assembleia divina;
no meio dos deuses,
ele é o juiz.[a]

² "Até quando vocês vão absolver
os culpados
e favorecer os ímpios?

PAUSA

³ "Garantam justiça para os fracos
e para os órfãos;
mantenham os direitos dos necessitados
e dos oprimidos.
⁴ Livrem os fracos e os pobres;
libertem-nos das mãos dos ímpios.

⁵ "Eles nada sabem, nada entendem.
Vagueiam pelas trevas;
todos os fundamentos da terra estão
abalados.

[a] 82.1 Ou *É Deus quem preside na suprema assembleia; no meio dos poderosos, ele é o juiz*; ou ainda *no meio dos juízes, ele é o juiz*.

⁶ "Eu disse: 'Vocês são deuses,
todos vocês são filhos do Altíssimo'.
⁷ Mas vocês morrerão como simples homens;
cairão como qualquer outro governante."

⁸ Levanta-te, ó Deus, julga a terra,
pois todas as nações te pertencem.

Uma canção.
Salmo da família de Asafe.

83 Ó Deus, não te emudeças;
não fiques em silêncio nem te detenhas,
ó Deus.
² Vê como se agitam os teus inimigos,
como os teus adversários
te desafiam de cabeça erguida.
³ Com astúcia conspiram contra o teu povo;
tramam contra aqueles
que são o teu tesouro.
⁴ Eles dizem: "Venham,
vamos destruí-los como nação,
para que o nome de Israel
não seja mais lembrado!"

⁵ Com um só propósito tramam juntos;
é contra ti que fazem acordo
⁶ as tendas de Edom e os ismaelitas,
Moabe e os hagarenos,
⁷ Gebal*ᵃ*, Amom e Amaleque,
a Filístia, com os habitantes de Tiro.
⁸ Até a Assíria aliou-se a eles,
e trouxe força aos descendentes de Ló.

PAUSA

⁹ Trata-os como trataste Midiã,
como trataste Sísera e Jabim no rio Quisom,
¹⁰ os quais morreram em En-Dor
e se tornaram esterco para a terra.
¹¹ Faze com os seus nobres o que fizeste
com Orebe e Zeebe,
e com todos os seus príncipes
o que fizeste com Zeba e Zalmuna,
¹² que disseram:
"Vamos apossar-nos das pastagens
de Deus".

¹³ Faze-os como folhas secas
levadas no redemoinho, ó meu Deus,
como palha ao vento.

¹⁴ Assim como o fogo consome a floresta
e as chamas incendeiam os montes,
¹⁵ persegue-os com o teu vendaval
e aterroriza-os com a tua tempestade.
¹⁶ Cobre-lhes de vergonha o rosto
até que busquem o teu nome, SENHOR.

¹⁷ Sejam eles humilhados e aterrorizados
para sempre;
pereçam em completa desgraça.
¹⁸ Saibam eles que tu, cujo nome é SENHOR,
somente tu, és o Altíssimo sobre toda a terra.

Para o mestre de música. De acordo com a melodia *Os Lagares*.
Salmo dos coraítas.

84 Como é agradável o lugar da tua habitação,
SENHOR dos Exércitos!
² A minha alma anela, e até desfalece,
pelos átrios do SENHOR;
o meu coração e o meu corpo
cantam de alegria ao Deus vivo.

³ Até o pardal achou um lar
e a andorinha um ninho para si,
para abrigar os seus filhotes,
um lugar perto do teu altar,
ó SENHOR dos Exércitos, meu Rei e
meu Deus.
⁴ Como são felizes
os que habitam em tua casa;
louvam-te sem cessar!

PAUSA

⁵ Como são felizes os que em ti
encontram força
e os que são peregrinos de coração!
⁶ Ao passarem pelo vale de Baca*ᵇ*,
fazem dele um lugar de fontes;
as chuvas de outono
também o enchem de cisternas*ᶜ*.
⁷ Prosseguem o caminho de força
em força,
até que cada um se apresente a Deus
em Sião.

⁸ Ouve a minha oração,
ó SENHOR Deus dos Exércitos;
escuta-me, ó Deus de Jacó.

PAUSA

ᵃ **83.7** Isto é, Biblos.
ᵇ **84.6** Ou *de lágrimas*; ou ainda *seco*
ᶜ **84.6** Ou *bênçãos*

⁹ Olha, ó Deus, que és nosso escudo[a];
trata com bondade o teu ungido.
¹⁰ Melhor é um dia nos teus átrios
do que mil noutro lugar;
prefiro ficar à porta da casa do meu Deus
a habitar nas tendas dos ímpios.
¹¹ O Senhor Deus é sol e escudo;
o Senhor concede favor e honra;
não recusa nenhum bem
aos que vivem com integridade.

¹² Ó Senhor dos Exércitos,
como é feliz aquele que em ti confia!

**Para o mestre de música.
Salmo dos coraítas.**

85

Foste favorável à tua terra, ó Senhor;
trouxeste restauração[b] a Jacó.
² Perdoaste a culpa do teu povo
e cobriste todos os seus pecados.

PAUSA

³ Retiraste todo o teu furor
e te afastaste da tua ira tremenda.

⁴ Restaura-nos mais uma vez,
ó Deus, nosso Salvador,
e desfaze o teu furor para conosco.
⁵ Ficarás indignado conosco para sempre?
Prolongarás a tua ira por todas
as gerações?
⁶ Acaso não nos renovarás a vida,
a fim de que o teu povo se alegre em ti?
⁷ Mostra-nos o teu amor, ó Senhor,
e concede-nos a tua salvação!

⁸ Eu ouvirei o que Deus, o Senhor, disse;
ele promete paz ao seu povo, aos seus fiéis!
Não voltem eles à insensatez!
⁹ Perto está a salvação que ele trará
aos que o temem,
e a sua glória habitará em nossa terra.

¹⁰ O amor e a fidelidade se encontrarão;
a justiça e a paz se beijarão.
¹¹ A fidelidade brotará da terra,
e a justiça descerá dos céus.
¹² O Senhor nos trará bênçãos,
e a nossa terra dará a sua colheita.
¹³ A justiça irá adiante dele
e preparará o caminho para os
seus passos.

Oração davídica.

86

Inclina os teus ouvidos, ó Senhor,
e responde-me,
pois sou pobre e necessitado.
² Guarda a minha vida, pois sou fiel a ti.
Tu és o meu Deus;
salva o teu servo que em ti confia!
³ Misericórdia, Senhor,
pois clamo a ti sem cessar.
⁴ Alegra o coração do teu servo,
pois a ti, Senhor, elevo a minha alma.
⁵ Tu és bondoso e perdoador, Senhor,
rico em graça
para com todos os que te invocam.

⁶ Escuta a minha oração, Senhor;
atenta para a minha súplica!
⁷ No dia da minha angústia clamarei a ti,
pois tu me responderás.

⁸ Nenhum dos deuses é comparável a ti,
Senhor,
nenhum deles pode fazer o que tu fazes.

⁹ Todas as nações que tu formaste
virão e te adorarão, Senhor,
e glorificarão o teu nome.
¹⁰ Pois tu és grande
e realizas feitos maravilhosos;
só tu és Deus!

¹¹ Ensina-me o teu caminho, Senhor,
para que eu ande na tua verdade;
dá-me um coração inteiramente fiel,
para que eu tema o teu nome.
¹² De todo o meu coração te louvarei,
Senhor, meu Deus;
glorificarei o teu nome para sempre.
¹³ Pois grande é o teu amor para comigo;
tu me livraste das profundezas do Sheol[c].

¹⁴ Os arrogantes estão me atacando, ó Deus;
um bando de homens cruéis,
gente que não faz caso de ti
procura tirar-me a vida.
¹⁵ Mas tu, Senhor,
és Deus compassivo e misericordioso,
muito paciente, rico em amor e
em fidelidade.
¹⁶ Volta-te para mim! Tem misericórdia
de mim!

---

[a] **84.9** Ou *soberano*
[b] **85.1** Ou *os cativos de volta*

[c] **86.13** Essa palavra pode ser traduzida por sepultura, profundezas, pó ou morte.

Concede a tua força a teu servo
e salva o filho da tua serva[a].
¹⁷ Dá-me um sinal da tua bondade,
para que os meus inimigos vejam
e sejam humilhados,
pois tu, Senhor, me ajudaste e me consolaste.

Dos coraítas. Um salmo. Um cântico.

87 O Senhor edificou sua cidade sobre o monte santo;
² ele ama as portas de Sião
mais do que qualquer outro lugar[b]
de Jacó.
³ Coisas gloriosas são ditas de ti,
ó cidade de Deus!

PAUSA

⁴ "Entre os que me reconhecem
incluirei Raabe[c] e Babilônia,
além da Filístia, de Tiro,
e também da Etiópia[d],
como se tivessem nascido em Sião[e]."

⁵ De fato, acerca de Sião se dirá:
"Todos estes nasceram em Sião,
e o próprio Altíssimo a estabelecerá".
⁶ O Senhor escreverá no registro
dos povos:
"Este nasceu ali".

PAUSA

⁷ Com danças e cânticos, dirão:
"Em Sião estão as nossas origens[f]!"

Um cântico. Salmo dos coraítas. Para o mestre de música. Conforme *mahalath leannoth*[g]. Poema do ezraíta Hemã.

88 Ó Senhor, Deus que me salva,
a ti clamo dia e noite.
² Que a minha oração chegue diante de ti;
inclina os teus ouvidos ao meu clamor.
³ Tenho sofrido tanto que a minha vida
está à beira da sepultura[h]!
⁴ Sou contado entre os que descem à cova;
sou como um homem que já não tem forças.
⁵ Fui colocado junto aos mortos,
sou como os cadáveres que jazem
no túmulo,
dos quais já não te lembras,
pois foram tirados de tua mão.

⁶ Puseste-me na cova mais profunda,
na escuridão das profundezas.
⁷ Tua ira pesa sobre mim;
com todas as tuas ondas me afligiste.

PAUSA

⁸ Afastaste de mim os meus melhores amigos
e me tornaste repugnante para eles.
Estou como um preso que não pode fugir;
⁹ minhas vistas já estão fracas de tristeza.

A ti, Senhor, clamo cada dia;
a ti ergo as minhas mãos.
¹⁰ Acaso mostras as tuas maravilhas
aos mortos?
Acaso os mortos se levantam
e te louvam?

PAUSA

¹¹ Será que o teu amor é anunciado
no túmulo
e a tua fidelidade no Abismo da Morte[i]?
¹² Acaso são conhecidas as tuas maravilhas
na região das trevas
e os teus feitos de justiça
na terra do esquecimento?

¹³ Mas eu, Senhor, a ti clamo por socorro;
já de manhã a minha oração
chega à tua presença.
¹⁴ Por que, Senhor, me rejeitas
e escondes de mim o teu rosto?
¹⁵ Desde moço tenho sofrido
e ando perto da morte;
os teus terrores levaram-me ao desespero.
¹⁶ Sobre mim se abateu a tua ira;
os pavores que me causas me destruíram.
¹⁷ Cercam-me o dia todo como uma inundação;
envolvem-me por completo.
¹⁸ Tiraste de mim os meus amigos
e os meus companheiros;
as trevas são a minha única companhia.

---

[a] **86.16** Ou *salva o teu filho fiel*
[b] **87.2** Ou *santuário*
[c] **87.4** Isto é, o Egito.
[d] **87.4** Hebraico: *Cuxe*.
[e] **87.4** Hebraico: *este nasceu ali*.
[f] **87.7** Ou *está a nossa fonte de felicidade*
[g] Título: Possivelmente a melodia *O Sofrimento do Aflito*
[h] **88.3** Hebraico: *Sheol*. Essa palavra também pode ser traduzida por *profundezas*, *pó* ou *morte*.
[i] **88.11** Hebraico: *Abadom*.

Poema do ezraíta Etã.

89 ¹Cantarei para sempre o amor do Senhor;
com minha boca anunciarei
 a tua fidelidade por todas as gerações.
²Sei que firme está o teu amor
 para sempre,
e que firmaste nos céus a tua fidelidade.

³Tu disseste: "Fiz aliança com o
 meu escolhido,
jurei ao meu servo Davi:
⁴'Estabelecerei a tua linhagem para sempre
e firmarei o teu trono
 por todas as gerações' ".

PAUSA

⁵Os céus louvam as tuas maravilhas,
 Senhor,
e a tua fidelidade na assembleia
 dos santos.
⁶Pois quem nos céus
 poderá comparar-se ao Senhor?
Quem entre os seres celestiais*ᵃ*
 assemelha-se ao Senhor?
⁷Na assembleia dos santos Deus é temível,
mais do que todos os que o rodeiam.
⁸Ó Senhor, Deus dos Exércitos,
quem é semelhante a ti?
És poderoso, Senhor,
envolto em tua fidelidade.

⁹Tu dominas o revolto mar;
quando se agigantam as suas ondas,
 tu as acalmas.
¹⁰Esmagaste e mataste o Monstro
 dos Mares*ᵇ*;
com teu braço forte
 dispersaste os teus inimigos.
¹¹Os céus são teus, e tua também é a terra;
fundaste o mundo e tudo o que nele existe.
¹²Tu criaste o Norte e o Sul;
 o Tabor e o Hermom
 cantam de alegria pelo teu nome.
¹³O teu braço é poderoso;
a tua mão é forte, exaltada é tua
 mão direita.

¹⁴A *retidão* e a *justiça* são os alicerces
 do teu trono;
o amor e a fidelidade vão à tua frente.

¹⁵Como é feliz o povo
 que aprendeu a aclamar-te, Senhor,
e que anda na luz da tua presença!
¹⁶Sem cessar exultam no teu nome,
 e alegram-se na tua retidão,
¹⁷pois tu és a nossa glória e a nossa força*ᶜ*,
 e pelo teu favor exaltas a nossa força*ᵈ*.
¹⁸Sim, Senhor, tu és o nosso escudo*ᵉ*,
 ó Santo de Israel, tu és o nosso rei.

¹⁹Numa visão falaste um dia,
 e aos teus fiéis disseste:
"Cobri de forças um guerreiro,
exaltei um homem escolhido dentre
 o povo.
²⁰Encontrei o meu servo Davi;
ungi-o com o meu óleo sagrado.
²¹A minha mão o susterá,
 e o meu braço o fará forte.
²²Nenhum inimigo o sujeitará a tributos;
nenhum injusto o oprimirá.
²³Esmagarei diante dele os seus
 adversários
e destruirei os seus inimigos.
²⁴A minha fidelidade e o meu amor
 o acompanharão,
e pelo meu nome aumentará o seu poder.
²⁵A sua mão dominará até o mar;
 sua mão direita, até os rios.
²⁶Ele me dirá: 'Tu és o meu Pai,
 o meu Deus, a Rocha que me salva'.
²⁷Também o nomearei meu primogênito,
 o mais exaltado dos reis da terra.
²⁸Manterei o meu amor por ele
 para sempre,
e a minha aliança com ele jamais
 se quebrará.
²⁹Firmarei a sua linhagem para sempre,
e o seu trono durará enquanto existirem
 céus.

³⁰"Se os seus filhos abandonarem a
 minha lei
e não seguirem as minhas ordenanças,
³¹se violarem os meus decretos
 e deixarem de obedecer aos meus
 mandamentos,
³²com a vara castigarei o seu pecado,
 e a sua iniquidade com açoites;

ᶜ **89.17** Hebraico: *a glória do seu poder.*
ᵈ **89.17** Hebraico: *chifre*; também no versículo 24.
ᵉ **89.18** Ou *soberano*

ᵃ **89.6** Ou *deuses*; ou ainda *poderosos*
ᵇ **89.10** Hebraico: *Raabe.*

³³ mas não afastarei dele o meu amor;
    jamais desistirei da minha fidelidade.
³⁴ Não violarei a minha aliança
    nem modificarei as promessas dos
      meus lábios.
³⁵ De uma vez para sempre jurei
    pela minha santidade
    e não mentirei a Davi,
³⁶ que a sua linhagem permanecerá para
      sempre,
    e o seu trono durará como o sol;
³⁷ será estabelecido para sempre como
      a lua,
    a fiel testemunha no céu."
                              PAUSA

³⁸ Mas tu o rejeitaste, recusaste-o
    e te enfureceste com o teu ungido.
³⁹ Revogaste a aliança com o teu servo
    e desonraste a sua coroa, lançando-a
      ao chão.
⁴⁰ Derrubaste todos os seus muros
    e reduziste a ruínas as suas fortalezas.
⁴¹ Todos os que passam o saqueiam;
    tornou-se objeto de zombaria
      para os seus vizinhos.
⁴² Tu exaltaste a mão direita dos seus
      adversários
    e encheste de alegria todos os seus
      inimigos.
⁴³ Tiraste o fio da sua espada
    e não o apoiaste na batalha.
⁴⁴ Deste fim ao seu esplendor
    e atiraste ao chão o seu trono.
⁴⁵ Encurtaste os dias da sua juventude;
    com um manto de vergonha o cobriste.
                              PAUSA

⁴⁶ Até quando, SENHOR?
    Para sempre te esconderás?
    Até quando a tua ira queimará
      como fogo?
⁴⁷ Lembra-te de como é passageira a
      minha vida.
    Terás criado em vão todos os homens?
⁴⁸ Que homem pode viver e não ver
      a morte,
    ou livrar-se do poder da sepultura[a]?
                              PAUSA

⁴⁹ Ó Senhor, onde está o teu antigo amor,
    que com fidelidade juraste a Davi?

⁵⁰ Lembra-te, Senhor,
    das afrontas que o teu servo tem[b] sofrido,
    das zombarias que no íntimo
      tenho que suportar de todos os povos,
⁵¹ das zombarias dos teus inimigos, SENHOR,
    com que afrontam a cada passo o
      teu ungido.

⁵² Bendito seja o SENHOR para sempre!
    Amém e amém.

QUARTO LIVRO

Oração de Moisés, homem de Deus.

90 Senhor, tu és o nosso refúgio, sempre,
    de geração em geração.
² Antes de nascerem os montes
    e de criares a terra e o mundo,
de eternidade a eternidade tu és Deus.

³ Fazes os homens voltarem ao pó,
    dizendo: "Retornem ao pó, seres
      humanos!"
⁴ De fato, mil anos para ti
    são como o dia de ontem que passou,
como as horas da noite.
⁵ Como uma correnteza, tu arrastas
    os homens;
são breves como o sono;
são como a relva que brota ao amanhecer;
⁶ germina e brota pela manhã,
    mas, à tarde, murcha e seca.

⁷ Somos consumidos pela tua ira
    e aterrorizados pelo teu furor.
⁸ Conheces as nossas iniquidades;
    não escapam os nossos pecados secretos
      à luz da tua presença.
⁹ Todos os nossos dias passam
    debaixo do teu furor;
vão-se como um murmúrio.
¹⁰ Os anos de nossa vida chegam a setenta,
    ou a oitenta para os que têm mais vigor;
entretanto, são anos difíceis
    e cheios de sofrimento,
pois a vida passa depressa,
    e nós voamos!

¹¹ Quem conhece o poder da tua ira?
    Pois o teu furor é tão grande
      como o temor que te é devido.

---

[a] **89.48** Hebraico: *Sheol*. Essa palavra também pode ser traduzida por profundezas, pó ou morte.

[b] **89.50** Ou *teus servos têm*

¹² Ensina-nos a contar os nossos dias
para que o nosso coração alcance
    sabedoria.

¹³ Volta-te, Senhor! Até quando será
    assim?
Tem compaixão dos teus servos!
¹⁴ Satisfaze-nos pela manhã
    com o teu amor leal,
e todos os nossos dias cantaremos felizes.
¹⁵ Dá-nos alegria pelo tempo que nos
    afligiste,
pelos anos em que tanto sofremos.
¹⁶ Sejam manifestos os teus feitos
    aos teus servos,
e aos filhos deles o teu esplendor!

¹⁷ Esteja sobre nós a bondade
    do nosso Deus Soberano.
Consolida, para nós,
    a obra de nossas mãos;
consolida a obra de nossas mãos!

91

Aquele que habita no abrigo do
Altíssimo
e descansa à sombra do Todo-poderoso
² pode dizer ao[a] Senhor:
"Tu és o meu refúgio e a minha fortaleza,
    o meu Deus, em quem confio".

³ Ele o livrará do laço do caçador
    e do veneno mortal[b].
⁴ Ele o cobrirá com as suas penas,
    e sob as suas asas você encontrará
    refúgio;
a fidelidade dele será o seu escudo
    protetor.
⁵ Você não temerá o pavor da noite
    nem a flecha que voa de dia,
⁶ nem a peste que se move sorrateira
    nas trevas,
    nem a praga que devasta ao meio-dia.
⁷ Mil poderão cair ao seu lado;
dez mil, à sua direita,
    mas nada o atingirá.
⁸ Você simplesmente olhará,
    e verá o castigo dos ímpios.

⁹ Se você fizer do Altíssimo o seu abrigo,
    do Senhor o seu refúgio,

¹⁰ nenhum mal o atingirá,
desgraça alguma chegará à sua tenda.
¹¹ Porque a seus anjos ele dará ordens
    a seu respeito,
para que o protejam em todos
    os seus caminhos;
¹² com as mãos eles o segurarão,
para que você não tropece em alguma
    pedra.
¹³ Você pisará o leão e a cobra;
pisoteará o leão forte e a serpente.

¹⁴ "Porque ele me ama, eu o resgatarei;
eu o protegerei, pois conhece o
    meu nome.
¹⁵ Ele clamará a mim, e eu lhe darei
    resposta,
e na adversidade estarei com ele;
vou livrá-lo e cobri-lo de honra.
¹⁶ Vida longa eu lhe darei,
    e lhe mostrarei a minha salvação."

**Salmo. Um cântico.
Para o dia de sábado.**

92

Como é bom render graças ao Senhor
e cantar louvores ao teu nome, ó
    Altíssimo;
² anunciar de manhã o teu amor leal
e de noite a tua fidelidade,
³ ao som da lira de dez cordas e da cítara,
e da melodia da harpa.

⁴ Tu me alegras, Senhor, com os
    teus feitos;
as obras das tuas mãos
    levam-me a cantar de alegria.
⁵ Como são grandes as tuas obras,
    Senhor,
como são profundos os teus propósitos!
⁶ O insensato não entende, o tolo não vê
⁷ que, embora os ímpios brotem como
    a erva
    e floresçam todos os malfeitores,
eles serão destruídos para sempre.
⁸ Pois tu, Senhor, és exaltado para sempre.

⁹ Mas os teus inimigos, Senhor,
os teus inimigos perecerão;
serão dispersos todos os malfeitores!
¹⁰ Tu aumentaste a minha força[c]
    como a do boi selvagem;

---

[a] **91.2** Conforme a Septuaginta. O Texto Massorético diz *Direi do*.

[b] **91.3** Ou *da praga mortal*; ou ainda *da ameaça de destruição*

[c] **92.10** Hebraico: *chifre*.

derramaste sobre mim óleo
  novo.[a]
¹¹ Os meus olhos contemplaram a derrota
  dos meus inimigos;
os meus ouvidos escutaram a debandada
  dos meus maldosos agressores.

¹² Os justos florescerão como a palmeira,
crescerão como o cedro do Líbano;
¹³ plantados na casa do SENHOR,
florescerão nos átrios do nosso Deus.
¹⁴ Mesmo na velhice darão fruto,
permanecerão viçosos e verdejantes,
¹⁵ para proclamar que o SENHOR é justo.
Ele é a minha Rocha;
  nele não há injustiça.

93

O SENHOR reina!
Vestiu-se de majestade;
de majestade vestiu-se o SENHOR
  e armou-se de poder!
O mundo está firme e não se abalará.
² O teu trono está firme desde
  a antiguidade;
tu existes desde a eternidade.
³ As águas se levantaram, SENHOR,
as águas levantaram a voz;
as águas levantaram seu bramido.
⁴ Mais poderoso do que o estrondo
  das águas impetuosas,
mais poderoso do que as ondas do mar
  é o SENHOR nas alturas.

⁵ Os teus mandamentos
  permanecem firmes e fiéis;
a santidade, SENHOR,
  é o ornamento perpétuo da tua casa.

94

Ó SENHOR, Deus vingador;
Deus vingador! Intervém![b]
² Levanta-te, Juiz da terra;
retribui aos orgulhosos o que merecem.
³ Até quando os ímpios, SENHOR,
até quando os ímpios exultarão?

⁴ Eles despejam palavras arrogantes;
todos esses malfeitores enchem-se
  de vanglória.
⁵ Massacram o teu povo, SENHOR,
e oprimem a tua herança;

⁶ matam as viúvas e os estrangeiros,
assassinam os órfãos
⁷ e ainda dizem: "O SENHOR não nos vê;
o Deus de Jacó nada percebe".

⁸ Insensatos, procurem entender!
E vocês, tolos, quando se tornarão sábios?
⁹ Será que quem fez o ouvido não ouve?
Será que quem formou o olho não vê?
¹⁰ Aquele que disciplina as nações
  os deixará sem castigo?
Não tem sabedoria aquele
  que dá ao homem o conhecimento?
¹¹ O SENHOR conhece
  os pensamentos do homem,
e sabe como são fúteis.

¹² Como é feliz o homem a quem disciplinas,
  Senhor,
aquele a quem ensinas a tua lei;
¹³ tranquilo, enfrentará os dias maus,
enquanto, para os ímpios,
  uma cova se abrirá.
¹⁴ O SENHOR não desamparará o
  seu povo;
jamais abandonará a sua herança.
¹⁵ Voltará a haver justiça nos julgamentos,
e todos os retos de coração a seguirão.

¹⁶ Quem se levantará a meu favor
  contra os ímpios?
Quem ficará a meu lado contra os
  malfeitores?
¹⁷ Não fosse a ajuda do SENHOR,
eu já estaria habitando no silêncio.
¹⁸ Quando eu disse:
  Os meus pés escorregaram,
o teu amor leal, SENHOR, me amparou!
¹⁹ Quando a ansiedade
  já me dominava no íntimo,
o teu consolo trouxe alívio à minha alma.
²⁰ Poderá um trono corrupto
  estar em aliança contigo?,
um trono que faz injustiças em nome
  da lei?
²¹ Eles planejam contra a vida dos justos
e condenam os inocentes à morte.
²² Mas o SENHOR é a minha torre segura;
o meu Deus é a rocha em que encontro
  refúgio.
²³ Deus fará cair sobre eles os seus crimes,
e os destruirá por causa dos seus pecados;
  o SENHOR, o nosso Deus, os destruirá!

---

[a] **92.10** Ou *exaltaste a minha velhice com óleo novo.*
[b] **94.1** Hebraico: *Resplandece!*

95

¹ Venham! Cantemos ao Senhor com alegria!
Aclamemos a Rocha da nossa salvação.
² Vamos à presença dele com ações de graças;
vamos aclamá-lo com cânticos de louvor.
³ Pois o Senhor é o grande Deus,
o grande Rei acima de todos os deuses.
⁴ Nas suas mãos estão as profundezas da terra,
os cumes dos montes lhe pertencem.
⁵ Dele também é o mar, pois ele o fez;
as suas mãos formaram a terra seca.

⁶ Venham! Adoremos prostrados
e ajoelhemos diante do Senhor,
o nosso Criador;
⁷ pois ele é o nosso Deus,
e nós somos o povo do seu pastoreio,
o rebanho que ele conduz.

Hoje, se vocês ouvirem a sua voz,
⁸ não endureçam o coração, como em Meribá,[a]
como aquele dia em Massá,[b] no deserto,
⁹ onde os seus antepassados me tentaram,
pondo-me à prova,
apesar de terem visto o que eu fiz.
¹⁰ Durante quarenta anos
fiquei irado contra aquela geração e disse:
"Eles são um povo de coração ingrato;
não reconheceram os meus caminhos".
¹¹ Por isso jurei na minha ira:
"Jamais entrarão no meu descanso".

96

¹ Cantem ao Senhor um novo cântico;
cantem ao Senhor, todos os habitantes da terra!
² Cantem ao Senhor, bendigam o seu nome;
cada dia proclamem a sua salvação!
³ Anunciem a sua glória entre as nações,
seus feitos maravilhosos entre todos os povos!

⁴ Porque o Senhor é grande
e digno de todo louvor,
mais temível do que todos os deuses!
⁵ Todos os deuses das nações
não passam de ídolos,
mas o Senhor fez os céus.

⁶ Majestade e esplendor estão diante dele;
poder e dignidade, no seu santuário.

⁷ Deem ao Senhor, ó famílias das nações,
deem ao Senhor glória e força.
⁸ Deem ao Senhor
a glória devida ao seu nome
e entrem nos seus átrios trazendo ofertas.
⁹ Adorem o Senhor
no esplendor da sua santidade;
tremam diante dele todos os habitantes da terra.

¹⁰ Digam entre as nações: "O Senhor reina!"
Por isso firme está o mundo e não se abalará,
e ele julgará os povos com justiça.
¹¹ Regozijem-se os céus e exulte a terra!
Ressoe o mar e tudo o que nele existe!
¹² Regozijem-se os campos
e tudo o que neles há!
Cantem de alegria todas as árvores da floresta,
¹³ cantem diante do Senhor, porque ele vem,
vem julgar a terra;
julgará o mundo com justiça
e os povos com a sua fidelidade!

97

¹ O Senhor reina!
Exulte a terra
e alegrem-se as regiões costeiras distantes.

² Nuvens escuras e espessas o cercam;
retidão e justiça são a base do seu trono.
³ Fogo vai adiante dele
e devora os adversários ao redor.
⁴ Seus relâmpagos iluminam o mundo;
a terra os vê e estremece.
⁵ Os montes se derretem como cera
diante do Senhor,
diante do Soberano de toda a terra.
⁶ Os céus proclamam a sua justiça,
e todos os povos contemplam a sua glória.

⁷ Ficam decepcionados
todos os que adoram imagens
e se vangloriam de ídolos.
Prostram-se diante dele todos os deuses!

⁸ Sião ouve e se alegra,
e as cidades[c] de Judá exultam,
por causa das tuas sentenças, Senhor.

---

[a] **95.8** *Meribá* significa *rebelião*.
[b] **95.8** *Massá* significa *provação*.
[c] **97.8** Hebraico: *filhas*.

⁹ Pois tu, Senhor,
    és o Altíssimo sobre toda a terra!
    És exaltado muito acima de todos
    os deuses!
¹⁰ Odeiem o mal, vocês que amam
    o Senhor,
pois ele protege a vida dos seus fiéis
    e os livra das mãos dos ímpios.
¹¹ A luz nasce*ᵃ* sobre o justo
    e a alegria sobre os retos de coração.
¹² Alegrem-se no Senhor, justos,
    e louvem o seu santo nome.

Salmo.

98 Cantem ao Senhor um novo cântico,
    pois ele fez coisas maravilhosas;
a sua mão direita e o seu braço santo
    lhe deram a vitória!
² O Senhor anunciou a sua vitória
    e revelou a sua justiça às nações.
³ Ele se lembrou do seu amor leal
    e da sua fidelidade para com a casa
        de Israel;
todos os confins da terra viram
    a vitória do nosso Deus.

⁴ Aclamem o Senhor
    todos os habitantes da terra!
Louvem-no com cânticos de alegria
    e ao som de música!
⁵ Ofereçam música ao Senhor com
    a harpa,
    com a harpa e ao som de canções,
⁶ com cornetas e ao som da trombeta;
exultem diante do Senhor, o Rei!

⁷ Ressoe o mar e tudo o que nele existe,
o mundo e os seus habitantes!
⁸ Batam palmas os rios,
    e juntos cantem de alegria os montes;
⁹ cantem diante do Senhor, porque
    ele vem,
    vem julgar a terra;
julgará o mundo com justiça
    e os povos com retidão.

99 O Senhor reina! As nações tremem!
    O seu trono está sobre os querubins!
    Abala-se a terra!

² Grande é o Senhor em Sião;
    ele é exaltado acima de todas as nações!
³ Seja louvado o teu grande e temível nome,
    que é santo.
⁴ Rei poderoso, amigo da justiça!*ᵇ*
Estabeleceste a equidade
    e fizeste em Jacó o que é direito e justo.
⁵ Exaltem o Senhor, o nosso Deus,
prostrem-se diante do estrado dos
    seus pés.
    Ele é santo!

⁶ Moisés e Arão estavam
    entre os seus sacerdotes,
Samuel, entre os que invocavam o
    seu nome;
eles clamavam pelo Senhor,
    e ele lhes respondia.
⁷ Falava-lhes da coluna de nuvem,
e eles obedeciam aos seus mandamentos
    e aos decretos que ele lhes dava.

⁸ Tu lhes respondeste, Senhor, nosso
    Deus;
para eles, tu eras um Deus perdoador,
    embora os tenhas castigado
        por suas rebeliões.
⁹ Exaltem o Senhor, o nosso Deus;
prostrem-se, voltados para o seu
    santo monte,
porque o Senhor, o nosso Deus, é santo.

Salmo. Para ação de graças.

100 Aclamem o Senhor
    todos os habitantes da terra!
² Prestem culto ao Senhor com alegria;
entrem na sua presença
    com cânticos alegres.
³ Reconheçam que o Senhor é o nosso Deus.
Ele nos fez e somos dele*ᶜ*;
somos o seu povo,
    e rebanho do seu pastoreio.

⁴ Entrem por suas portas com ações
    de graças
    e em seus átrios com louvor;
deem-lhe graças e bendigam o seu nome.
⁵ Pois o Senhor é bom
    e o seu amor leal é eterno;
    a sua fidelidade permanece
        por todas as gerações.

ᵃ **97.11** Conforme a Septuaginta e algumas versões antigas. O Texto Massorético diz *A luz é semeada*.
ᵇ **99.4** Ou *O rei é poderoso e ama a justiça*.
ᶜ **100.3** Ou *e não nós mesmos*

Salmo davídico.

101 ¹Cantarei a lealdade e a justiça.
A ti, Senhor, cantarei louvores!
²Seguirei o caminho da integridade;
quando virás ao meu encontro?
Em minha casa viverei de coração
íntegro.
³Repudiarei todo mal.

Odeio a conduta dos infiéis;
jamais me dominará!
⁴Longe estou dos perversos de coração;
não quero envolver-me com o mal.

⁵Farei calar ao que difama o próximo
às ocultas.
Não vou tolerar o homem de olhos
arrogantes
e de coração orgulhoso.

⁶Meus olhos aprovam os fiéis da terra,
e eles habitarão comigo.
Somente quem tem vida íntegra
me servirá.

⁷Quem pratica a fraude
não habitará no meu santuário;
o mentiroso não permanecerá
na minha presença.
⁸Cada manhã fiz calar
todos os ímpios desta terra;
eliminei todos os malfeitores
da cidade do Senhor.

**Oração de um aflito que,
quase desfalecido, derrama o
seu lamento diante do Senhor.**

102 ¹Ouve a minha oração, Senhor!
Chegue a ti o meu grito de socorro!
²Não escondas de mim o teu rosto
quando estou atribulado.
Inclina para mim os teus ouvidos;
quando eu clamar, responde-me
depressa!

³Esvaem-se os meus dias como fumaça;
meus ossos queimam como brasas vivas.
⁴Como a relva ressequida está o meu
coração;
esqueço até de comer!
⁵De tanto gemer estou reduzido a pele
e osso.

⁶Sou como a coruja do deserto*ᵃ*,
como uma coruja entre as ruínas.
⁷Não consigo dormir;
pareço um pássaro solitário no telhado.
⁸Os meus inimigos zombam de mim
o tempo todo;
os que me insultam usam o meu nome
para lançar maldições.
⁹Cinzas são a minha comida,
e com lágrimas misturo o que bebo,
¹⁰por causa da tua indignação e da tua ira,
pois me rejeitaste e me expulsaste
para longe de ti.
¹¹Meus dias são como sombras crescentes;
sou como a relva que vai murchando.

¹²Tu, porém, Senhor,
no trono reinarás para sempre;
o teu nome será lembrado
de geração em geração.
¹³Tu te levantarás e terás misericórdia
de Sião,
pois é hora de lhe mostrares compaixão;
o tempo certo é chegado.
¹⁴Pois as suas pedras são amadas
pelos teus servos,
as suas ruínas os enchem de compaixão.
¹⁵Então as nações temerão o nome
do Senhor
e todos os reis da terra a sua glória.
¹⁶Porque o Senhor reconstruirá Sião
e se manifestará na glória que ele tem.
¹⁷Responderá à oração dos desamparados;
as suas súplicas não desprezará.

¹⁸Escreva-se isto para as futuras gerações,
e um povo que ainda será criado
louvará o Senhor, proclamando:
¹⁹"Do seu santuário nas alturas o Senhor
olhou;
dos céus observou a terra,
²⁰para ouvir os gemidos dos prisioneiros
e libertar os condenados à morte".
²¹Assim o nome do Senhor
será anunciado em Sião
e o seu louvor em Jerusalém,
²²quando os povos e os reinos
se reunirem para adorar o Senhor.

²³No meio da minha vida
ele me abateu com sua força;
abreviou os meus dias.

ᵃ **102.6** Ou *pelicano*

²⁴ Então pedi:
"Ó meu Deus, não me leves
no meio dos meus dias.
Os teus dias duram por todas as gerações!"
²⁵ No princípio firmaste os fundamentos
da terra,
e os céus são obras das tuas mãos.
²⁶ Eles perecerão, mas tu permanecerás;
envelhecerão como vestimentas.
Como roupas tu os trocarás
e serão jogados fora.
²⁷ Mas tu permaneces o mesmo,
e os teus dias jamais terão fim.
²⁸ Os filhos dos teus servos
terão uma habitação;
os seus descendentes serão estabelecidos
na tua presença.

Davídico.

103

Bendiga o Senhor a minha alma!
Bendiga o Senhor todo o meu ser!
² Bendiga o Senhor a minha alma!
Não esqueça nenhuma de suas bênçãos!
³ É ele que perdoa todos os seus pecados
e cura todas as suas doenças,
⁴ que resgata a sua vida da sepultura
e o coroa de bondade e compaixão,
⁵ que enche de bens a sua existência,
de modo que a sua juventude
se renova como a águia.
⁶ O Senhor faz justiça
e defende a causa dos oprimidos.
⁷ Ele manifestou os seus caminhos
a Moisés;
os seus feitos, aos israelitas.
⁸ O Senhor é compassivo e
misericordioso,
mui paciente e cheio de amor.
⁹ Não acusa sem cessar
nem fica ressentido para sempre;
¹⁰ não nos trata conforme os nossos
pecados
nem nos retribui conforme as nossas
iniquidades.
¹¹ Pois como os céus se elevam acima
da terra,
assim é grande o seu amor
para com os que o temem;
¹² e como o Oriente está longe
do Ocidente,
assim ele afasta para longe de nós
as nossas transgressões.

¹³ Como um pai tem compaixão de
seus filhos,
assim o Senhor
tem compaixão dos que o temem;
¹⁴ pois ele sabe do que somos formados;
lembra-se de que somos pó.
¹⁵ A vida do homem é semelhante à relva;
ele floresce como a flor do campo,
¹⁶ que se vai quando sopra o vento;
tampouco se sabe mais o lugar
que ocupava.
¹⁷ Mas o amor leal do Senhor,
o seu amor eterno, está com os que
o temem
e a sua justiça com os filhos dos
seus filhos,
¹⁸ com os que guardam a sua aliança
e se lembram de obedecer aos seus
preceitos.

¹⁹ O Senhor estabeleceu o seu trono
nos céus,
e como rei domina sobre tudo o que existe.
²⁰ Bendigam o Senhor,
vocês, seus anjos poderosos,
que obedecem à sua palavra.
²¹ Bendigam o Senhor todos os seus
exércitos,
vocês, seus servos, que cumprem a
sua vontade.
²² Bendigam o Senhor todas as suas obras
em todos os lugares do seu domínio.

Bendiga o Senhor a minha alma!

104

Bendiga o Senhor a minha alma!
Ó Senhor, meu Deus, tu és tão
grandioso!
Estás vestido de majestade e esplendor!
² Envolto em luz como numa veste,
ele estende os céus como uma tenda,
³ e põe sobre as águas dos céus
as vigas dos seus aposentos.
Faz das nuvens a sua carruagem
e cavalga nas asas do vento.
⁴ Faz dos ventos seus mensageiros*ᵃ*
e dos clarões reluzentes seus servos.

⁵ Firmaste a terra sobre os seus fundamentos
para que jamais se abale;

ᵃ **104.4** Ou *anjos*

⁶ com as torrentes do abismo a cobriste,
  como se fossem uma veste;
as águas subiram acima dos montes.
⁷ Diante das tuas ameaças as águas fugiram,
puseram-se em fuga ao som do teu trovão;
⁸ subiram pelos montes
  e escorreram pelos vales,
para os lugares que tu lhes designaste.
⁹ Estabeleceste um limite
  que não podem ultrapassar;
jamais tornarão a cobrir a terra.

¹⁰ Fazes jorrar as nascentes nos vales
e correrem as águas entre os montes;
¹¹ delas bebem todos os animais selvagens,
e os jumentos selvagens saciam a sua sede.
¹² As aves do céu fazem ninho junto
  às águas
e entre os galhos põem-se a cantar.
¹³ Dos teus aposentos celestes
  regas os montes;
sacia-se a terra com o fruto das tuas obras!
¹⁴ É o Senhor que faz crescer o pasto para
  o gado,
e as plantas que o homem cultiva,
  para da terra tirar o alimento:
¹⁵ o vinho, que alegra o coração
  do homem;
o azeite, que lhe faz brilhar o rosto,
e o pão, que sustenta o seu vigor.
¹⁶ As árvores do Senhor são bem regadas,
os cedros do Líbano que ele plantou;
¹⁷ nelas os pássaros fazem ninho,
e nos pinheiros a cegonha tem o seu lar.
¹⁸ Os montes elevados pertencem
  aos bodes selvagens,
e os penhascos são um refúgio para
  os coelhos.

¹⁹ Ele fez a lua para marcar estações;
o sol sabe quando deve se pôr.
²⁰ Trazes trevas, e cai a noite,
quando os animais da floresta vagueiam.
²¹ Os leões rugem à procura da presa,
buscando de Deus o alimento,
²² mas ao nascer do sol eles se vão
e voltam a deitar-se em suas tocas.
²³ Então o homem sai para o seu trabalho,
para o seu labor até o entardecer.

²⁴ Quantas são as tuas obras, Senhor!
Fizeste todas elas com sabedoria!
A terra está cheia de seres que criaste.
²⁵ Eis o mar, imenso e vasto.
Nele vivem inúmeras criaturas,
seres vivos, pequenos e grandes.
²⁶ Nele passam os navios,
  e também o Leviatã*ᵃ*,
que formaste para com ele*ᵇ* brincar.

²⁷ Todos eles dirigem seu olhar a ti,
esperando que lhes dês o alimento no
  tempo certo;
²⁸ tu lhes dás, e eles o recolhem;
abres a tua mão, e saciam-se de coisas
  boas.
²⁹ Quando escondes o rosto,
  entram em pânico;
quando lhes retiras o fôlego,
morrem e voltam ao pó.
³⁰ Quando sopras o teu fôlego,
  eles são criados,
e renovas a face da terra.

³¹ Perdure para sempre a glória
  do Senhor!
Alegre-se o Senhor em seus feitos!
³² Ele olha para a terra, e ela treme;
toca os montes, e eles fumegam.

³³ Cantarei ao Senhor toda a minha vida;
louvarei ao meu Deus enquanto eu viver.
³⁴ Seja-lhe agradável a minha meditação,
pois no Senhor tenho alegria.
³⁵ Sejam os pecadores eliminados da terra
e deixem de existir os ímpios.

Bendiga o Senhor a minha alma!

Aleluia!*ᶜ*

105

Deem graças ao Senhor,
proclamem o seu nome;
divulguem os seus feitos entre as nações.
² Cantem para ele e louvem-no;
relatem todas as suas maravilhas.
³ Gloriem-se no seu santo nome;
alegre-se o coração dos
  que buscam o Senhor.

ᵃ **104.26** Ou *monstro marinho*
ᵇ **104.26** Ou *para nele*
ᶜ **104.35** Ou *Louvem o Senhor*; também em todo o livro de Salmos.

⁴ Recorram ao Senhor e ao seu poder;
busquem sempre a sua presença.
⁵ Lembrem-se das maravilhas que ele fez,
dos seus prodígios
 e das sentenças de juízo que
  pronunciou,
⁶ ó descendentes de Abraão, seu servo,
ó filhos de Jacó, seus escolhidos.

⁷ Ele é o Senhor, o nosso Deus;
seus decretos são para toda a terra.
⁸ Ele se lembra para sempre da sua aliança,
por mil gerações, da palavra que ordenou,
⁹ da aliança que fez com Abraão,
do juramento que fez a Isaque.
¹⁰ Ele o confirmou como decreto a Jacó,
a Israel como aliança eterna, quando
 disse:
¹¹ "Darei a você a terra de Canaã,
 a herança que lhe pertence".

¹² Quando ainda eram poucos,
um punhado de peregrinos na terra,
¹³ e vagueavam de nação em nação,
de um reino a outro,
¹⁴ ele não permitiu que ninguém os
 oprimisse,
mas a favor deles repreendeu reis,
 dizendo:
¹⁵ "Não toquem nos meus ungidos;
 não maltratem os meus profetas".

¹⁶ Ele mandou vir fome sobre a terra
e destruiu todo o seu sustento;
¹⁷ mas enviou um homem adiante deles,
José, que foi vendido como escravo.
¹⁸ Machucaram-lhe os pés com correntes
e com ferros prenderam-lhe o pescoço,
¹⁹ até cumprir-se a sua predição
 e a palavra do Senhor confirmar o
  que dissera.
²⁰ O rei mandou soltá-lo,
 o governante dos povos o libertou.
²¹ Ele o constituiu senhor de seu palácio
e administrador de todos os seus bens,
²² para instruir os seus oficiais como
 desejasse
e ensinar a sabedoria às autoridades
 do rei.

²³ Então Israel foi para o Egito,
Jacó viveu como estrangeiro na terra
 de Cam.

²⁴ Deus fez proliferar o seu povo,
tornou-o mais poderoso
 do que os seus adversários
²⁵ e mudou o coração deles
para que odiassem o seu povo,
para que tramassem contra os seus servos.
²⁶ Então enviou seu servo Moisés,
e Arão, a quem tinha escolhido,
²⁷ por meio dos quais realizou
 os seus sinais milagrosos
e as suas maravilhas na terra de Cam.
²⁸ Ele enviou trevas, e houve trevas,
e eles não se rebelaram[a] contra as
 suas palavras.
²⁹ Ele transformou as águas deles
 em sangue,
causando a morte dos seus peixes.
³⁰ A terra deles ficou infestada de rãs,
até mesmo os aposentos reais.
³¹ Ele ordenou, e enxames de moscas e
 piolhos[b]
invadiram o território deles.
³² Deu-lhes granizo, em vez de chuva,
e raios flamejantes por toda a sua terra;
³³ arrasou as suas videiras e figueiras
e destruiu as árvores do seu território.
³⁴ Ordenou, e vieram enxames de
 gafanhotos,
gafanhotos inumeráveis,
³⁵ e devoraram toda a vegetação daquela
 terra,
e consumiram tudo o que a lavoura
 produziu.
³⁶ Depois matou todos os primogênitos
 da terra deles,
todas as primícias da sua virilidade.

³⁷ Ele tirou de lá Israel,
que saiu cheio de prata e ouro.
Não havia em suas tribos quem
 fraquejasse.
³⁸ Os egípcios alegraram-se quando eles
 saíram,
pois estavam com verdadeiro pavor
 dos israelitas.
³⁹ Ele estendeu uma nuvem para lhes
 dar sombra,
e fogo para iluminar a noite.
⁴⁰ Pediram, e ele enviou codornizes
e saciou-os com pão do céu.

[a] 105.28 A Septuaginta e a Versão Siríaca dizem *mas eles se rebelaram*.
[b] 105.31 Ou *mosquitos*

⁴¹ Ele fendeu a rocha, e jorrou água,
que escorreu como um rio pelo deserto.
⁴² Pois ele se lembrou da santa promessa
que fizera ao seu servo Abraão.
⁴³ Fez o seu povo sair cheio de júbilo
e os seus escolhidos com cânticos alegres.
⁴⁴ Deu-lhes as terras das nações,
e eles tomaram posse
do fruto do trabalho de outros povos,
⁴⁵ para que obedecessem aos seus decretos
e guardassem as suas leis.

Aleluia!

106

Aleluia!

Deem graças ao SENHOR porque ele é bom;
o seu amor dura para sempre.
² Quem poderá descrever
os feitos poderosos do SENHOR,
ou declarar todo o louvor que lhe é devido?
³ Como são felizes
os que perseveram na retidão,
que sempre praticam a justiça!
⁴ Lembra-te de mim, SENHOR,
quando tratares com bondade o teu povo;
vem em meu auxílio quando os salvares,
⁵ para que eu possa testemunhar*ᵃ*
o bem-estar dos teus escolhidos,
alegrar-me com a alegria do teu povo
e louvar-te com a tua herança.

⁶ Pecamos como os nossos antepassados;
fizemos o mal e fomos rebeldes.
⁷ No Egito, os nossos antepassados
não deram atenção às tuas maravilhas;
não se lembraram das muitas manifestações
do teu amor leal
e rebelaram-se junto ao mar, o mar Vermelho.
⁸ Contudo, ele os salvou por causa do seu nome,
para manifestar o seu poder.
⁹ Repreendeu o mar Vermelho, e este secou;
ele os conduziu pelas profundezas
como por um deserto.

¹⁰ Salvou-os das mãos daqueles que os odiavam;
das mãos dos inimigos os resgatou.
¹¹ As águas cobriram os seus adversários;
nenhum deles sobreviveu.
¹² Então creram nas suas promessas
e a ele cantaram louvores.

¹³ Mas logo se esqueceram do que ele tinha feito
e não esperaram para saber o seu plano.
¹⁴ Dominados pela gula no deserto,
puseram Deus à prova nas regiões áridas.
¹⁵ Deu-lhes o que pediram,
mas mandou sobre eles uma doença terrível.

¹⁶ No acampamento
tiveram inveja de Moisés e de Arão,
daquele que fora consagrado ao SENHOR.
¹⁷ A terra abriu-se, engoliu Datã
e sepultou o grupo de Abirão;
¹⁸ fogo surgiu entre os seus seguidores;
as chamas consumiram os ímpios.

¹⁹ Em Horebe fizeram um bezerro,
adoraram um ídolo de metal.
²⁰ Trocaram a Glória deles
pela imagem de um boi que come capim.
²¹ Esqueceram-se de Deus, seu Salvador,
que fizera coisas grandiosas no Egito,
²² maravilhas na terra de Cam
e feitos temíveis junto ao mar Vermelho.
²³ Por isso, ele ameaçou destruí-los;
mas Moisés, seu escolhido,
intercedeu*ᵇ* diante dele,
para evitar que a sua ira os destruísse.

²⁴ Também rejeitaram a terra desejável;
não creram na promessa dele.
²⁵ Queixaram-se em suas tendas
e não obedeceram ao SENHOR.
²⁶ Assim, de mão levantada,
ele jurou que os abateria no deserto
²⁷ e dispersaria os seus descendentes
entre as nações e os espalharia por outras terras.

²⁸ Sujeitaram-se ao jugo de Baal-Peor
e comeram sacrifícios oferecidos
a ídolos mortos;

ᵃ **106.5** Ou *desfrutar*

ᵇ **106.23** Hebraico: *colocou-se na brecha*.

²⁹ provocaram a ira do Senhor
com os seus atos,
e uma praga irrompeu no meio deles.
³⁰ Mas Fineias se interpôs para executar
o juízo,
e a praga foi interrompida.
³¹ Isso lhe foi creditado como um ato
de justiça
que para sempre será lembrado,
por todas as gerações.

³² Provocaram a ira de Deus
junto às águas de Meribá;
e, por causa deles, Moisés foi castigado;
³³ rebelaram-se contra o Espírito de Deus,
e Moisés*ᵃ* falou sem refletir.

³⁴ Eles não destruíram os povos,
como o Senhor tinha ordenado,
³⁵ em vez disso, misturaram-se com
as nações
e imitaram as suas práticas.
³⁶ Prestaram culto aos seus ídolos,
que se tornaram uma armadilha para eles.
³⁷ Sacrificaram seus filhos e suas filhas
aos demônios.
³⁸ Derramaram sangue inocente,
o sangue de seus filhos e filhas
sacrificados aos ídolos de Canaã;
e a terra foi profanada pelo sangue deles.
³⁹ Tornaram-se impuros pelos seus atos;
prostituíram-se por suas ações.

⁴⁰ Por isso acendeu-se a ira do Senhor
contra o seu povo
e ele sentiu aversão por sua herança.
⁴¹ Entregou-os nas mãos das nações,
e os seus adversários dominaram
sobre eles.
⁴² Os seus inimigos os oprimiram
e os subjugaram com o seu poder.
⁴³ Ele os libertou muitas vezes,
embora eles persistissem
em seus planos de rebelião
e afundassem em sua maldade.

⁴⁴ Mas Deus atentou para o sofrimento deles
quando ouviu o seu clamor.
⁴⁵ Lembrou-se da sua aliança com eles,
e arrependeu-se,
por causa do seu imenso amor leal.

⁴⁶ Fez com que os seus captores
tivessem misericórdia deles.

⁴⁷ Salva-nos, Senhor, nosso Deus!
Ajunta-nos dentre as nações,
para que demos graças ao teu santo nome
e façamos do teu louvor a nossa glória.

⁴⁸ Bendito seja o Senhor, o Deus
de Israel,
por toda a eternidade.
Que todo o povo diga: "Amém!"

Aleluia!

QUINTO LIVRO

107 Deem graças ao Senhor porque ele
é bom;
o seu amor dura para sempre.
² Assim o digam os que o Senhor
resgatou,
os que livrou das mãos do adversário
³ e reuniu de outras terras,
do oriente e do ocidente, do norte e
do sul*ᵇ*.

⁴ Perambularam pelo deserto e por terras
áridas
sem encontrar cidade habitada.
⁵ Estavam famintos e sedentos;
sua vida ia se esvaindo.
⁶ Na sua aflição, clamaram ao Senhor,
e ele os livrou da tribulação
em que se encontravam
⁷ e os conduziu por caminho seguro
a uma cidade habitada.
⁸ Que eles deem graças ao Senhor
por seu amor leal e por suas maravilhas
em favor dos homens,
⁹ porque ele sacia o sedento
e satisfaz plenamente o faminto.

¹⁰ Assentaram-se nas trevas e na sombra
mortal,
aflitos, acorrentados,
¹¹ pois se rebelaram contra as palavras
de Deus
e desprezaram os desígnios do Altíssimo.
¹² Por isso ele os sujeitou a trabalhos pesados;
eles tropeçaram,
e não houve quem os ajudasse.

ᵃ **106.33** Ou *tanto irritaram-lhe o espírito que Moisés*

ᵇ **107.3** Hebraico: *mar*.

¹³ Na sua aflição, clamaram ao Senhor,
e ele os salvou da tribulação
em que se encontravam.
¹⁴ Ele os tirou das trevas e da sombra mortal
e quebrou as correntes que os prendiam.
¹⁵ Que eles deem graças ao Senhor,
por seu amor leal e por suas maravilhas
em favor dos homens,
¹⁶ porque despedaçou as portas de bronze
e rompeu as trancas de ferro.

¹⁷ Tornaram-se tolos por causa
dos seus caminhos rebeldes,
e sofreram por causa das suas maldades.
¹⁸ Sentiram repugnância por toda comida
e chegaram perto das portas da morte.
¹⁹ Na sua aflição, clamaram ao Senhor,
e ele os salvou da tribulação
em que se encontravam.
²⁰ Ele enviou a sua palavra e os curou,
e os livrou da morte.
²¹ Que eles deem graças ao Senhor,
por seu amor leal e por suas maravilhas
em favor dos homens.
²² Que eles ofereçam
sacrifícios de ação de graças
e anunciem as suas obras
com cânticos de alegria.

²³ Fizeram-se ao mar em navios,
para negócios na imensidão das águas,
²⁴ e viram as obras do Senhor,
as suas maravilhas nas profundezas.
²⁵ Deus falou e provocou um vendaval
que levantava as ondas.
²⁶ Subiam aos céus e desciam aos abismos;
diante de tal perigo, perderam a coragem.
²⁷ Cambaleavam, tontos como bêbados,
e toda a sua habilidade foi inútil.
²⁸ Na sua aflição, clamaram ao Senhor,
e ele os tirou da tribulação
em que se encontravam.
²⁹ Reduziu a tempestade a uma brisa
e serenou as ondas.
³⁰ As ondas sossegaram, eles se alegraram,
e Deus os guiou ao porto almejado.
³¹ Que eles deem graças ao Senhor
por seu amor leal e por suas maravilhas
em favor dos homens.
³² Que o exaltem na assembleia do povo
e o louvem na reunião dos líderes.

³³ Ele transforma os rios em deserto
e as fontes em terra seca,
³⁴ faz da terra fértil um solo estéril,
por causa da maldade dos seus
moradores.
³⁵ Transforma o deserto em açudes
e a terra ressecada em fontes.
³⁶ Ali ele assenta os famintos,
para fundarem uma cidade habitável,
³⁷ semearem lavouras, plantarem vinhas
e colherem uma grande safra.
³⁸ Ele os abençoa, e eles se multiplicam;
e não deixa que os seus rebanhos
diminuam.

³⁹ Quando, porém, reduzidos,
são humilhados com opressão,
desgraça e tristeza.
⁴⁰ Deus derrama desprezo sobre os nobres
e os faz vagar num deserto sem caminhos.
⁴¹ Mas tira os pobres da miséria
e aumenta as suas famílias como
rebanhos.
⁴² Os justos veem tudo isso e se alegram,
mas todos os perversos se calam.

⁴³ Reflitam nisso os sábios
e considerem a bondade do Senhor.

Uma canção. Salmo davídico.

108
Meu coração está firme, ó Deus!
Cantarei e louvarei, ó Glória minha!
² Acordem, harpa e lira!
Despertarei a alvorada.
³ Eu te darei graças, ó Senhor, entre os
povos;
cantarei louvores entre as nações,
⁴ porque o teu amor leal
se eleva muito acima dos céus;
a tua fidelidade alcança as nuvens!
⁵ Sê exaltado, ó Deus, acima dos céus;
estenda-se a tua glória sobre toda a terra!

⁶ Salva-nos com a tua mão direita
e responde-nos,
para que sejam libertos aqueles a
quem amas.
⁷ Do seu santuário[a] Deus falou:
"No meu triunfo dividirei Siquém
e repartirei o vale de Sucote.
⁸ Gileade me pertence e Manassés também;
Efraim é o meu capacete, Judá é o
meu cetro.

---

[a] 108.7 Ou *Na sua santidade*

⁹ Moabe é a pia em que me lavo,
em Edom atiro a minha sandália,
sobre a Filístia dou meu brado de vitória!"

¹⁰ Quem me levará à cidade fortificada?
Quem me guiará a Edom?
¹¹ Não foste tu, ó Deus, que nos rejeitaste
e deixaste de sair com os nossos exércitos?
¹² Dá-nos ajuda contra os adversários,
pois inútil é o socorro do homem.
¹³ Com Deus conquistaremos a vitória,
e ele pisará os nossos adversários.

**Para o mestre de música.
Salmo davídico.**

109

Ó Deus, a quem louvo, não fiques indiferente,
² pois homens ímpios e falsos
dizem calúnias contra mim,
e falam mentiras a meu respeito.
³ Eles me cercaram com palavras
carregadas de ódio;
atacaram-me sem motivo.
⁴ Em troca da minha amizade eles
me acusam,
mas eu permaneço em oração.
⁵ Retribuem-me o bem com o mal,
e a minha amizade com ódio.

⁶ Designe-se*ᵃ* um ímpio*ᵇ* para ser seu
oponente;
à sua direita esteja um acusador*ᶜ*.
⁷ Seja declarado culpado no julgamento,
e que até a sua oração seja considerada
pecado.
⁸ Seja a sua vida curta,
e outro ocupe o seu lugar.
⁹ Fiquem órfãos os seus filhos
e viúva a sua esposa.
¹⁰ Vivam os seus filhos vagando como
mendigos,
e saiam rebuscando o pão
longe de*ᵈ* suas casas em ruínas.
¹¹ Que um credor se aposse
de todos os seus bens,
e estranhos saqueiem o fruto do
seu trabalho.
¹² Que ninguém o trate com bondade
nem tenha misericórdia dos seus filhos
órfãos.
¹³ Sejam exterminados os seus
descendentes
e desapareçam os seus nomes
na geração seguinte.
¹⁴ Que o Senhor se lembre
da iniquidade dos seus antepassados,
e não se apague o pecado de sua mãe.
¹⁵ Estejam os seus pecados sempre
perante o Senhor,
e na terra ninguém jamais se lembre
da sua família.

¹⁶ Pois ele jamais pensou em praticar
um ato de bondade,
mas perseguiu até à morte o pobre,
o necessitado e o de coração partido.
¹⁷ Ele gostava de amaldiçoar:
venha sobre ele a maldição!
Não tinha prazer em abençoar:
afaste-se dele a bênção!
¹⁸ Ele vestia a maldição como uma roupa:
entre ela em seu corpo como água
e em seus ossos como óleo.
¹⁹ Envolva-o como um manto
e aperte-o sempre como um cinto.
²⁰ Assim retribua o Senhor
aos meus acusadores,
aos que me caluniam.

²¹ Mas tu, Soberano Senhor,
intervém em meu favor, por causa do
teu nome.
Livra-me, pois é sublime o teu amor leal!
²² Sou pobre e necessitado
e, no íntimo, o meu coração está abatido.
²³ Vou definhando como a sombra
vespertina;
para longe sou lançado, como um
gafanhoto.
²⁴ De tanto jejuar os meus joelhos
fraquejam
e o meu corpo definha de magreza.
²⁵ Sou objeto de zombaria
para os meus acusadores;
logo que me veem, meneiam a cabeça.

²⁶ Socorro, Senhor, meu Deus!
Salva-me pelo teu amor leal!
²⁷ Que eles reconheçam que foi a tua mão,
que foste tu, Senhor, que o fizeste.

ᵃ **109.6** Ou *Eles dizem: "Designa*
ᵇ **109.6** Ou *o maligno*
ᶜ **109.6** Ou *Satanás*
ᵈ **109.10** A Septuaginta diz *e sejam expulsos de.*

²⁸ Eles podem amaldiçoar,
   tu, porém, me abençoas.
Quando atacarem, serão humilhados,
   mas o teu servo se alegrará.
²⁹ Sejam os meus acusadores
   vestidos de desonra;
que a vergonha os cubra como um manto.

³⁰ Em alta voz, darei muitas graças ao
   SENHOR;
no meio da assembleia eu o louvarei,
³¹ pois ele se põe ao lado do pobre
   para salvá-lo daqueles que o condenam.

Salmo davídico.

110 O SENHOR disse ao meu Senhor:
"Senta-te à minha direita
até que eu faça dos teus inimigos
   um estrado para os teus pés".

² O SENHOR estenderá
   o cetro de teu poder desde Sião,
e dominarás sobre os teus inimigos!
³ Quando convocares as tuas tropas,
   o teu povo se apresentará
   voluntariamente.ᵃ
Trajando vestes santas,ᵇ
   desde o romper da alvorada
os teus jovens virão como o orvalho.ᶜ

⁴ O SENHOR jurou e não se arrependerá:
"Tu és sacerdote para sempre,
   segundo a ordem de Melquisedeque".

⁵ O Senhor está à tua direita;
ele esmagará reis no dia da sua ira.
⁶ Julgará as nações, amontoando os
   mortos

e esmagando governantesᵈ
   em toda a extensão da terra.
⁷ No caminho beberá de um ribeiro,
   e então erguerá a cabeça.

111 ᵉAleluia!

Darei graças ao SENHOR de todo o
   coração
na reunião da congregação dos justos.

² Grandes são as obras do SENHOR;
nelas meditam todos os que as apreciam.
³ Os seus feitos manifestam
   majestade e esplendor,
e a sua justiça dura para sempre.
⁴ Ele fez proclamar as suas maravilhas;
   o SENHOR é misericordioso e compassivo.
⁵ Deu alimento aos que o temiam,
   pois sempre se lembra de sua aliança.
⁶ Mostrou ao seu povo os seus feitos
   poderosos,
dando-lhe as terras das nações.
⁷ As obras das suas mãos são fiéis e justas;
todos os seus preceitos merecem confiança.
⁸ Estão firmes para sempre,
estabelecidos com fidelidade e retidão.
⁹ Ele trouxe redenção ao seu povo
e firmou a sua aliança para sempre.
   Santo e temível é o seu nome!

¹⁰ O temor do SENHOR
   é o princípio da sabedoria;
todos os que cumprem os seus preceitos
   revelam bom senso.

Ele será louvado para sempre!

112 ᶠAleluia!

Como é feliz o homem que teme o
   SENHOR
e tem grande prazer em seus
   mandamentos!
² Seus descendentes serão poderosos
   na terra,
serão uma geração abençoada,
   de homens íntegros.

110.1-7 O Ungido de Deus seria Rei e Sacerdote segundo a ordem de Melquisedeque, uma ordem superior à ordem de Arão, ligada esta à aliança de Moisés.
Cumprimento: Hebreus 4.14—5.10; 7—10
Próximo texto: Isaías 7.14

ᵃ **110.3** A Septuaginta diz *contigo está o principado*.
ᵇ **110.3** Vários manuscritos do Texto Massorético e outras versões antigas dizem *Dos santos montes*.
ᶜ **110.3** A Septuaginta, a Versão Siríaca e vários manuscritos do Texto Massorético dizem *antes da aurora eu o gerei*.

ᵈ **110.6** Ou *cabeças*
ᵉ O salmo 111 é um poema organizado em ordem alfabética, no hebraico.
ᶠ O salmo 112 é um poema organizado em ordem alfabética, no hebraico.

³ Grande riqueza há em sua casa,
e a sua justiça dura para sempre.
⁴ A luz raia nas trevas para o íntegro,
para quem é misericordioso,ᵃ
    compassivo e justo.

⁵ Feliz é o homem
    que empresta com generosidade
e que com honestidade conduz os seus
    negócios.
⁶ O justo jamais será abalado;
para sempre se lembrarão dele.
⁷ Não temerá más notícias;
seu coração está firme, confiante no
    Senhor.
⁸ O seu coração está seguro e nada temerá.
No final, verá a derrota dos seus
    adversários.
⁹ Reparte generosamente com os pobres;
a sua justiça dura para sempre;
seu poderᵇ será exaltado em honra.

¹⁰ O ímpio o vê e fica irado,
    range os dentes e definha.
O desejo dos ímpios se frustrará.

113

Aleluia!

Louvem, ó servos do Senhor,
louvem o nome do Senhor!
² Seja bendito o nome do Senhor,
desde agora e para sempre!
³ Do nascente ao poente,
seja louvado o nome do Senhor!

⁴ O Senhor está exaltado
    acima de todas as nações;
e acima dos céus está a sua glória.
⁵ Quem é como o Senhor, o nosso Deus,
    que reina em seu trono nas alturas,
⁶ mas se inclina para contemplar
    o que acontece nos céus e na terra?

⁷ Ele levanta do pó o necessitado
e ergue do lixo o pobre,
⁸ para fazê-los sentar-se com príncipes,
com os príncipes do seu povo.
⁹ Dá um lar à estéril,
e dela faz uma feliz mãe de filhos.

Aleluia!

ᵃ **112.4** Ou *pois o Senhor é misericordioso*
ᵇ **112.9** Hebraico: *chifre*.

114

Quando Israel saiu do Egito
e a casa de Jacó saiu do meio
de um povo de língua estrangeira,
² Judá tornou-se o santuário de Deus;
Israel, o seu domínio.

³ O mar olhou e fugiu,
    o Jordão retrocedeu;
⁴ os montes saltaram como carneiros;
    as colinas, como cordeiros.

⁵ Por que fugir, ó mar?
E você, Jordão, por que retroceder?
⁶ Por que vocês saltaram como carneiros,
    ó montes?
E vocês, colinas, porque saltaram
    como cordeiros?

⁷ Estremeça na presença do Soberano,
    ó terra,
    na presença do Deus de Jacó!
⁸ Ele fez da rocha um açude,
    do rochedo uma fonte.

115

Não a nós, Senhor, nenhuma
glória para nós,
mas sim ao teu nome,
por teu amor e por tua fidelidade!

² Por que perguntam as nações:
    "Onde está o Deus deles?"
³ O nosso Deus está nos céus,
e pode fazer tudo o que lhe agrada.
⁴ Os ídolos deles, de prata e ouro,
são feitos por mãos humanas.
⁵ Têm boca, mas não podem falar;
olhos, mas não podem ver;
⁶ têm ouvidos, mas não podem ouvir;
nariz, mas não podem sentir cheiro;
⁷ têm mãos, mas nada podem apalpar;
pés, mas não podem andar;
e não emitem som algum com a garganta.
⁸ Tornem-se como eles aqueles que os
    fazem
    e todos os que neles confiam.

⁹ Confie no Senhor, ó Israel!
    Ele é o seu socorro e o seu escudo.
¹⁰ Confiem no Senhor, sacerdotes!
    Ele é o seu socorro e o seu escudo.
¹¹ Vocês que temem o Senhor,
    confiem no Senhor!
Ele é o seu socorro e o seu escudo.

¹² O Senhor lembra-se de nós e nos
abençoará;
abençoará os israelitas,
abençoará os sacerdotes,
¹³ abençoará os que temem o Senhor,
do menor ao maior.
¹⁴ Que o Senhor os multiplique,
vocês e os seus filhos.
¹⁵ Sejam vocês abençoados pelo Senhor,
que fez os céus e a terra.

¹⁶ Os mais altos céus pertencem ao Senhor,
mas a terra, ele a confiou ao homem.
¹⁷ Os mortos não louvam o Senhor,
tampouco nenhum dos que descem ao
silêncio.
¹⁸ Mas nós bendiremos o Senhor,
desde agora e para sempre!

Aleluia!

116 Eu amo o Senhor, porque ele me ouviu
quando lhe fiz a minha súplica.
² Ele inclinou os seus ouvidos para mim;
eu o invocarei toda a minha vida.

³ As cordas da morte me envolveram,
as angústias do Sheol[a] vieram sobre mim;
aflição e tristeza me dominaram.
⁴ Então clamei pelo nome do Senhor:
Livra-me, Senhor!

⁵ O Senhor é misericordioso e justo;
o nosso Deus é compassivo.
⁶ O Senhor protege os simples;
quando eu já estava sem forças, ele me
salvou.

⁷ Retorne ao seu descanso, ó minha alma,
porque o Senhor tem sido bom para
você!

⁸ Pois tu me livraste da morte,
livraste os meus olhos das lágrimas
e os meus pés de tropeçar,
⁹ para que eu pudesse andar diante do
Senhor
na terra dos viventes.

¹⁰ Eu cri, ainda que tenha dito:[b]
Estou muito aflito.
¹¹ Em pânico eu disse:
Ninguém merece confiança.

¹² Como posso retribuir ao Senhor
toda a sua bondade para comigo?
¹³ Erguerei o cálice da salvação
e invocarei o nome do Senhor.
¹⁴ Cumprirei para com o Senhor
os meus votos,
na presença de todo o seu povo.

¹⁵ O Senhor vê com pesar
a morte de seus fiéis.[c]
¹⁶ Senhor, sou teu servo,
Sim, sou teu servo, filho da tua serva;
livraste-me das minhas correntes.

¹⁷ Oferecerei a ti um sacrifício de gratidão
e invocarei o nome do Senhor.
¹⁸ Cumprirei para com o Senhor
os meus votos,
na presença de todo o seu povo,
¹⁹ nos pátios da casa do Senhor,
no seu interior, ó Jerusalém!

Aleluia!

117 Louvem o Senhor, todas as nações;
exaltem-no, todos os povos!
² Porque imenso é o seu amor leal por nós,
e a fidelidade do Senhor dura para sempre.

Aleluia!

118 Deem graças ao Senhor porque ele
é bom;
o seu amor dura para sempre.

² Que Israel diga:
"O seu amor dura para sempre!"
³ Os sacerdotes digam:
"O seu amor dura para sempre!"
⁴ Os que temem o Senhor digam:
"O seu amor dura para sempre!"

⁵ Na minha angústia clamei ao Senhor;
e o Senhor me respondeu,
dando-me ampla liberdade[d]

---

[a] 116.3 Essa palavra pode ser traduzida por sepultura, profundezas, pó ou morte.
[b] 116.10 Ou *Eu cri, por isso falei*;
[c] 116.15 Ou *Para o Senhor é preciosa a morte dos seus fiéis.*
[d] 118.5 Hebraico: *pondo-me num lugar espaçoso.*

⁶ O Senhor está comigo, não temerei.
O que me podem fazer os homens?
⁷ O Senhor está comigo;
ele é o meu ajudador.
Verei a derrota dos meus inimigos.

⁸ É melhor buscar refúgio no Senhor
do que confiar nos homens.
⁹ É melhor buscar refúgio no Senhor
do que confiar em príncipes.

¹⁰ Todas as nações me cercaram,
mas em nome do Senhor eu as derrotei.
¹¹ Cercaram-me por todos os lados,
mas em nome do Senhor eu as derrotei.
¹² Cercaram-me como um enxame de
abelhas,
mas logo se extinguiram
como espinheiros em chamas.
Em nome do Senhor eu as derrotei!

¹³ Empurraram-me para forçar a minha
queda,
mas o Senhor me ajudou.
¹⁴ O Senhor é a minha força e o meu cântico;
ele é a minha salvação.

¹⁵ Alegres brados de vitória
ressoam nas tendas dos justos:
"A mão direita do Senhor age com poder!
¹⁶ A mão direita do Senhor é exaltada!
A mão direita do Senhor age com
poder!"

¹⁷ Não morrerei; mas vivo ficarei
para anunciar os feitos do Senhor.
¹⁸ O Senhor me castigou com severidade,
mas não me entregou à morte.

¹⁹ Abram as portas da justiça para mim,
pois quero entrar para dar graças ao
Senhor.
²⁰ Esta é a porta do Senhor,
pela qual entram os justos.
²¹ Dou-te graças, porque me respondeste
e foste a minha salvação.

²² A pedra que os construtores rejeitaram
tornou-se a pedra angular.
²³ Isso vem do Senhor,
e é algo maravilhoso para nós.
²⁴ Este é o dia em que o Senhor agiu;
alegremo-nos e exultemos neste dia.

²⁵ Salva-nos, Senhor! Nós imploramos.
Faze-nos prosperar, Senhor! Nós
suplicamos.
²⁶ Bendito é o que vem em nome do
Senhor.
Da casa do Senhor nós os abençoamos.
²⁷ O Senhor é Deus,
e ele fez resplandecer sobre nós a sua luz.ᵃ
Juntem-se ao cortejo festivo,
levando ramos até as pontasᵇ do altar.

²⁸ Tu és o meu Deus; graças te darei!
Ó meu Deus, eu te exaltarei!

²⁹ Deem graças ao Senhor, porque ele é
bom;
o seu amor dura para sempre.

Álef

119
ᶜ Como são felizes os que andam
em caminhos irrepreensíveis,
que vivem conforme a lei do Senhor!
² Como são felizes os que obedecem
aos seus estatutos
e de todo o coração o buscam!
³ Não praticam o mal
e andam nos caminhos do Senhor.
⁴ Tu mesmo ordenaste os teus preceitos
para que sejam fielmente obedecidos.
⁵ Quem dera fossem firmados os meus
caminhos
na obediência aos teus decretos.
⁶ Então não ficaria decepcionado
ao considerar todos os teus
mandamentos.
⁷ Eu te louvarei de coração sincero
quando aprender as tuas justas
ordenanças.
⁸ Obedecerei aos teus decretos;
nunca me abandones.

Bêt

⁹ Como pode o jovem
manter pura a sua conduta?
Vivendo de acordo com a tua palavra.
¹⁰ Eu te busco de todo o coração;
não permitas que eu me desvie
dos teus mandamentos.

ᵃ **118.27** Ou *mostrou sua bondade para conosco.*
ᵇ **118.27** Ou *Amarrem o sacrifício da festa com cordas e le-vem-no até as pontas*
ᶜ O salmo 119 é um poema organizado em ordem alfabética, no hebraico.

¹¹ Guardei no coração a tua palavra
para não pecar contra ti.
¹² Bendito sejas, Senhor!
Ensina-me os teus decretos.
¹³ Com os lábios repito
todas as leis que promulgaste.
¹⁴ Regozijo-me em seguir os teus
testemunhos
como o que se regozija com grandes
riquezas.
¹⁵ Meditarei nos teus preceitos
e darei atenção às tuas veredas.
¹⁶ Tenho prazer nos teus decretos;
não me esqueço da tua palavra.

Guímel
¹⁷ Trata com bondade o teu servo
para que eu viva e obedeça à tua palavra.
¹⁸ Abre os meus olhos
para que eu veja as maravilhas da tua lei.
¹⁹ Sou peregrino na terra;
não escondas de mim os teus
mandamentos.
²⁰ A minha alma consome-se de perene
desejo
das tuas ordenanças.
²¹ Tu repreendes os arrogantes;
malditos os que se desviam
dos teus mandamentos!
²² Tira de mim a afronta e o desprezo,
pois obedeço aos teus estatutos.
²³ Mesmo que os poderosos se reúnam
para conspirar contra mim,
ainda assim o teu servo meditará
nos teus decretos.
²⁴ Sim, os teus testemunhos são o meu
prazer;
eles são os meus conselheiros.

Dálet
²⁵ Agora estou prostrado no pó;
preserva a minha vida
conforme a tua promessa.
²⁶ A ti relatei os meus caminhos
e tu me respondeste;
ensina-me os teus decretos.
²⁷ Faze-me discernir o propósito
dos teus preceitos;
então meditarei nas tuas maravilhas.
²⁸ A minha alma se consome de tristeza;
fortalece-me conforme a tua promessa.
²⁹ Desvia-me dos caminhos enganosos;
por tua graça, ensina-me a tua lei.
³⁰ Escolhi o caminho da fidelidade;
decidi seguir as tuas ordenanças.
³¹ Apego-me aos teus testemunhos,
ó Senhor;
não permitas que eu fique decepcionado.
³² Corro pelo caminho
que os teus mandamentos apontam,
pois me deste maior entendimento.

He
³³ Ensina-me, Senhor,
o caminho dos teus decretos,
e a eles obedecerei até o fim.
³⁴ Dá-me entendimento,
para que eu guarde a tua lei
e a ela obedeça de todo o coração.
³⁵ Dirige-me pelo caminho
dos teus mandamentos,
pois nele encontro satisfação.
³⁶ Inclina o meu coração para os teus
estatutos,
e não para a ganância.
³⁷ Desvia os meus olhos das coisas inúteis;
faze-me viver nos caminhos que traçaste.[a]
³⁸ Cumpre a tua promessa
para com o teu servo,
para que sejas temido.
³⁹ Livra-me da afronta que me apavora,
pois as tuas ordenanças são boas.
⁴⁰ Como anseio pelos teus preceitos!
Preserva a minha vida por tua justiça!

Vav
⁴¹ Que o teu amor alcance-me, Senhor,
e a tua salvação, segundo a tua promessa;
⁴² então responderei aos que me afrontam,
pois confio na tua palavra.
⁴³ Jamais tires da minha boca
a palavra da verdade,
pois nas tuas ordenanças
depositei a minha esperança.
⁴⁴ Obedecerei constantemente à tua lei,
para todo o sempre.
⁴⁵ Andarei em verdadeira liberdade,
pois tenho buscado os teus preceitos.
⁴⁶ Falarei dos teus testemunhos diante
de reis,
sem ficar envergonhado.
⁴⁷ Tenho prazer nos teus mandamentos;
eu os amo.

---

[a] 119.37 Dois manuscritos do Texto Massorético e os manuscritos do mar Morto dizem *preserva a minha vida pela tua palavra.*

⁴⁸ A ti[a] levanto minhas mãos
e medito nos teus decretos.

Zain

⁴⁹ Lembra-te da tua palavra ao teu servo,
pela qual me deste esperança.
⁵⁰ Este é o meu consolo no meu sofrimento:
A tua promessa dá-me vida.
⁵¹ Os arrogantes zombam de mim
o tempo todo,
mas eu não me desvio da tua lei.
⁵² Lembro-me, Senhor,
das tuas ordenanças do passado
e nelas acho consolo.
⁵³ Fui tomado de ira tremenda
por causa dos ímpios
que rejeitaram a tua lei.
⁵⁴ Os teus decretos são o tema
da minha canção em minha peregrinação.
⁵⁵ De noite lembro-me do teu nome, Senhor!
Vou obedecer à tua lei.
⁵⁶ Esta tem sido a minha prática:
Obedecer aos teus preceitos.

Hêt

⁵⁷ Tu és a minha herança, Senhor;
prometi obedecer às tuas palavras.
⁵⁸ De todo o coração suplico a tua graça;
tem misericórdia de mim,
conforme a tua promessa.
⁵⁹ Refleti em meus caminhos
e voltei os meus passos
para os teus testemunhos.
⁶⁰ Eu me apressarei e não hesitarei
em obedecer aos teus mandamentos.
⁶¹ Embora as cordas dos ímpios
queiram prender-me,
eu não me esqueço da tua lei.
⁶² À meia-noite me levanto para dar-te graças
pelas tuas justas ordenanças.
⁶³ Sou amigo de todos os que te temem
e obedecem aos teus preceitos.
⁶⁴ A terra está cheia do teu amor, Senhor;
ensina-me os teus decretos.

Tét

⁶⁵ Trata com bondade o teu servo, Senhor,
conforme a tua promessa.
⁶⁶ Ensina-me o bom senso e o conhecimento,
pois confio em teus mandamentos.
⁶⁷ Antes de ser castigado, eu andava desviado,
mas agora obedeço à tua palavra.
⁶⁸ Tu és bom, e o que fazes é bom;
ensina-me os teus decretos.
⁶⁹ Os arrogantes mancharam o meu nome
com mentiras,
mas eu obedeço aos teus preceitos
de todo o coração.
⁷⁰ O coração deles é insensível;
eu, porém, tenho prazer na tua lei.
⁷¹ Foi bom para mim ter sido castigado,
para que aprendesse os teus decretos.
⁷² Para mim vale mais a lei que decretaste
do que milhares de peças de prata e ouro.

Iode

⁷³ As tuas mãos me fizeram e me formaram;
dá-me entendimento para aprender
os teus mandamentos.
⁷⁴ Quando os que têm temor de ti me virem,
se alegrarão,
pois na tua palavra
depositei a minha esperança.
⁷⁵ Sei, Senhor, que as tuas ordenanças
são justas,
e que por tua fidelidade me castigaste.
⁷⁶ Seja o teu amor o meu consolo,
conforme a tua promessa ao teu servo.
⁷⁷ Alcance-me a tua misericórdia
para que eu tenha vida,
porque a tua lei é o meu prazer.

119.74 Aquele que espera na firme e imutável Palavra de Deus é motivo de alegria para os que também esperam nela. Quando um discípulo vive pelo Espírito e é dirigido por ele em tudo que faz, é motivo de satisfação para os demais discípulos. No entanto, não raramente buscamos o aplauso do mundo fora da igreja e também do que se infiltrou dele dentro da igreja e pensamos que esse é o aplauso de que necessitamos. A pessoa que nos deve aplaudir é Deus; os que têm de se alegrar com o nosso estilo de vida são as pessoas que de fato servem a Deus.

---

[a] **119.48** Ou *Aos teus mandamentos*

⁷⁸ Sejam humilhados os arrogantes,
pois me prejudicaram sem motivo;
mas eu meditarei nos teus preceitos.
⁷⁹ Venham apoiar-me aqueles que te temem,
aqueles que entendem os teus estatutos.
⁸⁰ Seja o meu coração íntegro
para com os teus decretos,
para que eu não seja humilhado.

Caf

⁸¹ Estou quase desfalecido,
aguardando a tua salvação,
mas na tua palavra depositei a minha
esperança.
⁸² Os meus olhos fraquejam
de tanto esperar pela tua promessa,
e pergunto: "Quando me consolarás?"
⁸³ Embora eu seja como uma vasilha
inútil[a],
não me esqueço dos teus decretos.
⁸⁴ Até quando o teu servo deverá esperar
para que castigues os meus perseguidores?
⁸⁵ Cavaram uma armadilha contra mim
os arrogantes,
os que não seguem a tua lei.
⁸⁶ Todos os teus mandamentos
merecem confiança;
ajuda-me, pois sou perseguido com
mentiras.
⁸⁷ Quase acabaram com a minha vida
na terra,
mas não abandonei os teus preceitos.
⁸⁸ Preserva a minha vida pelo teu amor,
e obedecerei aos estatutos que decretaste.

Lâmed

⁸⁹ A tua palavra, Senhor,
para sempre está firmada nos céus.
⁹⁰ A tua fidelidade é constante
por todas as gerações;
estabeleceste a terra, que firme subsiste.
⁹¹ Conforme as tuas ordens,
tudo permanece até hoje[b],
pois tudo está a teu serviço.
⁹² Se a tua lei não fosse o meu prazer,
o sofrimento já me teria destruído.
⁹³ Jamais me esquecerei dos teus preceitos,
pois é por meio deles
que preservas a minha vida.
⁹⁴ Salva-me, pois a ti pertenço
e busco os teus preceitos!

⁹⁵ Os ímpios estão à espera para destruir-me,
mas eu considero os teus testemunhos.
⁹⁶ Tenho constatado
que toda perfeição tem limite;
mas não há limite para o teu
mandamento.

Mem

⁹⁷ Como eu amo a tua lei!
Medito nela o dia inteiro.
⁹⁸ Os teus mandamentos me tornam
mais sábio que os meus inimigos,
porquanto estão sempre comigo.
⁹⁹ Tenho mais discernimento
que todos os meus mestres,
pois medito nos teus testemunhos.
¹⁰⁰ Tenho mais entendimento que os anciãos,
pois obedeço aos teus preceitos.
¹⁰¹ Afasto os pés de todo caminho mau
para obedecer à tua palavra.
¹⁰² Não me afasto das tuas ordenanças,
pois tu mesmo me ensinas.
¹⁰³ Como são doces para o meu paladar
as tuas palavras!
Mais que o mel para a minha boca!
¹⁰⁴ Ganho entendimento
por meio dos teus preceitos;
por isso odeio todo caminho de falsidade.

Nun

¹⁰⁵ A tua palavra é lâmpada
que ilumina os meus passos
e luz que clareia o meu caminho.
¹⁰⁶ Prometi sob juramento e o cumprirei:
vou obedecer às tuas justas ordenanças.
¹⁰⁷ Passei por muito sofrimento;
preserva, Senhor, a minha vida,
conforme a tua promessa.
¹⁰⁸ Aceita, Senhor, a oferta de louvor
dos meus lábios,
e ensina-me as tuas ordenanças.
¹⁰⁹ A minha vida está sempre em perigo[c],
mas não me esqueço da tua lei.
¹¹⁰ Os ímpios prepararam uma armadilha
contra mim,
mas não me desviei dos teus preceitos.
¹¹¹ Os teus testemunhos
são a minha herança permanente;
são a alegria do meu coração.
¹¹² Dispus o meu coração para cumprir
os teus decretos até o fim.

---

[a] **119.83** Hebraico: *um odre na fumaça.*
[b] **119.91** Ou *as tuas leis permanecem até hoje*
[c] **119.109** Hebraico: *em minhas mãos.*

Sâmeq

¹¹³ Odeio os que são inconstantes,
mas amo a tua lei.
¹¹⁴ Tu és o meu abrigo e o meu escudo;
e na tua palavra depositei a minha esperança.
¹¹⁵ Afastem-se de mim os que praticam o mal!
Quero obedecer
aos mandamentos do meu Deus!
¹¹⁶ Sustenta-me, segundo a tua promessa,
e eu viverei;
não permitas que se frustrem
as minhas esperanças.
¹¹⁷ Ampara-me, e estarei seguro;
sempre estarei atento aos teus decretos.
¹¹⁸ Tu rejeitas todos os que se desviam
dos teus decretos,
pois os seus planos enganosos são inúteis.
¹¹⁹ Tu destróis[a] como refugo
todos os ímpios da terra;
por isso amo os teus testemunhos.
¹²⁰ O meu corpo estremece diante de ti;
as tuas ordenanças enchem-me de temor.

Áin

¹²¹ Tenho vivido com justiça e retidão;
não me abandones
nas mãos dos meus opressores.
¹²² Garante o bem-estar do teu servo;
não permitas que os arrogantes me oprimam.
¹²³ Os meus olhos fraquejam,
aguardando a tua salvação
e o cumprimento da tua justiça.
¹²⁴ Trata o teu servo conforme o teu amor leal
e ensina-me os teus decretos.
¹²⁵ Sou teu servo; dá-me discernimento
para compreender os teus testemunhos.
¹²⁶ Já é tempo de agires, SENHOR,
pois a tua lei está sendo desrespeitada.
¹²⁷ Eu amo os teus mandamentos
mais do que o ouro,
mais do que o ouro puro.
¹²⁸ Por isso considero justos
os teus preceitos
e odeio todo caminho de falsidade.

Pê

¹²⁹ Os teus testemunhos são maravilhosos;
por isso lhes obedeço.
¹³⁰ A explicação das tuas palavras ilumina
e dá discernimento aos inexperientes.
¹³¹ Abro a boca e suspiro,
ansiando por teus mandamentos.
¹³² Volta-te para mim
e tem misericórdia de mim,
como sempre fazes aos que amam o teu nome.
¹³³ Dirige os meus passos,
conforme a tua palavra;
não permitas que nenhum pecado me domine.
¹³⁴ Resgata-me da opressão dos homens,
para que eu obedeça aos teus preceitos.
¹³⁵ Faze o teu rosto resplandecer
sobre[b] o teu servo
e ensina-me os teus decretos.
¹³⁶ Rios de lágrimas correm dos meus olhos,
porque a tua lei não é obedecida.

Tsade

¹³⁷ Justo és, SENHOR,
e retas são as tuas ordenanças.
¹³⁸ Ordenaste os teus testemunhos com justiça;
dignos são de inteira confiança!
¹³⁹ O meu zelo me consome,
pois os meus adversários
se esquecem das tuas palavras.
¹⁴⁰ A tua promessa[c]
foi plenamente comprovada,
e, por isso, o teu servo a ama.
¹⁴¹ Sou pequeno e desprezado,
mas não esqueço os teus preceitos.
¹⁴² A tua justiça é eterna,
e a tua lei é a verdade.
¹⁴³ Tribulação e angústia me atingiram,
mas os teus mandamentos são o meu prazer.
¹⁴⁴ Os teus testemunhos são eternamente justos,
dá-me discernimento para que eu tenha vida.

---

[a] **119.119** Alguns manuscritos do Texto Massorético, a Septuaginta e outras versões gregas dizem *consideras*.
[b] **119.135** Isto é, mostra a tua bondade para com.
[c] **119.140** Ou *palavra*

Cof

¹⁴⁵ Eu clamo de todo o coração;
responde-me, Senhor,
   e obedecerei aos teus testemunhos!
¹⁴⁶ Clamo a ti; salva-me,
   e obedecerei aos teus estatutos!
¹⁴⁷ Antes do amanhecer me levanto
e suplico o teu socorro;
   na tua palavra depositei a minha
     esperança.
¹⁴⁸ Fico acordado nas vigílias da noite,
   para meditar nas tuas promessas.
¹⁴⁹ Ouve a minha voz pelo teu amor leal;
faze-me viver, Senhor,
   conforme as tuas ordenanças.
¹⁵⁰ Os meus perseguidores
   aproximam-se com más intenções,ᵃ
mas estão distantes da tua lei.
¹⁵¹ Tu, porém, Senhor, estás perto,
e todos os teus mandamentos
   são verdadeiros.
¹⁵² Há muito aprendi dos teus testemunhos
que tu os estabeleceste para sempre.

Rêsh

¹⁵³ Olha para o meu sofrimento e livra-me,
pois não me esqueço da tua lei.
¹⁵⁴ Defende a minha causa e resgata-me;
preserva a minha vida
   conforme a tua promessa.
¹⁵⁵ A salvação está longe dos ímpios,
pois eles não buscam os teus decretos.
¹⁵⁶ Grande é a tua compaixão, Senhor;
preserva a minha vida conforme as
   tuas leis.
¹⁵⁷ Muitos são os meus adversários
e os meus perseguidores,
   mas eu não me desvio dos teus estatutos.
¹⁵⁸ Com grande desgosto vejo os infiéis,
que não obedecem à tua palavra.
¹⁵⁹ Vê como amo os teus preceitos!
Dá-me vida, Senhor, conforme o teu
   amor leal.
¹⁶⁰ A verdade é a essência da tua palavra,
e todas as tuas justas ordenanças são
   eternas.

Shin e Sin

¹⁶¹ Os poderosos perseguem-me sem
   motivo,
mas é diante da tua palavra
   que o meu coração treme.
¹⁶² Eu me regozijo na tua promessa
como alguém
   que encontra grandes despojos.
¹⁶³ Odeio e detesto a falsidade,
mas amo a tua lei.
¹⁶⁴ Sete vezes por dia eu te louvo
por causa das tuas justas ordenanças.
¹⁶⁵ Os que amam a tua lei desfrutam paz,
e nada há que os faça tropeçar.
¹⁶⁶ Aguardo a tua salvação, Senhor,
e pratico os teus mandamentos.
¹⁶⁷ Obedeço aos teus testemunhos;
amo-os infinitamente!
¹⁶⁸ Obedeço a todos os teus preceitos
e testemunhos,
pois conheces todos os meus caminhos.

Tau

¹⁶⁹ Chegue à tua presença o meu
   clamor, Senhor!
Dá-me entendimento conforme a
   tua palavra.
¹⁷⁰ Chegue a ti a minha súplica.
Livra-me, conforme a tua promessa.
¹⁷¹ Meus lábios transbordarão de louvor,
pois me ensinas os teus decretos.
¹⁷² A minha língua cantará a tua palavra,
pois todos os teus mandamentos são justos.
¹⁷³ Com tua mão vem ajudar-me,
pois escolhi os teus preceitos.
¹⁷⁴ Anseio pela tua salvação, Senhor,
e a tua lei é o meu prazer.
¹⁷⁵ Permite-me viver para que eu te louve;
e que as tuas ordenanças me sustentem.
¹⁷⁶ Andei vagando como ovelha perdida;
vem em busca do teu servo,
   pois não me esqueci
   dos teus mandamentos.

Cântico de Peregrinaçãoᵇ

120

Eu clamo pelo Senhor na minha
   angústia,
e ele me responde.
² Senhor, livra-me dos lábios mentirosos
e da língua traiçoeira!

³ O que ele dará a você?
Como lhe retribuirá, ó língua enganadora?

ᵃ **119.150** Conforme alguns manuscritos do Texto Massorético, a Septuaginta e algumas versões gregas. O Texto Massorético diz *Os que tramam o mal estão por perto*.

ᵇ **120** Ou *dos Degraus*; também nos salmos 121 a 134.

⁴ Ele a castigará
com flechas afiadas de guerreiro,
com brasas incandescentes de sândalo.

⁵ Ai de mim, que vivo como estrangeiro
em Meseque,
que habito entre as tendas de Quedar!
⁶ Tenho vivido tempo demais
entre os que odeiam a paz.
⁷ Sou um homem de paz;
mas, ainda que eu fale de paz,
eles só falam de guerra.

Cântico de Peregrinação.

121 Levanto os meus olhos para os montes
e pergunto:
De onde me vem o socorro?
² O meu socorro vem do Senhor,
que fez os céus e a terra.

³ Ele não permitirá que você tropece;
o seu protetor se manterá alerta,
⁴ sim, o protetor de Israel não dormirá;
ele está sempre alerta!

⁵ O Senhor é o seu protetor;
como sombra que o protege,
ele está à sua direita.
⁶ De dia o sol não o ferirá;
nem a lua, de noite.

⁷ O Senhor o protegerá de todo o mal,
protegerá a sua vida.
⁸ O Senhor protegerá a sua saída
e a sua chegada,
desde agora e para sempre.

Cântico de Peregrinação. Davídico.

122 Alegrei-me com os que me disseram:
"Vamos à casa do Senhor!"
² Nossos pés já se encontram
dentro de suas portas, ó Jerusalém!
³ Jerusalém está construída
como cidade firmemente estabelecida.
⁴ Para lá sobem as tribos do Senhor,
para dar graças ao Senhor,
conforme o mandamento dado a Israel.
⁵ Lá estão os tribunais de justiça,
os tribunais da casa real de Davi.

⁶ Orem pela paz de Jerusalém:
"Vivam em segurança aqueles que te amam!
⁷ Haja paz dentro dos teus muros
e segurança nas tuas cidadelas!"
⁸ Em favor de meus irmãos e amigos, direi:
Paz seja com você!
⁹ Em favor da casa do Senhor, nosso Deus,
buscarei o seu bem.

Cântico de Peregrinação.

123 A ti levanto os meus olhos,
a ti, que ocupas o teu trono nos céus.
² Assim como os olhos dos servos
estão atentos à mão de seu senhor
e como os olhos das servas
estão atentos à mão de sua senhora,
também os nossos olhos
estão atentos ao Senhor,
ao nosso Deus,
esperando que ele tenha misericórdia de nós.

³ Misericórdia, Senhor!
Tem misericórdia de nós!
Já estamos cansados de tanto desprezo.
⁴ Estamos cansados de tanta zombaria
dos orgulhosos
e do desprezo dos arrogantes.

Cântico de Peregrinação. Davídico.

124 Se o Senhor não estivesse do nosso lado;
que Israel o repita:
² Se o Senhor não estivesse do nosso lado
quando os inimigos nos atacaram,
³ eles já nos teriam engolido vivos,
quando se enfureceram contra nós;
⁴ as águas nos teriam arrastado
e as torrentes nos teriam afogado;
⁵ sim, as águas violentas nos teriam afogado!

⁶ Bendito seja o Senhor,
que não nos entregou para sermos dilacerados
pelos dentes deles.
⁷ Como um pássaro escapamos
da armadilha do caçador;
a armadilha foi quebrada,
e nós escapamos.
⁸ O nosso socorro está no nome do Senhor,
que fez os céus e a terra.

Cântico de Peregrinação.

125 Os que confiam no Senhor
são como o monte Sião,
que não se pode abalar,
mas permanece para sempre.
² Como os montes cercam Jerusalém,
assim o Senhor protege o seu povo,
desde agora e para sempre.

³ O cetro dos ímpios não prevalecerá
sobre a terra dada aos justos;
se assim fosse,
até os justos praticariam a injustiça.

⁴ Senhor, trata com bondade
os que fazem o bem,
os que têm coração íntegro.
⁵ Mas, aos que se desviam
por caminhos tortuosos,
o Senhor infligirá o castigo dado
aos malfeitores.

Haja paz em Israel!

Cântico de Peregrinação.

126 Quando o Senhor trouxe os cativos
de volta a Sião*ᵃ*, foi como um sonho.
² Então a nossa boca encheu-se de riso
e a nossa língua de cantos de alegria.
Até nas outras nações se dizia:
"O Senhor fez coisas grandiosas
por este povo".
³ Sim, coisas grandiosas fez o Senhor
por nós,
por isso estamos alegres.

⁴ Senhor, restaura-nos*ᵇ*,
assim como enches
o leito dos ribeiros no deserto*ᶜ*.
⁵ Aqueles que semeiam com lágrimas,
com cantos de alegria colherão.
⁶ Aquele que sai chorando
enquanto lança a semente,
voltará com cantos de alegria,
trazendo os seus feixes.

**Cântico de Peregrinação.
De Salomão.**

127 Se não for o Senhor o construtor
da casa,

ᵃ 126.1 Ou *trouxe restauração a Sião*
ᵇ 126.4 Ou *traze nossos cativos de volta*
ᶜ 126.4 Ou *Neguebe*

será inútil trabalhar na construção.
Se não é o Senhor que vigia a cidade,
será inútil a sentinela montar guarda.
² Será inútil levantar cedo e dormir
tarde,
trabalhando arduamente por alimento.
O Senhor concede o sono
àqueles a quem ele ama.*ᵈ*

³ Os filhos são herança do Senhor,
uma recompensa que ele dá.
⁴ Como flechas nas mãos do guerreiro
são os filhos nascidos na juventude.
⁵ Como é feliz o homem
que tem a sua aljava cheia deles!
Não será humilhado quando enfrentar
seus inimigos no tribunal.

Cântico de Peregrinação.

128 Como é feliz quem teme o Senhor,
quem anda em seus caminhos!

² Você comerá do fruto do seu trabalho
e será feliz e próspero.
³ Sua mulher será como videira frutífera
em sua casa;
seus filhos serão como brotos de oliveira
ao redor da sua mesa.
⁴ Assim será abençoado
o homem que teme o Senhor!

⁵ Que o Senhor o abençoe desde Sião,
para que você veja a prosperidade de
Jerusalém
todos os dias da sua vida
⁶ e veja os filhos dos seus filhos.

Haja paz em Israel!

Cântico de Peregrinação.

129 Muitas vezes me oprimiram
desde a minha juventude;
que Israel o repita:
² Muitas vezes me oprimiram
desde a minha juventude,
mas jamais conseguiram vencer-me.
³ Passaram o arado em minhas costas
e fizeram longos sulcos.
⁴ O Senhor é justo!
Ele libertou-me das algemas dos ímpios.

ᵈ 127.2 Ou *concede sustento aos seus amados enquanto dormem*

⁵ Retrocedam envergonhados
todos os que odeiam Sião.
⁶ Sejam como o capim do terraço,
que seca antes de crescer,
⁷ que não enche as mãos do ceifeiro
nem os braços daquele que faz os fardos.
⁸ E que ninguém que passa diga:
"Seja sobre vocês a bênção do Senhor;
nós os abençoamos em nome do
Senhor!"

Cântico de Peregrinação.

130 Das profundezas clamo a ti,
Senhor;
² ouve, Senhor, a minha voz!
Estejam atentos os teus ouvidos
às minhas súplicas!

³ Se tu, Soberano Senhor,
registrasses os pecados, quem escaparia?
⁴ Mas contigo está o perdão
para que sejas temido.

⁵ Espero no Senhor com todo o meu ser
e na sua palavra ponho a minha
esperança.
⁶ Espero pelo Senhor,
mais do que as sentinelas pela manhã;
sim, mais do que as sentinelas
esperam pela manhã!

⁷ Ponha a sua esperança no Senhor,
ó Israel,

130.1-8 Pôr a esperança no Senhor não é mais que estar seguro de sua lealdade e depender de sua Palavra. Aquele que confia em si mesmo, em suas qualidades ou rede de contatos está condenado ao fracasso e à desilusão. Mas quem espera no Senhor está no caminho de ser alvo de seu "amor leal", ou bondade. Quem é "sábio" em seu próprio entendimento, de fato é infinitamente pobre. Quem é "pobre" no sentido de saber que nada é seu, mas que tudo vem de Deus, é, na verdade, imensamente rico e tem herança eterna. O Senhor Jesus expressou essa realidade de modo bastante simples: " 'Bem-aventurados os pobres em espírito, pois deles é o Reino dos céus' " (Mateus 5.3).

pois no Senhor há amor leal
e plena redenção.
⁸ Ele próprio redimirá Israel
de todas as suas culpas.

Cântico de Peregrinação. Davídico.

131 Senhor, o meu coração não é orgulhoso
e os meus olhos não são arrogantes.
Não me envolvo com coisas grandiosas
nem maravilhosas demais para mim.
² De fato, acalmei e tranquilizei a minha
alma.
Sou como uma criança
recém-amamentada*ᵃ* por sua mãe;
a minha alma é como essa criança.

³ Ponha a sua esperança no Senhor,
ó Israel,
desde agora e para sempre!

Cântico de Peregrinação.

132 Senhor, lembra-te de Davi
e das dificuldades que enfrentou.
² Ele jurou ao Senhor
e fez um voto ao Poderoso de Jacó:
³ "Não entrarei na minha tenda
nem me deitarei no meu leito;
⁴ não permitirei
que os meus olhos peguem no sono
nem que as minhas pálpebras descansem,
⁵ enquanto não encontrar
um lugar para o Senhor,
uma habitação para o Poderoso de Jacó".

⁶ Soubemos que a arca estava em Efrata*ᵇ*,
mas nós a encontramos nos campos
de Jaar*ᶜ*:
⁷ "Vamos para a habitação do Senhor!
Vamos adorá-lo diante do estrado de
seus pés!
⁸ Levanta-te, Senhor,
e vem para o teu lugar de descanso,
tu e a arca onde está o teu poder.
⁹ Vistam-se de retidão os teus sacerdotes;
cantem de alegria os teus fiéis".
¹⁰ Por amor ao teu servo Davi,
não rejeites o teu ungido.

ᵃ **131.2** Ou *desmamada*
ᵇ **132.6** Ou *a respeito da arca em Efrata*
ᶜ **132.6** Isto é, Quiriate-Jearim.

¹¹ O Senhor fez um juramento a Davi,
um juramento firme que ele não revogará:
"Colocarei um dos seus descendentes
no seu trono.
¹² Se os seus filhos forem fiéis à minha
aliança
e aos testemunhos que eu lhes ensino,
também os filhos deles
o sucederão no trono para sempre".

¹³ O Senhor escolheu Sião,
com o desejo de fazê-la sua habitação:
¹⁴ "Este será o meu lugar de descanso
para sempre;
aqui firmarei o meu trono,
pois esse é o meu desejo.
¹⁵ Abençoarei este lugar com fartura;
os seus pobres suprirei de pão.
¹⁶ Vestirei de salvação os seus sacerdotes
e os seus fiéis a celebrarão com grande
alegria.

¹⁷ "Ali farei renascer o poder[a] de Davi
e farei brilhar a luz[b] do meu ungido.
¹⁸ Vestirei de vergonha os seus inimigos,
mas nele brilhará a sua coroa".

Cântico de Peregrinação. Davídico.

133 ¹ Como é bom e agradável
quando os irmãos convivem em união!
² É como óleo precioso
derramado sobre a cabeça,
que desce pela barba, a barba de Arão,
até a gola das suas vestes.
³ É como o orvalho do Hermom
quando desce sobre os montes de Sião.
Ali o Senhor concede a bênção
da vida para sempre.

133.1-3 A comunhão entre os membros da família de Deus é imprescindível para que seu Espírito se mova em meio ao seu povo. Devemos evitar o individualismo, o desejo de se destacar, o interesse em construir o nosso próprio reino, em vez de fazer avançar o Reino de Deus, as divisões, as disputas, as reclamações e todo tipo de coisa semelhante.

---

[a] **132.17** Hebraico: *chifre*.
[b] **132.17** Isto é, perpetuarei a dinastia.

Cântico de Peregrinação.

134 ¹ Venham! Bendigam o Senhor
todos vocês, servos do Senhor,
vocês, que servem de noite
na casa do Senhor.
² Levantem as mãos na direção do
santuário
e bendigam o Senhor!

³ De Sião os abençoe o Senhor,
que fez os céus e a terra!

135 ¹ Aleluia!

Louvem o nome do Senhor;
louvem-no, servos do Senhor,
² vocês, que servem na casa do Senhor,
nos pátios da casa de nosso Deus.

³ Louvem o Senhor, pois o Senhor é
bom;
cantem louvores ao seu nome,
pois é nome amável.
⁴ Porque o Senhor escolheu Jacó;
a Israel, como seu tesouro pessoal.

⁵ Na verdade, sei que o Senhor é grande,
que o nosso Soberano é maior
do que todos os deuses.
⁶ O Senhor faz tudo o que lhe agrada,
nos céus e na terra,
nos mares e em todas as suas profundezas.
⁷ Ele traz as nuvens desde os confins
da terra;
envia os relâmpagos que acompanham
a chuva
e faz que o vento saia dos seus depósitos.

⁸ Foi ele que matou os primogênitos
do Egito,
tanto dos homens como dos animais.
⁹ Ele realizou em pleno Egito
sinais e maravilhas,
contra o faraó e todos os seus
conselheiros.
¹⁰ Foi ele que feriu muitas nações
e matou reis poderosos:
¹¹ Seom, rei dos amorreus,
Ogue, rei de Basã,
e todos os reinos de Canaã;
¹² e deu a terra deles como herança,
como herança a Israel, o seu povo.

¹³ O teu nome, Senhor,
   permanece para sempre,
   a tua fama, Senhor, por todas
   as gerações!
¹⁴ O Senhor defenderá o seu povo
   e terá compaixão dos seus servos.

¹⁵ Os ídolos das nações
   não passam de prata e ouro,
   feitos por mãos humanas.
¹⁶ Têm boca, mas não podem falar;
   olhos, mas não podem ver;
¹⁷ têm ouvidos, mas não podem escutar
   nem há respiração em sua boca.
¹⁸ Tornem-se^a como eles aqueles que os fazem
   e todos os que neles confiam.

¹⁹ Bendigam o Senhor, ó israelitas!
   Bendigam o Senhor, ó sacerdotes!
²⁰ Bendigam o Senhor, ó levitas!
   Bendigam o Senhor
   os que temem o Senhor!
²¹ Bendito seja o Senhor desde Sião,
   aquele que habita em Jerusalém.

Aleluia!

136 Deem graças ao Senhor, porque ele é bom.
   O seu amor dura para sempre!
² Deem graças ao Deus dos deuses.
   O seu amor dura para sempre!
³ Deem graças ao Senhor dos senhores.
   O seu amor dura para sempre!

⁴ Ao único que faz grandes maravilhas,
   O seu amor dura para sempre!
⁵ Que com habilidade fez os céus,
   O seu amor dura para sempre!
⁶ Que estendeu a terra sobre as águas;
   O seu amor dura para sempre!
⁷ Àquele que fez os grandes luminares:
   O seu amor dura para sempre!
⁸ O sol para governar o dia,
   O seu amor dura para sempre!
⁹ A lua e as estrelas para governarem a noite.
   O seu amor dura para sempre!

¹⁰ Àquele que matou
   os primogênitos do Egito
   O seu amor dura para sempre!

¹¹ E tirou Israel do meio deles
   O seu amor dura para sempre!
¹² Com mão poderosa e braço forte.
   O seu amor dura para sempre!

¹³ Àquele que dividiu o mar Vermelho
   O seu amor dura para sempre!
¹⁴ E fez Israel atravessá-lo,
   O seu amor dura para sempre!
¹⁵ Mas lançou o faraó e o seu exército
   no mar Vermelho.
   O seu amor dura para sempre!

¹⁶ Àquele que conduziu seu povo pelo deserto,
   O seu amor dura para sempre!
¹⁷ Feriu grandes reis
   O seu amor dura para sempre!
¹⁸ E matou reis poderosos:
   O seu amor dura para sempre!
¹⁹ Seom, rei dos amorreus,
   O seu amor dura para sempre!
²⁰ E Ogue, rei de Basã,
   O seu amor dura para sempre!
²¹ E deu a terra deles como herança,
   O seu amor dura para sempre!
²² Como herança ao seu servo Israel.
   O seu amor dura para sempre!

²³ Àquele que se lembrou de nós
   quando fomos humilhados
   O seu amor dura para sempre!
²⁴ E nos livrou dos nossos adversários;
   O seu amor dura para sempre!
²⁵ Àquele que dá alimento
   a todos os seres vivos.
   O seu amor dura para sempre!

²⁶ Deem graças ao Deus dos céus.
   O seu amor dura para sempre!

137 Junto aos rios da Babilônia
   nós nos sentamos e choramos
   com saudade de Sião.
² Ali, nos salgueiros,
   penduramos as nossas harpas;
³ ali os nossos captores pediam-nos canções,
   os nossos opressores exigiam
   canções alegres, dizendo:
   "Cantem para nós uma das canções de Sião!"

⁴ Como poderíamos cantar
   as canções do Senhor
   numa terra estrangeira?

---

^{a} 135.18 Ou *São*

⁵ Que a minha mão direita definhe,
  ó Jerusalém, se eu me esquecer de ti!
⁶ Que me grude a língua ao céu da boca,
  se eu não me lembrar de ti
e não considerar Jerusalém
  a minha maior alegria!

⁷ Lembra-te, SENHOR, dos edomitas
e do que fizeram
  quando Jerusalém foi destruída,
pois gritavam: "Arrasem-na!
Arrasem-na até aos alicerces!"

⁸ Ó cidade*a* de Babilônia,
  destinada à destruição,
feliz aquele que lhe retribuir
  o mal que você nos fez!
⁹ Feliz aquele que pegar os seus filhos
  e os despedaçar contra a rocha!

Davídico.

138 Eu te louvarei, SENHOR, de todo o coração;
  diante dos deuses cantarei louvores a ti.
² Voltado para o teu santo templo
  eu me prostrarei
e renderei graças ao teu nome,
  por causa do teu amor e da tua fidelidade;
pois exaltaste acima de todas as coisas
  o teu nome e a tua palavra.
³ Quando clamei, tu me respondeste;
deste-me força e coragem.

⁴ Todos os reis da terra te renderão graças,
  SENHOR,
pois saberão das tuas promessas.
⁵ Celebrarão os feitos do SENHOR,
  pois grande é a glória do SENHOR!

⁶ Embora esteja nas alturas,
  o SENHOR olha para os humildes,
e de longe reconhece os arrogantes.
⁷ Ainda que eu passe por angústias,
  tu me preservas a vida
  da ira dos meus inimigos;
estendes a tua mão direita e me livras.
⁸ O SENHOR cumprirá o seu propósito
  para comigo!
*Teu amor, SENHOR, permanece
  para sempre;
não abandones as obras das tuas mãos!*

---

a 137.8 Hebraico: *filha*.

138.8 A amorosa bondade de Deus é para sempre, porque ele não muda e porque existe uma aliança entre ele e seus filhos, selada com o único sangue puro do Universo. O discípulo deve adorá-lo "diante dos deuses" (v. 1), e isso exige dedicação exclusiva. São muitos os deuses deste mundo que nos pedem adoração, mas há somente Um que é digno de recebê-la. Essa adoração com certeza tem consequências também em quem não conhece o Deus verdadeiro. O Senhor Jesus afirma: "E este evangelho do Reino será pregado em todo o mundo como testemunho a todas as nações, e então virá o fim" (Mateus 24.14). Em lugar de se preocupar com os fatos curiosos relacionados ao fim dos tempos, o discípulo deve se preocupar em permitir que o Senhor cumpra o propósito que tem para ele (v. 8) e, dessa maneira, estará antecipando a manifestação definitiva do Reino de Deus.

Para o mestre de música.
Davídico. Um salmo.

139 SENHOR, tu me sondas e me conheces.
² Sabes quando me sento e quando me
  levanto;
de longe percebes os meus pensamentos.
³ Sabes muito bem quando trabalho
  e quando descanso;
todos os meus caminhos
  são bem conhecidos por ti.
⁴ Antes mesmo que a palavra
  me chegue à língua,
tu já a conheces inteiramente, SENHOR.

⁵ Tu me cercas, por trás e pela frente,
  e pões a tua mão sobre mim.
⁶ Tal conhecimento é maravilhoso demais
  e está além do meu alcance;
é tão elevado que não o posso atingir.

⁷ Para onde poderia eu escapar do
  teu Espírito?
Para onde poderia fugir da tua presença?
⁸ Se eu subir aos céus, lá estás;
se eu fizer a minha cama na sepultura*b*,
  também lá estás.

---

b 139.8 Hebraico: *Sheol*. Essa palavra também pode ser traduzida por profundezas, pó ou morte.

⁹ Se eu subir com as asas da alvorada
e morar na extremidade do mar,
¹⁰ mesmo ali a tua mão direita me guiará
e me susterá.
¹¹ Mesmo que eu diga que as trevas
me encobrirão,
e que a luz se tornará noite ao meu redor,
¹² verei que nem as trevas são escuras
para ti.
A noite brilhará como o dia,
pois para ti as trevas são luz.

¹³ Tu criaste o íntimo do meu ser
e me teceste no ventre de minha mãe.
¹⁴ Eu te louvo porque me fizeste
de modo especial e admirável[a].
Tuas obras são maravilhosas!
Digo isso com convicção.
¹⁵ Meus ossos não estavam escondidos
de ti
quando em secreto fui formado
e entretecido como nas profundezas
da terra.
¹⁶ Os teus olhos viram o meu embrião;
todos os dias determinados para mim
foram escritos no teu livro
antes de qualquer deles existir.

¹⁷ Como são preciosos para mim
os teus pensamentos, ó Deus!
Como é grande a soma deles!
¹⁸ Se eu os contasse, seriam mais
do que os grãos de areia.
Se terminasse de contá-los[b],
eu ainda estaria contigo.
¹⁹ Quem dera matasses os ímpios, ó Deus!
Afastem-se de mim os assassinos!
²⁰ Porque falam de ti com maldade;
em vão rebelam-se contra ti.
²¹ Acaso não odeio os que te odeiam,
Senhor?
E não detesto os que se revoltam
contra ti?
²² Tenho por eles ódio implacável!
Considero-os inimigos meus!

²³ Sonda-me, ó Deus,
e conhece o meu coração;
prova-me e conhece as minhas
inquietações.

[a] 139.14 A Septuaginta, a Versão Siríaca e os manuscritos do mar Morto dizem *porque tu és tremendo e maravilhoso.*
[b] 139.18 Ou *Quando acordasse*

²⁴ Vê se em minha conduta algo te ofende
e dirige-me pelo caminho eterno.

**Para o mestre de música.
Salmo davídico.**

140 Livra-me, Senhor, dos maus;
protege-me dos violentos,
² que no coração tramam planos perversos
e estão sempre provocando guerra.
³ Afiam a língua como a da serpente;
veneno de víbora está em seus lábios.
                              PAUSA

⁴ Protege-me, Senhor, das mãos dos
ímpios;
protege-me dos violentos,
que pretendem fazer-me tropeçar.
⁵ Homens arrogantes prepararam
armadilhas contra mim,
perversos estenderam as suas redes;
no meu caminho armaram ciladas
contra mim.
                              PAUSA

⁶ Eu declaro ao Senhor: Tu és o
meu Deus.
Ouve, Senhor, a minha súplica!
⁷ Ó Soberano Senhor, meu salvador
poderoso,
tu me proteges a cabeça no dia da batalha;
⁸ não atendas aos desejos dos ímpios,
Senhor!
Não permitas que os planos deles
tenham sucesso,
para que não se orgulhem.
                              PAUSA

⁹ Recaia sobre a cabeça dos que
me cercam
a maldade que os seus lábios proferiram.
¹⁰ Caiam brasas sobre eles,
e sejam lançados ao fogo,
em covas das quais jamais possam sair.
¹¹ Que os difamadores
não se estabeleçam na terra,
que a desgraça persiga os violentos até
a morte.

¹² Sei que o Senhor defenderá
a causa do necessitado
e fará justiça aos pobres.
¹³ Com certeza os justos darão graças
ao teu nome,

e os homens íntegros viverão na tua
  presença.

Salmo davídico.

141 Clamo a ti, Senhor; vem depressa!
Escuta a minha voz quando
  clamo a ti.
² Seja a minha oração
  como incenso diante de ti
e o levantar das minhas mãos
  como a oferta da tarde.

³ Coloca, Senhor,
  uma guarda à minha boca;
vigia a porta de meus lábios.
⁴ Não permitas que o meu coração
  se volte para o mal
nem que eu me envolva em práticas
  perversas
  com os malfeitores.
Que eu nunca participe dos seus
  banquetes!

⁵ Fira-me o justo com amor leal
  e me repreenda,
mas não perfume a minha cabeça
  o óleo do ímpio,[a]
pois a minha oração
  é contra as práticas dos malfeitores.
⁶ Quando eles caírem nas mãos da Rocha,
  o juiz deles,
ouvirão as minhas palavras com apreço.[b]
⁷ Como a terra é arada e fendida,
assim foram espalhados os seus ossos
  à entrada da sepultura.[c]

⁸ Mas os meus olhos estão fixos em ti,
  ó Soberano Senhor;
em ti me refugio;
  não me entregues à morte.
⁹ Guarda-me das armadilhas
  que prepararam contra mim,
das ciladas dos que praticam o mal.
¹⁰ Caiam os ímpios em sua própria rede,
  enquanto eu escapo ileso.

---

[a] **141.5** Ou *Fira-me o justo e me repreenda o piedoso; será como óleo fino que minha cabeça não recusará*.
[b] **141.6** Ou *Quando os seus governantes forem lançados dos penhascos, todos saberão que minhas palavras eram verdadeiras*.
[c] **141.7** Hebraico: *Sheol*. Essa palavra também pode ser traduzida por profundezas, pó ou morte.

Poema de Davi, quando ele estava na caverna. Uma oração.

142 Em alta voz clamo ao Senhor;
elevo a minha voz ao Senhor,
  suplicando misericórdia.
² Derramo diante dele o meu lamento;
a ele apresento a minha angústia.

³ Quando o meu espírito desanima,
  és tu quem conhece o caminho
  que devo seguir.
Na vereda por onde ando
  esconderam uma armadilha contra mim.
⁴ Olha para a minha direita e vê;
  ninguém se preocupa comigo.
Não tenho abrigo seguro;
  ninguém se importa com a minha vida.

⁵ Clamo a ti, Senhor, e digo:
  Tu és o meu refúgio;
és tudo o que tenho na terra dos viventes.
⁶ Dá atenção ao meu clamor,
  pois estou muito abatido;
livra-me dos que me perseguem,
  pois são mais fortes do que eu.
⁷ Liberta-me da prisão,
  e renderei graças ao teu nome.
Então os justos se reunirão à minha volta
  por causa da tua bondade para comigo.

Salmo davídico.

143 Ouve, Senhor, a minha oração,
dá ouvidos à minha súplica;
responde-me
  por tua fidelidade e por tua justiça.
² Mas não leves o teu servo a julgamento,
pois ninguém é justo diante de ti.

³ O inimigo persegue-me
  e esmaga-me ao chão;
ele me faz morar nas trevas,
  como os que há muito morreram.
⁴ O meu espírito desanima;
o meu coração está em pânico.
⁵ Eu me recordo dos tempos antigos;
medito em todas as tuas obras
e considero o que as tuas mãos têm feito.
⁶ Estendo as minhas mãos para ti;
como a terra árida, tenho sede de ti.

PAUSA

⁷ Apressa-te em responder-me, Senhor!
  O meu espírito se abate.

Não escondas de mim o teu rosto,
   ou serei como os que descem à cova.
⁸ Faze-me ouvir do teu amor leal pela
      manhã,
   pois em ti confio.
Mostra-me o caminho que devo seguir,
   pois a ti elevo a minha alma.
⁹ Livra-me dos meus inimigos, Senhor,
   pois em ti eu me abrigo.
¹⁰ Ensina-me a fazer a tua vontade,
   pois tu és o meu Deus;
que o teu bondoso Espírito
   me conduza por terreno plano.

¹¹ Preserva-me a vida, Senhor,
   por causa do teu nome;
por tua justiça, tira-me desta angústia.
¹² E no teu amor leal,
   aniquila os meus inimigos;
destrói todos os meus adversários,
   pois sou teu servo.

Davídico.

144 Bendito seja o Senhor, a minha Rocha,
que treina as minhas mãos para a guerra
   e os meus dedos para a batalha.
² Ele é o meu aliado fiel, a minha fortaleza,
   a minha torre de proteção
   e o meu libertador;
é o meu escudo, aquele em quem me
      refugio.
Ele subjuga a mim os povos*ᵃ*.

³ Senhor, que é o homem
   para que te importes com ele,
   ou o filho do homem
   para que por ele te interesses?
⁴ O homem é como um sopro;
   seus dias são como sombra passageira.

⁵ Estende, Senhor, os teus céus e desce;
   toca os montes para que fumeguem.
⁶ Envia relâmpagos e dispersa os inimigos;
   atira as tuas flechas e faze-os debandar.
⁷ Das alturas, estende a tua mão e
      liberta-me;
   salva-me da imensidão das águas,
   das mãos desses estrangeiros,

⁸ que têm lábios mentirosos
   e que, com a mão direita erguida,
      juram falsamente.

⁹ Cantarei uma nova canção a ti, ó Deus;
   tocarei para ti a lira de dez cordas.
¹⁰ para aquele que dá vitória aos reis,
   que livra o seu servo Davi
      da espada mortal.

¹¹ Dá-me libertação;
   salva-me das mãos dos estrangeiros,
   que têm lábios mentirosos
   e que, com a mão direita erguida,
      juram falsamente.

¹² Então, na juventude,
os nossos filhos serão como plantas
      viçosas;
as nossas filhas, como colunas
   esculpidas para ornar um palácio.
¹³ Os nossos celeiros estarão cheios
   das mais variadas provisões.
Os nossos rebanhos se multiplicarão
   aos milhares,
às dezenas de milhares em nossos campos;
¹⁴ o nosso gado dará suas crias;
não haverá praga alguma nem aborto.*ᵇ*
Não haverá gritos de aflição em
   nossas ruas.

¹⁵ Como é feliz o povo assim abençoado!
   Como é feliz o povo cujo Deus é o
      Senhor!

Um cântico de louvor. Davídico.

145 *ᶜ*Eu te exaltarei, meu Deus e meu rei;
bendirei o teu nome para todo
   o sempre!
² Todos os dias te bendirei
e louvarei o teu nome para todo o sempre!
³ Grande é o Senhor e digno de ser louvado;
   sua grandeza não tem limites.

⁴ Uma geração contará à outra
   a grandiosidade dos teus feitos;
eles anunciarão os teus atos poderosos.
⁵ Proclamarão o glorioso esplendor
   da tua majestade,

ᵃ **144.2** Conforme muitos manuscritos do Texto Massorético, os manuscritos do mar Morto, a Versão Siríaca e algumas outras versões antigas. A maioria dos manuscritos do Texto Massorético diz *o meu povo*.

ᵇ **144.14** Ou *os nossos distritos não terão sobrecarga; não haverá invasão nem exílio*.
ᶜ O salmo 145 é um poema organizado em ordem alfabética, no hebraico.

e meditarei nas maravilhas que
 fazes.ᵃ
⁶ Anunciarão o poder dos teus feitos
 temíveis,
e eu falarei das tuas grandes obras.
⁷ Comemorarão a tua imensa bondade
e celebrarão a tua justiça.

⁸ O Senhor é misericordioso e
 compassivo,
paciente e transbordante de amor.
⁹ O Senhor é bom para todos;
a sua compaixão alcança
 todas as suas criaturas.
¹⁰ Rendam-te graças todas as tuas
 criaturas, Senhor,
e os teus fiéis te bendigam.
¹¹ Eles anunciarão a glória do teu reino
e falarão do teu poder,
¹² para que todos saibam
 dos teus feitos poderosos
e do glorioso esplendor do teu reino.
¹³ O teu reino é reino eterno,
e o teu domínio permanece
 de geração em geração.

O Senhor é fiel em todas as suas promessas
e é bondoso em tudo o que faz.ᵇ
¹⁴ O Senhor ampara todos os que caem
e levanta todos os que estão prostrados.
¹⁵ Os olhos de todos estão voltados para ti,
e tu lhes dás o alimento no devido tempo.
¹⁶ Abres a tua mão e satisfazes os desejos
 de todos os seres vivos.

¹⁷ O Senhor é justo
 em todos os seus caminhos
e bondoso em tudo o que faz.
¹⁸ O Senhor está perto
 de todos os que o invocam,
de todos os que o invocam com sinceridade.
¹⁹ Ele realiza os desejos daqueles que o temem;
ouve-os gritar por socorro e os salva.
²⁰ O Senhor cuida de todos os que
 o amam,
mas a todos os ímpios destruirá.

ᵃ **145.5** Conforme os manuscritos do mar Morto e a Versão Siríaca. O Texto Massorético diz *Meditarei no glorioso esplendor da tua majestade e nas tuas obras maravilhosas.*
ᵇ **145.13** Conforme um manuscrito do Texto Massorético, os manuscritos do mar Morto e a Versão Siríaca. A maioria dos manuscritos do Texto Massorético não traz as duas últimas linhas desse versículo.

²¹ Com meus lábios louvarei o Senhor.
Que todo ser vivo bendiga o seu
 santo nome
para todo o sempre!

146 Aleluia!

Louve, ó minha alma, o Senhor.
² Louvarei o Senhor por toda a
 minha vida;
cantarei louvores ao meu Deus
 enquanto eu viver.

³ Não confiem em príncipes,
em meros mortais, incapazes de salvar.
⁴ Quando o espírito deles se vai, eles
 voltam ao pó;
naquele mesmo dia acabam-se os
 seus planos.

⁵ Como é feliz aquele cujo auxílio
 é o Deus de Jacó,
cuja esperança está no Senhor, no
 seu Deus,
⁶ que fez os céus e a terra,
o mar e tudo o que neles há,
e que mantém a sua fidelidade para
 sempre!
⁷ Ele defende a causa dos oprimidos
 e dá alimento aos famintos.
O Senhor liberta os presos,
⁸ o Senhor dá vista aos cegos,
o Senhor levanta os abatidos,
o Senhor ama os justos.
⁹ O Senhor protege o estrangeiro
 e sustém o órfão e a viúva,
mas frustra o propósito dos ímpios.

¹⁰ O Senhor reina para sempre!
O teu Deus, ó Sião,
 reina de geração em geração.

Aleluia!

147 Aleluia!

Como é bom cantar louvores ao nosso
 Deus!
Como é agradável e próprio louvá-lo!
² O Senhor edifica Jerusalém;
ele reúne os exilados de Israel.
³ Só ele cura os de coração quebrantado
e cuida das suas feridas.

⁴ Ele determina o número de estrelas
e chama cada uma pelo nome.
⁵ Grande é o nosso Soberano
e tremendo é o seu poder;
é impossível medir o seu entendimento.
⁶ O Senhor sustém o oprimido,
mas lança por terra o ímpio.

⁷ Cantem ao Senhor com ações
de graças;
ao som da harpa façam música
para o nosso Deus.
⁸ Ele cobre o céu de nuvens,
concede chuvas à terra
e faz crescer a relva nas colinas.
⁹ Ele dá alimento aos animais,
e aos filhotes dos corvos
quando gritam de fome.

¹⁰ Não é a força do cavalo
que lhe dá satisfação,
nem é a agilidade do homem que
lhe agrada;
¹¹ o Senhor se agrada dos que o temem,
dos que depositam sua esperança no seu
amor leal.

¹² Exalte o Senhor, ó Jerusalém!
Louve o seu Deus, ó Sião,
¹³ pois ele reforçou as trancas de
suas portas
e abençoou o seu povo, que lá habita.
¹⁴ É ele que mantém as suas fronteiras
em segurança
e que a supre do melhor do trigo.
¹⁵ Ele envia sua ordem à terra,
e sua palavra corre veloz.
¹⁶ Faz cair a neve como lã,
e espalha a geada como cinza.
¹⁷ Faz cair o gelo como se fosse pedra.
Quem pode suportar o seu frio?
¹⁸ Ele envia a sua palavra, e o gelo
derrete;
envia o seu sopro, e as águas tornam
a correr.

¹⁹ Ele revela a sua palavra a Jacó,
os seus decretos e ordenanças a Israel.
²⁰ Ele não fez isso a nenhuma outra nação;
todas as outras desconhecem
as suas ordenanças.

Aleluia!

148 Aleluia!

Louvem o Senhor desde os céus,
louvem-no nas alturas!
² Louvem-no todos os seus anjos,
louvem-no todos os seus exércitos
celestiais.
³ Louvem-no sol e lua,
louvem-no todas as estrelas cintilantes.
⁴ Louvem-no os mais altos céus
e as águas acima do firmamento.
⁵ Louvem todos eles o nome do Senhor,
pois ordenou, e eles foram criados.
⁶ Ele os estabeleceu em seus lugares
para todo o sempre;
deu-lhes um decreto que jamais mudará.

⁷ Louvem o Senhor, vocês que estão
na terra,
serpentes marinhas e todas as
profundezas,
⁸ relâmpagos e granizo, neve e neblina,
vendavais que cumprem o que ele
determina,
⁹ todas as montanhas e colinas,
árvores frutíferas e todos os cedros,
¹⁰ todos os animais selvagens
e os rebanhos domésticos,
todos os demais seres vivos e as aves,
¹¹ reis da terra e todas as nações,
todos os governantes e juízes da terra,
¹² moços e moças, velhos e crianças.

¹³ Louvem todos o nome do Senhor,
pois somente o seu nome é exaltado;
a sua majestade está acima
da terra e dos céus.
¹⁴ Ele concedeu poder*ᵃ* ao seu povo
e recebeu louvor de todos os seus fiéis,
dos israelitas, povo a quem ele tanto ama.
Aleluia!

149 Aleluia!

Cantem ao Senhor uma nova canção,
louvem-no na assembleia dos fiéis.
² Alegre-se Israel no seu Criador,
exulte o povo de Sião no seu Rei!
³ Louvem eles o seu nome com danças;
ofereçam-lhe música
com tamborim e harpa.

ᵃ **148.14** Hebraico: *levantou um chifre.*

⁴ O Senhor agrada-se do seu povo;
ele coroa de vitória os oprimidos.
⁵ Regozijem-se os seus fiéis nessa glória
e em seu leito cantem alegremente!

⁶ Altos louvores estejam em seus lábios
e uma espada de dois gumes em suas mãos,
⁷ para impor vingança às nações
e trazer castigo aos povos;
⁸ para prender os seus reis com grilhões
e seus nobres com algemas de ferro;
⁹ para executar a sentença escrita contra eles.
Esta é a glória de todos os seus fiéis.

Aleluia!

150 Aleluia!

Louvem a Deus no seu santuário,
louvem-no em seu magnífico firmamento.
² Louvem-no pelos seus feitos poderosos,
louvem-no segundo a imensidão de sua grandeza!
³ Louvem-no ao som de trombeta,
louvem-no com a lira e a harpa,
⁴ louvem-no com tamborins e danças,
louvem-no com instrumentos de cordas e com flautas,
⁵ louvem-no com címbalos sonoros,
louvem-no com címbalos ressonantes.

⁶ Tudo o que tem vida louve o Senhor!
Aleluia!

Introdução ao livro de
PROVÉRBIOS

Autor e data de composição

O livro de Provérbios começa afirmando que o sábio rei Salomão é seu escritor, embora também sejam adicionados provérbios de outras fontes. É um dos poucos livros que declaram logo no prefácio o motivo de ter sido escrito: "Eles ajudarão a experimentar a sabedoria e a disciplina; a compreender as palavras que dão entendimento; a viver com disciplina e sensatez, fazendo o que é justo, direito e correto; ajudarão a dar prudência aos inexperientes e conhecimento e bom senso aos jovens" (1.2-4). Se a designação de Salomão como escritor está correta, estamos falando de uma compilação de provérbios compostos em torno do ano 1015 a.C.

Primeira parte: O propósito do livro (1.1-7)

Segunda parte: Alguns provérbios dirigidos aos jovens (1.8—9.18)
    I. Advertências feitas pela sabedoria (1.8-33)
        A. A obediência aos pais (1.8,9)
        B. As más companhias (1.10-19)
        C. O clamor da sabedoria (1.20-33)
    II. O grande valor da sabedoria para a vida (2)
    III. Conselho à obediência e à disciplina (3)
    IV. A sabedoria, o grande tesouro da família (4.1-9)
    V. Os dois caminhos (4.10-27)
    VI. Advertência contra o adultério, a fiança, a preguiça e os enganos (5.1—6.19)
    VII. O adúltero é uma pessoa sem juízo (6.20-35)
    VIII. A parábola da mulher adúltera (7)
    IX. Descrição personificada da sabedoria (8—9)

Terceira parte: Os provérbios de Salomão e as palavras de outros sábios (10.1—29.27)
    I. A sabedoria de Salomão (10.1—22.16)
        A. Os contrastes entre os justos e os ímpios (10—15)
        B. Exortações a levar uma vida santa (16.1—22.16)
    II. Provérbios de outros sábios sobre diversos assuntos (22.17—24.34)
    III. Outros provérbios de Salomão compilados pelos servos de Ezequias, rei de Judá (25—29)

Quarta parte: As palavras de Agur (30)

Quinta parte: As palavras do rei Lemuel (31)
    I. A sabedoria dos bons líderes (31.1-9)
    II. Epílogo: elogio à mulher exemplar (31.10-31)

Versículo-chave
1.7

Tema geral do livro

A literatura de sabedoria baseada em provérbios ou ditados é típica dos povos do Oriente Médio, mas não é desconhecida no nosso idioma, dada a influência que as culturas judaica e islâmica exerceram no Ocidente durante séculos de formação. Em todos os idiomas falados no Ocidente são comuns os ditados, as máximas ou aforismos, os provérbios ou ditos populares. Certamente que esses provérbios, ao serem incluídos no cânon bíblico, têm origem reconhecida na sabedoria divina. De modo geral, apresentam considerável contraste entre a pessoa sábia e a pessoa sem juízo, tema que aparece em várias outras referências bíblicas, em especial em Salmos (veja o salmo 1). Destaca-se neste conjunto o epílogo, atribuído ao rei Lemuel (veja "Vocabulário básico", na p. 1507), no qual elogia a mulher prudente e exemplar, que segue as orientações de sua própria mãe. Essa passagem, em acróstico no original hebraico, apresenta a imagem de uma mulher empreendedora e dedicada, que administra a casa e as finanças com firmeza e compaixão pelos pobres, e que é a honra e o orgulho do esposo e dos filhos. Tal descrição da mulher casada, escrita pelo menos um milênio antes de Cristo, contrasta fortemente com a imagem da semiescravidão e ignorância forçada características da mulher nas demais culturas há até bem pouco tempo. Os princípios judaico-cristãos contidos na Bíblia são os que realmente têm conduzido a mulher ao posto que lhe corresponde na criação divina (veja Gálatas 3.28).

No livro de Provérbios, Jesus é...
... nossa sabedoria (1.20,21).

Versículo-chave para o discípulo
3.32

O discípulo e o livro de Provérbios

Tudo que se diga sobre a necessidade de estudar este livro será insuficiente. Em Provérbios, o discípulo aprende a conduzir a vida de acordo com a sabedoria que vem de Deus e a evitar converter-se numa pessoa sem juízo (a tradução literal seria "um idiota", uma palavra muito mais enfática), por seguir as regras, as modas e os enganos deste mundo. Trata-se de um livro de grande conteúdo espiritual para todas as idades, mas principalmente para a adolescência e juventude. Por isso, seria bom que os pais lessem todo o livro de Provérbios com os filhos e comentassem juntos como aplicar seus ensinos na vida prática, sem jamais iguala-los aos ditados populares que nada têm de inspiração divina. Se há uma forma de se expressar que não seja de compreensão imediata na nossa cultura é por meio de provérbios; em razão da imensa quantidade de expressões desse tipo no nosso idioma, não raro ouvimos frases atribuídas a Deus que ele jamais declarou (por exemplo: Deus disse: "Ajuda-te a ti mesmo, que eu te ajudarei"); entretanto, em geral, não se dá o devido valor à grande fonte de sabedoria prática contida neste livro não apenas útil, mas também admirável das Escrituras, de onde tiramos esta verdade: "O temor do SENHOR é o princípio do conhecimento" (1.7a).

PROVÉRBIOS

Propósito

1 Estes são os provérbios de Salomão, filho de Davi, rei de Israel.

² Eles ajudarão a experimentar
 a sabedoria e a disciplina;
 a compreender as palavras
 que dão entendimento;
³ a viver com disciplina e sensatez,
 fazendo o que é justo, direito e correto;
⁴ ajudarão a dar prudência
 aos inexperientes
 e conhecimento e bom senso aos jovens.
⁵ Se o sábio lhes der ouvidos,
 aumentará seu conhecimento,
 e quem tem discernimento
 obterá orientação
⁶ para compreender provérbios
 e parábolas,
 ditados e enigmas dos sábios.

⁷ O temor do Senhor
 é o princípio[a] do conhecimento,
 mas os insensatos desprezam
 a sabedoria e a disciplina.

Advertências da Sabedoria

⁸ Ouça, meu filho, a instrução de seu pai
 e não despreze o ensino de sua mãe.
⁹ Eles serão um enfeite para a sua cabeça,
 um adorno para o seu pescoço.

¹⁰ Meu filho, se os maus tentarem seduzi-lo,
 não ceda!
¹¹ Se disserem: "Venha conosco,
 fiquemos de tocaia para matar alguém,
 vamos divertir-nos armando emboscada
 contra quem de nada suspeita!
¹² Vamos engoli-los vivos,
 como a sepultura[b] engole os mortos;
 vamos destruí-los inteiros,
 como são destruídos
 os que descem à cova;
¹³ acharemos todo tipo de objetos valiosos
 e encheremos as nossas casas
 com o que roubarmos;

¹⁴ junte-se ao nosso bando;
 dividiremos em partes iguais
 tudo o que conseguirmos!"
¹⁵ Meu filho,
 não vá pela vereda dessa gente!
 Afaste os pés do caminho que eles seguem,
¹⁶ pois os pés deles correm para fazer o mal,
 estão sempre prontos
 para derramar sangue.
¹⁷ Assim como é inútil
 estender a rede se as aves o observam,
¹⁸ também esses homens não percebem
 que fazem tocaia contra a própria vida;
 armam emboscadas contra eles mesmos!
¹⁹ Tal é o caminho de todos os gananciosos;
 quem assim procede a si mesmo
 se destrói.

Convite à Sabedoria

²⁰ A sabedoria clama em alta voz nas ruas,
 ergue a voz nas praças públicas,
²¹ nas esquinas das ruas barulhentas[c]
 ela clama,
 nas portas da cidade faz o seu discurso:

²² "Até quando vocês, inexperientes,
 irão contentar-se
 com a sua inexperiência?
 Vocês, zombadores,
 até quando terão prazer na zombaria?
 E vocês, tolos,
 até quando desprezarão o conhecimento?
²³ Se acatarem a minha repreensão,
 eu darei a vocês um espírito
 de sabedoria
 e revelarei a vocês os meus pensamentos.
²⁴ Vocês, porém, rejeitaram o meu convite;
 ninguém se importou
 quando estendi minha mão!
²⁵ Visto que desprezaram totalmente
 o meu conselho
 e não quiseram aceitar a
 minha repreensão,
²⁶ eu, de minha parte,
 vou rir-me da sua desgraça;
 zombarei quando o que temem
 se abater sobre vocês,
²⁷ quando aquilo que temem

---

[a] **1.7** Ou *a chave*; também em 9.10.
[b] **1.12** Hebraico: *Sheol*. Essa palavra também pode ser traduzida por *profundezas*, *pó* ou *morte*; também em 5.5; 7.27 e 9.18.
[c] **1.21** A Septuaginta diz *no alto dos muros*.

abater-se sobre vocês
como uma tempestade,
quando a desgraça os atingir
como um vendaval,
quando a angústia e a dor os dominarem.

²⁸ "Então vocês me chamarão,
mas não responderei;
procurarão por mim,
mas não me encontrarão.
²⁹ Visto que desprezaram o conhecimento
e recusaram o temor do Senhor,
³⁰ não quiseram aceitar o meu conselho
e fizeram pouco caso da minha
advertência,
³¹ comerão do fruto da sua conduta
e se fartarão de suas próprias
maquinações.
³² Pois a inconstância dos inexperientes
os matará,
e a falsa segurança dos tolos os destruirá;
³³ mas quem me ouvir viverá em segurança
e estará tranquilo, sem temer nenhum mal".

O Valor da Sabedoria

2 Meu filho, se você aceitar
as minhas palavras
e guardar no coração
os meus mandamentos;
² se der ouvidos à sabedoria
e inclinar o coração para
o discernimento;
³ se clamar por entendimento
e por discernimento gritar bem alto;
⁴ se procurar a sabedoria
como se procura a prata
e buscá-la como quem busca
um tesouro escondido,
⁵ então você entenderá
o que é temer o Senhor
e achará o conhecimento de Deus.
⁶ Pois o Senhor é quem dá sabedoria;
de sua boca procedem
o conhecimento e o discernimento.
⁷ Ele reserva a sensatez para o justo;
como um escudo
protege quem anda com integridade,
⁸ pois guarda a vereda do justo
e protege o caminho de seus fiéis.

⁹ Então você entenderá
o que é justo, direito e certo
e aprenderá os caminhos do bem.

2.1-5 Quando se fala de sabedoria nas Escrituras, claro está que se trata da sabedoria que vem de Deus. De imediato, aparece outra "sabedoria" que se contrapõe à sabedoria do alto, que é a sabedoria humana e do mundo. Para isso, basta ler o que disse a esse respeito o apóstolo Paulo, um dos homens mais cultos e preparados de seu tempo. Leia 1Coríntios 1.17-31. No livro de Provérbios, cujo tema central é a sabedoria, esta chega a ser personificada como figura feminina (leia, por exemplo, o capítulo 8) que chama os leitores ao bom senso em nome de Deus. Lembremos de que a sabedoria não é em si o conhecimento dos fatos e das situações, mas, sim, o poder de decidir sobre eles, de um modo que agrade ao Deus que servimos.

¹⁰ Pois a sabedoria entrará em seu coração,
e o conhecimento
será agradável à sua alma.
¹¹ O bom senso o guardará,
e o discernimento o protegerá.

¹² A sabedoria o livrará
do caminho dos maus,
dos homens de palavras perversas –
¹³ que abandonam as veredas retas
para andarem por caminhos de trevas –,
¹⁴ têm prazer em fazer o mal,
exultam com a maldade dos perversos,
¹⁵ andam por veredas tortuosas
e no caminho se extraviam.

¹⁶ Ela também o livrará da mulher imoral,
da pervertida[a] que seduz com
suas palavras,
¹⁷ que abandona aquele que
desde a juventude foi seu companheiro
e ignora a aliança que fez diante de Deus[b].
¹⁸ A mulher imoral se dirige para a morte,
que é a sua casa,
e os seus caminhos levam às sombras[c].
¹⁹ Os que a procuram jamais voltarão,
nem tornarão a encontrar
as veredas da vida.

---

[a] **2.16** Hebraico: *estrangeira*.
[b] **2.17** Ou *aliança de seu Deus*.
[c] **2.18** Hebraico: *refaim*. Isto é, os espíritos dos mortos.

²⁰ A sabedoria o fará andar nos caminhos
dos homens de bem
e manter-se nas veredas dos justos.
²¹ Pois os justos habitarão na terra,
e os íntegros nela permanecerão;
²² mas os ímpios serão eliminados da terra,
e dela os infiéis serão arrancados.

Conselhos da Sabedoria

3 Meu filho, não se esqueça da minha lei,
mas guarde no coração
os meus mandamentos,
² pois eles prolongarão a sua vida
por muitos anos
e darão a você prosperidade e paz.

³ Que o amor e a fidelidade
jamais o abandonem;
prenda-os ao redor do seu pescoço,
escreva-os na tábua do seu coração.
⁴ Então você terá o favor
de Deus e dos homens
e boa reputação.

⁵ Confie no Senhor de todo o seu coração
e não se apoie
em seu próprio entendimento;
⁶ reconheça o Senhor
em todos os seus caminhos,
e ele endireitará[a] as suas veredas.

⁷ Não seja sábio aos seus próprios olhos;
tema o Senhor e evite o mal.
⁸ Isso dará a você saúde ao corpo
e vigor aos ossos.

⁹ Honre o Senhor
com todos os seus recursos
e com os primeiros frutos
de todas as suas plantações;
¹⁰ os seus celeiros
ficarão plenamente cheios,
e os seus barris transbordarão de vinho.

¹¹ Meu filho,
não despreze a disciplina do Senhor
nem se magoe com a sua repreensão,
¹² pois o Senhor disciplina a quem ama,
assim como o pai faz ao filho
de quem deseja o bem.

¹³ Como é feliz o homem
que acha a sabedoria,
o homem que obtém entendimento,
¹⁴ pois a sabedoria
é mais proveitosa do que a prata
e rende mais do que o ouro.
¹⁵ É mais preciosa do que rubis;
nada do que você possa desejar
se compara a ela.
¹⁶ Na mão direita,
a sabedoria garante a você vida longa;
na mão esquerda, riquezas e honra.
¹⁷ Os caminhos da sabedoria
são caminhos agradáveis,
e todas as suas veredas são paz.
¹⁸ A sabedoria é árvore que dá vida
a quem a abraça;
quem a ela se apega será abençoado.

¹⁹ Por sua sabedoria
o Senhor lançou os alicerces da terra,
por seu entendimento
fixou no lugar os céus,
²⁰ por seu conhecimento
as fontes profundas se rompem
e as nuvens gotejam o orvalho.

²¹ Meu filho, guarde consigo
a sensatez e o equilíbrio,
nunca os perca de vista;
²² trarão vida a você
e serão um enfeite para o seu pescoço.
²³ Então você seguirá o seu caminho
em segurança
e não tropeçará;
²⁴ quando se deitar, não terá medo,
e o seu sono será tranquilo.
²⁵ Não terá medo da calamidade repentina
nem da ruína que atinge os ímpios[b],
²⁶ pois o Senhor será a sua segurança
e o impedirá de cair em armadilha.

²⁷ Quanto for possível,
não deixe de fazer o bem
a quem dele precisa.
²⁸ Não diga ao seu próximo:
"Volte amanhã, e eu darei algo a você",
se pode ajudá-lo hoje.

²⁹ Não planeje o mal contra o seu próximo
que confiantemente mora perto de você.

---

[a] **3.6** Ou *orientará*

[b] **3.25** Ou *provocada pelos ímpios*

³⁰ Não acuse alguém sem motivo
se ele não fez nenhum mal a você.

³¹ Não tenha inveja de quem é violento
nem adote nenhum dos seus procedimentos,
³² pois o Senhor detesta o perverso,
mas o justo é seu grande amigo.

³³ A maldição do Senhor
está sobre a casa dos ímpios,
mas ele abençoa o lar dos justos.
³⁴ Ele zomba dos zombadores,
mas concede graça aos humildes.
³⁵ A honra é herança dos sábios,
mas o Senhor expõe os tolos ao ridículo.

A Sabedoria é Suprema

4 Ouçam, meus filhos,
a instrução de um pai;
estejam atentos e obterão discernimento.
² O ensino que ofereço a vocês é bom;
por isso não abandonem
a minha instrução.
³ Quando eu era menino,
ainda pequeno,
em companhia de meu pai,
um filho muito especial para minha mãe,
⁴ ele me ensinava e me dizia:
"Apegue-se às minhas palavras
de todo o coração;
obedeça aos meus mandamentos,
e você terá vida.
⁵ Procure obter sabedoria e entendimento;
não se esqueça das minhas palavras
nem delas se afaste.
⁶ Não abandone a sabedoria,
e ela o protegerá;
ame-a, e ela cuidará de você.
⁷ O conselho da sabedoria é:ᵃ
Procure obter sabedoria;
use tudo o que você possui
para adquirir entendimento.
⁸ Dedique alta estima à sabedoria,
e ela o exaltará;
abrace-a, e ela o honrará.
⁹ Ela porá um belo diadema
sobre a sua cabeça
e dará de presente a você
uma coroa de esplendor".
¹⁰ Ouça, meu filho, e aceite o que digo,
e você terá vida longa.

¹¹ Eu o conduzi pelo caminho da
sabedoria
e o encaminhei por veredas retas.
¹² Assim, quando você por elas seguir,
não encontrará obstáculos;
quando correr, não tropeçará.
¹³ Apegue-se à instrução, não a abandone;
guarde-a bem,
pois dela depende a sua vida.
¹⁴ Não siga pela vereda dos ímpios
nem ande no caminho dos maus.
¹⁵ Evite-o, não passe por ele;
afaste-se e não se detenha.
¹⁶ Porque eles não conseguem dormir
enquanto não fazem o mal;
perdem o sono
se não causarem a ruína de alguém.
¹⁷ Pois eles se alimentam de maldade,
e se embriagam de violência.

¹⁸ A vereda do justo
é como a luz da alvorada,
que brilha cada vez mais
até à plena claridade do dia.
¹⁹ Mas o caminho dos ímpios
é como densas trevas;
nem sequer sabem em que tropeçam.

²⁰ Meu filho, escute o que digo a você;
preste atenção às minhas palavras.
²¹ Nunca as perca de vista;
guarde-as no fundo do coração,
²² pois são vida para quem as encontra
e saúde para todo o seu ser.
²³ Acima de tudo, guarde o seu coração,ᵇ
pois dele depende toda a sua vida.
²⁴ Afaste da sua boca as palavras
perversas;
fique longe dos seus lábios a maldade.
²⁵ Olhe sempre para a frente,
mantenha o olhar fixo
no que está adiante de você.
²⁶ Veja bem por onde anda,
e os seus passos serão seguros.
²⁷ Não se desvie nem para a direita
nem para a esquerda;
afaste os seus pés da maldade.

Advertência contra o Adultério

5 Meu filho,
dê atenção à minha sabedoria,

ᵃ **4.7** Ou *A sabedoria é suprema;*
ᵇ **4.23** Ou *os seus pensamentos*

incline os ouvidos
　para perceber o meu discernimento.
² Assim você manterá o bom senso,
e os seus lábios
　guardarão o conhecimento.
³ Pois os lábios da mulher imoral
　destilam mel,
sua voz é mais suave que o azeite;
⁴ mas no final é amarga como fel,
afiada como uma espada de dois gumes.
⁵ Os seus pés descem para a morte;
os seus passos conduzem diretamente
　para a sepultura.
⁶ Ela nem percebe que anda
　por caminhos tortuosos
e não enxerga a vereda da vida.

⁷ Agora, então, meu filho, ouça-me;
não se desvie das minhas palavras.
⁸ Fique longe dessa mulher;
　não se aproxime da porta de sua casa,
⁹ para que você não entregue aos outros
　o seu vigor
nem a sua vida a algum homem cruel,
¹⁰ para que estranhos
　não se fartem do seu trabalho
e outros não se enriqueçam
　à custa do seu esforço.
¹¹ No final da vida você gemerá,
com sua carne
　e seu corpo desgastados.
¹² Você dirá: "Como odiei a disciplina!
Como o meu coração
　rejeitou a repreensão!
¹³ Não ouvi os meus mestres
nem escutei os que me ensinavam.
¹⁴ Cheguei à beira da ruína completa,
　à vista de toda a comunidade".

¹⁵ Beba das águas da sua cisterna,
das águas que brotam do seu
　próprio poço.
¹⁶ Por que deixar que as suas fontes
　transbordem pelas ruas,
e os seus ribeiros pelas praças?
¹⁷ Que elas sejam exclusivamente suas,
nunca repartidas com estranhos.
¹⁸ Seja bendita a sua fonte!
Alegre-se com a esposa da sua juventude.
¹⁹ Gazela amorosa, corça graciosa;
que os seios de sua esposa
　sempre o fartem de prazer,
e sempre o embriaguem os carinhos dela.

²⁰ Por que, meu filho, ser desencaminhado
　pela mulher imoral?
Por que abraçar o seio de uma leviana[a]?

²¹ O Senhor vê os caminhos do homem
e examina todos os seus passos.
²² As maldades do ímpio o prendem;
ele se torna prisioneiro
　das cordas do seu pecado.
²³ Certamente morrerá
　por falta de disciplina;
andará cambaleando
　por causa da sua insensatez.

Advertências contra a Insensatez

6 Meu filho, se você serviu de fiador
　do seu próximo,
se, com um aperto de mãos,
　empenhou-se por um estranho
² e caiu na armadilha
　das palavras que você mesmo disse,
está prisioneiro do que falou.
³ Então, meu filho,
uma vez que você caiu
　nas mãos do seu próximo,
vá e humilhe-se;
insista, incomode o seu próximo!
⁴ Não se entregue ao sono,
não procure descansar.
⁵ Livre-se como a gazela se livra
　do caçador,
como a ave do laço que a pode
　prender.

⁶ Observe a formiga, preguiçoso,
reflita nos caminhos dela e seja sábio!
⁷ Ela não tem nem chefe,
　nem supervisor, nem governante,
⁸ e ainda assim armazena
　as suas provisões no verão
e na época da colheita
　ajunta o seu alimento.
⁹ Até quando você vai ficar
　deitado, preguiçoso?
Quando se levantará de seu sono?
¹⁰ Tirando uma soneca,
　cochilando um pouco,
cruzando um pouco os braços
　para descansar,
¹¹ a sua pobreza o surpreenderá
　como um assaltante,

---

[a] 5.20 Ou *de uma mulher casada*

e a sua necessidade sobrevirá
  como um homem armado sobre você.
¹² O perverso não tem caráter.
Anda de um lado para o outro
  dizendo coisas maldosas;
¹³ pisca o olho, arrasta os pés
  e faz sinais com os dedos;
¹⁴ tem no coração
  o propósito de enganar;
planeja sempre o mal e semeia discórdia.
¹⁵ Por isso a desgraça
  se abaterá repentinamente sobre ele;
de um golpe será destruído
  irremediavelmente.

¹⁶ Há seis coisas que o Senhor odeia,
  sete coisas que ele detesta:
¹⁷ olhos altivos, língua mentirosa,
  mãos que derramam sangue inocente,
¹⁸ coração que traça planos perversos,
  pés que se apressam para fazer o mal,
¹⁹ a testemunha falsa que espalha mentiras
  e aquele que provoca discórdia
  entre irmãos.

Advertências contra o Adultério

²⁰ Meu filho,
obedeça aos mandamentos de seu pai
e não abandone o ensino de sua mãe.
²¹ Amarre-os sempre junto ao coração;
ate-os ao redor do pescoço.
²² Quando você andar, eles o guiarão;
quando dormir,
  o estarão protegendo;
quando acordar, falarão com você.
²³ Pois o mandamento é lâmpada,
a instrução é luz,
e as advertências da disciplina
  são o caminho que conduz à vida;
²⁴ eles o protegerão da mulher imoral,
e dos falsos elogios da mulher leviana.ᵃ
²⁵ Não cobice em seu coração a sua beleza
nem se deixe seduzir por seus olhares,
²⁶ pois o preço de uma prostituta
  é um pedaço de pão,
mas a adúltera sai à caça
  de vidas preciosas.
²⁷ Pode alguém colocar fogo no peito
  sem queimar a roupa?
²⁸ Pode alguém andar sobre brasas
  sem queimar os pés?

²⁹ Assim acontece com quem se deita
  com mulher alheia;
ninguém que a toque ficará sem castigo.

³⁰ O ladrão não é desprezado
  se, faminto, rouba para matar a fome.ᵇ
³¹ Contudo, se for pego,
  deverá pagar sete vezes o que roubou,
embora isso lhe custe
  tudo o que tem em casa.
³² Mas o homem que comete adultério
  não tem juízo;
todo aquele que assim procede
  a si mesmo se destrói.
³³ Sofrerá ferimentos e vergonha,
  e a sua humilhação jamais se apagará,
³⁴ pois o ciúme desperta a fúria
  do marido,
que não terá misericórdia
  quando se vingar.
³⁵ Não aceitará nenhuma compensação;
os melhores presentes não o acalmarão.

Advertência contra a Mulher Adúltera

7 Meu filho, obedeça às minhas palavras
e no íntimo guarde os meus mandamentos.
² Obedeça aos meus mandamentos,
  e você terá vida;
guarde os meus ensinos
  como a menina dos seus olhos.
³ Amarre-os aos dedos;
escreva-os na tábua do seu coração.
⁴ Diga à sabedoria: "Você é minha irmã",
e chame ao entendimento seu parente;
⁵ eles o manterão afastado
  da mulher imoral,
da mulher leviana
  com suas palavras sedutoras.

⁶ Da janela de minha casa
  olhei através da grade
⁷ e vi entre os inexperientes,
  no meio dos jovens,
  um rapaz sem juízo.
⁸ Ele vinha pela rua,
  próximo à esquina de certa mulher,
andando em direção à casa dela.
⁹ Era crepúsculo, o entardecer do dia,
chegavam as sombras da noite,
crescia a escuridão.

ᵃ **6.24** Ou *adúltera*; também em 7.5.   ᵇ **6.30** Ou *a fome?*

¹⁰ A mulher veio então ao seu encontro,
vestida como prostituta,
cheia de astúcia no coração.
¹¹ (Ela é espalhafatosa e provocadora,
seus pés nunca param em casa;
¹² uma hora na rua, outra nas praças,
em cada esquina fica à espreita.)
¹³ Ela agarrou o rapaz,
beijou-o e lhe disse descaradamente:
¹⁴ "Tenho em casa
a carne dos sacrifícios de comunhãoᵃ,
que hoje fiz para cumprir os meus votos.
¹⁵ Por isso saí para encontrá-lo;
vim à sua procura e encontrei!
¹⁶ Estendi sobre o meu leito
cobertas de linho fino do Egito.
¹⁷ Perfumei a minha cama
com mirra, aloés e canela.
¹⁸ Venha, vamos embriagar-nos
de carícias até o amanhecer;
gozemos as delícias do amor!
¹⁹ Pois o meu marido não está em casa,
partiu para uma longa viagem.
²⁰ Levou uma bolsa cheia de prata
e não voltará antes da lua cheia".
²¹ Com a sedução das palavras
o persuadiu
e o atraiu com o dulçor dos lábios.
²² Imediatamente ele a seguiu
como o boi levado ao matadouro,
ou como o cervo que vai cair no laçoᵇ,
²³ até que uma flecha lhe atravesse
o fígado,
ou como o pássaro que salta
para dentro do alçapão,
sem saber que isso lhe custará a vida.

²⁴ Então, meu filho, ouça-me;
dê atenção às minhas palavras.
²⁵ Não deixe que o seu coração
se volte para os caminhos dela,
nem se perca em tais veredas.
²⁶ Muitas foram as suas vítimas;
os que matou são uma grande multidão.
²⁷ A casa dela é um caminho que desce
para a sepultura,
para as moradas da morte.

ᵃ 7.14 Ou *de paz*
ᵇ 7.22 Hebraico: *como o acorrentado que vai para o castigo de um tolo.*

O Chamado da Sabedoria

8 A sabedoria está clamando,
o discernimento ergue a sua voz;
² nos lugares altos, junto ao caminho,
nos cruzamentos ela se coloca;
³ ao lado das portas,
à entrada da cidade,
portas adentro, ela clama em alta voz:
⁴ "A vocês, homens, eu clamo;
a todos levanto a minha voz.
⁵ Vocês, inexperientes,
adquiram a prudência;
e vocês, tolos, tenham bom senso.
⁶ Ouçam, pois tenho coisas importantes
para dizer;
os meus lábios falarão do que é certo.
⁷ Minha boca fala a verdade,
pois a maldade causa repulsa
aos meus lábios.
⁸ Todas as minhas palavras são justas;
nenhuma delas é distorcida ou perversa.
⁹ Para os que têm discernimento,
são todas claras,
e retas para os que têm conhecimento.
¹⁰ Prefiram a minha instrução à prata,
e o conhecimento ao ouro puro,
¹¹ pois a sabedoria é mais preciosa
do que rubis;
nada do que vocês possam desejar
compara-se a ela.

¹² "Eu, a sabedoria,
moro com a prudência,
e tenho o conhecimento
que vem do bom senso.
¹³ Temer o Senhor é odiar o mal;
odeio o orgulho e a arrogância,
o mau comportamento
e o falar perverso.
¹⁴ Meu é o conselho sensato;
a mim pertencem o entendimento e o poder.
¹⁵ Por meu intermédio os reis governam,
e as autoridades exercem a justiça;
¹⁶ também por meu intermédio
governam os nobres,
todos os juízes da terra.
¹⁷ Amo os que me amam,
e quem me procura me encontra.
¹⁸ Comigo estão riquezas e honra,
prosperidade e justiça duradouras.
¹⁹ Meu fruto é melhor do que o ouro,
do que o ouro puro;
o que ofereço é superior à prata escolhida.

SABEDORIA

Certo sábio chegou a declarar: "Todos desejamos ter sabedoria". O que é de fato a sabedoria? Como podemos obtê-la?

Em Provérbios 9.10, lemos: "O temor do SENHOR é o princípio da sabedoria". A palavra "temor" aqui não se refere a morrer de medo, mas, sim, revela atitude de reverência, admiração e adoração ao Criador do Universo.

Em Provérbios 8, a sabedoria é personificada em uma figura feminina. Como tal, busca homens que falem a verdade (v. 7), dá a eles conselhos (v. 14). É referida como algo que é encontrado com persistência (v. 17). A fonte da sabedoria é o próprio Deus, presente na criação do mundo (v. 22-31). A direção se torna clara quando guardamos os caminhos de Deus (v. 32), e, ao guardá-los, surge a verdadeira vida (v. 35).

Salomão, o escritor de praticamente todo o livro de Provérbios, recebeu de Deus o dom da sabedoria (1Reis 3). No entanto, faltou-lhe pôr em prática o conhecimento que tinha, a ponto de afastar-se de Deus. O escritor de Eclesiastes denomina esse comportamento de "inutilidade" ou "sem sentido".

No Novo Testamento, vemos que os fariseus detinham grande conhecimento; no entanto, como não os praticavam e suas atitudes não mudavam, Jesus os chamou de "hipócritas" e "sepulcros caiados" (Mateus 23.27). Mesmo que memorizassem todo o Pentateuco (cinco primeiros livros da Bíblia) desde os 12 anos de idade, foram incapazes de aplicar tais verdades à própria vida. Afinal de contas, onde foi que se perderam?

Se o temor do SENHOR é a chave da sabedoria, o que será tudo o que sobra? As Escrituras mostram que, da mesma maneira que começamos, devemos seguir em frente. Em Gálatas 5.16, somos advertidos de andar no Espírito. Assim como temer a Deus é estar surpreso diante dele, aqui temos a figura de uma vida que vive em confiança e dependência total do mesmo Espírito de Deus. Crescer em sabedoria tem como consequência continuar conhecendo a Deus.

Francis Schaeffer, no livro *True Spirituality* [A verdadeira espiritualidade], afirma que o cristianismo é, na verdade, "dependência de Deus momento após momento". Aqui está uma descrição precisa da nossa busca contínua por sabedoria. Em outras palavras, trata-se de uma busca por Deus, o autor da sabedoria.

APLICAÇÃO

- Como podemos evitar os erros que cometeram Salomão e os fariseus? Estamos pondo em prática as verdades aprendidas nas Escrituras?
- Pense no significado de "dependência de Deus momento após momento".
- Comprometa-se a estudar a Palavra de Deus com regularidade, confiando em que Deus está edificando em você um bom fundamento para que possa ser usado por ele no futuro.

---

20 Ando pelo caminho da retidão,
pelas veredas da justiça,
21 concedendo riqueza aos que me amam
e enchendo os seus tesouros.
22 "O SENHOR me criou[a]
como o princípio de seu caminho[b],
antes das suas obras mais antigas;
23 fui formada desde a eternidade,
desde o princípio, antes de existir a terra.
24 Nasci quando ainda não havia abismos,
quando não existiam fontes de águas;
25 antes de serem estabelecidos os montes
e de existirem colinas eu nasci.
26 Ele ainda não havia feito a terra,
nem os campos,
nem o pó com o qual formou
o mundo.
27 Quando ele estabeleceu os céus,
lá estava eu;
quando traçou o horizonte
sobre a superfície do abismo,
28 quando colocou as nuvens em cima
e estabeleceu as fontes do abismo,
29 quando determinou as fronteiras
do mar
para que as águas
não violassem a sua ordem,
quando marcou os limites
dos alicerces da terra,

---

[a] 8.22 Ou *me possuía*
[b] 8.22 Ou *domínio*

³⁰ eu estava ao seu lado
e era o seu arquiteto;
dia a dia eu era o seu prazer
e me alegrava continuamente
com a sua presença.
³¹ Eu me alegrava com o mundo
que ele criou,
e a humanidade me dava alegria.

³² "Ouçam-me agora, meus filhos:
Como são felizes
os que guardam os meus caminhos!
³³ Ouçam a minha instrução
e serão sábios.
Não a desprezem.
³⁴ Como é feliz o homem que me ouve,
vigiando diariamente à minha porta,
esperando junto às portas da minha casa.
³⁵ Pois todo aquele que me encontra,
encontra a vida
e recebe o favor do Senhor.
³⁶ Mas aquele que de mim se afasta,
a si mesmo se agride;
todos os que me odeiam amam
a morte".

Os Convites da Sabedoria e da Insensatez

9 A sabedoria construiu sua casa;
ergueu suas sete colunas.
² Matou animais para a refeição,
preparou seu vinho e arrumou sua mesa.
³ Enviou suas servas para fazerem convites
desde o ponto mais alto da
cidade, clamando:
⁴ "Venham todos os inexperientes!"
Aos que não têm bom senso ela diz:
⁵ "Venham comer a minha comida
e beber o vinho que preparei.
⁶ Deixem a insensatez, e vocês terão vida;
andem pelo caminho do entendimento.

⁷ "Quem corrige o zombador
traz sobre si o insulto;
quem repreende o ímpio
mancha o próprio nome.
⁸ Não repreenda o zombador,
caso contrário ele o odiará;
repreenda o sábio, e ele o amará.
⁹ Instrua o homem sábio,
e ele será ainda mais sábio;
ensine o homem justo,
e ele aumentará o seu saber.

¹⁰ "O temor do Senhor
é o princípio[a] da sabedoria,
e o conhecimento do Santo
é entendimento.
¹¹ Pois por meu intermédio
os seus dias serão multiplicados,
e o tempo da sua vida se prolongará.
¹² Se você for sábio, o benefício será seu;
se for zombador, sofrerá as consequências".

¹³ A insensatez é pura exibição,
sedução e ignorância.
¹⁴ Sentada à porta de sua casa,
no ponto mais alto da cidade,
¹⁵ clama aos que passam por ali
seguindo o seu caminho:
¹⁶ "Venham todos os inexperientes!"
Aos que não têm bom senso ela diz:
¹⁷ "A água roubada é doce,
e o pão que se come escondido
é saboroso!"
¹⁸ Mas eles nem imaginam
que ali estão os espíritos dos mortos[b],
que os seus convidados
estão nas profundezas da sepultura.

Provérbios de Salomão

10 Provérbios de Salomão:
O filho sábio dá alegria ao pai;
o filho tolo dá tristeza à mãe.

² Os tesouros de origem desonesta
não servem para nada,
mas a retidão livra da morte.

³ O Senhor não deixa o justo passar fome,
mas frustra a ambição dos ímpios.

⁴ As mãos preguiçosas
empobrecem o homem,
porém as mãos diligentes
lhe trazem riqueza.

⁵ Aquele que faz a colheita no verão
é filho sensato,
mas aquele que dorme durante a ceifa
é filho que causa vergonha.

⁶ As bênçãos coroam a cabeça dos justos,
mas a boca dos ímpios abriga a violência.

---

[a] 9.10 Ou *a chave*
[b] 9.18 Ou *as sombras*

⁷ A memória deixada pelos justos
 será uma bênção,
mas o nome dos ímpios apodrecerá.

⁸ Os sábios de coração
 aceitam mandamentos,
mas a boca do insensato o leva à ruína.

⁹ Quem anda com integridade
 anda com segurança,
mas quem segue veredas tortuosas
 será descoberto.

¹⁰ Aquele que pisca maliciosamente
 causa tristeza,
e a boca do insensato o leva à ruína.

¹¹ A boca do justo é fonte de vida,
mas a boca dos ímpios abriga
 a violência.

¹² O ódio provoca dissensão,
mas o amor cobre todos os pecados.

¹³ A sabedoria está nos lábios
 dos que têm discernimento,
mas a vara é para as costas
 daquele que não tem juízo.

¹⁴ Os sábios acumulam conhecimento,
mas a boca do insensato
 é um convite à ruína.

¹⁵ A riqueza dos ricos
 é a sua cidade fortificada,
mas a pobreza é a ruína dos pobres.

¹⁶ O salário do justo lhe traz vida,
mas a renda do ímpio lhe traz castigo.

¹⁷ Quem acolhe a disciplina
 mostra o caminho da vida,
mas quem ignora a repreensão
 desencaminha outros.

¹⁸ Quem esconde o ódio
 tem lábios mentirosos,
e quem espalha calúnia é tolo.

¹⁹ Quando são muitas as palavras,
 o pecado está presente,
mas quem controla a língua
 é sensato.

²⁰ A língua dos justos é prata escolhida,
mas o coração dos ímpios
 quase não tem valor.

²¹ As palavras dos justos
 dão sustento a muitos,
mas os insensatos morrem
 por falta de juízo.

²² A bênção do Senhor traz riqueza
 e não inclui dor alguma.

²³ O tolo encontra prazer
 na má conduta,
mas o homem cheio de entendimento
 deleita-se na sabedoria.

²⁴ O que o ímpio teme lhe acontecerá;
o que os justos desejam
 lhes será concedido.

²⁵ Passada a tempestade,
 o ímpio já não existe,
mas o justo permanece firme para sempre.

²⁶ Como o vinagre para os dentes
 e a fumaça para os olhos,
assim é o preguiçoso
 para aqueles que o enviam.

²⁷ O temor do Senhor prolonga a vida,
mas a vida do ímpio é abreviada.

²⁸ O que o justo almeja redunda em alegria,
mas as esperanças dos ímpios dão em nada.

²⁹ O caminho do Senhor
 é o refúgio dos íntegros,
mas é a ruína dos que praticam o mal.

³⁰ Os justos jamais serão desarraigados,
mas os ímpios pouco duram na terra.

³¹ A boca do justo produz sabedoria,
 mas a língua perversa será extirpada.

³² Os lábios do justo sabem o que
 é próprio,
mas a boca dos ímpios
 só conhece a perversidade.

11 O Senhor repudia balanças desonestas,
mas os pesos exatos lhe dão prazer.

² Quando vem o orgulho,
 chega a desgraça,
mas a sabedoria está com os humildes.

³ A integridade dos justos os guia,
mas a falsidade dos infiéis os destrói.
⁴ De nada vale a riqueza no dia da
 ira divina,
mas a retidão livra da morte.
⁵ A retidão dos irrepreensíveis
 lhes abre um caminho reto,
mas os ímpios são abatidos
 por sua própria impiedade.

⁶ A justiça dos justos os livra,
mas o desejo dos infiéis os aprisiona.

⁷ Quando morre o ímpio,
 sua esperança perece;
tudo o que ele esperava do seu poder
 dá em nada.

⁸ O justo é salvo das tribulações,
e estas são transferidas para o ímpio.

⁹ Com a boca o ímpio
 pretende destruir o próximo,
mas pelo seu conhecimento
 o justo se livra.

¹⁰ Quando os justos prosperam,
 a cidade exulta;
quando os ímpios perecem,
 há cantos de alegria.
¹¹ Pela bênção dos justos
 a cidade é exaltada,
mas pela boca dos ímpios é destruída.

¹² O homem que não tem juízo
 ridiculariza o seu próximo,
mas o que tem entendimento
 refreia a língua.

¹³ Quem muito fala trai a confidência,
mas quem merece confiança
 guarda o segredo.

¹⁴ Sem diretrizes a nação cai;
o que a salva é ter muitos conselheiros.

¹⁵ Quem serve de fiador certamente sofrerá,
mas quem se nega a fazê-lo está seguro.

¹⁶ A mulher bondosa conquista o respeito,
mas os homens cruéis[a]
 só conquistam riquezas.

¹⁷ Quem faz o bem aos outros,
 a si mesmo o faz;
o homem cruel causa o seu próprio mal.

¹⁸ O ímpio recebe salários enganosos,
mas quem semeia a retidão
 colhe segura recompensa.

¹⁹ Quem permanece na justiça viverá,
mas quem sai em busca do mal
 corre para a morte.

²⁰ O Senhor detesta
 os perversos de coração,
mas os de conduta irrepreensível
 dão-lhe prazer.

²¹ Esteja certo de que
 os ímpios não ficarão sem castigo,
mas os justos serão poupados.

²² Como anel de ouro em focinho de porco,
assim é a mulher bonita,
 mas indiscreta.

²³ O desejo dos justos resulta em bem;
a esperança dos ímpios, em ira.

²⁴ Há quem dê generosamente,
 e vê aumentar suas riquezas;
outros retêm o que deveriam dar,
 e caem na pobreza.

²⁵ O generoso prosperará;
quem dá alívio aos outros,
 alívio receberá.

²⁶ O povo amaldiçoa
 aquele que esconde o trigo,
mas a bênção coroa
 aquele que logo se dispõe a vendê-lo.

²⁷ Quem procura o bem será respeitado;
já o mal vai de encontro a quem o busca.

²⁸ Quem confia em suas riquezas
 certamente cairá,

---

[a] 11.16 Ou *valentes*

mas os justos florescerão
  como a folhagem verdejante.

²⁹ Quem causa problemas à sua família
  herdará somente vento;
o insensato será servo do sábio.
³⁰ O fruto da retidão é árvore de vida,
e aquele que conquista almas[a] é sábio.

³¹ Se os justos recebem na terra
  a punição que merecem,
quanto mais o ímpio e o pecador!

12 Todo o que ama a disciplina
  ama o conhecimento,
mas aquele que odeia a repreensão é tolo.

² O homem bom
  obtém o favor do Senhor,
mas o que planeja maldades
  o Senhor condena.

³ Ninguém consegue se firmar
  mediante a impiedade,
e não se pode desarraigar o justo.

⁴ A mulher exemplar
  é a coroa do seu marido,
mas a de comportamento vergonhoso
  é como câncer em seus ossos.

⁵ Os planos dos justos são retos,
  mas o conselho dos ímpios é enganoso.

⁶ As palavras dos ímpios
  são emboscadas mortais,
mas quando os justos falam há livramento.

⁷ Os ímpios são derrubados e desaparecem,
  mas a casa dos justos permanece firme.

⁸ O homem é louvado
  segundo a sua sabedoria,
mas o que tem o coração perverso
  é desprezado.

⁹ Melhor é não ser ninguém
  e, ainda assim, ter quem o sirva,
do que fingir ser alguém
  e não ter comida.

¹⁰ O justo cuida bem dos seus rebanhos,
  mas até os atos mais bondosos dos ímpios
  são cruéis.

¹¹ Quem trabalha a sua terra
  terá fartura de alimento,
mas quem vai atrás de fantasias
  não tem juízo.

¹² Os ímpios cobiçam
  o despojo tomado pelos maus,
mas a raiz do justo floresce.

¹³ O mau se enreda em seu
  falar pecaminoso,
mas o justo não cai nessas dificuldades.

¹⁴ Do fruto de sua boca
  o homem se beneficia,
e o trabalho de suas mãos
  será recompensado.

¹⁵ O caminho do insensato
  parece-lhe justo,
mas o sábio ouve os conselhos.

¹⁶ O insensato revela de imediato
  o seu aborrecimento,
mas o homem prudente ignora o insulto.

¹⁷ A testemunha fiel
  dá testemunho honesto,
mas a testemunha falsa conta mentiras.

¹⁸ Há palavras que ferem como espada,
  mas a língua dos sábios traz a cura.

¹⁹ Os lábios que dizem a verdade
  permanecem para sempre,
mas a língua mentirosa
  dura apenas um instante.

²⁰ O engano está no coração
  dos que maquinam o mal,
mas a alegria está
  no meio dos que promovem a paz.

²¹ Nenhum mal atingirá o justo,
  mas os ímpios
  estão cobertos de problemas.

²² O Senhor odeia os lábios mentirosos,
mas se deleita com os que falam a verdade.

---

[a] **11.30** Ou *pessoas*

DINHEIRO

A declaração mais comum que se escuta sobre o dinheiro é esta: "o dinheiro é a raiz de todos os males", mas não é verdade, pois a Bíblia diz algo diferente: "[...] o *amor* ao dinheiro é a raiz de todos os males" (1Timóteo 6.10, grifo nosso).

Existe algum texto de sabedoria sobre o dinheiro? Em Provérbios 13.11, lemos: "O dinheiro ganho com desonestidade diminuirá, mas quem o ajunta aos poucos terá cada vez mais". Esse é um alerta sobre o enriquecimento rápido. As estatísticas mostram que, em geral, quem ganha nos jogos de azar, como a loteria, com frequência gasta o dinheiro logo em seguida. Mas esse texto é um encorajamento ao gasto lento e comedido.

Além disso, a Bíblia ensina como devemos economizar. Eclesiastes 11.1,2 alerta: "Atire o seu pão sobre as águas, e depois de muitos dias você tornará a encontrá-lo. Reparta o que você tem com sete, até mesmo com oito, pois você não sabe que desgraça poderá cair sobre a terra". Na mesma medida com que economizamos e investimos, devemos também diversificar. O antigo ditado "Nunca aposte num cavalo só" também se aplica a esse contexto.

Talvez uma das mais fortes declarações da Bíblia diga respeito a evitar o endividamento. Deus proibiu que o povo de Israel contraísse dívidas com as nações vizinhas, porque isso os levaria à escravidão. Em muitos textos, encoraja os cristãos a que se afastem da dívida, comparando-a a cair em uma armadilha (veja Provérbios 22.25,26).

A Bíblia não fala apenas da aquisição de bens e riquezas, mas também em doá-los. No Antigo Testamento, eram exigidos vários tipos de sacrifício e ofertas a Deus, e uma delas era o dízimo. No Novo Testamento, não se menciona uma porcentagem específica para ofertar, o princípio assume uma amplitude maior que o dízimo. Nossa perspectiva do dinheiro deve ser sempre de que tudo pertence a Deus. Tal atitude favorece uma atitude positiva com respeito a contribuir com base na obediência a Deus. O dízimo chega a ser um grande ponto de partida, mas certamente Deus nos pedirá muito mais!

Em 1Coríntios 16.1,2, encontramos uma perspectiva bastante interessante sobre o assunto. Paulo orienta os cristãos a separar semanalmente uma quantia, de acordo com a renda de cada um, a fim de terem o necessário para uma situação específica. Esse é um exemplo de atitude intencional, que não visa ao aumento da riqueza de ninguém, mas, sim, para atender a uma necessidade.

De todos os modos, A Bíblia nos exorta a ser sábios e a planejar os gastos e, sobretudo, a agir com generosidade.

APLICAÇÃO

- Você tem um planejamento que visa economizar dinheiro no largo prazo? Pense em algum gasto do qual possa abrir mão e separe o dinheiro correspondente para o futuro.
- Aja intencionalmente com generosidade nesta semana.

---

²³ O homem prudente
 não alardeia o seu conhecimento,
mas o coração dos tolos
 derrama insensatez.

²⁴ As mãos diligentes governarão,
mas os preguiçosos acabarão escravos.

²⁵ O coração ansioso deprime o homem,
mas uma palavra bondosa o anima.

²⁶ O homem honesto
 é cauteloso em suas amizades[a],
mas o caminho dos ímpios
 os leva a perder-se.

[a] 12.26 Ou *é um guia para o seu próximo*

²⁷ O preguiçoso não aproveita a sua caça,
mas o diligente dá valor a seus bens.

²⁸ No caminho da justiça está a vida;
 essa é a vereda que nos preserva da morte.

13

O filho sábio acolhe a instrução do pai,
mas o zombador não ouve a repreensão.

² Do fruto de sua boca
 o homem desfruta coisas boas,
mas o que os infiéis desejam é violência.

³ Quem guarda a sua boca
 guarda a sua vida,
mas quem fala demais acaba se arruinando.

⁴ O preguiçoso deseja e nada consegue,
mas os desejos do diligente
  são amplamente satisfeitos.

⁵ Os justos odeiam o que é falso,
mas os ímpios
  trazem vergonha e desgraça.

⁶ A retidão protege o homem íntegro,
mas a impiedade derruba o pecador.

⁷ Alguns fingem que são ricos e nada têm;
outros fingem que são pobres
  e têm grande riqueza.

⁸ As riquezas de um homem
  servem de resgate para a sua vida,
mas o pobre nunca recebe ameaças.

⁹ A luz dos justos
  resplandece esplendidamente,
mas a lâmpada dos ímpios apaga-se.

¹⁰ O orgulho só gera discussões,
mas a sabedoria está
  com os que tomam conselho.

¹¹ O dinheiro ganho com desonestidade
  diminuirá,
mas quem o ajunta aos poucos
  terá cada vez mais.

¹² A esperança que se retarda
  deixa o coração doente,
mas o anseio satisfeito é árvore de vida.

¹³ Quem zomba da instrução pagará por ela,
mas aquele que respeita o mandamento
  será recompensado.

¹⁴ O ensino dos sábios é fonte de vida
e afasta o homem
  das armadilhas da morte.

¹⁵ O bom entendimento conquista favor,
  mas o caminho do infiel é áspero[a].

¹⁶ Todo homem prudente
  age com base no conhecimento,
mas o tolo expõe a sua insensatez.

¹⁷ O mensageiro ímpio cai em dificuldade,
mas o enviado digno de confiança
  traz a cura.

¹⁸ Quem despreza a disciplina
  cai na pobreza e na vergonha,
mas quem acolhe a repreensão
  recebe tratamento honroso.

¹⁹ O anseio satisfeito agrada a alma,
mas o tolo detesta afastar-se do mal.

²⁰ Aquele que anda com os sábios
  será cada vez mais sábio,
mas o companheiro dos tolos
  acabará mal.

²¹ O infortúnio persegue o pecador,
mas a prosperidade
  é a recompensa do justo.

²² O homem bom deixa herança
  para os filhos de seus filhos,
mas a riqueza do pecador
  é armazenada para os justos.

²³ A lavoura do pobre
  produz alimento com fartura,
mas por falta de justiça ele o perde.

²⁴ Quem se nega a castigar seu filho
  não o ama;
quem o ama não hesita em discipliná-lo.

²⁵ O justo come até satisfazer o apetite,
mas os ímpios permanecem famintos.

14

A mulher sábia edifica a sua casa,
mas com as próprias mãos
  a insensata derruba a sua.

² Quem anda direito teme o SENHOR,
mas quem segue caminhos enganosos
  o despreza.

³ A conversa do insensato
  traz a vara para as suas costas,
mas os lábios dos sábios os protegem.

⁴ Onde não há bois o celeiro fica vazio,
mas da força do boi vem a grande colheita.

⁵ A testemunha sincera não engana,
mas a falsa transborda em mentiras.

---

[a] 13.15 Ou *não permanece*

⁶ O zombador busca sabedoria
   e nada encontra,
mas o conhecimento vem facilmente
   ao que tem discernimento.

⁷ Mantenha-se longe do tolo,
pois você não achará conhecimento
   no que ele falar.

⁸ A sabedoria do homem prudente
   é discernir o seu caminho,
mas a insensatez dos tolos é enganosa.

⁹ Os insensatos zombam
   da ideia de reparar o pecado cometido,
mas a boa vontade está entre os justos.

¹⁰ Cada coração conhece
    a sua própria amargura,
e não há quem possa partilhar sua alegria.

¹¹ A casa dos ímpios será destruída,
mas a tenda dos justos florescerá.

¹² Há caminho que parece certo ao homem,
mas no final conduz à morte.

¹³ Mesmo no riso o coração pode sofrer,
e a alegria pode terminar em tristeza.

¹⁴ Os infiéis receberão a retribuição
    de sua conduta,
mas o homem bom será recompensado.

¹⁵ O inexperiente acredita
    em qualquer coisa,
mas o homem prudente vê bem onde pisa.

¹⁶ O sábio é cauteloso[a] e evita o mal,
mas o tolo é impetuoso e irresponsável.

¹⁷ Quem é irritadiço faz tolices,
e o homem cheio de astúcias é odiado.

¹⁸ Os inexperientes herdam a insensatez,
mas o conhecimento
   é a coroa dos prudentes.

¹⁹ Os maus se inclinarão
    diante dos homens de bem;
e os ímpios, às portas da justiça.

²⁰ Os pobres são evitados
   até por seus vizinhos,
mas os amigos dos ricos são muitos.

²¹ Quem despreza o próximo
   comete pecado,
mas como é feliz quem trata com bondade
   os necessitados!

²² Não é certo que se perdem
   os que só pensam no mal?
Mas os que planejam o bem
   encontram[b] amor e fidelidade.

²³ Todo trabalho árduo traz proveito,
mas o só falar leva à pobreza.

²⁴ A riqueza dos sábios é a sua coroa,
mas a insensatez dos tolos
   produz apenas insensatez.

²⁵ A testemunha que fala a verdade
   salva vidas,
mas a testemunha falsa é enganosa.

²⁶ Aquele que teme o Senhor
   possui uma fortaleza segura,
refúgio para os seus filhos.

²⁷ O temor do Senhor é fonte de vida,
e afasta das armadilhas da morte.

²⁸ Uma grande população é a glória do rei,
mas, sem súditos,
   o príncipe está arruinado.

²⁹ O homem paciente
    dá prova de grande entendimento,
mas o precipitado revela insensatez.

³⁰ O coração em paz dá vida ao corpo,
mas a inveja apodrece os ossos.

³¹ Oprimir o pobre
   é ultrajar o seu Criador,
mas tratar com bondade o necessitado
   é honrar a Deus.

³² Quando chega a calamidade,
   os ímpios são derrubados;
os justos, porém,

---

[a] 14.16 Ou *teme o Senhor*   [b] 14.22 Ou *demonstram*

até em face da morte
encontram refúgio.

³³ A sabedoria repousa no coração
dos que têm discernimento,
e mesmo entre os tolos
ela se deixa conhecer[a].

³⁴ A justiça engrandece a nação,
mas o pecado é uma vergonha
para qualquer povo.

³⁵ O servo sábio agrada o rei,
mas o que procede vergonhosamente
incorre em sua ira.

15

A resposta calma desvia a fúria,
mas a palavra ríspida desperta a ira.

² A língua dos sábios
torna atraente o conhecimento,
mas a boca dos tolos derrama insensatez.

³ Os olhos do Senhor estão em toda parte,
observando atentamente os maus e
os bons.

⁴ O falar amável é árvore de vida,
mas o falar enganoso esmaga o espírito.

⁵ O insensato faz pouco caso
da disciplina de seu pai,
mas quem acolhe a repreensão
revela prudência.

⁶ A casa do justo contém grande tesouro,
mas os rendimentos dos ímpios
lhes trazem inquietação.

⁷ As palavras dos sábios
espalham conhecimento;
mas o coração dos tolos não é assim.

⁸ O Senhor detesta o sacrifício
dos ímpios,
mas a oração do justo o agrada.

⁹ O Senhor detesta
o *caminho dos ímpios*,
mas ama quem busca a justiça.

¹⁰ Há uma severa lição
para quem abandona o seu caminho;
quem despreza a repreensão morrerá.

¹¹ A Sepultura e a Destruição[b]
estão abertas diante do Senhor;
quanto mais os corações dos homens!

¹² O zombador não gosta de quem o corrige,
nem procura a ajuda do sábio.

¹³ A alegria do coração transparece no rosto,
mas o coração angustiado
oprime o espírito.

¹⁴ O coração que sabe discernir
busca o conhecimento,
mas a boca dos tolos
alimenta-se de insensatez.

¹⁵ Todos os dias do oprimido são infelizes,
mas o coração bem-disposto
está sempre em festa.

¹⁶ É melhor ter pouco
com o temor do Senhor
do que grande riqueza com inquietação.

¹⁷ É melhor ter verduras na refeição
onde há amor
do que um boi gordo
acompanhado de ódio.

¹⁸ O homem irritável provoca dissensão,
mas quem é paciente acalma a discussão.

¹⁹ O caminho do preguiçoso
é cheio de espinhos,
mas o caminho do justo
é uma estrada plana.

²⁰ O filho sábio dá alegria a seu pai,
mas o tolo despreza a sua mãe.

²¹ A insensatez alegra
quem não tem bom senso,
mas o homem de entendimento
procede com retidão.

²² Os planos fracassam
por falta de conselho,

---

[a] 14.33 A Septuaginta e a Versão Siríaca dizem *mas no coração dos tolos ela não é conhecida*.

[b] 15.11 Hebraico: *Sheol* e *Abadom*. *Sheol* também pode ser traduzido por profundezas, pó ou morte; também no versículo 24.

mas são bem-sucedidos
  quando há muitos conselheiros.

²³ Dar resposta apropriada*ᵃ*
  é motivo de alegria;
e como é bom
  um conselho na hora certa!

²⁴ O caminho da vida conduz para cima
  quem é sensato,
para que ele não desça à sepultura.

²⁵ O Senhor derruba
  a casa do orgulhoso,
mas mantém intactos
  os limites da propriedade da viúva.

²⁶ O Senhor detesta
  os pensamentos dos maus,
mas se agrada de palavras ditas sem
  maldade.

²⁷ O avarento põe sua família em apuros,
  mas quem repudia o suborno viverá.

²⁸ O justo pensa bem antes de responder,
  mas a boca dos ímpios jorra o mal.

²⁹ O Senhor está longe dos ímpios,
  mas ouve a oração dos justos.

³⁰ Um olhar animador
  dá alegria ao coração,
e as boas notícias revigoram os ossos.

³¹ Quem ouve a repreensão construtiva
  terá lugar permanente entre os sábios.

³² Quem recusa a disciplina
  faz pouco caso de si mesmo,
mas quem ouve a repreensão
  obtém entendimento.

³³ O temor do Senhor ensina
  a sabedoria,*ᵇ*
e a humildade antecede a honra.

16

Ao homem pertencem
  os planos do coração,
mas do Senhor vem a resposta da língua.

² Todos os caminhos do homem
  lhe parecem puros,
mas o Senhor avalia o espírito.

³ Consagre ao Senhor
  tudo o que você faz,
e os seus planos serão bem-sucedidos.

⁴ O Senhor faz tudo com um propósito;
  até os ímpios para o dia do castigo.

⁵ O Senhor detesta
  os orgulhosos de coração.
Sem dúvida serão punidos.

⁶ Com amor e fidelidade
  se faz expiação pelo pecado;
com o temor do Senhor
  o homem evita o mal.

⁷ Quando os caminhos de um homem
  são agradáveis ao Senhor,
ele faz que até os seus inimigos
  vivam em paz com ele.

⁸ É melhor ter pouco com retidão
  do que muito com injustiça.

⁹ Em seu coração
  o homem planeja o seu caminho,
mas o Senhor determina
  os seus passos.

¹⁰ Os lábios do rei
  falam com grande autoridade;
sua boca não deve trair a justiça.

¹¹ Balanças e pesos honestos
  vêm do Senhor;
todos os pesos da bolsa são feitos por ele.

¹² Os reis detestam a prática da maldade,
porquanto o trono se firma pela justiça.

¹³ O rei se agrada dos lábios honestos
e dá valor ao homem que fala a verdade.

¹⁴ A ira do rei é um mensageiro da morte,
  mas o homem sábio a acalmará.

¹⁵ Alegria no rosto do rei é sinal de vida;
  seu favor é como
    nuvem de chuva na primavera.

ᵃ 15.23 Ou *Expressar a própria opinião*
ᵇ 15.33 Ou *A sabedoria ensina o temor do Senhor,*

¹⁶ É melhor obter sabedoria do que ouro!
   É melhor obter entendimento do
      que prata!

¹⁷ A vereda do justo evita o mal;
quem guarda o seu caminho
   preserva a sua vida.

¹⁸ O orgulho vem antes da destruição;
o espírito altivo, antes da queda.

¹⁹ Melhor é ter espírito humilde
      entre os oprimidos
do que partilhar despojos
      com os orgulhosos.

²⁰ Quem examina cada questão
      com cuidado prospera,ᵃ
e feliz é aquele que confia no Senhor.

²¹ O sábio de coração
      é considerado prudente;
quem fala com equilíbrio
      promove a instrução.ᵇ

²² O entendimento é fonte de vida
      para aqueles que o têm,
mas a insensatez traz castigo
      aos insensatos.

²³ O coração do sábio ensina a sua boca,
e os seus lábios promovem a instrução.

²⁴ As palavras agradáveis
      são como um favo de mel,
são doces para a alma
      e trazem cura para os ossos.

²⁵ Há caminho que parece reto ao homem,
mas no final conduz à morte.

²⁶ O apetite do trabalhador
      o obriga a trabalhar;
a sua fome o impulsiona.

²⁷ O homem sem caráter maquina o mal;
suas palavras são um fogo devorador.

²⁸ O homem perverso provoca dissensão,
   e o que espalha boatos afasta bons amigos.

²⁹ O violento recruta o seu próximo
      e o leva por um caminho ruim.

³⁰ Quem pisca os olhos planeja o mal;
quem franze os lábios já o vai praticar.

³¹ O cabelo grisalho
      é uma coroa de esplendor,
e obtém-se mediante uma vida justa.

³² Melhor é o homem paciente
      do que o guerreiro,
mais vale controlar o seu espírito
      do que conquistar uma cidade.

³³ A sorte é lançada no colo,
mas a decisão vem do Senhor.

17 Melhor é um pedaço de pão seco
      com paz e tranquilidade
do que uma casa onde há banquetesᶜ
      e muitas brigas.

² O servo sábio dominará sobre
      o filho de conduta vergonhosa
e participará da herança
      como um dos irmãos.

³ O crisol é para a prata
      e o forno é para o ouro,
mas o Senhor prova o coração.

17.1 Onde estiver o nosso tesouro, ali também estará o nosso coração — é o que Jesus ensina (Mateus 6.21; Lucas 12.34). Sonhamos com todo tipo de capricho e extravagância que as propagandas comerciais nos ajudam a converter em "necessidades", ainda que não passem de caprichos e veleidades e convertam-se em deuses ou objetos de desejo na nossa vida. Talvez cheguemos até a obtê-los, mas devemos nos perguntar a que preço: o preço da saúde, do convívio familiar ou do relacionamento com Deus? O culto aos ídolos sempre traz junto a etiqueta de um preço muito alto a ser pago. Caro discípulo, afaste-se totalmente desse estilo de vida.

ᵃ **16.20** Ou *Quem acolhe a palavra prospera*; ou ainda *Quem considera atentamente o que fala prospera*,
ᵇ **16.21** Ou *consegue convencer*; também no versículo 23.
ᶜ **17.1** Hebraico: *sacrifícios*.

⁴ O ímpio dá atenção aos lábios maus;
o mentiroso dá ouvidos
à língua destruidora.

⁵ Quem zomba dos pobres
mostra desprezo pelo Criador deles;
quem se alegra com a desgraça
não ficará sem castigo.

⁶ Os filhos dos filhos
são uma coroa para os idosos,
e os pais são o orgulho dos seus filhos.

⁷ Os lábios arrogantes[a]
não ficam bem ao insensato;
muito menos os lábios mentirosos
ao governante!

⁸ O suborno é um recurso fascinante
para aquele que o oferece;
aonde quer que vá, ele tem sucesso.

⁹ Aquele que cobre uma ofensa
promove amor,
mas quem a lança em rosto
separa bons amigos.

¹⁰ A repreensão faz marca mais profunda
no homem de entendimento
do que cem açoites no tolo.

¹¹ O homem mau só pende para
a rebeldia;
por isso um oficial impiedoso
será enviado contra ele.

¹² Melhor é encontrar uma ursa
da qual roubaram os filhotes
do que um tolo em sua insensatez.

¹³ Quem retribui o bem com o mal
jamais deixará de ter mal no seu lar.

¹⁴ Começar uma discussão
é como abrir brecha num dique;
por isso resolva a questão
antes que surja a contenda.

¹⁵ Absolver o ímpio e condenar o justo
são coisas que o Senhor odeia.

¹⁶ De que serve o dinheiro na mão do tolo,
já que ele não quer obter sabedoria?

¹⁷ O amigo ama em todos os momentos;
é um irmão na adversidade.

¹⁸ O homem sem juízo
com um aperto de mãos se compromete
e se torna fiador do seu próximo.

¹⁹ Quem ama a discussão ama o pecado;
quem constrói portas altas[b]
está procurando a sua ruína.

²⁰ O homem de coração perverso
não prospera,
e o de língua enganosa cai na desgraça.

17.17 O amor de família é algo especial, mas as contendas entre parentes também podem assumir um lugar de destaque, principalmente quando há propriedades e bens envolvidos. O amigo verdadeiro é realmente amigo nas situações boas, como também nas ruins; o que existe entre dois amigos é um tipo de pacto implícito que os torna tão chegados como se tivessem o mesmo sangue. Esse é o tipo de comunhão que Deus deseja ver entre seus filhos. Talvez alguns de nós nunca tenhamos parado de verdade para pensar no que diz este versículo e chamemos de "amigos" àqueles que se simpatizam com a igreja e assistem aos cultos de vez em quando e de "irmãos" àqueles que estão totalmente identificados com a igreja. Mas parecem ser outros os parâmetros a seguir. A lealdade do amigo é o que o identifica com o Deus que nunca falha conosco e que o torna um verdadeiro irmão. Caro discípulo, cultive a verdadeira amizade, própria dos filhos de Deus, tanto com quem participa da mesma igreja que a sua quanto de outra, ou com quem talvez nem sequer participe de uma comunidade cristã. Estes certamente necessitam da mão amiga de alguém que lhes manifeste a amizade de Cristo nas tarefas comuns da vida cotidiana, que é onde, de fato, o homem prova ser quem é.

---

[a] **17.7** Ou *eloquentes*

[b] **17.19** Ou *quem se orgulha*

²¹ O filho tolo só dá tristeza,
e nenhuma alegria tem o pai
do insensato.

²² O coração bem disposto
é remédio eficiente,
mas o espírito oprimido resseca os ossos.

²³ O ímpio aceita às escondidas o suborno
para desviar o curso da justiça.

²⁴ O homem de discernimento
mantém a sabedoria em vista,
mas os olhos do tolo vagueiam
até os confins da terra.

²⁵ O filho tolo é a tristeza do seu pai
e a amargura daquela que o deu
à luz.

²⁶ Não é bom castigar o inocente,
nem açoitar quem merece ser honrado.

²⁷ Quem tem conhecimento
é comedido no falar,
e quem tem entendimento
é de espírito sereno.

²⁸ Até o insensato passará por sábio
se ficar quieto
e, se contiver a língua,
parecerá que tem discernimento.

18 Quem se isola
busca interesses egoístas
e se rebela contra a sensatez.

² O tolo não tem prazer no entendimento,
mas sim em expor os seus pensamentos.

³ Com a impiedade vem o desprezo,
e com a desonra vem a vergonha.

⁴ As palavras do homem
são águas profundas,
mas a fonte da sabedoria
é um ribeiro que transborda.

⁵ Não é bom favorecer os ímpios
para privar da justiça o justo.

⁶ As palavras do tolo provocam briga,
e a sua conversa atrai açoites.

⁷ A conversa do tolo é a sua desgraça,
e seus lábios são uma armadilha
para a sua alma.

⁸ As palavras do caluniador
são como petiscos deliciosos;
descem até o íntimo do homem.

⁹ Quem relaxa em seu trabalho
é irmão do que o destrói.

¹⁰ O nome do Senhor é uma
torre forte;
os justos correm para ela e estão seguros.

¹¹ A riqueza dos ricos
é a sua cidade fortificada,
eles a imaginam como um muro
que é impossível escalar.

¹² Antes da sua queda
o coração do homem se envaidece,
mas a humildade antecede a honra.

¹³ Quem responde antes de ouvir
comete insensatez e passa vergonha.

¹⁴ O espírito do homem
o sustenta na doença;
mas, o espírito deprimido,
quem o levantará?

¹⁵ O coração do que tem discernimento
adquire conhecimento;
os ouvidos dos sábios
saem à sua procura.

¹⁶ O presente abre o caminho
para aquele que o entrega
e o conduz à presença dos grandes.

¹⁷ O primeiro a apresentar a sua causa
parece ter razão,
até que outro venha à frente e
o questione.

¹⁸ Lançar sortes resolve contendas
e decide questões entre poderosos.

¹⁹ Um irmão ofendido é mais inacessível
do que uma cidade fortificada,
e as discussões são como
as portas trancadas de uma cidadela.

18.24 Este versículo é uma extensão do que encontramos em 17.17 (leia a nota correspondente); observemos que quem tem amigos deve comportar-se como tal. No mundo em que vivemos, é um verdadeiro tesouro encontrar amigos verdadeiros, e esse deveria ser o tesouro de todas as pessoas que têm como amigo um discípulo de Cristo. Ouçamos as palavras dele: " 'O meu mandamento é este: Amem-se uns aos outros como eu os amei. Ninguém tem maior amor do que aquele que dá a sua vida pelos seus amigos' " (João 15.12,13).

20 Do fruto da boca enche-se
  o estômago do homem;
o produto dos lábios o satisfaz.

21 A língua tem poder sobre a vida
  e sobre a morte;
os que gostam de usá-la
  comerão do seu fruto.

22 Quem encontra uma esposa
  encontra algo excelente;
recebeu uma bênção do Senhor.

23 O pobre implora misericórdia,
mas o rico responde com aspereza.

24 Quem tem muitos amigos
  pode chegar à ruína,
mas existe amigo
  mais apegado que um irmão.

19

Melhor é o pobre que vive com integridade
do que o tolo que fala perversamente.

2 Não é bom ter zelo sem conhecimento,
nem ser precipitado e perder o caminho.

3 É a insensatez do homem
  que arruína a sua vida,
mas o seu coração se ira contra o Senhor.

4 A riqueza traz muitos amigos,
mas até o amigo do pobre o abandona.

5 A testemunha falsa não ficará sem castigo,
e aquele que despeja mentiras
  não sairá livre.

6 Muitos adulam o governante,
e todos são amigos de quem
  dá presentes.

7 O pobre é desprezado
  por todos os seus parentes,
quanto mais por seus amigos!
Embora os procure,
  para pedir-lhes ajuda,
não os encontra em lugar nenhum.

8 Quem obtém sabedoria
  ama-se a si mesmo;
quem acalenta o entendimento prospera.

9 A testemunha falsa não ficará
  sem castigo,
e aquele que despeja mentiras perecerá.

10 Não fica bem o tolo viver no luxo;
quanto pior é o servo dominar
  príncipes!

11 A sabedoria do homem
  lhe dá paciência;
sua glória é ignorar as ofensas.

12 A ira do rei é como o rugido do leão,
mas a sua bondade
  é como o orvalho sobre a relva.

13 O filho tolo é a ruína de seu pai,
e a esposa briguenta
  é como uma goteira constante.

14 Casas e riquezas herdam-se dos pais,
mas a esposa prudente vem do Senhor.

15 A preguiça leva ao sono profundo,
e o preguiçoso passa fome.

16 Quem obedece aos mandamentos
  preserva a sua vida,
mas quem despreza os seus caminhos
  morrerá.

17 Quem trata bem os pobres
  empresta ao Senhor,
e ele o recompensará.

18 Discipline seu filho,
  pois nisso há esperança;
não queira a morte dele.

¹⁹ O homem de gênio difícil
   precisa do castigo;
se você o poupar,
   terá que poupá-lo de novo.
²⁰ Ouça conselhos e aceite instruções,
e acabará sendo sábio.

²¹ Muitos são os planos
   no coração do homem,
mas o que prevalece
   é o propósito do Senhor.

²² O que se deseja ver num homem
   é amor perene;ᵃ
melhor é ser pobre do que mentiroso.

²³ O temor do Senhor conduz à vida:
quem o teme pode descansar em paz,
   livre de problemas.

²⁴ O preguiçoso põe a mão no prato,
   e não se dá ao trabalho
   de levá-la à boca!

²⁵ Açoite o zombador,
   e os inexperientes aprenderão a
      prudência;
repreenda o homem de discernimento,
   e ele obterá conhecimento.

²⁶ O filho que rouba o pai e expulsa
      a mãe
   é causador de vergonha e desonra.

²⁷ Se você parar de ouvir a instrução,
      meu filho,
irá afastar-se das palavras
   que dão conhecimento.

²⁸ A testemunha corrupta zomba da justiça,
e a boca dos ímpios
   tem fome de iniquidade.

²⁹ Os castigos estão preparados
   para os zombadores,
e os açoites para as costas dos tolos.

20

O vinho é zombador
e a bebida fermentada provoca brigas;
não é sábio deixar-se dominar por eles.

² O medo que o rei provoca
   é como o do rugido de um leão;
quem o irrita põe em risco a própria vida.

³ É uma honra dar fim a contendas,
mas todos os insensatos envolvem-se nelas.

⁴ O preguiçoso não ara a terra
   na estação própriaᵇ;
mas na época da colheita procura,
   e não acha nada.

⁵ Os propósitos do coração do homem
   são águas profundas,
mas quem tem discernimento
   os traz à tona.

⁶ Muitos se dizem amigos leais;
mas um homem fiel,
   quem poderá achar?

⁷ O homem justo leva uma vida íntegra;
como são felizes os seus filhos!

⁸ Quando o rei se assenta no trono
   para julgar,
com o olhar esmiúça todo o mal.

⁹ Quem poderá dizer:
   "Purifiquei o coração;
   estou livre do meu pecado"?

¹⁰ Pesos adulterados
   e medidas falsificadas
são coisas que o Senhor detesta.

¹¹ Até a criança mostra o que é
   por suas ações;
o seu procedimento
   revelará se ela é pura e justa.

¹² Os ouvidos que ouvem
   e os olhos que veem
foram feitos pelo Senhor.

¹³ Não ame o sono,
   senão você acabará ficando pobre;
fique desperto, e terá alimento de sobra.

¹⁴ "Não vale isso! Não vale isso!",
   diz o comprador,

ᵃ **19.22** Ou *A ambição de um homem é sua vergonha;* ᵇ **20.4** Hebraico: *por causa do frio.*

mas, quando se vai,
   gaba-se do bom negócio.

¹⁵ Mesmo onde há ouro e rubis
   em grande quantidade,
os lábios que transmitem conhecimento
   são uma rara preciosidade.

¹⁶ Tome-se a veste
   de quem serve de fiador ao estranho;
sirva ela de penhor
   de quem dá garantia a uma
      mulher levianaª.

¹⁷ Saborosa é a comida
   que se obtém com mentiras,
mas depois dá areia na boca.

¹⁸ Os conselhos são importantes
   para quem quiser fazer planos,
e quem sai à guerra
   precisa de orientação.

¹⁹ Quem vive contando casos
   não guarda segredo;
por isso, evite quem fala demais.

²⁰ Se alguém amaldiçoar seu pai ou sua mãe,
a luz de sua vida se extinguirá
   na mais profunda escuridão.

²¹ A herança que se obtém
   com ganância no princípioᵇ
no final não será abençoada.

²² Não diga:
   "Eu o farei pagar pelo mal que me fez!"
Espere pelo SENHOR,
   e ele dará a vitória a você.

²³ O SENHOR detesta pesos adulterados,
e balanças falsificadas não o agradam.

²⁴ Os passos do homem
   são dirigidos pelo SENHOR.
Como poderia alguém
   discernir o seu próprio caminho?

²⁵ É uma armadilha consagrar algo
   precipitadamente,

ª **20.16** Ou *a um desconhecido*
ᵇ **20.21** Ou *A herança que se obtém às pressas no início,*

20.22 Os filhos dos poderosos não têm motivos para tomar a vingança nas próprias mãos. Assim é como funciona o mundo. No reino espiritual, os filhos de Deus tampouco devem buscar fazer justiça por alguma causa; e o motivo é simples: somos filhos de Deus. Esperemos pelo SENHOR; ou seja, estejamos quietos diante de sua presença e o veremos fazer justiça no momento oportuno.

e só pensar nas consequências
   depois que se fez o voto.

²⁶ O rei sábio abana os ímpios
   e passa sobre eles a roda de debulhar.

²⁷ O espírito do homem
   é a lâmpada do SENHOR,
e vasculha cada parte do seu ser.

²⁸ A bondade e a fidelidade
   preservam o rei;
por sua bondade
   ele dá firmeza ao seu trono.

²⁹ A beleza dos jovens está na sua força;
a glória dos idosos,
   nos seus cabelos brancos.

³⁰ Os golpes e os ferimentos
   eliminam o mal;
os açoites limpam as profundezas
   do ser.

21

O coração do rei é como um rio
   controlado pelo SENHOR;
ele o dirige para onde quer.

² Todos os caminhos do homem
   lhe parecem justos,
mas o SENHOR pesa o coração.

³ Fazer o que é justo e certo
   é mais aceitável ao SENHOR
do que oferecer sacrifícios.

⁴ A vida de pecado dos ímpios
   se vê no olhar orgulhoso
   e no coração arrogante.

⁵ Os planos bem elaborados levam
   à fartura;
mas o apressado sempre acaba na miséria.

⁶ A fortuna obtida com língua mentirosa
é ilusão fugidia e armadilha mortal.

⁷ A violência dos ímpios os arrastará,
pois se recusam a agir corretamente.

⁸ O caminho do culpado é tortuoso,
mas a conduta do inocente é reta.

⁹ Melhor é viver num canto sob
   o telhado
do que repartir a casa
   com uma mulher briguenta.

¹⁰ O desejo do perverso é fazer o mal;
ele não tem dó do próximo.

¹¹ Quando o zombador é castigado,
   o inexperiente obtém sabedoria;
quando o sábio recebe instrução,
   obtém conhecimento.

¹² O justo observa a casa dos ímpios
   e os faz cair na desgraça.

¹³ Quem fecha os ouvidos
   ao clamor dos pobres
também clamará e não terá resposta.

¹⁴ O presente que se faz em segredo
   acalma a ira,
e o suborno oferecido às ocultas
   apazigua a maior fúria.

¹⁵ Quando se faz justiça,
   o justo se alegra,
mas os malfeitores se apavoram.

¹⁶ Quem se afasta
   do caminho da sensatez
repousará na companhia dos mortos.

¹⁷ Quem se entrega aos prazeres
   passará necessidade;
quem se apega ao vinho e ao azeite
   jamais será rico.

¹⁸ O ímpio serve de resgate para o justo,
e o infiel, para o homem íntegro.

¹⁹ Melhor é viver no deserto
do que com uma mulher briguenta
   e amargurada[a].

²⁰ Na casa do sábio
há comida e azeite armazenados,
mas o tolo devora tudo o que pode.

²¹ Quem segue a justiça e a lealdade
   encontra vida, justiça e honra.

²² O sábio conquista
   a cidade dos valentes
e derruba a fortaleza
   em que eles confiam.

²³ Quem é cuidadoso no que fala
   evita muito sofrimento.

²⁴ O vaidoso e arrogante
   chama-se zombador;
ele age com extremo orgulho.

²⁵ O preguiçoso morre de tanto desejar
e de nunca pôr as mãos no trabalho.

²⁶ O dia inteiro ele deseja mais e mais,
enquanto o justo reparte sem cessar.

²⁷ O sacrifício dos ímpios
   já por si é detestável;
tanto mais quando oferecido
   com más intenções.

²⁸ A testemunha falsa perecerá,
mas o testemunho
   do homem bem informado
   permanecerá.[b]

²⁹ O ímpio mostra no rosto
   a sua arrogância,
mas o justo mantém em ordem
   o seu caminho.

³⁰ Não há sabedoria alguma,
nem discernimento algum,
nem plano algum
   que possa opor-se ao Senhor.

³¹ Prepara-se o cavalo para o dia da batalha,
mas o Senhor é que dá a vitória.

---

[a] 21.19 Ou *do que ser importunado por uma mulher briguenta*
[b] 21.28 Hebraico: *o homem que sabe ouvir falará para sempre*.

22 ¹A boa reputação vale mais
que grandes riquezas;
desfrutar de boa estima
vale mais que prata e ouro.

² O rico e o pobre têm isto em comum:
o Senhor é o Criador de ambos.

³ O prudente percebe o perigo
e busca refúgio;
o inexperiente segue adiante
e sofre as consequências.

⁴ A recompensa da humildade
e do temor do Senhor
são a riqueza, a honra e a vida.

⁵ No caminho do perverso
há espinhos e armadilhas;
quem quer proteger a própria vida
mantém-se longe dele.

⁶ Instrua a criança segundo os objetivos
que você tem para ela,
e mesmo com o passar dos anos[a]
não se desviará deles.

⁷ O rico domina sobre o pobre;
quem toma emprestado
é escravo de quem empresta.

⁸ Quem semeia a injustiça colhe
a maldade;
o castigo da sua arrogância será completo.

⁹ Quem é generoso será abençoado,
pois reparte o seu pão com o pobre.

¹⁰ Quando se manda embora
o zombador,
a briga acaba;
cessam as contendas e os insultos.

¹¹ Quem ama a sinceridade de coração
e se expressa com elegância
será amigo do rei.

¹² Os olhos do Senhor
protegem o conhecimento,
mas ele frustra as palavras dos infiéis.

¹³ O preguiçoso diz:
"Há um leão lá fora!"
"Serei morto na rua!"

¹⁴ A conversa da mulher imoral
é uma cova profunda;
nela cairá quem estiver
sob a ira do Senhor.

¹⁵ A insensatez está ligada
ao coração da criança,
mas a vara da disciplina
a livrará dela.

¹⁶ Tanto quem oprime o pobre
para enriquecer-se
como quem faz cortesia ao rico
com certeza passarão necessidade.[b]

Ditados dos Sábios

¹⁷ Preste atenção e ouça
os ditados dos sábios,
e aplique o coração ao meu ensino.
¹⁸ Será uma satisfação guardá-los no íntimo
e tê-los todos na ponta da língua.
¹⁹ Para que você confie no Senhor,
a você hoje ensinarei.
²⁰ Já não lhe escrevi
conselhos e instruções[c],
²¹ ensinando-lhe palavras
dignas de confiança,
para que você responda
com a verdade a quem o enviou?

²² Não explore os pobres por
serem pobres,
nem oprima os necessitados no tribunal,
²³ pois o Senhor será o advogado deles
e despojará da vida os que os despojarem.

²⁴ Não se associe
com quem vive de mau humor,
nem ande em companhia
de quem facilmente se ira;
²⁵ do contrário você acabará
imitando essa conduta
e cairá em armadilha mortal.

²⁶ Não seja como aqueles que,
com um aperto de mãos,

---

[a] **22.6** Ou *no caminho que deve seguir, e mesmo quando envelhecer*
[b] **22.16** Ou *Quem oprime o pobre faz com que ele ganhe mais; quem faz cortesia ao rico só promove a própria necessidade.*
[c] **22.20** Ou *escrevi trinta ditados*; ou ainda *escrevi ditados excelentes*

empenham-se com outros
e se tornam fiadores de dívidas;
²⁷ se você não tem como pagá-las,
por que correr o risco de perder
até a cama em que dorme?

²⁸ Não mude de lugar os antigos marcos
que limitam as propriedades
e que foram colocados
por seus antepassados.

²⁹ Você já observou um homem
habilidoso em seu trabalho?
Será promovido ao serviço real;
não trabalhará para gente obscura.

23 Quando você se assentar
para uma refeição
com alguma autoridade,
observe com atenção
quem está diante de você
² e encoste a faca à sua própria garganta
se estiver com grande apetite.
³ Não deseje as iguarias que lhe oferece,
pois podem ser enganosas.

⁴ Não esgote suas forças
tentando ficar rico;
tenha bom senso!
⁵ As riquezas desaparecem
assim que você as contempla;
elas criam asas
e voam como águias pelo céu.

⁶ Não aceite a refeição
de um hospedeiro invejoso[a],
nem deseje as iguarias que lhe oferece;
⁷ pois ele só pensa nos gastos.
Ele lhe diz: "Coma e beba!",
mas não fala com sinceridade.
⁸ Você vomitará o pouco que comeu,
e desperdiçará a sua cordialidade.

⁹ Não vale a pena conversar com
o tolo,
pois ele despreza a sabedoria
do que você fala.

¹⁰ Não mude de lugar
os antigos marcos de propriedade,
nem invada as terras dos órfãos,
¹¹ pois aquele que defende
os direitos[b] deles é forte.
Ele lutará contra você para defendê-los.
¹² Dedique à disciplina o seu coração
e os seus ouvidos
às palavras que dão conhecimento.

¹³ Não evite disciplinar a criança;
se você a castigar com a vara,
ela não morrerá.
¹⁴ Castigue-a, você mesmo, com a vara,
e assim a livrará da sepultura[c].

¹⁵ Meu filho, se o seu coração for sábio,
o meu coração se alegrará.
¹⁶ Sentirei grande alegria
quando os seus lábios falarem
com retidão.

¹⁷ Não inveje os pecadores
em seu coração;
melhor será que tema sempre o SENHOR.
¹⁸ Se agir assim, certamente haverá
bom futuro para você,
e a sua esperança não falhará.

¹⁹ Ouça, meu filho, e seja sábio;
guie o seu coração pelo bom caminho.
²⁰ Não ande com os que
se encharcam de vinho,
nem com os que
se empanturram de carne.
²¹ Pois os bêbados e os glutões
se empobrecerão,
e a sonolência os vestirá de trapos.

²² Ouça o seu pai, que o gerou;
não despreze sua mãe
quando ela envelhecer.
²³ Compre a verdade e não abra
mão dela,
nem tampouco da sabedoria,
da disciplina
e do discernimento.
²⁴ O pai do justo exultará de júbilo;
quem tem filho sábio nele se alegra.
²⁵ Bom será que se alegrem
seu pai e sua mãe
e que exulte a mulher que o deu à luz!

---

[a] **23.6** Hebraico: *de olhos maus.*
[b] **23.11** Hebraico: *o resgatador.*
[c] **23.14** Hebraico: *Sheol.* Essa palavra também pode ser traduzida por profundezas, pó ou morte.

²⁶ Meu filho, dê-me o seu coração;
mantenha os seus olhos
  em meus caminhos,
²⁷ pois a prostituta é uma cova profunda,
e a mulher pervertida[a] é um poço estreito.
²⁸ Como o assaltante, ela fica de tocaia
e multiplica entre os homens os infiéis.

²⁹ De quem são os ais?
  De quem as tristezas?
  E as brigas, de quem são?
  E os ferimentos desnecessários?
  De quem são os olhos vermelhos[b]?
³⁰ Dos que se demoram bebendo vinho,
dos que andam à procura
  de bebida misturada.
³¹ Não se deixe atrair pelo vinho
  quando está vermelho,
quando cintila no copo
  e escorre suavemente!
³² No fim, ele morde como serpente
  e envenena como víbora.
³³ Seus olhos verão coisas estranhas,
e sua mente imaginará coisas distorcidas.
³⁴ Você será como quem
  dorme no meio do mar,
como quem se deita
  no alto das cordas do mastro.
³⁵ E dirá: "Espancaram-me,
  mas eu nada senti!
Bateram em mim, mas nem percebi!
Quando acordarei
  para que possa beber mais uma vez?"

24

Não tenha inveja dos ímpios,
nem deseje a companhia deles;
² pois destruição é o que
  planejam no coração,
e só falam de violência.

³ Com sabedoria se constrói a casa,
e com discernimento se consolida.
⁴ Pelo conhecimento
  os seus cômodos se enchem
  do que é precioso e agradável.

⁵ O homem sábio é poderoso,
e quem tem conhecimento
  aumenta a sua força;
⁶ quem sai à guerra precisa de orientação,
e com muitos conselheiros
  se obtém a vitória.

⁷ A sabedoria é elevada demais
  para o insensato;
ele não sabe o que dizer
  nas assembleias.

⁸ Quem maquina o mal
  será conhecido como criador de intrigas.
⁹ A intriga do insensato é pecado,
e o zombador é detestado pelos homens.

¹⁰ Se você vacila no dia da dificuldade,
como será limitada a sua força!

¹¹ Liberte os que estão sendo levados
  para a morte;
socorra os que caminham
  trêmulos para a matança!
¹² Mesmo que você diga:
  "Não sabíamos o que estava
    acontecendo!"
Não o perceberia aquele que
  pesa os corações?
Não o saberia aquele que
  preserva a sua vida?
Não retribuirá ele a cada um
  segundo o seu procedimento?

¹³ Coma mel, meu filho. É bom.
  O favo é doce ao paladar.
¹⁴ Saiba que a sabedoria também será boa
  para a sua alma;
se você a encontrar, certamente haverá
  futuro para você,
e a sua esperança não vai decepcioná-lo.

¹⁵ Não fique de tocaia, como faz o ímpio,
  contra a casa do justo,
e não destrua o seu local de repouso,
¹⁶ pois ainda que o justo caia sete vezes,
  tornará a erguer-se,
mas os ímpios são arrastados
  pela calamidade.

¹⁷ Não se alegre quando
  o seu inimigo cair,
nem exulte o seu coração
  quando ele tropeçar,
¹⁸ para que o Senhor não veja isso
  e se desagrade
e desvie dele a sua ira.

---

[a] **23.27** Ou *adúltera*
[b] **23.29** Ou *embaçados*

¹⁹ Não se aborreça por causa dos maus,
nem tenha inveja dos ímpios,
²⁰ pois não há futuro para o mau,
e a lâmpada dos ímpios se apagará.

²¹ Tema o Senhor e o rei, meu filho,
e não se associe aos dissidentes,
²² pois terão repentina destruição,
e quem pode imaginar a ruína
que o Senhor e o rei podem causar?

Outros Ditados de Sabedoria

²³ Aqui vão outros ditados dos sábios:

Agir com parcialidade nos julgamentos
não é nada bom.
²⁴ Quem disser ao ímpio:
"Você é justo",
será amaldiçoado pelos povos
e sofrerá a indignação das nações.
²⁵ Mas os que condenam o culpado
terão vida agradável;
receberão grandes bênçãos.

²⁶ A resposta sincera
é como beijo^a nos lábios.^b

²⁷ Termine primeiro o seu trabalho
a céu aberto;
deixe pronta a sua lavoura.
Depois constitua família.^c

²⁸ Não testemunhe sem motivo
contra o seu próximo
nem use os seus lábios para enganá-lo.
²⁹ Não diga: "Farei com ele
o que fez comigo;
ele pagará pelo que fez".

³⁰ Passei pelo campo do preguiçoso,
pela vinha do homem sem juízo;
³¹ havia espinheiros por toda parte,
o chão estava coberto de ervas daninhas
e o muro de pedra estava em ruínas.
³² Observei aquilo e fiquei pensando;
olhei e aprendi esta lição:
³³ "Vou dormir um pouco", você diz.
"Vou cochilar um momento;
vou cruzar os braços
e descansar mais um pouco",

³⁴ mas a pobreza lhe sobrevirá
como um assaltante,
e a sua miséria
como um homem armado.

Outros Provérbios de Salomão

25 Estes são outros provérbios de Salomão, compilados pelos servos de Ezequias, rei de Judá:

² A glória de Deus é ocultar certas coisas;
tentar descobri-las é a glória dos reis.

³ Assim como o céu é elevado
e a terra é profunda,
também o coração dos reis é insondável.

⁴ Quando se retira a escória da prata,
nesta se tem material para o^d ourives;
⁵ quando os ímpios são retirados
da presença do rei,
a justiça firma o seu trono.

⁶ Não se engrandeça na presença do rei
e não reivindique lugar
entre os homens importantes;
⁷ é melhor que o rei lhe diga:
"Suba para cá!",
do que ter que humilhá-lo
diante de uma autoridade.

O que você viu com os olhos
⁸ não leve precipitadamente ao tribunal,
pois o que você fará
se o seu próximo o desacreditar?

⁹ Procure resolver sua causa diretamente
com o seu próximo
e não revele o segredo de outra pessoa,
¹⁰ caso contrário, quem o ouvir
poderá recriminá-lo,
e você jamais perderá sua má reputação.

¹¹ A palavra proferida no tempo certo
é como frutas de ouro
incrustadas numa escultura^e de prata.
¹² Como brinco de ouro
e enfeite de ouro fino
é a repreensão dada com sabedoria
a quem se dispõe a ouvir.

---

^a **24.26** Ou *é prova de amizade*
^b **24.26** Ou *Quem dá um veredicto correto sela os lábios.*
^c **24.27** Hebraico: *construa sua casa.*
^d **25.4** Ou *aí surge um vaso da parte do*
^e **25.11** Ou *moldura*

¹³ Como o frescor da neve
    na época da colheita
é o mensageiro de confiança
    para aqueles que o enviam;
ele revigora o ânimo de seus senhores.

¹⁴ Como nuvens e ventos sem chuva
    é aquele que se gaba de presentes
    que não deu.

¹⁵ Com muita paciência
    pode-se convencer a autoridade,
e a língua branda quebra até ossos[a].

¹⁶ Se você encontrar mel,
    coma apenas o suficiente,
para que não fique enjoado e vomite.

¹⁷ Não faça visitas frequentes
    à casa do seu vizinho
para que ele não se canse de você
    e passe a odiá-lo.

¹⁸ Como um pedaço de pau,
    uma espada ou uma flecha aguda
é o que dá falso testemunho
    contra o seu próximo.

¹⁹ Como dente estragado ou pé deslocado
é a confiança no[b] hipócrita
    na hora da dificuldade.

²⁰ Como tirar a própria roupa
    num dia de frio,
ou derramar vinagre numa ferida
é cantar com o coração entristecido.

²¹ Se o seu inimigo tiver fome,
    dê-lhe de comer;
se tiver sede, dê-lhe de beber.
²² Fazendo isso, você amontoará
    brasas vivas sobre a cabeça dele,
e o SENHOR recompensará você.

²³ Como o vento norte traz chuva,
assim a língua fingida traz o olhar irado.

²⁴ Melhor é viver num canto sob o telhado
do que repartir a casa
    com uma mulher briguenta.

²⁵ Como água fresca para a
    garganta sedenta
é a boa notícia que chega
    de uma terra distante.
²⁶ Como fonte contaminada
    ou nascente poluída,
assim é o justo que fraqueja
    diante do ímpio.

²⁷ Comer mel demais não é bom,
nem é honroso buscar a própria honra.

²⁸ Como a cidade
    com seus muros derrubados,
assim é quem não sabe dominar-se.

26

Como neve no verão
ou chuva na colheita,
assim a honra é imprópria para o tolo.

² Como o pardal que voa em fuga,
    e a andorinha que esvoaça veloz,
assim a maldição sem motivo justo
    não pega.

³ O chicote é para o cavalo;
    o freio, para o jumento;
e a vara, para as costas do tolo!

⁴ Não responda ao insensato
    com igual insensatez,
do contrário você se igualará a ele.

⁵ Responda ao insensato
    como a sua insensatez merece,
do contrário ele pensará
    que é mesmo um sábio.

⁶ Como cortar o próprio pé
    ou beber veneno[c],
assim é enviar mensagem
    pelas mãos do tolo.

⁷ Como pendem inúteis as pernas
    do coxo,
assim é o provérbio na boca do tolo.

⁸ Como amarrar uma pedra na atiradeira,
assim é prestar honra ao insensato.

⁹ Como ramo de espinhos
    nas mãos do bêbado,
assim é o provérbio na boca do insensato.

---

[a] 25.15 Ou *vence a resistência*
[b] 25.19 Ou *do*
[c] 26.6 Hebraico: *violência*.

¹⁰ Como o arqueiro que atira ao acaso,
assim é quem contrata o tolo
ou o primeiro que passa.

¹¹ Como o cão volta ao seu vômito,
assim o insensato repete a sua insensatez.

¹² Você conhece alguém que se julga sábio?
Há mais esperança para o insensato
do que para ele.

¹³ O preguiçoso diz:
"Lá está um leão no caminho,
um leão feroz rugindo nas ruas!"

¹⁴ Como a porta gira em suas dobradiças,
assim o preguiçoso
se revira em sua cama.

¹⁵ O preguiçoso coloca a mão no prato,
mas acha difícil demais
levá-la de volta à boca.

¹⁶ O preguiçoso considera-se mais sábio
do que sete homens que respondem
com bom senso.

¹⁷ Como alguém que pega pelas orelhas
um cão qualquer,
assim é quem se mete em discussão alheia.

¹⁸ Como o louco que atira
brasas e flechas mortais,
¹⁹ assim é o homem
que engana o seu próximo
e diz: "Eu estava só brincando!"

²⁰ Sem lenha a fogueira se apaga;
sem o caluniador morre a contenda.

²¹ O que o carvão é para as brasas
e a lenha para a fogueira,
o amigo de brigas
é para atiçar discórdias.

²² As palavras do caluniador
são como petiscos deliciosos;
descem saborosos até o íntimo.

²³ Como uma camada de esmalte[a]
sobre um vaso de barro,
os lábios amistosos
podem ocultar um coração mau.

²⁴ Quem odeia disfarça as suas intenções
com os lábios,
mas no coração abriga a falsidade.
²⁵ Embora a sua conversa seja mansa,
não acredite nele,
pois o seu coração está cheio de maldade.
²⁶ Ele pode fingir e esconder o seu ódio,
mas a sua maldade será exposta
em público.

²⁷ Quem faz uma cova, nela cairá;
se alguém rola uma pedra,
esta rolará de volta sobre ele.

²⁸ A língua mentirosa
odeia aqueles a quem fere,
e a boca lisonjeira provoca a ruína.

27

Não se gabe do dia de amanhã,
pois você não sabe
o que este ou aquele dia poderá trazer.
² Que outros façam elogios a você,
não a sua própria boca;
outras pessoas, não os seus
próprios lábios.

³ A pedra é pesada e a areia é um fardo,
mas a irritação causada pelo insensato
é mais pesada do que as duas juntas.

⁴ O rancor é cruel e a fúria é destruidora,
mas quem consegue suportar a inveja?

⁵ Melhor é a repreensão feita abertamente
do que o amor oculto.

⁶ Quem fere por amor
mostra lealdade,
mas o inimigo multiplica beijos.

⁷ Quem está satisfeito despreza o mel,
mas para quem tem fome
até o amargo é doce.

⁸ Como a ave que vagueia
longe do ninho,
assim é o homem que vagueia longe do lar.

⁹ Perfume e incenso trazem
alegria ao coração;

---

[a] **26.23** Ou *de escória de prata*

27.9,10 Leia as notas anteriores sobre amizade (17.17; 18.24). O nosso próximo é alguém que temos perto de nós. Podemos estender a ele a mão com bondade e ajudá-lo em tempos de necessidade. Lembremo-nos da parábola do bom samaritano (Lucas 10.29-37). É doloroso e triste o espetáculo, do qual a humanidade é protagonista, em que nos vemos muitas vezes omissos diante das necessidades e do sofrimento de outros, quer por motivos legais quer por motivos alheios à nossa vontade. Devemos ser o "vizinho próximo" que pode fazer mais por seu amigo que o "irmão distante". Que não se diga de nenhum discípulo que lhe falta capacidade para amar e demonstrar amizade; pois quem não sabe ser amigo dificilmente poderá chegar a ser um verdadeiro amigo de Deus, por mais que conheça "as palavras de vida eterna".

do conselho sincero do homem
  nasce uma bela amizade.

¹⁰ Não abandone o seu amigo
  nem o amigo de seu pai;
quando for atingido pela adversidade
  não vá para a casa de seu irmão;
melhor é o vizinho próximo
  do que o irmão distante.

¹¹ Seja sábio, meu filho,
  e traga alegria ao meu coração;
poderei então responder
  a quem me desprezar.

¹² O prudente percebe o perigo
  e busca refúgio;
o inexperiente segue adiante
  e sofre as consequências.

¹³ Tome-se a veste
  de quem serve de fiador ao estranho;
sirva ela de penhor
  de quem dá garantia a uma
    mulher leviana.ᵃ

¹⁴ A bênção dada aos gritos cedo de manhã,
  como maldição é recebida.

¹⁵ A esposa briguenta é como
  o gotejar constante num dia chuvoso;
¹⁶ detê-la é como deter o vento,
  como apanhar óleo com a mão.

¹⁷ Assim como o ferro afia o ferro,
  o homem afia o seu companheiro.

¹⁸ Quem cuida de uma figueira
  comerá de seu fruto,
e quem trata bem o seu senhor
  receberá tratamento de honra.

¹⁹ Assim como a água reflete o rosto,
  o coração reflete quem somos nós.

²⁰ O Sheol e a Destruiçãoᵇ são insaciáveis,
  como insaciáveis são os olhos
    do homem.

²¹ O crisol é para a prata
  e o forno é para o ouro,
mas o que prova o homem
  são os elogios que recebe.

²² Ainda que você moa o insensato,
  como trigo no pilão,
a insensatez não se afastará dele.

²³ Esforce-se para saber bem
  como suas ovelhas estão,
dê cuidadosa atenção aos seus rebanhos,
²⁴ pois as riquezas não duram
  para sempre,
e nada garante que a coroa
  passe de uma geração a outra.
²⁵ Quando o feno for retirado,
  surgirem novos brotos
e o capim das colinas for colhido,
²⁶ os cordeiros fornecerão a você roupa,
  e os bodes renderão a você o preço
    de um campo.
²⁷ Haverá fartura de leite de cabra
  para alimentar você e sua família,
  e para sustentar as suas servas.

28

O ímpio foge,
embora ninguém o persiga,
mas os justos são corajosos como
  o leão.

ᵃ **27.13** Ou *a um desconhecido*

ᵇ **27.20** Hebraico: *Sheol* e *Abadom*. *Sheol* pode ser traduzido por sepultura, profundezas, pó ou morte.

² Os pecados de uma nação fazem mudar
  sempre os seus governantes,
mas a ordem se mantém
  com um líder sábio e sensato.

³ O pobre que se torna poderoso
  e oprime os pobres
é como a tempestade súbita
  que destrói toda a plantação.

⁴ Os que abandonam a lei
  elogiam os ímpios,
mas os que obedecem à lei
  lutam contra eles.

⁵ Os homens maus
  não entendem a justiça,
mas os que buscam o Senhor
  a entendem plenamente.

⁶ Melhor é o pobre íntegro em sua conduta
  do que o rico perverso em
    seus caminhos.

⁷ Quem obedece à lei é filho sábio,
mas o companheiro dos glutões
  envergonha o pai.

⁸ Quem aumenta sua riqueza
  com juros exorbitantes
ajunta para algum outro,
  que será bondoso com os pobres.

⁹ Se alguém se recusa a ouvir a lei,
  até suas orações serão detestáveis.

¹⁰ Quem leva o homem direito
  pelo mau caminho
cairá ele mesmo
  na armadilha que preparou,
mas o que não se deixa corromper
  terá boa recompensa.

¹¹ O rico pode até se julgar sábio,
mas o pobre que tem discernimento
  o conhece a fundo.

¹² Quando os justos triunfam,
  há prosperidade geral[a];
mas, quando os ímpios sobem ao poder,
  os homens tratam de esconder-se.

¹³ Quem esconde os seus pecados
  não prospera,
mas quem os confessa e os abandona
  encontra misericórdia.

¹⁴ Como é feliz o homem constante
  no temor do Senhor!
Mas quem endurece o coração
  cairá na desgraça.

¹⁵ Como um leão que ruge ou um urso feroz
é o ímpio que governa
  um povo necessitado.

¹⁶ O governante sem discernimento
  aumenta as opressões,
mas os que odeiam o ganho desonesto
  prolongarão o seu governo.

¹⁷ O assassino atormentado pela culpa
  será fugitivo até a morte;
que ninguém o proteja!

¹⁸ Quem procede com integridade
  viverá seguro,
mas quem procede com perversidade
  de repente cairá.

¹⁹ Quem lavra sua terra
  terá comida com fartura,
mas quem persegue fantasias
  se fartará de miséria.

²⁰ O fiel será ricamente abençoado,
mas quem tenta enriquecer-se depressa
  não ficará sem castigo.

²¹ Agir com parcialidade não é bom;
Pois até por um pedaço de pão
  o homem se dispõe a fazer o mal.

²² O invejoso é ávido por riquezas
e não percebe que a pobreza o aguarda.

²³ Quem repreende o próximo
  obterá por fim mais favor
do que aquele que só sabe bajular.

²⁴ Quem rouba seu pai ou sua mãe
  e diz: "Não é errado",
é amigo de quem destrói.

²⁵ O ganancioso provoca brigas,
mas quem confia no Senhor prosperará.

---

[a] **28.12** Ou *grande alegria*

²⁶ Quem confia em si mesmo é insensato,
   mas quem anda segundo a sabedoria
   não corre perigo.

²⁷ Quem dá aos pobres
   não passará necessidade,
   mas quem fecha os olhos para não vê-los
   sofrerá muitas maldições.

²⁸ Quando os ímpios sobem ao poder,
   o povo se esconde;
   mas, quando eles sucumbem,
   os justos florescem.

29

Quem insiste no erro
depois de muita repreensão,
será destruído, sem aviso
e irremediavelmente.

² Quando os justos florescem,
   o povo se alegra;
   quando os ímpios governam,
   o povo geme.

³ O homem que ama a sabedoria
   dá alegria a seu pai,
   mas quem anda com prostitutas
   dá fim à sua fortuna.

⁴ O rei que exerce a justiça
   dá estabilidade ao país,
   mas o que gosta de subornos
   o leva à ruína.

⁵ Quem adula seu próximo
   está armando uma rede para os
   pés dele.

⁶ O pecado do homem mau
   o apanha na sua própria armadilha,ᵃ
   mas o justo pode cantar e alegrar-se.

⁷ Os justos levam em conta
   os direitos dos pobres,
   mas os ímpios nem se importam com isso.

⁸ Os zombadores agitam a cidade,
   mas os sábios a apaziguam.

⁹ Se o sábio for ao tribunal
   contra o insensato,
   não haverá paz,
   pois o insensato se enfurecerá
   e zombará.

¹⁰ Os violentos odeiam os honestos
   e procuram matar o homem íntegro.

¹¹ O tolo dá vazão à sua ira,
   mas o sábio domina-se.

¹² Para o governante
   que dá ouvidos a mentiras,
   todos os seus oficiais são ímpios.

¹³ O pobre e o opressor
   têm algo em comum:
   o Senhor dá vista a ambos.

¹⁴ Se o rei julga os pobres com justiça,
   seu trono estará sempre seguro.

¹⁵ A vara da correção dá sabedoria,
   mas a criança entregue a si mesma
   envergonha a sua mãe.

¹⁶ Quando os ímpios prosperam,
   prospera o pecado,
   mas os justos verão a queda deles.

¹⁷ Discipline seu filho, e este lhe dará paz;
   trará grande prazer à sua alma.

¹⁸ Onde não há revelação divina,
   o povo se desvia;
   mas como é feliz quem obedece à lei!

¹⁹ Meras palavras não bastam
   para corrigir o escravo;
   mesmo que entenda, não reagirá bem.

²⁰ Você já viu alguém
   que se precipita no falar?
   Há mais esperança para o insensato
   do que para ele.

²¹ Se alguém mima seu escravo
   desde jovem,
   no fim terá tristezas.

²² O homem irado provoca brigas,
   e o de gênio violento
   comete muitos pecados.

²³ O orgulho do homem o humilha,
   mas o de espírito humilde obtém honra.

ᵃ **29.6** Ou *No pecado do homem mau há uma armadilha,*

²⁴ O cúmplice do ladrão odeia a si mesmo;
posto sob juramento,
  não ousa testemunhar.

²⁵ Quem teme o homem
  cai em armadilhas,
mas quem confia no Senhor está seguro.

²⁶ Muitos desejam os favores[a]
  do governante,
mas é do Senhor que procede a justiça.

²⁷ Os justos detestam os desonestos,
já os ímpios detestam os íntegros.

Ditados de Agur

30 Ditados de Agur, filho de Jaque; oráculo:[b]

Este homem declarou a Itiel;
  a Itiel e a Ucal:[c]

² "Sou o mais tolo dos homens;
não tenho o entendimento
  de um ser humano.
³ Não aprendi sabedoria,
nem tenho conhecimento do Santo.
⁴ Quem subiu aos céus e desceu?
Quem ajuntou nas mãos os ventos?
Quem embrulhou as águas em sua capa?
Quem fixou todos os limites da terra?
Qual é o seu nome
  e o nome do seu filho?
Conte-me, se você sabe!

⁵ "Cada palavra de Deus
  é comprovadamente pura;
ele é um escudo para quem
  nele se refugia.
⁶ Nada acrescente às palavras dele,
do contrário, ele o repreenderá
e mostrará que você é mentiroso.

⁷ "Duas coisas peço que me dês
  antes que eu morra:
⁸ Mantém longe de mim
  a falsidade e a mentira;
não me dês nem pobreza nem riqueza;
dá-me apenas o alimento necessário.

⁹ Se não, tendo demais,
  eu te negaria e te deixaria,
  e diria: 'Quem é o Senhor?'
Se eu ficasse pobre, poderia vir a roubar,
desonrando assim o nome do meu Deus.

¹⁰ "Não fale mal do servo ao seu senhor;
do contrário, o servo o amaldiçoará,
  e você levará a culpa.

¹¹ "Existem os que amaldiçoam seu pai
  e não abençoam sua mãe;
¹² os que são puros aos seus próprios olhos
  e que ainda não foram
  purificados da sua impureza;
¹³ os que têm olhos altivos
  e olhar desdenhoso;
¹⁴ pessoas cujos dentes são espadas
  e cujas mandíbulas
  estão armadas de facas
para devorarem os necessitados
    desta terra
  e os pobres da humanidade.

¹⁵ "Duas filhas tem a sanguessuga.
  'Dê! Dê!', gritam elas.

"Há três coisas que nunca estão satisfeitas,
quatro que nunca dizem: 'É o bastante!':
¹⁶ o Sheol[d], o ventre estéril,
  a terra, cuja sede nunca se aplaca,
  e o fogo, que nunca diz: 'É o bastante!'

¹⁷ "Os olhos de quem zomba do pai,
e, zombando, nega obediência à mãe,
serão arrancados pelos corvos do vale,
  e serão devorados
  pelos filhotes do abutre.

¹⁸ "Há três coisas
  misteriosas demais para mim,
quatro que não consigo entender:
¹⁹ o caminho do abutre no céu,
  o caminho da serpente sobre a rocha,
  o caminho do navio em alto-mar,
  e o caminho do homem com uma moça.

²⁰ "Este é o caminho da adúltera:
ela come e limpa a boca, e diz:
  'Não fiz nada de errado'.

---

[a] **29.26** Hebraico: *a face.*
[b] **30.1** Ou *Jaque de Massá*:
[c] **30.1** Ou *Estou exausto, ó Deus; estou exausto, ó Deus, quase desfalecendo.*
[d] **30.16** Essa palavra pode ser traduzida por sepultura, profundezas, pó ou morte.

²¹ "Três coisas fazem tremer a terra,
e quatro ela não pode suportar:
²² o escravo que se torna rei,
o insensato farto de comida,
²³ a mulher desprezada
que por fim se casa,
e a escrava que toma o lugar
de sua senhora.

²⁴ "Quatro seres da terra são pequenos,
e, no entanto, muito sábios:
²⁵ as formigas, criaturas de pouca força,
contudo, armazenam sua comida
no verão;
²⁶ os coelhos, criaturas sem
nenhum poder,
contudo, habitam nos penhascos;
²⁷ os gafanhotos, que não têm rei,
contudo, avançam juntos em fileiras;
²⁸ a lagartixa, que se pode
apanhar com as mãos,
contudo, encontra-se nos palácios dos reis.

²⁹ "Há três seres de andar elegante,
quatro que se movem com passo garboso:
³⁰ o leão, que é poderoso entre os animais
e não foge de ninguém;
³¹ o galo de andar altivo; o bode;
e o rei à frente do seu exército.

³² "Se você agiu como tolo
e exaltou-se a si mesmo,
ou se planejou o mal,
tape a boca com a mão!
³³ Pois assim como bater o leite
produz manteiga,
e assim como torcer o nariz
produz sangue,
também suscitar a raiva
produz contenda".

Ditados do Rei Lemuel

31 Ditados do rei Lemuel; uma exortação que sua mãe lhe fez:ᵃ

² "Ó meu filho, filho do meu ventre,
filho de meus votos,ᵇ
³ não gaste sua força com mulheres,
seu vigor com aquelas que destroem reis.

⁴ "Não convém aos reis, ó Lemuel;
não convém aos reis beber vinho,
não convém aos governantes
desejar bebida fermentada,
⁵ para não suceder que bebam
e se esqueçam do que a lei determina
e deixem de fazer justiça aos oprimidos.
⁶ Dê bebida fermentada aos
que estão prestes a morrer,
vinho aos que estão angustiados;
⁷ para que bebam e se esqueçam
da sua pobreza,
e não mais se lembrem
da sua infelicidade.

⁸ "Erga a voz em favor
dos que não podem defender-se,
seja o defensor de todos os desamparados.
⁹ Erga a voz e julgue com justiça;
defenda os direitos
dos pobres e dos necessitados".

Epílogo: A Mulher Exemplar

¹⁰ ᶜUma esposa exemplar;
feliz quem a encontrar!
É muito mais valiosa que os rubis.
¹¹ Seu marido tem plena confiança nela
e nunca lhe falta coisa alguma.
¹² Ela só lhe faz o bem, e nunca o mal,
todos os dias da sua vida.
¹³ Escolhe a lã e o linho
e com prazer trabalha com as mãos.

31.10-31 Este belo poema da mulher exemplar está escrito no original em forma de acróstico; ou seja, cada versículo, ou grupo de versículos, começa com a letra que lhe corresponde na ordem tradicional das consoantes hebraicas (o Álef-Bêt, ou alfabeto hebraico; veja em "Vocabulário básico" a entrada Álef-Bêt, na p. 1490). Esse é um recurso poético usado com frequência considerável na literatura hebraica e que requer bastante habilidade linguística, além de produzir um efeito estilístico surpreendente no idioma original, que infelizmente não pode ser reproduzido no nosso idioma.

ᵃ **31.1** Ou *Ditados de Lemuel, rei de Massá, os quais sua mãe lhe ensinou:*
ᵇ **31.2** Ou *resposta às minhas orações,*

ᶜ **31.10** Os versículos 10-31 são um poema organizado em ordem alfabética, no hebraico.

¹⁴ Como os navios mercantes,
ela traz de longe as suas provisões.
¹⁵ Antes de clarear o dia ela se levanta,
prepara comida para todos os de casa
e dá tarefas às suas servas.
¹⁶ Ela avalia um campo e o compra;
com o que ganha planta uma vinha.
¹⁷ Entrega-se com vontade ao seu trabalho;
seus braços são fortes e vigorosos.
¹⁸ Administra bem o seu comércio lucrativo,
e a sua lâmpada fica acesa durante a noite.
¹⁹ Nas mãos segura o fuso
e com os dedos pega a roca.
²⁰ Acolhe os necessitados
e estende as mãos aos pobres.
²¹ Não teme por seus familiares quando
chega a neve,
pois todos eles vestem agasalhos[a].
²² Faz cobertas para a sua cama;
veste-se de linho fino e de púrpura.
²³ Seu marido é respeitado
na porta da cidade,
onde toma assento
entre as autoridades da sua terra.
²⁴ Ela faz vestes de linho e as vende,
e fornece cintos aos comerciantes.
²⁵ Reveste-se de força e dignidade;
sorri diante do futuro.
²⁶ Fala com sabedoria
e ensina com amor.
²⁷ Cuida dos negócios de sua casa
e não dá lugar à preguiça.
²⁸ Seus filhos se levantam e a elogiam;
seu marido também a elogia, dizendo:
²⁹ "Muitas mulheres são exemplares,
mas você a todas supera".
³⁰ A beleza é enganosa,
e a formosura é passageira;
mas a mulher que teme o Senhor
será elogiada.
³¹ Que ela receba a recompensa
merecida,
e as suas obras sejam elogiadas
à porta da cidade.

---

[a] **31.21** Ou *roupas vermelhas*

Introdução ao livro de
ECLESIASTES

Autor e data de composição

Se não fosse por suas palavras finais, Eclesiastes seria classificado como um livro pessimista, escrito por um idoso profundamente decepcionado com a vida. Tal pessoa, segundo mostram a tradição e as indicações que aparecem no próprio livro, teria sido o rei Salomão, depois que ele finalmente se deu conta de que tinha vivido como um tolo, apesar da sabedoria ímpar que havia recebido de Deus (leia sobre o assunto em 1.1,12). Certamente que a data de composição do livro depende de quem tenha sido seu escritor. Se foi o rei Salomão, é provável que esta obra tenha sido escrita no final de seu reinado, em torno do ano 980 a.C.

ESBOÇO GERAL

Primeira parte: Nada tem sentido (1.1-11)
 I. Introdução e exemplos (1.1-11)

Segunda parte: Demonstração de que tudo é inútil (1.12—6.12)
 I. Por experiência própria (1.12—2.26)
 II. Por observação da vida (3—6)

Terceira parte: Conselhos para sobreviver com sabedoria (7—12)
 I. A sabedoria e a falta de juízo (7—9)
 II. A aplicação da sabedoria à vida (10.1—12.8)
 III. Conclusão: "Tema a Deus e obedeça aos seus mandamentos, porque isso é o essencial para o homem" (12.9-14)

Versículo-chave
1.2

Tema geral do livro
No que se refere à estrutura literária, Eclesiastes é um livro complexo que traz meditação, provérbios e até mesmo poesia (mais de um terço da obra). No entanto, o material como um todo, além de ter originado de um redator ou de ter sido tomado de outras fontes e recompilado, leva o mesmo "selo": uma visão bastante realista da vida que chega a esbarrar no pessimismo. A palavra-chave de todo o livro não pode ser outra: "inutilidade", algo temporal que produz insatisfação. Basta observar as experiências da nossa própria vida, e também da vida alheia, para concordar com essa visão, que, no fundo, se fundamenta na transitoriedade da vida. As palavras finais do capítulo 12 são a verdadeira conclusão do livro: o único que realmente vale a pena é a obediência a Deus, porque nisso está a esperança da vida eterna. Ou, como diz o mestre, "isso é o essencial para o homem" (v. 13).

No livro de Eclesiastes, Jesus é...
... nossa sabedoria (3.11).

Versículos-chave para o discípulo
12.9-14

O discípulo e o livro de Eclesiastes

Este livro, visto de maneira superficial, pareceu estar tão carregado de amargura, a ponto de em épocas antigas os rabinos não concordarem em que fosse aceito no cânon de livros inspirados, o que hoje forma o que chamamos Antigo Testamento. No entanto, é um livro que nos faz refletir profundamente sobre a efemeridade e inutilidade desta vida, simplesmente porque esta não é a vida definitiva. Pela perspectiva do Novo Testamento, tudo que se diz aqui tem relação com o ser humano, sua queda e vida inútil, bem como a necessidade de buscar a única esperança que pode dar sentido ao cristão e que está no único elemento inabalável do Universo: o amor de Deus manifestado em Jesus Cristo. O discípulo deve ler este livro com atenção, refletindo sobre seus princípios e sabendo que, graças à cruz de Cristo, o final é bastante diferente e feliz: a alegria eterna com nosso Senhor e Salvador, uma vida plena e cheia de satisfação que nunca poderá ser tirada de nós.

ECLESIASTES

Nada Tem Sentido

1 As palavras do mestre, filho de Davi, rei em Jerusalém:

² "Que grande inutilidade!",
diz o mestre.
"Que grande inutilidade!
Nada faz sentido!"

³ O que o homem ganha
com todo o seu trabalho
em que tanto se esforça debaixo do sol?
⁴ Gerações vêm e gerações vão,
mas a terra permanece para sempre.
⁵ O sol se levanta e o sol se põe
e depressa volta
ao lugar de onde se levanta.
⁶ O vento sopra para o sul
e vira para o norte;
dá voltas e voltas,
seguindo sempre o seu curso.
⁷ Todos os rios vão para o mar,
contudo, o mar nunca se enche;
ainda que sempre corram para lá,
para lá voltam a correr.
⁸ Todas as coisas trazem canseira.
O homem não é capaz de descrevê-las;
os olhos nunca se saciam de ver,
nem os ouvidos de ouvir.
⁹ O que foi tornará a ser,
o que foi feito se fará novamente;
não há nada novo debaixo do sol.
¹⁰ Haverá algo de que se possa dizer:
"Veja! Isto é novo!"?
Não! Já existiu há muito tempo,
bem antes da nossa época.
¹¹ Ninguém se lembra
dos que viveram na antiguidade,
e aqueles que ainda virão
tampouco serão lembrados
pelos que vierem depois deles.[a]

A Sabedoria Não Tem Sentido

¹² Eu, o mestre, fui rei de Israel em Jerusalém. ¹³ Dediquei-me a investigar e a usar a sabedoria para explorar tudo o que é feito debaixo do céu. Que fardo pesado Deus pôs sobre os homens!

---

[a] 1.11 Ou *Não há lembrança do que aconteceu, e mesmo o que ainda acontecerá não será lembrado pelos que vierem depois disso.*

¹⁴ Tenho visto tudo o que é feito debaixo do sol; tudo é inútil, é correr atrás do vento!

¹⁵ O que é torto não pode ser endireitado;
o que está faltando
não pode ser contado.

¹⁶ Fiquei pensando: Eu me tornei famoso e ultrapassei em sabedoria todos os que governaram Jerusalém antes de mim; de fato adquiri muita sabedoria e conhecimento. ¹⁷ Por isso me esforcei para compreender a sabedoria, bem como a loucura e a insensatez, mas aprendi que isso também é correr atrás do vento.

¹⁸ Pois quanto maior a sabedoria,
maior o sofrimento;
e quanto maior o conhecimento,
maior o desgosto.

Os Prazeres Não Têm Sentido

2 Eu disse a mim mesmo: Venha. Experimente a alegria. Descubra as coisas boas da vida! Mas isso também se revelou inútil. ² Concluí que o rir é loucura, e a alegria de nada vale. ³ Decidi entregar-me ao vinho e à extravagância, mantendo, porém, a mente orientada pela sabedoria. Eu queria saber o que vale a pena, debaixo do céu, nos poucos dias da vida humana.

⁴ Lancei-me a grandes projetos: construí casas e plantei vinhas para mim. ⁵ Fiz jardins e pomares e neles plantei todo tipo de árvore frutífera. ⁶ Construí também reservatórios para irrigar os meus bosques verdejantes. ⁷ Comprei escravos e escravas e tive escravos que nasceram em minha casa. Além disso, tive também mais bois e ovelhas do que todos os que viveram antes de mim em Jerusalém. ⁸ Ajuntei para mim prata e ouro, tesouros de reis e de províncias. Servi-me de cantores e cantoras, e também de um harém, as delícias dos homens. ⁹ Tornei-me mais famoso e poderoso do que todos os que viveram em Jerusalém antes de mim, conservando comigo a minha sabedoria.

¹⁰ Não me neguei nada
que os meus olhos desejaram;
não me recusei a dar prazer algum
ao meu coração.

Na verdade, eu me alegrei
em todo o meu trabalho;
essa foi a recompensa
de todo o meu esforço.
¹¹ Contudo, quando avaliei
tudo o que as minhas mãos
haviam feito
e o trabalho que eu tanto me esforçara
para realizar,
percebi que tudo foi inútil,
foi correr atrás do vento;
não há nenhum proveito
no que se faz debaixo do sol.

A Sabedoria e a Insensatez

¹² Então passei a refletir na sabedoria,
na loucura e na insensatez.
O que pode fazer o sucessor do rei,
a não ser repetir o que já foi feito?
¹³ Percebi que a sabedoria
é melhor que a insensatez,
assim como a luz é melhor
do que as trevas.
¹⁴ O homem sábio
tem olhos que enxergam[a],
mas o tolo anda nas trevas;
todavia, percebi
que ambos têm o mesmo destino.

¹⁵ Aí fiquei pensando:

O que acontece ao tolo
também me acontecerá.
Que proveito eu tive em ser sábio?
Então eu disse a mim mesmo:
Isso não faz o menor sentido!
¹⁶ Nem o sábio, nem o tolo
serão lembrados para sempre;
nos dias futuros
ambos serão esquecidos.
Como pode o sábio morrer
como o tolo morre?

O Trabalho Árduo é Inútil

¹⁷ Por isso desprezei a vida, pois o trabalho que se faz debaixo do sol pareceu-me muito pesado. Tudo era inútil, era correr atrás do vento. ¹⁸ Desprezei todas as coisas pelas quais eu tanto me esforçara debaixo do sol, pois terei que deixá-las para aquele que me suceder. ¹⁹ E quem pode dizer se ele será sábio ou tolo? Todavia, terá domínio sobre tudo o que realizei com o meu trabalho e com a minha sabedoria debaixo do sol. Isso também não faz sentido. ²⁰ Cheguei ao ponto de me desesperar por todo o trabalho no qual tanto me esforcei debaixo do sol. ²¹ Pois um homem pode realizar o seu trabalho com sabedoria, conhecimento e habilidade, mas terá que deixar tudo o que possui como herança para alguém que não se esforçou por aquilo. Isso também é um absurdo e uma grande injustiça. ²² Que proveito tem um homem de todo o esforço e de toda a ansiedade com que trabalha debaixo do sol? ²³ Durante toda a sua vida, seu trabalho é pura dor e tristeza; mesmo à noite a sua mente não descansa. Isso também é absurdo.

²⁴ Para o homem não existe nada melhor do que comer, beber e encontrar prazer em seu trabalho. E vi que isso também vem da mão de Deus. ²⁵ E quem aproveitou melhor as comidas e os prazeres do que eu?[b] ²⁶ Ao homem que o agrada, Deus dá sabedoria, conhecimento e felicidade. Quanto ao pecador, Deus o encarrega de ajuntar e armazenar riquezas para entregá-las a quem o agrada. Isso também é inútil, é correr atrás do vento.

Há Tempo para Tudo

3 Para tudo há uma ocasião certa;
há um tempo certo para cada propósito
debaixo do céu:

² Tempo de nascer e tempo de morrer,
tempo de plantar
e tempo de arrancar o que se plantou,
³ tempo de matar e tempo de curar,
tempo de derrubar e tempo de construir,
⁴ tempo de chorar e tempo de rir,
tempo de pranteia e tempo de dançar,
⁵ tempo de espalhar pedras
e tempo de ajuntá-las,
tempo de abraçar e tempo de se conter,
⁶ tempo de procurar e tempo de desistir,
tempo de guardar
e tempo de jogar fora,
⁷ tempo de rasgar e tempo de costurar,
tempo de calar e tempo de falar,
⁸ tempo de amar e tempo de odiar,
tempo de lutar e tempo de viver em paz.

---

[a] **2.14** Hebraico: *na cabeça.*

[b] **2.25** Várias versões antigas dizem *Pois sem ele, quem poderia comer ou encontrar satisfação?*

3.11 Feito à imagem e semelhança de Deus, o ser humano tem no coração o anseio pela eternidade. Quando não conhece a verdade, costuma traduzi-la em crenças, princípios morais e ritos religiosos, que, em si mesmos, não têm o poder de alcançar o trono de Deus. Isso quer dizer que o vazio que somente Deus pode preencher continua à espera de uma oportunidade para que, pelo testemunho de um discípulo, o evangelho de Jesus possa encontrar solo fértil e produzir salvação. Agostinho de Hipona, em sua famosa obra *Confissões* (escrita entre 397 e 398), declara: "Fizeste-nos, Senhor, para ti, e intranquilo está o nosso coração até que encontre descanso em ti" (Livro 1, capítulo 1, primeiro parágrafo).

⁹ O que ganha o trabalhador com todo o seu esforço? ¹⁰ Tenho visto o fardo que Deus impôs aos homens. ¹¹ Ele fez tudo apropriado ao seu tempo. Também pôs no coração do homem o anseio pela eternidade; mesmo assim ele não consegue compreender inteiramente o que Deus fez. ¹² Descobri que não há nada melhor para o homem do que ser feliz e praticar o bem enquanto vive. ¹³ Descobri também que poder comer, beber e ser recompensado pelo seu trabalho é um presente de Deus. ¹⁴ Sei que tudo o que Deus faz permanecerá para sempre; a isso nada se pode acrescentar, e disso nada se pode tirar. Deus assim faz para que os homens o temam.

¹⁵ Aquilo que é, já foi,
e o que será, já foi anteriormente;
Deus investigará^a o passado.

¹⁶ Descobri também que debaixo do sol:

No lugar da justiça havia impiedade;
no lugar da retidão,
ainda mais impiedade.

¹⁷ Fiquei pensando:

O justo e o ímpio,
Deus julgará ambos,
pois há um tempo para todo propósito,
um tempo para tudo o que acontece.

¹⁸ Também pensei: Deus prova os homens para que vejam que são como os animais. ¹⁹ O destino do homem é o mesmo do animal; o mesmo destino os aguarda. Assim como morre um, também morre o outro. Todos têm o mesmo fôlego de vida^b; o homem não tem vantagem alguma sobre o animal. Nada faz sentido! ²⁰ Todos vão para o mesmo lugar; vieram todos do pó, e ao pó todos retornarão. ²¹ Quem pode dizer se o fôlego do homem sobe às alturas e se o fôlego do animal desce^c para a terra?

²² Por isso concluí que não há nada melhor para o homem do que desfrutar do seu trabalho, porque esta é a sua recompensa. Pois, quem poderá fazê-lo ver o que acontecerá depois de morto?

As Injustiças e os Absurdos da Vida

4 De novo olhei e vi toda a opressão que ocorre debaixo do sol:

Vi as lágrimas dos oprimidos,
mas não há quem os console;
o poder está do lado
    dos seus opressores,
e não há quem os console.
² Por isso considerei os mortos
    mais felizes do que os vivos,
pois estes ainda têm que viver!
³ No entanto, melhor do que ambos
    é aquele que ainda não nasceu,
que não viu o mal
    que se faz debaixo do sol.

⁴ Descobri que todo trabalho e toda realização surgem da competição que existe entre as pessoas. Mas isso também é absurdo, é correr atrás do vento.

⁵ O tolo cruza os braços
    e destrói a própria vida.
⁶ Melhor é ter um punhado
    com tranquilidade
do que dois punhados
    à custa de muito esforço
    e de correr atrás do vento.

⁷ Descobri ainda outra situação absurda debaixo do sol:

---

^a **3.15** Ou *Deus chama de volta*
^b **3.19** Ou *espírito*
^c **3.21** Ou *Quem conhece o espírito do homem, que sobe, ou o espírito do animal, que desce*

⁸ Havia um homem totalmente solitário;
  não tinha filho nem irmão.
Trabalhava sem parar!
Contudo, os seus olhos
  não se satisfaziam com a sua riqueza.
Ele sequer perguntava:
"Para quem estou trabalhando tanto,
e por que razão deixo de me divertir?"
Isso também é absurdo;
é um trabalho por demais ingrato!

⁹ É melhor ter companhia
  do que estar sozinho,
porque maior é
  a recompensa do trabalho
  de duas pessoas.
¹⁰ Se um cair,
  o amigo pode ajudá-lo a levantar-se.
Mas pobre do homem que cai
  e não tem quem o ajude a levantar-se!
¹¹ E, se dois dormirem juntos,
  vão manter-se aquecidos.
Como, porém,
  manter-se aquecido sozinho?
¹² Um homem sozinho pode ser vencido,
mas dois conseguem defender-se.
Um cordão de três dobras
  não se rompe com facilidade.

A Futilidade do Poder

¹³ Melhor é um jovem pobre e sábio, do que um rei idoso e tolo, que já não aceita repreensão. ¹⁴ O jovem pode ter saído da prisão e chegado ao trono, ou pode ter nascido pobre no país daquele rei. ¹⁵ Percebi que, ainda assim, o povo que vivia debaixo do sol seguia o jovem, o sucessor do rei. ¹⁶ O número dos que aderiram a ele era incontável. A geração seguinte, porém, não ficou satisfeita com o sucessor. Isso também não faz sentido, é correr atrás do vento.

O Temor Devido a Deus

5 Quando você for ao santuário de Deus, seja reverenteᵃ. Quem se aproxima para ouvir é melhor do que os tolos que oferecem sacrifício sem saber que estão agindo mal.

² Não seja precipitado de lábios,
  nem apressado de coração
para fazer promessas diante de Deus.
Deus está nos céus,
  e você está na terra,
  por isso, fale pouco.
³ Das muitas ocupações brotam sonhos;
do muito falar nasce a prosa vã do tolo.

⁴ Quando você fizer um voto, cumpra-o sem demora, pois os tolos desagradam a Deus; cumpra o seu voto. ⁵ É melhor não fazer voto do que fazer e não cumprir. ⁶ Não permita que a sua boca o faça pecar. E não diga ao mensageiro de Deusᵇ: "O meu voto foi um engano". Por que irritar a Deus com o que você diz e deixá-lo destruir o que você realizou? ⁷ Em meio a tantos sonhos absurdos e conversas inúteis, tenha temor de Deus.

As Riquezas Não Dão Sentido à Vida

⁸ Se você vir o pobre oprimido numa província e vir que lhe são negados o direito e a justiça, não fique surpreso; pois todo oficial está subordinado a alguém que ocupa posição superior, e sobre os dois há outros em posição ainda mais alta. ⁹ Mesmo assim, é vantagem a nação ter um rei que a governe e que se interesse pela agricultura.ᶜ

¹⁰ Quem ama o dinheiro
  jamais terá o suficiente;
quem ama as riquezas jamais ficará
  satisfeito com os seus rendimentos.
Isso também não faz sentido.

¹¹ Quando aumentam os bens,
também aumentam
  os que os consomem.
E que benefício trazem os bens
  a quem os possui,
senão dar um pouco de alegria
  aos seus olhos?

¹² O sono do trabalhador é ameno,
  quer coma pouco quer coma muito,
mas a fartura de um homem rico
  não lhe dá tranquilidade para dormir.

¹³ Há um mal terrível que vi debaixo do sol:

Riquezas acumuladas
  para infelicidade do seu possuidor.

ᵃ **5.1** Hebraico: *guarde o seu pé.*
ᵇ **5.6** Hebraico: *do templo.*
ᶜ **5.9** Ou *De toda forma, a terra terá vantagem se tiver um rei que zela pelos campos cultivados.*

¹⁴ Se as riquezas dele se perdem
   num mau negócio,
nada ficará para o filho que lhe nascer.
¹⁵ O homem sai nu do ventre de sua mãe,
   e como vem, assim vai.
De todo o trabalho em que se esforçou
   nada levará consigo.

¹⁶ Há também outro mal terrível:

Como o homem vem, assim ele vai,
e o que obtém de todo o seu esforço
   em busca do vento?
¹⁷ Passa[a] toda a sua vida nas trevas,
com grande frustração,
   doença e amargura.

¹⁸ Assim, descobri que, para o homem, o melhor e o que mais vale a pena é comer, beber e desfrutar o resultado de todo o esforço que se faz debaixo do sol durante os poucos dias de vida que Deus lhe dá, pois essa é a sua recompensa. ¹⁹ E, quando Deus concede riquezas e bens a alguém e o capacita a desfrutá-los, a aceitar a sua sorte e a ser feliz em seu trabalho, isso é um presente de Deus. ²⁰ Raramente essa pessoa fica pensando na brevidade de sua vida, porque Deus o mantém ocupado com a alegria do coração.

6 Vi ainda outro mal debaixo do sol, que pesa bastante sobre a humanidade: ² Deus dá riquezas, bens e honra ao homem, de modo que não lhe falta nada que os seus olhos desejam; mas Deus não lhe permite desfrutar tais coisas, e outro as desfruta em seu lugar. Isso não faz sentido; é um mal terrível.
³ Um homem pode ter cem filhos e viver muitos anos. No entanto, se não desfrutar as coisas boas da vida, digo que uma criança que nasce morta e nem ao menos recebe um enterro digno tem melhor sorte que ele. ⁴ Ela nasce em vão e parte em trevas, e nas trevas o seu nome fica escondido. ⁵ Embora jamais tenha visto o sol ou conhecido qualquer coisa, ela tem mais descanso do que tal homem. ⁶ Pois, de que lhe valeria viver dois mil anos, sem desfrutar a sua prosperidade? Afinal, não vão todos para o mesmo lugar?

⁷ Todo o esforço do homem
   é feito para a sua boca;
contudo, o seu apetite jamais se satisfaz.

⁸ Que vantagem tem o sábio
   em relação ao tolo?
Que vantagem tem o pobre em saber
   como se portar diante dos outros?
⁹ Melhor é contentar-se
   com o que os olhos veem
do que sonhar com o que se deseja.
Isso também não faz sentido;
   é correr atrás do vento.

¹⁰ Tudo o que existe já recebeu nome,
   e já se sabe o que o homem é;
não se pode lutar
   contra alguém mais forte.
¹¹ Quanto mais palavras,
   mais tolices[b],
e sem nenhum proveito.

¹² Na verdade, quem sabe o que é bom para o homem, nos poucos dias de sua vida vazia, em que ele passa como uma sombra? Quem poderá contar-lhe o que acontecerá debaixo do sol depois que ele partir?

A Sabedoria

7 O bom nome é melhor
   do que um perfume finíssimo,
e o dia da morte é melhor
   do que o dia do nascimento.
² É melhor ir a uma casa onde há luto
   do que a uma casa em festa,
pois a morte é o destino de todos;
os vivos devem levar isso a sério!
³ A tristeza é melhor do que o riso,
porque o rosto triste
   melhora o coração.
⁴ O coração do sábio
   está na casa onde há luto,
mas o do tolo, na casa da alegria.
⁵ É melhor ouvir
   a repreensão de um sábio
do que a canção dos tolos.
⁶ Tal como o estalo de espinhos
   debaixo da panela,
assim é o riso dos tolos.
Isso também não faz sentido.

⁷ A opressão transforma o sábio em tolo,
e o suborno corrompe o coração.

---

[a] **5.17** Hebraico: *Come.*   [b] **6.11** Ou *menos sentido*; ou ainda *mais frustração*

⁸ O fim das coisas é melhor que
    o seu início,
e o paciente é melhor que o orgulhoso.
⁹ Não permita que a ira domine depressa
    o seu espírito,
pois a ira se aloja no íntimo dos tolos.

¹⁰ Não diga: "Por que os dias do passado
    foram melhores que os de hoje?"
Pois não é sábio fazer esse tipo
    de pergunta.

¹¹ A sabedoria, como uma herança,
    é coisa boa, e beneficia aqueles
    que veem o sol.
¹² A sabedoria oferece proteção,
    como o faz o dinheiro,
mas a vantagem do conhecimento é esta:
    a sabedoria preserva a vida
    de quem a possui.

¹³ Considere o que Deus fez:

Quem pode endireitar
    o que ele fez torto?
¹⁴ Quando os dias forem bons,
    aproveite-os bem;
mas, quando forem ruins,
    considere:
Deus fez tanto um quanto o outro,
para evitar que o homem descubra
    alguma coisa sobre o seu futuro.

¹⁵ Nesta vida sem sentido
    eu já vi de tudo:

Um justo que morreu[a]
    apesar da sua justiça,
e um ímpio que teve vida longa
    apesar da sua impiedade.
¹⁶ Não seja excessivamente justo
    nem demasiadamente sábio;
por que destruir a você mesmo?
¹⁷ Não seja demasiadamente ímpio
    e não seja tolo;
por que morrer antes do tempo?
¹⁸ É bom reter uma coisa
    e não abrir mão da outra,
pois quem teme a Deus
    evitará ambos os extremos[b].

¹⁹ A sabedoria torna o sábio
    mais poderoso
    que uma cidade guardada
    por dez valentes.
²⁰ Todavia, não há um só justo na terra,
ninguém que pratique o bem e
    nunca peque.

²¹ Não dê atenção
    a todas as palavras que o povo diz,
caso contrário, poderá ouvir
    o seu próprio servo falando mal
    de você;
²² pois em seu coração você sabe
    que muitas vezes você também
    falou mal de outros.

²³ Tudo isso eu examinei mediante a sabedoria e disse:

Estou decidido a ser sábio;
mas isso estava fora do meu alcance.
²⁴ A realidade está bem distante
    e é muito profunda;
quem pode descobri-la?
²⁵ Por isso dediquei-me a aprender,
    a investigar, a buscar a sabedoria
    e a razão de ser das coisas,
para compreender
    a insensatez da impiedade
    e a loucura da insensatez.
²⁶ Descobri que
    muito mais amarga que a morte
    é a mulher que serve de laço,
cujo coração é uma armadilha
    e cujas mãos são correntes.
O homem que agrada a Deus
    escapará dela,
mas o pecador ela apanhará.

²⁷ "Veja", diz o mestre, "foi isto que descobri:

Ao comparar uma coisa com outra
    para descobrir a sua razão de ser,
²⁸ sim, durante essa minha busca
    que ainda não terminou[c],
entre mil homens
    descobri apenas um que julgo digno,
mas entre as mulheres
    não achei uma sequer.

---

[a] 7.15 Ou *morreu jovem*; ou ainda *morreu por causa da*
[b] 7.18 Ou *seguirá ambas*
[c] 7.28 Ou *há algo que ainda não encontrei*

⁲⁹ Assim, cheguei a esta conclusão:
Deus fez os homens justos,
mas eles foram em busca de muitas intrigas."

A Obediência Devida ao Rei

8 Quem é como o sábio?
Quem sabe interpretar as coisas?
A sabedoria de um homem
alcança o favor do rei[a]
e muda o seu semblante carregado.

² Este é o meu conselho: obedeça às ordens do rei porque você fez um juramento diante de Deus. ³ Não se apresse em deixar a presença do rei, nem se levante em favor de uma causa errada, visto que o rei faz o que bem entende. ⁴ Pois a palavra do rei é soberana, e ninguém lhe pode perguntar: "O que estás fazendo?"

⁵ Quem obedece às suas ordens
não sofrerá mal algum,
pois o coração sábio saberá a hora
e a maneira certa de agir.
⁶ Porquanto há uma hora certa
e também uma maneira certa de agir
para cada situação.
O sofrimento de um homem, no entanto,
pesa muito sobre ele,
⁷ visto que ninguém conhece o futuro.
Quem lhe poderá dizer
o que vai acontecer?
⁸ Ninguém tem o poder
de dominar o próprio espírito[b];
tampouco tem poder
sobre o dia da sua morte
e de escapar dos efeitos da guerra[c];
nem mesmo a maldade
livra aqueles que a praticam.

⁹ Tudo isso vi quando me pus a refletir em tudo o que se faz debaixo do sol. Há ocasiões em que um homem domina sobre outros para a sua própria infelicidade[d]. ¹⁰ Nessas ocasiões, vi ímpios serem sepultados e gente indo e vindo do lugar onde eles foram enterrados. Todavia, os que haviam praticado o bem foram esquecidos na cidade.[e] Isso também não faz sentido.

¹¹ Quando os crimes não são castigados logo, o coração do homem se enche de planos para fazer o mal. ¹² O ímpio pode cometer uma centena de crimes e, apesar disso, ter vida longa, mas sei muito bem que as coisas serão melhores para os que temem a Deus, para os que mostram respeito diante dele. ¹³ Para os ímpios, no entanto, nada irá bem, porque não temem a Deus, e os seus dias, como sombras, serão poucos.

¹⁴ Há mais uma coisa sem sentido na terra: justos que recebem o que os ímpios merecem, e ímpios que recebem o que os justos merecem. Isto também, penso eu, não faz sentido. ¹⁵ Por isso recomendo que se desfrute a vida, porque debaixo do sol não há nada melhor para o homem do que comer, beber e alegrar-se. Sejam esses os seus companheiros no seu duro trabalho durante todos os dias da vida que Deus lhe der debaixo do sol!

¹⁶ Quando voltei a mente para conhecer a sabedoria e observar as atividades do homem sobre a terra, daquele cujos olhos não veem sono[f] nem de dia nem de noite, ¹⁷ percebi tudo o que Deus tem feito. Ninguém é capaz de entender o que se faz debaixo do sol. Por mais que se esforce para descobrir o sentido das coisas, o homem não o encontrará. O sábio pode até afirmar que entende, mas, na realidade, não o consegue encontrar.

O Destino de Todos

9 Refleti nisso tudo e cheguei à conclusão de que os justos e os sábios, e aquilo que eles fazem, estão nas mãos de Deus. O que os espera, seja amor ou ódio, ninguém sabe. ² Todos partilham um destino comum: o justo e o ímpio, o bom e o mau[g], o puro e o impuro, o que oferece sacrifícios e o que não os oferece.

O que acontece com o homem bom,
acontece com o pecador;
o que acontece
com quem faz juramentos,
acontece com quem teme fazê-los.

³ Este é o mal que há em tudo o que acontece debaixo do sol: o destino de todos é o mesmo. O coração dos homens, além do mais, está cheio

---

[a] **8.1** Hebraico: *ilumina o seu rosto.*
[b] **8.8** Ou *o vento*
[c] **8.8** Ou *desse combate*
[d] **8.9** Ou *para a infelicidade deles*
[e] **8.10** Conforme alguns manuscritos do Texto Massorético e a Septuaginta. A maioria dos manuscritos do Texto Masso-rético diz *sepultados, aqueles que haviam frequentado o lugar santo e recebido elogios na cidade onde haviam feito o mal.*
[f] **8.16** Ou *daquele que não descansa*
[g] **9.2** Conforme a Septuaginta, a Vulgata e a Versão Siríaca. O Texto Massorético não traz *o mau*.

de maldade e de loucura durante toda a vida; e por fim eles se juntarão aos mortos. ⁴ Quem está entre os vivos tem esperança;ᵃ até um cachorro vivo é melhor do que um leão morto!

⁵ Pois os vivos sabem que morrerão,
   mas os mortos nada sabem;
para eles não haverá mais recompensa,
   e já não se tem lembrança deles.
⁶ Para eles o amor, o ódio e a inveja
   há muito desapareceram;
nunca mais terão parte em nada
   do que acontece debaixo do sol.

⁷ Portanto, vá, coma com prazer a sua comida e beba o seu vinho de coração alegre, pois Deus já se agradou do que você faz. ⁸ Esteja sempre vestido com roupas de festaᵇ, e unja sempre a sua cabeça com óleo. ⁹ Desfrute a vida com a mulher a quem você ama, todos os dias desta vida sem sentido que Deus dá a você debaixo do sol; todos os seus dias sem sentido! Pois essa é a sua recompensa na vida pelo seu árduo trabalho debaixo do sol. ¹⁰ O que as suas mãos tiverem que fazer, que o façam com toda a sua força, pois na sepulturaᶜ, para onde você vai, não há atividade nem planejamento, não há conhecimento nem sabedoria.

¹¹ Percebi ainda outra coisa debaixo do sol:

Os velozes nem sempre vencem a corrida;
os fortes nem sempre triunfam na guerra;
os sábios nem sempre têm comida;
os prudentes nem sempre são ricos;
os instruídos nem sempre têm prestígio;
   pois o tempo e o acaso afetam a todos.

¹² Além do mais,
   ninguém sabe quando virá a sua hora:

Assim como os peixes são apanhados
   numa rede fatal
e os pássaros são pegos
   numa armadilha,
também os homens são enredados
   pelos tempos de desgraça
   que caem inesperadamente sobre eles.

ᵃ 9.4 Ou *O que se deve escolher então? Para todos os que vivem existe esperança;*
ᵇ 9.8 Hebraico: *de branco.*
ᶜ 9.10 Hebraico: *Sheol*. Essa palavra também pode ser traduzida por profundezas, pó ou morte.

O Valor da Sabedoria

¹³ Também vi debaixo do sol este exemplo de sabedoria que muito me impressionou: ¹⁴ Havia uma pequena cidade, de poucos habitantes. Um rei poderoso veio contra ela, cercou-a com muitos dispositivos de guerra. ¹⁵ Ora, naquela cidade vivia um homem pobre mas sábio, e com sua sabedoria ele salvou a cidade. No entanto, ninguém se lembrou mais daquele pobre. ¹⁶ Por isso pensei: Embora a sabedoria seja melhor do que a força, a sabedoria do pobre é desprezada, e logo suas palavras são esquecidas.

¹⁷ As palavras dos sábios
   devem ser ouvidas com mais atenção
   do que os gritos de quem
   domina sobre tolos.
¹⁸ A sabedoria é melhor
   do que as armas de guerra,
mas um só pecador
   destrói muita coisa boa.

10 Assim como a mosca morta
   produz mau cheiro
   e estraga o perfume,
também um pouco de insensatez
   pesa mais que a sabedoria e a honra.
² O coração do sábio
   se inclina para o bem,
mas o coração do tolo, para o mal.ᵈ
³ Mesmo quando anda pelo caminho,
   o tolo age sem o mínimo bom senso
e mostra a todos
   que não passa de tolo.
⁴ Se a ira de uma autoridade
   se levantar contra você,
não abandone o seu posto;
   a tranquilidade evita grandes erros.

⁵ Há outro mal que vi debaixo do sol,
um erro cometido pelos que governam:
⁶ tolos são postos em cargos elevados,
   enquanto ricos ocupam
   cargos inferiores.
⁷ Tenho visto servos andando
   a cavalo,
e príncipes andando a pé, como servos.

⁸ Quem cava um poço cairá nele;
quem derruba um muro
   será picado por uma cobra.

ᵈ 10.2 Hebraico: *para a direita ... para a esquerda.*

⁹ Quem arranca pedras
   com elas se ferirá;
quem racha lenha se arrisca.

¹⁰ Se o machado está cego
   e sua lâmina não foi afiada,
é preciso golpear com mais força;
agir com sabedoria assegura o sucesso.

¹¹ Se a cobra morder
   antes de ser encantada,
para que servirá o encantador?

¹² As palavras do sábio
   lhe trazem benefícios,
mas os lábios do insensato o destroem.
¹³ No início as suas palavras
   são mera tolice,
mas no final são loucura perversa.
¹⁴ Embora o tolo fale sem parar,
   ninguém sabe o que está para vir;
quem poderá dizer a outrem
   o que lhe acontecerá depois?

¹⁵ O trabalho do tolo o deixa tão exausto
   que ele nem consegue
   achar o caminho de casaª.

¹⁶ Pobre da terra cujo rei é jovem demais
e cujos líderes fazem banquetes
   logo de manhã.
¹⁷ Feliz é a terra cujo rei
   é de origem nobre,
e cujos líderes comem no devido tempo
para recuperar as forças,
   e não para embriagar-se.

¹⁸ Por causa da preguiça,
   o telhado se enverga;
por causa das mãos indolentes,
   a casa tem goteiras.

¹⁹ O banquete é feito para divertir,
   e o vinho torna a vida alegre,
mas isso tudo se paga com dinheiro.

²⁰ Nem em pensamento insulte o rei!
Nem mesmo em seu quarto
   amaldiçoe o rico!
Porque uma ave do céu
   poderá levar as suas palavras,

e seres alados
   poderão divulgar o que você disser.

Sábios Conselhos

11 ¹ Atire o seu pão sobre as águasᵇ,
   e depois de muitos dias
   você tornará a encontrá-lo.
² Reparta o que você tem com sete,
   até mesmo com oito,
pois você não sabe que desgraça
   poderá cair sobre a terra.

³ Quando as nuvens estão cheias de água,
   derramam chuva sobre a terra.
Quer uma árvore caia para o sul
   quer para o norte,
onde cair ficará.
⁴ Quem fica observando o vento
   não plantará,
e quem fica olhando para as nuvens
   não colherá.

⁵ Assim como você não conhece
   o caminho do vento,
nem como o corpo é formadoᶜ
   no ventre de uma mulher,
também não pode compreender
   as obras de Deus,
o Criador de todas as coisas.

⁶ Plante de manhã a sua semente,
   e mesmo ao entardecer
   não deixe as suas mãos ficarem à toa,
pois você não sabe o que acontecerá,
   se esta ou aquela produzirá,
   ou se as duas serão igualmente boas.

Conselho para os Jovens

⁷ A luz é agradável, é bom ver o sol.
⁸ Por mais que um homem viva,
   deve desfrutar sua vida toda.
Lembre-se, porém, dos dias de trevas,
   pois serão muitos.
Tudo o que está para vir não faz sentido.

⁹ Alegre-se, jovem, na sua mocidade!
Seja feliz o seu coração
   nos dias da sua juventude!
Siga por onde seu coração mandar,
   até onde a sua vista alcançar;

ª **10.15** Hebraico: *da cidade.*
ᵇ **11.1** Ou *Dê com generosidade o seu pão*
ᶜ **11.5** Ou *não sabe como a vida* (ou *o espírito*) *entra no corpo que está se formando*

O SIGNIFICADO DA VIDA

Qual é o significado da vida? Por que estamos aqui?

Essas são perguntas que muitos se fazem hoje. O sábio Salomão também as faz neste livro. Desde o começo da leitura, chamam nossa atenção palavras como "inutilidade", "sem sentido", "todo o trabalho", "correr atrás do vento". São expressões e palavras cuja conotação é bastante negativa, se não deprimente, e que aparecem várias vezes em Eclesiastes.

Tudo parece não ter nenhum sentido até que chegamos aos últimos versículos. Eclesiastes 12.13 diz: "Agora que já se ouviu tudo, aqui está a conclusão: Tema a Deus e obedeça aos seus mandamentos, porque isso é o essencial para o homem". Uma vida sob a orientação de Deus, que o dignifica e guarda seus mandamentos, essa, sim, tem sentido. Com Deus, tudo tem sentido.

O *Catecismo de Westminster* ilustra essa realidade ao declarar que "o fim principal do homem é glorificar a Deus e desfrutar dele para sempre". Com Deus à frente de tudo, é possível aproveitar a vida como se deve!

APLICAÇÃO
- A pergunta mais óbvia é a seguinte: Você está aproveitando a vida neste mundo como Deus espera que você faça?
- Há áreas nesta vida que você considera "seculares" ou fora da área de atuação de Deus? Para um cristão, nada está fora do controle de Deus. Que mudanças devemos fazer na nossa maneira de pensar como igreja?

mas saiba que por todas essas coisas
  Deus o trará a julgamento.
¹⁰ Afaste do coração a ansiedade
  e acabe com o sofrimento do seu corpo,
pois a juventude e o vigor
  são passageiros.

12 Lembre-se do seu Criador
  nos dias da sua juventude,
antes que venham os dias difíceis
  e se aproximem os anos
  em que você dirá:
  "Não tenho satisfação neles";
² antes que se escureçam o sol e a luz,
  a lua e as estrelas,
  e as nuvens voltem depois da chuva;
³ quando os guardas da casa tremerem
  e os homens fortes
  caminharem encurvados;
quando pararem os moedores
  por serem poucos,
e aqueles que olham pelas janelas
  enxergarem embaçado;
⁴ quando as portas da rua forem fechadas
  e diminuir o som da moagem;
quando o barulho das aves
  o fizer despertar,
mas o som de todas as canções
  parecer fraco para você;
⁵ quando você tiver medo de altura,
  e dos perigos das ruas;

quando florir a amendoeira,
  o gafanhoto for um peso
  e o desejo já não se despertar.
Então o homem se vai
  para o seu lar eterno,
e os pranteadores já vagueiam pelas ruas.
⁶ Sim, lembre-se dele,
  antes que se rompa o cordão de prata,
  ou se quebre a taça de ouro;
antes que o cântaro se despedace
  junto à fonte,
a roda se quebre junto ao poço,
⁷ o pó volte à terra, de onde veio,
  e o espírito volte a Deus, que o deu.

⁸ "Tudo sem sentido! Sem sentido!",
  diz o mestre.
"Nada faz sentido!
  Nada faz sentido!"

Conclusão

⁹ Além de ser sábio, o mestre também ensinou conhecimento ao povo. Ele escutou, examinou e colecionou muitos provérbios. ¹⁰ Procurou também encontrar as palavras certas, e o que ele escreveu era reto e verdadeiro.

¹¹ As palavras dos sábios são como aguilhões, a coleção dos seus ditos como pregos bem fixados, provenientes do único Pastor. ¹² Cuidado, meu filho; nada acrescente a eles.

Não há limite para a produção de livros, e estudar demais deixa exausto o corpo.

¹³ Agora que já se ouviu tudo,
   aqui está a conclusão:
Tema a Deus
   e obedeça aos seus mandamentos,
porque isso é o essencial para o homem^a.
¹⁴ Pois Deus trará a julgamento
   tudo o que foi feito,
inclusive tudo o que está escondido,
   seja bom, seja mau.

12.13,14 O mestre, depois de passar o livro todo falando com detalhes dos sofrimentos da vida, principalmente quando a vida não se ajusta à vontade Deus, finaliza com os versículos 13 e 14, que bem resumem a mensagem do livro: o que importa é temer a Deus e obedecer aos seus mandamentos.

---

^a **12.13** Ou *o dever de todo homem*

Introdução ao livro de
CÂNTICO DOS CÂNTICOS

Autor e data de composição

O nome deste livro expressa a maneira normal de formar o superlativo na língua hebraica. Trata-se do maior e mais importante cântico de toda a Bíblia, o que se pode chamar "O Cântico", por antonomásia. Outro exemplo é quando a Bíblia fala do Lugar Santíssimo do primeiro tabernáculo, e logo depois do templo, onde se encontrava a arca da aliança. Em razão do conteúdo já no primeiro versículo deste livro, esse poema de amor é atribuído ao rei Salomão, ainda que nem todos os pesquisadores estejam de acordo com respeito a sua autoria. No caso de ser um poema escrito por Salomão, teria sido escrito a partir do século IX a.C., uma vez que seu reinado em geral é fixado entre 973 a.C. e 933 a.C. aproximadamente.

ESBOÇO GERAL

Primeira parte: O amor da sulamita (1.1—2.7)
  I. Título (1.1)
  II. A sulamita deseja seu amado (1.2,3)
  III. O encontro com o amado (1.4—2.6)
  IV. A sulamita fala às mulheres de Jerusalém (2.7)

Segunda parte: A sulamita fala de seu amado (2.8—3.5)
  I. O amado fala (2.8-15)
  II. Um pertence ao outro (2.16—3.4)
  III. A sulamita fala às mulheres de Jerusalém (3.5)

Terceira parte: As bodas da sulamita com seu amado (3.6—5.1)
  I. Descrição do cortejo nupcial (3.6-11)
  II. O amado fala àquela que acaba de se tornar sua esposa (4.1—5.1)

Quarta parte: A separação e a reunião (5.2—8.4)
  I. O amado parte e a sulamita o procura (5.2—6.3)
  II. O amado descreve a amada (6.4—7.9)
  III. A sulamita entrega-se ao amado (7.10—8.3)
  IV. A sulamita faz jurar as mulheres de Jerusalém (8.4)

Quinta parte: Os esposos falam entre si sobre o amor que não se acaba (8.5-14)

Versículos-chave
2.10-13

Tema geral do livro
Esse poema é o típico modelo do gênero poético que recebe a designação de "epitalâmio", isto é, "hino nupcial; canto ou poema composto para celebrar um casamento;"[a] também consiste em um dos textos mais profundos das Escrituras. No mundo hebraico

---

[a] **Dicionário Eletrônico Houaiss da língua portuguesa**. Rio de Janeiro: Objetiva/Instituto Antônio Houaiss, 2009. CD-ROM.

e no mundo cristão, durante muitos séculos o conteúdo deste livro surpreendeu e até mesmo escandalizou muitos leitores, que questionavam a presença de um poema de amor com fortes conotações eróticas no interior das Escrituras.

Em primeiro lugar, precisamos lembrar que o amor erótico também é obra de Deus. Além disso, trata-se de um aspecto intenso da personalidade humana que nos permite sentir um tipo de intimidade muito superior a qualquer outro relativo a amizade, tornando-nos em cooperadores de Deus na criação de novos seres humanos, pessoas estas que viverão por toda a eternidade como testemunhas do amor entre um homem e uma mulher.

Em segundo lugar, a interpretação do texto é bastante clara, se pensamos no rei Salomão como figura do próprio Deus e na sulamita como figura do povo de Israel e sua aliança. Não há relação de maior proximidade no mundo, nem mais completa de amor exclusivo e íntimo, que o matrimônio; e foi a essa relação que o SENHOR fez menção quando quis tratar do amor e da entrega mútua que ele deseja ver entre ele mesmo e seu povo.

O tema do SENHOR como esposo de Israel é suficientemente conhecido no Antigo Testamento e ampliado no Novo Testamento com a encarnação do Filho de Deus, de tal maneira que o apóstolo Paulo chegar a ordenar:

> Maridos, ame cada um a sua mulher, assim como Cristo amou a igreja e entregou-se por ela para santificá-la, tendo-a purificado pelo lavar da água mediante a palavra, e apresentá-la a si mesmo como igreja gloriosa, sem mancha nem ruga ou coisa semelhante, mas santa e inculpável. Da mesma forma, os maridos devem amar cada um a sua mulher como a seu próprio corpo. Quem ama sua mulher, ama a si mesmo. Além do mais, ninguém jamais odiou o seu próprio corpo, antes o alimenta e dele cuida, como também Cristo faz com a igreja, pois somos membros do seu corpo. "Por essa razão, o homem deixará pai e mãe e se unirá à sua mulher, e os dois se tornarão uma só carne."[a] Este é um mistério profundo; refiro-me, porém, a Cristo e à igreja. Portanto, cada um de vocês também ame a sua mulher como a você mesmo, e a mulher trate o marido com todo o respeito.

Em Cântico dos Cânticos, Jesus é...
... nosso Amado (8.6,7a).

Versículo-chave para o discípulo
2.15

O discípulo e Cântico dos Cânticos
Recomendamos que o discípulo leia com atenção a informação sobre o tema geral deste livro e, em seguida, medite no significado de que a Igreja é a esposa de Cristo. Essa verdade não apenas nos garante uma intimidade enorme com aquele que é o nosso Deus, Rei, Senhor e Salvador, mas também nos oferece a possibilidade de "gerarmos filhos" quando nos envolvemos na busca de pessoas perdidas e as tiramos das trevas pelo poder de seu Espírito e sangue, a fim de torná-las membros da família do Reino de Deus. A nossa compreensão adequada deste livro, ao mesmo tempo tão belo e tão particular, será algo altamente poderoso e de grandes consequências para o Reino. Talvez por esse motivo o Inimigo tenha combatido tanto contra o conteúdo deste livro, assim como com outros textos das Escrituras, por exemplo Apocalipse (leia "Introdução a Apocalipse", p. 1359), texto que apresenta Jesus como é hoje em toda a sua glória e como voltará com todo o seu poder.

[a] Gênesis 2.24.

CÂNTICO DOS CÂNTICOS

1 Cântico dos Cânticos de Salomão.

A Amada[a]

² Ah, se ele me beijasse,
 se a sua boca me cobrisse de beijos...

Sim, as suas carícias são mais agradáveis
 que o vinho.
³ A fragrância dos seus perfumes é suave;
 o seu nome é como perfume derramado.
Não é à toa que as jovens o amam!
⁴ Leve-me com você! Vamos depressa!

Leve-me o rei para os seus aposentos!

Amigas (Mulheres de Jerusalém)

Estamos alegres e felizes por sua causa;
celebraremos o seu amor
 mais do que o vinho.

A Amada

Com toda a razão você é amado!

⁵ Estou escura, mas sou bela,
 ó mulheres de Jerusalém;
escura como as tendas de Quedar,
 bela como as cortinas de Salomão.
⁶ Não fiquem me olhando assim
 porque estou escura;
foi o sol que me queimou a pele.
Os filhos de minha mãe
 zangaram-se comigo
 e fizeram-me tomar conta das vinhas;
da minha própria vinha, porém,
 não pude cuidar.

⁷ Conte-me, você, a quem amo,
 onde faz pastar o seu rebanho
 e onde faz as suas ovelhas
 descansarem ao meio-dia?
Se eu não o souber,
 serei como uma mulher coberta
 com véu
 junto aos rebanhos dos seus amigos.

O Amado

⁸ Se você, a mais linda das mulheres,
 se você não o sabe,
siga a trilha das ovelhas
 e faça as suas cabritas pastarem
 junto às tendas dos pastores.
⁹ Comparo você, minha querida,
 a uma égua das carruagens do faraó.
¹⁰ Como são belas as suas faces
 entre os brincos,
 e o seu pescoço com os colares de joias!

Amigas (Mulheres de Jerusalém)

¹¹ Faremos para você brincos de ouro
 com incrustações de prata.

A Amada

¹² Enquanto o rei estava em seus
 aposentos,
 o meu nardo espalhou sua fragrância.
¹³ O meu amado é para mim
 como uma pequenina bolsa de mirra
 que passa a noite entre os meus seios.
¹⁴ O meu amado é para mim
 um ramalhete de flores de hena[b]
 das vinhas de En-Gedi.

O Amado

¹⁵ Como você é linda, minha querida!
 Ah, como é linda!
Seus olhos são pombas.

A Amada

¹⁶ Como você é belo, meu amado!
 Ah, como é encantador!
Verdejante é o nosso leito.
¹⁷ De cedro são as vigas da nossa casa,
 e de cipreste os caibros do
 nosso telhado.

A Amada

2 Sou uma flor[c] de Sarom,
 um lírio dos vales.

O Amado

² Como um lírio entre os espinhos
 é a minha amada entre as jovens.

---

[a] **1.2** Com base no gênero dos pronomes hebraicos empregados, indicam-se por meio dos títulos *o Amado* e *a Amada*, quando o interlocutor é o homem ou a mulher. As palavras dos outros interlocutores estão assinaladas com o título *Amigas*. Em alguns casos as divisões e seus títulos são discutíveis.

[b] **1.14** Isto é, planta aromática.
[c] **2.1** Tradicionalmente *rosa*. Talvez um narciso ou uma tulipa.

A Amada

³ Como uma macieira entre
  as árvores da floresta
é o meu amado entre os jovens.
Tenho prazer em sentar-me
  à sua sombra;
o seu fruto é doce ao meu paladar.
⁴ Ele me levou ao salão de banquetes,
e o seu estandarte sobre mim é o amor.ᵃ
⁵ Por favor, sustentem-me com passas,
revigorem-me com maçãsᵇ,
  pois estou doente de amor.
⁶ O seu braço esquerdo
  esteja debaixo da minha cabeça,
e o seu braço direito me abrace.
⁷ Mulheres de Jerusalém, eu as faço jurar
  pelas gazelas e pelas corças do campo:
não despertem nem provoquem o amor
  enquanto ele não o quiser.

⁸ Escutem! É o meu amado!
  Vejam! Aí vem ele,
  saltando pelos montes,
  pulando sobre as colinas.
⁹ O meu amado é como uma gazela,
  como um cervo novo.
Vejam! Lá está ele atrás do nosso muro,
  observando pelas janelas,
  espiando pelas grades.
¹⁰ O meu amado falou e me disse:

O Amado

Levante-se, minha querida,
  minha bela, e venha comigo.
¹¹ Veja! O inverno passou;
acabaram-se as chuvas e já se foram.
¹² Aparecem flores na terra,
  e chegou o tempo de cantarᶜ;
já se ouve em nossa terra
  o arrulhar dos pombos.
¹³ A figueira produz os primeiros frutos;
as vinhas florescem e espalham
  sua fragrância.
Levante-se, venha, minha querida;
  minha bela, venha comigo.
¹⁴ Minha pomba que está
  nas fendas da rocha,
  nos esconderijos,
  nas encostas dos montes,
mostre-me seu rosto,
deixe-me ouvir sua voz;
pois a sua voz é suave
  e o seu rosto é lindo.

A Amada

¹⁵ Apanhem para nós as raposas,
  as raposinhas que estragam as vinhas,
pois as nossas vinhas estão floridas.
¹⁶ O meu amado é meu, e eu sou dele;
ele pastoreia entre os lírios.
¹⁷ Volte, amado meu,
  antes que rompa o dia
  e fujam as sombras;
seja como a gazela
  ou como o cervo novo
  nas colinas escarpadasᵈ.

3 A noite toda procurei em meu leito
  aquele a quem o meu coração ama,
mas não o encontrei.
² Vou levantar-me agora
  e percorrer a cidade,
irei por suas ruas e praças;
buscarei aquele a quem
  o meu coração ama.
Eu o procurei, mas não o encontrei.
³ As sentinelas me encontraram
  quando faziam as suas rondas na cidade.
"Vocês viram aquele a quem
  o meu coração ama?", perguntei.
⁴ Mal havia passado por elas,
  quando encontrei aquele a quem
  o meu coração ama.
Eu o segurei e não o deixei ir,
  até que o trouxe
  para a casa de minha mãe,
para o quarto daquela que me concebeu.
⁵ Mulheres de Jerusalém, eu as faço jurar
  pelas gazelas e pelas corças do campo:
Não despertem nem incomodem o amor
  enquanto ele não o quiser.

Coro

⁶ O que vem subindo do deserto,
  como uma coluna de fumaça,
perfumado com mirra e incenso
com extrato de todas as especiarias
  dos mercadores?
⁷ Vejam! É a liteira de Salomão,
escoltada por sessenta guerreiros,
  os mais nobres de Israel;

ᵃ **2.4** Ou *seus olhares para mim eram de amor.*
ᵇ **2.5** Ou *damascos*
ᶜ **2.12** Ou *de podar*
ᵈ **2.17** Ou *colinas de Beter*; ou ainda *montes da separação*

⁸ todos eles trazem espada,
   todos são experientes na guerra,
cada um com a sua espada,
   preparado para enfrentar
   os pavores da noite.
⁹ O rei Salomão fez para si uma liteira;
ele a fez com madeira do Líbano.
¹⁰ Suas traves, ele fez de prata;
   seu teto, de ouro.
Seu banco foi estofado em púrpura;
seu interior foi cuidadosamente preparado
   pelas mulheres de Jerusalém.
¹¹ Mulheres de Sião, saiam!
   Venham ver o rei Salomão!
   Ele está usando a coroa,
a coroa que sua mãe lhe colocou
   no dia do seu casamento,
no dia em que o seu coração se alegrou.

O Amado

4 Como você é linda, minha querida!
   Ah, como é linda!
Seus olhos, por trás do véu, são pombas.
Seu cabelo é como um rebanho de cabras
   que vêm descendo do monte Gileade.
² Seus dentes são como um
   rebanho de ovelhas recém-tosquiadas
   que vão subindo do lavadouro.
Cada uma tem o seu par;
   não há nenhuma sem crias.
³ Seus lábios são como um fio vermelho;
   sua boca é belíssima.
Suas faces, por trás do véu,
   são como as metades de uma romã.
⁴ Seu pescoço é como a torre de Davi,
   construída como arsenal.
Nela estão pendurados mil escudos,
todos eles escudos de heroicos guerreiros.
⁵ Seus dois seios são como filhotes de cervo,
   como filhotes gêmeos de uma gazela
   que repousam entre os lírios.
⁶ Enquanto não raia o dia
   e as sombras não fogem,
   irei à montanha da mirra
   e à colina do incenso.
⁷ Você é toda linda, minha querida;
   em você não há defeito algum.

⁸ Venha do Líbano comigo, minha noiva,
   venha do Líbano comigo.
Desça do alto do Amana,
   do topo do Senir, do alto do Hermom,
   das covas dos leões

e das tocas dos leopardos nas montanhas.
⁹ Você fez disparar o meu coração,
   minha irmã, minha noiva;
fez disparar o meu coração
   com um simples olhar,
com uma simples joia dos seus colares.
¹⁰ Quão deliciosas são as suas carícias,
   minha irmã, minha noiva!
Suas carícias são mais agradáveis
   que o vinho,
e a fragrância do seu perfume
   supera o de qualquer especiaria!
¹¹ Os seus lábios gotejam a doçura
   dos favos de mel, minha noiva;
leite e mel estão debaixo da sua língua.
A fragrância das suas vestes
   é como a fragrância do Líbano.
¹² Você é um jardim fechado,
   minha irmã, minha noiva;
você é uma nascente fechada,
   uma fonte selada.
¹³ De você brota um pomar de romãs
   com frutos seletos,
com flores de hena e nardo,
¹⁴ nardo e açafrão, cálamo e canela,
com todas as madeiras aromáticas,
mirra e aloés e as mais finas especiarias.
¹⁵ Você é[a] uma fonte de jardim,
um poço de águas vivas,
   que descem do Líbano.

A Amada

¹⁶ Acorde, vento norte!
   Venha, vento sul!
Soprem em meu jardim,
para que a sua fragrância
   se espalhe ao seu redor.
Que o meu amado entre em seu jardim
e saboreie os seus deliciosos frutos.

O Amado

5 Entrei em meu jardim,
   minha irmã, minha noiva;
ajuntei a minha mirra com
   as minhas especiarias.
Comi o meu favo e o meu mel;
bebi o meu vinho e o meu leite.

Poeta

Comam, amigos,
bebam quanto puderem, ó amados!

---

[a] 4.15 Ou *Eu sou* (na voz da *Amada*)

A Amada

² Eu estava quase dormindo,
  mas o meu coração estava acordado.
Escutem! O meu amado está batendo.

O Amado

Abra-me a porta, minha irmã,
  minha querida, minha pomba,
  minha mulher ideal,
pois a minha cabeça
  está encharcada de orvalho;
o meu cabelo, da umidade da noite.

A Amada

³ Já tirei a túnica;
  terei que vestir-me de novo?
Já lavei os pés;
  terei que sujá-los de novo?
⁴ O meu amado pôs a mão
  por uma abertura da tranca;
meu coração começou
  a palpitar por causa dele.
⁵ Levantei-me para abrir-lhe a porta;
minhas mãos destilavam mirra,
meus dedos vertiam mirra,
  na maçaneta da tranca.
⁶ Eu abri, mas o meu amado
  se fora;
o meu amado já havia partido.

Quase desmaiei de tristeza!
Procurei-o, mas não o encontrei.
Eu o chamei, mas ele não respondeu.
⁷ As sentinelas me encontraram
  enquanto faziam a ronda na cidade.
Bateram-me, feriram-me;
e tomaram o meu manto,
  as sentinelas dos muros!
⁸ Ó mulheres de Jerusalém,
  eu as faço jurar:
se encontrarem o meu amado,
  que dirão a ele?
Digam-lhe que estou doente
  de amor.

Amigas (As Mulheres de Jerusalém)

⁹ Que diferença há entre o seu amado
  e outro qualquer,
ó você, das mulheres a mais linda?
Que diferença há entre o seu amado
  e outro qualquer,
para você nos obrigar a tal promessa?

A Amada

¹⁰ O meu amado tem a pele bronzeada;
ele se destaca entre dez mil.
¹¹ Sua cabeça é como ouro, o ouro
  mais puro;
seus cabelos ondulam ao vento
  como ramos de palmeira;
são negros como o corvo.
¹² Seus olhos são como pombas
  junto aos regatos de água,
lavados em leite,
  incrustados como joias.
¹³ Suas faces são como
  um jardim de especiarias
  que exalam perfume.
Seus lábios são como lírios
  que destilam mirra.
¹⁴ Seus braços são cilindros de ouro
  com berilo neles engastado.
Seu tronco é como marfim polido
  adornado de safiras.
¹⁵ Suas pernas são colunas
  de mármore[a]
  firmadas em bases de ouro puro.
Sua aparência é como o Líbano;
  ele é elegante como os cedros.
¹⁶ Sua boca é a própria doçura;
  ele é mui desejável.
Esse é o meu amado,
  esse é o meu querido,
  ó mulheres de Jerusalém.

Amigas (Mulheres de Jerusalém)

6 Para onde foi o seu amado,
  ó mais linda das mulheres?
Diga-nos para onde foi o seu amado
  e o procuraremos com você!

A Amada

² O meu amado desceu ao seu jardim,
  aos canteiros de especiarias,
para descansar
  e colher lírios.
³ Eu sou do meu amado,
  e o meu amado é meu;
ele descansa entre os lírios.

O Amado

⁴ Minha querida, você é linda como Tirza,
  bela como Jerusalém,

---

[a] 5.15 Ou *alabastro*

A SEXUALIDADE E OS RELACIONAMENTOS

Quanto tempo gastamos falando sobre os problemas sexuais em vez de dar à sexualidade o lugar que lhe corresponde nos relacionamentos? Nossa resposta aos adolescentes quando perguntam pelo motivo de não devermos ter relações sexuais antes do casamento geralmente se limita a um pobre "A Bíblia diz que..."? Respostas fracas e sem argumento não ajudam ninguém.

Em Gênesis, Deus cria a relação sexual como um ato perfeito entre um homem e uma mulher — Adão e Eva (Gênesis 2.24,25). Até que chegaram a cometer pecado, nem percebiam que estavam nus, pois seu relacionamento era puro. O ato sexual era exclusividade do relacionamento conjugal. Já sabemos que, com a entrada do pecado, tudo foi corrompido, incluindo a relação sexual (Gênesis 3).

Ao seguir o relato do Antigo Testamento, vemos a deterioração dessa união perfeita. O escritor não menciona se cada ação foi boa ou má, mas nos deixa ver suas consequências. Ao longo das Escrituras, vemos violação, incesto, poligamia e engano. Rebeca e Lia, por exemplo, brigaram por causa do mesmo esposo. O transtorno aqui é que a poligamia produz de fato problemas. Seus filhos se dedicaram a práticas como violação ou estupro, relação sexual entre parentes e mentira. Tudo isso está bastante distante da orientação de Deus sobre o lugar apropriado da relação sexual, o matrimônio.

É provável que Salomão seja o pior exemplo sobre o assunto. Ele teve 700 esposas e 300 concubinas. Sabemos que a influência das mulheres estrangeiras que ele teve foi responsável por conduzir seu coração para longe de Deus (1Reis 11.3).

O livro Cântico dos Cânticos é o quadro de um amor exclusivo entre um homem e uma mulher. Se foi Salomão quem o escreveu, acabou desviando-se da ordem original de Deus em Gênesis.

Os mandamentos de Deus sobre o desejo sexual não têm como objetivo afastar-nos de algo prazeroso, mas, sim, que o desfrutemos da melhor maneira. Quando o texto nos diz: "Não despertem nem incomodem o amor enquanto ele não o quiser" (Cântico dos Cânticos 8.4), tem como meta o nosso próprio benefício. Leia este livro e descubra que o amor é belo e puro em seu contexto adequado.

APLICAÇÃO

• Quando falamos aos nossos filhos e jovens sobre relação sexual, lembramo-nos de dizer a eles sobre o desejo do coração de Deus, e não somente das regras?

• Busque um amigo próximo com o qual possa orar sobre pureza sexual. Se você é solteiro, comprometido, viúvo ou casado, saiba que a luxúria e a pornografia nos afastam da orientação de Deus sobre o assunto.

• Comprometa-se a ler o livro de Cântico dos Cânticos e observe o quadro do amor sexual puro em contraste com as imagens que nos cercam com regularidade.

---

admirável como um exército
e suas bandeiras.

⁵ Desvie de mim os seus olhos,
pois eles me perturbam.
Seu cabelo é como
um rebanho de cabras
que descem de Gileade.
⁶ Seus dentes são como
um rebanho de ovelhas
que sobem do lavadouro.
Cada uma tem o seu par,
não há nenhuma sem crias.
⁷ Suas faces, por trás do véu,
são como as metades de uma romã.
⁸ Pode haver sessenta rainhas,
e oitenta concubinas,
e um número sem-fim de virgens,
⁹ mas ela é única, a minha pomba,
minha mulher ideal!
Ela é a filha favorita de sua mãe,
a predileta daquela que a deu à luz.
Quando outras jovens a veem,
dizem que ela é muito feliz;
as rainhas e as concubinas a elogiam.

Amigas (Mulheres de Jerusalém)
¹⁰ Quem é essa que aparece
como o alvorecer,
bela como a Lua, brilhante como o Sol,
admirável como um exército
e suas bandeiras?

A Amada

¹¹ Desci ao bosque das nogueiras
  para ver os renovos no vale,
para ver se as videiras tinham brotado
  e se as romãs estavam em flor.
¹² Antes que eu o percebesse,
  você me colocou entre as carruagens,
com um príncipe ao meu lado.ᵃ

Amigas (Mulheres de Jerusalém)

¹³ Volte, volte, Sulamita;
  volte, volte, para que a contemplemos.

O Amado

Por que vocês querem
  contemplar a Sulamita,
como na dança de Maanaimᵇ?

7 Como são lindos
  os seus pés calçados com sandálias,
  ó filha do príncipe!
As curvas das suas coxas são como joias,
  obra das mãos de um artífice.
² Seu umbigo é uma taça redonda
  onde nunca falta o vinho
  de boa mistura.
Sua cintura é um monte de trigo
  cercado de lírios.
³ Seus seios são como
  dois filhotes de corça,
  gêmeos de uma gazela.
⁴ Seu pescoço é como
  uma torre de marfim.
Seus olhos são como
  os açudes de Hesbom,
junto à porta de Bate-Rabim.
Seu nariz é como a torre do Líbano
  voltada para Damasco.
⁵ Sua cabeça eleva-se
  como o monte Carmelo.
Seus cabelos soltos
  têm reflexos de púrpura;
o rei caiu prisioneiro das suas ondas.
⁶ Como você é linda!
  Como você me agrada!
Oh, o amor e suas delícias!
⁷ Seu porte é como o da palmeira;
  os seus seios, como cachos de frutos.
⁸ Eu disse: Subirei a palmeira
  e me apossarei dos seus frutos.
Sejam os seus seios
  como os cachos da videira,
o aroma da sua respiração como maçãsᶜ
⁹ e a sua boca como o melhor vinho...

A Amada

... vinho que flui suavemente
  para o meu amado,
escorrendo suavemente sobre os lábios
  de quem já vai adormecendo.
¹⁰ Eu pertenço ao meu amado,
  e ele me deseja.
¹¹ Venha, meu amado,
  vamos fugir para o campo,
passemos a noite nos povoados.
¹² Vamos cedo para as vinhas
  para ver se as videiras brotaram,
se as suas flores se abriram
e se as romãs estão em flor;
ali eu darei a você o meu amor.
¹³ As mandrágorasᵈ exalam o seu perfume,
e à nossa porta há todo tipo de
  frutos finos,
  secos e frescos,
que reservei para você, meu amado.

8 Ah, quem dera você fosse meu irmão,
  amamentado nos seios de minha mãe!
Então, se eu o encontrasse fora de casa,
  eu o beijaria,
e ninguém me desprezaria.
² Eu o conduziria
  e o traria à casa de minha mãe,
  e você me ensinaria.
Eu daria a você vinho aromatizado
  para beber,
o néctar das minhas romãs.
³ O seu braço esquerdo esteja debaixo
  da minha cabeça,
e o seu braço direito me abrace.
⁴ Mulheres de Jerusalém, eu as faço jurar:
  Não despertem nem incomodem o amor
  enquanto ele não o quiser.

Amigas (Mulheres de Jerusalém)

⁵ Quem vem subindo do deserto,
  apoiada em seu amado?

A Amada

Debaixo da macieira eu o despertei;
ali esteve a sua mãe em trabalho de parto,

ᵃ **6.12** Ou *Sem que eu percebesse, minha imaginação me colocou entre os carros do meu nobre povo.*
ᵇ **6.13** Ou *dos dois coros;* ou ainda *dos dois acampamentos*
ᶜ **7.8** Ou *damascos*
ᵈ **7.13** Isto é, plantas tidas por afrodisíacas e capazes de favorecer a fertilidade feminina.

ali sofreu as dores aquela que o
  deu à luz.
⁶ Ponha-me como um selo sobre
  o seu coração;
como um selo sobre o seu braço;
pois o amor é tão forte quanto a morte
e o ciúme[a] é tão inflexível
  quanto a sepultura[b].
Suas brasas são fogo ardente,
  são labaredas do Senhor[c].
⁷ Nem muitas águas conseguem
  apagar o amor;
os rios não conseguem levá-lo
  na correnteza.
Se alguém oferecesse todas as riquezas
  da sua casa para adquirir o amor,
seria totalmente desprezado.

Irmãos
⁸ Temos uma irmãzinha;
seus seios ainda não estão crescidos.
Que faremos com nossa irmã
  no dia em que for pedida
  em casamento?
⁹ Se ela for um muro,
  construiremos sobre ela
  uma torre de prata.
Se ela for uma porta,
  nós a reforçaremos com tábuas de cedro.

A Amada
¹⁰ Eu sou um muro,
  e meus seios são as suas torres.
Assim me tornei aos olhos dele
  como alguém que inspira paz.
¹¹ Salomão possuía uma vinha
  em Baal-Hamom;
ele entregou a sua vinha a arrendatários.
Cada um devia trazer pelos
  frutos da vinha
  doze quilos[d] de prata.
¹² Quanto à minha própria vinha,
  essa está em meu poder;
os doze quilos de prata são para você,
  ó Salomão,
e dois quilos e meio são para os
  que tomaram conta dos seus frutos.

O Amado
¹³ Você, que habita nos jardins,
  os amigos desejam ouvi-la;
deixe-me ouvir a sua voz!

A Amada
¹⁴ Venha depressa, meu amado,
  e seja como uma gazela,
ou como um cervo novo
  saltando sobre os montes
  cobertos de especiarias.

---

[a] **8.6** Ou *paixão*
[b] **8.6** Hebraico: *Sheol*. Essa palavra também pode ser traduzida por *profundezas*, *pó* ou *morte*.
[c] **8.6** Ou *labaredas enormes*

[d] **8.11** Hebraico: *1.000 siclos*; também no versículo 12. Um siclo equivalia a 12 gramas.

OS LIVROS
PROFÉTICOS
DO ANTIGO TESTAMENTO

PROFETAS MAIORES
- Isaías
- Jeremias
- Lamentações
- Ezequiel
- Daniel

Introdução ao livro de
ISAÍAS

Autor e data de composição

O próprio livro menciona no primeiro versículo "Isaías, filho de Amoz", chamado por muitos de "profeta evangelista", como escritor do livro. Entre os pesquisadores modernos, já se aventou muito a possibilidade de três autores em potencial, tratados como "proto-Isaías", "deutero-Isaías" e "trito-Isaías", teoria que em nenhum momento encontrou base no texto propriamente dito. Precisamos ter em conta que o ministério do profeta Isaías abrangeu um longo período, a partir do final do reinado do rei Uzias, de Judá, e durante os reinados de Jotão, Acaz e Ezequias, a quem Deus prolongou a vida por intermediação do profeta, que sobreviveu muitos anos durante o reinado de Manassés, o filho violento e depravado de Ezequias. Com isso, seu ministério profético teria durado aproximadamente desde o ano 740 a.C. até o ano 680 a.C., totalizando em torno de setenta anos. Ao que parece, Isaías parece ter tido uma linhagem ilustre e tinha fácil acesso à corte real. Mesmo assim, a tradição afirma que morreu serrado ao meio por ordem do rei Manassés.

ESBOÇO GERAL

Primeira parte: Rebelião e julgamento; exílio e promessa (1—6)
  I. rebelião, julgamento e graça (1)
  II. Castigo presente e glória futura (2—4)
  III. O exílio de uma nação impenitente: a canção da vinha (5)
  IV. A visão de Isaías; o profeta é purificado e recebe uma missão (6)

Segunda parte: O Emanuel (7—12)
  I. A sabedoria humana opõe-se ao Deus conosco (7)
  II. A libertação e o Redentor prometido (8.1—9.7)
  III. O exílio para o Reino do Norte (9.8—10.4)
  IV. A queda da Assíria e o reinado do Messias (10.5—12.6)

Terceira parte: Profecias de julgamento contra as nações (13.1—23.18)
  I. Babilônia (13.1—14.27)
  II. Filístia (14.28-32)
  III. Moabe (15—16)
  IV. Damasco e Samaria (17)
  V. Etiópia e Egito (18—20)
  VI. Babilônia pela segunda vez (21.1-10)
  VII. Edom e Arábia (21.11-17)
  VIII. Jerusalém (22)
  IX. Tiro (23)

Quarta parte: Julgamentos, promessas e ais (24—35)
  I. O julgamento universal (24)
  II. O regozijo (25—35)
    A. O Senhor, o libertador e consolador de seu povo (25)
    B. Cântico de louvor (26)

        C. O castigo dos opressores e a proteção do povo da aliança (27)
    III. Os ais (28—33)
        A. O tratamento de Deus com os que fingem e pensam que podem enganar (28—29)
        B. A confiança no homem e a confiança em Deus (30—32)
        C. A libertação divina, o castigo dos traidores e o triunfo do Rei (33—35)

Quinta parte: A proteção do SENHOR (36—66)
    I. O SENHOR ouve ao rei Ezequias (36—39)
    II. O consolo e a paz que vêm do SENHOR (40—66)
        A. O motivo da paz (40—48)
        B. O Príncipe da Paz e o preço que pagaria por ela (49—57)
        C. As características da paz (58—66)

Versículo-chave
7.14

Tema geral do livro
Muitos comentaristas chamam o livro de Isaías de "o quinto Evangelho". Verdade seja dita: este livro é o mais citado no Novo Testamento; e, nesse caso, não seria o quinto, mas o primeiro, uma vez que remonta ao século VII ou VIII a.C. Já foi dito que o tema geral do livro está no próprio nome de seu escritor: "a salvação vem do SENHOR". Ao comparar seu vocabulário com o dos outros profetas, vemos que a palavra "salvação" aparece aproximadamente 25 vezes, ao passo que apenas 7 vezes nos demais profetas juntos. O livro de Isaías caracteriza-se como "Evangelho" por causa da grande quantidade de profecias messiânicas que contém — todas elas cumpridas na pessoa de Jesus Cristo: sua encarnação como o Emanuel (7.14; 9.6), sua juventude (7.15; 11.1; 53.2), seus milagres (35.5,6), sua mansidão (42.2), sua obediência (50.5), sua mensagem (61.1,2), sua rejeição, seu sofrimento e sua morte pelos homens (50.6; 53.1-12), e sua exaltação (52.13), entre tantas outras. Isaías desenvolve o tema do Messias como o "Servo Sofredor do SENHOR" nos quatro textos chamados "os quatro cânticos do Servo".

OS QUATRO "CÂNTICOS DO SERVO DO SENHOR" EM ISAÍAS	
42.1-9	O chamamento do Servo
49.1-13	A missão do Servo
50.4-9	A entrega do Servo
52.13—53.12	O ministério, o sofrimento e a glória do Servo

No livro de Isaías, Jesus é...
... o Príncipe da Paz (9.6,7).

Versículos-chave para o discípulo
53.4,5

O discípulo e o livro de Isaías
O discípulo necessita aproximar-se sempre da Palavra de Deus com um sentimento de "assombro diante do sagrado" que caracteriza todo verdadeiro adorador. E esse

sentimento torna-se um temor e admiração profundos quando entramos, guiados pelo Espírito Santo, nas profundidades do "Evangelho" de Isaías, escrito mais de sete séculos antes da chegada do Messias e que, no entanto, apresenta detalhadamente a chegada, a missão, o sacrifício e também a glorificação deste. Chamamos a atenção para um versículo em especial, que faz parte do quarto cântico do Servo do SENHOR: "[...] embora o SENHOR tenha feito da vida dele uma oferta pela culpa, ele verá sua prole [...]" (53.10). Do ponto de vista humano, que tipo de "prole" seria essa se Jesus nunca teve filhos? Quando o apóstolo Paulo chama Jesus de o "último Adão" (1Coríntios 15.45), está de fato apresentando-o como o pai de uma nova espécie de seres humanos, resgatados do mal e de volta à comunhão com o Pai, graças ao sacrifício do Filho, o mesmo de quem Isaías fala nesse versículo. Caro discípulo, é necessário que você se veja como descendência de Jesus Cristo, uma nova criação, membro da nova humanidade que tem uma missão sobre este mundo e que está destinada a algo que " 'Olho nenhum viu, ouvido nenhum ouviu, mente nenhuma imaginou o que Deus preparou para aqueles que o amam' " (1Coríntios 2.9, citando Isaías 64.4).

ISAÍAS

1 Visão que Isaías, filho de Amoz, teve a respeito de Judá e Jerusalém durante os reinados de Uzias, Jotão, Acaz e Ezequias, reis de Judá.

Uma Nação Rebelde

² Ouçam, ó céus! Escute, ó terra!
  Pois o Senhor falou:
"Criei filhos e os fiz crescer,
  mas eles se revoltaram contra mim.
³ O boi reconhece o seu dono,
e o jumento conhece a manjedoura
  do seu proprietário,
mas Israel nada sabe,
o meu povo nada compreende".

⁴ Ah, nação pecadora,
  povo carregado de iniquidade!
Raça de malfeitores,
  filhos dados à corrupção!
Abandonaram o Senhor,
  desprezaram o Santo de Israel
e o rejeitaram.

⁵ Por que haveriam de continuar a ser
  castigados?
  Por que insistem na revolta?
A cabeça toda está ferida,
  todo o coração está sofrendo.
⁶ Da sola do pé ao alto da cabeça
  não há nada são;
somente machucados,
  vergões e ferimentos abertos,
que não foram limpos nem enfaixados
  nem tratados com azeite.

⁷ A terra de vocês está devastada,
  suas cidades foram destruídas a fogo;
os seus campos estão sendo tomados
  por estrangeiros diante de vocês
e devastados como a ruína que eles
  costumam causar.
⁸ Só restou a cidade[a] de Sião
como tenda numa vinha,
como abrigo numa plantação de melões,
como uma cidade sitiada.
⁹ Se o Senhor dos Exércitos
  não tivesse poupado alguns de nós,

já estaríamos como Sodoma
  e semelhantes a Gomorra.

¹⁰ Governantes de Sodoma,
  ouçam a palavra do Senhor!
Vocês, povo de Gomorra,
  escutem a instrução de nosso Deus!
¹¹ "Para que me oferecem
  tantos sacrifícios?",
pergunta o Senhor.
"Para mim, chega de holocaustos[b] de
  carneiros
  e da gordura de novilhos gordos.
Não tenho nenhum prazer
  no sangue de novilhos, de cordeiros e
  de bodes!
¹² Quando vocês vêm à minha presença,
  quem pediu que pusessem os pés em
  meus átrios?",
¹³ Parem de trazer ofertas inúteis!
O incenso de vocês
  é repugnante para mim.
Luas novas, sábados e reuniões!
Não consigo suportar suas assembleias
  cheias de iniquidade.
¹⁴ Suas festas da lua nova
  e suas festas fixas, eu as odeio.
Tornaram-se um fardo para mim;
  não as suporto mais!
¹⁵ Quando vocês estenderem as mãos
  em oração,
  esconderei de vocês os meus olhos;
mesmo que multipliquem
  as suas orações,
  não as escutarei!
As suas mãos estão cheias de sangue!
¹⁶ Lavem-se! Limpem-se!
Removam suas más obras
  para longe da minha vista!
Parem de fazer o mal,
¹⁷ aprendam a fazer o bem!
Busquem a justiça,
  acabem com a opressão.[c]
Lutem pelos direitos do órfão,
defendam a causa da viúva.

¹⁸ "Venham, vamos refletir juntos",
  diz o Senhor.

---

[a] 1.8 Hebraico: *filha*.
[b] 1.11 Isto é, sacrifícios totalmente queimados.
[c] 1.17 Ou *repreendam o opressor*.

"Embora os seus pecados
　sejam vermelhos como escarlate,
eles se tornarão brancos como a neve;
embora sejam rubros como púrpura,
　como a lã se tornarão.
¹⁹ Se vocês estiverem dispostos a obedecer,
　comerão os melhores frutos desta terra;
²⁰ mas, se resistirem e se rebelarem,
　serão devorados pela espada."
Pois o Senhor é quem fala!

²¹ Vejam como a cidade fiel
　se tornou prostituta!
Antes cheia de justiça
　e habitada pela retidão,
agora está cheia de assassinos!
²² Sua prata tornou-se escória,
　seu licor ficou aguado.
²³ Seus líderes são rebeldes,
　amigos de ladrões;
todos eles amam o suborno
　e andam atrás de presentes.
Eles não defendem os direitos
　do órfão,
　e não tomam conhecimento
　da causa da viúva.
²⁴ Por isso o Soberano,
　o Senhor dos Exércitos,
o Poderoso de Israel, anuncia:
"Ah! Derramarei minha ira
　sobre os meus adversários
　e me vingarei dos meus inimigos.
²⁵ Voltarei minha mão contra você;
tirarei toda a sua escória
　e removerei todas as suas impurezas.
²⁶ Restaurarei os seus juízes como
　no passado;
os seus conselheiros, como no princípio.
Depois disso você será chamada
　cidade de retidão, cidade fiel".

²⁷ Sião será redimida com justiça,
　com retidão os que se arrependerem.
²⁸ Mas os rebeldes e os pecadores
　serão destruídos,
e os que abandonam o Senhor perecerão.

²⁹ "Vocês se envergonharão
　dos carvalhos sagrados
　que tanto apreciam;
ficarão decepcionados
　com os jardins sagrados
　que escolheram.

³⁰ Vocês serão como um terebinto
　cujas folhas estão caindo,
como um jardim sem água.
³¹ O poderoso se tornará como estopa,
　e sua obra como fagulha;
ambos serão queimados juntos
　sem que ninguém apague o fogo".

A Glória do Monte do Senhor

2 Foi isto que Isaías, filho de Amoz, viu a respeito de Judá e de Jerusalém:

² Nos últimos dias
　o monte do templo do Senhor
　será estabelecido
　como o principal;
será elevado acima das colinas,
　e todas as nações correrão para ele.

³ Virão muitos povos e dirão:

"Venham, subamos ao monte do Senhor,
　ao templo do Deus de Jacó,
para que ele nos ensine os seus caminhos,
　e assim andemos em suas veredas".
Pois a lei sairá de Sião,
　de Jerusalém virá a palavra do Senhor.
⁴ Ele julgará entre as nações
　e resolverá contendas de muitos povos.
Eles farão de
　suas espadas arados,
　e de suas lanças, foices.
Uma nação não mais pegará em armas
　para atacar outra nação,
elas jamais tornarão a preparar-se
　para a guerra.

⁵ Venha, ó descendência de Jacó,
　andemos na luz do Senhor!

O Dia do Senhor

⁶ Certamente abandonaste o teu povo,
　os descendentes de Jacó,
porque eles se encheram
　de superstições dos povos do leste,
praticam adivinhações como os filisteus
　e fazem acordos com pagãos.
⁷ Sua terra está cheia de prata e ouro;
　seus tesouros são incontáveis.
Sua terra está cheia de cavalos;
　seus carros não têm fim.
⁸ Sua terra está cheia de ídolos.
Eles se inclinam diante da obra

das suas mãos,
diante do que os seus dedos fizeram.
⁹ Por isso a humanidade será abatida
e o homem será humilhado;
não os perdoes[a]!
¹⁰ Entre no meio das rochas,
esconda-se no pó
por causa do terror que vem do Senhor
e do esplendor da sua majestade!
¹¹ Os olhos do arrogante serão humilhados
e o orgulho dos homens será abatido;
somente o Senhor será exaltado
naquele dia.

¹² O Senhor dos Exércitos
tem um dia reservado
para todos os orgulhosos e altivos,
para tudo o que é exaltado,
para que eles sejam humilhados;
¹³ para todos os cedros do Líbano,
altos e altivos,
e todos os carvalhos de Basã;
¹⁴ para todos os montes elevados
e todas as colinas altas;
¹⁵ para toda torre imponente
e todo muro fortificado;
¹⁶ para todo navio mercante[b]
e todo barco de luxo.
¹⁷ A arrogância dos homens será abatida,
e o seu orgulho será humilhado.
Somente o Senhor será exaltado
naquele dia,
¹⁸ e os ídolos desaparecerão por completo.

¹⁹ Os homens fugirão
para as cavernas das rochas
e para os buracos da terra
por causa do terror
que vem do Senhor
e do esplendor da sua majestade
quando ele se levantar
para sacudir a terra.
²⁰ Naquele dia, os homens atirarão
aos ratos e aos morcegos
os ídolos de prata
e os ídolos de ouro
que fizeram para adorar.
²¹ Fugirão para as cavernas das rochas
e para as brechas dos penhascos,

[a] 2.9 Ou *exaltes*
[b] 2.16 Ou *de Társis*

por causa do terror
que vem do Senhor
e do esplendor da sua majestade
quando ele se levantar
para sacudir a terra.

²² Parem de confiar no homem,
cuja vida não passa de um sopro
em suas narinas.
Que valor ele tem?

Julgamento de Judá e de Jerusalém

3 Vejam! O Soberano,
o Senhor dos Exércitos,
logo irá retirar de Jerusalém e de Judá
todo o seu sustento,
tanto o suprimento de comida
como o suprimento de água,
² e também o herói e o guerreiro,
o juiz e o profeta,
o adivinho e a autoridade,
³ o capitão e o nobre,
o conselheiro, o conhecedor de magia
e o perito em maldições.
⁴ Porei jovens no governo;
irresponsáveis dominarão.
⁵ O povo oprimirá a si mesmo:
homem contra homem,
cada um contra o seu próximo.
O jovem se levantará contra o idoso,
o desprezível contra o nobre.

⁶ Um homem agarrará seu irmão,
um da família de seu pai, e lhe dirá:
"Você pelo menos tem um manto;
seja o nosso governante;
assuma o poder
sobre este monte de ruínas!"
⁷ Mas naquele dia ele exclamará:
"Não tenho remédios,
não há comida nem roupa em minha casa;
não me nomeiem governante do povo".

⁸ Jerusalém está em ruínas,
e o povo de Judá está caído;
suas palavras e suas ações
são contra o Senhor,
desafiando a sua presença gloriosa.
⁹ O jeito como olham testifica contra eles;
eles mostram seu pecado como Sodoma,
sem nada esconder.
Ai deles! Pois trouxeram desgraça
sobre si mesmos.

¹⁰ Digam aos justos que tudo lhes irá bem,
  pois comerão do fruto de suas ações.
¹¹ Mas, ai dos ímpios!
  Tudo lhes irá mal!
  Terão a retribuição
    pelo que fizeram as suas mãos.

¹² Meu povo é oprimido por uma criança;
  mulheres dominam sobre ele.
  Meu povo, os seus guias o enganam
    e o desviam do caminho.

¹³ O Senhor toma o seu lugar no tribunal;
  levanta-se para julgar os povos[a].
¹⁴ O Senhor entra em juízo
  contra as autoridades
  e contra os líderes do seu povo.
  "Vocês arruinaram a vinha,
    e o que foi roubado dos necessitados
    está nas suas casas.
¹⁵ Que pretendem vocês
  ao esmagarem o meu povo
  e ao moerem o rosto dos necessitados?"
  Quem pergunta é o Senhor,
    o Senhor dos Exércitos.

¹⁶ O Senhor diz:
"Por causa da arrogância
    das mulheres de Sião,
  que caminham de cabeça erguida,
  flertando com os olhos,
  desfilando com passos curtos,
  com enfeites tinindo em seus calcanhares,
¹⁷ o Senhor rapará a cabeça
    das mulheres de Sião;
  o Senhor porá a descoberto
    as suas vergonhas".

¹⁸ Naquele dia, o Senhor arrancará os enfeites delas: as pulseiras, as testeiras e os colares; ¹⁹ os pendentes, os braceletes e os véus; ²⁰ os enfeites de cabeça, as correntinhas de tornozelo, os cintos, os talismãs e os amuletos; ²¹ os anéis e os enfeites para o nariz; ²² as roupas caras, as capas, as mantilhas e as bolsas; ²³ os espelhos, as roupas de linho, as tiaras e os xales.

²⁴ Em vez de perfume haverá mau cheiro;
  em vez de cintos, corda;
  em vez de belos penteados, calvície;
  em vez de roupas finas, vestes
    de lamento;
  em vez de beleza, cicatrizes.
²⁵ Seus homens cairão ao fio da espada;
  seus guerreiros morrerão no combate.
²⁶ As portas de Sião se lamentarão
  e prantearão por causa disso;
  e, sem nada,
    a cidade se assentará no chão.

4 Naquele dia, sete mulheres
  agarrarão um homem e lhe dirão:
  "Nós mesmas providenciaremos
    nossa comida e nossas roupas;
  apenas case-se conosco[b]
    e livre-nos da vergonha
    de sermos solteiras!"

O Renovo do Senhor

² Naquele dia, o Renovo do Senhor será belo e glorioso, e o fruto da terra será o orgulho e a glória dos sobreviventes de Israel. ³ Os que forem deixados em Sião e ficarem em Jerusalém serão chamados santos: todos os inscritos para viverem em Jerusalém. ⁴ Quando o Senhor tiver lavado a impureza das mulheres de Sião e tiver limpado por meio de um espírito de julgamento e de um espírito[c] de fogo o sangue derramado em Jerusalém, ⁵ o Senhor criará sobre todo o monte Sião e sobre aqueles que se reunirem ali uma nuvem de dia e um clarão de fogo de noite. A glória tudo cobrirá ⁶ e será um abrigo e sombra para o calor do dia, refúgio e esconderijo contra a tempestade e a chuva.

A Canção da Vinha

5 Cantarei para o meu amigo
  o seu cântico
  a respeito de sua vinha:
  Meu amigo tinha uma vinha
    na encosta de uma fértil colina.
² Ele cavou a terra, tirou as pedras
    e plantou as melhores videiras.
  Construiu uma torre de sentinela
  e também fez um tanque de
    prensar uvas.
  Ele esperava que desse uvas boas,
    mas só deu uvas azedas.

³ "Agora, habitantes de Jerusalém
  e homens de Judá,
  julguem entre mim e a minha vinha.

---

[a] **3.13** A Septuaginta e a Versão Siríaca dizem *o seu povo*.
[b] **4.1** Hebraico: *queremos ser chamadas pelo seu nome*.
[c] **4.4** Ou *do Espírito de julgamento e do Espírito*

⁴ Que mais se poderia fazer por ela
   que eu não tenha feito?
Então, por que só produziu uvas azedas
   quando eu esperava uvas boas?
⁵ Pois eu digo a vocês o que vou fazer
   com a minha vinha:
Derrubarei a sua cerca
   para que ela seja transformada
      em pasto;
derrubarei o seu muro
   para que seja pisoteada.
⁶ Farei dela um terreno baldio;
   não será podada nem capinada;
espinheiros e ervas daninhas
   crescerão nela.
   Também ordenarei às nuvens
que não derramem chuva sobre ela."

⁷ Pois bem,
   a vinha do Senhor dos Exércitos
   é a nação de Israel,
e os homens de Judá
   são a plantação que ele amava.
Ele esperava justiça,
   mas houve derramamento de sangue;
esperava retidão,
   mas ouviu gritos de aflição.

Ais e Julgamentos

⁸ Ai de vocês que adquirem casas e
   mais casas,
propriedades e mais propriedades
até não haver mais lugar para ninguém
e vocês se tornarem
   os senhores absolutos da terra!
⁹ O Senhor dos Exércitos me disse:

"Sem dúvida muitas casas
   ficarão abandonadas,
as casas belas e grandes
   ficarão sem moradores.
¹⁰ Uma vinha de dez alqueires[a]
   só produzirá um pote[b] de vinho,
um barril[c] de semente
   só dará uma arroba[d] de trigo".

¹¹ Ai dos que se levantam cedo
   para embebedar-se,
e se esquentam com o vinho até a noite!
¹² Harpas, liras, tamborins, flautas e vinho
   há em suas festas,
mas não se importam
   com os atos do Senhor,
nem atentam para a obra
   que as suas mãos realizam.
¹³ Portanto, o meu povo vai para o exílio
   por falta de conhecimento.
A elite morrerá de fome;
   e as multidões, de sede.
¹⁴ Por isso o Sheol[e] aumenta o seu apetite
   e escancara a sua boca.
Para dentro dele descerão
   o esplendor da cidade e a sua riqueza,
o seu barulho e os que se divertem.
¹⁵ Por isso o homem será abatido,
   a humanidade se curvará,
e os arrogantes terão que baixar os olhos.
¹⁶ Mas o Senhor dos Exércitos
   será exaltado em sua justiça;
o Deus santo se mostrará santo
   em sua retidão.
¹⁷ Então ovelhas pastarão ali
   como em sua própria pastagem;
cordeiros[f] comerão nas ruínas dos ricos.

¹⁸ Ai dos que se prendem à iniquidade
   com cordas de engano
e ao pecado com cordas de carroça,
¹⁹ e dizem: "Que Deus apresse
   a realização da sua obra
para que a vejamos;
que se cumpra
o plano do Santo de Israel
para que o conheçamos".

²⁰ Ai dos que chamam ao mal bem
   e ao bem, mal,
que fazem das trevas luz
   e da luz, trevas,
do amargo, doce
   e do doce, amargo!
²¹ Ai dos que são sábios
   aos seus próprios olhos
e inteligentes em sua própria opinião!

---

[a] **5.10** Isto é, a terra arada num dia por dez parelhas de boi.
[b] **5.10** Hebraico: *bato*. O bato era uma medida de capacidade. As estimativas variam entre 20 e 40 litros.
[c] **5.10** Hebraico: *hômer*. O hômer era uma medida de capacidade para secos. As estimativas variam entre 200 e 400 litros.
[d] **5.10** Hebraico: *efa*. O efa era uma medida de capacidade para secos. As estimativas variam entre 20 e 40 litros.
[e] **5.14** Essa palavra pode ser traduzida por *sepultura*, *profundezas*, *pó* ou *morte*.
[f] **5.17** Conforme a Septuaginta. O Texto Massorético diz estrangeiros.

²² Ai dos que são campeões
    em beber vinho
e mestres em misturar bebidas,
²³ dos que por suborno
    absolvem o culpado,
mas negam justiça ao inocente!
²⁴ Por isso, assim como a palha
    é consumida pelo fogo
e o restolho é devorado pelas chamas,
assim também as suas raízes apodrecerão
e as suas flores, como pó,
    serão levadas pelo vento;
pois rejeitaram
    a lei do Senhor dos Exércitos,
desprezaram a palavra do Santo de Israel.
²⁵ Por tudo isso a ira do Senhor
    acendeu-se contra o seu povo,
e ele levantou sua mão para os ferir.
Os montes tremeram,
e os seus cadáveres
    estão como lixo nas ruas.

Apesar disso tudo,
    a ira dele não se desviou;
sua mão continua erguida.

²⁶ Ele levanta uma bandeira
    convocando uma nação distante
e assobia para um povo
    dos confins da terra.
Aí vêm eles rapidamente!
²⁷ Nenhum dos seus soldados
    se cansa nem tropeça,
nenhum deles cochila nem dorme,
nenhum afrouxa o cinto,
nenhum desamarra a correia
    das sandálias.
²⁸ As flechas deles estão afiadas,
    preparados estão todos
    os seus arcos;
os cascos dos seus cavalos
    são duros como pedra,
as rodas de seus carros
    são como um furacão.
²⁹ O rugido deles é como o do leão;
rugem como leões ferozes;
rosnam enquanto se apoderam da presa
    e a arrastam
    sem que ninguém possa livrá-la.
³⁰ Naquele dia, rugirão sobre Judá
    como o rugir do mar.
E, se alguém olhar para a terra de Israel,
    verá trevas e aflição;

até a luz do dia
    será obscurecida pelas nuvens.

O Chamado de Isaías

6 No ano em que o rei Uzias morreu, eu vi o Senhor assentado num trono alto e exaltado, e a aba de sua veste enchia o templo. ² Acima dele estavam serafins; cada um deles tinha seis asas: com duas cobriam o rosto, com duas cobriam os pés e com duas voavam. ³ E proclamavam uns aos outros:

"Santo, santo, santo
    é o Senhor dos Exércitos,
a terra inteira está cheia da sua glória".

⁴ Ao som das suas vozes os batentes das portas tremeram, e o templo ficou cheio de fumaça. ⁵ Então gritei: Ai de mim! Estou perdido! Pois sou um homem de lábios impuros e vivo no meio de um povo de lábios impuros; os meus olhos viram o Rei, o Senhor dos Exércitos! ⁶ Logo um dos serafins voou até mim trazendo uma brasa viva, que havia tirado do altar com uma tenaz. ⁷ Com ela tocou a minha boca e disse: "Veja, isto tocou os seus lábios; por isso, a sua culpa será removida, e o seu pecado será perdoado".
⁸ Então ouvi a voz do Senhor, conclamando: "Quem enviarei? Quem irá por nós?"
E eu respondi: Eis-me aqui. Envia-me!
⁹ Ele disse: "Vá e diga a este povo:

"Estejam sempre ouvindo,
    mas nunca entendam;
estejam sempre vendo,
    e jamais percebam.
¹⁰ Torne insensível o coração deste povo;
torne surdos os seus ouvidos
e feche os seus olhos.ᵃ
Que eles não vejam com os olhos,
não ouçam com os ouvidos
e não entendam com o coração,
para que não se convertam
    e sejam curados".

¹¹ Então eu perguntei:
Até quando, Senhor?
E ele respondeu:

ᵃ **6.9,10** A Septuaginta diz *Ainda que estejam sempre ouvindo, vocês nunca entenderão; ainda que estejam sempre vendo, vocês jamais perceberão. 10O coração desse povo se tornou insensível; de má vontade ouviram com os seus ouvidos, e fecharam os seus olhos.*

"Até que as cidades estejam em ruínas
  e sem habitantes,
até que as casas fiquem abandonadas
  e os campos estejam
    totalmente devastados,
¹² até que o Senhor tenha enviado
  todos para longe
  e a terra esteja totalmente desolada.
¹³ E ainda que um décimo fique no país,
  esses também serão destruídos.
Mas, assim como o terebinto e o carvalho
  deixam o tronco quando
    são derrubados,
assim a santa semente será o seu tronco".

O Sinal de Emanuel

7 Quando Acaz – filho de Jotão e neto de Uzias – era rei de Judá, o rei Rezim – da Síria – e Peca – filho de Remalias, rei de Israel – atacaram Jerusalém, mas não puderam vencê-la.

² Informaram ao rei: "A Síria montou acampamento em[a] Efraim". Com isso o coração de Acaz e do seu povo agitou-se, como as árvores da floresta agitam-se com o vento.

³ Então o Senhor disse a Isaías: "Saia e leve seu filho Sear-Jasube[b]. Vá encontrar-se com Acaz no final do aqueduto do açude Superior, na estrada que vai para o campo do Lavandeiro. ⁴ Diga a ele: Tenha cuidado, acalme-se e não tenha medo. Que o seu coração não desanime por causa do furor destes restos de lenha fumegantes: Rezim, a Síria e o filho de Remalias.

⁵ "Porque a Síria, Efraim e o filho de Remalias têm tramado a sua ruína, dizendo: ⁶ 'Vamos invadir o reino de Judá; vamos rasgá-lo e dividi-lo entre nós, e fazer o filho de Tabeel reinar sobre ele' ". ⁷ Assim diz o Soberano, o Senhor:

"Não será assim,
  isso não acontecerá,
⁸ pois a cabeça da Síria é Damasco,
  e a cabeça de Damasco é Rezim.
Em sessenta e cinco anos
  Efraim ficará muito arruinado
    para ser um povo.
⁹ A cabeça de Efraim é Samaria,
  e a cabeça de Samaria
    é o filho de Remalias.
Se vocês não ficarem firmes na fé,
  com certeza não resistirão!"

7.14 O Cristo seria Deus conosco e nasceria de uma virgem.
Cumprimento: Mateus 1.18-25
Próximo texto: Isaías 9.1-7

¹⁰ Disse ainda o Senhor a Acaz: ¹¹ "Peça ao Senhor, ao seu Deus, um sinal milagroso, seja das maiores profundezas, seja das alturas mais elevadas".

¹² Mas Acaz disse: "Não pedirei; não porei o Senhor à prova".

¹³ Disse então Isaías: "Ouçam agora, descendentes de Davi! Não basta abusarem da paciência dos homens? Também vão abusar da paciência do meu Deus? ¹⁴ Por isso o Senhor mesmo dará a vocês um sinal: a virgem ficará grávida, dará à luz um filho e o chamará[c] Emanuel[d]. ¹⁵ Ele comerá coalhada e mel até a idade em que saiba rejeitar o erro e escolher o que é certo. ¹⁶ Mas, antes que o menino saiba rejeitar o erro e escolher o que é certo, a terra dos dois reis que você teme ficará deserta. ¹⁷ O Senhor trará o rei da Assíria sobre você e sobre o seu povo e sobre a descendência de seu pai. Serão dias como nunca houve, desde que Efraim se separou de Judá".

¹⁸ Naquele dia, o Senhor assobiará para chamar as moscas dos distantes rios do Egito e as abelhas da Assíria. ¹⁹ Todas virão e pousarão nos vales íngremes e nas fendas das rochas, em todos os espinheiros e em todas as cisternas. ²⁰ Naquele dia, o Senhor utilizará uma navalha alugada de além do Eufrates[e], o rei da Assíria, para rapar a sua cabeça e os pelos de suas pernas e da sua barba. ²¹ Naquele dia, o homem que tiver uma vaca e duas cabras ²² terá coalhada para comer, graças à fartura de leite que elas darão. Todos os que ficarem na terra comerão coalhada e mel. ²³ Naquele dia, todo lugar onde havia mil videiras no valor de doze quilos[f] de prata será deixado para as roseiras bravas e para os espinheiros. ²⁴ Os homens entrarão ali com arcos e flechas, pois todo o país estará coberto de roseiras bravas e de espinheiros. ²⁵ E às colinas antes lavradas com enxada você não irá mais, porque terá medo das roseiras bravas

---

[a] **7.2** Ou *A Síria fez um acordo com*
[b] **7.3** Sear-Jasube significa *um remanescente voltará*.
[c] **7.14** Alguns manuscritos do mar Morto dizem *e ele o chamará*; outros dizem *e eles o chamarão*.
[d] **7.14** *Emanuel* significa *Deus conosco*.
[e] **7.20** Hebraico: *do Rio*.
[f] **7.23** Hebraico: *1.000 siclos*. Um siclo equivalia a 12 gramas.

e dos espinheiros; nesses lugares os bois ficarão à solta e as ovelhas correrão livremente.

Assíria, Instrumento do Senhor

8 O Senhor me disse: "Tome uma placa de bom tamanho e nela escreva de forma legível: Maher-Shalal-Hash-Baz[a]. ² E chame o sacerdote Urias e Zacarias, filho de Jeberequias, como testemunhas de confiança".

³ Então deitei-me com a profetisa[b], e ela engravidou e deu à luz um filho. E o Senhor me disse: "Dê-lhe o nome de Maher-Shalal-Hash-Baz. ⁴ Pois, antes que o menino saiba dizer 'papai' ou 'mamãe', a riqueza de Damasco e os bens de Samaria serão levados pelo rei da Assíria".

⁵ O Senhor tornou a falar-me:

⁶ "Já que este povo rejeitou
as águas de Siloé, que fluem
mansamente,
e alegrou-se com Rezim
e com o filho de Remalias,
⁷ o Senhor está trazendo contra eles
as poderosas e devastadoras
águas do Eufrates[c],
o rei da Assíria com todo o seu poderio.
Elas transbordarão
em todos os seus canais,
encobrirão todas as suas margens
⁸ e inundarão Judá,
cobrindo-o até o pescoço.
Seus braços abertos se espalharão
por toda a tua terra, ó Emanuel[d]!"

⁹ Continuem a fazer o mal, ó nações,
e vocês serão destruídas!
Escutem, terras distantes:
Ainda que vocês se preparem
para o combate,
serão destruídas!
Sim, mesmo que se preparem
para o combate,
vocês serão destruídas!
¹⁰ Mesmo que vocês criem estratégias,
elas serão frustradas;
mesmo que façam planos,
não terão sucesso,
pois Deus está conosco!

---

[a] **8.1** *Maher-Shalal-Hash-Baz* significa *rapidamente até os despojos, agilmente até a pilhagem*; também no versículo 3.
[b] **8.3** Isto é: mulher do profeta
[c] **8.7** Hebraico: *do Rio*.
[d] **8.8** *Emanuel* significa *Deus conosco*.

Temam a Deus

¹¹ O Senhor falou comigo com veemência[e], advertindo-me a não seguir o caminho desse povo. Ele disse:

¹² "Não chamem conspiração
a tudo o que esse povo chama
conspiração;[f]
não temam aquilo que eles temem,
nem se apavorem.
¹³ O Senhor dos Exércitos
é que vocês devem considerar santo,
a ele é que vocês devem temer,
dele é que vocês devem ter pavor.
¹⁴ Para os dois reinos de Israel
ele será um santuário,
mas também uma pedra de tropeço,
uma rocha que faz cair.
E para os habitantes de Jerusalém
ele será uma armadilha e um laço.
¹⁵ Muitos deles tropeçarão,
cairão e serão despedaçados,
presos no laço e capturados".

¹⁶ Guarde o mandamento com cuidado
e sele a lei entre os meus discípulos.
¹⁷ Esperarei pelo Senhor,
que está escondendo o seu rosto
da descendência de Jacó.
Nele porei a minha esperança.

¹⁸ Aqui estou eu com os filhos que o Senhor me deu. Em Israel somos sinais e símbolos da parte do Senhor dos Exércitos, que habita no monte Sião.

¹⁹ Quando disserem a vocês: "Procurem um médium ou alguém que consulte os espíritos e murmure encantamentos, pois todos recorrem a seus deuses e aos mortos em favor dos vivos", ²⁰ respondam: "À lei e aos mandamentos!" Se eles não falarem conforme esta palavra, vocês jamais verão a luz! ²¹ Aflitos e famintos vaguearão pela terra; quando estiverem famintos, ficarão irados e, olhando para cima, amaldiçoarão o seu rei e o seu Deus. ²² Depois olharão para a terra e só verão aflição, trevas e temível escuridão, e serão atirados em densas trevas.

---

[e] **8.11** Hebraico: *com forte mão*.
[f] **8.12** Ou *Não peça um tratado todas as vezes que esse povo pedir um tratado;*

ISAÍAS 9.1

O Nascimento do Príncipe da Paz

9 Contudo, não haverá mais escuridão para os que estavam aflitos. No passado ele humilhou a terra de Zebulom e de Naftali, mas no futuro honrará a Galileia dos gentios, o caminho do mar, junto ao Jordão.

² O povo que caminhava em trevas
 viu uma grande luz;
sobre os que viviam na terra
 da sombra da morte[a]
 raiou uma luz.
³ Fizeste crescer a nação
 e aumentaste a sua alegria;
eles se alegram diante de ti
 como os que se regozijam na colheita,
como os que exultam
 quando dividem os bens tomados na
  batalha.
⁴ Pois tu destruíste o jugo
 que os oprimia,
a canga que estava sobre os seus ombros
 e a vara de castigo do seu opressor,
como no dia da derrota de Midiã.
⁵ Pois toda bota de guerreiro
 usada em combate
e toda veste revolvida em sangue
 serão queimadas,
 como lenha no fogo.
⁶ Porque um menino nos nasceu,
 um filho nos foi dado,
e o governo está sobre os seus ombros.
E ele será chamado
Maravilhoso Conselheiro[b], Deus Poderoso,
 Pai Eterno, Príncipe da Paz.
⁷ Ele estenderá o seu domínio,
 e haverá paz sem fim
sobre o trono de Davi
 e sobre o seu reino,
estabelecido e mantido
 com justiça e retidão
desde agora e para sempre.
O zelo do Senhor dos Exércitos fará isso.

A Ira do Senhor contra Israel

⁸ O Senhor enviou uma mensagem
 contra Jacó,
 e ela atingiu Israel.
⁹ Todo o povo ficará sabendo,
 tanto Efraim como

---

[a] 9.2 Ou *terra das trevas*
[b] 9.6 Ou *chamado Maravilhoso, Conselheiro*

9.1-7 O Cristo, Deus encarnado, nasceria entre os homens, resgataria Israel de toda a opressão e inauguraria um reino eterno cheio de luz, alegria e paz.
Cumprimento: Mateus 4.12-17; Apocalipse 19.11—22.5
Próximo texto: Isaías 11.1-10

---

os habitantes de Samaria,
que dizem com orgulho
 e arrogância de coração:
¹⁰ "Os tijolos caíram,
 mas nós reconstruiremos
  com pedras lavradas;
as figueiras bravas foram derrubadas,
 mas nós as substituiremos por cedros".
¹¹ Mas o Senhor fortaleceu
 os adversários de Rezim para atacá-los
e incitou contra eles os seus inimigos.
¹² Os arameus do leste
 e os filisteus do oeste
devoraram Israel, escancarando a boca.

Apesar disso tudo,
 a ira divina não se desviou;
sua mão continua erguida.

¹³ Mas o povo não voltou
 para aquele que o feriu,
nem buscou o Senhor dos Exércitos.
¹⁴ Por essa razão o Senhor corta de Israel
 tanto a cabeça como a cauda,
 tanto a palma como o junco,
 num único dia;
¹⁵ as autoridades e os homens de destaque
 são a cabeça,
os profetas que ensinam mentiras
 são a cauda.
¹⁶ Aqueles que guiam este povo
 o desorientam,
e aqueles que são guiados
 deixam-se induzir ao erro.
¹⁷ Por isso o Senhor não terá nos jovens
 motivo de alegria,
nem terá piedade dos órfãos e das viúvas,
pois todos são hipócritas e perversos,
 e todos falam loucuras.

Apesar disso tudo,
 a ira dele não se desviou;
sua mão continua erguida.

¹⁸ Porque a impiedade queima como fogo;
consome roseiras bravas e espinheiros,
põe em chamas os matagais da floresta,
  fazendo nuvens de fumaça.
¹⁹ Pela ira do Senhor dos Exércitos
  a terra será ressecada,
e o povo será como lenha no fogo;
  ninguém poupará seu irmão.
²⁰ À direita devorarão,
  mas ainda estarão com fome;
à esquerda comerão,
  mas não ficarão satisfeitos.
Cada um comerá a carne
  do seu próprio irmão^a.
²¹ Manassés contra Efraim,
  Efraim contra Manassés,
e juntos eles se voltarão contra Judá.

Apesar disso tudo,
  a ira divina não se desviou;
sua mão continua erguida.

10 Ai daqueles que fazem leis injustas,
  que escrevem decretos opressores,
² para privar os pobres dos seus direitos
  e da justiça os oprimidos do meu povo,
fazendo das viúvas sua presa
  e roubando dos órfãos!
³ Que farão vocês no dia do castigo,
  quando a destruição
    vier de um lugar distante?
Atrás de quem vocês correrão
  em busca de ajuda?
Onde deixarão
  todas as suas riquezas?
⁴ Nada poderão fazer,
  a não ser encolher-se entre
    os prisioneiros
  ou cair entre os mortos.

Apesar disso tudo,
  a ira divina não se desviou;
sua mão continua erguida.

O Juízo de Deus sobre a Assíria

⁵ "Ai dos assírios, a vara do meu furor,
  em cujas mãos está o bastão da
    minha ira!
⁶ Eu os envio contra uma nação ímpia,
  contra um povo que me enfurece,
para saqueá-lo e arrancar-lhe os bens,
e para pisoteá-lo como a lama
  das ruas.
⁷ Mas não é o que eles pretendem,
  não é o que têm planejado;
antes, o seu propósito é destruir
  e dar fim a muitas nações.
⁸ 'Os nossos comandantes
  não são todos reis?', eles perguntam.
⁹ Acaso não aconteceu a Calno
  o mesmo que a Carquemis?
Hamate não é como Arpade
  e Samaria como Damasco?
¹⁰ Assim como esses reinos idólatras
  foram conquistados por minha mão,
reinos cujas imagens
  eram mais numerosas
que as de Jerusalém e de Samaria,
¹¹ eu tratarei Jerusalém e suas imagens
  como tratei Samaria e seus ídolos."

¹² Quando o Senhor terminar toda a sua obra contra o monte Sião e contra Jerusalém, ele dirá: "Castigarei o rei da Assíria pelo orgulho obstinado de seu coração e pelo seu olhar arrogante. ¹³ Pois ele diz:

" 'Com a força da minha mão eu o fiz,
  e com a minha sabedoria,
porque tenho entendimento.
Removi as fronteiras das nações,
  saqueei os seus tesouros;
como um poderoso
  subjuguei seus habitantes^b.
¹⁴ Como se estica o braço
  para alcançar um ninho,
assim estiquei o braço
  para apanhar a riqueza das nações;
como os que ajuntam ovos abandonados,
  assim ajuntei toda a terra;
não houve ninguém que batesse as asas
  ou que desse um pio' ".

¹⁵ Será que o machado se exalta
  acima daquele que o maneja,
ou a serra se vangloria
  contra aquele que a usa?
Seria como se uma vara manejasse
  quem a ergue,
ou o bastão levantasse
  quem não é madeira!

---

^a 9.20 Ou *braço*   ^b 10.13 Ou *poderosos*

¹⁶ Por isso o Soberano,
  o Senhor dos Exércitos,
enviará uma enfermidade devastadora
  sobre os seus fortes guerreiros;
no lugar da sua glória
  se acenderá um fogo
  como chama abrasadora.
¹⁷ A Luz de Israel se tornará um fogo;
  o seu Santo, uma chama.
Num único dia ela queimará e consumirá
  os seus espinheiros
  e as suas roseiras bravas.
¹⁸ A glória das suas florestas
  e dos seus campos férteis
se extinguirá totalmente
  como definha um enfermo.
¹⁹ E as árvores que sobrarem
  nas suas florestas serão tão poucas
  que até uma criança poderá contá-las.

O Remanescente de Israel

²⁰ Naquele dia, o remanescente de Israel,
  os sobreviventes da descendência
    de Jacó,
já não confiarão naquele que os feriu;
  antes confiarão no Senhor,
    no Santo de Israel, com toda a
      fidelidade.
²¹ Um remanescente voltaráᵃ,
  sim, o remanescente de Jacó
    voltará para o Deus Poderoso.
²² Embora o seu povo, ó Israel,
  seja como a areia do mar,
apenas um remanescente voltará.
A destruição já foi decretada
  e virá transbordante de justiça.
²³ O Soberano, o Senhor dos Exércitos,
  executará a destruição decretada
    contra todo o país.

²⁴ Por isso o Soberano,
o Senhor dos Exércitos, diz:

"Povo meu que vive em Sião,
  não tenha medo dos assírios
quando eles o espancam com uma vara
e erguem contra você um bastão
  como fez o Egito.
²⁵ Muito em breve o meu furor passará,
  e a minha ira se voltará
    para a destruição deles".

ᵃ **10.21** Hebraico: *Sear-Jasube*; também no versículo 22.

²⁶ O Senhor dos Exércitos
  os flagelará com um chicote,
como fez quando feriu Midiã
  na rocha de Orebe;
ele erguerá o seu cajado contra o mar
  como fez no Egito.
²⁷ Naquele dia, o fardo deles
  será tirado dos seus ombros,
  e o jugo deles do seu pescoço;
o jugo se quebrará
  porque vocês estarão muito gordos!ᵇ

²⁸ Eles entram em Aiate;
  passam por Migrom;
  guardam suprimentos em Micmás.
²⁹ Atravessam o vale e dizem:
  "Passaremos a noite acampados em Geba".
Ramá treme; Gibeá de Saul foge.
³⁰ Clamem, ó habitantes de Galim!
  Escute, ó Laís! Pobre Anatote!
³¹ Madmena está em fuga;
  o povo de Gebim esconde-se.
³² Hoje eles vão parar em Nobe;
sacudirão o punho para
  o monte da cidadeᶜ de Sião,
  para a colina de Jerusalém.

³³ Vejam! O Soberano,
  o Senhor dos Exércitos,
cortará os galhos com grande força.
As árvores altivas serão derrubadas,
  as altas serão lançadas por terra.
³⁴ Com um machado ele ceifará a floresta;
  o Líbano cairá diante do Poderoso.

O Ramo de Jessé

11 Um ramo surgirá do tronco de Jessé,
e das suas raízes brotará um renovo.

11.1-10 O Cristo descenderia da linhagem de Davi, agiria no poder do Espírito Santo de Deus, julgaria com justiça e inauguraria um reinado universal no qual haveria paz.
Cumprimento: Mateus 1.1; 3.16,17; Apocalipse 19.11—20.6; 22.16
Próximo texto: Isaías 35.5,6

ᵇ **10.27** A Septuaginta diz *será quebrado dos seus ombros*.
ᶜ **10.32** Hebraico: *filha*.

² O Espírito do Senhor
  repousará sobre ele,
o Espírito que dá sabedoria e
  entendimento,
  o Espírito que traz conselho e poder,
  o Espírito que dá conhecimento
  e temor do Senhor.
³ E ele se inspirará no temor do Senhor.

Não julgará pela aparência,
  nem decidirá com base no que ouviu;
⁴ mas com retidão julgará os necessitados,
  com justiça tomará decisões
em favor dos pobres.
  Com suas palavras,
como se fossem um cajado,
  ferirá a terra;
com o sopro de sua boca
  matará os ímpios.
⁵ A retidão será a faixa de seu peito,
  e a fidelidade o seu cinturão.

⁶ O lobo viverá com o cordeiro,
  o leopardo se deitará com o bode,
o bezerro, o leão e o novilho gordo
  pastarão juntos;ª
e uma criança os guiará.
⁷ A vaca se alimentará com o urso,
  seus filhotes se deitarão juntos,
  e o leão comerá palha como o boi.
⁸ A criancinha brincará
  perto do esconderijo da cobra,
  a criança colocará a mão
  no ninho da víbora.
⁹ Ninguém fará nenhum mal,
  nem destruirá coisa alguma
em todo o meu santo monte,
  pois a terra se encherá
do conhecimento do Senhor
  como as águas cobrem o mar.

¹⁰ Naquele dia, as nações buscarão a Raiz de Jessé, que será como uma bandeira para os povos, e o seu lugar de descanso será glorioso. ¹¹ Naquele dia, o Senhor estenderá o braço pela segunda vez para reivindicar o remanescente do seu povo que for deixado na Assíria, no Egito, em Patrosᵇ, na Etiópiaᶜ, em Elão, em Sinearᵈ, em Hamate e nas ilhas do mar.

¹² Ele erguerá uma bandeira para as nações
  a fim de reunir os exilados de Israel;
ajuntará o povo disperso de Judá
  desde os quatro cantos da terra.
¹³ O ciúme de Efraim desaparecerá,
  e a hostilidade de Judá será eliminada;
Efraim não terá ciúme de Judá,
  nem Judá será hostil a Efraim.
¹⁴ Eles se infiltrarão pelas encostas
  da Filístia, a oeste;
  juntos saquearão o povo do leste.
Porão as mãos sobre Edom e Moabe,
  e os amonitas lhes estarão sujeitos.
¹⁵ O Senhor fará secar o golfo do mar
  do Egito;
  com um forte vento varrerá com a mão
  o Eufratesᵉ
e o dividirá em sete riachos,
  para que se possa atravessá-lo de
  sandálias.
¹⁶ Haverá uma estrada
  para o remanescente do seu povo
  que for deixado na Assíria,
  como houve para Israel
  quando saiu do Egito.

Ação de Graças

12 Naquele dia, você dirá:

"Eu te louvarei, Senhor!
  Pois estavas irado contra mim,
mas a tua ira desviou-se,
  e tu me consolaste.
² Deus é a minha salvação;
  terei confiança e não temerei.
O Senhor, sim, o Senhor
  é a minha força e o meu cântico;
ele é a minha salvação!"
³ Com alegria vocês tirarão água
  das fontes da salvação.

⁴ Naquele dia, vocês dirão:

"Louvem o Senhor,
  invoquem o seu nome;

anunciem entre as nações os seus feitos,
  e façam-nas saber
que o seu nome é exaltado.
⁵ Cantem louvores ao Senhor,
  pois ele tem feito coisas gloriosas,

ª 11.6 A Septuaginta diz o *bezerro e o leão comerão juntos.*
ᵇ 11.11 Ou *alto Egito*
ᶜ 11.11 Hebraico: *Cuxe.*
ᵈ 11.11 Ou *Babilônia*

ᵉ 11.15 Hebraico: *o Rio.*

sejam elas conhecidas em todo o mundo.
⁶ Gritem bem alto e cantem de alegria,
   habitantes de Sião,
pois grande é o Santo de Israel
no meio de vocês".

Profecia contra a Babilônia

13 Advertência contra a Babilônia, que Isaías, filho de Amoz, recebeu em visão:

² Levantem uma bandeira no topo
   de uma colina desnuda,
gritem a eles;
   chamem-lhes com um aceno,
para que entrem pelas portas dos nobres.
³ Eu mesmo ordenei aos meus santos;
   para executarem a minha ira
já convoquei os meus guerreiros,
   os que se regozijam
com o meu triunfo.

⁴ Escutem! Há um barulho nos montes
   como o de uma grande multidão!
Escutem! É uma gritaria entre os reinos,
   como nações formando
uma imensa multidão!
   O Senhor dos Exércitos está reunindo
um exército para a guerra.
⁵ Eles vêm de terras distantes,
   lá dos confins dos céus;
o Senhor e as armas da sua ira,
   para destruírem todo o país.

⁶ Chorem, pois o dia do Senhor
   está perto;
virá como destruição
da parte do Todo-poderoso.
⁷ Por isso, todas as mãos ficarão trêmulas,
   o coração de todos os homens se derreterá.
⁸ Ficarão apavorados,
   dores e aflições os dominarão;
eles se contorcerão como a mulher
   em trabalho de parto.
Olharão chocados uns para os outros,
   com os rostos em fogo.

⁹ Vejam! O dia do Senhor está perto,
   dia cruel, de ira e grande furor,
para devastar a terra
   e destruir os seus pecadores.
¹⁰ As estrelas do céu
   e as suas constelações
não mostrarão a sua luz.
   O sol nascente escurecerá,
e a lua não fará brilhar a sua luz.
¹¹ Castigarei o mundo
   por causa da sua maldade,
os ímpios pela sua iniquidade.
   Darei fim à arrogância dos altivos
e humilharei o orgulho dos cruéis.
¹² Tornarei o homem mais escasso
   do que o ouro puro,
mais raro do que o ouro de Ofir.
¹³ Por isso farei o céu tremer,
   e a terra se moverá do seu lugar
diante da ira do Senhor dos Exércitos
   no dia do furor da sua ira.

¹⁴ Como a gazela perseguida,
   como a ovelha que ninguém recolhe,
cada um voltará para o seu povo,
   cada um fugirá para a sua terra.
¹⁵ Todo o que for capturado
   será traspassado;
todos os que forem apanhados
   cairão à espada.
¹⁶ Seus bebês serão despedaçados
   diante dos seus olhos;
suas casas serão saqueadas
   e suas mulheres, violentadas.

¹⁷ Vejam! Eu despertarei
   contra eles os medos,
que não se interessam pela prata
   nem se deleitam com o ouro.
¹⁸ Seus arcos ferirão os jovens,
   e eles não terão misericórdia
      dos bebês,
nem olharão com compaixão
   para as crianças.
¹⁹ Babilônia, a joia dos reinos,
   o esplendor do orgulho dos babilônios[a],
será destruída por Deus,
   à semelhança de Sodoma e Gomorra.
²⁰ Nunca mais será repovoada
   nem habitada, de geração em geração;
o árabe não armará ali a sua tenda
   e o pastor não fará descansar ali
o seu rebanho.
²¹ Mas as criaturas do deserto lá estarão,
   e as suas casas se encherão de chacais;
nela habitarão corujas
   e saltarão bodes selvagens.

---

[a] 13.19 Ou *caldeus*

²² As hienas uivarão em suas fortalezas,
   e os chacais em seus luxuosos palácios.
O tempo dela está terminando,
   e os seus dias não serão prolongados.

14

O Senhor terá compaixão de Jacó;
   tornará a escolher Israel
e os estabelecerá em sua própria terra.
   Os estrangeiros se juntarão a eles
   e farão parte da descendência de Jacó.
² Povos os apanharão e os levarão
   ao seu próprio lugar.
E a descendência de Israel
   possuirá os povos
como servos e servas na terra do Senhor.
Farão prisioneiros os seus captores
   e dominarão sobre os seus opressores.

³ No dia em que o Senhor der descanso do sofrimento, da perturbação e da cruel escravidão que sobre você foi imposta, ⁴ você zombará assim do rei da Babilônia:

Como chegou ao fim o opressor!
   Sua arrogância[a] acabou-se!
⁵ O Senhor quebrou a vara dos ímpios,
   o cetro dos governantes
⁶ que irados feriram os povos
   com golpes incessantes
e enfurecidos subjugaram as nações
   com perseguição implacável.
⁷ Toda a terra descansa tranquila,
   todos irrompem em gritos de alegria.
⁸ Até os pinheiros e os cedros do Líbano
   alegram-se por sua causa e dizem:
"Agora que você foi derrubado,
   nenhum lenhador vem derrubar-nos!"

⁹ Nas profundezas
o Sheol[b] está todo agitado
para recebê-lo quando chegar.
   Por sua causa ele desperta
os espíritos dos mortos,
   todos os governantes da terra.
Ele os faz levantar-se dos seus tronos,
   todos os reis dos povos.
¹⁰ Todos responderão e dirão a você:
   "Você também perdeu as forças como nós,
   e tornou-se como um de nós".

¹¹ Sua soberba foi lançada na sepultura,
   junto com o som das suas liras;
sua cama é de larvas,
   sua coberta, de vermes.

¹² Como você caiu dos céus,
   ó estrela da manhã, filho da alvorada!
Como foi atirado à terra,
   você, que derrubava as nações!
¹³ Você, que dizia no seu coração:
"Subirei aos céus;
erguerei o meu trono
   acima das estrelas de Deus;
eu me assentarei no monte da assembleia,
   no ponto mais elevado do monte santo[c].
¹⁴ Subirei mais alto
   que as mais altas nuvens;
serei como o Altíssimo".
¹⁵ Mas às profundezas do Sheol
   você será levado,
irá ao fundo do abismo!

¹⁶ Os que olham para você
   admiram-se da sua situação,
e a seu respeito ponderam:
"É esse o homem que fazia tremer
      a terra,
abalava os reinos,
¹⁷ fez do mundo um deserto,
   conquistou cidades
e não deixou que os seus prisioneiros
   voltassem para casa?"

¹⁸ Todos os reis das nações
   jazem honrosamente,
cada um em seu próprio túmulo.
¹⁹ Mas você é atirado fora do seu túmulo,
   como um galho rejeitado;
como as roupas dos mortos
   que foram feridos à espada;
como os que descem às pedras da cova;
   como um cadáver pisoteado,
²⁰ você não se unirá a eles
   num sepultamento,
pois destruiu a sua própria terra
   e matou o seu próprio povo.
Nunca se mencione
   a descendência dos malfeitores!
²¹ Preparem um local para matar
   os filhos dele

---

[a] **14.4** Conforme os manuscritos do mar Morto, a Septuaginta e a Versão Siríaca.
[b] **14.9** Essa palavra pode ser traduzida por *sepultura*, *profundezas*, *pó* ou *morte*; também no versículo 15.
[c] **14.13** Ou *alto do norte*. Hebraico: *zafon*.

por causa da iniquidade
  dos seus antepassados;
para que eles não se levantem
  para herdar a terra
e cobri-la de cidades.

²² "Eu me levantarei contra eles",
  diz o Senhor dos Exércitos.
"Eliminarei da Babilônia o seu nome
  e os seus sobreviventes,
sua prole e os seus descendentes",
  diz o Senhor.
²³ "Farei dela um lugar para corujas
  e uma terra pantanosa;
vou varrê-la com a vassoura da destruição",
  diz o Senhor dos Exércitos.

Profecia contra a Assíria

²⁴ O Senhor dos Exércitos jurou:

"Certamente, como planejei,
  assim acontecerá,
e, como pensei, assim será.
²⁵ Esmagarei a Assíria na minha terra;
  nos meus montes a pisotearei.
O seu jugo será tirado do meu povo,
  e o seu fardo, dos ombros dele".

²⁶ Esse é o plano estabelecido
  para toda a terra;
essa é a mão estendida
  sobre todas as nações.
²⁷ Pois esse é o propósito
  do Senhor dos Exércitos;
quem pode impedi-lo?
  Sua mão está estendida;
quem pode fazê-la recuar?

Profecia contra os Filisteus

²⁸ Esta advertência veio no ano em que o rei Acaz morreu:

²⁹ Vocês, filisteus, todos vocês,
  não se alegrem
porque a vara que os feria está
    quebrada!
  Da raiz da cobra brotará uma víbora,
  e o seu fruto será uma serpente veloz.
³⁰ O mais pobre dos pobres
  achará pastagem,
e os necessitados descansarão
  em segurança.
Mas eu matarei de fome
  a raiz de vocês,
e ela matará os seus sobreviventes.

³¹ Lamente, ó porta! Clame, ó cidade!
  Derretam-se todos vocês, filisteus!
Do norte vem um exército,
  e ninguém desertou de suas fileiras.
³² Que resposta se dará
  aos emissários daquela nação?
Esta: "O Senhor estabeleceu Sião,
  e nela encontrarão refúgio
os aflitos do seu povo".

Profecia contra Moabe

15 Advertência contra Moabe:

Sim, na noite em que foi destruída,
  Ar, em Moabe, ficou arruinada!
E, na noite em que foi destruída,
  Quir, em Moabe, ficou arruinada!
² Sobe-se ao templo em Dibom,
  a seus altares idólatras, para chorar;
por causa de Nebo e de Medeba
  Moabe pranteia.
Todas as cabeças estão rapadas
  e toda barba foi cortada.
³ Nas ruas andam vestidos
  de roupas de lamento;
nos terraços e nas praças públicas
  todos pranteiam e se prostram chorando.
⁴ Hesbom e Eleale clamam;
  até Jaaz as suas vozes são ouvidas.
Por isso os homens armados
  de Moabe gritam,
e o coração deles treme.

⁵ O meu coração clama
  por causa de Moabe!
Os seus fugitivos vão até Zoar,
  até Eglate-Selisia.
Sobem pelo caminho de Luíte
  caminhando e chorando.
Pela estrada de Horonaim
  levantam clamor em face da
    destruição,
⁶ porque as águas de Ninrim secaram-se,
  a pastagem secou-se
e a vegetação morreu;
  todo o verde desapareceu!
⁷ Por isso, a riqueza que adquiriram
  e armazenaram
eles levam para além
  do riacho dos Salgueiros.

⁸ Com efeito, seu clamor espalha-se
    por todo o território de Moabe;
sua lamentação até Eglaim,
    até Beer-Elim.
⁹ Ainda que as águas de Dimom*ᵃ*
    estejam cheias de sangue,
trarei mais mal sobre Dimom:
    um leão sobre os fugitivos de Moabe
e sobre aqueles que permanecem
    na terra.

16 Enviem cordeiros como tributo
    ao governante da terra,
desde Selá, atravessando o deserto,
    até o monte Sião.
² Como aves perdidas,
    lançadas fora do ninho,
assim são os habitantes de Moabe
    nos lugares de passagem do Arnom.

³ "Dá conselhos e propõe uma decisão.
    Torna a tua sombra como a noite
em pleno meio-dia
    e esconde os fugitivos;
não deixes ninguém saber
    onde estão os refugiados.
⁴ Que os fugitivos moabitas
    habitem contigo;
sê para eles abrigo contra o destruidor."

O opressor há de ter fim,
    a destruição se acabará
e o agressor desaparecerá da terra.
⁵ Então, em amor será firmado um
    trono;
em fidelidade um homem
    se assentará nele na tenda de Davi:
um Juiz que busca a justiça
    e se apressa em defender o que é justo.

⁶ Ouvimos acerca da soberba de Moabe:
    da sua arrogância exagerada,
de todo o seu orgulho e do seu ódio;
    mas tudo isso não vale nada.
⁷ Por isso choram os moabitas,
    todos choram por Moabe.
Cada um se lamenta e se entristece
    pelos bolos de passas de Quir-
    -Haresete.
⁸ As lavouras de Hesbom estão murchas,
    como também as videiras de Sibma.

Os governantes das nações
    pisotearam as melhores videiras,
que antes chegavam até Jazar
    e estendiam-se para o deserto.
Seus brotos espalhavam-se
    e chegavam ao mar.
⁹ Por isso eu choro, como Jazar chora,
    por causa das videiras de Sibma.
Hesbom, Eleale, com minhas lágrimas
    eu as encharco!
Pois não se ouvem mais os gritos
    de alegria
por seus frutos e por suas colheitas.
¹⁰ Foram-se a alegria
    e a exultação dos pomares;
ninguém canta nem grita nas vinhas;
    ninguém pisa as uvas nos lagares,
pois fiz cessar os gritos de alegria.
¹¹ Por isso as minhas entranhas gemem
    como harpa por Moabe;
o íntimo do meu ser
    estremece por Quir-Heres.
¹² Quando Moabe se apresentar cansado
    nos lugares altos
e for ao seu santuário,
    nada conseguirá.

¹³ Essa palavra o Senhor já havia falado acerca de Moabe. ¹⁴ Mas agora o Senhor diz: "Dentro de três anos, e nem um dia mais,*ᵇ* o esplendor de Moabe e toda a sua grande população serão desprezados, e os seus sobreviventes serão poucos e fracos."

Mensagem contra Damasco

17 Advertência contra Damasco:

Damasco deixará de ser cidade;
    vai se tornar um monte de ruínas.
² Suas cidades serão abandonadas;
    serão entregues aos rebanhos
que ali se deitarão,
    e ninguém os espantará.
³ Efraim deixará de ser uma fortaleza,
    e Damasco uma realeza;
o remanescente de Arã será
    como a glória dos israelitas,
anuncia o Senhor dos Exércitos.

⁴ Naquele dia, a glória de Jacó se definhará,
    e a gordura do seu corpo se consumirá.

ᵃ **15.9** Alguns manuscritos dizem *Dibom*.   *ᵇ* **16.14** Hebraico: *como os anos de um contrato de trabalho.*

⁵ Será como quando
  um ceifeiro junta o trigo
e colhe as espigas com o braço,
  como quando se apanham
os feixes de trigo
  no vale de Refaim.
⁶ Contudo, restarão algumas espigas,
  como, quando se sacode uma oliveira,
ficam duas ou três azeitonas
  nos galhos mais altos
e umas quatro ou cinco
  nos ramos mais produtivos,
anuncia o Senhor, o Deus de Israel.

⁷ Naquele dia, os homens olharão
  para aquele que os fez
e voltarão os olhos para o Santo de Israel.
⁸ Não olharão para os altares,
  obra de suas mãos,
e não darão a mínima atenção
  aos postes sagrados
e aos altares de incenso
  que os seus dedos fizeram.

⁹ Naquele dia, as suas cidades fortes, que tinham sido abandonadas por causa dos israelitas, serão como lugares entregues aos bosques e ao mato. E tudo será desolação.

¹⁰ Porque vocês se esqueceram de Deus,
  do seu Salvador,
e não se lembraram da Rocha,
  da fortaleza de vocês.
Por isso, embora vocês cultivem
  as melhores plantas,
  videiras importadas,
¹¹ as façam crescer
  no dia em que as semearem
e as façam florescer de manhã,
  não haverá colheita
no dia da tristeza e do mal irremediável.

¹² Ah! O bramido das numerosas nações;
  bramam como o mar!
Ah, o rugido dos povos;
  rugem como águas impetuosas!
¹³ Embora os povos rujam como
  ondas encapeladas,
quando ele os repreender,
  fugirão para longe,
carregados pelo vento
  como palha nas colinas,
como galhos arrancados pela ventania.

¹⁴ Ao cair da tarde, pavor repentino!
  Antes do amanhecer, já se foram!
Esse é o destino dos que nos saqueiam,
  essa é a parte que caberá aos
  que roubam.

Profecia contra a Etiópia

18 Ai da terra do zumbido de insetos[a]
  ao longo dos rios da Etiópia[b],
² que manda emissários pelo mar
  em barcos de papiro sobre as águas.

Vão, ágeis mensageiros,
  a um povo alto e de pele macia,
a um povo temido
  pelos que estão perto
e pelos que estão longe,
  nação agressiva e de fala estranha,
cuja terra é dividida por rios.

³ Todos vocês, habitantes do mundo,
  vocês que vivem na terra,
quando a bandeira for erguida
  sobre os montes, vocês a verão,
e, quando soar a trombeta,
  vocês a ouvirão.
⁴ Assim diz o Senhor:
"Do lugar onde moro
ficarei olhando, quieto
  como o ardor do sol reluzente,
como a nuvem de orvalho
  no calor do tempo da colheita".
⁵ Pois, antes da colheita,
  quando a floração der lugar ao fruto
e as uvas amadurecerem,
  ele cortará os brotos com a podadeira
e tirará os ramos longos.
⁶ Serão todos entregues
  aos abutres das montanhas
e aos animais selvagens;
  as aves se alimentarão deles todo
    o verão,
e os animais selvagens, todo o inverno.

⁷ Naquela ocasião, dádivas serão trazidas ao Senhor dos Exércitos

  da parte de um povo alto e de pele macia,
  da parte de um povo temido
    pelos que estão perto
    e pelos que estão longe,

---
[a] **18.1** Ou *gafanhotos*
[b] **18.1** Hebraico: *de Cuxe*.

nação agressiva e de fala estranha,
cuja terra é dividida por rios.
As dádivas serão trazidas ao monte Sião, ao local do nome do Senhor dos Exércitos.

Profecia contra o Egito

19 Advertência contra o Egito:

Vejam! O Senhor cavalga
numa nuvem veloz
que vai para o Egito.
Os ídolos do Egito tremem diante dele,
e os corações dos egípcios
se derretem no íntimo.

² "Incitarei egípcio contra egípcio;
cada um lutará contra seu irmão,
vizinho lutará contra vizinho,
cidade contra cidade,
reino contra reino.
³ Os egípcios ficarão desanimados,
e farei que os seus planos
resultem em nada.
Depois eles consultarão os ídolos
e os necromantes,
os médiuns e os adivinhos,
⁴ então eu entregarei os egípcios
nas mãos de um senhor cruel,
e um rei feroz dominará sobre eles",
anuncia o Soberano,
o Senhor dos Exércitos.

⁵ As águas do rio vão secar-se;
o leito do rio ficará completamente seco.
⁶ Os canais terão mau cheiro;
os riachos do Egito
vão diminuir até secar-se;
os juncos e as canas murcharão.
⁷ Haverá lugares secos ao longo do Nilo
e na própria foz do rio.
Tudo o que for semeado ao longo
do Nilo
se ressecará,
será levado pelo vento
e desaparecerá.
⁸ Os pescadores gemerão
e se lamentarão,
como também todos os que lançam
anzóis no Nilo;
os que lançam redes na água
desanimarão.
⁹ Os que trabalham com linho
e os tecelões de algodão se desesperarão.

¹⁰ Os nobres ficarão deprimidos,
e todos os assalariados ficarão abatidos.
¹¹ Os líderes de Zoã
não passam de insensatos;
os sábios conselheiros do faraó
dão conselhos tolos.
Como, então,
vocês podem dizer ao faraó:
"Sou sábio,
sou discípulo dos reis da antiguidade"?

¹² Onde estão agora os seus sábios?
Que mostrem a vocês,
se é que eles têm conhecimento
do que o Senhor dos Exércitos
tem planejado contra o Egito.
¹³ Tornaram-se tolos os líderes de Zoã,
e os de Mênfis são enganados;
os chefes dos seus clãs
induziram o Egito ao erro.
¹⁴ O Senhor derramou dentro deles
um espírito que os deixou
desorientados;
eles levam o Egito a cambalear
em tudo quanto faz,
como cambaleia o bêbado
em volta do seu vômito.
¹⁵ Não há nada que o Egito possa fazer,
nada que a cabeça ou a cauda,
a palma ou o junco possam fazer.

¹⁶ Naquele dia, os egípcios serão como mulheres. Tremerão de medo diante do agitar da mão do Senhor dos Exércitos, que se levantará contra eles. ¹⁷ Judá trará pavor aos egípcios; todo aquele que mencionar o nome de Judá ficará apavorado, por causa do plano do Senhor dos Exércitos contra eles.

¹⁸ Naquele dia, cinco cidades do Egito falarão a língua de Canaã e jurarão lealdade ao Senhor dos Exércitos. Uma delas será chamada Cidade do Sol[a].

¹⁹ Naquele dia, haverá um altar dedicado ao Senhor no centro do Egito e, em sua fronteira, um monumento ao Senhor. ²⁰ Serão um sinal e um testemunho para o Senhor dos Exércitos na terra do Egito. Quando eles clamarem ao Senhor por causa dos seus opressores, ele lhes enviará um salvador e defensor que os

---

[a] **19.18** Isto é, Heliópolis. Conforme alguns manuscritos do Texto Massorético, os manuscritos do mar Morto e a Vulgata. Muitos manuscritos do Texto Massorético dizem *Cidade da Destruição*.

libertará. ²¹ Assim o SENHOR se dará a conhecer aos egípcios; e, naquele dia, eles saberão quem é o SENHOR. A ele prestarão culto com sacrifícios e ofertas de cereal; farão votos ao SENHOR e os cumprirão. ²² O SENHOR ferirá os egípcios; ele os ferirá e os curará. Eles se voltarão para o SENHOR, e ele responderá às suas súplicas e os curará.

²³ Naquele dia, haverá uma estrada do Egito para a Assíria. Os assírios irão para o Egito, e os egípcios para a Assíria, e os egípcios e os assírios cultuarão juntos. ²⁴ Naquele dia, Israel será um mediador entre o Egito e a Assíria, uma bênção na terra. ²⁵ O SENHOR dos Exércitos os abençoará, dizendo: "Bendito sejam o Egito, meu povo, a Assíria, obra de minhas mãos, e Israel, minha herança".

Profecia contra o Egito e a Etiópia

20 No ano em que o general enviado por Sargom, rei da Assíria, atacou Asdode e a conquistou, ² nessa mesma ocasião o SENHOR falou por meio de Isaías, filho de Amoz, e disse: "Tire o pano de saco do corpo e as sandálias dos pés". Ele obedeceu e passou a andar nu e descalço.

³ Disse então o SENHOR: "Assim como o meu servo Isaías andou nu e descalço durante três anos, como sinal e advertência contra o Egito e contra a Etiópia[a], ⁴ assim também o rei da Assíria, para vergonha do Egito, levará nus e descalços os prisioneiros egípcios e os exilados etíopes, jovens e velhos, com as nádegas descobertas. ⁵ Os que confiavam na Etiópia e se vangloriavam no Egito terão medo e ficarão decepcionados. ⁶ Naquele dia, o povo que vive deste lado do mar dirá: 'Vejam o que aconteceu com aqueles em quem confiávamos, a quem recorremos para nos ajudar e nos livrar do rei da Assíria! E agora? Como escaparemos?' "

Profecia contra a Babilônia

21 Advertência contra o deserto junto ao mar:

Como um vendaval
 em redemoinhos
que varre todo o Neguebe,
 um invasor vem do deserto,
 de uma terra pavorosa.

² Eu tive uma visão terrível:
 O traidor fora traído,
  o saqueador, saqueado.
Elão, vá à luta!
 Média, feche o cerco!
Porque ponho fim a todo gemido
 que ela provocou.

³ Diante disso fiquei tomado
 de angústia,
 tive dores como as de uma mulher
em trabalho de parto;
 estou tão transtornado
que não posso ouvir,
 tão atônito que não posso ver.
⁴ O meu coração se estremece,
 o temor toma conta de mim;
o anoitecer que eu tanto aguardava
 transformou-se em terror para mim.

⁵ Eles põem as mesas, estendem a toalha,
 comem, bebem!
Levantem-se, líderes,
 preparem os escudos!

⁶ Assim me diz o Senhor:

"Vá, coloque um vigia de prontidão
 para que anuncie tudo
 o que se aproximar.
⁷ Quando ele vir carros
 com parelhas de cavalos,
homens montados em jumentos
 ou em camelos,
fique alerta, bem alerta".

⁸ Então o vigia[b] gritou:

"Dia após dia, meu senhor,
 eu fico na torre das sentinelas;
todas as noites permaneço em meu posto.
⁹ Veja! Ali vem um homem num carro
 com uma parelha de cavalos,
e ele diz:
 'Caiu! A Babilônia caiu!
Todas as imagens dos seus deuses
 estão despedaçadas no chão!' "

¹⁰ Ah, meu povo malhado na eira!
 Eu conto a vocês o que ouvi
da parte do SENHOR dos Exércitos,
 da parte do Deus de Israel.

---

[a] **20.3** Hebraico: *Cuxe*; também no versículo 5.

[b] **21.8** Conforme os manuscritos do mar Morto e a Versão Siríaca. O Texto Massorético diz *um leão*.

Profecia contra Edom

¹¹ Advertência contra Dumá[a]:

Gente de Seir me pergunta:
"Guarda, quanto ainda falta
para acabar a noite?
Guarda, quanto falta
para acabar a noite?"
¹² O guarda responde:
"Logo chega o dia, mas a noite
também vem.
Se vocês quiserem perguntar de novo,
voltem e perguntem".

Profecia contra a Arábia

¹³ Advertência contra a Arábia:

Vocês, caravanas de dedanitas,
que acampam nos bosques da Arábia,
¹⁴ tragam água para os sedentos;
vocês, que vivem em Temá,
tragam comida para os fugitivos.
¹⁵ Eles fogem da espada,
da espada desembainhada,
do arco preparado
e da crueldade da batalha.

¹⁶ Assim me diz o Senhor: "Dentro de um ano, e nem um dia mais,[b] toda a pompa de Quedar chegará ao fim. ¹⁷ Poucos serão os sobreviventes dos flecheiros, dos guerreiros de Quedar". O Senhor, o Deus de Israel, falou.

Profecia contra Jerusalém

22 Advertência contra o vale da Visão:

O que está perturbando vocês agora,
o que os levou
a se refugiarem nos terraços,
² cidade cheia de agitação,
cidade de tumulto e alvoroço?
Na verdade, seus mortos
não foram mortos à espada,
nem morreram em combate.
³ Todos os seus líderes fugiram juntos;
foram capturados sem resistência.
Todos vocês foram encontrados
e presos, embora tendo fugido
para bem longe.
⁴ Por isso eu disse: Afastem-se de mim;
deixem-me chorar amargamente.
Não tentem consolar-me pela destruição
do meu povo.

⁵ Pois o Soberano,
o Senhor dos Exércitos,
enviou um dia de tumulto,
pisoteamento e pavor ao vale da Visão;
dia de derrubar muros
e de gritar por socorro pelos montes.
⁶ Elão apanhou a aljava
e avança com seus carros e cavalos;
Quir ostenta o escudo.
⁷ Os vales mais férteis de Judá
ficaram cheios de carros,
e cavaleiros tomaram posição
junto às portas das cidades;
⁸ Judá ficou sem defesas.

Naquele dia, vocês olharam
para as armas do palácio da Floresta
⁹ e viram que a Cidade de Davi
tinha muitas brechas em seus muros.
Vocês armazenaram água
no açude inferior,
¹⁰ contaram as casas de Jerusalém
e derrubaram algumas
para fortalecer os muros.
¹¹ Vocês construíram um reservatório
entre os dois muros
para a água do açude velho,
mas não olharam para aquele
que fez essas coisas,
nem deram atenção àquele
que há muito as planejou.

¹² Naquele dia, o Soberano,
o Senhor dos Exércitos,
os chamou para que chorassem
e pranteassem,
arrancassem os seus cabelos
e usassem vestes de lamento.
¹³ Mas, ao contrário,
houve júbilo e alegria,
abate de gado
e matança de ovelhas,
muita carne e muito vinho!
E vocês diziam: "Comamos e bebamos,
porque amanhã morreremos".

¹⁴ O Senhor dos Exércitos revelou-me isto: "Até o dia de sua morte não haverá propiciação

---

[a] **21.11** *Dumá* significa silêncio, um trocadilho com a palavra Edom.
[b] **21.16** Hebraico: *como os anos de um contrato de trabalho.*

em favor desse pecado", diz o Soberano, o Senhor dos Exércitos.

Profecia contra Sebna

¹⁵ Assim diz o Soberano, o Senhor dos Exércitos:

"Vá dizer a esse Sebna, administrador do palácio:
¹⁶ Que faz você aqui,
    e quem deu a você permissão
para abrir aqui um túmulo,
    você que o está lavrando no alto do monte
e talhando na rocha o seu lugar de descanso?

¹⁷ "Veja que o Senhor vai agarrar você
    e atirá-lo para bem longe,
ó homem poderoso!
¹⁸ Ele o embrulhará como uma bola
    e o atirará num vasto campo.
Lá você morrerá
    e lá os seus poderosos carros se tornarão
a vergonha da casa do seu senhor!
¹⁹ Eu o demitirei das suas funções,
    e do seu cargo você será deposto.

²⁰ "Naquele dia, convocarei o meu servo Eliaquim, filho de Hilquias. ²¹ Eu o vestirei com o manto que pertencia a você, com o seu cinto o revestirei de força e a ele entregarei a autoridade que você exerce. Ele será um pai para os habitantes de Jerusalém e para os moradores de Judá. ²² Porei sobre os ombros dele a chave do reino de Davi; o que ele abrir ninguém conseguirá fechar, e o que ele fechar ninguém conseguirá abrir. ²³ Eu o fincarei como uma estaca em terreno firme; ele será para o reino de seu pai um trono de glória[a]. ²⁴ Toda a glória de sua família dependerá dele: sua prole e seus descendentes — todos os seus utensílios menores, das bacias aos jarros.

²⁵ "Naquele dia", anuncia o Senhor dos Exércitos, "a estaca fincada em terreno firme cederá; será arrebentada e desabará, e o peso sobre ela cairá". Pois o Senhor o declarou.

Profecia contra Tiro

23 Advertência contra Tiro:

Pranteiem, navios de Társis!
    Pois Tiro foi destruída
e ficou sem nenhuma casa e sem porto.
    De Chipre[b] veio a você essa mensagem.

² Fiquem calados,
    habitantes das regiões litorâneas,
e vocês, mercadores de Sidom,
    enriquecidos pelos que atravessam o mar
³ e as grandes águas.
    O trigo de Sior
e a colheita do Nilo eram a sua renda,
    e vocês se tornaram
o suprimento das nações.

⁴ Envergonhe-se, Sidom,
    pois o mar, a fortaleza do mar, falou:
"Não estive em trabalho de parto
    nem dei à luz;
não criei filhos nem eduquei filhas".
⁵ Quando a notícia chegar ao Egito,
    ficarão angustiados
com as novidades de Tiro.

⁶ Cruzem o mar para Társis;
    pranteiem, vocês,
habitantes das regiões litorâneas.
⁷ É esta a cidade jubilosa
    que existe desde tempos muito antigos,
cujos pés a levaram a conquistar
    terras distantes?
⁸ Quem planejou isso contra Tiro,
    contra aquela que dava coroas,
cujos comerciantes são príncipes,
    cujos negociantes são famosos
em toda a terra?
⁹ O Senhor dos Exércitos o planejou
    para abater todo orgulho e vaidade
e humilhar todos os que têm fama na terra.

¹⁰ Cultive[c] a sua terra
    como se cultivam as margens do Nilo,
ó povo[d] de Társis,
    pois você não tem mais porto.
¹¹ O Senhor estendeu a mão sobre o mar
    e fez tremer seus reinos.
Acerca da Fenícia[e] ordenou
    que as suas fortalezas sejam destruídas,
¹² e disse: "Você não se alegrará mais,
    ó cidade de Sidom, virgem derrotada!

---

[a] 22.23 Ou *assento de honra*
[b] 23.1 Hebraico: *Quitim*; também no versículo 12.
[c] 23.10 O Texto Massorético diz *Atravesse*.
[d] 23.10 Hebraico: *filha*.
[e] 23.11 Hebraico: *de Canaã*.

"Levante-se, atravesse o mar até Chipre;
nem lá você terá descanso".
¹³ Olhem para a terra dos babilônios[a];
esse é o povo que não existe mais!
Os assírios a deixaram
  para as criaturas do deserto;
ergueram torres de vigia,
despojaram suas cidadelas
e fizeram dela uma ruína.

¹⁴ Pranteiem, vocês,
  navios de Társis;
destruída está a sua fortaleza!

¹⁵ Naquele tempo, Tiro será esquecida por setenta anos, o tempo da vida de um rei. Mas, no fim dos setenta anos, acontecerá com Tiro o que diz a canção da prostituta:

¹⁶ "Pegue a harpa, vá pela cidade,
  ó prostituta esquecida;
toque a harpa, cante muitas canções,
para se lembrarem de você".

¹⁷ No fim dos setenta anos o Senhor se lembrará de Tiro. Esta voltará ao seu ofício de prostituta e servirá a todos os reinos que há na face da terra. ¹⁸ Mas o seu lucro e a sua renda serão separados para o Senhor; não serão guardados nem depositados. Seus lucros irão para os que vivem na presença do Senhor, para que tenham bastante comida e roupas finas.

A Devastação do Senhor na Terra

24 Vejam! O Senhor vai arrasar a terra
e devastá-la;
  arruinará sua superfície
  e espalhará seus habitantes.
² Será o mesmo
  para o sacerdote e o povo,
  para o senhor e o servo,
  para a senhora e a serva,
  para o vendedor e o comprador,
  para quem toma emprestado
  e quem empresta,
  para o devedor e o credor.
³ A terra será completamente arrasada
  e totalmente saqueada.
Quem falou esta palavra
  foi o Senhor.

⁴ A terra seca-se e murcha,
o mundo definha e murcha,
definham os nobres da terra.
⁵ A terra está contaminada
  pelos seus habitantes,
porque desobedeceram às leis,
violaram os decretos
e quebraram a aliança eterna.
⁶ Por isso a maldição consome a terra,
e seu povo é culpado.
Por isso os habitantes da terra
  são consumidos pelo fogo
ao ponto de sobrarem pouquíssimos.
⁷ O vinho novo vai-se,
  e a videira murcha;
todos os que se divertiam gemem.
⁸ O som festivo dos tamborins
  foi silenciado,
o barulho dos que se alegram parou,
  a harpa cheia de júbilo está muda.
⁹ Já não bebem vinho entoando canções;
a bebida fermentada é amarga
  para os que a bebem.
¹⁰ A cidade vã está em ruínas,
a entrada de cada casa está fechada.
¹¹ Nas ruas clamam por vinho;
  toda a alegria chegou ao fim,
toda celebração foi eliminada
  da terra.
¹² A cidade foi deixada em ruínas,
sua porta feita em pedaços.
¹³ Assim será na terra, entre as nações,
  como quando se usa a vara na oliveira
ou se buscam os restos das uvas
  após a colheita.

¹⁴ Erguem as vozes, cantam de alegria;
desde o ocidente aclamam
  a majestade do Senhor.
¹⁵ Deem glória, pois, ao Senhor no
  oriente,
e nas ilhas do mar exaltem
  o nome do Senhor, o Deus de Israel.
¹⁶ Desde os confins da terra
  ouvimos cantar:
"Glória seja dada ao Justo!"

Mas eu disse: "Que desgraça!
  Que desgraça!
Ai de mim! Os traidores traem!
Os traidores agem traiçoeiramente!"
¹⁷ Pavor, cova e laço os aguardam,
  ó habitantes da terra!

---

[a] 23.13 Ou *caldeus*

¹⁸ Quem fugir ao grito de terror
   cairá na cova;
quem sair da cova será pego no laço.

Abertas estão as comportas dos céus;
tremem os alicerces da terra.
¹⁹ A terra foi despedaçada,
   está destruída,
totalmente abalada!
²⁰ A terra cambaleia como um bêbado,
balança como uma cabana ao vento;
tão pesada sobre ela é a culpa
   de sua rebelião
que ela cai para nunca mais se levantar!

²¹ Naquele dia, o SENHOR castigará
   os poderes em cima nos céus
e os reis embaixo na terra.
²² Eles serão arrebanhados
   como prisioneiros numa masmorra,
trancados numa prisão
   e castigados[a] depois de muitos dias.
²³ A lua ficará humilhada,
   e o sol, envergonhado;
pois o SENHOR dos Exércitos reinará
   no monte Sião e em Jerusalém,
glorioso na presença dos seus líderes!

Louvem o SENHOR

25 SENHOR, tu és o meu Deus;
eu te exaltarei e louvarei o teu nome,
pois com grande perfeição
   tens feito maravilhas,
coisas há muito planejadas.
² Fizeste da cidade um monte de entulho,
   da cidade fortificada uma ruína,
da cidadela dos estrangeiros
   uma cidade inexistente
que jamais será reconstruída.
³ Por isso um povo forte te honrará;
   a cidade das nações cruéis te temerá.
⁴ Tens sido refúgio para os pobres,
refúgio para o necessitado em sua aflição,
abrigo contra a tempestade
   e sombra contra o calor
quando o sopro dos cruéis
   é como tempestade contra um muro
⁵ e como o calor do deserto.
Tu *silencias o bramido dos estrangeiros*;
assim como diminui o calor
   com a sombra de uma nuvem,

assim a canção dos temíveis
   é emudecida.

⁶ Neste monte o SENHOR dos Exércitos
   preparará um farto banquete
   para todos os povos,
um banquete de vinho envelhecido,
com carnes suculentas
   e o melhor vinho.
⁷ Neste monte ele destruirá o véu
   que envolve todos os povos,
a cortina que cobre todas as nações;
⁸ destruirá a morte para sempre.
O Soberano, o SENHOR,
enxugará as lágrimas
   de todo rosto
e retirará de toda a terra
   a zombaria do seu povo.
Foi o SENHOR quem o disse!

⁹ Naquele dia, dirão:

"Este é o nosso Deus;
   nós confiamos nele, e ele nos
   salvou.
Este é o SENHOR, nós confiamos nele;
   exultemos e alegremo-nos,
pois ele nos salvou".

¹⁰ Pois a mão do SENHOR repousará
   sobre este monte;
mas Moabe será pisoteado
   em seu próprio lugar,
como a palha é pisoteada na esterqueira.
¹¹ Ali Moabe estenderá as mãos
   como faz o nadador para nadar,
mas o SENHOR abaterá o seu orgulho,
   apesar da habilidade das suas mãos.
¹² Abaterá as torres altas
   dos seus altos muros
   e os derrubará;
ele os lançará ao pó da terra.

Cântico de Louvor

26 Naquele dia, este cântico será entoado em Judá:

Temos uma cidade forte;
Deus estabelece a salvação
   como muros e trincheiras.
² Abram as portas para que entre
   a nação justa,
a nação que se mantém fiel.

---

[a] 24.22 Ou *soltos*

³ Tu, Senhor, guardarás em perfeita paz
aquele cujo propósito está firme,
porque em ti confia.
⁴ Confiem para sempre no Senhor,
pois o Senhor, somente o Senhor,
é a Rocha eterna.
⁵ Ele humilha os que habitam nas alturas,
rebaixa e arrasa a cidade altiva
e a lança ao pó.
⁶ Pés as pisoteiam,
os pés dos necessitados,
os passos dos pobres.

⁷ A vereda do justo é plana;
tu, que és reto,
tornas suave o caminho do justo.
⁸ Andando pelo caminho
das tuas ordenanças*ª*
esperamos em ti, Senhor.
O teu nome e a tua lembrança
são o desejo do nosso coração.
⁹ A minha alma suspira por ti
durante a noite;
e logo cedo o meu espírito por ti anseia,
pois, quando se veem na terra
as tuas ordenanças,
os habitantes do mundo aprendem justiça.
¹⁰ Ainda que se tenha compaixão do ímpio,
ele não aprenderá a justiça;
na terra da retidão ele age perversamente
e não vê a majestade do Senhor.
¹¹ Erguida está a tua mão, Senhor,
mas eles não a veem!
Que vejam o teu zelo
para com o teu povo
e se envergonhem;
que o fogo reservado
para os teus adversários os consuma.

¹² Senhor, tu estabeleces a paz para nós;
tudo o que alcançamos,
fizeste-o para nós.
¹³ Ó Senhor, ó nosso Deus,
outros senhores além de ti
nos têm dominado,
mas só ao teu nome honramos.
¹⁴ Agora eles estão mortos, não viverão;
são sombras, não ressuscitarão.
Tu os castigaste e os levaste à ruína;
apagaste por completo a
lembrança deles!

¹⁵ Fizeste crescer a nação, Senhor;
sim, fizeste crescer a nação.
De glória te revestiste;
alargaste todas as fronteiras
da nossa terra.

¹⁶ Senhor, no meio da aflição
te buscaram;
quando os disciplinaste
sussurraram uma oração.
¹⁷ Como a mulher grávida
prestes a dar à luz
se contorce e grita de dor,
assim estamos nós na tua presença,
ó Senhor.
¹⁸ Nós engravidamos
e nos contorcemos de dor,
mas demos à luz o vento.
Não trouxemos salvação à terra;
não demos à luz os habitantes do mundo.

¹⁹ Mas os teus mortos viverão;
seus corpos ressuscitarão.
Vocês, que voltaram ao pó,
acordem e cantem de alegria.
O teu orvalho é orvalho de luz;
a terra dará à luz os seus mortos.
²⁰ Vá, meu povo, entre em seus quartos
e tranque as portas;
esconda-se por um momento
até que tenha passado a ira dele.
²¹ Vejam! O Senhor está saindo
da sua habitação
para castigar os moradores da terra
por suas iniquidades.
A terra mostrará o sangue
derramado sobre ela;
não mais encobrirá os seus mortos.

27
Naquele dia,
o Senhor, com sua espada
severa, longa e forte,
castigará o Leviatã*ᵇ*, serpente veloz,
o Leviatã, serpente tortuosa;
matará no mar a serpente aquática.

O Livramento de Israel

² Naquele dia se dirá:
"Cantem sobre a vinha frutífera!
³ Eu, o Senhor, sou o seu vigia,
rego-a constantemente

ª **26.8** Ou *dos teus juízos*

ᵇ **27.1** Ou *monstro marinho*

e a protejo dia e noite
   para impedir que lhe façam dano.
⁴ Não estou irado.
Se espinheiros e roseiras bravas
   me enfrentarem,
eu marcharei contra eles
   e os destruirei a fogo.
⁵ A menos que venham
   buscar refúgio em mim;
que façam as pazes comigo.
Sim, que façam as pazes comigo".

⁶ Nos dias vindouros Jacó lançará raízes,
Israel terá botões e flores
e encherá o mundo de frutos.

⁷ Acaso o Senhor o feriu
   como àqueles que o feriram?
Acaso ele foi morto
   como foram mortos os que o feriram?
⁸ Pelo desterro e pelo exílio o julga,
com seu sopro violento ele o expulsa,
como num dia de rajadas
   do vento oriental.
⁹ Assim será perdoada a maldade de Jacó,
   e será este o fruto da remoção do
      seu pecado:
quando ele fizer com que
   as pedras do altar sejam esmigalhadas
   e fiquem como pó de giz,
os postes sagrados
   e os altares de incenso não
      permanecerão em pé.
¹⁰ A cidade fortificada está abandonada,
   desabitada e esquecida como o deserto;
ali os bezerros pastam e se deitam
   e desfolham os seus ramos.
¹¹ Quando os seus ramos estão secos e
      se quebram,
   as mulheres fazem fogo com eles,
pois esse é um povo sem entendimento.
Por isso aquele que o fez
   não tem compaixão dele,
aquele que o formou
   não lhe mostra misericórdia.

¹² Naquele dia, o Senhor debulhará as suas espigas desde as margens do Eufrates[a] até o ribeiro do Egito, e vocês, israelitas, serão ajuntados um a um. ¹³ E, naquele dia, soará uma grande trombeta. Os que estavam perecendo na Assíria e os que estavam exilados no Egito virão e adorarão o Senhor no monte santo, em Jerusalém.

Ai de Efraim!

28 ¹ Ai daquela coroa
situada nos altos de um vale fértil,
orgulho dos bêbados de Efraim!
Ai de sua magnífica beleza,
   que agora é como uma flor murcha.
Ai dos que são dominados pelo vinho!
² Vejam! O Senhor envia alguém
   que é poderoso e forte.
Como chuva de granizo
   e vento destruidor,
como violento aguaceiro
   e tromba d'água inundante,
ele a lançará com força ao chão.
³ A coroa orgulhosa
   dos bêbados de Efraim
   será pisoteada.
⁴ Sua magnífica beleza,
   localizada na cabeça de um vale fértil,
é agora uma flor que murcha.

Ela será como figo maduro
   antes da colheita;
quem o vê, logo o apanha e o come.

⁵ Naquele dia, o Senhor dos Exércitos
   será uma coroa gloriosa, um belo
      diadema
   para o remanescente do seu povo.
⁶ Ele será um espírito de justiça
   para aquele que se assenta para julgar
e força para os que fazem recuar
   o ataque na porta.

⁷ E estes também cambaleiam
   pelo efeito do vinho,
e não param em pé
   por causa da bebida fermentada.
Os sacerdotes e os profetas cambaleiam
   por causa da bebida fermentada
e estão desorientados devido ao vinho;
eles não conseguem parar em pé
   por causa da bebida fermentada,
confundem-se quando têm visões,
tropeçam quando devem dar um veredicto.
⁸ Todas as mesas estão cobertas de vômito
   e não há um só lugar limpo.
⁹ "Quem é que está tentando ensinar?",
   eles perguntam.

---

[a] **27.12** Hebraico: *do Rio*.

"A quem está explicando a sua
  mensagem?
A crianças desmamadas
  e a bebês recém-tirados do seio materno?
¹⁰ Pois o que se diz é: 'Ordem sobre
  ordem, ordem sobre ordem,
regra e mais regra;ᵃ
  um pouco aqui, um pouco ali.'

¹¹ Pois bem, com lábios trôpegos
  e língua estranha
Deus falará a este povo,
¹² ao qual dissera:
"Este é o lugar de descanso.
Deixem descansar o exausto.
Este é o lugar de repouso!"
Mas eles não quiseram ouvir.
¹³ Por isso o Senhor lhes dirá:
"Ordem sobre ordem,
ordem sobre ordem,
regra e mais regra,
regra e mais regra;
  um pouco aqui, um pouco ali",
para que saiam, caiam de costas,
firam-se, fiquem presos no laço
  e sejam capturados.

¹⁴ Portanto, ouçam a palavra do Senhor,
  zombadores,
vocês, que dominam este povo
  em Jerusalém.
¹⁵ Vocês se vangloriam, dizendo:
"Fizemos um pacto com a morte,
com a sepulturaᵇ fizemos um acordo.
Quando vier a calamidade destruidora,
  não nos atingirá,
pois da mentira fizemos o nosso refúgio
e na falsidadeᶜ
  temos o nosso esconderijo".

¹⁶ Por isso diz o Soberano, o Senhor:

"Eis que ponho em Sião uma pedra,
  uma pedra já experimentada,
uma preciosa pedra angular
  para alicerce seguro;
aquele que confia, jamais será abalado.

¹⁷ Farei do juízo a linha de medir
  e da justiça o fio de prumo;
o granizo varrerá o seu falso refúgio,
  e as águas inundarão o seu abrigo.
¹⁸ Seu pacto com a morte será anulado;
seu acordo com a sepultura
  não subsistirá.
Quando vier a calamidade destruidora,
  vocês serão arrastados por ela.
¹⁹ Todas as vezes que vier, ela os arrastará;
passará manhã após manhã,
  de dia e de noite".

A compreensão desta mensagem
  trará pavor total.
²⁰ A cama é curta demais
  para alguém se deitar,
e o cobertor é estreito demais
  para ele se cobrir.
²¹ O Senhor se levantará como fez
  no monte Perazim,
mostrará sua ira
  como no vale de Gibeom,
para realizar sua obra,
  obra muito estranha,
e cumprir sua tarefa,
  tarefa misteriosa.
²² Agora, parem com a zombaria;
senão, as suas correntes
  ficarão mais pesadas;
o Senhor, o Senhor dos Exércitos,
falou-me da destruição decretada
  contra o território inteiro.
²³ Ouçam, escutem a minha voz;
prestem atenção, ouçam o que eu digo.
²⁴ Quando o agricultor ara a terra
  para o plantio, só faz isso o tempo todo?
Só fica abrindo sulcos
  e gradeando o solo?
²⁵ Depois de nivelado o solo,
  ele não semeia o endro e não espalha
  as sementes do cominho?
Não planta o trigo no lugar certo,
a cevada no terreno próprio
  e o trigo duro nas bordas?
²⁶ O seu Deus o instrui
  e lhe ensina o caminho.
²⁷ Não se debulha o endro com
  trilhadeira,
e sobre o cominho não se faz passar
  roda de carro;
tira-se o endro com vara,
  e o cominho com um pedaço de pau.

ᵃ **28.10** Hebraico: *sav lasav sav lasav / kav lakav kav lakav* (possivelmente sons sem sentido; talvez uma imitação zombadora das palavras do profeta); também no versículo 13.
ᵇ **28.15** Hebraico: *Sheol*. Essa palavra também pode ser traduzida por *profundezas*, *pó* ou *morte*; também no versículo 18.
ᶜ **28.15** Ou *e nos deuses falsos*

²⁸ É preciso moer o cereal para fazer pão;
   por isso ninguém o fica
   trilhando para sempre.
Fazem passar as rodas da trilhadeira
   sobre o trigo,
mas os seus cavalos não o trituram.
²⁹ Isso tudo vem da parte
   do Senhor dos Exércitos,
maravilhoso em conselhos
   e magnífico em sabedoria.

Ai da Cidade de Davi!

29 Ai de Ariel! Ariel, a cidade onde
   acampou Davi.
Acrescentem um ano a outro
   e deixem seguir o seu ciclo de festas.
² Mas eu sitiarei Ariel,
   que vai chorar e lamentar-se,
e para mim será como
   uma fornalha de altar[a].
³ Acamparei ao seu redor;
   eu a cercarei de torres
   e instalarei contra você
      minhas obras de cerco.
⁴ Lançada ao chão, de lá você falará;
do pó virão em murmúrio
   as suas palavras.
Fantasmagórica, subirá sua voz da terra;
um sussurro vindo do pó será sua voz.

⁵ Mas os seus muitos inimigos
   se tornarão como o pó fino;
as hordas cruéis,
   como palha levada pelo vento.
Repentinamente, num instante,
⁶ o Senhor dos Exércitos virá
   com trovões e terremoto
   e estrondoso ruído,
com tempestade e furacão
   e chamas de um fogo devorador.
⁷ Então as hordas de todas as nações
   que lutam contra Ariel,
que investem contra ele e contra
   a sua fortaleza e a sitiam,
serão como acontece num sonho,
   numa visão noturna,
⁸ como quando um homem faminto
   sonha que está comendo,
mas acorda e sua fome continua;
como quando um homem sedento
   sonha que está bebendo,
mas acorda enfraquecido,
   sem ter saciado a sede.
Assim será com as hordas
   de todas as nações
   que lutam contra o monte Sião.

⁹ Pasmem e fiquem atônitos!
Ceguem-se a si mesmos
   e continuem cegos!
Estão bêbados, porém, não de vinho,
cambaleiam, mas não pela
   bebida fermentada.
¹⁰ O Senhor trouxe sobre vocês
   um sono profundo:
fechou os olhos de vocês, que são os
   profetas;
cobriu a cabeça de vocês, que são
   os videntes.

¹¹ Para vocês toda esta visão não passa de palavras seladas num livro[b]. E, se vocês derem o livro a alguém que saiba ler e lhe disserem: "Leia, por favor", ele responderá: "Não posso; está lacrado". ¹² Ou, se vocês derem o livro a alguém que não saiba ler e lhe disserem: "Leia, por favor", ele responderá: "Não sei ler".

¹³ O Senhor diz:

"Esse povo se aproxima de mim
   com a boca
e me honra com os lábios,
   mas o seu coração está longe de mim.
A adoração que me prestam
   é feita só de regras
   ensinadas por homens.[c]
¹⁴ Por isso uma vez mais
   deixarei atônito esse povo
com maravilha e mais maravilha;
a sabedoria dos sábios perecerá,
a inteligência dos inteligentes
   se desvanecerá".
¹⁵ Ai daqueles que descem às profundezas
   para esconder seus planos do Senhor,
que agem nas trevas e pensam:
   "Quem é que nos vê?
   Quem ficará sabendo?"
¹⁶ Vocês viram as coisas pelo avesso!
Como se fosse possível imaginar
   que o oleiro é igual ao barro!

---

[a] **29.2** A palavra que designa *fornalha de altar* assemelha-se à palavra *Ariel* no hebraico.
[b] **29.11** Hebraico: *rolo*; também nos versículos 12 e 18.
[c] **29.13** A Septuaginta diz *Em vão me adoram; seus ensinamentos não passam de regras ensinadas por homens*.

Acaso o objeto formado
  pode dizer àquele que o formou:
  "Ele não me fez"?
E o vaso poderá dizer do oleiro:
  "Ele nada sabe"?
¹⁷ Acaso o Líbano não será logo
  transformado em campo fértil,
e não se pensará que o campo fértil
  é uma floresta?
¹⁸ Naquele dia, os surdos ouvirão
  as palavras do livro,
e, não mais em trevas e escuridão,
  os olhos dos cegos tornarão a ver.
¹⁹ Mais uma vez os humildes
  se alegrarão no Senhor,
e os necessitados exultarão
  no Santo de Israel.
²⁰ Será o fim do cruel,
  o zombador desaparecerá
e todos os de olhos
  inclinados para o mal
  serão eliminados,
²¹ os quais com uma palavra
  tornam réu o inocente,
no tribunal trapaceiam contra
  o defensor
e com testemunho falso impedem
  que se faça justiça ao inocente.

²² Por isso, o Senhor, que redimiu Abraão,
diz à descendência de Jacó:

"Jacó não será mais humilhado;
  e o seu rosto não tornará a empalidecer.
²³ Quando ele vir em seu meio,
  os seus filhos,
a obra de minhas mãos,
  proclamará o meu santo nome;
reconhecerá a santidade
  do Santo de Jacó,
²⁴ e, no temor do Deus de Israel,
  permanecerá.
Os desorientados de espírito
  obterão entendimento;
e os queixosos aceitarão instrução".

Ai da Nação Obstinada!

30 "Ai dos filhos obstinados",
  declara o Senhor,
"que executam planos que não são meus,
  fazem acordo sem minha aprovação,
para ajuntar pecado sobre pecado,

² que descem ao Egito sem me consultar,
  para buscar proteção no poder do faraó,
e refúgio na sombra do Egito.
³ Mas a proteção do faraó
  lhes trará vergonha,
e a sombra do Egito
  lhes causará humilhação.
⁴ Embora seus líderes tenham ido a Zoã
  e seus enviados tenham chegado a Hanes,
⁵ todos se envergonharão
  por causa de um povo que lhes é inútil,
que não traz ajuda nem vantagem,
  mas apenas vergonha e zombaria."

⁶ Advertência contra os animais do Neguebe:

Atravessando uma terra hostil e severa,
  de leões e leoas, de víboras
  e serpentes velozes,
os enviados transportam suas riquezas
  no lombo de jumentos;
seus tesouros, nas corcovas de camelos,
  para aquela nação inútil,
⁷ o Egito, cujo socorro é totalmente inútil.
Por isso eu o chamo Monstro[a] inofensivo.

⁸ Agora vá, escreva isso
  numa tábua para eles,
registre-o num livro,
  para que nos dias vindouros
  seja um testemunho eterno.
⁹ Esse povo é rebelde;
  são filhos mentirosos,
filhos que não querem saber
  da instrução do Senhor.
¹⁰ Eles dizem aos videntes:
  "Não tenham mais visões!"
e aos profetas:
  "Não nos revelem o que é certo!
Falem-nos coisas agradáveis,
  profetizem ilusões.
¹¹ Deixem esse caminho,
  abandonem essa vereda
e parem de confrontar-nos
  com o Santo de Israel!"

¹² Por isso diz o Santo de Israel:

"Como vocês rejeitaram esta mensagem,
  apelaram para a opressão
e confiaram nos perversos,

---

[a] 30.7 Hebraico: *Raabe*.

¹³ este pecado será para vocês
   como um muro alto,
   rachado e torto,
   que de repente desaba, inesperadamente.
¹⁴ Ele o fará em pedaços
   como um vaso de barro,
   tão esmigalhado
   que entre os seus pedaços
      não se achará um caco
   que sirva para pegar brasas de uma lareira
      ou para tirar água da cisterna".

¹⁵ Diz o Soberano, o Senhor, o Santo de Israel:

"No arrependimento e no descanso
   está a salvação de vocês,
na quietude e na confiança
   está o seu vigor,
mas vocês não quiseram.
¹⁶ Vocês disseram:
   'Não, nós vamos fugir a cavalo'.
E fugirão!
   Vocês disseram:
   'Cavalgaremos cavalos velozes'.
   Velozes serão os seus perseguidores!
¹⁷ Mil fugirão diante da ameaça de um;
diante da ameaça de cinco
   todos vocês fugirão,
   até que vocês sejam deixados
      como um mastro no alto de um monte,
      como uma bandeira numa colina".

¹⁸ Contudo, o Senhor espera o momento
   de ser bondoso com vocês;
ele ainda se levantará
   para mostrar-lhes compaixão.
Pois o Senhor é Deus de justiça.
Como são felizes todos
   os que nele esperam!

¹⁹ Ó povo de Sião, que mora em Jerusalém, você não vai chorar mais. Como ele será bondoso quando você clamar por socorro! Assim que ele ouvir, responderá a você. ²⁰ Embora o Senhor dê o pão da adversidade e a água da aflição a você, o seu mestre não se esconderá mais; com seus próprios olhos você o verá. ²¹ Quer você se volte para a direita quer para a esquerda, uma voz nas suas costas dirá a você: "Este é o caminho; siga-o". ²² Então você tratará como impuras as suas imagens revestidas de prata e os seus ídolos recobertos de ouro; você os jogará fora como um trapo imundo e lhes dirá: "Fora!"

²³ Ele também mandará a você chuva para a semente que você semear, e a terra dará alimento rico e farto. Naquele dia, o seu gado pastará em grandes prados. ²⁴ Os bois e os jumentos que lavram o solo comerão forragem e sal espalhados com forcado e pá. ²⁵ No dia do grande massacre, quando caírem as torres, regatos de água fluirão sobre todo monte elevado e sobre toda colina altaneira. ²⁶ A luz da lua brilhará como o sol, e a luz do sol será sete vezes mais brilhante, como a luz de sete dias completos, quando o Senhor cuidar das contusões do seu povo e curar as feridas que lhe causou.

²⁷ Vejam! De longe vem
   o Nome do Senhor,
com sua ira em chamas
   e densas nuvens de fumaça;
seus lábios estão cheios de ira,
   e sua língua é fogo consumidor.
²⁸ Seu sopro é como
   uma torrente impetuosa
   que sobe até o pescoço.
Ele faz sacudir as nações
   na peneira da destruição;
ele coloca na boca dos povos
   um freio que os desencaminha.
²⁹ E vocês cantarão
   como em noite de festa sagrada;
seus corações se regozijarão
   como quando se vai, ao som da flauta,
ao monte do Senhor, à Rocha
   de Israel.
³⁰ O Senhor fará que os homens
   ouçam sua voz majestosa
e os levará a ver seu braço descendo
   com ira impetuosa e fogo consumidor,
com aguaceiro, tempestades de raios
   e saraiva.
³¹ A voz do Senhor despedaçará a Assíria;
   com seu cetro a ferirá.
³² Cada pancada que com a vara
   o Senhor desferir para a castigar
será dada ao som de tamborins e harpas,
   enquanto a estiver combatendo
   com os golpes do seu braço.
³³ Tofete está pronta já faz tempo;
   foi preparada para o rei.
Sua fogueira é funda e larga,
   com muita lenha e muito fogo;
o sopro do Senhor,
   como uma torrente de enxofre ardente,
   a incendeia.

Ai dos que Confiam no Egito!

31 Ai dos que descem ao Egito
em busca de ajuda,
que contam com cavalos.
Eles confiam na multidão dos seus carros
  e na grande força dos seus cavaleiros,
mas não olham para o Santo de Israel,
nem buscam a ajuda
  que vem do Senhor!
² Contudo, ele é também sábio
  e pode trazer a desgraça;
ele não volta atrás em suas palavras.
Ele se levantará contra
  a casa dos perversos,
contra quem ajuda os maus.
³ Mas os egípcios são homens, não Deus;
  seus cavalos são carne, não espírito.
Quando o Senhor estender a mão,
  aquele que ajuda tropeçará,
  aquele que é ajudado cairá;
  ambos perecerão juntos.

⁴ Assim me diz o Senhor:

"Assim como quando o leão,
  o leão grande, ruge ao lado da presa
e contra ele se junta
  um bando de pastores,
e ele não se intimida com os gritos deles
  e não se perturba com o seu clamor,
assim o Senhor dos Exércitos descerá
  para combater nas alturas do monte Sião.
⁵ Como as aves dão proteção aos filhotes
  com suas asas,
o Senhor dos Exércitos
  protegerá Jerusalém;
ele a protegerá e a livrará;
  ele a pouparáᵃ e a salvará".

⁶ Voltem para aquele contra quem vocês se revoltaram tão tremendamente, ó israelitas! ⁷ Pois naquele dia cada um de vocês rejeitará os ídolos de prata e de ouro que suas mãos pecaminosas fizeram.

⁸ "A Assíria cairá por uma espada
  que não é de homem;
uma espada, não de mortais, a devorará.
Todos fugirão da espada
  e os seus jovens serão sujeitos
    a trabalhos forçados.

⁹ Sua fortaleza cairá por causa do pavor;
ao verem a bandeira da batalha,
  seus líderes entrarão em pânico",
anuncia o Senhor,
  cujo fogo está em Sião,
cuja fornalha está em Jerusalém.

O Reino de Justiça

32 Vejam! Um rei reinará com retidão,
e príncipes governarão com justiça.
² Cada homem será como um esconderijo
  contra o vento
e um abrigo contra a tempestade,
como correntes de água numa terra seca
e como a sombra de uma grande rocha
  no deserto.

³ Então os olhos dos que veem
  não mais estarão fechados,
e os ouvidos dos que ouvem escutarão.
⁴ A mente do precipitado saberá julgar,
e a língua gaguejante falará
  com facilidade e clareza.
⁵ O tolo já não será chamado nobre
e o homem sem caráter
  não será tido em alta estima.
⁶ Pois o insensato fala com insensatez
  e só pensa no mal:
ele pratica a maldade
  e espalha mentiras sobre o Senhor;
deixa o faminto sem nada
  e priva de água o sedento.
⁷ As artimanhas do homem sem caráter
  são perversas;
ele inventa planos maldosos
  para destruir com mentiras o pobre,
mesmo quando a súplica deste é justa.
⁸ Mas o homem nobre faz planos nobres,
e graças aos seus feitos nobres
  permanece firme.

As Mulheres de Jerusalém

⁹ Vocês, mulheres tão sossegadas,
  levantem-se e escutem-me!
Vocês, filhas que se sentem seguras,
  ouçam o que vou dizer a vocês!
¹⁰ Daqui a pouco mais de um ano,
  vocês, que se sentem seguras,
  ficarão apavoradas;
a colheita de uvas falhará,
e a colheita de frutas não virá.
¹¹ Tremam, vocês, mulheres tranquilas!
Estremeçam, vocês,

ᵃ **31.5** Hebraico: *passará sobre ela*. Veja Êx 12.13.

que se sentem seguras!
Arranquem suas vestes
e vistam roupas de lamento.
¹² Batam no peito e chorem
 pelos campos agradáveis,
 pelas videiras frutíferas
¹³ e pela terra do meu povo,
terra infestada de espinhos
 e roseiras bravas;
sim, pranteiem por todas
 as casas cheias de júbilo
e por esta cidade exultante.
¹⁴ A fortaleza será abandonada,
a cidade barulhenta ficará deserta,
a cidadela e a torre das sentinelas
 se tornarão covis,
uma delícia para os jumentos,
 uma pastagem para os rebanhos,
¹⁵ até que sobre nós o Espírito
 seja derramado do alto,
e o deserto se transforme em campo fértil,
e o campo fértil pareça uma floresta.
¹⁶ A justiça habitará no deserto,
e a retidão viverá no campo fértil.
¹⁷ O fruto da justiça será paz;
o resultado da justiça será tranquilidade
 e confiança para sempre.
¹⁸ O meu povo viverá em locais pacíficos,
 em casas seguras,
em tranquilos lugares de descanso,
¹⁹ mesmo que a saraiva arrase a floresta
e a cidade seja nivelada ao pó.
²⁰ Como vocês serão felizes
 semeando perto das águas
e deixando soltos os bois e os jumentos!

Aflição e Auxílio

33 Ai de você, destruidor,
que ainda não foi destruído!
Ai de você, traidor,
 que não foi traído!
Quando você acabar de destruir,
 será destruído;
quando acabar de trair, será traído.

² Senhor, tem misericórdia de nós;
 pois em ti esperamos!
Sê tu a nossa força cada manhã,
 nossa salvação na hora do perigo.
³ Diante do trovão da tua voz,
 os povos fogem;
quando te levantas,
 dispersam-se as nações.

⁴ Como gafanhotos novos
os homens saquearão vocês,
 ó nações;
tomarão posse do despojo
 como gafanhotos em nuvem.

⁵ O Senhor é exaltado,
 pois habita no alto;
ele encherá Sião de retidão e justiça.
⁶ Ele será o firme fundamento nos tempos
 a que você pertence,
uma grande riqueza de salvação,
 sabedoria e conhecimento;
o temor do Senhor
 é a chave desse tesouro.ᵃ

⁷ Vejam! Os seus heróis gritam nas ruas;
os embaixadores da paz
 choram amargamente.
⁸ As estradas estão abandonadas,
 ninguém viaja por elas.
Rompeu-se o acordo,
suas testemunhasᵇ são desprezadas,
não se respeita ninguém.
⁹ A terra pranteiaᶜ e fraqueja,
 o Líbano murcha, envergonhado;
Sarom é como a Arabá,
 e Basã e o Carmelo perdem sua folhagem.

¹⁰ "Agora me levantarei", diz o Senhor.
"Agora eu me erguerei;
agora serei exaltado.
¹¹ Vocês concebem palha
 e dão à luz restolho;
seu sopro é um fogo que o consome.
¹² Os povos serão queimados
 como se faz com a cal;
como espinheiros cortados,
 serão postos no fogo.

¹³ "Vocês, que estão longe,
 atentem para o que eu fiz!
Vocês, que estão perto,
 reconheçam o meu poder!"
¹⁴ Em Sião os pecadores
 estão aterrorizados;
o tremor se apodera dos ímpios:
"Quem de nós pode conviver
 com o fogo consumidor?

ᵃ **33.6** Ou *é um tesouro da parte dele*
ᵇ **33.8** Conforme os manuscritos do mar Morto. O Texto Massorético diz *as cidades*.
ᶜ **33.9** Ou *seca*

Quem de nós pode conviver
 com a chama eterna?"
¹⁵ Aquele que anda corretamente
 e fala o que é reto,
que recusa o lucro injusto,
 cuja mão não aceita suborno,
que tapa os ouvidos
 para as tramas de assassinatos
e fecha os olhos
 para não contemplar o mal,
¹⁶ é esse o homem que habitará
 nas alturas;
seu refúgio
 será a fortaleza das rochas;
terá suprimento de pão
 e água não lhe faltará.

¹⁷ Seus olhos verão o rei em seu esplendor
 e vislumbrarão o território
 em toda a sua extensão.
¹⁸ Em seus pensamentos
 você lembrará terrores passados:
"Onde está o oficial maior?
Onde está o que recebia tributos?
Onde o encarregado das torres?"
¹⁹ Você não tornará a ver
 aquele povo arrogante,
aquele povo de fala obscura,
 com sua língua estranha,
  incompreensível.

²⁰ Olhe para Sião,
 a cidade das nossas festas;
seus olhos verão Jerusalém,
 morada pacífica,
 tenda que não será removida;
suas estacas jamais serão arrancadas,
nem se romperá nenhuma de suas cordas.
²¹ Ali o Senhor será o Poderoso para nós.
Será como uma região de rios e
 canais largos,
mas nenhum navio a remo os percorrerá,
 e nenhuma nau poderosa velejará neles.
²² Pois o Senhor é o nosso juiz,
o Senhor é o nosso legislador,
o Senhor é o nosso rei;
 é ele que nos vai salvar.
²³ Suas cordas se afrouxam:
 o mastro não está firme,
 as velas não estão estendidas.
Então será dividida
 grande quantidade de despojos,
e até o aleijado levará sua presa.

²⁴ Nenhum morador de Sião dirá:
 "Estou doente!"
E os pecados dos que ali habitam
 serão perdoados.

Julgamento contra as Nações

34 Aproximem-se, nações, e escutem;
 prestem atenção, ó povos!
Que o ouçam a terra
 e tudo o que nela há,
o mundo e tudo o que dele procede!
² O Senhor está indignado
 contra todas as nações;
sua ira está contra
 todos os seus exércitos.
Ele os destruirá totalmente,
 ele os entregará à matança.
³ Seus mortos serão lançados fora
 e os seus cadáveres exalarão mau cheiro;
os montes se encharcarão
 do sangue deles.
⁴ As estrelas dos céus
 serão todas dissolvidas,
e os céus se enrolarão
 como um pergaminho;
todo o exército celeste cairá
 como folhas secas da videira e
  da figueira.

⁵ Quando minha espada
 embriagar-se nos céus,
saibam que ela descerá
 para julgar Edom,
povo que condenei à destruição.
⁶ A espada do Senhor está
 banhada em sangue,
está coberta de gordura,
 sangue de cordeiros e de bodes,
gordura dos rins de carneiros.
Pois o Senhor exige sacrifício em Bozra
 e grande matança em Edom.
⁷ Com eles cairão os bois selvagens,
 e os novilhos com os touros.
A terra deles ficará ensopada de sangue,
 e o pó se encharcará de gordura.

⁸ Pois o Senhor terá seu dia de vingança,
um ano de retribuição,
 para defender a causa de Sião.
⁹ Os riachos de Edom
 se transformarão em piche,
 em enxofre, o seu pó;
sua terra se tornará betume ardente!

¹⁰ Não se apagará de dia nem de noite;
 sua fumaça subirá para sempre.
De geração em geração
 ficará abandonada;
ninguém voltará a passar por ela.
¹¹ A coruja-do-deserto
 e a coruja estridente a possuirão;
o corujão e o corvo
 farão nela os seus ninhos.
Deus estenderá sobre Edom
 o caos como linha de medir
 e a desolação como fio de prumo.
¹² Seus nobres nada terão ali
 que possa chamar-se reino,
e todos os seus líderes desaparecerão.
¹³ Espinhos tomarão de assalto
 as suas cidadelas;
urtigas e sarças
 cobrirão as suas fortalezas.
Será um antro de chacais
 e moradia de corujas.
¹⁴ Criaturas do deserto
 se encontrarão com hienas,
e bodes selvagens balirão
 uns para os outros;
ali também descansarão
 as criaturas noturnas
e acharão para si locais de descanso.
¹⁵ Nela a coruja fará ninho,
chocará seus ovos
 e cuidará dos seus filhotes
 à sombra de suas asas;
os falcões também se ajuntarão ali,
 cada um com o seu par.

¹⁶ Procurem no livro do SENHOR e leiam:

Nenhum desses animais estará faltando;
 nenhum estará sem o seu par.
Pois foi a sua boca que deu a ordem,
 e o seu Espírito os ajuntará.
¹⁷ Ele designa as porções de cada um;
 sua mão as distribui por medida.
Eles se apossarão delas para sempre
 e ali habitarão de geração em geração.

A Alegria dos Redimidos

35 O deserto e a terra ressequida
 se regozijarão;
o ermo exultará e florescerá
 como a tulipa;
² irromperá em flores,
 mostrará grande regozijo

35.5,6 O Ungido de Deus traria consigo a saúde.
Cumprimento: Marcos 7.31-37; Lucas 7.18-23; João 5.1-9; 9
Próximo texto: Isaías 42.1-9

e cantará de alegria.
A glória do Líbano lhe será dada,
como também o resplendor
 do Carmelo
 e de Sarom;
verão a glória do SENHOR,
 o resplendor do nosso Deus.

³ Fortaleçam as mãos cansadas,
firmem os joelhos vacilantes;
⁴ digam aos desanimados de coração:
 "Sejam fortes, não temam!
Seu Deus virá, virá com vingança;
 com divina retribuição
virá para salvá-los".

⁵ Então os olhos dos cegos se abrirão
 e os ouvidos dos surdos se destaparão.
⁶ Então os coxos saltarão como o cervo,
 e a língua do mudo cantará de alegria.
Águas irromperão no ermo
 e riachos no deserto.
⁷ A areia abrasadora se tornará um lago;
 a terra seca, fontes borbulhantes.
Nos antros onde outrora havia chacais,
 crescerá a relva, o junco e o papiro.

⁸ E ali haverá uma grande estrada,
 um caminho que será chamado
 Caminho de Santidade.
Os impuros não passarão por ele;
servirá apenas aos que são do Caminho;
 os insensatos não o tomarão.ᵃ
⁹ Ali não haverá leão algum,
 e nenhum animal feroz passará por ele;
 nenhum deles se verá por ali.
Só os redimidos andarão por ele,
¹⁰ e os que o SENHOR resgatou voltarão.
Entrarão em Sião com cantos de alegria;
 duradoura alegria coroará sua cabeça.
Júbilo e alegria se apoderarão deles,
 e a tristeza e o suspiro fugirão.

ᵃ **35.8** Ou *os simples não se desviarão dele.*

A Ameaça de Senaqueribe

36 No décimo quarto ano do reinado de Ezequias, Senaqueribe, rei da Assíria, atacou todas as cidades fortificadas de Judá e se apossou delas. ² Então, de Laquis, o rei da Assíria enviou seu comandante com um grande exército a Jerusalém, ao rei Ezequias. Quando o comandante parou no aqueduto do açude superior, na estrada que leva ao campo do Lavandeiro, ³ o administrador do palácio, Eliaquim, filho de Hilquias, o secretário Sebna e o arquivista real Joá, filho de Asafe, foram ao encontro dele.

⁴ E o comandante de campo falou: "Digam a Ezequias:

"Assim diz o grande rei, o rei da Assíria: 'Em que você está baseando essa sua confiança? ⁵ Você diz que tem estratégia e força militar, mas não passam de palavras vãs. Em quem você confia, para rebelar-se contra mim? ⁶ Pois veja! Agora você está confiando no Egito, aquela cana esmagada, que fura a mão de quem nela se apoia! Assim é o faraó, o rei do Egito, para todos os que dele dependem. ⁷ E, se você me disser: "No Senhor, o nosso Deus, confiamos"; não são dele os altos e os altares que Ezequias removeu, dizendo a Judá e a Jerusalém: "Vocês devem adorar aqui, diante deste altar"?'

⁸ "Faça, agora, um acordo com o meu senhor, o rei da Assíria: Eu darei a você dois mil cavalos — se você puder pôr cavaleiros neles! ⁹ Como então você poderá repelir um só dos menores oficiais do meu senhor, confiando que o Egito dará a você carros e cavaleiros? ¹⁰ Além disso, você pensa que vim atacar e destruir esta nação sem o Senhor? O próprio Senhor me mandou marchar contra esta nação e destruí-la".

¹¹ Então Eliaquim, Sebna e Joá disseram ao comandante: "Por favor, fala com os teus servos em aramaico, pois entendemos essa língua. Não fales em hebraico, pois assim o povo que está sobre os muros entenderá".

¹² O comandante, porém, respondeu: "Pensam que o meu senhor mandou-me dizer estas coisas só a vocês e ao seu senhor, e não aos homens que estão sentados no muro? Pois, como vocês, eles terão que comer as próprias fezes e beber a própria urina!"

¹³ E o comandante se pôs em pé e falou alto, em hebraico: "Ouçam as palavras do grande rei, do rei da Assíria! ¹⁴ Não deixem que Ezequias os engane. Ele não poderá livrá-los! ¹⁵ Não deixem Ezequias convencê-los a confiar no Senhor, quando diz: 'Certamente o Senhor nos livrará; esta cidade não será entregue nas mãos do rei da Assíria'.

¹⁶ "Não deem atenção a Ezequias. Assim diz o rei da Assíria: 'Venham fazer as pazes comigo. Então cada um de vocês comerá de sua própria videira e de sua própria figueira, e beberá água de sua própria cisterna, ¹⁷ até que eu os leve a uma terra como a de vocês: terra de cereal e de vinho, terra de pão e de vinhas.

¹⁸ " 'Não deixem que Ezequias os engane quando diz que o Senhor os livrará. Alguma vez o deus de qualquer nação livrou sua terra das mãos do rei da Assíria? ¹⁹ Onde estão os deuses de Hamate e de Arpade? Onde estão os deuses de Sefarvaim? Eles livraram Samaria das minhas mãos? ²⁰ Quem entre todos os deuses dessas nações conseguiu livrar a sua terra? Como então o Senhor poderá livrar Jerusalém das minhas mãos?' "

²¹ Mas o povo ficou em silêncio e nada respondeu, porque o rei dera esta ordem: "Não lhe respondam".

²² Então o administrador do palácio, Eliaquim, filho de Hilquias, o secretário Sebna e o arquivista Joá, filho de Asafe, com as vestes rasgadas, foram contar a Ezequias o que dissera o comandante.

Predito o Livramento de Jerusalém

37 Quando o rei Ezequias soube disso, rasgou suas vestes, vestiu pano de saco e entrou no templo do Senhor. ² Depois enviou o administrador do palácio, Eliaquim, o secretário Sebna e os chefes dos sacerdotes, todos vestidos de pano de saco, ao profeta Isaías, filho de Amoz, ³ com esta mensagem: "Assim diz Ezequias: Hoje é dia de angústia, de repreensão e de vergonha, como quando uma criança está a ponto de nascer e não há forças para dá-la à luz. ⁴ Talvez o Senhor, o seu Deus, ouça as palavras do comandante de campo, a quem o seu senhor, o rei da Assíria, enviou para zombar do Deus vivo. E que o Senhor, o seu Deus, o repreenda pelas palavras que ouviu. Portanto, ore pelo remanescente que ainda sobrevive".

⁵ Quando os oficiais do rei Ezequias vieram a Isaías, ⁶ este lhes respondeu: "Digam a seu senhor: Assim diz o Senhor: 'Não tenha medo das palavras que você ouviu, das blasfêmias que os servos do rei da Assíria falaram contra mim.

⁷ Porei nele um espírito para que, quando ouvir uma certa notícia, volte à sua própria terra, e ali farei com que seja morto à espada' ".

⁸ Quando o comandante de campo soube que o rei da Assíria havia partido de Laquis, retirou-se e encontrou o rei lutando contra Libna.

⁹ Ora, Senaqueribe foi informado de que Tiraca, o rei da Etiópia[a], saíra para lutar contra ele. Quando soube disso, enviou mensageiros a Ezequias com esta mensagem: ¹⁰ "Digam a Ezequias, rei de Judá: Não deixe que o Deus no qual você confia o engane quando diz: 'Jerusalém não será entregue nas mãos do rei da Assíria'. ¹¹ Com certeza você ouviu o que os reis da Assíria têm feito a todas as nações e como as destruíram por completo. E você acha que se livrará? ¹² Acaso os deuses das nações que foram destruídas pelos meus antepassados os livraram: os deuses de Gozã, de Harã, de Rezefe e dos descendentes de Éden, que estavam em Telassar? ¹³ Onde estão o rei de Hamate, o rei de Arpade, o rei da cidade de Sefarvaim, de Hena e de Iva?"

A Oração de Ezequias

¹⁴ Ezequias recebeu a carta das mãos dos mensageiros e a leu. Então subiu ao templo do Senhor, abriu-a diante do Senhor ¹⁵ e orou: ¹⁶ "Senhor dos Exércitos, Deus de Israel, cujo trono está entre os querubins, só tu és Deus sobre todos os reinos da terra. Tu fizeste os céus e a terra. ¹⁷ Dá ouvidos, Senhor, e ouve; abre os teus olhos, Senhor, e vê; escuta todas as palavras que Senaqueribe enviou para insultar o Deus vivo.

¹⁸ "É verdade, Senhor, que os reis assírios fizeram de todas essas nações e de seus territórios um deserto. ¹⁹ Atiraram os deuses delas no fogo e os destruíram, pois em vez de deuses, não passam de madeira e pedra, moldados por mãos humanas. ²⁰ Agora, Senhor nosso Deus, salva-nos das mãos dele, para que todos os reinos da terra saibam que só tu, Senhor, és Deus[b]".

A Queda de Senaqueribe

²¹ Então Isaías, filho de Amoz, enviou esta mensagem a Ezequias: "Assim diz o Senhor, Deus de Israel: 'Ouvi a sua oração acerca de Senaqueribe, rei da Assíria. ²² Esta é a palavra que o Senhor falou contra ele:

" 'A Virgem Cidade[c] de Sião
  despreza e zomba de você.
A cidade de Jerusalém meneia a cabeça
  enquanto você foge.
²³ De quem você zombou
  e contra quem blasfemou?
Contra quem você ergueu a voz
  e contra quem levantou
  seu olhar arrogante?
Contra o Santo de Israel!
²⁴ Sim, você insultou o Senhor
  por meio dos seus mensageiros,
  dizendo:
"Com carros sem conta
  subi aos mais elevados
  e inacessíveis cumes do Líbano.
Derrubei os seus cedros mais altos,
  os seus melhores pinheiros.
Entrei em suas regiões mais remotas,
  na melhor parte de suas florestas.
²⁵ Em terras estrangeiras[d]
  cavei poços e bebi água.
Com as solas dos meus pés
  sequei todos os riachos do Egito".
²⁶ " 'Você não soube que há muito
  eu já o havia ordenado,
  que desde os dias da antiguidade
  eu o havia planejado?
Agora eu o executo
  e faço você transformar
  cidades fortificadas
  em montões de pedra.
²⁷ Os seus habitantes, já sem forças,
  desanimam-se envergonhados.
São como pastagens,
  como brotos tenros e verdes,
  como capim no terraço,
  queimado[e] antes de crescer.
²⁸ " 'Eu, porém, sei onde você está,
  quando sai e quando retorna
  e quando você se enfurece contra mim.
²⁹ Sim, contra mim você se enfurece,
  o seu atrevimento chegou
  aos meus ouvidos;

---

[a] 37.9 Hebraico: *de Cuxe*.
[b] 37.20 Conforme os manuscritos do mar Morto. O Texto Massorético diz *és o Senhor*. Veja 2Rs 19.19.
[c] 37.22 Hebraico: *Filha*.
[d] 37.25 Conforme os manuscritos do mar Morto. O Texto Massorético não traz *Em terras estrangeiras*. Veja 2Rs 19.24.
[e] 37.27 Conforme alguns manuscritos do Texto Massorético, os manuscritos do mar Morto e alguns manuscritos da Septuaginta. A maioria dos manuscritos do Texto Massorético diz *terraços e campos terraplanados em degraus*. Veja 2Rs 19.26.

por isso, porei o meu anzol em
   seu nariz
e o meu freio em sua boca,
e o farei voltar pelo caminho
   por onde veio.

³⁰ " 'A você, Ezequias, darei este sinal:

" 'Neste ano vocês comerão
   do que crescer por si
e, no próximo, o que daquilo brotar.
Mas no terceiro ano semeiem e colham,
plantem vinhas e comam o seu fruto.
³¹ Mais uma vez um remanescente
   da tribo de Judá
lançará raízes na terra
e se encherão de frutos os seus ramos.
³² De Jerusalém sairão sobreviventes,
   e um remanescente do monte Sião.
O zelo do Senhor dos Exércitos
   realizará isso'.

³³ "Por isso, assim diz o Senhor acerca do rei da Assíria:

" 'Ele não entrará nesta cidade
   e não atirará aqui uma flecha sequer.
Não virá diante dela com escudo
nem construirá rampas de cerco
   contra ela.
³⁴ Pelo caminho por onde veio voltará;
   não entrará nesta cidade',
   declara o Senhor.
³⁵ " 'Eu defenderei esta cidade e a salvarei,
   por amor de mim
e por amor de Davi,
   meu servo!' "

³⁶ Então o anjo do Senhor saiu e matou cento e oitenta e cinco mil homens no acampamento assírio. Quando o povo se levantou na manhã seguinte, só havia cadáveres! ³⁷ Assim, Senaqueribe, rei da Assíria, fugiu do acampamento, voltou para Nínive e lá ficou.
³⁸ Certo dia, quando estava adorando no templo de seu deus Nisroque, seus filhos Adrameleque e Sarezer o feriram à espada e fugiram para a terra de Ararate. E seu filho Esar-Hadom foi o seu sucessor.

A Doença de Ezequias

38 Naqueles dias, Ezequias ficou doente, à beira da morte. O profeta Isaías, filho de Amoz, foi visitá-lo e lhe disse: "Assim diz o Senhor: 'Ponha a casa em ordem, porque você vai morrer; você não se recuperará' ".
² Ezequias virou o rosto para a parede e orou ao Senhor: ³ "Lembra-te, Senhor, de como tenho te servido com fidelidade e com devoção sincera, e tenho feito o que tu aprovas". E Ezequias chorou amargamente.

⁴ Então a palavra do Senhor veio a Isaías: ⁵ "Vá dizer a Ezequias: Assim diz o Senhor, o Deus de seu antepassado Davi: Ouvi sua oração e vi suas lágrimas; acrescentarei quinze anos à sua vida. ⁶ E eu livrarei você e esta cidade das mãos do rei da Assíria. Eu defenderei esta cidade.

⁷ "Este é o sinal de que o Senhor fará o que prometeu: ⁸ Farei a sombra do sol retroceder os dez degraus que ela já cobriu na escadaria de Acaz". E a luz do sol retrocedeu os dez degraus que tinha avançado.

⁹ Depois de recuperar-se dessa doença, Ezequias, rei de Judá, escreveu o seguinte:

¹⁰ "Eu disse: No vigor da minha vida
   tenho que passar pelas
   portas da sepultura[a]
e ser roubado do restante
   dos meus anos?
¹¹ Eu disse: Não tornarei a ver o Senhor,
   o Senhor, na terra dos viventes;
não olharei mais para a humanidade,
nem estarei mais com
   os que agora habitam neste mundo[b].
¹² A minha casa foi derrubada
   e tirada de mim,
como se fosse uma tenda de pastor.
A minha vida foi enovelada,
   como faz o tecelão,
e ele me cortou como um pedaço
   de tecido;
dia e noite foi acabando comigo.
¹³ Esperei pacientemente até o alvorecer,
mas como um leão
   ele quebrou todos os meus ossos;
dia e noite foi acabando comigo.
¹⁴ Gritei como um andorinhão,
   como um tordo;
gemi como uma pomba chorosa.

---

[a] **38.10** Hebraico: *Sheol*. Essa palavra pode ser traduzida por *profundezas*, *pó* ou *morte*; também no versículo 18.
[b] **38.11** Conforme alguns manuscritos do Texto Massorético. A maioria dos manuscritos do Texto Massorético diz *habitam no lugar onde tudo acaba*.

Olhando para os céus,
  enfraqueceram-se os meus olhos.
Estou aflito, ó Senhor!
Vem em meu auxílio!

¹⁵ "Mas, que posso dizer?
Ele falou comigo, e ele mesmo fez isso.
Andarei humildemente toda a minha vida,
  por causa dessa aflição da minha alma.
¹⁶ Senhor, por tais coisas
  os homens vivem,
e por elas também vive o meu espírito.
Tu me restauraste a saúde
  e deixaste-me viver.
¹⁷ Foi para o meu benefício
  que tanto sofri.
Em teu amor me guardaste
  da cova da destruição;
lançaste para trás de ti
  todos os meus pecados,
¹⁸ pois a sepultura não pode louvar-te,
  a morte não pode cantar o teu louvor.
Aqueles que descem à cova
  não podem esperar pela tua fidelidade.
¹⁹ Os vivos, somente os vivos, te louvam,
  como hoje estou fazendo;
os pais contam a tua fidelidade
  a seus filhos.

²⁰ "O Senhor me salvou.
Cantaremos com instrumentos de corda
  todos os dias de nossa vida
no templo do Senhor".

²¹ Isaías dissera: "Apliquem um emplastro de figos no furúnculo, e ele se recuperará".

²² Ezequias tinha perguntado: "Qual será o sinal de que subirei ao templo do Senhor?"

Enviados da Babilônia

39 Naquela época, Merodaque-Baladã, filho de Baladã, rei da Babilônia, enviou a Ezequias cartas e um presente, porque soubera de sua doença e de sua recuperação. ² Ezequias recebeu com alegria os enviados e mostrou-lhes o que havia em seus depósitos: a prata, o ouro, as especiarias, o óleo fino, todo o seu arsenal e tudo o que se encontrava em seus tesouros. Não houve nada em seu palácio ou em todo o seu reino que Ezequias não lhes mostrasse.

³ Então o profeta Isaías foi ao rei Ezequias e perguntou: "O que aqueles homens disseram, e de onde vieram?"

"De uma terra distante", Ezequias respondeu. "Eles vieram da Babilônia para visitar-me."

⁴ O profeta perguntou: "O que eles viram em seu palácio?"

Ezequias respondeu: "Viram tudo o que há em meu palácio. Não há nada em meus tesouros que não lhes tenha mostrado".

⁵ Então Isaías disse a Ezequias: "Ouça a palavra do Senhor dos Exércitos: ⁶ 'Um dia, tudo o que há em seu palácio, bem como tudo o que os seus antepassados acumularam até hoje, será levado para a Babilônia. Nada ficará, diz o Senhor. ⁷ 'E alguns de seus próprios descendentes serão levados e se tornarão eunucos no palácio do rei da Babilônia' ".

⁸ "É boa a palavra do Senhor que você falou", Ezequias respondeu. Pois pensou: "Haverá paz e segurança enquanto eu viver".

Consolo para o Povo de Deus

40 Consolem, consolem o meu povo,ᵃ
diz o Deus de vocês.
² Encorajem Jerusalém e anunciem
  que ela já cumpriu o trabalho
  que lhe foi imposto,
pagou por sua iniquidade
e recebeu da mão do Senhor
  em dobro por todos os seus pecados.

³ Uma voz clama:
"No deserto preparemᵇ o caminho
para o Senhor;
  façam no deserto um caminho reto
para o nosso Deus.ᶜ
⁴ Todos os vales serão levantados,
todos os montes e colinas
  serão aplanados;
os terrenos acidentados
  se tornarão planos;
as escarpas serão niveladas.
⁵ A glória do Senhor será revelada,
  e, juntos, todos a verão.
Pois é o Senhor quem fala".
⁶ Uma voz ordena: "Clame".
E eu pergunto: O que clamarei?

"Que toda a humanidade é como a relva,
e toda a sua glóriaᵈ
  como a flor da relva.

ᵃ **40.1** Ou *Ó meu povo, consolem, consolem Jerusalém*,
ᵇ **40.3** Ou *clama no deserto:* "Preparem
ᶜ **40.3** A Septuaginta diz *façam retas as veredas de nosso Deus.*
ᵈ **40.6** Ou *fidelidade*

⁷ A relva murcha e cai a sua flor,
quando o vento do Senhor
sopra sobre elas;
o povo não passa de relva.
⁸ A relva murcha, e as flores caem,
mas a palavra de nosso Deus
permanece para sempre".

⁹ Você, que traz boas-novas a Sião,
suba num alto monte.
Você, que traz boas-novas a Jerusalém,[a]
erga a sua voz com fortes gritos,
erga-a, não tenha medo;
diga às cidades de Judá:
"Aqui está o seu Deus!"
¹⁰ O Soberano, o Senhor, vem com poder!
Com seu braço forte ele governa.
A sua recompensa com ele está,
e seu galardão o acompanha.
¹¹ Como pastor ele cuida de seu rebanho,
com o braço ajunta os cordeiros
e os carrega no colo;
conduz com cuidado
as ovelhas que amamentam suas crias.

¹² Quem mediu as águas
na concha da mão,
ou com o palmo
definiu os limites dos céus?
Quem jamais calculou o peso da terra,
ou pesou os montes na balança
e as colinas nos seus pratos?
¹³ Quem definiu limites
para o Espírito[b] do Senhor,
ou o instruiu como seu conselheiro?
¹⁴ A quem o Senhor consultou
que pudesse esclarecê-lo,
e que lhe ensinasse a julgar com justiça?
Quem lhe ensinou o conhecimento
ou lhe apontou o caminho da sabedoria?

¹⁵ Na verdade as nações
são como a gota que sobra do balde;
para ele são como o pó
que resta na balança;
para ele as ilhas não passam
de um grão de areia.
¹⁶ Nem as florestas do Líbano
seriam suficientes
para o fogo do altar,
nem os animais de lá bastariam
para o holocausto[c].
¹⁷ Diante dele todas as nações
são como nada;
para ele são sem valor e menos que nada.

¹⁸ Com quem vocês compararão Deus?
Como poderão representá-lo?
¹⁹ Com uma imagem que o artesão funde,
e que o ourives cobre de ouro
e para a qual modela correntes de prata?
²⁰ Ou com o ídolo do pobre,
que pode apenas escolher
um bom pedaço de madeira
e procurar um marceneiro
para fazer uma imagem que não caia?

²¹ Será que vocês não sabem?
Nunca ouviram falar?
Não contaram a vocês desde
a antiguidade?
Vocês não compreenderam
como a terra foi fundada?
²² Ele se assenta no seu trono,
acima da cúpula da terra,
cujos habitantes
são pequenos como gafanhotos.
Ele estende os céus como um forro
e os arma como uma tenda
para neles habitar.
²³ Ele aniquila os príncipes
e reduz a nada os juízes deste mundo.
²⁴ Mal eles são plantados ou semeados,
mal lançam raízes na terra,
Deus sopra sobre eles, e eles murcham;
um redemoinho os leva como palha.

²⁵ "Com quem vocês vão me comparar?
Quem se assemelha a mim?",
pergunta o Santo.
²⁶ Ergam os olhos e olhem para as alturas.
Quem criou tudo isso?
Aquele que põe em marcha
cada estrela do seu exército celestial,
e a todas chama pelo nome.
Tão grande é o seu poder
e tão imensa a sua força,
que nenhuma delas deixa de comparecer!

²⁷ Por que você reclama, ó Jacó,
e por que se queixa, ó Israel:

---

[a] 40.9 Ou *Ó Sião, que traz boas-novas, suba num alto monte. Ó Jerusalém, que traz boas-novas,*
[b] 40.13 Ou *conheceu a mente do Espírito*
[c] 40.16 Isto é, sacrifício totalmente queimado.

"O Senhor não se interessa
 pela minha situação;
o meu Deus não considera
 a minha causa"?
²⁸ Será que você não sabe?
 Nunca ouviu falar?
O Senhor é o Deus eterno,
 o Criador de toda a terra.
Ele não se cansa nem fica exausto;
sua sabedoria é insondável.
²⁹ Ele fortalece o cansado
 e dá grande vigor ao que está
 sem forças.
³⁰ Até os jovens se cansam
 e ficam exaustos,
e os moços tropeçam e caem;
³¹ mas aqueles que esperam no Senhor
renovam as suas forças.
Voam alto como águias;
 correm e não ficam exaustos,
andam e não se cansam.

O Ajudador de Israel

41 "Calem-se diante de mim, ó ilhas!
 Que as nações renovem as suas forças!
Que elas se apresentem para se defender;
vamos encontrar-nos
 para decidir a questão.

² "Quem despertou o que vem do oriente
 e o chamou em retidão ao seu serviço,[a]
entregando-lhe nações
 e subjugando reis diante dele?
Com a espada ele os reduz a pó,
com o arco os dispersa como palha.
³ Ele os persegue e avança com segurança
por um caminho que seus pés
 jamais percorreram.
⁴ Quem fez tudo isso?
Quem chama as gerações à existência
 desde o princípio?
Eu, o Senhor,
 que sou o primeiro,
 e que sou eu mesmo
 com os últimos."

⁵ As ilhas viram isso e temem;
 os confins da terra tremem.
Eles se aproximam e vêm à frente;
⁶ cada um ajuda o outro e diz a seu irmão:
 "Seja forte!"

⁷ O artesão encoraja o ourives,
 e aquele que alisa com o martelo
 incentiva o que bate na bigorna.
Ele diz acerca da soldagem: "Está boa".
E fixa o ídolo com prego
 para que não tombe.

⁸ "Você, porém, ó Israel, meu servo,
 Jacó, a quem escolhi,
vocês, descendentes de
 Abraão, meu amigo,
⁹ eu os tirei dos confins da terra,
de seus recantos mais distantes
 eu os chamei.
Eu disse: Você é meu servo;
 eu o escolhi e não o rejeitei.
¹⁰ Por isso não tema, pois estou com você;
 não tenha medo, pois sou o seu Deus.
Eu o fortalecerei e o ajudarei;
 eu o segurarei
 com a minha mão direita vitoriosa.

¹¹ "Todos os que o odeiam
 certamente serão humilhados
 e constrangidos;
aqueles que se opõem a você
 serão como nada e perecerão.
¹² Ainda que você procure os
 seus inimigos,
 você não os encontrará.
Os que guerreiam contra você
 serão reduzidos a nada.
¹³ Pois eu sou o Senhor, o seu Deus,
 que o segura pela mão direita
 e diz a você: Não tema; eu o ajudarei.
¹⁴ Não tenha medo, ó verme Jacó,
 ó pequeno Israel,
pois eu mesmo o ajudarei",
 declara o Senhor,
seu Redentor, o Santo de Israel.
¹⁵ "Veja, eu o tornarei um debulhador
 novo e cortante, com muitos dentes.
Você debulhará os montes e os esmagará
 e reduzirá as colinas a palha.
¹⁶ Você irá peneirá-los, o vento os levará,
 e uma ventania os espalhará.
Mas você se regozijará no Senhor
 e no Santo de Israel se gloriará.

¹⁷ "O pobre e o necessitado buscam água
 e não a encontram!
Suas línguas estão ressequidas de sede.
Mas eu, o Senhor, lhes responderei;

---

[a] **41.2** Ou *com quem a vitória se encontra a cada passo,*

eu, o Deus de Israel, não os
 abandonarei.
¹⁸ Abrirei rios nas colinas estéreis
 e fontes nos vales.
Transformarei o deserto num lago
 e o chão ressequido em mananciais.
¹⁹ Porei no deserto o cedro,
 a acácia, a murta e a oliveira.
Colocarei juntos no ermo
 o cipreste, o abeto e o pinheiro,
²⁰ para que o povo veja e saiba,
 e todos vejam e saibam,
que a mão do Senhor fez isso,
 que o Santo de Israel o criou.

²¹ "Exponham a sua causa", diz o Senhor.
"Apresentem as suas provas",
 diz o rei de Jacó.
²² "Tragam os seus ídolos
 para nos dizerem o que vai acontecer.
Que eles nos contem como eram
 as coisas anteriores,
para que as consideremos
 e saibamos o seu resultado final;
ou que nos declarem as coisas vindouras,
²³ revelem-nos o futuro,
 para que saibamos que eles são deuses.
Façam alguma coisa, boa ou má,
 para que nos rendamos, cheios de temor.
²⁴ Mas vejam só! Eles não são nada,
 e as suas obras são totalmente nulas;
detestável é aquele que os escolhe!

²⁵ "Despertei um homem,
 e do norte ele vem;
desde o nascente proclamará o meu nome.
Pisa em governantes como em argamassa,
 como o oleiro amassa o barro.
²⁶ Quem falou disso desde o princípio,
 para que o soubéssemos,
ou antecipadamente,
 para que pudéssemos dizer:
'Ele estava certo'?
Ninguém o revelou,
ninguém o fez ouvir,
ninguém ouviu palavra alguma de vocês.
²⁷ Desde o princípio eu disse a Sião:
 Veja, estas coisas acontecendo!
A Jerusalém eu darei um mensageiro
 de boas-novas.
²⁸ Olho, e não há ninguém entre eles,
nenhum conselheiro que dê resposta
 quando pergunto.

²⁹ Veja, são todos falsos!
Seus feitos são nulos;
 suas imagens fundidas
 não passam de um sopro e de
 uma nulidade!

O Servo do Senhor

42 "Eis o meu servo,
 a quem sustento,
 o meu escolhido, em quem tenho prazer.
 Porei nele o meu Espírito,
 e ele trará justiça às nações.
² Não gritará nem clamará,
nem erguerá a voz nas ruas.
³ Não quebrará o caniço rachado,
e não apagará o pavio fumegante.
Com fidelidade fará justiça;
⁴ não mostrará fraqueza
 nem se deixará ferir
até que estabeleça a justiça na terra.
Em sua lei as ilhas porão sua esperança."

⁵ É o que diz Deus, o Senhor,
aquele que criou o céu e o estendeu,
que espalhou a terra
 e tudo o que dela procede,
que dá fôlego aos seus moradores
 e vida aos que andam nela:
⁶ "Eu, o Senhor, o chamei para justiça;
 segurarei firme a sua mão.
Eu o guardarei e farei de você
 um mediador para o povo
e uma luz para os gentios,
⁷ para abrir os olhos dos cegos,
para libertar da prisão os cativos
e para livrar do calabouço
 os que habitam na escuridão.

⁸ "Eu sou o Senhor; este é o meu nome!
Não darei a outro a minha glória
nem a imagens o meu louvor.

42.1-9 O Cristo, servo eleito de Deus, humilde e manso, cumpriria sua missão no poder do Espírito Santo, traria justiça, liberdade e conhecimento, cumpriria as alianças de Deus com Israel e seria a luz dos gentios.
Cumprimento: Mateus 12.15-21; Lucas 2.25-35; Atos 26.22,23
Próximo texto: Isaías 49.1-13

42.1-9 Esse trecho profético faz alusão à pessoa do Servo do Senhor, representação clara de Jesus Cristo. Costuma-se dar a esse texto o nome de "Primeiro cântico do Servo do Senhor". No total, aparecem quatro cânticos com essa caracterização de título no livro de Isaías: 42.1-9; 49.6-8; 50.4-9 e 52.13—53.12, o último o mais conhecido de todos.

⁹ Vejam! As profecias antigas
  aconteceram, e novas eu anuncio;
antes de surgirem, eu as declaro a vocês".

¹⁰ Cantem ao Senhor um novo cântico,
  seu louvor desde os confins da terra,
vocês, que navegam no mar,
  e tudo o que nele existe,
vocês, ilhas, e todos os seus habitantes.
¹¹ Que o deserto e as suas cidades
  ergam a sua voz;
regozijem-se os povoados
  habitados por Quedar.
Cante de alegria o povo de Selá,
  gritem pelos altos dos montes.
¹² Deem glória ao Senhor
  e nas ilhas proclamem seu louvor.
¹³ O Senhor sairá
  como homem poderoso,
como guerreiro despertará o seu zelo;
com forte brado e seu grito de guerra,
  triunfará sobre os seus inimigos.

¹⁴ "Fiquei muito tempo em silêncio
  e me contive, calado.
Mas agora, como mulher
  em trabalho de parto,
eu grito, gemo e respiro ofegante.
¹⁵ Arrasarei os montes e as colinas
  e secarei toda sua vegetação;
tornarei rios em terra seca e secarei
  os açudes.
¹⁶ Conduzirei os cegos por caminhos
  que eles não conheceram,
por veredas desconhecidas eu os guiarei;
transformarei as trevas em luz
  diante deles
e tornarei retos os lugares acidentados.
Essas são as coisas que farei;
  não os abandonarei.

¹⁷ Mas retrocederão em vergonha total
  aqueles que confiam
  em imagens esculpidas,
que dizem aos ídolos fundidos:
  'Vocês são nossos deuses'.

A Cegueira de Israel

¹⁸ "Ouçam, surdos; olhem, cegos, e vejam!
¹⁹ Quem é cego senão o meu servo,
  e surdo senão o mensageiro que enviei?
Quem é cego como aquele
  que é consagrado a mim,
cego como o servo do Senhor?
²⁰ Você viu muitas coisas,
  mas não deu nenhuma atenção;
seus ouvidos estão abertos,
  mas você não ouve nada."
²¹ Foi do agrado do Senhor,
  por amor de sua retidão,
tornar grande e gloriosa a sua lei.
²² Mas este é um povo saqueado e roubado;
foi apanhado em cavernas
  e escondido em prisões.
Tornou-se presa,
  sem ninguém para resgatá-lo;
tornou-se despojo,
  sem que ninguém o reclamasse,
  dizendo: "Devolvam".

²³ Qual de vocês escutará isso
ou prestará muita atenção
no tempo vindouro?
²⁴ Quem entregou Jacó
  para tornar-se despojo
e Israel aos saqueadores?
Não foi o Senhor,
  contra quem temos pecado?
Pois eles não quiseram seguir
  os seus caminhos;
não obedeceram à sua lei.
²⁵ De modo que ele lançou sobre eles
  o seu furor,
a violência da guerra.
Ele os envolveu em chamas,
contudo nada aprenderam;
  isso os consumiu
e, ainda assim, não o levaram a sério.

O Único Salvador de Israel

43 ¹ Mas agora assim diz o Senhor,
aquele que o criou, ó Jacó,
aquele que o formou, ó Israel:

"Não tema, pois eu o resgatei;
  eu o chamei pelo nome; você é meu.
² Quando você atravessar as águas,
  eu estarei com você;
quando você atravessar os rios,
  eles não o encobrirão.
Quando você andar através do fogo,
  não se queimará;
as chamas não o deixarão em brasas.
³ Pois eu sou o Senhor, o seu Deus,
  o Santo de Israel, o seu Salvador;
dou o Egito como resgate para livrá-lo,
  a Etiópia[a] e Sebá em troca de você.
⁴ Visto que você é precioso
  e honrado à minha vista,
  e porque eu o amo,
darei homens em seu lugar,
  e nações em troca de sua vida.
⁵ Não tenha medo,
  pois eu estou com você,
do oriente trarei seus filhos
  e do ocidente ajuntarei você.
⁶ Direi ao norte: 'Entregue-os!'
  e ao sul: 'Não os retenha'.
De longe tragam os meus filhos,
  e dos confins da terra as minhas filhas;
⁷ todo o que é chamado pelo meu nome,
  a quem criei para a minha glória,
  a quem formei e fiz".

⁸ Traga o povo que tem olhos, mas é cego,
  que tem ouvidos, mas é surdo.
⁹ Todas as nações se reúnem,
  e os povos se ajuntam.
Qual deles predisse isso
  e anunciou as coisas passadas?
Que eles façam entrar suas testemunhas,
  para provarem que estavam certos,
para que outros ouçam e digam:
  "É verdade".
¹⁰ "Vocês são minhas testemunhas",
  declara o Senhor,
"e meu servo, a quem escolhi,
  para que vocês saibam e creiam em mim
  e entendam que eu sou Deus[b].
Antes de mim nenhum deus se formou,
  nem haverá algum depois de mim.
¹¹ Eu, eu mesmo, sou o Senhor,
  e além de mim não há salvador algum.
¹² Eu revelei, salvei e anunciei;
  eu, e não um deus estrangeiro entre vocês.

Vocês são testemunhas de que eu sou Deus",
  declara o Senhor.
¹³ "Desde os dias mais antigos eu o sou.
Não há quem possa
  livrar alguém de minha mão.
Agindo eu, quem o pode desfazer?"

A Misericórdia de Deus e a Infidelidade de Israel

¹⁴ Assim diz o Senhor, o seu Redentor, o Santo de Israel:

"Por amor de vocês mandarei
  inimigos contra a Babilônia
e farei todos os babilônios[c]
  descerem como fugitivos
nos navios de que se orgulhavam.
¹⁵ Eu sou o Senhor, o Santo de vocês,
  o Criador de Israel e o seu Rei".

¹⁶ Assim diz o Senhor,
aquele que fez um caminho pelo mar,
uma vereda pelas águas violentas,
¹⁷ que fez saírem juntos
  os carros e os cavalos,
  o exército e seus reforços,
e eles jazem ali, para nunca mais
  se levantarem,
exterminados, apagados como um pavio:
¹⁸ "Esqueçam o que se foi;
  não vivam no passado.
¹⁹ Vejam, estou fazendo uma coisa nova!
  Ela já está surgindo! Vocês não a
  reconhecem?
Até no deserto vou abrir um caminho
  e riachos no ermo.
²⁰ Os animais do campo me honrarão,
  os chacais e as corujas,
porque fornecerei água no deserto
  e riachos no ermo,
para dar de beber a meu povo,
  meu escolhido,
²¹ ao povo que formei para mim mesmo
  a fim de que proclamasse o meu louvor.

²² "Contudo, você não me invocou, ó Jacó,
  embora você tenha ficado exausto
  por minha causa, ó Israel.
²³ Não foi para mim que você trouxe
  ovelhas para holocaustos[d],

---

[a] **43.3** Hebraico: *Cuxe*.
[b] **43.10** Ou *ele*
[c] **43.14** Ou *caldeus*; também em 47.1, 5; 48.14 e 20.
[d] **43.23** Isto é, sacrifícios totalmente queimados.

nem foi a mim que você honrou com seus
  sacrifícios.
Não o sobrecarreguei
  com ofertas de cereal,
nem o deixei exausto
  com exigências de incenso.
²⁴ Você não me comprou
  nenhuma cana aromática,
nem me saciou
  com a gordura de seus sacrifícios.
Mas você me sobrecarregou
  com seus pecados
e me deixou exausto com suas ofensas.

²⁵ "Sou eu, eu mesmo, aquele que apaga
  suas transgressões, por amor de mim,
e que não se lembra mais
  de seus pecados.
²⁶ Relembre o passado para mim;
  vamos discutir a sua causa.
Apresente o argumento
  para provar sua inocência.
²⁷ Seu primeiro pai pecou;
  seus porta-vozes se rebelaram
    contra mim.
²⁸ Por isso envergonharei
  os líderes do templo,
e entregarei Jacó à destruição
  e Israel à zombaria.

Israel, o Escolhido do Senhor

44 "Mas escute agora, Jacó,
  meu servo,
Israel, a quem escolhi.
² Assim diz o Senhor,
  aquele que o fez,
que o formou no ventre, e que
  o ajudará:
Não tenha medo, ó Jacó, meu servo,
Jesurum, a quem escolhi.
³ Pois derramarei água na terra sedenta,
  e torrentes na terra seca;
derramarei meu Espírito sobre sua prole
  e minha bênção sobre seus
    descendentes.
⁴ Eles brotarão como relva nova,
  como salgueiros junto a regatos.
⁵ Um dirá: 'Pertenço ao Senhor';
  outro chamará a si mesmo
    pelo nome de Jacó;
ainda outro escreverá em sua mão:
  'Do Senhor',
e tomará para si o nome Israel.

A Insensatez da Idolatria

⁶ "Assim diz o Senhor,
  o rei de Israel, o seu redentor,
  o Senhor dos Exércitos:
Eu sou o primeiro e eu sou o último;
além de mim não há Deus.
⁷ Quem então é como eu?
Que ele o anuncie,
que ele declare e exponha diante de mim
  o que aconteceu
desde que estabeleci meu antigo povo
  e o que ainda está para vir;
que todos eles predigam as coisas futuras
  e o que irá acontecer.
⁸ Não tremam, nem tenham medo.
Não anunciei isto e não o predisse
  muito tempo atrás?
Vocês são minhas testemunhas.
  Há outro Deus além de mim?
Não, não existe nenhuma outra Rocha;
  não conheço nenhuma".

⁹ Todos os que fazem imagens nada são,
  e as coisas que estimam são sem
    valor.
As suas testemunhas nada veem
  e nada sabem,
para que sejam envergonhados.
¹⁰ Quem é que modela um deus
  e funde uma imagem,
  que de nada lhe serve?
¹¹ Todos os seus companheiros
  serão envergonhados;
pois os artesãos não passam de homens.
Que todos eles se ajuntem
  e declarem sua posição;
eles serão lançados ao pavor
  e à vergonha.

¹² O ferreiro apanha uma ferramenta
  e trabalha com ela nas brasas;
modela um ídolo com martelos,
  forja-o com a força do braço.
Ele sente fome e perde a força;
  passa sede e desfalece.
¹³ O carpinteiro mede a madeira
  com uma linha
e faz um esboço com um traçador;
ele o modela toscamente com formões
  e o marca com compassos.
Ele o faz na forma de homem,
de um homem em toda a sua beleza,
  para que habite num santuário.

¹⁴ Ele derruba cedros,
    talvez apanhe um cipreste,
    ou ainda um carvalho.
Ele o deixou crescer entre
    as árvores da floresta,
ou plantou um pinheiro,
    e a chuva o fez crescer.
¹⁵ É combustível usado para queimar;
    um pouco disso ele apanha e se aquece,
    acende um fogo e assa um pão.
Mas também modela um deus e o adora;
faz uma imagem e se curva diante dela.
¹⁶ Metade da madeira ele queima no fogo;
sobre ela ele prepara sua refeição,
    assa a carne e come sua porção.
Ele também se aquece e diz:
    "Ah! Estou aquecido;
    estou vendo o fogo".
¹⁷ Do restante ele faz um deus, seu ídolo;
    inclina-se diante dele e o adora.
Ora a ele e diz: "Salva-me;
    tu és o meu deus".
¹⁸ Eles nada sabem, nada entendem;
    seus olhos estão tapados,
    não conseguem ver,
    e suas mentes estão fechadas,
    não conseguem entender.
¹⁹ Para pensar ninguém para,
ninguém tem o conhecimento
    ou o entendimento para dizer:
"Metade dela usei como combustível;
até mesmo assei pão sobre suas brasas,
    assei carne e comi.
Faria eu algo repugnante
    com o que sobrou?
Iria eu ajoelhar-me diante
    de um pedaço de madeira?"
²⁰ Ele se alimenta de cinzas,
    um coração iludido o desvia;
ele é incapaz de salvar a si mesmo
    ou de dizer:
"Esta coisa na minha mão direita
    não é uma mentira?"
²¹ "Lembre-se disso, ó Jacó,
    pois você é meu servo, ó Israel.
Eu o fiz, você é meu servo;
    ó Israel, eu não o esquecerei.
²² Como se fossem uma nuvem,
    varri para longe suas ofensas;
como se fossem a neblina da manhã,
    os seus pecados.
Volte para mim, pois eu o resgatei."

²³ Cantem de alegria, ó céus,
    pois o Senhor fez isto;
gritem bem alto, ó profundezas da terra.
Irrompam em canção, vocês, montes,
    vocês, florestas e todas as suas árvores,
pois o Senhor resgatou Jacó;
ele mostra sua glória em Israel.

Jerusalém Será Habitada
²⁴ "Assim diz o Senhor,
    o seu redentor, que o formou no ventre:

"Eu sou o Senhor, que fiz todas as coisas,
que sozinho estendi os céus,
que espalhei a terra por mim mesmo,
²⁵ "que atrapalha os sinais dos
    falsos profetas
    e faz de tolos os adivinhadores,
que derruba o conhecimento dos sábios
    e o transforma em loucura,
²⁶ que executa as palavras de seus servos
    e cumpre as predições
    de seus mensageiros,

"que diz acerca de Jerusalém:
    Ela será habitada,
e das cidades de Judá:
    Elas serão construídas,
    e de suas ruínas: Eu as restaurarei,
²⁷ que diz às profundezas aquáticas:
    Sequem-se, e eu secarei seus regatos,
²⁸ que diz acerca de Ciro:
    Ele é meu pastor,
e realizará tudo o que me agrada;
ele dirá acerca de Jerusalém:
    'Seja reconstruída',
e do templo: 'Sejam lançados os seus
    alicerces'.

45 "Assim diz o Senhor ao seu ungido:
    a Ciro, cuja mão direita
    eu seguro com firmeza
para subjugar as nações diante dele
    e arrancar a armadura de seus reis,
para abrir portas diante dele,
    de modo que as portas
    não estejam trancadas:
² Eu irei adiante de você e
    aplainarei montes;
derrubarei portas de bronze
e romperei trancas de ferro.
³ Darei a você os tesouros das trevas,
riquezas armazenadas em locais secretos,

para que você saiba
 que eu sou o Senhor,
o Deus de Israel,
 que o convoca pelo nome.
⁴ Por amor de meu servo Jacó,
 de meu escolhido Israel,
eu o convoco pelo nome
 e concedo a você um título de honra,
embora você não me reconheça.
⁵ Eu sou o Senhor,
 e não há nenhum outro;
além de mim não há Deus.
Eu o fortalecerei, ainda que você
 não tenha me admitido,
⁶ de forma que do nascente ao poente
 saibam todos que não há
 ninguém além de mim.
Eu sou o Senhor,
 e não há nenhum outro.
⁷ Eu formo a luz e crio as trevas,
 promovo a paz e causo a desgraça;
eu, o Senhor, faço todas essas coisas.

⁸ "Vocês, céus elevados,
 façam chover justiça;
derramem-na as nuvens.
Abra-se a terra, brote a salvação,
 cresça a retidão com ela;
 eu, o Senhor, a criei.

⁹ "Ai daquele que contende
 com seu Criador,
daquele que não passa de um caco
 entre os cacos no chão.
Acaso o barro pode dizer ao oleiro:
 'O que você está fazendo?'
Será que a obra que você faz pode dizer:
 'Você não tem mãos?'
¹⁰ Ai daquele que diz a seu pai:
 'O que você gerou?',
ou à sua mãe: 'O que você deu à luz?'

¹¹ "Assim diz o Senhor, o Santo de Israel,
 o seu Criador:
A respeito de coisas vindouras,
 você me pergunta sobre meus filhos,
ou me dá ordens sobre o trabalho
 de minhas mãos?
¹² Fui eu que fiz a terra
 e nela criei a humanidade.
Minhas próprias mãos
 estenderam os céus;
eu dispus o seu exército de estrelas.

¹³ Eu levantarei este homem em
 minha retidão:
farei direitos todos os seus caminhos.
Ele reconstruirá minha cidade
 e libertará os exilados,
sem exigir pagamento
 nem qualquer recompensa,
diz o Senhor dos Exércitos.

¹⁴ "Assim diz o Senhor:

Os produtos do Egito
 e as mercadorias da Etiópia[a],
e aqueles altos sabeus,
 passarão para o seu lado
e pertencerão a você, ó Jerusalém;
 eles a seguirão,
acorrentados, passarão para o seu
 lado.
Eles se inclinarão diante de você
 e implorarão a você, dizendo:
'Certamente Deus está com você,
 e não há outro;
não há nenhum outro Deus' ".

¹⁵ Verdadeiramente tu és um Deus
 que se esconde,
ó Deus e Salvador de Israel.
¹⁶ Todos os que fazem ídolos
 serão envergonhados e constrangidos;
juntos cairão em constrangimento.
¹⁷ Mas Israel será salvo pelo Senhor
 com uma salvação eterna;
vocês jamais serão envergonhados
 ou constrangidos, por toda
 a eternidade.

¹⁸ Pois assim diz o Senhor,
 que criou os céus, ele é Deus;
que moldou a terra e a fez,
 ele a estabeleceu;
não a criou para estar vazia,
 mas a formou para ser habitada;
ele diz: "Eu sou o Senhor,
 e não há nenhum outro.
¹⁹ Não falei secretamente,
 de algum lugar numa terra de trevas;
eu não disse aos descendentes de Jacó:
 Procurem-me à toa.
Eu, o Senhor, falo a verdade;
 eu anuncio o que é certo.

---

[a] **45.14** Hebraico: *de Cuxe.*

²⁰ "Ajuntem-se e venham; reúnam-se,
  vocês, fugitivos das nações.
São ignorantes aqueles que levam
  de um lado para outro
  imagens de madeira,
que oram a deuses que não podem salvar.
²¹ Declarem o que deve ser,
  apresentem provas.
Que eles juntamente se aconselhem.
Quem há muito predisse isto,
quem o declarou
  desde o passado distante?
Não fui eu, o Senhor?
E não há outro Deus além de mim,
um Deus justo e salvador;
  não há outro além de mim.

²² "Voltem-se para mim e sejam salvos,
  todos vocês, confins da terra;
pois eu sou Deus,
  e não há nenhum outro.
²³ Por mim mesmo eu jurei,
a minha boca pronunciou
  com toda a integridade
  uma palavra que não será revogada:
Diante de mim todo joelho se dobrará;
junto a mim toda língua jurará.
²⁴ Dirão a meu respeito:
'Somente no Senhor
  estão a justiça e a força' ".
Todos os que o odeiam
  virão a ele e serão envergonhados.
²⁵ Mas no Senhor todos
  os descendentes de Israel
  serão considerados justos e exultarão.

Os Deuses da Babilônia

46 Bel se inclina, Nebo se abaixa;
  os seus ídolos são levados
  por animais de carga[a].
As imagens que são levadas
  por aí são pesadas,
um fardo para os exaustos.
² Juntos eles se abaixam e se inclinam;
incapazes de salvar o fardo,
  eles mesmos vão para o cativeiro.

³ "Escute-me, ó casa de Jacó,
  todos vocês que restam da nação de Israel,
vocês, a quem tenho sustentado
  desde que foram concebidos,

e que tenho carregado
  desde o seu nascimento.
⁴ Mesmo na sua velhice,
  quando tiverem cabelos brancos,
sou eu aquele,
  aquele que os susterá.
Eu os fiz e eu os levarei;
eu os sustentarei
  e eu os salvarei.

⁵ "Com quem vocês vão comparar-me
  ou a quem me considerarão igual?
A quem vocês me assemelharão
  para que sejamos comparados?
⁶ Alguns derramam ouro de suas bolsas
  e pesam prata na balança;
contratam um ourives
  para transformar isso num deus,
inclinam-se e o adoram.
⁷ Erguem-no ao ombro e o carregam;
  põem-no em pé em seu lugar, e ali
  ele fica.
Daquele local não consegue se mexer.
Embora alguém o invoque,
  ele não responde;
  é incapaz de salvá-lo de seus problemas.

⁸ "Lembrem-se disso, gravem-no na mente,
  acolham no íntimo, ó rebeldes.
⁹ Lembrem-se das coisas passadas,
  das coisas muito antigas!
Eu sou Deus, e não há nenhum outro;
  eu sou Deus, e não há nenhum como eu.
¹⁰ Desde o início faço conhecido o fim,
desde tempos remotos,
  o que ainda virá.
Digo: Meu propósito permanecerá em pé,
e farei tudo o que me agrada.
¹¹ Do oriente convoco uma ave de rapina;
de uma terra bem distante,
  um homem para cumprir
  o meu propósito.
O que eu disse, isso eu farei acontecer;
  o que planejei, isso farei.
¹² Escutem-me,
  vocês de coração obstinado,
vocês que estão longe da retidão.
¹³ Estou trazendo para perto
  a minha retidão,
ela não está distante;
e a minha salvação não será adiada.
Concederei salvação a Sião,
  meu esplendor a Israel.

---

[a] **46.1** Ou *ídolos não passam de animais de carga e gado*

A Queda de Babilônia

47 "Desça, sente-se no pó,
Virgem Cidade[a] de Babilônia;
sente-se no chão sem um trono,
Filha dos babilônios.
Você não será mais chamada
mimosa e delicada.
² Apanhe pedras de moinho e faça farinha;
retire o seu véu.
Levante a saia, desnude as suas pernas
e atravesse os riachos.
³ Sua nudez será exposta
e sua vergonha será revelada.
Eu me vingarei; não pouparei ninguém."
⁴ Nosso redentor,
o Senhor dos Exércitos é o seu nome,
é o Santo de Israel.

⁵ "Sente-se em silêncio, entre nas trevas,
cidade dos babilônios;
você não será mais chamada
rainha dos reinos.
⁶ Fiquei irado contra o meu povo
e profanei minha herança;
eu os entreguei nas suas mãos,
e você não mostrou misericórdia
para com eles.
Mesmo sobre os idosos
você pôs um jugo muito pesado.
⁷ Você disse: 'Continuarei sempre sendo
a rainha eterna!'
Mas você não ponderou estas coisas,
nem refletiu no que poderia acontecer.

⁸ "Agora, então, escute,
criatura provocadora,
que age despreocupada
e preguiçosamente
em sua segurança e diz a si mesma:
'Somente eu,
e mais ninguém.
Jamais ficarei viúva nem sofrerei
a perda de filhos'.
⁹ Estas duas coisas acontecerão a você
num mesmo instante, num único dia,
perda de filhos e viuvez;
virão sobre você com todo o seu peso,
a despeito de suas muitas feitiçarias
e de todas as suas poderosas
palavras de encantamento.

¹⁰ Você confiou em sua impiedade e disse:
'Ninguém me vê'.
Sua sabedoria e seu conhecimento a enganam
quando você diz a si mesma:
'Somente eu, e mais ninguém
além de mim'.
¹¹ A desgraça a alcançará
e você não saberá como esconjurá-la.
Cairá sobre você um mal
do qual você não poderá proteger-se
com um resgate;
uma catástrofe que você não pode prever
cairá repentinamente sobre você.

¹² "Continue, então, com suas
palavras mágicas de encantamento
e com suas muitas feitiçarias,
nas quais você tem se afadigado
desde a infância.
Talvez você consiga,
talvez provoque pavor.
¹³ Todos os conselhos que você recebeu
só a deixaram extenuada!
Deixe seus astrólogos se apresentarem,
aqueles fitadores de estrelas
que fazem predições de mês a mês,
que eles a salvem daquilo
que está vindo sobre você;
¹⁴ sem dúvida eles são como restolho;
o fogo os consumirá.
Eles não podem nem mesmo salvar-se
do poder das chamas.
Aqui não existem brasas
para aquecer ninguém;
não há fogueira para a gente sentar-se
ao lado.
¹⁵ Isso é tudo o que eles podem
fazer por você,
esses com quem você se afadigou
e com quem teve negócios escusos
desde a infância.
Cada um deles prossegue em seu erro;
não há ninguém que possa salvá-la.

Israel Obstinado

48 "Escute isto, ó comunidade de Jacó,
vocês que são chamados
pelo nome de Israel
e vêm da linhagem de Judá,
vocês que fazem juramentos
pelo nome do Senhor
e invocam o Deus de Israel,
mas não em verdade ou retidão;

---

[a] **47.1** Hebraico: *Filha*; também no versículo 5.

² vocês que chamam a si mesmos
 cidadãos da cidade santa
e dizem confiar no Deus de Israel;
 o Senhor dos Exércitos é o seu nome:
³ Eu predisse há muito
 as coisas passadas,
minha boca as anunciou,
 e eu as fiz conhecidas;
então repentinamente agi,
 e elas aconteceram.
⁴ Pois eu sabia quão obstinado você era;
os tendões de seu pescoço eram ferro,
 a sua testa era bronze.
⁵ Por isso há muito contei a você
 essas coisas;
antes que acontecessem
 eu as anunciei a você
para que você não pudesse dizer:
'Meus ídolos as fizeram;
 minha imagem de madeira
 e meu deus de metal as determinaram'.
⁶ Você tem ouvido essas coisas;
 olhe para todas elas.
Você não irá admiti-las?

"De agora em diante eu contarei a você
 coisas novas,
coisas ocultas, que você desconhece.
⁷ Elas foram criadas agora,
 e não há muito tempo;
você nunca as conheceu antes.
Por isso você não pode dizer:
'Sim, eu as conhecia'.
⁸ Você não tinha conhecimento
 nem entendimento;
desde a antiguidade o seu ouvido
 tem se fechado.
Sei quão traiçoeiro você é;
desde o nascimento
 você foi chamado rebelde.
⁹ Por amor do meu próprio nome
 eu adio a minha ira;
por amor de meu louvor
 eu a contive,
para que você não fosse eliminado.
¹⁰ Veja, eu refinei você,
 embora não como prata;
eu o provei na fornalha da aflição.
¹¹ Por amor de mim mesmo,
 por amor de mim mesmo, eu faço isso.
Como posso permitir que
 eu mesmo seja difamado?
Não darei minha glória a nenhum outro.

A Libertação de Israel

¹² "Escute-me, ó Jacó,
Israel,
 a quem chamei:
Eu sou sempre o mesmo;
eu sou o primeiro
 e eu sou o último.
¹³ Minha própria mão
lançou os alicerces da terra,
 e a minha mão direita estendeu os céus;
quando eu os convoco,
 todos juntos se põem em pé.

¹⁴ "Reúnam-se, todos vocês, e escutem:
 Qual dos ídolos predisse essas coisas?
O amado do Senhor
 cumprirá seu propósito
 contra a Babilônia;
seu braço será contra os babilônios.
¹⁵ Eu, eu mesmo, falei;
sim, eu o chamei.
Eu o trarei, e ele será bem-sucedido
 em sua missão.

¹⁶ "Aproximem-se de mim e escutem isto:

"Desde o primeiro anúncio
 não falei secretamente;
na hora em que acontecer, estarei ali."

E agora o Soberano, o Senhor, me enviou,
 com seu Espírito.

¹⁷ Assim diz o Senhor, o seu redentor,
 o Santo de Israel:
"Eu sou o Senhor, o seu Deus,
 que ensina o que é melhor para você,
 que o dirige no caminho
 em que você deve ir.
¹⁸ Se tão somente você tivesse
 prestado atenção às minhas ordens,
sua paz seria como um rio,
 sua retidão, como as ondas do mar.
¹⁹ Seus descendentes
 seriam como a areia,
seus filhos, como seus inúmeros grãos;
 o nome deles jamais seria eliminado
 nem destruído de diante de mim".

²⁰ Deixem a Babilônia,
 fujam do meio dos babilônios!
Anunciem isso com gritos de alegria
 e proclamem-no.

Enviem-no aos confins da terra; digam:
  O SENHOR resgatou seu servo Jacó.
²¹ Não tiveram sede
  quando ele os conduziu
  através dos desertos;
ele fez água fluir da rocha para eles;
fendeu a rocha, e a água jorrou.

²² "Não há paz alguma para os ímpios",
  diz o SENHOR.

O Servo do SENHOR

49 Escutem-me, vocês, ilhas;
  ouçam, vocês, nações distantes:
Antes de eu nascer
  o SENHOR me chamou;
desde o meu nascimento
  ele fez menção de meu nome.
² Ele fez de minha boca
  uma espada afiada,
na sombra de sua mão ele me escondeu;
ele me tornou uma flecha polida
  e escondeu-me na sua aljava.
³ Ele me disse: "Você é meu servo,
  Israel, em quem mostrarei o meu
    esplendor".
⁴ Mas eu disse: Tenho me afadigado
  sem qualquer propósito;
tenho gastado minha força em vão
  e para nada.
Contudo, o que me é devido
  está na mão do SENHOR,
e a minha recompensa
  está com o meu Deus.

⁵ E agora o SENHOR diz,
  aquele que me formou no ventre
  para ser o seu servo,
para trazer de volta Jacó
  e reunir Israel a ele mesmo,

49.1-13 O Cristo seria o Israel obediente, o Servo do SENHOR. Mesmo que viesse a sofrer a rejeição de seus inimigos, uniria Israel com as nações de todo o mundo em um único Corpo e se converteria na luz dos gentios.
Cumprimento: Lucas 2.32; João 8.39-47; Apocalipse 19.11—20.6
Próximo texto: Isaías 50.4-11

49.6-8 O segundo cântico do Servo do SENHOR. Leia a nota sobre o trecho 42.1-9.

pois sou honrado aos olhos do SENHOR,
e o meu Deus tem sido a minha força;
⁶ ele diz: "Para você é coisa
  pequena demais
  ser meu servo
para restaurar as tribos de Jacó
e trazer de volta aqueles de Israel
  que eu guardei.
Também farei de você uma luz
  para os gentios,
para que você leve a minha salvação
  até os confins da terra".

⁷ Assim diz o SENHOR, o Redentor,
  o Santo de Israel,
àquele que foi desprezado
  e detestado pela nação,
ao servo de governantes:
"Reis o verão e se levantarão,
líderes o verão e se encurvarão,
  por causa do SENHOR, que é fiel,
  o Santo de Israel, que o escolheu".

A Restauração de Israel
⁸ Assim diz o SENHOR:

"No tempo favorável
  eu responderei a você
e no dia da salvação eu o ajudarei;
eu o guardarei e farei que você
  seja uma aliança para o povo,
para restaurar a terra e distribuir
  suas propriedades abandonadas,
⁹ para dizer aos cativos: 'Saiam',
e àqueles que estão nas trevas: 'Apareçam!'

"Eles se apascentarão junto aos caminhos
  e acharão pastagem em toda colina estéril.
¹⁰ Não terão fome nem sede;
  o calor do deserto e o sol não
    os atingirão.
Aquele que tem compaixão deles os
  guiará
  e os conduzirá às fontes de água.
¹¹ Transformarei todos os meus montes
  em estradas,
  e os meus caminhos serão erguidos.

¹² Veja, eles virão de bem longe;
  alguns do norte, alguns do oeste,
  alguns de Assuã[a]".

¹³ Gritem de alegria, ó céus,
  regozije-se, ó terra;
irrompam em canção, ó montes!
Pois o Senhor consola o seu povo
e terá compaixão de seus afligidos.

¹⁴ Sião, porém, disse:

"O Senhor me abandonou,
  o Senhor me desamparou".

¹⁵ "Haverá mãe que possa esquecer
  seu bebê que ainda mama
e não ter compaixão do filho
  que gerou?
Embora ela possa esquecê-lo,
  eu não me esquecerei de você!
¹⁶ Veja, eu gravei você
  nas palmas das minhas mãos;
seus muros estão sempre diante
  de mim.
¹⁷ Seus filhos apressam-se em voltar,
  e aqueles que a despojaram
  afastam-se de você.
¹⁸ Erga os olhos e olhe ao redor;
todos os seus filhos se ajuntam
  e vêm até você.
Juro pela minha vida
  que você se vestirá deles todos
    como ornamento;
  você se vestirá deles como uma noiva",
  declara o Senhor.

¹⁹ "Apesar de você ter sido arruinada
  e abandonada
e apesar de sua terra ter sido arrasada,
agora você será pequena demais
  para o seu povo,
e aqueles que a devoraram
  estarão bem distantes.
²⁰ Os filhos nascidos durante seu luto
  ainda dirão ao alcance dos seus ouvidos:
'Este lugar é pequeno demais para nós;
  dê-nos mais espaço para nele vivermos'.
²¹ Então você dirá em seu coração:
'Quem me gerou estes filhos?

Eu estava enlutada e estéril;
  estava exilada e rejeitada.
Quem os criou?
  Fui deixada totalmente só,
mas estes... de onde vieram?' "

²² Assim diz o Soberano, o Senhor:

"Veja, eu acenarei para os gentios,
  erguerei minha bandeira para os povos;
eles trarão nos braços os seus filhos
  e carregarão nos ombros as suas filhas.
²³ Reis serão os seus padrastos,
  e suas rainhas serão
    as suas amas de leite.
Eles se inclinarão diante de você,
  com o rosto em terra;
  lamberão o pó dos seus pés.
Então você saberá que eu sou o Senhor;
aqueles que esperam em mim
  não ficarão decepcionados".

²⁴ Será que se pode tirar
  o despojo dos guerreiros,
ou será que os prisioneiros podem
  ser resgatados
  do poder dos violentos[b]?

²⁵ Assim, porém, diz o Senhor:

²⁶ "Sim, prisioneiros serão tirados
  de guerreiros,
e despojo será retomado dos violentos;
brigarei com os que brigam com você,
  e seus filhos, eu os salvarei.
Farei seus opressores comerem
  sua própria carne;
ficarão bêbados com seu próprio sangue,
  como com vinho.
Então todo mundo saberá que eu,
  o Senhor, sou o seu Salvador,
  seu Redentor, o Poderoso de Jacó".

O Pecado de Israel e a Obediência do Servo

50 Assim diz o Senhor:

"Onde está a certidão de divórcio de
  sua mãe
com a qual eu a mandei embora?

---

[a] **49.12** Conforme os manuscritos do mar Morto. O Texto Massorético diz *Sinim*.

[b] **49.24** Conforme os manuscritos do mar Morto, a Vulgata e a Versão Siríaca. O Texto Massorético diz *justos*.

A qual de meus credores
  eu vendi vocês?
Por causa de seus pecados
  vocês foram vendidos;
por causa das transgressões de vocês
  sua mãe foi mandada embora.
² Quando eu vim, por que
  não encontrei ninguém?
Quando eu chamei,
  por que ninguém respondeu?
Será que meu braço era curto demais
  para resgatá-los?
Será que me falta a força para redimi-los?
Com uma simples repreensão
  eu seco o mar,
  transformo rios em deserto;
seus peixes apodrecem por falta de água
  e morrem de sede.
³ Visto de trevas os céus
  e faço da veste de lamento a sua coberta".

⁴ O Soberano, o Senhor, deu-me
  uma língua instruída,
  para conhecer a palavra
  que sustém o exausto.
Ele me acorda manhã após manhã,
  desperta meu ouvido para escutar
  como alguém que está sendo ensinado.
⁵ O Soberano, o Senhor,
  abriu os meus ouvidos,
e eu não tenho sido rebelde;
  eu não me afastei.
⁶ Ofereci minhas costas
  àqueles que me batiam,
meu rosto àqueles
  que arrancavam minha barba;
não escondi a face da zombaria
  e dos cuspes.
⁷ Porque o Senhor, o Soberano, me ajuda,
  não serei constrangido.
Por isso eu me opus firme
  como uma dura rocha

50.4-11 O Cristo obedeceria sem vacilar um único momento e estaria decidido a chegar ao sofrimento físico e espiritual, confiado em que o Senhor o defenderia.
Cumprimento: Mateus 26.67,68; Marcos 14.65; 15.16-20; Hebreus 12.2
Próximo texto: Isaías 52.13—53.12

50.4-9 O terceiro cântico do Servo do Senhor. Leia a nota sobre o trecho 42.1-9.

e sei que não ficarei
  decepcionado.
⁸ Aquele que defende o meu nome
  está perto.
Quem poderá trazer acusações
  contra mim?
  Encaremo-nos um ao outro!
Quem é meu acusador?
  Que ele me enfrente!
⁹ É o Soberano, o Senhor, que me ajuda.
  Quem irá me condenar?
Todos eles se desgastam
  como uma roupa;
  as traças os consumirão.

¹⁰ Quem entre vocês teme o Senhor
  e obedece à palavra de seu servo?
Que aquele que anda no escuro,
  que não tem luz alguma,
confie no nome do Senhor
  e se apoie em seu Deus.
¹¹ Mas agora,
  todos vocês que acendem fogo
  e fornecem a si mesmos tochas acesas
vão, andem na luz de seus fogos
  e das tochas que vocês acenderam.
Vejam o que receberão da minha mão:
  vocês se deitarão atormentados.

A Salvação Eterna para Sião

51 "Escutem-me,
  vocês que buscam a retidão
  e procuram o Senhor:
Olhem para a rocha
  da qual foram cortados
e para a pedreira
  de onde foram cavados;
² olhem para Abraão, seu pai,
  e para Sara, que os deu à luz.
Quando eu o chamei, ele era apenas um,
  e eu o abençoei e o tornei muitos."
³ Com certeza o Senhor consolará Sião
  e olhará com compaixão
  para todas as ruínas dela;
ele tornará seus desertos como o Éden,
  seus ermos, como o jardim do Senhor.

Alegria e contentamento
 serão achados nela,
ações de graças e som de canções.

⁴ "Escute-me, povo meu;
 ouça-me, nação minha:
A lei sairá de mim;
minha justiça se tornará uma luz para
 as nações.
⁵ Minha retidão logo virá,
minha salvação está a caminho,
e meu braço trará justiça às nações.
As ilhas esperarão em mim e aguardarão
 esperançosamente pelo meu braço.
⁶ Ergam os olhos para os céus,
 olhem para baixo, para a terra;
os céus desaparecerão como fumaça,
a terra se gastará como uma roupa,
e seus habitantes morrerão como moscas.
Mas a minha salvação
 durará para sempre,
a minha retidão jamais falhará.

⁷ "Ouçam-me, vocês que sabem
 o que é direito,
vocês, povo que tem a minha lei
 no coração:
Não temam a censura de homens
nem fiquem aterrorizados
 com seus insultos.
⁸ Pois a traça os comerá
 como a uma roupa;
o verme os devorará como à lã.
Mas a minha retidão durará para sempre,
a minha salvação de geração
  em geração."

⁹ Desperta! Desperta! Veste de força,
 o teu braço, ó Senhor;
acorda, como em dias passados,
 como em gerações de outrora.
Não foste tu que despedaçaste o Monstro
 dos Mares[a],
que traspassaste aquela serpente
 aquática?
¹⁰ Não foste tu que secaste o mar,
 as águas do grande abismo,
que fizeste uma estrada
 nas profundezas do mar
para que os redimidos
 pudessem atravessar?

¹¹ Os resgatados do Senhor voltarão.
 Entrarão em Sião com cântico;
alegria eterna coroará sua cabeça.
Júbilo e alegria se apossarão deles,
tristeza e suspiro deles fugirão.

¹² "Eu, eu mesmo,
 sou quem a consola.
Quem é você para que tema
 homens mortais,
os filhos de homens,
 que não passam de relva,
¹³ e para que esqueça o Senhor,
 aquele que fez você,
que estendeu os céus
 e lançou os alicerces da terra,
para que você viva diariamente,
 constantemente apavorada
por causa da ira do opressor,
 que está inclinado a destruir?
Pois onde está a ira do opressor?
¹⁴ Os prisioneiros encolhidos
 logo serão postos em liberdade;
não morrerão em sua masmorra,
 nem terão falta de pão.
¹⁵ Pois eu sou o Senhor, o seu Deus,
que agito o mar
 para que suas ondas rujam;
Senhor dos Exércitos é o meu nome.
¹⁶ Pus minhas palavras em sua boca
 e o cobri com a sombra da minha mão,
eu, que pus os céus no lugar,
 que lancei os alicerces da terra,
e que digo a Sião:
 Você é o meu povo."

O Cálice da Ira do Senhor

¹⁷ Desperte, desperte!
 Levante-se, ó Jerusalém,
você que bebeu da mão do Senhor
 o cálice da ira dele,
você que engoliu,
 até a última gota,
da taça que faz os homens
 cambalearem.
¹⁸ De todos os filhos que ela teve
 não houve nenhum para guiá-la;
de todos os filhos que criou
 não houve nenhum
 para tomá-la pela mão.
¹⁹ Quem poderá consolá-la
 dessas duas desgraças que
  a atingiram?

---

[a] **51.9** Hebraico: *Raabe*.

Ruína e destruição, fome e espada,
quem poderá[a] consolá-la?
²⁰ Seus filhos desmaiaram;
eles jazem no início de cada rua,
  como antílope pego numa rede.
Estão cheios da ira do Senhor
e da repreensão do seu Deus.

²¹ Portanto, ouça isto, você, aflita,
  embriagada, mas não com vinho.
²² Assim diz o seu Soberano, o Senhor,
  o seu Deus, que defende o seu povo:
"Veja que eu tirei da sua mão
  o cálice que faz cambalear;
dele, do cálice da minha ira,
  você nunca mais beberá.
²³ Eu o porei nas mãos
  dos seus atormentadores,
que disseram a você: 'Caia prostrada
  para que andemos sobre você'.
E você fez as suas costas como chão,
  como uma rua para nela a gente andar".

52

Desperte! Desperte, ó Sião!
Vista-se de força.
Vista suas roupas de esplendor,
  ó Jerusalém, cidade santa.
Os incircuncisos e os impuros
  não tornarão a entrar por suas portas.
² Sacuda para longe a sua poeira;
levante-se, sente-se entronizada,
  ó Jerusalém.
Livre-se das correntes em seu pescoço,
  ó cativa cidade[b] de Sião.

³ Pois assim diz o Senhor:

"Vocês foram vendidos por nada,
  e sem dinheiro vocês serão resgatados".
⁴ Pois assim diz o Soberano, o Senhor:

"No início o meu povo desceu
  para morar no Egito;
ultimamente a Assíria o tem oprimido.

⁵ "E agora o que tenho aqui?",
pergunta o Senhor.

"Pois o meu povo foi levado
  por nada,

52.7 Discipulado (iniciado em Romanos 10.14,15). Mesmo que seja um dever, proclamar as boas-novas de salvação é, na verdade, uma honra. O próprio Deus nos quer honrar fazendo-nos portadores dessa grande mensagem de paz: É Deus quem de fato reina! Aceitemos essa honra com alegria no coração, qualquer que seja o preço que devamos pagar.
Texto anterior: Atos 1.8
Próximo texto: Romanos 10.8-11

e aqueles que o dominam zombam[c]",
  diz o Senhor.

"E constantemente,
  o dia inteiro,
meu nome é blasfemado.
⁶ Por isso o meu povo
  conhecerá o meu nome;
naquele dia eles saberão
  que sou eu que o previ.
Sim, sou eu".

⁷ Como são belos nos montes
  os pés daqueles que anunciam
  boas-novas,
que proclamam a paz,
que trazem boas notícias,
que proclamam salvação,
que dizem a Sião:
  "O seu Deus reina!"
⁸ Escutem!
Suas sentinelas erguem a voz;
  juntas gritam de alegria.
Quando o Senhor voltar a Sião,
elas o verão com os seus próprios olhos.
⁹ Juntas cantem de alegria,
  vocês, ruínas de Jerusalém,
pois o Senhor consolou o seu povo;
  ele resgatou Jerusalém.
¹⁰ O Senhor desnudará seu santo braço
  à vista de todas as nações,
e todos os confins da terra verão
  a salvação de nosso Deus.
¹¹ Afastem-se, afastem-se, saiam daqui!
Não toquem em coisas impuras!

---

[a] **51.19** Conforme os manuscritos do mar Morto, a Septuaginta, a Vulgata e a Versão Siríaca. O Texto Massorético diz *como poderei*.
[b] **52.2** Hebraico: *filha*.
[c] **52.5** Conforme os manuscritos do mar Morto e a Vulgata. O Texto Massorético diz *uivam*.

52.13—53.12 O quarto e mais conhecido dos cânticos do Servo do SENHOR. Leia a nota sobre o trecho 42.1-9.

Saiam dela e sejam puros,
    vocês, que transportam os utensílios
        do SENHOR.
¹² Mas vocês não partirão apressadamente,
    nem sairão em fuga;
pois o SENHOR irá à frente de vocês;
    o Deus de Israel será a sua retaguarda.

O Sofrimento e a Glória do Servo do SENHOR

¹³ Vejam, o meu servo agirá
    com sabedoria[a];
será engrandecido, elevado
    e muitíssimo exaltado.
¹⁴ Assim como houve muitos
    que ficaram pasmados diante dele[b];
sua aparência estava tão desfigurada,
    que ele se tornou irreconhecível
        como homem;
não parecia um ser humano;
¹⁵ de igual modo ele aspergirá
    muitas nações,[c]
e reis calarão a boca por causa dele.
Pois aquilo que não lhes foi dito verão,
    e o que não ouviram compreenderão.

52.13—53.12 O Cristo, o único Justo, seria desfigurado pela ferocidade de seus algozes, a ponto de perder toda a beleza ou todo atrativo externo; ele sofreria, seria contado com os pecadores e morreria pelos pecados da humanidade, mas Deus o exaltaria.
Cumprimento: Marcos 14.60,61a; Lucas 22.35-38; João 18—19; 1Pedro 2.21-25; Apocalipse 19.11—20.6
Próximo texto: Isaías 61.1-4

---

[a] **52.13** Ou *servo prosperará*
[b] **52.14** Hebraico: *diante de você.*
[c] **52.15** A Septuaginta diz *muitas nações ficarão pasmadas diante dele.*

53.6,7 A primeira atitude que devemos tomar para crescer espiritualmente é deixar de nos enganar e reconhecer uma realidade inevitável: todos nos desviamos (v. 6), e Cristo, sendo o Leão da tribo de Judá (Apocalipse 5.5), se converteu em Cordeiro imolado (v. 7; veja Apocalipse 5.6) para carregar o pecado de todos (v. 6). Essa verdade deve levar o discípulo a uma atitude de gratidão e lealdade sem limites e a compreender que nada do que existe deve-se a algum mérito da nossa parte, mas, sim, ao que Cristo fez em nosso favor.

53 Quem creu em nossa mensagem?
    E a quem foi revelado o braço do
        SENHOR?
² Ele cresceu diante dele
    como um broto tenro
e como uma raiz saída de uma terra seca.
Ele não tinha qualquer beleza
    ou majestade que nos atraísse,
nada havia em sua aparência
    para que o desejássemos.
³ Foi desprezado e rejeitado pelos homens,
um homem de dores
    e experimentado no sofrimento.
Como alguém de quem
    os homens escondem o rosto,
    foi desprezado,
e nós não o tínhamos em estima.

⁴ Certamente ele tomou sobre si
    as nossas enfermidades
e sobre si levou as nossas doenças;
contudo nós o consideramos
    castigado por Deus,
por Deus atingido e afligido.
⁵ Mas ele foi traspassado
    por causa das nossas transgressões,
foi esmagado por causa
    de nossas iniquidades;
o castigo que nos trouxe paz
    estava sobre ele, e pelas suas feridas
    fomos curados.
⁶ Todos nós, como ovelhas,
    nos desviamos,
cada um de nós se voltou
    para o seu próprio caminho;
e o SENHOR fez cair sobre ele
    a iniquidade de todos nós.

⁷ Ele foi oprimido e afligido;
  e, contudo, não abriu a sua boca;
como um cordeiro,
  foi levado para o matadouro;
e, como uma ovelha que diante de seus
  tosquiadores fica calada,
ele não abriu a sua boca.
⁸ Com julgamento opressivo ele foi levado.
E quem pode falar dos seus descendentes?
Pois ele foi eliminado
  da terra dos viventes;
por causa da transgressão
  do meu povo ele foi golpeado.ᵃ
⁹ Foi-lhe dado um túmulo com
  os ímpios
  e com os ricos em sua morte,
embora não tivesse cometido
  nenhuma violência
nem houvesse nenhuma mentira
  em sua boca.

¹⁰ Contudo, foi da vontade do Senhor
  esmagá-lo e fazê-lo sofrer,
e, embora o Senhor tenha feitoᵇ da
  vida dele
  uma oferta pela culpa,
ele verá sua prole e prolongará seus dias,
e a vontade do Senhor
  prosperará em sua mão.
¹¹ Depois do sofrimento de sua alma,
  ele verá a luzᶜ e ficará satisfeito;ᵈ
pelo seu conhecimento
  meu servo justo
  justificará a muitos
e levará a iniquidade deles.
¹² Por isso eu lhe darei uma porção
  entre os grandes,ᵉ
e ele dividirá os despojos com os fortes,ᶠ
porquanto ele derramou sua vida
  até a morte
e foi contado entre os transgressores.
Pois ele levou o pecado de muitos
e pelos transgressores intercedeu.

ᵃ **53.8** Ou *Contudo, quem da sua geração considerou que ele foi eliminado da terra dos viventes por causa da transgressão do meu povo, para quem era devido o castigo?*
ᵇ **53.10** Hebraico: *embora você tenha feito.*
ᶜ **53.11** Conforme os manuscritos do mar Morto. O Texto Massorético não traz *a luz.*
ᵈ **53.11** Ou *Ele verá o resultado do sofrimento da sua alma e ficará satisfeito;*
ᵉ **53.12** Ou *entre muitos*
ᶠ **53.12** Ou *numerosos*

A Futura Glória de Sião

54 "Cante, ó estéril,
  você que nunca teve um filho;
irrompa em canto, grite de alegria,
  você que nunca esteve
  em trabalho de parto;
porque mais são os filhos
  da mulher abandonada
do que os daquela que tem marido",
  diz o Senhor.
² "Alargue o lugar de sua tenda,
estenda bem as cortinas de sua tenda,
  não o impeça;
estique suas cordas, firme suas estacas.
³ Pois você se estenderá para a direita
  e para a esquerda;
seus descendentes desapossarão nações
  e se instalarão
  em suas cidades abandonadas.

⁴ "Não tenha medo;
  você não sofrerá vergonha.
Não tema o constrangimento;
  você não será humilhada.
Você esquecerá
  a vergonha de sua juventude
e não se lembrará mais
  da humilhação de sua viuvez.
⁵ Pois o seu Criador é o seu marido,
  o Senhor dos Exércitos é o seu nome,
o Santo de Israel é seu Redentor;
  ele é chamado o Deus de toda a terra.
⁶ O Senhor chamará você de volta
  como se você fosse uma
  mulher abandonada e aflita de espírito,
uma mulher que se casou nova
  apenas para ser rejeitada", diz o seu Deus.
⁷ "Por um breve instante eu a abandonei,
mas com profunda compaixão
  eu a trarei de volta.
⁸ Num impulso de indignação
  escondi de você por um instante
  o meu rosto,
mas com bondade eterna
  terei compaixão de você",
diz o Senhor, o seu Redentor.

⁹ "Para mim isso é como os dias de Noé,
  quando jurei que as águas de Noé
  nunca mais tornariam a cobrir a terra.
De modo que agora jurei
  não ficar irado contra você,
  nem tornar a repreendê-la.

¹⁰ Embora os montes sejam sacudidos
   e as colinas sejam removidas,
ainda assim a minha fidelidade
   para com você não será abalada,
nem será removida
   a minha aliança de paz",
diz o Senhor,
   que tem compaixão de você.

¹¹ "Ó cidade aflita,
   açoitada por tempestades
   e não consolada,
eu a edificarei com turquesas,
edificarei seus alicerces com safiras.
¹² Farei de rubis os seus escudos,
   de carbúnculos as suas portas,
   e de pedras preciosas
   todos os seus muros.
¹³ Todos os seus filhos
   serão ensinados pelo Senhor,
e grande será a paz de suas crianças.
¹⁴ Em retidão você será estabelecida:
A tirania estará distante;
   você não terá nada a temer.
O pavor estará removido para longe;
   ele não se aproximará de você.
¹⁵ Se alguém a atacar,
   não será por obra minha;
todo aquele que a atacar
   se renderá a você.

¹⁶ "Veja, fui eu quem criou o ferreiro,
   que sopra as brasas até darem chama
   e forja uma arma
   própria para o seu fim.
E fui eu quem criou o destruidor
   para gerar o caos;
¹⁷ nenhuma arma forjada contra
   você prevalecerá,
e você refutará toda língua que a acusar.
Esta é a herança dos servos do Senhor,
e esta é a defesa que faço do nome deles",
   declara o Senhor.

Convite aos Sedentos

55 "Venham, todos vocês
que estão com sede,
venham às águas;
   e vocês que não possuem
   dinheiro algum,
venham, comprem e comam!
Venham, comprem vinho
   e leite sem dinheiro e sem custo.

² Por que gastar dinheiro
   naquilo que não é pão,
e o seu trabalho árduo
   naquilo que não satisfaz?
Escutem, escutem-me,
   e comam o que é bom,
e a alma de vocês se deliciará
   com a mais fina refeição.
³ Deem-me ouvidos e venham a mim;
   ouçam-me, para que sua alma viva.
Farei uma aliança eterna com vocês,
   minha fidelidade prometida a Davi.
⁴ Vejam, eu o fiz
   uma testemunha aos povos,
um líder e governante dos povos.
⁵ Com certeza você convocará nações
   que você não conhece,
e nações que não o conhecem
   se apressarão até você,
por causa do Senhor, o seu Deus,
   o Santo de Israel,
pois ele concedeu a você esplendor."

⁶ Busquem o Senhor
   enquanto é possível achá-lo;
clamem por ele enquanto está perto.
⁷ Que o ímpio abandone o seu caminho;
   e o homem mau, os seus pensamentos.
Volte-se ele para o Senhor,
   que terá misericórdia dele;
volte-se para o nosso Deus,
   pois ele dá de bom grado o seu perdão.

⁸ "Pois os meus pensamentos
   não são os pensamentos de vocês,
nem os seus caminhos
   são os meus caminhos",
declara o Senhor.
⁹ "Assim como os céus são mais altos
   do que a terra,
também os meus caminhos
   são mais altos do que os seus caminhos;
e os meus pensamentos,
   mais altos do que os seus pensamentos.
¹⁰ Assim como a chuva e a neve
   descem dos céus
e não voltam para eles sem regarem a terra
   e fazerem-na brotar e florescer,
para ela produzir semente
   para o semeador
   e pão para o que come,
¹¹ assim também ocorre com a palavra
   que sai da minha boca:

55.11 Observe que a palavra a que Deus se refere aqui é a que sai de sua boca. Desse modo, é importante entender a grande necessidade de se estabelecer um diálogo com Deus, para que sua Palavra não esteja apenas escrita em um livro, mas também penetre o nosso coração a ponto de transformá-lo, como Palavra viva que é. Precisamos orar e examinar com profundidade as Escrituras na presença de Deus e com a ajuda do Espírito Santo.

ela não voltará para mim vazia,
  mas fará o que desejo
e atingirá o propósito para o qual a enviei.
¹² Vocês sairão em júbilo
  e serão conduzidos em paz;
os montes e colinas irromperão
  em canto diante de vocês,
e todas as árvores do campo
  baterão palmas.
¹³ No lugar do espinheiro
  crescerá o pinheiro,
e em vez de roseiras bravas
  crescerá a murta.
Isso resultará em renome para o Senhor,
  para sinal eterno,
que não será destruído."

Salvação para os Gentios

56 Assim diz o Senhor:
"Mantenham a justiça
  e pratiquem o que é direito,
pois a minha salvação está perto,
  e logo será revelada a minha retidão.
² Feliz aquele que age assim,
  o homem que nisso permanece firme,
observando o sábado
  para não profaná-lo,
e vigiando sua mão
  para não cometer nenhum mal".

³ Que nenhum estrangeiro
  que se disponha a unir-se ao Senhor
venha a dizer:
  "É certo que o Senhor
  me excluirá do seu povo".
E que nenhum eunuco se queixe:
  "Não passo de uma árvore seca".

⁴ Pois assim diz o Senhor:

"Aos eunucos que guardarem
  os meus sábados,
que escolherem o que me agrada
  e se apegarem à minha aliança,
⁵ a eles darei, dentro de meu templo
  e dos seus muros,
um memorial e um nome melhor
  do que filhos e filhas,
um nome eterno, que não será eliminado.
⁶ E os estrangeiros que se unirem
  ao Senhor para servi-lo,
para amarem o nome do Senhor
  e prestar-lhe culto,
todos os que guardarem o sábado
  deixando de profaná-lo,
e que se apegarem à minha aliança,
⁷ esses eu trarei ao meu santo monte
  e lhes darei alegria
  em minha casa de oração.
Seus holocaustos[a] e demais sacrifícios
  serão aceitos em meu altar;
pois a minha casa será chamada
  casa de oração para todos os povos".
⁸ Palavra do Soberano, do Senhor,
  daquele que reúne os exilados de Israel:
"Reunirei ainda outros
  àqueles que já foram reunidos".

A Acusação de Deus contra os Ímpios

⁹ Venham todos vocês,
  animais do campo;
todos vocês, animais da floresta,
  venham comer!
¹⁰ As sentinelas de Israel estão cegas
  e não têm conhecimento;
todas elas são como cães mudos,
  incapazes de latir.
Deitam-se e sonham;
  só querem dormir.
¹¹ São cães devoradores, insaciáveis.
São pastores sem entendimento;
todos seguem seu próprio caminho,
cada um procura vantagem própria.
¹² "Venham", cada um grita,
  "tragam-me vinho!
Bebamos nossa dose
  de bebida fermentada,
que amanhã será como hoje,
  e até muito melhor!"

[a] **56.7** Isto é, sacrifícios totalmente queimados.

57 ¹O justo perece, e ninguém pondera
isso em seu coração;
homens piedosos são tirados,
e ninguém entende
que os justos são tirados
para serem poupados do mal.
² Aqueles que andam retamente
entrarão na paz;
acharão descanso na morte.

³ "Mas vocês, aproximem-se,
vocês, filhos de adivinhas,
vocês, prole de adúlteros e de prostitutas!
⁴ De quem vocês estão zombando?
De quem fazem pouco caso?
E para quem mostram a língua?
Não são vocês uma ninhada de rebeldes,
uma prole de mentirosos?
⁵ Vocês ardem de desejo
entre os carvalhos
e debaixo de toda árvore frondosa;
vocês sacrificam seus filhos nos vales
e debaixo de penhascos salientes.
⁶ Os ídolos entre as pedras lisas
dos vales são a sua porção;
são a sua parte.
Isso mesmo! Para eles você derramou
ofertas de bebidas
e apresentou ofertas de cereal.
Poderei eu contentar-me com isso?
⁷ Você fez o leito numa colina
alta e soberba;
ali você subiu para oferecer sacrifícios.
⁸ Atrás de suas portas e dos seus batentes
você pôs os seus símbolos pagãos.
Ao me abandonar,
você descobriu seu leito,
subiu nele e o deixou escancarado;
fez acordo com aqueles
cujas camas você ama
e dos quais contemplou a nudez.
⁹ Você foi até Moloque[a]
com azeite de oliva
e multiplicou os seus perfumes.
Você enviou seus embaixadores[b]
a lugares distantes;
você desceu ao fundo do poço[c].
¹⁰ Você se cansou
com todos os seus caminhos,
mas não quis dizer: 'Não há esperança!'
Você recuperou as forças,
e por isso não esmoreceu.

¹¹ "De quem você teve tanto medo e tremor
ao ponto de agir com falsidade
para comigo,
não se lembrar de mim
e não ponderar isso em seu coração?
Não será por que há muito estou calado
que você não me teme?
¹² Sua retidão e sua justiça exporei,
e elas não a beneficiarão.
¹³ Quando você clamar por ajuda,
que a sua coleção de ídolos a salve!
O vento levará todos eles,
um simples sopro os arrebatará.
Mas o homem que faz de mim o
seu refúgio
receberá a terra por herança
e possuirá o meu santo monte."

Consolação para os Contritos

¹⁴ E se dirá:

"Aterrem, aterrem, preparem o caminho!
Tirem os obstáculos do caminho do
meu povo".
¹⁵ Pois assim diz o Alto e Sublime,
que vive para sempre,
e cujo nome é santo:
"Habito num lugar alto e santo,
mas habito também com o contrito
e humilde de espírito,
para dar novo ânimo
ao espírito do humilde
e novo alento ao coração do contrito.
¹⁶ Não farei litígio para sempre,
nem permanecerei irado,
porque, senão, o espírito do homem
esmoreceria diante de mim,
bem como o sopro do homem que
eu criei!
¹⁷ Por causa da sua cobiça perversa
fiquei indignado e o feri;
fiquei irado e escondi o meu rosto.
Mas ele continuou extraviado,
seguindo os caminhos que escolheu.
¹⁸ Eu vi os seus caminhos,
mas vou curá-lo;
eu o guiarei e tornarei a dar-lhe consolo,
¹⁹ criando louvor nos lábios
dos pranteadores de Israel.

---

[a] **57.9** Ou *até o rei*
[b] **57.9** Ou *ídolos*
[c] **57.9** Hebraico: *Sheol*. Essa palavra também pode ser traduzida por *sepultura*, *profundezas*, *pó* ou *morte*.

Paz, paz, aos de longe e aos de perto",
  diz o Senhor.
"Quanto a ele, eu o curarei".
²⁰ Mas os ímpios são como o mar agitado,
  incapaz de sossegar
e cujas águas expelem lama e lodo.
²¹ "Para os ímpios não há paz",
  diz o meu Deus.

O Verdadeiro Jejum

58 "Grite alto, não se contenha!
Levante a voz como trombeta.
Anuncie ao meu povo a rebelião dele
  e à comunidade de Jacó, os
    seus pecados.
² Pois dia a dia me procuram;
parecem desejosos de conhecer
  os meus caminhos,
como se fossem uma nação
  que faz o que é direito
  e que não abandonou
  os mandamentos do seu Deus.
Pedem-me decisões justas
e parecem desejosos
  de que Deus se aproxime deles.
³ 'Por que jejuamos', dizem,
  'e não o viste?
Por que nos humilhamos,
  e não reparaste?'
Contudo, no dia do seu jejum
  vocês fazem o que é do agrado de vocês
e exploram os seus empregados.
⁴ Seu jejum termina em discussão e rixa
  e em brigas de socos brutais.
Vocês não podem jejuar como fazem hoje
  e esperar que a sua voz seja ouvida no alto.

⁵ Será esse o jejum que escolhi,
  que apenas um dia o homem se humilhe,
  incline a cabeça como o junco
  e se deite sobre pano de saco e cinzas?
É isso que vocês chamam jejum,
  um dia aceitável ao Senhor?

⁶ "O jejum que desejo não é este:
  soltar as correntes da injustiça,
  desatar as cordas do jugo,
  pôr em liberdade os oprimidos
  e romper todo jugo?
⁷ Não é partilhar sua comida
  com o faminto,
  abrigar o pobre desamparado,
  vestir o nu que você encontrou,
  e não recusar ajuda ao próximo?
⁸ Aí sim, a sua luz irromperá
  como a alvorada,
e prontamente surgirá a sua cura;
a sua retidão irá adiante de você,
e a glória do Senhor estará
  na sua retaguarda.
⁹ Aí sim, você clamará ao Senhor,
  e ele responderá;
você gritará por socorro, e ele dirá:
  Aqui estou.

"Se você eliminar do seu meio
  o jugo opressor,
  o dedo acusador e a falsidade do falar;
¹⁰ se com renúncia própria
você beneficiar os famintos
  e satisfizer o anseio dos aflitos,
então a sua luz despontará nas trevas,
  e a sua noite será como o meio-dia.
¹¹ O Senhor o guiará constantemente;
satisfará os seus desejos
  numa terra ressequida pelo sol
e fortalecerá os seus ossos.
Você será como um jardim bem regado,
como uma fonte cujas águas
  nunca faltam.
¹² Seu povo reconstruirá as velhas ruínas
  e restaurará os alicerces antigos;
você será chamado reparador de muros,
  restaurador de ruas e moradias.

¹³ "Se você vigiar seus pés
  para não profanar o sábado
  e para não fazer o que bem quiser
  em meu santo dia;
se você chamar delícia o sábado

58.1-12 A primeira interpretação que nos vem à mente quando pensamos em jejum é a privação de alimentos. No entanto, é mais do que isso. O verbo hebraico é um vocábulo onomatopaico que significa "tapar a boca". A verdade é que podemos usar a boca para prejudicar ou para abençoar; e, muitas vezes, o melhor que podemos fazer para agradar a Deus é de fato fechando a boca. Leia com atenção a maneira pela qual Deus ressalta o jejum nos versículos precedentes e amplie a sua compreensão sobre as diferentes formas de jejuar.

e honroso o santo dia do Senhor,
e se honrá-lo, deixando de seguir
   seu próprio caminho,
   de fazer o que bem quiser
   e de falar futilidades,
¹⁴ então você terá no Senhor
   a sua alegria,
e eu farei com que você cavalgue
   nos altos da terra
e se banqueteie com a herança
   de Jacó, seu pai."
É o Senhor quem fala.

Pecado, Confissão e Redenção

59 Vejam! O braço do Senhor
não está tão encolhido que não
   possa salvar,
e o seu ouvido tão surdo
   que não possa ouvir.
² Mas as suas maldades separaram
   vocês do seu Deus;
os seus pecados esconderam de vocês
   o rosto dele,
e por isso ele não os ouvirá.
³ Pois as suas mãos
   estão manchadas de sangue,
   e os seus dedos, de culpa.
Os seus lábios falam mentiras,
   e a sua língua murmura palavras ímpias.
⁴ Ninguém pleiteia sua causa com justiça,
   ninguém faz defesa com integridade.
Apoiam-se em argumentos vazios
   e falam mentiras;
concebem maldade e geram iniquidade.
⁵ Chocam ovos de cobra
   e tecem teias de aranha.
Quem comer seus ovos morre,
   e de um ovo esmagado sai uma víbora.
⁶ Suas teias não servem de roupa;
   eles não conseguem cobrir-se
   com o que fazem.
Suas obras são más,
e atos de violência estão em suas mãos.
⁷ Seus pés correm para o mal,
   ágeis em derramar sangue inocente.
Seus pensamentos são maus;
ruína e destruição
   marcam os seus caminhos.
⁸ Não conhecem o caminho da paz;
   não há justiça em suas veredas.
Eles as transformaram
   em caminhos tortuosos;
quem andar por eles não conhecerá a paz.

⁹ Por isso a justiça está longe de nós,
   e a retidão não nos alcança.
Procuramos, mas tudo são trevas;
buscamos claridade,
   mas andamos em sombras densas.
¹⁰ Como o cego caminhamos
   apalpando o muro,
tateamos como quem não tem olhos.
Ao meio-dia tropeçamos
   como se fosse noite;
entre os fortes somos como os mortos.
¹¹ Todos nós urramos como ursos;
   gememos como pombas.
Procuramos justiça, e nada!
Buscamos livramento, mas está longe!
¹² Sim, pois são muitas
   as nossas transgressões diante de ti,
e os nossos pecados
   testemunham contra nós.
As nossas transgressões
   estão sempre conosco,
e reconhecemos as nossas iniquidades:
¹³ rebelar-nos contra o Senhor e traí-lo,
deixar de seguir o nosso Deus,
fomentar a opressão e a revolta,
proferir as mentiras que os nossos
   corações conceberam.
¹⁴ Assim a justiça retrocede,
   e a retidão fica a distância,
pois a verdade caiu na praça
   e a honestidade não consegue entrar.
¹⁵ Não se acha a verdade em parte alguma,
e quem evita o mal
   é vítima de saque.

Olhou o Senhor e indignou-se
   com a falta de justiça.
¹⁶ Ele viu que não havia ninguém,
   admirou-se porque ninguém intercedeu;
então o seu braço lhe trouxe livramento
   e a sua justiça deu-lhe apoio.
¹⁷ Usou a justiça como couraça,
pôs na cabeça o capacete da salvação;
vestiu-se de vingança
e envolveu-se no zelo como numa capa.
¹⁸ Conforme o que fizeram
   lhes retribuirá:
aos seus inimigos, ira;
aos seus adversários, o que merecem;
às ilhas, a devida retribuição.
¹⁹ Desde o poente os homens temerão
   o nome do Senhor,

e desde o nascente, a sua glória.
Pois ele virá como uma inundação
  impelida pelo sopro do Senhor.

²⁰ "O Redentor virá a Sião,
aos que em Jacó
  se arrependerem dos seus pecados",
declara o Senhor.

²¹ "Quanto a mim,
  esta é a minha aliança com eles",
diz o Senhor.
"O meu Espírito que está em você e as
  minhas palavras que pus em sua boca
não se afastarão dela, nem da boca
  dos seus filhos e dos descendentes
  deles, desde agora e para sempre", diz
  o Senhor.

A Glória de Sião

60 "Levante-se, refulja!
Porque chegou a sua luz,
e a glória do Senhor raia sobre você.
² Olhe! A escuridão cobre a terra,
  densas trevas envolvem os povos,
mas sobre você raia o Senhor,
  e sobre você se vê a sua glória.
³ As nações virão à sua luz
  e os reis ao fulgor do seu alvorecer.

⁴ "Olhe ao redor e veja:
todos se reúnem e vêm a você;
de longe vêm os seus filhos,
  e as suas filhas vêm carregadas nos braços.
⁵ Então você o verá e ficará radiante;
o seu coração pulsará forte
  e se encherá de alegria,
porque a riqueza dos mares
  será trazida a você,
e a você virão as riquezas das nações.
⁶ Manadas de camelos cobrirão a sua terra,
  camelos novos de Midiã e de Efá.
Virão todos os de Sabá
  carregando ouro e incenso
e proclamando o louvor do Senhor.
⁷ Todos os rebanhos de Quedar
  se reunirão junto de você,
e os carneiros de Nebaiote a servirão;
  serão aceitos como ofertas em meu altar,
e adornarei o meu glorioso templo.

⁸ "Quem são estes que voam
  como nuvens,
que voam como pombas
  para os seus ninhos?
⁹ Pois as ilhas esperam em mim;
à frente vêm os navios de Társis[a],
  trazendo de longe os seus filhos,
  com prata e ouro,
em honra ao Senhor, o seu Deus,
  o Santo de Israel,
porque ele se revestiu de esplendor.

¹⁰ "Estrangeiros reconstruirão
  os seus muros, e seus reis a servirão.
Com ira eu a feri, mas com amor
  mostrarei a você compaixão.
¹¹ As suas portas permanecerão abertas;
jamais serão fechadas,
  dia e noite,
para que tragam a você
  as riquezas das nações,
com seus reis e sua comitiva.
¹² Pois a nação e o reino
  que não a servirem perecerão;
  serão totalmente exterminados.

¹³ "A glória do Líbano virá a você;
juntos virão o pinheiro, o abeto
  e o cipreste,
para adornarem o lugar do meu santuário;
e eu glorificarei o local
  em que pisam os meus pés.
¹⁴ Os filhos dos seus opressores virão
  e se inclinarão diante de você;
todos os que a desprezam
  se curvarão aos seus pés
e a chamarão Cidade do Senhor,
  Sião do Santo de Israel.
¹⁵ "Em vez de abandonada
  e odiada,
  sem que ninguém quisesse percorrê-la,
farei de você um orgulho,
uma alegria para todas as gerações.
¹⁶ Você beberá o leite das nações
  e será amamentada por
    mulheres nobres.
Então você saberá que eu, o Senhor,
  sou o seu Salvador,
o seu Redentor, o Poderoso de Jacó.
¹⁷ Em vez de bronze eu trarei a você ouro,
  e em vez de ferro, prata.
Em vez de madeira eu trarei a você bronze,
  e em vez de pedras, ferro.

---

[a] **60.9** Ou *navios mercantes*

Farei da paz o seu dominador,
   da justiça, o seu governador.
¹⁸ Não se ouvirá mais falar
   de violência em sua terra,
nem de ruína e destruição
   dentro de suas fronteiras.
Os seus muros você chamará salvação,
   e as suas portas, louvor.
¹⁹ O sol não será mais a sua luz de dia,
e você não terá mais o brilho do luar,
pois o Senhor será a sua luz
   para sempre;
o seu Deus será a sua glória.
²⁰ O seu sol nunca se porá,
   e a sua lua nunca desaparecerá,
porque o Senhor será
   a sua luz para sempre,
e os seus dias de tristeza terão fim.
²¹ Então todo o seu povo será justo,
   e possuirá a terra para sempre.
Ele é o renovo que plantei,
   obra das minhas mãos,
para manifestação da minha glória.
²² O mais pequenino se tornará mil,
   o menor será uma nação poderosa.
Eu sou o Senhor;
   na hora certa farei que isso
      aconteça depressa."

O Ano da Bondade do Senhor

61 O Espírito do Soberano, o Senhor,
   está sobre mim,
porque o Senhor ungiu-me
   para levar boas notícias aos pobres.
Enviou-me para cuidar dos que estão
   com o coração quebrantado,
anunciar liberdade aos cativos
   e libertação das trevas aos prisioneiros*ª*,
² para proclamar o ano da bondade do
      Senhor
   e o dia da vingança do nosso Deus;
para consolar todos os que andam tristes
³ e dar a todos os que choram em Sião
   uma bela coroa em vez de cinzas,
o óleo da alegria em vez de pranto
e um manto de louvor
   em vez de espírito deprimido.
Eles serão chamados
   carvalhos de justiça,
   plantio do Senhor,
para manifestação da sua glória.

ª **61.1** A Septuaginta diz *aos cegos*.

61.1-3 O Ungido do Senhor cumpriria a missão de pregar, curar, libertar e proclamar a bondade e a vingança de Deus, atuando sempre no poder do Espírito Santo e sob sua orientação.
Cumprimento: Mateus 11.1-6; Lucas 4.16-21; Apocalipse 19.11-21
Próximo texto: Daniel 7.13,14

⁴ Eles reconstruirão as velhas ruínas
   e restaurarão os antigos escombros;
renovarão as cidades arruinadas
   que têm sido devastadas
   de geração em geração.
⁵ Gente de fora vai pastorear
   os rebanhos de vocês;
estrangeiros trabalharão
   em seus campos e vinhas.
⁶ Mas vocês serão chamados
   sacerdotes do Senhor,
   ministros do nosso Deus.
Vocês se alimentarão
   das riquezas das nações,
e do que era o orgulho delas
   vocês se orgulharão.
⁷ Em lugar da vergonha que sofreu,
   o meu povo receberá porção dupla
e, em vez de humilhação,
   ele se regozijará em sua herança;
pois herdará porção dupla em sua terra,
   e terá alegria eterna.

⁸ "Porque eu, o Senhor, amo a justiça
   e odeio o roubo e toda maldade.
Em minha fidelidade os recompensarei
   e com eles farei aliança eterna.
⁹ Seus descendentes serão
   conhecidos entre as nações,
   e a sua prole entre os povos.
Todos os que os virem reconhecerão
   que eles são um povo
   abençoado pelo Senhor."

¹⁰ É grande o meu prazer no Senhor!
Regozija-se a minha alma em meu
   Deus!
Pois ele me vestiu
   com as vestes da salvação
e sobre mim pôs o manto da justiça,
qual noivo que adorna a cabeça

como um sacerdote,
qual noiva que se enfeita com joias.
¹¹ Porque, assim como a terra
faz brotar a planta
e o jardim faz germinar a semente,
assim o Soberano, o Senhor,
fará nascer a justiça e o louvor
diante de todas as nações.

O Novo Nome de Sião

62 Por amor de Sião eu não sossegarei,
por amor de Jerusalém não descansarei
enquanto a sua justiça
não resplandecer como a alvorada,
e a sua salvação,
como as chamas de uma tocha.
² As nações verão a sua justiça,
e todos os reis, a sua glória;
você será chamada por um novo nome
que a boca do Senhor lhe dará.
³ Será uma esplêndida coroa
na mão do Senhor,
um diadema real na mão do seu Deus.
⁴ Não mais a chamarão abandonada,
nem desamparada à sua terra.
Você, porém, será chamada Hefzibá^a,
e a sua terra, Beulá^b,
pois o Senhor terá prazer em você,
e a sua terra estará casada.
⁵ Assim como um jovem se casa
com sua noiva,
os seus filhos se casarão^c com você;
assim como o noivo se regozija
por sua noiva,
assim o seu Deus se regozija por você.
⁶ Coloquei sentinelas em seus muros,
ó Jerusalém;
jamais descansarão, dia e noite.
Vocês que clamam pelo Senhor
não se entreguem ao repouso
⁷ e não lhe concedam descanso
até que ele estabeleça Jerusalém
e faça dela o louvor da terra.
⁸ O Senhor jurou por sua mão direita
e por seu braço poderoso:
"Nunca mais darei o seu trigo
como alimento para os seus inimigos,
e nunca mais estrangeiros
beberão o vinho novo
pelo qual se afadigaram;

---

^a **62.4** *Hefzibá* significa *o meu prazer está nela.*
^b **62.4** *Beulá* significa *casada.*
^c **62.5** Ou *assim aquele que a edificou se casará*

⁹ mas aqueles que colherem o trigo,
dele comerão
e louvarão o Senhor,
e aqueles que juntarem as uvas
delas beberão
nos pátios do meu santuário".

¹⁰ Passem, passem pelas portas!
Preparem o caminho para o povo.
Construam, construam a estrada!
Removam as pedras.
Ergam uma bandeira para as nações.

¹¹ O Senhor proclamou
aos confins da terra:
"Digam à cidade^d de Sião:
Veja! O seu Salvador vem!
Veja! Ele traz a sua recompensa
e o seu galardão o acompanha".
¹² Eles serão chamados povo santo,
redimidos do Senhor;
e você será chamada procurada,
cidade não abandonada.

O Dia da Vingança e da Redenção

63 Quem é aquele que vem de Edom,
que vem de Bozra, com as roupas
tingidas de vermelho?
Quem é aquele que,
num manto de esplendor,
avança a passos largos
na grandeza da sua força?

"Sou eu, que falo com retidão,
poderoso para salvar."

² Por que tuas roupas estão vermelhas,
como as de quem pisa uvas no lagar?

³ "Sozinho pisei uvas no lagar;
das nações ninguém esteve comigo.
Eu as pisoteei na minha ira
e as pisei na minha indignação;
o sangue delas respingou
na minha roupa,
e eu manchei toda a minha veste.
⁴ Pois o dia da vingança
estava no meu coração,
e chegou o ano da minha redenção.
⁵ Olhei, e não havia ninguém
para ajudar-me;

---

^d **62.11** Hebraico: *filha.*

mostrei assombro,
e não havia ninguém para apoiar-me.
Por isso o meu braço me ajudou,
e a minha ira deu-me apoio.
⁶ Na minha ira pisoteei as nações;
na minha indignação eu as embebedei
e derramei na terra o sangue delas."

Oração e Louvor

⁷ Falarei da bondade do Senhor,
dos seus gloriosos feitos,
por tudo o que o Senhor fez por nós,
sim, de quanto bem ele fez
à nação de Israel,
conforme a sua compaixão
e a grandeza da sua bondade.
⁸ "Sem dúvida eles são o meu povo",
disse ele;
"são filhos que não me vão trair";
e assim ele se tornou o Salvador deles.
⁹ Em toda a aflição do seu povo
ele também se afligiu,
e o anjo da sua presença os salvou.
Em seu amor e em sua misericórdia
ele os resgatou;
foi ele que sempre os levantou
e os conduziu nos dias passados.
¹⁰ Apesar disso, eles se revoltaram
e entristeceram o seu Espírito Santo.
Por isso ele se tornou inimigo deles
e lutou pessoalmente contra eles.
¹¹ Então o seu povo recordou ᵃ o passado,
o tempo de Moisés e a sua geração:
Onde está aquele que os fez
passar através do mar,
com o pastor do seu rebanho?
Onde está aquele que entre eles
pôs o seu Espírito Santo,
¹² que com o seu glorioso braço
esteve à mão direita de Moisés,
que dividiu as águas diante deles
para alcançar renome eterno,
¹³ e os conduziu através das profundezas?
Como o cavalo em campo aberto,
eles não tropeçaram;
¹⁴ como o gado que desce à planície,
foi-lhes dado descanso
pelo Espírito do Senhor.
Foi assim que guiaste o teu povo
para fazer para ti um nome glorioso.

ᵃ **63.11** Ou *Que ele, porém, recorde o*

¹⁵ Olha dos altos céus,
da tua habitação elevada, santa e
gloriosa.
Onde estão o teu zelo e o teu poder?
Retiveste a tua bondade
e a tua compaixão;
elas já nos faltam!
¹⁶ Entretanto, tu és o nosso Pai.
Abraão não nos conhece
e Israel nos ignora;
tu, Senhor, és o nosso Pai
e, desde a antiguidade, te chamas
nosso Redentor.
¹⁷ Senhor, por que nos fazes andar
longe dos teus caminhos
e endureces o nosso coração
para não termos temor de ti?
Volta, por amor dos teus servos,
por amor das tribos que são a
tua herança!
¹⁸ Por pouco tempo o teu povo possuiu
o teu santo lugar;
depois os nossos inimigos
pisotearam o teu santuário.
¹⁹ Somos teus desde a antiguidade,
mas aqueles tu não governaste;
eles não foram chamados pelo
teu nome.ᵇ

64

Ah, se rompesses os céus e descesses!
Os montes tremeriam diante de ti!
² Como quando o fogo acende
os gravetos e faz a água ferver,
desce, para que os teus inimigos
conheçam o teu nome
e as nações tremam diante de ti!
³ Pois, quando fizeste coisas tremendas,
coisas que não esperávamos,
desceste,
e os montes tremeram diante de ti.
⁴ Desde os tempos antigos ninguém ouviu,
nenhum ouvido percebeu,
e olho nenhum viu outro Deus, além
de ti,
que trabalha para aqueles
que nele esperam.
⁵ Vens ajudar aqueles
que praticam
a justiça com alegria,
que se lembram de ti e dos teus caminhos.

ᵇ **63.19** Ou *Somos como aqueles que jamais governaste, como os que jamais foram chamados pelo teu nome.*

Mas, prosseguindo nós em nossos pecados,
tu te iraste.
Como, então, seremos salvos?
⁶ Somos como o impuro — todos nós!
Todos os nossos atos de justiça
são como trapo imundo.
Murchamos como folhas,
e como o vento as nossas iniquidades
nos levam para longe.
⁷ Não há ninguém
que clame pelo teu nome,
que se anime a apegar-se a ti,
pois esconderste de nós o teu rosto
e nos deixaste perecer
por causa das nossas iniquidades.
⁸ Contudo, Senhor, tu és o nosso Pai.
Nós somos o barro; tu és o oleiro.
Todos nós somos obra das tuas mãos.
⁹ Não te ires demais, ó Senhor!
Não te lembres constantemente
das nossas maldades.
Olha para nós!
Somos o teu povo!
¹⁰ As tuas cidades sagradas
transformaram-se em deserto.
Até Sião virou um deserto,
e Jerusalém, uma desolação!
¹¹ O nosso templo santo e glorioso,
onde os nossos antepassados
te louvavam,
foi destruído pelo fogo,
e tudo o que nos era precioso
está em ruínas.
¹² E depois disso tudo, Senhor,
ainda irás te conter?
Ficarás calado
e nos castigarás
além da conta?

Julgamento e Salvação

65 "Fiz-me acessível
aos que não perguntavam por mim;
fui achado pelos que não me procuravam.
A uma nação que não clamava
pelo meu nome
eu disse: Eis-me aqui, eis-me aqui.
² O tempo todo estendi as mãos
a um povo obstinado,
que anda por um caminho que não é bom,
seguindo as suas inclinações;
³ esse povo que sem cessar me provoca
abertamente,
oferecendo sacrifícios em jardins
e queimando incenso em altares
de tijolos;
⁴ povo que vive nos túmulos
e à noite se oculta nas covas,
que come carne de porco,
e em suas panelas
tem sopa de carne impura;
⁵ esse povo diz: 'Afasta-te!
Não te aproximes de mim,
pois eu sou santo!'
Essa gente é fumaça no meu nariz!
É fogo que queima o tempo todo!

⁶ "Vejam, porém!
Escrito está diante de mim:
Não ficarei calado,
mas lhes darei plena
e total retribuição,
⁷ tanto por seus pecados
como pelos pecados
dos seus antepassados", diz o Senhor.
"Uma vez que eles queimaram incenso
nos montes
e me desafiaram nas colinas,
eu os farei pagar
pelos seus feitos anteriores."

⁸ Assim diz o Senhor:

"Quando ainda se acha suco
num cacho de uvas,
os homens dizem: 'Não o destruam,
pois ainda há algo bom';
assim farei em favor dos meus servos;
não os destruirei totalmente.
⁹ Farei surgir descendentes de Jacó
e de Judá quem receba por herança
as minhas montanhas.
Os meus escolhidos as herdarão,
e ali viverão os meus servos.
¹⁰ Para o meu povo que me buscou,
Sarom será um pasto para os rebanhos,
e o vale de Acor, um lugar de descanso
para o gado.

¹¹ "Mas vocês, que abandonam o Senhor
e esquecem o meu santo monte,
que põem a mesa para a deusa Sorte
e enchem taças de vinho para o
deus Destino,
¹² eu os destinarei à espada,
e todos vocês se dobrarão para a
degola.

Pois eu os chamei,
  e vocês nem responderam;
  falei, e não me deram ouvidos.
Vocês fizeram o mal diante de mim
  e escolheram o que me desagrada".

¹³ Portanto, assim diz o Soberano, o Senhor:

"Os meus servos comerão,
  e vocês passarão fome;
os meus servos beberão,
  e vocês passarão sede;
os meus servos se regozijarão,
  e vocês passarão vergonha;
¹⁴ os meus servos cantarão
  com alegria no coração,
e vocês se lamentarão
  com angústia no coração
e uivarão pelo quebrantamento
  de espírito.
¹⁵ Vocês deixarão seu nome
  como uma maldição
  para os meus escolhidos;
o Soberano, o Senhor, matará vocês,
  mas aos seus servos dará outro nome.
¹⁶ Quem pedir bênção para si na terra,
  que o faça pelo Deus da verdade;
quem fizer juramento na terra,
  que o faça pelo Deus da verdade.
Porquanto as aflições passadas
  serão esquecidas
e estarão ocultas aos meus olhos.

Novos Céus e Nova Terra

¹⁷ "Pois vejam!
Criarei novos céus
  e nova terra,
e as coisas passadas não serão lembradas.
Jamais virão à mente!
¹⁸ Alegrem-se, porém, e regozijem-se
  para sempre no que vou criar,
porque vou criar Jerusalém para regozijo
  e seu povo para alegria.
¹⁹ Por Jerusalém me regozijarei
  e em meu povo terei prazer;
nunca mais se ouvirão nela
  voz de pranto e choro de tristeza.

²⁰ "Nunca mais haverá nela
  uma criança que viva poucos dias,
  e um idoso que não complete
  os seus anos de idade;
quem morrer aos cem anos
  ainda será jovem,
  e quem não chegarᵃ aos cem será maldito.
²¹ Construirão casas e nelas habitarão;
  plantarão vinhas e comerão do
    seu fruto.
²² Já não construirão casas
  para outros ocuparem,
nem plantarão para outros comerem.
Pois o meu povo terá vida longa
  como as árvores;
os meus escolhidos esbanjarão
  o fruto do seu trabalho.
²³ Não labutarão inutilmente,
  nem gerarão filhos para a infelicidade;
pois serão um povo abençoado
  pelo Senhor,
eles e os seus descendentes.
²⁴ Antes de clamarem,
  eu responderei;
ainda não estarão falando, e eu os ouvirei.
²⁵ O lobo e o cordeiro comerão juntos,
  e o leão comerá feno, como o boi,
mas o pó será a comida da serpente.
Ninguém fará nem mal nem destruição
  em todo o meu santo monte",
diz o Senhor.

Julgamento e Esperança

66 Assim diz o Senhor:

"O céu é o meu trono;
  e a terra, o estrado dos meus pés.
Que espécie de casa vocês me edificarão?
É este o meu lugar de descanso?
² Não foram as minhas mãos que fizeram
    todas essas coisas,
  e por isso vieram a existir?",
pergunta o Senhor.

"A este eu estimo:
  ao humilde e contrito de espírito,
que treme diante da minha palavra.
³ Mas aquele que sacrifica um boi
  é como quem mata um homem;
aquele que sacrifica um cordeiro,
  é como quem quebra
    o pescoço de um cachorro;
aquele que faz oferta de cereal
  é como quem apresenta sangue de porco,
e aquele que queima incenso memorial,
  é como quem adora um ídolo.

ᵃ **65.20** Ou *o pecador que chegar*

Eles escolheram os seus caminhos,
e suas almas têm prazer
em suas práticas detestáveis.
⁴ Por isso também escolherei
um duro tratamento para eles
e trarei sobre eles o que eles temem.
Pois eu chamei, e ninguém respondeu;
falei, e ninguém deu ouvidos.
Fizeram o mal diante de mim
e escolheram o que me desagrada".

⁵ Ouçam a palavra do Senhor,
vocês que tremem diante da sua palavra:
"Seus irmãos que os odeiam e
os excluem
por causa do meu nome, disseram:
'Que o Senhor seja glorioso,
para que vejamos a alegria de vocês!'
Mas eles é que passarão vergonha.
⁶ Ouçam o estrondo que vem da cidade,
o som que vem do templo!
É o Senhor que está dando
a devida retribuição
aos seus inimigos.

⁷ "Antes de entrar em trabalho
de parto,
ela dá à luz;
antes de lhe sobrevirem as dores,
ela ganha um menino.
⁸ Quem já ouviu uma coisa dessas?
Quem já viu tais coisas?
Pode uma nação nascer num só dia,
ou, pode-se dar à luz um povo
num instante?
Pois Sião ainda estava
em trabalho de parto,
e deu à luz seus filhos.
⁹ Acaso faço chegar a hora do parto
e não faço nascer?",
diz o Senhor.
"Acaso fecho o ventre,
sendo que eu faço dar à luz?",
pergunta o seu Deus.
¹⁰ "Regozijem-se com Jerusalém
e alegrem-se por ela,
todos vocês que a amam;
regozijem-se muito com ela,
todos vocês que por ela pranteiam.
¹¹ Pois vocês irão mamar e saciar-se
em seus seios reconfortantes,
e beberão à vontade
e se deleitarão em sua fartura."

¹² Pois assim diz o Senhor:
"Estenderei para ela a paz como um rio
e a riqueza das nações, como
uma corrente avassaladora;
vocês serão amamentados nos braços dela
e acalentados em seus joelhos.
¹³ Assim como uma mãe consola seu filho,
também eu os consolarei;
em Jerusalém vocês serão consolados".

¹⁴ Quando vocês virem isso,
o seu coração se regozijará,
e vocês florescerão como a relva;
a mão do Senhor
estará com os seus servos,
mas a sua ira será contra os seus
adversários.
¹⁵ Vejam! O Senhor vem num fogo,
e os seus carros são como um turbilhão!
Transformará em fúria a sua ira
e em labaredas de fogo, a sua
repreensão.
¹⁶ Pois com fogo e com a espada
o Senhor executará julgamento
sobre todos os homens,
e muitos serão os mortos pela mão
do Senhor.

¹⁷ "Os que se consagram para entrar nos jardins indo atrás do sacerdote[a] que está no meio, comem[b] carne de porco, ratos e outras coisas repugnantes, todos eles perecerão", declara o Senhor.

¹⁸ "E, por causa dos seus atos e das suas conspirações, virei ajuntar todas as nações e línguas, e elas virão e verão a minha glória.

¹⁹ "Estabelecerei um sinal entre elas, e enviarei alguns dos sobreviventes às nações: a Társis, aos líbios[c] e aos lídios, famosos flecheiros, a Tubal, à Grécia, e às ilhas distantes, que não ouviram falar de mim e não viram a minha glória. Eles proclamarão a minha glória entre as nações. ²⁰ Também dentre todas as nações trarão os irmãos de vocês ao meu santo monte, em Jerusalém, como oferta ao Senhor. Virão a cavalo, em carros e carroças, e montados em mulas e camelos", diz o Senhor.

---

[a] **66.17** Ou *da deusa*

[b] **66.17** Ou *jardins atrás de um de seus templos, e aqueles que comem*

[c] **66.19** Conforme alguns manuscritos da Septuaginta. O Texto Massorético diz *a Pul*.

"Farão como fazem os israelitas quando apresentam as suas ofertas de cereal, trazendo-as em vasos cerimonialmente puros; ²¹ também escolherei alguns deles para serem sacerdotes e levitas", diz o SENHOR.

²² "Assim como os novos céus e a nova terra que vou criar serão duradouros diante de mim", declara o SENHOR, "assim serão duradouros os descendentes de vocês e o seu nome. ²³ De uma lua nova a outra e de um sábado a outro, toda a humanidade virá e se inclinará diante de mim", diz o SENHOR. ²⁴ "Sairão e verão os cadáveres dos que se rebelaram contra mim; o verme destes não morrerá, e o seu fogo não se apagará, e causarão repugnância a toda a humanidade."

Introdução ao livro de
JEREMIAS

Autor e data de composição

O escritor, segundo o texto, foi "Jeremias, filho de Hilquias, um dos sacerdotes de Anatote, no território de Benjamim" (1.1). Ou seja, trata-se de um sacerdote-profeta oriundo de uma cidade sacerdotal situada a uns 3 quilômetros ao norte de Jerusalém. Este livro é, na realidade, o produto de uma recompilação do material que Baruque, amigo e secretário de Jeremias, conseguiu recuperar dos escritos do profeta, cuja coleção foi totalmente cortada e queimada pelo rei Jeoaquim, no nono mês do quinto ano de seu reinado (em torno de 605 a.C.), segundo está relatado no próprio livro (36.9-26). A maldade e a corrupção da nação de Judá haviam alcançado níveis jamais vistos, por isso Deus dera ao profeta uma missão bastante difícil, que ele desempenhou ao longo de mais de quarenta anos: dizer que o povo era rebelde e obstinado. Por esse motivo, muitos dão a Jeremias o apelido de "profeta chorão". Como sinal da triste situação do povo, Deus proibiu o profeta de se casar. O profeta Jeremias tinha o coração entristecido por causa da maldade de seu povo e portava uma mensagem de juízo igualmente desanimadora para uma nação que pensava estar imune, pois dizia ser aquela com a qual Deus fizera aliança, apesar de insistir em agir em oposição a tal fato. Tudo isso impulsionou o rei Jeoaquim a destruir o rolo escrito em que Baruque havia registrado as palavras do profeta. Este, por sua vez, pediu a Baruque que procurasse recuperar o que havia sido perdido e voltasse a convertê-lo em livro; além disso, acrescentou-lhe outras seções. O capítulo 51 finaliza dizendo: "Aqui terminam as palavras de Jeremias" (v. 64). Isso nos faz pensar que o capítulo 52, o último do livro, tenha sido acrescentado em uma edição posterior.

ESBOÇO GERAL

Primeira parte: Jeremias é chamado por Deus para uma missão difícil (1—25)
  I. O chamado (1)
  II. As profecias de Jeremias contra Judá (2—25)
     A. Judá pecou sabendo o que estava fazendo (2.1—3.5)
     B. Deus julgará Judá (3.6—6.30)
     C. A infidelidade, a traição e a idolatria do povo (7—10)
     D. A aliança é quebrada (11—12)
     E. O orgulho de Judá (13)
     F. A seca e a fome (14—15)
     G. A vida solitária de Jeremias como testemunho (16—17)
     H. A visita ao oleiro (18—20)
     I. Jeremias aconselha arrependimento e denuncia os falsos profetas (21—23)
     J. Dois cestos de figos (24)
     K. A ira de Deus e os setenta anos de cativeiro (25)

Segunda parte: Os conflitos de Jeremias (26—29)
  I. Conflitos com o povo (26)
  II. Conflitos com os falsos profetas (27—29)

Terceira parte: A restauração futura e a queda presente (30—45)
  I. A restauração do povo à terra prometida (30—31)
  II. A reconstrução de Jerusalém (32)
  III. A confirmação da aliança (33)
  IV. A queda de Jerusalém (34—45)
    A. Mensagens anteriores à queda de Jerusalém (34—36)
    B. Os eventos relacionados com a queda de Jerusalém (37—39)
    C. Mensagens posteriores à queda de Jerusalém (40—45)

Quarta parte: As profecias sobre diversos povos gentios (46—51)
  I. As profecias contra diversos povos vizinhos (46—49)
  II. As profecias contra a Babilônia, o destruidor de Jerusalém (50—51)
    A. A derrota e a desolação sobre a Babilônia (50)
    B. O destino da Babilônia (51)

Quinta parte: A destruição, o exílio e a mudança de tratamento com o rei Joaquim (52)

Versículo-chave
23.29

Tema geral do livro
Em razão de ter sido destruído pelo rei e depois refeito, o livro carece de uma ordem cronológica ou temática. No entanto, a mensagem básica é clara: Judá não poderá escapar da ira de Deus por causa de sua corrupção e desobediência. Essa foi a mensagem que Jeremias proclamou de todas as maneiras possíveis durante quatro décadas, procurando evitar o inevitável. Deus realmente estava disposto a julgar, mas o povo não estava interessado em reconhecer seu pecado. Jeremias apresenta Deus como o Deus da aliança que Israel acabou violando várias vezes e trata nos capítulos dedicados à nova aliança (30—33) de um princípio que toma sua forma definitiva na aliança estabelecida pelo sangue do Cordeiro de Deus: não basta ser membro do povo da aliança. É preciso levar essa aliança no coração para convertê-la em uma forma de vida. Essa é a razão de encontrarmos no Novo Testamento várias citações retiradas do texto deste sacerdote-profeta.

No livro de Jeremias, Jesus é...
... o Renovo justo (33.15).

Versículo-chave para o discípulo:
32.27

O discípulo e o livro de Jeremias
Se reservamos a lição do livro de Jeremias para o passado e a mencionamos apenas como referência ao fato de Deus ter enviado Nabucodonosor e suas tropas para destruir Judá e Jerusalém, estamos perdendo a oportunidade de aprender uma das lições mais nítidas encontradas no Antigo Testamento. Caro discípulo, compreenda que o fato de ser membro de uma igreja, até mesmo um membro ativo, não é responsável por produzir uma verdadeira comunhão entre você e o Deus da aliança. Não basta ser chamado de cristão, muito menos membro de uma igreja. É necessário que a aliança feita com Deus

não esteja reservada apenas à mente, que nos enche de orgulho e faz desprezar os que estão "de fora", mas que tome conta do nosso coração e espírito, a fim de produzir em nós um estilo de vida agradável a Deus. Disso falou o apóstolo Paulo ao dizer que importava a circuncisão operada no coração, não a circuncisão feita na carne. Esta era sinal visível da antiga aliança, dada por Deus depois que Abraão foi justificado por sua fé, mas a circuncisão do coração é o sinal de que assimilamos a aliança, temos comunhão com Deus e seu Espírito habita em nós: "circuncisão é a operada no coração, pelo Espírito" (leia Romanos 2.25-29; 4.9-13; 1Coríntios 7.19; Gálatas 5.6; 6.12-15; Colossenses 2.10,11).

JEREMIAS

1 As palavras de Jeremias, filho de Hilquias, um dos sacerdotes de Anatote, no território de Benjamim. ² A palavra do Senhor veio a ele no décimo terceiro ano do reinado de Josias, filho de Amom, rei de Judá, ³ e durante o reinado de Jeoaquim, filho de Josias, rei de Judá, até o quinto mês do décimo primeiro ano de Zedequias, filho de Josias, rei de Judá, quando os habitantes de Jerusalém foram levados para o exílio.

O Chamado de Jeremias

⁴ A palavra do Senhor veio a mim, dizendo:

⁵ "Antes de formá-lo no ventre
   eu o escolhi[a];
antes de você nascer, eu o separei
   e o designei profeta às nações".

⁶ Mas eu disse: Ah, Soberano Senhor! Eu não sei falar, pois ainda sou muito jovem.

⁷ O Senhor, porém, me disse: "Não diga que é muito jovem. A todos a quem eu o enviar, você irá e dirá tudo o que eu ordenar a você. ⁸ Não tenha medo deles, pois eu estou com você para protegê-lo", diz o Senhor.

⁹ O Senhor estendeu a mão, tocou a minha boca e disse-me: "Agora ponho em sua boca as minhas palavras. ¹⁰ Veja! Eu hoje dou a você autoridade sobre nações e reinos, para arrancar, despedaçar, arruinar e destruir; para edificar e plantar".

¹¹ E a palavra do Senhor veio a mim: "O que você vê, Jeremias?" Vejo o ramo de uma amendoeira, respondi.

¹² O Senhor me disse: "Você viu bem, pois estou vigiando[b] para que a minha palavra se cumpra".

¹³ A palavra do Senhor veio a mim pela segunda vez, dizendo: "O que você vê?"

E eu respondi: Vejo uma panela fervendo; ela está inclinada do norte para cá.

¹⁴ O Senhor me disse: "Do norte se derramará a desgraça sobre todos os habitantes desta terra. ¹⁵ Estou convocando todos os povos dos reinos do norte", diz o Senhor.

"Cada um virá e colocará o seu trono
   diante das portas de Jerusalém,

---
[a] 1.5 Ou *conheci*
[b] 1.12 A palavra *vigiando* assemelha-se à palavra *amendoeira* no hebraico.

virão contra todas as muralhas
   que a cercam
e contra todas as cidades de Judá.
¹⁶ Pronunciarei a minha sentença
   contra o meu povo
   por todas as suas maldades;
porque me abandonaram,
queimaram incenso a outros deuses
e adoraram deuses
   que as suas mãos fizeram.

¹⁷ "E você, prepare-se! Vá dizer-lhes tudo o que eu ordenar. Não fique aterrorizado por causa deles, senão eu o aterrorizarei diante deles. ¹⁸ E hoje eu faço de você uma cidade fortificada, uma coluna de ferro e um muro de bronze, contra toda a terra: contra os reis de Judá, seus oficiais, seus sacerdotes e o povo da terra. ¹⁹ Eles lutarão contra você, mas não o vencerão, pois eu estou com você e o protegerei", diz o Senhor.

A Infidelidade de Israel

2 A palavra do Senhor veio a mim: ² "Vá proclamar aos ouvidos de Jerusalém:

"Eu me lembro de sua fidelidade
   quando você era jovem:
como noiva, você me amava
   e me seguia pelo deserto,
por uma terra não semeada.
³ Israel, meu povo, era santo para
   o Senhor,
   os primeiros frutos de sua colheita;
todos os que o devoravam
   eram considerados culpados,
   e a desgraça os alcançava",
declara o Senhor.

⁴ Ouça a palavra do Senhor,
   ó comunidade de Jacó,
todos os clãs da comunidade de Israel.

⁵ Assim diz o Senhor:

"Que falta os seus antepassados
   encontraram em mim,
para que me deixassem
   e se afastassem de mim?
Eles seguiram ídolos sem valor,
   tornando-se eles próprios sem valor.

⁶ Eles não perguntaram:
'Onde está o Senhor,
que nos trouxe do Egito
e nos conduziu pelo deserto,
por uma terra árida e cheia de covas,
 terra de seca e de trevas[a],
 terra pela qual ninguém passa
 e onde ninguém vive?'
⁷ Eu trouxe vocês a uma terra fértil,
 para que comessem
 dos seus frutos
 e dos seus bons produtos.
Entretanto, vocês contaminaram
 a minha terra;
tornaram a minha herança repugnante.
⁸ Os sacerdotes não perguntavam
 pelo Senhor;
os intérpretes da lei não me conheciam,
e os líderes do povo
 se rebelaram contra mim.
Os profetas profetizavam
 em nome de Baal,
seguindo deuses inúteis.

⁹ "Por isso, eu ainda faço denúncias
 contra vocês", diz o Senhor,
"e farei denúncias
 contra os seus descendentes.
¹⁰ Atravessem o mar
 até o litoral de Chipre[b] e vejam;
mandem observadores a Quedar[c]
 e reparem de perto;
e vejam se alguma vez
 aconteceu algo assim:
¹¹ alguma nação já trocou
 os seus deuses?
E eles nem sequer são deuses!
Mas o meu povo trocou a sua[d] Glória
 por deuses inúteis.
¹² Espantem-se diante disso, ó céus!
Fiquem horrorizados e abismados",
diz o Senhor.
¹³ "O meu povo cometeu dois crimes:
eles me abandonaram,
 a mim, a fonte de água viva;
e cavaram as suas próprias cisternas,
 cisternas rachadas
 que não retêm água.

¹⁴ Acaso Israel, meu povo, é escravo,
 escravo de nascimento?
Por que foi então que se tornou presa
¹⁵ de leões que rugem e urram contra ele?
Arrasaram a sua terra,
queimaram as suas cidades
 e as deixaram desabitadas.
¹⁶ Até mesmo os homens
 de Mênfis e de Tafnes
 raparam[e] a sua cabeça.
¹⁷ Não foi você mesmo o responsável
 pelo que aconteceu a você,
ao abandonar o Senhor, o seu Deus?[f]
¹⁸ Agora, por que você vai ao Egito
 beber água do Nilo[g]?
E por que vai à Assíria
 beber água do Eufrates?
¹⁹ O seu crime a castigará
 e a sua rebelião a repreenderá.
Compreenda e veja
 como é mau e amargo
 abandonar o Senhor, o seu Deus,
 e não ter temor de mim",
 diz o Soberano,
 o Senhor dos Exércitos.

²⁰ "Há muito tempo
 eu quebrei o seu jugo
 e despedacei as correias que a prendiam.
Mas você disse: 'Eu não servirei!'
Ao contrário, em todo monte elevado
 e debaixo de toda árvore verdejante,
 você se deitava como uma prostituta.
²¹ Eu a plantei como uma videira seleta,
 de semente absolutamente pura.
Como, então, contra mim
 você se tornou uma videira
 degenerada e selvagem?
²² Mesmo que você se lave com soda
 e com muito sabão,
a mancha da sua iniquidade
 permanecerá diante de mim",
diz o Soberano Senhor.
²³ "Como você pode dizer
 que não se contaminou
 e que não correu atrás dos baalins?
Reveja o seu procedimento no vale
e considere o que você tem feito.

---

[a] 2.6 Ou *e da sombra da morte*
[b] 2.10 Hebraico: *as ilhas de Quitim.*
[c] 2.10 Terra natal de tribos beduínas do deserto siro-árabe.
[d] 2.11 Uma antiga tradição de escribas hebreus diz *minha.*
[e] 2.16 Ou *racharam*
[f] 2.17 Conforme a Septuaginta. O Texto Massorético acrescenta *quando ele a conduziu pelo caminho?*
[g] 2.18 Hebraico: *Sior,* um braço do Nilo.

Você é como uma camela
   jovem e arisca
   que corre para todos os lados;
²⁴ como uma jumenta selvagem
   habituada ao deserto,
   farejando o vento em seu desejo.
Quem é capaz de controlá-la
   quando está no cio?
Os machos que a procuram
   não precisam se cansar,
porque logo encontrarão
   a que está no mês do cio.
²⁵ Não deixe que os seus pés se esfolem
   nem que a sua garganta fique seca.
Mas você disse: 'Não adianta!
Eu amo os deuses estrangeiros
   e continuarei a ir atrás deles'.

²⁶ "Assim como o ladrão
   fica envergonhado
quando é apanhado em flagrante,
também a comunidade de Israel
   ficará envergonhada:
seus reis e oficiais,
seus sacerdotes e profetas.
²⁷ Pois dizem à madeira:
   'Você é meu pai'
e à pedra: 'Você me deu à luz'.
Voltaram para mim as costas
   e não o rosto,
mas na hora da adversidade dizem:
   'Venha salvar-nos!'
²⁸ E onde estão os deuses
   que você fabricou para si?
Que eles venham,
   se puderem salvá-la
   na hora da adversidade!
Porque os seus deuses
   são tão numerosos
   como as suas cidades, ó Judá!

²⁹ "Por que vocês fazem
   denúncias contra mim?
Todos vocês se rebelaram contra mim",
   declara o Senhor.
³⁰ "De nada adiantou castigar o seu povo,
   eles não aceitaram a correção.
A sua espada tem destruído
   os seus profetas
como um leão devorador.

³¹ "Vocês, desta geração, considerem a palavra do Senhor:

"Tenho sido um deserto para Israel?
Uma terra de grandes trevas?
Por que o meu povo diz:
   'Nós assumimos o controle!
   Não mais viremos a ti'?
³² Será que uma jovem
   se esquece das suas joias,
ou uma noiva, de seus enfeites nupciais?
Contudo, o meu povo
   esqueceu-se de mim
   por dias sem fim.
³³ Com quanta habilidade
   você busca o amor!
Mesmo as mulheres da pior espécie
   aprenderam com o seu procedimento.
³⁴ Nas suas roupas encontrou-se
   o sangue de pobres inocentes,
que não foram flagrados
   arrombando casas.
Contudo, apesar de tudo isso,
³⁵ você diz: 'Sou inocente;
   ele não está irado comigo'.
Mas eu passarei sentença contra você
   porque você disse que não pecou.
³⁶ Por que você não leva a sério
   a sua mudança de rumo?
Você ficará decepcionada com o Egito,
   como ficou com a Assíria.
³⁷ Você também deixará aquele lugar
   com as mãos na cabeça,
pois o Senhor rejeitou
   aqueles em quem você confia;
você não receberá a ajuda deles.

3 "Se um homem se divorciar
   de sua mulher
e depois da separação
   ela casar-se com outro homem,
poderá o primeiro marido
   voltar para ela?
Não seria a terra
   totalmente contaminada?
Mas você tem se prostituído
   com muitos amantes
e, agora,
   quer voltar para mim?",
pergunta o Senhor.
² "Olhe para o campo e veja:
Há algum lugar
   onde você não foi desonrada?
À beira do caminho você se assentou
   à espera de amantes,

assentou-se como um nômade[a]
  no deserto.
Você contaminou a terra
  com sua prostituição e impiedade.
³ Por isso as chuvas foram retidas,
  e não veio chuva na primavera.
Mas você,
apresentando-se declaradamente
  como prostituta,
se recusa a corar de vergonha.
⁴ Você não acabou de me chamar:
  'Meu pai, amigo da minha juventude?
⁵ Ficarás irado para sempre?
Teu ressentimento permanecerá
até o fim?'
É assim que você fala,
  mas faz todo o mal que pode".

A Infidelidade de Israel

⁶ Durante o reinado do rei Josias, o Senhor me disse: "Você viu o que fez Israel, a infiel? Subiu todo monte elevado e foi para debaixo de toda árvore verdejante para prostituir-se. ⁷ Depois de ter feito tudo isso, pensei que ela voltaria para mim, mas não voltou. E a sua irmã traidora, Judá, viu essas coisas. ⁸ Viu[b] também que dei à infiel Israel uma certidão de divórcio e a mandei embora, por causa de todos os seus adultérios. Entretanto, a sua irmã Judá, a traidora, também se prostituiu, sem temor algum. ⁹ E, por ter feito pouco caso da imoralidade, Judá contaminou a terra, cometendo adultério com ídolos de pedra e madeira. ¹⁰ Apesar de tudo isso, sua irmã Judá, a traidora, não voltou para mim de todo o coração, mas sim com fingimento", declara o Senhor.

¹¹ O Senhor me disse: "Israel, a infiel, é melhor do que Judá, a traidora. ¹² Vá e proclame esta mensagem para os lados do norte:

"Volte, ó infiel Israel",
  declara o Senhor,
"Não mais franzirei a testa
  cheio de ira contra você,
pois eu sou fiel", declara o Senhor,
"Não ficarei irado para sempre.
¹³ Mas reconheça o seu pecado:
você se rebelou contra
  o Senhor, o seu Deus,
e ofereceu os seus favores
  a deuses estranhos,
debaixo de toda árvore verdejante,
  e não me obedeceu",
  declara o Senhor.

¹⁴ "Voltem, filhos rebeldes! Pois eu sou o Senhor[c] de vocês", declara o Senhor. "Tomarei vocês, um de cada cidade e dois de cada clã, e os trarei de volta a Sião. ¹⁵ Então eu darei a vocês governantes conforme a minha vontade, que os dirigirão com sabedoria e com entendimento. ¹⁶ Quando vocês aumentarem e se multiplicarem na sua terra naqueles dias", declara o Senhor, "não dirão mais: 'A arca da aliança do Senhor'. Não pensarão mais nisso nem se lembrarão dela; não sentirão sua falta nem se fará outra arca. ¹⁷ Naquela época, chamarão Jerusalém 'O Trono do Senhor', e todas as nações se reunirão para honrar o nome do Senhor em Jerusalém. Não mais viverão segundo a obstinação de seus corações para fazer o mal. ¹⁸ Naqueles dias, a comunidade de Judá caminhará com a comunidade de Israel, e juntas voltarão do norte para a terra que dei como herança aos seus antepassados.

¹⁹ "Eu mesmo disse:

Com que alegria eu a trataria
  como se tratam filhos
e daria uma terra aprazível a você,
  a mais bela herança entre as nações!
Pensei que você me chamaria de 'Pai'
  e que não deixaria de seguir-me.
²⁰ Mas, como a mulher
  que trai o marido,
assim você tem sido infiel comigo,
  ó comunidade de Israel",
declara o Senhor.

²¹ Ouve-se um choro no campo,
  o pranto de súplica dos israelitas,
porque perverteram os seus caminhos
  e esqueceram o Senhor, o seu Deus.

²² "Voltem, filhos rebeldes!
  Eu os curarei da sua rebeldia".

"Sim!", o povo responde.
"Nós viremos a ti,
  pois tu és o Senhor, o nosso Deus.

---

[a] **3.2** Ou *árabe*
[b] **3.8** Conforme um manuscrito do Texto Massorético, a Septuaginta e a Versão Siríaca. O Texto Massorético diz *Eu vi*.
[c] **3.14** Ou *marido*

²³ De fato, a agitação idólatra nas colinas
  e o murmúrio nos montes é um engano.
No Senhor, no nosso Deus,
  está a salvação de Israel.
²⁴ Desde a nossa juventude,
  Baal, o deus da vergonha,
tem consumido o fruto do trabalho
  dos nossos antepassados:
as ovelhas, os bois,
  os seus filhos e as suas filhas.
²⁵ Seja a vergonha a nossa cama
  e a desonra, o nosso cobertor.
Pecamos contra o Senhor,
  o nosso Deus,
tanto nós como os nossos antepassados,
  desde a nossa juventude
  até o dia de hoje;
e não temos obedecido
  ao Senhor, ao nosso Deus."

4 "Se você voltar, ó Israel,
  volte para mim", diz o Senhor.
"Se você afastar
  para longe de minha vista
  os seus ídolos detestáveis
  e não se desviar,
² se você jurar pelo nome do Senhor
  com fidelidade, justiça e retidão,
então as nações serão
  por ele abençoadas
  e nele se gloriarão."

³ Assim diz o Senhor
ao povo de Judá e de Jerusalém:

"Lavrem seus campos não arados
  e não semeiem entre espinhos.
⁴ Purifiquem-se para o Senhor,
  sejam fiéis à aliançaª,
  homens de Judá
  e habitantes de Jerusalém!
Se não fizerem isso,
  a minha ira se acenderá
  e queimará como fogo,
por causa do mal que vocês fizeram;
queimará e ninguém conseguirá apagá-la.

A Invasão que Vem do Norte

⁵ "Anunciem em Judá! Proclamem em Jerusalém:
Toquem a trombeta por toda esta terra!
Gritem bem alto e digam: Reúnam-se!
  Fujamos para as cidades fortificadas!
⁶ Ergam o sinal indicando Sião.
Fujam sem demora em busca de abrigo!
Porque do norte eu estou
  trazendo desgraça,
  uma grande destruição".

⁷ Um leão saiu da sua toca,
um destruidor de nações
  se pôs a caminho.
Ele saiu de onde vive
  para arrasar a sua terra.
Suas cidades ficarão em ruínas
  e sem habitantes.
⁸ Por isso, ponham vestes de lamento,
  chorem e gritem,
pois o fogo da ira do Senhor
  não se desviou de nós.

⁹ "Naquele dia", diz o Senhor,
"o rei e os seus oficiais
  perderão a coragem,
os sacerdotes ficarão horrorizados
  e os profetas, perplexos."

¹⁰ Então eu disse: Ah, Soberano Senhor, como enganaste completamente este povo e a Jerusalém dizendo: "Vocês terão paz" quando a espada está em nossa garganta.

¹¹ Naquela época, será dito a este povo e a Jerusalém: "Um vento escaldante, que vem das dunas do deserto, sopra na direção da minha filha, do meu povo, mas não para peneirar nem para limpar. ¹² É um vento forte demais, que vem da minha parteᵇ. Agora eu pronunciarei as minhas sentenças contra eles".

¹³ Vejam! Ele avança como as nuvens;
  os seus carros de guerra
  são como um furacão
e os seus cavalos são mais velozes
  do que as águias.
Ai de nós! Estamos perdidos!
¹⁴ Ó Jerusalém, lave o mal
  do seu coração
  para que você seja salva.
Até quando você vai acolher
  projetos malignos no íntimo?
¹⁵ Ouve-se uma voz proclamando
  desde Dã,

ª **4.4** Hebraico: *circuncidem os seus corações.*

ᵇ **4.12** Ou *vem ao meu comando*

desde os montes de Efraim
se anuncia calamidade.
¹⁶ "Relatem isto a esta nação[a]
e proclamem contra Jerusalém:
Um exército inimigo[b] está vindo
de uma terra distante,
dando seu grito de guerra
contra as cidades de Judá.
¹⁷ Eles a cercam como homens
que guardam um campo,
pois ela se rebelou contra mim",
declara o SENHOR.
¹⁸ "A sua própria conduta e as suas
ações
trouxeram isso sobre você.
Como é amargo esse seu castigo!
Ele atinge até o seu coração!"

¹⁹ Ah, minha angústia, minha angústia!
Eu me contorço de dor.
Ó paredes do meu coração!
O meu coração dispara dentro de mim;
não posso ficar calado.
Ouvi o som da trombeta,
ouvi o grito de guerra.
²⁰ Um desastre depois do outro;
toda a minha terra foi devastada.
Num instante as minhas tendas
foram destruídas;
e os meus abrigos, num momento.
²¹ Até quando verei o sinal levantado
e ouvirei o som da trombeta?
²² "O meu povo é tolo,
eles não me conhecem".

"São crianças insensatas
que nada compreendem.
São hábeis para praticar o mal,
mas não sabem fazer o bem."

²³ Olhei para a terra,
e ela era sem forma[c] e vazia;
para os céus,
e a sua luz tinha desaparecido.
²⁴ Olhei para os montes
e eles tremiam;
todas as colinas oscilavam.

²⁵ Olhei, e não havia mais gente;
todas as aves do céu
tinham fugido em revoada.
²⁶ Olhei, e a terra fértil era um deserto;
todas as suas cidades estavam em ruínas
por causa do SENHOR,
por causa do fogo da sua ira.

²⁷ Assim diz o SENHOR:

"Toda esta terra ficará devastada,
embora eu não vá destruí-la
completamente.
²⁸ Por causa disso, a terra ficará de luto
e o céu, em cima, se escurecerá;
porque eu falei e não me arrependi,
decidi e não voltarei atrás".

²⁹ Quando se ouvem os cavaleiros
e os flecheiros,
todos os habitantes da cidade fogem.
Alguns vão para o meio dos arbustos;
outros escalam as rochas.
Todas as cidades são abandonadas
e ficam sem habitantes.

³⁰ O que você está fazendo,
ó cidade devastada?
Por que se veste de vermelho
e se enfeita com joias de ouro?
Por que você pinta os olhos?
Você se embeleza em vão,
pois os seus amantes a desprezam
e querem tirar sua vida.

³¹ Ouvi um grito, como de mulher
em trabalho de parto,
como a agonia de uma mulher
ao dar à luz o primeiro filho.
É o grito da cidade[d] de Sião,
que está ofegante
e estende as mãos, dizendo:
"Ai de mim! Estou desfalecendo.
Minha vida está nas mãos
de assassinos!"

Ninguém é Justo

5 "Percorram as ruas de Jerusalém,
olhem e observem.
Procurem em suas praças
para ver se podem encontrar

---

[a] 4.16 Ou *Tragam essas coisas à lembrança das nações*; ou ainda *Anunciem isso às nações*
[b] 4.16 Ou *Um exército sitiador*
[c] 4.23 Ou *estava assolada*
[d] 4.31 Hebraico: *filha*.

alguém que aja com honestidade
e que busque a verdade.
Então eu perdoarei a cidade.
² Embora digam:
'Juro pelo nome do Senhor',
ainda assim estão jurando falsamente."

³ Senhor, não é fidelidade
que os teus olhos procuram?
Tu os feriste, mas eles nada sentiram;
tu os deixaste esgotados,
mas eles recusaram a correção.
Endureceram o rosto mais que a rocha,
e recusaram arrepender-se.
⁴ Pensei: Eles são apenas
pobres e ignorantes,
não conhecem o caminho do Senhor,
as exigências do seu Deus.
⁵ Irei aos nobres e falarei com eles,
pois, sem dúvida, eles conhecem
o caminho do Senhor,
as exigências do seu Deus.
Mas todos eles também
quebraram o jugo
e romperam as amarras.
⁶ Por isso, um leão da floresta os atacará,
um lobo da estepe os arrasará,
um leopardo ficará à espreita
nos arredores das suas cidades,
para despedaçar qualquer pessoa
que delas sair.
Porque a rebeldia deles é grande
e muitos são os seus desvios.

⁷ "Por que deveria eu o perdoar?"
"Seus filhos me abandonaram
e juraram por aqueles
que não são deuses.
Embora eu tenha suprido
as suas necessidades,
eles cometeram adultério
e frequentaram as casas de prostituição.
⁸ Eles são garanhões
bem-alimentados e excitados,
cada um relinchando
para a mulher do próximo.
⁹ Não devo eu castigá-los por isso?",
pergunta o Senhor.
"Não devo eu vingar-me
de uma nação como esta?

¹⁰ "Vão por entre as suas vinhas
e destruam-nas,
mas não acabem totalmente com elas.
Cortem os seus ramos,
pois eles não pertencem ao Senhor.
¹¹ Porque a comunidade de Israel
e a comunidade de Judá têm
me traído",
declara o Senhor.

¹² Mentiram acerca do Senhor,
dizendo: "Ele não vai fazer nada!
Nenhum mal nos acontecerá;
jamais veremos espada ou fome.
¹³ Os profetas não passam de vento,
e a palavra não está neles;
por isso aconteça com eles
o que dizem".

¹⁴ Portanto, assim diz
o Senhor dos Exércitos:

"Porque falaram essas palavras,
farei com que as minhas palavras
em sua boca sejam fogo,
e este povo seja a lenha
que o fogo consome.
¹⁵ Ó comunidade de Israel",
declara o Senhor,
"estou trazendo de longe uma nação
para atacá-la:
uma nação muito antiga e invencível,
uma nação cuja língua
você não conhece
e cuja fala você não entende.
¹⁶ Sua aljava é como um túmulo aberto;
toda ela é composta de guerreiros.
¹⁷ Devorarão as suas colheitas
e os seus alimentos;
devorarão os seus filhos e as suas filhas;
devorarão as suas ovelhas e os seus bois;
devorarão as suas videiras
e as suas figueiras.
Destruirão ao fio da espada
as cidades fortificadas
nas quais vocês confiam.

¹⁸ "Contudo, mesmo naqueles dias não os destruirei completamente", declara o Senhor. ¹⁹ "E, quando perguntarem: 'Por que o Senhor, o nosso Deus, fez isso conosco?', você lhes dirá: Assim como vocês me abandonaram e serviram deuses estrangeiros em sua própria terra, também agora vocês servirão estrangeiros numa terra que não é de vocês.

²⁰ "Anunciem isto à comunidade de Jacó
    e proclamem-no em Judá:
²¹ Ouçam isto, vocês,
    povo tolo e insensato,
que têm olhos, mas não veem,
têm ouvidos, mas não ouvem:
²² Acaso vocês não me temem?",
    pergunta o Senhor.
"Não tremem diante da minha presença?
Porque fui eu que fiz da areia
    um limite para o mar,
um decreto eterno que ele
    não pode ultrapassar.
As ondas podem quebrar,
    mas não podem prevalecer,
podem bramir,
    mas não podem ultrapassá-lo.
²³ Mas este povo tem coração
    obstinado e rebelde;
eles se afastaram e foram embora.
²⁴ Não dizem no seu íntimo:
'Temamos o Senhor, o nosso Deus:
aquele que dá as chuvas do outono
    e da primavera no tempo certo,
e nos assegura
    as semanas certas da colheita'.
²⁵ Porém os pecados de vocês
    têm afastado essas coisas;
as faltas de vocês
    os têm privado desses bens.

²⁶ "Há ímpios no meio do meu povo:
homens que ficam à espreita
    como num esconderijo
    de caçadores de pássaros;
preparam armadilhas
    para capturar gente.
²⁷ Suas casas estão cheias de engano,
    como gaiolas cheias de pássaros.
E assim eles se tornaram
    poderosos e ricos,
²⁸ estão gordos e bem-alimentados.
Não há limites para as suas obras más.
Não se empenham pela causa do órfão,
nem defendem os direitos do pobre.
²⁹ Não devo eu castigá-los?",
    pergunta o Senhor.
"Não devo eu vingar-me
    de uma nação como essa?

³⁰ "Uma coisa espantosa e horrível
    acontece nesta terra:
³¹ Os profetas profetizam mentiras,
os sacerdotes governam
    por sua própria autoridade,
e o meu povo gosta dessas coisas.
Mas o que vocês farão
    quando tudo isso chegar ao fim?

Jerusalém Sitiada

6 "Fuja para um lugar seguro,
    povo de Benjamim!
Fuja de Jerusalém!
Toquem a trombeta em Tecoa!
Ponham sinal em Bete-Haquerém!
Porque já se vê a desgraça
    que vem do norte,
uma terrível destruição!
² Destruirei a cidadeᵃ de Sião;
    você é como uma bela pastagem,ᵇ
³ para onde os pastores vêm
    com os seus rebanhos;
armam as suas tendas ao redor dela
    e apascentam, cada um no seu lugar.

⁴ "Preparem-se para enfrentá-la
    na batalha!
Vamos, ataquemos ao meio-dia!
Ai de nós! O dia declina
e as sombras da tarde já se estendem.
⁵ Vamos, ataquemos de noite!
Destruamos as suas fortalezas!"

⁶ Assim diz o Senhor dos Exércitos:

"Derrubem as árvores
    e construam rampas de cerco
    contra Jerusalém.
Ó cidade da falsidade!ᶜ
Ela está cheia de opressão.
⁷ Assim como um poço produz água,
    também ela produz sua maldade.
Violência! Destruição!
É o que se ouve dentro dela;
doenças e feridas estão sempre
    diante de mim.
⁸ Ouça a minha advertência, ó Jerusalém!
Do contrário eu me afastarei
    inteiramente de você
e farei de você uma desolação,
uma terra desabitada".

ᵃ **6.2** Hebraico: *filha*; também no versículo 23.
ᵇ **6.2** Ou *Sião, tão bela e formosa*.
ᶜ **6.6** Tradicionalmente traduzida por *Esta é a cidade que deve ser castigada*.

⁹ Assim diz o Senhor dos Exércitos:
"Rebusque-se o remanescente de Israel
tão completamente
　como se faz com uma videira,
　como faz quem colhe uvas:
e você, repasse os ramos cacho por cacho".

¹⁰ A quem posso eu falar ou advertir?
Quem me escutará?
Os ouvidos deles são obstinados[a],
　e eles não podem ouvir.
A palavra do Senhor é para eles
　desprezível,
não encontram nela motivo de prazer.
¹¹ Mas a ira do Senhor
　dentro de mim transborda,
já não posso retê-la.

"Derrama-a sobre as crianças na rua
e sobre os jovens reunidos em grupos;
pois eles também serão pegos
com os maridos e as mulheres,
　os velhos e os de idade bem avançada.
¹² As casas deles
　serão entregues a outros,
com os seus campos
　e as suas mulheres,
quando eu estender a minha mão
　contra os que vivem nesta terra",
declara o Senhor.
¹³ "Desde o menor até o maior,
　todos são gananciosos;
profetas e sacerdotes igualmente,
　todos praticam o engano.
¹⁴ Eles tratam da ferida do meu povo
　como se não fosse grave.
'Paz, paz', dizem,
　quando não há paz alguma.
¹⁵ Ficarão eles envergonhados
　da sua conduta detestável?
Não, eles não sentem vergonha alguma,
　nem mesmo sabem corar.
Portanto, cairão entre os que caem;
serão humilhados
　quando eu os castigar",
declara o Senhor.

¹⁶ Assim diz o Senhor:

"Ponham-se nas encruzilhadas e olhem;
　perguntem pelos caminhos antigos,
perguntem pelo bom caminho.
　Sigam-no e acharão descanso.
Mas vocês disseram:
　'Não seguiremos!'
¹⁷ Coloquei sentinelas entre vocês e disse:
　Prestem atenção ao som da trombeta!
Mas vocês disseram:
　'Não daremos atenção'.
¹⁸ Vejam, ó nações;
　observe, ó assembleia,
o que acontecerá a eles.
¹⁹ Ouça, ó terra:
Trarei desgraça sobre este povo,
o fruto das suas maquinações,
porque não deram atenção
　às minhas palavras
e rejeitaram a minha lei.
²⁰ De que me serve o incenso
　trazido de Sabá,
ou o cálamo aromático
　de uma terra distante?
Os seus holocaustos[b] não são aceitáveis
nem me agradam as suas ofertas".

²¹ Assim diz o Senhor:

"Estou colocando obstáculos
　diante deste povo.
Pais e filhos tropeçarão neles;
　vizinhos e amigos perecerão".

²² Assim diz o Senhor:

"Veja! Um exército vem do norte;
uma grande nação
　está sendo mobilizada
　desde os confins da terra.
²³ Eles empunham o arco e a lança;
são cruéis e não têm misericórdia,
e o barulho que fazem é como
　o bramido do mar.
Vêm montando os seus cavalos
　em formação de batalha,
para atacá-la, ó cidade de Sião".

²⁴ Ouvimos os relatos sobre eles,
　e as nossas mãos amoleceram.
A angústia tomou conta de nós,
dores como as da mulher
　que está dando à luz.

---

[a] **6.10** Hebraico: *incircuncisos*.

[b] **6.20** Isto é, sacrifícios totalmente queimados; também em 7.21 e 22.

²⁵ Não saiam aos campos
nem andem pelas estradas,
pois o inimigo traz a espada,
e há terror por todos os lados.
²⁶ Ó minha filha, meu povo,
ponha vestes de lamento
e revolva-se em cinza.
Lamente-se com choro amargurado,
como quem chora por um filho único,
pois subitamente o destruidor
virá sobre nós.

²⁷ "Eu o designei para
examinador de metais,
provador do meu povo,
para que você examine
e ponha à prova a conduta deles.
²⁸ Todos eles são rebeldes obstinados
e propagadores de calúnias.
Estão endurecidos
como o bronze e o ferro.
Todos eles são corruptos.
²⁹ O fole sopra com força
para separar o chumbo com o fogo,
mas o refino prossegue em vão;
os ímpios não são expurgados.
³⁰ São chamados prata rejeitada,
porque o Senhor os rejeitou."

A Inutilidade da Falsa Religião

7 Esta é a palavra que veio a Jeremias da parte do Senhor: ² "Fique junto à porta do templo do Senhor e proclame esta mensagem:

"Ouçam a palavra do Senhor, todos vocês de Judá que atravessam estas portas para adorar o Senhor. ³ Assim diz o Senhor dos Exércitos, o Deus de Israel: Corrijam a sua conduta e as suas ações, eu os farei habitar neste lugar. ⁴ Não confiem nas palavras enganosas dos que dizem: 'Este é o templo do Senhor, o templo do Senhor, o templo do Senhor!' ⁵ Mas, se vocês realmente corrigirem a sua conduta e as suas ações, e se, de fato, tratarem uns aos outros com justiça, ⁶ se não oprimirem o estrangeiro, o órfão e a viúva e não derramarem sangue inocente neste lugar, e, se vocês não seguirem outros deuses para a sua própria ruína, ⁷ então eu os farei habitar neste lugar, na terra que dei aos seus antepassados desde a antiguidade e para sempre. ⁸ Mas vejam! Vocês confiam em palavras enganosas e inúteis.

⁹ "Vocês pensam que podem roubar e matar, cometer adultério e jurar falsamente[a], queimar incenso a Baal e seguir outros deuses que vocês não conheceram, ¹⁰ e depois vir e permanecer perante mim neste templo, que leva o meu nome, e dizer: 'Estamos seguros!', seguros para continuar com todas essas práticas repugnantes? ¹¹ Este templo, que leva o meu nome, tornou-se para vocês um covil de ladrões? Cuidado! Eu mesmo estou vendo isso", declara o Senhor.

¹² "Portanto, vão agora a Siló, o meu lugar de adoração, onde primeiro fiz uma habitação em honra ao meu nome, e vejam o que eu lhe fiz por causa da impiedade de Israel, o meu povo. ¹³ Mas agora, visto que vocês fizeram todas essas coisas", diz o Senhor, "apesar de eu ter falado a vocês repetidas vezes, e vocês não me terem dado atenção, e de eu tê-los chamado, e vocês não me terem respondido, ¹⁴ eu farei a este templo que leva o meu nome, no qual vocês confiam, o lugar de adoração que dei a vocês e aos seus antepassados, o mesmo que fiz a Siló. ¹⁵ Expulsarei vocês da minha presença, como fiz com todos os seus compatriotas, o povo de Efraim.

¹⁶ "E você, Jeremias, não ore por este povo nem faça súplicas ou pedidos em favor dele, nem interceda por ele junto a mim, pois eu não o ouvirei. ¹⁷ Não vê o que estão fazendo nas cidades de Judá e nas ruas de Jerusalém? ¹⁸ Os filhos ajuntam a lenha, os pais acendem o fogo, e as mulheres preparam a massa e fazem bolos para a Rainha dos Céus. Além disso, derramam ofertas a outros deuses para provocarem a minha ira. ¹⁹ Mas será que é a mim que eles estão provocando?", pergunta o Senhor. "Não é a si mesmos, para a sua própria vergonha?"

²⁰ Portanto, assim diz o Soberano, o Senhor: "A minha ardente ira será derramada sobre este lugar, sobre os homens, os animais, e as árvores do campo, como também sobre o produto do solo; ela arderá como fogo e não poderá ser extinta".

²¹ Assim diz o Senhor dos Exércitos, o Deus de Israel: "Juntem os seus holocaustos aos outros sacrifícios e comam a carne vocês mesmos! ²² Quando tirei do Egito os seus antepassados, nada lhes falei nem lhes ordenei quanto a holocaustos e sacrifícios. ²³ Dei-lhes, entretanto, esta ordem: Obedeçam-me, e eu serei o seu Deus e vocês serão o meu povo. Vocês andarão em todo o caminho que eu ordenar, para que tudo vá bem a vocês.

---

[a] **7.9** Ou *jurar por deuses falsos*

²⁴ Mas eles não me ouviram nem me deram atenção. Antes, seguiram o raciocínio rebelde dos seus corações maus. Andaram para trás e não para a frente. ²⁵ Desde a época em que os seus antepassados saíram do Egito até o dia de hoje, eu enviei os meus servos a vocês, os profetas, dia após dia. ²⁶ Mas eles não me ouviram nem me deram atenção. Antes, tornaram-se obstinados e foram piores do que os seus antepassados.

²⁷ "Quando você lhes disser tudo isso, eles não o escutarão; quando você os chamar, não responderão. ²⁸ Portanto, diga a eles: Esta é uma nação que não obedeceu ao Senhor, ao seu Deus, nem aceitou a correção. A verdade foi destruída e desapareceu dos seus lábios. ²⁹ Cortem os seus cabelos consagrados e joguem-nos fora. Lamentem-se sobre os montes estéreis, pois o Senhor rejeitou e abandonou esta geração que provocou a sua ira.

O Vale da Matança

³⁰ "Os de Judá fizeram o que eu reprovo", declara o Senhor. "Profanaram o templo que leva o meu nome, colocando nele as imagens dos seus ídolos. ³¹ Construíram o alto de Tofete no vale de Ben-Hinom, para queimarem em sacrifício os seus filhos e as suas filhas, coisa que nunca ordenei e que jamais me veio à mente. ³² Por isso, certamente vêm os dias", declara o Senhor, "em que não mais chamarão este lugar Tofete ou vale de Ben-Hinom, mas vale da Matança, pois ali enterrarão cadáveres até que não haja mais lugar. ³³ Então os cadáveres deste povo servirão de comida para as aves e para os animais, e não haverá quem os afugente. ³⁴ Darei fim às vozes de júbilo e de alegria, às vozes do noivo e da noiva nas cidades de Judá e nas ruas de Jerusalém, pois esta terra se tornará um deserto.

8 "Naquele tempo", declara o Senhor, "os ossos dos reis e dos líderes de Judá, os ossos dos sacerdotes e dos profetas e os ossos do povo de Jerusalém serão retirados dos seus túmulos. ² Serão expostos ao sol e à lua e a todos os astros do céu, que eles amaram, aos quais prestaram culto e os quais seguiram, consultaram e adoraram. Não serão ajuntados nem enterrados, antes se tornarão esterco sobre o solo. ³ Todos os sobreviventes dessa nação má preferirão a morte à vida, em todos os lugares para onde eu os expulsar", diz o Senhor dos Exércitos.

O Pecado do Povo e o seu Castigo

⁴ "Diga a eles: Assim diz o Senhor:
"Quando os homens caem,
 não se levantam mais?
Quando alguém se desvia do caminho,
 não retorna a ele?
⁵ Por que será, então,
 que este povo se desviou?
Por que Jerusalém persiste
 em desviar-se?
Eles apegam-se ao engano
 e recusam-se a voltar.
⁶ Eu ouvi com atenção,
 mas eles não dizem o que é certo.
Ninguém se arrepende de sua maldade
 e diz: 'O que foi que eu fiz?'
Cada um se desvia
 e segue seu próprio curso,
como um cavalo que se lança
 com ímpeto na batalha.
⁷ Até a cegonha no céu
 conhece as estações
 que lhe estão determinadas,
e a pomba, a andorinha e o tordo
 observam a época de sua migração.
Mas o meu povo não conhece
 as exigências do Senhor.

⁸ "Como vocês podem dizer:
 'Somos sábios,
 pois temos a lei do Senhor',
quando na verdade
 a pena mentirosa dos escribas
 a transformou em mentira?
⁹ Os sábios serão envergonhados;
ficarão amedrontados
 e serão pegos na armadilha.
Visto que rejeitaram
 a palavra do Senhor,
que sabedoria é essa que eles têm?
¹⁰ Por isso, entregarei as suas mulheres
 a outros homens,
e darei os seus campos
 a outros proprietários.
Desde o menor até o maior,
 todos são gananciosos;
tanto os sacerdotes como os profetas,
 todos praticam a falsidade.
¹¹ Eles tratam da ferida do meu povo
 como se ela não fosse grave.
'Paz, paz', dizem,
 quando não há paz alguma.

¹² Ficaram eles envergonhados
de sua conduta detestável?
Não, eles não sentem vergonha,
nem mesmo sabem corar.
Portanto, cairão entre os que caem;
serão humilhados quando eu os castigar",
declara o Senhor.

¹³ "Eu quis recolher a colheita deles",
declara o Senhor.
"Mas não há uvas na videira
nem figos na figueira;
as folhas estão secas.
O que lhes dei será tomado deles."

¹⁴ Por que estamos sentados aqui?
Reúnam-se!
Fujamos para as cidades fortificadas
e pereçamos ali!
Pois o Senhor, o nosso Deus,
condenou-nos a perecer
e nos deu água envenenada para beber,
porque temos pecado contra ele.
¹⁵ Esperávamos a paz,
mas não veio bem algum;
esperávamos um tempo de cura,
mas há somente terror.
¹⁶ O resfolegar dos seus cavalos
pode-se ouvir desde Dã;
ao relinchar dos seus garanhões
a terra toda treme.
Vieram para devorar esta terra
e tudo o que nela existe,
a cidade e todos os que nela habitam.

¹⁷ "Vejam, estou enviando contra vocês
serpentes venenosas,
que ninguém consegue encantar;
elas morderão vocês, e não haverá remédio",
diz o Senhor.

¹⁸ A tristeza tomou conta de mim;
o meu coração desfalece.
¹⁹ Ouça o grito de socorro da minha filha,
do meu povo,
grito que se estende por toda esta terra:
"O Senhor não está em Sião?
Não se acha mais ali o seu rei?"

"Por que eles me provocaram à ira
com os seus ídolos,
com os seus inúteis
deuses estrangeiros?"

²⁰ Passou a época da colheita,
acabou o verão,
e não estamos salvos.

²¹ Estou arrasado com a devastação
sofrida pelo meu povo.
Choro muito,
e o pavor se apodera de mim.
²² Não há bálsamo em Gileade?
Não há médico?
Por que será, então,
que não há sinal de cura
para a ferida do meu povo?

9 Ah, se a minha cabeça
fosse uma fonte de água
e os meus olhos
um manancial de lágrimas!
Eu choraria noite e dia
pelos mortos do meu povo.
² Ah, se houvesse um alojamento
para mim no deserto,
para que eu pudesse deixar o meu povo
e afastar-me dele.
São todos adúlteros,
um bando de traidores!

³ "A língua deles é como um arco
pronto para atirar.
É a falsidade, não a verdade,
que prevalece nesta terra.ᵃ
Eles vão de um crime a outro;
eles não me reconhecem",
declara o Senhor.
⁴ "Cuidado com os seus amigos,
não confie em seus parentes.
Porque cada parente é um enganadorᵇ,
e cada amigo um caluniador.
⁵ Amigo engana amigo,
ninguém fala a verdade.
Eles treinaram a língua
para mentir;
e, sendo perversos,
eles se cansam demais
para se converterem.ᶜ
⁶ De opressão em opressão,
de engano em engano,
eles se recusam a reconhecer-me",
declara o Senhor.

ᵃ **9.3** Ou *um arco que atira a mentira; não é pela verdade que prevalecem na terra.*
ᵇ **9.4** Ou *um Jacó enganador*
ᶜ **9.5** Ou *eles se cansam de tanto pecar.*

⁷ Portanto, assim diz o Senhor dos Exércitos:

"Vejam, sou eu que vou refiná-los
  e prová-los.
Que mais posso eu fazer
  pelo meu povo?
⁸ A língua deles é uma flecha mortal;
  eles falam traiçoeiramente.
Cada um mostra-se cordial
  com o seu próximo,
mas no íntimo lhe prepara
  uma armadilha.
⁹ Deixarei eu de castigá-los?",
  pergunta o Senhor.
"Não me vingarei
  de uma nação como essa?"

¹⁰ Chorarei, prantearei
  e me lamentarei pelos montes
por causa das pastagens da estepe;
pois estão abandonadas
  e ninguém mais as percorre.
  Não se ouve o mugir do gado;
tanto as aves como os animais fugiram.

¹¹ "Farei de Jerusalém
  um amontoado de ruínas,
  uma habitação de chacais.
  Devastarei as cidades de Judá
  até não restar nenhum morador."

¹² Quem é bastante sábio para compreender isso? Quem foi instruído pelo Senhor, que possa explicá-lo? Por que a terra está arruinada e devastada como um deserto pelo qual ninguém passa? ¹³ O Senhor disse: "Foi porque abandonaram a minha lei, que estabeleci diante deles; não me obedeceram nem seguiram a minha lei. ¹⁴ Em vez disso, seguiram a dureza de seus próprios corações, indo atrás dos baalins, como os seus antepassados lhes ensinaram". ¹⁵ Por isso, assim diz o Senhor dos Exércitos, o Deus de Israel: "Vejam! Farei este povo comer comida amarga e beber água envenenada. ¹⁶ Eu os espalharei entre as nações que nem eles nem os seus antepassados conheceram; e enviarei contra eles a espada até exterminá-los".

¹⁷ Assim diz o Senhor dos Exércitos:

"Considerem:
Chamem as pranteadoras profissionais;
mandem chamar
  as mais hábeis entre elas.
¹⁸ Venham elas depressa
  e lamentem por nós,
até que os nossos olhos
  transbordem de lágrimas
e águas corram de nossas pálpebras.
¹⁹ O som de lamento se ouve desde Sião:
'Como estamos arruinados!
Como é grande a nossa humilhação!
Deixamos a nossa terra
  porque as nossas casas
  estão em ruínas' ".

²⁰ Ó mulheres, ouçam agora
  a palavra do Senhor;
abram os ouvidos às palavras
  de sua boca.
Ensinem suas filhas a lamentar-se;
  ensinem umas as outras a prantear.
²¹ A morte subiu e penetrou
  pelas nossas janelas
e invadiu as nossas fortalezas,
eliminando das ruas as crianças
  e das praças os rapazes.

²² "Diga: Assim declara o Senhor:

"Cadáveres ficarão estirados
  como esterco em campo aberto,
como o trigo deixado para trás
  pelo ceifeiro,
sem que ninguém o ajunte."

²³ Assim diz o Senhor:

"Não se glorie o sábio em sua sabedoria
  nem o forte em sua força
  nem o rico em sua riqueza,
²⁴ mas quem se gloriar, glorie-se nisto:
  em compreender-me e conhecer-me,
pois eu sou o Senhor
  e ajo com lealdade,
  com justiça e com retidão sobre a terra,
pois é dessas coisas que me agrado",
  declara o Senhor.

²⁵ "Vêm chegando os dias", declara o Senhor, "em que castigarei todos os que são circuncidados apenas no corpo, ²⁶ como também o Egito, Judá, Edom, Amom, Moabe e todos os que rapam a cabeça[a] e vivem no deserto; porque todas essas nações são

---

[a] 9.26 Ou *e todos os que prendem o cabelo junto à testa*

incircuncisas, e a comunidade de Israel tem o coração obstinado[a]."

Deus e os Ídolos

10 Ouçam o que o SENHOR diz a vocês, ó comunidade de Israel! ² Assim diz o SENHOR:

"Não aprendam as práticas das nações
  nem se assustem com os sinais no céu,
embora as nações se assustem com eles.
³ Os costumes religiosos das nações
  são inúteis:
  corta-se uma árvore da floresta,
  um artesão a modela com seu formão;
⁴ enfeitam-na com prata e ouro,
  prendendo tudo com martelo e pregos
para que não balance.
⁵ Como um espantalho
  numa plantação de pepinos,
os ídolos são incapazes de falar
e têm que ser transportados
  porque não conseguem andar.
Não tenham medo deles,
  pois não podem fazer
  nem mal nem bem".

⁶ Não há absolutamente ninguém
  comparável a ti, ó SENHOR;
tu és grande,
  e grande é o poder do teu nome.
⁷ Quem não te temerá,
  ó rei das nações?
Esse temor te é devido.
Entre todos os sábios das nações
e entre todos os seus reinos
  não há absolutamente ninguém
  comparável a ti.
⁸ São todos insensatos e tolos;
  querem ser ensinados por ídolos inúteis.
Os deuses deles não passam de madeira.
⁹ Prata batida é trazida de Társis,
  e ouro, de Ufaz.
A obra do artesão e do ourives
  é vestida de azul e de púrpura;
tudo não passa de obra
  de hábeis artesãos.
¹⁰ Mas o SENHOR é o Deus verdadeiro;
  ele é o Deus vivo; o rei eterno.
Quando ele se ira, a terra treme;
  as nações não podem suportar o seu furor.

¹¹ "Digam-lhes isto: Estes deuses, que não fizeram nem os céus nem a terra, desaparecerão da terra e de debaixo dos céus".[b]

¹² Mas foi Deus quem fez a terra
  com o seu poder,
firmou o mundo com a sua sabedoria
e estendeu os céus
  com o seu entendimento.
¹³ Ao som do seu trovão,
  as águas no céu rugem,
e formam-se nuvens
  desde os confins da terra.
Ele faz os relâmpagos para a chuva
  e dos seus depósitos faz sair o vento.

¹⁴ Esses homens todos
  são estúpidos e ignorantes;
cada ourives é envergonhado
  pela imagem que esculpiu.
Suas imagens esculpidas
  são uma fraude,
elas não têm fôlego de vida.
¹⁵ São inúteis,
  são objetos de zombaria.
Quando vier o julgamento delas,
  perecerão.
¹⁶ Aquele que é a porção de Jacó
  nem se compara a essas imagens,
pois ele é quem forma todas as coisas,
  e Israel é a tribo de sua propriedade,
SENHOR dos Exércitos é o seu nome.

A Destruição Vindoura

¹⁷ Ajunte os seus pertences
  para deixar a terra,
você que vive sitiada.
¹⁸ Porque assim diz o SENHOR:
"Desta vez lançarei fora
  os que vivem nesta terra.
Trarei aflição sobre eles,
  e serão capturados".

¹⁹ Ai de mim! Estou ferido!
  O meu ferimento é incurável!
Apesar disso eu dizia:
Esta é a minha enfermidade
  e tenho que suportá-la.
²⁰ A minha tenda foi destruída;
todas as cordas da minha tenda
estão arrebentadas.

---

[a] **9.26** Hebraico: *é incircuncisa de coração.*

[b] **10.11** Este versículo está em aramaico no texto original.

Os meus filhos me deixaram
e já não existem;
não restou ninguém para
armar a minha tenda
e montar o meu abrigo.
²¹ Os líderes do povo são insensatos
e não consultam o Senhor;
por isso não prosperam
e todo o seu rebanho está disperso.
²² Escutem! Estão chegando notícias:
uma grande agitação vem do norte!
As cidades de Judá serão arrasadas
e transformadas em morada de chacais.

A Oração de Jeremias

²³ Eu sei, Senhor,
que não está nas mãos do homem
o seu futuro;
não compete ao homem
dirigir os seus passos.
²⁴ Corrige-me, Senhor,
mas somente com justiça,
não com ira,
para que não me reduzas a nada.
²⁵ Derrama a tua ira sobre as nações
que não te conhecem,
sobre os povos que não invocam o
teu nome;
pois eles devoraram Jacó,
devoraram-no completamente
e destruíram a sua terra.

A Aliança é Quebrada

11 Esta é a palavra que veio a Jeremias da parte do Senhor: ² "Ouça os termos desta aliança; e repita-os ao povo de Judá e aos habitantes de Jerusalém. ³ Diga-lhes que assim diz o Senhor, o Deus de Israel: Maldito é aquele que não obedecer aos termos desta aliança, ⁴ os quais ordenei aos antepassados de vocês, quando eu os tirei do Egito, da fornalha de fundir ferro. Eu disse: Obedeçam-me e façam tudo o que ordeno, e vocês serão o meu povo, e eu serei o seu Deus. ⁵ Então cumprirei a promessa que fiz sob juramento aos antepassados de vocês, de dar-lhes uma terra onde há leite e mel com fartura, a terra que vocês hoje possuem".

Então respondi: Amém, Senhor.

⁶ O Senhor me disse: "Proclame todas estas palavras nas cidades de Judá e nas ruas de Jerusalém: Ouçam os termos desta aliança e cumpram-nos. ⁷ Desde a época em que tirei os seus antepassados do Egito até hoje, repetidas vezes os adverti, dizendo: Obedeçam-me. ⁸ Mas eles não me ouviram nem me deram atenção; ao contrário, seguiram os seus corações duros e maus. Por isso eu trouxe sobre eles todas as maldições desta aliança, que eu tinha ordenado que cumprissem, mas que eles não cumpriram".

⁹ Então o Senhor me disse: "Há uma conspiração entre o povo de Judá e os habitantes de Jerusalém. ¹⁰ Eles retornaram aos pecados de seus antepassados, que recusaram dar ouvidos às minhas palavras e seguiram outros deuses para prestar-lhes culto. Tanto a comunidade de Israel como a de Judá quebraram a aliança que eu fiz com os antepassados deles". ¹¹ Por isso, assim diz o Senhor: "Trarei sobre eles uma desgraça da qual não poderão escapar. Ainda que venham a clamar a mim, eu não os ouvirei. ¹² Então as cidades de Judá e os habitantes de Jerusalém clamarão aos deuses aos quais queimam incenso, mas eles não poderão salvá-los quando a desgraça os atingir. ¹³ Você tem tantos deuses quantas são as suas cidades, ó Judá; e os altares que você construiu para queimar incenso àquela coisa vergonhosa chamada Baal são tantos quantas são as ruas de Jerusalém.

¹⁴ "E você, Jeremias, não ore em favor deste povo nem ofereça súplica ou petição alguma por eles, porque eu não ouvirei quando clamarem a mim na hora da desgraça.

¹⁵ "O que a minha amada faz
no meu templo
com intenção enganosa?
Será que os votos e a carne consagrada
evitarão o castigo?
Poderá você, então, exultar?"

¹⁶ O Senhor a chamou
de oliveira verdejante,
ornada de belos e bons frutos.
Mas, com o estrondo
de um grande tumulto,
ele a incendiará,
e os seus ramos serão quebrados.

¹⁷ O Senhor dos Exércitos, que a plantou, anunciou-lhe desgraça, porque a comunidade de Israel e a comunidade de Judá fizeram o que é reprovável e provocaram a minha ira, queimando incenso a Baal.

A Conspiração contra Jeremias

¹⁸ Fiquei sabendo porque o Senhor me revelou; tu me mostraste o que eles estavam fazendo. ¹⁹ Eu era como um cordeiro manso levado ao matadouro; não tinha percebido que tramavam contra mim, dizendo:

"Destruamos a árvore e a sua seiva[a],
 vamos cortá-lo da terra dos viventes
 para que o seu nome
 não seja mais lembrado".

²⁰ Ó Senhor dos Exércitos,
justo juiz que provas
 o coração e a mente,
espero ver a tua vingança sobre eles,
 pois a ti expus a minha causa.

²¹ Em vista disso, assim diz o Senhor a respeito dos homens de Anatote que querem tirar a minha vida, e que dizem: "Não profetize em nome do Senhor, senão nós o mataremos"; ²² assim diz o Senhor dos Exércitos: "Eu os castigarei. Seus jovens morrerão à espada; seus filhos e suas filhas, de fome. ²³ Nem mesmo um remanescente lhes restará, porque trarei a desgraça sobre os homens de Anatote no ano do seu castigo".

A Queixa de Jeremias

12 Tu és justo, Senhor,
 quando apresento
  uma causa diante de ti.
Contudo, eu gostaria de discutir contigo
 sobre a tua justiça.
Por que o caminho
 dos ímpios prospera?
Por que todos os traidores
 vivem sem problemas?
² Tu os plantaste, e eles criaram raízes;
 crescem e dão fruto.
Tu estás sempre perto dos seus lábios,
 mas longe dos seus corações.
³ Tu, porém, me conheces, Senhor;
 tu me vês e provas a minha atitude
  para contigo.
Arranca os ímpios como a ovelhas
 destinadas ao matadouro!
Reserva-os para o dia da matança!
⁴ Até quando a terra ficará de luto[b]
 e a relva de todo o campo estará seca?
Perecem os animais e as aves
 por causa da maldade
 dos que habitam nesta terra,
pois eles disseram:
"Ele não verá o fim que nos espera".

A Resposta de Deus

⁵ "Se você correu com homens
 e eles o cansaram,
como poderá competir com cavalos?
Se você tropeça[c] em terreno seguro,[d]
 o que fará nos matagais
  junto ao Jordão?[e]
⁶ Até mesmo os seus irmãos
 e a sua própria família traíram você
 e o perseguem aos gritos.
Não confie neles,
 mesmo quando dizem coisas boas.

⁷ "Abandonei a minha família,
 deixei a minha propriedade
e entreguei aquela a quem amo
 nas mãos dos seus inimigos.
⁸ O povo de minha propriedade
 tornou-se para mim
 como um leão na floresta.
Ele ruge contra mim,
 por isso eu o detesto.
⁹ O povo de minha propriedade
 tornou-se para mim
 como uma toca de hiena,
 sobre a qual pairam as aves de rapina.
Reúnam todos os animais selvagens;
 tragam-nos para o banquete.
¹⁰ A minha vinha foi destruída
 por muitos pastores,
que pisotearam
 a minha propriedade.
Eles tornaram a minha
 preciosa propriedade
 num deserto devastado.
¹¹ Fizeram dela uma terra devastada;
 e devastada ela pranteia
  diante de mim.
A terra toda foi devastada,
 mas não há quem se importe
  com isso.
¹² Destruidores vieram
 sobre todas
 as planícies do deserto,

---

[a] **11.19** Hebraico: *com seu pão.*
[b] **12.4** Ou *a terra pranteará*
[c] **12.5** Ou *você se sente seguro*
[d] **12.5** Ou *Se você põe a confiança numa terra segura,*
[e] **12.5** Ou *fará quando o Jordão inundar?*

pois a espada do Senhor
    devora esta terra
de uma extremidade à outra;
ninguém está seguro.
¹³ Semearam trigo,
    mas colheram espinhos;
cansaram-se de trabalhar
    para nada produzir.
Estão desapontados com a colheita
por causa do fogo da ira
    do Senhor."

¹⁴ Assim diz o Senhor a respeito de todos os meus vizinhos, as nações ímpias que se apoderam da herança que dei a Israel, o meu povo: "Eu os arrancarei da sua terra, e arrancarei Judá do meio deles. ¹⁵ Mas, depois de arrancá-los, terei compaixão de novo e os farei voltar, cada um à sua propriedade e à sua terra. ¹⁶ E, se aprenderem a comportar-se como o meu povo, e jurarem pelo nome do Senhor, dizendo: 'Juro pelo nome do Senhor' — como antes ensinaram o meu povo a jurar por Baal —, então eles serão estabelecidos no meio do meu povo. ¹⁷ Mas, se não me ouvirem, eu arrancarei completamente aquela nação e a destruirei", declara o Senhor.

O Cinto de Linho

13 Assim me disse o Senhor: "Vá comprar um cinto de linho e ponha-o em volta da cintura, mas não o deixe encostar na água". ² Comprei um cinto e o pus em volta da cintura, como o Senhor me havia instruído.

³ O Senhor me dirigiu a palavra pela segunda vez, dizendo: ⁴ "Pegue o cinto que você comprou e está usando, vá agora a Perate[a] e esconda-o ali numa fenda da rocha". ⁵ Assim, fui e o escondi em Perate, conforme o Senhor me havia ordenado.

⁶ Depois de muitos dias, o Senhor me disse: "Vá agora a Perate e pegue o cinto que ordenei a você que escondesse ali". ⁷ Então fui a Perate, desenterrei o cinto e o tirei do lugar em que o havia escondido. O cinto estava podre e se tornara completamente inútil.

⁸ E o Senhor dirigiu-me a palavra, dizendo: ⁹ "Assim diz o Senhor: Do mesmo modo também arruinarei o orgulho de Judá e o orgulho desmedido de Jerusalém. ¹⁰ Este povo ímpio, que se recusa a ouvir as minhas palavras, que age segundo a dureza de seus corações, seguindo outros deuses para prestar-lhes culto e adorá-los, que este povo seja como aquele cinto: completamente inútil. ¹¹ Assim como um cinto se apega à cintura de um homem, da mesma forma fiz com que toda a comunidade de Israel e toda a comunidade de Judá se apegasse a mim, para que fosse o meu povo para o meu renome, louvor e honra. Mas eles não me ouviram", declara o Senhor.

As Vasilhas de Couro

¹² "Diga-lhes também: Assim diz o Senhor, o Deus de Israel: Deve-se encher de vinho toda vasilha de couro. E, se eles disserem a você: 'Será que não sabemos que se deve encher de vinho toda vasilha de couro?' ¹³ Então você lhes dirá: Assim diz o Senhor: Farei com que fiquem totalmente embriagados todos os habitantes desta terra, bem como os reis que se assentam no trono de Davi, os sacerdotes, os profetas e todos os habitantes de Jerusalém. ¹⁴ Eu os despedaçarei, colocando uns contra os outros, tanto os pais como os filhos", diz o Senhor. "Nem a piedade nem a misericórdia nem a compaixão me impedirão de destruí-los."

Ameaça de Cativeiro

¹⁵ Escutem e deem atenção,
    não sejam arrogantes,
pois o Senhor falou.
¹⁶ Deem glória ao Senhor, ao seu Deus,
    antes que ele traga trevas,
antes que os pés de vocês tropecem
    nas colinas ao escurecer.
Vocês esperam a luz,
mas ele fará dela
    uma escuridão profunda;
sim, ele a transformará
    em densas trevas.
¹⁷ Mas, se vocês não ouvirem,
    eu chorarei em segredo
por causa do orgulho de vocês.
Chorarei amargamente,
    e de lágrimas
os meus olhos transbordarão,
porque o rebanho do Senhor
    foi levado para o cativeiro.

¹⁸ Diga-se ao rei e à rainha-mãe:
    "Desçam do trono,
pois as suas coroas gloriosas
    caíram de sua cabeça".

---

[a] **13.4** Possivelmente *ao Eufrates*; também nos versículos 5-7.

¹⁹ As cidades do Neguebe
  estão bloqueadas
e não há quem nelas consiga entrar.
Todo o Judá foi levado para o exílio,
  todos foram exilados.

²⁰ Erga os olhos, Jerusalém,
  e veja aqueles que vêm do norte.
Onde está o rebanho
  que foi confiado a você,
as ovelhas das quais se orgulhava?
²¹ O que você dirá
  quando sobre você dominarem
  aqueles que você
  sempre teve como aliados?
Você não irá sentir dores
  como as de uma mulher
  em trabalho de parto?
²² E, se você se perguntar:
  "Por que aconteceu isso comigo?",
saiba que foi por causa
  dos seus muitos pecados
que as suas vestes foram levantadas
  e você foi violentadaᵃ.
²³ Será que o etíopeᵇ pode
  mudar a sua pele?
Ou o leopardo as suas pintas?
Assim também vocês são incapazes
  de fazer o bem,
vocês, que estão acostumados
  a praticar o mal.

²⁴ "Espalharei vocês como a palha
  levada pelo vento do deserto.
²⁵ Esta é a sua parte,
a porção que determinei para você",
  declara o Senhor,
"porque você se esqueceu de mim
  e confiou em deuses falsos.
²⁶ Eu mesmo levantarei as suas
  vestes até o seu rosto para que
  as suas vergonhas sejam expostas.
²⁷ Tenho visto os seus atos repugnantes,
  os seus adultérios, os seus relinchos,
  a sua prostituição desavergonhada
sobre as colinas e nos campos.
Ai de você, Jerusalém!
  Até quando você continuará
    impura?"

Seca, Fome, Espada

14 Esta é a palavra que o Senhor dirigiu a Jeremias acerca da seca:

² "Judá pranteia,
  as suas cidades estão definhando
  e os seus habitantes se lamentam,
  prostrados no chão!
O grito de Jerusalém sobe.
³ Os nobres mandam os seus servos
  à procura de água;
eles vão às cisternas
  mas nada encontram.
Voltam com os potes vazios
  e, decepcionados e desesperados,
  cobrem a cabeça.
⁴ A terra nada produziu,
  porque não houve chuva;
e os lavradores, decepcionados,
  cobrem a cabeça.
⁵ Até mesmo a corça no campo
  abandona a cria recém-nascida,
porque não há capim.
⁶ Os jumentos selvagens
  permanecem nos altos,
  farejando o vento como os chacais,
mas a sua visão falha,
  por falta de pastagem".

⁷ Embora os nossos pecados nos acusem,
age por amor do teu nome,
ó Senhor!
Nossas infidelidades são muitas;
temos pecado contra ti.
⁸ Ó Esperança de Israel,
  tu que o salvas na hora da adversidade,
por que te comportas
  como um estrangeiro na terra,
ou como um viajante
  que fica somente uma noite?
⁹ Por que ages como um homem
  que foi pego de surpresa,
como um guerreiro que não pode
  salvar?
Tu estás em nosso meio, ó Senhor,
  e nós pertencemos a tiᶜ;
não nos abandones!

¹⁰ Assim diz o Senhor acerca
deste povo:

ᵃ **13.22** Hebraico: *os seus calcanhares sofreram violência.*
ᵇ **13.23** Hebraico: *cuxita.*
ᶜ **14.9** Hebraico: *e teu nome foi invocado sobre nós.*

"Eles gostam muito de vaguear;
   não controlam os pés.
Por isso o Senhor não os aceita;
   agora ele se lembrará
   da iniquidade deles
   e os castigará por causa
   dos seus pecados".

[11] Então o Senhor me disse: "Não ore pelo bem-estar deste povo. [12] Ainda que jejuem, não escutarei o clamor deles; ainda que ofereçam holocaustos[a] e ofertas de cereal, não os aceitarei. Mas eu os destruirei pela guerra, pela fome e pela peste".

[13] Mas eu disse: Ah, Soberano Senhor, os profetas estão dizendo a eles: "Vocês não verão a guerra nem a fome; eu lhes darei prosperidade duradoura neste lugar".

[14] Então o Senhor me disse: "É mentira o que os profetas estão profetizando em meu nome. Eu não os enviei nem lhes dei ordem nenhuma, nem falei com eles. Eles estão profetizando para vocês falsas visões, adivinhações inúteis e ilusões de suas próprias mentes". [15] Por isso, assim diz o Senhor: "Quanto aos profetas que estão profetizando em meu nome, embora eu não os tenha enviado, e que dizem: 'Nem guerra nem fome alcançarão esta terra', aqueles mesmos profetas perecerão pela guerra e pela fome! [16] E aqueles a quem estão profetizando serão jogados nas ruas de Jerusalém, por causa da fome e da guerra. E não haverá ninguém para sepultá-los, nem para sepultar as suas mulheres, os seus filhos e as suas filhas. Despejarei sobre eles o castigo que merecem.

[17] "Diga-lhes isto:

"Que os meus olhos derramem lágrimas,
   noite e dia sem cessar;
pois a minha filha virgem, o meu povo,
   sofreu um ferimento terrível,
   um golpe fatal.
[18] Se vou para o campo,
   vejo os que morreram à espada;
se entro na cidade,
   vejo a devastação da fome.
Tanto o profeta como o sacerdote
   percorrem a terra
   sem nada compreender[b]".

---

[a] 14.12 Isto é, sacrifícios totalmente queimados; também em 17.26 e 19.5.
[b] 14.18 Ou *foram para uma terra que não conhecem*

[19] Rejeitaste Judá completamente?
   Desprezaste Sião?
Por que nos feriste a ponto
   de não podermos ser curados?
Esperávamos a paz,
   mas não veio bem algum;
esperávamos um tempo de cura,
   mas há somente terror.
[20] Senhor, reconhecemos
   a nossa impiedade
   e a iniquidade dos nossos pais;
temos de fato pecado contra ti.
[21] Por amor do teu nome
   não nos desprezes;
não desonres o teu trono glorioso.
Lembra-te da tua aliança conosco
   e não a quebres.
[22] Entre os ídolos inúteis das nações,
   existe algum que possa
   trazer chuva?
Podem os céus, por si mesmos,
   produzir chuvas copiosas?
Somente tu o podes, Senhor,
   nosso Deus!
Portanto, a nossa esperança está em ti,
   pois tu fazes todas essas coisas.

15

Então o Senhor me disse: "Ainda que Moisés e Samuel estivessem diante de mim, intercedendo por este povo, eu não lhes mostraria favor. Expulse-os da minha presença! Que saiam! [2] E, se perguntarem a você: 'Para onde iremos?', diga-lhes: Assim diz o Senhor:

"Os destinados à morte, para a morte;
os destinados à espada, para a espada;
os destinados à fome, para a fome;
os destinados ao cativeiro,
   para o cativeiro.

[3] "Enviarei quatro tipos de destruidores contra eles", declara o Senhor: "a espada para matar, os cães para dilacerar, as aves do céu e os animais selvagens para devorar e destruir. [4] Eu farei deles uma causa de terror para todas as nações da terra, por tudo o que Manassés, filho de Ezequias, rei de Judá, fez em Jerusalém.

[5] "Quem terá compaixão de você,
   ó Jerusalém?
Quem se lamentará por você?
Quem vai parar e perguntar
   como você está?

⁶ Você me rejeitou", diz o Senhor.
"Você vive se desviando.
Por isso, porei as mãos em você
e a destruirei;
cansei-me de mostrar compaixão.
⁷ Eu os espalhei ao vento como palha
nas cidades desta terra.
Deixei-os sem filhos;
destruí o meu povo,
pois não se converteram
de seus caminhos.
⁸ Fiz com que as suas viúvas
se tornassem mais numerosas
do que a areia do mar.
Ao meio-dia, trouxe um destruidor
contra as mães
dos jovens guerreiros;
fiz cair sobre elas
repentina angústia e pavor.
⁹ A mãe de sete filhos desmaiou
e está ofegante.
Para ela o sol se pôs
enquanto ainda era dia;
ela foi envergonhada e humilhada.
Entregarei os sobreviventes à espada
diante dos seus inimigos",
declara o Senhor

¹⁰ Ai de mim, minha mãe,
por me haver dado à luz!
Pois sou um homem em luta
e em contenda
com a terra toda!
Nunca emprestei
nem tomei emprestado,
e assim mesmo todos me amaldiçoam.

¹¹ O Senhor disse:

"Eu certamente o fortaleci para o bem
e intervim por você,
na época da desgraça e da adversidade,
por causa do inimigo.ᵃ

¹² "Será alguém capaz de quebrar o ferro,
o ferro que vem do norte, ou o bronze?
¹³ Diga a esse povo:
Darei de graça a sua riqueza
e os seus tesouros como despojo,
por causa de todos os seus pecados
em toda a sua terra.
¹⁴ Eu os tornarei escravos
de seus inimigos,
numa terraᵇ que vocês não conhecem,
pois a minha ira acenderá um fogo
que arderá contra vocês".

¹⁵ Tu me conheces, Senhor;
lembra-te de mim, vem em meu auxílio
e vinga-me dos meus perseguidores.
Que, pela tua paciência para com eles,
eu não seja eliminado.
Sabes que sofro afronta por tua causa.
¹⁶ Quando as tuas palavras
foram encontradas, eu as comi;
elas são a minha alegria e o meu júbilo,
pois pertenço a tiᶜ,
Senhor Deus dos Exércitos.
¹⁷ Jamais me sentei na companhia
dos que se divertem,
nunca festejei com eles.
Sentei-me sozinho,
porque a tua mão estava sobre mim
e me encheste de indignação.
¹⁸ Por que é permanente a minha dor,
e a minha ferida é grave e incurável?
Por que te tornaste para mim
como um riacho seco,
cujos mananciais falham?

¹⁹ Assim respondeu o Senhor:

"Se você se arrepender, eu o restaurarei
para que possa me servir;
se você disser palavras de valor,
e não indignas,
será o meu porta-voz.
Deixe este povo voltar-se para você,
mas não se volte para eles.
²⁰ Eu farei de você
uma muralha de bronze fortificada
diante deste povo;
lutarão contra você,
mas não o vencerão,
pois estou com você
para resgatá-lo e salvá-lo",
declara o Senhor.

ᵃ **15.11** A Septuaginta diz *Certamente, Senhor, eu te servi fielmente e te busquei na época da desgraça e da adversidade, para o bem de meu inimigo.*
ᵇ **15.14** Conforme alguns manuscritos do Texto Massorético, a Septuaginta e a Versão Siríaca. A maioria dos manuscritos do Texto Massorético diz *Eu farei com que os seus inimigos o levem a uma terra.* Veja Jr 17.4.
ᶜ **15.16** Hebraico: *pois teu nome foi invocado sobre mim.*

²¹ "Eu o livrarei das mãos dos ímpios
e o resgatarei das garras dos violentos".

A Vida Solitária de Jeremias

16 Então o Senhor me dirigiu a palavra, dizendo: ² "Não se case nem tenha filhos ou filhas neste lugar"; ³ porque assim diz o Senhor a respeito dos filhos e filhas nascidos nesta terra e a respeito das mulheres que forem suas mães e dos homens que forem seus pais: ⁴ "Eles morrerão de doenças graves; ninguém pranteará por eles; não serão sepultados, mas servirão de esterco para o solo. Perecerão pela espada e pela fome, e os seus cadáveres serão o alimento das aves e dos animais".

⁵ Porque assim diz o Senhor: "Não entre numa casa onde há luto; não vá prantear nem apresentar condolências, porque retirei a minha paz, o meu amor leal e a minha compaixão deste povo", declara o Senhor. ⁶ "Tanto grandes como pequenos morrerão nesta terra; não serão sepultados nem se pranteará por eles; não se farão incisões nem se rapará a cabeça por causa deles. ⁷ Ninguém oferecerá comida para fortalecer os que pranteiam pelos mortos; ninguém dará de beber do cálice da consolação nem mesmo pelo pai ou pela mãe.

⁸ "Não entre numa casa em que há um banquete, para se assentar com eles a fim de comer e beber". ⁹ Porque assim diz o Senhor dos Exércitos, o Deus de Israel: "Farei cessar neste lugar, diante dos olhos de vocês e durante a vida de vocês, a voz de júbilo e a voz de alegria, a voz do noivo e a voz da noiva.

¹⁰ "Quando você falar todas essas coisas a este povo e eles perguntarem a você: 'Por que o Senhor determinou uma desgraça tão terrível contra nós? Que delito ou pecado cometemos contra o Senhor, contra o nosso Deus?', ¹¹ diga-lhes: Foi porque os seus antepassados me abandonaram", diz o Senhor, "e seguiram outros deuses, aos quais prestaram culto e adoraram. Eles me abandonaram e não obedeceram à minha lei. ¹² Mas vocês têm feito coisas piores do que os seus antepassados: cada um segue a rebeldia do seu coração mau, em vez de obedecer-me. ¹³ Por isso eu os lançarei fora desta terra, para uma terra que vocês e os seus antepassados desconhecem; lá vocês servirão a outros deuses dia e noite, pois não terei misericórdia de vocês.

¹⁴ "Contudo, vêm dias", declara o Senhor, "quando já não mais se dirá: 'Juro pelo nome do Senhor, que trouxe os israelitas do Egito'. ¹⁵ Antes dirão: 'Juro pelo nome do Senhor, que trouxe os israelitas do norte e de todos os países para onde ele os havia expulsado'. Eu os conduzirei de volta para a sua terra, terra que dei aos seus antepassados.

¹⁶ "Mas agora mandarei chamar muitos pescadores", declara o Senhor, "e eles os pescarão. Depois disso mandarei chamar muitos caçadores, e eles os caçarão em cada monte e colina e nas fendas das rochas. ¹⁷ Os meus olhos veem todos os seus caminhos; eles não estão escondidos de mim, nem a sua iniquidade está oculta aos meus olhos. ¹⁸ Eu lhes retribuirei em dobro pela sua impiedade e pelo seu pecado, porque contaminaram a minha terra com as carcaças de seus ídolos detestáveis e encheram a minha herança com as suas abominações".

¹⁹ Senhor, minha força
e minha fortaleza,
meu abrigo seguro
na hora da adversidade,
a ti virão as nações
desde os confins da terra e dirão:
"Nossos antepassados
possuíam deuses falsos,
ídolos inúteis,
que não lhes fizeram bem algum.
²⁰ Pode o homem mortal
fazer os seus próprios deuses?
Sim, mas estes não seriam deuses!"

²¹ "Portanto eu lhes ensinarei;
desta vez eu lhes ensinarei
sobre o meu poder e sobre a
minha força.
Então saberão
que o meu nome é Senhor.

17 "O pecado de Judá está escrito com estilete de ferro,
gravado com ponta de diamante
nas tábuas dos seus corações
e nas pontas dos seus altares.
² Os seus filhos se lembram
dos seus altares e dos postes sagrados,
ao lado das árvores verdejantes,
sobre os montes altos
³ e sobre as montanhas do campo.
As riquezas de vocês
e todos os seus tesouros,
eu os darei como despojo,

como preço por todos
  os seus pecados nos altares idólatras,
  em toda a sua terra.
⁴ Você mesmo perdeu a posse da herança
  que eu tinha dado a você.
Eu o farei escravo de seus inimigos
  numa terra que você não conhece,
  pois acendeu-se a minha ira,
  que arderá para sempre."

⁵ Assim diz o Senhor:

"Maldito é o homem
  que confia nos homens,
que faz da humanidade mortal
  a sua força,
mas cujo coração se afasta do Senhor.
⁶ Ele será como um arbusto no deserto;
não verá quando vier algum bem.
Habitará nos lugares áridos do deserto,
  numa terra salgada
  onde não vive ninguém.

⁷ "Mas bendito é o homem
  cuja confiança está no Senhor,
  cuja confiança nele está.
⁸ Ele será como uma árvore
  plantada junto às águas
e que estende as suas raízes
  para o ribeiro.
Ela não temerá quando chegar o calor,
  porque as suas folhas
  estão sempre verdes;
não ficará ansiosa no ano da seca
nem deixará de dar fruto".

⁹ O coração é mais enganoso
  que qualquer outra coisa
  e sua doença é incurável.
Quem é capaz de compreendê-lo?

¹⁰ "Eu sou o Senhor
  que sonda o coração
  e examina a mente,
para recompensar a cada um
  de acordo com a sua conduta,
  de acordo com as suas obras."

¹¹ O homem que obtém riquezas
  por meios injustos
é como a perdiz
  que choca ovos que não pôs.
Quando a metade da sua vida
  tiver passado,
  elas o abandonarão,
  e, no final, ele se revelará um tolo.
¹² Um trono glorioso,
  exaltado desde o início,
  é o lugar de nosso santuário.
¹³ Ó Senhor, Esperança de Israel,
todos os que te abandonarem
  sofrerão vergonha;
aqueles que se desviarem de ti
  terão os seus nomes escritos no pó,
pois abandonaram o Senhor,
  a fonte de água viva.

¹⁴ Cura-me, Senhor, e serei curado;
salva-me, e serei salvo,
  pois tu és aquele a quem eu louvo.
¹⁵ Há os que vivem me dizendo:
"Onde está a palavra do Senhor?
Que ela se cumpra!"
¹⁶ Mas não insisti eu contigo
  para que afastasses a desgraça?
Tu sabes que não desejei
  o dia do desespero.
Sabes o que saiu de meus lábios,
  pois está diante de ti.
¹⁷ Não sejas motivo de pavor para mim;
tu és o meu refúgio
  no dia da desgraça.
¹⁸ Que os meus perseguidores
  sejam humilhados,
mas não eu;
  que eles sejam aterrorizados,
mas não eu.
Traze sobre eles o dia da desgraça;
destrói-os com destruição dobrada.

A Guarda do Sábado

¹⁹ Assim me disse o Senhor: "Vá colocar-se à porta do Povo, por onde entram e saem os reis de Judá; faça o mesmo junto a todas as portas de Jerusalém. ²⁰ Diga-lhes: Ouçam a palavra do Senhor, reis de Judá, todo o Judá e todos os habitantes de Jerusalém, vocês que passam por estas portas". ²¹ Assim diz o Senhor: "Por amor à vida de vocês, tenham o cuidado de não levar cargas nem de fazê-las passar pelas portas de Jerusalém no dia de sábado. ²² Não levem carga alguma para fora de casa nem façam nenhum trabalho no sábado, mas guardem o dia de sábado como dia consagrado, como ordenei aos seus antepassados. ²³ Contudo, eles não me ouviram nem me deram atenção; foram obstinados e não

quiseram ouvir nem aceitar a disciplina. ²⁴ Mas, se vocês tiverem o cuidado de obedecer-me", diz o Senhor, "e não fizerem passar carga alguma pelas portas desta cidade no sábado, mas guardarem o dia de sábado como dia consagrado, deixando de realizar nele todo e qualquer trabalho, ²⁵ então os reis que se assentarem no trono de Davi entrarão pelas portas desta cidade em companhia de seus conselheiros. Eles e os seus conselheiros virão em carruagens e cavalos, acompanhados dos homens de Judá e dos habitantes de Jerusalém; e esta cidade será habitada para sempre. ²⁶ Virá gente das cidades de Judá e dos povoados ao redor de Jerusalém, do território de Benjamim e da Sefelá[a], das montanhas e do Neguebe, trazendo holocaustos e sacrifícios, ofertas de cereal, incenso e ofertas de ação de graças ao templo do Senhor. ²⁷ Mas, se vocês não me obedecerem e deixarem de guardar o sábado como dia consagrado, fazendo passar cargas pelas portas de Jerusalém no dia de sábado, porei fogo nas suas portas, que consumirá os seus palácios".

Na Casa do Oleiro

18 Esta é a palavra que veio a Jeremias da parte do Senhor: ² "Vá à casa do oleiro, e ali você ouvirá a minha mensagem". ³ Então fui à casa do oleiro, e o vi trabalhando com a roda. ⁴ Mas o vaso de barro que ele estava formando estragou-se em suas mãos; e ele o refez, moldando outro vaso de acordo com a sua vontade.

⁵ Então o Senhor dirigiu-me a palavra: ⁶ "Ó comunidade de Israel, será que eu não posso agir com vocês como fez o oleiro?", pergunta o Senhor. "Como barro nas mãos do oleiro, assim são vocês nas minhas mãos, ó comunidade de Israel. ⁷ Se em algum momento eu decretar que uma nação ou um reino seja arrancado, despedaçado e arruinado, ⁸ e se essa nação que eu adverti converter-se da sua perversidade, então eu me arrependerei e não trarei sobre ela a desgraça que eu tinha planejado. ⁹ E, se noutra ocasião eu decretar que uma nação ou um reino seja edificado e plantado, ¹⁰ e se ele fizer o que eu reprovo e não me obedecer, então me arrependerei do bem que eu pretendia fazer em favor dele.

¹¹ "Agora, portanto, diga ao povo de Judá e aos habitantes de Jerusalém: Assim diz o Senhor:

[a] **17.26** Pequena faixa de terra de relevo variável entre a planície costeira e as montanhas.

Estou preparando uma desgraça e fazendo um plano contra vocês. Por isso, converta-se cada um de seu mau procedimento e corrija a sua conduta e as suas ações. ¹² Mas eles responderão: 'Não adianta. Continuaremos com os nossos próprios planos; cada um de nós seguirá a rebeldia do seu coração mau'."

¹³ Portanto, assim diz o Senhor:

"Perguntem entre as nações se alguém
 já ouviu uma coisa dessas;
coisa tremendamente horrível fez a
 virgem, Israel!
¹⁴ Poderá desaparecer a neve do Líbano
 de suas encostas rochosas?
Poderão parar de fluir suas águas frias,
 vindas de lugares distantes?
¹⁵ Contudo, o meu povo
 esqueceu-se de mim:
queimam incenso a ídolos inúteis,
 que os fazem tropeçar em seus caminhos
e nas antigas veredas,
 para que andem em desvios,
 em estradas não aterradas.
¹⁶ A terra deles ficará deserta
 e será tema de permanente zombaria.
Todos os que por ela passarem
 ficarão chocados
 e balançarão a cabeça.
¹⁷ Como o vento leste,
 eu os dispersarei diante dos inimigos;
eu lhes mostrarei as costas e não o rosto,
 no dia da sua derrota".

¹⁸ Então disseram: "Venham! Façamos planos contra Jeremias, pois não cessará o ensino da lei pelo sacerdote nem o conselho do sábio nem a mensagem do profeta. Venham! Façamos acusações contra ele e não ouçamos nada do que ele disser".

¹⁹ Atende-me, ó Senhor;
 ouve o que os meus acusadores
  estão dizendo!
²⁰ Acaso se paga o bem com o mal?
 Mas eles cavaram uma cova para mim.
Lembra-te de que eu compareci
 diante de ti
para interceder em favor deles,
 para que desviasses deles a tua ira.
²¹ Por isso entrega os filhos deles à fome
 e ao poder da espada.

Que as suas mulheres
    fiquem viúvas e sem filhos;
que os seus homens sejam mortos,
e os seus rapazes sejam
    mortos à espada na batalha.

²² Seja ouvido o grito
    que vem de suas casas,
quando repentinamente
    trouxeres invasores contra eles;
pois cavaram uma cova
    para me capturarem
e esconderam armadilhas
    para os meus pés.

²³ Mas tu conheces, ó Senhor,
    todas as suas conspirações
    para me matarem.
Não perdoes os seus crimes
nem apagues de diante da tua vista
    os seus pecados.
Sejam eles derrubados diante de ti;
age contra eles na hora da tua ira!

19 Assim diz o Senhor: "Vá comprar um vaso de barro de um oleiro. Leve com você alguns líderes do povo e alguns sacerdotes ² e vá em direção ao vale de Ben-Hinom, perto da entrada da porta dos Cacos. Proclame ali as palavras que eu disser a você. ³ Diga: Ouçam a palavra do Senhor, reis de Judá e habitantes de Jerusalém". Assim diz o Senhor dos Exércitos, Deus de Israel: "Sobre este lugar trarei desgraça tal que fará retinir os ouvidos daqueles que ouvirem isso. ⁴ Porque eles me abandonaram e profanaram este lugar, oferecendo sacrifícios a deuses estranhos, que nem eles nem seus antepassados nem os reis de Judá conheceram; e encheram este lugar com o sangue de inocentes. ⁵ Construíram nos montes os altares dedicados a Baal, para queimarem os seus filhos como holocaustos oferecidos a Baal, coisa que não ordenei, da qual nunca falei nem jamais me veio à mente. ⁶ Por isso, certamente vêm os dias", declara o Senhor, "em que não mais chamarão este lugar Tofete ou vale de Ben-Hinom, mas vale da Matança.

⁷ "Esvaziarei[a] neste lugar os planos de Judá e de Jerusalém: eu os farei morrer à espada perante os seus inimigos, pelas mãos daqueles que os perseguem; e darei os seus cadáveres como comida para as aves e os animais. ⁸ Farei com que esta cidade fique deserta e seja tema de zombaria. Todos os que por ela passarem ficarão chocados e zombarão de todos os seus ferimentos. ⁹ Eu farei com que comam a carne dos seus filhos e das suas filhas; e cada um comerá a carne do seu próximo, por causa do sofrimento que os inimigos que procuram tirar-lhes a vida lhes infligirão durante o cerco.

¹⁰ "Depois quebre o vaso de barro diante dos homens que o acompanharam, ¹¹ e diga-lhes: Assim diz o Senhor dos Exércitos: Assim como se quebra um vaso de oleiro, que não pode ser mais restaurado, quebrarei este povo e esta cidade, e os mortos em Tofete serão sepultados até que não haja mais lugar. ¹² Assim farei a este lugar e aos seus habitantes", declara o Senhor, "tornarei esta cidade como Tofete. ¹³ As casas de Jerusalém e os palácios reais de Judá serão profanados, como este lugar de Tofete: todas as casas em cujos terraços queimaram incenso a todos os corpos celestes e derramaram ofertas de bebidas aos seus deuses estrangeiros".

¹⁴ Jeremias voltou então de Tofete para onde o Senhor o mandara profetizar e, entrando no pátio do templo do Senhor, disse a todo o povo: ¹⁵ "Assim diz o Senhor dos Exércitos, o Deus de Israel: 'Ouçam! Trarei sobre esta cidade, e sobre todos os povoados ao redor, todas as desgraças contra eles anunciadas, porque se obstinaram e não quiseram obedecer às minhas palavras' ".

Jeremias e Pasur

20 Quando o sacerdote Pasur, filho de Imer, o mais alto oficial do templo do Senhor, ouviu Jeremias profetizando essas coisas, ² mandou espancar o profeta e prendê-lo no tronco que havia junto à porta Superior de Benjamim, no templo do Senhor. ³ Na manhã seguinte, quando Pasur mandou soltá-lo do tronco, Jeremias lhe disse: "O Senhor já não o chama Pasur, e sim Magor-Missabibe[b]. ⁴ Pois assim diz o Senhor: 'Farei de você um terror para você mesmo e para todos os seus amigos: você verá com os próprios olhos quando eles forem mortos à espada dos seus inimigos. Entregarei todo o povo de Judá nas mãos do rei da Babilônia, que os levará para a Babilônia e os matará à espada. ⁵ Eu entregarei nas mãos dos seus inimigos toda a riqueza desta cidade: toda a sua produção, todos os seus bens de valor e

---

[a] 19.7 A palavra *esvaziarei* assemelha-se à palavra *vaso* no hebraico.

[b] 20.3 *Magor-Missabibe* significa *terror por todos os lados*.

todos os tesouros dos reis de Judá. Levarão tudo como despojo para a Babilônia. ⁶ E você, Pasur, e todos os que vivem em sua casa irão para o exílio, para a Babilônia. Lá vocês morrerão e serão sepultados, você e todos os seus amigos a quem você tem profetizado mentiras' ".

A Queixa de Jeremias

⁷ Senhor, tu me enganaste,
   e eu fui enganado;ª
foste mais forte
   do que eu e prevaleceste.
Sou ridicularizado o dia inteiro;
   todos zombam de mim.
⁸ Sempre que falo
   é para gritar que há
   violência e destruição.
Por isso a palavra do Senhor
   trouxe-me insulto e censura
   o tempo todo.
⁹ Mas, se eu digo: "Não o mencionarei
   nem mais falarei em seu nome",
é como se um fogo ardesse
   em meu coração,
   um fogo dentro de mim.
Estou exausto tentando contê-lo;
   já não posso mais!
¹⁰ Ouço muitos comentando:
"Terror por todos os lados!
Denunciem-no! Vamos denunciá-lo!"
Todos os meus amigos estão esperando
   que eu tropece, e dizem:
"Talvez ele se deixe enganar;
   então nós o venceremos
   e nos vingaremos dele".

¹¹ Mas o Senhor está comigo,
   como um forte guerreiro!
Portanto, aqueles que me perseguem
   tropeçarão e não prevalecerão.
O seu fracasso lhes trará
   completa vergonha;
a sua desonra jamais será esquecida.
¹² Ó Senhor dos Exércitos,
   tu que examinas o justo
e vês o coração e a mente,
deixa-me ver a tua vingança sobre eles,
   pois a ti expus a minha causa.

¹³ Cantem ao Senhor!
   Louvem o Senhor!
Porque ele salva o pobre
   das mãos dos ímpios.
¹⁴ Maldito seja o dia em que eu nasci!
Jamais seja abençoado o dia
   em que minha mãe me deu à luz!
¹⁵ Maldito seja o homem
   que levou a notícia a meu pai
e o deixou muito alegre quando disse:
   "Você é pai de um menino!"
¹⁶ Seja aquele homem
   como as cidades
   que o Senhor destruiu sem piedade.
Que ele ouça gritos de socorro
   pela manhã
e gritos de guerra ao meio-dia;
¹⁷ mas Deus não me matou no ventre
   materno
   nem fez da minha mãe o meu túmulo,
e tampouco a deixou
   permanentemente grávida.
¹⁸ Por que saí do ventre materno?
Só para ver dificuldades e tristezas,
e terminar os meus dias
   na maior decepção?

Deus Rejeita o Pedido de Zedequias

21 Esta é a palavra que veio a Jeremias da parte do Senhor, quando o rei Zedequias enviou-lhe Pasur, filho de Malquias, e o sacerdote Sofonias, filho de Maaseias. Eles disseram: ² "Consulte agora o Senhor por nós porque Nabucodonosor, rei da Babilônia, está nos atacando. Talvez o Senhor faça por nós uma de suas maravilhas e, assim, ele se retire de nós".

³ Jeremias, porém, respondeu-lhes: "Digam a Zedequias: ⁴ 'Assim diz o Senhor, o Deus de Israel: 'Estou a ponto de voltar contra vocês as armas de guerra que estão em suas mãos, as quais vocês estão usando para combater o rei da Babilônia e os babilônios[b], que cercam vocês do lado de fora do muro. E eu os reunirei dentro desta cidade. ⁵ Eu mesmo lutarei contra vocês com mão poderosa e braço forte, com ira, furor e grande indignação. ⁶ Matarei os habitantes desta cidade, tanto homens como animais; eles morrerão de uma peste terrível. ⁷ Depois disso', declara o Senhor, 'entregarei Zedequias, rei de Judá, seus conselheiros e o povo desta cidade que sobreviver à peste, à espada e à fome nas mãos de Nabucodonosor, rei da Babilônia, nas mãos dos inimigos deles e daqueles que

---

ª **20.7** Ou *persuadiste, e eu fui persuadido*;   ᵇ **21.4** Ou *caldeus*; também em todo o livro de Jeremias.

querem tirar-lhes a vida. Ele os matará à espada sem piedade nem misericórdia; não terá deles nenhuma compaixão'.

⁸ "Digam a este povo: Assim diz o Senhor: 'Ponho diante de vocês o caminho da vida e o caminho da morte. ⁹ Todo aquele que ficar nesta cidade morrerá pela espada, pela fome ou pela peste. Mas todo o que sair e render-se aos babilônios, que cercam vocês, viverá; esse escapará com vida. ¹⁰ Decidi fazer o mal e não o bem a esta cidade', diz o Senhor. 'Ela será entregue nas mãos do rei da Babilônia, e ele a incendiará'.

¹¹ "Digam à casa real de Judá: Ouçam a palavra do Senhor. ¹² Ó dinastia de Davi, assim diz o Senhor:

" 'Administrem justiça cada manhã:
livrem o explorado
   das mãos do opressor;
senão a minha ira se acenderá e queimará
   como fogo inextinguível,
por causa do mal que vocês têm feito.
¹³ Eu estou contra você, Jerusalém!
Você que está entronizada
   acima deste vale,
   na rocha do planalto',
declara o Senhor;
'vocês que dizem: "Quem nos atacará?
Quem poderá invadir nossas moradas?"
¹⁴ Eu os castigarei
   de acordo com as suas obras',
diz o Senhor.
'Porei fogo em sua floresta,
que consumirá tudo ao redor' ".

Juízo sobre os Reis Maus

22 Assim diz o Senhor: "Desça ao palácio do rei de Judá e proclame ali esta mensagem: ² Ouve a palavra do Senhor, ó rei de Judá, tu que te assentas no trono de Davi; tu, teus conselheiros e teu povo, que passa por estas portas". ³ Assim diz o Senhor: "Administrem a justiça e o direito: livrem o explorado das mãos do opressor. Não oprimam nem maltratem o estrangeiro, o órfão ou a viúva; nem derramem sangue inocente neste lugar. ⁴ Porque, se vocês tiverem o cuidado de cumprir essas ordens, então os reis que se assentarem no trono de Davi entrarão pelas portas deste palácio em carruagens e cavalos, em companhia de seus conselheiros e de seu povo. ⁵ Mas, se vocês desobedecerem a essas ordens", declara o Senhor, "juro por mim mesmo que este palácio ficará deserto".

⁶ Porque assim diz o Senhor a respeito do palácio real de Judá:

"Apesar de você ser para mim
   como Gileade
e como o topo do Líbano,
certamente farei de você um deserto,
uma cidade desabitada.
⁷ Prepararei destruidores contra você,
   cada um com as suas armas;
eles cortarão o melhor dos seus cedros
   e o lançarão ao fogo.

⁸ "De numerosas nações muitos passarão por esta cidade e perguntarão uns aos outros: 'Por que o Senhor fez uma coisa dessas a esta grande cidade?' ⁹ E lhes responderão: 'Foi porque abandonaram a aliança do Senhor, do seu Deus, e adoraram outros deuses e prestaram-lhes culto' ".

¹⁰ Não chorem pelo rei morto
   nem lamentem sua perda.
Chorem amargamente, porém,
   por aquele que está indo
   para o exílio,
porque jamais voltará
nem verá sua terra natal.

¹¹ Porque assim diz o Senhor acerca de Salum, rei de Judá, sucessor de seu pai Josias, que partiu deste lugar: "Ele jamais voltará. ¹² Morrerá no lugar para onde o levaram prisioneiro; não verá novamente esta terra.

¹³ "Ai daquele que constrói
   o seu palácio por meios corruptos,
seus aposentos, pela injustiça,
fazendo os seus compatriotas
   trabalharem por nada,
sem pagar-lhes o devido salário.
¹⁴ Ele diz: 'Construirei para mim
   um grande palácio,
   com aposentos espaçosos'.
Faz amplas janelas,
reveste o palácio de cedro
e pinta-o de vermelho.

¹⁵ "Você acha que acumular cedro
   faz de você um rei?
O seu pai não teve comida e bebida?

Ele fez o que era justo e certo,
e tudo ia bem com ele.
¹⁶ Ele defendeu a causa
do pobre e do necessitado,
e, assim, tudo corria bem.
Não é isso que significa conhecer-me?",
declara o Senhor.
¹⁷ "Mas você não vê nem pensa
noutra coisa
além de lucro desonesto,
derramar sangue inocente,
opressão e extorsão".

¹⁸ Portanto, assim diz o Senhor a respeito de Jeoaquim, filho de Josias, rei de Judá:

"Não se lamentarão por ele, clamando:
'Ah, meu irmão!' ou
'Ah, minha irmã!'
Nem se lamentarão, clamando:
'Ah, meu senhor!' ou
'Ah, sua majestade!'
¹⁹ Ele terá o enterro de um jumento:
arrastado e lançado
fora das portas de Jerusalém!

²⁰ "Jerusalém, suba ao Líbano e clame,
seja ouvida a sua voz em Basã,
clame desde Abarim,
pois todos os seus aliados
foram esmagados.
²¹ Eu a adverti quando você
se sentia segura,
mas você não quis ouvir-me.
Esse foi sempre o seu procedimento,
pois desde a sua juventude
você não me obedece.
²² O vento conduzirá para longe
todos os governantes
que conduzem você,
e os seus aliados irão para o exílio.
Então você será envergonhada
e humilhada
por causa de todas as suas maldades.
²³ Você, que está entronizada no Líbano[a],
que está aninhada em prédios de cedro,
como você gemerá quando
vierem as dores de parto,
dores como as de uma mulher
que está para dar à luz!

²⁴ "Juro pelo meu nome", diz o Senhor, "que ainda que você, Joaquim[b], filho de Jeoaquim, rei de Judá, fosse um anel de selar em minha mão direita, eu o arrancaria. ²⁵ Eu o entregarei nas mãos daqueles que querem tirar a sua vida; daqueles que você teme, nas mãos de Nabucodonosor, rei da Babilônia, e dos babilônios. ²⁶ Expulsarei você e sua mãe, a mulher que o deu à luz, para um outro país, onde vocês não nasceram e no qual ambos morrerão. ²⁷ Jamais retornarão à terra para a qual anseiam voltar".

²⁸ É Joaquim um vaso desprezível
e quebrado,
um utensílio que ninguém quer?
Por que ele e os seus descendentes
serão expulsos e lançados
num país que não conhecem?
²⁹ Ó terra, terra, terra,
ouça a palavra do Senhor!
³⁰ Assim diz o Senhor:
"Registrem esse homem
como homem sem filhos.
Ele não prosperará em toda a sua vida;
nenhum dos seus descendentes
prosperará
nem se assentará no trono de Davi
nem governará em Judá.

O Renovo Justo

23 "Ai dos pastores que destroem e dispersam as ovelhas do meu pasto!", diz o Senhor. ² Portanto, assim diz o Senhor, Deus de Israel, aos pastores que tomam conta do meu povo: "Foram vocês que dispersaram e expulsaram o meu rebanho e não cuidaram dele. Mas eu vou castigar vocês pelos seus maus procedimentos", declara o Senhor. ³ "Eu mesmo reunirei os remanescentes do meu rebanho de todas as terras para onde os expulsei e os trarei de volta à sua pastagem, a fim de que cresçam e se multipliquem. ⁴ Estabelecerei sobre eles pastores que cuidarão deles. E eles não mais terão medo ou pavor, e nenhum deles faltará", declara o Senhor.

⁵ "Dias virão", declara o Senhor,
"em que levantarei para Davi[c]
um Renovo justo,

---

[a] **22.23** Isto é, no palácio de Jerusalém (veja 1Rs 7.2).

[b] **22.24** Hebraico: *Conias*, variante de *Joaquim*; também no versículo 28.

[c] **23.5** Ou *levantarei da linhagem de Davi*

um rei que reinará com sabedoria
e fará o que é justo e certo na terra.
⁶ Em seus dias Judá será salva,
Israel viverá em segurança,
e este é o nome pelo qual será chamado:
O Senhor é a Nossa Justiça.

⁷ "Portanto, vêm dias", diz o Senhor, "em que não mais se dirá: 'Juro pelo nome do Senhor, que trouxe os israelitas do Egito', ⁸ mas se dirá: 'Juro pelo nome do Senhor, que trouxe os descendentes de Israel da terra do norte e de todas as nações para onde os expulsou'. E eles viverão na sua própria terra".

Profetas Mentirosos

⁹ Acerca dos profetas:

Meu coração está partido
 dentro de mim;
todos os meus ossos tremem.
Sou como um bêbado,
como um homem dominado
 pelo vinho,
por causa do Senhor
 e de suas santas palavras.
¹⁰ A terra está cheia de adúlteros
e, por causa disso,ᵃ a terra choraᵇ
 e as pastagens do deserto estão secas.
Seu modo de vida é perverso
 e o seu poder é ilegítimo.

¹¹ "Tanto o profeta como o sacerdote
 são profanos;
até no meu templo
 encontro as suas iniquidades",
declara o Senhor.
¹² "Por isso, o caminho deles
 será como lugares escorregadios
nas trevas,
 para as quais serão banidos,
e nelas cairão.
Trarei a desgraça sobre eles,
 no ano do seu castigo",
declara o Senhor.

¹³ "Entre os profetas de Samaria
 vi algo repugnante:
eles profetizaram por Baal
 e desviaram Israel, o meu povo.

¹⁴ E entre os profetas de Jerusalém
 vi algo horrível:
eles cometem adultério e
 vivem uma mentira.
Encorajam os que praticam o mal,
 para que nenhum deles se converta
 de sua impiedade.
Para mim são todos como Sodoma;
o povo de Jerusalém é como Gomorra."

¹⁵ Por isso assim diz o Senhor dos Exércitos acerca dos profetas:

"Eu os farei comer comida amarga
 e beber água envenenada,
porque dos profetas de Jerusalém
 a impiedade se espalhou
 por toda esta terra".

¹⁶ Assim diz o Senhor dos Exércitos:

"Não ouçam o que os profetas
 estão profetizando para vocês;
eles os enchem de falsas esperanças.
Falam de visões inventadas
 por eles mesmos
e que não vêm da boca do Senhor.
¹⁷ Vivem dizendo àqueles que desprezam
 a palavra do Senhor:
'Vocês terão paz'.
E a todos os que seguem a obstinação
 dos seus corações dizem:
'Vocês não sofrerão desgraça alguma'.
¹⁸ Mas qual deles esteve no
 conselho do Senhor
para ver ou ouvir a sua palavra?
Quem deu atenção
 e obedeceu à minha palavra?
¹⁹ Vejam, a tempestade do Senhor!
A sua fúria está à solta!
Um vendaval vem sobre
 a cabeça dos ímpios.
²⁰ A ira do Senhor não se afastará
 até que ele tenha completado
 os seus propósitos.
Em dias vindouros vocês
 o compreenderão claramente.
²¹ Não enviei esses profetas,
mas eles foram correndo
 levar sua mensagem;
não falei com eles,
 mas eles profetizaram.

ᵃ 23.10 Ou *por causa da maldição*
ᵇ 23.10 Ou *a terra está ressequida*

²² Mas, se eles tivessem comparecido
ao meu conselho,
anunciariam as minhas palavras
ao meu povo
e teriam feito com que se convertessem
do seu mau procedimento
e das suas obras más.

²³ "Sou eu apenas um Deus de perto",
pergunta o Senhor,
"e não também um Deus de longe?
²⁴ Poderá alguém esconder-se
sem que eu o veja?",
pergunta o Senhor.
"Não sou eu aquele que enche
os céus e a terra?",
pergunta o Senhor.

²⁵ "Ouvi o que dizem os profetas, que profetizam mentiras em meu nome, dizendo: 'Tive um sonho! Tive um sonho!' ²⁶ Até quando os profetas continuarão a profetizar mentiras e as ilusões de suas próprias mentes? ²⁷ Eles imaginam que os sonhos que contam uns aos outros farão o povo esquecer o meu nome, assim como os seus antepassados esqueceram o meu nome por causa de Baal. ²⁸ O profeta que tem um sonho, conte o sonho, e o que tem a minha palavra, fale a minha palavra com fidelidade. Pois o que tem a palha a ver com o trigo?", pergunta o Senhor. ²⁹ "Não é a minha palavra como o fogo", pergunta o Senhor, "e como um martelo que despedaça a rocha? ³⁰ "Portanto", declara o Senhor, "estou contra os profetas que roubam uns dos outros as minhas palavras. ³¹ Sim", declara o Senhor, "estou contra os profetas que com as suas próprias línguas declaram oráculos. ³² Sim, estou contra os que profetizam sonhos falsos", declara o Senhor. "Eles os relatam e com as suas mentiras irresponsáveis desviam o meu povo. Eu não os enviei nem os autorizei; e eles não trazem benefício algum a este povo", declara o Senhor.

Os Falsos Profetas

³³ "Quando este povo ou um profeta ou um sacerdote perguntar a você: 'Qual é a mensagem pesada da qual o Senhor o encarregou?', diga-lhes: Vocês são o peso! E eu os abandonarei", declara o Senhor. ³⁴ "Se um profeta ou um sacerdote ou alguém do povo afirmar: 'Esta é a mensagem da qual o Senhor me encarregou', eu castigarei esse homem e a sua família.

³⁵ Assim dirá cada um de vocês ao seu amigo ou parente: 'O que o Senhor respondeu? O que o Senhor falou?' ³⁶ Nunca mais mencionem a expressão 'Esta é a mensagem da qual o Senhor me encarregou', senão essa palavra se tornará uma 'carga' para aquele que a proferir; porque vocês distorcem as palavras do Deus vivo, do Senhor dos Exércitos, do nosso Deus. ³⁷ É assim que vocês dirão ao profeta: 'Qual é a resposta do Senhor para você?' ou 'O que o Senhor falou?' ³⁸ Mas, se vocês disserem: 'Esta é a mensagem da qual o Senhor me encarregou' ", assim diz o Senhor: "Vocês dizem: 'Esta é a mensagem da qual o Senhor me encarregou', quando eu os adverti de que não dissessem isso. ³⁹ Por isso eu me esquecerei de vocês e os lançarei fora da minha presença, juntamente com a cidade que dei a vocês e aos seus antepassados. ⁴⁰ Trarei sobre vocês humilhação perpétua, vergonha permanente, que jamais será esquecida".

Dois Cestos de Figos

24 E o Senhor mostrou-me dois cestos de figos postos diante do templo do Senhor. Isso aconteceu depois que Nabucodonosor levou de Jerusalém, para o exílio na Babilônia, Joaquim[a], filho de Jeoaquim, rei de Judá, os líderes de Judá e os artesãos e artífices. ² Um cesto continha figos muito bons, como os que amadurecem no princípio da colheita; os figos do outro cesto eram ruins e intragáveis.

³ Então o Senhor me perguntou: "O que você vê, Jeremias?"

Eu respondi: Figos. Os bons são muito bons, mas os ruins são intragáveis.

⁴ Então o Senhor me dirigiu a palavra, dizendo: ⁵ "Assim diz o Senhor, o Deus de Israel: Considero como esses figos bons os exilados de Judá, os quais expulsei deste lugar para a terra dos babilônios, a fim de fazer-lhes bem. ⁶ Olharei favoravelmente para eles, e os trarei de volta a esta terra. Eu os edificarei e não os derrubarei; eu os plantarei e não os arrancarei. ⁷ Eu lhes darei um coração capaz de conhecer-me e de saber que eu sou o Senhor. Serão o meu povo, e eu serei o seu Deus, pois eles se voltarão para mim de todo o coração.

⁸ "Mas como se faz com os figos ruins e intragáveis", diz o Senhor, "assim lidarei com Zedequias, rei de Judá, com os seus líderes

---

[a] **24.1** Hebraico: *Jeconias*, variante de *Joaquim*.

e com os sobreviventes de Jerusalém, tanto os que permanecem nesta terra como os que vivem no Egito. ⁹ Eu os tornarei objeto de terror e de desgraça para todos os reinos da terra. Para onde quer que eu os expulsar, serão uma afronta e servirão de exemplo, ridículo e maldição. ¹⁰ Enviarei contra eles a guerra, a fome e a peste até que sejam eliminados da terra que dei a eles e aos seus antepassados".

Setenta Anos de Cativeiro

25 A palavra veio a Jeremias a respeito de todo o povo de Judá no quarto ano de Jeoaquim, filho de Josias, rei de Judá, que foi o primeiro ano de Nabucodonosor, rei da Babilônia. ² O que o profeta Jeremias anunciou a todo o povo de Judá e aos habitantes de Jerusalém foi isto: ³ "Durante vinte e três anos a palavra do Senhor tem vindo a mim, desde o décimo terceiro ano de Josias, filho de Amom, rei de Judá, até o dia de hoje. E eu a tenho anunciado a vocês, dia após dia, mas vocês não me deram ouvidos.

⁴ "Embora o Senhor tenha enviado a vocês os seus servos, os profetas, dia após dia, vocês não os ouviram nem lhes deram atenção ⁵ quando disseram: 'Converta-se cada um do seu caminho mau e de suas más obras, e vocês permanecerão na terra que o Senhor deu a vocês e aos seus antepassados para sempre. ⁶ Não sigam outros deuses para prestar-lhes culto e adorá-los; não provoquem a minha ira com ídolos feitos por vocês. E eu não trarei desgraça sobre vocês'.

⁷ " 'Mas vocês não me deram ouvidos e me provocaram à ira com os ídolos que fizeram, trazendo desgraça sobre vocês mesmos', declara o Senhor.

⁸ "Portanto, assim diz o Senhor dos Exércitos: 'Visto que vocês não ouviram as minhas palavras, ⁹ convocarei todos os povos do norte e o meu servo Nabucodonosor, rei da Babilônia', declara o Senhor, 'e os trarei para atacar esta terra, os seus habitantes e todas as nações ao redor. Eu os destruirei completamente e os farei um objeto de pavor e de zombaria, e uma ruína permanente. ¹⁰ Darei fim às vozes de júbilo e de alegria, às vozes do noivo e da noiva, ao som do moinho e à luz das candeias. ¹¹ Toda esta terra se tornará uma ruína desolada, e essas nações estarão sujeitas ao rei da Babilônia durante setenta anos.

¹² " 'Quando se completarem os setenta anos, castigarei o rei da Babilônia e a sua nação, a terra dos babilônios, por causa de suas iniquidades', declara o Senhor, 'e a deixarei arrasada para sempre. ¹³ Cumprirei naquela terra tudo o que falei contra ela, tudo o que está escrito neste livro e que Jeremias profetizou contra todas as nações. ¹⁴ Porque os próprios babilônios serão escravizados por muitas nações e grandes reis; eu lhes retribuirei conforme as suas ações e as suas obras' ".

O Cálice da Ira de Deus

¹⁵ Assim me disse o Senhor, o Deus de Israel: "Pegue de minha mão este cálice com o vinho da minha ira e faça com que bebam dele todas as nações a quem eu o envio. ¹⁶ Quando o beberem, ficarão cambaleando, enlouquecidas por causa da espada que enviarei contra elas".

¹⁷ Então peguei o cálice da mão do Senhor, e fiz com que dele bebessem todas as nações às quais o Senhor me enviou: ¹⁸ Jerusalém e as cidades de Judá, seus reis e seus líderes, para fazer deles uma desolação e um objeto de pavor, zombaria e maldição, como hoje acontece; ¹⁹ o faraó, o rei do Egito, seus conselheiros e seus líderes, todo o seu povo ²⁰ e todos os estrangeiros que lá residem; todos os reis de Uz; todos os reis dos filisteus: de Ascalom, Gaza, Ecrom e o povo que restou em Asdode; ²¹ Edom, Moabe e os amonitas, ²² os reis de Tiro e de Sidom; os reis das ilhas e das terras de além-mar; ²³ Dedã, Temá, Buz e todos os que rapam a cabeça; ²⁴ e os reis da Arábia e todos os reis dos estrangeiros que vivem no deserto; ²⁵ todos os reis de Zinri, de Elão e da Média; ²⁶ e todos os reis do norte, próximos ou distantes, um após outro; e todos os reinos da face da terra. Depois de todos eles, o rei de Sesaque[a] também beberá do cálice.

²⁷ "A seguir diga-lhes: Assim diz o Senhor dos Exércitos, o Deus de Israel: Bebam, embriaguem-se, vomitem, caiam e não mais se levantem, por causa da espada que envio no meio de vocês. ²⁸ Mas, se eles se recusarem a beber, diga-lhes: Assim diz o Senhor dos Exércitos: Vocês vão bebê-lo! ²⁹ Começo a trazer desgraça sobre a cidade que leva o meu nome; e vocês sairiam impunes? De maneira alguma ficarão sem castigo! Estou trazendo a espada contra todos os habitantes da terra", declara o Senhor dos Exércitos.

³⁰ "E você, profetize todas estas palavras contra eles, dizendo:

---

[a] *25.26* *Sesaque* é um criptograma para *Babilônia*.

"O Senhor ruge do alto;
troveja de sua santa morada;
ruge poderosamente
 contra a sua propriedade.
Ele grita como os que pisam as uvas;
grita contra todos
 os habitantes da terra.
³¹ Um tumulto ressoa até
 os confins da terra,
pois o Senhor faz
 acusações contra as nações
e julga toda a humanidade:
ele entregará os ímpios à espada",
 declara o Senhor.

³² Assim diz o Senhor:

"Vejam! A desgraça está se espalhando
 de nação em nação;
uma terrível tempestade se levanta
 desde os confins da terra".

³³ Naquele dia, os mortos pelo Senhor estarão em todo lugar, de um lado ao outro da terra. Ninguém pranteará por eles, e não serão recolhidos e sepultados, mas servirão de esterco sobre o solo.

³⁴ Lamentem-se e gritem, pastores!
 Rolem no pó, chefes do rebanho!
Porque chegou para vocês
 o dia da matança
 e da sua dispersão;
vocês cairão e serão esmigalhados
 como vasos finos.ᵃ
³⁵ Não haverá refúgio para os pastores
nem escapatória
 para os chefes do rebanho.
³⁶ Ouvem-se os gritos dos pastores
 e o lamento dos chefes do rebanho,
pois o Senhor está destruindo
 as pastagens deles.
³⁷ Os pastos tranquilos estão devastados
 por causa do fogo da ira do Senhor.
³⁸ Como um leão, ele saiu de sua toca;
 a terra deles ficou devastada,
por causa da espadaᵇ do opressor
 e do fogo de sua ira.

ᵃ **25.34** A Septuaginta traz *cairão como carneiros selecionados*.
ᵇ **25.38** Conforme alguns manuscritos do Texto Massorético e a Septuaginta. A maioria dos manuscritos do Texto Massorético diz *ira*. Veja Jr 46.16 e 50.16.

Jeremias é Ameaçado de Morte

26 No início do reinado de Jeoaquim, filho de Josias, rei de Judá, veio esta palavra da parte do Senhor: ² "Assim diz o Senhor: Coloque-se no pátio do templo do Senhor e fale a todo o povo das cidades de Judá que vem adorar no templo do Senhor. Diga-lhes tudo o que eu ordenar a você; não omita uma só palavra. ³ Talvez eles escutem e cada um se converta de sua má conduta. Então eu me arrependerei e não trarei sobre eles a desgraça que estou planejando por causa do mal que eles têm praticado. ⁴ Diga-lhes: Assim diz o Senhor: Se vocês não me escutarem nem seguirem a minha lei, que dei a vocês, ⁵ e se não ouvirem as palavras dos meus servos, os profetas, os quais tenho enviado a vocês vez após vez, embora vocês não os tenham ouvido, ⁶ então farei deste templo o que fiz do santuário de Siló, e desta cidade, um objeto de maldição entre todas as nações da terra".

⁷ Os sacerdotes, os profetas e todo o povo ouviram Jeremias falar essas palavras no templo do Senhor. ⁸ E assim que Jeremias acabou de dizer ao povo tudo o que o Senhor lhe tinha ordenado, os sacerdotes, os profetas e todo o povo o prenderam e disseram: "Você certamente morrerá! ⁹ Por que você profetiza em nome do Senhor e afirma que este templo será como Siló e que esta cidade ficará arrasada e abandonada?" E todo o povo se ajuntou em volta de Jeremias no templo do Senhor.

¹⁰ Quando os líderes de Judá souberam disso, foram do palácio real até o templo do Senhor e se assentaram para julgar, à entrada da porta Nova do templo do Senhor. ¹¹ E os sacerdotes e os profetas disseram aos líderes e a todo o povo: "Este homem deve ser condenado à morte porque profetizou contra esta cidade. Vocês o ouviram com os seus próprios ouvidos!"

¹² Disse então Jeremias a todos os líderes e a todo o povo: "O Senhor enviou-me para profetizar contra este templo e contra esta cidade tudo o que vocês ouviram. ¹³ Agora, corrijam a sua conduta e as suas ações e obedeçam ao Senhor, ao seu Deus. Então o Senhor se arrependerá da desgraça que pronunciou contra vocês. ¹⁴ Quanto a mim, estou nas mãos de vocês; façam comigo o que acharem bom e certo. ¹⁵ Entretanto, estejam certos de que, se me matarem, vocês, esta cidade e os seus habitantes serão responsáveis por derramar sangue inocente, pois, na verdade, o Senhor enviou-me a vocês para anunciar essas palavras".

¹⁶ Então os líderes e todo o povo disseram aos sacerdotes e aos profetas: "Este homem não deve ser condenado à morte! Ele nos falou em nome do Senhor, do nosso Deus".

¹⁷ Alguns dos líderes da terra se levantaram e disseram a toda a assembleia do povo: ¹⁸ "Miqueias de Moresete profetizou nos dias de Ezequias, rei de Judá, dizendo a todo o povo de Judá: 'Assim diz o Senhor dos Exércitos:

" 'Sião será arada como um campo.
Jerusalém se tornará
  um monte de entulho,
a colina do templo,
  um monte coberto de mato'ᵃ.

¹⁹ "Acaso Ezequias, rei de Judá, ou alguém do povo de Judá o matou? Ezequias não temeu o Senhor e não buscou o seu favor? E o Senhor não se arrependeu da desgraça que pronunciara contra eles? Estamos a ponto de trazer uma terrível desgraça sobre nós!"

²⁰ Outro homem que profetizou em nome do Senhor foi Urias, filho de Semaías, de Quiriate-Jearim. Ele profetizou contra esta cidade e contra esta terra as mesmas coisas anunciadas por Jeremias. ²¹ Quando o rei Jeoaquim, todos os seus homens de guerra e os seus oficiais ouviram isso, o rei procurou matá-lo. Sabendo disso, Urias teve medo e fugiu para o Egito. ²² Mas o rei Jeoaquim mandou ao Egito Elnatã, filho de Acbor, e com ele alguns homens, ²³ os quais trouxeram Urias do Egito e o levaram ao rei Jeoaquim, que o mandou matar à espada. Depois, jogaram o corpo dele numa vala comum.

²⁴ Mas Aicam, filho de Safã, protegeu Jeremias, impedindo que ele fosse entregue ao povo para ser executado.

A Profecia Favorável a Nabucodonosor

27 No início do reinado de Zedequiasᵇ, filho de Josias, rei de Judá, veio esta palavra a Jeremias da parte do Senhor: ² Assim me ordenou o Senhor: "Faça para você um jugo com cordas e madeira e ponha-o sobre o pescoço. ³ Depois mande uma mensagem aos reis de Edom, de Moabe, de Amom, de Tiro e de Sidom, por meio dos embaixadores que vieram a Jerusalém para ver Zedequias, rei de Judá. ⁴ Esta é a mensagem que deverão transmitir aos seus senhores: Assim diz o Senhor dos Exércitos, o Deus de Israel: ⁵ Eu fiz a terra, os seres humanos e os animais que nela estão, com o meu grande poder e com meu braço estendido, e eu a dou a quem eu quiser. ⁶ Agora, sou eu mesmo que entrego todas essas nações nas mãos do meu servo Nabucodonosor, rei da Babilônia; sujeitei a ele até mesmo os animais selvagens. ⁷ Todas as nações estarão sujeitas a ele, a seu filho e a seu neto; até que chegue a hora em que a terra dele seja subjugada por muitas nações e por reis poderosos.

⁸ "Se, porém, alguma nação ou reino não se sujeitar a Nabucodonosor, rei da Babilônia, nem colocar o pescoço sob o seu jugo, eu castigarei aquela nação com a guerra, a fome e a peste", declara o Senhor, "e por meio dele eu a destruirei completamente. ⁹ Não ouçam os seus profetas, os seus adivinhos, os seus intérpretes de sonhos, os seus médiuns e os seus feiticeiros, os quais dizem a vocês que não se sujeitem ao rei da Babilônia. ¹⁰ Porque suas profecias são mentiras e os levarão para longe de sua terra. Eu banirei vocês, e vocês perecerão. ¹¹ Mas, se alguma nação colocar o pescoço sob o jugo do rei da Babilônia e a ele se sujeitar, então deixarei aquela nação permanecer na sua própria terra para cultivá-la e nela viver", declara o Senhor.

¹² Entreguei a mesma mensagem a Zedequias, rei de Judá, dizendo-lhe: Coloquem o pescoço sob o jugo do rei da Babilônia, sujeitem-se a ele e ao seu povo, e vocês viverão. ¹³ Por que razão você e o seu povo morreriam pela guerra, pela fome e pela peste, com as quais o Senhor ameaça a nação que não se sujeitar ao rei da Babilônia? ¹⁴ Não deem atenção às palavras dos profetas que dizem que vocês não devem sujeitar-se ao rei da Babilônia; estão profetizando mentiras. ¹⁵ "Eu não os enviei!", declara o Senhor. "Eles profetizam mentiras em meu nome. Por isso, eu banirei vocês, e vocês perecerão juntamente com os profetas que estão profetizando a vocês."

¹⁶ Então eu disse aos sacerdotes e a todo este povo: Assim diz o Senhor: "Não ouçam os seus profetas que dizem que em breve os utensílios do templo do Senhor serão trazidos de volta da Babilônia. Eles estão profetizando mentiras. ¹⁷ Não os ouçam. Sujeitem-se ao rei da Babilônia, e vocês viverão. Por que deveria esta

---

ᵃ 26.18 Mq 3.12
ᵇ 27.1 Conforme alguns manuscritos do Texto Massorético e a Versão Siríaca. A maioria dos manuscritos do Texto Massorético diz *Jeoaquim*. Veja Jr 27.3-12 e 28.1.

cidade ficar em ruínas? ¹⁸ Se eles são profetas e têm a palavra do Senhor, que implorem ao Senhor dos Exércitos, pedindo que os utensílios que restam no templo do Senhor, no palácio do rei de Judá e em Jerusalém não sejam levados para a Babilônia. ¹⁹ Porque assim diz o Senhor dos Exércitos acerca das colunas, do tanque, dos suportes e dos outros utensílios que foram deixados nesta cidade, ²⁰ os quais Nabucodonosor, rei da Babilônia, não levou consigo de Jerusalém para a Babilônia, quando exilou Joaquim[a], filho de Jeoaquim, rei de Judá, com os nobres de Judá e de Jerusalém. ²¹ Sim, assim diz o Senhor dos Exércitos, Deus de Israel, acerca dos utensílios que restaram no templo do Senhor, no palácio do rei de Judá e em Jerusalém: ²² "Serão levados para a Babilônia e ali ficarão até o dia em que eu os quiser buscar", declara o Senhor. "Então os trarei de volta e os restabelecerei neste lugar".

O Falso Profeta Hananias

28 No quinto mês daquele mesmo ano, o quarto ano, no início do reinado de Zedequias, rei de Judá, Hananias, filho de Azur, profeta natural de Gibeom, disse-me no templo do Senhor, na presença dos sacerdotes e de todo o povo: ² "Assim diz o Senhor dos Exércitos, Deus de Israel: 'Quebrarei o jugo do rei da Babilônia. ³ Em dois anos trarei de volta a este lugar todos os utensílios do templo do Senhor que Nabucodonosor, rei da Babilônia, tirou daqui e levou para a Babilônia. ⁴ Também trarei de volta para este lugar Joaquim, filho de Jeoaquim, rei de Judá, e todos os exilados de Judá que foram para a Babilônia', diz o Senhor, 'pois quebrarei o jugo do rei da Babilônia' ".

⁵ Mas o profeta Jeremias respondeu ao profeta Hananias diante dos sacerdotes e de todo o povo que estava no templo do Senhor: ⁶ "Amém! Que assim faça o Senhor! Que o Senhor cumpra as palavras que você profetizou, trazendo os utensílios do templo do Senhor e todos os exilados da Babilônia para este lugar. ⁷ Entretanto, ouça o que tenho a dizer a você e a todo o povo: ⁸ Os profetas que precederam a você e a mim, desde os tempos antigos, profetizaram guerra, desgraça e peste contra muitas nações e grandes reinos. ⁹ Mas o profeta que profetiza prosperidade será reconhecido como verdadeiro enviado do Senhor se aquilo que profetizou se realizar".

¹⁰ Então o profeta Hananias tirou o jugo do pescoço de Jeremias e o quebrou ¹¹ e disse diante de todo o povo: "Assim diz o Senhor: 'É deste modo que quebrarei o jugo de Nabucodonosor, rei da Babilônia, e o tirarei do pescoço de todas as nações no prazo de dois anos' ". Diante disso, o profeta Jeremias retirou-se.

¹² Depois que o profeta Hananias quebrou o jugo do pescoço do profeta Jeremias, o Senhor dirigiu a palavra a Jeremias: ¹³ "Vá dizer a Hananias: Assim diz o Senhor: Você quebrou um jugo de madeira, mas em seu lugar você fará um jugo de ferro[b]. ¹⁴ Assim diz o Senhor dos Exércitos, o Deus de Israel: Porei um jugo sobre o pescoço de todas essas nações, para fazê-las sujeitas a Nabucodonosor, rei da Babilônia, e elas se sujeitarão a ele. Até mesmo os animais selvagens estarão sujeitos a ele".

¹⁵ Disse, pois, o profeta Jeremias ao profeta Hananias: "Escute, Hananias! O Senhor não o enviou, mas assim mesmo você persuadiu esta nação a confiar em mentiras. ¹⁶ Por isso, assim diz o Senhor: 'Vou tirá-lo da face da terra. Este ano você morrerá, porque pregou rebelião contra o Senhor' ".

¹⁷ E o profeta Hananias morreu no sétimo mês daquele mesmo ano.

A Carta aos Exilados

29 Este é o conteúdo da carta que o profeta Jeremias enviou de Jerusalém aos líderes, que ainda restavam entre os exilados, aos sacerdotes, aos profetas e a todo o povo que Nabucodonosor deportara de Jerusalém para a Babilônia. ² Isso aconteceu depois que o rei Joaquim e a rainha-mãe, os oficiais do palácio real, os líderes de Judá e Jerusalém, os artesãos e os artífices foram deportados de Jerusalém para a Babilônia. ³ Ele enviou a carta por intermédio de Eleasa, filho de Safã, e Gemarias, filho de Hilquias, os quais Zedequias, rei de Judá, mandou a Nabucodonosor, rei da Babilônia. A carta dizia o seguinte:

⁴ "Assim diz o Senhor dos Exércitos, o Deus de Israel, a todos os exilados, que deportei de Jerusalém para a Babilônia: ⁵ 'Construam casas e habitem nelas; plantem jardins e comam de seus frutos. ⁶ Casem-se e tenham filhos

---

[a] 27.20 Hebraico: *Jeconias*, variante de *Joaquim*; também em 28.4 e 29.2

[b] 28.13 A Septuaginta diz *eu farei um jugo de ferro*.

e filhas; escolham mulheres para casar-se com seus filhos e deem as suas filhas em casamento, para que também tenham filhos e filhas. Multipliquem-se e não diminuam. ⁷ Busquem a prosperidade da cidade para a qual eu os deportei e orem ao Senhor em favor dela, porque a prosperidade de vocês depende da prosperidade dela'. ⁸ Porque assim diz o Senhor dos Exércitos, o Deus de Israel: 'Não deixem que os profetas e adivinhos que há no meio de vocês os enganem. Não deem atenção aos sonhos que vocês os encorajam a terem. ⁹ Eles estão profetizando mentiras em meu nome. Eu não os enviei', declara o Senhor.

¹⁰ "Assim diz o Senhor: 'Quando se completarem os setenta anos da Babilônia, eu cumprirei a minha promessa em favor de vocês, de trazê-los de volta para este lugar. ¹¹ Porque sou eu que conheço os planos que tenho para vocês', diz o Senhor, 'planos de fazê-los prosperar e não de causar dano, planos de dar a vocês esperança e um futuro. ¹² Então vocês clamarão a mim, virão orar a mim, e eu os ouvirei. ¹³ Vocês me procurarão e me acharão quando me procurarem de todo o coração. ¹⁴ Eu me deixarei ser encontrado por vocês', declara o Senhor, 'e os trarei de volta do cativeiro.ᵃ Eu os reunirei de todas as nações e de todos os lugares para onde eu os dispersei e os trarei de volta para o lugar de onde os deportei', diz o Senhor.

¹⁵ "Vocês podem dizer: 'O Senhor levantou profetas para nós na Babilônia', ¹⁶ mas assim diz o Senhor sobre o rei que se assenta no trono de Davi e sobre todo o povo que permanece nesta cidade, seus compatriotas que não foram com vocês para o exílio; ¹⁷ assim diz o Senhor dos Exércitos: 'Enviarei a guerra, a fome e a peste contra eles; lidarei com eles como se lida com figos ruins, que são intragáveis. ¹⁸ Eu os perseguirei com a guerra, a fome e a peste; farei deles objeto de terror para todos os reinos da terra, maldição e exemplo, zombaria e afronta entre todas as nações para onde eu os dispersei. ¹⁹ Porque eles não deram atenção às minhas palavras', declara o Senhor, 'palavras que lhes enviei pelos meus servos, os profetas. E vocês também não deram atenção!', diz o Senhor.

²⁰ "Ouçam, agora, a palavra do Senhor, todos vocês exilados, que deportei de Jerusalém para a Babilônia! ²¹ Assim diz o Senhor dos Exércitos, o Deus de Israel, a respeito de Acabe, filho de Colaías, e a respeito de Zedequias, filho de Maaseias, que estão profetizando mentiras a vocês em meu nome: 'Eu os entregarei nas mãos de Nabucodonosor, rei da Babilônia, e ele os matará diante de vocês. ²² Em razão disso, os exilados de Judá que estão na Babilônia usarão esta maldição: "Que o Senhor o trate como tratou Zedequias e Acabe, os quais o rei da Babilônia queimou vivos". ²³ Porque cometeram loucura em Israel: adulteraram com as mulheres de seus amigos e em meu nome falaram mentiras, que eu não ordenei que falassem. Mas eu estou sabendo; sou testemunha disso', declara o Senhor.

Mensagem a Semaías

²⁴ "Diga a Semaías, de Neelam: ²⁵ Diz o Senhor dos Exércitos, o Deus de Israel, que você enviou cartas em seu próprio nome a todo o povo de Jerusalém, a Sofonias, filho do sacerdote Maaseias, e a todos os sacerdotes. Você disse a Sofonias: ²⁶ 'O Senhor o designou sacerdote em lugar de Joiada como encarregado do templo do Senhor; você deveria prender no tronco, com correntes de ferro, qualquer doido que agisse como profeta. ²⁷ E por que você não repreendeu Jeremias de Anatote, que se apresenta como profeta entre vocês? ²⁸ Ele até mandou esta mensagem para nós que estamos na Babilônia, dizendo que o exílio será longo, que construam casas e habitem nelas, plantem jardins e comam de seus frutos' ".

²⁹ O sacerdote Sofonias leu a carta para o profeta Jeremias. ³⁰ Então o Senhor dirigiu a palavra a Jeremias: ³¹ "Envie esta mensagem a todos os exilados: Assim diz o Senhor sobre Semaías, de Neelam: Embora eu não o tenha enviado, Semaías profetizou a vocês e fez com que vocês cressem numa mentira, ³² por isso, assim diz o Senhor: Castigarei Semaías, de Neelam, e os seus descendentes. Não lhe restará ninguém entre este povo, e ele não verá as coisas boas que farei em favor de meu povo", declara o Senhor, "porque ele pregou rebelião contra o Senhor".

A Restauração de Israel

30 Esta é a palavra que veio a Jeremias da parte do Senhor: ² "Assim diz o Senhor, o Deus de Israel: Escreva num livro

---

ᵃ **29.14** Ou *e restaurarei a sorte de vocês.*

todas as palavras que eu falei a você. ³ Certamente vêm os dias", diz o Senhor, "em que mudarei a sorte do meu povo, Israel e Judá, e os farei retornar à terra que dei aos seus antepassados, e eles a possuirão", declara o Senhor.

⁴ Estas são as palavras que o Senhor falou acerca de Israel e de Judá: ⁵ "Assim diz o Senhor:

"Ouvem-se gritos de pânico,
de pavor e não de paz.
⁶ Pergunte e veja:
Pode um homem dar à luz?
Por que vejo, então, todos os homens
com as mãos no estômago,
como uma mulher em trabalho
de parto?
Por que estão pálidos todos os rostos?
⁷ Como será terrível aquele dia!
Sem comparação!
Será tempo de angústia para Jacó;
mas ele será salvo.

⁸ "Naquele dia",
declara o Senhor dos Exércitos,
"quebrarei o jugo
que está sobre o pescoço deles
e arrebentarei as suas correntes;
não mais serão escravizados
pelos estrangeiros.
⁹ Servirão ao Senhor, ao seu Deus,
e a Davi, seu rei,
que darei a eles.

¹⁰ "Por isso, não tema, Jacó, meu servo!
Não fique assustado, ó Israel!",
declara o Senhor.
"Eu o salvarei de um lugar distante,
e os seus descendentes,
da terra do seu exílio.
Jacó voltará e ficará em paz
e em segurança;
ninguém o inquietará.
¹¹ Porque eu estou com você
e o salvarei", diz o Senhor.
"Destruirei completamente
todas as nações
entre as quais eu o dispersei;
mas a você
não destruirei completamente.
Eu o disciplinarei, como você merece.
Não o deixarei impune".

¹² Assim diz o Senhor:

"Seu ferimento é grave,
sua ferida, incurável.
¹³ Não há quem defenda a sua causa;
não há remédio para a sua ferida,
que não cicatriza.
¹⁴ Todos os seus amantes
esqueceram-se de você;
eles não se importam com você.
Eu a golpeei como faz um inimigo;
dei a você um castigo cruel,
porque é grande a sua iniquidade
e numerosos são os seus pecados.
¹⁵ Por que você grita
por causa do seu ferimento,
por sua ferida incurável?
Fiz essas coisas a você
porque é grande a sua iniquidade
e numerosos são os seus pecados.
¹⁶ "Mas todos os que a devoram
serão devorados;
todos os seus adversários
irão para o exílio.
Aqueles que a saqueiam
serão saqueados;
eu despojarei todos os que a despojam.
¹⁷ Farei cicatrizar o seu ferimento
e curarei as suas feridas",
declara o Senhor,
"porque a você, Sião,
chamam de rejeitada,
aquela por quem ninguém se importa".

¹⁸ Assim diz o Senhor:

"Mudarei a sorte das tendas de Jacó
e terei compaixão das suas moradas.
A cidade será reconstruída
sobre as suas ruínas
e o palácio no seu devido lugar.
¹⁹ Deles virão ações de graça
e o som de regozijo.
Eu os farei aumentar
e eles não diminuirão;
eu os honrarei
e eles não serão desprezados.
²⁰ Seus filhos serão
como nos dias do passado,
e a sua comunidade
será firmada diante de mim;
castigarei todos aqueles
que os oprimem.
²¹ Seu líder será um entre eles;
seu governante virá do meio deles.

Eu o trarei para perto
  e ele se aproximará de mim;
pois quem se arriscaria
  a aproximar-se de mim?",
pergunta o Senhor.
²² "Por isso vocês serão o meu povo,
  e eu serei o seu Deus".

²³ Vejam, a tempestade do Senhor!
  Sua fúria está à solta!
Um vendaval vem
  sobre a cabeça dos ímpios.
²⁴ A ira do Senhor não se afastará
até que ele tenha completado
  os seus propósitos.
Em dias vindouros
  vocês compreenderão isso.

31

"Naquele tempo", diz o Senhor, "serei o Deus de todas as famílias de Israel, e eles serão o meu povo."

² Assim diz o Senhor:

"O povo que escapou da morte
  achou favor no deserto".

Quando Israel buscava descanso, ³ o Senhor lhe apareceu no passado,ᵃ dizendo:

"Eu a amei com amor eterno;
  com amor leal a atraí.
⁴ Eu a edificarei mais uma vez,
  ó virgem, Israel!
Você será reconstruída!
Mais uma vez você
  se enfeitará com guizos
  e sairá dançando com os que
    se alegram.
⁵ De novo você plantará videiras
  nas colinas de Samaria;
videiras antes profanadas pelos lavradores
  que as tinham plantado.ᵇ
⁶ Porque vai chegando o dia
  em que os sentinelas gritarão
  nas colinas de Efraim:
'Venham e subamos a Sião,
  à presença do Senhor,
    do nosso Deus' ".

⁷ Assim diz o Senhor:
"Cantem de alegria por causa de Jacó;

gritem, exaltando a principal
  das nações!
Proclamem e deem louvores, dizendo:
'O Senhor salvou o seu povo,ᶜ
  o remanescente de Israel'.
⁸ Vejam, eu os trarei da terra do norte
  e os reunirei dos confins da terra.
Entre eles estarão o cego e o aleijado,
mulheres grávidas
  e em trabalho de parto;
uma grande multidão voltará.
⁹ Voltarão com choro,ᵈ
  mas eu os conduzirei
  em meio a consolações.
Eu os conduzirei às correntes de água
por um caminho plano,
  onde não tropeçarão,
porque sou pai para Israel
  e Efraim é o meu filho mais velho.

¹⁰ "Ouçam a palavra do Senhor,
  ó nações,
e proclamem nas ilhas distantes:
  'Aquele que dispersou Israel o reunirá
  e, como pastor, vigiará o seu rebanho'.
¹¹ O Senhor resgatou Jacó
  e o libertou das mãos
    do que é mais forte do que ele.
¹² Eles virão e cantarão de alegria
  nos altos de Sião;
ficarão radiantes de alegria
  pelos muitos bens
  dados pelo Senhor:
o cereal, o vinho novo, o azeite puro,
  as crias das ovelhas e das vacas.
Serão como um jardim bem regado,
  e não mais se entristecerão.
¹³ Então as moças dançarão de alegria,
  como também os jovens
  e os velhos.
Transformarei o lamento deles
  em júbilo;
eu lhes darei consolo e alegria
  em vez de tristeza.
¹⁴ Satisfarei os sacerdotes com fartura;
  e o meu povo será saciado
pela minha bondade",
  declara o Senhor.

ᶜ **31.7** Conforme a Septuaginta. O Texto Massorético diz *Ó Senhor, salva o teu povo*.
ᵈ **31.9** Conforme a Septuaginta. O Texto Massorético diz *Suplicarão enquanto eu os conduzir*.

ᵃ **31.3** Ou *o Senhor apareceu a nós vindo de longe*.
ᵇ **31.5** Ou *videiras que os lavradores plantarão e cujo fruto colherão*.

¹⁵ Assim diz o Senhor:

"Ouve-se uma voz em Ramá,
  lamentação e amargo choro;
é Raquel, que chora por seus filhos
  e recusa ser consolada,
porque os seus filhos
  já não existem".

¹⁶ Assim diz o Senhor:

"Contenha o seu choro
  e as suas lágrimas,
pois o seu sofrimento
  será recompensado",
declara o Senhor.
"Eles voltarão da terra do inimigo.
¹⁷ Por isso há esperança
  para o seu futuro",
declara o Senhor.
"Seus filhos voltarão
  para a sua pátria.

¹⁸ "Ouvi claramente Efraim
  lamentando-se:
'Tu me disciplinaste
  como a um bezerro indomado,
e fui disciplinado.
Traze-me de volta, e voltarei,
  porque tu és o Senhor, o meu Deus.
¹⁹ De fato, depois de desviar-me,
  eu me arrependi;
depois que entendi, bati no meu peito.
Estou envergonhado e humilhado
porque trago sobre mim
  a desgraça da minha juventude'.
²⁰ Não é Efraim o meu filho querido?
  O filho em quem tenho prazer?
Cada vez que eu falo sobre Efraim,
  mais intensamente me lembro dele.
Por isso, com ansiedade
  o tenho em meu coração;
  tenho por ele grande compaixão",
declara o Senhor.

²¹ "Coloque marcos
  e ponha sinais nas estradas,
preste atenção no caminho
  que você trilhou.
Volte, ó virgem, Israel!
Volte para as suas cidades.
²² Até quando você vagará,
  ó filha rebelde?

O Senhor criou algo novo
  nesta terra:
uma mulher abraçaª um guerreiro".

²³ Assim diz o Senhor dos Exércitos, o Deus de Israel: "Quando eu os trouxer de volta do cativeiroᵇ, o povo de Judá e de suas cidades dirá novamente: 'O Senhor a abençoe, ó morada justa, ó monte sagrado'. ²⁴ O povo viverá em Judá e em todas as suas cidades, tanto os lavradores como os que conduzem os rebanhos. ²⁵ Restaurarei o exausto e saciarei o enfraquecido".

²⁶ Então acordei e olhei em redor. Meu sono tinha sido agradável.

²⁷ "Virão dias", diz o Senhor, "em que semearei na comunidade de Israel e na comunidade de Judá homens e animais. ²⁸ Assim como os vigiei para arrancar e despedaçar, para derrubar, destruir e trazer a desgraça, também os vigiarei para edificar e plantar", declara o Senhor. ²⁹ "Naqueles dias não se dirá mais:

" 'Os pais comeram uvas verdes,
  e os dentes dos filhos se embotaram'.

³⁰ "Ao contrário, cada um morrerá
  por causa do seu próprio pecado.
Os dentes de todo aquele
  que comer uvas verdes
se embotarão.

³¹ "Estão chegando os dias", declara o Senhor,
"quando farei uma nova aliança
  com a comunidade de Israel
  e com a comunidade de Judá.
³² Não será como a aliança
  que fiz com os seus antepassados
quando os tomei pela mão
  para tirá-los do Egito;
porque quebraram a minha aliança,
  apesar de eu ser o Senhorᶜ delesᵈ",
diz o Senhor.
³³ "Esta é a aliança que farei
  com a comunidade de Israel
  depois daqueles dias",
declara o Senhor:

ª **31.22** Ou *sairá em busca de*; ou ainda *protegerá*
ᵇ **31.23** Ou *eu restaurar a sorte deles*
ᶜ **31.32** Ou *marido*
ᵈ **31.32** A Septuaginta e a Versão Siríaca dizem *e eu me afastei deles*.

"Porei a minha lei no íntimo deles
e a escreverei nos seus corações.
Serei o Deus deles,
e eles serão o meu povo.

³⁴ Ninguém mais ensinará ao seu próximo
nem ao seu irmão, dizendo:
'Conheça ao Senhor',
porque todos eles me conhecerão,
desde o menor até o maior",
diz o Senhor.

"Porque eu lhes perdoarei a maldade
e não me lembrarei mais
dos seus pecados."

³⁵ Assim diz o Senhor,
aquele que designou o sol
para brilhar de dia,
que decretou que a lua
e as estrelas brilhem de noite,
que agita o mar
para que as suas ondas rujam;
o seu nome é o Senhor dos Exércitos:

³⁶ "Somente se esses decretos
desaparecerem de diante de mim",
declara o Senhor,
"deixarão os descendentes de Israel
de ser uma nação diante de mim
para sempre".

³⁷ Assim diz o Senhor:

"Se os céus em cima
puderem ser medidos,
e os alicerces da terra embaixo
puderem ser sondados,
então eu rejeitarei
os descendentes de Israel,
por tudo o que eles têm feito",
diz o Senhor.

³⁸ "Estão chegando os dias", declara o Senhor, "em que esta cidade será reconstruída para o Senhor, desde a torre de Hananeel até a porta da Esquina. ³⁹ A corda de medir será estendida diretamente até a colina de Garebe, indo na direção de Goa. ⁴⁰ Todo o vale, onde cadáveres e cinzas são jogados, e todos os terraços que dão para o vale do Cedrom a leste, até a esquina da porta dos Cavalos, serão consagrados ao Senhor. A cidade nunca mais será arrasada ou destruída."

Jeremias Compra um Campo

32 Esta é a palavra que o Senhor dirigiu a Jeremias no décimo ano do reinado de Zedequias, rei de Judá, que foi o décimo oitavo ano de Nabucodonosor. ² Naquela época, o exército do rei da Babilônia sitiava Jerusalém e o profeta Jeremias estava preso no pátio da guarda, no palácio real de Judá.

³ Zedequias, rei de Judá, havia aprisionado Jeremias acusando-o de fazer a seguinte profecia: O Senhor entregará a cidade nas mãos do rei da Babilônia, e este a conquistará; ⁴ Zedequias, rei de Judá, não escapará das mãos dos babilônios, mas certamente será entregue nas mãos do rei da Babilônia, falará com ele face a face e o verá com os seus próprios olhos; ⁵ e ele levará Zedequias para a Babilônia, onde este ficará até que o Senhor cuide da situação dele; e, ainda, se eles lutarem contra os babilônios, não serão bem-sucedidos.

⁶ E Jeremias disse: "O Senhor dirigiu-me a palavra nos seguintes termos: ⁷ 'Hanameel, filho de seu tio Salum, virá ao seu encontro e dirá: "Compre a propriedade que tenho em Anatote, porque, sendo o parente mais próximo, você tem o direito e o dever de comprá-la"'.

⁸ "Conforme o Senhor tinha dito, meu primo Hanameel veio ao meu encontro no pátio da guarda e disse: 'Compre a propriedade que tenho em Anatote, no território de Benjamim, porque é seu o direito de posse e de resgate. Compre-a!'

"Então, compreendi que essa era a palavra do Senhor. ⁹ Assim, comprei do meu primo Hanameel a propriedade que ele possuía em Anatote. Pesei a prata e lhe paguei dezessete peças de prata. ¹⁰ Assinei e selei a escritura, e pesei a prata na balança, diante de testemunhas por mim chamadas. ¹¹ Peguei a escritura, a cópia selada com os termos e condições da compra, bem como a cópia não selada, ¹² e entreguei essa escritura de compra a Baruque, filho de Nerias, filho de Maaseias, na presença de meu primo Hanameel, das testemunhas que tinham assinado a escritura e de todos os judeus que estavam sentados no pátio da guarda.

¹³ "Na presença deles dei as seguintes instruções a Baruque: ¹⁴ Assim diz o Senhor dos Exércitos, Deus de Israel: 'Tome estes documentos, tanto a cópia selada como a não selada da escritura de compra e coloque-os num jarro de barro para que se conservem por muitos anos'. ¹⁵ Porque assim diz o Senhor

dos Exércitos, Deus de Israel: 'Casas, campos e vinhas tornarão a ser comprados nesta terra'.

¹⁶ "Depois que entreguei a escritura de compra a Baruque, filho de Nerias, orei ao Senhor:

¹⁷ "Ah! Soberano Senhor, tu fizeste os céus e a terra pelo teu grande poder e por teu braço estendido. Nada é difícil demais para ti. ¹⁸ Mostras bondade até mil gerações, mas lanças os pecados dos pais sobre os seus filhos. Ó grande e poderoso Deus, cujo nome é o Senhor dos Exércitos, ¹⁹ grandes são os teus propósitos e poderosos os teus feitos. Os teus olhos estão atentos aos atos dos homens; tu retribuis a cada um de acordo com a sua conduta, de acordo com os efeitos das suas obras. ²⁰ Realizaste sinais e maravilhas no Egito e continuas a fazê-los até hoje, tanto em Israel como entre toda a humanidade, e alcançaste o renome que hoje tens. ²¹ Tiraste o teu povo do Egito com sinais e maravilhas, com mão poderosa e braço estendido, causando grande pavor. ²² Deste a eles esta terra, que sob juramento prometeste aos seus antepassados; uma terra onde há leite e mel com fartura. ²³ Eles vieram e tomaram posse dela, mas não te obedeceram nem seguiram a tua lei. Não fizeram nada daquilo que lhes ordenaste. Por isso trouxeste toda esta desgraça sobre eles.

²⁴ "As rampas de cerco são erguidas pelos inimigos para tomarem a cidade, e pela guerra, pela fome e pela peste, ela será entregue nas mãos dos babilônios que a atacam. Cumpriu-se aquilo que disseste, como vês. ²⁵ Ainda assim, ó Soberano Senhor, tu me mandaste comprar a propriedade e convocar testemunhas do negócio, embora a cidade esteja entregue nas mãos dos babilônios!

²⁶ "A palavra do Senhor veio a mim, dizendo: ²⁷ 'Eu sou o Senhor, o Deus de toda a humanidade. Há alguma coisa difícil demais para mim?' ²⁸ Portanto, assim diz o Senhor: 'Estou entregando esta cidade nas mãos dos babilônios e de Nabucodonosor, rei da Babilônia, que a conquistará. ²⁹ Os babilônios, que estão atacando esta cidade, entrarão e a incendiarão. Eles a queimarão com as casas nas quais o povo provocou a minha ira queimando incenso a Baal nos seus terraços e derramando ofertas de bebida em honra a outros deuses.

³⁰ " 'Desde a sua juventude o povo de Israel e de Judá nada tem feito senão aquilo que eu considero mau; de fato, o povo de Israel nada tem feito além de provocar-me à ira', declara o Senhor. ³¹ 'Desde o dia em que foi construída até hoje, esta cidade tem despertado o meu furor de tal forma que tenho que tirá-la da minha frente. ³² O povo de Israel e de Judá tem provocado a minha ira por causa de todo o mal que tem feito, tanto o povo como os seus reis e os seus líderes, os seus sacerdotes e os seus profetas, os homens de Judá e os habitantes de Jerusalém. ³³ Voltaram as costas para mim e não o rosto; embora eu os tenha ensinado vez após vez, não quiseram ouvir-me nem aceitaram a correção. ³⁴ Profanaram o templo que leva o meu nome, colocando nele as imagens de seus ídolos. ³⁵ Construíram altares idólatras para Baal no vale de Ben-Hinom, para sacrificarem a Moloque os seus filhos e as suas filhas,ᵃ coisa que nunca ordenei, prática repugnante que jamais imaginei; e, assim, levaram Judá a pecar'.

³⁶ "Portanto, assim diz o Senhor a esta cidade, sobre a qual vocês estão dizendo que será entregue nas mãos do rei da Babilônia por meio da guerra, da fome e da peste: ³⁷ 'Certamente eu os reunirei de todas as terras para onde os dispersei na minha ardente ira e no meu grande furor; eu os trarei de volta a este lugar e permitirei que vivam em segurança. ³⁸ Eles serão o meu povo, e eu serei o seu Deus. ³⁹ Darei a eles um só pensamento e uma só conduta, para que me temam durante toda a sua vida, para o seu próprio bem e o de seus filhos e descendentes. ⁴⁰ Farei com eles uma aliança permanente: Jamais deixarei de fazer o bem a eles, e farei com que me temam de coração, para que jamais se desviem de mim. ⁴¹ Terei alegria em fazer-lhes o bem, e os plantarei firmemente nesta terra de todo o meu coração e de toda a minha alma. Sim, é o que farei'.

⁴² "Assim diz o Senhor: 'Assim como eu trouxe toda esta grande desgraça sobre este povo, também lhes darei a prosperidade que lhes prometo. ⁴³ De novo serão compradas propriedades nesta terra, da qual vocês dizem: "É uma terra arrasada, sem homens nem animais, pois foi entregue nas mãos dos babilônios". ⁴⁴ Propriedades serão compradas por prata e escrituras serão assinadas e seladas diante de testemunhas no território de Benjamim, nos povoados ao redor de Jerusalém, nas cidades de Judá e nas cidades dos montes,

---

ᵃ **32.35** Ou *para fazerem seus filhos e suas filhas passarem pelo fogo,*

da Sefelá[a] e do Neguebe, porque eu restaurarei a sorte deles", declara o SENHOR.

Promessa de Restauração

33 Jeremias ainda estava preso no pátio da guarda quando o SENHOR lhe dirigiu a palavra pela segunda vez: ² "Assim diz o SENHOR que fez a terra, o SENHOR que a formou e a firmou; seu nome é SENHOR: ³ Clame a mim e eu responderei e direi a você coisas grandiosas e insondáveis que você não conhece". ⁴ Porque assim diz o SENHOR, o Deus de Israel, a respeito das casas desta cidade e dos palácios reais de Judá, que foram derrubados para servirem de defesa contra as rampas de cerco e a espada, ⁵ na luta contra os babilônios: "Elas ficarão cheias de cadáveres dos homens que matarei no meu furor. Ocultarei desta cidade o meu rosto por causa de toda a sua maldade.

⁶ "Todavia, trarei restauração e cura para ela; curarei o meu povo e lhe darei muita prosperidade e segurança. ⁷ Mudarei a sorte de Judá e de Israel[b] e os reconstruirei como antigamente. ⁸ Eu os purificarei de todo o pecado que cometeram contra mim e perdoarei todos os seus pecados de rebelião contra mim. ⁹ Então Jerusalém será para mim uma fonte de alegria, de louvor e de glória, diante de todas as nações da terra que ouvirem acerca de todos os benefícios que faço por ela. Elas temerão e tremerão diante da paz e da prosperidade que eu lhe concedo".

¹⁰ Assim diz o SENHOR: "Vocês dizem que este lugar está devastado e ficará sem homens nem animais. Contudo, nas cidades de Judá e nas ruas de Jerusalém, que estão devastadas, desabitadas, sem homens nem animais, mais uma vez se ouvirão ¹¹ as vozes de júbilo e de alegria, do noivo e da noiva, e as vozes daqueles que trazem ofertas de ação de graças para o templo do SENHOR, dizendo:

'Deem graças ao SENHOR dos Exércitos,
 pois ele é bom;
o seu amor leal dura para sempre'.

"Porque eu mudarei a sorte desta terra como antigamente", declara o SENHOR.

¹² Assim diz o SENHOR dos Exércitos: "Neste lugar desolado, sem homens nem animais, haverá novamente pastagens onde os pastores farão descansar os seus rebanhos, em todas as suas cidades. ¹³ Tanto nas cidades dos montes, da Sefelá, do Neguebe e do território de Benjamim, como nos povoados ao redor de Jerusalém e nas cidades de Judá, novamente passarão ovelhas sob as mãos daquele que as conta", diz o SENHOR.

¹⁴ "Dias virão", declara o SENHOR, "em que cumprirei a promessa que fiz à comunidade de Israel e à comunidade de Judá.

¹⁵ "Naqueles dias e naquela época
  farei brotar um Renovo justo
  da linhagem de Davi;
 ele fará o que é justo e certo na terra.
¹⁶ Naqueles dias, Judá será salva
  e Jerusalém viverá em segurança,
  e este é o nome pelo qual
  ela será chamada[c]:
  O SENHOR é a Nossa Justiça".

¹⁷ Porque assim diz o SENHOR: "Davi jamais deixará de ter um descendente que se assente no trono de Israel, ¹⁸ nem os sacerdotes, que são levitas, deixarão de ter descendente que esteja diante de mim para oferecer, continuamente, holocaustos[d], queimar ofertas de cereal e apresentar sacrifícios".

¹⁹ O SENHOR dirigiu a palavra a Jeremias: ²⁰ "Assim diz o SENHOR: Se vocês puderem romper a minha aliança com o dia e a minha aliança com a noite, de modo que nem o dia nem a noite aconteçam no tempo que está determinado para vocês, ²¹ então poderá ser quebrada a minha aliança com o meu servo Davi, e neste caso ele não mais terá um descendente que reine no seu trono; e também será quebrada a minha aliança com os levitas que são sacerdotes e que me servem. ²² Farei os descendentes do meu servo Davi e os levitas, que me servem, tão numerosos como as estrelas do céu e incontáveis como a areia das praias do mar".

²³ O SENHOR dirigiu a palavra a Jeremias: ²⁴ "Você reparou que essas pessoas estão dizendo que o SENHOR rejeitou os dois reinos[e] que tinha escolhido? Por isso desprezam o meu povo e não mais o consideram como nação? ²⁵ Assim diz o SENHOR: "Se a minha aliança

---

[a] 32.44 Pequena faixa de terra de relevo variável entre a planície costeira e as montanhas; também em 33.13.
[b] 33.7 Ou *Trarei Judá e Israel de volta do cativeiro*
[c] 33.16 Ou *ele será chamado*
[d] 33.18 Isto é, sacrifícios totalmente queimados.
[e] 33.24 Ou *as duas famílias*

com o dia e com a noite não mais vigorasse, se eu não tivesse estabelecido as leis fixas do céu e da terra, ²⁶ então eu rejeitaria os descendentes de Jacó e do meu servo Davi e não escolheria um dos seus descendentes para que governasse os descendentes de Abraão, de Isaque e de Jacó. Mas eu restaurarei a sorte deles[a] e lhes manifestarei a minha compaixão".

Advertência a Zedequias

34 Quando Nabucodonosor, rei da Babilônia, todo o seu exército e todos os reinos e povos do império que ele governava lutavam contra Jerusalém, e contra todas as cidades ao redor, o Senhor dirigiu esta palavra a Jeremias: ² "Assim diz o Senhor, o Deus de Israel: Vá ao rei Zedequias de Judá e lhe diga: Assim diz o Senhor: Estou entregando esta cidade nas mãos do rei da Babilônia, e ele a incendiará. ³ Você não escapará, mas será capturado e entregue nas mãos dele. Com os seus próprios olhos você verá o rei da Babilônia, e ele falará com você face a face. E você irá para a Babilônia.

⁴ "Ouça, porém, a promessa do Senhor, ó Zedequias, rei de Judá. Assim diz o Senhor a seu respeito: Você não morrerá à espada, ⁵ mas morrerá em paz. E assim como o povo queimou incenso em honra aos seus antepassados, os reis que o precederam, também queimarão incenso em sua honra e se lamentarão, clamando: 'Ah, meu senhor!' Sim, eu mesmo faço essa promessa", declara o Senhor.

⁶ O profeta Jeremias disse todas essas palavras ao rei Zedequias de Judá, em Jerusalém, ⁷ enquanto o exército do rei da Babilônia lutava contra Jerusalém e contra as outras cidades de Judá que ainda resistiam, Laquis e Azeca, pois só restaram essas cidades fortificadas em Judá.

Liberdade para os Escravos

⁸ O Senhor dirigiu a palavra a Jeremias depois do acordo que o rei Zedequias fez com todo o povo de Jerusalém, proclamando a libertação dos escravos. ⁹ Todos teriam que libertar seus escravos e escravas hebreus; ninguém poderia escravizar um compatriota judeu. ¹⁰ Assim, todos os líderes e o povo que firmaram esse acordo de libertação dos escravos, concordaram em deixá-los livres e não mais escravizá-los; o povo obedeceu e libertou os escravos.

¹¹ Mas, depois disso, mudou de ideia e tomou de volta os homens e as mulheres que havia libertado e tornou a escravizá-los.

¹² Então o Senhor dirigiu a palavra a Jeremias, dizendo: ¹³ "Assim diz o Senhor, o Deus de Israel: Fiz uma aliança com os seus antepassados quando os tirei do Egito, da terra da escravidão. Eu disse: ¹⁴ Ao fim de sete anos, cada um de vocês libertará todo compatriota hebreu que se vendeu a vocês. Depois que ele o tiver servido por seis anos, você o libertará.[b] Mas os seus antepassados não me obedeceram nem me deram atenção. ¹⁵ Recentemente vocês se arrependeram e fizeram o que eu aprovo: cada um de vocês proclamou liberdade para os seus compatriotas. Vocês até fizeram um acordo diante de mim no templo que leva o meu nome. ¹⁶ Mas, agora, vocês voltaram atrás e profanaram o meu nome, pois cada um de vocês tomou de volta os homens e as mulheres que tinham libertado. Vocês voltaram a escravizá-los".

¹⁷ Portanto, assim diz o Senhor: "Vocês não me obedeceram; não proclamaram libertação cada um para o seu compatriota e para o seu próximo. Por isso, eu agora proclamo libertação para vocês", diz o Senhor, "pela espada, pela peste e pela fome. Farei com que vocês sejam um objeto de terror para todos os reinos da terra. ¹⁸ Entregarei os homens que violaram a minha aliança e não cumpriram os termos da aliança que fizeram na minha presença quando cortaram o bezerro em dois e andaram entre as partes do animal; ¹⁹ isto é, os líderes de Judá e de Jerusalém, os oficiais do palácio real, os sacerdotes e todo o povo da terra que andou entre as partes do bezerro, ²⁰ sim, eu os entregarei nas mãos dos inimigos que desejam tirar-lhes a vida. Seus cadáveres servirão de comida para as aves e para os animais.

²¹ "Eu entregarei Zedequias, rei de Judá, e os seus líderes nas mãos dos inimigos que desejam tirar-lhes a vida, e do exército do rei da Babilônia, que retirou o cerco de vocês. ²² Darei a ordem", declara o Senhor, "e os trarei de volta a esta cidade. Eles lutarão contra ela e vão conquistá-la e incendiá-la. Farei com que as cidades de Judá fiquem devastadas e desabitadas".

Os Recabitas

35 Durante o reinado de Jeoaquim, filho de Josias, rei de Judá, o Senhor dirigiu

---

[a] **33.26** Ou *os trarei de volta do cativeiro*   [b] **34.14** Dt 15.12

esta palavra a Jeremias: ² "Vá à comunidade dos recabitas, convide-os a virem a uma das salas do templo do Senhor e ofereça-lhes vinho para beber".

³ Então busquei Jazanias, filho de Jeremias, filho de Habazinias, seus irmãos e todos os seus filhos e toda a comunidade dos recabitas. ⁴ Eu os levei ao templo do Senhor, à sala dos filhos de Hanã, filho de Jigdalias, homem de Deus. A sala ficava ao lado da sala dos líderes e debaixo da sala de Maaseias, filho de Salum, o porteiro. ⁵ Então coloquei vasilhas cheias de vinho e alguns copos diante dos membros da comunidade dos recabitas e lhes pedi que bebessem.

⁶ Eles, porém, disseram: "Não bebemos vinho porque o nosso antepassado Jonadabe, filho de Recabe, nos deu esta ordem: 'Nem vocês nem os seus descendentes beberão vinho. ⁷ Vocês não construirão casas nem semearão; não plantarão vinhas nem as possuirão; mas vocês sempre habitarão em tendas. Assim vocês viverão por muito tempo na terra na qual são nômades'. ⁸ Temos obedecido a tudo o que nos ordenou nosso antepassado Jonadabe, filho de Recabe. Nós, nossas mulheres, nossos filhos e nossas filhas jamais bebemos vinho em toda a nossa vida, ⁹ não construímos casas para nossa moradia nem possuímos vinhas, campos ou plantações. ¹⁰ Temos vivido em tendas e obedecido fielmente a tudo o que nosso antepassado Jonadabe nos ordenou. ¹¹ Mas, quando Nabucodonosor, rei da Babilônia, invadiu esta terra, dissemos: Venham, vamos para Jerusalém para escapar dos exércitos dos babilônios e dos sírios. Assim, permanecemos em Jerusalém".

¹² O Senhor dirigiu a palavra a Jeremias, dizendo: ¹³ "Assim diz o Senhor dos Exércitos, Deus de Israel: Vá dizer aos homens de Judá e aos habitantes de Jerusalém: Será que vocês não vão aprender a lição e obedecer às minhas palavras?", pergunta o Senhor. ¹⁴ "Jonadabe, filho de Recabe, ordenou a seus filhos que não bebessem vinho, e essa ordem tem sido obedecida até hoje. Eles não bebem vinho porque obedecem à ordem do seu antepassado. Mas eu tenho falado a vocês repetidas vezes, e, contudo, vocês não me obedecem. ¹⁵ Enviei a vocês, repetidas vezes, todos os meus servos, os profetas, para dizer que cada um de vocês deveria converter-se da sua má conduta, corrigir as suas ações e deixar de seguir outros deuses para prestar-lhes culto. Assim, vocês habitariam na terra que dei a vocês e a seus antepassados. Mas vocês não me deram atenção nem me obedeceram. ¹⁶ Os descendentes de Jonadabe, filho de Recabe, cumprem a ordem que o seu antepassado lhes deu, mas este povo não me obedece".

¹⁷ Portanto, assim diz o Senhor dos Exércitos, Deus de Israel: "Trarei sobre Judá e sobre todos os habitantes de Jerusalém toda a desgraça da qual os adverti; porque falei a eles, mas não me ouviram, chamei-os, mas não me responderam".

¹⁸ Jeremias disse à comunidade dos recabitas: "Assim diz o Senhor dos Exércitos, Deus de Israel: 'Vocês têm obedecido àquilo que o seu antepassado Jonadabe ordenou; têm cumprido todas as suas instruções e têm feito tudo o que ele ordenou'. ¹⁹ Por isso, assim diz o Senhor dos Exércitos, Deus de Israel: 'Jamais faltará a Jonadabe, filho de Recabe, um descendente que me sirva' ".

Jeoaquim Queima o Rolo de Jeremias

36 No quarto ano do reinado de Jeoaquim, filho de Josias, rei de Judá, o Senhor dirigiu esta palavra a Jeremias: ² "Pegue um rolo e escreva nele todas as palavras que falei a você a respeito de Israel, de Judá e de todas as outras nações, desde que comecei a falar a você, durante o reinado de Josias, até hoje. ³ Talvez, quando o povo de Judá souber de cada uma das desgraças que planejo trazer sobre eles, cada um se converta de sua má conduta e eu perdoe a iniquidade e o pecado deles".

⁴ Então Jeremias chamou Baruque, filho de Nerias, para que escrevesse no rolo, conforme Jeremias ditava, todas as palavras que o Senhor lhe havia falado. ⁵ Depois Jeremias disse a Baruque: "Estou preso; não posso ir ao templo do Senhor. ⁶ Por isso, vá ao templo do Senhor no dia do jejum e leia ao povo as palavras do Senhor que eu ditei, as quais você escreveu. Você também as lerá a todo o povo de Judá que vem de suas cidades. ⁷ Talvez a súplica deles chegue diante do Senhor, e cada um se converta de sua má conduta, pois é grande o furor anunciado pelo Senhor contra este povo".

⁸ E Baruque, filho de Nerias, fez exatamente tudo aquilo que o profeta Jeremias lhe mandou fazer e leu as palavras do Senhor. ⁹ No nono mês do quinto ano do reinado de Jeoaquim, filho de Josias, rei de Judá, foi proclamado um jejum perante o Senhor para todo o povo de Jerusalém e para todo o povo que vinha das cidades de Judá para Jerusalém. ¹⁰ Baruque leu

a todo o povo as palavras de Jeremias escritas no rolo. Ele as leu no templo do Senhor, da sala de Gemarias, filho do secretário Safã. A sala ficava no pátio superior, na porta Nova do templo.

¹¹ Quando Micaías, filho de Gemarias, filho de Safã, ouviu todas as palavras do Senhor, ¹² desceu à sala do secretário, no palácio real, onde todos os líderes estavam sentados: o secretário Elisama, Delaías, filho de Semaías, Elnatã, filho de Acbor, Gemarias, filho de Safã, Zedequias, filho de Hananias, e todos os outros líderes. ¹³ Micaías relatou-lhes tudo o que tinha ouvido quando Baruque leu ao povo o que estava escrito. ¹⁴ Então todos os líderes mandaram por intermédio de Jeudi, filho de Netanias, neto de Selemias, bisneto de Cuchi, a seguinte mensagem a Baruque: "Pegue o rolo que você leu ao povo e venha aqui". Baruque, filho de Nerias, pegou o rolo e foi até eles. ¹⁵ Disseram-lhe: "Sente-se e leia-o para nós".

Então Baruque o leu para eles. ¹⁶ Quando ouviram todas aquelas palavras, entreolharam-se com medo e disseram a Baruque: "É absolutamente necessário que relatemos ao rei todas essas palavras". ¹⁷ Perguntaram a Baruque: "Diga-nos, como você escreveu tudo isso? Foi Jeremias quem o ditou a você?"

¹⁸ "Sim", Baruque respondeu, "ele ditou todas essas palavras, e eu as escrevi com tinta no rolo."

¹⁹ Os líderes disseram a Baruque: "Vá esconder-se com Jeremias; e que ninguém saiba onde vocês estão".

²⁰ Então deixaram o rolo na sala de Elisama, o secretário, foram ao pátio do palácio real e relataram tudo ao rei. ²¹ O rei mandou Jeudi pegar o rolo, e Jeudi o trouxe da sala de Elisama, o secretário, e o leu ao rei e a todos os líderes que estavam a seu serviço. ²² Isso aconteceu no nono mês. O rei estava sentado em seus aposentos de inverno, perto de um braseiro aceso. ²³ Assim que Jeudi terminava de ler três ou quatro colunas, o rei as cortava com uma faca de escrivão e as atirava no braseiro, até que o rolo inteiro foi queimado no braseiro. ²⁴ O rei e todos os seus conselheiros que ouviram todas aquelas palavras não ficaram alarmados nem rasgaram as suas roupas, lamentando-se. ²⁵ Embora Elnatã, Delaías e Gemarias tivessem insistido com o rei que não queimasse o rolo, ele não quis ouvi-los. ²⁶ Em vez disso, o rei ordenou a Jerameel, filho do rei, Seraías, filho de Azriel, e Selemias, filho de Abdeel, que prendessem o escriba Baruque e o profeta Jeremias. Mas o Senhor os tinha escondido.

²⁷ Depois que o rei queimou o rolo que continha as palavras ditadas por Jeremias e redigidas por Baruque, o Senhor dirigiu esta palavra a Jeremias: ²⁸ "Pegue outro rolo e escreva nele todas as palavras que estavam no primeiro, que Jeoaquim, rei de Judá, queimou. ²⁹ Também diga a Jeoaquim, rei de Judá: Assim diz o Senhor: Você queimou aquele rolo e perguntou: 'Por que você escreveu nele que o rei da Babilônia virá e destruirá esta terra e dela eliminará tanto homens como animais?' "

³⁰ Pois assim diz o Senhor acerca de Jeoaquim, rei de Judá: "Ele não terá nenhum descendente para sentar-se no trono de Davi; seu corpo será lançado fora e exposto ao calor de dia e à geada de noite. ³¹ Eu castigarei a ele, aos seus filhos e aos seus conselheiros por causa dos seus pecados. Trarei sobre eles, sobre os habitantes de Jerusalém e sobre os homens de Judá toda a desgraça que pronunciei contra eles, porquanto não me deram atenção".

³² Então Jeremias pegou outro rolo e o deu ao escriba Baruque, filho de Nerias, para que escrevesse nele, conforme Jeremias ditava, todas as palavras do livro que Jeoaquim, rei de Judá, tinha queimado, além de muitas outras palavras semelhantes que foram acrescentadas.

Jeremias na Prisão

37 Zedequias, filho de Josias, rei de Judá, foi designado rei por Nabucodonosor, rei da Babilônia. Ele reinou em lugar de Joaquim[a], filho de Jeoaquim. ² Nem ele, nem seus conselheiros, nem o povo da terra deram atenção às palavras que o Senhor tinha falado por meio do profeta Jeremias.

³ O rei Zedequias, porém, mandou Jucal, filho de Selemias, e o sacerdote Sofonias, filho de Maaseias, ao profeta Jeremias com esta mensagem: "Ore ao Senhor, ao nosso Deus, em nosso favor".

⁴ Naquela época, Jeremias estava livre para circular entre o povo, pois ainda não tinha sido preso. ⁵ Enquanto isso, o exército do faraó tinha saído do Egito. E, quando os babilônios que cercavam Jerusalém ouviram isso, retiraram o cerco.

⁶ O Senhor dirigiu esta palavra ao profeta Jeremias: ⁷ "Assim diz o Senhor, o Deus de

---

[a] 37.1 Hebraico: *Conias*, variante de *Joaquim*.

Israel: Digam ao rei de Judá, que os mandou para consultar-me: O exército do faraó, que saiu do Egito para vir ajudá-los, retornará à sua própria terra, ao Egito. ⁸ Os babilônios voltarão e atacarão esta cidade; eles a conquistarão e a destruirão a fogo".

⁹ Assim diz o Senhor: "Não se enganem, dizendo: 'Os babilônios certamente vão embora'. Porque eles não vão. ¹⁰ Ainda que vocês derrotassem todo o exército babilônio que está atacando vocês, e só lhe restassem homens feridos em suas tendas, eles se levantariam e incendiariam esta cidade".

¹¹ Depois que o exército babilônio se retirou de Jerusalém por causa do exército do faraó, ¹² Jeremias saiu da cidade para ir ao território de Benjamim a fim de tomar posse da propriedade que tinha entre o povo daquele lugar. ¹³ Mas, quando chegou à porta de Benjamim, o capitão da guarda, cujo nome era Jerias, filho de Selemias, filho de Hananias, o prendeu e disse: "Você está desertando para o lado dos babilônios!"

¹⁴ "Isso não é verdade!", disse Jeremias. "Não estou passando para o lado dos babilônios." Mas Jerias não quis ouvi-lo; e, prendendo Jeremias, o levou aos líderes. ¹⁵ Eles ficaram furiosos com Jeremias, espancaram-no e o prenderam na casa do secretário Jônatas, que tinham transformado numa prisão.

¹⁶ Jeremias foi posto numa cela subterrânea da prisão, onde ficou por muito tempo. ¹⁷ Então o rei mandou buscá-lo, e Jeremias foi trazido ao palácio. E, secretamente, o rei lhe perguntou: "Há alguma palavra da parte do Senhor?"

"Há", respondeu Jeremias, "você será entregue nas mãos do rei da Babilônia."

¹⁸ Então Jeremias disse ao rei Zedequias: "Que crime cometi contra você ou contra os seus conselheiros ou contra este povo para que você me mandasse para a prisão? ¹⁹ Onde estão os seus profetas que profetizaram para você: 'O rei da Babilônia não atacará nem a vocês nem a esta terra'? ²⁰ Mas, agora, ó rei, meu senhor, escute-me, por favor. Permita-me apresentar-lhe a minha súplica: Não me mande de volta à casa de Jônatas, o secretário, para que eu não morra ali".

²¹ Então o rei Zedequias deu ordens para que Jeremias fosse colocado no pátio da guarda e que diariamente recebesse pão da rua dos padeiros, enquanto houvesse pão na cidade. Assim, Jeremias permaneceu no pátio da guarda.

Jeremias Confinado numa Cisterna

38 E ocorreu que Sefatias, filho de Matã, Gedalias, filho de Pasur, Jucal, filho de Selemias, e Pasur, filho de Malquias, ouviram o que Jeremias estava dizendo a todo o povo: ² "Assim diz o Senhor: 'Aquele que permanecer nesta cidade morrerá pela espada, pela fome e pela peste; mas aquele que se render aos babilônios viverá. Escapará com vida e sobreviverá'. ³ E, assim diz o Senhor: 'Esta cidade certamente será entregue ao exército do rei da Babilônia, que a conquistará' ".

⁴ Então os líderes disseram ao rei: "Este homem deve morrer. Ele está desencorajando os soldados que restaram nesta cidade, bem como todo o povo, com as coisas que ele está dizendo. Este homem não busca o bem deste povo, mas a sua ruína".

⁵ O rei Zedequias respondeu: "Ele está em suas mãos; o rei não pode opor-se a vocês".

⁶ Assim, pegaram Jeremias e o jogaram na cisterna de Malquias, filho do rei, a qual ficava no pátio da guarda. Baixaram Jeremias por meio de cordas para dentro da cisterna. Não havia água na cisterna, mas somente lama; e Jeremias afundou na lama.

⁷ Mas Ebede-Meleque, o etíope, oficial[a] do palácio real, ouviu que eles tinham jogado Jeremias na cisterna. Ora, o rei estava sentado junto à porta de Benjamim, ⁸ e Ebede-Meleque saiu do palácio e foi dizer-lhe: ⁹ "Ó rei, meu senhor, esses homens cometeram um mal em tudo o que fizeram ao profeta Jeremias. Eles o jogaram numa cisterna para que morra de fome, pois já não há mais pão na cidade".

¹⁰ Então o rei ordenou a Ebede-Meleque, o etíope: "Leve com você três homens sob as suas ordens e retire o profeta Jeremias da cisterna antes que ele morra".

¹¹ Então Ebede-Meleque levou consigo os homens que estavam sob as suas ordens e foi à sala que fica debaixo da tesouraria do palácio. Pegou alguns trapos e roupas velhas e desceu cordas até Jeremias na cisterna. ¹² Ebede-Meleque, o etíope, disse a Jeremias: "Põe esses trapos e roupas velhas debaixo dos braços para servirem de almofada para as cordas". E Jeremias assim fez. ¹³ Assim, com as cordas o puxaram para cima e o tiraram da cisterna.

E Jeremias permaneceu no pátio da guarda.

---

[a] **38.7** Ou *eunuco*

Jeremias é Interrogado Novamente

¹⁴ Então o rei Zedequias mandou trazer o profeta Jeremias e o encontrou na terceira entrada do templo do Senhor. "Quero pedir-te uma palavra", disse o rei. "Não me escondas nada."

¹⁵ Jeremias disse a Zedequias: "Se eu der uma resposta, você não me matará? Mesmo que eu o aconselhasse, você não me escutaria".

¹⁶ O rei Zedequias, porém, fez este juramento secreto a Jeremias: "Juro pelo nome do Senhor, de quem recebemos a vida, que eu não o matarei nem o entregarei nas mãos daqueles que desejam tirar sua vida".

¹⁷ Então Jeremias disse a Zedequias: "Assim diz o Senhor dos Exércitos, Deus de Israel: 'Se você se render imediatamente aos oficiais do rei da Babilônia, sua vida será poupada e esta cidade não será incendiada; você e a sua família viverão. ¹⁸ Mas, se você não se render imediatamente aos oficiais do rei da Babilônia, esta cidade será entregue nas mãos dos babilônios, e eles a incendiarão; nem mesmo você escapará das mãos deles' ".

¹⁹ O rei Zedequias disse a Jeremias: "Tenho medo dos judeus que estão apoiando os babilônios, pois os babilônios poderão entregar-me nas mãos deles, e eles me maltratarão".

²⁰ "Eles não o entregarão", Jeremias respondeu. "Obedeça ao Senhor fazendo o que eu digo, para que tudo corra bem a você e a sua vida seja poupada. ²¹ Mas, se você não quiser render-se, foi isto que o Senhor me revelou: ²² Todas as mulheres deixadas no palácio real de Judá serão levadas aos oficiais do rei da Babilônia. E elas dirão a você:

'Aqueles teus amigos de confiança
　te enganaram
　e prevaleceram sobre ti.
Teus pés estão atolados na lama;
　teus amigos te abandonaram'.

²³ "Todas as suas mulheres e os seus filhos serão levados aos babilônios. Você mesmo não escapará das mãos deles, mas será capturado pelo rei da Babilônia; e esta cidade será[a] incendiada."

²⁴ Então Zedequias disse a Jeremias: "Se alguém souber dessa conversa, tu morrerás. ²⁵ Se os líderes ouvirem que eu conversei contigo e vierem dizer-te: 'Conta-nos o que disseste ao rei e o que o rei te disse; não escondas nada de nós, se não nós te mataremos', ²⁶ dize: Fui suplicar ao rei que não me mandasse de volta à casa de Jônatas, para ali morrer".

²⁷ Quando os líderes vieram interrogar Jeremias, ele lhes disse tudo o que o rei tinha ordenado que dissesse. E eles não lhe perguntaram mais nada, pois ninguém tinha ouvido a conversa com o rei.

²⁸ E Jeremias permaneceu no pátio da guarda até o dia em que Jerusalém foi conquistada.

A Queda de Jerusalém

39 Foi assim que Jerusalém foi tomada: no nono ano do reinado de Zedequias, rei de Judá, no décimo mês, Nabucodonosor, rei da Babilônia, marchou contra Jerusalém com todo seu exército e a sitiou. ² E, no nono dia do quarto mês do décimo primeiro ano do reinado de Zedequias, o muro da cidade foi rompido. ³ Então todos os oficiais do rei da Babilônia vieram e se assentaram junto à porta do Meio: Nergal-Sarezer de Sangar, Nebo-Sarsequim, um dos chefes dos oficiais, Nergal-Sarezer, um alto oficial, e todos os outros oficiais do rei da Babilônia. ⁴ Quando Zedequias, rei de Judá, e todos os soldados os viram, fugiram e saíram da cidade, à noite, na direção do jardim real, pela porta entre os dois muros; e foram para a Arabá[b].

⁵ Mas o exército babilônio os perseguiu e alcançou Zedequias na planície de Jericó. Eles o capturaram e o levaram a Nabucodonosor, rei da Babilônia, em Ribla, na terra de Hamate, que o sentenciou. ⁶ Em Ribla, o rei da Babilônia mandou executar os filhos de Zedequias diante dos seus olhos e também matou todos os nobres de Judá. ⁷ Mandou furar os olhos de Zedequias e prendê-lo com correntes de bronze para levá-lo para a Babilônia.

⁸ Os babilônios incendiaram o palácio real e as casas do povo e derrubaram os muros de Jerusalém. ⁹ Nebuzaradã, o comandante da guarda imperial, deportou para a Babilônia o povo que restou na cidade, junto com aqueles que tinham se rendido a ele, e o restante dos artesãos[c]. ¹⁰ Somente alguns dos mais pobres do povo, que nada tinham, Nebuzaradã deixou para trás em Judá. E, naquela ocasião, ele lhes deu vinhas e campos.

---

[a] **38.23** Ou *e fará esta cidade ser*
[b] **39.4** Ou *para o vale do Jordão*
[c] **39.9** Ou *restante do povo*

¹¹ Mas Nabucodonosor, rei da Babilônia, deu ordens a respeito de Jeremias a Nebuzaradã: ¹² "Vá buscá-lo e cuide bem dele; não o maltrate, mas faça o que ele pedir". ¹³ Então Nebuzaradã, o comandante da guarda imperial, Nebusazbã, um dos chefes dos oficiais, Nergal-Sarezer, um alto oficial, e todos os outros oficiais do rei da Babilônia ¹⁴ mandaram tirar Jeremias do pátio da guarda e o entregaram a Gedalias, filho de Aicam, filho de Safã, para que o levasse à residência do governador. Assim, Jeremias permaneceu no meio do seu povo.

¹⁵ Enquanto Jeremias esteve preso no pátio da guarda, o Senhor lhe dirigiu a palavra: ¹⁶ "Vá dizer a Ebede-Meleque, o etíope: Assim diz o Senhor dos Exércitos, Deus de Israel: Estou prestes a cumprir as minhas advertências contra esta cidade, com desgraça e não com prosperidade. Naquele dia, elas se cumprirão diante dos seus olhos. ¹⁷ Mas eu o resgatarei naquele dia", declara o Senhor; "você não será entregue nas mãos daqueles a quem teme. ¹⁸ Eu certamente o resgatarei; você não morrerá à espada, mas escapará com vida, porque você confia em mim", declara o Senhor.

A Libertação de Jeremias

40 O Senhor dirigiu a palavra a Jeremias depois que o comandante da guarda imperial, Nebuzaradã, o libertou em Ramá. Ele tinha encontrado Jeremias acorrentado no meio de todos os cativos de Jerusalém e de Judá que estavam sendo levados para o exílio na Babilônia. ² Quando o comandante da guarda encontrou Jeremias, disse-lhe: "Foi o Senhor, o seu Deus, que determinou esta desgraça para este lugar. ³ Agora o Senhor a cumpriu e fez o que tinha prometido. Tudo isso aconteceu porque vocês pecaram contra o Senhor e não lhe obedeceram. ⁴ Mas hoje eu o liberto das correntes que prendem as suas mãos. Se você quiser, venha comigo para a Babilônia e eu cuidarei de você; se, porém, não quiser, pode ficar. Veja! Toda esta terra está diante de você; vá para onde achar melhor". ⁵ Contudo, antes de Jeremias se virar para partir[a], Nebuzaradã acrescentou: "Volte a Gedalias, filho de Aicam, neto de Safã, a quem o rei da Babilônia nomeou *governador sobre as cidades de Judá*, e viva com ele entre o povo, ou vá para qualquer outro lugar que desejar".

Então o comandante lhe deu provisões e um presente, e o deixou partir. ⁶ Jeremias foi a Gedalias, filho de Aicam, em Mispá, e permaneceu com ele entre o povo que foi deixado na terra de Judá.

O Assassinato de Gedalias

⁷ Havia comandantes do exército que ainda estavam em campo aberto com os seus soldados. Eles ouviram que o rei da Babilônia tinha nomeado Gedalias, filho de Aicam, governador de Judá e o havia encarregado dos homens, das mulheres, das crianças e dos mais pobres da terra que não tinham sido deportados para a Babilônia. ⁸ Então foram até Gedalias, em Mispá: Ismael, filho de Netanias, Joanã e Jônatas, filhos de Careá, Seraías, filho de Tanumete, os filhos de Efai, de Netofate, e Jazanias, filho do maacatita, juntamente com os seus soldados. ⁹ Gedalias, filho de Aicam, neto de Safã, fez um juramento a eles e aos seus soldados: "Não temam sujeitar-se aos babilônios. Estabeleçam-se na terra, sujeitem-se ao rei da Babilônia, e tudo irá bem para vocês. ¹⁰ Eu mesmo permanecerei em Mispá para representá-los diante dos babilônios que vierem a nós. Mas, vocês, façam a colheita das uvas para o vinho, das frutas e das olivas para o azeite, ponham o produto em jarros e vivam nas cidades que vocês ocuparam".

¹¹ Todos os judeus que estavam em Moabe, em Amom, em Edom e em todas as outras terras ouviram que o rei da Babilônia tinha deixado um remanescente em Judá e que havia nomeado Gedalias, filho de Aicam, neto de Safã, governador sobre eles. ¹² Então voltaram de todos os lugares para onde tinham sido espalhados; vieram para a terra de Judá e foram até Gedalias em Mispá. E fizeram uma grande colheita de frutas de verão e de uvas para o vinho.

¹³ Joanã, filho de Careá, e todos os comandantes do exército que ainda estavam em campo aberto, foram até Gedalias em Mispá ¹⁴ e lhe disseram: "Você não sabe que Baalis, rei dos amonitas, enviou Ismael, filho de Netanias, para matá-lo?" Mas Gedalias, filho de Aicam, não acreditou neles.

¹⁵ Então Joanã, filho de Careá, disse em particular a Gedalias, em Mispá: "Irei agora e matarei Ismael, filho de Netanias, e ninguém ficará sabendo disso. Por que deveria ele fazer que os judeus que se uniram a você sejam espalhados e o remanescente de Judá seja destruído?"

---

[a] 40.5 Ou *Jeremias responder*

¹⁶ Mas Gedalias, filho de Aicam, disse a Joanã, filho de Careá: "Não faça uma coisa dessas. O que você está dizendo sobre Ismael não é verdade".

41

No sétimo mês, Ismael, filho de Netanias, filho de Elisama, que era de sangue real e tinha sido um dos oficiais do rei, foi até Gedalias, filho de Aicam, em Mispá, levando consigo dez homens. Enquanto comiam juntos, ² Ismael e os dez homens que estavam com ele se levantaram e feriram à espada Gedalias, filho de Aicam, neto de Safã, matando aquele que o rei da Babilônia tinha nomeado governador de Judá. ³ Ismael também matou todos os judeus que estavam com Gedalias em Mispá, bem como os soldados babilônios que ali estavam.

⁴ No dia seguinte ao assassinato de Gedalias, antes que alguém o soubesse, ⁵ oitenta homens que haviam rapado a barba, rasgado suas roupas e feito cortes no corpo, vieram de Siquém, de Siló e de Samaria, trazendo ofertas de cereal e incenso para oferecer no templo do SENHOR. ⁶ Ismael, filho de Netanias, saiu de Mispá para encontrá-los, chorando enquanto caminhava. Quando os encontrou, disse: "Venham até onde se encontra Gedalias, filho de Aicam". ⁷ Quando entraram na cidade, Ismael, filho de Netanias, e os homens que estavam com ele os mataram e os atiraram numa cisterna. ⁸ Mas dez deles disseram a Ismael: "Não nos mate! Temos trigo e cevada, azeite e mel, escondidos num campo". Então ele os deixou em paz e não os matou com os demais. ⁹ A cisterna na qual ele jogou os corpos dos homens que havia matado, juntamente com o de Gedalias, tinha sido cavada pelo rei Asa para defender-se de Baasa, rei de Israel. Ismael, filho de Netanias, encheu-a com os mortos.

¹⁰ Ismael tomou como prisioneiros todo o restante do povo que estava em Mispá, inclusive as filhas do rei, sobre os quais Nebuzaradã, o comandante da guarda imperial, havia nomeado Gedalias, filho de Aicam, governador. Ismael, filho de Netanias, levou-os como prisioneiros e partiu para o território de Amom.

¹¹ Quando Joanã, filho de Careá, e todos os comandantes do exército que com ele estavam souberam do crime que Ismael, filho de Netanias, tinha cometido, ¹² convocaram todos os seus soldados para lutar contra ele. Eles o alcançaram perto do grande açude de Gibeom. ¹³ Quando todo o povo, que Ismael tinha levado como prisioneiro, viu Joanã, filho de Careá, e os comandantes do exército que estavam com ele, alegrou-se. ¹⁴ Todo o povo que Ismael tinha levado como prisioneiro de Mispá se voltou e passou para o lado de Joanã, filho de Careá. ¹⁵ Mas Ismael, filho de Netanias, e oito de seus homens escaparam de Joanã e fugiram para o território de Amom.

A Fuga para o Egito

¹⁶ Então, Joanã, filho de Careá, e todos os comandantes do exército que com ele estavam levaram todos os que tinham restado em Mispá, os quais ele tinha resgatado de Ismael, filho de Netanias, depois que este havia assassinado Gedalias, filho de Aicam: os soldados, as mulheres, as crianças e os oficiais do palácio real, que ele tinha trazido de Gibeom. ¹⁷ E eles prosseguiram, parando em Gerute-Quimã, perto de Belém, a caminho do Egito. ¹⁸ Queriam escapar dos babilônios. Estavam com medo porque Ismael, filho de Netanias, tinha matado Gedalias, filho de Aicam, a quem o rei da Babilônia nomeara governador de Judá.

42

Então todos os líderes do exército, inclusive Joanã, filho de Careá, e Jezaniasª, filho de Hosaías, e todo o povo, desde o menor até o maior, aproximaram-se ² do profeta Jeremias e lhe disseram: "Por favor, ouça a nossa petição e ore ao SENHOR, ao seu Deus, por nós e em favor de todo este remanescente; pois, como você vê, embora fôssemos muitos, agora só restam poucos de nós. ³ Ore rogando ao SENHOR, ao seu Deus, que nos diga para onde devemos ir e o que devemos fazer".

⁴ "Eu os atenderei", respondeu o profeta Jeremias. "Orarei ao SENHOR, ao seu Deus, conforme vocês pediram. E tudo o que o SENHOR responder eu direi; nada esconderei de vocês".

⁵ Então disseram a Jeremias: "Que o SENHOR seja uma testemunha verdadeira e fiel contra nós, caso não façamos tudo o que o SENHOR, o seu Deus, nos ordenar por você. ⁶ Quer seja favorável ou não, obedeceremos ao SENHOR, o nosso Deus, a quem o enviamos, para que tudo vá bem conosco, pois obedeceremos ao SENHOR, o nosso Deus".

⁷ Dez dias depois o SENHOR dirigiu a palavra a Jeremias, ⁸ e ele convocou Joanã, filho de Careá, e todos os comandantes do exército

---

ª **42.1** A Septuaginta diz *Azarias*. Veja 43.2.

que estavam com ele e todo o povo, desde o menor até o maior. ⁹ Disse-lhes então: "Assim diz o Senhor, o Deus de Israel, a quem vocês me enviaram para apresentar a petição de vocês: ¹⁰ 'Se vocês permanecerem nesta terra, eu os edificarei e não os destruirei; eu os plantarei e não os arrancarei, pois muito me pesa a desgraça que eu trouxe sobre vocês. ¹¹ Não tenham medo do rei da Babilônia, a quem vocês agora temem. Não tenham medo dele', declara o Senhor, 'pois estou com vocês e os salvarei e os livrarei das mãos dele. ¹² Eu terei compaixão de vocês, e ele também, e permitirá a vocês retornar à terra de vocês'.

¹³ "Contudo, se vocês disserem 'Não permaneceremos nesta terra', e assim desobedecerem ao Senhor, ao seu Deus, ¹⁴ e se disserem: 'Não, nós iremos para o Egito, onde não veremos a guerra nem ouviremos o som da trombeta, nem passaremos fome', ¹⁵ ouçam a palavra do Senhor, ó remanescente de Judá. Assim diz o Senhor dos Exércitos, Deus de Israel: 'Se vocês estão decididos a ir para o Egito e lá forem residir, ¹⁶ a guerra que vocês temem os alcançará, a fome que receiam os seguirá até o Egito, e lá vocês morrerão. ¹⁷ Todos os que estão decididos a partir e residir no Egito morrerão pela guerra, pela fome e pela peste; nem um só deles sobreviverá ou escapará da desgraça que trarei sobre eles'. ¹⁸ Assim diz o Senhor dos Exércitos, Deus de Israel: 'Como o meu furor foi derramado sobre os habitantes de Jerusalém, também a minha ira será derramada sobre vocês, quando forem para o Egito. Vocês serão objeto de maldição e de pavor, de desprezo e de afronta. Vocês jamais tornarão a ver este lugar'.

¹⁹ "Ó remanescente de Judá, o Senhor disse a vocês: 'Não vão para o Egito'. Estejam certos disto: Eu hoje os advirto ²⁰ que vocês cometeram um erro fatal[a] quando me enviaram ao Senhor, ao seu Deus, pedindo: 'Ore ao Senhor, ao nosso Deus, em nosso favor. Diga-nos tudo o que ele falar a você, e nós o faremos'. ²¹ Eu disse a vocês, hoje mesmo, o que o Senhor, o seu Deus, me mandou dizer a vocês, mas vocês não lhe estão obedecendo. ²² Agora, porém, estejam certos de que vocês morrerão pela guerra, pela fome e pela peste, no lugar em que vocês desejam residir".

43 Quando Jeremias acabou de dizer ao povo tudo o que o Senhor, o seu Deus, lhe mandara dizer, ² Azarias, filho de Hosaías, e Joanã, filho de Careá, e todos os homens arrogantes disseram a Jeremias: "Você está mentindo! O Senhor não o mandou dizer que não fôssemos residir no Egito. ³ Mas é Baruque, filho de Nerias, que o está instigando contra nós para que sejamos entregues nas mãos dos babilônios, a fim de que nos matem ou nos levem para o exílio na Babilônia".

⁴ Assim Joanã, filho de Careá, todos os comandantes do exército e todo o povo desobedeceram à ordem do Senhor de que permanecessem na terra de Judá. ⁵ E Joanã, filho de Careá, e todos os comandantes do exército levaram todo o remanescente de Judá que tinha voltado de todas as nações para onde haviam sido espalhados a fim de viver na terra de Judá: ⁶ todos os homens, mulheres e crianças, as filhas do rei, todos os que Nebuzaradã, o comandante da guarda imperial, deixara com Gedalias, filho de Aicam, neto de Safã; além do profeta Jeremias e de Baruque, filho de Nerias. ⁷ Eles foram para o Egito, desobedecendo ao Senhor, indo até Tafnes.

⁸ Em Tafnes, o Senhor dirigiu a palavra a Jeremias, dizendo: ⁹ "Pegue algumas pedras grandes e, à vista dos homens de Judá, enterre-as no barro do pavimento à entrada do palácio do faraó, em Tafnes. ¹⁰ Então diga-lhes: Assim diz o Senhor dos Exércitos, Deus de Israel: Mandarei chamar meu servo Nabucodonosor, rei da Babilônia, e ele colocará o seu trono sobre essas pedras que enterrei, e estenderá a sua tenda[b] real sobre elas. ¹¹ Ele virá e atacará o Egito, trará a morte aos destinados à morte, o cativeiro aos destinados ao cativeiro, e a espada aos destinados a morrer à espada. ¹² Ele incendiará[c] os templos dos deuses do Egito; queimará seus templos e levará embora cativos os seus deuses. Como um pastor tira os piolhos do seu manto[d], assim ele tirará os piolhos do Egito, e sairá em paz. ¹³ Ele despedaçará as colunas no templo do sol[e], no Egito, e incendiará os templos dos deuses do Egito".

A Desgraça Causada pela Idolatria

44 Esta é a palavra do Senhor, que foi dirigida a Jeremias, para todos os judeus

---
[a] **42.20** Ou *no coração*
[b] **43.10** Ou *tapete*
[c] **43.12** Ou *Eu incendiarei*
[d] **43.12** Ou *enrola o seu manto*
[e] **43.13** Ou *em Heliópolis*

que estavam no Egito e viviam em Migdol, Tafnes, Mênfis, e na região de Patros: ² "Assim diz o Senhor dos Exércitos, Deus de Israel: Vocês viram toda a desgraça que eu trouxe sobre Jerusalém e sobre todas as cidades de Judá. Hoje elas estão em ruínas e desabitadas ³ por causa do mal que fizeram. Seus moradores provocaram a minha ira queimando incenso e prestando culto a outros deuses, que nem eles nem vocês nem seus antepassados jamais conheceram. ⁴ Dia após dia eu enviei a vocês meus servos, os profetas, que disseram: 'Não façam essa abominação detestável!' ⁵ Mas eles não me ouviram nem me deram atenção; não se converteram de sua impiedade nem cessaram de queimar incenso a outros deuses. ⁶ Por isso, o meu furor foi derramado e queimou as cidades de Judá e as ruas de Jerusalém, tornando-as na ruína desolada que são hoje".

⁷ Assim diz o Senhor, o Deus dos Exércitos, o Deus de Israel: "Por que trazer uma desgraça tão grande sobre vocês mesmos, eliminando de Judá homens e mulheres, crianças e recém-nascidos, sem deixar remanescente algum? ⁸ Por que vocês provocam a minha ira com o que fazem, queimando incenso a outros deuses no Egito, onde vocês vieram residir? Vocês se destruirão e se tornarão objeto de desprezo e afronta entre todas as nações da terra. ⁹ Acaso vocês se esqueceram da impiedade cometida por seus antepassados, pelos reis de Judá e as mulheres deles, e da impiedade cometida por vocês e suas mulheres na terra de Judá e nas ruas de Jerusalém? ¹⁰ Até hoje não se humilharam nem mostraram reverência e não têm seguido a minha lei e os decretos que coloquei diante de vocês e dos seus antepassados".

¹¹ Portanto, assim diz o Senhor dos Exércitos, Deus de Israel: "Estou decidido a trazer desgraça sobre vocês e a destruir todo o Judá. ¹² Tomarei o remanescente de Judá, que decidiu partir e residir no Egito, e todos morrerão no Egito. Cairão pela espada ou pela fome; desde o menor até o maior, morrerão pela espada ou pela fome. Eles se tornarão objeto de maldição e de pavor, de desprezo e de afronta. ¹³ Castigarei aqueles que vivem no Egito com a guerra, a fome e a peste, como castiguei Jerusalém. ¹⁴ Ninguém do remanescente de Judá que foi morar no Egito escapará ou sobreviverá para voltar à terra de Judá, para a qual anseiam voltar e nela anseiam viver; nenhum voltará, exceto uns poucos fugitivos".

¹⁵ Então, todos os homens que sabiam que as suas mulheres queimavam incenso a outros deuses, e todas as mulheres que estavam presentes, em grande número, e todo o povo que morava no Egito, e na região de Patros, disseram a Jeremias: ¹⁶ "Nós não daremos atenção à mensagem que você nos apresenta em nome do Senhor! ¹⁷ É certo que faremos tudo o que dissemos que faríamos — queimaremos incenso à Rainha dos Céus e derramaremos ofertas de bebidas para ela, tal como fazíamos, nós e nossos antepassados, nossos reis e nossos líderes, nas cidades de Judá e nas ruas de Jerusalém. Naquela época, tínhamos fartura de comida, éramos prósperos e nada sofríamos. ¹⁸ Mas, desde que paramos de queimar incenso à Rainha dos Céus e de derramar ofertas de bebidas a ela, nada temos tido e temos perecido pela espada e pela fome".

¹⁹ E as mulheres acrescentaram: "Quando queimávamos incenso à Rainha dos Céus e derramávamos ofertas de bebidas para ela, será que era sem o consentimento de nossos maridos que fazíamos bolos na forma da imagem dela e derramávamos as ofertas de bebidas?"

²⁰ Então Jeremias disse a todo o povo, tanto aos homens como às mulheres que estavam respondendo a ele: ²¹ "E o Senhor? Não se lembra ele do incenso queimado nas cidades de Judá e nas ruas de Jerusalém por vocês e por seus antepassados, seus reis e seus líderes e pelo povo da terra? Será que ele não pensa nisso? ²² Quando o Senhor não pôde mais suportar as impiedades e as práticas repugnantes de vocês, a terra de vocês ficou devastada e desolada, tornou-se objeto de maldição e ficou desabitada, como se vê no dia de hoje. ²³ Foi porque vocês queimaram incenso e pecaram contra o Senhor e não obedeceram à sua palavra nem seguiram a sua lei, os seus decretos e os seus testemunhos, que esta desgraça caiu sobre vocês, como se vê no dia de hoje".

²⁴ Disse então Jeremias a todo o povo, inclusive às mulheres: "Ouçam a palavra do Senhor, todos vocês, judeus que estão no Egito. ²⁵ Assim diz o Senhor dos Exércitos, Deus de Israel: 'Vocês e suas mulheres cumpriram o que prometeram quando disseram: "Certamente cumpriremos os votos que fizemos de queimar incenso e derramar ofertas de bebidas à Rainha dos Céus" '.

"Prossigam! Façam o que prometeram! Cumpram os seus votos! ²⁶ Mas ouçam a palavra do Senhor, todos vocês, judeus que vivem no

Egito: 'Eu juro pelo meu grande nome', diz o Senhor, 'que em todo o Egito ninguém de Judá voltará a invocar o meu nome ou a jurar pela vida do Soberano, o Senhor. ²⁷ Vigiarei sobre eles para trazer-lhes a desgraça e não o bem; os judeus do Egito perecerão pela espada e pela fome até que sejam todos destruídos. ²⁸ Serão poucos os que escaparão da espada e voltarão do Egito para a terra de Judá. Então, todo o remanescente de Judá que veio residir no Egito saberá qual é a palavra que se realiza, a minha ou a deles.

²⁹ " 'Este será o sinal para vocês de que os castigarei neste lugar', declara o Senhor, 'e então vocês ficarão sabendo que as minhas ameaças de trazer-lhes desgraça certamente se realizarão'. ³⁰ Assim diz o Senhor: 'Entregarei o faraó Hofra, rei do Egito, nas mãos dos seus inimigos que desejam tirar-lhe a vida, assim como entreguei Zedequias, rei de Judá, nas mãos de Nabucodonosor, rei da Babilônia, o inimigo que desejava tirar a vida dele' ".

Mensagem a Baruque

45 No quarto ano do reinado de Jeoaquim, filho de Josias, rei de Judá, depois que Baruque, filho de Nerias, escreveu num rolo as palavras ditadas por Jeremias, este lhe disse: ² "Assim diz o Senhor, o Deus de Israel, a você, Baruque: ³ 'Você disse: "Ai de mim! O Senhor acrescentou tristeza ao meu sofrimento. Estou exausto de tanto gemer, e não encontro descanso" '.

⁴ "Mas o Senhor manda-me dizer-lhe: 'Assim diz o Senhor: Destruirei o que edifiquei e arrancarei o que plantei em toda esta terra. ⁵ E então? Você deveria buscar coisas especiais para você? Não as busque, pois trarei desgraça sobre toda a humanidade', diz o Senhor, 'mas eu o deixarei escapar com vida onde quer que você vá' ".

Mensagem acerca do Egito

46 Esta é a mensagem do Senhor que veio ao profeta Jeremias acerca das nações:

² Acerca do Egito:

Esta é a mensagem contra o exército do rei do Egito, o faraó Neco, que foi derrotado em Carquemis, junto ao rio Eufrates, por Nabucodonosor, rei da Babilônia, no quarto ano do reinado de Jeoaquim, filho de Josias, rei de Judá:

³ "Preparem seus escudos,
os grandes e os pequenos,
e marchem para a batalha!
⁴ Selem os cavalos e montem!
Tomem posição e coloquem o capacete!
Passem óleo na ponta de suas lanças
e vistam a armadura!
⁵ Mas o que vejo?
Eles estão apavorados,
estão se retirando,
seus guerreiros estão derrotados.
Fogem às pressas, sem olhar para trás;
  há terror por todos os lados",
declara o Senhor.
⁶ "O ágil não consegue fugir,
  nem o forte escapar.
No norte, junto ao rio Eufrates,
  eles tropeçam e caem.

⁷ "Quem é aquele que se levanta
  como o Nilo,
como rios de águas agitadas?
⁸ O Egito se levanta como o Nilo,
  como rios de águas agitadas.
Ele diz: 'Eu me levantarei
  e cobrirei a terra;
destruirei as cidades
  e os seus habitantes'.
⁹ Ao ataque, cavalos!
Avancem, carros de guerra!
Marchem em frente, guerreiros!
Homens da Etiópia e da Líbia,ª
  que levam escudos;
homens da Lídia, que empunham o arco!
¹⁰ Mas aquele dia pertence ao Soberano,
  ao Senhor dos Exércitos.
Será um dia de vingança,
  para vingar-se dos seus adversários.
A espada devorará até saciar-se,
  até satisfazer sua sede de sangue.
Porque o Soberano,
  o Senhor dos Exércitos,
fará um banquete na terra do norte,
  junto ao rio Eufrates.

¹¹ "Suba a Gileade em busca de bálsamo,
  ó virgem, filha do Egito!
Você multiplica remédios em vão;
  não há cura para você.
¹² As nações ouviram da sua humilhação;
  os seus gritos encheram a terra,

ª **46.9** Hebraico: *de Cuxe e de Fute.*

quando um guerreiro
 tropeçou noutro guerreiro
e ambos caíram".

¹³ Esta é a mensagem que o Senhor falou ao profeta Jeremias acerca da vinda de Nabucodonosor, rei da Babilônia, para atacar o Egito:

¹⁴ "Anunciem isto no Egito
 e proclamem-no em Migdol;
proclamem-no também em Mênfis
 e em Tafnes:
Assumam posição! Preparem-se!
Porque a espada devora aqueles
 que estão ao seu redor.
¹⁵ Por que o deus Ápis fugiu?ᵃ
O seu touro não resistiu,
 porque o Senhor o derrubou.
¹⁶ Tropeçam e caem,
 caem uns sobre os outros.
Eles dizem: 'Levantem-se.
Vamos voltar para nosso próprio povo
 e para nossa terra natal,
para longe da espada do opressor.'
¹⁷ O faraó, rei do Egito,
 é barulho e nada mais!
Ele perdeu a sua oportunidade'.

¹⁸ "Juro pela minha vida",
 declara o Rei,
cujo nome é Senhor dos Exércitos,
"ele virá como o Tabor entre os montes,
 como o Carmelo junto ao mar.
¹⁹ Arrumem a bagagem para o exílio,
 vocês que vivem no Egito,
pois Mênfis será arrasada,
 ficará desolada e desabitada.

²⁰ "O Egito é uma linda novilha,
 mas do norte a ataca
 uma mutuca.
²¹ Os mercenários em suas fileiras
 são como bezerros gordos.
Eles também darão meia volta
 e juntos fugirão;
não defenderão suas posições,
pois o dia da derrota deles
 está chegando,
a hora de serem castigados.
²² O Egito silvará
 como uma serpente em fuga

à medida que o inimigo
 avança com grande força.
Virão sobre ele com machados,
como os homens
 que derrubam árvores.
²³ Eles derrubarão sua floresta",
 declara o Senhor,
"por mais densa que seja.
São mais que os gafanhotos;
 são incontáveis!
²⁴ A cidadeᵇ do Egito será envergonhada,
 será entregue nas mãos
 do povo do norte".

²⁵ O Senhor dos Exércitos, o Deus de Israel, diz: "Castigarei Amom, deus de Tebasᶜ, o faraó, o Egito, seus deuses e seus reis, e também os que confiam no faraó. ²⁶ Eu os entregarei nas mãos daqueles que desejam tirar-lhes a vida; nas mãos de Nabucodonosor, rei da Babilônia, e de seus oficiais. Mais tarde, porém, o Egito será habitado como em épocas passadas", declara o Senhor.

²⁷ "Quanto a você, não tema,
 meu servo Jacó!
Não fique assustado, ó Israel!
Eu o salvarei de um lugar distante;
e os seus descendentes,
 da terra do seu exílio.
Jacó voltará e ficará em paz
 e em segurança;
ninguém o inquietará.
²⁸ Não tema, meu servo Jacó!
Eu estou com você",
 declara o Senhor.
"Destruirei completamente
 todas as nações entre as quais
 eu o dispersei;
mas a você
 não destruirei completamente.
Eu o disciplinarei como você merece;
 não serei severo demais".

Mensagem acerca dos Filisteus

47 Esta é a palavra do Senhor que veio ao profeta Jeremias acerca dos filisteus, antes do ataque do faraó a Gaza:

ᵃ **46.15** Ou *Por que os seus guerreiros estão estirados no chão?*
ᵇ **46.24** Hebraico: *filha*.
ᶜ **46.25** Hebraico: *No*.

² Assim diz o Senhor:

"Vejam como as águas estão
  subindo do norte;
elas se tornam
  uma torrente transbordante.
Inundarão esta terra
  e tudo o que nela existe;
as cidades e os seus habitantes.
O povo clamará,
gritarão todos os habitantes desta terra,
³ ao estrondo dos cascos
  dos seus cavalos galopando,
ao barulho dos seus carros de guerra,
e ao estampido de suas rodas.
Os pais não se voltarão
  para ajudar seus filhos,
porque suas mãos estarão fracas.
⁴ Pois chegou o dia de destruir
  todos os filisteus
e de eliminar todos os sobreviventes
  que poderiam ajudar Tiro e Sidom.
O Senhor destruirá os filisteus,
  o remanescente da ilha de Caftor[a].
⁵ Os habitantes de Gaza
  raparam a cabeça;
Ascalom está calada.
Ó remanescente da planície,
até quando você fará incisões
  no próprio corpo?

⁶ " 'Ah, espada do Senhor,
  quando você descansará?
Volte à sua bainha,
  acalme-se e repouse.'
⁷ Mas como poderá ela descansar
  quando o Senhor lhe deu ordens,
quando determinou
  que ataque Ascalom e o litoral?"

Mensagem acerca de Moabe

48 Acerca de Moabe:

Assim diz o Senhor dos Exércitos, Deus de Israel:

"Ai de Nebo, pois ficou em ruínas.
  Quiriataim foi derrotada e capturada;
  a fortaleza[b] foi derrotada e destroçada.
² Moabe não é mais louvada;
  em Hesbom tramam a sua ruína:

'Venham! Vamos dar fim àquela nação'.
  Você também ficará calada,

ó Madmém; a espada a perseguirá.
³ Ouçam os gritos de Horonaim:
  'Devastação! Grande destruição!'
⁴ Moabe está destruída!'
  É o grito que se ouve até em Zoar[c].
⁵ Eles sobem pelo caminho para Luíte,
chorando amargamente
  enquanto seguem;
na estrada que desce a Horonaim
  ouvem-se gritos angustiados
  por causa da destruição.
⁶ Fujam! Corram para salvar suas vidas;
  tornem-se como um arbusto[d] no deserto.
⁷ Uma vez que vocês confiam
  em seus feitos e em suas riquezas,
vocês também serão capturados,
  e Camos irá para o exílio,
junto com seus sacerdotes e líderes.
⁸ O destruidor virá contra
  todas as cidades,
e nenhuma escapará.
O vale se tornará ruínas,
  e o planalto será destruído,
  como o Senhor falou.
⁹ Ponham sal sobre Moabe,
  pois ela será deixada em ruínas;[e]
suas cidades ficarão devastadas,
  sem nenhum habitante.

¹⁰ "Maldito o que faz com negligência
  o trabalho do Senhor!
Maldito aquele que impede a sua espada
  de derramar sangue!

¹¹ "Moabe tem estado tranquila
  desde a sua juventude,
como o vinho deixado
  com os seus resíduos;
não foi mudada de vasilha em vasilha.
Nunca foi para o exílio;
por isso, o seu sabor
  permanece o mesmo
e o seu cheiro não mudou.
¹² Portanto, certamente vêm os dias",
  declara o Senhor,
"quando enviarei decantadores
  que a decantarão;

---

[a] 47.4 Isto é, Creta.
[b] 48.1 Ou *Misgabe*
[c] 48.4 Ou *Os seus pequenos clamam*
[d] 48.6 Ou *como Aroer*
[e] 48.9 Ou *Deem asas a Moabe, pois ela voará para longe*;

esvaziarão as suas jarras
  e as despedaçarão.

¹³ Então Moabe se decepcionará
  com Camos,
assim como Israel
  se decepcionou com Betel,
em quem confiava.

¹⁴ "Como vocês podem dizer:
  'Somos guerreiros,
somos homens de guerra'?
¹⁵ Moabe foi destruída
  e suas cidades serão invadidas;
o melhor dos seus jovens
  desceu para a matança",
declara o Rei, cujo nome é
  Senhor dos Exércitos.
¹⁶ "A derrota de Moabe está próxima;
  a sua desgraça vem rapidamente.
¹⁷ Lamentem por ela
  todos os seus vizinhos,
todos os que conhecem a sua fama.
Digam: Como está quebrado
  o cajado poderoso,
  o cetro glorioso!

¹⁸ "Desçam de sua glória
  e sentem-se sobre o chão ressequido,
ó moradores da cidadeª de Dibom,
pois o destruidor de Moabe
  veio para atacá-los
  e destruir as suas fortalezas.
¹⁹ Fiquem junto à estrada e vigiem,
  vocês que vivem em Aroer.
Perguntem ao homem que
  foge e à mulher que escapa,
perguntem a eles: O que aconteceu?
²⁰ Moabe ficou envergonhada,
  pois está destroçada.
Gritem e clamem!
Anunciem junto ao Arnom
  que Moabe foi destruída.
²¹ O julgamento chegou ao planalto:
  a Holom, Jaza e Mefaate,
²² a Dibom, Nebo e Bete-Diblataim,
²³ a Quiriataim, Bete-Gamul
  e Bete-Meom,
²⁴ a Queriote e Bozra,
a todas as cidades de Moabe,
  distantes e próximas.

²⁵ O poderᵇ de Moabe foi eliminado;
  seu braço está quebrado",
  declara o Senhor.
²⁶ "Embriaguem-na,
  pois ela desafiou o Senhor.
Moabe se revolverá no seu vômito
  e será objeto de ridículo.
²⁷ Não foi Israel objeto de ridículo
  para você?
Foi ele encontrado
  em companhia de ladrões
para que você sacuda a cabeça
  sempre que fala dele?
²⁸ Abandonem as cidades!
Habitem entre as rochas,
  vocês que moram em Moabe!
Sejam como uma pomba
  que faz o seu ninho
  nas bordas de um precipício.

²⁹ "Temos ouvido
  do orgulho de Moabe:
da sua extrema arrogância,
  do seu orgulho e soberba,
e do seu espírito de superioridade.
³⁰ Conheço bem a sua arrogância",
  declara o Senhor.
"A sua tagarelice sem fundamento
  e as suas ações que nada alcançam.
³¹ Por isso, eu me lamentarei por Moabe,
gritarei por causa
  de toda a terra de Moabe,
prantearei pelos habitantes
  de Quir-Heres.
³² Chorarei por vocês
  mais do que choro por Jazar,
ó videiras de Sibma.
Os seus ramos se estendiam até o mar
  e chegavam até Jazar.
O destruidor caiu sobre as suas frutas
  e sobre as suas uvas.
³³ A alegria e a satisfação se foram
  das terras férteis de Moabe.
Interrompi a produção de vinho
  nos lagares.
Ninguém mais pisa as uvas
  com gritos de alegria;
embora haja gritos, não são de alegria.

³⁴ "O grito de Hesbom
  é ouvido em Eleale e Jaaz,

ª **48.18** Hebraico: *filha*.   ᵇ **48.25** Hebraico: *chifre*.

desde Zoar até Horonaim
e Eglate-Selisia,
pois até as águas do Ninrim secaram.
³⁵ Em Moabe darei fim àqueles
que fazem ofertas
nos altares idólatras
e queimam incenso a seus deuses",
declara o Senhor.
³⁶ "Por isso o meu coração
lamenta-se por Moabe,
como uma flauta;
lamenta-se como uma flauta
pelos habitantes de Quir-Heres.
A riqueza que acumularam se foi.
³⁷ Toda cabeça foi rapada
e toda barba foi cortada;
toda mão sofreu incisões
e toda cintura foi coberta
com veste de lamento.
³⁸ Em todos os terraços de Moabe
e nas praças
não há nada senão pranto,
pois despedacei Moabe
como a um jarro
que ninguém deseja",
declara o Senhor.
³⁹ "Como ela foi destruída!
Como lamentam!
Como Moabe dá as costas,
envergonhada!
Moabe tornou-se objeto de ridículo
e de pavor para todos os seus vizinhos".

⁴⁰ Assim diz o Senhor:

"Vejam! Uma águia planando
estende as asas sobre Moabe.
⁴¹ Queriote será capturada,ª
e as fortalezas serão tomadas.
Naquele dia,
a coragem dos guerreiros de Moabe
será como a de uma mulher
em trabalho de parto.
⁴² Moabe será destruída como nação,
pois ela desafiou o Senhor.
⁴³ Terror, cova e laço esperam por você,
ó povo de Moabe", declara o Senhor.
⁴⁴ "Quem fugir do terror
cairá numa cova,
e quem sair da cova
será apanhado num laço.

Trarei sobre Moabe
a hora do seu castigo",
declara o Senhor.

⁴⁵ "Na sombra de Hesbom
os fugitivos se encontram
desamparados,
pois um fogo saiu de Hesbom,
uma labareda, do meio de Seom;
e queima as testas
dos homens de Moabe
e os crânios dos homens turbulentos.
⁴⁶ Ai de você, ó Moabe!
O povo de Camos está destruído;
seus filhos são levados para o exílio,
e suas filhas para o cativeiro.

⁴⁷ "Contudo, restaurarei a sorte
de Moabe
em dias vindouros", declara o Senhor.

Aqui termina a sentença sobre Moabe.

Mensagem acerca de Amom

49 Acerca dos amonitas:

Assim diz o Senhor:

"Por acaso Israel não tem filhos?
Será que não tem herdeiros?
Por que será então que Moloqueᵇ
se apossou de Gade?
Por que seu povo vive
nas cidades de Gade?
² Portanto, certamente vêm os dias",
declara o Senhor,
"em que farei soar o grito de guerra
contra Rabá dos amonitas;
ela virá a ser uma pilha de ruínas,
e os seus povoados ao redor
serão incendiados.
Então Israel expulsará
aqueles que o expulsaram",
diz o Senhor.
³ "Lamente-se, ó Hesbom,
pois Ai está destruída!
Gritem, ó moradores de Rabá!
Ponham veste de lamento e chorem!
Corram para onde der,
pois Moloque irá para o exílio

ª **48.41** Ou *As cidades serão capturadas,*
ᵇ **49.1** Conforme a Septuaginta. O Texto Massorético diz *o rei deles*; também no versículo 3.

com os seus sacerdotes
e os seus oficiais.
⁴ Por que você se orgulha de seus vales?
Por que se orgulha
de seus vales tão frutíferos?
Ó filha infiel!
Você confia em suas riquezas e diz:
'Quem me atacará?'
⁵ Farei com que você tenha pavor
de tudo o que está a sua volta",
diz o Senhor, o SENHOR dos Exércitos.
"Vocês serão dispersos,
cada um numa direção,
e ninguém conseguirá
reunir os fugitivos.

⁶ "Contudo, depois disso,
restaurarei a sorte dos amonitas",
declara o SENHOR.

Mensagem acerca de Edom

⁷ Acerca de Edom:

Assim diz o SENHOR dos Exércitos:

"Será que já não há mais
sabedoria em Temã?
Será que o conselho
desapareceu dos prudentes?
A sabedoria deles deteriorou-se?
⁸ Voltem-se e fujam,
escondam-se em cavernas profundas,
vocês que moram em Dedã,
pois trarei a ruína sobre Esaú
na hora em que eu o castigar.
⁹ Se os que colhem uvas
viessem até você,
não deixariam eles
apenas umas poucas uvas?
Se os ladrões viessem durante a noite,
não roubariam
apenas o quanto desejassem?
¹⁰ Mas eu despi Esaú
e descobri os seus esconderijos,
para que ele não mais se esconda.
Os seus filhos, parentes
e vizinhos foram destruídos.
Ninguém restou[a] para dizer:
¹¹ 'Deixe os seus órfãos;
eu protegerei a vida deles.

As suas viúvas também
podem confiar em mim' ".

¹² Assim diz o SENHOR: "Se aqueles para quem o cálice não estava reservado tiveram que bebê-lo, por que você deveria ficar impune? Você não ficará sem castigo, mas irá bebê-lo. ¹³ Eu juro por mim mesmo", declara o SENHOR, "que Bozra ficará em ruínas e desolada; ela se tornará objeto de afronta e de maldição, e todas as suas cidades serão ruínas para sempre".

¹⁴ Ouvi uma mensagem
da parte do SENHOR;
um mensageiro foi mandado
às nações para dizer:
"Reúnam-se para atacar Edom!
Preparem-se para a batalha!"
¹⁵ "Agora eu faço de você
uma nação pequena
entre as demais,
desprezada pelos homens.
¹⁶ O pavor que você inspira
e o orgulho de seu coração
o enganaram,
a você, que vive nas fendas
das rochas,
que ocupa os altos das colinas.
Ainda que você, como a águia,
faça o seu ninho nas alturas,
de lá eu o derrubarei",
declara o SENHOR.
¹⁷ "Edom se tornará objeto de terror;
todos os que por ali passarem
ficarão chocados e zombarão
por causa de todas as suas feridas.
¹⁸ Como foi com a destruição
de Sodoma e Gomorra
e das cidades vizinhas",
diz o SENHOR,
"ninguém mais habitará ali,
nenhum homem residirá nela.

¹⁹ "Como um leão
que sobe da mata do Jordão
em direção aos pastos verdejantes,
subitamente eu caçarei Edom
pondo-o fora de sua terra.
Quem é o escolhido
que designarei para isso?
Quem é como eu
que possa me desafiar?

---

[a] **49.10** Ou *E ele já não existe*

E que pastor pode me
  resistir[a]?"
²⁰ Por isso, ouçam o que
  o Senhor planejou contra Edom,
o que preparou contra
  os habitantes de Temã:
Os menores do rebanho
  serão arrastados,
e as pastagens ficarão devastadas
  por causa deles.
²¹ Ao som de sua queda a terra tremerá;
  o grito deles ressoará
    até o mar Vermelho.
²² Vejam! Uma águia,
  subindo e planando,
  estende as asas sobre Bozra.
Naquele dia,
  a coragem dos guerreiros de Edom
  será como a de uma mulher que está
    dando à luz.

Mensagem acerca de Damasco

²³ Acerca de Damasco:

"Hamate e Arpade estão atônitas,
  pois ouviram más notícias.
Estão desencorajadas,
  perturbadas como o mar agitado.
²⁴ Damasco tornou-se frágil,
ela se virou para fugir,
e o pânico tomou conta dela;
angústia e dor dela se apoderaram,
dor como a de uma mulher
  em trabalho de parto.
²⁵ Como está abandonada
  a cidade famosa,
  a cidade da alegria!
²⁶ Por isso, os seus jovens
  cairão nas ruas
e todos os seus guerreiros
  se calarão naquele dia",
declara o Senhor dos Exércitos.
²⁷ "Porei fogo nas muralhas de Damasco,
  que consumirá as fortalezas
  de Ben-Hadade".

Mensagem acerca de Quedar e de Hazor

²⁸ Acerca de Quedar e os reinos de Hazor, que Nabucodonosor, rei da Babilônia, derrotou:

Assim diz o Senhor:
"Preparem-se, ataquem Quedar
  e destruam o povo do oriente.
²⁹ Tomem suas tendas e seus rebanhos,
suas cortinas com todos
  os seus utensílios e camelos.
Gritem contra eles:
  'Há terror por todos os lados!'

³⁰ "Fujam rapidamente!
Escondam-se em cavernas profundas,
  vocês habitantes de Hazor",
  diz o Senhor.
"Nabucodonosor, rei da Babilônia,
  fez planos e projetos contra vocês.

³¹ "Preparem-se e ataquem uma nação
  que vive tranquila e confiante",
declara o Senhor,
"uma nação que não tem portas
  nem trancas, e que vive sozinha.
³² Seus camelos se tornarão despojo
  e suas grandes manadas, espólio.
Espalharei ao vento
  aqueles que rapam a cabeça[b],
e de todos os lados trarei a sua ruína",
  declara o Senhor.
³³ "Hazor se tornará
  uma habitação de chacais,
uma ruína para sempre.
Ninguém mais habitará ali,
nenhum homem residirá nela."

Mensagem acerca de Elão

³⁴ Esta é a palavra do Senhor que veio ao profeta Jeremias acerca de Elão, no início do reinado de Zedequias, rei de Judá:

³⁵ Assim diz o Senhor dos Exércitos:

"Vejam, quebrarei o arco de Elão,
  a base de seu poder.
³⁶ Farei com que os quatro ventos,
  que vêm dos quatro cantos do céu,
  soprem contra Elão.
E eu os dispersarei aos quatro ventos,
e não haverá nenhuma nação
  para onde não sejam levados
  os exilados de Elão.
³⁷ Farei com que Elão trema
  diante dos seus inimigos,

---

[a] **49.19** Ou *Escolherei os melhores carneiros*

[b] **49.32** Ou *que prendem o cabelo junto à testa*

diante daqueles que desejam
  tirar-lhe a vida.
Trarei a desgraça sobre eles,
  a minha ira ardente",
  declara o Senhor.
"Farei com que a espada os persiga
  até que eu os tenha eliminado.
⁳⁸ Porei meu trono em Elão
  e destruirei seu rei e seus líderes",
declara o Senhor.

³⁹ "Contudo, restaurarei a sorte de Elão
  em dias vindouros",
declara o Senhor.

Mensagem acerca da Babilônia

50 Esta é a palavra que o Senhor falou pelo profeta Jeremias acerca da Babilônia e da terra dos babilônios:

² "Anunciem e proclamem
    entre as nações,
  ergam um sinal e proclamem;
    não escondam nada.
  Digam: 'A Babilônia foi conquistada;
  Bel foi humilhado,
  Marduque está apavorado.
  As imagens da Babilônia
    estão humilhadas
    e seus ídolos apavorados'.
³ Uma nação vinda do norte a atacará,
  arrasará a sua terra e não deixará nela
    nenhum habitante;
  tanto homens como animais fugirão.

⁴ "Naqueles dias e naquela época",
    declara o Senhor,
  "o povo de Israel
    e o povo de Judá virão juntos,
  chorando e buscando
    o Senhor, o seu Deus.
⁵ Perguntarão pelo caminho para Sião
    e voltarão o rosto na direção dela.
  Virão e se apegarão ao Senhor
  numa aliança permanente
    que não será esquecida.

⁶ "Meu povo tem sido ovelhas perdidas;
  seus pastores as desencaminharam
  e as fizeram perambular pelos montes.
  Elas vaguearam por montanhas e
    colinas
  e se esqueceram de seu próprio curral.

⁷ Todos que as encontram as devoram.
  Os seus adversários disseram:
  'Não somos culpados,
    pois elas pecaram contra o Senhor,
    sua verdadeira pastagem,
  o Senhor, a esperança
    de seus antepassados'.

⁸ "Fujam da Babilônia;
    saiam da terra dos babilônios
  e sejam como os bodes
    que lideram o rebanho.
⁹ Vejam! Eu mobilizarei
    e trarei contra a Babilônia uma coalizão
    de grandes nações do norte.
  Elas tomarão posição de combate
    contra ela e a conquistarão.
  Suas flechas serão
    como guerreiros bem treinados,
    que não voltam de mãos vazias.
¹⁰ Assim a Babilônia[a] será saqueada;
    todos os que a saquearem se fartarão",
declara o Senhor.

¹¹ "Ainda que você
    esteja alegre e exultante,
  você que saqueia a minha herança;
  ainda que você seja brincalhão
    como uma novilha solta no pasto,
    e relinche como os garanhões,
¹² sua mãe se envergonhará
    profundamente;
  aquela que a deu à luz
    ficará constrangida.
  Ela se tornará a menor das nações,
    um deserto, uma terra seca e árida.
¹³ Por causa da ira do Senhor
    ela não será habitada,
  mas estará completamente desolada.
  Todos os que passarem pela Babilônia
    ficarão chocados e zombarão
  por causa de todas as suas feridas.

¹⁴ "Tomem posição de combate
    em volta da Babilônia,
  todos vocês que empunham o arco.
  Atirem nela! Não poupem flechas,
    pois ela pecou contra o Senhor.
¹⁵ Soem contra ela um grito de guerra
    de todos os lados!
  Ela se rende, suas torres caem
    e suas muralhas são derrubadas.

---

[a] **50.10** Ou *Caldeia*

Esta é a vingança do Senhor;
vinguem-se dela!
Façam a ela o que ela fez aos outros!
¹⁶ Eliminem da Babilônia o semeador
e o ceifeiro, com a sua foice na
colheita.
Por causa da espada do opressor,
que cada um volte
para o seu próprio povo,
e cada um fuja para a sua própria terra.

¹⁷ "Israel é um rebanho disperso,
afugentado por leões.
O primeiro a devorá-lo
foi o rei da Assíria;
e o último a esmagar os seus ossos
foi Nabucodonosor, rei da Babilônia".

¹⁸ Portanto, assim diz
o Senhor dos Exércitos,
o Deus de Israel:

"Castigarei o rei da Babilônia
e a sua terra assim como
castiguei o rei da Assíria.
¹⁹ Mas trarei Israel de volta
a sua própria pastagem
e ele pastará no Carmelo e em Basã;
e saciará o seu apetite
nos montes de Efraim e em Gileade.
²⁰ Naqueles dias, naquela época",
declara o Senhor,
"procurarão pela iniquidade de Israel,
mas nada será achado,
pelos pecados de Judá,
mas nenhum será encontrado,
pois perdoarei o remanescente
que eu poupar.

²¹ "Ataquem a terra de Merataim
e aqueles que moram em Pecode.
Persigam-nos, matem-nos
e destruam-nos totalmente",
declara o Senhor.
"Façam tudo o que ordenei a vocês.
²² Há ruído de batalha na terra;
grande destruição!
²³ Quão quebrado e destroçado
está o martelo de toda a terra!
Quão arrasada está a Babilônia
entre as nações!
²⁴ Preparei uma armadilha para você,
ó Babilônia,
e você foi apanhada de surpresa;
você foi achada e capturada
porque se opôs ao Senhor.
²⁵ O Senhor abriu o seu arsenal
e trouxe para fora as armas da sua ira,
pois o Soberano, o Senhor dos Exércitos,
tem trabalho para fazer
na terra dos babilônios.
²⁶ Venham contra ela
dos confins da terra.
Arrombem os seus celeiros;
empilhem-na como feixes de cereal.
Destruam-na totalmente
e não lhe deixem nenhum remanescente.
²⁷ Matem todos os seus
jovens guerreiros!
Que eles desçam para o matadouro!
Ai deles! Pois chegou o seu dia,
a hora de serem castigados.
²⁸ Escutem os fugitivos
e refugiados vindos da Babilônia,
declarando em Sião como o Senhor,
o nosso Deus, se vingou,
como se vingou de seu templo.

²⁹ "Convoquem flecheiros
contra a Babilônia,
todos aqueles que empunham o arco.
Acampem-se todos ao redor dela;
não deixem ninguém escapar.
Retribuam a ela conforme os seus feitos;
façam com ela tudo o que ela fez.
Porque ela desafiou o Senhor,
o Santo de Israel.
³⁰ Por isso, os seus jovens cairão nas ruas
e todos os seus guerreiros
se calarão naquele dia",
declara o Senhor.
³¹ "Veja, estou contra você,
ó arrogante",
declara o Soberano,
o Senhor dos Exércitos,
"pois chegou o seu dia,
a sua hora de ser castigada.
³² A arrogância tropeçará e cairá,
e ninguém a ajudará a se levantar.
Incendiarei as suas cidades,
e o fogo consumirá tudo ao seu redor".

³³ Assim diz o Senhor dos Exércitos:

"O povo de Israel está sendo oprimido
e também o povo de Judá.

Todos os seus captores
　os prendem à força,
recusando deixá-los ir.
³⁴ Contudo, o Redentor deles é forte;
　Senhor dos Exércitos é o seu nome.
Ele mesmo defenderá a causa deles
e trará descanso à terra,
mas inquietação
　aos que vivem na Babilônia.

³⁵ "Uma espada contra os babilônios!",
　declara o Senhor;
"contra os que vivem na Babilônia
　e contra seus líderes e seus sábios!
³⁶ Uma espada contra
　os seus falsos profetas!
Eles se tornarão tolos.
Uma espada contra os seus guerreiros!
Eles ficarão apavorados.
³⁷ Uma espada contra os seus cavalos,
contra os seus carros de guerra
e contra todos os estrangeiros
　em suas fileiras!
Eles serão como mulheres.
Uma espada contra os seus tesouros!
Eles serão saqueados.
³⁸ Uma espada contra as suas águas!
Elas secarão.
Porque é uma terra
　de imagens esculpidas,
e eles enlouquecem
　por causa de seus ídolos horríveis.

³⁹ "Por isso, criaturas do deserto e hienas
　nela morarão,
e as corujas nela habitarão.
Ela jamais voltará a ser povoada
nem haverá quem nela viva no futuro.
⁴⁰ Como Deus destruiu
　Sodoma e Gomorra
　e as cidades vizinhas",
diz o Senhor,
"ninguém mais habitará ali,
nenhum homem residirá nela.

⁴¹ "Vejam! Vem vindo um povo do norte;
　uma grande nação
e muitos reis se mobilizam
　desde os confins da terra.
⁴² Eles empunham o arco e a lança;
　são cruéis e não têm misericórdia,
e o seu barulho é como
　o bramido do mar.
Vêm montados em seus cavalos,
　em formação de batalha,
para atacá-la, ó cidadeª de Babilônia.
⁴³ Quando o rei da Babilônia
　ouviu relatos sobre eles,
as suas mãos amoleceram.
A angústia tomou conta dele,
dores como as de uma mulher
　que está dando à luz.
⁴⁴ Como um leão
　que sobe da mata do Jordão
em direção aos pastos verdejantes,
　subitamente eu caçarei a Babilônia
pondo-a fora de sua terra.
　Quem é o escolhido
que designarei para isso?
Quem é como eu que possa me desafiar?
E que pastor pode me resistir?"
⁴⁵ Por isso ouçam o que
　o Senhor planejou contra a Babilônia,
o que ele preparou
　contra a terra dos babilônios:
os menores do rebanho
　serão arrastados,
e as pastagens ficarão devastadas
　por causa deles.
⁴⁶ Ao som da tomada da Babilônia
　a terra tremerá;
o grito deles ressoará entre as nações.

51 Assim diz o Senhor:

"Vejam! Levantarei um vento destruidor
　contra a Babilônia,
contra o povo de Lebe-Camaiᵇ.
² Enviarei estrangeiros para a Babilônia
　a fim de peneirá-la como trigo
　e devastar a sua terra.
No dia de sua desgraça
　virão contra ela de todos os lados.
³ Que o arqueiro não arme o seu arco
　nem vista a sua armadura.
Não poupem os seus jovens guerreiros,
　destruam completamente
　o seu exército.
⁴ Eles cairão mortos na Babilôniaᶜ,
　mortalmente feridos em suas ruas.
⁵ Israel e Judá não foram abandonadas
　como viúvas pelo seu Deus,

ª **50.42** Hebraico: *filha*.
ᵇ **51.1** Lebe-Camai é um criptograma para Caldeia, isto é, a Babilônia.
ᶜ **51.4** Ou *Caldeia*; também nos versículos 24 e 35.

o Senhor dos Exércitos,
embora a terra dos babilônios
esteja cheia de culpa
diante do Santo de Israel.

⁶ "Fujam da Babilônia!
Cada um por si!
Não sejam destruídos
por causa da iniquidade dela.
É hora da vingança do Senhor;
ele lhe pagará o que ela merece.
⁷ A Babilônia era um cálice de ouro
nas mãos do Senhor;
ela embriagou a terra toda.
As nações beberam o seu vinho;
por isso enlouqueceram.
⁸ A Babilônia caiu de repente
e ficou arruinada.
Lamentem-se por ela!
Consigam bálsamo para a sua ferida;
talvez ela possa ser curada.

⁹ " 'Gostaríamos de ter curado Babilônia,
mas ela não pode ser curada;
deixem-na
e vamos, cada um para a sua própria terra,
pois o julgamento dela chega ao céu,
eleva-se tão alto quanto as nuvens.

¹⁰ " 'O Senhor defendeu o nosso nome;
venham, contemos em Sião o que
o Senhor, o nosso Deus, tem feito'.

¹¹ "Afiem as flechas,
peguem os escudos!
O Senhor incitou o espírito
dos reis dos medos,
porque seu propósito
é destruir a Babilônia.
O Senhor se vingará,
se vingará de seu templo.
¹² Ergam o sinal para atacar
as muralhas da Babilônia!
Reforcem a guarda!
Posicionem as sentinelas!
Preparem uma emboscada!
O Senhor executará o seu plano,
o que ameaçou fazer
contra os habitantes da Babilônia.
¹³ Você que vive junto a muitas águas
e está rico de tesouros,
chegou o seu fim,
a hora de você ser eliminado.

¹⁴ O Senhor dos Exércitos
jurou por si mesmo:
Com certeza a encherei de homens,
como um enxame de gafanhotos,
e eles gritarão triunfantes sobre você.

¹⁵ "Mas foi Deus quem fez a terra
com o seu poder;
firmou o mundo com a sua sabedoria
e estendeu os céus
com o seu entendimento.
¹⁶ Ao som do seu trovão,
as águas no céu rugem;
ele faz com que as nuvens se levantem
desde os confins da terra.
Ele faz relâmpagos para a chuva
e faz sair o vento de seus depósitos.

¹⁷ "São todos eles estúpidos e ignorantes;
cada ourives é envergonhado
pela imagem que esculpiu.
Suas imagens esculpidas
são uma fraude,
elas não têm fôlego de vida.
¹⁸ Elas são inúteis,
são objeto de zombaria.
Quando vier o julgamento delas,
perecerão.
¹⁹ Aquele que é a Porção de Jacó
não é como esses,
pois ele é quem forma todas as coisas,
e Israel é a tribo de sua propriedade;
Senhor dos Exércitos
é o seu nome.

²⁰ "Você é o meu martelo,
a minha arma de guerra.
Com você eu despedaço nações,
com você eu destruo reinos,
²¹ com você despedaço
cavalo e cavaleiro,
com você despedaço
carro de guerra e cocheiro,
²² com você despedaço homem e mulher,
com você despedaço velho e jovem,
com você despedaço rapaz e moça,
²³ com você despedaço pastor e rebanho,
com você despedaço lavrador e bois,
com você despedaço
governadores e oficiais.

²⁴ "Retribuirei à Babilônia e a todos os
que vivem na Babilônia toda a maldade que

fizeram em Sião diante dos olhos de vocês",
declara o Senhor.

²⁵ "Estou contra você,
ó montanha destruidora,
você que destrói a terra inteira",
declara o Senhor.
"Estenderei minha mão contra você,
eu a farei rolar dos penhascos,
e farei de você
uma montanha calcinada.
²⁶ Nenhuma pedra sua será cortada
para servir de pedra angular,
nem para um alicerce,
pois você estará arruinada para sempre",
declara o Senhor.

²⁷ "Ergam um estandarte na terra!
Toquem a trombeta entre as nações!
Preparem as nações
para o combate contra ela;
convoquem contra ela estes reinos:
Ararate, Mini e Asquenaz.
Nomeiem um comandante contra ela;
lancem os cavalos ao ataque
como um enxame de gafanhotos.
²⁸ Preparem as nações
para o combate contra ela:
os reis dos medos, seus governadores
e todos os seus oficiais
e todos os países que governam.
²⁹ A terra treme e se contorce de dor,
pois permanecem em pé
os planos do Senhor
contra a Babilônia:
desolar a terra da Babilônia
para que fique desabitada.
³⁰ Os guerreiros da Babilônia
pararam de lutar;
permanecem em suas fortalezas.
A força deles acabou;
tornaram-se como mulheres.
As habitações dela estão incendiadas;
as trancas de suas portas
estão quebradas.
³¹ Um emissário vai após outro,
e um mensageiro sai
após outro mensageiro
para anunciar ao rei da Babilônia
que sua cidade inteira foi capturada,
³² os vaus do rio foram tomados,
a vegetação dos pântanos foi incendiada,
e os soldados ficaram aterrorizados."

³³ Assim diz o Senhor dos Exércitos, Deus de Israel:
"A cidade[a] de Babilônia é como uma eira;
a época da colheita
logo chegará para ela".

³⁴ "Nabucodonosor, rei da Babilônia,
devorou-nos, lançou-nos em confusão,
fez de nós um jarro vazio.
Tal como uma serpente ele nos engoliu,
encheu seu estômago
com nossas finas comidas
e então nos vomitou.
³⁵ Que a violência
cometida contra nossa carne[b]
esteja sobre a Babilônia",
dizem os habitantes de Sião.
"Que o nosso sangue esteja sobre
aqueles que moram na Babilônia",
diz Jerusalém.

³⁶ Por isso, assim diz o Senhor:

"Vejam, defenderei a causa de vocês
e os vingarei;
secarei o seu mar
e esgotarei as suas fontes.
³⁷ A Babilônia se tornará
um amontoado de ruínas,
uma habitação de chacais,
objeto de pavor e de zombaria,
um lugar onde ninguém vive.
³⁸ O seu povo todo
ruge como leõezinhos,
rosnam como filhotes de leão.
³⁹ Mas, enquanto estiverem excitados,
prepararei um banquete para eles
e os deixarei bêbados,
para que fiquem bem alegres
e, então, durmam e jamais acordem",
declara o Senhor.
⁴⁰ "Eu os levarei como cordeiros
para o matadouro,
como carneiros e bodes.

⁴¹ "Como Sesaque[c] será capturada!
Como o orgulho de toda a terra será
tomado!
Que horror a Babilônia
será entre as nações!

[a] 51.33 Hebraico: *filha*.
[b] 51.35 Ou *feita a nós e a nossos filhos*
[c] 51.41 Sesaque é um criptograma para *Babilônia*.

⁴² O mar se levantará sobre a Babilônia;
  suas ondas agitadas a cobrirão.
⁴³ Suas cidades serão arrasadas,
uma terra seca e deserta,
uma terra onde ninguém mora,
pela qual nenhum homem passa.
⁴⁴ Castigarei Bel na Babilônia
e o farei vomitar o que engoliu.
As nações não mais acorrerão a ele.
E a muralha da Babilônia cairá.

⁴⁵ "Saia dela, meu povo!
Cada um salve a sua própria vida,
  da ardente ira do Senhor.
⁴⁶ Não desanimem
  nem tenham medo
quando ouvirem rumores na terra;
um rumor chega este ano,
  outro no próximo,
rumor de violência na terra
e de governante contra governante.
⁴⁷ Portanto, certamente vêm os dias
  quando castigarei as imagens
  esculpidas da Babilônia;
toda a sua terra será envergonhada,
e todos os seus mortos jazerão
  caídos dentro dela.
⁴⁸ Então o céu e a terra
  e tudo o que existe neles
gritarão de alegria
  por causa da Babilônia,
pois do norte destruidores a atacarão",
  declara o Senhor.

⁴⁹ "A Babilônia cairá
  por causa dos mortos de Israel,
assim como os mortos de toda a terra
caíram por causa da Babilônia.
⁵⁰ Vocês que escaparam da espada,
  saiam! Não permaneçam!
Lembrem-se do Senhor
  numa terra distante,
e pensem em Jerusalém.

⁵¹ "Vocês dirão: 'Estamos envergonhados,
  pois fomos insultados
e a vergonha cobre o nosso rosto,
porque estrangeiros penetraram
  nos lugares santos
  do templo do Senhor'.

⁵² "Portanto, certamente vêm os dias",
  declara o Senhor,

"quando castigarei
  as suas imagens esculpidas,
e por toda a sua terra
  os feridos gemerão.
⁵³ Mesmo que a Babilônia chegue ao céu
  e fortifique no alto a sua fortaleza,
enviarei destruidores contra ela",
  declara o Senhor.

⁵⁴ "Vem da Babilônia o som de um grito;
o som de grande destruição
  vem da terra dos babilônios.
⁵⁵ O Senhor destruirá a Babilônia;
  ele silenciará o seu grande ruído.
Ondas de inimigos avançarão
  como grandes águas;
o rugir de suas vozes ressoará.
⁵⁶ Um destruidor virá contra a Babilônia;
seus guerreiros serão capturados,
e seus arcos serão quebrados.
Pois o Senhor é um
  Deus de retribuição;
ele retribuirá plenamente.
⁵⁷ Embebedarei os seus líderes
  e os seus sábios,
os seus governadores,
  os seus oficiais e os seus guerreiros.
Eles dormirão para sempre
  e jamais acordarão",
declara o Rei,
  cujo nome é Senhor dos Exércitos.

⁵⁸ Assim diz o Senhor dos Exércitos:

"A larga muralha da Babilônia
  será desmantelada
e suas altas portas serão incendiadas.
Os povos se exaurem por nada,
o trabalho das nações não passa
  de combustível para as chamas".

⁵⁹ Esta é a mensagem que Jeremias deu ao responsável pelo acampamento, Seraías, filho de Nerias, filho de Maaseias, quando ele foi à Babilônia com o rei Zedequias de Judá, no quarto ano do seu reinado. ⁶⁰ Jeremias escreveu num rolo todas as desgraças que sobreviriam à Babilônia, tudo que fora registrado acerca da Babilônia. ⁶¹ Ele disse a Seraías: "Quando você chegar à Babilônia, tenha o cuidado de ler todas estas palavras em alta voz. ⁶² Então diga: Ó Senhor, disseste que destruirás este lugar, para que nem homem nem animal viva nele,

pois ficará em ruínas para sempre. ⁶³ Quando você terminar de ler este rolo, amarre nele uma pedra e atire-o no Eufrates. ⁶⁴ Então diga: Assim Babilônia afundará para não mais se erguer, por causa da desgraça que trarei sobre ela. E seu povo cairá".

Aqui terminam as palavras de Jeremias.

A Queda de Jerusalém

52 Zedequias tinha vinte e um anos quando se tornou rei e reinou onze anos em Jerusalém. O nome de sua mãe era Hamutal, filha de Jeremias, de Libna. ² Ele fez o que o Senhor reprova, assim como fez Jeoaquim. ³ A ira do Senhor havia sido provocada em Jerusalém e em Judá de tal forma que ele teve que tirá-los da sua presença.

Zedequias se rebelou contra o rei da Babilônia.

⁴ Então, no nono ano do reinado de Zedequias, no décimo mês, Nabucodonosor, rei da Babilônia, marchou contra Jerusalém com todo o seu exército. Acamparam fora da cidade e construíram torres de assalto ao redor dela. ⁵ A cidade ficou sob cerco até o décimo primeiro ano do rei Zedequias.

⁶ Ao chegar o nono dia do quarto mês a fome era tão severa que não havia comida para o povo. ⁷ Então o muro da cidade foi rompido. O rei e todos os soldados fugiram e saíram da cidade, à noite, na direção do jardim real, pela porta entre os dois muros, embora os babilônios estivessem cercando a cidade. Foram à Arabá[a], ⁸ mas os babilônios perseguiram o rei Zedequias e o alcançaram na planície de Jericó. Todos os seus soldados se separaram dele e se dispersaram, ⁹ e ele foi capturado.

Ele foi levado ao rei da Babilônia em Ribla, na terra de Hamate, que o sentenciou. ¹⁰ Em Ribla, o rei da Babilônia mandou executar os filhos de Zedequias diante de seus olhos e também matou todos os nobres de Judá. ¹¹ Então mandou furar os olhos de Zedequias e prendê-lo com correntes de bronze e o levou para a Babilônia, onde o manteve na prisão até o dia de sua morte.

¹² No décimo dia do quinto mês, no décimo nono ano de Nabucodonosor, rei da Babilônia, Nebuzaradã, comandante da guarda imperial, que servia o rei da Babilônia, veio a Jerusalém. ¹³ Ele incendiou o templo do Senhor, o palácio real e todas as casas de Jerusalém. Todos os edifícios importantes foram incendiados por ele. ¹⁴ O exército babilônio, sob o comandante da guarda imperial, derrubou todos os muros em torno de Jerusalém. ¹⁵ Nebuzaradã deportou para a Babilônia alguns dos mais pobres e o povo que restou na cidade, juntamente com o restante dos artesãos[b] e aqueles que tinham se rendido ao rei da Babilônia. ¹⁶ Mas Nebuzaradã deixou para trás o restante dos mais pobres da terra para trabalhar nas vinhas e nos campos.

¹⁷ Os babilônios despedaçaram as colunas de bronze, os estrados móveis e o mar de bronze que ficavam no templo do Senhor e levaram todo o bronze para a Babilônia. ¹⁸ Também levaram embora as panelas, pás, tesouras de pavio, bacias de aspersão, tigelas e todos os utensílios de bronze usados no serviço do templo. ¹⁹ O comandante da guarda imperial levou embora as pias, os incensários, as bacias de aspersão, as panelas, os candeeiros, as tigelas e as bacias usadas para as ofertas derramadas, tudo que era feito de ouro puro ou de prata.

²⁰ O bronze tirado das duas colunas, o mar e os doze touros de bronze debaixo dele, e os estrados móveis, que o rei Salomão fizera para o templo do Senhor, eram mais do que se podia pesar. ²¹ Cada uma das colunas tinha oito metros e dez centímetros de altura e cinco metros e quarenta centímetros de circunferência[c]; cada uma tinha quatro dedos de espessura e era oca. ²² O capitel de bronze no alto de uma coluna tinha dois metros e vinte e cinco centímetros de altura e era ornamentado com uma peça entrelaçada e romãs de bronze em volta, tudo de bronze. A outra coluna, com suas romãs, era igual. ²³ Havia noventa e seis romãs nos lados; o número total de romãs acima da peça entrelaçada ao redor era de cem.

²⁴ O comandante da guarda tomou como prisioneiros o sumo sacerdote Seraías, o sacerdote adjunto Sofonias e os três guardas das portas. ²⁵ Dos que ainda estavam na cidade, tomou o oficial encarregado dos homens de combate e sete conselheiros reais. Também tomou o secretário, que era o oficial maior encarregado do alistamento do povo da terra, e sessenta de seus homens que foram encontrados na cidade. ²⁶ O comandante Nebuzaradã tomou todos eles e os levou ao rei da Babilônia

---

[a] **52.7** Ou *para o vale do Jordão*
[b] **52.15** Ou *restante das massas*
[c] **52.21** Hebraico: *18 côvados de altura e 12 côvados de circunferência*. O côvado era uma medida linear de cerca de 45 centímetros.

em Ribla. ²⁷ Ali, em Ribla, na terra de Hamate, o rei fez com que fossem executados.

Assim Judá foi para o cativeiro, longe de sua terra. ²⁸ Este é o número dos que Nebuzaradã levou para o exílio:

No sétimo ano, 3.023 judeus;
²⁹ no décimo oitavo ano de Nabucodonosor, 832 de Jerusalém;
³⁰ em seu vigésimo terceiro ano, 745 judeus levados ao exílio pelo comandante da guarda imperial, Nebuzaradã. Foram ao todo 4.600 judeus.

Joaquim é Libertado

³¹ No trigésimo sétimo ano do exílio do rei Joaquim de Judá, no ano em que Evil-Merodaque[a] tornou-se rei de Babilônia, ele libertou Joaquim, rei de Judá, da prisão no vigésimo quinto dia do décimo segundo mês. ³² Ele falou bondosamente com ele e deu-lhe um assento de honra mais elevado do que os dos outros reis que estavam com ele na Babilônia. ³³ Desse modo Joaquim tirou as roupas da prisão e pelo resto da vida comeu à mesa do rei. ³⁴ O rei da Babilônia deu a Joaquim uma pensão diária até o dia de sua morte.

---

[a] **52.31** Também chamado *Amel-Marduque*.

Introdução ao livro de
LAMENTAÇÕES

Autor e data de composição

Além de existir certas semelhanças literárias entre este livro e o livro de Jeremias, a tradição talmúdica e a *Septuaginta* sempre atribuíram ao profeta Jeremias a composição desta canção de lamento logo depois da primeira destruição de Jerusalém pelas tropas babilônicas a mando do rei Nabucodonosor. Entre os primeiros pais da Igreja, como Jerônimo, o tradutor da *Vulgata latina*, sempre prevaleceu a mesma opinião. Esse fato situa a composição da obra em data posterior, mesmo que bem próxima, ao ano 586 a.C.

Primeira parte: Por que Jerusalém sofre (1.1-22)
 I. As aflições de Jerusalém (1.1-18)
 II. O efeito produzido pelas aflições de Jerusalém (1.19-22)

Segunda parte: A ira de Deus sobre Jerusalém (2.1-22)
 I. As aflições de Jerusalém vêm do Senhor (2.1-8)
 II. Os sofrimentos de Jerusalém (2.9-17)
 III. A súplica da cidade (2.18-22)

Terceira parte: Jeremias fala (3)
 I. Um clamor desesperado (3.1-18)
 II. Uma confissão de fé (3.19-39)
 III. O que Jerusalém precisa saber (3.40-54)
 IV. O profeta tem a confiança depositada em Deus (3.55-66)

Quarta parte: O cerco da cidade (4)
 I. A situação e suas causas (4.1-20)
 II. Edom e Jerusalém (4.21,22)

Quinta parte: A oração de uma população devastada (5)
 I. O arrependimento do povo (5.1-18)
 II. Jerusalém pede restauração ao Senhor (5.19-22)

Versículos-chave
3.22-24

Tema geral do livro
O tema central consiste em cinco elegias ou lamentações tendo como pano de fundo a dor do povo, a total destruição de Jerusalém e de seu templo executada pelos babilônios no ano 586 a.C. Ainda hoje existe o dia sagrado de Tisha BeAv ("dia 9 do mês de abe"), no qual o povo judeu jejua em razão de duas tragédias na história judaica: a destruição do primeiro templo (edificado por Salomão) a mando dos babilônios, em 586 a.C., e a destruição do segundo templo por ordem dos romanos, no ano 70 d.C. Os dois acontecimentos, mesmo que tenham acontecido com uma distância de 656 anos um do outro, sucederam no mesmo dia do calendário judaico. Por esse motivo, é considerado "o dia mais triste na história do povo judeu". No calendário gregoriano (usado no Ocidente), o

dia 9 do mês abe cai no mês de julho ou de agosto. O livro é composto de cinco elegias a respeito dos tristes acontecimentos que envolveram o primeiro Tisha BeAv e os motivos pelos quais Deus permitiu a ação do exército de Nabucodonosor, e também pela última elegia, que, à semelhança dos salmos, termina com a esperança de restauração, que durante séculos, e até mesmo milênios, sobreviveu entre grande número de religiosos judeus por ver a reconstrução do templo de Jerusalém.

No livro de Lamentações, Jesus é...
... o Profeta que chora (Mateus 23.27; Lucas 13.34).

Versículos-chave para o discípulo
3.40,41

O discípulo e Lamentações
Aqui Deus, por meio do profeta, lança no rosto de Jerusalém que não pensasse, na condição de povo da aliança, que Deus deixaria de levar em conta sua corrupção e idolatria. Caro discípulo, é preciso aprender que somos filhos de um Deus de amor que sempre aceitará com compaixão o nosso arrependimento, mas que também é "fogo consumidor" (Hebreus 12.29). Talvez nas últimas décadas tenha havido um enfoque maior no primeiro aspecto em detrimento do segundo. Quando as Escrituras mencionam o "temor do SENHOR" como o princípio da sabedoria, não está nos exigindo nenhum sentimento de medo para com Deus, como têm os pagãos em relação àqueles que seguem como deuses seus, mas, sim, que demos ao Senhor, e somente a ele, o lugar que lhe corresponde, por ser o Criador, Salvador e Restaurador que tudo faz em nosso favor.

LAMENTAÇÕES

1 ᵃComo está deserta a cidade,
  antes tão cheia de gente!
Como se parece com uma viúva,
  a que antes era grandiosa entre
    as nações!
A que era a princesa das províncias
  agora tornou-se uma escrava.
² Chora amargamente à noite,
  as lágrimas rolam por seu rosto.
De todos os seus amantes
  nenhum a consola.
Todos os seus amigos a traíram;
  tornaram-se seus inimigos.
³ Em aflição e sob trabalhos forçados,
  Judá foi levado ao exílio.
Vive entre as nações
  sem encontrar repouso.
Todos os que a perseguiram a capturaram
  em meio ao seu desespero.
⁴ Os caminhos para Sião pranteiam,
  porque ninguém comparece
    às suas festas fixas.
Todas as suas portas estão desertas,
seus sacerdotes gemem,
  suas moças se entristecem,
e ela se encontra em angústia profunda.
⁵ Seus adversários são os seus chefes;
  seus inimigos estão tranquilos.
O Senhor lhe trouxe tristeza
  por causa dos seus muitos pecados.
Seus filhos foram levados ao exílio,
  prisioneiros dos adversários.
⁶ Todo o esplendor fugiu da cidadeᵇ
  de Sião.
Seus líderes são como corças
  que não encontram pastagem;
sem forças fugiram diante do perseguidor.
⁷ Nos dias da sua aflição e do
  seu desnorteio,
  Jerusalém se lembra de todos
    os tesouros
que lhe pertenciam nos tempos passados.
Quando o seu povo caiu nas mãos
  do inimigo,
  ninguém veio ajudá-la.
Seus inimigos olharam para ela
  e zombaram da sua queda.

⁸ Jerusalém cometeu graves pecados;
  por isso tornou-se impura.
Todos os que a honravam agora
  a desprezam,
  porque viram a sua nudez;
ela mesma geme e se desvia deles.
⁹ Sua impureza prende-se às suas saias;
  ela não esperava que chegaria o seu fim.
Sua queda foi surpreendente;
  ninguém veio consolá-la.
"Olha, Senhor, para a minha aflição,
  pois o inimigo triunfou."
¹⁰ O adversário saqueia todos os
  seus tesouros;
ela viu nações pagãs entrarem
  em seu santuário,
sendo que tu as tinhas proibido
  de participar das tuas assembleias.
¹¹ Todo o seu povo se lamenta
  enquanto vai em busca de pão;
e, para sobreviverem,
  trocam tesouros por comida.
"Olha, Senhor, e considera,
  pois tenho sido desprezada.
¹² Vocês não se comovem,
  todos vocês que passam por aqui?
Olhem ao redor e vejam
  se há sofrimento maior do que
    o que me foi imposto,
  e que o Senhor trouxe sobre mim
    no dia em que se acendeu a sua ira.
¹³ Do alto ele fez cair fogo
  sobre os meus ossos.
Armou uma rede para os meus pés
  e me derrubou de costas.
Deixou-me desolada,
  e desfalecida o dia todo.
¹⁴ Os meus pecados foram
  amarrados num jugo;
suas mãos os ataram todos juntos
  e os colocaram em meu pescoço;
o Senhor abateu a minha força.
Ele me entregou àqueles
  que não consigo vencer.
¹⁵ O Senhor dispersou todos os guerreiros
  que me apoiavam;
convocou um exército contra mim
  para destruir os meus jovens.
O Senhor pisou no seu lagar
  a virgem, a cidade de Judá.

ᵃ **1.1** Cada capítulo de Lamentações é um poema organizado em ordem alfabética, no hebraico.
ᵇ **1.6** Hebraico: *filha*; também em todo o livro de Lamentações.

ⁱ⁶ É por isso que eu choro;
   as lágrimas inundam os meus olhos.
Ninguém está por perto para consolar-me,
   não há ninguém que restaure o
     meu espírito.
Meus filhos estão desamparados
   porque o inimigo prevaleceu."
¹⁷ Suplicante, Sião estende as mãos,
   mas não há quem a console.
O Senhor decretou que os vizinhos de Jacó
   se tornem seus adversários;
Jerusalém tornou-se coisa imunda
   entre eles.
¹⁸ "O Senhor é justo,
   mas eu me rebelei contra a sua ordem.
Ouçam, todos os povos;
   olhem para o meu sofrimento.
Meus jovens e minhas moças
   foram para o exílio.
¹⁹ Chamei os meus aliados,
   mas eles me traíram.
Meus sacerdotes e meus líderes
   pereceram na cidade,
enquanto procuravam comida
   para poderem sobreviver.
²⁰ Veja, Senhor, como estou angustiada!
Estou atormentada no íntimo
e no meu coração me perturbo,
   pois tenho sido muito rebelde.
Lá fora, a espada a todos consome;
   dentro, impera a morte.
²¹ Os meus lamentos têm sido ouvidos,
   mas não há ninguém que me console.
Todos os meus inimigos
   sabem da minha agonia;
eles se alegram com o que fizeste.
Quem dera trouxesses o dia
   que anunciaste
para que eles ficassem como eu!
²² Que toda a maldade deles
   seja conhecida diante de ti;
faze com eles o que fizeste comigo
   por causa de todos os meus pecados.
Os meus gemidos são muitos
   e o meu coração desfalece."

2

O Senhor cobriu a cidade de Sião
   com a nuvem da sua ira!
Lançou por terra o esplendor
   de Israel,
que se elevava para os céus;
não se lembrou do estrado dos seus pés
   no dia da sua ira.
² Sem piedade o Senhor devorou
   todas as habitações de Jacó;
em sua ira destruiu as fortalezas
   da filha de Judá.
Derrubou ao chão e desonrou
   o seu reino e os seus líderes.
³ Em sua flamejante ira,
   cortou todo o poderᵃ de Israel.
Retirou a sua mão direita
   diante da aproximação do inimigo.
Queimou Jacó como um fogo ardente
   que consome tudo ao redor.
⁴ Como um inimigo, preparou o
   seu arco;
como um adversário,
   a sua mão direita está pronta.
Ele massacrou tudo o que era
   agradável contemplar;
derramou sua ira como fogo
   sobre a tenda da cidade de Sião.
⁵ O Senhor é como um inimigo;
   ele tem devorado Israel.
Tem devorado todos os seus palácios
   e destruído as suas fortalezas.
Tem feito multiplicar os prantos
   e as lamentações da filha de Judá.
⁶ Ele destroçou a sua morada
   como se fosse um simples jardim;
destruiu o seu local de reuniões.
O Senhor fez esquecidas em Sião
   suas festas fixas e seus sábados;
em seu grande furor
   rejeitou o rei e o sacerdote.
⁷ O Senhor rejeitou o seu altar e
   abandonou o seu santuário.
Entregou aos inimigos
   os muros dos seus palácios,
e eles deram gritos na casa do Senhor,
   como fazíamos nos dias de festa.
⁸ O Senhor está decidido
   a derrubar os muros da cidade de Sião.
Esticou a trena e
   não poupou a sua mão destruidora.
Fez com que os muros e as paredes
   se lamentassem;
juntos eles desmoronaram.
⁹ Suas portas caíram por terra;
   suas trancas ele quebrou e destruiu.
O seu rei e os seus líderes
   foram exilados para diferentes nações,
   e a lei já não existe;

ᵃ 2.3 Hebraico: *chifre*; também no versículo 17.

seus profetas já não recebem
visões do Senhor.
¹⁰ Os líderes da cidade de Sião
sentam-se no chão em silêncio;
despejam pó sobre a cabeça
e usam vestes de lamento.
As moças de Jerusalém
inclinam a cabeça até o chão.
¹¹ Meus olhos estão cansados de chorar,
minha alma está atormentada,
meu coração se derrama,
porque o meu povo está destruído,
porque crianças e bebês desmaiam
pelas ruas da cidade.
¹² Eles clamam às suas mães:
"Onde estão o pão e o vinho?"
Ao mesmo tempo em que desmaiam
pelas ruas da cidade, como
os feridos,
e suas vidas se desvanecem
nos braços de suas mães.
¹³ Que posso dizer a seu favor?
Com que posso compará-la,
ó cidade de Jerusalém?
Com que posso assemelhá-la,
a fim de trazer-lhe consolo,
ó virgem, ó cidade de Sião?
Sua ferida é tão profunda quanto
o oceano;
quem pode curá-la?
¹⁴ As visões dos seus profetas
eram falsas e inúteis;
eles não expuseram o seu pecado
para evitar o seu cativeiro.
As mensagens que eles lhe deram
eram falsas e enganosas.
¹⁵ Todos os que cruzam o seu caminho
batem palmas;
eles zombam e meneiam a cabeça
diante da cidade de Jerusalém:
"É esta a cidade que era chamada
a perfeição da beleza,
a alegria de toda a terra?"
¹⁶ Todos os seus inimigos
escancaram a boca contra você;
eles zombam, rangem os dentes
e dizem: "Nós a devoramos.
Este é o dia que esperávamos;
e eis que vivemos até vê-lo chegar!"
¹⁷ O Senhor fez o que planejou;
cumpriu a sua palavra,
que há muito havia decretado.
Derrubou tudo sem piedade,

permitiu que o inimigo zombasse de você,
exaltou o poder dos seus adversários.
¹⁸ O coração do povo clama ao Senhor.
Ó muro da cidade de Sião,
corram como um rio
as suas lágrimas dia e noite;
não se permita nenhum descanso
nem dê repouso à menina dos
seus olhos.
¹⁹ Levante-se, grite no meio da noite,
quando começam as vigílias noturnas;
derrame o seu coração como água
na presença do Senhor.
Levante para ele as mãos
em favor da vida de seus filhos,
que desmaiam de fome
nas esquinas de todas as ruas.
²⁰ "Olha, Senhor, e considera:
A quem trataste dessa maneira?
Deverão as mulheres comer seus
próprios filhos,
que elas criaram com tanto amor?
Deverão os profetas e os sacerdotes
ser assassinados no santuário
do Senhor?
²¹ Jovens e velhos espalham-se
em meio ao pó das ruas;
meus jovens e minhas virgens
caíram mortos à espada.
Tu os sacrificaste no dia da tua ira;
tu os mataste sem piedade.
²² Como se faz convocação
para um dia de festa,
convocaste contra mim
terrores por todos os lados.
No dia da ira do Senhor,
ninguém escapou nem sobreviveu;
aqueles dos quais eu cuidava
e que eu fiz crescer,
o meu inimigo destruiu."

3 Eu sou o homem que viu a aflição
trazida pela vara da sua ira.
² Ele me impeliu e me fez andar na
escuridão,
e não na luz;
³ sim, ele voltou sua mão contra mim
vez após vez, o tempo todo.
⁴ Fez que a minha pele e a minha
carne envelhecessem
e quebrou os meus ossos.
⁵ Ele me sitiou e me cercou
de amargura e de pesar.

⁶ Fez-me habitar na escuridão
como os que há muito morreram.
⁷ Cercou-me de muros,
e não posso escapar;
atou-me a pesadas correntes.
⁸ Mesmo quando chamo ou grito por
socorro,
ele rejeita a minha oração.
⁹ Ele impediu o meu caminho
com blocos de pedra;
e fez tortuosas as minhas sendas.
¹⁰ Como um urso à espreita,
como um leão escondido,
¹¹ arrancou-me do caminho e
despedaçou-me,
deixando-me abandonado.
¹² Preparou o seu arco
e me fez alvo de suas flechas.
¹³ Atingiu o meu coração
com flechas de sua aljava.
¹⁴ Tornei-me objeto de riso
de todo o meu povo;
nas suas canções
eles zombam de mim o tempo todo.
¹⁵ Fez-me comer ervas amargas
e fartou-me de fel.
¹⁶ Quebrou os meus dentes com pedras;
e pisoteou-me no pó.
¹⁷ Tirou-me a paz;
esqueci-me o que é prosperidade.
¹⁸ Por isso, digo: "Meu esplendor já se foi,
bem como tudo o que eu esperava
do Senhor".
¹⁹ Lembro-me da minha aflição
e do meu delírio,
da minha amargura e do meu pesar.
²⁰ Lembro-me bem disso tudo,
e a minha alma desfalece dentro
de mim.
²¹ Todavia, lembro-me também
do que pode me dar esperança:
²² Graças ao grande amor do Senhor
é que não somos consumidos,
pois as suas misericórdias são
inesgotáveis.
²³ Renovam-se cada manhã;
grande é a sua fidelidade!
²⁴ Digo a mim mesmo:
A minha porção é o Senhor;
portanto, nele porei a minha esperança.
²⁵ O Senhor é bom para com aqueles
cuja esperança está nele,
para com aqueles que o buscam;

²⁶ é bom esperar tranquilo
pela salvação do Senhor.
²⁷ É bom que o homem suporte o jugo
enquanto é jovem.
²⁸ Leve-o sozinho e em silêncio,
porque o Senhor o pôs sobre ele.
²⁹ Ponha o seu rosto no pó;
talvez ainda haja esperança.
³⁰ Ofereça o rosto a quem o quer ferir,
e engula a desonra.
³¹ Porque o Senhor
não o desprezará para sempre.
³² Embora ele traga tristeza,
mostrará compaixão,
tão grande é o seu amor infalível.
³³ Porque não é do seu agrado
trazer aflição
e tristeza aos filhos dos homens,
³⁴ esmagar com os pés
todos os prisioneiros da terra,
³⁵ negar a alguém os seus direitos,
enfrentando o Altíssimo,
³⁶ impedir a alguém o acesso à justiça;
não veria o Senhor tais coisas?
³⁷ Quem poderá falar e fazer acontecer,
se o Senhor não o tiver decretado?
³⁸ Não é da boca do Altíssimo que vêm
tanto as desgraças como as bênçãos?
³⁹ Como pode um homem reclamar
quando é punido por seus pecados?
⁴⁰ Examinemos e coloquemos à prova
os nossos caminhos
e depois voltemos ao Senhor.
⁴¹ Levantemos o coração e as mãos
para Deus, que está nos céus, e digamos:
⁴² "Pecamos e nos rebelamos,
e tu não nos perdoaste.
⁴³ Tu te cobriste de ira e nos perseguiste,
massacraste-nos sem piedade.
⁴⁴ Tu te escondeste atrás de uma nuvem
para que nenhuma oração chegasse a ti.
⁴⁵ Tu nos tornaste escória
e refugo entre as nações.
⁴⁶ Todos os nossos inimigos
escancaram a boca contra nós.
⁴⁷ Sofremos terror e ciladas,
ruína e destruição".
⁴⁸ Rios de lágrimas correm dos meus olhos
porque o meu povo foi destruído.
⁴⁹ Meus olhos choram sem parar,
sem nenhum descanso,
⁵⁰ até que o Senhor contemple dos
céus e veja.

51 O que eu enxergo enche-me a alma
de tristeza,
de pena de todas as mulheres da
minha cidade.
52 Aqueles que, sem motivo,
eram meus inimigos
caçaram-me como a um passarinho.
53 Procuraram fazer minha vida
acabar na cova
e me jogaram pedras;
54 as águas me encobriram a cabeça,
e cheguei a pensar
que o fim de tudo tinha chegado.
55 Clamei pelo teu nome, SENHOR,
das profundezas da cova.
56 Tu ouviste o meu clamor:
"Não feches os teus ouvidos
aos meus gritos de socorro".
57 Tu te aproximaste quando a ti clamei,
e disseste: "Não tenha medo".
58 Senhor, tu assumiste a minha causa;
e redimiste a minha vida.
59 Tu tens visto, SENHOR,
o mal que me tem sido feito.
Toma a teu cargo a minha causa!
60 Tu viste como é terrível a vingança deles,
todas as suas ciladas contra mim.
61 SENHOR, tu ouviste os seus insultos,
todas as suas ciladas contra mim,
62 aquilo que os meus inimigos sussurram
e murmuram o tempo todo contra mim.
63 Olha para eles! Sentados ou em pé,
zombam de mim com as suas canções.
64 Dá-lhes o que merecem, SENHOR,
conforme o que as suas mãos têm feito.
65 Coloca um véu sobre os seus corações
e esteja a tua maldição sobre eles.
66 Persegue-os com fúria e elimina-os
de debaixo dos teus céus, ó SENHOR.

4 Como o ouro perdeu o brilho!
Como o ouro fino ficou embaçado!
As pedras sagradas estão espalhadas
pelas esquinas de todas as ruas.
2 Como os preciosos filhos de Sião,
que antes valiam seu peso em ouro,
hoje são considerados como vasos
de barro,
obra das mãos de um oleiro!
3 Até os chacais oferecem o peito
para amamentar os seus filhotes,
mas o meu povo não tem mais coração;
é como as avestruzes do deserto.
4 De tanta sede, a língua dos bebês
gruda no céu da boca;
as crianças imploram pelo pão,
mas ninguém as atende.
5 Aqueles que costumavam comer
comidas finas
passam necessidade nas ruas.
Aqueles que se adornavam de púrpura
hoje estão prostrados
sobre montes de cinza.
6 A punição do meu povo
é maior que a de Sodoma,
que foi destruída num instante
sem que ninguém a socorresse.
7 Seus príncipes eram mais brilhantes
que a neve,
mais brancos do que o leite;
e tinham a pele mais rosada que rubis;
e sua aparência lembrava safiras.
8 Mas agora estão mais negros do que
o carvão;
não são reconhecidos nas ruas.
Sua pele enrugou-se sobre os seus ossos;
agora parecem madeira seca.
9 Os que foram mortos à espada
estão melhor do que os que morreram
de fome,
os quais, tendo sido torturados
pela fome,
definham pela falta de produção
das lavouras.
10 Com as próprias mãos,
mulheres bondosas
cozinharam seus próprios filhos,
que se tornaram sua comida
quando o meu povo foi destruído.
11 O SENHOR deu vazão total à sua ira;
derramou a sua grande fúria.
Ele acendeu em Sião um fogo
que consumiu os seus alicerces.
12 Os reis da terra e os povos de todo
o mundo
não acreditavam
que os inimigos
e os adversários pudessem entrar
pelas portas de Jerusalém.
13 Dentro da cidade foi derramado
o sangue dos justos,
por causa do pecado dos seus profetas
e das maldades dos seus sacerdotes.
14 Hoje eles tateiam pelas ruas como cegos,
e tão sujos de sangue estão
que ninguém ousa tocar em suas vestes.

¹⁵ "Vocês estão imundos!",
  o povo grita para eles.
"Afastem-se! Não nos toquem!"
Quando eles fogem e andam errantes,
  os povos das outras nações dizem:
  "Aqui eles não podem habitar".
¹⁶ O próprio Senhor os espalhou;
  ele já não cuida deles.
Ninguém honra os sacerdotes
  nem respeita os líderes.
¹⁷ Nossos olhos estão cansados
  de buscar ajuda em vão;
de nossas torres ficávamos à espera
  de uma nação que não podia salvar-nos.
¹⁸ Cada passo nosso era vigiado;
  nem podíamos caminhar
  por nossas ruas.
Nosso fim estava próximo,
  nossos dias estavam contados;
  o nosso fim já havia chegado.
¹⁹ Nossos perseguidores eram mais velozes
  que as águias nos céus;
perseguiam-nos por sobre as montanhas,
  ficavam de tocaia contra nós no deserto.
²⁰ O ungido do Senhor,
  o próprio fôlego da nossa vida,
  foi capturado em suas armadilhas.
E nós que pensávamos que sob
  a sua sombra viveríamos entre as nações!
²¹ Alegre-se e exulte, ó terra de Edom,
  você que vive na terra de Uz.
Mas a você também será servido o cálice:
  você será embriagada
  e as suas roupas serão arrancadas.
²² Ó cidade de Sião, o seu castigo terminará;
  o Senhor não prolongará o seu exílio.
Mas você, ó terra de Edom, ele punirá o
  seu pecado
  e porá à mostra a sua perversidade.

5

Lembra-te, Senhor,
  do que tem acontecido conosco;
olha e vê a nossa desgraça.
² Nossa herança foi entregue aos
  estranhos,
  nossas casas, aos estrangeiros.
³ Somos órfãos de pai,
  nossas mães são como viúvas.
⁴ Temos que comprar a água que bebemos;
  nossa lenha, só conseguimos pagando.
⁵ Aqueles que nos perseguem
  estão bem próximos;
estamos exaustos e não temos
  como descansar.
⁶ Submetemo-nos ao Egito e à Assíria
  para conseguir pão.
⁷ Nossos pais pecaram e já não existem,
  e nós recebemos o castigo
  pelos seus pecados.
⁸ Escravos dominam sobre nós,
  e não há quem possa livrar-nos
  das suas mãos.
⁹ Conseguimos pão arriscando a vida,
  enfrentando a espada do deserto.
¹⁰ Nossa pele está quente como um forno,
  febril de tanta fome.
¹¹ As mulheres têm sido violentadas
  em Sião,
  e as virgens, nas cidades de Judá.
¹² Os líderes foram pendurados por
  suas mãos;
aos idosos não se mostra
  nenhum respeito.
¹³ Os jovens trabalham nos moinhos;
  os meninos cambaleiam
  sob o fardo de lenha.
¹⁴ Os líderes já não se reúnem
  junto às portas da cidade;
  os jovens cessaram a sua música.
¹⁵ Dos nossos corações fugiu a alegria;
nossas danças se transformaram
  em lamentos.
¹⁶ A coroa caiu da nossa cabeça.
  Ai de nós, porque temos pecado!
¹⁷ E por esse motivo o nosso coração
  desfalece,
  e os nossos olhos perdem o brilho.
¹⁸ Tudo porque o monte Sião está deserto,
  e os chacais perambulam por ele.
¹⁹ Tu, Senhor, reinas para sempre;
teu trono permanece
  de geração em geração.
²⁰ Por que motivo então te esquecerias
  de nós?
Por que haverias de desamparar-nos
  por tanto tempo?
²¹ Restaura-nos para ti, Senhor,
  para que voltemos;
renova os nossos dias como os
  de antigamente,
²² a não ser que já nos tenhas
  rejeitado completamente
e a tua ira contra nós
  não tenha limite!

Introdução ao livro de
EZEQUIEL

Autor e data de composição

O próprio livro atribui sua redação "ao sacerdote Ezequiel, filho de Buzi, junto ao rio Quebar, na terra dos caldeus" (1.3). Isso quer dizer que os babilônios haviam levado Ezequiel para o exílio antes da destruição de Jerusalém, uma vez que o livro menciona o momento em que o profeta recebeu a notícia sobre tal acontecimento. Assim como Jeremias, Ezequiel era sacerdote e também casado, diferentemente do primeiro, mas sua esposa morreu como sinal de que, naquele momento, Deus não iria salvar Jerusalém (24.16-24); por isso, Deus não permitiu que o profeta guardasse o luto por ela. Seu ministério profético começou cinco anos depois de ter sido deportado com o rei Joaquim, e o livro abrange os atos proféticos de Ezequiel, suas palavras e visões, geralmente com uma inclinação a sua condição de sacerdote ao fazer referências à restauração do templo, aos sacrifícios e à unidade de Israel.

ESBOÇO GERAL

Primeira parte: Israel cairá por sua rebeldia (1.1—24.27)
  I. Deus envia Ezequiel como porta-voz a um povo rebelde (1—3)
  II. A primeira série de trágicos atos simbólicos do profeta (4—7)
  III. Uma série de visões sobre o futuro de Israel (8—11)
  IV. A segunda série de atos simbólicos e palavras de juízo (12—14)
  V. Parábolas, censuras, ameaças e o último ato simbólico (15—24)

Segunda parte: As nações inimigas serão destruídas (25—32)
  I. Palavras sobre as nações vizinhas mais próximas de Israel (25—28)
    A. Amom (25.1-7)
    B. Moabe (25.8-11)
    C. Edom (25.12-14)
    D. Filístia (25.15-17)
    E. Tiro e seu rei (26.1—28.19)
    F. Sidom (28.20-26)
  II. Palavras sobre o Egito (29—32)

Terceira parte: A restauração de Israel e do reino após o castigo (33—48)
  I. Ezequiel, profeta da restauração (33.1-20)
  II. A notícia da queda de Jerusalém (33.21-33)
  III. A restauração futura de Israel (34—39)
    A. A profecia contra os pastores de Israel; o Senhor é seu eterno Pastor (34)
    B. A restauração nos montes (35)
    C. Coração de carne em vez de coração de pedra (36)
    D. O vale dos ossos secos e a reunião de Israel e Judá (37)
    E. A profecia contra Gogue e Magogue e a restauração definitiva (38—39)
  IV. A visão do Israel restaurado (40—48)
    A. O templo de Ezequiel (40—42)

B. A glória de Deus entra no templo, e o povo restaurado adora a Deus (43—46)
C. As águas de vida e a distribuição da terra prometida (47—48)

Versículos-chave
28.25,26

Tema geral do livro
Este livro centra-se, como o livro de Jeremias, na destruição e restauração de Israel, ainda que do ponto de vista de um sacerdote no exílio. Grande parte do texto pertence ao gênero profético chamado "apocalíptico", marcado por ações proféticas simbólicas, visões escatológicas (relacionadas com o fim dos tempos), alegorias e parábolas, como também acontece no livro de Daniel e no de Apocalipse. Seu objetivo último é levar o leitor à certeza de que haverá uma restauração definitiva e que os inimigos do Senhor e de Israel serão destruídos. É notável o uso que Ezequiel faz do título "filho do homem" (cerca de 90 vezes), do qual Jesus se apropriaria durante seu ministério terreno. Por esse motivo, no papel de sacerdote exilado, mensageiro do povo de Deus e sobre quem desce o Espírito Santo, Ezequiel pode ser considerado uma figura tipológica de Jesus. São diversos os pontos de contato entre o livro de Ezequiel e os temas do Novo Testamento.

No livro de Ezequiel, Jesus é...
... a figura da glória do SENHOR (1.28).

Versículo-chave para o discípulo
11.19

O discípulo e o livro de Ezequiel
Ezequiel é um sacerdote de Deus, restrito ao exílio e afastado de seu ministério anterior. Qualquer pessoa poderia pensar que já não havia futuro para ele. Já estava mais que certo que se havia deixado levar por uma vida mediana e pela mornidão espiritual. Contudo, o Senhor, que continua manifestando-se nas circunstâncias mais adversas, derramou sobre ele seu Espírito, e o vemos profetizar com poder. Se isso aconteceu com um sacerdote do Antigo Testamento, que diremos, então, nos últimos tempos — depois do evento do Pentecoste, no qual o Espírito de Deus vem habitar no coração de seus filhos —, pois não haverá justificativa ao discípulo que tiver uma vida medíocre ou indiferença diante do pecado em sua vida. O contexto espiritual hoje é muito mais definitivo que na época de Ezequiel, e o que o Senhor nos promete é: " 'Aquele que crê em mim fará também as obras que tenho realizado. Fará coisas ainda maiores do que estas, porque eu estou indo para o Pai' " (João 14.12). Ele não diz "mais espetaculares", e sim "maiores". Seja maior, seja menor, é Deus, e nenhum de nós, quem decide, pois ele nem sempre escolhe o que tem mais ostentação, nem o que mais é elogiado pelos homens. Basta que nos lembremos do comentário de Jesus sobre a oferta da viúva no templo (Marcos 12.42; Lucas 21.2) e talvez nossa maneira de pensar passe a ser diferente sobre nós mesmos e sobre a igreja.

EZEQUIEL

Os Seres Viventes e a Glória do Senhor

1 Era o quinto dia do quarto mês do trigésimo ano[a], e eu estava entre os exilados, junto ao rio Quebar. Abriram-se os céus, e eu tive visões de Deus.

² Foi no quinto ano do exílio do rei Joaquim, no quinto dia do quarto mês. ³ A palavra do Senhor veio ao sacerdote Ezequiel, filho de Buzi,[b] junto ao rio Quebar, na terra dos caldeus. Ali a mão do Senhor esteve sobre ele.

⁴ Olhei e vi uma tempestade que vinha do norte: uma nuvem imensa, com relâmpagos e faíscas, cercada por uma luz brilhante. O centro do fogo parecia metal reluzente, ⁵ e no meio do fogo havia quatro vultos que pareciam seres viventes. Na aparência tinham forma de homem, ⁶ mas cada um deles tinha quatro rostos e quatro asas. ⁷ Suas pernas eram retas; seus pés eram como os de um bezerro e reluziam como bronze polido. ⁸ Debaixo de suas asas, nos quatro lados, eles tinham mãos humanas. Os quatro tinham rostos e asas, ⁹ e as suas asas encostavam umas nas outras. Quando se moviam, andavam para a frente e não se viravam.

¹⁰ Quanto à aparência dos seus rostos, os quatro tinham rosto de homem, rosto de leão no lado direito, rosto de boi no lado esquerdo e rosto de águia. ¹¹ Assim eram os seus rostos. Suas asas estavam estendidas para cima; cada um deles tinha duas asas que se encostavam na de outro ser vivente, de um lado e do outro, e duas asas que cobriam os seus corpos. ¹² Cada um deles ia sempre para a frente. Para onde quer que fosse o Espírito, eles iam e não se viravam quando se moviam. ¹³ Os seres viventes pareciam carvão aceso; eram como tochas. O fogo ia de um lado a outro entre os seres viventes, e do fogo saíam relâmpagos e faíscas. ¹⁴ Os seres viventes iam e vinham como relâmpagos.

¹⁵ Enquanto eu olhava para eles, vi uma roda ao lado de cada um deles, diante dos seus quatro rostos. ¹⁶ Esta era a aparência das rodas e a sua estrutura: reluziam como o berilo; as quatro tinham aparência semelhante. Cada roda parecia estar entrosada na outra. ¹⁷ Quando se moviam, seguiam nas quatro direções dos quatro rostos e não se viravam[c] enquanto iam. ¹⁸ Seus aros eram altos e impressionantes e estavam cheios de olhos ao redor.

¹⁹ Quando os seres viventes se moviam, as rodas ao seu lado se moviam; quando se elevavam do chão, as rodas também se elevavam. ²⁰ Para onde quer que o Espírito fosse, os seres viventes iam, e as rodas os seguiam, porque o mesmo Espírito estava nelas. ²¹ Quando os seres viventes se moviam, elas também se moviam; quando eles ficavam imóveis, elas também ficavam; e, quando os seres viventes se elevavam do chão, as rodas também se elevavam com eles, porque o mesmo Espírito deles estava nelas.

²² Acima das cabeças dos seres viventes estava o que parecia uma abóbada, reluzente como gelo, e impressionante. ²³ Debaixo dela cada ser vivente estendia duas asas ao que lhe estava mais próximo e com as outras duas asas cobria o corpo. ²⁴ Ouvi o ruído de suas asas quando voavam. Parecia o ruído de muitas águas, parecia a voz do Todo-poderoso. Era um ruído estrondoso, como o de um exército. Quando paravam, fechavam as asas.

²⁵ Então veio uma voz de cima da abóbada sobre as suas cabeças, enquanto eles ficavam de asas fechadas. ²⁶ Acima da abóbada sobre as suas cabeças havia o que parecia um trono de safira e, bem no alto — sobre o trono — havia uma figura que parecia um homem. ²⁷ Vi que a parte de cima do que parecia ser a cintura dele parecia metal brilhante, como se estivesse cheia de fogo, e a parte de baixo parecia fogo; e uma luz brilhante o cercava. ²⁸ Tal como a aparência do arco-íris nas nuvens de um dia chuvoso, assim era o resplendor ao seu redor.

Essa era a aparência da figura da glória do Senhor. Quando a vi, prostrei-me com o rosto em terra e ouvi a voz de alguém falando.

O Chamado de Ezequiel

2 Ele me disse: "Filho do homem, fique em pé, pois eu vou falar com você". ² Enquanto ele falava, o Espírito entrou em mim e me pôs em pé, e ouvi aquele que me falava.

³ Ele disse: "Filho do homem, vou enviá-lo aos israelitas, nação rebelde que se revoltou contra mim; até hoje eles e os seus antepassados têm

---

[a] **1.1** Ou *do meu trigésimo ano*
[b] **1.3** Ou *veio a Ezequiel, filho do sacerdote Buzi*
[c] **1.17** Ou *não viravam para o lado*

se revoltado contra mim. ⁴ O povo a quem vou enviá-lo é obstinado e rebelde. Diga-lhe: 'Assim diz o Soberano, o Senhor'. ⁵ E, quer aquela nação rebelde ouça quer deixe de ouvir, saberá que um profeta esteve no meio dela. ⁶ E você, filho do homem, não tenha medo dessa gente nem das suas palavras. Não tenha medo, ainda que o cerquem espinheiros e você viva entre escorpiões. Não tenha medo do que disserem nem fique apavorado ao vê-los, embora sejam uma nação rebelde. ⁷ Você lhes falará as minhas palavras, quer ouçam quer deixem de ouvir, pois são rebeldes. ⁸ Mas você, filho do homem, ouça o que digo. Não seja rebelde como aquela nação; abra a boca e coma o que vou dar a você".

⁹ Então olhei e vi a mão de alguém estendida para mim. Nela estava o rolo de um livro, ¹⁰ que ele desenrolou diante de mim. Em ambos os lados do rolo estavam escritas palavras de lamento, pranto e ais.

3 E ele me disse: "Filho do homem, coma este rolo; depois vá falar à nação de Israel". ² Eu abri a boca, e ele me deu o rolo para eu comer.

³ E acrescentou: "Filho do homem, coma este rolo que estou dando a você e encha o seu estômago com ele". Então eu o comi, e em minha boca era doce como mel.

⁴ Depois ele me disse: "Filho do homem, vá agora à nação de Israel e diga-lhe as minhas palavras. ⁵ Você não está sendo enviado a um povo de fala obscura e de língua difícil, mas à nação de Israel; ⁶ não irá a muitos povos de fala obscura e de língua difícil, cujas palavras você não conseguiria entender. Certamente, se eu o enviasse, eles o ouviriam. ⁷ Mas a nação de Israel não vai querer ouvi-lo porque não quer me ouvir, pois toda a nação de Israel está endurecida e obstinada. ⁸ Porém eu tornarei você tão inflexível e endurecido quanto eles. ⁹ Tornarei a sua testa como a mais dura das pedras, mais dura que a pederneira. Não tenha medo deles nem fique apavorado ao vê-los, embora sejam uma nação rebelde".

¹⁰ E continuou: "Filho do homem, ouça atentamente e guarde no coração todas as palavras que eu disser a você. ¹¹ Vá agora aos seus compatriotas que estão no exílio e fale com eles. Diga-lhes, quer ouçam quer deixem de ouvir: 'Assim diz o Soberano, o Senhor' ".

¹² Depois o Espírito elevou-me, e ouvi esta estrondosa aclamação: "Que a glória do Senhor seja louvada em sua habitação!" ¹³ E ouvi o som das asas dos seres viventes roçando umas nas outras e, atrás deles, o som das rodas — um forte estrondo! ¹⁴ Então o Espírito elevou-me e tirou-me de lá, com o meu espírito cheio de amargura e de ira e com a forte mão do Senhor sobre mim. ¹⁵ Fui aos exilados que moravam em Tel-Abibe, perto do rio Quebar. Sete dias fiquei lá entre eles — atônito!

Advertência a Israel

¹⁶ Ao fim dos sete dias a palavra do Senhor veio a mim: ¹⁷ "Filho do homem", disse ele, "eu o fiz sentinela para a nação de Israel; por isso ouça a palavra que digo e leve a eles a minha advertência. ¹⁸ Quando eu disser a um ímpio que ele vai morrer e você não o advertir nem lhe falar para dissuadi-lo dos seus maus caminhos e salvar a vida dele, aquele ímpio morrerá por[a] sua iniquidade; para mim, porém, você será responsável pela morte dele. ¹⁹ Se, porém, você advertir o ímpio e ele não se desviar de sua impiedade ou dos seus maus caminhos, ele morrerá por sua iniquidade, mas você estará livre dessa culpa.

²⁰ "Da mesma forma, quando um justo se desviar de sua justiça e fizer o mal, e eu puser uma pedra de tropeço diante dele, ele morrerá. Uma vez que você não o advertiu, ele morrerá pelo pecado que cometeu. As práticas justas dele não serão lembradas; para mim, porém, você será responsável pela morte dele. ²¹ Se, porém, você advertir o justo e ele não pecar, certamente ele viverá porque aceitou a advertência, e você estará livre dessa culpa".

²² A mão do Senhor esteve ali sobre mim, e ele me disse: "Levante-se e vá para a planície, e lá falarei com você". ²³ Então me levantei e fui para a planície. E lá estava a glória do Senhor, glória como a que eu tinha visto junto ao rio

3.3 A Palavra de Deus deve servir de alimento constante na vida do discípulo. Jesus disse que ele é o verdadeiro pão que desceu do céu (João 6.32-35). Nesse caso, estamos diante de um profeta. Se o profeta não se alimenta da Palavra de Deus, sua profecia terá origem em sua própria mente e em seus sentimentos, não virá do Senhor.

---

[a] **3.18** Ou *morrerá em*; também nos versículos 19 e 20..

Quebar. Prostrei-me com o rosto em terra, ²⁴ mas o Espírito entrou em mim e me pôs em pé. Ele me disse: "Vá para casa e tranque-se. ²⁵ Pois você, filho do homem, será amarrado com cordas; você ficará preso e não conseguirá sair para o meio do povo. ²⁶ Farei sua língua apegar-se ao céu da boca para que você fique calado e não possa repreendê-los, embora sejam uma nação rebelde. ²⁷ Mas, quando eu falar com você, abrirei sua boca e você lhes dirá: 'Assim diz o Soberano, o Senhor'. Quem quiser ouvir ouça, e quem não quiser não ouça; pois são uma nação rebelde.

Cerco Simbólico de Jerusalém

4 "Agora, filho do homem, apanhe um tijolo, coloque-o à sua frente e nele desenhe a cidade de Jerusalém. ² Em seguida, cerque-a e erga obras de cerco contra ela; construa uma rampa, monte acampamentos e ponha aríetes ao redor dela. ³ Depois apanhe uma panela de ferro, coloque-a como muro de ferro entre você e a cidade e ponha-se de frente para ela. Ela estará cercada, e você a sitiará. Isto será um sinal para a nação de Israel.

⁴ "Deite-se então sobre o seu lado esquerdo e sobre você[a] ponha a iniquidade da nação de Israel. Você terá que carregar a iniquidade dela durante o número de dias em que estiver deitado sobre o lado esquerdo. ⁵ Determinei que o número de dias seja equivalente ao número de anos da iniquidade dela, ou seja, durante trezentos e noventa dias você carregará a iniquidade da nação de Israel.

⁶ "Terminado esse prazo, deite-se sobre o seu lado direito e carregue a iniquidade da nação de Judá, ⁷ durante quarenta dias, tempo que eu determinei para você, um dia para cada ano. Olhe para o cerco de Jerusalém e, com braço desnudo, profetize contra ela. ⁸ Vou amarrá-lo com cordas para que você não possa virar-se enquanto não cumprir os dias da sua aflição.

⁹ "Pegue trigo e cevada, feijão e lentilha, painço e espelta[b]; ponha-os numa vasilha e com eles faça pão para você. Você deverá comê-lo durante os trezentos e noventa dias em que estiver deitado sobre o seu lado. ¹⁰ Pese duzentos e quarenta gramas[c] do pão por dia e coma-o em horas determinadas. ¹¹ Também meça meio litro[d] de água e beba-a em horas determinadas. ¹² Coma o pão como você comeria um bolo de cevada; asse-o à vista do povo, usando fezes humanas como combustível". ¹³ O Senhor disse: "Desse modo os israelitas comerão sua comida imunda entre as nações para onde eu os expulsar".

¹⁴ Então eu disse: "Ah! Soberano Senhor! Eu jamais me contaminei. Desde a minha infância até agora, jamais comi qualquer coisa achada morta ou que tivesse sido despedaçada por animais selvagens. Jamais entrou em minha boca qualquer carne impura".

¹⁵ "Está bem", disse ele, "deixarei que você asse o seu pão em cima de esterco de vaca, e não em cima de fezes humanas."

¹⁶ E acrescentou: "Filho do homem, cortarei o suprimento de comida em Jerusalém. O povo comerá com ansiedade comida racionada e beberá com desespero água racionada, ¹⁷ pois haverá falta de comida e de água. Ficarão chocados com a aparência uns dos outros e definharão por causa de[e] sua iniquidade.

5 "Agora, filho do homem, apanhe uma espada afiada e use-a como navalha de barbeiro para rapar a cabeça e a barba. Depois tome uma balança de pesos e reparta o cabelo. ² Quando os dias do cerco da cidade chegarem ao fim, queime no fogo um terço do cabelo dentro da cidade. Pegue um terço e corte-o com a espada ao redor de toda a cidade. E espalhe um terço ao vento. Porque eu os perseguirei com espada desembainhada. ³ Mas apanhe umas poucas mechas de cabelo e esconda-as nas dobras de sua roupa. ⁴ E, destas ainda, pegue algumas e atire-as ao fogo, para que se queimem. Dali um fogo se espalhará por toda a nação de Israel.

⁵ "Assim diz o Soberano, o Senhor: 'Esta é Jerusalém, que pus no meio dos povos, com nações ao seu redor. ⁶ Contudo, em sua maldade, ela se revoltou contra as minhas leis e contra os meus decretos mais do que os povos e as nações ao seu redor. Ela rejeitou as minhas leis e não agiu segundo os meus decretos'.

⁷ "Portanto assim diz o Soberano, o Senhor: Você tem sido mais rebelde do que as nações ao seu redor e não agiu segundo os meus decretos nem obedeceu às minhas leis. Você

---

[a] **4.4** Ou *sobre o seu lado*
[b] **4.9** *Painço* é uma gramínea (capim) cujas espigas servem de alimento; *espelta* é uma espécie de trigo de qualidade inferior.
[c] **4.10** Hebraico: *20 siclos*. Um siclo equivalia a 12 gramas.
[d] **4.11** Hebraico: *1/6 de um him*. O him era uma medida de capacidade para líquidos. As estimativas variam entre 3 e 6 litros.
[e] **4.17** Ou *definharão em*

nem mesmo alcançou os padrões das nações ao seu redor.

⁸ "Por isso diz o Soberano, o SENHOR: Eu estou contra você, Jerusalém, e lhe infligirei castigo à vista das nações. ⁹ Por causa de todos os seus ídolos detestáveis, farei com você o que nunca fiz nem jamais voltarei a fazer. ¹⁰ Por isso, entre vocês sucederá que os pais comerão os seus próprios filhos, e os filhos comerão os seus pais. Castigarei você e dispersarei aos ventos os seus sobreviventes. ¹¹ Por isso, juro pela minha vida, palavra do Soberano, o SENHOR, que, por ter contaminado meu santuário com suas imagens detestáveis e com suas práticas repugnantes, eu retirarei a minha bênção. Não olharei com piedade para você e não a pouparei. ¹² Um terço de seu povo morrerá de peste ou perecerá de fome dentro de seus muros; um terço cairá à espada fora da cidade; e um terço dispersarei aos ventos e perseguirei com a espada em punho.

¹³ "Então a minha ira cessará, diminuirá a minha indignação contra eles, e serei vingado. E, quando tiver esgotado a minha ira sobre eles, saberão que eu, o SENHOR, falei segundo o meu zelo.

¹⁴ "Farei de você uma ruína e a tornarei desprezível entre as nações ao seu redor, à vista de todos quantos passarem por você. ¹⁵ Você será objeto de desprezo e de escárnio, e servirá de advertência e de causa de pavor às nações ao redor, quando eu castigar você com ira, indignação e violência. Eu, o SENHOR, falei. ¹⁶ Quando eu atirar em você minhas flechas mortais e destruidoras, minhas flechas de fome, atirarei para destruí-la. Aumentarei a sua fome e cortarei o seu sustento. ¹⁷ Enviarei contra você a fome e animais selvagens, que acabarão com os seus filhos. A peste e o derramamento de sangue a alcançarão, e trarei a espada contra você. Eu, o SENHOR, falei".

Profecia contra os Montes de Israel

6 Esta palavra do SENHOR veio a mim: ² "Filho do homem, vire o rosto contra os montes de Israel; profetize contra eles ³ e diga: Ó montes de Israel, ouçam a palavra do Soberano, o SENHOR. Assim diz o Soberano, o SENHOR, aos montes e às colinas, às ravinas e aos vales: Estou prestes a trazer a espada contra vocês; vou destruir os seus altares idólatras. ⁴ Seus altares serão arrasados, seus altares de incenso[a]

serão esmigalhados, e abaterei o seu povo na frente dos seus ídolos. ⁵ Porei os cadáveres dos israelitas em frente dos seus ídolos e espalharei os seus ossos ao redor dos seus altares. ⁶ Onde quer que você viva, as cidades serão devastadas e os altares idólatras serão arrasados e devastados, seus ídolos serão esmigalhados e transformados em ruínas, seus altares de incenso serão derrubados e tudo o que vocês realizaram será apagado. ⁷ Seu povo cairá morto no meio de vocês, e vocês saberão que eu sou o SENHOR.

⁸ "Mas pouparei alguns; alguns de vocês escaparão da espada quando forem espalhados entre as terras e nações. ⁹ Ali, nas nações para onde vocês tiverem sido levados cativos, aqueles que escaparem se lembrarão de mim; lembrarão como fui entristecido por seus corações adúlteros, que se desviaram de mim, e, por seus olhos, que cobiçaram os seus ídolos. Terão nojo de vocês mesmos por causa do mal que fizeram e por causa de todas as suas práticas repugnantes. ¹⁰ E saberão que eu sou o SENHOR, que não ameacei em vão trazer esta desgraça sobre eles.

¹¹ "Assim diz o Soberano, o SENHOR: Esfregue as mãos, bata os pés e grite "Ai!", por causa de todas as práticas ímpias e repugnantes da nação de Israel, pois eles morrerão pela espada, pela fome e pela peste. ¹² Quem está longe morrerá pela peste, quem está perto cairá pela espada, e quem sobreviver e for poupado morrerá de fome. Assim enviarei a minha ira sobre eles. ¹³ E saberão que eu sou o SENHOR, quando o seu povo estiver estirado, morto entre os seus ídolos, ao redor dos seus altares, em todo monte alto e em todo topo de montanha, debaixo de toda árvore frondosa e de todo carvalho viçoso — em todos os lugares nos quais eles ofereciam incenso aromático a todos os seus ídolos. ¹⁴ Estenderei o meu braço contra eles e tornarei a terra uma imensidão desolada, desde o deserto até Dibla[b] — onde quer que estiverem vivendo. Então saberão que eu sou o SENHOR".

A Chegada do Fim

7 Veio a mim esta palavra do SENHOR: ² "Filho do homem, assim diz o Soberano, o SENHOR, à nação de Israel: Chegou o fim! O fim chegou aos quatro cantos da terra de Israel. ³ O fim está agora sobre você, e sobre você eu vou desencadear a minha ira. Eu a julgarei de

---

[a] **6.4** Provavelmente colunas dedicadas ao deus Sol.

[b] **6.14** Conforme a maioria dos manuscritos do Texto Massorético. Alguns manuscritos do Texto Massorético dizem *Ribla*.

acordo com a sua conduta e a retribuirei por todas as suas práticas repugnantes. ⁴ Não olharei com piedade para você nem a pouparei; com certeza eu a retribuirei por sua conduta e suas práticas em seu meio. Então você saberá que eu sou o Senhor".

⁵ Assim diz o Soberano, o Senhor: "Eis a desgraça! Uma desgraça jamais imaginada vem aí. ⁶ Chegou o fim! Chegou o fim! Ele se insurgiu contra você. O fim chegou! ⁷ A condenação chegou sobre você que habita no país. Chegou a hora, o dia está próximo; há pânico, e não alegria, sobre os montes. ⁸ Estou prestes a derramar a minha ira sobre você e esgotar a minha indignação contra você; eu a julgarei de acordo com a sua conduta e a retribuirei por todas as suas práticas repugnantes. ⁹ Não olharei com piedade para você nem a pouparei; eu a retribuirei de acordo com todas as práticas repugnantes que há no seu meio. Então você saberá que é o Senhor que desfere o golpe.

¹⁰ "Eis o dia! Já chegou! A condenação irrompeu, a vara brotou, a arrogância floresceu! ¹¹ A violência tomou a forma de uma[a] vara para castigar a maldade; ninguém do povo será deixado, ninguém daquela multidão, como também nenhuma riqueza, nada que tenha algum valor. ¹² Chegou a hora, o dia chegou. Que o comprador não se regozije nem o vendedor se entristeça, pois a ira está sobre toda a multidão. ¹³ Nenhum vendedor viverá o suficiente para recuperar a terra que vendeu, mesmo que viva muito tempo, pois a visão acerca de toda a multidão não voltará atrás. Por causa de sua iniquidade, nenhuma vida humana será preservada. ¹⁴ Embora toquem a trombeta e deixem tudo pronto, ninguém irá a combate, pois a minha ira está sobre toda a multidão".

¹⁵ "Fora está a espada, dentro estão a peste e a fome; quem estiver no campo morrerá pela espada, e quem estiver na cidade será devorado pela fome e pela peste. ¹⁶ Todos os que se livrarem e escaparem estarão nos montes, gemendo como pombas nos vales, cada um por causa de sua própria iniquidade. ¹⁷ Toda mão ficará pendendo, frouxa, e todo joelho ficará como água, de tão fraco. ¹⁸ Eles se cobrirão de vestes de luto e se vestirão de pavor. Terão o rosto coberto de vergonha, e sua cabeça será rapada. ¹⁹ Atirarão sua prata nas ruas, e seu ouro será tratado como coisa impura. Sua prata e seu ouro serão incapazes de livrá-los no dia da ira do Senhor e não poderão saciar sua fome e encher os seus estômagos; servirão apenas para fazê-los tropeçar na iniquidade. ²⁰ Eles tinham orgulho de suas lindas joias e as usavam para fazer os seus ídolos repugnantes e as suas imagens detestáveis. Por isso tornarei essas coisas em algo impuro para eles. ²¹ Entregarei tudo isso como despojo nas mãos de estrangeiros e como saque nas mãos dos ímpios da terra, e eles o contaminarão. ²² Desviarei deles o meu rosto, e eles profanarão o lugar que tanto amo; este será invadido por ladrões que o profanarão.

²³ "Preparem correntes, porque a terra está cheia de sangue derramado e a cidade está cheia de violência. ²⁴ Trarei os piores elementos das nações para se apossarem das casas deles; darei fim ao orgulho dos poderosos, e os santuários deles serão profanados. ²⁵ Quando chegar o pavor, eles buscarão paz, mas não a encontrarão. ²⁶ Virá uma desgraça após a outra, e um alarme após o outro. Tentarão conseguir uma visão da parte do profeta, e o ensino da Lei pelo sacerdote se perderá, como também o conselho das autoridades. ²⁷ O rei pranteará, o príncipe se vestirá de desespero, e as mãos do povo da terra tremerão. Lidarei com eles de acordo com a sua conduta e por seus próprios padrões eu os julgarei. Então saberão que eu sou o Senhor".

Idolatria no Templo

8 No quinto dia do sexto mês do sexto ano do exílio, eu e as autoridades de Judá estávamos sentados em minha casa quando a mão do Soberano, o Senhor, veio sobre mim. ² Olhei e vi uma figura como a de um homem. Do que parecia ser a sua cintura para baixo, ele era como fogo,[b] e dali para cima sua aparência era tão brilhante como metal reluzente. ³ Ele estendeu o que parecia um braço e pegou-me pelo cabelo. O Espírito levantou-me entre a terra e o céu e, em visões de Deus, ele me levou a Jerusalém, à entrada da porta norte do pátio interno, onde estava colocado o ídolo que provoca o ciúme de Deus. ⁴ E ali, diante de mim, estava a glória do Deus de Israel, como na visão que eu havia tido na planície.

⁵ Então ele me disse: "Filho do homem, olhe para o norte". Olhei para o lado norte, e vi, junto à porta do altar, o ídolo que provoca o ciúme de Deus.

---

[a] **7.11** Ou *O violento se tornou uma*

[b] **8.2** Ou *vi um ser que parecia feito de fogo,*

⁶ E ele me disse: "Filho do homem, você vê o que estão fazendo? As práticas repugnantes da nação de Israel, coisas que me levarão para longe do meu santuário? Mas você verá práticas ainda piores que estas".

⁷ Em seguida me levou para a entrada do pátio. Olhei e vi um buraco no muro. ⁸ Ele me disse: "Filho do homem, agora escave o muro". Escavei o muro e vi ali a abertura de uma porta.

⁹ Ele me disse: "Entre e veja as coisas repugnantes e más que estão fazendo". ¹⁰ Eu entrei e olhei. Lá, desenhadas por todas as paredes, vi todo tipo de criaturas rastejantes e animais impuros e todos os ídolos da nação de Israel. ¹¹ Na frente deles estavam setenta autoridades da nação de Israel, e Jazanias, filho de Safã, estava no meio deles. Do incensário que cada um tinha em suas mãos, elevava-se uma nuvem aromática.

¹² Ele me disse: "Filho do homem, você viu o que as autoridades da nação de Israel estão fazendo nas trevas, cada uma no santuário de sua própria imagem esculpida? Elas dizem: 'O Senhor não nos vê; o Senhor abandonou o país'". ¹³ E de novo disse: "Você os verá cometer práticas ainda mais repugnantes".

¹⁴ Então ele me levou para a entrada da porta norte da casa do Senhor. Lá eu vi mulheres sentadas, chorando por Tamuz[a]. ¹⁵ Ele me disse: "Você vê isso, filho do homem? Você verá práticas ainda mais repugnantes do que esta".

¹⁶ Ele então me levou para dentro do pátio interno da casa do Senhor, e ali, à entrada do templo, entre o pórtico e o altar, havia uns vinte e cinco homens. Com as costas para o templo do Senhor e o rosto voltado para o oriente, eles se prostravam na direção do Sol.

¹⁷ Ele me disse: "Você viu isso, filho do homem? Será que essas práticas repugnantes são corriqueiras para a nação de Judá? Deverão também encher a terra de violência e continuamente me provocar a ira? Veja! Eles estão pondo o ramo perto do nariz! ¹⁸ Por isso com ira eu os tratarei; não olharei com piedade para eles nem os pouparei. Mesmo que gritem aos meus ouvidos, não os ouvirei".

A Morte dos Idólatras

9 Então o ouvi clamar em alta voz: "Tragam aqui os guardas da cidade, cada um com uma arma na mão". ² E vi seis homens que vinham da porta superior, que está voltada para o norte, cada um com uma arma mortal na mão. Com eles estava um homem vestido de linho que tinha um estojo de escrevente à cintura. Eles entraram e se puseram ao lado do altar de bronze.

³ E a glória do Deus de Israel levantou-se de cima do querubim, onde havia estado, e se moveu para a entrada do templo. E o Senhor chamou o homem vestido de linho e que tinha o estojo de escrevente à cintura ⁴ e lhe disse: "Percorra a cidade de Jerusalém e ponha um sinal na testa daqueles que suspiram e gemem por causa de todas as práticas repugnantes que são feitas nela".

⁵ Enquanto eu escutava, ele disse aos outros: "Sigam-no por toda a cidade e matem, sem piedade ou compaixão, ⁶ velhos, rapazes e moças, mulheres e crianças. Mas não toquem em ninguém que tenha o sinal. Comecem pelo meu santuário". Então eles começaram com as autoridades que estavam na frente do templo.

⁷ E ele lhes disse: "Contaminem o templo e enchem de mortos os pátios. Podem ir!" Eles saíram e começaram a matança na cidade toda. ⁸ Enquanto isso eu fiquei sozinho. Então prostrei-me com o rosto em terra, clamando: "Ah! Soberano Senhor! Vais destruir todo o remanescente de Israel, lançando a tua ira sobre Jerusalém?"

⁹ Ele me respondeu: "A iniquidade da nação de Israel e de Judá é enorme; a terra está cheia de sangue derramado e a cidade está cheia de injustiça. Eles dizem: 'O Senhor abandonou o país; o Senhor não nos vê'. ¹⁰ Então eu, de minha parte, não olharei para eles com piedade nem os pouparei, mas farei cair sobre a sua cabeça o que eles têm feito".

¹¹ Então o homem de linho com o estojo de escrevente à cintura voltou trazendo um relatório e disse: "Fiz o que me ordenaste".

A Glória de Deus Afasta-se do Templo

10 Olhei e vi algo semelhante a um trono de safira sobre a abóbada que estava por cima das cabeças dos querubins. ² O Senhor disse ao homem vestido de linho: "Vá entre as rodas, por baixo dos querubins. Encha as mãos com brasas ardentes apanhadas de entre os querubins e espalhe-as sobre a cidade". E, enquanto eu observava, ele foi.

ᵃ 8.14 Essa lamentação pelo deus Tamuz ocorreu no segundo dia do quarto mês, tamuz (aproximadamente junho/julho), que recebeu seu nome devido a esse acontecimento.

³ Ora, os querubins estavam no lado sul do templo quando o homem entrou, e uma nuvem encheu o pátio interno. ⁴ Então a glória do Senhor levantou-se de cima dos querubins e moveu-se para a entrada do templo. A nuvem encheu o templo, e o pátio foi tomado pelo resplendor da glória do Senhor. ⁵ O som das asas dos querubins podia ser ouvido até no pátio externo, como a voz do Deus todo-poderoso, quando ele fala.

⁶ Quando o Senhor ordenou ao homem vestido de linho: "Apanhe fogo do meio das rodas, do meio dos querubins", o homem foi e ficou ao lado de uma roda. ⁷ No meio do fogo que estava entre os querubins um deles estendeu a mão, apanhou algumas brasas e as colocou nas mãos do homem vestido de linho, que as recebeu e saiu. ⁸ (Debaixo das asas dos querubins podia-se ver o que se parecia com mãos humanas.)

⁹ Olhei e vi ao lado dos querubins quatro rodas, uma ao lado de cada um dos querubins; as rodas reluziam como berilo. ¹⁰ Quanto à sua aparência, eram iguais, e cada uma parecia estar entrosada na outra. ¹¹ Enquanto se moviam, elas iam em qualquer uma das quatro direções que tomavam os querubins; as rodas não se viravam[a] enquanto os querubins se moviam. Eles seguiam qualquer direção à sua frente, sem se virar. ¹² Seus corpos, inclusive as costas, as mãos e as asas, estavam completamente cheios de olhos, como as suas quatro rodas. ¹³ Quanto às rodas, ouvi que as chamavam "giratórias". ¹⁴ Cada um dos querubins tinha quatro rostos: Um rosto era o de um querubim; o segundo, de um homem; o terceiro, de um leão; o quarto, de uma águia.

¹⁵ Então os querubins se elevaram. Eram os mesmos seres viventes que eu tinha visto junto ao rio Quebar. ¹⁶ Quando os querubins se moviam, as rodas ao lado deles se moviam; quando os querubins estendiam as asas para erguer-se do chão, as rodas também iam com eles. ¹⁷ Quando os querubins se mantinham imóveis, elas também ficavam; e, quando os querubins se levantavam, elas se levantavam com eles, porque o espírito dos seres viventes estava nelas.

¹⁸ E a glória do Senhor afastou-se da entrada do templo e parou sobre os querubins. ¹⁹ Enquanto eu observava, os querubins estenderam as asas e se ergueram do chão, e as rodas foram com eles. Eles pararam à entrada da porta oriental do templo do Senhor, e a glória do Deus de Israel estava sobre eles.

²⁰ Esses seres viventes eram os mesmos que eu tinha visto debaixo do Deus de Israel, junto ao rio Quebar, e percebi que eles eram querubins. ²¹ Cada um tinha quatro rostos e quatro asas, e debaixo de suas asas havia o que parecia mãos humanas. ²² Seus rostos tinham a mesma aparência daqueles que eu tinha visto junto ao rio Quebar. Todos iam sempre para a frente.

O Julgamento dos Líderes de Israel

11 Então o Espírito me ergueu e me levou para a porta do templo do Senhor que dá para o oriente. Ali, à entrada da porta, havia vinte e cinco homens, e vi entre eles Jazanias, filho de Azur, e Pelatias, filho de Benaia, líderes do povo. ² O Senhor me disse: "Filho do homem, estes são os homens que estão tramando o mal e dando maus conselhos nesta cidade. ³ Eles dizem: 'Não está chegando o tempo de construir casas?[b] Esta cidade é uma panela, e nós somos a carne dentro dela'. ⁴ Portanto, profetize contra eles; profetize, filho do homem".

⁵ Então o Espírito do Senhor veio sobre mim e mandou-me dizer: "Assim diz o Senhor: É isso que vocês estão dizendo, ó nação de Israel, mas eu sei em que vocês estão pensando. ⁶ Vocês mataram muita gente nesta cidade e encheram as suas ruas de cadáveres.

⁷ "Portanto, assim diz o Soberano, o Senhor: Os corpos que vocês jogaram nas ruas são a carne, e esta cidade é a panela, mas eu os expulsarei dela. ⁸ Vocês têm medo da espada, e a espada é o que trarei contra vocês. Palavra do Soberano, o Senhor. ⁹ Eu os expulsarei da cidade e os entregarei nas mãos de estrangeiros e os castigarei. ¹⁰ Vocês cairão à espada, e eu os julgarei nas fronteiras de Israel. Então vocês saberão que eu sou o Senhor. ¹¹ Esta cidade não será uma panela para vocês, nem vocês serão carne dentro dela; eu os julgarei nas fronteiras de Israel. ¹² E vocês saberão que eu sou o Senhor, pois vocês não agiram segundo os meus decretos nem obedeceram às minhas leis, mas se conformaram aos padrões das nações ao seu redor".

¹³ Ora, enquanto eu estava profetizando, Pelatias, filho de Benaia, morreu. Então prostrei-me com o rosto em terra, e clamei em alta voz:

---

[a] 10.11 Ou *não viravam para o lado*

[b] 11.3 Ou *Esta não é a hora de construir casas?*

"Ah! Soberano SENHOR! Destruirás totalmente o remanescente de Israel?"

¹⁴ Esta palavra do SENHOR veio a mim: ¹⁵ "Filho do homem, seus irmãos, sim, seus irmãos, que são seus parentes consanguíneosª, e toda a nação de Israel são aqueles de quem o povo de Jerusalém tem dito: 'Eles estãoᵇ longe do SENHOR. É a nós que esta terra foi dada, para ser nossa propriedade'.

A Promessa da Volta de Israel

¹⁶ "Portanto diga: Assim diz o Soberano, o SENHOR: Embora eu os tenha mandado para terras muito distantes entre os povos e os tenha espalhado entre as nações, por breve período tenho sido um santuário para eles nas terras para onde foram.

¹⁷ "Portanto, diga: Assim diz o Soberano, o SENHOR: Eu os ajuntarei dentre as nações e os trarei de volta das terras para onde vocês foram espalhados e devolverei a vocês a terra de Israel.

¹⁸ "Eles voltarão para ela e retirarão todas as suas imagens repugnantes e os seus ídolos detestáveis. ¹⁹ Darei a eles um coração não dividido e porei um novo espírito dentro deles; retirarei deles o coração de pedra e lhes darei um coração de carne. ²⁰ Então agirão segundo os meus decretos e serão cuidadosos em obedecer às minhas leis. Eles serão o meu povo, e eu serei o seu Deus. ²¹ Mas, quanto àqueles cujo coração está afeiçoado às suas imagens repugnantes e aos seus ídolos detestáveis, farei cair sobre a sua cabeça aquilo que eles têm feito. Palavra do Soberano, o SENHOR".

²² Então os querubins, com as rodas ao lado, estenderam as asas, e a glória do Deus de Israel estava sobre eles. ²³ A glória do SENHOR se levantou da cidade e parou sobre o monte que fica a leste dela. ²⁴ Então o Espírito de Deus ergueu-me e em visão levou-me aos que estavam exilados na Babilônia.

Findou-se então a visão que eu havia tido, ²⁵ e contei aos exilados tudo o que o SENHOR tinha me mostrado.

O Exílio Simbolizado

12 Veio a mim esta palavra do SENHOR: ² "Filho do homem, você vive no meio de uma nação rebelde. Eles têm olhos para ver, mas não veem, e ouvidos para ouvir, mas não ouvem, pois são uma nação rebelde.

³ "Portanto, filho do homem, arrume sua bagagem para o exílio e, durante o dia, à vista de todos, parta e vá para outro lugar. Talvez eles compreendam, embora sejam uma nação rebelde. ⁴ Durante o dia, sem fugir aos olhares do povo, leve para fora os seus pertences arrumados para o exílio. À tarde, saia como aqueles que vão para o exílio. E que os outros o vejam fazer isso. ⁵ Enquanto eles o observam, faça um buraco no muro e passe a sua bagagem através dele. ⁶ Ponha-a nos ombros, enquanto o povo estiver observando, e carregue-a ao entardecer. Cubra o rosto para que você não possa ver nada do país, pois eu fiz de você um sinal para a nação de Israel".

⁷ Então eu fiz o que me foi ordenado. Durante o dia levei para fora as minhas coisas, arrumadas para o exílio. Depois, à tarde, fiz com as mãos um buraco no muro. Ao entardecer saí com a minha bagagem carregando-a nos ombros à vista de todos.

⁸ De manhã recebi esta palavra do SENHOR: ⁹ "Filho do homem, acaso aquela nação rebelde de Israel não perguntou: 'O que você está fazendo?'

¹⁰ "Diga-lhes: Assim diz o Soberano, o SENHOR: Esta advertência diz respeito ao príncipe de Jerusalém e a toda a nação de Israel que está ali. ¹¹ Diga-lhes: Eu sou um sinal para vocês. Como eu fiz, assim será feito a eles. Irão para o exílio como prisioneiros.

¹² "O príncipe deles porá a sua bagagem nos ombros ao entardecer e sairá por um buraco que será escavado no muro para ele passar. Ele cobrirá o rosto para que não possa ver nada do país. ¹³ Estenderei a minha rede para ele, e ele será apanhado em meu laço; eu o trarei para a Babilônia, terra dos caldeus, mas ele não a verá, e ali morrerá. ¹⁴ Espalharei aos ventos todos os que estão ao seu redor, os seus oficiais e todas as suas tropas, e os perseguirei com a espada em punho.

¹⁵ "Eles saberão que eu sou o SENHOR, quando eu os dispersar entre as nações e os espalhar pelas terras. ¹⁶ Mas pouparei uns poucos deles da espada, da fome e da peste para que, nas nações aonde forem, contem todas as suas práticas repugnantes. Então saberão que eu sou o SENHOR".

¹⁷ Esta palavra do SENHOR veio a mim: ¹⁸ "Filho do homem, trema enquanto come a sua comida, e fique arrepiado de medo enquanto bebe a sua água. ¹⁹ Diga ao povo do país: Assim

---

ª 11.15 Ou *que estão no exílio com você*
ᵇ 11.15 Ou *aqueles a quem o povo de Jerusalém disse: Permaneçam*

diz o Senhor, o Soberano, acerca daqueles que vivem em Jerusalém e em Israel: Eles comerão sua comida com ansiedade e beberão sua água desesperados, pois tudo o que existe em sua terra dela será arrancado por causa da violência de todos os que ali vivem. ²⁰ As cidades habitadas serão arrasadas e a terra ficará abandonada. Então vocês saberão que eu sou o Senhor".

²¹ O Senhor me falou: ²² "Filho do homem, que provérbio é este que vocês têm em Israel: 'Os dias passam e todas as visões dão em nada'? ²³ Diga-lhes, pois: Assim diz o Soberano, o Senhor: Darei fim a esse provérbio, e não será mais citado em Israel. Diga-lhes: Estão chegando os dias em que toda visão se cumprirá. ²⁴ Pois não haverá mais visões falsas ou adivinhações bajuladoras em meio ao povo de Israel. ²⁵ Mas eu, o Senhor, falarei o que eu quiser, e isso se cumprirá sem demora. Pois em seus dias, ó nação rebelde, cumprirei tudo o que eu disser. Palavra do Soberano, o Senhor".

²⁶ Veio a mim esta palavra do Senhor: ²⁷ "Filho do homem, a nação de Israel está dizendo: 'A visão que ele vê é para daqui a muitos anos, e ele profetiza sobre o futuro distante'.

²⁸ "Pois diga a eles: Assim diz o Soberano, o Senhor: Nenhuma de minhas palavras sofrerá mais demora; tudo o que eu disser se cumprirá. Palavra do Soberano, o Senhor".

A Condenação dos Falsos Profetas

13 A palavra do Senhor veio a mim. Disse ele: ² "Filho do homem, profetize contra os profetas de Israel que estão profetizando agora. Diga àqueles que estão profetizando pela sua própria imaginação: Ouçam a palavra do Senhor! ³ Assim diz o Soberano, o Senhor: Ai dos profetas tolos[a] que seguem o seu próprio espírito e não viram nada! ⁴ Seus profetas, ó Israel, são como chacais no meio de ruínas. ⁵ Vocês não foram consertar as brechas do muro para a nação de Israel, para que ela pudesse resistir firme no combate do dia do Senhor. ⁶ Suas visões são falsas; suas adivinhações, mentira. Dizem 'Palavra do Senhor', quando o Senhor não os enviou; contudo, esperam que as suas palavras se cumpram. ⁷ Acaso vocês não tiveram visões falsas e não pronunciaram adivinhações mentirosas quando disseram 'Palavra do Senhor', mesmo eu não tendo falado?

⁸ "Portanto assim diz o Soberano, o Senhor: Por causa de suas palavras falsas e de suas visões mentirosas, estou contra vocês. Palavra do Soberano, o Senhor. ⁹ Minha mão será contra os profetas que têm visões falsas e proferem adivinhações mentirosas. Eles não pertencerão ao conselho do meu povo, não estarão inscritos nos registros da nação de Israel e não entrarão na terra de Israel. Então vocês saberão que eu sou o Soberano, o Senhor.

¹⁰ "Porque fazem o meu povo desviar-se dizendo-lhe 'Paz' quando não há paz e, quando constroem um muro frágil, passam-lhe cal, ¹¹ diga àqueles que lhe passam cal: Esse muro vai cair! Virá chuva torrencial, e derramarei chuva de pedra, e rajarão ventos violentos. ¹² Quando o muro desabar, o povo lhes perguntará: 'Onde está a caiação que vocês fizeram?'

¹³ "Por isso, assim diz o Soberano, o Senhor: Na minha ira permitirei o estouro de um vento violento, e na minha indignação chuva de pedra e um aguaceiro torrencial cairão com ímpeto destruidor. ¹⁴ Despedaçarei o muro que vocês caiaram e o arrasarei para que se desnudem os seus alicerces. Quando ele[b] cair, vocês serão destruídos com ele; e saberão que eu sou o Senhor. ¹⁵ Assim esgotarei minha ira contra o muro e contra aqueles que o caiaram. Direi a vocês: O muro se foi, e também aqueles que o caiaram, ¹⁶ os profetas de Israel que profetizaram sobre Jerusalém e tiveram visões de paz para ela quando não havia paz. Palavra do Soberano, o Senhor.

¹⁷ "Agora, filho do homem, vire o rosto contra as filhas do seu povo que profetizam pela sua própria imaginação. Profetize contra elas ¹⁸ e diga: Assim diz o Senhor, o Soberano: Ai das mulheres que costumam berloques de feitiço em seus pulsos e fazem véus de vários comprimentos para a cabeça a fim de enlaçarem o povo. Pensam que vão enlaçar a vida do meu povo e preservar a de vocês? ¹⁹ Vocês me profanaram no meio de meu povo em troca de uns punhados de cevada e de migalhas de pão. Ao mentirem ao meu povo, que ouve mentiras, vocês mataram aqueles que não deviam ter morrido e pouparam aqueles que não deviam viver.

²⁰ "Por isso, assim diz o Soberano, o Senhor: Estou contra os seus berloques de feitiço com os quais vocês prendem o povo como se fossem passarinhos, e os arrancarei dos seus braços;

---

[a] **13.3** Ou *ímpios*

[b] **13.14** Ou *Quando a cidade*

porei em liberdade o povo que vocês prendem como passarinhos. ²¹ Rasgarei os seus véus e libertarei o meu povo das mãos de vocês, e ele não será mais presa do seu poder. Então vocês saberão que eu sou o SENHOR. ²² Vocês, mentindo, desencorajaram o justo contra a minha vontade e encorajaram os ímpios a não se desviarem dos seus maus caminhos para salvarem a sua vida. ²³ Por isso, vocês não terão mais visões falsas e nunca mais vão praticar adivinhação. Livrarei o meu povo das mãos de vocês. E então vocês saberão que eu sou o SENHOR".

A Condenação dos Idólatras

14 Algumas das autoridades de Israel vieram e se sentaram diante de mim. ² Então o SENHOR me falou: ³ "Filho do homem, estes homens ergueram ídolos em seus corações e puseram tropeços ímpios diante de si. Devo deixar que me consultem? ⁴ Ora, diga-lhes: Assim diz o Soberano, o SENHOR: Quando qualquer israelita erguer ídolos em seu coração e puser um tropeço ímpio diante do seu rosto e depois for consultar um profeta, eu o SENHOR, eu mesmo, responderei a ele conforme a sua idolatria. ⁵ Isto farei para reconquistar o coração da nação de Israel, que me abandonou em troca de seus ídolos.

⁶ "Por isso diga à nação de Israel: Assim diz o Soberano, o SENHOR: Arrependa-se! Desvie-se dos seus ídolos e renuncie a todas as práticas detestáveis!

⁷ "Quando qualquer israelita ou qualquer estrangeiro residente em Israel separar-se de mim, erguer ídolos em seu coração e puser um tropeço ímpio diante de si e depois for a um profeta para me consultar, eu, o SENHOR, eu mesmo, responderei a ele. ⁸ Voltarei o meu rosto contra aquele homem e farei dele um exemplo e um objeto de zombaria. Eu o eliminarei do meio do meu povo. E vocês saberão que eu sou o SENHOR.

⁹ "E, se o profeta for enganado e levado a proferir uma profecia, eu, o SENHOR, terei enganado aquele profeta e estenderei o meu braço contra ele e o destruirei, tirando-o do meio de Israel, o meu povo. ¹⁰ O profeta será tão culpado quanto aquele que o consultar; ambos serão castigados. ¹¹ Isso para que a nação de Israel não se desvie mais de mim nem mais se contamine com todos os seus pecados. Serão o meu povo, e eu serei o seu Deus. Palavra do Soberano, o SENHOR".

Julgamento Inevitável

¹² Esta palavra do SENHOR veio a mim: ¹³ "Filho do homem, se uma nação pecar contra mim por infidelidade, estenderei contra ela o meu braço para cortar o seu sustento, enviar fome sobre ela e exterminar seus homens e seus animais. ¹⁴ Mesmo que estes três homens — Noé, Daniel[a] e Jó — estivessem nela, por sua retidão eles só poderiam livrar a si mesmos. Palavra do Soberano, o SENHOR.

¹⁵ "Ou, se eu enviar animais selvagens para aquela nação e eles a deixarem sem filhos e ela for abandonada de tal forma que ninguém passe por ela com medo dos animais, ¹⁶ juro pela minha vida, palavra do Soberano, o SENHOR, mesmo que aqueles três homens estivessem nela, eles não poderiam livrar os seus próprios filhos ou filhas. Só a si mesmos livrariam, e a nação seria arrasada.

¹⁷ "Ou, se eu trouxer a espada contra aquela nação e disser: Que a espada passe por toda esta terra, e eu exterminar dela os homens e os animais, ¹⁸ juro pela minha vida, palavra do Soberano, o SENHOR, mesmo que aqueles três homens estivessem nela, eles não poderiam livrar seus próprios filhos ou filhas. Somente eles se livrariam.

¹⁹ "Ou, se eu enviar uma peste contra aquela terra e despejar sobre ela a minha ira derramando sangue, exterminando seus homens e seus animais, ²⁰ juro pela minha vida, palavra do Soberano, o SENHOR, mesmo que Noé, Daniel e Jó estivessem nela, eles não poderiam livrar seus filhos e suas filhas. Por sua justiça só poderiam livrar a si mesmos.

²¹ "Pois assim diz o Soberano, o SENHOR: Quanto pior será quando eu enviar contra Jerusalém os meus quatro terríveis juízos: a espada, a fome, os animais selvagens e a peste, para com eles exterminar os seus homens e os seus animais! ²² Contudo, haverá alguns sobreviventes; filhos e filhas que serão retirados dela. Eles virão a vocês e, quando vocês virem a conduta e as ações deles, vocês se sentirão consolados com relação à desgraça que eu trouxe sobre Jerusalém. ²³ Vocês se sentirão consolados quando virem a conduta e as ações deles, pois saberão que não agi sem motivo em tudo quanto fiz ali. Palavra do Soberano, o SENHOR".

---

[a] **14.14** Ou *Danel*; também no versículo 20.

Jerusalém, A Videira Inútil

15 A palavra do Senhor veio a mim. Disse ele: ² "Filho do homem, em que a madeira da videira é melhor do que o galho de qualquer árvore da floresta? ³ Alguma vez a madeira dela é usada para fazer algo útil? Alguém faz suportes com ela para neles pendurar coisas? ⁴ E, depois de lançada no fogo como combustível e o fogo queimar as duas extremidades e carbonizar o meio, servirá para alguma coisa? ⁵ Se não foi útil para coisa alguma enquanto estava inteira, muito menos o será quando o fogo a queimar e ela estiver carbonizada.

⁶ "Por isso diz o Soberano, o Senhor: Assim como destinei a madeira da videira dentre as árvores da floresta para servir de lenha para o fogo, também tratarei os habitantes de Jerusalém. ⁷ Voltarei contra eles o meu rosto. Do fogo saíram, mas o fogo os consumirá. E, quando eu voltar o meu rosto contra eles, vocês saberão que eu sou Senhor. ⁸ Arrasarei a terra porque eles foram infiéis. Palavra do Soberano, o Senhor".

A Alegoria da Jerusalém Infiel

16 Veio a mim esta palavra do Senhor: ² "Filho do homem, confronte Jerusalém com suas práticas detestáveis ³ e diga: Assim diz o Soberano, o Senhor, a Jerusalém: Sua origem e seu nascimento foram na terra dos cananeus; seu pai era um amorreu e sua mãe uma hitita. ⁴ Seu nascimento foi assim: no dia em que você nasceu, o seu cordão umbilical não foi cortado, você não foi lavada com água para que ficasse limpa, não foi esfregada com sal nem enrolada em panos. ⁵ Ninguém olhou para você com piedade nem teve suficiente compaixão para fazer qualquer uma dessas coisas por você. Ao contrário, você foi jogada fora, em campo aberto, pois, no dia em que nasceu, foi desprezada.

⁶ "Então, passando por perto, vi você se esperneando em seu sangue e, enquanto você jazia ali em seu sangue, eu disse: Viva!ª ⁷ E eu a fiz crescer como uma planta no campo. Você cresceu e se desenvolveu e se tornou a mais linda das joias.ᵇ Seus seios se formaram e seu cabelo cresceu, mas você ainda estava totalmente nua.

⁸ "Mais tarde, quando passei de novo por perto, olhei para você e vi que já tinha idade suficiente para amar; então estendi a minha capa sobre você e cobri a sua nudez. Fiz um juramento e estabeleci uma aliança com você, palavra do Soberano, o Senhor, e você se tornou minha.

⁹ "Eu a banheiᶜ com água e, ao lavá-la, limpei o seu sangue e a perfumei. ¹⁰ Coloquei em você um vestido bordado e sandálias de couro.ᵈ Eu a vesti de linho fino e a cobri com roupas caras. ¹¹ Adornei-a com joias; pus braceletes em seus braços e uma gargantilha em torno de seu pescoço; ¹² dei a você um pendente, pus brincos em suas orelhas e uma linda coroa em sua cabeça. ¹³ Assim você foi adornada com ouro e prata; suas roupas eram de linho fino, tecido caro e pano bordado. Sua comida era a melhor farinha, mel e azeite de oliva. Você se tornou muito linda e uma rainha. ¹⁴ Sua fama espalhou-se entre as nações por sua beleza, porque o esplendor que eu dera a você tornou perfeita a sua formosura. Palavra do Soberano, o Senhor.

¹⁵ "Mas você confiou em sua beleza e usou sua fama para se tornar uma prostituta. Você concedeu os seus favores a todos os que passaram por perto, e a sua beleza se tornou deles.ᵉ ¹⁶ Você usou algumas de suas roupas para adornar altares idólatras, onde levou adiante a sua prostituição. Coisas assim jamais deveriam acontecer! ¹⁷ Você apanhou as joias finas que eu tinha dado a você, joias feitas com meu ouro e minha prata, e fez para você mesma ídolos em forma de homem e se prostituiu com eles. ¹⁸ Você também os vestiu com suas roupas bordadas e lhes ofereceu o meu óleo e o meu incenso. ¹⁹ E até a minha comida: a melhor farinha, o azeite de oliva e o mel; você lhes ofereceu tudo como incenso aromático. Foi isso que aconteceu, diz o Soberano, o Senhor.

²⁰ "E você ainda pegou seus filhos e filhas, que havia gerado para mim, e os sacrificou como comida para os ídolos. A sua prostituição não foi suficiente? ²¹ Você abateu os meus filhos e os sacrificouᶠ para os ídolos! ²² Em todas as suas práticas detestáveis, como em sua prostituição,

---

ª **16.6** Conforme alguns manuscritos do Texto Massorético, a Septuaginta e a Versão Siríaca. A maioria dos manuscritos do Texto Massorético diz *Viva! E, enquanto você jazia ali em seu sangue, eu disse: Viva!*
ᵇ **16.7** Ou *se tornou amadurecida*
ᶜ **16.9** Ou *Eu a tinha banhado*
ᵈ **16.10** Possivelmente peles de animais marinhos
ᵉ **16.15** Conforme a maioria dos manuscritos do Texto Massorético. Um manuscrito do Texto Massorético diz *perto. Uma coisa dessas não devia acontecer.*
ᶠ **16.21** Ou *e os fez passar pelo fogo*

você não se lembrou dos dias de sua infância, quando estava totalmente nua, espernenado em seu sangue.

²³ "Ai! Ai de você! Palavra do Soberano, o Senhor. Somando-se a todas as suas outras maldades, ²⁴ em cada praça pública, você construiu para você mesma altares e santuários elevados. ²⁵ No começo de cada rua você construiu seus santuários elevados e deturpou sua beleza, oferecendo seu corpo com promiscuidade cada vez maior a qualquer um que passasse. ²⁶ Você se prostituiu com os egípcios, os seus vizinhos cobiçosos, e provocou a minha ira com sua promiscuidade cada vez maior. ²⁷ Por isso estendi o meu braço contra você e reduzi o seu território; eu a entreguei à vontade das suas inimigas, as filhas dos filisteus, que ficaram chocadas com a sua conduta lasciva. ²⁸ Você se prostituiu também com os assírios, porque era insaciável, e, mesmo depois disso, ainda não ficou satisfeita. ²⁹ Então você aumentou a sua promiscuidade também com a Babilônia, uma terra de comerciantes, mas nem com isso ficou satisfeita.

³⁰ "Como você tem pouca força de vontade, palavra do Soberano, o Senhor, quando você faz todas essas coisas, agindo como uma prostituta descarada! ³¹ Quando construía os seus altares idólatras em cada esquina e fazia seus santuários elevados em cada praça pública, você só não foi como prostituta porque desprezou o pagamento.

³² "Você, mulher adúltera! Prefere estranhos ao seu próprio marido! ³³ Toda prostituta recebe pagamento, mas você dá presentes a todos os seus amantes, subornando-os para que venham de todos os lugares receber de você os seus favores ilícitos. ³⁴ Em sua prostituição dá-se o contrário do que acontece com outras mulheres; ninguém corre atrás de você em busca dos seus favores. Você é o oposto, pois você faz o pagamento e nada recebe.

³⁵ "Por isso, prostituta, ouça a palavra do Senhor! ³⁶ Assim diz o Soberano, o Senhor: Por você ter desperdiçado a sua riqueza[a] e ter exposto a sua nudez em promiscuidade com os seus amantes, por causa de todos os seus ídolos detestáveis e do sangue dos seus filhos dado a eles, ³⁷ por esse motivo vou ajuntar todos os seus amantes, com quem você encontrou tanto prazer, tanto os que você amou como aqueles que você odiou. Eu os ajuntarei contra você de todos os lados e a deixarei nua na frente deles, e eles verão toda a sua nudez. ³⁸ Eu a condenarei ao castigo determinado para mulheres que cometem adultério e que derramam sangue; trarei sobre você a vingança de sangue da minha ira e da indignação que o meu ciúme provoca. ³⁹ Depois eu a entregarei nas mãos de seus amantes, e eles despedaçarão os seus outeiros e destruirão os seus santuários elevados. Eles arrancarão as suas roupas e apanharão as suas joias finas e a deixarão nua. ⁴⁰ Trarão uma multidão contra você, que a apedrejará e com suas espadas a despedaçará. ⁴¹ Eles destruirão a fogo as suas casas e infligirão a você castigo à vista de muitas mulheres. Porei fim à sua prostituição, e você não pagará mais nada aos seus amantes. ⁴² Então a minha ira contra você diminuirá e a minha indignação cheia de ciúme se desviará de você; ficarei tranquilo e já não estarei irado.

⁴³ "Por você não se ter lembrado dos dias de sua infância, mas ter provocado a minha ira com todas essas coisas, certamente farei cair sobre a sua cabeça o que você fez. Palavra do Soberano, o Senhor. Acaso você não acrescentou lascívia a todas as suas outras práticas repugnantes?

⁴⁴ "Todos os que gostam de citar provérbios citarão este provérbio sobre você: 'Tal mãe, tal filha'. ⁴⁵ Você é uma verdadeira filha de sua mãe, que detestou o seu marido e os seus filhos; e você é uma verdadeira irmã de suas irmãs, as quais detestaram os seus maridos e os seus filhos. A mãe de vocês era hitita e o pai de vocês amorreu. ⁴⁶ Sua irmã mais velha era Samaria, que vivia ao norte de você com suas filhas; e sua irmã mais nova, que vivia ao sul com suas filhas, era Sodoma. ⁴⁷ Você não apenas andou nos caminhos delas e imitou suas práticas repugnantes, mas também, em todos os seus caminhos, logo se tornou mais depravada do que elas. ⁴⁸ Juro pela minha vida, palavra do Soberano, o Senhor, sua irmã Sodoma e as filhas dela jamais fizeram o que você e as suas filhas têm feito.

⁴⁹ "Ora, este foi o pecado de sua irmã Sodoma: ela e suas filhas eram arrogantes, tinham fartura de comida e viviam despreocupadas; não ajudavam os pobres e os necessitados. ⁵⁰ Eram altivas e cometeram práticas repugnantes diante de mim. Por isso eu me desfiz delas, conforme você viu. ⁵¹ Samaria não cometeu metade dos pecados que você cometeu. Você tem cometido

---

[a] 16.36 Ou *cobiça*

mais práticas repugnantes do que elas e tem feito suas irmãs parecerem mais justas, dadas todas as suas práticas repugnantes. ⁵² Aguente a sua vergonha, pois você proporcionou alguma justificativa às suas irmãs. Visto que os seus pecados são mais detestáveis que os delas, elas parecem mais justas que você. Envergonhe-se, pois, e suporte a sua humilhação, porquanto você fez as suas irmãs parecerem justas.

⁵³ "Contudo, eu restaurarei a sorte de Sodoma e das suas filhas, e de Samaria e das suas filhas, e a sua sorte com elas, ⁵⁴ para que você carregue a sua vergonha e seja humilhada por tudo o que você fez, o que serviu de consolo para elas. ⁵⁵ E suas irmãs, Sodoma com suas filhas e Samaria com suas filhas, voltarão para o que elas eram antes; e você e suas filhas voltarão ao que eram antes. ⁵⁶ Você nem mencionaria o nome de sua irmã Sodoma na época do orgulho que você sentia, ⁵⁷ antes da sua impiedade ser trazida a público. Mas agora você é alvo da zombaria das filhas de Edom[a] e de todos os vizinhos dela, e das filhas dos filisteus, de todos os que vivem ao seu redor e que a desprezam. ⁵⁸ Você sofrerá as consequências da sua lascívia e das suas práticas repugnantes. Palavra do SENHOR.

⁵⁹ "Assim diz o Soberano, o SENHOR: Eu a tratarei como merece, porque você desprezou o meu juramento ao romper a aliança. ⁶⁰ Contudo, eu me lembrarei da aliança que fiz com você nos dias da sua infância e com você estabelecerei uma aliança eterna. ⁶¹ Então você se lembrará dos seus caminhos e se envergonhará quando receber suas irmãs, a mais velha e a mais nova. Eu as darei a você como filhas, não porém com base em minha aliança com você. ⁶² Por isso estabelecerei a minha aliança com você, e você saberá que eu sou o SENHOR. ⁶³ Então, quando eu fizer propiciação em seu favor por tudo o que você tem feito, você se lembrará e se envergonhará e jamais voltará a abrir a boca por causa da sua humilhação. Palavra do Soberano, o SENHOR".

Duas Águias e Uma Videira

17 Veio a mim esta palavra do SENHOR: ² "Filho do homem, apresente uma alegoria e conte uma parábola à nação de Israel. ³ Diga a eles: Assim diz o Soberano, o SENHOR: Uma grande águia — com asas poderosas, penas longas e vasta plumagem de cores variadas — veio ao Líbano. Apoderando-se do alto de um cedro, ⁴ arrancou o seu broto mais alto e o levou para uma terra de comerciantes, onde o plantou numa cidade de mercadores.

⁵ "Depois apanhou um pouco de sementes da sua terra e as pôs em solo fértil. Ela as plantou como um salgueiro junto a muita água, ⁶ e elas brotaram e formaram uma videira baixa e copada. Seus ramos se voltaram para a águia, mas as suas raízes permaneceram debaixo da videira. A videira desenvolveu-se e cobriu-se de ramos, brotos e folhas.

⁷ "Mas havia outra águia grande, com asas poderosas e rica plumagem. A videira lançou suas raízes na direção dessa águia, desde o lugar onde estava plantada, e estendeu seus ramos para ela em busca de água. ⁸ Ora, ela havia sido plantada em terreno bom, junto a muita água, onde produziria ramos, daria fruto e se tornaria uma videira viçosa.

⁹ "Diga a eles: Assim diz o Soberano, o SENHOR: Ela vingará? Não será desarraigada e seus frutos não serão arrancados para que ela seque? Tudo o que brotar dela secará. Não serão necessários nem braços fortes nem muitas pessoas para arrancá-la pelas raízes. ¹⁰ Ainda que seja transplantada, será que vingará? Não secará totalmente quando o vento oriental a atingir, murchando e desaparecendo do lugar onde crescia?"

¹¹ Veio depois a mim esta palavra do SENHOR: ¹² "Diga a essa nação rebelde: Você não sabe o que essas coisas significam? Diga a eles: O rei da Babilônia foi a Jerusalém, tirou de lá o seu rei e os seus nobres e os levou consigo de volta à Babilônia. ¹³ Depois fez um tratado com um membro da família real e o pôs sob juramento. Levou também os líderes da terra, ¹⁴ para humilhar o reino e torná-lo incapaz de reerguer-se, garantindo apenas a sua sobrevivência pelo cumprimento do seu tratado. ¹⁵ Mas o rei se revoltou contra ele e enviou mensagem ao Egito pedindo cavalos e um grande exército. Será que ele se sairá bem? Escapará aquele que age dessa maneira? Romperá ele o tratado e ainda assim escapará?

¹⁶ "Juro pela minha vida, palavra do Soberano, o SENHOR, que ele morrerá na Babilônia, na terra do rei que o pôs no trono, cujo juramento ele desprezou e cujo tratado rompeu. ¹⁷ O faraó, com seu poderoso exército e seus batalhões, não será de nenhuma ajuda para ele

---

[a] 16.57 Conforme muitos manuscritos do Texto Massorético e a Versão Siríaca. A maioria dos manuscritos do Texto Massorético, a Septuaginta e a Vulgata dizem *Arã*.

na guerra, quando rampas forem construídas e obras de cerco forem erguidas para destruir muitas vidas. ¹⁸ Como ele desprezou o juramento quando rompeu o tratado feito com aperto de mão e fez todas essas coisas, de modo algum escapará.

¹⁹ "Por isso assim diz o Soberano, o Senhor: Juro pela minha vida que farei cair sobre a cabeça dele o meu juramento, que ele desprezou, e a minha aliança, que ele rompeu. ²⁰ Estenderei sobre ele a minha rede, e ele será pego em meu laço. Eu o levarei para a Babilônia e ali executarei juízo sobre ele porque me foi infiel. ²¹ Todas as suas tropas em fuga cairão à espada, e os sobreviventes serão espalhados aos ventos. Então vocês saberão que eu, o Senhor, falei.

²² "Assim diz o Soberano, o Senhor: Eu mesmo apanharei um broto bem do alto de um cedro e o plantarei; arrancarei um renovo tenro de seus ramos mais altos e o plantarei num monte alto e imponente. ²³ Nos montes altos de Israel eu o plantarei; ele produzirá galhos e dará fruto e se tornará um cedro viçoso. Pássaros de todo tipo se aninharão nele; encontrarão abrigo à sombra de seus galhos. ²⁴ Todas as árvores do campo saberão que eu, o Senhor, faço cair a árvore alta e faço crescer bem alto a árvore baixa. Eu resseco a árvore verde e faço florescer a árvore seca.

"Eu, o Senhor, falei, e o farei".

Aquele que Pecar Morrerá

18 Esta palavra do Senhor veio a mim: ² "O que vocês querem dizer quando citam este provérbio sobre Israel:

"'Os pais comem uvas verdes,
e os dentes dos filhos se embotam'?

³ "Juro pela minha vida, palavra do Soberano, o Senhor, que vocês não citarão mais esse provérbio em Israel. ⁴ Pois todos me pertencem. Tanto o pai como o filho me pertencem. Aquele que pecar é que morrerá.

⁵ "Suponhamos que haja um justo
que faz o que é certo e direito.
⁶ Ele não come nos santuários
que há nos montes
nem olha para os ídolos
da nação de Israel.
Ele não contamina a mulher
do próximo

nem se deita com uma mulher
durante os dias de sua menstruação.
⁷ Ele não oprime ninguém,
antes, devolve o que tomou como garantia
num empréstimo.
Não comete roubos,
antes dá a sua comida aos famintos
e fornece roupas para os despidos.
⁸ Ele não empresta visando a algum lucro
nem cobra juros.
Ele retém a sua mão
para não cometer erro
e julga com justiça
entre dois homens.
⁹ Ele age segundo os meus decretos
e obedece fielmente às minhas leis.
Esse homem é justo;
com certeza ele viverá.
Palavra do Soberano, o Senhor.

¹⁰ "Suponhamos que ele tenha um filho violento, que derrama sangue ou faz qualquer uma destas outras coisas[a], ¹¹ embora o pai não tenha feito nenhuma delas:

"Ele come nos santuários
que há nos montes.
Contamina a mulher do próximo.
¹² Oprime os pobres e os necessitados.
Comete roubos.
Não devolve o que tomou
como garantia.
Volta-se para os ídolos
e comete práticas detestáveis.
¹³ Empresta visando a algum lucro
e cobra juros.

Deverá viver um homem desses? Não! Por todas essas práticas detestáveis, com certeza será morto, e ele será responsável por sua própria morte.

¹⁴ "Mas suponhamos que esse filho tenha ele mesmo um filho que vê todos os pecados que seu pai comete e, embora os veja, não os comete.

¹⁵ "Ele não come nos santuários
que há nos montes
nem olha para os ídolos
da nação de Israel.
Não contamina a mulher do próximo.
¹⁶ Não oprime ninguém
nem exige garantia para um empréstimo.

---

[a] **18.10** *Ou coisas a um irmão*

Não comete roubos,
mas dá a sua comida aos famintos
e fornece roupas aos despidos.
¹⁷ Ele retém a mão para não pecar[a]
e não empresta visando a algum lucro
  nem cobra juros.
Obedece às minhas leis
e age segundo os meus decretos.

"Ele não morrerá por causa da iniquidade do seu pai; certamente viverá. ¹⁸ Mas seu pai morrerá por causa de sua própria iniquidade, pois praticou extorsão, roubou seu compatriota e fez o que era errado no meio de seu povo.

¹⁹ "Contudo, vocês perguntam: 'Por que o filho não partilha da culpa de seu pai?' Uma vez que o filho fez o que é justo e direito e teve o cuidado de obedecer a todos os meus decretos, com certeza ele viverá. ²⁰ Aquele que pecar é que morrerá. O filho não levará a culpa do pai nem o pai levará a culpa do filho. A justiça do justo lhe será creditada, e a impiedade do ímpio lhe será cobrada.

²¹ "Mas, se um ímpio se desviar de todos os pecados que cometeu e obedecer a todos os meus decretos e fizer o que é justo e direito, com certeza viverá; não morrerá. ²² Não se terá lembrança de nenhuma das ofensas que cometeu. Devido às coisas justas que tiver feito, ele viverá. ²³ Teria eu algum prazer na morte do ímpio? Palavra do Soberano, o SENHOR. Ao contrário, acaso não me agrada vê-lo desviar-se dos seus caminhos e viver?

²⁴ "Se, porém, um justo se desviar de sua justiça e cometer pecado e as mesmas práticas detestáveis dos ímpios, deverá ele viver? Nenhum de seus atos justos será lembrado! Por causa da infidelidade de que é culpado e por causa dos pecados que cometeu, ele morrerá.

²⁵ "Contudo, vocês dizem: 'O caminho do Senhor não é justo'. Ouça, ó nação de Israel: O meu caminho é injusto? Não são os seus caminhos que são injustos? ²⁶ Se um justo desviar-se de sua justiça e cometer pecado, ele morrerá por causa disso; por causa do pecado que cometeu morrerá. ²⁷ Mas, se um ímpio se desviar de sua maldade e fizer o que é justo e direito, ele salvará sua vida. ²⁸ Por considerar todas as ofensas que cometeu e se desviar delas, ele com certeza viverá; não morrerá. ²⁹ Contudo, a nação de Israel diz: 'O caminho do Senhor não é justo'. São injustos os meus caminhos, ó nação de Israel? Não são os seus caminhos que são injustos?

³⁰ "Portanto, ó nação de Israel, eu os julgarei, a cada um de acordo com os seus caminhos. Palavra do Soberano, o SENHOR. Arrependam-se! Desviem-se de todos os seus males, para que o pecado não cause a queda de vocês. ³¹ Livrem-se de todos os males que vocês cometeram e busquem um coração novo e um espírito novo. Por que deveriam morrer, ó nação de Israel? ³² Pois não me agrada a morte de ninguém. Palavra do Soberano, o SENHOR. Arrependam-se e vivam!

Lamento pelos Príncipes de Israel

19 "Levante um lamento pelos príncipes de Israel ² e diga:

"Que leoa foi sua mãe entre os leões!
Ela se deitava entre os leõezinhos
  e criava os seus filhotes.
³ Um dos seus filhotes
  tornou-se um leão forte.
Ele aprendeu a despedaçar a presa
  e devorou homens.
⁴ As nações ouviram a seu respeito,
  e ele foi pego na cova delas.
Elas o levaram com ganchos
  para o Egito.

⁵ "Quando ela viu que a sua esperança
  não se cumpria,

18.31,32 O propósito de Deus não é condenar o maior número de pessoas que puder; muito pelo contrário, é devolver-lhes sua imagem e semelhança por meio do sacrifício de Cristo e convertê-los em seus filhos, membros de sua família celestial. Essa verdade está claramente definida com relação ao fim dos tempos em 2Pedro 3.9: "O Senhor não demora em cumprir a sua promessa, como julgam alguns. Ao contrário, ele é paciente com vocês, não querendo que ninguém pereça, mas que todos cheguem ao arrependimento".

---

[a] **18.17** Conforme a Septuaginta. O Texto Massorético diz *Ele mantém sua mão longe dos pobres*. Veja o versículo 8.

quando viu que se fora
   a sua expectativa,
escolheu outro de seus filhotes
   e fez dele um leão forte.
⁶ Ele vagueou entre os leões,
   pois agora era um leão forte.
Ele aprendeu a despedaçar a presa
   e devorou homens.
⁷ Arrebentouᵃ suas fortalezas
   e devastou suas cidades.
A terra e todos que nela estavam
   ficaram aterrorizados
   com o seu rugido.
⁸ Então as nações vizinhas
   o atacaram.
Estenderam sua rede para apanhá-lo,
   e ele foi pego na armadilha que fizeram.
⁹ Com ganchos elas o puxaram
   para dentro de uma jaula
e o levaram ao rei da Babilônia.
Elas o colocaram na prisão,
   de modo que não se ouviu mais
      o seu rugido
   nos montes de Israel.
¹⁰ "Sua mãe era como uma vide
   em sua vinhaᵇ
plantada junto à água;
era frutífera e cheia de ramos,
   graças às muitas águas.
¹¹ Seus ramos eram fortes,
próprios para o cetro
   de um governante.
Ela cresceu e subiu muito,
   sobressaindo
   à folhagem espessa;
chamava a atenção por sua altura
   e por seus muitos ramos.
¹² Mas foi desarraigada com fúria
   e atirada ao chão.
O vento oriental a fez murchar,
   seus frutos foram arrancados,
seus fortes galhos secaram
   e o fogo os consumiu.
¹³ Agora está plantada no deserto,
   numa terra seca e sedenta.
¹⁴ O fogo espalhou-se de um
   dos seus ramos principais

ᵃ 19.7 Conforme o Targum. O Texto Massorético diz *Conheceu*.
ᵇ 19.10 Conforme dois manuscritos do Texto Massorético. A maioria dos manuscritos do Texto Massorético diz *em seu sangue*.

e consumiu toda a ramagem.
Nela não resta nenhum ramo forte
   que seja próprio para o cetro
   de um governante.

Esse é um lamento e como lamento deverá ser empregado".

Israel Rebelde

20 No décimo dia do quinto mês do sétimo ano do exílio, alguns dos líderes de Israel vieram consultar o SENHOR, e se sentaram diante de mim.

² Então me veio esta palavra do SENHOR: ³ "Filho do homem, fale com os líderes de Israel e diga-lhes: Assim diz o Soberano, o SENHOR: Vocês vieram consultar-me? Juro pela minha vida que não deixarei que vocês me consultem. Palavra do Soberano, o SENHOR.

⁴ "Você os julgará? Você os julgará, filho do homem? Então confronte-os com as práticas repugnantes dos seus antepassados ⁵ e diga-lhes: Assim diz o Soberano, o SENHOR: No dia em que escolhi Israel, jurei com mão erguida aos descendentes da família de Jacó e me revelei a eles no Egito. Com mão erguida eu lhes disse: Eu sou o SENHOR, o seu Deus. ⁶ Naquele dia jurei a eles que os tiraria do Egito e os levaria para uma terra que eu havia procurado para eles, terra onde há leite e mel com fartura, a mais linda de todas as terras. ⁷ E eu lhes disse: Desfaçam-se, todos vocês, das imagens repugnantes em que vocês puseram os seus olhos e não se contaminem com os ídolos do Egito. Eu sou o SENHOR, o seu Deus.

⁸ "Mas eles se rebelaram contra mim e não quiseram ouvir-me; não se desfizeram das imagens repugnantes em que haviam posto os seus olhos nem abandonaram os ídolos do Egito. Por isso eu disse que derramaria a minha ira sobre eles e que lançaria a minha indignação contra eles no Egito. ⁹ Mas, por amor do meu nome, eu agi, evitando que o meu nome fosse profanado aos olhos das nações entre as quais eles estavam e à vista de quem eu tinha me revelado aos israelitas para tirá-los do Egito. ¹⁰ Por isso eu os tirei do Egito e os trouxe para o deserto. ¹¹ Eu lhes dei os meus decretos e lhes tornei conhecidas as minhas leis, pois aquele que lhes obedecer por elas viverá. ¹² Também lhes dei os meus sábados como um sinal entre nós, para que soubessem que eu, o SENHOR, fiz deles um povo santo.

¹³ "Contudo, os israelitas se rebelaram contra mim no deserto. Não agiram segundo os meus decretos, mas profanaram os meus sábados e rejeitaram as minhas leis, mesmo sabendo que aquele que a elas obedecer por elas viverá. Por isso eu disse que derramaria a minha ira sobre eles e os destruiria no deserto. ¹⁴ Mas, por amor do meu nome, eu agi, evitando que o meu nome fosse profanado aos olhos das nações à vista das quais eu os havia tirado do Egito. ¹⁵ Com mão erguida, também jurei a eles que não os levaria para a terra que eu lhes dei, terra onde há leite e mel com fartura, a mais linda de todas as terras, ¹⁶ porque eles rejeitaram as minhas leis, não agiram segundo os meus decretos e profanaram os meus sábados. Pois os seus corações estavam voltados para os seus ídolos. ¹⁷ Olhei, porém, para eles com piedade e não os destruí, não os exterminei no deserto. ¹⁸ Eu disse aos filhos deles no deserto: Não sigam as normas dos seus pais nem obedeçam às leis deles nem se contaminem com os seus ídolos. ¹⁹ Eu sou o Senhor, o seu Deus; ajam conforme os meus decretos e tenham o cuidado de obedecer às minhas leis. ²⁰ Santifiquem os meus sábados, para que eles sejam um sinal entre nós. Então vocês saberão que eu sou o Senhor, o seu Deus.

²¹ "Mas os filhos se rebelaram contra mim — não agiram de acordo com os meus decretos, não tiveram o cuidado de obedecer às minhas leis, mesmo sabendo que aquele que a elas obedecer por elas viverá, e profanaram os meus sábados. Por isso eu disse que derramaria a minha ira sobre eles e lançaria o meu furor contra eles no deserto. ²² Mas contive o meu braço e, por amor do meu nome, agi, evitando que o meu nome fosse profanado aos olhos das nações à vista das quais eu os havia tirado do Egito. ²³ Com mão erguida, também jurei a eles no deserto que os espalharia entre as nações e os dispersaria por outras terras, ²⁴ porque não obedeceram às minhas leis, mas rejeitaram os meus decretos e profanaram os meus sábados, e os seus olhos cobiçaram os ídolos de seus pais. ²⁵ Também os abandonei a decretos que não eram bons e a leis pelas quais não conseguiam viver; ²⁶ deixei que se contaminassem por meio de suas ofertas, isto é, pelo sacrifício de cada filho mais velho, para que eu os enchesse de pavor e para que eles soubessem que eu sou o Senhor.

²⁷ "Portanto, filho do homem, fale à nação de Israel e diga-lhes: Assim diz o Soberano, o Senhor: Nisto os seus antepassados também blasfemaram contra mim ao me abandonarem: ²⁸ quando eu os trouxe para a terra que havia jurado dar-lhes, bastava que vissem um monte alto ou uma árvore frondosa, ali ofereciam os seus sacrifícios, faziam ofertas que provocaram a minha ira, apresentavam seu incenso aromático e derramavam suas ofertas de bebidas. ²⁹ Perguntei-lhes então: Que altar é este no monte para onde vocês vão?" Esse altar é chamado Bamaᵃ até o dia de hoje.

Julgamento e Restauração

³⁰ "Portanto, diga à nação de Israel: Assim diz o Soberano, o Senhor: Vocês não estão se contaminando como os seus antepassados se contaminaram? E não estão cobiçando as suas imagens repugnantes? ³¹ Quando vocês apresentam as suas ofertas, o sacrifício de seus filhos no fogo, continuam a contaminar-se com todos os seus ídolos até o dia de hoje. E eu deverei deixar que me consultem, ó nação de Israel? Juro pela minha vida, palavra do Soberano, o Senhor, que não permitirei que vocês me consultem.

³² "Vocês dizem: 'Queremos ser como as nações, como os povos do mundo, que servem à madeira e à pedra'. Mas o que vocês têm em mente jamais acontecerá. ³³ Juro pela minha vida, palavra do Soberano, o Senhor, que dominarei sobre vocês com mão poderosa e braço forte e com ira que já transbordou. ³⁴ Trarei vocês dentre as nações e os ajuntarei dentre as terras para onde vocês foram espalhados, com mão poderosa e braço forte e com ira que já transbordou. ³⁵ Trarei vocês para o deserto das nações e ali, face a face, os julgarei. ³⁶ Assim como julguei os seus antepassados no deserto do Egito, também os julgarei. Palavra do Soberano, o Senhor. ³⁷ Contarei vocês enquanto estiverem passando debaixo da minha vara e os trarei para o vínculo da aliança. ³⁸ Eu os separarei daqueles que se revoltam e se rebelam contra mim. Embora eu os tire da terra onde habitam, eles não entrarão na terra de Israel. Então vocês saberão que eu sou o Senhor.

³⁹ "Quanto a vocês, ó nação de Israel, assim diz o Soberano, o Senhor: Vão prestar culto a seus ídolos, cada um de vocês! Mas depois disso certamente me ouvirão e não profanarão mais o meu santo nome com as suas ofertas e

---

ᵃ **20.29** *Bama* significa *altar no monte* ou *altar idólatra*.

com os seus ídolos. ⁴⁰ Pois no meu santo monte, no alto monte de Israel, palavra do Soberano, o Senhor, na sua terra, toda a nação de Israel me prestará culto, e ali eu os aceitarei. Ali exigirei as suas ofertas e as suas melhores dádivas[a], com todas as suas dádivas sagradas. ⁴¹ Eu as aceitarei como incenso aromático, quando eu os tirar dentre as nações e os ajuntar dentre as terras pelas quais vocês foram espalhados, e me mostrarei santo no meio de vocês à vista das nações. ⁴² Vocês saberão que eu sou o Senhor, quando eu os trouxer para a terra de Israel, a terra que, de mão erguida, jurei dar aos seus antepassados. ⁴³ Ali vocês se lembrarão da conduta que tiveram e de todas as ações pelas quais vocês se contaminaram e terão nojo de vocês mesmos por causa de todo mal que fizeram. ⁴⁴ E saberão que eu sou o Senhor, quando eu tratar com vocês por amor do meu nome e não de acordo com os seus caminhos maus e suas práticas perversas, ó nação de Israel. Palavra do Soberano, o Senhor".

Profecia contra o Sul

⁴⁵ Veio a mim esta palavra do Senhor: ⁴⁶ "Filho do homem, vire o rosto para o sul; pregue contra o sul e profetize contra a floresta da terra do Neguebe. ⁴⁷ Diga à floresta do Neguebe: Ouça a palavra do Senhor. Assim diz o Soberano, o Senhor: Estou a ponto de incendiá-la, consumindo assim todas as suas árvores, tanto as verdes quanto as secas. A chama abrasadora não será apagada, e todos os rostos, do Neguebe até o norte, serão ressecados por ela. ⁴⁸ Todos verão que eu, o Senhor, a acendi; não será apagada".

⁴⁹ Então eu disse: Ah, Soberano Senhor! Estão dizendo a meu respeito: "Acaso ele não está apenas contando parábolas?"

Babilônia, a Espada do Juízo Divino

21 Esta palavra do Senhor veio a mim: ² "Filho do homem, vire o rosto contra Jerusalém e pregue contra o santuário. Profetize contra Israel, ³ dizendo-lhe: Assim diz o Senhor: Estou contra você. Empunharei a minha espada para eliminar tanto o justo quanto o ímpio. ⁴ Uma vez que eu vou eliminar o justo e o ímpio, empunharei a minha espada contra todos, desde o Neguebe até o norte.

⁵ Então todos saberão que eu, o Senhor, tirei a espada da bainha e não tornarei a guardá-la.

⁶ "Portanto, comece a gemer, filho do homem! Comece a gemer diante deles com o coração partido e com amarga tristeza. ⁷ E, quando perguntarem: 'Por que você está gemendo?', você dirá: Por causa das notícias que estão vindo. Todo coração se derreterá, e toda mão penderá frouxa; todo espírito desmaiará, e todo joelho se tornará como água, de tão fraco. E vem chegando! Sem nenhuma dúvida vai acontecer. Palavra do Soberano, o Senhor".

⁸ Esta palavra do Senhor veio a mim: ⁹ "Filho do homem, profetize e diga: Assim diz o Senhor:

"Uma espada,
    uma espada, afiada e polida;
¹⁰ afiada para a mortandade,
    polida para luzir como relâmpago!

"Acaso vamos regozijar-nos com o cetro do meu filho Judá? A espada despreza toda e qualquer vareta como essa.

¹¹ "A espada foi destinada a ser polida,
    a ser pega com as mãos;
está afiada e polida,
    preparada para que a maneje
    a mão do matador.
¹² Clame e grite, filho do homem,
    pois ela está contra o meu povo;
está contra todos os príncipes de Israel.
Eles e o meu povo são atirados
    contra a espada.
Lamente-se, pois; bata no peito.

¹³ "É certo que a prova virá. E que acontecerá, se o cetro de Judá, que a espada despreza, não continuar a existir? Palavra do Soberano, o Senhor.

¹⁴ "Por isso profetize, então,
    filho do homem,
e bata as mãos uma na outra.
Que a espada golpeie não duas,
    mas três vezes.
É uma espada para matança,
    para grande matança,
avançando sobre eles de todos os lados.
¹⁵ Assim, para que os corações
    se derretam
e muitos sejam os caídos,
coloquei a espada para a matança
    junto a todas as suas portas.

---

[a] **20.40** Ou *e as dádivas dos primeiros frutos*

Ah! Ela foi feita para luzir
como relâmpago;
é empunhada firmemente
para a matança.
¹⁶ Ó espada, golpeie para todos os lados,
para onde quer que se vire a sua lâmina.
¹⁷ Eu também baterei minhas mãos
uma na outra,
e a minha ira diminuirá.
Eu, o Senhor, falei".

¹⁸ A palavra do Senhor veio a mim: ¹⁹ "Filho do homem, trace as duas estradas que a espada do rei da Babilônia deve seguir, as duas partindo da mesma terra. Em cada uma delas coloque um marco indicando o rumo de uma cidade. ²⁰ Trace uma estrada que leve a espada contra Rabá dos amonitas, e a outra contra Judá e contra a Jerusalém fortificada. ²¹ Pois o rei da Babilônia parará no local de onde partem as duas estradas para sortear a escolha. Ele lançará a sorte com flechas, consultará os ídolos da família, examinará o fígado. ²² Pela sua mão direita será sorteada Jerusalém, onde deverá preparar aríetes, dar ordens para a matança, soar o grito de guerra, montar aríetes contra as portas, construir uma rampa e levantar obras de cerco. ²³ Isso parecerá um falso presságio aos judeus, que tinham feito uma aliança com juramento, mas o rei invasor os fará recordar sua culpa e os levará prisioneiros.

²⁴ "Portanto, assim diz o Soberano, o Senhor: Visto que vocês trouxeram à lembrança a sua iniquidade mediante rebelião ostensiva, revelando seus pecados em tudo o que fazem; por isso vão ser levados prisioneiros.

²⁵ "Ó ímpio e profano príncipe de Israel, o seu dia chegou, esta é a hora do seu castigo, ²⁶ e assim diz o Soberano, o Senhor: Tire o turbante e a coroa. Não será como antes — os humildes serão exaltados, e os exaltados serão humilhados. ²⁷ Uma desgraça! Uma desgraça! Eu farei dela uma desgraça! Não será restaurada, enquanto não vier aquele a quem ela pertence por direito; a ele eu a darei.

²⁸ "E você, filho do homem, profetize e diga: Assim diz o Soberano, o Senhor, acerca dos amonitas e dos seus insultos:

"Uma espada,
uma espada, empunhada
para matança,
polida para consumir
e para luzir como relâmpago!

²⁹ A despeito das visões falsas
e das adivinhações mentirosas
sobre vocês,
ela será posta no pescoço
dos ímpios que devem
ser mortos
e cujo dia chegou,
cujo momento de castigo
é agora.
³⁰ Volte a espada à sua bainha.
No lugar onde vocês foram criados,
na terra dos seus antepassados,
eu os julgarei.
³¹ Derramarei a minha ira sobre vocês,
soprarei a minha ira impetuosa
contra vocês;
eu os entregarei nas mãos
de homens brutais,
acostumados à destruição.
³² Vocês serão combustível para o fogo,
seu sangue será derramado em sua
terra
e vocês não serão mais lembrados;
porque eu, o Senhor, falei".

Os Pecados de Jerusalém

22 Veio a mim esta palavra do Senhor: ² "Filho do homem, você a julgará? Você julgará essa cidade sanguinária? Então confronte-a com todas as suas práticas repugnantes ³ e diga: Assim diz o Soberano, o Senhor: Ó cidade, que traz condenação sobre si mesma por derramar sangue em seu meio e por se contaminar fazendo ídolos! ⁴ Você se tornou culpada por causa do sangue que derramou e por ter se contaminado com os ídolos que fez. Você apressou o seu dia; chegou o fim dos seus anos. Por isso farei de você objeto de zombaria para as nações e de escárnio em todas as terras. ⁵ Tanto as nações vizinhas como as distantes zombarão de você, ó cidade infame e inquieta!

⁶ "Veja como cada um dos príncipes de Israel que aí está usa o seu poder para derramar sangue. ⁷ Em seu meio eles têm desprezado pai e mãe, oprimido o estrangeiro e maltratado o órfão e a viúva. ⁸ Você desprezou as minhas dádivas sagradas e profanou os meus sábados. ⁹ Em seu meio há caluniadores, prontos para derramar sangue; em seu meio há os que comem nos santuários dos montes e praticam atos lascivos; ¹⁰ em seu meio há aqueles que desonram a cama dos seus pais e aqueles que têm relações com as mulheres nos dias de sua

menstruação. ¹¹ Um homem comete adultério com a mulher do seu próximo, outro contamina vergonhosamente a sua nora, e outro desonra a sua irmã, filha de seu próprio pai. ¹² Em seu meio há homens que aceitam suborno para derramar sangue; você empresta a juros, visando a lucro, e obtém ganhos injustos, extorquindo o próximo. E você se esqueceu de mim. Palavra do Soberano, o S<small>ENHOR</small>.

¹³ "Mas você me verá bater as minhas mãos uma na outra contra os ganhos injustos que você obteve e contra o sangue que você derramou. ¹⁴ Será que a sua coragem suportará ou as suas mãos serão fortes para o que eu vou fazer no dia em que eu der a você o devido tratamento? Eu, o S<small>ENHOR</small>, falei e o farei. ¹⁵ Dispersarei você entre as nações e a espalharei pelas terras; e darei fim à sua impureza. ¹⁶ Quando você tiver sido desonrada[a] aos olhos das nações, você saberá que eu sou o S<small>ENHOR</small>".

¹⁷ E depois veio a mim esta palavra do S<small>ENHOR</small>: ¹⁸ "Filho do homem, a nação de Israel tornou-se escória para mim; cobre, estanho, ferro e chumbo deixados na fornalha. Não passa de escória de prata. ¹⁹ Por isso, assim diz o Soberano, o S<small>ENHOR</small>: Visto que vocês todos se tornaram escória, eu os ajuntarei em Jerusalém. ²⁰ Assim como os homens ajuntam prata, cobre, ferro, chumbo e estanho numa fornalha a fim de fundi-los soprando fortemente o fogo, na minha ira e na minha indignação também ajuntarei vocês dentro da cidade e os fundirei. ²¹ Eu os ajuntarei e soprarei sobre vocês o fogo da minha ira, e vocês se derreterão. ²² Assim como a prata se derrete numa fornalha, também vocês se derreterão dentro dela e saberão que eu, o S<small>ENHOR</small>, derramei a minha ira sobre vocês".

²³ De novo a palavra do S<small>ENHOR</small> veio a mim. Disse ele: ²⁴ "Filho do homem, diga a esta terra: Você é uma terra que não tem tido chuva nem aguaceiros[b] no dia da ira. ²⁵ Há nela uma conspiração de seus príncipes[c] como um leão que ruge ao despedaçar sua presa; devoram pessoas, apanham tesouros e objetos preciosos e fazem muitas viúvas. ²⁶ Seus sacerdotes cometem violência contra a minha lei e profanam minhas ofertas sagradas; não fazem distinção entre o sagrado e o comum; ensinam que não existe nenhuma diferença entre o puro e o impuro; e fecham os olhos quanto à guarda dos meus sábados, de maneira que sou desonrado no meio deles. ²⁷ Seus oficiais são como lobos que despedaçam suas presas; derramam sangue e matam gente para obter ganhos injustos. ²⁸ Seus profetas disfarçam esses feitos enganando o povo com visões falsas e adivinhações mentirosas. Dizem: 'Assim diz o Soberano, o S<small>ENHOR</small>', quando o S<small>ENHOR</small> não falou. ²⁹ O povo da terra pratica extorsão e comete roubos; oprime os pobres e os necessitados e maltrata os estrangeiros, negando-lhes justiça.

³⁰ "Procurei entre eles um homem que erguesse o muro e se pusesse na brecha diante de mim e em favor desta terra, para que eu não a destruísse, mas não encontrei nenhum. ³¹ Por isso derramarei a minha ira sobre eles e os consumirei com o meu grande furor; sofrerão as consequências de tudo o que fizeram. Palavra do Soberano, o S<small>ENHOR</small>".

As Duas Irmãs Adúlteras

23 Esta palavra do S<small>ENHOR</small> veio a mim: ² "Filho do homem, existiam duas mulheres, filhas da mesma mãe. ³ Elas se tornaram prostitutas no Egito, envolvendo-se na prostituição desde a juventude. Naquela terra os seus peitos foram acariciados e os seus seios virgens foram afagados. ⁴ A mais velha chamava-se Oolá; sua irmã, Oolibá. Elas eram minhas e deram à luz filhos e filhas. Oolá é Samaria, e Oolibá é Jerusalém.

⁵ "Oolá envolveu-se em prostituição enquanto ainda era minha; ela se encheu de cobiça por seus amantes, os assírios, guerreiros ⁶ vestidos de vermelho, governadores e comandantes, todos eles cavaleiros jovens e elegantes. ⁷ Ela se entregou como prostituta a toda a elite dos assírios e se contaminou com todos os ídolos de cada homem por ela cobiçado. ⁸ Ela não abandonou a prostituição iniciada no Egito, quando em sua juventude homens dormiram com ela, afagaram seus seios virgens e a envolveram em suas práticas dissolutas.

⁹ "Por isso eu a entreguei nas mãos de seus amantes, os assírios, os quais ela desejou ardentemente. ¹⁰ Eles lhe arrancaram as roupas, deixando-a nua, levaram embora seus filhos e suas filhas e a mataram à espada. Ela teve má fama entre as mulheres. E lhe foi dado castigo.

¹¹ "Sua irmã Oolibá viu isso. No entanto, em sua cobiça e prostituição, ela foi mais depravada

---

[a] **22.16** Ou *Quando eu designado sua herança*
[b] **22.24** Conforme a Septuaginta. O Texto Massorético diz *não se purificou nem recebeu chuva*.
[c] **22.25** Conforme a Septuaginta. O Texto Massorético diz *profetas*.

que a irmã. ¹²Também desejou ardentemente os assírios, governadores e comandantes, guerreiros em uniforme completo, todos eles jovens e belos cavaleiros. ¹³Vi que ela também se contaminou; ambas seguiram o mesmo caminho.

¹⁴"Mas Oolibá levou sua prostituição ainda mais longe. Viu homens desenhados numa parede, figuras de caldeus em vermelho, ¹⁵usando cinturões e esvoaçantes turbantes na cabeça; todos se pareciam com os oficiais responsáveis pelos carros da Babilônia, nativos da Caldeia. ¹⁶Assim que ela os viu, desejou-os ardentemente e lhes mandou mensageiros até a Caldeia. ¹⁷Então os babilônios vieram procurá-la, até a cama do amor, e em sua cobiça a contaminaram. Depois de haver sido contaminada por eles, ela se afastou deles desgostosa. ¹⁸Então prosseguiu abertamente em sua prostituição e expôs a sua nudez, e eu me afastei dela desgostoso, assim como eu tinha me afastado de sua irmã. ¹⁹Contudo, ela ia se tornando cada vez mais promíscua à medida que se recordava dos dias de sua juventude, quando era prostituta no Egito. ²⁰Desejou ardentemente os seus amantes, cujos membros eram como os de jumentos e cuja ejaculação era como a de cavalos. ²¹Assim, Oolibá ansiou pela lascívia de sua juventude, quando no Egito seus peitos eram afagados e seus seios virgens eram acariciados.ᵃ

²²"Portanto, assim diz o Soberano, o SENHOR: Incitarei os seus amantes contra você, aqueles de quem você se afastou desgostosa, e os trarei para atacá-la de todos os lados: ²³os babilônios e todos os caldeus, os homens de Pecode, de Soa e de Coa, e com eles todos os assírios, belos rapazes, todos eles governadores e comandantes, oficiais que chefiam os carros e homens de posto elevado, todos eles cavaleiros. ²⁴Eles virão contra você com armas, carros e carroças e com uma multidão de povos; por todos os lados tomarão posição contra você com escudos grandes e pequenos e com capacetes. Eu a entregarei a eles para castigo, e eles a castigarão conforme o costume deles. ²⁵Dirigirei contra você a ira do meu ciúme e, enfurecidos, eles saberão como tratá-la. Cortarão fora o seu nariz e as suas orelhas, e as pessoas que forem deixadas cairão à espada. Levarão embora seus filhos e suas filhas, e os que forem deixados serão consumidos pelo fogo.

ᵃ 23.21 Conforme a Versão Siríaca. O Texto Massorético diz *afagados por causa de seus seios jovens.*

²⁶Também arrancarão as suas roupas e tomarão suas lindas joias. ²⁷Assim darei um basta à lascívia e à prostituição que você começou no Egito. Você deixará de olhar com desejo para essas coisas e não se lembrará mais do Egito.

²⁸"Pois assim diz o Soberano, o SENHOR: Estou a ponto de entregá-la nas mãos daqueles que você odeia, daqueles de quem você se afastou desgostosa. ²⁹Eles a tratarão com ódio e levarão embora tudo aquilo pelo que você trabalhou. Eles a deixarão despida e nua, e a vergonha de sua prostituição será exposta. Isso lhe sobrevirá por sua lascívia e promiscuidade, ³⁰porque você desejou ardentemente as nações e se contaminou com os ídolos delas. ³¹Você seguiu pelo caminho de sua irmã; por essa razão porei o copo dela nas suas mãos.

³²"Assim diz o Soberano, o SENHOR:

"Você beberá do copo de sua irmã,
    copo grande e fundo;
ele causará riso e zombaria,
    de tão grande que é.
³³Você será dominada pela embriaguez
    e pela tristeza,
com esse copo de desgraça
    e desolação,
o copo de sua irmã Samaria.
³⁴Você o beberá,
    engolindo até a última gota;
depois o despedaçará
    e mutilará os próprios seios.

"Eu o disse. Palavra do Soberano, o SENHOR.

³⁵"Agora, assim diz o Soberano, o SENHOR: Visto que você se esqueceu de mim e me deu as costas, você vai sofrer as consequências de sua lascívia e de sua prostituição".

³⁶O SENHOR me disse: "Filho do homem, você julgará Oolá e Oolibá? Então confronte-as com suas práticas repugnantes, ³⁷pois elas cometeram adultério e há sangue em suas mãos. Cometeram adultério com seus ídolos; até os seus filhos, que elas geraram para mim, sacrificaram aos ídolos. ³⁸Também me fizeram isto: ao mesmo tempo contaminaram o meu santuário e profanaram os meus sábados. ³⁹No mesmo dia em que sacrificavam seus filhos a seus ídolos, elas entravam em meu santuário e o profanavam. Foi o que fizeram em minha casa.

⁴⁰"Elas até enviaram mensageiros atrás de homens, vindos de bem longe, e, quando

eles chegaram, você se banhou para recebê-los, pintou os olhos e pôs suas joias. ⁴¹ Você se sentou num belo sofá, tendo à frente uma mesa, na qual você havia colocado o incenso e o óleo que me pertenciam.

⁴² "Em torno dela havia o ruído de uma multidão despreocupada; sabeus[a] foram trazidos do deserto com homens do povo, e eles puseram braceletes nos braços da mulher e da sua irmã e belíssimas coroas na cabeça delas. ⁴³ Então eu disse a respeito daquela que fora destruída pelo adultério: Que agora a usem como prostituta, pois é o que ela é. ⁴⁴ E eles dormiram com ela. Dormiram com aquelas mulheres lascivas, Oolá e Oolibá, como quem dorme com uma prostituta. ⁴⁵ Mas homens justos as condenarão ao castigo que merecem as mulheres que cometem adultério e derramam sangue, porque são adúlteras e há sangue em suas mãos.

⁴⁶ "Assim diz o Soberano, o Senhor: Que uma multidão as ataque e que elas sejam entregues ao pavor e ao saque. ⁴⁷ A multidão as apedrejará e as retalhará à espada; matarão seus filhos e suas filhas, destruirão suas casas e as queimarão.

⁴⁸ "Dessa maneira darei fim à lascívia na terra, para que todas as mulheres fiquem advertidas e não imitem vocês. ⁴⁹ Vocês sofrerão o castigo de sua cobiça e as consequências de seus pecados de idolatria. E vocês saberão que eu sou o Soberano, o Senhor".

A Panela

24 No décimo dia do décimo mês do nono ano, a palavra do Senhor veio a mim. Disse ele: ² "Filho do homem, registre esta data, a data de hoje, porque o rei da Babilônia sitiou Jerusalém exatamente neste dia. ³ Conte a esta nação rebelde uma parábola e diga-lhes: Assim diz o Soberano, o Senhor:

"Ponha a panela para esquentar;
ponha-a para esquentar com água.
⁴ Ponha dentro dela pedaços de carne,
os melhores pedaços
da coxa e da espádua.
Encha-a com o melhor desses ossos;
⁵ apanhe o melhor do rebanho.
Empilhe lenha debaixo dela
para cozinhar os ossos;
faça-a ferver a água e cozinhe tudo
o que está na panela.

---

[a] **23.42** Ou *bêbados*

⁶ "Porque assim diz o Soberano, o Senhor:

"Ai da cidade sanguinária,
da panela que agora
tem uma crosta,
cujo resíduo não desaparecerá!
Esvazie-a, tirando pedaço por pedaço,
sem sorteá-los.

⁷ "Pois o sangue que ela derramou
está no meio dela;
ela o derramou na rocha nua;
não o derramou no chão,
onde o pó o cobriria.
⁸ Para atiçar a minha ira e me vingar,
pus o sangue dela sobre a rocha nua,
para que ele não fosse coberto.

⁹ "Portanto, assim diz o Soberano, o Senhor:

"Ai da cidade sanguinária!
Eu também farei uma pilha de lenha,
uma pilha bem alta.
¹⁰ Por isso amontoem a lenha
e acendam o fogo.
Cozinhem bem a carne,
misturando os temperos;
e reduzam os ossos a cinzas.
¹¹ Ponham depois a panela vazia
sobre as brasas
para que esquente
até que o seu bronze
fique incandescente,
as suas impurezas se derretam
e o seu resíduo seja queimado
e desapareça.
¹² Mas ela frustrou todos os esforços;
nem o fogo pôde eliminar
seu resíduo espesso!

¹³ "Ora, a sua impureza é a lascívia. Como eu desejei purificá-la, mas você não quis ser purificada, você não voltará a estar limpa, enquanto não se abrandar a minha ira contra você.

¹⁴ "Eu, o Senhor, falei. Chegou a hora de eu agir. Não me conterei; não terei piedade nem voltarei atrás. Você será julgada de acordo com o seu comportamento e com as suas ações. Palavra do Soberano, o Senhor".

A Morte da Mulher de Ezequiel

¹⁵ Veio a mim esta palavra do Senhor:
¹⁶ "Filho do homem, com um único golpe estou

para tirar de você o prazer dos seus olhos. Contudo, não lamente nem chore nem derrame nenhuma lágrima. ¹⁷ Não permita que ninguém ouça o seu gemer; não pranteie pelos mortos. Mantenha apertado o seu turbante e as sandálias nos pés; não cubra o rosto nem coma a comida costumeira dos pranteadores".

¹⁸ Assim, falei de manhã ao povo, e à tarde minha mulher morreu. No dia seguinte fiz o que me havia sido ordenado.

¹⁹ Então o povo me perguntou: "Você não vai nos dizer que relação essas coisas têm conosco?"

²⁰ E eu lhes respondi: Esta palavra do Senhor veio a mim: ²¹ "Diga à nação de Israel: Assim diz o Soberano, o Senhor: Estou a ponto de profanar o meu santuário, a fortaleza de que vocês se orgulham, o prazer dos seus olhos, o objeto da sua afeição. Os filhos e as filhas que vocês deixaram lá cairão à espada. ²² E vocês farão o que eu fiz. Vocês não cobrirão o rosto nem comerão a comida costumeira dos pranteadores. ²³ Vocês manterão os turbantes na cabeça e as sandálias nos pés. Não prantearão nem chorarão, mas irão consumir-se por causa de suas iniquidades e gemerão uns pelos outros. ²⁴ Ezequiel será um sinal para vocês; vocês farão o que ele fez. Quando isso acontecer, vocês saberão que eu sou o Soberano, o Senhor.

²⁵ "E você, filho do homem, no dia em que eu tirar deles a sua fortaleza, sua alegria e sua glória, o prazer dos seus olhos, e também os seus filhos e as suas filhas, o maior desejo da vida deles, ²⁶ naquele dia um fugitivo virá dar a notícia a você. ²⁷ Naquela hora sua boca será aberta; você falará com ele e não ficará calado. E assim você será um sinal para eles, e eles saberão que eu sou o Senhor".

Profecia contra Amom

25 Esta palavra do Senhor veio a mim: ² "Filho do homem, vire o rosto contra os amonitas e profetize contra eles. ³ Diga-lhes: Ouçam a palavra do Soberano, o Senhor. Assim diz o Soberano, o Senhor: Visto que vocês exclamaram: 'Ah! Ah!' quando o meu santuário foi profanado, quando a terra de Israel foi arrasada e quando a nação de Judá foi para o exílio, ⁴ vou entregá-los como propriedade do povo do oriente. Eles instalarão seus acampamentos e armarão suas tendas no meio de vocês; comerão suas frutas e beberão seu leite. ⁵ Farei de Rabá um cercado para camelos e de Amom um local de descanso para ovelhas. Então vocês saberão que eu sou o Senhor. ⁶ Porque assim diz o Soberano, o Senhor: Visto que vocês bateram palmas e pularam de alegria com o coração cheio de maldade contra Israel, ⁷ por essa razão estenderei o meu braço contra vocês e os darei às nações como despojo. Eliminarei vocês do meio das nações e os exterminarei do meio dos povos. Eu os destruirei, e vocês saberão que eu sou o Senhor.

Profecia contra Moabe

⁸ "Assim diz o Soberano, o Senhor: Uma vez que Moabe e Seir disseram: 'Vejam, a nação de Judá tornou-se como todas as outras nações', ⁹ por essa razão abrirei o flanco de Moabe, começando por suas cidades fronteiriças, Bete-Jesimote, Baal-Meom e Quiriataim, que são a glória dessa terra. ¹⁰ Darei Moabe e os amonitas como propriedade ao povo do oriente. Os amonitas não serão lembrados entre as nações, ¹¹ e a Moabe trarei castigo. Então eles saberão que eu sou o Senhor.

Profecia contra Edom

¹² "Assim diz o Soberano, o Senhor: Visto que Edom vingou-se da nação de Judá e com isso trouxe grande culpa sobre si, ¹³ assim diz o Soberano, o Senhor: Estenderei o braço contra Edom e matarei os seus homens e os seus animais. Eu o arrasarei, e desde Temã até Dedã eles cairão à espada. ¹⁴ Eu me vingarei de Edom pelas mãos de Israel, o meu povo, e este lidará com Edom de acordo com a minha ira e a minha indignação; Edom conhecerá a minha vingança. Palavra do Soberano, o Senhor.

Profecia contra a Filístia

¹⁵ "Assim diz o Soberano, o Senhor: Uma vez que a Filístia agiu por vingança e com maldade no coração e, com antiga hostilidade, buscou destruir Judá, ¹⁶ assim diz o Soberano, o Senhor: Estou a ponto de estender meu braço contra os filisteus. Eliminarei os queretitas e destruirei os que restarem no litoral. ¹⁷ Executarei neles grande vingança e os castigarei na minha ira. Então, quando eu me vingar deles, saberão que eu sou o Senhor".

Profecia contra Tiro

26 No décimo primeiro ano, no primeiro dia do mês, veio a mim esta palavra do Senhor: ² "Filho do homem, visto que Tiro falou de Jerusalém: 'Ah! Ah! O portal das nações está quebrado, e as suas portas se me abriram; agora que ela jaz em ruínas, eu prosperarei', ³ por essa razão assim diz o Soberano, o SENHOR: Estou contra você, ó Tiro, e trarei muitas nações contra você; virão como o mar quando eleva as suas ondas. ⁴ Elas destruirão os muros de Tiro e derrubarão suas torres; eu espalharei o seu entulho e farei dela uma rocha nua. ⁵ Fora, no mar, ela se tornará um local propício para estender redes de pesca, pois eu falei. Palavra do Soberano, o SENHOR. Ela se tornará despojo para as nações, ⁶ e em seus territórios no continente será feita grande destruição pela espada. E saberão que eu sou o SENHOR.

⁷ "Pois assim diz o Soberano, o SENHOR: Contra você, Tiro, vou trazer do norte o rei da Babilônia, Nabucodonosor, rei de reis, com cavalos e carros, com cavaleiros e um grande exército. ⁸ Ele desfechará com a espada um violento ataque contra os seus territórios no continente. Construirá obras de cerco e uma rampa de acesso aos seus muros. E armará uma barreira de escudos contra você. ⁹ Ele dirigirá as investidas dos seus aríetes contra os seus muros e com armas de ferro demolirá as suas torres. ¹⁰ Seus cavalos serão tantos que cobrirão você de poeira. Seus muros tremerão com o barulho dos cavalos de guerra, das carroças e dos carros, quando ele entrar por suas portas com a facilidade com que se entra numa cidade cujos muros foram derrubados. ¹¹ Os cascos de seus cavalos pisarão todas as suas ruas; ele matará o seu povo à espada, e as suas resistentes colunas ruirão. ¹² Despojarão sua riqueza e saquearão seus suprimentos; derrubarão seus muros, demolirão suas lindas casas e lançarão ao mar as suas pedras, o seu madeiramento e todo o entulho. ¹³ Porei fim a seus cânticos barulhentos, e não se ouvirá mais a música de suas harpas. ¹⁴ Farei de você uma rocha nua, e você se tornará um local propício para estender redes de pesca. Você jamais será reconstruída, pois eu, o SENHOR, falei. Palavra do Soberano, o SENHOR.

¹⁵ "Assim diz o Soberano, o SENHOR, a Tiro: Acaso as regiões litorâneas não tremerão ao som de sua queda, quando o ferido gemer e a matança acontecer em seu meio? ¹⁶ Então todos os príncipes do litoral descerão do trono e porão de lado seus mantos e tirarão suas roupas bordadas. Vestidos de pavor, vão assentar-se no chão, tremendo sem parar, apavorados por sua causa. ¹⁷ Depois entoarão um lamento acerca de você e dirão:

" 'Como você está destruída,
　ó cidade de renome,
　povoada por homens do mar!

Você era um poder nos mares,
　você e os seus cidadãos;
você impunha pavor
　a todos os que ali vivem.
¹⁸ Agora as regiões litorâneas tremem
　no dia de sua queda;
as ilhas do mar estão apavoradas
　diante de sua ruína'.

¹⁹ "Assim diz o Soberano, o SENHOR: Quando eu fizer de você uma cidade abandonada, lembrando cidades inabitáveis, e quando eu a cobrir com as vastas águas do abismo, ²⁰ então farei você descer com os que descem à cova, para fazer companhia aos antigos. Eu a farei habitar embaixo da terra, como em ruínas antigas, com aqueles que descem à cova, e você não voltará e não retomará o seu lugar[a] na terra dos viventes. ²¹ Levarei você a um fim terrível e você já não existirá. Será procurada, e jamais será achada. Palavra do Soberano, o SENHOR".

Um Lamento por Tiro

27 Esta palavra do SENHOR veio a mim: ² "Filho do homem, faça um lamento a respeito de Tiro. ³ Diga a Tiro, que está junto à entrada para o mar, e que negocia com povos de muitos litorais: Assim diz o Soberano, o SENHOR:

"Você diz, ó Tiro:
　'Minha beleza é perfeita'.
⁴ Seu domínio abrangia
　o coração dos mares;
seus construtores levaram a sua beleza
　à perfeição.
⁵ Eles fizeram todo o seu madeiramento
　com pinheiros de Senir[b];
apanharam um cedro do Líbano
　para fazer a você um mastro.
⁶ Dos carvalhos de Basã
　fizeram os seus remos;
de cipreste procedente
　das costas de Chipre
fizeram seu convés,
　revestido de mármore.
⁷ Suas velas foram feitas
　de belo linho bordado,
　procedente do Egito,
servindo de bandeira;

---

[a] 26.20 Conforme a Septuaginta. O Texto Massorético diz *voltará, e eu darei glória*.
[b] 27.5 Isto é, do Hermom.

seus toldos, em azul e púrpura,
provinham das costas de Elisá.
⁸ Habitantes de Sidom e Arvade
eram os seus remadores;
os seus homens hábeis, ó Tiro,
estavam a bordo como
marinheiros.
⁹ Artesãos experientes de Gebal[a]
estavam a bordo
como construtores de barcos
para calafetarem as suas juntas.
Todos os navios do mar
e seus marinheiros
vinham para negociar com você
as suas mercadorias.

¹⁰ "Os persas, os lídios
e os homens de Fute
serviam como soldados em seu exército.
Eles penduravam os seus escudos
e capacetes nos seus muros,
trazendo-lhe esplendor.
¹¹ Homens de Arvade e de Heleque
guarneciam os seus muros
em todos os lados;
homens de Gamade
estavam em suas torres.
Eles penduravam os escudos deles
em seus muros ao redor;
levaram a sua beleza à perfeição.

¹² "Társis fez negócios com você, tendo em vista os seus muitos bens; eles deram prata, ferro, estanho e chumbo em troca de suas mercadorias. ¹³ "Javã, Tubal e Meseque negociaram com você; trocaram escravos e utensílios de bronze pelos seus bens. ¹⁴ "Homens de Bete-Togarma trocaram cavalos de carga, cavalos de guerra e mulas pelas suas mercadorias. ¹⁵ "Os homens de Rodes[b] negociaram com você, e muitas regiões costeiras se tornaram seus clientes; pagaram suas compras a você com presas de marfim e com ébano. ¹⁶ "Arã[c] negociou com você, atraído por seus muitos produtos; em troca de suas mercadorias deu a você turquesa, tecido púrpura, trabalhos bordados, linho fino, coral e rubis.

¹⁷ "Judá e Israel negociaram com você; pelos seus bens trocaram trigo de Minite, confeitos, mel, azeite e bálsamo. ¹⁸ "Em razão dos muitos produtos de que você dispõe e da grande riqueza de seus bens, Damasco negociou com você, pagando com vinho de Helbom e lã de Zaar. ¹⁹ "Também Dã e Javã, de Uzal, compraram suas mercadorias, trocando-as por ferro, cássia e cálamo. ²⁰ "Dedã negociou com você mantos de sela. ²¹ "A Arábia e todos os príncipes de Quedar eram seus clientes; fizeram negócios com você, fornecendo cordeiros, carneiros e bodes. ²² "Os mercadores de Sabá e de Raamá fizeram comércio com você; pelas mercadorias que você vende eles trocaram o que há de melhor em toda espécie de especiarias, pedras preciosas e ouro. ²³ "Harã, Cane e Éden e os mercadores de Sabá, Assur e Quilmade fizeram comércio com você. ²⁴ No seu mercado eles negociaram com você lindas roupas, tecido azul, trabalhos bordados e tapetes multicoloridos com cordéis retorcidos e de nós firmes.

²⁵ "Os navios de Társis
transportam os seus bens.
Quanta carga pesada você tem
no coração do mar.
²⁶ Seus remadores a levam
para alto-mar.
Mas o vento oriental a despedaçará
no coração do mar.
²⁷ Sua riqueza, suas mercadorias
e seus bens,
seus marujos, seus homens do mar
e seus construtores de barcos,
seus mercadores
e todos os seus soldados,
todos quantos estão a bordo
sucumbirão no coração do mar
no dia do seu naufrágio.
²⁸ As praias tremerão
quando os seus marujos clamarem.
²⁹ Todos os que manejam os remos
abandonarão os seus navios;
os marujos e todos os marinheiros
ficarão na praia.
³⁰ Erguerão a voz
e gritarão com amargura por sua causa;
espalharão poeira sobre a cabeça
e rolarão na cinza.

---

[a] 27.9 Isto é, Biblos.
[b] 27.15 Conforme a Septuaginta. O Texto Massorético diz *Dedã*.
[c] 27.16 Alguns manuscritos do Texto Massorético e a Versão Siríaca dizem *Edom*.

³¹ Raparão a cabeça por sua causa
e porão vestes de lamento.
Chorarão por você com angústia na alma
e com pranto amargurado.
³² Quando estiverem gritando
e pranteando por você,
erguerão este lamento a seu respeito:
'Quem chegou a ser silenciada
como Tiro,
cercada pelo mar?'
³³ Quando as suas mercadorias
saíam para o mar,
você satisfazia muitas nações;
com sua grande riqueza e com seus bens
você enriqueceu os reis da terra.
³⁴ Agora, destruída pelo mar,
você jaz nas profundezas das águas;
seus bens e todos os que a acompanham
afundaram com você.
³⁵ Todos os que moram
nas regiões litorâneas
estão chocados com o que aconteceu
com você;
seus reis arrepiam-se horrorizados
e os seus rostos estão desfigurados
de medo.
³⁶ Os mercadores entre as nações
gritam de medo ao vê-la;
chegou o seu terrível fim,
e você não mais existirá".

Profecia contra o Rei de Tiro

28 Veio a mim esta palavra do Senhor: ² "Filho do homem, diga ao governante de Tiro: Assim diz o Soberano, o Senhor:

"No orgulho do seu coração
você diz: 'Sou um deus;
sento-me no trono de um deus
no coração dos mares'.
Mas você é um homem, e não um deus,
embora se considere tão sábio
quanto Deus.
³ Você é mais sábio que Daniel[a]?
Não haverá segredo que seja oculto a
você?
⁴ Mediante a sua sabedoria
e o seu entendimento,
você granjeou riquezas
e acumulou ouro e prata
em seus tesouros.
⁵ Por sua grande habilidade comercial
você aumentou as suas riquezas
e, por causa das suas riquezas,
o seu coração ficou
cada vez mais orgulhoso.

⁶ "Por isso, assim diz o Soberano, o Senhor:

"Porque você pensa que é sábio,
tão sábio quanto Deus,
⁷ trarei estrangeiros contra você,
das mais impiedosas nações;
eles empunharão suas espadas
contra a sua beleza
e a sua sabedoria
e traspassarão o seu esplendor fulgurante.
⁸ Eles o farão descer à cova,
e você terá morte violenta
no coração dos mares.
⁹ Dirá você então:
'Eu sou um deus'
na presença daqueles que o matarem?
Você será tão somente um homem,
e não um deus,
nas mãos daqueles que o abaterem.
¹⁰ Você terá a morte dos incircuncisos
nas mãos de estrangeiros.

Eu falei. Palavra do Soberano, o Senhor".

¹¹ Esta palavra do Senhor veio a mim: ¹² "Filho do homem, erga um lamento a respeito do rei de Tiro e diga-lhe: Assim diz o Soberano, o Senhor:

"Você era o modelo da perfeição,
cheio de sabedoria
e de perfeita beleza.
¹³ Você estava no Éden,
no jardim de Deus;
todas as pedras preciosas o enfeitavam:
sárdio, topázio e diamante;
berilo, ônix e jaspe;
safira, carbúnculo e esmeralda.[b]
Seus engastes e guarnições
eram feitos de ouro;
tudo foi preparado no dia
em que você foi criado.
¹⁴ Você foi ungido
como um querubim guardião,
pois para isso eu o designei.

---

[a] 28.3 Ou *Danel*.

[b] 28.13 A identificação precisa de algumas dessas pedras preciosas não é conhecida.

Você estava no monte santo de Deus
e caminhava entre as pedras
  fulgurantes.
¹⁵ Você era inculpável em seus caminhos
  desde o dia em que foi criado
até que se achou maldade em você.
¹⁶ Por meio do seu amplo comércio,
você encheu-se de violência
  e pecou.
Por isso eu o lancei, humilhado,
  para longe do monte de Deus,
e o expulsei, ó querubim guardião,
  do meio das pedras fulgurantes.
¹⁷ Seu coração tornou-se orgulhoso
  por causa da sua beleza,
e você corrompeu a sua sabedoria
  por causa do seu esplendor.
Por isso eu o atirei à terra;
fiz de você um espetáculo
  para os reis.
¹⁸ Por meio dos seus muitos pecados
  e do seu comércio desonesto
você profanou os seus santuários.
Por isso fiz sair de você um fogo,
  que o consumiu,
e reduzi você a cinzas no chão,
  à vista de todos
os que estavam observando.
¹⁹ Todas as nações que o conheciam
  espantaram-se ao vê-lo;
chegou o seu terrível fim,
  você não mais existirá".

Profecia contra Sidom

²⁰ Veio a mim esta palavra do Senhor: ²¹ "Filho do homem, vire o rosto contra Sidom; profetize contra ela ²² e diga: Assim diz o Soberano, o Senhor:

"Estou contra você, Sidom,
e manifestarei a minha glória
  dentro de você.
Todos saberão que eu sou o Senhor,
quando eu castigá-la
  e mostrar-me santo em seu meio.
²³ Enviarei uma peste sobre você
  e farei sangue correr em suas ruas.
Os mortos cairão, derrubados pela espada
  que virá de todos os lados contra você.
E todos saberão que eu sou o Senhor.

²⁴ "Israel não terá mais vizinhos maldosos agindo como roseiras bravas dolorosas e espinhos pontudos. Pois eles saberão que eu sou o Soberano, o Senhor.

²⁵ "Assim diz o Soberano, o Senhor: Quando eu reunir Israel dentre as nações nas quais foi espalhado, eu me mostrarei santo entre eles à vista das nações. Então eles viverão em sua própria terra, a qual dei ao meu servo Jacó. ²⁶ Eles viverão ali em segurança, construirão casas e plantarão vinhas; viverão em segurança quando eu castigar todos os seus vizinhos que lhes fizeram mal. Então eles saberão que eu sou o Senhor, o seu Deus".

Profecia contra o Egito

29 No décimo segundo dia do décimo mês do décimo ano do exílio, esta palavra do Senhor veio a mim: ² "Filho do homem, vire o rosto contra o faraó, rei do Egito, e profetize contra ele e contra todo o Egito. ³ Diga-lhe: Assim diz o Soberano, o Senhor:

"Estou contra você, faraó, rei do Egito,
contra você, grande monstro deitado
  em meio a seus riachos.
Você diz: 'O Nilo é meu;
  eu o fiz para mim mesmo'.
⁴ Mas porei anzóis em seu queixo
e farei os peixes dos seus regatos
  se apegarem
  às suas escamas, ó Egito.
Puxarei você para fora dos seus riachos,
  com todos os peixes grudados
  em suas escamas.
⁵ Deixarei você no deserto,
  você e todos os peixes
  dos seus regatos.
Você cairá em campo aberto
  e não será recolhido
  nem sepultado.
Darei você como comida
  aos animais selvagens
  e às aves do céu.

⁶ "Então todos os que vivem no Egito saberão que eu sou o Senhor.

"Você tem sido um bordão de junco para a nação de Israel. ⁷ Quando eles o pegaram com as mãos, você rachou e rasgou os ombros deles; quando eles se apoiaram em você, você se quebrou, e as costas deles sofreram torção.[a]

---

[a] 29.7 Conforme a Versão Siríaca. O Texto Massorético diz *e fez que as costas deles paralisassem.*

⁸ "Portanto, assim diz o Soberano, o Senhor: Trarei uma espada contra você e matarei os seus homens e os seus animais. ⁹ O Egito se tornará um deserto arrasado. Então eles saberão que eu sou o Senhor.

"Visto que você disse: 'O Nilo é meu; eu o fiz', ¹⁰ estou contra você e contra os seus regatos e tornarei o Egito uma desgraça e um deserto arrasado desde Migdol até Sevene, chegando até a fronteira da Etiópia.ᵃ ¹¹ Nenhum pé de homem ou pata de animal o atravessará; ninguém morará ali por quarenta anos. ¹² Farei a terra do Egito arrasada em meio a terras devastadas, e suas cidades estarão arrasadas durante quarenta anos entre cidades em ruínas. Espalharei os egípcios entre as nações e os dispersarei entre os povos.

¹³ "Contudo, assim diz o Soberano, o Senhor: Ao fim dos quarenta anos ajuntarei os egípcios dentre as nações nas quais foram espalhados. ¹⁴ Eu os trarei de volta do cativeiro e os farei voltar ao alto Egito,ᵇ à terra dos seus antepassados. Ali serão um reino humilde. ¹⁵ Será o mais humilde dos reinos, e nunca mais se exaltará sobre as outras nações. Eu o farei tão fraco que nunca mais dominará sobre as nações. ¹⁶ O Egito não inspirará mais confiança a Israel, mas será uma lembrança de sua iniquidade por procurá-lo em busca de ajuda. Então eles saberão que eu sou o Soberano, o Senhor".

¹⁷ No primeiro dia do primeiro mês do vigésimo sétimo ano do exílio, esta palavra do Senhor veio a mim: ¹⁸ "Filho do homem, o rei Nabucodonosor, da Babilônia, conduziu o seu exército numa dura campanha contra Tiro; toda cabeça foi esfregada até não ficar cabelo algum e todo ombro ficou esfolado. Contudo, ele e o seu exército não obtiveram nenhuma recompensa com a campanha que ele conduziu contra Tiro. ¹⁹ Por isso, assim diz o Soberano, o Senhor: Vou dar o Egito ao rei Nabucodonosor, da Babilônia, e ele levará embora a riqueza dessa nação. Ele saqueará e despojará a terra como pagamento para o seu exército. ²⁰ Eu lhe dei o Egito como recompensa por seus esforços, por aquilo que ele e o seu exército fizeram para mim. Palavra do Soberano, o Senhor.

²¹ "Naquele dia farei crescer o poderᶜ da nação de Israel, e abrirei a minha boca no meio deles. Então eles saberão que eu sou o Senhor".

Um Lamento pelo Egito

30 Esta palavra do Senhor veio a mim: ² "Filho do homem, profetize e diga: Assim diz o Soberano, o Senhor:

"Clamem e digam:
  Ai! Aquele dia!
³ Pois o dia está próximo,
  o dia do Senhor
  está próximo;
será dia de nuvens,
uma época de condenação
  para as nações.
⁴ A espada virá contra o Egito,
  e angústia virá sobre a Etiópia.ᵈ
Quando os mortos caírem no Egito,
  sua riqueza lhe será tirada
  e os seus alicerces serão despedaçados.

⁵ "A Etiópia e Fute, Lude e toda a Arábia, a Líbiaᵉ e o povo da terra da aliança cairão à espada com o Egito.

⁶ "Assim diz o Senhor:

"Os aliados do Egito cairão,
  e a sua orgulhosa força fracassará.
Desde Migdol até Sevene
  eles cairão à espada.
Palavra do Soberano, o Senhor.
⁷ Serão arrasados
  no meio de terras devastadas,
  e as suas cidades jazerão
  no meio de cidades em ruínas.
⁸ E eles saberão que eu sou o Senhor,
  quando eu incendiar o Egito
  e todos os que o apoiam
  forem esmagados.

⁹ "Naquele dia enviarei mensageiros em navios para assustar o povo da Etiópia, que se sente seguro. A angústia se apoderará deles no dia da condenação do Egito, pois é certo que isso acontecerá.

¹⁰ "Assim diz o Soberano, o Senhor:

"Darei fim à população do Egito
  pelas mãos do rei Nabucodonosor,
  da Babilônia.
¹¹ Ele e o seu exército,
  a nação mais impiedosa,
  serão levados para destruir a terra.

ᵃ **29.10** Hebraico: *Cuxe*.
ᵇ **29.14** Hebraico: *a Patros*.
ᶜ **29.21** Hebraico: *chifre*.
ᵈ **30.4** Hebraico: *Cuxe*; também nos versículos 5 e 9.
ᵉ **30.5** Hebraico: *Cube*.

Eles empunharão a espada
 contra o Egito
e a terra se encherá de mortos.
¹² Eu secarei os regatos do Nilo
e venderei a terra
 a homens maus;
pela mão de estrangeiros
 deixarei arrasada a terra
 e tudo o que nela há.

"Eu, o Senhor, falei.

¹³ "Assim diz o Soberano, o Senhor:

"Destruirei os ídolos
 e darei fim às imagens
 que há em Mênfis.
Não haverá mais príncipe no Egito,
e espalharei medo
 por toda a terra.
¹⁴ Arrasarei o alto Egito[a],
incendiarei Zoã
e infligirei castigo a Tebas[b].
¹⁵ Derramarei a minha ira sobre Pelúsio[c],
 a fortaleza do Egito,
e acabarei com a população de Tebas.
¹⁶ Incendiarei o Egito;
Pelúsio se contorcerá de agonia.
Tebas será levada pela tempestade;
Mênfis estará em constante aflição.
¹⁷ Os jovens de Heliópolis[d] e de Bubastis[e]
 cairão à espada,
e a população das cidades
 irá para o cativeiro.
¹⁸ As trevas imperarão em pleno dia
 em Tafnes quando eu quebrar
 o cetro do Egito;
ali sua força orgulhosa
 chegará ao fim.
Ficará coberta de nuvens,
e os moradores dos seus povoados
 irão para o cativeiro.
¹⁹ Assim eu darei castigo ao Egito,
e todos ali saberão
 que eu sou o Senhor".

²⁰ No sétimo dia do primeiro mês do décimo primeiro ano, a palavra do Senhor veio a mim:

---

[a] 30.14 Hebraico: *Arrasarei Patros*.
[b] 30.14 Hebraico: *No*; também nos versículos 15 e 16.
[c] 30.15 Hebraico: *Sim*; também no versículo 16.
[d] 30.17 Hebraico: *Áven*.
[e] 30.17 Hebraico: *Pi-Besete*.

²¹ "Filho do homem, quebrei o braço do faraó, rei do Egito. Não foi enfaixado para sarar, nem lhe foi posta uma tala para fortalecê-lo o bastante para poder manejar a espada. ²² Portanto, assim diz o Soberano, o Senhor: Estou contra o faraó, rei do Egito. Quebrarei os seus dois braços, o bom e o que já foi quebrado, e farei a espada cair da sua mão. ²³ Dispersarei os egípcios entre as nações e os espalharei entre os povos. ²⁴ Fortalecerei os braços do rei da Babilônia e porei a minha espada nas mãos dele, mas quebrarei os braços do faraó, e este gemerá diante dele como um homem mortalmente ferido. ²⁵ Fortalecerei os braços do rei da Babilônia, mas os braços do faraó penderão sem firmeza. Quando eu puser minha espada na mão do rei da Babilônia e ele a brandir contra o Egito, eles saberão que eu sou o Senhor. ²⁶ Eu dispersarei os egípcios no meio das nações e os espalharei entre os povos. Então eles saberão que eu sou o Senhor".

Um Cedro no Líbano

31 No primeiro dia do terceiro mês do décimo primeiro ano, a palavra do Senhor veio a mim: ² "Filho do homem, diga ao faraó, rei do Egito, e ao seu povo:

"Quem é comparável a você
 em majestade?
³ Considere a Assíria,
 outrora um cedro no Líbano,
com belos galhos que faziam
 sombra à floresta;
era alto;
 seu topo ficava acima
 da espessa folhagem.
⁴ As águas o nutriam,
correntes profundas o faziam crescer
 em grande altura;
seus riachos fluíam de onde ele estava
 para todas as árvores do campo.
⁵ Erguia-se mais alto que
 todas as árvores do campo;
brotaram muitos ramos
 e seus galhos cresceram,
 espalhando-se, graças à fartura de água.
⁶ Todas as aves do céu
 se aninhavam em seus ramos,
todos os animais do campo
 davam à luz
 debaixo dos seus galhos;
todas as grandes nações
 viviam à sua sombra.

⁷ Era de uma beleza majestosa,
   com seus ramos
   que tanto se espalhavam,
pois as suas raízes desciam
   até as muitas águas.
⁸ Os cedros do jardim de Deus
   não eram rivais para ele,
   nem os pinheiros conseguiam
   igualar-se aos seus ramos,
   nem os plátanos podiam
   comparar-se com os seus galhos;
nenhuma árvore do jardim de Deus
   podia equiparar-se à sua beleza.
⁹ Eu o fiz belo com rica ramagem,
   a inveja de todas as árvores do Éden,
   do jardim de Deus.

¹⁰ "Portanto, assim diz o Soberano, o SENHOR: Como ele se ergueu e se tornou tão alto, alçando seu topo acima da folhagem espessa, e como ficou orgulhoso da sua altura, ¹¹ eu o entreguei ao governante das nações para que este o tratasse de acordo com a sua maldade. Eu o rejeitei, ¹² e a mais impiedosa das nações estrangeiras o derrubou e o deixou. Seus ramos caíram sobre os montes e em todos os vales; seus galhos jazeram quebrados em todas as ravinas da terra. Todas as nações da terra saíram de sua sombra e o abandonaram. ¹³ Todas as aves do céu se instalaram na árvore caída, e todos os animais do campo se abrigaram em seus galhos. ¹⁴ Por isso nenhuma outra árvore junto às águas chegará a erguer-se orgulhosamente tão alto, alçando o seu topo acima da folhagem espessa. Nenhuma outra árvore igualmente bem regada chegará a essa altura; estão todas destinadas à morte, e irão para debaixo da terra, entre os homens mortais, com os que descem à cova.

¹⁵ "Assim diz o Soberano, o SENHOR: No dia em que ele foi baixado à sepultura[a], fiz o abismo encher-se de pranto por ele; estanquei os seus riachos, e a sua fartura de água foi retida. Por causa dele vesti o Líbano de trevas, e todas as árvores do campo secaram-se completamente. ¹⁶ Fiz as nações tremerem ao som da sua queda, quando o fiz descer à sepultura com os que descem à cova. Então todas as árvores do Éden, as mais belas e melhores do Líbano, todas as árvores bem regadas, consolavam-se embaixo da terra. ¹⁷ Todos os que viviam à sombra dele, seus aliados entre as nações, também haviam descido com ele à sepultura, juntando-se aos que foram mortos à espada.

¹⁸ "Qual das árvores do Éden pode comparar-se com você em esplendor e majestade? No entanto, você também será derrubado e irá para baixo da terra com as árvores do Éden; você jazerá entre os incircuncisos, com os que foram mortos à espada.

"Eis aí o faraó e todo o seu grande povo. Palavra do Soberano, o SENHOR".

Um Lamento pelo Faraó

32 No primeiro dia do décimo segundo mês do décimo segundo ano, esta palavra do SENHOR veio a mim: ² "Filho do homem, entoe um lamento a respeito do faraó, rei do Egito, e diga-lhe:

"Você é como um leão entre as nações,
   como um monstro nos mares,
contorcendo-se em seus riachos,
agitando e enlameando
   as suas águas com os pés.

³ "Assim diz o Soberano, o SENHOR:

"Com uma imensa multidão de povos
   lançarei sobre você
   a minha rede,
e com ela eles o puxarão para cima.
⁴ Atirarei você na terra
   e o lançarei no campo.
Deixarei que todas as aves do céu
   se abriguem em você
e os animais de toda a terra
   o devorarão até fartar-se.
⁵ Estenderei a sua carne sobre os montes
   e encherei os vales com os seus restos.
⁶ Encharcarei a terra com o seu sangue
   por todo o caminho, até os montes,
e os vales ficarão cheios
   da sua carne.
⁷ Quando eu o extinguir,
   cobrirei o céu e escurecerei
   as suas estrelas;
cobrirei o sol com uma nuvem,
   e a lua não dará a sua luz.
⁸ Todas as estrelas que brilham nos céus,
   escurecerei sobre você
e trarei escuridão sobre a sua terra.
Palavra do Soberano, o SENHOR.

---

[a] **31.15** Hebraico: *Sheol*. Essa palavra também pode ser traduzida por *profundezas*, *pó* ou *morte*; também nos versículos 16 e 17.

⁹ Perturbarei os corações
de muitos povos
quando eu provocar a sua destruição
entre as nações,
em terrasª que você não conheceu.
¹⁰ Farei que muitos povos
espantem-se ao vê-lo,
e que os seus reis fiquem arrepiados
de horror por sua causa,
quando eu brandir a minha espada
diante deles.
No dia da sua queda todos eles
tremerão de medo
sem parar, por suas vidas.

¹¹ "Porque assim diz o Soberano, o SENHOR:

"A espada do rei da Babilônia
virá contra você.
¹² Farei multidões do seu povo
caírem à espada de poderosos,
da mais impiedosa das nações.
Eles destruirão o orgulho do Egito,
e toda a sua população
será vencida.
¹³ Destruirei todo o seu rebanho,
junto às muitas águas,
as quais não serão mais agitadas
pelo pé do homem
nem serão enlameadas
pelos cascos do gado.
¹⁴ Então deixarei que as suas águas
se assentem
e farei os seus riachos
fluírem como azeite.
Palavra do Soberano, o SENHOR.
¹⁵ Quando eu arrasar o Egito
e arrancar da terra
tudo o que nela existe,
quando eu abater todos os que
ali habitam,
então eles saberão que eu sou
o SENHOR.

¹⁶ "Esse é o lamento que entoarão por causa dele. As filhas das nações o entoarão; por causa do Egito e de todas as suas multidões de povo, elas o entoarão. Palavra do Soberano, o SENHOR".

¹⁷ No décimo quinto dia do mês do décimo segundo ano, esta palavra do SENHOR veio a mim: ¹⁸ "Filho do homem, lamente-se pelas multidões do Egito e faça descer para debaixo da terra tanto elas como as filhas das nações poderosas, com aqueles que descem à cova. ¹⁹ Diga ao povo: Acaso você merece mais favores que as outras nações? Desça e deite-se com os incircuncisos. ²⁰ Eles cairão entre os que foram mortos à espada. A espada está preparada; sejam eles arrastados com toda a multidão do seu povo. ²¹ De dentro da sepulturaᵇ os poderosos líderes dirão ao Egito e aos seus aliados: 'Eles desceram e jazem com os incircuncisos, com os que foram mortos à espada'.

²² "A Assíria está ali com todo o seu exército; está cercada pelos túmulos de todos os seus mortos, de todos os que caíram à espada. ²³ Seus túmulos estão nas profundezas, e o seu exército jaz ao redor de seu túmulo. Todos os que haviam espalhado pavor na terra dos viventes estão mortos, caídos à espada.

²⁴ "Elão está ali, com toda a sua população ao redor de seu túmulo. Todos eles estão mortos, caídos à espada. Todos os que haviam espalhado pavor na terra dos viventes desceram incircuncisos para debaixo da terra. Carregam sua vergonha com os que descem à cova. ²⁵ Uma cama está preparada para ele entre os mortos, com todas as suas hordas em torno de seu túmulo. Todos estes incircuncisos foram mortos à espada. O seu terror havia se espalhado na terra dos viventes e por isso eles carregam sua desonra com aqueles que descem à cova; jazem entre os mortos.

²⁶ "Meseque e Tubal estão ali, com toda a sua população ao redor de seus túmulos. Todos eles são incircuncisos e foram mortos à espada porque espalharam o seu terror na terra dos viventes. ²⁷ Acaso não jazem com os outros guerreiros incircuncisos que caíram, que desceram à sepultura com suas armas de guerra, cujas espadas foram postas debaixo da cabeça deles? O castigo de suas iniquidades está sobre os seus ossos, embora o pavor causado por esses guerreiros tenha percorrido a terra dos viventes.

²⁸ "Você também, ó faraó, será abatido e jazerá entre os incircuncisos, com os que foram mortos à espada.

²⁹ "Edom está ali, seus reis e todos os seus príncipes; a despeito de seu poder, jazem com os que foram mortos à espada. Jazem com os incircuncisos, com aqueles que descem à cova.

ª **32.9** A Septuaginta diz *quando eu o levar ao cativeiro entre as nações, para a terra.*

ᵇ **32.21** Hebraico: *Sheol.* Essa palavra também pode ser traduzida por *profundezas, pó* ou *morte;* também no versículo 27.

³⁰ "Todos os príncipes do norte e todos os sidônios estão ali; eles desceram com os mortos, cobertos de vergonha, apesar do pavor provocado pelo poder que tinham. Eles jazem incircuncisos com os que foram mortos à espada e carregam sua desonra com aqueles que descem à cova.

³¹ "O faraó, ele e todo o seu exército, os verá e será consolado da perda de todo o seu povo, que foi morto à espada. Palavra do Soberano, o Senhor. ³² Embora eu o tenha feito espalhar pavor na terra dos viventes, o faraó e todo o seu povo jazerão entre os incircuncisos, com os que foram mortos à espada. Palavra do Soberano, o Senhor".

Ezequiel, a Sentinela

33 Esta palavra do Senhor veio a mim: ² "Filho do homem, fale com os seus compatriotas e diga-lhes: Quando eu trouxer a espada contra uma terra e o povo dessa terra escolher um homem para ser sentinela, ³ e ele vir a espada vindo contra a terra e tocar a trombeta para advertir o povo, ⁴ então, se alguém ouvir a trombeta mas não der atenção à advertência e a espada vier e tirar a sua vida, este será responsável por sua própria morte. ⁵ Uma vez que ele ouviu o som da trombeta mas não deu atenção à advertência, será responsável por sua morte. Se ele desse atenção à advertência, se livraria. ⁶ Mas, se a sentinela vir chegar a espada e não tocar a trombeta para advertir o povo e a espada vier e tirar a vida de um deles, aquele homem morrerá por causa de sua iniquidade, mas considerarei a sentinela responsável pela morte daquele homem.

⁷ "Filho do homem, eu fiz de você uma sentinela para a nação de Israel; por isso, ouça a minha palavra e advirta-os em meu nome. ⁸ Quando eu disser ao ímpio que é certo que ele morrerá e você não falar para dissuadi-lo de seus caminhos, aquele ímpio morrerá por^a sua iniquidade, mas eu considerarei você responsável pela morte dele. ⁹ Entretanto, se você de fato advertir o ímpio para que se desvie dos seus caminhos e ele não se desviar, ele morrerá por sua iniquidade, e você estará livre da sua responsabilidade.

¹⁰ "Filho do homem, diga à nação de Israel: É isto que vocês estão dizendo: 'Nossas ofensas e pecados são um peso sobre nós, e estamos desfalecendo por causa deles^b. Como então poderemos viver?' ¹¹ Diga-lhes: Juro pela minha vida, palavra do Soberano, o Senhor, que não tenho prazer na morte dos ímpios, antes tenho prazer em que eles se desviem dos seus caminhos e vivam. Voltem! Voltem-se dos seus maus caminhos! Por que o seu povo haveria de morrer, ó nação de Israel?

¹² "Por isso, filho do homem, diga aos seus compatriotas: A retidão do justo não o livrará se ele se voltar para a desobediência, e a maldade do ímpio não o fará cair se ele se desviar dela. E, se pecar, o justo não viverá por causa de sua justiça. ¹³ Se eu garantir ao justo que ele irá viver, mas ele, confiando em sua justiça, fizer o mal, de suas ações justas nada será lembrado; ele morrerá por causa do mal que fez. ¹⁴ E, se você disser ao ímpio: Certamente você morrerá, mas ele se desviar do seu pecado e fizer o que é justo e certo; ¹⁵ se ele devolver o que apanhou como penhor de um empréstimo, se devolver o que roubou, se agir segundo os decretos que dão vida e não fizer mal algum, é certo que viverá; não morrerá. ¹⁶ Nenhum dos pecados que cometeu será lembrado contra ele. Ele fez o que é justo e certo; certamente viverá.

¹⁷ "Contudo, os seus compatriotas dizem: 'O caminho do Senhor não é justo'. Mas é o caminho deles que não é justo. ¹⁸ Se um justo se afastar de sua justiça e fizer o mal, morrerá. ¹⁹ E, se um ímpio se desviar de sua maldade e fizer o que é justo e certo, viverá por assim proceder. ²⁰ No entanto, ó nação de Israel, você diz: 'O caminho do Senhor não é justo'. Mas eu julgarei cada um de acordo com os seus próprios caminhos".

A Razão da Queda de Jerusalém

²¹ No quinto dia do décimo mês do décimo segundo ano do nosso exílio, um homem que havia escapado de Jerusalém veio a mim e disse: "A cidade caiu!" ²² Ora, na tarde do dia anterior, a mão do Senhor estivera sobre mim, e ele abriu a minha boca antes de chegar aquele homem. Assim foi aberta a minha boca, e eu não me calei mais.

²³ Então me veio esta palavra do Senhor: ²⁴ "Filho do homem, o povo que vive naquelas ruínas em Israel está dizendo: 'Abraão era apenas um único homem e, contudo, possuía a terra. Mas nós somos muitos; com certeza receberemos a terra como propriedade'. ²⁵ Então diga a eles: Assim diz o Soberano, o Senhor: Uma vez que vocês comem carne com sangue,

---

^a 33.8 Ou *em*; também no versículo 9.
^b 33.10 Ou *desfalecendo neles*

voltam-se para os seus ídolos e derramam sangue, como deveriam possuir a terra? ²⁶ Vocês confiam na espada, fazem coisas repugnantes, e cada um de vocês contamina a mulher do seu próximo. Deveriam possuir a terra?

²⁷ "Diga isto a eles: Assim diz o Soberano, o Senhor: Juro pela minha vida: Os que restam nas ruínas cairão à espada, os que estão no campo entregarei aos animais selvagens para ser devorados, e os que se abrigam em fortalezas e em cavernas morrerão de peste. ²⁸ Tornarei a terra um deserto abandonado. Darei fim ao poder de que se orgulha, e tão arrasados estarão os montes de Israel que ninguém desejará passar por lá. ²⁹ Eles saberão que eu sou o Senhor, quando eu tiver tornado a terra um deserto abandonado por causa de todas as práticas repugnantes que eles cometeram.

³⁰ "Quanto a você, filho do homem, seus compatriotas estão conversando sobre você junto aos muros e às portas das casas, dizendo uns aos outros: 'Venham ouvir a mensagem que veio da parte do Senhor'. ³¹ O meu povo vem a você, como costuma fazer, e se assenta para ouvir as suas palavras, mas não as põe em prática. Com a boca eles expressam devoção, mas o coração deles está ávido de ganhos injustos. ³² De fato, para eles você não é nada mais que um cantor que entoa cânticos de amor com uma bela voz e que sabe tocar um instrumento, pois eles ouvem as suas palavras, mas não as põem em prática.

³³ "Quando tudo isso acontecer — e certamente acontecerá —, eles saberão que um profeta esteve no meio deles."

Os Pastores e as Ovelhas

34 Veio a mim esta palavra do Senhor: ² "Filho do homem, profetize contra os pastores de Israel; profetize e diga-lhes: Assim diz o Soberano, o Senhor: Ai dos pastores de Israel que só cuidam de si mesmos! Acaso os pastores não deveriam cuidar do rebanho? ³ Vocês comem a coalhada, vestem-se de lã e abatem os melhores animais, mas não tomam conta do rebanho. ⁴ Vocês não fortaleceram a fraca nem curaram a doente nem enfaixaram a ferida. Vocês não trouxeram de volta as desviadas nem procuraram as perdidas. Vocês têm dominado sobre elas com dureza e brutalidade. ⁵ Por isso elas estão dispersas, porque não há pastor algum e, quando foram dispersas, elas se tornaram comida de todos os animais selvagens. ⁶ As minhas ovelhas vaguearam por todos os montes e por todas as altas colinas. Foram dispersas por toda a terra, e ninguém se preocupou com elas nem as procurou.

⁷ "Por isso, pastores, ouçam a palavra do Senhor: ⁸ Juro pela minha vida, palavra do Soberano, o Senhor: Visto que o meu rebanho ficou sem pastor, foi saqueado e se tornou comida de todos os animais selvagens, e uma vez que os meus pastores não se preocuparam com o meu rebanho, mas cuidaram de si mesmos em vez de cuidarem do rebanho, ⁹ ouçam a palavra do Senhor, ó pastores: ¹⁰ Assim diz o Soberano, o Senhor: Estou contra os pastores e os considerarei responsáveis pelo meu rebanho. Eu lhes tirarei a função de apascentá-lo para que os pastores não mais se alimentem a si mesmos. Livrarei o meu rebanho da boca deles, e as ovelhas não lhes servirão mais de comida.

¹¹ "Porque assim diz o Soberano, o Senhor: Eu mesmo buscarei as minhas ovelhas e delas cuidarei. ¹² Assim como o pastor busca as ovelhas dispersas quando está cuidando do rebanho, também tomarei conta de minhas ovelhas. Eu as resgatarei de todos os lugares para onde foram dispersas num dia de nuvens e de trevas. ¹³ Eu as farei sair das outras nações e as reunirei, trazendo-as dos outros povos para a sua própria terra. E as apascentarei nos montes de Israel, nos vales e em todos os povoados do país. ¹⁴ Tomarei conta delas numa boa pastagem, e os altos dos montes de Israel serão a terra onde pastarão; ali se alimentarão, num rico pasto nos montes de Israel. ¹⁵ Eu mesmo tomarei conta das minhas ovelhas e as farei deitar-se e repousar. Palavra do Soberano, o Senhor. ¹⁶ Procurarei as perdidas e trarei de volta as desviadas. Enfaixarei a que estiver ferida e fortalecerei a fraca, mas a rebelde e forte eu destruirei. Apascentarei o rebanho com justiça.

¹⁷ "Quanto a você, meu rebanho, assim diz o Soberano, o Senhor: Julgarei entre uma ovelha e outra, e entre carneiros e bodes. ¹⁸ Não basta que comam em boa pastagem? Deverão vocês também pisotear o restante da pastagem? Não basta que bebam água límpida? Deverão vocês também enlamear o restante com os pés? ¹⁹ Deverá o meu rebanho alimentar-se daquilo que vocês pisotearam e beber daquilo que vocês enlamearam com os pés?

²⁰ "Por isso, assim diz o Soberano, o Senhor, a eles: Vejam, eu mesmo julgarei entre a ovelha

gorda e a magra. ²¹ Pois vocês forçaram passagem com o corpo e com o ombro, empurrando todas as ovelhas fracas com os chifres até expulsá-las; ²² eu salvarei o meu rebanho, e elas não mais serão saqueadas. Julgarei entre uma ovelha e outra. ²³ Porei sobre elas um pastor, o meu servo Davi, e ele cuidará delas; cuidará delas e será o seu pastor. ²⁴ Eu, o Senhor, serei o seu Deus, e o meu servo Davi será o líder no meio delas. Eu, o Senhor, falei.

²⁵ "Farei uma aliança de paz com elas e deixarei a terra livre de animais selvagens para que as minhas ovelhas possam viver com segurança no deserto e dormir nas florestas. ²⁶ Eu as abençoarei e abençoarei os lugares em torno da minha colina.ᵃ Na estação própria farei descer chuva; haverá chuvas de bênçãos. ²⁷ As árvores do campo produzirão o seu fruto, a terra produzirá a sua safra e as ovelhas estarão seguras na terra. Elas saberão que eu sou o Senhor, quando eu quebrar as cangas de seu jugo e as livrar das mãos daqueles que as escravizaram. ²⁸ Não serão mais saqueadas pelas nações, nem os animais selvagens as devorarão. Viverão em segurança, e ninguém lhes causará medo. ²⁹ Eu lhes darei uma terra famosa por suas colheitas, e elas não serão mais vítimas de fome na terra nem carregarão a zombaria das nações. ³⁰ Então elas saberão que eu, o Senhor, o seu Deus, estou com elas, e que elas, a nação de Israel, são o meu povo. Palavra do Soberano, o Senhor. ³¹ Vocês, minhas ovelhas, ovelhas da minha pastagem, são o meu povo, e eu sou o seu Deus. Palavra do Soberano, o Senhor".

Profecia contra Edom

35 Esta palavra do Senhor veio a mim: ² "Filho do homem, vire o rosto contra o monte Seir; profetize contra ele ³ e diga: Assim diz o Soberano, o Senhor: Estou contra você, monte Seir, e estenderei o meu braço contra você e farei de você um deserto arrasado. ⁴ Transformarei as suas cidades em ruínas, e você ficará arrasado. Então você saberá que eu sou o Senhor.

⁵ "Visto que você manteve uma velha hostilidade e entregou os israelitas à espada na hora da desgraça, na hora em que o castigo deles chegou, ⁶ por isso, juro pela minha vida, palavra do Soberano, o Senhor, que entregarei você ao espírito sanguinário, e este o perseguirá. Uma vez que você não detestou o espírito sanguinário, este o perseguirá. ⁷ Farei do monte Seir um deserto arrasado e dele eliminarei todos os que por ali vêm e vão. ⁸ Encherei seus montes de mortos; os mortos à espada cairão em suas colinas, em seus vales e em todas as suas ravinas. ⁹ Arrasarei você para sempre; suas cidades ficarão inabitáveis. Então você saberá que eu sou o Senhor.

¹⁰ "Uma vez que você disse: 'Estas duas nações e povos serão nossos e nos apossaremos deles', estando eu, o Senhor, ali, ¹¹ juro pela minha vida, palavra do Soberano, o Senhor, que tratarei você de acordo com a ira e o ciúme que você mostrou em seu ódio para com eles e me farei conhecido entre eles quando eu julgar você. ¹² Então você saberá que eu, o Senhor, ouvi todas as coisas desprezíveis que você disse contra os montes de Israel. Você disse: 'Eles foram arrasados e nos foram entregues para que os devoremos'. ¹³ Você encheu-se de orgulho contra mim e falou contra mim sem se conter, e eu o ouvi. ¹⁴ Pois assim diz o Soberano, o Senhor: Enquanto a terra toda se regozija, eu o arrasarei. ¹⁵ Como você se regozijou quando a herança da nação de Israel foi arrasada, é assim que eu o tratarei. Você ficará arrasado, ó monte Seir, você e todo o Edom. Então saberão que eu sou o Senhor.

Profecia para os Montes de Israel

35 "Filho do homem, profetize para os montes de Israel e diga: Ó montes de Israel, ouçam a palavra do Senhor. ² Assim diz o Soberano, o Senhor: O inimigo disse a respeito de vocês: 'Ah! Ah! As antigas elevações se tornaram nossas'. ³ Por isso profetize e diga: Assim diz o Soberano, o Senhor: Eles devastaram e perseguiram vocês por todos os lados, de maneira que vocês se tornaram propriedade das demais nações e objeto de conversa maliciosa e de calúnia de todos. ⁴ Por isso, ó montes de Israel, ouçam a palavra do Soberano, o Senhor: Assim diz o Soberano, o Senhor, aos montes, às colinas, às ravinas, aos vales, às ruínas arrasadas e às cidades abandonadas que foram saqueadas e ridicularizadas pelas demais nações ao seu redor — ⁵ assim diz o Soberano, o Senhor: Em meu zelo ardente falei contra o restante das nações e contra todo o Edom, pois, com prazer e com maldade no coração, eles fizeram de minha terra sua propriedade, para saquear suas pastagens. ⁶ Por isso, profetize acerca da terra de Israel e diga aos montes, às colinas, às ravinas e aos vales: Assim diz o Soberano, o Senhor: Falo com ciúme em minha ira

---

ᵃ *34.26* Ou *Eu farei que elas e os lugares em torno da minha colina sejam uma bênção.*

porque vocês sofreram a zombaria das nações. ⁷ Por isso, assim diz o Soberano, o Senhor: Juro de mão erguida que as nações ao redor também sofrerão zombaria.

⁸ "Mas vocês, ó montes de Israel, produzirão galhos e frutos para Israel, o meu povo, pois ele virá logo para casa. ⁹ Estou preocupado com vocês e olharei para vocês favoravelmente; vocês serão arados e semeados, ¹⁰ e os multiplicarei, sim, toda a nação de Israel. As cidades serão habitadas e as ruínas reconstruídas. ¹¹ Multiplicarei os homens e os animais, e eles serão prolíferos e se tornarão numerosos. Tornarei a povoá-los como no passado, e farei vocês prosperarem mais do que antes. Então vocês saberão que eu sou o Senhor. ¹² Farei Israel, o meu povo, andar sobre vocês. Vocês lhe pertencerão, serão a herança de Israel; vocês nunca mais os privarão dos seus filhos.

¹³ "Assim diz o Soberano, o Senhor: Como de fato dizem a você: 'Você devora homens e priva a sua nação de filhos', ¹⁴ você não mais devorará nem tornará sua nação sem filhos. Palavra do Soberano, o Senhor. ¹⁵ Eu não permitirei mais que você ouça o sarcasmo das nações, e você não sofrerá mais a zombaria dos povos nem fará mais a sua nação cair. Palavra do Soberano, o Senhor".

¹⁶ De novo a palavra do Senhor veio a mim, dizendo: ¹⁷ "Filho do homem, quando os israelitas moravam em sua própria terra, eles a contaminaram com sua conduta e com suas ações. Sua conduta era à minha vista como a impureza menstrual de uma mulher. ¹⁸ Por essa razão derramei sobre eles a minha ira, porque eles derramaram sangue na terra e porque se contaminaram com seus ídolos. ¹⁹ Eu os dispersei entre as nações, e eles foram espalhados entre os povos; eu os julguei de acordo com a conduta e as ações deles. ²⁰ E, por onde andaram entre as nações, eles profanaram o meu santo nome, pois se dizia a respeito deles: 'Esse é o povo do Senhor, mas assim mesmo teve que sair da terra que o Senhor lhe deu'. ²¹ Tive consideração pelo meu santo nome, o qual a nação de Israel profanou entre as nações para onde tinha ido.

²² "Por isso, diga à nação de Israel: Assim diz o Soberano, o Senhor: Não é por sua causa, ó nação de Israel, que farei essas coisas, mas por causa do meu santo nome, que vocês profanaram entre as nações para onde foram. ²³ Mostrarei a santidade do meu santo nome, que foi profanado entre as nações, o nome que vocês profanaram no meio delas. Então as nações saberão que eu sou o Senhor, palavra do Soberano, o Senhor, quando eu me mostrar santo por meio de vocês diante dos olhos delas.

²⁴ "Pois eu os tirarei dentre as nações, os ajuntarei do meio de todas as terras e os trarei de volta para a sua própria terra. ²⁵ Aspergirei água pura sobre vocês e ficarão puros; eu os purificarei de todas as suas impurezas e de todos os seus ídolos. ²⁶ Darei a vocês um coração novo e porei um espírito novo em vocês; tirarei de vocês o coração de pedra e, em troca, darei um coração de carne. ²⁷ Porei o meu Espírito em vocês e os levarei a agir segundo os meus decretos e a obedecer fielmente às minhas leis. ²⁸ Vocês habitarão na terra que dei aos seus antepassados; vocês serão o meu povo, e eu serei o seu Deus. ²⁹ Eu os livrarei de toda a sua impureza. Convocarei o cereal e o farei multiplicar-se, e não trarei fome sobre vocês. ³⁰ Aumentarei a produção das árvores e as safras dos campos, de modo que vocês não sofrerão mais vergonha entre as nações por causa da fome. ³¹ Então vocês se lembrarão dos seus caminhos maus e das suas ações ímpias e terão nojo de vocês mesmos por causa das suas iniquidades e das suas práticas repugnantes. ³² Quero que saibam que não estou fazendo isso por causa de vocês. Palavra do Soberano, o Senhor. Envergonhem-se e humilhem-se por causa de sua conduta, ó nação de Israel!

³³ "Assim diz o Soberano, o Senhor: No dia em que eu os purificar de todos os seus pecados, restabelecerei as suas cidades e as ruínas serão reconstruídas. ³⁴ A terra arrasada será cultivada; não permanecerá arrasada à vista de todos que passarem por ela. ³⁵ Estes dirão: 'Esta terra que estava arrasada tornou-se como o jardim do Éden; as cidades que jaziam em ruínas, arrasadas e destruídas, agora estão fortificadas e habitadas'. ³⁶ Então as nações que estiverem ao redor de vocês e que subsistirem saberão que eu, o Senhor, reconstruí o que estava destruído e replantei o que estava arrasado. Eu, o Senhor, falei, e o farei.

³⁷ "Assim diz o Soberano, o Senhor: Uma vez mais cederei à súplica da nação de Israel e farei isto por ela: tornarei o seu povo tão numeroso como as ovelhas, ³⁸ e como os grandes rebanhos destinados às ofertas das festas fixas de Jerusalém. Desse modo as cidades em ruínas ficarão cheias de rebanhos de gente. Então eles saberão que eu sou o Senhor".

O Vale dos Ossos Secos

37 A mão do Senhor estava sobre mim, e por seu Espírito ele me levou a um vale cheio de ossos. ² Ele me levou de um lado para outro, e pude ver que era enorme o número de ossos no vale e que os ossos estavam muito secos. ³ Ele me perguntou: "Filho do homem, estes ossos poderão tornar a viver?"

Eu respondi: "Ó Soberano Senhor, só tu o sabes".

⁴ Então ele me disse: "Profetize a estes ossos e diga-lhes: Ossos secos, ouçam a palavra do Senhor! ⁵ Assim diz o Soberano, o Senhor, a estes ossos: Farei um espírito entrar em vocês, e vocês terão vida. ⁶ Porei tendões em vocês e farei aparecer carne sobre vocês e os cobrirei com pele; porei um espírito em vocês, e vocês terão vida. Então vocês saberão que eu sou o Senhor".

⁷ E eu profetizei conforme a ordem recebida. Enquanto profetizava, houve um barulho, um som de chocalho, e os ossos se juntaram, osso com osso. ⁸ Olhei, e os ossos foram cobertos de tendões e de carne, e depois de pele; mas não havia espírito neles.

⁹ A seguir ele me disse: "Profetize ao espírito; profetize, filho do homem, e diga-lhe: Assim diz o Soberano, o Senhor: Venha desde os quatro ventos, ó espírito, e sopre dentro desses mortos, para que vivam". ¹⁰ Profetizei conforme a ordem recebida, e o espírito entrou neles; eles receberam vida e se puseram em pé. Era um exército enorme!

¹¹ Então ele me disse: "Filho do homem, estes ossos são toda a nação de Israel. Eles dizem: 'Nossos ossos se secaram e nossa esperança desvaneceu-se; fomos exterminados'. ¹² Por isso profetize e diga-lhes: Assim diz o Soberano, o Senhor: Ó meu povo, vou abrir os seus túmulos e fazê-los sair; trarei vocês de volta à terra de Israel. ¹³ E, quando eu abrir os seus túmulos e os fizer sair, vocês, meu povo, saberão que eu sou o Senhor. ¹⁴ Porei o meu Espírito em vocês e vocês viverão, e eu os estabelecerei em sua própria terra. Então vocês saberão que eu, o Senhor, falei e fiz. Palavra do Senhor".

Uma Só Nação e Um Só Rei

¹⁵ Esta palavra do Senhor veio a mim: ¹⁶ "Filho do homem, escreva num pedaço de madeira: Pertencente a Judá e aos israelitas, seus companheiros. Depois escreva noutro pedaço de madeira: Vara de Efraim, pertencente a José e a toda a nação de Israel, seus companheiros. ¹⁷ Junte-os numa única vara para que se tornem uma só em sua mão.

¹⁸ "Quando os seus compatriotas perguntarem: 'Você não vai nos dizer o que significa isso?' ¹⁹ Diga-lhes: Assim diz o Soberano, o Senhor: Vou apanhar a vara que está na mão de Efraim, pertencente a José e às demais tribos israelitas, suas companheiras, e vou juntá-las à vara de Judá. Assim farei delas um único pedaço de madeira, e elas se tornarão uma só na minha mão. ²⁰ Segure diante dos olhos deles os pedaços de madeira em que você escreveu ²¹ e diga-lhes: Assim diz o Soberano, o Senhor: Tirarei os israelitas das nações para onde foram. Vou ajuntá-los de todos os lugares ao redor e trazê-los de volta à sua própria terra. ²² Eu os farei uma única nação na terra, nos montes de Israel. Haverá um único rei sobre todos eles, e nunca mais serão duas nações nem estarão divididos em dois reinos. ²³ Não se contaminarão mais com seus ídolos e imagens detestáveis nem com nenhuma de suas transgressões, pois eu os salvarei de todas as suas apostasias pecaminosas[a] e os purificarei. Eles serão o meu povo, e eu serei o seu Deus.

²⁴ "O meu servo Davi será rei sobre eles, e todos eles terão um só pastor. Seguirão as minhas leis e terão o cuidado de obedecer aos meus decretos. ²⁵ Viverão na terra que dei ao meu servo Jacó, a terra onde os seus antepassados viveram. Eles e os seus filhos e os filhos de seus filhos viverão ali para sempre, e o meu servo Davi será o seu líder para sempre. ²⁶ Farei uma aliança de paz com eles; será uma aliança eterna. Eu os firmarei e os multiplicarei, e porei o meu santuário no meio deles para sempre. ²⁷ Minha morada estará com eles; eu serei o seu Deus, e eles serão o meu povo. ²⁸ Então, quando o meu santuário estiver entre eles para sempre, as nações saberão que eu, o Senhor, santifico Israel".

Profecia contra Gogue

38 Veio a mim esta palavra do Senhor: ² "Filho do homem, vire o rosto contra Gogue, da terra de Magogue, o príncipe maior de[b] Meseque e de Tubal; profetize contra ele ³ e diga: Assim diz o Soberano, o Senhor: Estou contra você, ó Gogue, príncipe maior de Meseque e de Tubal. ⁴ Farei você girar, porei anzóis em seu queixo e o farei sair com todo o seu exército: seus cavalos, seus cavaleiros

---

[a] 37.23 Ou *de todas as moradias em que pecaram*
[b] 38.2 Ou *príncipe de Rôs e de*; também no versículo 3 e em 39.1.

totalmente armados e uma grande multidão com escudos grandes e pequenos, todos eles brandindo suas espadas. ⁵ A Pérsia, a Etiópia e a Líbiaª estarão com eles, todos com escudos e capacetes; ⁶ Gômer com todas as suas tropas, e Bete-Togarma, do extremo norte, com todas as suas tropas; muitas nações com você.

⁷ "Apronte-se; esteja preparado, você e todas as multidões reunidas ao seu redor, e assuma o comando delas. ⁸ Depois de muitos dias você será chamado às armas. Daqui a alguns anos você invadirá uma terra que se recuperou da guerra, cujo povo foi reunido dentre muitas nações nos montes de Israel, os quais por muito tempo estiveram arrasados. Trazido das nações, agora vive em segurança. ⁹ Você, todas as suas tropas e as muitas nações subirão, avançando como uma tempestade; você será como uma nuvem cobrindo a terra.

¹⁰ "Assim diz o Soberano, o Senhor: Naquele dia virão pensamentos à sua cabeça e você maquinará um plano maligno. ¹¹ Você dirá: 'Invadirei uma terra de povoados; atacarei um povo pacífico e que de nada suspeita, onde todos moram em cidades sem muros, sem portas e sem trancas. ¹² Despojarei, saquearei e voltarei a minha mão contra as ruínas reerguidas e contra o povo reunido dentre as nações, rico em gado e em bens, que vive na parte central do território'.ᵇ ¹³ Sabá e Dedã e os mercadores de Társis e todos os seus povoadosᶜ dirão a você: 'Você veio para tomar despojos? Você reuniu essa multidão para saquear, levar embora prata e ouro, tomar o gado e os bens e apoderar-se de muitos despojos?'

¹⁴ "Por isso, filho do homem, profetize e diga a Gogue: Assim diz o Soberano, o Senhor: Naquele dia, quando Israel, o meu povo, estiver vivendo em segurança, será que você não vai reparar nisso? ¹⁵ Você virá do seu lugar, do extremo norte, você, acompanhado de muitas nações, todas elas montadas em cavalos, uma grande multidão, um exército numeroso. ¹⁶ Você avançará contra Israel, o meu povo, como uma nuvem que cobre a terra. Nos dias vindouros, ó Gogue, trarei você contra a minha terra, para que as nações me conheçam quando eu me mostrar santo por meio de você diante dos olhos delas.

¹⁷ "Assim diz o Soberano, o Senhor: Acaso você não é aquele de quem falei em dias passados por meio dos meus servos, os profetas de Israel? Naquela época eles profetizaram durante anos que eu traria você contra Israel. ¹⁸ É isto que acontecerá naquele dia: Quando Gogue atacar Israel, será despertado o meu furor. Palavra do Soberano, o Senhor. ¹⁹ Em meu zelo e em meu grande furor declaro que naquela época haverá um grande terremoto em Israel. ²⁰ Os peixes do mar, as aves do céu, os animais do campo, toda criatura que rasteja pelo chão e todas as pessoas da face da terra tremerão diante da minha presença. Os montes serão postos abaixo, os penhascos se desmoronarão e todos os muros cairão. ²¹ Convocarei a espada contra Gogue em todos os meus montes. Palavra do Soberano, o Senhor. A espada de cada um será contra o seu irmão. ²² Executarei juízo sobre ele com peste e derramamento de sangue; desabarei torrentes de chuva, saraiva e enxofre ardente sobre ele e sobre as suas tropas e sobre as muitas nações que estarão com ele. ²³ E assim mostrarei a minha grandeza e a minha santidade, e me farei conhecido de muitas nações. Então eles saberão que eu sou o Senhor.

39

"Filho do homem, profetize contra Gogue e diga: Assim diz o Soberano, o Senhor: Eu estou contra você, ó Gogue, príncipe maior de Meseque e de Tubal. ² Farei você girar e o arrastarei. Eu o trarei do extremo norte e o enviarei contra os montes de Israel. ³ Então derrubarei o arco da sua mão esquerda e farei suas flechas caírem da sua mão direita. ⁴ Nos montes de Israel você cairá, você e todas as suas tropas e as nações que estiverem com você. Eu darei você como comida a todo tipo de ave que come carniça e aos animais do campo. ⁵ Você cairá em campo aberto, pois eu falei. Palavra do Soberano, o Senhor. ⁶ Mandarei fogo sobre Magogue e sobre aqueles que vivem em segurança nas regiões costeiras, e eles saberão que eu sou o Senhor.

⁷ "Farei conhecido o meu santo nome no meio de Israel, o meu povo. Não mais deixarei que o meu nome seja profanado, e as nações saberão que eu, o Senhor, sou o Santo de Israel. ⁸ E aí vem! É certo que acontecerá. Palavra do Soberano, o Senhor. Este é o dia de que eu falei.

⁹ "Então aqueles que morarem nas cidades de Israel sairão e usarão armas como combustível e as queimarão: os escudos, pequenos e grandes, os arcos e flechas, os bastões de guerra e as lanças. Durante sete anos eles as utilizarão como combustível. ¹⁰ Não precisarão ajuntar lenha nos campos nem cortá-la nas florestas,

---

ª **38.5** Hebraico: *Cuxe e Fute.*
ᵇ **38.12** Hebraico: *no umbigo da terra.*
ᶜ **38.13** Ou *seus leões fortes*

porque eles usarão as armas como combustível. E eles despojarão aqueles que os despojaram e saquearão aqueles que os saquearam. Palavra do Soberano, o SENHOR.

¹¹ "Naquele dia darei a Gogue um túmulo em Israel, no vale dos que viajam para o oriente na direção[a] do Mar[b]. Ele bloqueará o caminho dos viajantes porque Gogue e todos os seus batalhões serão sepultados ali. Por isso será chamado vale de Hamom-Gogue[c].

¹² "Durante sete meses a nação de Israel os sepultará a fim de purificar a terra. ¹³ Todo o povo da terra os sepultará, e o dia em que eu for glorificado será para eles um dia memorável. Palavra do Soberano, o SENHOR.

¹⁴ "Depois dos sete meses serão contratados homens para percorrer a terra e sepultar os que ainda restarem. E assim a terra será purificada. ¹⁵ Quando estiverem percorrendo a terra e um deles vir um osso humano, fincará um marco ao lado do osso até que os coveiros o sepultem no vale de Hamom-Gogue. ¹⁶ (Também haverá ali uma cidade à qual se dará o nome de Hamoná[d].) E assim eles purificarão a terra.

¹⁷ "Filho do homem, assim diz o Soberano, o SENHOR: Chame todo tipo de ave e todos os animais do campo: Venham de todos os lugares ao redor e reúnam-se para o sacrifício que estou preparando para vocês, o grande sacrifício nos montes de Israel. Ali vocês comerão carne e beberão sangue. ¹⁸ Comerão a carne dos poderosos e beberão o sangue dos príncipes da terra como se eles fossem carneiros, cordeiros, bodes e novilhos, todos eles animais gordos de Basã. ¹⁹ No sacrifício que estou preparando vocês comerão gordura até empanturrar-se e beberão sangue até embriagar-se. ²⁰ À minha mesa vocês comerão sua porção de cavalos e cavaleiros, de homens poderosos e soldados de todo tipo. Palavra do Soberano, o SENHOR.

²¹ "Exibirei a minha glória entre as nações, e todas as nações verão o castigo que eu trouxer e a mão que eu colocar sobre eles. ²² Daquele dia em diante a nação de Israel saberá que eu sou o SENHOR, o seu Deus. ²³ E as nações saberão que os israelitas foram para o exílio por sua iniquidade, porque me foram infiéis. Por isso escondi deles o meu rosto e os entreguei nas mãos de seus inimigos, e eles caíram à espada. ²⁴ Tratei com eles de acordo com a sua impureza e com as suas transgressões, e escondi deles o meu rosto.

²⁵ "Por isso, assim diz o Soberano, o SENHOR: Agora trarei Jacó de volta do cativeiro[e] e terei compaixão de toda a nação de Israel, e serei zeloso pelo meu santo nome. ²⁶ Eles se esquecerão da vergonha por que passaram e de toda a infidelidade que mostraram para comigo enquanto viviam em segurança em sua terra, sem que ninguém lhes causasse medo. ²⁷ Quando eu os tiver trazido de volta das nações e os tiver ajuntado dentre as terras de seus inimigos, eu me revelarei santo por meio deles à vista de muitas nações. ²⁸ Então eles saberão que eu sou o SENHOR, o seu Deus, pois, embora os tenha enviado para o exílio entre as nações, eu os reunirei em sua própria terra, sem deixar um único deles para trás. ²⁹ Não mais esconderei deles o rosto, pois derramarei o meu Espírito sobre a nação de Israel. Palavra do Soberano, o SENHOR".

O Novo Templo

40 No início do vigésimo quinto ano do exílio, no início do ano, no décimo dia do mês, no décimo quarto ano depois da queda da cidade, naquele exato dia a mão do SENHOR esteve sobre mim e ele me levou para lá. ² Em visões de Deus ele me levou a Israel e me pôs num monte muito alto, sobre o qual, no lado sul, havia alguns prédios que tinham a aparência de uma cidade. ³ Ele me levou para lá, e eu vi um homem que parecia de bronze; ele estava em pé junto à entrada, tendo em sua mão uma corda de linho e uma vara de medir. ⁴ E ele me disse: "Filho do homem, fixe bem os olhos e procure ouvir bem, e preste atenção a tudo o que vou mostrar a você, pois para isso você foi trazido aqui. Conte à nação de Israel tudo o que você vai ver".

A Porta Oriental

⁵ Vi um muro que cercava completamente a área do templo. O comprimento da vara de medir na mão do homem era de seis medidas longas, cada uma com meio metro[f]. Ele mediu o muro, que tinha três metros[g] de espessura e três de altura.

⁶ Depois ele foi até a porta que dá para o oriente. Subiu os seus degraus e mediu a soleira

---

[a] 39.11 Ou *viajam a leste*
[b] 39.11 Isto é, o mar Morto.
[c] 39.11 *Hamom-Gogue* significa *hordas de Gogue*.
[d] 39.16 *Hamoná* significa *hordas*.
[e] 39.25 Ou *Agora restaurarei a sorte de Jacó*
[f] 40.5 Hebraico: *1 côvado longo*. O côvado longo era uma medida linear de cerca de meio metro.
[g] 40.5 Hebraico: *1 vara*.

da porta, que tinha três metros de extensão[a]. ⁷ As salas dos guardas tinham três metros de comprimento e três metros de largura, e as paredes entre elas tinham dois metros e meio de espessura. A soleira da porta junto ao pórtico, defronte do templo, tinha três metros de extensão.

⁸ Depois ele mediu o pórtico, ⁹ que tinha[b] quatro metros de extensão e seus batentes tinham um metro de espessura. O pórtico estava voltado para o templo.

¹⁰ Da porta oriental para dentro havia três salas de cada lado; as três tinham as mesmas medidas, e as faces das paredes salientes de cada lado tinham as mesmas medidas. ¹¹ A seguir ele mediu a largura da porta, à entrada; era de cinco metros, e seu comprimento era de seis metros e meio. ¹² Defronte de cada sala havia um muro de meio metro de altura, e os nichos eram quadrados, com três metros em cada lado. ¹³ Depois ele mediu a entrada a partir do alto da parede do fundo de uma sala até o alto da sala oposta; a distância era de doze metros e meio, da abertura de um parapeito até a abertura do parapeito oposto. ¹⁴ E mediu ao longo das faces das paredes salientes por toda a parte interna da entrada; eram trinta metros. A medida era até o pórtico[c] que dá para o pátio. ¹⁵ A distância desde a entrada da porta até a extremidade do seu pórtico era de vinte e cinco metros. ¹⁶ As salas e as paredes salientes dentro da entrada eram guarnecidas de estreitas aberturas com parapeito ao redor, como o pórtico; as aberturas que os circundavam davam para a parte interna. As faces das paredes salientes eram decoradas com tamareiras.

O Pátio Externo

¹⁷ Depois ele me levou ao pátio externo. Ali eu vi alguns quartos e um piso que havia sido construído ao redor de todo o pátio; nele havia trinta quartos ao longo de todo o piso. ¹⁸ Este era adjacente às laterais das entradas e sua largura era igual ao comprimento; esse era o piso inferior. ¹⁹ A seguir ele mediu a distância da parte interna da entrada inferior até a parte externa do pátio interno, o que deu cinquenta metros, tanto no lado leste como no lado norte.

A Porta Norte

²⁰ Mediu depois o comprimento e a largura da porta que dá para o norte e para o pátio externo. ²¹ Seus compartimentos, três de cada lado, suas paredes salientes e seu pórtico tinham as mesmas medidas dos compartimentos da primeira entrada. Tinham vinte e cinco metros de comprimento e doze metros e meio de largura. ²² Suas aberturas, seu pórtico e sua decoração com tamareiras tinham as mesmas medidas dos da porta que dava para o oriente. Sete degraus subiam até ela, e o seu pórtico ficava no lado oposto a eles. ²³ Havia uma porta que abria o pátio interno e que dava para a porta norte, como também uma que dava para a porta leste. Ele mediu de uma porta à que lhe ficava oposta; eram cinquenta metros.

A Porta Sul

²⁴ Depois ele me levou para o lado sul, e eu vi uma porta que dava para o sul. Ele mediu seus batentes e seu pórtico, e eles tinham as mesmas medidas das outras portas. ²⁵ A entrada e o pórtico tinham aberturas estreitas ao seu redor, como as aberturas das outras. Tinham vinte e cinco metros de comprimento e doze metros e meio de largura. ²⁶ Sete degraus subiam até ela, e o seu pórtico ficava no lado oposto a eles; havia uma decoração de tamareiras nas faces das paredes salientes em cada lado. ²⁷ O pátio interno também tinha uma porta que dava para o sul, e ele mediu desde essa porta até a porta externa no lado sul; eram cinquenta metros.

Portas para o Pátio Interno

²⁸ A seguir ele me levou ao pátio interno pela porta sul e mediu a porta sul; suas medidas eram iguais às outras. ²⁹ Suas salas, suas paredes salientes e seu pórtico tinham as mesmas medidas dos outros. A entrada e seu pórtico tinham aberturas ao seu redor. Tinham vinte e cinco metros de comprimento e doze metros e meio de largura. ³⁰ (Os pórticos das entradas ao redor do pátio interno tinham doze metros e meio de largura e dois metros e meio de extensão.) ³¹ Seu pórtico dava para o pátio externo; tamareiras decoravam seus batentes, e oito degraus subiam até a porta.

³² Depois ele me levou ao pátio interno no lado leste e mediu a entrada; suas medidas

---

[a] **40.6** Conforme a Septuaginta. O Texto Massorético diz *fundo, a primeira soleira, uma vara de fundo.*

[b] **40.8,9** Conforme muitos manuscritos do Texto Massorético, a Septuaginta, a Vulgata e a Versão Siríaca. A maioria dos manuscritos do Texto Massorético diz *a entrada defronte do templo; ela media uma vara de fundo.* ⁹*Então ele mediu o pórtico da entrada, que tinha*

[c] **40.14** Conforme a Septuaginta. O Texto Massorético diz *a parede saliente.*

eram iguais às outras. ³³ Suas salas, suas paredes salientes e seu pórtico tinham as mesmas medidas dos outros. A entrada e seu pórtico tinham aberturas ao seu redor. Tinham vinte e cinco metros de comprimento e doze metros e meio de largura. ³⁴ Seu pórtico dava para o pátio externo; tamareiras decoravam os batentes em cada lado, e oito degraus subiam até ela.

³⁵ Depois ele me levou à porta norte e a mediu; suas medidas eram iguais às outras, ³⁶ como também as medidas de suas salas, suas paredes salientes e seu pórtico, e tinha aberturas ao seu redor. Tinha vinte e cinco metros de comprimento e doze metros e meio de largura. ³⁷ Seu pórtico dava[a] para o pátio externo; tamareiras decoravam os batentes em ambos os lados, e oito degraus subiam até ela.

Os Quartos da Preparação dos Sacrifícios

³⁸ Um quarto com sua entrada ficava junto do pórtico de cada uma das entradas internas, onde os holocaustos[b] eram lavados. ³⁹ No pórtico da entrada havia duas mesas de cada lado, em que os holocaustos, as ofertas pelo pecado e as ofertas pela culpa eram abatidos. ⁴⁰ Junto à parede externa do pórtico da entrada, perto dos degraus da porta norte, ficavam duas mesas, e do outro lado dos degraus havia duas mesas. ⁴¹ Havia, pois, quatro mesas num lado da entrada e quatro no outro, onde os sacrifícios eram abatidos. Eram oito mesas ao todo. ⁴² Também havia quatro mesas de pedra lavrada para os holocaustos, cada uma com setenta e cinco centímetros de comprimento e de largura, e cinquenta centímetros de altura. Nelas colocavam-se os utensílios para o abate dos holocaustos e dos outros sacrifícios. ⁴³ E ganchos de duas pontas, cada um com quatro dedos de comprimento, estavam presos à parede, em toda a sua extensão. As mesas destinavam-se à carne das ofertas.

Quartos para os Sacerdotes

⁴⁴ Dentro do pátio interno havia dois quartos antes da porta interna; um ficava ao lado[c] da porta norte que dava para o sul, e outro ao lado da porta sul[d] que dava para o norte. ⁴⁵ Ele me disse: "O quarto que dá para o sul é para os sacerdotes encarregados do templo, ⁴⁶ e o quarto que dá para o norte é para os sacerdotes encarregados do altar. São eles os filhos de Zadoque, os únicos levitas que podem aproximar-se do SENHOR para ministrar diante dele".

⁴⁷ Depois ele mediu o pátio: era quadrado, medindo cinquenta metros de comprimento e cinquenta de largura. E o altar ficava em frente do templo.

O Templo

⁴⁸ A seguir levou-me ao pórtico do templo e mediu os seus batentes; eles tinham dois metros e meio de largura em ambos os lados. A largura da entrada era de sete metros, e suas paredes salientes tinham[e] um metro e meio de largura em cada lado. ⁴⁹ O pórtico tinha dez metros de largura e seis metros da frente aos fundos. Havia um lance de escadas que dava acesso a ele[f], e três colunas em cada lado dos batentes.

41 Depois o homem me levou ao santuário externo e mediu os batentes; a largura dos batentes era de três metros[g] em cada lado.[h] ² A entrada tinha cinco metros de largura, e as paredes salientes em cada lado tinham dois metros e meio de largura. Ele mediu também o santuário externo; e ele tinha vinte metros de comprimento e dez de largura.

³ Depois entrou no santuário interno e mediu os batentes da entrada; cada um tinha um metro de largura. A entrada tinha três metros de largura, e as paredes salientes em cada lado dela tinham três metros e meio de largura. ⁴ E ele mediu o comprimento do santuário interno; tinha dez metros, e sua largura era de dez metros até o fim do santuário externo. Ele me disse: "Este é o Lugar Santíssimo".

⁵ Depois mediu a parede do templo; tinha três metros de espessura, e cada quarto lateral em torno do templo tinha dois metros de largura. ⁶ Os quartos laterais, sobrepostos uns aos outros, ficavam em três andares, havendo trinta em

---

[a] **40.37** Conforme a Septuaginta. O Texto Massorético diz *Seus batentes davam*. Veja os versículos 31 e 34.
[b] **40.38** Isto é, sacrifícios totalmente queimados; também nos versículos 39 e 42.
[c] **40.44** Conforme a Septuaginta. O Texto Massorético diz *havia quartos para cantores, os quais ficavam ao lado*.
[d] **40.44** Conforme a Septuaginta. O Texto Massorético diz *leste*.
[e] **40.48** Conforme a Septuaginta. O Texto Massorético diz *e sua entrada tinha*.
[f] **40.49** A Septuaginta diz *10 degraus que subiam até ele*.
[g] **41.1** Hebraico: *6 côvados*. O côvado longo era uma medida linear de cerca de meio metro.
[h] **41.1** Conforme um manuscrito do Texto Massorético e a Septuaginta. A maioria dos manuscritos do Texto Massorético diz *lado, a largura da tenda*.

cada andar. Havia saliências em torno de toda a parede do templo para servirem de pontos de apoio para os quartos laterais, para que não fossem incrustados na parede do templo. ⁷ As paredes laterais em torno de todo o templo eram mais largas em cada andar superior. A estrutura em torno do templo foi construída em plataformas ascendentes, de modo que os quartos ficavam mais largos à medida que se subia. Uma escada subia do andar inferior até o andar superior, servindo também o andar do meio.

⁸ Vi que ao redor de todo o templo fora construída uma base, formando o alicerce dos quartos laterais. Era do comprimento da vara de medir, ou seja, três metros. ⁹ A parede externa dos quartos laterais era de dois metros e meio de espessura. A área aberta entre os quartos laterais do templo ¹⁰ e os quartos dos sacerdotes era de dez metros de largura ao redor de todo o templo. ¹¹ Havia entradas para os quartos laterais a partir da área aberta, uma ao norte e outra ao sul; e a base vizinha à área aberta era de dois metros e meio ao redor de todo o templo.

¹² O prédio em frente do pátio do templo no lado oeste media trinta e cinco metros de largura. A parede do prédio tinha dois metros e meio de espessura em toda a sua volta, e o seu comprimento era de quarenta e cinco metros.

¹³ Depois ele mediu o templo; tinha cinquenta metros de comprimento, e o pátio do templo e o prédio com suas paredes também tinham cinquenta metros de comprimento. ¹⁴ A largura do pátio do templo no lado oeste, inclusive a frente do templo, era de cinquenta metros.

¹⁵ A seguir ele mediu o comprimento do prédio que ficava em frente do pátio, na parte de trás do templo, inclusive suas galerias em cada lado; era de cinquenta metros.

O santuário externo, o santuário interno e o pórtico que dava para o pátio, ¹⁶ bem como as soleiras, as janelas estreitas e as galerias em volta dos três, tudo o que estava do lado de fora, inclusive a soleira, fora revestido de madeira. Igualmente estavam revestidos o piso, a parede até a altura das janelas, e as janelas. ¹⁷ No espaço acima do lado externo da entrada do santuário interno e nas paredes, a intervalos regulares, em volta de todo o santuário interno e externo, ¹⁸ havia querubins e tamareiras em relevo. As tamareiras alternavam com os querubins. Cada querubim tinha dois rostos: ¹⁹ o rosto de um homem virado para a tamareira de um dos lados e o rosto de um leão virado para a tamareira do outro lado. Estavam em relevo ao redor de todo o templo. ²⁰ Desde o chão até à área acima da entrada havia querubins e tamareiras em relevo na parede do santuário externo.

²¹ O santuário externo tinha batentes retangulares, e o que ficava em frente do Santo dos Santos era semelhante. ²² Havia um altar de madeira com um metro e meio de altura e um metro em cada lado; seus cantos, sua base[a] e seus lados eram de madeira. O homem me disse: "Esta é a mesa que fica diante do Senhor". ²³ Tanto o santuário externo quanto o Santo dos Santos tinham portas duplas. ²⁴ Cada porta tinha duas folhas articuladas. ²⁵ E nas portas do santuário externo havia querubins e tamareiras esculpidos em relevo, como os que havia nas paredes, e havia também uma saliência de madeira na frente do pórtico. ²⁶ Nas paredes laterais do pórtico havia janelas estreitas com tamareiras em relevo em cada lado. Os quartos laterais do templo também tinham saliências.

Os Quartos dos Sacerdotes

42 Depois disso o homem conduziu-me para o lado norte, para o pátio externo, e levou-me aos quartos opostos ao pátio do templo e ao muro externo do lado norte. ² O prédio cuja porta dava para o norte tinha cinquenta metros[b] de comprimento e vinte e cinco metros de largura. ³ Tanto na seção que ficava a dez metros de distância do pátio interno quanto na seção oposta ao piso do pátio externo, havia uma galeria frente à outra nos três andares. ⁴ Em frente dos quartos havia uma passagem interna com cinco metros de largura e cinquenta metros[c] de comprimento. Suas portas ficavam no lado norte. ⁵ Ora, os quartos superiores eram mais estreitos, pois as galerias tomavam mais espaço deles do que dos quartos do andar inferior e médio. ⁶ Os quartos do terceiro andar não tinham colunas, ao passo que os pátios tinham. Por isso a área deles era menor do que a dos quartos do andar inferior e do meio. ⁷ Havia uma parede externa paralela aos quartos e ao pátio externo; sua extensão era de vinte e cinco metros, em frente dos quartos. ⁸ A fileira de quartos junto ao pátio

[a] **41.22** Conforme a Septuaginta. O Texto Massorético diz *cantos, seu comprimento*.

[b] **42.2** Hebraico: *100 côvados*. O côvado longo era uma medida linear de cerca de meio metro.

[c] **42.4** Conforme a Septuaginta e a Versão Siríaca. O Texto Massorético diz *1 côvado*.

interno tinha vinte e cinco metros de comprimento, e a que ficava mais próxima do santuário tinha cinquenta metros de comprimento. ⁹ Os quartos de baixo tinham entrada pelo lado leste, quando se vem do pátio externo.

¹⁰ No lado sul, ao longo da parede do pátio externo, adjacentes ao pátio do templo e no lado oposto do muro externo, havia quartos ¹¹ com uma passagem em frente deles. Eram como os quartos do lado norte; tinham o mesmo comprimento e a mesma largura, com saídas e dimensões semelhantes. As portas do lado norte ¹² eram semelhantes às portas dos quartos do lado sul. Havia uma entrada no início do corredor paralelo ao muro correspondente que se estendia para leste; e havia uma entrada para os quartos.

¹³ Depois o homem me disse: "Os quartos do norte e do sul que dão para o pátio do templo são os quartos em que os sacerdotes que se aproximam do Senhor comerão e guardarão as ofertas santíssimas, isto é, as ofertas de cereal, as ofertas pelo pecado e as ofertas pela culpa, pois o local é santo. ¹⁴ Assim que os sacerdotes entrarem nos recintos sagrados, só poderão ir para o pátio externo após tirarem as vestes com as quais ministram, pois elas são santas. Porão outras vestes antes de se aproximarem dos lugares reservados para o povo".

¹⁵ Quando ele acabou de medir o que havia dentro da área do templo, levou-me para fora pela porta leste e mediu a área em redor. ¹⁶ Mediu o lado leste com a vara de medir; tinha duzentos e cinquenta metros[a]. ¹⁷ Mediu o lado norte; tinha duzentos e cinquenta metros, segundo a vara de medir. ¹⁸ Mediu o lado sul; tinha duzentos e cinquenta metros, segundo a vara de medir. ¹⁹ Depois ele foi para o lado oeste e o mediu; tinha duzentos e cinquenta metros, segundo a vara de medir. ²⁰ Assim ele mediu a área nos quatro lados. Em torno dela havia um muro de duzentos e cinquenta metros de comprimento e duzentos e cinquenta metros de largura, para separar o santo do comum.

A Glória Retorna ao Templo

43 Então o homem levou-me até a porta que dava para o leste, ² e vi a glória do Deus de Israel, que vinha do lado leste. Sua voz era como o rugido de águas avançando, e a terra refulgia com a sua glória. ³ A visão que tive era como a que eu tivera quando ele veio[b] destruir a cidade e como as que eu tivera junto ao rio Quebar; e me prostrei com o rosto em terra. ⁴ A glória do Senhor entrou no templo pela porta que dava para o lado leste. ⁵ Então o Espírito pôs-me em pé e levou-me para dentro do pátio interno, e a glória do Senhor encheu o templo.

⁶ Enquanto o homem estava ao meu lado, ouvi alguém falando comigo de dentro do templo. ⁷ Ele disse: "Filho do homem, este é o lugar do meu trono e o lugar para a sola dos meus pés. Aqui viverei para sempre entre os israelitas. A nação de Israel jamais contaminará o meu santo nome, nem os israelitas, nem seus reis, mediante a sua prostituição e os ídolos sem vida[c] de seus reis, em seus santuários nos montes. ⁸ Quando eles puseram sua soleira perto de minha soleira e seus batentes junto de meus batentes, com apenas uma parede fazendo separação entre mim e eles, contaminaram o meu santo nome com suas práticas repugnantes. Por isso eu os destruí na minha ira. ⁹ Agora, que afastem de mim a sua prostituição e os ídolos sem vida de seus reis, e eu viverei entre eles para sempre.

¹⁰ "Filho do homem, descreva o templo para a nação de Israel, para que se envergonhem dos seus pecados. Que eles analisem o modelo ¹¹ e, se ficarem envergonhados por tudo o que fizeram, informe-os acerca da planta do templo — sua disposição, suas saídas e suas entradas — toda a sua planta e todas as suas estipulações[d] e leis. Ponha essas coisas por escrito diante deles para que sejam fiéis à planta e sigam as suas estipulações.

¹² "Esta é a lei do templo: toda a área ao redor, no topo do monte, será santíssima. Essa é a lei do templo.

O Altar

¹³ "Estas são as medidas do altar pela medida longa, isto é, a de meio metro[e]: sua calha tem meio metro de profundidade e meio metro de largura, com uma aba de um palmo em torno da beirada. E esta é a altura do altar: ¹⁴ desde a

---

[a] **42.16** Com base na Septuaginta. O Texto Massorético diz *500 varas* (1.500 metros); também nos versículos 17-20.

[b] **43.3** Conforme alguns manuscritos do Texto Massorético e a Vulgata. A maioria dos manuscritos do Texto Massorético diz *eu vim*.

[c] **43.7** Ou *mediante o seu adultério espiritual*; também no versículo 9.

[d] **43.11** Conforme alguns manuscritos do Texto Massorético e a Septuaginta. A maioria dos manuscritos do Texto Massorético diz *estipulações e toda a sua planta*.

[e] **43.13** Hebraico: *1 côvado e 1 punho*. Equivalente a um côvado longo, medida linear de cerca de meio metro.

calha no chão até a saliência inferior, ele tem um metro de altura e um metro de largura, e desde a saliência menor até a saliência maior, tem dois metros de altura e meio metro de largura. ¹⁵ A fornalha do altar tem dois metros de altura, e quatro pontas se projetam dela para cima. ¹⁶ Ela é quadrada, com seis metros de comprimento e seis metros de largura. ¹⁷ A saliência superior também é quadrada, com sete metros de comprimento e sete metros de largura, com uma aba de vinte e cinco centímetros e uma calha de meio metro em toda a sua extensão ao redor. Os degraus do altar estão voltados para o oriente".

¹⁸ Então ele me disse: "Filho do homem, assim diz o Soberano, o Senhor: Estes serão os regulamentos que deverão ser seguidos no cerimonial do sacrifício dos holocaustos[a] e da aspersão do sangue no altar, quando ele for construído: ¹⁹ Você deverá dar um novilho como oferta aos sacerdotes levitas, da família de Zadoque, que se aproximam para ministrar diante de mim. Palavra do Soberano, o Senhor. ²⁰ Você colocará um pouco do sangue nas quatro pontas do altar, nos quatro cantos da saliência superior e ao redor de toda a aba, e assim purificará o altar e fará propiciação por ele. ²¹ Você queimará o novilho para a oferta pelo pecado no lugar determinado da área do templo, fora do santuário.

²² "No segundo dia você oferecerá um bode sem defeito como oferta pelo pecado, e o altar será purificado como foi purificado com o novilho. ²³ Quando terminar de purificá-lo, ofereça um novilho e um carneiro tirados do rebanho, ambos sem defeito. ²⁴ Você os oferecerá perante o Senhor, e os sacerdotes deverão pôr sal sobre eles e sacrificá-los como holocausto ao Senhor.

²⁵ "Durante sete dias você fornecerá diariamente um bode como oferta pelo pecado; fornecerá também um novilho e um carneiro tirados do rebanho, ambos sem defeito. ²⁶ Durante sete dias os sacerdotes farão propiciação pelo altar e o purificarão; assim eles o consagrarão. ²⁷ No final desses dias, a partir do oitavo dia, os sacerdotes apresentarão os holocaustos e os sacrifícios de comunhão[b] de vocês sobre o altar. Então eu os aceitarei. Palavra do Soberano, o Senhor".

O Príncipe, os Levitas, os Sacerdotes

44 Depois o homem me trouxe de volta para a porta externa do santuário, que dava para o lado leste, e ela estava trancada. ² O Senhor me disse: "Esta porta deve permanecer trancada. Não deverá ser aberta; ninguém poderá entrar por ela. Deve permanecer trancada porque o Senhor, o Deus de Israel, entrou por ela. ³ O príncipe é o único que poderá entrar e sentar-se ali para comer na presença do Senhor. Ele entrará pelo pórtico da entrada e sairá pelo mesmo caminho".

⁴ Então o homem levou-me até a frente do templo, passando pela porta norte. Olhei e vi a glória do Senhor enchendo o templo do Senhor, e prostrei-me com o rosto em terra.

⁵ O Senhor me disse: "Filho do homem, preste atenção, olhe e ouça atentamente tudo o que eu disser acerca de todos os regulamentos relacionados com o templo do Senhor. Preste atenção à entrada do templo e a todas as saídas do santuário. ⁶ Diga à rebelde nação de Israel: Assim diz o Soberano, o Senhor: Já bastam suas práticas repugnantes, ó nação de Israel! ⁷ Além de todas as suas outras práticas repugnantes, vocês trouxeram estrangeiros incircuncisos no coração e na carne para dentro do meu santuário, profanando o meu templo enquanto me ofereciam comida, gordura e sangue, e assim vocês romperam a minha aliança. ⁸ Em vez de cumprirem seu dever quanto às minhas coisas sagradas, vocês encarregaram outros do meu santuário. ⁹ Assim diz o Soberano, o Senhor: Nenhum estrangeiro incircunciso no coração e na carne entrará no meu santuário, tampouco os estrangeiros que vivem entre os israelitas.

¹⁰ "Os levitas, que tanto se distanciaram de mim quando Israel se desviou e que vaguearam para longe de mim, indo atrás de seus ídolos, sofrerão as consequências de sua iniquidade. ¹¹ Poderão servir no meu santuário como encarregados das portas do templo e também farão o serviço nele; poderão matar os animais dos holocaustos[c] e outros sacrifícios em lugar do povo e apresentar-se diante do povo e servi-lo. ¹² Mas, porque os serviram na presença de seus ídolos e fizeram a nação de Israel cair em pecado, jurei de mão erguida que eles sofrerão as consequências de sua iniquidade. Palavra do Soberano, o Senhor. ¹³ Não se aproximarão para me servir como sacerdotes nem se aproximarão de

---

[a] 43.18 Isto é, sacrifícios totalmente queimados; também nos versículos 24 e 27.
[b] 43.27 Ou *de paz*
[c] 44.11 Isto é, sacrifícios totalmente queimados.

nenhuma de minhas coisas sagradas e das minhas ofertas santíssimas; carregarão a vergonha de suas práticas repugnantes. ¹⁴ Contudo, eu os encarregarei dos deveres do templo e de todo o trabalho que nele deve ser feito.

¹⁵ "Mas os sacerdotes levitas, descendentes de Zadoque, que fielmente executaram os deveres do meu santuário quando os israelitas se desviaram de mim, se aproximarão para ministrar diante de mim; eles estarão diante de mim para oferecer sacrifícios de gordura e de sangue. Palavra do Soberano, o Senhor. ¹⁶ Só eles entrarão em meu santuário e se aproximarão da minha mesa para ministrar diante de mim e realizar o meu serviço.

¹⁷ "Quando entrarem pelas portas do pátio interno, estejam vestindo roupas de linho; não usem nenhuma veste de lã enquanto estiverem ministrando junto às portas do pátio interno ou dentro do templo. ¹⁸ Usarão turbantes de linho na cabeça e calções de linho na cintura. Não vestirão nada que os faça transpirar. ¹⁹ Quando saírem para o pátio externo onde fica o povo, tirarão as roupas com que tiverem ministrado e as deixarão nos quartos sagrados, e vestirão outras roupas, para que não consagrem o povo quando estiverem usando as roupas sacerdotais.

²⁰ "Não raparão a cabeça nem deixarão o cabelo comprido, mas o manterão aparado. ²¹ Nenhum sacerdote beberá vinho quando entrar no pátio interno. ²² Eles não se casarão com viúva ou divorciada; só poderão casar-se com mulher virgem, de ascendência israelita, ou com viúva de sacerdote. ²³ Eles ensinarão ao meu povo a diferença entre o santo e o comum e lhe mostrarão como fazer distinção entre o puro e o impuro.

²⁴ "Em qualquer disputa, os sacerdotes servirão como juízes e a decisão será tomada de acordo com as minhas sentenças. Eles obedecerão às minhas leis e aos meus decretos com respeito a todas as minhas festas fixas e manterão santos os meus sábados.

²⁵ "O sacerdote não se contaminará por aproximar-se do cadáver de alguém; no entanto, ele poderá contaminar-se se o morto for seu pai, sua mãe, seu filho, sua filha, seu irmão ou sua irmã, desde que esta não tenha marido. ²⁶ Depois de se purificar, esperará sete dias. ²⁷ No dia em que entrar no pátio interno do santuário para ministrar ali, o sacerdote oferecerá em favor de si mesmo uma oferta pelo pecado. Palavra do Soberano, o Senhor.

²⁸ "Eu serei a única herança dada aos sacerdotes. Vocês não lhes darão propriedade alguma em Israel; eu serei a sua herança. ²⁹ Eles comerão as ofertas de cereal, as ofertas pelo pecado e as ofertas pela culpa; e tudo o que em Israel for consagrado ao Senhor será deles. ³⁰ O melhor de todos os primeiros frutos e de todas as contribuições que vocês fizerem pertencerá aos sacerdotes. Vocês darão a eles a primeira porção de sua refeição de cereal moído, para que haja bênçãos sobre as suas casas. ³¹ Os sacerdotes não comerão a carne de aves ou de animais encontrados mortos ou despedaçados por animais selvagens.

A Divisão da Terra

45 "Quando vocês distribuírem a terra como herança, apresentem ao Senhor como distrito sagrado uma porção da terra, com doze quilômetros e meio ᵃ de comprimento e dez quilômetros ᵇ de largura; toda essa área será santa. ² Desse terreno, uma área quadrada de duzentos e cinquenta metros de lado servirá para o santuário, com vinte e cinco metros ao redor para terreno aberto. ³ No distrito sagrado, separe um pedaço de doze quilômetros e meio de comprimento e cinco quilômetros de largura. Nele estará o santuário, o Lugar Santíssimo. ⁴ Essa será a porção sagrada da terra para os sacerdotes, os quais ministrarão no santuário e se aproximarão para ministrar diante do Senhor. Esse será um lugar para as suas casas, bem como um lugar santo para o santuário. ⁵ Uma área de doze quilômetros e meio de comprimento e cinco quilômetros de largura pertencerá aos levitas, os quais servirão no templo; essa será a propriedade deles para ali viverem ᶜ.

⁶ "Como propriedade da cidade, vocês darão uma área de dois quilômetros e meio de largura e doze quilômetros e meio de comprimento, adjacente à porção sagrada; ela pertencerá a toda a nação de Israel.

⁷ "O príncipe possuirá a terra que fica dos dois lados da área formada pelo distrito sagrado e pela propriedade da cidade. Ela se estenderá, no lado oeste, em direção a oeste e, no lado leste, em direção a leste, indo desde a fronteira ocidental até a fronteira oriental que é paralela a uma das

---

ᵃ **45.1** Hebraico: *25.000 côvados*. O côvado longo era uma medida linear de cerca de meio metro.
ᵇ **45.1** Conforme a Septuaginta. O Texto Massorético diz *10.000 côvados*.
ᶜ **45.5** Conforme a Septuaginta. O Texto Massorético diz *templo; eles terão como propriedade 20 quartos*.

porções tribais. ⁸ Essa terra será sua propriedade em Israel. E os meus príncipes não oprimirão mais o meu povo, mas permitirão que a nação de Israel possua a terra de acordo com as suas tribos.

⁹ "Assim diz o Soberano, o SENHOR: Vocês já foram longe demais, ó príncipes de Israel! Abandonem a violência e a opressão e façam o que é justo e direito. Parem de apossar-se do que é do meu povo. Palavra do Soberano, o SENHOR. ¹⁰ Usem balanças honestas, arroba[a] honesta e pote[b] honesto. ¹¹ A arroba e o pote devem ser iguais, o pote terá um décimo de um barril[c]; o barril deve ser a medida padrão para os dois. ¹² O peso padrão[d] deve ser de doze gramas. Vinte pesos, mais vinte e cinco pesos, mais quinze pesos equivalem a setecentos e vinte gramas[e].

Ofertas e Dias Sagrados

¹³ "Esta é a oferta sagrada que vocês apresentarão: um sexto de uma arroba de cada barril de trigo e um sexto de uma arroba de cada barril de cevada. ¹⁴ A porção prescrita de azeite, medida pelo pote, é de um décimo de pote de cada tonel, que consiste em dez potes ou um barril, pois dez potes equivalem a um barril. ¹⁵ Também se deve tomar uma ovelha de cada rebanho de duzentas ovelhas das pastagens bem regadas de Israel. Tudo será usado para as ofertas de cereal, os holocaustos[f] e as ofertas de comunhão[g], para fazer propiciação pelo povo. Palavra do Soberano, o SENHOR. ¹⁶ Todo o povo da terra participará nessa oferta sagrada para o uso do príncipe de Israel. ¹⁷ Será dever do príncipe fornecer os holocaustos, as ofertas de cereal e as ofertas derramadas, nas festas, nas luas novas e nos sábados, em todas as festas fixas da nação de Israel. Ele fornecerá as ofertas pelo pecado, as ofertas de cereal, os holocaustos e as ofertas de comunhão para fazer propiciação em favor da nação de Israel.

¹⁸ "Assim diz o Soberano, o SENHOR: No primeiro dia do primeiro mês você apanhará um novilho sem defeito e purificará o santuário. ¹⁹ O sacerdote apanhará um pouco do sangue da oferta pelo pecado e o colocará nos batentes do templo, nos quatro cantos da saliência superior do altar e nos batentes do pátio interno. ²⁰ Você fará o mesmo no sétimo dia do mês, em favor de qualquer pessoa que pecar sem intenção ou por ignorância; assim vocês deverão fazer propiciação em favor do templo.

²¹ "No décimo quarto dia do primeiro mês vocês observarão a Páscoa, festa de sete dias, na qual vocês comerão pão sem fermento. ²² Naquele dia o príncipe fornecerá um novilho em favor de si mesmo e de todo o povo da terra como oferta pelo pecado. ²³ Diariamente, durante os sete dias da festa, ele fornecerá sete novilhos e sete carneiros sem defeito como holocaustos ao SENHOR, e um bode como oferta pelo pecado. ²⁴ Ele fornecerá como oferta de cereal uma arroba para cada novilho e uma arroba para cada carneiro, com um galão[h] de azeite para cada arroba.

²⁵ "Durante os sete dias da festa, que começa no décimo quinto dia do sétimo mês, ele trará as mesmas dádivas para as ofertas pelo pecado, os holocaustos, e as ofertas de cereal e azeite.

46 "Assim diz o Soberano, o SENHOR: A porta do pátio interno que dá para o leste ficará trancada nos seis dias úteis, mas no sábado e no dia da lua nova será aberta. ² O príncipe, vindo do pátio externo, entrará pelo pórtico da entrada e ficará junto ao batente. Enquanto isso, os sacerdotes sacrificarão os holocaustos[i] e as ofertas de comunhão[j] dele. Ele adorará o SENHOR na soleira da entrada e depois sairá, mas a porta não será fechada até a tarde. ³ Nos sábados e nas luas novas o povo da terra adorará o SENHOR junto à entrada que leva à porta. ⁴ O holocausto que o príncipe trouxer ao SENHOR no dia de sábado deverá ser de seis cordeiros e um carneiro, todos sem defeito. ⁵ A oferta de cereal dada com o carneiro será de uma arroba[k], e a oferta de cereal com os cordeiros será de quanto ele quiser dar, mais um galão de azeite

---

[a] **45.10** Hebraico: *efa*. O efa era uma unidade de medida de capacidade para secos. As estimativas variam entre 20 e 40 litros.
[b] **45.10** Hebraico: *bato*. O bato era uma medida de capacidade. As estimativas variam entre 20 e 40 litros.
[c] **45.11** Hebraico: *hômer*. O hômer era uma medida de capacidade para secos. As estimativas variam entre 200 e 400 litros; também nos versículos 13 e 14.
[d] **45.12** Hebraico: *siclo*.
[e] **45.12** Hebraico: *1 mina*. Isto é, 60 siclos. A mina comum pesava 50 siclos ou 600 gramas.
[f] **45.15** Isto é, sacrifícios totalmente queimados; também nos versículos 17, 23 e 25.
[g] **45.15** Ou *de paz*; também no versículo 17.
[h] **45.24** Hebraico: *1 him*. O him era uma medida de capacidade para líquidos. As estimativas variam entre 3 e 6 litros; também em 46.5.
[i] **46.2** Isto é, sacrifícios totalmente queimados; também nos versículos 4, 12, 13 e 15.
[j] **46.2** Ou *de paz*; também no versículo 12.
[k] **46.5** Hebraico: *1 efa*. O efa era uma medida de capacidade para secos. As estimativas variam entre 20 e 40 litros.

para cada arroba de cereal. ⁶ No dia da lua nova ele oferecerá um novilho, seis cordeiros e um carneiro, todos sem defeito. ⁷ Como oferta de cereal ele fornecerá uma arroba com o novilho, uma arroba com o carneiro e com os cordeiros, quanto ele quiser dar, mais um galão de azeite para cada arroba de cereal. ⁸ Quando o príncipe entrar, ele o fará pelo pórtico da entrada e sairá pelo mesmo caminho.

⁹ "Quando o povo da terra vier perante o Senhor nas festas fixas, todo aquele que entrar pela porta norte para adorá-lo sairá pela porta sul, e todo aquele que entrar pela porta sul sairá pela porta norte. Ninguém voltará pela porta pela qual entrou, mas todos sairão pela porta oposta. ¹⁰ O príncipe deverá estar no meio deles, entrando quando eles entrarem e saindo quando eles saírem.

¹¹ "Nas festas, inclusive as fixas, a oferta de cereal será de uma arroba com um novilho, uma arroba com um carneiro, e com os cordeiros, quanto ele quiser dar, mais um galão de azeite para cada arroba. ¹² Quando o príncipe fornecer uma oferta voluntária ao Senhor, seja holocausto seja oferta de comunhão, a porta que dá para o leste será aberta para ele. Ele oferecerá seu holocausto ou suas ofertas de comunhão como o faz no dia de sábado. Então ele sairá e, depois de ter saído, a porta será trancada.

¹³ "Diariamente vocês fornecerão um cordeiro de um ano sem defeito como holocausto ao Senhor; manhã após manhã vocês o trarão. ¹⁴ Com ele vocês também trarão, manhã após manhã, uma oferta de cereal, de um sexto de arroba e um terço de galão de azeite para umedecer a farinha. A apresentação dessa oferta de cereal será feita em obediência a um decreto perpétuo. ¹⁵ Assim o cordeiro, a oferta de cereal e o azeite serão trazidos manhã após manhã para o holocausto que será apresentado regularmente.

¹⁶ "Assim diz o Soberano, o Senhor: Se da sua herança o príncipe fizer um presente a um de seus filhos, este pertencerá também aos seus descendentes; será propriedade deles por herança. ¹⁷ Se, porém, da sua herança ele fizer um presente a um dos seus escravos, o escravo poderá mantê-lo consigo até o ano da liberdade; então o presente voltará para o príncipe. Sua herança pertence unicamente a seus filhos; deles será. ¹⁸ O príncipe não tomará coisa alguma da herança do povo, expulsando os herdeiros de sua propriedade. Dará a seus filhos a herança daquilo que é sua própria propriedade, para que ninguém do meu povo seja separado de sua propriedade".

¹⁹ Depois o homem me levou, pela entrada existente ao lado da porta, até os quartos sagrados que davam para o norte, os quais pertenciam aos sacerdotes, e mostrou-me um local no lado oeste. ²⁰ Ele me disse: "Este é o lugar onde os sacerdotes cozinharão a oferta pela culpa e a oferta pelo pecado e assarão a oferta de cereal, para levá-las ao pátio externo e consagrar o povo".

²¹ Ele então me levou para o pátio externo e me fez passar por seus quatro cantos, e em cada canto vi um pátio. ²² Eram pátios fechados, com vinte metros de comprimento e quinze metros de largura; os pátios dos quatro cantos tinham a mesma medida. ²³ Em volta de cada um dos quatro pátios, pelo lado de dentro, havia uma saliência de pedra, com lugares para fogo construídos em toda a sua volta debaixo da saliência. ²⁴ Ele me disse: "Estas são as cozinhas onde aqueles que ministram no templo cozinharão os sacrifícios do povo".

As Águas que Saíam do Templo

47 O homem levou-me de volta à entrada do templo, e vi água saindo de debaixo da soleira do templo e indo para o leste, pois o templo estava voltado para o oriente. A água descia de debaixo do lado sul do templo, ao sul do altar. ² Ele então me levou para fora, pela porta norte, e conduziu-me pelo lado de fora até a porta externa que dá para o leste, e a água fluía do lado sul.

³ O homem foi para o lado leste com uma linha de medir na mão e, enquanto ia, mediu quinhentos metros[a] e levou-me pela água, que batia no tornozelo. ⁴ Ele mediu mais quinhentos metros e levou-me pela água, que chegava ao joelho. Mediu mais quinhentos e levou-me pela água, que batia na cintura. ⁵ Mediu mais quinhentos, mas agora era um rio que eu não conseguia atravessar, porque a água havia aumentado e era tão profunda que só se podia atravessar a nado; era um rio que não se podia atravessar andando. ⁶ Ele me perguntou: "Filho do homem, você vê isto?"

Levou-me então de volta à margem do rio. ⁷ Quando ali cheguei, vi muitas árvores em cada lado do rio. ⁸ Ele me disse: "Esta água flui na direção da região situada a leste e desce até a

---

[a] *47.3* Hebraico: *1.000 côvados*; também nos versículos 4 e 5.

Arabá[a], onde entra no Mar[b]. Quando deságua no Mar, a água ali é saneada. ⁹ Por onde passar o rio haverá todo tipo de animais e de peixes. Porque essa água flui para lá e saneia a água salgada; de modo que onde o rio fluir tudo viverá. ¹⁰ Pescadores estarão ao longo do litoral; desde En-Gedi até En-Eglaim haverá locais próprios para estender as redes. Os peixes serão de muitos tipos, como os peixes do mar Grande[c]. ¹¹ Mas os charcos e os pântanos não ficarão saneados; serão deixados para o sal. ¹² Árvores frutíferas de toda espécie crescerão em ambas as margens do rio. Suas folhas não murcharão e os seus frutos não cairão. Todo mês produzirão, porque a água vinda do santuário chega a elas. Seus frutos servirão de comida; suas folhas, de remédio".

As Fronteiras da Terra

¹³ Assim diz o Soberano, o Senhor: "Estas são as fronteiras pelas quais vocês devem dividir a terra como herança entre as doze tribos de Israel, com duas porções para José. ¹⁴ Vocês a dividirão igualmente entre elas. Visto que eu jurei de mão erguida que a daria aos seus antepassados, esta terra se tornará herança de vocês.

¹⁵ "Esta é a fronteira da terra:

"No lado norte ela irá desde o mar Grande, indo pela estrada de Hetlom, passando por Lebo-Hamate até Zedade, ¹⁶ Berota[d] e Sibraim, que fica na fronteira entre Damasco e Hamate, e indo até Hazar-Haticom, que fica na extremidade de Haurã. ¹⁷ A fronteira se estenderá desde o Mar até Hazar-Enã, ao longo da fronteira norte de Damasco, com a fronteira de Hamate ao norte. Essa será a fronteira norte.

¹⁸ "No lado leste a fronteira irá entre Haurã e Damasco, ao longo do Jordão entre Gileade e a terra de Israel, até o mar oriental, prosseguindo até Tamar.[e] Essa será a fronteira leste.

¹⁹ "No lado sul ela irá desde Tamar até as águas de Meribá-Cades, prosseguindo então ao longo do ribeiro do Egito até o mar Grande. Essa será a fronteira sul.

²⁰ "No lado oeste, o mar Grande será a fronteira até defronte de Lebo-Hamate. Essa será a fronteira oeste.

²¹ "Distribuam essa terra entre vocês de acordo com as tribos de Israel. ²² Vocês a distribuirão como herança para vocês mesmos e para os estrangeiros residentes no meio de vocês e que tenham filhos. Vocês os considerarão como israelitas de nascimento; com vocês, a eles deverá ser designada uma herança entre as tribos de Israel. ²³ Qualquer que seja a tribo na qual o estrangeiro se instale, ali vocês lhe darão a herança que lhe cabe". Palavra do Soberano, o Senhor.

A Divisão da Terra

48 "Estas são as tribos, relacionadas nominalmente: na fronteira norte, Dã terá uma porção; ela seguirá a estrada de Hetlom até Lebo-Hamate; Hazar-Enã e a fronteira norte, vizinha a Damasco, próxima de Hamate farão parte dos seus limites, desde o lado leste até o lado oeste.

² "Aser terá uma porção; esta margeará o território de Dã do leste ao oeste.

³ "Naftali terá uma porção; esta margeará o território de Aser do leste ao oeste.

⁴ "Manassés terá uma porção; esta margeará o território de Naftali do leste ao oeste.

⁵ "Efraim terá uma porção; esta margeará o território de Manassés do leste ao oeste.

⁶ "Rúben terá uma porção; esta margeará o território de Efraim do leste ao oeste.

⁷ "Judá terá uma porção; esta margeará o território de Rúben do leste ao oeste.

⁸ "Margeando o território de Judá do leste ao oeste, estará a porção que vocês apresentarão como dádiva sagrada. Terá doze quilômetros e meio[f] de largura, e o seu comprimento, do leste ao oeste, equivalerá a uma das porções tribais; o santuário estará no centro dela.

⁹ "A porção sagrada que vocês devem oferecer ao Senhor terá doze quilômetros e meio de comprimento e cinco quilômetros de largura. ¹⁰ Esta será a porção sagrada para os sacerdotes. Terá doze quilômetros e meio de comprimento no lado norte, cinco quilômetros de largura no lado ocidental, cinco quilômetros

---

[a] **47.8** Ou *até o vale do Jordão*
[b] **47.8** Isto é, o mar Morto; também no versículo 17.
[c] **47.10** Isto é, o mar Mediterrâneo; também nos versículos 15, 19, 20 e em 48.28.
[d] **47.15,16** Com base na Septuaginta e em Ezequiel 48.1. O Texto Massorético diz *estrada de Hetlom que entra em Zedade*, ¹⁶*Hamate, Berota*.
[e] **47.18** Conforme a Septuaginta e a Versão Siríaca. O Texto Massorético diz *Israel. Vocês medirão até o mar oriental*.
[f] **48.8** Hebraico: *25.000 côvados*. O côvado longo era uma medida linear de cerca de meio metro.

de largura no lado oriental e doze quilômetros e meio de comprimento no lado sul. No centro dela estará o santuário do Senhor. ¹¹ Pertencerá aos sacerdotes consagrados, os zadoquitas, que foram fiéis em me servir e não se desviaram como fizeram os levitas quando os israelitas se desviaram. ¹² Será um presente especial para eles da porção sagrada da terra, uma porção santíssima, margeando o território dos levitas.

¹³ "Ao longo do território dos sacerdotes, os levitas terão uma área de doze quilômetros e meio de comprimento e cinco quilômetros de largura. Seu comprimento total medirá doze quilômetros e meio, e sua largura cinco quilômetros. ¹⁴ Eles não a venderão nem trocarão parte alguma dela. Essa área é a melhor de todo o território, e não poderá passar para outras mãos, porque é santa para o Senhor.

¹⁵ "A área restante, dois quilômetros e meio de largura e doze quilômetros e meio de comprimento, será para o uso comum da cidade, para casas e para pastagens. A cidade será o centro dela ¹⁶ e terá estas medidas: o lado norte, dois mil e duzentos e cinquenta metros, o lado sul, dois mil e duzentos e cinquenta metros, o lado leste, dois mil e duzentos e cinquenta metros e o lado oeste, dois mil e duzentos e cinquenta metros. ¹⁷ A cidade terá uma área livre de cento e vinte e cinco metros ao norte, cento e vinte e cinco metros ao sul, cento e vinte e cinco metros a leste e cento e vinte e cinco metros a oeste, que servirá para pasto. ¹⁸ O restante da área, ao longo da porção sagrada, será de cinco quilômetros no lado leste e cinco quilômetros no lado oeste. Suas colheitas fornecerão comida para os trabalhadores da cidade. ¹⁹ Estes poderão vir de todas as tribos de Israel. ²⁰ A porção toda, incluindo a cidade, será um quadrado, com doze quilômetros e meio de cada lado. É uma dádiva sagrada, que como tal vocês reservarão.

²¹ "As terras que restarem em ambos os lados da área formada pela porção sagrada e pela cidade pertencerão ao príncipe. Elas se estenderão para o leste a partir dos doze quilômetros e meio da porção sagrada até a fronteira leste, e para o oeste a partir dos doze quilômetros e meio até a fronteira oeste. Essas duas áreas, paralelas ao comprimento das porções das tribos, pertencerão ao príncipe, e a porção sagrada, inclusive o santuário do templo, estará no centro delas. ²² Assim a propriedade dos levitas e a propriedade da cidade estarão no centro da área que pertence ao príncipe. A área pertencente ao príncipe estará entre a fronteira de Judá e a fronteira de Benjamim.

²³ "Quanto ao restante das tribos: Benjamim terá uma porção; esta se estenderá do lado leste ao lado oeste.

²⁴ "Simeão terá uma porção; esta margeará o território de Benjamim do leste ao oeste.

²⁵ "Issacar terá uma porção; esta margeará o território de Simeão do leste ao oeste.

²⁶ "Zebulom terá uma porção; esta margeará o território de Issacar do leste ao oeste.

²⁷ "Gade terá uma porção; esta margeará o território de Zebulom do leste ao oeste.

²⁸ "A fronteira sul de Gade vai desde Tamar, no sul, até as águas de Meribá-Cades, e depois ao longo do ribeiro do Egito até o mar Grande.

²⁹ "Esta é a terra que vocês distribuirão às tribos de Israel como herança, e serão essas as suas porções. Palavra do Soberano, o Senhor.

As Portas da Cidade

³⁰ "Estas serão as saídas da cidade: Começando pelo lado norte, que tem dois mil e duzentos e cinquenta metros de comprimento, ³¹ as portas da cidade receberão os nomes das tribos de Israel. As três portas do lado norte serão a porta de Rúben, a porta de Judá e a porta de Levi.

³² "No lado leste, que tem dois mil e duzentos e cinquenta metros de comprimento, haverá três portas: a de José, a de Benjamim e a de Dã.

³³ "No lado sul, que tem dois mil e duzentos e cinquenta metros de comprimento, haverá três portas: a de Simeão, a de Issacar e a de Zebulom.

³⁴ "No lado oeste, que tem dois mil e duzentos e cinquenta metros de comprimento, haverá três portas: a porta de Gade, a de Aser e a de Naftali.

³⁵ "A distância total ao redor será de nove quilômetros.

E, daquele momento em diante, o nome da cidade será:

O Senhor ESTÁ AQUI".

Introdução ao livro de
DANIEL

Autor e data de composição

Apesar de seu forte conteúdo profético-apocalíptico, o livro de Daniel não aparece nas Escrituras hebraicas dentro da lista dos livros proféticos, e sim na lista dos chamados "escritos". Tal fato parece dever-se a Daniel ter sido funcionário de destaque em governos pagãos, fora do ambiente de Israel. Já foram feitas inúmeras afirmações sobre este livro e sua identidade, mas tanto o judaísmo como o cristianismo foram unânimes em considerá-lo inspirado, incluindo-o no cânon sagrado e atribuindo sua autoria a Daniel. Seu conteúdo reflete muito bem o ambiente da Babilônia no século VI a.C., e as críticas que já lhe foram feitas carecem de fundamento plausível. Parte do livro, como era de esperar de um funcionário da Babilônia, está em aramaico, não em hebraico (2—7). O aramaico em que está escrito é a língua que corresponde à da Babilônia do século VI a.C., prova esta a favor da autoria de Daniel.

ESBOÇO GERAL

Primeira parte: Daniel e seus amigos na Babilônia (1)
  I. A deportação dos jovens da nobreza israelita (1.1-7)
  II. A fidelidade de Daniel a Deus no meio do paganismo (1.8-16)
  III. A boa fama dos quatro amigos na Babilônia (1.17-21)

Segunda parte: O relacionamento de Daniel com vários reis (2—7, em aramaico)
  I. O sonho de Nabucodonosor e a interpretação de Daniel (2)
  II. A estátua de ouro de Nabucodonosor e os amigos de Daniel (3)
  III. Visão, humilhação e restauração de Nabucodonosor (4)
  IV. Belsazar e a mão que escrevia na parede (5)
  V. O decreto de Dario e a fidelidade de Daniel ao Senhor (6)
  VI. A visão dos quatro animais e a entrega do reino ao filho de homem (7)

Terceira parte: Três visões de Daniel (8—12, em hebraico)
  I. A visão do carneiro e do bode (8)
  II. Daniel ora por seu povo (9.1-19)
  III. Gabriel e a profecia das setenta semanas (9.20-27)
  IV. A visão junto ao rio sobre o futuro de Israel (10—12)
   A. Daniel, seu jejum e o anjo que veio a seu encontro com a ajuda de Miguel (10.1—11.1)
   B. As primeiras 69 semanas (11.2-35)
   C. A 70ª semana (11.36—12.3)
   D. As palavras do livro fechadas e seladas até o tempo do fim (12.4-13)

Versículos-chave
7.13,14

Tema geral do livro
O livro de Daniel é claramente o mais apocalíptico do Antigo Testamento. Além de seu conteúdo escatológico (relacionado com os finais dos tempos), seus relatos continuam

encantando os leitores por suas características de fidelidade ao Senhor e pelas atitudes de heroísmo que apresentam. Os primeiros capítulos descrevem a lealdade de Daniel e seus amigos às normas do Antigo Testamento no que se refere a alimentos e à forma com que o Senhor respondeu a essa lealdade. No Oriente Médio, considerava-se que cada deus regia seu próprio território e que, uma vez fora dele, ninguém poderia receber sua ajuda. A isso se dá atualmente o nome de "henoteísmo", uma espécie de politeísmo regionalista. Os principais conceitos henoteístas opunham-se à fidelidade desses exilados a Deus e à lealdade desse Deus para com a aliança firmada com eles. O Deus dos judeus é o Soberano do Universo, e seu poder é o mesmo onde quer que estejamos; está presente no sonho de Nabucodonosor e na visão de Daniel. Em ambos os casos, aparecem os impérios e os tiranos, que viriam a cair em poucos anos, ao contrário do Reino de Deus, que permanece para sempre.

A IMAGEM QUE NABUCODONOSOR VIU EM SONHO (CAP. 2)	OS QUATRO ANIMAIS NA VISÃO DE DANIEL (CAP. 7)	OS REINOS REPRESENTADOS EM AMBAS AS VISÕES
"A cabeça da estátua era feita de ouro puro"	"O primeiro parecia um leão e tinha asas de águia"	Babilônia
"o peito e o braço eram de prata"	"que tinha a aparência de um urso [...] erguido por um dos seus lados"	O Império Medo-Persa
"o ventre e os quadris eram de bronze"	"parecia com um leopardo [...] tinha quatro asas, como as de uma ave"	O Império de Alexandre, o macedônio, e seus quatro generais
"as pernas eram de ferro; e os pés eram em parte de ferro e em parte de barro"	"aterrorizante, assustador e muito poderoso [...] tinha dez chifres [...] outro chifre, pequeno, que surgiu entre eles"	Roma
"[...] atingiu a estátua nos pés de ferro [...] a pedra que atingiu a estátua tornou-se uma montanha e encheu a terra toda"	O ancião entrega o reino a alguém como filho de homem e aos santos do Altíssimo.	O Reino de Deus

No livro de Daniel, Jesus é...
... o quarto homem na fornalha em chamas (3.25).

Versículos-chave para o discípulo
3.16-18; 12.3

O discípulo e o livro de Daniel
Daniel é uma personagem que bem exemplifica um discípulo genuíno. Desde muito jovem, esteve em um ambiente pagão e nunca, até ser de idade avançada, abriu mão de sua lealdade a Deus e a seu povo. A espiritualidade do livro de Daniel reflete-se no tema santidade. A santidade bíblica consiste em dois movimentos: distanciar-se do mundo e achegar-se a Deus, como objetos sagrados para uso do templo. Daniel foi capaz de fazer as duas coisas, pois, mesmo em meio à Babilônia e graças a sua lealdade irrevogável e à onipotência do nosso Deus, tal como havia sucedido a José no Egito (nação que passou para a história bíblica como símbolo de pecado e vida depravada), "o SENHOR estava com [ele]" (Gênesis 39.2,21,23). Hoje vivemos rodeados de circunstâncias e empecilhos espirituais que procuram impedir, por todos os meios, que nos mantenhamos leais ao

Senhor. Caro discípulo, foque o exemplo desses homens de Deus, que, apesar de terem vivido em circunstâncias bastante difíceis e antes da descida do Espírito Santo, se mantiveram fiéis a todo custo. Não é suficiente disparar na frente para ganhar a corrida; é necessário manter-se na pista, com os olhos fixos na linha de chegada, e prestar atenção para não cair em nenhuma valeta pelo caminho e ser desqualificado.

Portanto, também nós, uma vez que estamos rodeados por tão grande nuvem de testemunhas, livremo-nos de tudo o que nos atrapalha e do pecado que nos envolve e corramos com perseverança a corrida que nos é proposta, tendo os olhos fitos em Jesus, autor e consumador da nossa fé. Ele, pela alegria que lhe fora proposta, suportou a cruz, desprezando a vergonha, e assentou-se à direita do trono de Deus. Pensem bem naquele que suportou tal oposição dos pecadores contra si mesmo, para que vocês não se cansem nem desanimem (Hebreus 12.1-3).

DANIEL

Daniel na Babilônia

1 No terceiro ano do reinado de Jeoaquim, rei de Judá, Nabucodonosor, rei da Babilônia, veio a Jerusalém e a sitiou. ² E o Senhor entregou Jeoaquim, rei de Judá, nas suas mãos, e também alguns dos utensílios do templo de Deus. Ele levou os utensílios para o templo do seu deus na terra de Sinear[a] e os colocou na casa do tesouro do seu deus.

³ Depois o rei ordenou a Aspenaz, o chefe dos oficiais da sua corte, que trouxesse alguns dos israelitas da família real e da nobreza: ⁴ jovens sem defeito físico, de boa aparência, cultos, inteligentes, que dominassem os vários campos do conhecimento e fossem capacitados para servir no palácio do rei. Ele deveria ensinar-lhes a língua e a literatura dos babilônios[b]. ⁵ De sua própria mesa, o rei designou-lhes uma porção diária de comida e de vinho. Eles receberiam um treinamento durante três anos e depois disso passariam a servir o rei.

⁶ Entre esses estavam alguns que vieram de Judá: Daniel, Hananias, Misael e Azarias. ⁷ O chefe dos oficiais deu-lhes novos nomes: a Daniel deu o nome de Beltessazar; a Hananias, Sadraque; a Misael, Mesaque; e a Azarias, Abede-Nego.

⁸ Daniel, contudo, decidiu não se tornar impuro com a comida e com o vinho do rei, e pediu ao chefe dos oficiais permissão para se abster deles. ⁹ E Deus fez com que o homem fosse bondoso para com Daniel e tivesse simpatia por ele. ¹⁰ Apesar disso, ele disse a Daniel: "Tenho medo do rei, o meu senhor, que determinou a comida e a bebida de vocês. E se ele os achar menos saudáveis que os outros jovens da mesma idade? O rei poderia pedir a minha cabeça por causa de vocês".

¹¹ Daniel disse então ao homem que o chefe dos oficiais tinha encarregado de cuidar dele e de Hananias, Misael e Azarias: ¹² "Peço que faça uma experiência com os seus servos durante dez dias: Não nos dê nada além de vegetais para comer e água para beber. ¹³ Depois compare a nossa aparência com a dos jovens que comem a comida do rei, e trate os seus servos de acordo com o que você concluir". ¹⁴ Ele concordou e fez a experiência com eles durante dez dias.

¹⁵ Passados os dez dias, eles pareciam mais saudáveis e mais fortes do que todos os jovens que comiam a comida da mesa do rei. ¹⁶ Assim o encarregado tirou a comida especial e o vinho que haviam sido designados e em lugar disso lhes dava vegetais.

¹⁷ A esses quatro jovens Deus deu sabedoria e inteligência para conhecerem todos os aspectos da cultura e da ciência. E Daniel, além disso, sabia interpretar todo tipo de visões e sonhos.

¹⁸ Ao final do tempo estabelecido pelo rei para que os jovens fossem trazidos à sua presença, o chefe dos oficiais os apresentou a Nabucodonosor. ¹⁹ O rei conversou com eles, e não encontrou ninguém comparável a Daniel, Hananias, Misael e Azarias; de modo que eles passaram a servir o rei. ²⁰ O rei lhes fez perguntas sobre todos os assuntos que exigiam sabedoria e conhecimento e descobriu que eram dez vezes mais sábios do que todos os magos e encantadores de todo o seu reino.

²¹ Daniel permaneceu ali até o primeiro ano do rei Ciro.

O Sonho de Nabucodonosor

2 No segundo ano de seu reinado, Nabucodonosor teve sonhos; sua mente ficou tão perturbada que ele não conseguia dormir. ² Por isso o rei convocou os magos, os encantadores, os feiticeiros e os astrólogos[c] para que lhe dissessem o que ele havia sonhado. Quando eles vieram e se apresentaram ao rei, ³ este lhes disse: "Tive um sonho que me perturba e quero saber o que significa[d]".

⁴ Então os astrólogos responderam em aramaico ao rei:[e] "Ó rei, vive para sempre! Conta o sonho aos teus servos, e nós o interpretaremos".

⁵ O rei respondeu aos astrólogos: "Esta é a minha decisão: se vocês não me disserem qual foi o meu sonho e não o interpretarem, farei que vocês sejam cortados em pedaços e que as suas casas se tornem montes de entulho. ⁶ Mas, se me revelarem o sonho e o interpretarem, eu darei a vocês presentes, recompensas e grandes

---

[a] **1.2** Isto é, na região da Babilônia.
[b] **1.4** Hebraico: *caldeus*.
[c] **2.2** Ou *caldeus*; também em todo o livro de Daniel.
[d] **2.3** Ou *o que sonhei*
[e] **2.4** Daqui até o final do capítulo 7 o texto original está em aramaico.

A CONFIANÇA EM DEUS

Quando somos abatidos pelas tempestades da vida, para onde nos voltamos a fim de apoiar nossa âncora? Alguns correm para os vícios; outros, para falsas esperanças. Nós, porém, temos um lugar para o qual fugir: os braços do Pai.

Mesmo que as nossas experiências e emoções mudem a cada dia, Deus permanece igual. Há verdades claras sobre Deus das quais não nos podemos esquecer. A Bíblia inclui muitas passagens sobre essas características:

- Deus conhece tudo
- Deus pode tudo
- Deus está em todos os lugares
- Deus domina sobre tudo
- Deus jamais muda

Em Daniel 2.21, vemos que Deus controla até mesmo os governos: "Ele muda as épocas e as estações; destrona reis e os estabelece". É difícil ler os profetas e não terminar adorando a Deus, pois ele tem o domínio sobre todas as coisas e é totalmente confiável. Quando enfrentarmos dificuldades na vida, devemos responder como Sadraque, Mesaque e Abede-Nego no momento em que lhes disseram que deveriam inclinar-se para adorar a estátua do rei, caso contrário enfrentariam a fornalha em chamas. Sua resposta nos ensina uma lição: "Sadraque, Mesaque e Abede-Nego responderam ao rei: 'Ó Nabucodonosor, não precisamos defender-nos diante de ti. Se formos atirados na fornalha em chamas, o Deus a quem prestamos culto pode livrar-nos, e ele nos livrará das tuas mãos, ó rei. Mas, se ele não nos livrar, saiba, ó rei, que não prestaremos culto aos teus deuses nem adoraremos a imagem de ouro que mandaste erguer' " (Daniel 3.16-18). A fé dos três jovens baseava-se no caráter imutável de Deus, não em resultados ou emoções, nem em nenhuma experiência fantástica. Somos capazes de agir dessa maneira?

"Confiar em Deus é a decisão de crer em suas promessas apesar dos sentimentos." — *Jerry Bridges*

APLICAÇÃO

- Para onde você corre quando passa por provações? Você tem alguma falsa esperança, vício ou dependência?
- A nossa confiança em Deus baseia-se em seu caráter ou nos resultados que esperamos?

---

honrarias. Portanto, revelem-me o sonho e a sua interpretação".

⁷ Mas eles tornaram a dizer: "Conte o rei o sonho a seus servos, e nós o interpretaremos".

⁸ Então o rei respondeu: "Já descobri que vocês estão tentando ganhar tempo, pois sabem da minha decisão. ⁹ Se não me contarem o sonho, todos vocês receberão a mesma sentença; pois vocês combinaram enganar-me com mentiras, esperando que a situação mudasse. Contem-me o sonho, e saberei que vocês são capazes de interpretá-lo para mim".

¹⁰ Os astrólogos responderam ao rei: "Não há homem na terra que possa fazer o que o rei está pedindo! Nenhum rei, por maior e mais poderoso que tenha sido, chegou a pedir uma coisa dessas a nenhum mago, encantador ou astrólogo. ¹¹ O que o rei está pedindo é difícil demais; ninguém pode revelar isso ao rei, senão os deuses, e eles não vivem entre os mortais[a]".

¹² Isso deixou o rei tão irritado e furioso que ele ordenou a execução de todos os sábios da Babilônia. ¹³ E assim foi emitido o decreto para que fossem mortos os sábios; os encarregados saíram à procura de Daniel e dos seus amigos, para que também fossem mortos.

¹⁴ Arioque, o comandante da guarda do rei, já se preparava para matar os sábios da Babilônia, quando Daniel dirigiu-se a ele com sabedoria e bom senso. ¹⁵ Ele perguntou ao oficial do rei: "Por que o rei emitiu um decreto tão severo?" Arioque explicou o motivo a Daniel. ¹⁶ Diante disso, Daniel foi pedir ao rei que lhe desse um prazo, e ele daria a interpretação.

[a] **2.11** Aramaico: *com a carne*.

¹⁷ Daniel voltou para casa, contou o problema aos seus amigos Hananias, Misael e Azarias, ¹⁸ e lhes pediu que rogassem ao Deus dos céus que tivesse misericórdia acerca desse mistério, para que ele e seus amigos não fossem executados com os outros sábios da Babilônia. ¹⁹ Então o mistério foi revelado a Daniel de noite, numa visão. Daniel louvou o Deus dos céus ²⁰ e disse:

"Louvado seja o nome de Deus
    para todo o sempre;
a sabedoria e o poder a ele pertencem.
²¹ Ele muda as épocas e as estações;
    destrona reis e os estabelece.
Dá sabedoria aos sábios
e conhecimento aos que
    sabem discernir.
²² Revela coisas profundas e ocultas;
    conhece o que jaz nas trevas,
    e a luz habita com ele.
²³ Eu te agradeço e te louvo,
    ó Deus dos meus antepassados;
tu me deste sabedoria e poder,
    e me revelaste o que te pedimos;
revelaste-nos o sonho do rei".

Daniel Interpreta o Sonho

²⁴ Então Daniel foi falar com Arioque, a quem o rei tinha designado para executar os sábios da Babilônia, e lhe disse: "Não execute os sábios. Leve-me ao rei, e eu interpretarei para ele o sonho que teve".

²⁵ Imediatamente Arioque levou Daniel ao rei e disse: "Encontrei um homem entre os exilados de Judá que pode dizer ao rei o significado do sonho".

²⁶ O rei perguntou a Daniel, também chamado Beltessazar: "Você é capaz de contar-me o que vi no meu sonho e interpretá-lo?"

²⁷ Daniel respondeu: "Nenhum sábio, encantador, mago ou adivinho é capaz de revelar ao rei o mistério sobre o qual ele perguntou, ²⁸ mas existe um Deus nos céus que revela os mistérios. Ele mostrou ao rei Nabucodonosor o que acontecerá nos últimos dias. O sonho e as visões que passaram por tua mente quando estavas deitado foram os seguintes:

²⁹ "Quando estavas deitado, ó rei, tua mente se voltou para as coisas futuras, e aquele que revela os mistérios te mostrou o que vai acontecer. ³⁰ Quanto a mim, esse mistério não me foi revelado porque eu tenha mais sabedoria do que os outros homens, mas para que tu, ó rei, saibas a interpretação e entendas o que passou pela tua mente.

³¹ "Tu olhaste, ó rei, e diante de ti estava uma grande estátua: uma estátua enorme, impressionante, de aparência terrível. ³² A cabeça da estátua era feita de ouro puro; o peito e o braço eram de prata; o ventre e os quadris eram de bronze; ³³ as pernas eram de ferro; e os pés eram em parte de ferro e em parte de barro. ³⁴ Enquanto estavas observando, uma pedra soltou-se, sem auxílio de mãos, atingiu a estátua nos pés de ferro e de barro e os esmigalhou. ³⁵ Então o ferro, o barro, o bronze, a prata e o ouro foram despedaçados, viraram pó, como o pó da debulha do trigo na eira durante o verão. O vento os levou sem deixar vestígio. Mas a pedra que atingiu a estátua tornou-se uma montanha e encheu a terra toda.

³⁶ "Foi esse o sonho, e nós o interpretaremos para o rei. ³⁷ Tu, ó rei, és rei de reis. O Deus dos céus concedeu-te domínio, poder, força e glória; ³⁸ nas tuas mãos ele pôs a humanidade, os animais selvagens e as aves do céu. Onde quer que vivam, ele fez de ti o governante deles todos. Tu és a cabeça de ouro.

³⁹ "Depois de ti surgirá um outro reino, inferior ao teu. Em seguida surgirá um terceiro reino, reino de bronze, que governará toda a terra. ⁴⁰ Finalmente, haverá um quarto reino, forte como o ferro, pois o ferro quebra e destrói tudo; e assim como o ferro despedaça tudo, também ele destruirá e quebrará todos os outros. ⁴¹ Como viste, os pés e os dedos eram em parte de barro e em parte de ferro. Isso quer dizer que esse será um reino dividido, mas ainda assim terá um pouco da força do ferro, embora tenhas visto ferro misturado com barro. ⁴² Assim como os dedos eram em parte de ferro e em parte de barro, também esse reino será em parte forte e em parte frágil. ⁴³ E, como viste, o ferro estava misturado com o barro. Isso significa que se farão alianças políticas por meio de casamentos, mas a união decorrente dessas alianças não se firmará, assim como o ferro não se mistura com o barro.

⁴⁴ "Na época desses reis, o Deus dos céus estabelecerá um reino que jamais será destruído e que nunca será dominado por nenhum outro povo. Destruirá todos os reinos daqueles reis e os exterminará, mas esse reino durará para sempre. ⁴⁵ Esse é o significado da visão da pedra que se soltou de uma montanha, sem auxílio de mãos, pedra que esmigalhou o ferro, o bronze, o barro, a prata e o ouro.

"O Deus poderoso mostrou ao rei o que acontecerá no futuro. O sonho é verdadeiro, e a interpretação é fiel".

⁴⁶ Então o rei Nabucodonosor caiu prostrado diante de Daniel, prestou-lhe honra e ordenou que lhe fosse apresentada uma oferta de cereal e incenso. ⁴⁷ O rei disse a Daniel: "Não há dúvida de que o seu Deus é o Deus dos deuses, o Senhor dos reis e aquele que revela os mistérios, pois você conseguiu revelar esse mistério".

⁴⁸ Assim o rei pôs Daniel num alto cargo e o cobriu de presentes. Ele o designou governante de toda a província da Babilônia e o encarregou de todos os sábios da província. ⁴⁹ Além disso, a pedido de Daniel, o rei nomeou Sadraque, Mesaque e Abede-Nego administradores da província da Babilônia, enquanto o próprio Daniel permanecia na corte do rei.

A Imagem de Ouro de Nabucodonosor

3 O rei Nabucodonosor fez uma imagem de ouro de vinte e sete metros de altura e dois metros e setenta centímetros de largura^a, e a ergueu na planície de Dura, na província da Babilônia. ² Depois convocou os sátrapas, os prefeitos, os governadores, os conselheiros, os tesoureiros, os juízes, os magistrados e todas as autoridades provinciais, para assistirem à dedicação da imagem que mandara erguer. ³ Assim todos eles — sátrapas, prefeitos, governadores, conselheiros, tesoureiros, juízes, magistrados e todas as autoridades provinciais — se reuniram para a dedicação da imagem que o rei Nabucodonosor mandara erguer, e ficaram em pé diante dela.

⁴ Então o arauto proclamou em alta voz: "Esta é a ordem que é dada a vocês, ó homens de todas as nações, povos e línguas: ⁵ Quando ouvirem o som da trombeta, do pífaro, da cítara, da harpa, do saltério, da flauta dupla[b] e de toda espécie de música, prostrem-se em terra e adorem a imagem de ouro que o rei Nabucodonosor ergueu. ⁶ Quem não se prostrar em terra e não adorá-la será imediatamente atirado numa fornalha em chamas".

⁷ Por isso, logo que ouviram o som da trombeta, do pífaro, da cítara, da harpa, do saltério e de toda espécie de música, os homens de todas as nações, povos e línguas prostraram-se em terra e adoraram a imagem de ouro que o rei Nabucodonosor mandara erguer.

⁸ Nesse momento alguns astrólogos se aproximaram e denunciaram os judeus, ⁹ dizendo ao rei Nabucodonosor: "Ó rei, vive para sempre! ¹⁰ Tu emitiste um decreto, ó rei, ordenando que todo aquele que ouvisse o som da trombeta, do pífaro, da cítara, da harpa, do saltério, da flauta dupla e de toda espécie de música se prostrasse em terra e adorasse a imagem de ouro, ¹¹ e que todo aquele que não se prostrasse em terra e não a adorasse seria atirado numa fornalha em chamas. ¹² Mas há alguns judeus que nomeaste para administrar a província da Babilônia, Sadraque, Mesaque e Abede-Nego, que não te dão ouvidos, ó rei. Não prestam culto aos teus deuses nem adoram a imagem de ouro que mandaste erguer".

¹³ Furioso, Nabucodonosor mandou chamar Sadraque, Mesaque e Abede-Nego. E assim que eles foram conduzidos à presença do rei, ¹⁴ Nabucodonosor lhes disse: "É verdade, Sadraque, Mesaque e Abede-Nego, que vocês não prestam culto aos meus deuses nem adoram a imagem de ouro que mandei erguer? ¹⁵ Pois agora, quando vocês ouvirem o som da trombeta, do pífaro, da cítara, da harpa, do saltério, da flauta dupla e de toda espécie de música, se vocês se dispuserem a prostrar-se em terra e a adorar a imagem que eu fiz, será melhor para vocês. Mas, se não a adorarem, serão imediatamente atirados numa fornalha em chamas. E que deus poderá livrá-los das minhas mãos?"

¹⁶ Sadraque, Mesaque e Abede-Nego responderam ao rei: "Ó Nabucodonosor, não precisamos defender-nos diante de ti. ¹⁷ Se formos atirados na fornalha em chamas, o Deus a quem prestamos culto pode livrar-nos, e ele nos livrará das tuas mãos, ó rei. ¹⁸ Mas, se ele não nos livrar, saiba, ó rei, que não prestaremos culto aos teus deuses nem adoraremos a imagem de ouro que mandaste erguer".

¹⁹ Nabucodonosor ficou tão furioso com Sadraque, Mesaque e Abede-Nego, que o seu semblante mudou. Deu ordens para que a fornalha fosse aquecida sete vezes mais que de costume ²⁰ e ordenou que alguns dos soldados mais fortes do seu exército amarrassem Sadraque, Mesaque e Abede-Nego e os atirassem na fornalha em chamas. ²¹ E os três homens, vestidos com seus mantos, calções, turbantes e outras roupas, foram amarrados

---

^a **3.1** Aramaico: *60 côvados de altura e 6 côvados de largura*. O côvado era uma medida linear de cerca de 45 centímetros.
^b **3.5** Ou *todos os instrumentos tocando juntos*; também nos versículos 10 e 15.

e atirados na fornalha extraordinariamente quente. ²² A ordem do rei era urgente e a fornalha estava tão quente que as chamas mataram os soldados que levaram Sadraque, Mesaque e Abede-Nego, ²³ e estes caíram amarrados dentro da fornalha em chamas.

²⁴ Mas logo depois o rei Nabucodonosor, alarmado, levantou-se e perguntou aos seus conselheiros: "Não foram três os homens amarrados que nós atiramos no fogo?"

Eles responderam: "Sim, ó rei".

²⁵ E o rei exclamou: "Olhem! Estou vendo quatro homens, desamarrados e ilesos, andando pelo fogo, e o quarto se parece com um filho dos deuses".

²⁶ Então Nabucodonosor aproximou-se da entrada da fornalha em chamas e gritou: "Sadraque, Mesaque e Abede-Nego, servos do Deus Altíssimo, saiam! Venham aqui!"

E Sadraque, Mesaque e Abede-Nego saíram do fogo. ²⁷ Os sátrapas, os prefeitos, os governadores e os conselheiros do rei se ajuntaram em torno deles e comprovaram que o fogo não tinha ferido o corpo deles. Nem um só fio de cabelo tinha sido chamuscado, os seus mantos não estavam queimados, e não havia cheiro de fogo neles.

²⁸ Disse então Nabucodonosor: "Louvado seja o Deus de Sadraque, Mesaque e Abede-Nego, que enviou o seu anjo e livrou os seus servos! Eles confiaram nele, desafiaram a ordem do rei, preferindo abrir mão de sua vida a prestar culto e adorar a outro deus que não fosse o seu próprio Deus. ²⁹ Por isso eu decreto que todo homem de qualquer povo, nação e língua que disser alguma coisa contra[a] o Deus de Sadraque, Mesaque e Abede-Nego seja despedaçado e sua casa seja transformada em montes de entulho, pois nenhum outro deus é capaz de livrar alguém dessa maneira".

³⁰ Então o rei promoveu Sadraque, Mesaque e Abede-Nego na província da Babilônia.

Outro Sonho de Nabucodonosor

4 O rei Nabucodonosor,

aos homens de todos os povos, nações e línguas, que vivem no mundo inteiro:

Paz e prosperidade!

² Tenho a satisfação de falar a vocês a respeito dos sinais e das maravilhas que o Deus Altíssimo realizou em meu favor.

³ Como são grandes os seus sinais!
 como são poderosas as suas maravilhas!
O seu reino é um reino eterno;
 o seu domínio dura
 de geração em geração.

⁴ Eu, Nabucodonosor, estava satisfeito e próspero em casa, no meu palácio. ⁵ Tive um sonho que me deixou alarmado. Estando eu deitado em minha cama, os pensamentos e visões que passaram pela minha mente deixaram-me aterrorizado. ⁶ Por isso decretei que todos os sábios da Babilônia fossem trazidos à minha presença para interpretarem o sonho para mim. ⁷ Quando os magos, os encantadores, os astrólogos e os adivinhos vieram, contei-lhes o sonho, mas eles não puderam interpretá-lo. ⁸ Por fim veio Daniel à minha presença e eu lhe contei o sonho. Ele é chamado Beltessazar, em homenagem ao nome do meu deus; e o espírito dos santos deuses está nele.

⁹ Eu disse: Beltessazar, chefe dos magos, sei que o espírito dos santos deuses está em você, e que nenhum mistério é difícil demais para você. Vou contar o meu sonho; interprete-o para mim. ¹⁰ Estas são as visões que tive quando estava deitado em minha cama: olhei, e diante de mim estava uma árvore muito alta no meio da terra. ¹¹ A árvore cresceu tanto que a sua copa encostou no céu; era visível até os confins da terra. ¹² Tinha belas folhas, muitos frutos, e nela havia alimento para todos. Debaixo dela os animais do campo achavam abrigo, e as aves do céu viviam em seus galhos; todas as criaturas se alimentavam daquela árvore.

¹³ Nas visões que tive deitado em minha cama, olhei e vi diante de mim uma sentinela, um anjo[b] que descia do céu; ¹⁴ ele gritou em alta voz: "Derrubem a árvore e cortem os seus galhos; arranquem as suas folhas e espalhem os seus frutos. Fujam os animais de debaixo dela e as aves dos seus galhos. ¹⁵ Mas deixem o toco e as suas raízes, presos com ferro e bronze; fique ele no chão, em meio à relva do campo.

"Ele será molhado com o orvalho do céu e com os animais comerá a grama da terra. ¹⁶ A mente humana lhe será tirada, e ele será como um animal, até que se passem sete tempos[c].

---

[a] **3.29** Ou *blasfemar*
[b] **4.13** Aramaico: *santo*; também nos versículos 17 e 23.
[c] **4.16** Ou *anos*; também nos versículos 23, 25 e 32.

¹⁷ "A decisão é anunciada por sentinelas, os anjos declaram o veredicto, para que todos os que vivem saibam que o Altíssimo domina sobre os reinos dos homens e os dá a quem quer, e põe no poder o mais simples dos homens".

¹⁸ Esse é o sonho que eu, o rei Nabucodonosor, tive. Agora, Beltessazar, diga-me o significado do sonho, pois nenhum dos sábios do meu reino consegue interpretá-lo para mim, exceto você, pois o espírito dos santos deuses está em você.

Daniel Interpreta o Sonho

¹⁹ Então Daniel, também chamado Beltessazar, ficou estarrecido por algum tempo, e os seus pensamentos o deixaram aterrorizado. Então o rei disse: "Beltessazar, não deixe que o sonho ou a sua interpretação o assuste".

Beltessazar respondeu: "Meu senhor, quem dera o sonho só se aplicasse aos teus inimigos e o seu significado somente aos teus adversários! ²⁰ A árvore que viste, que cresceu e ficou enorme, cuja copa encostava no céu, visível em toda a terra, ²¹ com belas folhas e muitos frutos, na qual havia alimento para todos, abrigo para os animais do campo, e morada para as aves do céu nos seus galhos — ²² essa árvore, ó rei, és tu! Tu te tornaste grande e poderoso, pois a tua grandeza cresceu até alcançar o céu, e o teu domínio se estende até os confins da terra.

²³ "E tu, ó rei, viste também uma sentinela, o anjo que descia do céu e dizia: 'Derrubem a árvore e destruam-na, mas deixem o toco e as suas raízes, presos com ferro e bronze; fique ele no chão, em meio à relva do campo. Ele será molhado com o orvalho do céu e viverá com os animais selvagens, até que se passem sete tempos'.

²⁴ "Esta é a interpretação, ó rei, e este é o decreto que o Altíssimo emitiu contra o rei, meu senhor: ²⁵ Tu serás expulso do meio dos homens e viverás com os animais selvagens; comerás capim como os bois e te molharás com o orvalho do céu. Passarão sete tempos até que admitas que o Altíssimo domina sobre os reinos dos homens e os dá a quem quer. ²⁶ A ordem para deixar o toco da árvore com as raízes significa que o teu reino te será devolvido quando reconheceres que os Céus dominam. ²⁷ Portanto, ó rei, aceita o meu conselho: Renuncia a teus pecados e à tua maldade, pratica a justiça e tem compaixão dos necessitados. Talvez, então, continues a viver em paz".

O Cumprimento do Sonho

²⁸ Tudo isso aconteceu com o rei Nabucodonosor. ²⁹ Doze meses depois, quando o rei estava andando no terraço do palácio real da Babilônia, ³⁰ disse: "Acaso não é esta a grande Babilônia que eu construí como capital do meu reino[a], com o meu enorme poder e para a glória da minha majestade?"

³¹ As palavras ainda estavam nos seus lábios quando veio do céu uma voz que disse: "É isto que está decretado quanto a você, rei Nabucodonosor: Sua autoridade real foi tirada. ³² Você será expulso do meio dos homens, viverá com os animais selvagens e comerá capim como os bois. Passarão sete tempos até que admita que o Altíssimo domina sobre os reinos dos homens e os dá a quem quer".

³³ A sentença sobre Nabucodonosor cumpriu-se imediatamente. Ele foi expulso do meio dos homens e passou a comer capim como os bois. Seu corpo molhou-se com o orvalho do céu, até que os seus cabelos e pelos cresceram como as penas da águia, e as suas unhas como as garras das aves.

³⁴ "Ao fim daquele período, eu, Nabucodonosor, levantei os olhos ao céu, e percebi que o meu entendimento tinha voltado. Então louvei o Altíssimo; honrei e glorifiquei aquele que vive para sempre.

"O seu domínio é um domínio eterno;
 o seu reino dura de geração em geração.
³⁵ Todos os povos da terra
 são como nada diante dele.
Ele age como lhe agrada
 com os exércitos[b] dos céus
 e com os habitantes da terra.
Ninguém é capaz de resistir à sua mão
 ou dizer-lhe: 'O que fizeste?'

³⁶ "Naquele momento voltou-me o entendimento, e eu recuperei a honra, a majestade e a glória do meu reino. Meus conselheiros e os nobres me procuraram, meu trono me foi restaurado, e minha grandeza veio a ser ainda maior. ³⁷ Agora eu, Nabucodonosor, louvo, exalto e glorifico o Rei dos céus, porque tudo o que ele faz é certo, e todos os seus caminhos são justos. E ele tem poder para humilhar aqueles que vivem com arrogância".

---

[a] **4.30** Ou *para ser minha residência real*
[b] **4.35** Ou *anjos*

O Banquete de Belsazar: A Escrita na Parede

5 Certa vez o rei Belsazar deu um grande banquete para mil dos seus nobres, e com eles bebeu muito vinho. ² Enquanto Belsazar bebia vinho, deu ordens para trazerem as taças de ouro e de prata que o seu predecessor, Nabucodonosor, tinha tomado do templo de Jerusalém, para que o rei e os seus nobres, as suas mulheres e as suas concubinas bebessem nessas taças. ³ Então trouxeram as taças de ouro que tinham sido tomadas do templo de Deus em Jerusalém, e o rei e os seus nobres, as suas mulheres e as suas concubinas beberam nas taças. ⁴ Enquanto bebiam o vinho, louvavam os deuses de ouro, de prata, de bronze, de ferro, de madeira e de pedra.

⁵ Mas, de repente apareceram dedos de mão humana que começaram a escrever no reboco da parede, na parte mais iluminada do palácio real. O rei observou a mão enquanto ela escrevia. ⁶ Seu rosto ficou pálido, e ele ficou tão assustado que os seus joelhos batiam um no outro e as suas pernas vacilaram.

⁷ Aos gritos, o rei mandou chamar os encantadores, os astrólogos e os adivinhos e disse a esses sábios da Babilônia: "Aquele que ler essa inscrição e interpretá-la, revelando-me o seu significado, vestirá um manto vermelho, terá uma corrente de ouro no pescoço e será o terceiro em importância no governo do reino."

⁸ Todos os sábios do rei vieram, mas não conseguiram ler a inscrição nem dizer ao rei o seu significado. ⁹ Diante disso o rei Belsazar ficou ainda mais aterrorizado e o seu rosto, mais pálido. Seus nobres estavam alarmados.

¹⁰ Tendo a rainha[a] ouvido os gritos do rei e dos seus nobres, entrou na sala do banquete e disse: "Ó rei, vive para sempre! Não fiques assustado nem tão pálido! ¹¹ Existe um homem em teu reino que possui o espírito dos santos deuses. Na época do teu predecessor verificou-se que ele era um iluminado e tinha inteligência e sabedoria como a dos deuses. O rei Nabucodonosor, teu predecessor — sim, o teu predecessor — o nomeou chefe dos magos, dos encantadores, dos astrólogos e dos adivinhos. ¹² Verificou-se que esse homem, Daniel, a quem o rei dera o nome de Beltessazar, tinha inteligência extraordinária e também a capacidade de interpretar sonhos e resolver enigmas e mistérios. Manda chamar Daniel, e ele te dará o significado da escrita".

¹³ Assim Daniel foi levado à presença do rei, que lhe disse: "Você é Daniel, um dos exilados que meu pai, o rei, trouxe de Judá? ¹⁴ Soube que o espírito dos deuses está em você e que você é um iluminado com inteligência e sabedoria fora do comum. ¹⁵ Trouxeram os sábios e os encantadores à minha presença para lerem essa inscrição e me dizerem o seu significado, porém eles não o conseguiram. ¹⁶ Mas eu soube que você é capaz de dar interpretações e de resolver mistérios. Se você puder ler essa inscrição e dizer-me o que significa, você será vestido com um manto vermelho e terá uma corrente de ouro no pescoço, e será o terceiro em importância no governo do reino."

¹⁷ Então Daniel respondeu ao rei: "Podes guardar os teus presentes para ti mesmo e dar as tuas recompensas a algum outro. No entanto, lerei a inscrição para o rei e te direi o seu significado.

¹⁸ "Ó rei, foi a Nabucodonosor, teu predecessor, que o Deus Altíssimo deu soberania, grandeza, glória e majestade. ¹⁹ Devido à alta posição que Deus lhe concedeu, homens de todas as nações, povos e línguas tremiam diante dele e o temiam. A quem o rei queria matar, matava; a quem queria poupar, poupava; a quem queria promover, promovia; e a quem queria humilhar, humilhava. ²⁰ No entanto, quando o seu coração se tornou arrogante e endurecido por causa do orgulho, ele foi deposto de seu trono real e despojado da sua glória. ²¹ Foi expulso do meio dos homens e sua mente ficou como a de um animal; passou a viver com os jumentos selvagens e a comer capim como os bois; e o seu corpo se molhava com o orvalho do céu, até reconhecer que o Deus Altíssimo domina sobre os reinos dos homens e põe no poder quem ele quer.

²² "Mas tu, Belsazar, seu sucessor, não te humilhaste, embora soubesses de tudo isso. ²³ Ao contrário, te exaltaste acima do[b] Senhor dos céus. Mandaste trazer as taças do templo do Senhor para que nelas bebessem tu, os teus nobres, as tuas mulheres e as tuas concubinas. Louvaste os deuses de prata, de ouro, de bronze, de ferro, de madeira e de pedra, que não podem ver nem ouvir nem entender. Mas não glorificaste o Deus que sustenta em suas

---

[a] 5.10 Ou *rainha-mãe*   [b] 5.23 Ou *te levantaste contra o*

mãos a tua vida e todos os teus caminhos. ²⁴ Por isso ele enviou a mão que escreveu as palavras da inscrição.

²⁵ "Esta é a inscrição que foi feita:

MENE, MENE, TEQUEL, PARSIM[a].
²⁶ "E este é o significado dessas palavras:
Mene[b]: Deus contou os dias
 do teu reinado
 e determinou o seu fim.
²⁷ *Tequel*[c]: Foste pesado na balança
 e achado em falta.
²⁸ *Peres*[d]: Teu reino foi dividido
 e entregue aos medos e persas".

²⁹ Então, por ordem de Belsazar, vestiram Daniel com um manto vermelho, puseram-lhe uma corrente de ouro no pescoço, e o proclamaram o terceiro em importância no governo do reino. ³⁰ Naquela mesma noite Belsazar, rei dos babilônios[e], foi morto, ³¹ e Dario, o medo, apoderou-se do reino, com a idade de sessenta e dois anos.

Daniel na Cova dos Leões

6 Dario achou por bem nomear cento e vinte sátrapas para governar todo o reino, ² e designou três supervisores sobre eles, um dos quais era Daniel. Os sátrapas tinham que prestar contas a eles para que o rei não sofresse nenhuma perda. ³ Ora, Daniel se destacou tanto entre os supervisores e os sátrapas por suas grandes qualidades, que o rei planejava tê-lo à frente do governo de todo o império. ⁴ Diante disso, os supervisores e os sátrapas procuraram motivos para acusar Daniel em sua administração governamental, mas nada conseguiram. Não puderam achar nele falta alguma, pois ele era fiel; não era desonesto nem negligente. ⁵ Finalmente esses homens disseram: "Jamais encontraremos algum motivo para acusar esse Daniel, a menos que seja algo relacionado com a lei do Deus dele".

⁶ E assim os supervisores e os sátrapas, de comum acordo, foram falar com o rei: "Ó rei Dario, vive para sempre! ⁷ Todos os supervisores reais, os prefeitos, os sátrapas, os conselheiros e os governadores concordaram em que o rei deve emitir um decreto ordenando que todo aquele que orar a qualquer deus ou a qualquer homem nos próximos trinta dias, exceto a ti, ó rei, seja atirado na cova dos leões. ⁸ Agora, ó rei, emite o decreto e assina-o para que não seja alterado, conforme a lei dos medos e dos persas, que não pode ser revogada". ⁹ E o rei Dario assinou o decreto.

¹⁰ Quando Daniel soube que o decreto tinha sido publicado, foi para casa, para o seu quarto, no andar de cima, cujas janelas davam para Jerusalém e ali fez o que costumava fazer: três vezes por dia ele se ajoelhava e orava, agradecendo ao seu Deus. ¹¹ Então aqueles homens foram investigar e encontraram Daniel orando, pedindo ajuda a Deus. ¹² E foram logo falar com o rei acerca do decreto real: "Tu não publicaste um decreto ordenando que nestes trinta dias todo aquele que fizer algum pedido a qualquer deus ou a qualquer homem, exceto a ti, ó rei, será lançado na cova dos leões?"

O rei respondeu: "O decreto está em vigor, conforme a lei dos medos e dos persas, que não pode ser revogada".

¹³ Então disseram ao rei: "Daniel, um dos exilados de Judá, não te dá ouvidos, ó rei, nem ao decreto que assinaste. Ele continua orando três vezes por dia". ¹⁴ Quando o rei ouviu isso, ficou muito contrariado e decidiu salvar Daniel. Até o pôr do sol, fez o possível para livrá-lo.

¹⁵ Mas os homens lhe disseram: "Lembra-te, ó rei, de que, segundo a lei dos medos e dos persas, nenhum decreto ou edito do rei pode ser modificado".

¹⁶ Então o rei deu ordens, e eles trouxeram Daniel e o jogaram na cova dos leões. O rei, porém, disse a Daniel: "Que o seu Deus, a quem você serve continuamente, o livre!"

¹⁷ Taparam a cova com uma pedra, e o rei a selou com o seu anel-selo e com os anéis dos seus nobres, para que a decisão sobre Daniel não se modificasse. ¹⁸ Tendo voltado ao palácio, o rei passou a noite sem comer e não aceitou nenhum divertimento em sua presença. Além disso, não conseguiu dormir.

¹⁹ Logo ao alvorecer, o rei se levantou e correu para a cova dos leões. ²⁰ Quando ia se aproximando da cova, chamou Daniel com voz que revelava aflição: "Daniel, servo do Deus

---

[a] **5.25** Aramaico: *UPARSIM*; isto é, E PARSIM.
[b] **5.26** Mene pode significar contado ou mina (uma unidade monetária).
[c] **5.27** Tequel pode significar pesado ou siclo.
[d] **5.28** Peres (o singular de Parsim) pode significar dividido ou Pérsia ou meia mina ou meio siclo.
[e] **5.30** Aramaico: *caldeus*.

vivo, será que o seu Deus, a quem você serve continuamente, pôde livrá-lo dos leões?"

²¹ Daniel respondeu: "Ó rei, vive para sempre! ²² O meu Deus enviou o seu anjo, que fechou a boca dos leões. Eles não me fizeram mal algum, pois fui considerado inocente à vista de Deus. Também contra ti não cometi mal algum, ó rei."

²³ O rei muito se alegrou e ordenou que tirassem Daniel da cova. Quando o tiraram da cova, viram que não havia nele nenhum ferimento, pois ele tinha confiado no seu Deus.

²⁴ E, por ordem do rei, os homens que tinham acusado Daniel foram atirados na cova dos leões, junto com as suas mulheres e os seus filhos. E, antes de chegarem ao fundo, os leões os atacaram e despedaçaram todos os seus ossos.

²⁵ Então o rei Dario escreveu aos homens de todas as nações, povos e línguas de toda a terra:

"Paz e prosperidade!

²⁶ "Estou editando um decreto para que em todos os domínios do império os homens temam e reverenciem o Deus de Daniel.

"Pois ele é o Deus vivo
e permanece para sempre;
o seu reino não será destruído;
o seu domínio jamais acabará.
²⁷ Ele livra e salva;
faz sinais e maravilhas
nos céus e na terra.
Ele livrou Daniel
do poder dos leões."

²⁸ Assim Daniel prosperou durante os reinados de Dario e de Ciro[a], o Persa.

O Sonho de Daniel: Os Quatro Animais

7 No primeiro ano de Belsazar, rei da Babilônia, Daniel teve um sonho, e certas visões passaram por sua mente, estando ele deitado em sua cama. Ele escreveu o seguinte resumo do seu sonho.

² "Em minha visão à noite, eu vi os quatro ventos do céu agitando o grande mar. ³ Quatro grandes animais, diferentes uns dos outros, subiram do mar.

⁴ "O primeiro parecia um leão e tinha asas de águia. Eu o observei e, em certo momento, as suas asas foram arrancadas, e ele foi erguido do chão, firmou-se sobre dois pés como um homem e recebeu coração de homem.

⁵ "A seguir, vi um segundo animal, que tinha a aparência de um urso. Ele foi erguido por um dos seus lados, e na boca, entre os dentes, tinha três costelas. Foi-lhe dito: 'Levante-se e coma quanta carne puder!'

⁶ "Depois disso, vi um outro animal, que se parecia com um leopardo. Nas costas tinha quatro asas, como as de uma ave. Esse animal tinha quatro cabeças e recebeu autoridade para governar.

⁷ "Em minha visão à noite, vi ainda um quarto animal, aterrorizante, assustador e muito poderoso. Tinha grandes dentes de ferro, com os quais despedaçava e devorava suas vítimas e pisoteava tudo o que sobrava. Era diferente de todos os animais anteriores e tinha dez chifres.

⁸ "Enquanto eu considerava os chifres, vi outro chifre, pequeno, que surgiu entre eles; e três dos primeiros chifres foram arrancados para dar lugar a ele. Esse chifre possuía olhos como os olhos de um homem e uma boca que falava com arrogância.

⁹ "Enquanto eu olhava,

"tronos foram colocados,
e um ancião se assentou.
Sua veste era branca como a neve;
o cabelo era branco como a lã.
Seu trono era envolto em fogo,
e as rodas do trono
estavam em chamas.
¹⁰ De diante dele,
saía um rio de fogo.
Milhares de milhares o serviam;
milhões e milhões estavam diante dele.
O tribunal iniciou o julgamento,
e os livros foram abertos.

¹¹ "Continuei a observar por causa das palavras arrogantes que o chifre falava. Fiquei olhando até que o animal foi morto, e o seu corpo foi destruído e atirado no fogo. ¹² Dos outros animais foi retirada a autoridade, mas eles tiveram permissão para viver por um período de tempo.

¹³ "Em minha visão à noite, vi alguém semelhante a um filho de homem, vindo com as nuvens dos céus. Ele se aproximou do ancião e foi conduzido à sua presença. ¹⁴ Ele recebeu autoridade, glória e o reino; todos os povos, nações e homens de todas as línguas o adoraram. Seu

---

[a] **6.28** Ou *Dario, isto é, o reinado de Ciro,*

7.13,14 O Cristo, Deus encarnado, receberá o Reino de seu Pai e reinará para sempre.
Cumprimento: Mateus 24.30; Marcos 14.60-62; Lucas 21.27; 22.66-71; Apocalipse 19.11—22.5
Próximo texto: Daniel 9.24-27

domínio é um domínio eterno que não acabará, e seu reino jamais será destruído.

A Interpretação do Sonho

15 "Eu, Daniel, fiquei agitado em meu espírito, e as visões que passaram pela minha mente me aterrorizaram. 16 Então me aproximei de um dos que ali estavam e lhe perguntei o significado de tudo o que eu tinha visto.

"Ele me respondeu, dando-me esta interpretação: 17 'Os quatro grandes animais são quatro reinos que se levantarão na terra. 18 Mas os santos do Altíssimo receberão o reino e o possuirão para sempre; sim, para todo o sempre'.

19 "Então eu quis saber o significado do quarto animal, diferente de todos os outros e o mais aterrorizante, com seus dentes de ferro e garras de bronze, o animal que despedaçava e devorava suas vítimas, e pisoteava tudo o que sobrava. 20 Também quis saber sobre os dez chifres da sua cabeça e sobre o outro chifre que surgiu para ocupar o lugar dos três chifres que caíram, o chifre que tinha olhos e uma boca que falava com arrogância. 21 Enquanto eu observava, esse chifre guerreava contra os santos e os derrotava, 22 até que o ancião veio e pronunciou a sentença a favor dos santos do Altíssimo; chegou a hora de eles tomarem posse do reino.

23 "Ele me deu a seguinte explicação: 'O quarto animal é um quarto reino que aparecerá na terra. Será diferente de todos os outros reinos e devorará a terra inteira, despedaçando-a e pisoteando-a. 24 Os dez chifres são dez reis que sairão desse reino. Depois deles um outro rei se levantará, e será diferente dos primeiros reis. 25 Ele falará contra o Altíssimo, oprimirá os seus santos e tentará mudar os tempos[a] e as leis. Os santos serão entregues nas mãos dele por um tempo, tempos[b] e meio tempo.

26 " 'Mas o tribunal o julgará, e o seu poder lhe será tirado e totalmente destruído, para sempre. 27 Então a soberania, o poder e a grandeza dos reinos que há debaixo de todo o céu serão entregues nas mãos dos santos, o povo do Altíssimo. O reino dele será um reino eterno, e todos os governantes o adorarão e lhe obedecerão'.

28 "Esse é o fim da visão. Eu, Daniel, fiquei aterrorizado por causa dos meus pensamentos e meu rosto empalideceu, mas guardei essas coisas comigo".

A Visão de Daniel: O Carneiro e o Bode

8 No terceiro ano do reinado do rei Belsazar, eu, Daniel, tive outra visão, a segunda. 2 Na minha visão eu me vi na cidadela de Susã, na província de Elão; na visão eu estava junto do canal de Ulai. 3 Olhei para cima e, diante de mim, junto ao canal, estava um carneiro; seus dois chifres eram compridos, um mais que o outro, mas o mais comprido cresceu depois do outro. 4 Observei o carneiro enquanto ele avançava para o oeste, para o norte e para o sul. Nenhum animal conseguia resistir-lhe, e ninguém podia livrar-se do seu poder. Ele fazia o que bem desejava e foi ficando cada vez maior.

5 Enquanto eu considerava isso, de repente um bode, com um chifre enorme entre os olhos, veio do oeste, percorrendo toda a extensão da terra sem encostar no chão. 6 Ele veio na direção do carneiro de dois chifres que eu tinha visto ao lado do canal, e avançou contra ele com grande fúria. 7 Eu o vi atacar furiosamente o carneiro, atingi-lo e quebrar os seus dois chifres. O carneiro não teve forças para resistir a ele; o bode o derrubou no chão e o pisoteou, e ninguém foi capaz de livrar o carneiro do seu poder. 8 O bode tornou-se muito grande, mas no auge da sua força o seu grande chifre foi quebrado, e em seu lugar cresceram quatro chifres enormes, na direção dos quatro ventos da terra.

9 De um deles saiu um pequeno chifre, que logo cresceu em poder na direção do sul, do leste e da Terra Magnífica. 10 Cresceu até alcançar o exército dos céus, e atirou na terra parte do exército das estrelas e as pisoteou. 11 Tanto cresceu que chegou a desafiar o príncipe do exército; suprimiu o sacrifício diário oferecido ao príncipe, e o local do santuário foi destruído. 12 Por causa da rebelião, o exército

---

[a] 7.25 Ou *o calendário*; ou ainda *as festas religiosas*
[b] 7.25 Ou *dois tempos*

dos santos e o sacrifício diário foram dados ao chifre. Ele tinha êxito em tudo o que fazia, e a verdade foi lançada por terra.

¹³ Então ouvi dois anjos[a] conversando, e um deles perguntou ao outro: "Quanto tempo durarão os acontecimentos anunciados por esta visão? Até quando será suprimido o sacrifício diário e a rebelião devastadora prevalecerá? Até quando o santuário e o exército ficarão entregues ao poder do chifre e serão pisoteados?"

¹⁴ Ele me disse: "Isso tudo levará duas mil e trezentas tardes e manhãs; então o santuário será reconsagrado[b]".

A Interpretação da Visão

¹⁵ Enquanto eu, Daniel, observava a visão e tentava entendê-la, diante de mim apareceu um ser que parecia homem. ¹⁶ E ouvi a voz de um homem que vinha do Ulai: "Gabriel, dê a esse homem o significado da visão".

¹⁷ Quando ele se aproximou de mim, fiquei aterrorizado e caí prostrado. Ele me disse: "Filho do homem, saiba que a visão refere-se aos tempos do fim".

¹⁸ Enquanto ele falava comigo, eu, com o rosto em terra, perdi os sentidos. Então ele tocou em mim e me pôs em pé.

¹⁹ E disse: "Vou contar a você o que acontecerá depois, no tempo da ira, pois a visão se refere ao tempo do fim. ²⁰ O carneiro de dois chifres que você viu representa os reis da Média e da Pérsia. ²¹ O bode peludo é o rei da Grécia, e o grande chifre entre os seus olhos é o primeiro rei. ²² Os quatro chifres que tomaram o lugar do chifre que foi quebrado são quatro reis. Seus reinos surgirão da nação daquele rei, mas não terão o mesmo poder.

²³ "No final do reinado deles, quando a rebelião dos ímpios tiver chegado ao máximo, surgirá um rei de duro semblante, mestre em astúcias. ²⁴ Ele se tornará muito forte, mas não pelo seu próprio poder. Provocará devastações terríveis e será bem-sucedido em tudo o que fizer. Destruirá os homens poderosos e o povo santo. ²⁵ Com o intuito de prosperar, ele enganará a muitos e se considerará superior aos outros. Destruirá muitos que nele confiam[c] e se insurgirá contra o Príncipe dos príncipes. Apesar disso, ele será destruído, mas não pelo poder dos homens.

²⁶ "A visão das tardes e das manhãs que você recebeu é verdadeira; sele[d] porém a visão, pois refere-se ao futuro distante".

²⁷ Eu, Daniel, fiquei exausto e doente por vários dias. Depois levantei-me e voltei a cuidar dos negócios do rei. Fiquei assustado com a visão; estava além da compreensão humana.

A Oração de Daniel

9 Dario, filho de Xerxes[e], da linhagem dos medos, foi constituído governante do reino babilônio[f]. ² No primeiro ano do seu reinado, eu, Daniel, compreendi pelas Escrituras, conforme a palavra do Senhor dada ao profeta Jeremias, que a desolação de Jerusalém iria durar setenta anos. ³ Por isso me voltei para o Senhor Deus com orações e súplicas, em jejum, em pano de saco e coberto de cinza.

⁴ Orei ao Senhor, o meu Deus, e confessei:

Ó Senhor, Deus grande e temível, que manténs a tua aliança de amor com todos aqueles que te amam e obedecem aos teus mandamentos, ⁵ nós temos cometido pecado e somos culpados. Temos sido ímpios e rebeldes, e nos afastamos dos teus mandamentos e das tuas leis. ⁶ Não demos ouvido aos teus servos, os profetas, que falaram em teu nome aos nossos reis, aos nossos líderes e aos nossos antepassados, e a todo o teu povo. ⁷ Senhor, tu és justo, e hoje estamos envergonhados. Sim, nós, o povo de Judá, de Jerusalém e de todo o Israel, tanto os que estão perto como os que estão distantes, em todas as terras pelas quais nos espalhaste por causa de nossa infidelidade para contigo. ⁸ Ó Senhor, nós e nossos reis, nossos líderes e nossos antepassados estamos envergonhados por termos pecado contra ti. ⁹ O Senhor nosso Deus é misericordioso e perdoador, apesar de termos sido rebeldes; ¹⁰ não te demos ouvidos, Senhor nosso Deus, nem obedecemos às leis que nos deste por meio dos teus servos, os profetas. ¹¹ Todo o Israel transgrediu a tua lei e se desviou, recusando-se a te ouvir.

Por isso as maldições e as pragas escritas na Lei de Moisés, servo de Deus, têm sido derramadas sobre nós, porque pecamos contra ti. ¹² Cumpriste a palavra proferida

---

[a] **8.13** Hebraico: *santos*.
[b] **8.14** Ou *purificado*.
[c] **8.25** Ou *que vivem em paz*.
[d] **8.26** Ou *guarde em segredo*.
[e] **9.1** Hebraico: *Assuero*, variante do nome persa *Xerxes*.
[f] **9.1** Hebraico: *caldeu*.

contra nós e contra os nossos governantes, trazendo-nos grande desgraça. Debaixo de todo o céu jamais se fez algo como o que foi feito a Jerusalém. ¹³ Conforme está escrito na Lei de Moisés, toda essa desgraça nos atingiu, e ainda assim não temos buscado o favor do Senhor, o nosso Deus, afastando-nos de nossas maldades e obedecendo à tua verdade. ¹⁴ O Senhor não hesitou em trazer desgraça sobre nós, pois o Senhor, o nosso Deus, é justo em tudo o que faz; ainda assim nós não lhe temos dado atenção.

¹⁵ Ó Senhor nosso Deus, que tiraste o teu povo do Egito com mão poderosa e que fizeste para ti um nome que permanece até hoje, nós temos cometido pecado e somos culpados. ¹⁶ Agora, Senhor, conforme todos os teus feitos justos, afasta de Jerusalém, da tua cidade, do teu santo monte, a tua ira e a tua indignação. Os nossos pecados e as iniquidades de nossos antepassados fizeram de Jerusalém e do teu povo objeto de zombaria para todos os que nos rodeiam. ¹⁷ Ouve, nosso Deus, as orações e as súplicas do teu servo. Por amor de ti, Senhor, olha com bondade para[a] o teu santuário abandonado. ¹⁸ Inclina os teus ouvidos, ó Deus, e ouve; abre os teus olhos e vê a desolação da cidade que leva o teu nome. Não te fazemos pedidos por sermos justos, mas por causa da tua grande misericórdia. ¹⁹ Senhor, ouve! Senhor, perdoa! Senhor, vê e age! Por amor de ti, meu Deus, não te demores, pois a tua cidade e o teu povo levam o teu nome.

As Setenta Semanas

²⁰ Enquanto eu estava falando e orando, confessando o meu pecado e o pecado de Israel, meu povo, e trazendo o meu pedido ao Senhor, o meu Deus, em favor do seu santo monte — ²¹ enquanto eu ainda estava em oração, Gabriel, o homem que eu tinha visto na visão anterior, veio voando rapidamente para onde eu estava, à hora do sacrifício da tarde. ²² Ele me instruiu e me disse: "Daniel, agora vim para dar a você percepção e entendimento. ²³ Assim que você começou a orar, houve uma resposta, que eu trouxe a você porque você é muito amado. Por isso, preste atenção à mensagem para entender a visão:

9.24-27 Segundo o calendário judaico, que tem em média 360 dias, o Messias teria sido morto 483 anos ["sete semanas, e sessenta e duas semanas", v. 25,26: (7 + 62) 7 = 483 anos] depois do ano 444 a.C., o qual, transferido para o sistema do calendário juliano usado por Roma, leva-nos ao ano 33 a.C.
Cumprimento: Mateus 26 — 27; Marcos 14 — 5; Lucas 22 — 23; João 18 — 19
Próximo texto: Miqueias 5.2

²⁴ "Setenta semanas estão decretadas para o seu povo e sua santa cidade a fim de acabar com[b] a transgressão, dar fim ao pecado, expiar as culpas, trazer justiça eterna, cumprir a visão e a profecia, e ungir o santíssimo[c]. ²⁵ "Saiba e entenda que, a partir da promulgação do decreto que manda restaurar e reconstruir Jerusalém até que o Ungido, o príncipe, venha, haverá sete semanas, e sessenta e duas semanas. Ela será reconstruída com ruas e muros[d], mas em tempos difíceis. ²⁶ Depois das sessenta e duas semanas, o Ungido será morto, e já não haverá lugar para ele. A cidade e o Lugar Santo serão destruídos pelo povo do governante que virá. O fim virá como uma inundação: guerras continuarão até o fim, e desolações foram decretadas. ²⁷ Com muitos ele fará uma aliança que durará uma semana. No meio da semana ele dará fim ao sacrifício e à oferta. E numa ala do templo será colocado o sacrilégio terrível, até que chegue sobre ele[e] o fim que lhe está decretado".

A Visão do Homem Vestido de Linho

10 No terceiro ano de Ciro, rei da Pérsia, Daniel, chamado Beltessazar, recebeu uma revelação. A mensagem era verdadeira e falava de uma grande guerra[f]. Na visão que teve, ele entendeu a mensagem.

² Naquela ocasião eu, Daniel, passei três semanas chorando. ³ Não comi nada saboroso; carne e vinho nem provei; e não usei nenhuma essência aromática, até se passarem as três semanas.

---

[a] **9.17** Hebraico: *faze resplandecer o teu rosto sobre.*
[b] **9.24** Ou *para restringir*
[c] **9.24** Ou *o Lugar Santíssimo*
[d] **9.25** Ou *trincheiras*
[e] **9.27** Ou *sobre isso*
[f] **10.1** Ou *falava de tempos difíceis*

⁴ No vigésimo quarto dia do primeiro mês, estava eu em pé junto à margem de um grande rio, o Tigre. ⁵ Olhei para cima, e diante de mim estava um homem vestido de linho, com um cinto de ouro puríssimo na cintura. ⁶ Seu corpo era como berilo, o rosto como relâmpago, os olhos como tochas acesas, os braços e pernas como o reflexo do bronze polido, e a sua voz era como o som de uma multidão.

⁷ Somente eu, Daniel, tive a visão; os que me acompanhavam nada viram, mas foram tomados de tanto pavor que fugiram e se esconderam. ⁸ Assim fiquei sozinho, olhando para aquela grande visão; fiquei sem forças, muito pálido, e quase desfaleci. ⁹ Então eu o ouvi falando e, ao ouvi-lo, caí prostrado com o rosto em terra, e perdi os sentidos.

¹⁰ Em seguida, a mão de alguém tocou em mim e me pôs sobre as minhas mãos e os meus joelhos vacilantes. ¹¹ E ele disse: "Daniel, você é muito amado. Preste bem atenção ao que vou falar; levante-se, pois eu fui enviado a você". Quando ele me disse isso, pus-me em pé, tremendo.

¹² E ele prosseguiu: "Não tenha medo, Daniel. Desde o primeiro dia em que você decidiu buscar entendimento e humilhar-se diante do seu Deus, suas palavras foram ouvidas, e eu vim em resposta a elas. ¹³ Mas o príncipe do reino da Pérsia me resistiu durante vinte e um dias. Então Miguel, um dos príncipes supremos, veio em minha ajuda, pois eu fui impedido de continuar ali com os reis da Pérsia. ¹⁴ Agora vim explicar a você o que acontecerá ao seu povo no futuro, pois a visão se refere a uma época futura".

¹⁵ Quando ele me disse isso, prostrei-me com o rosto em terra, sem conseguir falar. ¹⁶ Então um ser que parecia homemᵃ tocou nos meus lábios, e eu abri a minha boca e comecei a falar. Eu disse àquele que estava em pé diante de mim: Estou angustiado por causa da visão, meu senhor, e quase desfaleço. ¹⁷ Como posso eu, teu servo, conversar contigo, meu senhor? Minhas forças se foram, e mal posso respirar.

¹⁸ O ser que parecia homem tocou em mim outra vez e me deu forças. ¹⁹ Ele disse: "Não tenha medo, você, que é muito amado. Que a paz seja com você! Seja forte! Seja forte!"

Ditas essas palavras, senti-me fortalecido e disse: Fala, meu senhor, visto que me deste forças.

ᵃ **10.16** Conforme a maioria dos manuscritos do Texto Massorético. Os manuscritos do mar Morto e a Septuaginta dizem algo que se parecia com a mão de um homem

²⁰ Então ele me disse: "Você sabe por que vim? Tenho que voltar para lutar contra o príncipe da Pérsia e, logo que eu for, chegará o príncipe da Grécia; ²¹ mas antes revelarei a você o que está escrito no Livro da Verdade. E nessa luta ninguém me ajuda contra eles, senão Miguel, o príncipe de vocês;

11 e, no primeiro ano de Dario, rei dos medos, ajudei-o e dei-lhe apoio.

Os Reis do Sul e os Reis do Norte

² "Agora, pois, vou anunciar a você a verdade: Outros três reis aparecerão na Pérsia, e depois virá um quarto rei, que será bem mais rico do que os anteriores. Depois de conquistar o poder com sua riqueza, instigará todos contra o reino da Grécia. ³ Então surgirá um rei guerreiro, que governará com grande poder e fará o que quiser. ⁴ Logo depois de estabelecidoᵇ, o seu império se desfará e será repartido entre os quatro ventos do céu. Não passará para os seus descendentes, e o império não será poderoso como antes, pois será desarraigado e entregue a outros.

⁵ "O rei do sul se tornará forte, mas um dos seus príncipes se tornará ainda mais forte que ele e governará o seu próprio reino com grande poder. ⁶ Depois de alguns anos, eles se tornarão aliados. A filha do rei do sul fará um tratado com o rei do norte, mas ela não manterá o seu poder, tampouco ele conservará o deleᶜ. Naqueles dias ela será entregue à morte, com sua escolta real e com seu paiᵈ e com aquele que a apoiou.

⁷ "Alguém da linhagem dela se levantará para tomar-lhe o lugar. Ele atacará as forças do rei do norte e invadirá a sua fortaleza; lutará contra elas e será vitorioso. ⁸ Também tomará os deuses deles, as suas imagens de metal e os seus utensílios valiosos de prata e de ouro, e os levará para o Egito. Por alguns anos ele deixará o rei do norte em paz. ⁹ Então o rei do norte invadirá as terras do rei do sul, mas terá que se retirar para a sua própria terra. ¹⁰ Seus filhos se prepararão para a guerra e reunirão um grande exército, que avançará como uma

ᵇ **11.4** Ou *No auge do seu poder,*
ᶜ **11.6** Ou *se casará com o rei do norte para garantir um tratado, mas ele não manterá o seu poder e sua descendência não subsistirá*
ᵈ **11.6** Ou *filho*; com base na Vulgata e na Versão Siríaca.

inundação irresistível e levará os combates até a fortaleza do rei do sul.

¹¹ "Em face disso, o rei do sul marchará furioso para combater o rei do norte, que o enfrentará com um enorme exército, mas, apesar disso, será derrotado. ¹² Quando o exército for vencido, o rei do sul se encherá de orgulho e matará milhares, mas o seu triunfo será breve. ¹³ Pois o rei do norte reunirá outro exército, maior que o primeiro; depois de alguns anos voltará a atacá-lo com um exército enorme e bem equipado.

¹⁴ "Naquela época muitos se rebelarão contra o rei do sul. E os homens violentos do povo a que você pertence se revoltarão para cumprir esta visão, mas não terão sucesso. ¹⁵ Então o rei do norte virá, construirá rampas de cerco e conquistará uma cidade fortificada. As forças do sul serão incapazes de resistir; mesmo as suas melhores tropas não terão forças para resistir. ¹⁶ O invasor fará o que bem entender; ninguém conseguirá detê-lo. Ele se instalará na Terra Magnífica e terá poder para destruí-la. ¹⁷ Virá com o poder de todo o seu reino e fará uma aliança com o rei do sul. Ele lhe dará uma filha em casamento a fim de derrubar o reino, mas o seu plano[a] não terá sucesso e em nada o ajudará. ¹⁸ Então ele voltará a atenção para as regiões costeiras e se apossará de muitas delas, mas um comandante reagirá com arrogância à arrogância dele e lhe dará fim. ¹⁹ Depois disso ele se dirigirá para as fortalezas de sua própria terra, mas tropeçará e cairá, para nunca mais aparecer.

²⁰ "Seu sucessor enviará um cobrador de impostos para manter o esplendor real. Contudo, em poucos anos ele será destruído, sem necessidade de ira nem de combate.

²¹ "Ele será sucedido por um ser desprezível, a quem não tinha sido dada a honra da realeza. Este invadirá o reino quando o povo se sentir seguro e se apoderará do reino por meio de intrigas. ²² Então um exército avassalador será arrasado diante dele; tanto o exército como um príncipe da aliança serão destruídos. ²³ Depois de feito o acordo, ele agirá traiçoeiramente e com apenas um pequeno grupo chegará ao poder. ²⁴ Quando as províncias mais ricas se sentirem seguras, ele as invadirá e realizará o que nem seus pais nem seus antepassados conseguiram: distribuirá despojos, saques e riquezas entre seus seguidores. Ele tramará a tomada de fortalezas, mas só por algum tempo.

²⁵ "Com um grande exército juntará suas forças e sua coragem contra o rei do sul. O rei do sul guerreará mobilizando um exército grande e poderoso, mas não conseguirá resistir por causa dos golpes tramados contra ele. ²⁶ Mesmo os que estiverem sendo alimentados pelo rei tentarão destruí-lo; seu exército será arrasado, e muitos cairão em combate. ²⁷ Os dois reis, com seu coração inclinado para o mal, sentarão à mesma mesa e mentirão um para o outro, mas sem resultado, pois o fim só virá no tempo determinado. ²⁸ O rei do norte voltará para a sua terra com grande riqueza, mas o seu coração estará voltado contra a santa aliança. Ele empreenderá ação contra ela e depois voltará para a sua terra.

²⁹ "No tempo determinado ele invadirá de novo o sul, mas desta vez o resultado será diferente do anterior. ³⁰ Navios das regiões da costa ocidental[b] se oporão a ele, e ele perderá o ânimo. Então despejará sua fúria contra a santa aliança e, voltando, tratará com bondade aqueles que abandonarem a santa aliança.

³¹ "Suas forças armadas se levantarão para profanar a fortaleza e o templo, acabarão com o sacrifício diário e colocarão no templo o sacrilégio terrível. ³² Com lisonjas corromperá aqueles que tiverem violado a aliança, mas o povo que conhece o seu Deus resistirá com firmeza.

³³ "Aqueles que são sábios instruirão a muitos, mas por certo período cairão à espada e serão queimados, capturados e saqueados. ³⁴ Quando caírem, receberão uma pequena ajuda, e muitos que não são sinceros se juntarão a eles. ³⁵ Alguns dos sábios tropeçarão para que sejam refinados, purificados e alvejados até a época do fim, pois isso só acontecerá no tempo determinado.

O Rei Arrogante

³⁶ "O rei fará o que bem entender. Ele se exaltará e se engrandecerá acima de todos os deuses e dirá coisas jamais ouvidas contra o Deus dos deuses. Ele terá sucesso até que o tempo da ira se complete, pois o que foi decidido irá acontecer. ³⁷ Ele não terá consideração pelos deuses dos seus antepassados nem pelo deus preferido das mulheres, nem por deus algum, mas se exaltará acima deles todos. ³⁸ Em seu lugar adorará

---

[a] 11.17 Ou *mas ela*
[b] 11.30 Hebraico: *navios de Quitim*.

um deus das fortalezas; um deus desconhecido de seus antepassados ele honrará com ouro e prata, com pedras preciosas e presentes caros. ³⁹ Atacará as fortalezas mais poderosas com a ajuda de um deus estrangeiro e dará grande honra àqueles que o reconhecerem. Ele os fará governantes sobre muitos e distribuirá a terra, mas a um preço elevado[a].

⁴⁰ "No tempo do fim o rei do sul se envolverá em combate, e o rei do norte o atacará com carros e cavaleiros e uma grande frota de navios. Ele invadirá muitos países e avançará por eles como uma inundação. ⁴¹ Também invadirá a Terra Magnífica. Muitos países cairão, mas Edom, Moabe e os líderes de Amom ficarão livres da sua mão. ⁴² Ele estenderá o seu poder sobre muitos países; o Egito não escapará, ⁴³ pois esse rei terá o controle dos tesouros de ouro e de prata e de todas as riquezas do Egito; os líbios e os núbios a ele se submeterão. ⁴⁴ Mas informações provenientes do leste e do norte o deixarão alarmado, e irado partirá para destruir e aniquilar muito povo. ⁴⁵ Armará suas tendas reais entre os mares, no[b] belo e santo monte. No entanto, ele chegará ao seu fim, e ninguém o socorrerá.

Os Tempos do Fim

12 "Naquela ocasião Miguel, o grande príncipe que protege o seu povo, se levantará. Haverá um tempo de angústia como nunca houve desde o início das nações até então. Mas naquela ocasião o seu povo, todo aquele cujo nome está escrito no livro, será liberto. ² Multidões que dormem no pó da terra acordarão: uns para a vida eterna, outros para a vergonha, para o desprezo eterno. ³ Aqueles que são sábios[c] reluzirão como o fulgor do céu, e aqueles que conduzem muitos à justiça serão como as estrelas, para todo o sempre. ⁴ Mas você, Daniel, feche com um selo as palavras do livro até o tempo do fim. Muitos irão por todo lado em busca de maior conhecimento".

⁵ Então eu, Daniel, olhei, e diante de mim estavam dois outros anjos, um na margem de cá do rio e outro na margem de lá. ⁶ Um deles disse ao homem vestido de linho, que estava acima das águas do rio: "Quanto tempo decorrerá antes que se cumpram essas coisas extraordinárias?"

⁷ O homem vestido de linho, que estava acima das águas do rio, ergueu para o céu a mão direita e a mão esquerda, e eu o ouvi jurar por aquele que vive para sempre, dizendo: "Haverá um tempo, tempos[d] e meio tempo. Quando o poder do povo santo for finalmente quebrado, todas essas coisas se cumprirão".

⁸ Eu ouvi, mas não compreendi. Por isso perguntei: "Meu senhor, qual será o resultado disso tudo?"

⁹ Ele respondeu: "Siga o seu caminho, Daniel, pois as palavras estão seladas e lacradas até o tempo do fim. ¹⁰ Muitos serão purificados, alvejados e refinados, mas os ímpios continuarão ímpios. Nenhum dos ímpios levará isto em consideração, mas os sábios sim.

¹¹ "Depois de abolido o sacrifício diário e colocado o sacrilégio terrível, haverá mil e duzentos e noventa dias. ¹² Feliz aquele que esperar e alcançar o fim dos mil trezentos e trinta e cinco dias.

¹³ "Quanto a você, siga o seu caminho até o fim. Você descansará e, então, no final dos dias, você se levantará para receber a herança que lhe cabe".

---

[a] **11.39** Ou *terra como recompensa*
[b] **11.45** Ou *entre o mar e o*
[c] **12.3** Ou *que dão sabedoria*
[d] **12.7** Ou *dois tempos*

OS LIVROS PROFÉTICOS DO ANTIGO TESTAMENTO

PROFETAS MENORES

- Oseias
- Joel
- Amós
- Obadias
- Jonas
- Miqueias
- Naum
- Habacuque
- Sofonias
- Ageu
- Zacarias
- Malaquias

Introdução ao livro de
OSEIAS

Autor e data de composição — Logo no início do livro indica-se o profeta Oseias, filho de Beeri, como o escritor da obra. Com relação à data de composição, afirma-se que Oseias recebeu a palavra do Senhor "durante os reinados de Uzias, Jotão, Acaz e Ezequias, reis de Judá, e de Jeroboão, filho de Jeoás, rei de Israel" (v. 1). Essa informação situaria seu ministério entre 755 e 710 a.C. aproximadamente. Pelo próprio texto entende-se que o profeta estava mais familiarizado e preocupado com a vida do Reino do Norte (Israel), o que poderia indicar a origem do profeta. À exceção de todas as referências a seu lamentável casamento e filhos, não se tem conhecimento de outros detalhes de sua vida.

ESBOÇO GERAL

Primeira parte: A triste vida pessoal de Oseias, símbolo profético da relação entre Deus e Israel (1—3)

Segunda parte: O profeta exorta Israel para que volte ao lar e ao Senhor, seu fiel esposo (4—14)
    I. O sofrimento do Deus santo diante do pecado de Israel (4—7)
    II. A justiça de Deus exige um castigo exemplar para Israel (8—10)
    III. O amor de Deus dá ao povo infiel chance de restauração (11—14)

Versículo-chave
4.6a

Tema geral do livro
Este livro é uma espécie de parábola em que o Senhor ordena a Oseias que faça algo que um homem de seu valor jamais faria: casar-se com Gômer, uma mulher de má reputação e infiel, e chegar até mesmo a comprá-la de volta para obter sua fidelidade. A segunda parte da obra explica o significado da primeira parte. A ação profética de Oseias é símbolo do relacionamento entre Deus e Israel, que podemos caracterizar como um amor que é alvo de visível traição. Aqui vemos um Deus que sofre pela infidelidade de um povo desejado por ele, como o esposo anela pela esposa. O encanto de Israel pelos falsos deuses é incompreensível tendo em conta o amor fiel que o Senhor sempre lhe manifestara. É digno de nota o uso que Oseias faz de uma das palavras mais belas do hebraico bíblico: *hesed*, cujo sentido é o do amor movido pela compaixão ou misericórdia.

No livro de Oseias, Jesus é...
... o esposo fiel da mulher adúltera (6.1,2).

Versículo-chave para o discípulo
6.6

O discípulo e o livro de Oseias

A chave deste livro profundo e simbólico está em 6.6, que diz: "Pois desejo misericórdia e não sacrifícios; conhecimento de Deus em vez de holocaustos". Até hoje, essas palavras continuam perfeitamente válidas para o verdadeiro cristão. Não fazemos sacrifícios de animais, como havia no Antigo Testamento; muito menos holocaustos. Mesmo assim, muitas vezes nos deixamos levar, individual ou coletivamente, por um espírito de falsa religiosidade que procura agradar a Deus com atitudes externas que não correspondem ao que sentimos no coração. Caro discípulo, lembre-se sempre de que o único que de fato conhece o seu coração, suas motivações, seus pensamentos e sentimentos é Deus. Portanto, a sua adoração e a sua vida como um todo devem refletir um interior que respira santidade; isto é, que não está apegado à mentalidade e à vida deste mundo, mas que é consagrado por completo ao uso exclusivo de Deus, nosso Amor supremo.

OSEIAS

1 Palavra do Senhor que veio a Oseias, filho de Beeri, durante os reinados de Uzias, Jotão, Acaz e Ezequias, reis de Judá, e de Jeroboão, filho de Jeoás, rei de Israel.

A Mulher e os Filhos de Oseias

² Quando o Senhor começou a falar por meio de Oseias, disse-lhe: "Vá, tome uma mulher adúltera e filhos da infidelidade, porque a nação é culpada do mais vergonhoso adultério por afastar-se do Senhor". ³ Por isso ele se casou com Gômer, filha de Diblaim; ela engravidou e lhe deu um filho.

⁴ Então o Senhor disse a Oseias: "Dê-lhe o nome de Jezreel, porque logo castigarei a dinastia de Jeú por causa do massacre ocorrido em Jezreel, e darei fim ao reino de Israel. ⁵ Naquele dia, quebrarei o arco de Israel no vale de Jezreel".

⁶ Gômer engravidou novamente e deu à luz uma filha. Então o Senhor disse a Oseias: "Dê-lhe o nome de Lo-Ruama[a], pois não mais mostrarei amor para com a nação de Israel, não ao ponto de perdoá-la. ⁷ Contudo, tratarei com amor a nação de Judá; e eu lhe concederei vitória, não pelo arco, pela espada ou por combate, nem por cavalos e cavaleiros, mas pelo Senhor, o seu Deus".

⁸ Depois de desmamar Lo-Ruama, Gômer teve outro filho. ⁹ Então o Senhor disse: "Dê-lhe o nome de Lo-Ami[b], pois vocês não são meu povo, e eu não sou seu Deus.

¹⁰ "Contudo os israelitas ainda serão como a areia da praia, que não se pode medir nem contar. No lugar onde se dizia a eles: 'Vocês não são meu povo', eles serão chamados 'filhos do Deus vivo'. ¹¹ O povo de Judá e o povo de Israel serão reunidos, e eles designarão para si um só líder e se levantarão da terra, pois será grande o dia de Jezreel.

2 "Chamem a seus irmãos 'meu povo', e a suas irmãs 'minhas amadas'.

Castigo e Restauração de Israel

² "Repreendam sua mãe,
  repreendam-na,
pois ela não é minha mulher,
  e eu não sou seu marido.
Que ela retire do rosto o sinal de adúltera
  e do meio dos seios a infidelidade.

³ Do contrário, eu a deixarei nua
  como no dia em que nasceu;
farei dela um deserto,
  uma terra ressequida,
e a matarei de sede.
⁴ Não tratarei com amor os seus filhos,
  porque são filhos de adultério.
⁵ A mãe deles foi infiel,
  engravidou deles
  e está coberta de vergonha.
Pois ela disse:
  'Irei atrás dos meus amantes,
  que me dão comida, água,
  lã, linho, azeite e bebida'.
⁶ Por isso bloquearei o seu caminho
  com espinheiros;
eu a cercarei de tal modo
  que ela não poderá encontrar
  o seu caminho.
⁷ Ela correrá atrás dos seus amantes,
  mas não os alcançará;
procurará por eles,
  mas não os encontrará.
Então ela dirá:
  'Voltarei a estar com o meu marido
  como no início,
pois eu estava bem melhor
  do que agora'.
⁸ Ela não reconheceu que fui eu
  quem lhe deu o trigo,
  o vinho e o azeite,
  quem a cobriu de ouro e de prata,
  que depois usaram para Baal.

⁹ "Por isso levarei o meu trigo
  quando ele amadurecer,
e o meu vinho quando ficar pronto.
Arrancarei dela minha lã e meu linho,
  que serviam para cobrir a sua
    nudez.
¹⁰ Pois agora vou expor a sua lascívia
  diante dos olhos dos seus amantes;
ninguém a livrará das minhas mãos.
¹¹ Acabarei com a sua alegria:
  suas festas anuais,
  suas luas novas,
  seus dias de sábado
e todas as suas festas fixas.
¹² Arruinarei suas videiras
  e suas figueiras,

---

[a] 1.6 *Lo-Ruama* significa *não amada*.
[b] 1.9 *Lo-Ami* significa *não meu povo*.

que, segundo ela, foram pagamento
  recebido de seus amantes;
farei delas um matagal,
  e os animais selvagens as devorarão.
¹³ Eu a castigarei pelos dias
  em que queimou incenso
  aos baalins;
ela se enfeitou com anéis e joias
  e foi atrás dos seus amantes,
mas de mim, ela se esqueceu",
declara o Senhor.

¹⁴ "Portanto, agora vou atraí-la;
vou levá-la para o deserto
  e falar-lhe com carinho.
¹⁵ Ali devolverei a ela as suas vinhas
e farei do vale de Acor^a
  uma porta de esperança.
Ali ela me responderá
  como nos dias de sua infância,
como no dia em que saiu do Egito.

¹⁶ "Naquele dia", declara o Senhor,
  "você me chamará 'meu marido';
não me chamará mais 'meu senhor'^b.
¹⁷ Tirarei dos seus lábios
  os nomes dos baalins;
seus nomes não serão mais invocados.
¹⁸ Naquele dia, em favor deles farei
  um acordo
com os animais do campo,
com as aves do céu
e com os animais
  que rastejam pelo chão.
Arco, espada e guerra,
  eu os abolirei da terra,
para que todos possam viver em paz.
¹⁹ Eu me casarei com você para sempre;
eu me casarei com você
  com justiça e retidão,
com amor e compaixão.
²⁰ Eu me casarei com você
  com fidelidade,
e você reconhecerá o Senhor.

²¹ "Naquele dia, eu responderei",
  declara o Senhor.
"Responderei aos céus,
  e eles responderão à terra;
²² e a terra responderá ao cereal,
  ao vinho e ao azeite,

---

^a **2.15** *Acor* significa *problemas*.
^b **2.16** Hebraico: *Baal*.

e eles responderão a
  Jezreel^c.
²³ Eu a plantarei para mim mesmo
  na terra;
tratarei com amor
  aquela que chamei Não amada^d.
Direi àquele chamado
  Não meu povo^e: Você é meu povo;
e ele dirá: 'Tu és o meu Deus'. "

A Reconciliação de Oseias com sua Mulher

3 O Senhor me disse: "Vá, trate novamente com amor sua mulher, apesar de ela ser amada por outro e ser adúltera. Ame-a como o Senhor ama os israelitas, apesar de eles se voltarem para outros deuses e de amarem os bolos sagrados de uvas passas".

² Por isso eu a comprei por cento e oitenta gramas^f de prata e um barril e meio^g de cevada. ³ E eu lhe disse: Você viverá comigo^h por muitos dias; não será mais prostituta nem pertencerá a nenhum outro homem, e eu viverei comⁱ você.

⁴ Pois os israelitas viverão muitos dias sem rei e sem líder, sem sacrifício e sem colunas sagradas, sem colete sacerdotal e sem ídolos de família. ⁵ Depois disso os israelitas voltarão e buscarão o Senhor, o seu Deus, e Davi, seu rei. Virão tremendo atrás do Senhor e das suas bênçãos, nos últimos dias.

A Acusação contra Israel

4 Israelitas, ouçam a palavra do Senhor, porque o Senhor tem uma acusação
  contra vocês que vivem nesta terra:
"A fidelidade e o amor
  desapareceram desta terra,
como também o conhecimento de Deus.
² Só se veem maldição, mentira
  e assassinatos,
roubo e mais roubo,
  adultério e mais adultério;
ultrapassam todos os limites!
E o derramamento de sangue
  é constante.

---

^c **2.22** *Jezreel* significa *Deus planta*.
^d **2.23** Hebraico: *Lo-Ruama*.
^e **2.23** Hebraico: *Lo-Ami*.
^f **3.2** Hebraico: *15 siclos*. Um siclo equivalia a 12 gramas.
^g **3.2** Hebraico: *1 hômer e meio*. O hômer era uma medida de capacidade para secos. As estimativas variam entre 200 e 400 litros.
^h **3.3** Ou *esperará por mim*
ⁱ **3.3** Ou *eu esperarei por*

³ Por isso a terra pranteiaᵃ,
  e todos os seus habitantes desfalecem;
os animais do campo, as aves do céu
  e os peixes do mar estão morrendo.

⁴ "Mas que ninguém discuta,
  que ninguém faça acusação,
pois sou eu quem acusa os sacerdotes.
⁵ Vocês tropeçam dia e noite,
  e os profetas tropeçam com vocês.
Por isso destruirei sua mãe.
⁶ Meu povo foi destruído
  por falta de conhecimento.

"Uma vez que vocês rejeitaram
  o conhecimento,
eu também os rejeito
  como meus sacerdotes;
uma vez que vocês ignoraram
  a lei do seu Deus,
eu também ignorarei seus filhos.
⁷ Quanto mais aumentaram
  os sacerdotes,
mais eles pecaram contra mim;
trocaram a Glória delesᵇ
  por algo vergonhoso.
⁸ Eles se alimentam
  dos pecados do meu povo
e têm prazer em sua iniquidade.
⁹ Portanto, castigarei tanto o povo
  quanto os sacerdotes
  por causa dos seus caminhos,
e lhes retribuirei seus atos.

¹⁰ "Eles comerão,
  mas não terão o suficiente;
eles se prostituirão,
  mas não aumentarão a prole,
porque abandonaram o Senhor
  para se entregarem
¹¹ à prostituição, ao vinho velho e ao novo,
  prejudicando o discernimento
  do meu povo.
¹² Eles pedem conselhos
  a um ídolo de madeira,
  e de um pedaço de pau
    recebem resposta.
Um espírito de prostituição
  os leva a desviar-se;
eles são infiéis ao seu Deus.

¹³ Sacrificam no alto dos montes
  e queimam incenso nas colinas,
debaixo de um carvalho,
  de um estoraqueᶜ
  ou de um terebintoᵈ,
  onde a sombra é agradável.
Por isso as suas filhas se prostituem
  e as suas noras adulteram.

¹⁴ "Não castigarei suas filhas
  por se prostituírem,
nem suas noras
  por adulterarem,
porque os próprios homens
  se associam a meretrizes
e participam dos sacrifícios oferecidos
  pelas prostitutas cultuais —
um povo sem entendimento
  precipita-se à ruína!

¹⁵ "Embora você adultere, ó Israel,
  que Judá não se torne culpada!

"Deixem de ir a Gilgal;
  não subam a Bete-Ávenᵉ.
E não digam:
  'Juro pelo nome do Senhor!'
¹⁶ Os israelitas são rebeldes
  como bezerra indomável.
Como pode o Senhor apascentá-los
  como cordeiros na campina?
¹⁷ Efraim aliou-se a ídolos;
  deixem-no só!
¹⁸ Mesmo quando acaba a bebida,
  eles continuam em sua prostituição;
seus governantes amam profundamente
  os caminhos vergonhosos.
¹⁹ Um redemoinho os varrerá para longe,
  e os seus altares lhes trarão
    vergonha.

Julgamento contra Israel

5 "Ouçam isto, sacerdotes!
  Atenção, israelitas!
Escute, ó família real!
  Esta sentença é contra vocês:
Vocês têm sido
  uma armadilha em Mispá,

ᵃ **4.3** Ou *está seca*
ᵇ **4.7** Conforme a Versão Siríaca e uma antiga tradição dos escribas hebreus. O Texto Massorético diz *trocarei a minha glória*.
ᶜ **4.13** Ou *benjoim*, um arbusto ornamental, de origem asiática, da família das estiracáceas.
ᵈ **4.13** Árvore que, com incisão, produz goma aromática.
ᵉ **4.15** *Bete-Áven* significa *casa da impiedade* (um nome para *Betel*, que significa *casa de Deus*).

uma rede estendida
sobre o monte Tabor.
² Os rebeldes estão
envolvidos em matança.
Eu disciplinarei todos eles.
³ Conheço Efraim;
Israel não pode se esconder de mim.
Efraim, agora você se lançou
à prostituição;
Israel se corrompeu.

⁴ "Suas ações não lhes permitem
voltar para o seu Deus.
Um espírito de prostituição
está no coração deles;
não reconhecem o Senhor.
⁵ A arrogância de Israel
testifica contra eles;
Israel e Efraim tropeçam
em seu pecado;
Judá também tropeça com eles.
⁶ Quando eles forem buscar o Senhor
com todos os seus rebanhos
e com todo o seu gado,
não o encontrarão;
ele se afastou deles.
⁷ Traíram o Senhor;
geraram filhos ilegítimos.
Agora suas festas de lua nova
os devorarão, tanto a eles
como as suas plantações.

⁸ "Toquem a trombeta em Gibeá
e a corneta em Ramá.
Deem o grito de guerra em Bete-Áven;
esteja na vanguarda, ó Benjamim.
⁹ Efraim será arrasado
no dia do castigo.
Entre as tribos de Israel,
eu proclamo o que acontecerá.
¹⁰ Os líderes de Judá são como os que
mudam os marcos dos limites.
Derramarei sobre eles a minha ira
como uma inundação.
¹¹ Efraim está oprimido,
esmagado pelo juízo,
porque decidiu ir atrás de ídolos.
¹² Sou como uma traça para Efraim,
como podridão para o povo de Judá.
¹³ "Quando Efraim viu a sua enfermidade
e Judá os seus tumores,
Efraim se voltou para a Assíria
e mandou buscar a ajuda do grande rei.

Mas ele não tem condições
de curar vocês,
nem pode sarar os seus tumores.
¹⁴ Pois serei como um leão para Efraim
e como um leão grande para Judá.
Eu os despedaçarei e irei embora;
eu os levarei
sem que ninguém possa livrá-los.
¹⁵ Então voltarei ao meu lugar
até que eles admitam sua culpa.
Eles buscarão a minha face;
em sua necessidade
eles me buscarão ansiosamente".

Israel Obstinado

6 "Venham, voltemos para o Senhor.
Ele nos despedaçou,
mas nos trará cura;
ele nos feriu,
mas sarará nossas feridas.
² Depois de dois dias
ele nos dará vida novamente;
ao terceiro dia, ele nos restaurará,
para que vivamos em sua presença.
³ Conheçamos o Senhor;
esforcemo-nos por conhecê-lo.
Tão certo como nasce o sol,
ele aparecerá;
virá para nós como as chuvas de inverno,
como as chuvas de primavera
que regam a terra."

⁴ "Que posso fazer com você, Efraim?
Que posso fazer com você, Judá?
Seu amor é como a neblina da manhã,
como o primeiro orvalho
que logo evapora.
⁵ Por isso eu os despedacei
por meio dos meus profetas,
eu os matei com as palavras
da minha boca;
os meus juízos reluziram
como relâmpagos sobre vocês.
⁶ Pois desejo misericórdia
e não sacrifícios;
conhecimento de Deus
em vez de holocaustos^a.
⁷ Na cidade de Adão^b,
eles quebraram a aliança
e me foram infiéis.

---
[a] 6.6 Isto é, sacrifícios totalmente queimados.
[b] 6.7 Ou *Como em Adão*; ou ainda *Como homens*

⁸ Gileade é uma cidade de ímpios,
   maculada de sangue.
⁹ Assim como os assaltantes
   ficam de emboscada
   à espera de um homem,
assim fazem também
   os bandos de sacerdotes;
eles assassinam na estrada de Siquém
   e cometem outros crimes vergonhosos.
¹⁰ Vi uma coisa terrível na terra de Israel.
Ali Efraim se prostitui,
   e Israel está contaminado.

¹¹ "Também para você, Judá,
   foi determinada uma colheita
para quando eu trouxer de volta
   o meu povo.

7 "Quando eu tento curar Israel,
   o mal de Efraim fica exposto
   e os crimes de Samaria são revelados.
Pois praticam o engano,
ladrões entram nas casas,
bandidos roubam nas ruas;
² mas eles não percebem que
   eu me lembro de todas
   as suas más obras.
Seus pecados os envolvem;
   eu os vejo constantemente.

³ "Eles alegram o rei
   com as suas impiedades,
os líderes, com as suas mentiras.
⁴ São todos adúlteros,
   queimando como um forno
cujo fogo o padeiro não precisa atiçar,
   desde quando sova a massa
até quando a faz crescer.
⁵ No dia da festa de nosso rei
   os líderes são inflamados
   pelo vinho,
   e o rei dá as mãos aos zombadores.
⁶ Quando se aproximam
   com suas intrigas,
seus corações ardem como um
   forno.
A fúria deles arde lentamente
   a noite toda;
pela manhã queima
   como chama abrasadora.
⁷ Todos eles se esquentam
   como um forno
   e devoram os seus governantes.

Todos os seus reis caem,
   e ninguém clama a mim.
⁸ "Efraim mistura-se com as nações;
Efraim é um bolo que não foi virado.
⁹ Estrangeiros sugam sua força,
   mas ele não o percebe.
Seu cabelo vai ficando grisalho,ª
   mas ele nem repara nisso.
¹⁰ A arrogância de Israel
   testifica contra ele,
mas, apesar de tudo isso,
   ele não se volta para o Senhor,
   para o seu Deus, e não o busca.

¹¹ "Efraim é como uma pomba
   facilmente enganada
   e sem entendimento;
ora apela para o Egito,
   ora volta-se para a Assíria.
¹² Quando se forem,
   atirarei sobre eles a minha rede;
eu os farei descer como as aves dos céus.
Quando os ouvir em sua reunião,
   eu os apanharei.
¹³ Ai deles,
   porque se afastaram de mim!
Destruição venha sobre eles,
   porque se rebelaram contra mim!
Eu desejo redimi-los, mas eles
   falam mentiras a meu respeito.
¹⁴ Eles não clamam a mim
   do fundo do coração
   quando gemem orando em suas camas.
Ajuntam-seᵇ por causa do trigo
   e do vinho,
mas se afastam de mim.
¹⁵ Eu os ensinei e os fortaleci,
   mas eles tramam o mal contra mim.
¹⁶ Eles não se voltam para o Altíssimo;
   são como um arco defeituoso.
Seus líderes serão mortos à espada
   por causa de suas palavras insolentes.
E por isso serão ridicularizados no Egito.

O Castigo de Israel

8 "Coloquem a trombeta
   em seus lábios!
Ele vem ameaçador como uma águia
   sobre o templo do Senhor,

ª **7.9** Hebraico: *A cinza espalha-se pelo seu cabelo.*
ᵇ **7.14** Conforme a maioria dos manuscritos do Texto Massorético. Alguns manuscritos do Texto Massorético e a Septuaginta dizem *Eles se cortam.*

porquanto quebraram a minha aliança
e se rebelaram contra a minha Lei.
² Israel clama a mim:
'Ó nosso Deus, nós te reconhecemos!'
³ Mas Israel rejeitou o que é bom;
um inimigo o perseguirá.
⁴ Eles instituíram reis
sem o meu consentimento;
escolheram líderes
sem a minha aprovação.
Com prata e ouro
fizeram ídolos para si,
para a sua própria destruição.
⁵ Lance fora o seu ídolo
em forma de bezerro, ó Samaria!
A minha ira se acende contra eles.
Até quando serão incapazes de pureza?
⁶ Este bezerro procede de Israel!
Um escultor o fez.
Ele não é Deus.
Será partido em pedaços
o bezerro de Samaria.

⁷ "Eles semeiam vento
e colhem tempestade.
Talo sem espiga;
que não produz farinha.
Ainda que produzisse trigo,
estrangeiros o devorariam.
⁸ Israel é devorado;
agora está entre as nações
como algo sem valor;
⁹ foi para a Assíria.
O jumento selvagem mantém-se livre,
mas Efraim vendeu-se
para os seus amantes.
¹⁰ Embora tenham se vendido às nações,
agora os ajuntarei,
e logo começarão a definhar
sob a opressão do poderoso rei.

¹¹ "Embora Efraim tenha construído
muitos altares para ofertas pelo
pecado,
eles se tornaram altares para o pecado.
¹² Eu lhes escrevi
todos os ensinos da minha Lei,
mas eles os consideraram algo estranho.
¹³ Eles oferecem sacrifícios
e comem a carne,
mas o Senhor não se agrada deles.
Doravante, ele se lembrará
da impiedade deles

e castigará os seus pecados:
eles voltarão para o Egito.
¹⁴ Israel esqueceu o seu Criador
e construiu palácios;
Judá fortificou muitas cidades.
Mas sobre as suas cidades
enviarei fogo
que consumirá suas fortalezas."

O Castigo de Israel

9 Não se regozije, ó Israel; não se alegre
como as outras nações.
Pois você se prostituiu,
abandonando o seu Deus;
você ama o salário da prostituição
em cada eira de trigo.
² Os produtos da eira e do lagar
não alimentarão o povo;
o vinho novo lhes faltará.
³ Eles não permanecerão
na terra do Senhor;
Efraim voltará para o Egito,
e na Assíria comerá comida impura.
⁴ Eles não derramarão ofertas de vinho
para o Senhor,
nem os seus sacrifícios lhe agradarão.
Tais sacrifícios serão para eles
como o pão dos pranteadores,
que torna impuro quem o come.
Essa comida será para eles mesmos;
não entrará no templo do Senhor.

⁵ O que farão vocês
no dia de suas festas fixas,
nos dias de festa do Senhor?
⁶ Vejam! Fogem da destruição,
mas o Egito os ajuntará,
e Mênfis os sepultará.
Os seus tesouros de prata
as urtigas vão herdar;
os cardos cobrirão totalmente
as suas tendas.
⁷ Os dias de castigo vêm,
os dias de punição estão chegando.
Que Israel o saiba.
Por serem tantos os pecados,
e tão grande a hostilidade de vocês,
o profeta é considerado um tolo,
e o homem inspirado, um louco violento.
⁸ O profeta, junto ao meu Deus,
é a sentinela que vigia Efraim;ª

ª **9.8** Ou *O profeta é a sentinela que vigia Efraim, o povo do meu Deus;*

contudo, laços o aguardam
  em todas as suas veredas,
e a hostilidade, no templo do seu Deus.
⁹ Eles mergulharam na corrupção,
  como nos dias de Gibeá.
Deus se lembrará de sua iniquidade
  e os castigará por seus pecados.

¹⁰ "Quando encontrei Israel,
  foi como encontrar uvas no deserto;
quando vi os antepassados de vocês,
  foi como ver
  os primeiros frutos de uma figueira.
Mas, quando eles vieram a Baal-Peor,
  consagraram-se
  àquele ídolo vergonhoso
e se tornaram tão repugnantes
  quanto aquilo que amaram.
¹¹ A glória de Efraim
  lhe fugirá como pássaro:
nenhum nascimento, nenhuma gravidez,
  nenhuma concepção.
¹² Mesmo que criem filhos,
  porei de luto cada um deles.
Ai deles quando eu me afastar!
¹³ Vi Efraim,
  plantado num lugar agradável,
  como Tiro.
Mas Efraim entregará
  seus filhos ao matador."
¹⁴ Ó Senhor, que darás a eles?
Dá-lhes ventres que abortem
  e seios ressecados.

¹⁵ "Toda a sua impiedade
  começou em Gilgal;
de fato, ali os odiei.
Por causa dos seus pecados
  eu os expulsarei da minha terra.
Não os amarei mais;
  todos os seus líderes são rebeldes.
¹⁶ Efraim está ferido,
  sua raiz está seca,
eles não produzem frutos.
Mesmo que criem filhos,
  eu matarei sua prole querida."
¹⁷ Meu Deus os rejeitará
  porque não lhe deram ouvidos;
serão peregrinos entre as nações.

10 Israel era como videira viçosa;
  cobria-se de frutos.
Quanto mais produzia,
  mais altares construía;
Quanto mais sua terra prosperava,
  mais enfeitava
  suas colunas sagradas.
² O coração deles é enganoso,
  e agora devem carregar sua culpa.
O Senhor demolirá os seus altares
  e destruirá suas colunas sagradas.
³ Então eles dirão:
  "Não temos nenhum rei porque
  não reverenciamos o Senhor.
Mas, mesmo que tivéssemos um rei,
  o que ele poderia fazer por nós?"
⁴ Eles fazem muitas promessas,
  fazem juramentos e acordos falsos;
por isso brotam as demandas
  como ervas venenosas
  num campo arado.
⁵ O povo que mora em Samaria
  teme pelo ídolo em forma de bezerro
  de Bete-Áven[a].
Seu povo pranteará por ele,
como também
  os seus sacerdotes idólatras,
que se regozijavam
  por seu esplendor;
porque foi tirado deles
  e levado para o exílio.
⁶ Sim, até ele será levado para a Assíria
  como tributo para o grande rei.
Efraim sofrerá humilhação;
e Israel será envergonhado
  por causa do seu ídolo de madeira.
⁷ Samaria e seu rei serão arrastados
  como um graveto nas águas.
⁸ Os altares da impiedade[b],
  que foram os pecados de Israel,
  serão destruídos.
Espinhos e ervas daninhas crescerão
  e cobrirão os seus altares.
Então eles dirão aos montes:
  "Cubram-nos!",
e às colinas:
  "Caiam sobre nós!"
⁹ "Desde os dias de Gibeá,
  você pecou, ó Israel,
  e permaneceu assim.
Acaso a guerra não os alcançou

---

[a] 10.5 *Bete-Áven* significa *casa da impiedade* (referência a *Betel*, que significa *casa de Deus*).
[b] 10.8 Hebraico: *Áven*, uma referência a *Bete-Áven* (referência depreciativa a *Betel*).

em Gibeá por causa
dos malfeitores?
¹⁰ Quando eu quiser, eu os castigarei;
nações serão reunidas contra eles
para prendê-los
por causa do seu duplo pecado.
¹¹ Efraim era bezerra treinada,
gostava muito de trilhar;
por isso colocarei
o jugo sobre o seu belo pescoço.
Conduzirei Efraim,
Judá terá que arar,
e Jacó fará sulcos no solo.
¹² Semeiem a retidão para si,
colham o fruto da lealdade
e façam sulcos no seu solo não arado;
pois é hora de buscar o Senhor,
até que ele venha
e faça chover justiça sobre vocês.
¹³ Mas vocês plantaram a impiedade,
colheram o mal
e comeram o fruto do engano.
Visto que vocês têm confiado
na sua própria força
e nos seus muitos guerreiros,
¹⁴ o fragor da batalha se levantará
contra vocês,
de maneira que todas as suas fortalezas
serão devastadas,
como Salmã devastou Bete-Arbel
no dia da batalha,
quando mães foram pisadas
e estraçalhadas
junto com seus filhos.
¹⁵ Assim acontecerá com você, ó Betel,
porque a sua impiedade é grande.
Quando amanhecer aquele dia,
o rei de Israel
será completamente destruído.

O Amor de Deus por Israel

11 "Quando Israel era menino,
eu o amei,
e do Egito chamei o meu filho.
² Mas, quanto mais eu o chamava[a],
mais eles se afastavam de mim[b].
Eles ofereceram sacrifícios aos baalins
e queimaram incenso
para os ídolos esculpidos.

[a] 11.2 Conforme alguns manuscritos da Septuaginta. O Texto Massorético diz *eles chamavam*.
[b] 11.2 Conforme a Septuaginta. O Texto Massorético diz *afastavam deles*.

³ Mas fui eu quem ensinou
Efraim a andar,
tomando-o nos braços;
mas eles não perceberam
que fui eu quem os curou.
⁴ Eu os conduzi
com laços de bondade humana
e de amor;
tirei do seu pescoço o jugo
e me inclinei para alimentá-los.

⁵ "Acaso não voltarão ao Egito
e a Assíria não os dominará
porque eles se recusam a arrepender-se?
⁶ A espada reluzirá em suas cidades,
destruirá as trancas de suas portas
e dará fim aos seus planos.
⁷ O meu povo está decidido
a desviar-se de mim.
Embora sejam conclamados
a servir ao Altíssimo,
de modo algum o exaltam.

⁸ "Como posso desistir de você, Efraim?
Como posso entregá-lo
nas mãos de outros, Israel?
Como posso tratá-lo como tratei Admá?
Como posso fazer com você
o que fiz com Zeboim?
O meu coração está enternecido,
despertou-se toda a minha
compaixão.
⁹ Não executarei a minha ira
impetuosa,
não tornarei a destruir Efraim.
Pois sou Deus e não homem,
o Santo no meio de vocês.
Não virei com ira.
¹⁰ Eles seguirão o Senhor;
ele rugirá como leão.
Quando ele rugir,
os seus filhos virão tremendo
desde o ocidente.
¹¹ Virão voando do Egito como aves,
da Assíria como pombas.
Eu os estabelecerei em seus lares";
palavra do Senhor.

O Pecado de Israel

¹² Efraim me cercou de mentiras,
a casa de Israel, de enganos,
e Judá é rebelde contra Deus,
a saber, contra o Santo fiel.

12 Efraim alimenta-se de vento;
corre atrás do vento oriental o
  dia inteiro
  e multiplica mentiras e violência.
Faz tratados com a Assíria
  e manda azeite para o Egito.
² O Senhor tem uma acusação
  contra Judá,
e vai castigar Jacó[a]
  de acordo com os seus caminhos;
de acordo com suas ações
  lhe retribuirá.
³ No ventre da mãe segurou
  o calcanhar de seu irmão;
como homem lutou com Deus.
⁴ Ele lutou com o anjo e saiu vencedor;
  chorou e implorou o seu favor.
Em Betel teve encontro com Deus,
  que ali conversou com ele.
⁵ Sim, o próprio Senhor,
  o Deus dos Exércitos!
Senhor é o nome
  pelo qual ficou famoso.
⁶ Portanto, volte para o seu Deus,
  e pratique a lealdade e a justiça;
  confie sempre no seu Deus.

⁷ Como os descendentes de Canaã,
  comerciantes que usam
  balança desonesta
  e gostam muito de extorquir,
⁸ Efraim orgulha-se e exclama:
  "Como fiquei rico e abastado!
Em todos os trabalhos que realizei
  não encontrarão em mim
nenhum crime ou pecado".

⁹ "Mas eu sou o Senhor, o seu Deus,
  desde a terra do Egito;
farei vocês voltarem a morar em tendas,
  como no dia de suas festas fixas.
¹⁰ Eu mesmo falava aos profetas,
  dava-lhes muitas visões
e por meio deles falava em parábolas."

¹¹ Como Gileade é ímpia!
  Seu povo não vale nada!
Eles sacrificam bois em Gilgal,
  mas os seus altares
  são como montes de pedras
  num campo arado.

¹² Jacó fugiu para a terra de Arã;
Israel trabalhou para obter uma mulher;
  por ela cuidou de ovelhas.
¹³ O Senhor usou um profeta
  para tirar Israel do Egito
e por meio de um profeta cuidou dele.
¹⁴ Efraim amargamente
  o provocou à ira;
seu Senhor fará cair sobre ele
  a culpa do sangue que derramou
e lhe devolverá o seu desprezo.

A Ira do Senhor contra Israel

13 Quando Efraim falava,
os homens tremiam;
ele era exaltado em Israel.
Mas tornou-se culpado
  da adoração a Baal
  e começou a morrer.
² Agora eles pecam cada vez mais;
com sua prata
  fazem ídolos de metal para si,
imagens modeladas
  com muita inteligência,
todas elas obras de artesãos.
Dizem desse povo:
  "Eles oferecem sacrifício humano
  e beijam[b] os ídolos
  feitos em forma de bezerro".
³ Por isso serão como
  a neblina da manhã,
como o orvalho que bem cedo evapora,
como palha que num redemoinho
  vai-se de uma eira,
  como a fumaça que sai pela chaminé.

⁴ "Mas eu sou o Senhor, o seu Deus,
  desde a terra do Egito.
Vocês não reconhecerão
  nenhum outro Deus além de mim,
nenhum outro Salvador.
⁵ Eu cuidei de vocês no deserto,
  naquela terra de calor ardente.
⁶ Quando eu os alimentava,
  ficavam satisfeitos;
quando ficavam satisfeitos,
  eles se orgulhavam,
  e então me esqueciam.
⁷ Por isso virei sobre eles como leão,
como leopardo, ficarei à espreita
  junto ao caminho.

---

[a] **12.2** *Jacó* significa *ele segura o calcanhar* (figuradamente, *ele engana*).

[b] **13.2** Ou *"Homens que sacrificam beijam*

⁸ Como uma ursa
    de quem roubaram os filhotes,
    eu os atacarei e os rasgarei.
Como leão eu os devorarei;
    um animal selvagem os despedaçará.

⁹ "Você foi destruído, ó Israel,
    porque está contra mim,
    contra o seu ajudador.
¹⁰ E agora? Onde está o seu rei
    que havia de salvá-lo
    em todas as suas cidades?
E os oficiais que você pediu, dizendo:
    'Dá-me um rei e líderes'?
¹¹ Dei a você um rei na minha ira,
    e o tirei na minha indignação.
¹² A culpa de Efraim foi anotada;
    seus pecados são mantidos em registro.
¹³ Chegam-lhe dores como as da mulher
    em trabalho de parto,
mas é uma criança insensata;
    quando chega a hora,
    não sai do ventre que a abrigou.

¹⁴ "Eu os redimirei
    do poder da sepultura^a;
eu os resgatarei da morte.
Onde estão, ó morte, as suas pragas?
Onde está, ó sepultura,
    a sua destruição?

"Não terei compaixão alguma,
¹⁵ embora Efraim floresça
    entre os seus irmãos.
Um vento oriental virá
    da parte do Senhor,
    soprando desde o deserto;
sua fonte falhará,
    e seu poço secará.
Todos os seus tesouros
    serão saqueados dos seus depósitos.
¹⁶ O povo de Samaria
    carregará sua culpa,
    porque se rebelou
    contra o seu Deus.
Eles serão mortos à espada;
    seus pequeninos serão pisados
        e despedaçados,
    suas mulheres grávidas
        terão rasgados os seus ventres."

As Bênçãos do Arrependimento

14 Volte, ó Israel,
para o Senhor, o seu Deus.
Seus pecados causaram sua queda!
² Preparem o que vão dizer
    e voltem para o Senhor.
Peçam-lhe:
    "Perdoa todos os nossos pecados
    e, por misericórdia, recebe-nos,
    para que te ofereçamos
    o fruto dos nossos lábios.^{b}
³ A Assíria não nos pode salvar;
    não montaremos cavalos de guerra.
Nunca mais diremos: 'Nossos deuses
    àquilo que as nossas próprias mãos
    fizeram',
porque tu amas o órfão".

⁴ "Eu curarei a infidelidade deles
    e os amarei de todo o meu coração,
pois a minha ira desviou-se deles.
⁵ Serei como orvalho para Israel;
    ele florescerá como o lírio.
Como o cedro do Líbano
    aprofundará suas raízes;
⁶ seus brotos crescerão.
Seu esplendor será como o da oliveira,
    sua fragrância
    como a do cedro do Líbano.
⁷ Os que habitavam à sua sombra
    voltarão.
Reviverão como o trigo.
Florescerão como a videira,
    e a fama de Israel
    será como a do vinho do Líbano.
⁸ O que Efraim ainda tem com
    ídolos?
Sou eu que lhe respondo
    e dele cuidarei.
Sou como um pinheiro verde;
    o fruto que você produz
    de mim procede."
⁹ Quem é sábio?
    Aquele que considerar essas coisas.
Quem tem discernimento?
    Aquele que as compreender.
Os caminhos do Senhor são justos;
    os justos andam neles,
mas os rebeldes neles tropeçam.

---

^{a} **13.14** Hebraico: *Sheol*. Essa palavra também pode ser traduzida por *profundezas*, *pó* ou *morte*.

^{b} **14.2** Ou *ofereçamos nossos lábios como sacrifícios de novilhos*.

Introdução ao livro de
JOEL

Autor e data de composição

Na realidade, não há nenhum dado biográfico adicional sobre este profeta, exceto seu nome: Joel, filho de Petuel (1.1). Seu nome, que significa literalmente "o Senhor é Deus", era bastante comum na época do Antigo Testamento. O fato de mencionar a cidade de Jerusalém umas dez vezes leva-nos a pensar que o profeta vivesse no Reino de Judá, nessa mesma cidade ou perto dela. A tradição fixa a data de composição deste livro em torno do ano 835 a.C., no qual o sacerdote Joiada pôs no trono Joás, com apenas 7 anos de idade, depois de destronar Atalia, filha de Jezabel, que havia usurpado a coroa (2Reis 11—12).

ESBOÇO GERAL

Primeira parte: As pragas devastadoras (1)
  I. A terra devastada pela praga dos gafanhotos (1.1-11)
  II. A grande seca (1.12-20)

Segunda parte: O Senhor manifestará sua misericórdia (2—3)
  I. O dia do Senhor se aproxima (2.1-11)
  II. A misericórdia do Senhor (2.12-27)
  III. O grande dia final do Senhor (2.28—3.21)

Versículos-chave
2.12,13

Tema geral do livro
O tema deste livro, cuja mensagem continua bastante atual, move-se com grande habilidade literária entre descrições de pragas e julgamentos, de um lado, e manifestações da misericórdia de Deus, de outro. As imagens estão muito bem delineadas e apresentam aspectos que relacionam claramente este texto com a vida na terra prometida, como a terrível praga dos gafanhotos, a seca e o clima, com suas chuvas de outono e primavera. Aqui também encontramos a profecia que Pedro mencionaria muitos anos depois (Atos 2.16-21) para reafirmar a legitimidade do derramamento do Espírito Santo aos primeiros discípulos no dia de Pentecoste e para chamar as pessoas ao arrependimento e a aceitar Jesus como o Messias prometido.

No livro de Joel, Jesus é...
... o que batiza com o Espírito Santo e com fogo (2.28,29).

Versículo-chave para o discípulo
3.10

O discípulo e o livro de Joel
"Rasguem o coração e não as vestes. Voltem-se para o Senhor, o seu Deus, pois ele é misericordioso e compassivo, muito paciente e cheio de amor; arrepende-se e não envia

a desgraça" (2.13). Esse versículo poderoso resume a atitude interna que Deus quer do discípulo: total dependência diante dele, andar seguindo os passos do Eterno e um esforço para estar cada vez mais perto de Deus, que é cheio de misericórdia e amor. Nesse mesmo texto, há algo que se deve destacar sobre o caráter de Deus: ele não se agrada com a desgraça, mas entristece-se com ela. Para a mentalidade do mundo ocidental, Deus é tido como impassível e cruel, ao estilo dos deuses do Olimpo grego. Nada mais distante da verdade. Pense nas implicações práticas para o discipulado e para a evangelização o fato de que Deus sofre com o castigo merecido pelo pecado do ser humano, que é sua imagem e semelhança (Gênesis 1.26), a quem criou para estar em sua eterna presença, não para sofrer o castigo eterno no inferno, "preparado para o Diabo e os seus anjos" (Mateus 25.41).

JOEL

1 A palavra do Senhor que veio a Joel, filho de Petuel.

A Praga dos Gafanhotos

² "Ouçam isto, anciãos[a];
 escutem, todos os habitantes do país.
Já aconteceu algo assim nos seus dias?
 Ou nos dias dos seus antepassados?
³ Contem aos seus filhos
 o que aconteceu,
e eles aos seus netos,
 e os seus netos, à geração seguinte.
⁴ O que o gafanhoto cortador deixou,
 o gafanhoto peregrino comeu;
o que o gafanhoto peregrino deixou,
 o gafanhoto devastador comeu;
o que o gafanhoto devastador deixou,
 o gafanhoto devorador comeu.

⁵ "Acordem, bêbados, e chorem!
Lamentem-se todos vocês,
 bebedores de vinho;
gritem por causa do vinho novo,
 pois ele foi tirado dos seus lábios.
⁶ Uma nação, poderosa e inumerável,
 invadiu a minha terra,
seus dentes são dentes de leão,
 suas presas são de leoa.
⁷ Arrasou as minhas videiras
 e arruinou as minhas figueiras.
Arrancou-lhes a casca e derrubou-as,
 deixando brancos os seus galhos.

⁸ "Pranteiem como uma virgem
 em vestes de luto
que se lamenta pelo noivo[b]
 da sua mocidade.
⁹ As ofertas de cereal
 e as ofertas derramadas
foram eliminadas
 do templo do Senhor.
Os sacerdotes,
 que ministram diante do Senhor,
estão de luto.
¹⁰ Os campos estão arruinados,
 a terra está seca[c];

o trigo está destruído,
 o vinho novo acabou,
o azeite está em falta.
¹¹ Desesperem-se, agricultores,
 chorem, produtores de vinho;
fiquem aflitos pelo trigo e pela cevada,
 porque a colheita foi destruída.
¹² A vinha está seca,
 e a figueira murchou;
a romãzeira, a palmeira, a macieira
 e todas as árvores do campo
secaram.
Secou-se, mais ainda,
 a alegria dos homens".

Chamado ao Arrependimento

¹³ Ponham vestes de luto, ó sacerdotes,
 e pranteiem;
chorem alto,
 vocês que ministram perante o altar.
Venham,
 passem a noite vestidos de luto,
vocês que ministram
 perante o meu Deus;
pois as ofertas de cereal
 e as ofertas derramadas
foram suprimidas
 do templo do seu Deus.
¹⁴ Decretem um jejum santo;
 convoquem uma assembleia
 sagrada.
Reúnam as autoridades
 e todos os habitantes do país
no templo do Senhor, o seu Deus,
 e clamem ao Senhor.

¹⁵ Ah! Aquele dia!
Sim, o dia do Senhor está próximo;
 como destruição poderosa
da parte do Todo-poderoso,
 ele virá.

¹⁶ Não é verdade que a comida
 foi eliminada
diante dos nossos próprios olhos,
 e que a alegria e a satisfação
foram suprimidas
 do templo do nosso Deus?
¹⁷ As sementes estão murchas
 debaixo dos torrões de terra.

---

[a] **1.2** Ou *autoridades do povo*
[b] **1.8** Ou *uma jovem em vestes de luto que se lamenta pelo marido*
[c] **1.10** Ou *a terra chora*

Os celeiros estão em ruínas,
   os depósitos de cereal foram derrubados,
pois a colheita se perdeu.
¹⁸ Como muge o gado!
As manadas andam agitadas
   porque não têm pasto;
até os rebanhos de ovelhas
   estão sendo castigados.

¹⁹ A ti, Senhor, eu clamo,
   pois o fogo devorou as pastagens
e as chamas consumiram
   todas as árvores do campo.
²⁰ Até os animais do campo clamam a ti,
   pois os canais de água se secaram
e o fogo devorou as pastagens.

O Dia do Senhor se Aproxima

2 Toquem a trombeta em Sião;
   deem o alarme no meu santo monte.
Tremam todos os habitantes do país,
   pois o dia do Senhor está chegando.
Está próximo!
² É dia de trevas e de escuridão,
   dia de nuvens e negridão.
Assim como a luz da aurora
   se estende pelos montes,
um grande e poderoso exército
   se aproxima,
como nunca antes se viu
   nem jamais se verá nas gerações futuras.

³ Diante deles o fogo devora,
   atrás deles arde uma chama.
Diante deles a terra
   é como o jardim do Éden,
atrás deles, um deserto arrasado;
   nada lhes escapa.
⁴ Eles têm a aparência de cavalos;
   como cavalaria, atacam galopando.
⁵ Com um barulho semelhante ao de carros
   saltam sobre os cumes dos montes
como um fogo crepitante
   que consome o restolho,
como um exército poderoso
   em posição de combate.
⁶ Diante deles
   povos se contorcem angustiados;
todos os rostos ficam pálidos de medo.
⁷ Eles atacam como guerreiros;
   escalam muralhas como soldados.
Todos marcham em linha,
   sem desviar-se do curso.

⁸ Não empurram uns aos outros;
   cada um marcha sempre em frente.
Avançam por entre os dardos[a]
   sem desfazer a formação.
⁹ Lançam-se sobre a cidade;
   correm ao longo da muralha.
Sobem nas casas;
   como ladrões entram pelas janelas.

¹⁰ Diante deles a terra treme,
   os céus estremecem,
o sol e a lua escurecem
   e as estrelas param de brilhar.
¹¹ O Senhor levanta a sua voz
   à frente do seu exército.
Como é grande o seu exército!
Como são poderosos
   os que obedecem à sua ordem!
Como é grande o dia do Senhor!
   Como será terrível!
Quem poderá suportá-lo?

Chamado ao Arrependimento

¹² "Agora, porém", declara o Senhor,
   "voltem-se para mim
   de todo o coração,
com jejum, lamento e pranto."

¹³ Rasguem o coração e não as vestes.
Voltem-se para o Senhor,
   o seu Deus,
pois ele é misericordioso e compassivo,
   muito paciente e cheio de amor;
   arrepende-se e não envia
      a desgraça.
¹⁴ Talvez ele volte atrás, arrependa-se,
   e ao passar deixe uma bênção.
Assim vocês poderão fazer
   ofertas de cereal
e ofertas derramadas
   para o Senhor, o seu Deus.

¹⁵ Toquem a trombeta em Sião,
   decretem jejum santo,
convoquem uma assembleia
   sagrada.
¹⁶ Reúnam o povo,
   consagrem a assembleia;
   ajuntem os anciãos,
reúnam as crianças,
   mesmo as que mamam no peito.

---

[a] 2.8 Ou *pela passagem de água*

Até os recém-casados
devem deixar os seus aposentos.
¹⁷ Que os sacerdotes,
    que ministram perante o Senhor,
chorem entre o pórtico do templo
    e o altar, orando:
"Poupa o teu povo, Senhor.
Não faças da tua herança
    objeto de zombaria
    e de chacota entre as nações.
Por que se haveria de dizer
    pelos povos:
'Onde está o Deus deles?' "

A Resposta do Senhor

¹⁸ Então o Senhor mostrou zelo
    por sua terra
e teve piedade do seu povo.

¹⁹ O Senhor respondeuª ao seu povo:
"Estou enviando para vocês trigo,
    vinho novo e azeite,
o bastante
    para satisfazê-los plenamente;
nunca mais farei de vocês
    objeto de zombaria para as nações.

²⁰ "Levarei o invasor que vem do norte
    para longe de vocês,
empurrando-o
    para uma terra seca e estéril,
a vanguarda para o mar orientalᵇ
    e a retaguarda para o mar ocidentalᶜ.
E a sua podridão subirá;
    o seu mau cheiro se espalhará".

Ele tem feito coisas grandiosas!
²¹ Não tenha medo, ó terra;
    regozije-se e alegre-se.
O Senhor tem feito coisas grandiosas!
²² Não tenham medo, animais do campo,
    pois as pastagens estão ficando
        verdes.
As árvores estão dando os seus frutos;
    a figueira e a videira
estão carregadas.
²³ Ó povo de Sião, alegre-se
    e regozije-se no Senhor,
    o seu Deus,

pois ele dá a vocês as chuvas de outono,
conforme a sua justiçaᵈ.
Ele envia a vocês muitas chuvas,
    as de outono e as de primavera,
    como antes fazia.
²⁴ As eiras ficarão cheias de trigo;
    os tonéis transbordarão
de vinho novo e de azeite.
²⁵ "Vou compensá-los
    pelos anos de colheitas
que os gafanhotos destruíram:
    o gafanhoto peregrino,
    o gafanhoto devastador,
    o gafanhoto devorador
    e o gafanhoto cortador,
o meu grande exército
    que enviei contra vocês.
²⁶ Vocês comerão até ficarem satisfeitos,
    e louvarão o nome do Senhor,
    o seu Deus,
que fez maravilhas em favor de vocês;
nunca mais o meu povo será humilhado.
²⁷ Então vocês saberão
    que eu estou no meio de Israel.
Eu sou o Senhor, o seu Deus,
    e não há nenhum outro;
nunca mais o meu povo será humilhado.

> **2.28-32** Veja o começo do cumprimento dessas palavras conforme indica o apóstolo Pedro em Atos 2.17-20, após o derramamento do Espírito sobre os discípulos no dia de Pentecoste.

O Dia do Senhor

²⁸ "E, depois disso,
    derramarei do meu Espírito
    sobre todos os povos.
Os seus filhos e as suas filhas
    profetizarão,
os velhos terão sonhos,
os jovens terão visões.
²⁹ Até sobre os servos e as servas
    derramarei do meu Espírito
naqueles dias.
³⁰ Mostrarei maravilhas no céu e na terra:
    sangue, fogo e nuvens de fumaça.

ª **2.18,19** Ou *o Senhor mostrará zelo ... e terá piedade ...* **19O Senhor responderá**
ᵇ **2.20** Isto é, o mar Morto.
ᶜ **2.20** Isto é, o Mediterrâneo.
ᵈ **2.23** Ou *no tempo certo*

³¹ O sol se tornará em trevas,
e a lua em sangue,
antes que venha o grande e temível
dia do Senhor.
³² E todo aquele que invocar
o nome do Senhor será salvo,
pois, conforme prometeu o Senhor,
no monte Sião e em Jerusalém
haverá livramento
para os sobreviventes,
para aqueles a quem o Senhor chamar.

O Julgamento das Nações

3 "Sim, naqueles dias e naquele tempo,
quando eu restaurar a sorte
de Judá e de Jerusalém,
² reunirei todos os povos
e os farei descer ao vale de Josafá.ª
Ali os julgarei
por causa da minha herança
— Israel, o meu povo —,
pois o espalharam
entre as nações
e repartiram entre si a minha terra.
³ Lançaram sortes sobre o meu povo
e deram meninos
em troca de prostitutas;
venderam meninas por vinho,
para se embriagarem.

⁴ "O que vocês têm contra mim,
Tiro, Sidom,
e todas as regiões da Filístia?
Vocês estão me retribuindo
algo que eu fiz a vocês?
Se estão querendo vingar-se de mim,
ágil e veloz
me vingarei do que vocês têm feito.
⁵ Pois roubaram a minha prata
e o meu ouro
e levaram para os seus templos
os meus tesouros mais valiosos.
⁶ Vocês venderam o povo de Judá
e o de Jerusalém aos gregos,
mandando-os para longe
da sua terra natal.

⁷ "Vou tirá-los dos lugares
para onde os venderam
e sobre vocês farei recair o que fizeram:

ª **3.2** *Josafá* significa *o Senhor julga*; também no versículo 12.

⁸ venderei os filhos e as filhas de vocês
ao povo de Judá,
e eles os venderão
à distante nação dos sabeus".
Assim disse o Senhor.

⁹ Proclamem isto entre as nações:
Preparem-se para a guerra!
Despertem os guerreiros!
Todos os homens de guerra
aproximem-se e ataquem.

 **3.10** Uma das mudanças mais difíceis de ver na vida de alguém que quer ser um verdadeiro discípulo é a de ele deixar de focar a atenção em suas capacidades inatas e pontos fortes, reconhecendo sua debilidade intrínseca como membro de um gênero humano corrompido, e confiar no Poderoso de Israel, apoiando-se somente nele, para declarar: "Sou um guerreiro!".

¹⁰ Forjem os seus arados,
fazendo deles espadas;
e de suas foices façam lanças.
Diga o fraco: "Sou um guerreiro!"
¹¹ Venham depressa,
vocês, nações vizinhas,
e reúnam-se ali.
Faze descer os teus guerreiros, ó Senhor!

¹² "Despertem, nações;
avancem para o vale de Josafá,
pois ali me assentarei
para julgar todas as nações vizinhas.
¹³ Lancem a foice,
pois a colheita está madura.
Venham, pisem com força as uvas,
pois o lagar está cheio
e os tonéis transbordam,
tão grande é a maldade dessas nações!"
¹⁴ Multidões, multidões
no vale da Decisão!
Pois o dia do Senhor está próximo,
no vale da Decisão.
¹⁵ O sol e a lua escurecerão,
e as estrelas já não brilharão.
¹⁶ O Senhor rugirá de Sião,
e de Jerusalém levantará a sua voz;
a terra e o céu tremerão.

Mas o Senhor será um refúgio
para o seu povo,
uma fortaleza para Israel.

Bênçãos para o Povo de Deus

¹⁷ "Então vocês saberão
que eu sou o Senhor, o seu Deus,
que habito em Sião, o meu santo
monte.
Jerusalém será santa;
e estrangeiros jamais a conquistarão.

¹⁸ "Naquele dia, os montes
gotejarão vinho novo;
das colinas manará leite;
todos os ribeiros de Judá
terão água corrente.
Uma fonte fluirá do templo do Senhor
e regará o vale das Acácias.
¹⁹ Mas o Egito ficará desolado,
Edom será um deserto arrasado,
por causa da violência
feita ao povo de Judá,
em cuja terra derramaram
sangue inocente.
²⁰ Judá será habitada para sempre
e Jerusalém por todas as gerações.
²¹ Sua culpa de sangue,
ainda não perdoada,
eu a perdoarei."

O Senhor habita em Sião!

Introdução ao livro de
AMÓS

Autor e data de composição

"Eu não sou profeta nem pertenço a nenhum grupo de profetas, apenas cuido do gado e faço colheita de figos silvestres. Mas o SENHOR me tirou do serviço junto ao rebanho e me disse: 'Vá, profetize a Israel, o meu povo' " (7.14,15). É desse modo que Amós descreve a si mesmo. Ele é um "criador de ovelhas em Tecoa" (1.1), local situado a uns 10 quilômetros ao sul de Belém, em Judá. Mesmo assim, Deus o chamou para profetizar a Israel, o Reino do Norte (1.1). O próprio livro esclarece o tempo de sua atividade profética: "Nesse tempo, Uzias era rei de Judá e Jeroboão, filho de Jeoás, era rei de Israel" (1.1). Tais fatos situam o livro entre os anos 760 a.C. e 744 a.C.

ESBOÇO GERAL

Primeira parte: Amós profetiza sobre as nações (1—2)
   I. As nações vizinhas (1.1—2.3)
   II. Judá (2.4,5)
   III. Israel (2.6-16)

Segunda parte: Três falas de julgamento sobre Israel (3—6)
   I. O presente de Israel (3)
   II. O passado de Israel (4)
   III. O futuro de Israel (5—6)

Terceira parte: Cinco visões simbólicas sobre o estado espiritual de Israel (7.1—9.10)
   I. Os gafanhotos (7.1-3)
   II. O fogo (7.4-6)
   III. O prumo (7.7-9)
   IV. Uma interrupção hostil do sacerdote Amazias (7.10-17)
   V. O cesto de frutas maduras (8)
   VI. A fúria do SENHOR sobre um reino de pecado (9.1-10)

Quarta parte: Cinco promessas sobre a restauração de Israel (9.11-15)
   I. A restauração do tabernáculo de Davi (9.11,12)
   II. A restauração da prosperidade na terra (9.13)
   III. A restauração do povo à terra prometida, às cidades assoladas e a uma vida próspera (9.14)
   IV. A restauração definitiva do povo à terra que o SENHOR lhe tinha dado (9.15)

Versículo-chave
3.7

Tema geral do livro
Amós apresenta o dia do SENHOR não como uma reivindicação de Israel, como se supunha que aconteceria, e sim como demanda da justiça divina diante da profunda corrupção que se escondia por debaixo de um manto de prosperidade e honra. Contudo,

terminado o tempo do castigo como consequência da maldade, o povo será restaurado de maneira definitiva a sua terra, onde viverá com grande paz e prosperidade. Esse é o consolo com o qual termina a profecia, cujo cumprimento foi de maneira bastante parcial no que se refere às dez tribos do Norte, integrantes do Reino de Israel. Apesar de haver se declarado de origem humilde, descobrimos, ao longo do texto, que Amós era uma pessoa com um nível de formação digno de nota.

No livro de Amós, Jesus é...
... o que levanta a tenda caída de Davi (9.11,12).

Versículo-chave para o discípulo
3.3

O discípulo e o livro de Amós
Israel costumava achar que o simples fato de ser o povo escolhido de Deus lhe dava determinada segurança e que isso jamais mudaria, nem mesmo que houvesse corrupção moral em seu meio. Essa mentalidade persiste até hoje em pessoas e grupos que pensam ter certos direitos intransferíveis, que obrigam Deus a protegê-las simplesmente porque manifestam algum grau de religiosidade. O discípulo autêntico entende que só existe um caminho bom: aquele que Deus lhe oferece. Quem anda por seu próprio caminho, toma as próprias decisões, não leva em conta a vontade de Deus manifesta em sua Palavra e não se comunica com ele pela oração. Por muito religioso que seja exteriormente, é, na verdade, um rebelde, e no trono de seu coração não é o Senhor quem reina. Aquele que quer andar com Deus deve andar de maneira única e exclusiva pelo caminho que ele indica. Não pode ser pretensioso a ponto de dar por certa a proteção e a "compreensão" de Deus como recompensa por seus anos de igreja ou de sua fidelidade a ritos e normas exteriores. O discipulado é uma questão de relação íntima e sincera com o Senhor, não de um contrato celebrado entre nós e ele.

AMÓS

1 Palavras que Amós, criador de ovelhas em Tecoa, recebeu em visões, a respeito de Israel, dois anos antes do terremoto. Nesse tempo, Uzias era rei de Judá e Jeroboão, filho de Jeoás, era rei de Israel.

² Ele disse:

"O Senhor ruge de Sião
 e troveja de Jerusalém;
secam-se[a] as pastagens dos pastores,
 e murcha o topo do Carmelo".

Julgamento dos Povos Vizinhos de Israel

³ Assim diz o Senhor:

"Por três transgressões de Damasco
 e ainda mais por quatro,
não anularei o castigo.
 Porque trilhou Gileade
 com trilhos de ferro pontudos,
⁴ porei fogo na casa de Hazael,
 e as chamas consumirão
 as fortalezas de Ben-Hadade.
⁵ Derrubarei a porta de Damasco;
 destruirei o rei que está
 no vale[b] de Áven[c]
e aquele que segura o cetro
 em Bete-Éden[d].
O povo da Síria
 irá para o exílio em Quir",
diz o Senhor.

⁶ Assim diz o Senhor:

"Por três transgressões de Gaza,
 e ainda mais por quatro,
não anularei o castigo.
Porque levou cativas
 comunidades inteiras
 e as vendeu a Edom,
⁷ porei fogo nos muros de Gaza,
 e as chamas consumirão
 as suas fortalezas.
⁸ Destruirei o rei[e] de Asdode
 e aquele que segura o cetro em Ascalom.
Erguerei a minha mão contra Ecrom,
 até que morra o último dos filisteus",
diz o Senhor, o Soberano.

⁹ Assim diz o Senhor:

"Por três transgressões de Tiro,
 e ainda mais por quatro,
não anularei o castigo.
 Porque vendeu comunidades inteiras
 de cativos a Edom,
 desprezando irmãos,
¹⁰ porei fogo nos muros de Tiro,
 e as chamas consumirão
 as suas fortalezas".

¹¹ Assim diz o Senhor:

"Por três transgressões de Edom,
 e ainda mais por quatro,
não anularei o castigo.
Porque com a espada
 perseguiu seu irmão
e reprimiu toda a compaixão,[f]
mutilando-o furiosamente
 e perpetuando para sempre a sua ira,
¹² porei fogo em Temã,
 e as chamas consumirão
 as fortalezas de Bozra".

¹³ Assim diz o Senhor:

"Por três transgressões de Amom,
 e ainda mais por quatro,
não anularei o castigo.
Porque rasgou ao meio
 as grávidas de Gileade
 a fim de ampliar as suas fronteiras,
¹⁴ porei fogo nos muros de Rabá,
 e as chamas consumirão
 as suas fortalezas
em meio a gritos de guerra
 no dia do combate,
em meio a ventos violentos
 num dia de tempestade.
¹⁵ O seu rei irá para o exílio,
 ele e toda a sua corte",
diz o Senhor.

---

[a] 1.2 Ou *pranteiam*
[b] 1.5 Ou *os habitantes do vale*
[c] 1.5 *Áven* significa *iniquidade*.
[d] 1.5 *Bete-Éden* significa *casa do prazer*.
[e] 1.8 Ou *os habitantes*
[f] 1.11 Ou *e destruiu os seus aliados,*

2 Assim diz o Senhor:

"Por três transgressões de Moabe,
 e ainda mais por quatro,
não anularei o castigo.
Porque ele queimou até reduzir a cinzas[a]
 os ossos do rei de Edom,
2 porei fogo em Moabe,
 e as chamas consumirão
 as fortalezas de Queriote[b].
Moabe perecerá em grande tumulto,
 em meio a gritos de guerra
 e ao toque da trombeta.
3 Destruirei o seu governante[c]
 e com ele matarei todas as autoridades",
diz o Senhor.

4 Assim diz o Senhor:

"Por três transgressões de Judá,
 e ainda mais por quatro,
não anularei o castigo.
Porque rejeitou a lei do Senhor
 e não obedeceu aos seus decretos,
 porque se deixou enganar
 por deuses falsos,
deuses que[d] os seus
 antepassados seguiram,
5 porei fogo em Judá,
 e as chamas consumirão
 as fortalezas de Jerusalém".

O Julgamento de Israel

6 Assim diz o Senhor:

"Por três transgressões de Israel,
 e ainda mais por quatro,
não anularei o castigo.
Vendem por prata o justo,
 e por um par de sandálias o pobre.
7 Pisam a cabeça dos necessitados
 como pisam o pó da terra,
 e negam justiça ao oprimido.
Pai e filho possuem a mesma mulher
 e assim profanam o meu santo nome.
8 Inclinam-se diante de qualquer altar
 com roupas tomadas como penhor.
No templo do seu deus
 bebem vinho recebido como multa.

---

[a] **2.1** Hebraico: *cal*.
[b] **2.2** Ou *de suas cidades*
[c] **2.3** Hebraico: *juiz*.
[d] **2.4** Ou *por mentiras, mentiras que*

9 "Fui eu que destruí os amorreus
 diante deles,
embora fossem altos como o cedro
 e fortes como o carvalho.
Eu destruí os seus frutos em cima
 e as suas raízes embaixo.
10 "Eu mesmo tirei vocês do Egito,
 e os conduzi por quarenta anos
 no deserto
para dar a vocês a terra dos amorreus.
11 Também escolhi alguns de seus filhos
 para serem profetas
e alguns de seus jovens
 para serem nazireus.
Não é verdade, povo de Israel?",
 declara o Senhor.
12 "Mas vocês fizeram os nazireus
 beber vinho
e ordenaram aos profetas
 que não profetizassem.

13 "Agora, então, eu os amassarei
 como uma carroça amassa a terra
quando carregada de trigo.
14 O ágil não escapará,
 o forte não reunirá as suas forças,
 e o guerreiro não salvará a sua vida.
15 O arqueiro não manterá a sua posição,
 o que corre não se livrará,
 e o cavaleiro não salvará a própria vida.
16 Até mesmo os guerreiros
 mais corajosos
fugirão nus naquele dia",
 declara o Senhor.

Testemunhas Convocadas para Acusar Israel

3 Ouçam esta palavra que o Senhor falou contra vocês, ó israelitas; contra toda esta família que tirei do Egito:

2 "Escolhi apenas vocês
 de todas as famílias da terra;
por isso eu os castigarei
 por todas as suas maldades".

3 Duas pessoas andarão juntas
 se não estiverem de acordo[e]?
4 O leão ruge na floresta
 se não apanhou presa alguma?

---

[e] **3.3** Ou *tiverem combinado*

O leão novo ruge em sua toca
  se nada caçou?
⁵ Cai o pássaro numa armadilha
  que não foi armada?
Será que a armadilha se desarma
  se nada foi apanhado?
⁶ Quando a trombeta toca na cidade,
  o povo não treme?
Ocorre alguma desgraça na cidade
  sem que o Senhor a tenha mandado?

⁷ Certamente o Senhor, o Soberano,
  não faz coisa alguma
sem revelar o seu plano
  aos seus servos, os profetas.

⁸ O leão rugiu,
  quem não temerá?
O Senhor, o Soberano, falou,
  quem não profetizará?

⁹ Proclamem nos palácios de Asdode[a]
  e do Egito:
"Reúnam-se nos montes de Samaria
  para verem o grande tumulto que há ali,
e a opressão no meio do seu povo".

¹⁰ "Eles não sabem agir com retidão",
  declara o Senhor,
"eles, que acumulam em seus palácios
  o que roubaram e saquearam".

¹¹ Portanto, assim diz o Senhor,
  o Soberano:

"Um inimigo cercará o país.
  Ele derrubará as suas fortalezas
  e saqueará os seus palácios".

¹² Assim diz o Senhor:

"Assim como o pastor livra a ovelha,
  arrancando da boca do leão
  só dois ossos da perna
  ou um pedaço da orelha,
assim serão arrancados
  os israelitas de Samaria,
com a ponta de uma cama
  e um pedaço de sofá[b].

¹³ "Ouçam isto e testemunhem contra a descendência de Jacó", declara o Senhor, o Soberano, o Deus dos Exércitos.

¹⁴ "No dia em que eu castigar Israel
  por causa dos seus pecados,
  destruirei os altares de Betel;
as pontas do altar serão cortadas
  e cairão no chão.
¹⁵ Derrubarei a casa de inverno
  junto com a casa de verão;
as casas enfeitadas de marfim
  serão destruídas,
e as mansões desaparecerão",
  declara o Senhor.

Israel Manteve-se Rebelde

4 Ouçam esta palavra, vocês,
  vacas de Basã que estão
  no monte de Samaria,
vocês que oprimem os pobres
  e esmagam os necessitados
e dizem aos senhores deles:
  "Tragam bebidas e vamos beber!"
² O Senhor, o Soberano,
  jurou pela sua santidade:
"Certamente chegará o tempo
  em que vocês serão levados com
    ganchos,
  e os últimos de vocês com anzóis.
³ Cada um de vocês sairá
  pelas brechas do muro,
e serão atirados
  na direção do Harmom[c]",
  declara o Senhor.
⁴ "Vão a Betel e ponham-se a pecar;
  vão a Gilgal e pequem ainda mais.
Ofereçam os seus sacrifícios cada manhã,
  os seus dízimos no terceiro dia[d].
⁵ Queimem pão fermentado
  como oferta de gratidão
e proclamem em toda parte
  suas ofertas voluntárias;
anunciem-nas, israelitas,
  pois é isso que vocês gostam de fazer",
  declara o Senhor, o Soberano.

⁶ "Fui eu mesmo que dei a vocês
  estômagos vazios[e] em cada cidade
  e falta de alimentos em todo lugar,

---

[a] 3.9 A Septuaginta diz da Assíria.
[b] 3.12 Ou *uma capa de sofá*; ou ainda *uma almofada de Damasco*
[c] 4.3 Ou *atirados, ó montanha de opressão*
[d] 4.4 Ou *a cada três anos*
[e] 4.6 Hebraico: *dentes limpos*.

e mesmo assim vocês
não se voltaram para mim",
declara o Senhor.

⁷ "Também fui eu que retive a chuva
quando ainda faltavam
três meses para a colheita.
Mandei chuva a uma cidade,
mas não a outra.
Uma plantação teve chuva;
outra não teve e secou.
⁸ Gente de duas ou três cidades
ia cambaleando de uma cidade a outra
em busca de água, sem matar a sede,
e mesmo assim
vocês não se voltaram para mim",
declara o Senhor.

⁹ "Muitas vezes
castiguei os seus jardins e as
suas vinhas,
castiguei-os com pragas e ferrugem.
Gafanhotos devoraram
as suas figueiras e as suas oliveiras,
e mesmo assim
vocês não se voltaram para mim",
declara o Senhor.

¹⁰ "Enviei pragas contra vocês
como fiz com o Egito.
Matei os seus jovens à espada,
deixei que capturassem os seus cavalos.
Enchi os seus narizes
com o mau cheiro dos mortos
em seus acampamentos,
e mesmo assim
vocês não se voltaram para mim",
declara o Senhor.

¹¹ "Destruí algumas de suas cidades,
como destruí[a] Sodoma e Gomorra.
Ficaram como um tição tirado do fogo,
e mesmo assim
vocês não se voltaram para mim",
declara o Senhor.

¹² "Por isso, ainda o castigarei, ó Israel,
e, porque eu farei isto com você,
prepare-se para encontrar-se
com o seu Deus, ó Israel."

¹³ Aquele que forma os montes,
cria o vento
e revela os seus pensamentos ao homem,
aquele que transforma
a alvorada em trevas,
e pisa as montanhas da terra;
Senhor, Deus dos Exércitos, é o seu nome.

Lamento pelo Castigo do Povo

5 Ouça esta palavra, ó nação de Israel, este lamento acerca de vocês:

² "Caída para nunca mais se levantar,
está a virgem Israel.
Abandonada em sua própria terra,
não há quem a levante."

³ Assim diz o Soberano, o Senhor:

"A cidade que mandar mil
para o exército ficará com cem;
e a que mandar cem ficará com dez".

⁴ Assim diz o Senhor à nação de Israel:

"Busquem-me e terão vida;
⁵ não busquem Betel,
não vão a Gilgal,
não façam peregrinação a Berseba.
Pois Gilgal[b] certamente irá para o exílio,
e Betel[c] será reduzida a nada".
⁶ Busquem o Senhor e terão vida,
do contrário,
ele irromperá como um fogo
entre os descendentes de José,
e devastará a cidade de Betel,
e não haverá ninguém ali
para apagá-lo.

⁷ Vocês estão transformando
o direito em amargura
e atirando a justiça ao chão,
⁸ (aquele que fez as Plêiades e o Órion;
que faz da escuridão, alvorada;
e do dia, noite escura;
que chama as águas do mar
e as espalha sobre a face da terra;
Senhor é o seu nome.

---

[b] 5.5 Gilgal no hebraico assemelha-se à expressão aqui traduzida por irá para o exílio.
[c] 5.5 Hebraico: *Áven*; referência a Bete-Áven (casa da iniquidade), nome depreciativo de Betel, que significa casa de Deus.

[a] 4.11 Hebraico: *como Deus destruiu.*

⁹ Ele traz repentina destruição
   sobre a fortaleza,
e a destruição vem
   sobre a cidade fortificada),
¹⁰ vocês odeiam aquele que defende
   a justiça no tribunal[a]
e detestam aquele que fala a verdade.

¹¹ Vocês oprimem o pobre
   e o forçam a entregar o trigo.
Por isso, embora vocês
   tenham construído
   mansões de pedra,
   nelas não morarão;
embora tenham plantado
   vinhas verdejantes,
   não beberão do seu vinho.
¹² Pois eu sei quantas são
   as suas transgressões
e quão grandes são os seus pecados.

Vocês oprimem o justo,
   recebem suborno
e impedem que se faça justiça ao pobre
   nos tribunais.
¹³ Por isso o prudente se cala
   em tais situações,
pois é tempo de desgraças.

¹⁴ Busquem o bem, não o mal,
   para que tenham vida.
Então o Senhor,
   o Deus dos Exércitos,
estará com vocês,
   conforme vocês afirmam.
¹⁵ Odeiem o mal, amem o bem;
   estabeleçam a justiça nos tribunais.
Talvez o Senhor,
   o Deus dos Exércitos,
tenha misericórdia
   do remanescente de José.

¹⁶ Portanto, assim diz o Senhor, o Deus dos Exércitos, o Soberano:

"Haverá lamentação em todas as praças
   e gritos de angústia em todas as ruas.
Os lavradores serão convocados
   para chorar
e os pranteadores para se lamentar.
¹⁷ Haverá lamentos em todas as vinhas,
   pois passarei no meio de vocês",
diz o Senhor.

O Dia do Senhor

¹⁸ Ai de vocês que anseiam
   pelo dia do Senhor!
O que pensam vocês
   do dia do Senhor?
Será dia de trevas, não de luz.
¹⁹ Será como se um homem
   fugisse de um leão
   e encontrasse um urso;
como alguém que entrasse em sua casa
   e, encostando a mão na parede,
   fosse picado por uma serpente.
²⁰ O dia do Senhor será de trevas
   e não de luz.
Uma escuridão total,
   sem um raio de claridade.

²¹ "Eu odeio e desprezo
   as suas festas religiosas;
não suporto as suas assembleias solenes.
²² Mesmo que vocês
   me tragam holocaustos[b]
e ofertas de cereal,
   isso não me agradará.
Mesmo que me tragam
   as melhores ofertas de comunhão[c],
   não darei a menor atenção a elas.
²³ Afastem de mim
   o som das suas canções
e a música das suas liras.
²⁴ Em vez disso, corra a retidão
   como um rio,
a justiça como um ribeiro perene!"

²⁵ "Foi a mim que vocês trouxeram
   sacrifícios e ofertas
durante os quarenta anos no deserto,
   ó nação de Israel?
²⁶ Não! Vocês carregaram
   o seu rei Sicute,
e Quium, imagens dos deuses astrais,
   que fizeram para vocês mesmos.[d]
²⁷ Por isso eu os mandarei para o exílio,
   para além de Damasco",

---

[a] 5.10 Hebraico: *na porta*.
[b] 5.22 Isto é, sacrifícios totalmente queimados.
[c] 5.22 Ou *de paz*
[d] 5.26 Ou *ergueram seu rei Sicute e seus ídolos Quium, seus deuses astrais*. A Septuaginta diz levantaram o santuário de Moloque e a estrela do seu deus Renfã, ídolos que fizeram para adorar!

diz o Senhor;
Deus dos Exércitos é o seu nome.

A Destruição de Israel

6 Ai de vocês
que vivem tranquilos em Sião
e que se sentem seguros
no monte de Samaria;
vocês, homens notáveis
da primeira entre as nações,
aos quais o povo de Israel recorre!
² Vão a Calné e olhem para ela;
depois prossigam até a grande Hamate
e, em seguida, desçam até Gate,
na Filístia.
São elas melhores
do que os seus dois reinos?
O território delas
é maior do que o de vocês?
³ Vocês acham que estão afastando
o dia mau,
mas na verdade estão atraindo
o reinado do terror.
⁴ Vocês se deitam em camas d
e marfim
e se espreguiçam em seus sofás.
Comem os melhores cordeiros
e os novilhos mais gordos.
⁵ Dedilham suas liras como Davi
e improvisam em instrumentos musicais.
⁶ Vocês bebem vinho em grandes taças
e se ungem com os mais finos óleos,
mas não se entristecem
com a ruína de José.
⁷ Por isso vocês estarão
entre os primeiros a ir para o exílio;
cessarão os banquetes
dos que vivem no ócio.

Condenação do Orgulho de Israel

⁸ O Senhor, o Soberano, jurou por si mesmo!
Assim declara o Senhor, o Deus dos Exércitos:

"Eu detesto o orgulho de Jacó
e odeio os seus palácios;
entregarei a cidade
e tudo o que nela existe."

⁹ Se dez homens forem deixados numa casa, também eles morrerão. ¹⁰ E, se um parente que tiver que queimar os corpos vier para tirá-los da casa e perguntar a alguém que ainda estiver escondido ali: "Há mais alguém com você?", e a resposta for: "Não", ele dirá: "Calado! Não devemos sequer mencionar o nome do Senhor".

¹¹ Pois o Senhor deu a ordem,
e ele despedaçará a casa grande
e fará em pedacinhos a casa pequena.

¹² Acaso correm os cavalos
sobre os rochedos?
Poderá alguém ará-los com bois?
Mas vocês transformaram
o direito em veneno,
e o fruto da justiça em amargura;
¹³ vocês que se regozijam pela conquista
de Lo-Debar[a] e dizem:
"Acaso não conquistamos Carnaim[b]
com a nossa própria força?"

¹⁴ Palavra do Senhor,
o Deus dos Exércitos:
"Farei vir uma nação contra você,
ó nação de Israel,
e ela a oprimirá desde Lebo-Hamate
até o vale da Arabá".

As Três Visões de Amós

7 Foi isto que o Senhor, o Soberano, me mostrou: ele estava preparando enxames de gafanhotos depois da colheita do rei, justo quando brotava a segunda safra. ² Depois que eles devoraram todas as plantas dos campos, eu clamei: "Senhor Soberano, perdoa! Como Jacó poderá sobreviver? Ele é tão pequeno!"

³ Então o Senhor arrependeu-se e declarou: "Isso não acontecerá".

⁴ O Soberano, o Senhor, mostrou-me também que, para o julgamento, estava chamando o fogo, o qual secou o grande abismo e devorou a terra. ⁵ Então eu clamei: "Soberano Senhor, eu te imploro que pares! Como Jacó poderá sobreviver? Ele é tão pequeno!"

⁶ Então o Senhor arrependeu-se e declarou: "Isso também não acontecerá".

⁷ Ele me mostrou ainda isto: o Senhor, com um prumo na mão, estava junto a um muro construído no rigor do prumo. ⁸ E o Senhor me perguntou: "O que você está vendo, Amós?"

"Um prumo", respondi.

---

[a] 6.13 *Lo-Debar* significa *nada*.
[b] 6.13 *Carnaim* significa *chifres*. Chifre simboliza força.

Então disse o Senhor: "Veja! Estou pondo um prumo no meio de Israel, o meu povo; não vou poupá-lo mais.

⁹ "Os altares idólatras de Isaque
    serão destruídos,
e os santuários de Israel
    ficarão em ruínas;
com a espada me levantarei
    contra a dinastia de Jeroboão".

O Confronto entre Amós e Amazias

¹⁰ Então o sacerdote de Betel, Amazias, enviou esta mensagem a Jeroboão, rei de Israel: "Amós está tramando uma conspiração contra ti no centro de Israel. A nação não suportará as suas palavras. ¹¹ Amós está dizendo o seguinte:

'Jeroboão morrerá à espada,
    e certamente Israel irá para o exílio,
    para longe da sua terra natal' ".

¹² Depois Amazias disse a Amós: "Vá embora, vidente! Vá profetizar em Judá; vá ganhar lá o seu pão. ¹³ Não profetize mais em Betel, porque este é o santuário do rei e o templo do reino".

¹⁴ Amós respondeu a Amazias: "Eu não sou profeta nem pertenço a nenhum grupo de profetas[a], apenas cuido do gado e faço colheita de figos silvestres. ¹⁵ Mas o Senhor me tirou do serviço junto ao rebanho e me disse: 'Vá, profetize a Israel, o meu povo'. ¹⁶ Agora ouça, então, a palavra do Senhor. Você diz:

" 'Não profetize contra Israel,
    e pare de pregar
    contra a descendência de Isaque'.

¹⁷ "Mas o Senhor lhe diz:

" 'Sua mulher se tornará
    uma prostituta na cidade,
e os seus filhos e as suas filhas
    morrerão à espada.
Suas terras serão loteadas,
    e você mesmo morrerá numa
        terra pagã[b].
E Israel certamente irá para o exílio,
    para longe da sua terra natal' ".

A Visão de um Cesto de Frutas Maduras

8 O Senhor, o Soberano, me mostrou um cesto de frutas maduras. ² "O que você está vendo, Amós?", ele perguntou.

Um cesto de frutas maduras, respondi.

Então o Senhor me disse: "Chegou o fim de Israel, o meu povo; não mais o pouparei".

³ "Naquele dia", declara o Senhor, o Soberano, "as canções no templo se tornarão lamentos.[c] Muitos, muitos serão os corpos, atirados por todos os lados! Silêncio!"

⁴ Ouçam, vocês que pisam os pobres
    e arruínam os necessitados da terra,
⁵ dizendo:
"Quando acabará a lua nova
    para que vendamos o cereal?
E, quando terminará o sábado,
    para que comercializemos o trigo,
    diminuindo a medida,
aumentando o preço[d],
    enganando com balanças desonestas e
⁶ comprando o pobre com prata
    e o necessitado por um par de sandálias,
vendendo até palha com o trigo?"

⁷ O Senhor jurou contra o orgulho de Jacó: "Jamais esquecerei coisa alguma do que eles fizeram.

⁸ "Acaso não tremerá
    a terra por causa disso,
e não chorarão
    todos os que nela vivem?
Toda esta terra
    se levantará como o Nilo;
será agitada e depois afundará
    como o ribeiro do Egito.

⁹ "Naquele dia", declara o Senhor, o Soberano:

"Farei o sol se pôr ao meio-dia
    e em plena luz do dia escurecerei
        a terra.
¹⁰ Transformarei as suas festas em velório
    e todos os seus cânticos em lamentação.
Farei que todos vocês
    vistam roupas de luto
    e rapem a cabeça.

---

[a] **7.14** Hebraico: *nem filho de profeta.*
[b] **7.17** Hebraico: *impura.*
[c] **8.3** Ou *os cantores do templo se lamentarão.*
[d] **8.5** Hebraico: *diminuindo o efa, aumentando o siclo.*

Farei daquele dia
um dia de luto por um filho único,
e o fim dele, como um dia de amargura.

¹¹ "Estão chegando os dias",
declara o Senhor, o Soberano,
"em que enviarei fome a toda esta terra;
não fome de comida nem sede de água,
mas fome e sede de ouvir
as palavras do Senhor.
¹² Os homens vaguearão
de um mar a outro,
do Norte ao Oriente,
buscando a palavra do Senhor,
mas não a encontrarão.
¹³ "Naquele dia, as jovens belas
e os rapazes fortes
desmaiarão de sede.
¹⁴ Aqueles que juram
pela vergonha[a] de Samaria,
e os que dizem:
'Juro pelo nome do seu deus, ó Dã'
ou 'Juro pelo nome
do deus[b] de Berseba',
cairão, para nunca mais se levantar!"

Israel Será Destruído

9 Vi o Senhor junto ao altar, e ele disse:

"Bata no topo das colunas
para que tremam os umbrais.
Faça que elas caiam
sobre todos os presentes;
e os que sobrarem matarei à espada.
Ninguém fugirá, ninguém escapará.
² Ainda que escavem
até às profundezas[c],
dali a minha mão irá tirá-los.
Se subirem até os céus,
de lá os farei descer.
³ Mesmo que se escondam
no topo do Carmelo,
lá os caçarei e os prenderei.
Ainda que se escondam de mim
no fundo do mar,
ali ordenarei à serpente que os morda.
⁴ Mesmo que sejam levados ao exílio
por seus inimigos,
ali ordenarei que a espada os mate.
Vou vigiá-los para lhes fazer
o mal e não o bem".

⁵ Quanto ao Senhor,
o Senhor dos Exércitos,
ele toca na terra, e ela se derrete,
e todos os que nela vivem pranteiam;
ele ergue toda a terra como o Nilo,
e depois a afunda
como o ribeiro do Egito.
⁶ Ele constrói suas câmaras altas[d],
e firma a abóbada sobre a terra;
ele reúne as águas do mar e as espalha
sobre a superfície da terra.
Senhor é o seu nome.

⁷ "Vocês, israelitas, não são para mim
melhores do que os etíopes[e]",
declara o Senhor.
"Eu tirei Israel do Egito,
os filisteus de Caftor[f]
e os arameus de Quir.

⁸ "Sem dúvida, os olhos
do Senhor, o Soberano,
se voltam para este reino pecaminoso.
Eu o varrerei da superfície da terra,
mas não destruirei totalmente
a descendência de Jacó",
declara o Senhor.
⁹ "Pois darei a ordem
e sacudirei a nação de Israel
entre todas as nações,
tal como o trigo
é abanado numa peneira,
e nem um grão cai na terra.
¹⁰ Todos os pecadores
que há no meio do meu povo
morrerão à espada,
todos os que dizem:
'A desgraça não nos atingirá
nem nos encontrará'.

A Restauração de Israel

¹¹ "Naquele dia, levantarei
a tenda caída de Davi.
Consertarei o que estiver quebrado,
e restaurarei as suas ruínas.

---

[a] 8.14 Ou *por Asima*; ou ainda *pelo ídolo*
[b] 8.14 Ou *poder*
[c] 9.2 Hebraico: *Sheol*. Essa palavra também pode ser traduzida por sepultura, pó ou morte.
[d] 9.6 Ou *a sua escadaria até os céus*
[e] 9.7 Hebraico: *cuxitas*.
[f] 9.7 Isto é, Creta.

Eu a reerguerei,
 para que seja como era no passado,
¹²para que o meu povo conquiste
 o remanescente de Edom
 e todas as nações que me pertencem",
declara o SENHOR,ᵃ
 que realizará essas coisas.

¹³"Dias virão", declara o SENHOR,
"em que a ceifa continuará
 até o tempo de arar,
e o pisar das uvas
 até o tempo de semear.
Vinho novo gotejará dos montes
 e fluirá de todas as colinas.
¹⁴Trarei de volta Israel,
 o meu povo exilado,ᵇ
eles reconstruirão as cidades em ruínas
 e nelas viverão.
Plantarão vinhas
 e beberão do seu vinho;
cultivarão pomares
 e comerão do seu fruto.
¹⁵Plantarei Israel em sua própria terra,
 para nunca mais ser desarraigado
da terra que lhe dei",
 diz o SENHOR, o seu Deus.

9.11,12 As palavras dos versículos anteriores poderiam nos fazer recordar a difícil história do povo de Israel durante séculos. No entanto, leiamos até o final. Deus continua chamando Israel "meu povo"; ou seja, assim como promete julgamento, promete também restauração. É aos versículos 11 e 12 que se refere Tiago, irmão de Jesus (Atos 15.16,17), na reunião em Jerusalém, ao fazer referência ao fato de as boas-novas de Jesus Cristo também terem sido aceitas pelos gentios. Em primeiro lugar, isso significa que houve indivíduos do povo hebreu que se aproximaram dos gentios para falar-lhes da boa-nova e, em segundo lugar, estes aceitaram a mensagem. Foi assim que se abriu o caminho para a restauração do tabernáculo de Davi, no qual Deus foi adorado de maneira ininterrupta durante quarenta anos até a chegada do templo definitivo. Com a queda do muro de separação entre judeus e gentios, a igreja deve adorar o tempo que for necessário até que cheguemos à nova Jerusalém.

ᵃ**9.12** A Septuaginta diz *para que o remanescente e todas as nações que levam o meu nome busquem o* SENHOR.
ᵇ**9.14** Ou *Restaurarei a sorte de Israel, o meu povo,*

Introdução ao livro de
OBADIAS

Autor e data de composição Com exceção da menção ao nome do escritor no próprio livro, nada mais se sabe sobre ele. Esse nome era bastante comum na época do Antigo Testamento; tanto é assim que há pelos menos 13 outras personagens de mesmo nome e nenhuma delas se refere a esse profeta. O fato de o nome de seu pai não ser mencionado talvez indique que não pertencesse a uma família de destaque. No que respeita à data de composição do livro, pode-se dizer que o contexto e o motivo da profecia têm a ver com a colaboração de Edom, que, aliado a outros estrangeiros, foi responsável pelo saque de Jerusalém, feito que se repetiu várias vezes. Portanto, costuma-se situar sua escrita na época do exílio, entre a queda de Jerusalém, nas mãos dos babilônios (586 a.C.), e a queda da Babilônia, pelos medos e persas (539 a.C.).

ESBOÇO GERAL

Primeira parte: A humilhação de Edom (1-14)

Segunda parte: A exaltação de Israel (15-21)

Versículo-chave
17

Tema geral do livro
Este breve livro, que consiste apenas em 21 versículos, refere-se à hostilidade contínua existente entre os edomitas, descendentes de Esaú, e o povo de Israel, descendentes de Jacó, seu irmão gêmeo. Como indica seu pequeno esboço, apresenta dois temas: o da condenação de Edom por suas atitudes e consequente destruição e o da restauração do povo de Deus ao monte santo de Sião, então profanado pelos edomitas.

No livro de Obadias, Jesus é...
... aquele que tem poder para salvar (17,21).

Versículo-chave para o discípulo
21

O discípulo e o livro de Obadias
A frase "[...] subirão ao monte Sião para governar" (v. 21) é uma declaração forte e clara sobre o futuro que aguarda todos os que temos crido em Cristo e nos submetido a ele. A explicação está nas últimas palavras do livro: "E o reino será do SENHOR". Tempos depois, no Novo Testamento, uma realidade nos é desvelada: reinaremos com Cristo (leia Apocalipse 5.10; 20.4; 22.5). Nossa fidelidade a Deus enquanto estamos neste mundo e nossa prontidão em andar pelos caminhos dele, não pelos nossos, vão nos tornando cristãos cada vez mais submissos ao Senhor e, ao mesmo tempo, capazes

de cumprir o mandato que ele nos determinou ao criar-nos: "Sejam férteis e multipliquem-se! Encham e subjuguem a terra" (Gênesis 1.28). Encaremos a vida, com seus altos e baixos, com suas dificuldades e alegrias, como aprendizado para ocupar com dignidade e sabedoria nossa futura posição de cogovernantes com o Rei dos reis e Senhor dos senhores.

OBADIAS

O Julgamento de Edom

¹ Visão de Obadias. Assim diz o Soberano, o Senhor, a respeito de Edom:

Nós ouvimos uma mensagem do Senhor.
Um mensageiro foi enviado às nações
  para dizer:
"Levantem-se! Vamos atacar Edom!"

² "Veja! Eu tornarei você pequeno entre
  as nações.
Será completamente desprezado!
³ A arrogância do seu coração o tem
  enganado,
você que vive nas cavidades das rochas[a]
  e constrói sua morada no alto dos montes;
que diz a você mesmo: 'Quem pode me
  derrubar?'
⁴ Ainda que você suba tão alto como
  a águia
  e faça o seu ninho entre as estrelas,
dali eu o derrubarei", declara o Senhor.
⁵ "Se ladrões o atacassem,
  saqueadores no meio da noite
  — como você está destruído! —
  não roubariam apenas quanto achassem
  suficiente?
Se os que colhem uvas chegassem a você,
  não deixariam para trás pelo menos
  alguns cachos?
⁶ Entretanto, como Esaú foi saqueado!
Como foram pilhados
  os seus tesouros ocultos!
⁷ Empurram você para as fronteiras
  todos os seus aliados;
enganam você e o sobrepujarão
  os seus melhores amigos;
aqueles que comem com você
  para você armam ciladas".
E Esaú não percebe nada!

⁸ "Naquele dia", declara o Senhor,
  "destruirei os sábios de Edom,
e os mestres dos montes de Esaú.
⁹ Então os seus guerreiros, ó Temã,
  ficarão apavorados
e serão eliminados todos os homens
  dos montes de Esaú.

¹⁰ Por causa da violenta matança
  que você fez contra o seu irmão Jacó,
você será coberto de vergonha
  e eliminado para sempre.
¹¹ No dia em que você ficou por perto,
  quando estrangeiros roubaram
  os bens dele,
e estranhos entraram por suas portas
  e lançaram sortes sobre Jerusalém,
você fez exatamente como eles.
¹² Você não devia ter olhado
  com satisfação
  o dia da desgraça de seu irmão;
nem ter se alegrado
  com a destruição do povo de Judá;
não devia ter falado com arrogância
  no dia da sua aflição.
¹³ Não devia ter entrado pelas portas
  do meu povo
  no dia da sua calamidade;
nem devia ter ficado alegre
  com o sofrimento dele
  no dia da sua ruína;
nem ter roubado a riqueza dele
  no dia da sua desgraça.
¹⁴ Não devia ter esperado
  nas encruzilhadas,
para matar os que conseguiram escapar;
nem ter entregado os sobreviventes
  no dia da sua aflição.

¹⁵ "Pois o dia do Senhor está próximo
  para todas as nações.
Como você fez, assim será feito a você.
A maldade que você praticou
  recairá sobre você.
¹⁶ Assim como vocês beberam
  do meu castigo
  no meu santo monte,
também todas as nações[b]
  beberão sem parar.
Beberão até o fim
  e serão como se nunca
  tivessem existido.
¹⁷ Mas no monte Sião estarão os que
  escaparam;
ele será santo

---

[a] **3** Ou *de Selá*

[b] **16** Muitos manuscritos do Texto Massorético dizem *todas as nações ao redor*.

e a descendência de Jacó
possuirá a sua herança.
¹⁸ A descendência de Jacó será um fogo,
e a de José uma chama;
a descendência de Esaú será a palha.
Eles a incendiarão e a consumirão.
Não haverá sobreviventes
da descendência de Esaú",
declara o Senhor.

¹⁹ Os do Neguebe se apossarão
dos montes de Esaú,
e os da Sefelá[a] ocuparão
a terra dos filisteus.
Eles tomarão posse dos campos
de Efraim e de Samaria,
e Benjamim se apossará de Gileade.
²⁰ Os israelitas exilados se apossarão
do território dos cananeus
até Sarepta;
os exilados de Jerusalém
que estão em Sefarade
ocuparão as cidades do Neguebe.
²¹ Os vencedores subirão ao[b] monte Sião
para governar a montanha de Esaú.
E o reino será do Senhor.

---

[a] 19 Pequena faixa de terra de relevo variável entre a planície costeira e as montanhas.
[b] 21 Ou *do*

Introdução ao livro de
JONAS

Autor e data de composição

Neste livro, o escritor é identificado como "Jonas, filho de Amitai". Esse deve ter sido o mesmo "Jonas, filho de Amitai, profeta de Gate-Héfer" mencionado em 2Reis 14.25. Nesse caso, trata-se de um contemporâneo de Jeroboão II, rei de Israel (793-753 a.C.), que haveria atuado na época de Eliseu, Amós e Oseias. Isso é tudo que se sabe sobre o escritor. Seu lugar de origem está situado no território da tribo de Zebulom, cerca de 3 quilômetros ao norte de Nazaré. Mesmo que muitos pesquisadores tenham considerado o livro um relato fictício, não há motivo algum para vê-lo como tal, e, quando alguns da época de Jesus lhe pediram um sinal, este respondeu sem nenhum tipo de insinuação de que se tratasse de um mito: "Uma geração perversa e adúltera pede um sinal milagroso! Mas nenhum sinal será dado, exceto o sinal do profeta Jonas. Pois, assim como Jonas esteve três dias e três noites no ventre de um grande peixe, assim o Filho do homem ficará três dias e três noites no coração da terra. Os homens de Nínive se levantarão no juízo com esta geração e a condenarão; pois eles se arrependeram com a pregação de Jonas, e agora está aqui o que é maior do que Jonas" (Mateus 12.39-41).

ESBOÇO GERAL

Primeira parte: Deus envia Jonas à cidade de Nínive (1—2)
  I. Jonas desobedece (1.1-3)
  II. Deus envia o grande peixe (1.4-17)
  III. Jonas ora e é livrado da morte certa (2)

Segunda parte: Deus volta a enviar Jonas a Nínive (3—4)
  I. Jonas obedece (3.1-4)
  II. Pregação e arrependimento (3.5-10)
  III. A ira de Jonas para com Deus e a repreensão da parte de Deus (4)

Versículos-chave
2.3,4

Tema geral do livro
Este é o único livro do Antigo Testamento que tem uma pitada de missões. Deus envia Jonas para pregar o arrependimento à cidade de Nínive. Quando a história nos diz que Nínive era a capital do Império Assírio, o mais cruel de toda a Antiguidade e inimigo declarado de Israel, entendemos, pelo ponto de vista humano, por que para Jonas era repulsiva a mínima ideia de ir até o inimigo para pregar-lhe que poderia escapar da destruição. Por esse motivo, Jonas tenta fugir de Deus, desce ao porto de Jope e toma uma embarcação em direção ao oeste, exatamente em sentido contrário ao que devia tomar. A embarcação dirige-se a Társis (referência provável a Cádiz, a cidade mais antiga da Europa, situada no sul da Espanha). O que acontece depois disso é bastante conhecido: o mar que se enfurece, os marinheiros que parecem ter mais respeito ao Senhor que o próprio profeta, o grande peixe, a chegada às praias próximas de Nínive, a pregação, o

arrependimento, o perdão de Deus e a surpreendente ira de Jonas com o próprio Deus, que o faz sair de sua mesquinha posição para pensar nos perdidos das demais nações, não unicamente nos perdidos da casa de Israel.

No livro de Jonas, Jesus é...
... nosso Redentor ressuscitado (1.17).

Versículos-chave para o discípulo
2.7-9

O discípulo e o livro de Jonas
A Bíblia repetidas vezes faz distinção entre o sábio e o que não tem conhecimento. Esse é o tema do salmo 1. Neste livro vemos como um profeta aprovado por Deus pode atuar em determinado momento como ignorante, quando se esquece de certas verdades básicas e imutáveis. Em primeiro lugar, todas as tentativas de fugir de Deus são inúteis e absurdas. Nesse sentido, Jonas parece manifestar sinais de uma mentalidade "henoteísta" (veja a seção "Vocabulário básico", na p. 1503), crendo que basta abandonar o território onde Deus governa. Há ocasiões em que alguns discípulos também se desviam e creem que, fugindo da igreja, conseguirão fugir de Deus. Impossível. Bem cantou Davi em um de seus mais belos salmos:

> Para onde poderia eu escapar do teu Espírito?
> Para onde poderia fugir da tua presença?
> Se eu subir aos céus, lá estás;
> se eu fizer a minha cama na sepultura,
>   também lá estás.
> Se eu subir com as asas da alvorada
>   e morar na extremidade do mar,
> mesmo ali a tua mão direita me guiará
>   e me susterá.
> Mesmo que eu diga que as trevas
>   me encobrirão,
> e que a luz se tornará noite ao meu redor,
>   verei que nem as trevas são escuras para ti.
> A noite brilhará como o dia,
>   pois para ti as trevas são luz (Salmos 139.7-12).

Nestes tempos de falsa liberdade, a palavra de ordem para o discípulo continua sendo a mesma: "submetam-se a Deus" (Tiago 4.7).

ESBOÇO GERAL

JONAS

Chamado e Fuga de Jonas

1 A palavra do Senhor veio a Jonas, filho de Amitai, com esta ordem: ² "Vá depressa à grande cidade de Nínive e pregue contra ela, porque a sua maldade subiu até a minha presença".

³ Mas Jonas fugiu da presença do Senhor, dirigindo-se para Társis. Desceu à cidade de Jope, onde encontrou um navio que se destinava àquele porto. Depois de pagar a passagem, embarcou para Társis, para fugir do Senhor.

⁴ O Senhor, porém, fez soprar um forte vento sobre o mar, e caiu uma tempestade tão violenta que o barco ameaçava arrebentar-se. ⁵ Todos os marinheiros ficaram com medo e cada um clamava ao seu próprio deus. E atiraram as cargas ao mar para tornar o navio mais leve[a].

Enquanto isso, Jonas, que tinha descido ao porão e se deitara, dormia profundamente. ⁶ O capitão dirigiu-se a ele e disse: "Como você pode ficar aí dormindo? Levante-se e clame ao seu deus! Talvez ele tenha piedade de nós e não morramos".

⁷ Então os marinheiros combinaram entre si: "Vamos lançar sortes para descobrir quem é o responsável por esta desgraça que se abateu sobre nós". Lançaram sortes, e a sorte caiu sobre Jonas.

⁸ Por isso lhe perguntaram: "Diga-nos, quem é o responsável por esta calamidade? Qual é a sua profissão? De onde você vem? Qual é a sua terra? A que povo você pertence?"

⁹ Ele respondeu: "Eu sou hebreu, adorador do Senhor, o Deus dos céus, que fez o mar e a terra".

¹⁰ Então os homens ficaram apavorados e perguntaram: "O que foi que você fez?", pois sabiam que Jonas estava fugindo do Senhor, porque ele já lhes tinha dito.

¹¹ Visto que o mar estava cada vez mais agitado, eles lhe perguntaram: "O que devemos fazer com você, para que o mar se acalme?"

¹² Respondeu ele: "Peguem-me e joguem-me ao mar, e ele se acalmará. Pois eu sei que é por minha causa que esta violenta tempestade caiu sobre vocês".

¹³ Ao invés disso, os homens se esforçaram ao máximo para remar de volta à terra. Mas não conseguiram, porque o mar tinha ficado ainda mais violento. ¹⁴ Eles clamaram ao Senhor: "Senhor, nós suplicamos, não nos deixes morrer por tirarmos a vida deste homem. Não caia sobre nós a culpa de matar um inocente, porque tu, ó Senhor, fizeste o que desejavas". ¹⁵ Em seguida, pegaram Jonas e o lançaram ao mar enfurecido, e este se aquietou. ¹⁶ Tomados de grande temor ao Senhor, os homens lhe ofereceram um sacrifício e se comprometeram por meio de votos.

¹⁷ O Senhor fez com que um grande peixe engolisse Jonas, e ele ficou dentro do peixe três dias e três noites.

A Oração de Jonas

2 Dentro do peixe, Jonas orou ao Senhor, o seu Deus.

² E disse:

"Em meu desespero clamei ao Senhor,
   e ele me respondeu.
Do ventre da morte[b] gritei por socorro,
   e ouviste o meu clamor.
³ Jogaste-me nas profundezas,
   no coração dos mares;
correntezas formavam um turbilhão
   ao meu redor;
todas as tuas ondas e vagas
   passaram sobre mim.
⁴ Eu disse: Fui expulso da tua presença;
   contudo, olharei de novo
para o teu santo templo.[c]
⁵ As águas agitadas me envolveram,[d]
   o abismo me cercou,
as algas marinhas
   se enrolaram em minha cabeça.
⁶ Afundei até chegar aos fundamentos
   dos montes;
à terra embaixo, cujas trancas
   me aprisionaram para sempre.
Mas tu trouxeste a minha vida
   de volta da sepultura,
ó Senhor meu Deus!

⁷ "Quando a minha vida já se apagava,
   eu me lembrei de ti, Senhor,

---

[a] 1.5 Ou *para apaziguar o mar*
[b] 2.2 Hebraico: *Sheol*. Essa palavra também pode ser traduzida por *sepultura*, *profundezas* ou *pó*.
[c] 2.4 Ou *como poderei ver novamente o teu santo templo?*
[d] 2.5 Ou *As águas estavam em minha garganta*,

e a minha oração subiu a ti,
  ao teu santo templo.

⁸ "Aqueles que acreditam
  em ídolos inúteis
desprezam a misericórdia.
⁹ Mas eu, com um cântico de gratidão,
  oferecerei sacrifício a ti.
O que eu prometi
  cumprirei totalmente.
A salvação vem do Senhor".

¹⁰ E o Senhor deu ordens ao peixe, e ele vomitou Jonas em terra firme.

O Arrependimento de Nínive

3 A palavra do Senhor veio a Jonas pela segunda vez com esta ordem: ² "Vá à grande cidade de Nínive e pregue contra ela a mensagem que eu lhe darei".

³ Jonas obedeceu à palavra do Senhor e foi para Nínive. Era uma cidade muito grande[a], sendo necessários três dias para percorrê-la. ⁴ Jonas entrou na cidade e a percorreu durante um dia, proclamando: "Daqui a quarenta dias Nínive será destruída". ⁵ Os ninivitas creram em Deus. Proclamaram um jejum, e todos eles, do maior ao menor, vestiram-se de pano de saco.

⁶ Quando as notícias chegaram ao rei de Nínive, ele se levantou do trono, tirou o manto real, vestiu-se de pano de saco e sentou-se sobre cinza. ⁷ Então fez uma proclamação em Nínive:

"Por decreto do rei e de seus nobres:
Não é permitido a nenhum homem ou animal, bois ou ovelhas, provar coisa alguma; não comam nem bebam! ⁸ Cubram-se de pano de saco, homens e animais. E todos clamem a Deus com todas as suas forças. Deixem os maus caminhos e a violência. ⁹ Talvez Deus se arrependa e abandone a sua ira, e não sejamos destruídos".

¹⁰ Tendo em vista o que eles fizeram e como abandonaram os seus maus caminhos, Deus se arrependeu e não os destruiu como tinha ameaçado.

A Ira de Jonas

4 Jonas, porém, ficou profundamente descontente com isso e enfureceu-se. ² Ele orou ao Senhor: "Senhor, não foi isso que eu disse quando ainda estava em casa? Foi por isso que me apressei em fugir para Társis. Eu sabia que tu és Deus misericordioso e compassivo, muito paciente, cheio de amor e que prometes castigar, mas depois te arrependes. ³ Agora, Senhor, tira a minha vida, eu imploro, porque para mim é melhor morrer do que viver".

⁴ O Senhor lhe respondeu: "Você tem alguma razão para essa fúria?"

⁵ Jonas saiu e sentou-se num lugar a leste da cidade. Ali, construiu para si um abrigo, sentou-se à sua sombra e esperou para ver o que aconteceria com a cidade. ⁶ Então o Senhor Deus fez crescer uma planta sobre Jonas, para dar sombra à sua cabeça e livrá-lo do calor, o que deu grande alegria a Jonas. ⁷ Mas na madrugada do dia seguinte, Deus mandou uma lagarta atacar a planta e ela secou-se. ⁸ Ao nascer do sol, Deus trouxe um vento oriental muito quente, e o sol bateu na cabeça de Jonas ao ponto de ele quase desmaiar. Com isso ele desejou morrer e disse: "Para mim seria melhor morrer do que viver".

⁹ Mas Deus disse a Jonas: "Você tem alguma razão para estar tão furioso por causa da planta?"

Respondeu ele: "Sim, tenho! E estou furioso ao ponto de querer morrer".

¹⁰ Mas o Senhor lhe disse: "Você tem pena dessa planta, embora não a tenha podado nem a tenha feito crescer. Ela nasceu numa noite e numa noite morreu. ¹¹ Contudo, Nínive tem mais de cento e vinte mil pessoas que não sabem nem distinguir a mão direita da esquerda[b], além de muitos rebanhos. Não deveria eu ter pena dessa grande cidade?"

---

[a] 3.3 Ou *cidade importante para Deus*

[b] 4.11 Ou *o certo do errado*

Introdução ao livro de
MIQUEIAS

Autor e data de composição

O escritor é o profeta Miqueias de Moresete (1.1,14), povoado situado cerca de 35 quilômetros a sudoeste de Jerusalém. Seu ministério se desenvolveu durante os reinados de Jotão, Acaz e Ezequias, que foram reis de Judá na última parte do século VIII a.C. e na primeira do século VII a.C. Mesmo que seu alvo fosse principalmente o Reino de Judá, o profeta também se dirigiu a Samaria, capital do Reino do Norte, cuja queda chegou a prever (1.6). Isso mostra que grande parte de seu ministério aconteceu antes da queda dessa cidade nas mãos dos assírios, no ano 722 a.C. Pela força de seus argumentos contra a idolatria e contra a corrupção, considera-se que Miqueias deve ter sido o precursor do avivamento que houve durante o reinado de Ezequias.

ESBOÇO GERAL

Primeira parte: os julgamentos de Deus sobre os dois reinos (1—3)
  I.   Identificação do profeta e de sua época (1.1)
  II. Os julgamentos do Senhor sobre o povo (1.2—2.13)
  III. O Senhor acusa os líderes, os falsos profetas e os sacerdotes (3)

Segunda parte: A esperança de redenção futura (4—5)
  I.   O futuro reinado universal do Senhor (4.1-5)
  II. A volta dos exilados do cativeiro (4.6—5.1)
  III. O libertador que saíra de Belém-Efrata (5.2-15)

Terceira parte: As acusações do Senhor contra o povo e a promessa de salvação (6—7)
  I.   A primeira acusação (6.1-9)
  II. A segunda acusação (6.10—7.6)
  III. Quem se compara ao Senhor? A promessa final (7.7-20)

Versículo-chave
4.5

Tema geral do livro
Há neste livro uma clara denúncia dirigida em especial aos líderes do povo. Não apenas se refere ao que significa a religião genuína e verdadeira, como também defende os pobres diante dos abusos que são cometidos contra eles. Como o nome do pai do profeta não é mencionado, dá-se a impressão de ser de origem humilde. Miqueias demonstra um notável domínio do gênero poético. Podemos resumir o tema de seu texto como: a denúncia diante da corrupção generalizada, a advertência diante de suas consequências e a promessa de que o Senhor restauraria o povo. É notável o fato de que tenha previsto com tanta precisão o nascimento do Messias em Belém-Efrata, cidade natal de Davi, apresentando, assim, uma das profecias messiânicas mais importantes de todo o Antigo Testamento, exatamente a que chegou a ser consultada pelos principais sacerdotes e escribas de Jerusalém, a pedido do rei Herodes, o Grande (Mateus 2.4-6), o qual mantinha a secreta intenção de destruir o Messias, como, ao final, o fez com todos os

meninos daquela população. Miqueias lembra-nos tanto Isaías, do Antigo Testamento, como Tiago, no Novo Testamento.

No livro de Miqueias, Jesus é...
... o que abre caminho à nossa frente (2.13).

Versículo-chave para o discípulo
6.8

O discípulo e o livro de Miqueias
"Ele mostrou a você, ó homem, o que é bom e o que o SENHOR exige: pratique a justiça, ame a fidelidade e ande humildemente com o seu Deus" (6.8). Há, neste livro, um tema constante de ensino que leva o verdadeiro discípulo a manter-se firme em sua submissão a Deus, qualquer que seja o preço que tenha de pagar (4.5). O ser humano costuma ter a tendência inata de seguir a multidão, para não ficar contra a maioria. No entanto, Jesus nos deixou na Oração do Pai-nosso algo que às vezes se converte em um verdadeiro grito de guerra contra o padrão comum: "Venha o teu Reino" (Mateus 6.10). É necessário que compreendamos e vivamos essa realidade, tão frequente em todo o texto de Miqueias e mais bem expressa em 4.5: "Pois todas as nações andam, cada uma em nome dos seus deuses, mas nós andaremos em nome do SENHOR, o nosso Deus, para todo o sempre".

MIQUEIAS

1 ¹A palavra do Senhor que veio a Miqueias de Moresete durante os reinados de Jotão, Acaz e Ezequias, reis de Judá; visão que ele teve acerca de Samaria e de Jerusalém:

²Ouçam, todos os povos;
prestem atenção, ó terra
  e todos os que nela habitam;
que o Senhor, o Soberano,
  do seu santo templo
  testemunhe contra vocês.

O Julgamento de Samaria e de Jerusalém

³Vejam! O Senhor já está saindo
  da sua habitação;
ele desce e pisa os lugares altos da terra.
⁴Debaixo dele os montes se derretem
  como cera diante do fogo,
e os vales racham ao meio,
como que rasgados pelas águas
  que descem velozes encosta abaixo.
⁵Tudo por causa da transgressão de Jacó,
dos pecados da nação de Israel.
Qual é a transgressão de Jacó?
  Acaso não é Samaria?
Qual é o altar idólatra de Judá?
  Acaso não é Jerusalém?

⁶"Por isso farei de Samaria
  um monte de entulho
  em campo aberto,
um lugar para plantação de vinhas;
atirarei as suas pedras no vale
  e porei a descoberto os seus alicerces.
⁷Todas as suas imagens esculpidas
  serão despedaçadas
e todos os seus ganhos imorais
  serão consumidos pelo fogo;
destruirei todas as suas imagens.
Visto que o que ela ajuntou
  foi como ganho da prostituição,
como salário de prostituição
  tornará a ser usado."

O Lamento do Profeta

⁸Por causa disso chorarei e lamentarei;
  andarei descalço e nu.
Uivarei como um chacal e gemerei
  como um filhote de coruja.
⁹Pois a ferida de Samaria é incurável
  e chegou a Judá.
O flagelo alcançou até mesmo
  a porta do meu povo,
até a própria Jerusalém!
¹⁰Não contem isso em Gate
  e não chorem.
Habitantes de Bete-Ofra[a],
  revolvam-se no pó.
¹¹Saiam nus e cobertos de vergonha,
  vocês que moram em Safir[b].
Os habitantes de Zaanã[c]
  não sairão de sua cidade.
Bete-Ezel está em prantos;
  foi-lhe tirada a proteção.
¹²Os que vivem em Marote[d]
  se contorcem de dor
  aguardando alívio,
porque a desgraça veio
  da parte do Senhor
  até as portas de Jerusalém.
¹³Habitantes de Laquis[e],
  atrelem aos carros
  as parelhas de cavalos.
Vocês foram o início do pecado
  da cidade[f] de Sião,
pois as transgressões de Israel
  foram aprendidas com vocês.
¹⁴Por isso vocês darão presentes
  de despedida a Moresete-Gate.
A cidade de Aczibe[g]
  se revelará enganosa
aos reis de Israel.
¹⁵Trarei um conquistador contra
    vocês
  que vivem em Maressa[h].
A glória de Israel irá a Adulão.
¹⁶Rapem a cabeça em pranto
  por causa dos filhos
  nos quais vocês tanto se alegram;
fiquem calvos como a águia,

---

[a] **1.10** *Bete-Ofra* significa *casa de poeira*.
[b] **1.11** *Safir* significa *agradável*.
[c] **1.11** *Zaanã* assemelha-se à palavra que se traduz por *sairão*.
[d] **1.12** *Marote* assemelha-se à palavra *Mara*, que significa *amarga*.
[e] **1.13** *Laquis* assemelha-se à palavra *lareques*, que se traduz por *junta* ou *parelha*.
[f] **1.13** Hebraico: *filha*.
[g] **1.14** *Aczibe* significa *engano*.
[h] **1.15** *Maressa* assemelha-se à palavra que se traduz por *conquistador*.

O Castigo dos Opressores

pois eles serão tirados de vocês
  e levados para o exílio.

2 Ai daqueles que planejam maldade,
  dos que tramam o mal
  em suas camas!
Quando alvorece, eles o executam,
  porque isso eles podem fazer.
² Cobiçam terrenos e se apoderam deles;
  cobiçam casas e as tomam.
Fazem violência ao homem
  e à sua família;
a ele e aos seus herdeiros.

³ Portanto, assim diz o Senhor:

"Estou planejando contra essa gente
  uma desgraça,
  da qual vocês não poderão livrar-se.
Vocês não vão mais andar com
  arrogância,
  pois será tempo de desgraça.
⁴ Naquele dia, vocês serão ridicularizados;
  zombarão de vocês
  com esta triste canção:
'Estamos totalmente arruinados;
  dividida foi a propriedade do meu povo.
Ele tirou-a de mim!
  Entregou a invasores as nossas terras' ".

⁵ Portanto, vocês não estarão
  na assembleia do Senhor
para a divisão da terra por sorteio.

Advertência contra os Falsos Profetas

⁶ "Não preguem",
  dizem os seus profetas.
"Não preguem acerca dessas coisas;
  a desgraça não nos alcançará."
Ó descendência de Jacó,
⁷ é isto que está sendo falado:
"O Espírito do Senhor perdeu a
  paciência?
É assim que ele age?"

"As minhas palavras fazem bem
  àquele cujos caminhos são retos.
⁸ Mas ultimamente como inimigos,
  vocês atacam o meu povo.
Além da túnica, arrancam a capa
  daqueles que passam confiantes,
  como quem volta da guerra.
⁹ Vocês tiram as mulheres do meu povo
  de seus lares agradáveis.
De seus filhos vocês removem
  a minha dignidade para sempre.
¹⁰ Levantem-se, vão embora!
Pois este não é o lugar de descanso,
  porque ele está contaminado
  e arruinado,
sem que haja remédio.
¹¹ Se um mentiroso e enganador
  vier e disser:
'Eu pregarei para vocês fartura de vinho
  e de bebida fermentada',
ele será o profeta deste povo!

Promessa de Livramento

¹² "Vou de fato ajuntar todos vocês,
  ó Jacó;
sim, vou reunir o remanescente de Israel.
Eu os ajuntarei
  como ovelhas num aprisco,
  como um rebanho numa pastagem;
haverá ruído de grande multidão.
¹³ Aquele que abre o caminho
  irá adiante deles;
passarão pela porta e sairão.
O rei deles, o Senhor, os guiará."

Repreensão aos Líderes e aos Profetas

3 Então eu disse:

Ouçam, vocês que são chefes de Jacó,
  governantes da nação de Israel.
Vocês deveriam conhecer a justiça!
² Mas odeiam o bem e amam o mal;
arrancam a pele do meu povo
  e a carne dos seus ossos.
³ Aqueles que comem a carne
  do meu povo,
arrancam a sua pele,
  despedaçam os seus ossos
e os cortam como se fossem
  carne para a panela.
⁴ um dia clamarão ao Senhor,
  mas ele não lhes responderá.
Naquele tempo,
  ele esconderá deles o rosto
por causa do mal que eles têm feito.

⁵ Assim diz o Senhor:
"Aos profetas
  que fazem o meu povo desviar-se,

e que, quando lhes dão o que mastigar,
    proclamam paz,
mas proclamam guerra santa
    contra quem não lhes enche a boca:
⁶ Por tudo isso a noite virá sobre vocês,
    noite sem visões;
haverá trevas, sem adivinhações.
O sol se porá
    e o dia se escurecerá
    para os profetas.
⁷ Os videntes envergonhados
    e os adivinhos constrangidos,
todos cobrirão o rosto
    porque não haverá resposta
    da parte de Deus".

⁸ Mas, quanto a mim,
    graças ao poder
    do Espírito do Senhor,
estou cheio de força e de justiça,
para declarar a Jacó a sua transgressão,
    e a Israel o seu pecado.
⁹ Ouçam isto,
    vocês que são chefes
    da descendência de Jacó,
governantes da nação de Israel,
    que detestam a justiça
    e pervertem tudo o que é justo;
¹⁰ que constroem Sião
    com derramamento de sangue
    e Jerusalém com impiedade.
¹¹ Seus líderes julgam sob suborno,
    seus sacerdotes ensinam visando
        lucro,
    e seus profetas adivinham
        em troca de prata.
E ainda se apoiam no Senhor,
    dizendo:
"O Senhor está no meio de nós.
    Nenhuma desgraça nos acontecerá".
¹² Por isso, por causa de vocês,
Sião será arada como um campo,
Jerusalém se tornará
    um monte de entulho,
    e a colina do templo, um matagal.

A Montanha do Senhor

4 Nos últimos dias, acontecerá que
    o monte do templo do Senhor
    será estabelecido
    como o principal entre os montes
    e se elevará acima das colinas.
    E os povos a ele acorrerão.

² Muitas nações virão, dizendo:

"Venham, subamos
    ao monte do Senhor,
    ao templo do Deus de Jacó.
Ele nos ensinará os seus caminhos,
    para que andemos nas suas veredas".
Pois a lei virá de Sião,
    a palavra do Senhor, de Jerusalém.
³ Ele julgará entre muitos povos
e resolverá contendas
    entre nações poderosas e distantes.
Das suas espadas farão arados,
    e das suas lanças, foices.
Nenhuma nação erguerá
    a espada contra outra,
    e não aprenderão mais a guerra.
⁴ Todo homem poderá sentar-se
    debaixo da sua videira
    e debaixo da sua figueira,
    e ninguém o incomodará,
pois assim falou
    o Senhor dos Exércitos.
⁵ Pois todas as nações andam,
    cada uma em nome dos seus deuses,
mas nós andaremos
    em nome do Senhor, o nosso Deus,
para todo o sempre.

O Plano do Senhor

⁶ "Naquele dia", declara o Senhor,

"ajuntarei os que tropeçam
    e reunirei os dispersos,
aqueles a quem aflige.
⁷ Farei dos que tropeçam
    um remanescente
e dos dispersos, uma nação forte.
O Senhor reinará sobre eles
    no monte Sião
daquele dia em diante e para sempre.
⁸ Quanto a você, ó torre do rebanho,
    ó fortaleza[a] da cidade[b] de Sião,
o antigo domínio será restaurado a você;
a realeza voltará para a cidade de Jerusalém."
⁹ Agora, por que gritar tão alto?
    Você não tem rei?
Seu conselheiro morreu,
    para que a dor seja tão forte para você
    como a de uma mulher
    em trabalho de parto?

[a] **4.8** Ou *colina*
[b] **4.8** Hebraico: *filha*; também nos versículos 10 e 13.

¹⁰ Contorça-se em agonia,
  ó povo da cidade de Sião,
  como a mulher em trabalho de parto,
  porque agora terá que deixar
    os seus muros
    para habitar em campo aberto.
Você irá para a Babilônia,
  e lá será libertada.
Lá o Senhor a resgatará
  da mão dos seus inimigos.
¹¹ Mas agora muitas nações
  estão reunidas contra você.
Elas dizem: "Que Sião seja profanada,
  e que isso aconteça
  diante dos nossos olhos!"
¹² Mas elas não conhecem
  os pensamentos do Senhor;
não compreendem o plano
  daquele que as ajunta
  como feixes para a eira.

¹³ "Levante-se e debulhe,
  ó cidade de Sião,
pois eu darei a você chifres de ferro
  e cascos de bronze
para despedaçar muitas nações."

Você consagrará ao Senhor,
  ao Soberano de toda a terra,
os ganhos ilícitos
  e a riqueza delas.

5 Reúna suas tropas,
  ó cidade das tropas,ᵃ
pois há um cerco contra nós.
O líder de Israel será ferido na face,
  com uma vara.

O Governante que Virá de Belém

² "Mas tu, Belém-Efrata,
  embora pequena
  entre os clãsᵇ de Judá,
de ti virá para mim
  aquele que será
  o governante sobre Israel.
Suas origensᶜ estão no passado distante,
  em tempos antigos.ᵈ"
³ Por isso os israelitas serão abandonados
  até que aquela

5.2 O Senhor de Israel, o Cristo de Deus, nasceria em Belém-Efrata, na cidade de seu antepassado, o rei Davi.
Cumprimento: Mateus 2.1-6
Próximo texto: Zacarias 11.12

que está em trabalho de parto
  dê à luz.
Então o restante dos irmãos
  do governante
voltará para unir-se aos israelitas.

⁴ Ele se estabelecerá e os pastoreará
  na força do Senhor,
na majestade do nome do Senhor,
  o seu Deus.
E eles viverão em segurança,
  pois a grandeza dele
  alcançará os confins da terra.
⁵ Ele será a sua paz.

Livramento e Destruição

Quando os assírios
  invadirem a nossa terra
  e marcharem sobre as nossas
    fortalezas,
levantaremos contra eles sete pastores,
  até oito líderes escolhidos.
⁶ Eles pastorearãoᵉ a Assíria
  com a espada,
e a terra de Ninrode
  com a espada empunhada.ᶠ
Eles nos livrarão quando os assírios
  invadirem a nossa terra,
  e entrarem por nossas fronteiras.

⁷ O remanescente de Jacó estará
  no meio de muitos povos
como orvalho da parte do Senhor,
  como aguaceiro sobre a relva;
não porá sua esperança no homem
  nem dependerá dos seres humanos.
⁸ O remanescente de Jacó
  estará entre as nações,
  no meio de muitos povos,
como um leão
  entre os animais da floresta,

ᵃ **5.1** Ou *Fortifique seus muros, ó cidade murada,*
ᵇ **5.2** Ou *governantes*
ᶜ **5.2** Hebraico: *saídas.*
ᵈ **5.2** Ou *desde os dias da eternidade.*
ᵉ **5.6** Ou *esmagarão*; ou ainda *governarão*
ᶠ **5.6** Ou *Ninrode em suas portas*

como um leão forte
 entre os rebanhos de ovelhas,
leão que, quando ataca,
 destroça e mutila a presa,
 sem que ninguém a possa livrar.
⁹ Sua mão se levantará
 contra os seus adversários,
e todos os seus inimigos
 serão destruídos.

¹⁰ "Naquele dia", declara o Senhor,

"matarei os seus cavalos
 e destruirei os seus carros de guerra.
¹¹ Destruirei também
 as cidades da sua terra
e arrasarei todas as suas fortalezas.
¹² Acabarei com a sua feitiçaria,
 e vocês não farão mais adivinhações.
¹³ Destruirei as suas imagens esculpidas
 e as suas colunas sagradas;
vocês não se curvarão mais
 diante da obra de suas mãos.
¹⁴ Desarraigarei do meio de vocês
 os seus postes sagrados
e derrubarei os seus ídolosª.
¹⁵ Com ira e indignação me vingarei
 das nações que não me obedeceram."

A Acusação do Senhor contra Israel

6 Ouçam o que diz o Senhor:

"Fique em pé,
 defenda a sua causa;
que as colinas ouçam
 o que você tem para dizer.
² Ouçam, ó montes,
 a acusação do Senhor;
escutem, alicerces eternos da terra.
Pois o Senhor tem uma acusação
 contra o seu povo;
ele está entrando em juízo
 contra Israel.

³ "Meu povo, o que fiz
 contra você?
Fui muito exigente? Responda-me.
⁴ Eu o tirei do Egito,
 e o redimi da terra da escravidão;
enviei Moisés, Arão e Miriã
 para conduzi-lo.

⁵ Meu povo, lembre-se do que Balaque,
 rei de Moabe, pediu
e do que Balaão,
 filho de Beor, respondeu.
Recorde a viagem que você fez
 desde Sitim até Gilgal,
e reconheça
 que os atos do Senhor são justos."

⁶ Com que eu poderia comparecer
 diante do Senhor
 e curvar-me perante o Deus exaltado?
Deveria oferecer holocaustosᵇ
 de bezerros de um ano?
⁷ Ficaria o Senhor satisfeito
 com milhares de carneiros,
 com dez mil ribeiros de azeite?
Devo oferecer o meu filho mais velho
 por causa da minha transgressão,
o fruto do meu corpo
 por causa do pecado que eu cometi?
⁸ Ele mostrou a você, ó homem,
 o que é bom
e o que o Senhor exige:
pratique a justiça, ame a fidelidade
 e ande humildemente com o seu Deus.

A Culpa e o Castigo de Israel

⁹ A voz do Senhor
 está clamando à cidade;
é sensato temer o seu nome!
"Ouçam, tribo de Judá
 e assembleia da cidade!ᶜ
¹⁰ Não há,ᵈ na casa do ímpio,
 o tesouro da impiedade
e a medida falsificada, que é maldita?
¹¹ Poderia alguém ser puro
 com balanças desonestas
 e pesos falsos?
¹² Os ricos que vivem entre vocês
 são violentos;
o seu povo é mentiroso
 e as suas línguas falam enganosamente.
¹³ Por isso, eu mesmo os farei sofrer,
 e os arruinarei
por causa dos seus pecados.
¹⁴ Vocês comerão,
 mas não ficarão satisfeitos;
continuarão de estômago vazio.

ª **5.14** Ou *as suas cidades*
ᵇ **6.6** Isto é, sacrifícios totalmente queimados.
ᶜ **6.9** Ou *e suas assembleias!*
ᵈ **6.10** Ou *Não há, ainda,*

Vocês ajuntarão,
　mas nada preservarão,
porquanto o que guardarem,
　à espada entregarei.
¹⁵ Vocês plantarão, mas não colherão;
espremerão azeitonas,
　mas não se ungirão com o azeite;
espremerão uvas,
　mas não beberão o vinho.
¹⁶ Vocês têm obedecido
　aos decretos de Onri
e a todas as práticas da família
　de Acabe,
e têm seguido as tradições deles.
Por isso os entregarei à ruína,
　e o seu povo ao desprezo;
vocês sofrerão a zombaria das nações.ᵃ"

A Desgraça de Israel

7 Que desgraça a minha!
Sou como quem colhe frutos de verão
　na respiga da vinha;
não há nenhum cacho de uvas
　para provar,
nenhum figo novo que eu tanto desejo.
² Os piedosos desapareceram do país;
　não há um justo sequer.
Todos estão à espreita
　para derramar sangue;
cada um caça seu irmão com uma
　armadilha.
³ Com as mãos prontas para fazer o mal
　o governante exige presentes,
　o juiz aceita suborno,
　os poderosos impõem o que querem;
todos tramam em conjunto.
⁴ O melhor deles é como espinheiro,
e o mais correto
　é pior que uma cerca de espinhos.
Chegou o dia anunciado
　pelas suas sentinelas,
o dia do castigo de Deus.
Agora reinará a confusão entre eles.
⁵ Não confie nos vizinhos;
　nem acredite nos amigos.
Até com aquela que o abraça
　tenha cada um cuidado com o que diz.
⁶ Pois o filho despreza o pai,
　a filha se rebela contra a mãe,
　a nora, contra a sogra;

os inimigos do homem
　são os seus próprios familiares.

⁷ Mas, quanto a mim,
　ficarei atento ao Senhor,
esperando em Deus, o meu Salvador,
　pois o meu Deus me ouvirá.

Israel se Levantará

⁸ Não se alegre a minha inimiga
　com a minha desgraça.
Embora eu tenha caído,
　eu me levantarei.
Embora eu esteja morando nas trevas,
　o Senhor será a minha luz.
⁹ Por eu ter pecado contra o Senhor,
　suportarei a sua ira
até que ele apresente a minha defesa
　e estabeleça o meu direito.
Ele me fará sair para a luz;
　contemplarei a sua justiça.
¹⁰ Então a minha inimiga o verá
　e ficará coberta de vergonha,
ela, que me disse:
　"Onde está o Senhor, o seu Deus?"
Meus olhos verão a sua queda;
　ela será pisada como o barro das ruas.

¹¹ O dia da reconstrução dos seus muros
　chegará,
o dia em que se ampliarão
　as suas fronteiras virá.
¹² Naquele dia, virá a você gente
　desde a Assíria até o Egito,
　e desde o Egito até o Eufrates,
de mar a mar
　e de montanha a montanha.
¹³ Mas a terra será desolada
　por causa dos seus habitantes,
em consequência de suas ações.

Súplica por Misericórdia

¹⁴ Pastoreia o teu povo com o teu cajado,
　o rebanho da tua herança
que vive à parte numa floresta,
　em férteis pastagens.ᵇ
Deixa-o pastar em Basã e em Gileade,
　como antigamente.

¹⁵ "Como nos dias
　em que você saiu do Egito,

ᵃ **6.16** Conforme a Septuaginta. O Texto Massorético diz *zombaria devida ao meu povo*.

ᵇ **7.14** Ou *no meio do Carmelo*

ali mostrarei as minhas
maravilhas."

¹⁶ As nações verão isso
e se envergonharão,
despojadas de todo o seu poder.
Porão a mão sobre a boca
e taparão os ouvidos.
¹⁷ Lamberão o pó como a serpente,
como animais
que se arrastam no chão.
Sairão tremendo das suas fortalezas;
com temor se voltarão
para o Senhor, o nosso Deus,
e terão medo de ti.

¹⁸ Quem é comparável a ti, ó Deus,
que perdoas o pecado
e esqueces a transgressão
do remanescente da sua herança?
Tu, que não permaneces irado
para sempre,
mas tens prazer em mostrar amor.
¹⁹ De novo terás compaixão de nós;
pisarás as nossas maldades
e atirarás todos os nossos pecados
nas profundezas do mar.
²⁰ Mostrarás fidelidade a Jacó,
e bondade a Abraão,
conforme prometeste sob juramento
aos nossos antepassados,
na antiguidade.

Introdução ao livro de
NAUM

Autor e data de composição

O profeta chama-se Naum, de Elcós (1.1), cuja localização parecia ser no sul de Judá. Uma vez que o profeta chegou a prever neste livro a destruição de Nínive, a capital do cruel Império Assírio, sua composição teria sido antes do ano 612 a.C., quando se cumpriu tal predição. Isso nos permitiria situar, com grande probabilidade, a escrita do texto cerca do ano 620 a.C., ou um pouco antes dessa data.

Primeira parte: A destruição de Nínive faz parte do plano de Deus (1)
  I. Introdução (1.1)
  II. A natureza e a justiça de Deus (1.2-6)
  III. A justiça de Deus, refúgio para os fiéis e vingança contra o mal (1.7-10)
  IV. Nínive será destruída e Judá será libertada (1.11-15)

Segunda parte: Descrição da destruição total de Nínive (2)

Terceira parte: Nínive merece a destruição por causa de seu pecado (3)
  I. Os motivos para destruir Nínive (3.1-11)
  II. A destruição é inevitável (3.12-19)

Versículo-chave
1.3

Tema geral do livro
É, no mínimo, triste o contraste do que aconteceu a Nínive quanto à predição de Jonas e a profecia de Naum aqui expressa, a qual se cumpriu literalmente alguns anos depois. É evidente que Nínive desconsiderou o arrependimento descrito por Jonas — causa que levou o Senhor a enviar o profeta Naum para pregar a destruição da cidade — e continuou praticando a crueldade que fez os assírios famosos na história do mundo antigo. A predição do profeta de Judá centra-se por completo no tema da destruição de Nínive e manifesta alguns aspectos da personalidade divina: ira, santidade, justiça, poder e proteção aos desamparados. Tais características da pessoa de Deus não puderam evitar que Nínive fosse destruída, e de forma merecida, sobretudo depois de ter recebido a advertência de Jonas.

No livro de Naum, Jesus é...
... aquele que vem sobre os montes para trazer-nos boas notícias e proclamar a paz (1.15).

Versículo-chave para o discípulo
1.7

O discípulo e o livro de Naum
"Neste mundo vocês terão aflições; contudo, tenham ânimo! Eu venci o mundo" (João 16.33). A vitória de Cristo sobre o mundo resulta no fato de ele nos garantir a paz.

ESBOÇO GERAL

No livro de Naum, fala-se dos "pés do que anuncia boas notícias, e proclama a paz!" (1.15), depois de nos revelar um aspecto importante da natureza divina bastante condizente com o significado do nome do profeta ("consolo", "aquele que abraça"): "O SENHOR é bom, um refúgio em tempos de angústia. Ele protege [conhece] os que nele confiam" (v. 7). Caro discípulo, um dos enganos em que podemos cair com facilidade é achar-nos insignificantes e indignos de sermos usados por Deus. É de bom proveito que o discípulo memorize este versículo, repetindo-o diariamente, em especial quando estiver passando por dificuldades. O verbo "conhecer" é muito profundo e cheio de significado no hebraico bíblico. Não se refere ao conhecimento intelectual simplesmente, contexto a que o restringimos nos idiomas do Ocidente, e sim a um amor íntimo e especial, a uma compreensão e entrega total que se comparam apenas à verdadeira amizade e ao amor matrimonial.

ESBOÇO GERAL

NAUM

1 ¹Advertência contra Nínive. Livro da visão de Naum, de Elcós.

A Ira do Senhor contra Nínive

²O Senhor é Deus zeloso e vingador!
O Senhor é vingador!
  Seu furor é terrível!
O Senhor executa vingança
  contra os seus adversários
e manifesta o seu furor
  contra os seus inimigos.
³O Senhor é muito paciente,
  mas o seu poder é imenso;
o Senhor não deixará impune
  o culpado.
O seu caminho está no vendaval
  e na tempestade,
e as nuvens são a poeira de seus pés.
⁴Ele repreende o mar e o faz secar,
  faz que todos os rios se sequem.
Basã e o Carmelo se desvanecem
  e as flores do Líbano murcham.
⁵Quando ele se aproxima,
  os montes tremem
  e as colinas se derretem.
A terra se agita na sua presença,
  o mundo e todos os que nele vivem.
⁶Quem pode resistir à sua indignação?
Quem pode suportar
  o despertar de sua ira?
O seu furor se derrama como fogo,
  e as rochas se despedaçam diante dele.
⁷O Senhor é bom,
  um refúgio em tempos de angústia.
Ele protege os que nele confiam,
⁸mas com uma enchente devastadora
  dará fim a Nínive;
expulsará os seus inimigos
  para a escuridão.
⁹O Senhor acabará com tudo
  o que vocês planejarem contra ele[a];
a tribulação não precisará vir
  uma segunda vez.
¹⁰Embora estejam entrelaçados
  como espinhos
e encharcados de bebida como bêbados,
serão consumidos
  como a palha mais seca.

¹¹Foi de você, ó Nínive,
  que saiu aquele que trama
    perversidades,
que planeja o mal contra
  o Senhor.
¹²Assim diz o Senhor:
"Apesar de serem fortes
  e numerosos,
serão ceifados e destruídos;
mas você, Judá,
  embora eu a tenha afligido,
não a afligirei mais.
¹³Agora vou quebrar o jugo
  do seu pescoço
e arrancar as suas algemas".
¹⁴O Senhor decreta o seguinte
  a seu respeito, ó rei de Nínive:
"Você não terá descendentes
  que perpetuem o seu nome.
Destruirei as imagens esculpidas
  e os ídolos de metal
  do templo dos seus deuses.
Prepararei o seu túmulo,
  porque você é desprezível".
¹⁵Vejam sobre os montes
  os pés do que anuncia boas
    notícias
  e proclama a paz!
Celebre as suas festas, ó Judá,
  e cumpra os seus votos.
Nunca mais o perverso a invadirá;
  ele será completamente destruído.

A Queda de Nínive

2 O destruidor avança contra você,
  Nínive!
Guarde a fortaleza!
  Vigie a estrada!
Prepare a resistência!
  Reúna todas as suas forças!
²O Senhor restaurará
  o esplendor de Jacó;
restaurará o esplendor de
  Israel,
embora os saqueadores
  tenham devastado e destruído
  as suas videiras.
³Os escudos e os uniformes
  dos soldados inimigos
  são vermelhos.

---

[a] **1.9** Ou *O que vocês planejam contra o Senhor?*

Os seus carros de guerra reluzem
  quando se alinham para a batalha;
agitam-se as lanças de pinho.ᵃ
⁴ Os carros de guerra
  percorrem loucamente as ruas
e se cruzam velozmente
  pelos quarteirões.
Parecem tochas de fogo
  e se arremessam como relâmpagos.
⁵ As suas tropas de elite são convocadas,
  mas elas vêm tropeçando;
correm para a muralha da cidade
  para formar a linha de proteção.
⁶ As comportas dos canais são abertas,
  e o palácio desaba.
⁷ Está decretado:
A cidade irá para o exílio;
  será deportada.
As jovens tomadas como escravas
  batem no peito;
seu gemer é como o arrulhar das pombas.
⁸ Nínive é como um açude antigo
  cujas águas estão vazando.
"Parem, parem", eles gritam,
  mas ninguém sequer olha para trás.
⁹ Saqueiem a prata! Saqueiem o ouro!
Sua riqueza não tem fim;
  está repleta de objetos de valor!
¹⁰ Ah! Devastação! Destruição!
  Desolação!
Os corações se derretem,
  os joelhos vacilam,
todos os corpos tremem
  e o rosto de todos empalidece!
¹¹ Onde está agora a toca dos leões?
O lugar em que alimentavam
  seus filhotes,
para onde iam o leão, a leoa
  e os leõezinhos, sem nada temer?
¹² Onde está o leão que caçava
  o bastante para os seus filhotes,
estrangulava animais
  para as suas leoas
e enchia as suas covas de presas
  e as suas tocas de vítimas?
¹³ "Estou contra você",
  declara o Senhor dos Exércitos;
"queimarei no fogo
  os seus carros de guerra,
  e a espada matará os seus leões.

Eliminarei da terra a sua caça,
  e a voz dos seus mensageiros
  jamais será ouvida."

Lamentação por Nínive

3 Ai da cidade sanguinária,
  repleta de fraudes e cheia de roubos,
sempre fazendo as suas vítimas!
² Ah, o estalo dos chicotes,
  o barulho das rodas,
  o galope dos cavalos
  e o sacudir dos carros de guerra!
³ Cavaleiros atacando,
  espadas reluzentes e lanças cintilantes!
Muitos mortos,
  montanhas de cadáveres,
corpos sem conta,
  gente tropeçando por cima deles!
⁴ Tudo por causa do desejo desenfreado
  de uma prostituta sedutora,
mestra de feitiçarias
  que escravizou nações
  com a sua prostituição
e povos com a sua feitiçaria.
⁵ "Eu estou contra você",
  declara o Senhor dos Exércitos;
"vou levantar o seu vestido
  até a altura do seu rosto.
Mostrarei às nações a sua nudez
  e aos reinos, as suas vergonhas.
⁶ Eu jogarei imundície sobre você,
  e a tratarei com desprezo;
farei de você um exemplo.
⁷ Todos os que a virem fugirão, dizendo:
'Nínive está arrasada!
  Quem a lamentará?'
Onde encontrarei quem a console?"

⁸ Acaso você é melhor do que Tebasᵇ,
  situada junto ao Nilo,
  rodeada de águas?
O rio era a sua defesa;
  as águas, o seu muro.
⁹ A Etiópiaᶜ e o Egito
  eram a sua força ilimitada;
Fute e a Líbia
  estavam entre os seus aliados.
¹⁰ Apesar disso, ela foi deportada,
  levada para o exílio.
Em todas as esquinas
  as suas crianças foram massacradas.

ᵃ **2.3** A Septuaginta e a Versão Siríaca dizem *os cavaleiros correm de um lado para outro.*
ᵇ **3.8** Hebraico: *No Amon.*
ᶜ **3.9** Hebraico: *Cuxe.*

Lançaram sortes para decidir
  o destino dos seus nobres;
todos os poderosos foram acorrentados.
¹¹ Você também ficará embriagada;
irá esconder-se,
  tentando proteger-se do inimigo.
¹² Todas as suas fortalezas
  são como figueiras
  carregadas de figos maduros;
basta sacudi-las,
  e os figos caem em bocas vorazes.
¹³ Olhe bem para as suas tropas:
  não passam de mulheres!
As suas portas estão escancaradas
  para os seus inimigos;
o fogo devorou as suas trancas.
¹⁴ Reserve água para o tempo
  do cerco!
Reforce as suas fortalezas!
Entre no barro, pise a argamassa,
  prepare a forma para os tijolos!
¹⁵ Mesmo assim o fogo consumirá você;
  a espada a eliminará,
e, como gafanhotos devastadores,
  a devorará!
Multiplique-se como
  gafanhotos devastadores,
multiplique-se como
  gafanhotos peregrinos!

¹⁶ Você multiplicou os seus
  comerciantes,
  tornando-os mais numerosos
  que as estrelas do céu;
mas como gafanhotos devastadores,
  eles devoram o país
  e depois voam para longe.
¹⁷ Os seus guardas
  são como gafanhotos peregrinos;
os seus oficiais,
  como enxames de gafanhotos
  que se ajuntam sobre os muros
  em dias frios;
mas, quando o sol aparece,
  eles voam,
  ninguém sabe para onde.

¹⁸ Ó rei da Assíria,
  os seus pastores[a] dormem;
  os seus nobres adormecem.
O seu povo está espalhado pelos
  montes
  e não há ninguém para reuni-lo.
¹⁹ Não há cura para a sua chaga;
  a sua ferida é mortal.
Quem ouve notícias a seu respeito
  bate palmas pela sua queda,
pois, quem não sofreu por
  sua crueldade sem limites?

---

[a] 3.18 Ou *governantes*

Introdução ao livro de
HABACUQUE

Autor e data de composição

Existem apenas duas indicações sobre quem foi Habacuque. Primeira, é chamado de profeta, o que poderia indicar que pertencia a um grupo específico de profetas. Segunda, no final do livro encontra-se uma referência musical semelhante às que aparecem em Salmos ("Para o mestre de música. Para os meus instrumentos de cordas."). Aliás, as últimas palavras antes dessa referência são idênticas às que encontramos em Salmos 18.33. Pelo tema do livro, podemos situá-lo entre a morte do rei Josias na batalha de Megido e o começo do cativeiro na Babilônia. Isso indicaria que o livro foi escrito entre 609 a.C. e 597 a.C., data em que os babilônios invadiram o Reino de Judá.

Primeira parte: As duas queixas de Habacuque e as respostas de Deus (1—2)
I. O primeiro problema: Deus não julgou Judá por sua maldade (1.1-4)
II. A primeira resposta de Deus: Os babilônios se encarregarão de fazer justiça em nome de Deus (1.5-11)
III. O segundo problema: Por que Deus usa os maus para castigar os bons? (1.12—2.1)
IV. A segunda resposta de Deus: O remanescente e a soberania divina (2.2-20)

Segunda parte: A resposta do profeta a Deus (3)
I. O pedido para que Deus volte a manifestar-se como no passado (3.1,2)
II. Descrição da revelação de Deus durante o êxodo do Egito (3.3-15)
III. Habacuque confessa ter confiança total e absoluta em Deus (3.16-19)

Versículos-chave
3.17-19

Tema geral do livro

No esboço estão apresentadas as duas grandes divisões do livro. Em primeiro lugar, a perplexidade do profeta diante do fato de não compreender a forma de Deus atuar; em segundo, sua confissão e adoração ao Senhor. Contemporâneo de Jeremias e diferentemente deste, parece estar mais preocupado com o fato de Deus não demonstrar ter nenhuma intenção de julgar a corrupção existente em Judá do que pelo fato de o povo não manifestar arrependimento.

Quando Deus responde ao profeta que aproveitará os babilônios para castigar a corrupção, Habacuque fica novamente perplexo: Como é possível que um Deus justo e puro utilize um povo cruel para castigar o povo de sua aliança? Desse momento em diante, procura um ambiente isolado para receber a visão do Senhor e comunicá-la aos que estão dispostos a ouvir. A resposta dada por Deus, e posteriormente repetida no Novo Testamento (Romanos 1.17; Gálatas 3.11; Hebreus 10.38), seria a centelha que acenderia a Reforma do século XVI na mente de Martinho Lutero: "o justo viverá pela sua fé" (2.4, *Almeida Revista e Atualizada*; fidelidade, *Nova Versão Internacional*). Deus acaba ordenando silêncio absoluto diante da manifestação de sua soberania.

Convencido de que a justiça divina triunfaria, o profeta volta-se para Deus, pede-lhe que atue de modo tão surpreendente como o havia feito no êxodo e no monte Sinai e reafirma sua confiança no Senhor por meio de uma das mais belas confissões de fé que encontramos nas Escrituras.

No livro de Habacuque, Jesus é...
... o que enviou seu Espírito para avivar a obra divina em nosso tempo (3.2).

Versículo-chave para o discípulo
1.4

O discípulo e o livro de Habacuque
Este pequeno livro contém grandes ensinos básicos para o discípulo. Um dos problemas das pessoas religiosas é pensar com base no que podem realizar. Recebem a salvação pela fé, porque foi como Deus providenciou a nossa liberdade por meio de sua graça, e depois começam gradativamente a confiar em seus próprios feitos. O texto não diz que o justo nascerá pela fé, e sim que viverá por ela. A partir do momento em que nascemos de novo pela graça por meio da fé, é essa fé que nos dá vida; e nossas obras, as que Deus preparou para que as pratiquemos, continuam válidas e confirmam a fé que dá vida (Efésios 2.10; Tiago 2.18-20). O resultado da fé é a confiança total no Deus que nos deu a vida, sem deixar que as circunstâncias nos façam desistir, pois o "o justo viverá pela sua fé" (2.4, *Almeida Revista e Atualizada*).

HABACUQUE

1 Advertência revelada ao profeta Habacuque.

A Primeira Queixa de Habacuque

² Até quando, Senhor,
  clamarei por socorro,
  sem que tu ouças?
Até quando gritarei a ti: "Violência!"
  sem que tragas salvação?
³ Por que me fazes ver a injustiça,
  e contemplar a maldade?
A destruição e a violência
  estão diante de mim;
há luta e conflito por todo lado.
⁴ Por isso a lei se enfraquece,
  e a justiça nunca prevalece.
Os ímpios prejudicam os justos,
  e assim a justiça é pervertida.

A Resposta do Senhor

⁵ "Olhem as nações e contemplem-nas,
  fiquem atônitos e pasmem;
pois nos seus dias farei algo
  em que não creriam
  se a vocês fosse contado.
⁶ Estou trazendo os babilônios[a],
nação cruel e impetuosa,
  que marcha por toda a extensão da terra
  para apoderar-se de moradias
  que não lhe pertencem.
⁷ É uma nação apavorante e temível,
  que cria a sua própria justiça
  e promove a sua própria honra.
⁸ Seus cavalos são mais velozes
  que os leopardos,
mais ferozes[b] que
  os lobos no crepúsculo.
Sua cavalaria vem de longe.
Seus cavalos vêm a galope;
  vêm voando como ave de rapina
  que mergulha para devorar;
⁹ todos vêm prontos para a violência.
Suas hordas avançam
  como o vento do deserto,
e fazem tantos prisioneiros
  como a areia da praia.
¹⁰ Menosprezam os reis
  e zombam dos governantes.
Riem de todas as cidades fortificadas,
  pois constroem rampas de terra
  e por elas as conquistam.
¹¹ Depois passam como o vento
  e prosseguem;
homens carregados de culpa
  que têm por deus a sua própria força."

A Segunda Queixa de Habacuque

¹² Senhor,
  tu não és desde a eternidade?
Meu Deus, meu Santo,
  tu não morrerás[c].
Senhor, tu designaste essa nação
  para executar juízo;
ó Rocha, determinaste que ela
  aplicasse castigo.
¹³ Teus olhos são tão puros
  que não suportam ver o mal;
não podes tolerar a maldade.
  Então, por que toleras os perversos?
Por que ficas calado
  enquanto os ímpios devoram
os que são mais justos que eles?
¹⁴ Tornaste os homens
  como peixes do mar,
como animais[d],
  que não são governados por ninguém.
¹⁵ O inimigo puxa todos
  com anzóis;
apanha-os em sua rede
  e nela os arrasta;
então alegra-se e exulta.
¹⁶ E por essa razão
  ele oferece sacrifício à sua rede
  e queima incenso em sua honra;
pois, graças à sua rede,
  vive em grande conforto
  e desfruta iguarias.
¹⁷ Mas continuará ele
  esvaziando a sua rede,
  destruindo sem misericórdia
  as nações?

2 Ficarei no meu posto de sentinela
  e tomarei posição sobre a muralha;

---

[a] **1.6** Hebraico: *caldeus*.
[b] **1.8** Ou *ligeiros*
[c] **1.12** O Texto Massorético diz *nós não morreremos*.
[d] **1.14** Ou *peixes, criaturas do mar*

 **2.4** Este princípio bíblico básico é repetido por Paulo e pelo escritor de Hebreus no Novo Testamento: "o justo viverá pela sua fé" (Romanos 1.17; Gálatas 3.11; Hebreus 10.38, *Almeida Revista e Atualizada*). Tiago (2.18-20) explica em sua carta que a fé verdadeira manifesta-se nas atitudes de quem diz ter fé; em caso contrário, talvez seja apenas um sentimento religioso, ou até mesmo estético, mas não da fé que concede vida eterna.

aguardarei para ver o que o Senhor me dirá
 e que resposta terei à minha queixa.

A Resposta do Senhor

² Então o Senhor me respondeu:

"Escreva claramente a visão
 em tábuas,
para que se leia facilmente*ª*.
³ Pois a visão aguarda
 um tempo designado;
ela fala do fim e não falhará*ᵇ*.
Ainda que demore, espere-a;
 porque ela*ᶜ* certamente virá
 e não se atrasará.

⁴ "Escreva: O ímpio está envaidecido;
 seus desejos não são bons;
mas o justo viverá
 por sua fidelidade*ᵈ*.
⁵ De fato, a riqueza é ilusória*ᵉ*,
 e o ímpio é arrogante e não descansa;
ele é voraz como a sepultura*ᶠ*
 e como a morte.
Nunca se satisfaz;
 apanha para si todas as nações
 e ajunta para si todos os povos.

⁶ "Todos estes povos um dia rirão dele
 com canções de zombaria e dirão:

" 'Ai daquele que amontoa bens roubados
 e enriquece mediante extorsão!
Até quando isto continuará assim?'
⁷ Não se levantarão
 de repente os seus credores?
Não se despertarão os que o fazem tremer?
 Agora você se tornará vítima deles.
⁸ Porque você saqueou muitas nações,
 todos os povos que restaram
 o saquearão.
Pois você derramou muito sangue
e cometeu violência contra terras,
 cidades e seus habitantes.

⁹ "Ai daquele que obtém lucros injustos
 para a sua casa,
para pôr seu ninho no alto
 e escapar das garras do mal!
¹⁰ Você tramou a ruína de muitos povos,
 envergonhando a sua própria casa
 e pecando contra a sua própria vida.
¹¹ Pois as pedras clamarão da parede,
 e as vigas responderão do madeiramento
 contra você.

¹² "Ai daquele que edifica uma cidade
 com sangue
e a estabelece com crime!
¹³ Acaso não vem
 do Senhor dos Exércitos
que o trabalho dos povos
 seja só para satisfazer o fogo,
e que as nações se afadiguem em vão?
¹⁴ Mas a terra se encherá do conhecimento
 da glória do Senhor,
como as águas enchem o mar.

¹⁵ "Ai daquele que dá bebida
 ao seu próximo,
misturando-a com o seu furor*ᵍ*,
 até que ele fique bêbado,
para lhe contemplar a nudez.
¹⁶ Beba bastante vergonha,
 em vez de glória!
Sim! Beba, você também, e exponha-se*ʰ*!
A taça da mão direita do Senhor
 é dada a você;
muita vergonha*ⁱ* cobrirá a sua glória.

ª **2.2** Ou *para que todo que a ler, corra*
ᵇ **2.3** Ou *e se cumprirá*
ᶜ **2.3** Ou *Embora ele demore, espere por ele; porque ele*
ᵈ **2.4** Várias versões dizem *sua fé*, com possível base na Septuaginta.
ᵉ **2.5** Conforme um dos manuscritos do mar Morto. O Texto Massorético diz *o vinho é traiçoeiro*.
ᶠ **2.5** Hebraico: *Sheol*. Essa palavra também pode ser traduzida por *profundezas, pó* ou *morte*.
ᵍ **2.15** Ou *veneno*
ʰ **2.16** Os manuscritos do mar Morto, a Vulgata e a Versão Siríaca dizem *e cambaleie*.
ⁱ **2.16** Ou *muito vômito*

2.20 Talvez por considerar exemplos de outras pessoas, o discípulo pode pensar que precisa de grandes conhecimentos teológicos e boa fluência linguística para poder falar com Deus, sobretudo ao orar em público. A chave de saber o que dizer a Deus está em saber escutá-lo em primeiro lugar, não em falar bonito. As palavras podem receber o elogio dos homens, mas, se não forem sinceras, não agradarão ao Pai celestial. Por isso, é necessário que aprendamos a fazer silêncio diante do Senhor em determinados momentos, de maneira que possamos distinguir sua voz das demais, como a ovelha que conhece muito bem a voz do pastor e não se engana com nenhuma outra (João 10.27).

¹⁷ A violência que você cometeu
    contra o Líbano o alcançará,
e você ficará apavorado
    com a matança, que você fez,
        de animais.
Pois você derramou muito sangue
e cometeu violência contra terras,
    cidades e seus habitantes.

¹⁸ "De que vale uma imagem feita
    por um escultor?
Ou um ídolo de metal
    que ensina mentiras?
Pois aquele que o faz
    confia em sua própria criação,
fazendo ídolos incapazes de falar.
¹⁹ Ai daquele que diz à madeira:
    'Desperte!'
Ou à pedra sem vida: 'Acorde!'
Poderá o ídolo dar orientação?
Está coberto de ouro e prata,
    mas não respira.
²⁰ O Senhor, porém,
    está em seu santo templo;
diante dele fique em silêncio
    toda a terra".

A Oração de Habacuque

3 Oração do profeta Habacuque.
    Uma confissão.

² Senhor, ouvi falar da tua fama;
    tremo diante dos teus atos, Senhor.
Realiza de novo, em nossa época,
    as mesmas obras,
faze-as conhecidas em nosso tempo;
    em tua ira, lembra-te da misericórdia.
³ Deus veio de Temã,
    o Santo veio do monte Parã.

                      PAUSA[a]

Sua glória cobriu os céus,
    e seu louvor encheu a terra.
⁴ Seu esplendor era como a luz do sol;
raios lampejavam de sua mão,
    onde se escondia o seu poder.
⁵ Pragas iam adiante dele;
    doenças terríveis seguiam os seus passos.
⁶ Ele parou, e a terra tremeu;
    olhou, e fez estremecer as nações.
Montes antigos se desmancharam;
    colinas antiquíssimas se desfizeram.
Os caminhos dele são eternos.
⁷ Vi a aflição das tendas de Cuchã;
    tremiam as cortinas das tendas
        de Midiã.

⁸ Era com os rios que estavas irado,
    Senhor?
Era contra os riachos o teu furor?
Foi contra o mar
    que a tua fúria transbordou
    quando cavalgaste com os teus cavalos
    e com os teus carros vitoriosos?
⁹ Preparaste o teu arco;
    pediste muitas flechas.

                      PAUSA

Fendeste a terra com rios;
¹⁰ os montes te viram e se contorceram.
Torrentes de água
    desceram com violência;
o abismo estrondou,
    erguendo as suas ondas.

¹¹ O sol e a lua pararam em suas moradas,
diante do reflexo
    de tuas flechas voadoras,
diante do lampejo
    de tua lança reluzente.
¹² Com ira andaste a passos largos
    por toda a terra

---

[a] **3.3** Hebraico: *Selá*; também nos versículos 9 e 13.

e com indignação
   pisoteaste as nações.
¹³ Saíste para salvar o teu povo,
   para libertar o teu ungido.
Esmagaste o líder da nação ímpia,
   tu o desnudaste da cabeça aos pés.

PAUSA

¹⁴ Com as suas próprias flechas
   lhe atravessaste a cabeça,
quando os seus guerreiros saíram
   como um furacão para nos espalhar
   com maldoso prazer,
como se estivessem prestes a devorar
   o necessitado em seu esconderijo.
¹⁵ Pisaste o mar com teus cavalos,
   agitando as grandes águas.

¹⁶ Ouvi isso, e o meu íntimo estremeceu,
   meus lábios tremeram;
os meus ossos desfaleceram;
   minhas pernas vacilavam.
Tranquilo, esperarei o dia da desgraça,
   que virá sobre o povo que nos ataca.
¹⁷ Mesmo não florescendo a figueira
   e não havendo uvas nas videiras,
mesmo falhando a safra de azeitonas
   e não havendo produção de
      alimento
   nas lavouras,
nem ovelhas no curral,
   nem bois nos estábulos,
¹⁸ ainda assim eu exultarei no SENHOR
   e me alegrarei
   no Deus da minha salvação.
¹⁹ O SENHOR, o Soberano, é a minha força;
   ele faz os meus pés como os do cervo;
   faz-me andar em lugares altos.

Para o mestre de música. Para os meus instrumentos de cordas.

Introdução ao livro de
SOFONIAS

Autor e data de composição

O primeiro versículo do livro identifica "Sofonias, filho de Cuchi" como escritor, que o teria escrito durante o reinado de Josias, filho de Amom, rei de Judá. Uma vez que Josias foi o último dos quatro reis reformadores (precedido por Asa, Joás e Ezequias), a data de composição pode ser 630 a.C. aproximadamente. Como o livro descreve a corrupção do próprio povo de Israel, o texto converte-se em uma exortação à reforma que o rei executaria anos mais tarde.

Esboço geral

Primeira parte: O dia da ira do SENHOR (1.1—3.8)
I. O julgamento sobre toda a terra (1.1-3)
II. O julgamento sobre Judá (1.4-23)
III. O julgamento sobre os povos vizinhos de Judá (2.4-15)
IV. O julgamento sobre Jerusalém (3.1-7)
V. Novo julgamento sobre toda a terra (3.8)

Segunda parte: A conversão e a redenção (3.9-20)
I. A conversão dos povos (3.9,10)
II. O remanescente fiel em Jerusalém (3.11-13)
III. Exortação à alegria (3.14-20)

Versículos-chave
3.12,13

Tema geral do livro
Mesmo que, em geral, o livro de Sofonias se refira ao dia do SENHOR, que se aproxima com julgamentos e castigos, o final do livro é belo e cheio de esperança. Sem dúvida, o profeta inspira temor aos ouvintes e exorta-os ao arrependimento, mas, ao mesmo tempo, apresenta o tema do remanescente fiel e da alegria que esse pequeno grupo produziria no coração de Deus. Assim como Amós, cerca de um século antes, o tema central é o dia do SENHOR, mas Sofonias avança um pouco mais e passa da alegria à restauração. Há esperança para o povo de Deus, porque, apesar de seu pecado, continua existindo um grupo fiel à aliança com ele. Em uma linguagem que evoca os escritos apocalípticos, os últimos versículos referem-se diretamente ao fim dos tempos.

No livro de Sofonias, Jesus é...
... nosso Salvador (3.17).

Versículo-chave para o discípulo
3.13

O discípulo e o livro de Sofonias
O profeta tem a coragem de fazer a Deus perguntas que, queiramos ou não, todos os cristãos têm em mente. Não raro, movidos por um falso sentimento de respeito a Deus,

não perguntamos a ele nossas incertezas. É ele quem tem todas as respostas; e em todas elas encontramos a manifestação de sua justiça, soberania e amor. Em especial, se pensamos na religião como obrigação, são lindas e surpreendentes estas palavras: "O SENHOR, o seu Deus, está em seu meio, poderoso para salvar. Ele se regozijará em você; com o seu amor a renovará, ele se regozijará em você com brados de alegria" (3.17). Esse texto lembra-nos do rei Davi, que, ao dançar com todas as suas forças (2Samuel 6.14), levava a arca do Senhor ao tabernáculo, onde ficaria em adoração perpétua durante quarenta anos em Jerusalém. Para os que concebem a pessoa de Deus como um Ser supremo carente de sentimentos e emoções, é de fato admirável e renovador ouvir que o Deus "[...] Eterno está presente entre vocês, o Guerreiro forte pode salvá-la. Feliz por você ter voltado, ele irá acalmá-la com seu amor e alegrá-la com suas belas canções" (3.17, *A Mensagem*[a]), como bem expressa essa versão contemporânea das Escrituras. Se é assim que Deus reage diante da fidelidade de um remanescente e se sabemos que "haverá mais alegria no céu por um pecador que se arrepende do que por noventa e nove justos que não precisam arrepender-se" (Lucas 15.7), deveremos rever a imagem que temos de Deus, bem como a imagem que temos da fé que professamos. Não estaremos proclamando as exigências da fé, que de fato existem, mas, sim, a alegria da fé que compartilhamos com aquele que a tornou possível mediante o sacrifício de seu próprio Filho unigênito.

---

[a] A Bíblia em linguagem contemporânea, editada por Eugene Peterson (São Paulo: Vida, 2012).

SOFONIAS

1 Palavra do Senhor que veio a Sofonias, filho de Cuchi, neto de Gedalias, bisneto de Amarias e trineto de Ezequias, durante o reinado de Josias, filho de Amom, rei de Judá:

A Destruição Vindoura

² "Destruerei[a] todas as coisas
 na face da terra";
palavra do Senhor.
³ "Destruirei tanto os homens
 quanto os animais;
destruirei as aves do céu
 e os peixes do mar
e os que causam tropeço
 junto com os ímpios[b].
Farei isso quando eu ceifar o homem
 da face da terra",
declara o Senhor.

O Castigo de Judá

⁴ "Estenderei a mão contra Judá
 e contra todos
 os habitantes de Jerusalém.
Eliminarei deste lugar
 o remanescente de Baal,
os nomes dos ministros idólatras
 e dos sacerdotes,
⁵ aqueles que no alto dos terraços
 adoram o exército de estrelas
e aqueles que se prostram jurando
 pelo Senhor
 e também por Moloque;
⁶ aqueles que se desviam
 e deixam de seguir o Senhor,
não o buscam nem o consultam.
⁷ Calem-se diante do Soberano, o Senhor,
 pois o dia do Senhor está próximo.
O Senhor preparou um sacrifício;
 consagrou seus convidados.
⁸ No dia do sacrifício do Senhor
 castigarei os líderes e os filhos do rei
e todos os que estão vestidos
 com roupas estrangeiras.
⁹ Naquele dia, castigarei
 todos os que evitam pisar
 a soleira dos ídolos[c]

e que enchem o templo de seus deuses[d]
 com violência e engano.

¹⁰ "Naquele dia", declara o Senhor,
 "haverá gritos perto da porta dos Peixes,
 lamentos no novo distrito
 e estrondos nas colinas.
¹¹ Lamentem-se, vocês que moram
 na cidade baixa[e];
todos os seus comerciantes
 serão completamente destruídos,
todos os que negociam com prata
 serão arruinados.
¹² Nessa época vasculharei Jerusalém
 com lamparinas
e castigarei os complacentes,
 que são como vinho envelhecido
 deixado com os seus resíduos,
que pensam: 'O Senhor nada fará,
 nem bem nem mal'.
¹³ A riqueza deles será saqueada,
 suas casas serão demolidas.
Embora construam novas casas,
 nelas não morarão;
plantarão vinhas,
 mas o vinho não beberão.

O Grande Dia do Senhor

¹⁴ "O grande dia do Senhor
 está próximo;
está próximo e logo vem.
Ouçam! O dia do Senhor será amargo;
 até os guerreiros gritarão.
¹⁵ Aquele dia será um dia de ira,
dia de aflição e angústia,
dia de sofrimento e ruína,
dia de trevas e escuridão,
dia de nuvens e negridão,
¹⁶ dia de toques de trombeta
 e gritos de guerra
contra as cidades fortificadas
 e contra as torres elevadas.
¹⁷ Trarei aflição aos homens;
andarão como se fossem cegos,
 porque pecaram contra o Senhor.
O sangue deles será derramado
 como poeira,
e suas entranhas como lixo.

---

[a] 1.2 Ou *Tornarei a destruir*
[b] 1.3 Ou *os ímpios terão apenas montões de destroços*
[c] 1.9 Ver 1Sm 5.5.
[d] 1.9 Ou *de seu senhor*
[e] 1.11 Ou *moram no lugar onde se faz argamassa*

¹⁸ Nem a sua prata nem o seu ouro
poderão livrá-los
no dia da ira do Senhor.
No fogo do seu zelo
o mundo inteiro será consumido,
pois ele dará fim repentino
a todos os que vivem na terra."

2 Reúna-se e ajunte-se,
nação sem pudor,
² antes que chegue o tempo determinado
e aquele dia passe como a palha,
antes que venha sobre vocês
a ira impetuosa do Senhor,
antes que o dia da ira do Senhor
os alcance.
³ Busquem o Senhor,
todos vocês, os humildes da terra,
vocês que fazem o que ele ordena.
Busquem a justiça,
busquem a humildade;
talvez vocês tenham abrigo
no dia da ira do Senhor.

O Castigo da Filístia

⁴ Gaza será abandonada,
e Ascalom ficará arruinada.
Ao meio-dia Asdode será banida,
e Ecrom será desarraigada.
⁵ Ai de vocês que vivem junto ao mar,
nação dos queretitas;
a palavra do Senhor está contra você,
ó Canaã, terra dos filisteus.

"Eu a destruirei,
e não sobrará ninguém."

⁶ Essa terra junto ao mar,
onde habitam os queretitas,
será morada de pastores
e curral de ovelhas.
⁷ Pertencerá ao remanescente
da tribo de Judá.
Ali encontrarão pastagem;
e, ao entardecer, eles se deitarão
nas casas de Ascalom.
O Senhor, o seu Deus, cuidará deles,
e lhes restaurará a sorte.ᵃ

O Castigo de Moabe e de Amom

⁸ "Ouvi os insultos de Moabe
e as zombarias dos amonitas,
que insultaram o meu povo
e fizeram ameaças
contra o seu território.
⁹ Por isso, juro pela minha vida",
declara o Senhor dos Exércitos,
o Deus de Israel,
"Moabe se tornará como Sodoma
e os amonitas como Gomorra:
um lugar tomado por ervas daninhas
e poços de sal,
uma desolação perpétua.
O remanescente do meu povo
os saqueará;
os sobreviventes da minha nação
herdarão a terra deles."

¹⁰ É isso que eles receberão
como recompensa pelo seu orgulho,
por insultarem e ridicularizarem
o povo do Senhor dos Exércitos.
¹¹ O Senhor será terrível contra eles
quando destruir todos os deuses da
terra.
As nações de todo o mundo o adorarão,
cada uma em sua própria terra.

O Castigo da Etiópia

¹² "Vocês também, ó etíopes,ᵇ
serão mortos pela minha espada."

O Castigo da Assíria

¹³ Ele estenderá a mão contra o norte
e destruirá a Assíria,
deixando Nínive totalmente em ruínas,
tão seca como o deserto.
¹⁴ No meio dela se deitarão rebanhos
e todo tipo de animais selvagens.
Até a coruja-do-deserto e o mocho
se empoleirarão no topo
de suas colunas.
Seus gritos ecoarão pelas janelas.
Haverá entulho nas entradas,
e as vigas de cedro ficarão expostas.
¹⁵ Essa é a cidade que exultava,
vivendo despreocupada,
e dizia para si mesma:
"Eu, e mais ninguém!"
Que ruínas sobraram!
Uma toca de animais selvagens!
Todos os que passam por ela zombam
e sacodem os punhos.

ᵃ **2.7** Ou *trará de volta seus cativos*

ᵇ **2.12** Hebraico: *cuxitas*

O Futuro de Jerusalém

3 Ai da cidade rebelde,
  impura e opressora!
² Não ouve ninguém,
  e não aceita correção.
Não confia no Senhor,
  não se aproxima do seu Deus.
³ No meio dela os seus líderes
  são leões que rugem.
Seus juízes são lobos vespertinos
  que nada deixam
  para a manhã seguinte.
⁴ Seus profetas são irresponsáveis,
  são homens traiçoeiros.
Seus sacerdotes profanam o santuário
  e fazem violência à lei.
⁵ No meio dela está o Senhor,
  que é justo e jamais comete injustiça.
A cada manhã ele ministra a sua justiça,
  e a cada novo dia ele não falha,
mas o injusto não se envergonha
  da sua injustiça.

⁶ "Eliminei nações;
  suas fortificações estão devastadas.
Deixei desertas as suas ruas.
Suas cidades estão destruídas;
  ninguém foi deixado; ninguém!
⁷ Eu disse à cidade:
Com certeza você me temerá
  e aceitará correção!
Pois, então, a sua habitação
  não seria eliminada,
nem cairiam sobre ela
  todos os meus castigos.
Mas eles ainda estavam ávidos
  por fazer todo tipo de maldade.
⁸ Por isso, esperem por mim",
  declara o Senhor,
"no dia em que eu me levantar
  para testemunhar.
Decidi ajuntar as nações, reunir os reinos
e derramar a minha ira sobre eles,
  toda a minha impetuosa indignação.
O mundo inteiro será consumido
  pelo fogo da minha zelosa ira.

⁹ "Então purificarei os lábios dos povos,
para que todos eles invoquem
  o nome do Senhor
e o sirvam de comum acordo.
¹⁰ Desde além dos rios da Etiópia
  os meus adoradores,
o meu povo disperso,
  me trarão ofertas.
¹¹ Naquele dia,
  vocês não serão envergonhados
  pelos seus atos de rebelião,
porque retirarei desta cidade
  os que se regozijam em seu orgulho.
Nunca mais vocês serão altivos
  no meu santo monte.
¹² Mas deixarei no meio da cidade
  os mansos e humildes,
que se refugiarão no nome do Senhor.
¹³ O remanescente de Israel
  não cometerá injustiças;
eles não mentirão,
  nem se achará engano
  em suas bocas.
Eles se alimentarão e descansarão,
  sem que ninguém os amedronte."

¹⁴ Cante, ó cidade[a] de Sião;
  exulte, ó Israel!
Alegre-se, regozije-se de todo o coração,
  ó cidade de Jerusalém!
¹⁵ O Senhor anulou a sentença
  contra você,
ele fez retroceder os seus inimigos.
O Senhor, o Rei de Israel,
  está em seu meio;
nunca mais você temerá perigo algum.
¹⁶ Naquele dia, dirão a Jerusalém:
"Não tema, ó Sião;
  não deixe suas mãos enfraquecerem.
¹⁷ O Senhor, o seu Deus,
  está em seu meio,
  poderoso para salvar.
Ele se regozijará em você;
  com o seu amor a renovará[b],
ele se regozijará em você
  com brados de alegria".

¹⁸ "Eu ajuntarei os que choram
  pelas festas fixas,
os que se afastaram de vocês,
para que isso não mais
  pese como vergonha para vocês.
¹⁹ Nessa época, agirei
  contra todos os que oprimiram vocês;
salvarei os aleijados
  e ajuntarei os dispersos.

---

[a] 3.14 Hebraico: *filha*.
[b] 3.17 Ou *a tranquilizará*

Darei a eles louvor e honra
em todas as terras
onde foram envergonhados.
²⁰ Naquele tempo, eu ajuntarei vocês;
naquele tempo, os trarei para casa.

Eu darei a vocês honra e louvor
entre todos os povos da terra,
quando eu restaurar a sua sorte[a]
diante dos seus próprios olhos",
diz o SENHOR.

---

[a] **3.20** Ou *eu os trouxer de volta*

Introdução ao livro de

AGEU

Autor e data de composição No início do livro é mencionada a data exata de sua publicação: "No primeiro dia do sexto mês do segundo ano [520 a.C.] do reinado de Dario". Também são referidos o escritor do livro, o profeta Ageu, e as pessoas a quem se dirige a profecia: "ao governador de Judá, Zorobabel, filho de Sealtiel, e ao sumo sacerdote Josué, filho de Jeozadaque" (v. 1). O profeta, mencionado ao lado de Zacarias em Esdras 5.1 e 6.14, escreve com um estilo direto muito próprio de sua tarefa: corrigir e encorajar. À exceção de sua participação na construção do segundo templo, não são conhecidos dados adicionais sobre sua vida e seu ministério.

ESBOÇO GERAL

Primeira parte: O templo (1.1—2.9)
  I. A necessidade de terminar a construção do segundo templo (1)
  II. A glória do novo templo (2.1-9)
    A. Sua glória parece menor que a do primeiro templo (2.1-3)
    B. Sua glória será maior que a do primeiro templo (2.4-9)

Segunda parte: Uma promessa de bênção à obediência (2.10-19)

Terceira parte: A confirmação de Zorobabel (2.20-23)

Versículo-chave
2.7

Tema geral do livro
Depois de Obadias, este é o menor livro do Antigo Testamento. Se, de fato, está correto o que afirmam alguns pesquisadores, Ageu teria nascido em Jerusalém, vivido no exílio da Babilônia e regressado com Zorobabel e Josué para a reconstrução do templo; possivelmente seria de idade avançada quando escreveu o texto desta profecia. O tema básico do livro é bastante simples: os que voltaram do exílio devem priorizar a reconstrução do templo a todo custo, se, de fato, querem receber a bênção do SENHOR. A promessa que aparece em 2.9 sobre a glória do templo não se refere ao fato de que Herodes, o Grande, realizaria um trabalho de grande reconhecimento e esplendor que duraria muitos anos, mas, sim, ao fato de que o templo seria totalmente tomado pela glória divina com a presença de Jesus. O governador Zorobabel, descendente de Davi pelas linhagens de Salomão e de Natã e a quem é dirigido o conteúdo deste livro, é figura tipológica e antepassado de Jesus, conforme indicam tanto a genealogia de José, seu pai adotivo (Mateus 1.12), quanto a genealogia de Maria, sua mãe (Lucas 3.27).

No livro de Ageu, Jesus é...
... o que restaura a glória do templo do SENHOR (2.9)

Versículo-chave para o discípulo
2.8

O discípulo e o livro de Ageu

No livro de Ageu, a palavra mais frequente é "vejam" ["considerai", *Almeida Revista e Atualizada*]. O profeta exige que o povo ponha em ordem suas prioridades. A situação mental dos exilados recém-chegados à terra natal era tal que se haviam dedicado a construir casas, enquanto o templo do SENHOR continuava destruído. Essa situação é típica do ser humano. São muitos os que pensam que têm de ocupar-se primeiramente do que lhes interessa e depois do que interessa a Deus. Já não se lembram do acontecimento que envolveu Elias e a viúva de Sarepta, esta que em primeiro lugar alimentou o profeta enquanto ela e o filho ainda não tinham o que comer, e de como Deus cuidou de suprir suas necessidades naqueles tempos de fome (1Reis 17.13-16). Tampouco se lembram da ordem que Cristo deu aos verdadeiros discípulos: "Portanto, não se preocupem, dizendo: 'Que vamos comer?' ou 'Que vamos beber?' ou 'Que vamos vestir?' Pois os pagãos é que correm atrás dessas coisas; mas o Pai celestial sabe que vocês precisam delas. Busquem, pois, em primeiro lugar o Reino de Deus e a sua justiça, e todas essas coisas serão acrescentadas a vocês". Tudo na nossa vida deve voltar-se para o único que tem o direito de ocupar o primeiro lugar da nossa lista de prioridades: o nosso Deus e Senhor.

AGEU

A Ordem para a Reconstrução do Templo

1 No primeiro dia do sexto mês do segundo ano do reinado de Dario, a palavra do Senhor veio por meio do profeta Ageu ao governador de Judá, Zorobabel, filho de Sealtiel, e ao sumo sacerdote Josué, filho de Jeozadaque, dizendo:

² "Assim diz o Senhor dos Exércitos: Este povo afirma: 'Ainda não chegou o tempo de reconstruir a casa do Senhor'."

³ Por isso, a palavra do Senhor veio novamente por meio do profeta Ageu: ⁴ "Acaso é tempo de vocês morarem em casas de fino acabamento, enquanto a minha casa continua destruída?"

⁵ Agora, assim diz o Senhor dos Exércitos: "Vejam aonde os seus caminhos os levaram. ⁶ Vocês têm plantado muito, e colhido pouco. Vocês comem, mas não se fartam. Bebem, mas não se satisfazem. Vestem-se, mas não se aquecem. Aquele que recebe salário, recebe-o para colocá-lo numa bolsa furada".

⁷ Assim diz o Senhor dos Exércitos: "Vejam aonde os seus caminhos os levaram! ⁸ Subam o monte para trazer madeira. Construam o templo[a], para que eu me alegre e nele seja glorificado", diz o Senhor. ⁹ "Vocês esperavam muito, mas, eis que veio pouco. E o que vocês trouxeram para casa eu dissipei com um sopro. E por que o fiz?", pergunta o Senhor dos Exércitos. "Por causa do meu templo, que ainda está destruído enquanto cada um de vocês se ocupa com a sua própria casa. ¹⁰ Por isso, por causa de vocês, o céu reteve o orvalho e a terra deixou de dar o seu fruto. ¹¹ Nos campos e nos montes provoquei uma seca que atingiu o trigo, o vinho, o azeite e tudo mais que a terra produz, e também os homens e o gado. O trabalho das mãos de vocês foi prejudicado".

¹² Zorobabel, filho de Sealtiel, o sumo sacerdote Josué, filho de Jeozadaque, e todo o restante do povo obedeceram à voz do Senhor, o seu Deus, por causa das palavras do profeta Ageu, a quem o Senhor, o seu Deus, enviara. E o povo temeu o Senhor.

¹³ Então Ageu, o mensageiro do Senhor, trouxe esta mensagem do Senhor para o povo: "Eu estou com vocês", declara o Senhor. ¹⁴ Assim o Senhor encorajou o governador de Judá, Zorobabel, filho de Sealtiel, o sumo sacerdote Josué, filho de Jeozadaque, e todo o restante do povo, e eles começaram a trabalhar no templo do Senhor dos Exércitos, o seu Deus, ¹⁵ no vigésimo quarto dia do sexto mês do segundo ano do reinado de Dario.

O Esplendor do Novo Templo

2 No vigésimo primeiro dia do sétimo mês, veio a palavra do Senhor por meio do profeta Ageu: ² "Pergunte o seguinte ao governador de Judá, Zorobabel, filho de Sealtiel, ao sumo sacerdote Josué, filho de Jeozadaque, e ao restante do povo: ³ Quem de vocês viu este templo em seu primeiro esplendor? Comparado a ele, não é como nada o que vocês veem agora?

⁴ "Coragem, Zorobabel", declara o Senhor. "Coragem, sumo sacerdote Josué, filho de Jeozadaque. Coragem! Ao trabalho, ó povo da terra!", declara o Senhor. "Porque eu estou com vocês", declara o Senhor dos Exércitos. ⁵ "Esta é a aliança que fiz com vocês quando vocês saíram do Egito: Meu espírito está entre vocês. Não tenham medo".

⁶ Assim diz o Senhor dos Exércitos: "Dentro de pouco tempo farei tremer o céu, a terra, o mar e o continente. ⁷ Farei tremer todas as nações, as quais trarão para cá os seus tesouros,[b] e encherei este templo de glória", diz o Senhor dos Exércitos. ⁸ "Tanto a prata quanto o ouro me pertencem", declara o Senhor dos Exércitos. ⁹ "A glória deste novo templo será maior do que a do antigo", diz o Senhor dos Exércitos. "E neste lugar estabelecerei a paz", declara o Senhor dos Exércitos.

Promessa de Bênçãos

¹⁰ No vigésimo quarto dia do nono mês, no segundo ano do reinado de Dario, a palavra do Senhor veio ao profeta Ageu:

¹¹ Assim diz o Senhor dos Exércitos: "Faça aos sacerdotes a seguinte pergunta sobre a Lei: ¹² Se alguém levar carne consagrada na borda de suas vestes e com elas tocar num pão, ou em algo cozido, ou em vinho, ou em azeite ou em

---

[a] **1.8** Hebraico: *a casa*; também nos versículos 9 e 14, e em 2.3, 7, 9 e 15.

[b] **2.7** A Vulgata e algumas outras traduções dizem *e o desejado de todas as nações virá.*

qualquer comida, isso ficará consagrado?" Os sacerdotes responderam: "Não".

¹³ Em seguida, perguntou Ageu: "Se alguém ficar impuro por tocar num cadáver e depois tocar em alguma dessas coisas, ela ficará impura?"

"Sim", responderam os sacerdotes, "ficará impura."

¹⁴ Ageu transmitiu esta resposta do Senhor: "É o que acontece com este povo e com esta nação. Tudo o que fazem e tudo o que me oferecem é impuro.

¹⁵ "Agora prestem atenção; de hoje em diante[a] reconsiderem. Em que condições vocês viviam antes que se colocasse pedra sobre pedra no templo do Senhor? ¹⁶ Quando alguém chegava a um monte de trigo procurando vinte medidas, havia apenas dez. Quando alguém ia ao depósito de vinho para tirar cinquenta medidas, só encontrava vinte. ¹⁷ Eu destruí todo o trabalho das mãos de vocês, com mofo, ferrugem e granizo, mas vocês não se voltaram para mim", declara o Senhor. ¹⁸ "A partir de hoje, vigésimo quarto dia do nono mês, atentem para o dia em que os fundamentos do templo do Senhor foram lançados. Reconsiderem: ¹⁹ ainda há alguma semente no celeiro? Até hoje a videira, a figueira, a romeira e a oliveira não têm dado fruto. Mas, de hoje em diante, abençoarei vocês."

As Promessas para Zorobabel

²⁰ A palavra do Senhor veio a Ageu pela segunda vez, no vigésimo quarto dia do nono mês: ²¹ "Diga a Zorobabel, governador de Judá, que eu farei tremer o céu e a terra. ²² Derrubarei tronos e destruirei o poder dos reinos estrangeiros. Virarei os carros e os seus condutores; os cavalos e os seus cavaleiros cairão, cada um pela espada do seu companheiro.

²³ "Naquele dia", declara o Senhor dos Exércitos, "eu o tomarei, meu servo Zorobabel, filho de Sealtiel", declara o Senhor, "e farei de você um anel de selar, porque o tenho escolhido", declara o Senhor dos Exércitos.

---

[a] **2.15** Ou *desde os dias passados*

Introdução ao livro de
ZACARIAS

Autor e data de composição Zacarias, filho de Berequias, é contemporâneo de Ageu e passa a profetizar depois do exílio na Babilônia. Seu livro volta-se também para os trabalhos relacionados à reconstrução do segundo templo. Pertence a uma das famílias sacerdotais de Israel. Mesmo que tivesse nascido na Babilônia, acabou sendo levado de volta, ainda jovem, à terra prometida por seu avô Ido, quando regressavam os primeiros exilados sob o governo de Zorobabel. Seu ministério parece ter começado por volta de 520 a.C., ano em que foram retomadas as obras do templo. Os capítulos 9 a 14 parecem ter sido escritos em época posterior. O fato de a Grécia ser mencionada (9.13) significaria que o imperador persa no momento em que escreveu o texto era Xerxes (486-464 a.C.), ou Assuero, aquele que tornou a judia Ester a rainha da Pérsia.

ESBOÇO GERAL

Primeira parte: Um chamado ao arrependimento (1.1-6)

Segunda parte: As oito visões e a coroação (1.7—6.15)
  I. A primeira visão: os cavalos no meio das murtas de um desfiladeiro (1.7-17)
  II. A segunda visão: os quatro chifres e os quatro artesãos (1.18-21)
  III. A terceira visão: o homem com a corda de medir (2)
  IV. A quarta visão: a purificação do sumo sacerdote Josué (3)
  V. A quinta visão: o candelabro de ouro e as duas oliveiras (4)
  VI. A sexta visão: o pergaminho que voava (5.1-4)
  VII. A sétima visão: a mulher que estava dentro de um cesto (5.5-11)
  VIII. A oitava visão: as quatro carruagens (6.1-8)
  IX. A coroação do sumo sacerdote Josué (6.9-15)

Terceira parte: Mensagem profética para o povo (7—8)

Quarta parte: O reino futuro (9—14)
  I. O desprezo pelo Messias (9—11)
    A. O julgamento das nações vizinhas (9.1-8)
    B. A vinda do Messias (9.9—10.12)
    C. Os pastores inúteis (11)
  II. O reinado do Messias (12—14)
    A. A libertação de Israel (12—13)
    B. A chegada e o reinado do Messias (14)

Versículos-chave
12.10; 13.1

Tema geral do livro
A mensagem de Zacarias estabelece uma conexão importante com os profetas anteriores a ele, aos quais faz referência (1.6), e às fases posteriores da obra que Deus deu

aos israelitas a respeito da reconstrução do templo, que é símbolo da vinda do Reino. Os primeiros oito capítulos apresentam oito visões e uma mensagem profética dirigida ao povo. O relato posterior fala do Messias, primeiramente rejeitado e que em seguida passa a reinar para sempre. O objetivo é encher de esperança o coração dos homens de Deus, apesar de todas as circunstâncias negativas pelas quais passavam.

No livro de Zacarias, Jesus é...
... o rei que vem, justo e vitorioso, humilde e montado num jumento, um jumentinho, cria de jumenta (9.9.)

Versículo-chave para o discípulo
4.6

O discípulo e o livro de Zacarias
"Não por força nem por violência, mas pelo meu Espírito" (4.6). Nossa vontade, rebelde por natureza, tende a fazer as coisas de um jeito próprio e com as próprias forças. No entanto, para sobreviver e triunfar na vida, tanto de maneira espiritual quanto material, precisamos mais do que isso. Por esse motivo, vemos o profeta proclamar em alto e bom som que necessitamos do Espírito de Deus e que não podemos confiar na nossa própria capacidade ou força. Tal atitude seria comparável à dos que não têm entendimento. O versículo central da Bíblia declara com clareza inquestionável: "É melhor buscar refúgio no SENHOR do que confiar nos homens" (Salmos 118.8). Portanto, este deve ser o modo de agir do discípulo: "Há caminho que parece certo ao homem, mas no final conduz à morte" (Provérbios 14.12; 16.25). Não é à toa que João Batista, ao apresentar Jesus, declara nos quatro Evangelhos que ele, sim, é o que nos batiza com o Espírito Santo e com fogo (Mateus 3.11; Marcos 1.8; Lucas 3.16; João 1.33).

ZACARIAS

Chamado ao Arrependimento

1 No oitavo mês do segundo ano do reinado de Dario, a palavra do Senhor veio ao profeta Zacarias, filho de Berequias e neto de Ido:

² "O Senhor muito se irou contra os seus antepassados. ³ Por isso, diga ao povo: Assim diz o Senhor dos Exércitos: Voltem para mim, e eu me voltarei para vocês", diz o Senhor dos Exércitos. ⁴ "Não sejam como os seus antepassados aos quais os antigos profetas proclamaram: 'Assim diz o Senhor dos Exércitos: Deixem os seus caminhos e as suas más obras'. Mas eles não me ouviram nem me deram atenção", declara o Senhor. ⁵ "Onde estão agora os seus antepassados? E os profetas, acaso vivem eles para sempre? ⁶ Mas as minhas palavras e os meus decretos, que ordenei aos meus servos, os profetas, alcançaram os seus antepassados e os levaram a converter-se e a dizer: 'O Senhor dos Exércitos fez conosco o que os nossos caminhos e práticas mereciam, conforme prometeu' ".

A Visão dos Cavalos

⁷ No vigésimo quarto dia do décimo primeiro mês, o mês de sebate[a], no segundo ano do reinado de Dario, a palavra do Senhor veio ao profeta Zacarias, filho de Berequias e neto de Ido. ⁸ Durante a noite tive uma visão; apareceu na minha frente um homem montado num cavalo vermelho. Ele estava parado entre as murtas num desfiladeiro. Atrás dele havia cavalos vermelhos, marrons e brancos.

⁹ Então perguntei: Quem são estes, meu senhor? O anjo que estava falando comigo respondeu: "Eu mostrarei a você quem são".

¹⁰ O homem que estava entre as murtas explicou: "São aqueles que o Senhor enviou por toda a terra".

¹¹ E eles relataram ao anjo do Senhor que estava entre as murtas: "Percorremos toda a terra e a encontramos em paz e tranquila".

¹² Então o anjo do Senhor respondeu: "Senhor dos Exércitos, até quando deixarás de ter misericórdia de Jerusalém e das cidades de Judá, com as quais estás indignado há setenta anos?"

¹³ Então o Senhor respondeu palavras boas e confortadoras ao anjo que falava comigo.

¹⁴ E o anjo me disse: "Proclame: Assim diz o Senhor dos Exércitos: 'Eu tenho sido muito zeloso com Jerusalém e Sião, ¹⁵ mas estou muito irado contra as nações que se sentem seguras. Porque eu estava apenas um pouco irado com meu povo, mas elas aumentaram a dor que ele sofria!'

¹⁶ "Por isso, assim diz o Senhor: 'Estou me voltando para Jerusalém com misericórdia, e ali o meu templo será reconstruído. A corda de medir será esticada sobre Jerusalém', declara o Senhor dos Exércitos.

¹⁷ "Diga mais: Assim diz o Senhor dos Exércitos: 'As minhas cidades transbordarão de prosperidade novamente, e o Senhor tornará a consolar Sião e a escolher Jerusalém' ".

Quatro Chifres e Quatro Artesãos

¹⁸ Depois eu olhei para o alto e vi quatro chifres. ¹⁹ Então perguntei ao anjo que falava comigo: O que é isso?

Ele me respondeu: "São os chifres que dispersaram Judá, Israel e Jerusalém".

²⁰ Depois o Senhor mostrou-me quatro artesãos. ²¹ Eu perguntei: O que eles vêm fazer?

Ele respondeu: "Ali estão os chifres que dispersaram Judá ao ponto de ninguém conseguir sequer levantar a cabeça, mas os artesãos vieram aterrorizar e quebrar esses chifres das nações que se levantaram contra o povo de Judá para dispersá-lo".

O Homem com a Corda de Medir

2 Olhei, em seguida, e vi um homem segurando uma corda de medir. ² Eu lhe perguntei: Aonde você vai?

Ele me respondeu: "Vou medir Jerusalém para saber o seu comprimento e a sua largura".

³ Então o anjo que falava comigo retirou-se, e outro anjo foi ao seu encontro ⁴ e lhe disse: "Corra e diga àquele jovem: Jerusalém será habitada como uma cidade sem muros por causa dos seus muitos habitantes e rebanhos. ⁵ E eu mesmo serei para ela um muro de fogo ao seu redor, declara o Senhor, e dentro dela serei a sua glória".

⁶ "Atenção! Atenção! Fujam da terra do norte", declara o Senhor, "porque eu os espalhei aos quatro ventos da terra", diz o Senhor.

---

[a] 1.7 Aproximadamente janeiro/fevereiro.

⁷ "Atenção, ó Sião! Escapem, vocês que vivem na cidade[a] da Babilônia! ⁸ Porque assim diz o Senhor dos Exércitos: 'Ele me enviou para buscar a sua glória entre as nações que saquearam vocês, porque todo o que tocar em vocês, toca na menina dos olhos dele'. ⁹ Certamente levantarei a minha mão contra as nações de forma que serão um espólio para os seus servos. Então vocês saberão que foi o Senhor dos Exércitos que me enviou.

¹⁰ "Cante e alegre-se, ó cidade de Sião! Porque venho fazer de você a minha habitação", declara o Senhor. ¹¹ "Muitas nações se unirão ao Senhor naquele dia e se tornarão meu povo. Então você será a minha habitação e reconhecerá que o Senhor dos Exércitos me enviou a você. ¹² O Senhor herdará Judá como sua propriedade na terra santa e escolherá de novo Jerusalém. ¹³ Aquietem-se todos perante o Senhor, porque ele se levantou de sua santa habitação".

Vestes Limpas para o Sumo Sacerdote

3 Depois disso ele me mostrou o sumo sacerdote Josué diante do anjo do Senhor, e Satanás, à sua direita, para acusá-lo. ² O anjo do Senhor disse a Satanás: "O Senhor o repreenda, Satanás! O Senhor que escolheu Jerusalém o repreenda! Este homem não parece um tição tirado do fogo?"

³ Ora, Josué, vestido de roupas impuras, estava em pé diante do anjo. ⁴ O anjo disse aos que estavam diante dele: "Tirem as roupas impuras dele".

Depois disse a Josué: "Veja, eu tirei de você o seu pecado e coloquei vestes nobres sobre você".

⁵ Disse também: "Coloquem um turbante limpo em sua cabeça". Colocaram o turbante nele e o vestiram, enquanto o anjo do Senhor observava.

⁶ O anjo do Senhor exortou Josué, dizendo: ⁷ "Assim diz o Senhor dos Exércitos: 'Se você andar nos meus caminhos e obedecer aos meus preceitos, você governará a minha casa e também estará encarregado das minhas cortes, e eu darei a você um lugar entre estes que estão aqui.

⁸ " 'Ouçam bem, sumo sacerdote Josué e seus companheiros sentados *diante de você*, homens que simbolizam coisas que virão: Trarei o meu servo, o Renovo. ⁹ Vejam a pedra que coloquei na frente de Josué! Ela tem sete pares de olhos[b], e eu gravarei nela uma inscrição', declara o Senhor dos Exércitos, 'e removerei o pecado desta terra num único dia.

¹⁰ " 'Naquele dia', declara o Senhor dos Exércitos, 'cada um de vocês convidará seu próximo para assentar-se debaixo da sua videira e debaixo da sua figueira' ".

O Candelabro de Ouro e as Duas Oliveiras

4 Depois o anjo que falava comigo tornou a despertar-me, como se desperta alguém do sono, ² e me perguntou: "O que você está vendo?"

Respondi: Vejo um candelabro de ouro maciço, com um recipiente para azeite na parte superior e sete lâmpadas e sete canos para as lâmpadas. ³ Há também duas oliveiras junto ao recipiente, uma à direita e outra à esquerda.

⁴ Perguntei ao anjo que falava comigo: O que significa isso, meu senhor?

⁵ Ele disse: "Você não sabe?"

Não, meu senhor, respondi.

Oráculo sobre Zorobabel e o Templo

⁶ "Esta é a palavra do Senhor para Zorobabel: 'Não por força nem por violência, mas pelo meu Espírito', diz o Senhor dos Exércitos.

⁷ "Quem você pensa que é, ó montanha majestosa? Diante de Zorobabel você se tornará uma planície. Ele colocará a pedra principal aos gritos de 'Deus abençoe! Deus abençoe!' "

⁸ Então o Senhor me falou: ⁹ "As mãos de Zorobabel colocaram os fundamentos deste templo; suas mãos também o terminarão. Assim saberão que o Senhor dos Exércitos me enviou a vocês.

¹⁰ "Pois aqueles que desprezaram o dia das pequenas coisas terão grande alegria ao verem a pedra principal nas mãos de Zorobabel".

Explicação da Visão do Candelabro

Então ele me disse: "Estas sete lâmpadas são os olhos do Senhor, que sondam toda a terra".

¹¹ A seguir perguntei ao anjo: O que significam estas duas oliveiras à direita e à esquerda do candelabro?

¹² E perguntei também: O que significam estes dois ramos de oliveira ao lado dos dois tubos de ouro que derramam azeite dourado?

---

[a] **2.7** Hebraico: *filha*; também no versículo 10.   [b] **3.9** Ou *7 faces*

¹³ Ele disse: "Você não sabe?"

Não, meu senhor, respondi.

¹⁴ Então ele me disse: "São os dois homens que foram ungidos para servir[a] ao Soberano de toda a terra!"

A Visão do Pergaminho que Voava

5 Levantei novamente os olhos, e vi diante de mim um pergaminho que voava.

² O anjo me perguntou: "O que você está vendo?"

Respondi: Vejo um pergaminho voando, com nove metros de comprimento por quatro e meio de largura[b].

³ Então ele me disse: "Nele está escrita a maldição que está sendo derramada sobre toda a terra, porque tanto o ladrão como o que jura falsamente serão expulsos, conforme essa maldição. ⁴ Assim declara o Senhor dos Exércitos: 'Eu lancei essa maldição para que ela entre na casa do ladrão e na casa do que jura falsamente pelo meu nome. Ela ficará em sua casa e destruirá tanto as vigas como os tijolos!' "

A Mulher Dentro de Um Cesto

⁵ Em seguida, o anjo que falava comigo se adiantou e me disse: "Olhe e veja o que vem surgindo".

⁶ Perguntei o que era aquilo, e ele me respondeu: "É uma vasilha[c]". E disse mais: "Aí está o pecado[d] de todo o povo desta terra."

⁷ Então a tampa de chumbo foi retirada, e dentro da vasilha estava sentada uma mulher! ⁸ Ele disse: "Esta é a Perversidade", e a empurrou para dentro da vasilha e a fechou de novo com a tampa de chumbo.

⁹ De novo ergui os olhos e vi chegarem à minha frente duas mulheres com asas como de cegonha; o vento impeliu suas asas, e elas ergueram a vasilha entre o céu e a terra.

¹⁰ Perguntei ao anjo: Para onde estão levando a vasilha?

¹¹ Ele respondeu: "Para a Babilônia[e], onde vão construir um santuário para ela. Quando ficar pronto, a vasilha será colocada lá, em seu pedestal."

Quatro Carruagens

6 Olhei novamente e vi diante de mim quatro carruagens que vinham saindo do meio de duas montanhas de bronze. ² À primeira estavam atrelados cavalos vermelhos; à segunda, cavalos pretos; ³ à terceira, cavalos brancos; e à quarta, cavalos malhados. Todos eram vigorosos. ⁴ Perguntei ao anjo que falava comigo: Que representam estes cavalos atrelados, meu senhor?

⁵ O anjo me respondeu: "Estes são os quatro espíritos[f] dos céus, que acabam de sair da presença do Soberano de toda a terra. ⁶ A carruagem puxada pelos cavalos pretos vai em direção à terra do norte, a que tem cavalos brancos vai em direção ao ocidente[g], e a que tem cavalos malhados vai para a terra do sul".

⁷ Os vigorosos cavalos avançavam, impacientes por percorrer a terra. E o anjo lhes disse: "Percorram toda a terra!" E eles foram.

⁸ Então ele me chamou e disse: "Veja, os que foram para a terra do norte deram repouso ao meu Espírito[h] naquela terra".

A Coroa de Josué

⁹ E o Senhor me ordenou: ¹⁰ "Tome prata e ouro dos exilados Heldai, Tobias e Jedaías, que chegaram da Babilônia. No mesmo dia, vá à casa de Josias, filho de Sofonias. ¹¹ Pegue a prata e o ouro, faça uma coroa, e coloque-a na cabeça do sumo sacerdote Josué, filho de Jeozadaque. ¹² Diga-lhe que assim diz o Senhor dos Exércitos: Aqui está o homem cujo nome é Renovo, e ele sairá do seu lugar e construirá o templo do Senhor. ¹³ Ele construirá o templo do Senhor, será revestido de majestade e se assentará em seu trono para governar. Ele será sacerdote no trono. E haverá harmonia entre os dois. ¹⁴ A coroa será para Heldai[i], Tobias, Jedaías e Hem[j], filho de Sofonias, como um memorial no templo do Senhor. ¹⁵ Gente de longe virá ajudar a construir o templo do Senhor. Então vocês saberão que o Senhor dos Exércitos me enviou a vocês. Isso só acontecerá se obedecerem fielmente à voz do Senhor, o seu Deus".

---

[a] **4.14** Ou *os dois que trazem óleo e servem*
[b] **5.2** Hebraico: *20 côvados de comprimento e 10 côvados de largura*. O côvado era uma medida linear de cerca de 45 centímetros.
[c] **5.6** Hebraico: *1 efa*.
[d] **5.6** Ou *aparência*
[e] **5.11** Hebraico: *Sinear*.
[f] **6.5** Ou *ventos*
[g] **6.6** Hebraico: *vai atrás deles*.
[h] **6.8** Ou *espírito*
[i] **6.14** Conforme a Versão Siríaca. O Texto Massorético diz Helém.
[j] **6.14** Ou *o bondoso*

Justiça e Misericórdia ao invés de Jejuns

7 No quarto ano do reinado do rei Dario, a palavra do Senhor veio a Zacarias, no quarto dia do nono mês, o mês de quisleu[a]. ² Foi quando o povo de Betel enviou Sarezer e Regém-Meleque com seus homens, para suplicarem ao Senhor, ³ perguntando aos sacerdotes do templo do Senhor dos Exércitos e aos profetas: "Devemos lamentar e jejuar no quinto mês, como já estamos fazendo há tantos anos?"

⁴ Então o Senhor dos Exércitos me falou: ⁵ "Pergunte a todo o povo e aos sacerdotes: Quando vocês jejuaram no quinto e no sétimo meses durante os últimos setenta anos, foi de fato para mim que jejuaram? ⁶ E, quando comiam e bebiam, não era para vocês mesmos que o faziam? ⁷ Não são essas as palavras do Senhor proclamadas pelos antigos profetas quando Jerusalém e as cidades ao seu redor estavam em paz e prosperavam, e o Neguebe e a Sefelá[b] eram habitados?"

⁸ E a palavra do Senhor veio novamente a Zacarias: ⁹ "Assim diz o Senhor dos Exércitos: Administrem a verdadeira justiça, mostrem misericórdia e compaixão uns para com os outros. ¹⁰ Não oprimam a viúva e o órfão, nem o estrangeiro e o necessitado. Nem tramem maldades uns contra os outros".

¹¹ Mas eles se recusaram a dar atenção; teimosamente viraram as costas e taparam os ouvidos. ¹² Endureceram o coração e não ouviram a Lei e as palavras que o Senhor dos Exércitos tinha falado, pelo seu Espírito, por meio dos antigos profetas. Por isso o Senhor dos Exércitos irou-se muito.

¹³ "Quando eu os chamei, não me deram ouvidos; por isso, quando eles me chamarem, também não os ouvirei", diz o Senhor dos Exércitos. ¹⁴ "Eu os espalhei com um vendaval entre as nações que eles nem conhecem. A terra que deixaram para trás ficou tão destruída que ninguém podia atravessá-la. Foi assim que transformaram a terra aprazível em ruínas".

A Bênção do Senhor para Jerusalém

8 Mais uma vez veio a mim a palavra do Senhor dos Exércitos. ² Assim diz o Senhor dos Exércitos: "Tenho muito ciúme de Sião; estou me consumindo de ciúmes por ela".

³ Assim diz o Senhor: "Estou voltando para Sião e habitarei em Jerusalém. Então Jerusalém será chamada Cidade da Verdade, e o monte do Senhor dos Exércitos será chamado monte Sagrado".

⁴ Assim diz o Senhor dos Exércitos: "Homens e mulheres de idade avançada voltarão a sentar-se nas praças de Jerusalém, cada um com sua bengala, por causa da idade. ⁵ As ruas da cidade ficarão cheias de meninos e meninas brincando.

⁶ "Mesmo que isso pareça impossível para o remanescente deste povo naquela época, será impossível para mim?", declara o Senhor dos Exércitos.

⁷ Assim diz o Senhor dos Exércitos: "Salvarei meu povo dos países do oriente e do ocidente. ⁸ Eu os trarei de volta para que habitem em Jerusalém; serão meu povo e eu serei o Deus deles, com fidelidade e justiça".

⁹ Assim diz o Senhor dos Exércitos: "Vocês que estão ouvindo hoje estas palavras já proferidas pelos profetas quando foram lançados os alicerces do templo do Senhor dos Exércitos, fortaleçam as mãos para que o templo seja construído. ¹⁰ Pois antes daquele tempo não havia salários para os homens nem para os animais. Ninguém podia tratar dos seus negócios com segurança por causa de seus adversários, porque eu tinha posto cada um contra o seu próximo. ¹¹ Mas agora não mais tratarei com o remanescente deste povo como fiz no passado", declara o Senhor dos Exércitos.

¹² "Haverá uma rica semeadura, a videira dará o seu fruto, a terra produzirá suas colheitas e o céu derramará o orvalho. E darei todas essas coisas como uma herança ao remanescente deste povo. ¹³ Assim como vocês foram uma maldição para as nações, ó Judá e Israel, também os salvarei e vocês serão uma bênção. Não tenham medo, antes, sejam fortes".

¹⁴ Assim diz o Senhor dos Exércitos: "Assim como eu havia decidido castigar vocês sem compaixão quando os seus antepassados me enfureceram", diz o Senhor dos Exércitos, ¹⁵ "também agora decidi fazer de novo o bem a Jerusalém e a Judá. Não tenham medo! ¹⁶ Eis o que devem fazer: Falem somente a verdade uns com os outros e julguem retamente em seus tribunais; ¹⁷ não planejem no íntimo o mal contra o seu próximo e não queiram jurar com falsidade. Porque eu odeio todas essas coisas", declara o Senhor.

---

[a] 7.1 Aproximadamente novembro/dezembro.
[b] 7.7 Pequena faixa de terra de relevo variável entre a planície costeira e as montanhas.

¹⁸ Mais uma vez veio a mim a palavra do Senhor dos Exércitos. ¹⁹ Assim diz o Senhor dos Exércitos:

"Os jejuns do quarto mês, bem como os do quinto, do sétimo e do décimo mês serão ocasiões alegres e cheias de júbilo, festas felizes para o povo de Judá. Por isso amem a verdade e a paz".

²⁰ Assim diz o Senhor dos Exércitos: "Povos e habitantes de muitas cidades ainda virão, ²¹ e os habitantes de uma cidade irão a outra e dirão: 'Vamos logo suplicar o favor do Senhor e buscar o Senhor dos Exércitos. Eu mesmo já estou indo'. ²² E muitos povos e nações poderosas virão buscar o Senhor dos Exércitos em Jerusalém e suplicar o seu favor".

²³ Assim diz o Senhor dos Exércitos: "Naqueles dias, dez homens de todas as línguas e nações agarrarão firmemente a barra das vestes de um judeu e dirão: 'Nós vamos com você porque ouvimos dizer que Deus está com o seu povo'".

Julgamento dos Inimigos de Israel

9 A advertência do Senhor é contra a terra de Hadraque
  e cairá sobre Damasco,
porque os olhos do Senhor estão sobre
  toda a humanidade
  e sobre todas as tribos de Israel
² e também sobre Hamate que faz
  fronteira com Damasco
  e sobre Tiro e Sidom, embora sejam
    muito sábias.
³ Tiro construiu para si uma fortaleza;
  acumulou prata como pó,
  e ouro como lama das ruas.
⁴ Mas o Senhor se apossará dela
  e lançará no mar suas riquezas,
  e ela será consumida pelo fogo.
⁵ Ao ver isso Ascalom ficará com medo;
  Gaza também se contorcerá de agonia,
assim como Ecrom,
  porque a sua esperança fracassou.
Gaza perderá o seu rei,
  e Ascalom ficará deserta.
⁶ Um povo bastardo ocupará Asdode,
  e assim eu acabarei
  com o orgulho dos filisteus.
⁷ Tirarei o sangue de suas bocas
  e a comida proibida
    entre os seus dentes.
Aquele que restar pertencerá

ao nosso Deus
  e se tornará chefe em Judá,
e Ecrom será como os jebuseus.
⁸ Defenderei a minha casa
  contra os invasores.
Nunca mais um opressor
  passará por cima do meu povo,
porque agora eu vejo isso
  com os meus próprios olhos.

A Vinda do Rei de Sião

⁹ Alegre-se muito, cidade[a] de Sião!
  Exulte, Jerusalém!
Eis que o seu rei[b] vem a você,
  justo e vitorioso,
humilde e montado num jumento,
  um jumentinho, cria de jumenta.
¹⁰ Ele destruirá
  os carros de guerra de Efraim
  e os cavalos de Jerusalém,
e os arcos de batalha serão quebrados.
Ele proclamará paz às nações
  e dominará de um mar a outro
  e do Eufrates[c] até os confins da terra[d].
¹¹ Quanto a você, por causa do sangue
  da minha aliança com você,
libertarei os seus prisioneiros
  de um poço sem água.
¹² Voltem à sua fortaleza,
  ó prisioneiros da esperança;
pois hoje mesmo anuncio que restaurarei
  tudo em dobro para vocês.
¹³ Quando eu curvar Judá
  como se curva um arco
e usar Efraim como flecha,
  levantarei os filhos de Sião
contra os filhos da Grécia
  e farei Sião semelhante
    à espada de um guerreiro.

O Aparecimento do Senhor

¹⁴ Então o Senhor aparecerá sobre eles;
  sua flecha brilhará como o relâmpago.
O Soberano, o Senhor,
  tocará a trombeta
e marchará em meio às
  tempestades do sul;
¹⁵ o Senhor dos Exércitos os protegerá.
Eles pisotearão e destruirão

---

[a] 9.9 Hebraico: *filha*.
[b] 9.9 Ou *Rei*
[c] 9.10 Hebraico: *do Rio*.
[d] 9.10 Ou *da nação*

as pedras das atiradeiras.
Eles beberão o sangue do inimigo
  como se fosse vinho;
estarão cheios como a bacia
usada para aspergir ᵃ água
  nos cantos do altar.
¹⁶ Naquele dia, o Senhor, o seu Deus,
os salvará como rebanho do seu povo
e como joias de uma coroa
  brilharão em sua terra.
¹⁷ Ah! Como serão belos!
  Como serão formosos!
O trigo dará vigor aos rapazes,
  e o vinho novo às moças.

O Cuidado do Senhor por Judá

10 Peça ao Senhor
chuva de primavera,
pois é o Senhor quem faz o trovão,
  quem envia a chuva aos homens
e lhes dá as plantas do campo.
² Porque os ídolos falam mentiras,
os adivinhadores têm falsas visões
  e contam sonhos enganadores;
o consolo que trazem é vão.
Por isso o povo vagueia como ovelhas
  aflitas pela falta de um pastor.
³ "Contra os pastores
  acende-se a minha ira,
e contra os líderes eu agirei."
Porque o Senhor dos Exércitos
  cuidará de seu rebanho, o povo de Judá,
ele fará dele o seu vigoroso cavalo
  de guerra.
⁴ Dele virão a pedra fundamental
  e a estaca da tenda,
o arco da batalha e os governantes.
⁵ Juntos serão ᵇ como guerreiros
  que pisam a lama das ruas
  na batalha.
Lutarão e derrubarão os cavaleiros
  porque o Senhor estará com eles.

⁶ "Assim, eu fortalecerei a tribo de Judá
  e salvarei a casa de José.
Eu os restaurarei
  porque tenho compaixão deles.
Eles serão como se
  eu nunca os tivesse rejeitado,
porque eu sou o Senhor, o Deus deles
  e lhes responderei.

ᵃ **9.15** Ou *aspergir, como*
ᵇ **10.4,5** Ou *governará, todos eles juntos. 5Eles serão*

⁷ Efraim será como um homem poderoso;
seu coração se alegrará
  como se fosse com vinho,
seus filhos o verão e se alegrarão;
  seus corações exultarão no Senhor.
⁸ Assobiarei para eles e os ajuntarei,
  pois eu já os resgatei.
Serão numerosos como antes.
⁹ Embora eu os espalhe por entre
  os povos de terras distantes,
  eles se lembrarão de mim.
Criarão seus filhos e voltarão.
¹⁰ Eu os farei retornar do Egito
  e os ajuntarei de volta da Assíria.
Eu os levarei para as terras de Gileade
  e do Líbano,
e mesmo assim não haverá espaço
  suficiente para eles.
¹¹ Vencerei o mar da aflição,
  ferirei o mar revoltoso,
e as profundezas do Nilo se secarão.
O orgulho da Assíria será abatido
  e o poder do Egito será derrubado.
¹² Eu os fortalecerei no Senhor,
  e em meu nome marcharão",
diz o Senhor.

11 Abra as suas portas, ó Líbano,
para que o fogo devore os seus cedros.
² Agonize, ó pinheiro,
  porque o cedro caiu
e as majestosas árvores
  foram devastadas.
Agonizem, carvalhos de Basã,
  pois a floresta densa
  está sendo derrubada.
³ Ouçam o gemido dos pastores;
os seus formosos pastos
  foram devastados.
Ouçam o rugido dos leões;
  pois a rica floresta do Jordão
  foi destruída.

Dois Pastores

⁴ Assim diz o Senhor, o meu Deus: "Pastoreie o rebanho destinado à matança, ⁵ porque os seus compradores o matam e ninguém os castiga. Aqueles que o vendem dizem: 'Bendito seja o Senhor, estou rico!' Nem os próprios pastores poupam o rebanho. ⁶ Por isso, não pouparei mais os habitantes desta terra", diz o Senhor. "Entregarei cada um ao seu próximo e ao seu rei. Eles acabarão

com a terra e eu não livrarei ninguém das suas mãos".

⁷ Eu me tornei pastor do rebanho destinado à matança, os oprimidos do rebanho. Então peguei duas varas e chamei a uma Favor e a outra União, e com elas pastoreei o rebanho. ⁸ Em um só mês eu me livrei dos três pastores. Porque eu me cansei deles e o rebanho me detestava. ⁹ Então eu disse: Não serei o pastor de vocês. Morram as que estão morrendo, pereçam as que estão perecendo. E as que sobrarem comam a carne umas das outras.

¹⁰ Então peguei a vara chamada Favor e a quebrei, cancelando a aliança que tinha feito com todas as nações. ¹¹ Foi cancelada naquele dia, e assim os aflitos do rebanho que estavam me olhando entenderam que essa palavra era do Senhor.

¹² Eu lhes disse: Se acharem melhor assim, paguem-me; se não, não me paguem. Então eles me pagaram trinta moedas de prata.

¹³ E o Senhor me disse: "Lance isto ao oleiro", o ótimo preço pelo qual me avaliaram! Por isso tomei as trinta moedas de prata e as atirei no templo do Senhor, para o oleiro.

¹⁴ Depois disso, quebrei minha segunda vara, chamada União, rompendo a relação de irmãos entre Judá e Israel.

¹⁵ Então o Senhor me disse: "Pegue novamente os utensílios de um pastor insensato. ¹⁶ Porque levantarei nesta terra um pastor que não se preocupará com as ovelhas perdidas, nem procurará a que está solta, nem curará as machucadas, nem alimentará as sadias, mas comerá a carne das ovelhas mais gordas, arrancando as suas patas.

¹⁷ "Ai do pastor imprestável,
que abandona o rebanho!
Que a espada fira o seu braço
e fure o seu olho direito!
Que o seu braço seque completamente,
e fique totalmente cego
o seu olho direito!"

A Destruição dos Inimigos de Jerusalém

12 Esta é a palavra do Senhor para Israel; palavra do Senhor que estende o céu, assenta o alicerce da terra e forma o espírito do homem dentro dele:

² "Farei de Jerusalém uma taça que embriague todos os povos ao seu redor, todos os que estarão no cerco contra Judá e Jerusalém. ³ Naquele dia, quando todas as nações da terra estiverem reunidas para atacá-la, farei de Jerusalém uma pedra pesada para todas as nações. Todos os que tentarem levantá-la se machucarão muito. ⁴ Naquele dia, porei em pânico todos os cavalos e deixarei loucos os seus cavaleiros", diz o Senhor. "Protegerei o povo de Judá, mas cegarei todos os cavalos das nações. ⁵ Então os líderes de Judá pensarão: 'Os habitantes de Jerusalém são fortes porque o Senhor dos Exércitos é o seu Deus!'

⁶ "Naquele dia, farei que os líderes de Judá sejam semelhantes a um braseiro no meio de um monte de lenha, como uma tocha incandescente entre gravetos. Eles consumirão à direita e à esquerda todos os povos ao redor, mas Jerusalém permanecerá intacta em seu lugar.

⁷ "O Senhor salvará primeiro as tendas de Judá, para que a honra da família de Davi e dos habitantes de Jerusalém não seja superior à de Judá. ⁸ Naquele dia, o Senhor protegerá os que vivem em Jerusalém e assim o mais fraco deles será como Davi, e a família de Davi será como Deus, como o anjo do Senhor que vai adiante deles.

Arrependimento dos Habitantes de Jerusalém

⁹ "Naquele dia, procurarei destruir todas as nações que atacarem Jerusalém. ¹⁰ E derramarei sobre a família de Davi e sobre os habitantes de Jerusalém um espírito[a] de ação de graças e de súplicas. Olharão para mim, aquele a quem traspassaram, e chorarão por ele como quem chora a perda de um filho único e se lamentarão amargamente por ele como quem lamenta a perda do filho mais velho. ¹¹ Naquele dia, muitos chorarão em Jerusalém, como os que choraram em Hadade-Rimom no vale de

11.12 O Ungido de Deus seria traído por um de seus companheiros mais chegados, o qual recebeu dos líderes religiosos 30 moedas de prata como pagamento por sua delação.
Cumprimento: Mateus 26.14-16
Próximo texto: Zacarias 12.10

---

[a] **12.10** Ou *o Espírito*

12.10 Cristo seria traspassado com os cravos e com a espada, além de ser exposto à humilhação pública e zombaria.
Cumprimento: João 19.31-37
Próximo texto: Zacarias 13.7

Megido. ¹² Todo o país chorará, separadamente cada família com suas mulheres chorará: a família de Davi com suas mulheres, a família de Natã com suas mulheres, ¹³ a família de Levi com suas mulheres, a família de Simei com suas mulheres, ¹⁴ e todas as demais famílias com suas mulheres.

A Eliminação dos Profetas

13 "Naquele dia, uma fonte jorrará para os descendentes de Davi e para os habitantes de Jerusalém, para purificá-los do pecado e da impureza.

² "Naquele dia, eliminarei da terra de Israel os nomes dos ídolos, e nunca mais serão lembrados", diz o Senhor dos Exércitos. "Removerei da terra tanto os profetas como o espírito imundo. ³ E, se alguém ainda profetizar, seu próprio pai e sua mãe lhe dirão: 'Você deve morrer porque disse mentiras em nome do Senhor'. Quando ele profetizar, os seus próprios pais o esfaquearão.

⁴ "Naquele dia, todo profeta se envergonhará de sua visão profética. Não usará o manto de profeta, feito de pele, para enganar. ⁵ Ele dirá: 'Eu não sou profeta. Sou um homem do campo; a terra tem sido o meu sustento desde a minha mocidade'.ᵃ ⁶ Se alguém lhe perguntar: 'Que feridas são estas no seu corpo?'ᵇ, ele responderá: 'Fui ferido na casa de meus amigos'.

13.7 Os discípulos de Jesus o abandonaram ao vê-lo ferido de morte e se dispersaram por medo de seus inimigos.
Cumprimento: Mateus 26.30-56
Próximo texto: Malaquias 3.1

O Pastor Ferido e as Ovelhas Dispersas

⁷ "Levante-se, ó espada,
    contra o meu pastor,
    contra o meu companheiro!",
    declara o Senhor dos Exércitos.
"Fira o pastor,
    e as ovelhas se dispersarão,
    e voltarei minha mão
    para os pequeninos.
⁸ Na terra toda, dois terços
    serão ceifados e morrerão;
    todavia a terça parte permanecerá",
    diz o Senhor.
⁹ "Colocarei essa terça parte no fogo
    e a refinarei como prata
    e a purificarei como ouro.
Ela invocará o meu nome,
    e eu lhe responderei.
É o meu povo, direi;
    e ela dirá: 'O Senhor é o meu Deus.'"

A Vinda do Reino do Senhor

14 Vejam, o dia do Senhor virá, quando no meio de vocês os seus bens serão divididos.

² Reunirei todos os povos para lutarem contra Jerusalém; a cidade será conquistada, as casas saqueadas e as mulheres violentadas. Metade da população será levada para o exílio, mas o restante do povo não será tirado da cidade.

³ Depois o Senhor sairá para a guerra contra aquelas nações, como ele faz em dia de batalha. ⁴ Naquele dia, os seus pés estarão sobre o monte das Oliveiras, a leste de Jerusalém, e o monte se dividirá ao meio, de leste a oeste, por um grande vale; metade do monte será removido para o norte, e a outra metade para o sul. ⁵ Vocês fugirão pelo meu vale entre os montes, pois ele se estenderá até Azel. Fugirão como fugiram do terremotoᶜ nos dias de Uzias, rei de Judá. Então o Senhor, o meu Deus, virá com todos os seus santos.

⁶ Naquele dia, não haverá calor nem frio. ⁷ Será um dia único, um dia que o Senhor conhece, no qual não haverá separação entre dia e noite, porque, mesmo depois de anoitecer, haverá claridade.

⁸ Naquele dia, águas correntes fluirão de Jerusalém, metade delas para o mar do lesteᵈ e

---

ᵃ **13.5** Ou *um homem vendeu-me em minha mocidade*
ᵇ **13.6** Ou *em suas mãos?*
ᶜ **14.5** Ou *Meu vale dos montes será fechado e se estenderá até Azel. Ele será fechado desse modo por causa do terremoto*
ᵈ **14.8** Isto é, o mar Morto.

metade para o mar do oeste[a]. Isso acontecerá tanto no verão como no inverno. ⁹ O Senhor será rei de toda a terra. Naquele dia, haverá um só Senhor e o seu nome será o único nome. ¹⁰ A terra toda, desde Geba até Rimom, ao sul de Jerusalém, será semelhante à Arabá. Mas Jerusalém será restabelecida e permanecerá em seu lugar, desde a porta de Benjamim até o lugar da primeira porta, até a porta da Esquina, e desde a torre de Hananeel até os tanques de prensar uvas do rei. ¹¹ Será habitada; nunca mais será destruída. Jerusalém estará segura.

¹² Esta é a praga com a qual o Senhor castigará todas as nações que lutarem contra Jerusalém: sua carne apodrecerá enquanto estiverem ainda em pé, seus olhos apodrecerão em suas órbitas e sua língua apodrecerá em sua boca. ¹³ Naquele dia, grande confusão causada pelo Senhor dominará essas nações. Cada um atacará o que estiver ao seu lado. ¹⁴ Também Judá lutará em Jerusalém. A riqueza de todas as nações vizinhas será recolhida, grandes quantidades de ouro, prata e roupas. ¹⁵ A mesma praga cairá sobre cavalos e mulas, camelos e burros, sobre todos os animais daquelas nações.

¹⁶ Então, os sobreviventes de todas as nações que atacaram Jerusalém subirão ano após ano para adorar o rei, o Senhor dos Exércitos, para celebrar a festa das cabanas[b]. ¹⁷ Se algum dentre os povos da terra não subir a Jerusalém para adorar o Rei, o Senhor dos Exércitos, não virá para ele a chuva. ¹⁸ Se os egípcios não subirem para participar, o Senhor mandará sobre eles a praga com a qual afligirá as nações que se recusarem a subir para celebrar a festa das cabanas. ¹⁹ Sim, essa será a punição do Egito e de todas as nações que não subirem para celebrar a festa das cabanas.

²⁰ Naquele dia, estará inscrito nas sinetas penduradas nos cavalos: "Separado para o Senhor". Os caldeirões do templo do Senhor serão tão sagrados quanto as bacias diante do altar. ²¹ Cada panela de Jerusalém e de Judá será separada para o Senhor dos Exércitos, e todos os que vierem sacrificar pegarão panelas e cozinharão nelas. E, a partir daquele dia, nunca mais haverá comerciantes[c] no templo do Senhor dos Exércitos.

---

[a] **14.8** Isto é, o Mediterrâneo.
[b] **14.16** Ou *dos tabernáculos*; hebraico: *sucote*; também nos versículos 18 e 19.
[c] **14.21** Hebraico: *cananeus*.

Introdução ao livo de
MALAQUIAS

Autor e data de composição

Uma vez que o nome de Malaquias significa "mensageiro do Senhor", não se sabe com certeza se se trata em realidade do verdadeiro nome do profeta ou do título que ele deu a si mesmo ao escrever sua profecia. A maioria dos especialistas costuma achar que se trata de seu nome real. Com exceção do que se diz na introdução do livro, nada mais se conhece de sua biografia. Uma vez que são narradas as condições na terra prometida na época correspondente à segunda chegada de Neemias a Jerusalém como governador (435 a.C.), podemos situar a escrita do livro em cerca de 425 a.C. Além disso, para fazer referência ao governador é utilizada a palavra *pehah*, termo próprio do Império Persa, traduzido na *Nova Versão Internacional* por "governador" (1.8).

ESBOÇO GERAL

Primeira parte: Deus elegeu Israel e não foi correspondido (1.1—3.15)
  I. Deus preferiu Jacó a seu irmão, Esaú (1.1-5)
  II. Os sacerdotes de Israel foram corrompidos (1.6—2.9)
  III. O pecado do povo (2.10—3.15)

Segunda parte: Promessas de Deus ao povo eleito (3.16—4.6)
  I. O livro escrito diante do Senhor como memorial dos que o temiam (3.16-18)
  II. Nascerá o Sol da Justiça (4.1-3)
  III. A vinda do profeta Elias antes do grande e terrível dia do Senhor (4.4-6)

Versículo-chave
3.6

Tema geral do livro

Como porta-voz de Deus, Malaquias situa-se em uma das épocas mais importantes da história do povo hebreu. Havia muitos profetas, e o povo se sentia desiludido e confundido. Os sacerdotes eram homens corruptos, como também o povo. Os sacrifícios continuavam sendo oferecidos conforme ordenava a lei, mas haviam se tornado apenas rituais. Havia enganos com respeito aos dízimos e às ofertas, e reinava uma completa indiferença. Todas essas coisas sinalizavam que o povo esperava a pronta aparição de um Messias que ainda não havia chegado. No entanto, Deus segue no trono, e seu julgamento cairá sobre os sacerdotes que o traíram e sobre os que o haviam roubado. Aproxima-se o dia do Senhor, mas também se aproxima a vinda do Messias. Com o livro de Malaquias, encerra-se o ciclo dos profetas escritores do Antigo Testamento e começa a época que alguns chamaram "os quatrocentos anos de silêncio", nos quais, ainda que a literatura judaica tenha sido abundante (principalmente a do tipo apocalíptico), nenhum livro escrito nesse período atendeu aos pré-requisitos para ser incluído no cânon dos livros divinamente inspirados.

No livro de Malaquias, Jesus é...

... o Sol da Justiça que se levanta trazendo cura em suas asas (4.2).

Versículo-chave para o discípulo
2.17

O discípulo e o livro de Malaquias

O homem vê o exterior e os aparentes atos de bondade. Deus, porém, vê o coração e discerne as intenções. O discípulo deve fugir de tudo que seja ritualismo vazio. O doador que Deus abençoa é aquele que dá com alegria (2Coríntios 9.7). O adorador que Deus aceita é o que o adora de coração e com todas as forças. A fé verdadeira não nos leva a uma religiosidade externa que independa da nossa maneira de viver, mas, sim, que a inunde de sua alegria e potencial, de tal modo que o Espírito de Deus nos oriente a viver de um modo que agrade a Deus. Então, teremos discernimento para entender "a diferença entre o justo e o ímpio, entre os que servem a Deus e os que não o servem" (Malaquias 3.18).

ESBOÇO GERAL

MALAQUIAS

1 Uma advertência: a palavra do Senhor contra Israel, por meio de Malaquias[a].

O Amor de Deus por Israel

² "Eu sempre os amei", diz o Senhor.

"Mas vocês perguntam: 'De que maneira nos amaste?'

"Não era Esaú irmão de Jacó?", declara o Senhor. "Todavia eu amei Jacó, ³ mas rejeitei Esaú. Transformei suas montanhas em terra devastada e as terras de sua herança em morada de chacais do deserto."

⁴ Embora Edom afirme: "Fomos esmagados, mas reconstruiremos as ruínas", assim diz o Senhor dos Exércitos:

"Podem construir, mas eu demolirei. Eles serão chamados Terra Perversa, povo contra quem o Senhor está irado para sempre. ⁵ Vocês verão isso com os seus próprios olhos e exclamarão: 'Grande é o Senhor, até mesmo além das fronteiras de Israel!'[b]

A Rejeição dos Sacrifícios Impuros

⁶ "O filho honra seu pai, e o servo, o seu senhor. Se eu sou pai, onde está a honra que me é devida? Se eu sou senhor, onde está o temor que me devem?", pergunta o Senhor dos Exércitos a vocês, sacerdotes. "São vocês que desprezam o meu nome!

"Mas vocês perguntam: 'De que maneira temos desprezado o teu nome?'

⁷ "Trazendo comida impura ao meu altar!

"E mesmo assim ainda perguntam: 'De que maneira te desonramos?'

"Ao dizerem que a mesa do Senhor é desprezível.

⁸ "Na hora de trazerem animais cegos para sacrificar, vocês não veem mal algum. Na hora de trazerem animais aleijados e doentes como oferta, também não veem mal algum. Tentem oferecê-los de presente ao governador! Será que ele se agradará de vocês? Será que os atenderá?", pergunta o Senhor dos Exércitos.

⁹ "E agora, sacerdotes, tentem apaziguar Deus para que tenha compaixão de nós! Será que com esse tipo de oferta ele os atenderá?", pergunta o Senhor dos Exércitos.

¹⁰ "Ah, se um de vocês fechasse as portas do templo! Assim ao menos não acenderiam o fogo do meu altar inutilmente. Não tenho prazer em vocês", diz o Senhor dos Exércitos, "e não aceitarei as suas ofertas. ¹¹ Pois, do oriente ao ocidente, grande é o meu nome entre as nações. Em toda parte incenso é queimado e ofertas puras são trazidas ao meu nome, porque grande é o meu nome[c] entre as nações", diz o Senhor dos Exércitos.

¹² "Mas vocês o profanam ao dizerem que a mesa do Senhor é imunda e que a sua comida é desprezível. ¹³ E ainda dizem: 'Que canseira!' e riem dela com desprezo", diz o Senhor dos Exércitos.

"Quando vocês trazem animais roubados, aleijados e doentes e os oferecem em sacrifício, deveria eu aceitá-los de suas mãos?", pergunta o Senhor.

¹⁴ "Maldito seja o enganador que, tendo no rebanho um macho sem defeito, promete oferecê-lo e depois sacrifica para mim um animal defeituoso", diz o Senhor dos Exércitos; "pois eu sou um grande rei, e o meu nome é[d] temido entre as nações."

A Repreensão aos Sacerdotes

2 "E agora esta advertência é para vocês, ó sacerdotes. ² Se vocês não derem ouvidos e não se dispuserem a honrar o meu nome", diz o Senhor dos Exércitos, "lançarei maldição sobre vocês e até amaldiçoarei as suas bênçãos. Aliás, já as amaldiçoei, porque vocês não me honram de coração.

³ "Por causa de vocês eu destruirei[e] a sua descendência[f]; esfregarei na cara de vocês os excrementos dos animais oferecidos em sacrifício em suas festas e lançarei vocês fora, com os excrementos. ⁴ Então vocês saberão que fui eu que fiz a vocês esta advertência para que a minha aliança com Levi fosse mantida", diz o Senhor dos Exércitos.

⁵ "A minha aliança com ele foi uma aliança de vida e de paz, que na verdade lhe dei para que me temesse. Ele me temeu e tremeu diante

---

[c] 1.11 Ou *grande será ... incenso será queimado e ofertas puras serão trazidas ... meu nome será grande ...*
[d] 1.14 Ou *deve ser*
[e] 2.3 Hebraico: *repreenderei.*
[f] 2.3 Ou *o seu trigo*

[a] 1.1 *Malaquias* significa *meu mensageiro.*
[b] 1.5 Ou *Grande é o Senhor sobre o território de Israel!*

do meu nome. ⁶ A verdadeira lei estava em sua boca e nenhuma falsidade achou-se em seus lábios. Ele andou comigo em paz e retidão e desviou muitos do pecado.

⁷ "Porque os lábios do sacerdote devem guardar o conhecimento, e da sua boca todos esperam a instrução na Lei, porque ele é o mensageiro do Senhor dos Exércitos. ⁸ Mas vocês se desviaram do caminho e pelo seu ensino causaram a queda de muita gente; vocês quebraram a aliança de Levi", diz o Senhor dos Exércitos.

⁹ "Por isso eu fiz que fossem desprezados e humilhados diante de todo o povo, porque vocês não seguem os meus caminhos, mas são parciais quando ensinam[a] a Lei."

A Infidelidade de Judá

¹⁰ Não temos todos o mesmo Pai[b]? Não fomos todos criados pelo mesmo Deus? Por que será, então, que quebramos a aliança dos nossos antepassados sendo infiéis uns com os outros?

¹¹ Judá tem sido infiel. Uma coisa repugnante foi cometida em Israel e em Jerusalém; Judá desonrou o santuário que o Senhor ama; homens casaram-se com mulheres que adoram deuses estrangeiros.

¹² Que o Senhor lance fora das tendas de Jacó o homem que faz isso, seja ele quem for,[c] mesmo que esteja trazendo ofertas ao Senhor dos Exércitos.

¹³ Há outra coisa que vocês fazem: Enchem de lágrimas o altar do Senhor; choram e gemem porque ele já não dá atenção às suas ofertas nem as aceita com prazer. ¹⁴ E vocês ainda perguntam: "Por quê?" É porque o Senhor é testemunha entre você e a mulher da sua mocidade, pois você não cumpriu a sua promessa de fidelidade, embora ela fosse a sua companheira, a mulher do seu acordo matrimonial.

¹⁵ Não foi o Senhor que os fez um só? Em corpo e em espírito eles lhe pertencem. E por que um só? Porque ele desejava uma descendência consagrada.[d] Portanto, tenham cuidado: Ninguém seja infiel à mulher da sua mocidade.

¹⁶ "Eu odeio o divórcio", diz o Senhor, o Deus de Israel, "e também odeio homem que se cobre de violência[e] como se cobre de roupas", diz o Senhor dos Exércitos.

Por isso, tenham bom senso; não sejam infiéis.

O Dia do Julgamento

¹⁷ Vocês têm cansado o Senhor com as suas palavras.

"Como o temos cansado?", vocês ainda perguntam. Quando dizem: "Todos os que fazem o mal são bons aos olhos do Senhor, e ele se agrada deles" e também quando perguntam: "Onde está o Deus da justiça?"

3 "Vejam, eu enviarei o meu mensageiro, que preparará o caminho diante de mim. E então, de repente, o Senhor que vocês buscam virá para o seu templo; o mensageiro da aliança, aquele que vocês desejam, virá", diz o Senhor dos Exércitos.

² Mas quem suportará o dia da sua vinda? Quem ficará em pé quando ele aparecer? Porque ele será como o fogo do ourives e como o sabão do lavandeiro. ³ Ele se assentará como um refinador e purificador de prata; purificará os levitas e os refinará como ouro e prata. Assim trarão ao Senhor ofertas com justiça. ⁴ Então as ofertas de Judá e de Jerusalém serão agradáveis ao Senhor, como nos dias passados, como nos tempos antigos.

⁵ "Eu virei a vocês trazendo juízo. Sem demora testemunharei contra os feiticeiros, contra os adúlteros, contra os que juram falsamente e contra aqueles que exploram os trabalhadores em seus salários, que oprimem os órfãos e as viúvas e privam os estrangeiros dos seus direitos e não têm respeito por mim", diz o Senhor dos Exércitos.

> **3.1** Antes do surgimento do Messias, viria um profeta com a missão de anunciar a chegada do Ungido e preparar todas as coisas para sua vinda.
> **Cumprimento:** Mateus 11.7-14; João 1.6-12,19-23 (leia também Isaías 40.3)
> **Vá ao final do livro de Malaquias:** Ali você encontrará "O próximo passo da caminhada" (p. 989).

---

[a] 2.9 Ou *aplicam*
[b] 2.10 Ou *pai*
[c] 2.12 Ou *Que o Senhor corte das tendas de Jacó qualquer pessoa que dê testemunho em favor do homem que faz isso*,
[d] 2.15 Ou *Mas aquele que é nosso pai não fez isso, não enquanto a vida esteve nele. E o que ele buscava? Uma descendência de Deus.*
[e] 2.16 Ou *cobre sua mulher de violência*

Roubando a Deus

⁶ "De fato, eu, o Senhor, não mudo. Por isso vocês, descendentes de Jacó, não foram destruídos. ⁷ Desde o tempo dos seus antepassados vocês se desviaram dos meus decretos e não lhes obedeceram. Voltem para mim e eu voltarei para vocês", diz o Senhor dos Exércitos.

"Mas vocês perguntam: 'Como voltaremos?'

⁸ "Pode um homem roubar de Deus? Contudo vocês estão me roubando. E ainda perguntam: 'Como é que te roubamos?' Nos dízimos e nas ofertas. ⁹ Vocês estão debaixo de grande maldição porque estão me roubando; a nação toda está me roubando. ¹⁰ Tragam o dízimo todo ao depósito do templo, para que haja alimento em minha casa. Ponham-me à prova", diz o Senhor dos Exércitos, "e vejam se não vou abrir as comportas dos céus e derramar sobre vocês tantas bênçãos que nem terão onde guardá-las. ¹¹ Impedirei que pragas devorem suas colheitas, e as videiras nos campos não perderão o seu fruto", diz o Senhor dos Exércitos. ¹² "Então todas as nações os chamarão felizes, porque a terra de vocês será maravilhosa", diz o Senhor dos Exércitos.

¹³ "Vocês têm dito palavras duras contra mim", diz o Senhor. "Ainda assim perguntam: 'O que temos falado contra ti?'

¹⁴ "Vocês dizem: 'É inútil servir a Deus. O que ganhamos quando obedecemos aos seus preceitos e ficamos nos lamentando diante do Senhor dos Exércitos? ¹⁵ Por isso, agora consideramos felizes os arrogantes, pois tanto prosperam os que praticam o mal como escapam ilesos os que desafiam Deus!' "

¹⁶ Depois, aqueles que temiam o Senhor conversaram uns com os outros, e o Senhor os ouviu com atenção. Foi escrito um livro como memorial na sua presença acerca dos que temiam o Senhor e honravam o seu nome.

¹⁷ "No dia em que eu agir", diz o Senhor dos Exércitos, "eles serão o meu tesouro pessoal[a]. Eu terei compaixão deles como um pai tem compaixão do filho que lhe obedece. ¹⁸ Então vocês verão novamente a diferença entre o justo e o ímpio, entre os que servem a Deus e os que não o servem.

O Dia do Senhor

4 "Pois certamente vem o dia, ardente como uma fornalha. Todos os arrogantes e todos os malfeitores serão como palha, e aquele dia, que está chegando, ateará fogo neles", diz o Senhor dos Exércitos. "Não sobrará raiz ou galho algum. ² Mas, para vocês que reverenciam o meu nome, o sol da justiça se levantará trazendo cura em suas asas. E vocês sairão e saltarão como bezerros soltos do curral. ³ Depois esmagarão os ímpios, que serão como pó sob as solas dos seus pés, no dia em que eu agir", diz o Senhor dos Exércitos.

⁴ "Lembrem-se da Lei do meu servo Moisés, dos decretos e das ordenanças que lhe dei em Horebe para todo o povo de Israel.

⁵ "Vejam, eu enviarei a vocês o profeta Elias antes do grande e temível dia do Senhor. ⁶ Ele fará com que os corações dos pais se voltem para seus filhos, e os corações dos filhos para seus pais; do contrário, eu virei e castigarei a terra com maldição."

---

[a] 3.17 Ou *"No dia em que eu fizer deles o meu tesouro pessoal", diz o* Senhor *dos Exércitos.*

O PRÓXIMO PASSO DA CAMINHADA

4.6 O próximo passo da caminhada: Creia! As profecias que compõem esta série, e muitas outras que destacamos no Antigo Testamento, demonstram que em Jesus de Nazaré se cumpriu com toda a precisão o que havia sido profetizado centenas de anos antes a respeito do Messias. A conclusão lógica, depois de considerar a impossibilidade estatística de que todas essas profecias seriam cumpridas em apenas um homem, é que Jesus é o Messias que morreu por nós, pagou o preço por nossos pecados, ressuscitou glorioso e é agora o Cristo Vitorioso de Deus. Quando o aceitamos como Senhor e Salvador, Deus cumpre nele a promessa de conceder-lhe gratuitamente a vida eterna. Se você ainda não tomou essa decisão, agora tem a oportunidade de depositar a sua fé e confiança em Jesus Cristo e, como consequência, receber de Deus o dom da vida eterna. Para começar a vida com Cristo, dê o primeiro passo. Fale com ele de um modo semelhante ao que propomos a seguir. Lembre-se de que orar é falar com Deus; e, para isso, não precisamos que ninguém fale por nós. Não se trata de uma oração milagrosa que produza efeitos previsíveis, mas, sim, de dar o primeiro passo na direção certa: até Deus por meio de Jesus Cristo.

Senhor,
Sei que pequei contra ti, mas, no meu coração, creio e confesso com a minha boca que Jesus morreu para pagar os meus pecados e ressuscitou dentre os mortos. Por isso, eu te aceito como Senhor e Salvador da minha vida. A partir de agora, sei que recebo de ti a vida eterna e que o teu Espírito Santo quer me transformar de um modo que eu seja cada dia mais parecido com Jesus nos meus pensamentos, nas minhas palavras e atitudes. Estou convicto e de maneira voluntária declaro que anseio ver minha vida transformada pela presença de Jesus. Agradeço-te por teres me amado tanto a ponto de enviar teu único Filho e, por isso, fui regenerado e convertido em um membro do teu Corpo e da tua família. É o que peço em teu nome e sei que tu o tornaste realidade na minha vida. Amém.

Você está de parabéns se tomou essa decisão. Sua fé em Jesus e no sacrifício que ele sofreu e que nos dá salvação motivou Deus a nos dar o presente mais caro do mundo: a vida eterna. Agora você deve começar como todo recém-nascido: aprender a crescer. Você encontrará uma série de sugestões práticas a esse respeito nas páginas finais desta Bíblia, no artigo intitulado "De recém-convertido a discipulador: o crescimento na vida espiritual" (p. 1391).

(Obs.: Esta série de 32 profecias messiânicas contém muito menos profecias do que realmente há no Antigo Testamento, mas elas são suficientes para criar o desejo de aceitar Jesus como Senhor e Salvador da nossa vida. Em seguida, apresentamos o contexto de cada uma dessas profecias, assinaladas em sequência e precedidas por este símbolo.)

1	Gênesis 3.15	9	Salmos 2.7-9	17	Isaías 7.14	25	Isaías 61.1-3
2	Gênesis 12.1-3	10	Salmos 16.8-11	18	Isaías 9.1-7	26	Daniel 7.13,14
3	Gênesis 49.8-10	11	Salmos 22	19	Isaías 11.1-10	27	Daniel 9.24-27
4	Êxodo 12.1-28	12	Salmos 41.9	20	Isaías 35.5,6	28	Miqueias 5.2
5	Levítico 4.1—5.13	13	Salmos 45.6,7	21	Isaías 42.1-9	29	Zacarias 11.12
6	Deuteronômio 18.15,18,19	14	Salmos 68.18	22	Isaías 49.1-13	30	Zacarias 12.10
7	2Samuel 7.8-17	15	Salmos 69.4,9,21	23	Isaías 50.4-11	31	Zacarias 13.7
8	Salmos 2.1-3	16	Salmos 110	24	Isaías 52.13—53.12	32	Malaquias 3.1

O PERÍODO INTERTESTAMENTÁRIO
Quatrocentos "anos de silêncio" ou "quatrocentos anos de preparação"?

"Mas, quando chegou a *plenitude do tempo*, Deus enviou seu Filho, nascido de mulher, nascido debaixo da Lei, a fim de redimir os que estavam sob a Lei, para que recebêssemos a adoção de filhos." (Gálatas 4.4,5, grifo nosso)

Costuma-se dar o nome de "quatrocentos anos de silêncio" aos anos transcorridos entre o livro do último profeta escritor do Antigo Testamento (Malaquias, cerca de 432 a.C.) e o primeiro livro do Novo Testamento (Mateus, cerca de 40 d.C.), época em que nenhum profeta chegou a escrever suas profecias. Deus estava em silêncio, mas não inativo. O povo de Deus já havia passado quatrocentos anos de escravidão no Egito, que lhe havia servido de experiência e que terminaram de maneira grandiosa com o surgimento de Moisés, o líder enviado pelo Senhor, que os levou ao êxodo rumo à terra prometida. Aqui, portanto, temos quatrocentos anos de um suposto silêncio que de nenhuma maneira significa ausência de ação, mas exatamente o oposto. Deus estava preparando o cenário para a vinda daquele de quem Moisés havia profetizado: "O SENHOR, o seu Deus, levantará do meio de seus próprios irmãos um profeta como eu; ouçam-no" (Deuteronômio 18.15). Deus estava preparando o momento oportuno, o tempo perfeito no calendário humano, o transcorrer de sua história, para apresentar ao mundo o novo Moisés, a quem o escritor de Hebreus compara com esta descrição inspiradora: "Portanto, santos irmãos, participantes do chamado celestial, fixem os seus pensamentos em Jesus, apóstolo e sumo sacerdote que confessamos. Ele foi fiel àquele que o havia constituído, assim como Moisés foi fiel em toda a casa de Deus. Jesus foi considerado digno de maior glória do que Moisés, da mesma forma que o construtor de uma casa tem mais honra do que a própria casa. Pois toda casa é construída por alguém, mas Deus é o edificador de tudo. Moisés foi fiel como servo em toda a casa de Deus, dando testemunho do que haveria de ser dito no futuro, mas Cristo é fiel como Filho sobre a casa de Deus; e essa casa somos nós, se é que nos apegamos firmemente à confiança e à esperança da qual nos gloriamos" (Hebreus 3.1-6).

Transformação política
Vejamos em primeiro lugar a transformação política sofrida na região.

1. O período persa (450-330 a.C.)
Durante cerca de duzentos anos depois de Neemias, os persas controlaram Judá, mas permitiram aos judeus observar suas práticas religiosas, não interferindo, assim, em sua forma de vida. Nesse período, Judá foi governado pelos sumos sacerdotes, que eram os responsáveis pelo governo judaico.

2. O período helenístico (330-166 a.C.)
No ano 333 a.C., os exércitos persas estacionados na Macedônia foram derrotados por Alexandre, o Grande, macedônio educado pelo famoso filósofo grego Aristóteles, que estava convicto de que a cultura grega era a única força capaz de unificar o mundo. Alexandre apoderou-se de todo o Império Persa, do qual fazia parte a terra prometida. Ele permitiu que os judeus observassem suas próprias leis e chegou, até mesmo, a isentá-los de pagar tributos ou impostos nos anos sabáticos. Quando fundou a cidade de Alexandria, no Egito, favoreceu o estabelecimento dos judeus na região e lhes concedeu muitos dos mesmos privilégios que tinham os súditos de origem grega. Em Alexandria, chegou a viver uma população maior de judeus que na própria cidade de Jerusalém. A conquista macedônica, que impôs uma cultura derivada da cultura grega, chamada "helenística", a qual leva em conta os elementos culturais dos povos que formavam o império, preparou o caminho em Alexandria da tradução das Sagradas Escrituras hebraicas (Antigo Testamento) para a língua grega, conhecida como *Septuaginta*, ou *Versão dos Setenta* (*LXX*), cerca do ano 250 a.C.

Anos de destaque:
334-323: Alexandre, o Grande, conquista o Oriente.
330-328: Período de Alexandre, o Grande, no poder.
328-198: Com a morte de Alexandre, a terra prometida fica em poder de seu general Ptolomeu e seus sucessores, a chamada dinastia ptolemaica, que governou o Egito, consistindo na XXXII e última dinastia egípcia, que teve seu fim no ano 30 a.C., com a morte da famosa rainha Cleópatra.
198: Antíoco IV Epifânio derrota os egípcios e apodera-se da terra santa. A dinastia dos selêucidas da Síria domina o mundo judaico e proíbe a prática do judaísmo.

3. O período hasmoneu (166-163 a.C.)

Os selêucidas da Síria exerceram uma grande pressão sobre o mundo judaico com o objetivo de impor sobre ele o helenismo e destruir sua cultura e religião, as quais haviam sido respeitadas pela dinastia ptolemaica do Egito. Foi ordenada a destruição de exemplares das Escrituras Sagradas e foram criadas leis cujo cumprimento foi executado com grande crueldade. Os judeus se rebelaram e os expulsaram de sua terra, sob a ordem da família sacerdotal de Matatias, que havia saído de Jerusalém para estabelecer-se no povoado de Modin. O principal líder da revolta, que viria a recuperar Jerusalém e restaurar o funcionamento do templo, foi Judas, seu terceiro filho, conhecido como Macabeu ("martelo"). Tal acontecimento celebra-se até hoje no judaísmo com a festa das luzes, ou Hanucá, por causa da tradição de que somente encontraram azeite suficiente para manter acesa a menorá sagrada do templo durante um dia, embora o azeite tenha durado oito dias enquanto preparavam e consagravam o azeite novo. A dinastia sacerdotal que começou a governar a partir de Judas recebeu o nome de "hasmoneia" (segundo Flávio Josefo em *Antiguidades judaicas*, em decorrência de seu antepassado Hasmon), desde o sumo sacerdote Simão Macabeu, irmão de Judas Macabeu (142-134 a.C.), e de seu filho João Hircano I. A terra santa converteu-se em um território independente sob o domínio dessa dinastia sacerdotal. No entanto, as lutas internas da dinastia pelo poder abriram espaço para a intervenção do Império Romano na região, cujas tropas, a mando do general Pompeu, chegaram ao domínio em 63 a.C.

4. O período romano (63 a.C. em diante)

O general Pompeu conquistou a terra santa no ano 63 a.C. e a subjugou ao Império Romano. O governo das várias províncias da região esteve ou nas mãos de líderes nomeados pelo império, ou nas mãos de governadores romanos nomeados diretamente pelo imperador. Na época do nascimento de Jesus, o cruel idumeu Herodes, chamado "o Grande", era quem governava toda a região. Ele chegou a reconstruir e ampliar de maneira extraordinária o templo de Jerusalém e procurou identificar-se com os judeus, algo que jamais alcançou por sua tamanha crueldade.

Mudanças sociais, religiosas e culturais posteriores ao exílio babilônico

O remanescente do povo judeu que regressou do exílio babilônico durante o domínio persa, e em vários outros retornos, era um povo arrependido e consciente de que sua idolatria e corrupção os haviam levado ao cativeiro. Esse fato produziu mudanças profundas, algumas das quais tiveram início na Babilônia, que repercutem ainda hoje não apenas dentro do mundo judaico, como também no mundo cristão.

1. A sinagoga. Com o objetivo de preservar sua identidade como povo de Deus, os judeus da Babilônia começaram a reunir-se para orar e estudar as Escrituras. Não podiam oferecer sacrifícios, pois somente poderiam ser oferecidos no templo de Jerusalém. Com a volta do pequeno grupo de judeus, retornou também o costume das sinagogas. Os sacerdotes ofereciam os sacrifícios no templo, mas a verdadeira vida de piedade, oração e aprendizado da Palavra era feita nas sinagogas, cujo motivo maior de existir era utilizar seu espaço para alfabetizar e educar todas as crianças desde bem pequenas. As sinagogas tinham lugar e atividades fixos e serviram de inspiração não apenas às sinagogas de hoje, como também às igrejas cristãs. A entrada na parte interna do templo estava restringida aos sacerdotes conforme cada turno. A frequência à sinagoga era uma obrigação a todos os judeus e prosélitos.

2. O Sinédrio. Foi instituída uma espécie de Tribunal Supremo da nação, formado por 70 homens de destaque, que eram presididos pelo próprio sumo sacerdote, em cujas mãos esteve o governo do povo em todas as dimensões até que chegaram os romanos. Jesus, Pedro, João, Estêvão e Paulo compareceram diante do Sinédrio, no qual se observa a presença de diversas tendências ou facções bastante marcadas e opostas, não apenas no que se refere a aspectos sociais, mas também em determinados princípios básicos da fé.

3. Os partidos. Na época de Jesus, já havia existido, durante um longo período, diversos grupos antagônicos entre si, principalmente no que se referia a aspectos da religião, cujos líderes se reuniam poucas vezes com um propósito comum, como, por exemplo, foi o de executar o Messias.

a. *Os saduceus*. O partido "do templo". Grupo formado pelo setor sacerdotal mais rico e poderoso do povo, de costumes bastante helenizados. Eram os que mantinham o controle do templo de Jerusalém. Aceitavam apenas os cinco livros de Moisés como divinamente inspirados e não criam nos anjos, na ressurreição ou na vida eterna do ser humano.

b. *Os fariseus*. Eram o partido "das sinagogas". Criam na inspiração de todos os livros que hoje chamamos de Antigo Testamento e eram o maior e mais destacado de todos os grupos. Desfrutavam de grande prestígio e respeito no meio do povo, por serem considerados os estudiosos das Escrituras, aos quais buscavam em caso de dúvidas acerca da Lei. Nicodemos, José de Arimateia e Saulo de Tarso eram fariseus. Faziam parte desse grupo os "escribas", ou pessoas cuja profissão era ler e escrever para os demais, ainda que sua função tenha se expandido até converter-se em especialistas da Lei de Moisés. Além de crer nos textos sagrados, criam na existência de uma tradição, ou *Torá* oral, transmitida por Deus a Moisés no Sinai por meio de anjos e com a mesma autoridade que tinha a *Torá* escrita. Criaram diversas normas destinadas, segundo eles, a pôr um limite de proteção ao redor da Lei de Deus a fim de que nunca fosse violada; no entanto, aquelas eram cargas verdadeiramente impossíveis de carregar tanto por eles quanto pelo povo. Tudo isso resultou num ambiente de falsa religiosidade, hipocrisia e falta de esperança, de que escaparam uma pequena minoria.

c. *Os essênios*. Embora não sejam mencionados no Novo Testamento, sua influência é inegável nas crenças do povo e dos primeiros cristãos. Flávio Josefo é quem os menciona como um grande conjunto de grupos que viviam nas cidades e povoados principalmente da Judeia e também que se reuniam no que hoje chamamos de "mosteiros", em lugares afastados para que pudessem levar uma vida de profundo ascetismo e estudo das Escrituras. Tais grupos tinham muitas crenças místicas, escatológicas e messiânicas similares e, na época de Jesus, já contavam com milhares de adeptos. O descobrimento dos chamados "rolos do mar Morto", estes relacionados com as ruínas de Qumran, que se deu nos mesmos anos em que surgiu um novo Israel como Estado independente, nos dão uma nova perspectiva sobre os essênios e sua relação com as doutrinas do cristianismo. No interior desses escritos há, pelo menos, fragmentos de todos os livros inspirados do Antigo Testamento, com exceção do livro de Ester, um exemplar completo do livro de Isaías, que remonta ao ano 100 a.C., e vários outros escritos mais, próprios da seita.

d. *Os zelotes*. Chamados também de "sicários" (*sanguinários*), por causa do uso da "sica", um punhal de alto risco usado por esse grupo contra os romanos e seus simpatizantes. Tratava-se de um partido que esperava um Messias político e que fomentava a subversão contra as forças romanas de ocupação e todos os seus simpatizantes. Um dos 12 discípulos de Jesus parece ter feito parte desse grupo, uma vez que é mencionado como "Simão, chamado zelote" (Lucas 6.15; Atos 1.13). O zelo excessivo dos zelotes foi responsável pelo assédio e pela destruição de Jerusalém e do templo pelos romanos no ano 70 d.C., e também pela posterior dispersão total da nação levada a cabo pelas tropas do futuro imperador Tito, em 135 d.C., diante da rebelião de Bar Kokhba ("filho da estrela"), alusão à profecia de Balaão em Números 24.17, o qual se havia proclamado Messias.

e. *Os herodianos*. Mas do que um grupo religioso, os herodianos eram um grupo político que apoiava a dinastia dos Herodes.

4. A Septuaginta. A *Versão dos Setenta*, identificada quase sempre com os numerais romanos LXX, é a mais antiga das traduções das Escrituras do Antigo Testamento para a língua grega. Seu nome deve-se à crença segundo a qual a tradução foi realizada em Alexandria, a pedido do rei Ptolomeu II Filadelfo, por 72 eruditos judeus que trabalharam em quartos separados durante 72 dias, e que, ao final, obtiveram traduções idênticas. Ainda que tudo isso não passe de uma lenda, demonstra o grande respeito que tiveram, principalmente os judeus da Diáspora (dispersão), a ponto de Fílon de Alexandria e Flávio Josefo considerarem divinamente inspirados todos os escritos. A *Septuaginta* foi a mais usada na propagação apostólica do cristianismo num mundo cuja língua franca era o grego, mesmo que, por conter uma lista maior de livros, tenha provocado posteriormente as diferenças entre o cânon hebraico e protestante e o cânon católico que perduram até hoje. A maioria das citações feitas do Antigo Testamento no Novo Testamento são tomadas da *Septuaginta*, não do texto hebraico.

5. Os escritos. Sem dúvida, nenhum texto inspirado foi escrito nessa época, embora tenha sido um período de extensa produção literária. Como acontecia sempre que Deus "mantinha silêncio", o povo recorreu aos escritos inspirados que contêm a revelação objetiva e imutável de Deus, a fim de encontrar neles uma revelação de tipo subjetivo, mais ou menos apropriada, que lhes permitisse aplicá-la a seu tempo, a suas necessidades e a sua relação com Deus e com o próximo.

a. *Os livros apócrifos*. Esses livros foram escritos em Alexandria, onde existia uma população judia superior à existente em Jerusalém. Entre os judeus da Diáspora, era costume considerá-los divinamente inspirados. Segundo algumas tradições, cerca do ano 90, na escola de leis rabínicas fundada pelo rabino Yochanan ben Zakai no povoado costeiro de Jâmnia (atual Yavneh), perto de Jope, na terra santa, foi celebrado um concílio rabínico, o Concílio de Jâmnia[a], no qual esses livros foram eliminados do cânon sagrado, decisão que acatou toda a Diáspora e que o protestantismo honrou a partir de Martinho Lutero.
b. *Os livros apocalípticos*. Surgiu, nessa época, um grande número de livros com tema profético-apocalíptico, atribuídos em geral a grandes personalidades do Antigo Testamento, com o propósito de lhes conferir credibilidade. O tema central desses livros voltava-se para o fim da história humana e o julgamento que aconteceria no fim dos tempos.
c. *Os livros sectários*. As cavernas de Qumran nos deixaram — ao lado de numerosos textos bíblicos e comentários desses textos — livros apócrifos e diversos livros que representam a maneira de pensar dos essênios, como *Regra da comunidade*, *Rolo da guerra*, *Hinos de ação de graças*, entre outros.

6. Os samaritanos. Quando o remanescente judeu voltou à terra prometida, encontrou-se em Samaria com um grupo étnico formado por alguns hebreus do Reino do Norte que haviam ficado nessa terra e por grupos de diversas procedências que ali se estabeleceram pelo então Império Assírio. O resultado foi um grupo mestiço generalizado, o que incluíam fatores culturais e religiosos. Por ter permanecido na terra, esse grupo considerava-se o verdadeiro povo de Deus, cria somente nos cinco livros de Moisés, dos quais tinha sua própria cópia com algumas alterações, e adorava no monte Gerizim, em lugar de adorar no monte Sião. Esse grupo, o dos samaritanos, era odiado pelos judeus, que evitavam a todo custo ter de atravessar tal região quando tinham de passar entre a Judeia e a Galileia. No entanto, Jesus os destacou com vários elogios em diversas ocasiões, dos quais o mais conhecido é o relato sobre o bom samaritano (Lucas 10).

7. A *Pax* Romana. Estabelecida por Otávio César Augusto, o primeiro imperador romano, durou cerca de dois séculos, graças à forte organização dos poderes imperiais e à eficiência de suas legiões. Tratou-se de uma paz imposta mediante sujeição que teve diversas consequências para todas as regiões ao redor do mar Mediterrâneo, o "mar Grande" da Bíblia, e para os romanos o *Mare Nostrum*

---

[a] O chamado Concílio de Jâmnia, realizado nos finais do século I d.C. e início do II, destinou-se a procurar um rumo para o judaísmo, após a destruição do templo de Jerusalém, no ano 70 d.C. Nesse concílio, foram considerados textos canônicos do judaísmo apenas os que existiam em língua hebraica e que remontassem ao tempo do profeta Esdras. [N. do T.]

("nosso mar"). A fim de assegurar a eficiência do governo e dos exércitos de Roma, foram traçadas impressionantes calçadas de pedras cujos resquícios perduram até hoje e que tiveram grande importância na propagação do evangelho de Jesus Cristo. O grego coiné (comum) foi estabelecido como língua franca em todo o oriente do império, o que permitiu o uso da *Septuaginta* na pregação, além de ser esse o idioma em que o Novo Testamento foi escrito. A Diáspora era apreciada, e o judaísmo era reconhecido como religião permitida dentro do império, o que facilitava um ponto de contato com a população local de todas essas regiões. O ambiente estava preparado para o surgimento do grande Rei. Em seguida, surgiu João Batista com um discurso enfático, depois repetido pelo próprio Jesus: "Arrependam-se, pois o Reino dos céus está próximo" (Mateus 3.2; Marcos 1.15). No momento oportuno, havia chegado.

É surpreendente ver como Deus usa a história humana para fazer cumprir seus propósitos. Mesmo que nesses momentos pareçamos viver em dias que também poderiam ser qualificados como "silêncio de Deus", devemos lembrar de que tudo o que ele precisava nos revelar em sentido objetivo já foi revelado. Sobre isso, disse o escritor de Hebreus:

> Há muito tempo Deus falou muitas vezes e de várias maneiras aos nossos antepassados por meio dos profetas, mas nestes últimos dias falou-nos por meio do Filho, a quem constituiu herdeiro de todas as coisas e por meio de quem fez o universo. O Filho é o resplendor da glória de Deus e a expressão exata do seu ser, sustentando todas as coisas por sua palavra poderosa. Depois de ter realizado a purificação dos pecados, ele se assentou à direita da Majestade nas alturas [...] (1.1-3, grifo nosso).

Agora é a nossa responsabilidade tomar tal revelação objetiva e imutável e pedir a Deus a iluminação de seu Espírito de sabedoria e discernimento. Necessitamos que tal conhecimento converta-se em revelação subjetiva, aplicável à vida, às necessidades e perplexidades que temos nos dias modernos, enquanto esperamos a instauração visível e definitiva de seu Reino, quando voltará o Filho ao mundo, dessa vez triunfante, como Leão de Judá. Quanto tempo mais deveremos esperar? Ninguém sabe, além de Deus, mas sabemos que o que ele já fez na História voltará a fazer. Até que isso aconteça, devemos dar passos gigantescos de fé neste novo tempo em que Deus parece estar em silêncio.

O NOVO TESTAMENTO

Introdução ao
NOVO TESTAMENTO

O cristianismo conhece a designação de "Novo Testamento" para referir-se ao conjunto de 27 livros da Bíblia como a concebemos e que são continuação da *Tanakh* ou *Tanach*, ou "Bíblia" hebraica. Para começar, é preciso esclarecer o sentido da palavra "testamento", em razão do fato de que, nos tempos modernos, sua interpretação tem sido limitada à ideia de alguém que, ao morrer, dispõe de seus bens a outros mediante um documento.

Nas Escrituras, essa palavra tem o sentido de "aliança". Durante a leitura e o estudo da Bíblia, o Espírito ilumina o entendimento do discípulo para que ele possa ver com clareza que Deus, em seu relacionamento com os homens, se move para fazer aliança conosco, tanto no âmbito individual como no âmbito coletivo, com todo o seu povo.

Nesse processo, toda aliança teve uma importância especial. Havia uma aliança tácita com Adão e Eva no jardim do Éden, que foi quebrada pela desobediência dos nossos primeiros pais. Após a expulsão do paraíso, outra aliança foi estabelecida entre Deus e eles; é de observar que animais foram sacrificados e Adão e Eva tiveram o corpo coberto de pele de animais como sinal da aliança estabelecida com Deus e de sua misericórdia. Ao lado da aliança com Adão e Eva, surgiu a primeira grande profecia, o "protoevangelho" de Gênesis 3.15, texto no qual se promete a vinda do descendente da mulher que pisaria a cabeça da serpente. Após o Dilúvio, Noé ofereceu a Deus em sacrifício os animais que havia reservado na arca para essa finalidade, e Deus fez uma aliança com ele. O mesmo aconteceu com Abraão, com quem fez um pacto e o renovou quando lhe mudou o nome de Abrão ("pai exaltado") para Abraão ("pai de muitas nações"). Nesse pacto também lhe prescreveu que vários animais deveriam ser oferecidos em sacrifício. A mesma aliança feita com Abraão foi confirmada posteriormente com seu filho Isaque e depois com Jacó, filho deste.

Mais tarde, foi feita uma aliança por meio de Moisés com Israel, aquele que se tornaria o povo de Deus e referente ao qual se utilizava um tratamento frequente nos documentos de alianças entre reis e povos dessa época: " 'Andarei entre vocês e serei o seu Deus, e vocês serão o meu povo' " (Levítico 26.12; leia também Ezequiel 36.28; 37.27). O símbolo dessa aliança foi o sacrifício cerimonial da circuncisão, que foi seguido por todo um sistema de sacrifícios de diversos tipos e motivos que são amplamente descritos em vários trechos do Pentateuco. Nessa aliança, chamada mosaica, o ideal era bastante alto para seres humanos, imperfeitos: " 'Sejam santos porque eu, o Senhor, o Deus de vocês, sou santo' " (Levítico 19.2; 11.44,45).

Por esse motivo, antes que a nova aliança fosse estabelecida, o Filho de Deus feito homem (João 1.14) e último Adão (1Coríntios 15.45) de um novo gênero humano pôde declarar: " 'Não pensem que vim abolir a Lei ou os Profetas; não vim abolir, mas cumprir' " (Mateus 5.17). O próprio Jesus foi o único que em obediência (Hebreus 5.8) derramou seu sangue para selar a nova aliança, como confirmam suas palavras: "Em seguida tomou o cálice, deu graças e o ofereceu aos discípulos, dizendo: 'Bebam dele todos vocês. Isto é o meu sangue da aliança, que é derramado em favor de muitos, para perdão de pecados' " (Mateus 26.27,28).

Já havia sido previsto que Deus faria uma nova aliança com seu povo e que a poria em seu coração, capacitando-o para receber os benefícios dessa aliança:

"Estão chegando os dias", declara o Senhor,
"quando farei uma nova aliança

com a comunidade de Israel
e com a comunidade de Judá.
[...]
"Esta é a aliança que farei
com a comunidade de Israel
depois daqueles dias",
declara o SENHOR:
"Porei a minha lei no íntimo deles
e a escreverei nos seus corações.
Serei o Deus deles,
e eles serão o meu povo" (Jeremias 31.31-33).

Na epístola de Hebreus fala-se amplamente sobre o tema (7.22; 8.6-13; 9.15-20; 10.16; 12.24; 18.14), como, por exemplo, em:

[...] quanto mais o sangue de Cristo, que pelo Espírito eterno se ofereceu de forma imaculada a Deus, purificará a nossa consciência de atos que levam à morte, para que sirvamos ao Deus vivo! Por essa razão, Cristo é o mediador de uma nova aliança para que os que são chamados recebam a promessa da herança eterna, visto que ele morreu como resgate pelas transgressões cometidas sob a primeira aliança [...]. De fato, segundo a Lei, quase todas as coisas são purificadas com sangue, e sem derramamento de sangue não há perdão (Hebreus 9.14,15,22).

Graças ao sacrifício redentor de Jesus Cristo e a seu sangue derramado, nós, que éramos oliveiras silvestres, fomos enxertados na oliveira original de Israel. Na nova aliança, em que Deus quis incluir todas as pessoas que estejam abertas à mensagem, ele nos deu seu Espírito para que vivamos em santidade, pois sem ela "ninguém verá o Senhor" (Hebreus 12.14).

[...] naquela época, vocês estavam sem Cristo, separados da comunidade de Israel, sendo estrangeiros quanto às alianças da promessa, sem esperança e sem Deus no mundo. Mas agora, em Cristo Jesus, vocês, que antes estavam longe, foram aproximados mediante o sangue de Cristo. Pois ele é a nossa paz, o qual de ambos fez um e destruiu a barreira, o muro de inimizade (Efésios 2.12-14).

Essa é a nova aliança de seu sangue, da qual somos participantes pela misericórdia de Deus, a *B'rit Hadashá*, a qual podemos e devemos cumprir mediante a ordem da antiga aliança, que nunca foi abolida, e sim feita possível pela presença do Espírito Santo, que está em nosso meio:

Mas, assim como é santo aquele que os chamou, sejam santos vocês também em tudo o que fizerem, pois está escrito: "Sejam santos, porque eu sou santo". [...] Vocês, porém, são geração eleita, sacerdócio real, nação santa, povo exclusivo de Deus, para anunciar as grandezas daquele que os chamou das trevas para a sua maravilhosa luz. Antes vocês nem sequer eram povo, mas agora são povo de Deus; não haviam recebido misericórdia, mas agora a receberam (1Pedro 1.15,16; 2.9,10).

Depois de meditar com atenção em todas essas passagens, não nos deve causar espanto que Jesus nos advertisse: " 'Mas eu afirmo que é para o bem de vocês que eu vou. Se eu não for, o Conselheiro não virá para vocês; mas, se eu for, eu o enviarei' " (João 16.7). Na realidade, a nova aliança começa com o derramamento do sangue precioso do Redentor, pelo qual devemos lembrar-nos de que tudo o que aconteceu até este momento, e sobretudo nos Evangelhos, deveu-se à antiga aliança. A morte, a ressurreição e a ascensão do Senhor, seguidas da vinda do Espírito Santo no dia de Pentecoste, são os acontecimentos que dão origem à atual nova aliança, por meio da qual vive a igreja hoje, esta sem nenhuma outra credencial senão a de ter aceitado o sacrifício de Cristo e a vinda de seu Espírito.

Veja a seguir que os 27 livros que compõem o Novo Testamento apresentam gêneros literários diversos, como parte de sua riqueza.

GÊNEROS LITERÁRIOS NO NOVO TESTAMENTO				
Evangelhos	Livros Históricos	Epistolar		Profético-apocalíptico
		Epístolas paulinas	Epístolas gerais	
Mateus Marcos Lucas João	Atos dos Apóstolos	Romanos 1Coríntios 2Coríntios Gálatas Efésios Filipenses Colossenses 1Tessalonicenses 2Tessalonicenses 1Timóteo 2Timóteo Tito Filemom	Hebreus Tiago 1Pedro 2Pedro 1João 2João 3João Judas	Apocalipse Os Evangelhos

mediador de Redentor, pelo qual devemos lembrar-nos de que tudo o que aconteceu até este momento, e sobretudo nos Evangelhos, deverá ser a única aliança. A morte, a ressurreição e a ascensão do Senhor, seguidas da vinda do Espírito Santo no dia de Pentecostes, são os acontecimentos que dão origem a essa nova aliança, por meio da qual vive a Igreja hoje, e até sem nenhuma outra mediação a de ter apoiado o sacrifício de Cristo o Servidor de seu Espírito.

Veja a seguir, que os 27 livros que compõem o Novo Testamento apresentam gêneros literários diversos, como parte de sua riqueza.

Evangelhos	Obras históricas	Cartas		Profética-apocalíptica
		Epístolas paulinas	Epístolas gerais	
Mateus Marcos Lucas João	Atos dos Apóstolos	Romanos 1Coríntios 2Coríntios Gálatas Efésios Filipenses Colossenses 1Tessalonicenses 2Tessalonicenses 1Timóteo 2Timóteo Tito Filemon	Hebreus Tiago 1Pedro 2Pedro 1João 2João 3João Judas	Apocalipse de São João

OS EVANGELHOS

- Mateus
- Marcos
- Lucas
- João

OS EVANGELHOS

Mateus
Marcos
Lucas
João

Introdução ao evangelho de
MATEUS

Autor e data de composição Desde o século II, a tradição da igreja viu em Mateus, o publicano que Jesus converteu em discípulo, o escritor deste Evangelho. Tendo em conta o tipo de ocupação que Mateus desempenhou antes de seguir Jesus, entendemos que as fortes características judaicas da obra coincidem muito bem com uma pessoa como Mateus. No que se refere a datas (em meio à complicada rede de teorias que tem sido tecida ao longo dos dois últimos séculos sobre os Evangelhos sinópticos), a ordem em que foram escritos, a possibilidade de que existisse um texto prévio de Mateus escrito em aramaico e de que existissem outras fontes que até hoje nos são desconhecidas, costuma-se coincidir a data de composição do livro de Mateus em grego com uma data posterior à composição do evangelho de Marcos, entre 58 e 68 da era cristã.

ESBOÇO GERAL

Primeira parte: O nascimento e a infância do Rei-Messias (1.1—2.23)
  I. A genealogia de Jesus pela linhagem real de Salomão (1.1-17)
  II. Seu nascimento e os eventos relacionados (1.18—2.18)
  III. José, Maria e Jesus se estabelecem em Nazaré (2.19-23)

Segunda parte: O prelúdio do ministério público de Jesus (3—4)
  I. O ministério de João Batista e o batismo de Jesus (3)
  II. As tentações que Jesus sofreu no deserto (4.1-11)
  III. O começo de seu ministério na Galileia (4.12-25)

Terceira parte: O primeiro discurso de Jesus, o Sermão do Monte (5.1—7.29)
  I. As Bem-aventuranças (5.1-16)
  II. A justiça do Reino (5.17—7.12)
  III. A entrada para o Reino (7.13-27)
  IV. A reação do povo diante dos ensinos de Jesus (7.28,29)

Quarta parte: O primeiro relato; o lado sobrenatural do Reino (8.1—9.38)
  I. Diversos milagres (8.1—9.8)
  II. Os discípulos de Jesus são diferentes; não são mais um grupo religioso (9.9-17)
  III. Diversos milagres (9.18-38)

Quinta parte: O segundo discurso de Jesus; a proclamação do Reino (10)

Sexta parte: O segundo relato; a presença do Reino (11—12)
  I. João Batista e o Reino (11.1-15)
  II. O desafio lançado à geração do momento (11.16-30)
  III. O Reino rejeitado (12.1-45)
  IV. A verdadeira família de Jesus (12.46-50)

Sétima parte: O terceiro discurso de Jesus; o mistério do Reino (13)
  I. A parábola do semeador e outras parábolas (13.1-52)
  II. "Só em sua própria terra e em sua própria casa é que um profeta não tem honra" (13.53-58)

Oitava parte: O terceiro relato; a crise (14—17)
    I. A hostilidade (14.1—16.12)
    II. Uma crise de fé (16.13-20)
    III. Jesus prepara os discípulos para sua morte (16.21—17.27)

Nona parte: O quarto discurso; a comunhão no Reino (18)
    I. A humildade do verdadeiro discípulo (18.1-20)
    II. O perdão (18.21-35)

Décima parte: O quarto relato; o Reino causa conflitos (19—23)
    I. Diversos ensinos a caminho de Jerusalém (19.1—20.28)
    II. Os cegos reconhecem Jesus (20.29-34)
    III. Os conflitos de Jerusalém (21—23)

Décima primeira parte: O quinto discurso; o futuro do Reino (24—25)
    I. Jesus prediz a destruição do templo e responde a perguntas dos discípulos (24)
    II. Jesus prediz o julgamento que haverá quando ele voltar (25)

Décima segunda parte: A paixão do Rei (26—27)
    I. A conspiração e a última ceia (26.1-30)
    II. No jardim do Getsêmani (26.31-56)
    III. O julgamento e a crucificação (26.57—27.56)
    IV. O sepultamento (27.57-66)

Décima terceira parte: A ressurreição do Rei (28)
    I. As mulheres e o anjo (28.1-10)
    II. O falso relato dos guardas (28.11-15)
    III. A ascensão do Rei (28.16-20)

Versículo-chave
16.16

Tema geral do livro

Ireneu, bispo do século II na região conhecida como Gália, atual França, falava do que ele considerava "os quatros pilares da Igreja": os quatro Evangelhos canônicos. Utilizando a imagem de Ezequiel 1.5ss, em que se fala de quatro seres viventes, e de Apocalipse 4.6-10, em que reaparecem esses quatro seres, Ireneu atribui um dos Evangelhos a cada rosto descrito desses seres. No caso de Mateus, considera que o símbolo do livro seja o rosto de homem. Mateus dirige-se ao povo judeu e, por essa razão, menciona várias vezes as profecias que se cumpriram em Jesus. O livro começa com a genealogia davídica pela linhagem real de Salomão. Seu objetivo é mostrar Jesus como homem e apresentar sua vida, seu ministério, sua morte e ressurreição não como algo oposto ao passado do povo hebreu, e sim como cumprimento do que eles estavam esperando. No entanto, se o evangelho de Mateus apresenta Jesus como o descendente de Davi com direito ao trono e como o Rei que virá para reinar para sempre, também o faz como o Leão de Judá (leia a profecia de Jacó a Judá em Gênesis 49.9,10). Nesse sentido, está muito bem representado pela figura do leão, que ainda hoje é o emblema profético dessa tribo.

No evangelho de Mateus, Jesus é...
... o Rei dos judeus (26.63,64; 27.11.)

Versículo-chave para o discípulo
6.33

O discípulo e o evangelho de Mateus

Como aparece no esboço geral, este livro está composto principalmente de relatos, discursos e profecias já cumpridas. Para o discípulo, deve ser de profunda motivação ser totalmente dirigido por Jesus, o Senhor. E quem se submete à direção de qualquer outra coisa ou pessoa nunca poderá dizer: "Não, Senhor!", pois, ao dizer não, já afirma que ele não é o Senhor; e, se o chama de Senhor, somente poderá responder sim. Caro discípulo, medite no texto-chave apresentado até não poder mais, leve-o no coração e no espírito e converta-o no seu estilo de vida, pois isso significará uma transformação total de direção: " 'Busquem, pois, em primeiro lugar o Reino de Deus e a sua justiça, e todas essas coisas serão acrescentadas a vocês' " (Mateus 6.33).

MATEUS

A Genealogia de Jesus
(Lc 3.23-38)

1 Registro da genealogia de Jesus Cristo, filho de Davi, filho de Abraão:

² Abraão gerou Isaque;
Isaque gerou Jacó;
Jacó gerou Judá e seus irmãos;
³ Judá gerou Perez e Zerá,
cuja mãe foi Tamar;
Perez gerou Esrom;
Esrom gerou Arão;
⁴ Arão gerou Aminadabe;
Aminadabe gerou Naassom;
Naassom gerou Salmom;
⁵ Salmom gerou Boaz,
cuja mãe foi Raabe;
Boaz gerou Obede,
cuja mãe foi Rute;
Obede gerou Jessé;
⁶ e Jessé gerou o rei Davi.

Davi gerou Salomão,
cuja mãe tinha sido
mulher de Urias;
⁷ Salomão gerou Roboão;
Roboão gerou Abias;
Abias gerou Asa;
⁸ Asa gerou Josafá;
Josafá gerou Jorão;
Jorão gerou Uzias;
⁹ Uzias gerou Jotão;
Jotão gerou Acaz;
Acaz gerou Ezequias;
¹⁰ Ezequias gerou Manassés;
Manassés gerou Amom;
Amom gerou Josias;
¹¹ e Josias gerou Jeconias[a]
e seus irmãos
no tempo do exílio
na Babilônia.

¹² Depois do exílio na Babilônia:
Jeconias gerou Salatiel;
Salatiel gerou Zorobabel;
¹³ *Zorobabel gerou Abiúde;*
Abiúde gerou Eliaquim;
Eliaquim gerou Azor;

1.12 Em Zorobabel, o primeiro governador que os persas enviaram a Jerusalém, unem-se duas linhagens da descendência de Davi: a de Salomão e a de Natã (leia Lucas 3.27,31).

¹⁴ Azor gerou Sadoque;
Sadoque gerou Aquim;
Aquim gerou Eliúde;
¹⁵ Eliúde gerou Eleazar;
Eleazar gerou Matã;
Matã gerou Jacó;
¹⁶ e Jacó gerou José,
marido de Maria,
da qual nasceu Jesus,
que é chamado Cristo.

¹⁷ Assim, ao todo houve catorze gerações de Abraão a Davi, catorze de Davi até o exílio na Babilônia, e catorze do exílio até o Cristo[b].

O Nascimento de Jesus Cristo
(Lc 2.1-7)

¹⁸ Foi assim o nascimento de Jesus Cristo: Maria, sua mãe, estava prometida em casamento a José, mas, antes que se unissem, achou-se grávida pelo Espírito Santo. ¹⁹ Por ser José, seu marido, um homem justo, e não querendo expô-la à desonra pública, pretendia anular o casamento secretamente. ²⁰ Mas, depois de ter pensado nisso, apareceu-lhe um anjo do Senhor em sonho e disse: "José, filho de Davi, não tema receber Maria como sua esposa, pois o que nela foi gerado procede do Espírito Santo. ²¹ Ela dará à luz um filho, e você deverá

1.21 O nome "Jesus" é a forma traduzida pelo grego do nome "Josué", traduzido no Antigo Testamento. Consulte a entrada "Jesus Cristo" no artigo "Vocabulário básico" (p. 1506).

---

[a] **1.11** Isto é, Joaquim; também no versículo 12.

[b] **1.17** Ou *Messias*. Tanto Cristo (grego) como Messias (hebraico) significam Ungido; também em todo o livro de Mateus.

1.22,23 Mateus, cujo interesse era demonstrar a seus concidadãos hebreus que as profecias messiânicas se cumprem em Jesus, faz menção aqui ao texto de Isaías 7.14.

dar-lhe o nome de Jesus[a], porque ele salvará o seu povo dos seus pecados".

²² Tudo isso aconteceu para que se cumprisse o que o Senhor dissera pelo profeta: ²³ "A virgem ficará grávida e dará à luz um filho, e o chamarão Emanuel"[b], que significa "Deus conosco".

²⁴ Ao acordar, José fez o que o anjo do Senhor lhe tinha ordenado e recebeu Maria como sua esposa. ²⁵ Mas não teve relações com ela enquanto ela não deu à luz um filho. E ele lhe pôs o nome de Jesus.

A Visita dos Magos

2 Depois que Jesus nasceu em Belém da Judeia, nos dias do rei Herodes, magos vindos do oriente chegaram a Jerusalém ² e perguntaram: "Onde está o recém-nascido rei dos judeus? Vimos a sua estrela no oriente[c] e viemos adorá-lo".

³ Quando o rei Herodes ouviu isso, ficou perturbado, e com ele toda Jerusalém. ⁴ Tendo reunido todos os chefes dos sacerdotes do povo e os mestres da lei, perguntou-lhes onde deveria nascer o Cristo. ⁵ E eles responderam: "Em Belém da Judeia; pois assim escreveu o profeta:

⁶ " 'Mas tu, Belém,
  da terra de Judá,
de forma alguma és a menor
  em meio às principais cidades
  de Judá;
pois de ti virá o líder
  que, como pastor, conduzirá
  Israel, o meu povo[d] ' ".

⁷ Então Herodes chamou os magos secretamente e informou-se com eles a respeito do tempo exato em que a estrela tinha aparecido. ⁸ Enviou-os a Belém e disse: "Vão informar-se com exatidão sobre o menino. Logo que o encontrarem, avisem-me, para que eu também vá adorá-lo".

⁹ Depois de ouvirem o rei, eles seguiram o seu caminho, e a estrela que tinham visto no oriente foi adiante deles, até que finalmente parou sobre o lugar onde estava o menino. ¹⁰ Quando tornaram a ver a estrela, encheram-se de júbilo. ¹¹ Ao entrarem na casa, viram o menino com Maria, sua mãe, e, prostrando-se, o adoraram. Então abriram os seus tesouros e lhe deram presentes: ouro, incenso e mirra. ¹² E, tendo sido advertidos em sonho para não voltarem a Herodes, retornaram a sua terra por outro caminho.

A Fuga para o Egito

¹³ Depois que partiram, um anjo do Senhor apareceu a José em sonho e lhe disse: "Levante-se, tome o menino e sua mãe, e fuja para o Egito. Fique lá até que eu diga a você, pois Herodes vai procurar o menino para matá-lo".

¹⁴ Então ele se levantou, tomou o menino e sua mãe durante a noite e partiu para o Egito, ¹⁵ onde ficou até a morte de Herodes. E assim se cumpriu o que o Senhor tinha dito pelo profeta: "Do Egito chamei o meu filho"[e].

¹⁶ Quando Herodes percebeu que havia sido enganado pelos magos, ficou furioso e ordenou que matassem todos os meninos de dois anos para baixo, em Belém e nas proximidades, de acordo com a informação que havia obtido dos magos. ¹⁷ Então se cumpriu o que fora dito pelo profeta Jeremias:

¹⁸ "Ouviu-se uma voz em Ramá,
  choro e grande lamentação;
é Raquel que chora por seus filhos
  e recusa ser consolada,
porque já não existem"[f].

A Volta para Israel

¹⁹ Depois que Herodes morreu, um anjo do Senhor apareceu em sonho a José, no Egito, ²⁰ e disse: "Levante-se, tome o menino e sua mãe e vá para a terra de Israel, pois estão mortos os que procuravam tirar a vida do menino".

²¹ Ele se levantou, tomou o menino e sua mãe e foi para a terra de Israel. ²² Mas, ao ouvir que Arquelau estava reinando na Judeia em lugar de seu pai Herodes, teve medo de ir para lá. Tendo sido avisado em sonho, retirou-se para a região da Galileia ²³ e foi viver numa cidade chamada Nazaré. Assim cumpriu-se o que fora dito pelos profetas: "Ele será chamado Nazareno"[g].

---

[a] **1.21** *Jesus* é a forma grega de *Josué*, que significa *o Senhor salva*.
[b] **1.23** Is 7.14
[c] **2.2** Ou *estrela quando se levantava*; também no versículo 9.
[d] **2.6** Mq 5.2
[e] **2.15** Os 11.1
[f] **2.18** Jr 31.15
[g] **2.23** Provável referência a textos como Is 11.1, no hebraico.

João Batista Prepara o Caminho
(Mc 1.2-8; Lc 3.1-18)

3 Naqueles dias, surgiu João Batista, pregando no deserto da Judeia. ² Ele dizia: "Arrependam-se, pois o Reino dos céus está próximo". ³ Este é aquele que foi anunciado pelo profeta Isaías:

"Voz do que clama no deserto:
  'Preparem[a] o caminho
    para o Senhor,
  façam veredas retas
    para ele' "[b].

3.1,2 Devemos ter em conta que João Batista e o próprio Jesus começaram o ministério da pregação tratando do mesmo tema: o Reino de Deus. Além disso, quando Jesus ensinou os discípulos a orar, indicou-lhes que deveriam clamar ao Pai: "Venha o teu Reino". A comissão feita aos discípulos e às igrejas consiste em aproximar o Reino de Deus à terra pelos meios que o Espírito Santo puser ao nosso alcance. Não há nenhum outro reino maior que este, nem sequer o prestígio diante dos homens e da sociedade, que hoje existe e amanhã é substituído quer pela indiferença quer pela perseguição.

⁴ As roupas de João eram feitas de pelos de camelo, e ele usava um cinto de couro na cintura. O seu alimento era gafanhotos e mel silvestre. ⁵ A ele vinha gente de Jerusalém, de toda a Judeia e de toda a região ao redor do Jordão. ⁶ Confessando os seus pecados, eram batizados por ele no rio Jordão.

3.4-6 Neste trecho, é citada a profecia de Isaías 40.3-5.

⁷ Quando viu que muitos fariseus e saduceus vinham para onde ele estava batizando, disse-lhes: "Raça de víboras! Quem deu a vocês a ideia de fugir da ira que se aproxima? ⁸ Deem fruto que mostre o arrependimento! ⁹ Não pensem que vocês podem dizer a si mesmos: 'Abraão é nosso pai'. Pois eu digo que destas pedras Deus pode fazer surgir filhos a Abraão. ¹⁰ O machado já está posto à raiz das árvores, e toda árvore que não der bom fruto será cortada e lançada ao fogo.

¹¹ "Eu os batizo com[c] água para arrependimento. Mas depois de mim vem alguém mais poderoso do que eu, tanto que não sou digno nem de levar as suas sandálias. Ele os batizará com o Espírito Santo e com fogo. ¹² Ele traz a pá em sua mão e limpará sua eira, juntando seu trigo no celeiro, mas queimará a palha com fogo que nunca se apaga".

3.11 Veja o significado da palavra "batismo" em "Vocabulário básico" (p. 1493). Nos quatro Evangelhos vemos João Batista anunciando que Jesus batizaria seus discípulos com o Espírito Santo. Em três deles (Mateus, Lucas e João) acrescenta que também os batizaria com o elemento purificador por excelência: o fogo.

O Batismo de Jesus
(Mc 1.9-11; Lc 3.21,22)

¹³ Então Jesus veio da Galileia ao Jordão para ser batizado por João. ¹⁴ João, porém, tentou impedi-lo, dizendo: "Eu preciso ser batizado por ti, e tu vens a mim?"

¹⁵ Respondeu Jesus: "Deixe assim por enquanto; convém que assim façamos, para cumprir toda a justiça". E João concordou.

¹⁶ Assim que Jesus foi batizado, saiu da água. Naquele momento, o céu se abriu, e ele viu o Espírito de Deus descendo como pomba e pousando sobre ele. ¹⁷ Então uma voz dos céus disse: "Este é o meu Filho amado, de quem me agrado".

3.17 O Pai se agrada de seu Filho amado, que, "embora sendo Filho, [...] aprendeu a obedecer por meio daquilo que sofreu; e, uma vez aperfeiçoado, tornou-se a fonte da salvação eterna para todos os que lhe obedecem, sendo designado por Deus sumo sacerdote, segundo a ordem de Melquisedeque" (Hebreus 5.8-10).

---

[a] **3.3** Ou *que clama: 'No deserto preparem*
[b] **3.3** Is 40.3
[c] **3.11** Ou *em*

A FAMÍLIA DE HERODES, O GRANDE

Essa complicada família pode causar confusão para quem estuda o Novo Testamento, pois muitos de seus membros são mencionados nestas páginas e frequentemente têm o mesmo nome. Veja a seguir um quadro com os nomes principais das esposas, dos filhos, dos netos e dos bisnetos de Herodes. A letra "M" seguida de um número indica a data de casamento. A mesma letra seguida de um nome indica o nome da esposa ou o do esposo. A letra "A" seguida de um número indica a data em que o próprio Herodes, o Grande, mandou assassinar a pessoa indicada. Esse rei sanguinário, imposto pelos romanos, era de origem idumeia, ou seja, oriundo de Edom. Tratou de obter a aprovação real do povo judeu, reconstruindo com toda a pompa o templo de Zorobabel. Esse é o Herodes da infância de Jesus; o mesmo que ordenou a matança dos inocentes em Belém.

HERODES I, O GRANDE, OU O IDUMEU (74 A.C.-4 A.C.; MATEUS 2.3-21)			
Principais esposas	**Principais filhos**	**Principais netos**	**Principais bisnetos**
Dóris M 42 a.C.	Antípatro A 4 a.C.		
Mariana I, a hasmoniana M 37 a.C. A 29 a.C.	Alexandre A 7 a.C.		
	Aristóbulo A 7 a.C. M Berenice	Herodes III, ou Herodes de Cálcis M Berenice Morreu em 48 d.C.	
		Herodias Nascida em 8 a.C. M (1º) Filipe I M (2º) Herodes Antipas (Mateus 14.306; Marcos 6.17; Lucas 3.19)	Salomé M Filipe II (Mateus 14.6-11; Marcos 6.22-28)
		Herodes Agripa I M Cipros Morreu em 44 d.C. (Atos 12.1-24)	Herodes Agripa II 27-100 d.C. (Atos 25.13—26.32)
			Berenice M (1º) Herodes III, ou Herodes de Cálcis M (2º) Polemo II da Cilícia M (3º) Herodes Agripa II (Atos 25.13,23; 26.30)
			Drusila M Félix, procurador romano (Atos 24.24)
Mariana II Filha do sumo sacerdote Simão M 24 a.C.	Herodes Filipe I Morreu em cerca de 34 d.C. M Herodias (Mateus 14.3; Marcos 6.14; Lucas 3.19)	Arquelau 22 a.C.-6 d.C. (Mateus 2.22)	
Malthace, a samaritana M 23 a.C.	Herodes Antipas 20 a.C.-6 d.C. M Herodias (Mateus 14.1-12; Marcos 6.14-28; 8.15; Lucas 3.1; 9.7-9; 13.31-33; 23.7-15; Atos 13.1)		
Cléopatra de Jerusalém M 22 a.C.	Filipe II Morreu em 34 d.C. Lucas 3.1		

A Tentação de Jesus
(Mc 1.12,13; Lc 4.1-13)

4 Então Jesus foi levado pelo Espírito ao deserto, para ser tentado pelo Diabo. ² Depois de jejuar quarenta dias e quarenta noites, teve fome. ³ O tentador aproximou-se dele e disse: "Se és o Filho de Deus, manda que estas pedras se transformem em pães".

⁴ Jesus respondeu: "Está escrito: 'Nem só de pão viverá o homem, mas de toda palavra que procede da boca de Deus'ᵃ".

⁵ Então o Diabo o levou à cidade santa, colocou-o na parte mais alta do templo e lhe disse: ⁶ "Se és o Filho de Deus, joga-te daqui para baixo. Pois está escrito:

" 'Ele dará ordens a seus anjos a seu respeito,
e com as mãos eles o segurarão,
para que você não tropece
em alguma pedra'ᵇ".

⁷ Jesus lhe respondeu: "Também está escrito: 'Não ponha à prova o Senhor, o seu Deus'ᶜ".

⁸ Depois, o Diabo o levou a um monte muito alto e mostrou-lhe todos os reinos do mundo e o seu esplendor. ⁹ E disse-lhe: "Tudo isto te darei se te prostrares e me adorares".

¹⁰ Jesus lhe disse: "Retire-se, Satanás! Pois está escrito: 'Adore o Senhor, o seu Deus, e só a ele preste culto'ᵈ".

¹¹ Então o Diabo o deixou, e anjos vieram e o serviram.

Jesus Começa a Pregar
(Mc 1.14,15; Lc 4.14,15)

¹² Quando Jesus ouviu que João tinha sido preso, voltou para a Galileia. ¹³ Saindo de Nazaré, foi viver em Cafarnaum, que ficava junto ao mar, na região de Zebulom e Naftali, ¹⁴ para cumprir o que fora dito pelo profeta Isaías:

¹⁵ "Terra de Zebulom
e terra de Naftali,
caminho do mar,
além do Jordão,
Galileia dos gentiosᵉ;
¹⁶ o povo que vivia nas trevas
viu uma grande luz;
sobre os que viviam
na terra da sombra da morte
raiou uma luz"ᶠ.

¹⁷ Daí em diante Jesus começou a pregar: "Arrependam-se, pois o Reino dos céus está próximo".

Jesus Chama os Primeiros Discípulos
(Mc 1.16-20; Lc 5.1-11; Jo 1.35-42)

¹⁸ Andando à beira do mar da Galileia, Jesus viu dois irmãos: Simão, chamado Pedro, e seu irmão André. Eles estavam lançando redes ao mar, pois eram pescadores. ¹⁹ E disse Jesus: "Sigam-me, e eu os farei pescadores de homens". ²⁰ No mesmo instante eles deixaram as suas redes e o seguiram.

²¹ Indo adiante, viu outros dois irmãos: Tiago, filho de Zebedeu, e João, seu irmão. Eles estavam num barco com seu pai, Zebedeu, preparando as suas redes. Jesus os chamou, ²² e eles, deixando imediatamente seu pai e o barco, o seguiram.

Jesus Ensina o Povo e Cura os Doentes

²³ Jesus foi por toda a Galileia, ensinando nas sinagogas deles, pregando as boas-novas do Reino e curando todas as enfermidades e doenças entre o povo. ²⁴ Notícias sobre ele se espalharam por toda a Síria, e o povo lhe trouxe todos os que sofriam de vários males e tormentos: endemoninhados, loucosᵍ e paralíticos; e ele os curou. ²⁵ Grandes multidões o seguiam, vindas da Galileia, Decápolis, Jerusalém, Judeia e da região do outro lado do Jordão.

As Bem-aventuranças
(Lc 6.20-23)

5 Vendo as multidões, Jesus subiu ao monte e se assentou. Seus discípulos aproximaram-se dele, ² e ele começou a ensiná-los, dizendo:

³ "Bem-aventuradosʰ
os pobres em espírito,
pois deles é o Reino dos céus.
⁴ Bem-aventurados
os que choram,
pois serão consolados.

ᵃ **4.4** Dt 8.3
ᵇ **4.6** Sl 91.11,12
ᶜ **4.7** Dt 6.16
ᵈ **4.10** Dt 6.13
ᵉ **4.15** Isto é, os que não são judeus.
ᶠ **4.15,16** Is 9.1,2
ᵍ **4.24** Grego: *lunáticos*.
ʰ **5.3** Isto é, como são felizes; também nos versículos 4 a 11.

5.3 Para ter um significado mais simples, alguns traduzem a palavra "bem-aventurado" pela palavra "feliz" ou algo parecido. O vocábulo grego original, traduzido por "bem-aventurado", é *makarios*. Essa palavra definia no grego clássico um estado de alta satisfação, algo bastante peculiar dos deuses do Olimpo. Aplicando esse sentido ao Novo Testamento, entendemos que a interpretação de *makarios* por "bem-aventurado" define alguém muito mais que "feliz". Alguém que participa da alegria e satisfação do próprio Deus. A primeira bem-aventurança inclui as demais, que são uma espécie de expansão de seu significado. O mais importante aqui é estarmos conscientes no nosso interior de que tudo quanto temos foi recebido de Deus. Aquele que não reconheceu sua pobreza espiritual não está preparado para receber de Deus seu Reino.

⁵ Bem-aventurados os humildes,
 pois eles receberão a terra por herança.
⁶ Bem-aventurados os que têm fome e sede de justiça,
 pois serão satisfeitos.
⁷ Bem-aventurados os misericordiosos,
 pois obterão misericórdia.
⁸ Bem-aventurados os puros de coração,
 pois verão a Deus.
⁹ Bem-aventurados os pacificadores,
 pois serão chamados filhos de Deus.
¹⁰ Bem-aventurados os perseguidos por causa da justiça,
 pois deles é o Reino dos céus.

¹¹ "Bem-aventurados serão vocês quando, por minha causa, os insultarem, os perseguirem e levantarem todo tipo de calúnia contra vocês. ¹² Alegrem-se e regozijem-se, porque grande é a sua recompensa nos céus, pois da mesma forma perseguiram os profetas que viveram antes de vocês.

5.14-16 Evangelização (iniciada em Romanos 3.23; p. 1199): Este é o momento em que a pessoa evangelizada, que já tenha passado pela fase de recém-convertida, dá um passo a mais em sua caminhada cristã e converte-se em discipulador. Talvez não seja fluente com as palavras nem tenha grandes conhecimentos teológicos ou saiba interagir facilmente com as pessoas. Mas, por outro lado, a luz que recebeu de Jesus Cristo é perceptível a sua família, aos colegas de trabalho, vizinhos e irmãos da igreja — todos podem ver a transformação em sua vida. A nova índole em suas atitudes começa a glorificar o Pai, pois ele é a única explicação para o que está acontecendo. Sem fazer nenhum discurso a ninguém, começa a ver a oportunidade de que precisa para discipular as pessoas de seu círculo mais próximo e evangelizar os de fora com seu testemunho.
Texto anterior: João 20.31
Próximo texto: Lucas 9.24-36

O Sal da Terra e a Luz do Mundo

¹³ "Vocês são o sal da terra. Mas, se o sal perder o seu sabor, como restaurá-lo? Não servirá para nada, exceto para ser jogado fora e pisado pelos homens.

¹⁴ "Vocês são a luz do mundo. Não se pode esconder uma cidade construída sobre um monte. ¹⁵ E, também, ninguém acende uma candeia e a coloca debaixo de uma vasilha. Ao contrário, coloca-a no lugar apropriado, e assim ilumina a todos os que estão na casa. ¹⁶ Assim brilhe a luz de vocês diante dos homens, para que vejam as suas boas obras e glorifiquem ao Pai de vocês, que está nos céus.

Jesus Cumpre a Lei

¹⁷ "Não pensem que vim abolir a Lei ou os Profetas; não vim abolir, mas cumprir. ¹⁸ Digo a verdade: Enquanto existirem céus e terra, de forma alguma desaparecerá da Lei a menor letra ou o menor traço, até que tudo se cumpra. ¹⁹ Todo aquele que desobedecer a um desses mandamentos, ainda que dos menores, e ensinar os outros a fazerem o mesmo, será chamado menor no Reino dos céus; mas todo aquele que praticar e ensinar estes mandamentos será chamado grande no Reino dos céus. ²⁰ Pois eu digo que,

 **5.18** Ao falar da "menor letra", Jesus se referia à *yod* (י), à menor de todas as letras do alfabeto hebraico. Os acentos ou traços são pequenos adendos feitos a algumas outras letras. Somente uma pessoa era capaz de cumprir perfeitamente toda a Lei: o Único Justo, o Senhor.

se a justiça de vocês não for muito superior à dos fariseus e mestres da lei, de modo nenhum entrarão no Reino dos céus.

O Homicídio

²¹ "Vocês ouviram o que foi dito aos seus antepassados: 'Não matarás'[a], e 'quem matar estará sujeito a julgamento'. ²² Mas eu digo a vocês que qualquer que se irar contra seu irmão[b] estará sujeito a julgamento. Também, qualquer que disser a seu irmão: 'Racá'[c], será levado ao tribunal. E qualquer que disser: 'Louco!', corre o risco de ir para o fogo do inferno.

²³ "Portanto, se você estiver apresentando sua oferta diante do altar e ali se lembrar de que seu irmão tem algo contra você, ²⁴ deixe sua oferta ali, diante do altar, e vá primeiro reconciliar-se com seu irmão; depois volte e apresente sua oferta.

²⁵ "Entre em acordo depressa com seu adversário que pretende levá-lo ao tribunal. Faça isso enquanto ainda estiver com ele a caminho, pois, caso contrário, ele poderá entregá-lo ao juiz, e o juiz ao guarda, e você poderá ser jogado na prisão. ²⁶ Eu garanto que você não sairá de lá enquanto não pagar o último centavo[d].

O Adultério

²⁷ "Vocês ouviram o que foi dito: 'Não adulterarás'[e]. ²⁸ Mas eu digo: Qualquer que olhar para uma mulher e desejá-la, já cometeu adultério com ela no seu coração. ²⁹ Se o seu olho direito o fizer pecar, arranque-o e lance-o fora. É melhor perder uma parte do seu corpo do que ser todo ele lançado no inferno. ³⁰ E, se a sua mão direita o fizer pecar, corte-a e lance-a fora. É melhor perder uma parte do seu corpo do que ir todo ele para o inferno.

O Divórcio

³¹ "Foi dito: 'Aquele que se divorciar de sua mulher deverá dar-lhe certidão de divórcio'[f]. ³² Mas eu digo que todo aquele que se divorciar de sua mulher, exceto por imoralidade sexual[g], faz que ela se torne adúltera, e quem se casar com a mulher divorciada estará cometendo adultério.

Os Juramentos

³³ "Vocês também ouviram o que foi dito aos seus antepassados: 'Não jure falsamente'[h], mas cumpra os juramentos que você fez diante do Senhor'. ³⁴ Mas eu digo: Não jurem de forma alguma: nem pelos céus, porque é o trono de Deus; ³⁵ nem pela terra, porque é o estrado de seus pés; nem por Jerusalém, porque é a cidade do grande Rei. ³⁶ E não jure pela sua cabeça, pois você não pode tornar branco ou preto nem um fio de cabelo. ³⁷ Seja o seu 'sim', 'sim', e o seu 'não', 'não'; o que passar disso vem do Maligno.

A Vingança
(Lc 6.29,30)

³⁸ "Vocês ouviram o que foi dito: 'Olho por olho e dente por dente'[i]. ³⁹ Mas eu digo: Não resistam ao perverso. Se alguém o ferir na face direita, ofereça-lhe também a outra. ⁴⁰ E, se alguém quiser processá-lo e tirar de você a túnica, deixe que leve também a capa. ⁴¹ E alguém o forçar a caminhar com ele uma milha[j], vá com ele duas. ⁴² Dê a quem pede, e não volte as costas àquele que deseja pedir algo emprestado.

O Amor aos Inimigos
(Lc 6.27,28,32-36)

⁴³ "Vocês ouviram o que foi dito: 'Ame o seu próximo[k] e odeie o seu inimigo'. ⁴⁴ Mas eu digo: Amem os seus inimigos[l] e orem por aqueles que os perseguem, ⁴⁵ para que vocês venham a ser filhos de seu Pai que está nos céus. Porque ele faz raiar o seu sol sobre maus e bons e derrama chuva sobre justos e injustos. ⁴⁶ Se vocês amarem aqueles que os amam, que recompensa

---

[a] **5.21** Êx 20.13; Dt 5.17
[b] **5.22** Alguns manuscritos acrescentam *sem motivo*.
[c] **5.22** Termo aramaico de desprezo, equivalente a *tolo*.
[d] **5.26** Grego: *quadrante*.
[e] **5.27** Êx 20.14; Dt 5.18
[f] **5.31** Dt 24.1
[g] **5.32** Grego: *porneia*; termo genérico que se refere a práticas sexuais ilícitas.
[h] **5.33** Lv 19.12; Nm 30.2
[i] **5.38** Êx 21.24; Lv 24.20; Dt 19.21
[j] **5.41** A milha romana tinha cerca de 1.500 metros.
[k] **5.43** Lv 19.18
[l] **5.44** Alguns manuscritos acrescentam *abençoem os que os amaldiçoam, façam o bem aos que os odeiam*.

vocês receberão? Até os publicanos[a] fazem isso! ⁴⁷ E, se saudarem apenas os seus irmãos, o que estarão fazendo de mais? Até os pagãos fazem isso! ⁴⁸ Portanto, sejam perfeitos como perfeito é o Pai celestial de vocês.

A Ajuda aos Necessitados

6 "Tenham o cuidado de não praticar suas 'obras de justiça' diante dos outros para serem vistos por eles. Se fizerem isso, vocês não terão nenhuma recompensa do Pai celestial.

² "Portanto, quando você der esmola, não anuncie isso com trombetas, como fazem os hipócritas nas sinagogas e nas ruas, a fim de serem honrados pelos outros. Eu garanto que eles já receberam sua plena recompensa. ³ Mas, quando você der esmola, que a sua mão esquerda não saiba o que está fazendo a direita, ⁴ de forma que você preste a sua ajuda em segredo. E seu Pai, que vê o que é feito em segredo, o recompensará.

A Oração
(Lc 11.1-4)

⁵ "E, quando vocês orarem, não sejam como os hipócritas. Eles gostam de ficar orando em pé nas sinagogas e nas esquinas, a fim de serem vistos pelos outros. Eu asseguro que eles já receberam sua plena recompensa. ⁶ Mas, quando você orar, vá para seu quarto, feche a porta e ore a seu Pai, que está em secreto. Então seu Pai, que vê em secreto, o recompensará. ⁷ E, quando orarem, não fiquem sempre repetindo a mesma coisa, como fazem os pagãos. Eles pensam que por muito falarem serão ouvidos. ⁸ Não sejam iguais a eles, porque o seu Pai sabe do que vocês precisam, antes mesmo de o pedirem. ⁹ Vocês, orem assim:

"Pai nosso, que estás nos céus!
　Santificado seja o teu nome.
¹⁰ Venha o teu Reino;
　seja feita a tua vontade,
　assim na terra como no céu.
¹¹ Dá-nos hoje o nosso
　pão de cada dia.
¹² Perdoa as nossas dívidas,
　assim como perdoamos
　aos nossos devedores.
¹³ E não nos deixes cair

6.9-13 Esta é a versão mais completa da Oração do Pai-nosso, oração que ao longo dos séculos muitos erroneamente têm pensado tratar-se de uma fórmula a ser memorizada e repetida. Na realidade, trata-se dos pontos de uma conversa entre um filho e o Pai. Somente pelo fato de começar com as palavras "Pai nosso", esta oração já significa uma transformação de mentalidade para a época e para nós, hoje.

　em[b] tentação,
　mas livra-nos do mal[c],
　porque teu é o Reino, o poder e a glória
　para sempre. Amém[d].

¹⁴ Pois, se perdoarem as ofensas uns dos outros, o Pai celestial também perdoará vocês. ¹⁵ Mas, se não perdoarem uns aos outros, o Pai celestial não perdoará as ofensas de vocês.

O Jejum

¹⁶ "Quando jejuarem, não mostrem uma aparência triste como os hipócritas, pois eles mudam a aparência do rosto a fim de que os outros vejam que eles estão jejuando. Eu digo verdadeiramente que eles já receberam sua plena recompensa. ¹⁷ Ao jejuar, arrume o cabelo[e] e lave o rosto, ¹⁸ para que não pareça aos outros que você está jejuando, mas apenas a seu Pai, que vê em secreto. E seu Pai, que vê em secreto, o recompensará.

Os Tesouros no Céu

¹⁹ "Não acumulem para vocês tesouros na terra, onde a traça e a ferrugem destroem e onde os ladrões arrombam e furtam. ²⁰ Mas acumulem para vocês tesouros nos céus, onde a traça e a ferrugem não destroem e onde os ladrões não arrombam nem furtam. ²¹ Pois onde estiver o seu tesouro, aí também estará o seu coração.

²² "Os olhos são a candeia do corpo. Se os seus olhos forem bons, todo o seu corpo será cheio de luz. ²³ Mas, se os seus olhos forem

---

[b] **6.13** Grego: *E não nos induzas à.*
[c] **6.13** Ou *do Maligno*
[d] **6.13** Alguns manuscritos não trazem *porque teu é o Reino, o poder e a glória para sempre. Amém.*
[e] **6.17** Grego: *unja a cabeça.*

[a] **5.46** Os publicanos eram coletores de impostos, malvistos pelo povo; também em 9.10, 11; 10.3; 11.19; 18.17; 21.31 e 32.

maus, todo o seu corpo será cheio de trevas. Portanto, se a luz que está dentro de você são trevas, que tremendas trevas são!

²⁴ "Ninguém pode servir a dois senhores; pois odiará um e amará o outro, ou se dedicará a um e desprezará o outro. Vocês não podem servir a Deus e ao Dinheiro[a].

As Preocupações da Vida
(Lc 12.22-31)

²⁵ "Portanto eu digo: Não se preocupem com sua própria vida, quanto ao que comer ou beber; nem com seu próprio corpo, quanto ao que vestir. Não é a vida mais importante que a comida, e o corpo mais importante que a roupa? ²⁶ Observem as aves do céu: não semeiam nem colhem nem armazenam em celeiros; contudo, o Pai celestial as alimenta. Não têm vocês muito mais valor do que elas? ²⁷ Quem de vocês, por mais que se preocupe, pode acrescentar uma hora que seja à sua vida?[b]

²⁸ "Por que vocês se preocupam com roupas? Vejam como crescem os lírios do campo. Eles não trabalham nem tecem. ²⁹ Contudo, eu digo que nem Salomão, em todo o seu esplendor, vestiu-se como um deles. ³⁰ Se Deus veste assim a erva do campo, que hoje existe e amanhã é lançada ao fogo, não vestirá muito mais a vocês, homens de pequena fé? ³¹ Portanto, não se preocupem, dizendo: 'Que vamos comer?' ou 'Que vamos beber?' ou 'Que vamos vestir?' ³² Pois os pagãos é que correm atrás dessas coisas; mas o Pai celestial sabe que vocês precisam delas. ³³ Busquem, pois, em primeiro lugar o Reino de Deus e a sua justiça, e todas essas coisas serão acrescentadas a vocês. ³⁴ Portanto, não

6.1-18 O judaísmo reconhece três classes principais e obrigatórias de "boas obras": a esmola (leia 6.1-4), a oração (leia v. 5-15) e o jejum (leia v. 16-18). Jesus fala nesses três tipos de obras e, sem denegri-las ou rejeitá-las, orienta os discípulos sobre a atitude que devem ter ao praticá-las, ou seja, não devem buscar o elogio dos demais, e sim procurar agradar a Deus com cada uma delas.

---

[a] **6.24** Grego: *Mamom*.
[b] **6.27** Ou *um único côvado à sua altura?* O côvado era uma medida linear de cerca de 45 centímetros.

se preocupem com o amanhã, pois o amanhã trará as suas próprias preocupações. Basta a cada dia o seu próprio mal.

O Julgamento ao Próximo
(Lc 6.37-42)

7 "Não julguem, para que vocês não sejam julgados. ² Pois da mesma forma que julgarem, vocês serão julgados; e a medida que usarem, também será usada para medir vocês.

³ "Por que você repara no cisco que está no olho do seu irmão e não se dá conta da viga que está em seu próprio olho? ⁴ Como você pode dizer ao seu irmão: 'Deixe-me tirar o cisco do seu olho', quando há uma viga no seu? ⁵ Hipócrita, tire primeiro a viga do seu olho, e então você verá claramente para tirar o cisco do olho do seu irmão.

⁶ "Não deem o que é sagrado aos cães, nem atirem suas pérolas aos porcos; caso contrário, estes as pisarão e, aqueles, voltando-se contra vocês, os despedaçarão.

A Persistência na Oração
(Lc 11.9-13)

⁷ "Peçam, e será dado; busquem, e encontrarão; batam, e a porta será aberta. ⁸ Pois todo o que pede recebe; o que busca encontra; e àquele que bate, a porta será aberta.

⁹ "Qual de vocês, se seu filho pedir pão, lhe dará uma pedra? ¹⁰ Ou, se pedir peixe, lhe dará uma cobra? ¹¹ Se vocês, apesar de serem maus, sabem dar boas coisas aos seus filhos, quanto mais o Pai de vocês, que está nos céus, dará coisas boas aos que lhe pedirem! ¹² Assim, em tudo, façam aos outros o que vocês querem que eles façam a vocês; pois esta é a Lei e os Profetas.

A Porta Estreita e a Porta Larga

¹³ "Entrem pela porta estreita, pois larga é a porta e amplo o caminho que leva à perdição, e são muitos os que entram por ela. ¹⁴ Como é estreita a porta, e apertado o caminho que leva à vida! São poucos os que a encontram.

A Árvore e seu Fruto
(Lc 6.43-45)

¹⁵ "Cuidado com os falsos profetas. Eles vêm a vocês vestidos de peles de ovelhas, mas por dentro são lobos devoradores. ¹⁶ Vocês os reconhecerão por seus frutos. Pode alguém colher uvas de um espinheiro ou figos de ervas daninhas? ¹⁷ Semelhantemente, toda árvore boa dá

frutos bons, mas a árvore ruim dá frutos ruins. ¹⁸ A árvore boa não pode dar frutos ruins, nem a árvore ruim pode dar frutos bons. ¹⁹ Toda árvore que não produz bons frutos é cortada e lançada ao fogo. ²⁰ Assim, pelos seus frutos vocês os reconhecerão!

²¹ "Nem todo aquele que me diz: 'Senhor, Senhor', entrará no Reino dos céus, mas apenas aquele que faz a vontade de meu Pai que está nos céus. ²² Muitos me dirão naquele dia: 'Senhor, Senhor, não profetizamos em teu nome? Em teu nome não expulsamos demônios e não realizamos muitos milagres?' ²³ Então eu lhes direi claramente: Nunca os conheci. Afastem-se de mim vocês que praticam o mal!

O Prudente e o Insensato
(Lc 6.46-49)

²⁴ "Portanto, quem ouve estas minhas palavras e as pratica é como um homem prudente que construiu a sua casa sobre a rocha. ²⁵ Caiu a chuva, transbordaram os rios, sopraram os ventos e deram contra aquela casa, e ela não caiu, porque tinha seus alicerces na rocha. ²⁶ Mas quem ouve estas minhas palavras e não as pratica é como um insensato que construiu a sua casa sobre a areia. ²⁷ Caiu a chuva, transbordaram os rios, sopraram os ventos e deram contra aquela casa, e ela caiu. E foi grande a sua queda".

²⁸ Quando Jesus acabou de dizer essas coisas, as multidões estavam maravilhadas com o seu ensino, ²⁹ porque ele as ensinava como quem tem autoridade, e não como os mestres da lei.

A Cura de um Leproso
(Mc 1.40-45; Lc 5.12-16)

8 Quando ele desceu do monte, grandes multidões o seguiram. ² Um leproso[a], aproximando-se, adorou-o de joelhos e disse: "Senhor, se quiseres, podes purificar-me!"

³ Jesus estendeu a mão, tocou nele e disse: "Quero. Seja purificado!" Imediatamente ele foi purificado da lepra. ⁴ Em seguida Jesus lhe disse: "Olhe, não conte isso a ninguém. Mas vá mostrar-se ao sacerdote e apresente a oferta que Moisés ordenou, para que sirva de testemunho".

Um Centurião Demonstra Fé
(Lc 7.1-10)

⁵ Entrando Jesus em Cafarnaum, dirigiu-se a ele um centurião, pedindo-lhe ajuda. ⁶ E disse: "Senhor, meu servo está em casa, paralítico, em terrível sofrimento".

⁷ Jesus lhe disse: "Eu irei curá-lo".

⁸ Respondeu o centurião: "Senhor, não mereço receber-te debaixo do meu teto. Mas dize apenas uma palavra, e o meu servo será curado. ⁹ Pois eu também sou homem sujeito à autoridade e com soldados sob o meu comando. Digo a um: Vá, e ele vai; e a outro: Venha, e ele vem. Digo a meu servo: Faça isto, e ele faz".

¹⁰ Ao ouvir isso, Jesus admirou-se e disse aos que o seguiam: "Digo a vocês a verdade: Não encontrei em Israel ninguém com tamanha fé. ¹¹ Eu digo que muitos virão do oriente e do ocidente e se sentarão à mesa com Abraão, Isaque e Jacó no Reino dos céus. ¹² Mas os súditos do Reino serão lançados para fora, nas trevas, onde haverá choro e ranger de dentes".

¹³ Então Jesus disse ao centurião: "Vá! Como você creu, assim acontecerá!" Na mesma hora o seu servo foi curado.

O Poder de Jesus sobre os Demônios e as Doenças
(Mc 1.29-34; Lc 4.38-41)

¹⁴ Entrando Jesus na casa de Pedro, viu a sogra deste de cama, com febre. ¹⁵ Tomando-a pela mão, a febre a deixou, e ela se levantou e começou a servi-lo.

¹⁶ Ao anoitecer foram trazidos a ele muitos endemoninhados, e ele expulsou os espíritos com uma palavra e curou todos os doentes. ¹⁷ E assim se cumpriu o que fora dito pelo profeta Isaías:

"Ele tomou sobre si as nossas
  enfermidades
e sobre si levou as nossas doenças"[b].

Quão Difícil é Seguir Jesus!
(Lc 9.57-62)

¹⁸ Quando Jesus viu a multidão ao seu redor, deu ordens para que atravessassem para o outro lado do mar. ¹⁹ Então, um mestre da lei aproximou-se e disse: "Mestre, eu te seguirei por onde quer que fores".

²⁰ Jesus respondeu: "As raposas têm suas tocas e as aves do céu têm seus ninhos, mas o Filho do homem não tem onde repousar a cabeça".

²¹ Outro discípulo lhe disse: "Senhor, deixa-me ir primeiro sepultar meu pai".

---

[a] **8.2** O termo grego não se refere somente à lepra, mas também a diversas doenças da pele.

[b] **8.17** Is 53.4

AS PARÁBOLAS DE JESUS EM MATEUS

PARÁBOLA	ENSINO	TEXTO BÍBLICO
Adversário, um	A necessidade de uma reconciliação rápida	5.25; veja Lucas 12.58
Noivo, o	A alegria dos discípulos diante da presença de Cristo	9.15; veja Marcos 2.19,20; Lucas 5.34,35
Casa dividida contra si mesma, a	A divisão leva à destruição	12.25-29; veja Marcos 3.23-27; Lucas 11.17-22
Dez virgens, as	É preciso manter-se vigilante e preparado	25.1-13
Dois tipos de solo, os	A estabilidade que a fé concede	7.24-27; veja Lucas 6.47-49
Dois devedores, os	Devemos perdoar como fomos perdoados	18.23-35
Dois filhos, os	A obediência é o que vale, não palavras belas	21.28-32
Espírito imundo, o	Não se pode tirar o mal e continuar vazio por dentro	12.43-45; veja Lucas 11.24-26
Banquete de casamento, o	Deus não aceita desculpas nem méritos próprios; ele chama quem ele deseja	22.1-14
Figueira, a	A necessidade de interpretar e entender cada tempo	24.32-35; veja Marcos 13.28; Lucas 21.29-33
Lavradores, os	Deus despreza aqueles que desprezam seu Filho	21.33-41; veja Marcos 12.1-9; Lucas 20.9-18
Candeia e a vasilha, a	O testemunho do discípulo deve ser visível	5.15,16; 6.22,23; veja Marcos 4.21; Lucas 8.16; 11.33-36
Fermento, o	A extensão gradual e firme do Reino	13.33; veja Lucas 13.21
Colheita, a	Deus precisa de trabalhadores para fazer a colheita de almas	9.37; veja Lucas 10.2
Crianças na praça	A atitude crítica e seus males	11.16; veja Lucas 7.32
Trabalhadores na vinha, os	Deus é o dono e soberano de todas as coisas, não nós	20.1-16

AS PARÁBOLAS DE JESUS EM MATEUS		
PARÁBOLA	**ENSINO**	**TEXTO BÍBLICO**
Ovelha perdida, a	O amor de Deus pelos seres humanos	18.10-14; veja Lucas 15.1-7
Dono da casa vigilante, o	A maneira de evitar os enganos do inimigo	24.43; veja Lucas 12.39
Pérola de grande valor, a	Vale a pena dar tudo pelo Reino de Deus	13.45,46
Porta estreita, a	É preciso desejar a salvação e buscá-la em Cristo	7.13,14; veja Lucas 13.24
Rede, a	A diversidade do povo de Deus	13.47-50
Remendo de pano novo em roupa velha, o	O novo deve substituir completamente o velho	9.16; veja Marcos 2.21; Lucas 5.36
Remendo de pano novo em roupa velha, o	O novo deve substituir completamente o velho	9.16; veja Marcos 2.21; Lucas 5.36
Semeador, o	A mesma verdade e diferentes resultados	13.1-23; veja Marcos 4.1-20; Lucas 8.4-15
Grão de mostarda, o	A expansão do Reino a partir de um pequeno começo	13.30-32; veja Marcos 4.31,32; Lucas 13.18,19
Servo infiel, o	Nossa fidelidade ou infidelidade será julgada	24.45-51; veja Lucas 12.42-46
Talentos, os	Uma repreensão aos servos desleais	25.14-30
Tesouro escondido, o	O valor incomparável do Reino de Deus	13.44
Coisas novas e coisas velhas	A obrigação paterna de ensinar	13.51,52
Trigo e o joio, o	Os bons e os maus serão separados	13.24-30
Veste nupcial, a	A necessidade de ser puro diante de Deus	22.11-14
Vinho novo em vasilha de couro velha, o	Quando o novo se junta ao velho, ambos se estragam	9.17; veja Marcos 2.22; Lucas 5.37-39

²² Mas Jesus lhe disse: "Siga-me, e deixe que os mortos sepultem os seus próprios mortos".

Jesus Acalma a Tempestade
(Mc 4.35-41; Lc 8.22-25)

²³ Entrando ele no barco, seus discípulos o seguiram. ²⁴ De repente, uma violenta tempestade abateu-se sobre o mar, de forma que as ondas inundavam o barco. Jesus, porém, dormia. ²⁵ Os discípulos foram acordá-lo, clamando: "Senhor, salva-nos! Vamos morrer!"

²⁶ Ele perguntou: "Por que vocês estão com tanto medo, homens de pequena fé?" Então ele se levantou e repreendeu os ventos e o mar, e fez-se completa bonança. ²⁷ Os homens ficaram perplexos e perguntaram: "Quem é este que até os ventos e o mar lhe obedecem?"

A Cura de Dois Endemoninhados
(Mc 5.1-20; Lc 8.26-39)

²⁸ Quando ele chegou ao outro lado, à região dos gadarenos[a], foram ao seu encontro dois endemoninhados, que vinham dos sepulcros. Eles eram tão violentos que ninguém podia passar por aquele caminho. ²⁹ Então eles gritaram: "Que queres conosco, Filho de Deus? Vieste aqui para nos atormentar antes do devido tempo?"

³⁰ A certa distância deles estava pastando uma grande manada de porcos. ³¹ Os demônios imploravam a Jesus: "Se nos expulsas, manda-nos entrar naquela manada de porcos".

³² Ele lhes disse: "Vão!" Eles saíram e entraram nos porcos, e toda a manada atirou-se precipício abaixo, em direção ao mar, e morreu afogada. ³³ Os que cuidavam dos porcos fugiram, foram à cidade e contaram tudo, inclusive o que acontecera aos endemoninhados. ³⁴ Toda a cidade saiu ao encontro de Jesus, e, quando o viram, suplicaram-lhe que saísse do território deles.

Jesus Cura um Paralítico
(Mc 2.1-12; Lc 5.17-26)

9 Entrando Jesus num barco, atravessou o mar e foi para a sua cidade. ² Alguns homens trouxeram-lhe um paralítico, deitado em sua maca. Vendo a fé que eles tinham, Jesus disse ao paralítico: "Tenha bom ânimo, filho; os seus pecados estão perdoados".

9.8 Os vários milagres que Jesus realizou no poder do Espírito Santo e que são apresentados nos Evangelhos têm como finalidade não apenas aliviar a dor humana ou resolver uma situação de desespero, mas principalmente demonstrar a soberania do Messias sobre tudo o que existe no mundo, desde os demônios e as enfermidades até as forças da natureza. A nota final da série de milagres apresentada no texto anterior está registrada no início do capítulo 9; texto em que Jesus começa demonstrando seu poder para perdoar pecados, poder que com toda a razão os líderes religiosos atribuíam unicamente ao Senhor. Enquanto o povo ficava maravilhado e glorificava a Deus, um grande número de líderes entre os judeus buscava uma maneira de matar Jesus.

³ Diante disso, alguns mestres da lei disseram a si mesmos: "Este homem está blasfemando!"

⁴ Conhecendo Jesus seus pensamentos, disse-lhes: "Por que vocês pensam maldosamente em seu coração? ⁵ Que é mais fácil dizer: 'Os seus pecados estão perdoados', ou: 'Levante-se e ande'? ⁶ Mas para que vocês saibam que o Filho do homem tem na terra autoridade para perdoar pecados" — disse ao paralítico: "Levante-se, pegue a sua maca e vá para casa". ⁷ Ele se levantou e foi. ⁸ Vendo isso, a multidão ficou cheia de temor e glorificou a Deus, que dera tal autoridade aos homens.

O Chamado de Mateus
(Mc 2.13-17; Lc 5.27-32)

⁹ Saindo, Jesus viu um homem chamado Mateus, sentado na coletoria, e disse-lhe: "Siga-me". Mateus levantou-se e o seguiu.

¹⁰ Estando Jesus em casa[b], foram comer com ele e seus discípulos muitos publicanos e pecadores. ¹¹ Vendo isso, os fariseus perguntaram aos discípulos dele: "Por que o mestre de vocês come com publicanos e pecadores?"

¹² Ouvindo isso, Jesus disse: "Não são os que têm saúde que precisam de médico, mas sim os doentes. ¹³ Vão aprender o que significa isto: 'Desejo misericórdia, não sacrifícios'[c]. Pois eu não vim chamar justos, mas pecadores".

---

[a] **8.28** Alguns manuscritos trazem *gergesenos*; outros dizem *gerasenos*.

[b] **9.10** Ou *na casa de Mateus*; veja Lc 5.29.

[c] **9.13** Os 6.6

9.13 O discípulo deve compreender nestas palavras consoladoras que Jesus tem os braços abertos para receber o pecador que se arrepende e que, com fé, se volta para ele. E isso é tudo o que ele pede. Na hora em que tem de avaliar a si mesmo e pensar em seu passado, assim como no momento de evangelizar alguém, em vez de olhar para o ser humano e seu pecado ou aparência externa, deve olhar para Cristo, que se ofereceu para dar-nos vida completa.

Jesus é Interrogado acerca do Jejum
(Mc 2.18-22; Lc 5.33-39)

¹⁴ Então os discípulos de João vieram perguntar-lhe: "Por que nós e os fariseus jejuamos, mas os teus discípulos não?"

¹⁵ Jesus respondeu: "Como podem os convidados do noivo ficar de luto enquanto o noivo está com eles? Virão dias quando o noivo lhes será tirado; então jejuarão.

¹⁶ "Ninguém põe remendo de pano novo em roupa velha, pois o remendo forçará a roupa, tornando pior o rasgo. ¹⁷ Nem se põe vinho novo em vasilha de couro velha; se o fizer, a vasilha rebentará, o vinho se derramará e a vasilha se estragará. Ao contrário, põe-se vinho novo em vasilha de couro nova; e ambos se conservam".

O Poder de Jesus sobre a Doença e a Morte
(Mc 5.21-43; Lc 8.40-56)

¹⁸ Falava ele ainda quando um dos dirigentes da sinagoga chegou, ajoelhou-se diante dele e disse: "Minha filha acaba de morrer. Vem e impõe a tua mão sobre ela, e ela viverá". ¹⁹ Jesus levantou-se e foi com ele, e também os seus discípulos.

²⁰ Nisso uma mulher que havia doze anos vinha sofrendo de hemorragia, chegou por trás dele e tocou na borda do seu manto, ²¹ pois dizia a si mesma: "Se eu tão somente tocar em seu manto, ficarei curada".

²² Voltando-se, Jesus a viu e disse: "Ânimo, filha, a sua fé a curou!ᵃ" E desde aquele instante a mulher ficou curada.

²³ Quando ele chegou à casa do dirigente da sinagoga e viu os flautistas e a multidão agitada,

ᵃ **9.22** Ou *a salvou!*

9.16,17 A pessoa que nasce de novo é uma nova criação. O pano velho e as vasilhas de couro velhas simbolizam algo que, depois de remendado, continua sendo usado para servir; no entanto, nessa ocasião, como em muitas outras, é necessário desfazer-se do velho para encontrar o novo. Com seu poder, o Espírito Santo de Deus não nos "remenda" nem nos "reforma", mas, sim, nos torna uma nova criação.

²⁴ disse: "Saiam! A menina não está morta, mas dorme". Todos começaram a rir dele. ²⁵ Depois que a multidão se afastou, ele entrou e tomou a menina pela mão, e ela se levantou. ²⁶ A notícia deste acontecimento espalhou-se por toda aquela região.

A Cura de Dois Cegos e de Um Mudo

²⁷ Saindo Jesus dali, dois cegos o seguiram, clamando: "Filho de Davi, tem misericórdia de nós!"

²⁸ Entrando ele em casa, os cegos se aproximaram, e ele lhes perguntou: "Vocês creem que eu sou capaz de fazer isso?"

Eles responderam: "Sim, Senhor!"

²⁹ E ele, tocando nos olhos deles, disse: "Que seja feito segundo a fé que vocês têm!" ³⁰ E a visão deles foi restaurada. Então Jesus os advertiu severamente: "Cuidem para que ninguém saiba disso". ³¹ Eles, porém, saíram e espalharam a notícia por toda aquela região.

³² Enquanto eles se retiravam, foi levado a Jesus um homem endemoninhado que não podia falar. ³³ Quando o demônio foi expulso, o mudo

9.23-25 Tempos depois, o apóstolo Pedro seguiu a mesma conduta que viu neste contexto em seu Mestre (Atos 9.36-42). Em primeiro lugar, observemos que é comum Jesus referir-se a uma pessoa morta como alguém que "dorme"; ao passo que, ao falar de si mesmo, diz que deve "morrer". Em segundo lugar, notemos que Jesus afasta da pessoa sem vida as demais que não têm fé, para que a incredulidade destas não interrompa de nenhuma maneira o que o Espírito Santo tem a fazer.

começou a falar. A multidão ficou admirada e disse: "Nunca se viu nada parecido em Israel!"

³⁴ Mas os fariseus diziam: "É pelo príncipe dos demônios que ele expulsa demônios".

Poucos São os Trabalhadores

³⁵ Jesus ia passando por todas as cidades e povoados, ensinando nas sinagogas, pregando as boas-novas do Reino e curando todas as enfermidades e doenças. ³⁶ Ao ver as multidões, teve compaixão delas, porque estavam aflitas e desamparadas, como ovelhas sem pastor. ³⁷ Então disse aos seus discípulos: "A colheita é grande, mas os trabalhadores são poucos. ³⁸ Peçam, pois, ao Senhor da colheita que envie trabalhadores para a sua colheita".

Jesus Envia os Doze
(Mc 5.7-13; 6.7-13; Lc 9.1-6)

10 Chamando seus doze discípulos, deu-lhes autoridade para expulsar espíritos imundos[a] e curar todas as doenças e enfermidades.

² Estes são os nomes dos doze apóstolos: primeiro, Simão, chamado Pedro, e André, seu irmão; Tiago, filho de Zebedeu, e João, seu irmão; ³ Filipe e Bartolomeu; Tomé e Mateus, o publicano; Tiago, filho de Alfeu, e Tadeu; ⁴ Simão, o zelote, e Judas Iscariotes, que o traiu.

⁵ Jesus enviou os doze com as seguintes instruções: "Não se dirijam aos gentios[b], nem entrem em cidade alguma dos samaritanos. ⁶ Antes, dirijam-se às ovelhas perdidas de Israel. ⁷ Por onde forem, preguem esta mensagem: O Reino dos céus está próximo. ⁸ Curem os enfermos, ressuscitem os mortos, purifiquem os leprosos[c], expulsem os demônios. Vocês receberam de graça; deem também de graça. ⁹ Não levem nem ouro, nem prata, nem cobre em seus cintos; ¹⁰ não levem nenhum saco de viagem, nem túnica extra, nem sandálias, nem bordão; pois o trabalhador é digno do seu sustento.

¹¹ "Na cidade ou povoado em que entrarem, procurem alguém digno de recebê-los, e fiquem em sua casa até partirem. ¹² Ao entrarem na casa, saúdem-na. ¹³ Se a casa for digna, que a paz de vocês repouse sobre ela; se não for, que a paz retorne para vocês. ¹⁴ Se alguém não os receber nem ouvir suas palavras, sacudam a poeira dos pés quando saírem daquela casa ou cidade. ¹⁵ Eu digo a verdade: No dia do juízo haverá menor rigor para Sodoma e Gomorra do que para aquela cidade. ¹⁶ Eu os estou enviando como ovelhas no meio de lobos. Portanto, sejam astutos como as serpentes e sem malícia como as pombas.

¹⁷ "Tenham cuidado, pois os homens os entregarão aos tribunais e os açoitarão nas sinagogas deles. ¹⁸ Por minha causa vocês serão levados à presença de governadores e reis como testemunhas a eles e aos gentios. ¹⁹ Mas, quando os prenderem, não se preocupem quanto ao que dizer, ou como dizê-lo. Naquela hora, será dado o que dizer, ²⁰ pois não serão vocês que estarão falando, mas o Espírito do Pai de vocês falará por intermédio de vocês.

²¹ "O irmão entregará à morte o seu irmão, e o pai, o seu filho; filhos se rebelarão contra seus pais e os matarão. ²² Todos odiarão vocês por minha causa, mas aquele que perseverar até o fim será salvo. ²³ Quando forem perseguidos num lugar, fujam para outro. Eu garanto que vocês não terão percorrido todas as cidades de Israel antes que venha o Filho do homem.

²⁴ "O discípulo não está acima do seu mestre, nem o servo acima do seu senhor. ²⁵ Basta ao discípulo ser como o seu mestre, e ao servo, como o seu senhor. Se o dono da casa foi chamado Belzebu, quanto mais os membros da sua família!

²⁶ "Portanto, não tenham medo deles. Não há nada escondido que não venha a ser revelado, nem oculto que não venha a se tornar conhecido. ²⁷ O que eu digo a vocês na escuridão, falem à luz do dia; o que é sussurrado em seus ouvidos, proclamem dos telhados. ²⁸ Não tenham medo dos que matam o corpo, mas não podem matar a alma. Antes, tenham medo daquele que pode destruir tanto a alma como o corpo no inferno. ²⁹ Não se vendem dois pardais por uma moedinha[d]? Contudo, nenhum deles cai no chão sem o consentimento do Pai de vocês. ³⁰ Até os cabelos da cabeça de vocês estão todos contados. ³¹ Portanto, não tenham medo; vocês valem mais do que muitos pardais!

³² "Quem, pois, me confessar diante dos homens, eu também o confessarei diante do meu Pai que está nos céus. ³³ Mas aquele que me negar diante dos homens, eu também o negarei diante do meu Pai que está nos céus.

---

[a] **10.1** Ou *malignos*.
[b] **10.5** Isto é, os que não são judeus; também no versículo 18.
[c] **10.8** O termo grego não se refere somente à lepra, mas também a diversas doenças da pele.
[d] **10.29** Grego: *um asse.*

³⁴ "Não pensem que vim trazer paz à terra; não vim trazer paz, mas espada. ³⁵ Pois eu vim para fazer que

" 'o homem fique contra seu pai,
a filha contra sua mãe,
a nora contra sua sogra;
³⁶ os inimigos do homem serão os da sua própria família'ᵃ.

³⁷ "Quem ama seu pai ou sua mãe mais do que a mim não é digno de mim; quem ama seu filho ou sua filha mais do que a mim não é digno de mim; ³⁸ e quem não toma a sua cruz e não me segue, não é digno de mim. ³⁹ Quem acha a sua vida a perderá, e quem perde a sua vida por minha causa a encontrará.

⁴⁰ "Quem recebe vocês, recebe a mim; e quem me recebe, recebe aquele que me enviou. ⁴¹ Quem recebe um profeta, porque ele é profeta, receberá a recompensa de profeta, e quem recebe um justo, porque ele é justo, receberá a recompensa de justo. ⁴² E, se alguém der mesmo que seja apenas um copo de água fria a um destes pequeninos, porque ele é meu discípulo, eu asseguro que não perderá a sua recompensa."

Jesus e João Batista
(Lc 7.18-35)

11 Quando acabou de instruir seus doze discípulos, Jesus saiu para ensinar e pregar nas cidades da Galileiaᵇ.

² João, ao ouvir na prisão o que Cristo estava fazendo, enviou seus discípulos para lhe perguntarem: ³ "És tu aquele que haveria de vir ou devemos esperar algum outro?"

⁴ Jesus respondeu: "Voltem e anunciem a João o que vocês estão ouvindo e vendo: ⁵ os cegos veem, os aleijados andam, os leprososᶜ são purificados, os surdos ouvem, os mortos são ressuscitados, e as boas-novas são pregadas aos pobres; ⁶ e feliz é aquele que não se escandaliza por minha causa."

⁷ Enquanto saíam os discípulos de João, Jesus começou a falar à multidão a respeito de João: "O que vocês foram ver no deserto? Um caniço agitado pelo vento? ⁸ Ou, o que foram ver? Um homem vestido de roupas finas? Ora, os que usam roupas finas estão nos palácios reais. ⁹ Afinal, o que foram ver? Um profeta? Sim, eu digo a vocês, e mais que profeta. ¹⁰ Este é aquele a respeito de quem está escrito:

" 'Enviarei o meu mensageiro
à tua frente;
ele preparará o teu caminho diante de ti'ᵈ.

¹¹ Digo a verdade a vocês: Do meio dos nascidos de mulher não surgiu ninguém maior do que João Batista; todavia, o menor no Reino dos céus é maior do que ele. ¹² Desde os dias de João Batista até agora, o Reino dos céus é tomado à força, e os que usam de força se apoderam dele. ¹³ Pois todos os Profetas e a Lei profetizaram até João. ¹⁴ E se vocês quiserem aceitar, este é o Elias que havia de vir. ¹⁵ Aquele que tem ouvidos, ouça!

¹⁶ "A que posso comparar esta geração? São como crianças que ficam sentadas nas praças e gritam umas às outras:

¹⁷ " 'Nós tocamos flauta,
mas vocês não dançaram;
cantamos um lamento,
mas vocês não
se entristeceram'.

¹⁸ Pois veio João, que jejua e não bebe vinhoᵉ, e dizem: 'Ele tem demônio'. ¹⁹ Veio o Filho

11.16-19 Se, ao ministrar, decidimos agradar aos seres humanos, até mesmo os mais "religiosos" nos decepcionarão. Nunca contentaremos todas as pessoas, porque a natureza humana é insatisfeita e porque, em uma ministração, nossa tarefa deve ser agradar a Deus e fazer sua vontade. Isto é o que o discípulo deve aprender a fazer desde que nasce para a nova vida em Cristo: buscar na oração e na Palavra de Deus as maneiras de agradar ao Pai, não andar atrás do que é efêmero e do elogio inconstante dos homens, sejam quais forem.

ᵃ **10.35,36** Mq 7.6
ᵇ **11.1** Grego: *cidades deles.*
ᶜ **11.5** O termo grego não se refere somente à lepra, mas também a diversas doenças da pele.
ᵈ **11.10** Ml 3.1
ᵉ **11.18** Grego: *não comendo, nem bebendo.*

do homem comendo e bebendo, e dizem: 'Aí está um comilão e beberrão, amigo de publicanos e pecadores'. Mas a sabedoria é comprovada pelas obras que a acompanham".

Ai das Cidades que Não se Arrependem
(Lc 10.13-15)

²⁰ Então Jesus começou a denunciar as cidades em que havia sido realizada a maioria dos seus milagres, porque não se arrependeram. ²¹ "Ai de você, Corazim! Ai de você, Betsaida! Porque se os milagres que foram realizados entre vocês tivessem sido realizados em Tiro e Sidom, há muito tempo elas se teriam arrependido, vestindo roupas de saco e cobrindo-se de cinzas. ²² Mas eu afirmo que no dia do juízo haverá menor rigor para Tiro e Sidom do que para vocês. ²³ E você, Cafarnaum, será elevada até ao céu? Não, você descerá até o Hades[a]! Se os milagres que em você foram realizados tivessem sido realizados em Sodoma, ela teria permanecido até hoje. ²⁴ Mas eu afirmo que no dia do juízo haverá menor rigor para Sodoma do que para você".

Repouso para os Cansados
(Lc 10.21,22)

²⁵ Naquela ocasião, Jesus disse: "Eu te louvo, Pai, Senhor dos céus e da terra, porque escondeste estas coisas dos sábios e cultos, e as revelaste aos pequeninos. ²⁶ Sim, Pai, pois assim foi do teu agrado.

²⁷ "Todas as coisas me foram entregues por meu Pai. Ninguém conhece o Filho a não ser o Pai, e ninguém conhece o Pai a não ser o Filho e aqueles a quem o Filho o quiser revelar.

²⁸ "Venham a mim, todos os que estão cansados e sobrecarregados, e eu darei descanso a vocês. ²⁹ Tomem sobre vocês o meu jugo e aprendam de mim, pois sou manso e humilde de coração, e vocês encontrarão descanso para as suas almas. ³⁰ Pois o meu jugo é suave e o meu fardo é leve".

O Senhor do Sábado
(Mc 2.23-3.6; Lc 6.1-11)

12 Naquela ocasião, Jesus passou pelas lavouras de cereal no sábado. Seus discípulos estavam com fome e começaram a colher espigas para comê-las. ² Os fariseus, vendo aquilo, lhe disseram: "Olha, os teus discípulos estão fazendo o que não é permitido no sábado".

³ Ele respondeu: "Vocês não leram o que fez Davi quando ele e seus companheiros estavam com fome? ⁴ Ele entrou na casa de Deus e, junto com os seus companheiros, comeu os pães da Presença, o que não lhes era permitido fazer, mas apenas aos sacerdotes. ⁵ Ou vocês não leram na Lei que, no sábado, os sacerdotes no templo profanam esse dia e, contudo, ficam sem culpa? ⁶ Eu digo a vocês que aqui está o que é maior do que o templo. ⁷ Se vocês soubessem o que significam estas palavras: 'Desejo misericórdia, não sacrifícios'[b], não teriam condenado inocentes. ⁸ Pois o Filho do homem é Senhor do sábado".

⁹ Saindo daquele lugar, dirigiu-se à sinagoga deles, ¹⁰ e estava ali um homem com uma das mãos atrofiada. Procurando um motivo para acusar Jesus, eles lhe perguntaram: "É permitido curar no sábado?"

¹¹ Ele lhes respondeu: "Qual de vocês, se tiver uma ovelha e ela cair num buraco no sábado, não irá pegá-la e tirá-la de lá? ¹² Quanto mais vale um homem do que uma ovelha! Portanto, é permitido fazer o bem no sábado".

¹³ Então ele disse ao homem: "Estenda a mão". Ele a estendeu, e ela foi restaurada, e ficou boa como a outra. ¹⁴ Então os fariseus saíram e começaram a conspirar sobre como poderiam matar Jesus.

O Servo Escolhido de Deus

¹⁵ Sabendo disso, Jesus retirou-se daquele lugar. Muitos o seguiram, e ele curou todos os doentes que havia entre eles, ¹⁶ advertindo-os que não dissessem quem ele era. ¹⁷ Isso aconteceu para se cumprir o que fora dito por meio do profeta Isaías:

¹⁸ "Eis o meu servo,
    a quem escolhi,
o meu amado,
    em quem tenho prazer.
Porei sobre ele o meu Espírito,
    e ele anunciará justiça às nações.
¹⁹ Não discutirá nem gritará;
    ninguém ouvirá sua voz
    nas ruas.
²⁰ Não quebrará o caniço rachado,
    não apagará o pavio fumegante,
até que leve à vitória a justiça.

---

[a] 11.23 Essa palavra pode ser traduzida por inferno, sepulcro, morte ou profundezas.

[b] 12.7 Os 6.6

12.25-31 A blasfêmia é uma palavra ofensiva contra Deus. Alguns crentes, quando estão em situação de desespero ou pecado, dizem o que não sentem de verdade no coração. Queixam-se contra Deus e dizem a ele palavras que podem parecer insultantes. O passo seguinte é que passam a ter medo de haver blasfemado contra o Espírito Santo e, por esse motivo, pensam não merecer perdão — maneira esta de pensar muito conveniente para o inimigo. Caro discípulo, se você está numa situação como esta, acalme-se. Considere que o próprio fato de você se preocupar com o que disse é sinal de que no seu coração ainda há espaço para Deus. Arrependa-se e retome seu relacionamento com ele de maneira adequada. A blasfêmia contra o Espírito Santo é a rejeição total, fria e deliberada de quem se nega a aceitar Deus e acha-se na mesma atitude mental de Lúcifer: "Não te servirei". Nesse último caso, não há perdão, entre outros motivos, simplesmente porque não lhe interessa recebê-lo.

²¹ Em seu nome as nações
porão sua esperança"ᵃ.

A Acusação contra Jesus
(Mc 3.20-30; Lc 11.14-23)

²² Depois disso, levaram-lhe um endemoninhado que era cego e mudo, e Jesus o curou, de modo que ele pôde falar e ver. ²³ Todo o povo ficou atônito e disse: "Não será este o Filho de Davi?"

²⁴ Mas, quando os fariseus ouviram isso, disseram: "É somente por Belzebu, o príncipe dos demônios, que ele expulsa demônios".

²⁵ Jesus, conhecendo os seus pensamentos, disse-lhes: "Todo reino dividido contra si mesmo será arruinado, e toda cidade ou casa dividida contra si mesma não subsistirá. ²⁶ Se Satanás expulsa Satanás, está dividido contra si mesmo. Como, então, subsistirá seu reino? ²⁷ E, se eu expulso demônios por Belzebu, por quem os expulsam os filhosᵇ de vocês? Por isso, eles mesmos serão juízes sobre vocês. ²⁸ Mas, se é pelo Espírito de Deus que eu expulso demônios, então chegou a vocês o Reino de Deus.

²⁹ "Ou, como alguém pode entrar na casa do homem forte e levar dali seus bens, sem antes amarrá-lo? Só então poderá roubar a casa dele.

³⁰ "Aquele que não está comigo está contra mim; e aquele que comigo não ajunta espalha. ³¹ Por esse motivo eu digo a vocês: Todo pecado e blasfêmia serão perdoados aos homens, mas a blasfêmia contra o Espírito não será perdoada. ³² Todo aquele que disser uma palavra contra o Filho do homem será perdoado, mas quem falar contra o Espírito Santo não será perdoado, nem nesta era nem na que há de vir.

³³ "Considerem: Uma árvore boa dá fruto bom, e uma árvore ruim dá fruto ruim, pois uma árvore é conhecida por seu fruto. ³⁴ Raça de víboras, como podem vocês, que são maus, dizer coisas boas? Pois a boca fala do que está cheio o coração. ³⁵ O homem bom do seu bom tesouro tira coisas boas, e o homem mau do seu mau tesouro tira coisas más. ³⁶ Mas eu digo que, no dia do juízo, os homens haverão de dar conta de toda palavra inútil que tiverem falado. ³⁷ Pois por suas palavras vocês serão absolvidos, e por suas palavras serão condenados".

O Sinal de Jonas
(Lc 11.29-32)

³⁸ Então alguns dos fariseus e mestres da lei lhe disseram: "Mestre, queremos ver um sinal milagroso feito por ti".

³⁹ Ele respondeu: "Uma geração perversa e adúltera pede um sinal milagroso! Mas nenhum sinal será dado, exceto o sinal do profeta Jonas. ⁴⁰ Pois assim como Jonas esteve três dias e três noites no ventre de um grande peixe, assim o Filho do homem ficará três dias e três noites no coração da terra. ⁴¹ Os homens de Nínive se levantarão no juízo com esta geração e a condenarão; pois eles se arrependeram com a pregação de Jonas, e agora está aqui o que é maior do que Jonas. ⁴² A rainha do Sul se levantará no juízo com esta geração e a condenará, pois ela veio dos confins da terra para ouvir a sabedoria de Salomão, e agora está aqui o que é maior do que Salomão.

⁴³ "Quando um espírito imundoᶜ sai de um homem, passa por lugares áridos procurando descanso. Como não o encontra, ⁴⁴ diz: 'Voltarei para a casa de onde saí'. Chegando, encontra a casa desocupada, varrida e em ordem. ⁴⁵ Então vai e traz consigo outros sete espíritos piores

---

ᵃ **12.18-21** Is 42.1-4
ᵇ **12.27** Ou *discípulos*
ᶜ **12.43** Ou *maligno*

do que ele, e, entrando, passam a viver ali. E o estado final daquele homem torna-se pior do que o primeiro. Assim acontecerá a esta geração perversa".

A Mãe e os Irmãos de Jesus
(Mc 3.31-35; Lc 8.19-21)

⁴⁶ Falava ainda Jesus à multidão quando sua mãe e seus irmãos chegaram do lado de fora, querendo falar com ele. ⁴⁷ Alguém lhe disse: "Tua mãe e teus irmãos estão lá fora e querem falar contigo"ᵃ.

⁴⁸ "Quem é minha mãe, e quem são meus irmãos?", perguntou ele. ⁴⁹ E, estendendo a mão para os discípulos, disse: "Aqui estão minha mãe e meus irmãos! ⁵⁰ Pois quem faz a vontade de meu Pai que está nos céus, este é meu irmão, minha irmã e minha mãe".

A Parábola do Semeador
(Mc 4.1-20; Lc 8.1-15)

13 Naquele mesmo dia, Jesus saiu de casa e assentou-se à beira-mar. ² Reuniu-se ao seu redor uma multidão tão grande que, por isso, ele entrou num barco e assentou-se. Ao povo reunido na praia ³ Jesus falou muitas coisas por parábolas, dizendo: "O semeador saiu a semear. ⁴ Enquanto lançava a semente, parte dela caiu à beira do caminho, e as aves vieram e a comeram. ⁵ Parte dela caiu em terreno pedregoso, onde não havia muita terra, e logo brotou, porque a terra não era profunda. ⁶ Mas, quando saiu o sol, as plantas se queimaram e secaram, porque não tinham raiz. ⁷ Outra parte caiu no meio dos espinhos, que cresceram e sufocaram as plantas. ⁸ Outra ainda caiu em boa terra, deu boa colheita, a cem, sessenta e trinta por um. ⁹ Aquele que tem ouvidos para ouvir, ouça!"

¹⁰ Os discípulos aproximaram-se dele e perguntaram: "Por que falas ao povo por parábolas?"

¹¹ Ele respondeu: "A vocês foi dado o conhecimento dos mistérios do Reino dos céus, mas a eles não. ¹² A quem tem será dado, e este terá em grande quantidade. De quem não tem, até o que tem lhe será tirado. ¹³ Por essa razão eu lhes falo por parábolas:

" 'Porque vendo, eles não veem
e, ouvindo, não ouvem
nem entendem'ᵇ.

ᵃ **12.47** Alguns manuscritos não trazem o versículo 47.
ᵇ **13.13** Alguns manuscritos trazem *Para que vendo, eles não vejam e, ouvindo, não ouçam nem entendam*.

 **13.3-23** O discípulo deve fazer uma autoavaliação depois de ler esta parábola e a consequente explicação de Jesus sobre ela. Verifique em que tipo de solo você se encaixa e peça, agora mesmo, ao Espírito Santo que o ajude a converter-se em uma terra boa que dá muito fruto.

¹⁴ Neles se cumpre a profecia de Isaías:

" 'Ainda que estejam sempre ouvindo,
  vocês nunca entenderão;
ainda que estejam sempre vendo,
  jamais perceberão.
¹⁵ Pois o coração deste povo
se tornou insensível;
de má vontade
  ouviram com os seus ouvidos,
  e fecharam os seus olhos.
Se assim não fosse,
poderiam ver com os olhos,
  ouvir com os ouvidos,
entender com o coração
  e converter-se,
e eu os curaria'ᶜ.

¹⁶ Mas felizes são os olhos de vocês, porque veem; e os ouvidos de vocês, porque ouvem. ¹⁷ Pois eu digo a verdade: Muitos profetas e justos desejaram ver o que vocês estão vendo, mas não viram, e ouvir o que vocês estão ouvindo, mas não ouviram.

¹⁸ "Portanto, ouçam o que significa a parábola do semeador: ¹⁹ Quando alguém ouve a mensagem do Reino e não a entende, o Maligno vem e arranca o que foi semeado em seu coração. Esse é o caso da semente que caiu à beira do caminho. ²⁰ Quanto à semente que caiu em terreno pedregoso, esse é o caso daquele que ouve a palavra e logo a recebe com alegria. ²¹ Todavia, visto que não tem raiz em si mesmo, permanece pouco tempo. Quando surge alguma tribulação ou perseguição por causa da palavra, logo a abandona. ²² Quanto à semente que caiu no meio dos espinhos, esse é o caso daquele que ouve a palavra, mas a preocupação desta vida e o engano das riquezas a sufocam, tornando-a infrutífera. ²³ E quanto

ᶜ **13.14,15** Is 6.9,10

13.37-43 Observe que o trigo que Deus semeia e o joio que é semeado pelo inimigo são seres humanos: os filhos do Reino e os filhos do Maligno. Todos estão num mesmo campo: o que originariamente foi semeado pelos servos de Deus. Em outras palavras, o discípulo não deve contentar-se em saber que alguém vai à igreja; é preciso observá-lo e ver o fruto que dá em sua vida antes de estabelecer um relacionamento pessoal de amizade e apoio espiritual com ele. Esse conselho é especialmente válido no caso de jovens, que podem acabar sendo influenciados por pessoas que parecem trigo limpo, mas não passam de joio.

à semente que caiu em boa terra, esse é o caso daquele que ouve a palavra e a entende, e dá uma colheita de cem, sessenta e trinta por um".

A Parábola do Joio

²⁴ Jesus lhes contou outra parábola, dizendo: "O Reino dos céus é como um homem que semeou boa semente em seu campo. ²⁵ Mas enquanto todos dormiam, veio o seu inimigo e semeou o joio[a] no meio do trigo e se foi. ²⁶ Quando o trigo brotou e formou espigas, o joio também apareceu.

²⁷ "Os servos do dono do campo dirigiram-se a ele e disseram: 'O senhor não semeou boa semente em seu campo? Então, de onde veio o joio?'

²⁸ " 'Um inimigo fez isso', respondeu ele.

"Os servos lhe perguntaram: 'O senhor quer que o tiremos?'

²⁹ "Ele respondeu: 'Não, porque, ao tirar o joio, vocês poderiam arrancar com ele o trigo. ³⁰ Deixem que cresçam juntos até a colheita. Então direi aos encarregados da colheita: Juntem primeiro o joio e amarrem-no em feixes para ser queimado; depois juntem o trigo e guardem-no no meu celeiro' ".

As Parábolas do Grão de Mostarda e do Fermento
(Mc 4.30-34; Lc 13.18-21)

³¹ E contou-lhes outra parábola: "O Reino dos céus é como um grão de mostarda que um homem plantou em seu campo. ³² Embora seja a menor entre todas as sementes, quando cresce, torna-se uma das maiores plantas e atinge a altura de uma árvore, de modo que as aves do céu vêm fazer os seus ninhos em seus ramos".

³³ E contou-lhes ainda outra parábola: "O Reino dos céus é como o fermento que uma mulher tomou e misturou com uma grande quantidade[b] de farinha, e toda a massa ficou fermentada".

³⁴ Jesus falou todas estas coisas à multidão por parábolas. Nada lhes dizia sem usar alguma parábola, ³⁵ cumprindo-se, assim, o que fora dito pelo profeta:

> "Abrirei minha boca
>   em parábolas,
> proclamarei coisas ocultas
>   desde a criação do mundo"[c].

A Explicação da Parábola do Joio

³⁶ Então ele deixou a multidão e foi para casa. Seus discípulos aproximaram-se dele e pediram: "Explica-nos a parábola do joio no campo".

³⁷ Ele respondeu: "Aquele que semeou a boa semente é o Filho do homem. ³⁸ O campo é o mundo, e a boa semente são os filhos do Reino. O joio são os filhos do Maligno, ³⁹ e o inimigo que o semeia é o Diabo. A colheita é o fim desta era, e os encarregados da colheita são anjos. ⁴⁰ Assim como o joio é colhido e queimado no fogo, assim também acontecerá no fim desta era. ⁴¹ O Filho do homem enviará os seus anjos, e eles tirarão do seu Reino tudo o que faz cair no pecado e todos os que praticam o mal. ⁴² Eles os lançarão na fornalha ardente, onde haverá choro e ranger de dentes. ⁴³ Então os justos brilharão como o sol no Reino de seu Pai. Aquele que tem ouvidos, ouça.

As Parábolas do Tesouro Escondido e da Pérola de Grande Valor

⁴⁴ "O Reino dos céus é como um tesouro escondido num campo. Certo homem, tendo-o encontrado, escondeu-o de novo e, então, cheio de alegria, foi, vendeu tudo o que tinha e comprou aquele campo.

⁴⁵ "O Reino dos céus também é como um negociante que procura pérolas preciosas.

---

[a] **13.25** Grego: *cizânia*, erva daninha parecida com o trigo; também no restante do capítulo.
[b] **13.33** Grego: *3 satos*. O sato era uma medida de capacidade para secos. As estimativas variam entre 7 e 13 litros.
[c] **13.35** Sl 78.2

⁴⁶ Encontrando uma pérola de grande valor, foi, vendeu tudo o que tinha e a comprou.

A Parábola da Rede

⁴⁷ "O Reino dos céus é ainda como uma rede que é lançada ao mar e apanha toda sorte de peixes. ⁴⁸ Quando está cheia, os pescadores a puxam para a praia. Então assentam-se e juntam os peixes bons em cestos, mas jogam fora os ruins. ⁴⁹ Assim acontecerá no fim desta era. Os anjos virão, separarão os perversos dos justos ⁵⁰ e lançarão aqueles na fornalha ardente, onde haverá choro e ranger de dentes".

⁵¹ Então perguntou Jesus: "Vocês entenderam todas essas coisas?"

"Sim", responderam eles.

⁵² Ele lhes disse: "Por isso, todo mestre da lei instruído quanto ao Reino dos céus é como o dono de uma casa que tira do seu tesouro coisas novas e coisas velhas".

Um Profeta sem Honra
(Mc 6.1-6)

⁵³ Quando acabou de contar essas parábolas, Jesus saiu dali. ⁵⁴ Chegando à sua cidade, começou a ensinar o povo na sinagoga. Todos ficaram admirados e perguntavam: "De onde lhe vêm esta sabedoria e estes poderes milagrosos? ⁵⁵ Não é este o filho do carpinteiro? O nome de sua mãe não é Maria, e não são seus irmãos Tiago, José, Simão e Judas? ⁵⁶ Não estão conosco todas as suas irmãs? De onde, pois, ele obteve todas essas coisas?" ⁵⁷ E ficavam escandalizados por causa dele.

Mas Jesus lhes disse: "Só em sua própria terra e em sua própria casa é que um profeta não tem honra".

⁵⁸ E não realizou muitos milagres ali, por causa da incredulidade deles.

João Batista é Decapitado
(Mc 6.14-29)

14 Por aquele tempo Herodes, o tetrarca[a], ouviu os relatos a respeito de Jesus ² e disse aos que o serviam: "Este é João Batista; ele ressuscitou dos mortos! Por isso estão operando nele poderes milagrosos".

³ Pois Herodes havia prendido e amarrado João, *colocando-o na prisão por causa de Herodias, mulher de Filipe, seu irmão,* ⁴ porquanto João lhe dizia: "Não te é permitido viver com ela". ⁵ Herodes queria matá-lo, mas tinha medo do povo, porque este o considerava profeta.

⁶ No aniversário de Herodes, a filha de Herodias dançou diante de todos e agradou tanto a Herodes ⁷ que ele prometeu sob juramento dar-lhe o que ela pedisse. ⁸ Influenciada por sua mãe, ela disse: "Dá-me aqui, num prato, a cabeça de João Batista". ⁹ O rei ficou aflito, mas, por causa do juramento e dos convidados, ordenou que lhe fosse dado o que ela pedia ¹⁰ e mandou decapitar João na prisão. ¹¹ Sua cabeça foi levada num prato e entregue à jovem, que a levou à sua mãe. ¹² Os discípulos de João vieram, levaram o seu corpo e o sepultaram. Depois foram contar isso a Jesus.

A Primeira Multiplicação dos Pães
(Mc 6.30-44; Lc 9.10-17; Jo 6.1-15)

¹³ Ouvindo o que havia ocorrido, Jesus retirou-se de barco, em particular, para um lugar deserto. As multidões, ao ouvirem falar disso, saíram das cidades e o seguiram a pé. ¹⁴ Quando Jesus saiu do barco e viu tão grande multidão, teve compaixão deles e curou os seus doentes.

¹⁵ Ao cair da tarde, os discípulos aproximaram-se dele e disseram: "Este é um lugar deserto, e já está ficando tarde. Manda embora a multidão para que possam ir aos povoados comprar comida".

¹⁶ Respondeu Jesus: "Eles não precisam ir. Deem-lhes vocês algo para comer".

¹⁷ Eles lhe disseram: "Tudo o que temos aqui são cinco pães e dois peixes".

¹⁸ "Tragam-nos aqui para mim", disse ele. ¹⁹ E ordenou que a multidão se assentasse na grama. Tomando os cinco pães e os dois peixes e, olhando para o céu, deu graças e partiu os pães. Em seguida, deu-os aos discípulos, e estes à multidão. ²⁰ Todos comeram e ficaram satisfeitos, e os discípulos recolheram doze cestos cheios de pedaços que sobraram. ²¹ Os que comeram foram cerca de cinco mil homens, sem contar mulheres e crianças.

Jesus Anda sobre as Águas
(Mc 6.45-56; Jo 6.16-24)

²² Logo em seguida, Jesus insistiu com os discípulos para que entrassem no barco e fossem adiante dele para o outro lado, enquanto ele despedia a multidão. ²³ Tendo despedido a multidão, subiu sozinho a um monte para orar. Ao anoitecer, ele estava ali sozinho, ²⁴ mas

---

[a] 14.1 Um tetrarca era o governador da quarta parte de uma região.

14.28-33 É preferível começar a afundar no mar bravo depois de ter se lançado nele para encontrar-se com Cristo a ficar para trás na segurança do barco. Nunca devemos menosprezar a fé de Pedro, mesmo em seus momentos falhos. O motivo de sua fraqueza é o mesmo que também pode nos levar ao erro: as circunstâncias que surgem para nos abater e asfixiar. Nesses momentos, façamos o que fez Pedro: clamemos ao Senhor.

o barco já estava a considerável distância[a] da terra, fustigado pelas ondas, porque o vento soprava contra ele. ²⁵ Alta madrugada[b], Jesus dirigiu-se a eles, andando sobre o mar. ²⁶ Quando o viram andando sobre o mar, ficaram aterrorizados e disseram: "É um fantasma!" E gritaram de medo.

²⁷ Mas Jesus imediatamente lhes disse: "Coragem! Sou eu. Não tenham medo!"

²⁸ "Senhor", disse Pedro, "se és tu, manda-me ir ao teu encontro por sobre as águas".

²⁹ "Venha", respondeu ele.

Então Pedro saiu do barco, andou sobre as águas e foi na direção de Jesus. ³⁰ Mas, quando reparou no vento, ficou com medo e, começando a afundar, gritou: "Senhor, salva-me!" ³¹ Imediatamente Jesus estendeu a mão e o segurou. E disse: "Homem de pequena fé, por que você duvidou?"

³² Quando entraram no barco, o vento cessou. ³³ Então os que estavam no barco o adoraram, dizendo: "Verdadeiramente tu és o Filho de Deus".

³⁴ Depois de atravessarem o mar, chegaram a Genesaré. ³⁵ Quando os homens daquele lugar reconheceram Jesus, espalharam a notícia em toda aquela região e lhe trouxeram os seus doentes. ³⁶ Suplicavam-lhe que apenas pudessem tocar na borda do seu manto; e todos os que nele tocaram foram curados.

Jesus e a Tradição Judaica
(Mc 7.1-23)

15 Então alguns fariseus e mestres da lei, vindos de Jerusalém, foram a Jesus e perguntaram: ² "Por que os seus discípulos transgridem a tradição dos líderes religiosos? Pois não lavam as mãos antes de comer!"

³ Respondeu Jesus: "E por que vocês transgridem o mandamento de Deus por causa da tradição de vocês? ⁴ Pois Deus disse: 'Honra teu pai e tua mãe'[c] e 'Quem amaldiçoar seu pai ou sua mãe terá que ser executado'[d]. ⁵ Mas vocês afirmam que, se alguém disser ao pai ou à mãe: 'Qualquer ajuda que eu poderia dar já dediquei a Deus como oferta', ⁶ não está mais obrigado a sustentar[e] seu pai. Assim, por causa da sua tradição, vocês anulam a palavra de Deus. ⁷ Hipócritas! Bem profetizou Isaías acerca de vocês, dizendo:

⁸ " 'Este povo me honra
   com os lábios,
mas o seu coração está longe de mim.
⁹ Em vão me adoram;
seus ensinamentos
   não passam de regras
ensinadas por homens'[f]."

¹⁰ Jesus chamou para junto de si a multidão e disse: "Ouçam e entendam. ¹¹ O que entra pela boca não torna o homem impuro; mas o que sai de sua boca, isto o torna impuro".

¹² Então os discípulos se aproximaram dele e perguntaram: "Sabes que os fariseus ficaram ofendidos quando ouviram isso?"

¹³ Ele respondeu: "Toda planta que meu Pai celestial não plantou será arrancada pelas raízes. ¹⁴ Deixem-nos; eles são guias cegos[g]. Se um cego conduzir outro cego, ambos cairão num buraco".

¹⁵ Então Pedro pediu-lhe: "Explica-nos a parábola".

¹⁶ "Será que vocês ainda não conseguem entender?", perguntou Jesus. ¹⁷ "Não percebem que o que entra pela boca vai para o estômago e mais tarde é expelido? ¹⁸ Mas as coisas que saem da boca vêm do coração, e são essas que tornam o homem impuro. ¹⁹ Pois do coração saem os maus pensamentos, os homicídios, os adultérios, as imoralidades sexuais, os roubos, os falsos testemunhos e as calúnias. ²⁰ Essas coisas tornam o homem impuro; mas o comer sem lavar as mãos não o torna impuro."

---

[a] **14.24** Grego: *a muitos estádios*.
[b] **14.25** Grego: *quarta vigília da noite* (entre 3 e 6 horas da manhã).
[c] **15.4** Êx 20.12; Dt 5.16
[d] **15.4** Êx 21.17; Lv 20.9
[e] **15.6** Ou *a honrar*.
[f] **15.8,9** Is 29.13
[g] **15.14** Alguns manuscritos dizem *são cegos, guias de cegos*.

15.21-28 É interessante como os Evangelhos destacam e elogiam a fé de pessoas que não pertencem ao povo de Israel, como é o caso dessa mulher cananeia, dos samaritanos e até dos soldados romanos. Em situações quando a fé é enfraquecida, e muitas vezes dentro das quatro paredes das igrejas, o Senhor talvez nos esteja dizendo que ele também tem um povo fora do círculo da igreja — gente com o coração aberto para crer nele e que está à espera de que lhe apresentemos Jesus e a apoiemos em sua fé, a fim de que possa entrar no Reino de Deus.

Uma Mulher Cananeia Demonstra Fé
(Mc 7.24-30)

²¹ Saindo daquele lugar, Jesus retirou-se para a região de Tiro e de Sidom. ²² Uma mulher cananeia, natural dali, veio a ele, gritando: "Senhor, Filho de Davi, tem misericórdia de mim! Minha filha está endemoninhada e está sofrendo muito".

²³ Mas Jesus não lhe respondeu palavra. Então seus discípulos se aproximaram dele e pediram: "Manda-a embora, pois vem gritando atrás de nós".

²⁴ Ele respondeu: "Eu fui enviado apenas às ovelhas perdidas de Israel".

²⁵ A mulher veio, adorou-o de joelhos e disse: "Senhor, ajuda-me!"

²⁶ Ele respondeu: "Não é certo tirar o pão dos filhos e lançá-lo aos cachorrinhos".

²⁷ Disse ela, porém: "Sim, Senhor, mas até os cachorrinhos comem das migalhas que caem da mesa dos seus donos".

²⁸ Jesus respondeu: "Mulher, grande é a sua fé! Seja conforme você deseja". E, naquele mesmo instante, a sua filha foi curada.

A Segunda Multiplicação dos Pães
(Mc 8.1-10)

²⁹ Jesus saiu dali e foi para a beira do mar da Galileia. Depois subiu a um monte e se assentou. ³⁰ Uma grande multidão dirigiu-se a ele, levando-lhe os aleijados, os cegos, os mancos, os mudos e muitos outros, e os colocaram aos seus pés; e ele os curou. ³¹ O povo ficou admirado quando viu os mudos falando, os mancos curados, os aleijados andando e os cegos vendo. E louvaram o Deus de Israel.

³² Jesus chamou os seus discípulos e disse: "Tenho compaixão desta multidão; já faz três dias que eles estão comigo e nada têm para comer. Não quero mandá-los embora com fome, porque podem desfalecer no caminho".

³³ Os seus discípulos responderam: "Onde poderíamos encontrar, neste lugar deserto, pão suficiente para alimentar tanta gente?"

³⁴ "Quantos pães vocês têm?", perguntou Jesus. "Sete", responderam eles, "e alguns peixinhos".

³⁵ Ele ordenou à multidão que se assentasse no chão. ³⁶ Depois de tomar os sete pães e os peixes e dar graças, partiu-os e os entregou aos discípulos, e os discípulos à multidão. ³⁷ Todos comeram até se fartar. E ajuntaram sete cestos cheios de pedaços que sobraram. ³⁸ Os que comeram foram quatro mil homens, sem contar mulheres e crianças. ³⁹ E, havendo despedido a multidão, Jesus entrou no barco e foi para a região de Magadã.

Os Fariseus e os Saduceus Pedem um Sinal
(Mc 8.11-13)

16 Os fariseus e os saduceus aproximaram-se de Jesus e o puseram à prova, pedindo-lhe que lhes mostrasse um sinal do céu.

² Ele respondeu: "Quando a tarde vem, vocês dizem: 'Vai fazer bom tempo, porque o céu está vermelho', ³ e de manhã: 'Hoje haverá tempestade, porque o céu está vermelho e nublado'. Vocês sabem interpretar o aspecto do céu, mas não sabem interpretar os sinais dos tempos!ᵃ ⁴ Uma geração perversa e adúltera pede um sinal milagroso, mas nenhum sinal será dado a vocês, a não ser o sinal de Jonas". Então Jesus os deixou e retirou-se.

O Fermento dos Fariseus e dos Saduceus
(Mc 8.14-21)

⁵ Indo os discípulos para o outro lado do mar, esqueceram-se de levar pão. ⁶ Disse-lhes Jesus: "Estejam atentos e tenham cuidado com o fermento dos fariseus e dos saduceus".

⁷ E eles discutiam entre si, dizendo: "É porque não trouxemos pão".

⁸ Percebendo a discussão, Jesus lhes perguntou: "Homens de pequena fé, por que vocês estão discutindo entre si sobre não terem pão? ⁹ Ainda não compreendem? Não se lembram dos cinco

---

ᵃ **16.2,3** Alguns manuscritos antigos não trazem os versículos 2 e 3.

16.13-16 Hoje em dia, os homens seguem expressando opiniões sobre Jesus. Dizem que foi um grande mestre da humanidade, um grande profeta, um grande homem de Deus etc. Apesar de serem frases bonitas, são imperfeitas e incompletas. Na realidade, Jesus não está interessado no que dizem aqueles que não são seus discípulos, porque o que dizem é fruto da elaboração de uma mente totalmente humana. O que realmente lhe interessa, e muito, é o que seus discípulos dizem; porque em última instância é isso que define o verdadeiro discípulo. A única resposta que vale é a que deu Pedro. Leia-a no versículo 16.

pães para os cinco mil e de quantos cestos vocês recolheram? ¹⁰ Nem dos sete pães para os quatro mil e de quantos cestos recolheram? ¹¹ Como é que vocês não entendem que não era de pão que eu estava lhes falando? Tomem cuidado com o fermento dos fariseus e dos saduceus". ¹² Então entenderam que não estava lhes dizendo que tomassem cuidado com o fermento de pão, mas com o ensino dos fariseus e dos saduceus.

A Confissão de Pedro
(Mc 8.27-30; Lc 9.18-21)

¹³ Chegando Jesus à região de Cesareia de Filipe, perguntou aos seus discípulos: "Quem os outros dizem que o Filho do homem é?" ¹⁴ Eles responderam: "Alguns dizem que é João Batista; outros, Elias; e, ainda outros, Jeremias ou um dos profetas". ¹⁵ "E vocês?", perguntou ele. "Quem vocês dizem que eu sou?" ¹⁶ Simão Pedro respondeu: "Tu és o Cristo, o Filho do Deus vivo". ¹⁷ Respondeu Jesus: "Feliz é você, Simão, filho de Jonas! Porque isto não foi revelado a você por carne ou sangue, mas por meu Pai que está nos céus. ¹⁸ E eu digo que você é Pedro, e sobre esta pedra edificarei a minha igreja, e as portas do Hades[a] não poderão vencê-la[b]. ¹⁹ Eu darei a você as chaves do Reino dos céus; o que você ligar na terra terá sido ligado nos céus, e o que você desligar na terra terá sido desligado[c] nos céus". ²⁰ Então advertiu a seus discípulos que não contassem a ninguém que ele era o Cristo.

Jesus Prediz sua Morte e Ressurreição
(Mc 8.31-9.1; Lc 9.22-27)

²¹ Desde aquele momento Jesus começou a explicar aos seus discípulos que era necessário que ele fosse para Jerusalém e sofresse muitas coisas nas mãos dos líderes religiosos, dos chefes dos sacerdotes e dos mestres da lei, e fosse morto e ressuscitasse no terceiro dia. ²² Então Pedro, chamando-o à parte, começou a repreendê-lo, dizendo: "Nunca, Senhor! Isso nunca te acontecerá!" ²³ Jesus virou-se e disse a Pedro: "Para trás de mim, Satanás! Você é uma pedra de tropeço para mim, e não pensa nas coisas de Deus, mas nas dos homens".

²⁴ Então Jesus disse aos seus discípulos: "Se alguém quiser acompanhar-me, negue-se a si mesmo, tome a sua cruz e siga-me. ²⁵ Pois quem quiser salvar a sua vida[d], a perderá, mas quem perder a sua vida por minha causa, a encontrará. ²⁶ Pois, que adiantará ao homem ganhar o mundo inteiro e perder a sua alma? Ou, o que o homem poderá dar em troca de sua alma? ²⁷ Pois o Filho do homem virá na glória de seu Pai, com os seus anjos, e então recompensará a cada um de acordo com o que tenha feito. ²⁸ Garanto a vocês que alguns dos que aqui se acham não experimentarão a morte antes de verem o Filho do homem vindo em seu Reino".

A Transfiguração
(Mc 9.2-13; Lc 9.28-36)

17 Seis dias depois, Jesus tomou consigo Pedro, Tiago e João, irmão de Tiago, e os levou, em particular, a um alto monte. ² Ali ele foi transfigurado diante deles. Sua face brilhou como o sol, e suas roupas se tornaram brancas como a luz. ³ Naquele mesmo momento, apareceram diante deles Moisés e Elias, conversando com Jesus. ⁴ Então Pedro disse a Jesus: "Senhor, é bom estarmos aqui. Se quiseres, farei três tendas: uma para ti, uma para Moisés e outra para Elias". ⁵ Enquanto ele ainda estava falando, uma nuvem resplandecente os envolveu, e dela saiu uma voz, que dizia: "Este é o meu Filho amado de quem me agrado. Ouçam-no!"

---

[a] **16.18** Essa palavra pode ser traduzida por inferno, sepulcro, morte ou profundezas.
[b] **16.18** Ou *não se mostrarão mais fortes do que ela*
[c] **16.19** Ou *será ligado ... será desligado*
[d] **16.25** Ou *alma*

⁶ Ouvindo isso, os discípulos prostraram-se com o rosto em terra e ficaram aterrorizados. ⁷ Mas Jesus se aproximou, tocou neles e disse: "Levantem-se! Não tenham medo!" ⁸ E erguendo eles os olhos, não viram mais ninguém a não ser Jesus.

⁹ Enquanto desciam do monte, Jesus lhes ordenou: "Não contem a ninguém o que vocês viram, até que o Filho do homem tenha sido ressuscitado dos mortos".

¹⁰ Os discípulos lhe perguntaram: "Então, por que os mestres da lei dizem que é necessário que Elias venha primeiro?"

¹¹ Jesus respondeu: "De fato, Elias vem e restaurará todas as coisas. ¹² Mas eu digo a vocês: Elias já veio, e eles não o reconheceram, mas fizeram com ele tudo o que quiseram. Da mesma forma o Filho do homem será maltratado por eles". ¹³ Então os discípulos entenderam que era de João Batista que ele tinha falado.

A Cura de um Menino Endemoninhado
(Mc 9.14-32; Lc 9.37-45)

¹⁴ Quando chegaram onde estava a multidão, um homem aproximou-se de Jesus, ajoelhou-se diante dele e disse: ¹⁵ "Senhor, tem misericórdia do meu filho. Ele tem ataques[a] e está sofrendo muito. Muitas vezes cai no fogo ou na água. ¹⁶ Eu o trouxe aos teus discípulos, mas eles não puderam curá-lo".

¹⁷ Respondeu Jesus: "Ó geração incrédula e perversa, até quando estarei com vocês? Até quando terei que suportá-los? Tragam-me o menino". ¹⁸ Jesus repreendeu o demônio; este saiu do menino que, daquele momento em diante, ficou curado.

¹⁹ Então os discípulos aproximaram-se de Jesus em particular e perguntaram: "Por que não conseguimos expulsá-lo?"

²⁰ Ele respondeu: "Porque a fé que vocês têm é pequena. Eu asseguro que, se vocês tiverem fé do tamanho de um grão de mostarda, poderão dizer a este monte: 'Vá daqui para lá', e ele irá. Nada será impossível para vocês. ²¹ Mas esta espécie só sai pela oração e pelo jejum".[b]

²² Reunindo-se eles na Galileia, Jesus lhes disse: "O Filho do homem será entregue nas mãos dos homens. ²³ Eles o matarão, e no terceiro dia ele ressuscitará". E os discípulos ficaram cheios de tristeza.

O Imposto do Templo

²⁴ Quando Jesus e seus discípulos chegaram a Cafarnaum, os coletores do imposto de duas dracmas[c] vieram a Pedro e perguntaram: "O mestre de vocês não paga o imposto do templo[d]?"

²⁵ "Sim, paga", respondeu ele.

Quando Pedro entrou na casa, Jesus foi o primeiro a falar, perguntando-lhe: "O que você acha, Simão? De quem os reis da terra cobram tributos e impostos: de seus próprios filhos ou dos outros?"

²⁶ "Dos outros", respondeu Pedro.

Disse-lhe Jesus: "Então os filhos estão isentos. ²⁷ Mas para não escandalizá-los, vá ao mar e jogue o anzol. Tire o primeiro peixe que você pegar, abra-lhe a boca, e você encontrará uma moeda de quatro dracmas[e]. Pegue-a e entregue-a a eles, para pagar o meu imposto e o seu".

O Maior no Reino dos Céus
(Mc 9.33-37,42-46; Lc 9.46-48)

18 Naquele momento, os discípulos chegaram a Jesus e perguntaram: "Quem é o maior no Reino dos céus?"

² Chamando uma criança, colocou-a no meio deles, ³ e disse: "Eu asseguro que, a não ser que vocês se convertam e se tornem como crianças, jamais entrarão no Reino dos céus. ⁴ Portanto, quem se faz humilde como esta criança, este é o maior no Reino dos céus.

⁵ "Quem recebe uma destas crianças em meu nome, está me recebendo. ⁶ Mas, se alguém fizer cair no pecado um destes pequeninos que creem em mim, melhor lhe seria amarrar uma pedra de moinho no pescoço e se afogar nas profundezas do mar.

⁷ "Ai do mundo, por causa das coisas que fazem cair no pecado! É inevitável que tais coisas aconteçam, mas ai daquele por meio de quem elas acontecem! ⁸ Se a sua mão ou o seu pé o fizerem tropeçar, corte-os e jogue-os fora. É melhor entrar na vida mutilado ou aleijado do que, tendo as duas mãos ou os dois pés, ser lançado no fogo eterno. ⁹ E, se o seu olho o fizer tropeçar, arranque-o e jogue-o fora. É melhor entrar na vida com um só olho do que, tendo os dois olhos, ser lançado no fogo do inferno.

---

[a] **17.15** Grego: *Ele é lunático*.
[b] **17.21** Vários manuscritos não trazem o versículo 21.
[c] **17.24** A dracma era uma moeda de prata equivalente à diária de um trabalhador braçal; também no versículo 27.
[d] **17.24** Grego: *paga as duas dracmas*.
[e] **17.27** Grego: *1 estáter*.

A Parábola da Ovelha Perdida
(Lc 15.3-7)

¹⁰ "Cuidado para não desprezarem um só destes pequeninos! Pois eu digo que os anjos deles nos céus estão sempre vendo a face de meu Pai celeste. ¹¹ O Filho do homem veio para salvar o que se havia perdido.[a]

¹² "O que acham vocês? Se alguém possui cem ovelhas, e uma delas se perde, não deixará as noventa e nove nos montes, indo procurar a que se perdeu? ¹³ E, se conseguir encontrá-la, garanto que ele ficará mais contente com aquela ovelha do que com as noventa e nove que não se perderam. ¹⁴ Da mesma forma, o Pai de vocês, que está nos céus, não quer que nenhum destes pequeninos se perca.

Como Tratar a Ofensa de um Irmão

¹⁵ "Se o seu irmão pecar contra você[b], vá e, a sós com ele, mostre-lhe o erro. Se ele o ouvir, você ganhou seu irmão. ¹⁶ Mas, se ele não o ouvir, leve consigo mais um ou dois outros, de modo que 'qualquer acusação seja confirmada pelo depoimento de duas ou três testemunhas'[c]. ¹⁷ Se ele se recusar a ouvi-los, conte à igreja; e, se ele se recusar a ouvir também a igreja, trate-o como pagão ou publicano.

¹⁸ "Digo a verdade: Tudo o que vocês ligarem na terra terá sido ligado no céu, e tudo o que vocês desligarem na terra terá sido desligado[d] no céu.

¹⁹ "Também digo que, se dois de vocês concordarem na terra em qualquer assunto sobre o qual pedirem, isso será feito a vocês por meu Pai que está nos céus. ²⁰ Pois onde se reunirem dois ou três em meu nome, ali eu estou no meio deles".

A Parábola do Servo Impiedoso

²¹ Então Pedro aproximou-se de Jesus e perguntou: "Senhor, quantas vezes deverei perdoar a meu irmão quando ele pecar contra mim? Até sete vezes?"

²² Jesus respondeu: "Eu digo a você: Não até sete, mas até setenta vezes sete[e].

²³ "Por isso, o Reino dos céus é como um rei que desejava acertar contas com seus servos. ²⁴ Quando começou o acerto, foi trazido à sua presença um que lhe devia uma enorme quantidade de prata[f]. ²⁵ Como não tinha condições de pagar, o senhor ordenou que ele, sua mulher, seus filhos e tudo o que ele possuía fossem vendidos para pagar a dívida.

²⁶ "O servo prostrou-se diante dele e lhe implorou: 'Tem paciência comigo, e eu te pagarei tudo'. ²⁷ O senhor daquele servo teve compaixão dele, cancelou a dívida e o deixou ir.

²⁸ "Mas, quando aquele servo saiu, encontrou um de seus conservos, que lhe devia cem denários[g]. Agarrou-o e começou a sufocá-lo, dizendo: 'Pague-me o que me deve!'

²⁹ "Então o seu conservo caiu de joelhos e implorou-lhe: 'Tenha paciência comigo, e eu pagarei a você'.

³⁰ "Mas ele não quis. Antes, saiu e mandou lançá-lo na prisão, até que pagasse a dívida. ³¹ Quando os outros servos, companheiros dele, viram o que havia acontecido, ficaram muito tristes e foram contar ao seu senhor tudo o que havia acontecido.

³² "Então o senhor chamou o servo e disse: 'Servo mau, cancelei toda a sua dívida porque você me implorou. ³³ Você não devia ter tido misericórdia do seu conservo como eu tive de você?' ³⁴ Irado, seu senhor entregou-o aos torturadores, até que pagasse tudo o que devia.

³⁵ "Assim também fará meu Pai celestial a vocês se cada um de vocês não perdoar de coração a seu irmão".

A Questão do Divórcio
(Mc 10.1-12)

19 Quando acabou de dizer essas coisas, Jesus saiu da Galileia e foi para a região da Judeia, no outro lado do Jordão. ² Grandes multidões o seguiam, e ele as curou ali.

³ Alguns fariseus aproximaram-se dele para pô-lo à prova. E perguntaram-lhe: "É permitido ao homem divorciar-se de sua mulher por qualquer motivo?"

⁴ Ele respondeu: "Vocês não leram que, no princípio, o Criador 'os fez homem e mulher'[h] ⁵ e disse: 'Por essa razão, o homem deixará pai e mãe e se unirá à sua mulher, e os dois se tornarão uma só carne'[i]? ⁶ Assim, eles já não são dois, mas sim uma só carne. Portanto, o que Deus uniu, ninguém separe.

---

[a] **18.11** Vários manuscritos não trazem o versículo 11.
[b] **18.15** Alguns manuscritos não trazem *contra você*.
[c] **18.16** Dt 19.15
[d] **18.18** Ou *será ligado ... será desligado*
[e] **18.22** Ou *77*
[f] **18.24** Grego: *10.000 talentos*. O talento equivalia a 35 quilos.
[g] **18.28** O denário era uma moeda de prata equivalente à diária de um trabalhador braçal.
[h] **19.4** Gn 1.27
[i] **19.5** Gn 2.24

⁷ Perguntaram eles: "Então, por que Moisés mandou dar uma certidão de divórcio à mulher e mandá-la embora?"

⁸ Jesus respondeu: "Moisés permitiu que vocês se divorciassem de suas mulheres por causa da dureza de coração de vocês. Mas não foi assim desde o princípio. ⁹ Eu digo que todo aquele que se divorciar de sua mulher, exceto por imoralidade sexual[a], e se casar com outra mulher, estará cometendo adultério".

¹⁰ Os discípulos lhe disseram: "Se esta é a situação entre o homem e sua mulher, é melhor não casar".

¹¹ Jesus respondeu: "Nem todos têm condições de aceitar esta palavra; somente aqueles a quem isso é dado. ¹² Alguns são eunucos porque nasceram assim; outros foram feitos assim pelos homens; outros ainda se fizeram eunucos[b] por causa do Reino dos céus. Quem puder aceitar isso, aceite".

Jesus e as Crianças
(Mc 10.13-16; Lc 18.15-17)

¹³ Depois trouxeram crianças a Jesus, para que lhes impusesse as mãos e orasse por elas. Mas os discípulos os repreendiam.

¹⁴ Então disse Jesus: "Deixem vir a mim as crianças e não as impeçam; pois o Reino dos céus pertence aos que são semelhantes a elas".

¹⁵ Depois de lhes impor as mãos, partiu dali.

O Jovem Rico
(Mc 10.17-31; Lc 18.18-30)

¹⁶ Eis que alguém se aproximou de Jesus e lhe perguntou: "Mestre, que farei de bom para ter a vida eterna?"

¹⁷ Respondeu-lhe Jesus: "Por que você me pergunta sobre o que é bom? Há somente um que é bom. Se você quer entrar na vida, obedeça aos mandamentos".

¹⁸ "Quais?", perguntou ele.

Jesus respondeu: " 'Não matarás, não adulterarás, não furtarás, não darás falso testemunho, ¹⁹ honra teu pai e tua mãe'[c] e 'Amarás o teu próximo como a ti mesmo'[d]".

²⁰ Disse-lhe o jovem: "A tudo isso tenho obedecido. O que me falta ainda?"

²¹ Jesus respondeu: "Se você quer ser perfeito, vá, venda os seus bens e dê o dinheiro aos pobres, e você terá um tesouro nos céus. Depois, venha e siga-me".

²² Ouvindo isso, o jovem afastou-se triste, porque tinha muitas riquezas.

²³ Então Jesus disse aos discípulos: "Digo a verdade: Dificilmente um rico entrará no Reino dos céus. ²⁴ E digo ainda: É mais fácil passar um camelo pelo fundo de uma agulha do que um rico entrar no Reino de Deus".

²⁵ Ao ouvirem isso, os discípulos ficaram perplexos e perguntaram: "Neste caso, quem pode ser salvo?"

²⁶ Jesus olhou para eles e respondeu: "Para o homem é impossível, mas para Deus todas as coisas são possíveis".

²⁷ Então Pedro lhe respondeu: "Nós deixamos tudo para seguir-te! Que será de nós?"

²⁸ Jesus lhes disse: "Digo a vocês a verdade: Por ocasião da regeneração de todas as coisas, quando o Filho do homem se assentar em seu trono glorioso, vocês que me seguiram também se assentarão em doze tronos, para julgar as doze tribos de Israel. ²⁹ E todos os que tiverem deixado casas, irmãos, irmãs, pai, mãe[e], filhos ou campos, por minha causa, receberão cem vezes mais e herdarão a vida eterna. ³⁰ Contudo, muitos primeiros serão últimos, e muitos últimos serão primeiros.

A Parábola dos Trabalhadores na Vinha

20 "Pois o Reino dos céus é como um proprietário que saiu de manhã cedo para contratar trabalhadores para a sua vinha. ² Ele combinou pagar-lhes um denário[f] pelo dia e mandou-os para a sua vinha.

³ "Por volta das nove horas da manhã[g], ele saiu e viu outros que estavam desocupados na praça, ⁴ e lhes disse: 'Vão também trabalhar na vinha, e eu pagarei a vocês o que for justo'. ⁵ E eles foram.

"Saindo outra vez, por volta do meio-dia e das três horas da tarde[h], fez a mesma coisa. ⁶ Saindo por volta das cinco horas da tarde[i], encontrou ainda outros que estavam desocupados e lhes perguntou: 'Por que vocês

---

[a] **19.9** Grego: *porneia*; termo genérico que se refere a práticas sexuais ilícitas.
[b] **19.12** Ou *renunciaram ao casamento*
[c] **19.19** Êx 20.12-16; Dt 5.16-20
[d] **19.19** Lv 19.18
[e] **19.29** Alguns manuscritos acrescentam *ou mulher*.
[f] **20.2** O denário era uma moeda de prata equivalente à diária de um trabalhador braçal; também nos versículos 9, 10 e 13.
[g] **20.3** Grego: *da hora terceira*.
[h] **20.5** Grego: *da hora sexta e da hora nona*.
[i] **20.6** Grego: *da décima primeira hora*; também no versículo 9.

estiveram aqui desocupados o dia todo?' ⁷'Porque ninguém nos contratou', responderam eles.

"Ele lhes disse: 'Vão vocês também trabalhar na vinha'.

⁸ "Ao cair da tarde, o dono da vinha disse a seu administrador: 'Chame os trabalhadores e pague-lhes o salário, começando com os últimos contratados e terminando nos primeiros'.

⁹ "Vieram os trabalhadores contratados por volta das cinco horas da tarde, e cada um recebeu um denário. ¹⁰ Quando vieram os que tinham sido contratados primeiro, esperavam receber mais. Mas cada um deles também recebeu um denário. ¹¹ Quando o receberam, começaram a se queixar do proprietário da vinha, ¹² dizendo-lhe: 'Estes homens contratados por último trabalharam apenas uma hora, e o senhor os igualou a nós, que suportamos o peso do trabalho e o calor do dia'.

¹³ "Mas ele respondeu a um deles: 'Amigo, não estou sendo injusto com você. Você não concordou em trabalhar por um denário? ¹⁴ Receba o que é seu e vá. Eu quero dar ao que foi contratado por último o mesmo que dei a você. ¹⁵ Não tenho o direito de fazer o que quero com o meu dinheiro? Ou você está com inveja porque sou generoso?'

¹⁶ "Assim, os últimos serão primeiros, e os primeiros serão últimos"ª.

Jesus Prediz Novamente sua Morte e Ressurreição
(Mc 10.32-34; Lc 18.31-34)

¹⁷ Enquanto estava subindo para Jerusalém, Jesus chamou em particular os doze discípulos e lhes disse: ¹⁸ "Estamos subindo para Jerusalém, e o Filho do homem será entregue aos chefes dos sacerdotes e aos mestres da lei. Eles o condenarão à morte ¹⁹ e o entregarão aos gentiosᵇ para que zombem dele, o açoitem e o crucifiquem. No terceiro dia ele ressuscitará!"

O Pedido de uma Mãe
(Mc 10.35-45)

²⁰ Então, aproximou-se de Jesus a mãe dos filhos de Zebedeu com seus filhos e, prostrando-se, fez-lhe um pedido.

²¹ "O que você quer?", perguntou ele.

Ela respondeu: "Declara que no teu Reino estes meus dois filhos se assentarão um à tua direita e o outro à tua esquerda".

²² Disse-lhes Jesus: "Vocês não sabem o que estão pedindo. Podem vocês beber o cálice que eu vou beber?"

"Podemos", responderam eles.

²³ Jesus lhes disse: "Certamente vocês beberão do meu cálice; mas o assentar-se à minha direita ou à minha esquerda não cabe a mim conceder. Esses lugares pertencem àqueles para quem foram preparados por meu Pai".

²⁴ Quando os outros dez ouviram isso, ficaram indignados com os dois irmãos. ²⁵ Jesus os chamou e disse: "Vocês sabem que os governantes das nações as dominam, e as pessoas importantes exercem poder sobre elas. ²⁶ Não será assim entre vocês. Ao contrário, quem quiser tornar-se importante entre vocês deverá ser servo, ²⁷ e quem quiser ser o primeiro deverá ser escravo; ²⁸ como o Filho do homem, que não veio para ser servido, mas para servir e dar a sua vida em resgate por muitos".

Dois Cegos Recuperam a Visão
(Mc 10.46-52; Lc 18.35-43)

²⁹ Ao saírem de Jericó, uma grande multidão seguiu Jesus. ³⁰ Dois cegos estavam sentados à beira do caminho e, quando ouviram falar que Jesus estava passando, puseram-se a gritar: "Senhor, Filho de Davi, tem misericórdia de nós!"

³¹ A multidão os repreendeu para que ficassem quietos, mas eles gritavam ainda mais: "Senhor, Filho de Davi, tem misericórdia de nós!"

³² Jesus, parando, chamou-os e perguntou-lhes: "O que vocês querem que eu faça?"

³³ Responderam eles: "Senhor, queremos que se abram os nossos olhos".

³⁴ Jesus teve compaixão deles e tocou nos olhos deles. Imediatamente eles recuperaram a visão e o seguiram.

A Entrada Triunfal
(Mc 11.1-11; Lc 19.28-40; Jo 12.12-19)

21 Quando se aproximaram de Jerusalém e chegaram a Betfagé, ao monte das Oliveiras, Jesus enviou dois discípulos, ² dizendo-lhes: "Vão ao povoado que está adiante de vocês; logo encontrarão uma jumenta amarrada, com um jumentinho ao lado. Desamarrem-nos e tragam-nos para mim. ³ Se alguém perguntar algo, digam-lhe que o Senhor precisa deles e logo os enviará de volta".

ª **20.16** Alguns manuscritos acrescentam *Porque muitos são chamados, mas poucos escolhidos.*

ᵇ **20.19** Isto é, os que não são judeus.

⁴ Isso aconteceu para que se cumprisse o que fora dito pelo profeta:

⁵ "Digam à cidade ᵃ de Sião:
'Eis que o seu rei vem a você,
humilde e montado num jumento,
num jumentinho,
cria de jumenta'ᵇ ".

⁶ Os discípulos foram e fizeram o que Jesus tinha ordenado. ⁷ Trouxeram a jumenta e o jumentinho, colocaram sobre eles os seus mantos, e sobre estes Jesus montou. ⁸ Uma grande multidão estendeu seus mantos pelo caminho, outros cortavam ramos de árvores e os espalhavam pelo caminho. ⁹ A multidão que ia adiante dele e os que o seguiam gritavam:

"Hosanaᶜ ao Filho de Davi!"
"Bendito é o que vem
em nome do Senhor!"ᵈ
"Hosana nas alturas!"

¹⁰ Quando Jesus entrou em Jerusalém, toda a cidade ficou agitada e perguntava: "Quem é este?" ¹¹ A multidão respondia: "Este é Jesus, o profeta de Nazaré da Galileia".

Jesus Purifica o Templo
(Mc 11.15-19; Lc 19.45-48)

¹² Jesus entrou no templo e expulsou todos os que ali estavam comprando e vendendo. Derrubou as mesas dos cambistas e as cadeiras dos que vendiam pombas, ¹³ e lhes disse: "Está escrito: 'A minha casa será chamada casa de oração'ᵉ; mas vocês estão fazendo dela um 'covil de ladrões'ᶠ".

¹⁴ Os cegos e os mancos aproximaram-se dele no templo, e ele os curou. ¹⁵ Mas, quando os chefes dos sacerdotes e os mestres da lei viram as coisas maravilhosas que Jesus fazia e as crianças gritando no templo: "Hosana ao Filho de Davi", ficaram indignados, ¹⁶ e lhe perguntaram: "Não estás ouvindo o que estas crianças estão dizendo?"

Respondeu Jesus: "Sim, vocês nunca leram:

" 'Dos lábios das crianças e dos
recém-nascidos
suscitaste louvor'ᵍ"?

¹⁷ E, deixando-os, saiu da cidade para Betânia, onde passou a noite.

A Figueira Seca
(Mc 11.20-25)

¹⁸ De manhã cedo, quando voltava para a cidade, Jesus teve fome. ¹⁹ Vendo uma figueira à beira do caminho, aproximou-se dela, mas nada encontrou, a não ser folhas. Então lhe disse: "Nunca mais dê frutos!" Imediatamente a árvore secou.

²⁰ Ao verem isso, os discípulos ficaram espantados e perguntaram: "Como a figueira secou tão depressa?"

²¹ Jesus respondeu: "Eu asseguro que, se vocês tiverem fé e não duvidarem, poderão fazer não somente o que foi feito à figueira, mas também dizer a este monte: 'Levante-se e atire-se no mar', e assim será feito. ²² E tudo o que pedirem em oração, se crerem, vocês receberão".

A Autoridade de Jesus é Questionada
(Mc 11.27-33; Lc 20.1-8)

²³ Jesus entrou no templo e, enquanto ensinava, aproximaram-se dele os chefes dos sacerdotes e os líderes religiosos do povo e perguntaram: "Com que autoridade estás fazendo estas coisas? E quem te deu tal autoridade?"

²⁴ Respondeu Jesus: "Eu também farei uma pergunta. Se vocês me responderem, eu direi com que autoridade estou fazendo estas coisas. ²⁵ De onde era o batismo de João? Do céu ou dos homens?"

Eles discutiam entre si, dizendo: "Se dissermos: Do céu, ele perguntará: 'Então por que vocês não creram nele?' ²⁶ Mas, se dissermos: Dos homens — temos medo do povo, pois todos consideram João um profeta".

²⁷ Eles responderam a Jesus: "Não sabemos".

E ele lhes disse: "Tampouco direi com que autoridade estou fazendo estas coisas.

A Parábola dos Dois Filhos

²⁸ "O que acham? Havia um homem que tinha dois filhos. Chegando ao primeiro, disse: 'Filho, vá trabalhar hoje na vinha'.

ᵃ **21.5** Grego: *filha*.
ᵇ **21.5** Zc 9.9
ᶜ **21.9** Expressão hebraica que significa *"Salve!"*, e que se tornou uma exclamação de louvor; também no versículo 15.
ᵈ **21.9** Sl 118.26
ᵉ **21.13** Is 56.7
ᶠ **21.13** Jr 7.11
ᵍ **21.16** Sl 8.2

²⁹ "E este respondeu: 'Não quero!' Mas depois mudou de ideia e foi.
³⁰ "O pai chegou ao outro filho e disse a mesma coisa. Ele respondeu: 'Sim, senhor!' Mas não foi.
³¹ "Qual dos dois fez a vontade do pai?"
"O primeiro", responderam eles.
Jesus lhes disse: "Digo a verdade: Os publicanos e as prostitutas estão entrando antes de vocês no Reino de Deus. ³² Porque João veio para mostrar o caminho da justiça, e vocês não creram nele, mas os publicanos e as prostitutas creram. E, mesmo depois de verem isso, vocês não se arrependeram nem creram nele.

A Parábola dos Lavradores
(Mc 12.1-12; Lc 20.9-19)

³³ "Ouçam outra parábola: Havia um proprietário de terras que plantou uma vinha. Colocou uma cerca ao redor dela, cavou um tanque para prensar as uvas e construiu uma torre. Depois arrendou a vinha a alguns lavradores e foi fazer uma viagem. ³⁴ Aproximando-se a época da colheita, enviou seus servos aos lavradores, para receber os frutos que lhe pertenciam.
³⁵ "Os lavradores agarraram seus servos; a um espancaram, a outro mataram e apedrejaram o terceiro. ³⁶ Então enviou-lhes outros servos em maior número, e os lavradores os trataram da mesma forma. ³⁷ Por último, enviou-lhes seu filho, dizendo: 'A meu filho respeitarão'.
³⁸ "Mas, quando os lavradores viram o filho, disseram uns aos outros: 'Este é o herdeiro. Venham, vamos matá-lo e tomar a sua herança'. ³⁹ Assim eles o agarraram, lançaram-no para fora da vinha e o mataram.
⁴⁰ "Portanto, quando vier o dono da vinha, o que fará àqueles lavradores?"
⁴¹ Responderam eles: "Matará de modo horrível esses perversos e arrendará a vinha a outros lavradores, que lhe deem a sua parte no tempo da colheita".
⁴² Jesus lhes disse: "Vocês nunca leram isto nas Escrituras?

> " 'A pedra que os construtores rejeitaram
>   tornou-se a pedra angular;
> isso vem do Senhor,
>   e é algo maravilhoso
>   para nós'ᵃ.

⁴³ "Portanto, eu digo que o Reino de Deus será tirado de vocês e será dado a um povo que dê os frutos do Reino. ⁴⁴ Aquele que cair sobre esta pedra será despedaçado, e aquele sobre quem ela cair será reduzido a pó".ᵇ
⁴⁵ Quando os chefes dos sacerdotes e os fariseus ouviram as parábolas de Jesus, compreenderam que ele falava a respeito deles. ⁴⁶ E procuravam um meio de prendê-lo; mas tinham medo das multidões, pois elas o consideravam profeta.

A Parábola do Banquete de Casamento
(Lc 14.15-24)

22 Jesus lhes falou novamente por parábolas, dizendo: ² "O Reino dos céus é como um rei que preparou um banquete de casamento para seu filho. ³ Enviou seus servos aos que tinham sido convidados para o banquete, dizendo-lhes que viessem; mas eles não quiseram vir.
⁴ "De novo enviou outros servos e disse: 'Digam aos que foram convidados que preparei meu banquete: meus bois e meus novilhos gordos foram abatidos, e tudo está preparado. Venham para o banquete de casamento!'
⁵ "Mas eles não lhes deram atenção e saíram, um para o seu campo, outro para os seus negócios. ⁶ Os restantes, agarrando os servos, maltrataram-nos e os mataram. ⁷ O rei ficou irado e, enviando o seu exército, destruiu aqueles assassinos e queimou a cidade deles.
⁸ "Então disse a seus servos: 'O banquete de casamento está pronto, mas os meus convidados não eram dignos. ⁹ Vão às esquinas e convidem para o banquete todos os que vocês encontrarem'. ¹⁰ Então os servos saíram para as ruas e reuniram todas as pessoas que puderam encontrar, gente boa e gente má, e a sala do banquete de casamento ficou cheia de convidados.
¹¹ "Mas, quando o rei entrou para ver os convidados, notou ali um homem que não estava usando veste nupcial. ¹² E lhe perguntou: 'Amigo, como você entrou aqui sem veste nupcial?' O homem emudeceu.
¹³ "Então o rei disse aos que serviam: 'Amarrem-lhe as mãos e os pés, e lancem-no para fora, nas trevas; ali haverá choro e ranger de dentes'.

ᵃ **21.42** Sl 118.22,23.   ᵇ **21.44** Muitos manuscritos não trazem o versículo 44.

¹⁴ "Pois muitos são chamados, mas poucos são escolhidos".

O Pagamento de Imposto a César
(Mc 12.13-17; Lc 20.20-26)

¹⁵ Então os fariseus saíram e começaram a planejar um meio de enredá-lo em suas próprias palavras. ¹⁶ Enviaram-lhe seus discípulos junto com os herodianos, que lhe disseram: "Mestre, sabemos que és íntegro e que ensinas o caminho de Deus conforme a verdade. Tu não te deixas influenciar por ninguém, porque não te prendes à aparência dos homens. ¹⁷ Dize-nos, pois: Qual é a tua opinião? É certo pagar imposto a César ou não?"

¹⁸ Mas Jesus, percebendo a má intenção deles, perguntou: "Hipócritas! Por que vocês estão me pondo à prova? ¹⁹ Mostrem-me a moeda usada para pagar o imposto". Eles lhe mostraram um denário[a], ²⁰ e ele lhes perguntou: "De quem é esta imagem e esta inscrição?"

²¹ "De César", responderam eles.

E ele lhes disse: "Então, deem[b] a César o que é de César e a Deus o que é de Deus".

²² Ao ouvirem isso, eles ficaram admirados; e, deixando-o, retiraram-se.

A Realidade da Ressurreição
(Mc 12.18-27; Lc 20.27-40)

²³ Naquele mesmo dia, os saduceus, que dizem que não há ressurreição, aproximaram-se dele com a seguinte questão: ²⁴ "Mestre, Moisés disse que, se um homem morrer sem deixar filhos, seu irmão deverá casar-se com a viúva e dar-lhe descendência. ²⁵ Entre nós havia sete irmãos. O primeiro casou-se e morreu. Como não teve filhos, deixou a mulher para seu irmão. ²⁶ A mesma coisa aconteceu com o segundo, com o terceiro, até o sétimo. ²⁷ Finalmente, depois de todos, morreu a mulher. ²⁸ Pois bem, na ressurreição, de qual dos sete ela será esposa, visto que todos foram casados com ela?"

²⁹ Jesus respondeu: "Vocês estão enganados porque não conhecem as Escrituras nem o poder de Deus! ³⁰ Na ressurreição, as pessoas não se casam nem são dadas em casamento; mas são como os anjos no céu. ³¹ E quanto à ressurreição dos mortos, vocês não leram o que Deus disse: ³² 'Eu sou o Deus de Abraão, o Deus de Isaque e o Deus de Jacó'[c]? Ele não é Deus de mortos, mas de vivos!"

³³ Ouvindo isso, a multidão ficou admirada com o seu ensino.

O Maior Mandamento
(Mc 12.28-34)

³⁴ Ao ouvirem dizer que Jesus havia deixado os saduceus sem resposta, os fariseus se reuniram. ³⁵ Um deles, perito na lei, o pôs à prova com esta pergunta: ³⁶ "Mestre, qual é o maior mandamento da Lei?"

³⁷ Respondeu Jesus: " 'Ame o Senhor, o seu Deus de todo o seu coração, de toda a sua alma e de todo o seu entendimento'[d]. ³⁸ Este é o primeiro e maior mandamento. ³⁹ E o segundo é semelhante a ele: 'Ame o seu próximo como a si mesmo'[e]. ⁴⁰ Destes dois mandamentos dependem toda a Lei e os Profetas".

O Cristo é Senhor de Davi
(Mc 12.35-37; Lc 20.41-44)

⁴¹ Estando os fariseus reunidos, Jesus lhes perguntou: ⁴² "O que vocês pensam a respeito do Cristo? De quem ele é filho?"

"É filho de Davi", responderam eles.

⁴³ Ele lhes disse: "Então, como é que Davi, falando pelo Espírito, o chama 'Senhor'? Pois ele afirma:

⁴⁴ " 'O Senhor disse
ao meu Senhor:

22.37-40 Esses dois mandamentos procedem do Antigo Testamento (Deuteronômio 6.5 e Levítico 19.18). Já faziam parte da fé do povo hebreu, ainda que fossem interpretados de maneira restrita, por considerarem muitos que o verdadeiro próximo era aquele que também pertencesse ao povo escolhido. Essa mentalidade estará visível na controvérsia entre a necessidade da circuncisão e outras práticas judaicas (leia Atos 15) e nos problemas causados nas igrejas pelos chamados "judaizantes", mencionados com bastante frequência nas epístolas de Paulo, contra quem esses manifestavam aberta inimizade.

---

[a] **22.19** O denário era uma moeda de prata equivalente à diária de um trabalhador braçal.
[b] **22.21** Ou *devolvam*
[c] **22.32** Êx 3.6
[d] **22.37** Dt 6.5
[e] **22.39** Lv 19.18

Senta-te à minha direita,
    até que eu ponha
    os teus inimigos
debaixo de teus pés'[a].

⁴⁵ Se, pois, Davi o chama 'Senhor', como pode ser ele seu filho?" ⁴⁶ Ninguém conseguia responder-lhe uma palavra; e daquele dia em diante, ninguém jamais se atreveu a lhe fazer perguntas.

Jesus Condena a Hipocrisia dos Fariseus e dos Mestres da Lei

23 Então, Jesus disse à multidão e aos seus discípulos: ² "Os mestres da lei e os fariseus se assentam na cadeira de Moisés. ³ Obedeçam-lhes e façam tudo o que eles dizem a vocês. Mas não façam o que eles fazem, pois não praticam o que pregam. ⁴ Eles atam fardos pesados e os colocam sobre os ombros dos homens, mas eles mesmos não estão dispostos a levantar um só dedo para movê-los.

⁵ "Tudo o que fazem é para serem vistos pelos homens. Eles fazem seus filactérios[b] bem largos e as franjas de suas vestes bem longas; ⁶ gostam do lugar de honra nos banquetes e dos assentos mais importantes nas sinagogas, ⁷ de serem saudados nas praças e de serem chamados mestres[c].

⁸ "Mas vocês não devem ser chamados mestres; um só é o Mestre de vocês, e todos vocês são irmãos. ⁹ A ninguém na terra chamem 'pai', porque vocês só têm um Pai, aquele que está nos céus. ¹⁰ Tampouco vocês devem ser chamados 'chefes', porquanto vocês têm um só Chefe, o Cristo. ¹¹ O maior entre vocês deverá ser servo. ¹² Pois todo aquele que a si mesmo se exaltar será humilhado, e todo aquele que a si mesmo se humilhar será exaltado.

¹³ "Ai de vocês, mestres da lei e fariseus, hipócritas! Vocês fecham o Reino dos céus diante dos homens! Vocês mesmos não entram, nem deixam entrar aqueles que gostariam de fazê-lo.

¹⁴ "Ai de vocês, mestres da lei e fariseus, hipócritas! Vocês devoram as casas das viúvas e, para disfarçar, fazem longas orações. Por isso serão castigados mais severamente.[d]

¹⁵ "Ai de vocês, mestres da lei e fariseus, hipócritas, porque percorrem terra e mar para fazer um convertido e, quando conseguem, vocês o tornam duas vezes mais filho do inferno do que vocês.

¹⁶ "Ai de vocês, guias cegos!, pois dizem: 'Se alguém jurar pelo santuário, isto nada significa; mas, se alguém jurar pelo ouro do santuário, está obrigado por seu juramento'. ¹⁷ Cegos insensatos! Que é mais importante: o ouro ou o santuário que santifica o ouro? ¹⁸ Vocês também dizem: 'Se alguém jurar pelo altar, isto nada significa; mas, se alguém jurar pela oferta que está sobre ele, está obrigado por seu juramento'. ¹⁹ Cegos! Que é mais importante: a oferta, ou o altar que santifica a oferta? ²⁰ Portanto, aquele que jurar pelo altar jura por ele e por tudo o que está sobre ele. ²¹ E o que jurar pelo santuário jura por ele e por aquele que nele habita. ²² E aquele que jurar pelos céus jura pelo trono de Deus e por aquele que nele se assenta.

²³ "Ai de vocês, mestres da lei e fariseus, hipócritas! Vocês dão o dízimo da hortelã, do endro e do cominho, mas têm negligenciado os preceitos mais importantes da lei: a justiça, a misericórdia e a fidelidade. Vocês devem praticar estas coisas, sem omitir aquelas. ²⁴ Guias cegos! Vocês coam um mosquito e engolem um camelo.

²⁵ "Ai de vocês, mestres da lei e fariseus, hipócritas! Vocês limpam o exterior do copo e do prato, mas por dentro eles estão cheios de ganância e cobiça. ²⁶ Fariseu cego! Limpe primeiro o interior do copo e do prato, para que o exterior também fique limpo.

²⁷ "Ai de vocês, mestres da lei e fariseus, hipócritas! Vocês são como sepulcros caiados: bonitos por fora, mas por dentro estão cheios de ossos e de todo tipo de imundície. ²⁸ Assim são vocês: por fora parecem justos ao povo, mas por dentro estão cheios de hipocrisia e maldade.

²⁹ "Ai de vocês, mestres da lei e fariseus, hipócritas! Vocês edificam os túmulos dos profetas e adornam os monumentos dos justos. ³⁰ E dizem: 'Se tivéssemos vivido no tempo dos nossos antepassados, não teríamos tomado parte com eles no derramamento do sangue dos profetas'. ³¹ Assim, testemunham contra vocês mesmos que são descendentes dos que assassinaram os profetas. ³² Acabem, pois, de encher a medida do pecado dos seus antepassados!

---

[a] **22.44** Sl 110.1
[b] **23.5** Isto é, tefilins, pequenas caixas que continham textos bíblicos, presas na testa e nos braços.
[c] **23.7** Isto é, rabis.
[d] **23.14** Vários manuscritos não trazem o versículo 14.

³³ "Serpentes! Raça de víboras! Como vocês escaparão da condenação ao inferno? ³⁴ Por isso, eu estou enviando profetas, sábios e mestres. A uns vocês matarão e crucificarão; a outros açoitarão nas sinagogas de vocês e perseguirão de cidade em cidade. ³⁵ E, assim, sobre vocês recairá todo o sangue justo derramado na terra, desde o sangue do justo Abel, até o sangue de Zacarias, filho de Baraquias, a quem vocês assassinaram entre o santuário e o altar. ³⁶ Eu asseguro que tudo isso sobrevirá a esta geração.

³⁷ "Jerusalém, Jerusalém, você, que mata os profetas e apedreja os que são enviados a vocês! Quantas vezes eu quis reunir os seus filhos, como a galinha reúne os seus pintinhos debaixo das suas asas, mas vocês não quiseram. ³⁸ Eis que a casa de vocês ficará deserta. ³⁹ Pois eu digo que vocês não me verão mais, até que digam: 'Bendito é o que vem em nome do Senhor'ᵃ".

O Sinal do Fim dos Tempos
(Mc 13.1-31; Lc 21.5-37)

24 Jesus saiu do templo e, enquanto caminhava, seus discípulos aproximaram-se dele para lhe mostrar as construções do templo. ² "Vocês estão vendo tudo isto?", perguntou ele. "Eu garanto que não ficará aqui pedra sobre pedra; serão todas derrubadas".

³ Tendo Jesus se assentado no monte das Oliveiras, os discípulos dirigiram-se a ele em particular e disseram: "Dize-nos, quando acontecerão essas coisas? E qual será o sinal da tua vinda e do fim dos tempos?"

⁴ Jesus respondeu: "Cuidado, que ninguém os engane. ⁵ Pois muitos virão em meu nome, dizendo: 'Eu sou o Cristo!' e enganarão a muitos. ⁶ Vocês ouvirão falar de guerras e rumores de guerras, mas não tenham medo. É necessário que tais coisas aconteçam, mas ainda não é o fim. ⁷ Nação se levantará contra

24.1-51 Este capítulo é chamado de "o discurso apocalíptico" de Jesus, pois fala abertamente de temas escatológicos, ou seja, relacionados com o fim da história humana tal como a conhecemos.

24.14 A vinda do fim dos tempos está atada à pregação do evangelho em todo o mundo. No entanto, nunca devemos perder de vista que o testemunho faz parte desse processo: com a vida, com as palavras e atitudes de quem já se identificou tanto com Cristo que se entrega completamente à causa do Reino e está disposto até mesmo a perder a vida por ele. O que o Senhor Jesus indica não deixa dúvidas: "Então ele chamou a multidão e os discípulos e disse: 'Se alguém quiser acompanhar-me, negue-se a si mesmo, tome a sua cruz e siga-me. Pois quem quiser salvar a sua vida a perderá; mas quem perder a sua vida por minha causa e pelo evangelho a salvará' " (Marcos 8.34,35; Lucas 9.24; 17.33).

nação, e reino contra reino. Haverá fomes e terremotos em vários lugares. ⁸ Tudo isso será o início das dores.

⁹ "Então eles os entregarão para serem perseguidos e condenados à morte, e vocês serão odiados por todas as nações por minha causa. ¹⁰ Naquele tempo, muitos ficarão escandalizados, trairão e odiarão uns aos outros, ¹¹ e numerosos falsos profetas surgirão e enganarão a muitos. ¹² Devido ao aumento da maldade, o amor de muitos esfriará, ¹³ mas aquele que perseverar até o fim será salvo. ¹⁴ E este evangelho do Reino será pregado em todo o mundo como testemunho a todas as nações, e então virá o fim.

¹⁵ "Assim, quando vocês virem 'o sacrilégio terrível'ᵇ, do qual falou o profeta Daniel, no Lugar Santo — quem lê, entenda — ¹⁶ então, os que estiverem na Judeia fujam para os montes. ¹⁷ Quem estiver no telhado de sua casa não desça para tirar dela coisa alguma. ¹⁸ Quem estiver no campo não volte para pegar seu manto. ¹⁹ Como serão terríveis aqueles dias para as grávidas e para as que estiverem amamentando! ²⁰ Orem para que a fuga de vocês não aconteça no inverno nem no sábado. ²¹ Porque haverá então grande tribulação, como nunca houve desde o princípio do mundo até agora, nem jamais haverá. ²² Se aqueles dias não fossem abreviados, ninguém sobreviveriaᶜ; mas, por causa dos eleitos, aqueles dias serão abreviados.

ᵃ **23.39** Sl 118.26
ᵇ **24.15** Dn 9.27; 11.31; 12.11
ᶜ **24.22** Ou *seria salvo*

²³ Se, então, alguém disser: 'Vejam, aqui está o Cristo!' ou: 'Ali está ele!', não acreditem. ²⁴ Pois aparecerão falsos cristos e falsos profetas que realizarão grandes sinais e maravilhas para, se possível, enganar até os eleitos. ²⁵ Vejam que eu os avisei antecipadamente.

²⁶ "Assim, se alguém disser: 'Ele está lá, no deserto!', não saiam; ou: 'Ali está ele, dentro da casa!', não acreditem. ²⁷ Porque assim como o relâmpago sai do Oriente e se mostra no Ocidente, assim será a vinda do Filho do homem. ²⁸ Onde houver um cadáver, aí se ajuntarão os abutres.

²⁹ "Imediatamente após a tribulação daqueles dias

> " 'o sol escurecerá,
> e a lua não dará a sua luz;
> as estrelas cairão do céu,
> e os poderes celestes
> serão abalados'ᵃ.

³⁰ "Então aparecerá no céu o sinal do Filho do homem, e todas as nações da terra se lamentarão e verão o Filho do homem vindo nas nuvens do céu com poder e grande glória. ³¹ E ele enviará os seus anjos com grande som de trombeta, e estes reunirão os seus eleitos dos quatro ventos, de uma a outra extremidade dos céus.

³² "Aprendam a lição da figueira: quando seus ramos se renovam e suas folhas começam a brotar, vocês sabem que o verão está próximo. ³³ Assim também, quando virem todas estas coisas, saibam que ele está próximo, às portas. ³⁴ Eu asseguro a vocês que não passará esta geração até que todas estas coisas aconteçam. ³⁵ Os céus e a terra passarão, mas as minhas palavras jamais passarão.

O Dia e a Hora São Desconhecidos
(Mc 13.32-37)

³⁶ "Quanto ao dia e à hora ninguém sabe, nem os anjos dos céus, nem o Filhoᵇ, senão somente o Pai. ³⁷ Como foi nos dias de Noé, assim também será na vinda do Filho do homem. ³⁸ Pois nos dias anteriores ao Dilúvio, o povo vivia comendo e bebendo, casando-se e dando-se em casamento, até o dia em que Noé entrou na arca, ³⁹ e eles nada perceberam, até que veio o Dilúvio e os levou a todos. Assim acontecerá na vinda do Filho do homem.

⁴⁰ Dois homens estarão no campo: um será levado e o outro deixado. ⁴¹ Duas mulheres estarão trabalhando num moinho: uma será levada e a outra deixada.

⁴² "Portanto, vigiem, porque vocês não sabem em que dia virá o seu Senhor. ⁴³ Mas entendam isto: se o dono da casa soubesse a que hora da noite o ladrão viria, ele ficaria de guarda e não deixaria que a sua casa fosse arrombada. ⁴⁴ Assim, vocês também precisam estar preparados, porque o Filho do homem virá numa hora em que vocês menos esperam.

⁴⁵ "Quem é, pois, o servo fiel e sensato, a quem seu senhor encarrega dos demais servos de sua casa para lhes dar alimento no tempo devido? ⁴⁶ Feliz o servo que seu senhor encontrar fazendo assim quando voltar. ⁴⁷ Garanto que ele o encarregará de todos os seus bens. ⁴⁸ Mas suponham que esse servo seja mau e diga a si mesmo: 'Meu senhor está demorando', ⁴⁹ e então comece a bater em seus conservos e a comer e a beber com os beberrões. ⁵⁰ O senhor daquele servo virá num dia em que ele não o espera e numa hora que não sabe. ⁵¹ Ele o punirá severamenteᶜ e lhe dará lugar com os hipócritas, onde haverá choro e ranger de dentes.

A Parábola das Dez Virgens

25 "O Reino dos céus será, pois, semelhante a dez virgens que pegaram suas candeias e saíram para encontrar-se com o noivo. ² Cinco delas eram insensatas, e cinco eram prudentes. ³ As insensatas pegaram suas candeias, mas não levaram óleo. ⁴ As prudentes, porém, levaram óleo em vasilhas, junto com suas candeias. ⁵ O noivo demorou a chegar, e todas ficaram com sono e adormeceram.

⁶ "À meia-noite, ouviu-se um grito: 'O noivo se aproxima! Saiam para encontrá-lo!'

⁷ "Então todas as virgens acordaram e prepararam suas candeias. ⁸ As insensatas disseram às prudentes: 'Deem-nos um pouco do seu óleo, pois as nossas candeias estão se apagando'.

⁹ "Elas responderam: 'Não, pois pode ser que não haja o suficiente para nós e para vocês. Vão comprar óleo para vocês'.

¹⁰ "E saindo elas para comprar o óleo, chegou o noivo. As virgens que estavam preparadas entraram com ele para o banquete nupcial. E a porta foi fechada.

ᵃ **24.29** Is 13.10; 34.4
ᵇ **24.36** Alguns manuscritos não trazem *nem o Filho*.
ᶜ **24.51** Grego: *cortará ao meio*.

¹¹ "Mais tarde vieram também as outras e disseram: 'Senhor! Senhor! Abra a porta para nós!' ¹² Mas ele respondeu: 'A verdade é que não as conheço!'

¹³ "Portanto, vigiem, porque vocês não sabem o dia nem a hora!"

A Parábola dos Talentos

¹⁴ "E também será como um homem que, ao sair de viagem, chamou seus servos e confiou-lhes os seus bens. ¹⁵ A um deu cinco talentos[a], a outro dois, e a outro um; a cada um de acordo com a sua capacidade. Em seguida partiu de viagem. ¹⁶ O que havia recebido cinco talentos saiu imediatamente, aplicou-os, e ganhou mais cinco. ¹⁷ Também o que tinha dois talentos ganhou mais dois. ¹⁸ Mas o que tinha recebido um talento saiu, cavou um buraco no chão e escondeu o dinheiro do seu senhor.

¹⁹ "Depois de muito tempo o senhor daqueles servos voltou e acertou contas com eles. ²⁰ O que tinha recebido cinco talentos trouxe os outros cinco e disse: 'O senhor me confiou cinco talentos; veja, eu ganhei mais cinco'.

²¹ "O senhor respondeu: 'Muito bem, servo bom e fiel! Você foi fiel no pouco, eu o porei sobre o muito. Venha e participe da alegria do seu senhor!'

²² "Veio também o que tinha recebido dois talentos e disse: 'O senhor me confiou dois talentos; veja, eu ganhei mais dois'.

²³ "O senhor respondeu: 'Muito bem, servo bom e fiel! Você foi fiel no pouco, eu o porei sobre o muito. Venha e participe da alegria do seu senhor!'

²⁴ "Por fim, veio o que tinha recebido um talento e disse: 'Eu sabia que o senhor é um homem severo, que colhe onde não plantou e junta onde não semeou. ²⁵ Por isso, tive medo, saí e escondi o seu talento no chão. Veja, aqui está o que pertence ao senhor'.

²⁶ "O senhor respondeu: 'Servo mau e negligente! Você sabia que eu colho onde não plantei e junto onde não semeei? ²⁷ Então você devia ter confiado o meu dinheiro aos banqueiros, para que, quando eu voltasse, o recebesse de volta com juros.

²⁸ " 'Tirem o talento dele e entreguem-no ao que tem dez. ²⁹ Pois a quem tem, mais será dado, e terá em grande quantidade. Mas a quem não tem, até o que tem lhe será tirado.

[a] 25.15 Um talento equivalia a 35 quilos; também no restante do capítulo.

³⁰ E lancem fora o servo inútil, nas trevas, onde haverá choro e ranger de dentes'.

O Julgamento das Nações

³¹ "Quando o Filho do homem vier em sua glória, com todos os anjos, ele se assentará em seu trono na glória celestial. ³² Todas as nações serão reunidas diante dele, e ele separará umas das outras como o pastor separa as ovelhas dos bodes. ³³ E colocará as ovelhas à sua direita e os bodes à sua esquerda.

³⁴ "Então o Rei dirá aos que estiverem à sua direita: 'Venham, benditos de meu Pai! Recebam como herança o Reino que foi preparado para vocês desde a criação do mundo. ³⁵ Pois eu tive fome, e vocês me deram de comer; tive sede, e vocês me deram de beber; fui estrangeiro, e vocês me acolheram; ³⁶ necessitei de roupas, e vocês me vestiram; estive enfermo, e vocês cuidaram de mim; estive preso, e vocês me visitaram'.

³⁷ "Então os justos lhe responderão: 'Senhor, quando te vimos com fome e te demos de comer, ou com sede e te demos de beber? ³⁸ Quando te vimos como estrangeiro e te acolhemos, ou necessitado de roupas e te vestimos? ³⁹ Quando te vimos enfermo ou preso e fomos te visitar?'

⁴⁰ "O Rei responderá: 'Digo a verdade: O que vocês fizeram a algum dos meus menores irmãos, a mim o fizeram'.

⁴¹ "Então ele dirá aos que estiverem à sua esquerda: 'Malditos, apartem-se de mim para o fogo eterno, preparado para o Diabo e os seus anjos. ⁴² Pois eu tive fome, e vocês não me deram de comer; tive sede, e nada me deram para beber; ⁴³ fui estrangeiro, e vocês não me acolheram; necessitei de roupas, e vocês não me vestiram; estive enfermo e preso, e vocês não me visitaram'.

⁴⁴ "Eles também responderão: 'Senhor, quando te vimos com fome ou com sede ou estrangeiro ou necessitado de roupas ou enfermo ou preso, e não te ajudamos?'

⁴⁵ "Ele responderá: 'Digo a verdade: O que vocês deixaram de fazer a alguns destes mais pequeninos, também a mim deixaram de fazê-lo'.

⁴⁶ "E estes irão para o castigo eterno, mas os justos para a vida eterna".

A Conspiração contra Jesus

26 Quando acabou de dizer essas coisas, Jesus disse aos seus discípulos: ² "Como vocês sabem, estamos a dois dias da Páscoa, e o Filho do homem será entregue para ser crucificado".

³ Naquela ocasião, os chefes dos sacerdotes e os líderes religiosos do povo se reuniram no palácio do sumo sacerdote, cujo nome era Caifás, ⁴ e juntos planejaram prender Jesus à traição e matá-lo. ⁵ Mas diziam: "Não durante a festa, para que não haja tumulto entre o povo".

Jesus é Ungido em Betânia
(Mc 14.3-9; Jo 12.1-8)

⁶ Estando Jesus em Betânia, na casa de Simão, o leproso, ⁷ aproximou-se dele uma mulher com um frasco de alabastro contendo um perfume muito caro. Ela o derramou sobre a cabeça de Jesus quando ele se encontrava reclinado à mesa.

⁸ Os discípulos, ao verem isso, ficaram indignados e perguntaram: "Por que este desperdício? ⁹ Este perfume poderia ser vendido por alto preço, e o dinheiro dado aos pobres".

¹⁰ Percebendo isso, Jesus lhes disse: "Por que vocês estão perturbando essa mulher? Ela praticou uma boa ação para comigo. ¹¹ Pois os pobres vocês sempre terão consigo, mas a mim vocês nem sempre terão. ¹² Quando derramou este perfume sobre o meu corpo, ela o fez a fim de me preparar para o sepultamento. ¹³ Eu asseguro que em qualquer lugar do mundo inteiro onde este evangelho for anunciado, também o que ela fez será contado, em sua memória".

A Conspiração

¹⁴ Então, um dos Doze, chamado Judas Iscariotes, dirigiu-se aos chefes dos sacerdotes ¹⁵ e lhes perguntou: "O que me darão se eu o entregar a vocês?" E fixaram-lhe o preço: trinta moedas de prata. ¹⁶ Desse momento em diante Judas passou a procurar uma oportunidade para entregá-lo.

A Ceia do Senhor
(Mc 14.12-26; Lc 22.7-23; Jo 13.18-30)

¹⁷ No primeiro dia da Festa dos Pães sem Fermento, os discípulos dirigiram-se a Jesus e lhe perguntaram: "Onde queres que preparemos a refeição da Páscoa?"

¹⁸ Ele respondeu dizendo que entrassem na cidade, procurassem um certo homem e lhe dissessem: "O Mestre diz: O meu tempo está próximo. Vou celebrar a Páscoa com meus discípulos em sua casa". ¹⁹ Os discípulos fizeram como Jesus os havia instruído e prepararam a Páscoa.

26.26-29 Este é o primeiro relato sobre a instituição da ceia do Senhor (veja Marcos 14.12-25; Lucas 22.7-23; João 13.21-30; 1Coríntios 11.23-26). Como vemos, Jesus instituiu a ceia na ocasião da tradicional Páscoa judaica e proclamou que estava selando uma nova aliança, tal como havia sido profetizado no Antigo Testamento (veja Isaías 55.3-5; 61.8; Jeremias 31.31; 32.40; Ezequiel 37.26; Hebreus 7.32; 8.6-8; 9.15,20 e o artigo "As alianças na Bíblia", na p. 1529), e que essa aliança nova e eterna seria feita com seu próprio sangue.

²⁰ Ao anoitecer, Jesus estava reclinado à mesa com os Doze. ²¹ E, enquanto estavam comendo, ele disse: "Digo que certamente um de vocês me trairá".

²² Eles ficaram muito tristes e começaram a dizer-lhe, um após outro: "Com certeza não sou eu, Senhor!"

²³ Afirmou Jesus: "Aquele que comeu comigo do mesmo prato há de me trair. ²⁴ O Filho do homem vai, como está escrito a seu respeito. Mas ai daquele que trai o Filho do homem! Melhor lhe seria não haver nascido".

²⁵ Então, Judas, que haveria de traí-lo, disse: "Com certeza não sou eu, Mestre[a]!"

Jesus afirmou: "Sim, é você"[b].

²⁶ Enquanto comiam, Jesus tomou o pão, deu graças, partiu-o e o deu aos seus discípulos, dizendo: "Tomem e comam; isto é o meu corpo".

²⁷ Em seguida tomou o cálice, deu graças e o ofereceu aos discípulos, dizendo: "Bebam dele todos vocês. ²⁸ Isto é o meu sangue da aliança[c], que é derramado em favor de muitos, para perdão de pecados. ²⁹ Eu digo que, de agora em diante, não beberei deste fruto da videira até aquele dia em que beberei o vinho novo com vocês no Reino de meu Pai".

³⁰ Depois de terem cantado um hino, saíram para o monte das Oliveiras.

Jesus Prediz que Pedro o Negará
(Mc 14.27-31; Lc 22.31-34; Jo 13.36-38)

³¹ Então Jesus lhes disse: "Ainda esta noite todos vocês me abandonarão. Pois está escrito:

---

[a] **26.25** Isto é, Rabi; também no versículo 49.
[b] **26.25** Ou *"Você mesmo o disse!"*
[c] **26.28** Outros manuscritos trazem *da nova aliança*.

" 'Ferirei o pastor,
  e as ovelhas do rebanho
  serão dispersas'[a].

³² Mas, depois de ressuscitar, irei adiante de vocês para a Galileia".

³³ Pedro respondeu: "Ainda que todos te abandonem, eu nunca te abandonarei!"

³⁴ Respondeu Jesus: "Asseguro que ainda esta noite, antes que o galo cante, três vezes você me negará".

³⁵ Mas Pedro declarou: "Mesmo que seja preciso que eu morra contigo, nunca te negarei". E todos os outros discípulos disseram o mesmo.

Jesus no Getsêmani
(Mc 14.32-42; Lc 22.39-46)

³⁶ Então Jesus foi com seus discípulos para um lugar chamado Getsêmani e lhes disse: "Sentem-se aqui enquanto vou ali orar". ³⁷ Levando consigo Pedro e os dois filhos de Zebedeu, começou a entristecer-se e a angustiar-se. ³⁸ Disse-lhes então: "A minha alma está profundamente triste, numa tristeza mortal. Fiquem aqui e vigiem comigo".

³⁹ Indo um pouco mais adiante, prostrou-se com o rosto em terra e orou: "Meu Pai, se for possível, afasta de mim este cálice; contudo, não seja como eu quero, mas sim como tu queres".

⁴⁰ Depois, voltou aos seus discípulos e os encontrou dormindo. "Vocês não puderam vigiar comigo nem por uma hora?", perguntou ele a Pedro. ⁴¹ "Vigiem e orem para que não caiam em tentação. O espírito está pronto, mas a carne é fraca".

⁴² E retirou-se outra vez para orar: "Meu Pai, se não for possível afastar de mim este cálice sem que eu o beba, faça-se a tua vontade".

⁴³ Quando voltou, de novo os encontrou dormindo, porque seus olhos estavam pesados. ⁴⁴ Então os deixou novamente e orou pela terceira vez, dizendo as mesmas palavras.

⁴⁵ Depois voltou aos discípulos e lhes disse: "Vocês ainda dormem e descansam? Chegou a hora! Eis que o Filho do homem está sendo entregue nas mãos de pecadores. ⁴⁶ Levantem-se e vamos! Aí vem aquele que me trai!"

Jesus é Preso
(Mc 14.43-50; Lc 22.47-53; Jo 18.1-11)

⁴⁷ Enquanto ele ainda falava, chegou Judas, um dos Doze. Com ele estava uma grande multidão armada de espadas e varas, enviada pelos chefes dos sacerdotes e líderes religiosos do povo. ⁴⁸ O traidor havia combinado um sinal com eles, dizendo-lhes: "Aquele a quem eu saudar com um beijo, é ele; prendam-no". ⁴⁹ Dirigindo-se imediatamente a Jesus, Judas disse: "Salve, Mestre!", e o beijou.

⁵⁰ Jesus perguntou: "Amigo, o que o traz?"[b]

Então os homens se aproximaram, agarraram Jesus e o prenderam. ⁵¹ Um dos que estavam com Jesus, estendendo a mão, puxou a espada e feriu o servo do sumo sacerdote, decepando-lhe a orelha.

⁵² Disse-lhe Jesus: "Guarde a espada! Pois todos os que empunham a espada, pela espada morrerão. ⁵³ Você acha que eu não posso pedir a meu Pai, e ele não colocaria imediatamente à minha disposição mais de doze legiões de anjos? ⁵⁴ Como então se cumpririam as Escrituras que dizem que as coisas deveriam acontecer desta forma?"

⁵⁵ Naquela hora, Jesus disse à multidão: "Estou eu chefiando alguma rebelião, para que vocês venham prender-me com espadas e varas? Todos os dias eu estive ensinando no templo, e vocês não me prenderam! ⁵⁶ Mas tudo isso aconteceu para que se cumprissem as Escrituras dos profetas". Então todos os discípulos o abandonaram e fugiram.

Jesus diante do Sinédrio

⁵⁷ Os que prenderam Jesus o levaram a Caifás, o sumo sacerdote, em cuja casa se haviam reunido os mestres da lei e os líderes religiosos. ⁵⁸ E Pedro o seguiu de longe até o pátio do sumo sacerdote, entrou e sentou-se com os guardas, para ver o que aconteceria.

⁵⁹ Os chefes dos sacerdotes e todo o Sinédrio[c] estavam procurando um depoimento falso contra Jesus, para que pudessem condená-lo à morte. ⁶⁰ Mas nada encontraram, embora se apresentassem muitas falsas testemunhas.

Finalmente se apresentaram duas ⁶¹ que declararam: "Este homem disse: 'Sou capaz de destruir o santuário de Deus e reconstruí-lo em três dias' ".

⁶² Então o sumo sacerdote levantou-se e disse a Jesus: "Você não vai responder à acusação que estes fazem?" ⁶³ Mas Jesus permaneceu em silêncio.

---

[a] **26.31** Zc 13.7
[b] **26.50** Ou *"Amigo, para que você veio?"*
[c] **26.59** Conselho dos principais líderes do povo judeu.

O sumo sacerdote lhe disse: "Exijo que você jure pelo Deus vivo: se você é o Cristo, o Filho de Deus, diga-nos".

⁶⁴ "Tu mesmo o disseste"ᵃ, respondeu Jesus. "Mas eu digo a todos vós: Chegará o dia em que vereis o Filho do homem assentado à direita do Poderoso e vindo sobre as nuvens do céu."

⁶⁵ Foi quando o sumo sacerdote rasgou as próprias vestes e disse: "Blasfemou! Por que precisamos de mais testemunhas? Vocês acabaram de ouvir a blasfêmia. ⁶⁶ O que acham?"

"É réu de morte!", responderam eles.

⁶⁷ Então alguns lhe cuspiram no rosto e lhe deram murros. Outros lhe davam tapas ⁶⁸ e diziam: "Profetize-nos, Cristo. Quem foi que bateu em você?".

Pedro Nega Jesus
(Mc 14.66-72; Lc 22.54-62; Jo 18.15-18,25-27)

⁶⁹ Pedro estava sentado no pátio, e uma criada, aproximando-se dele, disse: "Você também estava com Jesus, o galileu".

⁷⁰ Mas ele o negou diante de todos, dizendo: "Não sei do que você está falando".

⁷¹ Depois, saiu em direção à porta, onde outra criada o viu e disse aos que estavam ali: "Este homem estava com Jesus, o Nazareno".

⁷² E ele, jurando, o negou outra vez: "Não conheço esse homem!"

⁷³ Pouco tempo depois, os que estavam por ali chegaram a Pedro e disseram: "Certamente você é um deles! O seu modo de falar o denuncia".

⁷⁴ Aí ele começou a lançar maldições e a jurar: "Não conheço esse homem!"

Imediatamente um galo cantou. ⁷⁵ Então Pedro se lembrou da palavra que Jesus tinha dito: "Antes que o galo cante, você me negará três vezes". E, saindo dali, chorou amargamente.

O Suicídio de Judas

27 "De manhã cedo, todos os chefes dos sacerdotes e líderes religiosos do povo tomaram a decisão de condenar Jesus à morte. ² E, amarrando-o, levaram-no e o entregaram a Pilatos, o governador.

³ Quando Judas, que o havia traído, viu que Jesus fora condenado, foi tomado de remorso e devolveu aos chefes dos sacerdotes e aos líderes religiosos as trinta moedas de prata. ⁴ E disse: "Pequei, pois traí sangue inocente". E eles retrucaram: "Que nos importa? A responsabilidade é sua".

⁵ Então Judas jogou o dinheiro dentro do templo e, saindo, foi e enforcou-se.

⁶ Os chefes dos sacerdotes ajuntaram as moedas e disseram: "É contra a lei colocar este dinheiro no tesouro, visto que é preço de sangue". ⁷ Então decidiram usar aquele dinheiro para comprar o campo do Oleiro, para cemitério de estrangeiros. ⁸ Por isso ele se chama campo de Sangue até o dia de hoje. ⁹ Então se cumpriu o que fora dito pelo profeta Jeremias: "Tomaram as trinta moedas de prata, preço em que foi avaliado pelo povo de Israel, ¹⁰ e as usaram para comprar o campo do Oleiro, como o Senhor me havia ordenado"ᵇ.

Jesus diante de Pilatos

¹¹ Jesus foi posto diante do governador, e este lhe perguntou: "Você é o rei dos judeus?"

Respondeu-lhe Jesus: "Tu o dizes"ᶜ.

¹² Acusado pelos chefes dos sacerdotes e pelos líderes religiosos, ele nada respondeu. ¹³ Então Pilatos lhe perguntou: "Você não ouve a acusação que eles estão fazendo contra você?" ¹⁴ Mas Jesus não lhe respondeu nenhuma palavra, de modo que o governador ficou muito impressionado.

¹⁵ Por ocasião da festa era costume do governador soltar um prisioneiro escolhido pela multidão. ¹⁶ Eles tinham, naquela ocasião, um prisioneiro muito conhecido, chamado Barrabás. ¹⁷ Pilatos perguntou à multidão que ali se havia reunido: "Qual destes vocês querem que solte: Barrabás ou Jesus, chamado Cristo?" ¹⁸ Porque sabia que o haviam entregado por inveja.

¹⁹ Estando Pilatos sentado no tribunal, sua mulher lhe enviou esta mensagem: "Não se envolva com este inocente, porque hoje, em sonho, sofri muito por causa dele".

²⁰ Mas os chefes dos sacerdotes e os líderes religiosos convenceram a multidão a que pedisse Barrabás e mandasse executar Jesus.

²¹ Então perguntou o governador: "Qual dos dois vocês querem que eu solte?"

Responderam eles: "Barrabás!"

²² Perguntou Pilatos: "Que farei então com Jesus, chamado Cristo?"

Todos responderam: "Crucifica-o!"

²³ "Por quê? Que crime ele cometeu?", perguntou Pilatos.

ᵃ **26.64** Ou "*É como disseste*"
ᵇ **27.10** Veja Zc 11.12,13; Jr 19.1-13; 32.6-9.
ᶜ **27.11** Ou "*Sim, é como dizes*"

Mas eles gritavam ainda mais: "Crucifica-o!"

⁲⁴ Quando Pilatos percebeu que não estava obtendo nenhum resultado, mas, ao contrário, estava se iniciando um tumulto, mandou trazer água, lavou as mãos diante da multidão e disse: "Estou inocente do sangue deste homem; a responsabilidade é de vocês".

²⁵ Todo o povo respondeu: "Que o sangue dele caia sobre nós e sobre nossos filhos!"

²⁶ Então Pilatos soltou-lhes Barrabás, mandou açoitar Jesus e o entregou para ser crucificado.

Os Soldados Zombam de Jesus
(Mc 15.16-20)

²⁷ Então, os soldados do governador levaram Jesus ao Pretório[a] e reuniram toda a tropa ao seu redor. ²⁸ Tiraram-lhe as vestes e puseram nele um manto vermelho; ²⁹ fizeram uma coroa de espinhos e a colocaram em sua cabeça. Puseram uma vara em sua mão direita e, ajoelhando-se diante dele, zombavam: "Salve, rei dos judeus!" ³⁰ Cuspiram nele e, tirando-lhe a vara, batiam-lhe com ela na cabeça. ³¹ Depois de terem zombado dele, tiraram-lhe o manto e vestiram-lhe suas próprias roupas. Então o levaram para crucificá-lo.

A Crucificação
(Mc 15.21-32; Lc 23.26-43; Jo 19.16-27)

³² Ao saírem, encontraram um homem de Cirene, chamado Simão, e o forçaram a carregar a cruz. ³³ Chegaram a um lugar chamado Gólgota, que quer dizer lugar da Caveira, ³⁴ e lhe deram para beber vinho misturado com fel; mas ele, depois de prová-lo, recusou-se a beber. ³⁵ Depois de o crucificarem, dividiram as roupas dele, tirando sortes[b]. ³⁶ E, sentando-se, vigiavam-no ali. ³⁷ Por cima de sua cabeça, colocaram por escrito a acusação feita contra ele: ESTE É JESUS, O REI DOS JUDEUS. ³⁸ Dois ladrões foram crucificados com ele, um à sua direita e outro à sua esquerda. ³⁹ Os que passavam lançavam-lhe insultos, balançando a cabeça ⁴⁰ e dizendo: "Você que destrói o templo e o reedifica em três dias, salve-se! Desça da cruz se é Filho de Deus!"

⁴¹ Da mesma forma, os chefes dos sacerdotes, os mestres da lei e os líderes religiosos zombavam dele, ⁴² dizendo: "Salvou os outros, mas não é capaz de salvar a si mesmo! E é o rei de Israel! Desça agora da cruz, e creremos nele. ⁴³ Ele confiou em Deus. Que Deus o salve agora se dele tem compaixão, pois disse: 'Sou o Filho de Deus!' " ⁴⁴ Igualmente o insultavam os ladrões que haviam sido crucificados com ele.

A Morte de Jesus
(Mc 15.33-41; Lc 23.44-49; Jo 19.28-30)

⁴⁵ E houve trevas sobre toda a terra, do meio-dia às três horas da tarde[c]. ⁴⁶ Por volta das três horas da tarde, Jesus bradou em alta voz: "*Eloí, Eloí,*[d] *lamá sabactâni?*", que significa "Meu Deus! Meu Deus! Por que me abandonaste?"[e]

⁴⁷ Quando alguns dos que estavam ali ouviram isso, disseram: "Ele está chamando Elias".

⁴⁸ Imediatamente, um deles correu em busca de uma esponja, embebeu-a em vinagre, colocou-a na ponta de uma vara e deu-a a Jesus para beber. ⁴⁹ Mas os outros disseram: "Deixem-no. Vejamos se Elias vem salvá-lo".

⁵⁰ Depois de ter bradado novamente em alta voz, Jesus entregou o espírito.

⁵¹ Naquele momento, o véu do santuário rasgou-se em duas partes, de alto a baixo. A terra tremeu, e as rochas se partiram. ⁵² Os sepulcros se abriram, e os corpos de muitos santos que tinham morrido foram ressuscitados.

⁵³ E, saindo dos sepulcros, depois da ressurreição de Jesus, entraram na cidade santa e apareceram a muitos.

⁵⁴ Quando o centurião e os que com ele vigiavam Jesus viram o terremoto e tudo o que havia acontecido, ficaram aterrorizados e exclamaram: "Verdadeiramente este era o Filho[f] de Deus!"

⁵⁵ Muitas mulheres estavam ali, observando de longe. Elas haviam seguido Jesus desde a Galileia, para o servir. ⁵⁶ Entre elas estavam Maria Madalena; Maria, mãe de Tiago e de José; e a mãe dos filhos de Zebedeu.

O Sepultamento de Jesus
(Mc 15.42-47; Lc 23.50-56; Jo 19.38-42)

⁵⁷ Ao cair da tarde chegou um homem rico, de Arimateia, chamado José, que se tornara discípulo de Jesus. ⁵⁸ Dirigindo-se a Pilatos, pediu o corpo de Jesus, e Pilatos ordenou que lhe fosse

---

[a] 27.27 Residência oficial do governador romano.
[b] 27.35 Alguns manuscritos dizem *sortes, para que se cumprisse a palavra falada pelo profeta: "Dividiram as minhas roupas entre si, e tiraram sortes pelas minhas vestes"* (Sl 22.18).
[c] 27.45 Grego: *da hora sexta até a hora nona*.
[d] 27.46 Alguns manuscritos dizem *"Eli, Eli,*
[e] 27.46 Sl 22.1
[f] 27.54 Ou *era filho*

A HISTÓRIA DA FÉ: UMA CORRIDA DE REVEZAMENTO

As corridas de revezamento têm um aspecto essencial: os atletas de uma mesma equipe correm de maneira coordenada, um após outro, desde a saída até a linha de chegada. Começando do início da corrida, o primeiro corredor de cada equipe leva na mão direita um tipo de bastão (curiosamente chamado de "testemunho"). Quando se aproxima o fim do trecho que a ele lhe corresponda correr, outro atleta da mesma equipe dispara até estar ao lado do primeiro atleta, pois agora é a vez do segundo atleta correr o trecho seguinte. Nesse momento, usando uma técnica aprendida e muitas vezes praticada em treinamento, o corredor que termina seu trecho passa o testemunho ao corredor seguinte, que, então, já deve estar correndo na mesma velocidade que este.

Agora corresponde ao segundo atleta esforçar-se ao máximo. O primeiro já cumpriu a tarefa que lhe competia. E assim deve acontecer até o final da prova. Se o testemunho cai durante a prova, devem voltar a pegá-lo. Ninguém poderá chegar à linha de chegada sem ele.

Jesus estabeleceu para a Igreja uma corrida de revezamento que fosse levando o "testemunho" de geração a geração, e assim tem sido até hoje e continuará até que ele volte. Esta passagem bíblica não deixa dúvida. Seus discípulos, enquanto caminham neste mundo, devem fazer discípulos de todas as nações, batizá-los e ensiná-los. O que lhes devem ensinar? O que Jesus primeiramente lhes ensinou: viver de tal maneira que possamos fazer discípulos de todas as nações e ensinar-lhes tudo o que o Mestre nos ensinou por meio dos discípulos que, por sua vez, lhes entregaram o bastão, que é seguir caminhando, batizando e fazendo discípulos. E, assim, é estabelecida uma cadeia de entregas poderosas de "testemunho" que continua ininterrupta e incansável há mais de vinte séculos.

Vale a pena ser discípulo, fazer discípulos e, quando chegar o momento, entregar a estes sem receio de nenhum tipo o "testemunho" que os qualifica para seguir a corrida, porque o receberam de nós, e nós de outros, até que cheguemos aos primeiros discípulos de Jesus. Sem o "testemunho", a carreira da Igreja cristã não teria nenhum sentido.

Para ampliar o seu entendimento sobre este assunto, consulte "A biblioteca do discípulo", na p. 1567.

---

entregue. ⁵⁹ José tomou o corpo, envolveu-o num lençol limpo de linho ⁶⁰ e o colocou num sepulcro novo, que ele havia mandado cavar na rocha. E, fazendo rolar uma grande pedra sobre a entrada do sepulcro, retirou-se. ⁶¹ Maria Madalena e a outra Maria estavam assentadas ali, em frente do sepulcro.

A Guarda do Sepulcro

⁶² No dia seguinte, isto é, no sábado,ᵃ os chefes dos sacerdotes e os fariseus dirigiram-se a Pilatos ⁶³ e disseram: "Senhor, lembramos que, enquanto ainda estava vivo, aquele impostor disse: 'Depois de três dias ressuscitarei'. ⁶⁴ Ordena, pois, que o sepulcro dele seja guardado até o terceiro dia, para que não venham seus discípulos e, roubando o corpo, digam ao povo que ele ressuscitou dentre os mortos. Este último engano será pior do que o primeiro".

⁶⁵ "Levem um destacamento"ᵇ, respondeu Pilatos. "Podem ir, e mantenham o sepulcro em segurança como acharem melhor". ⁶⁶ Eles foram e armaram um esquema de segurança no sepulcro; e além de deixarem um destacamento montando guarda, lacraram a pedra.

ᵃ 27.62 Ou *No dia seguinte ao da Preparação*.
ᵇ 27.65 Ou *"Vocês têm um destacamento!"*

A Ressurreição
(Mc 16.1-8; Lc 24.1-12; Jo 20.1-9)

28 "Depois do sábado, tendo começado o primeiro dia da semana, Maria Madalena e a outra Maria foram ver o sepulcro.

² E eis que sobreveio um grande terremoto, pois um anjo do Senhor desceu dos céus e, chegando ao sepulcro, rolou a pedra da entrada e assentou-se sobre ela. ³ Sua aparência era como um relâmpago, e suas vestes eram brancas como a neve. ⁴ Os guardas tremeram de medo e ficaram como mortos.

⁵ O anjo disse às mulheres: "Não tenham medo! Sei que vocês estão procurando Jesus, que foi crucificado. ⁶ Ele não está aqui; ressuscitou, como tinha dito. Venham ver o lugar onde ele jazia. ⁷ Vão depressa e digam aos discípulos dele: Ele ressuscitou dentre os mortos e está indo adiante de vocês para a Galileia. Lá vocês o verão. Notem que eu já os avisei".

⁸ As mulheres saíram depressa do sepulcro, amedrontadas e cheias de alegria, e foram correndo anunciá-lo aos discípulos de Jesus. ⁹ De repente, Jesus as encontrou e disse: "Salve!" Elas se aproximaram dele, abraçaram-lhe os pés e o adoraram. ¹⁰ Então Jesus lhes disse: "Não tenham medo. Vão dizer a meus irmãos que se dirijam para a Galileia; lá eles me verão".

O Relato dos Guardas

¹¹ Enquanto as mulheres estavam a caminho, alguns dos guardas dirigiram-se à cidade e contaram aos chefes dos sacerdotes tudo o que havia acontecido. ¹² Quando os chefes dos sacerdotes se reuniram com os líderes religiosos, elaboraram um plano. Deram aos soldados grande soma de dinheiro, ¹³ dizendo-lhes: "Vocês devem declarar o seguinte: Os discípulos dele vieram durante a noite e furtaram o corpo, enquanto estávamos dormindo. ¹⁴ Se isso chegar aos ouvidos do governador, nós lhe daremos explicações e livraremos vocês de qualquer problema". ¹⁵ Assim, os soldados receberam o dinheiro e fizeram como tinham sido instruídos. E esta versão se divulgou entre os judeus até o dia de hoje.

A Grande Comissão

¹⁶ Os onze discípulos foram para a Galileia, para o monte que Jesus lhes indicara. ¹⁷ Quando o viram, o adoraram; mas alguns duvidaram. ¹⁸ Então, Jesus aproximou-se deles e disse: "Foi-me dada toda a autoridade nos céus e na terra. ¹⁹ Portanto, vão e façam discípulos de todas as nações, batizando-os em[a] nome do Pai e do Filho e do Espírito Santo, ²⁰ ensinando-os a obedecer a tudo o que eu ordenei a vocês. E eu estarei sempre com vocês, até o fim dos tempos".

28.18-20 As palavras "vão e façam" equivalem a "enquanto vocês vão, façam". Para Jesus, o mais natural na vida de quem já recebeu as boas-novas de salvação é que, enquanto caminha neste mundo, anuncie a mensagem às pessoas e não se contente em evangelizá-las, mas, sim, que tenha certeza de que as torna discípulas e de que o evangelho encontra solo fértil em seu coração. O apóstolo Paulo, depois de fundar cada igreja, permanecia na região tempo suficiente para assegurar-se de que estaria estabelecida com firmeza para prosseguir.

28.18-20 Discipulado (iniciado em Romanos 10.14,15): Este é o texto mais conhecido da chamada Grande Comissão; trata-se da tarefa final dada por Jesus a seus discípulos antes de voltar para o Pai. Pelas palavras ditas e pela solenidade da ocasião, reveste-se de extraordinária importância. De todas as maneiras, todos nós temos o chamado para fazer discípulos de todas as nações — trabalho que começa com a evangelização e a pregação do evangelho de Jesus por meio do nosso testemunho de fé e prática de vida.
Texto anterior: Romanos 10.14,15
Próximo texto: Lucas 24.45-49

---

[a] **28.19** Veja At 8.16; 19.5; Rm 6.3; 1 Co 1.13; 10.2 e Gl 3.27.

Introdução ao evangelho de
MARCOS

Autor e data de composição

A tradição mais antiga da Igreja atribui, de forma praticamente unânime, a composição deste Evangelho a João Marcos, o sobrinho de Barnabé que trabalhou a seu lado e também ao lado de Paulo e Pedro. Sabe-se que ele pertencia a uma família de Jerusalém de boa condição econômica, que, como muitas de seu tempo, talvez aceitasse certos costumes gregos. Esse aspecto torna mais interessante uma espécie de "assinatura" um tanto humorada que o escritor deixa nos versículos 51 e 52 do capítulo 14, ao relatar o momento em que levaram Jesus preso para que fosse apresentado ao sumo sacerdote: "Um jovem, vestindo apenas um lençol de linho, estava seguindo Jesus. Quando tentaram prendê-lo, ele fugiu nu, deixando o lençol para trás". Era já noite, e o costume de se deitar sem roupa era grego, não judeu; desse modo, talvez estejamos lendo um detalhe engraçado da memória de João Marcos: a lembrança do momento em que ouviu o tumulto, envolveu-se num lençol, saiu para ver o que estava acontecendo e deparou com os que estavam levando Jesus preso, aquele em quem ele já havia crido. A maioria dos exegetas considera que esse é o mais antigo dos quatro Evangelhos canônicos e situam sua composição entre os anos 50 e 64. Partindo da simbologia desenvolvida por Ireneu (veja a "Introdução ao evangelho de Mateus", p. 1003), costuma-se representar Marcos e seu Evangelho como um leão com asas. Uma vez que o objetivo de João Marcos é apresentar Jesus como o servo sofredor de Deus que levou nossos pecados, talvez a simbologia mais condizente fosse a de um boi.

ESBOÇO GERAL

Primeira parte: A preparação de Jesus para seu ministério público (1.1-13)
  I. O ministério de João Batista (1.1-8)
  II. O batismo de Jesus e a tentação no deserto (1.9-13)

Segunda parte: O ministério de Jesus na Galileia (1.14—9.50)
  I. Primeiro período (1.14—3.12)
      A. O chamado dos primeiros quatro discípulos (1.14-20)
      B. Acontecimentos e curas em Cafarnaum (1.21—2.12)
      C. O chamado de Levi, o publicano, para segui-lo (2.13-22)
      D. A controvérsia sobre o dia de descanso (2.23—3.12)
  II. Segundo período (3.13—7.23)
      A. A escolha dos Doze e novos relacionamentos (3.13-35)
      B. Quatro parábolas: o semeador, a candeia, a semente, o grão de mostarda (4.1-34)
      C. Diversos milagres (4.35—5.43)
      D. Começa a crescer a oposição contra Jesus (6.1—7.23)
  III. Terceiro período (7.24—9.50)
      A. Diversas curas e milagres (7.24—9.1)
      B. A transfiguração de Jesus (9.2-29)
      C. Jesus prediz sua morte e prepara os discípulos (9.30-50)

Terceira parte: O ministério de Jesus na Pereia (10)
  I. Diversos ensinos (10.1-45)
  II. O cego Bartimeu (10.46-52)

Quarta parte: A rejeição formal de Jesus (11.1—14.10-31)
  I. Jesus e sua entrada triunfal em Jerusalém, a maldição da figueira e a purificação do templo (11.1-19)
  II. Ensino sobre a oração (11.20-26)
  III. A hostilidade dos líderes do povo (11.27—12.44)
  IV. O discurso no monte das Oliveiras (13)
  V. Maria unge Jesus em Betânia (14.1-9)
  VI. A celebração da Páscoa e a traição de Judas (14.10-31)

Quinta parte: O sacrifício redentor do servo de Deus (14.32—15.47)
  I. Jesus ora no Getsêmani (14.32-42)
  II. Jesus é preso, julgado e maltratado (14.43—15.23)
  III. A crucificação de Jesus (15.24-41)
  IV. O sepultamento (15.42-47)

Sexta parte: A ressurreição triunfante de Jesus (16)
  I. A ressurreição (16.1-8)
  II. As aparições (16.9-18)
  III. A ascensão aos céus (16.19,20)

Versículo-chave
16.15

Tema geral do livro
O evangelho de Marcos, talvez o menos usado nas igrejas por sua simplicidade e concisão, contém uma agilidade de ação que o torna atrativo e direto. O alvo do escritor é apresentar um relato cheio de vida e cor sobre o ministério público de Jesus. Seu estilo concorda com o público-alvo: os romanos, um povo bastante pragmático e dinâmico, mais interessado no poder que nas intermináveis genealogias do mundo judaico. Um tema marcante neste Evangelho é o chamado "segredo messiânico". Em várias ocasiões, Jesus pede a alguém que não seja revelada a sua identidade ou algo que alguém tenha visto que indique quem ele é. É possível que Jesus estivesse tentando evitar que os discípulos insistissem em seu próprio conceito sobre o Messias, muito diferente da realidade que somente viriam a entender por completo e anunciar com eficácia após sua morte e ressurreição. Assim como o evangelho de João é o mais profundo e deve ser estudado com atenção, o de Marcos deveria ser considerado o mais acolhedor para quem começa a aprender sobre Jesus, pessoas do mundo de hoje que, assim como os romanos, são dominadas pela praticidade. Segundo a tradição, Marcos escreveu aos romanos por ter colaborado com os apóstolos, concretamente com Pedro, em seu trabalho evangelístico entre eles, de modo que teria compilado, além de suas próprias lembranças, detalhes tomados das pregações e dos ensinos desse apóstolo.

No evangelho de Marcos, Jesus é...
  ... o servo sofredor de Deus (10.42-45).

Versículos-chave para o discípulo
12.29-31

O discípulo e o evangelho de Marcos

O Senhor Jesus, citando o Antigo Testamento, oferece a lei maior de vida para o verdadeiro discípulo: o amor. Aqui Jesus menciona primeiro o amor de Deus, depois de anunciar o famoso " 'Ouça, ó Israel' " (Deuteronômio 6.4,5), que até hoje continua sendo o credo básico do judaísmo. Em seguida, praticamente sem respirar, proclama o amor ao próximo como o resultado normal e imediato do amor a Deus: " '[...] ame cada um o seu próximo como a si mesmo. Eu sou o Senhor' " (Levítico 19.18). Jesus omite de propósito a primeira parte desse versículo para dar-lhe um valor universal, em vez de restringi-lo ao povo escolhido. O evangelho de Marcos, e sua aplicação, é um excelente começo para o novo cristão, que acaba de pôr a vida nas mãos do Senhor; sobretudo se é jovem e prefere mais as ações que as palavras. A sociedade moderna ocidental aceitaria muito melhor esse Evangelho dinâmico e envolvente como ponto de partida do que qualquer outro texto das Escrituras.

ESBOÇO GERAL

MARCOS

João Batista Prepara o Caminho
(Mt 3.1-12; Lc 3.1-18)

1 Princípio do evangelho de Jesus Cristo, o Filho de Deus[a].

² Conforme está escrito no profeta Isaías:

"Enviarei à tua frente
   o meu mensageiro;
ele preparará
   o teu caminho"[b]
³ "voz do que clama no deserto:
   'Preparem[c] o caminho
para o Senhor,
   façam veredas retas
para ele' "[d].

⁴ Assim surgiu João, batizando no deserto e pregando um batismo de arrependimento para o perdão dos pecados. ⁵ A ele vinha toda a região da Judeia e todo o povo de Jerusalém. Confessando os seus pecados, eram batizados por ele no rio Jordão. ⁶ João vestia roupas feitas de pelos de camelo, usava um cinto de couro e comia gafanhotos e mel silvestre. ⁷ E esta era a sua mensagem: "Depois de mim vem alguém mais poderoso do que eu, tanto que não sou digno nem de curvar-me e desamarrar as correias das suas sandálias. ⁸ Eu os batizo com[e] água, mas ele os batizará com o Espírito Santo".

O Batismo e a Tentação de Jesus
(Mt 3.13-4.11; Lc 3.21,22; 4.1-13)

⁹ Naquela ocasião, Jesus veio de Nazaré da Galileia e foi batizado por João no Jordão. ¹⁰ Assim que saiu da água, Jesus viu o céu se abrindo e o Espírito descendo como pomba sobre ele. ¹¹ Então veio dos céus uma voz: "Tu és o meu Filho amado; de ti me agrado".

¹² Logo após, o Espírito o impeliu para o deserto. ¹³ Ali esteve quarenta dias, sendo tentado por Satanás. Estava com os animais selvagens, e os anjos o serviam.

Jesus Chama os Primeiros Discípulos
(Mt 4.12-22; Lc 4.14,15; 5.1-11; Jo 1.35-42)

¹⁴ Depois que João foi preso, Jesus foi para a Galileia, proclamando as boas-novas de Deus. ¹⁵ "O tempo é chegado", dizia ele. "O Reino de Deus está próximo. Arrependam-se e creiam nas boas-novas!"

¹⁶ Andando à beira do mar da Galileia, Jesus viu Simão e seu irmão André lançando redes ao mar, pois eram pescadores. ¹⁷ E disse Jesus: "Sigam-me, e eu os farei pescadores de homens". ¹⁸ No mesmo instante eles deixaram as suas redes e o seguiram.

¹⁹ Indo um pouco mais adiante, viu num barco Tiago, filho de Zebedeu, e João, seu irmão, preparando as suas redes. ²⁰ Logo os chamou, e eles o seguiram, deixando seu pai, Zebedeu, com os empregados no barco.

Jesus Expulsa um Espírito Imundo
(Lc 4.31-37)

²¹ Eles foram para Cafarnaum e, logo que chegou o sábado, Jesus entrou na sinagoga e começou a ensinar. ²² Todos ficavam maravilhados com o seu ensino, porque lhes ensinava como alguém que tem autoridade e não como os mestres da lei. ²³ Justo naquele momento, na sinagoga, um homem possesso de um espírito imundo gritou: ²⁴ "O que queres conosco, Jesus de Nazaré? Vieste para nos destruir? Sei quem tu és: o Santo de Deus!"

²⁵ "Cale-se e saia dele!", repreendeu-o Jesus. ²⁶ O espírito imundo sacudiu o homem violentamente e saiu dele gritando.

²⁷ Todos ficaram tão admirados que perguntavam uns aos outros: "O que é isto? Um novo ensino — e com autoridade! Até aos espíritos imundos ele dá ordens, e eles lhe obedecem!" ²⁸ As notícias a seu respeito se espalharam rapidamente por toda a região da Galileia.

O Poder de Jesus sobre os Demônios e as Doenças
(Mt 8.14-17; Lc 4.38-41)

²⁹ Logo que saíram da sinagoga, foram com Tiago e João à casa de Simão e André. ³⁰ A sogra de Simão estava de cama, com febre, e falaram a respeito dela a Jesus. ³¹ Então ele se aproximou dela, tomou-a pela mão e ajudou-a a levantar-se. A febre a deixou, e ela começou a servi-los.

---

[a] **1.1** Alguns manuscritos não trazem *o Filho de Deus*.
[b] **1.2** Ml 3.1
[c] **1.3** Ou *que clama: 'No deserto preparem*
[d] **1.2,3** Is 40.3
[e] **1.8** Ou *em*

³² Ao anoitecer, depois do pôr do sol, o povo levou a Jesus todos os doentes e os endemoninhados. ³³ Toda a cidade se reuniu à porta da casa, ³⁴ e Jesus curou muitos que sofriam de várias doenças. Também expulsou muitos demônios; não permitia, porém, que estes falassem, porque sabiam quem ele era.

Jesus Ora num Lugar Deserto
(Lc 4.42-44)

³⁵ De madrugada, quando ainda estava escuro, Jesus levantou-se, saiu de casa e foi para um lugar deserto, onde ficou orando. ³⁶ Simão e seus companheiros foram procurá-lo ³⁷ e, ao encontrá-lo, disseram: "Todos estão te procurando!" ³⁸ Jesus respondeu: "Vamos para outro lugar, para os povoados vizinhos, para que também lá eu pregue. Foi para isso que eu vim". ³⁹ Então ele percorreu toda a Galileia, pregando nas sinagogas e expulsando os demônios.

A Cura de um Leproso
(Mt 8.1-4; Lc 5.12-16)

⁴⁰ Um leproso[a] aproximou-se dele e suplicou-lhe de joelhos: "Se quiseres, podes purificar-me!" ⁴¹ Cheio de compaixão, Jesus estendeu a mão, tocou nele e disse: "Quero. Seja purificado!" ⁴² Imediatamente a lepra o deixou, e ele foi purificado. ⁴³ Em seguida Jesus o despediu, com uma severa advertência: ⁴⁴ "Olhe, não conte isso a ninguém. Mas vá mostrar-se ao sacerdote e ofereça pela sua purificação os sacrifícios que Moisés ordenou, para que sirva de testemunho". ⁴⁵ Ele, porém, saiu e começou a tornar público o fato, espalhando a notícia. Por isso Jesus não podia mais entrar publicamente em nenhuma cidade, mas ficava fora, em lugares solitários. Todavia, assim mesmo vinha a ele gente de todas as partes.

Jesus Cura um Paralítico
(Mt 9.1-8; Lc 5.17-26)

2 Poucos dias depois, tendo Jesus entrado novamente em Cafarnaum, o povo ouviu falar que ele estava em casa. ² Então muita gente se reuniu ali, de forma que não havia lugar nem junto à porta; e ele lhes pregava a palavra. ³ Vieram alguns homens, trazendo-lhe um paralítico, carregado por quatro deles. ⁴ Não podendo levá-lo até Jesus, por causa da multidão, removeram parte da cobertura do lugar onde Jesus estava e, pela abertura no teto, baixaram a maca em que estava deitado o paralítico. ⁵ Vendo a fé que eles tinham, Jesus disse ao paralítico: "Filho, os seus pecados estão perdoados".

⁶ Estavam sentados ali alguns mestres da lei, raciocinando em seu íntimo: ⁷ "Por que esse homem fala assim? Está blasfemando! Quem pode perdoar pecados, a não ser somente Deus?"

⁸ Jesus percebeu logo em seu espírito que era isso que eles estavam pensando e lhes disse: "Por que vocês estão remoendo essas coisas em seu coração? ⁹ Que é mais fácil dizer ao paralítico: Os seus pecados estão perdoados, ou: Levante-se, pegue a sua maca e ande? ¹⁰ Mas, para que vocês saibam que o Filho do homem tem na terra autoridade para perdoar pecados" — disse ao paralítico — ¹¹ "eu digo a você: Levante-se, pegue a sua maca e vá para casa". ¹² Ele se levantou, pegou a maca e saiu à vista de todos, que, atônitos, glorificaram a Deus, dizendo: "Nunca vimos nada igual!"

O Chamado de Levi
(Mt 9.9-13; Lc 5.27-32)

¹³ Jesus saiu outra vez para beira-mar. Uma grande multidão aproximou-se, e ele começou a ensiná-los. ¹⁴ Passando por ali, viu Levi, filho de Alfeu, sentado na coletoria, e disse-lhe: "Siga-me". Levi levantou-se e o seguiu.

¹⁵ Durante uma refeição na casa de Levi, muitos publicanos[b] e pecadores estavam comendo com Jesus e seus discípulos, pois havia muitos que o seguiam. ¹⁶ Quando os mestres da lei que eram fariseus o viram comendo com pecadores e publicanos, perguntaram aos discípulos de Jesus: "Por que ele come com publicanos e pecadores?"

¹⁷ Ouvindo isso, Jesus lhes disse: "Não são os que têm saúde que precisam de médico, mas sim os doentes. Eu não vim para chamar justos, mas pecadores".

Jesus é Interrogado acerca do Jejum
(Mt 9.14-17; Lc 5.33-39)

¹⁸ Os discípulos de João e os fariseus estavam jejuando. Algumas pessoas vieram a Jesus e lhe perguntaram: "Por que os discípulos de João e os dos fariseus jejuam, mas os teus não?"

¹⁹ Jesus respondeu: "Como podem os convidados do noivo jejuar enquanto este está com

---

[a] **1.40** O termo grego não se refere somente à lepra, mas também a diversas doenças da pele.

[b] **2.15** Os publicanos eram coletores de impostos, malvistos pelo povo; também no versículo 16.

eles? Não podem, enquanto o têm consigo. ²⁰ Mas virão dias quando o noivo lhes será tirado; e nesse tempo jejuarão.

²¹ "Ninguém põe remendo de pano novo em roupa velha, pois, o remendo forçará a roupa, tornando pior o rasgo. ²² E ninguém põe vinho novo em vasilha de couro velha; se o fizer, o vinho rebentará a vasilha, e tanto o vinho quanto a vasilha se estragarão. Ao contrário, põe-se vinho novo em vasilha de couro nova".

O Senhor do Sábado
(Mt 12.1-14; Lc 6.1-11)

²³ Certo sábado Jesus estava passando pelas lavouras de cereal. Enquanto caminhavam, seus discípulos começaram a colher espigas. ²⁴ Os fariseus lhe perguntaram: "Olha, por que eles estão fazendo o que não é permitido no sábado?"

²⁵ Ele respondeu: "Vocês nunca leram o que fez Davi quando ele e seus companheiros estavam necessitados e com fome? ²⁶ Nos dias do sumo sacerdote Abiatar, Davi entrou na casa de Deus e comeu os pães da Presença, que apenas aos sacerdotes era permitido comer, e os deu também aos seus companheiros".

²⁷ E então lhes disse: "O sábado foi feito por causa do homem, e não o homem por causa do sábado. ²⁸ Assim, pois, o Filho do homem é Senhor até mesmo do sábado".

3 Noutra ocasião ele entrou na sinagoga, e estava ali um homem com uma das mãos atrofiada. ² Alguns deles estavam procurando um motivo para acusar Jesus; por isso o observavam atentamente, para ver se ele iria curá-lo no sábado. ³ Jesus disse ao homem da mão atrofiada: "Levante-se e venha para o meio".

⁴ Depois Jesus lhes perguntou: "O que é permitido fazer no sábado: o bem ou o mal, salvar a vida ou matar?" Mas eles permaneceram em silêncio.

⁵ Irado, olhou para os que estavam à sua volta e, profundamente entristecido por causa do coração endurecido deles, disse ao homem: "Estenda a mão". Ele a estendeu, e ela foi restaurada. ⁶ Então os fariseus saíram e começaram a conspirar com os herodianos contra Jesus, sobre como poderiam matá-lo.

Jesus é Procurado por uma Multidão

⁷ Jesus retirou-se com os seus discípulos para o mar, e uma grande multidão vinda da Galileia o seguia. ⁸ Quando ouviram a respeito de tudo o que ele estava fazendo, muitas pessoas procedentes da Judeia, de Jerusalém, da Idumeia, das regiões do outro lado do Jordão e dos arredores de Tiro e de Sidom foram atrás dele. ⁹ Por causa da multidão, ele disse aos discípulos que lhe preparassem um pequeno barco, para evitar que o comprimissem. ¹⁰ Pois ele havia curado a muitos, de modo que os que sofriam de doenças ficavam se empurrando para conseguir tocar nele. ¹¹ Sempre que os espíritos imundos o viam, prostravam-se diante dele e gritavam: "Tu és o Filho de Deus". ¹² Mas ele lhes dava ordens severas para que não dissessem quem ele era.

A Escolha dos Doze Apóstolos
(Lc 6.12-16)

¹³ Jesus subiu a um monte e chamou a si aqueles que ele quis, os quais vieram para junto dele. ¹⁴ Escolheu doze, designando-os apóstolos[a], para que estivessem com ele, os enviasse a pregar ¹⁵ e tivessem autoridade para expulsar demônios. ¹⁶ Estes são os doze que ele escolheu: Simão, a quem deu o nome de Pedro; ¹⁷ Tiago, filho de Zebedeu, e João, seu irmão, aos quais deu o nome de Boanerges, que significa "filhos do trovão"; ¹⁸ André; Filipe; Bartolomeu; Mateus; Tomé; Tiago, filho de Alfeu; Tadeu; Simão, o zelote; ¹⁹ e Judas Iscariotes, que o traiu.

A Acusação contra Jesus
(Mt 12.22-32; Lc 11.14-23)

²⁰ Então Jesus entrou numa casa, e novamente reuniu-se ali uma multidão, de modo que ele e os seus discípulos não conseguiam nem comer. ²¹ Quando seus familiares ouviram falar disso, saíram para trazê-lo à força, pois diziam: "Ele está fora de si".

²² E os mestres da lei que haviam descido de Jerusalém diziam: "Ele está com Belzebu! Pelo príncipe dos demônios é que ele expulsa demônios".

²³ Então Jesus os chamou e lhes falou por parábolas: "Como pode Satanás expulsar Satanás? ²⁴ Se um reino estiver dividido contra si mesmo, não poderá subsistir. ²⁵ Se uma casa estiver dividida contra si mesma, também não poderá subsistir. ²⁶ E, se Satanás se opuser a si mesmo e estiver dividido, não poderá subsistir; chegou o seu fim. ²⁷ De fato, ninguém pode entrar na casa do homem forte e levar dali os seus bens, sem que antes o amarre. Só então poderá roubar a

---
[a] 3.14 Alguns manuscritos não trazem *designando-os apóstolos*.

casa dele. ²⁸ Eu asseguro que todos os pecados e blasfêmias dos homens lhes serão perdoados, ²⁹ mas quem blasfemar contra o Espírito Santo nunca terá perdão: é culpado de pecado eterno". ³⁰ Jesus falou isso porque eles estavam dizendo: "Ele está com um espírito imundo".

A Mãe e os Irmãos de Jesus
(Mt 12.46-50; Lc 8.19-21)

³¹ Então chegaram a mãe e os irmãos de Jesus. Ficando do lado de fora, mandaram alguém chamá-lo. ³² Havia muita gente assentada ao seu redor; e lhe disseram: "Tua mãe e teus irmãos estão lá fora e te procuram". ³³ "Quem é minha mãe, e quem são meus irmãos?", perguntou ele. ³⁴ Então olhou para os que estavam assentados ao seu redor e disse: "Aqui estão minha mãe e meus irmãos! ³⁵ Quem faz a vontade de Deus, este é meu irmão, minha irmã e minha mãe".

A Parábola do Semeador
(Mt 13.1-23; Lc 8.1-15)

4 Novamente Jesus começou a ensinar à beira-mar. Reuniu-se ao seu redor uma multidão tão grande que ele teve que entrar num barco e assentar-se nele. O barco estava no mar, enquanto todo o povo ficava na beira da praia. ² Ele lhes ensinava muitas coisas por parábolas, dizendo em seu ensino: ³ "Ouçam! O semeador saiu a semear. ⁴ Enquanto lançava a semente, parte dela caiu à beira do caminho, e as aves vieram e a comeram. ⁵ Parte dela caiu em terreno pedregoso, onde não havia muita terra; e logo brotou, porque a terra não era profunda. ⁶ Mas, quando saiu o sol, as plantas se queimaram e secaram, porque não tinham raiz. ⁷ Outra parte caiu entre espinhos, que cresceram e sufocaram as plantas, de forma que ela não deu fruto. ⁸ Outra ainda caiu em boa terra, germinou, cresceu e deu boa colheita, a trinta, sessenta e até cem por um".

⁹ E acrescentou: "Aquele que tem ouvidos para ouvir, ouça!"

¹⁰ Quando ele ficou sozinho, os Doze e os outros que estavam ao seu redor lhe fizeram perguntas acerca das parábolas. ¹¹ Ele lhes disse: "A vocês foi dado o mistério do Reino de Deus, mas aos que estão fora tudo é dito por parábolas, ¹² a fim de que,

"'ainda que vejam,
não percebam;
ainda que ouçam,
    não entendam;
de outro modo,
    poderiam converter-se
e ser perdoados!'ᵃ"

¹³ Então Jesus lhes perguntou: "Vocês não entendem esta parábola? Como, então, compreenderão todas as outras? ¹⁴ O semeador semeia a palavra. ¹⁵ Algumas pessoas são como a semente à beira do caminho, onde a palavra é semeada. Logo que a ouvem, Satanás vem e retira a palavra nelas semeada. ¹⁶ Outras, como a semente lançada em terreno pedregoso, ouvem a palavra e logo a recebem com alegria. ¹⁷ Todavia, visto que não têm raiz em si mesmas, permanecem por pouco tempo. Quando surge alguma tribulação ou perseguição por causa da palavra, logo a abandonam. ¹⁸ Outras ainda, como a semente lançada entre espinhos, ouvem a palavra; ¹⁹ mas, quando chegam as preocupações desta vida, o engano das riquezas e os anseios por outras coisas sufocam a palavra, tornando-a infrutífera. ²⁰ Outras pessoas são como a semente lançada em boa terra: ouvem a palavra, aceitam-na e dão uma colheita de trinta, sessenta e até cem por um".

A Candeia
(Lc 8.16-18)

²¹ Ele lhes disse: "Quem traz uma candeia para ser colocada debaixo de uma vasilha ou de uma cama? Acaso não a coloca num lugar apropriado? ²² Porque não há nada oculto, senão para ser revelado, e nada escondido, senão para ser trazido à luz. ²³ Se alguém tem ouvidos para ouvir, ouça!

²⁴ "Considerem atentamente o que vocês estão ouvindo", continuou ele. "Com a medida com que medirem, vocês serão medidos; e ainda mais acrescentarão para vocês. ²⁵ A quem tiver, mais lhe será dado; de quem não tiver, até o que tem lhe será tirado".

A Parábola da Semente

²⁶ Ele prosseguiu dizendo: "O Reino de Deus é semelhante a um homem que lança a semente sobre a terra. ²⁷ Noite e dia, estando ele dormindo ou acordado, a semente germina e cresce, embora ele não saiba como. ²⁸ A terra por si própria produz o grão: primeiro o talo,

---

ᵃ **4.12** Is 6.9,10

AS PARÁBOLAS DE JESUS NO EVANGELHO DE MARCOS

PARÁBOLA	ENSINO	TEXTO BÍBLICO
Noivo, o	A alegria dos discípulos diante da presença de Cristo	2.19,20; veja Mateus 9.15; Lucas 5.34,35
Casa dividida contra si mesma, a	A divisão leva à destruição	3.23-27; veja Mateus 12.25-29; Lucas 11.17-22
Crescimento da semente, o	O poder da verdade	4.26-29
Figueira, a	A necessidade de vigiar	13.28-31; veja Mateus 24.32-35; Lucas 21.29-33
Homem que sai de viagem e dá autoridade a seus servos, o	Somos apenas administradores, mas ele voltará	13.32-37
Lavradores, os	Deus rejeita quem rejeita o seu Filho	12.1-12; veja Mateus 21.33-41; Lucas 20.9-18
Candeia e a vasilha, a	O testemunho do discípulo deve ser visível	4.21; veja Mateus 5.15,16; Lucas 8.16; 11.33
Remendo de pano novo em roupa velha, o	O novo deve substituir completamente o velho	2.21; veja Mateus 9.16; Lucas 5.36
Semeador, o	A mesma verdade e diferentes resultados	4.1-20; veja Mateus 13.1-23; Lucas 8.4-15
Grão de mostarda, o	A expansão do Reino a partir de um pequeno começo	4.30-32; veja Mateus 13.31,32; Lucas 13.18,19
Vinho novo em vasilha de couro velha, o	Quando se junta o novo com o velho, ambos se estragam	2.22; veja Mateus 9.17; Lucas 5.37-39

depois a espiga e, então, o grão cheio na espiga. ²⁹ Logo que o grão fica maduro, o homem lhe passa a foice, porque chegou a colheita".

A Parábola do Grão de Mostarda
(Mt 13.31-35; Lc 13.18-21)

³⁰ Novamente ele disse: "Com que compararemos o Reino de Deus? Que parábola usaremos para descrevê-lo? ³¹ É como um grão de mostarda, que é a menor semente que se planta na terra. ³² No entanto, uma vez plantado, cresce e se torna uma das maiores plantas, com ramos tão grandes que as aves do céu podem abrigar-se à sua sombra".

³³ Com muitas parábolas semelhantes Jesus lhes anunciava a palavra, tanto quanto podiam receber. ³⁴ Não lhes dizia nada sem usar alguma parábola. Quando, porém, estava a sós com os seus discípulos, explicava-lhes tudo.

Jesus Acalma a Tempestade
(Mt 8.23-27; Lc 8.22-25)

³⁵ Naquele dia, ao anoitecer, disse ele aos seus discípulos: "Vamos para o outro lado". ³⁶ Deixando a multidão, eles o levaram no barco, assim como estava. Outros barcos também o acompanhavam. ³⁷ Levantou-se um forte vendaval, e as ondas se lançavam sobre o barco, de forma que este ia se enchendo de água. ³⁸ Jesus estava na popa, dormindo com a cabeça sobre um travesseiro. Os discípulos o acordaram e clamaram: "Mestre, não te importas que morramos?"

³⁹ Ele se levantou, repreendeu o vento e disse ao mar: "Aquiete-se! Acalme-se!" O vento se aquietou, e fez-se completa bonança.

⁴⁰ Então perguntou aos seus discípulos: "Por que vocês estão com tanto medo? Ainda não têm fé?"

⁴¹ Eles estavam apavorados e perguntavam uns aos outros: "Quem é este que até o vento e o mar lhe obedecem?"

A Cura de um Endemoninhado
(Mt 8.28-34; Lc 8.26-39)

5 Eles atravessaram o mar e foram para a região dos gerasenos[a]. ² Quando Jesus desembarcou, um homem com um espírito imundo veio dos

---
[a] 5.1 Alguns manuscritos trazem *gadarenos*; outros dizem *gergesenos*.

sepulcros ao seu encontro. ³ Esse homem vivia nos sepulcros, e ninguém conseguia prendê-lo, nem mesmo com correntes; ⁴ pois muitas vezes lhe haviam sido acorrentados pés e mãos, mas ele arrebentara as correntes e quebrara os ferros de seus pés. Ninguém era suficientemente forte para dominá-lo. ⁵ Noite e dia ele andava gritando e cortando-se com pedras entre os sepulcros e nas colinas.

⁶ Quando ele viu Jesus de longe, correu e prostrou-se diante dele ⁷ e gritou em alta voz: "Que queres comigo, Jesus, Filho do Deus Altíssimo? Rogo-te por Deus que não me atormentes!" ⁸ Pois Jesus lhe tinha dito: "Saia deste homem, espírito imundo!"

⁹ Então Jesus lhe perguntou: "Qual é o seu nome?"

"Meu nome é Legião", respondeu ele, "porque somos muitos." ¹⁰ E implorava a Jesus, com insistência, que não os mandasse sair daquela região.

¹¹ Uma grande manada de porcos estava pastando numa colina próxima. ¹² Os demônios imploraram a Jesus: "Manda-nos para os porcos, para que entremos neles". ¹³ Ele lhes deu permissão, e os espíritos imundos saíram e entraram nos porcos. A manada de cerca de dois mil porcos atirou-se precipício abaixo, em direção ao mar, e nele se afogou.

¹⁴ Os que cuidavam dos porcos fugiram e contaram esses fatos na cidade e nos campos, e o povo foi ver o que havia acontecido. ¹⁵ Quando se aproximaram de Jesus, viram ali o homem que fora possesso da legião de demônios, assentado, vestido e em perfeito juízo; e ficaram com medo. ¹⁶ Os que estavam presentes contaram ao povo o que acontecera ao endemoninhado e falaram também sobre os porcos. ¹⁷ Então o povo começou a suplicar a Jesus que saísse do território deles.

¹⁸ Quando Jesus estava entrando no barco, o homem que estivera endemoninhado suplicava-lhe que o deixasse ir com ele. ¹⁹ Jesus não o permitiu, mas disse: "Vá para casa, para a sua família e anuncie-lhes quanto o Senhor fez por você e como teve misericórdia de você". ²⁰ Então, aquele homem se foi e começou a anunciar em Decápolis o quanto Jesus tinha feito por ele. Todos ficavam admirados.

O Poder de Jesus sobre a Doença e a Morte

(Mt 9.18-26; Lc 8.40-56)

²¹ Tendo Jesus voltado de barco para a outra margem, uma grande multidão se reuniu ao seu redor, enquanto ele estava à beira do mar. ²² Então chegou ali um dos dirigentes da sinagoga, chamado Jairo. Vendo Jesus, prostrou-se aos seus pés ²³ e lhe implorou insistentemente: "Minha filhinha está morrendo! Vem, por favor, e impõe as mãos sobre ela, para que seja curada e que viva". ²⁴ Jesus foi com ele.

Uma grande multidão o seguia e o comprimia. ²⁵ E estava ali certa mulher que havia doze anos vinha sofrendo de hemorragia. ²⁶ Ela padecera muito sob o cuidado de vários médicos e gastara tudo o que tinha, mas, em vez de melhorar, piorava. ²⁷ Quando ouviu falar de Jesus, chegou por trás dele, no meio da multidão, e tocou em seu manto, ²⁸ porque pensava: "Se eu tão somente tocar em seu manto, ficarei curada". ²⁹ Imediatamente cessou sua hemorragia e ela sentiu em seu corpo que estava livre do seu sofrimento.

³⁰ No mesmo instante, Jesus percebeu que dele havia saído poder, virou-se para a multidão e perguntou: "Quem tocou em meu manto?"

³¹ Responderam os seus discípulos: "Vês a multidão aglomerada ao teu redor e ainda perguntas: 'Quem tocou em mim?'"

³² Mas Jesus continuou olhando ao seu redor para ver quem tinha feito aquilo. ³³ Então a mulher, sabendo o que lhe tinha acontecido, aproximou-se, prostrou-se aos seus pés e, tremendo de medo, contou-lhe toda a verdade. ³⁴ Então ele lhe disse: "Filha, a sua fé a curou![a] Vá em paz e fique livre do seu sofrimento".

³⁵ Enquanto Jesus ainda estava falando, chegaram algumas pessoas da casa de Jairo, o dirigente da sinagoga. "Sua filha morreu", disseram eles. "Não precisa mais incomodar o mestre!"

³⁶ Não fazendo caso do que eles disseram, Jesus disse ao dirigente da sinagoga: "Não tenha medo; tão somente creia".

³⁷ E não deixou ninguém segui-lo, senão Pedro, Tiago e João, irmão de Tiago. ³⁸ Quando chegaram à casa do dirigente da sinagoga, Jesus viu um alvoroço, com gente chorando e se lamentando em alta voz. ³⁹ Então entrou e lhes disse: "Por que todo este alvoroço e lamento? A criança não está morta, mas dorme". ⁴⁰ Mas todos começaram a rir de Jesus. Ele, porém, ordenou que eles saíssem, tomou consigo o pai e a mãe da criança e os discípulos que estavam com ele e entrou onde se encontrava a

---

[a] **5.34** Ou *a salvou!*

criança. ⁴¹Tomou-a pela mão e lhe disse: *"Talita cumi!"*, que significa "menina, eu ordeno a você, levante-se!". ⁴²Imediatamente a menina, que tinha doze anos de idade, levantou-se e começou a andar. Isso os deixou atônitos. ⁴³Ele deu ordens expressas para que não dissessem nada a ninguém e mandou que dessem a ela alguma coisa para comer.

Um Profeta sem Honra
(Mt 13.53-58)

6 Jesus saiu dali e foi para a sua cidade, acompanhado dos seus discípulos. ²Quando chegou o sábado, começou a ensinar na sinagoga, e muitos dos que o ouviam ficavam admirados.

"De onde lhe vêm estas coisas?", perguntavam eles. "Que sabedoria é esta que lhe foi dada? E estes milagres que ele faz? ³Não é este o carpinteiro, filho de Maria e irmão de Tiago, José, Judas e Simão? Não estão aqui conosco as suas irmãs?" E ficavam escandalizados por causa dele.

⁴Jesus lhes disse: "Só em sua própria terra, entre seus parentes e em sua própria casa, é que um profeta não tem honra". ⁵E não pôde fazer ali nenhum milagre, exceto impor as mãos sobre alguns doentes e curá-los. ⁶E ficou admirado com a incredulidade deles.

Jesus Envia os Doze
(Mt 10.1,5-14; Lc 9.1-6)

Então Jesus passou a percorrer os povoados, ensinando. ⁷Chamando os Doze para junto de si, enviou-os de dois em dois e deu-lhes autoridade sobre os espíritos imundos.

⁸Estas foram as suas instruções: "Não levem nada pelo caminho, a não ser um bordão. Não levem pão, nem saco de viagem, nem dinheiro em seus cintos; ⁹calcem sandálias, mas não levem túnica extra; ¹⁰sempre que entrarem numa casa, fiquem ali até partirem; ¹¹e, se algum povoado não os receber nem os ouvir, sacudam a poeira dos seus pés quando saírem de lá, como testemunho contra eles".

¹²Eles saíram e pregaram ao povo que se arrependesse. ¹³Expulsavam muitos demônios e ungiam muitos doentes com óleo e os curavam.

João Batista é Decapitado
(Mt 14.1-12)

¹⁴O rei Herodes ouviu falar dessas coisas, pois o nome de Jesus havia se tornado bem conhecido. Algumas pessoas estavam dizendo[a]: "João Batista ressuscitou dos mortos! Por isso estão operando nele poderes milagrosos".

¹⁵Outros diziam: "Ele é Elias".

E ainda outros afirmavam: "Ele é um profeta, como um dos antigos profetas".

¹⁶Mas, quando Herodes ouviu essas coisas, disse: "João, o homem a quem decapitei, ressuscitou dos mortos!"

¹⁷Pois o próprio Herodes tinha dado ordens para que prendessem João, o amarrassem e o colocassem na prisão, por causa de Herodias, mulher de Filipe, seu irmão, com a qual se casara. ¹⁸Porquanto João dizia a Herodes: "Não te é permitido viver com a mulher do teu irmão". ¹⁹Assim, Herodias o odiava e queria matá-lo. Mas não podia fazê-lo, ²⁰porque Herodes temia João e o protegia, sabendo que ele era um homem justo e santo; e, quando o ouvia, ficava perplexo[b]. Mesmo assim gostava de ouvi-lo.

²¹Finalmente Herodias teve uma ocasião oportuna. No seu aniversário, Herodes ofereceu um banquete aos seus líderes mais importantes, aos comandantes militares e às principais personalidades da Galileia. ²²Quando a filha de Herodias entrou e dançou, agradou a Herodes e aos convidados.

O rei disse à jovem: "Peça-me qualquer coisa que você quiser, e eu darei". ²³E prometeu-lhe sob juramento: "Seja o que for que me pedir, eu darei, até a metade do meu reino".

²⁴Ela saiu e disse à sua mãe: "Que pedirei?"

"A cabeça de João Batista", respondeu ela.

²⁵Imediatamente a jovem apressou-se em apresentar-se ao rei com o pedido: "Desejo que me dês agora mesmo a cabeça de João Batista num prato".

²⁶O rei ficou aflito, mas, por causa do seu juramento e dos convidados, não quis negar o pedido à jovem. ²⁷Enviou, pois, imediatamente um carrasco com ordens para trazer a cabeça de João. O homem foi, decapitou João na prisão ²⁸e trouxe sua cabeça num prato. Ele a entregou à jovem, e esta a deu à sua mãe. ²⁹Tendo ouvido isso, os discípulos de João vieram, levaram o seu corpo e o colocaram num túmulo.

A Primeira Multiplicação dos Pães
(Mt 14.13-21; Lc 9.10-17; Jo 6.1-15)

³⁰Os apóstolos reuniram-se a Jesus e lhe relataram tudo o que tinham feito e ensinado.

---

[a] 6.14 Muitos manuscritos dizem *E ele dizia*.
[b] 6.20 Alguns manuscritos antigos dizem *fazia muitas coisas*.

³¹ Havia muita gente indo e vindo, ao ponto de eles não terem tempo para comer. Jesus lhes disse: "Venham comigo para um lugar deserto e descansem um pouco".

³² Então eles se afastaram num barco para um lugar deserto. ³³ Mas muitos dos que os viram retirar-se, tendo-os reconhecido, correram a pé de todas as cidades e chegaram lá antes deles. ³⁴ Quando Jesus saiu do barco e viu uma grande multidão, teve compaixão deles, porque eram como ovelhas sem pastor. Então começou a ensinar-lhes muitas coisas.

³⁵ Já era tarde e, por isso, os seus discípulos aproximaram-se dele e disseram: "Este é um lugar deserto, e já é tarde. ³⁶ Manda embora o povo para que possa ir aos campos e povoados vizinhos comprar algo para comer".

³⁷ Ele, porém, respondeu: "Deem-lhes vocês algo para comer".

Eles lhe disseram: "Isto exigiria duzentos denários[a]! Devemos gastar tanto dinheiro em pão e dar-lhes de comer?"

³⁸ Perguntou ele: "Quantos pães vocês têm? Verifiquem".

Quando ficaram sabendo, disseram: "Cinco pães e dois peixes".

³⁹ Então Jesus ordenou que fizessem todo o povo assentar-se em grupos na grama verde. ⁴⁰ Assim, eles se assentaram em grupos de cem e de cinquenta. ⁴¹ Tomando os cinco pães e os dois peixes e, olhando para o céu, deu graças e partiu os pães. Em seguida, entregou-os aos seus discípulos para que os servissem ao povo. E também dividiu os dois peixes entre todos eles. ⁴² Todos comeram e ficaram satisfeitos, ⁴³ e os discípulos recolheram doze cestos cheios de pedaços de pão e de peixe. ⁴⁴ Os que comeram foram cinco mil homens.

Jesus Anda sobre as Águas
(Mt 14.22-36; Jo 6.16-24)

⁴⁵ Logo em seguida, Jesus insistiu com os discípulos para que entrassem no barco e fossem adiante dele para Betsaida, enquanto ele despedia a multidão. ⁴⁶ Tendo-a despedido, subiu a um monte para orar.

⁴⁷ Ao anoitecer, o barco estava no meio do mar, e Jesus se achava sozinho em terra. ⁴⁸ Ele viu os discípulos remando com dificuldade, porque o vento soprava contra eles. Alta madrugada[b], Jesus dirigiu-se a eles, andando sobre o mar; e estava já a ponto de passar por eles. ⁴⁹ Quando o viram andando sobre o mar, pensaram que fosse um fantasma. Então gritaram, ⁵⁰ pois todos o tinham visto e ficaram aterrorizados.

Mas Jesus imediatamente lhes disse: "Coragem! Sou eu! Não tenham medo!" ⁵¹ Então subiu no barco para junto deles, e o vento se acalmou; e eles ficaram atônitos, ⁵² pois não tinham entendido o milagre dos pães. O coração deles estava endurecido.

⁵³ Depois de atravessarem o mar, chegaram a Genesaré e ali amarraram o barco. ⁵⁴ Logo que desembarcaram, o povo reconheceu Jesus. ⁵⁵ Eles percorriam toda aquela região e levavam os doentes em macas para onde ouviam que ele estava. ⁵⁶ E aonde quer que ele fosse, povoados, cidades ou campos, levavam os doentes para as praças. Suplicavam-lhe que pudessem pelo menos tocar na borda do seu manto; e todos os que nele tocavam eram curados.

Jesus e a Tradição Judaica
(Mt 15.1-20)

7 Os fariseus e alguns dos mestres da lei, vindos de Jerusalém, reuniram-se a Jesus e ² viram alguns dos seus discípulos comerem com as mãos impuras, isto é, por lavar. ³ (Os fariseus e todos os judeus não comem sem lavar as mãos cerimonialmente, apegando-se, assim, à tradição dos líderes religiosos. ⁴ Quando chegam da rua, não comem sem antes se lavarem. E observam muitas outras tradições, tais como o lavar de copos, jarros e vasilhas de metal[c].)

⁵ Então os fariseus e os mestres da lei perguntaram a Jesus: "Por que os seus discípulos não vivem de acordo com a tradição dos líderes religiosos, em vez de comerem o alimento com as mãos impuras?"

⁶ Ele respondeu: "Bem profetizou Isaías acerca de vocês, hipócritas; como está escrito:

" 'Este povo me honra
  com os lábios,
 mas o seu coração está longe de mim.
⁷ Em vão me adoram;
  seus ensinamentos
  não passam de regras
  ensinadas por homens'[d].

---

[a] **6.37** O denário era uma moeda de prata equivalente à diária de um trabalhador braçal.
[b] **6.48** Grego: *Por volta da quarta vigília da noite* (entre 3 e 6 horas da manhã).
[c] **7.4** Alguns manuscritos antigos dizem *vasos, vasilhas de metal e almofadas da sala de jantar* (onde se reclinavam para comer).
[d] **7.6,7** Is 29.13

⁸ Vocês negligenciam os mandamentos de Deus e se apegam às tradições dos homens". ⁹ E disse-lhes: "Vocês estão sempre encontrando uma boa maneira de pôr de lado os mandamentos de Deus, a fim de obedecerem[a] às suas tradições! ¹⁰ Pois Moisés disse: 'Honra teu pai e tua mãe'[b] e 'Quem amaldiçoar seu pai ou sua mãe terá que ser executado'[c]. ¹¹ Mas vocês afirmam que, se alguém disser a seu pai ou a sua mãe: 'Qualquer ajuda que vocês poderiam receber de mim é Corbã', isto é, uma oferta dedicada a Deus, ¹² vocês o desobrigam de qualquer dever para com seu pai ou sua mãe. ¹³ Assim vocês anulam a palavra de Deus, por meio da tradição que vocês mesmos transmitiram. E fazem muitas coisas como essa".

¹⁴ Jesus chamou novamente a multidão para junto de si e disse: "Ouçam-me todos e entendam isto: ¹⁵ Não há nada fora do homem que, nele entrando, possa torná-lo impuro. Ao contrário, o que sai do homem é que o torna impuro. ¹⁶ Se alguém tem ouvidos para ouvir, ouça!"[d]

¹⁷ Depois de deixar a multidão e entrar em casa, os discípulos lhe pediram explicação da parábola. ¹⁸ "Será que vocês também não conseguem entender?", perguntou-lhes Jesus. "Não percebem que nada que entre no homem pode torná-lo impuro? ¹⁹ Porque não entra em seu coração, mas em seu estômago, sendo depois eliminado." Ao dizer isso, Jesus declarou puros todos os alimentos.

²⁰ E continuou: "O que sai do homem é que o torna impuro. ²¹ Pois do interior do coração dos homens vêm os maus pensamentos, as imoralidades sexuais, os roubos, os homicídios, os adultérios, ²² as cobiças, as maldades, o engano, a devassidão, a inveja, a calúnia, a arrogância e a insensatez. ²³ Todos esses males vêm de dentro e tornam o homem impuro".

Uma Mulher Siro-fenícia Demonstra Fé
(Mt 15.21-28)

²⁴ Jesus saiu daquele lugar e foi para os arredores de Tiro e de Sidom[e]. Entrou numa casa e não queria que ninguém o soubesse; contudo, não conseguiu manter em segredo a sua presença. ²⁵ De fato, logo que ouviu falar dele, certa mulher, cuja filha estava com um espírito imundo, veio e lançou-se aos seus pés. ²⁶ A mulher era grega, siro-fenícia de origem, e rogava a Jesus que expulsasse de sua filha o demônio.

²⁷ Ele lhe disse: "Deixe que primeiro os filhos comam até se fartar; pois não é correto tirar o pão dos filhos e lançá-lo aos cachorrinhos".

²⁸ Ela respondeu: "Sim, Senhor, mas até os cachorrinhos, debaixo da mesa, comem das migalhas das crianças".

²⁹ Então ele lhe disse: "Por causa desta resposta, você pode ir; o demônio já saiu da sua filha".

³⁰ Ela foi para casa e encontrou sua filha deitada na cama, e o demônio já a deixara.

A Cura de um Surdo e Gago

³¹ A seguir Jesus saiu dos arredores de Tiro e atravessou Sidom, até o mar da Galileia e a região de Decápolis. ³² Ali algumas pessoas lhe trouxeram um homem que era surdo e mal podia falar, suplicando que lhe impusesse as mãos.

³³ Depois de levá-lo à parte, longe da multidão, Jesus colocou os dedos nos ouvidos dele. Em seguida, cuspiu e tocou na língua do homem. ³⁴ Então voltou os olhos para o céu e, com um profundo suspiro, disse-lhe: *"Efatá!"*, que significa "abra-se!" ³⁵ Com isso, os ouvidos do homem se abriram, sua língua ficou livre e ele começou a falar corretamente.

³⁶ Jesus ordenou-lhes que não o contassem a ninguém. Contudo, quanto mais ele os proibia, mais eles falavam. ³⁷ O povo ficava simplesmente maravilhado e dizia: "Ele faz tudo muito bem. Faz até o surdo ouvir e o mudo falar".

A Segunda Multiplicação dos Pães
(Mt 15.29-39)

8 Naqueles dias, outra vez reuniu-se uma grande multidão. Visto que não tinham nada para comer, Jesus chamou os seus discípulos e disse-lhes: ² "Tenho compaixão desta multidão; já faz três dias que eles estão comigo e nada têm para comer. ³ Se eu os mandar para casa com fome, vão desfalecer no caminho, porque alguns deles vieram de longe".

⁴ Os seus discípulos responderam: "Onde, neste lugar deserto, poderia alguém conseguir pão suficiente para alimentá-los?"

⁵ "Quantos pães vocês têm?", perguntou Jesus.

"Sete", responderam eles.

---

[a] **7.9** Alguns manuscritos trazem *estabelecerem*.
[b] **7.10** Êx 20.12; Dt 5.16
[c] **7.10** Êx 21.17; Lv 20.9
[d] **7.16** Alguns manuscritos não trazem o versículo 16.
[e] **7.24** Vários manuscritos não trazem *e de Sidom*.

⁶ Ele ordenou à multidão que se assentasse no chão. Depois de tomar os sete pães e dar graças, partiu-os e os entregou aos seus discípulos, para que os servissem à multidão; e eles o fizeram. ⁷ Tinham também alguns peixes pequenos; ele deu graças igualmente por eles e disse aos discípulos que os distribuíssem. ⁸ O povo comeu até se fartar. E ajuntaram sete cestos cheios de pedaços que sobraram. ⁹ Cerca de quatro mil homens estavam presentes. E, tendo-os despedido, ¹⁰ entrou no barco com seus discípulos e foi para a região de Dalmanuta.

Os Fariseus Pedem um Sinal
(Mt 16.1-4)

¹¹ Os fariseus vieram e começaram a interrogar Jesus. Para pô-lo à prova, pediram-lhe um sinal do céu. ¹² Ele suspirou profundamente e disse: "Por que esta geração pede um sinal milagroso? Eu afirmo que nenhum sinal será dado a vocês". ¹³ Então se afastou deles, voltou para o barco e foi para o outro lado.

O Fermento dos Fariseus e de Herodes
(Mt 16.5-12)

¹⁴ Os discípulos haviam se esquecido de levar pão, a não ser um pão que tinham consigo no barco. ¹⁵ Advertiu-os Jesus: "Estejam atentos e tenham cuidado com o fermento dos fariseus e com o fermento de Herodes".

¹⁶ E eles discutiam entre si, dizendo: "É porque não temos pão".

¹⁷ Percebendo a discussão, Jesus lhes perguntou: "Por que vocês estão discutindo sobre não terem pão? Ainda não compreendem nem percebem? O coração de vocês está endurecido? ¹⁸ Vocês têm olhos, mas não veem? Têm ouvidos, mas não ouvem? Não se lembram? ¹⁹ Quando eu parti os cinco pães para os cinco mil, quantos cestos cheios de pedaços vocês recolheram?"

"Doze", responderam eles.

²⁰ "E, quando eu parti os sete pães para os quatro mil, quantos cestos cheios de pedaços vocês recolheram?"

"Sete", responderam eles.

²¹ Ele lhes disse: "Vocês ainda não entendem?"

A Cura de um Cego em Betsaida

²² Eles foram para Betsaida, e algumas pessoas trouxeram um cego a Jesus, suplicando-lhe que tocasse nele. ²³ Ele tomou o cego pela mão e o levou para fora do povoado. Depois de cuspir nos olhos do homem e impor-lhe as mãos, Jesus perguntou: "Você está vendo alguma coisa?"

²⁴ Ele levantou os olhos e disse: "Vejo pessoas; elas parecem árvores andando".

²⁵ Mais uma vez, Jesus colocou as mãos sobre os olhos do homem. Então seus olhos foram abertos, e sua vista lhe foi restaurada, e ele via tudo claramente. ²⁶ Jesus mandou-o para casa, dizendo: "Não entre no povoado[a]!"

A Confissão de Pedro
(Mt 16.13-20; Lc 9.18-21)

²⁷ Jesus e os seus discípulos dirigiram-se para os povoados nas proximidades de Cesareia de Filipe. No caminho, ele lhes perguntou: "Quem o povo diz que eu sou?"

²⁸ Eles responderam: "Alguns dizem que és João Batista; outros, Elias; e, ainda outros, um dos profetas".

²⁹ "E vocês?", perguntou ele. "Quem vocês dizem que eu sou?"

Pedro respondeu: "Tu és o Cristo[b]".

³⁰ Jesus os advertiu que não falassem a ninguém a seu respeito.

Jesus Prediz sua Morte e Ressurreição
(Mt 16.21-28; Lc 9.22-27)

³¹ Então ele começou a ensinar-lhes que era necessário que o Filho do homem sofresse muitas coisas e fosse rejeitado pelos líderes religiosos, pelos chefes dos sacerdotes e pelos mestres da lei, fosse morto e três dias depois ressuscitasse. ³² Ele falou claramente a esse respeito. Então Pedro, chamando-o à parte, começou a repreendê-lo.

³³ Jesus, porém, voltou-se, olhou para os seus discípulos e repreendeu Pedro, dizendo: "Para trás de mim, Satanás! Você não pensa nas coisas de Deus, mas nas dos homens".

³⁴ Então ele chamou a multidão e os discípulos e disse: "Se alguém quiser acompanhar-me, negue-se a si mesmo, tome a sua cruz e siga-me. ³⁵ Pois quem quiser salvar a sua vida[c] a perderá; mas quem perder a sua vida por minha causa e pelo evangelho a salvará. ³⁶ Pois, que adianta ao homem ganhar o mundo inteiro e perder a sua alma? ³⁷ Ou, o que o homem poderia dar em troca de sua alma?

---

[a] **8.26** Vários manuscritos acrescentam *nem conte nada a ninguém no povoado*.
[b] **8.29** Ou *Messias*. Tanto *Cristo* (grego) como *Messias* (hebraico) significam *Ungido*; também em todo o livro de Marcos.
[c] **8.35** Ou *alma*

³⁸ Se alguém se envergonhar de mim e das minhas palavras nesta geração adúltera e pecadora, o Filho do homem se envergonhará dele quando vier na glória de seu Pai com os santos anjos".

9 E lhes disse: "Garanto que alguns dos que aqui estão de modo nenhum experimentarão a morte, antes de verem o Reino de Deus vindo com poder".

A Transfiguração
(Mt 17.1-13; Lc 9.28-36)

² Seis dias depois, Jesus tomou consigo Pedro, Tiago e João e os levou a um alto monte, onde ficaram a sós. Ali ele foi transfigurado diante deles. ³ Suas roupas se tornaram brancas, de um branco resplandecente, como nenhum lavandeiro no mundo seria capaz de branqueá-las. ⁴ E apareceram diante deles Elias e Moisés, os quais conversavam com Jesus.

⁵ Então Pedro disse a Jesus: "Mestre[a], é bom estarmos aqui. Façamos três tendas: uma para ti, uma para Moisés e uma para Elias". ⁶ Ele não sabia o que dizer, pois estavam apavorados.

⁷ A seguir apareceu uma nuvem e os envolveu, e dela saiu uma voz, que disse: "Este é o meu Filho amado. Ouçam-no!"

⁸ Repentinamente, quando olharam ao redor, não viram mais ninguém, a não ser Jesus.

⁹ Enquanto desciam do monte, Jesus lhes ordenou que não contassem a ninguém o que tinham visto, até que o Filho do homem tivesse ressuscitado dos mortos. ¹⁰ Eles guardaram o assunto apenas entre si, discutindo o que significaria "ressuscitar dos mortos".

¹¹ E lhe perguntaram: "Por que os mestres da lei dizem que é necessário que Elias venha primeiro?"

¹² Jesus respondeu: "De fato, Elias vem primeiro e restaura todas as coisas. Então, por que está escrito que é necessário que o Filho do homem sofra muito e seja rejeitado com desprezo? ¹³ Mas eu digo a vocês: Elias já veio, e fizeram com ele tudo o que quiseram, como está escrito a seu respeito".

A Cura de um Menino Endemoninhado
(Mt 17.14-23; Lc 9.37-45)

¹⁴ Quando chegaram onde estavam os outros discípulos, viram uma grande multidão ao redor deles e os mestres da lei discutindo com eles. ¹⁵ Logo que todo o povo viu Jesus, ficou muito surpreso e correu para saudá-lo.

¹⁶ Perguntou Jesus: "O que vocês estão discutindo?"

¹⁷ Um homem, no meio da multidão, respondeu: "Mestre, eu te trouxe o meu filho, que está com um espírito que o impede de falar. ¹⁸ Onde quer que o apanhe, joga-o no chão. Ele espuma pela boca, range os dentes e fica rígido. Pedi aos teus discípulos que expulsassem o espírito, mas eles não conseguiram".

¹⁹ Respondeu Jesus: "Ó geração incrédula, até quando estarei com vocês? Até quando terei que suportá-los? Tragam-me o menino".

²⁰ Então, eles o trouxeram. Quando o espírito viu Jesus, imediatamente causou uma convulsão no menino. Este caiu no chão e começou a rolar, espumando pela boca.

²¹ Jesus perguntou ao pai do menino: "Há quanto tempo ele está assim?"

"Desde a infância", respondeu ele. ²² "Muitas vezes esse espírito o tem lançado no fogo e na água para matá-lo. Mas, se podes fazer alguma coisa, tem compaixão de nós e ajuda-nos."

²³ "Se podes?", disse Jesus. "Tudo é possível àquele que crê."

²⁴ Imediatamente o pai do menino exclamou: "Creio, ajuda-me a vencer a minha incredulidade!"

²⁵ Quando Jesus viu que uma multidão estava se ajuntando, repreendeu o espírito imundo, dizendo: "Espírito mudo e surdo, eu ordeno que o deixe e nunca mais entre nele".

²⁶ O espírito gritou, agitou-o violentamente e saiu. O menino ficou como morto, ao ponto de muitos dizerem: "Ele morreu". ²⁷ Mas Jesus tomou-o pela mão e o levantou, e ele ficou em pé.

²⁸ Depois de Jesus ter entrado em casa, seus discípulos lhe perguntaram em particular: "Por que não conseguimos expulsá-lo?"

²⁹ Ele respondeu: "Essa espécie só sai pela oração e pelo jejum[b]".

³⁰ Eles saíram daquele lugar e atravessaram a Galileia. Jesus não queria que ninguém soubesse onde eles estavam, ³¹ porque estava ensinando os seus discípulos. E lhes dizia: "O Filho do homem está para ser entregue nas mãos dos homens. Eles o matarão, e três dias depois ele ressuscitará". ³² Mas eles não entendiam o que ele queria dizer e tinham receio de perguntar-lhe.

---

[a] 9.5 Isto é, Rabi; também em 10.51; 11.21 e 14.45.

[b] 9.29 Alguns manuscritos não trazem *e pelo jejum*.

Quem é o Maior?
(Mt 18.1-5; Lc 9.46-48)

³³ E chegaram a Cafarnaum. Quando ele estava em casa, perguntou-lhes: "O que vocês estavam discutindo no caminho?" ³⁴ Mas eles guardaram silêncio, porque no caminho haviam discutido sobre quem era o maior.

³⁵ Assentando-se, Jesus chamou os Doze e disse: "Se alguém quiser ser o primeiro, será o último, e servo de todos".

³⁶ E, tomando uma criança, colocou-a no meio deles. Pegando-a nos braços, disse-lhes: ³⁷ "Quem recebe uma destas crianças em meu nome, está me recebendo; e quem me recebe, não está apenas me recebendo, mas também àquele que me enviou".

Quem Não é contra Nós é por Nós
(Lc 9.49,50)

³⁸ "Mestre", disse João, "vimos um homem expulsando demônios em teu nome e procuramos impedi-lo, porque ele não era um dos nossos".

³⁹ "Não o impeçam", disse Jesus. "Ninguém que faça um milagre em meu nome, pode falar mal de mim logo em seguida, ⁴⁰ pois quem não é contra nós está a nosso favor. ⁴¹ Eu digo a verdade: Quem der um copo de água a vocês em meu nome, por vocês pertencerem a Cristo, de modo nenhum perderá a sua recompensa.

A Indução ao Pecado
(Mt 18.6-9)

⁴² "Se alguém fizer tropeçar um destes pequeninos que creem em mim, seria melhor que fosse lançado no mar com uma grande pedra amarrada no pescoço. ⁴³ Se a sua mão o fizer tropeçar, corte-a. É melhor entrar na vida mutilado do que, tendo as duas mãos, ir para o inferno, onde o fogo nunca se apaga, ⁴⁴ onde o seu verme não morre, e o fogo não se apaga.ª ⁴⁵ E, se o seu pé o fizer tropeçar, corte-o. É melhor entrar na vida aleijado do que, tendo os dois pés, ser lançado no inferno, ⁴⁶ onde o seu verme não morre, e o fogo não se apaga.ᵇ ⁴⁷ E, se o seu olho o fizer tropeçar, arranque-o. É melhor entrar no Reino de Deus com um só olho do que, tendo os dois olhos, ser lançado no inferno, ⁴⁸ onde

" 'o seu verme não morre,
e o fogo não se apagaᶜ.

⁴⁹ Cada um será salgado com fogo.

⁵⁰ "O sal é bom, mas, se deixar de ser salgado, como restaurar o seu sabor? Tenham sal em vocês mesmos e vivam em paz uns com os outros".

A Questão do Divórcio
(Mt 19.1-12)

10 Então Jesus saiu dali e foi para a região da Judeia e para o outro lado do Jordão. Novamente uma multidão veio a ele e, segundo o seu costume, ele a ensinava.

² Alguns fariseus aproximaram-se dele para pô-lo à prova, perguntando: "É permitido ao homem divorciar-se de sua mulher?"

³ "O que Moisés ordenou a vocês?", perguntou ele.

⁴ Eles disseram: "Moisés permitiu que o homem lhe desse uma certidão de divórcio e a mandasse embora"ᵈ.

⁵ Respondeu Jesus: "Moisés escreveu essa lei por causa da dureza de coração de vocês. ⁶ Mas no princípio da criação Deus 'os fez homem e mulherᵉ. ⁷ 'Por esta razão, o homem deixará pai e mãe e se unirá à sua mulherᶠ, ⁸ e os dois se tornarão uma só carne'.ᵍ Assim, eles já não são dois, mas sim uma só carne. ⁹ Portanto, o que Deus uniu, ninguém o separe".

¹⁰ Quando estava em casa novamente, os discípulos interrogaram Jesus sobre o mesmo assunto. ¹¹ Ele respondeu: "Todo aquele que se divorciar de sua mulher e se casar com outra mulher, estará cometendo adultério contra ela. ¹² E, se ela se divorciar de seu marido e se casar com outro homem, estará cometendo adultério".

Jesus e as Crianças
(Mt 19.13-15; Lc 18.15-17)

¹³ Alguns traziam crianças a Jesus para que ele tocasse nelas, mas os discípulos os repreendiam. ¹⁴ Quando Jesus viu isso, ficou indignado e lhes disse: "Deixem vir a mim as crianças, não as impeçam; pois o Reino de Deus pertence aos que são semelhantes a elas. ¹⁵ Digo a verdade: Quem não receber o Reino de Deus como uma

---

ᶜ **9.48** Is 66.24
ᵈ **10.4** Dt 24.1-3
ᵉ **10.6** Gn 1.27
ᶠ **10.7** Alguns manuscritos antigos não trazem *e se unirá à sua mulher*.
ᵍ **10.8** Gn 2.24

ª **9.44** Os manuscritos mais antigos não trazem o versículo 44.
ᵇ **9.46** Os manuscritos mais antigos não trazem o versículo 46.

10.14,15 Tanto no versículo 14 quanto no 15, a palavra que aparece no texto grego original significa "menino pequeno; bebê". O discípulo deve entender que é preciso aproximar-se de Deus como faz um filho. Não se trata de um filho autossuficiente que sabe de tudo e que só precisa do Pai nos momentos mais difíceis. Trata-se, sim, de uma criança indefesa que vai até o Pai em cada momento porque depende dele completamente. Sem ele, não podemos sobreviver.

criança, nunca entrará nele". ¹⁶ Em seguida, tomou as crianças nos braços, impôs-lhes as mãos e as abençoou.

O Jovem Rico
(Mt 19.16-30; Lc 18.18-30)

¹⁷ Quando Jesus ia saindo, um homem correu em sua direção e se pôs de joelhos diante dele e lhe perguntou: "Bom mestre, que farei para herdar a vida eterna?"

¹⁸ Respondeu-lhe Jesus: "Por que você me chama bom? Ninguém é bom, a não ser um, que é Deus. ¹⁹ Você conhece os mandamentos: 'Não matarás, não adulterarás, não furtarás, não darás falso testemunho, não enganarás ninguém, honra teu pai e tua mãe'ᵃ".

²⁰ E ele declarou: "Mestre, a tudo isso tenho obedecido desde a minha adolescência".

²¹ Jesus olhou para ele e o amou. "Falta uma coisa para você", disse ele. "Vá, venda tudo o que você possui e dê o dinheiro aos pobres, e você terá um tesouro no céu. Depois, venha e siga-me."

²² Diante disso ele ficou abatido e afastou-se triste, porque tinha muitas riquezas.

²³ Jesus olhou ao redor e disse aos seus discípulos: "Como é difícil aos ricos entrar no Reino de Deus!"

²⁴ Os discípulos ficaram admirados com essas palavras. Mas Jesus repetiu: "Filhos, como é difícilᵇ entrar no Reino de Deus! ²⁵ É mais fácil passar um camelo pelo fundo de uma agulha do que um rico entrar no Reino de Deus".

²⁶ Os discípulos ficaram perplexos e perguntavam uns aos outros: "Neste caso, quem pode ser salvo?"

²⁷ Jesus olhou para eles e respondeu: "Para o homem é impossível, mas para Deus não; todas as coisas são possíveis para Deus".

²⁸ Então Pedro começou a dizer-lhe: "Nós deixamos tudo para seguir-te".

²⁹ Respondeu Jesus: "Digo a verdade: Ninguém que tenha deixado casa, irmãos, irmãs, mãe, pai, filhos, ou campos, por causa de mim e do evangelho, ³⁰ deixará de receber cem vezes mais, já no tempo presente, casas, irmãos, irmãs, mães, filhos e campos, e com eles perseguição; e, na era futura, a vida eterna. ³¹ Contudo, muitos primeiros serão últimos, e os últimos serão primeiros".

Jesus Prediz Novamente sua Morte e Ressurreição
(Mt 20.17-19; Lc 18.31-34)

³² Eles estavam subindo para Jerusalém, e Jesus ia à frente. Os discípulos estavam admirados, enquanto os que o seguiam estavam com medo. Novamente ele chamou à parte os Doze e lhes disse o que haveria de lhe acontecer: ³³ "Estamos subindo para Jerusalém e o Filho do homem será entregue aos chefes dos sacerdotes e aos mestres da lei. Eles o condenarão à morte e o entregarão aos gentiosᶜ, ³⁴ que zombarão dele, cuspirão nele, o açoitarão e o matarão. Três dias depois ele ressuscitará".

O Pedido de Tiago e João
(Mt 20.20-28)

³⁵ Nisso Tiago e João, filhos de Zebedeu, aproximaram-se dele e disseram: "Mestre, queremos que nos faças o que vamos te pedir".

³⁶ "O que vocês querem que eu faça?", perguntou ele.

³⁷ Eles responderam: "Permite que, na tua glória, nos assentemos um à tua direita e o outro à tua esquerda".

³⁸ Disse-lhes Jesus: "Vocês não sabem o que estão pedindo. Podem vocês beber o cálice que eu estou bebendo ou ser batizados com o batismo com que estou sendo batizado?"

10.26 Leia a nota sobre Lucas 1.37.

ᵃ **10.19** Êx 20.12-16; Dt 5.16-20
ᵇ **10.24** Outros manuscritos dizem *é difícil para aqueles que confiam nas riquezas*.
ᶜ **10.33** Isto é, os que não são judeus.

10.42-45 No evangelho de Marcos, Jesus é apresentado com frequência como o servo do Senhor, o que nos remete aos quatro cânticos do servo em Isaías (42.1-4; 49.6-8; 50.4-9; 52.13—53.12). Jesus não se limitava a servir, mas, sabendo que ele é nosso exemplo perfeito, leva todos os seus discípulos à necessidade de ter o serviço a Deus como prioridade e meta de vida.

³⁹ "Podemos", responderam eles.

Jesus lhes disse: "Vocês beberão o cálice que estou bebendo e serão batizados com o batismo com que estou sendo batizado; ⁴⁰ mas o assentar-se à minha direita ou à minha esquerda não cabe a mim conceder. Esses lugares pertencem àqueles para quem foram preparados".

⁴¹ Quando os outros dez ouviram essas coisas, ficaram indignados com Tiago e João. ⁴² Jesus os chamou e disse: "Vocês sabem que aqueles que são considerados governantes das nações as dominam, e as pessoas importantes exercem poder sobre elas. ⁴³ Não será assim entre vocês. Ao contrário, quem quiser tornar-se importante entre vocês deverá ser servo; ⁴⁴ e quem quiser ser o primeiro deverá ser escravo de todos. ⁴⁵ Pois nem mesmo o Filho do homem veio para ser servido, mas para servir e dar a sua vida em resgate por muitos".

O Cego Bartimeu Recupera a Visão
(Mt 20.29-34; Lc 18.35-43)

⁴⁶ Então chegaram a Jericó. Quando Jesus e seus discípulos, juntamente com uma grande multidão, estavam saindo da cidade, o filho de Timeu, Bartimeu, que era cego, estava sentado à beira do caminho pedindo esmolas. ⁴⁷ Quando ouviu que era Jesus de Nazaré, começou a gritar: "Jesus, Filho de Davi, tem misericórdia de mim!"

⁴⁸ Muitos o repreendiam para que ficasse quieto, mas ele gritava ainda mais: "Filho de Davi, tem misericórdia de mim!"

⁴⁹ Jesus parou e disse: "Chamem-no".

E chamaram o cego: "Ânimo! Levante-se! Ele o está chamando". ⁵⁰ Lançando sua capa para o lado, de um salto pôs-se em pé e dirigiu-se a Jesus.

⁵¹ "O que você quer que eu faça?", perguntou-lhe Jesus.

O cego respondeu: "Mestre, eu quero ver!"

⁵² "Vá", disse Jesus, "a sua fé o curou". Imediatamente ele recuperou a visão e seguiu Jesus pelo caminho.

A Entrada Triunfal
(Mt 21.1-11; Lc 19.28-40; Jo 12.12-19)

11 Quando se aproximaram de Jerusalém e chegaram a Betfagé e Betânia, perto do monte das Oliveiras, Jesus enviou dois de seus discípulos, ² dizendo-lhes: "Vão ao povoado que está adiante de vocês; logo que entrarem, encontrarão um jumentinho amarrado, no qual ninguém jamais montou. Desamarrem-no e tragam-no aqui. ³ Se alguém perguntar: 'Por que vocês estão fazendo isso?', digam-lhe: O Senhor precisa dele e logo o devolverá".

⁴ Eles foram e encontraram um jumentinho na rua, amarrado a um portão. Enquanto o desamarravam, ⁵ alguns dos que ali estavam lhes perguntaram: "O que vocês estão fazendo, desamarrando esse jumentinho?" ⁶ Os discípulos responderam como Jesus lhes tinha dito, e eles os deixaram ir. ⁷ Trouxeram o jumentinho a Jesus, puseram sobre ele os seus mantos; e Jesus montou. ⁸ Muitos estenderam seus mantos pelo caminho, outros espalharam ramos que haviam cortado nos campos. ⁹ Os que iam adiante dele e os que o seguiam gritavam:

"Hosana!"[a]
"Bendito é o que vem
em nome do Senhor!"[b]
¹⁰ "Bendito é o Reino vindouro de nosso
pai Davi!"
"Hosana nas alturas!"

¹¹ Jesus entrou em Jerusalém e dirigiu-se ao templo. Observou tudo à sua volta e, como já era tarde, foi para Betânia com os Doze.

Jesus Purifica o Templo
(Mt 21.12-17; Lc 19.45-48)

¹² No dia seguinte, quando estavam saindo de Betânia, Jesus teve fome. ¹³ Vendo a distância uma figueira com folhas, foi ver se encontraria nela algum fruto. Aproximando-se dela, nada encontrou, a não ser folhas, porque não era tempo de figos. ¹⁴ Então lhe disse: "Ninguém mais coma de seu fruto". E os seus discípulos ouviram-no dizer isso.

---

[a] **11.9** Expressão hebraica que significa *"Salve!"*, e que se tornou uma exclamação de louvor; também no versículo 10.
[b] **11.9** Sl 118.25,26

¹⁵ Chegando a Jerusalém, Jesus entrou no templo e ali começou a expulsar os que estavam comprando e vendendo. Derrubou as mesas dos cambistas e as cadeiras dos que vendiam pombas ¹⁶ e não permitia que ninguém carregasse mercadorias pelo templo. ¹⁷ E ele os ensinava, dizendo: "Não está escrito:

" 'A minha casa será chamada
casa de oração
para todos os povos'ᵃ?

Mas vocês fizeram dela um 'covil de ladrões'ᵇ".

¹⁸ Os chefes dos sacerdotes e os mestres da lei ouviram essas palavras e começaram a procurar uma forma de matá-lo, pois o temiam, visto que toda a multidão estava maravilhada com o seu ensino.

¹⁹ Ao cair da tarde, elesᶜ saíram da cidade.

A Figueira Seca
(Mt 21.18-22)

²⁰ De manhã, ao passarem, viram a figueira seca desde as raízes. ²¹ Pedro, lembrando-se, disse a Jesus: "Mestre! Vê! A figueira que amaldiçoaste secou!"

²² Respondeu Jesus: "Tenham féᵈ em Deus. ²³ Eu asseguro que, se alguém disser a este monte: 'Levante-se e atire-se no mar', e não duvidar em seu coração, mas crer que acontecerá o que diz, assim lhe será feito. ²⁴ Portanto, eu digo: Tudo o que vocês pedirem em oração, creiam que já o receberam, e assim sucederá. ²⁵ E, quando estiverem orando, se tiverem alguma coisa contra alguém, perdoem-no, para que também o Pai celestial perdoe os seus pecados. ²⁶ Mas, se vocês não perdoarem, também o seu Pai que está nos céus não perdoará os seus pecadosᵉ".

A Autoridade de Jesus é Questionada
(Mt 21.23-27; Lc 20.1-8)

²⁷ Chegaram novamente a Jerusalém e, quando Jesus estava passando pelo templo, aproximaram-se dele os chefes dos sacerdotes, os mestres da lei e os líderes religiosos e lhe perguntaram: ²⁸ "Com que autoridade estás fazendo estas coisas? Quem te deu autoridade para fazê-las?"

²⁹ Respondeu Jesus: "Eu farei uma pergunta. Respondam-me, e eu direi com que autoridade estou fazendo estas coisas. ³⁰ O batismo de João era do céu ou dos homens? Digam-me!"

³¹ Eles discutiam entre si, dizendo: "Se dissermos: Dos céus, ele perguntará: 'Então por que vocês não creram nele?' ³² Mas, se dissermos: Dos homens..." Eles temiam o povo, pois todos realmente consideravam João um profeta.

³³ Eles responderam a Jesus: "Não sabemos".

Disse então Jesus: "Tampouco direi com que autoridade estou fazendo estas coisas".

A Parábola dos Lavradores
(Mt 21.33-46; Lc 20.9-19)

12 Então Jesus começou a lhes falar por parábolas: "Certo homem plantou uma vinha, colocou uma cerca ao redor dela, cavou um tanque para prensar as uvas e construiu uma torre. Depois arrendou a vinha a alguns lavradores e foi fazer uma viagem. ² Na época da colheita, enviou um servo aos lavradores, para receber deles parte do fruto da vinha. ³ Mas eles o agarraram, o espancaram e o mandaram embora de mãos vazias. ⁴ Então enviou-lhes outro servo; e eles lhe bateram na cabeça e o humilharam. ⁵ E enviou ainda outro, o qual mataram. Enviou muitos outros; em alguns bateram, a outros mataram.

⁶ "Faltava-lhe ainda um para enviar: seu filho amado. Por fim o enviou, dizendo: 'A meu filho respeitarão'.

⁷ "Mas os lavradores disseram uns aos outros: 'Este é o herdeiro. Venham, vamos matá-lo, e a herança será nossa'. ⁸ Assim eles o agarraram, o mataram e o lançaram para fora da vinha.

⁹ "O que fará então o dono da vinha? Virá e matará aqueles lavradores e dará a vinha a outros. ¹⁰ Vocês nunca leram esta passagem das Escrituras?

" 'A pedra que os construtores
rejeitaram
tornou-se a pedra angular;
¹¹ isso vem do Senhor
e é algo maravilhoso
para nós'ᶠ".

¹² Então começaram a procurar um meio de prendê-lo, pois perceberam que era contra eles

---

ᵃ **11.17** Is 56.7
ᵇ **11.17** Jr 7.11
ᶜ **11.19** Vários manuscritos dizem *ele saiu*.
ᵈ **11.22** Vários manuscritos dizem *Se vocês tiverem fé*.
ᵉ **11.26** Muitos manuscritos antigos não trazem o versículo 26.
ᶠ **12.10,11** Sl 118.22,23

que ele havia contado aquela parábola. Mas tinham medo da multidão; por isso o deixaram e foram embora.

O Pagamento de Imposto a César
(Mt 22.15-22; Lc 20.20-26)

ⁱ³ Mais tarde enviaram a Jesus alguns dos fariseus e herodianos para o apanharem em alguma coisa que ele dissesse. ¹⁴ Estes se aproximaram dele e disseram: "Mestre, sabemos que és íntegro e que não te deixas influenciar por ninguém, porque não te prendes à aparência dos homens, mas ensinas o caminho de Deus conforme a verdade. É certo pagar imposto a César ou não? ¹⁵ Devemos pagar ou não?"

Mas Jesus, percebendo a hipocrisia deles, perguntou: "Por que vocês estão me pondo à prova? Tragam-me um denário^a para que eu o veja". ¹⁶ Eles lhe trouxeram a moeda, e ele lhes perguntou: "De quem é esta imagem e esta inscrição?"

"De César", responderam eles.

¹⁷ Então Jesus lhes disse: "Deem^b a César o que é de César e a Deus o que é de Deus".

E ficaram admirados com ele.

A Realidade da Ressurreição
(Mt 22.23-33; Lc 20.27-40)

¹⁸ Depois os saduceus, que dizem que não há ressurreição, aproximaram-se dele com a seguinte questão: ¹⁹ "Mestre, Moisés nos deixou escrito que, se um homem morrer e deixar mulher sem filhos, seu irmão deverá casar-se com a viúva e ter filhos para seu irmão. ²⁰ Havia sete irmãos. O primeiro casou-se e morreu sem deixar filhos. ²¹ O segundo casou-se com a viúva, mas também morreu sem deixar filhos. O mesmo aconteceu com o terceiro. ²² Nenhum dos sete deixou filhos. Finalmente, morreu também a mulher. ²³ Na ressurreição,^c de quem ela será esposa, visto que os sete foram casados com ela?"

²⁴ Jesus respondeu: "Vocês estão enganados!, pois não conhecem as Escrituras nem o poder de Deus! ²⁵ Quando os mortos ressuscitam, não se casam nem são dados em casamento, mas são como os anjos nos céus. ²⁶ Quanto à ressurreição dos mortos, vocês não leram no livro de Moisés, no relato da sarça, como Deus lhe disse: 'Eu sou o Deus de Abraão, o Deus de Isaque e o Deus de Jacó^d'? ²⁷ Ele não é Deus de mortos, mas de vivos. Vocês estão muito enganados!"

O Maior Mandamento
(Mt 22.34-40)

²⁸ Um dos mestres da lei aproximou-se e os ouviu discutindo. Notando que Jesus lhes dera uma boa resposta, perguntou-lhe: "De todos os mandamentos, qual é o mais importante?"

²⁹ Respondeu Jesus: "O mais importante é este: 'Ouça, ó Israel, o Senhor, o nosso Deus, o Senhor é o único Senhor. ³⁰ Ame o Senhor, o seu Deus, de todo o seu coração, de toda a sua alma, de todo o seu entendimento e de todas as suas forças^e. ³¹ O segundo é este: 'Ame o seu próximo como a si mesmo'^f. Não existe mandamento maior do que estes".

³² "Muito bem, mestre", disse o homem. "Estás certo ao dizeres que Deus é único e que não existe outro além dele. ³³ Amá-lo de todo o coração, de todo o entendimento e de todas as forças, e amar ao próximo como a si mesmo é mais importante do que todos os sacrifícios e ofertas".

³⁴ Vendo que ele tinha respondido sabiamente, Jesus lhe disse: "Você não está longe do Reino de Deus". Daí por diante ninguém mais ousava lhe fazer perguntas.

O Cristo é Senhor de Davi
(Mt 22.41-46; Lc 20.41-44)

³⁵ Ensinando no templo, Jesus perguntou: "Como os mestres da lei dizem que o Cristo é filho de Davi? ³⁶ O próprio Davi, falando pelo Espírito Santo, disse:

" 'O Senhor disse
    ao meu Senhor:
Senta-te à minha direita
    até que eu ponha
os teus inimigos
debaixo de teus pés'^g.

³⁷ "O próprio Davi o chama 'Senhor'. Como pode, então, ser ele seu filho?"

E a grande multidão o ouvia com prazer.

³⁸ Ao ensinar, Jesus dizia: "Cuidado com os mestres da lei. Eles fazem questão de andar com roupas especiais, de receber saudações nas praças ³⁹ e de ocupar os lugares mais

---

^a **12.15** O denário era uma moeda de prata equivalente à diária de um trabalhador braçal.
^b **12.17** Ou *Devolvam*
^c **12.23** Alguns manuscritos acrescentam *quando ressuscitarem*.
^d **12.26** Êx 3.6
^e **12.30** Dt 6.4,5
^f **12.31** Lv 19.18
^g **12.36** Sl 110.1

12.41-44 Deus é dono de tudo: " 'Tanto a prata quanto o ouro me pertencem' " (Ageu 2.8). Quando contribuímos de alguma maneira para sua obra, seja com nossas energias, seja com os nossos dons, talentos ou finanças, estamos dando a ele tudo o que ele nos deu primeiro. Na realidade, trata-se de uma oportunidade que ele nos dá de manifestar a fé e a gratidão. Caro discípulo, nunca perca as oportunidades; mantenha sempre o seu coração generoso e aberto às indicações do Espírito Santo de Deus, pois ele não necessita de manipulação nem pressão, mas somente de um coração bondoso e compreensivo.

importantes nas sinagogas e os lugares de honra nos banquetes. ⁴⁰ Eles devoram as casas das viúvas, e, para disfarçar, fazem longas orações. Esses receberão condenação mais severa!"

A Oferta da Viúva
(Lc 21.1-4)

⁴¹ Jesus sentou-se em frente do lugar onde eram colocadas as contribuições e observava a multidão colocando o dinheiro nas caixas de ofertas. Muitos ricos lançavam ali grandes quantias. ⁴² Então, uma viúva pobre chegou-se e colocou duas pequeninas moedas de cobre, de muito pouco valorᵃ. ⁴³ Chamando a si os seus discípulos, Jesus declarou: "Afirmo que esta viúva pobre colocou na caixa de ofertas mais do que todos os outros. ⁴⁴ Todos deram do que lhes sobrava; mas ela, da sua pobreza, deu tudo o que possuía para viver".

O Sinal do Fim dos Tempos
(Mt 24.1-35; Lc 21.5-37)

13 Quando ele estava saindo do templo, um de seus discípulos lhe disse: "Olha, Mestre! Que pedras enormes! Que construções magníficas!"

² "Você está vendo todas estas grandes construções?", perguntou Jesus. "Aqui não ficará pedra sobre pedra; serão todas derrubadas."

³ Tendo Jesus se assentado no monte das Oliveiras, de frente para o templo, Pedro, Tiago, João e André lhe perguntaram em particular: ⁴ "Dize-nos, quando acontecerão essas coisas? E qual será o sinal de que tudo isso está prestes a cumprir-se?"

⁵ Jesus lhes disse: "Cuidado, que ninguém os engane. ⁶ Muitos virão em meu nome, dizendo: 'Sou eu!' e enganarão a muitos. ⁷ Quando ouvirem falar de guerras e rumores de guerras, não tenham medo. É necessário que tais coisas aconteçam, mas ainda não é o fim. ⁸ Nação se levantará contra nação, e reino contra reino. Haverá terremotos em vários lugares e também fomes. Essas coisas são o início das dores.

⁹ "Fiquem atentos, pois vocês serão entregues aos tribunais e serão açoitados nas sinagogas. Por minha causa vocês serão levados à presença de governadores e reis, como testemunho a eles. ¹⁰ E é necessário que antes o evangelho seja pregado a todas as nações. ¹¹ Sempre que forem presos e levados a julgamento, não fiquem preocupados com o que vão dizer. Digam tão somente o que for dado a vocês naquela hora, pois não serão vocês que estarão falando, mas o Espírito Santo.

¹² "O irmão trairá seu próprio irmão, entregando-o à morte, e o mesmo fará o pai a seu filho. Filhos se rebelarão contra seus pais e os matarão. ¹³ Todos odiarão vocês por minha causa; mas aquele que perseverar até o fim será salvo.

¹⁴ "Quando vocês virem 'o sacrilégio terrível'ᵇ no lugar onde não deve estar — quem lê, entenda — então, os que estiverem na Judeia fujam para os montes. ¹⁵ Quem estiver no telhado de sua casa não desça nem entre em casa para tirar dela coisa alguma. ¹⁶ Quem estiver no campo não volte para pegar seu manto. ¹⁷ Como serão terríveis aqueles dias para as grávidas e para as que estiverem amamentando! ¹⁸ Orem para que essas coisas não aconteçam no inverno. ¹⁹ Porque aqueles serão dias de tribulação como nunca houve desde que Deus criou o mundo até agora, nem jamais haverá. ²⁰ Se o Senhor não tivesse abreviado tais dias, ninguém sobreviveriaᶜ. Mas, por causa dos eleitos por ele escolhidos, ele os abreviou. ²¹ Se, então, alguém disser: 'Vejam, aqui está o Cristo!' ou: 'Vejam, ali está ele!', não acreditem. ²² Pois aparecerão falsos cristos e falsos profetas que realizarão sinais e maravilhas para, se possível, enganar os eleitos. ²³ Por isso, fiquem atentos: avisei-os de tudo antecipadamente.

²⁴ "Mas, naqueles dias, após aquela tribulação,

ᵃ **12.42** Grego: *2 leptos*, que valiam 1 quadrante.
ᵇ **13.14** Dn 9.27; 11.31; 12.11
ᶜ **13.20** Ou *seria salvo*

"'o sol escurecerá
e a lua não dará a sua luz;
²⁵ as estrelas cairão do céu
e os poderes celestes
serão abalados'ᵃ.

²⁶ "Então verão o Filho do homem vindo nas nuvens com grande poder e glória. ²⁷ E ele enviará os seus anjos e reunirá os seus eleitos dos quatro ventos, dos confins da terra até os confins do céu.

²⁸ "Aprendam a lição da figueira: Quando seus ramos se renovam e suas folhas começam a brotar, vocês sabem que o verão está próximo. ²⁹ Assim também, quando virem estas coisas acontecendo, saibam que ele está próximo, às portas. ³⁰ Eu asseguro a vocês que não passará esta geração até que todas estas coisas aconteçam. ³¹ Os céus e a terra passarão, mas as minhas palavras jamais passarão.

O Dia e a Hora São Desconhecidos
(Mt 24.36-51)

³² "Quanto ao dia e à hora ninguém sabe, nem os anjos no céu, nem o Filho, senão somente o Pai. ³³ Fiquem atentos! Vigiem!ᵇ Vocês não sabem quando virá esse tempo. ³⁴ É como um homem que sai de viagem. Ele deixa sua casa, encarrega de tarefas cada um dos seus servos e ordena ao porteiro que vigie. ³⁵ Portanto, vigiem, porque vocês não sabem quando o dono da casa voltará: se à tarde, à meia-noite, ao cantar do galo ou ao amanhecer. ³⁶ Se ele vier de repente, que não os encontre dormindo! ³⁷ O que digo a vocês, digo a todos: Vigiem!"

Jesus é Ungido em Betânia
(Mt 26.6-13; Jo 12.1-8)

14 Faltavam apenas dois dias para a Páscoa e para a festa dos pães sem fermento. Os chefes dos sacerdotes e os mestres da lei estavam procurando um meio de flagrar Jesus em algum erroᶜ e matá-lo. ² Mas diziam: "Não durante a festa, para que não haja tumulto entre o povo".

³ Estando Jesus em Betânia, reclinado à mesa na casa de um homem conhecido como Simão, o leproso, aproximou-se dele certa mulher com um frasco de alabastro contendo um perfume muito caro, feito de nardo puro. Ela quebrou o frasco e derramou o perfume sobre a cabeça de Jesus.

⁴ Alguns dos presentes começaram a dizer uns aos outros, indignados: "Por que este desperdício de perfume? ⁵ Ele poderia ser vendido por trezentos denáriosᵈ, e o dinheiro ser dado aos pobres". E eles a repreendiam severamente.

⁶ "Deixem-na em paz", disse Jesus. "Por que a estão perturbando? Ela praticou uma boa ação para comigo. ⁷ Pois os pobres vocês sempre terão com vocês e poderão ajudá-los sempre que o desejarem. Mas a mim vocês nem sempre terão. ⁸ Ela fez o que pôde. Derramou o perfume em meu corpo antecipadamente, preparando-o para o sepultamento. ⁹ Eu asseguro que onde quer que o evangelho for anunciado, em todo o mundo, também o que ela fez será contado em sua memória."

¹⁰ Então Judas Iscariotes, um dos Doze, dirigiu-se aos chefes dos sacerdotes a fim de lhes entregar Jesus. ¹¹ A proposta muito os alegrou, e lhe prometeram dinheiro. Assim, ele procurava uma oportunidade para entregá-lo.

A Ceia do Senhor
(Mt 26.17-30; Lc 22.7-23; Jo 13.18-30)

¹² No primeiro dia da festa dos pães sem fermento, quando se costumava sacrificar o cordeiro pascal, os discípulos de Jesus lhe perguntaram: "Aonde queres que vamos e te preparemos a refeição da Páscoa?"

¹³ Então ele enviou dois de seus discípulos, dizendo-lhes: "Entrem na cidade, e um homem carregando um pote de água virá ao encontro de vocês. Sigam-no ¹⁴ e digam ao dono da casa em que ele entrar: O Mestre pergunta: Onde é o meu salão de hóspedes, no qual poderei comer a Páscoa com meus discípulos? ¹⁵ Ele mostrará uma ampla sala no andar superior, mobiliada e pronta. Façam ali os preparativos para nós".

¹⁶ Os discípulos se retiraram, entraram na cidade e encontraram tudo como Jesus lhes tinha dito. E prepararam a Páscoa.

¹⁷ Ao anoitecer, Jesus chegou com os Doze. ¹⁸ Quando estavam comendo, reclinados à mesa, Jesus disse: "Digo que certamente um de vocês me trairá, alguém que está comendo comigo".

¹⁹ Eles ficaram tristes e, um por um, lhe disseram: "Com certeza não sou eu!"

²⁰ Afirmou Jesus: "É um dos Doze, alguém que come comigo do mesmo prato. ²¹ O Filho

---

ᵃ **13.24,25** Is 13.10; 34.4
ᵇ **13.33** Alguns manuscritos acrescentam *e orem!*
ᶜ **14.1** Ou *prender Jesus por meio de engano*

ᵈ **14.5** O denário era uma moeda de prata equivalente à diária de um trabalhador braçal.

do homem vai, como está escrito a seu respeito. Mas ai daquele que trai o Filho do homem! Melhor lhe seria não haver nascido".

²² Enquanto comiam, Jesus tomou o pão, deu graças, partiu-o, e o deu aos discípulos, dizendo: "Tomem; isto é o meu corpo".

²³ Em seguida tomou o cálice, deu graças, ofereceu-o aos discípulos, e todos beberam. ²⁴ E disse-lhes: "Isto é o meu sangue da aliança[a], que é derramado em favor de muitos. ²⁵ Eu afirmo que não beberei outra vez do fruto da videira, até aquele dia em que beberei o vinho novo no Reino de Deus".

²⁶ Depois de terem cantado um hino, saíram para o monte das Oliveiras.

Jesus Prediz que Pedro o Negará
(Mt 26.31-35; Lc 22.31-34; Jo 13.36-38)

²⁷ Disse-lhes Jesus: "Vocês todos me abandonarão. Pois está escrito:

" 'Ferirei o pastor,
  e as ovelhas serão dispersas'[b].

²⁸ Mas, depois de ressuscitar, irei adiante de vocês para a Galileia".

²⁹ Pedro declarou: "Ainda que todos te abandonem, eu não te abandonarei!"

³⁰ Respondeu Jesus: "Asseguro que ainda hoje, esta noite, antes que duas vezes[c] cante o galo, três vezes você me negará".

³¹ Mas Pedro insistia ainda mais: "Mesmo que seja preciso que eu morra contigo, nunca te negarei". E todos os outros disseram o mesmo.

Jesus no Getsêmani
(Mt 26.36-46; Lc 22.39-46)

³² Então foram para um lugar chamado Getsêmani, e Jesus disse aos seus discípulos: "Sentem-se aqui enquanto vou orar". ³³ Levou consigo Pedro, Tiago e João, e começou a ficar aflito e angustiado. ³⁴ E lhes disse: "A minha alma está profundamente triste, numa tristeza mortal. Fiquem aqui e vigiem".

³⁵ Indo um pouco mais adiante, prostrou-se e orava para que, se possível, fosse afastada dele aquela hora. ³⁶ E dizia: "Aba[d], Pai, tudo te é possível. Afasta de mim este cálice; contudo, não seja o que eu quero, mas sim o que tu queres".

³⁷ Então, voltou aos seus discípulos e os encontrou dormindo. "Simão", disse ele a Pedro, "você está dormindo? Não pôde vigiar nem por uma hora? ³⁸ Vigiem e orem para que não caiam em tentação. O espírito está pronto, mas a carne é fraca."

³⁹ Mais uma vez ele se afastou e orou, repetindo as mesmas palavras. ⁴⁰ Quando voltou, de novo os encontrou dormindo, porque seus olhos estavam pesados. Eles não sabiam o que lhe dizer.

⁴¹ Voltando pela terceira vez, ele lhes disse: "Vocês ainda dormem e descansam? Basta! Chegou a hora! Eis que o Filho do homem está sendo entregue nas mãos dos pecadores. ⁴² Levantem-se e vamos! Aí vem aquele que me trai!"

Jesus é Preso
(Mt 26.47-56; Lc 22.47-53; Jo 18.1-11)

⁴³ Enquanto ele ainda falava, apareceu Judas, um dos Doze. Com ele estava uma multidão armada de espadas e varas, enviada pelos chefes dos sacerdotes, mestres da lei e líderes religiosos.

⁴⁴ O traidor havia combinado um sinal com eles: "Aquele a quem eu saudar com um beijo, é ele: prendam-no e levem-no em segurança". ⁴⁵ Dirigindo-se imediatamente a Jesus, Judas disse: "Mestre!", e o beijou. ⁴⁶ Os homens agarraram Jesus e o prenderam. ⁴⁷ Então, um dos que estavam por perto puxou a espada e feriu o servo do sumo sacerdote, decepando-lhe a orelha.

⁴⁸ Disse Jesus: "Estou eu chefiando alguma rebelião, para que vocês venham me prender com espadas e varas? ⁴⁹ Todos os dias eu estive com vocês, ensinando no templo, e vocês não me prenderam. Mas as Escrituras precisam ser cumpridas". ⁵⁰ Então todos o abandonaram e fugiram.

⁵¹ Um jovem, vestindo apenas um lençol de linho, estava seguindo Jesus. Quando tentaram prendê-lo, ⁵² ele fugiu nu, deixando o lençol para trás.

Jesus diante do Sinédrio

⁵³ Levaram Jesus ao sumo sacerdote; e então se reuniram todos os chefes dos sacerdotes, os líderes religiosos e os mestres da lei. ⁵⁴ Pedro o seguiu de longe até o pátio do sumo sacerdote.

---

[a] **14.24** Alguns manuscritos trazem *da nova aliança*.
[b] **14.27** Zc 13.7
[c] **14.30** Alguns manuscritos não trazem *duas vezes*.
[d] **14.36** Termo aramaico para *Pai*.

14.51,52 Muitos copistas pensam que estes dois versículos, que não aparecem em nenhum outro dos Evangelhos, servem como um tipo de assinatura do próprio Marcos, que se lembra de algo que lhe aconteceu sendo ainda muito jovem. Ao que parece, quando ouviu o barulho, dormia nu, costume que judeus de classe alta haviam adotado do mundo helenístico.

Sentando-se ali com os guardas, esquentava-se junto ao fogo.

⁵⁵ Os chefes dos sacerdotes e todo o Sinédrio[a] estavam procurando depoimentos contra Jesus, para que pudessem condená-lo à morte, mas não encontravam nenhum. ⁵⁶ Muitos testemunharam falsamente contra ele, mas as declarações deles não eram coerentes.

⁵⁷ Então se levantaram alguns e declararam falsamente contra ele: ⁵⁸ "Nós o ouvimos dizer: 'Destruirei este templo feito por mãos humanas e em três dias construirei outro, não feito por mãos de homens' ". ⁵⁹ Mas, nem mesmo assim, o depoimento deles era coerente.

⁶⁰ Depois o sumo sacerdote levantou-se diante deles e perguntou a Jesus: "Você não vai responder à acusação que estes fazem sobre você?" ⁶¹ Mas Jesus permaneceu em silêncio e nada respondeu.

Outra vez o sumo sacerdote lhe perguntou: "Você é o Cristo, o Filho do Deus Bendito?"

⁶² "Sou", disse Jesus. "E vereis o Filho do homem assentado à direita do Poderoso vindo com as nuvens do céu."

⁶³ O sumo sacerdote, rasgando as próprias vestes, perguntou: "Por que precisamos de mais testemunhas? ⁶⁴ Vocês ouviram a blasfêmia. Que acham?"

Todos o julgaram digno de morte. ⁶⁵ Então alguns começaram a cuspir nele; vendaram-lhe os olhos e, dando-lhe murros, diziam: "Profetize!" E os guardas o levaram, dando-lhe tapas.

Pedro Nega Jesus
(Mt 26.69-75; Lc 22.54-62; Jo 18.15-18,25-27)

⁶⁶ Estando Pedro embaixo, no pátio, uma das criadas do sumo sacerdote passou por ali. ⁶⁷ Vendo Pedro a aquecer-se, olhou bem para ele e disse:

"Você também estava com Jesus, o Nazareno".

⁶⁸ Contudo ele o negou, dizendo: "Não o conheço, nem sei do que você está falando". E saiu para o alpendre[b].

⁶⁹ Quando a criada o viu lá, disse novamente aos que estavam por perto: "Esse aí é um deles". ⁷⁰ De novo ele negou.

Pouco tempo depois, os que estavam sentados ali perto disseram a Pedro: "Certamente você é um deles. Você é galileu!"

⁷¹ Ele começou a se amaldiçoar e a jurar: "Não conheço o homem de quem vocês estão falando!"

⁷² E logo o galo cantou pela segunda vez[c]. Então Pedro se lembrou da palavra que Jesus lhe tinha dito: "Antes que duas vezes[d] cante o galo, você me negará três vezes". E se pôs a chorar.

Jesus diante de Pilatos

15 De manhã bem cedo, os chefes dos sacerdotes com os líderes religiosos, os mestres da lei e todo o Sinédrio[e] chegaram a uma decisão. Amarrando Jesus, levaram-no e o entregaram a Pilatos.

² "Você é o rei dos judeus?", perguntou Pilatos.

"Tu o dizes"[f], respondeu Jesus.

³ Os chefes dos sacerdotes o acusavam de muitas coisas. ⁴ Então Pilatos lhe perguntou novamente: "Você não vai responder? Veja de quantas coisas o estão acusando".

⁵ Mas Jesus não respondeu nada, e Pilatos ficou impressionado.

⁶ Por ocasião da festa, era costume soltar um prisioneiro que o povo pedisse. ⁷ Um homem chamado Barrabás estava na prisão com os rebeldes que haviam cometido assassinato durante uma rebelião. ⁸ A multidão chegou e pediu a Pilatos que lhe fizesse o que costumava fazer.

⁹ "Vocês querem que eu solte o rei dos judeus?", perguntou Pilatos, ¹⁰ sabendo que fora por inveja que os chefes dos sacerdotes lhe haviam entregado Jesus. ¹¹ Mas os chefes dos sacerdotes incitaram a multidão a pedir que Pilatos, ao contrário, soltasse Barrabás.

¹² "Então, que farei com aquele a quem vocês chamam rei dos judeus?", perguntou-lhes Pilatos.

---

[a] **14.55** Conselho dos principais líderes do povo judeu.
[b] **14.68** Muitos manuscritos acrescentam *e o galo cantou*.
[c] **14.72** Alguns manuscritos não trazem *pela segunda vez*.
[d] **14.72** Alguns manuscritos não trazem *duas vezes*.
[e] **15.1** Conselho dos principais líderes do povo judeu; também no versículo 43.
[f] **15.2** Ou *"Sim, é como dizes"*

¹³ "Crucifica-o!", gritaram eles.

¹⁴ "Por quê? Que crime ele cometeu?", perguntou Pilatos.

Mas eles gritavam ainda mais: "Crucifica-o!"

¹⁵ Desejando agradar a multidão, Pilatos soltou-lhes Barrabás, mandou açoitar Jesus e o entregou para ser crucificado.

Os Soldados Zombam de Jesus
(Mt 27.27-31)

¹⁶ Os soldados levaram Jesus para dentro do palácio, isto é, ao Pretório[a], e reuniram toda a tropa. ¹⁷ Vestiram-no com um manto de púrpura, depois fizeram uma coroa de espinhos e a colocaram nele. ¹⁸ E começaram a saudá-lo: "Salve, rei dos judeus!" ¹⁹ Batiam-lhe na cabeça com uma vara e cuspiam nele. Ajoelhavam-se e lhe prestavam adoração. ²⁰ Depois de terem zombado dele, tiraram-lhe o manto de púrpura e vestiram-lhe suas próprias roupas. Então o levaram para fora, a fim de crucificá-lo.

A Crucificação
(Mt 27.32-44; Lc 23.26-43; Jo 19.16-27)

²¹ Certo homem de Cirene, chamado Simão, pai de Alexandre e de Rufo, passava por ali, chegando do campo. Eles o forçaram a carregar a cruz. ²² Levaram Jesus ao lugar chamado Gólgota, que quer dizer lugar da Caveira. ²³ Então lhe deram vinho misturado com mirra, mas ele não o bebeu. ²⁴ E o crucificaram. Dividindo as roupas dele, tiraram sortes para saber com o que cada um iria ficar.

²⁵ Eram nove horas da manhã[b] quando o crucificaram. ²⁶ E assim estava escrito na acusação contra ele: O REI DOS JUDEUS. ²⁷ Com ele crucificaram dois ladrões, um à sua direita e outro à sua esquerda, ²⁸ e cumpriu-se a Escritura que diz: "Ele foi contado entre os transgressores"[c]. ²⁹ Os que passavam lançavam-lhe insultos, balançando a cabeça e dizendo: "Ora, você que destrói o templo e o reedifica em três dias, ³⁰ desça da cruz e salve-se a si mesmo!"

³¹ Da mesma forma, os chefes dos sacerdotes e os mestres da lei zombavam dele entre si, dizendo: "Salvou os outros, mas não é capaz de salvar a si mesmo! ³² O Cristo, o Rei de Israel... Desça da cruz, para que o vejamos e creiamos!" Os que foram crucificados com ele também o insultavam.

A Morte de Jesus
(Mt 27.45-56; Lc 23.44-49; Jo 19.28-30)

³³ E houve trevas sobre toda a terra, do meio-dia às três horas da tarde[d]. ³⁴ Por volta das três horas da tarde, Jesus bradou em alta voz: *"Eloí, Eloí, lamá sabactâni?"*, que significa "Meu Deus! Meu Deus! Por que me abandonaste?"[e]

³⁵ Quando alguns dos que estavam presentes ouviram isso, disseram: "Ouçam! Ele está chamando Elias".

³⁶ Um deles correu, embebeu uma esponja em vinagre, colocou-a na ponta de uma vara e deu-a a Jesus para beber. E disse: "Deixem-no. Vejamos se Elias vem tirá-lo daí."

³⁷ Mas Jesus, com um alto brado, expirou.

³⁸ E o véu do santuário rasgou-se em duas partes, de alto a baixo. ³⁹ Quando o centurião que estava em frente de Jesus ouviu o seu brado e[f] viu como ele morreu, disse: "Realmente este homem era o Filho de Deus!"

⁴⁰ Algumas mulheres estavam observando de longe. Entre elas estavam Maria Madalena, Salomé e Maria, mãe de Tiago, o mais jovem, e de José. ⁴¹ Na Galileia elas tinham seguido e servido a Jesus. Muitas outras mulheres que tinham subido com ele para Jerusalém também estavam ali.

O Sepultamento de Jesus
(Mt 27.57-61; Lc 23.50-56; Jo 19.38-42)

⁴² Era o Dia da Preparação, isto é, a véspera do sábado, ⁴³ José de Arimateia, membro de destaque do Sinédrio, que também esperava o Reino de Deus, dirigiu-se corajosamente a Pilatos e pediu o corpo de Jesus. ⁴⁴ Pilatos ficou surpreso ao ouvir que ele já tinha morrido. Chamando o centurião, perguntou-lhe se Jesus já tinha morrido. ⁴⁵ Sendo informado pelo centurião, entregou o corpo a José. ⁴⁶ Então José comprou um lençol de linho, baixou o corpo da cruz, envolveu-o no lençol e o colocou num sepulcro cavado na rocha. Depois, fez rolar uma pedra sobre a entrada do sepulcro. ⁴⁷ Maria Madalena e Maria, mãe de José, viram onde ele fora colocado.

A Ressurreição
(Mt 28.1-10; Lc 24.1-12; Jo 20.1-9)

16 Quando terminou o sábado, Maria Madalena, Salomé e Maria, mãe de

---

[a] **15.16** Residência oficial do governador romano.
[b] **15.25** Grego: *Era a hora terceira.*
[c] **15.28** Is 53.12
[d] **15.33** Grego: *da hora sexta até a hora nona.*
[e] **15.34** Sl 22.1
[f] **15.39** Alguns manuscritos não trazem *ouviu o seu brado e*.

16.16 Evangelização (iniciada em Romanos 3.23; p. 1199): Aqui vemos o batismo na água como sinal de que a pessoa creu, pois converte-se em manifestação pública e proclamação de sua fé. Quando uma pessoa diz que creu em Cristo, quer dizer que o aceita como Senhor e que sabe, portanto, que lhe deve obediência. Caso não obedeça a uma orientação tão simples como a de dar testemunho público de Jesus pela água do batismo, será bastante difícil crer na sinceridade de sua declaração. Daí vem a segunda parte: " 'quem não crer será condenado' ". O batismo é sempre posterior ao momento em que a pessoa crê e à manifestação de sua fé diante dos demais. Quando a pessoa evangelizada chega a tal ponto em sua fé, deve entender o papel do batismo, não como condição para a salvação, mas sobretudo como demonstração de que é genuíno o que se produziu em seu interior por obra do Espírito.
Texto anterior: 2Coríntios 6.2
Próximo texto: João 20.31

16.15,16 Discipulado (iniciado em Romanos 10.14,15): Esta é uma versão abreviada da Grande Comissão, a notável missão de Jesus aos discípulos antes de ascender aos céus. Fala diretamente da pregação do evangelho e de oferecer a todos os homens a possibilidade de escolha entre a salvação em Cristo e a condenação eterna. Não é tarefa dos anjos, senão nossa, que fomos resgatados pelo sangue do Cordeiro e que sabemos o valor desse sacrifício para a vida do ser humano.
Texto anterior: Romanos 10.8-11
Próximo texto: 2Coríntios 5.17-21

Tiago, compraram especiarias aromáticas para ungir o corpo de Jesus. ² No primeiro dia da semana, bem cedo, ao nascer do sol, elas se dirigiram ao sepulcro, ³ perguntando umas às outras: "Quem removerá para nós a pedra da entrada do sepulcro?"

⁴ Mas, quando foram verificar, viram que a pedra, que era muito grande, havia sido removida. ⁵ Entrando no sepulcro, viram um jovem vestido de roupas brancas assentado à direita e ficaram amedrontadas.

⁶ "Não tenham medo", disse ele. "Vocês estão procurando Jesus, o Nazareno, que foi crucificado. Ele ressuscitou! Não está aqui. Vejam o lugar onde o haviam posto. ⁷ Vão e digam aos discípulos dele e a Pedro: Ele está indo adiante de vocês para a Galileia. Lá vocês o verão, como ele disse."

⁸ Tremendo e assustadas, as mulheres saíram e fugiram do sepulcro. E não disseram nada a ninguém, porque estavam amedrontadas.

⁹ ᵃ"Quando Jesus ressuscitou, na madrugada do primeiro dia da semana, apareceu primeiramente a Maria Madalena, de quem havia expulsado sete demônios. ¹⁰ Ela foi e contou aos que com ele tinham estado; eles estavam lamentando e chorando. ¹¹ Quando ouviram que Jesus estava vivo e fora visto por ela, não creram.

¹² Depois Jesus apareceu noutra forma a dois deles, estando eles a caminho do campo. ¹³ Eles voltaram e relataram isso aos outros; mas também nestes eles não creram.

¹⁴ Mais tarde Jesus apareceu aos Onze enquanto eles comiam; censurou-lhes a incredulidade e a dureza de coração, porque não acreditaram nos que o tinham visto depois de ressurreto.

¹⁵ E disse-lhes: "Vão pelo mundo todo e preguem o evangelho a todas as pessoas. ¹⁶ Quem crer e for batizado será salvo, mas quem não crer será condenado. ¹⁷ Estes sinais acompanharão os que crerem: em meu nome expulsarão demônios; falarão novas línguas; ¹⁸ pegarão em serpentes; e, se beberem algum veneno mortal, não lhes fará mal nenhum; imporão as mãos sobre os doentes, e estes ficarão curados".

¹⁹ Depois de lhes ter falado, o Senhor Jesus foi elevado aos céus e assentou-se à direita de Deus. ²⁰ Então, os discípulos saíram e pregaram por toda parte; e o Senhor cooperava com eles, confirmando-lhes a palavra com os sinais que a acompanhavam.

ᵃ **16.9** Alguns manuscritos antigos não trazem os versículos 9-20; outros manuscritos do evangelho de Marcos, apresentam finais diferentes.

Introdução ao evangelho de
LUCAS

Autor e data de composição

O evangelho de Lucas é o primeiro volume de uma obra de dois volumes. O segundo volume, também dedicado ao "excelentíssimo Teófilo", é o livro de Atos dos Apóstolos. No que se refere ao escritor, desde o início da história da Igreja existe a segurança de que se trata do "médico amado" (Colossenses 4.14), como o chama Paulo. Os dois volumes constituem a única obra do Novo Testamento escrita por alguém de origem gentia. Por ser Lucas um homem culto e estudado, seus livros contêm o melhor grego de toda a segunda parte da Bíblia. Com mentalidade grega, Lucas investigou com afinco tudo que foi possível antes de iniciar a escrever este texto. Por esse motivo, Ireneu atribui a ele o símbolo de boi, animal do trabalho e da constância. No entanto, como se trata de um texto dirigido a toda a humanidade, em que apresenta o evangelho de Jesus Cristo como uma mensagem universal, teria sido mais preciso representá-lo com o rosto de um homem. Por ser o Evangelho a primeira parte e Atos a segunda, é de supor que o Evangelho tenha sido escrito antes e que o último capítulo de Atos apresente acontecimentos que podem ser datados do ano 63 da nossa era. Esse fato nos faz pensar que o evangelho de Lucas tenha sido escrito, como data mais próxima, cerca do ano 58.

ESBOÇO GERAL

Primeira parte: A preparação (1.1—4.13)
  I. A dedicatória a Teófilo (1.1-4)
  II. O nascimento de João Batista (1.5-80)
  III. O nascimento e a infância de Jesus (2)
  IV. João Batista prepara o caminho para o Messias (3.1-20)
  V. O batismo de Jesus, sua genealogia davídica pela linhagem de Natã e a tentação no deserto (3.21—4.13)

Segunda parte: O ministério na Galileia (4.14—9.50)
  I. A apresentação de Jesus e a rejeição em Nazaré (4.14-30)
  II. A demonstração de seu poder e o chamado dos primeiros discípulos (4.31—5.28)
  III. O ensino aos fariseus e aos discípulos (5.29—6.49)
  IV. A continuação da revelação de seu poder e sua glória (7.1—9.50)

Terceira parte: Jesus viaja a Jerusalém (9.51—19.27)
  I. O aumento da oposição (9.51—11.54)
  II. Advertências de Jesus a seus inimigos e seguidores (12.1—17.10)
  III. A ingratidão de todos os leprosos curados, menos a do samaritano (17.11-19)
  IV. O ensino sobre a segunda vinda (17.20-37)
  V. O ensino sobre a oração, a bênção sobre as crianças e o ensino sobre os sacrifícios (18.1-30)
  VI. A profecia sobre sua própria morte e ressurreição (18.31-34)
  VII. A cura de um cego (18.35-43)
  VIII. A visita à casa de Zaqueu e a parábola das dez minas (19.1-27)

Quarta parte: A última semana; o Filho do homem é crucificado e sepultado nos arredores de Jerusalém (19.28—23.56)
  I. A entrada triunfal em Jerusalém (19.28-44)
  II. Purificação do templo pela segunda vez e o silêncio dos inimigos (19.45—21.4)
  III. Predição da destruição de Jerusalém (21.5-24)
  IV. Predição de sua segunda vinda em glória, poder e majestade (21.25-36)
  V. A última ceia e a traição de Judas (21.37—22.38)
  VI. O Redentor derrama seu sangue pelos pecados da humanidade (22.39—23.56)

Quinta parte: A ressurreição e os acontecimentos seguintes (24)
  I. A ressurreição de Jesus (24.1-12)
  II. Jesus e os discípulos que se dirigiam a Emaús (24.13-32)
  III. A aparição de Jesus aos Onze e a ordem para que fiquem em Jerusalém até que sejam revestidos do poder do alto (24.33-53)

Versículo-chave
1.37

Tema geral do livro
O tema que mais se destaca no evangelho de Lucas é a apresentação de Jesus como o Salvador que vem do alto. Trata-se do momento em que o anjo ordena a Maria que ponha no menino o nome de Jesus (isto é, "Salvador"). As "boas-novas de grande alegria" que recebem os pastores é que havia nascido na cidade de Davi o Salvador, que é Cristo, o Senhor (2.11). Durante seu ministério, Lucas o apresenta como o Salvador que tem todo o poder e toda a autoridade, até mesmo sobre a morte. E isso diz respeito a toda classe de pessoas, de todas as raças e condições sociais, para pôr em destaque a missão universal do Salvador. Dessa maneira, a esperança das boas-novas de salvação é levada a um mundo que está na escuridão, alheio ao povo de Deus, à aliança e às promessas divinas. Ainda que este Evangelho tenha uma quantidade notável de material em comum com os outros dois Evangelhos sinópticos, praticamente metade deste material é exclusivo, pois é resultado do trabalho de investigação de Lucas, durante o qual se aproximou das pessoas que haviam estado muito próximas a Jesus. As tradições mais antigas defendem que uma das pessoas de quem mais obteve informações, sobretudo a respeito dos primeiros acontecimentos que relata, foi a própria Maria, mãe de Jesus.

No evangelho de Lucas, Jesus é...
... o Filho do homem, semelhante a nós (22.69).

Versículos-chave para o discípulo
10.41,42

O discípulo e o evangelho Lucas
Quando o anjo fala com Maria, diz a ela palavras que aqui queremos traduzir de maneira mais literal: "Porque, quando se trata de Deus, não há palavra sua que não tenha poder" (conforme 1.37). Caro discípulo, se você converter essas palavras em um princípio básico para a sua vida, terá uma vida 100% transformada. Certamente que o anjo as pronunciou para Maria, mas também estão revestidas do poder absoluto de Deus para

nós, os leitores. Desse modo, vemos como é importante orar, conversar com Deus. Precisamos saber o que ele pensa, o que deseja de nós, que planos tem para a nossa vida. Quando temos certeza de que ele fala conosco, nada e ninguém podem nos tirar essa segurança. Não há situação ou inimigo que possa arrancar de nós a mensagem que Deus pôs no coração do homem. Essa é a espada do Espírito, nossa arma de ataque. Os inimigos de sempre — o Diabo, o mundo e a natureza humana — dirão meias verdades e mentiras descaradas, mas o Espírito Santo habita em nós e diz a verdade que vem de Deus, e somente a ele devemos escutar. O apóstolo João diria mais tarde, em seu Evangelho, palavras de Jesus que têm o poder de transformar a nossa vida para sempre: " 'Se vocês permanecerem firmes na minha palavra, verdadeiramente serão meus discípulos. E conhecerão a verdade, e a verdade os libertará' " (João 8.31,32).

LUCAS

Introdução

1 Muitos já se dedicaram a elaborar um relato dos fatos que se cumpriram[a] entre nós, ² conforme nos foram transmitidos por aqueles que desde o início foram testemunhas oculares e servos da palavra. ³ Eu mesmo investiguei tudo cuidadosamente, desde o começo, e decidi escrever-te um relato ordenado, ó excelentíssimo Teófilo, ⁴ para que tenhas a certeza das coisas que te foram ensinadas.

O Nascimento de João Batista é Predito

⁵ No tempo de Herodes, rei da Judeia, havia um sacerdote chamado Zacarias, que pertencia ao grupo sacerdotal de Abias; Isabel, sua mulher, também era descendente de Arão. ⁶ Ambos eram justos aos olhos de Deus, obedecendo de modo irrepreensível a todos os mandamentos e preceitos do Senhor. ⁷ Mas eles não tinham filhos, porque Isabel era estéril; e ambos eram de idade avançada.

⁸ Certa vez, estando de serviço o seu grupo, Zacarias estava servindo como sacerdote diante de Deus. ⁹ Ele foi escolhido por sorteio, de acordo com o costume do sacerdócio, para entrar no santuário do Senhor e oferecer incenso. ¹⁰ Chegando a hora de oferecer incenso, o povo todo estava orando do lado de fora.

¹¹ Então um anjo do Senhor apareceu a Zacarias, à direita do altar do incenso. ¹² Quando Zacarias o viu, perturbou-se e foi dominado pelo medo. ¹³ Mas o anjo lhe disse: "Não tenha medo, Zacarias; sua oração foi ouvida. Isabel, sua mulher, dará a você um filho, e você lhe dará o nome de João. ¹⁴ Ele será motivo de prazer e de alegria para você, e muitos se alegrarão por causa do nascimento dele, ¹⁵ pois será grande aos olhos do Senhor. Ele nunca tomará vinho nem bebida fermentada, e será cheio do Espírito Santo desde antes do seu nascimento[b]. ¹⁶ Fará retornar muitos dentre o povo de Israel ao Senhor, o seu Deus. ¹⁷ E irá adiante do Senhor, no espírito e no poder de Elias, para fazer voltar o coração dos pais a seus filhos e os desobedientes à sabedoria dos justos, para deixar um povo preparado para o Senhor".

¹⁸ Zacarias perguntou ao anjo: "Como posso ter certeza disso? Sou velho, e minha mulher é de idade avançada".

¹⁹ O anjo respondeu: "Sou Gabriel, o que está sempre na presença de Deus. Fui enviado para transmitir a você estas boas-novas. ²⁰ Agora você ficará mudo. Não poderá falar até o dia em que isso acontecer, porque não acreditou em minhas palavras, que se cumprirão no tempo oportuno".

²¹ Enquanto isso, o povo esperava por Zacarias, estranhando sua demora no santuário. ²² Quando saiu, não conseguia falar nada; o povo percebeu então que ele tivera uma visão no santuário. Zacarias fazia sinais para eles, mas permanecia mudo.

²³ Quando se completou seu período de serviço, ele voltou para casa. ²⁴ Depois disso, Isabel, sua mulher, engravidou e durante cinco meses não saiu de casa. ²⁵ E ela dizia: "Isto é obra do Senhor! Agora ele olhou para mim favoravelmente, para desfazer a minha humilhação perante o povo".

O Nascimento de Jesus é Predito

²⁶ No sexto mês Deus enviou o anjo Gabriel a Nazaré, cidade da Galileia, ²⁷ a uma virgem prometida em casamento a certo homem chamado José, descendente de Davi. O nome da virgem era Maria. ²⁸ O anjo, aproximando-se dela, disse: "Alegre-se, agraciada! O Senhor está com você!"

²⁹ Maria ficou perturbada com essas palavras, pensando no que poderia significar esta saudação. ³⁰ Mas o anjo lhe disse:

"Não tenha medo, Maria;
você foi agraciada por Deus!
³¹ Você ficará grávida
e dará à luz um filho,
e lhe porá o nome de Jesus.
³² Ele será grande
e será chamado
Filho do Altíssimo.
O Senhor Deus lhe dará
o trono de seu pai Davi,
³³ e ele reinará para sempre sobre o povo
de Jacó;
seu Reino jamais terá fim".

³⁴ Perguntou Maria ao anjo: "Como acontecerá isso se sou virgem?"

---

[a] 1.1 Ou *que foram aceitos com convicção*
[b] 1.15 Ou *desde o ventre de sua mãe*

1.37 As palavras do anjo, tais como mencionadas no texto bíblico, por si sós já são um consolo. No entanto, se recorremos ao texto original grego, encontramos um sentido muito mais poderoso. O que o anjo Gabriel disse a Maria, a jovem virgem que se tornaria mãe do Messias, é: "Porque, quando se trata de Deus, não há palavra sua que não tenha poder".

35 O anjo respondeu: "O Espírito Santo virá sobre você, e o poder do Altíssimo a cobrirá com a sua sombra. Assim, aquele que há de nascer será chamado Santo, Filho de Deus.ᵃ 36 Também Isabel, sua parenta, terá um filho na velhice; aquela que diziam ser estéril já está em seu sexto mês de gestação. 37 Pois nada é impossível para Deus".

38 Respondeu Maria: "Sou serva do Senhor; que aconteça comigo conforme a tua palavra". Então o anjo a deixou.

Maria Visita Isabel

39 Naqueles dias, Maria preparou-se e foi depressa para uma cidade da região montanhosa da Judeia, 40 onde entrou na casa de Zacarias e saudou Isabel. 41 Quando Isabel ouviu a saudação de Maria, o bebê agitou-se em seu ventre, e Isabel ficou cheia do Espírito Santo. 42 Em alta voz exclamou:

"Bendita é você
 entre as mulheres,
e bendito é o filho
 que você dará à luz!

43 Mas por que sou tão agraciada, ao ponto de me visitar a mãe do meu Senhor? 44 Logo que a sua saudação chegou aos meus ouvidos, o bebê que está em meu ventre agitou-se de alegria. 45 Feliz é aquela que creu que se cumprirá aquilo que o Senhor lhe disse!"

O Cântico de Maria

46 Então disse Maria:

"Minha alma engrandece
 ao Senhor,
47 e o meu espírito se alegra
 em Deus,
meu Salvador,
48 pois atentou
 para a humildade
 da sua serva.
De agora em diante,
 todas as gerações
 me chamarão
 bem-aventurada,
49 pois o Poderoso fez
 grandes coisas em meu favor;
santo é o seu nome.
50 A sua misericórdia estende-se aos que
 o temem,
 de geração em geração.
51 Ele realizou poderosos feitos com
 seu braço;
dispersou os que são soberbos
 no mais íntimo do coração.
52 Derrubou governantes
 dos seus tronos,
mas exaltou os humildes.
53 Encheu de coisas boas
 os famintos,
mas despediu de mãos vazias os ricos.
54 Ajudou a seu servo Israel,
 lembrando-se
 da sua misericórdia
55 para com Abraão
 e seus descendentes
 para sempre,
como dissera
 aos nossos antepassados".

56 Maria ficou com Isabel cerca de três meses e depois voltou para casa.

O Nascimento de João Batista

57 Ao se completar o tempo de Isabel dar à luz, ela teve um filho. 58 Seus vizinhos e parentes ouviram falar da grande misericórdia que o Senhor lhe havia demonstrado e se alegraram com ela.

59 No oitavo dia foram circuncidar o menino e queriam dar-lhe o nome do pai, Zacarias; 60 mas sua mãe tomou a palavra e disse: "Não! Ele será chamado João".

61 Disseram-lhe: "Você não tem nenhum parente com esse nome".

62 Então fizeram sinais ao pai do menino, para saber como queria que a criança se chamasse. 63 Ele pediu uma tabuinha e, para admiração de

---

ᵃ **1.35** Ou *Assim, o santo que há de nascer será chamado Filho de Deus*.

todos, escreveu: "O nome dele é João". ⁶⁴ Imediatamente sua boca se abriu, sua língua se soltou e ele começou a falar, louvando a Deus. ⁶⁵ Todos os vizinhos ficaram cheios de temor, e por toda a região montanhosa da Judeia se falava sobre essas coisas. ⁶⁶ Todos os que ouviam falar disso se perguntavam: "O que vai ser este menino?" Pois a mão do Senhor estava com ele.

O Cântico de Zacarias

⁶⁷ Seu pai, Zacarias, foi cheio do Espírito Santo e profetizou:

⁶⁸ "Louvado seja o Senhor,
   o Deus de Israel,
porque visitou e redimiu
   o seu povo.
⁶⁹ Ele promoveu
   poderosa salvação[a] para nós,
na linhagem do seu servo Davi,
⁷⁰ (como falara pelos seus santos profetas,
   na antiguidade),
⁷¹ salvando-nos
   dos nossos inimigos
e da mão de todos
   os que nos odeiam,
⁷² para mostrar sua misericórdia aos
   nossos antepassados
e lembrar sua santa aliança,
⁷³ o juramento que fez
   ao nosso pai Abraão:
⁷⁴ resgatar-nos da mão
   dos nossos inimigos
para o servirmos sem medo,
⁷⁵ em santidade e justiça,
   diante dele
todos os nossos dias.
⁷⁶ E você, menino, será chamado profeta
   do Altíssimo,
pois irá adiante do Senhor,
para lhe preparar o caminho,
⁷⁷ para dar ao seu povo
   o conhecimento da salvação,
mediante o perdão
   dos seus pecados,
⁷⁸ por causa
   das ternas misericórdias
   de nosso Deus,
pelas quais do alto
   nos visitará
o sol nascente,

⁷⁹ para brilhar sobre aqueles
   que estão vivendo nas trevas
   e na sombra da morte,
   e guiar nossos pés
   no caminho da paz".

⁸⁰ E o menino crescia e se fortalecia em espírito; e viveu no deserto, até aparecer publicamente a Israel.

O Nascimento de Jesus
(Mt 1.18-25)

2 Naqueles dias, César Augusto publicou um decreto ordenando o recenseamento de todo o império romano. ² Este foi o primeiro recenseamento feito quando Quirino era governador da Síria. ³ E todos iam para a sua cidade natal, a fim de alistar-se.

⁴ Assim, José também foi da cidade de Nazaré da Galileia para a Judeia, para Belém, cidade de Davi, porque pertencia à casa e à linhagem de Davi. ⁵ Ele foi a fim de alistar-se, com Maria, que lhe estava prometida em casamento e esperava um filho.

⁶ Enquanto estavam lá, chegou o tempo de nascer o bebê, ⁷ e ela deu à luz o seu primogênito. Envolveu-o em panos e o colocou numa manjedoura, porque não havia lugar para eles na hospedaria.

Os Pastores e os Anjos

⁸ Havia pastores que estavam nos campos próximos e durante a noite tomavam conta dos seus rebanhos. ⁹ E aconteceu que um anjo do Senhor apareceu-lhes e a glória do Senhor resplandeceu ao redor deles; e ficaram aterrorizados. ¹⁰ Mas o anjo lhes disse: "Não tenham medo. Estou trazendo boas-novas de grande alegria para vocês, que são para todo o povo: ¹¹ Hoje, na cidade de Davi, nasceu o Salvador, que é Cristo[b], o Senhor. ¹² Isto servirá de sinal para vocês: encontrarão o bebê envolto em panos e deitado numa manjedoura".

¹³ De repente, uma grande multidão do exército celestial apareceu com o anjo, louvando a Deus e dizendo:

¹⁴ "Glória a Deus nas alturas,
   e paz na terra aos homens
   aos quais ele concede
   o seu favor".

---

[a] **1.69** Grego: *Ele erigiu um chifre de salvação.*

[b] **2.11** Ou *Messias*. Tanto *Cristo* (grego) como *Messias* (hebraico) significam *Ungido*; também em todo o livro de Lucas.

¹⁵ Quando os anjos os deixaram e foram para os céus, os pastores disseram uns aos outros: "Vamos a Belém, e vejamos isso que aconteceu, e que o Senhor nos deu a conhecer".

¹⁶ Então correram para lá e encontraram Maria e José e o bebê deitado na manjedoura. ¹⁷ Depois de o verem, contaram a todos o que lhes fora dito a respeito daquele menino, ¹⁸ e todos os que ouviram o que os pastores diziam ficaram admirados. ¹⁹ Maria, porém, guardava todas essas coisas e sobre elas refletia em seu coração. ²⁰ Os pastores voltaram glorificando e louvando a Deus por tudo o que tinham visto e ouvido, como lhes fora dito.

Jesus é Apresentado no Templo

²¹ Completando-se os oito dias para a circuncisão do menino, foi-lhe posto o nome de Jesus, o qual lhe tinha sido dado pelo anjo antes de ele nascer.

²² Completando-se o tempo da purificação deles, de acordo com a Lei de Moisés, José e Maria o levaram a Jerusalém para apresentá-lo ao Senhor ²³ (como está escrito na Lei do Senhor: "Todo primogênito do sexo masculino será consagrado ao Senhor")[a] ²⁴ e para oferecer um sacrifício, de acordo com o que diz a Lei do Senhor: "duas rolinhas ou dois pombinhos"[b].

²⁵ Havia em Jerusalém um homem chamado Simeão, que era justo e piedoso, e que esperava a consolação de Israel; e o Espírito Santo estava sobre ele. ²⁶ Fora-lhe revelado pelo Espírito Santo que ele não morreria antes de ver o Cristo do Senhor. ²⁷ Movido pelo Espírito, ele foi ao templo. Quando os pais trouxeram o menino Jesus para lhe fazerem o que requeria o costume da Lei, ²⁸ Simeão o tomou nos braços e louvou a Deus, dizendo:

> ²⁹ "Ó Soberano, como prometeste,
>   agora podes despedir em paz
>   o teu servo.
> ³⁰ Pois os meus olhos já viram
>   a tua salvação,
> ³¹ que preparaste
>   à vista de todos os povos:
> ³² luz para revelação
>   aos gentios[c]
> e para a glória de Israel, teu povo".

³³ O pai e a mãe do menino estavam admirados com o que fora dito a respeito dele. ³⁴ E Simeão os abençoou e disse a Maria, mãe de Jesus: "Este menino está destinado a causar a queda e o soerguimento de muitos em Israel, e a ser um sinal de contradição, ³⁵ de modo que o pensamento de muitos corações será revelado. Quanto a você, uma espada atravessará a sua alma".

³⁶ Estava ali a profetisa Ana, filha de Fanuel, da tribo de Aser. Era muito idosa; tinha vivido com seu marido sete anos depois de se casar ³⁷ e então permanecera viúva até a idade de oitenta e quatro anos[d]. Nunca deixava o templo: adorava a Deus jejuando e orando dia e noite. ³⁸ Tendo chegado ali naquele exato momento, deu graças a Deus e falava a respeito do menino a todos os que esperavam a redenção de Jerusalém.

³⁹ Depois de terem feito tudo o que era exigido pela Lei do Senhor, voltaram para a sua própria cidade, Nazaré, na Galileia. ⁴⁰ O menino crescia e se fortalecia, enchendo-se de sabedoria; e a graça de Deus estava sobre ele.

O Menino Jesus no Templo

⁴¹ Todos os anos seus pais iam a Jerusalém para a festa da Páscoa. ⁴² Quando ele completou doze anos de idade, eles subiram à festa, conforme o costume. ⁴³ Terminada a festa, voltando seus pais para casa, o menino Jesus ficou em Jerusalém, sem que eles percebessem. ⁴⁴ Pensando que ele estava entre os companheiros de viagem, caminharam o dia todo. Então começaram a procurá-lo entre seus parentes e conhecidos. ⁴⁵ Não o encontrando, voltaram a Jerusalém para procurá-lo. ⁴⁶ Depois de três dias o encontraram no templo, sentado entre os mestres, ouvindo-os e fazendo-lhes perguntas. ⁴⁷ Todos os que o ouviam ficavam maravilhados com o seu entendimento e com as suas respostas. ⁴⁸ Quando seus pais o viram, ficaram perplexos. Sua mãe lhe disse: "Filho, por que você nos fez isto? Seu pai e eu estávamos aflitos, à sua procura".

⁴⁹ Ele perguntou: "Por que vocês estavam me procurando? Não sabiam que eu devia estar na casa de meu Pai?" ⁵⁰ Mas eles não compreenderam o que lhes dizia.

⁵¹ Então foi com eles para Nazaré e era-lhes obediente. Sua mãe, porém, guardava todas essas coisas em seu coração. ⁵² Jesus ia crescendo

---

[a] **2.23** Êx 13.2,12
[b] **2.24** Lv 12.8
[c] **2.32** Isto é, os que não são judeus.

[d] **2.37** Ou *viúva por oitenta e quatro anos*

em sabedoria, estatura e graça diante de Deus e dos homens.

João Batista Prepara o Caminho
(Mt 3.1-12; Mc 1.2-8)

3 No décimo quinto ano do reinado de Tibério César, quando Pôncio Pilatos era governador da Judeia; Herodes, tetrarca[a] da Galileia; seu irmão Filipe, tetrarca da Itureia e Traconites; e Lisânias, tetrarca de Abilene; ² Anás e Caifás exerciam o sumo sacerdócio. Foi nesse ano que veio a palavra do Senhor a João, filho de Zacarias, no deserto. ³ Ele percorreu toda a região próxima ao Jordão, pregando um batismo de arrependimento para o perdão dos pecados. ⁴ Como está escrito no livro das palavras de Isaías, o profeta:

"Voz do que clama no deserto:
   'Preparem[b] o caminho
    para o Senhor,
   façam veredas retas
    para ele.
⁵ Todo vale será aterrado
   e todas as montanhas
    e colinas, niveladas.
As estradas tortuosas
   serão endireitadas
e os caminhos acidentados, aplanados.
⁶ E toda a humanidade[c]
   verá a salvação de Deus'"[d]

⁷ João dizia às multidões que saíam para serem batizadas por ele: "Raça de víboras! Quem deu a vocês a ideia de fugir da ira que se aproxima? ⁸ Deem frutos que mostrem o arrependimento. E não comecem a dizer a si mesmos: 'Abraão é nosso pai'. Pois eu digo que destas pedras Deus pode fazer surgir filhos a Abraão. ⁹ O machado já está posto à raiz das árvores, e toda árvore que não der bom fruto será cortada e lançada ao fogo".

¹⁰ "O que devemos fazer então?", perguntavam as multidões.

¹¹ João respondia: "Quem tem duas túnicas dê uma a quem não tem nenhuma; e quem tem comida faça o mesmo".

¹² Alguns publicanos[e] também vieram para serem batizados. Eles perguntaram: "Mestre, o que devemos fazer?"

¹³ Ele respondeu: "Não cobrem nada além do que foi estipulado".

¹⁴ Então alguns soldados lhe perguntaram: "E nós, o que devemos fazer?"

Ele respondeu: "Não pratiquem extorsão nem acusem ninguém falsamente; contentem-se com o seu salário".

¹⁵ O povo estava em grande expectativa, questionando em seu coração se acaso João não seria o Cristo. ¹⁶ João respondeu a todos: "Eu os batizo com[f] água. Mas virá alguém mais poderoso do que eu, tanto que não sou digno nem de desamarrar as correias das suas sandálias. Ele os batizará com o Espírito Santo e com fogo. ¹⁷ Ele traz a pá em sua mão, a fim de limpar sua eira e juntar o trigo em seu celeiro; mas queimará a palha com fogo que nunca se apaga". ¹⁸ E com muitas outras palavras João exortava o povo e lhe pregava as boas-novas.

¹⁹ Todavia, quando João repreendeu Herodes, o tetrarca, por causa de Herodias, mulher do próprio irmão de Herodes, e por todas as outras coisas más que ele tinha feito, ²⁰ Herodes acrescentou a todas elas a de colocar João na prisão.

O Batismo e a Genealogia de Jesus
(Mt 3.13-17; Mt 1.1-17; Mc 1.9-11)

²¹ Quando todo o povo estava sendo batizado, também Jesus o foi. E, enquanto ele estava orando, o céu se abriu ²² e o Espírito Santo desceu sobre ele em forma corpórea, como pomba. Então veio do céu uma voz: "Tu és o meu Filho amado; em ti me agrado".

²³ Jesus tinha cerca de trinta anos de idade quando começou seu ministério. Ele era considerado filho de José,

filho de Eli, ²⁴ filho de Matate,
filho de Levi, filho de Melqui,
filho de Janai, filho de José,
²⁵ filho de Matatias,
filho de Amós,
filho de Naum, filho de Esli,
filho de Nagai,
²⁶ filho de Máate,
filho de Matatias,

---

[a] **3.1** Um tetrarca era o governador da quarta parte de uma região; também no versículo 19.
[b] **3.4** Ou *daquele que clama: 'No deserto preparem*
[c] **3.6** Grego: *carne*.
[d] **3.6** Is 40.3-5
[e] **3.12** Os publicanos eram coletores de impostos, malvistos pelo povo; também em 5.27, 29, 30; 7.29, 34; 15.1; 18.10, 11, 13 e 19.2.
[f] **3.16** Ou *em*

3.27 Jesus herda de Maria o sangue de Davi por meio de seu filho Natã, ao passo que herda de José a linhagem real de Salomão. O ponto de encontro das duas linhagens está na pessoa de Zorobabel (leia sobre esse tema a nota correspondente em Mateus 1.12).

filho de Semei,
filho de Joseque, filho de Jodá,
²⁷ filho de Joanã, filho de Ressa,
filho de Zorobabel,
filho de Salatiel,
filho de Neri,
²⁸ filho de Melqui,
filho de Adi, filho de Cosã,
filho de Elmadã, filho de Er,
²⁹ filho de Josué, filho de Eliézer,
filho de Jorim, filho de Matate,
filho de Levi,
³⁰ filho de Simeão,
filho de Judá, filho de José,
filho de Jonã,
filho de Eliaquim,
³¹ filho de Meleá, filho de Mená,
filho de Matatá, filho de Natã,
filho de Davi, ³² filho de Jessé,
filho de Obede, filho de Boaz,
filho de Salmom[a],
filho de Naassom,
³³ filho de Aminadabe,
filho de Ram[b],
filho de Esrom, filho de Perez,
filho de Judá, ³⁴ filho de Jacó,
filho de Isaque,
filho de Abraão,
filho de Terá, filho de Naor,
³⁵ filho de Serugue,
filho de Ragaú,
filho de Faleque, filho de Éber,
filho de Salá, ³⁶ filho de Cainã,
filho de Arfaxade, filho de Sem,
filho de Noé, filho de Lameque,
³⁷ filho de Matusalém,
filho de Enoque,
filho de Jarede,
filho de Maalaleel,
filho de Cainã, ³⁸ filho de Enos,
filho de Sete, filho de Adão,
filho de Deus.

A Tentação de Jesus
(Mt 4.1-11; Mc 1.12,13)

4 Jesus, cheio do Espírito Santo, voltou do Jordão e foi levado pelo Espírito ao deserto, ² onde, durante quarenta dias, foi tentado pelo Diabo. Não comeu nada durante esses dias e, ao fim deles, teve fome.

³ O Diabo lhe disse: "Se és o Filho de Deus, manda esta pedra transformar-se em pão".

⁴ Jesus respondeu: "Está escrito: 'Nem só de pão viverá o homem'[c]".

⁵ O Diabo o levou a um lugar alto e mostrou-lhe num relance todos os reinos do mundo. ⁶ E lhe disse: "Eu te darei toda a autoridade sobre eles e todo o seu esplendor, porque me foram dados e posso dá-los a quem eu quiser. ⁷ Então, se me adorares, tudo será teu".

⁸ Jesus respondeu: "Está escrito: 'Adore o Senhor, o seu Deus, e só a ele preste culto'[d]".

⁹ O Diabo o levou a Jerusalém, colocou-o na parte mais alta do templo e lhe disse: "Se és o Filho de Deus, joga-te daqui para baixo. ¹⁰ Pois está escrito:

"'Ele dará ordens a seus anjos a seu respeito,
  para o guardarem;
¹¹ com as mãos eles o segurarão,
  para que você não tropece
  em alguma pedra'[e]".

¹² Jesus respondeu: "Dito está: 'Não ponha à prova o Senhor, o seu Deus'[f]".

¹³ Tendo terminado todas essas tentações, o Diabo o deixou até ocasião oportuna.

Jesus é Rejeitado em Nazaré

¹⁴ Jesus voltou para a Galileia no poder do Espírito, e por toda aquela região se espalhou a sua fama. ¹⁵ Ensinava nas sinagogas, e todos o elogiavam.

¹⁶ Ele foi a Nazaré, onde havia sido criado e no dia de sábado entrou na sinagoga, como era seu costume. E levantou-se para ler. ¹⁷ Foi-lhe

---

[a] **3.32** Alguns manuscritos dizem *Salá*.
[b] **3.33** Alguns manuscritos dizem *Aminadabe, filho de Admim, filho de Arni, filho de Esrom*. Outros manuscritos trazem variações maiores.
[c] **4.4** Dt 8.3
[d] **4.8** Dt 6.13
[e] **4.10,11** Sl 91.11,12
[f] **4.12** Dt 6.16

A TENTAÇÃO DE JESUS NO DESERTO (LUCAS 4.1-13)		
O INIMIGO TENTA	TIPO DE TENTAÇÃO	JESUS: "ESTÁ ESCRITO"
"Se és o Filho de Deus, manda esta pedra transformar-se em pão" (v. 3)	Necessidade humana óbvia	"Nem só de pão viverá o homem" (v. 4, citação de Deuteronômio 8.3)
"Eu te darei toda a autoridade sobre eles e todo o seu esplendor, porque me foram dados e posso dá-los a quem eu quiser. Então, se me adorares, tudo será teu" (v. 6,7)	Poder resultante da submissão ao inimigo, não a Deus	"Adore o Senhor, o seu Deus, e só a ele preste culto" (v. 8, citação de Deuteronômio 6.13)
"Se és o Filho de Deus, joga-te daqui para baixo. Pois está escrito: 'Ele dará ordens a seus anjos a seu respeito, para o guardarem; com as mãos eles o segurarão, para que você não tropece em alguma pedra' " (v. 9-11, citação de Salmos 91.11,12)	Fama espetacular para si mesmo, baseando-se na manipulação de Deus através do uso de sua Palavra	"Dito está: 'Não ponha à prova o Senhor, o seu Deus' " (v. 12, citação de Deuteronômio 6.16)
A PERSEGUIÇÃO DO INIMIGO CONTINUA: "Tendo terminado todas essas tentações, o Diabo o deixou até ocasião oportuna" (Lucas 4.13).		
A FIDELIDADE DO ÚLTIMO ADÃO E AS CONSEQUÊNCIAS PARA O DISCÍPULO TAMBÉM CONTINUAM: "[...] pois não temos um sumo sacerdote que não possa compadecer-se das nossas fraquezas, mas sim alguém que, como nós, passou por todo tipo de tentação, porém sem pecado. Assim, aproximemo-nos do trono da graça com toda a confiança, a fim de recebermos misericórdia e encontrarmos graça que nos ajude no momento da necessidade" (Hebreus 4.15,16).		

entregue o livro do profeta Isaías. Abriu-o e encontrou o lugar onde está escrito:

¹⁸ "O Espírito do Senhor
está sobre mim,
porque ele me ungiu
  para pregar boas-novas
    aos pobres.
Ele me enviou
  para proclamar liberdade
    aos presos
e recuperação da vista
  aos cegos,
para libertar os oprimidos
¹⁹ e proclamar o ano da graça
  do Senhor"ᵃ.

²⁰ Então ele fechou o livro, devolveu-o ao assistente e assentou-se. Na sinagoga todos tinham os olhos fitos nele; ²¹ e ele começou a dizer-lhes: "Hoje se cumpriu a Escritura que vocês acabaram de ouvir".

²² Todos falavam bem dele e estavam admirados com as palavras de graça que saíam de seus lábios. Mas perguntavam: "Não é este o filho de José?"

4.18,19 Discipulado (iniciado em Romanos 10.14,15): Jesus leu Isaías 61.1,2 nessa ocasião quando estava na sinagoga de Nazaré. Em seguida, disse que esse texto profético estava se cumprindo diante dos olhos de todos os presentes. Tratava-se de uma referência a sua missão terrena. Tal missão, de curta duração, foi depois transmitida a nós e tem inspirado feitos excepcionais e milagres que têm marcado a história dos santos de Deus ao longo dos séculos.
Texto anterior: 2Coríntios 5.17-21
Próximo texto: 2Timóteo 2.15

²³ Jesus lhes disse: "É claro que vocês me citarão este provérbio: 'Médico, cura-te a ti mesmo! Faze aqui em tua terra o que ouvimos que fizeste em Cafarnaum' ".

²⁴ Continuou ele: "Digo a verdade: Nenhum profeta é aceito em sua terra. ²⁵ Asseguro a vocês que havia muitas viúvas em Israel no tempo de Elias, quando o céu foi fechado por três anos e meio e houve uma grande fome em toda a terra. ²⁶ Contudo, Elias não foi enviado a nenhuma delas, senão a uma viúva de Sarepta, na região de Sidom. ²⁷ Também havia muitos

---

ᵃ **4.18,19** Is 58.6; 61.1,2

leprosos[a] em Israel no tempo de Eliseu, o profeta; todavia, nenhum deles foi purificado — somente Naamã, o sírio".

²⁸ Todos os que estavam na sinagoga ficaram furiosos quando ouviram isso. ²⁹ Levantaram-se, expulsaram-no da cidade e o levaram até o topo da colina sobre a qual fora construída a cidade, a fim de atirá-lo precipício abaixo. ³⁰ Mas Jesus passou por entre eles e retirou-se.

Jesus Expulsa um Espírito Imundo
(Mc 1.21-28)

³¹ Então ele desceu a Cafarnaum, cidade da Galileia, e, no sábado, começou a ensinar o povo. ³² Todos ficavam maravilhados com o seu ensino, porque falava com autoridade.

³³ Na sinagoga havia um homem possesso de um demônio, de um espírito imundo[b]. Ele gritou com toda a força: ³⁴ "Ah!, que queres conosco, Jesus de Nazaré? Vieste para nos destruir? Sei quem tu és: o Santo de Deus!"

³⁵ Jesus o repreendeu, e disse: "Cale-se e saia dele!" Então o demônio jogou o homem no chão diante de todos e saiu dele sem o ferir.

³⁶ Todos ficaram admirados e diziam uns aos outros: "Que palavra é esta? Até aos espíritos imundos ele dá ordens com autoridade e poder, e eles saem!" ³⁷ E a sua fama se espalhava por toda a região circunvizinha.

O Poder de Jesus sobre os Demônios e as Doenças
(Mt 8.14-17; Mc 1.29-34)

³⁸ Jesus saiu da sinagoga e foi à casa de Simão. A sogra de Simão estava com febre alta, e pediram a Jesus que fizesse algo por ela. ³⁹ Estando ele em pé junto dela, inclinou-se e repreendeu a febre, que a deixou. Ela se levantou imediatamente e passou a servi-los.

⁴⁰ Ao pôr do sol, o povo trouxe a Jesus todos os que tinham vários tipos de doenças; e ele os curou, impondo as mãos sobre cada um deles. ⁴¹ Além disso, de muitas pessoas saíam demônios gritando: "Tu és o Filho de Deus!" Ele, porém, os repreendia e não permitia que falassem, porque sabiam que ele era o Cristo.

⁴² Ao romper do dia, Jesus foi para um lugar solitário. As multidões o procuravam e, quando chegaram até onde ele estava, insistiram que não as deixasse. ⁴³ Mas ele disse: "É necessário que eu pregue as boas-novas do Reino de Deus noutras cidades também, porque para isso fui enviado". ⁴⁴ E continuava pregando nas sinagogas da Judeia[c].

Jesus Chama os Primeiros Discípulos
(Mt 4.18-22; Mc 1.16-20; Jo 1.35-42)

5 Certo dia Jesus estava perto do lago de Genesaré[d], e uma multidão o comprimia de todos os lados para ouvir a palavra de Deus. ² Viu à beira do lago dois barcos, deixados ali pelos pescadores, que estavam lavando as suas redes. ³ Entrou num dos barcos, o que pertencia a Simão, e pediu-lhe que o afastasse um pouco da praia. Então sentou-se e do barco ensinava o povo.

⁴ Tendo acabado de falar, disse a Simão: "Vá para onde as águas são mais fundas", e a todos: "Lancem as redes para a pesca".

⁵ Simão respondeu: "Mestre, esforçamo-nos a noite inteira e não pegamos nada. Mas, porque és tu quem está dizendo isto, vou lançar as redes".

⁶ Quando o fizeram, pegaram tal quantidade de peixes que as redes começaram a rasgar-se. ⁷ Então fizeram sinais a seus companheiros no outro barco, para que viessem ajudá-los; e eles vieram e encheram ambos os barcos, ao ponto de começarem a afundar.

⁸ Quando Simão Pedro viu isso, prostrou-se aos pés de Jesus e disse: "Afasta-te de mim, Senhor, porque sou um homem pecador!" ⁹ Pois ele e todos os seus companheiros estavam perplexos com a pesca que haviam feito, ¹⁰ como também Tiago e João, os filhos de Zebedeu, sócios de Simão.

Jesus disse a Simão: "Não tenha medo; de agora em diante você será pescador de homens". ¹¹ Eles então arrastaram seus barcos para a praia, deixaram tudo e o seguiram.

A Cura de um Leproso
(Mt 8.1-4; Mc 1.40-45)

¹² Estando Jesus numa das cidades, passou um homem coberto de lepra[e]. Quando viu Jesus, prostrou-se com o rosto em terra e rogou-lhe: "Se quiseres, podes purificar-me".

¹³ Jesus estendeu a mão e tocou nele, dizendo: "Quero. Seja purificado!" E imediatamente a lepra o deixou.

---

[a] 4.27 O termo grego não se refere somente à lepra, mas também a diversas doenças da pele.
[b] 4.33 Ou *maligno*; também em todo o livro de Lucas.
[c] 4.44 Alguns manuscritos dizem *Galileia*.
[d] 5.1 Isto é, o mar da Galileia.
[e] 5.12 O termo grego não se refere somente à lepra, mas também a diversas doenças da pele.

ORAÇÃO: LUCAS E OS EVANGELHOS

A Bíblia está falando sério quando diz que temos que orar continuamente (1Tessalonicenses 5.17)? Em geral a oração não é algo agradável... Que sentido tem essa orientação?

    O evangelho de Lucas várias vezes menciona que Jesus se retirava para orar. Desse modo, estava dando o exemplo da relação que mantinha com o Pai. Jesus não tinha necessidade de orar. Ele era Deus, mas na comunhão com o Pai recebia força e ânimo. Lucas 22 mostra-nos Jesus orando no momento da maior dificuldade de sua vida: quando se preparava para a cruz. Se Jesus considera que a oração é essencial, é porque assim deve ser.

Na Oração do Pai-nosso, Jesus entregou ao Pai os motivos pelos quais nós também devemos orar. O texto de Mateus 6 menciona temas tais como culto, submissão à vontade de Deus, provisão, perdão, força para resistir às tentações.

Davi é outro grande exemplo de alguém que sempre está "perguntando ao Senhor" sua vontade. Várias vezes nos livros de 1 e 2Samuel vemos Davi em busca da direção de Deus. Quando assim o faz, o resultado é sempre melhor do que se simplesmente se baseasse em sua própria sabedoria. Leia 1Samuel 23 e veja como Deus aparece de maneira fantástica para mostrar a Davi não apenas o caminho adequado, como também os possíveis resultados das demais opções. Essa é uma imagem espetacular do Deus que tudo sabe!

A oração é tanto uma disciplina como um componente da comunicação ou do relacionamento com Deus. Se achamos que orar é algo enfadonho, não estamos de fato interessados em ter um relacionamento com Deus.

APLICAÇÃO

Usando a Oração do Pai-nosso como base, estude os tipos de oração que Cristo fez. Comece com a adoração e passe pela submissão à vontade de Deus, pela provisão, pelo perdão e pela força para resistir às tentações.

Antes de tomar qualquer decisão, reserve um momento para pedir a Deus por sabedoria. Seja como Davi e sempre peça a opinião de Deus.

---

¹⁴ Então Jesus lhe ordenou: "Não conte isso a ninguém; mas vá mostrar-se ao sacerdote e ofereça pela sua purificação os sacrifícios que Moisés ordenou, para que sirva de testemunho". ¹⁵ Todavia, as notícias a respeito dele se espalhavam ainda mais, de forma que multidões vinham para ouvi-lo e para serem curadas de suas doenças. ¹⁶ Mas Jesus retirava-se para lugares solitários e orava.

Jesus Cura um Paralítico
(Mt 9.1-8; Mc 2.1-12)

¹⁷ Certo dia, quando ele ensinava, estavam sentados ali fariseus e mestres da lei, procedentes de todos os povoados da Galileia, da Judeia e de Jerusalém. E o poder do Senhor estava com ele para curar os doentes. ¹⁸ Vieram alguns homens trazendo um paralítico numa maca e tentaram fazê-lo entrar na casa, para colocá-lo diante de Jesus. ¹⁹ Não conseguindo fazer isso, por causa da multidão, subiram ao terraço e o baixaram em sua maca, através de uma abertura, até o meio da multidão, bem em frente de Jesus.

²⁰ Vendo a fé que eles tinham, Jesus disse: "Homem, os seus pecados estão perdoados".

²¹ Os fariseus e os mestres da lei começaram a pensar: "Quem é esse que blasfema? Quem pode perdoar pecados, a não ser somente Deus?"

²² Jesus, sabendo o que eles estavam pensando, perguntou: "Por que vocês estão pensando assim? ²³ Que é mais fácil dizer: 'Os seus pecados estão perdoados', ou: 'Levante-se e ande'? ²⁴ Mas para que vocês saibam que o Filho do homem tem na terra autoridade para perdoar pecados" — disse ao paralítico — "eu digo a você: Levante-se, pegue a sua maca e vá para casa". ²⁵ Imediatamente ele se levantou na frente deles, pegou a maca em que estivera deitado e foi para casa louvando a Deus. ²⁶ Todos ficaram atônitos e glorificavam a Deus e, cheios de temor, diziam: "Hoje vimos coisas extraordinárias!"

O Chamado de Levi
(Mt 9.9-13; Mc 2.13-17)

²⁷ Depois disso, Jesus saiu e viu um publicano chamado Levi, sentado na coletoria, e

AS PARÁBOLAS DE JESUS NO EVANGELHO DE LUCAS		
PARÁBOLA	**ENSINO**	**TEXTO BÍBLICO**
Adversário, um	A necessidade de uma reconciliação rápida	12.58; veja Mateus 5.25
Amigo que pede ajuda à meia-noite, o	A necessidade de persistir na oração	11.5-8
Noivo, o	A alegria dos discípulos diante da presença de Cristo	5.34,35; veja Mateus 9.15; Marcos 2.19,20
Bom samaritano, o	O amor e a compaixão não têm fronteiras	10.25-37
Casa dividida contra si mesma, a	A divisão leva à destruição	11.17-22; veja Mateus 12.25-29; Marcos 3.23-27
Construção de uma torre, a	A necessidade de fazer previsões e avaliar consequências	14.25-30
Convidados a um banquete de casamento, os	Ninguém deve escolher para si o lugar de honra	14.7-11
Dever do servo, o	Fazemos apenas o que nos corresponde fazer	17.7-10
Dez minas, as	Uma repreensão aos servos desleais	19.11-27
Dois tipos de solo, os	A estabilidade que a fé concede	6.46-49; veja Mateus 7.24-27
Dois devedores a um credor, os	A proporção entre o amor e a graça	7.40-47
Espírito imundo, o	Não se pode tirar o mal e continuar vazio por dentro	11.24-26; veja Mateus 12.43-45
Fariseu e o publicano, o	A necessidade de ser humilde e sincero diante de Deus	18.9-14
Banquete de casamento, o	Deus não aceita desculpas nem méritos próprios; ele chama quem ele deseja	14.16-23; veja Mateus 22.1-14
Figueira estéril, a	A perigosa incredulidade do povo de Deus	13.6-9
Figueira, a	A necessidade de interpretar e entender cada tempo	21.29-33; veja Mateus 24.32-35; Marcos 13.28-31
Filho perdido, o	O amor paternal de Deus e seu perdão, assim como a dureza do coração de quem lhe serve sem alegria	15.11-32
Lavradores, os	Deus despreza aqueles que desprezam seu Filho	20.9-18; veja Mateus 21.33-41; Marcos 12.1-12
Candeia e a vasilha, a	O testemunho do discípulo deve ser visível	8.16; veja Mateus 5.15,16; Marcos 4.21
Fermento, o	A extensão gradual e firme do Reino	13.20,21; veja Mateus 13.33
Administrador astuto, o	Devemos administrar com prudência o que recebemos de Deus	16.1-13
Colheita, a	Deus precisa de trabalhadores para fazer a colheita de almas	10.2; veja Mateus 9.37
Moeda perdida, a	Ninguém é insignificante para Deus	15.8-10
Crianças na praça	A atitude crítica e seus males	7.32; Mateus 11.16

AS PARÁBOLAS DE JESUS NO EVANGELHO DE LUCAS

PARÁBOLA	ENSINO	TEXTO BÍBLICO
Ovelha perdida, a	O amor de Deus por todo ser humano	15.1-7; veja Mateus 18.10-14
Dono da casa vigilante, o	A maneira de evitar os enganos do inimigo	12.39; veja Mateus 24.43
Cisco e a viga, o	Devemos julgar a nós mesmos, não aos demais	6.37-42; veja Mateus 7.1-6
Porta estreita, a	É preciso desejar a salvação e buscá-la em Cristo	13.24; veja Mateus 7.13,14
Remendo de roupa nova em roupa velha, o	O novo deve substituir completamente o velho	5.36; veja Mateus 9.16; Marcos 2.21
Rei que se prepara para a guerra, o	A necessidade de fazer previsões e avaliar consequências	14.31
Rico insensato, o	É absurdo confiar nas riquezas	12.13-21
Rico e Lázaro, o	A salvação depende do favor divino, não do favor humano	16.19-31
Semeador, o	A mesma verdade e diferentes resultados	8.4-15; veja Mateus 13.1-23; Marcos 4.1-20
Grão de mostarda, o	A expansão do Reino a partir de um pequeno começo	13.18,19; veja Mateus 13.31,32; Marcos 4.30-32
Servo infiel, o	Nossa fidelidade ou infidelidade será julgada	12.42-46; veja Mateus 24.45-51
Servo vigilante, o	Precisamos vigiar sem perder o ânimo	12.35-38
Vinho novo em vasilha de couro velha, o	Quando o novo se junta ao velho, ambos se estragam	5.37-39; veja Mateus 9.17; Marcos 2.22
Viúva persistente e o juiz injusto, a	A necessidade de perseverar na oração	18.1-8

disse-lhe: "Siga-me". ²⁸ Levi levantou-se, deixou tudo e o seguiu.

²⁹ Então Levi ofereceu um grande banquete a Jesus em sua casa. Havia muita gente comendo com eles: publicanos e outras pessoas. ³⁰ Mas os fariseus e aqueles mestres da lei que eram da mesma facção queixaram-se aos discípulos de Jesus: "Por que vocês comem e bebem com publicanos e pecadores?"

³¹ Jesus lhes respondeu: "Não são os que têm saúde que precisam de médico, mas sim os doentes. ³² Eu não vim chamar justos, mas pecadores ao arrependimento".

Jesus é Interrogado acerca do Jejum
(Mt 9.14-17; Mc 2.18-22)

³³ E eles lhe disseram: "Os discípulos de João jejuam e oram frequentemente, bem como os discípulos dos fariseus; mas os teus vivem comendo e bebendo".

³⁴ Jesus respondeu: "Podem vocês fazer os convidados do noivo jejuar enquanto o noivo está com eles? ³⁵ Mas virão dias quando o noivo lhes será tirado; naqueles dias jejuarão".

³⁶ Então lhes contou esta parábola: "Ninguém tira um remendo de roupa nova e o costura em roupa velha; se o fizer, estragará a roupa nova, além do que o remendo da nova não se ajustará à velha. ³⁷ E ninguém põe vinho novo em vasilha de couro velha; se o fizer, o vinho novo rebentará a vasilha, se derramará, e a vasilha se estragará. ³⁸ Ao contrário, vinho novo deve ser posto em vasilha de couro nova. ³⁹ E ninguém, depois de beber o vinho velho, prefere o novo, pois diz: 'O vinho velho é melhor!'"

O Senhor do Sábado
(Mt 12.1-14; Mc 2.23-3.6)

6 Certo sábado, enquanto Jesus passava pelas lavouras de cereal, seus discípulos começaram a colher e a debulhar espigas com as mãos, comendo os grãos. ² Alguns fariseus perguntaram: "Por que vocês estão fazendo o que não é permitido no sábado?"

³ Jesus lhes respondeu: "Vocês nunca leram o que fez Davi quando ele e seus companheiros estavam com fome? ⁴ Ele entrou na casa de Deus e, tomando os pães da Presença, comeu o que apenas aos sacerdotes era permitido comer e os deu também aos seus companheiros". ⁵ E então lhes disse: "O Filho do homem é Senhor do sábado".

⁶ Noutro sábado, ele entrou na sinagoga e começou a ensinar; estava ali um homem cuja mão direita era atrofiada. ⁷ Os fariseus e os mestres da lei estavam procurando um motivo para acusar Jesus; por isso o observavam atentamente, para ver se ele iria curá-lo no sábado. ⁸ Mas Jesus sabia o que eles estavam pensando e disse ao homem da mão atrofiada: "Levante-se e venha para o meio". Ele se levantou e foi.

⁹ Jesus lhes disse: "Eu pergunto: O que é permitido fazer no sábado: o bem ou o mal, salvar a vida ou destruí-la?"

¹⁰ Então, olhou para todos os que estavam à sua volta e disse ao homem: "Estenda a mão". Ele a estendeu, e ela foi restaurada. ¹¹ Mas eles ficaram furiosos e começaram discutir entre si o que poderiam fazer contra Jesus.

A Escolha dos Doze Apóstolos
(Mc 3.13-19)

¹² Num daqueles dias, Jesus saiu para o monte a fim de orar, e passou a noite orando a Deus. ¹³ Ao amanhecer, chamou seus discípulos e escolheu doze deles, a quem também designou apóstolos: ¹⁴ Simão, a quem deu o nome de Pedro; seu irmão André; Tiago; João; Filipe; Bartolomeu; ¹⁵ Mateus; Tomé; Tiago, filho de Alfeu; Simão, chamado zelote; ¹⁶ Judas, filho de Tiago; e Judas Iscariotes, que veio a ser o traidor.

Bênçãos e Ais

¹⁷ Jesus desceu com eles e parou num lugar plano. Estavam ali muitos dos seus discípulos e uma imensa multidão procedente de toda a Judeia, de Jerusalém e do litoral de Tiro e de Sidom, ¹⁸ que vieram para ouvi-lo e serem curados de suas doenças. Os que eram perturbados por espíritos imundos ficaram curados, ¹⁹ e todos procuravam tocar nele, porque dele saía poder que curava todos.

²⁰ Olhando para os seus discípulos, ele disse:

"Bem-aventurados vocês
   os pobres,
pois a vocês pertence
   o Reino de Deus.
²¹ Bem-aventurados vocês
   que agora têm fome,
pois serão satisfeitos.
Bem-aventurados vocês
   que agora choram,
pois haverão de rir.
²² Bem-aventurados serão vocês
   quando os odiarem,
   expulsarem e insultarem,
e eliminarem o nome de vocês, como
   sendo mau,
   por causa do Filho do homem.

²³ "Regozijem-se nesse dia e saltem de alegria, porque grande é a sua recompensa no céu. Pois assim os antepassados deles trataram os profetas.

²⁴ "Mas ai de vocês os ricos,
pois já receberam
   sua consolação.
²⁵ Ai de vocês
   que agora têm fartura,
porque passarão fome.
Ai de vocês que agora riem,
pois haverão de se lamentar
   e chorar.
²⁶ Ai de vocês
   quando todos
   falarem bem de vocês,
pois assim
   os antepassados deles
   trataram os falsos profetas.

O Amor aos Inimigos
(Mt 5.38-48)

²⁷ "Mas eu digo a vocês que estão me ouvindo: Amem os seus inimigos, façam o bem aos que os odeiam, ²⁸ abençoem os que os amaldiçoam, orem por aqueles que os maltratam. ²⁹ Se alguém bater em você numa face, ofereça-lhe também a outra. Se alguém tirar de você a capa, não o impeça de tirar a túnica. ³⁰ Dê a todo aquele que pedir, e se alguém tirar o que

pertence a você, não lhe exija que o devolva. ³¹ Como vocês querem que os outros lhes façam, façam também vocês a eles. ³² "Que mérito vocês terão se amarem aos que os amam? Até os pecadores amam aos que os amam. ³³ E que mérito terão se fizerem o bem àqueles que são bons para com vocês? Até os pecadores agem assim. ³⁴ E que mérito terão se emprestarem a pessoas de quem esperam devolução? Até os pecadores emprestam a pecadores, esperando receber devolução integral. ³⁵ Amem, porém, os seus inimigos, façam-lhes o bem e emprestem a eles, sem esperar receber nada de volta. Então, a recompensa que terão será grande e vocês serão filhos do Altíssimo, porque ele é bondoso para com os ingratos e maus. ³⁶ Sejam misericordiosos, assim como o Pai de vocês é misericordioso.

O Julgamento ao Próximo
(Mt 7.1-6)

³⁷ "Não julguem e vocês não serão julgados. Não condenem e não serão condenados. Perdoem e serão perdoados. ³⁸ Deem e será dado a vocês: uma boa medida, calcada, sacudida e transbordante será dada a vocês. Pois a medida que usarem também será usada para medir vocês".

³⁹ Jesus fez também a seguinte comparação: "Pode um cego guiar outro cego? Não cairão os dois no buraco? ⁴⁰ O discípulo não está acima do seu mestre, mas todo aquele que for bem preparado será como o seu mestre.

⁴¹ "Por que você repara no cisco que está no olho do seu irmão e não se dá conta da viga que está em seu próprio olho? ⁴² Como você pode dizer ao seu irmão: 'Irmão, deixe-me tirar o cisco do seu olho', se você mesmo não consegue ver a viga que está em seu próprio olho? Hipócrita, tire primeiro a viga do seu olho e então você verá claramente para tirar o cisco do olho do seu irmão.

A Árvore e seu Fruto
(Mt 7.15-20)

⁴³ "Nenhuma árvore boa dá fruto ruim, nenhuma árvore ruim dá fruto bom. ⁴⁴ Toda árvore é reconhecida por seus frutos. Ninguém colhe figos de espinheiros, nem uvas de ervas daninhas. ⁴⁵ O homem bom tira coisas boas do bom tesouro que está em seu coração, e o homem mau tira coisas más do mal que está em seu coração, porque a sua boca fala do que está cheio o coração.

O Prudente e o Insensato
(Mt 7.24-29)

⁴⁶ "Por que vocês me chamam 'Senhor, Senhor' e não fazem o que eu digo? ⁴⁷ Eu mostrarei com quem se compara aquele que vem a mim, ouve as minhas palavras e as pratica. ⁴⁸ É como um homem que, ao construir uma casa, cavou fundo e colocou os alicerces na rocha. Quando veio a inundação, a torrente deu contra aquela casa, mas não a conseguiu abalar, porque estava bem construída. ⁴⁹ Mas aquele que ouve as minhas palavras e não as pratica é como um homem que construiu uma casa sobre o chão, sem alicerces. No momento em que a torrente deu contra aquela casa, ela caiu, e a sua destruição foi completa".

Um Centurião Demonstra Fé
(Mt 8.5-13)

7 Tendo terminado de dizer tudo isso ao povo, Jesus entrou em Cafarnaum. ² Ali estava o servo de um centurião, doente e quase à morte, a quem seu senhor estimava muito. ³ Ele ouviu falar de Jesus e enviou-lhe alguns líderes religiosos dos judeus, pedindo-lhe que fosse curar o seu servo. ⁴ Chegando-se a Jesus, suplicaram-lhe com insistência: "Este homem merece que lhe faças isso, ⁵ porque ama a nossa nação e construiu a nossa sinagoga". ⁶ Jesus foi com eles.

Já estava perto da casa quando o centurião mandou amigos dizerem a Jesus: "Senhor, não te incomodes, pois não mereço receber-te debaixo do meu teto. ⁷ Por isso, nem me considerarei digno de ir ao teu encontro. Mas dize uma palavra, e o meu servo será curado. ⁸ Pois eu também sou homem sujeito a autoridade e com soldados sob o meu comando. Digo a um: Vá, e ele vai; e a outro: Venha, e ele vem. Digo a meu servo: Faça isto, e ele faz".

⁹ Ao ouvir isso, Jesus admirou-se dele e, voltando-se para a multidão que o seguia, disse: "Eu digo que nem em Israel encontrei tamanha fé". ¹⁰ Então os homens que haviam sido enviados voltaram para casa e encontraram o servo restabelecido.

Jesus Ressuscita o Filho de uma Viúva

¹¹ Logo depois, Jesus foi a uma cidade chamada Naim, e com ele iam os seus discípulos e uma grande multidão. ¹² Ao se aproximar da porta da cidade, estava saindo o enterro do filho

único de uma viúva; e uma grande multidão da cidade estava com ela. ¹³ Ao vê-la, o Senhor se compadeceu dela e disse: "Não chore".

¹⁴ Depois, aproximou-se e tocou no caixão, e os que o carregavam pararam. Jesus disse: "Jovem, eu digo, levante-se!" ¹⁵ O jovem[a] sentou-se e começou a conversar, e Jesus o entregou à sua mãe.

¹⁶ Todos ficaram cheios de temor e louvavam a Deus. "Um grande profeta se levantou dentre nós", diziam eles. "Deus interveio em favor do seu povo". ¹⁷ Essas notícias sobre Jesus espalharam-se por toda a Judeia e regiões circunvizinhas.

Jesus e João Batista
(Mt 11.1-19)

¹⁸ Os discípulos de João contaram-lhe todas essas coisas. Chamando dois deles, ¹⁹ enviou-os ao Senhor para perguntarem: "És tu aquele que haveria de vir ou devemos esperar algum outro?"

²⁰ Dirigindo-se a Jesus, aqueles homens disseram: "João Batista nos enviou para te perguntarmos: 'És tu aquele que haveria de vir ou devemos esperar algum outro?'" ²¹ Naquele momento Jesus curou muitos que tinham males, doenças graves e espíritos malignos, e concedeu visão a muitos que eram cegos. ²² Então ele respondeu aos mensageiros: "Voltem e anunciem a João o que vocês viram e ouviram: os cegos veem, os aleijados andam, os leprosos[b] são purificados, os surdos ouvem, os mortos são ressuscitados e as boas-novas são pregadas aos pobres; ²³ e feliz é aquele que não se escandaliza por minha causa".

²⁴ Depois que os mensageiros de João foram embora, Jesus começou a falar à multidão a respeito de João: "O que vocês foram ver no deserto? Um caniço agitado pelo vento? ²⁵ Ou, o que foram ver? Um homem vestido de roupas finas? Ora, os que vestem roupas esplêndidas e se entregam ao luxo estão nos palácios. ²⁶ Afinal, o que foram ver? Um profeta? Sim, eu digo a vocês, e mais que profeta. ²⁷ Este é aquele a respeito de quem está escrito:

" 'Enviarei o meu mensageiro
    à tua frente;
ele preparará o teu caminho diante de ti'[c].

²⁸ Eu digo que entre os que nasceram de mulher não há ninguém maior do que João; todavia, o menor no Reino de Deus é maior do que ele".

²⁹ Todo o povo, até os publicanos, ouvindo as palavras de Jesus, reconheceram que o caminho de Deus era justo, sendo batizados por João. ³⁰ Mas os fariseus e os peritos na lei rejeitaram o propósito de Deus para eles, não sendo batizados por João.

³¹ "A que posso, pois, comparar os homens desta geração?", prosseguiu Jesus. "Com que se parecem? ³² São como crianças que ficam sentadas na praça e gritam umas às outras:

" 'Nós tocamos flauta,
    mas vocês não dançaram;
cantamos um lamento,
    mas vocês não choraram'.

³³ Pois veio João Batista, que jejua e não bebe[d] vinho, e vocês dizem: 'Ele tem demônio'. ³⁴ Veio o Filho do homem, comendo e bebendo, e vocês dizem: 'Aí está um comilão e beberrão, amigo de publicanos e pecadores'. ³⁵ Mas a sabedoria é comprovada por todos os seus discípulos[e]".

Jesus é Ungido por uma Pecadora

³⁶ Convidado por um dos fariseus para jantar, Jesus foi à casa dele e reclinou-se à mesa. ³⁷ Ao saber que Jesus estava comendo na casa do fariseu, certa mulher daquela cidade, uma pecadora, trouxe um frasco de alabastro com perfume ³⁸ e se colocou atrás de Jesus, a seus pés. Chorando, começou a molhar-lhe os pés com suas lágrimas. Depois os enxugou com seus cabelos, beijou-os e os ungiu com o perfume.

³⁹ Ao ver isso, o fariseu que o havia convidado disse a si mesmo: "Se este homem fosse profeta, saberia quem nele está tocando e que tipo de mulher ela é: uma pecadora".

⁴⁰ Então lhe disse Jesus: "Simão, tenho algo a dizer a você".

"Dize, Mestre", disse ele.

⁴¹ "Dois homens deviam a certo credor. Um lhe devia quinhentos denários[f] e o outro, cinquenta. ⁴² Nenhum dos dois tinha com que

---

[a] 7.15 Grego: *O morto*.
[b] 7.22 O termo grego não se refere somente à lepra, mas também a diversas doenças da pele.
[c] 7.27 Ml 3.1
[d] 7.33 Grego: *não comendo, nem bebendo*.
[e] 7.35 Grego: *filhos*.
[f] 7.41 O denário era uma moeda de prata equivalente à diária de um trabalhador braçal.

lhe pagar, por isso perdoou a dívida a ambos. Qual deles o amará mais?"

⁴³ Simão respondeu: "Suponho que aquele a quem foi perdoada a dívida maior".

"Você julgou bem", disse Jesus.

⁴⁴ Em seguida, virou-se para a mulher e disse a Simão: "Vê esta mulher? Entrei em sua casa, mas você não me deu água para lavar os pés; ela, porém, molhou os meus pés com suas lágrimas e os enxugou com seus cabelos. ⁴⁵ Você não me saudou com um beijo, mas esta mulher, desde que entrei aqui, não parou de beijar os meus pés. ⁴⁶ Você não ungiu a minha cabeça com óleo, mas ela derramou perfume nos meus pés. ⁴⁷ Portanto, eu digo, os muitos pecados dela lhe foram perdoados; pois ela amou muito. Mas aquele a quem pouco foi perdoado, pouco ama".

⁴⁸ Então Jesus disse a ela: "Seus pecados estão perdoados".

⁴⁹ Os outros convidados começaram a perguntar: "Quem é este que até perdoa pecados?"

⁵⁰ Jesus disse à mulher: "Sua fé a salvou; vá em paz".

A Parábola do Semeador
(Mt 13.1-23; Mc 4.1-20)

8 Depois disso Jesus ia passando pelas cidades e povoados proclamando as boas-novas do Reino de Deus. Os Doze estavam com ele, ² e também algumas mulheres que haviam sido curadas de espíritos malignos e doenças: Maria, chamada Madalena, de quem haviam saído sete demônios; ³ Joana, mulher de Cuza, administrador da casa de Herodes; Susana e muitas outras. Essas mulheres ajudavam a sustentá-los com os seus bens.

⁴ Reunindo-se uma grande multidão e vindo a Jesus gente de várias cidades, ele contou esta parábola: ⁵ "O semeador saiu a semear. Enquanto lançava a semente, parte dela caiu à beira do caminho; foi pisada, e as aves do céu a comeram. ⁶ Parte dela caiu sobre pedras e, quando germinou, as plantas secaram, porque não havia umidade. ⁷ Outra parte caiu entre espinhos, que cresceram com ela e sufocaram as plantas. ⁸ Outra ainda caiu em boa terra. Cresceu e deu boa colheita, a cem por um".

Tendo dito isso, exclamou: "Aquele que tem ouvidos para ouvir, ouça!"

⁹ Seus discípulos perguntaram-lhe o que significava aquela parábola. ¹⁰ Ele disse: "A vocês foi dado o conhecimento dos mistérios do Reino de Deus, mas aos outros falo por parábolas, para que

" 'vendo, não vejam;
e ouvindo, não entendam'ᵃ.

¹¹ "Este é o significado da parábola: A semente é a palavra de Deus. ¹² As que caíram à beira do caminho são os que ouvem, e então vem o Diabo e tira a palavra do seu coração, para que não creiam e não sejam salvos. ¹³ As que caíram sobre as pedras são os que recebem a palavra com alegria quando a ouvem, mas não têm raiz. Creem durante algum tempo, mas desistem na hora da provação. ¹⁴ As que caíram entre espinhos são os que ouvem, mas, ao seguirem seu caminho, são sufocados pelas preocupações, pelas riquezas e pelos prazeres desta vida, e não amadurecem. ¹⁵ Mas as que caíram em boa terra são os que, com coração bom e generoso, ouvem a palavra, a retêm e dão fruto, com perseverança.

A Candeia
(Mc 4.21-25)

¹⁶ "Ninguém acende uma candeia e a esconde num jarro ou a coloca debaixo de uma cama. Ao contrário, coloca-a num lugar apropriado, de modo que os que entram possam ver a luz. ¹⁷ Porque não há nada oculto que não venha a ser revelado e nada escondido que não venha a ser conhecido e trazido à luz. ¹⁸ Portanto, considerem atentamente como vocês estão ouvindo. A quem tiver, mais lhe será dado; de quem não tiver, até o que pensa que tem lhe será tirado".

A Mãe e os Irmãos de Jesus
(Mt 12.46-50; Mc 3.31-35)

¹⁹ A mãe e os irmãos de Jesus foram vê-lo, mas não conseguiam aproximar-se dele, por causa da multidão. ²⁰ Alguém lhe disse: "Tua mãe e teus irmãos estão lá fora e querem ver-te". ²¹ Ele lhe respondeu: "Minha mãe e meus irmãos são aqueles que ouvem a palavra de Deus e a praticam".

Jesus Acalma a Tempestade
(Mt 8.23-27; Mc 4.35-41)

²² Certo dia Jesus disse aos seus discípulos: "Vamos para o outro lado do lago". Eles entraram num barco e partiram. ²³ Enquanto

---

ᵃ **8.10** Is 6.9

8.26-39 O endemoninhado geraseno era do território de Decápolis, a nordeste do mar da Galileia, composto por dez cidades não judaicas, uma das quais era Gadara. É muito provável que se tratasse de um gentio. Se assim for, entendemos por que Jesus não o deixou entrar no barco e voltar para uma região judaica; pelo contrário, enviou-o para que desse testemunho entre as pessoas de seu povo a respeito das grandes coisas que Jesus havia feito por ele. Nesse caso, estamos diante do primeiro discípulo e pregador não judeu da história da Igreja, e somente Deus saberá quantos foram salvos como resultado de seu testemunho. O interesse de destacar a participação de personagens não judias é típico em Lucas, que, em si mesmo, era um gentio interessado na pregação das boas-novas aos não judeus e também integrante da equipe de Paulo, o apóstolo enviado aos gentios.

navegavam, ele adormeceu. Abateu-se sobre o lago um forte vendaval, de modo que o barco estava sendo inundado, e eles corriam grande perigo. ²⁴ Os discípulos foram acordá-lo, clamando: "Mestre, Mestre, vamos morrer!"

Ele se levantou e repreendeu o vento e a violência das águas; tudo se acalmou e ficou tranquilo. ²⁵ "Onde está a sua fé?", perguntou ele aos seus discípulos.

Amedrontados e admirados, eles perguntaram uns aos outros: "Quem é este que até aos ventos e às águas dá ordens, e eles lhe obedecem?"

A Cura de um Endemoninhado
(Mt 8.28-34; Mc 5.1-20)

²⁶ Navegaram para a região dos gerasenos[a], que fica do outro lado do lago, frente à Galileia. ²⁷ Quando Jesus pisou em terra, foi ao encontro dele um endemoninhado daquela cidade. Fazia muito tempo que aquele homem não usava roupas, nem vivia em casa alguma, mas nos sepulcros. ²⁸ Quando viu Jesus, gritou, prostrou-se aos seus pés e disse em alta voz: "Que queres comigo, Jesus, Filho do Deus Altíssimo? Rogo-te que não me atormentes!" ²⁹ Pois Jesus havia ordenado que o espírito imundo saísse daquele homem. Muitas vezes ele tinha se apoderado dele. Mesmo com os pés e as mãos acorrentados e entregue aos cuidados de guardas, quebrava as correntes e era levado pelo demônio a lugares solitários.

³⁰ Jesus lhe perguntou: "Qual é o seu nome?"

"Legião", respondeu ele; porque muitos demônios haviam entrado nele. ³¹ E imploravam-lhe que não os mandasse para o Abismo. ³² Uma grande manada de porcos estava pastando naquela colina. Os demônios imploraram a Jesus que lhes permitisse entrar neles, e Jesus lhes deu permissão. ³³ Saindo do homem, os demônios entraram nos porcos, e toda a manada atirou-se precipício abaixo em direção ao lago e se afogou.

³⁴ Vendo o que acontecera, os que cuidavam dos porcos fugiram e contaram esses fatos na cidade e nos campos, ³⁵ e o povo foi ver o que havia acontecido. Quando se aproximaram de Jesus, viram que o homem de quem haviam saído os demônios estava assentado aos pés de Jesus, vestido e em perfeito juízo, e ficaram com medo. ³⁶ Os que o tinham visto contaram ao povo como o endemoninhado fora curado. ³⁷ Então, todo o povo da região dos gerasenos suplicou a Jesus que se retirasse, porque estavam dominados pelo medo. Ele entrou no barco e regressou.

³⁸ O homem de quem haviam saído os demônios suplicava-lhe que o deixasse ir com ele; mas Jesus o mandou embora, dizendo: ³⁹ "Volte para casa e conte o quanto Deus fez a você". Assim, o homem se foi e anunciou na cidade inteira o quanto Jesus tinha feito por ele.

O Poder de Jesus sobre a Doença e a Morte
(Mt 9.18-26; Mc 5.21-43)

⁴⁰ Quando Jesus voltou, uma multidão o recebeu com alegria, pois todos o esperavam. ⁴¹ Então um homem chamado Jairo, dirigente da sinagoga, veio e prostrou-se aos pés de Jesus, implorando-lhe que fosse à sua casa ⁴² porque sua única filha, de cerca de doze anos, estava à morte.

Estando Jesus a caminho, a multidão o comprimia. ⁴³ E estava ali certa mulher que havia doze anos vinha sofrendo de hemorragia e gastara tudo o que tinha com os médicos[b]; mas ninguém pudera curá-la. ⁴⁴ Ela chegou

---

[a] **8.26** Alguns manuscritos trazem *gadarenos*; outros manuscritos dizem *gergesenos*; também no versículo 37.

[b] **8.43** Alguns manuscritos não trazem *gastara tudo o que tinha com os médicos*.

por trás dele, tocou na borda de seu manto, e imediatamente cessou sua hemorragia.

⁴⁵ "Quem tocou em mim?", perguntou Jesus.

Como todos negassem, Pedro disse: "Mestre, a multidão se aglomera e te comprime".

⁴⁶ Mas Jesus disse: "Alguém tocou em mim; eu sei que de mim saiu poder".

⁴⁷ Então a mulher, vendo que não conseguiria passar despercebida, veio tremendo e prostrou-se aos seus pés. Na presença de todo o povo contou por que tinha tocado nele e como fora instantaneamente curada. ⁴⁸ Então ele lhe disse: "Filha, a sua fé a curou[a]! Vá em paz".

⁴⁹ Enquanto Jesus ainda estava falando, chegou alguém da casa de Jairo, o dirigente da sinagoga, e disse: "Sua filha morreu. Não incomode mais o Mestre".

⁵⁰ Ouvindo isso, Jesus disse a Jairo: "Não tenha medo; tão somente creia, e ela será curada".

⁵¹ Quando chegou à casa de Jairo, não deixou ninguém entrar com ele, exceto Pedro, João, Tiago e o pai e a mãe da criança. ⁵² Enquanto isso, todo o povo estava se lamentando e chorando por ela. "Não chorem", disse Jesus. "Ela não está morta, mas dorme."

⁵³ Todos começaram a rir dele, pois sabiam que ela estava morta. ⁵⁴ Mas ele a tomou pela mão e disse: "Menina, levante-se!" ⁵⁵ O espírito dela voltou, e ela se levantou imediatamente. Então Jesus lhes ordenou que dessem de comer a ela. ⁵⁶ Os pais dela ficaram maravilhados, mas ele lhes ordenou que não contassem a ninguém o que tinha acontecido.

Jesus Envia os Doze
(Mt 10.5-14; Mc 5.7-13)

9 Reunindo os Doze, Jesus deu-lhes poder e autoridade para expulsar todos os demônios e curar doenças ² e os enviou a pregar o Reino de Deus e a curar os enfermos. ³ E disse-lhes: "Não levem nada pelo caminho: nem bordão, nem saco de viagem, nem pão, nem dinheiro, nem túnica extra. ⁴ Na casa em que vocês entrarem, fiquem ali até partirem. ⁵ Se não os receberem, sacudam a poeira dos seus pés quando saírem daquela cidade, como testemunho contra eles". ⁶ Então, eles saíram e foram pelos povoados, pregando o evangelho e fazendo curas por toda parte.

⁷ Herodes, o tetrarca[b], ouviu falar de tudo o que estava acontecendo e ficou perplexo, porque algumas pessoas estavam dizendo que João tinha ressuscitado dos mortos; ⁸ outros, que Elias tinha aparecido; e ainda outros, que um dos profetas do passado tinha voltado à vida. ⁹ Mas Herodes disse: "João, eu decapitei! Quem, pois, é este de quem ouço essas coisas?" E procurava vê-lo.

A Primeira Multiplicação dos Pães
(Mt 14.13-21; Mc 6.30-44; Jo 6.1-15)

¹⁰ Ao voltarem, os apóstolos relataram a Jesus o que tinham feito. Então ele os tomou, e retiraram-se para uma cidade chamada Betsaida; ¹¹ mas as multidões ficaram sabendo, e o seguiram. Ele as acolheu e falava-lhes acerca do Reino de Deus e curava os que precisavam de cura.

¹² Ao fim da tarde os Doze aproximaram-se dele e disseram: "Manda embora a multidão para que eles possam ir aos campos vizinhos e aos povoados, e encontrem comida e pousada, porque aqui estamos em lugar deserto".

¹³ Ele, porém, respondeu: "Deem-lhes vocês algo para comer".

Eles disseram: "Temos apenas cinco pães e dois peixes — a menos que compremos alimento para toda esta multidão". ¹⁴ (E estavam ali cerca de cinco mil homens.)

Mas ele disse aos seus discípulos: "Façamnos sentar-se em grupos de cinquenta". ¹⁵ Os discípulos assim fizeram, e todos se assentaram. ¹⁶ Tomando os cinco pães e os dois peixes e, olhando para o céu, deu graças e os partiu. Em seguida, entregou-os aos discípulos para que os servissem ao povo. ¹⁷ Todos comeram e ficaram satisfeitos, e os discípulos recolheram doze cestos cheios de pedaços que sobraram.

A Confissão de Pedro
(Mt 16.13-20; Mc 8.27-30)

¹⁸ Certa vez Jesus estava orando em particular, e com ele estavam os seus discípulos; então lhes perguntou: "Quem as multidões dizem que eu sou?"

¹⁹ Eles responderam: "Alguns dizem que és João Batista; outros, Elias; e, ainda outros, que és um dos profetas do passado que ressuscitou".

²⁰ "E vocês, o que dizem?", perguntou. "Quem vocês dizem que eu sou?"

Pedro respondeu: "O Cristo de Deus".

²¹ Jesus os advertiu severamente que não contassem isso a ninguém. ²² E disse: "É necessário que o Filho do homem sofra muitas coisas

---

[a] **8.48** Ou *a salvou*
[b] **9.7** Um tetrarca era o governador da quarta parte de uma região.

9.24-26 Evangelização (iniciada em Romanos 3.23; p. 1199): Ninguém quer perder a vida, mas, sim, salvá-la. A única forma é deixá-la nas mãos de Cristo. O argumento é, ao mesmo tempo, simples e contundente. Acima de tudo, o discípulo tem que buscar o que durará por toda a eternidade e que aí tem valor, porque as demais coisas serão deixadas para trás quando deixarmos este mundo. Por isso, nunca devemos nos envergonhar de ser cristãos, nem de servir a Cristo, ainda que estejamos num mundo corrompido que o menospreza e que considera o cristianismo apenas mais uma religião. Vivemos tempos de valores invertidos. O profeta Isaías chegou a declarar: "Ai dos que chamam ao mal bem e ao bem, mal, que fazem das trevas luz e da luz, trevas, do amargo, doce e do doce, amargo!" (5.20). Mas não nos preocupemos. Deixemos que o justo Juiz cuide desse assunto. Quanto a nós, não sejamos tímidos quando alguém nos identificar como cristãos; pelo contrário, devemos nos declarar "culpados" e exaltar Cristo com a nossa vida e com as nossas palavras.

e seja rejeitado pelos líderes religiosos, pelos chefes dos sacerdotes e pelos mestres da lei, seja morto e ressuscite no terceiro dia".

²³ Jesus dizia a todos: "Se alguém quiser acompanhar-me, negue-se a si mesmo, tome diariamente a sua cruz e siga-me. ²⁴ Pois quem quiser salvar a sua vida[a] a perderá; mas quem perder a sua vida por minha causa, este a salvará. ²⁵ Pois que adianta ao homem ganhar o mundo inteiro e perder-se ou destruir a si mesmo? ²⁶ Se alguém se envergonhar de mim e das minhas palavras, o Filho do homem se envergonhará dele quando vier em sua glória e na glória do Pai e dos santos anjos. ²⁷ Garanto a vocês que alguns que aqui se acham de modo nenhum experimentarão a morte antes de verem o Reino de Deus".

A Transfiguração
(Mt 17.1-13; Mc 9.2-13)

²⁸ Aproximadamente oito dias depois de dizer essas coisas, Jesus tomou a Pedro, João e Tiago e subiu a um monte para orar. ²⁹ Enquanto orava, a aparência de seu rosto se transformou, e suas roupas ficaram alvas e resplandecentes como o brilho de um relâmpago. ³⁰ Surgiram dois homens que começaram a conversar com Jesus. Eram Moisés e Elias. ³¹ Apareceram em glorioso esplendor e falavam sobre a partida de Jesus, que estava para se cumprir em Jerusalém.

³² Pedro e os seus companheiros estavam dominados pelo sono; acordando subitamente, viram a glória de Jesus e os dois homens que estavam com ele. ³³ Quando estes iam se retirando, Pedro disse a Jesus: "Mestre, é bom estarmos aqui. Façamos três tendas: uma para ti, uma para Moisés e uma para Elias". (Ele não sabia o que estava dizendo.)

³⁴ Enquanto ele estava falando, uma nuvem apareceu e os envolveu, e eles ficaram com medo ao entrarem na nuvem. ³⁵ Dela saiu uma voz que dizia: "Este é o meu Filho, o Escolhido[b]; ouçam-no!" ³⁶ Tendo-se ouvido a voz, Jesus ficou só. Os discípulos guardaram isto somente para si; naqueles dias, não contaram a ninguém o que tinham visto.

A Cura de um Menino Endemoninhado
(Mt 17.14-23; Mc 9.14-32)

³⁷ No dia seguinte, quando desceram do monte, uma grande multidão veio ao encontro dele. ³⁸ Um homem da multidão bradou: "Mestre, rogo-te que dês atenção ao meu filho, pois é o único que tenho. ³⁹ Um espírito o domina; de repente ele grita, lança-o em convulsões e o faz espumar; quase nunca o abandona e o está destruindo. ⁴⁰ Roguei aos teus discípulos que o expulsassem, mas eles não conseguiram".

9.28-36 O verdadeiro milagre não foi a transfiguração, que, para Jesus, deve ter sido uma espécie de alívio momentâneo. O milagre foi o fato de Jesus não ter assumido a aparência transfigurada todo o tempo. Ele havia se despojado de sua aparência divina num ato de "esvaziamento" (gr., *kenosis*), do qual fala Paulo no hino registrado em Filipenses 2.5-11.

---

[a] **9.24** Ou *alma*

[b] **9.35** Vários manuscritos dizem *o Amado*.

⁴¹ Respondeu Jesus: "Ó geração incrédula e perversa, até quando estarei com vocês e terei que suportá-los? Traga-me aqui o seu filho".

⁴² Quando o menino vinha vindo, o demônio o lançou por terra, em convulsão. Mas Jesus repreendeu o espírito imundo, curou o menino e o entregou de volta a seu pai. ⁴³ E todos ficaram atônitos ante a grandeza de Deus.

Estando todos maravilhados com tudo o que Jesus fazia, ele disse aos seus discípulos: ⁴⁴ "Ouçam atentamente o que vou dizer: O Filho do homem será traído e entregue nas mãos dos homens". ⁴⁵ Mas eles não entendiam o que isso significava; era-lhes encoberto, para que não o entendessem. E tinham receio de perguntar-lhe a respeito dessa palavra.

Quem Será o Maior?
(Mt 18.1-5; Mc 9.33-41)

⁴⁶ Começou uma discussão entre os discípulos acerca de qual deles seria o maior. ⁴⁷ Jesus, conhecendo os seus pensamentos, tomou uma criança e a colocou em pé, a seu lado. ⁴⁸ Então lhes disse: "Quem recebe esta criança em meu nome está me recebendo; e quem me recebe está recebendo aquele que me enviou. Pois aquele que entre vocês for o menor, este será o maior".

⁴⁹ Disse João: "Mestre, vimos um homem expulsando demônios em teu nome e procuramos impedi-lo, porque ele não era um dos nossos".

⁵⁰ "Não o impeçam", disse Jesus, "pois quem não é contra vocês, é a favor de vocês".

A Oposição Samaritana

⁵¹ Aproximando-se o tempo em que seria elevado aos céus, Jesus partiu resolutamente em direção a Jerusalém. ⁵² E enviou mensageiros à sua frente. Indo estes, entraram num povoado samaritano para lhe fazer os preparativos; ⁵³ mas o povo dali não o recebeu porque se notava que ele se dirigia para Jerusalém. ⁵⁴ Ao verem isso, os discípulos Tiago e João perguntaram: "Senhor, queres que façamos cair fogo do céu para destruí-los?"ᵃ ⁵⁵ Mas Jesus, voltando-se, os repreendeu, dizendo: "Vocês não sabem de que espécie de espírito vocês são, pois o Filho do homem não veio para destruir a vida dos homens, mas para salvá-los"ᵇ; ⁵⁶ e foram para outro povoado.

Quão Difícil é Seguir Jesus!
(Mt 8.19-22)

⁵⁷ Quando andavam pelo caminho, um homem lhe disse: "Eu te seguirei por onde quer que fores".

⁵⁸ Jesus respondeu: "As raposas têm suas tocas e as aves do céu têm seus ninhos, mas o Filho do homem não tem onde repousar a cabeça".

⁵⁹ A outro disse: "Siga-me".

Mas o homem respondeu: "Senhor, deixa-me ir primeiro sepultar meu pai".

⁶⁰ Jesus lhe disse: "Deixe que os mortos sepultem os seus próprios mortos; você, porém, vá e proclame o Reino de Deus".

⁶¹ Ainda outro disse: "Vou seguir-te, Senhor, mas deixa-me primeiro voltar e despedir-me da minha família".

⁶² Jesus respondeu: "Ninguém que põe a mão no arado e olha para trás é apto para o Reino de Deus".

Jesus Envia Setenta e Dois Discípulos

10 Depois disso o Senhor designou outros setenta e doisᶜ e os enviou dois a dois, adiante dele, a todas as cidades e lugares para onde ele estava prestes a ir. ² E lhes disse: "A colheita é grande, mas os trabalhadores são poucos. Portanto, peçam ao Senhor da colheita que mande trabalhadores para a sua colheita. ³ Vão! Eu os estou enviando como cordeiros entre lobos. ⁴ Não levem bolsa, nem saco de viagem, nem sandálias; e não saúdem ninguém pelo caminho.

⁵ "Quando entrarem numa casa, digam primeiro: Paz a esta casa. ⁶ Se houver ali um homem de paz, a paz de vocês repousará sobre ele; se não, ela voltará para vocês. ⁷ Fiquem naquela casa e comam e bebam o que derem a vocês, pois o trabalhador merece o seu salário. Não fiquem mudando de casa em casa.

⁸ "Quando entrarem numa cidade e forem bem recebidos, comam o que for posto diante de vocês. ⁹ Curem os doentes que ali houver e digam-lhes: O Reino de Deus está próximo de vocês. ¹⁰ Mas, quando entrarem numa cidade e não forem bem recebidos, saiam por suas ruas e digam: ¹¹ Até o pó da sua cidade, que se apegou aos nossos pés, sacudimos contra vocês. Fiquem certos disto: o Reino de Deus

---

ᵃ **9.54** Alguns manuscritos dizem *destruí-los, como fez Elias?*
ᵇ **9.55** Muitos manuscritos não trazem esta sentença.
ᶜ **10.1** Alguns manuscritos dizem *70*; também no versículo 17.

está próximo. ¹² Eu digo: Naquele dia, haverá mais tolerância para Sodoma do que para aquela cidade.

¹³ "Ai de você, Corazim! Ai de você, Betsaida! Porque se os milagres que foram realizados entre vocês o fossem em Tiro e Sidom, há muito tempo elas teriam se arrependido, vestindo roupas de saco e cobrindo-se de cinzas. ¹⁴ Mas no juízo haverá menor rigor para Tiro e Sidom do que para vocês. ¹⁵ E você, Cafarnaum: será elevada até ao céu? Não; você descerá até o Hades[a]!

¹⁶ "Aquele que dá ouvidos a vocês está me dando ouvidos; aquele que os rejeita está me rejeitando; mas aquele que me rejeita está rejeitando aquele que me enviou".

¹⁷ Os setenta e dois voltaram alegres e disseram: "Senhor, até os demônios se submetem a nós, em teu nome".

¹⁸ Ele respondeu: "Eu vi Satanás caindo do céu como relâmpago. ¹⁹ Eu dei a vocês autoridade para pisarem sobre cobras e escorpiões, e sobre todo o poder do inimigo; nada lhes fará dano. ²⁰ Contudo, alegrem-se, não porque os espíritos se submetem a vocês, mas porque seus nomes estão escritos nos céus".

²¹ Naquela hora, Jesus, exultando no Espírito Santo, disse: "Eu te louvo, Pai, Senhor do céu e da terra, porque escondeste estas coisas dos sábios e cultos e as revelaste aos pequeninos. Sim, Pai, pois assim foi do teu agrado.

²² "Todas as coisas me foram entregues por meu Pai. Ninguém sabe quem é o Filho, a não ser o Pai; e ninguém sabe quem é o Pai, a não ser o Filho e aqueles a quem o Filho o quiser revelar".

²³ Então ele se voltou para os seus discípulos e lhes disse em particular: "Felizes são os olhos que veem o que vocês veem. ²⁴ Pois eu digo que muitos profetas e reis desejaram ver o que vocês estão vendo, mas não viram; e ouvir o que vocês estão ouvindo, mas não ouviram".

A Parábola do Bom Samaritano

²⁵ Certa ocasião, um perito na lei levantou-se para pôr Jesus à prova e lhe perguntou: "Mestre, o que preciso fazer para herdar a vida eterna?"

²⁶ "O que está escrito na Lei?", respondeu Jesus. "Como você a lê?"

²⁷ Ele respondeu: " 'Ame o Senhor, o seu Deus, de todo o seu coração, de toda a sua alma, de todas as suas forças e de todo o seu entendimento'[b] e 'Ame o seu próximo como a si mesmo'[c]".

²⁸ Disse Jesus: "Você respondeu corretamente. Faça isso e viverá".

²⁹ Mas ele, querendo justificar-se, perguntou a Jesus: "E quem é o meu próximo?"

³⁰ Em resposta, disse Jesus: "Um homem descia de Jerusalém para Jericó, quando caiu nas mãos de assaltantes. Estes lhe tiraram as roupas, espancaram-no e se foram, deixando-o quase morto. ³¹ Aconteceu estar descendo pela mesma estrada um sacerdote. Quando viu o homem, passou pelo outro lado. ³² E assim também um levita; quando chegou ao lugar e o viu, passou pelo outro lado. ³³ Mas um samaritano, estando de viagem, chegou onde se encontrava o homem e, quando o viu, teve piedade dele. ³⁴ Aproximou-se, enfaixou-lhe as feridas, derramando nelas vinho e óleo. Depois colocou-o sobre o seu próprio animal, levou-o para uma hospedaria e cuidou dele. ³⁵ No dia seguinte, deu dois denários[d] ao hospedeiro e lhe disse: 'Cuide dele. Quando eu voltar, pagarei todas as despesas que você tiver'.

10.38-42 Na vida do discípulo há momentos em que trabalhamos em favor da extensão do Reino; no entanto, quem nunca se sentou aos pés de Jesus para escutá-lo e criar intimidade com ele não terá tanta eficácia na hora da ação. Como diz o ditado popular: faz-se tanto na obra do Senhor que se esquece do Senhor da obra. Jesus não censura Marta por ela estar trabalhando; ela é repreendida por estar trabalhando quando deveria estar escutando. Tampouco elogia Maria por não estar ajudando, mas, sim, por ela ter compreensão suficiente de que, quando Jesus fala, o discípulo se senta a seus pés e escuta. Maria havia escolhido a melhor parte, e esta não lhe seria tirada. O tempo que passamos recebendo a Palavra de vida dos lábios do Senhor e Salvador será o mais bem aproveitado da nossa vida (leia a nota correspondente sobre Efésios 6.17).

---

[a] 10.15 Essa palavra pode ser traduzida por inferno, sepulcro, morte ou profundezas.
[b] 10.27 Dt 6.5
[c] 10.27 Lv 19.18
[d] 10.35 O denário era uma moeda de prata equivalente à diária de um trabalhador braçal.

³⁶ "Qual destes três você acha que foi o próximo do homem que caiu nas mãos dos assaltantes?"

³⁷ "Aquele que teve misericórdia dele", respondeu o perito na lei.

Jesus lhe disse: "Vá e faça o mesmo".

Na Casa de Marta e de Maria

³⁸ Caminhando Jesus e os seus discípulos, chegaram a um povoado onde certa mulher chamada Marta o recebeu em sua casa. ³⁹ Maria, sua irmã, ficou sentada aos pés do Senhor, ouvindo a sua palavra. ⁴⁰ Marta, porém, estava ocupada com muito serviço. E, aproximando-se dele, perguntou: "Senhor, não te importas que minha irmã tenha me deixado sozinha com o serviço? Dize-lhe que me ajude!" ⁴¹ Respondeu o Senhor: "Marta! Marta! Você está preocupada e inquieta com muitas coisas; ⁴² todavia apenas uma é necessária.ᵃ Maria escolheu a boa parte, e esta não lhe será tirada".

O Ensino de Jesus acerca da Oração
(Mt 6.5-15; 7.7-12)

11 Certo dia Jesus estava orando em determinado lugar. Tendo terminado, um dos seus discípulos lhe disse: "Senhor, ensina-nos a orar, como João ensinou aos discípulos dele".

² Ele lhes disse: "Quando vocês orarem, digam:

" Pai!ᵇ
Santificado seja o teu nome.
Venha o teu Reino.ᶜ
³ Dá-nos cada dia o nosso pão cotidiano.
⁴ Perdoa-nos os nossos pecados,
   pois também perdoamos
   a todos os que nos devem.
E não nos deixes cair
   emᵈ tentaçãoᵉ".

⁵ Então lhes disse: "Suponham que um de vocês tenha um amigo e que recorra a ele à meia-noite e diga: 'Amigo, empreste-me três pães, ⁶ porque um amigo meu chegou de viagem, e não tenho nada para lhe oferecer'.

⁷ "E o que estiver dentro responda: 'Não me incomode. A porta já está fechada, e eu e meus filhos já estamos deitados. Não posso me levantar e dar a você o que me pede'. ⁸ Eu digo: Embora ele não se levante para dar-lhe o pão por ser seu amigo, por causa da importunação se levantará e lhe dará tudo o que precisar.

⁹ "Por isso digo: Peçam, e será dado; busquem, e encontrarão; batam, e a porta será aberta. ¹⁰ Pois todo o que pede, recebe; o que busca, encontra; e àquele que bate, a porta será aberta.

¹¹ "Qual pai, do meio de vocês, se o filho pedir umᶠ peixe, em lugar disso lhe dará uma cobra? ¹² Ou, se pedir um ovo, lhe dará um escorpião? ¹³ Se vocês, apesar de serem maus, sabem dar boas coisas aos seus filhos, quanto mais o Pai que está nos céus dará o Espírito Santo a quem o pedir!"

A Acusação contra Jesus
(Mt 12.22-32; Mc 3.20-30)

¹⁴ Jesus estava expulsando um demônio que era mudo. Quando o demônio saiu, o mudo falou, e a multidão ficou admirada. ¹⁵ Mas alguns deles disseram: "É por Belzebu, o príncipe dos demônios, que ele expulsa demônios". ¹⁶ Outros o punham à prova, pedindo-lhe um sinal do céu.

¹⁷ Jesus, conhecendo os seus pensamentos, disse-lhes: "Todo reino dividido contra si mesmo será arruinado, e uma casa dividida contra si mesma cairá. ¹⁸ Se Satanás está dividido contra si mesmo, como o seu reino pode subsistir? Digo isso porque vocês estão dizendo que expulso demônios por Belzebu. ¹⁹ Se eu expulso demônios por Belzebu, por quem os expulsam os filhosᵍ de vocês? Por isso, eles mesmos estarão como juízes sobre vocês. ²⁰ Mas, se é pelo dedo de Deus que eu expulso demônios, então chegou a vocês o Reino de Deus.

²¹ "Quando um homem forte, bem armado, guarda sua casa, seus bens estão seguros. ²² Mas, quando alguém mais forte o ataca e o vence, tira-lhe a armadura em que confiava e divide os despojos.

²³ "Aquele que não está comigo é contra mim, e aquele que comigo não ajunta espalha.

²⁴ "Quando um espírito imundo sai de um homem, passa por lugares áridos procurando descanso e, não o encontrando, diz: 'Voltarei

---

ᵃ **10.42** Alguns manuscritos dizem *todavia, poucas coisas são necessárias*.
ᵇ **11.2** Muitos manuscritos dizem *Pai nosso, que estás no céu*.
ᶜ **11.2** Muitos manuscritos dizem *Reino. Seja feita a tua vontade assim na terra como no céu*.
ᵈ **11.4** Grego: *E não nos induzas à*.
ᵉ **11.4** Muitos manuscritos dizem *tentação, mas livra-nos do Maligno*.
ᶠ **11.11** Muitos manuscritos acrescentam *pão, lhe dará uma pedra, ou se pedir um*
ᵍ **11.19** Ou *discípulos*

para a casa de onde saí. ²⁵ Quando chega, encontra a casa varrida e em ordem. ²⁶ Então vai e traz outros sete espíritos piores do que ele, e entrando passam a viver ali. E o estado final daquele homem torna-se pior do que o primeiro".

²⁷ Enquanto Jesus dizia estas coisas, uma mulher da multidão exclamou: "Feliz é a mulher que te deu à luz e te amamentou".

²⁸ Ele respondeu: "Antes, felizes são aqueles que ouvem a palavra de Deus e lhe obedecem".

O Sinal de Jonas
(Mt 12.38-42)

²⁹ Aumentando a multidão, Jesus começou a dizer: "Esta é uma geração perversa. Ela pede um sinal milagroso, mas nenhum sinal lhe será dado, exceto o sinal de Jonas. ³⁰ Pois, assim como Jonas foi um sinal para os ninivitas, o Filho do homem também o será para esta geração. ³¹ A rainha do Sul se levantará no juízo com os homens desta geração e os condenará, pois ela veio dos confins da terra para ouvir a sabedoria de Salomão e agora está aqui quem é maior do que Salomão. ³² Os homens de Nínive se levantarão no juízo com esta geração e a condenarão; pois eles se arrependeram com a pregação de Jonas, e agora está aqui quem é maior do que Jonas.

A Candeia do Corpo

³³ "Ninguém acende uma candeia e a coloca em lugar onde fique escondida ou debaixo de uma vasilha. Ao contrário, coloca-a no lugar apropriado, para que os que entram possam ver a luz. ³⁴ Os olhos são a candeia do corpo. Quando os seus olhos forem bons, igualmente todo o seu corpo estará cheio de luz. Mas, quando forem maus, igualmente o seu corpo estará cheio de trevas. ³⁵ Portanto, cuidado para que a luz que está em seu interior não sejam trevas. ³⁶ Logo, se todo o seu corpo estiver cheio de luz, e nenhuma parte dele estiver em trevas, estará completamente iluminado, como quando a luz de uma candeia brilha sobre você".

Jesus Condena a Hipocrisia dos Fariseus e dos Peritos na Lei

³⁷ Tendo terminado de falar, um fariseu o convidou para comer com ele. Então Jesus foi e reclinou-se à mesa; ³⁸ mas o fariseu, notando que Jesus não se lavara cerimonialmente antes da refeição, ficou surpreso.

³⁹ Então o Senhor lhe disse: "Vocês, fariseus, limpam o exterior do copo e do prato, mas interiormente estão cheios de ganância e de maldade. ⁴⁰ Insensatos! Quem fez o exterior não fez também o interior? ⁴¹ Mas deem o que está dentro do prato[a] como esmola e verão que tudo ficará limpo em vocês.

⁴² "Ai de vocês, fariseus, porque dão a Deus o dízimo da hortelã, da arruda e de toda a sorte de hortaliças, mas desprezam a justiça e o amor de Deus! Vocês deviam praticar estas coisas, sem deixar de fazer aquelas.

⁴³ "Ai de vocês, fariseus, porque amam os lugares de honra nas sinagogas e as saudações em público!

⁴⁴ "Ai de vocês, porque são como túmulos que não são vistos, por sobre os quais os homens andam sem o saber!"

⁴⁵ Um dos peritos na lei lhe respondeu: "Mestre, quando dizes essas coisas, insultas também a nós".

⁴⁶ "Quanto a vocês, peritos na lei", disse Jesus, "ai de vocês também!, porque sobrecarregam os homens com fardos que dificilmente eles podem carregar, e vocês mesmos não levantam nem um dedo para ajudá-los.

⁴⁷ "Ai de vocês, porque edificam os túmulos dos profetas, sendo que foram os seus próprios antepassados que os mataram. ⁴⁸ Assim vocês dão testemunho de que aprovam o que os seus antepassados fizeram. Eles mataram os profetas, e vocês lhes edificam os túmulos. ⁴⁹ Por isso, Deus disse em sua sabedoria: 'Eu mandarei a vocês profetas e apóstolos, dos quais eles matarão alguns, e a outros perseguirão'. ⁵⁰ Pelo que, esta geração será considerada responsável pelo sangue de todos os profetas, derramado desde o princípio do mundo: ⁵¹ desde o sangue de Abel até o sangue de Zacarias, que foi morto entre o altar e o santuário. Sim, eu digo a vocês, esta geração será considerada responsável por tudo isso.

⁵² "Ai de vocês, peritos na lei, porque se apoderaram da chave do conhecimento. Vocês mesmos não entraram e impediram os que estavam prestes a entrar!"

⁵³ Quando Jesus saiu dali, os fariseus e os mestres da lei começaram a opor-se fortemente a ele e a interrogá-lo com muitas perguntas, ⁵⁴ esperando apanhá-lo em algo que dissesse.

---

[a] **11.41** Ou *o que vocês têm*

Advertências e Motivações

12 Nesse meio tempo, tendo-se juntado uma multidão de milhares de pessoas, ao ponto de atropelarem umas às outras, Jesus começou a falar primeiramente aos seus discípulos, dizendo: "Tenham cuidado com o fermento dos fariseus, que é a hipocrisia. ² Não há nada escondido que não venha a ser descoberto, ou oculto que não venha a ser conhecido. ³ O que vocês disseram nas trevas será ouvido à luz do dia, e o que vocês sussurraram aos ouvidos dentro de casa, será proclamado dos telhados.

⁴ "Eu digo a vocês, meus amigos: Não tenham medo dos que matam o corpo e depois nada mais podem fazer. ⁵ Mas eu mostrarei a quem vocês devem temer: temam àquele que, depois de matar o corpo, tem poder para lançar no inferno. Sim, eu digo a vocês, a esse vocês devem temer. ⁶ Não se vendem cinco pardais por duas moedinhas[a]? Contudo, nenhum deles é esquecido por Deus. ⁷ Até os cabelos da cabeça de vocês estão todos contados. Não tenham medo; vocês valem mais do que muitos pardais!

⁸ "Eu digo a vocês: Quem me confessar diante dos homens, também o Filho do homem o confessará diante dos anjos de Deus. ⁹ Mas aquele que me negar diante dos homens será negado diante dos anjos de Deus. ¹⁰ Todo aquele que disser uma palavra contra o Filho do homem será perdoado, mas quem blasfemar contra o Espírito Santo não será perdoado. ¹¹ Quando vocês forem levados às sinagogas e diante dos governantes e das autoridades, não se preocupem com a forma pela qual se defenderão, ou com o que dirão, ¹² pois naquela hora o Espírito Santo ensinará o que deverão dizer".

A Parábola do Rico Insensato

¹³ Alguém da multidão lhe disse: "Mestre, dize a meu irmão que divida a herança comigo". ¹⁴ Respondeu Jesus: "Homem, quem me designou juiz ou árbitro entre vocês?" ¹⁵ Então lhes disse: "Cuidado! Fiquem de sobreaviso contra todo tipo de ganância; a vida de um homem não consiste na quantidade dos seus bens".

¹⁶ Então lhes contou esta parábola: "A terra de certo homem rico produziu muito. ¹⁷ Ele pensou consigo mesmo: 'O que vou fazer? Não tenho onde armazenar minha colheita'.

¹⁸ "Então disse: 'Já sei o que vou fazer. Vou derrubar os meus celeiros e construir outros maiores, e ali guardarei toda a minha safra e todos os meus bens. ¹⁹ E direi a mim mesmo: Você tem grande quantidade de bens, armazenados para muitos anos. Descanse, coma, beba e alegre-se'.

²⁰ "Contudo, Deus lhe disse: 'Insensato! Esta mesma noite a sua vida será exigida. Então, quem ficará com o que você preparou?'

²¹ "Assim acontece com quem guarda para si riquezas, mas não é rico para com Deus".

As Preocupações da Vida
(Mt 6.25-34)

²² Dirigindo-se aos seus discípulos, Jesus acrescentou: "Portanto eu digo a vocês: Não se preocupem com sua própria vida, quanto ao que comer; nem com seu próprio corpo, quanto ao que vestir. ²³ A vida é mais importante do que a comida, e o corpo, mais do que as roupas. ²⁴ Observem os corvos: não semeiam nem colhem, não têm armazéns nem celeiros; contudo, Deus os alimenta. E vocês têm muito mais valor do que as aves! ²⁵ Quem de vocês, por mais que se preocupe, pode acrescentar uma hora que seja à sua vida?[b] ²⁶ Visto que vocês não podem sequer fazer uma coisa tão pequena, por que se preocupar com o restante?

²⁷ "Observem como crescem os lírios. Eles não trabalham nem tecem. Contudo, eu digo a vocês que nem Salomão, em todo o seu esplendor, vestiu-se como um deles. ²⁸ Se Deus veste assim a erva do campo, que hoje existe e amanhã é lançada ao fogo, quanto mais vestirá vocês, homens de pequena fé! ²⁹ Não busquem ansiosamente o que comer ou beber; não se preocupem com isso. ³⁰ Pois o mundo pagão é que corre atrás dessas coisas; mas o Pai sabe que vocês precisam delas. ³¹ Busquem, pois, o Reino de Deus, e essas coisas serão acrescentadas a vocês.

³² "Não tenham medo, pequeno rebanho, pois foi do agrado do Pai dar o Reino a vocês. ³³ Vendam o que têm e deem esmolas. Façam para vocês bolsas que não se gastem com o tempo, um tesouro nos céus que não se acabe, onde ladrão algum chega perto e nenhuma traça destrói. ³⁴ Pois, onde estiver o seu tesouro, ali também estará o seu coração.

---

[a] **12.6** Grego: *dois asses.*

[b] **12.25** Ou *um único côvado à sua altura?* O côvado era uma medida linear de cerca de 45 centímetros.

Prontidão para o Serviço

35 "Estejam prontos para servir e conservem acesas as suas candeias, **36** como aqueles que esperam seu senhor voltar de um banquete de casamento; para que, quando ele chegar e bater, possam abrir-lhe a porta imediatamente. **37** Felizes os servos cujo senhor os encontrar vigiando, quando voltar. Eu afirmo que ele se vestirá para servir, fará que se reclinem à mesa, e virá servi-los. **38** Mesmo que ele chegue de noite ou de madrugada[a], felizes os servos que o senhor encontrar preparados. **39** Entendam, porém, isto: se o dono da casa soubesse a que hora viria o ladrão, não permitiria que a sua casa fosse arrombada. **40** Estejam também vocês preparados, porque o Filho do homem virá numa hora em que não o esperam".

41 Pedro perguntou: "Senhor, estás contando esta parábola para nós ou para todos?"

42 O Senhor respondeu: "Quem é, pois, o administrador fiel e sensato, a quem seu senhor encarrega dos seus servos, para lhes dar sua porção de alimento no tempo devido? **43** Feliz o servo a quem o seu senhor encontrar fazendo assim quando voltar. **44** Garanto que ele o encarregará de todos os seus bens. **45** Mas suponham que esse servo diga a si mesmo: 'Meu senhor se demora a voltar', e então comece a bater nos servos e nas servas, a comer, a beber e a embriagar-se. **46** O senhor daquele servo virá num dia em que ele não o espera e numa hora que não sabe e o punirá severamente[b] e lhe dará um lugar com os infiéis.

47 "Aquele servo que conhece a vontade de seu senhor e não prepara o que ele deseja, nem o realiza, receberá muitos açoites. **48** Mas aquele que não a conhece e pratica coisas merecedoras de castigo, receberá poucos açoites. A quem muito foi dado, muito será exigido; e a quem muito foi confiado, muito mais será pedido.

Jesus Não Traz Paz, mas Divisão

49 "Vim trazer fogo à terra, e como gostaria que já estivesse aceso! **50** Mas tenho que passar por um batismo, e como estou angustiado até que ele se realize! **51** Vocês pensam que vim trazer paz à terra? Não, eu digo a vocês. Ao contrário, vim trazer divisão! **52** De agora em diante haverá cinco numa família divididos uns contra os outros: três contra dois e dois contra três. **53** Estarão divididos pai contra filho e filho contra pai, mãe contra filha e filha contra mãe, sogra contra nora e nora contra sogra".

Os Sinais dos Tempos

54 Dizia ele à multidão: "Quando vocês veem uma nuvem se levantando no ocidente, logo dizem: 'Vai chover', e assim acontece. **55** E quando sopra o vento sul, vocês dizem: 'Vai fazer calor', e assim ocorre. **56** Hipócritas! Vocês sabem interpretar o aspecto da terra e do céu. Como não sabem interpretar o tempo presente?

57 "Por que vocês não julgam por si mesmos o que é justo? **58** Quando algum de vocês estiver indo com seu adversário para o magistrado, faça tudo para se reconciliar com ele no caminho; para que ele não o arraste ao juiz, o juiz o entregue ao oficial de justiça, e o oficial de justiça o jogue na prisão. **59** Eu digo que você não sairá de lá enquanto não pagar o último centavo[c]".

Arrependimento ou Morte

13 Naquela ocasião, alguns dos que estavam presentes contaram a Jesus que Pilatos misturara o sangue de alguns galileus com os sacrifícios deles. **2** Jesus respondeu: "Vocês pensam que esses galileus eram mais pecadores que todos os outros, por terem sofrido dessa maneira? **3** Eu digo que não! Mas, se não se arrependerem, todos vocês também perecerão. **4** Ou vocês pensam que aqueles dezoito que morreram, quando caiu sobre eles a torre de Siloé, eram mais culpados do que todos os outros habitantes de Jerusalém? **5** Eu digo que não! Mas se não se arrependerem, todos vocês também perecerão".

6 Então contou esta parábola: "Um homem tinha uma figueira plantada em sua vinha. Foi procurar fruto nela, e não achou nenhum. **7** Por isso disse ao que cuidava da vinha: 'Já faz três anos que venho procurar fruto nesta figueira e não acho. Corte-a! Por que deixá-la inutilizar a terra?'

8 "Respondeu o homem: 'Senhor, deixe-a por mais um ano, e eu cavarei ao redor dela e a adubarei. **9** Se der fruto no ano que vem, muito bem! Se não, corte-a' ".

Uma Mulher Curada no Sábado

10 Certo sábado Jesus estava ensinando numa das sinagogas, **11** e ali estava uma mulher que tinha um espírito que a mantinha doente havia

---

[a] **12.38** Grego: *na segunda ou na terceira vigília da noite*. Isto é, entre 9 horas da noite e 3 horas da manhã.
[b] **12.46** Grego: *cortará ao meio*.
[c] **12.59** Grego: *lepto*.

dezoito anos. Ela andava encurvada e de forma alguma podia endireitar-se. ¹² Ao vê-la, Jesus chamou-a à frente e lhe disse: "Mulher, você está livre da sua doença". ¹³ Então lhe impôs as mãos; e imediatamente ela se endireitou e passou a louvar a Deus.

¹⁴ Indignado porque Jesus havia curado no sábado, o dirigente da sinagoga disse ao povo: "Há seis dias em que se deve trabalhar. Venham para ser curados nesses dias, e não no sábado".

¹⁵ O Senhor lhe respondeu: "Hipócritas! Cada um de vocês não desamarra no sábado o seu boi ou jumento do estábulo e o leva dali para dar-lhe água? ¹⁶ Então, esta mulher, uma filha de Abraão a quem Satanás mantinha presa por dezoito longos anos, não deveria no dia de sábado ser libertada daquilo que a prendia?"

¹⁷ Tendo dito isso, todos os seus oponentes ficaram envergonhados, mas o povo se alegrava com todas as maravilhas que ele estava fazendo.

As Parábolas do Grão de Mostarda e do Fermento

(Mt 13.31-35; Mc 4.30-34)

¹⁸ Então Jesus perguntou: "Com que se parece o Reino de Deus? Com que o compararei? ¹⁹ É como um grão de mostarda que um homem semeou em sua horta. Ele cresceu e se tornou uma árvore, e as aves do céu fizeram ninhos em seus ramos".

²⁰ Mais uma vez ele perguntou: "Com que compararei o Reino de Deus? ²¹ É como o fermento que uma mulher misturou com uma grande quantidade[a] de farinha, e toda a massa ficou fermentada".

A Porta Estreita

²² Depois Jesus foi pelas cidades e povoados e ensinava, prosseguindo em direção a Jerusalém. ²³ Alguém lhe perguntou: "Senhor, serão poucos os salvos?"

Ele lhes disse: ²⁴ "Esforcem-se para entrar pela porta estreita, porque eu digo a vocês que muitos tentarão entrar e não conseguirão. ²⁵ Quando o dono da casa se levantar e fechar a porta, vocês ficarão do lado de fora, batendo e pedindo: 'Senhor, abre-nos a porta'.

"Ele, porém, responderá: 'Não os conheço, nem sei de onde são vocês'.

²⁶ "Então vocês dirão: 'Comemos e bebemos contigo, e ensinaste em nossas ruas'.

²⁷ "Mas ele responderá: 'Não os conheço, nem sei de onde são vocês. Afastem-se de mim, todos vocês, que praticam o mal!'

²⁸ "Ali haverá choro e ranger de dentes, quando vocês virem Abraão, Isaque e Jacó e todos os profetas no Reino de Deus, mas vocês excluídos. ²⁹ Pessoas virão do oriente e do ocidente, do norte e do sul, e ocuparão os seus lugares à mesa no Reino de Deus. ³⁰ De fato, há últimos que serão primeiros e primeiros que serão últimos".

O Lamento Profético sobre Jerusalém

(Mt 23.37-39)

³¹ Naquela mesma hora, alguns fariseus aproximaram-se de Jesus e lhe disseram: "Saia e vá embora daqui, pois Herodes quer matá-lo".

³² Ele respondeu: "Vão dizer àquela raposa: Expulsarei demônios e curarei o povo hoje e amanhã e no terceiro dia estarei pronto. ³³ Mas preciso prosseguir hoje, amanhã e depois de amanhã, pois certamente nenhum profeta deve morrer fora de Jerusalém!

³⁴ "Jerusalém, Jerusalém, você, que mata os profetas e apedreja os que são enviados a você! Quantas vezes eu quis reunir os seus filhos, como a galinha reúne os seus pintinhos debaixo das suas asas, mas vocês não quiseram! ³⁵ Eis que a casa de vocês ficará deserta. Eu digo que vocês não me verão mais até que digam: 'Bendito o que vem em nome do Senhor'[b]".

Jesus na Casa de um Fariseu

14 Certo sábado, entrando Jesus para comer na casa de um fariseu importante, observavam-no atentamente. ² À frente dele estava um homem doente, com o corpo inchado[c]. ³ Jesus perguntou aos fariseus e aos peritos na lei: "É permitido ou não curar no sábado?" ⁴ Mas eles ficaram em silêncio. Assim, tomando o homem pela mão, Jesus o curou e o mandou embora.

⁵ Então ele lhes perguntou: "Se um de vocês tiver um filho[d] ou um boi, e este cair num poço no dia de sábado, não irá tirá-lo imediatamente?" ⁶ E eles nada puderam responder.

⁷ Quando notou como os convidados escolhiam os lugares de honra à mesa, Jesus lhes contou esta parábola: ⁸ "Quando alguém o convidar para um banquete de casamento, não ocupe o lugar de honra, pois pode ser que tenha

---

[a] **13.21** Grego: *3 satos*. O sato era uma medida de capacidade para secos. As estimativas variam entre 7 e 13 litros.
[b] **13.35** Sl 118.26
[c] **14.2** Grego: *que sofria de hidropisia*.
[d] **14.5** Alguns manuscritos dizem *um jumento*.

sido convidado alguém de maior honra do que você. ⁹ Se for assim, aquele que convidou os dois virá e dirá: 'Dê o lugar a este'. Então, humilhado, você precisará ocupar o lugar menos importante. ¹⁰ Mas quando você for convidado, ocupe o lugar menos importante, de forma que, quando vier aquele que o convidou, diga: 'Amigo, passe para um lugar mais importante'. Então você será honrado na presença de todos os convidados. ¹¹ Pois todo o que se exalta será humilhado, e o que se humilha será exaltado".

¹² Então Jesus disse ao que o tinha convidado: "Quando você der um banquete ou jantar, não convide seus amigos, irmãos ou parentes, nem seus vizinhos ricos; se o fizer, eles poderão também, por sua vez, convidá-lo, e assim você será recompensado. ¹³ Mas, quando der um banquete, convide os pobres, os aleijados, os mancos e os cegos. ¹⁴ Feliz será você, porque estes não têm como retribuir. A sua recompensa virá na ressurreição dos justos".

A Parábola do Grande Banquete
(Mt 22.1-14)

¹⁵ Ao ouvir isso, um dos que estavam à mesa com Jesus, disse-lhe: "Feliz será aquele que comer no banquete do Reino de Deus".

¹⁶ Jesus respondeu: "Certo homem estava preparando um grande banquete e convidou muitas pessoas. ¹⁷ Na hora de começar, enviou seu servo para dizer aos que haviam sido convidados: 'Venham, pois tudo já está pronto'.

¹⁸ "Mas eles começaram, um por um, a apresentar desculpas. O primeiro disse: 'Acabei de comprar uma propriedade e preciso ir vê-la. Por favor, desculpe-me'.

¹⁹ "Outro disse: 'Acabei de comprar cinco juntas de bois e estou indo experimentá-las. Por favor, desculpe-me'.

²⁰ "Ainda outro disse: 'Acabo de me casar, por isso não posso ir'.

²¹ "O servo voltou e relatou isso ao seu senhor. Então o dono da casa irou-se e ordenou ao seu servo: 'Vá rapidamente para as ruas e os becos da cidade e traga os pobres, os aleijados, os cegos e os mancos'.

²² "Disse o servo: 'O que o senhor ordenou foi feito, e ainda há lugar'.

²³ "Então o senhor disse ao servo: 'Vá pelos caminhos e valados e obrigue-os a entrar, para que a minha casa fique cheia. ²⁴ Eu digo a vocês: Nenhum daqueles que foram convidados provará do meu banquete' ".

O Preço do Discipulado

²⁵ Uma grande multidão ia acompanhando Jesus; este, voltando-se para ela, disse: ²⁶ "Se alguém vem a mim e ama seu pai, sua mãe, sua mulher, seus filhos, seus irmãos e irmãs e até sua própria vida mais do que a mim, não pode ser meu discípulo. ²⁷ E aquele que não carrega sua cruz e não me segue não pode ser meu discípulo.

²⁸ "Qual de vocês, se quiser construir uma torre, primeiro não se assenta e calcula o preço, para ver se tem dinheiro suficiente para completá-la? ²⁹ Pois, se lançar o alicerce e não for capaz de terminá-la, todos os que a virem rirão dele, ³⁰ dizendo: 'Este homem começou a construir e não foi capaz de terminar'.

³¹ "Ou, qual é o rei que, pretendendo sair à guerra contra outro rei, primeiro não se assenta e pensa se com dez mil homens é capaz de enfrentar aquele que vem contra ele com vinte mil? ³² Se não for capaz, enviará uma delegação, enquanto o outro ainda está longe, e pedirá um acordo de paz. ³³ Da mesma forma, qualquer de vocês que não renunciar a tudo o que possui não pode ser meu discípulo.

³⁴ "O sal é bom, mas se ele perder o sabor, como restaurá-lo? ³⁵ Não serve nem para o solo nem para adubo; é jogado fora.

"Aquele que tem ouvidos para ouvir, ouça".

A Parábola da Ovelha Perdida
(Mt 18.12-14)

15 Todos os publicanos e pecadores estavam se reunindo para ouvi-lo. ² Mas os fariseus e os mestres da lei o criticavam: "Este homem recebe pecadores e come com eles".

³ Então Jesus lhes contou esta parábola: ⁴ "Qual de vocês que, possuindo cem ovelhas, e

15.3-7 Ninguém é insignificante para Deus. Nenhum cristão tem o direito de se recusar a seguir Cristo de perto e trabalhar para o Reino com o pretexto de ser desnecessário e não ter o que oferecer. Leia novamente o versículo 7. Muito menos tem direito qualquer pessoa de julgar os seres humanos pela maneira de se vestirem ou de se comportar ou pelos vícios a que tenham cedido, ou ainda por estarem longe da "religião". Deus é o nosso Juiz, e devemos estar preparados para ser surpreendidos quando chegarmos ao céu.

15.8-10 A mulher casada usava as moedas recebidas no casamento nupcial como símbolo de compromisso; ficavam unidas a uma pequena corrente e serviam de adorno ao cabelo. Perder uma dessas moedas era uma verdadeira tragédia. Encontrá-la, porém, era motivo de grande alegria. Novamente o Senhor fala da alegria que há na presença dos anjos de Deus por um pecador que se arrepende. Aqui aprendemos que não devemos rejeitar ninguém, pensando ser uma pessoa "difícil de ser salva", pois Cristo também deu seu sangue por ela. A única diferença entre o discípulo e o pecador é a graça de Deus.

perdendo uma, não deixa as noventa e nove no campo e vai atrás da ovelha perdida, até encontrá-la? ⁵ E quando a encontra, coloca-a alegremente nos ombros ⁶ e vai para casa. Ao chegar, reúne seus amigos e vizinhos e diz: 'Alegrem-se comigo, pois encontrei minha ovelha perdida'. ⁷ Eu digo que, da mesma forma, haverá mais alegria no céu por um pecador que se arrepende do que por noventa e nove justos que não precisam arrepender-se.

A Parábola da Moeda Perdida

⁸ "Ou, qual é a mulher que, possuindo dez dracmasª e, perdendo uma delas, não acende uma candeia, varre a casa e procura atentamente, até encontrá-la? ⁹ E quando a encontra, reúne suas amigas e vizinhas e diz: 'Alegrem-se comigo, pois encontrei minha moeda perdida'. ¹⁰ Eu digo que, da mesma forma, há alegria na presença dos anjos de Deus por um pecador que se arrepende".

A Parábola do Filho Perdido

¹¹ Jesus continuou: "Um homem tinha dois filhos. ¹² O mais novo disse ao seu pai: 'Pai, quero a minha parte da herança'. Assim, ele repartiu sua propriedade entre eles.

¹³ "Não muito tempo depois, o filho mais novo reuniu tudo o que tinha e foi para uma região distante; e lá desperdiçou os seus bens vivendo irresponsavelmente. ¹⁴ Depois de ter gasto tudo, houve uma grande fome em toda aquela região, e ele começou a passar necessidade. ¹⁵ Por isso foi empregar-se com um dos cidadãos daquela região, que o mandou para o seu campo a fim de cuidar de porcos. ¹⁶ Ele desejava encher o estômago com as vagens de alfarrobeira que os porcos comiam, mas ninguém lhe dava nada.

¹⁷ "Caindo em si, ele disse: 'Quantos empregados de meu pai têm comida de sobra, e eu aqui, morrendo de fome! ¹⁸ Eu me porei a caminho e voltarei para meu pai e lhe direi: Pai, pequei contra o céu e contra ti. ¹⁹ Não sou mais digno de ser chamado teu filho; trata-me como um dos teus empregados'. ²⁰ A seguir, levantou-se e foi para seu pai.

"Estando ainda longe, seu pai o viu e, cheio de compaixão, correu para seu filho, e o abraçou e beijou.

²¹ "O filho lhe disse: 'Pai, pequei contra o céu e contra ti. Não sou mais digno de ser chamado teu filhoᵇ'.

²² "Mas o pai disse aos seus servos: 'Depressa! Tragam a melhor roupa e vistam nele. Coloquem um anel em seu dedo e calçados em seus pés. ²³ Tragam o novilho gordo e matem-no. Vamos fazer uma festa e alegrar-nos. ²⁴ Pois este meu filho estava morto e voltou à vida; estava perdido e foi achado'. E começaram a festejar o seu regresso.

²⁵ "Enquanto isso, o filho mais velho estava no campo. Quando se aproximou da casa, ouviu a música e a dança. ²⁶ Então chamou um dos servos e perguntou-lhe o que estava

15.11-32 No mesmo tom das parábolas anteriores, esta parábola de Jesus Cristo é considerada uma das grandes obras da literatura universal. Ainda que seja conhecida como "a parábola do filho perdido [ou pródigo]", bem poderia ser chamada de "a parábola do pai amoroso e do irmão rancoroso". É curioso como a conduta do irmão mais velho assemelha-se à forma de atuar dos líderes religiosos que atacavam Jesus e também se assemelha, em algumas ocasiões, às atitudes de falsa superioridade espiritual que adotam as pessoas que frequentam uma igreja, mas não têm um relacionamento pessoal verdadeiro com o Deus de amor.

ª **15.8** A dracma era uma moeda de prata equivalente à diária de um trabalhador braçal.

ᵇ **15.21** Alguns manuscritos acrescentam *Trata-me como um dos teus empregados.*

acontecendo. ²⁷ Este lhe respondeu: 'Seu irmão voltou, e seu pai matou o novilho gordo, porque o recebeu de volta são e salvo'.

²⁸ "O filho mais velho encheu-se de ira e não quis entrar. Então seu pai saiu e insistiu com ele. ²⁹ Mas ele respondeu ao seu pai: 'Olha! todos esses anos tenho trabalhado como um escravo ao teu serviço e nunca desobedeci às tuas ordens. Mas tu nunca me deste nem um cabrito para eu festejar com os meus amigos. ³⁰ Mas quando volta para casa esse teu filho, que esbanjou os teus bens com as prostitutas, matas o novilho gordo para ele!'

³¹ "Disse o pai: 'Meu filho, você está sempre comigo, e tudo o que tenho é seu. ³² Mas nós tínhamos que celebrar a volta deste seu irmão e alegrar-nos, porque ele estava morto e voltou à vida, estava perdido e foi achado' ".

A Parábola do Administrador Astuto

16 Jesus disse aos seus discípulos: "O administrador de um homem rico foi acusado de estar desperdiçando os seus bens. ² Então ele o chamou e lhe perguntou: 'Que é isso que estou ouvindo a seu respeito? Preste contas da sua administração, porque você não pode continuar sendo o administrador'.

³ "O administrador disse a si mesmo: 'Meu senhor está me despedindo. Que farei? Para cavar não tenho força e tenho vergonha de mendigar... ⁴ Já sei o que vou fazer para que, quando perder o meu emprego aqui, as pessoas me recebam em suas casas'.

⁵ "Então chamou cada um dos devedores do seu senhor. Perguntou ao primeiro: 'Quanto você deve ao meu senhor?' ⁶ 'Cem potes^a de azeite', respondeu ele.

"O administrador lhe disse: 'Tome a sua conta, sente-se depressa e escreva cinquenta'.

⁷ "A seguir ele perguntou ao segundo: 'E você, quanto deve?' 'Cem tonéis^b de trigo', respondeu ele.

"Ele lhe disse: 'Tome a sua conta e escreva oitenta'.

⁸ "O senhor elogiou o administrador desonesto, porque agiu astutamente. Pois os filhos deste mundo são mais astutos no trato uns com os outros do que os filhos da luz. ⁹ Por isso, eu digo: Usem a riqueza deste mundo ímpio para ganhar amigos, de forma que, quando ela acabar, estes os recebam nas moradas eternas.

¹⁰ "Quem é fiel no pouco, também é fiel no muito, e quem é desonesto no pouco, também é desonesto no muito. ¹¹ Assim, se vocês não forem dignos de confiança em lidar com as riquezas deste mundo ímpio, quem confiará as verdadeiras riquezas a vocês? ¹² E se vocês não forem dignos de confiança em relação ao que é dos outros, quem lhes dará o que é de vocês?

¹³ "Nenhum servo pode servir a dois senhores; pois odiará um e amará outro, ou se dedicará a um e desprezará outro. Vocês não podem servir a Deus e ao Dinheiro^c".

¹⁴ Os fariseus, que amavam o dinheiro, ouviam tudo isso e zombavam de Jesus. ¹⁵ Ele lhes disse: "Vocês são os que se justificam a si mesmos aos olhos dos homens, mas Deus conhece o coração de vocês. Aquilo que tem muito valor entre os homens é detestável aos olhos de Deus.

Outros Ensinamentos

¹⁶ "A Lei e os Profetas profetizaram até João. Desse tempo em diante estão sendo pregadas as boas-novas do Reino de Deus, e todos tentam forçar sua entrada nele. ¹⁷ É mais fácil os céus e a terra desaparecerem do que cair da Lei o menor traço.

¹⁸ "Quem se divorciar de sua mulher e se casar com outra mulher estará cometendo adultério, e o homem que se casar com uma mulher divorciada estará cometendo adultério.

16.1-10 É triste ver como há pessoas que pensam já estar preparadas para ocupar o púlpito ou um posto de liderança quando mal conhecem a Bíblia; podem chegar até mesmo a cometer o erro de iniciar alguma tarefa para a qual não têm o chamado do Senhor, e, caso o tenham, ainda não estão preparadas para cumpri-lo. O cristianismo é uma oportunidade que Deus nos dá para servirmos aos nossos irmãos, ao lado de Cristo. Para a pessoa que ama, não existem tarefas pequenas nem pouco dignas dele. No Reino de Deus, o que não serve é que não serve!

---

^{a} **16.6** Grego: *100 batos*. O bato era uma medida de capacidade. As estimativas variam entre 20 e 40 litros.

^{b} **16.7** Grego: *100 coros*. O coro era uma medida de capacidade. As estimativas variam entre 200 e 400 litros.

^{c} **16.13** Grego: *Mamom*.

16.19-31 Ainda que o texto anterior seja reconhecido como parábola, Jesus não faz o mesmo quanto a este texto. Qualquer que seja o caso, há uma clara descrição do Hades, o lugar dos mortos, semelhante às descrições feitas no Antigo Testamento, uma vez que o Novo Testamento ainda não havia sido selado com o sangue do Senhor. Lázaro aparece ao lado de Abraão, o que equivale dizer que se trata de um lugar de alegria em Deus; o rico sem compaixão, conhecido tradicionalmente como comilão, surge atormentado. Não havia possibilidade de se passar de um lugar para outro. Apesar do que dizem as religiões e superstições, não há possibilidade de um morto aparecer a alguém para o advertir de algum perigo que esteja correndo. Jesus inaugurou o céu com os santos do Antigo Testamento, os quais morreram na esperança de sua vinda; assim, o chamado "seio de Abraão" [em algumas versões] neste momento está vazio. Por outro lado, o lugar de tormento espera a chegada do lago de fogo com enxofre (Apocalipse 19.10), criado para o Diabo e seus anjos.

O Rico e Lázaro

¹⁹ "Havia um homem rico que se vestia de púrpura e de linho fino e vivia no luxo todos os dias. ²⁰ Diante do seu portão fora deixado um mendigo chamado Lázaro, coberto de chagas; ²¹ este ansiava comer o que caía da mesa do rico. Até os cães vinham lamber suas feridas.

²² "Chegou o dia em que o mendigo morreu, e os anjos o levaram para junto de Abraão. O rico também morreu e foi sepultado. ²³ No Hades[a], onde estava sendo atormentado, ele olhou para cima e viu Abraão de longe, com Lázaro ao seu lado. ²⁴ Então, chamou-o: 'Pai Abraão, tem misericórdia de mim e manda que Lázaro molhe a ponta do dedo na água e refresque a minha língua, porque estou sofrendo muito neste fogo'.

²⁵ "Mas Abraão respondeu: 'Filho, lembre-se de que durante a sua vida você recebeu coisas boas, enquanto que Lázaro recebeu coisas más. Agora, porém, ele está sendo consolado aqui e você está em sofrimento. ²⁶ E além disso, entre vocês e nós há um grande abismo, de forma que os que desejam passar do nosso lado para o seu, ou do seu lado para o nosso, não conseguem'.

²⁷ "Ele respondeu: 'Então eu te suplico, pai: manda Lázaro ir à casa de meu pai, ²⁸ pois tenho cinco irmãos. Deixa que ele os avise, a fim de que eles não venham também para este lugar de tormento'.

²⁹ "Abraão respondeu: 'Eles têm Moisés e os Profetas; que os ouçam'.

³⁰ " 'Não, pai Abraão', disse ele, 'mas se alguém dentre os mortos fosse até eles, eles se arrependeriam.'

³¹ "Abraão respondeu: 'Se não ouvem a Moisés e aos Profetas, tampouco se deixarão convencer, ainda que ressuscite alguém dentre os mortos' ".

O Pecado, a Fé e o Dever

17 Jesus disse aos seus discípulos: "É inevitável que aconteçam coisas que levem o povo a tropeçar, mas ai da pessoa por meio de quem elas acontecem. ² Seria melhor que ela fosse lançada no mar com uma pedra de moinho amarrada no pescoço, do que levar um desses pequeninos a pecar. ³ Tomem cuidado.

"Se o seu irmão pecar, repreenda-o e, se ele se arrepender, perdoe-lhe. ⁴ Se pecar contra você sete vezes no dia, e sete vezes voltar a você e disser: 'Estou arrependido', perdoe-lhe".

⁵ Os apóstolos disseram ao Senhor: "Aumenta a nossa fé!"

⁶ Ele respondeu: "Se vocês tiverem fé do tamanho de uma semente de mostarda, poderão dizer a esta amoreira: 'Arranque-se e plante-se no mar', e ela obedecerá.

⁷ "Qual de vocês que, tendo um servo que esteja arando ou cuidando das ovelhas, lhe dirá, quando ele chegar do campo: 'Venha agora e sente-se para comer'? ⁸ Ao contrário, não dirá: 'Prepare o meu jantar, apronte-se e sirva-me enquanto como e bebo; depois disso você pode comer e beber'? ⁹ Será que ele agradecerá ao servo por ter feito o que lhe foi ordenado? ¹⁰ Assim também vocês, quando tiverem feito tudo o que for ordenado, devem dizer: 'Somos servos inúteis; apenas cumprimos o nosso dever' ".

Dez Leprosos São Curados

¹¹ A caminho de Jerusalém, Jesus passou pela divisa entre Samaria e Galileia. ¹² Ao entrar num povoado, dez leprosos[b] dirigiram-se a ele.

---

[a] **16.23** Essa palavra pode ser traduzida por inferno, sepulcro, morte ou profundezas.

[b] **17.12** O termo grego não se refere somente à lepra, mas também a diversas doenças da pele.

Ficaram a certa distância ¹³ e gritaram em alta voz: "Jesus, Mestre, tem piedade de nós!"

¹⁴ Ao vê-los, ele disse: "Vão mostrar-se aos sacerdotes". Enquanto eles iam, foram purificados.

¹⁵ Um deles, quando viu que estava curado, voltou, louvando a Deus em alta voz. ¹⁶ Prostrou-se aos pés de Jesus e lhe agradeceu. Este era samaritano.

¹⁷ Jesus perguntou: "Não foram purificados todos os dez? Onde estão os outros nove? ¹⁸ Não se achou nenhum que voltasse e desse louvor a Deus, a não ser este estrangeiro?" ¹⁹ Então ele lhe disse: "Levante-se e vá; a sua fé o salvou"ᵃ.

A Vinda do Reino de Deus

²⁰ Certa vez, tendo sido interrogado pelos fariseus sobre quando viria o Reino de Deus, Jesus respondeu: "O Reino de Deus não vem de modo visível, ²¹ nem se dirá: 'Aqui está ele', ou 'Lá está'; porque o Reino de Deus está no meio deᵇ vocês".

²² Depois disse aos seus discípulos: "Chegará o tempo em que vocês desejarão ver um dos dias do Filho do homem, mas não verão. ²³ Dirão a vocês: 'Lá está ele!' ou 'Aqui está!' Não se apressem em segui-los. ²⁴ Pois o Filho do homem no seu diaᶜ será como o relâmpago cujo brilho vai de uma extremidade à outra do céu. ²⁵ Mas antes é necessário que ele sofra muito e seja rejeitado por esta geração.

²⁶ "Assim como foi nos dias de Noé, também será nos dias do Filho do homem. ²⁷ O povo vivia comendo, bebendo, casando-se e sendo dado em casamento, até o dia em que Noé entrou na arca. Então veio o Dilúvio e os destruiu a todos.

²⁸ "Aconteceu a mesma coisa nos dias de Ló. O povo estava comendo e bebendo, comprando e vendendo, plantando e construindo. ²⁹ Mas, no dia em que Ló saiu de Sodoma, choveu fogo e enxofre do céu e os destruiu a todos.

³⁰ "Acontecerá exatamente assim no dia em que o Filho do homem for revelado. ³¹ Naquele dia, quem estiver no telhado de sua casa, não deve descer para apanhar os seus bens dentro de casa. Semelhantemente, quem estiver no campo, não deve voltar atrás por coisa alguma. ³² Lembrem-se da mulher de Ló! ³³ Quem tentar *conservar* a sua vida a *perderá*, e quem perder a sua vida a preservará. ³⁴ Eu digo a vocês: Naquela noite, duas pessoas estarão numa cama; uma será tirada e a outra deixada. ³⁵ Duas mulheres estarão moendo trigo juntas; uma será tirada e a outra deixada. ³⁶ Duas pessoas estarão no campo; uma será tirada e a outra deixadaᵈ".

³⁷ "Onde, Senhor?", perguntaram eles.

Ele respondeu: "Onde houver um cadáver, ali se ajuntarão os abutres".

A Parábola da Viúva Persistente

18 Então Jesus contou aos seus discípulos uma parábola, para mostrar-lhes que eles deviam orar sempre e nunca desanimar. ² Ele disse: "Em certa cidade havia um juiz que não temia a Deus nem se importava com os homens. ³ E havia naquela cidade uma viúva que se dirigia continuamente a ele, suplicando-lhe: 'Faze-me justiça contra o meu adversário'.

⁴ "Por algum tempo ele se recusou. Mas finalmente disse a si mesmo: 'Embora eu não tema a Deus e nem me importe com os homens, ⁵ esta viúva está me aborrecendo; vou fazer-lhe justiça para que ela não venha mais me importunar' ".

⁶ E o Senhor continuou: "Ouçam o que diz o juiz injusto. ⁷ Acaso Deus não fará justiça aos seus escolhidos, que clamam a ele dia e noite? Continuará fazendo-os esperar? ⁸ Eu digo a vocês: Ele lhes fará justiça e depressa. Contudo, quando o Filho do homem vier, encontrará fé na terra?"

A Parábola do Fariseu e do Publicano

⁹ A alguns que confiavam em sua própria justiça e desprezavam os outros, Jesus contou esta parábola: ¹⁰ "Dois homens subiram ao templo para orar; um era fariseu e o outro, publicano. ¹¹ O fariseu, em pé, orava no íntimo: 'Deus, eu te agradeço porque não sou como os outros homens: ladrões, corruptos, adúlteros; nem mesmo como este publicano. ¹² Jejuo duas vezes por semana e dou o dízimo de tudo quanto ganho'.

¹³ "Mas o publicano ficou a distância. Ele nem ousava olhar para o céu, mas batendo no peito, dizia: 'Deus, tem misericórdia de mim, que sou pecador'.

¹⁴ "Eu digo que este homem, e não o outro, foi para casa justificado diante de Deus. Pois quem se exalta será humilhado, e quem se humilha será exaltado".

ᵃ **17.19** Ou *o curou*
ᵇ **17.21** Ou *dentro de*
ᶜ **17.24** Alguns manuscritos não trazem *no seu dia*.
ᵈ **17.36** Muitos manuscritos não trazem este versículo.

18.13,14 Evangelização (iniciada em Romanos 3.23; p. 1199): Aqui temos a comparação feita por Jesus Cristo entre um fariseu, que se considerava fiel cumpridor da Lei e das normas estabelecidas por sua seita, que pensava agradar a Deus com tudo isso. No entanto, o publicano não se atrevia a nem mesmo chegar perto. Diante do povo, era um traidor, pois sua profissão era arrecadar impostos para o Império Romano e ficar com todo o valor acima do que cobrasse e que era devido às autoridades imperiais. Sabia que era pecador, embora talvez se justificasse pensando que alguém afinal teria que cobrar os impostos e que apenas estava cumprindo seu trabalho. Por sua sinceridade e por manifestar contrição sincera diante de Deus, saiu dali justificado; ao passo que o rico, que se achava suficientemente perfeito, saiu com um pecado mais: a arrogância de se achar capaz de ganhar a salvação.
Texto anterior: Romanos 10.9,10
Próximo texto: João 3.16,17

Jesus e as Crianças
(Mt 19.13-15; Mc 10.13-16)

¹⁵ O povo também estava trazendo criancinhas para que Jesus tocasse nelas. Ao verem isso, os discípulos repreendiam aqueles que as tinham trazido. ¹⁶ Mas Jesus chamou a si as crianças e disse: "Deixem vir a mim as crianças e não as impeçam; pois o Reino de Deus pertence aos que são semelhantes a elas. ¹⁷ Digo a verdade: Quem não receber o Reino de Deus como uma criança, nunca entrará nele".

Jesus e o Homem Rico
(Mt 19.16-30; Mc 10.17-31)

¹⁸ Certo homem importante lhe perguntou: "Bom Mestre, que farei para herdar a vida eterna?"
¹⁹ "Por que você me chama bom?", respondeu Jesus. "Não há ninguém que seja bom, a não ser somente Deus. ²⁰ Você conhece os mandamentos: 'Não adulterarás, não matarás, não furtarás, não darás falso testemunho, honra teu pai e tua mãe'ᵃ.
²¹ "A tudo isso tenho obedecido desde a adolescência", disse ele.
²² Ao ouvir isso, disse-lhe Jesus: "Falta ainda uma coisa. Venda tudo o que você possui e dê o dinheiro aos pobres, e você terá um tesouro nos céus. Depois venha e siga-me".
²³ Ouvindo isso, ele ficou triste, porque era muito rico. ²⁴ Vendo-o entristecido, Jesus disse: "Como é difícil aos ricos entrar no Reino de Deus! ²⁵ De fato, é mais fácil passar um camelo pelo fundo de uma agulha do que um rico entrar no Reino de Deus".
²⁶ Os que ouviram isso perguntaram: "Então, quem pode ser salvo?"
²⁷ Jesus respondeu: "O que é impossível para os homens é possível para Deus".
²⁸ Pedro lhe disse: "Nós deixamos tudo o que tínhamos para seguir-te!"
²⁹ Respondeu Jesus: "Digo a verdade: Ninguém que tenha deixado casa, mulher, irmãos, pai ou filhos por causa do Reino de Deus ³⁰ deixará de receber, na presente era, muitas vezes mais e, na era futura, a vida eterna".

Jesus Prediz Novamente sua Morte e Ressurreição
(Mt 20.17-19; Mc 10.32-34)

³¹ Jesus chamou à parte os Doze e lhes disse: "Estamos subindo para Jerusalém, e tudo o que está escrito pelos profetas acerca do Filho do homem se cumprirá. ³² Ele será entregue aos gentiosᵇ que zombarão dele, o insultarão, cuspirão nele, o açoitarão e o matarão. ³³ No terceiro dia ele ressuscitará".
³⁴ Os discípulos não entenderam nada dessas coisas. O significado dessas palavras lhes estava oculto, e eles não sabiam do que ele estava falando.

Um Mendigo Cego Recupera a Visão
(Mt 20.29-34; Mc 10.46-52)

³⁵ Ao aproximar-se Jesus de Jericó, um homem cego estava sentado à beira do caminho, pedindo esmola. ³⁶ Quando ouviu a multidão passando, ele perguntou o que estava acontecendo. ³⁷ Disseram-lhe: "Jesus de Nazaré está passando".
³⁸ Então ele se pôs a gritar: "Jesus, filho de Davi, tem misericórdia de mim!"
³⁹ Os que iam adiante o repreendiam para que ficasse quieto, mas ele gritava ainda mais: "Filho de Davi, tem misericórdia de mim!"

ᵃ **18.20** Êx 20.12-16; Dt 5.16-20

ᵇ **18.32** Isto é, os que não são judeus.

⁴⁰ Jesus parou e ordenou que o homem lhe fosse trazido. Quando ele chegou perto, Jesus perguntou-lhe: ⁴¹ "O que você quer que eu faça?"

"Senhor, eu quero ver", respondeu ele.

⁴² Jesus lhe disse: "Recupere a visão! A sua fé o curou"[a]. ⁴³ Imediatamente ele recuperou a visão e seguia Jesus glorificando a Deus. Quando todo o povo viu isso, deu louvores a Deus.

Zaqueu, o Publicano

19 Jesus entrou em Jericó e atravessava a cidade. ² Havia ali um homem rico chamado Zaqueu, chefe dos publicanos. ³ Ele queria ver quem era Jesus, mas, sendo de pequena estatura, não conseguia, por causa da multidão. ⁴ Assim, correu adiante e subiu numa figueira brava para vê-lo, pois Jesus ia passar por ali.

⁵ Quando Jesus chegou àquele lugar, olhou para cima e lhe disse: "Zaqueu, desça depressa. Quero ficar em sua casa hoje". ⁶ Então ele desceu rapidamente e o recebeu com alegria.

⁷ Todo o povo viu isso e começou a se queixar: "Ele se hospedou na casa de um pecador".

⁸ Mas Zaqueu levantou-se e disse ao Senhor: "Olha, Senhor! Estou dando a metade dos meus bens aos pobres; e se de alguém extorqui alguma coisa, devolverei quatro vezes mais".

⁹ Jesus lhe disse: "Hoje houve salvação nesta casa! Porque este homem também é filho de Abraão. ¹⁰ Pois o Filho do homem veio buscar e salvar o que estava perdido".

A Parábola das Dez Minas

¹¹ Estando eles a ouvi-lo, Jesus passou a contar-lhes uma parábola, porque estava perto de Jerusalém e o povo pensava que o Reino de Deus ia se manifestar de imediato. ¹² Ele disse: "Um homem de nobre nascimento foi para uma terra distante para ser coroado rei e depois voltar. ¹³ Então, chamou dez dos seus servos e lhes deu dez minas[b]. Disse ele: 'Façam esse dinheiro render até a minha volta'.

¹⁴ "Mas os seus súditos o odiavam e por isso enviaram uma delegação para lhe dizer: 'Não queremos que este homem seja nosso rei'.

¹⁵ "Contudo, ele foi feito rei e voltou. Então mandou chamar os servos a quem dera o dinheiro, a fim de saber quanto tinham lucrado.

---

[a] 18.42 Ou *o salvou*
[b] 19.13 Isto é, cerca de 1/2 quilo de prata, ou seja, o salário de 3 meses de um trabalhador braçal.

19.13 A mina é uma medida de peso (570 gramas) usada como moeda, pois era de prata. Equivalia a 50 *siclos* (unidade básica que pesava 11,4 gramas; nome da moeda atual de Israel). Dez minas talvez equivalessem a 5,7 quilos de prata.

¹⁶ "O primeiro veio e disse: 'Senhor, a tua mina rendeu outras dez'.

¹⁷ " 'Muito bem, meu bom servo!', respondeu o seu senhor. 'Por ter sido confiável no pouco, governe sobre dez cidades'.

¹⁸ "O segundo veio e disse: 'Senhor, a tua mina rendeu cinco vezes mais'.

¹⁹ "O seu senhor respondeu: 'Também você, encarregue-se de cinco cidades'.

²⁰ "Então veio outro servo e disse: 'Senhor, aqui está a tua mina; eu a conservei guardada num pedaço de pano. ²¹ Tive medo, porque és um homem severo. Tiras o que não puseste e colhes o que não semeaste'.

²² "O seu senhor respondeu: 'Eu o julgarei pelas suas próprias palavras, servo mau! Você sabia que sou homem severo, que tiro o que não pus e colho o que não semeei. ²³ Então, por que não confiou o meu dinheiro ao banco? Assim, quando eu voltasse o receberia com os juros'.

²⁴ "E disse aos que estavam ali: 'Tomem dele a sua mina e deem-na ao que tem dez'.

²⁵ " 'Senhor', disseram, 'ele já tem dez!'

²⁶ "Ele respondeu: 'Eu digo a vocês que a quem tem, mais será dado, mas a quem não tem, até o que tiver lhe será tirado. ²⁷ E aqueles inimigos meus, que não queriam que eu reinasse sobre eles, tragam-nos aqui e matem-nos na minha frente!' "

A Entrada Triunfal
(Mt 21.1-11; Mc 11.1-11; Jo 12.12-19)

²⁸ Depois de dizer isso, Jesus foi adiante, subindo para Jerusalém. ²⁹ Ao aproximar-se de Betfagé e de Betânia, no monte chamado das Oliveiras, enviou dois dos seus discípulos, dizendo-lhes: ³⁰ "Vão ao povoado que está adiante e, ao entrarem, encontrarão um jumentinho amarrado, no qual ninguém jamais montou. Desamarrem-no e tragam-no aqui. ³¹ Se alguém perguntar: 'Por que o estão desamarrando?' digam-lhe: O Senhor precisa dele".

³² Os que tinham sido enviados foram e encontraram o animal exatamente como ele

lhes tinha dito. ³³ Quando estavam desamarrando o jumentinho, os seus donos lhes perguntaram: "Por que vocês estão desamarrando o jumentinho?"

³⁴ Eles responderam: "O Senhor precisa dele".

³⁵ Levaram-no a Jesus, lançaram seus mantos sobre o jumentinho e fizeram que Jesus montasse nele. ³⁶ Enquanto ele prosseguia, o povo estendia os seus mantos pelo caminho. ³⁷ Quando ele já estava perto da descida do monte das Oliveiras, toda a multidão dos discípulos começou a louvar a Deus alegremente e em alta voz, por todos os milagres que tinham visto. Exclamavam:

³⁸ "Bendito é o rei que vem
em nome do Senhor!"ᵃ
"Paz no céu
e glória nas alturas!"

³⁹ Alguns dos fariseus que estavam no meio da multidão disseram a Jesus: "Mestre, repreende os teus discípulos!"

⁴⁰ "Eu digo a vocês", respondeu ele; "se eles se calarem, as pedras clamarão".

Lamento sobre Jerusalém

⁴¹ Quando se aproximou e viu a cidade, Jesus chorou sobre ela ⁴² e disse: "Se você compreendesse neste dia, sim, você também, o que traz a paz! Mas agora isso está oculto aos seus olhos. ⁴³ Virão dias em que os seus inimigos construirão trincheiras contra você, a rodearão e a cercarão de todos os lados. ⁴⁴ Também a lançarão por terra, você e os seus filhos. Não deixarão pedra sobre pedra, porque você não reconheceu a oportunidade que Deus concedeu".

Jesus Purifica o Templo
(Mt 21.12-17; Mc 11.15-19)

⁴⁵ Então ele entrou no templo e começou a expulsar os que estavam vendendo. ⁴⁶ Disse-lhes: "Está escrito: 'A minha casa será casa de oração'ᵇ; mas vocês fizeram dela 'um covil de ladrões'ᶜ".

⁴⁷ Todos os dias ele ensinava no templo. Mas os chefes dos sacerdotes, os mestres da lei e os líderes do povo procuravam matá-lo. ⁴⁸ Todavia, não conseguiam encontrar uma forma de fazê-lo, porque todo o povo estava fascinado pelas suas palavras.

A Autoridade de Jesus é Questionada
(Mt 21.23-27; Mc 11.27-33)

20 Certo dia, quando Jesus estava ensinando o povo no templo e pregando as boas-novas, chegaram-se a ele os chefes dos sacerdotes, os mestres da lei e os líderes religiosos, ² e lhe perguntaram: "Com que autoridade estás fazendo estas coisas? Quem te deu esta autoridade?"

³ Ele respondeu: "Eu também farei uma pergunta; digam-me: ⁴ O batismo de João era do céu, ou dos homens?"

⁵ Eles discutiam entre si, dizendo: "Se dissermos: Do céu, ele perguntará: 'Então por que vocês não creram nele?' ⁶ Mas se dissermos: Dos homens, todo o povo nos apedrejará, porque convencidos estão de que João era um profeta".

⁷ Por isso responderam: "Não sabemos de onde era".

⁸ Disse então Jesus: "Tampouco direi com que autoridade estou fazendo estas coisas".

A Parábola dos Lavradores
(Mt 21.33-46; Mc 12.1-12)

⁹ Então Jesus passou a contar ao povo esta parábola: "Certo homem plantou uma vinha, arrendou-a a alguns lavradores e ausentou-se por longo tempo. ¹⁰ Na época da colheita, ele enviou um servo aos lavradores, para que lhe entregassem parte do fruto da vinha. Mas os lavradores o espancaram e o mandaram embora de mãos vazias. ¹¹ Ele mandou outro servo, mas a esse também espancaram e o trataram de maneira humilhante, mandando-o embora de mãos vazias. ¹² Enviou ainda um terceiro, e eles o feriram e o expulsaram da vinha.

¹³ "Então o proprietário da vinha disse: 'Que farei? Mandarei meu filho amado; quem sabe o respeitarão'.

¹⁴ "Mas quando os lavradores o viram, combinaram uns com os outros dizendo: 'Este é o herdeiro. Vamos matá-lo, e a herança será nossa'. ¹⁵ Assim, lançaram-no fora da vinha e o mataram.

"O que lhes fará então o dono da vinha? ¹⁶ Virá, matará aqueles lavradores e dará a vinha a outros".

Quando o povo ouviu isso, disse: "Que isso nunca aconteça!"

ᵃ **19.38** Sl 118.26
ᵇ **19.46** Is 56.7
ᶜ **19.46** Jr 7.11

¹⁷ Jesus olhou fixamente para eles e perguntou: "Então, qual é o significado do que está escrito?

'A pedra que os construtores rejeitaram tornou-se a pedra angular.'ᵃ

¹⁸ Todo o que cair sobre esta pedra será despedaçado, e aquele sobre quem ela cair será reduzido a pó".

¹⁹ Os mestres da lei e os chefes dos sacerdotes procuravam uma forma de prendê-lo imediatamente, pois perceberam que era contra eles que ele havia contado essa parábola. Todavia tinham medo do povo.

O Pagamento de Imposto a César
(Mt 22.15-22; Mc 12.13-17)

²⁰ Pondo-se a vigiá-lo, eles mandaram espiões que se fingiam justos para apanhar Jesus em alguma coisa que ele dissesse, de forma que o pudessem entregar ao poder e à autoridade do governador.

²¹ Assim, os espiões lhe perguntaram: "Mestre, sabemos que falas e ensinas o que é correto, e que não mostras parcialidade, mas ensinas o caminho de Deus conforme a verdade. ²² É certo pagar imposto a César ou não?"

²³ Ele percebeu a astúcia deles e lhes disse: ²⁴ "Mostrem-me um denárioᵇ. De quem é a imagem e a inscrição que há nele?"

²⁵ "De César", responderam eles.

Ele lhes disse: "Portanto, deemᶜ a César o que é de César, e a Deus o que é de Deus".

²⁶ E não conseguiram apanhá-lo em nenhuma palavra diante do povo. Admirados com a sua resposta, ficaram em silêncio.

A Realidade da Ressurreição
(Mt 22.23-33; Mc 12.18-27)

²⁷ Alguns dos saduceus, que dizem que não há ressurreição, aproximaram-se de Jesus com a seguinte questão: ²⁸ "Mestre", disseram eles, "Moisés nos deixou escrito que, se o irmão de um homem morrer e deixar a mulher sem filhos, este deverá casar-se com a viúva e ter filhos para seu irmão. ²⁹ Havia sete irmãos. O primeiro casou-se e morreu sem deixar filhos. ³⁰ O segundo ³¹ e o terceiro e depois também os outros casaram-se com ela; e morreram os sete sucessivamente, sem deixar filhos. ³² Finalmente morreu também a mulher. ³³ Na ressurreição, de quem ela será esposa, visto que os sete foram casados com ela?"

³⁴ Jesus respondeu: "Os filhos desta era casam-se e são dados em casamento, ³⁵ mas os que forem considerados dignos de tomar parte na era que há de vir e na ressurreição dos mortos não se casarão nem serão dados em casamento, ³⁶ e não podem mais morrer, pois são como os anjos. São filhos de Deus, visto que são filhos da ressurreição. ³⁷ E que os mortos ressuscitam, já Moisés mostrou, no relato da sarça, quando ao Senhor ele chama 'Deus de Abraão, Deus de Isaque e Deus de Jacó'ᵈ. ³⁸ Ele não é Deus de mortos, mas de vivos, pois para ele todos vivem".

³⁹ Alguns dos mestres da lei disseram: "Respondeste bem, Mestre!" ⁴⁰ E ninguém mais ousava fazer-lhe perguntas.

O Cristo é Senhor de Davi
(Mt 22.41-46; Mc 12.35-37)

⁴¹ Então Jesus lhes perguntou: "Como dizem que o Cristo é Filho de Davi?

⁴² "O próprio Davi afirma no Livro de Salmos:

" 'O Senhor disse
  ao meu Senhor:
Senta-te à minha direita
⁴³ até que eu ponha
  os teus inimigos
  como estrado
  para os teus pés'ᵉ.

⁴⁴ Portanto Davi o chama 'Senhor'. Então, como é que ele pode ser seu filho?"

⁴⁵ Estando todo o povo a ouvi-lo, Jesus disse aos seus discípulos: ⁴⁶ "Cuidado com os mestres da lei. Eles fazem questão de andar com roupas especiais e gostam muito de receber saudações nas praças e de ocupar os lugares mais importantes nas sinagogas e os lugares de honra nos banquetes. ⁴⁷ Eles devoram as casas das viúvas, e, para disfarçar, fazem longas orações. Esses homens serão punidos com maior rigor!"

A Oferta da Viúva
(Mc 12.41-44)

21 Jesus olhou e viu os ricos colocando suas contribuições nas caixas de ofertas. ² Viu

---
ᵃ **20.17** Sl 118.22
ᵇ **20.24** O denário era uma moeda de prata equivalente à diária de um trabalhador braçal.
ᶜ **20.25** Ou *devolvam*
ᵈ **20.37** Êx 3.6
ᵉ **20.42,43** Sl 110.1

também uma viúva pobre colocar duas pequeninas moedas de cobre[a]. ³ E disse: "Afirmo que esta viúva pobre colocou mais do que todos os outros. ⁴ Todos esses deram do que lhes sobrava; mas ela, da sua pobreza, deu tudo o que possuía para viver".

O Sinal do Fim dos Tempos
(Mt 24.1-35; Mc 13.1-31)

⁵ Alguns dos seus discípulos estavam comentando como o templo era adornado com lindas pedras e dádivas dedicadas a Deus. Mas Jesus disse: ⁶ "Disso que vocês estão vendo, dias virão em que não ficará pedra sobre pedra; serão todas derrubadas".

⁷ "Mestre", perguntaram eles, "quando acontecerão essas coisas? E qual será o sinal de que elas estão prestes a acontecer?"

⁸ Ele respondeu: "Cuidado para não serem enganados. Pois muitos virão em meu nome, dizendo: 'Sou eu!' e 'O tempo está próximo'. Não os sigam. ⁹ Quando ouvirem falar de guerras e rebeliões, não tenham medo. É necessário que primeiro aconteçam essas coisas, mas o fim não virá imediatamente".

¹⁰ Então lhes disse: "Nação se levantará contra nação e reino contra reino. ¹¹ Haverá grandes terremotos, fomes e pestes em vários lugares e acontecimentos terríveis e grandes sinais provenientes do céu.

¹² "Mas, antes de tudo isso, prenderão e perseguirão vocês. Então eles os entregarão às sinagogas e prisões, e vocês serão levados à presença de reis e governadores, tudo por causa do meu nome. ¹³ Será para vocês uma oportunidade de dar testemunho. ¹⁴ Mas convençam-se de uma vez de que não devem preocupar-se com o que dirão para se defender. ¹⁵ Pois eu lhes darei palavras e sabedoria a que nenhum dos seus adversários será capaz de resistir ou contradizer. ¹⁶ Vocês serão traídos até por pais, irmãos, parentes e amigos, e eles entregarão alguns de vocês à morte. ¹⁷ Todos odiarão vocês por causa do meu nome. ¹⁸ Contudo, nenhum fio de cabelo da cabeça de vocês se perderá. ¹⁹ É perseverando que vocês obterão a vida.

²⁰ "Quando virem Jerusalém rodeada de exércitos, vocês saberão que a sua devastação está próxima. ²¹ Então os que estiverem na Judeia fujam para os montes, os que estiverem na cidade saiam, e os que estiverem no campo não entrem na cidade. ²² Pois esses são os dias da vingança, em cumprimento de tudo o que foi escrito. ²³ Como serão terríveis aqueles dias para as grávidas e para as que estiverem amamentando! Haverá grande aflição na terra e ira contra este povo. ²⁴ Cairão pela espada e serão levados como prisioneiros para todas as nações. Jerusalém será pisada pelos gentios[b], até que os tempos deles se cumpram.

²⁵ "Haverá sinais no sol, na lua e nas estrelas. Na terra, as nações estarão em angústia e perplexidade com o bramido e a agitação do mar. ²⁶ Os homens desmaiarão de terror, apreensivos com o que estará sobrevindo ao mundo; e os poderes celestes serão abalados. ²⁷ Então se verá o Filho do homem vindo numa nuvem com poder e grande glória. ²⁸ Quando começarem a acontecer estas coisas, levantem-se e ergam a cabeça, porque estará próxima a redenção de vocês".

²⁹ Ele lhes contou esta parábola: "Observem a figueira e todas as árvores. ³⁰ Quando elas brotam, vocês mesmos percebem e sabem que o verão está próximo. ³¹ Assim também, quando virem estas coisas acontecendo, saibam que o Reino de Deus está próximo.

³² "Eu asseguro a vocês que não passará esta geração até que todas essas coisas aconteçam. ³³ Os céus e a terra passarão, mas as minhas palavras jamais passarão.

³⁴ "Tenham cuidado, para não sobrecarregar o coração de vocês de libertinagem, bebedeira e ansiedades da vida, e aquele dia venha sobre vocês inesperadamente. ³⁵ Porque ele virá sobre todos os que vivem na face de toda a terra. ³⁶ Estejam sempre atentos e orem para que vocês possam escapar de tudo o que está para acontecer e estar em pé diante do Filho do homem".

³⁷ Jesus passava o dia ensinando no templo; e, ao entardecer, saía para passar a noite no monte chamado das Oliveiras. ³⁸ Todo o povo ia de manhã cedo ouvi-lo no templo.

A Conspiração

22 Estava se aproximando a festa dos pães sem fermento, chamada Páscoa, ² e os chefes dos sacerdotes e os mestres da lei estavam procurando um meio de matar Jesus, mas tinham medo do povo. ³ Então Satanás entrou em Judas, chamado Iscariotes, um dos

---

[a] **21.2** Grego: *2 leptos*.

[b] **21.24** Isto é, os que não são judeus.

Doze. ⁴ Judas dirigiu-se aos chefes dos sacerdotes e aos oficiais da guarda do templo e tratou com eles como lhes poderia entregar Jesus. ⁵ A proposta muito os alegrou, e lhe prometeram dinheiro. ⁶ Ele consentiu e ficou esperando uma oportunidade para lhes entregar Jesus quando a multidão não estivesse presente.

A Ceia do Senhor
(Mt 26.17-35; Mc 14.12-31; Jo 13.18-30,36-38)

⁷ Finalmente, chegou o dia dos pães sem fermento, no qual devia ser sacrificado o cordeiro pascal. ⁸ Jesus enviou Pedro e João, dizendo: "Vão preparar a refeição da Páscoa".

⁹ "Onde queres que a preparemos?", perguntaram eles.

¹⁰ Ele respondeu: "Ao entrarem na cidade, vocês encontrarão um homem carregando um pote de água. Sigam-no até a casa em que ele entrar ¹¹ e digam ao dono da casa: O Mestre pergunta: Onde é o salão de hóspedes no qual poderei comer a Páscoa com os meus discípulos? ¹² Ele lhes mostrará uma ampla sala no andar superior, toda mobiliada. Façam ali os preparativos".

¹³ Eles saíram e encontraram tudo como Jesus lhes tinha dito. Então, prepararam a Páscoa. ¹⁴ Quando chegou a hora, Jesus e os seus apóstolos reclinaram-se à mesa. ¹⁵ E disse-lhes: "Desejei ansiosamente comer esta Páscoa com vocês antes de sofrer. ¹⁶ Pois eu digo: Não comerei dela novamente até que se cumpra no Reino de Deus".

¹⁷ Recebendo um cálice, ele deu graças e disse: "Tomem isto e partilhem uns com os outros. ¹⁸ Pois eu digo que não beberei outra vez do fruto da videira até que venha o Reino de Deus".

¹⁹ Tomando o pão, deu graças, partiu-o e o deu aos discípulos, dizendo: "Isto é o meu corpo dado em favor de vocês; façam isto em memória de mim".

²⁰ Da mesma forma, depois da ceia, tomou o cálice, dizendo: "Este cálice é a nova aliança no meu sangue, derramado em favor de vocês.

²¹ "Mas eis que a mão daquele que vai me trair está com a minha sobre a mesa. ²² O Filho do homem vai, como foi determinado; mas ai daquele que o trair!" ²³ Eles começaram a perguntar uns aos outros qual deles iria fazer aquilo.

²⁴ Surgiu também uma discussão entre eles, acerca de qual deles era considerado o maior. ²⁵ Jesus lhes disse: "Os reis das nações dominam sobre elas; e os que exercem autoridade sobre elas são chamados benfeitores. ²⁶ Mas vocês não serão assim. Ao contrário, o maior entre vocês deverá ser como o mais jovem, e aquele que governa, como o que serve. ²⁷ Pois quem é maior: o que está à mesa, ou o que serve? Não é o que está à mesa? Mas eu estou entre vocês como quem serve. ²⁸ Vocês são os que têm permanecido ao meu lado durante as minhas provações. ²⁹ E eu designo a vocês um Reino, assim como meu Pai o designou a mim, ³⁰ para que vocês possam comer e beber à minha mesa no meu Reino e sentar-se em tronos, julgando as doze tribos de Israel.

³¹ "Simão, Simão, Satanás pediu vocês para peneirá-los como trigo. ³² Mas eu orei por você, para que a sua fé não desfaleça. E, quando você se converter, fortaleça os seus irmãos".

³³ Mas ele respondeu: "Estou pronto para ir contigo para a prisão e para a morte".

³⁴ Respondeu Jesus: "Eu digo, Pedro, que antes que o galo cante hoje, três vezes você negará que me conhece".

³⁵ Então Jesus lhes perguntou: "Quando eu os enviei sem bolsa, saco de viagem ou sandálias, faltou alguma coisa?"

"Nada", responderam eles.

³⁶ Ele lhes disse: "Mas agora, se vocês têm bolsa, levem-na, e também o saco de viagem; e, se não têm espada, vendam a sua capa e comprem uma. ³⁷ Está escrito: 'E ele foi contado com os transgressores'ᵃ; e eu digo que isso precisa cumprir-se em mim. Sim, o que está escrito a meu respeito está para se cumprir".

³⁸ Os discípulos disseram: "Vê, Senhor, aqui estão duas espadas". "É o suficiente!", respondeu ele.

Jesus Ora no Monte das Oliveiras
(Mt 26.36-46; Mc 14.32-42)

³⁹ Como de costume, Jesus foi para o monte das Oliveiras, e os seus discípulos o seguiram. ⁴⁰ Chegando ao lugar, ele lhes disse: "Orem para que vocês não caiam em tentação". ⁴¹ Ele se afastou deles a uma pequena distânciaᵇ, ajoelhou-se e começou a orar: ⁴² "Pai, se queres, afasta de mim este cálice; contudo, não seja feita a minha vontade, mas a tua". ⁴³ Apareceu-lhe então um anjo do céu que o fortalecia. ⁴⁴ Estando angustiado, ele orou ainda mais

---
ᵃ **22.37** Is 53.12
ᵇ **22.41** Grego: *a um tiro de pedra.*

intensamente; e o seu suor era como gotas de sangue que caíam no chão.ª

⁴⁵ Quando se levantou da oração e voltou aos discípulos, encontrou-os dormindo, dominados pela tristeza. ⁴⁶ "Por que estão dormindo?", perguntou-lhes. "Levantem-se e orem para que vocês não caiam em tentação!"

Jesus é Preso
(Mt 26.47-56; Mc 14.43-50; Jo 18.1-11)

⁴⁷ Enquanto ele ainda falava, apareceu uma multidão conduzida por Judas, um dos Doze. Este se aproximou de Jesus para saudá-lo com um beijo. ⁴⁸ Mas Jesus lhe perguntou: "Judas, com um beijo você está traindo o Filho do homem?"

⁴⁹ Ao verem o que ia acontecer, os que estavam com Jesus lhe disseram: "Senhor, atacaremos com espadas?" ⁵⁰ E um deles feriu o servo do sumo sacerdote, decepando-lhe a orelha direita.

⁵¹ Jesus, porém, respondeu: "Basta!" E tocando na orelha do homem, ele o curou.

⁵² Então Jesus disse aos chefes dos sacerdotes, aos oficiais da guarda do templo e aos líderes religiosos que tinham vindo procurá-lo: "Estou eu chefiando alguma rebelião, para que vocês tenham vindo com espadas e varas? ⁵³ Todos os dias eu estive com vocês no templo e vocês não levantaram a mão contra mim. Mas esta é a hora de vocês — quando as trevas reinam".

Pedro Nega Jesus
(Mt 26.69-75; Mc 14.66-72; Jo 18.15-18,25-27)

⁵⁴ Então, prendendo-o, levaram-no para a casa do sumo sacerdote. Pedro os seguia a distância. ⁵⁵ Mas, quando acenderam um fogo no meio do pátio e se sentaram ao redor dele, Pedro sentou-se com eles. ⁵⁶ Uma criada o viu sentado ali à luz do fogo. Olhou fixamente para ele e disse: "Este homem estava com ele".

⁵⁷ Mas ele negou: "Mulher, não o conheço".

⁵⁸ Pouco depois, um homem o viu e disse: "Você também é um deles".

"Homem, não sou!", respondeu Pedro.

⁵⁹ Cerca de uma hora mais tarde, outro afirmou: "Certamente este homem estava com ele, pois é galileu".

⁶⁰ Pedro respondeu: "Homem, não sei do que você está falando!" Falava ele ainda, quando o galo cantou. ⁶¹ O Senhor voltou-se e olhou diretamente para Pedro. Então Pedro se lembrou da palavra que o Senhor lhe tinha dito: "Antes que o galo cante hoje, você me negará três vezes". ⁶² Saindo dali, chorou amargamente.

Os Soldados Zombam de Jesus

⁶³ Os homens que estavam detendo Jesus começaram a zombar dele e a bater nele. ⁶⁴ Cobriam seus olhos e perguntavam: "Profetize! Quem foi que bateu em você?" ⁶⁵ E lhe dirigiam muitas outras palavras de insulto.

Jesus perante Pilatos e Herodes

⁶⁶ Ao amanhecer, reuniu-se o Sinédrio^b, tanto os chefes dos sacerdotes quanto os mestres da lei, e Jesus foi levado perante eles. ⁶⁷ "Se você é o Cristo, diga-nos", disseram eles.

Jesus respondeu: "Se eu vos disser, não crereis em mim ⁶⁸ e, se eu vos perguntar, não me respondereis. ⁶⁹ Mas de agora em diante o Filho do homem estará assentado à direita do Deus todo-poderoso".

⁷⁰ Perguntaram-lhe todos: "Então, você é o Filho de Deus?"

"Vós estais dizendo que eu sou", respondeu ele.

⁷¹ Eles disseram: "Por que precisamos de mais testemunhas? Acabamos de ouvir dos próprios lábios dele".

23
Então toda a assembleia levantou-se e o levou a Pilatos. ² E começaram a acusá-lo, dizendo: "Encontramos este homem subvertendo a nossa nação. Ele proíbe o pagamento de imposto a César e se declara ele próprio o Cristo, um rei".

³ Pilatos perguntou a Jesus: "Você é o rei dos judeus?"

"Tu o dizes"^c, respondeu Jesus.

⁴ Então Pilatos disse aos chefes dos sacerdotes e à multidão: "Não encontro motivo para acusar este homem".

⁵ Mas eles insistiam: "Ele está subvertendo o povo em toda a Judeia com os seus ensinamentos. Começou na Galileia e chegou até aqui".

⁶ Ouvindo isso, Pilatos perguntou se Jesus era galileu. ⁷ Quando ficou sabendo que ele era da jurisdição de Herodes, enviou-o a Herodes, que também estava em Jerusalém naqueles dias.

⁸ Quando Herodes viu Jesus, ficou muito alegre, porque havia muito tempo queria vê-lo.

ª **22.44** Alguns manuscritos não trazem os versículos 43 e 44.
^b **22.66** Conselho dos principais líderes do povo judeu.
^c **23.3** Ou *"Sim, é como dizes"*

Pelo que ouvira falar dele, esperava vê-lo realizar algum milagre. ⁹ Interrogou-o com muitas perguntas, mas Jesus não lhe deu resposta. ¹⁰ Os chefes dos sacerdotes e os mestres da lei estavam ali, acusando-o com veemência. ¹¹ Então Herodes e os seus soldados ridicularizaram-no e zombaram dele. Vestindo-o com um manto esplêndido, mandaram-no de volta a Pilatos. ¹² Herodes e Pilatos, que até ali eram inimigos, naquele dia tornaram-se amigos.

¹³ Pilatos reuniu os chefes dos sacerdotes, as autoridades e o povo, ¹⁴ dizendo-lhes: "Vocês me trouxeram este homem como alguém que estava incitando o povo à rebelião. Eu o examinei na presença de vocês e não achei nenhuma base para as acusações que fazem contra ele. ¹⁵ Nem Herodes, pois ele o mandou de volta para nós. Como podem ver, ele nada fez que mereça a morte. ¹⁶ Portanto, eu o castigarei e depois o soltarei". ¹⁷ Ele era obrigado a soltar-lhes um preso durante a festa.[a]

¹⁸ A uma só voz eles gritaram: "Acaba com ele! Solta-nos Barrabás!" ¹⁹ (Barrabás havia sido lançado na prisão por causa de uma insurreição na cidade e por assassinato.) ²⁰ Desejando soltar a Jesus, Pilatos dirigiu-se a eles novamente. ²¹ Mas eles continuaram gritando: "Crucifica-o! Crucifica-o!"

²² Pela terceira vez ele lhes falou: "Por quê? Que crime este homem cometeu? Não encontrei nele nada digno de morte. Vou mandar castigá-lo e depois o soltarei".

²³ Eles, porém, pediam insistentemente, com fortes gritos, que ele fosse crucificado; e a gritaria prevaleceu. ²⁴ Então Pilatos decidiu fazer a vontade deles. ²⁵ Libertou o homem que havia sido lançado na prisão por insurreição e assassinato, aquele que eles haviam pedido, e entregou Jesus à vontade deles.

A Crucificação
(Mt 27.32-44; Mc 15.21-32; Jo 19.16-27)

²⁶ Enquanto o levavam, agarraram Simão de Cirene, que estava chegando do campo, e lhe colocaram a cruz às costas, fazendo-o carregá-la atrás de Jesus. ²⁷ Um grande número de pessoas o seguia, inclusive mulheres que lamentavam e choravam por ele. ²⁸ Jesus voltou-se e disse-lhes: "Filhas de Jerusalém, não chorem por mim; chorem por vocês mesmas e por seus filhos! ²⁹ Pois chegará a hora em que vocês

[a] 23.17 Muitos manuscritos não trazem este versículo.

dirão: 'Felizes as estéreis, os ventres que nunca geraram e os seios que nunca amamentaram!'
³⁰ " 'Então

dirão às montanhas:
  "Caiam sobre nós!"
e às colinas: "Cubram-nos!" '[b]

³¹ Pois, se fazem isto com a árvore verde, o que acontecerá quando ela estiver seca?"

³² Dois outros homens, ambos criminosos, também foram levados com ele, para serem executados. ³³ Quando chegaram ao lugar chamado Caveira, ali o crucificaram com os criminosos, um à sua direita e o outro à sua esquerda. ³⁴ Jesus disse: "Pai, perdoa-lhes, pois não sabem o que estão fazendo".[c] Então eles dividiram as roupas dele, tirando sortes.

³⁵ O povo ficou observando, e as autoridades o ridicularizavam. "Salvou os outros", diziam; "salve-se a si mesmo, se é o Cristo de Deus, o Escolhido."

³⁶ Os soldados, aproximando-se, também zombavam dele. Oferecendo-lhe vinagre, ³⁷ diziam: "Se você é o rei dos judeus, salve-se a si mesmo".

³⁸ Havia uma inscrição acima dele, que dizia: ESTE É O REI DOS JUDEUS.

³⁹ Um dos criminosos que ali estavam dependurados lançava-lhe insultos: "Você não é o Cristo? Salve-se a si mesmo e a nós!"

⁴⁰ Mas o outro criminoso o repreendeu, dizendo: "Você não teme a Deus, nem estando sob a mesma sentença? ⁴¹ Nós estamos sendo punidos com justiça, porque estamos recebendo o que os nossos atos merecem. Mas este homem não cometeu nenhum mal".

⁴² Então ele disse: "Jesus, lembra-te de mim quando entrares no teu Reino[d]".

⁴³ Jesus lhe respondeu: "Eu garanto: Hoje você estará comigo no paraíso".

A Morte de Jesus
(Mt 27.45-56; Mc 15.33-41; Jo 19.28-30)

⁴⁴ Já era quase meio-dia, e trevas cobriram toda a terra até as três horas da tarde[e]; ⁴⁵ o sol deixara de brilhar. E o véu do santuário rasgou-se ao meio. ⁴⁶ Jesus bradou em alta voz: "Pai,

[b] 23.30 Os 10.8
[c] 23.34 Alguns manuscritos não trazem esta sentença.
[d] 23.42 Muitos manuscritos dizem *quando vieres no teu poder real*.
[e] 23.44 Grego: *quase a hora sexta, ... até a hora nona*.

nas tuas mãos entrego o meu espírito". Tendo dito isso, expirou.

⁴⁷ O centurião, vendo o que havia acontecido, louvou a Deus, dizendo: "Certamente este homem era justo". ⁴⁸ E todo o povo que se havia juntado para presenciar o que estava acontecendo, ao ver isso, começou a bater no peito e a afastar-se. ⁴⁹ Mas todos os que o conheciam, inclusive as mulheres que o haviam seguido desde a Galileia, ficaram de longe, observando essas coisas.

O Sepultamento de Jesus
(Mt 27.57-61; Mc 15.42-47; Jo 19.38-42)

⁵⁰ Havia um homem chamado José, membro do Conselho, homem bom e justo, ⁵¹ que não tinha consentido na decisão e no procedimento dos outros. Ele era da cidade de Arimateia, na Judeia, e esperava o Reino de Deus. ⁵² Dirigindo-se a Pilatos, pediu o corpo de Jesus. ⁵³ Então, desceu-o, envolveu-o num lençol de linho e o colocou num sepulcro cavado na rocha, no qual ninguém ainda fora colocado. ⁵⁴ Era o Dia da Preparação, e estava para começar o sábado.

⁵⁵ As mulheres que haviam acompanhado Jesus desde a Galileia, seguiram José e viram o sepulcro e como o corpo de Jesus fora colocado nele. ⁵⁶ Em seguida, foram para casa e prepararam perfumes e especiarias aromáticas. E descansaram no sábado, em obediência ao mandamento.

A Ressurreição
(Mt 28.1-10; Mc 16.1-8; Jo 20.1-9)

24 No primeiro dia da semana, de manhã bem cedo, as mulheres levaram ao sepulcro as especiarias aromáticas que haviam preparado. ² Encontraram removida a pedra do sepulcro, ³ mas, quando entraram, não encontraram o corpo do Senhor Jesus. ⁴ Ficaram perplexas, sem saber o que fazer. De repente, dois homens com roupas que brilhavam como a luz do sol colocaram-se ao lado delas. ⁵ Amedrontadas, as mulheres baixaram o rosto para o chão, e os homens lhes disseram: "Por que vocês estão procurando entre os mortos aquele que vive? ⁶ Ele não está aqui! Ressuscitou! Lembrem-se do que ele disse, quando ainda estava com vocês na Galileia: ⁷ 'É necessário que o Filho do homem seja entregue nas mãos de homens pecadores, seja crucificado e ressuscite no terceiro dia' ". ⁸ Então se lembraram das palavras de Jesus.

⁹ Quando voltaram do sepulcro, elas contaram todas estas coisas aos Onze e a todos os outros. ¹⁰ As que contaram estas coisas aos apóstolos foram Maria Madalena, Joana e Maria, mãe de Tiago, e as outras que estavam com elas. ¹¹ Mas eles não acreditaram nas mulheres; as palavras delas lhes pareciam loucura. ¹² Pedro, todavia, levantou-se e correu ao sepulcro. Abaixando-se, viu as faixas de linho e mais nada; afastou-se, e voltou admirado com o que acontecera.

No Caminho de Emaús

¹³ Naquele mesmo dia, dois deles estavam indo para um povoado chamado Emaús, a onze quilômetros[a] de Jerusalém. ¹⁴ No caminho, conversavam a respeito de tudo o que havia acontecido. ¹⁵ Enquanto conversavam e discutiam, o próprio Jesus se aproximou e começou a caminhar com eles; ¹⁶ mas os olhos deles foram impedidos de reconhecê-lo.

¹⁷ Ele lhes perguntou: "Sobre o que vocês estão discutindo enquanto caminham?"

Eles pararam, com os rostos entristecidos. ¹⁸ Um deles, chamado Cleopas, perguntou-lhe: "Você é o único visitante em Jerusalém que não sabe das coisas que ali aconteceram nestes dias?"

¹⁹ "Que coisas?", perguntou ele.

"O que aconteceu com Jesus de Nazaré", responderam eles. "Ele era um profeta, poderoso em palavras e em obras diante de Deus e de todo o povo. ²⁰ Os chefes dos sacerdotes e as nossas autoridades o entregaram para ser condenado à morte e o crucificaram; ²¹ e nós esperávamos que era ele que ia trazer a redenção a Israel. E hoje é o terceiro dia desde que tudo isso aconteceu. ²² Algumas das mulheres entre nós nos deram um susto hoje. Foram de manhã bem cedo ao sepulcro ²³ e não acharam o corpo dele. Voltaram e nos contaram ter tido uma visão de anjos, que disseram que ele está vivo. ²⁴ Alguns dos nossos companheiros foram ao sepulcro e encontraram tudo exatamente como as mulheres tinham dito, mas não o viram."

²⁵ Ele lhes disse: "Como vocês custam a entender e como demoram a crer em tudo o que os profetas falaram! ²⁶ Não devia o Cristo sofrer estas coisas, para entrar na sua glória?" ²⁷ E, começando por Moisés e todos os profetas, explicou-lhes o que constava a respeito dele em todas as Escrituras.

---

[a] **24.13** Grego: 60 estádios. Um estádio equivalia a 185 metros.

²⁸ Ao se aproximarem do povoado para o qual estavam indo, Jesus fez como quem ia mais adiante. ²⁹ Mas eles insistiram muito com ele: "Fique conosco, pois a noite já vem; o dia já está quase findando". Então, ele entrou para ficar com eles.

³⁰ Quando estava à mesa com eles, tomou o pão, deu graças, partiu-o e o deu a eles. ³¹ Então os olhos deles foram abertos e o reconheceram, e ele desapareceu da vista deles. ³² Perguntaram-se um ao outro: "Não estava queimando o nosso coração enquanto ele nos falava no caminho e nos expunha as Escrituras?"

³³ Levantaram-se e voltaram imediatamente para Jerusalém. Ali encontraram os Onze e os que estavam com eles reunidos, ³⁴ que diziam: "É verdade! O Senhor ressuscitou e apareceu a Simão!" ³⁵ Então os dois contaram o que tinha acontecido no caminho e como Jesus fora reconhecido por eles quando partia o pão.

Jesus Aparece aos Discípulos
(Jo 20.19-23)

³⁶ Enquanto falavam sobre isso, o próprio Jesus apresentou-se entre eles e lhes disse: "Paz seja com vocês!"

³⁷ Eles ficaram assustados e com medo, pensando que estavam vendo um espírito. ³⁸ Ele lhes disse: "Por que vocês estão perturbados e por que se levantam dúvidas no coração de vocês? ³⁹ Vejam as minhas mãos e os meus pés. Sou eu mesmo! Toquem-me e vejam; um espírito não tem carne nem ossos, como vocês estão vendo que eu tenho".

⁴⁰ Tendo dito isso, mostrou-lhes as mãos e os pés. ⁴¹ E por não crerem ainda, tão cheios estavam de alegria e de espanto, ele lhes perguntou: "Vocês têm aqui algo para comer?" ⁴² Deram-lhe um pedaço de peixe assado, ⁴³ e ele o comeu na presença deles.

⁴⁴ E disse-lhes: "Foi isso que eu falei enquanto ainda estava com vocês: Era necessário que se cumprisse tudo o que a meu respeito está escrito na Lei de Moisés, nos Profetas e nos Salmos".

⁴⁵ Então lhes abriu o entendimento, para que pudessem compreender as Escrituras. ⁴⁶ E lhes disse: "Está escrito que o Cristo haveria de sofrer e ressuscitar dos mortos no terceiro dia, ⁴⁷ e que em seu nome seria pregado o arrependimento para perdão de pecados a todas as nações, começando por Jerusalém. ⁴⁸ Vocês são testemunhas destas coisas. ⁴⁹ Eu envio a vocês a promessa de meu Pai; mas fiquem na cidade até serem revestidos do poder do alto".

A Ascensão

⁵⁰ Tendo-os levado até as proximidades de Betânia, Jesus ergueu as mãos e os abençoou. ⁵¹ Estando ainda a abençoá-los, ele os deixou e foi elevado ao céu. ⁵² Então eles o adoraram e voltaram para Jerusalém com grande alegria. ⁵³ E permaneciam constantemente no templo, louvando a Deus.

24.45-49 Discipulado (iniciado em Romanos 10.14,15): Lucas nos apresenta, como também os outros dois Evangelhos sinópticos, a chamada Grande Comissão, ou seja, a tarefa maior de Jesus a seus discípulos no momento de sua despedida. No texto de Lucas, nota-se seu especial interesse na necessidade de que os discípulos fossem revestidos do poder do Espírito antes de que se lançassem à tarefa da pregação. Se os discípulos que viveram com Jesus e foram testemunhas de seu sofrimento, morte, ressurreição e ascensão precisaram do poder do Espírito Santo para evangelizar, o que diremos de nós?
Texto anterior: Mateus 28.18-20.
Próximo texto: Atos 1.8

Introdução ao evangelho de
JOÃO

Autor e data de composição

O quarto Evangelho foi escrito para deixar registrados vários detalhes que não aparecem nos outros três Evangelhos (os chamados "sinópticos"). Há trechos aqui que datam do final do século I. A profundidade deste texto bíblico deve-se principalmente a que João, "o discípulo amado", conheceu como ninguém o coração de seu Mestre e Senhor. Ele mesmo chega a declarar, em duas ocasiões, qual era sua meta ao escrever este livro: "Jesus realizou na presença dos seus discípulos muitos outros sinais milagrosos, que não estão registrados neste livro. Mas estes foram escritos para que vocês creiam que Jesus é o Cristo, o Filho de Deus e, crendo, tenham vida em seu nome" (20.30,31; leia também 21.24,25). O discípulo deve cuidar para não ser enganado com questões de aparente sabedoria humana, cuja finalidade é confundir os que buscam a sabedoria divina. Por ter um estilo elevado tanto de conteúdo como de linguagem, Ireneu atribuiu adequadamente ao livro de João o símbolo de águia e afirmou que este Evangelho era como uma lente através da qual devemos ler os outros três Evangelhos, a fim de que tenhamos uma compreensão mais profunda de cada um deles. Costuma-se sustentar que João o tenha escrito depois de os três Sinópticos estarem prontos, em data que pode variar entre o ano 69, anterior à queda de Jerusalém, e o ano 90, quando o escritor já estava idoso.

ESBOÇO GERAL

Primeira parte: A Palavra [Verbo] de Deus na eternidade e a Criação (1.1-5)

Segunda parte: A Palavra [Verbo] de Deus na redenção (1.6—19.42)

I. O testemunho de João Batista (1.6-28)
II. O Cordeiro de Deus e seus primeiros seguidores (1.29-51)
III. Os sete grandes milagres e os ensinamentos em público (2.1—12.11)
   A. O primeiro milagre: a água é transformada em vinho no casamento em Caná da Galileia (2.1-12)
   B. Jesus purifica o templo pela primeira vez e celebra a Páscoa em Jerusalém (2.13-25)
   C. O encontro de Jesus com o fariseu Nicodemos (3.1-21)
   D. João Batista, seus discípulos e Jesus (3.22—4.3)
   E. O encontro com a mulher samaritana (4.4-42)
   F. O segundo milagre: a cura a distância do filho de um oficial do rei (4.43-54)
   G. O terceiro milagre: a cura do paralítico no tanque de Betesda durante uma festa (5.1-16)
   H. Discurso diante dos líderes judeus: Jesus, o Filho de Deus (5.17-47)
   I. O quarto milagre: a primeira multiplicação dos pães para 5 mil pessoas (6.1-15)
   J. O quinto sinal milagroso: Jesus caminha sobre as águas (6.16-21)
   K. Discurso diante da multidão: Jesus, o pão da vida (6.22-59)
   L. Discurso diante dos discípulos: Jesus, cuja palavra é espírito e vida (6.60-71)
   M. Jesus no templo para a festa dos tabernáculos (7.1-52)

N. A mulher surpreendida em adultério (7.53—8.11)
O. Discurso diante dos fariseus: Jesus, a luz do mundo (8.12-30)
P. Discurso diante dos que creram em Jesus: Jesus, a verdade, a fonte de liberdade (8.31-59).
Q. O sexto sinal milagroso: a cura de um cego de nascença (9)
R. Discurso diante dos fariseus: Jesus, o bom pastor (10.1-21)
S. Jesus no templo para a festa da Dedicação (10.22-42)
T. O sétimo sinal milagroso: a ressurreição de Lázaro e os acontecimentos posteriores (11.1—12.11)
U. Início da semana da Paixão de Cristo (12.12-50)
V. Jesus celebra a última Páscoa; seu discurso de despedida (13—16)
X. A oração intercessora diante do Pai pelos discípulos (17)
Y. A traição, a prisão, o processo judicial, a crucificação e a sepultura de Jesus (18—19)

Terceira parte: O triunfo final da Palavra [Verbo] de Deus (20.1—21.25)
 I. O túmulo vazio (20.1-18)
 II. Outras aparições de Jesus depois da ressurreição (20.19—21.2)
 III. O encontro com seus discípulos à margem do mar de Tiberíades (21.3-23)
 IV. As palavras finais do discípulo amado (21.24,25)

Versículos-chave
3.16,17

Tema geral do livro
A introdução do livro segue propositadamente a forma das primeiras palavras de Gênesis, afirmando que Jesus não é um simples enviado de Deus, senão o próprio Deus, que "tornou-se carne e viveu entre nós. Vimos a sua glória, glória como do Unigênito vindo do Pai, cheio de graça e de verdade" (1.14). Desde as primeiras palavras até o final do livro, passando pela marcante confissão do discípulo Tomé ("Senhor meu e Deus meu!"; 20.28), o evangelho de João colabora com o Espírito Santo, que habita em nós, para manter-nos em contínua atitude de adoração. João escolhe sete milagres de Jesus para apresentá-lo como soberano sobre tudo e todos, incluindo a própria morte. O número 7 significa plenitude ou perfeição, e em João os milagres sempre recebem o nome de "sinais" ou "sinais milagrosos", pois não foram feitos apenas por compaixão ou conveniência, e sim para revelar de diversas maneiras que Jesus é o Filho de Deus. O povo hebreu esperava um Messias diferente; nunca havia imaginado que a Palavra [Verbo] de Deus se tornaria homem para nos resgatar, com o propósito de nos manifestar e transmitir seu poder e sua glória, rompendo, assim, o muro de divisão existente entre judeus e gentios. Na realidade, no começo e no fim do livro, este último Evangelho vai do poder da eternidade passada para a eternidade futura, onde será manifesto de maneira definitiva o triunfo da luz sobre as trevas; o triunfo do Rei dos reis sobre seus inimigos, uma vitória da qual nos convida a participar e que foi *obtida a preço de sangue*.

No evangelho de João, Jesus é...
... o Filho de Deus (5.22,23).

Versículos-chave para o discípulo
8.31-33

O discípulo e o evangelho de João
Na Bíblia, a palavra "conhecer" não quer dizer simples concordância intelectual, mas, sim, conhecimento íntimo e pessoal. Quando Jesus disse que conheceremos a verdade se permanecermos em sua palavra, o que, então, indica que somos seus discípulos, está, na verdade, lançando-nos um alvo. Aquele que procura alcançá-lo, custe o que custar, o conhecerá. Ele mesmo é o caminho, a verdade e a vida (14.6). Conhecê-lo equivale a conhecer a verdade — a verdade absoluta que vem de Deus e sobre a qual muitos têm tantas opiniões, em grande parte equivocadas e até absurdas. Somente quando o conhecermos como discípulos, conheceremos essa verdade, e a verdade nos tornará realmente livres. Não com a suposta liberdade que o mundo diz conceder, mas com a verdadeira liberdade, intransferível e eterna dos filhos de Deus.

JOÃO

A Palavra Tornou-se Carne

1 No princípio era aquele que é a Palavra[a]. Ele estava com Deus e era Deus. ² Ele estava com Deus no princípio.

³ Todas as coisas foram feitas por intermédio dele; sem ele, nada do que existe teria sido feito. ⁴ Nele estava a vida, e esta era a luz dos homens. ⁵ A luz brilha nas trevas, e as trevas não a derrotaram.[b]

⁶ Surgiu um homem enviado por Deus, chamado João. ⁷ Ele veio como testemunha, para testificar acerca da luz, a fim de que por meio dele todos os homens cressem. ⁸ Ele próprio não era a luz, mas veio como testemunha da luz. ⁹ Estava chegando ao mundo a verdadeira luz, que ilumina todos os homens.[c]

¹⁰ Aquele que é a Palavra estava no mundo, e o mundo foi feito por intermédio dele, mas o mundo não o reconheceu. ¹¹ Veio para o que era seu, mas os seus não o receberam. ¹² Contudo, aos que o receberam, aos que creram em seu nome, deu-lhes o direito de se tornarem filhos de Deus, ¹³ os quais não nasceram por descendência natural[d], nem pela vontade da carne nem pela vontade de algum homem, mas nasceram de Deus.

¹⁴ Aquele que é a Palavra tornou-se carne e viveu entre nós. Vimos a sua glória, glória como do Unigênito[e] vindo do Pai, cheio de graça e de verdade.

¹⁵ João dá testemunho dele. Ele exclama: "Este é aquele de quem eu falei: aquele que vem depois de mim é superior a mim, porque já existia antes de mim". ¹⁶ Todos recebemos da sua plenitude, graça sobre[f] graça. ¹⁷ Pois a Lei foi dada por intermédio de Moisés; a graça e a verdade vieram por intermédio de Jesus Cristo. ¹⁸ Ninguém jamais viu a Deus, mas o Deus[g] Unigênito, que está junto do Pai, o tornou conhecido.

João Batista Nega Ser Ele o Cristo

¹⁹ Este foi o testemunho de João, quando os judeus de Jerusalém enviaram sacerdotes e levitas para lhe perguntarem quem ele era. ²⁰ Ele confessou e não negou; declarou abertamente: "Não sou o Cristo[h]".

²¹ Perguntaram-lhe: "E então, quem é você? É Elias?"

Ele disse: "Não sou".

"É o Profeta?"

Ele respondeu: "Não".

²² Finalmente perguntaram: "Quem é você? Dê-nos uma resposta, para que a levemos àqueles que nos enviaram. Que diz você acerca de si próprio?"

²³ João respondeu com as palavras do profeta Isaías: "Eu sou a voz do que clama no deserto:[i] 'Façam um caminho reto para o Senhor' "[j].

1.14 O sentido deste versículo torna-se mais profundo quando sabemos que a palavra grega traduzida por "viveu" tem o sentido original de "montar acampamento (ou tenda)". Isso nos leva a um tema muito conhecido no Antigo Testamento: o Senhor montava sua tenda de reunião no meio do acampamento de Israel. Agora Jesus, o Filho de Deus, é quem se instala no meio dos cristãos.

1.12 As quatro leis (iniciadas em João 3.16; p. 1121): A chave não está na nossa origem nem nos nossos méritos. A explicação está em sermos humildes, reconhecer a nossa limitação e receber Jesus. Tudo é produto de uma fé genuína que põe o Espírito Santo no nosso coração quando desejamos que ele trabalhe dentro de nós. A consequência é imediatamente notória, ainda que seja desenvolvida conforme amadurecemos na fé: recebemos o poder de nos tornarmos filhos de Deus.
Quarta lei: Veja a p. 1461.
Texto anterior: João 14.6
Próximo texto: Efésios 2.8,9

---

[a] **1.1** Ou *o Verbo*. Grego: *Logos*.
[b] **1.5** Ou *trevas, mas as trevas não a compreenderam*.
[c] **1.9** Ou *Esta era a luz verdadeira que ilumina todo homem que vem ao mundo*.
[d] **1.13** Grego: *de sangues*.
[e] **1.14** Ou *Único*; também no versículo 18.
[f] **1.16** Ou *em lugar de*
[g] **1.18** Vários manuscritos dizem *o Filho*.
[h] **1.20** Ou *Messias*. Tanto Cristo (grego) como Messias (hebraico) significam *Ungido*; também em todo o livro de João.
[i] **1.23** Ou *que clama: No deserto façam*
[j] **1.23** Is 40.3

1.29 Jesus é o Cordeiro que Deus enviou ao mundo para que se convertesse em sacrifício perfeito que cumpriria a Lei de uma vez por todas. Esse fato não apenas nos lembra dos sacrifícios da Tenda do Encontro e do templo no Antigo Testamento, como também, e principalmente, das palavras proféticas de Abraão quando este disse a seu filho Isaque: " 'Deus mesmo há de prover o cordeiro para o holocausto, meu filho' " (Gênesis 22.8). O carneiro que surgiu preso nos arbustos e que substituiu Isaque simboliza Jesus, o Cordeiro de Deus enviado para substituir cada um de nós em sacrifício expiatório, ou seja, que paga as consequências em nosso lugar. Esse tema se repete em Apocalipse, onde Jesus é o Leão de Judá, "Cordeiro [...] que parecia ter estado morto" (Apocalipse 5.6).

²⁴ Alguns fariseus que tinham sido enviados ²⁵ interrogaram-no: "Então, por que você batiza, se não é o Cristo, nem Elias, nem o Profeta?" ²⁶ Respondeu João: "Eu batizo com ᵃ água, mas entre vocês está alguém que vocês não conhecem. ²⁷ Ele é aquele que vem depois de mim, e não sou digno de desamarrar as correias de suas sandálias". ²⁸ Tudo isso aconteceu em Betânia, do outro lado do Jordão, onde João estava batizando.

Jesus, o Cordeiro de Deus

²⁹ No dia seguinte, João viu Jesus aproximando-se e disse: "Vejam! É o Cordeiro de Deus, que tira o pecado do mundo! ³⁰ Este é aquele a quem eu me referi, quando disse: Vem depois de mim um homem que é superior a mim, porque já existia antes de mim. ³¹ Eu mesmo não o conhecia, mas por isso é que vim batizando com água: para que ele viesse a ser revelado a Israel".

³² Então João deu o seguinte testemunho: "Eu vi o Espírito descer dos céus como pomba e permanecer sobre ele. ³³ Eu não o teria reconhecido se aquele que me enviou para batizar com água não me tivesse dito: 'Aquele sobre quem você vir o Espírito descer e permanecer, esse é o que batiza com o Espírito Santo'. ³⁴ Eu vi e testifico que este é o Filho de Deus".

ᵃ **1.26** Ou *em*; também nos versículos 31 e 33.

Os Primeiros Discípulos de Jesus
(Mt 4.18-22; Mc 1.16-20; Lc 5.1-11)

³⁵ No dia seguinte, João estava ali novamente com dois dos seus discípulos. ³⁶ Quando viu Jesus passando, disse: "Vejam! É o Cordeiro de Deus!" ³⁷ Ouvindo-o dizer isso, os dois discípulos seguiram Jesus. ³⁸ Voltando-se e vendo Jesus que os dois o seguiam, perguntou-lhes: "O que vocês querem?"

Eles disseram: "Rabi" (que significa "Mestre"), "onde estás hospedado?"

³⁹ Respondeu ele: "Venham e verão".

Então foram, por volta das quatro horas da tardeᵇ, viram onde ele estava hospedado e passaram com ele aquele dia.

⁴⁰ André, irmão de Simão Pedro, era um dos dois que tinham ouvido o que João dissera e que haviam seguido Jesus. ⁴¹ O primeiro que ele encontrou foi Simão, seu irmão, e lhe disse: "Achamos o Messias" (isto é, o Cristo). ⁴² E o levou a Jesus.

Jesus olhou para ele e disse: "Você é Simão, filho de João. Será chamado Cefas" (que traduzido é "Pedroᶜ").

Jesus Chama Filipe e Natanael

⁴³ No dia seguinte, Jesus decidiu partir para a Galileia. Quando encontrou Filipe, disse-lhe: "Siga-me".

⁴⁴ Filipe, como André e Pedro, era da cidade de Betsaida. ⁴⁵ Filipe encontrou Natanael e lhe disse: "Achamos aquele sobre quem Moisés escreveu na Lei e a respeito de quem os profetas também escreveram: Jesus de Nazaré, filho de José".

1.46 O discípulo sempre deve almejar poder dizer com tranquilidade diante de alguém que está em busca do Senhor as mesmas palavras de Filipe: " ' Venha e veja' ". Que o discípulo não tenha medo de que alguém que esteja procurando por amor, paz e comunhão encontre rivalidades, competição e reclamações no meio do povo de Deus, muitas vezes contaminado com os mesmos males que devastam o mundo. Caro discípulo, comece em você mesmo e com a sua própria vida a obter a mesma tranquilidade refletida nestas palavras: " ' Venha e veja' ".

ᵇ **1.39** Grego: *hora décima*.

ᶜ **1.42** Tanto *Cefas* (aramaico) como *Pedro* (grego) significam *pedra*.

1.51 Aqui Jesus está se referindo ao fato de ser ele o único mediador entre Deus e os homens. Veja o símbolo original no sonho que teve Jacó em Betel em Gênesis 28.10-22.

⁴⁶ Perguntou Natanael: "Nazaré? Pode vir alguma coisa boa de lá?"

Disse Filipe: "Venha e veja".

⁴⁷ Ao ver Natanael se aproximando, disse Jesus: "Aí está um verdadeiro israelita, em quem não há falsidade".

⁴⁸ Perguntou Natanael: "De onde me conheces?"

Jesus respondeu: "Eu o vi quando você ainda estava debaixo da figueira, antes de Filipe o chamar".

⁴⁹ Então Natanael declarou: "Mestre[a], tu és o Filho de Deus, tu és o Rei de Israel!"

⁵⁰ Jesus disse: "Você crê porque eu disse que o vi debaixo da figueira.[b] Você verá coisas maiores do que essa!" ⁵¹ E então acrescentou: "Digo a verdade: Vocês verão o céu aberto e os anjos de Deus subindo e descendo sobre o Filho do homem".

Jesus Transforma Água em Vinho

2 No terceiro dia houve um casamento em Caná da Galileia. A mãe de Jesus estava ali; ² Jesus e seus discípulos também haviam sido convidados para o casamento. ³ Tendo acabado o vinho, a mãe de Jesus lhe disse: "Eles não têm mais vinho".

⁴ Respondeu Jesus: "Que temos nós em comum, mulher? A minha hora ainda não chegou".

⁵ Sua mãe disse aos serviçais: "Façam tudo o que ele mandar".

⁶ Ali perto havia seis potes de pedra, do tipo usado pelos judeus para as purificações cerimoniais; em cada pote cabiam entre oitenta e cento e vinte litros[c].

⁷ Disse Jesus aos serviçais: "Encham os potes com água". E os encheram até a borda.

⁸ Então lhes disse: "Agora, levem um pouco ao encarregado da festa".

Eles assim fizeram, ⁹ e o encarregado da festa provou a água que fora transformada em vinho, sem saber de onde este viera, embora o soubessem os serviçais que haviam tirado a água. Então chamou o noivo ¹⁰ e disse: "Todos servem primeiro o melhor vinho e, depois que os convidados já beberam bastante, o vinho inferior é servido; mas você guardou o melhor até agora".

¹¹ Este sinal milagroso, em Caná da Galileia, foi o primeiro que Jesus realizou. Revelou assim a sua glória, e os seus discípulos creram nele.

Jesus Purifica o Templo

¹² Depois disso ele desceu a Cafarnaum com sua mãe, seus irmãos e seus discípulos. Ali ficaram durante alguns dias.

¹³ Quando já estava chegando a Páscoa judaica, Jesus subiu a Jerusalém. ¹⁴ No pátio do templo viu alguns vendendo bois, ovelhas e pombas, e outros assentados diante de mesas, trocando dinheiro. ¹⁵ Então ele fez um chicote de cordas e expulsou todos do templo, bem como as ovelhas e os bois; espalhou as moedas dos cambistas e virou as suas mesas. ¹⁶ Aos que vendiam pombas disse: "Tirem estas coisas daqui! Parem de fazer da casa de meu Pai um mercado!"

¹⁷ Seus discípulos lembraram-se que está escrito: "O zelo pela tua casa me consumirá"[d].

¹⁸ Então os judeus lhe perguntaram: "Que sinal milagroso o senhor pode mostrar-nos como prova da sua autoridade para fazer tudo isso?"

¹⁹ Jesus lhes respondeu: "Destruam este templo, e eu o levantarei em três dias".

²⁰ Os judeus responderam: "Este templo levou quarenta e seis anos para ser edificado, e o senhor vai levantá-lo em três dias?" ²¹ Mas o templo do qual ele falava era o seu corpo. ²² Depois que ressuscitou dos mortos, os seus discípulos lembraram-se do que ele tinha dito. Então creram na Escritura e na palavra que Jesus dissera.

²³ Enquanto estava em Jerusalém, na festa da Páscoa, muitos viram os sinais milagrosos que ele estava realizando e creram em seu nome[e].

2.1-12 O primeiro dos "sinais milagrosos" relatados por João. Leia a introdução deste livro sobre tal detalhe do quarto Evangelho.

---

[a] **1.49** Isto é, Rabi; também em 3.2, 26; 4.31; 6.25; 9.2 e 11.8.
[b] **1.50** Ou *Você crê... figueira?*
[c] **2.6** Grego: *2 ou 3 metretas*. A metreta era uma medida de capacidade de cerca de 40 litros.
[d] **2.17** Sl 69.9
[e] **2.23** Ou *creram nele*

²⁴ Mas Jesus não se confiava a eles, pois conhecia a todos. ²⁵ Não precisava que ninguém lhe desse testemunho a respeito do homem, pois ele bem sabia o que havia no homem.

O Encontro de Jesus com Nicodemos

3 Havia um fariseu chamado Nicodemos, uma autoridade entre os judeus. ² Ele veio a Jesus, à noite, e disse: "Mestre, sabemos que ensinas da parte de Deus, pois ninguém pode realizar os sinais milagrosos que estás fazendo, se Deus não estiver com ele".

³ Em resposta, Jesus declarou: "Digo a verdade: Ninguém pode ver o Reino de Deus, se não nascer de novoª".

⁴ Perguntou Nicodemos: "Como alguém pode nascer, sendo velho? É claro que não pode entrar pela segunda vez no ventre de sua mãe e renascer!"

⁵ Respondeu Jesus: "Digo a verdade: Ninguém pode entrar no Reino de Deus se não nascer da água e do Espírito. ⁶ O que nasce da carne é carne, mas o que nasce do Espírito é espírito. ⁷ Não se surpreenda pelo fato de eu ter dito: É necessário que vocês nasçam de novo. ⁸ O vento[b] sopra onde quer. Você o escuta, mas não pode dizer de onde vem nem para onde vai. Assim acontece com todos os nascidos do Espírito".

⁹ Perguntou Nicodemos: "Como pode ser isso?"

¹⁰ Disse Jesus: "Você é mestre em Israel e não entende essas coisas? ¹¹ Asseguro que nós falamos do que conhecemos e testemunhamos do que vimos, mas mesmo assim vocês não aceitam o nosso testemunho. ¹² Eu falei de coisas terrenas e vocês não creram; como crerão se falar de coisas celestiais? ¹³ Ninguém jamais subiu ao céu, a não ser aquele que veio do céu: o Filho do homem.[c] ¹⁴ Da mesma forma como Moisés levantou a serpente no deserto, assim também é necessário que o Filho do homem seja levantado, ¹⁵ para que todo o que nele crer tenha a vida eterna.

¹⁶ "Porque Deus tanto amou o mundo que deu o seu Filho Unigênito[d], para que todo o que nele crer não pereça, mas tenha a vida eterna. ¹⁷ Pois Deus enviou o seu Filho ao mundo, não para condenar o mundo, mas para que este fosse salvo por meio dele. ¹⁸ Quem nele crê não é condenado, mas quem não crê já está condenado, por não crer no nome do Filho Unigênito de Deus. ¹⁹ Este é o julgamento: a luz veio ao mundo, mas os homens amaram as trevas, e não a luz, porque as suas obras eram más. ²⁰ Quem pratica o mal odeia a luz e não se aproxima da luz, temendo que as suas obras sejam manifestas. ²¹ Mas quem pratica a verdade vem para a luz, para que se veja claramente que as suas obras são realizadas por intermédio de Deus".[e]

O Testemunho de João Batista acerca de Jesus

²² Depois disso Jesus foi com os seus discípulos para a terra da Judeia, onde passou algum tempo com eles e batizava. ²³ João também estava batizando em Enom, perto de Salim, porque havia ali muitas águas, e o povo vinha para ser batizado. ²⁴ (Isto se deu antes de João ser preso.) ²⁵ Surgiu uma discussão entre alguns

---

3.16,17 Apresentação "Três palavras" (iniciadas em Atos 17.31, p. 1179).
Presente: A segunda palavra, "presente", nos ensina que a vida eterna que Deus oferece é gratuita. Ainda que Deus tenha que julgar cada pecado, pelo fato de ele ser justo, também é amor e prefere não ter que condenar ninguém.
Leia: João 3.16,17
Próximo passo: 1Pedro 1.18,21, p. 1330

3.16 As quatro leis: Diferentemente do que sugerem as crenças populares, Deus não é um tirano que deseja atirar o ser humano no inferno, mas, sim, um Pai amoroso que deu em sacrifício o próprio Filho (simbolizado por Abraão quando estava para sacrificar seu filho Isaque) a fim de nos resgatar. A tarefa favorita de Deus no Universo não é manejar as estrelas e os planetas, mas ampliar a família de seu Reino.
Primeira lei: Veja a página 1460.
Próximo texto: João 10.10b

---

[a] **3.3** Ou *nascer de cima*; também no versículo 7.
[b] **3.8** Traduz o mesmo termo grego para designar *espírito*.
[c] **3.13** Alguns manuscritos acrescentam *que está no céu*.
[d] **3.16** Ou *Único*; também no versículo 18.

[e] **3.21** Alguns intérpretes encerram a citação no fim do versículo 15.

3.16,17 Evangelização (iniciada em Romanos 3.23; p. 1199): Deus é amor, e seu amor está tão longe da nossa capacidade de compreensão que o vemos fazer com o próprio Filho o que ele não permitiu que Abraão fizesse com Isaque: entregá-lo em sacrifício. A razão de um ato de generosidade tão desconcertante é o cumprimento de um plano arquitetado havia séculos: seu plano de salvar os seres humanos. É muito importante que a pessoa evangelizada apague da mente a ideia tão difundida na nossa cultura a respeito dos "castigos de Deus", pois a Bíblia afirma com clareza que Jesus não veio para nos condenar, e sim para nos resgatar. Deus não é um juiz cruel ou tirano sanguinário que está à espera de que façamos algo errado para nos aplicar um castigo. Estamos falando do Deus de amor, que enviou seu Filho para que o mundo fosse salvo por ele.
Texto anterior: Lucas 18.13,14
Próximo texto: Romanos 8.38,39

discípulos de João e um certo judeu[a] a respeito da purificação cerimonial. ²⁶ Eles se dirigiram a João e lhe disseram: "Mestre, aquele homem que estava contigo no outro lado do Jordão, do qual testemunhaste, está batizando, e todos estão se dirigindo a ele."

²⁷ A isso João respondeu: "Uma pessoa só pode receber o que lhe é dado dos céus. ²⁸ Vocês mesmos são testemunhas de que eu disse: Eu não sou o Cristo, mas sou aquele que foi enviado adiante dele. ²⁹ A noiva pertence ao noivo. O amigo que presta serviço ao noivo e que o atende e o ouve enche-se de alegria quando ouve a voz do noivo. Esta é a minha alegria, que agora se completa. ³⁰ É necessário que ele cresça e que eu diminua.

³¹ "Aquele que vem do alto está acima de todos; aquele que é da terra pertence à terra e fala como quem é da terra. Aquele que vem dos céus está acima de todos. ³² Ele testifica o que tem visto e ouvido, mas ninguém aceita o seu testemunho. ³³ Aquele que o aceita confirma que Deus é verdadeiro. ³⁴ Pois aquele que Deus enviou fala as palavras de Deus, porque ele dá o Espírito sem limitações. ³⁵ O Pai ama o Filho e entregou tudo em suas mãos. ³⁶ Quem crê no Filho tem a vida eterna; já quem rejeita o Filho não verá a vida, mas a ira de Deus permanece sobre ele".[b]

Jesus Conversa com uma Samaritana

4 Os fariseus ouviram falar que Jesus[c] estava fazendo e batizando mais discípulos do que João, ² embora não fosse Jesus quem batizasse, mas os seus discípulos. ³ Quando o Senhor ficou sabendo disso, saiu da Judeia e voltou uma vez mais à Galileia.

⁴ Era-lhe necessário passar por Samaria. ⁵ Assim, chegou a uma cidade de Samaria, chamada Sicar, perto das terras que Jacó dera a seu filho José. ⁶ Havia ali o poço de Jacó. Jesus, cansado da viagem, sentou-se à beira do poço. Isto se deu por volta do meio-dia[d].

⁷ Nisso veio uma mulher samaritana tirar água. Disse-lhe Jesus: "Dê-me um pouco de água". ⁸ (Os seus discípulos tinham ido à cidade comprar comida.)

⁹ A mulher samaritana lhe perguntou: "Como o senhor, sendo judeu, pede a mim, uma samaritana, água para beber?" (Pois os judeus não se dão bem com os samaritanos.[e])

¹⁰ Jesus lhe respondeu: "Se você conhecesse o dom de Deus e quem está pedindo água, você lhe teria pedido e dele receberia água viva".

¹¹ Disse a mulher: "O senhor não tem com que tirar água, e o poço é fundo. Onde pode conseguir essa água viva? ¹² Acaso o senhor é maior do que o nosso pai Jacó, que nos deu o poço, do qual ele mesmo bebeu, bem como seus filhos e seu gado?"

¹³ Jesus respondeu: "Quem beber desta água terá sede outra vez, ¹⁴ mas quem beber da água que eu lhe der nunca mais terá sede. Ao contrário, a água que eu lhe der se tornará nele uma fonte de água a jorrar para a vida eterna".

4.1-42 Apresentação narrativa: Para obter um exemplo desse tipo de apresentação do evangelho, veja a p. 1457.

---

[b] **3.36** Alguns intérpretes encerram a citação no fim do versículo 30.
[c] **4.1** Muitos manuscritos dizem *o Senhor*.
[d] **4.6** Grego: *da hora sexta*.
[e] **4.9** Ou *não usam pratos que os samaritanos usaram*.

[a] **3.25** Alguns manuscritos dizem *e certos judeus*.

¹⁵ A mulher lhe disse: "Senhor, dê-me dessa água, para que eu não tenha mais sede, nem precise voltar aqui para tirar água".

¹⁶ Ele lhe disse: "Vá, chame o seu marido e volte".

¹⁷ "Não tenho marido", respondeu ela.

Disse-lhe Jesus: "Você falou corretamente, dizendo que não tem marido. ¹⁸ O fato é que você já teve cinco; e o homem com quem agora vive não é seu marido. O que você acabou de dizer é verdade".

¹⁹ Disse a mulher: "Senhor, vejo que é profeta. ²⁰ Nossos antepassados adoraram neste monte, mas vocês, judeus, dizem que Jerusalém é o lugar onde se deve adorar".

²¹ Jesus declarou: "Creia em mim, mulher: está próxima a hora em que vocês não adorarão o Pai nem neste monte, nem em Jerusalém. ²² Vocês, samaritanos, adoram o que não conhecem; nós adoramos o que conhecemos, pois a salvação vem dos judeus. ²³ No entanto, está chegando a hora, e de fato já chegou, em que os verdadeiros adoradores adorarão o Pai em espírito e em verdade. São estes os adoradores que o Pai procura. ²⁴ Deus é espírito, e é necessário que os seus adoradores o adorem em espírito e em verdade".

4.21-23 O verdadeiro adorador é quem adora a Deus com o sentimento sincero que resulta do amor e da gratidão. É consequência na vida de quem conhece a Deus de maneira pessoal e que o adora de todo o coração, em pureza e sinceridade.

²⁵ Disse a mulher: "Eu sei que o Messias (chamado Cristo) está para vir. Quando ele vier, explicará tudo para nós".

²⁶ Então Jesus declarou: "Eu sou o Messias! Eu, que estou falando com você".

Os Discípulos Voltam da Cidade

²⁷ Naquele momento, os seus discípulos voltaram e ficaram surpresos ao encontrá-lo conversando com uma mulher. Mas ninguém perguntou: "Que queres saber?" ou: "Por que estás conversando com ela?"

²⁸ Então, deixando o seu cântaro, a mulher voltou à cidade e disse ao povo: ²⁹ "Venham ver um homem que me disse tudo o que tenho feito.

4.4-42 Aqui temos uma lição magistral de Jesus sobre a evangelização. 1) Dirigido pelo Espírito, entra em território desfavorável do ponto de vista dos judeus, simplesmente porque "Era-lhe necessário passar por Samaria". Deixa-se levar pelo Espírito para ir em busca de uma única pessoa da qual ninguém queria saber, mas que se tornará em evangelista em Sicar, seu povoado. 2) Quebrando todos os protocolos de seu tempo, Jesus, um judeu que levava a capa que o caracterizava como rabino, dirige-se a uma samaritana, que, pela hora em que vai ao poço, conclui-se que não era apreciada por ninguém. 3) Não inicia a conversa com um sermão, mas fala do que ela está fazendo e pede-lhe água para beber. 4) Ao vê-la surpresa pelo fato de ele lhe dirigir a palavra, Jesus lhe dá o que pode dar a ela: a água da vida. 5) Ao vê-la ainda mais surpresa, Jesus põe em ação o dom do conhecimento: pede que vá chamar o marido e volte para conversar com ele. A samaritana responde que não tem marido, e ele lhe revela que sabe tudo sobre ela. 6) Quando ela tenta propor um tema teológico para não continuar falando de seu pecado, Jesus lhe responde e volta ao tema principal. 7) A samaritana termina a conversa e vai correndo a sua cidade para falar a seu povo. Os habitantes vão ao poço e, por saber que Jesus havia dito à mulher tudo o que na cidade era público e notório, ainda que para ele mesmo fosse "desconhecido", acabam convidando-o para que ficasse entre eles por algum tempo. Jesus fica dois dias entre eles sem nenhum sentimento de rejeição ou preconceito e, ao final, os habitantes lhe dizem: "Agora cremos não somente por causa do que você disse, pois nós mesmos o ouvimos e sabemos que este é realmente o Salvador do mundo" (v. 42). Como no caso da ovelha perdida de Lucas 15, que para o pastor significava também a perda de uma quantidade considerável de ovelhas que aquela poderia produzir, para Jesus, o bom pastor, a mulher samaritana perdida significava toda uma cidade, que acabou crendo nele e aceitando-o como o Messias de Deus.

Será que ele não é o Cristo?" ³⁰ Então saíram da cidade e foram para onde ele estava.

³¹ Enquanto isso, os discípulos insistiam com ele: "Mestre, come alguma coisa".

³² Mas ele lhes disse: "Tenho algo para comer que vocês não conhecem".

³³ Então os seus discípulos disseram uns aos outros: "Será que alguém lhe trouxe comida?"

³⁴ Disse Jesus: "A minha comida é fazer a vontade daquele que me enviou e concluir a sua obra. ³⁵ Vocês não dizem: 'Daqui a quatro meses haverá a colheita'? Eu digo a vocês: Abram os olhos e vejam os campos! Eles estão maduros para a colheita. ³⁶ Aquele que colhe já recebe o seu salário e colhe fruto para a vida eterna, de forma que se alegram juntos o que semeia e o que colhe. ³⁷ Assim é verdadeiro o ditado: 'Um semeia, e outro colhe'. ³⁸ Eu os enviei para colherem o que vocês não cultivaram. Outros realizaram o trabalho árduo, e vocês vieram a usufruir do trabalho deles".

Muitos Samaritanos Creem

³⁹ Muitos samaritanos daquela cidade creram nele por causa do seguinte testemunho dado pela mulher: "Ele me disse tudo o que tenho feito". ⁴⁰ Assim, quando se aproximaram dele, os samaritanos insistiram em que ficasse com eles, e ele ficou dois dias. ⁴¹ E, por causa da sua palavra, muitos outros creram.

⁴² E disseram à mulher: "Agora cremos não somente por causa do que você disse, pois nós mesmos o ouvimos e sabemos que este é realmente o Salvador do mundo".

Jesus Cura o Filho de um Oficial

⁴³ Depois daqueles dois dias, ele partiu para a Galileia. ⁴⁴ (O próprio Jesus tinha afirmado que nenhum profeta tem honra em sua própria terra.) ⁴⁵ Quando chegou à Galileia, os galileus deram-lhe boas-vindas. Eles tinham visto tudo o que ele fizera em Jerusalém, por ocasião da festa da Páscoa, pois também haviam estado lá.

⁴⁶ Mais uma vez ele visitou Caná da Galileia, onde tinha transformado água em vinho. E havia ali um oficial do rei, cujo filho estava doente em Cafarnaum. ⁴⁷ Quando ele ouviu falar que Jesus tinha chegado à Galileia, vindo da Judeia, procurou-o e suplicou-lhe que fosse curar seu filho, que estava à beira da morte.

⁴⁸ Disse-lhe Jesus: "Se vocês não virem sinais e maravilhas, nunca crerão".

⁴⁹ O oficial do rei disse: "Senhor, vem, antes que o meu filho morra!"

⁵⁰ Jesus respondeu: "Pode ir. O seu filho continuará vivo". O homem confiou na palavra de Jesus e partiu. ⁵¹ Estando ele ainda a caminho, seus servos vieram ao seu encontro com notícias de que o menino estava vivo. ⁵² Quando perguntou a que horas o seu filho tinha melhorado, eles lhe disseram: "A febre o deixou ontem, à uma hora da tarde[a]".

⁵³ Então o pai constatou que aquela fora exatamente a hora em que Jesus lhe dissera: "O seu filho continuará vivo". Assim, creram ele e todos os de sua casa.

⁵⁴ Esse foi o segundo sinal milagroso que Jesus realizou depois que veio da Judeia para a Galileia.

A Cura Junto ao Tanque de Betesda

5 Algum tempo depois, Jesus subiu a Jerusalém para uma festa dos judeus. ² Há em Jerusalém, perto da porta das Ovelhas, um tanque que, em aramaico[b], é chamado Betesda[c], tendo cinco entradas em volta. ³ Ali costumava ficar grande número de pessoas doentes e inválidas: cegos, mancos e paralíticos. Eles esperavam um movimento nas águas.[d] ⁴ De vez em quando descia um anjo do Senhor e agitava as águas. O primeiro que entrasse no tanque, depois de agitadas as águas, era curado de qualquer doença que tivesse. ⁵ Um dos que estavam ali era paralítico fazia trinta e oito anos. ⁶ Quando o viu deitado e soube que ele vivia naquele estado durante tanto tempo, Jesus lhe perguntou: "Você quer ser curado?"

⁷ Disse o paralítico: "Senhor, não tenho ninguém que me ajude a entrar no tanque quando a água é agitada. Enquanto estou tentando entrar, outro chega antes de mim".

⁸ Então Jesus lhe disse: "Levante-se! Pegue a sua maca e ande". ⁹ Imediatamente o homem ficou curado, pegou a maca e começou a andar.

Isso aconteceu num sábado, ¹⁰ e, por essa razão, os judeus disseram ao homem que havia sido curado: "Hoje é sábado, não é permitido a você carregar a maca".

---

[a] 4.52 Grego: *à hora sétima*.

[b] 5.2 Grego: *em hebraico*; também em 19.13, 17, 20 e 20.16.

[c] 5.2 Alguns manuscritos dizem *Betzata*; outros trazem *Betsaida*.

[d] 5.3 A maioria dos manuscritos mais antigos não trazem essa frase e todo o versículo 4.

¹¹ Mas ele respondeu: "O homem que me curou me disse: 'Pegue a sua maca e ande' ". ¹² Então lhe perguntaram: "Quem é esse homem que mandou você pegar a maca e andar?" ¹³ O homem que fora curado não tinha ideia de quem era ele, pois Jesus havia desaparecido no meio da multidão.
¹⁴ Mais tarde Jesus o encontrou no templo e lhe disse: "Olhe, você está curado. Não volte a pecar, para que algo pior não aconteça a você". ¹⁵ O homem foi contar aos judeus que fora Jesus quem o tinha curado.

Vida por meio do Filho

¹⁶ Então os judeus passaram a perseguir Jesus, porque ele estava fazendo essas coisas no sábado. ¹⁷ Disse-lhes Jesus: "Meu Pai continua trabalhando até hoje, e eu também estou trabalhando". ¹⁸ Por essa razão, os judeus mais ainda queriam matá-lo, pois não somente estava violando o sábado, mas também estava dizendo que Deus era seu próprio Pai, igualando-se a Deus.

¹⁹ Jesus lhes deu esta resposta: "Eu digo verdadeiramente que o Filho não pode fazer nada de si mesmo; só pode fazer o que vê o Pai fazer, porque o que o Pai faz o Filho também faz. ²⁰ Pois o Pai ama ao Filho e lhe mostra tudo o que faz. Sim, para admiração de vocês, ele lhe mostrará obras ainda maiores do que estas. ²¹ Pois, da mesma forma que o Pai ressuscita os mortos e lhes dá vida, o Filho também dá vida a quem ele quer. ²² Além disso, o Pai a ninguém julga, mas confiou todo julgamento ao Filho, ²³ para que todos honrem o Filho como honram o Pai. Aquele que não honra o Filho, também não honra o Pai que o enviou.

²⁴ "Eu asseguro: Quem ouve a minha palavra e crê naquele que me enviou tem a vida eterna e não será condenado, mas já passou da morte para a vida. ²⁵ Eu afirmo que está chegando a hora, e já chegou, em que os mortos ouvirão a voz do Filho de Deus, e aqueles que a ouvirem viverão. ²⁶ Pois, da mesma forma como o Pai tem vida em si mesmo, ele concedeu ao Filho ter vida em si mesmo. ²⁷ E deu-lhe autoridade para julgar, porque é o Filho do homem.

²⁸ "Não fiquem admirados com isto, pois está chegando a hora em que todos os que estiverem nos túmulos ouvirão a sua voz ²⁹ e sairão; os que fizeram o bem ressuscitarão para a vida, e os que fizeram o mal ressuscitarão para serem condenados. ³⁰ Por mim mesmo, nada posso fazer; eu julgo apenas conforme ouço, e o meu julgamento é justo, pois não procuro agradar a mim mesmo, mas àquele que me enviou.

Testemunhos acerca de Jesus

³¹ "Se testifico acerca de mim mesmo, o meu testemunho não é válido.ᵃ ³² Há outro que testemunha em meu favor, e sei que o seu testemunho a meu respeito é válido.

³³ "Vocês enviaram representantes a João, e ele testemunhou da verdade. ³⁴ Não que eu busque testemunho humano, mas menciono isso para que vocês sejam salvos. ³⁵ João era uma candeia que queimava e irradiava luz, e durante certo tempo vocês quiseram alegrar-se com a sua luz.

³⁶ "Eu tenho um testemunho maior que o de João; a própria obra que o Pai me deu para concluir, e que estou realizando, testemunha que o Pai me enviou. ³⁷ E o Pai que me enviou, ele mesmo testemunhou a meu respeito. Vocês nunca ouviram a sua voz, nem viram a sua forma, ³⁸ nem a sua palavra habita em vocês, pois não creem naquele que ele enviou. ³⁹ Vocês estudam cuidadosamenteᵇ as Escrituras, porque pensam que nelas vocês têm a vida eterna. E são as Escrituras que testemunham a meu respeito; ⁴⁰ contudo, vocês não querem vir a mim para terem vida.

⁴¹ "Eu não aceito glória dos homens, ⁴² mas conheço vocês. Sei que vocês não têm o amor de Deus. ⁴³ Eu vim em nome de meu Pai, e vocês não me aceitaram; mas, se outro vier em seu próprio nome, vocês o aceitarão. ⁴⁴ Como vocês podem crer, se aceitam glória uns dos outros, mas não procuram a glória que vem do Deusᶜ único?

⁴⁵ "Contudo, não pensem que eu os acusarei perante o Pai. Quem os acusa é Moisés, em quem estão as suas esperanças. ⁴⁶ Se vocês cressem em Moisés, creriam em mim, pois ele escreveu a meu respeito. ⁴⁷ Visto, porém, que não creem no que ele escreveu, como crerão no que eu digo?"

A Primeira Multiplicação dos Pães
(Mt 14.13-21; Mc 6.30-44; Lc 9.10-17)

6 Algum tempo depois, Jesus partiu para a outra margem do mar da Galileia (ou seja,

---

ᵃ **5.31** Os judeus exigiam mais de um testemunho para condenar ou justificar uma declaração.
ᵇ **5.39** Ou *Estudem cuidadosamente*
ᶜ **5.44** Alguns manuscritos antigos não trazem *Deus*.

do mar de Tiberíades), ² e grande multidão continuava a segui-lo, porque vira os sinais milagrosos que ele tinha realizado nos doentes. ³ Então Jesus subiu ao monte e sentou-se com os seus discípulos. ⁴ Estava próxima a festa judaica da Páscoa.

⁵ Levantando os olhos e vendo uma grande multidão que se aproximava, Jesus disse a Filipe: "Onde compraremos pão para esse povo comer?" ⁶ Fez essa pergunta apenas para pô-lo à prova, pois já tinha em mente o que ia fazer.

⁷ Filipe lhe respondeu: "Duzentos denários[a] não comprariam pão suficiente para que cada um recebesse um pedaço!"

⁸ Outro discípulo, André, irmão de Simão Pedro, tomou a palavra: ⁹ "Aqui está um rapaz com cinco pães de cevada e dois peixinhos, mas o que é isto para tanta gente?"

¹⁰ Disse Jesus: "Mandem o povo assentar-se". Havia muita grama naquele lugar, e todos se assentaram. Eram cerca de cinco mil homens. ¹¹ Então Jesus tomou os pães, deu graças e os repartiu entre os que estavam assentados, tanto quanto queriam; e fez o mesmo com os peixes.

¹² Depois que todos receberam o suficiente para comer, disse aos seus discípulos: "Ajuntem os pedaços que sobraram. Que nada seja desperdiçado". ¹³ Então eles os ajuntaram e encheram doze cestos com os pedaços dos cinco pães de cevada deixados por aqueles que tinham comido.

¹⁴ Depois de ver o sinal milagroso que Jesus tinha realizado, o povo começou a dizer: "Sem dúvida este é o Profeta que devia vir ao mundo". ¹⁵ Sabendo Jesus que pretendiam proclamá-lo rei à força, retirou-se novamente sozinho para o monte.

Jesus Anda sobre as Águas
(Mt 14.22-36; Mc 6.45-56)

¹⁶ Ao anoitecer seus discípulos desceram para o mar, ¹⁷ entraram num barco e começaram a travessia para Cafarnaum. Já estava escuro, e Jesus ainda não tinha ido até onde eles estavam. ¹⁸ Soprava um vento forte, e as águas estavam agitadas. ¹⁹ Depois de terem remado cerca de cinco ou seis quilômetros[b], viram Jesus aproximando-se do barco, andando sobre o mar, e ficaram aterrorizados. ²⁰ Mas ele lhes disse: "Sou eu! Não tenham medo!" ²¹ Então resolveram recebê-lo no barco, e logo chegaram à praia para a qual se dirigiam.

²² No dia seguinte, a multidão que tinha ficado no outro lado do mar percebeu que apenas um barco estivera ali, e que Jesus não havia entrado nele com os seus discípulos, mas que eles tinham partido sozinhos. ²³ Então alguns barcos de Tiberíades aproximaram-se do lugar onde o povo tinha comido o pão após o Senhor ter dado graças. ²⁴ Quando a multidão percebeu que nem Jesus nem os discípulos estavam ali, entrou nos barcos e foi para Cafarnaum em busca de Jesus.

Jesus, o Pão da Vida

²⁵ Quando o encontraram do outro lado do mar, perguntaram-lhe: "Mestre, quando chegaste aqui?"

²⁶ Jesus respondeu: "A verdade é que vocês estão me procurando, não porque viram os sinais milagrosos, mas porque comeram os pães e ficaram satisfeitos. ²⁷ Não trabalhem pela comida que se estraga, mas pela comida que permanece para a vida eterna, a qual o Filho do homem dará a vocês. Deus, o Pai, nele colocou o seu selo de aprovação".

6.1-15 O Senhor é o único que pode criar do nada. No entanto, ele costuma fazer milagres no meio de seu povo tomando como base o que nós lhe oferecemos, por pouco que seja, e assim faz suas grandes obras. Não foi um homem rico quem lhe deu os pães e os peixes, mas, sim, um rapaz, que deixou de comer o lanche que levava e o entregou a Jesus para fazer o que desejasse. Com esses pães e peixes, o que era insignificante tornou-se imenso, e o rapaz pôde ver como ele tampouco era insignificante aos olhos de Deus, pois Jesus "já tinha em mente o que ia fazer" (v. 6). Por toda a eternidade, esse jovem rapaz, a quem os adultos talvez nem dessem atenção, havia sido indicado por Deus para fornecer a matéria-prima com que Jesus faria esse grande milagre. Havia oferecido o "pouco" que tinha, e o Senhor o transformou num grande sinal milagroso.

---

[a]**6.7** O denário era uma moeda de prata equivalente à diária de um trabalhador braçal.

[b]**6.19** Grego: *25 ou 30 estádios*. Um estádio equivalia a 185 metros.

6.26,27 O discípulo deve buscar a Cristo, não por aquilo que possa vir a receber no mundo material, senão pela antecipação da vida eterna que leva dentro dele desde o momento em que crê em Jesus. Nem sequer devemos pensar em "negociar" com Deus ou forçar sua soberania, como imposição dos nossos caprichos. Ele é o Rei.

²⁸ Então perguntaram-lhe: "O que precisamos fazer para realizar as obras que Deus requer?"

²⁹ Jesus respondeu: "A obra de Deus é esta: crer naquele que ele enviou".

³⁰ Então perguntaram-lhe: "Que sinal milagroso mostrarás para que o vejamos e creiamos em ti? Que farás? ³¹ Os nossos antepassados comeram o maná no deserto; como está escrito: 'Ele lhes deu a comer pão dos céus'ᵃ".

³² Declarou-lhes Jesus: "Digo a verdade: Não foi Moisés quem deu a vocês pão do céu, mas é meu Pai quem dá a vocês o verdadeiro pão do céu. ³³ Pois o pão de Deus é aquele que desceu do céu e dá vida ao mundo".

³⁴ Disseram eles: "Senhor, dá-nos sempre desse pão!"

³⁵ Então Jesus declarou: "Eu sou o pão da vida. Aquele que vem a mim nunca terá fome; aquele que crê em mim nunca terá sede. ³⁶ Mas, como eu disse, vocês me viram, mas ainda não creem. ³⁷ Todo aquele que o Pai me der virá a mim, e quem vier a mim eu jamais rejeitarei. ³⁸ Pois desci dos céus, não para fazer a minha vontade, mas para fazer a vontade daquele que me enviou. ³⁹ E esta é a vontade daquele que me enviou: que eu não perca nenhum dos que ele me deu, mas os ressuscite no último dia. ⁴⁰ Porque a vontade de meu Pai é que todo aquele que olhar para o Filho e nele crer tenha a vida eterna, e eu o ressuscitarei no último dia".

⁴¹ Com isso os judeus começaram a criticar Jesus, porque dissera: "Eu sou o pão que desceu do céu". ⁴² E diziam: "Este não é Jesus, o filho de José? Não conhecemos seu pai e sua mãe? Como ele pode dizer: 'Desci do céu'?"

⁴³ Respondeu Jesus: "Parem de me criticar. ⁴⁴ Ninguém pode vir a mim se o Pai, que me enviou, não o atrair; e eu o ressuscitarei no último dia. ⁴⁵ Está escrito nos Profetas: 'Todos serão ensinados por Deus'ᵇ. Todos os que ouvem o Pai e dele aprendem vêm a mim. ⁴⁶ Ninguém viu o Pai, a não ser aquele que vem de Deus; somente ele viu o Pai. ⁴⁷ Asseguro a vocês que aquele que crê tem a vida eterna. ⁴⁸ Eu sou o pão da vida. ⁴⁹ Os seus antepassados comeram o maná no deserto, mas morreram. ⁵⁰ Todavia, aqui está o pão que desce do céu,

JESUS, O GRANDE EU SOU	
No evangelho de João, Jesus se autoproclama "Eu Sou", o Deus da aliança revelada a Moisés no Antigo Testamento.	
"Eu sou o pão da vida."	6.35
"Eu sou a luz do mundo."	8.12
"Eu afirmo que antes de Abraão nascer, Eu Sou!"	8.58
"Digo a verdade: Eu sou a porta das ovelhas."	10.7
"Eu sou o bom pastor. O bom pastor dá a sua vida pelas ovelhas."	10.11
"Eu sou a ressurreição e a vida. Aquele que crê em mim, ainda que morra, viverá."	11.25
"Estou dizendo antes que aconteça, a fim de que, quando acontecer, vocês creiam que Eu Sou."	13.19
"Eu sou o caminho, a verdade e a vida. Ninguém vem ao Pai, a não ser por mim."	14.6
"Eu sou a videira verdadeira, e meu Pai é o agricultor."	15.1
" 'A Jesus de Nazaré', responderam eles. 'Sou eu', disse Jesus. (E Judas, o traidor, estava com eles.) Quando Jesus disse: 'Sou eu', eles recuaram e caíram por terra."	18.5,6

ᵃ **6.31** Êx 16.4; Ne 9.15; Sl 78.24,25   ᵇ **6.45** Is 54.13

para que não morra quem dele comer. ⁵¹ Eu sou o pão vivo que desceu do céu. Se alguém comer deste pão, viverá para sempre. Este pão é a minha carne, que eu darei pela vida do mundo".

⁵² Então os judeus começaram a discutir exaltadamente entre si: "Como pode este homem nos oferecer a sua carne para comermos?"

⁵³ Jesus lhes disse: "Eu digo a verdade: Se vocês não comerem a carne do Filho do homem e não beberem o seu sangue, não terão vida em si mesmos. ⁵⁴ Todo aquele que come a minha carne e bebe o meu sangue tem a vida eterna, e eu o ressuscitarei no último dia. ⁵⁵ Pois a minha carne é verdadeira comida e o meu sangue é verdadeira bebida. ⁵⁶ Todo aquele que come a minha carne e bebe o meu sangue permanece em mim e eu nele. ⁵⁷ Da mesma forma como o Pai que vive me enviou e eu vivo por causa do Pai, assim aquele que se alimenta de mim viverá por minha causa. ⁵⁸ Este é o pão que desceu dos céus. Os antepassados de vocês comeram o maná e morreram, mas aquele que se alimenta deste pão viverá para sempre". ⁵⁹ Ele disse isso quando ensinava na sinagoga de Cafarnaum.

Muitos Discípulos Abandonam Jesus

⁶⁰ Ao ouvirem isso, muitos dos seus discípulos disseram: "Dura é essa palavra. Quem pode suportá-la?"

⁶¹ Sabendo em seu íntimo que os seus discípulos estavam se queixando do que ouviram, Jesus lhes disse: "Isso os escandaliza? ⁶² Que acontecerá se vocês virem o Filho do homem subir para onde estava antes? ⁶³ O Espírito dá vida; a carne não produz nada que se aproveite. As palavras que eu disse são espírito e vida. ⁶⁴ Contudo, há alguns de vocês que não creem". Pois Jesus sabia desde o princípio quais deles não criam e quem o iria trair. ⁶⁵ E prosseguiu: "É por isso que eu disse a vocês que ninguém pode vir a mim, a não ser que isto lhe seja dado pelo Pai".

⁶⁶ Daquela hora em diante, muitos dos seus discípulos voltaram atrás e deixaram de segui-lo.

⁶⁷ Jesus perguntou aos Doze: "Vocês também não querem ir?"

⁶⁸ Simão Pedro lhe respondeu: "Senhor, para quem iremos? Tu tens as palavras de vida eterna. ⁶⁹ Nós cremos e sabemos que és o Santo de Deus".

⁷⁰ Então Jesus respondeu: "Não fui eu que os escolhi, os Doze? Todavia, um de vocês é um diabo!" ⁷¹ (Ele se referia a Judas, filho de Simão Iscariotes, que, embora fosse um dos Doze, mais tarde haveria de traí-lo.)

Jesus Vai à Festa das Cabanas

7 Depois disso Jesus percorreu a Galileia, mantendo-se deliberadamente longe da Judeia, porque ali os judeus procuravam tirar-lhe a vida. ² Mas, ao se aproximar a festa judaica das cabanas[a], ³ os irmãos de Jesus lhe disseram: "Você deve sair daqui e ir para a Judeia, para que os seus discípulos possam ver as obras que você faz. ⁴ Ninguém que deseja ser reconhecido publicamente age em segredo. Visto que você está fazendo estas coisas, mostre-se ao mundo". ⁵ Pois nem os seus irmãos criam nele.

⁶ Então Jesus lhes disse: "Para mim ainda não chegou o tempo certo; para vocês qualquer tempo é certo. ⁷ O mundo não pode odiá-los, mas a mim odeia porque dou testemunho de que o que ele faz é mau. ⁸ Vão vocês à festa; eu ainda[b] não subirei a esta festa, porque para mim ainda não chegou o tempo apropriado". ⁹ Tendo dito isso, permaneceu na Galileia.

¹⁰ Contudo, depois que os seus irmãos subiram para a festa, ele também subiu, não abertamente, mas em segredo. ¹¹ Na festa os judeus o estavam esperando e perguntavam: "Onde está aquele homem?"

¹² Entre a multidão havia muitos boatos a respeito dele. Alguns diziam: "É um bom homem".

Outros respondiam: "Não, ele está enganando o povo". ¹³ Mas ninguém falava dele em público, por medo dos judeus.

Jesus Ensina na Festa

¹⁴ Quando a festa estava na metade, Jesus subiu ao templo e começou a ensinar. ¹⁵ Os judeus ficaram admirados e perguntaram: "Como foi que este homem adquiriu tanta instrução, sem ter estudado?"

¹⁶ Jesus respondeu: "O meu ensino não é de mim mesmo. Vem daquele que me enviou. ¹⁷ Se alguém decidir fazer a vontade de Deus, descobrirá se o meu ensino vem de Deus ou se falo por mim mesmo. ¹⁸ Aquele que fala por si mesmo busca a sua própria glória, mas aquele que busca a glória de quem o enviou, este é verdadeiro; não há nada de falso a seu respeito. ¹⁹ Moisés não deu a Lei a vocês? No entanto, nenhum de vocês lhe obedece. Por que vocês procuram matar-me?"

²⁰ "Você está endemoninhado", respondeu a multidão. "Quem está procurando matá-lo?"

---

[a] **7.2** Ou *dos tabernáculos*
[b] **7.8** Vários manuscritos não trazem *ainda*.

²¹ Jesus lhes disse: "Fiz um milagreª, e vocês todos estão admirados. ²² No entanto, porque Moisés deu a vocês a circuncisão (embora, na verdade, ela não tenha vindo de Moisés, mas dos patriarcas), vocês circuncidam no sábado. ²³ Ora, se um menino pode ser circuncidado no sábado para que a Lei de Moisés não seja quebrada, por que vocês ficam cheios de ira contra mim por ter curado completamente um homem no sábado? ²⁴ Não julguem apenas pela aparência, mas façam julgamentos justos".

É Jesus o Cristo?

²⁵ Então alguns habitantes de Jerusalém começaram a perguntar: "Não é este o homem que estão procurando matar? ²⁶ Aqui está ele, falando publicamente, e não lhe dizem uma palavra. Será que as autoridades chegaram à conclusão de que ele é realmente o Cristo? ²⁷ Mas nós sabemos de onde é este homem; quando o Cristo vier, ninguém saberá de onde ele é".

²⁸ Enquanto ensinava no pátio do templo, Jesus exclamou: "Sim, vocês me conhecem e sabem de onde sou. Eu não estou aqui por mim mesmo, mas aquele que me enviou é verdadeiro. Vocês não o conhecem, ²⁹ mas eu o conheço porque venho da parte dele, e ele me enviou".

³⁰ Então tentaram prendê-lo, mas ninguém lhe pôs as mãos, porque a sua hora ainda não havia chegado. ³¹ Assim mesmo, muitos no meio da multidão creram nele e diziam: "Quando o Cristo vier, fará mais sinais milagrosos do que este homem fez?"

³² Os fariseus ouviram a multidão falando essas coisas a respeito dele. Então os chefes dos sacerdotes e os fariseus enviaram guardas do templo para o prenderem.

³³ Disse-lhes Jesus: "Estou com vocês apenas por pouco tempo e logo irei para aquele que me enviou. ³⁴ Vocês procurarão por mim, mas não me encontrarão; vocês não podem ir ao lugar onde eu estarei".

³⁵ Os judeus disseram uns aos outros: "Aonde pretende ir este homem, que não o possamos encontrar? Para onde vive o nosso povo, espalhado entre os gregos, a fim de ensiná-lo? ³⁶ O que ele quis dizer quando falou: 'Vocês procurarão por mim, mas não me encontrarão' e 'vocês não podem ir ao lugar onde eu estarei'?"

³⁷ No último e mais importante dia da festa, Jesus levantou-se e disse em alta voz: "Se alguém tem sede, venha a mim e beba. ³⁸ Quem crer em mim, como diz a Escritura, do seu interior fluirão rios de água viva". ³⁹ Ele estava se referindo ao Espírito, que mais tarde receberiam os que nele cressem. Até então o Espírito ainda não tinha sido dado, pois Jesus ainda não fora glorificado.

⁴⁰ Ouvindo as suas palavras, alguns no meio do povo disseram: "Certamente este homem é o Profeta".

⁴¹ Outros disseram: "Ele é o Cristo".

Ainda outros perguntaram: "Como pode o Cristo vir da Galileia? ⁴² A Escritura não diz que o Cristo virá da descendênciaᵇ de Davi, da cidade de Belém, onde viveu Davi?" ⁴³ Assim o povo ficou dividido por causa de Jesus. ⁴⁴ Alguns queriam prendê-lo, mas ninguém lhe pôs as mãos.

A Incredulidade dos Líderes Judeus

⁴⁵ Finalmente, os guardas do templo voltaram aos chefes dos sacerdotes e aos fariseus, os quais lhes perguntaram: "Por que vocês não o trouxeram?"

⁴⁶ "Ninguém jamais falou da maneira como esse homem fala", declararam os guardas.

⁴⁷ "Será que vocês também foram enganados?", perguntaram os fariseus. ⁴⁸ "Por acaso alguém das autoridades ou dos fariseus creu nele? ⁴⁹ Não! Mas essa ralé que nada entende da lei é maldita."

⁵⁰ Nicodemos, um deles, que antes tinha procurado Jesus, perguntou-lhes: ⁵¹ "A nossa lei condena alguém, sem primeiro ouvi-lo para saber o que ele está fazendo?"

⁵² Eles responderam: "Você também é da Galileia? Verifique, e descobrirá que da Galileia não surge profetaᶜ".

⁵³ ᵈ Então cada um foi para a sua casa.

8 Jesus, porém, foi para o monte das Oliveiras. ² Ao amanhecer ele apareceu novamente no templo, onde todo o povo se reuniu ao seu redor, e ele se assentou para ensiná-lo. ³ Os mestres da lei e os fariseus trouxeram-lhe uma mulher surpreendida em adultério. Fizeram-na ficar em pé diante de todos ⁴ e disseram

---

ª **7.21** Grego: *uma obra*.
ᵇ **7.42** Grego: *semente*.
ᶜ **7.52** Dois manuscritos dizem *o Profeta*.
ᵈ **7.53** Muitos manuscritos não trazem João 7.53-8.11; outros manuscritos deslocam o texto.

a Jesus: "Mestre, esta mulher foi surpreendida em ato de adultério. ⁵ Na Lei, Moisés nos ordena apedrejar tais mulheres. E o senhor, que diz?" ⁶ Eles estavam usando essa pergunta como armadilha, a fim de terem uma base para acusá-lo.

Mas Jesus inclinou-se e começou a escrever no chão com o dedo. ⁷ Visto que continuavam a interrogá-lo, ele se levantou e lhes disse: "Se algum de vocês estiver sem pecado, seja o primeiro a atirar pedra nela". ⁸ Inclinou-se novamente e continuou escrevendo no chão.

⁹ Os que o ouviram foram saindo, um de cada vez, começando pelos mais velhos. Jesus ficou só, com a mulher em pé diante dele. ¹⁰ Então Jesus pôs-se em pé e perguntou-lhe: "Mulher, onde estão eles? Ninguém a condenou?"

¹¹ "Ninguém, Senhor", disse ela.

Declarou Jesus: "Eu também não a condeno. Agora vá e abandone sua vida de pecado".

A Validade do Testemunho de Jesus

¹² Falando novamente ao povo, Jesus disse: "Eu sou a luz do mundo. Quem me segue, nunca andará em trevas, mas terá a luz da vida".

¹³ Os fariseus lhe disseram: "Você está testemunhando a respeito de si próprio. O seu testemunho não é válido!"

¹⁴ Respondeu Jesus: "Ainda que eu mesmo testemunhe em meu favor, o meu testemunho é válido, pois sei de onde vim e para onde vou. Mas vocês não sabem de onde vim nem para onde vou. ¹⁵ Vocês julgam por padrões humanos; eu não julgo ninguém. ¹⁶ Mesmo que eu julgue, as minhas decisões são verdadeiras, porque não estou sozinho. Eu estou com o Pai, que me enviou. ¹⁷ Na Lei de vocês está escrito que o testemunho de dois homens é válido.ª ¹⁸ Eu testemunho acerca de mim mesmo; a minha outra testemunha é o Pai, que me enviou".

¹⁹ Então perguntaram-lhe: "Onde está o seu pai?"

Respondeu Jesus: "Vocês não conhecem nem a mim nem a meu Pai. Se me conhecessem, também conheceriam a meu Pai". ²⁰ Ele proferiu essas palavras enquanto ensinava no templo, perto do lugar onde se colocavam as ofertas.ᵇ No entanto, ninguém o prendeu, porque a sua hora ainda não havia chegado.

²¹ Mais uma vez, Jesus lhes disse: "Eu vou embora, e vocês procurarão por mim, e morrerão em seus pecados. Para onde vou, vocês não podem ir".

²² Isso levou os judeus a perguntarem: "Será que ele irá matar-se? Será por isso que ele diz: 'Para onde vou, vocês não podem ir'?"

²³ Mas ele continuou: "Vocês são daqui de baixo; eu sou lá de cima. Vocês são deste mundo; eu não sou deste mundo. ²⁴ Eu disse que vocês morrerão em seus pecados. Se vocês não crerem que Eu Sou,ᶜ de fato morrerão em seus pecados".

²⁵ "Quem é você?", perguntaram eles.

"Exatamente o que tenho dito o tempo todo", respondeu Jesus. ²⁶ "Tenho muitas coisas para dizer e julgar a respeito de vocês. Pois aquele que me enviou merece confiança, e digo ao mundo aquilo que dele ouvi."

²⁷ Eles não entenderam que lhes estava falando a respeito do Pai. ²⁸ Então Jesus disse: "Quando vocês levantarem o Filho do homem, saberão que Eu Sou, e que nada faço de mim mesmo, mas falo exatamente o que o Pai me ensinou. ²⁹ Aquele que me enviou está comigo; ele não me deixou sozinho, pois sempre faço o que lhe agrada". ³⁰ Tendo dito essas coisas, muitos creram nele.

Os Filhos de Abraão e os Filhos do Diabo

³¹ Disse Jesus aos judeus que haviam crido nele: "Se vocês permanecerem firmes na minha palavra, verdadeiramente serão meus discípulos. ³² E conhecerão a verdade, e a verdade os libertará".

8.31,32 No mais puro estilo das Escrituras, esse conhecimento não está relacionado apenas com o conhecimento intelectual. Trata-se de comunhão pessoal. Conhecer realmente Cristo por permanecer em sua Palavra é a única maneira de nos tornarmos livres.

³³ Eles lhe responderam: "Somos descendentesᵈ de Abraão e nunca fomos escravos de ninguém. Como você pode dizer que seremos livres?"

³⁴ Jesus respondeu: "Digo a vocês a verdade: Todo aquele que vive pecando é escravo do

---

ª **8.17** Dt 17.6; 19.15
ᵇ **8.20** Grego: *gazofilácio*.
ᶜ **8.24** Uma referência ao nome de Deus; também nos versículos 28 e 58.
ᵈ **8.33** Grego: *semente*; também no versículo 37.

pecado. ³⁵ O escravo não tem lugar permanente na família, mas o filho pertence a ela para sempre. ³⁶ Portanto, se o Filho os libertar, vocês de fato serão livres. ³⁷ Eu sei que vocês são descendentes de Abraão. Contudo, estão procurando matar-me, porque em vocês não há lugar para a minha palavra. ³⁸ Eu estou dizendo o que vi na presença do Pai, e vocês fazem o que ouviram do pai de vocêsᵃ".

³⁹ "Abraão é o nosso pai", responderam eles.

Disse Jesus: "Se vocês fossem filhos de Abraão, fariamᵇ as obras que Abraão fez. ⁴⁰ Mas vocês estão procurando matar-me, sendo que eu falei a vocês a verdade que ouvi de Deus; Abraão não agiu assim. ⁴¹ Vocês estão fazendo as obras do pai de vocês".

Protestaram eles: "Nós não somos filhos ilegítimosᶜ. O único Pai que temos é Deus".

⁴² Disse-lhes Jesus: "Se Deus fosse o Pai de vocês, vocês me amariam, pois eu vim de Deus e agora estou aqui. Eu não vim por mim mesmo, mas ele me enviou. ⁴³ Por que a minha linguagem não é clara para vocês? Porque são incapazes de ouvir o que eu digo.

⁴⁴ "Vocês pertencem ao pai de vocês, o Diabo, e querem realizar o desejo dele. Ele foi homicida desde o princípio e não se apegou à verdade, pois não há verdade nele. Quando mente, fala a sua própria língua, pois é mentiroso e pai da mentira. ⁴⁵ No entanto, vocês não creem em mim, porque digo a verdade! ⁴⁶ Qual de vocês pode me acusar de algum pecado? Se estou falando a verdade, porque vocês não creem em mim? ⁴⁷ Aquele que pertence a Deus ouve o que Deus diz. Vocês não o ouvem porque não pertencem a Deus".

As Declarações de Jesus acerca de si mesmo

⁴⁸ Os judeus lhe responderam: "Não estamos certos em dizer que você é samaritano e está endemoninhado?"

⁴⁹ Disse Jesus: "Não estou endemoninhado! Ao contrário, honro o meu Pai, e vocês me desonram. ⁵⁰ Não estou buscando glória para mim mesmo; mas há quem a busque e julgue.

ᵃ **8.38** Ou *Pai. Portanto, façam o que vocês ouviram do Pai*
ᵇ **8.39** Alguns manuscritos dizem Se vocês são filhos de Abraão, então façam.
ᶜ **8.41** Grego: *não nascemos de porneia*, termo genérico que se refere a práticas sexuais ilícitas.
10.9 Ou *ficará em segurança*

⁵¹ Asseguro que, se alguém obedecer à minha palavra, jamais verá a morte".

⁵² Diante disso, os judeus exclamaram: "Agora sabemos que você está endemoninhado! Abraão morreu, bem como os profetas, mas você diz que, se alguém obedecer à sua palavra, nunca experimentará a morte. ⁵³ Você é maior do que o nosso pai Abraão? Ele morreu, bem como os profetas. Quem você pensa que é?"

⁵⁴ Respondeu Jesus: "Se glorifico a mim mesmo, a minha glória nada significa. Meu Pai, que vocês dizem ser o seu Deus, é quem me glorifica. ⁵⁵ Vocês não o conhecem, mas eu o conheço. Se eu dissesse que não o conheço, seria mentiroso como vocês, mas eu de fato o conheço e obedeço à sua palavra. ⁵⁶ Abraão, pai de vocês, regozijou-se porque veria o meu dia; ele o viu e alegrou-se".

⁵⁷ Disseram-lhe os judeus: "Você ainda não tem cinquenta anos, e viu Abraão?"

⁵⁸ Respondeu Jesus: "Eu afirmo que antes de Abraão nascer, Eu Sou!" ⁵⁹ Então eles apanharam pedras para apedrejá-lo, mas Jesus escondeu-se e saiu do templo.

8.58 Encontramos neste versículo a proclamação da divindade em que Jesus se identifica com o Senhor, o grande Eu Sou.

Jesus Cura um Cego de Nascença

9 Ao passar, Jesus viu um cego de nascença. ² Seus discípulos lhe perguntaram: "Mestre, quem pecou: este homem ou seus pais, para que ele nascesse cego?"

³ Disse Jesus: "Nem ele nem seus pais pecaram, mas isto aconteceu para que a obra de Deus se manifestasse na vida dele. ⁴ Enquanto é dia, precisamos realizar a obra daquele que me enviou. A noite se aproxima, quando ninguém pode trabalhar. ⁵ Enquanto estou no mundo, sou a luz do mundo".

⁶ Tendo dito isso, cuspiu no chão, misturou terra com saliva e aplicou-a aos olhos do homem. ⁷ Então disse-lhe: "Vá lavar-se no tanque de Siloé" (que significa "enviado"). O homem foi, lavou-se e voltou vendo.

⁸ Seus vizinhos e os que anteriormente o tinham visto mendigando perguntaram: "Não é este o mesmo homem que costumava ficar sentado, mendigando?" ⁹ Alguns afirmavam que era ele.

A TRINDADE
Você alguma vez já escutou as comparações a seguir para tentar explicar a Trindade?

- A Trindade é assim: eu sou uma pessoa, mas ao mesmo tempo sou esposa, mãe e tia.
- A Trindade é como água: às vezes vapor; em algum momento, gelo; em outros, líquido.
- A Trindade é como um ovo: casca, gema e clara.

Há muitas explicações para esse conceito, uma vez que é de difícil compreensão. A Trindade é Deus, e ele existe eternamente em três pessoas. Temos experiências com cada uma delas ao amar a Deus, adorar Jesus e experimentar a direção do Espírito Santo ao mesmo tempo. Os três são mencionados em Mateus 28.19 e 2Coríntios 13.13.

Na Trindade há unidade e diversidade simultaneamente. Em João 14.7, lemos: " 'Se vocês realmente me conhecessem, conheceriam também o meu Pai. Já agora vocês o conhecem e o têm visto' ". Essa passagem mostra a unidade na Trindade. Neste mesmo Evangelho, vemos Jesus falando com o Pai e fazendo sua vontade, o qual mostra sua diversidade nas três pessoas da Trindade. Da mesma maneira, as três pessoas estavam presentes na Criação (Gênesis 1.26).

Por que isso é importante?

Deus é exemplo de trabalho na unidade e na diversidade. E essa é a exortação que ele faz à Igreja. Por diversas vezes na Escritura é usada a ilustração de um corpo com suas muitas partes, o que é um reflexo de Deus e sempre aponta para a unidade: um só corpo com muitos membros.

Loren Cunningham, em sua obra *El libro que transforma las naciones* [O livro que transforma as nações], diz que "chegamos a ser como o Deus que adoramos". Você pode notar a diferença de cosmovisão nas nações que seguem um deus autoritário das que adoram um Deus de unidade em meio à diversidade. Servimos a um Deus de diversidade saudável, em que a unidade leva todas as coisas para a um objetivo comum.

APLICAÇÃO
- Imagine como seria um mundo sem diversidade. Agora pense em outro sem unidade.
- Graças a Deus podemos ter diversidade e unidade.
- Como nos relacionamos com cada pessoa da Trindade?

Outros diziam: "Não, apenas se parece com ele". Mas ele próprio insistia: "Sou eu mesmo".

¹⁰ "Então, como foram abertos os seus olhos?", interrogaram-no eles.

¹¹ Ele respondeu: "O homem chamado Jesus misturou terra com saliva, colocou-a nos meus olhos e me disse que fosse lavar-me em Siloé. Fui, lavei-me, e agora vejo".

¹² Eles lhe perguntaram: "Onde está esse homem?".

"Não sei", disse ele.

Os Fariseus Investigam a Cura

¹³ Levaram aos fariseus o homem que fora cego. ¹⁴ Era sábado o dia em que Jesus havia misturado terra com saliva e aberto os olhos daquele homem. ¹⁵ Então os fariseus também lhe perguntaram como ele recuperara a vista. O homem respondeu: "Ele colocou uma mistura de terra e saliva em meus olhos, eu me lavei e agora vejo".

¹⁶ Alguns dos fariseus disseram: "Esse homem não é de Deus, pois não guarda o sábado".

Mas outros perguntavam: "Como pode um pecador fazer tais sinais milagrosos?" E houve divisão entre eles.

¹⁷ Tornaram, pois, a perguntar ao cego: "Que diz você a respeito dele? Foram os seus olhos que ele abriu".

O homem respondeu: "Ele é um profeta".

¹⁸ Os judeus não acreditaram que ele fora cego e havia sido curado enquanto não mandaram buscar os seus pais. ¹⁹ Então perguntaram: "É este o seu filho, o qual vocês dizem que nasceu cego? Como ele pode ver agora?".

²⁰ Responderam os pais: "Sabemos que ele é nosso filho e que nasceu cego. ²¹ Mas não sabemos como ele pode ver agora ou quem lhe abriu os olhos. Perguntem a ele. Idade ele tem; falará por si mesmo". ²² Seus pais disseram isso porque tinham medo dos judeus, pois estes já haviam decidido que, se alguém confessasse que Jesus era o Cristo, seria expulso da sinagoga. ²³ Foi por isso que seus pais disseram: "Idade ele tem; perguntem a ele".

²⁴ Pela segunda vez, chamaram o homem que fora cego e lhe disseram: "Para a glória de Deus, diga a verdade. Sabemos que esse homem é pecador".

²⁵ Ele respondeu: "Não sei se ele é pecador ou não. Uma coisa sei: eu era cego e agora vejo!"

²⁶ Então lhe perguntaram: "O que fez ele a você? Como abriu os seus olhos?"

²⁷ Ele respondeu: "Eu já disse, e vocês não me deram ouvidos. Por que querem ouvir outra vez? Acaso vocês também querem ser discípulos dele?"

²⁸ Então, eles o insultaram e disseram: "Discípulo dele é você! Nós somos discípulos de Moisés! ²⁹ Sabemos que Deus falou a Moisés, mas, quanto a esse, nem sabemos de onde ele vem".

³⁰ O homem respondeu: "Ora, isso é extraordinário! Vocês não sabem de onde ele vem, contudo ele me abriu os olhos. ³¹ Sabemos que Deus não ouve pecadores, mas ouve o homem que o teme e pratica a sua vontade.

³² "Ninguém jamais ouviu que os olhos de um cego de nascença tivessem sido abertos. ³³ Se esse homem não fosse de Deus, não poderia fazer coisa alguma".

³⁴ Diante disso, eles responderam: "Você nasceu cheio de pecado; como tem a ousadia de nos ensinar?" E o expulsaram.

A Cegueira Espiritual

³⁵ Jesus ouviu que o haviam expulsado e, ao encontrá-lo, disse: "Você crê no Filho do homem?"

³⁶ Perguntou o homem: "Quem é ele, Senhor, para que eu nele creia?"

³⁷ Disse Jesus: "Você já o tem visto. É aquele que está falando com você".

³⁸ Então o homem disse: "Senhor, eu creio". E o adorou.

³⁹ Disse Jesus: "Eu vim a este mundo para julgamento, a fim de que os cegos vejam e os que veem se tornem cegos".

⁴⁰ Alguns fariseus que estavam com ele ouviram-no dizer isso e perguntaram: "Acaso nós também somos cegos?"

⁴¹ Disse Jesus: "Se vocês fossem cegos, não seriam culpados de pecado; mas agora que dizem que podem ver, a culpa de vocês permanece".

O Pastor e o seu Rebanho

10 "Eu asseguro a vocês que aquele que não entra no aprisco das ovelhas pela porta, mas sobe por outro lugar, é ladrão e assaltante. ² Aquele que entra pela porta é o pastor das ovelhas. ³ O porteiro abre-lhe a porta, e as ovelhas ouvem a sua voz. Ele chama as suas ovelhas pelo nome e as leva para fora. ⁴ Depois de conduzir para fora todas as suas ovelhas, vai adiante delas, e estas o seguem, porque conhecem a sua voz. ⁵ Mas nunca seguirão um estranho; na verdade, fugirão dele, porque não reconhecem a voz de estranhos". ⁶ Jesus usou essa comparação, mas eles não compreenderam o que lhes estava falando.

⁷ Então Jesus afirmou de novo: "Digo a verdade: Eu sou a porta das ovelhas. ⁸ Todos os que vieram antes de mim eram ladrões e assaltantes, mas as ovelhas não os ouviram. ⁹ Eu sou a porta; quem entra por mim será salvo. Entrará e sairá, e encontrará pastagemª. ¹⁰ O ladrão vem apenas para roubar, matar e destruir; eu vim para que tenham vida e a tenham plenamente.

10.10 As quatro leis (iniciadas em João 3.16; p. 1121): O contraste é bastante claro, mesmo que o mundo queira que pensemos o contrário. Existe um ladrão que se move sutilmente, mas com grande força e más intenções. Em compensação, existe um Salvador que veio a este mundo para nos trazer a vida que todos desejamos e que, sem ele, não podemos chegar a desfrutar. A vida eterna com Cristo começa a partir de agora, na vida terrena.
Primeira lei: Veja a p. 1460.
Texto anterior: João 3.16
Próximo texto: Romanos 3.23

¹¹ "Eu sou o bom pastor. O bom pastor dá a sua vida pelas ovelhas. ¹² O assalariado não é o pastor a quem as ovelhas pertencem. Assim, quando vê que o lobo vem, abandona as ovelhas e foge. Então o lobo ataca o rebanho e o dispersa. ¹³ Ele foge porque é assalariado e não se importa com as ovelhas.

¹⁴ "Eu sou o bom pastor; conheço as minhas ovelhas, e elas me conhecem, ¹⁵ assim como o Pai me conhece e eu conheço o Pai; e dou a minha vida pelas ovelhas. ¹⁶ Tenho outras ovelhas que não são deste aprisco. É necessário que eu as conduza também. Elas ouvirão a minha voz, e haverá um só rebanho e um só pastor. ¹⁷ Por isso

---
ª 10.9 Ou *ficará em segurança*

é que meu Pai me ama, porque eu dou a minha vida para retomá-la. ¹⁸ Ninguém a tira de mim, mas eu a dou por minha espontânea vontade. Tenho autoridade para dá-la e para retomá-la. Esta ordem recebi de meu Pai".

¹⁹ Diante dessas palavras, os judeus ficaram outra vez divididos. ²⁰ Muitos deles diziam: "Ele está endemoninhado e enlouqueceu. Por que ouvi-lo?"

²¹ Mas outros diziam: "Essas palavras não são de um endemoninhado. Pode um demônio abrir os olhos dos cegos?"

A Incredulidade dos Judeus

²² Celebrava-se a festa da Dedicação, em Jerusalém. Era inverno, ²³ e Jesus estava no templo, caminhando pelo Pórtico de Salomão. ²⁴ Os judeus reuniram-se ao redor dele e perguntaram: "Até quando nos deixará em suspense? Se é você o Cristo, diga-nos abertamente".

²⁵ Jesus respondeu: "Eu já disse, mas vocês não creem. As obras que eu realizo em nome de meu Pai falam por mim, ²⁶ mas vocês não creem, porque não são minhas ovelhas. ²⁷ As minhas ovelhas ouvem a minha voz; eu as conheço, e elas me seguem. ²⁸ Eu lhes dou a vida eterna, e elas jamais perecerão; ninguém as poderá arrancar da minha mão. ²⁹ Meu Pai, que as deu para mim, é maior do que todos;[a] ninguém as pode arrancar da mão de meu Pai. ³⁰ Eu e o Pai somos um".

³¹ Novamente os judeus pegaram pedras para apedrejá-lo, ³² mas Jesus lhes disse: "Eu mostrei muitas boas obras da parte do Pai. Por qual delas vocês querem me apedrejar?"

³³ Responderam os judeus: "Não vamos apedrejá-lo por nenhuma boa obra, mas pela blasfêmia, porque você é um simples homem e se apresenta como Deus".

³⁴ Jesus lhes respondeu: "Não está escrito na Lei de vocês: 'Eu disse: Vocês são deuses'[b]? ³⁵ Se ele chamou 'deuses' àqueles a quem veio a palavra de Deus (e a Escritura não pode ser anulada), ³⁶ que dizer a respeito daquele a quem o Pai santificou e enviou ao mundo? Então, por que vocês me acusam de blasfêmia porque eu disse: Sou Filho de Deus? ³⁷ Se eu não realizo as obras do meu Pai, não creiam em mim. ³⁸ Mas, se as realizo, mesmo que não creiam em mim, creiam nas obras, para que possam saber e entender que o Pai está em

---
[a] **10.29** Muitos manuscritos antigos dizem *O que meu Pai me deu é maior do que tudo.*
[b] **10.34** Sl 82.6

10.27-30 Evangelização (iniciada em Romanos 3.23; p. 1199): Todos os que conhecem um pouco do ofício de pastor sabe que as ovelhas identificam o dono pela voz ou pelos assobios que ele dá; por sua vez, o pastor conhece individualmente cada ovelha a ponto, muitas vezes, de lhes atribuir um nome. Sem errar nunca, as ovelhas somente seguem o pastor. Jesus está fazendo uma referência a nós. Quando são apenas cordeiros, ainda não conhecem a voz do pastor, mas, com o tempo que passam juntos e a familiaridade, não demora para que isso aconteça. Quando passam a ser ovelhas, já sabem perfeitamente quem é seu pastor: " '[...] ninguém as poderá arrancar da minha mão' " (v. 28). Vemos aqui como o Pai entra em cena: é ele quem dá a Cristo as ovelhas, ao enviar o Espírito Santo para agir no coração de cada uma, e estas são também ovelhas suas, pois ambos são um. A ovelha que aprende a reconhecer a voz de seu amo divino pode sentir-se completamente protegida.
Texto anterior: Romanos 8.38,39
Próximo texto: 2Coríntios 6.2

---

mim, e eu no Pai". ³⁹ Outra vez tentaram prendê-lo, mas ele se livrou das mãos deles.

⁴⁰ Então Jesus atravessou novamente o Jordão e foi para o lugar onde João batizava nos primeiros dias do seu ministério. Ali ficou, ⁴¹ e muita gente foi até onde ele estava, dizendo: "Embora João nunca tenha realizado um sinal milagroso, tudo o que ele disse a respeito deste homem era verdade". ⁴² E ali muitos creram em Jesus.

A Morte de Lázaro

11 Havia um homem chamado Lázaro. Ele era de Betânia, do povoado de Maria e de sua irmã Marta. E aconteceu que Lázaro ficou doente. ² Maria, sua irmã, era a mesma que derramara perfume sobre o Senhor e lhe enxugara os pés com os cabelos. ³ Então as irmãs de Lázaro mandaram dizer a Jesus: "Senhor, aquele a quem amas está doente".

⁴ Ao ouvir isso, Jesus disse: "Essa doença não acabará em morte; é para a glória de Deus, para que o Filho de Deus seja glorificado por meio dela". ⁵ Jesus amava Marta, a irmã dela e Lázaro.

AS PARÁBOLAS DE JESUS NO EVANGELHO DE JOÃO		
PARÁBOLA	ENSINO	TEXTO BÍBLICO
Pão da vida, o	Jesus Cristo, o pão que desceu do céu, não apenas nos dá vida hoje, como também nos garante a vida eterna	6.32-58
Pastor e o seu rebanho, o	Jesus, o pastor que dá a vida por suas ovelhas	10.1-18
Videira e os ramos, a	Os discípulos recebem a vida de Cristo	15.1-8

⁶ No entanto, quando ouviu falar que Lázaro estava doente, ficou mais dois dias onde estava. ⁷ Depois disse aos seus discípulos: "Vamos voltar para a Judeia". ⁸ Estes disseram: "Mestre, há pouco os judeus tentaram apedrejar-te, e assim mesmo vais voltar para lá?" ⁹ Jesus respondeu: "O dia não tem doze horas? Quem anda de dia não tropeça, pois vê a luz deste mundo. ¹⁰ Quando anda de noite, tropeça, pois nele não há luz". ¹¹ Depois de dizer isso, prosseguiu dizendo-lhes: "Nosso amigo Lázaro adormeceu, mas vou até lá para acordá-lo". ¹² Seus discípulos responderam: "Senhor, se ele dorme, vai melhorar". ¹³ Jesus tinha falado de sua morte, mas os seus discípulos pensaram que ele estava falando simplesmente do sono.

¹⁴ Então lhes disse claramente: "Lázaro morreu, ¹⁵ e para o bem de vocês estou contente por não ter estado lá, para que vocês creiam. Mas vamos até ele". ¹⁶ Então Tomé, chamado Dídimo[a], disse aos outros discípulos: "Vamos também para morrermos com ele".

Jesus Conforta as Irmãs de Lázaro

¹⁷ Ao chegar, Jesus verificou que Lázaro já estava no sepulcro havia quatro dias. ¹⁸ Betânia distava cerca de três quilômetros[b] de Jerusalém, ¹⁹ e muitos judeus tinham ido visitar Marta e Maria para confortá-las pela perda do irmão. ²⁰ Quando Marta ouviu que Jesus estava chegando, foi encontrá-lo, mas Maria ficou em casa. ²¹ Disse Marta a Jesus: "Senhor, se estivesses aqui meu irmão não teria morrido. ²² Mas sei que, mesmo agora, Deus te dará tudo o que pedires". ²³ Disse-lhe Jesus: "O seu irmão vai ressuscitar". ²⁴ Marta respondeu: "Eu sei que ele vai ressuscitar na ressurreição, no último dia".

²⁵ Disse-lhe Jesus: "Eu sou a ressurreição e a vida. Aquele que crê em mim, ainda que morra, viverá; ²⁶ e quem vive e crê em mim, não morrerá eternamente. Você crê nisso?" ²⁷ Ela lhe respondeu: "Sim, Senhor, eu tenho crido que tu és o Cristo, o Filho de Deus que devia vir ao mundo".

²⁸ E depois de dizer isso, foi para casa e, chamando à parte Maria, disse-lhe: "O Mestre está aqui e está chamando você". ²⁹ Ao ouvir isso, Maria levantou-se depressa e foi ao encontro dele. ³⁰ Jesus ainda não tinha entrado no povoado, mas estava no lugar onde Marta o encontrara. ³¹ Quando notaram que ela se levantou depressa e saiu, os judeus, que a estavam confortando em casa, seguiram-na, supondo que ela ia ao sepulcro, para ali chorar. ³² Chegando ao lugar onde Jesus estava e vendo-o, Maria prostrou-se aos seus pés e disse: "Senhor, se estivesses aqui meu irmão não teria morrido".

³³ Ao ver chorando Maria e os judeus que a acompanhavam, Jesus agitou-se no espírito e perturbou-se.

³⁴ "Onde o colocaram?", perguntou ele.

"Vem e vê, Senhor", responderam eles.

³⁵ Jesus chorou.

³⁶ Então os judeus disseram: "Vejam como ele o amava!"

³⁷ Mas alguns deles disseram: "Ele, que abriu os olhos do cego, não poderia ter impedido que este homem morresse?"

Jesus Ressuscita Lázaro

³⁸ Jesus, outra vez profundamente comovido, foi até o sepulcro. Era uma gruta com uma pedra colocada à entrada.

³⁹ "Tirem a pedra", disse ele.

Disse Marta, irmã do morto: "Senhor, ele já cheira mal, pois já faz quatro dias".

⁴⁰ Disse-lhe Jesus: "Não falei que, se você cresse, veria a glória de Deus?"

⁴¹ Então tiraram a pedra. Jesus olhou para cima e disse: "Pai, eu te agradeço porque me

---

[a] **11.16** Tanto *Tomé* (aramaico) como *Dídimo* (grego) significam *gêmeo*.

[b] **11.18** Grego: *15 estádios*. Um estádio equivalia a 185 metros.

ouviste. ⁴² Eu sei que sempre me ouves, mas disse isso por causa do povo que está aqui, para que creia que tu me enviaste".

⁴³ Depois de dizer isso, Jesus bradou em alta voz: "Lázaro, venha para fora!" ⁴⁴ O morto saiu, com as mãos e os pés envolvidos em faixas de linho e o rosto envolto num pano.

Disse-lhes Jesus: "Tirem as faixas dele e deixem-no ir".

11.44 Este texto inspira um dos artigos desta Bíblia: "O discípulo de Jesus". Não deixe de ler esse artigo (veja a p. 1389).

A Conspiração para Matar Jesus

⁴⁵ Muitos dos judeus que tinham vindo visitar Maria, vendo o que Jesus fizera, creram nele. ⁴⁶ Mas alguns deles foram contar aos fariseus o que Jesus tinha feito. ⁴⁷ Então os chefes dos sacerdotes e os fariseus convocaram uma reunião do Sinédrioᵃ.

"O que estamos fazendo?", perguntaram eles. "Aí está esse homem realizando muitos sinais milagrosos. ⁴⁸ Se o deixarmos, todos crerão nele, e então os romanos virão e tirarão tanto o nosso lugarᵇ como a nossa nação."

⁴⁹ Então um deles, chamado Caifás, que naquele ano era o sumo sacerdote, tomou a palavra e disse: "Nada sabeis! ⁵⁰ Não percebeis que vos é melhor que morra um homem pelo povo, e que não pereça toda a nação".

⁵¹ Ele não disse isso de si mesmo, mas, sendo o sumo sacerdote naquele ano, profetizou que Jesus morreria pela nação judaica, ⁵² e não somente por aquela nação, mas também pelos filhos de Deus que estão espalhados, para reuni-los num povo. ⁵³ E daquele dia em diante, resolveram tirar-lhe a vida.

⁵⁴ Por essa razão, Jesus não andava mais publicamente entre os judeus. Em vez disso, retirou-se para uma região próxima do deserto, para um povoado chamado Efraim, onde ficou com os seus discípulos.

⁵⁵ Ao se aproximar a Páscoa judaica, muitos foram daquela região para Jerusalém a fim de participarem das purificações cerimoniais antes da Páscoa. ⁵⁶ Continuavam procurando Jesus e, no templo, perguntavam uns aos outros: "O que vocês acham? Será que ele virá à festa?" ⁵⁷ Mas os chefes dos sacerdotes e os fariseus tinham ordenado que, se alguém soubesse onde Jesus estava, o denunciasse, para que o pudessem prender.

Jesus é Ungido em Betânia
(Mt 26.6-13; Mc 14.3-9)

12 Seis dias antes da Páscoa Jesus chegou a Betânia, onde vivia Lázaro, a quem ressuscitara dos mortos. ² Ali prepararam um jantar para Jesus. Marta servia, enquanto Lázaro estava à mesa com ele. ³ Então Maria pegou um frascoᶜ de nardo puro, que era um perfume caro, derramou-o sobre os pés de Jesus e os enxugou com os seus cabelos. E a casa encheu-se com a fragrância do perfume.

⁴ Mas um dos seus discípulos, Judas Iscariotes, que mais tarde iria traí-lo, fez uma objeção: ⁵ "Por que este perfume não foi vendido, e o dinheiro dado aos pobres? Seriam trezentos denáriosᵈ". ⁶ Ele não falou isso por se interessar pelos pobres, mas porque era ladrão; sendo responsável pela bolsa de dinheiro, costumava tirar o que nela era colocado.

⁷ Respondeu Jesus: "Deixe-a em paz; que o guarde para o dia do meu sepultamento. ⁸ Pois os pobres vocês sempre terão consigo, mas a mim vocês nem sempre terão".

⁹ Enquanto isso, uma grande multidão de judeus, ao descobrir que Jesus estava ali, veio, não apenas por causa de Jesus, mas também para ver Lázaro, a quem ele ressuscitara dos mortos. ¹⁰ Assim, os chefes dos sacerdotes fizeram planos para matar também Lázaro, ¹¹ pois por causa dele muitos estavam se afastando dos judeus e crendo em Jesus.

A Entrada Triunfal
(Mt 21.1-11; Mc 11.1-11; Lc 19.28-40)

¹² No dia seguinte, a grande multidão que tinha vindo para a festa ouviu falar que Jesus estava chegando a Jerusalém. ¹³ Pegaram ramos de palmeiras e saíram ao seu encontro, gritando:

"Hosana!"ᵉ
"Bendito é o que vem

ᵃ **11.47** Conselho dos principais líderes do povo judeu.
ᵇ **11.48** Ou *templo*
ᶜ **12.3** Grego: *1 litra*. A litra era uma medida de capacidade de cerca de um terço de litro.
ᵈ **12.5** O denário era uma moeda de prata equivalente a diária de um trabalhador braçal.
ᵉ **12.13** Expressão hebraica que significa *"Salve!"*, e que se tornou exclamação de louvor.

em nome do Senhor!"ª
"Bendito é o Rei de Israel!"

¹⁴ Jesus conseguiu um jumentinho e montou nele, como está escrito:

¹⁵ "Não tenha medo,
   ó cidadeᵇ de Sião;
   eis que o seu rei vem,
   montado num jumentinho"ᶜ.

¹⁶ A princípio seus discípulos não entenderam isso. Só depois que Jesus foi glorificado, eles se lembraram de que essas coisas estavam escritas a respeito dele e lhe foram feitas. ¹⁷ A multidão que estava com ele, quando mandara Lázaro sair do sepulcro e o ressuscitara dos mortos, continuou a espalhar o fato. ¹⁸ Muitas pessoas, por terem ouvido falar que ele realizara tal sinal milagroso, foram ao seu encontro. ¹⁹ E assim os fariseus disseram uns aos outros: "Não conseguimos nada. Olhem como o mundo todo vai atrás dele!"

Jesus Prediz sua Morte

²⁰ Entre os que tinham ido adorar a Deus na festa da Páscoa, estavam alguns gregos. ²¹ Eles se aproximaram de Filipe, que era de Betsaida da Galileia, com um pedido: "Senhor, queremos ver Jesus". ²² Filipe foi dizê-lo a André, e os dois juntos o disseram a Jesus.

²³ Jesus respondeu: "Chegou a hora de ser glorificado o Filho do homem. ²⁴ Digo verdadeiramente que, se o grão de trigo não cair na terra e não morrer, continuará ele só. Mas, se morrer, dará muito fruto. ²⁵ Aquele que ama a sua vida a perderá; ao passo que aquele que odeia a sua vida neste mundo a conservará para a vida eterna. ²⁶ Quem me serve precisa seguir-me; e, onde estou, o meu servo também estará. Aquele que me serve, meu Pai o honrará.

²⁷ "Agora meu coração está perturbado, e o que direi? Pai, salva-me desta hora? Não; eu vim exatamente para isto, para esta hora. ²⁸ Pai, glorifica o teu nome!"

Então veio uma voz dos céus: "Eu já o glorifiquei e o glorificarei novamente". ²⁹ A multidão que ali estava e a ouviu disse que tinha trovejado; outros disseram que um anjo lhe tinha falado.

³⁰ Jesus disse: "Esta voz veio por causa de vocês e não por minha causa. ³¹ Chegou a hora de ser julgado este mundo; agora será expulso o príncipe deste mundo. ³² Mas eu, quando for levantado da terra, atrairei todos a mim". ³³ Ele disse isso para indicar o tipo de morte que haveria de sofrer.

³⁴ A multidão falou: "A Lei nos ensina que o Cristo permanecerá para sempre; como podes dizer: 'O Filho do homem precisa ser levantado'? Quem é esse 'Filho do homem'?"

³⁵ Disse-lhes então Jesus: "Por mais um pouco de tempo a luz estará entre vocês. Andem enquanto vocês têm a luz, para que as trevas não os surpreendam, pois aquele que anda nas trevas não sabe para onde está indo. ³⁶ Creiam na luz enquanto vocês a têm, para que se tornem filhos da luz". Terminando de falar, Jesus saiu e ocultou-se deles.

A Incredulidade dos Judeus

³⁷ Mesmo depois que Jesus fez todos aqueles sinais milagrosos, não creram nele. ³⁸ Isso aconteceu para se cumprir a palavra do profeta Isaías, que disse:

"Senhor, quem creu
   em nossa mensagem,
e a quem foi revelado
   o braço do Senhor?"ᵈ

³⁹ Por esta razão eles não podiam crer, porque, como disse Isaías noutro lugar:

⁴⁰ "Cegou os seus olhos
   e endureceu-lhes o coração,
   para que não vejam
      com os olhos
   nem entendam com o coração,
      nem se convertam,
   e eu os cure"ᵉ.

⁴¹ Isaías disse isso porque viu a glória de Jesus e falou sobre ele.

⁴² Ainda assim, muitos líderes dos judeus creram nele. Mas, por causa dos fariseus, não confessavam a sua fé, com medo de serem expulsos da sinagoga; ⁴³ pois prefeririam a aprovaçãoᶠ dos homens do que a aprovação de Deus.

ª **12.13** Sl 118.25,26
ᵇ **12.15** Grego: *filha*.
ᶜ **12.15** Zc 9.9
ᵈ **12.38** Is 53.1
ᵉ **12.40** Is 6.10
ᶠ **12.43** Grego: *glória*.

⁴⁴ Então Jesus disse em alta voz: "Quem crê em mim, não crê apenas em mim, mas naquele que me enviou. ⁴⁵ Quem me vê, vê aquele que me enviou. ⁴⁶ Eu vim ao mundo como luz, para que todo aquele que crê em mim não permaneça nas trevas.

⁴⁷ "Se alguém ouve as minhas palavras e não lhes obedece, eu não o julgo. Pois não vim para julgar o mundo, mas para salvá-lo. ⁴⁸ Há um juiz para quem me rejeita e não aceita as minhas palavras; a própria palavra que proferi o condenará no último dia. ⁴⁹ Pois não falei por mim mesmo, mas o Pai que me enviou me ordenou o que dizer e o que falar. ⁵⁰ Sei que o seu mandamento é a vida eterna. Portanto, o que eu digo é exatamente o que o Pai me mandou dizer".

Jesus Lava os Pés dos Discípulos

13 Um pouco antes da festa da Páscoa, sabendo Jesus que havia chegado o tempo em que deixaria este mundo e iria para o Pai, tendo amado os seus que estavam no mundo, amou-os até o fim.ª

² Estava sendo servido o jantar, e o Diabo já havia induzido Judas Iscariotes, filho de Simão, a trair Jesus. ³ Jesus sabia que o Pai havia colocado todas as coisas debaixo do seu poder, e que viera de Deus e estava voltando para Deus; ⁴ assim, levantou-se da mesa, tirou sua capa e colocou uma toalha em volta da cintura. ⁵ Depois disso, derramou água numa bacia e começou a lavar os pés dos seus discípulos, enxugando-os com a toalha que estava em sua cintura.

⁶ Chegou-se a Simão Pedro, que lhe disse: "Senhor, vais lavar os meus pés?"

⁷ Respondeu Jesus: "Você não compreende agora o que estou fazendo a você; mais tarde, porém, entenderá".

⁸ Disse Pedro: "Não; nunca lavarás os meus pés!".

Jesus respondeu: "Se eu não os lavar, você não terá parte comigo".

⁹ Respondeu Simão Pedro: "Então, Senhor, não apenas os meus pés, mas também as minhas mãos e a minha cabeça!".

¹⁰ Respondeu Jesus: "Quem já se banhou precisa apenas lavar os pés; todo o seu corpo está limpo. Vocês estão limpos, mas nem todos". ¹¹ Pois ele sabia quem iria traí-lo e, por isso, disse que nem todos estavam limpos.

13.1-17 As grandes e lamentáveis falhas que vemos às vezes em servos de Deus que realizaram um grande trabalho para o Reino podem ter origem no esquecimento destas palavras proféticas de Jesus, que alguns denominam de "o ministério da toalha". Se seguimos sabendo que o servo nunca é maior que seu Senhor, continuaremos servindo e amando em humildade e sem achar que estamos acima de qualquer norma moral, lembrando-nos sempre de que Deus não faz acepção de pessoas (veja Deuteronômio 10.17; Atos 10.34; Romanos 2.11; Gálatas 2.6; Efésios 6.9; Colossenses 3.25).

¹² Quando terminou de lavar-lhes os pés, Jesus tornou a vestir sua capa e voltou ao seu lugar. Então lhes perguntou: "Vocês entendem o que fiz a vocês? ¹³ Vocês me chamam 'Mestre' e 'Senhor', e com razão, pois eu o sou. ¹⁴ Pois bem, se eu, sendo Senhor e Mestre de vocês, lavei os seus pés, vocês também devem lavar os pés uns dos outros. ¹⁵ Eu dei o exemplo, para que vocês façam como lhes fiz. ¹⁶ Digo verdadeiramente que nenhum escravo é maior do que o seu senhor, como também nenhum mensageiroᵇ é maior do que aquele que o enviou. ¹⁷ Agora que vocês sabem estas coisas, felizes serão se as praticarem.

Jesus Prediz que Será Traído
(Mt 26.17-30; Mc 14.12-26; Lc 22.7-23)

¹⁸ "Não estou me referindo a todos vocês; conheço os que escolhi. Mas isto acontece para que se cumpra a Escritura: 'Aquele que partilhava do meu pão voltou-se contra mim'ᶜ.

¹⁹ "Estou dizendo antes que aconteça, a fim de que, quando acontecer, vocês creiam que Eu Souᵈ. ²⁰ Eu garanto: Quem receber aquele que eu enviar estará me recebendo; e quem me recebe recebe aquele que me enviou".

²¹ Depois de dizer isso, Jesus perturbou-se em espírito e declarou: "Digo que certamente um de vocês me trairá".

²² Seus discípulos olharam uns para os outros, sem saber a quem ele se referia. ²³ Um deles, o discípulo a quem Jesus amava, estava reclinado ao lado dele. ²⁴ Simão Pedro fez sinais

---

ª **13.1** Ou *mostrou-lhes então que os amava perfeitamente*.
ᵇ **13.16** Grego: *apóstolo*.
ᶜ **13.18** Grego: *levantou o calcanhar contra mim*. Sl 41.9
ᵈ **13.19** Uma referência ao nome de Deus.

para esse discípulo, como a dizer: "Pergunte-lhe a quem ele está se referindo".

²⁵ Inclinando-se esse discípulo para Jesus, perguntou-lhe: "Senhor, quem é?" ²⁶ Respondeu Jesus: "Aquele a quem eu der este pedaço de pão molhado no prato". Então, molhando o pedaço de pão, deu-o a Judas Iscariotes, filho de Simão. ²⁷ Tão logo Judas comeu o pão, Satanás entrou nele. "O que você está para fazer, faça depressa", disse-lhe Jesus. ²⁸ Mas ninguém à mesa entendeu por que Jesus lhe disse isso. ²⁹ Visto que Judas era o encarregado do dinheiro, alguns pensaram que Jesus estava lhe dizendo que comprasse o necessário para a festa, ou que desse algo aos pobres. ³⁰ Assim que comeu o pão, Judas saiu. E era noite.

Jesus Prediz que Pedro o Negará
(Mt 26.31-35; Mc 14.27-31; Lc 22.31-34)

³¹ Depois que Judas saiu, Jesus disse: "Agora o Filho do homem é glorificado, e Deus é glorificado nele. ³² Se Deus é glorificado nele,ᵃ Deus também glorificará o Filho nele mesmo, e o glorificará em breve.

³³ "Meus filhinhos, vou estar com vocês apenas mais um pouco. Vocês procurarão por mim e, como eu disse aos judeus, agora digo a vocês: Para onde eu vou, vocês não podem ir.

³⁴ "Um novo mandamento dou a vocês: Amem-se uns aos outros. Como eu os amei, vocês devem amar-se uns aos outros. ³⁵ Com isso todos saberão que vocês são meus discípulos, se vocês se amarem uns aos outros".

13.35 O único instrumento para medir a nossa condição de discípulo é o amor mútuo. Não se trata de ter conhecimentos teológicos, poder ou autoridade na igreja ou no mundo. Devemos preservar este amor com respeito e responsabilidade.

³⁶ Simão Pedro lhe perguntou: "Senhor, para onde vais?"
Jesus respondeu: "Para onde vou, vocês não podem seguir-me agora, mas me seguirão mais tarde".

³⁷ Pedro perguntou: "Senhor, por que não posso seguir-te agora? Darei a minha vida por ti!"

ᵃ **13.32** Vários manuscritos não trazem *Se Deus é glorificado nele*.

³⁸ Então Jesus respondeu: "Você dará a vida por mim? Asseguro que, antes que o galo cante, você me negará três vezes!

Jesus Fortalece os seus Discípulos

14 "Não se perturbe o coração de vocês. Creiam em Deus;ᵇ creiam também em mim. ² Na casa de meu Pai há muitos aposentos; se não fosse assim, eu teria dito a vocês. Vou preparar lugar para vocês.ᶜ ³ E, quando eu for e preparar lugar, voltarei e os levarei para mim, para que vocês estejam onde eu estiver. ⁴ Vocês conhecem o caminho para onde vou".

Jesus, o Caminho para o Pai

⁵ Disse-lhe Tomé: "Senhor, não sabemos para onde vais; como então podemos saber o caminho?"

⁶ Respondeu Jesus: "Eu sou o caminho, a verdade e a vida. Ninguém vem ao Pai, a não ser por mim. ⁷ Se vocês realmente me conhecessem, conheceriamᵈ também o meu Pai. Já agora vocês o conhecem e o têm visto".

14.6 As quatro leis (iniciadas em João 3.16; p. 1121): Não há outro caminho, nem outro mediador (1Timóteo 2.5). O motivo é muito simples: Jesus, Deus homem, é a ponte que Deus estabeleceu para aproximar-se da humanidade. Os seres humanos sempre buscamos outras pontes por nossa própria conta, mas terminamos fabricando religiões que seguem opiniões ou gostos nossos, que não são capazes de nos fazer chegar à outra margem do abismo que nos separa de Deus, por causa do nosso pecado.
Terceira lei: Veja a p. 1461.
Texto anterior: 1Coríntios 15.3-6
Próximo texto: João 1.12

⁸ Disse Filipe: "Senhor, mostra-nos o Pai, e isso nos basta".

⁹ Jesus respondeu: "Você não me conhece, Filipe, mesmo depois de eu ter estado com vocês durante tanto tempo? Quem me vê, vê

ᵇ **14.1** Ou *Vocês creem em Deus*;
ᶜ **14.2** Ou *não teria eu dito a vocês que vou preparar lugar para vocês?*
ᵈ **14.7** Alguns manuscritos dizem *me têm conhecido, conhecerão*.

o Pai. Como você pode dizer: 'Mostra-nos o Pai'? ¹⁰ Você não crê que eu estou no Pai e que o Pai está em mim? As palavras que eu digo não são apenas minhas. Ao contrário, o Pai, que vive em mim, está realizando a sua obra. ¹¹ Creiam em mim quando digo que estou no Pai e que o Pai está em mim; ou pelo menos creiam por causa das mesmas obras. ¹² Digo a verdade: Aquele que crê em mim fará também as obras que tenho realizado. Fará coisas ainda maiores do que estas, porque eu estou indo para o Pai. ¹³ E eu farei o que vocês pedirem em meu nome, para que o Pai seja glorificado no Filho. ¹⁴ O que vocês pedirem em meu nome, eu farei.

Jesus Promete o Espírito Santo

¹⁵ "Se vocês me amam, obedecerão aos meus mandamentos. ¹⁶ E eu pedirei ao Pai, e ele dará a vocês outro Conselheiro para estar com vocês para sempre, ¹⁷ o Espírito da verdade. O mundo não pode recebê-lo, porque não o vê nem o conhece. Mas vocês o conhecem, pois ele vive com vocês e estará[a] em vocês. ¹⁸ Não os deixarei órfãos; voltarei para vocês. ¹⁹ Dentro de pouco tempo o mundo não me verá mais; vocês, porém, me verão. Porque eu vivo, vocês também viverão. ²⁰ Naquele dia, compreenderão que estou em meu Pai, vocês em mim, e eu em vocês. ²¹ Quem tem os meus mandamentos e lhes obedece, esse é o que me ama. Aquele que me ama será amado por meu Pai, e eu também o amarei e me revelarei a ele".

14.15-17 Lembremo-nos de que esta cena ainda pertence ao quadro do Antigo Testamento. O Novo Testamento começa com o selo do sangue de Cristo. No Antigo Testamento, o Espírito de Deus assistia as pessoas em suas necessidades. Já no Novo, após o derramamento do Pentecoste, o Espírito Santo passa a viver dentro do discípulo e não mais o acompanha. É o que aqui é prometido por Jesus e diz respeito a todos os aspectos da nossa vida, pois a transforma por completo.

²² Disse então Judas (não o Iscariotes): "Senhor, mas por que te revelarás a nós e não ao mundo?"

²³ Respondeu Jesus: "Se alguém me ama, obedecerá à minha palavra. Meu Pai o amará, nós viremos a ele e faremos morada nele. ²⁴ Aquele que não me ama não obedece às minhas palavras. Estas palavras que vocês estão ouvindo não são minhas; são de meu Pai que me enviou.

²⁵ "Tudo isso tenho dito enquanto ainda estou com vocês. ²⁶ Mas o Conselheiro, o Espírito Santo, que o Pai enviará em meu nome, ensinará a vocês todas as coisas e fará vocês lembrarem tudo o que eu disse. ²⁷ Deixo a paz a vocês; a minha paz dou a vocês. Não a dou como o mundo a dá. Não se perturbe o seu coração, nem tenham medo.

²⁸ "Vocês me ouviram dizer: Vou, mas volto para vocês. Se vocês me amassem, ficariam contentes porque vou para o Pai, pois o Pai é maior do que eu. ²⁹ Isso eu digo agora, antes que aconteça, para que, quando acontecer, vocês creiam. ³⁰ Já não falarei muito, pois o príncipe deste mundo está vindo. Ele não tem nenhum direito sobre mim. ³¹ Todavia é preciso que o mundo saiba que eu amo o Pai e que faço o que meu Pai me ordenou. Levantem-se, vamo-nos daqui!

A Videira e os Ramos

15 "Eu sou a videira verdadeira, e meu Pai é o agricultor. ² Todo ramo que, estando em mim, não dá fruto, ele corta; e todo que dá fruto ele poda[b], para que dê mais fruto ainda. ³ Vocês já estão limpos, pela palavra que tenho falado. ⁴ Permaneçam em mim, e eu permanecerei em vocês. Nenhum ramo pode dar fruto por si mesmo se não permanecer na videira. Vocês também não podem dar fruto se não permanecerem em mim.

⁵ "Eu sou a videira; vocês são os ramos. Se alguém permanecer em mim e eu nele, esse dará muito fruto; pois sem mim vocês não podem fazer coisa alguma. ⁶ Se alguém não permanecer em mim, será como o ramo que é jogado fora e seca. Tais ramos são apanhados, lançados ao fogo e queimados. ⁷ Se vocês permanecerem em mim, e as minhas palavras permanecerem em vocês, pedirão o que quiserem, e será concedido. ⁸ Meu Pai é glorificado pelo fato de

---

[a] 14.17 Alguns manuscritos dizem *está*.

[b] 15.2 O termo grego traduzido como *poda* também significa *limpa*.

vocês darem muito fruto; e assim serão meus discípulos.

⁹ "Como o Pai me amou, assim eu os amei; permaneçam no meu amor. ¹⁰ Se vocês obedecerem aos meus mandamentos, permanecerão no meu amor, assim como tenho obedecido aos mandamentos de meu Pai e em seu amor permaneço. ¹¹ Tenho dito estas palavras para que a minha alegria esteja em vocês e a alegria de vocês seja completa. ¹² O meu mandamento é este: Amem-se uns aos outros como eu os amei. ¹³ Ninguém tem maior amor do que aquele que dá a sua vida pelos seus amigos. ¹⁴ Vocês serão meus amigos, se fizerem o que eu ordeno. ¹⁵ Já não os chamo servos, porque o servo não sabe o que o seu senhor faz. Em vez disso, eu os tenho chamado amigos, porque tudo o que ouvi de meu Pai eu tornei conhecido a vocês. ¹⁶ Vocês não me escolheram, mas eu os escolhi para irem e darem fruto, fruto que permaneça, a fim de que o Pai conceda a vocês o que pedirem em meu nome. ¹⁷ Este é o meu mandamento: Amem-se uns aos outros.

 **15.17** O amor a Deus e o amor mútuo sempre aparecem nas Escrituras em forma de mandamento; nunca em forma de sentimento romântico. O amor verdadeiro é uma decisão da vontade, não um sentimento variável e passageiro que pode chegar a acabar por completo. Aqui está algo que necessitamos corrigir na sociedade atual.

O Mundo Odeia os Discípulos

¹⁸ "Se o mundo os odeia, tenham em mente que antes me odiou. ¹⁹ Se vocês pertencessem ao mundo, ele os amaria como se fossem dele. Todavia, vocês não são do mundo, mas eu os escolhi, tirando-os do mundo; por isso o mundo os odeia. ²⁰ Lembrem-se das palavras que eu disse: Nenhum escravo é maior do que o seu senhor.ᵃ Se me perseguiram, também perseguirão vocês. Se obedeceram à minha palavra, também obedecerão à de vocês. ²¹ Tratarão assim vocês por causa do meu nome, pois não conhecem aquele que me enviou. ²² Se eu não tivesse vindo e falado a vocês, não seriam culpados de pecado. Agora, contudo, eles não têm desculpa para o seu pecado. ²³ Aquele que me odeia, também odeia o meu Pai. ²⁴ Se eu não tivesse realizado no meio deles obras que ninguém mais fez, eles não seriam culpados de pecado. Mas agora eles as viram e odiaram a mim e a meu Pai. ²⁵ Mas isto aconteceu para se cumprir o que está escrito na Lei deles: 'Odiaram-me sem razão'ᵇ.

²⁶ "Quando vier o Conselheiro, que eu enviarei a vocês da parte do Pai, o Espírito da verdade que provém do Pai, ele testemunhará a meu respeito. ²⁷ E vocês também testemunharão, pois estão comigo desde o princípio.

16 "Eu tenho dito tudo isso para que vocês não venham a tropeçar. ² Vocês serão expulsos das sinagogas; de fato, virá o tempo quando quem os matar pensará que está prestando culto a Deus. ³ Farão essas coisas porque não conheceram nem o Pai, nem a mim. ⁴ Estou dizendo isto para que, quando chegar a hora, lembrem-se de que eu os avisei. Não disse isso a vocês no princípio, porque eu estava com vocês.

A Obra do Espírito Santo

⁵ "Agora que vou para aquele que me enviou, nenhum de vocês me pergunta: 'Para onde vais?' ⁶ Porque falei estas coisas, o coração de vocês encheu-se de tristeza. ⁷ Mas eu afirmo que é para o bem de vocês que eu vou. Se eu não for, o Conselheiro não virá para vocês; mas, se eu for, eu o enviarei. ⁸ Quando ele vier, convencerá o mundo do pecado, da justiça e do juízo. ⁹ Do pecado, porque os homens não creem em mim; ¹⁰ da justiça, porque vou para o Pai, e vocês não me verão mais; ¹¹ e do juízo, porque o príncipe deste mundo já está condenado.

¹² "Tenho ainda muito que dizer, mas vocês não o podem suportar agora. ¹³ Mas, quando o Espírito da verdade vier, ele os guiará a toda a verdade. Não falará de si mesmo; falará apenas o que ouvir, e anunciará a vocês o que está por vir. ¹⁴ Ele me glorificará, porque receberá do que é meu e o tornará conhecido a vocês. ¹⁵ Tudo o que pertence ao Pai é meu. Por isso eu disse que o Espírito receberá do que é meu e o tornará conhecido a vocês.

¹⁶ "Mais um pouco e já não me verão; um pouco mais, e me verão de novo".

ᵃ **15.20** Jo 13.16   ᵇ **15.25** Sl 35.19; 69.4

A Tristeza dos Discípulos Será Transformada em Alegria

¹⁷ Alguns dos seus discípulos disseram uns aos outros: "O que ele quer dizer com isso: 'Mais um pouco e não me verão'; e 'um pouco mais e me verão de novo', e 'porque vou para o Pai'?" ¹⁸ E perguntavam: "Que quer dizer 'um pouco mais'? Não entendemos o que ele está dizendo."

¹⁹ Jesus percebeu que desejavam interrogá-lo a respeito disso, pelo que lhes disse: "Vocês estão perguntando uns aos outros o que eu quis dizer quando falei: Mais um pouco e não me verão; um pouco mais e me verão de novo? ²⁰ Digo que certamente vocês chorarão e se lamentarão, mas o mundo se alegrará. Vocês se entristecerão, mas a tristeza de vocês se transformará em alegria. ²¹ A mulher que está dando à luz sente dores, porque chegou a sua hora; mas, quando o bebê nasce, ela esquece a angústia, por causa da alegria de ter vindo ao mundo. ²² Assim acontece com vocês: agora é hora de tristeza para vocês, mas eu os verei outra vez, e vocês se alegrarão, e ninguém tirará essa alegria de vocês. ²³ Naquele dia, vocês não me perguntarão mais nada. Eu asseguro que meu Pai dará a vocês tudo o que pedirem em meu nome. ²⁴ Até agora vocês não pediram nada em meu nome. Peçam e receberão, para que a alegria de vocês seja completa.

²⁵ "Embora eu tenha falado por meio de figuras, vem a hora em que não usarei mais esse tipo de linguagem, mas falarei abertamente a respeito de meu Pai. ²⁶ Nesse dia, vocês pedirão em meu nome. Não digo que pedirei ao Pai em favor de vocês, ²⁷ pois o próprio Pai os ama, porquanto vocês me amaram e creram que eu vim de Deus. ²⁸ Eu vim do Pai e entrei no mundo; agora deixo o mundo e volto para o Pai."

²⁹ Então os discípulos de Jesus disseram: "Agora estás falando claramente, e não por figuras. ³⁰ Agora podemos perceber que sabes todas as coisas e nem precisas que te façam perguntas. Por isso cremos que vieste de Deus."

³¹ Respondeu Jesus: "Agora vocês creem? ³² Aproxima-se a hora, e já chegou, quando vocês serão espalhados cada um para a sua casa. Vocês me deixarão sozinho. Mas eu não estou sozinho, pois meu Pai está comigo.

³³ "Eu disse essas coisas para que em mim vocês tenham paz. Neste mundo vocês terão aflições; contudo, tenham ânimo! Eu venci o mundo."

Jesus Ora por si mesmo

17 Depois de dizer isso, Jesus olhou para o céu e orou:

"Pai, chegou a hora. Glorifica o teu Filho, para que o teu Filho te glorifique. ² Pois lhe deste autoridade sobre toda a humanidade[a], para que conceda a vida eterna a todos os que lhe deste. ³ Esta é a vida eterna: que te conheçam, o único Deus verdadeiro, e a Jesus Cristo, a quem enviaste. ⁴ Eu te glorifiquei na terra, completando a obra que me deste para fazer. ⁵ E agora, Pai, glorifica-me junto a ti, com a glória que eu tinha contigo antes que o mundo existisse.

Jesus Ora por seus Discípulos

⁶ "Eu revelei teu nome àqueles que do mundo me deste. Eles eram teus; tu os deste a mim, e eles têm obedecido à tua palavra. ⁷ Agora eles sabem que tudo o que me deste vem de ti. ⁸ Pois eu lhes transmiti as palavras que me deste, e eles as aceitaram. Eles reconheceram de fato que vim de ti e creram que me enviaste. ⁹ Eu rogo por eles. Não estou rogando pelo mundo, mas por aqueles que me deste, pois são teus. ¹⁰ Tudo o que tenho é teu, e tudo o que tens é meu. E eu tenho sido glorificado por meio deles. ¹¹ Não ficarei mais no mundo, mas eles ainda estão no mundo, e eu vou para ti. Pai santo, protege-os em teu nome, o nome que me deste, para que sejam um, assim como somos um. ¹² Enquanto estava com eles, eu os protegi e os guardei no nome que me deste. Nenhum deles se perdeu, a não ser aquele que estava destinado à perdição[b], para que se cumprisse a Escritura.

¹³ "Agora vou para ti, mas digo estas coisas enquanto ainda estou no mundo, para que eles tenham a plenitude da minha alegria. ¹⁴ Dei-lhes a tua palavra, e o mundo os odiou, pois eles não são do mundo, como eu também não sou. ¹⁵ Não rogo que os tires do mundo, mas que os protejas do Maligno. ¹⁶ Eles não são do mundo, como eu também não sou. ¹⁷ Santifica-os na verdade; a tua palavra é a verdade. ¹⁸ Assim como me enviaste ao mundo, eu os enviei ao mundo. ¹⁹ Em favor deles eu me santifico, para que também eles sejam santificados pela verdade.

---

[a] **17.2** Grego: *carne*.
[b] **17.12** Grego: *a não ser o filho da perdição*.

17.14,15 Devemos continuar no mundo depois de nos tornar luz do mundo e sal da terra; não para que o mundo seja o nosso ponto de referência e orientação. É o Reino que deve influenciar o mundo, não o inverso.

Jesus Ora por Todos os Crentes

[20] "Minha oração não é apenas por eles. Rogo também por aqueles que crerão em mim, por meio da mensagem deles, [21] para que todos sejam um, Pai, como tu estás em mim e eu em ti. Que eles também estejam em nós, para que o mundo creia que tu me enviaste. [22] Dei-lhes a glória que me deste, para que eles sejam um, assim como nós somos um: [23] eu neles e tu em mim. Que eles sejam levados à plena unidade, para que o mundo saiba que tu me enviaste, e os amaste como igualmente me amaste.

[24] "Pai, quero que os que me deste estejam comigo onde eu estou e vejam a minha glória, a glória que me deste porque me amaste antes da criação do mundo.

[25] "Pai justo, embora o mundo não te conheça, eu te conheço, e estes sabem que me enviaste. [26] Eu os fiz conhecer o teu nome e continuarei a fazê-lo, a fim de que o amor que tens por mim esteja neles, e eu neles esteja".

Jesus é Preso

(Mt 26.47-56; Mc 14.43-50; Lc 22.47-53)

18 Tendo terminado de orar, Jesus saiu com os seus discípulos e atravessou o vale do Cedrom. Do outro lado havia um olival, onde entrou com eles.

[2] Ora, Judas, o traidor, conhecia aquele lugar, porque Jesus muitas vezes se reunira ali com os seus discípulos. [3] Então Judas foi para o olival, levando consigo um destacamento de soldados e alguns guardas enviados pelos chefes dos sacerdotes e fariseus, levando tochas, lanternas e armas.

[4] Jesus, sabendo tudo o que lhe ia acontecer, saiu e lhes perguntou: "A quem vocês estão procurando?"

[5] "A Jesus de Nazaré", responderam eles.

"Sou eu", disse Jesus.

(E Judas, o traidor, estava com eles.)

[6] Quando Jesus disse: "Sou eu", eles recuaram e caíram por terra.

18.6 O corpo do ser humano decaído não está capacitado para suportar a presença de Deus. Pela bondade e misericórdia de Deus, e porque fazia parte de seu plano, as palavras de Jesus "Sou eu" não custaram a vida dos que vinham em busca de Jesus para prendê-lo.

[7] Novamente lhes perguntou: "A quem procuram?"

E eles disseram: "A Jesus de Nazaré".

[8] Respondeu Jesus: "Já disse a vocês que sou eu. Se vocês estão me procurando, deixem ir embora estes homens". [9] Isso aconteceu para que se cumprissem as palavras que ele dissera: "Não perdi nenhum dos que me deste"[a].

[10] Simão Pedro, que trazia uma espada, tirou-a e feriu o servo do sumo sacerdote, decepando-lhe a orelha direita. (O nome daquele servo era Malco.)

[11] Jesus, porém, ordenou a Pedro: "Guarde a espada! Acaso não haverei de beber o cálice que o Pai me deu?"

Jesus é Levado a Anás

[12] Assim, o destacamento de soldados com o seu comandante e os guardas dos judeus prenderam Jesus. Amarraram-no [13] e o levaram primeiramente a Anás, que era sogro de Caifás, o sumo sacerdote naquele ano. [14] Caifás era quem tinha dito aos judeus que seria bom que um homem morresse pelo povo.

Pedro Nega Jesus

(Mt 26.69,70; Mc 14.66-68; Lc 22.54-57)

[15] Simão Pedro e outro discípulo estavam seguindo Jesus. Por ser conhecido do sumo sacerdote, este discípulo entrou com Jesus no pátio da casa do sumo sacerdote, [16] mas Pedro teve que ficar esperando do lado de fora da porta. O outro discípulo, que era conhecido do sumo sacerdote, voltou, falou com a moça encarregada da porta e fez Pedro entrar.

[17] Ela então perguntou a Pedro: "Você não é um dos discípulos desse homem?"

Ele respondeu: "Não sou".

[18] Fazia frio; os servos e os guardas estavam ao redor de uma fogueira que haviam feito

---

[a] **18.9** Jo 6.39

para se aquecerem. Pedro também estava em pé com eles, aquecendo-se.

O Sumo Sacerdote Interroga Jesus

¹⁹ Enquanto isso, o sumo sacerdote interrogou Jesus acerca dos seus discípulos e dos seus ensinamentos.

²⁰ Respondeu-lhe Jesus: "Eu falei abertamente ao mundo; sempre ensinei nas sinagogas e no templo, onde todos os judeus se reúnem. Nada disse em segredo. ²¹ Por que me interrogas? Pergunta aos que me ouviram. Certamente eles sabem o que eu disse".

²² Quando Jesus disse isso, um dos guardas que estava perto bateu-lhe no rosto. "Isso é jeito de responder ao sumo sacerdote?", perguntou ele.

²³ Respondeu Jesus: "Se eu disse algo de mal, denuncie o mal. Mas, se falei a verdade, por que me bateu?" ²⁴ Então, Anás enviou[a] Jesus, de mãos amarradas, a Caifás, o sumo sacerdote.

Pedro Nega Jesus Mais Duas Vezes
(Mt 26.71-75; Mc 14.69-72; Lc 22.58-62)

²⁵ Enquanto Simão Pedro estava se aquecendo, perguntaram-lhe: "Você não é um dos discípulos dele?"

Ele negou, dizendo: "Não sou".

²⁶ Um dos servos do sumo sacerdote, parente do homem cuja orelha Pedro cortara, insistiu: "Eu não o vi com ele no olival?" ²⁷ Mais uma vez Pedro negou, e no mesmo instante um galo cantou.

Jesus diante de Pilatos

²⁸ Em seguida, os judeus levaram Jesus da casa de Caifás para o Pretório[b]. Já estava amanhecendo e, para evitar contaminação cerimonial, os judeus não entraram no Pretório; pois queriam participar da Páscoa. ²⁹ Então Pilatos saiu para falar com eles e perguntou: "Que acusação vocês têm contra este homem?"

³⁰ Responderam eles: "Se ele não fosse criminoso, não o teríamos entregado a ti".

³¹ Pilatos disse: "Levem-no e julguem-no conforme a lei de vocês".

"Mas nós não temos o direito de executar ninguém", protestaram os judeus. ³² Isso aconteceu para que se cumprissem as palavras que Jesus tinha dito, indicando a espécie de morte que ele estava para sofrer.

³³ Pilatos então voltou para o Pretório, chamou Jesus e lhe perguntou: "Você é o rei dos judeus?"

³⁴ Perguntou-lhe Jesus: "Essa pergunta é tua, ou outros te falaram a meu respeito?"

³⁵ Respondeu Pilatos: "Acaso sou judeu? Foram o seu povo e os chefes dos sacerdotes que o entregaram a mim. Que foi que você fez?"

³⁶ Disse Jesus: "O meu Reino não é deste mundo. Se fosse, os meus servos lutariam para impedir que os judeus me prendessem. Mas agora o meu Reino não é daqui".

³⁷ "Então, você é rei!", disse Pilatos.

Jesus respondeu: "Tu dizes que sou rei. De fato, por esta razão nasci e para isto vim ao mundo: para testemunhar da verdade. Todos os que são da verdade me ouvem".

³⁸ "Que é a verdade?", perguntou Pilatos. Ele disse isso e saiu novamente para onde estavam os judeus, e disse: "Não acho nele motivo algum de acusação. ³⁹ Contudo, segundo o costume de vocês, devo libertar um prisioneiro por ocasião da Páscoa. Querem que eu solte 'o rei dos judeus'?"

⁴⁰ Eles, em resposta, gritaram: "Não, ele não! Queremos Barrabás!" Ora, Barrabás era um bandido.

Jesus é Condenado à Crucificação

19 Então Pilatos mandou açoitar Jesus. ² Os soldados teceram uma coroa de espinhos e a puseram na cabeça dele. Vestiram-no com uma capa de púrpura, ³ e, chegando-se a ele, diziam: "Salve, rei dos judeus!" E batiam-lhe no rosto.

⁴ Mais uma vez, Pilatos saiu e disse aos judeus: "Vejam, eu o estou trazendo a vocês, para que saibam que não acho nele motivo algum de acusação". ⁵ Quando Jesus veio para fora, usando a coroa de espinhos e a capa de púrpura, disse-lhes Pilatos: "Eis o homem!"

⁶ Ao vê-lo, os chefes dos sacerdotes e os guardas gritaram: "Crucifica-o! Crucifica-o!"

Mas Pilatos respondeu: "Levem-no vocês e crucifiquem-no. Quanto a mim, não encontro base para acusá-lo".

⁷ Os judeus insistiram: "Temos uma lei e, de acordo com essa lei, ele deve morrer, porque se declarou Filho de Deus".

⁸ Ao ouvir isso, Pilatos ficou ainda mais amedrontado ⁹ e voltou para dentro do palácio.

---

[a] **18.24** Ou *Ora, Anás havia enviado*
[b] **18.28** Residência oficial do governador romano; também no versículo 33.

Então perguntou a Jesus: "De onde você vem?", mas Jesus não lhe deu resposta. ¹⁰ "Você se nega a falar comigo?", disse Pilatos. "Não sabe que eu tenho autoridade para libertá-lo e para crucificá-lo?"

¹¹ Jesus respondeu: "Não terias nenhuma autoridade sobre mim se esta não te fosse dada de cima. Por isso, aquele que me entregou a ti é culpado de um pecado maior".

¹² Daí em diante Pilatos procurou libertar Jesus, mas os judeus gritavam: "Se deixares esse homem livre, não és amigo de César. Quem se diz rei opõe-se a César".

¹³ Ao ouvir isso, Pilatos trouxe Jesus para fora e sentou-se na cadeira de juiz, num lugar conhecido como Pavimento de Pedra (que em aramaico é Gábata). ¹⁴ Era o Dia da Preparação na semana da Páscoa, por volta das seis horas da manhã.ᵃ

"Eis o rei de vocês", disse Pilatos aos judeus. ¹⁵ Mas eles gritaram: "Mata! Mata! Crucifica-o!"

"Devo crucificar o rei de vocês?", perguntou Pilatos.

"Não temos rei, senão César", responderam os chefes dos sacerdotes.

¹⁶ Finalmente Pilatos o entregou a eles para ser crucificado.

A Crucificação
(Mt 27.32-44; Mc 15.21-32; Lc 23.26-43)

Então os soldados encarregaram-se de Jesus. ¹⁷ Levando a sua própria cruz, ele saiu para o lugar chamado Caveira (que em aramaico é chamado Gólgota). ¹⁸ Ali o crucificaram, e com ele dois outros, um de cada lado de Jesus.

19.17 A opinião mais difundida diz que o Calvário deve esse nome ao fato de ser um monte que, avistado de longe, tinha a imagem de uma caveira humana, ainda que os quatro Evangelhos apenas o definam como um "lugar". Sua localização exata tem sido motivo de discussão até hoje. A localização tradicional próxima ao sepulcro de Jesus procede das investigações feitas por Helena, a mãe do imperador Constantino, no século IV.

¹⁹ Pilatos mandou preparar uma placa e pregá-la na cruz, com a seguinte inscrição: JESUS NAZARENO, O REI DOS JUDEUS. ²⁰ Muitos dos judeus leram a placa, pois o lugar em que Jesus foi crucificado ficava próximo da cidade, e a placa estava escrita em aramaico, latim e grego. ²¹ Os chefes dos sacerdotes dos judeus protestaram junto a Pilatos: "Não escrevas 'O Rei dos Judeus', mas sim que esse homem se dizia rei dos judeus".

²² Pilatos respondeu: "O que escrevi, escrevi".

²³ Tendo crucificado Jesus, os soldados tomaram as roupas dele e as dividiram em quatro partes, uma para cada um deles, restando a túnica. Esta, porém, era sem costura, tecida numa única peça, de alto a baixo.

²⁴ "Não a rasguemos", disseram uns aos outros. "Vamos decidir por sorteio quem ficará com ela."

Isso aconteceu para que se cumprisse a Escritura que diz:

"Dividiram as minhas roupas entre si,
e tiraram sortes
pelas minhas vestes"ᵇ.

Foi o que os soldados fizeram.

²⁵ Perto da cruz de Jesus estavam sua mãe, a irmã dela, Maria, mulher de Clopas, e Maria Madalena. ²⁶ Quando Jesus viu sua mãe ali, e, perto dela, o discípulo a quem ele amava, disse à sua mãe: "Aí está o seu filho", ²⁷ e ao discípulo: "Aí está a sua mãe". Daquela hora em diante, o discípulo a recebeu em sua família.

A Morte de Jesus
(Mt 27.45-56; Mc 15.33-41; Lc 23.44-49)

²⁸ Mais tarde, sabendo então que tudo estava concluído, para que a Escritura se cumprisse, Jesus disse: "Tenho sede". ²⁹ Estava ali uma vasilha cheia de vinagre. Então embeberam uma esponja nela, colocaram a esponja na ponta de um caniço de hissopo e a ergueram até os lábios de Jesus. ³⁰ Tendo-o provado, Jesus disse: "Está consumado!" Com isso, curvou a cabeça e entregou o espírito.

³¹ Era o Dia da Preparação e o dia seguinte seria um sábado especialmente sagrado. Como não queriam que os corpos permanecessem na cruz durante o sábado, os judeus pediram a Pilatos que mandasse quebrar as pernas dos

---

ᵃ **19.14** Conforme o sistema oficial romano.

ᵇ **19.24** Sl 22.18

19.36 Veja Êxodo 12.46 e Números 9.12, que falam do cordeiro pascal, símbolo de Jesus Cristo; leia também Salmos 34.20.

19.37 Veja Zacarias 12.10 e Apocalipse 1.7.

crucificados e retirar os corpos. ³² Vieram, então, os soldados e quebraram as pernas do primeiro homem que fora crucificado com Jesus e, em seguida, as do outro. ³³ Mas, quando chegaram a Jesus, constatando que já estava morto, não lhe quebraram as pernas. ³⁴ Em vez disso, um dos soldados perfurou o lado de Jesus com uma lança, e logo saiu sangue e água. ³⁵ Aquele que o viu, disso deu testemunho, e o seu testemunho é verdadeiro. Ele sabe que está dizendo a verdade, e dela testemunha para que vocês também creiam. ³⁶ Estas coisas aconteceram para que se cumprisse a Escritura: "Nenhum dos seus ossos será quebrado"ᵃ, ³⁷ e, como diz a Escritura noutro lugar: "Olharão para aquele que traspassaram"ᵇ.

O Sepultamento de Jesus
(Mt 27.57-61; Mc 15.42-47; Lc 23.50-56)

³⁸ Depois disso José de Arimateia pediu a Pilatos o corpo de Jesus. José era discípulo de Jesus, mas o era secretamente, porque tinha medo dos judeus. Com a permissão de Pilatos, veio e levou embora o corpo. ³⁹ Ele estava acompanhado de Nicodemos, aquele que antes tinha visitado Jesus à noite. Nicodemos levou cerca de trinta e quatro quilosᶜ de uma mistura de mirra e aloés. ⁴⁰ Tomando o corpo de Jesus, os dois o envolveram em faixas de linho, com as especiarias, de acordo com os costumes judaicos de sepultamento. ⁴¹ No lugar onde Jesus foi crucificado havia um jardim; e no jardim, um sepulcro novo, onde ninguém jamais fora colocado. ⁴² Por ser o Dia da Preparação dos judeus, e visto que o sepulcro ficava perto, colocaram Jesus ali.

A Ressurreição
(Mt 28.1-10; Mc 16.1-8; Lc 24.1-12)

20 No primeiro dia da semana, bem cedo, estando ainda escuro, Maria Madalena chegou ao sepulcro e viu que a pedra da entrada tinha sido removida. ² Então correu ao encontro de Simão Pedro e do outro discípulo, aquele a quem Jesus amava, e disse: "Tiraram o Senhor do sepulcro, e não sabemos onde o colocaram!"

³ Pedro e o outro discípulo saíram e foram para o sepulcro. ⁴ Os dois corriam, mas o outro discípulo foi mais rápido que Pedro e chegou primeiro ao sepulcro. ⁵ Ele se curvou e olhou para dentro, viu as faixas de linho ali, mas não entrou. ⁶ A seguir, Simão Pedro, que vinha atrás dele, chegou, entrou no sepulcro e viu as faixas de linho, ⁷ bem como o lenço que estivera sobre a cabeça de Jesus. Ele estava dobrado à parte, separado das faixas de linho. ⁸ Depois o outro discípulo, que chegara primeiro ao sepulcro, também entrou. Ele viu e creu. ⁹ (Eles ainda não haviam compreendido que, conforme a Escritura, era necessário que Jesus ressuscitasse dos mortos.)

Jesus Aparece a Maria Madalena

¹⁰ Os discípulos voltaram para casa. ¹¹ Maria, porém, ficou à entrada do sepulcro, chorando. Enquanto chorava, curvou-se para olhar dentro do sepulcro ¹² e viu dois anjos vestidos de branco, sentados onde estivera o corpo de Jesus, um à cabeceira e o outro aos pés.

¹³ Eles lhe perguntaram: "Mulher, por que você está chorando?"

"Levaram embora o meu Senhor", respondeu ela, "e não sei onde o puseram". ¹⁴ Nisso ela se voltou e viu Jesus ali, em pé, mas não o reconheceu.

¹⁵ Disse ele: "Mulher, por que está chorando? Quem você está procurando?"

Pensando que fosse o jardineiro, ela disse: "Se o senhor o levou embora, diga-me onde o colocou, e eu o levarei".

¹⁶ Jesus lhe disse: "Maria!"

Então, voltando-se para ele, Maria exclamou em aramaico: "Rabôni!" (que significa "Mestre!").

¹⁷ Jesus disse: "Não me segure, pois ainda não voltei para o Pai. Vá, porém, a meus irmãos e diga-lhes: Estou voltando para meu Pai e Pai de vocês, para meu Deus e Deus de vocês".

¹⁸ Maria Madalena foi e anunciou aos discípulos: "Eu vi o Senhor!" E contou o que ele lhe dissera.

ᵃ **19.36** Êx 12.46; Nm 9.12; Sl 34.20
ᵇ **19.37** Zc 12.10
ᶜ **19.39** Grego: *100 litras*. A litra era uma medida de capacidade de cerca de um terço de litro.

Jesus Aparece aos Discípulos
(Lc 24.36-49)

¹⁹ Ao cair da tarde daquele primeiro dia da semana, estando os discípulos reunidos a portas trancadas, por medo dos judeus, Jesus entrou, pôs-se no meio deles e disse: "Paz seja com vocês!" ²⁰ Tendo dito isso, mostrou-lhes as mãos e o lado. Os discípulos alegraram-se quando viram o Senhor.

²¹ Novamente Jesus disse: "Paz seja com vocês! Assim como o Pai me enviou, eu os envio". ²² E com isso, soprou sobre eles e disse: "Recebam o Espírito Santo. ²³ Se perdoarem os pecados de alguém, estarão perdoados; se não os perdoarem, não estarão perdoados".

Jesus Aparece a Tomé

²⁴ Tomé, chamado Dídimo, um dos Doze, não estava com os discípulos quando Jesus apareceu. ²⁵ Os outros discípulos lhe disseram: "Vimos o Senhor!" Mas ele lhes disse: "Se eu não vir as marcas dos pregos nas suas mãos, não colocar o meu dedo onde estavam os pregos e não puser a minha mão no seu lado, não crerei".

²⁶ Uma semana mais tarde, os seus discípulos estavam outra vez ali, e Tomé com eles. Apesar de estarem trancadas as portas, Jesus entrou, pôs-se no meio deles e disse: "Paz seja com vocês!" ²⁷ E Jesus disse a Tomé: "Coloque o seu dedo aqui; veja as minhas mãos. Estenda a mão e coloque-a no meu lado. Pare de duvidar e creia".

²⁸ Disse-lhe Tomé: "Senhor meu e Deus meu!"
²⁹ Então Jesus lhe disse: "Porque me viu, você creu? Felizes os que não viram e creram".

³⁰ Jesus realizou na presença dos seus discípulos muitos outros sinais milagrosos, que não estão registrados neste livro. ³¹ Mas estes foram escritos para que vocês creiam[a] que Jesus é o Cristo, o Filho de Deus e, crendo, tenham vida em seu nome.

Jesus e a Pesca Maravilhosa

21 Depois disso Jesus apareceu novamente aos seus discípulos, à margem do mar de Tiberíades[b]. Foi assim: ² Estavam juntos Simão Pedro; Tomé, chamado Dídimo; Natanael, de Caná da Galileia; os filhos de Zebedeu; e dois outros discípulos. ³ "Vou pescar", disse-lhes Simão Pedro. E eles disseram: "Nós vamos com você". Eles foram e entraram no barco, mas naquela noite não pegaram nada.

20.31 Evangelização (iniciada em Romanos 3.23; p. 1199): Este é o motivo central das Escrituras para o discípulo: crer com maior firmeza e com segurança inabalável que Jesus é o Cristo, o Filho de Deus, o Salvador cujo nome nos dá vida para que não sejamos levados por nenhum tipo de "vento de doutrina" (Efésios 4.14). Aqui temos a definição que, tempo depois, daria lugar ao símbolo do peixe na igreja primitiva. A palavra grega *Ichtys* ou *Ichtus* (do grego antigo ἰχθύς, em maiúsculas ΙΧΘΥΣ ou ΙΧΘΥC), formada com as iniciais de *Iesous Christos Theou Yios Soter* (Jesus Cristo, Filho de Deus, Salvador), quer dizer "peixe".
Texto anterior: Marcos 16.16
Próximo texto: Mateus 5.16

⁴ Ao amanhecer, Jesus estava na praia, mas os discípulos não o reconheceram.
⁵ Ele lhes perguntou: "Filhos, vocês têm algo para comer?"
Eles responderam que não.
⁶ Ele disse: "Lancem a rede do lado direito do barco e vocês encontrarão". Eles a lançaram e não conseguiam recolher a rede, tal era a quantidade de peixes.
⁷ O discípulo a quem Jesus amava disse a Pedro: "É o Senhor!" Simão Pedro, ouvindo-o dizer isso, vestiu a capa, pois a havia tirado, e lançou-se ao mar. ⁸ Os outros discípulos vieram no barco, arrastando a rede cheia de peixes, pois estavam apenas a cerca de noventa metros[c] da praia. ⁹ Quando desembarcaram, viram ali uma fogueira, peixe sobre brasas e um pouco de pão.
¹⁰ Disse-lhes Jesus: "Tragam alguns dos peixes que acabaram de pescar".
¹¹ Simão Pedro entrou no barco e arrastou a rede para a praia. Ela estava cheia: tinha cento e cinquenta e três grandes peixes. Embora houvesse tantos peixes, a rede não se rompeu.
¹² Jesus lhes disse: "Venham comer".[d] Nenhum dos discípulos tinha coragem de lhe perguntar: "Quem és tu?" Sabiam que era o Senhor. ¹³ Jesus aproximou-se, tomou o pão e o deu a eles, fazendo o mesmo com o peixe. ¹⁴ Esta foi a

---

[a] **20.31** Alguns manuscritos dizem *continuem a crer*.
[b] **21.1** Isto é, o mar da Galileia.
[c] **21.8** Grego: *200 côvados*. O côvado era uma medida linear de cerca de 45 centímetros.
[d] **21.12** Grego: *"Tomem o desjejum"*.

terceira vez que Jesus apareceu aos seus discípulos, depois que ressuscitou dos mortos.

Jesus Restaura Pedro

¹⁵ Depois de comerem, Jesus perguntou a Simão Pedro: "Simão, filho de João, você me ama mais do que estes?"

Disse ele: "Sim, Senhor, tu sabes que te amo".

Disse Jesus: "Cuide dos meus cordeiros".

¹⁶ Novamente Jesus disse: "Simão, filho de João, você me ama?"

Ele respondeu: "Sim, Senhor, tu sabes que te amo".

Disse Jesus: "Pastoreie as minhas ovelhas".

¹⁷ Pela terceira vez, ele lhe disse: "Simão, filho de João, você me ama?"

Pedro ficou magoado por Jesus lhe ter perguntado pela terceira vez "Você me ama?" e lhe disse: "Senhor, tu sabes todas as coisas e sabes que te amo".

Disse-lhe Jesus: "Cuide das minhas ovelhas.
¹⁸ Digo a verdade: Quando você era mais jovem, vestia-se e ia para onde queria; mas, quando for velho, estenderá as mãos e outra pessoa o vestirá e o levará para onde você não deseja ir".
¹⁹ Jesus disse isso para indicar o tipo de morte com a qual Pedro iria glorificar a Deus. E então lhe disse: "Siga-me!"

²⁰ Pedro voltou-se e viu que o discípulo a quem Jesus amava os seguia. (Este era o que estivera ao lado de Jesus durante a ceia e perguntara: "Senhor, quem te irá trair?") ²¹ Quando Pedro o viu, perguntou: "Senhor, e quanto a ele?"

²² Respondeu Jesus: "Se eu quiser que ele permaneça vivo até que eu volte, o que importa? Quanto a você, siga-me!". ²³ Foi por isso que se espalhou entre os irmãos o rumor de que aquele discípulo não iria morrer. Mas Jesus não disse que ele não iria morrer; apenas disse: "Se eu quiser que ele permaneça vivo até que eu volte, o que importa?"

²⁴ Este é o discípulo que dá testemunho dessas coisas e que as registrou. Sabemos que o seu testemunho é verdadeiro.

²⁵ Jesus fez também muitas outras coisas. Se cada uma delas fosse escrita, penso que nem mesmo no mundo inteiro haveria espaço suficiente para os livros que seriam escritos.

21.24,25 Ao que parece, João considerou necessário acrescentar estas expressões a seu Evangelho e quis finalizá-lo reafirmando a declaração anterior sobre a obra e o ministério terreno de Jesus.
Não devemos esquecer de que o autor deste livro é o "discípulo a quem Jesus amava" (leia também João 20.30,31).

ATOS DOS APÓSTOLOS

Introdução ao livro de
ATOS DOS APÓSTOLOS

Autor e data de composição

Este livro é o segundo da coleção de dois volumes que faz parelha com o evangelho de Lucas. Também é dedicado a Teófilo, talvez um alto funcionário do império. A existência de trechos em que o escritor fala na primeira pessoa do plural indica que Lucas fazia parte da equipe de colaboradores de Paulo. O livro parece não ter um final, como se indicasse que a tarefa encomendada por Cristo ainda está inacabada e, portanto, cabe a nós. Pelos últimos versículos do livro, deduzimos que tenha sido escrito durante o período da prisão domiciliar de Paulo em Roma (ano 62), ou pouco depois, e antes que tivesse início a perseguição sanguinária aos cristãos (ano 64) pelo então imperador Nero, diante de quem Paulo compareceu em algum momento, conforme lhe garantia o direito de cidadão romano. A data da decapitação de Paulo, após seu segundo aprisionamento, foi fixada no ano 68, dois anos antes da destruição de Jerusalém e do templo (ano 70).

ESBOÇO GERAL

Primeira parte: os discípulos, testemunhas de Jesus em Jerusalém (1—7)
  I. A dedicatória (1.1,2)
  II. A promessa do Pai, a ascensão de Jesus e a espera da promessa (1.3-14)
  III. Matias completa o grupo dos apóstolos (1.15-26)
  IV. A vinda do Espírito Santo no dia de Pentecoste (2.1-13)
  V. O discurso profético de Pedro e seus resultados (2.14-47)
  VI. A cura de um aleijado de nascença na porta do templo chamada Formosa (3.1-10)
  VII. Pedro aproveita para evangelizar a multidão reunida por causa do milagre (3.11-26)
  VIII. Pedro e João são levados ao Sinédrio (4.1-31)
  IX. O amor mútuo manifesto nas atitudes dos primeiros discípulos (4.32-37)
  X. O perigo de mentir a Deus: Ananias e Safira (5.1-11)
  XI. Sinais e maravilhas; Pedro e João sofrem nas mãos dos líderes religiosos (5.12-42)
  XII. A escolha dos sete líderes dos judeus de fala grega na igreja (6.1-7)
  XIII. Estêvão, o mártir de Cristo (6.8—7.60)

Segunda parte: Os discípulos, testemunhas de Jesus na Judeia e Samaria (8—12)
  I. Saulo persegue a igreja (8.1-3)
  II. Os dispersos anunciam a palavra pela Judeia e Samaria; Filipe em Samaria (8.4-25)
  III. Filipe e o etíope, tesoureiro da rainha da Etiópia (8.26-40)
  IV. O encontro de Saulo com Jesus no caminho de Damasco e suas consequências (9.1-25)
  V. O encontro de Saulo em Jerusalém com os apóstolos, graças a Barnabé (9.26-31)
  VI. Pedro cura Eneias em Lida e ressuscita Tabita em Jope (9.32-43)
  VII. A visão tríplice de Pedro em Jope e o derramamento do Espírito na casa do centurião Cornélio (10)
  VIII. O relato de Pedro à igreja de Jerusalém sobre o que havia acontecido na casa de Cornélio (11.1-18)
  IX. A igreja começa seu ministério em Antioquia da Síria (11.19-30)

X. Herodes Agripa I manda decapitar Tiago, irmão de João, e prender Pedro (12.1-5)
XI. Um anjo liberta Pedro da prisão (12.6-19)
XII. A terrível morte de Herodes Agripa I (12.20-25)

Terceira parte: Os discípulos, testemunhas de Jesus até os confins da terra (13—28)
I. A primeira viagem missionária de Barnabé e Saulo (Paulo): Chipre, Antioquia da Pisídia, Icônio, Listra e Derbe; o retorno para Antioquia da Síria (13—14)
II. O Concílio de Jerusalém (15.1-35)
III. A segunda viagem missionária de Paulo, primeiro sozinho; depois com Silas e Timóteo: a ajuda à Macedônia, na Europa (15.36—16.10)
IV. Paulo e Silas na prisão em Filipos (16.11-40)
V. Continuação da segunda viagem missionária: Tessalônica, Bereia, Atenas e Corinto (17.1—18.21)
VI. Paulo retorna a Antioquia e começa sua terceira viagem missionária: Éfeso, Macedônia e Grécia (18.22—20.6)
VII. A despedida em Trôade e a ressurreição de Êutico; a despedida em Mileto (20.7-38)
VIII. A viagem de Paulo a Jerusalém; as advertências do profeta Ágabo (21.1-16)
IX. Paulo é preso no templo e faz um discurso em aramaico ao povo (21.17—22.21)
X. Paulo é posto em liberdade, é levado ao Sinédrio; os judeus conspiram para matar Paulo, e ele é transferido para Cesareia (22.22—23.35)
XI. Paulo se defende diante do governador romano e apela para César (24.1—25.12)
XII. Paulo se defende diante do rei Agripa e sua mulher e procura converter o rei (25.13—26.32)
XIII. A viagem para Roma, o naufrágio, a chegada à ilha de Malta, em seguida a Siracusa e Roma (27.1—28.16)
XIV. Paulo prega em Roma, sob prisão domiciliar (28.17-31)

Versículo-chave
1.8

Tema geral do livro
O título "Atos dos Apóstolos" pode dar a impressão de que encontraremos detalhes sobre o ministério dos Doze neste livro. Na realidade, foi incluído posteriormente e centra-se muito mais no ministério de dois apóstolos de maior destaque: Pedro, um dos líderes entre os 12 discípulos escolhidos por Cristo, e Paulo, apóstolo de Jesus Cristo com um chamamento especial posterior. Por ter uma mensagem e um conteúdo que servem de guia para a vida da Igreja, com as devidas contextualizações para os tempos modernos, um grande número de especialistas propôs ao livro um nome mais longo, embora preciso: "Os Atos do Espírito Santo na Igreja e por meio dela no mundo".

Aqui se encontra uma lista dos Doze, ou, na verdade, 13, uma vez que são incluídos Judas Iscariotes e Matias, eleito para ocupar o posto daquele. Nessa lista, aparece como cada um deles deu testemunho de Jesus Cristo com a própria vida em lugares muito distantes, segundo as tradições cristãs mais antigas.

No livro de Atos, Jesus é...
... o Salvador do mundo (2.22-24).

Versículos-chave para o discípulo
2.38,39

O discípulo e Atos

Caro discípulo, nunca perca de vista que o livro de Atos é Palavra de Deus, não simples história para satisfazer curiosidades sobre o início da Igreja. É a igreja apostólica, que acabava de sair das mãos de seu Mestre, e dominada pela presença contínua do Espírito Santo de Deus que dirigia o rumo de sua história. O que para alguns pode parecer desorganização é muito mais adaptação e flexibilidade dentro de alguns princípios básicos. A Igreja da era apostólica tem muito o que nos ensinar — tanto com seus erros quanto com seus acertos, mas, sobretudo, com a persistência que demonstrou ter em buscar a presença e a direção do Espírito Santo.

Pedro e João estiveram com um aleijado de nascença que pedia esmolas na porta do templo, de nome Formosa, e Pedro lhe disse em nome de ambos: " 'Não tenho prata nem ouro, mas o que tenho, isto lhe dou. Em nome de Jesus Cristo, o Nazareno, ande' " (3.6). Pode-se dizer da igreja atual a mesma coisa, ou exatamente o contrário? No último caso, indicaria que nela o fogo da paixão por Jesus e pelo Espírito Santo está bastante fraco ou completamente apagado.

Caro discípulo, busque a comunhão íntima e profunda com Jesus. Procure fazer parte de uma igreja local em que sempre haja sede sincera por Deus e você viverá em um ambiente sobrenatural assim como estiveram os nossos irmãos da igreja nascente. Segundo alguns historiadores, que não podem ser chamados exatamente de cristãos, a Igreja teria conquistado o mundo inteiro para Cristo já no ano 300 se tivesse permanecido com a mesma paixão por Jesus e a mesma vontade de buscar mais da parte de Deus.

ESBOÇO GERAL

ATOS DOS APÓSTOLOS

A Ascensão de Jesus

1 Em meu livro anterior, Teófilo, escrevi a respeito de tudo o que Jesus começou a fazer e a ensinar, ² até o dia em que foi elevado aos céus, depois de ter dado instruções por meio do Espírito Santo aos apóstolos que havia escolhido. ³ Depois do seu sofrimento, Jesus apresentou-se a eles e deu-lhes muitas provas indiscutíveis de que estava vivo. Apareceu-lhes por um período de quarenta dias falando-lhes acerca do Reino de Deus. ⁴ Certa ocasião, enquanto comia com eles, deu-lhes esta ordem: "Não saiam de Jerusalém, mas esperem pela promessa de meu Pai, da qual falei a vocês. ⁵ Pois João batizou com[a] água, mas dentro de poucos dias vocês serão batizados com o Espírito Santo".

⁶ Então os que estavam reunidos lhe perguntaram: "Senhor, é neste tempo que vais restaurar o reino a Israel?"

⁷ Ele lhes respondeu: "Não compete a vocês saber os tempos ou as datas que o Pai estabeleceu pela sua própria autoridade. ⁸ Mas receberão poder quando o Espírito Santo descer sobre vocês, e serão minhas testemunhas em Jerusalém, em toda a Judeia e Samaria, e até os confins da terra".

⁹ Tendo dito isso, foi elevado às alturas enquanto eles olhavam, e uma nuvem o encobriu da vista deles. ¹⁰ E eles ficaram com os olhos fixos no céu enquanto ele subia. De repente surgiram diante deles dois homens vestidos de branco, ¹¹ que lhes disseram: "Galileus, por que vocês estão olhando para o céu? Este mesmo Jesus, que dentre vocês foi elevado aos céus, voltará da mesma forma como o viram subir".

1.7,8 Jesus havia prometido que não nos deixaria órfãos. Aqui ele se prepara para cumprir tal promessa, que também é a promessa do Pai (v. 4). O Espírito Santo desceria sobre seus discípulos, não para que atuassem como em um grande espetáculo, mas para que tivessem as forças necessárias a fim de dar testemunho de Jesus até os confins da terra, mesmo que isso lhes custasse a própria vida.

1.8 Discipulado (iniciado em Romanos 10.14,15): O poder do Espírito Santo não deve ser usado com o objetivo de surpreender ou subjugar, e sim servir, evangelizar e discipular. Com tal poder, seremos capazes de chegar até os confins da terra, a fim de levar a mensagem da salvação em Jesus Cristo aos que nunca a ouviram e aos que, pelo mau testemunho de outros cristãos ou maldade dos inimigos de Cristo, têm um falso conceito do Mestre, o que os leva a permanecer nas trevas. Sem o Espírito Santo, nunca poderemos romper tais trevas, tirar-lhes a venda dos olhos nem conduzi-los ao Reino da luz de Deus.
Texto anterior: Lucas 24.45-49
Próximo texto: Isaías 52.7

A Escolha de Matias

¹² Então eles voltaram para Jerusalém, vindo do monte chamado das Oliveiras, que fica perto da cidade, cerca de um quilômetro[b]. ¹³ Quando chegaram, subiram ao aposento onde estavam hospedados. Achavam-se presentes Pedro, João, Tiago e André; Filipe, Tomé, Bartolomeu e Mateus; Tiago, filho de Alfeu, Simão, o zelote, e Judas, filho de Tiago. ¹⁴ Todos eles se reuniam sempre em oração, com as mulheres, inclusive Maria, a mãe de Jesus, e com os irmãos dele.

¹⁵ Naqueles dias Pedro levantou-se entre os irmãos, um grupo de cerca de cento e vinte pessoas, ¹⁶ e disse: "Irmãos, era necessário que se cumprisse a Escritura que o Espírito Santo predisse por boca de Davi, a respeito de Judas, que serviu de guia aos que prenderam Jesus. ¹⁷ Ele foi contado como um dos nossos e teve participação neste ministério".

¹⁸ (Com a recompensa que recebeu pelo seu pecado, Judas comprou um campo. Ali caiu de cabeça, seu corpo partiu-se ao meio, e as suas vísceras se derramaram. ¹⁹ Todos em Jerusalém ficaram sabendo disso, de modo que, na língua

---

[a] **1.5** Ou *em*

[b] **1.12** Grego: *à distância da caminhada de um sábado.*

 **1.20** Veja Salmos 69.25 e 109.8.

deles, esse campo passou a chamar-se Aceldama, isto é, Campo de Sangue.)

²⁰ "Porque", prosseguiu Pedro, "está escrito no Livro de Salmos:

" 'Fique deserto o seu lugar,
e não haja ninguém
que nele habite'ª;

e ainda:

" 'Que outro ocupe o seu lugar'ᵇᶜ.

²¹ Portanto, é necessário que escolhamos um dos homens que estiveram conosco durante todo o tempo em que o Senhor Jesus viveu entre nós, ²² desde o batismo de João até o dia em que Jesus foi elevado dentre nós às alturas. É preciso que um deles seja conosco testemunha de sua ressurreição."

²³ Então indicaram dois nomes: José, chamado Barsabás, também conhecido como Justo, e Matias. ²⁴ Depois oraram: "Senhor, tu conheces o coração de todos. Mostra-nos qual destes dois tens escolhido ²⁵ para assumir este ministério apostólico que Judas abandonou, indo para o lugar que lhe era devido". ²⁶ Então tiraram sortes, e a sorte caiu sobre Matias; assim, ele foi acrescentado aos onze apóstolos.

A Vinda do Espírito Santo no Dia de Pentecoste

2 Chegando o dia de Pentecoste, estavam todos reunidos num só lugar. ² De repente veio do céu um som, como de um vento muito forte, e encheu toda a casa na qual estavam assentados. ³ E viram o que parecia línguas de fogo, que se separaram e pousaram sobre cada um deles. ⁴ Todos ficaram cheios do Espírito Santo e começaram a falar noutras línguas, conforme o Espírito os capacitava.

O PREÇO DO TESTEMUNHO DOS PRIMEIROS APÓSTOLOS DE CRISTO, SEGUNDO AS TRADIÇÕES MAIS ANTIGAS DA IGREJA	
Tiago, o mais velho (ou o maior) e irmão de João, filho de Zebedeu	O primeiro a morrer, decapitado em Jerusalém no ano 44.
Tiago, o mais jovem (ou o menor) e filho de Alfeu	Martirizado em Jerusalém. Lançado da torre do templo por escribas e fariseus; em seguida, foi apedrejado e teve o crânio despedaçado por um garrote.
João, filho de Zebedeu e irmão de Tiago	Morreu de morte natural na ilha de Patmos, onde foi exilado depois de ter sido submerso num anfiteatro em Roma em uma caldeira de azeite fervente que não lhe fez nenhum mal. Segundo a tradição, a plateia inteira converteu-se ao cristianismo depois de assistir a tamanho milagre.
Judas Tadeu	Foi morto por estrangulamento e depois decapitado com um machado na Pérsia.
Judas Iscariotes, filho de Simão	Suicidou-se, pendurando-se numa árvore nos arredores de Jerusalém.
Pedro, irmão de André	Crucificado de cabeça para baixo em Roma, no ano 67.
Filipe	Enforcado perto de Cartago.
Mateus ou Levi, filho de Alfeu	Morto a punhaladas na Etiópia.
André, irmão de Pedro	Crucificado na Grécia em uma cruz com formato de "X".
Bartolomeu ou Natanael	Esfolado vivo na Armênia.
Simão, o zelote	Morto a golpes e depois cortado em pedaços na Pérsia.
Tomé, chamado Dídimo	Morto a golpes de lança na Índia.
Matias	Crucificado na cidade costeira de Poti, atual República da Geórgia.

ª **1.20** Sl 69.25
ᵇ **1.20** Grego: *episcopado*. Palavra que descreve a função pastoral.
ᶜ **1.20** Sl 109.8

2.1 Não apenas unidos fisicamente, mas também em unidade. Todos os 120 centrados no Senhor e esperando, confiados na promessa que Jesus havia feito.

⁵ Havia em Jerusalém judeus, devotos a Deus, vindos de todas as nações do mundo. ⁶ Ouvindo-se o som, ajuntou-se uma multidão que ficou perplexa, pois cada um os ouvia falar em sua própria língua. ⁷ Atônitos e maravilhados, eles perguntavam: "Acaso não são galileus todos estes homens que estão falando? ⁸ Então, como os ouvimos, cada um de nós, em nossa própria língua materna? ⁹ Partos, medos e elamitas; habitantes da Mesopotâmia, Judeia e Capadócia, do Ponto e da província da Ásia, ¹⁰ Frígia e Panfília, Egito e das partes da Líbia próximas a Cirene; visitantes vindos de Roma, ¹¹ tanto judeus como convertidos ao judaísmo; cretenses e árabes. Nós os ouvimos declarar as maravilhas de Deus em nossa própria língua!" ¹² Atônitos e perplexos, todos perguntavam uns aos outros: "Que significa isto?"

¹³ Alguns outros, todavia, zombavam e diziam: "Eles beberam vinho demais".

A Pregação de Pedro

¹⁴ Então Pedro levantou-se com os Onze e, em alta voz, dirigiu-se à multidão: "Homens da Judeia e todos os que vivem em Jerusalém, deixem-me explicar isto! Ouçam com atenção: ¹⁵ estes homens não estão bêbados, como vocês supõem. Ainda são nove horas da manhã!ᵃ ¹⁶ Ao contrário, isto é o que foi predito pelo profeta Joel:

2.8-11 Aqui são mencionadas 15 diferentes línguas. O fato de estar sendo celebrada a festa de Pentecoste era motivo de se reunir em Jerusalém um número considerável de judeus e prosélitos de todos os lugares então conhecidos. Segundo os historiadores da época, a população de Jerusalém multiplicava-se dez vezes nessas ocasiões.

2.16-21 Veja Joel 2.28-32.

¹⁷ " 'Nos últimos dias, diz Deus,
derramarei do meu Espírito sobre todos
  os povos.
Os seus filhos e as suas filhas profetizarão,
  os jovens terão visões,
  os velhos terão sonhos.
¹⁸ Sobre os meus servos
  e as minhas servasᵇ
derramarei do meu Espírito naqueles dias,
  e eles profetizarão.
¹⁹ Mostrarei maravilhas
  em cima, no céu,
e sinais em baixo, na terra:
  sangue, fogo
  e nuvens de fumaça.
²⁰ O sol se tornará em trevas
  e a lua em sangue,
antes que venha o grande
  e glorioso dia do Senhor.
²¹ E todo aquele que invocar
  o nome do Senhor
  será salvo!'ᶜ

²² "Israelitas, ouçam estas palavras: Jesus de Nazaré foi aprovado por Deus diante de vocês por meio de milagres, maravilhas e sinais que Deus fez entre vocês por intermédio dele, como vocês mesmos sabem. ²³ Este homem foi entregue por propósito determinado e pré-conhecimento de Deus; e vocês, com a ajuda de homens perversosᵈ, o mataram, pregando-o na cruz. ²⁴ Mas Deus o ressuscitou dos mortos, rompendo os laços da morte, porque era impossível que a morte o retivesse. ²⁵ A respeito dele, disse Davi:

" 'Eu sempre via o Senhor diante de mim.
  Porque ele está

2.25-28 Veja Salmos 16.8-11.

ᵃ 2.15 Grego: Esta é ainda a terceira hora do dia!
ᵇ 2.18 Ou *Até sobre os meus escravos e as minhas escravas*
ᶜ **2.17-21** Jl 2.28-32
ᵈ **2.23** Ou *daqueles que não possuem a lei*; (isto é, os gentios).

à minha direita,
    não serei abalado.
²⁶ Por isso o meu coração
    está alegre
e a minha língua exulta;
o meu corpo também repousará
    em esperança,
²⁷ porque tu não me abandonarás no
    sepulcroᵃ,
nem permitirás que
    o teu Santo
    sofra decomposição.
²⁸ Tu me fizeste conhecer
    os caminhos da vida
e me encherás de alegria
    na tua presença'ᵇ.

²⁹ "Irmãos, posso dizer com franqueza que o patriarca Davi morreu e foi sepultado, e o seu túmulo está entre nós até o dia de hoje. ³⁰ Mas ele era profeta e sabia que Deus lhe prometera sob juramento que poria um dos seus descendentes no trono. ³¹ Prevendo isso, falou da ressurreição do Cristoᶜ, que não foi abandonado no sepulcro e cujo corpo não sofreu decomposição. ³² Deus ressuscitou este Jesus, e todos nós somos testemunhas desse fato. ³³ Exaltado à direita de Deus, ele recebeu do Pai o Espírito Santo prometido e derramou o que vocês agora veem e ouvem. ³⁴ Pois Davi não subiu aos céus, mas ele mesmo declarou:

" 'O Senhor disse
    ao meu Senhor:
Senta-te à minha direita
³⁵ até que eu ponha
    os teus inimigos
    como estrado
    para os teus pés'ᵈ.

³⁶ "Portanto, que todo o Israel fique certo disto: Este Jesus, a quem vocês crucificaram, Deus o fez Senhor e Cristo".

³⁷ Quando ouviram isso, ficaram aflitos em seu coração e perguntaram a Pedro e aos outros apóstolos: "Irmãos, que faremos?"

ᵃ **2.27** Grego: *Hades*; também no versículo 31. Esta palavra também pode ser traduzida por *inferno, morte* ou *profundezas*.
ᵇ **2.25-28** Sl 16.8-11
ᶜ **2.31** Ou *Messias*. Tanto *Cristo* (grego) como *Messias* (hebraico) significam *Ungido*; também em todo o livro de Atos.
ᵈ **2.34,35** Sl 110.1

2.34,35 Veja Salmos 110.1.

³⁸ Pedro respondeu: "Arrependam-se, e cada um de vocês seja batizado em nome de Jesus Cristo para perdão dos seus pecados, e receberão o dom do Espírito Santo. ³⁹ Pois a promessa é para vocês, para os seus filhos e para todos os que estão longe, para todos quantos o Senhor, o nosso Deus, chamar".

⁴⁰ Com muitas outras palavras os advertia e insistia com eles: "Salvem-se desta geração corrompida!" ⁴¹ Os que aceitaram a mensagem foram batizados, e naquele dia houve um acréscimo de cerca de três mil pessoas.

A Comunhão dos Cristãos

⁴² Eles se dedicavam ao ensino dos apóstolos e à comunhão, ao partir do pão e às orações. ⁴³ Todos estavam cheios de temor, e muitas maravilhas e sinais eram feitos pelos apóstolos. ⁴⁴ Os que criam mantinham-se unidos e tinham tudo em comum. ⁴⁵ Vendendo suas propriedades e bens, distribuíam a cada um conforme a sua necessidade. ⁴⁶ Todos os dias, continuavam a reunir-se no pátio do templo. Partiam o pão em casa e juntos participavam das refeições, com alegria e sinceridade de coração, ⁴⁷ louvando a Deus e tendo a simpatia de todo o povo. E o Senhor lhes acrescentava diariamente os que iam sendo salvos.

A Cura de um Mendigo Aleijado

3 Certo dia Pedro e João estavam subindo ao templo na hora da oração, às três horas da tardeᵉ. ² Estava sendo levado para a porta do templo chamada Formosa um aleijado de

3.1-6 Reflexão importante para o discípulo: O que Jesus Cristo de Nazaré tem para nós é muito mais valioso que toda prata e ouro deste mundo. Depois de pesados na balança, esses metais preciosos não valem nada, comparados com o que Deus tem preparado para nós. Não o desperdice.

ᵉ **3.1** Grego: *à hora nona*.

OS AVIVAMENTOS DA BÍBLIA

PERSONAGENS CENTRAIS	TEXTOS RELACIONADOS	PRINCIPAIS CARACTERÍSTICAS
Jacó	Gênesis 35.1-15	Jacó faz um altar a Deus e exige que o povo se livre dos deuses estrangeiros que havia em seu meio. O terror de Deus cai sobre as cidades por onde eles passam e ninguém os persegue.
O rei Asa de Judá e o profeta Azarias	2Crônicas 15.1-15	O rei tira os ídolos do meio do povo (um dos quais havia sido feito por sua mãe) e restaura o altar do SENHOR. Começam os sacrifícios, e o povo renova a aliança. Deixa de haver guerras até sua morte.
O rei Joás de Judá e o sacerdote Joiada	2Reis 11 e 12; 2Crônicas 23 e 24	O templo é reparado. Continua o avivamento enquanto Joiada vive.
O rei Ezequias de Judá	2Reis 18.4-7; 2Crônicas 29—31	O rei abre as portas do templo e as repara. Os sacerdotes e levitas purificam o templo. Começam os sacrifícios e a música em honra ao SENHOR. O povo se consagra a Deus. Toda a nação é reunida para celebrar a festa dos pães sem fermento. Os ídolos são derrubados e seus lugares de culto, destruídos. O sacerdócio é reorganizado, e o povo contribui com generosidade.
O rei Josias de Judá, o sacerdote Hilquias e a profetisa Hulda	2Reis 22 e 23; 2Crônicas 34 e 35	O rei destrói os ídolos e seus lugares de culto. Repara e restaura o templo. É encontrado no templo o Livro da Lei do Senhor. O rei promete ao SENHOR andar em seus caminhos. A Páscoa é celebrada em Jerusalém. O sacerdócio é reorganizado.
O governador Zorobabel e o sacerdote Jesua	Esdras 5 e 6	O segundo templo é construído. Os sacrifícios e o sacerdócio são restaurados.
Esdras e Neemias	Neemias 8.1—12.47	Esdras lê e explica a Palavra ao povo. É feito jejum. Os estrangeiros são mandados embora. O sacerdócio, os cânticos, a adoração e a ação de graças a Deus são reorganizados.

Jonas e a cidade de Nínive	Jonas	A reação diante da pregação de Jonas salva toda a cidade da destruição.
O Espírito Santo e os 120 discípulos	Atos 2	Inicia-se a ação poderosa da igreja com as manifestações do Espírito Santo, com a pregação profética de Pedro e com a conversão e o batismo de 3 mil judeus.

As principais características dos avivamentos da Bíblia
- Eram produzidos em dias de ausência moral e depressão.
- A visão começava no coração de um servo de Deus.
- A Palavra de Deus e sua proclamação eram a base.
- A adoração ao SENHOR era a consequência.
- Os princípios pagãos sempre eram destruídos.
- O pecado era extinguido.
- Os sacrifícios voltavam a ser oferecidos.
- Voltava a alegria.
- Sua nova atitude era recompensada com uma grande prosperidade.

Segundo Charles G. Finney (1792-1875), o grande pregador norte-americano de avivamento do século XIX, os antecedentes dos avivamentos e suas consequências são basicamente iguais aos do avivamento da igreja no dia de Pentecoste. Aqui estão algumas das características desse dia marcante:

- A iniciativa tem origem na soberania divina (Atos 2.1).
- Há uma preparação espiritual que se manifesta na unidade e na oração (Atos 1.14).
- É produzido de forma inesperada (Atos 2.2).
- Há espontaneidade (o som que veio do céu, Atos 2.2).
- Os envolvidos são conscientes da presença de Deus (Atos 3.7; 2.43), que às vezes produz uma espécie de "irradiação divina local".
- Há unção do Espírito Santo (Atos 2.4).
- Há manifestações sobrenaturais (Atos 2.4,12).
- Há uma espécie de "magnetismo divino"; não é necessário nenhum tipo de propaganda (Atos 2.6).
- Há uma pregação poderosa e espontânea, ungida e corajosa, que tem Deus como centro.
- Há uma bênção transbordante (Atos 2.41; 4.4; 5.14).
- É produzido em meio a uma singeleza de origem divina.
- Resulta na busca de uma santidade autêntica, não fingida, baseada na comunhão com Deus, não em tradições de natureza duvidosa.

nascença, que ali era colocado todos os dias para pedir esmolas aos que entravam no templo. ³ Vendo que Pedro e João iam entrar no pátio do templo, pediu-lhes esmola. ⁴ Pedro e João olharam bem para ele e, então, Pedro disse: "Olhe para nós!" ⁵ O homem olhou para eles com atenção, esperando receber deles alguma coisa.

⁶ Disse Pedro: "Não tenho prata nem ouro, mas o que tenho, isto lhe dou. Em nome de Jesus Cristo, o Nazareno, ande". ⁷ Segurando-o pela mão direita, ajudou-o a levantar-se, e imediatamente os pés e os tornozelos do homem ficaram firmes. ⁸ E de um salto pôs-se em pé e começou a andar. Depois entrou com eles no pátio do templo, andando, saltando e louvando a Deus. ⁹ Quando todo o povo o viu andando e louvando a Deus, ¹⁰ reconheceu que era ele o mesmo homem que costumava mendigar sentado à porta do templo chamada Formosa. Todos ficaram perplexos e muito admirados com o que lhe tinha acontecido.

A Pregação de Pedro no Templo

¹¹ Apegando-se o mendigo a Pedro e João, todo o povo ficou maravilhado e correu até eles, ao lugar chamado Pórtico de Salomão. ¹² Vendo isso, Pedro lhes disse: "Israelitas, por que isto os surpreende? Por que vocês estão olhando para nós, como se tivéssemos feito este homem andar por nosso próprio poder ou piedade? ¹³ O Deus de Abraão, de Isaque e de Jacó, o Deus dos nossos antepassados, glorificou seu servo Jesus, a quem

DIVISÃO DO LIVRO DE ATOS DOS APÓSTOLOS		
Este livro consiste em seis quadros que descrevem a vida da igreja apostólica e terminam com um informe sobre o avanço do Reino		
QUADRO	COMEÇO DO QUADRO	INFORME SOBRE O AVANÇO DO REINO
PRIMEIRO	1.1	6.7
SEGUNDO	6.8	9.31
TERCEIRO	9.32	12.24
QUARTO	12.25	16.5
QUINTO	16.6	19.20
SEXTO	19.21	28.31

vocês entregaram para ser morto e negaram perante Pilatos, embora ele tivesse decidido soltá-lo. ¹⁴ Vocês negaram publicamente o Santo e Justo e pediram que fosse libertado um assassino. ¹⁵ Vocês mataram o autor da vida, mas Deus o ressuscitou dos mortos. E nós somos testemunhas disso. ¹⁶ Pela fé no nome de Jesus, o Nome curou este homem que vocês veem e conhecem. A fé que vem por meio dele lhe deu esta saúde perfeita, como todos podem ver.

¹⁷ "Agora, irmãos, eu sei que vocês agiram por ignorância, bem como os seus líderes. ¹⁸ Mas foi assim que Deus cumpriu o que tinha predito por todos os profetas, dizendo que o seu Cristo haveria de sofrer. ¹⁹ Arrependam-se, pois, e voltem-se para Deus, para que os seus pecados sejam cancelados, ²⁰ para que venham tempos de descanso da parte do Senhor, e ele mande o Cristo, o qual lhes foi designado, Jesus. ²¹ É necessário que ele permaneça no céu até que chegue o tempo em que Deus restaurará todas as coisas, como falou há muito tempo, por meio dos seus santos profetas. ²² Pois disse Moisés: 'O Senhor Deus levantará dentre seus irmãos um profeta como eu; ouçam-no em tudo o que ele disser. ²³ Quem não ouvir esse profeta, será eliminado do meio do seu povo'[a].

²⁴ "De fato, todos os profetas, de Samuel em diante, um por um, falaram e predisseram estes dias. ²⁵ E vocês são herdeiros dos profetas e da aliança que Deus fez com os seus antepassados. Ele disse a Abraão: 'Por meio da sua descendência todos os povos da terra serão abençoados'[b]. ²⁶ Tendo Deus ressuscitado o seu Servo[c], enviou-o primeiramente a vocês, para abençoá-los, convertendo cada um de vocês das suas maldades".

Pedro e João perante o Sinédrio

4 Enquanto Pedro e João falavam ao povo, chegaram os sacerdotes, o capitão da guarda do templo e os saduceus. ² Eles estavam muito perturbados porque os apóstolos estavam ensinando o povo e proclamando em Jesus a ressurreição dos mortos. ³ Agarraram Pedro e João e, como já estava anoitecendo, os colocaram na prisão até o dia seguinte. ⁴ Mas muitos dos que tinham ouvido a mensagem creram, chegando o número dos homens que creram a perto de cinco mil.

⁵ No dia seguinte, as autoridades, os líderes religiosos e os mestres da lei reuniram-se em Jerusalém. ⁶ Estavam ali Anás, o sumo sacerdote, bem como Caifás, João, Alexandre e todos os que eram da família do sumo sacerdote. ⁷ Mandaram trazer Pedro e João diante deles e começaram a interrogá-los: "Com que poder ou em nome de quem vocês fizeram isso?"

⁸ Então Pedro, cheio do Espírito Santo, disse-lhes: "Autoridades e líderes do povo! ⁹ Visto que hoje somos chamados para prestar contas de um ato de bondade em favor de um aleijado, sendo interrogados acerca de como ele foi curado, ¹⁰ saibam os senhores e todo o povo de Israel que por meio do nome de Jesus Cristo, o Nazareno, a quem os senhores crucificaram, mas a quem Deus ressuscitou dos mortos, este homem está aí curado diante dos senhores. ¹¹ Este Jesus é

" 'a pedra que vocês, construtores,

---

[a] **3.23** Dt 18.15,18,19
[b] **3.25** Gn 12.3; 22.18; 26.4 e 28.14
[c] **3.26** Is 52.13

rejeitaram,
e que se tornou
a pedra angular"ᵃ.

¹² Não há salvação em nenhum outro, pois, debaixo do céu não há nenhum outro nome dado aos homens pelo qual devamos ser salvos".
¹³ Vendo a coragem de Pedro e de João e percebendo que eram homens comuns e sem instrução, ficaram admirados e reconheceram que eles haviam estado com Jesus. ¹⁴ E, como podiam ver ali com eles o homem que fora curado, nada podiam dizer contra eles. ¹⁵ Assim, ordenaram que se retirassem do Sinédrioᵇ e começaram a discutir, ¹⁶ perguntando: "Que faremos com esses homens? Todos os que moram em Jerusalém sabem que eles realizaram um milagre notório que não podemos negar. ¹⁷ Todavia, para impedir que isso se espalhe ainda mais no meio do povo, precisamos adverti-los de que não falem com mais ninguém sobre esse nome".
¹⁸ Então, chamando-os novamente, ordenaram-lhes que não falassem nem ensinassem em nome de Jesus. ¹⁹ Mas Pedro e João responderam: "Julguem os senhores mesmos se é justo aos olhos de Deus obedecer aos senhores e não a Deus. ²⁰ Pois não podemos deixar de falar do que vimos e ouvimos".
²¹ Depois de mais ameaças, eles os deixaram ir. Não tinham como castigá-los, porque todo o povo estava louvando a Deus pelo que acontecera, ²² pois o homem que fora curado milagrosamente tinha mais de quarenta anos de idade.

A Oração dos Primeiros Cristãos

²³ Quando foram soltos, Pedro e João voltaram para os seus companheiros e contaram tudo o que os chefes dos sacerdotes e os líderes religiosos lhes tinham dito. ²⁴ Ouvindo isso, levantaram juntos a voz a Deus, dizendo: "Ó Soberano, tu fizeste os céus, a terra, o mar e tudo o que neles há! ²⁵ Tu falaste pelo Espírito Santo por boca do teu servo, nosso pai Davi:

" 'Por que se enfurecem
as nações,
e os povos conspiram em vão?
²⁶ Os reis da terra se levantam,
e os governantes se reúnem

4.25,26 Veja Salmos 2.1,2. Medite, em seguida, nos versículos 3-5 deste mesmo salmo.

contra o Senhor
e contra o seu Ungidoᶜ.

²⁷ De fato, Herodes e Pôncio Pilatos reuniram-se com os gentiosᵈ e com o povo de Israel nesta cidade, para conspirar contra o teu santo servo Jesus, a quem ungiste. ²⁸ Fizeram o que o teu poder e a tua vontade haviam decidido de antemão que acontecesse. ²⁹ Agora, Senhor, considera as ameaças deles e capacita os teus servos para anunciarem a tua palavra corajosamente. ³⁰ Estende a tua mão para curar e realizar sinais e maravilhas por meio do nome do teu santo servo Jesus".
³¹ Depois de orarem, tremeu o lugar em que estavam reunidos; todos ficaram cheios do Espírito Santo e anunciavam corajosamente a palavra de Deus.

Os Discípulos Repartem seus Bens

³² Da multidão dos que creram, uma era a mente e um o coração. Ninguém considerava unicamente sua coisa alguma que possuísse, mas compartilhavam tudo o que tinham. ³³ Com grande poder os apóstolos continuavam a testemunhar da ressurreição do Senhor Jesus, e grandiosa graça estava sobre todos eles. ³⁴ Não havia pessoas necessitadas entre eles, pois os que possuíam terras ou casas as vendiam, traziam o dinheiro da venda ³⁵ e o colocavam aos pés dos apóstolos, que o distribuíam segundo a necessidade de cada um.
³⁶ José, um levita de Chipre a quem os apóstolos deram o nome de Barnabé, que significa "encorajador"ᵉ, ³⁷ vendeu um campo que possuía, trouxe o dinheiro e o colocou aos pés dos apóstolos.

Ananias e Safira

5 Um homem chamado Ananias, com Safira, sua mulher, também vendeu uma propriedade. ² Ele reteve parte do dinheiro para si,

---

ᵃ **4.11** Sl 118.22
ᵇ **4.15** Conselho dos principais líderes do povo judeu; também em todo o livro de Atos.
ᶜ **4.25,26** Sl 2.1,2
ᵈ **4.27** Isto é, os que não são judeus; também em todo o livro de Atos.
ᵉ **4.36** Ou *consolador*. Grego: *filho da consolação*.

sabendo disso também sua mulher; e o restante levou e colocou aos pés dos apóstolos.

³ Então perguntou Pedro: "Ananias, como você permitiu que Satanás enchesse o seu coração, a ponto de você mentir ao Espírito Santo e guardar para você uma parte do dinheiro que recebeu pela propriedade? ⁴ Ela não pertencia a você? E, depois de vendida, o dinheiro não estava em seu poder? O que o levou a pensar em fazer tal coisa? Você não mentiu aos homens, mas sim a Deus".

⁵ Ouvindo isso, Ananias caiu morto. Grande temor apoderou-se de todos os que ouviram o que tinha acontecido. ⁶ Então os moços vieram, envolveram seu corpo, levaram-no para fora e o sepultaram.

⁷ Cerca de três horas mais tarde, entrou sua mulher, sem saber o que havia acontecido. ⁸ Pedro lhe perguntou: "Diga-me, foi esse o preço que vocês conseguiram pela propriedade?"

Respondeu ela: "Sim, foi esse mesmo".

⁹ Pedro lhe disse: "Por que vocês entraram em acordo para tentar o Espírito do Senhor? Veja! Estão à porta os pés dos que sepultaram seu marido, e eles a levarão também".

¹⁰ Naquele mesmo instante, ela caiu morta aos pés dele. Então os moços entraram e, encontrando-a morta, levaram-na e a sepultaram ao lado de seu marido. ¹¹ E grande temor apoderou-se de toda a igreja e de todos os que ouviram falar desses acontecimentos.

Os Apóstolos Curam Muitos Doentes

¹² Os apóstolos realizavam muitos sinais e maravilhas no meio do povo. Todos os que creram costumavam reunir-se no Pórtico de Salomão. ¹³ Dos demais, ninguém ousava juntar-se a eles, embora o povo os tivesse em alto conceito. ¹⁴ Em número cada vez maior, homens e mulheres criam no Senhor e lhes eram acrescentados, ¹⁵ de modo que o povo também levava os doentes às ruas e os colocava em camas e macas, para que pelo menos a sombra de Pedro se projetasse sobre alguns, enquanto ele passava. ¹⁶ Afluíam também multidões das cidades próximas a Jerusalém, trazendo seus doentes e os que eram atormentados por espíritos imundos[a]; e todos eram curados.

Os Apóstolos São Perseguidos

¹⁷ Então o sumo sacerdote e todos os seus companheiros, membros do partido dos saduceus, ficaram cheios de inveja. ¹⁸ Por isso, mandaram prender os apóstolos, colocando-os numa prisão pública. ¹⁹ Mas durante a noite um anjo do Senhor abriu as portas do cárcere, levou-os para fora e ²⁰ disse: "Dirijam-se ao templo e relatem ao povo toda a mensagem desta Vida".

²¹ Ao amanhecer, eles entraram no pátio do templo, como haviam sido instruídos, e começaram a ensinar o povo.

Quando chegaram o sumo sacerdote e os seus companheiros, convocaram o Sinédrio — toda a assembleia dos líderes religiosos de Israel — e mandaram buscar os apóstolos na prisão. ²² Todavia, ao chegarem à prisão, os guardas não os encontraram ali. Então, voltaram e relataram: ²³ "Encontramos a prisão trancada com toda a segurança, com os guardas diante das portas; mas, quando as abrimos não havia ninguém". ²⁴ Diante desse relato, o capitão da guarda do templo e os chefes dos sacerdotes ficaram perplexos, imaginando o que teria acontecido.

²⁵ Nesse momento chegou alguém e disse: "Os homens que os senhores puseram na prisão estão no pátio do templo, ensinando o povo". ²⁶ Então, indo para lá com os guardas, o capitão trouxe os apóstolos, mas sem o uso de força, pois temiam que o povo os apedrejasse.

²⁷ Tendo levado os apóstolos, apresentaram-nos ao Sinédrio para serem interrogados pelo sumo sacerdote, ²⁸ que lhes disse: "Demos ordens expressas a vocês para que não ensinassem neste nome. Todavia, vocês encheram Jerusalém com sua doutrina e nos querem tornar culpados do sangue desse homem".

²⁹ Pedro e os outros apóstolos responderam: "É preciso obedecer antes a Deus do que aos homens! ³⁰ O Deus dos nossos antepassados ressuscitou Jesus, a quem os senhores mataram, suspendendo-o num madeiro. ³¹ Deus o exaltou, elevando-o à sua direita como Príncipe e Salvador, para dar a Israel arrependimento e perdão de pecados. ³² Nós somos testemunhas destas coisas, bem como o Espírito Santo, que Deus concedeu aos que lhe obedecem".

³³ Ouvindo isso, eles ficaram furiosos e queriam matá-los. ³⁴ Mas um fariseu chamado Gamaliel, mestre da lei, respeitado por todo o povo, levantou-se no Sinédrio e pediu que os homens fossem retirados por um momento. ³⁵ Então lhes disse: "Israelitas, considerem cuidadosamente o que pretendem fazer a esses homens. ³⁶ Há algum tempo, apareceu Teudas, reivindicando ser alguém, e cerca de

---

[a] **5.16** Ou *malignos*

quatrocentos homens se juntaram a ele. Ele foi morto, todos os seus seguidores se dispersaram e acabaram em nada. ³⁷ Depois dele, nos dias do recenseamento, apareceu Judas, o galileu, que liderou um grupo em rebelião. Ele também foi morto, e todos os seus seguidores foram dispersos. ³⁸ Portanto, neste caso eu os aconselho: deixem esses homens em paz e soltem-nos. Se o propósito ou atividade deles for de origem humana, fracassará; ³⁹ se proceder de Deus, vocês não serão capazes de impedi-los, pois se acharão lutando contra Deus". ⁴⁰ Eles foram convencidos pelo discurso de Gamaliel. Chamaram os apóstolos e mandaram açoitá-los. Depois, ordenaram-lhes que não falassem no nome de Jesus e os deixaram sair em liberdade.

⁴¹ Os apóstolos saíram do Sinédrio, alegres por terem sido considerados dignos de serem humilhados por causa do Nome. ⁴² Todos os dias, no templo e de casa em casa, não deixavam de ensinar e proclamar que Jesus é o Cristo.

A Escolha dos Sete

6 Naqueles dias, crescendo o número de discípulos, os judeus de fala grega entre eles queixaram-se dos judeus de fala hebraica[a], porque suas viúvas estavam sendo esquecidas na distribuição diária de alimento. ² Por isso os Doze reuniram todos os discípulos e disseram: "Não é certo negligenciarmos o ministério da palavra de Deus, a fim de servir às mesas. ³ Irmãos, escolham entre vocês sete homens de bom testemunho, cheios do Espírito e de sabedoria. Passaremos a eles essa tarefa ⁴ e nos dedicaremos à oração e ao ministério da palavra".

6.2 A expressão "servir às mesas" refere-se a uma tarefa mais parecida com a que se realizaria em um banco. Não se trata de servir alimento, e sim sentar-se a uma mesa para distribuir os recursos financeiros conforme a necessidade de cada um. Esse trabalho tão estressante não podia ser empecilho para o trabalho que os apóstolos deveriam desempenhar e que lhes era essencial. Leia o versículo 4.

⁵ Tal proposta agradou a todos. Então escolheram Estêvão, homem cheio de fé e do Espírito Santo, além de Filipe, Prócoro, Nicanor, Timom, Pármenas e Nicolau, um convertido ao judaísmo, proveniente de Antioquia. ⁶ Apresentaram esses homens aos apóstolos, os quais oraram e lhes impuseram as mãos.

⁷ Assim, a palavra de Deus se espalhava. Crescia rapidamente o número de discípulos em Jerusalém; também um grande número de sacerdotes obedecia à fé.

A Prisão de Estêvão

⁸ Estêvão, homem cheio da graça e do poder de Deus, realizava grandes maravilhas e sinais no meio do povo. ⁹ Contudo, levantou-se oposição dos membros da chamada sinagoga dos Libertos, dos judeus de Cirene e de Alexandria, bem como das províncias da Cilícia e da Ásia. Esses homens começaram a discutir com Estêvão, ¹⁰ mas não podiam resistir à sabedoria e ao Espírito com que ele falava.

¹¹ Então subornaram alguns homens para dizerem: "Ouvimos Estêvão falar palavras blasfemas contra Moisés e contra Deus".

¹² Com isso agitaram o povo, os líderes religiosos e os mestres da lei. E, prendendo Estêvão, levaram-no ao Sinédrio. ¹³ Ali apresentaram falsas testemunhas, que diziam: "Este homem não para de falar contra este lugar santo e contra a Lei. ¹⁴ Pois o ouvimos dizer que esse Jesus, o Nazareno, destruirá este lugar e mudará os costumes que Moisés nos deixou".

¹⁵ Olhando para ele, todos os que estavam sentados no Sinédrio viram que o seu rosto parecia o rosto de um anjo.

O Discurso de Estêvão no Sinédrio

7 Então o sumo sacerdote perguntou a Estêvão: "São verdadeiras estas acusações?" ² A isso ele respondeu: "Irmãos e pais, ouçam-me! O Deus glorioso apareceu a Abraão, nosso pai, estando ele ainda na Mesopotâmia, antes de morar em Harã, e lhe disse: ³ 'Saia da sua terra e do meio dos seus parentes e vá para a terra que eu lhe mostrarei'[b].

⁴ "Então ele saiu da terra dos caldeus e se estabeleceu em Harã. Depois da morte de seu pai, Deus o trouxe a esta terra, onde vocês agora vivem. ⁵ Deus não lhe deu nenhuma herança aqui, nem mesmo o espaço de um pé. Mas lhe

---

[a] **6.1** Ou *aramaica*   [b] **7.3** Gn 12.1

prometeu que ele e, depois dele, seus descendentes, possuiriam a terra, embora, naquele tempo, Abraão não tivesse filhos. ⁶ Deus lhe falou desta forma: 'Seus descendentes serão peregrinos numa terra estrangeira, e serão escravizados e maltratados por quatrocentos anos. ⁷ Mas eu castigarei a nação a quem servirão como escravos, e depois sairão dali e me adorarão neste lugar'ᵃ. ⁸ E deu a Abraão a aliança da circuncisão. Por isso, Abraão gerou Isaque e o circuncidou oito dias depois do seu nascimento. Mais tarde, Isaque gerou Jacó, e este os doze patriarcas.

⁹ "Os patriarcas, tendo inveja de José, venderam-no como escravo para o Egito. Mas Deus estava com ele ¹⁰ e o libertou de todas as suas tribulações, dando a José favor e sabedoria diante do faraó, rei do Egito; este o tornou governador do Egito e de todo o seu palácio.

¹¹ "Depois houve fome em todo o Egito e em Canaã, trazendo grande sofrimento, e os nossos antepassados não encontravam alimento. ¹² Ouvindo que havia trigo no Egito, Jacó enviou nossos antepassados em sua primeira viagem. ¹³ Na segunda viagem deles, José fez-se reconhecer por seus irmãos, e o faraó pôde conhecer a família de José. ¹⁴ Depois disso, José mandou buscar seu pai, Jacó, e toda a sua família, que eram setenta e cinco pessoas. ¹⁵ Então Jacó desceu ao Egito, onde faleceram ele e os nossos antepassados. ¹⁶ Seus corpos foram levados de volta a Siquém e colocados no túmulo que Abraão havia comprado ali dos filhos de Hamor, por certa quantia.

¹⁷ "Ao se aproximar o tempo em que Deus cumpriria sua promessa a Abraão, aumentou muito o número do nosso povo no Egito. ¹⁸ Então outro rei, que nada sabia a respeito de José, passou a governar o Egito. ¹⁹ Ele agiu traiçoeiramente para com o nosso povo e oprimiu os nossos antepassados, obrigando-os a abandonar os seus recém-nascidos, para que não sobrevivessem.

²⁰ "Naquele tempo nasceu Moisés, que era um menino extraordinárioᵇ. Por três meses ele foi criado na casa de seu pai. ²¹ Quando foi abandonado, a filha do faraó o tomou e o criou como seu próprio filho. ²² Moisés foi educado em toda a sabedoria dos egípcios e veio a ser poderoso em palavras e obras.

²³ "Ao completar quarenta anos, Moisés decidiu visitar seus irmãos israelitas. ²⁴ Ao ver um deles sendo maltratado por um egípcio, saiu em defesa do oprimido e o vingou, matando o egípcio. ²⁵ Ele pensava que seus irmãos compreenderiam que Deus o estava usando para salvá-los, mas eles não o compreenderam. ²⁶ No dia seguinte, Moisés dirigiu-se a dois israelitas que estavam brigando, e tentou reconciliá-los, dizendo: 'Homens, vocês são irmãos; por que ferem um ao outro?'

²⁷ "Mas o homem que maltratava o outro empurrou Moisés e disse: 'Quem o nomeou líder e juiz sobre nós? ²⁸ Quer matar-me como matou o egípcio ontem?'ᶜ ²⁹ Ouvindo isso, Moisés fugiu para Midiã, onde ficou morando como estrangeiro e teve dois filhos.

³⁰ "Passados quarenta anos, apareceu a Moisés um anjo nas labaredas de uma sarça em chamas no deserto, perto do monte Sinai. ³¹ Vendo aquilo, ficou atônito. E, aproximando-se para observar, ouviu a voz do Senhor: ³² 'Eu sou o Deus dos seus antepassados, o Deus de Abraão, o Deus de Isaque e o Deus de Jacó'ᵈ. Moisés, tremendo de medo, não ousava olhar.

³³ "Então o Senhor lhe disse: 'Tire as sandálias dos pés, porque o lugar em que você está é terra santa. ³⁴ De fato tenho visto a opressão sobre o meu povo no Egito. Ouvi seus gemidos e desci para livrá-lo. Venha agora, e eu o enviarei de volta ao Egito'ᵉ.

³⁵ "Este é o mesmo Moisés que tinham rejeitado com estas palavras: 'Quem o nomeou líder e juiz?' Ele foi enviado pelo próprio Deus para ser líder e libertador deles, por meio do anjo que lhe tinha aparecido na sarça. ³⁶ Ele os tirou de lá, fazendo maravilhas e sinais no Egito, no mar Vermelho e no deserto durante quarenta anos.

³⁷ "Este é aquele Moisés que disse aos israelitas: 'Deus levantará dentre seus irmãos um profeta como eu'ᶠ. ³⁸ Ele estava na congregação, no deserto, com o anjo que lhe falava no monte Sinai e com os nossos antepassados, e recebeu palavras vivas, para transmiti-las a nós.

³⁹ "Mas nossos antepassados se recusaram a obedecer-lhe; ao contrário, rejeitaram-no e em seu coração voltaram para o Egito. ⁴⁰ Disseram a Arão: 'Faça para nós deuses que nos conduzam, pois a esse Moisés que nos tirou do Egito, não

---

ᵃ **7.6,7** Gn 15.13,14
ᵇ **7.20** Grego: *era bonito aos olhos de Deus.*
ᶜ **7.27,28** Êx 2.14
ᵈ **7.32** Êx 3.6
ᵉ **7.33,34** Êx 3.5,7,8,10
ᶠ **7.37** Dt 18.15

sabemos o que lhe aconteceu!'ᵃ ⁴¹ Naquela ocasião fizeram um ídolo em forma de bezerro. Trouxeram-lhe sacrifícios e fizeram uma celebração em honra ao que suas mãos tinham feito. ⁴² Mas Deus afastou-se deles e os entregou à adoração dos astros, conforme o que foi escrito no livro dos profetas:

> "'Foi a mim
> que vocês apresentaram
> sacrifícios e ofertas
> durante os quarenta anos no deserto,
> ó nação de Israel?
> ⁴³ Em vez disso, levantaram
> o santuário de Moloque
> e a estrela do seu deus Renfã,
> ídolos que vocês fizeram
> para adorar!
> Portanto, eu os enviarei
> para o exílio,
> para além da Babilônia'ᵇ.

⁴⁴ "No deserto os nossos antepassados tinham o tabernáculo da aliança, que fora feito segundo a ordem de Deus a Moisés, de acordo com o modelo que ele tinha visto. ⁴⁵ Tendo recebido o tabernáculo, nossos antepassados o levaram, sob a liderança de Josué, quando tomaram a terra das nações que Deus expulsou de diante deles. Esse tabernáculo permaneceu nesta terra até a época de Davi, ⁴⁶ que encontrou graça diante de Deus e pediu que ele lhe permitisse providenciar uma habitação para o Deus de Jacóᶜ. ⁴⁷ Mas foi Salomão quem lhe construiu a casa.

⁴⁸ "Todavia, o Altíssimo não habita em casas feitas por homens. Como diz o profeta:

> ⁴⁹ "'O céu é o meu trono;
> a terra,
> o estrado dos meus pés.
> Que espécie de casa
> vocês me edificarão?
> diz o Senhor,
> ou, onde seria
> meu lugar de descanso?
> ⁵⁰ Não foram as minhas mãos que fizeram
> todas estas coisas?'ᵈ

7.59,60 Há grande semelhança entre a morte de Estêvão e a de Jesus. No entanto, observemos que Jesus entrega o espírito ao Pai quando já havia cumprido tudo que lhe cabia fazer, ao passo que Estêvão suplica a Jesus que receba seu espírito.

⁵¹ "Povo rebelde, obstinadoᵉ de coração e de ouvidos! Vocês são iguais aos seus antepassados: sempre resistem ao Espírito Santo! ⁵² Qual dos profetas os seus antepassados não perseguiram? Eles mataram aqueles que prediziam a vinda do Justo, de quem agora vocês se tornaram traidores e assassinos — ⁵³ vocês, que receberam a Lei por intermédio de anjos, mas não lhe obedeceram".

O Apedrejamento de Estêvão

⁵⁴ Ouvindo isso, ficaram furiosos e rangeram os dentes contra ele. ⁵⁵ Mas Estêvão, cheio do Espírito Santo, levantou os olhos para o céu e viu a glória de Deus, e Jesus em pé, à direita de Deus, ⁵⁶ e disse: "Vejo os céus abertos e o Filho do homem em pé, à direita de Deus".

⁵⁷ Mas eles taparam os ouvidos e, dando fortes gritos, lançaram-se todos juntos contra ele, ⁵⁸ arrastaram-no para fora da cidade e começaram a apedrejá-lo. As testemunhas deixaram seus mantos aos pés de um jovem chamado Saulo. ⁵⁹ Enquanto apedrejavam Estêvão, este orava: "Senhor Jesus, recebe o meu espírito". ⁶⁰ Então caiu de joelhos e bradou: "Senhor, não os consideres culpados deste pecado". E, tendo dito isso, adormeceu.

8 E Saulo estava ali, consentindo na morte de Estêvão.

A Perseguição e a Dispersão da Igreja

Naquela ocasião desencadeou-se grande perseguição contra a igreja em Jerusalém. Todos, exceto os apóstolos, foram dispersos pelas regiões da Judeia e de Samaria. ² Alguns homens piedosos sepultaram Estêvão e fizeram por causa dele grande lamentação. ³ Saulo, por sua vez, devastava a igreja. Indo de casa em casa, arrastava homens e mulheres e os lançava na prisão.

ᵃ **7.40** Êx 32.1
ᵇ **7.42,43** Am 5.25-27, segundo a antiga versão grega.
ᶜ **7.46** Alguns manuscritos dizem para a casa de Jacó.
ᵈ **7.49,50** Is 66.1,2
ᵉ **7.51** Grego: *incircunciso*.

Filipe em Samaria

⁴ Os que haviam sido dispersos pregavam a palavra por onde quer que fossem. ⁵ Indo Filipe para uma cidade de Samaria, ali lhes anunciava o Cristo. ⁶ Quando a multidão ouviu Filipe e viu os sinais milagrosos que ele realizava, deu unânime atenção ao que ele dizia. ⁷ Os espíritos imundos[a] saíam de muitos, dando gritos, e muitos paralíticos e mancos foram curados. ⁸ Assim, houve grande alegria naquela cidade.

Simão, o Mago

⁹ Um homem chamado Simão vinha praticando feitiçaria durante algum tempo naquela cidade, impressionando todo o povo de Samaria. Ele se dizia muito importante, ¹⁰ e todo o povo, do mais simples ao mais rico, dava-lhe atenção e exclamava: "Este homem é o poder divino conhecido como Grande Poder". ¹¹ Eles o seguiam, pois ele os havia iludido com sua mágica durante muito tempo. ¹² No entanto, quando Filipe lhes pregou as boas-novas do Reino de Deus e do nome de Jesus Cristo, creram nele e foram batizados, tanto homens como mulheres. ¹³ O próprio Simão também creu e foi batizado, e seguia Filipe por toda parte, observando maravilhado os grandes sinais e milagres que eram realizados.

¹⁴ Os apóstolos em Jerusalém, ouvindo que Samaria havia aceitado a palavra de Deus, enviaram para lá Pedro e João. ¹⁵ Estes, ao chegarem, oraram para que eles recebessem o Espírito Santo, ¹⁶ pois o Espírito ainda não havia descido sobre nenhum deles; tinham apenas sido batizados em nome do Senhor Jesus. ¹⁷ Então Pedro e João lhes impuseram as mãos, e eles receberam o Espírito Santo.

¹⁸ Vendo Simão que o Espírito era dado com a imposição das mãos dos apóstolos, ofereceu-lhes dinheiro ¹⁹ e disse: "Deem-me também este poder, para que a pessoa sobre quem eu puser as mãos receba o Espírito Santo".

²⁰ Pedro respondeu: "Pereça com você o seu dinheiro! Você pensa que pode comprar o dom de Deus com dinheiro? ²¹ Você não tem parte nem direito algum neste ministério, porque o seu coração não é reto diante de Deus. ²² Arrependa-se dessa maldade e ore ao Senhor. Talvez ele perdoe tal pensamento do seu coração, ²³ pois vejo que você está cheio de amargura e preso pelo pecado".

²⁴ Simão, porém, respondeu: "Orem vocês ao Senhor por mim, para que não me aconteça nada do que vocês disseram".

²⁵ Tendo testemunhado e proclamado a palavra do Senhor, Pedro e João voltaram a Jerusalém, pregando o evangelho em muitos povoados samaritanos.

Filipe e o Etíope

²⁶ Um anjo do Senhor disse a Filipe: "Vá para o sul, para a estrada deserta que desce de Jerusalém a Gaza". ²⁷ Ele se levantou e partiu. No caminho encontrou um eunuco etíope, um oficial importante, encarregado de todos os tesouros de Candace, rainha dos etíopes. Esse homem viera a Jerusalém para adorar a Deus e, ²⁸ de volta para casa, sentado em sua carruagem, lia o livro do profeta Isaías. ²⁹ E o Espírito disse a Filipe: "Aproxime-se dessa carruagem e acompanhe-a".

³⁰ Então Filipe correu para a carruagem, ouviu o homem lendo o profeta Isaías e lhe perguntou: "O senhor entende o que está lendo?"

³¹ Ele respondeu: "Como posso entender se alguém não me explicar?" Assim, convidou Filipe para subir e sentar-se ao seu lado.

³² O eunuco estava lendo esta passagem da Escritura:

"Ele foi levado como ovelha para o
   matadouro,
e, como cordeiro mudo
   diante do tosquiador,
ele não abriu a sua boca.
³³ Em sua humilhação
   foi privado de justiça.
Quem pode falar
   dos seus descendentes?
Pois a sua vida foi tirada
   da terra"[b].

³⁴ O eunuco perguntou a Filipe: "Diga-me, por favor: de quem o profeta está falando? De si próprio ou de outro?" ³⁵ Então Filipe,

8.32,33 Veja Isaías 53.7,8

---

[a] 8.7 Ou *malignos*

[b] 8.32,33 Is 53.7,8

começando com aquela passagem da Escritura, anunciou-lhe as boas-novas de Jesus.

³⁶ Prosseguindo pela estrada, chegaram a um lugar onde havia água. O eunuco disse: "Olhe, aqui há água. Que me impede de ser batizado?" ³⁷ Disse Filipe: "Você pode, se crê de todo o coração". O eunuco respondeu: "Creio que Jesus Cristo é o Filho de Deus".ᵃ ³⁸ Assim, deu ordem para parar a carruagem. Então Filipe e o eunuco desceram à água, e Filipe o batizou. ³⁹ Quando saíram da água, o Espírito do Senhor arrebatou Filipe repentinamente. O eunuco não o viu mais e, cheio de alegria, seguiu o seu caminho. ⁴⁰ Filipe, porém, apareceu em Azoto e, indo para Cesareia, pregava o evangelho em todas as cidades pelas quais passava.

A Conversão de Saulo

9 Enquanto isso, Saulo ainda respirava ameaças de morte contra os discípulos do Senhor. Dirigindo-se ao sumo sacerdote, ² pediu-lhe cartas para as sinagogas de Damasco, de maneira que, caso encontrasse ali homens ou mulheres que pertencessem ao Caminho, pudesse levá-los presos para Jerusalém. ³ Em sua viagem, quando se aproximava de Damasco, de repente brilhou ao seu redor uma luz vinda do céu. ⁴ Ele caiu por terra e ouviu uma voz que lhe dizia: "Saulo, Saulo, por que você me persegue?"

⁵ Saulo perguntou: "Quem és tu, Senhor?"

Ele respondeu: "Eu sou Jesus, a quem você persegue. ⁶ Levante-se, entre na cidade; alguém dirá o que você deve fazer".

⁷ Os homens que viajavam com Saulo pararam emudecidos; ouviam a voz, mas não viam ninguém. ⁸ Saulo levantou-se do chão e, abrindo os olhos, não conseguia ver nada. E os homens o levaram pela mão até Damasco. ⁹ Por três dias ele esteve cego, não comeu nem bebeu.

¹⁰ Em Damasco havia um discípulo chamado Ananias. O Senhor o chamou numa visão: "Ananias!"

"Eis-me aqui, Senhor", respondeu ele.

¹¹ O Senhor lhe disse: "Vá à casa de Judas, na rua chamada Direita, e pergunte por um homem de Tarso chamado Saulo. Ele está orando; ¹² numa visão viu um homem chamado Ananias chegar e impor-lhe as mãos para que voltasse a ver".

9.2 O Caminho, ao que parece, foi o primeiro nome que receberam os seguidores de Jesus. É uma referência à clara afirmação de Jesus de que ele é "o caminho, a verdade e a vida" (João 14.6). Paulo menciona essa verdade em três momentos no livro de Atos: 22.4; 24.14 e 24.23. Observe que Jesus não disse "um caminho", como se houvesse outros, mas "o caminho", para indicar que se trata do único caminho disponível a Deus.

¹³ Respondeu Ananias: "Senhor, tenho ouvido muita coisa a respeito desse homem e de todo o mal que ele tem feito aos teus santos em Jerusalém. ¹⁴ Ele chegou aqui com autorização dos chefes dos sacerdotes para prender todos os que invocam o teu nome".

¹⁵ Mas o Senhor disse a Ananias: "Vá! Este homem é meu instrumento escolhido para levar o meu nome perante os gentios e seus reis, e perante o povo de Israel. ¹⁶ Mostrarei a ele quanto deve sofrer pelo meu nome".

¹⁷ Então Ananias foi, entrou na casa, pôs as mãos sobre Saulo e disse: "Irmão Saulo, o Senhor Jesus, que apareceu no caminho por onde você vinha, enviou-me para que você volte a ver e seja cheio do Espírito Santo". ¹⁸ Imediatamente, algo como escamas caiu dos olhos de Saulo e ele passou a ver novamente. Levantando-se, foi batizado ¹⁹ e, depois de comer, recuperou as forças.

Saulo em Damasco e em Jerusalém

Saulo passou vários dias com os discípulos em Damasco. ²⁰ Logo começou a pregar nas sinagogas que Jesus é o Filho de Deus. ²¹ Todos os que o ouviam ficavam perplexos e perguntavam: "Não é ele o homem que procurava destruir em Jerusalém aqueles que invocam este nome? E não veio para cá justamente para levá-los presos aos chefes dos sacerdotes?" ²² Todavia, Saulo se fortalecia cada vez mais e confundia os judeus que viviam em Damasco, demonstrando que Jesus é o Cristo.

²³ Decorridos muitos dias, os judeus decidiram de comum acordo matá-lo, ²⁴ mas Saulo ficou sabendo do plano deles. Dia e noite eles vigiavam as portas da cidade a fim de matá-lo. ²⁵ Mas os seus discípulos o levaram de noite e fizeram descer num cesto, através de uma abertura na muralha.

ᵃ **8.37** Muitos manuscritos antigos não trazem o versículo 37.

ESPÍRITO SANTO: ATOS E 1CORÍNTIOS

É possível que não exista um tema que mais tenha causado divisão na Igreja nos últimos dois mil anos que a ação do Espírito Santo. Alguns cristãos dizem que os dons estão mortos, e outros afirmam que necessitam deles para ser salvos. Mas o que diz a Bíblia?

Em primeiro lugar, devemos começar no livro de Atos, capítulo 2. Aqui vemos que, enquanto os cristãos estavam reunidos para orar, línguas de fogo pousaram sobre cada um dos presentes. Nessa ocasião, havia pessoas de todas as partes do mundo então conhecido, e estas começaram a ouvir os cristãos falarem nos idiomas que não eram a língua materna deles, mas a língua materna dos que ali estavam de visita. Conquanto possa parecer espantoso, o verdadeiro milagre ainda não havia acontecido. Quando Pedro pregou, mais de 3 mil pessoas se entregaram ao Senhor nesse mesmo dia (Atos 2.41)!

Ao estudarmos os movimentos do Espírito Santo em Atos, o motivo principal pelo qual age nas pessoas é dar-lhes ousadia para apresentar as boas-novas. Todos os que fazemos parte do Corpo de Cristo desejamos que o Espírito Santo nos ajude a fazer isso! Em Atos, podemos ver que existe total dependência do Espírito de Deus, necessária para nos dar poder e fazer o que ele nos pede, como, por exemplo, anunciar o evangelho.

Em Romanos 8.9 lemos que todos os que pertencem a Cristo "não estão sob o domínio da carne, mas do Espírito, se de fato o Espírito de Deus habita em vocês. E, se alguém não tem o Espírito de Cristo, não pertence a Cristo".

A carta de Paulo que apresenta muitos dos dons do Espírito Santo é 1Coríntios. O objetivo dos dons é dar unidade, não produzir divisão. Somente em 1Coríntios 12 há pelo menos 18 referências à unidade com palavras como "mesmo", "um", "todos". Paulo usa a analogia do corpo que tem muitos membros para falar da diversidade de dons na igreja. Sempre que essa verdade é repetida, surge um quadro de unidade na diversidade. Necessitamos das diferentes expressões do Espírito Santo na igreja moderna, tanto quanto no tempo dos apóstolos.

Gordon Fee declara, em um de seus livros, que o Espírito é evidência e garantia do futuro. Em Joel 2.28-30 o profeta fala da vinda do Espírito Santo no Pentecoste e da segunda vinda de Cristo. Uma vez que já se cumpriu a primeira parte, podemos ter certeza de que Deus também cumprirá a segunda.

Unidade não é sinônimo de conformidade. A verdadeira unidade é alcançada na diversidade.

APLICAÇÃO
- Como você avalia a ação do Espírito Santo na sua vida: é um poder unificador e anunciador do evangelho, ou outra coisa?
- Temos levado em conta a ousadia de pregar o evangelho como resultado essencial do Espírito Santo em nós? Peça a Deus para ter esse tipo de intrepidez.

²⁶ Quando chegou a Jerusalém, tentou reunir-se aos discípulos, mas todos estavam com medo dele, não acreditando que fosse realmente um discípulo. ²⁷ Então Barnabé o levou aos apóstolos e lhes contou como, no caminho, Saulo vira o Senhor, que lhe falara, e como em Damasco ele havia pregado corajosamente em nome de Jesus. ²⁸ Assim, Saulo ficou com eles e andava com liberdade em Jerusalém, pregando corajosamente em nome do Senhor. ²⁹ Falava e discutia com os judeus de fala grega, mas estes tentavam matá-lo. ³⁰ Sabendo disso, os irmãos o levaram para Cesareia e o enviaram para Tarso.

³¹ A igreja passava por um período de paz em toda a Judeia, Galileia e Samaria. Ela se edificava e, encorajada pelo Espírito Santo, crescia em número, vivendo no temor do Senhor.

Eneias e Dorcas

³² Viajando por toda parte, Pedro foi visitar os santos que viviam em Lida. ³³ Ali encontrou um paralítico chamado Eneias, que estava acamado fazia oito anos. ³⁴ Disse-lhe Pedro: "Eneias, Jesus Cristo vai curá-lo! Levante-se e arrume a sua cama". Ele se levantou imediatamente. ³⁵ Todos os que viviam em Lida e Sarona o viram e se converteram ao Senhor.

³⁶ Em Jope havia uma discípula chamada Tabita, que em grego é Dorcas[a], que se dedicava a praticar boas obras e dar esmolas. ³⁷ Naqueles dias ela ficou doente e morreu, e seu corpo foi lavado e colocado num quarto do andar superior. ³⁸ Lida ficava perto de Jope, e, quando os discípulos ouviram falar que Pedro estava em Lida, mandaram-lhe dois homens dizer-lhe: "Não se demore em vir até nós".

³⁹ Pedro foi com eles e, quando chegou, foi levado para o quarto do andar superior. Todas as viúvas o rodearam, chorando e mostrando-lhe os vestidos e outras roupas que Dorcas tinha feito quando ainda estava com elas. ⁴⁰ Pedro mandou que todos saíssem do quarto; depois, ajoelhou-se e orou. Voltando-se para a mulher morta, disse: "Tabita, levante-se". Ela abriu os olhos e, vendo Pedro, sentou-se. ⁴¹ Tomando-a pela mão, ajudou-a a pôr-se em pé. Então, chamando os santos e as viúvas, apresentou-a viva. ⁴² Este fato se tornou conhecido em toda a cidade de Jope, e muitos creram no Senhor. ⁴³ Pedro ficou em Jope durante algum tempo, com um curtidor de couro chamado Simão.

O Centurião Cornélio

10 Havia em Cesareia um homem chamado Cornélio, centurião do regimento conhecido como Italiano. ² Ele e toda a sua família eram religiosos e tementes[b] a Deus; dava muitas esmolas ao povo e orava continuamente a Deus. ³ Certo dia, por volta das três horas da tarde[c], ele teve uma visão. Viu claramente um anjo de Deus que se aproximava dele e dizia: "Cornélio!"

⁴ Atemorizado, Cornélio olhou para ele e perguntou: "Que é, Senhor?"

O anjo respondeu: "Suas orações e esmolas subiram como oferta memorial diante de Deus. ⁵ Agora, mande alguns homens a Jope para trazerem um certo Simão, também conhecido como Pedro, ⁶ que está hospedado na casa de Simão, o curtidor de couro, que fica perto do mar".

⁷ Depois que o anjo que lhe falou se foi, Cornélio chamou dois dos seus servos e um soldado religioso dentre os seus auxiliares ⁸ e, contando-lhes tudo o que tinha acontecido, enviou-os a Jope.

A Visão de Pedro

⁹ No dia seguinte, por volta do meio-dia[d], enquanto eles viajavam e se aproximavam da cidade, Pedro subiu ao terraço para orar. ¹⁰ Tendo fome, queria comer; enquanto a refeição estava sendo preparada, caiu em êxtase. ¹¹ Viu o céu aberto e algo semelhante a um grande lençol que descia à terra, preso pelas quatro pontas, ¹² contendo toda espécie de quadrúpedes, bem como de répteis da terra e aves do céu. ¹³ Então uma voz lhe disse: "Levante-se, Pedro; mate e coma".

¹⁴ Mas Pedro respondeu: "De modo nenhum, Senhor! Jamais comi algo impuro ou imundo!"

¹⁵ A voz lhe falou segunda vez: "Não chame impuro ao que Deus purificou".

¹⁶ Isso aconteceu três vezes, e em seguida o lençol foi recolhido ao céu.

¹⁷ Enquanto Pedro estava refletindo no significado da visão, os homens enviados por Cornélio descobriram onde era a casa de Simão e chegaram à porta. ¹⁸ Chamando, perguntaram se ali estava hospedado Simão, conhecido como Pedro.

¹⁹ Enquanto Pedro ainda estava pensando na visão, o Espírito lhe disse: "Simão, três homens estão procurando por você. ²⁰ Portanto, levante-se e desça. Não hesite em ir com eles, pois eu os enviei".

²¹ Pedro desceu e disse aos homens: "Eu sou quem vocês estão procurando. Por que motivo vieram?"

²² Os homens responderam: "Viemos da parte do centurião Cornélio. Ele é um homem justo e temente[e] a Deus, respeitado por todo o povo judeu. Um santo anjo lhe disse que o chamasse à sua casa, para que ele ouça o que você tem para dizer". ²³ Pedro os convidou a entrar e os hospedou.

Pedro na Casa de Cornélio

No dia seguinte Pedro partiu com eles, e alguns dos irmãos de Jope o acompanharam. ²⁴ No outro dia chegaram a Cesareia. Cornélio os esperava com seus parentes e amigos mais íntimos que tinha convidado. ²⁵ Quando Pedro ia entrando na casa, Cornélio dirigiu-se a ele e prostrou-se aos seus pés, adorando-o. ²⁶ Mas Pedro o fez levantar-se, dizendo: "Levante-se, eu sou homem como você".

---

[a] **9.36** Tanto *Tabita* (aramaico) como *Dorcas* (grego) significam *gazela*.
[b] **10.2** Isto é, simpatizantes do judaísmo.
[c] **10.3** Grego: *da hora nona*; também no versículo 30.
[d] **10.9** Grego: *da hora sexta*.
[e] **10.22** Isto é, simpatizante do judaísmo.

²⁷ Conversando com ele, Pedro entrou e encontrou ali reunidas muitas pessoas ²⁸ e lhes disse: "Vocês sabem muito bem que é contra a nossa lei um judeu associar-se a um gentio ou mesmo visitá-lo. Mas Deus me mostrou que eu não deveria chamar impuro ou imundo a homem nenhum. ²⁹ Por isso, quando fui procurado, vim sem qualquer objeção. Posso perguntar por que vocês me mandaram buscar?"

³⁰ Cornélio respondeu: "Há quatro dias eu estava em minha casa orando a esta hora, às três horas da tarde. De repente, apresentou-se diante de mim um homem com roupas resplandecentes ³¹ que disse: 'Cornélio, Deus ouviu sua oração e lembrou-se de suas esmolas. ³² Mande buscar em Jope a Simão, chamado Pedro. Ele está hospedado na casa de Simão, o curtidor de couro, que mora perto do mar'. ³³ Assim, mandei buscar-te imediatamente, e foi bom que tenhas vindo. Agora estamos todos aqui na presença de Deus, para ouvir tudo que o Senhor te mandou dizer-nos".

³⁴ Então Pedro começou a falar: "Agora percebo verdadeiramente que Deus não trata as pessoas com parcialidade, ³⁵ mas de todas as nações aceita todo aquele que o teme e faz o que é justo. ³⁶ Vocês conhecem a mensagem enviada por Deus ao povo de Israel, que fala das boas-novas de paz por meio de Jesus Cristo, Senhor de todos. ³⁷ Sabem o que aconteceu em toda a Judeia, começando na Galileia, depois do batismo que João pregou, ³⁸ como Deus ungiu Jesus de Nazaré com o Espírito Santo e poder, e como ele andou por toda parte fazendo o bem e curando todos os oprimidos pelo Diabo, porque Deus estava com ele.

³⁹ "Nós somos testemunhas de tudo o que ele fez na terra dos judeus e em Jerusalém, onde o mataram, suspendendo-o num madeiro. ⁴⁰ Deus, porém, o ressuscitou no terceiro dia e fez que ele fosse visto, ⁴¹ não por todo o povo, mas por testemunhas que designara de antemão, por nós que comemos e bebemos com ele depois que ressuscitou dos mortos. ⁴² Ele nos mandou pregar ao povo e testemunhar que foi a ele que Deus constituiu juiz de vivos e de mortos. ⁴³ Todos os profetas dão testemunho dele, de que todo o que nele crê recebe o perdão dos pecados *mediante o seu nome*".

⁴⁴ Enquanto Pedro ainda estava falando estas palavras, o Espírito Santo desceu sobre todos os que ouviam a mensagem. ⁴⁵ Os judeus convertidos que vieram com Pedro ficaram admirados

10.45 É digna de nota a prudência demonstrada por Pedro de estar acompanhado de outros judeus que haviam aceitado Jesus como Messias. Apesar de sua forte autoridade na igreja apostólica, considerou que o melhor era ter outras testemunhas do que, por meio da interpretação profética de sua tríplice visão, o Senhor lhe havia feito entender do acontecimento na casa do centurião Cornélio.

de que o dom do Espírito Santo fosse derramado até sobre os gentios, ⁴⁶ pois os ouviam falando em línguasᵃ e exaltando a Deus.

A seguir Pedro disse: ⁴⁷ "Pode alguém negar a água, impedindo que estes sejam batizados? Eles receberam o Espírito Santo como nós!" ⁴⁸ Então ordenou que fossem batizados em nome de Jesus Cristo. Depois pediram a Pedro que ficasse com eles alguns dias.

Pedro Explica-se perante a Igreja

11 Os apóstolos e os irmãos de toda a Judeia ouviram falar que os gentios também haviam recebido a palavra de Deus. ² Assim, quando Pedro subiu a Jerusalém, os que eram do partido dos circuncisos o criticavam, dizendo: ³ "Você entrou na casa de homens incircuncisos e comeu com eles".

⁴ Pedro, então, começou a explicar-lhes exatamente como tudo havia acontecido: ⁵ "Eu estava na cidade de Jope, orando; caindo em êxtase, tive uma visão. Vi algo parecido com um grande lençol sendo baixado do céu, preso pelas quatro pontas, e que vinha até o lugar onde eu estava. ⁶ Olhei para dentro dele e notei que havia ali quadrúpedes da terra, animais selvagens, répteis e aves do céu. ⁷ Então ouvi uma voz que me dizia: 'Levante-se, Pedro; mate e coma'.

⁸ "Eu respondi: De modo nenhum, Senhor! Nunca entrou em minha boca algo impuro ou imundo.

⁹ "A voz falou do céu segunda vez: 'Não chame impuro ao que Deus purificou'. ¹⁰ Isso aconteceu três vezes, e então tudo foi recolhido ao céu.

¹¹ "Na mesma hora chegaram à casa em que eu estava hospedado três homens que me

ᵃ **10.46** Ou *em outros idiomas*

haviam sido enviados de Cesareia. ¹²O Espírito me disse que não hesitasse em ir com eles. Estes seis irmãos também foram comigo, e entramos na casa de um certo homem. ¹³Ele nos contou como um anjo lhe tinha aparecido em sua casa e dissera: 'Mande buscar, em Jope, Simão, chamado Pedro. ¹⁴Ele trará uma mensagem por meio da qual serão salvos você e todos os da sua casa'.

¹⁵"Quando comecei a falar, o Espírito Santo desceu sobre eles como sobre nós no princípio. ¹⁶Então me lembrei do que o Senhor tinha dito: 'João batizou com ᵃ água, mas vocês serão batizados com o Espírito Santo'. ¹⁷Se, pois, Deus lhes deu o mesmo dom que nos tinha dado quando cremos no Senhor Jesus Cristo, quem era eu para pensar em opor-me a Deus?"

¹⁸Ouvindo isso, não apresentaram mais objeções e louvaram a Deus, dizendo: "Então, Deus concedeu arrependimento para a vida até mesmo aos gentios!"

A Igreja em Antioquia

¹⁹Os que tinham sido dispersos por causa da perseguição desencadeada com a morte de Estêvão chegaram até a Fenícia, Chipre e Antioquia, anunciando a mensagem apenas aos judeus. ²⁰Alguns deles, todavia, cipriotas e cireneus, foram a Antioquia e começaram a falar também aos gregos, contando-lhes as boas-novas a respeito do Senhor Jesus. ²¹A mão do Senhor estava com eles, e muitos creram e se converteram ao Senhor.

²²Notícias desse fato chegaram aos ouvidos da igreja em Jerusalém, e eles enviaram Barnabé a Antioquia. ²³Este, ali chegando e vendo a graça de Deus, ficou alegre e os animou a permanecer fiéis ao Senhor, de todo o coração. ²⁴Ele era um homem bom, cheio do Espírito Santo e de fé; e muitas pessoas foram acrescentadas ao Senhor.

²⁵Então Barnabé foi a Tarso procurar Saulo ²⁶e, quando o encontrou, levou-o para Antioquia. Assim, durante um ano inteiro Barnabé e Saulo se reuniram com a igreja e ensinaram a muitos. Em Antioquia, os discípulos foram pela primeira vez chamados cristãos.

²⁷Naqueles dias alguns profetas desceram de Jerusalém para Antioquia. ²⁸Um deles, Ágabo, levantou-se e pelo Espírito predisse que uma grande fome sobreviria a todo o mundo romano, o que aconteceu durante o reinado de Cláudio. ²⁹Os discípulos, cada um segundo as suas possibilidades, decidiram providenciar ajuda para os irmãos que viviam na Judeia. ³⁰E o fizeram, enviando suas ofertas aos presbíteros pelas mãos de Barnabé e Saulo.

Pedro é Milagrosamente Libertado da Prisão

12 Nessa ocasião, o rei Herodes prendeu alguns que pertenciam à igreja, com a intenção de maltratá-los, ²e mandou matar à espada Tiago, irmão de João. ³Vendo que isso agradava aos judeus, prosseguiu, prendendo também Pedro durante a festa dos pães sem fermento. ⁴Tendo-o prendido, lançou-o no cárcere, entregando-o para ser guardado por quatro escoltas de quatro soldados cada uma. Herodes pretendia submetê-lo a julgamento público depois da Páscoa.

⁵Pedro, então, ficou detido na prisão, mas a igreja orava intensamente a Deus por ele.

⁶Na noite anterior ao dia em que Herodes iria submetê-lo a julgamento, Pedro estava dormindo entre dois soldados, preso com duas algemas, e sentinelas montavam guarda à entrada do cárcere. ⁷Repentinamente apareceu um anjo do Senhor, e uma luz brilhou na cela. Ele tocou no lado de Pedro e o acordou. "Depressa, levante-se!", disse ele. Então as algemas caíram dos punhos de Pedro.

⁸O anjo lhe disse: "Vista-se e calce as sandálias". E Pedro assim fez. Disse-lhe ainda o anjo: "Ponha a capa e siga-me". ⁹E, saindo, Pedro o seguiu, não sabendo que era real o que se fazia por meio do anjo; tudo lhe parecia uma visão. ¹⁰Passaram a primeira e a segunda guarda, e chegaram ao portão de ferro que dava para a cidade. Este se abriu por si mesmo para eles, e passaram. Tendo saído, caminharam ao longo de uma rua e, de repente, o anjo o deixou.

¹¹Então Pedro caiu em si e disse: "Agora sei, sem nenhuma dúvida, que o Senhor enviou o seu anjo e me libertou das mãos de Herodes e de tudo o que o povo judeu esperava".

¹²Percebendo isso, ele se dirigiu à casa de Maria, mãe de João, também chamado Marcos, onde muita gente se havia reunido e estava orando. ¹³Pedro bateu à porta do alpendre, e uma serva chamada Rode veio atender. ¹⁴Ao reconhecer a voz de Pedro, tomada de alegria, ela correu de volta, sem abrir a porta, e exclamou: "Pedro está à porta!"

ᵃ **11.16** Ou *em*

12.20-23 Herodes Agripa I, neto de Herodes, o Grande. Para obter mais informação, veja o quadro "A família de Herodes, o Grande", na p. 1009.

¹⁵ Eles porém lhe disseram: "Você está fora de si!" Insistindo ela em afirmar que era Pedro, disseram-lhe: "Deve ser o anjo dele".

¹⁶ Mas Pedro continuou batendo e, quando abriram a porta e o viram, ficaram perplexos. ¹⁷ Mas ele, fazendo-lhes sinal para que se calassem, descreveu como o Senhor o havia tirado da prisão e disse: "Contem isso a Tiago e aos irmãos". Então saiu e foi para outro lugar.

¹⁸ De manhã, não foi pequeno o alvoroço entre os soldados quanto ao que tinha acontecido a Pedro. ¹⁹ Fazendo uma busca completa e não o encontrando, Herodes fez uma investigação entre os guardas e ordenou que fossem executados.

A Morte de Herodes

Depois Herodes foi da Judeia para Cesareia e permaneceu ali durante algum tempo. ²⁰ Ele estava cheio de ira contra o povo de Tiro e Sidom; contudo, eles haviam se reunido e procuravam ter uma audiência com ele. Tendo conseguido o apoio de Blasto, homem de confiança[a] do rei, pediram paz, porque dependiam das terras do rei para obter alimento.

²¹ No dia marcado, Herodes, vestindo seus trajes reais, sentou-se em seu trono e fez um discurso ao povo. ²² Eles começaram a gritar: "É voz de deus, e não de homem". ²³ Visto que Herodes não glorificou a Deus, imediatamente um anjo do Senhor o feriu; e ele morreu comido por vermes.

²⁴ Entretanto, a palavra de Deus continuava a crescer e a espalhar-se.

²⁵ Tendo terminado sua missão, Barnabé e Saulo voltaram de Jerusalém, levando consigo João, também chamado Marcos.

12.25 Marcos é o escritor do segundo Evangelho sinóptico, talvez o mais antigo de todos os Evangelhos canônicos.

A Missão de Barnabé e Saulo

13 Na igreja de Antioquia havia profetas e mestres: Barnabé, Simeão, chamado Níger, Lúcio de Cirene, Manaém, que fora criado com Herodes, o tetrarca[b], e Saulo. ² Enquanto adoravam o Senhor e jejuavam, disse o Espírito Santo: "Separem-me Barnabé e Saulo para a obra a que os tenho chamado". ³ Assim, depois de jejuar e orar, impuseram-lhes as mãos e os enviaram.

Em Chipre

⁴ Enviados pelo Espírito Santo, desceram a Selêucia e dali navegaram para Chipre. ⁵ Chegando em Salamina, proclamaram a palavra de Deus nas sinagogas judaicas. João estava com eles como auxiliar.

⁶ Viajaram por toda a ilha, até que chegaram a Pafos. Ali encontraram um judeu, chamado Barjesus, que praticava magia e era falso profeta. ⁷ Ele era assessor do procônsul Sérgio Paulo. O procônsul, sendo homem culto, mandou chamar Barnabé e Saulo, porque queria ouvir a palavra de Deus. ⁸ Mas Elimas, o mágico (esse é o significado do seu nome), opôs-se a eles e tentava desviar da fé o procônsul. ⁹ Então Saulo, também chamado Paulo, cheio do Espírito Santo, olhou firmemente para Elimas e disse: ¹⁰ "Filho do Diabo e inimigo de tudo o que é justo! Você está cheio de toda espécie de engano e maldade. Quando é que vai parar de perverter os retos caminhos do Senhor? ¹¹ Saiba agora que a mão do Senhor está contra você, e você ficará cego e incapaz de ver a luz do sol durante algum tempo".

13.7 Observe-se o respeito para com o procônsul, que tinha a reputação de ser homem culto e amante da verdade. Foram encontradas diversas referências a sua pessoa em inscrições romanas antigas e nos escritos de historiadores romanos. É interessante observar que nesse mesmo momento Saulo começa a utilizar um nome romano, que é precisamente *Paulus* (v. 9), traduzido por "Paulo", talvez em honra a esse notável romano, que foi a primeira autoridade civil diante da qual pôde proclamar a mensagem de Jesus Cristo.

---

[a] **12.20** Grego: *camareiro*.

[b] **13.1** Um tetrarca era o governador da quarta parte de uma região.

Imediatamente vieram sobre ele névoa e escuridão, e ele, tateando, procurava quem o guiasse pela mão. ¹²O procônsul, vendo o que havia acontecido, creu, profundamente impressionado com o ensino do Senhor.

Em Antioquia da Pisídia

¹³De Pafos, Paulo e seus companheiros navegaram para Perge, na Panfília. João os deixou ali e voltou para Jerusalém. ¹⁴De Perge prosseguiram até Antioquia da Pisídia. No sábado, entraram na sinagoga e se assentaram. ¹⁵Depois da leitura da Lei e dos Profetas, os chefes da sinagoga lhes mandaram dizer: "Irmãos, se vocês têm uma mensagem de encorajamento para o povo, falem".

¹⁶Pondo-se em pé, Paulo fez sinal com a mão e disse: "Israelitas e gentios tementes[a] a Deus, ouçam-me! ¹⁷O Deus do povo de Israel escolheu nossos antepassados e exaltou o povo durante a sua permanência no Egito; com grande poder os fez sair daquele país ¹⁸e os aturou[b] no deserto durante cerca de quarenta anos. ¹⁹Ele destruiu sete nações em Canaã e deu a terra delas como herança ao seu povo. ²⁰Tudo isso levou cerca de quatrocentos e cinquenta anos.

"Depois disso, ele lhes deu juízes até o tempo do profeta Samuel. ²¹Então o povo pediu um rei, e Deus lhes deu Saul, filho de Quis, da tribo de Benjamim, que reinou quarenta anos. ²²Depois de rejeitar Saul, levantou-lhes Davi como rei, sobre quem testemunhou: 'Encontrei Davi, filho de Jessé, homem segundo o meu coração; ele fará tudo o que for da minha vontade'[c].

²³"Da descendência desse homem Deus trouxe a Israel o Salvador Jesus, como prometera. ²⁴Antes da vinda de Jesus, João pregou um batismo de arrependimento para todo o povo de Israel. ²⁵Quando estava completando sua carreira, João disse: 'Quem vocês pensam que eu sou? Não sou quem vocês pensam. Mas eis que vem depois de mim aquele cujas sandálias não sou digno nem de desamarrar'.

²⁶"Irmãos, filhos de Abraão, e gentios tementes a Deus, a nós foi enviada esta mensagem de salvação. ²⁷O povo de Jerusalém e seus governantes não reconheceram Jesus, mas, ao condená-lo, cumpriram as palavras dos profetas, que são lidas todos os sábados. ²⁸Mesmo não achando motivo legal para uma sentença de morte, pediram a Pilatos que o mandasse executar. ²⁹Tendo cumprido tudo o que estava escrito a respeito dele, tiraram-no do madeiro e o colocaram num sepulcro. ³⁰Mas Deus o ressuscitou dos mortos, ³¹e, por muitos dias, foi visto por aqueles que tinham ido com ele da Galileia para Jerusalém. Estes agora são testemunhas de Jesus para o povo.

³²"Nós lhes anunciamos as boas-novas: o que Deus prometeu a nossos antepassados ³³ele cumpriu para nós, seus filhos, ressuscitando Jesus, como está escrito em Salmos 2:

" 'Tu és meu filho;
eu hoje te gerei'[d].

³⁴O fato de que Deus o ressuscitou dos mortos, para que nunca entrasse em decomposição, é declarado nestas palavras:

" 'Eu dou a vocês as santas
e fiéis bênçãos prometidas
a Davi'[e].

³⁵Assim ele diz noutra passagem:

" 'Não permitirás
que o teu Santo
sofra decomposição'[f].

³⁶"Tendo, pois, Davi servido ao propósito de Deus em sua geração, adormeceu, foi sepultado com os seus antepassados e seu corpo se decompôs. ³⁷Mas aquele a quem Deus ressuscitou não sofreu decomposição.

³⁸"Portanto, meus irmãos, quero que saibam que mediante Jesus é proclamado o perdão dos pecados a vocês. ³⁹Por meio dele, todo aquele que crê é justificado de todas as coisas das quais não podiam ser justificados pela Lei de Moisés. ⁴⁰Cuidem para que não aconteça o que disseram os profetas:

⁴¹" 'Olhem, escarnecedores,
admirem-se e pereçam;
pois nos dias de vocês
farei algo em que vocês jamais creriam
se a vocês fosse contado!'[g]

---

[a] **13.16** Isto é, simpatizantes do judaísmo; também no versículo 26.
[b] **13.18** Alguns manuscritos dizem *e cuidou deles*.
[c] **13.22** 1Sm 13.14
[d] **13.33** Sl 2.7
[e] **13.34** Is 55.3
[f] **13.35** Sl 16.10
[g] **13.41** Hc 1.5

⁴² Quando Paulo e Barnabé estavam saindo da sinagoga, o povo os convidou a falar mais a respeito dessas coisas no sábado seguinte. ⁴³ Despedida a congregação, muitos dos judeus e estrangeiros piedosos convertidos ao judaísmo seguiram Paulo e Barnabé. Estes conversavam com eles, recomendando-lhes que continuassem na graça de Deus.

⁴⁴ No sábado seguinte, quase toda a cidade se reuniu para ouvir a palavra do Senhor. ⁴⁵ Quando os judeus viram a multidão, ficaram cheios de inveja e, blasfemando, contradiziam o que Paulo estava dizendo.

⁴⁶ Então Paulo e Barnabé lhes responderam corajosamente: "Era necessário anunciar primeiro a vocês a palavra de Deus; uma vez que a rejeitam e não se julgam dignos da vida eterna, agora nos voltamos para os gentios. ⁴⁷ Pois assim o Senhor nos ordenou:

" 'Eu fiz de você luz para os gentios,
para que você leve a salvação
até aos confins da terra'ᵃ."

⁴⁸ Ouvindo isso, os gentios alegraram-se e bendisseram a palavra do Senhor; e creram todos os que haviam sido designados para a vida eterna.

⁴⁹ A palavra do Senhor se espalhava por toda a região. ⁵⁰ Mas os judeus incitaram as mulheres religiosas de elevada posição e os principais da cidade. E, provocando perseguição contra Paulo e Barnabé, os expulsaram do seu território. ⁵¹ Estes sacudiram o pó dos seus pés em protesto contra eles e foram para Icônio. ⁵² Os discípulos continuavam cheios de alegria e do Espírito Santo.

Em Icônio

14 Em Icônio, Paulo e Barnabé, como de costume, foram à sinagoga judaica. Ali falaram de tal modo que veio a crer grande multidão de judeus e gentios. ² Mas os judeus que se tinham recusado a crer incitaram os gentios e irritaram-lhes o ânimo contra os irmãos. ³ Paulo e Barnabé passaram bastante tempo ali, falando corajosamente do Senhor, que confirmava a mensagem de sua graça realizando sinais e maravilhas pelas mãos deles. ⁴ O povo da cidade ficou dividido: alguns estavam a favor dos judeus, outros a favor dos apóstolos.

⁵ Formou-se uma conspiração de gentios e judeus, com os seus líderes, para maltratá-los e apedrejá-los. ⁶ Quando eles souberam disso, fugiram para as cidades licaônicas de Listra e Derbe, e seus arredores, ⁷ onde continuaram a pregar as boas-novas.

Em Listra e em Derbe

⁸ Em Listra havia um homem paralítico dos pés, aleijado desde o nascimento, que vivia ali sentado e nunca tinha andado. ⁹ Ele ouvira Paulo falar. Quando Paulo olhou diretamente para ele e viu que o homem tinha fé para ser curado, ¹⁰ disse em alta voz: "Levante-se! Fique em pé!" Com isso, o homem deu um salto e começou a andar.

¹¹ Ao ver o que Paulo fizera, a multidão começou a gritar em língua licaônica: "Os deuses desceram até nós em forma humana!" ¹² A Barnabé chamavam Zeus e a Paulo chamavam Hermes, porque era ele quem trazia a palavra. ¹³ O sacerdote de Zeus, cujo templo ficava diante da cidade, trouxe bois e coroas de flores à porta da cidade, porque ele e a multidão queriam oferecer-lhes sacrifícios.

¹⁴ Ouvindo isso, os apóstolos Barnabé e Paulo rasgaram as roupas e correram para o meio da multidão, gritando: ¹⁵ "Homens, por que vocês estão fazendo isso? Nós também somos humanos como vocês. Estamos trazendo boas-novas para vocês, dizendo que se afastem dessas coisas vãs e se voltem para o Deus vivo, que fez o céu, a terra, o mar e tudo o que neles há. ¹⁶ No passado ele permitiu que todas as nações seguissem os seus próprios caminhos. ¹⁷ Contudo, Deus não ficou sem testemunho: mostrou sua bondade, dando-lhes chuva do céu e colheitas no tempo certo, concedendo-lhes sustento com fartura e um coração cheio de alegria". ¹⁸ Apesar dessas palavras, eles tiveram dificuldade para impedir que a multidão lhes oferecesse sacrifícios.

¹⁹ Então alguns judeus chegaram de Antioquia e de Icônio e mudaram o ânimo das multidões. Apedrejaram Paulo e o arrastaram para fora da cidade, pensando que estivesse morto. ²⁰ Mas, quando os discípulos se ajuntaram em volta de Paulo, ele se levantou e voltou à cidade. No dia seguinte, ele e Barnabé partiram para Derbe.

O Retorno para Antioquia da Síria

²¹ Eles pregaram as boas-novas naquela cidade e fizeram muitos discípulos. Então voltaram para Listra, Icônio e Antioquia, ²² fortalecendo

---

ᵃ 13.47 Is 49.6

os discípulos e encorajando-os a permanecer na fé, dizendo: "É necessário que passemos por muitas tribulações para entrarmos no Reino de Deus". ²³ Paulo e Barnabé designaram-lhes* presbíteros em cada igreja; tendo orado e jejuado, eles os encomendaram ao Senhor, em quem haviam confiado. ²⁴ Passando pela Pisídia, chegaram à Panfília ²⁵ e, tendo pregado a palavra em Perge, desceram para Atália.

²⁶ De Atália navegaram de volta a Antioquia, onde tinham sido recomendados à graça de Deus para a missão que agora haviam completado. ²⁷ Chegando ali, reuniram a igreja e relataram tudo o que Deus tinha feito por meio deles e como abrira a porta da fé aos gentios. ²⁸ E ficaram ali muito tempo com os discípulos.

O Concílio de Jerusalém

15 Alguns homens desceram da Judeia para Antioquia e passaram a ensinar aos irmãos: "Se vocês não forem circuncidados conforme o costume ensinado por Moisés, não poderão ser salvos". ² Isso levou Paulo e Barnabé a uma grande contenda e discussão com eles. Assim, Paulo e Barnabé foram designados, com outros, para irem a Jerusalém tratar dessa questão com os apóstolos e com os presbíteros. ³ A igreja os enviou e, ao passarem pela Fenícia e por Samaria, contaram como os gentios tinham se convertido; essas notícias alegravam muito a todos os irmãos. ⁴ Chegando a Jerusalém, foram bem recebidos pela igreja, pelos apóstolos e pelos presbíteros, a quem relataram tudo o que Deus tinha feito por meio deles.

⁵ Então se levantaram alguns do partido religioso dos fariseus que haviam crido e disseram: "É necessário circuncidá-los e exigir deles que obedeçam à Lei de Moisés".

⁶ Os apóstolos e os presbíteros se reuniram para considerar essa questão. ⁷ Depois de muita discussão, Pedro levantou-se e dirigiu-se a eles: "Irmãos, vocês sabem que há muito tempo Deus me escolheu dentre vocês para que os gentios ouvissem de meus lábios a mensagem do evangelho e cressem. ⁸ Deus, que conhece os corações, demonstrou que os aceitou, dando-lhes o Espírito Santo, como antes nos tinha concedido. ⁹ Ele não fez distinção alguma entre nós e eles, visto que purificou os seus corações pela fé. ¹⁰ Então, por que agora vocês estão querendo tentar a Deus, pondo sobre os discípulos um jugo que nem nós nem nossos antepassados conseguimos suportar? ¹¹ De modo nenhum! Cremos que somos salvos pela graça de nosso Senhor Jesus, assim como eles também".

¹² Toda a assembleia ficou em silêncio, enquanto ouvia Barnabé e Paulo falando de todos os sinais e maravilhas que, por meio deles, Deus fizera entre os gentios. ¹³ Quando terminaram de falar, Tiago tomou a palavra e disse: "Irmãos, ouçam-me. ¹⁴ Simão nos expôs como Deus, no princípio, voltou-se para os gentios a fim de reunir dentre as nações um povo para o seu nome. ¹⁵ Concordam com isso as palavras dos profetas, conforme está escrito:

15.15-18 Veja Amós 9.11,12.

¹⁶ " 'Depois disso voltarei
　e reconstruirei
　　a tenda caída de Davi.
Reedificarei as suas ruínas,
　e a restaurarei,
¹⁷ para que o restante
　　dos homens
　　busque o Senhor,
　e todos os gentios
　　sobre os quais
　　tem sido invocado
　　o meu nome,
　diz o Senhor,
　　que faz estas coisas'ᵇ
¹⁸ conhecidas desde os tempos antigos.ᶜ

¹⁹ "Portanto, julgo que não devemos pôr dificuldades aos gentios que estão se convertendo a Deus. ²⁰ Ao contrário, devemos escrever a eles, dizendo-lhes que se abstenham de comida contaminada pelos ídolos, da imoralidade sexual, da carne de animais estrangulados e do sangue. ²¹ Pois, desde os tempos antigos, Moisés é pregado em todas as cidades, sendo lido nas sinagogas todos os sábados".

ᵃ **14.23** Ou *ordenaram-lhes*; ou ainda *elegeram*
ᵇ **15.16,17** Am 9.11,12
ᶜ **15.18** Alguns manuscritos dizem *Conhecida do Senhor desde os tempos antigos é a sua obra.*

A Carta do Concílio aos Cristãos Gentios

²² Então os apóstolos e os presbíteros, com toda a igreja, decidiram escolher alguns dentre eles e enviá-los a Antioquia com Paulo e Barnabé. Escolheram Judas, chamado Barsabás, e Silas, dois líderes entre os irmãos. ²³ Com eles enviaram a seguinte carta:

" Os irmãos apóstolos e presbíteros,ᵃ

aos cristãos gentios que estão em Antioquia, na Síria e na Cilícia:

Saudações.

²⁴ "Soubemos que alguns saíram de nosso meio, sem nossa autorização, e os perturbaram, transtornando a mente de vocês com o que disseram. ²⁵ Assim, concordamos todos em escolher alguns homens e enviá-los a vocês com nossos amados irmãos Paulo e Barnabé, ²⁶ homens que têm arriscado a vida pelo nome de nosso Senhor Jesus Cristo. ²⁷ Portanto, estamos enviando Judas e Silas para confirmarem verbalmente o que estamos escrevendo. ²⁸ Pareceu bem ao Espírito Santo e a nós não impor a vocês nada além das seguintes exigências necessárias: ²⁹ Que se abstenham de comida sacrificada aos ídolos, do sangue, da carne de animais estrangulados e da imoralidade sexual. Vocês farão bem em evitar essas coisas.

"Que tudo lhes vá bem".

³⁰ Uma vez despedidos, os homens desceram para Antioquia, onde reuniram a igreja e entregaram a carta. ³¹ Os irmãos a leram e se alegraram com a sua animadora mensagem. ³² Judas e Silas, que eram profetas, encorajaram e fortaleceram os irmãos com muitas palavras. ³³ Tendo passado algum tempo ali, foram despedidos pelos irmãos com a bênção da paz para voltarem aos que os tinham enviado, ³⁴ mas Silas decidiu ficar.ᵇ ³⁵ Paulo e Barnabé permaneceram em Antioquia, onde, com muitos outros, ensinavam e pregavam a palavra do Senhor.

ᵃ **15.23** Vários manuscritos dizem *Os apóstolos, os presbíteros e os irmãos.*
ᵇ **15.34** Muitos manuscritos antigos não trazem o versículo 34.

16.1,2 Esse Timóteo é o mesmo que se tornou filho espiritual e companheiro incansável na missão de Paulo. Além de tratá-lo como "filho", escreve-lhe duas de suas cartas pastorais.

O Desentendimento entre Paulo e Barnabé

³⁶ Algum tempo depois, Paulo disse a Barnabé: "Voltemos para visitar os irmãos em todas as cidades onde pregamos a palavra do Senhor, para ver como estão indo". ³⁷ Barnabé queria levar João, também chamado Marcos. ³⁸ Mas Paulo não achava prudente levá-lo, pois ele, abandonando-os na Panfília, não permanecera com eles no trabalho. ³⁹ Tiveram um desentendimento tão sério que se separaram. Barnabé, levando consigo Marcos, navegou para Chipre, ⁴⁰ mas Paulo escolheu Silas e partiu, encomendado pelos irmãos à graça do Senhor. ⁴¹ Passou, então, pela Síria e pela Cilícia, fortalecendo as igrejas.

Timóteo Acompanha Paulo e Silas

16 Chegou a Derbe e depois a Listra, onde vivia um discípulo chamado Timóteo. Sua mãe era uma judia convertida e seu pai era grego. ² Os irmãos de Listra e Icônio davam bom testemunho dele. ³ Paulo, querendo levá-lo na viagem, circuncidou-o por causa dos judeus que viviam naquela região, pois todos sabiam que seu pai era grego. ⁴ Nas cidades por onde passavam, transmitiam as decisões tomadas pelos apóstolos e presbíteros em Jerusalém, para que fossem obedecidas. ⁵ Assim as igrejas eram fortalecidas na fé e cresciam em número cada dia.

A Visão de Paulo em Trôade

⁶ Paulo e seus companheiros viajaram pela região da Frígia e da Galácia, tendo sido impedidos pelo Espírito Santo de pregar a palavra na província da Ásia. ⁷ Quando chegaram à fronteira da Mísia, tentaram entrar na Bitínia, mas o Espírito de Jesus os impediu. ⁸ Então, contornaram a Mísia e desceram a Trôade. ⁹ Durante a noite Paulo teve uma visão, na qual um homem da Macedônia estava em pé e lhe suplicava: "Passe à Macedônia e ajude-nos". ¹⁰ Depois que Paulo teve essa visão, preparamo-nos

16.6-8 Quando Deus dá uma missão a um de seus filhos, ele o guia até onde deseja que a realize e também segundo a forma com que deve cumpri-la. Não é incomum pensarmos que tudo o que se opõe ao nosso anseio de servir a Deus tem origem no Inimigo. Nem sempre. Há ocasiões em que o próprio Espírito de Deus se encarrega disso, pois nos quer guiar a sua perfeita vontade divina (aliás, devemos aceitar com alegria o fato de que ele nos dirija), em vez de nos deixar seguir por onde queremos.

16.17 O texto original grego omite o artigo determinado. Ao que parece, a moça endemoninhada seguia os apóstolos gritando que eles anunciavam "um" caminho de salvação. Nada mais longe da verdade, uma vez que há um único caminho. Os discípulos proclamavam "o único" caminho da salvação e não precisavam de que nenhum demônio os ajudasse na divulgação de sua mensagem. O objetivo era reduzir o cristianismo à condição de mais uma religião entre tantas outras.

imediatamente para partir para a Macedônia, concluindo que Deus nos tinha chamado para lhes pregar o evangelho.

A Conversão de Lídia em Filipos

¹¹ Partindo de Trôade, navegamos diretamente para Samotrácia e, no dia seguinte, para Neápolis. ¹² Dali partimos para Filipos, na Macedônia, que é colônia romana e a principal cidade daquele distrito. Ali ficamos vários dias.

¹³ No sábado saímos da cidade e fomos para a beira do rio, onde esperávamos encontrar um lugar de oração. Sentamo-nos e começamos a conversar com as mulheres que haviam se reunido ali. ¹⁴ Uma das que ouviam era uma mulher temente a Deus chamada Lídia, vendedora de tecido de púrpura, da cidade de Tiatira. O Senhor abriu seu coração para atender à mensagem de Paulo. ¹⁵ Tendo sido batizada, bem como os de sua casa, ela nos convidou, dizendo: "Se os senhores me consideram uma crente no Senhor, venham ficar em minha casa". E nos convenceu.

Paulo e Silas na Prisão

¹⁶ Certo dia, indo nós para o lugar de oração, encontramos uma escrava que tinha um espírito pelo qual predizia o futuro. Ela ganhava muito dinheiro para os seus senhores com adivinhações. ¹⁷ Essa moça seguia Paulo e a nós, gritando: "Estes homens são servos do Deus Altíssimo e anunciam o caminho da salvação". ¹⁸ Ela continuou fazendo isso por muitos dias. Finalmente, Paulo ficou indignado, voltou-se e disse ao espírito: "Em nome de Jesus Cristo eu ordeno que saia dela!" No mesmo instante o espírito a deixou.

¹⁹ Percebendo que a sua esperança de lucro tinha se acabado, os donos da escrava agarraram Paulo e Silas e os arrastaram para a praça principal, diante das autoridades. ²⁰ E, levando-os aos magistrados, disseram: "Estes homens são judeus e estão perturbando a nossa cidade, ²¹ propagando costumes que a nós, romanos, não é permitido aceitar nem praticar".

²² A multidão ajuntou-se contra Paulo e Silas, e os magistrados ordenaram que se lhes tirassem as roupas e fossem açoitados. ²³ Depois de serem severamente açoitados, foram lançados na prisão. O carcereiro recebeu instrução para vigiá-los com cuidado. ²⁴ Tendo recebido tais ordens, ele os lançou no cárcere interior e lhes prendeu os pés no tronco.

²⁵ Por volta da meia-noite, Paulo e Silas estavam orando e cantando hinos a Deus; os outros presos os ouviam. ²⁶ De repente, houve um terremoto tão violento que os alicerces da prisão foram abalados. Imediatamente todas as portas se abriram, e as correntes de todos se soltaram. ²⁷ O carcereiro acordou e, vendo abertas as portas da prisão, desembainhou sua espada para se matar, porque pensava que os presos tivessem fugido. ²⁸ Mas Paulo gritou: "Não faça isso! Estamos todos aqui!"

²⁹ O carcereiro pediu luz, entrou correndo e, trêmulo, prostrou-se diante de Paulo e Silas. ³⁰ Então levou-os para fora e perguntou: "Senhores, que devo fazer para ser salvo?"

³¹ Eles responderam: "Creia no Senhor Jesus, e serão salvos, você e os de sua casa". ³² E pregaram a palavra de Deus, a ele e a todos os de sua casa. ³³ Naquela mesma hora da noite o carcereiro lavou as feridas deles; em seguida, ele e todos os seus foram batizados. ³⁴ Então os levou para a sua casa, serviu-lhes uma refeição

16.30,31 Evangelização (iniciada em Romanos 3.23; p. 1199): A pergunta do carcereiro, que compreendeu que Deus lhe havia enviado esses homens, é típica de todo ser humano. Todos, antes de crer, pensam que têm de fazer algo ou cumprir inumeráveis atos religiosos para agradar a Deus. A resposta de Paulo e Silas é de uma simplicidade tão impressionante que muitos a consideram fácil demais para ser verdade. Tudo o que a pessoa precisa é crer que Jesus é o Messias enviado por Deus e que ele é Senhor. Se assim for, todos serão salvos: a pessoa e a casa. No século I, como também hoje em algumas sociedades, os membros da família (não apenas pais e filhos, mas também avós, tios e outros familiares; em alguns casos, até mesmo os servos da casa), considerava-se que, se o chefe da família aceitava uma verdade, todos os membros não tinham por que duvidar dela, por isso também a aceitavam. No entanto, devemos levar em consideração que todos, pessoalmente, têm que pôr sua fé em Cristo para obter a salvação. Deus não obriga ninguém a ser salvo.

Texto anterior: Romanos 6.23
Próximo texto: Efésios 2.8,9

e com todos os de sua casa alegrou-se muito por haver crido em Deus.

³⁵ Quando amanheceu, os magistrados mandaram os seus soldados ao carcereiro com esta ordem: "Solte estes homens". ³⁶ O carcereiro disse a Paulo: "Os magistrados deram ordens para que você e Silas sejam libertados. Agora podem sair. Vão em paz".

³⁷ Mas Paulo disse aos soldados: "Sendo nós cidadãos romanos, eles nos açoitaram publicamente sem processo formal e nos lançaram na prisão. E agora querem livrar-se de nós secretamente? Não! Venham eles mesmos e nos libertem".

³⁸ Os soldados relataram isso aos magistrados, os quais, ouvindo que Paulo e Silas eram romanos, ficaram atemorizados. ³⁹ Vieram para se desculpar diante deles e, conduzindo-os para fora da prisão, pediram-lhes que saíssem da cidade. ⁴⁰ Depois de saírem da prisão, Paulo e Silas foram à casa de Lídia, onde se encontraram com os irmãos e os encorajaram. E então partiram.

Em Tessalônica

17 Tendo passado por Anfípolis e Apolônia, chegaram a Tessalônica, onde havia uma sinagoga judaica. ² Segundo o seu costume, Paulo foi à sinagoga e por três sábados discutiu com eles com base nas Escrituras, ³ explicando e provando que o Cristo deveria sofrer e ressuscitar dentre os mortos. E dizia: "Este Jesus que proclamo é o Cristo". ⁴ Alguns dos judeus foram persuadidos e se uniram a Paulo e Silas, bem como muitos gregos tementes[a] a Deus e não poucas mulheres de alta posição.

⁵ Mas os judeus ficaram com inveja. Reuniram alguns homens perversos dentre os desocupados e, com a multidão, iniciaram um tumulto na cidade. Invadiram a casa de Jasom, em busca de Paulo e Silas, a fim de trazê-los para o meio da multidão[b]. ⁶ Contudo, não os achando, arrastaram Jasom e alguns outros irmãos para diante dos oficiais da cidade, gritando: "Esses homens, que têm causado alvoroço por todo o mundo, agora chegaram aqui, ⁷ e Jasom os recebeu em sua casa. Todos eles estão agindo contra os decretos de César, dizendo que existe um outro rei, chamado Jesus". ⁸ Ouvindo isso, a multidão e os oficiais da cidade ficaram agitados. ⁹ Então receberam de Jasom e dos outros a fiança estipulada e os soltaram.

Em Bereia

¹⁰ Logo que anoiteceu, os irmãos enviaram Paulo e Silas para Bereia. Chegando ali, eles foram à sinagoga judaica. ¹¹ Os bereanos eram mais nobres do que os tessalonicenses, pois receberam a mensagem com grande interesse, examinando todos os dias as Escrituras, para ver se tudo era assim mesmo. ¹² E creram muitos dentre os judeus e também um bom número de mulheres gregas de elevada posição e não poucos homens gregos.

¹³ Quando os judeus de Tessalônica ficaram sabendo que Paulo estava pregando a palavra de Deus em Bereia, dirigiram-se também para lá, agitando e alvoroçando as multidões. ¹⁴ Imediatamente os irmãos enviaram Paulo para o litoral, mas Silas e Timóteo permaneceram em Bereia. ¹⁵ Os homens que foram com Paulo o levaram até Atenas, partindo depois com instruções para que Silas e Timóteo se juntassem a ele, tão logo fosse possível.

[a] 17.4 Isto é, simpatizantes do judaísmo.
[b] 17.5 Ou *da assembleia do povo*

17.22-34 O tom do discurso de Paulo é erudito, conforme o estilo que agradava aos gregos e através do qual podia demonstrar que conhecia a literatura e os poetas gregos, como é o caso aqui de Epimênides, e também suas histórias, como a do Deus Desconhecido, que tinha um altar em Atenas. No entanto, seu discurso erudito perdeu praticamente toda a eficácia quando Paulo passou das citações e da lógica para a fé, a fim de anunciar que Jesus havia ressuscitado dentre os mortos.

17.31 Apresentação "Três palavras". Três palavras nos mostram o plano de Deus sobre a vida eterna: juízo, dádiva (dom) e recompensas. Essas palavras o ajudarão a refletir sobre o seu destino eterno. Comecemos pela primeira:
Juízo: Todos seremos julgados por Deus, que a tudo vê, que tudo sabe e sempre atua com justiça perfeita.
Leia: Atos 17.31
Próximo passo: Tiago 2.10, p. 1325

Em Atenas

[16] Enquanto esperava por eles em Atenas, Paulo ficou profundamente indignado ao ver que a cidade estava cheia de ídolos. [17] Por isso, discutia na sinagoga com judeus e com gregos tementes a Deus, bem como na praça principal, todos os dias, com aqueles que por ali se encontravam. [18] Alguns filósofos epicureus e estoicos começaram a discutir com ele. Alguns perguntavam: "O que está tentando dizer esse tagarela?" Outros diziam: "Parece que ele está anunciando deuses estrangeiros", pois Paulo estava pregando as boas-novas a respeito de Jesus e da ressurreição. [19] Então o levaram a uma reunião do Areópago, onde lhe perguntaram: "Podemos saber que novo ensino é esse que você está anunciando? [20] Você está nos apresentando algumas ideias estranhas, e queremos saber o que elas significam". [21] Todos os atenienses e estrangeiros que ali viviam não se preocupavam com outra coisa senão falar ou ouvir as últimas novidades.

[22] Então Paulo levantou-se na reunião do Areópago e disse: "Atenienses! Vejo que em todos os aspectos vocês são muito religiosos, [23] pois, andando pela cidade, observei cuidadosamente seus objetos de culto e encontrei até um altar com esta inscrição: AO DEUS DESCONHECIDO. Ora, o que vocês adoram, apesar de não conhecerem, eu lhes anuncio.

[24] "O Deus que fez o mundo e tudo o que nele há é o Senhor dos céus e da terra e não habita em santuários feitos por mãos humanas. [25] Ele não é servido por mãos de homens, como se necessitasse de algo, porque ele mesmo dá a todos a vida, o fôlego e as demais coisas. [26] De um só fez ele todos os povos, para que povoassem toda a terra, tendo determinado os tempos anteriormente estabelecidos e os lugares exatos em que deveriam habitar. [27] Deus fez isso para que os homens o buscassem e talvez, tateando, pudessem encontrá-lo, embora não esteja longe de cada um de nós. [28] 'Pois nele vivemos, nos movemos e existimos', como disseram alguns dos poetas de vocês: 'Também somos descendência dele'.

[29] "Assim, visto que somos descendência de Deus, não devemos pensar que a Divindade é semelhante a uma escultura de ouro, prata ou pedra, feita pela arte e imaginação do homem. [30] No passado Deus não levou em conta essa ignorância, mas agora ordena que todos, em todo lugar, se arrependam. [31] Pois estabeleceu um dia em que há de julgar o mundo com justiça, por meio do homem que designou. E deu provas disso a todos, ressuscitando-o dentre os mortos".

[32] Quando ouviram sobre a ressurreição dos mortos, alguns deles zombaram, e outros disseram: "A esse respeito nós o ouviremos outra vez". [33] Com isso, Paulo retirou-se do meio deles. [34] Alguns homens juntaram-se a ele e creram. Entre eles estava Dionísio, membro do Areópago, e também uma mulher chamada Dâmaris, e outros com eles.

Em Corinto

18 Depois disso Paulo saiu de Atenas e foi para Corinto. [2] Ali, encontrou um judeu chamado Áquila, natural do Ponto, que havia chegado recentemente da Itália com Priscila, sua mulher, pois Cláudio havia ordenado que todos os judeus saíssem de Roma. Paulo foi vê-los [3] e, uma vez que tinham a mesma profissão, ficou morando e trabalhando com eles, pois eram fabricantes de tendas. ⁴ Todos os sábados ele debatia na sinagoga e convencia judeus e gregos.

⁵ Depois que Silas e Timóteo chegaram da Macedônia, Paulo se dedicou exclusivamente à pregação, testemunhando aos judeus que Jesus era o Cristo. ⁶ Opondo-se eles e lançando maldições, Paulo sacudiu a roupa e lhes disse: "Caia sobre a cabeça de vocês o seu próprio sangue! Estou livre da minha responsabilidade. De agora em diante irei para os gentios".

⁷ Então Paulo saiu da sinagoga e foi para a casa de Tício Justo, que era temente[a] a Deus e que morava ao lado da sinagoga. ⁸ Crispo, chefe da sinagoga, creu no Senhor, ele e toda a sua casa; e, dos coríntios que o ouviam, muitos criam e eram batizados.

⁹ Certa noite o Senhor falou a Paulo em visão: "Não tenha medo, continue falando e não fique calado, ¹⁰ pois estou com você, e ninguém vai lhe fazer mal ou feri-lo, porque tenho muita gente nesta cidade". ¹¹ Assim, Paulo ficou ali durante um ano e meio, ensinando-lhes a palavra de Deus.

¹² Sendo Gálio procônsul da Acaia, os judeus fizeram em conjunto um levante contra Paulo e o levaram ao tribunal, fazendo a seguinte acusação: ¹³ "Este homem está persuadindo o povo a adorar a Deus de maneira contrária à lei".

¹⁴ Quando Paulo ia começar a falar, Gálio disse aos judeus: "Se vocês, judeus, estivessem apresentando queixa de algum delito ou crime grave, seria razoável que eu os ouvisse. ¹⁵ Mas, visto que se trata de uma questão de palavras e nomes de sua própria lei, resolvam o problema vocês mesmos. Não serei juiz dessas coisas". ¹⁶ E mandou expulsá-los do tribunal. ¹⁷ Então todos se voltaram contra Sóstenes, o chefe da sinagoga, e o espancaram diante do tribunal. Mas Gálio não demonstrou nenhuma preocupação com isso.

Priscila, Áquila e Apolo

¹⁸ Paulo permaneceu em Corinto por algum tempo. Depois despediu-se dos irmãos e navegou para a Síria, acompanhado de Priscila e Áquila. Antes de embarcar, rapou a cabeça em Cencreia, devido a um voto que havia feito. ¹⁹ Chegaram a Éfeso, onde Paulo deixou Priscila e Áquila. Ele, porém, entrando na sinagoga, começou a debater com os judeus. ²⁰ Pedindo eles que ficasse mais tempo, não cedeu. ²¹ Mas, ao partir, prometeu: "Voltarei, se for da vontade de Deus". Então, embarcando, partiu de Éfeso. ²² Ao chegar a Cesareia, subiu até a igreja para saudá-la e depois desceu para Antioquia.

²³ Depois de passar algum tempo em Antioquia, Paulo partiu dali e viajou por toda a região da Galácia e da Frígia, fortalecendo todos os discípulos.

²⁴ Enquanto isso, um judeu chamado Apolo, natural de Alexandria, chegou a Éfeso. Ele era homem culto[b] e tinha grande conhecimento das Escrituras. ²⁵ Fora instruído no caminho do Senhor e com grande fervor[c] falava e ensinava com exatidão acerca de Jesus, embora conhecesse apenas o batismo de João. ²⁶ Logo começou a falar corajosamente na sinagoga. Quando Priscila e Áquila o ouviram, convidaram-no para ir à sua casa e lhe explicaram com mais exatidão o caminho de Deus.

²⁷ Querendo ele ir para a Acaia, os irmãos o encorajaram e escreveram aos discípulos que o recebessem. Ao chegar, ele auxiliou muito os que pela graça haviam crido, ²⁸ pois refutava vigorosamente os judeus em debate público, provando pelas Escrituras que Jesus é o Cristo.

Paulo em Éfeso

19 Enquanto Apolo estava em Corinto, Paulo, atravessando as regiões altas, chegou a Éfeso. Ali encontrou alguns discípulos ² e lhes perguntou: "Vocês receberam o Espírito Santo quando[d] creram?"

Eles responderam: "Não, nem sequer ouvimos que existe o Espírito Santo".

³ "Então, que batismo vocês receberam?", perguntou Paulo.

"O batismo de João", responderam eles.

⁴ Disse Paulo: "O batismo de João foi um batismo de arrependimento. Ele dizia ao povo que cresse naquele que viria depois dele, isto é, em Jesus". ⁵ Ouvindo isso, eles foram batizados no nome do Senhor Jesus. ⁶ Quando Paulo lhes impôs as mãos, veio sobre eles o Espírito Santo, e começaram a falar em línguas[e] e a profetizar. ⁷ Eram ao todo uns doze homens.

⁸ Paulo entrou na sinagoga e ali falou com liberdade durante três meses, argumentando convincentemente acerca do Reino de Deus.

---

[a] 18.7 Isto é, simpatizante do judaísmo.
[b] 18.24 Ou *eloquente*
[c] 18.25 Ou *com fervor no Espírito*
[d] 19.2 Ou *depois que*
[e] 19.6 Ou *em outros idiomas*

⁹ Mas alguns deles se endureceram e se recusaram a crer, e começaram a falar mal do Caminho diante da multidão. Paulo, então, afastou-se deles. Tomando consigo os discípulos, passou a ensinar diariamente na escola de Tirano. ¹⁰ Isso continuou por dois anos, de forma que todos os judeus e os gregos que viviam na província da Ásia ouviram a palavra do Senhor.

¹¹ Deus fazia milagres extraordinários por meio de Paulo, ¹² de modo que até lenços e aventais que Paulo usava eram levados e colocados sobre os enfermos. Estes eram curados de suas doenças, e os espíritos malignos saíam deles.

¹³ Alguns judeus que andavam expulsando espíritos malignos tentaram invocar o nome do Senhor Jesus sobre os endemoninhados, dizendo: "Em nome de Jesus, a quem Paulo prega, eu ordeno que saiam!" ¹⁴ Os que estavam fazendo isso eram os sete filhos de Ceva, um dos chefes dos sacerdotes dos judeus. ¹⁵ Um dia, o espírito maligno lhes respondeu: "Jesus, eu conheço, Paulo, eu sei quem é; mas vocês, quem são?" ¹⁶ Então o endemoninhado saltou sobre eles e os dominou, espancando-os com tamanha violência que eles fugiram da casa nus e feridos.

¹⁷ Quando isso se tornou conhecido de todos os judeus e gregos que viviam em Éfeso, todos eles foram tomados de temor; e o nome do Senhor Jesus era engrandecido. ¹⁸ Muitos dos que creram vinham, e confessavam, e declaravam abertamente suas más obras. ¹⁹ Grande número dos que tinham praticado ocultismo reuniram seus livros e os queimaram publicamente. Calculado o valor total, este chegou a cinquenta mil dracmasᵃ. ²⁰ Dessa maneira a palavra do Senhor muito se difundia e se fortalecia.

²¹ Depois dessas coisas, Paulo decidiu no espírito ir a Jerusalém, passando pela Macedônia e pela Acaia. Ele dizia: "Depois de haver estado ali, é necessário também que eu vá visitar Roma". ²² Então enviou à Macedônia dois dos seus auxiliares, Timóteo e Erasto, e permaneceu mais um pouco na província da Ásia.

O Tumulto em Éfeso

²³ Naquele tempo houve um grande tumulto por causa do Caminho. ²⁴ Um ourives chamado Demétrio, que fazia miniaturas de prata do templo de Ártemis e que dava muito lucro aos artífices, ²⁵ reuniu-os com os trabalhadores dessa profissão e disse: "Senhores, vocês sabem que temos uma boa fonte de lucro nesta atividade ²⁶ e estão vendo e ouvindo como este indivíduo, Paulo, está convencendo e desviando grande número de pessoas aqui em Éfeso e em quase toda a província da Ásia. Diz ele que deuses feitos por mãos humanas não são deuses. ²⁷ Não somente há o perigo de nossa profissão perder sua reputação, mas também de o templo da grande deusa Ártemis cair em descrédito e de a própria deusa, adorada em toda província da Ásia e em todo o mundo, ser destituída de sua majestade divina".

²⁸ Ao ouvirem isso, eles ficaram furiosos e começaram a gritar: "Grande é a Ártemis dos efésios!" ²⁹ Em pouco tempo a cidade toda estava em tumulto. O povo foi às pressas para o teatro, arrastando os companheiros de viagem de Paulo, os macedônios Gaio e Aristarco. ³⁰ Paulo queria apresentar-se à multidão, mas os discípulos não o permitiram. ³¹ Alguns amigos de Paulo dentre as autoridades da província chegaram a mandar-lhe um recado, pedindo-lhe que não se arriscasse a ir ao teatro.

³² A assembleia estava em confusão: uns gritavam uma coisa, outros gritavam outra. A maior parte do povo nem sabia por que estava ali. ³³ Alguns da multidão julgaram que Alexandre era a causa do tumulto, quando os judeus o empurraram para a frente. Ele fez sinal pedindo silêncio, com a intenção de fazer sua defesa diante do povo. ³⁴ Mas, quando ficaram sabendo que ele era judeu, todos gritaram a uma só voz durante cerca de duas horas: "Grande é a Ártemis dos efésios!"

³⁵ O escrivão da cidade acalmou a multidão e disse: "Efésios, quem não sabe que a cidade de Éfeso é a guardiã do templo da grande Ártemis e da sua imagem que caiu do céu? ³⁶ Portanto, visto que estes fatos são inegáveis, acalmem-se e não façam nada precipitadamente. ³⁷ Vocês trouxeram estes homens aqui, embora eles não tenham roubado templos nem blasfemado contra a nossa deusa. ³⁸ Se Demétrio e seus companheiros de profissão têm alguma queixa contra alguém, os tribunais estão abertos, e há procônsules. Eles que apresentem suas queixas ali. ³⁹ Se há mais alguma coisa que vocês desejam apresentar, isso será decidido em assembleia, conforme a lei. ⁴⁰ Da maneira como está, corremos o perigo de sermos acusados de perturbar a ordem pública por causa dos

---

ᵃ **19.19** A dracma era uma moeda de prata equivalente à diária de um trabalhador braçal.

acontecimentos de hoje. Nesse caso, não seríamos capazes de justificar este tumulto, visto que não há razão para tal". ⁴¹ E, tendo dito isso, encerrou a assembleia.

Paulo Viaja pela Macedônia e pela Grécia

20 Cessado o tumulto, Paulo mandou chamar os discípulos e, depois de encorajá-los, despediu-se e partiu para a Macedônia. ² Viajou por aquela região, encorajando os irmãos com muitas palavras e, por fim, chegou à Grécia, ³ onde ficou três meses. Quando estava a ponto de embarcar para a Síria, os judeus fizeram uma conspiração contra ele; por isso decidiu voltar pela Macedônia, ⁴ sendo acompanhado por Sópatro, filho de Pirro, de Bereia; Aristarco e Secundo, de Tessalônica; Gaio, de Derbe; e Timóteo, além de Tíquico e Trófimo, da província da Ásia. ⁵ Esses homens foram adiante e nos esperaram em Trôade. ⁶ Navegamos de Filipos, após a festa dos pães sem fermento, e cinco dias depois nos reunimos com os outros em Trôade, onde ficamos sete dias.

A Ressurreição de Êutico em Trôade

⁷ No primeiro dia da semana reunimo-nos para partir o pão, e Paulo falou ao povo. Pretendendo partir no dia seguinte, continuou falando até a meia-noite. ⁸ Havia muitas candeias no piso superior onde estávamos reunidos. ⁹ Um jovem chamado Êutico, que estava sentado numa janela, adormeceu profundamente durante o longo discurso de Paulo. Vencido pelo sono, caiu do terceiro andar. Quando o levantaram, estava morto. ¹⁰ Paulo desceu, inclinou-se sobre o rapaz e o abraçou, dizendo: "Não fiquem alarmados! Ele está vivo!" ¹¹ Então subiu novamente, partiu o pão e comeu. Depois, continuou a falar até o amanhecer e foi embora. ¹² Levaram vivo o jovem, o que muito os consolou.

Paulo Despede-se dos Presbíteros de Éfeso

¹³ Quanto a nós, fomos até o navio e embarcamos para Assôs, onde iríamos receber Paulo a bordo. Assim ele tinha determinado, tendo preferido ir a pé. ¹⁴ Quando nos encontrou em Assôs, nós o recebemos a bordo e prosseguimos até Mitilene. ¹⁵ No dia seguinte navegamos dali e chegamos defronte de Quio; no outro dia atravessamos para Samos e, um dia depois, chegamos a Mileto. ¹⁶ Paulo tinha decidido não aportar em Éfeso, para não se demorar na província da Ásia, pois estava com pressa de chegar a Jerusalém, se possível antes do dia de Pentecoste.

¹⁷ De Mileto, Paulo mandou chamar os presbíteros da igreja de Éfeso. ¹⁸ Quando chegaram, ele lhes disse: "Vocês sabem como vivi todo o tempo em que estive com vocês, desde o primeiro dia em que cheguei à província da Ásia. ¹⁹ Servi ao Senhor com toda a humildade e com lágrimas, sendo severamente provado pelas conspirações dos judeus. ²⁰ Vocês sabem que não deixei de pregar a vocês nada que fosse proveitoso, mas ensinei tudo publicamente e de casa em casa. ²¹ Testifiquei, tanto a judeus como a gregos, que eles precisam converter-se a Deus com arrependimento e fé em nosso Senhor Jesus.

²² "Agora, compelido pelo Espírito, estou indo para Jerusalém, sem saber o que me acontecerá ali. ²³ Só sei que, em todas as cidades, o Espírito Santo me avisa que prisões e sofrimentos me esperam. ²⁴ Todavia, não me importo, nem considero a minha vida de valor algum para mim mesmo, se tão somente puder terminar a corrida e completar o ministério que o Senhor Jesus me confiou, de testemunhar do evangelho da graça de Deus.

²⁵ "Agora sei que nenhum de vocês, entre os quais passei pregando o Reino, verá novamente a minha face. ²⁶ Portanto, eu declaro hoje que estou inocente do sangue de todos. ²⁷ Pois não deixei de proclamar a vocês toda a vontade de Deus. ²⁸ Cuidem de vocês mesmos e de todo o rebanho sobre o qual o Espírito Santo os designou como bispos[a], para pastorearem a igreja de Deus[b], que ele comprou com o seu próprio sangue. ²⁹ Sei que, depois da minha partida, lobos ferozes penetrarão no meio de vocês e não pouparão o rebanho. ³⁰ E dentre vocês mesmos se levantarão homens que torcerão a verdade, a fim de atrair os discípulos. ³¹ Por isso, vigiem! Lembrem-se de que durante três anos jamais cessei de advertir cada um de vocês disso, noite e dia, com lágrimas.

³² "Agora, eu os entrego a Deus e à palavra da sua graça, que pode edificá-los e dar-lhes herança entre todos os que são santificados. ³³ Não cobicei a prata, nem o ouro, nem as roupas de ninguém. ³⁴ Vocês mesmos sabem que estas minhas mãos supriram minhas necessidades e

---

[a] **20.28** Grego: *epíscopos*. Designa a pessoa que exerce função pastoral.

[b] **20.28** Muitos manuscritos trazem *igreja do Senhor*.

20.35 Estas palavras de Jesus não aparecem nos Evangelhos. No entanto, haviam sido conservadas no coração dos irmãos, e Paulo as menciona. Sem dúvida, somente o Redentor poderia tê-las pronunciado.

as de meus companheiros. ³⁵ Em tudo o que fiz, mostrei a vocês que mediante trabalho árduo devemos ajudar os fracos, lembrando as palavras do próprio Senhor Jesus, que disse: 'Há maior felicidade em dar do que em receber' ".

³⁶ Tendo dito isso, ajoelhou-se com todos eles e orou. ³⁷ Todos choraram muito e, abraçando-o, o beijavam. ³⁸ O que mais os entristeceu foi a declaração de que nunca mais veriam a sua face. Então o acompanharam até o navio.

A Caminho de Jerusalém

21 Depois de nos separarmos deles, embarcamos e navegamos diretamente para Cós. No dia seguinte fomos para Rodes e dali até Pátara. ² Encontrando um navio que ia fazer a travessia para a Fenícia, embarcamos nele e partimos. ³ Depois de avistarmos Chipre e seguirmos rumo sul, navegamos para a Síria. Desembarcamos em Tiro, onde o nosso navio deveria deixar sua carga. ⁴ Encontrando os discípulos dali, ficamos com eles sete dias. Eles, pelo Espírito, recomendavam a Paulo que não fosse a Jerusalém. ⁵ Mas, quando terminou o nosso tempo ali, partimos e continuamos nossa viagem. Todos os discípulos, com suas mulheres e filhos, nos acompanharam até fora da cidade e ali na praia nos ajoelhamos e oramos. ⁶ Depois de nos despedirmos, embarcamos, e eles voltaram para casa.

⁷ Demos prosseguimento à nossa viagem partindo de Tiro e aportamos em Ptolemaida, onde saudamos os irmãos e passamos um dia com eles. ⁸ Partindo no dia seguinte, chegamos a Cesareia e ficamos na casa de Filipe, o evangelista, um dos sete. ⁹ Ele tinha quatro filhas virgens, que profetizavam.

¹⁰ Depois de passarmos ali vários dias, desceu da Judeia um profeta chamado Ágabo. ¹¹ Vindo ao nosso encontro, tomou o cinto de Paulo e, amarrando as suas próprias mãos e pés, disse: "Assim diz o Espírito Santo: 'Desta maneira os judeus amarrarão o dono deste cinto em Jerusalém e o entregarão aos gentios' ".

¹² Quando ouvimos isso, nós e o povo dali rogamos a Paulo que não subisse para Jerusalém. ¹³ Então Paulo respondeu: "Por que vocês estão chorando e partindo o meu coração? Estou pronto não apenas para ser amarrado, mas também para morrer em Jerusalém pelo nome do Senhor Jesus". ¹⁴ Como não pudemos dissuadi-lo, desistimos e dissemos: "Seja feita a vontade do Senhor".

¹⁵ Depois disso, preparamo-nos e subimos para Jerusalém. ¹⁶ Alguns dos discípulos de Cesareia nos acompanharam e nos levaram à casa de Mnasom, onde devíamos ficar. Ele era natural de Chipre e um dos primeiros discípulos.

A Chegada de Paulo a Jerusalém

¹⁷ Quando chegamos a Jerusalém, os irmãos nos receberam com alegria. ¹⁸ No dia seguinte Paulo foi conosco encontrar-se com Tiago, e todos os presbíteros estavam presentes. ¹⁹ Paulo os saudou e relatou minuciosamente o que Deus havia feito entre os gentios por meio do seu ministério.

²⁰ Ouvindo isso, eles louvaram a Deus e disseram a Paulo: "Veja, irmão, quantos milhares de judeus creram, e todos eles são zelosos da lei. ²¹ Eles foram informados de que você ensina todos os judeus que vivem entre os gentios a se afastarem de Moisés, dizendo-lhes que não circuncidem seus filhos nem vivam de acordo com os nossos costumes. ²² Que faremos? Certamente eles saberão que você chegou; ²³ portanto, faça o que dizemos. Estão conosco quatro homens que fizeram um voto. ²⁴ Participe com esses homens dos rituais de purificação e pague as despesas deles, para que rapem a cabeça. Assim, todos saberão que não é verdade o que falam de você, mas que você continua vivendo em obediência à lei. ²⁵ Quanto aos gentios convertidos, já lhes escrevemos a nossa decisão de que eles devem abster-se de comida sacrificada aos ídolos, do sangue, da carne de animais estrangulados e da imoralidade sexual".

²⁶ No dia seguinte Paulo tomou aqueles homens e purificou-se com eles. Depois foi ao templo para declarar o prazo do cumprimento dos dias da purificação e da oferta que seria feita individualmente em favor deles.

A Prisão de Paulo

²⁷ Quando já estavam para terminar os sete dias, alguns judeus da província da Ásia, vendo Paulo no templo, agitaram toda a multidão e o

agarraram, ²⁸ gritando: "Israelitas, ajudem-nos! Este é o homem que ensina a todos em toda parte contra o nosso povo, contra a nossa lei e contra este lugar. Além disso, ele fez entrar gregos no templo e profanou este santo lugar". ²⁹ Anteriormente eles haviam visto o efésio Trófimo na cidade com Paulo e julgaram que Paulo o tinha introduzido no templo.

³⁰ Toda a cidade ficou alvoroçada, e juntou-se uma multidão. Agarrando Paulo, arrastaram-no para fora do templo, e imediatamente as portas foram fechadas. ³¹ Tentando eles matá-lo, chegaram notícias ao comandante das tropas romanas de que toda a cidade de Jerusalém estava em tumulto. ³² Ele reuniu imediatamente alguns oficiais e soldados e com eles correu para o meio da multidão. Quando viram o comandante e os seus soldados, pararam de espancar Paulo.

³³ O comandante chegou, prendeu-o e ordenou que ele fosse amarrado com duas correntes. Então perguntou quem era ele e o que tinha feito. ³⁴ Alguns da multidão gritavam uma coisa, outros gritavam outra; não conseguindo saber ao certo o que havia acontecido, por causa do tumulto, o comandante ordenou que Paulo fosse levado para a fortaleza. ³⁵ Quando chegou às escadas, a violência do povo era tão grande que ele precisou ser carregado pelos soldados. ³⁶ A multidão que o seguia continuava gritando: "Acaba com ele!"

O Discurso de Paulo

³⁷ Quando os soldados estavam para introduzir Paulo na fortaleza, ele perguntou ao comandante: "Posso dizer-te algo?"

"Você fala grego?", perguntou ele. ³⁸ "Não é você o egípcio que iniciou uma revolta e há algum tempo levou quatro mil assassinos para o deserto?"

³⁹ Paulo respondeu: "Sou judeu, cidadão de Tarso, cidade importante da Cilícia. Permite-me falar ao povo".

⁴⁰ Tendo recebido permissão do comandante, Paulo levantou-se na escadaria e fez sinal à multidão. Quando todos fizeram silêncio, dirigiu-se a eles em aramaico:ᵃ

22 "Irmãos e pais, ouçam agora a minha defesa".

² Quando ouviram que lhes falava em aramaico, ficaram em absoluto silêncio.

Então Paulo disse: ³ "Sou judeu, nascido em Tarso da Cilícia, mas criado nesta cidade. Fui instruído rigorosamente por Gamaliel na lei de nossos antepassados, sendo tão zeloso por Deus quanto qualquer de vocês hoje. ⁴ Persegui os seguidores deste Caminho até a morte, prendendo tanto homens como mulheres e lançando-os na prisão, ⁵ como o podem testemunhar o sumo sacerdote e todo o Sinédrio; deles cheguei a obter cartas para seus irmãos em Damasco e fui até lá, a fim de trazer essas pessoas a Jerusalém como prisioneiras, para serem punidas.

⁶ "Por volta do meio-dia, eu me aproximava de Damasco, quando de repente uma forte luz vinda do céu brilhou ao meu redor. ⁷ Caí por terra e ouvi uma voz que me dizia: 'Saulo, Saulo, por que você está me perseguindo?' ⁸ Então perguntei: Quem és tu, Senhor? E ele respondeu: 'Eu sou Jesus, o Nazareno, a quem você persegue'. ⁹ Os que me acompanhavam viram a luz, mas não entenderam a voz daquele que falava comigo.

¹⁰ "Assim perguntei: Que devo fazer, Senhor? Disse o Senhor: 'Levante-se, entre em Damasco, onde lhe será dito o que você deve fazer'. ¹¹ Os que estavam comigo me levaram pela mão até Damasco, porque o resplendor da luz me deixara cego.

¹² "Um homem chamado Ananias, fiel seguidor da lei e muito respeitado por todos os judeus que ali viviam, ¹³ veio ver-me e, pondo-se junto a mim, disse: 'Irmão Saulo, recupere a visão'. Naquele mesmo instante pude vê-lo.

¹⁴ "Então ele disse: 'O Deus dos nossos antepassados o escolheu para conhecer a sua vontade, ver o Justo e ouvir as palavras de sua boca. ¹⁵ Você será testemunha dele a todos os homens, daquilo que viu e ouviu. ¹⁶ E, agora, que está esperando? Levante-se, seja batizado e lave os seus pecados, invocando o nome dele'.

¹⁷ "Quando voltei a Jerusalém, estando eu a orar no templo, caí em êxtase e ¹⁸ vi o Senhor, que me dizia: 'Depressa! Saia de Jerusalém imediatamente, pois não aceitarão seu testemunho a meu respeito'.

¹⁹ "Eu respondi: Senhor, estes homens sabem que eu ia de uma sinagoga a outra, a fim de prender e açoitar os que creem em ti. ²⁰ E, quando foi derramado o sangue de tua

---

ᵃ **21.40** Ou *hebraico*; também em 22.2 e 26.14.

testemunha[a] Estêvão, eu estava lá, dando minha aprovação e cuidando das roupas dos que o matavam. ²¹"Então o Senhor me disse: 'Vá, eu o enviarei para longe, aos gentios' ".

Paulo, Cidadão Romano

²² A multidão ouvia Paulo até que ele disse isso. Então todos levantaram a voz e gritaram: "Tira esse homem da face da terra! Ele não merece viver!"
²³ Estando eles gritando, tirando suas capas e lançando poeira para o ar, ²⁴ o comandante ordenou que Paulo fosse levado à fortaleza e fosse açoitado e interrogado, para saber por que o povo gritava daquela forma contra ele. ²⁵ Enquanto o amarravam a fim de açoitá-lo, Paulo disse ao centurião que ali estava: "Vocês têm o direito de açoitar um cidadão romano sem que ele tenha sido condenado?"
²⁶ Ao ouvir isso, o centurião foi prevenir o comandante: "Que vais fazer? Este homem é cidadão romano".
²⁷ O comandante dirigiu-se a Paulo e perguntou: "Diga-me, você é cidadão romano?"
Ele respondeu: "Sim, sou".
²⁸ Então o comandante disse: "Eu precisei pagar um elevado preço por minha cidadania". Respondeu Paulo: "Eu a tenho por direito de nascimento".
²⁹ Os que iam interrogá-lo retiraram-se imediatamente. O próprio comandante ficou alarmado, ao saber que havia prendido um cidadão romano.

Paulo Diante do Sinédrio

³⁰ No dia seguinte, visto que o comandante queria descobrir exatamente por que Paulo estava sendo acusado pelos judeus, libertou-o e ordenou que se reunissem os chefes dos sacerdotes e todo o Sinédrio. Então, trazendo Paulo, apresentou-o a eles.

23 Paulo, fixando os olhos no Sinédrio, disse: "Meus irmãos, tenho cumprido meu dever para com Deus com toda a boa consciência, até o dia de hoje". ² Diante disso o sumo sacerdote Ananias deu ordens aos que estavam perto de Paulo para que lhe batessem na boca. ³ Então Paulo lhe disse: "Deus te ferirá, parede branqueada! Estás aí sentado para me julgar conforme a lei, mas contra a lei me mandas ferir?"
⁴ Os que estavam perto de Paulo disseram: "Você ousa insultar o sumo sacerdote de Deus?"
⁵ Paulo respondeu: "Irmãos, eu não sabia que ele era o sumo sacerdote, pois está escrito: 'Não fale mal de uma autoridade do seu povo'[b]".
⁶ Então Paulo, sabendo que alguns deles eram saduceus e os outros fariseus, bradou no Sinédrio: "Irmãos, sou fariseu, filho de fariseu. Estou sendo julgado por causa da minha esperança na ressurreição dos mortos!" ⁷ Dizendo isso, surgiu uma violenta discussão entre os fariseus e os saduceus, e a assembleia ficou dividida. ⁸ (Os saduceus dizem que não há ressurreição nem anjos nem espíritos, mas os fariseus admitem todas essas coisas.)
⁹ Houve um grande alvoroço, e alguns dos mestres da lei que eram fariseus se levantaram e começaram a discutir intensamente, dizendo: "Não encontramos nada de errado neste homem. Quem sabe se algum espírito ou anjo falou com ele?" ¹⁰ A discussão tornou-se tão violenta que o comandante teve medo que Paulo fosse despedaçado por eles. Então ordenou que as tropas descessem e o retirassem à força do meio deles, levando-o para a fortaleza.
¹¹ Na noite seguinte o Senhor, pondo-se ao lado dele, disse: "Coragem! Assim como você testemunhou a meu respeito em Jerusalém, deverá testemunhar também em Roma".

A Conspiração para Matar Paulo

¹² Na manhã seguinte os judeus tramaram uma conspiração e juraram solenemente que não comeriam nem beberiam enquanto não matassem Paulo. ¹³ Mais de quarenta homens estavam envolvidos nessa conspiração. ¹⁴ E, dirigindo-se aos chefes dos sacerdotes e aos líderes dos judeus, disseram: "Juramos solenemente, sob maldição, que não comeremos nada enquanto não matarmos Paulo. ¹⁵ Agora, portanto, vocês e o Sinédrio peçam ao comandante que o faça comparecer diante de vocês com o pretexto de obter informações mais exatas sobre o seu caso. Estaremos prontos para matá-lo antes que ele chegue aqui".
¹⁶ Entretanto, o sobrinho de Paulo, filho de sua irmã, teve conhecimento dessa conspiração, foi à fortaleza e contou tudo a Paulo, ¹⁷ que, chamando um dos centuriões, disse: "Leve este

---

[a] **22.20** Ou *teu mártir*   [b] **23.5** Êx 22.28

rapaz ao comandante; ele tem algo para lhe dizer". ¹⁸ Assim ele o levou ao comandante.

Então disse o centurião: "Paulo, o prisioneiro, chamou-me, pediu-me que te trouxesse este rapaz, pois ele tem algo para te falar".

¹⁹ O comandante tomou o rapaz pela mão, levou-o à parte e perguntou: "O que você tem para me dizer?"

²⁰ Ele respondeu: "Os judeus planejaram pedir-te que apresentes Paulo ao Sinédrio amanhã, sob pretexto de buscar informações mais exatas a respeito dele. ²¹ Não te deixes convencer, pois mais de quarenta deles estão preparando uma emboscada contra Paulo. Eles juraram solenemente não comer nem beber enquanto não o matarem. Estão preparados agora, esperando que prometas atender-lhes o pedido".

²² O comandante despediu o rapaz e recomendou-lhe: "Não diga a ninguém que você me contou isso".

Paulo é Transferido para Cesareia

²³ Então ele chamou dois de seus centuriões e ordenou-lhes: "Preparem um destacamento de duzentos soldados, setenta cavaleiros e duzentos lanceiros a fim de irem para Cesareia esta noite, às nove horas[a]. ²⁴ Providenciem montarias para Paulo e levem-no em segurança ao governador Félix".

²⁵ O comandante escreveu uma carta nestes termos:

²⁶ "Cláudio Lísias,

ao Excelentíssimo Governador Félix,

Saudações.

²⁷ "Este homem foi preso pelos judeus, que estavam prestes a matá-lo quando eu, chegando com minhas tropas, o resgatei, pois soube que ele é cidadão romano. ²⁸ Querendo saber por que o estavam acusando, levei-o ao Sinédrio deles. ²⁹ Descobri que ele estava sendo acusado em questões acerca da lei deles, mas não havia contra ele nenhuma acusação que merecesse morte ou prisão. ³⁰ Quando fui informado de que estava sendo preparada uma cilada contra ele, enviei-o imediatamente a Vossa Excelência. Também ordenei que os seus acusadores apresentassem a Vossa Excelência aquilo que têm contra ele".

³¹ Os soldados, cumprindo o seu dever, levaram Paulo durante a noite e chegaram a Antipátride. ³² No dia seguinte deixaram a cavalaria prosseguir com ele e voltaram para a fortaleza. ³³ Quando a cavalaria chegou a Cesareia, deu a carta ao governador e lhe entregou Paulo. ³⁴ O governador leu a carta e perguntou de que província era ele. Informado de que era da Cilícia, ³⁵ disse: "Ouvirei seu caso quando os seus acusadores chegarem aqui". Então ordenou que Paulo fosse mantido sob custódia no palácio[b] de Herodes.

O Julgamento de Paulo perante Félix

24 Cinco dias depois, o sumo sacerdote Ananias desceu a Cesareia com alguns dos líderes dos judeus e um advogado chamado Tértulo, os quais apresentaram ao governador suas acusações contra Paulo. ² Quando Paulo foi chamado, Tértulo apresentou sua causa a Félix: "Temos desfrutado de um longo período de paz durante o teu governo, e o teu providente cuidado resultou em reformas nesta nação. ³ Em tudo e em toda parte, excelentíssimo Félix, reconhecemos estes benefícios com profunda gratidão. ⁴ Todavia, a fim de não tomar-te mais tempo, peço-te o favor de ouvir-nos apenas por um pouco. ⁵ Verificamos que este homem é um perturbador, que promove tumultos entre os judeus pelo mundo todo. Ele é o principal cabeça da seita dos nazarenos ⁶ e tentou até mesmo profanar o templo; então o prendemos e quisemos julgá-lo segundo a nossa lei. ⁷ Mas o comandante Lísias interveio e com muita força o arrebatou de nossas mãos e ordenou que os seus acusadores se apresentassem.[c] ⁸ Se tu mesmo o interrogares, poderás verificar a verdade a respeito de todas estas acusações que estamos fazendo contra ele".

⁹ Os judeus confirmaram a acusação, garantindo que as afirmações eram verdadeiras.

¹⁰ Quando o governador lhe deu sinal para que falasse, Paulo declarou: "Sei que há muitos anos tens sido juiz nesta nação; por isso, de bom grado faço minha defesa. ¹¹ Facilmente poderás verificar que há menos de doze dias

---

[a] 23.23 Grego: *à hora terceira*.

[b] 23.35 Isto é, o Pretório, residência oficial do governador romano.

[c] 24.7 Muitos manuscritos antigos não trazem *e quisemos julgá-lo segundo a nossa lei* e todo o versículo 7.

24.24 Drusila era bisneta de Herodes, o Grande, filha de Herodes Agripa I. Para obter mais informação, veja o quadro "A família de Herodes, o Grande", na p. 1009.

subi a Jerusalém para adorar a Deus. ¹² Meus acusadores não me encontraram discutindo com ninguém no templo, nem incitando uma multidão nas sinagogas ou em qualquer outro lugar da cidade. ¹³ Tampouco podem provar-te as acusações que agora estão levantando contra mim. ¹⁴ Confesso-te, porém, que adoro o Deus dos nossos antepassados como seguidor do Caminho, a que chamam seita. Creio em tudo o que concorda com a Lei e no que está escrito nos Profetas ¹⁵ e tenho em Deus a mesma esperança desses homens: de que haverá ressurreição tanto de justos como de injustos. ¹⁶ Por isso procuro sempre conservar minha consciência limpa diante de Deus e dos homens.

¹⁷ "Depois de estar ausente por vários anos, vim a Jerusalém para trazer esmolas ao meu povo e apresentar ofertas. ¹⁸ Enquanto fazia isso, já cerimonialmente puro, encontraram-me no templo, sem envolver-me em nenhum ajuntamento ou tumulto. ¹⁹ Mas há alguns judeus da província da Ásia que deveriam estar aqui diante de ti e apresentar acusações, se é que têm algo contra mim. ²⁰ Ou os que aqui se acham deveriam declarar que crime encontraram em mim quando fui levado perante o Sinédrio, ²¹ a não ser que tenha sido este: quando me apresentei a eles, bradei: Por causa da ressurreição dos mortos estou sendo julgado hoje diante de vocês".

²² Então Félix, que tinha bom conhecimento do Caminho, adiou a causa e disse: "Quando chegar o comandante Lísias, decidirei o caso de vocês". ²³ E ordenou ao centurião que mantivesse Paulo sob custódia, mas que lhe desse certa liberdade e permitisse que os seus amigos o servissem.

²⁴ Vários dias depois, Félix veio com Drusila, sua mulher, que era judia, mandou chamar Paulo e o ouviu falar sobre a fé em Cristo Jesus. ²⁵ Quando Paulo se pôs a discorrer acerca da justiça, do domínio próprio e do juízo vindouro, Félix teve medo e disse: "Basta, por enquanto! Pode sair. Quando achar conveniente, mandarei chamá-lo de novo". ²⁶ Ao mesmo tempo esperava que Paulo lhe oferecesse algum dinheiro, pelo que mandava buscá-lo frequentemente e conversava com ele.

²⁷ Passados dois anos, Félix foi sucedido por Pórcio Festo; todavia, porque desejava manter a simpatia dos judeus, Félix deixou Paulo na prisão.

O Julgamento perante Festo

25 Três dias depois de chegar à província, Festo subiu de Cesareia para Jerusalém, ² onde os chefes dos sacerdotes e os judeus mais importantes compareceram diante dele, apresentando as acusações contra Paulo. ³ Pediram a Festo o favor de transferir Paulo para Jerusalém, contra os interesses do próprio Paulo, pois estavam preparando uma emboscada para matá-lo no caminho. ⁴ Festo respondeu: "Paulo está preso em Cesareia, e eu mesmo vou para lá em breve. ⁵ Desçam comigo alguns dos seus líderes e apresentem ali as acusações que têm contra esse homem, se realmente ele fez algo de errado".

⁶ Tendo passado com eles de oito a dez dias, desceu para Cesareia e, no dia seguinte, convocou o tribunal e ordenou que Paulo fosse trazido perante ele. ⁷ Quando Paulo apareceu, os judeus que tinham chegado de Jerusalém se aglomeraram ao seu redor, fazendo contra ele muitas e graves acusações que não podiam provar.

⁸ Então Paulo fez sua defesa: "Nada fiz de errado contra a lei dos judeus, contra o templo ou contra César".

⁹ Festo, querendo prestar um favor aos judeus, perguntou a Paulo: "Você está disposto a ir a Jerusalém e ali ser julgado diante de mim, acerca destas acusações?"

¹⁰ Paulo respondeu: "Estou agora diante do tribunal de César, onde devo ser julgado. Não fiz nenhum mal aos judeus, como bem sabes. ¹¹ Se, de fato, sou culpado de ter feito algo que mereça pena de morte, não me recuso a morrer. Mas, se as acusações feitas contra mim por estes judeus não são verdadeiras, ninguém tem o direito de me entregar a eles. Apelo para César!"

¹² Depois de ter consultado seus conselheiros, Festo declarou: "Você apelou para César, para César irá!"

Festo Consulta o Rei Agripa

¹³ Alguns dias depois, o rei Agripa e Berenice chegaram a Cesareia para saudar Festo. ¹⁴ Visto que estavam passando muitos dias ali, Festo explicou o caso de Paulo ao rei: "Há aqui um homem que Félix deixou preso. ¹⁵ Quando

25.23 Herodes Agripa II e sua irmã Berenice foram filhos de Herodes Agripa I. Para obter mais informação, veja o quadro "A família de Herodes, o Grande", na p. 1009.

fui a Jerusalém, os chefes dos sacerdotes e os líderes dos judeus fizeram acusações contra ele, pedindo que fosse condenado.

¹⁶ "Eu lhes disse que não é costume romano condenar ninguém antes que ele se defronte pessoalmente com seus acusadores e tenha a oportunidade de se defender das acusações que lhe fazem. ¹⁷ Vindo eles comigo para cá, não retardei o caso; convoquei o tribunal no dia seguinte e ordenei que o homem fosse apresentado. ¹⁸ Quando os seus acusadores se levantaram para falar, não o acusaram de nenhum dos crimes que eu esperava. ¹⁹ Ao contrário, tinham alguns pontos de divergência com ele acerca de sua própria religião e de um certo Jesus, já morto, o qual Paulo insiste que está vivo. ²⁰ Fiquei sem saber como investigar tais assuntos; por isso perguntei-lhe se ele estaria disposto a ir a Jerusalém e ser julgado ali acerca dessas acusações. ²¹ Apelando Paulo para que fosse guardado até a decisão do Imperador, ordenei que ficasse sob custódia até que eu pudesse enviá-lo a César".

²² Então Agripa disse a Festo: "Eu também gostaria de ouvir esse homem".

Ele respondeu: "Amanhã o ouvirás".

Paulo perante Agripa

²³ No dia seguinte, Agripa e Berenice vieram com grande pompa e entraram na sala de audiências com os altos oficiais e os homens importantes da cidade. Por ordem de Festo, Paulo foi trazido. ²⁴ Então Festo disse: "Ó rei Agripa e todos os senhores aqui presentes conosco, vejam este homem! Toda a comunidade judaica me fez petições a respeito dele em Jerusalém e aqui em Cesareia, gritando que ele não deveria mais viver. ²⁵ Mas verifiquei que ele nada fez que mereça pena de morte; todavia, porque apelou para o Imperador, decidi enviá-lo a Roma. ²⁶ No entanto, não tenho nada definido a respeito dele para escrever a Sua Majestade. Por isso, eu o trouxe diante dos senhores, e especialmente diante de ti, rei Agripa, de forma que, feita esta investigação, eu tenha algo para escrever. ²⁷ Pois não me parece razoável enviar um preso sem especificar as acusações contra ele".

26
Então Agripa disse a Paulo: "Você tem permissão para falar em sua defesa".

A seguir, Paulo fez sinal com a mão e começou a sua defesa: ² "Rei Agripa, considero-me feliz por poder estar hoje em tua presença, para fazer a minha defesa contra todas as acusações dos judeus, ³ e especialmente porque estás bem familiarizado com todos os costumes e controvérsias deles. Portanto, peço que me ouças pacientemente.

⁴ "Todos os judeus sabem como tenho vivido desde pequeno, tanto em minha terra natal como em Jerusalém. ⁵ Eles me conhecem há muito tempo e podem testemunhar, se quiserem, que, como fariseu, vivi de acordo com a seita mais severa da nossa religião. ⁶ Agora, estou sendo julgado por causa da minha esperança no que Deus prometeu aos nossos antepassados. ⁷ Esta é a promessa que as nossas doze tribos esperam que se cumpra, cultuando a Deus com fervor, dia e noite. É por causa desta esperança, ó rei, que estou sendo acusado pelos judeus. ⁸ Por que os senhores acham impossível que Deus ressuscite os mortos?

⁹ "Eu também estava convencido de que deveria fazer todo o possível para me opor ao nome de Jesus, o Nazareno. ¹⁰ E foi exatamente isso que fiz em Jerusalém. Com autorização dos chefes dos sacerdotes lancei muitos santos na prisão e, quando eles eram condenados à morte, eu dava o meu voto contra eles. ¹¹ Muitas vezes ia de uma sinagoga para outra a fim de castigá-los e tentava forçá-los a blasfemar. Em minha fúria contra eles, cheguei a ir a cidades estrangeiras para persegui-los.

¹² "Numa dessas viagens eu estava indo para Damasco, com autorização e permissão dos chefes dos sacerdotes. ¹³ Por volta do meio-dia, ó rei, estando eu a caminho, vi uma luz do céu, mais resplandecente que o sol, brilhando ao meu redor e ao redor dos que iam comigo. ¹⁴ Todos caímos por terra. Então ouvi uma voz que me dizia em aramaico: 'Saulo, Saulo, por que você está me perseguindo? Resistir ao aguilhão só lhe trará dor!'

¹⁵ "Então perguntei: Quem és tu, Senhor?

"Respondeu o Senhor: 'Sou Jesus, a quem você está perseguindo. ¹⁶ Agora, levante-se, fique em pé. Eu apareci para constituí-lo servo e testemunha do que você viu a meu respeito e do que

26.19 Caro discípulo, nunca seja rebelde à visão celestial.

lhe mostrarei. ¹⁷ Eu o livrarei do seu próprio povo e dos gentios, aos quais eu o envio ¹⁸ para abrir-lhes os olhos e convertê-los das trevas para a luz, e do poder de Satanás para Deus, a fim de que recebam o perdão dos pecados e herança entre os que são santificados pela fé em mim".

¹⁹ "Assim, rei Agripa, não fui desobediente à visão celestial. ²⁰ Preguei em primeiro lugar aos que estavam em Damasco, depois aos que estavam em Jerusalém e em toda a Judeia, e também aos gentios, dizendo que se arrependessem e se voltassem para Deus, praticando obras que mostrassem o seu arrependimento. ²¹ Por isso os judeus me prenderam no pátio do templo e tentaram matar-me. ²² Mas tenho contado com a ajuda de Deus até o dia de hoje, e, por este motivo, estou aqui e dou testemunho tanto a gente simples como a gente importante. Não estou dizendo nada além do que os profetas e Moisés disseram que haveria de acontecer: ²³ que o Cristo haveria de sofrer e, sendo o primeiro a ressuscitar dentre os mortos, proclamaria luz para o seu próprio povo e para os gentios".

²⁴ A esta altura Festo interrompeu a defesa de Paulo e disse em alta voz: "Você está louco, Paulo! As muitas letras o estão levando à loucura!"

²⁵ Respondeu Paulo: "Não estou louco, excelentíssimo Festo. O que estou dizendo é verdadeiro e de bom senso. ²⁶ O rei está familiarizado com essas coisas, e lhe posso falar abertamente. Estou certo de que nada disso escapou do seu conhecimento, pois nada se passou num lugar qualquer. ²⁷ Rei Agripa, crês nos profetas? Eu sei que sim".

²⁸ Então Agripa disse a Paulo: "Você acha que em tão pouco tempo pode convencer-me a tornar-me cristão?"ᵃ

²⁹ Paulo respondeu: "Em pouco ou em muito tempo, peço a Deus que não apenas tu, mas todos os que hoje me ouvem se tornem como eu, porém sem estas algemas".

³⁰ O rei se levantou, e com ele o governador e Berenice, como também os que estavam assentados com eles. ³¹ Saindo do salão, comentavam entre si: "Este homem não fez nada que mereça morte ou prisão".

³² Agripa disse a Festo: "Ele poderia ser posto em liberdade, se não tivesse apelado para César".

A Viagem de Paulo para Roma

27 Quando ficou decidido que navegaríamos para a Itália, Paulo e alguns outros presos foram entregues a um centurião chamado Júlio, que pertencia ao Regimento Imperial. ² Embarcamos num navio de Adramítio, que estava de partida para alguns lugares da província da Ásia, e saímos ao mar, estando conosco Aristarco, um macedônio de Tessalônica.

³ No dia seguinte, ancoramos em Sidom; e Júlio, num gesto de bondade para com Paulo, permitiu-lhe que fosse ao encontro dos seus amigos, para que estes suprissem as suas necessidades. ⁴ Quando partimos de lá, passamos ao norte de Chipre, porque os ventos nos eram contrários. ⁵ Tendo atravessado o mar aberto ao longo da Cilícia e da Panfília, ancoramos em Mirra, na Lícia. ⁶ Ali, o centurião encontrou um navio alexandrino que estava de partida para a Itália e nele nos fez embarcar. ⁷ Navegamos vagarosamente por muitos dias e tivemos dificuldade para chegar a Cnido. Não sendo possível prosseguir em nossa rota, devido aos ventos contrários, navegamos ao sul de Creta, defronte de Salmona. ⁸ Costeamos a ilha com dificuldade e chegamos a um lugar chamado Bons Portos, perto da cidade de Laseia.

⁹ Tínhamos perdido muito tempo, e agora a navegação se tornara perigosa, pois já havia passado o Jejumᵇ. Por isso Paulo os advertiu: ¹⁰ "Senhores, vejo que a nossa viagem será desastrosa e acarretará grande prejuízo para o navio, para a carga e também para a nossa vida". ¹¹ Mas o centurião, em vez de ouvir o que Paulo falava, seguiu o conselho do piloto e do dono do navio. ¹² Visto que o porto não era próprio para passar o inverno, a maioria decidiu que deveríamos continuar navegando, com a esperança de alcançar Fenice e ali passar o inverno. Este era um porto de Creta, que dava para sudoeste e noroeste.

A Tempestade

¹³ Começando a soprar suavemente o vento sul, eles pensaram que haviam obtido o que desejavam; por isso levantaram âncoras e foram navegando ao longo da costa de Creta. ¹⁴ Pouco tempo depois, desencadeou-se da ilha

---

ᵃ **26.28** Ou *Por pouco você me convence a tornar-me cristão.*

ᵇ **27.9** Isto é, o Dia da Expiação (*Yom Kippur*).

um vento muito forte, chamado Nordeste. ¹⁵ O navio foi arrastado pela tempestade, sem poder resistir ao vento; assim, cessamos as manobras e ficamos à deriva. ¹⁶ Passando ao sul de uma pequena ilha chamada Clauda, foi com dificuldade que conseguimos recolher o barco salva-vidas. ¹⁷ Levantando-o, lançaram mão de todos os meios para reforçar o navio com cordas; e, temendo que ele encalhasse nos bancos de areia de Sirte, baixaram as velas e deixaram o navio à deriva. ¹⁸ No dia seguinte, sendo violentamente castigados pela tempestade, começaram a lançar fora a carga. ¹⁹ No terceiro dia, lançaram fora, com as próprias mãos, a armação do navio. ²⁰ Não aparecendo nem sol nem estrelas por muitos dias e continuando a abater-se sobre nós grande tempestade, finalmente perdemos toda a esperança de salvamento.

²¹ Visto que os homens tinham passado muito tempo sem comer, Paulo levantou-se diante deles e disse: "Os senhores deviam ter aceitado o meu conselho de não partir de Creta, pois assim teriam evitado este dano e prejuízo. ²² Mas agora recomendo que tenham coragem, pois nenhum de vocês perderá a vida; apenas o navio será destruído. ²³ Pois ontem à noite apareceu-me um anjo do Deus a quem pertenço e a quem adoro, dizendo-me: ²⁴ 'Paulo, não tenha medo. É preciso que você compareça perante César; Deus, por sua graça, deu-lhe a vida de todos os que estão navegando com você'. ²⁵ Assim, tenham ânimo, senhores! Creio em Deus que acontecerá conforme me foi dito. ²⁶ Devemos ser arrastados para alguma ilha".

O Naufrágio

²⁷ Na décima quarta noite, ainda estávamos sendo levados de um lado para outro no mar Adriático[a], quando, por volta da meia-noite, os marinheiros imaginaram que estávamos próximos da terra. ²⁸ Lançando a sonda, verificaram que a profundidade era de trinta e sete metros[b]; pouco tempo depois, lançaram novamente a sonda e encontraram vinte e sete metros[c]. ²⁹ Temendo que fôssemos jogados contra as pedras, lançaram quatro âncoras da popa e faziam preces para que amanhecesse o dia. ³⁰ Tentando escapar do navio, os marinheiros baixaram o barco salva-vidas ao mar, a pretexto de lançar âncoras da proa. ³¹ Então Paulo disse ao centurião e aos soldados: "Se estes homens não ficarem no navio, vocês não poderão salvar-se". ³² Com isso os soldados cortaram as cordas que prendiam o barco salva-vidas e o deixaram cair.

³³ Pouco antes do amanhecer, Paulo insistia que todos se alimentassem, dizendo: "Hoje faz catorze dias que vocês têm estado em vigília constante, sem nada comer. ³⁴ Agora eu os aconselho a comer algo, pois só assim poderão sobreviver. Nenhum de vocês perderá um fio de cabelo sequer". ³⁵ Tendo dito isso, tomou pão e deu graças a Deus diante de todos. Então o partiu e começou a comer. ³⁶ Todos se reanimaram e também comeram algo. ³⁷ Estavam a bordo duzentas e setenta e seis pessoas. ³⁸ Depois de terem comido até ficarem satisfeitos, aliviaram o peso do navio, atirando todo o trigo ao mar.

³⁹ Quando amanheceu não reconheceram a terra, mas viram uma enseada com uma praia, para onde decidiram conduzir o navio, se fosse possível. ⁴⁰ Cortando as âncoras, deixaram-nas no mar, desatando ao mesmo tempo as cordas que prendiam os lemes. Então, alçando a vela da proa ao vento, dirigiram-se para a praia. ⁴¹ Mas o navio encalhou num banco de areia, onde tocou o fundo. A proa encravou-se e ficou imóvel, e a popa foi quebrada pela violência das ondas.

⁴² Os soldados resolveram matar os presos para impedir que algum deles fugisse, jogando-se ao mar. ⁴³ Mas o centurião queria poupar a vida de Paulo e os impediu de executar o plano. Então ordenou aos que sabiam nadar que se lançassem primeiro ao mar em direção à terra. ⁴⁴ Os outros teriam que salvar-se em tábuas ou em pedaços do navio. Dessa forma, todos chegaram a salvo em terra.

Paulo na Ilha de Malta

28 Uma vez em terra, descobrimos que a ilha se chamava Malta. ² Os habitantes da ilha mostraram extraordinária bondade para conosco. Fizeram uma fogueira e receberam bem a todos nós, pois estava chovendo e fazia frio. ³ Paulo ajuntou um monte de gravetos; quando os colocava no fogo, uma víbora, fugindo do calor, prendeu-se à sua mão. ⁴ Quando os habitantes da ilha viram a cobra agarrada na mão de Paulo, disseram uns aos

---

[a] **27.27** O nome *Adriático* referia-se a uma área que se estendia até o extremo sul da Itália.
[b] **27.28** Grego: *20 braças*.
[c] **27.28** Grego: *15 braças*.

28.1-31 Tratando-se de alguém como Lucas, é inconcebível que este livro fique em suspenso, sem um final bem elaborado, como se sua escrita tivesse sido interrompida de maneira brusca. É bastante provável que se trate muito mais de uma sugestão para o povo de Deus de que o trabalho foi iniciado por Jesus (veja 1.1), continuado por homens como Pedro e Paulo, e que ainda não está acabado. Deus continua esperando que os seus filhos prossigam o que foi começado. Estamos diante de um livro aberto, em que, do ponto de vista canônico, não se escreverá nem uma letra mais, mas no qual, do ponto de vista da missão da Igreja e do Reino, faltam muitas páginas para serem escritas, até que Cristo volte.

outros: "Certamente este homem é assassino, pois, tendo escapado do mar, a Justiça não lhe permite viver". ⁵ Mas Paulo, sacudindo a cobra no fogo, não sofreu mal nenhum. ⁶ Eles, porém, esperavam que ele começasse a inchar ou que caísse morto de repente, mas, tendo esperado muito tempo e vendo que nada de estranho lhe sucedia, mudaram de ideia e passaram a dizer que ele era um deus.

⁷ Próximo dali havia uma propriedade pertencente a Públio, o homem principal da ilha. Ele nos convidou a ficar em sua casa e, por três dias, bondosamente nos recebeu e nos hospedou. ⁸ Seu pai estava doente, acamado, sofrendo de febre e disenteria. Paulo entrou para vê-lo e, depois de orar, impôs-lhe as mãos e o curou. ⁹ Tendo acontecido isso, os outros doentes da ilha vieram e foram curados. ¹⁰ Eles nos prestaram muitas honras e, quando estávamos para embarcar, forneceram-nos os suprimentos de que necessitávamos.

A Chegada a Roma

¹¹ Passados três meses, embarcamos num navio que tinha passado o inverno na ilha; era um navio alexandrino, que tinha por emblema os deuses gêmeos Cástor e Pólux. ¹² Aportando em Siracusa, ficamos ali três dias. ¹³ Dali partimos e chegamos a Régio. No dia seguinte, soprando o vento sul, prosseguimos, chegando a Potéoli no segundo dia. ¹⁴ Ali encontramos alguns irmãos que nos convidaram a passar uma semana com eles. E depois fomos para Roma. ¹⁵ Os irmãos dali tinham ouvido falar que estávamos chegando e vieram até a praça de Ápio e às Três Vendas para nos encontrar. Vendo-os, Paulo deu graças a Deus e sentiu-se encorajado. ¹⁶ Quando chegamos a Roma, Paulo recebeu permissão para morar por conta própria, sob a custódia de um soldado.

A Pregação de Paulo em Roma

¹⁷ Três dias depois, ele convocou os líderes dos judeus. Quando estes se reuniram, Paulo lhes disse: "Meus irmãos, embora eu não tenha feito nada contra o nosso povo nem contra os costumes dos nossos antepassados, fui preso em Jerusalém e entregue aos romanos. ¹⁸ Eles me interrogaram e queriam me soltar, porque eu não era culpado de crime algum que merecesse pena de morte. ¹⁹ Todavia, tendo os judeus feito objeção, fui obrigado a apelar para César, não, porém, por ter alguma acusação contra o meu próprio povo. ²⁰ Por essa razão pedi para vê-los e conversar com vocês. Por causa da esperança de Israel é que estou preso com estas algemas".

²¹ Eles responderam: "Não recebemos nenhuma carta da Judeia a seu respeito, e nenhum dos irmãos que vieram de lá relatou ou disse qualquer coisa de mal contra você. ²² Todavia, queremos ouvir de sua parte o que você pensa, pois sabemos que por todo lugar há gente falando contra esta seita".

²³ Assim combinaram encontrar-se com Paulo em dia determinado, indo em grupo ainda mais numeroso ao lugar onde ele estava. Desde a manhã até a tarde ele lhes deu explicações e lhes testemunhou do Reino de Deus, procurando convencê-los a respeito de Jesus, com base na Lei de Moisés e nos Profetas. ²⁴ Alguns foram convencidos pelo que ele dizia, mas outros não creram. ²⁵ Discordaram entre si mesmos e começaram a ir embora, depois de Paulo ter feito esta declaração final: "Bem que o Espírito Santo falou aos seus antepassados, por meio do profeta Isaías:

²⁶ " 'Vá a este povo e diga:
Ainda que estejam sempre ouvindo,

28.26,27 Veja Isaías 6.9,10.

vocês nunca entenderão;
ainda que estejam sempre vendo,
jamais perceberão.
²⁷ Pois o coração deste povo
se tornou insensível;
de má vontade
ouviram com os ouvidos
e fecharam os olhos.
Se assim não fosse,
poderiam ver com os olhos,
ouvir com os ouvidos,
entender com o coração
e converter-se,
e eu os curaria[a].

²⁸ "Portanto, quero que saibam que esta salvação de Deus é enviada aos gentios; eles a ouvirão!" ²⁹ Depois que ele disse isto, os judeus se retiraram, discutindo intensamente entre si.[b]

³⁰ Por dois anos inteiros Paulo permaneceu na casa que havia alugado e recebia a todos os que iam vê-lo. ³¹ Pregava o Reino de Deus e ensinava a respeito do Senhor Jesus Cristo, abertamente, sem impedimento algum.

[a] **28.26,27** Is 6.9,10
[b] **28.29** Muitos manuscritos antigos não trazem o versículo 29.

AS
EPÍSTOLAS
PAULINAS

- Romanos
- 1 e 2Coríntios
- Gálatas
- Efésios
- Filipenses
- Colossenses
- 1 e 2Tessalonicenses
- 1 e 2Timóteo
- Tito
- Filemom

Introdução à epístola de Paulo aos
ROMANOS

Autor e data de composição

Esta carta, que é a mais longa e sistemática de todas, foi escrita por Paulo com um objetivo em mente. Ao que parece, Deus havia posto em seu coração a necessidade de cumprir a ordem "até os confins da terra", que para as pessoas da época chegava até a Espanha (15.24), e semear ali a semente do evangelho. A igreja em Roma não foi fundada por Paulo nem o conhecia, tampouco conhecia a doutrina que ele pregava, mas era a igreja que mais tinha condições de ajudá-lo a cumprir seu alvo, que, segundo vários pesquisadores, foi alcançado quando desembarcou nas terras de Tarragona e estabeleceu ali uma comunidade cristã florescente. Esse fato motivou o apóstolo a enviar à igreja um tipo de "carta de apresentação" com um conteúdo mais sistemático que as demais cartas, que costumam estar focadas em resolver necessidades e questões concretas das igrejas que fundou durante suas viagens apostólicas. A composição desta carta data aproximadamente do ano 58.

ESBOÇO GERAL

Primeira parte: Introdução e tema (a justificação pela fé) (1.1-17)

Segunda parte: Condenação e justificação (1.18—5)
   I. A condenação dos gentios (1.18-32)
   II. A condenação dos judeus (2.1—3.8)
   III. Todos os seres humanos estão sujeitos à condenação (3.9-20)
   IV. O plano divino da salvação: a justificação pela fé (3.21-31)
   V. A justificação de Abraão motivada pela fé (4)
   VI. As consequências da justificação (5)

Terceira parte: Resposta à primeira objeção: "Esta forma de justificação estimularia o pecado" (6—8)
   I. A justificação produz a santificação (6)
   II. A lei e a graça (7)
   III. A segurança que a salvação concede (8)

Quarta parte: Resposta à segunda objeção: "Esta forma de justificação anularia as promessas de Deus" (9—11)
   I. A soberania de Deus (9)
   II. Deus quer provocar o ciúme do povo da aliança (10)
   III. O futuro de Israel (11)

Quinta parte: Exortação do tipo prático (12—16)
   I. Diversas responsabilidades na igreja, na sociedade e pessoais (12—14)
   II. Paulo quer chegar à Espanha e pede ajuda aos irmãos de Roma (15)
   III. Saudações pessoais (16)

Versículo-chave
1.17

Tema geral do livro

O tema central desta carta é a justificação pela fé, em oposição à pretensão de que as obras da religião possam obter a justificação, o que equivaleria a negar a eficácia do sacrifício expiatório de Cristo. Paulo procura antecipar duas objeções importantes que seus leitores fariam à doutrina dele. Em primeiro lugar, se quando há mais pecado também há mais graça, então devemos pecar mais para que Deus derrame mais de sua graça. A essa conclusão absurda, Paulo responde com bastante clareza destacando que os que crescem em Cristo é porque morreram para o pecado (veja Romanos 5.20—6.4).

A segunda objeção continua tendo grande importância na atualidade. Como fica a questão das promessas da aliança feitas por Deus a Israel? Paulo usa palavras de revelação para responder a esse tema, destacando que Deus procura causar ciúmes em seu povo com a reação positiva dos gentios ao evangelho. Como consequência, a esse grupo também seria acrescentado o número dos que são salvos pela fé em Cristo. Além disso, Paulo usa palavras de profecia para indicar que Deus não havia desprezado Israel, mas, sim, que permanece fiel à aliança com ele. Portanto, ao terminar o tempo dos gentios, os ramos que foram cortados da oliveira de Israel seriam novamente enxertados nela, anunciando, assim, a restauração espiritual definitiva do povo eleito. O restante da carta contém, como é padrão dos escritos de Paulo, diversas exortações de tipo prático e uma longa lista de saudações a irmãos conhecidos, o que mostra a grande habilidade em fazer boas amizades desse notável homem de Deus.

Em Romanos, Jesus é...

... a justiça de Deus (5.7-9).

Versículos-chave para o discípulo

12.1,2

O discípulo e Romanos

O discípulo precisa ter um alto conceito do Deus a quem serve e da vida que recebeu dele, por meio da fé, de forma gratuita, mas que a ele custou um preço muito alto. Deve compreender que ser uma nova criação significa ter uma vida marcada pela santidade. Sua obrigação é distanciar-se dos modismos, dos conceitos relativos e variáveis deste mundo sobre moralidade e a maneira de viver, e entregar-se completamente a Deus "em sacrifício vivo, santo e agradável, [que] é o culto racional" que lhe prestamos (12.1). Quando Paulo fala de "não se amoldar ao padrão deste mundo" (cf. 12.2), está fazendo referência a tomar a mesma forma que este mundo tem e oferece: o pecado, as preocupações inúteis e o distanciamento de Deus próprios deste mundo, dos quais deve afastar-se sempre. Por outro lado, a transformação pela "renovação da mente" é algo a que o discípulo deve dedicar-se com vontade e constância, dirigido pelo Espírito de Deus e enquanto viver, para ser capaz de experimentar e conhecer "a boa, agradável e perfeita vontade" do Deus de amor.

ROMANOS

1 Paulo, servo[a] de Cristo Jesus, chamado para ser apóstolo, separado para o evangelho de Deus, ² o qual foi prometido por ele de antemão por meio dos seus profetas nas Escrituras Sagradas, ³ acerca de seu Filho, que, como homem, era descendente de Davi, ⁴ e que mediante o Espírito[b] de santidade foi declarado Filho de Deus com poder, pela sua ressurreição dentre os mortos: Jesus Cristo, nosso Senhor. ⁵ Por meio dele e por causa do seu nome, recebemos graça e apostolado para chamar dentre todas as nações um povo para a obediência que vem pela fé. ⁶ E vocês também estão entre os chamados para pertencerem a Jesus Cristo.

⁷ A todos os que em Roma são amados de Deus e chamados para serem santos:

A vocês, graça e paz da parte de Deus nosso Pai e do Senhor Jesus Cristo.

Paulo Anseia Visitar a Igreja em Roma

⁸ Antes de tudo, sou grato a meu Deus, mediante Jesus Cristo, por todos vocês, porque em todo o mundo está sendo anunciada a fé que vocês têm. ⁹ Deus, a quem sirvo de todo o coração pregando o evangelho de seu Filho, é minha testemunha de como sempre me lembro de vocês ¹⁰ em minhas orações; e peço que agora, finalmente, pela vontade de Deus, me seja aberto o caminho para que eu possa visitá-los.

¹¹ Anseio vê-los, a fim de compartilhar com vocês algum dom espiritual, para fortalecê-los, ¹² isto é, para que eu e vocês sejamos mutuamente encorajados pela fé. ¹³ Quero que vocês saibam, irmãos, que muitas vezes planejei visitá-los, mas fui impedido até agora. Meu propósito é colher algum fruto entre vocês, assim como tenho colhido entre os demais gentios[c].

¹⁴ Sou devedor tanto a gregos como a bárbaros[d], tanto a sábios como a ignorantes. ¹⁵ Por isso estou disposto a pregar o evangelho também a vocês que estão em Roma.

¹⁶ Não me envergonho do evangelho, porque é o poder de Deus para a salvação de todo aquele que crê: primeiro do judeu, depois do grego. ¹⁷ Porque no evangelho é revelada a justiça de Deus, uma justiça que do princípio ao fim é pela fé[e], como está escrito: "O justo viverá pela fé"[f].

A Ira de Deus contra a Humanidade

¹⁸ Portanto, a ira de Deus é revelada dos céus contra toda impiedade e injustiça dos homens que suprimem a verdade pela injustiça, ¹⁹ pois o que de Deus se pode conhecer é manifesto entre eles, porque Deus lhes manifestou. ²⁰ Pois desde a criação do mundo os atributos invisíveis de Deus, seu eterno poder e sua natureza divina, têm sido vistos claramente, sendo compreendidos por meio das coisas criadas, de forma que tais homens são indesculpáveis; ²¹ porque, tendo conhecido a Deus, não o glorificaram como Deus, nem lhe renderam graças, mas os seus pensamentos tornaram-se fúteis e o coração insensato deles obscureceu-se. ²² Dizendo-se sábios, tornaram-se loucos ²³ e trocaram a glória do Deus imortal por imagens feitas segundo a semelhança do homem mortal, bem como de pássaros, quadrúpedes e répteis.

²⁴ Por isso Deus os entregou à impureza sexual, segundo os desejos pecaminosos do seu coração, para a degradação do seu corpo entre si. ²⁵ Trocaram a verdade de Deus pela mentira, e adoraram e serviram a coisas e seres criados, em lugar do Criador, que é bendito para sempre. Amém.

²⁶ Por causa disso Deus os entregou a paixões vergonhosas. Até suas mulheres trocaram suas relações sexuais naturais por outras, contrárias à natureza. ²⁷ Da mesma forma, os homens também abandonaram as relações naturais com as mulheres e se inflamaram de paixão uns pelos outros. Começaram a cometer atos indecentes, homens com homens, e receberam em si mesmos o castigo merecido pela sua perversão.

²⁸ Além do mais, visto que desprezaram o conhecimento de Deus, ele os entregou a uma disposição mental reprovável, para praticarem o que não deviam. ²⁹ Tornaram-se cheios de toda sorte de injustiça, maldade, ganância e

---

[a] **1.1** Isto é, escravo.
[b] **1.4** Ou *que quanto a seu espírito*
[c] **1.13** Isto é, os que não são judeus; também em todo o livro de Romanos.
[d] **1.14** Isto é, aqueles que não possuíam cultura grega.
[e] **1.17** Ou *é de fé em fé*; ou ainda *de fé para fé*
[f] **1.17** Hc 2.4

depravação. Estão cheios de inveja, homicídio, rivalidades, engano e malícia. São bisbilhoteiros, ³⁰ caluniadores, inimigos de Deus, insolentes, arrogantes e presunçosos; inventam maneiras de praticar o mal; desobedecem a seus pais; ³¹ são insensatos, desleais, sem amor pela família, implacáveis. ³² Embora conheçam o justo decreto de Deus, de que as pessoas que praticam tais coisas merecem a morte, não somente continuam a praticá-las, mas também aprovam aqueles que as praticam.

O Justo Juízo de Deus

2 Portanto, você, que julga os outros é indesculpável; pois está condenando você mesmo naquilo em que julga, visto que você, que julga, pratica as mesmas coisas. ² Sabemos que o juízo de Deus contra os que praticam tais coisas é conforme a verdade. ³ Assim, quando você, um simples homem, os julga, mas pratica as mesmas coisas, pensa que escapará do juízo de Deus? ⁴ Ou será que você despreza as riquezas da sua bondade, tolerância e paciência, não reconhecendo que a bondade de Deus o leva ao arrependimento?

⁵ Contudo, por causa da sua teimosia e do seu coração obstinado, você está acumulando ira contra você mesmo, para o dia da ira de Deus, quando se revelará o seu justo julgamento. ⁶ Deus "retribuirá a cada um conforme o seu procedimento"ᵃ. ⁷ Ele dará vida eterna aos que, persistindo em fazer o bem, buscam glória, honra e imortalidade. ⁸ Mas haverá ira e indignação para os que são egoístas, que rejeitam a verdade e seguem a injustiça. ⁹ Haverá tribulação e angústia para todo ser humano que pratica o mal: primeiro para o judeu, depois para o grego; ¹⁰ mas glória, honra e paz para todo o que pratica o bem: primeiro para o judeu, depois para o grego. ¹¹ Pois em Deus não há parcialidade.

¹² Todo aquele que pecar sem a Lei, sem a Lei também perecerá, e todo aquele que pecar sob a Lei, pela Lei será julgado. ¹³ Porque não são os que ouvem a Lei que são justos aos olhos de Deus; mas os que obedecem à Lei, estes serão declarados justos. ¹⁴ (De fato, quando os gentios, que não têm a Lei, praticam naturalmente o que ela ordena, tornam-se lei para si mesmos, embora não possuam a Lei; ¹⁵ pois mostram que as exigências da Lei estão gravadas em seu coração. Disso dão testemunho também a sua consciência e os pensamentos deles, ora acusando-os, ora defendendo-os.) ¹⁶ Isso tudo se verá no dia em que Deus julgar os segredos dos homens, mediante Jesus Cristo, conforme o declara o meu evangelho.

Os Judeus e a Lei

¹⁷ Ora, você leva o nome de judeu, apoia-se na Lei e orgulha-se de Deus. ¹⁸ Você conhece a vontade de Deus e aprova o que é superior, porque é instruído pela Lei. ¹⁹ Você está convencido de que é guia de cegos, luz para os que estão em trevas, ²⁰ instrutor de insensatos, mestre de crianças, porque tem na Lei a expressão do conhecimento e da verdade. ²¹ E então? Você, que ensina os outros, não ensina a você mesmo? Você, que prega contra o furto, furta? ²² Você, que diz que não se deve adulterar, adultera? Você, que detesta ídolos, rouba-lhes os templos? ²³ Você, que se orgulha da Lei, desonra a Deus, desobedecendo à Lei? ²⁴ Pois, como está escrito: "O nome de Deus é blasfemado entre os gentios por causa de vocês"ᵇ.

²⁵ A circuncisão tem valor se você obedece à Lei; mas, se você desobedece à Lei, a sua circuncisão já se tornou incircuncisão. ²⁶ Se aqueles que não são circuncidados obedecem aos preceitos da Lei, não serão eles considerados circuncidados? ²⁷ Aquele que não é circuncidado fisicamente, mas obedece à Lei, condenará você que, tendo a Lei escrita e a circuncisão, é transgressor da Lei.

²⁸ Não é judeu quem o é apenas exteriormente, nem é circuncisão a que é meramente exterior e física. ²⁹ Não! Judeu é quem o é interiormente, e circuncisão é a operada no coração, pelo Espírito, e não pela Lei escrita. Para estes o louvor não provém dos homens, mas de Deus.

3 Que vantagem há então em ser judeu, ou que utilidade há na circuncisão? ² Muita, em todos os sentidos! Principalmente porque aos judeus foram confiadas as palavras de Deus.

³ Que importa se alguns deles foram infiéis? A sua infidelidade anulará a fidelidade de Deus? ⁴ De maneira nenhuma! Seja Deus verdadeiro, e todo homem mentiroso. Como está escrito:

"Para que
    sejas justificado

ᵃ **2.6** Sl 62.12; Pv 24.12

ᵇ **2.24** Is 52.5; Ez 36.22

nas tuas palavras
e prevaleças quando fores julgado"ᵃ.

⁵ Mas, se a nossa injustiça ressalta de maneira ainda mais clara a justiça de Deus, que diremos? Que Deus é injusto por aplicar a sua ira? (Estou usando um argumento humano.) ⁶ Claro que não! Se fosse assim, como Deus iria julgar o mundo? ⁷ Alguém pode alegar ainda: "Se a minha mentira ressalta a veracidade de Deus, aumentando assim a sua glória, por que sou condenado como pecador?" ⁸ Por que não dizer como alguns caluniosamente afirmam que dizemos: "Façamos o mal, para que nos venha o bem"? A condenação dos tais é merecida.

Ninguém é Justo

⁹ Que concluiremos então? Estamos em posição de vantagemᵇ? Não! Já demonstramos que tanto judeus quanto gentios estão debaixo do pecado. ¹⁰ Como está escrito:

"Não há nenhum justo,
  nem um sequer;
¹¹ não há ninguém que entenda,
  ninguém que busque a Deus.
¹² Todos se desviaram,
  tornaram-se juntamente inúteis;
não há ninguém
  que faça o bem,
não há nem um sequer"ᶜ.
¹³ "Sua garganta
  é um túmulo aberto;
com a língua enganam"ᵈ.
"Veneno de víbora
  está em seus lábios"ᵉ.
¹⁴ "Sua boca está cheia
  de maldição e amargura"ᶠ.
¹⁵ "Seus pés são ágeis
  para derramar sangue;
¹⁶ ruína e desgraça marcam
  os seus caminhos,
¹⁷ e não conhecem
  o caminho da paz"ᵍ.
¹⁸ "Aos seus olhos é inútil
  temer a Deus"ʰ.

ᵃ **3.4** Sl 51.4
ᵇ **3.9** Ou *desvantagem*
ᶜ **3.10-12** Sl 14.1-3; Sl 53.1-3; Ec 7.20
ᵈ **3.13** Sl 5.9
ᵉ **3.13** Sl 140.3
ᶠ **3.14** Sl 10.7
ᵍ **3.15-17** Is 59.7,8
ʰ **3.18** Sl 36.1

3.23 Evangelização: Este versículo não deixa dúvida sobre o pecado que habita o ser humano desde o pecado de Adão. Em todos os homens existe a condição inata do pecado que muitos negam (e assim cometem o pecado do orgulho e da altivez) ou justificam com argumentos psicológicos ou de todo tipo. Tratam de provar sua inocência com uma justiça própria, pois nunca chegaram a comparar a pobreza de sua condição humana pecaminosa com o Deus que é "três vezes Santo".
Primeiro texto da cadeia evangelística.
Próximo texto: Romanos 6.23

¹⁹ Sabemos que tudo o que a Lei diz, o diz àqueles que estão debaixo dela, para que toda boca se cale e o mundo todo esteja sob o juízo de Deus. ²⁰ Portanto, ninguém será declarado justo diante dele baseando-se na obediência à Lei, pois é mediante a Lei que nos tornamos plenamente conscientes do pecado.

A Justiça por meio da Fé

²¹ Mas agora se manifestou uma justiça que provém de Deus, independente da Lei, da qual testemunham a Lei e os Profetas, ²² justiça de Deus mediante a fé em Jesus Cristo para todos os que creem. Não há distinção, ²³ pois todos pecaram e estão destituídos da glória de Deus, ²⁴ sendo justificados gratuitamente por sua graça, por meio da redenção que há em Cristo Jesus. ²⁵ Deus o ofereceu como sacrifício para propiciaçãoⁱ mediante a fé, pelo seu sangue, demonstrando a sua justiça. Em sua tolerância, havia deixado impunes os pecados anteriormente cometidos; ²⁶ mas, no presente, demonstrou a sua justiça, a fim de ser justo e justificador daquele que tem fé em Jesus.

²⁷ Onde está, então, o motivo de vanglória? É excluído. Baseado em que princípio? No da

3.23 A Via Romana: O PECADO.
Veja a nota anterior, acima.

Primeiro texto da série.
Próximo texto: Romanos 6.23

ⁱ **3.25** Ou *como sacrifício que desviava a sua ira, removendo o pecado*

3.23 As quatro leis (iniciadas em João 3.16; p. 1121): Nossa tendência natural é justificar nossos pensamentos, sentimentos, atitudes e ações. O Senhor nos desafia a enfrentar nossa verdadeira situação e aceitar que pecamos, que falhamos horrivelmente e que o bem que lutamos tanto para alcançar acabou se tornando em mal. Resultado: nós mesmos nos afastamos da glória de Deus. Trata-se de uma questão de honra para com Deus e com cada um de nós.
Segunda lei: Veja a página 1460.
Texto anterior: João 10.10b
Próximo texto: Romanos 6.23

obediência à Lei? Não, mas no princípio da fé. ²⁸ Pois sustentamos que o homem é justificado pela fé, independente da obediência à Lei. ²⁹ Deus é Deus apenas dos judeus? Ele não é também o Deus dos gentios? Sim, dos gentios também, ³⁰ visto que existe um só Deus, que pela fé justificará os circuncisos e os incircuncisos. ³¹ Anulamos então a Lei pela fé? De maneira nenhuma! Ao contrário, confirmamos a Lei.

Abraão Foi Justificado pela Fé

4 Portanto, que diremos do nosso antepassado Abraão? ² Se de fato Abraão foi justificado pelas obras, ele tem do que se gloriar, mas não diante de Deus. ³ Que diz a Escritura? "Abraão creu em Deus, e isso lhe foi creditado como justiça."ᵃ

⁴ Ora, o salário do homem que trabalha não é considerado como favor, mas como dívida. ⁵ Todavia, àquele que não trabalha, mas confia em Deus, que justifica o ímpio, sua fé lhe é creditada como justiça. ⁶ Davi diz a mesma coisa, quando fala da felicidade do homem a quem Deus credita justiça independente de obras:

⁷ "Como são felizes aqueles
  que têm suas transgressões
    perdoadas,
  cujos pecados são apagados!
⁸ Como é feliz aquele
  a quem o Senhor não atribui culpa!"ᵇ

⁹ Destina-se essa felicidade apenas aos circuncisos ou também aos incircuncisos? Já dissemos que, no caso de Abraão, a fé lhe foi creditada como justiça. ¹⁰ Sob quais circunstâncias? Antes ou depois de ter sido circuncidado? Não foi depois, mas antes! ¹¹ Assim ele recebeu a circuncisão como sinal, como selo da justiça que ele tinha pela fé, quando ainda não fora circuncidado. Portanto, ele é o pai de todos os que creem, sem terem sido circuncidados, a fim de que a justiça fosse creditada também a eles; ¹² e é igualmente o pai dos circuncisos que não somente são circuncisos, mas também andam nos passos da fé que teve nosso pai Abraão antes de passar pela circuncisão.

¹³ Não foi mediante a Lei que Abraão e a sua descendência receberam a promessa de que ele seria herdeiro do mundo, mas mediante a justiça que vem da fé. ¹⁴ Pois, se os que vivem pela Lei são herdeiros, a fé não tem valor, e a promessa é inútil; ¹⁵ porque a Lei produz a ira. E onde não há Lei, não há transgressão.

¹⁶ Portanto, a promessa vem pela fé, para que seja de acordo com a graça e seja assim garantida a toda a descendência de Abraão; não apenas aos que estão sob o regime da Lei, mas também aos que têm a fé que Abraão teve. Ele é o pai de todos nós. ¹⁷ Como está escrito: "Eu constituí pai de muitas nações"ᶜ. Ele é nosso pai aos olhos de Deus, em quem creu, o Deus que dá vida aos mortos e chama à existência coisas que não existem, como se existissem.

¹⁸ Abraão, contra toda esperança, em esperança creu, tornando-se assim pai de muitas nações, como foi dito a seu respeito: "Assim será a sua descendência"ᵈ. ¹⁹ Sem se enfraquecer na fé, reconheceu que o seu corpo já estava sem vitalidade, pois já contava cerca de cem anos de idade, e que também o ventre de Sara já estava sem vigor. ²⁰ Mesmo assim não duvidou nem foi incrédulo em relação à promessa de Deus, mas foi fortalecido em sua fé e deu glória a Deus, ²¹ estando plenamente convencido de que ele era poderoso para cumprir o que havia prometido. ²² Em consequência, "isso lhe foi creditado como justiça"ᵉ. ²³ As palavras "lhe foi creditado" não foram escritas apenas para ele, ²⁴ mas também para nós, a quem Deus creditará justiça, a nós, que cremos naquele que ressuscitou dos mortos a Jesus, nosso Senhor.

ᵃ **4.3** Gn 15.6
ᵇ **4.7,8** Sl 32.1,2
ᶜ **4.17** Gn 17.5
ᵈ **4.18** Gn 15.5
ᵉ **4.22** Gn 15.6

5.1 As Escrituras, e principalmente os textos de Paulo, sempre voltam ao tema de que é a fé que o próprio Deus nos dá que, uma vez aceita, nos abre o caminho para a salvação. Não existe nenhum tipo de ação ou obra pela qual podemos ser salvos, senão a obra redentora de Cristo. A única atitude que podemos tomar é receber pela fé a salvação que vem do alto e que Cristo alcançou por nós. Vemos a manifestação da fé salvífica e verdadeira quando começam a surgir em nós as obras, ou frutos, do que Deus quer que façamos. São, na realidade, consequências da salvação que recebemos, não a causa dela.

²⁵ Ele foi entregue à morte por nossos pecados e ressuscitado para nossa justificação.

Paz e Alegria

5 Tendo sido, pois, justificados pela fé, temosª paz com Deus, por nosso Senhor Jesus Cristo, ² por meio de quem obtivemos acesso pela fé a esta graça na qual agora estamos firmes; e nos gloriamosᵇ na esperança da glória de Deus. ³ Não só isso, mas também nos gloriamos nas tribulações, porque sabemos que a tribulação produz perseverança; ⁴ a perseverança, um caráter aprovado; e o caráter aprovado, esperança. ⁵ E a esperança não nos decepciona, porque Deus derramou seu amor em nossos corações, por meio do Espírito Santo que ele nos concedeu.

⁶ De fato, no devido tempo, quando ainda éramos fracos, Cristo morreu pelos ímpios. ⁷ Dificilmente haverá alguém que morra por um justo, embora pelo homem bom talvez alguém tenha coragem de morrer. ⁸ Mas Deus demonstra seu amor por nós: Cristo morreu em nosso favor quando ainda éramos pecadores. ⁹ Como agora fomos justificados por seu sangue, muito mais ainda, por meio dele, seremos

5.6-8 Apresentação doutrinária: Para obter um exemplo desse tipo de apresentação do evangelho, veja a p. 1121.

ª **5.1** Ou *tenhamos*
ᵇ **5.2** Ou *gloriemo-nos*; também no versículo 3.

5.8 A Via Romana: A REDENÇÃO (iniciada em Romanos 3.23; p. 1199): Trata-se de algo além da compreensão humana. Parece algo muito bom para ser verdade. Não apenas pelo fato de que não merecíamos que o Pai nos enviasse Cristo para morrer pelos nossos pecados, mas também porque isso aconteceu quando ainda éramos seus inimigos; portanto merecíamos a condenação eterna.
Texto anterior: Romanos 6.23
Próximo texto: Romanos 10.13

salvos da ira de Deus! ¹⁰ Se quando éramos inimigos de Deus fomos reconciliados com ele mediante a morte de seu Filho, quanto mais agora, tendo sido reconciliados, seremos salvos por sua vida! ¹¹ Não apenas isso, mas também nos gloriamos em Deus, por meio de nosso Senhor Jesus Cristo, mediante quem recebemos agora a reconciliação.

Morte em Adão, Vida em Cristo

¹² Portanto, da mesma forma como o pecado entrou no mundo por um homem, e pelo pecado a morte, assim também a morte veio a todos os homens, porque todos pecaram; ¹³ pois antes de ser dada a Lei, o pecado já estava no mundo. Mas o pecado não é levado em conta quando não existe lei. ¹⁴ Todavia, a morte reinou desde o tempo de Adão até o de Moisés, mesmo sobre aqueles que não cometeram pecado semelhante à transgressão de Adão, o qual era um tipo daquele que haveria de vir.

5.8 As quatro leis (iniciadas em João 3.16; p. 1121): Deus é amor. Essa é sua essência; e o amor só pode produzir amor, ainda que o amor divino seja muito diferente do amor que somos capazes de sentir, pois, conhecendo Deus as consequências da maldade e do pecado, não tolera sua presença, pois é santo, nem o deseja na vida de seus filhos, que já foram santificados.
Terceira lei: Veja a p. 1461.
Texto anterior: Romanos 6.23
Próximo texto: 1Coríntios 15.3-6

5.18,19 Paulo amplia o tema do "primeiro" Adão, por meio de quem veio a condenação, comparado com Jesus, por meio de quem veio a justificação, principalmente em 1Coríntios 15.

¹⁵ Entretanto, não há comparação entre a dádiva e a transgressão. De fato, muitos morreram por causa da transgressão de um só homem, mas a graça de Deus, isto é, a dádiva pela graça de um só, Jesus Cristo, transbordou ainda mais para muitos. ¹⁶ Não se pode comparar a dádiva de Deus com a consequência do pecado de um só homem: por um pecado veio o julgamento que trouxe condenação, mas a dádiva decorreu de muitas transgressões e trouxe justificação. ¹⁷ Se pela transgressão de um só a morte reinou por meio dele, muito mais aqueles que recebem de Deus a imensa provisão da graça e a dádiva da justiça reinarão em vida por meio de um único homem, Jesus Cristo.

¹⁸ Consequentemente, assim como uma só transgressão resultou na condenação de todos os homens, assim também um só ato de justiça resultou na justificação que traz vida a todos os homens. ¹⁹ Logo, assim como por meio da desobediência de um só homem muitos foram feitos pecadores, assim também por meio da obediência de um único homem muitos serão feitos justos.

²⁰ A Lei foi introduzida para que a transgressão fosse ressaltada. Mas onde aumentou o pecado transbordou a graça, ²¹ a fim de que, assim como o pecado reinou na morte, também a graça reine pela justiça para conceder vida eterna, mediante Jesus Cristo, nosso Senhor.

Mortos para o Pecado, Vivos em Cristo

6 Que diremos então? Continuaremos pecando para que a graça aumente? ² De maneira nenhuma! Nós, os que morremos para o pecado, como podemos continuar vivendo nele? ³ Ou vocês não sabem que todos nós, que fomos batizados em Cristo Jesus, fomos batizados em sua morte? ⁴ Portanto, fomos sepultados com ele na morte por meio do batismo, a fim de que, assim como Cristo foi ressuscitado dos mortos mediante a glória do Pai, também nós vivamos uma vida nova.

⁵ Se dessa forma fomos unidos a ele na semelhança da sua morte, certamente o seremos também na semelhança da sua ressurreição. ⁶ Pois sabemos que o nosso velho homemª foi crucificado com ele, para que o corpo do pecado seja destruídoᵇ, e não mais sejamos escravos do pecado; ⁷ pois quem morreu foi justificado do pecado.

⁸ Ora, se morremos com Cristo, cremos que também com ele viveremos. ⁹ Pois sabemos que, tendo sido ressuscitado dos mortos, Cristo não pode morrer outra vez: a morte não tem mais domínio sobre ele. ¹⁰ Porque, morrendo, ele morreu para o pecado uma vez por todas; mas, vivendo, vive para Deus.

¹¹ Da mesma forma, considerem-se mortos para o pecado, mas vivos para Deus em Cristo Jesus. ¹² Portanto, não permitam que o pecado continue dominando o corpo mortal de vocês, fazendo que obedeçam aos seus desejos. ¹³ Não ofereçam os membros do corpo de vocês ao pecado, como instrumentos de injustiça; antes ofereçam-se a Deus como quem voltou da morte para a vida; e ofereçam os membros do corpo de vocês a ele, como instrumentos de justiça. ¹⁴ Pois o pecado não os dominará, porque vocês não estão debaixo da Lei, mas debaixo da graça.

6.23 Evangelização (iniciada em Romanos 3.23; p. 1199): O pecado nasce em nós e, portanto, deve ser pago. Por ser algo contra Deus e seus mandamentos, deve ser pago com a morte, como foi desde a época dos patriarcas. A "morte" significa separação. Se essa é uma referência à morte física no final da nossa vida terrena (que é, por um lado, a separação entre o corpo e, por outro, a alma e o espírito, tornando assim o corpo sem vida), é, sobretudo, uma referência à chamada "segunda morte", que é a separação eterna e definitiva de Deus. Em contraste com a morte eterna, é oferecido o "dom de Deus", ou seja, o presente que ele nos oferece: a vida eterna em Cristo.
Texto anterior: Romanos 3.23
Próximo texto: Atos 16.30,31

ª **6.6** Isto é, a nossa velha vida em Adão.
ᵇ **6.6** Ou *seja deixado sem poder*

6.23 A Via Romana: O SALÁRIO DO PECADO E O PRESENTE DE DEUS (iniciada em Romanos 3.23; p. 1199): Veja a nota anterior da cadeia evangelística em 6.23.
Texto anterior: Romanos 3.23
Próximo texto: Romanos 5.8

Escravos da Justiça

¹⁵ E então? Vamos pecar porque não estamos debaixo da Lei, mas debaixo da graça? De maneira nenhuma! ¹⁶ Não sabem que, quando vocês se oferecem a alguém para lhe obedecer como escravos, tornam-se escravos daquele a quem obedecem: escravos do pecado que leva à morte, ou da obediência que leva à justiça? ¹⁷ Mas, graças a Deus, porque, embora vocês tenham sido escravos do pecado, passaram a obedecer de coração à forma de ensino que lhes foi transmitida. ¹⁸ Vocês foram libertados do pecado e tornaram-se escravos da justiça.

¹⁹ Falo isso em termos humanos, por causa das suas limitações humanas[a]. Assim como vocês ofereceram os membros do seu corpo em escravidão à impureza e à maldade que leva à maldade, ofereçam-nos agora em escravidão à justiça que leva à santidade. ²⁰ Quando vocês eram escravos do pecado, estavam livres da justiça. ²¹ Que fruto colheram então das coisas das quais agora vocês se envergonham? O fim delas é a morte! ²² Mas agora que vocês foram libertados do pecado e se tornaram escravos de Deus o fruto que colhem leva à santidade, e o seu fim é a vida eterna. ²³ Pois o salário do pecado é a morte, mas o dom gratuito de Deus é a vida eterna em[b] Cristo Jesus, nosso Senhor.

6.23 As quatro leis (iniciadas em João 3.16; p. 1121): O pecado nos faz merecer um pagamento, um salário; trata-se da consequência de o termos praticado e buscado. Em oposição, a vida que Deus tem para nós é um presente, um dom, que para ele custou muito caro.
Segunda lei: Veja a p. 1460.
Texto anterior: Romanos 3.23
Próximo texto: Romanos 5.8

A Ilustração do Casamento

7 Meus irmãos, falo a vocês como a pessoas que conhecem a lei. Acaso vocês não sabem que a lei tem autoridade sobre alguém apenas enquanto ele vive? ² Por exemplo, pela lei a mulher casada está ligada a seu marido enquanto ele estiver vivo; mas, se o marido morrer, ela estará livre da lei do casamento. ³ Por isso, se ela se casar com outro homem enquanto seu marido ainda estiver vivo, será considerada adúltera. Mas, se o marido morrer, ela estará livre daquela lei e, mesmo que venha a se casar com outro homem, não será adúltera.

⁴ Assim, meus irmãos, vocês também morreram para a Lei, por meio do corpo de Cristo, para pertencerem a outro, àquele que ressuscitou dos mortos, a fim de que venhamos a dar fruto para Deus. ⁵ Pois quando éramos controlados pela carne[c], as paixões pecaminosas despertadas pela Lei atuavam em nosso corpo, de forma que dávamos fruto para a morte. ⁶ Mas agora, morrendo para aquilo que antes nos prendia, fomos libertados da Lei, para que sirvamos conforme o novo modo do Espírito, e não segundo a velha forma da Lei escrita.

A Luta contra o Pecado

⁷ Que diremos então? A Lei é pecado? De maneira nenhuma! De fato, eu não saberia o que é pecado, a não ser por meio da Lei. Pois, na realidade, eu não saberia o que é cobiça, se a Lei não dissesse: "Não cobiçarás"[d]. ⁸ Mas o pecado, aproveitando a oportunidade dada pelo mandamento, produziu em mim todo tipo de desejo cobiçoso. Pois, sem a Lei, o pecado está morto. ⁹ Antes eu vivia sem a Lei, mas, quando o mandamento veio, o pecado reviveu, e eu morri. ¹⁰ Descobri que o próprio mandamento, destinado a produzir vida, na verdade produziu morte. ¹¹ Pois o pecado, aproveitando a oportunidade dada pelo mandamento, enganou-me e por meio do mandamento me matou.

¹² De fato a Lei é santa, e o mandamento é santo, justo e bom. ¹³ E então, o que é bom se tornou em morte para mim? De maneira nenhuma! Mas, para que o pecado se mostrasse como pecado, ele produziu morte em mim por meio do que era bom, de modo que por meio do mandamento ele se mostrasse extremamente pecaminoso.

---

[a] **6.19** Grego: *por causa da fraqueza da sua carne.*
[b] **6.23** Ou *por meio de*
[c] **7.5** Ou *pela natureza pecaminosa*; também nos versículos 18 e 25.
[d] **7.7** Êx 20.17; Dt 5.21

¹⁴ Sabemos que a Lei é espiritual; eu, contudo, não o sou, pois fui vendido como escravo ao pecado. ¹⁵ Não entendo o que faço. Pois não faço o que desejo, mas o que odeio. ¹⁶ E, se faço o que não desejo, admito que a Lei é boa. ¹⁷ Nesse caso, não sou mais eu quem o faz, mas o pecado que habita em mim. ¹⁸ Sei que nada de bom habita em mim, isto é, em minha carne. Porque tenho o desejo de fazer o que é bom, mas não consigo realizá-lo. ¹⁹ Pois o que faço não é o bem que desejo, mas o mal que não quero fazer esse eu continuo fazendo. ²⁰ Ora, se faço o que não quero, já não sou eu quem o faz, mas o pecado que habita em mim.

²¹ Assim, encontro esta lei que atua em mim: Quando quero fazer o bem, o mal está junto de mim. ²² No íntimo do meu ser tenho prazer na Lei de Deus; ²³ mas vejo outra lei atuando nos membros do meu corpo, guerreando contra a lei da minha mente, tornando-me prisioneiro da lei do pecado que atua em meus membros. ²⁴ Miserável homem que eu sou! Quem me libertará do corpo sujeito a esta morte? ²⁵ Graças a Deus por Jesus Cristo, nosso Senhor! De modo que, com a mente, eu próprio sou escravo da Lei de Deus; mas, com a carne, da lei do pecado.

A Vida pelo Espírito

8 Portanto, agora já não há condenação para os que estão em Cristo Jesus[a], ² porque por meio de Cristo Jesus a lei do Espírito de vida me libertou da lei do pecado e da morte. ³ Porque, aquilo que a Lei fora incapaz de fazer por estar enfraquecida pela carne[b], Deus o fez, enviando seu próprio Filho, à semelhança do homem pecador, como oferta pelo pecado[c]. E assim condenou o pecado na carne, ⁴ a fim de que as justas exigências da Lei fossem plenamente satisfeitas em nós, que não vivemos segundo a carne, mas segundo o Espírito.

⁵ Quem vive segundo a carne tem a mente voltada para o que a carne deseja; mas quem vive de acordo com o Espírito tem a mente voltada para o que o Espírito deseja. ⁶ A mentalidade da carne é morte, mas a mentalidade do Espírito é vida e paz; ⁷ a mentalidade da carne é inimiga de Deus porque não se submete à Lei de Deus, nem pode fazê-lo. ⁸ Quem é dominado pela carne não pode agradar a Deus.

⁹ Entretanto, vocês não estão sob o domínio da carne, mas do Espírito, se de fato o Espírito de Deus habita em vocês. E, se alguém não tem o Espírito de Cristo, não pertence a Cristo. ¹⁰ Mas, se Cristo está em vocês, o corpo está morto por causa do pecado, mas o espírito está vivo[d] por causa da justiça. ¹¹ E, se o Espírito daquele que ressuscitou Jesus dentre os mortos habita em vocês, aquele que ressuscitou a Cristo dentre os mortos também dará vida a seus corpos mortais, por meio do seu Espírito, que habita em vocês.

¹² Portanto, irmãos, estamos em dívida, não para com a carne, para vivermos sujeitos a ela. ¹³ Pois, se vocês viverem de acordo com a carne, morrerão; mas, se pelo Espírito fizerem morrer os atos do corpo, viverão, ¹⁴ porque todos os que são guiados pelo Espírito de Deus são filhos de Deus. ¹⁵ Pois vocês não receberam um espírito que os escravize para novamente temerem, mas receberam o Espírito que os torna filhos por adoção, por meio do qual clamamos: "*Aba*[e], Pai". ¹⁶ O próprio Espírito testemunha ao nosso espírito que somos filhos de Deus. ¹⁷ Se somos filhos, então somos herdeiros; herdeiros de Deus e co-herdeiros com Cristo, se de fato participamos dos seus sofrimentos, para que também participemos da sua glória.

A Glória Futura

¹⁸ Considero que os nossos sofrimentos atuais não podem ser comparados com a glória que em nós será revelada. ¹⁹ A natureza criada aguarda, com grande expectativa, que os filhos de Deus sejam revelados. ²⁰ Pois ela foi submetida à inutilidade, não pela sua própria escolha, mas por causa da vontade daquele que a sujeitou, na esperança ²¹ de que[f] a própria natureza criada será libertada da escravidão da decadência em que se encontra, recebendo a gloriosa liberdade dos filhos de Deus.

²² Sabemos que toda a natureza criada geme até agora, como em dores de parto. ²³ E não só isso, mas nós mesmos, que temos os primeiros frutos do Espírito, gememos interiormente, esperando ansiosamente nossa adoção como filhos, a redenção do nosso corpo. ²⁴ Pois nessa esperança fomos salvos. Mas esperança que se

---

[a] **8.1** Alguns manuscritos dizem *Jesus, que não vivem segundo a carne, mas segundo o Espírito*.
[b] **8.3** Ou *pela natureza pecaminosa*; também nos versículos 4, 5, 8, 9, 12 e 13.
[c] **8.3** Ou *homem pecador, pelo pecado*
[d] **8.10** Ou *o Espírito é vida*
[e] **8.15** Termo aramaico para *Pai*.
[f] **8.20,21** Ou *a sujeitou em esperança. 21Pois*

8.26 O Espírito Santo é nosso "outro Conselheiro" no mundo terreno (veja João 14.16) e veio habitar o nosso coração como selo e sinal de que somos propriedade exclusiva do Pai. É ele que nos guia e que sabe realmente o que nos convém. Caro discípulo, o melhor que você pode fazer é falar com Deus, escutá-lo e deixar que ele conduza a sua vida.

vê não é esperança. Quem espera por aquilo que está vendo? ²⁵ Mas, se esperamos o que ainda não vemos, aguardamo-lo pacientemente.

²⁶ Da mesma forma o Espírito nos ajuda em nossa fraqueza, pois não sabemos como orar, mas o próprio Espírito intercede por nós com gemidos inexprimíveis. ²⁷ E aquele que sonda os corações conhece a intenção do Espírito, porque o Espírito intercede pelos santos de acordo com a vontade de Deus.

Mais que Vencedores

²⁸ Sabemos que Deus age em todas as coisas para o bem daqueles que o amam,ª dos que foram chamados de acordo com o

8.26,27 Apresentação "Três palavras" (iniciada em Atos 17.31; p. 1179).

O Espírito Santo, a terceira pessoa da Trindade, passa a viver dentro do cristão para ajudá-lo em todos os aspectos da sua vida.
Leia: Romanos 8.26,27. (Para obter mais informações, veja o restante deste capítulo; veja também João 7.37-39; 1Coríntios 3.16,17; 6.19,20; 2Coríntios 5.5; Gálatas 5.16-26; Efésios 4.30; 5.18-21.)
Nota: É importante ter em conta que o Pai e o Filho também ajudam o cristão em seu crescimento (veja Efésios 3.14-21).
Próximo passo: Além de sua presença pessoal, Deus providenciou determinados meios para nos ajudar a amadurecer e perseverar na vida cristã. (Veja Hebreus 4.12, p. 1311.)

seu propósito. ²⁹ Pois aqueles que de antemão conheceu, também os predestinou para serem conformes à imagem de seu Filho, a fim de que ele seja o primogênito entre muitos irmãos. ³⁰ E aos que predestinou, também chamou; aos que chamou, também justificou; aos que justificou, também glorificou.

³¹ Que diremos, pois, diante dessas coisas? Se Deus é por nós, quem será contra nós? ³² Aquele que não poupou seu próprio Filho, mas o entregou por todos nós, como não nos dará com ele, e de graça, todas as coisas? ³³ Quem fará alguma acusação contra os escolhidos de Deus? É Deus quem os justifica. ³⁴ Quem os condenará? Foi Cristo Jesus que morreu; e mais, que ressuscitou e está à direita de Deus, e também intercede por nós. ³⁵ Quem nos separará do amor de Cristo? Será tribulação, ou angústia, ou perseguição, ou fome, ou nudez, ou perigo, ou espada? ³⁶ Como está escrito:

"Por amor de ti enfrentamos
a morte todos os dias;
somos considerados
como ovelhas
destinadas ao matadouro"ᵇ.

³⁷ Mas em todas estas coisas somos mais que vencedores, por meio daquele que nos amou. ³⁸ Pois estou convencido de que nem morte nem vida, nem anjos nem demôniosᶜ, nem o

8.38,39 Evangelização (iniciada em Romanos 3.23; p. 1199): Paulo não hesita. Depois de explicar os motivos que tem para crer como o faz, ele declara que "está convencido" de que nada pode nos arrancar das mãos de Deus. Uma vez mais afirmamos o que se repete ao longo de todo o Novo Testamento: o amor de Deus manifesta-se em Jesus, o Messias, que é o nosso Senhor. Nele e em seu sacrifício foi manifesto esse amor, o que lhe deu o direito de ser chamado Rei, Senhor e cabeça da Igreja. A palavra "Senhor" não é um simples título honorífico. Indica a autoridade que o torna proprietário de tudo o que somos e temos.
Texto anterior: João 3.16,17
Próximo texto: João 10.27-30

ª**8.28** Alguns manuscritos dizem *Sabemos que todas as coisas contribuem juntamente para o bem dos que amam a Deus*; outros trazem *Sabemos que em todas as coisas Deus coopera juntamente com aqueles que o amam, para trazer à existência o que é bom, com os que foram*.

ᵇ**8.36** Sl 44.22
ᶜ**8.38** Ou *autoridades celestiais*

presente nem o futuro, nem quaisquer poderes, ³⁹ nem altura nem profundidade, nem qualquer outra coisa na criação será capaz de nos separar do amor de Deus que está em Cristo Jesus, nosso Senhor.

A Soberania de Deus

9 Digo a verdade em Cristo, não minto; minha consciência o confirma no Espírito Santo: ² tenho grande tristeza e constante angústia em meu coração. ³ Pois eu até desejaria ser amaldiçoado e separado de Cristo por amor de meus irmãos, os de minha raça, ⁴ o povo de Israel. Deles é a adoção de filhos; deles são a glória divina, as alianças, a concessão da Lei, a adoração no templo e as promessas. ⁵ Deles são os patriarcas, e a partir deles se traça a linhagem humana de Cristo, que é Deus acima de todos, bendito para sempre!ᵃ Amém.

⁶ Não pensemos que a palavra de Deus falhou. Pois nem todos os descendentes de Israel são Israel. ⁷ Nem por serem descendentes de Abraão passaram todos a ser filhos de Abraão. Ao contrário: "Por meio de Isaque a sua descendência será considerada"ᵇ. ⁸ Noutras palavras, não são os filhos naturaisᶜ que são filhos de Deus, mas os filhos da promessa é que são considerados descendência de Abraão. ⁹ Pois foi assim que a promessa foi feita: "No tempo devido virei novamente, e Sara terá um filho"ᵈ.

¹⁰ E esse não foi o único caso; também os filhos de Rebeca tiveram um mesmo pai, nosso pai Isaque. ¹¹ Todavia, antes que os gêmeos nascessem ou fizessem qualquer coisa boa ou má — a fim de que o propósito de Deus conforme a eleição permanecesse, ¹² não por obras, mas por aquele que chama — , foi dito a ela: "O mais velho servirá ao mais novo"ᵉ. ¹³ Como está escrito: "Amei Jacó, mas rejeitei Esaú"ᶠ.

¹⁴ E então, que diremos? Acaso Deus é injusto? De maneira nenhuma! ¹⁵ Pois ele diz a Moisés:

"Terei misericórdia de quem
  eu quiser ter misericórdia
e terei compaixão de quem
  eu quiser ter compaixão"ᵍ.

¹⁶ Portanto, isso não depende do desejo ou do esforço humano, mas da misericórdia de Deus. ¹⁷ Pois a Escritura diz ao faraó: "Eu o levantei exatamente com este propósito: mostrar em você o meu poder e para que o meu nome seja proclamado em toda a terra"ʰ. ¹⁸ Portanto, Deus tem misericórdia de quem ele quer e endurece a quem ele quer.

¹⁹ Mas algum de vocês me dirá: "Então, por que Deus ainda nos culpa? Pois quem resiste à sua vontade?" ²⁰ Mas quem é você, ó homem, para questionar a Deus? "Acaso aquilo que é formado pode dizer ao que o formou: 'Por que me fizeste assim?'"ⁱ ²¹ O oleiro não tem direito de fazer do mesmo barro um vaso para fins nobres e outro para uso desonroso?

²² E se Deus, querendo mostrar a sua ira e tornar conhecido o seu poder, suportou com grande paciência os vasos de sua ira, preparadosʲ para a destruição? ²³ Que dizer, se ele fez isso para tornar conhecidas as riquezas de sua glória aos vasos de sua misericórdia, que preparou de antemão para glória, ²⁴ ou seja, a nós, a quem também chamou, não apenas dentre os judeus, mas também dentre os gentios? ²⁵ Como ele diz em Oseias:

"Chamarei 'meu povo'
  a quem não é meu povo;
e chamarei 'minha amada'
  a quem não é minha amada"ᵏ,

²⁶ e:

"Acontecerá que, no mesmo
  lugar em que se lhes declarou:
'Vocês não são meu povo',
  eles serão chamados
'filhos do Deus vivo' "ˡ.

²⁷ Isaías exclama com relação a Israel:

"Embora o número
  dos israelitas
seja como a areia do mar,
  apenas o remanescente
  será salvo.

ᵃ **9.5** Ou *Cristo, que é sobre tudo. Seja Deus louvado para sempre!*
ᵇ **9.7** Gn 21.12
ᶜ **9.8** Grego: *da carne*.
ᵈ **9.9** Gn 18.10,14
ᵉ **9.12** Gn 25.23
ᶠ **9.13** Ml 1.2,3
ᵍ **9.15** Êx 33.19

ʰ **9.17** Êx 9.16
ⁱ **9.20** Is 29.16; 45.9
ʲ **9.22** Ou *prontos*
ᵏ **9.25** Os 2.23
ˡ **9.26** Os 1.10

²⁸ Pois o Senhor executará
na terra a sua sentença,
rápida e definitivamente"ª.

²⁹ Como anteriormente disse Isaías:

"Se o Senhor dos Exércitos
não nos tivesse deixado descendentes,
já estaríamos como Sodoma,
e semelhantes a Gomorra"ᵇ.

A Incredulidade de Israel

³⁰ Que diremos, então? Os gentios, que não buscavam justiça, a obtiveram, uma justiça que vem da fé; ³¹ mas Israel, que buscava uma lei que trouxesse justiça, não a alcançou. ³² Por que não? Porque não a buscava pela fé, mas como se fosse por obras. Eles tropeçaram na "pedra de tropeço". ³³ Como está escrito:

"Eis que ponho em Sião
uma pedra de tropeço
e uma rocha que faz cair;
e aquele que nela confia
jamais será envergonhado"ᶜ.

10 Irmãos, o desejo do meu coração e a minha oração a Deus pelos israelitas é que eles sejam salvos. ² Posso testemunhar que eles têm zelo por Deus, mas o seu zelo não se baseia no conhecimento. ³ Porquanto, ignorando a justiça que vem de Deus e procurando estabelecer a sua própria, não se submeteram à justiça de Deus. ⁴ Porque o fim da Lei é Cristo, para a justificaçãoᵈ de todo o que crê.
⁵ Moisés descreve desta forma a justiça que vem da Lei: "O homem que fizer estas coisas viverá por meio delas"ᵉ. ⁶ Mas a justiça que vem da fé diz: "Não diga em seu coração: 'Quem subirá aos céus?'ᶠ (isto é, para fazer Cristo descer) ⁷ ou 'Quem descerá ao abismo?'ᵍ" (isto é, para fazer Cristo subir dentre os mortos). ⁸ Mas o que ela diz? "A palavra está perto de você; está em sua boca e em seu coração"ʰ, isto é, a palavra da fé que estamos proclamando: ⁹ Se você confessar com a sua boca que Jesus

ᵃ **9.27,28** Is 10.22,23
ᵇ **9.29** Is 1.9
ᶜ **9.33** Is 8.14; 28.16
ᵈ **10.4** Grego: *justiça*.
ᵉ **10.5** Lv 18.5
ᶠ **10.6** Dt 30.12
ᵍ **10.7** Dt 30.13
ʰ **10.8** Dt 30.14

10.8-11 Discipulado (iniciado em Romanos 10.14,15): A pregação cristã é tão simples que muitos se afastam dela para falar de temas que não estão na Bíblia. Precisamos focar o centro da mensagem pela qual Jesus deu a vida: crer com o coração e confessar, ou seja, declarar com a boca.
Texto anterior: Isaías 52.7
Próximo texto: Marcos 16.15,16

é Senhor e crer em seu coração que Deus o ressuscitou dentre os mortos, será salvo. ¹⁰ Pois com o coração se crê para justiça, e com a boca se confessa para salvação. ¹¹ Como diz a Escritura: "Todo o que nele confia jamais será envergonhado"ⁱ. ¹² Não há diferença entre judeus e gentios, pois o mesmo Senhor é Senhor de todos e abençoa ricamente todos os que o invocam, ¹³ porque "todo aquele que invocar o nome do Senhor será salvo"ʲ.

¹⁴ Como, pois, invocarão aquele em quem não creram? E como crerão naquele de quem não ouviram falar? E como ouvirão, se não houver quem pregue? ¹⁵ E como pregarão, se não forem enviados? Como está escrito: "Como são belos os pés dos que anunciam boas-novas!"ᵏ

¹⁶ No entanto, nem todos os israelitas aceitaram as boas-novas. Pois Isaías diz: "Senhor, quem creu em nossa mensagem?"ˡ ¹⁷ Consequentemente, a fé vem por se ouvir a mensagem, e a mensagem é ouvida mediante a palavra de Cristo. ¹⁸ Mas eu pergunto: Eles não a ouviram? Claro que sim:

10.9 A Via Romana: A PROFISSÃO DE FÉ (iniciada em Romanos 3.23; p. 1199): " 'A boca fala do que está cheio o coração' ".
São palavras do próprio Jesus (Mateus 12.34; Lucas 6.45). Se no coração não há arrependimento e fé, o que a boca diz não vale para nada. Pouco há mudado no nosso interior.
Texto anterior: Romanos 10.13
Próximo texto: Romanos 12.1,2

ⁱ **10.11** Is 28.16
ʲ **10.13** Jl 2.32
ᵏ **10.15** Is 52.7
ˡ **10.16** Is 53.1

10.9,10 Evangelização (iniciada em Romanos 3.23; p. 1199): Não é suficiente dizer toda hora que Jesus é o Senhor da nossa vida; é preciso que essa verdade saia do coração e que creiamos que Deus o ressuscitou. Por que é tão importante que aceitemos um fato como a ressurreição de Cristo? Porque, depois de anunciar claramente sua morte e ressurreição, Cristo ou teria se enganado ou seria um farsante caso não tivesse ressuscitado. Aquele que diz ser cristão, mas duvida da ressurreição do Senhor, está enganando a si mesmo em não cumprir a condição básica imposta pelo próprio Deus. A Bíblia chama o mais profundo do nosso ser de "coração" e, como consequência, sentimos a necessidade urgente e a alegria de poder anunciar o que cremos, movidos pelo Espírito Santo de Deus.
Texto anterior: Efésios 2.8,9
Próximo texto: Lucas 18.13,14

"A sua voz ressoou
    por toda a terra,
e as suas palavras
    até os confins do mundo"[a].

[19] Novamente pergunto: Será que Israel não entendeu? Em primeiro lugar, Moisés disse:

10.13 A Via Romana: O ENCONTRO (iniciada em Romanos 3.23; p. 1199): Não se trata de uma fórmula mágica. O simples fato de pronunciar o nome do Senhor não é suficiente. Tem que ser uma manifestação externa da fé que já aceitamos no nosso interior, por limitada e básica que seja no momento. Por esse motivo, Tiago insiste em sua carta em que a fé não deve ser manifesta apenas com palavras de bondade, mas também com uma transformação crescente e constante nas ações e nas atitudes (Tiago 2.17-26; veja p. 1325).
Texto anterior: Romanos 5.8
Próximo texto: Romanos 10.9

10.14,15 Discipulado: Quando conhecemos a boa-nova de quem é Jesus Cristo, seu amor e o que fez por nós, sentimos a necessidade de transmiti-la a outras pessoas, difundindo, assim, seu Reino. Portanto, é natural o desejo de anunciar as boas-novas, principalmente em um mundo com notícias muitas vezes tão ruins.
Primeiro texto da série.
Próximo texto: Mateus 28.18-20

"Farei que tenham ciúmes
    de quem não é meu povo;
eu os provocarei à ira
    por meio de um povo
    sem entendimento"[b].

[20] E Isaías diz ousadamente:

"Fui achado por aqueles que não me
    procuravam;
revelei-me àqueles que não
    perguntavam por mim"[c].

[21] Mas, a respeito de Israel, ele diz:

"O tempo todo
    estendi as mãos a um povo
    desobediente e rebelde"[d].

O Remanescente de Israel

11 Pergunto, pois: Acaso Deus rejeitou o seu povo? De maneira nenhuma! Eu mesmo sou israelita, descendente de Abraão, da tribo de Benjamim. [2] Deus não rejeitou o seu povo, o qual de antemão conheceu. Ou vocês não sabem como Elias clamou a Deus contra Israel, conforme diz a Escritura? [3] "Senhor, mataram os teus profetas e derrubaram os teus altares; sou o único que sobrou, e agora estão procurando matar-me."[e] [4] E qual foi a resposta divina? "Reservei para mim sete mil homens que não dobraram os joelhos diante de Baal."[f] [5] Assim, hoje também há um remanescente escolhido

---

[a] **10.18** Sl 19.4
[b] **10.19** Dt 32.21
[c] **10.20** Is 65.1
[d] **10.21** Is 65.2
[e] **11.3** 1Rs 19.10,14
[f] **11.4** 1Rs 19.18

pela graça. ⁶ E, se é pela graça, já não é mais pelas obras; se fosse, a graça já não seria graça.ᵃ

⁷ Que dizer então? Israel não conseguiu aquilo que tanto buscava, mas os eleitos o obtiveram. Os demais foram endurecidos, ⁸ como está escrito:

"Deus lhes deu um espírito
  de atordoamento,
olhos para não ver
  e ouvidos para não ouvir,
    até o dia de hoje"ᵇ.

⁹ E Davi diz:

"Que a mesa deles
  se transforme
    em laço e armadilha,
pedra de tropeço e retribuição para eles.
¹⁰ Escureçam-se os seus olhos,
  para que não consigam ver,
e suas costas fiquem encurvadas
  para sempre"ᶜ.

Os Ramos Enxertados

¹¹ Novamente pergunto: Acaso tropeçaram para que ficassem caídos? De maneira nenhuma! Ao contrário, por causa da transgressão deles, veio salvação para os gentios, para provocar ciúme em Israel. ¹² Mas, se a transgressão deles significa riqueza para o mundo e o seu fracasso riqueza para os gentios, quanto mais significará a sua plenitude!

¹³ Estou falando a vocês, gentios. Visto que sou apóstolo para os gentios, exalto o meu ministério, ¹⁴ na esperança de que de alguma forma possa provocar ciúme em meu próprio povo e salvar alguns deles. ¹⁵ Pois, se a rejeição deles é a reconciliação do mundo, o que será a sua aceitação, senão vida dentre os mortos? ¹⁶ Se é santa a parte da massa que é oferecida como primeiros frutos, toda a massa também o é; se a raiz é santa, os ramos também o serão.

¹⁷ Se alguns ramos foram cortados, e você, sendo oliveira brava, foi enxertado entre os outros e agora participa da seiva que vem da raiz da oliveira cultivada, ¹⁸ não se glorie contra esses ramos. Se o fizer, saiba que não é você quem sustenta a raiz, mas a raiz a você. ¹⁹ Então você dirá: "Os ramos foram cortados, para que eu fosse enxertado". ²⁰ Está certo. Eles, porém, foram cortados devido à incredulidade, e você permanece pela fé. Não se orgulhe, mas tema. ²¹ Pois, se Deus não poupou os ramos naturais, também não poupará você.

²² Portanto, considere a bondade e a severidade de Deus: severidade para com aqueles que caíram, mas bondade para com você, desde que permaneça na bondade dele. De outra forma, você também será cortado. ²³ E quanto a eles, se não continuarem na incredulidade, serão enxertados, pois Deus é capaz de enxertá-los outra vez. ²⁴ Afinal de contas, se você foi cortado de uma oliveira brava por natureza e, de maneira antinatural, foi enxertado numa oliveira cultivada, quanto mais serão enxertados os ramos naturais em sua própria oliveira?

Todo o Israel Será Salvo

²⁵ Irmãos, não quero que ignorem este mistério, para que não se tornem presunçosos: Israel experimentou um endurecimento em parte, até que chegue a plenitude dos gentios. ²⁶ E assim todo o Israel será salvo, como está escrito:

"Virá de Sião o redentor
  que desviará de Jacó
    a impiedade.
²⁷ E esta éᵈ a minha aliança
    com eles
  quando eu remover
    os seus pecados"ᵉ.

11.7 Caro discípulo, leia com atenção o que diz Paulo sobre o povo de Israel neste texto e em todo o capítulo. Para sustentar que a igreja substituiria Israel, que assim passaria a ser apenas um entre tantos povos sobre a face da terra, haveria a necessidade de tirar muitas páginas da Bíblia e também da História. Devemos nos alegrar por ter um Deus como Javé, o Deus da aliança, que permanece fiel, ainda que nós não sejamos fiéis a ele. Também deve ser motivo de alegria o despertamento que começa a haver em meio ao povo do qual o Filho de Deus teve origem e tornou-se homem.

ᵃ **11.6** Alguns manuscritos dizem *Mas, se é por obras, já não é mais a graça; se assim fosse, as obras já não seriam obras.*
ᵇ **11.8** Dt 29.4; Is 29.10
ᶜ **11.9,10** Sl 69.22,23
ᵈ **11.27** Ou *será*
ᵉ **11.26,27** Is 59.20,21; 27.9; Jr 31.33,34

²⁸ Quanto ao evangelho, eles são inimigos por causa de vocês; mas, quanto à eleição, são amados por causa dos patriarcas, ²⁹ pois os dons e o chamado de Deus são irrevogáveis. ³⁰ Assim como vocês, que antes eram desobedientes a Deus mas agora receberam misericórdia, graças à desobediência deles, ³¹ assim também agora eles se tornaram desobedientes, a fim de que também recebam agora^a misericórdia, graças à misericórdia de Deus para com vocês. ³² Pois Deus sujeitou todos à desobediência, para exercer misericórdia para com todos.

Hino de Louvor a Deus

³³ Ó profundidade da riqueza
   da sabedoria
   e do conhecimento^b de Deus!
Quão insondáveis são
   os seus juízos
   e inescrutáveis
   os seus caminhos!
³⁴ "Quem conheceu a mente
   do Senhor?
Ou quem foi seu conselheiro?"^c
³⁵ "Quem primeiro lhe deu,
   para que ele o recompense?"^d
³⁶ Pois dele, por ele e para ele são todas
   as coisas.
A ele seja a glória
   para sempre! Amém.

Sacrifícios Vivos

12 Portanto, irmãos, rogo pelas misericórdias de Deus que se ofereçam em sacrifício vivo, santo e agradável a Deus; este é o culto racional^e de vocês. ² Não se amoldem ao padrão deste mundo, mas transformem-se pela renovação da sua mente, para que sejam capazes de experimentar e comprovar a boa, agradável e perfeita vontade de Deus.

³ Por isso, pela graça que me foi dada digo a todos vocês: Ninguém tenha de si mesmo um conceito mais elevado do que deve ter; mas, ao contrário, tenha um conceito equilibrado, de acordo com a medida da fé que Deus lhe concedeu. ⁴ Assim como cada um de nós tem um corpo com muitos membros e esses membros não exercem todos a mesma função, ⁵ assim também em Cristo nós, que somos muitos, formamos um corpo, e cada membro está ligado a todos os outros. ⁶ Temos diferentes dons, de acordo com a graça que nos foi dada. Se alguém tem o dom de profetizar^f, use-o na proporção da^g sua fé. ⁷ Se o seu dom é servir, sirva; se é ensinar, ensine; ⁸ se é dar ânimo, que assim faça; se é contribuir, que contribua generosamente; se é exercer liderança, que a exerça com zelo; se é mostrar misericórdia, que o faça com alegria.

O Amor

⁹ O amor deve ser sincero. Odeiem o que é mau; apeguem-se ao que é bom. ¹⁰ Dediquem-se uns aos outros com amor fraternal. Prefiram dar honra aos outros mais do que a vocês. ¹¹ Nunca falte a vocês o zelo, sejam fervorosos no espírito, sirvam ao Senhor. ¹² Alegrem-se na esperança, sejam pacientes na tribulação, perseverem na oração. ¹³ Compartilhem o que vocês têm com os santos em suas necessidades. Pratiquem a hospitalidade.

¹⁴ Abençoem aqueles que os perseguem; abençoem-nos, não os amaldiçoem. ¹⁵ Alegrem-se com os que se alegram; chorem com os que choram. ¹⁶ Tenham uma mesma atitude uns para com os outros. Não sejam orgulhosos, mas estejam dispostos a associar-se a pessoas de posição inferior^h. Não sejam sábios aos seus próprios olhos.

¹⁷ Não retribuam a ninguém mal por mal. Procurem fazer o que é correto aos olhos de todos.

12.1,2 A Via Romana: A TRANSFORMAÇÃO (iniciada em Romanos 3.23; p. 1199): Evangelizar, em tese, é desafiar a pessoa a tomar uma atitude que mostra que se deu conta da diferença entre a vida que o mundo oferece e a vida segundo a vontade de Deus. Além disso, é aproximar-se dos que estão mortos em seus pecados, com base na vida que recebemos do Pai, com o objetivo de testemunhar a quem precisa da salvação.
Texto anterior: Romanos 10.9
Último texto desta série.

---

^a **11.31** Alguns manuscritos não trazem *agora*.
^b **11.33** Ou *da riqueza, da sabedoria e do conhecimento*
^c **11.34** Is 40.13
^d **11.35** Jó 41.11
^e **12.1** Ou *espiritual*
^f **12.6** Isto é, falar por inspiração de Deus.
^g **12.6** Ou *de acordo com a*
^h **12.16** Ou *mas adotem um comportamento humilde*

12.21 Este versículo é uma verdadeira regra de ouro, capaz de transformar nações inteiras. Caro discípulo, aprenda a vencer o mal com o bem, algo que não se obtém somente com autocontrole, mas apenas no poder do Espírito Santo.

¹⁸ Façam todo o possível para viver em paz com todos. ¹⁹ Amados, nunca procurem vingar-se, mas deixem com Deus a ira, pois está escrito: "Minha é a vingança; eu retribuirei"ᵃ, diz o Senhor. ²⁰ Ao contrário:

"Se o seu inimigo tiver fome, dê-lhe
   de comer;
se tiver sede, dê-lhe de beber.
Fazendo isso, você amontoará brasas vivas
   sobre a cabeça dele"ᵇ.

²¹ Não se deixem vencer pelo mal, mas vençam o mal com o bem.

Submissão às Autoridades

13 Todos devem sujeitar-se às autoridades governamentais, pois não há autoridade que não venha de Deus; as autoridades que existem foram por ele estabelecidas. ² Portanto, aquele que se rebela contra a autoridade está se opondo contra o que Deus instituiu, e aqueles que assim procedem trazem condenação sobre si mesmos. ³ Pois os governantes não devem ser temidos, a não ser por aqueles que praticam o mal. Você quer viver livre do medo da autoridade? Pratique o bem, e ela o enaltecerá. ⁴ Pois é serva de Deus para o seu bem. Mas, se você praticar o mal, tenha medo, pois ela não porta a espada sem motivo. É serva de Deus, agente da justiça para punir quem pratica o mal. ⁵ Portanto, é necessário que sejamos submissos às autoridades, não apenas por causa da possibilidade de uma punição, mas também por questão de consciência.

⁶ É por isso também que vocês pagam imposto, pois as autoridades estão a serviço de Deus, sempre dedicadas a esse trabalho. ⁷ Deem a cada um o que lhe é devido: se imposto, imposto; se tributo, tributo; se temor, temor; se honra, honra.

13.1,2 As autoridades são postas por Deus, até mesmo aquelas de que discordamos. O plano de Deus sempre está acima dos nossos. Devemos aceitar as autoridades, bem como suas orientações e normas, pois sem elas nenhuma sociedade poderia funcionar bem. O único caso em que seria aceitável a manifestação de repúdio diante das autoridades e suas leis seria quando elas pretendessem impor algo contrário à Lei superior do Universo, ou seja, de Deus. Pedro e João não duvidaram em defender com simplicidade esse ponto de vista diante dos membros do Sinédrio: " 'Julguem os senhores mesmos se é justo aos olhos de Deus obedecer aos senhores e não a Deus. Pois não podemos deixar de falar do que vimos e ouvimos' " (Atos 4.19,20).

O Amor ao Próximo e o Fim dos Tempos

⁸ Não devam nada a ninguém, a não ser o amor de uns pelos outros, pois aquele que ama seu próximo tem cumprido a Lei. ⁹ Pois estes mandamentos: "Não adulterarás", "Não matarás", "Não furtarás", "Não cobiçarás"ᶜ e qualquer outro mandamento, todos se resumem neste preceito: "Ame o seu próximo como a si mesmo"ᵈ. ¹⁰ O amor não pratica o mal contra o próximo. Portanto, o amor é o cumprimento da Lei.

¹¹ Façam isso, compreendendo o tempo em que vivemos. Chegou a hora de vocês despertarem do sono, porque agora a nossa salvação está mais próxima do que quando cremos. ¹² A noite está quase acabando; o dia logo vem. Portanto, deixemos de lado as obras das trevas e revistamo-nos da armadura da luz. ¹³ Comportemo-nos com decência, como quem age à luz do dia, não em orgias e bebedeiras, não em imoralidade sexual e depravação, não em desavença e inveja. ¹⁴ Ao contrário, revistam-se do Senhor Jesus Cristo e não fiquem premeditando como satisfazer os desejos da carneᵉ.

Os Fracos e os Fortes

14 Aceitem o que é fraco na fé sem discutir assuntos controvertidos. ² Um crê que

---

ᵃ **12.19** Dt 32.35
ᵇ **12.20** Pv 25.21,22
ᶜ **13.9** Êx 20.13-15,17; Dt 5.17-19,21
ᵈ **13.9** Lv 19.18
ᵉ **13.14** Ou *da natureza pecaminosa*

pode comer de tudo; já outro, cuja fé é fraca, come apenas alimentos vegetais. ³ Aquele que come de tudo não deve desprezar o que não come, e aquele que não come de tudo não deve condenar aquele que come, pois Deus o aceitou. ⁴ Quem é você para julgar o servo alheio? É para o seu senhor que ele está em pé ou cai. E ficará em pé, pois o Senhor é capaz de o sustentar.

⁵ Há quem considere um dia mais sagrado que outro[a]; há quem considere iguais todos os dias. Cada um deve estar plenamente convicto em sua própria mente. ⁶ Aquele que considera um dia especial para o Senhor assim o faz. Aquele que come carne para o Senhor come, pois dá graças a Deus; e aquele que se abstém para o Senhor se abstém, e dá graças a Deus. ⁷ Pois nenhum de nós vive apenas para si, e nenhum de nós morre apenas para si. ⁸ Se vivemos, vivemos para o Senhor; e, se morrermos, morremos para o Senhor. Assim, quer vivamos, quer morramos, pertencemos ao Senhor.

⁹ Por esta razão Cristo morreu e voltou a viver, para ser Senhor de vivos e de mortos. ¹⁰ Portanto, você, por que julga seu irmão? E por que despreza seu irmão? Pois todos compareceremos diante do tribunal de Deus. ¹¹ Porque está escrito:

" 'Por mim mesmo jurei',
    diz o Senhor,
'diante de mim
    todo joelho se dobrará
e toda língua confessará
    que sou Deus' "[b].

¹² Assim, cada um de nós prestará contas de si mesmo a Deus.

¹³ Portanto, deixemos de julgar uns aos outros. Em vez disso, façamos o propósito de não pôr pedra de tropeço ou obstáculo no caminho do irmão. ¹⁴ Como alguém que está no Senhor Jesus, tenho plena convicção de que nenhum alimento[c] é por si mesmo impuro, a não ser para quem assim o considere; para ele é impuro. ¹⁵ Se o seu irmão se entristece devido ao que você come, você já não está agindo por amor. Por causa da sua comida, não destrua seu irmão, por quem Cristo morreu. ¹⁶ Aquilo que é bom para vocês não se torne objeto de maledicência. ¹⁷ Pois o Reino de Deus não é comida nem bebida, mas justiça, paz e alegria no Espírito Santo; ¹⁸ aquele que assim serve a Cristo é agradável a Deus e aprovado pelos homens.

¹⁹ Por isso, esforcemo-nos em promover tudo quanto conduz à paz e à edificação mútua. ²⁰ Não destrua a obra de Deus por causa da comida. Todo alimento é puro, mas é errado comer qualquer coisa que faça os outros tropeçarem. ²¹ É melhor não comer carne nem beber vinho, nem fazer qualquer outra coisa que leve seu irmão a cair[d].

²² Assim, seja qual for o seu modo de crer a respeito destas coisas, que isso permaneça entre você e Deus. Feliz é o homem que não se condena naquilo que aprova. ²³ Mas aquele que tem dúvida é condenado se comer, porque não come com fé; e tudo o que não provém da fé é pecado.

15 Nós, que somos fortes, devemos suportar as fraquezas dos fracos, e não agradar a nós mesmos. ² Cada um de nós deve agradar ao seu próximo para o bem dele, a fim de edificá-lo. ³ Pois também Cristo não agradou a si próprio, mas, como está escrito: "Os insultos daqueles que te insultam caíram sobre mim"[e]. ⁴ Pois tudo o que foi escrito no passado foi escrito para nos ensinar, de forma que, por meio da perseverança e do bom ânimo procedentes das Escrituras, mantenhamos a nossa esperança.

⁵ O Deus que concede perseverança e ânimo dê a vocês um espírito de unidade, segundo Cristo Jesus, ⁶ para que com um só coração e uma só voz vocês glorifiquem ao Deus e Pai de nosso Senhor Jesus Cristo.

⁷ Portanto, aceitem-se uns aos outros, da mesma forma com que Cristo os aceitou, a fim de que vocês glorifiquem a Deus. ⁸ Pois eu digo a vocês que Cristo se tornou servo dos que são da circuncisão, por amor à verdade de Deus, para confirmar as promessas feitas aos patriarcas, ⁹ a fim de que os gentios glorifiquem a Deus por sua misericórdia, como está escrito:

"Por isso, eu te louvarei
    entre os gentios;

---

[a] **14.5** Grego: *Há quem faça distinção entre um dia e outro.*
[b] **14.11** Is 45.23
[c] **14.14** Ou *de que nada*
[d] **14.21** Vários manuscritos acrescentam *ou a escandalizar--se, ou a enfraquecer-se.*
[e] **15.3** Sl 69.9

15.9 Veja 2Samuel 22.50 e Salmos 18.49.

15.11 Veja Salmos 117.1.

Cantarei louvores ao teu nome"ª.

¹⁰ E também diz:

"Cantem de alegria, ó gentios,
    com o povo dele"ᵇ.

¹¹ E mais:

"Louvem o Senhor,
    todos vocês, gentios;
cantem louvores a ele
    todos os povos"ᶜ.

¹² E Isaías também diz:

"Brotará a raiz de Jessé,
aquele que se levantará
    para reinar sobre os gentios;
estes porão nele
    a sua esperança"ᵈ.

¹³ Que o Deus da esperança os encha de toda alegria e paz, por sua confiança nele, para que vocês transbordem de esperança, pelo poder do Espírito Santo.

Paulo, Ministro dos Gentios

¹⁴ Meus irmãos, eu mesmo estou convencido de que vocês estão cheios de bondade e plenamente instruídos, sendo capazes de aconselhar-se uns aos outros. ¹⁵ A respeito de alguns assuntos, eu escrevi a vocês com toda a franqueza, principalmente para fazê-los lembrar-se novamente deles, por causa da graça que Deus me deu, ¹⁶ de ser um ministro de Cristo Jesus para os gentios, com o dever sacerdotal de proclamar o evangelho de Deus, para que os gentios se tornem uma oferta aceitável a Deus, santificados pelo Espírito Santo.

¹⁷ Portanto, eu me glorio em Cristo Jesus, em meu serviço a Deus. ¹⁸ Não me atrevo a falar de nada, exceto daquilo que Cristo realizou por meu intermédio em palavra e em ação, a fim de levar os gentios a obedecerem a Deus, ¹⁹ pelo poder de sinais e maravilhas e por meio do poder do Espírito de Deus. Assim, desde Jerusalém e arredores até o Ilírico ᵉ, proclamei plenamente o evangelho de Cristo. ²⁰ Sempre fiz questão de pregar o evangelho onde Cristo ainda não era conhecido, de forma que não estivesse edificando sobre alicerce de outro. ²¹ Mas antes, como está escrito:

"Hão de vê-lo aqueles que
    não tinham ouvido falar dele,
e o entenderão aqueles
    que não o haviam escutado"ᶠ.

²² É por isso que muitas vezes fui impedido de chegar até vocês.

Paulo Planeja Visitar a Igreja em Roma

²³ Mas agora, não havendo nestas regiões nenhum lugar em que precise trabalhar e visto que há muitos anos anseio vê-los, ²⁴ planejo fazê-lo quando for à Espanha. Espero visitá-los de passagem e dar a vocês a oportunidade de me ajudarem em minha viagem para lá, depois de ter desfrutado um pouco da companhia de vocês. ²⁵ Agora, porém, estou de partida para

15.10 Veja Deuteronômio 32.43.

15.12 Não nos podemos esquecer de que as Escrituras de que dispunham os nossos primeiros irmãos na fé eram o que hoje chamamos de Antigo Testamento, até que começaram a ser reconhecidos como inspirados por Deus os livros que foram formando o Novo Testamento. Veja Isaías 11.10.

ᵃ **15.9** 2Sm 22.50; Sl 18.49
ᵇ **15.10** Dt 32.43
ᶜ **15.11** Sl 117.1
ᵈ **15.12** Is 11.10
ᵉ **15.19** Região da costa leste do mar Adriático.
ᶠ **15.21** Is 52.15

GRAÇA: ROMANOS E GÁLATAS

Qual é a diferença entre o cristianismo e as demais religiões? A graça.

As demais religiões requerem que seus adeptos trabalhem ou se esforcem para alcançar o favor dos deuses. Até mesmo as sociedades mais modernas dizem que nada é de graça, que a forma de ter êxito ou sucesso é trabalhando duro. A ideia de "galgar postos no mundo corporativo" nos é ensinada desde que nascemos. No cristianismo é diferente. Deus entrega seu favor aos que creem nele como uma dádiva completamente gratuita logo no começo da caminhada, não ao final dela.

A graça é um presente ou favor não merecido. A salvação é obtida pela graça, e tudo que acompanha a nossa salvação vem de Deus. Merecemos o castigo pelos pecados que cometemos, mas Deus declara que, pela fé em seu Filho, podemos obter o perdão (Romanos 3.23,24).

Paulo usa o exemplo de Abraão para mostrar que a justificação é recebida por meio da fé, não pelas obras: "Se de fato Abraão foi justificado pelas obras, ele tem do que se gloriar, mas não diante de Deus. Que diz a Escritura? 'Abraão creu em Deus, e isso lhe foi creditado como justiça' " (Romanos 4.2,3).

Até mesmo o nosso crescimento como cristãos resulta da graça. A santidade, ou a santificação, é recebida no momento em que somos salvos (Efésios 1.4). Essas palavras definem *o processo de chegarmos a ser mais parecidos com Cristo*. Quando somos salvos, fomos feitos santos e irrepreensíveis. No entanto, por definição, vemos que esse é um processo ou caminhada em que estaremos por toda a vida.

Portanto, a salvação e a vida cristã diária devem ser vividas com base na graça que recebemos de Deus.

Muitos cristãos vivem procurando justificar-se diante de Deus ou de retribuir-lhe algo. Quando alguém recebe um presente, o mais adequado é dizer: "Muito obrigado". Caro discípulo, viva com amor e com gratidão pelo enorme e inestimável presente da graça de Deus.

APLICAÇÃO
- De que maneira a cultura atual tem influenciado a visão que você tem sobre Deus? A sua preocupação tem sido galgar postos cada vez mais altos no mundo corporativo, ou trabalhar com mais eficácia para conhecer mais a Deus?
- Uma vida de amor e gratidão inclui obediência e serviço. O que fazemos pode adquirir um sentido novo pelo fato de sermos amados por Deus, mas não para obter o amor dele.

Jerusalém, a serviço dos santos. ²⁶ Pois a Macedônia e a Acaia tiveram a alegria de contribuir para os pobres que estão entre os santos de Jerusalém. ²⁷ Tiveram prazer nisso e de fato são devedores aos santos de Jerusalém. Pois, se os gentios participaram das bênçãos espirituais dos judeus, devem também servir aos judeus com seus bens materiais. ²⁸ Assim, depois de completar essa tarefa e de ter a certeza de que eles receberam esse fruto, irei à Espanha e visitarei vocês de passagem. ²⁹ Sei que, quando for visitá-los, irei na plenitude da bênção de Cristo.

³⁰ Recomendo, irmãos, por nosso Senhor Jesus Cristo e pelo amor do Espírito, que se unam a mim em minha luta, orando a Deus em meu favor. ³¹ Orem para que eu esteja livre dos descrentes da Judeia e que o meu serviço em Jerusalém seja aceitável aos santos, ³² de forma que, pela vontade de Deus, eu os visite com alegria e com vocês desfrute de um período de refrigério. ³³ O Deus da paz seja com todos vocês. Amém.

Saudações Pessoais

16 Recomendo a vocês nossa irmã Febe, serva[a] da igreja em Cencreia. ² Peço que a recebam no Senhor, de maneira digna dos santos, e lhe prestem a ajuda de que venha a necessitar; pois tem sido de grande auxílio para muita gente, inclusive para mim.

³ Saúdem Priscila[b] e Áquila, meus colaboradores em Cristo Jesus. ⁴ Arriscaram a vida por mim. Sou grato a eles; não apenas eu, mas todas as igrejas dos gentios.

⁵ Saúdem também a igreja que se reúne na casa deles.

---

[a] **16.1** Ou *diaconisa*
[b] **16.3** Grego: *Prisca*, variante de *Priscila*.

Saúdem meu amado irmão Epêneto, que foi o primeiro convertido a Cristo na província da Ásia. ⁶ Saúdem Maria, que trabalhou arduamente por vocês. ⁷ Saúdem Andrônico e Júnias, meus parentes que estiveram na prisão comigo. São notáveis entre os apóstolos, e estavam em Cristo antes de mim. ⁸ Saúdem Amplíato, meu amado irmão no Senhor. ⁹ Saúdem Urbano, nosso cooperador em Cristo, e meu amado irmão Estáquis. ¹⁰ Saúdem Apeles, aprovado em Cristo. Saúdem os que pertencem à casa de Aristóbulo. ¹¹ Saúdem Herodião, meu parente. Saúdem os da casa de Narciso, que estão no Senhor. ¹² Saúdem Trifena e Trifosa, mulheres que trabalham arduamente no Senhor. Saúdem a amada Pérside, outra que trabalhou arduamente no Senhor. ¹³ Saúdem Rufo, eleito no Senhor, e sua mãe, que tem sido mãe também para mim. ¹⁴ Saúdem Asíncrito, Flegonte, Hermes, Pátrobas, Hermas e os irmãos que estão com eles. ¹⁵ Saúdem Filólogo, Júlia, Nereu e sua irmã, e também Olimpas e todos os santos que estão com eles. ¹⁶ Saúdem uns aos outros com beijo santo. Todas as igrejas de Cristo enviam saudações.

¹⁷ Recomendo, irmãos, que tomem cuidado com aqueles que causam divisões e põem obstáculos ao ensino que vocês têm recebido. Afastem-se deles. ¹⁸ Pois essas pessoas não estão servindo a Cristo, nosso Senhor, mas a seus próprios apetites. Mediante palavras suaves e bajulação, enganam o coração dos ingênuos. ¹⁹ Todos têm ouvido falar da obediência de vocês, por isso estou muito alegre; mas quero que sejam sábios em relação ao que é bom, e sem malícia em relação ao que é mau.

²⁰ Em breve o Deus da paz esmagará Satanás debaixo dos pés de vocês.

A graça de nosso Senhor Jesus seja com vocês.

²¹ Timóteo, meu cooperador, envia saudações, bem como Lúcio, Jasom e Sosípatro, meus parentes.

²² Eu, Tércio, que redigi esta carta, saúdo vocês no Senhor.

²³ Gaio, cuja hospitalidade eu e toda a igreja desfrutamos, envia-lhes saudações. Erasto, administrador da cidade, e nosso irmão Quarto enviam saudações. ²⁴ Que a graça de nosso Senhor Jesus Cristo seja com vocês todos. Amém.ᶜ

²⁵ Ora, àquele que tem poder para confirmá-los pelo meu evangelho e pela proclamação de Jesus Cristo, de acordo com a revelação do mistério oculto nos tempos passados, ²⁶ mas agora revelado e dado a conhecer pelas Escrituras proféticas por ordem do Deus eterno, para que todas as nações venham a crer nele e a obedecer-lhe; ²⁷ sim, ao único Deus sábio seja dada glória para todo o sempre, por meio de Jesus Cristo. Amém.

ᶜ **16.24** Muitos manuscritos não trazem o versículo 24.

Introdução à primeira epístola de Paulo aos
CORÍNTIOS

Autor e data de composição

Tanto as evidências internas como as externas, aliadas às tradições mais antigas da Igreja, indicam Paulo como o escritor desta carta. O trecho de 5.9-13 parece indicar a existência de uma carta anterior enviada aos irmãos de Corinto, que nunca chegou a seu destino. Isso indica que se tratava de um texto elaborado pela mente e pelo coração de Paulo, como certamente muitos outros, mas que não fazia parte do que o Espírito Santo lhe havia revelado para que fosse deixado como mensagem do Deus eterno a todas as gerações de cristãos; portanto, não fez parte do cânon das Sagradas Escrituras. Ainda que não seja possível fixar uma data exata para 1Coríntios, deve ter sido escrita em Éfeso, durante a terceira viagem missionária de Paulo, o que a situaria entre os anos 55 e 57.

ESBOÇO GERAL

Primeira parte: Saudações e ação de graças a Deus (1.1-9)

Segunda parte: Paulo repreende os abusos cometidos (1.10—6.20)
  I. Repreende a existência de divisões e partidarismos na igreja (1.10—4.21)
  II. Repreende que seja tolerada a imoralidade descarada (5)
  III. Repreende os litígios diante dos tribunais ímpios (6.1-11)
  IV. Repreende o comércio carnal com prostitutas (6.12-20)

Terceira parte: A resposta a uma carta dos irmãos de Corinto (7—14)
  I. As perguntas sobre o matrimônio (7)
  II. As limitações à liberdade de atuação do cristão (8—11)
   A. A carne oferecida aos ídolos (8)
   B. Paulo se fez servo de todos a fim de ganhar para Cristo todos os que estiverem a seu alcance (9)
   C. A idolatria é incompatível com a mesa do Senhor (10)
   D. Normas sobre os cultos; a desordem e o menosprezo à ceia do Senhor (11)
  III. Os dons do Espírito (12—14)
   A. Diversos dons, mas todos vêm de um mesmo Espírito (12.1-30)
   B. O amor é superior a todos os outros dons (12.31—13.13)
   C. O uso adequado dos dons do Espírito (14)

Quarta parte: A ressurreição de Cristo, a garantia da nossa ressurreição (15)
  I. A verdade central em que se fundamenta a fé cristã (15.1-20)
  II. Adão e Cristo; sequência dos acontecimentos (15.21-28)
  III. A ressurreição do cristão, a vitória definitiva (15.29-58)

Quinta parte: Conclusão (16)
  I. Uma coleta para os irmãos necessitados de Jerusalém (16.1-4)
  II. Planos de visita, exortações, orientações finais e saudações (16.5-24)

Versículo-chave
4.20

Tema geral do livro

Paulo fundou a igreja em Corinto durante sua segunda viagem missionária. Naquela época, Corinto desfrutava de grande prosperidade, mas também grande corrupção moral. Havia dois portos na cidade: Lecaion, no golfo de Corinto, com saída para o mar Jônico, e Cencreia, no golfo Sarônico, com saída para o mar Egeu. Muitos barcos e seus carregamentos passavam de um porto a outro e de um mar a outro sem ter que navegar ao redor do Peloponeso. Toda essa situação de prosperidade, e também de licenciosidade, havia dado origem em grego ao verbo "corintianizar", como sinônimo de levar uma vida devassa e corrupta. É de compreender que muitos dos que haviam aceitado Cristo em Corinto, em sua maioria gentios, tenham sido pessoas que levavam consigo as sequelas de uma vida passada pouco recomendável. Determinados eventos fizeram que essa igreja buscasse Paulo para que lhe respondesse a perguntas concretas com respeito à moralidade do grupo de cristãos e ao contato com a imensa quantidade de templos e ídolos existentes na cidade. Devemos a Paulo o tratamento de questões tão importantes como a falta de organização existente nessa igreja, seu mau uso da ceia do Senhor e sua posição extremada a respeito de vários dons do Espírito utilizados de maneira indevida, acerca dos quais escreveu de maneira clara e específica. Não podemos esquecer do tema da desunião e do individualismo que reinavam na igreja e que nesta carta o escritor trata a respeito do Corpo de Cristo, com as descrições mais belas e precisas que já fez em suas cartas, e do que significa ser membros uns dos outros, e todos de Cristo. No capítulo 15 ele fala da ressurreição de Cristo, e, como consequência, da nossa, e compara Adão com Cristo. A carta termina tratando de assuntos práticos, como a coleta de uma oferta para os irmãos necessitados de Jerusalém, os planos que o apóstolo tinha de passar em Corinto ou enviar Timóteo para ajudar a pôr ordem na situação. Uma vez mais, finaliza com saudações que indicam a grande quantidade de amigos e colaboradores que Paulo tinha em todas as partes. Tudo indica que praticamente toda a carta tenha sido escrita por um secretário, ao qual a ditou, mas que tenha escrito as despedidas de próprio punho, finalizando com uma chamada à orientação mais simples de uma igreja: "Se alguém não ama o Senhor, seja amaldiçoado" (16.22).

Em 1Coríntios, Jesus é...
... a Rocha que acompanha Israel no deserto (10.4).

Versículo-chave para o discípulo
15.18

O discípulo e 1Coríntios

Caro discípulo, muito se pode aprender nesta carta, mas destacamos apenas um detalhe. Paulo faz a distinção de três tipos de homens. Em primeiro lugar, o homem natural, que não é capaz de discernir as coisas do Espírito (2.14). Trata-se daquele que ainda não creu e cujo espírito continua morto; não nasceu de novo. Em seguida, fala do homem espiritual, que é quem discerne todas as coisas, mas ele mesmo não é julgado por ninguém (2.15), porque vive em comunhão com o Espírito de Deus e é sua conduta que o orienta nessa comunhão. Em terceiro lugar, fala do homem carnal, que é aquele que creu, mas continua se comportando como o homem natural. Estamos falando do tipo "criança em Cristo" (3.1). Pelo menos exteriormente, há pouca diferença entre ele e o homem natural, se é que existe alguma. Trata-se de um aviso ao discípulo, que depois de ter crido não deve se acostumar com o mesmo estilo de vida do passado e a mesma maneira de pensar e de falar. Precisa, sim, que o Espírito de Deus o leve ao nível de homem espiritual, de quem já cresceu e amadureceu em Deus e que está capacitado para entender as grandezas reveladoras da comunhão com o Pai. Para isso é que nasceu de novo e não deve se conformar com menos.

1CORÍNTIOS

1 ¹ Paulo, chamado para ser apóstolo de Cristo Jesus pela vontade de Deus, e o irmão Sóstenes,

² à igreja de Deus que está em Corinto, aos santificados em Cristo Jesus e chamados para serem santos, com todos os que, em toda parte, invocam o nome de nosso Senhor Jesus Cristo, Senhor deles e nosso:

³ A vocês, graça e paz da parte de Deus, nosso Pai, e do Senhor Jesus Cristo.

A Gratidão de Paulo

⁴ Sempre dou graças a meu Deus por vocês, por causa da graça que dele receberam em Cristo Jesus. ⁵ Pois nele vocês foram enriquecidos em tudo, isto é, em toda palavra e em todo conhecimento, ⁶ porque o testemunho de Cristo foi confirmado entre vocês, ⁷ de modo que não falta a vocês nenhum dom espiritual, enquanto vocês esperam que o nosso Senhor Jesus Cristo seja revelado. ⁸ Ele os manterá firmes até o fim, de modo que vocês serão irrepreensíveis no dia de nosso Senhor Jesus Cristo. ⁹ Fiel é Deus, o qual os chamou à comunhão com seu Filho Jesus Cristo, nosso Senhor.

As Divisões na Igreja

¹⁰ Irmãos, em nome de nosso Senhor Jesus Cristo suplico a todos vocês que concordem uns com os outros no que falam, para que não haja divisões entre vocês; antes, que todos estejam unidos num só pensamento e num só parecer. ¹¹ Meus irmãos, fui informado por alguns da casa de Cloe de que há divisões entre vocês. ¹² Com isso quero dizer que algum de vocês afirma: "Eu sou de Paulo"; ou "Eu sou de Apolo"; ou "Eu sou de Pedro[a]"; ou ainda "Eu sou de Cristo".

¹³ Acaso Cristo está dividido? Foi Paulo crucificado em favor de vocês? Foram vocês batizados em nome de Paulo? ¹⁴ Dou graças a Deus por não ter batizado nenhum de vocês, exceto Crispo e Gaio; ¹⁵ de modo que ninguém pode dizer que foi batizado em meu nome. ¹⁶ (Batizei também os da casa de Estéfanas; além desses, não me lembro se batizei alguém mais.) ¹⁷ Pois Cristo não me enviou para batizar, mas para pregar o evangelho, não porém com palavras de sabedoria humana, para que a cruz de Cristo não seja esvaziada.

Cristo, Sabedoria e Poder de Deus

¹⁸ Pois a mensagem da cruz é loucura para os que estão perecendo, mas para nós, que estamos sendo salvos, é o poder de Deus. ¹⁹ Pois está escrito:

"Destruirei a sabedoria
   dos sábios
e rejeitarei a inteligência
   dos inteligentes"[b].

²⁰ Onde está o sábio? Onde está o erudito? Onde está o questionador desta era? Acaso não tornou Deus louca a sabedoria deste mundo? ²¹ Visto que, na sabedoria de Deus, o mundo não o conheceu por meio da sabedoria humana, agradou a Deus salvar aqueles que creem por meio da loucura da pregação. ²² Os judeus pedem sinais milagrosos, e os gregos procuram sabedoria; ²³ nós, porém, pregamos Cristo crucificado, o qual, de fato, é escândalo para os judeus e loucura para os gentios[c], ²⁴ mas para os que foram chamados, tanto judeus como gregos, Cristo é o poder de Deus e a sabedoria de Deus. ²⁵ Porque a loucura de Deus é mais sábia que a sabedoria humana, e a fraqueza de Deus é mais forte que a força do homem.

²⁶ Irmãos, pensem no que vocês eram quando foram chamados. Poucos eram sábios segundo os padrões humanos[d]; poucos eram poderosos; poucos eram de nobre nascimento. ²⁷ Mas Deus escolheu o que para o mundo é loucura para envergonhar os sábios e escolheu o que para o mundo é fraqueza para envergonhar o que é forte. ²⁸ Ele escolheu o que para o mundo é insignificante, desprezado e o que nada é, para reduzir a nada o que é, ²⁹ a fim de que ninguém se vanglorie diante dele. ³⁰ É, porém, por iniciativa dele que vocês estão em Cristo Jesus, o qual se tornou sabedoria de Deus para nós, isto é, justiça, santidade e redenção, ³¹ para que, como está escrito: "Quem se gloriar, glorie-se no Senhor"[e].

---

[a] 1.12 Grego: *Cefas*; também em 3.22, 9.5 e 15.5.
[b] 1.19 Is 29.14
[c] 1.23 Isto é, os que não são judeus.
[d] 1.26 Grego: *a carne*.
[e] 1.31 Jr 9.24

2 ¹Eu mesmo, irmãos, quando estive entre vocês, não fui com discurso eloquente nem com muita sabedoria para lhes proclamar o mistério de Deus[a]. ² Pois decidi nada saber entre vocês, a não ser Jesus Cristo, e este crucificado. ³ E foi com fraqueza, temor e com muito tremor que estive entre vocês. ⁴ Minha mensagem e minha pregação não consistiram em palavras persuasivas de sabedoria, mas em demonstração do poder do Espírito, ⁵ para que a fé que vocês têm não se baseasse na sabedoria humana, mas no poder de Deus.

A Sabedoria Procedente do Espírito

⁶ Entretanto, falamos de sabedoria entre os que já têm maturidade, mas não da sabedoria desta era ou dos poderosos desta era, que estão sendo reduzidos a nada. ⁷ Ao contrário, falamos da sabedoria de Deus, do mistério que estava oculto, o qual Deus preordenou, antes do princípio das eras, para a nossa glória. ⁸ Nenhum dos poderosos desta era o entendeu, pois, se o tivessem entendido, não teriam crucificado o Senhor da glória. ⁹ Todavia, como está escrito:

"Olho nenhum viu,
  ouvido nenhum ouviu,
  mente nenhuma imaginou
o que Deus preparou
para aqueles que o amam"[b];

¹⁰ mas Deus o revelou a nós por meio do Espírito.
O Espírito sonda todas as coisas, até mesmo as coisas mais profundas de Deus. ¹¹ Pois quem conhece os pensamentos do homem, a não ser o espírito do homem que nele está? Da mesma forma, ninguém conhece os pensamentos de Deus, a não ser o Espírito de Deus. ¹² Nós, porém, não recebemos o espírito do mundo, mas o Espírito procedente de Deus, para que entendamos as coisas que Deus nos tem

2.9 Veja Isaías 64.4.

2.14 O homem natural — "quem não tem o Espírito" — mencionado por Paulo é o "homem psíquico", o que se deixa controlar por sua própria mente. É a pessoa que não creu, não nasceu de novo, cuja dimensão espiritual de sua vida está completamente morta.

dado gratuitamente. ¹³ Delas também falamos, não com palavras ensinadas pela sabedoria humana, mas com palavras ensinadas pelo Espírito, interpretando verdades espirituais para os que são espirituais[c]. ¹⁴ Quem não tem o Espírito não aceita as coisas que vêm do Espírito de Deus, pois lhe são loucura; e não é capaz de entendê-las, porque elas são discernidas espiritualmente. ¹⁵ Mas quem é espiritual discerne todas as coisas, e ele mesmo por ninguém é discernido; pois

¹⁶ "quem conheceu a mente
  do Senhor
para que possa instruí-lo?"[d]

Nós, porém, temos a mente de Cristo.

As Divisões na Igreja

3 ¹ Irmãos, não pude falar a vocês como a espirituais, mas como a carnais, como a crianças em Cristo. ² Dei a vocês leite, e não alimento sólido, pois vocês não estavam em condições de recebê-lo. De fato, vocês ainda não estão em condições, ³ porque ainda são carnais. Porque, visto que há inveja e divisão entre vocês, não estão sendo carnais e agindo como mundanos? ⁴ Pois, quando alguém diz: "Eu sou de Paulo" e outro: "Eu sou de Apolo", não estão sendo mundanos?

2.15 O homem espiritual é o que nasceu de novo e já permitiu que o Espírito Santo domine seu próprio espírito, agora vivo e apto para estabelecer contato e ter comunhão com Deus.

---

[a] **2.1** Vários manuscritos dizem *o testemunho de Deus*.
[b] **2.9** Is 64.4.
[c] **2.13** Ou *comparando realidades espirituais com realidades espirituais*
[d] **2.16** Is 40.13

3.1 Aqui está o terceiro tipo de homem, o carnal. Hoje, em geral, pensamos que essa definição se refira apenas a questões relacionadas à sexualidade. Nas Escrituras, porém, carnal é todo aquele que se deixa dominar pela obstinação e pela desobediência próprias da natureza humana, em vez de dirigir-se pelo Espírito de Deus. O homem carnal é aquele que creu, nasceu de novo, mas que não permite ao Espírito Santo controlar-lhe a vida; pelo contrário, continua correndo o risco de viver como fazia quando não tinha o Espírito, ou seja, quando era um homem natural. Na realidade, o homem carnal é alguém que pensa que por conhecer o suficiente da Bíblia ou de teologia já tem o direito de andar por seu próprio caminho e que, portanto, não precisa orar nem seguir a orientação do Espírito Santo. Desse tipo de carnalidade é que se lamenta Paulo, pois já não devia fazer parte da vida dos coríntios.

⁵ Afinal de contas, quem é Apolo? Quem é Paulo? Apenas servos por meio dos quais vocês vieram a crer, conforme o ministério que o Senhor atribuiu a cada um. ⁶ Eu plantei, Apolo regou, mas Deus é quem fez crescer; ⁷ de modo que nem o que planta nem o que rega são alguma coisa, mas unicamente Deus, que efetua o crescimento. ⁸ O que planta e o que rega têm

3.4-7 Discipulado (iniciado em Romanos 10.14,15): Não temos de que nos orgulhar quando fazemos algo para o Senhor, uma vez que é ele quem dá o crescimento. A nossa atitude diante do que fazemos é extremamente importante, e, ao final dos tempos, será revelada pelo fogo. Se trabalhamos para ganhar prestígio e poder, o resultado do nosso desempenho, por melhor que tenha sido, não terá nenhum valor. Se o nosso trabalho tiver como fundamento a santidade e a humildade para o Reino de Deus, o nosso feito resistirá ao fogo, tal como acontece com o ouro, com a prata e com as pedras preciosas.

Texto anterior: 2Timóteo 2.15
Próximo texto: 1Coríntios 16.13,14

3.11-15 Apresentação "Três palavras" (iniciada em Atos 17.31; p. 1179).
Recompensas: Nossa terceira palavra ensina que, embora a salvação seja de graça, Deus recompensará de uma forma especial os cristãos que amarem a Deus e forem fiéis a ele. Depois de oferecer a salvação à pessoa, Deus deseja que ela lhe obedeça com fidelidade. Isso quer dizer que recompensará o cristão no juízo final. Ou seja, o presente da salvação livra o crente da condenação eterna, reservada para os ímpios, mas não o exclui de ter de comparecer diante do tribunal de Cristo.
Leia: 1Coríntios 3.11-15
Próximo passo: Tendo em vista o futuro comparecimento diante do tribunal de Cristo, Deus providenciou formas para nos ajudar a ter uma vida vitoriosa (veja Romanos 8.26,27, p. 1205).

um só propósito, e cada um será recompensado de acordo com o seu próprio trabalho. ⁹ Pois nós somos cooperadores de Deus; vocês são lavoura de Deus e edifício de Deus.
¹⁰ Conforme a graça de Deus que me foi concedida, eu, como sábio construtor, lancei o alicerce, e outro está construindo sobre ele. Contudo, veja cada um como constrói. ¹¹ Porque ninguém pode colocar outro alicerce além do que já está posto, que é Jesus Cristo. ¹² Se alguém constrói sobre esse alicerce usando ouro, prata, pedras preciosas, madeira, feno ou palha, ¹³ sua obra será mostrada, porque o Dia a trará à luz; pois será revelada pelo fogo, que provará a qualidade da obra de cada um. ¹⁴ Se o que alguém construiu permanecer, esse receberá recompensa. ¹⁵ Se o que alguém construiu se queimar, esse sofrerá prejuízo; contudo, será salvo como alguém que escapa através do fogo.
¹⁶ Vocês não sabem que são santuário de Deus e que o Espírito de Deus habita em vocês? ¹⁷ Se alguém destruir o santuário de Deus, Deus o destruirá; pois o santuário de Deus, que são vocês, é sagrado.
¹⁸ Não se enganem. Se algum de vocês pensa que é sábio segundo os padrões desta era, deve tornar-se "louco" para que se torne sábio. ¹⁹ Porque a sabedoria deste mundo é loucura aos olhos de Deus. Pois está escrito: "Ele apanha

3.16 Cristo enviou o Espírito Santo com o objetivo de que ele habite em cada um dos cristãos. Isso torna cada crente, desde o que ocupa o cargo mais importante até o que desempenha as tarefas mais simples, em templo do Espírito, tanto de modo individual quanto coletivo.

os sábios na astúcia deles"[a]; ²⁰ e também: "O Senhor conhece os pensamentos dos sábios e sabe como são fúteis"[b]. ²¹ Portanto, ninguém se glorie em homens; porque todas as coisas são de vocês, ²² seja Paulo, seja Apolo, seja Pedro, sejam o mundo, a vida, a morte, o presente ou o futuro; tudo é de vocês, ²³ e vocês são de Cristo, e Cristo de Deus.

Apóstolos de Cristo

4 Portanto, que todos nos considerem servos de Cristo e encarregados dos mistérios de Deus. ² O que se requer desses encarregados é que sejam fiéis. ³ Pouco me importa ser julgado por vocês ou por qualquer tribunal humano; de fato, nem eu julgo a mim mesmo. ⁴ Embora em nada minha consciência me acuse, nem por isso justifico a mim mesmo; o Senhor é quem me julga. ⁵ Portanto, não julguem nada antes da hora devida; esperem até que o Senhor venha. Ele trará à luz o que está oculto nas trevas e manifestará as intenções dos corações. Nessa ocasião, cada um receberá de Deus a sua aprovação.

⁶ Irmãos, apliquei essas coisas a mim e a Apolo por amor a vocês, para que aprendam de nós o que significa: "Não ultrapassem o que está escrito". Assim, ninguém se orgulhe a favor de um homem em detrimento de outro. ⁷ Pois quem torna você diferente de qualquer outra pessoa? O que você tem que não tenha recebido? E, se o recebeu, por que se orgulha, como se assim não fosse?

⁸ Vocês já têm tudo o que querem! Já se tornaram ricos! Chegaram a ser reis — e sem nós! Como eu gostaria que vocês realmente fossem reis, para que nós também reinássemos com vocês! ⁹ Porque me parece que Deus nos pôs a nós, os apóstolos, em último lugar, como condenados à morte. Viemos a ser um espetáculo para o mundo, tanto diante de anjos como de homens. ¹⁰ Nós somos loucos por causa de Cristo, mas vocês são sensatos em Cristo! Nós somos fracos, mas vocês são fortes! Vocês são respeitados, mas nós somos desprezados! ¹¹ Até agora estamos passando fome, sede e necessidade de roupas, estamos sendo tratados brutalmente, não temos residência certa e ¹² trabalhamos arduamente com nossas próprias mãos. Quando somos amaldiçoados, abençoamos; quando perseguidos, suportamos; ¹³ quando caluniados, respondemos amavelmente. Até agora nos tornamos a escória da terra, o lixo do mundo.

¹⁴ Não estou tentando envergonhá-los ao escrever estas coisas, mas procuro adverti-los, como a meus filhos amados. ¹⁵ Embora possam ter dez mil tutores em Cristo, vocês não têm muitos pais, pois em Cristo Jesus eu mesmo os gerei por meio do evangelho. ¹⁶ Portanto, suplico-lhes que sejam meus imitadores. ¹⁷ Por essa razão estou enviando a vocês Timóteo, meu filho amado e fiel no Senhor, o qual lhes trará à lembrança a minha maneira de viver em Cristo Jesus, de acordo com o que eu ensino por toda parte, em todas as igrejas.

¹⁸ Alguns de vocês se tornaram arrogantes, como se eu não fosse mais visitá-los. ¹⁹ Mas irei muito em breve, se o Senhor permitir; então saberei não apenas o que estão falando esses arrogantes, mas que poder eles têm. ²⁰ Pois o Reino de Deus não consiste em palavras, mas em poder. ²¹ Que é que vocês querem? Devo ir a vocês com vara, ou com amor e espírito de mansidão?

Imoralidade na Igreja!

5 Por toda parte se ouve que há imoralidade entre vocês, imoralidade que não ocorre nem entre os pagãos, a ponto de um de vocês possuir a mulher de seu pai. ² E vocês estão orgulhosos! Não deviam, porém, estar cheios de tristeza e expulsar da comunhão aquele que fez isso? ³ Apesar de eu não estar presente fisicamente, estou com vocês em espírito. E já condenei aquele que fez isso, como se estivesse presente. ⁴ Quando vocês estiverem reunidos em nome de nosso Senhor Jesus, estando eu com vocês em espírito, estando presente também o poder de nosso Senhor Jesus Cristo, ⁵ entreguem esse homem a Satanás, para que o corpo[c] seja destruído, e seu espírito seja salvo no dia do Senhor.

---

[a] **3.19** Jó 5.13
[b] **3.20** Sl 94.11
[c] **5.5** Grego: *a carne*.

⁶ O orgulho de vocês não é bom. Vocês não sabem que um pouco de fermento faz toda a massa ficar fermentada? ⁷ Livrem-se do fermento velho, para que sejam massa nova e sem fermento, como realmente são. Pois Cristo, nosso Cordeiro pascal, foi sacrificado. ⁸ Por isso, celebremos a festa, não com o fermento velho nem com o fermento da maldade e da perversidade, mas com os pães sem fermento, os pães da sinceridade e da verdade.

⁹ Já disse por carta que vocês não devem associar-se com pessoas imorais. ¹⁰ Com isso não me refiro aos imorais deste mundo nem aos avarentos, aos ladrões ou aos idólatras. Se assim fosse, vocês precisariam sair deste mundo. ¹¹ Mas agora estou escrevendo que não devem associar-se com qualquer que, dizendo-se irmão, seja imoral, avarento, idólatra, caluniador, alcoólatra ou ladrão. Com tais pessoas vocês nem devem comer.

¹² Pois como haveria eu de julgar os de fora da igreja? Não devem vocês julgar os que estão dentro? ¹³ Deus julgará os de fora. "Expulsem esse perverso do meio de vocês."

6 Se algum de vocês tem queixa contra outro irmão, como ousa apresentar a causa para ser julgada pelos ímpios, em vez de levá-la aos santos? ² Vocês não sabem que os santos hão de julgar o mundo? Se vocês hão de julgar o mundo, acaso não são capazes de julgar as causas de menor importância? ³ Vocês não sabem que haveremos de julgar os anjos? Quanto mais as coisas desta vida! ⁴ Portanto, se vocês têm questões relativas às coisas desta vida, designem para juízes os que são da igreja, mesmo que sejam os menos importantes. ⁵ Digo isso para envergonhá-los. Acaso não há entre vocês alguém suficientemente sábio para julgar uma causa entre irmãos? ⁶ Mas, em vez disso, um irmão vai ao tribunal contra outro irmão, e isso diante de descrentes!

⁷ O fato de haver litígios entre vocês já significa uma completa derrota. Por que não preferem sofrer a injustiça? Por que não preferem sofrer o prejuízo? ⁸ Em vez disso vocês mesmos causam injustiças e prejuízos, e isso contra irmãos!

⁹ Vocês não sabem que os perversos não herdarão o Reino de Deus? Não se deixem enganar: nem imorais, nem idólatras, nem adúlteros, nem homossexuais passivos ou ativos[a], ¹⁰ nem ladrões, nem avarentos, nem alcoólatras, nem caluniadores, nem trapaceiros herdarão o Reino de Deus. ¹¹ Assim foram alguns de vocês. Mas vocês foram lavados, foram santificados, foram justificados no nome do Senhor Jesus Cristo e no Espírito de nosso Deus.

O Perigo da Imoralidade

¹² "Tudo me é permitido", mas nem tudo convém. "Tudo me é permitido", mas eu não deixarei que nada me domine. ¹³ "Os alimentos foram feitos para o estômago e o estômago para os alimentos", mas Deus destruirá ambos. O corpo, porém, não é para a imoralidade, mas para o Senhor, e o Senhor para o corpo. ¹⁴ Por seu poder, Deus ressuscitou o Senhor e também nos ressuscitará. ¹⁵ Vocês não sabem que os seus corpos são membros de Cristo? Tomarei eu os membros de Cristo e os unirei a uma prostituta? De maneira nenhuma! ¹⁶ Vocês não sabem que aquele que se une a uma prostituta é um corpo com ela? Pois como está escrito: "Os dois serão uma só carne"[b]. ¹⁷ Mas aquele que se une ao Senhor é um espírito com ele.

¹⁸ Fujam da imoralidade sexual. Todos os outros pecados que alguém comete, fora do corpo os comete; mas quem peca sexualmente, peca contra o seu próprio corpo. ¹⁹ Acaso não sabem que o corpo de vocês é santuário do Espírito Santo que habita em vocês, que lhes foi dado por Deus, e que vocês não são de vocês mesmos? ²⁰ Vocês foram comprados por alto preço. Portanto, glorifiquem a Deus com o seu próprio corpo.

Acerca do Casamento

7 Quanto aos assuntos sobre os quais vocês escreveram, é bom que o homem não toque em mulher,[c] ² mas, por causa da imoralidade, cada um deve ter sua esposa e cada mulher o seu próprio marido. ³ O marido deve cumprir os seus deveres conjugais para com a sua mulher, e da mesma forma a mulher para com o seu marido. ⁴ A mulher não tem autoridade sobre o seu próprio corpo, mas sim o marido. Da mesma forma, o marido não tem autoridade sobre o seu próprio corpo, mas sim a mulher. ⁵ Não se recusem um ao outro, exceto por mútuo consentimento e durante certo tempo, para se dedicarem à oração. Depois, unam-se

---

[a] 6.9 Ou *nem efeminados*. O termo grego refere-se a homens que se submetem a todo tipo de depravação sexual com outros homens.

[b] 6.16 Gn 2.24

[c] 7.1 Ou *é bom que o homem se abstenha de ter relações sexuais com qualquer mulher*,

de novo, para que Satanás não os tente por não terem domínio próprio. ⁶ Digo isso como concessão, e não como mandamento. ⁷ Gostaria que todos os homens fossem como eu; mas cada um tem o seu próprio dom da parte de Deus; um de um modo, outro de outro.

⁸ Digo, porém, aos solteiros e às viúvas: É bom que permaneçam como eu. ⁹ Mas, se não conseguem controlar-se, devem casar-se, pois é melhor casar-se do que ficar ardendo de desejo.

¹⁰ Aos casados dou este mandamento, não eu, mas o Senhor: Que a esposa não se separe do seu marido. ¹¹ Mas, se o fizer, que permaneça sem se casar ou, então, reconcilie-se com o seu marido. E o marido não se divorcie da sua mulher.

¹² Aos outros, eu mesmo digo isto, não o Senhor: Se um irmão tem mulher descrente e ela se dispõe a viver com ele, não se divorcie dela. ¹³ E, se uma mulher tem marido descrente e ele se dispõe a viver com ela, não se divorcie dele. ¹⁴ Pois o marido descrente é santificado por meio da mulher, e a mulher descrente é santificada por meio do marido. Se assim não fosse, seus filhos seriam impuros, mas agora são santos.

¹⁵ Todavia, se o descrente separar-se, que se separe. Em tais casos, o irmão ou a irmã não fica debaixo de servidão; Deus nos chamou para vivermos em paz. ¹⁶ Você, mulher, como sabe se salvará seu marido? Ou você, marido, como sabe se salvará sua mulher?

¹⁷ Entretanto, cada um continue vivendo na condição que o Senhor lhe designou e de acordo com o chamado de Deus. Esta é a minha ordem para todas as igrejas. ¹⁸ Foi alguém chamado quando já era circuncidado? Não desfaça a sua circuncisão. Foi alguém chamado sendo incircunciso? Não se circuncide. ¹⁹ A circuncisão não significa nada, e a incircuncisão também nada é; o que importa é obedecer aos mandamentos de Deus. ²⁰ Cada um deve permanecer na condição em que foi chamado por Deus. ²¹ Foi você chamado sendo escravo? Não se incomode com isso. Mas, se você puder conseguir a liberdade, consiga-a. ²² Pois aquele que, sendo escravo, foi chamado pelo Senhor, é liberto e pertence ao Senhor; semelhantemente, aquele que era livre quando foi chamado é escravo de Cristo. ²³ Vocês foram comprados por alto preço; não se tornem escravos de homens. ²⁴ Irmãos, cada um deve permanecer diante de Deus na condição em que foi chamado.

²⁵ Quanto às pessoas virgens, não tenho mandamento do Senhor, mas dou meu parecer como alguém que, pela misericórdia de Deus, é digno de confiança. ²⁶ Por causa dos problemas atuais, penso que é melhor o homem permanecer como está. ²⁷ Você está casado? Não procure separar-se. Está solteiro? Não procure esposa. ²⁸ Mas, se vier a casar-se, não comete pecado; e, se uma virgem se casar, também não comete pecado. Mas aqueles que se casarem enfrentarão muitas dificuldades na vida[a], e eu gostaria de poupá-los disso.

²⁹ O que quero dizer é que o tempo é curto. De agora em diante, aqueles que têm esposa, vivam como se não tivessem; ³⁰ aqueles que choram, como se não chorassem; os que estão felizes, como se não estivessem; os que compram algo, como se nada possuíssem; ³¹ os que usam as coisas do mundo, como se não as usassem; porque a forma presente deste mundo está passando.

³² Gostaria de vê-los livres de preocupações. O homem que não é casado preocupa-se com as coisas do Senhor, em como agradar ao Senhor. ³³ Mas o homem casado preocupa-se com as coisas deste mundo, em como agradar sua mulher, ³⁴ e está dividido. Tanto a mulher não casada como a virgem preocupam-se com as coisas do Senhor, para serem santas no corpo e no espírito. Mas a casada preocupa-se com as coisas deste mundo, em como agradar seu marido. ³⁵ Estou dizendo isso para o próprio bem de vocês; não para lhes impor restrições, mas para que possam viver de maneira correta, em plena consagração ao Senhor.

³⁶ Se alguém acha que está agindo de forma indevida diante da virgem de quem está noivo, que ela está passando da idade, achando que deve se casar, faça como achar melhor. Com isso não peca. Casem-se. ³⁷ Contudo, o homem que decidiu firmemente em seu coração que não se sente obrigado, mas tem controle sobre sua própria vontade e decidiu não se casar com a virgem — este também faz bem. ³⁸ Assim, aquele que se casa com a virgem faz bem, mas aquele que não se casa faz melhor.[b]

[a] **7.28** Grego: *carne*.
[b] **7.36-38** Ou ³⁶*Se alguém acha que não está tratando sua filha como é devido e que ela está numa idade madura, pelo que ele se sente obrigado a casá-la, faça como achar melhor. Com isso não peca. Deve permitir que se case. ³⁷Contudo, o que se mantém firme em seu propósito e não é dominado por seus impulsos, mas domina sua própria vontade, e resolveu manter solteira sua filha, este também faz bem. ³⁸De modo que aquele que dá sua filha em casamento faz bem, mas o que não a dá em casamento faz melhor.*

39 A mulher está ligada a seu marido enquanto ele viver. Mas, se o seu marido morrer, ela estará livre para se casar com quem quiser, contanto que ele pertença ao Senhor. **40** Em meu parecer, ela será mais feliz se permanecer como está; e penso que também tenho o Espírito de Deus.

A Comida Sacrificada aos Ídolos

8 Com respeito aos alimentos sacrificados aos ídolos, sabemos que todos temos conhecimento.ᵃ O conhecimento traz orgulho, mas o amor edifica. **2** Quem pensa conhecer alguma coisa, ainda não conhece como deveria. **3** Mas quem ama a Deus, este é conhecido por Deus.

4 Portanto, em relação ao alimento sacrificado aos ídolos, sabemos que o ídolo não significa nada no mundo e que só existe um Deus. **5** Pois, mesmo que haja os chamados deuses, quer no céu, quer na terra (como de fato há muitos "deuses" e muitos "senhores"), **6** para nós, porém, há um único Deus, o Pai, de quem vêm todas as coisas e para quem vivemos; e um só Senhor, Jesus Cristo, por meio de quem vieram todas as coisas e por meio de quem vivemos.

7 Contudo, nem todos têm esse conhecimento. Alguns, ainda habituados com os ídolos, comem esse alimento como se fosse um sacrifício idólatra; como a consciência deles é fraca, fica contaminada. **8** A comida, porém, não nos torna aceitáveis diante de Deus; não seremos piores se não comermos, nem melhores se comermos.

9 Contudo, tenham cuidado para que o exercício da liberdade de vocês não se torne uma pedra de tropeço para os fracos. **10** Pois, se alguém que tem a consciência fraca vir você que tem esse conhecimento comer num templo de ídolos, não será induzido a comer do que foi sacrificado a ídolos? **11** Assim, esse irmão fraco, por quem Cristo morreu, é destruído por causa do conhecimento que você tem. **12** Quando você peca contra seus irmãos dessa maneira, ferindo a consciência fraca deles, peca contra Cristo. **13** Portanto, se aquilo que eu como leva o meu irmão a pecar, nunca mais comerei carne, para não fazer meu irmão tropeçar.

Os Direitos de um Apóstolo

9 Não sou livre? Não sou apóstolo? Não vi Jesus, nosso Senhor? Não são vocês resultado do meu trabalho no Senhor? **2** Ainda que eu não seja apóstolo para outros, certamente o sou para vocês! Pois vocês são o selo do meu apostolado no Senhor.

3 Essa é minha defesa diante daqueles que me julgam. **4** Não temos nós o direito de comer e beber? **5** Não temos nós o direito de levar conosco uma esposa crente como fazem os outros apóstolos, os irmãos do Senhor e Pedro? **6** Ou será que só eu e Barnabé não temos direito de receber sustento sem trabalhar?

7 Quem serve como soldado à própria custa? Quem planta uma vinha e não come do seu fruto? Quem apascenta um rebanho e não bebe do seu leite? **8** Não digo isso do ponto de vista meramente humano; a Lei não diz a mesma coisa? **9** Pois está escrito na Lei de Moisés: "Não amordace o boi enquanto ele estiver debulhando o cereal"ᵇ. Por acaso é com bois que Deus está preocupado? **10** Não é certamente por nossa causa que ele o diz? Sim, isso foi escrito em nosso favor. Porque "o lavrador quando ara e o debulhador quando debulha, devem fazê-lo na esperança de participar da colheita". **11** Se entre vocês semeamos coisas espirituais, seria demais colhermos de vocês coisas materiais? **12** Se outros têm direito de ser sustentados por vocês, não o temos nós ainda mais?

Mas nós nunca usamos desse direito. Ao contrário, suportamos tudo para não pôr obstáculo algum ao evangelho de Cristo. **13** Vocês não sabem que aqueles que trabalham no templo alimentam-se das coisas do templo, e que os que servem diante do altar participam do que é oferecido no altar? **14** Da mesma forma, o Senhor ordenou àqueles que pregam o evangelho que vivam do evangelho.

15 Mas eu não tenho usado de nenhum desses direitos. Não estou escrevendo na esperança de que vocês façam isso por mim. Prefiro morrer a permitir que alguém me prive deste meu orgulho. **16** Contudo, quando prego o evangelho, não posso me orgulhar, pois me é imposta a necessidade de pregar. Ai de mim se não pregar o evangelho! **17** Porque, se prego de livre vontade, tenho recompensa; contudo, como prego por obrigação, estou simplesmente cumprindo uma incumbência a mim confiada. **18** Qual é, pois, a minha recompensa? Apenas esta: que, pregando o evangelho, eu o apresente gratuitamente, não usando, assim, dos meus direitos ao pregá-lo.

ᵃ **8.1** Ou ídolos, "todos temos conhecimento", conforme vocês dizem. ᵇ **9.9** Dt 25.4

9.21 A lei de Cristo é sempre a lei do amor. Veja Gálatas 6.2.

¹⁹ Porque, embora seja livre de todos, fiz-me escravo de todos, para ganhar o maior número possível de pessoas. ²⁰ Tornei-me judeu para os judeus, a fim de ganhar os judeus. Para os que estão debaixo da Lei, tornei-me como se estivesse sujeito à Lei (embora eu mesmo não esteja debaixo da Lei), a fim de ganhar os que estão debaixo da Lei. ²¹ Para os que estão sem lei, tornei-me como sem lei (embora não esteja livre da lei de Deus, e sim sob a lei de Cristo), a fim de ganhar os que não têm a Lei. ²² Para com os fracos tornei-me fraco, para ganhar os fracos. Tornei-me tudo para com todos, para de alguma forma salvar alguns. ²³ Faço tudo isso por causa do evangelho, para ser coparticipante dele.

²⁴ Vocês não sabem que, de todos os que correm no estádio, apenas um ganha o prêmio? Corram de tal modo que alcancem o prêmio. ²⁵ Todos os que competem nos jogos se submetem a um treinamento rigoroso, para obter uma coroa que logo perece; mas nós o fazemos para ganhar uma coroa que dura para sempre. ²⁶ Sendo assim, não corro como quem corre sem alvo e não luto como quem esmurra o ar. ²⁷ Mas esmurro o meu corpo e faço dele meu escravo, para que, depois de ter pregado aos outros, eu mesmo não venha a ser reprovado.

Exemplos da História de Israel

10 Porque não quero, irmãos, que vocês ignorem o fato de que todos os nossos antepassados estiveram sob a nuvem e todos passaram pelo mar. ² Em Moisés, todos eles foram batizados na nuvem e no mar. ³ Todos comeram do mesmo alimento espiritual ⁴ e beberam da mesma bebida espiritual; pois bebiam da rocha espiritual que os acompanhava, e essa rocha era Cristo. ⁵ Contudo, Deus não se agradou da maioria deles; por isso os seus corpos ficaram espalhados no deserto.

⁶ Essas coisas ocorreram como exemplos[a] para nós, para que não cobicemos coisas más, como eles fizeram. ⁷ Não sejam idólatras, como alguns deles foram, conforme está escrito: "O povo se assentou para comer e beber, e levantou-se para se entregar à farra"[b]. ⁸ Não pratiquemos imoralidade, como alguns deles fizeram e num só dia morreram vinte e três mil. ⁹ Não devemos pôr o Senhor à prova, como alguns deles fizeram e foram mortos por serpentes. ¹⁰ E não se queixem, como alguns deles se queixaram e foram mortos pelo anjo destruidor.

¹¹ Essas coisas aconteceram a eles como exemplos e foram escritas como advertência para nós, sobre quem tem chegado o fim dos tempos. ¹² Assim, aquele que julga estar firme, cuide-se para que não caia! ¹³ Não sobreveio a vocês tentação que não fosse comum aos homens. E Deus é fiel; ele não permitirá que vocês sejam tentados além do que podem suportar. Mas, quando forem tentados, ele mesmo providenciará um escape, para que o possam suportar.

As Festas Idólatras e a Ceia do Senhor

¹⁴ Por isso, meus amados irmãos, fujam da idolatria. ¹⁵ Estou falando a pessoas sensatas; julguem vocês mesmos o que estou dizendo. ¹⁶ Não é verdade que o cálice da bênção que abençoamos é a participação no sangue de Cristo e que o pão que partimos é a participação no corpo de Cristo? ¹⁷ Como há somente um pão, nós, que somos muitos, somos um só corpo, pois todos participamos de um único pão.

¹⁸ Considerem o povo de Israel: os que comem dos sacrifícios não participam do altar? ¹⁹ Portanto, que estou querendo dizer? Será que o sacrifício oferecido a um ídolo é alguma coisa? Ou o ídolo é alguma coisa? ²⁰ Não! Quero dizer que o que os pagãos sacrificam é oferecido aos demônios e não a Deus, e não quero que vocês tenham comunhão com os demônios. ²¹ Vocês não podem beber do cálice do Senhor e do cálice dos demônios; não podem participar da mesa do Senhor e da mesa dos demônios. ²² Porventura provocaremos o ciúme do Senhor? Somos mais fortes do que ele?

A Liberdade do Cristão

²³ "Tudo é permitido", mas nem tudo convém. "Tudo é permitido", mas nem tudo edifica. ²⁴ Ninguém deve buscar o seu próprio bem, mas sim o dos outros.

²⁵ Comam de tudo o que se vende no mercado, sem fazer perguntas por causa da consciência,

---

[a] **10.6** Ou *como tipos*; também no versículo 11.   [b] **10.7** Êx 32.6

²⁶ pois "do Senhor é a terra e tudo o que nela existe"ª.

²⁷ Se algum descrente o convidar para uma refeição e você quiser ir, coma de tudo o que for apresentado, sem nada perguntar por causa da consciência. ²⁸ Mas, se alguém disser: "Isto foi oferecido em sacrifício", não coma, tanto por causa da pessoa que o comentou, como da consciênciaᵇ, ²⁹ isto é, da consciência do outro, não da sua própria. Pois por que minha liberdade deve ser julgada pela consciência dos outros? ³⁰ Se participo da refeição com ação de graças, por que sou condenado por algo pelo qual dou graças a Deus?

³¹ Assim, quer vocês comam, quer bebam, quer façam qualquer outra coisa, façam tudo para a glória de Deus. ³² Não se tornem motivo de tropeço, nem para judeus, nem para gregos, nem para a igreja de Deus. ³³ Também eu procuro agradar a todos, de todas as formas. Porque não estou procurando o meu próprio bem, mas o bem de muitos, para que sejam salvos.

11

Tornem-se meus imitadores, como eu o sou de Cristo.

Instruções sobre a Adoração

² Eu os elogio por se lembrarem de mim em tudo e por se apegarem às tradições exatamente como eu as transmiti a vocês.

³ Quero, porém, que entendam que o cabeça de todo homem é Cristo, o cabeça da mulher é o homem e o cabeça de Cristo é Deus. ⁴ Todo homem que ora ou profetiza com a cabeça coberta desonra a sua cabeça; ⁵ e toda mulher que ora ou profetiza com a cabeça descoberta desonra a sua cabeça; pois é como se a tivesse rapada. ⁶ Se a mulher não cobre a cabeça, deve também cortar o cabelo; se, porém, é vergonhoso para a mulher ter o cabelo cortado ou rapado, ela deve cobrir a cabeça. ⁷ O homem não deve cobrir a cabeça, visto que ele é imagem e glória de Deus; mas a mulher é glória do homem. ⁸ Pois o homem não se originou da mulher, mas a mulher do homem; ⁹ além disso, o homem não foi criado por causa da mulher, mas a mulher por causa do homem. ¹⁰ Por essa razão e por causa dos anjos, a mulher deve ter sobre a cabeça um sinal de autoridade.

¹¹ No Senhor, todavia, a mulher não é independente do homem nem o homem independente da mulher. ¹² Pois, assim como a mulher proveio do homem, também o homem nasce da mulher. Mas tudo provém de Deus. ¹³ Julguem entre vocês mesmos: é apropriado a uma mulher orar a Deus com a cabeça descoberta? ¹⁴ A própria natureza das coisas não ensina a vocês que é uma desonra para o homem ter cabelo comprido ¹⁵ e que o cabelo comprido é uma glória para a mulher? Pois o cabelo comprido foi lhe dado como manto. ¹⁶ Mas, se alguém quiser fazer polêmica a esse respeito, nós não temos esse costume nem as igrejas de Deus.

A Ceia do Senhor

¹⁷ Entretanto, nisto que vou dizer não os elogio, pois as reuniões de vocês mais fazem mal do que bem. ¹⁸ Em primeiro lugar, ouço que, quando vocês se reúnem como igreja, há divisões entre vocês, e até certo ponto eu o creio. ¹⁹ Pois é necessário que haja divergências entre vocês, para que sejam conhecidos quais entre vocês são aprovados. ²⁰ Quando vocês se reúnem, não é para comer a ceia do Senhor, ²¹ porque cada um come sua própria ceia sem esperar pelos outros. Assim, enquanto um fica com fome, outro se embriaga. ²² Será que vocês não têm casa onde comer e beber? Ou desprezam a igreja de Deus e humilham os que nada têm? Que direi? Eu os elogiarei por isso? Certamente que não!

²³ Pois recebi do Senhor o que também entreguei a vocês: Que o Senhor Jesus, na noite em que foi traído, tomou o pão ²⁴ e, tendo dado graças, partiu-o e disse: "Isto é o meu corpo, que é dado em favor de vocês; façam isto em memória de mim". ²⁵ Da mesma forma, depois da ceia ele tomou o cálice e disse: "Este cálice é a nova aliança no meu sangue; façam isto sempre que o beberem em memória de mim". ²⁶ Porque, sempre que comerem deste pão e beberem deste cálice, vocês anunciam a morte do Senhor até que ele venha.

²⁷ Portanto, todo aquele que comer o pão ou beber o cálice do Senhor indignamente será culpado de pecar contra o corpo e o sangue do Senhor. ²⁸ Examine-se cada um a si mesmo e então coma do pão e beba do cálice. ²⁹ Pois quem come e bebe sem discernir o corpo do Senhor come e bebe para sua própria condenação. ³⁰ Por isso há entre vocês muitos fracos

---

ª **10.26** Sl 24.1
ᵇ **10.28** Alguns manuscritos dizem *por motivos de consciência, porque "do Senhor é a terra e tudo o que nela existe"*.

e doentes, e vários já dormiram. ³¹ Mas, se nós tivéssemos o cuidado de examinar a nós mesmos, não receberíamos juízo. ³² Quando, porém, somos julgados pelo Senhor, estamos sendo disciplinados para que não sejamos condenados com o mundo.

³³ Portanto, meus irmãos, quando vocês se reunirem para comer, esperem uns pelos outros. ³⁴ Se alguém estiver com fome, coma em casa, para que, quando vocês se reunirem, isso não resulte em condenação.

Quanto ao mais, quando eu fordarei instruções a vocês

Os Dons Espirituais

12 Irmãos, quanto aos dons espirituais[a], não quero que vocês sejam ignorantes. ² Vocês sabem que, quando eram pagãos, de uma forma ou de outra eram fortemente atraídos e levados para os ídolos mudos. ³ Por isso, eu afirmo que ninguém que fala pelo Espírito de Deus diz: "Jesus seja amaldiçoado"; e ninguém pode dizer: "Jesus é Senhor", a não ser pelo Espírito Santo.

⁴ Há diferentes tipos de dons, mas o Espírito é o mesmo. ⁵ Há diferentes tipos de ministérios, mas o Senhor é o mesmo. ⁶ Há diferentes formas de atuação, mas é o mesmo Deus quem efetua tudo em todos.

⁷ A cada um, porém, é dada a manifestação do Espírito, visando ao bem comum. ⁸ Pelo Espírito, a um é dada a palavra de sabedoria; a outro, pelo mesmo Espírito, a palavra de conhecimento; ⁹ a outro, fé, pelo mesmo Espírito; a outro, dons de curar, pelo único Espírito; ¹⁰ a outro, poder para operar milagres; a outro, profecia; a outro, discernimento de espíritos; a outro, variedade de línguas; e ainda a outro, interpretação de línguas. ¹¹ Todas essas coisas, porém, são realizadas pelo mesmo e único Espírito, e ele as distribui individualmente, a cada um, como quer.

Diversidade na Unidade

¹² Ora, assim como o corpo é uma unidade, embora tenha muitos membros, e todos os membros, mesmo sendo muitos, formam um só corpo, assim também com respeito a Cristo. ¹³ Pois em um só corpo todos nós fomos batizados em[b] um único Espírito: quer judeus, quer

12.7-10 No artigo "Vocabulário básico", veja "Dons espirituais" (p. 1498), no qual há uma explicação bastante ampla dos nove dons e da necessidade de que atuem de maneira equilibrada na vida interna da igreja.

gregos, quer escravos, quer livres. E a todos nós foi dado beber de um único Espírito.

¹⁴ O corpo não é feito de um só membro, mas de muitos. ¹⁵ Se o pé disser: "Porque não sou mão, não pertenço ao corpo", nem por isso deixa de fazer parte do corpo. ¹⁶ E se o ouvido disser: "Porque não sou olho, não pertenço ao corpo", nem por isso deixa de fazer parte do corpo. ¹⁷ Se todo o corpo fosse olho, onde estaria a audição? Se todo o corpo fosse ouvido, onde estaria o olfato? ¹⁸ De fato, Deus dispôs cada um dos membros no corpo, segundo a sua vontade. ¹⁹ Se todos fossem um só membro, onde estaria o corpo? ²⁰ Assim, há muitos membros, mas um só corpo.

²¹ O olho não pode dizer à mão: "Não preciso de você!" Nem a cabeça pode dizer aos pés: "Não preciso de vocês!" ²² Ao contrário, os membros do corpo que parecem mais fracos são indispensáveis, ²³ e os membros que pensamos serem menos honrosos, tratamos com especial honra. E os membros que em nós são indecorosos são tratados com decoro especial, ²⁴ enquanto os que em nós são decorosos não precisam ser tratados de maneira especial. Mas Deus estruturou o corpo dando maior honra aos membros que dela tinham falta, ²⁵ a fim de que não haja divisão no corpo, mas, sim, que todos os membros tenham igual cuidado uns pelos outros. ²⁶ Quando um membro sofre, todos os outros sofrem com ele; quando um membro é honrado, todos os outros se alegram com ele.

²⁷ Ora, vocês são o corpo de Cristo, e cada um de vocês, individualmente, é membro desse corpo. ²⁸ Assim, na igreja, Deus estabeleceu primeiramente apóstolos; em segundo lugar, profetas; em terceiro lugar, mestres; depois os que realizam milagres, os que têm dons de curar, os que têm dom de prestar ajuda, os que têm dons de administração e os que falam diversas línguas. ²⁹ São todos apóstolos? São todos profetas? São todos mestres? Têm todos o dom de realizar milagres? ³⁰ Têm todos o

---

[a] **12.1** Ou *às pessoas espirituais*
[b] **12.13** Ou *com*; ou ainda *por*

13.1-13 Este capítulo não se refere ao amor *philia*, ou amor de amigo, tampouco ao amor *storge*, ou amor de família, nem ao amor *eros*, ou amor físico. Refere-se antes ao amor *agape*, ou ágape, como costumamos dizer em português. Trata-se do amor conforme o estilo de Deus, e só podemos viver esse amor no poder e na direção do Espírito. É comum que este capítulo seja lido em cerimônias de casamento, por exemplo, mas sempre devemos ter em conta que, para que seja uma realidade na vida dos seres humanos, é necessário que o Espírito de Deus esteja presente e ativo.

dons de curar? Falam todos em línguas? Todos interpretam? ³¹ Entretanto, busquem[a] com dedicação os melhores dons.

O Amor

Passo agora a mostrar a vocês um caminho ainda mais excelente.

13 Ainda que eu fale as línguas dos homens e dos anjos, se não tiver amor, serei como o sino que ressoa ou como o prato que retine. ² Ainda que eu tenha o dom de profecia, saiba todos os mistérios e todo o conhecimento e tenha uma fé capaz de mover montanhas, se não tiver amor, nada serei. ³ Ainda que eu dê aos pobres tudo o que possuo e entregue o meu corpo para ser queimado[b], se não tiver amor, nada disso me valerá.

⁴ O amor é paciente, o amor é bondoso. Não inveja, não se vangloria, não se orgulha. ⁵ Não maltrata, não procura seus interesses, não se ira facilmente, não guarda rancor. ⁶ O amor não se alegra com a injustiça, mas se alegra com a verdade. ⁷ Tudo sofre, tudo crê, tudo espera, tudo suporta.

⁸ O amor nunca perece; mas as profecias desaparecerão, as línguas cessarão, o conhecimento passará. ⁹ Pois em parte conhecemos e em parte profetizamos; ¹⁰ quando, porém, vier o que é perfeito, o que é imperfeito desaparecerá. ¹¹ Quando eu era menino, falava como menino, pensava como menino e raciocinava como menino. Quando me tornei homem, deixei para trás as coisas de menino. ¹² Agora, pois, vemos apenas um reflexo obscuro, como em espelho; mas, então, veremos face a face. Agora conheço em parte; então, conhecerei plenamente, da mesma forma com que sou plenamente conhecido.

¹³ Assim, permanecem agora estes três: a fé, a esperança e o amor. O maior deles, porém, é o amor.

Os Dons de Profecia e de Línguas

14 Sigam o caminho do amor e busquem com dedicação os dons espirituais, principalmente o dom de profecia. ² Pois quem fala em uma língua[c] não fala aos homens, mas a Deus. De fato, ninguém o entende; em espírito fala mistérios. ³ Mas quem profetiza o faz para edificação, encorajamento e consolação dos homens. ⁴ Quem fala em língua a si mesmo se edifica, mas quem profetiza edifica a igreja. ⁵ Gostaria que todos vocês falassem em línguas, mas prefiro que profetizem. Quem profetiza é maior do que aquele que fala em línguas, a não ser que as interprete, para que a igreja seja edificada.

⁶ Agora, irmãos, se eu for visitá-los e falar em línguas, em que serei útil a vocês, a não ser que leve alguma revelação, ou conhecimento, ou profecia, ou doutrina? ⁷ Até no caso de coisas inanimadas que produzem sons, tais como a flauta ou a cítara, como alguém reconhecerá o que está sendo tocado, se os sons não forem distintos? ⁸ Além disso, se a trombeta não emitir um som claro, quem se preparará para a batalha? ⁹ Assim acontece com vocês. Se não proferirem palavras compreensíveis com a língua, como alguém saberá o que está sendo dito? Vocês estarão simplesmente falando ao ar. ¹⁰ Sem dúvida, há diversos idiomas no mundo; todavia, nenhum deles é sem sentido. ¹¹ Portanto, se eu não entender o significado do que alguém está falando, serei estrangeiro para quem fala e

14.3 Veja aqui em três palavras o único objetivo da profecia na vida do discípulo do Senhor Jesus Cristo: edificação, encorajamento e consolação.

---

[a] **12.31** Ou *Entretanto, vocês estão buscando*
[b] **13.3** Alguns manuscritos dizem *corpo para que eu tenha de que me gloriar*.
[c] **14.2** Ou *outro idioma*; também em todo o capítulo 14.

ele será estrangeiro para mim. ¹² Assim acontece com vocês. Visto que estão ansiosos por terem dons espirituais[a], procurem crescer naqueles que trazem a edificação para a igreja.

¹³ Por isso, quem fala em uma língua, ore para que a possa interpretar. ¹⁴ Pois, se oro em uma língua, meu espírito ora, mas a minha mente fica infrutífera. ¹⁵ Então, que farei? Orarei com o espírito, mas também orarei com o entendimento; cantarei com o espírito, mas também cantarei com o entendimento. ¹⁶ Se você estiver louvando a Deus em espírito, como poderá aquele que está entre os não instruídos dizer o "Amém" à sua ação de graças, visto que não sabe o que você está dizendo? ¹⁷ Pode ser que você esteja dando graças muito bem, mas o outro não é edificado.

¹⁸ Dou graças a Deus por falar em línguas mais do que todos vocês. ¹⁹ Todavia, na igreja prefiro falar cinco palavras compreensíveis para instruir os outros a falar dez mil palavras em uma língua.

²⁰ Irmãos, deixem de pensar como crianças. Com respeito ao mal, sejam crianças; mas, quanto ao modo de pensar, sejam adultos. ²¹ Pois está escrito na Lei:

"Por meio de homens
 de outras línguas
e por meio de lábios
 de estrangeiros
falarei a este povo,
 mas, mesmo assim,
eles não me ouvirão"[b],
 diz o Senhor.

²² Portanto, as línguas são um sinal para os descrentes, e não para os que creem; a profecia, porém, é para os que creem, não para os descrentes. ²³ Assim, se toda a igreja se reunir e falar em línguas e alguns não instruídos ou descrentes entrarem, não dirão que vocês estão loucos? ²⁴ Mas, se entrar algum descrente ou não instruído quando todos estiverem profetizando, ele por todos será convencido de que é pecador e por todos será julgado, ²⁵ e os segredos do seu coração serão expostos. Assim, ele se prostrará, rosto em terra, e adorará a Deus, exclamando: "Deus realmente está entre vocês!"

Ordem no Culto

²⁶ Portanto, que diremos, irmãos? Quando vocês se reúnem, cada um de vocês tem um salmo, ou uma palavra de instrução, uma revelação, uma palavra em uma língua ou uma interpretação. Tudo seja feito para a edificação da igreja. ²⁷ Se, porém, alguém falar em língua, devem falar dois, no máximo três, e alguém deve interpretar. ²⁸ Se não houver intérprete, fique calado na igreja, falando consigo mesmo e com Deus.

²⁹ Tratando-se de profetas, falem dois ou três, e os outros julguem cuidadosamente o que foi dito. ³⁰ Se vier uma revelação a alguém que está sentado, cale-se o primeiro. ³¹ Pois vocês todos podem profetizar, cada um por sua vez, de forma que todos sejam instruídos e encorajados. ³² O espírito dos profetas está sujeito aos profetas. ³³ Pois Deus não é Deus de desordem, mas de paz.

Como em todas as congregações dos santos, ³⁴ permaneçam as mulheres em silêncio nas igrejas, pois não lhes é permitido falar; antes permaneçam em submissão, como diz a Lei. ³⁵ Se quiserem aprender alguma coisa, que perguntem a seus maridos em casa; pois é vergonhoso uma mulher falar na igreja.

³⁶ Acaso a palavra de Deus originou-se entre vocês? São vocês o único povo que ela alcançou? ³⁷ Se alguém pensa que é profeta ou espiritual, reconheça que o que estou escrevendo a vocês é mandamento do Senhor. ³⁸ Se ignorar isso, ele mesmo será ignorado.[c]

³⁹ Portanto, meus irmãos, busquem com dedicação o profetizar e não proíbam o falar em línguas. ⁴⁰ Mas tudo deve ser feito com decência e ordem.

A Ressurreição de Cristo

15 Irmãos, quero lembrá-los do evangelho que preguei a vocês, o qual vocês receberam e no qual estão firmes. ² Por meio deste evangelho vocês são salvos, desde que se apeguem firmemente à palavra que preguei; caso contrário, vocês têm crido em vão.

³ Pois o que primeiramente[d] lhes transmiti foi o que recebi: que Cristo morreu pelos nossos pecados, segundo as Escrituras, ⁴ foi sepultado e ressuscitou no terceiro dia, segundo as Escrituras, ⁵ e apareceu a Pedro e depois aos Doze.

---

[a] 14.12 Grego: *serem zelosos dos espíritos.*
[b] 14.21 Is 28.11,12
[c] 14.38 Alguns manuscritos dizem *Se ele ignora isso, deixe-o ignorar.*
[d] 15.3 Ou *em primeira mão*

15.3-6 As quatro leis (iniciadas em João 3.16; p. 1121): " 'Por isso é que meu Pai me ama, porque eu dou a minha vida para retomá-la. Ninguém a tira de mim, mas eu a dou por minha espontânea vontade. Tenho autoridade para dá-la e para retomá-la. Esta ordem recebi de meu Pai' " (João 10.17,18). Essas são palavras do próprio Jesus. O Leão de Judá se converteu no Cordeiro de Deus, a fim de nos redimir; em seguida, voltou a tomar a vida que entregou e da qual todos os que creem participaremos para sempre.
Terceira lei: Veja a p. 1461.
Texto anterior: Romanos 5.8
Próximo texto: João 14.6

⁶ Depois disso apareceu a mais de quinhentos irmãos de uma só vez, a maioria dos quais ainda vive, embora alguns já tenham adormecido. ⁷ Depois apareceu a Tiago e, então, a todos os apóstolos; ⁸ depois destes apareceu também a mim, como a um que nasceu fora de tempo.

⁹ Pois sou o menor dos apóstolos e nem sequer mereço ser chamado apóstolo, porque persegui a igreja de Deus. ¹⁰ Mas, pela graça de Deus, sou o que sou, e sua graça para comigo não foi inútil; antes, trabalhei mais do que todos eles; contudo, não eu, mas a graça de Deus comigo. ¹¹ Portanto, quer tenha sido eu, quer tenham sido eles, é isso que pregamos, e é nisso que vocês creram.

A Ressurreição dentre os Mortos

¹² Ora, se está sendo pregado que Cristo ressuscitou dentre os mortos, como alguns de vocês estão dizendo que não existe ressurreição dos mortos? ¹³ Se não há ressurreição dos mortos, nem Cristo ressuscitou; ¹⁴ e, se Cristo não ressuscitou, é inútil a nossa pregação, como também é inútil a fé que vocês têm. ¹⁵ Mais que isso, seremos considerados falsas testemunhas de Deus, pois contra ele testemunhamos que ressuscitou a Cristo dentre os mortos. Mas, se de fato os mortos não ressuscitam, ele também não ressuscitou a Cristo. ¹⁶ Pois, se os mortos não ressuscitam, nem mesmo Cristo ressuscitou. ¹⁷ E, se Cristo não ressuscitou, inútil é a fé que vocês têm, e ainda estão em seus pecados. ¹⁸ Neste caso, também os que dormiram em Cristo estão perdidos.

¹⁹ Se é somente para esta vida que temos esperança em Cristo, somos, de todos os homens, os mais dignos de compaixão.

²⁰ Mas de fato Cristo ressuscitou dentre os mortos, sendo ele as primícias[a] entre aqueles que dormiram. ²¹ Visto que a morte veio por meio de um só homem, também a ressurreição dos mortos veio por meio de um só homem. ²² Pois, da mesma forma que em Adão todos morrem, em Cristo todos serão vivificados. ²³ Mas cada um por sua vez: Cristo, o primeiro; depois, quando ele vier, os que lhe pertencem. ²⁴ Então virá o fim, quando ele entregar o Reino a Deus, o Pai, depois de ter destruído todo domínio, toda autoridade e todo poder. ²⁵ Pois é necessário que ele reine até que todos os seus inimigos sejam postos debaixo de seus pés. ²⁶ O último inimigo a ser destruído é a morte. ²⁷ Porque ele "tudo sujeitou debaixo de seus pés"[b]. Ora, quando se diz que "tudo" lhe foi sujeito, fica claro que isso não inclui o próprio Deus, que tudo submeteu a Cristo. ²⁸ Quando, porém, tudo lhe estiver sujeito, então o próprio Filho se sujeitará àquele que todas as coisas lhe sujeitou, a fim de que Deus seja tudo em todos.

²⁹ Se não há ressurreição, que farão aqueles que se batizam pelos mortos? Se absolutamente os mortos não ressuscitam, por que se batizam por eles? ³⁰ Também nós, por que estamos nos expondo a perigos o tempo todo? ³¹ Todos os dias enfrento a morte, irmãos; isso digo pelo orgulho que tenho de vocês em Cristo Jesus, nosso Senhor. ³² Se foi por meras razões humanas que lutei com feras em Éfeso, que ganhei com isso? Se os mortos não ressuscitam,

"comamos e bebamos,
    porque amanhã morreremos"[c].

15.14 De maneira direta, se Jesus não tivesse ressuscitado, depois de ter anunciado que o faria ao terceiro dia após sua morte, ou teria se enganado ou seria um mentiroso. Mas a verdade é que ressuscitou e sua ressurreição é a rocha firme em que apoiamos a nossa fé.

---

[a] 15.20 Isto é, os primeiros frutos.
[b] 15.27 Sl 8.6
[c] 15.32 Is 22.13

15.22 Paulo insiste no tema de Adão e da desordem que ele trouxe para toda a criação com sua desobediência. Em contraposição, enfoca Jesus Cristo, o iniciador de um novo gênero humano, e o consequente retorno à ordem para a criação com sua obediência (Hebreus 5.7-10). Tudo culminará no novo céu e na nova terra, bem como na presença de Deus e do Cordeiro em meio a seus filhos na nova Jerusalém.

³³ Não se deixem enganar: "As más companhias corrompem os bons costumes". ³⁴ Como justos, recuperem o bom senso e parem de pecar; pois alguns há que não têm conhecimento de Deus; digo isso para vergonha de vocês.

O Corpo da Ressurreição

³⁵ Mas alguém pode perguntar: "Como ressuscitam os mortos? Com que espécie de corpo virão?" ³⁶ Insensato! O que você semeia não nasce a não ser que morra. ³⁷ Quando você semeia, não semeia o corpo que virá a ser, mas apenas uma simples semente, como de trigo ou de alguma outra coisa. ³⁸ Mas Deus lhe dá um corpo, como determinou, e a cada espécie de semente dá seu corpo apropriado. ³⁹ Nem toda carne é a mesma: os homens têm uma espécie de carne, os animais têm outra, as aves outra, e os peixes outra. ⁴⁰ Há corpos celestes e há também corpos terrestres; mas o esplendor dos corpos celestes é um e o dos corpos terrestres é outro. ⁴¹ Um é o esplendor do sol, outro o da lua, e outro o das estrelas; e as estrelas diferem em esplendor umas das outras.

⁴² Assim será com a ressurreição dos mortos. O corpo que é semeado é perecível e ressuscita imperecível; ⁴³ é semeado em desonra e ressuscita em glória; é semeado em fraqueza e ressuscita em poder; ⁴⁴ é semeado um corpo natural e ressuscita um corpo espiritual.

Se há corpo natural, há também corpo espiritual. ⁴⁵ Assim está escrito: "O primeiro homem, Adão, tornou-se um ser vivente"ᵃ; o último Adão, espírito vivificante. ⁴⁶ Não foi o espiritual que veio antes, mas o natural; depois dele, o espiritual. ⁴⁷ O primeiro homem era do pó da terra; o segundo homem, dos céus. ⁴⁸ Os que são da terra são semelhantes ao homem terreno; os que são dos céus, ao homem celestial. ⁴⁹ Assim como tivemos a imagem do homem terreno, teremosᵇ também a imagem do homem celestial.

⁵⁰ Irmãos, eu declaro a vocês que carne e sangue não podem herdar o Reino de Deus nem o que é perecível pode herdar o imperecível. ⁵¹ Eis que eu digo um mistério: Nem todos dormiremos, mas todos seremos transformados, ⁵² num momento, num abrir e fechar de olhos, ao som da última trombeta. Pois a trombeta soará, os mortos ressuscitarão incorruptíveis e nós seremos transformados. ⁵³ Pois é necessário que aquilo que é corruptível se revista de incorruptibilidade, e aquilo que é mortal se revista de imortalidade. ⁵⁴ Quando, porém, o que é corruptível se revestir de incorruptibilidade e o que é mortal de imortalidade, então se cumprirá a palavra que está escrita: "A morte foi destruída pela vitória"ᶜ.

⁵⁵ "Onde está, ó morte,
a sua vitória?
Onde está, ó morte,
o seu aguilhão?"ᵈ

⁵⁶ O aguilhão da morte é o pecado, e a força do pecado é a Lei. ⁵⁷ Mas graças a Deus, que nos dá a vitória por meio de nosso Senhor Jesus Cristo.

⁵⁸ Portanto, meus amados irmãos, mantenham-se firmes, e que nada os abale. Sejam sempre dedicados à obra do Senhor, pois vocês sabem que, no Senhor, o trabalho de vocês não será inútil.

A Coleta para o Povo de Deus

16 Quanto à coleta para o povo de Deus, façam como ordenei às igrejas da Galácia. ² No primeiro dia da semana, cada um de vocês separe uma quantia, de acordo com a sua renda, reservando-a para que não seja preciso fazer coletas quando eu chegar. ³ Então, quando eu chegar, entregarei cartas de recomendação aos homens que vocês aprovarem e os mandarei para Jerusalém com a oferta de vocês. ⁴ Se me parecer conveniente ir também, eles me acompanharão.

ᵃ **15.45** Gn 2.7
ᵇ **15.49** Alguns manuscritos dizem *tenhamos*.
ᶜ **15.54** Is 25.8
ᵈ **15.55** Os 13.14

Pedidos Pessoais

⁵ Depois de passar pela Macedônia irei visitá-los, já que passarei por lá. ⁶ Talvez eu permaneça com vocês durante algum tempo ou até mesmo passe o inverno com vocês, para que me ajudem na viagem, aonde quer que eu vá. ⁷ Desta vez não quero apenas vê-los e fazer uma visita de passagem; espero ficar algum tempo com vocês, se o Senhor permitir. ⁸ Mas permanecerei em Éfeso até o Pentecoste, ⁹ porque se abriu para mim uma porta ampla e promissora; e há muitos adversários.

¹⁰ Se Timóteo for, tomem providências para que ele não tenha nada que temer enquanto estiver com vocês, pois ele trabalha na obra do Senhor, assim como eu. ¹¹ Portanto, ninguém o despreze. Ajudem-no a prosseguir viagem em paz, para que ele possa voltar a mim. Eu o estou esperando com os irmãos.

¹² Quanto ao irmão Apolo, insisti para que fosse com os irmãos visitar vocês. Ele não quis de modo nenhum ir agora, mas irá quando tiver boa oportunidade.

¹³ Estejam vigilantes, mantenham-se firmes na fé, sejam homens de coragem, sejam fortes. ¹⁴ Façam tudo com amor.

¹⁵ Vocês sabem que os da casa de Estéfanas foram o primeiro fruto da Acaia e que eles têm se dedicado ao serviço dos santos. Recomendo, irmãos, ¹⁶ que se submetam a pessoas como eles e a todos os que cooperam e trabalham conosco. ¹⁷ Alegrei-me com a vinda de Estéfanas, Fortunato e Acaico, porque eles supriram o que estava faltando da parte de vocês. ¹⁸ Eles trouxeram alívio ao meu espírito, e ao de vocês também. Valorizem homens como eles.

Saudações Finais

¹⁹ As igrejas da província da Ásia enviam saudações. Áquila e Priscila[a] os saúdam afetuosamente no Senhor, e também a igreja que se reúne na casa deles. ²⁰ Todos os irmãos daqui enviam saudações. Saúdem uns aos outros com beijo santo.

²¹ Eu, Paulo, escrevi esta saudação de próprio punho.

²² Se alguém não ama o Senhor, seja amaldiçoado. Vem, Senhor[b]!

²³ A graça do Senhor Jesus seja com vocês.

²⁴ Recebam o amor que tenho por todos vocês em Cristo Jesus. Amém.[c]

16.13,14 Discipulado (iniciado em Romanos 10.14,15): A fé cristã não é para medrosos, mas, sim, para homens e mulheres dispostos a dar tudo pelo Reino; e a única motivação apropriada para a obra de cada um deve ser o amor, uma vez que o amor moveu o coração de Deus para enviar seu Filho ao mundo.
Texto anterior: 1Coríntios 3.4,7,13
Próximo texto: 2Timóteo 2.1-10

---

[a] **16.19** Grego: *Prisca*, variante de *Priscila*.
[b] **16.22** Em aramaico a expressão *Vem, Senhor* é *Maranatha*.
[c] **16.24** Alguns manuscritos não trazem *Amém*.

Introdução à segunda epístola de Paulo aos
CORÍNTIOS

Autor e data de composição

Não existem dúvidas aceitáveis sobre a autoria literária de Paulo com relação a esta carta. Desde a primeira carta aos Coríntios, essa igreja havia tido falsos mestres cujos ensinos se baseavam em um complô contra a integridade e autoridade apostólica de Paulo, que aqui se defende com toda a veemência. Esta segunda carta deve ter sido enviada em torno de seis meses depois da primeira e foi escrita na Macedônia durante a terceira viagem missionária do apóstolo. Depois da primeira carta, Paulo visitou Corinto com "tristeza" (2.1). Pouco depois, ao que parece, escreveu outra carta, que também entristeceu ambas as partes (2.4), que não chegou até nós, como também aconteceu com outra carta, que teria sido a primeira de todas (veja "Introdução à primeira epístola de Paulo aos Coríntios"). Nesse caso, esta seria sua quarta epístola aos coríntios. Vale a pena enfatizar que foi o Espírito Santo que inspirou e conservou ao longo dos tempos os escritos que a Igreja cristã aceitou como Palavra de Deus.

ESBOÇO GERAL

Primeira parte: Saudação e introdução (1.1-11)

Segunda parte: A resposta de Paulo aos que o criticavam (1.12—7.16)
  I. Diversas situações sobre as viagens de Paulo (1.12—2.16)
  II. As cartas de recomendação do apóstolo (2.17—3.5)
  III. A antiga aliança e a nova (3.6-18)
  IV. O ministério encomendado a Paulo (4.1—5.10)
  V. O ministério da reconciliação encomendado aos cristãos (5.11—6.13)
  VI. Santuários do Deus vivo: sua realidade e suas consequências (6.14—7.1)
  VII. Exortação aos coríntios e encontro com Tito na Macedônia (7.2-16)

Terceira parte: A coleta para os irmãos necessitados de Jerusalém (8—9)

Quarta parte: a autoridade apostólica de Paulo (10—13)
  I. Resposta a seus adversários (10)
  II. Defesa de sua missão como apóstolo (11.1—12.18)
  III. Advertência aos que continuam se opondo a sua autoridade (12.19—13.10)
  IV. Exortação final e saudações (13.11-14)

Versículos-chave
10.3-6

Tema geral do livro

A motivação principal de Paulo ao escrever esta nova carta é defender sua autoridade como apóstolo a uma igreja invadida por falsos mestres que buscavam todas as maneiras possíveis de denegrir sua pessoa e destruir seus ensinos. Ainda que a situação fosse delicada, é importante observar que Paulo escreve como um pai faria a seus filhos amados, recorrendo de maneira especial ao fato de que a igreja o conhecia muito bem.

Os falsos apóstolos que tentaram destruí-lo com palavras e gestos arrogantes acabaram desacreditados diante da mansidão de Paulo e sua nobreza e tranquilidade. A segurança do apóstolo estava de fato em Deus e somente nele, de quem era servo e mensageiro.

Em 2Coríntios, Jesus é a nossa reconciliação com Deus, por meio do qual recebemos também o ministério da reconciliação (5.18).

Versículo-chave para o discípulo
12.9

O discípulo e 2Coríntios
Nesta carta, Paulo fala de um espinho na carne. Alguns interpretam tal espinho como uma enfermidade crônica; outros o consideram uma constante hostilidade dos inimigos de Deus que queriam apropriar-se do trabalho que Paulo havia realizado para o Reino com uma entrega absoluta de vida e energia. Qualquer que fosse o sentido de "espinho", a resposta do Senhor continuava a mesma: " 'Minha graça é suficiente a você, pois o meu poder se aperfeiçoa na fraqueza' " (12.9). O discípulo que deseja ser fiel necessita entender que toda pessoa que decide servir ao Senhor deve estar preparada para passar por dificuldades e provações. Seria ótimo não ter nenhuma dificuldade na vida cristã, mas, assim como acontece com os filhos mimados e superprotegidos, nunca deixaríamos de ser crianças malcriadas diante do Senhor. Nas provações é quando há espaço para o crescimento; nesses momentos, quando somente nos resta a confiança no Deus em quem nos apoiamos, é quando nos fazemos homens e mulheres espirituais. A fraqueza de cada um posta nas mãos de Deus, uma vez que nos sentimos incapazes de seguir com as forças e os recursos próprios, é a chave para que ele realize em nós seus milagres e feitos sobrenaturais. Como consequência, somos transformados em verdadeiros discípulos de Jesus, comprometidos com seu Reino e dedicados a anunciar sua Palavra e vida aos que ainda não o conhecem a fim de que também se tornem membros da família eterna de Deus.

2CORÍNTIOS

1 Paulo, apóstolo de Cristo Jesus pela vontade de Deus, e o irmão Timóteo,

à igreja de Deus que está em Corinto, com todos os santos de toda a Acaia; ² A vocês, graça e paz da parte de Deus nosso Pai e do Senhor Jesus Cristo.

Deus é o Nosso Consolador

³ Bendito seja o Deus e Pai de nosso Senhor Jesus Cristo, Pai das misericórdias e Deus de toda consolação, ⁴ que nos consola em todas as nossas tribulações, para que, com a consolação que recebemos de Deus[a], possamos consolar os que estão passando por tribulações. ⁵ Pois assim como os sofrimentos de Cristo transbordam sobre nós, também por meio de Cristo transborda a nossa consolação. ⁶ Se somos atribulados, é para consolação e salvação de vocês; se somos consolados, é para consolação de vocês, a qual dá paciência para suportarem os mesmos sofrimentos que nós estamos padecendo. ⁷ E a nossa esperança em relação a vocês está firme, porque sabemos que, da mesma forma que vocês participam dos nossos sofrimentos, participam também da nossa consolação.

⁸ Irmãos, não queremos que vocês desconheçam as tribulações que sofremos na província da Ásia, as quais foram muito além da nossa capacidade de suportar, a ponto de perdermos a esperança da própria vida. ⁹ De fato, já tínhamos sobre nós a sentença de morte, para que não confiássemos em nós mesmos, mas em Deus, que ressuscita os mortos. ¹⁰ Ele nos livrou e continuará nos livrando de tal perigo de morte. Nele temos depositado a nossa esperança de que continuará a livrar-nos, ¹¹ enquanto vocês nos ajudam com as suas orações. Assim muitos darão graças por nossa causa[b], pelo favor a nós concedido em resposta às orações de muitos.

Paulo Muda seus Planos

¹² Este é o nosso orgulho: A nossa consciência dá testemunho de que nos temos conduzido no mundo, especialmente em nosso relacionamento com vocês, com santidade e sinceridade provenientes de Deus, não de acordo com a sabedoria do mundo, mas de acordo com a graça de Deus. ¹³ Pois nada escrevemos que vocês não sejam capazes de ler ou entender. E espero que, ¹⁴ assim como vocês nos entenderam em parte, venham a entender plenamente que podem orgulhar-se de nós, assim como nos orgulharemos de vocês no dia do Senhor Jesus.

¹⁵ Confiando nisso e para que vocês fossem duplamente beneficiados, eu planejava primeiro visitá-los ¹⁶ em minha ida à Macedônia e voltar a vocês vindo de lá, para que me ajudassem em minha viagem para a Judeia. ¹⁷ Quando planejei isso, será que o fiz levianamente? Ou será que faço meus planos de modo mundano[c], dizendo ao mesmo tempo "sim" e "não"?

¹⁸ Todavia, como Deus é fiel, nossa mensagem a vocês não é "sim" e "não", ¹⁹ pois o Filho de Deus, Jesus Cristo, pregado entre vocês por mim e também por Silvano[d] e Timóteo, não foi "sim" e "não", mas nele sempre houve "sim"; ²⁰ pois quantas forem as promessas feitas por Deus, tantas têm em Cristo o "sim". Por isso, por meio dele, o "Amém" é pronunciado por nós para a glória de Deus. ²¹ Ora, é Deus que faz que nós e vocês permaneçamos firmes em Cristo. Ele nos ungiu, ²² nos selou como sua propriedade e pôs o seu Espírito em nossos corações como garantia do que está por vir.

²³ Invoco a Deus como testemunha de que foi a fim de poupá-los que não voltei a Corinto. ²⁴ Não que tenhamos domínio sobre a sua fé, mas cooperamos com vocês para que tenham alegria, pois é pela fé que vocês permanecem firmes.

2 Por isso resolvi não fazer outra visita que causasse tristeza a vocês. ² Pois, se os entristeço, quem me alegrará senão vocês, a quem tenho entristecido? ³ Escrevi como escrevi para que, quando eu for, não seja entristecido por aqueles que deveriam alegrar-me. Estava confiante em que todos vocês compartilhariam da minha alegria. ⁴ Pois eu escrevi com grande aflição e angústia de coração, e com muitas lágrimas, não para entristecê-los, mas para que soubessem como é profundo o meu amor por vocês.

Perdão para o Pecador

⁵ Se um de vocês tem causado tristeza, não a tem causado apenas a mim, mas também, em parte, para eu não ser demasiadamente severo

---

[a] **1.4** Grego: *com a consolação com que fomos consolados.*
[b] **1.11** Muitos manuscritos dizem *por causa de vocês.*
[c] **1.17** Grego: *segundo a carne.*
[d] **1.19** Ou *Silas*, variante de *Silvano.*

com todos vocês. ⁶ A punição que foi imposta pela maioria é suficiente. ⁷ Agora, ao contrário, vocês devem perdoar-lhe e consolá-lo, para que ele não seja dominado por excessiva tristeza. ⁸ Portanto, eu recomendo que reafirmem o amor que têm por ele. ⁹ Eu escrevi com o propósito de saber se vocês seriam aprovados, isto é, se seriam obedientes em tudo. ¹⁰ Se vocês perdoam a alguém, eu também perdoo; e aquilo que perdoei, se é que havia alguma coisa para perdoar, perdoei na presença de Cristo, por amor a vocês, ¹¹ a fim de que Satanás não tivesse vantagem sobre nós; pois não ignoramos as suas intenções.

Ministros da Nova Aliança

¹² Quando cheguei a Trôade para pregar o evangelho de Cristo e vi que o Senhor me havia aberto uma porta, ¹³ ainda assim, não tive sossego em meu espírito, porque não encontrei ali meu irmão Tito. Por isso, despedi-me deles e fui para a Macedônia.

¹⁴ Mas graças a Deus, que sempre nos conduz vitoriosamente em Cristo e por nosso intermédio exala em todo lugar a fragrância do seu conhecimento; ¹⁵ porque para Deus somos o aroma de Cristo entre os que estão sendo salvos e os que estão perecendo. ¹⁶ Para estes somos cheiro de morte; para aqueles, fragrância de vida. Mas quem está capacitado para tanto? ¹⁷ Ao contrário de muitos, não negociamos a palavra de Deus visando a algum lucro; antes, em Cristo falamos diante de Deus com sinceridade, como homens enviados por Deus.

3 Será que com isso estamos começando a nos recomendar a nós mesmos novamente? Será que precisamos, como alguns, de cartas de recomendação para vocês ou da parte de vocês? ² Vocês mesmos são a nossa carta, escrita em nosso coração, conhecida e lida por todos. ³ Vocês demonstram que são uma carta de Cristo, resultado do nosso ministério, escrita não com tinta, mas com o Espírito do Deus vivo; não em tábuas de pedra, mas em tábuas de corações humanos.

⁴ Tal é a confiança que temos diante de Deus, por meio de Cristo. ⁵ Não que possamos reivindicar qualquer coisa com base em nossos próprios méritos, mas a nossa capacidade vem de Deus. ⁶ Ele nos capacitou para sermos ministros de uma nova aliança, não da letra,

3.2,3 A humanidade está cansada de palavras vazias que não correspondem a uma vida de amor, serviço e justiça. Somos carta de Cristo quando ele vive e reina no nosso coração e as demais pessoas sabem disso. Continua sendo verdade que a nossa vida fala mais alto que as nossas palavras. Caro discípulo, devemos nos lembrar da responsabilidade que temos: em muitos casos seremos a única "Bíblia" que muitas pessoas vão ler e, como consequência, serviremos de influência.

mas do Espírito; pois a letra mata, mas o Espírito vivifica.

A Glória da Nova Aliança

⁷ O ministério que trouxe a morte foi gravado com letras em pedras; mas esse ministério veio com tal glória que os israelitas não podiam fixar os olhos na face de Moisés, por causa do resplendor do seu rosto, ainda que desvanecente. ⁸ Não será o ministério do Espírito ainda muito mais glorioso? ⁹ Se era glorioso o ministério que trouxe condenação, quanto mais glorioso será o ministério que produz justificação! ¹⁰ Pois o que outrora foi glorioso, agora não tem glória, em comparação com a glória insuperável. ¹¹ E, se o que estava se desvanecendo se manifestou com glória, quanto maior será a glória do que permanece!

¹² Portanto, visto que temos tal esperança, mostramos muita confiança. ¹³ Não somos como Moisés, que colocava um véu sobre a face para que os israelitas não contemplassem o resplendor que se desvanecia. ¹⁴ Na verdade a mente deles se fechou, pois até hoje o mesmo

3.3,4 Com frequência esquecemos deste detalhe: "O deus desta era cegou o entendimento dos descrentes, para que não vejam a luz do evangelho da glória de Cristo". Devemos ser capazes de orar e jejuar por aqueles a quem queremos anunciar a mensagem de Jesus Cristo, para que sejam curados de sua cegueira espiritual e vejam sua verdadeira condição, e dar graças a Deus por nos ter feito enxergar o que antes não éramos capazes.

véu permanece quando é lida a antiga aliança. Não foi retirado, porque é somente em Cristo que ele é removido. ¹⁵ De fato, até o dia de hoje, quando Moisés é lido, um véu cobre os seus corações. ¹⁶ Mas, quando alguém se converte ao Senhor, o véu é retirado. ¹⁷ Ora, o Senhor é o Espírito e onde está o Espírito do Senhor ali há liberdade. ¹⁸ E todos nós, que com a face descoberta contemplamos[a] a glória do Senhor, segundo a sua imagem estamos sendo transformados com glória cada vez maior, a qual vem do Senhor, que é o Espírito.

Tesouros em Vasos de Barro

4 Portanto, visto que temos este ministério pela misericórdia que nos foi dada, não desanimamos. ² Antes, renunciamos aos procedimentos secretos e vergonhosos; não usamos de engano nem torcemos a palavra de Deus. Ao contrário, mediante a clara exposição da verdade, recomendamo-nos à consciência de todos, diante de Deus. ³ Mas, se o nosso evangelho está encoberto, para os que estão perecendo é que está encoberto. ⁴ O deus desta era cegou o entendimento dos descrentes, para que não vejam a luz do evangelho da glória de Cristo, que é a imagem de Deus. ⁵ Mas não pregamos a nós mesmos, mas a Jesus Cristo, o Senhor, e a nós como escravos de vocês, por causa de Jesus. ⁶ Pois Deus, que disse: "Das trevas resplandeça a luz"[b], ele mesmo brilhou em nossos corações, para iluminação do conhecimento da glória de Deus na face de Cristo.

⁷ Mas temos esse tesouro em vasos de barro, para mostrar que o poder que a tudo excede provém de Deus, e não de nós. ⁸ De todos os lados somos pressionados, mas não desanimados; ficamos perplexos, mas não desesperados; ⁹ somos perseguidos, mas não abandonados; abatidos, mas não destruídos. ¹⁰ Trazemos sempre em nosso corpo o morrer de Jesus, para que a vida de Jesus também seja revelada em nosso corpo. ¹¹ Pois nós, que estamos vivos, somos sempre entregues à morte por amor a Jesus, para que a sua vida também se manifeste em nosso corpo mortal. ¹² De modo que em nós atua a morte; mas em vocês, a vida.

¹³ Está escrito: "Cri, por isso falei"[c]. Com esse mesmo espírito de fé nós também cremos e, por isso, falamos, ¹⁴ porque sabemos que aquele que ressuscitou o Senhor Jesus dentre os mortos, também nos ressuscitará com Jesus e nos apresentará com vocês. ¹⁵ Tudo isso é para o bem de vocês, para que a graça, que está alcançando um número cada vez maior de pessoas, faça que transbordem as ações de graças para a glória de Deus.

¹⁶ Por isso não desanimamos. Embora exteriormente estejamos a desgastar-nos, interiormente estamos sendo renovados dia após dia, ¹⁷ pois os nossos sofrimentos leves e momentâneos estão produzindo para nós uma glória eterna que pesa mais do que todos eles. ¹⁸ Assim, fixamos os olhos, não naquilo que se vê, mas no que não se vê, pois o que se vê é transitório, mas o que não se vê é eterno.

Nossa Habitação Celestial

5 Sabemos que, se for destruída a temporária habitação terrena em que vivemos, temos da parte de Deus um edifício, uma casa eterna nos céus, não construída por mãos humanas. ² Enquanto isso, gememos, desejando ser revestidos da nossa habitação celestial, ³ porque, estando vestidos, não seremos encontrados nus. ⁴ Pois, enquanto estamos nesta casa, gememos e nos angustiamos, porque não queremos ser despidos, mas revestidos da nossa habitação celestial, para que aquilo que é mortal seja absorvido pela vida. ⁵ Foi Deus que nos preparou para esse propósito, dando-nos o Espírito como garantia do que está por vir.

⁶ Portanto, temos sempre confiança e sabemos que, enquanto estamos no corpo, estamos longe do Senhor. ⁷ Porque vivemos por fé, e não pelo que vemos. ⁸ Temos, pois, confiança e preferimos estar ausentes do corpo e habitar com o Senhor. ⁹ Por isso, temos o propósito de lhe agradar, quer estejamos no corpo, quer o deixemos. ¹⁰ Pois todos nós devemos comparecer perante o tribunal de Cristo, para que cada um receba de acordo com as obras praticadas por meio do corpo, quer sejam boas quer sejam más.

O Ministério da Reconciliação

¹¹ Uma vez que conhecemos o temor ao Senhor, procuramos persuadir os homens. O que somos está manifesto diante de Deus e esperamos que esteja manifesto também diante da consciência de vocês. ¹² Não estamos tentando novamente recomendar-nos a vocês, porém estamos dando a oportunidade de exultarem em nós, para que tenham o que responder aos

---

[a] **3.18** Ou *refletimos*
[b] **4.6** Gn 1.3
[c] **4.13** Sl 116.10

5.17 Veja Romanos 6.4 e 8.1 para obter uma compreensão mais precisa deste versículo.

que se vangloriam das aparências e não do que está no coração. ¹³ Se enlouquecemos, é por amor a Deus; se conservamos o juízo, é por amor a vocês. ¹⁴ Pois o amor de Cristo nos constrange, porque estamos convencidos de que um morreu por todos; logo, todos morreram. ¹⁵ E ele morreu por todos para que aqueles que vivem já não vivam mais para si mesmos, mas para aquele que por eles morreu e ressuscitou.

¹⁶ De modo que, de agora em diante, a ninguém mais consideramos do ponto de vista humano[a]. Ainda que antes tenhamos considerado Cristo dessa forma, agora já não o consideramos assim. ¹⁷ Portanto, se alguém está em Cristo, é nova criação. As coisas antigas já passaram; eis que surgiram coisas novas![b] ¹⁸ Tudo isso provém de Deus, que nos reconciliou consigo mesmo por meio de Cristo e nos deu o ministério da reconciliação, ¹⁹ ou seja, que Deus em Cristo estava reconciliando consigo o mundo, não levando em conta os pecados dos homens, e nos confiou a mensagem da reconciliação. ²⁰ Portanto, somos embaixadores de Cristo, como se Deus estivesse fazendo o seu apelo por nosso intermédio. Por amor a Cristo suplicamos: Reconciliem-se com Deus. ²¹ Deus tornou pecado[c] por nós aquele que não tinha

5.17-21 Discipulado (iniciado em Romanos 10.14,15): Uma vez reconciliados com Deus, já temos à nossa disposição, por incumbência divina, o ministério da reconciliação. Somos seus embaixadores, e ele fala e se move através de nós. Para isso, foi necessário que seu Filho se "fizesse pecado" em nosso lugar, aquele que nunca sequer conheceu o pecado. Por isso, não devemos considerar nenhum sacrifício grande demais, comparado com o de Cristo.
Texto anterior: Marcos 16.15,16
Próximo texto: Lucas 4.18,19

6.2 Evangelização (iniciada em Romanos 3.23; p. 1199): Na sequência da evangelização, este versículo rompe duas interpretações equivocadas bastante comuns na maneira de pensar dos descrentes. A primeira é a ideia de que Deus apenas escuta alguns poucos privilegiados. A segunda é que devemos primeiro corrigir o que está errado na nossa vida a fim de podermos nos aproximar de Deus para obter dele a salvação. Com o objetivo de desfazer esses dois equívocos, o apóstolo afirma que agora é o momento certo de receber a salvação. Não se pode esperar mais. Existe um hino que faz parte da história da Igreja, que diz: "Tal qual estou". É desse modo que o Senhor nos aceita, exatamente como somos. Sem dúvida nenhuma nos aceita como somos, mas não nos deixa onde estamos; isso quer dizer que passamos por uma transformação que o Espírito Santo trata de fazer. Este versículo, portanto, serve de advertência para não perdermos tempo no reino das trevas e nos entreguemos a Cristo, a fim de que seu Espírito nos leve ao Reino da luz.
Texto anterior: João 10.27-30
Próximo texto: Marcos 16.16

pecado, para que nele nos tornássemos justiça de Deus.

6 Como cooperadores de Deus, insistimos com vocês para não receberem em vão a graça de Deus. ² Pois ele diz:

"Eu o ouvi no tempo favorável
e o socorri no dia da salvação"[d].

Digo que agora é o tempo favorável, agora é o dia da salvação!

Os Sofrimentos de Paulo

³ Não damos motivo de escândalo a ninguém, em circunstância alguma, para que o nosso ministério não caia em descrédito. ⁴ Ao contrário, como servos de Deus, recomendamo-nos de todas as formas: em muita perseverança; em sofrimentos, privações e tristezas; ⁵ em açoites, prisões e tumultos; em trabalhos

---

[a] **5.16** Grego: *segundo a carne.*
[b] **5.17** Vários manuscritos dizem *eis que tudo se fez novo!*
[c] **5.21** Ou *uma oferta pelo pecado*

[d] **6.2** Is 49.8

6.14 O jugo desigual, imagem retirada da agricultura, não se refere unicamente ao matrimônio com uma pessoa descrente, mas também a todo tipo de aliança ou compromisso permanente com descrentes, até mesmo no mundo corporativo.

árduos, noites sem dormir e jejuns; ⁶ em pureza, conhecimento, paciência e bondade; no Espírito Santo e no amor sincero; ⁷ na palavra da verdade e no poder de Deus; com as armas da justiça, quer de ataque quer de defesa[a]; ⁸ por honra e por desonra; por difamação e por boa fama; tidos por enganadores, sendo verdadeiros; ⁹ como desconhecidos, apesar de bem conhecidos; como se estivéssemos morrendo, mas eis que vivemos; espancados, mas não mortos; ¹⁰ entristecidos, mas sempre alegres; pobres, mas enriquecendo muitos outros; nada tendo, mas possuindo tudo.

¹¹ Falamos abertamente a vocês, coríntios, e abrimos todo o nosso coração! ¹² Não estamos limitando nosso afeto, mas vocês estão limitando o afeto que têm por nós. ¹³ Numa justa compensação, falo como a meus filhos, abram também o coração para nós!

O Problema da Associação com os Descrentes

¹⁴ Não se ponham em jugo desigual com descrentes. Pois o que têm em comum a justiça e a maldade? Ou que comunhão pode ter a luz com as trevas? ¹⁵ Que harmonia entre Cristo e Belial? Que há de comum entre o crente e o descrente? ¹⁶ Que acordo há entre o templo de Deus e os ídolos? Pois somos santuário do Deus vivo. Como disse Deus:

"Habitarei com eles
e entre eles andarei;
serei o seu Deus,
e eles serão o meu povo"[b].

6.16 Veja Levítico 26.12; Ezequiel 37.27.

[a] **6.7** Grego: *à direita e à esquerda*.
[b] **6.16** Lv 26.12; Jr 32.38; Ez 37.27

6.17 Veja Isaías 52.11.

¹⁷ Portanto,
"saiam do meio deles
e separem-se", diz o Senhor.
"Não toquem
em coisas impuras,
e eu os receberei"[c].
¹⁸ "e serei o seu Pai,
e vocês serão meus filhos
e minhas filhas",
diz o Senhor todo-poderoso[d].

7 Amados, visto que temos essas promessas, purifiquemo-nos de tudo o que contamina o corpo[e] e o espírito, aperfeiçoando a santidade no temor de Deus.

A Alegria de Paulo

² Concedam-nos lugar no coração de vocês. A ninguém prejudicamos, a ninguém causamos dano, a ninguém exploramos. ³ Não digo isso para condená-los; já disse que vocês estão em nosso coração para juntos morrermos ou vivermos. ⁴ Tenho grande confiança em vocês, e de vocês tenho muito orgulho. Sinto-me bastante encorajado; minha alegria transborda em todas as tribulações.

⁵ Pois, quando chegamos à Macedônia, não tivemos nenhum descanso, mas fomos atribulados de toda forma: conflitos externos, temores internos. ⁶ Deus, porém, que consola os abatidos, consolou-nos com a chegada de Tito, ⁷ e não apenas com a vinda dele, mas também com a consolação que vocês lhe deram. Ele nos falou da saudade, da tristeza e da preocupação de vocês por mim, de modo que a minha alegria se tornou ainda maior.

⁸ Mesmo que a minha carta tenha causado tristeza a vocês, não me arrependo. É verdade

6.18 Veja 2Samuel 7.14 e 1Crônicas 17.13.

[c] **6.17** Is 52.11; Ez 20.34,41
[d] **6.18** 2 Sm 7.8,14
[e] **7.1** Grego: *a carne*.

que a princípio me arrependi, pois percebi que a minha carta os entristeceu, ainda que por pouco tempo. ⁹ Agora, porém, me alegro, não porque vocês foram entristecidos, mas porque a tristeza os levou ao arrependimento. Pois vocês se entristeceram como Deus desejava e de forma alguma foram prejudicados por nossa causa. ¹⁰ A tristeza segundo Deus não produz remorso, mas sim um arrependimento que leva à salvação, e a tristeza segundo o mundo produz morte. ¹¹ Vejam o que esta tristeza segundo Deus produziu em vocês: que dedicação, que desculpas, que indignação, que temor, que saudade, que preocupação, que desejo de ver a justiça feita! Em tudo vocês se mostraram inocentes a esse respeito. ¹² Assim, se escrevi, não foi por causa daquele que cometeu o erro nem daquele que foi prejudicado, mas para que diante de Deus vocês pudessem ver por vocês mesmos como são dedicados a nós. ¹³ Por isso tudo fomos revigorados.

Além de encorajados, ficamos mais contentes ainda ao ver como Tito estava alegre, porque seu espírito recebeu refrigério de todos vocês. ¹⁴ Eu lhe tinha dito que estava orgulhoso de vocês, e vocês não me decepcionaram. Da mesma forma que era verdade tudo o que dissemos, o orgulho que temos de vocês diante de Tito também mostrou-se verdadeiro. ¹⁵ E a afeição dele por vocês fica maior ainda, quando lembra que todos vocês foram obedientes, recebendo-o com temor e tremor. ¹⁶ Alegro-me por poder ter plena confiança em vocês.

Incentivo à Contribuição

8 Agora, irmãos, queremos que vocês tomem conhecimento da graça que Deus concedeu às igrejas da Macedônia. ² No meio da mais severa tribulação, a grande alegria e a extrema pobreza deles transbordaram em rica generosidade. ³ Pois dou testemunho de que eles deram tudo quanto podiam e até além do que podiam. Por iniciativa própria ⁴ eles nos suplicaram insistentemente o privilégio de participar da assistência aos santos. ⁵ E não somente fizeram o que esperávamos, mas entregaram-se primeiramente a si mesmos ao Senhor e, depois, a nós, pela vontade de Deus. ⁶ Assim, recomendamos a Tito que, assim como ele já havia começado, também completasse esse ato de graça da parte de vocês. ⁷ Todavia, assim como vocês se destacam em tudo: na fé, na palavra, no conhecimento, na dedicação completa e no amor que vocês têm por nós[a], destaquem-se também neste privilégio de contribuir.

⁸ Não estou dando uma ordem, mas quero verificar a sinceridade do amor de vocês, comparando-o com a dedicação dos outros. ⁹ Pois vocês conhecem a graça de nosso Senhor Jesus Cristo que, sendo rico, se fez pobre por amor de vocês, para que por meio de sua pobreza vocês se tornassem ricos.

¹⁰ Este é meu conselho: convém que vocês contribuam, já que desde o ano passado vocês foram os primeiros, não somente a contribuir, mas também a propor esse plano. ¹¹ Agora, completem a obra, para que a forte disposição de realizá-la seja igualada pelo zelo em concluí-la, de acordo com os bens que vocês possuem. ¹² Porque, se há prontidão, a contribuição é aceitável de acordo com aquilo que alguém tem, e não de acordo com o que não tem.

¹³ Nosso desejo não é que outros sejam aliviados enquanto vocês são sobrecarregados, mas que haja igualdade. ¹⁴ No presente momento, a fartura de vocês suprirá a necessidade deles, para que, por sua vez, a fartura deles supra a necessidade de vocês. Então haverá igualdade, ¹⁵ como está escrito: "Quem tinha recolhido muito não teve demais, e não faltou a quem tinha recolhido pouco"[b].

A Coleta para os Crentes da Judeia

¹⁶ Agradeço a Deus ter ele posto no coração de Tito o mesmo cuidado que tenho por vocês, ¹⁷ pois Tito não apenas aceitou o nosso pedido, mas está indo até vocês, com muito entusiasmo e por iniciativa própria. ¹⁸ Com ele estamos enviando o irmão que é recomendado por todas as igrejas por seu serviço no evangelho. ¹⁹ Não só por isso, mas ele também foi escolhido pelas igrejas para nos acompanhar quando formos ministrar esta doação, o que fazemos para honrar o próprio Senhor e mostrar a nossa disposição. ²⁰ Queremos evitar que alguém nos critique quanto ao nosso modo de administrar essa generosa oferta, ²¹ pois estamos tendo o cuidado de fazer o que é correto, não apenas aos olhos do Senhor, mas também aos olhos dos homens.

²² Além disso, estamos enviando com eles o nosso irmão que muitas vezes e de muitas maneiras já nos provou que é muito dedicado, e agora ainda mais, por causa da grande confiança

---
[a] 8.7 Alguns manuscritos dizem *e em nosso amor por vocês*.
[b] 8.15 Êx 16.18

que ele tem em vocês. ²³ Quanto a Tito, ele é meu companheiro e cooperador entre vocês; quanto a nossos irmãos, eles são representantes das igrejas e uma honra para Cristo. ²⁴ Portanto, diante das demais igrejas, demonstrem a esses irmãos a prova do amor que vocês têm e a razão do orgulho que temos de vocês.

9 Não tenho necessidade de escrever a respeito dessa assistência aos santos. ² Reconheço a sua disposição em ajudar e já mostrei aos macedônios o orgulho que tenho de vocês, dizendo-lhes que, desde o ano passado, vocês da Acaia estavam prontos a contribuir; e a dedicação de vocês motivou a muitos. ³ Contudo, estou enviando os irmãos para que o orgulho que temos de vocês a esse respeito não seja em vão, mas que vocês estejam preparados, como eu disse que estariam, ⁴ a fim de que, se alguns macedônios forem comigo e os encontrarem despreparados, nós, para não mencionar vocês, não fiquemos envergonhados por tanta confiança que tivemos. ⁵ Assim, achei necessário recomendar que os irmãos os visitem antes e concluam os preparativos para a contribuição que vocês prometeram. Então ela estará pronta como oferta generosa, e não como algo dado com avareza.

Semeando com Generosidade

⁶ Lembrem-se: aquele que semeia pouco também colherá pouco, e aquele que semeia com fartura também colherá fartamente. ⁷ Cada um dê[a] conforme determinou em seu coração, não com pesar ou por obrigação, pois Deus ama quem dá com alegria. ⁸ E Deus é poderoso para fazer que toda a graça lhes seja acrescentada, para que em todas as coisas, em todo o tempo, tendo tudo o que é necessário, vocês transbordem em toda boa obra. ⁹ Como está escrito:

"Distribuiu, deu os seus bens aos
   necessitados;
a sua justiça dura para sempre"[b].

9.9 Veja Salmos 112.9.

9.10 Veja Isaías 55.10.

¹⁰ Aquele que supre a semente ao que semeia e o pão ao que come também lhes suprirá e multiplicará a semente e fará crescer os frutos da sua justiça. ¹¹ Vocês serão enriquecidos de todas as formas, para que possam ser generosos em qualquer ocasião e, por nosso intermédio, a sua generosidade resulte em ação de graças a Deus. ¹² O serviço ministerial que vocês estão realizando não está apenas suprindo as necessidades do povo de Deus, mas também transbordando em muitas expressões de gratidão a Deus. ¹³ Por meio dessa prova de serviço ministerial, outros louvarão a Deus pela obediência que acompanha a confissão que vocês fazem do evangelho de Cristo e pela generosidade de vocês em compartilhar seus bens com eles e com todos os outros. ¹⁴ E nas orações que fazem por vocês, eles estarão cheios de amor por vocês, por causa da insuperável graça que Deus tem dado a vocês. ¹⁵ Graças a Deus por seu dom indescritível!

Paulo Defende o seu Ministério

10 Eu, Paulo, pela mansidão e pela bondade de Cristo, apelo para vocês; eu, que sou "humilde" quando estou face a face com vocês, mas "audaz" quando ausente! ² Rogo a vocês que, quando estiver presente, não me obriguem a agir com audácia, tal como penso que ousarei fazer, para com alguns que acham que procedemos segundo os padrões humanos[c]. ³ Pois, embora vivamos como homens[d], não lutamos segundo os padrões humanos. ⁴ As armas com as quais lutamos não são humanas[e]; ao contrário, são poderosas em Deus para destruir fortalezas. ⁵ Destruímos argumentos e toda pretensão que se levanta contra o conhecimento de Deus e levamos cativo todo pensamento, para torná-lo obediente a Cristo. ⁶ E estaremos prontos para punir todo ato de desobediência, uma vez estando completa a obediência de vocês.

[a] **9.7** Grego: *semeie*.
[b] **9.9** Sl 112.9
[c] **10.2** Grego: *segundo a carne*; também no versículo 3.
[d] **10.3** Grego: *na carne*.
[e] **10.4** Grego: *carnais*.

⁷ Vocês observam apenas a aparência das coisas.ᵃ Se alguém está convencido de que pertence a Cristo, deveria considerar novamente consigo mesmo que, assim como ele, nós também pertencemos a Cristo. ⁸ Pois mesmo que eu tenha me orgulhado um pouco mais da autoridade que o Senhor nos deu, não me envergonho disso, pois essa autoridade é para edificá-los, e não para destruí-los. ⁹ Não quero que pareça que estou tentando amedrontá-los com as minhas cartas. ¹⁰ Pois alguns dizem: "As cartas dele são duras e fortes, mas ele pessoalmente não impressiona, e a sua palavra é desprezível". ¹¹ Saibam tais pessoas que aquilo que somos em cartas, quando estamos ausentes, seremos em atos, quando estivermos presentes.

¹² Não temos a pretensão de nos igualar ou de nos comparar com alguns que se recomendam a si mesmos. Quando eles se medem e se comparam consigo mesmos, agem sem entendimento. ¹³ Nós, porém, não nos gloriaremos além do limite adequado, mas limitaremos nosso orgulho à esfera de ação que Deus nos confiou, a qual alcança vocês inclusive. ¹⁴ Não estamos indo longe demais em nosso orgulho, como seria se não tivéssemos chegado até vocês, pois chegamos a vocês com o evangelho de Cristo. ¹⁵ Da mesma forma, não vamos além de nossos limites, gloriando-nos de trabalhos que outros fizeram.ᵇ Nossa esperança é que, à medida que for crescendo a fé que vocês têm, nossa atuação entre vocês aumente ainda mais, ¹⁶ para que possamos pregar o evangelho nas regiões que estão além de vocês, sem nos vangloriarmos de trabalho já realizado em território de outro. ¹⁷ Contudo, "quem se gloriar glorie-se no Senhor",ᶜ ¹⁸ pois não é aprovado quem a si mesmo se recomenda, mas aquele a quem o Senhor recomenda.

A Preocupação de Paulo com a Fidelidade dos Coríntios

11 Espero que vocês suportem um pouco da minha insensatez. Sim, por favor, sejam pacientes comigo.ᵈ ² O zelo que tenho por vocês é um zelo que vem de Deus. Eu os prometi a um único marido, Cristo, querendo apresentá-los a ele como uma virgem pura. ³ O que receio, e quero evitar, é que assim como a serpente enganou Eva com astúcia, a mente de vocês seja corrompida e se desvie da sua sincera e pura devoção a Cristo. ⁴ Pois, se alguém tem pregado a vocês um Jesus que não é aquele que pregamos, ou se vocês acolhem um espírito diferente do que acolheram ou um evangelho diferente do que aceitaram, vocês o toleram com facilidade. ⁵ Todavia, não me julgo nem um pouco inferior a esses "superapóstolos". ⁶ Eu posso não ser um orador eloquente; contudo tenho conhecimento. De fato, já manifestamos isso a vocês em todo tipo de situação.

⁷ Será que cometi algum pecado ao humilhar-me a fim de elevá-los, pregando a vocês gratuitamente o evangelho de Deus? ⁸ Despojei outras igrejas, recebendo delas sustento, a fim de servi-los. ⁹ Quando estive entre vocês e passei por alguma necessidade, não fui um peso para ninguém; pois os irmãos, quando vieram da Macedônia, supriram aquilo de que eu necessitava. Fiz tudo para não ser pesado a vocês e continuarei a agir assim. ¹⁰ Tão certo como a verdade de Cristo está em mim, ninguém na região da Acaia poderá privar-me deste orgulho. ¹¹ Por quê? Por que não amo vocês? Deus sabe que os amo! ¹² E continuarei fazendo o que faço, a fim de não dar oportunidade àqueles que desejam encontrar ocasião de serem considerados iguais a nós nas coisas de que se orgulham.

¹³ Pois tais homens são falsos apóstolos, obreiros enganosos, fingindo-se apóstolos de Cristo. ¹⁴ Isso não é de admirar, pois o próprio Satanás se disfarça de anjo de luz. ¹⁵ Portanto, não é surpresa que os seus servos finjam ser servos da justiça. O fim deles será o que as suas ações merecem.

Paulo Orgulha-se dos seus Sofrimentos

¹⁶ Faço questão de repetir: Ninguém me considere insensato. Mas, se vocês assim me considerarem, recebam-me como receberiam um insensato, a fim de que eu me orgulhe um pouco. ¹⁷ Ao ostentar esse orgulho, não estou falando segundo o Senhor, mas como insensato. ¹⁸ Visto que muitos estão se vangloriando de modo bem humano,ᵉ eu também me orgulharei. ¹⁹ Vocês, por serem tão sábios, suportam de boa vontade

---
ᵃ **10.7** Ou *Observem os acontecimentos evidentes.*
ᵇ **10.13-15** Ou *Nós, porém, não nos gloriaremos a respeito das coisas que não podem ser medidas, mas sim segundo o padrão de medida que o Deus de medida atribuiu a nós, a qual também se refere a vocês. 14... 15Tampouco nos gloriamos no que não se pode medir quanto ao trabalho feito por outros.*
ᶜ **10.17** Jr 9.24
ᵈ **11.1** Ou *De fato, já estão suportando.*
ᵉ **11.18** Grego: *segundo a carne.*

os insensatos! ²⁰ De fato, vocês suportam até quem os escraviza ou os explora, ou quem se exalta ou lhes fere a face. ²¹ Para minha vergonha, admito que fomos fracos demais para isso!

Naquilo em que todos os outros se atrevem a gloriar-se — falo como insensato — eu também me atrevo. ²² São eles hebreus? Eu também. São israelitas? Eu também. São descendentes de Abraão? Eu também. ²³ São eles servos de Cristo? — estou fora de mim para falar desta forma — eu ainda mais: trabalhei muito mais, fui encarcerado mais vezes, fui açoitado mais severamente e exposto à morte repetidas vezes. ²⁴ Cinco vezes recebi dos judeus trinta e nove açoites. ²⁵ Três vezes fui golpeado com varas, uma vez apedrejado, três vezes sofri naufrágio, passei uma noite e um dia exposto à fúria do mar. ²⁶ Estive continuamente viajando de uma parte a outra, enfrentei perigos nos rios, perigos de assaltantes, perigos dos meus compatriotas, perigos dos gentios[a]; perigos na cidade, perigos no deserto, perigos no mar e perigos dos falsos irmãos. ²⁷ Trabalhei arduamente; muitas vezes fiquei sem dormir, passei fome e sede, e muitas vezes fiquei em jejum; suportei frio e nudez. ²⁸ Além disso, enfrento diariamente uma pressão interior, a saber, a minha preocupação com todas as igrejas. ²⁹ Quem está fraco, que eu não me sinta fraco? Quem não se escandaliza, que eu não me queime por dentro?

³⁰ Se devo orgulhar-me, que seja nas coisas que mostram a minha fraqueza. ³¹ O Deus e Pai do Senhor Jesus, que é bendito para sempre, sabe que não estou mentindo. ³² Em Damasco, o governador nomeado pelo rei Aretas mandou que se vigiasse a cidade para me prender. ³³ Mas de uma janela na muralha fui baixado numa cesta e escapei das mãos dele.

A Visão de Paulo

12 É necessário que eu continue a gloriar-me com isso. Ainda que eu não ganhe nada com isso[b], passarei às visões e revelações do Senhor. ² Conheço um homem em Cristo que há catorze anos foi arrebatado ao terceiro céu. Se foi no corpo ou fora do corpo, não sei; Deus o sabe. ³ E sei que esse homem — se no corpo ou fora do corpo, não sei, mas Deus o sabe — ⁴ foi arrebatado ao paraíso e ouviu coisas indizíveis, coisas que ao homem

---
[a] 11.26 Isto é, os que não são judeus.
[b] 12.1 Vários manuscritos dizem *Embora não me seja vantajoso gloriar-me*.

12.7 Há diversas opções sobre o versículo anterior. Qualquer que pareça mais aceitável ao discípulo, essa não deve desviar sua atenção do ensino central de Paulo sobre o assunto: o importante é que não nos tornemos arrogantes, crendo que Deus faz acepção de pessoas em favor de nós. Esse tem sido o ponto de partida de declínios bastante tristes que têm maculado a imagem do Reino de Deus aos olhos dos homens.

não é permitido falar. ⁵ Nesse homem me gloriarei, mas não em mim mesmo, a não ser em minhas fraquezas. ⁶ Mesmo que eu preferisse gloriar-me não seria insensato, porque estaria falando a verdade. Evito fazer isso para que ninguém pense a meu respeito mais do que em mim vê ou de mim ouve.

⁷ Para impedir que eu me exaltasse por causa da grandeza dessas revelações, foi-me dado um espinho na carne, um mensageiro de Satanás, para me atormentar. ⁸ Três vezes roguei ao Senhor que o tirasse de mim. ⁹ Mas ele me disse: "Minha graça é suficiente a você, pois o meu poder se aperfeiçoa na fraqueza". Portanto, eu me gloriarei ainda mais alegremente em minhas fraquezas, para que o poder de Cristo repouse em mim. ¹⁰ Por isso, por amor de Cristo, regozijo-me nas fraquezas, nos insultos, nas necessidades, nas perseguições, nas angústias. Pois, quando sou fraco, é que sou forte.

A Preocupação de Paulo com os Coríntios

¹¹ Fui insensato, mas vocês me obrigaram a isso. Eu devia ser recomendado por vocês, pois em nada sou inferior aos "superapóstolos", embora eu nada seja. ¹² As marcas de um apóstolo — sinais, maravilhas e milagres — foram demonstradas entre vocês, com grande perseverança. ¹³ Em que vocês foram inferiores às outras igrejas, exceto no fato de eu nunca ter sido um peso para vocês? Perdoem-me essa ofensa!

¹⁴ Agora, estou pronto para visitá-los pela terceira vez e não serei um peso, porque o que desejo não são os seus bens, mas vocês mesmos. Além disso, os filhos não devem ajuntar riquezas para os pais, mas os pais para os filhos. ¹⁵ Assim, de boa vontade, por amor de vocês, gastarei tudo o que tenho e também me desgastarei

pessoalmente. Visto que os amo tanto, devo ser menos amado? ¹⁶ Seja como for, não tenho sido um peso para vocês. No entanto, como sou astuto, eu os prendi com astúcia. ¹⁷ Porventura eu os explorei por meio de alguém que enviei a vocês? ¹⁸ Recomendei a Tito que os visitasse, acompanhado de outro irmão. Por acaso Tito os explorou? Não agimos nós no mesmo espírito e não seguimos os mesmos passos?

¹⁹ Vocês pensam que durante todo este tempo estamos nos defendendo perante vocês? Falamos diante de Deus como alguém que está em Cristo, e tudo o que fazemos, amados irmãos, é para fortalecê-los. ²⁰ Pois temo que, ao visitá-los, não os encontre como eu esperava, e que vocês não me encontrem como esperavam. Temo que haja entre vocês brigas, invejas, manifestações de ira, divisões, calúnias, intrigas, arrogância e desordem. ²¹ Receio que, ao visitá-los outra vez, o meu Deus me humilhe diante de vocês e eu lamente por causa de muitos que pecaram anteriormente e não se arrependeram da impureza, da imoralidade sexual e da libertinagem que praticaram.

Advertências Finais

13 Esta será minha terceira visita a vocês. "Toda questão precisa ser confirmada pelo depoimento de duas ou três testemunhas"ª. ² Já os adverti quando estive com vocês pela segunda vez. Agora, estando ausente, escrevo aos que antes pecaram e aos demais: quando voltar, não os pouparei, ³ visto que vocês estão exigindo uma prova de que Cristo fala por meu intermédio. Ele não é fraco ao tratar com vocês, mas poderoso entre vocês. ⁴ Pois, na verdade, foi crucificado em fraqueza, mas vive pelo poder de Deus. Da mesma forma, somos fracos nele, mas, pelo poder de Deus, viveremos com ele para servir vocês.

⁵ Examinem-se para ver se vocês estão na fé; provem a vocês mesmos. Não percebem que Cristo Jesus está em vocês? A não ser que tenham sidoᵇ reprovados! ⁶ E espero que saibam que nós não fomos reprovados. ⁷ Agora, oramos a Deus para que vocês não pratiquem mal algum. Não para que os outros vejam que temos sido aprovados, mas para que vocês façam o que é certo, embora pareça que tenhamos falhado. ⁸ Pois nada podemos contra a verdade, mas somente em favor da verdade. ⁹ Ficamos alegres sempre que estamos fracos e vocês estão fortes; nossa oração é que vocês sejam aperfeiçoados. ¹⁰ Por isso escrevo estas coisas estando ausente, para que, quando eu for, não precise ser rigoroso no uso da autoridade que o Senhor me deu para edificá-los, e não para destruí-los.

Saudações Finais

¹¹ Sem mais, irmãos, despeço-me de vocês! Procurem aperfeiçoar-se, exortem-se mutuamenteᶜ, tenham um só pensamento, vivam em paz. E o Deus de amor e paz estará com vocês.
¹² Saúdem uns aos outros com beijo santo.
¹³ Todos os santos enviam saudações.
¹⁴ A graça do Senhor Jesus Cristo, o amor de Deus e a comunhão do Espírito Santo sejam com todos vocês.

ª **13.1** Dt 19.15
ᵇ **13.5** Ou *que se considerem*
ᶜ **13.11** Ou *aceitem minha exortação*

Introdução à epístola de Paulo aos
GÁLATAS

Autor e data de composição

As evidências parecem estar a favor da teoria de que Paulo escreveu esta carta às igrejas do norte da Galácia, que ele estabeleceu em algum momento entre os anos 48 e 53. Tais igrejas estavam formadas, na grande maioria, por gentios de tribos celtas que recebiam o nome de gálatas. Também aí chegaram mestres com ideias judaizantes totalmente contrárias aos ensinos de Paulo e que tratavam de impor práticas procedentes da Lei, em especial a circuncisão. É muito provável que esta carta tenha sido escrita pouco antes do Concílio de Jerusalém, relatado em Atos 15, o qual poderia estar situado antes do ano 49. Diferentemente de suas outras cartas, para as quais usava um secretário a quem ditava, Paulo escreveu esta carta de próprio punho e letra, sinal da importância e urgência que dava ao seu conteúdo (6.11).

ESBOÇO GERAL

Primeira parte: Introdução (1.1-9)

Segunda parte: A autoridade de Paulo e de sua mensagem (1.10—2.21)
  I. O evangelho que Paulo pregava foi-lhe revelado por Cristo e reconhecido pelos Doze (1.10—2.10)
  II. A firmeza de seu evangelho diante da debilidade de Pedro (2.11-21)

Terceira parte: A salvação (3.1—4.31)
  I. A salvação é pela fé, não pelas obras (3.1-14)
  II. A salvação é por promessa, não pela Lei (3.15-22)
  III. Sara e Hagar: os que põem sua confiança em Cristo são filhos; não podem estar na escravidão (3.23—4.7)
  IV. Uma preocupação: por que fazer-se de escravos se já aprendemos a ser filhos? (4.8-31)

Quarta parte: A liberdade com a qual Cristo nos tornou livres (5.1—6.10)
  I. O legalismo não deve nos privar da liberdade que Cristo nos deu (5.1-12)
  II. A libertinagem não deve existir entre pessoas que já foram verdadeiramente libertas (5.13-26)
  III. Devemos expressar nossa liberdade servindo especialmente aos da família da fé (6.1-10)

Quinta parte: Conclusão com um contraste entre a vida consagrada e o legalismo (6.11-18)

Versículos-chave
3.7,11

Tema geral do livro
Muitos pesquisadores consideram a carta aos Gálatas uma espécie de manuscrito prévio à carta aos Romanos. Seu tema central é a justificação pela fé, não pela prática da Lei,

em oposição ao ensino dos mestres judaizantes, que procuravam minar a credibilidade e os ensinos de Paulo entre os gálatas, fazendo-os submeter-se novamente aos ritos e tradições que já haviam perdido sentido depois do sacrifício de Cristo. De fato, foi essa carta que Martinho Lutero estava estudando em sua cátedra universitária de Wittenberg quando descobriu a importância do princípio cristão da salvação pela fé, não por obras. A carta como um todo insiste na liberdade dos crentes, tanto judeus como gentios, que, pelo ato de crer, são justificados (3.6-9), adotados (4.4-7), renovados (4.6; 6.15), convertidos em herdeiros da promessa feita por Deus a Abraão (3.15-18). Com seu discurso argumentativo, Paulo revela a triste realidade de que as versões legalistas do evangelho, em que caímos com tanta facilidade, não passam de deterioração da mensagem libertária com que Cristo nos tornou livres por meio da fé.

Em Gálatas, Jesus é...
... nossa liberdade; é quem nos torna livres (3.13,14).

Versículo-chave para o discípulo
3.27

O discípulo e Gálatas
Nunca conseguiremos entender completamente o significado das palavras do versículo-chave para o discípulo: "pois os que em Cristo foram batizados, de Cristo se revestiram" (3.27). No jardim do Éden, Deus sacrificou alguns animais e usou a pele para vestir Adão e Eva, como sinal de sua misericórdia e também como ato profético com respeito a essa realidade. Nos versículos 28 e 29, Paulo afirma que, pelo fato de estarmos revestidos de Cristo, aos olhos de Deus todas as diferenças entre nós foram desfeitas: "Não há judeu nem grego, escravo nem livre, homem nem mulher; pois todos são um em Cristo Jesus. E, se vocês são de Cristo, são descendência de Abraão e herdeiros segundo a promessa". Isso quer dizer que, ao nos ver, Deus nos enxerga revestidos de Cristo; em outras palavras, ele vê seu Filho amado. Caro discípulo, nunca procure revestir-se de nenhuma outra coisa que não seja Cristo. Não trate de impressionar Deus nem ninguém com seu conhecimento bíblico, esforços e atitudes de bondade. A única coisa que realmente impressiona Deus é manter-se revestido de Cristo, procurando ser transformado a cada dia à imagem dele. Foi ele que nos libertou, quem nos fez co-herdeiros com ele e quem nos deu a mensagem da liberdade e da verdadeira riqueza no Espírito a ser anunciada às pessoas que ainda não conhecem esta verdade: "Provem e vejam como o SENHOR é bom. Como é feliz o homem que nele se refugia!" (Salmos 34.8).

GÁLATAS

1 Paulo, apóstolo enviado, não da parte de homens nem por meio de pessoa alguma, mas por Jesus Cristo e por Deus Pai, que o ressuscitou dos mortos, ² e todos os irmãos que estão comigo,

às igrejas da Galácia:

³ A vocês, graça e paz da parte de Deus nosso Pai e do Senhor Jesus Cristo, ⁴ que se entregou a si mesmo por nossos pecados a fim de nos resgatar desta presente era perversa, segundo a vontade de nosso Deus e Pai, ⁵ a quem seja a glória para todo o sempre. Amém.

Não Há Outro Evangelho

⁶ Admiro-me de que vocês estejam abandonando tão rapidamente aquele que os chamou pela graça de Cristo, para seguirem outro evangelho ⁷ que, na realidade, não é o evangelho. O que ocorre é que algumas pessoas os estão perturbando, querendo perverter o evangelho de Cristo. ⁸ Mas, ainda que nós ou um anjo dos céus pregue um evangelho diferente daquele que pregamos a vocês, que seja amaldiçoado! ⁹ Como já dissemos, agora repito: Se alguém anuncia a vocês um evangelho diferente daquele que já receberam, que seja amaldiçoado!

¹⁰ Acaso busco eu agora a aprovação dos homens ou a de Deus? Ou estou tentando agradar a homens? Se eu ainda estivesse procurando agradar a homens, não seria servo de Cristo.

Paulo, Chamado por Deus

¹¹ Irmãos, quero que saibam que o evangelho por mim anunciado não é de origem humana. ¹² Não o recebi de pessoa alguma nem me foi ele ensinado; ao contrário, eu o recebi de Jesus Cristo por revelação.

¹³ Vocês ouviram qual foi o meu procedimento no judaísmo, como perseguia com violência a igreja de Deus, procurando destruí-la. ¹⁴ No judaísmo, eu superava a maioria dos judeus da minha idade, e era extremamente zeloso das tradições dos meus antepassados. ¹⁵ Mas Deus me separou desde o ventre materno e me chamou por sua graça. Quando lhe agradou ¹⁶ revelar o seu Filho em mim para que eu o anunciasse entre os gentios[a], não consultei pessoa alguma[b]. ¹⁷ Tampouco subi a Jerusalém para ver os que já eram apóstolos antes de mim, mas de imediato parti para a Arábia e voltei outra vez a Damasco.

¹⁸ Depois de três anos, subi a Jerusalém para conhecer Pedro[c] pessoalmente e estive com ele quinze dias. ¹⁹ Não vi nenhum dos outros apóstolos, a não ser Tiago, irmão do Senhor. ²⁰ Quanto ao que escrevo a vocês, afirmo diante de Deus que não minto. ²¹ A seguir, fui para as regiões da Síria e da Cilícia. ²² Eu não era pessoalmente conhecido pelas igrejas da Judeia que estão em Cristo. ²³ Apenas ouviam dizer: "Aquele que antes nos perseguia, agora está anunciando a fé que outrora procurava destruir". ²⁴ E glorificavam a Deus por minha causa.

Paulo é Aceito pelos Apóstolos

2 Catorze anos depois, subi novamente a Jerusalém, dessa vez com Barnabé, levando também Tito comigo. ² Fui para lá por causa de uma revelação e expus diante deles o evangelho que prego entre os gentios, fazendo-o, porém, em particular aos que pareciam mais influentes, para não correr ou ter corrido inutilmente. ³ Mas nem mesmo Tito, que estava comigo, foi obrigado a circuncidar-se, apesar de ser grego. ⁴ Essa questão foi levantada porque alguns falsos irmãos infiltraram-se em nosso meio para espionar a liberdade que temos em Cristo Jesus e nos reduzir à escravidão. ⁵ Não nos submetemos a eles nem por um instante, para que a verdade do evangelho permanecesse com vocês.

⁶ Quanto aos que pareciam influentes — o que eram então não faz diferença para mim; Deus não julga pela aparência — tais homens influentes não me acrescentaram nada. ⁷ Ao contrário, reconheceram que a mim havia sido confiada a pregação do evangelho aos incircuncisos[d]; assim como a Pedro, aos circuncisos[e]. ⁸ Pois Deus, que operou por meio de Pedro como apóstolo aos circuncisos, também

---

[a] **1.16** Isto é, os que não são judeus; também em todo o livro de Gálatas.
[b] **1.16** Grego: *carne e sangue*.
[c] **1.18** Grego: *Cefas*.
[d] **2.7** Ou *aos gentios*
[e] **2.7** Ou *aos judeus*; também nos versículos 8 e 9.

operou por meu intermédio para com os gentios. ⁹ Reconhecendo a graça que me fora concedida, Tiago, Pedro[a] e João, tidos como colunas, estenderam a mão direita a mim e a Barnabé em sinal de comunhão. Eles concordaram em que devíamos nos dirigir aos gentios e eles aos circuncisos. ¹⁰ Somente pediram que nos lembrássemos dos pobres, o que me esforcei por fazer.

Paulo Repreende a Pedro

¹¹ Quando, porém, Pedro veio a Antioquia, enfrentei-o face a face, por sua atitude condenável. ¹² Pois, antes de chegarem alguns da parte de Tiago, ele comia com os gentios. Quando, porém, eles chegaram, afastou-se e separou-se dos gentios, temendo os que eram da circuncisão. ¹³ Os demais judeus também se uniram a ele nessa hipocrisia, de modo que até Barnabé se deixou levar.

¹⁴ Quando vi que não estavam andando de acordo com a verdade do evangelho, declarei a Pedro, diante de todos: "Você é judeu, mas vive como gentio e não como judeu. Portanto, como pode obrigar gentios a viverem como judeus?

¹⁵ "Nós, judeus de nascimento e não gentios pecadores, ¹⁶ sabemos que ninguém é justificado pela prática da Lei, mas mediante a fé em Jesus Cristo. Assim, nós também cremos em Cristo Jesus para sermos justificados pela fé em Cristo, e não pela prática da Lei, porque pela prática da Lei ninguém será justificado.

¹⁷ "Se, porém, procurando ser justificados em Cristo descobrimos que nós mesmos somos pecadores, será Cristo então ministro do pecado? De modo algum! ¹⁸ Se reconstruo o que destruí, provo que sou transgressor. ¹⁹ Pois, por meio da Lei eu morri para a Lei, a fim de viver para Deus. ²⁰ Fui crucificado com Cristo. Assim, já não sou eu quem vive, mas Cristo vive em mim. A vida que agora vivo no corpo[b], vivo-a pela fé no filho de Deus, que me amou e se entregou por mim. ²¹ Não anulo a graça de Deus; pois, se a justiça vem pela Lei, Cristo morreu inutilmente!"

Fé ou Obediência à Lei?

3 Ó gálatas insensatos! Quem os enfeitiçou? Não foi diante dos seus olhos que Jesus Cristo foi exposto como crucificado? ² Gostaria de saber apenas uma coisa: foi pela prática da Lei que vocês receberam o Espírito, ou pela fé naquilo que ouviram? ³ Será que vocês são tão insensatos que, tendo começado pelo Espírito, querem agora se aperfeiçoar pelo esforço próprio[c]? ⁴ Será que foi inútil sofrerem tantas coisas? Se é que foi inútil! ⁵ Aquele que dá o seu Espírito e opera milagres entre vocês realiza essas coisas pela prática da Lei ou pela fé com a qual receberam a palavra?

⁶ Considerem o exemplo de Abraão: "Ele creu em Deus, e isso lhe foi creditado como justiça"[d]. ⁷ Estejam certos, portanto, de que os que são da fé é que são filhos de Abraão. ⁸ Prevendo a Escritura que Deus justificaria os gentios pela fé, anunciou primeiro as boas-novas a Abraão: "Por meio de você todas as nações serão abençoadas"[e]. ⁹ Assim, os que são da fé são abençoados com Abraão, homem de fé.

¹⁰ Já os que se apoiam na prática da Lei estão debaixo de maldição, pois está escrito: "Maldito todo aquele que não persiste em praticar todas as coisas escritas no livro da Lei"[f]. ¹¹ É evidente que diante de Deus ninguém é justificado pela Lei, pois "o justo viverá pela fé"[g]. ¹² A Lei não é baseada na fé; ao contrário, "quem praticar estas coisas por elas viverá"[h]. ¹³ Cristo nos redimiu da maldição da Lei quando se tornou maldição em nosso lugar, pois está escrito: "Maldito todo aquele que for pendurado num madeiro"[i]. ¹⁴ Isso para que em Cristo Jesus a bênção de Abraão chegasse também aos gentios, para que recebêssemos a promessa do Espírito mediante a fé.

A Lei e a Promessa

¹⁵ Irmãos, humanamente falando, ninguém pode anular um testamento[j] depois de ratificado nem acrescentar-lhe algo. ¹⁶ Assim também as promessas foram feitas a Abraão e ao seu descendente. A Escritura não diz: "E aos seus descendentes", como se falasse de muitos, mas: "Ao seu descendente"[k], dando a entender que se trata de um só, isto é, Cristo. ¹⁷ Quero dizer isto: A Lei, que veio quatrocentos e trinta

---

[a] **2.9** Grego: *Cefas*; também nos versículos 11 e 14.
[b] **2.20** Grego: *na carne*.
[c] **3.3** Grego: *pela carne*.
[d] **3.6** Gn 15.6
[e] **3.8** Gn 12.3; 18.18; 22.18
[f] **3.10** Dt 27.26
[g] **3.11** Hc 2.4
[h] **3.12** Lv 18.5
[i] **3.13** Dt 21.23
[j] **3.15** Ou *uma aliança*. Veja o versículo 17.
[k] **3.16** Grego: *semente*; também nos versículos 19 e 29. Gn 12.7; 13.15; 24.7

anos depois, não anula a aliança previamente estabelecida por Deus, de modo que venha a invalidar a promessa. [18] Pois, se a herança depende da Lei, já não depende de promessa. Deus, porém, concedeu-a gratuitamente a Abraão mediante promessa.

[19] Qual era então o propósito da Lei? Foi acrescentada por causa das transgressões, até que viesse o Descendente a quem se referia a promessa, e foi promulgada por meio de anjos, pela mão de um mediador. [20] Contudo, o mediador representa mais de um; Deus, porém, é um.

[21] Então, a Lei opõe-se às promessas de Deus? De maneira nenhuma! Pois, se tivesse sido dada uma lei que pudesse conceder vida, certamente a justiça viria da lei. [22] Mas a Escritura encerrou tudo debaixo do pecado, a fim de que a promessa, que é pela fé em Jesus Cristo, fosse dada aos que creem.

[23] Antes que viesse essa fé, estávamos sob a custódia da Lei, nela encerrados, até que a fé que haveria de vir fosse revelada. [24] Assim, a Lei foi o nosso tutor até Cristo, para que fôssemos justificados pela fé. [25] Agora, porém, tendo chegado a fé, já não estamos mais sob o controle do tutor.

Os Filhos de Deus

[26] Todos vocês são filhos de Deus mediante a fé em Cristo Jesus, [27] pois os que em Cristo foram batizados, de Cristo se revestiram. [28] Não há judeu nem grego, escravo nem livre, homem nem mulher; pois todos são um em Cristo Jesus. [29] E, se vocês são de Cristo, são descendência de Abraão e herdeiros segundo a promessa.

4 Digo porém que, enquanto o herdeiro é menor de idade, em nada difere de um escravo, embora seja dono de tudo. [2] No entanto, ele está sujeito a guardiões e administradores até o tempo determinado por seu pai. [3] Assim também nós, quando éramos menores, estávamos escravizados aos princípios elementares do mundo. [4] Mas, quando chegou a plenitude do tempo, Deus enviou seu Filho, nascido de mulher, nascido debaixo da Lei, [5] a fim de redimir os que estavam sob a Lei, para que recebêssemos a adoção de filhos. [6] E, porque vocês são filhos, Deus enviou o Espírito de seu Filho ao coração de vocês, e ele clama: "Aba[a], Pai". [7] Assim, você já não é mais escravo, mas filho; e, por ser filho, Deus também o tornou herdeiro.

A Preocupação de Paulo com os Gálatas

[8] Antes, quando vocês não conheciam a Deus, eram escravos daqueles que, por natureza, não são deuses. [9] Mas agora, conhecendo a Deus, ou melhor, sendo por ele conhecidos, como é que estão voltando àqueles mesmos princípios elementares, fracos e sem poder? Querem ser escravizados por eles outra vez? [10] Vocês estão observando dias especiais, meses, ocasiões específicas e anos! [11] Temo que os meus esforços por vocês tenham sido inúteis.

[12] Eu suplico, irmãos, que se tornem como eu, pois eu me tornei como vocês. Em nada vocês me ofenderam; [13] como sabem, foi por causa de uma doença que preguei o evangelho pela primeira vez a vocês. [14] Embora a minha doença tenha sido uma provação, vocês não me trataram com desprezo ou desdém; ao contrário, receberam-me como se eu fosse um anjo de Deus, como o próprio Cristo Jesus. [15] Que aconteceu com a alegria de vocês? Tenho certeza de que, se fosse possível, vocês teriam arrancado os próprios olhos para dá-los a mim. [16] Tornei-me inimigo de vocês por dizer a verdade?

[17] Os que fazem tanto esforço para agradá-los não agem bem, mas querem isolá-los a fim de que vocês também mostrem zelo por eles. [18] É bom sempre ser zeloso pelo bem, e não apenas quando estou presente. [19] Meus filhos, novamente estou sofrendo dores de parto por sua causa, até que Cristo seja formado em vocês. [20] Eu gostaria de estar com vocês agora e mudar o meu tom de voz, pois estou perplexo quanto a vocês.

Sara e Hagar

[21] Digam-me vocês, os que querem estar debaixo da Lei: Acaso vocês não ouvem a Lei? [22] Pois está escrito que Abraão teve dois filhos, um da escrava e outro da livre. [23] O filho da escrava nasceu de modo natural, mas o filho da livre nasceu mediante promessa.

[24] Isso é usado aqui como ilustração[b]; estas mulheres representam duas alianças. Uma aliança procede do monte Sinai e gera filhos para a escravidão: esta é Hagar. [25] Hagar

---

[a] **4.6** Termo aramaico para *Pai*.

[b] **4.24** Grego: *alegoria*.

representa o monte Sinai, na Arábia, e corresponde à atual cidade de Jerusalém, que está escravizada com os seus filhos. ²⁶ Mas a Jerusalém do alto é livre e é a nossa mãe. ²⁷ Pois está escrito:

"Regozije-se, ó estéril,
    você que nunca teve um filho;
grite de alegria,
    você que nunca esteve
        em trabalho de parto;
porque mais são os filhos
    da mulher abandonada
do que os daquela
    que tem marido"ᵃ.

²⁸ Vocês, irmãos, são filhos da promessa, como Isaque. ²⁹ Naquele tempo, o filho nascido de modo natural perseguiu o filho nascido segundo o Espírito. O mesmo acontece agora. ³⁰ Mas o que diz a Escritura? "Mande embora a escrava e o seu filho, porque o filho da escrava jamais será herdeiro com o filho da livre"ᵇ. ³¹ Portanto, irmãos, não somos filhos da escrava, mas da livre.

A Liberdade em Cristo

5 Foi para a liberdade que Cristo nos libertou. Portanto, permaneçam firmes e não se deixem submeter novamente a um jugo de escravidão.

² Ouçam bem o que eu, Paulo, tenho a dizer: Caso se deixem circuncidar, Cristo de nada lhes servirá. ³ De novo declaro a todo homem que se deixa circuncidar que ele está obrigado a cumprir toda a Lei. ⁴ Vocês, que procuram ser justificados pela Lei, separaram-se de Cristo; caíram da graça. ⁵ Pois é mediante o Espírito que nós aguardamos pela fé a justiça, que é a nossa esperança. ⁶ Porque em Cristo Jesus nem circuncisão nem incircuncisão têm efeito algum, mas sim a fé que atua pelo amor.

⁷ Vocês corriam bem. Quem os impediu de continuar obedecendo à verdade? ⁸ Tal persuasão não provém daquele que os chama. ⁹ "Um pouco de fermento leveda toda a massa." ¹⁰ Estou convencido no Senhor de que vocês não pensarão de nenhum outro modo. Aquele que os perturba, seja quem for, sofrerá a condenação. ¹¹ Irmãos, se ainda *estou pregando* a circuncisão, por que continuo sendo perseguido? Nesse caso, o escândalo da cruz foi removido.

5.19-23 Depois de enumerar uma lista considerável de obras da carne, Paulo apresenta o fruto do Espírito, partindo de uma imagem da agricultura. Aquilo que foi semeado na nossa vida é o que dá fruto segundo seu gênero. Ao permitirmos que Deus semeie a presença de seu Espírito em nós, esse Espírito naturalmente fará crescer o fruto que se origina de sua própria natureza: o amor, que se manifesta em alegria, paz, paciência... Para que isso aconteça, é necessário que a nossa natureza carnal, ou seja, a natureza humana rebelde, seja crucificada, com suas paixões e desejos (v. 24).

¹² Quanto a esses que os perturbam, quem dera que se castrassem!

¹³ Irmãos, vocês foram chamados para a liberdade. Mas não usem a liberdade para dar ocasião à vontade da carneᶜ; ao contrário, sirvam uns aos outros mediante o amor. ¹⁴ Toda a Lei se resume num só mandamento: "Ame o seu próximo como a si mesmo"ᵈ. ¹⁵ Mas, se vocês se mordem e se devoram uns aos outros, cuidado para não se destruírem mutuamente.

Vida pelo Espírito

¹⁶ Por isso digo: Vivam pelo Espírito, e de modo nenhum satisfarão os desejos da carne. ¹⁷ Pois a carne deseja o que é contrário ao Espírito; o Espírito, o que é contrário à carne. Eles estão em conflito um com o outro, de modo que vocês não fazem o que desejamᵉ. ¹⁸ Mas, se vocês são guiados pelo Espírito, não estão debaixo da Lei.

¹⁹ Ora, as obras da carne são manifestas: imoralidade sexual, impureza e libertinagem; ²⁰ idolatria e feitiçaria; ódio, discórdia, ciúmes, ira, egoísmo, dissensões, facções ²¹ e inveja; embriaguez, orgias e coisas semelhantes. Eu os advirto, como antes já os adverti: Aqueles que praticam essas coisas não herdarão o Reino de Deus.

²² Mas o fruto do Espírito é amor, alegria, paz, paciência, amabilidade, bondade, fidelidade, ²³ mansidão e domínio próprio. Contra

---

ᵃ **4.27** Is 54.1
ᵇ **4.30** Gn 21.10
ᶜ **5.13** Ou *da natureza pecaminosa*; também 5.16, 17, 19, 24 e 6.8.
ᵈ **5.14** Lv 19.18
ᵉ **5.17** Ou *o bem que desejam*; ou ainda *não podem fazer o que desejam*

6.2 A lei de Cristo tem como fundamento o amor, não o amor como sentimento romântico, mas, sim, como decisão da vontade e que se traduz em atitudes em favor da pessoa amada.

6.10 Temos uma primeira obrigação com os que fazem parte da família da fé. Tal obrigação é dupla: primeiro, fazer o bem a seus membros; segundo, não se aproveitar deles. A ajuda mútua é uma das características distintivas dos filhos de Deus.

essas coisas não há lei. ²⁴ Os que pertencem a Cristo Jesus crucificaram a carne, com as suas paixões e os seus desejos. ²⁵ Se vivemos pelo Espírito, andemos também pelo Espírito. ²⁶ Não sejamos presunçosos, provocando uns aos outros e tendo inveja uns dos outros.

Façamos o Bem a Todos

6 Irmãos, se alguém for surpreendido em algum pecado, vocês, que são espirituais, deverão restaurá-lo com mansidão. Cuide-se, porém, cada um para que também não seja tentado. ² Levem os fardos pesados uns dos outros e, assim, cumpram[a] a lei de Cristo. ³ Se alguém se considera alguma coisa, não sendo nada, engana-se a si mesmo. ⁴ Cada um examine os próprios atos, e então poderá orgulhar-se de si mesmo, sem se comparar com ninguém, ⁵ pois cada um deverá levar a própria carga.

⁶ O que está sendo instruído na palavra partilhe todas as coisas boas com aquele que o instrui.

⁷ Não se deixem enganar: de Deus não se zomba. Pois o que o homem semear isso também colherá. ⁸ Quem semeia para a sua carne da carne colherá destruição; mas quem semeia para o Espírito do Espírito colherá a vida eterna. ⁹ E não nos cansemos de fazer o bem, pois no tempo próprio colheremos, se não desanimarmos.

¹⁰ Portanto, enquanto temos oportunidade, façamos o bem a todos, especialmente aos da família da fé.

A Nova Criação Substitui a Circuncisão

¹¹ Vejam com que letras grandes estou escrevendo de próprio punho!

¹² Os que desejam causar boa impressão exteriormente[b], tentando obrigá-los a se circuncidarem, agem desse modo apenas para não serem perseguidos por causa da cruz de Cristo. ¹³ Nem mesmo os que são circuncidados cumprem a Lei; querem, no entanto, que vocês sejam circuncidados a fim de se gloriarem no corpo[c] de vocês. ¹⁴ Quanto a mim, que eu jamais me glorie, a não ser na cruz de nosso Senhor Jesus Cristo, por meio da qual[d] o mundo foi crucificado para mim, e eu para o mundo. ¹⁵ De nada vale ser circuncidado ou não. O que importa é ser uma nova criação. ¹⁶ Paz e misericórdia estejam sobre todos os que andam conforme essa regra e também sobre o Israel de Deus.

¹⁷ Sem mais, que ninguém me perturbe, pois trago em meu corpo as marcas de Jesus.

¹⁸ Irmãos, que a graça de nosso Senhor Jesus Cristo seja com o espírito de vocês. Amém.

---

[a] **6.2** Vários manuscritos dizem *cumprirão*.
[b] **6.12** Grego: *na carne*.
[c] **6.13** Grego: *na carne*.
[d] **6.14** Ou *de quem*

Introdução à epístola de Paulo aos
EFÉSIOS

Autor e data de composição

A tradição da Igreja, conforme está em 1.1 e 3.1, sempre considerou Paulo como seu escritor. Esta carta faz parte do grupo conhecido como "cartas da prisão", a saber: Efésios, Filipenses, Colossenses e Filemom. É provável que essas cartas tenham sido escritas durante o período em que Paulo esteve preso pela primeira vez em Roma, o que corresponderia a 60-63 d.C. Também é possível que ele tenha escrito as cartas de Colossenses e Filemom ao mesmo tempo e que as tenha enviado a cada um de seus destinatários por meio de seu amigo Tíquico (6.21), quando este lhe foi fazer uma visita. O fato de que um bom número dos manuscritos mais antigos não apresente as palavras "que estão em Éfeso", no final do versículo 1, nos leva a pensar que esta carta inicialmente tenha sido uma espécie de circular destinada a várias igrejas na região da Ásia Menor. Depois da carta aos Romanos, esta é a epístola que apresenta a teologia paulina com mais detalhes.

ESBOÇO GERAL

Primeira parte: Saudação e bênçãos espirituais em Cristo pelo que Deus, o Pai, já nos concedeu nele (1.1-14)

Segunda parte: Pedido do espírito de sabedoria e de revelação aos crentes (1.15-23)
  I. Para que conheçam o Pai da glória (1.15-17)
  II. Para que saibam qual é a esperança e o poder infinito que atuam neles (1.18-21)
  III. A igreja, submissa a Cristo, é seu corpo e plenitude daquele que enche todas as coisas (1.22,23)

Terceira parte: As insondáveis riquezas de que fomos feitos em Cristo (2—3)
  I. Ressuscitados, sentados nas regiões celestiais em Cristo e salvos pela graça por meio da fé (2.1-10)
  II. Próximos de Deus graças ao sangue de Cristo (2.11-22)
  III. Seu ministério entre os gentios: Deus, por meio da igreja, faz conhecida sua multiforme sabedoria aos poderes e autoridades nas regiões celestiais (3.1-13)
  IV. Um amor impossível de ser medido (3.14-21)

Quarta parte: Andar de maneira digna da vocação que recebemos (4.1—6.9)
  I. A unidade do Espírito pelo vínculo da paz (4.1-10)
  II. Os homens e as mulheres que Jesus deu à igreja para preparar os santos (4.11-16)
  III. Não é possível viver mais como os que não creram (4.17-21)
  IV. Despir-se do velho homem e revestir-se do novo homem (4.22-32)
  V. Andar no amor e ser cheio do Espírito (5.1-20)
  VI. Sujeitar-se uns aos outros; Cristo e a igreja (5.21-33)
  VII. Os deveres mútuos nos relacionamentos (6.1-9)

Quinta parte: A armadura de Deus (6.10-20)

Sexta parte: Saudações e bênção (6.21-24)

Versículos-chave
2.8,9

Tema geral do livro
Como é costume nos textos de Paulo, em linhas gerais a carta aos Efésios dedica uma primeira parte ao ensino e uma segunda à aplicação prática desse ensino. Paulo começa com uma oração no estilo rabínico, bendizendo o nome de Deus e proclamando que o Senhor já nos abençoou com todas as bênçãos espirituais em Cristo. Se há um tema que tem relevância nesta carta, é a nossa identificação com Cristo, cabeça da igreja. Afirma também que Deus nos ressuscitou com Cristo e com ele nos fez assentar nas regiões celestiais em Cristo Jesus. Exorta os gentios que estão nas igrejas e que lerão sua carta a que louvem a Deus por terem sido incluídos no plano de salvação, apesar de não fazerem parte do povo da aliança. Por termos sido abençoados com essa inclusão, necessitamos andar dignamente, submetendo-nos uns aos outros, amando-nos e respeitando-nos, mantendo-nos fortes no Senhor e revestindo-nos de toda a armadura que ele põe à nossa disposição. Diz Paulo ser ele mesmo um "embaixador preso em correntes" e, em vez de se queixar por essa situação, aproveita o tempo de seu encarceramento para escrever, inspirado pelo Espírito de Deus, um dos escritos mais encorajadores e maravilhosos que conhecemos. Esta carta, aliada às outras escritas na prisão, demonstra que o que normalmente consideramos um mal Deus é capaz de torná-lo em um bem muito maior. É incontável o número de cristãos que ao longo da história da Igreja encontraram nestas páginas ânimo e força para seguir lutando na caminhada cristã.

Em Efésios, Jesus é...
... cabeça da igreja (1.22,23).

Versículo-chave para o discípulo
4.1

O discípulo e Efésios
Efésios com certeza é uma das cartas do Novo Testamento que o discípulo deve ler com atenção, não apenas para admirar a profundidade de suas verdades, como também para torná-la parte de sua maneira de viver. O versículo-chave para o discípulo expressa muito bem essa verdade: "[...] rogo-lhes que vivam de maneira digna da vocação que receberam" (4.1). Nossos inimigos de sempre procuram nos oprimir, humilhar e fazer crer que somos pouca coisa, ou ainda nos manter sentados no banco da igreja esperando receber a ministração de outros. Paulo aqui esclarece um princípio que nem sempre se cumpre, apesar de estar bastante claro em 4.11 e versículos seguintes. Os ministérios que Jesus dá à igreja têm como objetivo preparar todos os crentes para a obra do ministério e para que cresçam na medida da plenitude de Cristo. Em outras palavras, todos somos ministros de Cristo em potencial; e o trabalho de cada ministro é preparar-se para entrar em ação e fazer avançar o Reino. Observemos neste mesmo texto a relação entre o trabalho ministerial e o crescimento que tem como medida a plenitude de Cristo. O cristão que decide ficar mais ou menos como estava no início de sua caminhada com Cristo acaba adotando um estado de infantilidade espiritual que somente pode ser comparado com o homem carnal, de que fala Paulo em 1Coríntios (3.1) — o que definitivamente não está à altura do propósito para o qual fomos criados e que Pedro resume de

modo impressionante: "Vocês, porém, são geração eleita, sacerdócio real, nação santa, povo exclusivo de Deus, para anunciar as grandezas daquele que os chamou das trevas para a sua maravilhosa luz. Antes vocês nem sequer eram povo, mas agora são povo de Deus; não haviam recebido misericórdia, mas agora a receberam" (1Pedro 2.9,10). Caro discípulo, não permita que ninguém o engane sobre a dignidade que Deus concedeu a você por sua graça, pois não aceitar essa realidade seria o mesmo que não aceitar a validade do sacrifício expiatório de Cristo.

EFÉSIOS

1 Paulo, apóstolo de Cristo Jesus pela vontade de Deus, aos santos e fiéis[a] em Cristo Jesus que estão em Éfeso[b]: ² A vocês, graça e paz da parte de Deus nosso Pai e do Senhor Jesus Cristo.

As Bênçãos Espirituais em Cristo

³ Bendito seja o Deus e Pai de nosso Senhor Jesus Cristo, que nos abençoou com todas as bênçãos espirituais nas regiões celestiais em Cristo. ⁴ Porque Deus nos escolheu nele antes da criação do mundo, para sermos santos e irrepreensíveis em sua presença. ⁵ Em amor nos predestinou[c] para sermos adotados como filhos, por meio de Jesus Cristo, conforme o bom propósito da sua vontade, ⁶ para o louvor da sua gloriosa graça, a qual nos deu gratuitamente no Amado.

⁷ Nele temos a redenção por meio de seu sangue, o perdão dos pecados, de acordo com as riquezas da graça de Deus, ⁸ a qual ele derramou sobre nós com toda a sabedoria e entendimento. ⁹ E nos[d] revelou o mistério da sua vontade, de acordo com o seu bom propósito que ele estabeleceu em Cristo, ¹⁰ isto é, de fazer convergir em Cristo todas as coisas, celestiais ou terrenas, na dispensação da plenitude dos tempos. ¹¹ Nele fomos também escolhidos[e], tendo sido predestinados conforme o plano daquele que faz todas as coisas segundo o propósito da sua vontade, ¹² a fim de que nós, os que primeiro esperamos em Cristo, sejamos para o louvor da sua glória.

1.3-14 Observe e anote as vezes em que Paulo insiste dizendo que tudo o que temos, o temos "em Cristo". Certamente, o Pai nos abençoou "com todas as bênçãos espirituais nas regiões celestiais", mas cumpriu isso em Cristo, não por causa dos nossos próprios méritos, que não servem para nada.

1.23 A igreja é a plenitude de Cristo, porque Cristo, por meio dela, realiza neste mundo a missão salvadora dada ao Filho pelo Pai. Cristo é a plenitude da igreja. Sem ele, essa seria apenas uma tarefa humana que não chegaria a seu objetivo; no entanto, nele estamos completos (Colossenses 2.10).

¹³ Quando vocês ouviram e creram na palavra da verdade, o evangelho que os salvou, vocês foram selados em Cristo com o Espírito Santo da promessa, ¹⁴ que é a garantia da nossa herança até a redenção daqueles que pertencem a Deus, para o louvor da sua glória.

Ação de Graças e Oração

¹⁵ Por essa razão, desde que ouvi falar da fé que vocês têm no Senhor Jesus e do amor que demonstram para com todos os santos, ¹⁶ não deixo de dar graças por vocês, mencionando-os em minhas orações. ¹⁷ Peço que o Deus de nosso Senhor Jesus Cristo, o glorioso Pai, dê a vocês espírito[f] de sabedoria e de revelação, no pleno conhecimento dele. ¹⁸ Oro também para que os olhos do coração de vocês sejam iluminados, a fim de que vocês conheçam a esperança para a qual ele os chamou, as riquezas da gloriosa herança dele nos santos ¹⁹ e a incomparável grandeza do seu poder para conosco, os que cremos, conforme a atuação da sua poderosa força. ²⁰ Esse poder ele exerceu em Cristo, ressuscitando-o dos mortos e fazendo-o assentar-se à sua direita, nas regiões celestiais, ²¹ muito acima de todo governo e autoridade, poder e domínio, e de todo nome que se possa mencionar, não apenas nesta era, mas também na que há de vir. ²² Deus colocou todas as coisas debaixo de seus pés e o designou cabeça de todas as coisas para a igreja, ²³ que é o seu corpo, a plenitude daquele que enche todas as coisas, em toda e qualquer circunstância.

A Nova Vida em Cristo

2 Vocês estavam mortos em suas transgressões e pecados, ² nos quais costumavam

---

[a] **1.1** Ou *crentes*
[b] **1.1** Alguns manuscritos mais antigos não trazem *que estão em Éfeso*.
[c] **1.4,5** Ou *presença no amor. 5Ele nos predestinou*
[d] **1.8,9** Ou *nós. Com toda a sabedoria e entendimento 9nos*
[e] **1.11** Alguns manuscritos dizem *feitos herdeiros*.
[f] **1.17** Ou *o Espírito*

2.8,9 As quatro leis (iniciadas em João 3.16; p. 1121): Não tem nada a ver conosco, para que isso não nos seja motivo de orgulho. O único que merece toda a glória pelo bem que sejamos, pensemos ou façamos é aquele que entregou seu Filho para nos tornar seus filhos adotivos. Se há algo de que devemos nos orgulhar, deve ser da "cruz de nosso Senhor Jesus Cristo" (Gálatas 6.14), não da nossa aparente honra e dignidade.
Quarta lei: Veja a p. 1461.
Texto anterior: João 1.12
Próximo texto: Apocalipse 3.20

viver, quando seguiam a presente ordem[a] deste mundo e o príncipe do poder do ar, o espírito que agora está atuando nos que vivem na desobediência. ³ Anteriormente, todos nós também vivíamos entre eles, satisfazendo as vontades da nossa carne[b], seguindo os seus desejos e pensamentos. Como os outros, éramos por natureza merecedores da ira. ⁴ Todavia, Deus, que é rico em misericórdia, pelo grande amor com que nos amou, ⁵ deu-nos vida com Cristo quando ainda estávamos mortos em transgressões — pela graça vocês são salvos. ⁶ Deus nos ressuscitou com Cristo e com ele nos fez assentar nas regiões celestiais em Cristo Jesus, ⁷ para mostrar, nas eras que hão de vir, a incomparável riqueza de sua graça, demonstrada em sua bondade para conosco em Cristo Jesus. ⁸ Pois vocês são salvos pela graça, por meio da fé, e isto não vem de vocês, é dom de Deus; ⁹ não por obras, para que ninguém se glorie. ¹⁰ Porque somos criação de Deus realizada em Cristo Jesus para fazermos boas obras, as quais Deus preparou antes para nós as praticarmos.

A Nova Humanidade em Cristo

¹¹ Portanto, lembrem-se de que anteriormente vocês eram gentios[c] por nascimento[d] e chamados incircuncisão pelos que se chamam circuncisão, feita no corpo[e] por mãos humanas, e que, ¹² naquela época, vocês estavam sem Cristo, separados da comunidade de Israel, sendo estrangeiros quanto às alianças da promessa, sem esperança e sem Deus no mundo. ¹³ Mas agora, em Cristo Jesus, vocês, que antes estavam longe, foram aproximados mediante o sangue de Cristo.

¹⁴ Pois ele é a nossa paz, o qual de ambos fez um e destruiu a barreira, o muro de inimizade, ¹⁵ anulando em seu corpo a Lei dos mandamentos expressa em ordenanças. O objetivo dele era criar em si mesmo, dos dois, um novo homem, fazendo a paz, ¹⁶ e reconciliar com Deus os dois em um corpo, por meio da cruz, pela qual ele destruiu a inimizade. ¹⁷ Ele veio e anunciou paz a vocês que estavam longe e paz aos que estavam perto, ¹⁸ pois por meio dele tanto nós como vocês temos acesso ao Pai, por um só Espírito.

¹⁹ Portanto, vocês já não são estrangeiros nem forasteiros, mas concidadãos dos santos e membros da família de Deus, ²⁰ edificados sobre o fundamento dos apóstolos e dos profetas, tendo Jesus Cristo como pedra angular, ²¹ no qual todo o edifício é ajustado e cresce para tornar-se um santuário santo no Senhor. ²² Nele vocês também estão sendo edificados juntos, para se tornarem morada de Deus por seu Espírito.

2.8,9 Evangelização (iniciada em Romanos 3.23; p. 1199): A palavra "graça" tem a mesma raiz das palavras "grátis" e "gratuito". Nesse caso, trata-se de uma bênção que recebemos da parte de Deus sem que a mereçamos; o castigo eterno, sim, era o que de verdade merecíamos. A fé que salva não é posta em qualquer coisa, mas em Cristo, como vimos na citação anterior desta série. Tampouco podemos fabricar essa fé; trata-se de um presente de Deus concedido por seu Espírito; o que temos de fazer é aceitá-la, deixar que entre na nossa vida e nos transforme. Se pudéssemos ser salvos com obras de caridade ou atividades religiosas, e todas as outras ações que o mundo e a nossa cultura chama de "boas obras", teríamos motivos para estar orgulhosos. No entanto, a Bíblia insiste em que toda a glória pertence a Deus e ao Filho, Jesus Cristo.
Texto anterior: Atos 16.30,31
Próximo texto: Romanos 10.9,10

---

[a] **2.2** Grego: *era*.
[b] **2.3** Ou *natureza pecaminosa*.
[c] **2.11** Isto é, os que não são judeus; também em 3.1, 6, 8 e 4.17.
[d] **2.11** Grego: *gentios na carne*.
[e] **2.11** Grego: *carne*; também no versículo 15.

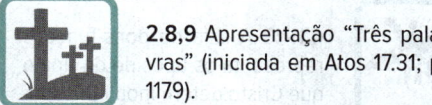

2.8,9 Apresentação "Três palavras" (iniciada em Atos 17.31; p. 1179).
Tudo o que devia ser feito para que obtivéssemos a salvação já foi realizado por Jesus Cristo na cruz; nós apenas confiamos em seu sacrifício em nosso favor e assim recebemos o perdão dos nossos pecados. Se fosse por mérito nosso, já estaríamos bastante vaidosos, mas a salvação é gratuita para que ninguém tenha motivo algum para se envaidecer.
Leia: Efésios 2.8,9
Próximo passo: Crer. Você pode receber o presente da salvação se crer que Cristo morreu por todos os nossos pecados e ressuscitou. Expresse a sua confiança em Deus com esta oração:

Senhor:
Pequei contra ti, mas creio que Jesus morreu por meus pecados e ressuscitou. Hoje recebo Jesus como meu Salvador. Aceito o presente da salvação que o Senhor me oferece de todo o meu coração. Obrigado. Em nome de Jesus. Amém.

Parabéns! Agora que você aceitou o presente da vida eterna, pode ter a certeza de que Deus o selou com o Espírito Santo, que garante a sua salvação (veja Efésios 1.13,14 e 4.30).
Próximo passo: 1Coríntios 3.11-15, p. 1220

O Apóstolo dos Gentios

3 Por essa razão oro, eu, Paulo, prisioneiro de Cristo Jesus, em favor de vocês, gentios. ² Certamente vocês ouviram falar da responsabilidade imposta a mim em favor de vocês pela graça de Deus, ³ isto é, o mistério que me foi dado a conhecer por revelação, como já lhes escrevi em poucas palavras. ⁴ Ao lerem isso vocês poderão entender a minha compreensão do mistério de Cristo. ⁵ Esse mistério não foi dado a conhecer aos homens doutras gerações, mas agora foi revelado pelo Espírito aos santos apóstolos e profetas de Deus, ⁶ significando que, mediante o evangelho, os gentios são co-herdeiros com Israel, membros do mesmo corpo, e co-participantes da promessa em Cristo Jesus. ⁷ Deste evangelho tornei-me ministro pelo dom da graça de Deus, a mim concedida pela operação de seu poder.

⁸ Embora eu seja o menor dos menores de todos os santos, foi-me concedida esta graça de anunciar aos gentios as insondáveis riquezas de Cristo ⁹ e esclarecer a todos a administração deste mistério que, durante as épocas passadas, foi mantido oculto em Deus, que criou todas as coisas. ¹⁰ A intenção dessa graça era que agora, mediante a igreja, a multiforme sabedoria de Deus se tornasse conhecida dos poderes e autoridades nas regiões celestiais[a], ¹¹ de acordo com o eterno plano que ele realizou em Cristo Jesus, nosso Senhor, ¹² por intermédio de quem temos livre acesso a Deus em confiança, pela fé nele. ¹³ Portanto, peço a vocês que não desanimem por causa das minhas tribulações em seu favor, pois elas são uma glória para vocês.

A Oração de Paulo pelos Santos

¹⁴ Por essa razão, ajoelho-me diante do Pai, ¹⁵ do qual recebe o nome toda a família[b] nos céus e na terra. ¹⁶ Oro para que, com as suas gloriosas riquezas, ele os fortaleça no íntimo do seu ser com poder, por meio do seu Espírito, ¹⁷ para que Cristo habite no coração de vocês mediante a fé; e oro para que, estando arraigados e alicerçados em amor, ¹⁸ vocês possam, juntamente com todos os santos, compreender a largura, o comprimento, a altura e a profundidade, ¹⁹ e conhecer o amor de Cristo que excede todo conhecimento, para que vocês sejam cheios de toda a plenitude de Deus.

²⁰ Àquele que é capaz de fazer infinitamente mais do que tudo o que pedimos ou pensamos, de acordo com o seu poder que atua em nós, ²¹ a ele seja a glória na igreja e em Cristo Jesus, por todas as gerações, para todo o sempre! Amém!

A Unidade do Corpo de Cristo

4 Como prisioneiro no Senhor, rogo-lhes que vivam de maneira digna da vocação que

4.1 A posição que Deus nos deu em Cristo nos obriga a levar uma vida adequada à que recebemos. Observe-se que quem está falando é um homem preso, mas que não se considera um prisioneiro em Roma, e sim "no Senhor".

---
[a] 3.10 Ou *no mundo espiritual*
[b] 3.15 Ou *do qual se deriva toda a paternidade*

 **4.8** Veja Salmos 68.18.

 **4.11-13** A lista de dons-funções representa os tipos de discípulo que Cristo determinou em espaços de influência em sua igreja, a fim de que eles possam desenvolver a obra do Reino. O objetivo desses cinco ministérios não é que se restrinjam à tarefa da ministração por quem os recebe. O objetivo maior é preparar os outros cristãos para a obra do ministério, pois todo discípulo tem o chamado de ser um ministro do Senhor e realizar sua parte no Reino.

receberam. ² Sejam completamente humildes e dóceis, e sejam pacientes, suportando uns aos outros com amor. ³ Façam todo o esforço para conservar a unidade do Espírito pelo vínculo da paz. ⁴ Há um só corpo e um só Espírito, assim como a esperança para a qual vocês foram chamados é uma só; ⁵ há um só Senhor, uma só fé, um só batismo, ⁶ um só Deus e Pai de todos, que é sobre todos, por meio de todos e em todos.

⁷ E a cada um de nós foi concedida a graça, conforme a medida repartida por Cristo. ⁸ Por isso é que foi dito:

"Quando ele subiu em triunfo às alturas,
levou cativos muitos prisioneiros,
e deu dons aos homens"ª.

⁹ (Que significa "ele subiu", senão que também havia descido às profundezas da terraᵇ? ¹⁰ Aquele que desceu é o mesmo que subiu acima de todos os céus, a fim de encher todas as coisas.) ¹¹ E ele designou alguns para apóstolos, outros para profetas, outros para evangelistas, e outros para pastores e mestres, ¹² com o fim de preparar os santos para a obra do ministério, para que o corpo de Cristo seja edificado, ¹³ até que todos alcancemos a unidade da fé e do conhecimento do Filho de Deus, e cheguemos à maturidade, atingindo a medida da plenitude de Cristo. ¹⁴ O propósito é que não sejamos mais como crianças, levados de um lado para outro pelas ondas, nem jogados para cá e para lá por todo vento de doutrina e pela astúcia e esperteza de homens que induzem ao erro. ¹⁵ Antes, seguindo a verdade em amor, cresçamos em tudo naquele que é a cabeça, Cristo. ¹⁶ Dele todo o corpo, ajustado e unido pelo auxílio de todas as juntas, cresce e edifica-se a si mesmo em amor, na medida em que cada parte realiza a sua função.

O Procedimento dos Filhos da Luz

¹⁷ Assim, eu digo a vocês, e no Senhor insisto, que não vivam mais como os gentios, que vivem na inutilidade dos seus pensamentos. ¹⁸ Eles estão obscurecidos no entendimento e separados da vida de Deus por causa da ignorância em que estão, devido ao endurecimento do seu coração. ¹⁹ Tendo perdido toda a sensibilidade, eles se entregaram à depravação, cometendo com avidez toda espécie de impureza.

²⁰ Todavia, não foi isso que vocês aprenderam de Cristo. ²¹ De fato, vocês ouviram falar dele, e nele foram ensinados de acordo com a verdade que está em Jesus. ²² Quanto à antiga maneira de viver, vocês foram ensinados a despir-se do velho homemᶜ, que se corrompe por desejos enganosos, ²³ a serem renovados no modo de pensar e ²⁴ a revestir-se do novo homem, criado para ser semelhante a Deus em justiça e em santidade provenientes da verdade.

²⁵ Portanto, cada um de vocês deve abandonar a mentira e falar a verdade ao seu próximo, pois todos somos membros de um mesmo corpo. ²⁶ "Quando vocês ficarem irados, não pequem"ᵈ. Apazigúem a sua ira antes que o sol se ponha ²⁷ e não deem lugar ao Diabo. ²⁸ O que furtava não furte mais; antes trabalhe, fazendo algo de útil com as mãos, para que tenha o que repartir com quem estiver em necessidade.

²⁹ Nenhuma palavra torpe saia da boca de vocês, mas apenas a que for útil para edificar os outros, conforme a necessidade, para que conceda graça aos que a ouvem. ³⁰ Não entristeçam o Espírito Santo de Deus, com o qual vocês foram selados para o dia da redenção. ³¹ Livrem-se de toda amargura, indignação e ira, gritaria e calúnia, bem como de toda maldade. ³² Sejam bondosos e compassivos uns para com

---

ª **4.8** Sl 68.18
ᵇ **4.9** Ou *regiões mais baixas, à terra*
ᶜ **4.22** Isto é, da velha vida dos não regenerados.
ᵈ **4.26** Sl 4.4

GUERRA ESPIRITUAL E ORAÇÃO: EFÉSIOS
Que poder tem Satanás? Como os cristãos normalmente lutam contra as obras do Inimigo?

O mais importante que a Bíblia nos diz a respeito de Satanás é que ele já está derrotado. Jesus, depois de enviar os Setenta para realizar a obra do Reino, lhes disse: " 'Eu vi Satanás caindo do céu como relâmpago' " (Lucas 10.18). A batalha decisiva de toda a História foi a primeira a ser resolvida: a vida, o ministério, a morte e a ressurreição de Cristo derrotaram o Inimigo. Muitas vezes, focalizamos a segunda vinda de Cristo, mas a primeira vinda é o que a Bíblia indica como o marco mais importante de todos os tempos.

Em João 10.10 lemos que " 'O ladrão vem apenas para roubar, matar e destruir; eu vim para que tenham vida e a tenham plenamente' ". Isso é do que se encarrega Satanás hoje, mas sua posição continua sendo a mesma: a de derrotado. A batalha já terminou, mas a retirada do campo de guerra rumo ao lago de fogo que o espera procura trazer todo tipo de dificuldade aos crentes (Apocalipse 20.10).

Paulo escreveu esta carta à jovem igreja em Éfeso, cidade que era o centro da atividade demoníaca e adoração a outros deuses no século I. Os novos cristãos procuravam aprender a sobreviver no meio de uma cidade pagã. Paulo começa a carta dedicando os três primeiros capítulos à identidade que eles tinham em Cristo. Trata do fundamento do caráter de Deus e do que receberam com a salvação. Ao fortalecer-se o fundamento, teriam condições de resistir às mentiras do Inimigo com a verdade.

Ao final desta carta, no capítulo 6, Paulo fala da armadura de Deus. Cada peça da armadura é algo que nos foi dado como um presente de Deus. O cinto da verdade, a couraça da justiça, os pés calçados com a prontidão do evangelho da paz, o escudo da fé, o capacete da salvação e a espada do Espírito, que é a palavra de Deus. Nesse texto, somos chamados a estar firmes em tudo o que Jesus conquistou para nós. A armadura é um resumo do que ele fez pelos efésios e por todos os que creem.

Precisamos orar e *resistir ao Diabo, para que ele fuja de nós* (veja Tiago 4.7). Podemos fazer isso somente porque Jesus o derrotou na cruz e nossa salvação nos deu tudo de que precisamos para estar firmes contra suas maquinações (Efésios 6.11).

Em lugar de ficar procurando um demônio a cada esquina, devemos agir com base na nossa identidade em Cristo.

APLICAÇÃO
- Não devemos recordar o Diabo do que Deus diz a respeito de nós (a nossa identidade), mas, sim, devemos fortalecer os nossos fundamentos. Leia Efésios 1 e faça uma lista de tudo o que temos "em Cristo".
- Colocar a armadura pode ser um exercício de adoração. Pense em cada uma das peças que a compõem e dê graças a Deus pelos dons que nos deu para estar firmes contra as artimanhas do Inimigo.

---

os outros, perdoando-se mutuamente, assim como Deus os perdoou em Cristo.

5 Portanto, sejam imitadores de Deus, como filhos amados, ² e vivam em amor, como também Cristo nos amou e se entregou por nós como oferta e sacrifício de aroma agradável a Deus.

³ Entre vocês não deve haver nem sequer menção de imoralidade sexual como também de nenhuma espécie de impureza e de cobiça; pois essas coisas não são próprias para os santos. ⁴ Não haja obscenidade, nem conversas tolas, nem gracejos imorais, que são inconvenientes, mas, ao invés disso, ações de graças.

⁵ Porque vocês podem estar certos disto: nenhum imoral, ou impuro, ou ganancioso, que é idólatra, tem herança no Reino de Cristo e de Deus[a]. ⁶ Ninguém os engane com palavras tolas, pois é por causa dessas coisas que a ira de Deus vem sobre os que vivem na desobediência. ⁷ Portanto, não participem com eles dessas coisas.

⁸ Porque outrora vocês eram trevas, mas agora são luz no Senhor. Vivam como filhos da luz, ⁹ pois o fruto da luz[b] consiste em toda bondade, justiça e verdade; ¹⁰ e aprendam a discernir o que é agradável ao Senhor. ¹¹ Não

[a] 5.5 Ou *Cristo e Deus*
[b] 5.9 Alguns manuscritos dizem *o fruto do Espírito*.

5.14 Este é um dos hinos mais antigos da era apostólica.

participem das obras infrutíferas das trevas; antes, exponham-nas à luz. ¹²Porque aquilo que eles fazem em oculto, até mencionar é vergonhoso. ¹³ Mas, tudo o que é exposto pela luz torna-se visível, pois a luz torna visíveis todas as coisas. ¹⁴ Por isso é que foi dito:

> "Desperta, ó tu que dormes,
>   levanta-te dentre os mortos
>   e Cristo resplandecerá
>   sobre ti".

Vida em Comunidade

¹⁵ Tenham cuidado com a maneira como vocês vivem; que não seja como insensatos, mas como sábios, ¹⁶ aproveitando ao máximo cada oportunidade, porque os dias são maus. ¹⁷ Portanto, não sejam insensatos, mas procurem compreender qual é a vontade do Senhor. ¹⁸ Não se embriaguem com vinho, que leva à libertinagem, mas deixem-se encher pelo Espírito, ¹⁹ falando entre vocês com salmos, hinos e cânticos espirituais, cantando e louvando de coração ao Senhor, ²⁰ dando graças constantemente a Deus Pai por todas as coisas, em nome de nosso Senhor Jesus Cristo.

²¹ Sujeitem-se uns aos outros, por temor a Cristo.

Deveres Conjugais

²² Mulheres, sujeite-se cada uma a seu marido, como ao Senhor, ²³ pois o marido é o cabeça da mulher, como também Cristo é o cabeça da igreja, que é o seu corpo, do qual ele é o Salvador. ²⁴ Assim como a igreja está sujeita a Cristo, também as mulheres estejam em tudo sujeitas a seus maridos.

5.21 Antes de tirar conclusões precipitadas e levá-las à prática, precisamos considerar este versículo e observar como Paulo compara as relações entre os cônjuges com a relação existente entre Cristo e a Igreja.

²⁵ Maridos, ame cada um a sua mulher, assim como Cristo amou a igreja e entregou-se por ela ²⁶ para santificá-la, tendo-a purificado pelo lavar da água mediante a palavra, ²⁷ e para apresentá-la a si mesmo como igreja gloriosa, sem mancha nem ruga ou coisa semelhante, mas santa e inculpável. ²⁸ Da mesma forma, os maridos devem amar cada um a sua mulher como a seu próprio corpo. Quem ama sua mulher, ama a si mesmo. ²⁹ Além do mais, ninguém jamais odiou o seu próprio corpo[a], antes o alimenta e dele cuida, como também Cristo faz com a igreja, ³⁰ pois somos membros do seu corpo. ³¹ "Por essa razão, o homem deixará pai e mãe e se unirá à sua mulher, e os dois se tornarão uma só carne."[b] ³² Este é um mistério profundo; refiro-me, porém, a Cristo e à igreja. ³³ Portanto, cada um de vocês também ame a sua mulher como a você mesmo, e a mulher trate o marido com todo o respeito.

Deveres de Pais e Filhos

6 Filhos, obedeçam a seus pais no Senhor, pois isso é justo. ² "Honra teu pai e tua mãe" – este é o primeiro mandamento com promessa – ³ "para que tudo te corra bem e tenhas longa vida sobre a terra"[c].

⁴ Pais, não irritem seus filhos; antes criem-nos segundo a instrução e o conselho do Senhor.

Deveres de Escravos e Senhores

⁵ Escravos, obedeçam a seus senhores terrenos com respeito e temor, com sinceridade de coração, como a Cristo. ⁶ Obedeçam-lhes, não apenas para agradá-los quando eles os observam, mas como escravos de Cristo, fazendo de coração a vontade de Deus. ⁷ Sirvam aos seus senhores de boa vontade, como servindo ao Senhor, e não aos homens, ⁸ porque vocês sabem que o Senhor recompensará cada um pelo bem que praticar, seja escravo, seja livre.

⁹ Vocês, senhores, tratem seus escravos da mesma forma. Não os ameacem, uma vez que vocês sabem que o Senhor deles e de vocês está nos céus, e ele não faz diferença entre as pessoas.

A Armadura de Deus

¹⁰ Finalmente, fortaleçam-se no Senhor e no seu forte poder. ¹¹ Vistam toda a armadura

---
[a] **5.29** Grego: *carne*.
[b] **5.31** Gn 2.24
[c] **6.3** Dt 5.16

6.17 Neste versículo, Paulo insiste no poder da espada do Espírito para atacar o Inimigo. É a única arma de ataque que menciona. O discípulo deve ter em conta que a "palavra" de que Paulo fala aqui não é apenas o texto escrito de Deus, mas também o que ele nos diz ao comunicar-se conosco por meio de seu Espírito. Alguém pode ter uma coleção de Bíblias e, em compensação, nunca ter ouvido a voz de Deus. Não é a Bíblia que se converte na espada do Espírito, mas, sim, a segurança inabalável de que Deus nos fala. A segurança de Abraão, a quem Deus ordenou que saísse de sua terra, é a mesma que tem Paulo, ao declarar com tranquilidade que sabia "em quem tenho crido" (2Timóteo 1.12).

de Deus, para poderem ficar firmes contra as ciladas do Diabo, ¹²pois a nossa luta não é contra seres humanos[a], mas contra os poderes e autoridades, contra os dominadores deste mundo de trevas, contra as forças espirituais do mal nas regiões celestiais[b]. ¹³Por isso, vistam toda a armadura de Deus, para que possam resistir no dia mau e permanecer inabaláveis, depois de terem feito tudo. ¹⁴Assim, mantenham-se firmes, cingindo-se com o cinto da verdade, vestindo a couraça da justiça ¹⁵e tendo os pés calçados com a prontidão do evangelho da paz. ¹⁶Além disso, usem o escudo da fé, com o qual vocês poderão apagar todas as setas inflamadas do Maligno. ¹⁷Usem o capacete da salvação e a espada do Espírito, que é a palavra de Deus. ¹⁸Orem no Espírito em todas as ocasiões, com toda oração e súplica; tendo isso em mente, estejam atentos e perseverem na oração por todos os santos.

¹⁹Orem também por mim, para que, quando eu falar, seja-me dada a mensagem a fim de que, destemidamente, torne conhecido o mistério do evangelho, ²⁰pelo qual sou embaixador preso em correntes. Orem para que, permanecendo nele, eu fale com coragem, como me cumpre fazer.

Saudações Finais

²¹Tíquico, o irmão amado e fiel servo do Senhor, informará tudo a vocês, para que também saibam qual é a minha situação e o que estou fazendo. ²²Enviei-o a vocês por essa mesma razão, para que saibam como estamos e para que ele os encoraje.

²³Paz seja com os irmãos e amor com fé da parte de Deus Pai e do Senhor Jesus Cristo. ²⁴A graça seja com todos os que amam a nosso Senhor Jesus Cristo com amor incorruptível.

---

[a] **6.12** Grego: *contra carne e sangue.*
[b] **6.12** Ou *no mundo espiritual*

Introdução à epístola de Paulo aos
FILIPENSES

Autor e data de composição

Esta carta foi escrita pelo apóstolo Paulo (1.1). Aqui são visíveis suas ideias e seu estilo. Filipenses também pertence ao grupo de "cartas da prisão" (veja a introdução à epístola de Paulo aos Efésios). Mesmo que haja três supostos lugares para o encarceramento de Paulo (Roma, Cesareia Marítima e Éfeso), a tradição situa a composição desta carta em Roma. A data provável seria o ano 62. Apesar do momento vivido por Paulo, ou exatamente por esse motivo, existe uma alegria serena, profunda e contagiante em cada linha deste texto, que o faz ser chamado "a carta da alegria".

ESBOÇO GERAL

Primeira parte: Saudação, ação de graças e oração pelos filipenses (1.1-11)

Segunda parte: Para Paulo, o viver é Cristo (1.12—3.21)
  I. Tudo o que está passando terá como resultado o avanço do evangelho (1.12-26)
  II. Um comportamento digno do evangelho (1.27-30)
  III. A mesma atitude que teve Cristo Jesus (2.1-11)
  IV. Pôr em ação a salvação de vocês com temor e tremor (2.12-18)
  V. O exemplo de Timóteo e Epafrodito (2.19-30)
  VI. A excelência do conhecimento de Cristo Jesus (3.1-16)
  VII. O contraste com os inimigos de Cristo (3.17-21)

Terceira parte: Alegrem-se sempre no Senhor (4.1-13)
  I. A paz que excede todo o entendimento (4.1-7)
  II. Em que o crente deve pensar e o que deve fazer (4.8,9)
  III. A necessidade de aprender a contentar-se em toda e qualquer circunstância (4.10-13)

Quarta parte: Agradecimento por sua ajuda e saudações finais (4.14-23)
  I. Deus suprirá todas as nossas necessidades (4.14-20)
  II. Saudações, principalmente dos santos da casa de César (4.21-23)

Versículos-chave
2.5-11

Tema geral do livro
Esta carta tem um tom marcadamente pessoal. O apóstolo havia fundado a igreja de Filipos e amava tanto seus membros a ponto de considerá-los seus filhos espirituais. Na saudação, comenta que está acompanhado de Timóteo, a quem também considera um verdadeiro filho. Em uma carta em que o escritor menciona que "o viver é Cristo e o morrer é lucro" (1.21) ao mesmo tempo que a escreve na prisão, vemos nas entrelinhas uma alegria que ninguém poderia tirar dele e que o próprio apóstolo descreve como "a paz de Deus, que excede todo o entendimento" (4.7). Não é de admirar que seja chamada de a "carta da alegria". Paulo havia descoberto, em meio aos sofrimentos, que existe algo muito mais profundo que a alegria passageira, algo que somente Deus pode dar e que

ninguém pode tirar do crente. É a alegria e a segurança de poder anunciar sem nenhum medo: "Tudo posso naquele que me fortalece" (4.13).

Em Filipenses, Jesus é...
... nossa alegria (4.4).

Versículo-chave para o discípulo
4.13

O discípulo e Filipenses
Esta epístola excepcional está repleta de ensinos para a vida diária do discípulo. É difícil que haja alguém com mais motivos para reclamar da vida do que Paulo, mas as circunstâncias já não representavam nada para ele. O apóstolo já havia perdido tudo aquilo que um dia poderia ter sido motivo de vanglória; já o considerava esterco (3.8), comparado com o conhecimento de Cristo Jesus. Lembre-se de que esse "conhecimento" de que fala Paulo está pouco relacionado com a prática de estudos e muito mais com um estilo de vida cheio do Espírito que leve a uma compreensão mais profunda do nosso Deus e Salvador, bem como de sua Palavra. Não se trata de dominar detalhes teológicos, situacionais ou arqueológicos sobre Cristo, mas, sim, de conhecê-lo e ao poder de sua ressurreição (3.10). Tampouco se trata de seguir uma série de regras, normas e disciplinas, mas de buscar em sua Palavra, e por meio da comunhão com Cristo, a forma de se tornar cada dia mais parecido com ele, que é a imagem do Pai. Aos coríntios, Paulo disse: "vocês [...] são uma carta de Cristo, resultado do nosso ministério, escrita não com tinta, mas com o Espírito do Deus vivo; não em tábuas de pedra, mas em tábuas de corações humanos" (2Coríntios 3.3).

FILIPENSES

1 Paulo e Timóteo, servos[a] de Cristo Jesus, a todos os santos em Cristo Jesus que estão em Filipos, com os bispos[b] e diáconos: ² A vocês, graça e paz da parte de Deus nosso Pai e do Senhor Jesus Cristo.

Ação de Graças e Oração

³ Agradeço a meu Deus toda vez que me lembro de vocês. ⁴ Em todas as minhas orações em favor de vocês, sempre oro com alegria ⁵ por causa da cooperação que vocês têm dado ao evangelho desde o primeiro dia até agora. ⁶ Estou convencido de que aquele que começou boa obra em vocês, vai completá-la até o dia de Cristo Jesus.

⁷ É justo que eu assim me sinta a respeito de todos vocês, uma vez que os tenho em meu coração, pois, quer nas correntes que me prendem, quer defendendo e confirmando o evangelho, todos vocês participam comigo da graça de Deus. ⁸ Deus é minha testemunha de como tenho saudade de todos vocês, com a profunda afeição de Cristo Jesus.

⁹ Esta é a minha oração: Que o amor de vocês aumente cada vez mais em conhecimento e em toda a percepção, ¹⁰ para discernirem o que é melhor, a fim de serem puros e irrepreensíveis até o dia de Cristo, ¹¹ cheios do fruto da justiça, fruto que vem por meio de Jesus Cristo, para glória e louvor de Deus.

Os Sofrimentos de Paulo Contribuem para a Expansão do Evangelho

¹² Quero que saibam, irmãos, que aquilo que me aconteceu tem, ao contrário, servido para o progresso do evangelho. ¹³ Como resultado, tornou-se evidente a toda a guarda do palácio[c] e a todos os demais que estou na prisão por causa de Cristo. ¹⁴ E os irmãos, em sua maioria, motivados no Senhor pela minha prisão, estão anunciando a palavra[d] com maior determinação e destemor.

¹⁵ É verdade que alguns pregam Cristo por inveja e rivalidade, mas outros o fazem de boa vontade. ¹⁶ Estes o fazem por amor, sabendo que aqui me encontro para a defesa do evangelho. ¹⁷ Aqueles pregam Cristo por ambição egoísta, sem sinceridade, pensando que me podem causar sofrimento enquanto estou preso.[e] ¹⁸ Mas que importa? O importante é que de qualquer forma, seja por motivos falsos ou verdadeiros, Cristo está sendo pregado, e por isso me alegro.

De fato, continuarei a alegrar-me, ¹⁹ pois sei que o que me aconteceu resultará em minha libertação[f], graças às orações de vocês e ao auxílio do Espírito de Jesus Cristo. ²⁰ Aguardo ansiosamente e espero que em nada serei envergonhado. Ao contrário, com toda a determinação de sempre, também agora Cristo será engrandecido em meu corpo, quer pela vida, quer pela morte; ²¹ porque para mim o viver é Cristo e o morrer é lucro. ²² Caso continue vivendo no corpo[g], terei fruto do meu trabalho. E já não sei o que escolher! ²³ Estou pressionado dos dois lados: desejo partir e estar com Cristo, o que é muito melhor; ²⁴ contudo, é mais necessário, por causa de vocês, que eu permaneça no corpo. ²⁵ Convencido disso, sei que vou permanecer e continuar com todos vocês, para o seu progresso e alegria na fé, ²⁶ a fim de que, pela minha presença, outra vez a exultação de vocês em Cristo Jesus transborde por minha causa.

²⁷ Não importa o que aconteça, exerçam a sua cidadania de maneira digna do evangelho de Cristo, para que assim, quer eu vá e os veja, quer apenas ouça a seu respeito em minha ausência, fique eu sabendo que vocês permanecem firmes num só espírito, lutando unânimes pela fé evangélica, ²⁸ sem de forma alguma deixar-se intimidar por aqueles que se opõem a vocês. Para eles isso é sinal de destruição, mas para vocês, de salvação, e isso da parte de Deus; ²⁹ pois a vocês foi dado o privilégio de não apenas crer em Cristo, mas também de sofrer por ele, ³⁰ já que estão passando pelo mesmo combate que me viram enfrentar e agora ouvem que ainda enfrento.

---

[a] 1.1 Isto é, escravos.
[b] 1.1 Grego: *epíscopos*. Palavra que descreve a pessoa que exerce função pastoral.
[c] 1.13 Ou *a todo o palácio*. Isto é, o Pretório, residência oficial do governador romano.
[d] 1.14 Alguns manuscritos dizem *a palavra de Deus*.
[e] 1.16,17 Alguns manuscritos apresentam os versículos 16 e 17 em ordem inversa.
[f] 1.19 Ou *salvação*
[g] 1.22 Grego: *na carne*; também no versículo 24.

A Humildade Cristã

2 Se por estarmos em Cristo nós temos alguma motivação, alguma exortação de amor, alguma comunhão no Espírito, alguma profunda afeição e compaixão, ² completem a minha alegria, tendo o mesmo modo de pensar, o mesmo amor, um só espírito e uma só atitude. ³ Nada façam por ambição egoísta ou por vaidade, mas humildemente considerem os outros superiores a vocês mesmos. ⁴ Cada um cuide, não somente dos seus interesses, mas também dos interesses dos outros.

⁵ Seja a atitude de vocês a mesma de Cristo Jesus,

⁶ que, embora sendo Deusª,
  não considerou
que o ser igual a Deus
  era algo a que devia apegar-se;
⁷ mas esvaziou-se a si mesmo,
  vindo a ser servoᵇ,
  tornando-se semelhante
    aos homens.
⁸ E, sendo encontrado
    em formaᶜ humana,
  humilhou-se a si mesmo
    e foi obediente até a morte,
    e morte de cruz!
⁹ Por isso Deus o exaltou
  à mais alta posição
  e lhe deu o nome que está acima de
    todo nome,
¹⁰ para que ao nome de Jesus
  se dobre todo joelho,
  nos céus, na terra
    e debaixo da terra,
¹¹ e toda língua confesse que Jesus
  Cristo é o Senhor,
  para a glória de Deus Pai.

Brilhando como Estrelas

¹² Assim, meus amados, como sempre vocês obedeceram, não apenas na minha presença, porém muito mais agora na minha ausência, ponham em ação a salvação de vocês com temor e tremor, ¹³ pois é Deus quem efetua em vocês tanto o querer quanto o realizar, de acordo com a boa vontade dele.

¹⁴ Façam tudo sem queixas nem discussões, ¹⁵ para que venham a tornar-se puros e irrepreensíveis, filhos de Deus inculpáveis no meio

2.5-11 A partir do versículo 5, Paulo apresenta um hino cristológico que resume o esvaziamento (*kenosis*) de Cristo, seu sacrifício e sua exaltação "à mais alta posição". Trata-se de um hino belíssimo e que contém um elemento básico e prático que o discípulo não pode deixar de reter: "Seja a atitude de vocês a mesma de Cristo Jesus".

de uma geração corrompida e depravada, na qual vocês brilham como estrelas no universo, ¹⁶ retendo firmemente a palavraᵈ da vida. Assim, no dia de Cristo, eu me orgulharei de não ter corrido nem me esforçado inutilmente. ¹⁷ Contudo, mesmo que eu esteja sendo derramado como oferta de bebidaᵉ sobre o serviço que provém da fé que vocês têm, o sacrifício que oferecem a Deus, estou alegre e me regozijo com todos vocês. ¹⁸ Estejam vocês também alegres, e regozijem-se comigo.

Timóteo e Epafrodito

¹⁹ Espero no Senhor Jesus enviar Timóteo brevemente, para que eu também me sinta animado quando receber notícias de vocês. ²⁰ Não tenho ninguém que, como ele, tenha interesse sincero pelo bem-estar de vocês, ²¹ pois todos buscam os seus próprios interesses e não os de Jesus Cristo. ²² Mas vocês sabem que Timóteo foi aprovado porque serviu comigo no trabalho do evangelho como um filho ao lado de seu pai. ²³ Portanto, é ele quem espero enviar, tão logo me certifique da minha situação, ²⁴ confiando no Senhor que em breve também poderei ir.

²⁵ Contudo, penso que será necessário enviar de volta a vocês Epafrodito, meu irmão, cooperador e companheiro de lutas, mensageiro que vocês enviaram para atender às minhas necessidades. ²⁶ Pois ele tem saudade de todos vocês e está angustiado porque ficaram sabendo que ele esteve doente. ²⁷ De fato, ficou doente e quase morreu. Mas Deus teve misericórdia dele, e não somente dele, mas também de mim, para que eu não tivesse tristeza sobre tristeza. ²⁸ Por isso, logo o enviarei, para que, quando o virem novamente, fiquem alegres e eu tenha menos tristeza. ²⁹ E peço que vocês o recebam no Senhor com grande alegria e honrem homens como este,

---

ª **2.6** Ou *existindo na forma de Deus*
ᵇ **2.7** Ou *assumindo a forma de escravo*
ᶜ **2.8** Ou *figura*
ᵈ **2.16** Ou *firmando-se na palavra*
ᵉ **2.17** Veja Nm 28.7.

³⁰ porque ele quase morreu por amor à causa de Cristo, arriscando a vida para suprir a ajuda que vocês não me podiam dar.

Plena Confiança em Cristo

3 Finalmente, meus irmãos, alegrem-se no Senhor! Escrever de novo as mesmas coisas não é cansativo para mim e é uma segurança para vocês.

² Cuidado com os "cães", cuidado com esses que praticam o mal, cuidado com a falsa circuncisão!ª ³ Pois nós é que somos a circuncisão, nós que adoramos pelo Espírito de Deus, que nos gloriamos em Cristo Jesus e não temos confiança alguma na carne, ⁴ embora eu mesmo tivesse razões para ter tal confiança.

Se alguém pensa que tem razões para confiar na carne, eu ainda mais: ⁵ circuncidado no oitavo dia de vida, pertencente ao povo de Israel, à tribo de Benjamim, verdadeiro hebreu; quanto à Lei, fariseu; ⁶ quanto ao zelo, perseguidor da igreja; quanto à justiça que há na Lei, irrepreensível.

⁷ Mas o que para mim era lucro passei a considerar como perda, por causa de Cristo. ⁸ Mais do que isso, considero tudo como perda, comparado com a suprema grandeza do conhecimento de Cristo Jesus, meu Senhor, por quem perdi todas as coisas. Eu as considero como esterco para poder ganhar Cristo ⁹ e ser encontrado nele, não tendo a minha própria justiça que procede da Lei, mas a que vem mediante a fé em Cristo, a justiça que procede de Deus e se baseia na fé. ¹⁰ Quero conhecer Cristo, o poder da sua ressurreição e a participação em seus sofrimentos, tornando-me como ele em sua morte ¹¹ para, de alguma forma, alcançar a ressurreição dentre os mortos.

Prosseguindo para o Alvo

¹² Não que eu já tenha obtido tudo isso ou tenha sido aperfeiçoado, mas prossigo para alcançá-lo, pois para isso também fui alcançado por Cristo Jesus. ¹³ Irmãos, não penso que eu mesmo já o tenha alcançado, mas uma coisa faço: esquecendo-me das coisas que ficaram para trás e avançando para as que estão adiante, ¹⁴ prossigo para o alvo, a fim de ganhar o prêmio do chamado celestial de Deus em Cristo Jesus.

¹⁵ Todos nós que alcançamos a maturidade devemos ver as coisas dessa forma, e, se em algum aspecto, vocês pensam de modo diferente, isso também Deus esclarecerá. ¹⁶ Tão somente vivamos de acordo com o que já alcançamos.

¹⁷ Irmãos, sigam unidos o meu exemplo e observem os que vivem de acordo com o padrão que apresentamos a vocês. ¹⁸ Pois, como já disse repetidas vezes, e agora repito com lágrimas, há muitos que vivem como inimigos da cruz de Cristo. ¹⁹ O destino deles é a perdição, o seu deus é o estômago, e eles têm orgulho do que é vergonhoso; só pensam nas coisas terrenas. ²⁰ A nossa cidadania, porém, está nos céus, de onde esperamos ansiosamente o Salvador, o Senhor Jesus Cristo. ²¹ Pelo poder que o capacita a colocar todas as coisas debaixo do seu domínio, ele transformará os nossos corpos humilhados, tornando-os semelhantes ao seu corpo glorioso.

4 Portanto, meus irmãos, a quem amo e de quem tenho saudade, vocês que são a minha alegria e a minha coroa, permaneçam assim firmes no Senhor, ó amados!

Exortações

² O que eu rogo a Evódia e também a Síntique é que vivam em harmonia no Senhor. ³ Sim, e peço a você, leal companheiro de jugo,ᵇ que as ajude; pois lutaram ao meu lado na causa do evangelho, com Clemente e meus demais cooperadores. Os seus nomes estão no livro da vida.

⁴ Alegrem-se sempre no Senhor. Novamente direi: Alegrem-se! ⁵ Seja a amabilidade de vocês

---

3.4-14 Paulo era alguém que tinha motivos para envaidecer-se do ponto de vista humano. No entanto, tudo isso para ele era considerado lixo (literalmente, "esterco") comparado à excelência do conhecimento de Cristo. Deixa tudo para trás e segue para um único alvo: conhecer Cristo. Caro discípulo, nunca pense ter chegado a uma condição espiritual tão elevada que já não necessite seguir crescendo na caminhada com Cristo. Na vida espiritual não há "ponto morto" — ou se avança em direção a Cristo, ou se dá marcha a ré em direção ao mundo.

ª **3.2** Grego: *mutilação*.
ᵇ **4.3** Ou *leal Sízigo*

4.4 Esta carta, para muitos considerada "a carta da alegria", é uma das epístolas escritas por Paulo na prisão. Isso nos mostra que o importante não é tanto a circunstância da nossa vida, nem onde nos encontremos, mas, sim, como reagimos ao que nos acontece; a atitude com que enfrentamos as situações. Quem as enfrenta com a segurança de ter Cristo a seu lado, recupera com maior facilidade a alegria e a serenidade.

4.11-13 O Senhor fez Paulo passar por um processo de crescimento espiritual. O mesmo processo que a outra pessoa poderia ter resultado em depressão ou autocomiseração para Paulo foi de amadurecimento. Tudo depende da atitude. Quem se deixa "prender" a Cristo, não tem motivos para ter medo, quaisquer que sejam as circunstâncias pelas quais passe, porque aprende a "viver contente". Observe que viver contente e resignar-se não são a mesma coisa. A resignação é marcada pela tristeza e nasce de um sentimento de falta de esperança — palavra que não aparece uma única vez nas Escrituras, porque não é o que Deus deseja para nós.

conhecida por todos. Perto está o Senhor. ⁶ Não andem ansiosos por coisa alguma, mas em tudo, pela oração e súplicas, e com ação de graças, apresentem seus pedidos a Deus. ⁷ E a paz de Deus, que excede todo o entendimento, guardará o coração e a mente de vocês em Cristo Jesus.

⁸ Finalmente, irmãos, tudo o que for verdadeiro, tudo o que for nobre, tudo o que for correto, tudo o que for puro, tudo o que for amável, tudo o que for de boa fama, se houver algo de excelente ou digno de louvor, pensem nessas coisas. ⁹ Ponham em prática tudo o que vocês aprenderam, receberam, ouviram e viram em mim. E o Deus da paz estará com vocês.

Agradecimentos pelas Ofertas

¹⁰ Alegro-me grandemente no Senhor, porque finalmente vocês renovaram o seu interesse por mim. De fato, vocês já se interessavam, mas não tinham oportunidade para demonstrá-lo. ¹¹ Não estou dizendo isso porque esteja necessitado, pois aprendi a adaptar-me a toda e qualquer circunstância. ¹² Sei o que é passar necessidade e sei o que é ter fartura. Aprendi o segredo de viver contente em toda e qualquer situação, seja bem alimentado, seja com fome, tendo muito, ou passando necessidade. ¹³ Tudo posso naquele que me fortalece.

¹⁴ Apesar disso, vocês fizeram bem em participar de minhas tribulações. ¹⁵ Como vocês sabem, filipenses, nos seus primeiros dias no evangelho, quando parti da Macedônia, nenhuma igreja partilhou comigo no que se refere a dar e receber, exceto vocês; ¹⁶ pois, estando eu em Tessalônica, vocês me mandaram ajuda, não apenas uma vez, mas duas, quando tive necessidade. ¹⁷ Não que eu esteja procurando ofertas, mas o que pode ser creditado na conta de vocês. ¹⁸ Recebi tudo, e o que tenho é mais que suficiente. Estou amplamente suprido, agora que recebi de Epafrodito os donativos que vocês enviaram. São uma oferta de aroma suave, um sacrifício aceitável e agradável a Deus. ¹⁹ O meu Deus suprirá todas as necessidades de vocês, de acordo com as suas gloriosas riquezas em Cristo Jesus.

²⁰ A nosso Deus e Pai seja a glória para todo o sempre. Amém.

Saudações Finais

²¹ Saúdem a todos os santos em Cristo Jesus. Os irmãos que estão comigo enviam saudações. ²² Todos os santos enviam saudações, especialmente os que estão no palácio de César.

²³ A graça do Senhor Jesus Cristo seja com o espírito de vocês. Amém.[a]

---

[a] **4.23** Alguns manuscritos não trazem *Amém*.

Introdução à epístola de Paulo aos
COLOSSENSES

Autor e data de composição Colossenses é outra das quatro "cartas da prisão". No princípio Paulo identifica-se como escritor, e as ideias expressas são definitivamente dele. Escrita enquanto estava preso (4.18), ao que tudo indica em Roma, já na etapa final de sua vida.

Primeira parte: Saudação, ação de graças e oração pelos colossenses (1.1-12)

Segunda parte: A obra de Cristo no cristão (1.13-23)
  I. resgatou-nos do mundo das trevas para nos transportar para o Reino da luz (1.13,14)
  II. Cristo, a imagem do Deus invisível, em quem tudo subsiste (1.15-19)
  III. A reconciliação de todas as coisas com Deus por meio de Cristo (1.20-23)

Terceira parte: O ministério de Paulo e as advertências aos crentes (1.24—2.23)
  I. A manifestação do mistério entre os gentios: Cristo em nós, a esperança da glória (1.24—2.3)
  II. Alerta contra os falsos argumentos (2.4-7)
  III. Em Cristo habita toda a plenitude da divindade (2.8-11)
  IV. O que realmente aconteceu no Calvário (2.12-15)
  V. Alerta contra os que se acham superiores pelos ritos que praticam (2.16-23)

Quarta parte: A vida do cristão (3.1—4.6)
  I. O velho e o novo (3.1-11)
  II. As qualidades do cristão (3.12-17)
  III. As relações familiares e sociais (3.18—4.1)
  IV. A oração, a sabedoria e a palavra do cristão (4.2-6)

Quinta parte: Saudações finais (4.7-18)

Versículos-chave
1.15-18

Tema geral do livro
Ao que parece, os crentes de Colossos tinham o costume de praticar ritos e cerimônias, além da "adoração de anjos" (2.18). A heresia que encontrava espaço entre eles já continha elementos do gnosticismo, que tanto mal faria à Igreja no século II. O apóstolo insiste na supremacia de Cristo acima de todas as coisas. Mostra a seus leitores a inutilidade e a pecaminosidade do que estavam fazendo e os adverte de que não pratiquem nada disso. Contrasta a vida do cristão verdadeiro com sua vida antes de conhecer Cristo, fala dos relacionamentos de todos os níveis, por serem fatores que demonstram o que realmente existe no interior do ser humano e lhes indica que se comportem com sabedoria diante dos descrentes. Como é costume de Paulo, esta carta termina com uma notável quantidade de saudações a amigos da igreja, com destaque para Tíquico e Onésimo, os que levaram sua carta, e pede à igreja que também leia a carta enviada à igreja em Laodiceia, e que esta leia a carta enviada à igreja em Colossos. Aquela, assim como duas

das cartas enviadas à igreja em Corinto, não chegou a nós para fazer parte do cânon das Escrituras.

Em Colossenses, Jesus é...
... a nossa plenitude (2.9,10).

Versículos-chave para o discípulo
3.1-3

O discípulo e Colossenses
Paulo nunca escreveria conceitos abstratos, mas princípios divinos revelados para serem postos em prática. Por isso, nos diz que, se realmente ressuscitamos com Cristo, temos que buscar as coisas do alto e empenhar-nos nas coisas eternas, em vez de focar o terreno. Portanto, quando Cristo se manifestar, nós também seremos manifestados e participaremos de sua glória. A imagem que Paulo usa (3.9,10) é conhecida: despir-se do velho homem com suas práticas para revestir-se do novo homem. Em outras palavras, despojar-nos do velho Adão para revestir-nos de Jesus Cristo, a fim de que ele nos renove até o limite do que Paulo chama de "pleno conhecimento", que somente se realizará quando formos manifestados na glória do Filho de Deus. É preciso não esquecer nunca de que as coisas da terra são da terra e aqui ficam; as coisas eternas, no entanto, como disse Jesus, estão "nos céus, onde a traça e a ferrugem não destroem e onde os ladrões não arrombam nem furtam" (Mateus 6.20). Caro discípulo, lembre-se sempre de que há quem se preocupa demais com este mundo e vive para ele como se esta fosse a única vida; nós, porém, levamos dentro a vida do Eterno.

ESBOÇO GERAL

COLOSSENSES

1 Paulo, apóstolo de Cristo Jesus pela vontade de Deus, e o irmão Timóteo,

² aos santos e fiéis[a] irmãos em Cristo que estão em Colossos:

A vocês, graça e paz da parte de Deus nosso Pai e do Senhor Jesus Cristo[b].

Ação de Graças

³ Sempre agradecemos a Deus, o Pai de nosso Senhor Jesus Cristo, quando oramos por vocês, ⁴ pois temos ouvido falar da fé que vocês têm em Cristo Jesus e do amor que têm por todos os santos, ⁵ por causa da esperança que está reservada a vocês nos céus, a respeito da qual ouviram por meio da palavra da verdade, o evangelho ⁶ que chegou até vocês. Por todo o mundo este evangelho vai frutificando e crescendo, como também ocorre entre vocês, desde o dia em que o ouviram e entenderam a graça de Deus em toda a sua verdade. ⁷ Vocês o aprenderam de Epafras, nosso amado cooperador, fiel ministro de Cristo para conosco[c], ⁸ que também nos falou do amor que vocês têm no Espírito.

⁹ Por essa razão, desde o dia em que o ouvimos, não deixamos de orar por vocês e de pedir que sejam cheios do pleno conhecimento da vontade de Deus, com toda a sabedoria e entendimento espiritual. ¹⁰ E isso para que vocês vivam de maneira digna do Senhor e em tudo possam agradá-lo, frutificando em toda boa obra, crescendo no conhecimento de Deus e ¹¹ sendo fortalecidos com todo o poder, de acordo com a força da sua glória, para que tenham toda a perseverança e paciência com alegria, ¹² dando graças ao Pai, que nos[d] tornou dignos de participar da herança dos santos no reino da luz. ¹³ Pois ele nos resgatou do domínio das trevas e nos transportou para o Reino do seu Filho amado, ¹⁴ em quem temos a redenção[e], a saber, o perdão dos pecados.

A Supremacia de Cristo

¹⁵ Ele é a imagem
    do Deus invisível,
o primogênito
    sobre toda a criação,
¹⁶ pois nele foram criadas
    todas as coisas
nos céus e na terra,
    as visíveis e as invisíveis,
sejam tronos sejam soberanias,
    poderes ou autoridades;
todas as coisas foram criadas por ele e para ele.
¹⁷ Ele é antes de todas as coisas,
    e nele tudo subsiste.
¹⁸ Ele é a cabeça do corpo,
    que é a igreja;
é o princípio e o primogênito
    dentre os mortos,
para que em tudo tenha a supremacia.
¹⁹ Pois foi do agrado de Deus
    que nele habitasse toda a plenitude[f]
²⁰ e por meio dele reconciliasse consigo
    todas as coisas,
tanto as que estão na terra
    quanto as que estão nos céus,
estabelecendo a paz
    pelo seu sangue derramado na cruz.

²¹ Antes vocês estavam separados de Deus e, na mente de vocês, eram inimigos por causa do mau[g] procedimento de vocês. ²² Mas agora ele os reconciliou pelo corpo físico de Cristo[h], mediante a morte, para apresentá-los diante dele santos, inculpáveis e livres de qualquer acusação, ²³ desde que continuem alicerçados e firmes na fé, sem se afastarem da esperança do evangelho, que vocês ouviram e que tem sido proclamado a todos os que estão debaixo do céu. Esse é o evangelho do qual eu, Paulo, me tornei ministro.

O Trabalho de Paulo pela Igreja

²⁴ Agora me alegro em meus sofrimentos por vocês e completo no meu corpo[i] o que resta das aflições de Cristo, em favor do seu corpo, que é a igreja. ²⁵ Dela me tornei ministro de acordo com a responsabilidade, por Deus a mim atribuída, de apresentar a vocês plenamente a

---

[a] **1.2** Ou *crentes*
[b] **1.2** Vários manuscritos não trazem *e do Senhor Jesus Cristo*.
[c] **1.7** Vários manuscritos dizem *para com vocês*.
[d] **1.12** Alguns manuscritos dizem *os*.
[e] **1.14** Alguns manuscritos dizem *redenção por meio do seu sangue*.
[f] **1.19** Ou *Pois toda a plenitude agradou-se em habitar nele*.
[g] **1.21** Ou *conforme demonstrado pelo mau*
[h] **1.22** Grego: *corpo da sua carne*.
[i] **1.24** Grego: *na minha carne*.

palavra de Deus, ²⁶ o mistério que esteve oculto durante épocas e gerações, mas que agora foi manifestado a seus santos. ²⁷ A ele quis Deus dar a conhecer entre os gentios[a] a gloriosa riqueza deste mistério, que é Cristo em vocês, a esperança da glória.

²⁸ Nós o proclamamos, advertindo e ensinando a cada um com toda a sabedoria, para que apresentemos todo homem perfeito em Cristo. ²⁹ Para isso eu me esforço, lutando conforme a sua força, que atua poderosamente em mim.

2 Quero que vocês saibam quanto estou lutando por vocês, pelos que estão em Laodiceia e por todos os que ainda não me conhecem pessoalmente. ² Esforço-me para que eles sejam fortalecidos em seu coração, estejam unidos em amor e alcancem toda a riqueza do pleno entendimento, a fim de conhecerem plenamente o mistério de Deus, a saber, Cristo. ³ Nele estão escondidos todos os tesouros da sabedoria e do conhecimento. ⁴ Eu digo isso para que ninguém os engane com argumentos que só parecem convincentes. ⁵ Porque, embora esteja fisicamente longe de vocês, em espírito estou presente e me alegro em ver como estão vivendo em ordem e como está firme a fé que vocês têm em Cristo.

Livres do Legalismo por meio de Cristo

⁶ Portanto, assim como vocês receberam Cristo Jesus, o Senhor, continuem a viver nele, ⁷ enraizados e edificados nele, firmados na fé, como foram ensinados, transbordando de gratidão.

⁸ Tenham cuidado para que ninguém os escravize a filosofias vãs e enganosas, que se fundamentam nas tradições humanas e nos princípios elementares deste mundo, e não em Cristo.

⁹ Pois em Cristo habita corporalmente toda a plenitude da divindade, ¹⁰ e, por estarem nele,

2.9,10 A referência à divindade é sobre Deus, o ser divino. No versículo 9 há uma clara proclamação de que Cristo é Deus feito homem. Sobre o versículo 10, leia a nota de Efésios 1.22.

2.13-15 Enquanto os seres humanos viam Cristo pendurado na cruz com o corpo mutilado pela tortura, o que Deus via era algo completamente distinto. Em meio à aparente derrota, estava a maior vitória de todos os tempos. O que estava pregado na cruz era a escrita de dívida que havia contra nós, então anulada, e diante daquela cruz foi feito um espetáculo público da derrota cabal dos chamados poderes do Inimigo, empreendida por Cristo, o vencedor, de que tanto falaram os primeiros pais da Igreja.

que é o Cabeça de todo poder e autoridade, vocês receberam a plenitude. ¹¹ Nele também vocês foram circuncidados, não com uma circuncisão feita por mãos humanas, mas com a circuncisão feita por Cristo, que é o despojar do corpo da carne[b]. ¹² Isso aconteceu quando vocês foram sepultados com ele no batismo e com ele foram ressuscitados mediante a fé no poder de Deus que o ressuscitou dentre os mortos.

¹³ Quando vocês estavam mortos em pecados e na incircuncisão da sua carne[c], Deus os[d] vivificou com Cristo. Ele nos perdoou todas as transgressões ¹⁴ e cancelou a escrita de dívida, que consistia em ordenanças e que nos era contrária. Ele a removeu, pregando-a na cruz, ¹⁵ e, tendo despojado os poderes e as autoridades, fez deles um espetáculo público, triunfando sobre eles na cruz.

¹⁶ Portanto, não permitam que ninguém os julgue pelo que vocês comem ou bebem, ou com relação a alguma festividade religiosa ou à celebração das luas novas ou dos dias de sábado. ¹⁷ Essas coisas são sombras do que haveria de vir; a realidade, porém, encontra-se em Cristo[e]. ¹⁸ Não permitam que ninguém que tenha prazer numa falsa humildade e na adoração de anjos os impeça de alcançar o prêmio. Tal pessoa conta detalhadamente suas visões, e sua mente carnal a torna orgulhosa. ¹⁹ Trata-se de alguém que não está unido à Cabeça, a partir da qual todo o corpo, sustentado e unido por seus

---

[a] **1.27** Isto é, os que não são judeus.
[b] **2.11** Isto é, da velha vida dos não regenerados.
[c] **2.13** Ou *da sua natureza pecaminosa*; também no versículo 23.
[d] **2.13** Alguns manuscritos dizem *nos*.
[e] **2.17** Grego: *o corpo, porém, é de Cristo*.

ligamentos e juntas, efetua o crescimento dado por Deus.

⁰ Já que vocês morreram com Cristo para os princípios elementares deste mundo, por que, como se ainda pertencessem a ele, vocês se submetem a regras: ²¹ "Não manuseie!", "Não prove!", "Não toque!"? ²² Todas essas coisas estão destinadas a perecer pelo uso, pois se baseiam em mandamentos e ensinos humanos. ²³ Essas regras têm, de fato, aparência de sabedoria, com sua pretensa religiosidade, falsa humildade e severidade com o corpo, mas não têm valor algum para refrear os impulsos da carne.

Instruções para um Viver Santo

3 Portanto, já que vocês ressuscitaram com Cristo, procurem as coisas que são do alto, onde Cristo está assentado à direita de Deus. ² Mantenham o pensamento nas coisas do alto, e não nas coisas terrenas. ³ Pois vocês morreram, e agora a sua vida está escondida com Cristo em Deus. ⁴ Quando Cristo, que é a sua[a] vida, for manifestado, então vocês também serão manifestados com ele em glória.

⁵ Assim, façam morrer tudo o que pertence à natureza terrena de vocês: imoralidade sexual, impureza, paixão, desejos maus e a ganância, que é idolatria. ⁶ É por causa dessas coisas que vem a ira de Deus sobre os que vivem na desobediência[b], ⁷ as quais vocês praticaram no passado, quando costumavam viver nelas. ⁸ Mas, agora, abandonem todas estas coisas: ira, indignação, maldade, maledicência e linguagem indecente no falar. ⁹ Não mintam uns aos outros, visto que vocês já se despiram do velho homem[c] com suas práticas ¹⁰ e se revestiram do novo, o qual está sendo renovado em conhecimento, à imagem do seu Criador. ¹¹ Nessa nova vida já não há diferença entre grego e judeu, circunciso e incircunciso, bárbaro[d] e cita[e], escravo e livre, mas Cristo é tudo e está em todos.

¹² Portanto, como povo escolhido de Deus, santo e amado, revistam-se de profunda compaixão, bondade, humildade, mansidão e paciência. ¹³ Suportem-se uns aos outros e perdoem as queixas que tiverem uns contra os outros. Perdoem como o Senhor lhes perdoou. ¹⁴ Acima de tudo, porém, revistam-se do amor, que é o elo perfeito.

¹⁵ Que a paz de Cristo seja o juiz em seu coração, visto que vocês foram chamados para viver em paz, como membros de um só corpo. E sejam agradecidos. ¹⁶ Habite ricamente em vocês a palavra de Cristo; ensinem e aconselhem-se uns aos outros com toda a sabedoria e cantem salmos, hinos e cânticos espirituais com gratidão a Deus em seu coração. ¹⁷ Tudo o que fizerem, seja em palavra seja em ação, façam-no em nome do Senhor Jesus, dando por meio dele graças a Deus Pai.

Responsabilidade Social

¹⁸ Mulheres, sujeite-se cada uma a seu marido, como convém a quem está no Senhor.

¹⁹ Maridos, ame cada um a sua mulher e não a tratem com amargura.

²⁰ Filhos, obedeçam a seus pais em tudo, pois isso agrada ao Senhor.

²¹ Pais, não irritem seus filhos, para que eles não desanimem.

²² Escravos, obedeçam em tudo a seus senhores terrenos, não somente para agradá-los quando eles estão observando, mas com sinceridade de coração, pelo fato de vocês temerem o Senhor. ²³ Tudo o que fizerem, façam de todo o coração, como para o Senhor, e não para os homens, ²⁴ sabendo que receberão do Senhor a recompensa da herança. É a Cristo, o Senhor, que vocês estão servindo. ²⁵ Quem cometer injustiça receberá de volta injustiça, e não haverá exceção para ninguém.

4 Senhores, deem aos seus escravos o que é justo e direito, sabendo que vocês também têm um Senhor nos céus.

Outras Instruções

² Dediquem-se à oração, estejam alerta e sejam agradecidos. ³ Ao mesmo tempo, orem também por nós, para que Deus abra uma porta para a nossa mensagem, a fim de que possamos proclamar o mistério de Cristo, pelo qual estou preso. ⁴ Orem para que eu possa manifestá-lo abertamente, como me cumpre fazê-lo. ⁵ Sejam sábios no procedimento para com os de fora; aproveitem ao máximo todas as oportunidades. ⁶ O seu falar seja sempre agradável e temperado com sal, para que saibam como responder a cada um.

---

[a] 3.4 Alguns manuscritos dizem *nossa*.
[b] 3.6 Alguns manuscritos antigos não trazem *sobre os que vivem na desobediência*.
[c] 3.9 Isto é, da velha vida dos não regenerados.
[d] 3.11 Isto é, aquele que não possuía cultura grega.
[e] 3.11 Isto é, habitante da região ao norte do mar Negro, que não fazia parte do Império Romano.

Saudações Finais

⁷ Tíquico informará vocês de todas as coisas a meu respeito. Ele é um irmão amado, ministro fiel e cooperador no serviço do Senhor. ⁸ Eu o envio a vocês precisamente com o propósito de que saibam de tudo o que se passa conosco[a], e para que ele lhes fortaleça o coração. ⁹ Ele irá com Onésimo, fiel e amado irmão, que é um de vocês. Eles irão contar tudo o que está acontecendo aqui.

¹⁰ Aristarco, meu companheiro de prisão, envia saudações, bem como Marcos, primo de Barnabé. Vocês receberam instruções a respeito de Marcos, e, se ele for visitá-los, recebam-no. ¹¹ Jesus, chamado Justo, também envia saudações. Esses são os únicos da circuncisão que são meus cooperadores em favor do Reino de Deus. Eles têm sido uma fonte de ânimo para mim. ¹² Epafras, que é um de vocês e servo[b] de Cristo Jesus, envia saudações. Ele está sempre batalhando por vocês em oração, para que, como pessoas maduras e plenamente convictas, continuem firmes em toda a vontade de Deus. ¹³ Dele dou testemunho de que se esforça muito por vocês e pelos que estão em Laodiceia e em Hierápolis. ¹⁴ Lucas, o médico amado, e Demas enviam saudações. ¹⁵ Saúdem os irmãos de Laodiceia, bem como Ninfa e a igreja que se reúne em sua casa.

¹⁶ Depois que esta carta for lida entre vocês, façam que também seja lida na igreja dos laodicenses e que vocês igualmente leiam a carta de Laodiceia.

¹⁷ Digam a Arquipo: "Cuide em cumprir o ministério que você recebeu no Senhor".

¹⁸ Eu, Paulo, escrevo esta saudação de próprio punho. Lembrem-se das minhas algemas. A graça seja com vocês.

---

[a] **4.8** Alguns manuscritos dizem *de que ele saiba de tudo o que se passa com vocês*.
[b] **4.12** Isto é, escravo.

Introdução à primeira epístola de Paulo aos
TESSALONICENSES

Autor e data de composição

Ao que parece esta carta foi uma das primeiras escritas por Paulo. Além disso, é provável que seja um dos primeiros livros do Novo Testamento. Depois de permanecer algum tempo em Tessalônica, Paulo continuou seu itinerário pelo território grego até estabelecer-se em Corinto durante aproximadamente um ano e meio (entre 51 e 52). Acredita-se que 1Tessalonicenses foi escrita no início de sua permanência nessa cidade, algo em torno do ano 51. O fato de ter sido uma das primeiras cartas de Paulo lhe confere especial importância.

ESBOÇO GERAL

Primeira parte: Saudação da parte de Paulo, Silvano (ou Silas) e Timóteo, e seu relacionamento com a igreja em Tessalônica (1—3)
  I. Saudação (1.1)
  II. A resposta dos tessalonicenses ao evangelho (1.2-10)
  III. Descrição do tipo de ministério que Paulo desenvolvia (2.1-12)
      A. Pureza de motivação (2.1-6)
      B. Pureza de sentimentos (2.7,8)
      C. Pureza de vida (2.9-12)
  IV. A recepção dos tessalonicenses (2.13-16)
  V. O relacionamento entre o apóstolo e os tessalonicenses (2.17—3.13)

Segunda parte: Exortação à igreja em Tessalônica (4 —5)
  I. Sobre a conduta dos cristãos (4.1-12)
  II. Sobre o consolo diante da morte de outros cristãos (4.13—5.11)
      A. O arrebatamento dos santos (4.13-18)
      B. O dia do Senhor (5.1-11)
  III. Sobre a conduta da igreja (5.12-22)
  IV. Oração e pedidos finais (5.23-28)

Versículo-chave
2.4

Tema geral do livro
Esta carta, além de expressar as características do ministério de Paulo como apóstolo aos gentios e da situação que prevalecia na igreja, distingue-se pelos ensinos que apresenta sobre a segunda vinda de Cristo. Os irmãos de Tessalônica sentiam-se desconsolados com a morte de parentes e pessoas queridas antes da segunda vinda de Cristo. Isso levava alguns a não trabalhar e a viver de maneira desorganizada, a ponto de pensar em voltar à antiga vida pagã que haviam tido. Paulo enviou Timóteo para fazer-lhes uma visita, e este voltou com notícias que motivaram Paulo a escrever a carta que temos em mãos. Aqui vemos o apóstolo felicitar a igreja por sua fidelidade e encorajá-la a desenvolver qualidades imprescindíveis como pureza moral, amor fraternal e prontidão para o trabalho. Paulo consola a igreja a respeito de parentes e irmãos já falecidos,

tratando dos fatos que acontecerão em torno do arrebatamento. Aproveita esse ensino para exortá-los a vigiar, orar e viver de maneira digna em suas reuniões e vida diária. Nesta carta, aparecem de modo pontual vários assuntos que serão desenvolvidos em epístolas posteriores.

Em Tessalonicenses, Jesus é...
... nossa esperança (4.13-18).

Versículo-chave para o discípulo
4.3

O discípulo e Tessalonicenses
O que era conveniente e correto para os tessalonicenses continua sendo válido para o discípulo de hoje. Deus não aceita compromisso pela metade, muito menos a indiferença. Jesus voltaria a falar sobre o assunto quando se dirigiu ao anjo da igreja em Laodiceia para censurá-la: " 'Conheço as suas obras, sei que você não é frio nem quente. Melhor seria que você fosse frio ou quente! Assim, porque você é morno, não é frio nem quente, estou a ponto de vomitá-lo da minha boca' " (4.3). Nesta carta, Paulo expressa o mesmo sentimento de Deus: "A vontade de Deus é que vocês sejam santificados: abstenham-se da imoralidade sexual" (4.3). Na vida de um discípulo verdadeiro não há espaço para uma posição intermediária no que se refere à relação com o mundo e ao relacionamento com Deus. A santificação significa distanciar-nos das normas do mundo, do que o mundo considera "normal", com o objetivo de consagrar-nos a Deus e ao tipo de vida dominado por uma relação sobrenatural entre o nosso espírito e o Espírito de Deus, que é o único tipo de vida que Deus vê como "normal" para quem ele trata como filho. O que Deus fez em cada um de nós é tão radical que exige de nós um compromisso integral de vida com o que recebemos dele pela graça, por meio da fé.

ESBOÇO GERAL

1 TESSALONICENSES

1 Paulo, Silvano[a] e Timóteo,
à igreja dos tessalonicenses, em Deus Pai e no Senhor Jesus Cristo:

A vocês, graça e paz da parte de Deus e de nosso Senhor Jesus Cristo[b].

Ação de Graças pela Fé e pelo Exemplo dos Tessalonicenses

² Sempre damos graças a Deus por todos vocês, mencionando-os em nossas orações. ³ Lembramos continuamente, diante de nosso Deus e Pai, o que vocês têm demonstrado: o trabalho que resulta da fé, o esforço motivado pelo amor e a perseverança proveniente da esperança em nosso Senhor Jesus Cristo. ⁴ Sabemos, irmãos, amados de Deus, que ele os escolheu ⁵ porque o nosso evangelho não chegou a vocês somente em palavra, mas também em poder, no Espírito Santo e em plena convicção. Vocês sabem como procedemos entre vocês, em seu favor. ⁶ De fato, vocês se tornaram nossos imitadores e do Senhor, pois, apesar de muito sofrimento, receberam a palavra com alegria que vem do Espírito Santo. ⁷ Assim, tornaram-se modelo para todos os crentes que estão na Macedônia e na Acaia. ⁸ Porque, partindo de vocês, propagou-se a mensagem do Senhor na Macedônia e na Acaia. Não somente isso, mas também por toda parte tornou-se conhecida a fé que vocês têm em Deus. O resultado é que não temos necessidade de dizer mais nada sobre isso, ⁹ pois eles mesmos relatam de que maneira vocês nos receberam e como se voltaram para Deus, deixando os ídolos a fim de servir ao Deus vivo e verdadeiro ¹⁰ e esperar dos céus seu Filho, a quem ressuscitou dos mortos: Jesus, que nos livra da ira que há de vir.

O Ministério de Paulo em Tessalônica

2 Irmãos, vocês mesmos sabem que a visita que fizemos a vocês não foi inútil. ² Apesar de termos sido maltratados e insultados em Filipos, como vocês sabem, com a ajuda de nosso Deus tivemos coragem de anunciar o evangelho de Deus a vocês em meio a muita luta. ³ Pois nossa exortação não tem origem no erro nem em motivos impuros, nem temos intenção de enganá-los; ⁴ ao contrário, como homens aprovados por Deus para nos confiar o evangelho, não falamos para agradar pessoas, mas a Deus, que prova o nosso coração. ⁵ Vocês bem sabem que a nossa palavra nunca foi de bajulação nem de pretexto para ganância; Deus é testemunha. ⁶ Nem buscamos reconhecimento humano, quer de vocês quer de outros.

⁷ Embora, como apóstolos de Cristo, pudéssemos ter sido um peso, fomos bondosos quando estávamos entre vocês, como uma mãe[c] que cuida dos próprios filhos. ⁸ Sentindo, assim, tanta afeição, decidimos dar a vocês não somente o evangelho de Deus, mas também a nossa própria vida, porque vocês se tornaram muito amados por nós. ⁹ Irmãos, certamente vocês se lembram do nosso trabalho esgotante e da nossa fadiga; trabalhamos noite e dia para não sermos pesados a ninguém, enquanto pregávamos o evangelho de Deus a vocês.

¹⁰ Tanto vocês como Deus são testemunhas de como nos portamos de maneira santa, justa e irrepreensível entre vocês, os que creem. ¹¹ Pois vocês sabem que tratamos cada um como um pai trata seus filhos, ¹² exortando, consolando e dando testemunho, para que vocês vivam de maneira digna de Deus, que os chamou para o seu Reino e glória.

¹³ Também agradecemos a Deus sem cessar o fato de que, ao receberem de nossa parte a palavra de Deus, vocês a aceitaram, não como palavra de homens, mas conforme ela verdadeiramente é, como palavra de Deus, que atua com eficácia em vocês, os que creem. ¹⁴ Porque vocês, irmãos, tornaram-se imitadores das igrejas de Deus em Cristo Jesus que estão na Judeia. Vocês sofreram da parte dos seus próprios conterrâneos as mesmas coisas que aquelas igrejas sofreram da parte dos judeus, ¹⁵ que mataram o Senhor Jesus e os profetas, e também nos perseguiram. Eles desagradam a Deus e são hostis a todos, ¹⁶ esforçando-se para nos impedir que falemos aos gentios[d], e estes sejam salvos. Dessa forma, continuam

---

[a] **1.1** Ou *Silas*, variante de *Silvano*.
[b] **1.1** Vários manuscritos não trazem *da parte de Deus e de nosso Senhor Jesus Cristo*.
[c] **2.7** Grego: *ama*.
[d] **2.16** Isto é, os que não são judeus.

acumulando seus pecados. Sobre eles, finalmente[a], veio a ira[b].

Paulo Deseja Rever os Tessalonicenses

[17] Nós, porém, irmãos, privados da companhia de vocês por breve tempo, em pessoa, mas não no coração, esforçamo-nos ainda mais para vê-los pessoalmente, pela saudade que temos de vocês. [18] Quisemos visitá-los. Eu mesmo, Paulo, o quis, e não apenas uma vez, mas duas; Satanás, porém, nos impediu. [19] Pois quem é a nossa esperança, alegria ou coroa em que nos gloriamos perante o Senhor Jesus na sua vinda? Não são vocês? [20] De fato, vocês são a nossa glória e a nossa alegria.

3 Por isso, quando não pudemos mais suportar, achamos por bem permanecer sozinhos em Atenas [2] e, assim, enviamos Timóteo, nosso irmão e cooperador de Deus[a] no evangelho de Cristo, para fortalecê-los e dar a vocês ânimo na fé, [3] para que ninguém seja abalado por essas tribulações. Vocês sabem muito bem que fomos designados para isso. [4] Quando estávamos com vocês, já dizíamos que seríamos perseguidos, o que realmente aconteceu, como vocês sabem. [5] Por essa razão, não suportando mais, enviei Timóteo para saber a respeito da fé que vocês têm, a fim de que o tentador não os seduzisse, tornando inútil o nosso esforço.

As Boas Notícias Trazidas por Timóteo

[6] Agora, porém, Timóteo acaba de chegar da parte de vocês, dando-nos boas notícias a respeito da fé e do amor que vocês têm. Ele nos falou que vocês sempre guardam boas recordações de nós, desejando ver-nos, assim como nós queremos vê-los. [7] Por isso, irmãos, em toda a nossa necessidade e tribulação ficamos animados quando soubemos da sua fé; [8] pois agora vivemos, visto que vocês estão firmes no Senhor. [9] Como podemos ser suficientemente gratos a Deus por vocês, por toda a alegria que temos diante dele por causa de vocês? [10] Noite e dia insistimos em orar para que possamos vê-los pessoalmente e suprir o que falta à sua fé.

[11] Que o próprio Deus, nosso Pai, e nosso Senhor Jesus preparem o nosso caminho até vocês. [12] Que o Senhor faça crescer e transbordar o amor que vocês têm uns para com os outros e para com todos, a exemplo do nosso amor por vocês. [13] Que ele fortaleça o coração de vocês para serem irrepreensíveis em santidade diante de nosso Deus e Pai, na vinda de nosso Senhor Jesus com todos os seus santos.

Vivendo para Agradar a Deus

4 Quanto ao mais, irmãos, já os instruímos acerca de como viver a fim de agradar a Deus e, de fato, assim vocês estão procedendo. Agora pedimos e exortamos a vocês no Senhor Jesus que cresçam nisso cada vez mais. [2] Pois conhecem os mandamentos que demos a vocês pela autoridade do Senhor Jesus.

[3] A vontade de Deus é que vocês sejam santificados: abstenham-se da imoralidade sexual. [4] Cada um saiba controlar o seu próprio corpo[d] de maneira santa e honrosa, [5] não dominado pela paixão de desejos desenfreados, como os pagãos que desconhecem a Deus. [6] Neste assunto, ninguém prejudique seu irmão nem dele se aproveite. O Senhor castigará todas essas práticas, como já dissemos e asseguramos. [7] Porque Deus não nos chamou para a impureza, mas para a santidade. [8] Portanto, aquele que rejeita estas coisas não está rejeitando o homem, mas a Deus, que lhes dá o seu Espírito Santo.

[9] Quanto ao amor fraternal, não precisamos escrever, pois vocês mesmos já foram ensinados por Deus a se amarem uns aos outros. [10] E, de fato, vocês amam todos os irmãos em toda a Macedônia. Contudo, irmãos, insistimos com vocês que cada vez mais assim procedam.

[11] Esforcem-se para ter uma vida tranquila, cuidar dos seus próprios negócios e trabalhar com as próprias mãos, como nós os instruímos; [12] a fim de que andem decentemente aos olhos dos que são de fora e não dependam de ninguém.

A Vinda do Senhor

[13] Irmãos, não queremos que vocês sejam ignorantes quanto aos que dormem, para que não se entristeçam como os outros que não têm esperança. [14] Se cremos que Jesus morreu e ressurgiu, cremos também que Deus trará,

---

[a] **2.16** Ou *plenamente*
[b] **2.16** Alguns manuscritos acrescentam *de Deus*.
[a] **3.2** Alguns manuscritos não trazem *de Deus*; outros manuscritos dizem *ministro de Deus*.
[d] **4.4** Grego: *vaso*. Ou *aprenda como conseguir esposa*; ou ainda *aprenda a viver com sua própria mulher*

4.13-18 Depois de alguns anos, vários dos irmãos haviam morrido. Os que continuavam vivos estavam tristes em pensar que os falecidos não estariam presentes quando Jesus voltasse, pois consideravam que a segunda vinda aconteceria em pouco tempo. Paulo esclarece os fatos e fala do arrebatamento dos cristãos com propriedade. O termo "arrebatamento" em grego descreve a ação da águia que desce em disparada das alturas, pega sua presa e, num abrir e fechar de olhos, a leva novamente pelos ares. Assim será esse momento ímpar que o discípulo não pode perder nem permitir que as pessoas que ele ama percam.

mediante Jesus e com ele, aqueles que nele dormiram. ¹⁵ Dizemos a vocês, pela palavra do Senhor, que nós, os que estivermos vivos, os que ficarmos até a vinda do Senhor, certamente não precederemos os que dormem. ¹⁶ Pois, dada a ordem, com a voz do arcanjo e o ressoar da trombeta de Deus, o próprio Senhor descerá dos céus, e os mortos em Cristo ressuscitarão primeiro. ¹⁷ Depois nós, os que estivermos vivos, seremos arrebatados com eles nas nuvens, para o encontro com o Senhor nos ares. E assim estaremos com o Senhor para sempre. ¹⁸ Consolem-se uns aos outros com essas palavras.

5 Irmãos, quanto aos tempos e épocas, não precisamos escrever ² pois vocês mesmos sabem perfeitamente que o dia do Senhor

ÉTICA NO TRABALHO

O trabalho surgiu antes ou depois da queda do homem? É um resultado do pecado? Deus pôs Adão e Eva no jardim do Éden e deu a eles domínio sobre todas as coisas criadas (Gênesis 1.26). Ter domínio significa governar e administrar, ou ter a capacidade de fazer algo de uma maneira mais eficaz. Em Gênesis 2.5 lemos que, antes da criação do homem, não havia ninguém que trabalhasse na terra. Por isso, Deus escolheu homem e mulher e os pôs no Paraíso para trabalhar, cuidar e até mesmo produzir a partir do que havia sido criado (2.15)!

Tudo isso aconteceu antes do pecado. O trabalho fazia parte do mundo perfeito, anterior à entrada do pecado e da morte. Quando Adão e Eva pecaram, o trabalho ficou mais difícil. O pecado corrompeu todos os aspectos da vida humana, incluindo o trabalho.

Deus atribui tanto valor ao trabalho que o inclui nos Dez Mandamentos. Em Êxodo 20.8,9 lemos: " 'Lembra-te do dia de sábado, para santificá-lo. Trabalharás seis dias e neles farás todos os teus trabalhos' ". Esse mandamento fala do dia de descanso, por isso mesmo concluímos que é preciso trabalhar muito nos outros seis dias.

No Novo Testamento, Paulo ajuda os tessalonicenses a vincular a esperança da segunda vinda de Jesus com uma ética apropriada do trabalho. A igreja pensava que a volta de Cristo estava tão próxima que alguns haviam deixado de trabalhar. Além disso, eram tão "espirituais" que deixaram de ser bons nos aspectos da vida terrena. Portanto, o escritor exorta os ociosos (5.14), chegando a dizer que aquele que não quer trabalhar não merece comer (2Tessalonicenses 3.10).

O trabalho árduo valoriza a vida e ajuda a que nos sintamos produtivos e parte de um todo. Quando Deus criou um mundo perfeito, ele também incluiu o trabalho. O trabalho sempre esteve na prancheta de Deus. Por isso, devemos executá-lo com todas as nossas forças e tirar dele o máximo proveito!

APLICAÇÃO
- Não há diferença alguma entre a obra de Deus e o trabalho secular. Todo trabalho vem de Deus. Seja qual for o seu trabalho, ele será espiritual se estiver de acordo com a vontade de Deus. O serviço cristão em tempo integral não é mais espiritual que o trabalho científico. Você acha que precisa mudar a sua maneira de pensar sobre esse assunto?
- A sua maneira de trabalhar seria diferente se a volta de Cristo estivesse para acontecer na próxima semana, ou dentro de mil anos?
- Você confia em Deus para fazer as suas tarefas, ou crê que tem a responsabilidade de realizá-las por sua conta? Como você avalia a sua fé em Deus qualquer que seja a resposta dele?

"O trabalho não é algo que se faz para viver, mas algo que se vive para fazer."

John Stott

virá como ladrão à noite. ³ Quando disserem: "Paz e segurança", a destruição virá sobre eles de repente, como as dores de parto à mulher grávida; e de modo nenhum escaparão.

⁴ Mas vocês, irmãos, não estão nas trevas, para que esse dia os surpreenda como ladrão. ⁵ Vocês todos são filhos da luz, filhos do dia. Não somos da noite nem das trevas. ⁶ Portanto, não durmamos como os demais, mas estejamos atentos e sejamos sóbrios; ⁷ pois os que dormem, dormem de noite, e os que se embriagam, embriagam-se de noite. ⁸ Nós, porém, que somos do dia, sejamos sóbrios, vestindo a couraça da fé e do amor e o capacete da esperança da salvação. ⁹ Porque Deus não nos destinou para a ira, mas para recebermos a salvação por meio de nosso Senhor Jesus Cristo. ¹⁰ Ele morreu por nós para que, quer estejamos acordados quer dormindo, vivamos unidos a ele. ¹¹ Por isso, exortem-se e edifiquem-se uns aos outros, como de fato vocês estão fazendo.

5.23 O ser humano é formado de espírito, alma e corpo. O corpo comunica-se com o ambiente que o rodeia, recolhe as informações pelos cinco sentidos e as armazena. A alma elabora as informações recebidas, pensa, sente, decide e transforma o mundo que rodeia o ser humano. O espírito da pessoa que já nasceu em Cristo comunica-se com o Espírito de Deus para que sua vida seja dirigida em comum acordo com o Pai.

Instruções Finais

¹² Agora pedimos a vocês, irmãos, que tenham consideração para com os que se esforçam no trabalho entre vocês, que os lideram no Senhor e os aconselham. ¹³ Tenham-nos na mais alta estima, com amor, por causa do trabalho deles. Vivam em paz uns com os outros. ¹⁴ Exortamos vocês, irmãos, a que advirtam os ociosos*ª*, confortem os desanimados, auxiliem os fracos, sejam pacientes para com todos. ¹⁵ Tenham cuidado para que ninguém retribua o mal com o mal, mas sejam sempre bondosos uns para com os outros e para com todos.

¹⁶ Alegrem-se sempre. ¹⁷ Orem continuamente. ¹⁸ Deem graças em todas as circunstâncias, pois esta é a vontade de Deus para vocês em Cristo Jesus.

¹⁹ Não apaguem o Espírito. ²⁰ Não tratem com desprezo as profecias, ²¹ mas ponham à prova todas as coisas e fiquem com o que é bom. ²² Afastem-se de toda forma de mal.

²³ Que o próprio Deus da paz os santifique inteiramente. Que todo o espírito, a alma e o corpo de vocês sejam preservados irrepreensíveis na vinda de nosso Senhor Jesus Cristo. ²⁴ Aquele que os chama é fiel e fará isso.

²⁵ Irmãos, orem por nós. ²⁶ Saúdem todos os irmãos com beijo santo. ²⁷ Diante do Senhor, encarrego vocês de lerem esta carta a todos os irmãos.

²⁸ A graça de nosso Senhor Jesus Cristo seja com vocês.

ª **5.14** Ou *insubordinados*

TESSALONICENSES

Introdução à segunda epístola de Paulo aos

Autor e data de composição

Existe uma continuidade temática entre esta carta e a primeira carta aos Tessalonicenses; por isso, podemos afirmar que foi escrita pouco tempo depois, talvez alguns meses, de Paulo ter recebido notícias sobre a forma de alguns terem interpretado a primeira carta e a conduta que estavam adotando. Esse fato indica que a segunda epístola aos Tessalonicenses teria sido escrita em Corinto, no final do ano 51; aqui mesmo Paulo afirma ser seu escritor (1.1; 3.7), como indicam as evidências temáticas internas e o estilo literário da carta.

ESBOÇO GERAL

Primeira parte: Introdução (1)

Segunda parte: Diversas instruções (2)
 I. Paulo corrige algumas ideias errôneas concluídas de sua primeira carta (2.1,2)
 II. A revelação do filho da perdição (2.3-10)
   A. As características do filho da perdição (2.3-5)
   B. O que impede que o filho da perdição seja revelado (2.6,7)
   C. A atuação do filho do pecado, que será destruído com a vinda do Senhor (2.8-10)
 III. Para condenação dos descrentes (2.11,12)
 IV. Ação de graças e exortação à perseverança (2.13-17)

Terceira parte: Diversas exortações (3)
 I. Chamado à oração (3.1-5)
 II. Ordens sobre a disciplina e o trabalho honrado (3.6-15)
 III. Oração final e saudações (3.16-18)

Versículo-chave
3.1

Tema geral do livro
A mesma pessoa que se responsabilizou de levar a primeira carta de Paulo a Tessalônica voltou com notícias. Por um lado, houvera um crescimento espiritual notável entre os cristãos da cidade. Por outro, ensinos equivocados haviam se infiltrado na igreja e eram erroneamente atribuídos a Paulo, talvez por meio de uma carta falsificada ou de comentários infundados sobre seus ensinos. Alguns chegavam a afirmar que já estavam acontecendo o período das tribulações do fim dos tempos. Isso significaria dizer que as pessoas que haviam morrido estavam excluídas do arrebatamento ou que Paulo lhes havia ensinado um equívoco. Ao receber tais informações, Paulo escreve esta segunda carta, por um lado, com a finalidade de parabenizá-los e, por outro, de corrigir os erros que havia no meio deles.

Em 2Tessalonicenses, Jesus é...
... nossa esperança (2.16,17).

Versículo-chave para o discípulo
3.13

O discípulo e 2Tessalonicenses
O discípulo é um ser humano e, como tal, às vezes se cansa de fazer o bem, principalmente quando, em vez de focar Deus, valoriza mais a reação de outros homens a seus atos de bondade e sacrifício. Paulo exorta os tessalonicenses, e consequentemente a nós também, a que não se cansem nunca de fazer o bem. Há apenas uma maneira de conseguir isso: manter os olhos fixos em Cristo, que nunca se cansou de fazer o bem, ainda que tenha tido que pagar um preço muito alto. Jesus foi o único homem justo e, no entanto, entregou-se na cruz para resgatar quem naquele momento eram seus inimigos. Sim, existe uma batalha entre a luz e as trevas, e essa luta só terminará em vitória se pusermos em prática as palavras de Paulo em Romanos: "Amados, nunca procurem vingar-se, mas deixem com Deus a ira, pois está escrito: 'Minha é a vingança; eu retribuirei', diz o Senhor. Ao contrário: 'Se o seu inimigo tiver fome, dê-lhe de comer; se tiver sede, dê-lhe de beber. Fazendo isso, você amontoará brasas vivas sobre a cabeça dele'. *Não se deixem vencer pelo mal, mas vençam o mal com o bem*" (Romanos 12.19-21, grifo nosso).

ESBOÇO GERAL

2TESSALONICENSES

1 Paulo, Silvano[a] e Timóteo, à igreja dos tessalonicenses, em Deus nosso Pai e no Senhor Jesus Cristo:

² A vocês, graça e paz da parte de Deus Pai e do Senhor Jesus Cristo.

Ação de Graças e Oração

³ Irmãos, devemos sempre dar graças a Deus por vocês; e isso é justo, porque a fé que vocês têm cresce cada vez mais, e muito aumenta o amor de todos vocês uns pelos outros. ⁴ Por esta causa nós nos gloriamos em vocês entre as igrejas de Deus pela perseverança e fé demonstrada por vocês em todas as perseguições e tribulações que estão suportando. ⁵ Elas dão prova do justo juízo de Deus e mostram o seu desejo de que vocês sejam considerados dignos do seu Reino, pelo qual vocês também estão sofrendo.

⁶ É justo da parte de Deus retribuir com tribulação aos que lhes causam tribulação, ⁷ e dar alívio a vocês, que estão sendo atribulados, e a nós também. Isso acontecerá quando o Senhor Jesus for revelado lá dos céus, com os seus anjos poderosos, em meio a chamas flamejantes. ⁸ Ele punirá os que não conhecem a Deus e os que não obedecem ao evangelho de nosso Senhor Jesus. ⁹ Eles sofrerão a pena de destruição eterna, a separação da presença do Senhor e da majestade do seu poder. ¹⁰ Isso acontecerá no dia em que ele vier para ser glorificado em seus santos e admirado em todos os que creram, inclusive vocês que creram em nosso testemunho.

¹¹ Conscientes disso, oramos constantemente por vocês, para que o nosso Deus os faça dignos da vocação e, com poder, cumpra todo bom propósito e toda obra que procede da fé. ¹² Assim o nome de nosso Senhor Jesus será glorificado em vocês, e vocês nele, segundo a graça de nosso Deus e do Senhor Jesus[b] Cristo.

O Homem do Pecado

2 Irmãos, quanto à vinda de nosso Senhor Jesus Cristo e à nossa reunião com ele, rogamos a vocês ² que não se deixem abalar

2.3,4 Referência direta à personagem misteriosa a que costumamos designar "anticristo", que significa "aquele que usurpa, ou suplanta, Cristo". Na verdade, como está em 2João 7, são anticristos aqueles que "não confessam que Jesus Cristo veio em corpo". Ainda que haja em Apocalipse uma figura designada de "besta que saía do mar" (13.1), ao longo do tempo muitos têm demonstrado na história da humanidade ter o espírito do anticristo.

nem alarmar tão facilmente, quer por profecia[c], quer por palavra, quer por carta supostamente vinda de nós, como se o dia do Senhor já tivesse chegado. ³ Não deixem que ninguém os engane de modo algum. Antes daquele dia virá a apostasia e, então, será revelado o homem do pecado[d], o filho da perdição. ⁴ Este se opõe e se exalta acima de tudo o que se chama Deus ou é objeto de adoração, chegando até a assentar-se no santuário de Deus, proclamando que ele mesmo é Deus.

⁵ Não se lembram de que, quando eu ainda estava com vocês, costumava falar essas coisas? ⁶ E agora vocês sabem o que o está detendo, para que ele seja revelado no seu devido tempo. ⁷ A verdade é que o mistério da iniquidade já está em ação, restando apenas que seja afastado aquele que agora o detém. ⁸ Então será revelado o perverso, a quem o Senhor Jesus matará com o sopro de sua boca e destruirá pela manifestação de sua vinda. ⁹ A vinda desse perverso é segundo a ação de Satanás, com todo o poder, com sinais e com maravilhas enganadoras. ¹⁰ Ele fará uso de todas as formas de engano da injustiça para os que estão perecendo, porquanto rejeitaram o amor à verdade que os poderia salvar. ¹¹ Por essa razão Deus lhes envia um poder sedutor, a fim de que creiam na mentira ¹² e sejam condenados todos os que não creram na verdade, mas tiveram prazer na injustiça.

---

[a] **1.1** Ou *Silas*, variante de *Silvano*.
[b] **1.12** Ou *Deus e Senhor, Jesus*
[c] **2.2** Grego: *espírito*.
[d] **2.3** Vários manuscritos dizem *da iniquidade*.

Exortação à Perseverança

¹³ Mas nós devemos sempre dar graças a Deus por vocês, irmãos amados pelo Senhor, porque desde o princípio Deus os escolheu[a] para serem salvos mediante a obra santificadora do Espírito e a fé na verdade. ¹⁴ Ele os chamou para isso por meio de nosso evangelho, a fim de tomarem posse da glória de nosso Senhor Jesus Cristo. ¹⁵ Portanto, irmãos, permaneçam firmes e apeguem-se às tradições que foram ensinadas a vocês, quer de viva voz, quer por carta nossa.

¹⁶ Que o próprio Senhor Jesus Cristo e Deus nosso Pai, que nos amou e nos deu eterna consolação e boa esperança pela graça, ¹⁷ deem ânimo ao coração de vocês e os fortaleçam para fazerem sempre o bem, tanto em atos como em palavras.

Um Pedido de Oração

3 Finalmente, irmãos, orem por nós, para que a palavra do Senhor se propague rapidamente e receba a honra merecida, como aconteceu entre vocês. ² Orem também para que sejamos libertos dos homens perversos e maus, pois a fé não é de todos. ³ Mas o Senhor é fiel; ele os fortalecerá e os guardará do Maligno. ⁴ Confiamos no Senhor que vocês estão fazendo e continuarão a fazer as coisas que ordenamos. ⁵ O Senhor conduza o coração de vocês ao amor de Deus e à perseverança de Cristo.

Uma Advertência contra a Ociosidade

⁶ Irmãos, em nome do nosso Senhor Jesus Cristo nós ordenamos que se afastem de todo irmão que vive ociosamente[b] e não conforme a tradição que vocês receberam de nós. ⁷ Pois vocês mesmos sabem como devem seguir o nosso exemplo, porque não vivemos ociosamente quando estivemos entre vocês, ⁸ nem comemos coisa alguma à custa de ninguém. Ao contrário, trabalhamos arduamente e com fadiga, dia e noite, para não sermos pesados a nenhum de vocês, ⁹ não porque não tivéssemos tal direito, mas para que nos tornássemos um modelo para ser imitado por vocês. ¹⁰ Quando ainda estávamos com vocês, nós ordenamos isto: Se alguém não quiser trabalhar, também não coma.

¹¹ Pois ouvimos que alguns de vocês estão ociosos; não trabalham, mas andam se intrometendo na vida alheia. ¹² A tais pessoas ordenamos e exortamos no Senhor Jesus Cristo que trabalhem tranquilamente e comam o seu próprio pão. ¹³ Quanto a vocês, irmãos, nunca se cansem de fazer o bem.

¹⁴ Se alguém desobedecer ao que dizemos nesta carta, marquem-no e não se associem com ele, para que se sinta envergonhado; ¹⁵ contudo, não o considerem como inimigo, mas chamem a atenção dele como irmão.

Saudações Finais

¹⁶ O próprio Senhor da paz dê a vocês a paz em todo o tempo e de todas as formas. O Senhor seja com todos vocês.

¹⁷ Eu, Paulo, escrevo esta saudação de próprio punho, a qual é um sinal em todas as minhas cartas. É dessa forma que escrevo.

¹⁸ A graça de nosso Senhor Jesus Cristo seja com todos vocês.

3.10,11 Ao que parece, as palavras de 1Tessalonicenses tinham sido interpretadas de modo equivocado por vários irmãos, que decidiram por conta própria interromper a vida normal e suas obrigações diárias para "esperar o arrebatamento". Paulo ordena que estes deixem a ociosidade de lado e trabalhem como os demais. A esperança pelo arrebatamento deve nos tornar pessoas melhores e mais responsáveis em todos os sentidos. Do contrário, não passaria de mero escape.

---

[a] **2.13** Vários manuscritos dizem *porque Deus os escolheu como seus primeiros frutos*.
[b] **3.6** Ou *desregradamente*; também nos versículos 7 e 11.

Introdução à primeira epístola de Paulo a
TIMÓTEO

Autor e data de composição

As duas cartas dirigidas a Timóteo e a carta dirigida a Tito formam o grupo chamado "cartas pastorais" por causa de seus destinatários, os quais haviam sido designados por Paulo para ocupar posições de autoridade com o objetivo de ajudar as igrejas de Éfeso e de Creta até que elas tivessem desenvolvido um grupo de líderes maduros e firmes na fé. O título não é 100% preciso, uma vez que Timóteo e Tito tinham uma posição de autoridade distinta da dos demais pastores. Eles eram representantes apostólicos, cuja autoridade tinha origem na autoridade do próprio apóstolo Paulo, fundador de tais igrejas. Na tradição cristã, nunca houve dúvidas com relação à autoria literária de Paulo das três cartas. É possível que 1Timóteo tenha sido escrita na Macedônia, talvez Filipos, por volta do ano 63, entre o primeiro período e o segundo em que o apóstolo esteve preso.

ESBOÇO GERAL

Primeira parte: Saudações (1.1,2)

Segunda parte: A situação na igreja em Éfeso, onde havia deixado Timóteo como seu representante (1.3-20)
  I. As falsas doutrinas e as palavras inúteis (1.3-11)
  II. Paulo lembra a misericórdia que o Senhor teve para com ele e o ministério que lhe entregou (1.12-17)
  III. Instrui Timóteo a agir de acordo com as profecias que haviam sido feitas sobre ele (1.18-20)

Terceira parte: A oração em público (2)

Quarta parte: Os requisitos para ser líder na igreja (3.1-13)
  I. Os requisitos para os bispos, ou pastores (3.1-7)
  II. Os requisitos para os diáconos (3.8-13)

Quinta parte: O mistério da piedade e a previsão da apostasia (3.14—4.16)
  I. O mistério da piedade (3.14-16)
  II. A previsão da apostasia (4.1-5)
  III. A atuação do bom ministro de Jesus Cristo (4.6-16)

Sexta parte: Os relacionamentos entre os cristãos (5—6)
  I. Os jovens e os idosos (5.1,2)
  II. As viúvas idosas e as viúvas jovens (5.3-16)
  III. Tratamento aos presbíteros, líderes da igreja (5.17-25)
  IV. Senhores e escravos (6.1,2)
  V. Os falsos mestres (6.3-10)

Sétima parte: Recomendações finais (6.11-21)
  I. Ao próprio Timóteo (6.11-16)
  II. O que se deve ensinar aos ricos (6.17-19)
  III. Recomendação final a Timóteo (6.20,21)

Versículo-chave
2.5

Tema geral do livro
Timóteo, a quem Paulo chama de "verdadeiro filho na fé", ainda era jovem quando o apóstolo o encarregou de pôr ordem na complicada igreja de Éfeso, situada em uma cidade de grande importância dentro do império. Como pai espiritual, Paulo escreve a Timóteo para encorajá-lo. Ao que tudo indica, o fato de ser jovem havia provocado em alguns uma reação negativa com respeito a Timóteo, algo a que se opõe Paulo, por isso orienta-o a ser exemplo para todos até que ele voltasse. Em meio às orientações práticas que faz com respeito aos líderes da comunidade, lembra-o de algo que provavelmente tenha sido um dos primeiros hinos cantados pelos irmãos do século I. Trata-se de um resumo da doutrina sobre Cristo (3.16). Por ser Éfeso uma cidade próspera, temos a impressão de que havia muitos problemas relacionados ao apego ao dinheiro e ao uso dos bens, por isso Paulo trata abertamente sobre o tema. Ao longo desta carta, Paulo manifesta seu afeto por Timóteo, encorajando-o e orientando-o, assim como faria um bom pai a seu filho.

Em 1Timóteo, Jesus é...
... o mistério da piedade (3.16).

Versículos-chave para o discípulo
6.6, 7,10

O discípulo e 1Timóteo
É visível que o amor ao dinheiro era um problema para os cristãos de Éfeso naquela época assim como é hoje. Observemos que a raiz de todos os males não é o dinheiro propriamente, mas a cobiça, que ataca tanto ricos quanto pobres, contra a qual Paulo alerta seus leitores. Por isso, recomenda que os pobres devem dedicar-se à "piedade com contentamento [que] é grande fonte de lucro", e aos ricos que não ponham a esperança na incerteza das riquezas (6.17). Caro discípulo, a sua confiança deve estar posta "em Deus, que de tudo nos provê ricamente, para a nossa satisfação" (v. 17). É necessário que nos voltemos para a eternidade, ao mesmo tempo que devemos reconhecer como dádivas de Deus tudo o que ele nos dá e saber apreciar cada uma delas. Afinal de contas, Cristo veio a este mundo para nos dar vida plena (João 10.10) através de seu sacrifício, a partir de agora e por toda a eternidade.

1TIMÓTEO

1 Paulo, apóstolo de Cristo Jesus, por ordem de Deus, nosso Salvador, e de Cristo Jesus, a nossa esperança,

² a Timóteo, meu verdadeiro filho na fé:

Graça, misericórdia e paz da parte de Deus Pai e de Cristo Jesus, o nosso Senhor.

Advertências contra Falsos Mestres da Lei

³ Partindo eu para a Macedônia, roguei que você permanecesse em Éfeso para ordenar a certas pessoas que não mais ensinem doutrinas falsas ⁴ e que deixem de dar atenção a mitos e genealogias intermináveis, que causam controvérsias em vez de promoverem a obra de Deus, que é pela fé. ⁵ O objetivo desta instrução é o amor que procede de um coração puro, de uma boa consciência e de uma fé sincera. ⁶ Alguns se desviaram dessas coisas, voltando-se para discussões inúteis, ⁷ querendo ser mestres da lei, quando não compreendem nem o que dizem nem as coisas acerca das quais fazem afirmações tão categóricas.

⁸ Sabemos que a Lei é boa, se alguém a usa de maneira adequada. ⁹ Também sabemos que ela não é feita para os justos, mas para os transgressores e insubordinados, para os ímpios e pecadores, para os profanos e irreverentes, para os que matam pai e mãe, para os homicidas, ¹⁰ para os que praticam imoralidade sexual e os homossexuais, para os sequestradores, para os mentirosos e os que juram falsamente; e para todo aquele que se opõe à sã doutrina. ¹¹ Esta sã doutrina se vê no glorioso evangelho que me foi confiado, o evangelho do Deus bendito.

A Graça de Deus Concedida a Paulo

¹² Dou graças a Cristo Jesus, nosso Senhor, que me deu forças e me considerou fiel, designando-me para o ministério, ¹³ a mim que anteriormente fui blasfemo, perseguidor e insolente; mas alcancei misericórdia, porque o fiz por ignorância e na minha incredulidade; ¹⁴ contudo, a graça de nosso Senhor transbordou sobre mim, com a fé e o amor que estão em Cristo Jesus.

¹⁵ Esta afirmação é fiel e digna de toda aceitação: Cristo Jesus veio ao mundo para salvar os pecadores, dos quais eu sou o pior. ¹⁶ Mas por isso mesmo alcancei misericórdia, para que em mim, o pior dos pecadores, Cristo Jesus demonstrasse toda a grandeza da sua paciência, usando-me como exemplo para aqueles que nele haveriam de crer para a vida eterna. ¹⁷ Ao Rei eterno, o Deus único, imortal e invisível, sejam honra e glória para todo o sempre. Amém.

¹⁸ Timóteo, meu filho, dou a você esta instrução, segundo as profecias já proferidas a seu respeito, para que, seguindo-as, você combata o bom combate, ¹⁹ mantendo a fé e a boa consciência que alguns rejeitaram e, por isso, naufragaram na fé. ²⁰ Entre eles estão Himeneu e Alexandre, os quais entreguei a Satanás, para que aprendam a não blasfemar.

Instruções acerca da Adoração

2 Antes de tudo, recomendo que se façam súplicas, orações, intercessões e ações de graças por todos os homens; ² pelos reis e por todos os que exercem autoridade, para que tenhamos uma vida tranquila e pacífica, com toda a piedade e dignidade. ³ Isso é bom e agradável perante Deus, nosso Salvador, ⁴ que deseja que todos os homens sejam salvos e cheguem ao conhecimento da verdade.

⁵ Pois há um só Deus
 e um só mediador
  entre Deus e os homens:
 o homem Cristo Jesus,
⁶ o qual se entregou a si mesmo
  como resgate por todos.
 Esse foi o testemunho dado
  em seu próprio tempo.

⁷ Para isso fui designado pregador e apóstolo (Digo a verdade, não minto.), mestre da verdadeira fé aos gentios[a].

⁸ Quero, pois, que os homens orem em todo lugar, levantando mãos santas, sem ira e sem discussões.

⁹ Da mesma forma, quero que as mulheres se vistam modestamente, com decência e discrição, não se adornando com tranças e com ouro, nem com pérolas ou com roupas caras, ¹⁰ mas

---
[a] 2.7 Isto é, os que não são judeus.

com boas obras, como convém a mulheres que declaram adorar a Deus. ⁱⁱ A mulher deve aprender em silêncio, com toda a sujeição. ¹² Não permito que a mulher ensine nem que tenha autoridade sobre o homem. Esteja, porém, em silêncio. ¹³ Porque primeiro foi formado Adão e depois Eva. ¹⁴ E Adão não foi enganado, mas sim a mulher que, tendo sido enganada, se tornou transgressora. ¹⁵ Entretanto, a mulher[a] será salva[b] dando à luz filhos — se permanecer na fé, no amor e na santidade, com bom senso.

Bispos e Diáconos

3 Esta afirmação é digna de confiança: Se alguém deseja ser bispo[c], deseja uma nobre função. ² É necessário, pois, que o bispo seja irrepreensível, marido de uma só mulher, moderado, sensato, respeitável, hospitaleiro e apto para ensinar; ³ não deve ser apegado ao vinho nem violento, mas sim amável, pacífico e não apegado ao dinheiro. ⁴ Ele deve governar bem sua própria família, tendo os filhos sujeitos a ele, com toda a dignidade. ⁵ Pois, se alguém não sabe governar sua própria família, como poderá cuidar da igreja de Deus? ⁶ Não pode ser recém-convertido, para que não se ensoberbeça e caia na mesma condenação em que caiu o Diabo. ⁷ Também deve ter boa reputação perante os de fora, para que não caia em descrédito nem na cilada do Diabo.

⁸ Os diáconos igualmente devem ser dignos, homens de palavra, não amigos de muito vinho nem de lucros desonestos. ⁹ Devem apegar-se ao mistério da fé com a consciência limpa.

3.6 O termo "recém-convertido" significa literalmente "planta nova, tenra". Refere-se a quem crê em Jesus Cristo há pouco tempo. Paulo não permitia que um novo crente ocupasse posição de destaque em sua igreja, porque ainda não havia amadurecido nem se fortalecido o bastante na Palavra e na vida cristã, podendo, assim, causar prejuízo a si mesmo e à comunidade dos cristãos, principalmente orgulhando-se por seu desempenho.

3.16 Paulo gostava de citar hinos que eram cantados na igreja dos apóstolos, o que fez várias vezes em suas cartas. Lembremo-nos de que na prisão de Filipos ele e Silas, por volta da meia-noite, oravam e cantavam hinos a Deus quando o terremoto estremeceu a prisão; os demais presos os escutavam e pareciam gostar do que ouviam (Atos 16.25-28).

¹⁰ Devem ser primeiramente experimentados; depois, se não houver nada contra eles, que atuem como diáconos.

ⁱⁱ As mulheres[d] igualmente sejam dignas, não caluniadoras, mas sóbrias e confiáveis em tudo. ¹² O diácono deve ser marido de uma só mulher e governar bem seus filhos e sua própria casa. ¹³ Os que servirem bem alcançarão uma excelente posição e grande determinação na fé em Cristo Jesus.

¹⁴ Escrevo estas coisas, embora espere ir vê-lo em breve; ¹⁵ mas, se eu demorar, saiba como as pessoas devem comportar-se na casa de Deus, que é a igreja do Deus vivo, coluna e fundamento da verdade. ¹⁶ Não há dúvida de que é grande o mistério da piedade:

> Deus[e] foi manifestado
> em corpo[f],
> justificado no Espírito,
> visto pelos anjos,
> pregado entre as nações,
> crido no mundo,
> recebido na glória.

Instruções a Timóteo

4 O Espírito diz claramente que nos últimos tempos alguns abandonarão a fé e seguirão espíritos enganadores e doutrinas de demônios. ² Tais ensinamentos vêm de homens hipócritas e mentirosos, que têm a consciência cauterizada ³ e proíbem o casamento e o consumo de alimentos que Deus criou para serem recebidos com ação de graças pelos que creem e conhecem a verdade. ⁴ Pois tudo o que Deus criou é bom, e nada deve ser rejeitado, se for recebido com ação de graças, ⁵ pois é santificado pela palavra de Deus e pela oração.

---

[a] **2.15** Grego: *ela*.
[b] **2.15** Ou *restaurada*.
[c] **3.1** Grego: *epíscopo*. Palavra que descreve a pessoa que exerce função pastoral; também no versículo 2.
[d] **3.11** Ou *As esposas dos diáconos*; ou ainda *As diaconisas*.
[e] **3.16** Muitos manuscritos dizem *Aquele que*.
[f] **3.16** Grego: *na carne*.

⁶ Se você transmitir essas instruções aos irmãos, será um bom ministro de Cristo Jesus, nutrido com as verdades da fé e da boa doutrina que tem seguido. ⁷ Rejeite, porém, as fábulas profanas e tolasª e exercite-se na piedade. ⁸ O exercício físico é de pouco proveito; a piedade, porém, para tudo é proveitosa, porque tem promessa da vida presente e da futura.

⁹ Esta é uma afirmação fiel e digna de plena aceitação. ¹⁰ Se trabalhamos e lutamos é porque temos depositado a nossa esperança no Deus vivo, o Salvador de todos os homens, especialmente dos que creem.

¹¹ Ordene e ensine essas coisas. ¹² Ninguém o despreze pelo fato de você ser jovem, mas seja um exemplo para os fiéis na palavra, no procedimento, no amor, na fé e na pureza. ¹³ Até a minha chegada, dedique-se à leitura pública da Escritura, à exortação e ao ensino. ¹⁴ Não negligencie o dom que foi dado a você por mensagem profética com imposição de mãos dos presbíteros.

¹⁵ Seja diligente nessas coisas; dedique-se inteiramente a elas, para que todos vejam o seu progresso. ¹⁶ Atente bem para a sua própria vida e para a doutrina, perseverando nesses deveres, pois, agindo assim, você salvará tanto você mesmo quanto aos que o ouvem.

Conselhos acerca de Viúvas, Líderes e Escravos

5 Não repreenda asperamente o homem idoso, mas exorte-o como se ele fosse seu pai; trate os jovens como a irmãos; ² as mulheres idosas, como a mães; e as moças, como a irmãs, com toda a pureza.

³ Trate adequadamente as viúvas que são realmente necessitadas. ⁴ Mas, se uma viúva tem filhos ou netos, que estes aprendam primeiramente a pôr a sua religião em prática, cuidando de sua própria família e retribuindo o bem recebido de seus pais e avós, pois isso agrada a Deus. ⁵ A viúva realmente necessitada e desamparada põe sua esperança em Deus e persiste dia e noite em oração e em súplica. ⁶ Mas a que vive para os prazeres, ainda que esteja viva, está morta. ⁷ Dê-lhes estas ordens, para que sejam irrepreensíveis. ⁸ Se alguém não cuida de seus parentes, e especialmente dos de sua própria família, negou a fé e é pior que um descrente.

⁹ Nenhuma mulher deve ser inscrita na lista de viúvas, a não ser que tenha mais de sessenta anos de idade, tenha sido fiel a seu marido[b] ¹⁰ e seja bem conhecida por suas boas obras, tais como criar filhos, ser hospitaleira, lavar os pés dos santos, socorrer os atribulados e dedicar-se a todo tipo de boa obra.

¹¹ Não inclua nessa lista as viúvas mais jovens, pois, quando os seus desejos sensuais superam a sua dedicação a Cristo, querem se casar. ¹² Assim elas trazem condenação sobre si, por haverem rompido seu primeiro compromisso. ¹³ Além disso, aprendem a ficar ociosas, andando de casa em casa; e não se tornam apenas ociosas, mas também fofoqueiras e indiscretas, falando coisas que não devem. ¹⁴ Portanto, aconselho que as viúvas mais jovens se casem, tenham filhos, administrem suas casas e não deem ao inimigo nenhum motivo para maledicência. ¹⁵ Algumas, na verdade, já se desviaram, para seguir a Satanás.

¹⁶ Se alguma mulher crente tem viúvas em sua família, deve ajudá-las. Não seja a igreja sobrecarregada com elas, a fim de que as viúvas realmente necessitadas sejam auxiliadas.

¹⁷ Os presbíteros que lideram bem a igreja são dignos de dupla honra[c], especialmente aqueles cujo trabalho é a pregação e o ensino. ¹⁸ pois a Escritura diz: "Não amordace o boi enquanto está debulhando o cereal"[d], e "o trabalhador merece o seu salário"[e]. ¹⁹ Não aceite acusação contra um presbítero, se não for apoiada por duas ou três testemunhas. ²⁰ Os que pecarem deverão ser repreendidos em público, para que os demais também temam.

²¹ Eu o exorto solenemente, diante de Deus, de Cristo Jesus e dos anjos eleitos, a que procure observar essas instruções sem parcialidade; e não faça nada por favoritismo.

²² Não se precipite em impor as mãos sobre ninguém e não participe dos pecados dos outros. Conserve-se puro.

²³ Não continue a beber somente água; tome também um pouco de vinho, por causa do seu estômago e das suas frequentes enfermidades.

²⁴ Os pecados de alguns são evidentes, mesmo antes de serem submetidos a julgamento, ao passo que os pecados de outros se manifestam posteriormente. ²⁵ Da mesma forma, as boas obras são evidentes, e as que não o são não podem permanecer ocultas.

ª **4.7** Grego: *fábulas profanas e de velhas.*
[b] **5.9** Ou *tenha tido apenas um marido*
[c] **5.17** Ou *duplos honorários*
[d] **5.18** Dt 25.4
[e] **5.18** Lc 10.7

6 Todos os que estão sob o jugo da escravidão devem considerar seus senhores dignos de todo o respeito, para que o nome de Deus e o nosso ensino não sejam blasfemados. ² Os que têm senhores crentes não devem ter por eles menos respeito, pelo fato de serem irmãos; ao contrário, devem servi-los ainda melhor, porque os que se beneficiam do seu serviço são fiéis e amados. Ensine e recomende essas coisas.

O Amor ao Dinheiro

³ Se alguém ensina falsas doutrinas e não concorda com a sã doutrina de nosso Senhor Jesus Cristo e com o ensino que é segundo a piedade, ⁴ é orgulhoso e nada entende. Esse tal mostra um interesse doentio por controvérsias e contendas acerca de palavras, que resultam em inveja, brigas, difamações, suspeitas malignas ⁵ e atritos constantes entre aqueles que têm a mente corrompida e que são privados da verdade, os quais pensam que a piedade é fonte de lucro.

⁶ De fato, a piedade com contentamento é grande fonte de lucro, ⁷ pois nada trouxemos para este mundo e dele nada podemos levar; ⁸ por isso, tendo o que comer e com que vestir-nos, estejamos com isso satisfeitos. ⁹ Os que querem ficar ricos caem em tentação, em armadilhas e em muitos desejos descontrolados e nocivos, que levam os homens a mergulharem na ruína e na destruição, ¹⁰ pois o amor ao dinheiro é a raiz de todos os males. Algumas pessoas, por cobiçarem o dinheiro, desviaram-se da fé e se atormentaram com muitos sofrimentos.

Recomendação de Paulo a Timóteo

¹¹ Você, porém, homem de Deus, fuja de tudo isso e busque a justiça, a piedade, a fé, o amor, a perseverança e a mansidão. ¹² Combata o bom combate da fé. Tome posse da vida eterna, para a qual você foi chamado e fez a boa confissão na presença de muitas testemunhas. ¹³ Diante de Deus, que a tudo dá vida, e de Cristo Jesus, que diante de Pôncio Pilatos fez a boa confissão, eu recomendo: ¹⁴ Guarde este mandamento imaculado e irrepreensível, até a manifestação de nosso Senhor Jesus Cristo, ¹⁵ a qual Deus fará se cumprir no devido tempo.

Ele é o bendito e único Soberano,
o Rei dos reis
e Senhor dos senhores,
¹⁶ o único que é imortal
e habita em luz inacessível,
a quem ninguém viu
nem pode ver.
A ele sejam honra e poder para sempre.
Amém.

¹⁷ Ordene aos que são ricos no presente mundo que não sejam arrogantes, nem ponham sua esperança na incerteza da riqueza, mas em Deus, que de tudo nos provê ricamente, para a nossa satisfação. ¹⁸ Ordene-lhes que pratiquem o bem, sejam ricos em boas obras, generosos e prontos a repartir. ¹⁹ Dessa forma, eles acumularão um tesouro para si mesmos, um firme fundamento para a era que há de vir, e assim alcançarão a verdadeira vida.

²⁰ Timóteo, guarde o que foi confiado a você. Evite as conversas inúteis e profanas e as ideias contraditórias do que é falsamente chamado conhecimento; ²¹ professando-o, alguns desviaram-se da fé.

A graça seja com vocês.[a]

---

[a] **6.21** Vários manuscritos dizem *você*. Vários manuscritos acrescentam *Amém*.

Introdução à segunda epístola de Paulo a
TIMÓTEO

Autor e data de composição A segunda epístola a Timóteo talvez tenha sido a última que Paulo escreveu antes de ser decapitado. O contexto é distinto das duas outras cartas pastorais. Nesta ocasião, estava preso pela segunda vez em Roma; ignora-se onde tivesse sido detido, mas encontrava-se em Roma sem nenhum tipo de liberdade e abandonado por quase todos, com exceção de Lucas, o médico amado. Tem consciência de que faltava pouco para ser executado (4.6) e pede a Timóteo que fosse vê-lo e levasse consigo Marcos. Segundo o próprio texto desta epístola, podemos situá-la no ano 64, o mesmo ano em que Roma foi arrasada por um terrível incêndio provocado pelo imperador Nero, com a desculpa de construir uma nova cidade, culpando os cristãos de o terem praticado. Esse acontecimento deu início a uma feroz perseguição contra os cristãos, a primeira que se conhece em toda a História.

ESBOÇO GERAL

Primeira parte: Saudação a Timóteo, seu amado filho espiritual e ação de graças (1.1-5)

Segunda parte: Primeira exortação pessoal (1.6-18)
  I. Manter viva a chama do dom recebido por imposição de mãos (1.6,7)
  II. Estar disposto a tudo por Cristo, seguindo seu exemplo (1.8-12)
  III. guardar a doutrina que havia aprendido (1.13,14)
  IV. Paulo, abandonado por quase todos (1.15-18)

Terceira parte: Segunda exortação pessoal (2)
  I. Esforçar-se como bom soldado, bom atleta e bom agricultor (2.1-7)
  II. Lembrar-se sempre de Jesus Cristo (2.8-13)
  III. Apresentar-se a Deus aprovado, como obreiro que não tem do que se envergonhar (2.14-26)

Quarta parte: Os últimos dias serão tempos terríveis (3.1—4.5)
  I. Aproximam-se tempos de apostasia e maldade (3.1-9)
  II. Deve manter-se firme na fé que recebeu desde criança (3.10-14)
  III. O valor incalculável das Sagradas Letras (3.15-17)
  IV. Deve pregar a Palavra e cumprir seu ministério (4.1-5)

Quinta parte: O testemunho de Paulo e instruções pessoais (4.6-18)
  I. Perto de ser executado (4.6-8)
  II. Pede a Timóteo que vá vê-lo com urgência; somente Lucas está com ele (4.9-18)

Sexta parte: Saudações e bênção (4.19-22)

Versículo-chave
2.8

Tema geral do livro

Nesta carta Paulo escreve a Timóteo como haveria escrito um pai a seu filho, por saber que tinha pouco tempo de vida. Suas recomendações, sua visão profética dos últimos tempos e seu canto de vitória por ter "combatido o bom combate" mostram uma espécie de testamento espiritual dirigido à pessoa que mais amava no mundo. É como se fosse seu "testemunho" (leia "A história da fé: uma corrida de revezamento", na p. 1045) sobre um ministério relevante. Ele já havia terminado sua corrida. Nesse momento, era a vez de seu filho espiritual seguir o ministério da Palavra. Além disso, instrui Timóteo a agir como sua avó e mãe lhe haviam ensinado na infância, e como Paulo também lhe havia ensinado anos mais tarde. Em duas ocasiões, nota-se a tristeza que sente pelo fato de quase todos o terem abandonado. Em sua bondade, isso não o leva a desejar mal a ninguém, mas, sim, a abençoar Onesíforo e sua casa, que tantas vezes o tinham consolado, e também ao médico Lucas, que seguia fiel a seu lado. É possível que Alexandre, o ferreiro, fosse o que havia provocado sua prisão, mas Paulo deixa que o Senhor lhe retribua conforme seus atos. Até o final, sabe que o Senhor o preservará até seu Reino, no qual entraria em pouco tempo de maneira definitiva para receber sua recompensa.

Em 2Timóteo, Jesus é...
...nossa confiança (2.11-13).

Versículos-chave para o discípulo
1.7,8,12

O discípulo e 2Timóteo

Paulo, um homem que havia passado por tantas provações e sofrimentos, quer deixar a seu filho espiritual a base de sua firmeza na fé e no ministério: "sei em quem tenho crido" (1.12). Essas palavras, bem entendidas e convertidas em vida, seriam suficientes para que Timóteo seguisse a corrida em que havia sido treinado por seu pai espiritual. Caro discípulo, lembre-se sempre de que você deve desfazer-se de toda desconfiança no que se refere a seu Deus e Senhor. Precisa entender que recebeu dele um espírito que não é de covardia, mas de poder, de amor e de equilíbrio (1.7), e que o recebeu para que agora tome o "testemunho" das mãos daqueles que correram antes, seguindo para o alvo na corrida da ampliação do Reino, que terminará apenas com a volta de Cristo.

2TIMÓTEO

1 Paulo, apóstolo de Cristo Jesus pela vontade de Deus, segundo a promessa da vida que está em Cristo Jesus,

² a Timóteo, meu amado filho:

Graça, misericórdia e paz da parte de Deus Pai e de Cristo Jesus, nosso Senhor.

Um Incentivo à Fidelidade

³ Dou graças a Deus, a quem sirvo com a consciência limpa, como o serviram os meus antepassados, ao lembrar-me constantemente de você, noite e dia, em minhas orações. ⁴ Lembro-me das suas lágrimas e desejo muito vê-lo, para que a minha alegria seja completa. ⁵ Recordo-me da sua fé não fingida, que primeiro habitou em sua avó Loide e em sua mãe, Eunice, e estou convencido de que também habita em você. ⁶ Por essa razão, torno a lembrá-lo de que mantenha viva a chama do dom de Deus que está em você mediante a imposição das minhas mãos. ⁷ Pois Deus não nos deu espírito[a] de covardia, mas de poder, de amor e de equilíbrio.

⁸ Portanto, não se envergonhe de testemunhar do Senhor, nem de mim, que sou prisioneiro dele, mas suporte comigo os meus sofrimentos pelo evangelho, segundo o poder de Deus, ⁹ que nos salvou e nos chamou com uma santa vocação, não em virtude das nossas obras, mas por causa da sua própria determinação e graça. Essa graça nos foi dada em Cristo Jesus desde os tempos eternos, ¹⁰ sendo agora revelada pela manifestação de nosso Salvador, Cristo Jesus. Ele tornou inoperante a morte e trouxe à luz a vida e a imortalidade por meio do evangelho. ¹¹ Desse evangelho fui constituído pregador, apóstolo e mestre. ¹² Por essa causa também sofro, mas não me envergonho, porque sei em quem tenho crido e estou bem certo de que ele é poderoso para guardar o que lhe confiei até aquele dia.

¹³ Retenha, com fé e amor em Cristo Jesus, o modelo da sã doutrina que você ouviu de mim. ¹⁴ Quanto ao que lhe foi confiado, guarde-o por meio do Espírito Santo que habita em nós.

1.12 A firmeza da declaração de Paulo indica onde ele havia depositado sua confiança: "sei em quem tenho crido". Ele não diz "em que", como se se tratasse de uma fé intelectual, meramente teológica, mas "em quem", pois se trata de uma fé pessoal, produto de sua relação amorosa e íntima com Jesus Cristo.

¹⁵ Você sabe que todos os da província da Ásia me abandonaram, inclusive Fígelo e Hermógenes.

¹⁶ O Senhor conceda misericórdia à casa de Onesíforo, porque muitas vezes ele me reanimou e não se envergonhou por eu estar preso; ¹⁷ ao contrário, quando chegou a Roma, procurou-me diligentemente até me encontrar. ¹⁸ Conceda-lhe o Senhor que, naquele dia, encontre misericórdia da parte do Senhor! Você sabe muito bem quantos serviços ele me prestou em Éfeso.

2 Portanto, você, meu filho, fortifique-se na graça que há em Cristo Jesus. ² E as palavras que me ouviu dizer na presença de muitas testemunhas, confie-as a homens fiéis que sejam também capazes de ensiná-las a outros. ³ Suporte comigo os meus sofrimentos, como bom soldado de Cristo Jesus. ⁴ Nenhum soldado se deixa envolver pelos negócios da vida civil, já que deseja agradar àquele que o alistou. ⁵ Semelhantemente, nenhum atleta é coroado como vencedor, se não competir de acordo com as regras. ⁶ O lavrador que trabalha arduamente deve ser o primeiro a participar dos frutos da colheita. ⁷ Reflita no que estou dizendo, pois o Senhor dará a você entendimento em tudo.

⁸ Lembre-se de Jesus Cristo, ressuscitado dos mortos, descendente de Davi, conforme o meu evangelho, ⁹ pelo qual sofro e até estou preso como criminoso; contudo a palavra de Deus não está presa. ¹⁰ Por isso, tudo suporto por causa dos eleitos, para que também eles alcancem a salvação que está em Cristo Jesus, com glória eterna.

¹¹ Esta palavra é digna de confiança:

---

[a] 1.7 Ou *o Espírito que Deus nos deu não é*

2.3-6 Paulo propõe a Timóteo três modelos para sua conduta: o bom soldado, que não se perde com questões da vida normal; o atleta, que luta segundo as regras legítimas do jogo; o agricultor, que trabalha para ter sua parte nos frutos de sua colheita. Dessa maneira, orienta o ministério de seu filho amado.

2.11-13 No último versículo desta passagem, vemos a manifestação da fidelidade de Deus. O Deus da aliança não pode negar a si mesmo. Prometeu ser fiel a nós e será fiel, ainda que lhe sejamos infiéis. Sempre estará à nossa espera com os braços abertos, como o pai do filho perdido (veja Lucas 15.20-24).

Se morrermos com ele,
   com ele também viveremos;
¹² se perseveramos,
   com ele também reinaremos.
Se o negamos,
   ele também nos negará;
¹³ se somos infiéis,
   ele permanece fiel,
pois não pode negar-se
   a si mesmo.

O Obreiro Aprovado por Deus

¹⁴ Continue a lembrar essas coisas a todos, advertindo-os solenemente diante de Deus, para que não se envolvam em discussões acerca de palavras; isso não traz proveito e serve apenas para perverter os ouvintes. ¹⁵ Procure apresentar-se a Deus aprovado, como obreiro que não tem do que se envergonhar e que maneja corretamente a palavra da verdade. ¹⁶ Evite as conversas inúteis e profanas, pois os que se dão a isso prosseguem cada vez mais para a impiedade. ¹⁷ O ensino deles alastra-se como câncer[a]; entre eles estão Himeneu e Fileto. ¹⁸ Estes se desviaram da verdade, dizendo que a ressurreição já aconteceu, e assim a alguns pervertem a fé. ¹⁹ Entretanto, o firme fundamento de Deus permanece inabalável e selado com esta inscrição: "O Senhor conhece quem lhe pertence"[b] e "afaste-se da iniquidade todo aquele que confessa o nome do Senhor".

²⁰ Numa grande casa há vasos não apenas de ouro e prata, mas também de madeira e barro; alguns para fins honrosos, outros para fins desonrosos. ²¹ Se alguém se purificar dessas coisas, será vaso para honra, santificado, útil para o Senhor e preparado para toda boa obra.

²² Fuja dos desejos malignos da juventude e siga a justiça, a fé, o amor e a paz, com aqueles que, de coração puro, invocam o Senhor. ²³ Evite as controvérsias tolas e inúteis, pois você sabe que acabam em brigas. ²⁴ Ao servo do Senhor

2.1-10 Discipulado (iniciado em Romanos 10.14,15): Jamais alguém disse que fazer a obra de evangelista é fácil. Paulo encoraja Timóteo comparando seu trabalho com a entrega total do soldado, a dedicação completa do atleta e a incansável tarefa do lavrador. No entanto, em meio à nossa árdua tarefa, temos um descanso: "Lembre-se de Jesus Cristo". Só a presença de Jesus já é suficiente para nos repor as forças e nos fazer passar por todas as dificuldades por amor aos eleitos, a fim de que eles também alcancem o que nos foi dado graciosamente.
Texto anterior: 1Coríntios 3.4,7,13
Último texto da série.

2.15 Discipulado (iniciado em Romanos 10.14,15): A prontidão que o Espírito Santo nos pede neste texto é oposta à ideia de que somente os líderes das igrejas têm deveres e tarefas no Reino. Todo aquele que já recebeu de Cristo o dom da salvação tem algo a fazer em favor do Reino, mas precisa agir com presteza e atitude correta, a fim de receber a aprovação de Deus e não ter do que se envergonhar. Isso não quer dizer que todos seremos teólogos ou apologetas, mas que todos somos administradores de Deus com grande satisfação.
Texto anterior: Lucas 4.18,19
Próximo texto da série: 1Coríntios 3.4,7,13

---

[a] **2.17** Grego: *gangrena*.
[b] **2.19** Nm 16.5

não convém brigar mas, sim, ser amável para com todos, apto para ensinar, paciente. ²⁵ Deve corrigir com mansidão os que se lhe opõem, na esperança de que Deus lhes conceda o arrependimento, levando-os ao conhecimento da verdade, ²⁶ para que assim voltem à sobriedade e escapem da armadilha do Diabo, que os aprisionou para fazerem a sua vontade.

A Impiedade dos Últimos Dias

3 Saiba disto: nos últimos dias sobrevirão tempos terríveis. ² Os homens serão egoístas, avarentos, presunçosos, arrogantes, blasfemos, desobedientes aos pais, ingratos, ímpios, ³ sem amor pela família, irreconciliáveis, caluniadores, sem domínio próprio, cruéis, inimigos do bem, ⁴ traidores, precipitados, soberbos, mais amantes dos prazeres do que amigos de Deus, ⁵ tendo aparência de piedade, mas negando o seu poder. Afaste-se desses também.

⁶ São esses os que se introduzem pelas casas e conquistam mulheres instáveisª sobrecarregadas de pecados, as quais se deixam levar por toda espécie de desejos. ⁷ Elas estão sempre aprendendo, mas jamais conseguem chegar ao conhecimento da verdade. ⁸ Como Janes e Jambres se opuseram a Moisés, esses também resistem à verdade. A mente deles é depravada; são reprovados na fé. ⁹ Não irão longe, porém; como no caso daqueles, a sua insensatez se tornará evidente a todos.

A Recomendação de Paulo a Timóteo

¹⁰ Mas você tem seguido de perto o meu ensino, a minha conduta, o meu propósito, a minha fé, a minha paciência, o meu amor, a minha perseverança, ¹¹ as perseguições e os sofrimentos que enfrentei, coisas que me aconteceram em Antioquia, Icônio e Listra. Quanta perseguição suportei! Mas, de todas essas coisas o Senhor me livrou! ¹² De fato, todos os que desejam viver piedosamente em Cristo Jesus serão perseguidos. ¹³ Contudo, os perversos e impostores irão de mal a pior, enganando e sendo enganados.

¹⁴ Quanto a você, porém, permaneça nas coisas que aprendeu e das quais tem convicção, pois você sabe de quem o aprendeu. ¹⁵ Porque desde criança você conhece as Sagradas Letras, que são capazes de torná-lo sábio para a salvação mediante a fé em Cristo Jesus. ¹⁶ Toda a Escritura é inspirada por Deus e útil para o ensino, para a repreensão, para a correção e para a instrução na justiça, ¹⁷ para que o homem de Deus seja apto e plenamente preparado para toda boa obra.

> **3.14-17** A avó e a mãe de Timóteo ensinaram-lhe as Escrituras, ao passo que seu pai era descrente. Agora Paulo, seu pai espiritual, insiste no valor prático da Palavra e principalmente em sua autoridade por ser "inspirada por Deus". Poderíamos dizer com Isaías que a Palavra sagrada proferida pela boca de Deus não voltará vazia, mas que terá o efeito que ele desejar e atingirá o propósito para o qual ele a enviou (veja Isaías 55.11).

4 Na presença de Deus e de Cristo Jesus, que há de julgar os vivos e os mortos por sua manifestação e por seu Reino, eu o exorto solenemente: ² Pregue a palavra, esteja preparado a tempo e fora de tempo, repreenda, corrija, exorte com toda a paciência e doutrina. ³ Pois virá o tempo em que não suportarão a sã doutrina; ao contrário, sentindo coceira nos ouvidos, juntarão mestres para si mesmos, segundo os seus próprios desejos. ⁴ Eles se recusarão a dar ouvidos à verdade, voltando-se para os mitos. ⁵ Você, porém, seja moderado em tudo, suporte os sofrimentos, faça a obra de um evangelista, cumpra plenamente o seu ministério.

⁶ Eu já estou sendo derramado como oferta de bebidaᵇ. Está próximo o tempo da minha partida. ⁷ Combati o bom combate, terminei a corrida, guardei a fé. ⁸ Agora me está reservada a coroa da justiça, que o Senhor, justo Juiz, me dará naquele dia; e não somente a mim, mas também a todos os que amam a sua vinda.

Recomendações Finais

⁹ Procure vir logo ao meu encontro, ¹⁰ pois Demas, amando este mundo, abandonou-me e foi para Tessalônica. Crescente foi para a Galácia e Tito para a Dalmácia. ¹¹ Só Lucas está comigo. Traga Marcos com você, porque ele me é útil para o ministério. ¹² Enviei Tíquico

---

ª **3.6** Grego: mulherezinhas.   ᵇ **4.6** Veja Nm 28.7.

a Éfeso. ¹³ Quando você vier, traga a capa que deixei na casa de Carpo, em Trôade, e os meus livros, especialmente os pergaminhos.

¹⁴ Alexandre, o ferreiro[a], causou-me muitos males. O Senhor lhe dará a retribuição pelo que fez. ¹⁵ Previna-se contra ele, porque se opôs fortemente às nossas palavras.

¹⁶ Na minha primeira defesa, ninguém apareceu para me apoiar; todos me abandonaram. Que isso não lhes seja cobrado. ¹⁷ Mas o Senhor permaneceu ao meu lado e me deu forças, para que por mim a mensagem fosse plenamente proclamada e todos os gentios[b] a ouvissem. E eu fui libertado da boca do leão. ¹⁸ O Senhor me livrará de toda obra maligna e me levará a salvo para o seu Reino celestial. A ele seja a glória para todo o sempre. Amém.

Saudações Finais

¹⁹ Saudações a Priscila[c] e Áquila, e à casa de Onesíforo. ²⁰ Erasto permaneceu em Corinto, mas deixei Trófimo doente em Mileto. ²¹ Procure vir antes do inverno. Êubulo, Prudente, Lino, Cláudia e todos os irmãos enviam saudações.

²² O Senhor seja com o seu espírito. A graça seja com vocês.

---

[a] **4.14** Grego: *latoeiro*. Isto é, um artífice em bronze.
[b] **4.17** Isto é, os que não são judeus.
[c] **4.19** Grego: *Prisca*, variante de *Priscila*.

Introdução à epístola de Paulo a
TITO

Autor e data de composição

É possível que Paulo tenha escrito esta carta em Éfeso, para onde havia se mudado depois de ter estado preso pela primeira vez em Roma. Esse fato situaria a composição desta carta cerca do ano 65. É dirigida a seu companheiro Tito, a quem havia incumbido com a tarefa apostólica de finalizar a organização das igrejas na ilha de Creta. Tal fato indicaria que esta terceira "carta pastoral" poderia ter sido na realidade a primeira, escrita pouco antes de 1Timóteo. Costuma-se identificar Tito como a pessoa mencionada em Gálatas 2.1, sobre a qual alguns sugerem ter sido irmão de Lucas, o médico amado. Tito era um jovem educado, procedente da igreja de Antioquia da Síria, que havia tido êxito na tarefa de reconciliação interna da igreja em Corinto. Como líder experiente, Paulo o enviou a Creta para ajudar os cristãos dali.

ESBOÇO GERAL

Primeira parte: Saudação a Tito, seu enviado apostólico a Creta (1.1-4)

Segunda parte: Instruções para pôr ordem na vida das igrejas em Creta (1.5-16)
  I. Os requisitos para ser presbítero ou bispo (1.5-9)
  II. Advertências contra as influências judaizantes (1.10-16)

Terceira parte: Deve-se ensinar a sã doutrina (2.1-15)
  I. Os deveres dos distintos grupos de pessoas na igreja (2.1-10)
  II. De que maneira se deve aguardar a bendita esperança (2.11-15)

Quarta parte: Orientações finais sobre a conduta dos cristãos no mundo (3.1-11)

Quinta parte: Orientações pessoais, saudações e bênção final (3.12-15)

Versículos-chave
2.11-13

Tema geral do livro

Paulo trata Tito como "meu verdadeiro filho em nossa fé comum" (1.4) e lhe dá uma série de instruções e orientações que ele deveria cumprir para que houvesse ordem nas igrejas de Creta. Ao que parece, tratava-se de igrejas fracas onde a corrupção era frequente. Por esse motivo, era necessário estabelecer autoridades capazes de neutralizar a influência do legalismo e as lendas judaicas, que pareciam ter sido fortes. Paulo dá orientações diretas sobre a forma com que deveriam se comportar os cristãos no mundo e fala de um motivo que deveria levá-los a viver com sobriedade e santidade, por mais que a corrupção estivesse em todas as partes: a bendita esperança, ou seja, "a gloriosa manifestação de nosso grande Deus e Salvador, Jesus Cristo" (2.13). Sabendo que Tito estava rodeado de influências judaizantes, Paulo insiste em que ele evitasse assuntos tolos e afastasse todos os que causassem divisões, depois de tê-los corrigido duas vezes. Finaliza com orientações pessoais e, como de costume, com a bênção.

Em Tito, Jesus é...
... nosso grande Deus e Salvador (2.13).

Versículo-chave para o discípulo
3.8

O discípulo e a epístola a Tito
Mais uma vez vemos nas Escrituras o equilíbrio sadio entre a fé e as boas obras. A fé tem prioridade, e as boas obras, preparadas por Deus aos que o temem, ficam em segundo lugar, como o indica também Tiago em sua carta. Caro discípulo, nunca pense que você poderá agradar a Deus com boas obras, a menos que elas façam parte do propósito que ele tem para você e sejam consequência da sua fé. Do contrário, as obras que, a nosso ver, parecem mais dignas de elogio, se não forem produto da fé, aos olhos de Deus não passam de "trapo imundo" (Isaías 64.6).

TITO

1 Paulo, servo[a] de Deus e apóstolo de Jesus Cristo para levar os eleitos de Deus à fé e ao conhecimento da verdade que conduz à piedade; ² fé e conhecimento que se fundamentam na esperança da vida eterna, a qual o Deus que não mente prometeu antes dos tempos eternos. ³ No devido tempo, ele trouxe à luz a sua palavra, por meio da pregação a mim confiada por ordem de Deus, nosso Salvador,

⁴ a Tito, meu verdadeiro filho em nossa fé comum:

Graça e paz[b] da parte de Deus Pai e de Cristo Jesus, nosso Salvador.

A Tarefa de Tito em Creta

⁵ A razão de tê-lo deixado em Creta foi para que você pusesse em ordem o que ainda faltava e constituísse[c] presbíteros em cada cidade, como eu o instruí. ⁶ É preciso que o presbítero seja irrepreensível, marido de uma só mulher e tenha filhos crentes que não sejam acusados de libertinagem ou de insubmissão. ⁷ Por ser encarregado da obra de Deus, é necessário que o bispo[d] seja irrepreensível: não orgulhoso, não briguento, não apegado ao vinho, não violento, nem ávido por lucro desonesto. ⁸ Ao contrário, é preciso que ele seja hospitaleiro, amigo do bem, sensato, justo, consagrado, tenha domínio próprio ⁹ e apegue-se firmemente à mensagem fiel, da maneira pela qual foi ensinada, para que seja capaz de encorajar outros pela sã doutrina e de refutar os que se opõem a ela.

¹⁰ Pois há muitos insubordinados, que não passam de faladores e enganadores, especialmente os do grupo da circuncisão. ¹¹ É necessário que eles sejam silenciados, pois estão arruinando famílias inteiras, ensinando coisas que não devem, e tudo por ganância. ¹² Um dos seus próprios profetas chegou a dizer: "Cretenses, sempre mentirosos, feras malignas, glutões preguiçosos". ¹³ Tal testemunho é verdadeiro. Portanto, repreenda-os severamente, para que sejam sadios na fé ¹⁴ e não deem atenção a lendas judaicas nem a mandamentos de homens que rejeitam a verdade. ¹⁵ Para os puros, todas as coisas são puras; mas, para os impuros e descrentes, nada é puro. De fato, tanto a mente como a consciência deles estão corrompidas. ¹⁶ Eles afirmam que conhecem a Deus, mas por seus atos o negam; são detestáveis, desobedientes e desqualificados para qualquer boa obra.

Instruções para Vários Grupos

2 Você, porém, fale o que está de acordo com a sã doutrina. ² Ensine os homens mais velhos a serem moderados, dignos de respeito, sensatos e sadios na fé, no amor e na perseverança.

³ Semelhantemente, ensine as mulheres mais velhas a serem reverentes na sua maneira de viver, a não serem caluniadoras nem escravizadas a muito vinho, mas a serem capazes de ensinar o que é bom. ⁴ Assim, poderão orientar as mulheres mais jovens a amarem seus maridos e seus filhos, ⁵ a serem prudentes e puras, a estarem ocupadas em casa, e a serem bondosas e sujeitas a seus maridos, a fim de que a palavra de Deus não seja difamada.

⁶ Da mesma maneira, encoraje os jovens a serem prudentes. ⁷ Em tudo seja você mesmo um exemplo para eles, fazendo boas obras. Em seu ensino, mostre integridade e seriedade; ⁸ use linguagem sadia, contra a qual nada se possa dizer, para que aqueles que se opõem a você fiquem envergonhados por não poderem falar mal de nós.

⁹ Ensine os escravos a se submeterem em tudo a seus senhores, a procurarem agradá-los, a não serem respondões e ¹⁰ a não roubá-los, mas a mostrarem que são inteiramente dignos de confiança, para que assim tornem atraente, em tudo, o ensino de Deus, nosso Salvador.

¹¹ Porque a graça de Deus se manifestou salvadora a todos os homens. ¹² Ela nos ensina a renunciar à impiedade e às paixões mundanas e a viver de maneira sensata, justa e piedosa nesta era presente, ¹³ enquanto aguardamos a bendita esperança: a gloriosa manifestação de nosso grande Deus e Salvador, Jesus Cristo. ¹⁴ Ele se entregou por nós a fim de nos remir de toda a maldade e purificar para si mesmo um povo particularmente seu, dedicado à prática de boas obras.

---

[a] **1.1** Isto é, escravo.
[b] **1.4** Muitos manuscritos dizem *Graça, misericórdia e paz*.
[c] **1.5** Ou *ordenasse*
[d] **1.7** Grego: *epíscopo*. Palavra que descreve a pessoa que exerce função pastoral.

¹⁵ É isso que você deve ensinar, exortando-os e repreendendo-os com toda a autoridade. Ninguém o despreze.

A Conduta Cristã

3 Lembre a todos que se sujeitem aos governantes e às autoridades, sejam obedientes, estejam sempre prontos a fazer tudo o que é bom, ² não caluniem ninguém, sejam pacíficos, amáveis e mostrem sempre verdadeira mansidão para com todos os homens.

³ Houve tempo em que nós também éramos insensatos e desobedientes, vivíamos enganados e escravizados por toda espécie de paixões e prazeres. Vivíamos na maldade e na inveja, sendo detestáveis e odiando uns aos outros. ⁴ Mas, quando, da parte de Deus, nosso Salvador, se manifestaram a bondade e o amor pelos homens, ⁵ não por causa de atos de justiça por nós praticados, mas devido à sua misericórdia, ele nos salvou pelo lavar regenerador e renovador do Espírito Santo, ⁶ que ele derramou sobre nós generosamente, por meio de Jesus Cristo, nosso Salvador. ⁷ Ele o fez a fim de que, justificados por sua graça, nos tornemos seus herdeiros, tendo a esperança da vida eterna. ⁸ Fiel é esta palavra, e quero que você afirme categoricamente essas coisas, para que os que creem em Deus se empenhem na prática de boas obras. Tais coisas são excelentes e úteis aos homens.

⁹ Evite, porém, controvérsias tolas, genealogias, discussões e contendas a respeito da Lei, porque essas coisas são inúteis e sem valor. ¹⁰ Quanto àquele que provoca divisões, advirta-o uma primeira e uma segunda vez. Depois disso, rejeite-o. ¹¹ Você sabe que tal pessoa se perverteu e está em pecado; por si mesma está condenada.

Observações Finais

¹² Quando eu enviar Ártemas ou Tíquico até você, faça o possível para vir ao meu encontro em Nicópolis, pois decidi passar o inverno ali. ¹³ Providencie tudo o que for necessário para a viagem de Zenas, o jurista, e de Apolo, de modo que nada lhes falte. ¹⁴ Quanto aos nossos, que aprendam a dedicar-se à prática de boas obras, a fim de que supram as necessidades diárias e não sejam improdutivos.

¹⁵ Todos os que estão comigo enviam saudações. Saudações àqueles que nos amam na fé.

A graça seja com todos vocês.

Introdução à epístola de Paulo a
FILEMOM

Autor e data de composição
Em três ocasiões, Paulo identifica-se como o escritor desta pequena carta (v. 1, 9 e 19). Esta carta parece estar bastante relacionada com a carta que Paulo enviou aos colossenses (4.10-17; Filemom 2, 23 e 24). É provável que tenha sido escrita entre os anos 61 e 62, pouco antes de ele ser solto de sua primeira prisão em Roma.

ESBOÇO GERAL

Primeira parte: Saudação a Filemom (1-3)

Segunda parte: Ação de graças pelo amor e pela fé demonstrados por Filemom (4-7)

Terceira parte: Paulo intercede por Onésimo, o escravo fugitivo que se havia transformado em irmão na fé (8-21)

Quarta parte: Assuntos pessoais, despedida e bênção final (22-25)

Versículos-chave
15 e 16

Tema geral do livro
O tema central é a figura de Onésimo, escravo do cristão Filemom que fugira de seu senhor, indo parar em Roma, onde Paulo "[o] gerou enquanto estava preso" (v. 10). A intenção de Paulo era que Filemom reconhecesse como providencial tudo o que aconteceu com Onésimo, visto que a partir desse momento não teria mais um escravo, mas um irmão. Além disso, insinua que Onésimo é de grande ajuda em seu ministério e que lhe agradaria conservá-lo junto dele, mas não queria fazer nada pela força. Percebe-se aqui como Paulo respeita uma instituição social tão estranha à nossa maneira moderna de pensar, a escravidão. Não diz que ela é boa nem má, senão que conserva a ordem estabelecida. Contudo, faz ver a um amo cristão a grande oportunidade de mudar as circunstâncias, uma vez que agora seu escravo tornou-se seu irmão na fé.

Em Filemom, Jesus é...
... nosso Benfeitor (v. 6).

Versículo-chave para o discípulo
21

O discípulo e a epístola a Filemom
É triste ouvir pessoas falando do quanto devem dar a Deus e do quanto vai sobrar para elas mesmas. O discípulo sempre entende que tudo o que tem recebeu gratuitamente de Deus e deve dar a ele o que dele recebeu. Por isso, Paulo confia na generosidade de Filemom, sabendo que este faria muito mais do que Paulo lhe pedia. Esta deve ser a índole do verdadeiro discípulo: ter o espírito de administrar o que Deus nos dá, não o de dono, e sempre superar as exigências do "dever", pois o que nos move é o amor, não a obrigação.

FILEMOM

¹Paulo, prisioneiro de Cristo Jesus, e o irmão Timóteo,

a você, Filemom, nosso amado cooperador, ²à irmã Áfia, a Arquipo, nosso companheiro de lutas, e à igreja que se reúne com você em sua casa:

³A vocês, graça e paz da parte de Deus nosso Pai e do Senhor Jesus Cristo.

Ação de Graças e Intercessão

⁴Sempre dou graças a meu Deus, lembrando-me de você nas minhas orações, ⁵porque ouço falar da sua fé no Senhor Jesus e do seu amor por todos os santos. ⁶Oro para que a comunhão que procede da sua fé seja eficaz no pleno conhecimento de todo o bem que temos em Cristo. ⁷Seu amor me tem dado grande alegria e consolação, porque você, irmão, tem reanimado o coração dos santos.

A Intercessão de Paulo em favor de Onésimo

⁸Por isso, mesmo tendo em Cristo plena liberdade para mandar que você cumpra o seu dever, ⁹prefiro fazer um apelo com base no amor. Eu, Paulo, já velho, e agora também prisioneiro de Cristo Jesus, ¹⁰apelo em favor de meu filho Onésimo[a], que gerei enquanto estava preso. ¹¹Ele antes era inútil para você, mas agora é útil, tanto para você quanto para mim.

¹²Mando-o de volta a você, como se fosse o meu próprio coração. ¹³Gostaria de mantê-lo

RECONCILIAÇÃO: FILEMOM

Guerras, limpeza étnica, racismo, sexismo, imigração...

Como humanos que somos, temos opiniões distintas sobre muitos assuntos. Paulo trata desse tipo de divisão várias vezes em seus escritos. Em Romanos, trata de construir a unidade de uma igreja da qual fazem parte judeus e gentios. Os dois grupos se odiavam, até mesmo dentro da igreja. Paulo, então, fala de sua origem comum como pecadores que tinham a mesma salvação em Cristo e como crentes que vivem e crescem da mesma forma.

No decorrer de seus textos, a resposta de Paulo às divisões segue a linha de Gálatas 3.28: "Não há judeu nem grego, escravo nem livre, homem nem mulher; pois todos são um em Cristo Jesus".

Paulo demonstra o mesmo princípio nesta carta. Filemom era proprietário do escravo Onésimo, que o havia defraudado. Segundo a lei romana, Filemom podia exigir a pena de morte de Onésimo. Paulo intercede por sua restauração e consequente acolhida como irmão em Cristo. Pela lei romana, Onésimo devia a vida a Filemom! O versículo 12 mostra o que Paulo entende por restauração: "Mando-o de volta a você, como se fosse o meu próprio coração". Imagine a cena quando Filemom recebe esta carta de Paulo, sabendo que tinha o direito de matá-lo. De fato, estamos diante de uma reconciliação autêntica!

APLICAÇÃO
- Pense em tudo o que poderia mudar se os crentes vivessem segundo o espírito de reconciliação que vemos na carta a Filemom. Faça uma lista e ore por essas transformações.
- A mudança começa em nós. Com quem temos de nos reconciliar? Escreva o nome da pessoa e trace um plano eficaz.
- Peça ao Espírito Santo que revele a você os aspectos de divisão que há no seu coração. Podem estar relacionados a temas como raça, sexo ou salários. Se chegar à conclusão de que tem sentimentos de rejeição contra alguém, ore ao Senhor. Confie a ele as suas fraquezas e ore para que Deus o conduza à verdade.

"A unidade não é ausência de conflitos, mas, sim, superá-los de maneira piedosa."

Chris Lautsbaugh

[a] **10** Onésimo significa *útil*.

comigo para que me ajudasse em seu lugar enquanto estou preso por causa do evangelho. ¹⁴ Mas não quis fazer nada sem a sua permissão, para que qualquer favor que você fizer seja espontâneo, e não forçado. ¹⁵ Talvez ele tenha sido separado de você por algum tempo, para que você o tivesse de volta para sempre, ¹⁶ não mais como escravo, mas muito além de escravo, como irmão amado. Para mim ele é um irmão muito amado, e ainda mais para você, tanto como pessoa quanto como cristão[a].

¹⁷ Assim, se você me considera companheiro na fé, receba-o como se estivesse recebendo a mim. ¹⁸ Se ele o prejudicou em algo ou deve alguma coisa a você, ponha na minha conta. ¹⁹ Eu, Paulo, escrevo de próprio punho: Eu pagarei — para não dizer que você me deve a própria vida. ²⁰ Sim, irmão, eu gostaria de receber de você algum benefício por estarmos no Senhor. Reanime o meu coração em Cristo! ²¹ Escrevo certo de que você me obedecerá, sabendo que fará ainda mais do lhe que peço.

²² Além disso, prepare-me um aposento, porque, graças às suas orações, espero poder ser restituído a vocês.

²³ Epafras, meu companheiro de prisão por causa de Cristo Jesus, envia saudações, ²⁴ assim como também Marcos, Aristarco, Demas e Lucas, meus cooperadores.

²⁵ A graça do Senhor Jesus Cristo seja com o espírito de todos vocês.

---

[a] **16** Grego: *tanto na carne quanto no Senhor.*

AS
EPÍSTOLAS
GERAIS

- Hebreus
- Tiago
- 1 e 2Pedro
- 1, 2 e 3João
- Judas

AS
EPÍSTOLAS
GERAIS

- Hebreus
- Tiago
- 1 e 2 Pedro
- 1, 2 e 3 João
- Judas

Introdução à epístola aos
HEBREUS

Autor e data de composição

Ainda que em numerosas edições da Bíblia o livro de Hebreus apareça no conjunto das cartas de Paulo pelo fato de seus ensinos se enquadrarem na mesma linha, de o estilo ser o mesmo e do fato de ultrapassar os limites de uma carta normal e ser um pequeno tratado da supremacia de Cristo, há evidências para muitos, desde o início da Igreja cristã, que não se trata de uma obra de Paulo. O estilo de Hebreus não é o do tipo rabínico do apóstolo. Trata-se de um estilo mais próximo à dedução lógica do pensamento grego, pois nota-se a influência da literatura alexandrina e também do filósofo judeu Fílon de Alexandria, que desenvolveu sua obra literária na primeira metade do século I da nossa era. Orígenes, também de Alexandria (cerca do final do século II e início do III), considerava que os pensamentos eram de Paulo, mas a redação seria de outra pessoa, que ele não se atreveu a dizer quem seria. Tertuliano, o primeiro grande teólogo latino da Igreja (155-225), pensava que seria outra obra de Barnabé. Martinho Lutero, tendo em conta todas as suas características, atribui sua redação a Apolo. A conclusão é que não se pode afirmar com toda a certeza sua autoria, mesmo que se assegure que tenha o total direito de estar no cânon das Escrituras como Palavra de Deus. Pela urgência com que se insiste a que os judeus que haviam crido em Cristo não deixassem de se reunir com as pessoas de mesma fé, coisa que aconteceu no início do nacionalismo judaico e que acabou com a destruição total de Jerusalém e do templo (ano 70), podemos fixar com segurança considerável a data de composição entre os anos 68 e 69.

ESBOÇO GERAL

Primeira parte: A revelação de Deus, seu progresso e culminação em Cristo (1.1-3)

Segunda parte: A superioridade de Cristo sobre tudo o que existe (1.4—4.13)
I. Jesus, superior aos anjos (1.4—2.4)
II. Jesus, o único autor da salvação (2.5-18)
III. Jesus, superior a Moisés (3.1-6)
IV. Jesus, superior ao descanso do povo de Deus (3.7—4.11)
V. O poder da Palavra de Deus (4.12,13)

Terceira parte: Jesus, o grande sumo sacerdote (4.14—7.28)
I. Sua importância para que encontremos misericórdia e graça (4.14—5.10)
II. Advertência contra a apostasia (5.11—6.19)
III. Jesus, sacerdote segundo a ordem de Melquisedeque (6.20—7.28)
  A. Melquisedeque, superior ao sacerdócio aarônico (6.20—7.10)
  B. Jesus, superior ao sacerdócio aarônico (7.11-28)

Quarta parte: O tabernáculo celestial e a nova aliança (8.1—10.18)
I. O ofício sacerdotal em ambas as alianças (8)
II. O ministério dos sacerdotes na antiga aliança (9.1-10)

III. A importância do sangue nas duas alianças (9.11-22)
IV. O ministério de Jesus na nova aliança (9.23-28)
V. A insuficiência dos sacrifícios da antiga aliança, comparada à eficácia definitiva do sacrifício de Cristo na nova aliança (10.1-18)

Quinta parte: Manter-se firme sem hesitação (10.19—12.29)
I. Aproveitar a liberdade que temos para entrar no Lugar Santíssimo (10.19-25)
II. A responsabilidade de quem peca de maneira deliberada (10.26-39)
III. A fé e seus heróis (11)
IV. O segredo: ter o foco em Jesus (12)

Sexta parte: Exortações finais sobre os deveres cristãos, bênção e saudações finais (13)

Versículo-chave
11.1

Tema geral do livro
Todo o livro de Hebreus fala da superioridade de Cristo sobre todas as coisas criadas e sobre tudo o que era importante na antiga aliança. O texto trata com clareza da existência de uma nova aliança baseada no sangue de Jesus, que anula a primeira, por ser o cumprimento cabal da primeira aliança, satisfazendo totalmente Deus Pai. O tema que motivou sua redação foi de tipo nacionalista e tinha como destinatários principais os judeus que haviam aceitado Jesus como o Messias. Os zelotes haviam conseguido incutir em todo o povo judeu um sentimento nacionalista exagerado e oposto à dominação romana, o que culminou na destruição total de Jerusalém e do templo. Jerusalém ficou em ruínas, proibida a judeus e cristãos até depois do início do século IV. Tempos depois (ano 130 d.C.), o imperador Adriano converteria a cidade santa em uma colônia romana chamada Aelia Capitolina e, sobre os destroços do templo judaico, construiria outro templo, dedicado ao deus Júpiter. Essa atitude provocaria a Revolta de Bar Kokhba, como ficou conhecida, entre os anos 132 e 135, comandada por Simão bar Kokhba.

Antes da destruição de Jerusalém, no ano 70, o nacionalismo generalizado do povo acabou criando nos judeus cristãos um sentimento que dava maior importância às estipulações da antiga aliança, principalmente as que se referiam ao templo, fato que os levara a não perseverar na reunião com os que criam em Jesus como Messias. A explicação está em: "Não deixemos de reunir-nos como igreja, segundo o costume de alguns" (10.25). Esse versículo não se refere apenas ao fato de não frequentarem as sinagogas messiânicas, mas também ao fato de crerem que "cumpriam" perfeitamente o que Deus ordenava se assistissem às orações e aos sacrifícios do templo. Ainda hoje, o livro de Hebreus continua sendo atual em muitos sentidos e é útil especialmente quando precisamos reorientar pessoas que venham de crenças legalistas ou baseadas em rituais incompatíveis com as Escrituras. Este livro continua sendo um maravilhoso cântico da soberania total de Jesus e da bondade de Deus às pessoas que entregaram tudo por sua fé, quer recebam sua recompensa nesta vida quer diante do trono de Deus depois de passar pelos sofrimentos terrenos.

Em Hebreus, Jesus é...
... nosso sumo sacerdote perfeito e eterno (4.14-16).

Versículos-chave para o discípulo
12.1,2

O discípulo e Hebreus

Quando o discípulo lê Hebreus e medita no que este texto diz sobre Jesus e, em seguida, contempla com admiração a Galeria dos Heróis da Fé, mencionada no capítulo 11, está diante de um grande desafio. É preciso terminar a corrida com os olhos fitos em Jesus, o autor e consumador da nossa fé. Assim como faziam os atletas que corriam no estádio, é necessário abandonar todo o restante, e isso não se restringe ao pecado. Certamente ninguém pode correr em direção a Jesus se tem os olhos voltados para o pecado. É preciso eliminar todo o peso ["livremo-nos de tudo o que nos atrapalha", 12.1]. Em outras palavras, há coisas que, embora não sejam más, são um impedimento, ou peso inútil, para a caminhada. Aquele que realmente deseja ser discípulo, precisa analisar a própria vida e eliminar todos os pesos desnecessários que possam atrapalhar sua corrida em direção a Jesus e ao alvo que lhe está proposto, tal como faziam os atletas da Antiguidade quando se desnudavam, para que nada dificultasse seus esforços. É preciso ser persistente, "correr com perseverança". Não é suficiente apenas começar, mas, sobretudo, terminar a corrida. Por muito que corramos, se ficarmos na borda da pista, não chegaremos à linha de chegada. Existe apenas uma maneira de chegar ao alvo: ter os olhos fitos em Jesus, que foi o primeiro que iniciou a corrida. Sofreu na cruz, mas depois "assentou-se à direita do trono de Deus" (12.2). É ele que nos está esperando do outro lado da linha. Ele é quem conhece bem quanto cada um de nós dá de si mesmo e o que ele mesmo pôs na nossa alma e no nosso espírito. Caro discípulo, pense em Jesus como alguém apaixonado por você. Talvez você se considere indigno, mas Jesus não pensa assim; ele o conhece muito bem e o espera na linha de chegada com os olhos cravados nos dele, sabendo que você vai conseguir!

HEBREUS

1.1,2 Os tempos verbais destes versículos ajustam-se perfeitamente aos do texto grego original. Deus havia falado muitas vezes e de muitas formas no Antigo Testamento. Mas nos últimos tempos, que começaram com a vinda de seu Filho, nos tem falado por meio dele. Os verbos estão no pretérito perfeito, para indicar uma ação acabada e definitiva. Com a revelação de Jesus Cristo, nenhuma outra revelação objetiva pode ser feita à humanidade. Em Jesus, como descreve o versículo 3, encontramos a imagem exata da essência divina. Não existe nenhuma outra revelação mais ampla ou superior.

O Filho é Superior aos Anjos

1 Há muito tempo Deus falou muitas vezes e de várias maneiras aos nossos antepassados por meio dos profetas, ² mas nestes últimos dias falou-nos por meio do Filho, a quem constituiu herdeiro de todas as coisas e por meio de quem fez o universo. ³ O Filho é o resplendor da glória de Deus e a expressão exata do seu ser, sustentando todas as coisas por sua palavra poderosa. Depois de ter realizado a purificação dos pecados, ele se assentou à direita da Majestade nas alturas, ⁴ tornando-se tão superior aos anjos quanto o nome que herdou é superior ao deles.

⁵ Pois a qual dos anjos Deus alguma vez disse:

"Tu és meu Filho;
   eu hoje te gerei"ᵃ?

E outra vez:

1.5a Veja Salmos 2.7 e não se esqueça de que este "hoje", dito por Deus, diz respeito ao tempo da eternidade, não ao tempo criado para o homem.

1.6 Veja Salmos 97.7.

"Eu serei seu Pai,
   e ele será meu Filho"ᵇ?

⁶ E ainda, quando Deus introduz o Primogênito no mundo, diz:

"Todos os anjos de Deus
   o adorem"ᶜ.

⁷ Quanto aos anjos, ele diz:

"Ele faz dos seus anjos ventos,
   e dos seus servos,
clarões reluzentes"ᵈ.

⁸ Mas a respeito do Filho, diz:

"O teu trono, ó Deus,
   subsiste para todo o sempre;
cetro de equidade
   é o cetro do teu Reino.
⁹ Amas a justiça
   e odeias a iniquidade;
por isso Deus, o teu Deus,
   escolheu-te dentre
   os teus companheiros,
ungindo-te com óleo de alegria"ᵉ.

¹⁰ E também diz:

"No princípio, Senhor,
   firmaste os fundamentos da terra,
e os céus são obras das tuas mãos.
¹¹ Eles perecerão,
   mas tu permanecerás;
envelhecerão como vestimentas.
¹² Tu os enrolarás como um manto,
como roupas
   eles serão trocados.

ᵃ **1.5** Sl 2.7
ᵇ **1.5** 2Sm 7.14; 1Cr 17.13
ᶜ **1.6** Dt 32.43 (segundo a Septuaginta e os manuscritos do mar Morto).
ᵈ **1.7** Sl 104.4
ᵉ **1.8,9** Sl 45.6,7

Mas tu permaneces o mesmo,
e os teus dias jamais terão fim"ª.

¹³ A qual dos anjos Deus alguma vez disse:

"Senta-te à minha direita,
até que eu faça
    dos teus inimigos
um estrado para os teus pés"ᵇ?

¹⁴ Os anjos não são, todos eles, espíritos ministradores enviados para servir aqueles que hão de herdar a salvação?

O Perigo da Negligência

2 Por isso é preciso que prestemos maior atenção ao que temos ouvido, para que jamais nos desviemos. ² Porque, se a mensagem transmitida por anjos provou a sua firmeza e toda transgressão e desobediência recebeu a devida punição, ³ como escaparemos, se negligenciarmos tão grande salvação? Essa salvação, primeiramente anunciada pelo Senhor, foi-nos confirmada pelos que a ouviram. ⁴ Deus também deu testemunho dela por meio de sinais, maravilhas, diversos milagres e dons do Espírito Santo distribuídos de acordo com a sua vontade.

Jesus é Feito Semelhante a seus Irmãos

⁵ Não foi a anjos que ele sujeitou o mundo que há de vir, a respeito do qual estamos falando, ⁶ mas alguém em certo lugar testemunhou, dizendo:

"Que é o homem, para que
    com ele te importes?
E o filho do homem,
    para que com ele te preocupes?
⁷ Tu o fizeste umᶜ pouco menor
    do que os anjos
e o coroaste de glória e de honra;
⁸ tudo sujeitaste debaixo
    dos seus pés"ᵈ.

Ao lhe sujeitar todas as coisas, nada deixou que não lhe estivesse sujeito. Agora, porém, ainda não vemos que todas as coisas lhe estejam sujeitas. ⁹ Vemos, todavia, aquele que por um pouco foi feito menor do que os anjos, Jesus, coroado de honra e de glória por ter sofrido a morte, para que, pela graça de Deus, em favor de todos, experimentasse a morte.

¹⁰ Ao levar muitos filhos à glória, convinha que Deus, por causa de quem e por meio de quem tudo existe, tornasse perfeito, mediante o sofrimento, o autor da salvação deles. ¹¹ Ora, tanto o que santifica quanto os que são santificados provêm de um só. Por isso Jesus não se envergonha de chamá-los irmãos. ¹² Ele diz:

"Proclamarei o teu nome
    a meus irmãos;
na assembleia te louvarei"ᵉ.

¹³ E também:

"Nele porei
    a minha confiança"ᶠ.

Novamente ele diz:

"Aqui estou eu com os filhos
    que Deus me deu"ᵍ.

¹⁴ Portanto, visto que os filhos são pessoas de carne e sangue, ele também participou dessa condição humana, para que, por sua morte, derrotasse aquele que tem o poder da morte, isto é, o Diabo, ¹⁵ e libertasse aqueles que durante toda a vida estiveram escravizados pelo medo da morte. ¹⁶ Pois é claro que não é a anjos que ele ajuda, mas aos descendentes de Abraão. ¹⁷ Por essa razão era necessário que ele se tornasse semelhante a seus irmãos em todos os aspectos, para se tornar sumo sacerdote misericordioso e fiel com relação a Deus e fazer propiciaçãoʰ pelos pecados do povo. ¹⁸ Porque, tendo em vista o que ele mesmo sofreu quando tentado, ele é capaz de socorrer aqueles que também estão sendo tentados.

Jesus é Superior a Moisés

3 Portanto, santos irmãos, participantes do chamado celestial, fixem os seus pensamentos em Jesus, apóstolo e sumo sacerdote que confessamos. ² Ele foi fiel àquele que o havia constituído, assim como Moisés foi fiel em toda

---

ª **1.10-12** Sl 102.25-27
ᵇ **1.13** Sl 110.1
ᶜ **2.7** Ou *por um*
ᵈ **2.6-8** Sl 8.4-6
ᵉ **2.12** Sl 22.22
ᶠ **2.13** Is 8.17
ᵍ **2.13** Is 8.18
ʰ **2.17** Ou *desviar a ira de Deus dos pecados e removê-los*

3.1 A palavra "apóstolo" quer dizer enviado com autoridade. Nós "confessamos" que Jesus é o único investido de toda a autoridade enviado por Deus. Como segunda pessoa da Trindade, ele é o intermediário entre o Pai e os homens. Deus o constituiu sumo sacerdote segundo a ordem de Melquisedeque. Como bem explica todo o livro de Hebreus, a ordem de Melquisedeque é superior à ordem sacerdotal aarônica.

a casa de Deus. ³ Jesus foi considerado digno de maior glória do que Moisés, da mesma forma que o construtor de uma casa tem mais honra do que a própria casa. ⁴ Pois toda casa é construída por alguém, mas Deus é o edificador de tudo. ⁵ Moisés foi fiel como servo em toda a casa de Deus, dando testemunho do que haveria de ser dito no futuro, ⁶ mas Cristo é fiel como Filho sobre a casa de Deus; e essa casa somos nós, se é que nos apegamos firmemente[a] à confiança e à esperança da qual nos gloriamos.

Advertência contra a Incredulidade

⁷ Assim, como diz o Espírito Santo:

"Hoje, se vocês ouvirem
   a sua voz,
⁸ não endureçam o coração,
   como na rebelião,
durante o tempo da provação no deserto,
⁹ onde os seus antepassados
   me tentaram,
   pondo-me à prova,
apesar de, durante quarenta anos,
   terem visto o que eu fiz.
¹⁰ Por isso fiquei irado
   contra aquela geração
e disse: O seu coração
   está sempre se desviando,
e eles não reconheceram
   os meus caminhos.
¹¹ Assim jurei na minha ira:
Jamais entrarão
   no meu descanso"[b].

¹² Cuidado, irmãos, para que nenhum de vocês tenha coração perverso e incrédulo, que se afaste do Deus vivo. ¹³ Ao contrário, encorajem-se uns aos outros todos os dias, durante o tempo que se chama "hoje", de modo que nenhum de vocês seja endurecido pelo engano do pecado, ¹⁴ pois passamos a ser participantes de Cristo, desde que, de fato, nos apeguemos até o fim à confiança que tivemos no princípio. ¹⁵ Por isso é que se diz:

"Se hoje vocês ouvirem
   a sua voz,
não endureçam o coração,
   como na rebelião"[c].

¹⁶ Quem foram os que ouviram e se rebelaram? Não foram todos os que Moisés tirou do Egito? ¹⁷ Contra quem Deus esteve irado durante quarenta anos? Não foi contra aqueles que pecaram, cujos corpos caíram no deserto? ¹⁸ E a quem jurou que nunca haveriam de entrar no seu descanso? Não foi àqueles que foram desobedientes?[d] ¹⁹ Vemos, assim, que por causa da incredulidade não puderam entrar.

Um Descanso Sabático para o Povo de Deus

4 Visto que nos foi deixada a promessa de entrarmos no descanso de Deus, que nenhum de vocês pense que falhou[e]. ² Pois as boas-novas foram pregadas também a nós, tanto quanto a eles; mas a mensagem que eles ouviram de nada lhes valeu, pois não foi acompanhada de fé por aqueles que a ouviram[f]. ³ Pois nós, os que cremos, é que entramos naquele descanso, conforme Deus disse:

"Assim jurei na minha ira:
Jamais entrarão
   no meu descanso"[g];

embora as suas obras estivessem concluídas desde a criação do mundo. ⁴ Pois em certo lugar ele falou sobre o sétimo dia, nestas palavras: "No sétimo dia Deus descansou de toda obra que realizara"[h]. ⁵ E de novo, na passagem citada há pouco, diz: "Jamais entrarão no meu descanso".

---

[c] **3.15** Sl 95.7,8; também em 4.7.
[d] **3.18** Ou *que não creram?*
[e] **4.1** Ou *que a promessa falhou*
[f] **4.2** Muitos manuscritos dizem *pois não compartilharam a fé daqueles que obedeceram.*
[g] **4.3** Sl 95.11; também no versículo 5.
[h] **4.4** Gn 2.2

---

[a] **3.6** Muitos manuscritos trazem *firmemente até o fim.*
[b] **3.7-11** Sl 95.7-11

4.8-10 Na antiga aliança, o descanso referia-se a um dia determinado ou à terra prometida. Na nova aliança, selada com o sangue do Cordeiro de Deus, o descanso do cristão é uma pessoa, a pessoa de Cristo, que está à nossa disposição todos os dias, todas as horas, em todos os lugares. No entanto, não devemos menosprezar a ideia de dedicar um dia de descanso à nossa família e ao encontro com Deus e nós mesmos. O consumismo e o comércio característicos da sociedade moderna têm invadido os dias de descanso e debilitado de maneira notável nossa paz mental e vida espiritual.

⁶ Portanto, restam entrar alguns naquele descanso, e aqueles a quem anteriormente as boas-novas foram pregadas não entraram, por causa da desobediência. ⁷ Por isso Deus estabelece outra vez um determinado dia, chamando-o "hoje", ao declarar muito tempo depois, por meio de Davi, de acordo com o que fora dito antes:

"Se hoje vocês ouvirem
    a sua voz,
não endureçam o coração".

⁸ Porque, se Josué lhes tivesse dado descanso, Deus não teria falado posteriormente a respeito de outro dia. ⁹ Assim, ainda resta um descanso sabático para o povo de Deus; ¹⁰ pois todo aquele que entra no descanso de Deus também descansa das suas obras, como Deus descansou das suas. ¹¹ Portanto, esforcemo-nos por entrar nesse descanso, para que ninguém venha a cair, seguindo aquele exemplo de desobediência.

¹² Pois a palavra de Deus é viva e eficaz, e mais afiada que qualquer espada de dois gumes; ela penetra até o ponto de dividir alma e espírito, juntas e medulas, e julga os pensamentos e as intenções do coração. ¹³ Nada, em toda a criação, está oculto aos olhos de Deus. Tudo está descoberto e exposto diante dos olhos daquele a quem havemos de prestar contas.

Jesus, o Grande Sumo Sacerdote

¹⁴ Portanto, visto que temos um grande sumo sacerdote que adentrou os céus, Jesus, o Filho de Deus, apeguemo-nos com toda

4.12 Apresentação "Três palavras" (iniciada em Atos 17.31; p. 1179).
A palavra perfeita de Deus avalia a nossa vida comparando-a com o que Deus deseja para nós. Por meio da Bíblia, podemos chegar a conhecer Deus de maneira mais profunda.
Leia: Hebreus 4.12
Transição: A oração é outro recurso que nos ajuda a manter-nos fiéis. Jesus Cristo, ao viver entre os homens, passou por situações de dor, problemas e tentações, próprios da condição humana. Podemos levar a ele todas as nossas preocupações com a confiança de que ele nos entende e ajuda com seu poder infinito.
Leia: Hebreus 4.14-16
Transição: Além da oração, Deus prepara cristãos que nos ajudam a perseverar. (Veja Hebreus 10.23-25, p. 1317.)

a firmeza à fé que professamos, ¹⁵ pois não temos um sumo sacerdote que não possa compadecer-se das nossas fraquezas, mas sim alguém que, como nós, passou por todo tipo de tentação, porém, sem pecado. ¹⁶ Assim, aproximemo-nos do trono da graça com toda a confiança, a fim de recebermos misericórdia e encontrarmos graça que nos ajude no momento da necessidade.

5 Todo sumo sacerdote é escolhido dentre os homens e designado para representá-los em questões relacionadas com Deus e apresentar ofertas e sacrifícios pelos pecados. ² Ele é capaz de se compadecer dos que não têm conhecimento e se desviam, visto que ele próprio está sujeito à fraqueza. ³ Por isso ele precisa oferecer sacrifícios por seus próprios pecados, bem como pelos pecados do povo.

⁴ Ninguém toma essa honra para si mesmo, mas deve ser chamado por Deus, como de fato o foi Arão. ⁵ Da mesma forma, Cristo não tomou para si a glória de se tornar sumo sacerdote, mas Deus lhe disse:

"Tu és meu Filho;
    eu hoje te gerei"ª.

ª **5.5** Sl 2.7

5.5,6 Todos os filhos de Deus participam do sacerdócio de Cristo, os quais, graças a ele, são "geração eleita, sacerdócio real, nação santa" (1Pedro 2.9, citando Êxodo 19.5,6).

⁶ E diz noutro lugar:

"Tu és sacerdote para sempre,
segundo a ordem
de Melquisedeque"[a].

⁷ Durante os seus dias de vida na terra, Jesus ofereceu orações e súplicas, em alta voz e com lágrimas, àquele que o podia salvar da morte, sendo ouvido por causa da sua reverente submissão. ⁸ Embora sendo Filho, ele aprendeu a obedecer por meio daquilo que sofreu; ⁹ e, uma vez aperfeiçoado, tornou-se a fonte da salvação eterna para todos os que lhe obedecem, ¹⁰ sendo designado por Deus sumo sacerdote, segundo a ordem de Melquisedeque.

Advertência contra a Apostasia

¹¹ Quanto a isso, temos muito que dizer, coisas difíceis de explicar, porque vocês se tornaram lentos para aprender. ¹² Embora a esta altura já devessem ser mestres, precisam de alguém que ensine a vocês novamente os princípios elementares da palavra de Deus. Estão precisando de leite, e não de alimento sólido! ¹³ Quem se alimenta de leite ainda é criança e não tem experiência no ensino da justiça. ¹⁴ Mas o alimento sólido é para os adultos, os quais, pelo exercício constante, tornaram-se aptos para discernir tanto o bem quanto o mal.

6 Portanto, deixemos os ensinos elementares a respeito de Cristo e avancemos para a maturidade, sem lançar novamente

5.7 Se Cristo, sendo o Filho de Deus, teve "reverente submissão", o discípulo jamais deve ousar aprender de outra forma se de fato deseja ser semelhante a Jesus.

6.1,2 Tais "ensinos elementares" são uma referência aos fundamentos, o começo de algo incontavelmente muito maior. O versículo 9 diz que há "coisas melhores em relação a vocês, coisas próprias da salvação".

o fundamento do arrependimento de atos que conduzem à morte[b], da fé em Deus, ² da instrução a respeito de batismos, da imposição de mãos, da ressurreição dos mortos e do juízo eterno. ³ Assim faremos, se Deus o permitir.

⁴ Ora, para aqueles que uma vez foram iluminados, provaram o dom celestial, tornaram-se participantes do Espírito Santo, ⁵ experimentaram a bondade da palavra de Deus e os poderes da era que há de vir, ⁶ mas caíram, é impossível que sejam reconduzidos ao arrependimento;[c] pois para si mesmos[d] estão crucificando de novo o Filho de Deus, sujeitando-o à desonra pública.

⁷ Pois a terra, que absorve a chuva que cai frequentemente e dá colheita proveitosa àqueles que a cultivam, recebe a bênção de Deus. ⁸ Mas a terra que produz espinhos e ervas daninhas, é inútil e logo será amaldiçoada. Seu fim é ser queimada.

⁹ Amados, mesmo falando dessa forma, estamos convictos de coisas melhores em relação a vocês, coisas próprias da salvação. ¹⁰ Deus não é injusto; ele não se esquecerá do trabalho de vocês e do amor que demonstraram por ele, pois ajudaram os santos e continuam a ajudá-los. ¹¹ Queremos que cada um de vocês mostre essa mesma prontidão até o fim, para que tenham a plena certeza da esperança, ¹² de modo que vocês não se tornem negligentes, mas imitem aqueles que, por meio da fé e da paciência, recebem a herança prometida.

A Certeza da Promessa de Deus

¹³ Quando Deus fez a sua promessa a Abraão, por não haver ninguém superior por quem jurar, jurou por si mesmo, ¹⁴ dizendo: "Esteja certo de que o abençoarei e farei numerosos os seus descendentes"[e]. ¹⁵ E foi assim que, depois

---

[a] 5.6 Sl 110.4
[b] 6.1 Ou *de ritos inúteis*
[c] 6.6 Ou *ao arrependimento enquanto estão crucificando de novo*;
[d] 6.6 Ou *para o seu próprio mal*
[e] 6.14 Gn 22.17

de esperar pacientemente, Abraão alcançou a promessa.

¹⁶ Os homens juram por alguém superior a si mesmos, e o juramento confirma o que foi dito, pondo fim a toda discussão. ¹⁷ Querendo mostrar de forma bem clara a natureza imutável do seu propósito para com os herdeiros da promessa, Deus o confirmou com juramento, ¹⁸ para que, por meio de duas coisas imutáveis nas quais é impossível que Deus minta, sejamos firmemente encorajados, nós, que nos refugiamos nele para tomar posse da esperança a nós proposta. ¹⁹ Temos essa esperança como âncora da alma, firme e segura, a qual adentra o santuário interior, por trás do véu, ²⁰ onde Jesus, que nos precedeu, entrou em nosso lugar, tornando-se sumo sacerdote para sempre, segundo a ordem de Melquisedeque.

O Sacerdote Melquisedeque

7 Esse Melquisedeque, rei de Salém e sacerdote do Deus Altíssimo, encontrou-se com Abraão quando este voltava, depois de derrotar os reis, e o abençoou; ² e Abraão lhe deu o dízimo de tudo.ᵃ Em primeiro lugar, seu nome significa "rei de justiça"; depois, "rei de Salém", que quer dizer "rei de paz". ³ Sem pai, sem mãe, sem genealogia, sem princípio de dias nem fim de vida, feito semelhante ao Filho de Deus, ele permanece sacerdote para sempre.

⁴ Considerem a grandeza desse homem: até mesmo o patriarca Abraão lhe deu o dízimo dos despojos. ⁵ A Lei requer dos sacerdotes entre os descendentes de Levi que recebam o dízimo do povo, isto é, dos seus irmãos, embora estes sejam descendentes de Abraão. ⁶ Este homem, porém, que não pertencia à linhagem de Levi, recebeu os dízimos de Abraão e abençoou aquele que tinha as promessas. ⁷ Sem dúvida alguma, o inferior é abençoado pelo superior. ⁸ No primeiro caso, quem recebe o dízimo são homens mortais; no outro caso, é aquele de quem se declara que vive. ⁹ Pode-se até dizer que Levi, que recebe os dízimos, entregou-os por meio de Abraão, ¹⁰ pois, quando Melquisedeque se encontrou com Abraão, Levi ainda não havia sido gerado.ᵇ

Jesus é Semelhante a Melquisedeque

¹¹ Se fosse possível alcançar a perfeição por meio do sacerdócio levítico (visto que em sua vigência o povo recebeu a Lei), por que haveria ainda necessidade de se levantar outro sacerdote, segundo a ordem de Melquisedeque e não de Arão? ¹² Certo é que, quando há mudança de sacerdócio, é necessário que haja mudança de lei. ¹³ Ora, aquele de quem se dizem essas coisas pertencia a outra tribo, da qual ninguém jamais havia servido diante do altar, ¹⁴ pois é bem conhecido que o nosso Senhor descende de Judá, tribo da qual Moisés nada fala quanto a sacerdócio. ¹⁵ O que acabamos de dizer fica ainda mais claro quando aparece outro sacerdote semelhante a Melquisedeque, ¹⁶ alguém que se tornou sacerdote, não por regras relativas à linhagem, mas segundo o poder de uma vida indestrutível. ¹⁷ Porquanto sobre ele é afirmado:

"Tu és sacerdote para sempre,
  segundo a ordem
  de Melquisedeque"ᶜ.

¹⁸ A ordenança anterior é revogada, porque era fraca e inútil ¹⁹ (pois a Lei não havia aperfeiçoado coisa alguma), sendo introduzida uma esperança superior, pela qual nos aproximamos de Deus.

²⁰ E isso não aconteceu sem juramento! Outros se tornaram sacerdotes sem qualquer juramento, ²¹ mas ele se tornou sacerdote com juramento, quando Deus lhe disse:

"O Senhor jurou
  e não se arrependerá:
'Tu és sacerdote
  para sempre' ".

²² Jesus tornou-se, por isso mesmo, a garantia de uma aliança superior.

²³ Ora, daqueles sacerdotes tem havido muitos, porque a morte os impede de continuar em seu ofício; ²⁴ mas, visto que vive para sempre, Jesus tem um sacerdócio permanente. ²⁵ Portanto, ele é capaz de salvar definitivamenteᵈ aqueles que, por meio dele, se aproximam de Deus, pois vive sempre para interceder por eles.

²⁶ É de um sumo sacerdote como esse que precisávamos: santo, inculpável, puro, separado dos pecadores, exaltado acima dos céus. ²⁷ Ao contrário dos outros sumos sacerdotes, ele não tem necessidade de oferecer sacrifícios dia após dia, primeiro por seus próprios

---

ᵃ **7.2** Gn 14.17-20
ᵇ **7.10** Ou *estava no corpo do seu antepassado*
ᶜ **7.17** Sl 110.4; também no versículo 21.
ᵈ **7.25** Ou *eternamente*

pecados e, depois, pelos pecados do povo. E ele o fez uma vez por todas quando a si mesmo se ofereceu. ²⁸ Pois a Lei constitui sumos sacerdotes a homens que têm fraquezas; mas o juramento, que veio depois da Lei, constitui o Filho perfeito para sempre.ᵃ

O Sumo Sacerdote de uma Nova Aliança

8 O mais importante do que estamos tratando é que temos um sumo sacerdote como esse, o qual se assentou à direita do trono da Majestade nos céus ² e serve no santuário, no verdadeiro tabernáculo que o Senhor erigiu, e não o homem.

³ Todo sumo sacerdote é constituído para apresentar ofertas e sacrifícios; por isso, era necessário que também este tivesse algo a oferecer. ⁴ Se ele estivesse na terra, nem seria sumo sacerdote, visto que já existem aqueles que apresentam as ofertas prescritas pela Lei. ⁵ Eles servem num santuário que é cópia e sombra daquele que está nos céus, já que Moisés foi avisado quando estava para construir o tabernáculo: "Tenha o cuidado de fazer tudo segundo o modelo que lhe foi mostrado no monte".ᵇ ⁶ Agora, porém, o ministério que Jesus recebeu é superior ao deles, assim como também a aliança da qual ele é mediador é superior à antiga, sendo baseada em promessas superiores.

⁷ Pois, se aquela primeira aliança fosse perfeita, não seria necessário procurar lugar para outra. ⁸ Deus, porém, achou o povo em falta e disse:

"Estão chegando os dias, declara o
  Senhor,
quando farei uma nova aliança
  com a comunidade de Israel
  e com a comunidade de Judá.
⁹ Não será como a aliança
  que fiz com os seus antepassados,
quando os tomei pela mão
  para tirá-los do Egito;
visto que eles
  não permaneceram fiéis
  à minha aliança,
eu me afastei deles",
  diz o Senhor.
¹⁰ "Esta é a aliança que farei
  com a comunidade de Israel

8.10-12 A antiga aliança não foi anulada, mas cumprida por meio da obediência perfeita do Cordeiro de Deus (veja Jeremias 31.31-34).

depois daqueles dias",
  declara o Senhor.
"Porei minhas leis
  em sua mente
e as escreverei
  em seu coração.
Serei o seu Deus,
  e eles serão o meu povo.
¹¹ Ninguém mais ensinará
  o seu próximo
nem o seu irmão, dizendo:
  'Conheça o Senhor',
porque todos eles
  me conhecerão,
desde o menor até o maior.
¹² Porque eu lhes perdoarei
  a maldade
e não me lembrarei mais
  dos seus pecados"ᶜ.

¹³ Chamando "nova" essa aliança, ele tornou antiquada a primeira; e o que se torna antiquado e envelhecido está a ponto de desaparecer.

A Adoração no Tabernáculo Terreno

9 Ora, a primeira aliança tinha regras para a adoração e também um santuário terreno. ² Foi levantado um tabernáculo; na parte da frente, chamada Lugar Santo, estavam o candelabro, a mesa e os pães da Presença. ³ Por trás do segundo véu havia a parte chamada Lugar Santíssimoᵈ, ⁴ onde se encontravam o altar de ouro para o incenso e a arca da aliança, totalmente revestida de ouro. Nessa arca estavam o vaso de ouro contendo o maná, a vara de Arão que floresceu e as tábuas da aliança. ⁵ Acima da arca estavam os querubins da Glória, que com sua sombra cobriam a tampa da arcaᵉ. A respeito dessas coisas não cabe agora falar detalhadamente.

⁶ Estando tudo assim preparado, os sacerdotes entravam regularmente no Lugar Santo

---

ᵃ **7.28** Ou *constitui para sempre o Filho, que foi aperfeiçoado.*
ᵇ **8.5** Êx 25.40
ᶜ **8.8-12** Jr 31.31-34
ᵈ **9.3** Grego: *Santo dos Santos.*
ᵉ **9.5** Isto é, *o propiciatório.*

do tabernáculo, para exercer o seu ministério. ⁷ No entanto, somente o sumo sacerdote entrava no Lugar Santíssimo, apenas uma vez por ano, e nunca sem apresentar o sangue do sacrifício, que ele oferecia por si mesmo e pelos pecados que o povo havia cometido por ignorância. ⁸ Dessa forma, o Espírito Santo estava mostrando que ainda não havia sido manifestado o caminho para o Lugar Santíssimo enquanto permanecia o primeiro tabernáculo. ⁹ Isso é uma ilustração para os nossos dias, indicando que as ofertas e os sacrifícios oferecidos não podiam dar ao adorador uma consciência perfeitamente limpa. ¹⁰ Eram apenas prescrições que tratavam de comida e bebida e de várias cerimônias de purificação com água; essas ordenanças exteriores foram impostas até o tempo da nova ordem.

9.27 Este versículo é suficiente para pôr abaixo todas as ideias incompatíveis com a Bíblia que, de algum modo, tenham se infiltrado na crença popular de alguns crentes com respeito à morte. Por ser a morte um fenômeno definitivo e uma separação muitas vezes tão dolorosa, alguns têm aceitado uma espécie de sincretismo entre ideias cristãs e ideias procedentes de religiões espiritualistas, tais como a reencarnação, a atribuição de fenômenos parapsicológicos à alma dos mortos, orações em favor de mortos, tanto de parentes como de amigos, bem como de personalidades do passado. Nenhuma de tais práticas tem respaldo bíblico.

O Sangue de Cristo

¹¹ Quando Cristo veio como sumo sacerdote dos benefícios agora presentes[a], ele adentrou o maior e mais perfeito tabernáculo, não feito pelo homem, isto é, não pertencente a esta criação. ¹² Não por meio de sangue de bodes e novilhos, mas pelo seu próprio sangue, ele entrou no Lugar Santíssimo[b], de uma vez por todas, e obteve eterna redenção. ¹³ Ora, se o sangue de bodes e touros e as cinzas de uma novilha espalhadas sobre os que estão cerimonialmente impuros os santificam, de forma que se tornam exteriormente puros, ¹⁴ quanto mais o sangue de Cristo, que pelo Espírito eterno se ofereceu de forma imaculada a Deus, purificará a nossa consciência de atos que levam à morte[c], para que sirvamos ao Deus vivo!

¹⁵ Por essa razão, Cristo é o mediador de uma nova aliança para que os que são chamados recebam a promessa da herança eterna, visto que ele morreu como resgate pelas transgressões cometidas sob a primeira aliança.

¹⁶ No caso de um testamento[d], é necessário que se comprove a morte daquele que o fez; ¹⁷ pois um testamento só é validado no caso de morte, uma vez que nunca vigora enquanto está vivo quem o fez. ¹⁸ Por isso, nem a primeira aliança foi sancionada sem sangue. ¹⁹ Quando Moisés terminou de proclamar todos os mandamentos da Lei a todo o povo, levou sangue de novilhos e de bodes, e também água, lã vermelha e ramos de hissopo, e aspergiu o próprio livro e todo o povo, dizendo: ²⁰ "Este é o sangue da aliança que Deus ordenou que vocês obedeçam"[e]. ²¹ Da mesma forma, aspergiu com o sangue o tabernáculo e todos os utensílios das suas cerimônias. ²² De fato, segundo a Lei, quase todas as coisas são purificadas com sangue, e sem derramamento de sangue não há perdão.

²³ Portanto, era necessário que as cópias das coisas que estão nos céus fossem purificadas com esses sacrifícios, mas as próprias coisas celestiais com sacrifícios superiores. ²⁴ Pois Cristo não entrou em santuário feito por homens, uma simples representação do verdadeiro; ele entrou nos céus, para agora se apresentar diante de Deus em nosso favor; ²⁵ não, porém, para se oferecer repetidas vezes, à semelhança do sumo sacerdote que entra no Lugar Santíssimo[f] todos os anos, com sangue alheio. ²⁶ Se assim fosse, Cristo precisaria sofrer muitas vezes, desde o começo do mundo. Mas agora ele apareceu uma vez por todas no fim dos tempos, para aniquilar o pecado mediante o sacrifício de si mesmo. ²⁷ Da mesma forma, como o homem está destinado a morrer uma só vez e depois disso enfrentar o juízo, ²⁸ assim também Cristo foi oferecido em sacrifício uma única vez, para tirar os pecados de muitos; e aparecerá segunda vez, não para tirar o pecado, mas para trazer salvação aos que o aguardam.

[a] **9.11** Muitos manuscritos dizem *que estavam por vir*.
[b] **9.12** Várias traduções dizem *Santuário*.
[c] **9.14** Ou *de ritos inúteis*
[d] **9.16,17** O termo grego traduzido por *testamento* é traduzido por *aliança* nos outros versículos do capítulo.
[e] **9.20** Êx 24.8
[f] **9.25** Várias traduções dizem *Santuário*.

O Sacrifício de Cristo é Definitivo

10 A Lei traz apenas uma sombra dos benefícios que hão de vir, e não a sua realidade. Por isso ela nunca consegue, mediante os mesmos sacrifícios repetidos ano após ano, aperfeiçoar os que se aproximam para adorar. ² Se pudesse fazê-lo, não deixariam de ser oferecidos? Pois os adoradores, tendo sido purificados uma vez por todas, não mais se sentiriam culpados de seus pecados. ³ Contudo, esses sacrifícios são uma recordação anual dos pecados, ⁴ pois é impossível que o sangue de touros e bodes tire pecados.

⁵ Por isso, quando Cristo veio ao mundo, disse:

"Sacrifício e oferta
 não quiseste,
mas um corpo me preparaste;
⁶ de holocaustos e ofertas
 pelo pecado
não te agradaste.
⁷ Então eu disse:
 Aqui estou,
no livro está escrito
 a meu respeito;
vim para fazer a tua vontade, ó Deus"ᵃ.

⁸ Primeiro ele disse: "Sacrifícios, ofertas, holocaustos e ofertas pelo pecado não quiseste nem deles te agradaste" (os quais eram feitos conforme a Lei). ⁹ Então acrescentou: "Aqui estou; vim para fazer a tua vontade". Ele cancela o primeiro para estabelecer o segundo. ¹⁰ Pelo cumprimento dessa vontade fomos santificados, por meio do sacrifício do corpo de Jesus Cristo, oferecido uma vez por todas.

¹¹ Dia após dia, todo sacerdote apresenta-se e exerce os seus deveres religiosos; repetidamente oferece os mesmos sacrifícios, que nunca podem remover os pecados. ¹² Mas, quando esse sacerdote acabou de oferecer, para sempre, um único sacrifício pelos pecados, assentou-se à direita de Deus. ¹³ Daí em diante, ele está esperando até que os seus inimigos sejam como estrado dos seus pés; ¹⁴ porque, por meio de um único sacrifício, ele aperfeiçoou para sempre os que estão sendo santificados.

¹⁵ O Espírito Santo também nos testifica a esse respeito. Primeiro ele diz:

¹⁶ "Esta é a aliança que farei com eles,
 depois daqueles dias,

10.19.20 Aqui encontramos uma clara explicação do que significou rasgar-se em duas partes, de alto a baixo, o véu do templo que separava o Lugar Santíssimo do Lugar Santo no mesmo momento em que Jesus expirou (veja Mateus 27.51; Marcos 15.38; Lucas 23.45).

diz o Senhor.
Porei as minhas leis
 em seu coração
e as escreverei
 em sua mente"ᵇ;

¹⁷ e acrescenta:

"Dos seus pecados
 e iniquidades
não me lembrarei mais"ᶜ.

¹⁸ Onde esses pecados foram perdoados, não há mais necessidade de sacrifício por eles.

Um Apelo à Perseverança

¹⁹ Portanto, irmãos, temos plena confiança para entrar no Lugar Santíssimoᵈ pelo sangue de Jesus, ²⁰ por um novo e vivo caminho que ele nos abriu por meio do véu, isto é, do seu corpo. ²¹ Temos, pois, um grande sacerdote sobre a casa de Deus. ²² Assim, aproximemo-nos de Deus com um coração sincero e com plena convicção de fé, tendo os corações aspergidos para nos purificar de uma consciência culpada e os nossos corpos lavados com água pura. ²³ Apeguemo-nos com firmeza à esperança que professamos, pois aquele que prometeu é fiel. ²⁴ E consideremos uns aos outros para nos incentivarmos ao amor e às boas obras. ²⁵ Não deixemos de reunir-nos como igreja, segundo o costume de alguns, mas procuremos encorajar-nos uns aos outros, ainda mais quando vocês veem que se aproxima o Dia.

²⁶ Se continuarmos a pecar deliberadamente depois que recebemos o conhecimento da verdade, já não resta sacrifício pelos pecados, ²⁷ mas tão somente uma terrível expectativa de juízo e de fogo intenso que consumirá os

---

ᵃ **10.5-7** Sl 40.6-8 (segundo a Septuaginta).
ᵇ **10.16** Jr 31.33
ᶜ **10.17** Jr 31.34
ᵈ **10.19** Várias traduções dizem *Santuário*.

10.23-25 Apresentação "Três palavras" (iniciada em Atos 17.31; p. 1179).
Deus providenciou para a Igreja, sua família formada de todos os cristãos, o apoio mútuo que necessitamos para perseverarmos fiéis até o fim.
Leia: Hebreus 10.23-25
Conclusão: Todos teremos que enfrentar o juízo de Deus. Para evitar a condenação eterna, é preciso receber a dádiva da salvação que Jesus pagou ao morrer na cruz, ressuscitando em seguida. Ao cumprirmos esse passo, Deus nos encoraja a perseverar para que recebamos os prêmios que ele preparou para os fiéis. Sobre esse assunto, leia o artigo "De recém-convertido a discipulador: o crescimento na vida espiritual", p. 1391.

inimigos de Deus. ²⁸ Quem rejeitava a Lei de Moisés morria sem misericórdia pelo depoimento de duas ou três testemunhas. ²⁹ Quão mais severo castigo, julgam vocês, merece aquele que pisou aos pés o Filho de Deus, profanou o sangue da aliança pelo qual ele foi santificado e insultou o Espírito da graça? ³⁰ Pois conhecemos aquele que disse: "A mim pertence a vingança; eu retribuirei"ª; e outra vez: "O Senhor julgará o seu povo"ᵇ. ³¹ Terrível coisa é cair nas mãos do Deus vivo!

³² Lembrem-se dos primeiros dias, depois que vocês foram iluminados, quando suportaram muita luta e muito sofrimento. ³³ Algumas vezes vocês foram expostos a insultos e tribulações; em outras ocasiões fizeram-se solidários com os que assim foram tratados. ³⁴ Vocês se compadeceram dos que estavam na prisão e aceitaram alegremente o confisco dos seus próprios bens, pois sabiam que possuíam bens superiores e permanentes.

³⁵ Por isso, não abram mão da confiança que vocês têm; ela será ricamente recompensada. ³⁶ Vocês precisam perseverar, de modo que, quando tiverem feito a vontade de Deus, recebam o que ele prometeu; ³⁷ pois em breve, muito em breve

"Aquele que vem virá
e não demorará.

ª **10.30** Dt 32.35
ᵇ **10.30** Dt 32.36; Sl 135.14

10.37,38 Precisamos perseverar até chegar ao alvo e sem retroceder. Deus cumpriu o plano de redenção até o último momento, apesar do alto preço que significava entregar seu próprio Filho à morte. Não podemos fazer menos que uma entrega total (veja Habacuque 2.3,4).

³⁸ Mas o meu justoᶜ
viverá pela fé.
E, se retroceder,
não me agradarei dele"ᵈ.

³⁹ Nós, porém, não somos dos que retrocedem e são destruídos, mas dos que creem e são salvos.ᵉ

Exemplos de Fé

11 Ora, a fé é a certeza daquilo que esperamos e a prova das coisas que não vemos. ² Pois foi por meio dela que os antigos receberam bom testemunho.

³ Pela fé entendemos que o universo foi formado pela palavra de Deus, de modo que aquilo que se vê não foi feito do que é visível.

⁴ Pela fé Abel ofereceu a Deus um sacrifício superior ao de Caim. Pela fé ele foi reconhecido como justo, quando Deus aprovou as suas ofertas. Embora esteja morto, por meio da fé ainda fala.

⁵ Pela fé Enoque foi arrebatado, de modo que não experimentou a morte; "e já não foi

11.1 O antigo ditado "ver para crer" é contrário às Escrituras. Talvez, como seres humanos, não tenhamos outra saída senão agir assim, mas com Deus tudo é diferente. Podemos estar confiantes de que o que ele nos prometeu chegará. Além disso, estamos convencidos de que o que não vemos, se ele disse que existe, é porque certamente existe.

ᶜ **10.38** Vários manuscritos não trazem *meu*.
ᵈ **10.37,38** Hc 2.3,4 (segundo a Septuaginta).
ᵉ **10.39** Grego: *retrocedem para a perdição, mas dos que creem para a preservação da vida*.

encontrado, porque Deus o havia arrebatado"ª, pois antes de ser arrebatado recebeu testemunho de que tinha agradado a Deus. ⁶ Sem fé é impossível agradar a Deus, pois quem dele se aproxima precisa crer que ele existe e que recompensa aqueles que o buscam.

⁷ Pela fé Noé, quando avisado a respeito de coisas que ainda não se viam, movido por santo temor, construiu uma arca para salvar sua família. Por meio da fé ele condenou o mundo e tornou-se herdeiro da justiça que é segundo a fé.

⁸ Pela fé Abraão, quando chamado, obedeceu e dirigiu-se a um lugar que mais tarde receberia como herança, embora não soubesse para onde estava indo. ⁹ Pela fé peregrinou na terra prometida como se estivesse em terra estranha; viveu em tendas, bem como Isaque e Jacó, co-herdeiros da mesma promessa. ¹⁰ Pois ele esperava a cidade que tem alicerces, cujo arquiteto e edificador é Deus.

¹¹ Pela fé Abraão — e também a própria Sara, apesar de estéril e avançada em idade — recebeu poder para gerar um filho,ᵇ porque considerou fiel aquele que lhe havia feito a promessa. ¹² Assim, daquele homem já sem vitalidade originaram-se descendentes tão numerosos como as estrelas do céu e tão incontáveis como a areia da praia do mar.

¹³ Todos esses viveram pela fé e morreram sem receber o que tinha sido prometido; viram-no de longe e de longe o saudaram, reconhecendo que eram estrangeiros e peregrinos na terra. ¹⁴ Os que assim falam mostram que estão buscando uma pátria. ¹⁵ Se estivessem pensando naquela de onde saíram, teriam oportunidade de voltar. ¹⁶ Em vez disso, esperavam eles uma pátria melhor, isto é, a pátria celestial. Por essa razão Deus não se envergonha de ser chamado o Deus deles e lhes preparou uma cidade.

¹⁷ Pela fé Abraão, quando Deus o pôs à prova, ofereceu Isaque como sacrifício. Aquele que havia recebido as promessas estava a ponto de sacrificar o seu único filho, ¹⁸ embora Deus lhe tivesse dito: "Por meio de Isaque a sua descendênciaᶜ será considerada"ᵈ. ¹⁹ Abraão levou em conta que Deus pode ressuscitar os mortos e, figuradamente, recebeu Isaque de volta dentre os mortos.

²⁰ Pela fé Isaque abençoou Jacó e Esaú com respeito ao futuro deles.

²¹ Pela fé Jacó, à beira da morte, abençoou cada um dos filhos de José e adorou a Deus, apoiado na extremidade do seu bordão.

²² Pela fé José, no fim da vida, fez menção ao êxodo dos israelitas do Egito e deu instruções acerca dos seus próprios ossos.

²³ Pela fé Moisés, recém-nascido, foi escondido durante três meses por seus pais, pois estes viram que ele não era uma criança comum e não temeram o decreto do rei.

²⁴ Pela fé Moisés, já adulto, recusou ser chamado filho da filha do faraó, ²⁵ preferindo ser maltratado com o povo de Deus a desfrutar os prazeres do pecado durante algum tempo. ²⁶ Por amor de Cristo, considerou sua desonra uma riqueza maior do que os tesouros do Egito, porque contemplava a sua recompensa. ²⁷ Pela fé saiu do Egito, não temendo a ira do rei, e perseverou, porque via aquele que é invisível. ²⁸ Pela fé celebrou a Páscoa e fez a aspersão do sangue, para que o destruidor não tocasse nos filhos mais velhos dos israelitas.

²⁹ Pela fé o povo atravessou o mar Vermelho como em terra seca; mas, quando os egípcios tentaram fazê-lo, morreram afogados.

³⁰ Pela fé caíram os muros de Jericó, depois de serem rodeados durante sete dias.

³¹ Pela fé a prostituta Raabe, por ter acolhido os espiões, não foi morta com os que haviam sido desobedientesᵉ.

³² Que mais direi? Não tenho tempo para falar de Gideão, Baraque, Sansão, Jefté, Davi, Samuel e os profetas, ³³ os quais pela fé conquistaram reinos, praticaram a justiça, alcançaram o cumprimento de promessas, fecharam a boca de leões, ³⁴ apagaram o poder do fogo e escaparam do fio da espada; da fraqueza tiraram força, tornaram-se poderosos na batalha e puseram em fuga exércitos estrangeiros. ³⁵ Houve mulheres que, pela ressurreição, tiveram de volta os seus mortos. Uns foram torturados e recusaram ser libertados, para poderem alcançar uma ressurreição superior; ³⁶ outros enfrentaram zombaria e açoites; outros ainda foram acorrentados e colocados na prisão, ³⁷ apedrejados, serrados ao meio, postos à provaᶠ, mortos ao fio da espada. Andaram errantes, vestidos de pele de ovelhas e de cabras, necessitados, afligidos e maltratados.

ᵃ **11.5** Gn 5.24
ᵇ **11.11** Ou *Pela fé, Sara também, que era de idade avançada, pôde ter filhos,*
ᶜ **11.18** Grego: *semente.*
ᵈ **11.18** Gn 21.12
ᵉ **11.31** Ou *incrédulos*
ᶠ **11.37** Alguns manuscritos não trazem *postos à prova.*

12.1,2 O segredo está no início do versículo 2: ter os olhos fitos em Jesus, que foi o primeiro a alcançar a linha de chegada e que ali nos espera de braços abertos. Lembre-se de que essa imagem, tirada do contexto das corridas atléticas feitas nos estádios populares do século I, nos diz para fazer o mesmo que os atletas. Livrar-se do pecado é o mínimo. É preciso livrar-se de todo "peso extra", de coisas que poderíamos considerar boas, mas que nos atrapalham na maratona da fé.

³⁸ O mundo não era digno deles. Vagaram pelos desertos e montes, pelas cavernas e grutas. ³⁹ Todos esses receberam bom testemunho por meio da fé; no entanto, nenhum deles recebeu o que havia sido prometido. ⁴⁰ Deus havia planejado algo melhor para nós, para que conosco fossem eles aperfeiçoados.

Deus Disciplina os seus Filhos

12 Portanto, também nós, uma vez que estamos rodeados por tão grande nuvem de testemunhas, livremo-nos de tudo o que nos atrapalha e do pecado que nos envolve e corramos com perseverança a corrida que nos é proposta, ² tendo os olhos fitos em Jesus, autor e consumador da nossa fé. Ele, pela alegria que lhe fora proposta, suportou a cruz, desprezando a vergonha, e assentou-se à direita do trono de Deus. ³ Pensem bem naquele que suportou tal oposição dos pecadores contra si mesmo, para que vocês não se cansem nem desanimem.

⁴ Na luta contra o pecado, vocês ainda não resistiram até o ponto de derramar o próprio sangue. ⁵ Vocês se esqueceram da palavra de ânimo que ele dirige a vocês como a filhos:

"Meu filho, não despreze
  a disciplina do Senhor
nem se magoe
  com a sua repreensão,
⁶ pois o Senhor disciplina
  a quem ama,
e castiga todo aquele
  a quem aceita como filho"ª.

12.5,6 Veja Jó 5.17.

⁷ Suportem as dificuldades, recebendo-as como disciplina; Deus os trata como filhos. Ora, qual o filho que não é disciplinado por seu pai? ⁸ Se vocês não são disciplinados, e a disciplina é para todos os filhos, então vocês não são filhos legítimos, mas sim ilegítimos. ⁹ Além disso, tínhamos pais humanos que nos disciplinavam e nós os respeitávamos. Quanto mais devemos submeter-nos ao Pai dos espíritos, para assim vivermos! ¹⁰ Nossos pais nos disciplinavam por curto período, segundo lhes parecia melhor; mas Deus nos disciplina para o nosso bem, para que participemos da sua santidade. ¹¹ Nenhuma disciplina parece ser motivo de alegria no momento, mas sim de tristeza. Mais tarde, porém, produz fruto de justiça e paz para aqueles que por ela foram exercitados.

¹² Portanto, fortaleçam as mãos enfraquecidas e os joelhos vacilantes. ¹³ "Façam caminhos retos para os seus pés"ᵇ, para que o manco não se desvie; antes, seja curado.

Advertência contra a Rejeição de Deus

¹⁴ Esforcem-se para viver em paz com todos e para serem santos; sem santidade ninguém verá o Senhor. ¹⁵ Cuidem que ninguém se exclua da graça de Deus; que nenhuma raiz de amarguraᶜ brote e cause perturbação, contaminando muitos; ¹⁶ que não haja nenhum

12.14,15 De nenhuma maneira, o discípulo deve cultivar o ressentimento no coração; antes, precisa eliminar toda raiz de amargura, inveja, reclamação ou divisão. Do mesmo modo, deve estar alerta para não ser contaminado pela amargura de outras pessoas. Se não pode fazer algo para ajudar alguém amargurado, é melhor que não lhe seja de companhia e dedique-se a orar por ele antes que seja envenenado por esse sentimento.

ª **12.5,6** Pv 3.11,12
ᵇ **12.13** Pv 4.26
ᶜ **12.15** Isto é, raiz venenosa.

12.18-24 Neste texto, é evidente a comparação entre o monte Sinai, onde foi promulgada a Lei da antiga aliança, e o monte Sião, onde Davi estabeleceu o tabernáculo para a arca e onde, séculos mais tarde, desceu o Espírito Santo no dia de Pentecoste, inaugurando, assim, a nova aliança no "sangue aspergido, que fala melhor do que o sangue de Abel".

imoral ou profano, como Esaú, que por uma única refeição vendeu os seus direitos de herança como filho mais velho. ¹⁷ Como vocês sabem, posteriormente, quando quis herdar a bênção, foi rejeitado; e não teve como alterar a sua decisão, embora buscasse a bênção com lágrimas.

¹⁸ Vocês não chegaram ao monte que se podia tocar, e que estava em chamas, nem às trevas, à escuridão, nem à tempestade, ¹⁹ ao soar da trombeta e ao som de palavras tais que os ouvintes rogaram que nada mais lhes fosse dito; ²⁰ pois não podiam suportar o que lhes estava sendo ordenado: "Até um animal, se tocar no monte, deve ser apedrejado".ᵃ ²¹ O espetáculo era tão terrível que até Moisés disse: "Estou apavorado e trêmulo!"ᵇ

²² Mas vocês chegaram ao monte Sião, à Jerusalém celestial, à cidade do Deus vivo. Chegaram aos milhares de milhares de anjos em alegre reunião, ²³ à igreja dos primogênitos, cujos nomes estão escritos nos céus. Vocês chegaram a Deus, juiz de todos os homens, aos espíritos dos justos aperfeiçoados, ²⁴ a Jesus, mediador de uma nova aliança, e ao sangue aspergido, que fala melhor do que o sangue de Abel.

²⁵ Cuidado! Não rejeitem aquele que fala. Se os que se recusaram a ouvir aquele que os advertia na terra não escaparam, quanto mais nós, se nos desviarmos daquele que nos adverte dos céus? ²⁶ Aquele cuja voz outrora abalou a terra, agora promete: "Ainda uma vez abalarei não apenas a terra, mas também o céu".ᶜ ²⁷ As palavras "ainda uma vez" indicam a remoção do que pode ser abalado, isto é, coisas criadas, de forma que permaneça o que não pode ser abalado.

²⁸ Portanto, já que estamos recebendo um Reino inabalável, sejamos agradecidos e, assim, adoremos a Deus de modo aceitável, com reverência e temor, ²⁹ pois o nosso "Deus é fogo consumidor!"ᵈ

Exortações Finais

13 Seja constante o amor fraternal. ² Não se esqueçam da hospitalidade; foi praticando-a que, sem o saber, alguns acolheram anjos. ³ Lembrem-se dos que estão na prisão, como se aprisionados com eles; dos que estão sendo maltratados, como se vocês mesmos estivessem sendo maltratados.

⁴ O casamento deve ser honrado por todos; o leito conjugal, conservado puro; pois Deus julgará os imorais e os adúlteros. ⁵ Conservem-se livres do amor ao dinheiro e contentem-se com o que vocês têm, porque Deus mesmo disse:

"Nunca o deixarei,
nunca o abandonarei"ᵉ.

⁶ Podemos, pois, dizer com confiança:

"O Senhor é o meu ajudador,
não temerei.
O que me podem fazer
os homens?"ᶠ

⁷ Lembrem-se dos seus líderes, que transmitiram a palavra de Deus a vocês. Observem bem o resultado da vida que tiveram e imitem a sua fé. ⁸ Jesus Cristo é o mesmo, ontem, hoje e para sempre.

⁹ Não se deixem levar pelos diversos ensinos estranhos. É bom que o nosso coração seja fortalecido pela graça, e não por alimentos cerimoniais, os quais não têm valor para aqueles que os comem. ¹⁰ Nós temos um altar do qual não têm direito de comer os que ministram no tabernáculo.

¹¹ O sumo sacerdote leva sangue de animais até o Lugar Santíssimo como oferta pelo pecado, mas os corpos dos animais são queimados fora do acampamento. ¹² Assim, Jesus também sofreu fora das portas da cidade, para santificar o povo por meio do seu próprio sangue. ¹³ Portanto, saiamos até ele, fora do acampamento, suportando a desonra que ele suportou. ¹⁴ Pois não

---

ᵃ **12.18-20** Êx 19.12,13
ᵇ **12.21** Dt 9.19
ᶜ **12.26** Ag 2.6
ᵈ **12.29** Dt 4.24
ᵉ **13.5** Dt 31.6
ᶠ **13.6** Sl 118.6

temos aqui nenhuma cidade permanente, mas buscamos a que há de vir.

¹⁵ Por meio de Jesus, portanto, ofereçamos continuamente a Deus um sacrifício de louvor, que é fruto de lábios que confessam o seu nome. ¹⁶ Não se esqueçam de fazer o bem e de repartir com os outros o que vocês têm, pois de tais sacrifícios Deus se agrada.

¹⁷ Obedeçam aos seus líderes e submetam-se à autoridade deles. Eles cuidam de vocês como quem deve prestar contas. Obedeçam-lhes, para que o trabalho deles seja uma alegria, não um peso, pois isso não seria proveitoso para vocês.

¹⁸ Orem por nós. Estamos certos de que temos consciência limpa e desejamos viver de maneira honrosa em tudo. ¹⁹ Particularmente, recomendo que orem para que eu lhes seja restituído em breve.

²⁰ O Deus da paz, que pelo sangue da aliança eterna trouxe de volta dentre os mortos o nosso Senhor Jesus, o grande Pastor das ovelhas, ²¹ os aperfeiçoe em todo o bem para fazerem a vontade dele e opere em nós o que lhe é agradável, mediante Jesus Cristo, a quem seja a glória para todo o sempre. Amém.

²² Irmãos, peço que suportem a minha palavra de exortação; na verdade o que eu escrevi é pouco.

²³ Quero que saibam que o nosso irmão Timóteo foi posto em liberdade. Se ele chegar logo, irei vê-los com ele.

²⁴ Saúdem a todos os seus líderes e a todos os santos. Os da Itália enviam saudações.

²⁵ A graça seja com todos vocês.

Introdução à epístola de
TIAGO

Autor e data de composição

O escritor identifica-se com o nome de Tiago, que é uma derivação medieval do nome aportuguesado Jacó, muito frequente nos tempos de Jesus (Iacobus, latim; São Iacob, São Iago/Yago, São Tiago). Ainda que no Novo Testamento sejam mencionadas três pessoas com o nome de Tiago, das quais dois eram apóstolos, a Igreja costuma atribuir esta carta a Tiago, filho de José e Maria (Mateus 13.55) e meio-irmão de Jesus. Seus ensinos, com grande contribuição do pensamento judaico, apresenta considerável semelhança com os ensinos de Jesus. Se compararmos esta epístola com o Sermão do Monte (Mateus 5—7), encontraremos pelo menos 12 paralelismos evidentes. Além disso, o livro recebe várias menções no Novo Testamento. Em 1Coríntios 15.7, por exemplo, fala-se que Jesus, depois de ressuscitar, apareceu primeiro a Tiago e depois aos demais apóstolos. Uma vez que ocupa o primeiro lugar na lista dos irmãos de Jesus, talvez fosse o mais próximo dele em idade. Como se sabe, a família de Jesus foi resistente em aceitar que ele fosse o Messias. Talvez por esse motivo Jesus tenha aparecido a ele antes. Tiago era bastante respeitado nos círculos judaicos; Flávio Josefo menciona seu nome na obra *Antiguidades judaicas* (20.9.1); Santo Hegésipo, historiador do século II citado pelo bispo Eusébio de Cesareia em *Historia eclesiástica* (2.23), afirma que todos lhe davam o apelido de "o justo", por ele ter uma vida exemplar. Morreu por volta do ano 62.

ESBOÇO GERAL

Primeira parte: Saudação (1.1)

Segunda parte: A integridade diante das dificuldades (1.2-12)

Terceira parte: A integridade contra os critérios errados (1.13-18)

Quarta parte: A Palavra de Deus, o espelho que nunca mente (1.19-27)

Quinta parte: A integridade contra uma justiça parcial (2.1-13)

Sexta parte: A integridade e a fé que não se expressa de maneira concreta (2.14-26)

Sétima parte: A falta de freio na língua, um grande perigo para a integridade (3.1-12)

Oitava parte: A integridade de quem tem sabedoria do alto (3.13-18)

Nona parte: Guerras e contendas ou adoração e poder de Deus? (4.1-12)

Décima parte: A falta de integridade dos que fazem planos que não vêm de Deus (4.13-17)

Décima primeira parte: A falta de integridade pelo que é terreno e que não vale nada (5.1-6)

Décima segunda parte: Sejamos como Deus, que não tem pressa (5.7-12)

Décima terceira parte: O poder da oração está em Deus, não em nós (5.13-20)

Versículos-chave
2.17,18

Tema geral do livro
Tiago foi uma personalidade de grande influência no início do cristianismo. Paulo o denomina "Tiago, irmão do Senhor" (Gálatas 1.19) e afirma que era, ao lado de Pedro e João, uma das três colunas da igreja inicial (veja Gálatas 2.9). É digno de nota que, sendo uma pessoa tão importante, jamais desejou apropriar-se de outros títulos além de "servo de Deus e do Senhor Jesus Cristo" (Tiago 1.1). Lembremo-nos de que a palavra "servo" na realidade significa "escravo". Em sua carta, porém, tratou de um tema que gerou, talvez sem motivos, várias controvérsias no mundo cristão. O escritor fala da relação entre fé e obras, destacando que as obras são a manifestação visível de que existe uma fé genuína no indivíduo. A fé conduz o homem às boas obras, como no caso em que Abraão levou Isaque para ser sacrificado, ou quando Raabe protegeu os espias israelitas. Se não existem obras, não temos como apalpar a realidade da nossa fé, por mais que afirmemos tê-la. A fé não é um sentimento, mas, sim, um dom de Deus que recebemos e convertemos em uma vida que persiste em praticar boas coisas. A carta de Tiago, apesar de sua simplicidade, tem um crédito de autoridade que lembra os melhores escritos judaicos de seu tempo. Em seus 108 versículos, são apresentadas pelo menos 54 orientações que devem ser seguidas.

Em Tiago, Jesus é...
... o desejado da nossa alma (5.7,8).

Versículos-chave para o discípulo
4.6,7

O discípulo e a epístola de Tiago
Na vida, o anseio principal do discípulo deve aproximar-se cada vez mais de Deus. O restante tem seu espaço. Por isso, Tiago diz com bastante clareza: "Mas ele nos concede graça maior. Por isso diz a Escritura: 'Deus se opõe aos orgulhosos, mas concede graça aos humildes'. Portanto, submetam-se a Deus. Resistam ao Diabo, e ele fugirá de vocês" (4.6,7). Na igreja sempre há quem elimine a primeira parte dessa norma, sem dar-se conta de que se trata da mais importante. Ainda vivem esses na carne, tomando suas próprias decisões e dividindo a vida em "áreas", uma delas "a religião do domingo". Portanto, pensam ter autoridade para resistir ao Diabo e esperam ver cumprida essa promessa, ou seja, que o Diabo fugirá deles. Nada disso acontece se não nos aproximarmos de Deus com humildade e se não nos submetermos a ele. Uma vez submissos, teremos o poder de seu Espírito em nós e seremos capazes de resistir às ciladas do inimigo. O que nos encoraja, segundo afirma Tiago, é que não precisamos ser pessoas especiais: "Elias era humano como nós. Ele orou fervorosamente para que não chovesse, e não choveu sobre a terra durante três anos e meio. Orou outra vez, e os céus enviaram chuva, e a terra produziu os seus frutos" (5.17,18). Também é importante entender o valor diante de Deus quando ajudamos um pecador a sair "do erro do seu caminho" (5.20), algo que todos podemos fazer, se não dependemos das nossas qualidades e dos nossos métodos, mas, sim, do poder e da sabedoria do Espírito Santo de Deus.

TIAGO

1 Tiago, servo[a] de Deus e do Senhor Jesus Cristo,

às doze tribos dispersas entre as nações:

Saudações.

Provas e Tentações

² Meus irmãos, considerem motivo de grande alegria o fato de passarem por diversas provações, **³** pois vocês sabem que a prova da sua fé produz perseverança. **⁴** E a perseverança deve ter ação completa, a fim de que vocês sejam maduros e íntegros, sem que falte a vocês coisa alguma. **⁵** Se algum de vocês tem falta de sabedoria, peça-a a Deus, que a todos dá livremente, de boa vontade; e lhe será concedida. **⁶** Peça-a, porém, com fé, sem duvidar, pois aquele que duvida é semelhante à onda do mar, levada e agitada pelo vento. **⁷** Não pense tal pessoa que receberá coisa alguma do Senhor, **⁸** pois tem mente dividida e é instável em tudo o que faz.

⁹ O irmão de condição humilde deve orgulhar-se quando estiver em elevada posição. **¹⁰** E o rico deve orgulhar-se caso passe a viver em condição humilde, porque o rico passará como a flor do campo. **¹¹** Pois o sol se levanta, traz o calor e seca a planta; cai então a sua flor, e a sua beleza é destruída. Da mesma forma o rico murchará em meio aos seus afazeres.

¹² Feliz é o homem que persevera na provação, porque depois de aprovado receberá a coroa da vida, que Deus prometeu aos que o amam.

¹³ Quando alguém for tentado, jamais deverá dizer: "Estou sendo tentado por Deus". Pois Deus não pode ser tentado pelo mal e a ninguém tenta. **¹⁴** Cada um, porém, é tentado pelo próprio mau desejo, sendo por este arrastado e seduzido. **¹⁵** Então esse desejo, tendo concebido, dá à luz o pecado, e o pecado, após ser consumado, gera a morte.

¹⁶ Meus amados irmãos, não se deixem enganar. **¹⁷** Toda boa dádiva e todo dom perfeito vêm do alto, descendo do Pai das luzes, que não muda como sombras inconstantes. **¹⁸** Por sua decisão ele nos gerou pela palavra da verdade, a fim de sermos como os primeiros frutos de tudo o que ele criou.

Praticando a Palavra

¹⁹ Meus amados irmãos, tenham isto em mente: Sejam todos prontos para ouvir, tardios para falar e tardios para irar-se, **²⁰** pois a ira do homem não produz a justiça de Deus. **²¹** Portanto, livrem-se de toda impureza moral e da maldade que prevalece e aceitem humildemente a palavra implantada em vocês, a qual é poderosa para salvá-los.

²² Sejam praticantes da palavra, e não apenas ouvintes, enganando vocês mesmos. **²³** Aquele que ouve a palavra, mas não a põe em prática, é semelhante a um homem que olha a sua face num espelho **²⁴** e, depois de olhar para si mesmo, sai e logo esquece a sua aparência. **²⁵** Mas o homem que observa atentamente a lei perfeita, que traz a liberdade, e persevera na prática dessa lei, não esquecendo o que ouviu mas praticando-o, será feliz naquilo que fizer.

²⁶ Se alguém se considera religioso, mas não refreia a sua língua, engana-se a si mesmo. Sua religião não tem valor algum! **²⁷** A religião que Deus, o nosso Pai, aceita como pura e imaculada é esta: cuidar dos órfãos e das viúvas em suas dificuldades e não se deixar corromper pelo mundo.

Proibida a Acepção de Pessoas

2 Meus irmãos, como crentes em nosso glorioso Senhor Jesus Cristo, não façam diferença entre as pessoas, tratando-as com parcialidade. **²** Suponham que, na reunião de vocês, entre um homem com anel de ouro e roupas finas e também entre um pobre com roupas velhas e sujas. **³** Se vocês derem atenção especial ao homem que está vestido com roupas finas e disserem: "Aqui está um lugar apropriado para o senhor", mas disserem ao pobre: "Você, fique em pé ali", ou: "Sente-se no chão, junto ao estrado onde ponho os meus pés", **⁴** não estarão fazendo discriminação, fazendo julgamentos com critérios errados?

⁵ Ouçam, meus amados irmãos: Não escolheu Deus os que são pobres aos olhos do mundo para serem ricos em fé e herdarem o Reino que ele prometeu aos que o amam? **⁶** Mas vocês têm desprezado o pobre. Não são os ricos que oprimem vocês? Não são eles os que os arrastam para os tribunais? **⁷** Não são eles que difamam o bom nome que sobre vocês foi invocado?

---

[a] **1.1** Isto é, escravo.

2.10 Apresentação "Três palavras" (iniciada em Atos 17.31; p. 1179).
Todos temos pecado em alguma área da vida. Portanto, merecemos que Deus nos julgue.
Leia: Tiago 2.10
Próximo passo: João 3.16,17 (p. 1121)

⁸ Se vocês de fato obedecerem à lei do Reino encontrada na Escritura que diz: "Ame o seu próximo como a si mesmo"ᵃ, estarão agindo corretamente. ⁹ Mas, se tratarem os outros com parcialidade, estarão cometendo pecado e serão condenados pela Lei como transgressores. ¹⁰ Pois quem obedece a toda a Lei, mas tropeça em apenas um ponto, torna-se culpado de quebrá-la inteiramente. ¹¹ Pois aquele que disse: "Não adulterarás"ᵇ também disse: "Não matarás"ᶜ. Se você não comete adultério mas comete assassinato, torna-se transgressor da Lei.

¹² Falem e ajam como quem vai ser julgado pela lei da liberdade; ¹³ porque será exercido juízo sem misericórdia sobre quem não foi misericordioso. A misericórdia triunfa sobre o juízo!

Fé e Obras

¹⁴ De que adianta, meus irmãos, alguém dizer que tem fé, se não tem obras? Acaso a fé pode

2.14-17 Não existe nenhuma contradição entre estas palavras inspiradas pelo Espírito a Tito e o princípio paulino da salvação pela fé, por meio da graça. As obras de que Tiago trata são as mesmas que Deus tem destinado para quem crer e são a manifestação visível do que a fé faz internamente no crente. Quem diz ter fé, mas não a manifesta com uma vida transformada, por melhor que seja sua vida, está falando apenas de um sentimento, talvez até mesmo estético, diante da beleza do culto a Deus ou da profundidade de um texto sagrado que nem mesmo compreende, pois não é resultado da experiência.

salvá-lo? ¹⁵ Se um irmão ou irmã estiver necessitando de roupas e do alimento de cada dia ¹⁶ e um de vocês lhe disser: "Vá em paz, aqueça-se e alimente-se até satisfazer-se", sem porém lhe dar nada, de que adianta isso? ¹⁷ Assim também a fé, por si só, se não for acompanhada de obras, está morta.

¹⁸ Mas alguém dirá: "Você tem fé; eu tenho obras".

Mostre-me a sua fé sem obras, e eu mostrarei a minha fé pelas obras. ¹⁹ Você crê que existe um só Deus? Muito bem! Até mesmo os demônios creem — e tremem!

²⁰ Insensato! Quer certificar-se de que a fé sem obras é inútilᵈ? ²¹ Não foi Abraão, nosso antepassado, justificado por obras, quando ofereceu seu filho Isaque sobre o altar? ²² Você pode ver que tanto a fé como as obras estavam atuando juntas, e a fé foi aperfeiçoada pelas obras. ²³ Cumpriu-se assim a Escritura que diz: "Abraão creu em Deus, e isso lhe foi creditado como justiça"ᵉ, e ele foi chamado amigo de Deus. ²⁴ Vejam que uma pessoa é justificada por obras, e não apenas pela fé.

²⁵ Caso semelhante é o de Raabe, a prostituta: não foi ela justificada pelas obras, quando acolheu os espias e os fez sair por outro caminho? ²⁶ Assim como o corpo sem espírito está morto, também a fé sem obras está morta.

O Domínio sobre a Língua

3 Meus irmãos, não sejam muitos de vocês mestres, pois vocês sabem que nós, os que ensinamos, seremos julgados com maior rigor. ² Todos tropeçamos de muitas maneiras. Se alguém não tropeça no falar, tal homem é perfeito, sendo também capaz de dominar todo o seu corpo.

³ Quando colocamos freios na boca dos cavalos para que eles nos obedeçam, podemos controlar o animal todo. ⁴ Tomem também como exemplo os navios; embora sejam tão grandes e impelidos por fortes ventos, são dirigidos por um leme muito pequeno, conforme a vontade do piloto. ⁵ Semelhantemente, a língua é um pequeno órgão do corpo, mas se vangloria de grandes coisas. Vejam como um grande bosque é incendiado por uma simples fagulha. ⁶ Assim também, a língua é um fogo; é um mundo de iniquidade. Colocada entre os membros do nosso corpo, contamina a pessoa

---

ᵃ **2.8** Lv 19.18
ᵇ **2.11** Êx 20.14; Dt 5.18
ᶜ **2.11** Êx 20.13; Dt 5.17
ᵈ **2.20** Vários manuscritos antigos dizem *morta*.
ᵉ **2.23** Gn 15.6

por inteiro, incendeia todo o curso de sua vida, sendo ela mesma incendiada pelo inferno.

⁷ Toda espécie de animais, aves, répteis e criaturas do mar doma-se e tem sido domada pela espécie humana; ⁸ a língua, porém, ninguém consegue domar. É um mal incontrolável, cheio de veneno mortífero.

⁹ Com a língua bendizemos o Senhor e Pai e com ela amaldiçoamos os homens, feitos à semelhança de Deus. ¹⁰ Da mesma boca procedem bênção e maldição. Meus irmãos, não pode ser assim! ¹¹ Acaso podem sair água doce e água amarga da mesma fonte? ¹² Meus irmãos, pode uma figueira produzir azeitonas ou uma videira figos? Da mesma forma, uma fonte de água salgada não pode produzir água doce.

Os Dois Tipos de Sabedoria

¹³ Quem é sábio e tem entendimento entre vocês? Que o demonstre por seu bom procedimento, mediante obras praticadas com a humildade que provém da sabedoria. ¹⁴ Contudo, se vocês abrigam no coração inveja amarga e ambição egoísta, não se gloriem disso nem neguem a verdade. ¹⁵ Esse tipo de "sabedoria" não vem dos céus, mas é terrena; não é espiritual, mas é demoníaca. ¹⁶ Pois onde há inveja e ambição egoísta, aí há confusão e toda espécie de males.

¹⁷ Mas a sabedoria que vem do alto é antes de tudo pura; depois, pacífica, amável, compreensiva, cheia de misericórdia e de bons frutos, imparcial e sincera. ¹⁸ O fruto da justiça semeia-se em paz para[a] os pacificadores.

A Submissão a Deus

4 De onde vêm as guerras e contendas que há entre vocês? Não vêm das paixões que guerreiam dentro de vocês[b]? ² Vocês cobiçam coisas, mas não as têm; matam e invejam, mas não conseguem obter o que desejam. Vocês vivem a lutar e a fazer guerras. Não têm, porque não pedem. ³ Quando pedem, não recebem, pois pedem por motivos errados, para gastar em seus prazeres.

⁴ Adúlteros, vocês não sabem que a amizade com o mundo é inimizade com Deus? Quem quer ser amigo do mundo faz-se inimigo de Deus. ⁵ Ou vocês acham que é sem razão que a Escritura diz que o Espírito que ele fez habitar

4.7 Nunca se esqueça da primeira parte deste versículo. Antes de tudo, devemos nos submeter a Deus. Quem se submete a ele, está fora do alcance do Diabo e é um inimigo frontal deste. Por isso, a única coisa que o Diabo poderá fazer é fugir do cristão que está debaixo da orientação de Deus.

em nós tem fortes ciúmes?[c] ⁶ Mas ele nos concede graça maior. Por isso diz a Escritura:

"Deus se opõe aos orgulhosos,
mas concede graça
aos humildes"[d].

⁷ Portanto, submetam-se a Deus. Resistam ao Diabo, e ele fugirá de vocês. ⁸ Aproximem-se de Deus, e ele se aproximará de vocês! Pecadores, limpem as mãos, e vocês, que têm a mente dividida, purifiquem o coração. ⁹ Entristeçam-se, lamentem-se e chorem. Troquem o riso por lamento e a alegria por tristeza. ¹⁰ Humilhem-se diante do Senhor, e ele os exaltará.

¹¹ Irmãos, não falem mal uns dos outros. Quem fala contra o seu irmão ou julga o seu irmão fala contra a Lei e a julga. Quando você julga a Lei, não a está cumprindo, mas está agindo como juiz. ¹² Há apenas um Legislador e Juiz, aquele que pode salvar e destruir. Mas quem é você para julgar o seu próximo?

A Incerteza dos Planos Humanos

¹³ Ouçam agora, vocês que dizem: "Hoje ou amanhã iremos para esta ou aquela cidade, passaremos um ano ali, faremos negócios e ganharemos dinheiro". ¹⁴ Vocês nem sabem o que acontecerá amanhã! Que é a sua vida? Vocês são como a neblina que aparece por um pouco de tempo e depois se dissipa. ¹⁵ Em vez disso, deveriam dizer: "Se o Senhor quiser, viveremos e faremos isto ou aquilo". ¹⁶ Agora, porém, vocês se vangloriam das suas pretensões. Toda vanglória como essa é maligna. ¹⁷ Portanto, pensem nisto: Quem sabe que deve fazer o bem e não o faz comete pecado.

---

[a] **3.18** Ou *pelos pacificadores*
[b] **4.1** Grego: *nos seus membros.*
[c] **4.5** Ou *que Deus tem fortes ciúmes pelo espírito que ele fez habitar em nós?*; ou ainda *que o Espírito que ele fez habitar em nós nos ama zelosamente?*
[d] **4.6** Pv 3.34 (segundo a Septuaginta).

Advertência aos Ricos Opressores

5 Ouçam agora vocês, ricos! Chorem e lamentem-se, tendo em vista a desgraça que virá sobre vocês. ² A riqueza de vocês apodreceu, e as traças corroeram as suas roupas. ³ O ouro e a prata de vocês enferrujaram, e a ferrugem deles testemunhará contra vocês e como fogo devorará a sua carne. Vocês acumularam bens nestes últimos dias. ⁴ Vejam, o salário dos trabalhadores que ceifaram os seus campos, e que vocês retiveram com fraude, está clamando contra vocês. O lamento dos ceifeiros chegou aos ouvidos do Senhor dos Exércitos. ⁵ Vocês viveram luxuosamente na terra, desfrutando prazeres, e fartaram-se de comida em dia de abate[a]. ⁶ Vocês têm condenado e matado o justo, sem que ele ofereça resistência.

Paciência nos Sofrimentos

⁷ Portanto, irmãos, sejam pacientes até a vinda do Senhor. Vejam como o agricultor aguarda que a terra produza a preciosa colheita e como espera com paciência até virem as chuvas do outono e da primavera. ⁸ Sejam também pacientes e fortaleçam o seu coração, pois a vinda do Senhor está próxima. ⁹ Irmãos, não se queixem uns dos outros, para que não sejam julgados. O Juiz já está às portas! ¹⁰ Irmãos, tenham os profetas que falaram em nome do Senhor como exemplo de paciência diante do sofrimento. ¹¹ Como vocês sabem, nós consideramos felizes aqueles que mostraram perseverança. Vocês ouviram falar sobre a perseverança de Jó e viram o fim que o Senhor lhe proporcionou. O Senhor é cheio de compaixão e misericórdia.

¹² Sobretudo, meus irmãos, não jurem, nem pelo céu, nem pela terra, nem por qualquer outra coisa. Seja o sim de vocês, sim, e o não, não, para que não caiam em condenação.

A Oração da Fé

¹³ Entre vocês há alguém que está sofrendo? Que ele ore. Há alguém que se sente feliz? Que ele cante louvores. ¹⁴ Entre vocês há alguém que está doente? Que ele mande chamar os presbíteros da igreja, para que estes orem sobre ele e o unjam com óleo, em nome do Senhor. ¹⁵ A oração feita com fé curará o doente; o Senhor o levantará. E, se houver cometido pecados, ele será perdoado. ¹⁶ Portanto, confessem os seus pecados uns aos outros e orem uns pelos outros para serem curados. A oração de um justo é poderosa e eficaz.

¹⁷ Elias era humano como nós. Ele orou fervorosamente para que não chovesse, e não choveu sobre a terra durante três anos e meio. ¹⁸ Orou outra vez, e os céus enviaram chuva, e a terra produziu os seus frutos.

¹⁹ Meus irmãos, se algum de vocês se desviar da verdade e alguém o trouxer de volta, ²⁰ lembrem-se disto: Quem converte um pecador do erro do seu caminho salvará a vida dessa pessoa e fará que muitíssimos pecados sejam perdoados[b].

5.13-18 Os homens costumam pensar que certas coisas alcançam apenas algumas pessoas privilegiadas. Aqui Tiago fala abertamente de presbíteros da igreja que oram por um enfermo a fim de que receba saúde e perdão de pecados. Fala de saúde mental e física que está baseada em relacionamentos definidos e sinceros com nossos irmãos na fé e no poder da oração feita pelo justo. Elias, um homem bastante admirado no Antigo Testamento e no judaísmo, orou e Deus o escutou, apesar de ser "humano como nós". Lembremo-nos de que Deus não faz distinção entre as pessoas. Com um cajado de pastor libertou o povo de Deus da escravidão; com alguns poucos pães e peixes alimentou 5 mil pessoas; e por meio de apenas um homem que soube estar a sua disposição foi o suficiente para que devolvesse ao reino de Israel o culto ao Deus verdadeiro.

---

[a] **5.5** Ou *como em dia de festa*

[b] **5.20** Grego: *cobrirá muitos pecados.*

A primeira epístola de
PEDRO

Autor e data de composição

A tradição indica Simão Pedro como o escritor desta carta. O fato de que o texto apresenta amplo vocabulário em grego formal pode ser o resultado da ajuda de seu colaborador, Silvano (5.12), por meio de quem escreveu aos "peregrinos dispersos", ainda que posteriormente se refira com maior profundidade aos gentios que aceitaram Jesus do que aos judeus convertidos. O escritor afirma que o texto foi escrito na Babilônia (5.13), e muitos tomam essa informação como uma referência indireta à libertina cidade de Roma, capital do império. Mesmo assim, sabe-se que na região da Babilônia existia uma forte colônia judaica que produziu, no século II, o Talmude chamado "Babilônico", mais extenso que o redigido na terra santa, o que significa que Pedro bem podia ter estado na região da Babilônia de fato no momento em que escreveu esta carta, talvez na década do ano 60. Esta epístola tem vários pontos em comum com a carta aos Romanos, de Paulo, e também com a carta aos Hebreus. É possível que Pedro tivesse em mãos ambos os textos quando escreveu 1Pedro.

ESBOÇO GERAL

Primeira parte: Saudação (1.1,2)

Segunda parte: Pedro exalta Deus Pai, Jesus Cristo e o Espírito Santo em uma doxologia trinitária (1.3-12)

Terceira parte: O chamado à vida santa (1.13—2.25)
  I. "Sejam santos, porque eu sou santo" (1.13—2.3)
  II. Jesus, a verdadeira pedra viva (2.4-8)
  III. Nós, seu povo exclusivo (2.9,10)
  IV. Viver como é digno dos filhos de Deus (2.11-25)

Quarta parte: Os relacionamentos entre os cristãos (3.1-22)
  I. Entre marido e mulher (3.1-7)
  II. A unanimidade entre os crentes (3.8-13)
  III. Estar sempre preparado diante da oposição e das perseguições (3.14-22)

Quinta parte: O fim de todas as coisas está próximo (4)
  I. Ser bons administradores da graça de Deus em suas múltiplas formas (4.1-11)
  II. Não se surpreender diante do fogo das provações (4.12-19)

Sexta parte: Normas para os líderes (5.1-14)
  I. Apascentar o rebanho sem querer dominá-lo (5.1-3)
  II. A coroa de glória quando se manifestar o Supremo Pastor (5.4-11)
  III. Saudações finais (5.12-14)

Versículos-chave
5.6,7

Tema geral do livro

O propósito desta epístola, dirigida aos crentes da Ásia Menor, era prepará-los para a perseguição que se aproximava. Os tempos eram os do cruel imperador Nero, por isso a Igreja devia estar preparada, sobretudo nos territórios que faziam parte do império. O apóstolo orienta os cristãos a pôr o foco em Jesus e na vida justa que ele lhes concedeu com o derramamento de seu sangue. Entre o público-alvo, na grande maioria gentios, estão os "peregrinos dispersos", expressão normalmente empregada para caracterizar os judeus que viviam fora da terra santa, os quais Deus fez "geração eleita, sacerdócio real, nação santa, povo exclusivo de Deus, para anunciar as grandezas daquele que os chamou das trevas para a sua maravilhosa luz" (2.9). A consequência é imediata e incide sobre um tema de destaque entre as questões tratadas no Antigo Testamento, a santidade: "Sejam santos, porque eu sou santo" (1.16), bem como todas as suas implicações.

Em 1Pedro, Jesus é...
... nosso modelo (2.4; 3.18).

Versículos-chave para o discípulo
2.9,10

O discípulo e 1Pedro

Nesta bela carta do apóstolo Pedro, o discípulo de origem judaica entende o imenso valor do sacrifício de Jesus; o de origem gentia, a dignidade ímpar que recebe dele quando nada merecia receber. Não eram povo, e agora são povo de Deus. Não haviam alcançado misericórdia, mas agora a alcançaram. Passam a fazer parte da realeza. Caro discípulo, depois de estudar bem uma carta como esta, a única coisa que pode vir à sua mente e ao seu coração é ter o desejo de ser santo como o seu Deus e Salvador é santo, sem que importem o preço e as consequências. O mundo com seus atrativos e beleza para nada serve. Portanto, o discípulo nada poderá fazer se não estiver alicerçado no edifício incomparavelmente belo da Igreja, o que significa dizer que está apoiado em Cristo, que é a Pedra Viva em que as demais pedras do edifício estão firmadas. É importante observar que o escritor desta carta é o mesmo a quem Jesus disse: " 'E eu digo que você é Pedro, e sobre esta pedra edificarei a minha igreja' " (Mateus 16.18). Nesse sentido, o escritor parece estar esclarecendo que Jesus nunca quis propor o absurdo de que sua Igreja seria edificada sobre um ser humano, mas, sim, que se referia à necessidade de crer em Jesus como o Cristo, o Filho do Deus vivente, a fim de poder converter-se em pedra viva de sua Igreja, que surgiria, apoiada em Cristo, a verdadeira Rocha.

1PEDRO

1 Pedro, apóstolo de Jesus Cristo,

aos eleitos de Deus, peregrinos dispersos no Ponto, na Galácia, na Capadócia, na província da Ásia e na Bitínia, ² escolhidos de acordo com o pré-conhecimento de Deus Pai, pela obra santificadora do Espírito, para a obediência a Jesus Cristo e a aspersão do seu sangue:

Graça e paz lhes sejam multiplicadas.

> **1.18-21** Apresentação "Três palavras" (iniciada em Atos 17.31; p. 1179).
>
> Deus pode oferecer a salvação de graça porque Jesus morreu na cruz para pagar por nossos pecados; depois disso, ressuscitou.
>
> **Leia:** 1Pedro 1.18-21
> **Próximo passo:** Efésios 2.8,9 (p. 1256)

Louvor a Deus por uma Esperança Viva

³ Bendito seja o Deus e Pai de nosso Senhor Jesus Cristo! Conforme a sua grande misericórdia, ele nos regenerou para uma esperança viva, por meio da ressurreição de Jesus Cristo dentre os mortos, ⁴ para uma herança que jamais poderá perecer, macular-se ou perder o seu valor. Herança guardada nos céus para vocês ⁵ que, mediante a fé, são protegidos pelo poder de Deus até chegar a salvação prestes a ser revelada no último tempo. ⁶ Nisso vocês exultam, ainda que agora, por um pouco de tempo, devam ser entristecidos por todo tipo de provação. ⁷ Assim acontece para que fique comprovado que a fé que vocês têm, muito mais valiosa do que o ouro que perece, mesmo que refinado pelo fogo, é genuína e resultará em louvor, glória e honra, quando Jesus Cristo for revelado. ⁸ Mesmo não o tendo visto, vocês o amam; e, apesar de não o verem agora, creem nele e exultam com alegria indizível e gloriosa, ⁹ pois vocês estão alcançando o alvo da sua fé, a salvação das suas almas.

¹⁰ Foi a respeito dessa salvação que os profetas que falaram da graça destinada a vocês investigaram e examinaram, ¹¹ procurando saber o tempo e as circunstâncias para os quais apontava o Espírito de Cristo que neles estava, quando predisse a vocês os sofrimentos de Cristo e as glórias que se seguiriam àqueles sofrimentos. ¹² A eles foi revelado que estavam ministrando, não para si próprios, mas para vocês, quando falaram das coisas que agora lhes são anunciadas por meio daqueles que pregaram o evangelho pelo Espírito Santo enviado dos céus; coisas que até os anjos anseiam observar.

Exortação à Santidade

¹³ Portanto, estejam com a mente preparada, prontos para agir; estejam alertas e ponham toda a esperança na graça que será dada a vocês quando Jesus Cristo for revelado. ¹⁴ Como filhos obedientes, não se deixem amoldar pelos maus desejos de outrora, quando viviam na ignorância. ¹⁵ Mas, assim como é santo aquele que os chamou, sejam santos vocês também em tudo o que fizerem, ¹⁶ pois está escrito: "Sejam santos, porque eu sou santo"ᵃ.

¹⁷ Uma vez que vocês chamam Pai àquele que julga imparcialmente as obras de cada um, portem-se com temor durante a jornada terrena de vocês. ¹⁸ Pois vocês sabem que não foi por meio de coisas perecíveis como prata ou ouro que vocês foram redimidos da sua maneira vazia de viver, transmitida por seus antepassados, ¹⁹ mas pelo precioso sangue de Cristo, como de um cordeiro sem mancha e sem defeito, ²⁰ conhecidoᵇ antes da criação do mundo, revelado nestes últimos tempos em favor de vocês. ²¹ Por meio dele vocês creem em Deus, que o ressuscitou dentre os mortos e o glorificou, de modo que a fé e a esperança de vocês estão em Deus.

²² Agora que vocês purificaram a sua vida pela obediência à verdade, visando ao amor fraternal e sincero, amem sinceramente uns aos outros e de todo o coração. ²³ Vocês foram regenerados, não de uma semente perecível, mas imperecível, por meio da palavra de Deus, viva e permanente. ²⁴ Pois

"toda a humanidadeᶜ
 é como a relva
e toda a sua glória
 como a flor da relva;

ᵃ **1.16** Lv 11.44,45; 19.2; 20.7
ᵇ **1.20** Ou *escolhido*
ᶜ **1.24** Grego: *carne*.

 **1.24,25** Veja Isaías 40.6-9.

 **2.6** Veja Isaías 28.16.

a relva murcha e cai a sua flor,
²⁵ mas a palavra do Senhor
permanece para sempre"ᵃ.

Essa é a palavra que foi anunciada a vocês.

2 Portanto, livrem-se de toda maldade e de todo engano, hipocrisia, inveja e toda espécie de maledicência. ² Como crianças recém-nascidas, desejem de coração o leite espiritual puro, para que por meio dele cresçam para a salvação, ³ agora que provaram que o Senhor é bom.

A Pedra Viva e o Povo Escolhido

⁴ À medida que se aproximam dele, a pedra viva — rejeitada pelos homens, mas escolhida por Deus e preciosa para ele —, ⁵ vocês também estão sendo utilizados como pedras vivas na edificação de uma casa espiritual para serem sacerdócio santo, oferecendo sacrifícios espirituais aceitáveis a Deus, por meio de Jesus Cristo. ⁶ Pois assim é dito na Escritura:

"Eis que ponho em Sião
  uma pedra angular,
  escolhida e preciosa,
e aquele que nela confia
  jamais será envergonhado"ᵇ.

⁷ Portanto, para vocês, os que creem, esta pedra é preciosa; mas, para os que não creem,

 **2.4-8** Todo este texto, principalmente o versículo 4, ganha maior importância se levarmos em conta que o escritor desta carta é Simão, a quem Jesus deu o nome de Pedro. Dá-nos a impressão de que ele quis esclarecer que Jesus é a Pedra Viva sobre a qual se apoia e edifica a fé, como pedra angular principal (veja Isaías 8.14,15).

"a pedra que os construtores rejeitaram
tornou-se a pedra angular"ᶜ

⁸ e

"pedra de tropeço
e rocha que faz cair"ᵈ.

Os que não creem tropeçam, porque desobedecem à mensagem; para o que também foram destinados.

⁹ Vocês, porém, são geração eleita, sacerdócio real, nação santa, povo exclusivo de Deus, para anunciar as grandezas daquele que os chamou das trevas para a sua maravilhosa luz. ¹⁰ Antes vocês nem sequer eram povo, mas agora são povo de Deus; não haviam recebido misericórdia, mas agora a receberam.

Deveres Sociais dos Cristãos

¹¹ Amados, insisto em que, como estrangeiros e peregrinos no mundo, vocês se abstenham dos desejos carnais que guerreiam contra a alma. ¹² Vivam entre os pagãos de maneira exemplar para que, mesmo que eles os acusem de praticar o mal, observem as boas obras que vocês praticam e glorifiquem a Deus no dia da intervenção deleᵉ.

¹³ Por causa do Senhor, sujeitem-se a toda autoridade constituída entre os homens; seja ao rei, como autoridade suprema, ¹⁴ seja aos governantes, como por ele enviados para punir os que praticam o mal e honrar os que praticam o bem. ¹⁵ Pois é da vontade de Deus que, praticando o bem, vocês silenciem a ignorância dos insensatos. ¹⁶ Vivam como pessoas livres, mas não usem a liberdade como desculpa para fazer

 **2.7** Veja Salmos 118.22.

ᵃ **1.24,25** Is 40.6-8
ᵇ **2.6** Is 28.16
ᶜ **2.7** Sl 118.22
ᵈ **2.8** Is 8.14
ᵉ **2.12** Grego: *visitação*.

O SOFRIMENTO: JÓ E 1PEDRO

Muitas vezes escutamos declarações como: "Vem para Jesus, que os seus problemas desaparecerão". Muita gente pode acreditar nisso, mas depois não vê a transformação prometida, o que algumas vezes leva novos crentes a abandonarem a igreja tão rapidamente como entraram. Mas o que diz a Bíblia sobre o sofrimento?

O sofrimento começa em Gênesis. Quando o pecado entrou no mundo, como narra Gênesis 3, a criação de Deus deixou de ser perfeita. As coisas já não eram mais como ele as havia feito. Hoje continuamos vivendo em um planeta corrompido.

O mesmo ato que permitiu a entrada do pecado no mundo pôs em ação o plano de redenção divino. Um Messias viria para reverter a maldição. Ao longo das gerações, a espera desse Messias foi sendo transformada na espera de um rei conquistador e líder político. Quando Jesus veio como servo sofredor, os judeus não reconheceram o Messias. E pensavam: "Como assim: o Messias pode passar pelo sofrimento?". No entanto, diz Marcos 10.45: " 'Pois nem mesmo o Filho do homem veio para ser servido, mas para servir e dar a sua vida em resgate por muitos' ". Isso não era o que eles esperavam. Portanto, para eles Jesus não se encaixava na ideia que tinham do tão aguardado Messias.

Jesus chegou a ponto de dizer que devemos esperar passar pelo sofrimento como parte da vida. Nesse sentido, a Bíblia incentiva-nos a ter uma atitude de perseverança. Mesmo que Deus não cause o sofrimento, pode usá-lo a nosso favor (Romanos 8.28).

O conhecido texto de Jeremias 29.11 fala sobre o tema: " 'Porque sou eu que conheço os planos que tenho para vocês', diz o SENHOR, 'planos de fazê-los prosperar e não de causar dano, planos de dar a vocês esperança e um futuro' ". No entanto, o povo escolhido teve que esperar setenta anos para ver cumprida essa promessa (v. 10).

No decorrer da História, os cristãos têm sofrido por sua fé. Talvez precisemos mudar nosso alvo: em vez de querer eliminar as dificuldades, devemos procurar resistir a elas com todas as forças, a fim de descobrir o bem que Deus tem para nós.

APLICAÇÃO

- Pense em uma ocasião na qual você desejou que Deus eliminasse uma provação da sua vida, mas na qual ele tenha se negado e você teve de enfrentá-la. Lembre-se sempre da boa lição que aprendeu. Se Deus tivesse eliminado o sofrimento, você não teria tido tal crescimento na sua vida.
- Mesmo nas pequenas coisas, comece a mudar sua oração. Em vez de pedir a Deus que elimine o sofrimento, peça-lhe que o ajude a resistir firme.

---

o mal; vivam como servos[a] de Deus. ¹⁷ Tratem a todos com o devido respeito: amem os irmãos, temam a Deus e honrem o rei.

¹⁸ Escravos, sujeitem-se a seus senhores com todo o respeito, não apenas aos bons e amáveis, mas também aos maus. ¹⁹ Porque é louvável que, por motivo de sua consciência para com Deus, alguém suporte aflições sofrendo injustamente. ²⁰ Pois que vantagem há em suportar açoites recebidos por terem cometido o mal? Mas, se vocês suportam o sofrimento por terem feito o bem, isso é louvável diante de Deus. ²¹ Para isso vocês foram chamados, pois também Cristo sofreu no lugar de vocês, deixando exemplo, para que sigam os seus passos.

²² "Ele não cometeu
pecado algum,
e nenhum engano
foi encontrado em sua boca."[b]

²³ Quando insultado, não revidava; quando sofria, não fazia ameaças, mas entregava-se àquele que julga com justiça. ²⁴ Ele mesmo levou em seu corpo os nossos pecados sobre o madeiro, a fim de que morrêssemos para os pecados e vivêssemos para a justiça; por suas feridas vocês foram curados. ²⁵ Pois vocês eram como ovelhas desgarradas, mas agora se converteram ao Pastor e Bispo de suas almas.

---

[a] **2.16** Isto é, escravos.

[b] **2.22** Is 53.9

2.25 O título "bispo" é dado a quem tem a responsabilidade de supervisionar o rebanho de Deus. Jesus é o Pastor e Supervisor desse rebanho. Em Atos 20.17, Paulo se despede dos líderes da igreja em Éfeso e pede a eles que cuidem de todo o rebanho sobre o qual o Espírito Santo os havia incumbido para pastorear a igreja do Senhor (v. 28).

Deveres Conjugais

3 Do mesmo modo, mulheres, sujeite-se cada uma a seu marido, a fim de que, se ele não obedece à palavra, seja ganho sem palavras, pelo procedimento de sua mulher, ² observando a conduta honesta e respeitosa de vocês. ³ A beleza de vocês não deve estar nos enfeites exteriores, como cabelos trançados e joias de ouro ou roupas finas. ⁴ Ao contrário, esteja no ser interior[a], que não perece, beleza demonstrada num espírito dócil e tranquilo, o que é de grande valor para Deus. ⁵ Pois era assim que também costumavam adornar-se as santas mulheres do passado, cuja esperança estava em Deus. Elas se sujeitavam cada uma a seu marido, ⁶ como Sara, que obedecia a Abraão e o chamava senhor. Dela vocês serão filhas, se praticarem o bem e não derem lugar ao medo.

⁷ Do mesmo modo vocês, maridos, sejam sábios no convívio com suas mulheres e tratem-nas com honra, como parte mais frágil e co-herdeiras do dom da graça da vida, de forma que não sejam interrompidas as suas orações.

Sofrendo por Fazer o Bem

⁸ Quanto ao mais, tenham todos o mesmo modo de pensar, sejam compassivos, amem-se fraternalmente, sejam misericordiosos e humildes. ⁹ Não retribuam mal com mal, nem insulto com insulto; ao contrário, bendigam; pois para isso vocês foram chamados, para receberem bênção por herança. ¹⁰ Pois

"quem quiser amar a vida
e ver dias felizes
guarde a sua língua do mal
e os seus lábios da falsidade.
¹¹ Afaste-se do mal e faça o bem;
busque a paz com perseverança.

¹² Porque os olhos do Senhor
estão sobre os justos
e os seus ouvidos
estão atentos à sua oração,
mas o rosto do Senhor
volta-se contra
os que praticam o mal"[b].

¹³ Quem há de maltratá-los, se vocês forem zelosos na prática do bem? ¹⁴ Todavia, mesmo que venham a sofrer porque praticam a justiça, vocês serão felizes. "Não temam aquilo que eles temem[c], não fiquem amedrontados."[d] ¹⁵ Antes, santifiquem Cristo como Senhor em seu coração. Estejam sempre preparados para responder a qualquer pessoa que pedir a razão da esperança que há em vocês. ¹⁶ Contudo, façam isso com mansidão e respeito, conservando boa consciência, de forma que os que falam maldosamente contra o bom procedimento de vocês, porque estão em Cristo, fiquem envergonhados de suas calúnias. ¹⁷ É melhor sofrer por fazer o bem, se for da vontade de Deus, do que por fazer o mal. ¹⁸ Pois também Cristo sofreu pelos pecados uma vez por todas, o justo pelos injustos, para conduzir-nos a Deus. Ele foi morto no corpo[e], mas vivificado pelo Espírito[f], ¹⁹ no qual também foi e pregou aos espíritos em prisão ²⁰ que há muito tempo desobedeceram, quando Deus esperava pacientemente nos dias de Noé, enquanto a arca era construída. Nela apenas algumas pessoas, a saber, oito, foram salvas por meio da água, ²¹ e isso é representado pelo batismo que agora também salva vocês — não a remoção da sujeira do corpo, mas o compromisso de[g] uma boa consciência diante de Deus — por meio da ressurreição de Jesus Cristo, ²² que subiu aos céus e está à direita de Deus; a ele estão sujeitos anjos, autoridades e poderes.

Vivendo para Deus

4 Portanto, uma vez que Cristo sofreu corporalmente[h], armem-se também do mesmo pensamento, pois aquele que sofreu em seu

---

[a] 3.4 Grego: *no homem oculto do coração*.
[b] 3.10-12 Sl 34.12-16
[c] 3.14 Ou *Não temam as ameaças deles*
[d] 3.14 Is 8.12
[e] 3.18 Grego: *carne*; também no versículo 21.
[f] 3.18 Ou *no espírito*; também em 4.6.
[g] 3.21 Ou *a indagação de*; ou ainda *a súplica por*; ou ainda *o resultado de*
[h] 4.1 Grego: *na carne*; também em 4.6.

corpo[a] rompeu com o pecado, ² para que, no tempo que lhe resta, não viva mais para satisfazer os maus desejos humanos, mas sim para fazer a vontade de Deus. ³ No passado vocês já gastaram tempo suficiente fazendo o que agrada aos pagãos. Naquele tempo vocês viviam em libertinagem, na sensualidade, nas bebedeiras, orgias e farras, e na idolatria repugnante. ⁴ Eles acham estranho que vocês não se lancem com eles na mesma torrente de imoralidade e por isso os insultam. ⁵ Contudo, eles terão que prestar contas àquele que está pronto para julgar os vivos e os mortos. ⁶ Por isso mesmo o evangelho foi pregado também a mortos, para que eles, mesmo julgados no corpo segundo os homens, vivam pelo Espírito segundo Deus.

⁷ O fim de todas as coisas está próximo. Portanto, sejam criteriosos e estejam alertas; dediquem-se à oração. ⁸ Sobretudo, amem-se sinceramente uns aos outros, porque o amor perdoa muitíssimos pecados. ⁹ Sejam mutuamente hospitaleiros, sem reclamação. ¹⁰ Cada um exerça o dom que recebeu para servir os outros, administrando fielmente a graça de Deus em suas múltiplas formas. ¹¹ Se alguém fala, faça-o como quem transmite a palavra de Deus. Se alguém serve, faça-o com a força que Deus provê, de forma que em todas as coisas Deus seja glorificado mediante Jesus Cristo, a quem sejam a glória e o poder para todo o sempre. Amém.

Sofrendo por ser Cristão

¹² Amados, não se surpreendam com o fogo que surge entre vocês para prová-los, como se algo estranho estivesse acontecendo. ¹³ Mas alegrem-se à medida que participam dos sofrimentos de Cristo, para que também, quando a sua glória for revelada, vocês exultem com grande alegria. ¹⁴ Se vocês são insultados por causa do nome de Cristo, felizes são vocês, pois o Espírito da glória, o Espírito de Deus, repousa sobre vocês. ¹⁵ Se algum de vocês sofre, que não seja como assassino, ladrão, criminoso, ou como quem se intromete em negócios alheios. ¹⁶ Contudo, se sofre como cristão, não se envergonhe, mas glorifique a Deus por meio desse nome. ¹⁷ Pois chegou a hora de começar o julgamento pela casa de Deus; e, se começa primeiro conosco, qual será o fim daqueles que não obedecem ao evangelho de Deus? ¹⁸ E,

"se ao justo é difícil ser salvo,
que será do ímpio e pecador?"[b]

¹⁹ Por isso mesmo, aqueles que sofrem de acordo com a vontade de Deus devem confiar sua vida ao seu fiel Criador e praticar o bem.

Aos Presbíteros e aos Jovens

5 Portanto, apelo para os presbíteros que há entre vocês e o faço na qualidade de presbítero como eles e testemunha dos sofrimentos de Cristo como alguém que participará da glória a ser revelada: ² pastoreiem o rebanho de Deus que está aos seus cuidados. Olhem por ele, não por obrigação, mas de livre vontade, como Deus quer. Não façam isso por ganância, mas com o desejo de servir. ³ Não ajam como dominadores dos que foram confiados a vocês, mas como exemplos para o rebanho. ⁴ Quando se manifestar o Supremo Pastor, vocês receberão a imperecível coroa da glória.

⁵ Da mesma forma, jovens, sujeitem-se aos mais velhos[c]. Sejam todos humildes[d] uns para com os outros, porque

"Deus se opõe aos orgulhosos,
mas concede graça
aos humildes"[e].

⁶ Portanto, humilhem-se debaixo da poderosa mão de Deus, para que ele os exalte no tempo devido. ⁷ Lancem sobre ele toda a sua ansiedade, porque ele tem cuidado de vocês.

⁸ Estejam alertas e vigiem. O Diabo, o inimigo de vocês, anda ao redor como leão, rugindo e procurando a quem possa devorar. ⁹ Resistam-lhe, permanecendo firmes na fé, sabendo que os irmãos que vocês têm em todo o mundo estão passando pelos mesmos sofrimentos.

¹⁰ O Deus de toda a graça, que os chamou para a sua glória eterna em Cristo Jesus, depois de terem sofrido por pouco tempo, os restaurará, os confirmará, os fortalecerá e os porá sobre firmes alicerces. ¹¹ A ele seja o poder para todo o sempre. Amém.

[a] 4.1 Grego: *em sua carne.*
[b] 4.18 Pv 11.31
[c] 5.5 Ou *aos presbíteros*
[d] 5.5 Grego: *Vistam todos o avental da humildade.*
[e] 5.5 Pv 3.34

Saudações Finais

¹² Com a ajuda de Silvano[a], a quem considero irmão fiel, eu escrevi resumidamente, encorajando-os e testemunhando que esta é a verdadeira graça de Deus. Mantenham-se firmes na graça de Deus.

¹³ Aquela que está em Babilônia[b], também eleita, envia saudações, e também Marcos, meu filho. ¹⁴ Saúdem uns aos outros com beijo de santo amor.

Paz a todos vocês que estão em Cristo.

---

[a] **5.12** Ou *Silas*, variante de *Silvano*.

[b] **5.13** Muito provavelmente Roma.

Introdução à segunda epístola de
PEDRO

Autor e data de composição

A tradição da Igreja também entende que Pedro foi quem escreveu esta carta. As diferenças de estilo literário entre as duas cartas do apóstolo podem ter vários motivos: um colaborador diferente; ao que parece, dirige-se à mesma igreja, mas com outro propósito. Esta carta faz referência à carta anterior (3.1); é possível que se trate de outra carta que se perdeu pelo caminho, não da carta de 1Pedro, reconhecida pelo cânon bíblico. Tudo indica que 2Pedro tenha sido escrita em Roma, pouco antes de Pedro ser executado, conforme revelação do próprio Senhor Jesus Cristo (1.14). Esse fato situa sua provável redação entre os anos 64 e 66.

Esboço geral

Primeira parte: Saudação (1.1,2)

Segunda parte: A certeza do cristão (1.3-21)
  I. Participantes da natureza divina (1.3-15)
  II. Pedro, testemunha ocular da glória de Cristo (1.16-18)
  III. A firme palavra dos profetas (1.19-21)

Terceira parte: Os falsos profetas e os falsos mestres (2)

Quarta parte: O Senhor não demora em cumprir a sua promessa (3)

Versículo-chave
3.9

Tema geral do livro
Quando Pedro escreveu esta carta, já estava começando a sentir a influência negativa do gnosticismo, fomentado dentro da igreja por falsos mestres e falsos profetas. Por esse motivo, a mensagem da carta não é tanto de esperança, como no caso anterior, mas de exortação à firmeza diante do erro, propagado por "fábulas engenhosamente inventadas" (1.16). Pedro tinha visto com os próprios olhos a majestade de Jesus Cristo. Por isso, é evidente que se refira à transfiguração do Senhor (Mateus 17.1-9; Marcos 9.2-9). Uma das coisas que se propagavam na Igreja era a descrença com respeito à segunda vinda de Cristo. Pedro esclarece o assunto de uma vez por todas: não se trata de que ele não virá, mas, sim, que tem misericórdia dos que ainda precisam arrepender-se para que não sofram a maldição eterna (3.8-10).

Em 2Pedro, Jesus é...
... nosso Senhor majestoso (1.16,17).

Versículos-chave para o discípulo
3.17,18

O discípulo e 2Pedro

Como um bom pescador galileu, Pedro escreve a seus destinatários vários conselhos finais, que também são úteis ao discípulo de hoje. Estes podem ser resumidos em dois pontos: "guardem-se" e "cresçam na graça e no conhecimento". Em primeiro lugar, devemos nos proteger para não sermos levados por falsas doutrinas, como diz Paulo em Efésios 4.14. Essa é a única maneira de permanecermos firmes, o que se alcança com o que está expresso no segundo ponto: crescer na graça e no conhecimento. Devemos crescer na graça, pelo fato de as misericórdias de Deus serem insondáveis e de sempre podermos esperar mais de sua graça; devemos crescer no conhecimento íntimo e pessoal, pois nosso Deus é infinito em beleza e atributos. Quem vive na expectativa diante do que Deus pode fazer em sua vida e na vida de sua igreja pede o poder do Espírito para viver em pureza e santidade e sempre espera mais de Deus, porque ele é infinitamente criativo e sempre tem algo mais a nos revelar até que cheguemos a um conhecimento pleno na eternidade.

2PEDRO

1 Simão Pedro, servo[a] e apóstolo de Jesus Cristo, àqueles que, mediante a justiça de nosso Deus e Salvador Jesus Cristo, receberam conosco uma fé igualmente valiosa:

² Graça e paz lhes sejam multiplicadas, pelo pleno conhecimento de Deus e de Jesus, o nosso Senhor.

A Certeza de nossa Vocação e Eleição

³ Seu divino poder nos deu tudo de que necessitamos para a vida e para a piedade, por meio do pleno conhecimento daquele que nos chamou para a sua própria glória e virtude. ⁴ Dessa maneira, ele nos deu as suas grandiosas e preciosas promessas, para que por elas vocês se tornassem participantes da natureza divina e fugissem da corrupção que há no mundo, causada pela cobiça.

⁵ Por isso mesmo, empenhem-se para acrescentar à sua fé a virtude; à virtude o conhecimento; ⁶ ao conhecimento o domínio próprio; ao domínio próprio a perseverança; à perseverança a piedade; ⁷ à piedade a fraternidade; e à fraternidade o amor. ⁸ Porque, se essas qualidades existirem e estiverem crescendo em sua vida, elas impedirão que vocês, no pleno conhecimento de nosso Senhor Jesus Cristo, sejam inoperantes e improdutivos. ⁹ Todavia, se alguém não as tem, está cego, só vê o que está perto, esquecendo-se da purificação dos seus antigos pecados.

¹⁰ Portanto, irmãos, empenhem-se ainda mais para consolidar o chamado e a eleição de vocês, pois, se agirem dessa forma, jamais tropeçarão ¹¹ e assim vocês estarão ricamente providos quando entrarem no Reino eterno de nosso Senhor e Salvador Jesus Cristo.

A Glória de Cristo e a Firmeza das Escrituras

¹² Por isso, sempre terei o cuidado de lembrá-los destas coisas, se bem que vocês já as sabem e estão solidamente firmados na verdade que receberam. ¹³ Considero importante, enquanto estiver no tabernáculo deste corpo, despertar a memória de vocês, ¹⁴ porque sei que em breve deixarei este tabernáculo, como o nosso Senhor Jesus Cristo já me revelou. ¹⁵ Eu me empenharei para que, também depois da minha partida, vocês sejam sempre capazes de lembrar-se destas coisas.

¹⁶ De fato, não seguimos fábulas engenhosamente inventadas, quando falamos a vocês a respeito do poder e da vinda de nosso Senhor Jesus Cristo; ao contrário, nós fomos testemunhas oculares da sua majestade. ¹⁷ Ele recebeu honra e glória da parte de Deus Pai, quando da suprema glória lhe foi dirigida a voz que disse: "Este é o meu filho amado, de quem me agrado"[b]. ¹⁸ Nós mesmos ouvimos essa voz vinda dos céus, quando estávamos com ele no monte santo.

¹⁹ Assim, temos ainda mais firme a palavra dos profetas, e vocês farão bem se a ela prestarem atenção, como a uma candeia que brilha em lugar escuro, até que o dia clareie e a estrela da alva nasça no coração de vocês. ²⁰ Antes de mais nada, saibam que nenhuma profecia da Escritura provém de interpretação pessoal, ²¹ pois jamais a profecia teve origem na vontade humana, mas homens[c] falaram da parte de Deus, impelidos pelo Espírito Santo.

Os Falsos Mestres e a sua Destruição

2 No passado surgiram falsos profetas no meio do povo, como também surgirão entre vocês falsos mestres. Estes introduzirão secretamente heresias destruidoras, chegando a negar o Soberano que os resgatou, trazendo sobre si mesmos repentina destruição. ² Muitos seguirão os caminhos vergonhosos desses homens e, por causa deles, será difamado o caminho da verdade. ³ Em sua cobiça, tais mestres os explorarão com histórias que inventaram. Há muito tempo a sua condenação paira sobre eles, e a sua destruição não tarda.

⁴ Pois Deus não poupou os anjos que pecaram, mas os lançou no inferno[d], prendendo-os em abismos tenebrosos[e] a fim de serem reservados para o juízo. ⁵ Ele não poupou o mundo antigo quando trouxe o Dilúvio

---

[a] **1.1** Isto é, escravo.
[b] **1.17** Mt 17.5; Mc 9.7; Lc 9.35
[c] **1.21** Muitos manuscritos dizem *homens santos*.
[d] **2.4** Grego: *tártaro*.
[e] **2.4** Alguns manuscritos dizem *em cadeias de escuridão*.

sobre aquele povo ímpio, mas preservou Noé, pregador da justiça, e mais sete pessoas. ⁶ Também condenou as cidades de Sodoma e Gomorra, reduzindo-as a cinzas, tornando-as exemplo do que acontecerá aos ímpios; ⁷ mas livrou Ló, homem justo, que se afligia com o procedimento libertino dos que não tinham princípios morais ⁸ (pois, vivendo entre eles, todos os dias aquele justo se atormentava em sua alma justa por causa das maldades que via e ouvia). ⁹ Vemos, portanto, que o Senhor sabe livrar os piedosos da provação e manter em castigo os ímpios para o dia do juízo[a], ¹⁰ especialmente os que seguem os desejos impuros da carne[b] e desprezam a autoridade.

Insolentes e arrogantes, tais homens não têm medo de difamar os seres celestiais; ¹¹ contudo, nem os anjos, embora sendo maiores em força e poder, fazem acusações injuriosas contra aqueles seres na presença do Senhor. ¹² Mas eles difamam o que desconhecem e são como criaturas irracionais, guiadas pelo instinto, nascidas para serem capturadas e destruídas; serão corrompidos pela sua própria corrupção! ¹³ Eles receberão retribuição pela injustiça que causaram. Consideram prazer entregar-se à devassidão em plena luz do dia. São nódoas e manchas, regalando-se em seus prazeres[c], quando participam das festas de vocês. ¹⁴ Tendo os olhos cheios de adultério, nunca param de pecar, iludem os instáveis e têm o coração exercitado na ganância. Malditos! ¹⁵ Eles abandonaram o caminho reto e se desviaram, seguindo o caminho de Balaão, filho de Beor[d], que amou o salário da injustiça, ¹⁶ mas em sua transgressão foi repreendido por uma jumenta, um animal mudo, que falou com voz humana e refreou a insensatez do profeta.

¹⁷ Esses homens são fontes sem água e névoas impelidas pela tempestade. A escuridão das trevas lhes está reservada, ¹⁸ pois eles, com palavras de vaidosa arrogância e provocando os desejos libertinos da carne, seduzem os que estão quase conseguindo fugir daqueles que vivem no erro. ¹⁹ Prometendo-lhes liberdade, eles mesmos são escravos da corrupção, pois o homem é escravo daquilo que o domina. ²⁰ Se, tendo escapado das contaminações do mundo por meio do conhecimento de nosso Senhor e Salvador Jesus Cristo, encontram-se novamente nelas enredados e por elas dominados, estão em pior estado do que no princípio. ²¹ Teria sido melhor que não tivessem conhecido o caminho da justiça, do que, depois de o terem conhecido, voltarem as costas para o santo mandamento que lhes foi transmitido. ²² Confirma-se neles que é verdadeiro o provérbio: "O cão volta ao seu vômito"[e] e ainda: "A porca lavada volta a revolver-se na lama".

O Dia do Senhor

3 Amados, esta é agora a segunda carta que escrevo a vocês. Em ambas quero despertar com estas lembranças a sua mente sincera para que vocês se recordem ² das palavras proferidas no passado pelos santos profetas e do mandamento de nosso Senhor e Salvador que os apóstolos ensinaram a vocês.

³ Antes de tudo saibam que, nos últimos dias, surgirão escarnecedores zombando e seguindo suas próprias paixões. ⁴ Eles dirão: "O que houve com a promessa da sua vinda? Desde que os antepassados morreram, tudo continua como desde o princípio da criação". ⁵ Mas eles deliberadamente se esquecem de que há muito tempo, pela palavra de Deus, existem céus e terra, esta formada da água e pela água. ⁶ E pela água o mundo daquele tempo foi submerso e destruído. ⁷ Pela mesma palavra os céus e a terra que agora existem estão reservados para o fogo, guardados para o dia do juízo e para a destruição dos ímpios.

⁸ Não se esqueçam disto, amados: para o Senhor um dia é como mil anos, e mil anos como um dia. ⁹ O Senhor não demora em cumprir a sua promessa, como julgam alguns. Ao contrário, ele é paciente com vocês[f], não querendo que ninguém pereça, mas que todos cheguem ao arrependimento.

¹⁰ O dia do Senhor, porém, virá como ladrão. Os céus desaparecerão com um grande estrondo, os elementos serão desfeitos pelo calor, e a terra, e tudo o que nela há, será desnudada[g].

¹¹ Visto que tudo será assim desfeito, que tipo de pessoas é necessário que vocês sejam? Vivam de maneira santa e piedosa, ¹² esperando o dia de Deus e apressando a sua vinda[h]. Naquele dia

---

[a] **2.9** Ou *ímpios para punição até o dia do juízo*
[b] **2.10** Ou *da natureza pecaminosa*; também no versículo 18.
[c] **2.13** Alguns manuscritos dizem *nas suas festas de fraternidade*.
[d] **2.15** Vários manuscritos dizem *Bosor*.
[e] **2.22** Pv 26.11
[f] **3.9** Alguns manuscritos dizem *por causa de vocês*.
[g] **3.10** Alguns manuscritos antigos dizem *será queimada*.
[h] **3.12** Ou *aguardando com ansiedade a vinda do dia de Deus*

3.9 O Senhor é paciente conosco, porque deseja que os que cremos nele demos testemunho da nossa fé e ajudemos na salvação dos que caminham em direção à condenação eterna. O anseio de Deus não é encher o inferno de condenados, mas de lotar a nova Jerusalém de filhos do Reino!

os céus serão desfeitos pelo fogo, e os elementos se derreterão pelo calor. ¹³ Todavia, de acordo com a sua promessa, esperamos novos céus e nova terra, onde habita a justiça.

¹⁴ Portanto, amados, enquanto esperam estas coisas, empenhem-se para serem encontrados por ele em paz, imaculados e inculpáveis. ¹⁵ Tenham em mente que a paciência de nosso Senhor significa salvação, como também o nosso amado irmão Paulo escreveu a vocês, com a sabedoria que Deus lhe deu. ¹⁶ Ele escreve da mesma forma em todas as suas cartas, falando nelas destes assuntos. Suas cartas contêm algumas coisas difíceis de entender, as quais os ignorantes e instáveis torcem, como também o fazem com as demais Escrituras, para a própria destruição deles.

¹⁷ Portanto, amados, sabendo disso, guardem-se para que não sejam levados pelo erro dos que não têm princípios morais, nem percam a sua firmeza e caiam. ¹⁸ Cresçam, porém, na graça e no conhecimento de nosso Senhor e Salvador Jesus Cristo. A ele seja a glória, agora e para sempre! Amém.

Introdução à primeira epístola de
JOÃO

Autor e data de composição

A grande semelhança entre esta carta e o evangelho de João indica que foi João, o discípulo a quem Jesus amava, filho de Zebedeu e irmão de Tiago, o maior, que escreveu 1João quando já era idoso. A introdução da carta lembra de imediato a sublime introdução de seu Evangelho, inspirada no início de Gênesis. Segundo antigas tradições, foi escrita em Éfeso, depois de ter finalizado o Evangelho. O fato de que não mencione perseguições, ainda que fale da presença de princípios gnósticos no meio dos cristãos, indica como data provável de composição algum momento entre os anos 90 e 95.

Primeira parte: O fundamento da vida cristã (1)
  I. Nossa comunhão com o Pai e com seu Filho, Jesus Cristo, a Palavra da vida (1.1-4)
  II. Andar na luz (1.5-10)

Segunda parte: Intercessor junto ao Pai (2.1-17)
  I. Cristo, nosso primeiro Consolador (2.1-6)
  II. O mandamento novo (2.7-17)

Terceira parte: O anticristo, os anticristos e a unção verdadeira (2.18-29)

Quarta parte: Somos filhos de Deus (3—5)
  I. Somos chamados filhos de Deus, pelo amor que nos deu o Pai (cap. 3)
  II. O Espírito de Deus e o espírito do anticristo (4.1-6)
  III. Deus é amor (4.7-21)
  IV. A fé que vence o mundo (5.1-20)
  V. Devemos nos guardar dos ídolos deste mundo (5.21)

Versículo-chave
3.2

Tema geral do livro

A principal preocupação de João ao escrever esta primeira epístola recai sobre o perigo do gnosticismo. Trata de temas essenciais para a vida cristã que já estavam sendo alterados pela doutrina gnóstica. Os gnósticos insistiam em uma experiência que denominavam de "iluminação" e que consistia no fato de a mente, baseando-se na meditação e na contemplação, poder chegar a um conhecimento genuíno de Deus. Sem mencioná-los, João insiste em que "Deus é luz; nele não há treva alguma" (1.5). Um das afirmações que sustentavam tais filósofos distantes do cristianismo e que influenciavam as comunidades cristãs era que a alma não pecava, e sim o corpo — ensino totalmente oposto às verdades bíblicas. João diz que alguém que afirma não ter pecado está enganando a si mesmo e a verdade não está nele; além disso, faz de Deus um mentiroso. Afirma também que o cristão é conhecido por ter a "unção que procede do Santo" (2.20), não por meditar ou desenvolver a mente. Além disso, define Deus como amor, não como produto de uma iluminação. Ao falar de Cristo, insiste em uma verdade bastante bíblica e contrária aos princípios gnósticos: para ser de Deus, é preciso confessar que Jesus Cristo veio em carne; ou seja, que se tornou homem. Quem não confessa tal verdade não vem de Deus, mas tem o espírito do anticristo. Por último, proclama que a vitória que vence o mundo não se deve a uma falsa e estranha espiritualidade a que alguns poucos privilegiados estão destinados, mas, sim, à nossa fé. Por isso, proclama em alto e bom som: "O que é nascido de Deus vence o mundo; e esta é a vitória que vence o mundo: a nossa fé" (5.4).

Em 1João, Jesus é...
... nossa vida (1.1).

Versículo-chave para o discípulo
2.6

O discípulo e 1João
Nesta primeira epístola, João trata de uma grande diversidade de temas, mas com a capacidade de resumi-los de maneira bastante pragmática, semelhante à que Paulo usou várias vezes (Efésios 4.1). Em outras palavras: "aquele que afirma que permanece nele deve andar como ele andou" (2.6). Caro discípulo, agarre-se no braço de Jesus e viva como ele viveu. É como se nos fizéssemos a pergunta que todo bom discípulo faz: "No meu lugar, o que faria Jesus?". Ou melhor: "Senhor, o que faria se estivesse com a minha idade e na minha situação? Porque isso, e somente isso, é o que desejo fazer".

1JOÃO

A Palavra da Vida

1 O que era desde o princípio, o que ouvimos, o que vimos com os nossos olhos, o que contemplamos e as nossas mãos apalparam — isto proclamamos a respeito da Palavra da vida. ² A vida se manifestou; nós a vimos e dela testemunhamos, e proclamamos a vocês a vida eterna, que estava com o Pai e nos foi manifestada. ³ Proclamamos o que vimos e ouvimos para que vocês também tenham comunhão conosco. Nossa comunhão é com o Pai e com seu Filho Jesus Cristo. ⁴ Escrevemos estas coisas para que a nossa alegria[a] seja completa.

Andar na Luz

⁵ Esta é a mensagem que dele ouvimos e transmitimos a vocês: Deus é luz; nele não há treva alguma. ⁶ Se afirmarmos que temos comunhão com ele, mas andamos nas trevas, mentimos e não praticamos a verdade. ⁷ Se, porém, andarmos na luz, como ele está na luz, temos comunhão uns com os outros, e o sangue de Jesus, seu Filho, nos purifica de todo[b] pecado.

⁸ Se afirmarmos que estamos sem pecado, enganamos a nós mesmos, e a verdade não está em nós. ⁹ Se confessarmos os nossos pecados, ele é fiel e justo para perdoar os nossos pecados e nos purificar de toda injustiça. ¹⁰ Se afirmarmos que não temos cometido pecado, fazemos de Deus um mentiroso, e a sua palavra não está em nós.

2 Meus filhinhos, escrevo a vocês estas coisas para que vocês não pequem. Se, porém, alguém pecar, temos um intercessor junto ao Pai, Jesus Cristo, o Justo. ² Ele é a propiciação pelos nossos pecados, e não somente pelos nossos, mas também pelos[c] pecados de todo o mundo.

³ Sabemos que o conhecemos, se obedecemos aos seus mandamentos. ⁴ Aquele que diz: "Eu o conheço", mas não obedece aos seus mandamentos, é mentiroso, e a verdade não está nele. ⁵ Mas, se alguém obedece à sua palavra, nele

2.1 Deus nos conhece em todos os detalhes. Na realidade, conhece cada um de nós melhor que nós mesmos. Por isso, por mais que tentemos evitar cair, em algum momento cairemos. Assim, Deus providenciou uma maneira de nos livrar do pecado: a presença intercessora contínua de Jesus Cristo, o Justo, como nosso sumo sacerdote, invocando seu próprio sangue diante do trono dos céus pelo perdão dos nossos pecados. Quem peca não deve ter vergonha de se apresentar diante de Deus. É o que o Maligno quer e ao que Judas Iscariotes acabou cedendo. Aquele que peca deve se arrepender do pecado cometido e pedir perdão, como fez Simão Pedro, na segurança de que temos um Intercessor diante do Pai.

verdadeiramente o amor de Deus[d] está aperfeiçoado. Desta forma sabemos que estamos nele: ⁶ aquele que afirma que permanece nele deve andar como ele andou.

⁷ Amados, não escrevo a vocês um mandamento novo, mas um mandamento antigo, que vocês têm desde o princípio: a mensagem que ouviram. ⁸ No entanto, o que escrevo é um mandamento novo, o qual é verdadeiro nele e em vocês, pois as trevas estão se dissipando e já brilha a verdadeira luz.

⁹ Quem afirma estar na luz mas odeia seu irmão, continua nas trevas. ¹⁰ Quem ama seu irmão permanece na luz, e nele[e] não há causa de tropeço. ¹¹ Mas quem odeia seu irmão está nas trevas e anda nas trevas; não sabe para onde vai, porque as trevas o cegaram.

¹² Filhinhos, eu escrevo a vocês
porque os seus pecados
foram perdoados,
graças ao nome de Jesus.
¹³ Pais, eu escrevo a vocês
porque conhecem
aquele que é desde o princípio.
Jovens, eu escrevo a vocês
porque venceram o Maligno.

---

[a] **1.4** Vários manuscritos dizem *a alegria de vocês*.
[b] **1.7** Ou *de cada*.
[c] **2.2** Ou *Ele é o sacrifício que desvia a ira de Deus, tirando os nossos pecados, e não somente os nossos mas também os*
[d] **2.5** Ou *o amor a Deus*
[e] **2.10** Ou *nela*

AS TENTAÇÕES DO SER HUMANO DESDE O PRINCÍPIO DOS TEMPOS ATÉ HOJE	
GÊNESIS 3.6	**1JOÃO 2.16, "tudo o que há no mundo"**
"Quando a mulher viu que a árvore parecia agradável ao paladar"	"a cobiça da carne" "a cobiça dos olhos" "a ostentação dos bens"
"era atraente aos olhos"	
"desejável para dela se obter discernimento"	
RESULTADO: "tomou do seu fruto, comeu-o e o deu a seu marido, que comeu também" (v. 6).	RESULTADO: "Pois o salário do pecado é a morte [...]" (Romanos 6.23).
(NOTA: COMPARE COM O QUADRO SOBRE LUCAS 4.1-13, P 1081)	

¹⁴ Filhinhos[a], eu escrevi a vocês
porque conhecem o Pai.
Pais, eu escrevi a vocês
porque conhecem
aquele que é desde o princípio.
Jovens, eu escrevi a vocês,
porque são fortes,
e em vocês a Palavra de
Deus permanece,
e vocês venceram o Maligno.

Não se Deve Amar o Mundo

¹⁵ Não amem o mundo nem o que nele há. Se alguém ama o mundo, o amor do Pai[b] não está nele. ¹⁶ Pois tudo o que há no mundo — a cobiça da carne[c], a cobiça dos olhos e a ostentação dos bens — não provém do Pai, mas do mundo. ¹⁷ O mundo e a sua cobiça passam, mas aquele que faz a vontade de Deus permanece para sempre.

Advertência contra os Anticristos

¹⁸ Filhinhos, esta é a última hora e, assim como vocês ouviram que o anticristo está vindo, já agora muitos anticristos têm surgido. Por isso sabemos que esta é a última hora. ¹⁹ Eles saíram do nosso meio, mas na realidade não eram dos nossos, pois, se fossem dos nossos, teriam permanecido conosco; o fato de terem saído mostra que nenhum deles era dos nossos. ²⁰ Mas vocês têm uma unção que procede do Santo e todos vocês têm conhecimento[d]. ²¹ Não escrevo a vocês porque não conhecem a verdade, mas porque a conhecem e porque nenhuma mentira procede da verdade. ²² Quem é o mentiroso, senão aquele que nega que Jesus é o Cristo? Este é o anticristo: aquele que nega o Pai e o Filho. ²³ Todo o que nega o Filho também não tem o Pai; quem confessa publicamente o Filho tem também o Pai.

²⁴ Quanto a vocês, cuidem para que aquilo que ouviram desde o princípio permaneça em vocês. Se o que ouviram desde o princípio permanecer em vocês, vocês também permanecerão no Filho e no Pai. ²⁵ E esta é a promessa que ele nos fez: a vida eterna.

²⁶ Escrevo estas coisas a respeito daqueles que os querem enganar. ²⁷ Quanto a vocês, a unção que receberam dele permanece em vocês, e não precisam que alguém os ensine; mas, como a unção dele recebida, que é verdadeira e não falsa, os ensina acerca de todas as coisas, permaneçam nele como ele os ensinou.

Os Filhos de Deus

²⁸ Filhinhos, agora permaneçam nele para que, quando ele se manifestar, tenhamos confiança e não sejamos envergonhados diante dele na sua vinda.

²⁹ Se vocês sabem que ele é justo, saibam também que todo aquele que pratica a justiça é nascido dele.

3 Vejam como é grande o amor que o Pai nos concedeu: sermos chamados filhos de Deus, o que de fato somos! Por isso o mundo não nos conhece, porque não o conheceu. ² Amados, agora somos filhos de Deus, e ainda não se manifestou o que havemos de ser, mas sabemos que, quando ele se manifestar[e],

---

[a] **2.14** Grego: *Crianças*; também no versículo 18.
[b] **2.15** Ou *amor ao Pai*
[c] **2.16** Ou *da natureza pecaminosa*
[d] **2.20** Muitos manuscritos dizem *e vocês conhecem todas as coisas*.
[e] **3.2** Ou *quando isto for revelado*

seremos semelhantes a ele, pois o veremos como ele é. ³ Todo aquele que nele tem esta esperança purifica-se a si mesmo, assim como ele é puro.

⁴ Todo aquele que pratica o pecado transgride a Lei; de fato, o pecado é a transgressão da Lei. ⁵ Vocês sabem que ele se manifestou para tirar os nossos pecados, e nele não há pecado. ⁶ Todo aquele que nele permanece não está no pecado[a]. Todo aquele que está no pecado não o viu nem o conheceu.

⁷ Filhinhos, não deixem que ninguém os engane. Aquele que pratica a justiça é justo, assim como ele é justo. ⁸ Aquele que pratica o pecado é do Diabo, porque o Diabo vem pecando desde o princípio. Para isso o Filho de Deus se manifestou: para destruir as obras do Diabo. ⁹ Todo aquele que é nascido de Deus não pratica o pecado, porque a semente de Deus permanece nele; ele não pode estar no pecado[b], porque é nascido de Deus. ¹⁰ Desta forma sabemos quem são os filhos de Deus e quem são os filhos do Diabo: quem não pratica a justiça não procede de Deus, tampouco quem não ama seu irmão.

O Amor Fraternal

¹¹ Esta é a mensagem que vocês ouviram desde o princípio: que nos amemos uns aos outros. ¹² Não sejamos como Caim, que pertencia ao Maligno e matou seu irmão. E por que o matou? Porque suas obras eram más e as de seu irmão eram justas. ¹³ Meus irmãos, não se admirem se o mundo os odeia. ¹⁴ Sabemos que já passamos da morte para a vida porque amamos nossos irmãos. Quem não ama permanece na morte. ¹⁵ Quem odeia seu irmão é assassino, e vocês sabem que nenhum assassino tem a vida eterna em si mesmo.

¹⁶ Nisto conhecemos o que é o amor: Jesus Cristo deu a sua vida por nós, e devemos dar a nossa vida por nossos irmãos. ¹⁷ Se alguém tiver recursos materiais e, vendo seu irmão em necessidade, não se compadecer dele, como pode permanecer nele o amor de Deus? ¹⁸ Filhinhos, não amemos de palavra nem de boca, mas em ação e em verdade. ¹⁹ Assim saberemos que somos da verdade; e tranquilizaremos o nosso coração diante dele ²⁰ quando o nosso coração nos condenar. Porque Deus é[c] maior do que o nosso coração e sabe todas as coisas.

²¹ Amados, se o nosso coração não nos condenar, temos confiança diante de Deus ²² e recebemos dele tudo o que pedimos, porque obedecemos aos seus mandamentos e fazemos o que lhe agrada. ²³ E este é o seu mandamento: Que creiamos no nome de seu Filho Jesus Cristo e que nos amemos uns aos outros, como ele nos ordenou. ²⁴ Os que obedecem aos seus mandamentos nele permanecem, e ele neles. Do seguinte modo sabemos que ele permanece em nós: pelo Espírito que nos deu.

Como Discernir os Espíritos

4 Amados, não creiam em qualquer espírito, mas examinem os espíritos para ver se eles procedem de Deus, porque muitos falsos profetas têm saído pelo mundo. ² Vocês podem reconhecer o Espírito de Deus[d] deste modo: todo espírito que confessa que Jesus Cristo veio em carne procede de Deus; ³ mas todo espírito que não confessa Jesus não procede de Deus. Esse é o espírito do anticristo[e], acerca do qual vocês ouviram que está vindo, e agora já está no mundo.

⁴ Filhinhos, vocês são de Deus e os venceram, porque aquele que está em vocês é maior do que aquele que está no mundo. ⁵ Eles vêm do mundo. Por isso, o que falam procede do mundo, e o mundo os ouve. ⁶ Nós viemos de Deus, e todo aquele que conhece a Deus nos ouve; mas quem não vem de Deus não nos ouve. Dessa forma reconhecemos o Espírito[f] da verdade e o espírito do erro.

O Amor de Deus

⁷ Amados, amemos uns aos outros, pois o amor procede de Deus. Aquele que ama é nascido de Deus e conhece a Deus. ⁸ Quem não ama não conhece a Deus, porque Deus é amor. ⁹ Foi assim que Deus manifestou o seu amor entre nós: enviou o seu Filho Unigênito[g] ao mundo, para que pudéssemos viver por meio dele. ¹⁰ Nisto consiste o amor: não em que nós tenhamos amado a Deus, mas em que ele nos amou e enviou seu Filho como propiciação

---

[a] **3.6** Grego: *não peca*; também no final do mesmo versículo.
[b] **3.9** Grego: *não pode pecar.*
[c] **3.19,20** Ou *dele,* 20 pois se o nosso coração nos condenar, Deus é
[d] **4.2** Ou *espírito que vem de Deus*
[e] **4.3** Ou *espírito que vem do anticristo*
[f] **4.6** Ou *espírito*
[g] **4.9** Ou *Único*

pelos nossos pecados.[a] ¹¹ Amados, visto que Deus assim nos amou, nós também devemos amar uns aos outros. ¹² Ninguém jamais viu a Deus; se amarmos uns aos outros, Deus permanece em nós, e o seu amor está aperfeiçoado em nós.

¹³ Sabemos que permanecemos nele, e ele em nós, porque ele nos deu do seu Espírito. ¹⁴ E vimos e testemunhamos que o Pai enviou seu Filho para ser o Salvador do mundo. ¹⁵ Se alguém confessa publicamente que Jesus é o Filho de Deus, Deus permanece nele, e ele em Deus. ¹⁶ Assim conhecemos o amor que Deus tem por nós e confiamos nesse amor.

Deus é amor. Todo aquele que permanece no amor permanece em Deus, e Deus nele. ¹⁷ Dessa forma o amor está aperfeiçoado entre nós, para que no dia do juízo tenhamos confiança, porque neste mundo somos como ele. ¹⁸ No amor não há medo; ao contrário o perfeito amor expulsa o medo, porque o medo supõe castigo. Aquele que tem medo não está aperfeiçoado no amor.

¹⁹ Nós amamos porque ele nos amou primeiro. ²⁰ Se alguém afirmar: "Eu amo a Deus", mas odiar seu irmão, é mentiroso, pois quem não ama seu irmão, a quem vê, não pode amar a Deus, a quem não vê.[b] ²¹ Ele nos deu este mandamento: Quem ama a Deus, ame também seu irmão.

A Fé no Filho de Deus

5 Todo aquele que crê que Jesus é o Cristo é nascido de Deus, e todo aquele que ama o Pai ama também o que dele foi gerado. ² Assim sabemos que amamos os filhos de Deus: amando a Deus e obedecendo aos seus mandamentos. ³ Porque nisto consiste o amor a Deus: em obedecer aos seus mandamentos. E os seus mandamentos não são pesados. ⁴ O que é nascido de Deus vence o mundo; e esta é a vitória que vence o mundo: a nossa fé. ⁵ Quem é que vence o mundo? Somente aquele que crê que Jesus é o Filho de Deus.

⁶ Este é aquele que veio por meio de água e sangue, Jesus Cristo: não somente por água, mas por água e sangue. E o Espírito é quem dá testemunho, porque o Espírito é a verdade. ⁷ Há três que dão testemunho: ⁸ o Espírito,[c] a água e o sangue; e os três são unânimes. ⁹ Nós aceitamos o testemunho dos homens, mas o testemunho de Deus tem maior valor, pois é o testemunho de Deus, que ele dá acerca de seu Filho. ¹⁰ Quem crê no Filho de Deus tem em si mesmo esse testemunho. Quem não crê em Deus o faz mentiroso, porque não crê no testemunho que Deus dá acerca de seu Filho. ¹¹ E este é o testemunho: Deus nos deu a vida eterna, e essa vida está em seu Filho. ¹² Quem tem o Filho, tem a vida; quem não tem o Filho de Deus, não tem a vida.

Observações Finais

¹³ Escrevi estas coisas a vocês que creem no nome do Filho de Deus, para que saibam que têm a vida eterna. ¹⁴ Esta é a confiança que temos ao nos aproximarmos de Deus: se pedirmos alguma coisa de acordo com a vontade de Deus, ele nos ouvirá. ¹⁵ E, se sabemos que ele nos ouve em tudo o que pedimos, sabemos que temos o que dele pedimos.

¹⁶ Se alguém vir seu irmão cometer pecado que não leva à morte, ore, e Deus dará vida ao que pecou. Refiro-me àqueles cujo pecado não leva à morte. Há pecado que leva à morte; não estou dizendo que se deva orar por este. ¹⁷ Toda injustiça é pecado, mas há pecado que não leva à morte.

¹⁸ Sabemos que todo aquele que é nascido de Deus não está no pecado[d]; aquele que nasceu de Deus o protege[e], e o Maligno não o atinge. ¹⁹ Sabemos que somos de Deus e que o mundo todo está sob o poder do Maligno. ²⁰ Sabemos também que o Filho de Deus veio e nos deu entendimento, para que conheçamos aquele que é o Verdadeiro. E nós estamos naquele que é o Verdadeiro, em seu Filho Jesus Cristo. Este é o verdadeiro Deus e a vida eterna.

²¹ Filhinhos, guardem-se dos ídolos.

---

[a] **4.10** Ou *sacrifício que desvia a ira de Deus, tirando os nossos pecados.*

[b] **4.20** Vários manuscritos dizem *como pode amar a Deus, a quem não vê.*

[c] **5.7,8** Alguns manuscritos da Vulgata dizem *testemunho no céu: o Pai, a Palavra e o Espírito Santo, e estes três são um.* ⁸*E há três que testificam na terra: o Espírito,* (isto não consta em nenhum manuscrito grego anterior ao século doze).

[d] **5.18** Grego: *não peca.*

[e] **5.18** Ou *a si mesmo se protege*

Introdução à segunda epístola de
JOÃO

Autor e data de composição
Como nas outras duas cartas de João, além de existir uma tradição unânime a respeito, temos a evidência externa de sua semelhança com o Evangelho que escreveu João. Aqui ele se identifica como "o presbítero" [em outras versões, "o ancião"], da mesma maneira que na terceira carta. Não que esteja negando sua função apostólica, mas apenas fazendo uma provável referência a sua idade avançada ou à posição que ocupava na igreja local. Podemos fixar sua data de composição por volta do ano 90.

Primeira parte: Saudação à senhora eleita (1-3)

Segunda parte: Exortação a andar em obediência aos mandamentos de Cristo (4-6)

Terceira parte: Ter cuidado com os enganadores e não recebê-los em casa (7-11)

Quarta parte: Espera visitar os destinatários da carta (12,13)

Versículo-chave
7

Tema geral do livro
João dirige esta carta à "senhora eleita e aos seus filhos". É possível que seja uma forma poética ou enigmática de referir-se a uma igreja determinada, pela qual tinha especial afeto, ainda que alguns comentaristas prefiram afirmar que se trata, na verdade, de alguma senhora cristã, talvez viúva, e dos filhos desta. O propósito da carta é alertar a "senhora eleita" para que não tenha comunhão nenhuma com os que se desviavam e se afastavam da doutrina de Cristo. O apóstolo ordena que seus leitores jamais deveriam receber ou aceitar alguém com tais características, pois com tal atitude estariam participando de sua maldade. Naqueles tempos, com a ameaça do gnosticismo — que foi o maior de todos os perigos enfrentados pelo cristianismo —, é de supor que João se refira aos mestres gnósticos.

Em 2João, Jesus é...
... o nosso Legislador (5,6).

Versículo-chave para o discípulo
6

O discípulo e 2João
Em sua primeira epístola, João proclama que Deus é amor. Seu interesse era deixar essa verdade bastante firme na mente do discípulo, pois somente quem anda em amor pode conhecer Deus de verdade. Portanto, caro discípulo, fuja de todo conhecimento fantasioso e inútil; de qualquer fusão entre a sabedoria do mundo, que é loucura aos olhos de

Deus, e a verdadeira sabedoria, que vem do alto, isto é, do "Pai das luzes" (Tiago 1.17). Além disso, tenha cuidado com todo aquele que diga algo sobre Jesus Cristo que não seja o que declaram as Escrituras. Sobre esse tipo de gente: "Tal é o enganador e o anticristo", afirma João sem meias palavras (v. 7).

2JOÃO

HOSPITALIDADE NAS CARTAS DE 2 E 3JOÃO

A hospitalidade é acolher com generosidade e carinho hóspedes, visitas ou pessoas desconhecidas. Hoje em dia, parece algo que está mais para uma habilidade em extinção na maior parte do mundo.

Em 3João, Gaio é elogiado por seu apoio e cuidado para com os mestres itinerantes (v. 5,6). Na carta a Filemom, Paulo pede a este que lhe prepare um aposento (v. 22). Em todo o Antigo Testamento, receber forasteiros em casa e suprir suas necessidades fazia parte da cultura dos antigos. Em Tito 1.8, encontramos uma orientação mais direta: ser hospitaleiro deve ser um requisito dos líderes da igreja.

Estamos diante de uma habilidade que há muito tempo perdemos de vista?

Não precisamos ir muito longe pensando apenas em pessoas que não conhecemos. Basta olhar ao nosso redor. Convidamos pessoas conhecidas e lhes oferecemos nossa casa, ou nos restringimos aos amigos?

Na carta aos Hebreus, os cristãos são orientados a não deixarem de se reunir como igreja (veja 10.25). Se essa é uma referência ao comparecimento aos cultos locais, inclui também a disposição para a hospitalidade e o companheirismo.

Nossos costumes são cada vez mais isolados e individualistas. Por meio da hospitalidade podemos manter o sentido de comunidade de que tanto fala a Bíblia. A segunda parte de Hebreus 10.25 nos alerta de que devemos aprofundar essa prática, não o contrário: "Não deixemos de reunir-nos como igreja, segundo o costume de alguns, mas procuremos encorajar-nos uns aos outros, ainda mais quando vocês veem que se aproxima o Dia".

APLICAÇÃO

Procuremos recuperar de duas maneiras a habilidade de ser hospitaleiro e de receber pessoas em casa:
- Ajuda econômica e tempo com outros cristãos (Hebreus 10.25).
- Dar as boas-vindas aos estrangeiros, crentes e não crentes, de maneira igualitária. Assim, praticamos os princípios do Reino de Deus.

Faça uma lista hoje de pessoas às quais você deseja convidar!

Especial para líderes: Temos o amor de hospitaleiros, mencionado em Tito 1.8? Isso não se pratica pelos métodos de discipulado nem pela pregação no púlpito, mas, sim, no trato da vida real com outras pessoas. Os líderes devem praticar a hospitalidade.

¹O presbítero

à senhora eleita e aos seus filhos, a quem amo na verdade — e não apenas eu os amo, mas também todos os que conhecem a verdade —, ²por causa da verdade que permanece em nós e estará conosco para sempre.

³A graça, a misericórdia e a paz da parte de Deus Pai e de Jesus Cristo, seu Filho, estarão conosco em verdade e em amor.

⁴Ao encontrar alguns dos seus filhos, muito me alegrei, pois eles estão andando na verdade, conforme o mandamento que recebemos do Pai. ⁵E agora eu lhe peço, senhora — não como se estivesse escrevendo um mandamento novo, mas o que já tínhamos desde o princípio — que amemos uns aos outros. ⁶E este é o amor: que andemos em obediência aos seus mandamentos. Como vocês já têm ouvido desde o princípio, o mandamento é este: Que vocês andem em amor.

⁷De fato, muitos enganadores têm saído pelo mundo, os quais não confessam que Jesus Cristo veio em corpo[a]. Tal é o enganador e o

---

[a] 7 Grego: *carne*.

anticristo. ⁸ Tenham cuidado, para que vocês não destruam o fruto do nosso trabalho, antes sejam recompensados plenamente. ⁹ Todo aquele que não permanece no ensino de Cristo, mas vai além dele, não tem Deus; quem permanece no ensino tem o Pai e também o Filho. ¹⁰ Se alguém chegar a vocês e não trouxer esse ensino, não o recebam em casa[a] nem o saúdem.

¹¹ Pois quem o saúda torna-se participante das suas obras malignas.

¹² Tenho muito que escrever a vocês, mas não é meu propósito fazê-lo com papel e tinta. Em vez disso, espero visitá-los e falar com vocês face a face, para que a nossa alegria seja completa.

¹³ Os filhos da sua irmã eleita enviam saudações.

---

[a] 10 Isto é, nas reuniões da igreja realizadas em casa.

Introdução à terceira epístola de
JOÃO

Autor e data de composição — Nesta epístola, João também se identifica como "o presbítero" (leia "Introdução à segunda epístola de João"). Há grande semelhança entre ambas as cartas no que se refere a vocabulário e estrutura. Supõe-se que também tenha sido escrita por volta do ano 90.

ESBOÇO GERAL

Primeira parte: Saudação a Gaio (1-4)

Segunda parte: Elogio a Gaio por sua generosidade com os irmãos (5-8)

Terceira parte: Rejeição ao que deseja ser o mais importante entre os irmãos (9,10)

Quarta parte: O bom testemunho de Demétrio (11,12)

Quinta parte: Despedida (13-15)

Versículo-chave
11

Tema geral do livro
Esta carta tem como destinatário Gaio, cristão de alguma igreja da Ásia, cuja bondade e hospitalidade contrastam com a atitude arrogante e ofensiva de Diótrefes, que parecia ter se apropriado da autoridade na igreja. O escritor encoraja Gaio a não imitar a conduta de Diótrefes e fala de outro cristão, chamado Demétrio, que dava bom testemunho, a quem provavelmente lhe agradaria ver ocupando o posto que naquele momento tinha sido apoderado por seu arrogante inimigo. Vemos aqui como a igreja do século I não deixou de passar por lutas e enfrentar pessoas que se chamavam indignamente de cristãos, mesmo entre seus líderes. Apesar de já ter idade avançada, João diz a Gaio que o veria em pouco tempo; é possível que tivesse em mente ir a sua igreja, cujo nome não é mencionado em nenhum momento, com o fim de restabelecer a ordem com sua autoridade apostólica e orientado pelo Espírito.

Em 3João, Jesus é...
... nosso exemplo (11,12).

Versículo-chave para o discípulo
2

O discípulo e 3João
O desejo de João com respeito a Gaio, um verdadeiro cristão, é que ele fosse bem-sucedido em todas as áreas, assim como a sua alma (v. 2). Caro discípulo, que esse seja o desejo do seu coração e para todos os que rodeiam você; que cresçam espiritualmente, e que tudo lhes corra bem, incluindo a saúde física. Observe que João disse que vê claramente em Gaio seu crescimento espiritual, sua alma. Tendo em conta o bom testemunho

que os irmãos davam dele, o escritor lhe deseja que tenha êxito nas demais coisas. É outra forma de dizer o que Jesus expressou de forma tão simples ao mesmo tempo que profunda: " 'Busquem, pois, em primeiro lugar o Reino de Deus e a sua justiça, e todas essas coisas serão acrescentadas a vocês' " (Mateus 6.33). O mais importante deve sempre ocupar o primeiro lugar, pois tem valor eterno.

3 JOÃO

¹ O presbítero

ao amado Gaio, a quem amo na verdade.

² Amado, oro para que você tenha boa saúde e tudo corra bem, assim como vai bem a sua alma. ³ Muito me alegrei ao receber a visita de alguns irmãos que falaram a respeito da sua fidelidade, de como você continua andando na verdade. ⁴ Não tenho alegria maior do que ouvir que meus filhos estão andando na verdade.

⁵ Amado, você é fiel no que está fazendo pelos irmãos, apesar de não os conhecer. ⁶ Eles falaram à igreja a respeito desse seu amor. Você fará bem se os encaminhar em sua viagem de modo agradável a Deus, ⁷ pois foi por causa do Nome que eles saíram, sem receber ajuda alguma dos gentios.ª ⁸ É, pois, nosso dever receber com hospitalidade irmãos como esses, para que nos tornemos cooperadores em favor da verdade.

⁹ Escrevi à igreja, mas Diótrefes, que gosta muito de ser o mais importante entre eles, não nos recebe. ¹⁰ Portanto, se eu for, chamarei a atenção dele para o que está fazendo com suas palavras maldosas contra nós. Não satisfeito com isso, ele se recusa a receber os irmãos, impede os que desejam recebê-los e os expulsa da igreja.

¹¹ Amado, não imite o que é mau, mas sim o que é bom. Aquele que faz o bem é de Deus; aquele que faz o mal não viu a Deus. ¹² Quanto a Demétrio, todos falam bem dele, e a própria verdade testemunha a seu favor. Nós também testemunhamos, e você sabe que o nosso testemunho é verdadeiro.

¹³ Tenho muito que escrever, mas não desejo fazê-lo com pena e tinta. ¹⁴ Espero vê-lo em breve, e então conversaremos face a face.

¹⁵ A paz seja com você. Os amigos daqui enviam saudações. Saúde os amigos daí, um por um.

ª 7 Isto é, dos que não são judeus.

Introdução à epístola de
JUDAS

Autor e data de composição

O autor desta pequena carta identifica-se como "Judas, servo de Jesus Cristo e irmão de Tiago". A tradição da Igreja diz que se trata do meio-irmão de Jesus, que tinha esse nome (veja Mateus 13.55); talvez fosse o mais novo, uma vez que seu nome aparece no fim da lista indicada. Judas, assim como seus outros irmãos, aceitou Jesus como Messias depois da ressurreição (João 7.5; Atos 1.14). Sobre Tiago — ou Tiago, o justo —, leia "Introdução à epístola de Tiago". A maneira de Judas o mencionar indica que se tratava de uma personalidade bastante conhecida na Igreja. Há uma semelhança grande entre o conteúdo desta carta (v. 4-19) e a passagem de 2Pedro 2.1—3.3, o que indicaria que ao menos um dos dois estava familiarizado com o texto do outro. É provável que esta carta tenha sido escrita entre os anos 70 e 80.

ESBOÇO GERAL

Primeira parte: saudação (1,2)

Segunda parte: Os falsos mestres e as falsas doutrinas (3-16)

Terceira parte: O contraste entre os verdadeiros cristãos e os falsos (17-23)

Quarta parte: Doxologia final (24,25)

Versículo-chave
3

Tema geral do livro

O tema dos falsos mestres e das falsas doutrinas que queriam se infiltrar na igreja é constante, assim como nas epístolas de Paulo e nas chamadas "epístolas gerais". Aqui também aparece, mas a paixão e a franqueza com que Judas defende a sã doutrina e ataca os falsos mestres são dignas de nota. Esta pequena obra demonstra também a familiaridade com os escritos judaicos que apareceram no chamado "período de silêncio" entre o Antigo Testamento e o Novo Testamento. No versículo 9 faz referência a uma disputa entre o arcanjo Miguel e o Diabo pelo corpo de Moisés. Orígenes de Alexandria e Gelásio de Cízico, entre outros cristãos da Antiguidade, sustentam que Judas cita um livro apócrifo chamado *Assunção de Moisés*, do qual somente a terceira parte chegou até nós. Nos versículos 14 e 15, encontramos outra citação, dessa vez textual, tomada do livro de Enoque 1.9. A Igreja ortodoxa etíope é a única que considera esse livro parte do cânon. Além disso, ao que parece, esse livro teve grande popularidade entre os essênios, uma vez que fazia parte dos rolos encontrados em Qumran. Está claro que o Espírito Santo aprovou tais citações como Palavra de Deus, em meio a outros escritos que não tiveram a mesma avaliação, tornando-as parte do texto de Judas.

Em Judas, Jesus é...

o Fundamento da nossa fé (4).

Versículos-chave para o discípulo
20-23

O discípulo e a epístola de Judas

A exortação final de Judas traça o caminho que o discípulo deve seguir em toda a sua vida. Em primeiro lugar, edificar-se na fé. Essa edificação é um trabalho contínuo, que jamais acaba. Na vida espiritual, o que não avança, retrocede. Não há "estagnação", tampouco é certo que se possa chegar a uma condição de "saber tudo". Quando se trata de conhecer Deus e à sua Palavra, devemos todos adotar a mesma atitude de humildade concernente a alguém que nunca deixará de ser discípulo do único Mestre. A edificação, seguindo o que diz Paulo em 1Coríntios 14.4, se dá também quando oramos no Espírito. Esta atitude na vida nos leva a manter vivo em nós o amor de Deus. Precisamos fugir do pecado de abandonar o primeiro amor, e esperar a vida eterna pela misericórdia do Senhor Jesus Cristo, não por mérito algum da nossa parte. É admirável que Tiago e Judas, que eram meio-irmãos de Jesus, não façam alarde de seu parentesco, mas, sim, se proclamem "servos de Jesus Cristo" desde a primeira linha de seus escritos. Apesar do tempo tardio em que passaram a crer, ao que parece seus pais souberam semear neles a boa semente, a qual a seu tempo germinou. O discípulo jamais deve jactar-se de suas "conexões" na igreja, nem do grupo de crentes do qual faz parte, nem de seus "conhecimentos teológicos", tampouco de sua "alta espiritualidade". Só deve gloriar-se no Senhor ao qual serve, o que continuará a fazer não só agora, mas por toda a eternidade.

JUDAS

¹ Judas, servo[a] de Jesus Cristo e irmão de Tiago, aos que foram chamados, amados por Deus Pai e guardados por[b] Jesus Cristo:

² Misericórdia, paz e amor sejam multiplicados a vocês.

O Pecado e o Destino dos Ímpios

³ Amados, embora estivesse muito ansioso para escrever a vocês acerca da salvação que compartilhamos, senti que era necessário escrever insistindo que batalhassem pela fé de uma vez por todas confiada aos santos. ⁴ Pois certos homens, cuja condenação já estava sentenciada[c] há muito tempo, infiltraram-se dissimuladamente no meio de vocês. Estes são ímpios, transformam a graça de nosso Deus em libertinagem e negam Jesus Cristo, nosso único Soberano e Senhor.

⁵ Embora vocês já tenham conhecimento de tudo isso, quero lembrá-los de que o Senhor[d] libertou um povo do Egito mas, posteriormente, destruiu os que não creram. ⁶ E, quanto aos anjos que não conservaram suas posições de autoridade mas abandonaram sua própria morada, ele os tem guardado em trevas, presos com correntes eternas para o juízo do grande Dia. ⁷ De modo semelhante a esses, Sodoma e Gomorra e as cidades em redor se entregaram à imoralidade e a relações sexuais antinaturais[e]. Estando sob o castigo do fogo eterno, elas servem de exemplo.

⁸ Da mesma forma, esses sonhadores contaminam o próprio corpo[f], rejeitam as autoridades e difamam os seres celestiais. ⁹ Contudo, nem mesmo o arcanjo Miguel, quando estava disputando com o Diabo acerca do corpo de Moisés, ousou fazer acusação injuriosa contra ele, mas disse: "O Senhor o repreenda!" ¹⁰ Todavia, esses tais difamam tudo o que não entendem; e as coisas que entendem por instinto, como animais irracionais, nessas mesmas coisas se corrompem.

¹¹ Ai deles! Pois seguiram o caminho de Caim; buscando o lucro, caíram no erro de Balaão e foram destruídos na rebelião de Corá.

¹² Esses homens são rochas submersas[g] nas festas de fraternidade que vocês fazem, comendo com vocês de maneira desonrosa. São pastores que só cuidam de si mesmos. São nuvens sem água, impelidas pelo vento; árvores de outono, sem frutos, duas vezes mortas, arrancadas pela raiz. ¹³ São ondas bravias do mar, espumando seus próprios atos vergonhosos; estrelas errantes, para as quais estão reservadas para sempre as mais densas trevas.

¹⁴ Enoque, o sétimo a partir de Adão, profetizou acerca deles: "Vejam, o Senhor vem com milhares de milhares de seus santos, ¹⁵ para julgar a todos e convencer todos os ímpios a respeito de todos os atos de impiedade que eles cometeram impiamente e acerca de todas as palavras insolentes que os pecadores ímpios falaram contra ele". ¹⁶ Essas pessoas vivem se queixando, descontentes com a sua sorte, e seguem os seus próprios desejos impuros; são cheias de si e adulam os outros por interesse.

Um Chamado à Perseverança

¹⁷ Todavia, amados, lembrem-se do que foi predito pelos apóstolos de nosso Senhor Jesus Cristo. ¹⁸ Eles diziam a vocês: "Nos últimos tempos haverá zombadores que seguirão os seus próprios desejos ímpios". ¹⁹ Estes são os que causam divisões entre vocês, os quais seguem a tendência da sua própria alma e não têm o Espírito.

²⁰ Edifiquem-se, porém, amados, na santíssima fé que vocês têm, orando no Espírito Santo. ²¹ Mantenham-se no amor de Deus, enquanto esperam que a misericórdia de nosso Senhor Jesus Cristo os leve para a vida eterna.

²² Tenham compaixão daqueles que duvidam; ²³ a outros, salvem, arrebatando-os do fogo; a outros, ainda, mostrem misericórdia com temor, odiando até a roupa contaminada pela carne.

Doxologia

²⁴ Àquele que é poderoso para impedi-los de cair e para apresentá-los diante da sua glória sem mácula e com grande alegria, ²⁵ ao único Deus, nosso Salvador, sejam glória, majestade, poder e autoridade, mediante Jesus Cristo, nosso Senhor, antes de todos os tempos, agora e para todo o sempre! Amém.

---

[a] **1** *Isto é, escravo.*
[b] **1** Ou *para*; ou ainda *em*
[c] **4** Ou *homens que estavam marcados para esta condenação*
[d] **5** Alguns manuscritos dizem *Jesus.*
[e] **7** Grego: *foram após outra carne.*
[f] **8** Grego: *sua própria carne.*
[g] **12** Ou *são manchas*

LIVRO PROFÉTICO
APOCALIPSE
(ou Revelação de Jesus Cristo)

Introdução a
APOCALIPSE

Autor e data de composição

Diferentemente do Evangelho e das três epístolas que são atribuídas ao apóstolo João, "o discípulo a quem Jesus amava", neste livro de gênero apocalíptico, tão diverso do restante do Novo Testamento, o escritor identifica-se como "João" em cinco ocasiões. Tratava-se de uma personalidade de reconhecida autoridade nas igrejas da Ásia Menor. Ainda que seja um texto tão diferente dos outros escritos por João, não temos nenhum motivo para não aceitar o reconhecimento feito pela tradição, que data desde o século II (Justino Mártir, ano 135; Ireneu, cerca do ano 180), segundo a qual aponta para o apóstolo João. Além disso, há diversos temas que João chegou a analisar em momentos anteriores, como o do Cordeiro, o da luz e das trevas, entre outros, que relacionam este livro com suas demais obras. Conforme a tradição, depois de uma tentativa fracassada de ser morto em um caldeirão de azeite fervente, do qual saiu milagrosamente vivo, João foi exilado na pequena ilha de Patmos, ao norte do arquipélago do Dedocaneso no mar Egeu, em frente à costa da Ásia Menor, detalhe que menciona ele mesmo neste livro (1.9). Já tinha idade avançada quando escreveu a carta, no fim do governo do imperador Domiciano, um dos imperadores que perseguiram o cristianismo. Talvez o livro tenha sido escrito integralmente no lugar indicado, entre os anos 95 e 96.

ESBOÇO GERAL

Primeira parte: As coisas que viu (1.1-20)
  I. Introdução (1.1-8)
  II. A revelação de Jesus Cristo (1.9-20)

Segunda parte: A situação das igrejas (2—3)
  I. A mensagem ao anjo da igreja de Éfeso (2.1-7)
  II. A mensagem ao anjo da igreja de Esmirna (2.8-11)
  III. A mensagem ao anjo da igreja de Pérgamo (2.12-17)
  IV. A mensagem ao anjo da igreja de Tiatira (2.18-29)
  V. A mensagem ao anjo da igreja de Sardes (3.1-6)
  VI. A mensagem ao anjo da igreja de Filadélfia (3.7-13)
  VII. A mensagem ao anjo da igreja de Laodiceia (3.14-22)

Terceira parte: As coisas que acontecerão depois dessas (4—22)
  I. Uma porta aberta no céu (4—5)
   A. A adoração celestial (4)
   B. O livro e o Leão de Judá, que é o Cordeiro imolado, o único digno (5)
  II. Os selos (6.1—8.1)
   A. O primeiro selo: o cavaleiro do cavalo branco (6.1,2)
   B. O segundo selo: o cavaleiro do cavalo vermelho (6.3,4)
   C. O terceiro selo: o cavaleiro do cavalo preto (6.5,6)
   D. O quarto selo: a Morte sobre o cavalo amarelo, seguida pelo Hades (6.7,8)

- E. O quinto selo: as almas dos que morreram pela Palavra de Deus (6.9-11)
- F. O sexto selo: a chegada do grande dia da ira de Deus (6.12-17)
- G. Os 144 mil selados de Israel e a grande multidão com vestes brancas (cap. 7)
- H. O sétimo selo: meia hora de silêncio no céu (8.1)

III. Os sete anjos com as sete trombetas (8.2—11.19)
   - A. Os sete anjos recebem as trombetas (8.2)
   - B. Outro anjo lança sobre a terra o fogo de seu incensário (8.3-5)
   - C. O primeiro anjo toca a trombeta: granizo e fogo misturado com sangue (8.6,7)
   - D. O segundo anjo toca a trombeta: o grande monte em chamas é lançado ao mar (8.8,9)
   - E. O terceiro anjo toca a trombeta: cai uma grande estrela sobre rios e fontes de águas (8.10,11)
   - F. O quarto anjo toca a trombeta: escuridão na terça parte do sol, da lua e das estrelas (8.12,13)
   - G. O quinto anjo toca a trombeta: cai uma estrela do céu sobre a terra, o Abismo é aberto e dele saem gafanhotos como se fossem escorpiões da terra (9.1-11)
   - H. Passa o primeiro ai (9.12)
   - I. O sexto anjo toca a trombeta: quatro anjos são soltos para matar um terço da humanidade (9.13-21)
   - J. O anjo com livro cujo conteúdo estava selado até o tocar da última trombeta: João pega o livro e o come (10)
   - K. As duas testemunhas (11.1-13)
   - L. Passa o segundo ai e o terceiro virá em pouco tempo (11.14)
   - M. A sétima trombeta: o reino do mundo se torna do nosso Senhor e do seu Cristo (11.15-19)

IV. Eventos anteriores às sete pragas finais (12—14)
   - A. A mulher e o dragão (12)
   - B. A besta que sai do mar (13.1-10)
   - C. A besta que sobe da terra (13.11-14)
   - D. A marca ou o número da besta (13.15-18)
   - E. O cântico novo dos 144 mil selados de Israel (14.1-5)
   - F. Três anjos com diferentes mensagens (14.6-13)
   - G. Um ser "semelhante a um filho de homem" toma a foice e faz a colheita na terra; um anjo ajunta as uvas e as lança no grande lagar da ira de Deus (14.14-20)

V. As sete pragas finais (15—16)
   - A. Surgem os sete anjos com as sete últimas pragas (15.1)
   - B. Os vitoriosos cantam o cântico de Moisés; o santuário do céu é aberto, o tabernáculo da aliança (15.2-5)
   - C. Os sete anjos recebem sete taças de ouro cheias da ira de Deus dos quatro seres viventes (15.6-8)
   - D. O primeiro anjo derrama a sua taça sobre a terra: feridas malignas e dolorosas (16.1,2)
   - E. O segundo anjo derrama a sua taça no mar: a morte de todas as criaturas marítimas (16.3)
   - F. O terceiro anjo derrama a sua taça nos rios e nas fontes: tornam-se em sangue (16.4-7)
   - G. O quarto anjo derrama a sua taça no sol: os homens são queimados (16.8,9)

H. O quinto anjo derrama a sua taça sobre o trono da besta: dores e feridas (16.10,11)
I. O sexto anjo derrama a sua taça sobre o grande rio Eufrates e este se seca (16.12)
J. Os três espíritos imundos semelhantes a rãs convocam os reis de todo o mundo, a fim de reuni-los para a batalha de Armagedom (16.13-16)
K. O sétimo anjo derrama a sua taça no ar e do santuário sai uma forte voz que vinha do trono, dizendo: "Está feito!" (16.17-21)

VI. As condenações do fim (17—19)
  A. Babilônia, a besta e o Cordeiro que vencerá (17)
  B. A queda da Babilônia (cap. 18)
  C. O céu irrompe em adoração (19.1-5)
  D. O banquete do casamento do Cordeiro (19.6-10)
  E. O cavaleiro branco; a besta e o falso profeta são lançados vivos no lago de fogo ardente (19.11-21)

VII. Os mil anos: Satanás é preso; Cristo reina durante mil anos com os seus (20.1-6)

VIII. Gogue e Magogue: a última tentativa de Satanás, que é lançado no lago de fogo que arde com enxofre (20.7-10)

IX. O juízo do grande trono branco (20.11-15)

X. Tudo é feito novo (21—22.5)
  A. O novo céu e a nova terra (21.1-8)
  B. A Cidade Santa, a nova Jerusalém, desce dos céus (21.9-27)
  C. O rio da água da vida, a árvore da vida e suas folhas; desaparece a maldição (22.1-5)

XI. A exortação final: a vinda de Cristo está cada vez mais perto (22.6-21)

Versículos-chave
1.17-20

Tema geral do livro
As primeiras palavras que identificam este livro também caracterizam seu conteúdo e importância para o cristão do passado e do presente. Trata-se da "Revelação de Jesus Cristo". O texto 1.19 é a chave para entender: "Escreva, pois, as coisas que você viu, tanto as presentes como as que acontecerão". Refere-se a uma profecia no melhor estilo dos profetas videntes do Antigo Testamento, na qual o Senhor mostra a João como será depois que ele recuperar sua glória no trono de Deus, além de falar do estado espiritual das sete igrejas da Ásia Menor. João é levado ao céu para que daí contemple as coisas relacionadas com os tempos do fim, nos quais Deus deixará bastante claro, por toda a eternidade, que não terá sido uma injustiça de sua parte deixar seguir para o inferno os que o tiverem rejeitado, porque eles próprios terão demonstrado não aceitar todas as formas usadas por Deus para atraí-los para si.

Alguns consideram que nas cartas de Jesus Cristo às sete igrejas, que ocupam os capítulos 2 e 3, há uma espécie de simbolismo sobre sete etapas da Igreja cristã. Mesmo que as sete igrejas pareçam corresponder a sete etapas da história da Igreja de Cristo, duas verdades são notáveis: primeira, durante todo o tempo existiram e conviveram os sete tipos de igreja, algo talvez mais evidente hoje que em qualquer outra época; segunda, aos sete tipos de igreja jamais se diz "se alguém vencer, eu lhe darei...", mas, sim, "Àquele que vencer...". Qualquer que seja o contexto espiritual do cristão, se somos um discípulo genuíno e lutamos com a armadura de Deus, venceremos e receberemos sua recompensa.

Observamos a seguir, mais como informação que como fundamento seguro, a forma de alguns identificarem as sete igrejas com sete períodos da história da Igreja em geral, apesar de sua pouca precisão e de haver numerosas exceções: a igreja de Éfeso corresponderia à igreja apostólica do século I (anos 33-100); a de Esmirna, à igreja da época dos césares, perseguida pelos pagãos (anos 100-312); a de Pérgamo, à igreja da época de Constantino, infiltrada pelo paganismo (312-590); a de Tiatira, à igreja da Idade Média, dominada pelo papado (590-1517); a de Sardes, à Reforma Protestante e sua posterior fossilização (1517-1750); a de Filadélfia, ao despertar da Igreja, à obra missionária, ao poder do Espírito e ao estudo das Escrituras (1750-1925); a igreja de Laodiceia corresponderia à igreja apóstata dos últimos dias, satisfeita consigo mesma, mas cheia de pecado (1925 até o presente). Certamente é impossível e pouco preciso fazer uma identificação tão delimitada, principalmente no que se refere à última das igrejas.

O restante do livro, a partir do capítulo 4, volta-se em grande parte a três séries de desastres que Deus derramará sobre a terra, a fim de despertar a consciência cauterizada do homem: os sete selos, as sete trombetas e as sete taças. Sempre temos a impressão de que a sétima etapa de cada série é a que se abre para apresentar a série seguinte. Tudo termina com o banquete do casamento do Cordeiro e a noiva, com a segunda vinda de Cristo em poder e majestade, com a derrota definitiva do Diabo e da morte, com o reino milenar de Cristo, com a rebelião final e a renovação de toda a criação: o novo céu e a nova terra, a nova Jerusalém que desce dos céus, onde não existe templo: "Não vi templo algum na cidade, pois o Senhor Deus todo-poderoso e o Cordeiro são o seu templo" (21.22). No final, o plano de Deus ao criar o ser humano será convertido em realidade gloriosa e eterna.

Em Apocalipse, Jesus é...
... nosso Rei que voltará vitorioso (17.14; 19.11-16)

Versículo-chave para o discípulo
1.3

O discípulo e Apocalipse
Este livro é o único em toda a Bíblia que promete uma felicidade ímpar a quem lê as palavras desta profecia e aos que ouvem e guardam o que nela está escrito (1.3). No entanto, por muitos motivos diferentes, mas nenhum realmente válido, conforme o versículo citado, a Igreja cristã nem sempre foi persistente na leitura e no estudo desta Palavra. Existe uma razão única pela qual em Apocalipse se promete tal felicidade: a Revelação de Jesus Cristo. Em Apocalipse, o discípulo não encontra o menino de Belém, nem o adolescente do templo, nem o "dócil" mestre da Galileia, como gostam de chamá-lo os que não se lembram dos encontros dele com os religiosos de seu tempo. Tampouco vê aquele que esteve preso na cruz do Calvário há mais de dois mil anos por nossos pecados. Neste livro, vemos Jesus, o Filho de Deus, tal como é agora, em toda a sua glória e majestade. Ele é o mesmo e o será para sempre (Hebreus 13.8), mas em Apocalipse o vemos em sua plenitude como o Deus-homem resplandecente e ao mesmo tempo temível, diante do qual João caiu como morto a seus pés (leia o capítulo 1); também o vemos como

Fiel e Verdadeiro que volta, sobre o cavalo branco, para pôr ordem na terra depois de termos provado nossa incapacidade de fazê-lo. Além disso, tem em seu manto e em sua coxa este nome escrito: REI DOS REIS E SENHOR DOS SENHORES. Ao longo dos séculos, os cristãos do Ocidente, sobretudo, perderão a capacidade tão humana e divina de se mover entre os símbolos e saber interpretá-los da forma correta. Necessitamos superar essa deficiência. Os destinatários de Apocalipse no século I compreendiam com clareza todos os símbolos aqui tratados. Os discípulos de hoje precisam ampliar a compreensão da mente e do coração com seu significado e beneficiar-se da felicidade sem igual que os espera em sua leitura e meditação. Caro discípulo, perca todo o medo e apreensão que em geral rodeiam o livro de Apocalipse. Permita que neste livro da Palavra de Deus, assim como nos demais, seja o Espírito Santo de Deus quem o dirija.

ESBOÇO GERAL

APOCALIPSE

Introdução

1 Revelação de Jesus Cristo, que Deus lhe deu para mostrar aos seus servos[a] o que em breve há de acontecer. Ele enviou o seu anjo para torná-la conhecida ao seu servo João, ² que dá testemunho de tudo o que viu, isto é, a palavra de Deus e o testemunho de Jesus Cristo. ³ Feliz aquele que lê as palavras desta profecia e felizes aqueles que ouvem e guardam o que nela está escrito, porque o tempo está próximo.

Saudação e Doxologia

⁴ João

às sete igrejas da província da Ásia:

A vocês, graça e paz da parte daquele que é, que era e que há de vir, dos sete espíritos[b] que estão diante do seu trono ⁵ e de Jesus Cristo, que é a testemunha fiel, o primogênito dentre os mortos e o soberano dos reis da terra[c].

Ele nos ama e nos libertou dos nossos pecados por meio do seu sangue, ⁶ e nos constituiu reino e sacerdotes para servir a seu Deus e Pai. A ele sejam glória e poder para todo o sempre! Amém.

⁷ Eis que ele vem
 com as nuvens,
e todo olho o verá,
até mesmo aqueles
 que o traspassaram;
e todos os povos da terra
 se lamentarão por causa dele.
Assim será! Amém.

⁸ "Eu sou o Alfa e o Ômega", diz o Senhor Deus, "o que é, o que era e o que há de vir, o Todo-poderoso."

	OS SETE MOTIVOS PARA A FELICIDADE PLENA E A MALDIÇÃO DE APOCALIPSE
	SETE MOTIVOS PARA A FELICIDADE PLENA
1.3	"Feliz aquele que lê as palavras desta profecia e felizes aqueles que ouvem e guardam o que nela está escrito, porque o tempo está próximo."
14.13	" 'Escreva: Felizes os mortos que morrem no Senhor de agora em diante'. Diz o Espírito: 'Sim, eles descansarão das suas fadigas, pois as suas obras os seguirão'."
16.15	" 'Eis que venho como ladrão! Feliz aquele que permanece vigilante e conserva consigo as suas vestes, para que não ande nu e não seja vista a sua vergonha.' "
19.9	"E o anjo me disse: 'Escreva: Felizes os convidados para o banquete do casamento do Cordeiro!' E acrescentou: 'Estas são as palavras verdadeiras de Deus'."
20.6	" 'Felizes e santos os que participam da primeira ressurreição! A segunda morte não tem poder sobre eles; serão sacerdotes de Deus e de Cristo e reinarão com ele durante mil anos.' "
22.7	" 'Eis que venho em breve! Feliz é aquele que guarda as palavras da profecia deste livro.' "
22.14	" 'Felizes os que lavam as suas vestes, e assim têm direito à árvore da vida e podem entrar na cidade pelas portas.' "
	A MALDIÇÃO
22.18,19	"Declaro a todos os que ouvem as palavras da profecia deste livro: Se alguém lhe acrescentar algo, Deus lhe acrescentará as pragas descritas neste livro. Se alguém tirar alguma palavra deste livro de profecia, Deus tirará dele a sua parte na árvore da vida e na cidade santa, que são descritas neste livro."

[a] 1.1 Isto é, escravos; também em todo o livro de Apocalipse.
[b] 1.4 Ou *séptuplo Espírito*; também em 3.1; 4.5 e 5.6.
[c] 1.5 Veja Sl 89.27.

Alguém Semelhante a um Filho de Homem

⁹ Eu, João, irmão e companheiro de vocês no sofrimento, no Reino e na perseverança em Jesus, estava na ilha de Patmos por causa da palavra de Deus e do testemunho de Jesus. ¹⁰ No dia do Senhor achei-me no Espírito e ouvi por trás de mim uma voz forte, como de trombeta, ¹¹ que dizia: "Escreva num livro[a] o que você vê e envie a estas sete igrejas: Éfeso, Esmirna, Pérgamo, Tiatira, Sardes, Filadélfia e Laodiceia".

¹² Voltei-me para ver quem falava comigo. Voltando-me, vi sete candelabros de ouro ¹³ e entre os candelabros alguém "semelhante a um filho de homem"[b], com uma veste que chegava aos seus pés e um cinturão de ouro ao redor do peito. ¹⁴ Sua cabeça e seus cabelos eram brancos como a lã, tão brancos quanto a neve, e seus olhos eram como chama de fogo. ¹⁵ Seus pés eram como o bronze numa fornalha ardente e sua voz como o som de muitas águas. ¹⁶ Tinha em sua mão direita sete estrelas, e da sua boca saía uma espada afiada de dois gumes. Sua face era como o sol quando brilha em todo o seu fulgor.

¹⁷ Quando o vi, caí aos seus pés como morto. Então ele colocou sua mão direita sobre mim e disse: "Não tenha medo. Eu sou o Primeiro e o Último. ¹⁸ Sou Aquele que Vive. Estive morto, mas agora estou vivo para todo o sempre! E tenho as chaves da morte e do Hades[c].

¹⁹ "Escreva, pois, as coisas que você viu, tanto as presentes como as que acontecerão.[d] ²⁰ Este é o mistério das sete estrelas que você viu em minha mão direita e dos sete candelabros: as sete estrelas são os anjos das sete igrejas, e os sete candelabros são as sete igrejas.

Carta à Igreja de Éfeso

2 "Ao anjo da igreja em Éfeso, escreva:

"Estas são as palavras daquele que tem as sete estrelas em sua mão direita e anda entre os sete candelabros de ouro. ² Conheço as suas obras, o seu trabalho árduo e a sua perseverança. Sei que você não pode tolerar homens maus, que pôs à prova os que dizem ser apóstolos mas não são, e descobriu que eles eram impostores. ³ Você tem perseverado e suportado sofrimentos por causa do meu nome e não tem desfalecido.

⁴ "Contra você, porém, tenho isto: você abandonou o seu primeiro amor. ⁵ Lembre-se de onde caiu! Arrependa-se e pratique as obras que praticava no princípio. Se não se arrepender, virei a você e tirarei o seu candelabro do lugar dele. ⁶ Mas há uma coisa a seu favor: você odeia as práticas dos nicolaítas, como eu também as odeio.

⁷ "Aquele que tem ouvidos ouça o que o Espírito diz às igrejas. Ao vencedor darei o direito de comer da árvore da vida, que está no paraíso de Deus.

Carta à Igreja de Esmirna

⁸ "Ao anjo da igreja em Esmirna, escreva:

"Estas são as palavras daquele que é o Primeiro e o Último, que morreu e tornou a viver. ⁹ Conheço as suas aflições e a sua pobreza; mas você é rico! Conheço a blasfêmia dos que se dizem judeus mas não são, sendo antes sinagoga de Satanás. ¹⁰ Não tenha medo do que você está prestes a sofrer. O Diabo lançará alguns de vocês na prisão para prová-los, e vocês sofrerão perseguição durante dez dias. Seja fiel até a morte, e eu lhe darei a coroa da vida.

¹¹ "Aquele que tem ouvidos ouça o que o Espírito diz às igrejas. O vencedor de modo algum sofrerá a segunda morte.

Carta à Igreja de Pérgamo

¹² "Ao anjo da igreja em Pérgamo, escreva:

"Estas são as palavras daquele que tem a espada afiada de dois gumes. ¹³ Sei onde você vive — onde está o trono de Satanás. Contudo, você permanece fiel ao meu nome e não renunciou à sua fé em mim, nem mesmo quando Antipas, minha fiel testemunha, foi morto nessa cidade, onde Satanás habita.

¹⁴ "No entanto, tenho contra você algumas coisas: você tem aí pessoas que se apegam aos ensinos de Balaão, que ensinou Balaque a armar ciladas contra os israelitas, induzindo-os a comer alimentos sacrificados a ídolos e a praticar imoralidade sexual. ¹⁵ De igual modo você tem também os

---

[a] **1.11** Grego: *rolo*.
[b] **1.13** Dn 7.13
[c] **1.18** Essa palavra pode ser traduzida por *inferno*, *sepulcro*, *morte* ou *profundezas*.
[d] **1.19** Ou *você viu, as coisas presentes e as que acontecerão depois destas*.

AS MENSAGENS DE JESUS ÀS SETE IGREJAS DA ÁSIA MENOR EM APOCALIPSE 2—3

Uma observação importante: alguns pesquisadores afirmam que as sete igrejas representam sete épocas na história do cristianismo. Ainda que tais declarações careçam de confirmação e precisão, podem ser úteis para entendermos melhor um pouco da história da Igreja cristã. A verdade é 1) que ainda hoje, em pleno século XXI, e talvez melhor do que nunca, continuam coexistindo os sete tipos de igreja e 2) que o tempo final da Igreja antes do arrebatamento será caracterizado mais pelo discipulado, pelo despertamento espiritual e pela evangelização do que pela apostasia de Laodiceia.

Apocalipse 2—3	Éfeso 2.1-7	Esmirna 2.8-11	Pérgamo 2.12-17	Tiatira 2.18-29	Sardes 3.1-6	Filadélfia 3.7-13	Laodiceia 3.14-22
PERÍODO DESCRITO (?)	A igreja primitiva que acabava de nascer 33-100 (67 anos)	A Igreja sob perseguição 100-312 (212 anos)	Paganismo na Igreja 312-590 (278 anos)	Supremacia papal 590-1517 (927 anos)	Reforma Protestante e fossilização 1517-1750 (233 anos)	Despertamento e leitura da Bíblia 1750-1925 (175 anos)	Igreja acomodada, cheia de pecados e heresias 1925-
NA HISTÓRIA DA IGREJA	Apostólica	Césares	Constantino	Idade Média	Reforma	Missionária	Apóstata
INTRODUÇÃO	"Ao anjo da igreja em [...], escreva: [...]."						
DESCRIÇÃO DE CRISTO	Aquele que tem as sete estrelas em sua mão direita e anda entre os sete candelabros de ouro	O Primeiro e o Último, que morreu e tornou a viver	Aquele que tem a espada afiada de dois gumes	Aquele que tem olhos como chama de fogo e os pés como bronze reluzente	Aquele que tem os sete espíritos de Deus e as sete estrelas	Aquele que é santo e verdadeiro, que tem a chave de Davi. O que ele abre ninguém pode fechar, e o que ele fecha ninguém pode abrir	O Amém, a testemunha fiel e verdadeira, o soberano da criação de Deus
O QUE CRISTO CONHECE	Suas obras, seu trabalho árduo e sua perseverança	Suas aflições e sua pobreza; a blasfêmia dos que se dizem judeus	Onde vive, ou seja, onde está o trono de Satanás	Suas obras, seu amor, sua fé, seu serviço e sua perseverança; que faz mais agora do que no princípio	Suas obras; que tem fama de estar vivo, mas está morto	Suas obras	Suas obras; sei que você não é frio nem quente
ELOGIOS	Pôs à prova os que dizem ser apóstolos mas não são; tem perseverado e suportado sofrimentos por Cristo	Rica, apesar de sua pobreza	Permanece fiel ao nome de Jesus e não renunciou à fé nele	(ver acima)	Poucos que não contaminaram suas vestes	Pouca força, mas guardou a palavra de Cristo e não negou seu nome	Nenhum elogio
REPREENSÕES	Abandonou o primeiro amor	Nenhuma repreensão	Pessoas que se apegam aos ensinos de Balaão	Tolera Jezabel, permite a imoralidade	Não tem obras perfeitas aos olhos de Deus	Nenhuma repreensão	Morno, miserável, digno de compaixão, pobre, cego e nu
ORDEM OU CONSELHO	"Lembre-se de onde caiu! Arrependa-se e pratique as obras que praticava no princípio."	"Não tenha medo do que você está prestes a sofrer."	"[...] arrependa-se!"	"[...] tão somente apeguem-se com firmeza ao que vocês têm, até que eu venha [...]."	"Esteja atento! Fortaleça o que resta e que estava para morrer [...]."	"Retenha o que você tem, para que ninguém tome a sua coroa."	"Compre de mim ouro refinado no fogo, e você se tornará rico; compre roupas brancas e vista-se para cobrir a sua vergonhosa nudez; e compre colírio para ungir os seus olhos e poder enxergar."

ADVERTÊNCIA	"[...] tirarei o seu candelabro do lugar dele [...]."	*Nenhuma advertência*	"[...] lutarei contra eles [os nicolaítas e seus seguidores] com a espada da minha boca [...]."	"[...] vou fazê-la [Jezabel] adoecer e trarei grande sofrimento aos que cometem adultério com ela, a não ser que se arrependam das obras que ela pratica. Matarei os filhos dessa mulher."	"Mas, se você não estiver atento, virei como um ladrão e você não saberá a que hora virei contra você."	*Nenhuma advertência*	"[...] estou a ponto de vomitá-lo da minha boca." "Repreendo e disciplino aqueles que eu amo."
O QUE CADA IGREJA TEM	Odeia a prática dos nicolaítas, assim como o Senhor odeia	Sofrerão perseguição durante dez dias	Ainda tem os que se apegam aos ensinos dos nicolaítas	Pessoas que não seguem a doutrina de Jezabel e que não aprenderam os profundos segredos de Satanás	Fama de estar vivo, mas está morto (*ver acima*)	Pouca força, a palavra do Senhor e não negou o nome dele	Não tem o que pensa ter
RECOMPENSA PARA O VENCEDOR	"Ao vencedor darei o direito de comer da árvore da vida, que está no paraíso de Deus."	"O vencedor de modo algum sofrerá a segunda morte."	"Ao vencedor darei do maná escondido. Também lhe darei uma pedra branca com um novo nome nela inscrito, conhecido apenas por aquele que o recebe."	"Eu lhe darei a mesma autoridade que recebi de meu Pai. Também lhe darei a estrela da manhã."	"O vencedor será igualmente vestido de branco. Jamais apagarei o seu nome do livro da vida, mas o reconhecerei diante do meu Pai e dos seus anjos."	"Farei do vencedor uma coluna no santuário do meu Deus, e dali ele jamais sairá. Escreverei nele o nome do meu Deus e o nome da cidade do meu Deus [...]; e também escreverei nele o meu novo nome."	"Ao vencedor darei o direito de sentar-se comigo em meu trono [...]."
OUTRAS PROMESSAS	*Nenhuma*	"Seja fiel até a morte, e eu lhe darei a coroa da vida."	*Nenhuma*	"Aos demais [...] digo: 'Não porei outra carga sobre vocês'."	"[...] uns poucos que não contaminaram as suas vestes. Eles andarão comigo, vestidos de branco, pois são dignos."	Os falsos judeus se submeterão à igreja; "[...] eu também o guardarei da hora da provação que está para vir sobre todo o mundo."	"Eis que estou à porta e bato. Se alguém ouvir a minha voz e abrir a porta, entrarei e cearei com ele, e ele comigo."
CONCLUSÃO	"Aquele que tem ouvidos ouça o que o Espírito diz às igrejas."						

que se apegam aos ensinos dos nicolaítas. ¹⁶ Portanto, arrependa-se! Se não, virei em breve até você e lutarei contra eles com a espada da minha boca.

¹⁷ "Aquele que tem ouvidos ouça o que o Espírito diz às igrejas. Ao vencedor darei do maná escondido. Também lhe darei uma pedra branca com um novo nome nela inscrito, conhecido apenas por aquele que o recebe.

Carta à Igreja de Tiatira

¹⁸ "Ao anjo da igreja em Tiatira, escreva: "Estas são as palavras do Filho de Deus, cujos olhos são como chama de fogo e os pés como bronze reluzente. ¹⁹ Conheço as suas obras, o seu amor, a sua fé, o seu serviço e a sua perseverança, e sei que você está fazendo mais agora do que no princípio.

²⁰ "No entanto, contra você tenho isto: você tolera Jezabel, aquela mulher que se diz profetisa. Com os seus ensinos, ela induz os meus servos à imoralidade sexual e a comerem alimentos sacrificados aos ídolos. ²¹ Dei-lhe tempo para que se arrependesse da

sua imoralidade sexual, mas ela não quer se arrepender. ²² Por isso, vou fazê-la adoecer e trarei grande sofrimento aos que cometem adultério com ela, a não ser que se arrependam das obras que ela pratica. ²³ Matarei os filhos[a] dessa mulher. Então, todas as igrejas saberão que eu sou aquele que sonda mentes e corações, e retribuirei a cada um de vocês de acordo com as suas obras. ²⁴ Aos demais que estão em Tiatira, a vocês que não seguem a doutrina dela e não aprenderam, como eles dizem, os profundos segredos de Satanás, digo: Não porei outra carga sobre vocês; ²⁵ tão somente apeguem-se com firmeza ao que vocês têm, até que eu venha.

²⁶ "Àquele que vencer e fizer a minha vontade até o fim darei autoridade sobre as nações.

²⁷ " 'Ele as governará
  com cetro de ferro
e as despedaçará
  como a um vaso de barro'.[b]

²⁸ "Eu lhe darei a mesma autoridade que recebi de meu Pai. Também lhe darei a estrela da manhã. ²⁹ Aquele que tem ouvidos ouça o que o Espírito diz às igrejas.

Carta à Igreja de Sardes

3 "Ao anjo da igreja em Sardes, escreva:

"Estas são as palavras daquele que tem os sete espíritos de Deus e as sete estrelas. Conheço as suas obras; você tem fama de estar vivo, mas está morto. ² Esteja atento! Fortaleça o que resta e que estava para morrer, pois não achei suas obras perfeitas aos olhos do meu Deus. ³ Lembre-se, portanto, do que você recebeu e ouviu; obedeça e arrependa-se. Mas, se você não estiver atento, virei como um ladrão e você não saberá a que hora virei contra você.

⁴ "No entanto, você tem aí em Sardes uns poucos que não contaminaram as suas vestes. Eles andarão comigo, vestidos de branco, pois são dignos. ⁵ O vencedor será igualmente vestido de branco. Jamais apagarei o seu nome do livro da vida, mas o reconhecerei diante do meu Pai e dos seus anjos. ⁶ Aquele que tem ouvidos ouça o que o Espírito diz às igrejas.

A PROMESSA AO VENCEDOR EM CADA UMA DAS SETE IGREJAS	
Éfeso (2.7)	"Aquele que tem ouvidos ouça o que o Espírito diz às igrejas. Ao vencedor darei o direito de comer da árvore da vida, que está no paraíso de Deus."
Esmirna (2.11)	"Aquele que tem ouvidos ouça o que o Espírito diz às igrejas. O vencedor de modo algum sofrerá a segunda morte."
Pérgamo (2.17)	"Aquele que tem ouvidos ouça o que o Espírito diz às igrejas. Ao vencedor darei do maná escondido. Também lhe darei uma pedra branca com um novo nome nela inscrito, conhecido apenas por aquele que o recebe."
Tiatira (2.26-29)	"Àquele que vencer e fizer a minha vontade até o fim darei autoridade sobre as nações. 'Ele as governará com cetro de ferro e as despedaçará como a um vaso de barro'. "
Sardes (3.5,6)	"O vencedor será igualmente vestido de branco. Jamais apagarei o seu nome do livro da vida, mas o reconhecerei diante do meu Pai e dos seus anjos. Aquele que tem ouvidos ouça o que o Espírito diz às igrejas."
Filadélfia (3.12,13)	"Farei do vencedor uma coluna no santuário do meu Deus, e dali ele jamais sairá. Escreverei nele o nome do meu Deus e o nome da cidade do meu Deus, a nova Jerusalém, que desce dos céus da parte de Deus; e também escreverei nele o meu novo nome. Aquele que tem ouvidos ouça o que o Espírito diz às igrejas."
Laodiceia (3.21,22)	"Ao vencedor darei o direito de sentar-se comigo em meu trono, assim como eu também venci e sentei-me com meu Pai em seu trono. Aquele que tem ouvidos ouça o que o Espírito diz às igrejas."

[a] 2.23 Ou *discípulos*
[b] 2.27 Sl 2.9

Carta à Igreja de Filadélfia

⁷ "Ao anjo da igreja em Filadélfia, escreva:

"Estas são as palavras daquele que é santo e verdadeiro, que tem a chave de Davi. O que ele abre ninguém pode fechar, e o que ele fecha ninguém pode abrir. ⁸ Conheço as suas obras. Eis que coloquei diante de você uma porta aberta que ninguém pode fechar. Sei que você tem pouca força, mas guardou a minha palavra e não negou o meu nome. ⁹ Veja o que farei com aqueles que são sinagoga de Satanás e que se dizem judeus e não são, mas são mentirosos. Farei que se prostrem aos seus pés e reconheçam que eu o amei. ¹⁰ Visto que você guardou a minha palavra de exortação à perseverança, eu também o guardarei da hora da provação que está para vir sobre todo o mundo, para pôr à prova os que habitam na terra.

¹¹ "Venho em breve! Retenha o que você tem, para que ninguém tome a sua coroa. ¹² Farei do vencedor uma coluna no santuário do meu Deus, e dali ele jamais sairá. Escreverei nele o nome do meu Deus e o nome da cidade do meu Deus, a nova Jerusalém, que desce dos céus da parte de Deus; e também escreverei nele o meu novo nome. ¹³ Aquele que tem ouvidos ouça o que o Espírito diz às igrejas.

Carta à Igreja de Laodiceia

¹⁴ "Ao anjo da igreja em Laodiceia, escreva:

"Estas são as palavras do Amém, a testemunha fiel e verdadeira, o soberano da criação de Deus. ¹⁵ Conheço as suas obras, sei que você não é frio nem quente. Melhor seria que você fosse frio ou quente! ¹⁶ Assim, porque você é morno, não é frio nem quente, estou a ponto de vomitá-lo da minha boca. ¹⁷ Você diz: 'Estou rico, adquiri riquezas e não preciso de nada'. Não reconhece, porém, que é miserável, digno de compaixão, pobre, cego, e que está nu. ¹⁸ Dou este conselho: Compre de mim ouro refinado no fogo, e você se tornará rico; compre roupas brancas e vista-se para cobrir a sua vergonhosa nudez; e compre colírio para ungir os seus olhos e poder enxergar.

¹⁹ "Repreendo e disciplino aqueles que eu amo. Por isso, seja diligente e arrependa-se. ²⁰ Eis que estou à porta e bato. Se alguém ouvir a minha voz e abrir a porta, entrarei e cearei com ele, e ele comigo.

²¹ "Ao vencedor darei o direito de sentar-se comigo em meu trono, assim como eu também venci e sentei-me com meu Pai em seu trono. ²² Aquele que tem ouvidos ouça o que o Espírito diz às igrejas".

3.20 As quatro leis (iniciadas em João 3.16; p. 1121): Este versículo é usado na evangelização e bastante útil para que a pessoa evangelizada compreenda que a fechadura de sua porta está do lado de dentro; Cristo bate na porta, mas não a abre à força; ele espera que a pessoa a abra espontaneamente. No entanto, o discípulo que evangeliza deve entender que originariamente este versículo foi escrito para membros de uma igreja; ou seja, para os que dizem crer em Cristo, no sentido de que não tivessem uma vida cristã carnal e superficial, mas, sim, que deixassem Cristo entrar em sua vida e tomar conta dela.
Quarta lei: veja a p. 1461.
Texto anterior: Efésios 2.8,9

O Trono no Céu

4 Depois dessas coisas olhei, e diante de mim estava uma porta aberta no céu. A voz que eu tinha ouvido no princípio, falando comigo como trombeta, disse: "Suba para cá, e mostrarei a você o que deve acontecer depois dessas coisas". ² Imediatamente me vi tomado pelo Espírito, e diante de mim estava um trono no céu e nele estava assentado alguém. ³ Aquele que estava assentado era de aspecto semelhante a jaspe e sardônio. Um arco-íris, parecendo uma esmeralda, circundava o trono, ⁴ ao redor do qual estavam outros vinte e quatro tronos, e assentados neles havia vinte e quatro anciãos. Eles estavam vestidos de branco e na cabeça tinham coroas de ouro. ⁵ Do trono saíam relâmpagos, vozes e trovões. Diante dele estavam acesas sete lâmpadas de fogo, que são os sete espíritos de Deus. ⁶ E diante do trono havia algo parecido com um mar de vidro, claro como cristal.

No centro, ao redor do trono, havia quatro seres viventes cobertos de olhos, tanto na frente como atrás. ⁷ O primeiro ser parecia um leão, o segundo parecia um boi, o terceiro tinha rosto como de homem, o quarto parecia uma águia em voo. ⁸ Cada um deles tinha seis asas e era cheio de olhos, tanto ao redor como por baixo das asas. Dia e noite repetem sem cessar:

"Santo, santo, santo
é o Senhor, o Deus todo-poderoso,
que era, que é e que há de vir".

⁹ Toda vez que os seres viventes dão glória, honra e graças àquele que está assentado no trono e que vive para todo o sempre, ¹⁰ os vinte e quatro anciãos se prostram diante daquele que está assentado no trono e adoram aquele que vive para todo o sempre. Eles lançam as suas coroas diante do trono e dizem:

¹¹ "Tu, Senhor e Deus nosso,
és digno de receber
a glória, a honra e o poder,
porque criaste todas as coisas,
e por tua vontade elas existem
e foram criadas".

O Livro e o Cordeiro

5 Então vi na mão direita daquele que está assentado no trono um livro em forma de rolo, escrito de ambos os lados e selado com sete selos. ² Vi um anjo poderoso, proclamando em alta voz: "Quem é digno de romper os selos e de abrir o livro?" ³ Mas não havia ninguém, nem no céu, nem na terra, nem debaixo da terra, que pudesse abrir o livro ou sequer olhar para ele. ⁴ Eu chorava muito, porque não havia ninguém que fosse digno de abrir o livro e de olhar para ele. ⁵ Então um dos anciãos me disse: "Não chore! Eis que o Leão da tribo de Judá, a Raiz de Davi, venceu para abrir o livro e os seus sete selos".

⁶ Depois vi um Cordeiro, que parecia ter estado morto, em pé, no centro do trono, cercado pelos quatro seres viventes e pelos anciãos. Ele tinha sete chifres e sete olhos, que são os sete espíritos de Deus enviados a toda a terra. ⁷ Ele se aproximou e recebeu o livro da mão direita daquele que estava assentado no trono. ⁸ Ao recebê-lo, os quatro seres viventes e os vinte e quatro anciãos prostraram-se diante do Cordeiro. Cada um deles tinha uma harpa e taças de ouro cheias de incenso, que são as orações dos santos; ⁹ e eles cantavam um cântico novo:

"Tu és digno de receber o livro
e de abrir os seus selos,

5.5,6 O ancião indica a João que olhe para o Leão da tribo de Judá, a Raiz de Davi, o que venceu e é digno de abrir o livro. Ao olhar, João vê um Cordeiro, que parecia ter estado morto. O Leão de Judá entrega-se espontaneamente para a nossa salvação. De novo aparece o tema que percorre toda a Bíblia e que se materializa na conhecida afirmação de João Batista: " 'Vejam! É o Cordeiro de Deus, que tira o pecado do mundo!' " (João 1.29). Ao repetir João as mesmas palavras no dia seguinte, dois de seus discípulos estavam presentes: André, irmão de Pedro, e outro que, ao que tudo indica, seria o próprio João, autor de Apocalipse. Essas palavras se converteram para ele num farol que o levou a converter-se no "discípulo a quem Jesus amava".

pois foste morto
e com teu sangue compraste para Deus
gente de toda tribo, língua, povo e nação.
¹⁰ Tu os constituíste reino
e sacerdotes
para o nosso Deus,
e eles reinarão sobre a terra".

¹¹ Então olhei e ouvi a voz de muitos anjos, milhares de milhares e milhões de milhões. Eles rodeavam o trono, bem como os seres viventes e os anciãos, ¹² e cantavam em alta voz:

"Digno é o Cordeiro
que foi morto
de receber poder, riqueza, sabedoria,
força,
honra, glória e louvor!"

¹³ Depois ouvi todas as criaturas existentes no céu, na terra, debaixo da terra e no mar, e tudo o que neles há, que diziam:

"Àquele que está assentado
no trono
e ao Cordeiro
sejam o louvor, a honra,
a glória e o poder,
para todo o sempre!"

¹⁴ Os quatro seres viventes disseram: "Amém", e os anciãos prostraram-se e o adoraram.

Os Selos

6 Observei quando o Cordeiro abriu o primeiro dos sete selos. Então ouvi um dos seres viventes dizer com voz de trovão: "Venha!" ² Olhei, e diante de mim estava um cavalo branco. Seu cavaleiro empunhava um arco, e foi-lhe dada uma coroa; ele cavalgava como vencedor determinado a vencer.

³ Quando o Cordeiro abriu o segundo selo, ouvi o segundo ser vivente dizer: "Venha!" ⁴ Então saiu outro cavalo; e este era vermelho. Seu cavaleiro recebeu poder para tirar a paz da terra e fazer que os homens se matassem uns aos outros. E lhe foi dada uma grande espada.

⁵ Quando o Cordeiro abriu o terceiro selo, ouvi o terceiro ser vivente dizer: "Venha!" Olhei, e diante de mim estava um cavalo preto. Seu cavaleiro tinha na mão uma balança. ⁶ Então ouvi o que parecia uma voz entre os quatro seres viventes, dizendo: "Um quilo[a] de trigo por um denário[b] e três quilos de cevada por um denário, e não danifique o azeite e o vinho!"

⁷ Quando o Cordeiro abriu o quarto selo, ouvi a voz do quarto ser vivente dizer: "Venha!" ⁸ Olhei, e diante de mim estava um cavalo amarelo. Seu cavaleiro chamava-se Morte, e o Hades[c] o seguia de perto. Foi-lhes dado poder sobre um quarto da terra para matar pela espada, pela fome, por pragas e por meio dos animais selvagens da terra.

⁹ Quando ele abriu o quinto selo, vi debaixo do altar as almas daqueles que haviam sido mortos por causa da palavra de Deus e do testemunho que deram. ¹⁰ Eles clamavam em alta voz: "Até quando, ó Soberano, santo e verdadeiro, esperarás para julgar os habitantes da terra e vingar o nosso sangue?" ¹¹ Então cada um deles recebeu uma veste branca, e foi-lhes dito que esperassem um pouco mais, até que se completasse o número dos seus conservos e irmãos que deveriam ser mortos como eles.

¹² Observei quando ele abriu o sexto selo. Houve um grande terremoto. O sol ficou escuro como tecido de crina negra, toda a lua tornou-se vermelha como sangue, ¹³ e as estrelas do céu caíram sobre a terra como figos verdes caem da figueira quando sacudidos por um vento forte.

¹⁴ O céu se recolheu como se enrola um pergaminho, e todas as montanhas e ilhas foram removidas de seus lugares.

¹⁵ Então os reis da terra, os príncipes, os generais, os ricos, os poderosos — todos, escravos e livres, se esconderam em cavernas e entre as rochas das montanhas. ¹⁶ Eles gritavam às montanhas e às rochas: "Caiam sobre nós e escondam-nos da face daquele que está assentado no trono e da ira do Cordeiro! ¹⁷ Pois chegou o grande dia da ira deles; e quem poderá suportar?"

Cento e Quarenta e Quatro Mil Selados

7 Depois disso vi quatro anjos em pé nos quatro cantos da terra, retendo os quatro ventos, para impedir que qualquer vento soprasse na terra, no mar ou em qualquer árvore. ² Então vi outro anjo subindo do Oriente, tendo o selo do Deus vivo. Ele bradou em alta voz aos quatro anjos a quem havia sido dado poder para danificar a terra e o mar: ³ "Não danifiquem nem a terra, nem o mar, nem as árvores até que selemos as testas dos servos do nosso Deus". ⁴ Então ouvi o número dos que foram selados: cento e quarenta e quatro mil, de todas as tribos de Israel.

⁵ Da tribo de Judá
foram selados doze mil;
da tribo de Rúben, doze mil;
da tribo de Gade, doze mil;
⁶ da tribo de Aser, doze mil;
da tribo de Naftali, doze mil;
da tribo de Manassés, doze mil;
⁷ da tribo de Simeão, doze mil;
da tribo de Levi, doze mil;
da tribo de Issacar, doze mil;
⁸ da tribo de Zebulom, doze mil;
da tribo de José, doze mil;
da tribo de Benjamim, doze mil.

7.1-4 A identidade dos 144 mil selados é esclarecida: pertencem a todas as tribos de Israel. Depois de vê-los, João vê uma grande multidão de pessoas de todas as nações, vestidas de roupas brancas e segurando palmas, em pé diante do trono e do Cordeiro.

---

[a] 6.6 Grego: *choinix*.
[b] 6.6 O denário era uma moeda de prata equivalente à diária de um trabalhador braçal.
[c] 6.8 Essa palavra pode ser traduzida por *inferno*, *sepulcro*, *morte* ou *profundezas*.

A Grande Multidão com Vestes Brancas

⁹ Depois disso olhei, e diante de mim estava uma grande multidão que ninguém podia contar, de todas as nações, tribos, povos e línguas, em pé, diante do trono e do Cordeiro, com vestes brancas e segurando palmas. ¹⁰ E clamavam em alta voz:

"A salvação pertence
   ao nosso Deus,
que se assenta no trono,
   e ao Cordeiro".

¹¹ Todos os anjos estavam em pé ao redor do trono, dos anciãos e dos quatro seres viventes. Eles se prostraram com o rosto em terra diante do trono e adoraram a Deus, ¹² dizendo:

"Amém!
Louvor e glória,
   sabedoria, ação de graças,
   honra, poder e força
sejam ao nosso Deus
   para todo o sempre.
Amém!"

¹³ Então um dos anciãos me perguntou: "Quem são estes que estão vestidos de branco e de onde vieram?"

¹⁴ Respondi: Senhor, tu o sabes.

E ele disse: "Estes são os que vieram da grande tribulação, que lavaram as suas vestes e as alvejaram no sangue do Cordeiro. ¹⁵ Por isso,

eles estão diante do trono
   de Deus
e o servem dia e noite
   em seu santuário;
e aquele que está assentado no trono
   estenderá sobre eles
   o seu tabernáculo.
¹⁶ Nunca mais terão fome,
   nunca mais terão sede.
Não os afligirá o sol
   nem qualquer calor abrasador,
¹⁷ pois o Cordeiro que está
   no centro do trono
   será o seu Pastor;
ele os guiará às fontes
   de água viva.
E Deus enxugará dos seus olhos
   toda lágrima".

8.1 Quando o sétimo selo é aberto, os sete anjos que estão diante de Deus recebem cada um a sua trombeta e começam os sete açoites.

O Sétimo Selo e o Incensário de Ouro

8 Quando ele abriu o sétimo selo, houve silêncio nos céus cerca de meia hora.

² Vi os sete anjos que se acham em pé diante de Deus; a eles foram dadas sete trombetas.

³ Outro anjo, que trazia um incensário de ouro, aproximou-se e ficou em pé junto ao altar. A ele foi dado muito incenso para oferecer com as orações de todos os santos sobre o altar de ouro diante do trono. ⁴ E da mão do anjo subiu diante de Deus a fumaça do incenso com as orações dos santos. ⁵ Então o anjo pegou o incensário, encheu-o com fogo do altar e lançou-o sobre a terra; e houve trovões, vozes, relâmpagos e um terremoto.

As Trombetas

⁶ Então os sete anjos, que tinham as sete trombetas, prepararam-se para tocá-las.

⁷ O primeiro anjo tocou a sua trombeta, e granizo e fogo misturado com sangue foram lançados sobre a terra. Foi queimado um terço da terra, um terço das árvores e toda a relva verde.

⁸ O segundo anjo tocou a sua trombeta, e algo como um grande monte em chamas foi lançado ao mar. Um terço do mar transformou-se em sangue, ⁹ morreu um terço das criaturas do mar e foi destruído um terço das embarcações.

¹⁰ O terceiro anjo tocou a sua trombeta, e caiu do céu uma grande estrela, queimando como tocha, sobre um terço dos rios e das fontes de águas; ¹¹ o nome da estrela é Absinto[a]. Tornou-se amargo um terço das águas, e muitos morreram pela ação das águas que se tornaram amargas[b].

¹² O quarto anjo tocou a sua trombeta, e foi ferido um terço do sol, um terço da lua e um terço das estrelas, de forma que um terço deles escureceu. Um terço do dia ficou sem luz, e também um terço da noite.

¹³ Enquanto eu olhava, ouvi uma águia que voava pelo meio do céu e dizia em alta voz: "Ai,

---

[a] **8.11** Isto é, Amargor.
[b] **8.11** Ou *envenenadas*

ai, ai dos que habitam na terra, por causa do toque das trombetas que está prestes a ser dado pelos três outros anjos!"

9 O quinto anjo tocou a sua trombeta, e vi uma estrela que havia caído do céu sobre a terra. À estrela foi dada a chave do poço do Abismo. ² Quando ela abriu o Abismo, subiu dele fumaça como a de uma gigantesca fornalha. O sol e o céu escureceram com a fumaça que saía do Abismo. ³ Da fumaça saíram gafanhotos que vieram sobre a terra, e lhes foi dado poder como o dos escorpiões da terra. ⁴ Eles receberam ordens para não causar dano nem à relva da terra, nem a qualquer planta ou árvore, mas apenas àqueles que não tinham o selo de Deus na testa. ⁵ Não lhes foi dado poder para matá-los, mas sim para causar-lhes tormento durante cinco meses. A agonia que eles sofreram era como a da picada do escorpião. ⁶ Naqueles dias os homens procurarão a morte, mas não a encontrarão; desejarão morrer, mas a morte fugirá deles.

⁷ Os gafanhotos pareciam cavalos preparados para a batalha. Tinham sobre a cabeça algo como coroas de ouro, e o rosto deles parecia rosto humano. ⁸ Os cabelos deles eram como os de mulher e os dentes como os de leão. ⁹ Tinham couraças como couraças de ferro, e o som das suas asas era como o barulho de muitos cavalos e carruagens correndo para a batalha. ¹⁰ Tinham caudas e ferrões como de escorpiões e na cauda tinham poder para causar tormento aos homens durante cinco meses. ¹¹ Tinham um rei sobre eles, o anjo do Abismo, cujo nome, em hebraico, é Abadom e, em grego, Apoliom[a].

¹² O primeiro ai passou; dois outros ais ainda virão.

¹³ O sexto anjo tocou a sua trombeta, e ouvi uma voz que vinha das pontas[b] do altar de ouro que está diante de Deus. ¹⁴ Ela disse ao sexto anjo que tinha a trombeta: "Solte os quatro anjos que estão amarrados junto ao grande rio Eufrates". ¹⁵ Os quatro anjos, que estavam preparados para aquela hora, dia, mês e ano, foram soltos para matar um terço da humanidade. ¹⁶ O número dos cavaleiros que compunham os exércitos era de duzentos milhões; eu ouvi o seu número.

¹⁷ Os cavalos e os cavaleiros que vi em minha visão tinham este aspecto: as suas couraças eram vermelhas como o fogo, azuis como o jacinto e amarelas como o enxofre. A cabeça dos cavalos parecia a cabeça de um leão, e da boca lançavam fogo, fumaça e enxofre. ¹⁸ Um terço da humanidade foi morto pelas três pragas: de fogo, fumaça e enxofre, que saíam da boca dos cavalos. ¹⁹ O poder dos cavalos estava na boca e na cauda; pois a cauda deles era como cobra; com a cabeça feriam as pessoas.

²⁰ O restante da humanidade que não morreu por essas pragas nem assim se arrependeu das obras das suas mãos; eles não pararam de adorar os demônios e os ídolos de ouro, prata, bronze, pedra e madeira, ídolos que não podem ver, nem ouvir, nem andar. ²¹ Também não se arrependeram dos seus assassinatos, das suas feitiçarias, da sua imoralidade sexual e dos seus roubos.

O Anjo e o Livro

10 Então vi outro anjo poderoso, que descia dos céus. Ele estava envolto numa nuvem, e havia um arco-íris acima de sua cabeça. Sua face era como o sol, e suas pernas eram como colunas de fogo. ² Ele segurava um livrinho, que estava aberto em sua mão. Colocou o pé direito sobre o mar e o pé esquerdo sobre a terra, ³ e deu um alto brado, como o rugido de um leão. Quando ele bradou, os sete trovões falaram. ⁴ Logo que os sete trovões falaram, eu estava prestes a escrever, mas ouvi uma voz dos céus, que disse: "Sele o que disseram os sete trovões, mas não o escreva".

⁵ Então o anjo que eu tinha visto em pé sobre o mar e sobre a terra levantou a mão direita para o céu ⁶ e jurou por aquele que vive para todo o sempre, que criou os céus e tudo o que neles há, a terra e tudo o que nela há, e o mar e tudo o que nele há, dizendo: "Não haverá mais demora! ⁷ Mas, nos dias em que o sétimo anjo estiver para tocar sua trombeta, vai cumprir-se o mistério de Deus, como ele o anunciou aos seus servos, os profetas".

⁸ Depois falou comigo mais uma vez a voz que eu tinha ouvido falar dos céus: "Vá, pegue o livro[c] aberto que está na mão do anjo que se encontra em pé sobre o mar e sobre a terra".

⁹ Assim me aproximei do anjo e lhe pedi que me desse o livrinho. Ele me disse: "Pegue-o e coma-o! Ele será amargo em seu estômago, mas em sua boca será doce como mel". ¹⁰ Peguei

---

[a] **9.11** *Abadom e Apoliom* significam *destruidor*.
[b] **9.13** Grego: *chifres*.
[c] **10.8** Grego: *rolo*.

o livrinho da mão do anjo e o comi. Ele me pareceu doce como mel em minha boca; mas, ao comê-lo, senti que o meu estômago ficou amargo. ¹¹ Então me foi dito: "É preciso que você profetize de novo acerca de muitos povos, nações, línguas e reis".

As Duas Testemunhas

11 Deram-me um caniço semelhante a uma vara de medir e me disseram: "Vá e meça o templo de Deus e o altar, e conte os adoradores que lá estiverem. ² Exclua, porém, o pátio exterior; não o meça, pois ele foi dado aos gentios[a]. Eles pisarão a cidade santa durante quarenta e dois meses. ³ Darei poder às minhas duas testemunhas, e elas profetizarão durante mil duzentos e sessenta dias, vestidas de pano de saco". ⁴ Estas são as duas oliveiras e os dois candelabros que permanecem diante do Senhor da terra. ⁵ Se alguém quiser causar-lhes dano, da boca deles sairá fogo que devorará os seus inimigos. É assim que deve morrer qualquer pessoa que quiser causar-lhes dano. ⁶ Estes homens têm poder para fechar o céu, de modo que não chova durante o tempo em que estiverem profetizando, e têm poder para transformar a água em sangue e ferir a terra com toda sorte de pragas, quantas vezes desejarem.

⁷ Quando eles tiverem terminado o seu testemunho, a besta que vem do Abismo os atacará. E irá vencê-los e matá-los. ⁸ Os seus cadáveres ficarão expostos na rua principal da grande cidade, que figuradamente é chamada Sodoma e Egito, onde também foi crucificado o seu Senhor. ⁹ Durante três dias e meio, gente de todos os povos, tribos, línguas e nações contemplarão os seus cadáveres e não permitirão que sejam sepultados. ¹⁰ Os habitantes da terra se alegrarão por causa deles e festejarão, enviando presentes uns aos outros, pois esses dois profetas haviam atormentado os que habitam na terra.

¹¹ Mas, depois dos três dias e meio, entrou neles um sopro de vida da parte de Deus, e eles ficaram em pé, e um grande terror tomou conta

11.2 Quarenta e dois meses de 30 dias equivalem a 1.260 dias.

11.3-6 Conforme as características deste texto e da interpretação de alguns estudiosos, trata-se de Elias e Moisés. Para outros, trata-se de Enoque e Elias, tendo em conta que foram os únicos seres humanos que não passaram pela primeira morte.

daqueles que os viram. ¹² Então eles ouviram uma forte voz dos céus, que lhes disse: "Subam para cá". E eles subiram para os céus numa nuvem, enquanto os seus inimigos olhavam.

¹³ Naquela mesma hora houve um forte terremoto, e um décimo da cidade ruiu. Sete mil pessoas foram mortas no terremoto; os sobreviventes ficaram aterrorizados e deram glória ao Deus dos céus.

¹⁴ O segundo ai passou; o terceiro ai virá em breve.

A Sétima Trombeta

¹⁵ O sétimo anjo tocou a sua trombeta, e houve fortes vozes nos céus, que diziam:

"O reino do mundo
se tornou de nosso Senhor
e do seu Cristo,
e ele reinará
para todo o sempre".

¹⁶ Os vinte e quatro anciãos que estavam assentados em seus tronos diante de Deus prostraram-se sobre seus rostos e adoraram a Deus, ¹⁷ dizendo:

"Graças te damos,
Senhor Deus todo-poderoso,
que és e que eras,
porque assumiste
o teu grande poder
e começaste a reinar.

11.15 O sétimo anjo toca a trombeta e proclama que é chegado o tempo da manifestação definitiva do Reino e que todos os reinos do mundo estão sob o domínio de Deus e seu Messias. Veja a esse respeito 1Coríntios 15.25-28.

---

[a] **11.2** Isto é, os que não são judeus.

¹⁸ As nações se iraram;
　e chegou a tua ira.
Chegou o tempo de julgares
　os mortos
e de recompensares
　os teus servos, os profetas,
　os teus santos
e os que temem o teu nome,
　tanto pequenos
　como grandes,
e de destruir
　os que destroem a terra".

¹⁹ Então foi aberto o santuário de Deus nos céus, e ali foi vista a arca da sua aliança. Houve relâmpagos, vozes, trovões, um terremoto e um grande temporal de granizo.

A Mulher e o Dragão

12 Apareceu no céu um sinal extraordinário: uma mulher vestida do sol, com a lua debaixo dos seus pés e uma coroa de doze estrelas sobre a cabeça. ² Ela estava grávida e gritava de dor, pois estava para dar à luz. ³ Então apareceu no céu outro sinal: um enorme dragão vermelho com sete cabeças e dez chifres, tendo sobre as cabeças sete coroas[a]. ⁴ Sua cauda arrastou consigo um terço das estrelas do céu, lançando-as na terra. O dragão pôs-se diante da mulher que estava para dar à luz, para devorar o seu filho no momento em que nascesse. ⁵ Ela deu à luz um filho, um homem, que governará todas as nações com cetro de ferro. Seu filho foi arrebatado para junto de Deus e de seu trono. ⁶ A mulher fugiu para o deserto, para um lugar que lhe havia sido preparado por Deus, para que ali a sustentassem durante mil duzentos e sessenta dias.

⁷ Houve então uma guerra nos céus. Miguel e seus anjos lutaram contra o dragão, e o dragão e os seus anjos revidaram. ⁸ Mas estes não foram suficientemente fortes, e assim perderam o seu lugar nos céus. ⁹ O grande dragão foi lançado fora. Ele é a antiga serpente chamada Diabo ou Satanás, que engana o mundo todo. Ele e os seus anjos foram lançados à terra.

¹⁰ Então ouvi uma forte voz dos céus, que dizia:

"Agora veio a salvação,
　o poder e o Reino
　do nosso Deus,
e a autoridade do seu Cristo,
pois foi lançado fora
　o acusador
　dos nossos irmãos,
que os acusa diante
　do nosso Deus, dia e noite.
¹¹ Eles o venceram
　pelo sangue do Cordeiro
e pela palavra do testemunho
　que deram;
diante da morte,
　não amaram a própria vida.
¹² Portanto, celebrem-no, ó céus,
e os que neles habitam!
Mas ai da terra e do mar,
　pois o Diabo desceu até vocês!
Ele está cheio de fúria,
　pois sabe que lhe resta
　pouco tempo".

¹³ Quando o dragão foi lançado à terra, começou a perseguir a mulher que dera à luz o menino. ¹⁴ Foram dadas à mulher as duas asas da grande águia, para que ela pudesse voar para o lugar que lhe havia sido preparado no deserto, onde seria sustentada durante um tempo, tempos e meio tempo, fora do alcance da serpente. ¹⁵ Então a serpente fez jorrar da sua boca água como um rio, para alcançar a mulher e arrastá-la com a correnteza. ¹⁶ A terra, porém, ajudou a mulher, abrindo a boca e engolindo o rio que o dragão fizera jorrar da sua boca. ¹⁷ O dragão irou-se contra a mulher e saiu para guerrear contra o restante da sua descendência, os que obedecem aos mandamentos de Deus e se mantêm fiéis ao testemunho de Jesus.

¹⁸ Então o dragão se pôs em pé[b] na areia do mar.

A Besta que Saiu do Mar

13 Vi uma besta que saía do mar. Tinha dez chifres e sete cabeças, com dez coroas[c], uma sobre cada chifre, e em cada cabeça um nome de blasfêmia. ² A besta que vi era semelhante a um leopardo, mas tinha pés como os de urso e boca como a de leão. O dragão deu à besta o seu poder, o seu trono e grande autoridade. ³ Uma das cabeças da besta parecia ter sofrido um ferimento mortal, mas o ferimento mortal foi curado. O mundo todo ficou maravilhado e seguiu a besta. ⁴ Adoraram o dragão, que tinha dado autoridade à besta, e também

---

[a] **12.3** Grego: *diademas*.
[b] **12.18** Alguns manuscritos dizem *E eu estava em pé*.
[c] **13.1** Grego: *diademas*.

adoraram a besta, dizendo: "Quem é como a besta? Quem pode guerrear contra ela?"

⁵ À besta foi dada uma boca para falar palavras arrogantes e blasfemas e lhe foi dada autoridade para agir durante quarenta e dois meses. ⁶ Ela abriu a boca para blasfemar contra Deus e amaldiçoar o seu nome e o seu tabernáculo, osᵃ que habitam nos céus. ⁷ Foi-lhe dado poder para guerrear contra os santos e vencê-los. Foi-lhe dada autoridade sobre toda tribo, povo, língua e nação. ⁸ Todos os habitantes da terra adorarão a besta, a saber, todos aqueles que não tiveram seus nomes escritos no livro da vida do Cordeiro que foi morto desde a criação do mundoᵇ.

⁹ Aquele que tem ouvidos ouça:

¹⁰ Se alguém há de ir
para o cativeiro,
para o cativeiro irá.
Se alguém há de ser mortoᶜ
à espada,
morto à espada haverá de ser.

Aqui estão a perseverança e a fidelidade dos santos.

A Besta que Saiu da Terra

¹¹ Então vi outra besta que saía da terra, com dois chifres como cordeiro, mas que falava como dragão. ¹² Exercia toda a autoridade da primeira besta, em nomeᵈ dela, e fazia a terra e seus habitantes adorarem a primeira besta, cujo ferimento mortal havia sido curado. ¹³ E realizava grandes sinais, chegando a fazer descer fogo do céu à terra, à vista dos homens. ¹⁴ Por causa dos sinais que lhe foi permitido realizar em nome da primeira besta, ela enganou os habitantes da terra. Ordenou-lhes que fizessem uma imagem em honra à besta que fora ferida pela espada e contudo revivera. ¹⁵ Foi-lhe dado poder para dar fôlego à imagem da primeira besta, de modo que ela podia falar e fazer que fossem mortos todos os que se recusassem a adorar a imagem. ¹⁶ Também obrigou todos, pequenos e grandes, ricos e pobres, livres e escravos, a receberem certa marca na mão direita ou na testa, ¹⁷ para que ninguém pudesse comprar nem vender, a não ser quem tivesse a marca, que é o nome da besta ou o número do seu nome.

¹⁸ Aqui há sabedoria. Aquele que tem entendimento calcule o número da besta, pois é número de homem. Seu número é seiscentos e sessenta e seis.

O Cordeiro e os Cento e Quarenta e Quatro Mil Selados

14 Então olhei, e diante de mim estava o Cordeiro, em pé sobre o monte Sião, e com ele cento e quarenta e quatro mil que traziam escritos na testa o nome dele e o nome de seu Pai. ² Ouvi um som dos céus como o de muitas águas e de um forte trovão. Era como o de harpistas tocando seus instrumentos. ³ Eles cantavam um cântico novo diante do trono, dos quatro seres viventes e dos anciãos. Ninguém podia aprender o cântico, a não ser os cento e quarenta e quatro mil que haviam sido comprados da terra. ⁴ Estes são os que não se contaminaram com mulheres, pois se conservaram castosᵉ e seguem o Cordeiro por onde quer que ele vá. Foram comprados dentre os homens e ofertados como primícias a Deus e ao Cordeiro. ⁵ Mentira nenhuma foi encontrada na boca deles; são imaculados.

Os Três Anjos

⁶ Então vi outro anjo, que voava pelo céu e tinha na mão o evangelho eterno para proclamar aos que habitam na terra, a toda nação, tribo, língua e povo. ⁷ Ele disse em alta voz: "Temam a Deus e glorifiquem-no, pois chegou a hora do seu juízo. Adorem aquele que fez os céus, a terra, o mar e as fontes das águas".

⁸ Um segundo anjo o seguiu, dizendo: "Caiu! Caiu a grande Babilônia que fez todas as nações beberem do vinho da fúria da sua prostituição!"

14.1 Antes que o anticristo imponha o famoso 666 que diferentes interpretações já recebeu, outro sinal marcará os que são fiéis a Cristo e ao Pai durante o período da tribulação: tinham escritos na testa o nome dele e o nome de seu Pai, para identificar propriedade e consagração.

ᵃ **13.6** Alguns manuscritos dizem *e os*.
ᵇ **13.8** Ou *escritos, desde a criação do mundo, no livro da vida do Cordeiro que foi morto*
ᶜ **13.10** Alguns manuscritos dizem *Todo aquele que mata*.
ᵈ **13.12** Ou *na presença*; também no versículo 14.
ᵉ **14.4** Grego: *virgens*.

⁹ Um terceiro anjo os seguiu, dizendo em alta voz: "Se alguém adorar a besta e a sua imagem e receber a sua marca na testa ou na mão, ¹⁰ também beberá do vinho do furor de Deus que foi derramado sem mistura no cálice da sua ira. Será ainda atormentado com enxofre ardente na presença dos santos anjos e do Cordeiro, ¹¹ e a fumaça do tormento de tais pessoas sobe para todo o sempre. Para todos os que adoram a besta e a sua imagem, e para quem recebe a marca do seu nome, não há descanso, dia e noite". ¹² Aqui está a perseverança dos santos que obedecem aos mandamentos de Deus e permanecem fiéis a Jesus.

¹³ Então ouvi uma voz dos céus, dizendo: "Escreva: Felizes os mortos que morrem no Senhor de agora em diante".

Diz o Espírito: "Sim, eles descansarão das suas fadigas, pois as suas obras os seguirão".

A Colheita da Terra

¹⁴ Olhei, e diante de mim estava uma nuvem branca e, assentado sobre a nuvem, alguém "semelhante a um filho de homem"ᵃ. Ele estava com uma coroa de ouro na cabeça e uma foice afiada na mão. ¹⁵ Então saiu do santuário um outro anjo, que bradou em alta voz àquele que estava assentado sobre a nuvem: "Tome a sua foice e faça a colheita, pois a safra da terra está madura; chegou a hora de colhê-la". ¹⁶ Assim, aquele que estava assentado sobre a nuvem passou sua foice pela terra, e a terra foi ceifada.

¹⁷ Outro anjo saiu do santuário dos céus, trazendo também uma foice afiada. ¹⁸ E ainda outro anjo, que tem autoridade sobre o fogo, saiu do altar e bradou em alta voz àquele que tinha a foice afiada: "Tome sua foice afiada e ajunte os cachos de uva da videira da terra, porque as suas uvas estão maduras!" ¹⁹ O anjo passou a foice pela terra, ajuntou as uvas e as lançou no grande lagar da ira de Deus. ²⁰ Elas foram pisadas no lagar, fora da cidade, e correu sangue do lagar, chegando ao nível dos freios dos cavalos, numa distância de cerca de trezentos quilômetrosᵇ.

Os Sete Anjos e as Sete Pragas

15 Vi no céu outro sinal, grande e maravilhoso: sete anjos com as sete últimas

ᵃ **14.14** Dn 7.13
ᵇ **14.20** Grego: *1.600 estádios*. Um estádio equivale a 185 metros.

15.7 A última série de açoites é representada com sete taças. Nas Escrituras é frequente a imagem da taça para simbolizar a ira de Deus a ponto de ser derramada sobre alguém.

pragas, pois com elas se completa a ira de Deus. ² Vi algo semelhante a um mar de vidro misturado com fogo, e, em pé, junto ao mar, os que tinham vencido a besta, a sua imagem e o número do seu nome. Eles seguravam harpas que lhes haviam sido dadas por Deus, ³ e cantavam o cântico de Moisés, servo de Deus, e o cântico do Cordeiro:

"Grandes e maravilhosas
  são as tuas obras,
Senhor Deus todo-poderoso.
Justos e verdadeiros
  são os teus caminhos,
ó Rei das nações.
⁴ Quem não te temerá, ó Senhor?
Quem não glorificará o teu nome?
Pois tu somente és santo.
Todas as nações virão à tua presença
  e te adorarão,
pois os teus atos de justiça
  se tornaram manifestos".

⁵ Depois disso olhei e vi que se abriu nos céus o santuário, o tabernáculo da aliança. ⁶ Saíram do santuário os sete anjos com as sete pragas. Eles estavam vestidos de linho puro e resplandecente e tinham cinturões de ouro ao redor do peito. ⁷ E um dos quatro seres viventes deu aos sete anjos sete taças de ouro cheias da ira de Deus, que vive para todo o sempre. ⁸ O santuário ficou cheio da fumaça da glória de Deus e do seu poder, e ninguém podia entrar no santuário enquanto não se completassem as sete pragas dos sete anjos.

As Sete Taças da Ira de Deus

16 Então ouvi uma forte voz que vinha do santuário e dizia aos sete anjos: "Vão derramar sobre a terra as sete taças da ira de Deus".

² O primeiro anjo foi e derramou a sua taça pela terra, e abriram-se feridas malignas e dolorosas naqueles que tinham a marca da besta e adoravam a sua imagem.

³ O segundo anjo derramou a sua taça no mar, e este se transformou em sangue como de um morto, e morreu toda criatura que vivia no mar.

⁴ O terceiro anjo derramou a sua taça nos rios e nas fontes, e eles se transformaram em sangue. ⁵ Então ouvi o anjo que tem autoridade sobre as águas dizer:

"Tu és justo,
tu, o Santo, que és e que eras,
porque julgaste estas coisas;
⁶ pois eles derramaram
o sangue dos teus santos
e dos teus profetas,
e tu lhes deste sangue
para beber,
como eles merecem".

⁷ E ouvi o altar responder:

"Sim, Senhor Deus todo-poderoso,
verdadeiros e justos
são os teus juízos".

⁸ O quarto anjo derramou a sua taça no sol, e foi dado poder ao sol para queimar os homens com fogo. ⁹ Estes foram queimados pelo forte calor e amaldiçoaram o nome de Deus, que tem domínio sobre estas pragas; contudo, recusaram arrepender-se e glorificá-lo.

¹⁰ O quinto anjo derramou a sua taça sobre o trono da besta, cujo reino ficou em trevas. De tanta agonia, os homens mordiam a própria língua ¹¹ e blasfemavam contra o Deus dos céus, por causa das suas dores e das suas feridas; contudo, recusaram arrepender-se das obras que haviam praticado.

¹² O sexto anjo derramou a sua taça sobre o grande rio Eufrates, e secaram-se as suas águas para que fosse preparado o caminho para os reis que vêm do Oriente. ¹³ Então vi saírem da boca do dragão, da boca da besta e da boca do falso profeta três espíritos imundos[a] semelhantes a rãs. ¹⁴ São espíritos de demônios que realizam sinais milagrosos; eles vão aos reis de todo o mundo, a fim de reuni-los para a batalha do grande dia do Deus todo-poderoso.

¹⁵ "Eis que venho como ladrão! Feliz aquele que permanece vigilante e conserva consigo as suas vestes, para que não ande nu e não seja vista a sua vergonha".

¹⁶ Então os três espíritos os reuniram no lugar que, em hebraico, é chamado Armagedom.

¹⁷ O sétimo anjo derramou a sua taça no ar, e do santuário saiu uma forte voz que vinha do trono, dizendo: "Está feito!" ¹⁸ Houve, então, relâmpagos, vozes, trovões e um forte terremoto. Nunca havia ocorrido um terremoto tão forte como esse desde que o homem existe sobre a terra. ¹⁹ A grande cidade foi dividida em três partes, e as cidades das nações se desmoronaram. Deus lembrou-se da grande Babilônia e lhe deu o cálice do vinho do furor da sua ira. ²⁰ Todas as ilhas fugiram, e as montanhas desapareceram. ²¹ Caíram sobre os homens, vindas do céu, enormes pedras de granizo, de cerca de trinta e cinco quilos[b] cada; eles blasfemaram contra Deus por causa do granizo, pois a praga fora terrível.

A Mulher Montada na Besta

17 Um dos sete anjos que tinham as sete taças aproximou-se e me disse: "Venha, eu mostrarei a você o julgamento da grande prostituta que está sentada sobre muitas águas, ² com quem os reis da terra se prostituíram; os habitantes da terra se embriagaram com o vinho da sua prostituição".

³ Então o anjo me levou no Espírito para um deserto. Ali vi uma mulher montada numa besta vermelha, que estava coberta de nomes blasfemos e que tinha sete cabeças e dez chifres. ⁴ A mulher estava vestida de púrpura e vermelho e adornada de ouro, pedras preciosas e pérolas. Segurava um cálice de ouro, cheio de coisas repugnantes e da impureza da sua prostituição. ⁵ Em sua testa havia esta inscrição:

MISTÉRIO:
BABILÔNIA, A GRANDE;
A MÃE DAS PROSTITUTAS
E DAS PRÁTICAS REPUGNANTES DA TERRA.

⁶ Vi que a mulher estava embriagada com o sangue dos santos, o sangue das testemunhas[c] de Jesus.

Quando a vi, fiquei muito admirado. ⁷ Então o anjo me disse: "Por que você está admirado? Eu explicarei o mistério dessa mulher e da besta sobre a qual ela está montada, que tem sete cabeças e dez chifres. ⁸ A besta que você viu,

---

[a] **16.13** Ou *malignos*
[b] **16.21** Grego: *1 talento.*
[c] **17.6** Ou *dos mártires*

17.14 Nunca nos esqueçamos de que o Cordeiro é o Leão de Judá, o Senhor dos senhores e o Rei dos reis.

era e já não é. Ela está para subir do Abismo e caminha para a perdição. Os habitantes da terra, cujos nomes não foram escritos no livro da vida desde a criação do mundo, ficarão admirados quando virem a besta, porque ela era, agora não é, e entretanto virá.

⁹ "Aqui se requer mente sábia. As sete cabeças são sete colinas sobre as quais está sentada a mulher. ¹⁰ São também sete reis. Cinco já caíram, um ainda existe, e o outro ainda não surgiu; mas, quando surgir, deverá permanecer durante pouco tempo. ¹¹ A besta que era, e agora não é, é o oitavo rei. É um dos sete, e caminha para a perdição.

¹² "Os dez chifres que você viu são dez reis que ainda não receberam reino, mas que por uma hora receberão, com a besta, autoridade como reis. ¹³ Eles têm um único propósito e darão seu poder e sua autoridade à besta. ¹⁴ Guerrearão contra o Cordeiro, mas o Cordeiro os vencerá, pois é o Senhor dos senhores e o Rei dos reis; e vencerão com ele os seus chamados, escolhidos e fiéis".

¹⁵ Então o anjo me disse: "As águas que você viu, onde está sentada a prostituta, são povos, multidões, nações e línguas. ¹⁶ A besta e os dez chifres que você viu odiarão a prostituta. Eles a levarão à ruína e a deixarão nua, comerão a sua carne e a destruirão com fogo, ¹⁷ pois Deus pôs no coração deles o desejo de realizar o propósito que ele tem, levando-os a concordar em dar à besta o poder que eles têm para reinar até que se cumpram as palavras de Deus. ¹⁸ A mulher que você viu é a grande cidade que reina sobre os reis da terra".

A Queda da Babilônia

18 Depois disso vi outro anjo que descia dos céus. Tinha grande autoridade, e a terra foi iluminada por seu esplendor. ² E ele bradou com voz poderosa:

"Caiu! Caiu a grande Babilônia!
Ela se tornou habitação
    de demônios
e antro de todo espírito imundo[a],

---

[a] **18.2** Ou *maligno*

antro de toda ave impura
    e detestável,
³ pois todas as nações beberam
    do vinho da fúria
    da sua prostituição.
Os reis da terra
    se prostituíram com ela;
à custa do seu luxo excessivo
    os negociantes da terra
    se enriqueceram".

⁴ Então ouvi outra voz dos céus que dizia:

"Saiam dela, vocês, povo meu,
para que vocês não participem dos seus
    pecados,
para que as pragas
    que vão cair sobre ela
    não os atinjam!
⁵ Pois os pecados da Babilônia
    acumularam-se até o céu,
e Deus se lembrou
    dos seus crimes.
⁶ Retribuam-lhe
    na mesma moeda;
paguem-lhe em dobro
    pelo que fez;
misturem para ela uma porção dupla
    no seu próprio cálice.
⁷ Façam-lhe sofrer tanto tormento
    e tanta aflição
como a glória e o luxo a que ela se
    entregou.
Em seu coração
    ela se vangloriava:
'Estou sentada como rainha;
    não sou viúva
e jamais terei tristeza'.
⁸ Por isso num só dia
    as suas pragas a alcançarão:
morte, tristeza e fome;
    e o fogo a consumirá,
pois poderoso é o Senhor Deus que
    a julga.

⁹ "Quando os reis da terra, que se prostituíram com ela e participaram do seu luxo, virem a fumaça do seu incêndio, chorarão e se lamentarão por ela. ¹⁰ Amedrontados por causa do tormento dela, ficarão de longe e gritarão:

" 'Ai! A grande cidade!
    Babilônia, cidade poderosa!

Em apenas uma hora
  chegou a sua condenação!'

¹¹ "Os negociantes da terra chorarão e se lamentarão por causa dela, porque ninguém mais compra a sua mercadoria: ¹² artigos como ouro, prata, pedras preciosas e pérolas; linho fino, púrpura, seda e tecido vermelho; todo tipo de madeira de cedro e peças de marfim, madeira preciosa, bronze, ferro e mármore; ¹³ canela e outras especiarias, incenso, mirra e perfumes; vinho e azeite de oliva, farinha fina e trigo; bois e ovelhas, cavalos e carruagens, e corpos e almas de seres humanos[a].

¹⁴ "Eles dirão: 'Foram-se as frutas que tanto lhe apeteciam! Todas as suas riquezas e todo o seu esplendor se desvaneceram; nunca mais serão recuperados'. ¹⁵ Os negociantes dessas coisas, que enriqueceram à custa dela, ficarão de longe, amedrontados com o tormento dela, e chorarão e se lamentarão, ¹⁶ gritando:

" 'Ai! A grande cidade,
  vestida de linho fino,
de roupas de púrpura
  e vestes vermelhas,
adornada de ouro,
  pedras preciosas e pérolas!
¹⁷ Em apenas uma hora,
  tamanha riqueza
  foi arruinada!'

"Todos os pilotos, todos os passageiros e marinheiros dos navios e todos os que ganham a vida no mar ficarão de longe. ¹⁸ Ao verem a fumaça do incêndio dela, exclamarão: 'Que outra cidade jamais se igualou a esta grande cidade?' ¹⁹ Lançarão pó sobre a cabeça e, lamentando-se e chorando, gritarão:

" 'Ai! A grande cidade!
Graças à sua riqueza,
  nela prosperaram
  todos os que tinham
  navios no mar!
Em apenas uma hora
  ela ficou em ruínas!
²⁰ Celebrem o que se deu com ela,
  ó céus!
Celebrem, ó santos, apóstolos
  e profetas!

[a] **18.13** Ou *corpos, e até almas humanas*

Deus a julgou, retribuindo-lhe
  o que ela fez a vocês ' ".

²¹ Então um anjo poderoso levantou uma pedra do tamanho de uma grande pedra de moinho, lançou-a ao mar e disse:

"Com igual violência
  será lançada por terra
  a grande cidade
  de Babilônia,
para nunca mais
  ser encontrada.
²² Nunca mais se ouvirá em seu meio
  o som dos harpistas, dos músicos,
dos flautistas e dos tocadores
  de trombeta.
Nunca mais se achará dentro de
  seus muros
  artífice algum, de qualquer profissão.
Nunca mais se ouvirá em seu meio
  o ruído das pedras de moinho.
²³ Nunca mais brilhará dentro de
  seus muros
  a luz da candeia.
Nunca mais se ouvirá ali
  a voz do noivo e da noiva.
Seus mercadores eram
  os grandes do mundo.
Todas as nações
  foram seduzidas
  por suas feitiçarias.
²⁴ Nela foi encontrado sangue
  de profetas e de santos,
e de todos os que foram assassinados
  na terra".

Aleluia!

19 Depois disso ouvi nos céus algo semelhante à voz de uma grande multidão, que exclamava:

"Aleluia!
A salvação, a glória e o poder
  pertencem ao nosso Deus,
² pois verdadeiros e justos
  são os seus juízos.
Ele condenou
  a grande prostituta
  que corrompia a terra
  com a sua prostituição.
Ele cobrou dela o sangue
  dos seus servos".

³ E mais uma vez a multidão exclamou:

"Aleluia!
A fumaça que dela vem,
sobe para todo o sempre".

⁴ Os vinte e quatro anciãos e os quatro seres viventes prostraram-se e adoraram a Deus, que estava assentado no trono, e exclamaram:

"Amém, Aleluia!"

⁵ Então veio do trono uma voz, conclamando:

"Louvem o nosso Deus,
 todos vocês, seus servos,
vocês que o temem,
 tanto pequenos como grandes!"

⁶ Então ouvi algo semelhante ao som de uma grande multidão, como o estrondo de muitas águas e fortes trovões, que bradava:

"Aleluia!,
 pois reina
 o Senhor, o nosso Deus,
 o Todo-poderoso.
⁷ Regozijemo-nos! Vamos alegrar-nos
 e dar-lhe glória!
Pois chegou a hora
 do casamento do Cordeiro,
e a sua noiva já se aprontou.
⁸ Para vestir-se, foi-lhe dado
 linho fino, brilhante e puro".

O linho fino são os atos justos dos santos.

⁹ E o anjo me disse: "Escreva: Felizes os convidados para o banquete do casamento do Cordeiro!" E acrescentou: "Estas são as palavras verdadeiras de Deus".

¹⁰ Então caí aos seus pés para adorá-lo, mas ele me disse: "Não faça isso! Sou servo como você e como os seus irmãos que se mantêm fiéis ao testemunho[a] de Jesus. Adore a Deus! O testemunho de Jesus é o espírito de profecia".

O Cavaleiro no Cavalo Branco

¹¹ Vi os céus abertos e diante de mim um cavalo branco, cujo cavaleiro se chama Fiel e Verdadeiro. Ele julga e guerreia com justiça. ¹² Seus olhos são como chamas de fogo, e em sua cabeça há muitas coroas[b] e um nome que só ele conhece, e ninguém mais. ¹³ Está vestido com um manto tingido de sangue, e o seu nome é Palavra de Deus. ¹⁴ Os exércitos dos céus o seguiam, vestidos de linho fino, branco e puro, e montados em cavalos brancos. ¹⁵ De sua boca sai uma espada afiada, com a qual ferirá as nações. "Ele as governará com cetro de ferro."[c] Ele pisa o lagar do vinho do furor da ira do Deus todo-poderoso. ¹⁶ Em seu manto e em sua coxa está escrito este nome:

REI DOS REIS
E SENHOR DOS SENHORES.

¹⁷ Vi um anjo que estava em pé no sol e que clamava em alta voz a todas as aves que voavam pelo meio do céu: "Venham, reúnam-se para o grande banquete de Deus, ¹⁸ para comerem carne de reis, generais e poderosos, carne de cavalos e seus cavaleiros, carne de todos — livres e escravos, pequenos e grandes".

¹⁹ Então vi a besta, os reis da terra e os seus exércitos reunidos para guerrearem contra aquele que está montado no cavalo e contra o seu exército. ²⁰ Mas a besta foi presa, e com ela o falso profeta que havia realizado os sinais milagrosos em nome dela, com os quais ele havia enganado os que receberam a marca da besta e adoraram a imagem dela. Os dois foram lançados vivos no lago de fogo que arde com enxofre. ²¹ Os demais foram mortos com a espada que saía da boca daquele que está montado no cavalo. E todas as aves se fartaram com a carne deles.

Os Mil Anos

20 Vi descer dos céus um anjo que trazia na mão a chave do Abismo e uma grande corrente. ² Ele prendeu o dragão, a antiga serpente, que é o Diabo, Satanás, e o acorrentou por mil anos; ³ lançou-o no Abismo, fechou-o

19.10 O anjo, como ser consciente a serviço de Deus, não permite que a ele seja prestado nenhum tipo de veneração. Somente Deus é digno de toda a adoração.

---
[a] **19.10** Ou *que mantém o testemunho*
[b] **19.12** Grego: *diademas*.
[c] **19.15** Sl 2.9

JESUS CRISTO EM APOCALIPSE	
A testemunha fiel.	1.5
O primogênito dentre os mortos	1.5
O soberano dos reis da terra	1.5
O que nos ama e nos libertou dos nossos pecados por meio do seu sangue	1.5
O que nos constituiu reino e sacerdotes para servir a seu Deus e Pai.	1.6
O que vem com as nuvens e todo olho o verá	1.7
O grande Eu Sou	1.8,11,17; 21.6,13,16
O Alfa e o Ômega	1.8; 21.6; 22.13
O Princípio e o Fim	21.6; 22.13
O que é, o que era e o que há de vir	1.8
O Todo-poderoso	1.8
O Primeiro e o Último	1.17; 2.8; 22.13
O que estava no meio dos sete candelabros de ouro	1.13
O "semelhante a um filho de homem", com uma veste que chegava aos seus pés e um cinturão de ouro ao redor do peito. Sua cabeça e seus cabelos eram brancos como a lã, tão brancos quanto a neve, e seus olhos eram como chama de fogo. Seus pés eram como o bronze numa fornalha ardente, e sua voz como o som de muitas águas. Tinha em sua mão direita sete estrelas, e da sua boca saía uma espada afiada de dois gumes. Sua face era como o sol quando brilha em todo o seu fulgor	1.13-16
Aquele que Vive e que esteve morto	1.18; 2.8
O que vive para todo o sempre	1.18
O que tem as chaves da morte e do Hades	1.18
O que escreve aos anjos das sete igrejas da Ásia	2—3
O que tem as sete estrelas em sua mão direita	2.1
O que anda entre os sete candelabros de ouro	2.1
O que dá a recompensa aos vencedores	2.7,11,17,26-29; 3.5,6,12,13,21,22 (Consulte o quadro "A promessa ao vencedor em cada uma das sete igrejas", p. 1368.)
O que tem a espada afiada de dois gumes	2.12
O Filho de Deus, cujos olhos são como chama de fogo e os pés como bronze reluzente	2.18
O que tem os sete espíritos de Deus e as sete estrelas	3.1
O santo e verdadeiro	3.7
O que tem a chave de Davi	3.7
O que abre e ninguém pode fechar, e o que fecha e ninguém pode abrir	3.7
O Amém	3.14
A testemunha fiel e verdadeira	3.14
O soberano da criação de Deus	3.14
O que está à porta e bate; se alguém ouvir sua voz e abrir a porta, ele entrará e cearão juntos	3.20

O que venceu e sentou-se com o Pai em seu trono	3.21
O Leão da tribo de Judá	5.5
A Raiz de Davi	5.5
O que venceu para abrir o livro e os seus sete selos	5.5
O Cordeiro, que parecia ter estado morto	5.6
O que é digno de receber o livro e de abrir os seus selos, pois foi morto e com seu sangue comprou para Deus gente de toda tribo, língua, povo e nação. Tu os constituíste reino e sacerdotes para o nosso Deus, e eles reinarão sobre a terra.	5.9,10
O Cordeiro que foi morto e que é digno de receber poder, riqueza, sabedoria, força, honra, glória e louvor	5.12
O Cordeiro que está no centro do trono	7.17
O Pastor que guiará todos os que saíram da grande tribulação às fontes de água viva	7.17
Um filho, homem, que governará todas as nações com cetro de ferro	12.5
O Cordeiro, em pé sobre o monte Sião, e com ele 144 mil que traziam escritos na testa o nome dele e o nome de seu Pai	14.1
O Cordeiro que vencerá os dez reis	17.14
O Senhor dos senhores e o Rei dos reis	17.14
O Cordeiro cuja noiva já se aprontou para o casamento	19.7-9
O Fiel e Verdadeiro, que vem dos céus montado em um cavalo branco. O que julga e guerreia com justiça. Que tem os olhos como chamas de fogo, e em cuja cabeça há muitas coroas e um nome que só ele conhece, e ninguém mais. O que está vestido com um manto tingido de sangue, cujo nome é Palavra de Deus. Os exércitos dos céus o seguem, vestidos de linho fino, branco e puro, e montados em cavalos brancos. De sua boca sai uma espada afiada, com a qual ferirá as nações e as governará com cetro de ferro. Ele pisa o lagar do vinho do furor da ira do Deus todo-poderoso. Em seu manto e em sua coxa está escrito este nome: REI DOS REIS E SENHOR DOS SENHORES.	19.11-16
O que reina com os seus durante mil anos	20.4,6
O Cordeiro que é a candeia da nova Jerusalém	21.23
O Cordeiro que tem o livro da vida	21.27
O Cordeiro que se senta no trono de Deus	22.1,3
O que vem em breve e cuja recompensa está com ele, a fim de retribuir a cada um de acordo com o que fez	22.12
A Raiz e o Descendente de Davi	22.16
A resplandecente Estrela da Manhã.	22.16
O que certamente vem em breve	22.20
O grande clamor dos redimidos "Vem, Senhor!" (1Coríntios 16.22) "O Espírito e a noiva dizem: 'Vem!' E todo aquele que ouvir diga: 'Vem! [...]'" "Amém. Vem, Senhor Jesus!" (22.17,20)	

e pôs um selo sobre ele, para assim impedi-lo de enganar as nações, até que terminassem os mil anos. Depois disso, é necessário que ele seja solto por um pouco de tempo.

⁴ Vi tronos em que se assentaram aqueles a quem havia sido dada autoridade para julgar. Vi as almas dos que foram decapitados por causa do testemunho de Jesus e da palavra de

Deus. Eles não tinham adorado a besta nem a sua imagem, e não tinham recebido a sua marca na testa nem nas mãos. Eles ressuscitaram e reinaram com Cristo durante mil anos. ⁵ (O restante dos mortos não voltou a viver até se completarem os mil anos.) Esta é a primeira ressurreição. ⁶ Felizes e santos os que participam da primeira ressurreição! A segunda morte não tem poder sobre eles; serão sacerdotes de Deus e de Cristo e reinarão com ele durante mil anos.

A Destruição de Satanás

⁷ Quando terminarem os mil anos, Satanás será solto da sua prisão ⁸ e sairá para enganar as nações que estão nos quatro cantos da terra, Gogue e Magogue, a fim de reuni-las para a batalha. Seu número é como a areia do mar. ⁹ As nações marcharam por toda a superfície da terra e cercaram o acampamento dos santos, a cidade amada; mas um fogo desceu do céu e as devorou. ¹⁰ O Diabo, que as enganava, foi lançado no lago de fogo que arde com enxofre, onde já haviam sido lançados a besta e o falso profeta. Eles serão atormentados dia e noite, para todo o sempre.

Os Mortos São Julgados

¹¹ Depois vi um grande trono branco e aquele que nele estava assentado. A terra e o céu fugiram da sua presença, e não se encontrou lugar para eles. ¹² Vi também os mortos, grandes e pequenos, em pé diante do trono, e livros foram abertos. Outro livro foi aberto, o livro da vida. Os mortos foram julgados de acordo com o que tinham feito, segundo o que estava registrado nos livros. ¹³ O mar entregou os mortos que nele havia, e a morte e o Hades[a] entregaram os mortos que neles havia; e cada um foi julgado de acordo com o que tinha feito. ¹⁴ Então a morte e o Hades foram lançados no lago de fogo. O lago de fogo é a segunda morte. ¹⁵ Aqueles cujos nomes não foram encontrados no livro da vida foram lançados no lago de fogo.

A Nova Jerusalém

21 Então vi novos céus e nova terra, pois o primeiro céu e a primeira terra tinham passado; e o mar já não existia. ² Vi a Cidade Santa, a nova Jerusalém, que descia dos céus, da parte de Deus, preparada como uma noiva adornada para o seu marido. ³ Ouvi uma forte voz que vinha do trono e dizia: "Agora o tabernáculo de Deus está com os homens, com os quais ele viverá. Eles serão os seus povos[b]; o próprio Deus estará com eles e será o seu Deus. ⁴ Ele enxugará dos seus olhos toda lágrima. Não haverá mais morte, nem tristeza, nem choro, nem dor, pois a antiga ordem já passou".

⁵ Aquele que estava assentado no trono disse: "Estou fazendo novas todas as coisas!" E acrescentou: "Escreva isto, pois estas palavras são verdadeiras e dignas de confiança".

⁶ Disse-me ainda: "Está feito. Eu sou o Alfa e o Ômega, o Princípio e o Fim. A quem tiver sede, darei de beber gratuitamente da fonte da água da vida. ⁷ O vencedor herdará tudo isto, e eu serei seu Deus, e ele será meu filho. ⁸ Mas os covardes, os incrédulos, os depravados, os assassinos, os que cometem imoralidade sexual, os que praticam feitiçaria, os idólatras e todos os mentirosos — o lugar deles será no lago de fogo que arde com enxofre. Esta é a segunda morte".

⁹ Um dos sete anjos que tinham as sete taças cheias das últimas sete pragas aproximou-se e me disse: "Venha, eu mostrarei a você a noiva, a esposa do Cordeiro". ¹⁰ Ele me levou no Espírito a um grande e alto monte e mostrou-me a Cidade Santa, Jerusalém, que descia dos céus, da parte de Deus. ¹¹ Ela resplandecia com a glória de Deus, e o seu brilho era como o de uma joia muito preciosa, como jaspe, clara como cristal. ¹² Tinha um grande e alto muro com doze portas e doze anjos junto às portas. Nas portas estavam escritos os nomes das doze tribos de Israel. ¹³ Havia três portas ao oriente, três ao norte, três ao sul e três ao ocidente. ¹⁴ O muro da cidade tinha doze fundamentos, e neles estavam os nomes dos doze apóstolos do Cordeiro.

¹⁵ O anjo que falava comigo tinha como medida uma vara feita de ouro, para medir a cidade, suas portas e seus muros. ¹⁶ A cidade era quadrangular, de comprimento e largura iguais. Ele mediu a cidade com a vara; tinha dois mil e duzentos quilômetros[c] de comprimento; a largura e a altura eram iguais ao comprimento. ¹⁷ Ele mediu o muro, e deu sessenta e cinco metros de espessura[d], segundo a medida humana que o anjo estava usando. ¹⁸ O muro

---

[b] **21.3** Alguns manuscritos dizem *o seu povo*.
[c] **21.16** Grego: *12.000 estádios*. Um estádio equivalia a 185 metros.
[d] **21.17** Ou *metros de altura*. Grego: *144 côvados*. O côvado era uma medida linear de cerca de 45 centímetros.

[a] **20.13** Essa palavra pode ser traduzida por *inferno*, *sepulcro*, *morte* ou *profundezas*; também no versículo 14.

EVANGELIZAÇÃO: APOCALIPSE E ATOS

Em geral as pessoas creem que todos os caminhos levam ao céu. Com isso, a evangelização acabou ganhando a reputação de geradora de polêmicas e rejeição. O que a Bíblia diz sobre o assunto?

Primeiro devemos voltar-nos para o que diz o livro de Atos. Quase todo o relato da igreja primitiva pode ser resumido em Atos 1.8: " 'Mas receberão poder quando o Espírito Santo descer sobre vocês, e serão minhas testemunhas em Jerusalém, em toda a Judeia e Samaria, e até os confins da terra' ". A ordem à igreja inicial não foi para que evitassem o enfrentamento, mas, sim, que fossem testemunhas da mensagem de Cristo em cada nação. Deviam obedecer às instruções que Jesus lhes tinha dado na Grande Comissão: " 'Vão pelo mundo todo e preguem o evangelho a todas as pessoas' " (Marcos 16.15).

É interessante que se destaque a fonte de poder para o testemunho. A promessa do Espírito Santo é que, ao vir ele sobre nós, receberemos poder para falar da nossa fé. Este é o poder sobrenatural que nos capacita a fazer o que ele nos pede e que nos faz superar os temores e as desculpas contra a evangelização.

Talvez a imagem mais viva sobre a necessidade de evangelizar esteja em Apocalipse. Este livro mostra o destino dos que creem e também dos que não creem:

> Vi também os mortos, grandes e pequenos, em pé diante do trono, e livros foram abertos. Outro livro foi aberto, o livro da vida. Os mortos foram julgados de acordo com o que tinham feito, segundo o que estava registrado nos livros. O mar entregou os mortos que nele havia, e a morte e o Hades entregaram os mortos que neles havia; e cada um foi julgado de acordo com o que tinha feito. Então a morte e o Hades foram lançados no lago de fogo. O lago de fogo é a segunda morte. Aqueles cujos nomes não foram encontrados no livro da vida foram lançados no lago de fogo (Apocalipse 20.12-15).

Quem morre sem ter se entregado a Cristo, será julgado pelas obras registradas num "livro". Ninguém será justificado pelas obras que tiver praticado. Seu destino será o lago de fogo, ou inferno. Os redimidos, por sua vez, têm o nome escrito no livro da vida. Em Apocalipse 21 e 22, seu destino é descrito em termos gloriosos e surpreendentes. Estamos diante de um quadro celestial. O destino dos descrentes, porém, é um alerta, por esse motivo devemos evangelizar. Algum dia, todos estaremos diante de uma situação ou de outra.

APLICAÇÃO
- Converse com alguém sobre os temores e inseguranças que ele tenha sobre a evangelização. Ore para que o Espírito Santo dê a ele coragem para testemunhar de Jesus.
- Escreva o nome de três pessoas às quais você queira falar sobre a sua fé. Ore por elas diariamente e tenha ousadia de apresentar-lhes o evangelho.

---

era feito de jaspe e a cidade era de ouro puro, semelhante ao vidro puro. ¹⁹ Os fundamentos dos muros da cidade eram ornamentados com toda sorte de pedras preciosas. O primeiro fundamento era ornamentado com jaspe; o segundo com safira; o terceiro com calcedônia; o quarto com esmeralda; ²⁰ o quinto com sardônio; o sexto com sárdio; o sétimo com crisólito; o oitavo com berilo; o nono com topázio; o décimo com crisópraso; o décimo primeiro com jacinto; e o décimo segundo com ametista.[a] ²¹ As doze portas eram doze pérolas, cada porta feita de uma única pérola. A rua principal da cidade era de ouro puro, como vidro transparente.

²² Não vi templo algum na cidade, pois o Senhor Deus todo-poderoso e o Cordeiro são o seu templo. ²³ A cidade não precisa de sol nem de lua para brilharem sobre ela, pois a glória de Deus a ilumina, e o Cordeiro é a sua candeia. ²⁴ As nações andarão em sua luz, e os reis da terra lhe trarão a sua glória. ²⁵ Suas portas jamais se fecharão de dia, pois ali não haverá noite. ²⁶ A glória e a honra das nações lhe serão trazidas. ²⁷ Nela jamais entrará algo impuro, nem ninguém que pratique o que é vergonhoso ou enganoso, mas unicamente aqueles cujos nomes estão escritos no livro da vida do Cordeiro.

---

[a] **21.20** A identificação precisa de algumas dessas pedras não é conhecida.

O Rio da Vida

22 Então o anjo me mostrou o rio da água da vida que, claro como cristal, fluía do trono de Deus e do Cordeiro, ² no meio da rua principal da cidade. De cada lado do rio estava a árvore da vida, que frutifica doze vezes por ano, uma por mês. As folhas da árvore servem para a cura das nações. ³ Já não haverá maldição nenhuma. O trono de Deus e do Cordeiro estará na cidade, e os seus servos o servirão. ⁴ Eles verão a sua face, e o seu nome estará na testa deles. ⁵ Não haverá mais noite. Eles não precisarão de luz de candeia nem da luz do sol, pois o Senhor Deus os iluminará; e eles reinarão para todo o sempre.

⁶ O anjo me disse: "Estas palavras são dignas de confiança e verdadeiras. O Senhor, o Deus dos espíritos dos profetas, enviou o seu anjo para mostrar aos seus servos as coisas que em breve hão de acontecer[a].

Jesus Vem em Breve

⁷ "Eis que venho em breve! Feliz é aquele que guarda as palavras da profecia deste livro".

⁸ Eu, João, sou aquele que ouviu e viu estas coisas. Tendo-as ouvido e visto, caí aos pés do anjo que me mostrou tudo aquilo, para adorá-lo. ⁹ Mas ele me disse: "Não faça isso! Sou servo como você e seus irmãos, os profetas, e como os que guardam as palavras deste livro. Adore a Deus!"

22.3-5 Ele é o Alfa e o Ômega, o Princípio e o Fim. Aquilo que havia sido planejado para acontecer com o ser humano no jardim do Éden — lugar perfeito, ainda que não tenha alcançado a plenitude porque o homem não chegou a ter êxito —, agora é concluído em outro lugar perfeito, mas aqui chegado à plenitude pelo próprio Deus, em um lugar onde morarão os justos com Deus, o Pai, e com o Cordeiro por toda a eternidade: a nova Jerusalém que desceu do céu. Neste texto, estão presentes os elementos do jardim, tais como o rio e a árvore da vida.

22.9 Uma vez mais, João é levado a adorar o anjo, mas este o impede de fazê-lo, dando-lhe uma ordem: " 'Não faça isso! Sou servo como você e seus irmãos, os profetas, e como os que guardam as palavras deste livro. Adore a Deus!'."

¹⁰ Então me disse: "Não sele as palavras da profecia deste livro, pois o tempo está próximo. ¹¹ Continue o injusto a praticar injustiça; continue o imundo na imundícia; continue o justo a praticar justiça; e continue o santo a santificar-se".

¹² "Eis que venho em breve! A minha recompensa está comigo, e eu retribuirei a cada um de acordo com o que fez. ¹³ Eu sou o Alfa e o Ômega, o Primeiro e o Último, o Princípio e o Fim.

¹⁴ "Felizes os que lavam as suas vestes, e assim têm direito à árvore da vida e podem entrar na cidade pelas portas. ¹⁵ Fora ficam os cães, os que praticam feitiçaria, os que cometem imoralidades sexuais, os assassinos, os idólatras e todos os que amam e praticam a mentira.

¹⁶ "Eu, Jesus, enviei o meu anjo para dar a vocês este testemunho concernente às igrejas. Eu sou a Raiz e o Descendente de Davi, e a resplandecente Estrela da Manhã."

¹⁷ O Espírito e a noiva dizem: "Vem!" E todo aquele que ouvir diga: "Vem!" Quem tiver sede venha; e quem quiser beba de graça da água da vida.

¹⁸ Declaro a todos os que ouvem as palavras da profecia deste livro: Se alguém lhe acrescentar algo, Deus lhe acrescentará as pragas descritas neste livro. ¹⁹ Se alguém tirar alguma palavra deste livro de profecia, Deus tirará dele a sua parte na árvore da vida e na cidade santa, que são descritas neste livro.

²⁰ Aquele que dá testemunho destas coisas diz: "Sim, venho em breve!"
Amém. Vem, Senhor Jesus!

²¹ A graça do Senhor Jesus seja com todos. Amém.

---

[a] **22.6** Ou *que acontecerão rapidamente*

AJUDAS PARA O
DISCÍPULO

O DISCÍPULO DE JESUS

Talvez você se pergunte: "Está bem, então o que é um discípulo?". Vamos responder a essa pergunta vendo o que a Bíblia diz sobre o assunto.

Jesus ressuscitou Lázaro (João 11), mas não tirou dele as faixas que o envolviam, colocadas quando ele havia morrido. O texto bíblico diz que "O morto saiu, com as mãos e os pés envolvidos em faixas de linho e o rosto envolto num pano [...]" (v. 44). Ou seja, ele estava vivo, mas não podia fazer nada, nem podia ir a lugar nenhum, ou ver, falar, respirar, alimentar-se, nem mesmo ouvir.

Por isso, Jesus ordenou que lhe fossem tiradas as faixas que continuavam prendendo Lázaro, até mesmo depois de voltar a viver. No capítulo seguinte, podemos vê-lo sentado com Jesus em um jantar que havia sido preparado para o Mestre e estava rodeado de convidados (12.2).

Quando uma pessoa nasce de novo, tem dentro de si a vida de Cristo, mas a natureza pecaminosa do homem, o mundo e o nosso Inimigo fazem de tudo para impedir que a pessoa se desenvolva na nova vida em Jesus. O trabalho da igreja com relação aos novos discípulos consiste em *tirar suas faixas* e *deixá-los ir*. Essa é a diferença entre a pessoa que apenas creu, algo que muitas vezes não ultrapassa uma simples aceitação intelectual, e a pessoa que vê seu Libertador com os olhos e os ouvidos da fé e que já tomou a decisão de segui-lo aonde quer que seja. E aqui chegamos ao que significa ser discípulo de Jesus, ou como diziam dos primeiros cristãos, ser uma pessoa que pertence ao Caminho (veja Atos 9.2; 19.9,23; 24.14,22).

O apóstolo Paulo estabelece uma diferença bastante clara entre três tipos de pessoas: o homem *natural* (literalmente, "aquele que é dominado pela mente", 1Coríntios 2.14); o homem *carnal* ("aquele que não se submete, mas que segue sua própria vontade", 3.1) e o homem *espiritual* (literalmente, "aquele que é dominado pelo espírito", 2.15). O homem natural é aquele que ainda não creu em Jesus e cujo espírito está morto à possibilidade de um relacionamento com Deus. O carnal é aquele que já creu e cujo espírito está vivo para a realidade de Deus e para a possibilidade de ter comunhão com ele, mas que prefere continuar vivendo como homem natural. O homem espiritual é aquele cujo espírito está em comunhão com o Espírito de Deus (2.14-16). Em outras palavras, o verdadeiro discípulo.

Nos Evangelhos vemos que Jesus ensinava às multidões, curava pessoas e fazia tudo o que fosse necessário em favor delas; no entanto, convivia com ele somente um grupo de homens e mulheres que ele havia escolhido e que tinham tomado a decisão de segui-lo por toda parte e em todos os momentos. A esses, ele chamava discípulos, a eles explicava o significado das parábolas que contava às multidões, e com eles tinha uma comunhão mais profunda, permitindo-lhes experimentar pessoalmente as grandezas de Deus. "Segui-lo" (Mateus 4.19; Marcos 1.16,20; Lucas 5.10,11; João 1.43) é a decisão que precisam tomar todos os que almejam deixar de ser uma criança em Cristo (1Coríntios 3.1), cuja fé é semelhante à onda do mar, levada e agitada pelo vento (Tiago 1.6-8). A quem estiver disposto a segui-lo, Jesus prometeu sua presença e a ajuda do Espírito Santo em sua vida (João 14.16,17; Atos 1.8).

O discipulado do mundo judaico ia um pouco mais longe; o que significa que devemos lembrar sempre que Jesus nasceu no centro desse mundo; cresceu e viveu como judeu e discipulou os seus seguidores com essa perspectiva. Paulo teve como motivo de orgulho ter sido discípulo de Gamaliel, um dos grandes sábios do judaísmo (Atos 5.34; 22.3). O discípulo judeu convivia com seu mestre e observava-o em sua vida diária, em suas reações diante das circunstâncias com que se deparava, não apenas nas "pregações" que podia receber dele. A "pregação" do mestre judeu era a mesma: sua própria vida; os discípulos, que muitas vezes chegavam a ser adotados por ele como filhos procuravam venerá-lo e imitá-lo. Nesse sentido, Paulo esclarece um ponto muito importante: "Tornem-se meus imitadores, como eu o sou de Cristo" (1Coríntios 11.1; veja 4.16; Filipenses 3.17).

Em outras palavras, todos os cristãos que tomam a decisão de se tornar discípulos não o são de nenhum outro mestre, somente de Cristo. Esse radicalismo básico exige que até mesmo aqueles que Jesus designou na igreja como mestres (Efésios 4.11) entendam que somente serão mestres se seguirem por completo o verdadeiro e único Mestre. Dada a grande responsabilidade que isso implica, Tiago diz claramente: "Meus irmãos, não sejam muitos de vocês mestres, pois vocês sabem que nós, os que ensinamos, seremos julgados com maior rigor" (3.1).

Assim como os que estavam com Jesus quando Lázaro ressuscitou, os irmãos na fé que já são discípulos e caminham com a liberdade dos filhos de Deus têm a responsabilidade de tirar as faixas daqueles que ainda estão presos a elas: é preciso ajudá-los a tirar o que os detém e deixá-los ir. A única maneira de desatá-los e permitir que sigam o caminho da vontade de Deus é mostrar-lhes o contato direto e pessoal com Deus e sua Palavra por meio da iluminação de seu Santo Espírito.

Não temos o direito de prendê-los a nada que seja contrário à Palavra; muito menos a tomar o posto do Mestre, que pertence apenas Àquele que foi o único que deu a própria vida por eles e por todos nós. Temos a obrigação de ensiná-los a conhecer com nossa maneira de viver, com nossas atitudes e ações, e também com nossas palavras, a verdade que nos torna livres. Jesus resumiu essa verdade de modo ímpar: "Disse Jesus aos judeus que haviam crido nele: 'Se vocês permanecerem firmes na minha palavra, verdadeiramente serão meus discípulos. E conhecerão a verdade, e a verdade os libertará' " (João 8.31,32).

Depois de tudo isso, nos perguntamos: O que é um discípulo? *É aquele que, ajudado por seus irmãos na fé e em especial por quem Jesus pôs na igreja para orientá-lo, se entregou por completo em corpo, alma e espírito à Palavra de Deus e que se consagrou a um único e mais importante objetivo: seguir Jesus aonde quer que seja, pagando o preço que for necessário e buscando todas as maneiras de ser mais parecido com ele.*

Não somos discípulos para ter algum tipo de vantagem terrena, nem para ter uma espécie de "apólice de seguro" eterna em que Deus nos promete viver para sempre sem nenhum problema aqui e depois da morte física. Somos discípulos para continuar o trabalho que o nosso Mestre Jesus começou: fazendo e ensinando tudo o que ele nos ordenou (Atos 1.1); porque é necessário que preguemos o evangelho do Reino até os confins do mundo: " 'E este evangelho do Reino será pregado em todo o mundo como testemunho a todas as nações, e então virá o fim' " (Mateus 24.14).

A época em que vivemos tem exigido como nunca que a Igreja leve a sério o princípio básico do sacerdócio universal dos fiéis e forme discípulos com a mente de Cristo e total consagração. A missão e o papel da Igreja sempre tiveram como objetivo tratar e cuidar do Corpo de Cristo, mas não exageramos em dizer que o futuro da Igreja e de toda a humanidade dependerá do trabalho intenso de multiplicar discípulos, para que estes continuem a obra no amor e no poder de Cristo, guiados por seu Espírito Santo e com uma mentalidade como a de Davi em meio a um mundo como o de Golias.

É no discípulo que o Espírito Santo de Deus encontra terreno fértil e bem preparado para produzir seu fruto: amor, alegria, paz, paciência, amabilidade, bondade, fidelidade, mansidão e domínio próprio (Gálatas 5.22,23). Sem Jesus, o mundo nunca chegará a ter tudo o que deseja e anseia. É a partir dele que surge a sede no discípulo de comunicar a mensagem do Reino dos céus aos que ainda vivem "[...] sem Cristo, separados da comunidade de Israel, sendo estrangeiros quanto às alianças da promessa, sem esperança e sem Deus no mundo" (Efésios 2.12).

DE RECÉM-CONVERTIDO A DISCIPULADOR: O CRESCIMENTO NA VIDA ESPIRITUAL

*"Foi-me dada toda a autoridade nos céus e na terra.
Portanto, vão e façam discípulos de todas as nações, batizando-os
em nome do Pai e do Filho e do Espírito Santo, ensinando-os a
obedecer a tudo o que eu ordenei a vocês. E eu estarei
sempre com vocês, até o fim dos tempos."*
(Mateus 28.18-20, grifo nosso)

ESBOÇO

I. A nova vida
II. O mais importante: saber quem você é e o que tem em Cristo
III. A necessidade de identificar-se com um grupo de cristãos
IV. O crescimento na fé e no amor
V. Novos cristãos com necessidades especiais
   A. Necessidades pessoais
   B. Necessidades familiares
   C. Necessidades religiosas
   D. Necessidades culturais
VI. As disciplinas cristãs fundamentais
   A. A oração
      1. O que é orar?
      2. A oração e a comunhão com Deus
      3. Os salmos e a oração
   B. A prática da solitude e do silêncio
      1. Uma prática do Antigo Testamento
      2. Uma prática utilizada por diversos grupos cristãos
      3. Uma prática temida pelo homem moderno
   C. O jejum
      1. Jejum no século XXI?
      2. Existem outros tipos de jejum?
      3. O jejum que agrada a Deus
   D. A mordomia
      1. Mordomia do tempo
      2. Mordomia dos recursos
      3. Mordomia dos talentos

E. O conhecimento intelectual e espiritual da Bíblia
  1. Oração
  2. Lugar
  3. Tempo
  4. Materiais
  5. Processo
     a. Leituras prévias
     b. Análise e interpretação detalhada
     c. Aplicação para a vida: o método de interiorização: "Método do adorador"
        i. Primeiro exemplo: Gênesis
           Modelo de estudo por versículo: Gênesis 22.1-14
        ii. Segundo exemplo: Salmos 51
            Modelo de estudo por versículo: Salmos 51.1-14
        iii. Terceiro exemplo: Evangelho de João
        iv. Quarto exemplo: Epístola de Paulo aos Efésios
     d. Outros métodos para o estudo das Escrituras
        i. Método sintético
        ii. Método analítico
        iii. Estudo de personagens
        iv. Estudo geográfico, histórico e cultural
        v. Estudo de palavras
        vi. Método temático
        vii. Método de análise por versículos com síntese posterior
F. A memorização das Escrituras
  1. Um método para memorizar as Escrituras
  2. Sugestões de versículos que o discípulo deve memorizar

VII. O discípulo e as relações humanas
  A. A amizade
     1. A amizade entre os "irmãos"
     2. A amizade entre os discípulos de Jesus
     3. A amizade com o mundo
  B. O discípulo e o amor humano
  C. O discípulo e os jugos desiguais
  D. O discípulo e a evangelização
  E. Por que tanta exclusividade?
  F. A vida do discípulo maduro
     1. Íntegra
     2. Sobrenatural
  G. O segredo do discípulo
     1. A alegria da fé
     2. A paixão por Jesus
  H. A consciência de missão, consequência na vida por meio do discipulado
  I. O discípulo converte-se em discipulador e dá continuidade à sequência
  J. A vida cristã normal
  K. Uma nota sobre o desânimo

I. A NOVA VIDA

O bebê recém-nascido não pode cuidar de si mesmo, pois, para isso, necessitaria ter pensamento lógico e capacidade de tomar decisões. Ele seria o mais desamparado de todos os seres que povoam a terra se não existisse um relacionamento contínuo e determinante com seus pais, em especial com a mãe. Com o passar do tempo, desenvolve-se até se converter em um adulto capaz de agir com seus próprios filhos como seus pais fizeram com ele. O que acontece no mundo físico se reproduz no mundo espiritual. Paulo chama de "recém-convertidos" (no grego, "plantas novas") aqueles que acabam de nascer de novo (1Timóteo 3.6). A partir desse momento, começa no cristão um crescimento que nunca termina e que o conduzirá do estágio de recém-convertido a discípulo, e de discípulo a discipulador.

Os filhos de uma mesma família têm algo parecido entre si, mas nunca serão iguais; assim também acontece com os cristãos: cada um tem seu temperamento, sua história de vida e a vantagem de que Deus tem para cada pessoa propósitos bastante individuais, um chamado definido e um plano para que cada um chegue a ser o que Deus tinha em mente quando nos criou. O crescimento espiritual dos cristãos se dá em um ambiente apropriado: a Igreja de Cristo, que é a família a que pertencem os filhos de Deus e que tem Jesus como seu primogênito (Efésios 2.19); o edifício do qual são pedras vivas, e Cristo a pedra angular (1Pedro 2.5,6); o Corpo do qual são membros, e Cristo a cabeça (Romanos 12.5; 1Coríntios 10.17; 12.27; Efésios 1.23; 3.6; 4.4,16; Colossenses 1.18).

A fé cristã caracteriza-se por ser pessoal e coletiva ao mesmo tempo (João 17.20-23). Ainda que o anseio pela eternidade esteja no coração do homem (Eclesiastes 3.11), não podemos criar a fé por nossos próprios meios em razão da natureza caída do ser humano. No entanto, Cristo jamais desejou que estivéssemos sozinhos (João 14.18), mas nos enviou o Espírito Santo (v. 17), que não apenas vive dentro de nós, mas que *está* conosco, de modo que possamos andar como é digno da vocação que recebemos (veja Efésios 4.1). Graças a ele, podemos crescer e amadurecer na fé no ambiente da igreja e ser testemunhas do que Deus fez por nós em Cristo a um mundo consumido pelas trevas e escravizado pelo poder do pecado (Atos 1.8). E assim será "até que todos alcancemos a unidade da fé e do conhecimento do Filho de Deus, e cheguemos à maturidade, atingindo a medida da plenitude de Cristo" (Efésios 4.13).

A primeira coisa que um novo cristão precisa é um fundamento sólido sobre o qual edificar a etapa da humildade, cujo objetivo é abandonar tudo o que não esteja de acordo com esse fundamento com a orientação individual e coletiva que pode receber apenas em uma igreja local que tenha fortes raízes bíblicas. Essa etapa não pode ser deixada para depois, assim como não é possível deixar de alimentar um recém-nascido. É necessário que a igreja comece a apoiar o novo cristão imediatamente após sua decisão, instruir e sustentar em suas lutas e que ele, por sua vez, comece sem demora a receber com humildade e submissão o que o Espírito Santo deseja ensinar-lhe.

Esse trabalho como um todo, que alguns chamam de "acompanhamento", é o começo do discipulado e suas bases são: (1) o conhecimento da Bíblia, (2) o estabelecimento de uma comunhão genuína com Deus por meio da oração e (3) a comunhão entre os irmãos.

II. O MAIS IMPORTANTE: SABER QUEM VOCÊ É E O QUE TEM EM CRISTO

A salvação não é um simples aprimoramento ou reforma. Vai muito além disso, até que o novo cristão se transforme em uma nova criação (2Coríntios 5.17). Envolve etapas que o nosso Inimigo não quer que vençamos, e a primeira delas é a necessidade de que saibamos *quem somos em Cristo*.

No primeiro capítulo de Efésios, e em outras passagens, o autor reitera que tudo o que somos e temos vem de Deus por meio de Cristo. Paulo repete essa verdade várias vezes (1.1,3-7,11,13).

A compreensão da nova vida do recém-convertido permitirá que ele se desprenda com satisfação dos conceitos que traz do mundo ou de alguma outra religião, como "Serei salvo porque me comporto bem", "Sou salvo porque já sou batizado", ou pior: "Ninguém pode ter certeza de que será salvo até depois da morte". A mesma compreensão leva o novo discípulo a deixar de ter uma falsa confiança em suas obras a fim de ter a segurança absoluta de quem segue Jesus Cristo e está salvo pela graça, por meio da fé que deposita nele e no valor infinito de sua obra redentora: "Pois vocês são salvos pela graça, por meio da fé, e isto não vem de vocês, é dom de Deus; não por obras, para que ninguém se glorie" (Efésios 2.8-9).

Quando a pessoa chega a assimilar essa realidade, Deus transforma sua vida de um modo por vezes inacreditável, e começam a surgir as verdadeiras boas obras que Deus nos preparou há muito tempo para que as pratiquemos (veja 2.10). A partir desse momento, começa a existir em sua vida a verdadeira relação entre fé e obras que Deus tem em mente e que é frontalmente contrária à que o mundo nos oferece (Habacuque 2.4; Romanos 1.17; Hebreus 10.38; Tiago 2.17,18).

Como isso acontece? De onde o recém-convertido tira forças e sabedoria para tornar-se primeiramente um discípulo e depois um discipulador? Que poder divino e misterioso pode transformar uma vida antes tão apagada pelas trevas? O que faz um ser humano comum ser transformado em um ser excepcional que irradia a presença de Cristo aonde quer que vá?

A resposta é simples, mas tem tido uma compreensão bastante limitada na cultura ocidental: o conhecimento de Deus. Quem realmente conhece o Senhor e estabeleceu com ele uma relação pessoal sincera é elevado por Deus a um nível de vida muito superior e a uma etapa de eficiência no Reino que em nada se compara a sua vida anterior.

No entanto, quando falamos de "conhecer Deus", a Bíblia não se refere ao conhecimento memorizado das Escrituras, nem à compreensão de complicados argumentos teológicos, nem à dedicação incansável na igreja de Cristo. A chave está nesta simples palavra que se repete várias vezes no Antigo Testamento: "conhecer". Esse verbo não se refere ao conhecimento intelectual nem ao que se obtém por meio dos sentidos. Antes, refere-se a um conhecimento pessoal e íntimo, como o que deve existir entre um homem e sua mulher. Por isso mesmo, a primeira vez em que aparece na Bíblia (Gênesis 4.1, traduzido na *Nova Versão Internacional* por "Adão teve relações com Eva") está relacionado com a intimidade sexual entre Adão e Eva, cujo resultado foi o primeiro filho do casal.

Conhecer Deus é permitir que o Espírito Santo, graças ao sacrifício redentor de Jesus Cristo, crie entre ele e nós a intimidade que existe entre o Filho e o Pai, ou entre a esposa e o esposo. Paulo, que tinha credenciais invejáveis como judeu, apóstolo e ser humano, expressou essa verdade da seguinte maneira:

> Mais do que isso, considero tudo como perda, comparado com a suprema grandeza do conhecimento de Cristo Jesus, meu Senhor, por quem perdi todas as coisas. Eu as considero como esterco para poder ganhar Cristo e ser encontrado nele, não tendo a minha própria justiça que procede da Lei, mas a que vem mediante a fé em Cristo, a justiça que procede de Deus e se baseia na fé. *Quero conhecer* Cristo, o poder da sua ressurreição e a participação em seus sofrimentos, *tornando-me como ele* em sua morte (Filipenses 3.8-10, grifo nosso).

III. A NECESSIDADE DE IDENTIFICAR-SE COM UM GRUPO DE CRISTÃOS

Dentro da compreensão básica de quem nasce de novo, está a necessidade de que a pessoa entenda a nova dimensão da vida que lhe é concedida pelo fato de ser agora membro do corpo de Cristo (Romanos 12.4; 1Coríntios 12.12-27; Efésios 3.6; 5.30). Além disso, como consequência, pertence a esse corpo no qual "[...] somos muitos, formamos um corpo, e cada membro está ligado a todos os outros" e no qual nos apoiamos (Romanos 12.5; 1Coríntios 12.26; Efésios 4.25).

NOTA PARA OS EVANGELIZADORES

As pessoas que servem de instrumentos do Espírito para levar o novo cristão aos pés de Cristo e ajudá-lo nesse processo estão envolvidas na expansão do Reino e na salvação de pessoas, mas isso não quer dizer que estejam arrebanhando pessoas para aumentar o tamanho de uma igreja em particular. Devem ter essa ideia bem presente e ajudar a pessoa a fazer parte da comunhão da igreja (que pode ser a sua própria igreja ou não), na qual cresça e seja discipulada como convém ao novo cristão. O melhor atrativo que tem uma igreja local é a presença do amor e o poder de Deus manifestos na adoração, na pregação e no interesse dos irmãos uns pelos outros. Quando dois dos discípulos de João Batista perguntaram a Jesus onde ele morava, sua resposta foi muito simples: " 'Venham e verão' " (João 1.39). A mesma resposta foi dada a Filipe e a Natanael: " 'Venha e veja' " (v. 46). Sem artifícios, sem manipulação de sentimentos, sem enganos nem ameaças veladas. O evangelizador deve dar exatamente a mesma resposta ao novo cristão quando este lhe perguntar se Cristo se manifesta de forma tão incrível em sua igreja: "Venha e veja".

NOTA PARA O DISCIPULADOR

A respeito dos novos cristãos que você estiver discipulando, é importante estar alerta das desilusões que podem surgir e que podem levar a recém-vida cristã do discípulo a um estágio de desânimo. Como crianças que acabam de sair de um mundo de escuridão, muitas vezes esses cristãos não podem compreender por que outros cristãos que já estão na igreja há anos, talvez décadas, tenham os mesmos defeitos que eles têm. Esse fato pode levá-los à crítica e ao desânimo.

Desde o princípio, é necessário que aprendam a ver os cristãos como pessoas que fazem parte do Corpo de Cristo, e que todos seguimos o mesmo Jesus. Em nenhum momento podem ser seguidores de homens, quaisquer que sejam. Isso inclui pastores e discipuladores também. Somos seguidores de Cristo, discípulos do Caminho; nossa norma deve ser a que indicou Paulo: "Tornem-se meus imitadores, como eu o sou de Cristo" (1Coríntios 11.1; veja 4.16; 2Tessalonicenses 3.7,9; Hebreus 13.7; João 11). A única maneira de conseguir esse objetivo é oferecer uma aprendizagem sólida das Escrituras, de modo que conheçam e amem ao Deus a quem servem (Efésios 5.1). A meta é fazê-los entender que a rocha é Cristo, não o pastor ou o discipulador, nem outro líder qualquer da igreja local ou outros setores da Igreja, que nós e qualquer outro líder da igreja podemos cometer erros, mas Cristo nunca falha, porque ele é fiel à aliança que firmou com o próprio sangue.

IV. O CRESCIMENTO NA FÉ E NO AMOR

Os líderes da igreja e os discipuladores que estão cuidando dos novos cristãos devem ter em conta alguns requisitos:

1) *Todos trabalham para o Reino, não para criar um império individual*. Diante de uma situação desse tipo, Paulo disse: "Eu plantei, Apolo regou, mas Deus é quem fez crescer; de modo

que nem o que planta nem o que rega são alguma coisa, mas unicamente Deus, que efetua o crescimento" (1Coríntios 3.6,7). Isso também pode significar que a pessoa que discipulamos deve ter a liberdade de se integrar em uma comunidade cristã na qual compreenda que Deus a quer, mesmo que não seja a nossa.

2) *O Espírito Santo é quem dirige nossos esforços*. Os métodos humanos são úteis, sempre que indicados por Deus. Na tarefa de discipulado ocorre o mesmo fenômeno que em todo o processo de crescimento. Deus é o Soberano, e nós somos seus servos (Isaías 35.8,9).

3) *Ninguém dá o que não tem*. Aquele que desempenha a tarefa de discipulador tem a grande responsabilidade de manter-se em íntima comunhão com Deus caso queira servir de exemplo.

4) *Deus já pôs em nossas mãos o grande Manual do Discípulo*. A Bíblia, as Escrituras Sagradas inspiradas pelo Espírito Santo de Deus, é nossa norma infalível com respeito a crenças, estilo de vida e moral. Não é apenas um guia destinado a nos levar ao céu, mas também tem relação direta com a nossa vida terrena. Por isso, o primeiro dever do discipulador é levar o discípulo a apaixonar-se pelas Escrituras e instruí-lo de modo que possa achar Deus em suas páginas.

5) *Deus já pôs ao nosso alcance o melhor de todos os recursos*. Conhecer pessoalmente um Deus que é amor (1João 4.8) é sentir desejo de amá-lo e de amar os demais, e nisto se resume toda a sua Lei: Respondeu Jesus: " 'Ame o Senhor, o seu Deus, de todo o seu coração, de toda a sua alma e de todo o seu entendimento'. Este é o primeiro e maior mandamento. E o segundo é semelhante a ele: 'Ame o seu próximo como a si mesmo' " (Mateus 22.37-39). O amor é cultivado com o relacionamento, a conversa e a identificação. E o nosso maior recurso é este: a *oração*. Precisamos orar e ensinar o novo discípulo a orar sempre (veja 1Tessalonicenses 5.17).

6) *Deus não nos deixou órfãos nem sozinhos*. Jesus garantiu a seus primeiros discípulos e a nós também que enviaria seu Espírito Santo, o que quer dizer que ele mesmo viria até nós (João 14.17,18). E nos fez membros de seu Corpo, que é a Igreja, a qual se manifesta de maneira visível nas *igrejas locais*, ou seja, grupos de cristãos que têm o dever e o privilégio de amar uns aos outros e apoiar-se mutuamente à medida que trilham o Caminho (João 14.6; Atos 9.2; 18.26; 19.9.23; 22.4; 24.22).

7) *A relação com Deus é pessoal e coletiva*. De acordo com a mentalidade do mundo, as pessoas vivem *uma religiosidade de tipo cultural* ("Pertenço a esta religião porque é a oficialmente praticada em meu país"), ou *de tipo familiar* ("Sou desta religião porque isso foi o que meus pais me ensinaram e devo ser fiel a eles"). Certamente que a fidelidade às cegas com relação à fé dos antecedentes familiares tem pouco valor para Deus. É como se os hebreus tivessem rejeitado a liberdade que Deus oferecia por meio de Moisés e preferissem continuar vivendo como escravos, tais como seus pais e avós. Da mesma maneira, o novo cristão precisa verificar as crenças recebidas, a fim de torná-las suas, desde que estejam em concordância com a Palavra de Deus, ou rejeitá-las caso não estejam.

Precisamos ter sempre em mente que o novo cristão não nasce apenas para *citar* textos bíblicos de memória, nem para *assistir* às atividades da igreja. Nasce para *viver* as Escrituras e plantar o Reino de Deus onde quer que esteja.

Um dos ensinos básicos e que serve de fundamento a tudo o que se construa sobre ele é o princípio de que não se trata de uma religião recebida de outros seres humanos e aceita sem ser avaliada, mas, sim, o resultado de um *relacionamento* que Deus quis estabelecer com cada um de nós a um alto preço. Uma vez aceito tal relacionamento, precisamos manter-nos firmes em *professá-lo* ou *confessá-lo*. Sobre esse tema, veja 2Coríntios 9.13; 1Timóteo 2.10; 6.12,13; Hebreus 3.1; 4.14; 10.23 ("profissão"); Romanos 10.9,10; 14.11; 15.9; Filipenses 2.11; Hebreus 13.15; 1João 1.9; 2.23; 4.2; Apocalipse 3.5 ("confissão").

O relacionamento sincero, nascido da aceitação voluntária do cristão, é o que o leva a estabelecer maior intimidade com aqueles que têm a mesma fé que a sua, a fim de mutuamente amar-se e apoiar-se, levando as cargas uns dos outros, cumprindo, assim, a lei de Cristo (veja Gálatas 6.2). Além disso, devem unir-se com o propósito de louvar e adorar ao Deus único e verdadeiro, aprender de seu Espírito como único Mestre e buscar os perdidos para oferecer a estes a salvação.

NOTA PARA O DISCIPULADOR

O discipulado sempre deve estar fundamentado em um relacionamento forte entre discipulador e discípulo, pois não se trata apenas de estudar as disciplinas espirituais mencionadas, mas também de um "derramar" de vida. Como discipulador, você tem a responsabilidade de viver a vida cristã com excelência diante do discípulo, procurando vê-lo sempre com os olhos de Cristo e de entendê-lo com a mente de Cristo.

Isso não quer dizer que sempre devem encontrar-se sozinhos. É possível que você tenha um *grupo* de discípulos sob a sua responsabilidade, mesmo que não se recomende um grupo numeroso. Lembre-se de que Jesus pregava às multidões, mas o número de discípulos que o seguiam a todos os lugares era reduzido.

Também fazem parte do processo as reuniões *individuais*, nas quais o novo cristão possa compartilhar com você assuntos mais íntimos que não estaria disposto a dizer diante de todo o grupo. Mantenha sempre a prudência de que homens discipulem homens e que mulheres discipulem mulheres.

Atualmente, contamos mais do que nunca com uma tecnologia que permite a criatividade sem limites. É possível até mesmo guiar um discípulo indicando-lhe leituras importantes que estejam disponíveis na internet, ou usar fotos, vídeos e coisas semelhantes. Quando o grupo todo está reunido, pode-se falar dos aspectos da fé em forma de aula, apresentações em PowerPoint ou outros *softwares*. Esteja certo de que o Espírito Santo guiará sua criatividade e, ao orar por seus discípulos, ele indicará a ferramenta que deve ser usada em cada caso e contexto.

V. NOVOS CRISTÃOS COM NECESSIDADES ESPECIAIS

NOTA PARA O DISCIPULADOR

É necessário ter em conta que, apesar de ter nascido de novo e de sentir a força do primeiro amor, o novo cristão traz consigo uma considerável bagagem da vida que levava e que deve ser revista com a ajuda do discipulador, de seu pastor ou de outro líder capacitado da igreja. Nesse processo, encontrará princípios, crenças, atitudes e até mesmo formas de agir que são incompatíveis com as propostas pela Bíblia. O novo cristão precisa confrontar cada item dessa lista a fim de renunciá-lo de forma aberta e clara. Somente assim poderá trilhar plenamente no caminho do discipulado, o que vai exigida uma grande dose de ajuda, paciência e compreensão por parte de seu discipulador.

A. Necessidades pessoais

Em um espaço limitado como este, podemos sugerir apenas algumas necessidades pessoais. Pensemos em um jovem que vem de um mundo no qual o abuso de bebidas alcoólicas e drogas é algo natural e aceito. Ou em alguém que chega à nova vida em Cristo com o fardo de sentir-se inferior às outras pessoas ou fracassado. Ou em alguém que tenha sérios problemas econômicos que nem mesmo permitem que ore. Com muita frequência, a pessoa chega a uma convicção que lhe serve de desculpa para tudo: "Eu sou assim mesmo. Nasci assim e devo ser aceito assim". Nesses casos, é preciso criar um nível suficiente de amizade para que o novo cristão se abra ao discipulador e este possa ajudá-lo, ou ainda conduzi-lo a outra pessoa que esteja capacitada para isso, sempre mantendo com o discípulo uma amizade genuína nascida da comunhão criada entre ambos pela fé comum.

B. Necessidades familiares

Das necessidades familiares, a mais dolorosa é a de quem não sabe o que é um pai ou que nunca teve a figura masculina como modelo de orientação. Muitas vezes, desde a infância, o discípulo pode ter escutado daqueles que deveriam dar-lhe amor e segurança que ele era "um inútil que não valia para nada". Ou então lhe foi exigida uma perfeição impossível de conseguir, no vão intento dos pais (e mães) de tentar viver nos filhos a vida que eles mesmos não puderam ter, ou obter sucesso através deles, mesmo que seja passando por cima dos filhos. A pessoa que cresceu em uma família disfuncional, fenômeno cada vez mais frequente na nossa sociedade, precisa resolver os problemas que carregou por toda a vida: ideias falsas a respeito de Deus como Pai, medo de Deus em vez de reverência, e sequelas de relacionamentos rompidos, divórcios e outros tipos de autodestruição que uma situação familiar desastrosa pode acarretar.

C. Necessidades religiosas

Em primeiro lugar, a sociedade de hoje distingue-se pelo sincretismo de ideias cristãs, ideias pagãs e consumismo, no qual predominam os dois últimos. É comum haver recém-convertidos que por toda a vida creram na reencarnação, no espiritismo, no evolucionismo, no carma e no panteísmo das religiões orientais, na feitiçaria e coisas semelhantes. Muitas vezes, na busca sincera por Deus, eles se envolvem com doutrinas semicristãs, e sempre sobra algo dessas doutrinas e dos rituais praticados no passado. Mas, ao descobrirem a verdade das Escrituras, veem que foram enganados, por vezes desde pequenos, o que pode ocasionar rancor dos líderes de sua antiga religião. Sentimentos como esse devem ser revistos para poder ser corrigidos, à medida que são substituídos pela convicção de que também se trata de seres humanos pelos quais Cristo morreu e por quem eles devem orar e a quem devem testemunhar, até mesmo amar, mesmo que isso aconteça somente quando estiverem maduros e firmes na fé.

D. Necessidades culturais

Nunca houve e jamais haverá uma cultura que possa ser chamada "cristã" com todas as letras. Mesmo as que ostentaram esse nome no passado mantiveram em seu cristianismo crenças e atitudes morais de origem pagã, muitas vezes disfarçadas de um manto de piedade que oculta a presença destrutiva do sincretismo. A sociedade antes tida como cristã passa hoje por um estado de corrupção e incerteza, em que até mesmo em algumas regiões há a volta a um paganismo por vezes romântico ou sanguinário. Há algumas décadas, falava-se de uma sociedade "pós-cristã", que, em sua "evolução", havia deixado de precisar do cristianismo como muleta para sobreviver. Na atualidade, muitas vezes não nos vemos diante de uma sociedade "pós-cristã", se é que tal coisa existe, mas diante de uma sociedade "anticristã", na qual tudo se tolera, menos os princípios cristãos, os mesmos que serviram de base para a cultura ocidental.

Quando o Deus verdadeiro é rejeitado, começam a ser fabricados deuses por todos os lados, desde o dinheiro e a aquisição de coisas materiais, até a astrologia, a adivinhação, a Nova Era e o satanismo. Todas as culturas, mesmo em seus piores momentos, tiveram elementos que Deus usou para transmitir a mensagem das boas-novas de Jesus Cristo (veja Eclesiastes 3.11), além de outros elementos que procedem da natureza caída do homem e da ação do Inimigo sobre a raça humana ao longo dos séculos. O princípio segundo o qual "faço isso porque meus pais me ensinaram assim" perde o valor diante de "quero fazer isso, porque é o que Deus pede de mim". Sobram os princípios de superstição, vingança, reivindicação de direitos, machismo ou feminismo, mau uso do dinheiro e outros. É preciso que tudo isso e coisas semelhantes venham à luz a fim de que sejam eliminados e substituídos pelos princípios autênticos da Palavra de Deus.

VI. AS DISCIPLINAS CRISTÃS FUNDAMENTAIS

O discipulador deve dar o exemplo das seguintes disciplinas ao discípulo. Para isso, o ambiente geral da igreja local precisa estar preparado de tal maneira que vivê-las seja algo natural e favorável.

A. A oração

1. O que é orar?

Orar é conversar com Deus como faz um filho com seu pai. A primeira coisa de que precisará o discipulador é ter certeza de que a pessoa que ele está discipulando tem uma ideia adequada do que é paternidade. Caso contrário, precisa pesquisar as Escrituras com o discípulo a fim de apresentar-lhe Deus como Pai, cujo modelo de paternidade deve ser seguido por todos os pais.

Quando temos uma boa comunicação com nosso pai natural e falamos com ele, existe de verdade o diálogo. Não se trata de um monólogo nem de um discurso elaborado. Por vezes, é ele que inicia a conversa; outras vezes, nós o fazemos. Assim também acontece com Deus. Neste mundo de excesso de ruídos e de agitação, é necessário que estejamos sempre vigilantes para ouvir a voz de Deus quando ele quer nos falar, porque muitas vezes o fará de maneira inesperada: "Depois do terremoto houve um fogo, mas o Senhor não estava nele. E depois do fogo houve o murmúrio de uma brisa suave" (1Reis 19.12).

2. A oração e a comunhão com Deus

Recebemos uma ordem: "Orem continuamente" (1Tessalonicenses 5.17). Isso somente é possível quando vivemos um relacionamento de intimidade, de contínua comunhão com Deus, como o filho que sempre tem o pai a seu lado, ou a esposa que sempre está acompanhada do marido. Não se trata de imitar os grandes discursos cheios de conteúdo teológico que às vezes escutamos de alguns líderes nas igrejas. Jesus proíbe de maneira contundente a redundância e a verborragia inútil na oração, porque era algo típico de pagãos que sentem a necessidade de convencer seus deuses (Mateus 6.7).

Em verdade, oramos não apenas quando falamos, mas também quando escutamos e somos conscientes de que nosso Deus está mais perto de nós que nós mesmos, e podemos conversar com ele em qualquer momento, circunstância e lugar. Há uma promessa maravilhosa de Jesus a seus discípulos da qual muitas vezes nos esquecemos: " '[...] E eu estarei sempre com vocês, até o fim dos tempos' " (Mateus 28.20).

A oração não deve estar centrada apenas em pedir, como acontece muitas vezes. Um filho bom conversa com o pai para contar a ele suas alegrias e seus sofrimentos, para pedir-lhe conselho ou ajuda, para demonstrar-lhe gratidão e amor e até mesmo para mostrar-lhe a necessidade que tem de entender por que age de um modo ou outro com ele. A oração deve estar centrada na própria pessoa de Deus, a quem servimos e de quem somos filhos em Cristo. É essencial que busquemos seu Reino, porque as demais coisas "serão acrescentadas" (veja Mateus 6.33). Precisamos aprender a buscar com mais firmeza a face de Deus, não somente suas mãos em nosso favor.

Na oração incluímos o louvor, a adoração, a ação de graças, o arrependimento, o pedido de perdão — tudo isso motiva uma resposta da parte de Deus.

O discípulo deve aprender a orar, tanto sozinho como na presença de outros, principalmente dos cristãos. A oração pode ser pessoal e íntima, mas também pode ser coletiva, dirigida pelos líderes da igreja. O mais importante é que o discípulo aprenda que, assim como Deus é onipotente, a oração deve estar presente em todos os momentos da vida, não estar limitada aos cultos ou às reuniões nas igrejas. Do mesmo modo em que podemos e devemos orar constantemente, devemos estar conscientes da presença de Deus em tudo o que pensamos, falamos ou fazemos. Essa atitude já é em si uma forma de oração.

3. Os salmos e a oração

No Pai-nosso (Mateus 6.9-13; Lucas 11.2-4), Jesus ensinou a seus primeiros discípulos quais eram as coisas pelas quais eles deviam orar. Não fez isso para que eles o repetissem de memória, mas, sim, para que soubessem que tipo de assunto deveriam conversar com Deus e deixá-lo satisfeito. Logo no início dessa oração já temos uma revelação: "Pai nosso". Deus não é um inimigo nosso, mas um Pai celestial. Um Pai bom e cheio de amor.

Em todos os salmos do livro de Salmos encontramos exemplos lindos e surpreendentes de oração. A metade deles leva o nome e o selo do rei Davi; serviram para formar o "hinário" do tabernáculo que ele levantou (Amós 9.11; Atos 15.16) durante os quarenta anos que teve a arca da aliança em seu interior e depois no templo edificado pelo rei Salomão. Nos salmos encontramos a preciosa informação de que podemos dizer a Deus tudo o que precisamos dizer a ele, pois ele sabe o que está no nosso coração; além disso vemos que Deus sempre tem o ouvido atento para escutar e nos livrar de circunstâncias difíceis. Os salmistas expressam com toda a franqueza o que estão enfrentando, sua realidade nua e crua, para em seguida manifestar a segurança que sentem no Deus que os ampara e protege: "Mesmo quando eu andar por um vale de trevas e morte, não temerei perigo algum, pois tu estás comigo" (Salmos 23.4; veja também 46.1). O discípulo precisa aprender a orar com os salmos e entender que não se trata apenas de composições poéticas ou hinos, mas da Palavra de Deus.

B. A prática da solitude e do silêncio

Essa disciplina espiritual parece impossível de ser praticada e algo do passado. No entanto, pensamos desse modo porque nossa natureza se vê cada vez mais invadida por inovações, novas tecnologias e a agitação da vida moderna, por preocupações que nos ocupam a mente e não nos deixam pensar livremente. O discipulador deve ensinar o discípulo a buscar momentos de tranquilidade e silêncio todos os dias, mesmo que isso signifique levantar-se um pouco antes dos membros da família ou dormir um pouco mais tarde, ou ainda renunciar a programas de televisão por algumas horas. Os momentos passados em solitude e silêncio nos ajudam a devolver a perspectiva correta a cada área ou assunto da vida e facilitam o trabalho de Deus em abrir caminho à nossa mente e ao nosso mundo interior para comunicar-se conosco e mostrar-nos sem interferências os planos que tem para cada um de nós.

Em Salmos, nosso livro mais antigo de oração e adoração, encontramos três formas principais de oração: a primeira é a lamentação e o pedido de ajuda; a segunda, a ação de graças e a adoração; e a terceira não contém nenhuma dessas questões de maneira explícita. Vejamos como exemplo Salmos 131:

> SENHOR, o meu coração não é orgulhoso
> e os meus olhos não são arrogantes.
> Não me envolvo com coisas grandiosas
> nem maravilhosas demais para mim.
> De fato, acalmei e tranquilizei a minha alma.
> Sou como uma criança
>   recém-amamentada por sua mãe;
> a minha alma é como essa criança.
>
> Ponha a sua esperança no SENHOR, ó Israel,
>   desde agora e para sempre!

Há ocasiões em que a oração significa calar-se, porque a comunhão agradável a Deus não necessita de palavras, nem reflexões profundas. Como chegar a esse silêncio interior? Às vezes, não falamos de modo audível, mas por dentro estamos feito um turbilhão de pensamentos. Enfrentamos inimigos imaginários, e isso inclui nós mesmos. Para manter a paz na alma, necessitamos da simplicidade de uma criança. Fazer silêncio é reconhecer que não é por pensar muito que vamos resolver as coisas, mas, sim, pondo nas mãos de Deus o que foi arrebatado das nossas. Um momento de silêncio, por breve que seja, é uma espécie de descanso sabático em meio aos ruídos da vida diária. É algo semelhante ao que devem ter sentido os discípulos em meio à tempestade depois que Jesus acalmou os ventos e o mar (Mateus 8.23-27; Marcos 4.35-41; Lucas 8.22-25).

Quando guardamos silêncio é que pomos a nossa esperança em Deus. Em Salmos 65.1, que se traduz aqui por "O louvor te aguarda em Sião, ó Deus", para alguns também poderia ser traduzido por: "Para ti o silêncio e a adoração, ó Deus". Quando as palavras e os pensamentos calam, adoramos a Deus com um silêncio reverente e admiração.

1. Uma prática do Antigo Testamento

"Descanse no Senhor e aguarde por ele com paciência" (Salmos 37.7). No Antigo Testamento, encontramos vários versículos que testificam um princípio que deveríamos voltar a destacar: o diálogo entre Deus e o homem, que na maior parte das vezes é iniciado por Deus, não pelo homem. Vê-se com clareza que entre os judeus existia o costume de esperar por Javé (Salmos 27.14; 31.19; 32.10; 33.20; 40.1; 119.74; 130.5-7; Provérbios 20,22; 30.5). Com certeza, esse costume é visto até o dia de hoje no judaísmo ortodoxo.

2. Uma prática utilizada por diversos grupos cristãos

Ao longo da História da Igreja alguns grupos cristãos desenvolveram essa prática. Entre eles, o mais conhecido foi a Sociedade dos Amigos, mais conhecida como "quacres" ou simplesmente "amigos". Tanto na oração individual como na coletiva, esse princípio continua sendo totalmente válido, mesmo que não pareça combinar inicialmente com a nossa natureza humana, caída, nem com a velocidade característica da sociedade moderna. O profeta Habacuque proclama com autoridade: "o Senhor, porém, está em seu santo templo; diante dele fique em silêncio toda a terra" (2.20). Pense agora a que templo também pode se referir esse texto: "Vocês não sabem que são santuário de Deus e que o Espírito de Deus habita em vocês?" (1Coríntios 3.16).

3. Uma prática temida pelo homem moderno

Com tanta agitação e tantas vozes distintas tentando chamar a nossa atenção, "o murmúrio de uma brisa suave" (1Reis 19.12) acaba sendo sufocado e não é percebido pelo nosso espírito. É quando as circunstâncias nos asfixiam em lugar de entendermos de uma vez por todas que "Deus nos ressuscitou com Cristo e com ele nos fez assentar nas regiões celestiais em Cristo Jesus" (Efésios 2.6). O ser humano está tão vazio hoje que chega a ter medo do silêncio. Tem dentro de si o temor e a ansiedade de que está obrigado a reagir às circunstâncias, em vez de dominá-las, conforme a orientação que recebeu (Gênesis 1.28). O verdadeiro discípulo de Cristo aprende a sentar-se com Cristo nos lugares celestiais, pois sabe em quem creu e em quem tem a segurança por ser Deus poderoso para guardar o que lhe confiamos até aquele dia (2Timóteo 1.12).

C. O jejum

1. Jejum no século XXI?

O jejum é outra disciplina espiritual que parece fora de moda. Essa prática, tanto do ponto de vista pessoal como coletivo, deve nascer da iniciativa do Espírito, não da nossa própria iniciativa. Não se trata de ver quem passa mais dias sem comer. Trata-se, sim, de privar o corpo de algo necessário ou agradável com o objetivo de dominá-lo e permitir que o nosso espírito tenha um maior nível de comunicação com Deus. Depende da idade, da saúde, do nível de esforço no trabalho e outras questões; por isso, o discipulador deve ensinar o discípulo a seguir as orientações que Deus lhe dá e não se deixar levar por um espírito de competição com cristãos menos maduros. Alguns jejuns são parciais; outros, totais. Alguns incluem a água; outros não. Alguns são de um dia; outros duram vários dias. Podem ser até o anoitecer, ou de 24 horas. No entanto, o Espírito Santo é o que deve decidir o que faz falta à nossa saúde espiritual. É bom esclarecer que o jejum e a dieta de alimentos são duas coisas completamente distintas em estilo e em propósito.

2. Existem outros tipos de jejum?

Há também outros tipos de jejum que não têm a ver com a alimentação material, e sim com a alimentação da nossa mente e os desejos carnais. Como veremos, em Isaías 58.1-12 há um texto esclarecedor sobre esse tema.

Existem outras maneiras de jejuar que talvez sejam mais proveitosas para nós no mundo moderno. Por exemplo, que tal um jejum de televisão para limpeza e saúde da mente e do coração? Ou um jejum de compras para deixar de considerar necessário o que pode não passar de um capricho suscitado pelo *marketing* de vendas? Os cristãos devem fazer jejum de muitas coisas neste mundo, que talvez não sejam más em si mesmas, mas são uma carga da qual devemos nos livrar para terminar a corrida que temos diante de nós: "[...] tendo os olhos fitos em Jesus, autor e consumador da nossa fé" (Hebreus 12.2).

3. O jejum que agrada a Deus

O texto de Isaías 58.1-12 faz um contraste que é necessário ressaltar com mais frequência em nosso meio. Aquele que jejua, mas procura obter prazer de outras maneiras, e que se dedica a oprimir, maltratar e caluniar os demais, não é agradável aos olhos de Deus. O texto bíblico diz bem claro que é necessário jejuar de outra forma para que a nossa voz seja "ouvida no alto" (v. 4). Ao tratar do jejum escolhido por Deus, o autor refere-se a coisas que significam muitas vezes ter domínio próprio, rejeitar a ansiedade por poder que o ser humano tem dentro de si e submeter-se de forma voluntária a privações em favor dos demais — o que nos lembra de imediato do texto que Jesus leu na sinagoga de Nazaré (Isaías 61.1,2; Lucas 4.18,19).

D. A mordomia

Para o discípulo, o princípio básico identificado como "mordomia" (ou "administração de bens de terceiros") é muito simples de compreender e muito difícil de aceitar na vida prática: não somos de nós mesmos. Não pertencemos a nós mesmos. Somos de Deus; tudo quanto somos e temos pertence, em última instância, a ele, diante de quem um dia daremos conta de tudo que fizermos com o que pôs sob nossa responsabilidade: "Acaso não sabem que o corpo de vocês é santuário do Espírito Santo que habita em vocês, que lhes foi dado por Deus, e que vocês não são de vocês mesmos? Vocês foram comprados por alto preço. Portanto, glorifiquem a Deus com o seu próprio corpo" (1Coríntios 6.19,20).

1. Mordomia do tempo

O urgente supera o importante. O imediato destrona o eterno. As coisas deste mundo ocupam o lugar que somente Deus tem o direito de ocupar na vida dos homens. Aqui está o primeiro item que o discípulo deve enfrentar na vida: o uso do tempo. Não devemos dar a Deus o que sobra do nosso dia, mas, sim, o melhor dele. Quando lhe damos os nossos melhores momentos, ele se encarrega de que vivamos todo o restante com qualidade, conscientes de sua presença e ajuda constantes. Nunca devemos nos esquecer das últimas palavras de Jesus em Mateus 28.20: " '[...] E eu estarei sempre com vocês, até o fim dos tempos' ".

2. Mordomia dos recursos

" '[...] Tudo vem de ti, e nós apenas te demos o que vem das tuas mãos' ", disse Salomão (1Crônicas 29.14). Essa explicação deve ser suficiente ao discípulo no momento de servir a seu Deus com os recursos de que dispõe. Não há ninguém que não possa devolver amor a Deus pelo amor que ele tem para conosco de mil maneiras distintas que não se limitem ao dinheiro. Sempre nos lembremos de que no templo Jesus elogiou a pobre viúva que colocou na caixa de ofertas apenas duas moedas, pois era tudo o que tinha. Como alguém que dá uma lição direta a seus discípulos, disse o Mestre: " '[...] Afirmo que esta viúva pobre colocou na caixa de ofertas mais do que todos os outros. Todos deram do que lhes sobrava; mas ela, da sua pobreza, deu tudo o que possuía para viver' " (Marcos 12.43,44; veja Lucas 21.2-4).

3. Mordomia dos talentos

É bom lembrar que os talentos, as capacidades e as habilidades que temos nos foram dados por Deus; por isso, devemos pôr tudo à sua disposição. O Espírito Santo deve dirigir-nos sempre a ter uma vida pronta a colaborar e estar disponível aos demais, algo bastante incomum no mundo em que vivemos. Essa é uma das grandes vantagens do amor fraternal e da evangelização. Tanto nossos irmãos na fé como os que ainda não creram devem ver em nós uma pessoa sempre disposta a ajudar, colaborar e caminhar a "segunda milha" (cf. Mateus 5.41), com a finalidade de ser de utilidade para a glória do Nome que é sobre todo nome.

E. O conhecimento intelectual e espiritual da Bíblia

O novo cristão está diante de um livro imponente cuja origem vem de épocas muito antigas e sobre o qual já escutou diversas críticas, ditas até mesmo por pessoas cultas. Na realidade, o novo discípulo costuma desconhecer completamente o conteúdo da Bíblia, mesmo que imagine saber o suficiente pelo que ouviu de outros em forma de meias verdades e falsidades. Não nos devemos esquecer de que se trata de uma pequena biblioteca de 66 livros, compostos de capítulos e versículos, divididos em dois grandes grupos. A primeira coisa de que o novo cristão precisa é saber encontrar os textos na Bíblia. Do que precisa para entender a Bíblia e aplicá-la? É imprescindível mostrar-lhe que quem mais pode ajudá-lo a entender as Escrituras é aquele que as inspirou. Algo como ter um livro na mão e o autor ao nosso lado nos explicando como aplicar suas verdades na vida prática. Por esse motivo, a oração e o estudo da Bíblia são duas disciplinas que devem andar juntas.

1. Oração

O discípulo precisa acostumar-se a conversar com o Espírito Santo sobre os textos que ele mesmo inspirou (2Timóteo 3.16,17). Por ser fiel aos motivos que o levaram a inspirar tais textos, o Espírito revelará ao recém-convertido seu significado ou indicará que ele busque a ajuda do discipulador, do pastor ou de um cristão comprometido que tenha conhecimento da Palavra quando tiver qualquer dificuldade. É imprescindível reconhecer humildemente que Deus sempre tem a razão, principalmente numa sociedade como a nossa na qual todas as opiniões são válidas. O discípulo precisa aprender que a verdade é objetiva — não subjetiva — e que Deus é a verdade absoluta.

2. Lugar

O novo cristão deve ser encorajado a ter um lugar para oração e leitura da Palavra, de modo que se converta em um lugar sagrado de encontro com Deus. Aí pode ter sua Bíblia, um caderno para anotações, caneta e outros materiais que considere necessários. Além disso, deve pedir às pessoas que convivem com ele que não quer ser interrompido por nenhum motivo quando estiver retirado em oração com Deus.

3. Tempo

O discípulo também necessita de tempo suficiente para ler e orar de forma tranquila e profunda. Um momento diário, de preferência pela manhã, é um excelente hábito para orar e ler as Escrituras. Além disso, é sempre bom ter à mão um caderno e caneta para anotar o que o Espírito Santo lhe diga.

4. Materiais

Além da Bíblia e do caderno, é sempre útil ter uma concordância bíblica à disposição (o discipulador deve ensinar ao discípulo como usar as concordâncias). A *Bíblia do Discípulo* apresenta antes de cada livro uma introdução, na qual várias respostas podem ser encontradas a possíveis dúvidas referentes a cada livro, assim como um esboço e textos de apoio. É muito útil ter um dicionário da língua portuguesa, um dicionário bíblico e um atlas do mundo bíblico. Da mesma maneira, é bom que o discípulo tenha informações sobre o contexto histórico, geográfico e social em que a Bíblia foi escrita ao longo de mais de mil e quinhentos anos. A escola bíblica e um programa bem organizado de cursos de formação oferecidos pela igreja local continuam sendo de grande valor, pois criam raízes na Palavra e ajudam de maneira definitiva o crescimento do novo convertido.

NOTAS PARA O DISCIPULADOR

Na internet há inúmeros portais que tratam de muitos e variados temas bíblicos. No entanto, é indispensável que o discipulador tenha orientação pastoral constante sobre a que tipos de fontes deve dar crédito, uma vez que ainda não tem discernimento para avaliar a procedência da informação e até que ponto poderia ser prejudicial à sua formação cristã.

É preciso compreender que um seminário teológico ou instituto bíblico não é o lugar mais adequado para o novo cristão. Como sabemos, há uma ocasião apropriada para todas as coisas. Por vezes, o discípulo poderá achar que, se fizer um curso de teologia, integral ou médio, terá a chance de ocupar algum cargo ou posição em sua igreja, como a de pastor, evangelista ou líder. Com frequência, essa ideia coincide com o chamado da pessoa (ainda que talvez não tenha chegado o momento) e por vezes com propósitos muito pessoais e louváveis, mas que não correspondem a um chamado divino. A pessoa só deve inscrever-se em um curso acadêmico se tiver o consentimento de seu pastor e quando demonstrar que já tem maturidade suficiente na fé. Não podemos esquecer que a única menção à palavra "recém-convertido" no Novo Testamento refere-se exatamente a esse assunto. O apóstolo Paulo, falando sobre a função pastoral na igreja, diz: "Não pode ser recém-convertido, para que não se ensoberbeça e caia na mesma condenação em que caiu o Diabo" (1Timóteo 3.6). A alegria inicial da salvação que aparece em muitos discípulos às vezes nos leva ao equívoco de acelerar a obra que somente o Espírito Santo pode fazer, principalmente nos novos cristãos.

5. *Processo*

a. Leituras prévias

Lembre o discípulo de que as unidades bíblicas que Deus inspirou são livros inteiros. A numeração em capítulos e versículos e as notas de rodapé são posteriores e obra humana. Sempre que possível, é bom ler o livro completo antes de começar a estudar textos separados.

b. Análise e interpretação detalhada

Deve ter em conta as seguintes orientações:
- Interpretar conforme o sentido literal do texto, a menos que prove ser este simbólico, como é o caso das parábolas (mesmo nesses casos, não se deve interpretar do ponto de vista simbólico além do que Jesus tinha como objetivo).
- Comparar a passagem que está sendo lida com textos relacionados.
- Não se esquecer do contexto. A regra é: "um texto sem contexto é mero pretexto". Ignorar essa norma tem resultado em um grande número de heresias e interpretações equivocadas. Há um contexto imediato que é o texto que está intercalado antes e depois do texto estudado; há também um contexto amplo, que é o livro inteiro; e um contexto geral, que é a Bíblia toda. Além desses contextos internos, existe o contexto cultural, que diz respeito à sociedade e a seus costumes no tempo em que foi escrito o livro, seus destinatários de origem, o gênero literário e também a história e a geografia locais.
- Fazer perguntas que podem levar a uma maior abrangência de compreensão, tais como: Quem? O quê? Quando? Como? Qual? Até que ponto? Onde? Para qual finalidade? Por exemplo: Quem escreveu o livro? Quem eram seus destinatários originais? De quando datam esses acontecimentos? Onde sucederam? Qual é o estilo literário que usa o autor? Como se relaciona com as personagens? As perguntas variam conforme o livro de que se trate e dos interesses concretos do discípulo.
- Aceitar integralmente que a Bíblia é a única revelação especial de Deus e que nos leva a Jesus Cristo.

- Saber desde já que nunca terá uma compreensão completa da Bíblia: que é tão simples que até uma criança pode encontrar Cristo ao ler suas páginas e tão complexa e profunda que nem um *expert* é capaz de compreendê-la depois de toda uma vida dedicada a seu estudo.
- Nunca deixar de buscar a iluminação do Espírito Santo.
- Estar disposto a abandonar com humildade e submissão suas próprias ideias e atitudes quando descobrir que são contrárias à Palavra de Deus.
- Não deixar de entender nenhuma palavra do texto estudado. Devemos lembrar de que a *Nova Versão Internacional*, usada na *Bíblia do Discípulo*, dispõe de um amplo vocabulário e de expressões no português moderno que bem expressam o texto bíblico. Além disso, as notas de rodapé e os textos de apoio ao final desta Bíblia oferecem conteúdo para uma melhor compreensão.

NOTA PARA O DISCIPULADOR

Encoraje seus discípulos a ter uma verdadeira reverência pelo texto sagrado, que os leve a tê-lo como ponto de referência cada vez mais em sua vida e tratá-lo sempre com a consciência de que é a Palavra de seu Criador e soberano Senhor. No entanto, nunca permita que usem a Bíblia como uma espécie de talismã da sorte, muito menos como a chamada "bibliomancia", prática procedente da Idade Média e que consiste na adivinhação do futuro mediante leitura de textos da Bíblia ao acaso.

Mesmo que o conhecimento intelectual das Escrituras seja de grande importância, de fato o é como instrumento para a criação de uma comunhão, de uma relação profunda com Deus e Jesus Cristo, não como um fim em si mesmo. Com o avanço atual da tecnologia, o discípulo tem a seu alcance uma grande quantidade de materiais de estudo bíblico em forma de livros, comentários, páginas da internet e outros. Oriente-o para buscar apenas fontes que sejam tradicionais em termos doutrinários e que estejam de acordo com os princípios doutrinários da igreja local. Para isso, o discipulador poderá precisar da ajuda, do conselho e da orientação do pastor da igreja ou da equipe ministerial responsável pelo ensino.

É de grande importância ensinar ao discípulo que não se trata de uma competição consigo mesmo, para ver em quanto tempo consegue terminar a leitura da Bíblia. Embora haja diversos planos de leitura sistemática da Bíblia, depois de decidir-se por um deles, o discípulo deve aprender a ler as Escrituras em ambiente de oração e na presença do Espírito Santo de Deus. Dessa maneira, quando o Espírito disser que você deve deter-se em um texto, não continuará a leitura até que o Espírito fale ao novo cristão tudo que deseja nesse momento e por meio de determinada passagem. É nesses casos que o Espírito fala ao cristão acerca da aplicação da Palavra em sua vida.

c. **Aplicação para a vida: o método de interiorização: "Método do adorador"**

É provável que este seja o ponto principal sobre o qual o discípulo e o discipulador deverão conversar para que vejam o que o discípulo entende a respeito e procure contrastá-lo com sua vida real, de modo que tome decisões capazes de transformar sua vida. É importante que o discípulo compreenda o seguinte:

1. Que todos procedemos de culturas cujos princípios nem sempre estão de acordo com a Palavra de Deus e muitas vezes podem se opor a ela.
2. Que a Palavra de Deus não nos apresenta uma opinião que seja discutível, e sim a Verdade de Deus, que, uma vez compreendida, deve ser aceita e obedecida, qualquer que seja o preço a ser pago.

Com respeito ao método de interiorização, ou "método do adorador", deve ser desenvolvido em um ambiente de reverência, de sinceridade e serenidade diante de Deus, que nos amou primeiro (1João 4.19), e que sempre tem uma aplicação prática do texto na vida. É bastante flexível, pois pode ser empregado em todo tipo de texto bíblico e abarcar desde uma única palavra até um livro inteiro.

- Leia o texto que seja mais correspondente a você, analise-o, formule perguntas e responda a elas, e busque a orientação do Espírito Santo para compreendê-lo. Depois de lê-lo várias vezes na presença de Deus, escreva-o com suas próprias palavras, tal como o compreendeu. Esse processo se denomina paráfrase. Busque sinônimos, acrescente palavras explicativas e sobretudo não permita que sobrem dúvidas a respeito do significado de nenhuma palavra do texto original. Em caso de ter versões variadas e aceitas da Bíblia, leia o texto nelas também. Como sugerido, será muito útil ter em mãos um dicionário da língua portuguesa. O resultado do esforço de parafrasear o texto deve ser que, além de compreendê-lo melhor no sentido intelectual, será produzida em você a interiorização desse texto de modo que atinja o seu espírito para reafirmar tudo o que é bom e substituir os erros ou inconvenientes frutos de pensamentos, atitudes e conduta (Filipenses 4.8). A Palavra de Deus falará de forma direta e com as palavras que você vai compreender.
- Pense em sua vida. A Palavra de Deus tem um efeito bastante claro no interior do cristão, principalmente na vida de quem tomou uma decisão séria de ser discípulo do Mestre. A palavra penetra, corta, purifica, transforma, destrói e edifica (Hebreus 4.12,13). O enfrentamento entre a Palavra de Deus e a realidade de sua vida produz uma transformação que leva você a começar a viver o que lê. Portanto, esqueça-se dos problemas e dos defeitos que podem ter outra pessoa, por mais amiga que seja. Diga-lhe o que as Escrituras ensinam, até que sejam como um espelho em que se possa olhar para pôr-se nas mãos do Espírito Santo de maneira que ele possa endireitar o que está torto e purificar o sujo. Não se preocupe em esconder nada dele, porque ele já sabe de tudo. Pergunte a você mesmo que coisas há na sua vida e na sua mente que não estão de acordo com o que diz o texto bíblico. Pergunte ao Espírito Santo que coisas devem mudar na sua vida e como mudá-las. É você que precisa enfrentar a realidade para que a porta seja aberta e Jesus entre. Escreva qual é a sua situação espiritual e prepare-se para tomar uma decisão.
- Tome a decisão que seja necessária. É o momento de fazer-se outra pergunta: "E depois disso?". Chegou o momento de entregar ao Espírito Santo toda a sua vida e deixá-lo agir. O que sabemos é que ele "nos ajuda em nossa fraqueza" (Romanos 8.26). É momento de orar com fervor e dar graças pelo Espírito Santo e pela Palavra inspirada de Deus (Provérbios 2.1-5). Lembre-se de que todas essas vantagens temos em Cristo (Efésios 1.3), graças a seu sacrifício na cruz em nosso favor.

i. Primeiro exemplo: Gênesis

O primeiro livro que o discípulo encontra ao abrir a Bíblia é Gênesis. Seu nome vem do grego e significa "origem". Foi escrito em hebraico, assim como praticamente tudo o que chamamos de Antigo Testamento, que é a primeira e maior das duas partes em que a Bíblia está dividida. Em hebraico, é costume nomear os livros conforme a primeira palavra de cada texto, que, nesse caso, é *B'reshit* ("No princípio"). Ambos os nomes nos levam ao motivo de ser do livro: mostrar-nos a origem de tudo o que existe. Observe que no primeiro versículo a existência de Deus não é discutida. Simplesmente é mencionado em seu trabalho de criação.

1) *Inicie o estudo em oração para pedir a iluminação do Espírito Santo.* Lembre-se de que ele, que é o próprio Deus, estava ali e participou de toda a ação quando ainda nem existíamos, exceto na mente de Deus. Não se esqueça de ter por perto um caderno de notas e algo para escrever, ou então crie um arquivo no computador para anotar tudo que o venha à mente.

2) *Faça uma revisão rápida do livro.* Embora seja extenso e trate de vários temas, o tema geral unificador é o princípio de tudo: do mundo físico com tudo o que nele contém, do ser humano, do primeiro casal, do pecado, do primeiro assassinato, da rebeldia contra Deus, do clima, do arco-íris, das diferentes etnias que compõem o gênero humano, das alianças entre Deus e os homens, do povo eleito e seus patriarcas, dos outros povos, e por fim da presença do povo de Israel no Egito. Você observará que, além de Adão e Eva, o livro destaca algumas personagens principais, Noé, Abraão, Isaque, Jacó e José.

3) *Faça uma leitura rápida do texto.* Em Gênesis, muitas pessoas se perdem em curiosidades e argumentações que não são relevantes. Embora todas tenham uma resposta, nem todas servem para o crescimento espiritual, que deve ser o nosso alvo. Estamos nos referindo a coisas como: se a criação se deu em sete dias de 24 horas, ou de onde saiu a mulher com a qual se casou Caim, ou se era bom que as pessoas vivessem centenas de anos nessa época. Não nos devemos deter nesses detalhes que, ao final, podem ser verdadeiros obstáculos ao crescimento. Busque a mensagem divina que está presente no livro de Gênesis. Foi assim que tudo começou e, em especial, a maneira pela qual o plano divino de resgate do homem teve seu início, "o plano de salvação", e que tem seu ponto culminante na encarnação, no ministério, na morte, na ressurreição e ascensão de Jesus, o Filho de Deus, o Messias (que significa "ungido com azeite", símbolo do Espírito de Deus), o Cristo (com o mesmo significado), a descendência da mulher que feriria a cabeça da serpente (conforme Gênesis 3.15).

4) *As perguntas gerais*:
Quem? Certamente que no momento da criação não havia nenhum ser humano presente. Deus revelou tudo o que temos em Gênesis a uma descendência justa. Segundo a grande maioria dos especialistas, Moisés, o primeiro líder de Israel, foi quem escreveu todas as tradições orais existentes em seus dias, as quais lhe foram reveladas pelo próprio Deus.

Como? Não se estranha que Moisés soubesse ler e escrever, uma vez que havia sido educado como filho adotivo da filha do faraó (Êxodo 2.10; Hebreus 11.23-27).

Algum outro livro? As tradições mais antigas atribuem de forma unânime a redação de cinco livros a Moisés: Gênesis, Êxodo, Levítico, Números e Deuteronômio. Os cinco primeiros livros formam a base de toda a Bíblia e recebem em conjunto o nome de Pentateuco ("cinco rolos"), por causa do fato de estarem escritos em rolos de papiro. No mundo hebraico, são conhecidos como *Torá* ("instrução", traduzido muitas vezes por "a Lei").

Qual é a estrutura de Gênesis? Moisés compilou o que Deus lhe havia revelado e as tradições orais de sua época e organizou-as em dez relatos, a partir da história da criação.

A CRIAÇÃO (1.1—2.3)	
Primeiro relato:	Os céus e a terra, ampliação da história da criação (2.4—4.26)

A CRIAÇÃO (1.1—2.3)	
Segundo relato:	Adão e Eva (5.1—6.8)
Terceiro relato:	Noé (6.9—9.29)
Quarto relato:	Os três filhos de Noé e a dispersão do gênero humano (10.1—11.9)
Quinto relato:	A descendência de Sem (11.10-26)
Sexto relato:	Abraão, o pai do povo de Israel (11.27—25.11)
Sétimo relato:	Ismael, o filho da escrava (25.12-18)
Oitavo relato:	Isaque, o filho da promessa (25.19—35.29)
Nono relato:	Esaú, o filho que desprezou a primogenitura (36.1-43)
Décimo relato:	Jacó, o pai das 12 tribos de Israel (37.1—50.26)

Por que devo ler o Antigo Testamento? Sem o Antigo Testamento, o Novo Testamento fica incompleto e muitas vezes sem sentido. Sem o Novo Testamento, o Antigo fica truncado, pois não teria o cumprimento das profecias que aí encontramos. Não nos podemos esquecer de que as Escrituras em sua totalidade são a Palavra de Deus e que foram escritas para nosso benefício (Romanos 15.4; 1Coríntios 10.1; 2Timóteo 3.14-17).

Qual foi o propósito de Moisés ao escrever o livro de Gênesis? Fazer conhecidos o princípio de todo o bem e mal na criação, o povo de Israel e as alianças entre Deus e os antepassados de Israel.

Qual é a personagem mais importante deste livro? Na realidade, a personagem mais importante não aparece; no entanto, é profetizada neste livro. Trata-se do Messias, o Redentor, cuja aparição se daria no clímax do plano divino de salvação e que libertaria a humanidade da escravidão e das trevas (Gênesis 3.15; 49.10).

Para que servem tantos nomes de personagens desconhecidas? As genealogias e as listas de nomes são muitos importantes para o público judaico até hoje. Por enquanto, você não precisa delas. Servem para sinalizar a legitimidade de uma sucessão de gerações. Quando deparar com uma lista dessas, pode lê-la ou passar para o texto seguinte.

5) *Estude o livro detalhadamente.* O estudo:
   a) deve ser *perseverante e contínuo*, seguindo o livro passo a passo.
   b) deve ser *ordenado*.
   c) deve *ter o registro de notas*.
   d) deve *levar o aluno a um diálogo satisfatório* com o Espírito Santo de Deus. Nunca nos devemos esquecer de que uma conversa pressupõe dois lados que falam e escutam.
   e) deve levar o aluno depois desse diálogo a uma *transformação autêntica* dos princípios, das metas e da vida do discípulo como um todo, em cada aspecto.

Podemos seguir as divisões por parágrafos que encontramos na Bíblia, sempre lembrando que o mais importante não é terminar, e sim estabelecer comunhão profunda com o Espírito Santo de Deus; essa comunhão exige de nós três atitudes: receber, entregar e obedecer. Isso quer dizer que o Espírito pode levar-nos a determinadas passagens e querer mais tempo nelas com o fim de falar ao nosso coração.

Mesmo que existam outros métodos (como o histórico, o biográfico, o indutivo, o dedutivo, o teológico etc., que em outros contextos têm sua utilidade, quase sempre no sentido intelectual), o que mais pode ajudar o discípulo a desenvolver sua vida espiritual, que é a meta que sempre devemos ter em mente, é o que chamamos de método de interiorização, o "método do adorador".

Modelo de estudo por versículo: Gênesis 22.1-14

22.1 Passado algum tempo, Deus pôs Abraão à prova, dizendo-lhe: "Abraão!" Ele respondeu: "Eis-me aqui".

> *Deus não precisava provar Abraão. Ele sabe o que existe no coração do ser humano. Ele foi provado para que crescesse em sua fé ao dar um passo que, para ele, parecia impossível.*

Paráfrase: Depois disso, Deus quis testar Abraão. Ele o chamou, e, como sempre, Abraão respondeu: Estou aqui, Senhor.
Conversa com Deus: Senhor, é difícil entender que tu nos ponhas à prova, mas sei que nunca me farás passar por algo que eu não possa vencer. Agradeço pelo belo exemplo de Abraão, pela forma imediata e tranquila com a qual se pôs à tua disposição: "Eis-me aqui". Nunca permitas que eu me faça de surdo quando o Senhor me chamar.
Nota: Esse diálogo tem duas partes. Não escrevemos a parte de Deus, por motivos óbvios de reverência e respeito, pois fala de um modo específico a cada cristão.

22.2 Então disse Deus: "Tome seu filho, seu único filho, Isaque, a quem você ama, e vá para a região de Moriá. Sacrifique-o ali como holocausto num dos montes que lhe indicarei".

> *Esta é a primeira vez que se fala de amor na Bíblia. Moriá significa "o Senhor proverá". O holocausto (sacrifício no qual se queimava completamente a vítima) era um sacrifício frequente, mas os holocaustos humanos nunca foram aceitos por Deus; pelo contrário, eles o aborreciam. Essa espécie de lição direta deve ter feito Abraão conhecer, pelo menos em parte, a forma segundo a qual Deus providenciaria a salvação à humanidade: o sacrifício de seu próprio Filho amado, do qual ele se agradava plenamente (Mateus 3.17).*

Paráfrase: Deus lhe disse: "Pega Isaque, seu único filho a quem você ama tanto, e vai à terra de Moriá para que o ofereças a mim em sacrifício sobre o monte que eu te mostrarei".
Conversa com Deus: Senhor, teus caminhos de fato estão acima da nossa compreensão. Eu não teria entendido que, depois de me dares um filho, o tirasses de mim. Talvez Abraão também não tivesse entendido num primeiro momento.

22.3 Na manhã seguinte, Abraão levantou-se e preparou o seu jumento. Levou consigo dois de seus servos e Isaque, seu filho. Depois de cortar lenha para o holocausto, partiu em direção ao lugar que Deus lhe havia indicado.

> *Abraão não perdeu tempo em ficar argumentando com Deus. Tão logo amanheceu, obedeceu de forma total e imediata.*

Paráfrase: Abraão se levantou logo ao amanhecer, preparou todas as coisas, cortou a lenha para o holocausto e foi, acompanhado de seu filho Isaque e dois servos, em direção aonde Deus lhe havia mandado.

Conversa com Deus: *Senhor, não é à toa que Abraão é chamado o pai da fé dos cristãos. Acabo de ler o que o autor de Hebreus diz sobre esse momento na vida de Abraão e é algo tremendo: "Pela fé Abraão, quando Deus o pôs à prova, ofereceu Isaque como sacrifício. Aquele que havia recebido as promessas estava a ponto de sacrificar o seu único filho, embora Deus lhe tivesse dito: 'Por meio de Isaque a sua descendência será considerada'. Abraão levou em conta que Deus pode ressuscitar os mortos e, figuradamente, recebeu Isaque de volta dentre os mortos" (Hebreus 11.17-19). Senhor, eu não sei se seria capaz de suportar uma prova tão grande. Aumenta a minha fé.*

22.4 No terceiro dia de viagem, Abraão olhou e viu o lugar ao longe.

> *Esses devem ter sido os três dias mais longos da vida de Abraão. E também os mais difíceis sempre que olhava o rosto de seu querido filho.*

Paráfrase: Depois de três dias caminhando, Abraão viu de longe o lugar para onde Deus o estava levando.

Conversa com Deus: *Senhor, se ao menos tivesse sido algo mais rápido... Quantas vezes isso acontece comigo, quando me falas algo e tenho que esperar até que se concretize! E quantas vezes essa foi a maneira de fortalecer a minha fé em ti. Perdoa outras ocasiões nas quais o tempo não esteve do meu lado, mas me venceu e me fez enfraquecer na fé.*

22.5 Disse ele a seus servos: "Fiquem aqui com o jumento enquanto eu e o rapaz vamos até lá. Depois de adorar, voltaremos".

> *Abraão não estava querendo enganar seus servos. Apenas disse aquilo em que acreditava: que ele e seu filho iriam adorar no monte Moriá; depois, ambos voltariam sãos e salvos. Ele servia ao Deus Todo-poderoso.*

Paráfrase: Então Abraão ordenou a seus servos que esperassem onde estavam com o jumento, enquanto ele e Isaque iam ao lugar indicado para adorar a Deus e regressariam onde estavam.

Conversa com Deus: *Senhor, é espetacular a fé desse homem. Não tinha uma Bíblia, pela qual se guiar, nem textos bíblicos de memória para defender-se dos pensamentos tão horríveis que o Inimigo deve ter tentado pôr em sua mente. Mesmo assim, tinha uma comunhão contigo que nada nem ninguém poderia destruir. Senhor, quero mais de ti.*

22.6 Abraão pegou a lenha para o holocausto e a colocou nos ombros de seu filho Isaque, e ele mesmo levou as brasas para o fogo, e a faca. E, caminhando os dois juntos [...]

> *Isaque carregou a lenha, como Jesus, séculos depois, carregaria sua cruz (João 19.17). O fogo e a faca eram os símbolos de um sacrifício que somente Jesus poderia cumprir. Ambos foram juntos; Isaque deve ter suspeitado de algo, mas confiava em Deus e em seu pai, por isso seguiu firme. Deus também ia com eles.*

Paráfrase: Abraão colocou nos ombros de Isaque a lenha para o sacrifício, e ele levou o fogo e a faca. Em seguida, foram juntos para o lugar indicado.

Conversa com Deus: *Senhor, que compaixão deves ter sentido por aquele pai cheio de dor e de fé ao mesmo tempo que subia com o filho até o pé do monte. Que alegria deves ter sentido também ao ver como o homem que havias escolhido por pai dos cristãos subia mais um degrau na fé em direção a ti. Estou muito longe dele, Senhor. Aumenta a minha fé.*

22.7 Isaque disse a seu pai, Abraão: "Meu pai!" "Sim, meu filho", respondeu Abraão. Isaque perguntou: "As brasas e a lenha estão aqui, mas onde está o cordeiro para o holocausto?".

> *Abraão parece ter ido pensando consigo mesmo. Isaque, já suspeitando do que lhe aconteceria, pergunta ao pai onde estava o cordeiro. No entanto, não oferece nenhuma resistência: "como um cordeiro, foi levado para o matadouro" (Isaías 53.7). A resposta precisa não seria dada por seu pai, mas por João Batista, séculos mais tarde: " 'Vejam! É o Cordeiro de Deus, que tira o pecado do mundo!' " (João 1.29). Tratava-se de uma referência a Jesus.*

Paráfrase: Enquanto subiam, Isaque fez uma pergunta a seu pai. "Pronto; não falta nada, exceto o cordeiro, pai. Onde está o cordeiro?".

Conversa com Deus: *Senhor, sinto-me reduzido a nada diante da tua grandeza e glória. Mil e quinhentos anos depois, tu responderias à pergunta de Isaque com a vida e com o sacrifício de teu Filho. Obrigado por esse Cordeiro que somente tu nos podias proporcionar, pois foi ele quem tirou o meu pecado e me fez nascer de novo. Obrigado, Senhor.*

22.8 Respondeu Abraão: "Deus mesmo há de prover o cordeiro para o holocausto, meu filho". E os dois continuaram a caminhar juntos.

> *Abraão profetiza o que séculos mais tarde aconteceria no Calvário. Deus proveria um cordeiro. Deus era o único que podia oferecer o "Cordeiro que foi morto desde a criação do mundo" (Apocalipse 13.8), o único digno (Apocalipse 5.4-6).*

Paráfrase: E Abraão lhe disse: "O cordeiro para o sacrifício é assunto de Deus, não nosso, filho". E Isaque não se separava do pai.

Conversa com Deus: *Senhor, como posso me atrever a perguntar onde estavas quando eu mais sofria? Tu não és um desses deuses pagãos cruéis e indiferentes, para dizer o mínimo. Tu és o meu Pai e nunca deixaste de estar comigo nos momentos de alegria nem nos momentos de dor. Obrigado por tua companhia e ajuda, Senhor. E uma vez mais te agradeço porque teu Filho aceitou morrer no meu lugar.*

22.9 Quando chegaram ao lugar que Deus lhe havia indicado, Abraão construiu um altar e sobre ele arrumou a lenha. Amarrou seu filho Isaque e o colocou sobre o altar, em cima da lenha.

> *A tradição sustenta que esse lugar era o mesmo onde estava a eira que Davi comprou de Araúna, o jebuseu (2Samuel 24.16ss) e onde mais tarde se levantaria o templo de Salomão. Essa explicação tem bastante sentido, pois o culto do templo estaria fundamentado no sacrifício que um dia o Filho de Deus faria por toda a humanidade e serviria de declaração pública de que os sacrifícios do Antigo Testamento eram apenas figuração tipológica do único sacrifício que tem valor eterno. Isaque, que não ofereceu nenhuma resistência a seu pai então ancião de mais de 100 anos de idade, é um grande exemplo de fé e obediência.*

Paráfrase: Quando chegaram aonde Deus havia indicado, Abraão preparou o altar, prendeu Isaque nele e o colocou sobre a lenha.

Conversa com Deus: *Senhor, por mais difícil que seja, entendo a atitude de Abraão. Mas Isaque permitir que seu pai o amarrasse, sabendo o que lhe esperava, é um tanto difícil de aceitar. Para mim, isso é sinal de que esse pai já vinha nutrindo no filho uma grande confiança em ti desde bem cedo em sua vida. Ajuda-me a fazer o mesmo com a minha* vida e com as minhas palavras, em minha família com meus filhos, e na igreja com os mais jovens de nós.

22.10 Então estendeu a mão e pegou a faca para sacrificar seu filho.

> É possível que Deus tenha pedido a Abraão mais do que a qualquer outro ser humano em toda a História. Somente o próprio Deus iria muito além da angústia que sentiu aquele pai bondoso ao tomar a faca para degolar o filho que tanto amava.

Paráfrase: Abraão pegou a faca para sacrificar seu filho.
Conversa com Deus: *Senhor, somente tu sabes o que é ir um pouco mais além. Abraão chegou a ponto de tomar a faca em sua mão pela fé e confiança que tinha em ti. Mas tu foste além por causa do amor que sentias por nós. Senhor, fico pensando no jovem Isaque. Que sentiria ele nesses momentos? Já não era uma criança. Para ele também essa provação o fez crescer na fé e conhecer-te melhor. Não permitas que eu vacile quando o Senhor me provar. Há ocasiões que são como uma caldeira ao fogo. Permite que eu saia delas purificado para ti.*

22.11 Mas o Anjo do SENHOR o chamou do céu: "Abraão! Abraão!" "Eis-me aqui", respondeu ele.

> O anjo do Senhor é o próprio Deus, a manifestação do Cristo pré-encarnado. Ele não intervém antes, nem depois, mas no momento exato em que o pai e o filho conseguem superar a prova da fé que lhes fora imposta. Em meio à dificuldade, Abraão demonstra não sentir raiva de Deus, por querer tirar seu maior tesouro, mas responde novamente: "Eis-me aqui". Deus interveio no momento devido; é bom saber que esse momento é ele quem determina, não nós.

Paráfrase: Então o Senhor chamou Abraão do céu. E Abraão, mais uma vez, responde: "Estou aqui, Senhor".
Conversa com Deus: *Senhor, quantas vezes deves ter intervindo em minha vida sem que eu me desse conta. Perdoa-me, pois sou um ser humano. Tu sabes do que sou feito e sabes que vivo correndo e quero tudo na minha hora... quanto antes, melhor. Tudo é consequência da vida curta e efêmera que temos. Ensina-me a pôr a minha confiança em ti, de maneira que também eu saiba fazer a tua vontade no lugar de agir com o meu orgulho e querer impor a minha vontade.*

22.12 "Não toque no rapaz", disse o Anjo. "Não lhe faça nada. Agora sei que você teme a Deus, porque não me negou seu filho, o seu único filho."

> Este versículo poderia ser traduzido assim: "Porque eu, que sei de tudo, sabia que você temia a Deus e que não me negaria nem mesmo seu único filho".

Paráfrase: E ele lhe disse: Não faça nenhum mal ao rapaz. Eu sabia que você teme a Deus e que me obedecerias sem vacilar, mesmo que isso custasse a você entregar seu único filho.
Conversa com Deus: *Senhor, que grande milagre Abraão experimentou na velhice! Isaque era seu único filho depois de mandar Ismael embora do acampamento. E agora se vê nessa situação. Tu não poderias ter pedido uma prova maior; e foi exatamente o que lhe pediu. Com essa prova Abraão demonstraria a fé que tinha. No entanto, Senhor, muitos anos depois tu entregarias teu único Filho para salvar a humanidade. Por isso, ajuda-me a ter a fé que me permita esperar sempre em ti.*

22.13 Abraão ergueu os olhos e viu um carneiro preso pelos chifres num arbusto. Foi lá pegá-lo, e o sacrificou como holocausto em lugar de seu filho.

> Estamos no centro da doutrina da substituição: Deus provê o cordeiro para o sacrifício por meio do qual o ser humano perderia a vida simbolicamente. Nem mesmo assim, o homem poderia ter ganhado a redenção. Deus é quem providenciaria o sacrifício no Gólgota.

Paráfrase: Quando Abraão levantou os olhos, viu atrás dele um carneiro preso pelos chifres numa pequena árvore. Foi até o animal, tomou-o e o ofereceu em sacrifício no lugar do filho.

Conversa com Deus: Senhor, tu proporcionaste o cordeiro não apenas para salvar a vida de Isaque, mas também para devolver-nos a vida espiritual a todos os que crermos no Cordeiro que tu nos deste no Calvário. Agradecemos a ti porque de outra forma nunca teríamos chegar à tua presença, nem mesmo se nos oferecêssemos em holocausto.

22.14 Abraão deu àquele lugar o nome de "O SENHOR Proverá". Por isso até hoje se diz: "No monte do SENHOR se proverá".

> Um dos nomes de Deus que definem seus atributos é "O Senhor Proverá". Ele é o Deus que provê, que cuida de seus filhos. Não como os falsos deuses de madeira, de gesso ou de qualquer outro material, que não podem ver, ouvir, nem andar. Ele é o Todo-poderoso. Quanto a nós, devemos ocupar-nos de seu Reino na nossa vida e na vida das pessoas que nos rodeiam (Mateus 6.33,34). No caso de Abraão e Isaque, a ambos deu vida, porque não seria de estranhar que Abraão, ao ter de sacrificar Isaque, tivesse sobrevivido a esse difícil momento.

Paráfrase: Abraão chamou aquele lugar de "O SENHOR Proverá". Por isso, até hoje se diz que o Senhor cuida em seu santo monte.

Conversa com Deus: Senhor, não permitas que eu ignore esta grande lição pela qual passaram Abraão e Isaque. Tu continuas sendo o mesmo e cuida dos teus filhos. Ensina-me a confiar a ti a minha vida e a vida das pessoas que amo, em vez de pensar que eu é que vou resolver tudo. Ensina-me, Senhor.

ii. Segundo exemplo: Salmos 51
Modelo de estudo por versículo: Salmos 51.1-14

51.1 Tem misericórdia de mim, ó Deus,
por teu amor;
por tua grande compaixão
apaga as minhas transgressões.

> Para entender este salmo, é preciso começar lendo 2Samuel 12. O salmo 51 foi escrito por Davi depois que o profeta Natã revelou o pecado do rei. Com o coração quebrantado diante de Deus, Davi suplica-lhe perdão. Usa aqui como proteção uma das palavras mais bonitas de todas as que descrevem os atributos divinos: "misericórdia" — palavra que indica uma bondade cheia de amor e compaixão para com o sofredor.

Paráfrase: Tem compaixão de mim, Deus meu, porque tu és compassivo. Apelo à tua bondade para pedir-te que perdoes a minha rebeldia.

Conversa com Deus: *Senhor, ainda que esta oração seja muito bela, quero pedir-te que não seja necessário que um profeta venha a mim para dar-me um recado assim, com o objetivo de que eu busque a tua misericórdia por um pecado cometido. Agradeço, Pai, porque tenho um advogado que me representa diante de ti: "Jesus Cristo, o Justo" (1João 2.1).*

51.2 Lava-me de toda a minha culpa
e purifica-me do meu pecado.

Quando amamos uma pessoa contra a qual cometemos algum pecado, mais sujos e miseráveis nos sentiremos. E, quanto melhor for essa pessoa, pior nos sentiremos. Davi amava de maneira profunda a Deus, e ele é a própria bondade. Por isso, Davi se sentia sujo ao extremo e ainda não tinha à disposição o que nós temos: o sangue de Cristo, o Cordeiro de Deus, que nos limpa de todo o pecado.

Paráfrase: Lava-me até que eu fique limpo, porque o meu pecado e a minha maldade me fazem sentir completamente sujo e indigno diante de ti.

Conversa com Deus: *Senhor, sou mais privilegiado que o teu servo Davi, o homem segundo o teu coração (1Samuel 13.14), porque tu vives dentro do meu coração e me aceitou apesar do meu pecado e da minha culpa, graças ao sacrifício do teu Filho. Nunca permitas que eu o esqueça, Senhor*

51.3 Pois eu mesmo
reconheço as minhas transgressões,
e o meu pecado sempre me persegue.

Reconhecer o pecado é o princípio do perdão divino. A primeira atitude que precisamos ter é encarar que a nossa rebelião é contra Deus. Aquele que reconhece sua rebeldia pode reagir com desespero e fazer como Judas, ou chorar com arrependimento e agir como Simão Pedro. A decisão é nossa.

Paráfrase: Confesso que me rebelei contra ti, meu pecado me persegue sem parar e não me deixa em paz.

Conversa com Deus: *Senhor, também confesso que toda rebeldia é contra ti. Venho à tua presença em atitude de arrependimento, confiando na tua misericórdia. Não posso suportar mais o peso do pecado que me persegue e sei que só tu podes me livrar dele.*

51.4 Contra ti, só contra ti, pequei
e fiz o que tu reprovas,
de modo que justa é a tua sentença
e tens razão em condenar-me.

Davi pecou contra Urias ao cometer adultério com a esposa deste, Bate-Seba, e ao enviá-lo à morte certa no campo de batalha. Além disso, sabia que tinha ofendido primeiramente a Deus. Por isso, reconhece que tudo o que lhe foi dito pelo profeta Natã e a forma de punição eram justos e corretos.

Paráfrase: Tu és o único contra o qual pequei e me vistes fazer todo o mal que cometi. Por isso, tudo o que o Senhor disse e o castigo que decretaste são justos e corretos, assim como o Senhor é plenamente justo e digno.

Conversa com Deus: *Senhor, não vou inventar desculpas nem justificativas. Não vou permitir que o Inimigo venha com ideias baratas para me fazer crer que tu és injusto e que tens intenções ocultas. Essa armadilha teve resultado com os nossos primeiros pais terrenos, mas não me deixarei levar, pois já estou avisado. Muito obrigado por tua Palavra.*

51.5 Sei que sou pecador desde que nasci;
sim, desde que me concebeu minha mãe.

> Neste versículo, Davi não proclama que as relações matrimoniais são pecaminosas. Por outro lado, expressa o fato de que todos os seres humanos, em razão da queda de Adão e Eva, desde a procriação trazem consigo a natureza pecaminosa que nos converte em seres caídos com a tendência à desobediência e carentes de um Redentor obediente e sem pecado: o Cordeiro de Deus, o segundo Adão (1Coríntios 15.45-49).

Paráfrase: *Desde que fui formado pela procriação humana, a maldade está dentro de mim e desde que minha mãe me concebeu, tenho a tendência intrínseca ao pecado.*

Conversa com Deus: *Senhor, uma vez mais reconheço a pessoa que sou. Tu me criaste à tua imagem e semelhança, mas fui concebido uma imagem com mancha, deteriorada, suja e corrompida. Agora, em razão do fato de Cristo viver em mim, essa imagem tua está sendo restaurada em meu interior. Pai, esta é a maior meta da minha vida: parecer-me cada dia mais com teu Filho Jesus.*

51.6 Sei que desejas a verdade no íntimo;
e no coração me ensinas a sabedoria.

> Aqui Davi reconhece outra realidade: Deus nos conhece perfeitamente; muito melhor que nós mesmos. Com frequência nos preocupamos com a fachada, o lado externo, do que é mais aceitável à sociedade. Deus, porém, busca a integridade no íntimo e a sabedoria no mais secreto do coração humano.

Paráfrase: *Porque a ti te agradas que em meu interior haja integridade, e que eu chegue a compreender a sabedoria no mais profundo do meu espírito.*

Conversa com Deus: *Senhor, perdoa-me pelas inúmeras vezes em que me preocupei mais pelo que dirão os outros do que pelo que tu dirás. Pelas vezes que cuidei da minha aparência sem cuidar do meu interior. Pelas vezes que, em vez de buscar a tua sabedoria e pedir capacidade para compreendê-la, busquei a sabedoria do mundo que não passa de coisas vãs.*

51.7 Purifica-me com hissopo, e ficarei puro;
lava-me, e mais branco do que a neve serei.

> O hissopo é um arbusto, originário da zona leste do Mediterrâneo e do Oriente Médio, usado nos tempos bíblicos em determinadas cerimônias para aspergir com sangue como sinal de purificação por meio do sacrifício. Foi usado no Egito durante a primeira Páscoa (Êxodo 12.22) e era usado para declarar que um leproso estava limpo de sua lepra (Levítico 14.4ss). Davi se sentia sujo e com manchas do pecado. Sabia que somente Deus podia lavá-lo e purificá-lo. O hissopo pode ser aqui uma menção profética do sangue que Cristo derramaria sobre o Calvário por nossos pecados.

Paráfrase: *Se me tornas puro como o sangue do sacrifício que sobre mim é derramado; se me levas, ainda que agora me sinta desse jeito, ficarei mais branco do que a neve.*

Conversa com Deus: *Senhor, somente sou limpo dos meus pecados pelo sangue de Cristo e pela justificação que vem de ti. Não posso nada por conta própria. Sem ti estaria desamparado por completo e sem esperança alguma para esta vida e a vida eterna. Agradeço a ti humildemente, Senhor.*

51.8 Faze-me ouvir de novo júbilo e alegria,
e os ossos que esmagaste exultarão.

> Davi tem consciência de que suas atitudes trouxeram o abatimento a tudo que o rodeava. Queria novamente poder ouvir a alegria em sua casa. Por isso só existe um caminho: conseguir de Deus o perdão e a restauração. A segunda parte do versículo fala dessa restauração de forma simbólica: pede que novamente lhe volte a força dos ossos, que Deus literalmente havia esmagado. Esses mesmos ossos que um dia haviam saltado com toda a força diante da arca já não podiam se mover, como acontece com um osso que, ao quebrar-se, fica impossibilitado. Davi deseja recuperar o que havia tido. Esse é o clamor de toda pessoa que já conheceu a alegria do Senhor, que a perdeu por causa do pecado e que deseja voltar para Deus.

Paráfrase: Faz que os meus gritos de alegria sejam ouvidos novamente e que os meus ossos, que estão literalmente quebrados, voltem a mover-se e saltar de alegria como antes.

Conversa com Deus: Senhor, sempre que peco, sinto como se os meus ossos estivessem rompendo. Devolva-me a alegria de adorar-te com toda a minha vida e as minhas forças. A alegria verdadeira apenas existe quanto tu estás do nosso lado.

51.9 Esconde o rosto dos meus pecados
e apaga todas as minhas iniquidades

> Os pecados são como um olhar ousado e descarado em direção a Deus feito um desafio diabólico. Davi pede a Deus que não permita que continuem atuando contra a santidade de Deus; que ele apague toda a sua maldade como se nunca tivesse existido; que faça como quem apaga uma lousa, que em seguida receberá uma nova escrita. Essa é uma imagem bela da justificação pela fé (Romanos 5.1).

Paráfrase: Afasta os meus pecados da tua presença; elimina-os por completo; apaga-os para sempre.

Conversa com Deus: Senhor, o descaramento insolente do Inimigo está refletido no mais terrível produto exportado pelo mundo das trevas: o pecado. Estou arrependido, confesso o meu pecado a ti e desejo que elimines esse pecado para sempre. Por minhas próprias forças não posso fazer nada. Uma vez mais, clamo ao sacrifício expiatório de teu Filho.

51.10 Cria em mim um coração puro, ó Deus,
e renova dentro de mim um espírito estável.

> Deus não faz remendos; ele cria algo novo. O verbo "criar", que aparece principalmente no primeiro capítulo de Gênesis, aparece novamente aqui. É um verbo cujo único sujeito ativo em toda a Bíblia é Deus, uma vez que todas as coisas são criadas, menos ele, que é o Criador. Davi precisa que Deus faça uma obra criadora que lhe dê um coração novo e limpo (Ezequiel 18.31). Seu espírito necessita ser refeito, como algo que acaba de sair do hálito criador de Deus, de modo que volte a ser um espírito reto.

Paráfrase: Deus meu, preciso que cries em mim um coração novo e limpo e que renoves o meu espírito, para que possa ser reto diante de ti.

Conversa com Deus: Senhor, cria também em mim um coração limpo. Não quero um coração de pedra que peque de maneira insensível contra ti. Quero um coração de carne que te ame e sirva a ti mediante o impulso de um espírito renovado que controle toda a minha vida e que seja guiado pelo Espírito Santo.

51.11 Não me expulses da tua presença
nem tires de mim o teu Santo Espírito.

O grande temor de Davi era que Deus o levasse para bem longe de sua presença. Sem esse Deus, a quem havia ofendido, sua vida deixaria de ter sentido e alegria. Por isso, suplica que não lhe tire seu Espírito, sob cuja unção se havia movido durante tanto tempo, já que não passava de um simples pastor de ovelhas sem nenhuma pretensão de um futuro promissor.

Paráfrase: Não me afastes do teu trono nem me prives do teu santo Espírito.

Conversa com Deus: Senhor, meu grande temor é ver-me na rua longe de ti. Morro de medo que te canses de mim. Por isso, te agradeço por Jesus Cristo, teu Filho, pois eu também, assim como Paulo, sei em quem tenho crido (2Timóteo 1.12). Ele é a melhor prova de que tu não te cansarás de mim nem tirarás teu Espírito da minha vida. Faz no meu interior tudo que precisas fazer, custe o que custar, mas rogo que teu Espírito produza em mim seu fruto (Gálatas 5.22,23).

51.12 Devolve-me a alegria da tua salvação
e sustenta-me
com um espírito pronto a obedecer.

O arrependimento, a confissão e a fé na vitória de Jesus Cristo no Calvário nos permitem recuperar a alegria da salvação. Quando um cristão perde a alegria da salvação, a primeira pergunta deve ser: Fiz algo que tenha ofendido a Deus e que está me impedindo de estar perto dele? O que nos sustenta é o Espírito de Deus, o "espírito pronto a obedecer" de que fala o versículo. Se ele deixasse de nos sustentar, simplesmente deixaríamos de existir.

Paráfrase: Devolve-me, Senhor, a alegria que sentem as pessoas salvas por ti, e que o teu Espírito continue me sustentando.

Conversa com Deus: Senhor, faz tempo que não sinto a alegria da tua salvação. Será culpa das circunstâncias que me fazem perder o primeiro amor (Apocalipse 2.4,5)? Peço que o teu Espírito vasculhe dentro de mim, até o mais profundo, e arranque a raiz de todos os meus males, sem deixar nem uma somente. Aí, sim, poderei estar no alto novamente, diante do teu trono, como estive no princípio.

51.13 Então ensinarei os teus caminhos
aos transgressores,
para que os pecadores se voltem para ti.

Tendo uma vez recuperada a alegria da salvação, o pecador arrependido e perdoado sente de maneira natural e sobrenatural a necessidade urgente de começar a discipular outros, a fim de que se voltem para Deus e recuperem o que perderam ou que obtenham o que nunca tiveram.

Paráfrase: Então ensinarei aos pecadores o caminho que leva a ti; ao ouvirem o meu testemunho, eles se voltarão para ti.

Conversa com Deus: Senhor, quando me acontece algo bom na vida, sinto a necessidade de contar tudo. O melhor do que já me aconteceu é ter recebido a salvação que me deste por meio do teu Filho. Por isso, não posso esconder esse presente. Como Jesus sentiu, tenho compaixão pelo pecador que não se arrepende, mas, depois de receber o teu perdão, creio ter motivos de sobra para falar de ti aos que seguem pelo caminho da perdição e levá-los a teus pés. Dá-me forças e sabedoria no teu Santo Espírito.

51.14 Livra-me da culpa dos crimes de sangue,
ó Deus, Deus da minha salvação!
E a minha língua aclamará a tua justiça.

> *Davi se lembra novamente do terrível homicídio cometido por ele contra seu fiel servo Urias e pede a Deus que não permita que volte a fazer algo semelhante. Só assim poderá cantar com todas as forças para adorar a justiça divina. Se ele tivesse se calado diante de seu pecado, teria sido destruído com ele.*

Paráfrase: Deus da minha salvação, permite que eu nunca volte a matar ninguém, prometo que anunciarei a tua justiça com todas as minhas forças.

Conversa com Deus: Senhor, não só me arrependo do que fiz, como também não quero voltar a fazê-lo. Não importa se é algo grande ou pequeno, porque temos a mania de colocar esse tipo de etiquetas nos pecados que cometemos. No entanto, todo pecado é grande porque é contra ti. Agora, que o Senhor me limpou, renovou e me deu um novo coração, vou usar esta nova vida e as forças recuperadas para contar tua justiça diante dos anjos e dos homens.

iii. Terceiro exemplo: Evangelho de João

Na Bíblia existe uma considerável quantidade de gêneros literários distintos pelo fato de Deus ter usado cerca de 40 escritores ao longo de mil e quinhentos anos aproximadamente. O gênero mais comum usado nas Escrituras é o gênero histórico. Com aparência de histórico, mas realizado de maneira seletiva segundo os propósitos de cada autor e dos ouvintes a que se destinava, encontramos o gênero particular do "Evangelho", das "boas-novas", um gênero exclusivo das Escrituras e único na literatura universal. Apresentamos um exemplo de estudo do profundo e revelador evangelho de João, que desde os tempos antigos tem sido atribuído pela tradição da Igreja ao apóstolo João, o "discípulo a quem Jesus amava".

1) *Sempre comece o estudo em oração para pedir a iluminação do Espírito Santo.* Desde o início, o discípulo deverá ter por perto um caderno e uma caneta, ou o computador, para tomar notas de tudo que lhe venha à mente ou ao coração.

2) *Faça uma avaliação rápida do conteúdo do livro.* Dessa maneira, poderá ter a ideia do todo.

3) *Faça uma leitura rápida do livro.* A segunda leitura deve ser feita de modo mais concentrado, mas sem ainda preocupar-se com detalhes, e sim com o tema geral.

4) *Lembre-se das perguntas genéricas importantes*:

O quê? Trata-se do quarto dos Evangelhos, escrito, ao que tudo indica, com a finalidade de registrar o que foi omitido nos outros três livros. Desde a Antiguidade, a Igreja atribuiu sua autoria ao apóstolo João.

Quando? A introdução informa que provavelmente tenha sido escrito depois dos três primeiros Evangelhos (chamados "Sinópticos", pelas semelhanças entre os respectivos textos), entre os anos 70 e 90 d.C.

Como? O livro apresenta alguma ordem interna de registro ou apenas vão surgindo os relatos e os discursos sem muita conexão? Quando vemos o esboço inicial, somos informados que João foi bastante cuidadoso na seleção do material e que todo o livro gira em torno de sete milagres de Jesus. Cabe destacar a importância do número 7 no contexto bíblico, pois representa a perfeição espiritual. Entre outras coisas, é um número que simboliza Deus e sua obra criativa. Além disso, observa-se que João não os denomina "milagres", e sim "sinais".

Por que sinais? Porque não se limitam a solucionar uma necessidade humana nem a ir contra as leis estabelecidas da natureza, mas, sim, servem de indicação do poder do Filho de Deus sobre toda a criação.

Quais são os sete sinais?

Primeiro:	A transformação da água em vinho nas bodas de Caná (2.1-12): Senhor da matéria.
Segundo:	Jesus cura à distância o filho de um oficial (4.43-54): Senhor em todos os lugares.
Terceiro:	Jesus cura um paralítico no sábado, dia de descanso (5.1-16): Senhor sobre todas as doenças.
Quarto:	A multiplicação dos pães para 5 mil pessoas (6.1-15): O Senhor que provê.
Quinto:	Jesus caminha sobre o mar da Galileia (6.16-21): Senhor sobre a natureza e suas leis.
Sexto:	Jesus cura o cego de nascença (9.1-41): Senhor criador.
Sétimo:	Jesus ressuscita Lázaro (11.1-44): Senhor sobre a vida e a morte.

5) *Estude o livro com detalhes.* Repetimos aqui o que foi dito no exemplo anterior, pois continua válido para este livro. O seu estudo:
   a) deve ser *perseverante e contínuo*, seguindo o livro passo a passo.
   b) deve ser *ordenado*.
   c) deve *ter o registro de notas*.
   d) deve *levar o aluno a um diálogo satisfatório* com o Espírito Santo de Deus. Nunca devemos esquecer-nos de que uma conversa pressupõe dois lados que falam e escutam.
   e) deve levar o aluno depois desse diálogo a uma *transformação autêntica* dos princípios, das metas e da vida do discípulo como um todo, em cada aspecto.

Propomos que o discípulo continue a praticar o método que melhor pode ajudá-lo a desenvolver sua vida espiritual: o método de interiorização, ou "método do adorador". Leia a explicação sobre esse método nas páginas 1406.

iv. Quarto exemplo: Epístola de Paulo aos Efésios

O autor de Efésios é o que mais livros escreveu em toda a Bíblia: o apóstolo Paulo. Seus 13 livros passaram para o cânon como livros inspirados por Deus e formam parte do gênero chamado epistolar (cartas, mensagens, missivas). As cartas estão estruturadas conforme o estilo do século I, quando foram escritas, e podem ter sido destinadas a uma igreja em particular (como Romanos, 1 e 2Coríntios), a uma pessoa (como 1 e 2Timóteo), a um grupo de igrejas (como Efésios), a um grupo étnico (como Hebreus e Tiago), ou à Igreja de Cristo em geral (as chamadas cartas "universais", como 1 e 2Pedro).

1) *Comece em oração.* Nunca se esqueça de que é o Espírito Santo o verdadeiro autor do que você vai ler e que em todo o mundo só existe uma obra como tal, a Bíblia, a Palavra de Deus.
2) *Faça uma avaliação rápida da carta.* Assim, terá a possibilidade de começar a familiarizar-se com o conteúdo.

3) **Lembre-se das perguntas genéricas importantes:**

O quê? Eis uma carta que Paulo provavelmente tenha dirigido a um conjunto de igrejas da Ásia menor, a atual Turquia. Na introdução, nota-se que, ainda que as cópias utilizadas para as traduções modernas terminem o versículo 1 do primeiro capítulo com o texto "que estão em Éfeso", há manuscritos antigos nos quais tais palavras não são mencionadas, o que nos faz pensar que se tratasse de uma espécie de carta circular destinada ao grupo de igrejas da região, todas elas produto do trabalho apostólico de Paulo. Na época em que o apóstolo escreve esta carta, Éfeso era a cidade mais populosa e importante da Ásia Menor e uma das principais do Império Romano. Não há dúvida de que o apóstolo tinha principalmente a cidade de Éfeso em mente no momento de escrever a epístola.

Quando? Costuma-se datar esta carta no início dos anos 60 d.C.

Como? A estrutura de Efésios é bastante comum nas epístolas de Paulo: primeiro trata de lançar a base doutrinária e espiritual; em seguida, indica a aplicação prática dessa base à vida do cristão. No caso dos efésios, parece que eles não tinham consciência de tudo o que haviam recebido no momento em que aceitaram Cristo. Por isso, não se tratava de pedir bênçãos especiais, mas, sim, de que já haviam recebido todo tipo de bênção espiritual "em Cristo" (são várias as ocorrências, principalmente nos primeiros capítulos), por isso o apóstolo pede a Deus que lhes dê espírito de sabedoria e de revelação (1.17); depois, ordena que vivam de maneira digna da vocação que haviam recebido (4.1) e que se mantenham firmes na vida cristã.

Onde? O texto é mais bem compreendido quando analisado à luz de Atos; no capítulo 19 vemos como Paulo chegou à cidade de Éfeso e se encontrou com um grupo de discípulos (v. 1) que apenas havia recebido o batismo de arrependimento de João, mas que não sabia da existência do Espírito Santo (v 2,3). Nessa mesma cidade, teve um choque com a comunidade judia e precisou retirar-se da sinagoga para dirigir-se a uma escola que lhe abriu as portas (v. 8,9). Vendo a grande necessidade, permaneceu dois anos nesse lugar, onde reinavam a feitiçaria e a magia, e onde rendiam culto à deusa Diana num templo considerado uma das sete maravilhas do mundo antigo. Muitos dos que haviam crido queimaram espontaneamente os objetos e os livros de magia e feitiçaria, apesar de serem de grande valor (v. 19,20); no entanto, quando ficou evidente que o culto a Diana perdia força e dinheiro por causa do ministério de Paulo, trataram de eliminar o apóstolo. Isso explica por que nesta carta vemos o poder do Espírito. Deve ser mencionado que Paulo a escreveu enquanto estava preso.

O que se observa sobre o relacionamento de Paulo com os demais cristãos? Nota-se um profundo respeito e amizade. É o que vemos no final desta carta e em geral nas demais epístolas, nas quais saúda e aconselha cristãos e líderes locais, mencionando seus nomes e demonstrando que o servo de Deus pode e deve ser um bom amigo (Provérbios 18.24).

Como se desenvolve a carta? Segue um esboço básico, com base na introdução que temos na *Bíblia do Discípulo*, no começo da carta:
- Saudação a todos os irmãos, tanto gregos ("graça", *jaris*) como judeus ("paz", *shalom*): 1.1,2
- Oração rabínica para bendizer o nome de Deus por tudo o que nos dá em Cristo: 1.3-14
- O que o Espírito de sabedoria e de revelação mostra ao cristão sobre ele mesmo: 1.15—3.25
- Aplicação para a vida: viver de modo digno como convém a um discípulo: 4.1—6.9
- Aplicação à batalha espiritual contra o Inimigo: 6.10-20
- Saudações e conclusão: 6.21-24

Que intenção tinha Paulo quando escreveu esta carta? Basicamente, despertar os efésios a respeito das riquezas celestiais que já tinham em Cristo, embora não as usassem. Além disso, conduzi-los à consciência da grande vocação que haviam recebido de Cristo, a qual deveria levá-los a uma conduta irrepreensível e a não dar lugar ao Inimigo.

4) *Estude o livro em detalhes.* Além de repetir o que foi dito nos exemplos anteriores, destacamos que esta é uma carta que deve ser analisada, assimilada e posta em prática na presença inspiradora do Espírito Santo e conforme sua direção. Isso exigirá um estudo lento, mas prática imediata.

É importante entender que o trecho do capítulo 6 que trata de toda a armadura de Deus não teria sentido se não houvesse um entendimento completo de tudo que é apresentado por Paulo nos capítulos anteriores. Para poder combater o Inimigo com a armadura de Deus, devemos começar submetendo-nos a Deus (Tiago 4.7), a fim de aceitar e viver o que ele já providenciou para nós.

Sobre a aplicação desta carta de ensino tão transformador, novamente propomos o método de interiorização que explicamos no final do primeiro exemplo. Não se assuste nem volte atrás quando perceber que deve mudar algo em sua vida. Todos nós somos produto de culturas que, em geral, não se ajustam a normas bíblicas, e sim aos padrões do Inimigo, a quem Paulo chama "o deus desta era" (2Coríntios 4.4). Todos os discípulos têm coisas que devem ser endireitadas na mente ou no modo de agir; para isso, temos à disposição o poder e o amor do Espírito Santo de Deus.

d. Outros métodos para o estudo das Escrituras

Além do método de interiorização, que sugerimos seja adotado pelo discípulo ao longo de toda a sua vida, há outros métodos que podem servir de ajuda parcial para o desenvolvimento da interiorização, ainda que nunca o devam substituir. Consistem também em uma preparação bíblica útil para dar aulas, trabalhos de evangelização, pregações etc. Seguem os principais métodos:

i. Método sintético

Este método pode ser comparado a quem vai subindo uma montanha e cada vez tem um panorama mais amplo; até que, lá de cima, aprecia toda a paisagem que rodeia a montanha. Sintetizar é reunir as partes de maneira que cheguem a formar um todo coordenado e coerente. É como montar um quebra-cabeça. No estudo sintético, deixamos de lado os detalhes para perceber a ideia geral do livro em estudo. No que se refere à Bíblia, lembremos que seus 66 livros são as únicas unidades que chegaram até nós de Deus. A divisão em capítulos e versículos foi realizada mais tarde por homens comuns, com o objetivo de facilitar a localização dos textos. O estudo sintético de um livro da Bíblia é feito partindo da leitura repetida de seu conteúdo até que se descubra sua mensagem geral:

1. *Primeira leitura.* Uma leitura rápida, sem se deter em detalhes ou tentar chegar a uma compreensão total do texto. Limite-se a ler o livro sem interrupções até o final. Nessa leitura será captado o tema geral do livro. Anote o que encontrar.

2. *Segunda leitura.* Nesta leitura, procure apreciar o "estilo" da mensagem, seu "tom". Verifique se o autor tem um toque histórico, didático, doutrinário, poético ou outro qualquer. Procure perceber o "gênero literário" em que o livro está escrito. Anote.

3. *Terceira leitura.* Leia como alguém que explora um local com a intenção de traçar um mapa. Vá anotando todas as alterações de tema, a dedução lógica que segue o autor e as mudanças de estilo. Cada vez que houver uma mudança de tema, inicie um novo parágrafo. Faça uma lista dos *parágrafos*, indicando *em cada um* os versículos a respeito desse tema e uma breve descrição do tema desenvolvido.

4. *Quarta leitura.* Durante essa leitura e com a ajuda das anotações feitas, elabore a estrutura básica do livro: seu esboço. Você poderá fazer isso com base nos parágrafos que tiver

escrito na terceira leitura, agrupando-os quando desenvolvem pontos de um mesmo tema. O esboço deve ser exaustivo e compreender o livro todo, seguindo-se a ordem em que foi escrito. Ao terminar essa leitura, você terá traçado "o mapa" que dará a compreensão geral do tema que está contido no livro.

ii. Método analítico

O método analítico pode ser considerado exatamente o oposto do método anterior. Se a síntese é escalar até chegar ao cume do monte para se ter um panorama, a análise, por sua vez, é descer do cume do monte para estudar os detalhes e os acidentes geográficos desse panorama. Mesmo assim, não é na realidade uma atividade contrária, e sim uma atividade que complementa a anterior. Analisar é dedicar-se ao processo difícil de separar entre si as partes distintas que formam o todo, com o propósito de estudar cada uma com profundidade. Quando se realiza uma boa análise, é possível chegar a uma síntese perfeita, e vice-versa.

1. *Primeira leitura*. Esta é uma leitura geral do texto em estudo, com o objetivo de captar o ambiente geral em que se desenvolve o livro e o conceito fundamental que apresenta. Anote o que encontrar.

2. *Segunda leitura*. Esta leitura é feita com o objetivo de ir em busca das mudanças de assunto dentro do tema geral. Os detalhes dos quais tomamos notas costumam ser determinados pelo interesse que nos levou ao texto. No caso da Bíblia, o interesse principal deverá focar dois aspectos. Em primeiro lugar, em uma compreensão mais completa possível da mensagem que o texto sagrado queria apresentar a seus primeiros ouvintes ou leitores, ou seja, para os quais escreveu o autor. Em segundo, na preparação para a aplicação à nossa realidade e circunstâncias. A pergunta que se faz é: O que o texto me diz hoje e nas circunstâncias em que vivo hoje? Ao final da segunda leitura, o texto estará dividido para a análise posterior. Podemos dividi-lo de várias formas. A mais comum é chamada "análise conceitual" ou análise por conceito. Podemos analisar por meio da divisão em parágrafos, que muitas vezes coincide com os temas ou conjuntos coerentes de conceitos, ou podemos analisar orientados por um interesse de tipo linguístico, histórico, biográfico, cronológico ou outros, que serão descritos em outros métodos.

3. *Análise*. A verificação é feita do geral para o particular. Este método tem uma conexão metodológica com o método dedutivo, que será explicado a seguir. Aqui o trabalho do aluno consiste em estudar cada uma das partes ou divisões, de modo que se compreenda o texto o melhor possível e, com a ajuda da síntese, recuperar sua função e importância dentro do todo que está sendo estudado. Uma vez mais, devemos chegar à conclusão de que a síntese e a análise são processos mentais e de estudo complementares, não opostos. Por isso, devemos subir a montanha para ver o vale e depois localizar seus acidentes geográficos, sem perder de vista o cume da montanha como ponto geral de referência.

iii. Estudo de personagens

Neste estudo segue-se a intervenção divina na história do homem através das principais personagens que aparecem nas Escrituras. É notável o fato de que, em todos os chamados "escritos sagrados" dos povos antigos, as personagens tenham sido geralmente seres perfeitos e heroicos, muitas vezes dotados de poderes especiais. Na Bíblia, porém, trata-se de homens e mulheres com defeitos, problemas e pecados como os nossos, por meio de quem Deus trabalha pela graça sem nenhum merecimento por parte deles. Veja, em seguida, uma lista de personagens bíblicas cujo estudo pode ser muito útil para que nos identifiquemos com eles e para conhecer melhor o Deus a quem servimos. Certamente, esta lista é parcial e incompleta, mas você poderá completá-la à medida que estudar e encontrar outras grandes personagens bíblicas. Há um bom resumo desse grupo na "Galeria Bíblica da Fama", em Hebreus 11.

A BÍBLIA ATRAVÉS DE SUAS PRINCIPAIS PERSONAGENS

ANTIGO TESTAMENTO	NOVO TESTAMENTO
Deus	Jesus, o Cristo ou Messias
Adão	Zacarias
Eva	Isabel
Satanás	João Batista
Caim	Maria
Abel	José
Sete	Herodes, o Grande
Noé	Simão Pedro
Sem	André
Jó	Tiago, filho de Zebedeu, ou Tiago, o maior
Abraão	João, o evangelista
Sara	Filipe
Ló	Bartolomeu
Melquisedeque	Mateus, o cobrador de impostos
Isaque	Tomé
Rebeca	Tiago, filho de Alfeu, ou Tiago, o menor
Jacó, ou Israel	Simão, o zelote
Lia	Judas Tadeu
Raquel	Judas Iscariotes
Esaú	Matias
José	Tiago, o justo (meio-irmão de Jesus)
Moisés	Judas (meio-irmão de Jesus)
Arão	Nicodemos
Miriã	A mulher samaritana
Josué	Zaqueu
Noemi	João Marcos
Rute	Maria Madalena
Samuel	Ana
Saul	Pôncio Pilatos

ANTIGO TESTAMENTO	NOVO TESTAMENTO
Davi	Herodes Antipas
Salomão	Herodes Agripa I
Elias	Herodes Agripa II
Eliseu	Paulo (Saulo)
Ester	Barnabé
Esdras	Ananias e Safira
Neemias	Estêvão
Jó	Filipe
Isaías	Dorcas, ou Tabita
Jeremias	Cornélio
Ezequiel	Silas
Daniel	Lucas
Joel	Febe
Jonas	Timóteo
Habacuque	Tito
Zacarias	Filemom
Malaquias	Onésimo

iv. Estudo geográfico-histórico-cultural

Sobre este método, dizemos o mesmo do anterior. Ainda que a lista que apresentamos seja parcial, é muito importante para que examinemos alguns lugares onde se desenvolveu a história bíblica, bem como suas diferentes culturas e costumes A intenção é que captemos o melhor possível a mensagem do texto, que é dirigido a seus ouvintes e leitores originais. Não nos é possível interpretar com precisão, do nosso ambiente, século e mentalidade atual, o que se diz em outros lugares e dentro de uma cultura e sistema de pensamento diferentes.

ANTIGO TESTAMENTO	NOVO TESTAMENTO
Jardim do Éden	Nazaré
Babel	Belém
Ur dos caldeus	Jerusalém
Arã	Rio Jordão
Mesopotâmia	Cafarnaum
Canaã	Betânia
Líbano	Bereia
Egito	Emaús
Sodoma	Cesareia de Filipe
Gomorra	Damasco

ANTIGO TESTAMENTO	NOVO TESTAMENTO
Salém	Tarso
Betel	Antioquia
Mar Vermelho	Roma
Monte Horebe ou Sinai	Atenas
Tabernáculo	Corinto
Rio Jordão	Decápolis
Jericó	Galácia
Belém	Filipos
Moabe	Colossos
Jerusalém	Tessalônica
Monte Sião	Éfeso
Tabernáculo de Davi	Esmirna
Templo de Salomão	Pérgamo
Samaria	Tiatira
Assíria	Sardes
Babilônia	Filadélfia
Nínive	Laodiceia
Síria	Nova Jerusalém

v. Estudo de palavras

Não existem dois idiomas cujos sentidos das palavras correspondam completamente. Por isso, não podem ser feitas traduções automáticas que sejam coerentes e inteligíveis por meio de programas de computador. O problema se agrava quando se lida com idiomas como o hebraico clássico, o aramaico e o grego *coiné*. O Antigo Testamento foi escrito nos dois primeiros idiomas, ao passo que o Novo Testamento somente em grego *coiné* ("comum", o grego falado nos pontos de comércio), mas não no grego clássico dos eruditos e filósofos. Os idiomas antigos estão muito longe da nossa compreensão, pois as palavras naquela época tinham matizes e significados que não chegaram aos idiomas modernos.

Para compreender o problema, basta destacar que o texto original da Bíblia contém em torno de 6 mil palavras distintas, e os textos traduzidos desses mesmos idiomas costumam ter entre 12 e 15 mil palavras diferentes; e isso se deve à impossibilidade de se encontrar equivalência total de significado e suas variações na tradução das palavras originais.

Em primeiro lugar, é necessário compreender que o tradutor tem a necessidade de optar entre as diferentes variações de significado de uma palavra no momento de traduzi-la, e faz isso de acordo com seus próprios critérios e contexto a que se destina. Por esse motivo, é importante ter à disposição mais de uma tradução das Escrituras. Deixando de lado as traduções "produzidas" que têm como finalidade que o texto sagrado confirme doutrinas desvirtuadas de determinadas seitas, temos basicamente dois grupos de traduções: as que valorizam o sentido literal do texto e as que seguem o princípio da "equivalência dinâmica", que muitas vezes estão mais para uma interpretação que uma tradução. Há também textos de apoio que servem de paráfrases, algumas das quais incluem entre parêntesis vários significados de uma mesma palavra.

Se tomarmos, por exemplo, a versão de Almeida, que se pauta por uma tradução literal das palavras, podemos ler o texto em outras traduções para compreender melhor os conceitos originais. Existem concordâncias "exaustivas", que têm como objetivo informar-nos sobre determinada palavra ao longo de toda a Bíblia. Lembre-se de que o único texto bíblico inspirado em sua totalidade é o texto original. No entanto, não é necessário que você se preocupe demasiadamente com a exatidão das traduções, pois, graças a um trabalho dedicado e minucioso realizado durante séculos por especialistas, as boas traduções são fiéis ao original em mais de 90%; o que poderia apresentar dúvidas são detalhes que não alteram em nada as doutrinas nem os princípios das Escrituras. No artigo "Vocabulário básico" (p. 1489), você encontra um bom número de palavras que têm uma explicação suficientemente ampla.

ALGUMAS PALAVRAS DA BÍBLIA QUE O AJUDARÃO A APROFUNDAR-SE NO SENTIDO DO TEXTO SAGRADO

Palavras do Antigo Testamento que você deve estudar

Abençoar	Céus	Glória	Nome	Sábio
Adorar	Colete sacerdotal	Homem	Orar	Sacerdote
Aliança	Conhecer	Ídolo	Pai	Salvar
Alma	Crer	Imundo	Pão	Santificar
Altar	Criar	Justo	Pasto	Santo
Amar	Curar	Leão	Poder	Satanás
Anjo	Deus	Lei	Primogenitura	Senhor
Aprender	Ensinar	Liberar/Libertar	Príncipe	*Sheol*/sepultura
Arca	Escutar	Livro	Profeta	Tabernáculo
Assembleia	Espírito	Louco	Propiciação	Templo
Baal	Expiar	Louvar	Propiciatório	Terra
Bênção	Família	Mandamento	Prosperar	Ungir
Bom	Favor	Mão	Redimir	Vinho
Braço	Fidelidade	Misericórdia	Reino	Virgem
Casa	Fôlego/sopro	Mulher	Sabedoria	Visão

Palavras que você deve estudar no Novo Testamento

Aba	Conhecer	Filosofia	Obra	Ressurreição
Acusador	Consolar	Fruto	Oração	Revelação
Adoção	Coração	Gentio	Ovelha	Sacerdote
Adorar	Cordeiro	Glória	Paciência	Sacrifício
Ágape	Coroa	Graça	Palavra	Saduceus
Adoração	Crer	Hades	Pastor	Sal
Aliança	Cristo	Herança	Paz	Salvação

Aleluia	Cruz	Hosana	Pecado	Salvador
Alma	Corpo	Igreja	Pedra	Sangue
Amém	Demônio	Imagem	Pedra angular	Santidade
Amigo	Deserto	Inferno	Perdoar	Santificação
Amor	Desobediência	Inspirar	Permanecer	Santo
Âncora	Deus	Jejum	Pessoa	Selo
Anjo	Diácono	Jesus	Peixe	Sinal
Anticristo	Dinheiro	Juízo	Poder	Senhor
Apóstolo	Discernir	Justiça	Povo	Servidão
Arrependimento	Discípulo	Justificação	Precursor	Servo
Assembleia	Dom	Justo	Pregar	Suprir
Autoridade	Domínio próprio	Lâmpada	Profecia	Tabernáculo
Azeite	Doutrina	Lei	Profissão	Templo
Batismo	Entranhas	Livre	Propiciação	Tentação
Bem-aventurado	Escriba	Luz	Prova	Testamento
Besta	Esmola	Mansidão	Publicano	Testemunha
Bispo	Esperança	Membro	Receber	Tempo
Cabeça	Espírito	Menino	Recompensa	Último
Caminho	Espiritual	Mente	Reconciliação	Ungir
Carnal	Evangelho	Mestre	Redenção	Vencer
Carne	Evangelista	Mensagem	Regeneração	Verbo
Carpinteiro	Expiação	Mesa	Regozijar-se	Verdade
Centurião	Fariseu	Mistério	Reino	Vida
Céu	Fé	Mundo	Remissão	Vinho
Cidadão	Fermento	Muro	Repouso	Virtude
Comunhão	Fidelidade	Natural	Repreender	Zelo
Confessar	Filho	Nome	Resgate	

vi. Método temático

Em geral, este método consiste em estudar com profundidade e oração determinados temas centrais das Escrituras, tomando-se nota dos textos bíblicos em que aparecem. É recomendável primeiro recorrer à Bíblia e depois às notas e aos comentários. Se trabalhamos ao contrário, no lugar de fazermos a *exegese* (interpretação do texto), podemos cair na *eisegese* (introdução no texto de conceitos alheios a ele).

vii. Método de análise por versículos com síntese posterior

Este método consiste em analisar cada um dos versículos, ainda que devamos levar em conta vários detalhes. Em primeiro lugar, a única divisão original das Escrituras é a de 66 livros que a compõem.

Com o tempo, foi preciso dividir os livros em capítulos, nem sempre com grande êxito, e às vezes de maneiras diferentes. Muito tempo depois, para facilitar ainda mais a localização dos textos, foi necessária a divisão dos capítulos em versículos. Quem faz esse tipo de estudo corre o risco de extrair o versículo de seu contexto. Nesse sentido, o leitor poderia utilizar um texto para dizer o que ele mesmo tem em mente, não o que Deus teve a intenção de afirmar.

Para evitar esse erro, sempre relacione o versículo a seu respectivo contexto. Ou seja, em um primeiro nível, refere-se ao parágrafo a que pertence o versículo e, em um contexto mais amplo, o capítulo, o livro e a Bíblia como um todo. O Espírito Santo jamais pode contradizer-se. Se assim fosse, haveria ocasiões em que estaria mentindo, e isso não é possível, pois ele é a Verdade. O texto de Números 23.19 expressa muito bem: " 'Deus não é homem para que minta, nem filho de homem para que se arrependa. Acaso ele fala e deixa de agir? Acaso promete e deixa de cumprir?' ". De um versículo fora de contexto não se pode extrair uma doutrina, principalmente se parece estar dizendo algo que se opõe ao cerne das Escrituras.

Em todos os métodos mencionados e em muitos outros que poderiam ser idealizados, como o de estudar a Bíblia por capítulos ou a partir do marco histórico-geográfico dos livros, é necessário manter sempre os seguintes princípios:

1) "Toda a Escritura é inspirada por Deus e útil para o ensino, para a repreensão, para a correção e para a instrução na justiça, para que o homem de Deus seja apto e plenamente preparado para toda boa obra" (2Timóteo 3.16,17). Devemos aproximar-nos do texto sagrado como aprendizes submissos. O que pensamos ou dizemos jamais poderá ter prioridade em relação à Palavra de Deus, nem a superar ou chegar a uma conclusão que indique que nela há erros.

2) "Pois a palavra de Deus é viva e eficaz, e mais afiada que qualquer espada de dois gumes; ela penetra até o ponto de dividir alma e espírito, juntas e medulas, e julga os pensamentos e as intenções do coração. Nada, em toda a criação, está oculto aos olhos de Deus. Tudo está descoberto e exposto diante dos olhos daquele a quem havemos de prestar contas" (Hebreus 4.12,13). A Palavra chega à nossa vida para nos transformar, mesmo que, ao fazer isso, produza dor em nós, como faz o bisturi do médico-cirurgião para nos curar.

3) "Assim como a chuva e a neve descem dos céus e não voltam para eles sem regarem a terra e fazerem-na brotar e florescer, para ela produzir semente para o semeador e pão para o que come, assim também ocorre com a palavra que sai da minha boca: ela não voltará para mim vazia, mas fará o que desejo e atingirá o propósito para o qual a enviei" (Isaías 55.10,11). Em toda a Bíblia não existe nem uma só palavra que não tenha um propósito fixado pelo Espírito Santo de Deus.

4) " 'Digo a verdade: Enquanto existirem céus e terra, de forma alguma desaparecerá da Lei a menor letra ou o menor traço, até que tudo se cumpra' " (Mateus 5.18). Podemos estar seguros de que tudo o que Deus planejou para a humanidade será cumprido até o último detalhe, por mais que Satanás, o mundo e a carne se oponham.

5) *Uma nota prática*: Dada a riqueza das palavras que caracteriza o idioma português, muitas vezes nossa compreensão parcial (ou indevida) dos textos se deverá à compreensão também incompleta ou inadequada de alguma palavra com que não estejamos familiarizados. Recomendamos que o discípulo sempre tenha um dicionário à disposição para consultá-lo com frequência, de modo que em cada texto estudado, qualquer que seja o método adotado, não fique nenhuma palavra sem ser compreendida.

F. A memorização das Escrituras

Nossos primeiros irmãos cristãos tinham a memória muito mais exercitada que nós. O preço dos materiais escritos era exorbitante; por isso havia o costume de uma pessoa ler o texto enquanto os demais o escutavam (Apocalipse 1.3). Para muitas dessas pessoas, era uma verdadeira felicidade contar com uma ou duas páginas das Escrituras, como deve ter sido para o soldado do Império Romano, cuja mochila apareceu em meados do século XX. Essa foi uma época na qual a batalha era implacável, pois alguns queriam provar que os escritos de João não eram dele, mas de outra pessoa (teologicamente muito mais avançada nas ideias da igreja) e que teria pertencido ao século II ou III. Dentro da mochila daquele soldado havia um pequeno pedaço de pergaminho que os cientistas e pesquisadores haviam datado como procedente de finais do século I e a partir do qual o Espírito Santo nos lançava um alvo sorridente com as palavras de Jesus que aparecem somente no evangelho de João: " 'Então, você é rei!', disse Pilatos. Jesus respondeu: 'Tu dizes que sou rei. De fato, por esta razão nasci e para isto vim ao mundo: para testemunhar da verdade. Todos os que são da verdade me ouvem' " (18.37). Contudo, muitos dos primeiros cristãos deram a vida pelo Cristo no qual haviam crido. De modo que o pouco que escutavam e liam era convertido em vida. Em outras palavras, o número de Bíblias que temos não nos torna mais espirituais, mas, sim, a profundidade com que mudamos nosso estilo de vida conforme o que ordena a Palavra de Deus. Aprender de memória textos bíblicos é criar na mente um arquivo do qual o Espírito Santo pode extrair verdades no momento oportuno. Esse é o melhor tipo de programação da mente, o que produz na nossa vida o melhor dos resultados. Para nós em geral é mais difícil que o era para os primeiros cristãos, porque não temos a memória tão exercitada como eles tinham e pela imensa quantidade de ruídos, fruto do mundo atual, que praticamente tomam conta dos nossos sentidos a ponto de bloqueá-los. Mesmo assim, devemos memorizar os versículos bíblicos ou passagens bíblicas que chegam ao nosso coração (durante uma pregação, uma classe, um estudo bíblico, uma leitura, uma conversa ou qualquer outro meio) porque chegará o momento em que nos serão de grande utilidade.

1. **Um método para memorizar as Escrituras**

    Em primeiro lugar, destacam-se algumas formas de memorizar versículos bíblicos.
    a. *Defina qual é o texto que você tem necessidade de aprender e procure-o na Bíblia.* Se você tem várias versões da Bíblia, pode procurá-lo em todas elas, mas é melhor que memorize sempre na mesma versão, nesse caso, a *Nova Versão Internacional*. Use um marcador para destacá-lo em sua Bíblia.
    b. *Medite nessa passagem e aplique-a às circunstâncias que você está vivendo.* Talvez possa fazer uma anotação na margem da Bíblia que o lembre de quando e por que chamou a sua atenção.
    c. *Escreva o texto em um pequeno cartão.* A pessoa que escreve já lê duas vezes. Leve-o com você ao trabalho e a qualquer outro lugar. De vez em quando, leia o cartão e procure repetir o texto de memória.
    d. *Procure imaginar o texto em sua aplicação.* Por exemplo, se é um versículo que fala de como Deus liberta seus filhos, imagine-o libertando você e a sua família de grandes perigos, principalmente dos ataques espirituais.
    e. *Escreva-o em letras grandes.* Se é um versículo que tenha causado um grande impacto em sua vida espiritual, recomendamos que seja escrito em letras grandes e que você o ponha em quadro visível e num lugar de destaque da sua casa. Martinho Lutero, o pai da Reforma Protestante, dava grande valor a essa prática.
    f. *Peça a alguém que o ajude a comprovar se você já conseguiu memorizá-lo.* Se a pessoa é o seu discipulador, ou alguma outra pessoa de confiança e de fé, comente com ela o que você está aprendendo.

g. *Diga a Deus o texto em voz alta várias vezes ao longo do dia.* Deus gosta de escutar sua Palavra nos lábios de seus filhos, principalmente se ela foi assimilada por fazer parte de seu estilo de vida.
h. *Converta a memorização bíblica em uma atividade normal e diária.* Quando a sua mente está cheia da Palavra de Deus, não haverá nela lugar para as coisas que vêm deste mundo e que procuram nos asfixiar e causar dano.

2. **Sugestões de versículos que o discípulo deve memorizar**

- Gênesis 3.15 (a primeira profecia sobre Jesus)
- Êxodo 20.3-17 (os Dez Mandamentos; divida-os em pares de versículos para facilitar o aprendizado)
- Isaías 53.5,6 (o preço da nossa redenção)
- Isaías 53.7 (Jesus, o Cordeiro de Deus)
- Isaías 53.10,11 (a vitória de Jesus)
- Mateus 1.21 (Jesus, o Salvador)
- Mateus 1.23 (Jesus, Deus conosco)
- Mateus 3.1,2 (o arrependimento prepara o caminho para Jesus)
- Mateus 3.11 (a missão de Jesus)
- Mateus 3.17 (Deus Pai dá testemunho de Jesus)
- Mateus 5.3-11 (as Bem-aventuranças; divida-as em pares de versículos para facilitar o aprendizado)
- Mateus 5.13 (não somos pouca coisa; somos o sal da terra)
- Mateus 5.14-16 (se não fazemos brilhar a luz de Cristo na nossa vida, o mundo seguirá em trevas)
- Mateus 6.32-34 (o que realmente importa para o discípulo)
- Mateus 9.12,13 (segurança e consolo para o pecador)
- Mateus 9.16,17 (Jesus faz novas todas as coisas, não remendos)
- Mateus 12.35-37 (devemos encher a mente das coisas de Deus e de coisas boas para que as nossas palavras sejam agradáveis a ele)
- Mateus 13.23 (arranquemos os espinhos e limpemos a alma, a fim de que o Semeador plante em nosso coração a semente que produz muitos frutos)
- Mateus 16.15-16 (Jesus não é um grande mestre ou filósofo, mas, sim, o Filho de Deus que veio a este mundo em forma humana)
- Mateus 26.26-28 (a nova aliança pelo sangue de Jesus)
- Mateus 28.18-20 (a Grande Comissão)
- Marcos 10.24-27 (o perigo de quem confia nas riquezas terrenas)
- Marcos 10.36,37 (o verdadeiro próximo)
- Marcos 10.40-42 (uma única coisa importa e não nos será tirada)
- Marcos 12.29-31 (os dois mandamentos que resumem os demais mandamentos)
- Lucas 4.17-19 (Jesus, o libertador)
- Lucas 7.47,48 (precisamos permitir que o Espírito de Deus faça uma limpeza total na nossa alma)
- Lucas 11.2-4 (Jesus ensina os discípulos a orar, e a nós também)
- João 4.10, 14 (Jesus, o que oferece água viva)
- João 4.23 (como Deus quer que o adoremos)
- João 6.26,27 (o motivo real de procurar Jesus)

Poderíamos seguir com uma lista imensa, mas cada pessoa tem sua história de vida e necessidades, e o Espírito Santo conhece todos nós perfeitamente. Caro discípulo, esteja sempre alerta à espera de uma palavra que o Espírito Santo transmita vida a você. Dedique-se com seriedade à leitura e à meditação do livro de Provérbios, das cartas de Paulo, Tiago, Pedro, João e Judas, onde você encontrará vários textos de grande ajuda e aplicação para a sua vida.

Devemos compreender que Deus não fez que a Bíblia fosse escrita para que seja uma espécie de amuleto da sorte, nem para que a transformemos em apoio a nossas ideias quando nos convém sustentar um ponto de vista diante de outros que pensem diferentemente de nós. Lembre-se do que diz Paulo em 1Coríntios 11.16. "Mas, se alguém quiser fazer polêmica a esse respeito, nós não temos esse costume nem as igrejas de Deus". Muito menos teve como intenção que soubéssemos o futuro que nos espera, ainda que essas coisas estejam expressas na Bíblia. Deus tem a Bíblia como o "Manual para a vida do discípulo", e é o que ela deve ser para nós todos os dias enquanto estivermos neste mundo e qualquer que seja nossa situação.

VII. O DISCÍPULO E AS RELAÇÕES HUMANAS

O discipulador deve dar exemplo das seguintes disciplinas diante do discípulo. O ambiente geral da igreja precisa estar preparado de tal maneira que elas encontrem espaço para ser praticadas.

A. A amizade

1. *A amizade entre os "irmãos"?*

"O amigo ama em todos os momentos; é um irmão na adversidade" (Provérbios 17.17; 18.24; 27.10). Onde quer que haja um cristão, deve haver a segurança de que com seus irmãos existe um ambiente de proteção mútua.

A amizade entre os cristãos é um dos valores menos apreciados na vida cristã. No entanto, costuma ser decisiva para que um novo cristão permaneça na igreja. O discipulador deve mostrar-se amigo, como Cristo é o nosso amigo. Do contrário, pensará que o novo discípulo, principalmente se é jovem, terá a tendência de voltar às amizades do mundo, por pensar que "esses, sim, são amigos de verdade". Infelizmente, algumas situações costumam dar a impressão de que essa é a verdade. Mantemos uma amizade que peca pela superficialidade e pelo "profissionalismo" e que nem sempre está disposta a sacrificar-se por quem chamamos irmãos.

2. *A amizade entre os discípulos de Jesus*

As amizades mais profundas e fiéis devem ser as que existem entre os discípulos de Jesus. É comum que os irmãos em Cristo se chamem de irmãos, mas nos esquecemos de que as piores inimizades são muitas vezes as dos irmãos. O primeiro assassino foi Caim, que também foi o primeiro a apresentar uma oferta a Deus, mas depois matou por inveja religiosa seu irmão, Abel, a quem Deus favoreceu por conhecer a sinceridade de seu coração. Precisamos encorajar a comunhão entre os santos; ou seja, a fraternidade entre os membros do corpo de Cristo e em especial com os recém-chegados, de modo que sejam bem recebidos e ajudados em todos os momentos. Se o discipulador é amigo de seus discípulos, verá que estes, por sua vez, aprenderão a ser igualmente amigos daqueles que discipulará no futuro.

O texto básico e muito prático sobre esse tema é 1Coríntios 13. O amor descrito nesse capítulo é o ágape, um amor que, como o amor de Deus, entrega-se incondicionalmente e não espera nada em troca; um sentimento impossível de ser obtido humanamente. O amor ágape é fruto do Espírito

(Gálatas 5.22,23) e só pode nascer de uma autêntica comunhão com Deus. Totalmente opostos a esse tipo de amor são os pecados frequentes que os homens cometem: a fofoca, o ciúme, a inveja, o rancor e muitos outros que não devem existir entre os membros do corpo de Cristo.

3. A amizade com o mundo

Um tema delicado ao princípio é o das relações do novo convertido com os amigos não cristãos. Existe um período de debilidade, de falta de conhecimento e de necessidade de firmeza, no qual o discipulador deve instruir o novo discípulo para que não tente evangelizar seus antigos amigos; deve, sim, manter-se firme diante das brincadeiras, reclamações e até mesmo das ameaças. No entanto, vemos que o Senhor Jesus atuava com os pecadores de uma maneira bem diferente de como faziam os fariseus (Mateus 11.18,19); isso permitiu, entre outras coisas, que houvesse um publicano entre os 12 discípulos. O discipulador deve ter como uma de suas metas a formação de um caráter cristão firme e maduro no discípulo, de modo que ele possa voltar a relacionar-se com aqueles que deixaram de ser seus amigos por causa do testemunho de uma vida transformada, e assim possa apresentar-lhes o evangelho. Quando isso acontecer, e se houver amigos que aceitem Jesus, a igreja local, principalmente os líderes e o discipulador, deverão estar preparados para recebê-los carinhosamente e ajudá-los também a começar a caminhada cristã. Como vemos, trata-se de uma cadeia de discípulos que vem sendo formada desde o século I e continuará até o fim dos tempos. Essas pessoas também devem ser alvo do amor ágape do povo de Deus. Quando uma igreja se fecha em si mesma e não se abre para os novos convertidos, não está cumprindo a função para a qual Cristo estabeleceu sua presença no mundo.

B. O discípulo e o amor humano

Somos discípulos de um Mestre amoroso com os fracos e exigente com os que se acham fortes. Diante de sua presença, cumpre-se o que disse o profeta: "Diga o fraco: 'Sou um guerreiro!' " (Joel 3.10). Jesus sempre enfatizou o amor a seus primeiros discípulos: " 'Com isso todos saberão que vocês são meus discípulos, se vocês se amarem uns aos outros' " (João 13.35). Esse amor é prático e se traduz em gestos e ações da vida diária. Significa ver um irmão em necessidade e nos comover por inteiro, além de fazer algo para ajudá-lo a sair de tal situação. O amor que se restringe a boas palavras, mas não resolve nada, não é o amor das Escrituras, nem o dos discípulos de Cristo (veja Tiago 2.15-17).

Em primeiro lugar, devemos amar "aos da família da fé" (Gálatas 6.10), mas também a todos os que ainda não creram no evangelho. Se temos o amor de Cristo em nós, não vamos querer que os outros sigam para a destruição eterna. Esse amor deve ser sincero e sacrificial. A pessoa que finge ter amor para atrair uma pessoa à sua igreja não está cumprindo a obra da evangelização, e sim fazendo proselitismo. Jesus soube amar as pessoas que ninguém queria amar. Soube conviver com publicanos, pecadores e até mesmo com leprosos, e jamais se contaminou; pelo contrário, curou a todos. O discípulo deve buscar ser da seguinte maneira: prudente em seus relacionamentos e saber que, sem o poder do Espírito Santo, sempre estará em perigo; além disso, deve ser audaz em buscar os perdidos, dando-lhes algo para comer e para vestir-se, mas principalmente o calor de Jesus Cristo. Em outras palavras, deve procurar estar entre todo tipo de gente com o objetivo de estabelecer relações de amizade sincera, no lugar de fingir uma amizade que não sente ou movido por um compromisso que não entende.

C. O discípulo e o jugo desigual

Essa é uma expressão que o recém-convertido na fé ouvirá desde o início. Paulo adverte do erro que muitos cometem: "Não se ponham em jugo desigual com descrentes. Pois o que têm em comum a justiça e a maldade? Ou que comunhão pode ter a luz com as trevas?" (2Coríntios 6.14). Em geral, essa expressão é usada para convencer nossos jovens de não terem relacionamento amoroso com não cristãos. A advertência está correta, mas o discípulo precisa entender que o assunto é mais profundo do que simplesmente as bases para um matrimônio santo.

Unir-se em jugo desigual também é fazer juramentos que nos atam a não cristãos ou pessoas de seitas estranhas, fazer-nos sócios de negócios com pessoas completamente alheias à fé cristã ou andar sempre com pessoas que nos desmotivam espiritualmente em detrimento da companhia dos irmãos na fé. No momento de desenvolver amizades íntimas e de fazer negócios, o princípio do jugo desigual também é válido. O discípulo deve pedir discernimento ao Espírito Santo para que jamais seja escravo de um jugo desse tipo, cujos resultados nunca são proveitosos. Para isso, também é preciso ser realista e entender que dentro das igrejas sempre há pessoas que se dizem cristãs sem que o sejam de fato. São o joio que o Inimigo semeia durante a noite (Mateus 13.24-30,37-43). A resposta é muito simples e está ao alcance de todos os que sinceramente buscam um relacionamento com Jesus: manter o primeiro amor e a intimidade máxima com Cristo, o autor e consumador da nossa fé (Hebreus 12.2). Quem conhece bem o papel-moeda autêntico facilmente descobre as falsificações.

D. O discípulo e a evangelização

Todos os novos cristãos que querem seguir Jesus mais de perto enfrentam um processo de crescimento espiritual, que, de certo modo, é paralelo ao crescimento natural de um recém-nascido no ambiente de uma família saudável e funcional.

A primeira coisa que acontece é que o filho estabelece laços muito íntimos com os pais. Tal relacionamento lhe dá segurança e estabilidade. Por esses laços, recebe amor e proteção dos pais, que sacrificam o que seja necessário para que ele se desenvolva bem na vida. Tudo o que o filho fizer no futuro dependerá, em grande parte, de como foram seus três primeiros anos de vida e da relação que tenha tido com seus pais. Na vida espiritual, quando uma pessoa nasce de novo, precisa crescer em um ambiente onde também receba segurança e estabilidade. Essa segurança vem da fé, que é "a certeza daquilo que esperamos e a prova das coisas que não vemos" (Hebreus 11.1), promovida pela habitação e direção do Espírito de Deus em nosso interior: "Quando vocês ouviram e creram na palavra da verdade, o evangelho que os salvou, vocês foram selados em Cristo com o Espírito Santo da promessa" (Efésios 1.13). O primeiro resultado é uma comunhão cada vez mais profunda e firme com o Pai por meio do Filho.

A criança aprende a se comunicar com os pais, admira-os e os imita. Para ela, os pais são tudo. A Palavra de Deus cria raízes no coração do cristão por meio do estudo, da pesquisa, de sua leitura apaixonada e até mesmo, como no caso do profeta Ezequiel (3.1-3) e do apóstolo João (Apocalipse 10.9-11), do ato de comê-la. À medida que as raízes são lançadas, começam a crescer os galhos, e estes tornam-se cada vez mais fortes.

Uma vez que o filho tem segurança no relacionamento com os pais, ele está pronto para estabelecer relações adequadas com o restante da família e dos amigos da família. O cristão que tem raízes profundas na Palavra de Deus também está preparado para estender os braços a seus irmãos na fé, com os quais forma o corpo de Cristo (Romanos 12.1; 1Coríntios 12.13-27). O relacionamento com outros cristãos o ajudará a compreender que todos somos imperfeitos e que temos de aprender a perdoar e pedir perdão.

Quando o filho já se desenvolveu em seu próprio ambiente, encontrou ali seu lugar e aprendeu a estabelecer relacionamentos adequados com familiares e amigos, é porque está preparado para começar a relacionar-se com os que até então eram pessoas desconhecidas. Se recebeu a educação que lhe tentaram transmitir, saberá aproximar-se dos demais (com boas palavras e atitudes) para fazer-lhes o bem, não para aproveitar-se deles. O cristão que é devidamente discipulado, que recebeu e assimilou essa formação, está preparado para evangelizar, sem que importe sua idade biológica. Guiado pelo Espírito Santo, terá condições de levar de maneira poderosa e eficaz as boas-novas do Reino a quem ainda não conhece Jesus.

Esse é o momento que o Inimigo teme, por isso faz de tudo para evitar que aconteça. Deus nos conhece, não apenas quanto ao que somos, mas também sabe o potencial que temos, uma vez que somos feitos à sua imagem e nascidos de novo no poder do Espírito e na vitória triunfal de Jesus Cristo. Só em imaginar esse potencial, o Inimigo já treme. Por isso, trata de pôr empecilhos ao crescimento do cristão rumo à maturidade. Enquanto o cristão continuar sendo como uma criança, que ainda se alimenta de leite, conforme diz Paulo (1Coríntios 3.2), não poderá causar nenhum estrago no já fracassado mundo das trevas. Crianças não empunham armas. Por isso, acabam colaborando com este mundo e com sua natureza carnal, sendo mantidas tranquilas no banco da igreja, mas sem lhe causar nenhum dano. O Diabo conhece as Escrituras e conhece também o que Jesus disse a respeito de sua Igreja: " '[...] e as portas do Hades não poderão vencê-la' " (Mateus 16.18). Enquanto o cristão e a comunidade de cristãos ficarem na defensiva, o Inimigo tem pouco o que temer. Mas pende sobre sua cabeça, como a imensa espada de Dâmocles, a profecia segura de Jesus que há de ser cumprida: O Hades terá que entregar seus escravos quando a Igreja, como um poderoso exército, destruir as portas de sua cidade.

Aqui está um resumo para o discípulo maduro: O Espírito Santo habita em seu coração, tem comunhão íntima com o Pai por meio do Filho, o único mediador entre Deus e os homens. Essa comunhão é firme porque está ancorada na Palavra de Deus, não em sentimentos externos, costumes e práticas sociais ou crenças extrabíblicas. Além disso, produz dois frutos: comunhão com os irmãos na fé e aproximação daqueles que precisam receber a mensagem da salvação.

E. Por que tanta exclusividade?

1. Os princípios do mundo são opostos aos das Escrituras.
2. As chamadas "revelações" extrabíblicas competem com as Escrituras: livros apócrifos, lendas e livros gnósticos.
3. O misticismo oriental, a Nova Era, o espiritismo e coisas semelhantes opõem-se à nossa fé.
4. Há somente um Mediador e uma única mensagem de salvação; um só caminho que conduz a Deus e uma só forma de viver que lhe agrada.

F. A vida do discípulo maduro

1. Íntegra

Uma das características que os novos cristãos costumam trazer à igreja seria considerada uma fraqueza, inconstância ou até mesmo hiprocrisia se não fosse uma das formas em que o ser humano pudesse sobreviver em meio à cultura agitada e exigente em que vivemos. No momento do culto em que interagimos com os irmãos, é bem possível que falem com fervor e usem até mesmo o "evangeliquês" próprio da igreja, mas, quando saem do ambiente considerado santo, já são outras pessoas. Comportam-se de uma maneira na igreja e de outra bem distinta (e com frequência contrária aos princípios bíblicos) no trabalho ou na família. Isso se deve quase sempre ao fato de que o novo cristão costuma dividir a vida em "compartimentos" com o propósito de sobreviver. A vida para eles é um imenso armário cheio de gaveteiros e gavetas, grandes e pequenos, mas que existem de fato. Até Deus, para eles, acaba sendo uma gaveta que o cristão abre em determinados momentos e mantém fechada em outros. Portanto, é necessário ensinar o novo cristão de modo que ele aprenda a viver a fé de maneira integral, a fim de que Deus seja o Senhor soberano da sua vida.

A palavra "integridade" implica dizer que algo é sempre o mesmo, sem alterações; que há coerência entre crenças, atitudes e ações e que existe a tentativa de melhorar de maneira contínua tal coerência, custe o que custar. O modelo para o discípulo no que se refere à integridade não é outro senão Jesus de Nazaré. Sua meta deve ser tornar-se mais parecido a cada dia com o Filho de Deus que se fez homem e "armou tabernáculo entre nós" (tradução literal de João 1.14) e que "passou por todo tipo de tentação, porém sem pecado" (Hebreus 4.15).

A carta geral de Tiago apresenta um quadro da integridade que deve caracterizar o discípulo em todas as circunstâncias da vida, não somente nos momentos ditos "santos". Não nos podemos esquecer de que, para aquele em quem Cristo habita, todo momento é santo e toda circunstância é uma oportunidade para demonstrar submissão à soberania divina:

a. Íntegro em meio às dificuldades e provações (Tiago 1.1-12)
b. Íntegro apesar dos critérios errados que o rodeiam (Tiago 1.13-18)
c. A Palavra como espelho que nunca nos engana (Tiago 1.19-27)
d. A fé que leva a uma justiça que não é cega (Tiago 2.1-13)
e. A fé morta não funciona; a fé viva tem resultados (Tiago 2.14-26)
f. A impossibilidade de ser íntegro sem o controle da língua (Tiago 3.1-12)
g. A sabedoria do alto e a sabedoria louca dos homens (Tiago 3.14-18)
h. Amigo do mundo, inimigo de Deus: uma integração impossível (Tiago 4.1-12)
i. Nossas metas: uma ameaça à integridade dos filhos de Deus (Tiago 4.13-17)
j. O que não é eterno não tem valor (Tiago 5.1-6)
k. A chave: paciência e oração (Tiago 5.7-12)
l. A integridade do discípulo manifesta-se em meio ao sofrimento (Tiago 5.13-20)

2. *Sobrenatural*

Assim é o discípulo sincero. Sem falsa espiritualidade, sem fingimento, sem legalismos, sem compromissos ocultos, mas, sim, cheio do poder do Espírito e do amor de Deus por seus filhos e pelo restante da humanidade. Ao atuar com justiça de acordo com a Palavra de Deus, faz como para o Senhor, não para os homens (Mateus 6.1). Ao fazer o bem e sacrificar-se pelas demais pessoas, age em segredo, sem que a mão esquerda saiba o que está fazendo a direita (v. 2-4). Ao orar, não faz um anúncio cheio de palavreado, como os pagãos, nem com ostentação pública, como os fariseus; tudo faz diante do Pai, que o vê em segredo (v. 5-8). E, mesmo assim, continua sendo um ser humano como outro qualquer. Com a diferença de que tem uma vida essencialmente sobrenatural. Tiago assim expressou a respeito do profeta Elias:

> Portanto, confessem os seus pecados uns aos outros e orem uns pelos outros para serem curados. A oração de um justo é poderosa e eficaz. Elias era humano como nós. Ele orou fervorosamente para que não chovesse, e não choveu sobre a terra durante três anos e meio. Orou outra vez, e os céus enviaram chuva, e a terra produziu os seus frutos (5.16-18).

O discípulo verdadeiro foi tirado das trevas e levado para o reino da luz. Essa foi a missão que Jesus deu a Paulo: " 'Eu o livrarei do seu próprio povo e dos gentios, aos quais eu o envio para abrir-lhes os olhos e convertê-los das trevas para a luz, e do poder de Satanás para Deus, a fim de que recebam o perdão dos pecados e herança entre os que são santificados pela fé em mim' " (Atos 26.17,18). O próprio Jesus foi enviado a este mundo, pois: "A luz brilha nas trevas, e as trevas não a derrotaram" (João 1.5).

Assim diz Jesus ao Pai sobre seus discípulos:

> "Dei-lhes a tua palavra, e o mundo os odiou, pois eles não são do mundo, como eu também não sou. Não rogo que os tires do mundo, mas que os protejas do Maligno. Eles não são do mundo, como eu

também não sou. Santifica-os na verdade; a tua palavra é a verdade. Assim como me enviaste ao mundo, eu os enviei ao mundo" (João 17.14-18).

É necessário que o discípulo entenda a missão que o Senhor Jesus Cristo lhe deu neste mundo: ser como luz em meio às trevas, como sal em meio a uma vida insípida e vazia (Mateus 5.13,14). Esse será o incentivo que o discípulo levará diariamente para converter em realidade o plano de Deus para sua vida, começando com pouco e sabendo que Deus lhe dará mais responsabilidade (" 'Eu o porei sobre o muito' ", Mateus 25.21; Lucas 16.10; 19.17). Isso não quer dizer que deve preocupar-se com honra, prestígio ou vantagens, mas, sim, com o que significa para a propagação do Reino de Deus e sua justiça. A expressão "o muito" na mente de Deus nem sempre corresponde a cargos importantes e visíveis. Deus, que é amor (1João 4.8), considera "muito" aqueles de quem Deus pode obter muito de seu amor por meio de um ou vários de seus filhos. Tendo uma visão assim, teremos líderes firmes, convictos e consagrados de que a igreja de hoje precisa com urgência.

O discípulo deve compreender que continua sendo um ser humano normal, mas que a vida que tem agora é a de Jesus Cristo (Efésios 1.19,20); por esse motivo, o natural é que leve uma vida sobrenatural humilde, sem pompa, sem arrogância nem legalismo e intransigência, comuns ao mundo farisaico.

Sobre isso, citamos um dos grandes escritores da Igreja:

> Os gentios nos acusam de ineficazes para os negócios da sociedade. Mas como podem ser inúteis aqueles que vivem com vós no mesmo lugar, comem a mesma comida que se põe na mesa, vestem as mesmas roupas, usam os mesmos adornos e necessitam das mesmas coisas para viver? [...]. Adaptamo-nos ao mesmo trabalho, assim como vós; somos marinheiros, soldados, comerciantes, oficiais; todos conhecemos as artes e servimos com nossas habilidades para vosso uso. Não entendo como chamais ineficazes para vossos negócios aqueles com quem e de quem viveis" (Tertuliano, teólogo latino que viveu entre os séculos II e III, considerado por muitos o "primeiro protestante" por sua radicalidade na obra *Apologeticum* [Apologia], capítulo 42).

Nessa mesma obra, Tertuliano afirma que, diferentemente dos gentios, os cristãos compartilham tudo o que têm, menos suas mulheres, e destaca outra diferença notável: respeitam a vida das crianças desde o momento da concepção, no lugar de assassiná-las. Também destaca que não aprovam a homossexualidade.

G. O segredo do discípulo

Há pessoas que substituem o cristianismo verdadeiro por legalismos e uma espiritualidade centrada em si mesmas, não em Deus. Nem se nota que são cristãs. Mas o discípulo verdadeiro é facilmente notado, até mesmo no ambiente interno das igrejas. Por exemplo, a pessoa que ama a Deus e vive em sua presença raramente necessita ser advertida ou orientada sobre normas de aspectos exteriores. Ela sabe, graças à comunicação que mantém com o Espírito Santo e com a Palavra de Deus, como apresentar-se diante das demais pessoas e como comportar-se em todo tempo e lugar. Sua vida é muito diferente de quem tem apenas uma religião. E é uma aventura fascinante. Pouco a pouco vai descobrindo a maravilha de quem é o Deus a quem serve e quem é o Senhor e Salvador que prometeu estar com os seus "sempre [...], até o fim dos tempos" (Mateus 28.20).

Nada melhor que um exemplo tomado da vida real. O apóstolo Paulo escreveu quatro cartas chamadas "cartas da prisão": Efésios, Filipenses, Colossenses e Filemom. No momento em que as escreveu, estava preso e com um futuro imediato incerto. De que sua religião havia servido? Ele tinha motivos para reclamar diante de Deus. No entanto, a epístola aos Filipenses é chamada "a carta da alegria". Veja o comentário final de Paulo, referindo-se à ajuda que havia recebido dos filipenses:

> Não estou dizendo isso porque esteja necessitado, pois aprendi a adaptar-me a toda e qualquer circunstância. Sei o que é passar necessidade e sei o que é ter fartura. Aprendi o segredo de viver contente em toda e qualquer situação, seja bem alimentado, seja com fome, tendo muito, ou passando necessidade. Tudo posso naquele que me fortalece (Filipenses 4.11-13).

Qual era seu segredo? Veja a seguir, pois está ao alcance de todos os que levam a sério sua condição de discípulo.

1. A alegria da fé

"Alegria" e "fé" parecem ser duas palavras que não se encaixam entre si. Nunca farão sentido para quem é apenas um religioso. Entre os cristãos da Idade Média contavam-se lendas que chegaram até os nossos dias, como a de que "Jesus nunca riu". Nada mais absurdo e perigoso. Para quem sabe, como Paulo, em quem creu e está seguro de que ele é poderoso para guardar o que lhe confiou até o último dia (2Timóteo 1.12), existe uma alegria profunda que não depende das circunstâncias, mas daquele em que depositamos nossa confiança. No lugar de amedrontar o discípulo com visões do inferno ou criar nele expectativas de um futuro celestial, o propósito das Escrituras é fazer que ele viva e desfrute desde agora a alegria da fé cristã, mesmo em meio a um mundo injusto e corrupto. Por isso mesmo, Paulo dá a chave, ao dizer:

> Alegrem-se sempre no Senhor. Novamente direi: Alegrem-se! Seja a amabilidade de vocês conhecida por todos. Perto está o Senhor. Não andem ansiosos por coisa alguma, mas em tudo, pela oração e súplicas, e com ação de graças, apresentem seus pedidos a Deus. E a paz de Deus, que excede todo o entendimento, guardará o coração e a mente de vocês em Cristo Jesus (Filipenses 4.4-7).

2. A paixão por Jesus

A palavra "paixão" costuma evocar ideias negativas sobre formas inadequadas de comportamento. Literalmente, significa "sofrimento" porque é uma verdadeira febre que nos faz ser dominados por algo ou alguém e que consome a nossa vida. Jesus sentia paixão por nós. Por essa paixão é que o vemos caminhar sobre o mar enfurecido, acalmar a tempestade e chegar ao território gentio de Decápolis somente para livrar das cadeias demoníacas o homem gadareno, mesmo sabendo que depois lhe suplicariam para deixar aquele lugar (Lucas 8.22-39). Em seguida, vemos que para ele "era necessário passar por Samaria", quando nenhum judeu faria isso, apenas para poder tirar do poço do pecado uma mulher para a qual daríamos as costas (João 4.4-42). Quando vemos a paixão de Jesus por nós, entendemos o que é sentir por alguém uma paixão que vem de Deus. Jesus tem paixão por nós — algo de que o discípulo deve estar bastante consciente — e essa paixão deve causar em nós paixão por ele e pelas pessoas perdidas.

No caso do ex-endemoninhado gadareno, quando este quis seguir Jesus, o Mestre não o permitiu e lhe disse que voltasse para sua casa a fim de dar testemunho a sua família. Em seguida, o homem, contagiado pela paixão de Jesus, foi anunciando o que havia acontecido com ele por toda a região de Decápolis (grupo de dez cidades gentias e pagãs, situadas a nordeste do mar da Galileia). Depois, quando a mulher samaritana foi contagiada com essa mesma paixão, correu a seu povoado, alertando todos os habitantes, sem medo de ser insultada. Como resultado, todos foram escutar Jesus e, ao final, disseram à mulher que não criam por ter ela lhes contado uma boa notícia, mas, sim, porque as haviam ouvido do próprio Jesus e sabiam que ele se tratava do Salvador do mundo (João 4.42). A paixão de Jesus por nós cria em nosso interior paixão por ele. Quando acendemos a chama dessa paixão por Cristo, esse sentimento é repassado aos perdidos. Essa é a motivação mais sincera e genuína da evangelização. Esse é o momento quando o discípulo pode começar a contar aos outros o que Jesus já fez em sua própria vida.

H. A consciência de missão, consequência vivencial por meio do discipulado

" 'E este evangelho do Reino será pregado em todo o mundo como *testemunho* a todas as nações, e então virá o fim' " (Mateus 24.14, grifo nosso). "Então, Jesus aproximou-se deles e disse: 'Foi-me dada toda a autoridade nos céus e na terra. Portanto, vão e façam discípulos de todas as nações, batizando-os em nome do Pai e do Filho e do Espírito Santo, ensinando-os a obedecer a tudo o que eu ordenei a vocês. E eu estarei sempre com vocês, até o fim dos tempos' " (Mateus 28.18-20).

Em outro artigo falaremos com mais profundidade da tarefa da evangelização. Basta dizer que a evangelização deve nascer da paixão criada no discípulo pela paixão que Jesus já manifestara por ele. Para Jesus, não há ninguém pequeno ou insignificante. Ele tem um plano para todos, pois Deus nos fez cada um à sua imagem e semelhança. Para o discípulo muito menos devem existir preconceitos: não deve haver ninguém pequeno, deixado de lado nem desprezível.

A obra da evangelização não se faz apenas com palavras, folhetos e métodos variados, mas, sim, e principalmente, com o testemunho guiado pelo Espírito Santo. É ele quem decide em casa ocasião qual é a melhor maneira de agir. No entanto, o melhor método e o mais simples é o testemunho pessoal. Não existe nenhum verdadeiro discípulo de Cristo em quem Deus não tenha feito coisas incríveis. Por isso, Francisco de Assis instruiu seus filhos espirituais ao enviá-los pelos povoados e aldeias de sua Itália materna: "Preguem, ainda que seja [...] com palavras!". Ele mesmo também dizia: "Cada página do evangelho é um espelho em que devo ver minha imagem refletida todos os dias".

I. O discípulo converte-se em discipulador e dá continuidade ao processo

O princípio é muito simples. Quem chega a ser um discípulo maduro não fica calado nem desocupado. Tem de abençoar outros com a bênção que já recebeu. Esta é totalmente oposta à que o mundo entende. Do ponto de vista do mundo, quem compartilha algo cada vez fica com menos. A bênção de ser discípulo é que, quanto mais se compartilha algo, mais se tem. E assim se faz essa cadeia cujos elos são os discípulos que, desde o século I, estão dando testemunho da realidade e da glória do Deus que enviou seu Filho com o objetivo de que todos os que creem nele não se percam, mas tenham a vida eterna (cf. João 3.16). Quando o Espírito de Cristo passa a viver no homem e domina sua vida, é impossível que este permaneça a mesma pessoa. O resultado é que essa pessoa sentirá necessidade de compartilhar o tesouro que encontrou com familiares, amigos, colegas de trabalho, vizinhos e até os mais distantes — os confins do mundo —, que ainda não tenham conhecido o que significa ser uma pessoa bem-aventurada graças ao amor de Deus e ao sacrifício eterno do seu Filho.

Temos a promessa de que essa cadeia continuará de maneira ininterrupta e cheia de poder até que Cristo venha: " 'E eu digo que você é Pedro, e sobre esta pedra [a revelação de Deus que os discípulos haviam recebido] edificarei a minha igreja, e as portas do Hades não poderão vencê-la' " (Mateus 16.18). Essa é a cadeia de discipuladores e discípulos a que Jesus se refere e que acelerará com a segunda vinda do nosso Senhor e Salvador: "E este evangelho do Reino será pregado em todo o mundo como testemunho a todas as nações, e então virá o fim" (Mateus 24.14). Nós poderemos cometer erros em algum momento da vida, mas Jesus jamais falhará.

J. A vida cristã normal

O clamor que sai do coração do verdadeiro discípulo é o mesmo que Cristo manifestou e que lhe serviu de exemplo: " 'Venha o teu Reino' " (Mateus 6.9,10). É um grito de guerra diante do domínio das trevas, diante do conformismo que se adapta a culturas, modas e critérios alheios em grande parte às Escrituras. Uma guerra que começa em primeiro lugar por ele mesmo, a fim de propagar-se até sua família, igreja, sociedade e " 'e até os confins da terra' " (Atos 1.8).

Esse clamor se converte em vida quando o discípulo segue seu Mestre até as últimas consequências, devido à confiança que resulta da fé. Depois de dizer como Paulo: "[...] porque sei em quem tenho crido" (2Timóteo 1.12), o discípulo vive de acordo com as palavras de Cristo que deveríamos chamar de "Regra de Ouro": " 'Busquem, pois, em primeiro lugar o Reino de Deus e a sua justiça, e todas essas coisas serão acrescentadas a vocês' " (Mateus 6.33; Lucas 12.31).

Sejamos sinceros, a vida que costumamos considerar "normal" no mundo não pode ser o "normal" na igreja. Ter uma vida qualificada como "normal", ou que "não ofenda a ninguém", poderia equivaler viver de um modo que desagrade a Deus e viole seus princípios. Por outro lado, ter uma vida agradável aos olhos de Deus corresponderá com certeza quase absoluta a viver uma vida que a sociedade definirá de "anormal", "fanática" e "exageradamente religiosa". Nós conhecemos a verdade: porque foi o Espírito Santo de Deus que nos revelou; por isso, devemos ser testemunhas dessa verdade até os confins da terra. A opinião que importa é a do Eterno — o Deus que nos formou e que deseja que passemos com ele toda a eternidade desfrutando de sua alegria e glória.

K. Una nota sobre o desânimo

Não podemos deixar de tratar de uma realidade bastante humana: o desânimo. Apesar de saber que o Espírito de Deus está conosco, ao procurar levar adiante uma vida genuína de discipulado, não nos deveria surpreender que nos sintamos desanimados em algum momento específico. Talvez pensemos que "nadar contra a maré" é muito angustiante e nos impede de seguir adiante; talvez tenhamos a impressão de que os nossos esforços para evangelizar e discipular outros não estejam chegando a nenhuma parte. Ninguém está isento de sentir-se desanimado em um ou outro momento, e isso inclui, sem dúvida nenhuma e por experiência própria, todo líder na igreja.

Uma primeira explicação que o ajudará com certeza: quando se está em meio ao deserto e à noite escura da alma, creia com todas as forças no que o seu Senhor e Salvador lhe disse quando ainda era dia. Paulo diz com palavras que brotam de um coração que já havia experimentado sofrimentos e também revelações: "Por essa causa também sofro, mas não me envergonho, porque sei em quem tenho crido e estou bem certo de que ele é poderoso para guardar o que lhe confiei até aquele dia" (2Timóteo 1.12).

O que pode desencadear o desânimo? Não procuremos levar uma vida de falsa espiritualidade. Temos um corpo que Deus nos deu e que forma parte integral do nosso ser (1Tessalonicenses 5.23). A fadiga e a exaustão do corpo repercutem na alma e no espírito. A ideia de que somos o resultado de um espírito que nos foi inserido e de um corpo emprestado até que cheguemos à eternidade não é bíblica.

Muitas vezes, precisamente por nos esforçar no serviço do Senhor, ultrapassamos os limites do nosso corpo físico, descuidamos da alimentação e da saúde, renunciamos a um descanso necessário. Por isso o nosso corpo dá um grito de alerta. Essa é uma das formas mais comuns de protestar. É preciso descansar antes de prosseguir. Se servirmos a Deus sem parar para um descanso, nossa oração será uma confusão de ideias e sentimentos. Podemos acabar nos esquecendo do Deus a quem servimos e ir de um lado para outro sem chegar a lugar nenhum. Algumas citações bíblicas nos ajudam:

> Vocês não sabem que os seus corpos são membros de Cristo? [...] Acaso não sabem que o corpo de vocês é santuário do Espírito Santo que habita em vocês, que lhes foi dado por Deus, e que vocês não são de vocês mesmos? Vocês foram comprados por alto preço. Portanto, glorifiquem a Deus com o seu próprio corpo (1Coríntios 6.15,19,20).

Portanto, não permitam que ninguém os julgue pelo que vocês comem ou bebem, ou com relação a alguma festividade religiosa ou à celebração das luas novas ou dos dias de sábado. Essas coisas são sombras do que haveria de vir; a realidade, porém, encontra-se em Cristo (Colossenses 2.16,17).

Outra porta de entrada para o desânimo na nossa vida é sua cara-metade: o fracasso. Quando abarcamos mais do que podemos fazer e não aprendemos a consultar o Espírito Santo, acontecem coisas assim. Acúmulo de responsabilidades e coisas que saem mal. Precisamos aprender a não aceitar compromissos sem antes falar com o Espírito Santo. Para nossa surpresa, muitas vezes ele nos indicará que devemos responder com um "não" incisivo. Ele sabe o que faz e cuida não apenas da nossa alma e do nosso espírito, como também do nosso corpo.

Uma terceira porta de entrada para o desânimo é o temor. Muitas vezes o que deve ser feito nos parece grande demais para nós, nem sempre pelo esforço em si, ou pela nossa capacidade pessoal, mas, sim, pelo "Que dirão?"; pergunta esta que tanto impede as pessoas de agir, até mesmo nas igrejas. "O que diriam de mim se eu fracassar?" "Onde vai parar a boa reputação que tenho na igreja e na comunidade se não alcanço minhas metas?" Chega até a ir mais adiante. Partimos para "O que pensarão?", e interpretamos qualquer olhar ou gesto como sinais de censura ou menosprezo. O Inimigo está à porta e já pôs abaixo muitos ministérios, esforços sinceros por ser discípulos e tantas coisas que o Senhor queria fazer em nós e por meio de nós.

Que podemos sugerir para vencer o desânimo? Em primeiro lugar, dê descanso ao seu corpo. Se sente que necessita descansar, faça isso. Seja cuidadoso com a alimentação. Lembre-se de que o processamento de alimentos hoje em dia leva-os a perder uma série de vitaminas e minerais de que o nosso corpo precisa. Procure respeitar essa regra. Coma bem. Depois de descansar, você pode continuar com mais força e com uma atitude positiva até o limite que o Senhor tenha conferido a você.

Não pense que está traindo o Senhor por "não estar fazendo nada". De fato, há momentos em que "não devemos fazer nada". Muitas vezes são esses os momentos de que ele se aproveita para falar conosco, pois o restante do tempo já estamos bastante ocupados. Por acaso estamos nos deixando levar de modo inconsciente pela ideia de que nos salvamos pelas boas obras que praticamos e do que entregamos ao Senhor? Essa ideia é contrária por completo às Escrituras.

Reorganize a sua vida, e você verá que há muitas coisas em demasia; com frequência o que é "urgente" acaba tomando o lugar do realmente importante. Peça em oração ao Espírito Santo que o ensine a dizer não quando essas coisas que "são tão urgentes e necessárias" não venham dele. Aprenda com a situação que viveram as irmãs Marta e Maria em sua casa quanto receberam a visita de Jesus (Lucas 10.38-42).

Se você tem alguma posição de responsabilidade na igreja, aprenda a delegar. O manso Moisés havia caído na armadilha de querer fazer tudo sozinho, por isso estava sendo levado ao desânimo, esgotamento físico e à enfermidade. Deus precisou enviar o sogro, Jetro, aquela misteriosa personagem que era sacerdote de Midiã, para que dissesse a Moisés que ele deveria delegar as tarefas de menor importância dentro da administração do povo de Israel a homens de boa índole que ele mesmo escolheria (veja Êxodo 18).

Lute contra o desânimo. Nosso problema não são as coisas que nos acontecem, mas, sim, a nossa reação diante delas. Não permita que a sua mente ou os seus sentimentos o levem a um mau momento. Rejeite o desânimo. Não se preocupe antes do tempo com coisas que talvez nunca cheguem a acontecer (Mateus 6.25-34). Tenha um bom motivo para não deixar que o desânimo o derrube. Faça suas as palavras que Moisés, em sua experiência de quarenta anos como líder de Israel, disse a Josué, seu sucessor: " 'Seja forte e corajoso, pois você irá com este povo para a terra que o Senhor jurou aos seus antepassados que lhes daria, e você a repartirá entre eles como herança. O próprio Senhor irá à sua frente e estará com você; ele nunca o deixará, nunca o abandonará. Não tenha medo! Não desanime!' " (Deuteronômio 31.7,8; veja também Josué 1.5; 1Samuel 12.22; Neemias 9.31; Salmos 9.10; 27.10; 94.14; 138.8; Hebreus 13.5,6).

A EVANGELIZAÇÃO PASSO A PASSO

ESBOÇO

I. Introdução
   Uma cadeia de textos evangelísticos
II. Revisão detalhada dos passos anteriores com o acréscimo de outros passos
   A. Qual é o desejo de Deus?
   B. Qual é a nossa realidade?
   C. Qual é o plano divino de redenção?
   D. Qual é a parte que nos corresponde?
   E. Quais são as condições para que tenhamos um futuro com Deus?
III. Um momento... o que é evangelizar?
IV. O grande método de evangelização
V. O mensageiro e a mensagem
   A. Um discípulo fiel
      1. A integridade de vida
      2. A confissão
      3. A fidelidade às doutrinas bíblicas
      4. A fidelidade ao Espírito Santo de Deus
   B. O aspecto externo do discípulo
   C. Procure capacitação
VI. Algumas possibilidades
   A. O uso dos encontros ocasionais
   B. O relacionamento habitual com pessoas não cristãs
   C. A comunicação escrita
VII. A mensagem do evangelho
   A. Os motivos e as desculpas mais frequentes para não aceitar a fé
      1. O temor do juízo e do apego ao pecado
      2. Um espírito de orgulho e autossuficiência que os leva a pensar que não precisam de Deus
      3. Não escutaram o evangelho, mas uma versão desvirtuada dele
   B. De que precisam?
VIII. Formas possíveis de apresentar o evangelho
   A. A apresentação doutrinária
   B. A apresentação narrativa
   C. A apresentação a partir das profecias do Antigo Testamento
   D. A apresentação simples
   E. A Via Romana
   F. As quatro leis espirituais

I. INTRODUÇÃO

Se queremos evangelizar de verdade uma pessoa que está disposta a escutar e conversar, é necessário que a ajudemos a enraizar em sua vida as principais verdades bíblicas relacionadas com a entrega a Cristo. O evangelismo do tipo "bomba atômica", no qual se lançam na pessoa uma verdade após outra numa única conversa, tem pouco resultado e quase nunca duradouros. Queremos ir mais longe. Queremos ver a pessoa nascer de novo e sentir a necessidade entrar em uma relação de discipulado com seu Senhor.

O melhor motivador para que alguém nos escute é a nossa própria vida: o que Deus já fez em nós. Nosso testemunho. Todos os discípulos verdadeiros têm seu próprio testemunho. Comece escrevendo esse testemunho, para em seguida resumi-lo de tal modo que seja capaz de apresentar sua essência durante o tempo máximo de cinco minutos. Quando a pessoa demonstrar interesse, então você pode propor que estudem juntos os textos bíblicos a seguir, que também são apresentados em forma de cadeia dentro do texto da nossa Bíblia. Esse símbolo é um lembrete de que a obra de regeneração é algo sobrenatural que toca o espírito da pessoa, não somente a mente. Além disso, o Espírito Santo é quem a realiza, não nós "para que ninguém se glorie" (Efésios 2.9).

Uma cadeia de textos evangelísticos

A cadeia de textos com fins evangelísticos começa em Romanos 3.23. Esses textos bíblicos podem servir de base para uma reflexão profunda e realista sobre sua própria vida, partindo do que já está nas Escrituras. Se ainda não existe amizade entre o discipulador e o discípulo, pode ser incentivada pelo uso do telefone, do *e-mail* ou das redes sociais. Como são 14 citações consecutivas, podem ser usadas até mesmo para a tarefa da meditação e memorização diária de textos, durante duas semanas:

1. **Romanos 3.23:**
"pois todos pecaram e estão destituídos da glória de Deus".

2. **Romanos 6.23:**
"Pois o salário do pecado é a morte, mas o dom gratuito de Deus é a vida eterna em Cristo Jesus, nosso Senhor".

> Esses dois primeiros pontos são os mais difíceis de ser aceitos. A mentalidade falsamente religiosa do mundo leva as pessoas a pensar que há pecadores e pessoas honradas. Segundo essa mentalidade, os bons vão para o céu graças a seu comportamento na vida. É necessário fazê-los compreender por que as coisas não são dessa maneira. Todos nascemos com uma natureza pecaminosa que nos empurra a ofender Deus de uma ou outra forma.

3. **Atos 16.30,31:**
"Então levou-os para fora e perguntou: 'Senhores, que devo fazer para ser salvo?'. Eles responderam: 'Creia no Senhor Jesus, e serão salvos, você e os de sua casa' ".

4. **Efésios 2.8,9:**
"Pois vocês são salvos pela graça, por meio da fé, e isto não vem de vocês, é dom de Deus; não por obras, para que ninguém se glorie".

> As duas citações têm como objetivo mudar a mentalidade da pessoa. A fé em Jesus Cristo é o ponto determinante para a salvação, não as obras, "para que ninguém se glorie". O evangelizador não pode se esquecer de que está procurando aproximar Jesus do discípulo; em nenhum momento se trata de proselitismo para encher a igreja de gente.

5. **Romanos 10.9,10:**
"Se você confessar com a sua boca que Jesus é Senhor e crer em seu coração que Deus o ressuscitou dentre os mortos, será salvo. Pois com o coração se crê para justiça, e com a boca se confessa para salvação".

6. **Lucas 18.13,14:**
" 'Mas o publicano ficou a distância. Ele nem ousava olhar para o céu, mas batendo no peito, dizia: 'Deus, tem misericórdia de mim, que sou pecador'. 'Eu digo que este homem, e não o outro, foi para casa justificado diante de Deus. Pois quem se exalta será humilhado, e quem se humilha será exaltado' ".

> Esse é o tipo de humildade e submissão que muitos não estão dispostos a aceitar. No entanto, a humildade é o reconhecimento da verdade.

7. **João 3.16,17:**
" 'Porque Deus tanto amou o mundo que deu o seu Filho Unigênito, para que todo o que nele crer não pereça, mas tenha a vida eterna. Pois Deus enviou o seu Filho ao mundo, não para condenar o mundo, mas para que este fosse salvo por meio dele' ".

8. **Romanos 8.38,39:**
"Pois estou convencido de que nem morte nem vida, nem anjos nem demônios, nem o presente nem o futuro, nem quaisquer poderes, nem altura nem profundidade, nem qualquer outra coisa na criação será capaz de nos separar do amor de Deus que está em Cristo Jesus, nosso Senhor".

> Esses dois textos bíblicos oferecem à pessoa evangelizada a segurança necessária dentro do processo que ultrapassa a segurança de pertencer a uma igreja específica, ou de estar submetido a uma liderança eclesiástica, ou ainda de fazer um bom número de boas obras. As raízes estão na entrega a Cristo, e ele permanecerá fiel independentemente de tempo ou circunstâncias por toda a eternidade.

9. **João 10.27-30:**
" 'As minhas ovelhas ouvem a minha voz; eu as conheço, e elas me seguem. Eu lhes dou a vida eterna, e elas jamais perecerão; ninguém as poderá arrancar da minha mão. Meu Pai, que as

deu para mim, é maior do que todos; ninguém as pode arrancar da mão de meu Pai. Eu e o Pai somos um' ".

10. 2Coríntios 6.2:
"Pois ele diz: 'Eu o ouvi no tempo favorável e o socorri no dia da salvação'. Digo que agora é o tempo favorável, agora é o dia da salvação!".

> Nos dois textos anteriores, a lealdade de Jesus a seus discípulos é confirmada com a fidelidade do Pai. Em seguida, a pessoa é exortada a não adiar por mais tempo sua decisão. Não deve esperar deixar um vício ou um mau hábito, nem que mude de situação financeira, nem que resolva uma questão familiar: "agora é o dia da salvação!".

11. Marcos 16.16:
" 'Quem crer e for batizado será salvo, mas quem não crer será condenado' ".

12. João 20.31:
"Mas estes [sinais milagrosos] foram escritos para que vocês creiam que Jesus é o Cristo, o Filho de Deus e, crendo, tenham vida em seu nome".

> Esses dois textos apresentam duas questões concretas. Em primeiro lugar, a fé da pessoa é acompanhada de sua obediência por meio do batismo como testemunho público de que ela creu em Jesus Cristo. Em segundo lugar, vemos a razão de ser das Escrituras: "crendo, tenham vida em seu nome".

13. Mateus 5.16:
" 'Assim brilhe a luz de vocês diante dos homens, para que vejam as suas boas obras e glorifiquem ao Pai de vocês, que está nos céus' ".

14. Lucas 9.24-26:
" 'Pois quem quiser salvar a sua vida a perderá; mas quem perder a sua vida por minha causa, este a salvará. Pois que adianta ao homem ganhar o mundo inteiro e perder-se ou destruir a si mesmo? Se alguém se envergonhar de mim e das minhas palavras, o Filho do homem se envergonhará dele quando vier em sua glória e na glória do Pai e dos santos anjos' ".

> Aqui começa a vida do discipulado. Ao sair do reino das trevas, o novo cristão começa a caminhada de discípulo do Reino da luz. Não recebe a promessa de que tudo será um mar de rosas, mas deverá saber logo no início que é inútil ganhar o mundo todo para depois se perder e ser motivo de vergonha de Cristo. Muito melhor é submeter, custe o que custar, a vida toda a Jesus, para escutar dele: " 'Muito bem, servo bom e fiel! Você foi fiel no pouco, eu o porei sobre o muito. Venha e participe da alegria do seu senhor!' " (Mateus 25.21).

II. REVISÃO DETALHADA DOS PASSOS ANTERIORES COM O ACRÉSCIMO DE OUTROS PASSOS

A. Qual é o desejo de Deus?

1. João 3.16:
" 'Porque Deus tanto amou o mundo que deu o seu Filho Unigênito, para que todo o que nele crer não pereça, mas tenha a vida eterna' ".

2. Gênesis 1.27:
"Criou Deus o homem à sua imagem, à imagem de Deus o criou; homem e mulher os criou".

B. Qual é a nossa realidade?

3. Romanos 3.23:
"pois todos pecaram e estão destituídos da glória de Deus".

4. Romanos 6.23:
"Pois o salário do pecado é a morte, mas o dom gratuito de Deus é a vida eterna em Cristo Jesus, nosso Senhor".

5. Efésios 2.8,9:
"Pois vocês são salvos pela graça, por meio da fé, e isto não vem de vocês, é dom de Deus; não por obras, para que ninguém se glorie".

C. Qual é o plano divino de redenção?

6. Romanos 6.23; 5.8.
"Pois o salário do pecado é a morte, mas o dom gratuito de Deus é a vida eterna em Cristo Jesus, nosso Senhor. [...] Mas Deus demonstra seu amor por nós: Cristo morreu em nosso favor quando ainda éramos pecadores".

7. 1Coríntios 15.3-6.
"Pois o que primeiramente lhes transmiti foi o que recebi: que Cristo morreu pelos nossos pecados, segundo as Escrituras, foi sepultado e ressuscitou no terceiro dia, segundo as Escrituras, e apareceu a Pedro e depois aos Doze. Depois disso apareceu a mais de quinhentos irmãos de uma só vez, a maioria dos quais ainda vive, embora alguns já tenham adormecido".

D. Qual é a parte que nos corresponde?

8. João 14.6; 1.12:
"Respondeu Jesus: 'Eu sou o caminho, a verdade e a vida. Ninguém vem ao Pai, a não ser por mim'. [...] Contudo, aos que o receberam, aos que creram em seu nome, deu-lhes o direito de se tornarem filhos de Deus".

9. Efésios 2.8,9; Romanos 10.9,10:
"Pois vocês são salvos pela graça, por meio da fé, e isto não vem de vocês, é dom de Deus; não por obras, para que ninguém se glorie. [...] Se você confessar com a sua boca que Jesus é

Senhor e crer em seu coração que Deus o ressuscitou dentre os mortos, será salvo. Pois com o coração se crê para justiça, e com a boca se confessa para salvação".

10. Apocalipse 3.20:
"Eis que estou à porta e bato. Se alguém ouvir a minha voz e abrir a porta, entrarei e cearei com ele, e ele comigo".

11. Mateus 16.24,25:
"Então Jesus disse aos seus discípulos: 'Se alguém quiser acompanhar-me, negue-se a si mesmo, tome a sua cruz e siga-me. Pois quem quiser salvar a sua vida, a perderá, mas quem perder a sua vida por minha causa, a encontrará' ".

E. Quais são as condições para que tenhamos um futuro com Deus?

12. 1João 5.11-13:
" E este é o testemunho: Deus nos deu a vida eterna, e essa vida está em seu Filho. Quem tem o Filho, tem a vida; quem não tem o Filho de Deus, não tem a vida. Escrevi estas coisas a vocês que creem no nome do Filho de Deus, para que saibam que têm a vida eterna".

13. 2Coríntios 6.2:
"Pois ele diz: 'Eu o ouvi no tempo favorável e o socorri no dia da salvação'. Digo que agora é o tempo favorável, agora é o dia da salvação!".

14. Romanos 10.13:
"porque 'todo aquele que invocar o nome do Senhor será salvo' ".

III. UM MOMENTO... O QUE É EVANGELIZAR?

A palavra "evangelizar" deriva do vocábulo "evangelho" (*boa-nova*); por isso, podemos dizer que significa "dar a alguém a boa notícia que ele desconhece, que é algo tão bom que vai produzir alegria em sua vida". A evangelização é eficaz quando se trata de um trabalho em conjunto entre o Espírito Santo e o cristão. Nesse trabalho conjunto, em que cada uma das partes tem sua própria responsabilidade, a mensagem da salvação é anunciada com poder a um mundo perdido. Quando o não cristão ouve essa mensagem, deve entendê-la para que possa aceitá-la. Para que o não cristão possa compreendê-la, o evangelizador deve ter em mente algumas coisas, mas sempre precisa ter muito clara uma realidade: ele é apenas um auxiliar nessa tarefa, que é essencialmente do Espírito Santo de Deus.

Além disso, a evangelização é eficaz quando a Igreja, o corpo de Cristo, manifesta ao mundo o amor, a santidade, a integridade e a unidade que deve caracterizá-la. Em outras palavras, as obras e as atitudes das igrejas em geral e dos discípulos em particular falam muito mais alto que as palavras que pronunciam, por mais certas que sejam e por mais métodos que utilizem (veja João 13.35; 17.20,21).

IV. O GRANDE MÉTODO DE EVANGELIZAÇÃO

Nem todos temos habilidade com as palavras, conhecimento teológico e bíblico. Muito menos uma personalidade descontraída para sair às ruas e evangelizar. No entanto, a chave da Grande Comissão é sermos discípulos e viver de tal modo que o mundo que desconhece o amor e a paz de Cristo veja que somos "[...] carta de Cristo, resultado do nosso ministério, escrita não com tinta, mas com o Espírito do Deus vivo; não em tábuas de pedra, mas em tábuas de corações humanos" (2Coríntios 3.3). Portanto, a evangelização mais eficaz não é verbal nem dirigida por métodos, mas, sim, a que mostra as cartas de Cristo escritas nas tábuas do coração dos homens.

O grande método de evangelização talvez seja o mais simples e mais acessível: dar o nosso próprio testemunho. Todas as pessoas que têm Jesus no coração têm à disposição seu próprio testemunho de fé e do que Jesus fez em sua vida. Muitos poderão resistir a um raciocínio lógico ou "religioso", mas poucos resistem diante da força de um testemunho vivo que eles podem comprovar com seus próprios olhos.

De uma forma ou de outra, Jesus realizou em todos nós sinais e maravilhas que nos têm transformado: fomos regenerados, ou seja, nascemos de novo. Escreva o seu testemunho de conversão. Elimine as informações desnecessárias. Vá direto ao ponto. O texto final deve ser conciso e não pode durar mais que cinco ou dez minutos (no máximo) ao ser relatado oralmente. Precisa estar diretamente ligado à ação que o Espírito Santo de Deus realizou na sua vida. Pouca gente resiste diante da beleza de ver uma vida transformada pelo poder de Deus.

Há pessoas que pensam não ter um testemunho para contar porque nunca tiveram uma vida cheia de pecados. Você não precisa ter sido um criminoso antes de conhecer Jesus para ter um testemunho que cause impacto nas pessoas. Caminhar sem rumo em meio às trevas, encontrar Jesus, talvez até mesmo bem jovem, ser protegido por ele e ser conduzido a um caminho inacreditável é um excelente testemunho. Faça a experiência em um pequeno grupo de cristãos da igreja, em um estudo bíblico ou reunião de oração. Peça que várias pessoas contem seu testemunho e você verá que todos temos algo impressionante para relatar. Não se trata de experiências tiradas dos livros de teologia, nem dos manuais de métodos, mas algo cheio de vida que nos dá a força necessária para viver com a paz que ele concede e que o mundo não pode proporcionar (João 14.27).

Claro que nem todos vão reagir de maneira positiva ao nosso trabalho de evangelização. O Inimigo tem cegado o entendimento dos que estão dominados pelas trevas (2Coríntios 4.3,4) e, em alguns casos, consegue tirar a Palavra que foi semeada no coração antes que chegue a dar fruto (Lucas 8.12). Todos os que têm sido fiéis a Deus, começando por nosso Redentor, sofreram perseguição e rejeição. Isso quer dizer que você também não escapará (2Timóteo 3.12). A única questão necessária é que você observe bem o que faz e diz, bem como a maneira e a atitude que governam a sua vida. Verifique se as pessoas estão rejeitando a mensagem que você anuncia ou se lhe falta tato para falar. Cristo nos ensinou que deveríamos aceitar com alegria o fato de sermos perseguidos por causa dele, pois Deus nos recompensará todo sofrimento (Mateus 5.10-12).

A evangelização é muito importante, pois está relacionada com a libertação do poder das trevas e da escravidão ao pecado, bem como com a eternidade. Portanto, o mensageiro deve refletir o conteúdo da mensagem que anuncia. Sobre o mensageiro, algumas estratégias e a mensagem, trataremos a seguir.

V. O MENSAGEIRO E A MENSAGEM

Os não cristãos sempre percebem quando nossa atitude não está de acordo com a mensagem que pregamos. Precisamos ser fiéis, comportando-nos como filhos de Deus e esforçando-nos para estar capacitados o melhor possível quanto aos detalhes e ao conteúdo da tarefa da evangelização. Tudo isso ampliará nossa eficácia.

A. Um discípulo fiel

Há cristãos que não testificam de Jesus porque se consideram hipócritas, uma vez que têm uma vida de desobediência a Deus. Seu testemunho diante do mundo não é suficientemente convincente; por esse motivo, preferem não falar de sua vida cristã. Por outro lado, o discípulo fiel apresenta as seguintes características:

1. A integridade de vida

O mensageiro eficaz está acostumado a obedecer a Deus no poder do Espírito Santo e é mantido dentro de uma comunhão saudável com o restante da Igreja. A fidelidade é manifestada em sua vida, pois mostra uma total obediência à Palavra de Deus. Como você poderia esperar, sua conduta em público é um reflexo da comunhão que tem com o Senhor na vida particular. Em Daniel, encontramos um dos melhores exemplos de integridade que as Escrituras nos apresentam (leia o livro de Daniel no Antigo Testamento).

2. A confissão

O discípulo que evangeliza não espera até que entenda que pecou contra o Deus que anuncia; antes, confessa-lhe seu pecado com humildade e arrependimento. Em seguida, se for necessário fazê-lo, admite seu erro às pessoas que prejudicou. A confissão restabelece imediatamente a comunhão do cristão com o Senhor (veja 1João 1.5—2.2). Nesse procedimento, encontramos arrependimento, confissão e restituição, se esta é necessária.

3. A fidelidade às doutrinas bíblicas

O bom discípulo não está interessado em mesclar a mensagem bíblica com ideias que não sejam das Escrituras, por melhores que pareçam. Para conseguir isso, precisa de perseverança no estudo da Bíblia, humildade para reconhecer que não tem todas as respostas quando alguém de fora lhe pergunta algo que lhe é desconhecido, precisa ter o hábito de ler bons livros que formem seu pensamento de acordo com as Escrituras e também uma boa comunicação com os líderes de sua igreja local, os quais podem ajudá-lo a encontrar respostas.

4. A fidelidade ao Espírito Santo de Deus

O discípulo que chegou a entender qual é sua missão e responsabilidade também compreende que não é um vendedor, mas alguém que facilita aos outros o caminho para a salvação, e que a iniciativa não é sua, nem de qualquer outro ser humano, mas do Espírito Santo de Deus, do qual é apenas um auxiliar. Precisa aprender a saber como o Espírito Santo conduz-nos em todas as nossas ações, e isso inclui a de falar ou não a alguém sobre Jesus. Essa é uma das muitas razões por que deve saber bem o que é uma oração que vem da comunhão pessoal com Deus.

B. O aspecto externo do discípulo

É essencial compreender que agora é um embaixador, ou representante, de Cristo, anunciador de uma mensagem de que o mundo precisa e que somente a Igreja de Jesus pode oferecer. Além disso, os representantes comportam-se e vestem-se de uma forma aceitável àquele que os enviou. Portanto, faça o seguinte: olhe-se de frente para um espelho e aí mesmo faça estas perguntas ao Senhor:

1. Jesus, o Senhor teria vergonha de andar comigo pelas ruas por causa da minha aparência externa?

2. Jesus, o Senhor teria vergonha do meu modo de agir? Desejaria que eu fosse mais humilde, acessível, compreensivo, sensível e menos arrogante? Diga-me, pois estamos falando do teu Reino. Esta obra não é minha.

3. Jesus, as pessoas que o Espírito puser no meu caminho me considerarão aceitável, alguém que as entende, ou me verão como um fanático cheio de palavreado sem eficácia, desconectado da realidade em que elas vivem, por isso não vale a pena ser escutado?

Aqui inclui tudo o que se refere a asseio, maneira de vestir-se, bons modos etc. É importante saber que nem sempre um discípulo consegue estabelecer uma identificação com as pessoas que evangeliza se está muito bem vestido para evangelizar em um bairro pobre, ou se é muito formal para falar aos jovens. A identificação cria conexões para que o Espírito Santo possa agir nas pessoas que o veem e escutam. É bom lembrar que: "Ele fez tudo apropriado ao seu tempo. Também pôs no coração do homem o anseio pela eternidade; mesmo assim ele não consegue compreender inteiramente o que Deus fez" (Eclesiastes 3.11).

Os entendidos no assunto afirmam algo revelador e importante: as pessoas atribuem somente 7% de importância ao que dizemos. A qualidade da voz contribui com 38%, e as expressões faciais e os movimentos contam os 53% restantes. Em outras palavras, se não somos aceitos, muito menos aceitarão a mensagem que anunciamos.

C. Procure capacitação

Ore, procure outras pessoas que orem por você, faça a sua própria biblioteca pessoal com o dinheiro que teria sido gasto em coisas inúteis. Com isso, você acumulará tesouros no céu (Mateus 6.19,20). Leia muito e aprenda tudo o que puder com os líderes da sua igreja. Mesmo assim, dependa sempre muito mais do Espírito Santo de Deus do que de livros e palestras.

VI. ALGUMAS POSSIBILIDADES

Apresentamos a seguir três estilos de evangelização que têm sido eficazes em diferentes situações: o uso dos encontros ocasionais, o relacionamento habitual com pessoas não cristãs e a comunicação escrita.

A. O uso dos encontros ocasionais

Sugerimos que você peça ao Espírito Santo para o manter alerta quando surgirem ocasiões em que possa falar da mensagem de Deus a pessoas não cristãs. Não temos a certeza de que poderemos estar muito tempo com essas pessoas, por isso devemos começar a contar a nossa experiência pessoal com Cristo e apresentar a mensagem da salvação de forma breve e amigável.

É possível que seja alguém que pegue o mesmo transporte público que você ou que participa de alguma celebração ou atividade social na qual você também esteja presente. Talvez sejam conversas informais em uma loja ou sala de espera de um consultório médico.

O importante é que o ambiente seja amigável, não de enfrentamento. Há momentos em que não é sábio começar uma conversa, nem responder a uma pergunta sobre o evangelho (Mateus 7.6). O que importa é entender que é o Senhor quem nos converte, não nós. Talvez nos corresponda apenas deixar a "semente" numa situação determinada.

Esteja alerta para captar os sinais de que alguém deseja que você fale do Senhor. Aprenda a fazer bom uso das séries de versículos que vimos nas seções anteriores e, acima de tudo, do testemunho da sua vida. Se é possível entregar à pessoa algum material por escrito, como um folheto, um livreto ou porções bíblicas, poderia ser um dos Evangelhos ou um Novo Testamento; só Deus sabe o que o Espírito pode realizar através de seu conteúdo. Existem bons materiais de evangelização que você pode comprar na maioria das livrarias cristãs.

Há casos em que devemos apoiar a fé cristã dentro de um contexto de oposição. Você deverá ter bastante prudência para saber o que fazer nesses momentos. Se você é um novo cristão e não acredita ter as respostas a seus antagonistas, aja com sabedoria e expresse abertamente que ainda não tem uma resposta, mas que ela existe e que você buscará ajuda. Depois, fale com os líderes da igreja, ou procure a resposta em comentários e livros sobre a fé cristã que estejam à sua disposição. Qualquer que seja a ocasião, procure agir com calma e sempre mantendo a paz com as pessoas (Romanos 12.18), e que nunca possam dizer que você seja arrogante ou fanático.

B. O relacionamento habitual com pessoas não cristãs

O discípulo consegue ter um relacionamento com pessoas não cristãs quando mantém uma comunicação por mais tempo com pessoas que, de uma forma ou de outra, fazem parte de sua vida cotidiana (família, colegas de trabalho ou de escola, vizinhos, profissionais da área e outros). Isso permite que a pessoa crie laços de amizade sincera que se manifestam na maneira de tratar e ajudar as pessoas, quer cristãs quer não.

1. Vizinhos de profissão

Devemos ter em mente que os nossos vizinhos mais próximos na vida moderna não são os que ocupam o mesmo lugar físico no qual convivemos. A grande maioria de nós passa um maior número de horas do dia no trato contínuo com os que frequentam os mesmos lugares de estudo ou trabalho. A essa realidade, que tanto afeta o nosso entendimento sobre a evangelização, damos o nome de "vizinhos de profissão". Em termos bíblicos, trata-se do nosso "próximo" — aquele que tenho perto de mim o dia todo e com quem tenho interesses comuns, mais do que a pessoa que vive ao lado da minha residência e que muito provavelmente eu conheça bem pouco ou quase nada.

2. Vizinhos cibernéticos

O ser humano não cria nada, mas usa a inteligência que Deus lhe deu, os recursos que pôs a seu alcance e o conhecimento das leis com que o Senhor rege a natureza a fim de estabelecer novas técnicas, muitas vezes transformadoras. Dito de outra forma, Deus nos dá elementos e ferramentas, e, com apenas 10% da nossa função cerebral, desenvolvemos técnicas e invenções. O computador e a Internet são exemplos disso. Hoje os jovens têm vizinhos cibernéticos que talvez nunca tenha conhecido pessoalmente, mas com os quais se comunica por redes sociais, *e-mail*, *chat*, *blogs*, portais da rede, jogos *on-line* — e seja lá o que nos espera no futuro imediato.

O discípulo pode usar com toda a tranquilidade e talvez com mais liberdade todos esses recursos para testemunhar de Cristo. Não se trata de se tornar um "pregador cibernético", muito menos de enviar mensagens incômodas que somente provocam nas pessoas a reação de apertar a tecla "excluir". Trata-se, sim, de estabelecer boas amizades e estar alerta às advertências que nos faça o Espírito Santo; aguardando as oportunidades quando alguém nos falar de um problema ou cujo sofrimento venha à tona ou cuja perplexidade sobre Deus e religião torna-se evidente. É o momento de um conselho sábio, uma oração breve, uma bênção carinhosa, uma citação bíblica oportuna, algumas palavras de conforto ou apoio. Todas essas atitudes abrem nossa comunicação cibernética a uma dimensão completamente nova. O mundo está com fome espiritual, e somente a igreja de Jesus pode resgatá-lo da morte por inanição; caso contrário, ele buscará saciar-se em outras fontes e crenças que podem ser fatais.

A convivência contínua permite que os não cristãos (1) observem de perto a vida e os princípios de um cristão; (2) sintam a agradável surpresa de ter encontrado alguém de valor que vive segundo princípios sólidos, não à base de finalidades egoístas; (3) desenvolvam uma confiança amigável com você e aceitem a sua fé como algo genuíno; (4) mantenham uma relação fraternal com você depois de ter tomado a decisão de aceitar Cristo, uma vez que entre vocês existe um sentimento de amizade.

Claro que essa aceitação dos vizinhos profissionais e dos vizinhos cibernéticos exige do cristão que ele seja um discípulo verdadeiro e comprometido; se há apenas uma religiosidade externa, o resultado será bem diferente.

Aqui estão alguns conselhos muito importantes:
- *Aprenda a estimar com sinceridade as pessoas que compartilham o seu dia, cristãos ou não cristãos.* Nunca aparente cordialidade e depois abandone a pessoa se ela não fizer o que você sugeriu até que finalmente consiga levá-la à sua igreja. Não faça proselitismo; compreenda que você é apenas um ajudante do Espírito de Deus no processo de conversão de pessoas para a eternidade. Além disso, nunca faça o que Jesus jamais fez: desprezar os que não são cristãos ou os que vivem no pecado de maneira aberta: "Todos os publicanos e pecadores estavam se reunindo para ouvi-lo. Mas os fariseus e os mestres da lei o criticavam: 'Este homem recebe pecadores e come com eles' " (Lucas 15.1,2).

Isso não significa que você deva participar da vida de pecado que eles levam, mas, sim, que deve ter com eles um contato amigável e cheio da sabedoria divina. O Espírito Santo é o guia por excelência em todas as ocasiões.

Paulo disse aos membros de uma igreja situada na cidade mais pecadora do Império Romano:

> Já disse por carta que vocês não devem associar-se com pessoas imorais. Com isso não me refiro aos imorais deste mundo nem aos avarentos, aos ladrões ou aos idólatras. Se assim fosse, vocês precisariam sair deste mundo. Mas agora estou escrevendo que não devem associar-se com qualquer que, dizendo-se irmão, seja imoral, avarento, idólatra, caluniador, alcoólatra ou ladrão. Com tais pessoas vocês nem devem comer. Pois como haveria eu de julgar os de fora da igreja? Não devem vocês julgar os que estão dentro? Deus julgará os de fora. "Expulsem esse perverso do meio de vocês" (1Coríntios 5.9-13).

- *Busque oportunidades para relacionar-se de maneira saudável com seus amigos não cristãos, mesmo que seja sozinho ou em família.* Talvez seja bom convidarmos essas pessoas para um jantar, ou passar um dia no campo, ou ainda pôr-se à disposição para resolver pendências. Ofereça-se para ajudá-los quando tenham que fazer algo em casa ou consertar o carro, uma mudança ou outra tarefa para a qual você tenha habilidade. Procure observar os novos vizinhos que chegam ao seu bairro, a fim de dar-lhes boas-vindas e ajudá-los na mudança se necessário.

Muitos não cristãos rejeitam a ideia de visitar uma igreja por diversos motivos. Em compensação, não costumam ter inconveniente em relacionar-se com uma pessoa gentil, desinteressada e sem fanatismo; isso inclui visitar a casa do cristão para passar um bom tempo, ler e estudar a Palavra e orar por suas necessidades. É interessante notar nos Evangelhos e no livro de Atos a grande quantidade de encontros evangelísticos que se realizavam fora do contexto de uma congregação organizada e a qualidade dos resultados. As pessoas ficam aborrecidas com palavras vazias e necessitam ver vidas sinceras. Não despreze as oportunidades que o Espírito Santo ponha à sua frente para alcançar outras pessoas em meio às circunstâncias normais da vida.

C. A comunicação escrita

Este estilo pode ser realizado de três formas, quer sozinhas, quer de modo combinado entre si.

1. *Com livretos e folhetos.* Este método é muito flexível e já o mencionamos. Os folhetos e livretos podem ser usados de muitas maneiras: quando você for a um restaurante, deixe

uma gorjeta acompanhada de um folheto. Entregue esse tipo de material em centros ou pontos comerciais a pessoas que o atendem. Pode também entregá-los a pessoas com as quais você tenha um breve contato, mas que talvez não volte a ver. Nos folhetos e nos livretos você pode incluir informações suas ou da sua igreja para que a pessoa tenha dados no caso de querer estabelecer uma aproximação.

2. *Por carta ou e-mail*. Se você troca cartas com um amigo ou parente, procure refletir a fé cristã na sua mensagem, sem que o conteúdo se converta em um sermão entediante. O fato de escrever permite que você tenha maior precisão e organização dos seus pensamentos e dá ao destinatário a oportunidade de refletir sobre o que está escrito. Procure ser breve, mas ao mesmo tempo preciso e completo. O seu texto deve ter a informação suficiente para que a pessoa compreenda qual é o único caminho para a salvação. Nunca deixe de responder com toda a sinceridade e sabedoria às objeções que a pessoa tenha sobre a fé cristã e oriente-a sobre o tema e sobre outras leituras. Quando a pessoa voltar a responder, escreva-lhe de novo para aproveitar a oportunidade. Ela gostará de saber que você se interessa por ela e que o tema das cartas ganha uma real importância.

3. *Pela oração escrita*. Quando apresentamos o evangelho a alguém e essa pessoa deseja pensar mais a respeito ou não quer tomar uma decisão naquele momento, podemos escrever a ela uma oração simples que sirva de lembrete do que vocês conversaram, ajudando-a assim a comunicar a Deus o desejo que tem de ser salva. Escreva-lhe em um cartão ou em um simples pedaço de papel algo tão simples como o que expomos a seguir e deixe os resultados com Deus:

> "Senhor, reconheço que pequei contra ti, mas creio que Jesus Cristo morreu por meus pecados e ressuscitou. Aceito neste momento Cristo como Salvador e Senhor da minha vida e com ele aceito também a vida eterna que o Senhor me oferece. Obrigado, Pai. Amém".

Não deixe de esclarecer que não se trata de uma oração mágica nem de uma maneira de atrair bons fluidos ou sorte. As palavras não importam, mas, sim, a decisão pessoal de pôr a confiança em Cristo e entregar-se a ele.

VII. A MENSAGEM DO EVANGELHO

O evangelho, como o próprio nome indica, já é boa-nova. A boa-nova de que as notícias ruins que antes imperavam foram anuladas. A vida do homem sobre a terra é uma má notícia com um final desastroso: a condenação eterna. A boa-nova do evangelho é que o próprio Deus santo contra o qual pecamos

> [...] demonstra seu amor por nós: Cristo morreu em nosso favor quando ainda éramos pecadores. Como agora fomos justificados por seu sangue, muito mais ainda, por meio dele, seremos salvos da ira de Deus! Se quando éramos inimigos de Deus fomos reconciliados com ele mediante a morte de seu Filho, quanto mais agora, tendo sido reconciliados, seremos salvos por sua vida! (Romanos 5.8-10).

A. Os motivos e as desculpas mais frequentes para não aceitar a fé

As pessoas apresentam muitos motivos mais ou menos válidos para não reconhecer que precisam de um Salvador. Muitas vezes estão tão presas a essas meias verdades que será preciso orar e jejuar para ter a sabedoria do Espírito Santo para ajudá-las:

1. *O temor do juízo e do apego ao pecado.* Não querem enfrentar Deus e sua verdade porque o consideram um grande ditador sanguinário empenhado em encher o inferno. Na realidade, é um grande Pai amoroso empenhado em encher a casa de filhos.
2. *Um espírito de orgulho e autossuficiência que os leva a pensar que não precisam de Deus.* Creem que sua moral, inteligência, posição social ou boas obras lhes dão a segurança de uma eternidade feliz. Consideram que podem fazer algum tipo de "negócio" ou chegar a algum tipo de "entendimento" com Deus.
3. *Não escutaram o evangelho, mas uma versão desvirtuada dele.* Pode ser o caso de que tenham passado por alguma experiência na qual alguém lhes tenha falhado e se dizia cristão.

B. De que precisam?

Antes de tudo, necessitam:
1. *Reconhecer que Jesus pagou por completo o preço da nossa salvação.* Já não há nada que ser pago, nenhum mérito a ser adquirido, nenhum outro sacrifício a ser realizado, nada que possamos acrescentar à redenção que recebemos na cruz (Efésios 2.8,9).
2. *Reconhecer que podem ter a vida eterna.* Assim como Jesus ressuscitou e vive para sempre, eles também podem ressuscitar com ele para uma vida eterna que os fará membros do novo gênero humano depois do "último Adão" (1Coríntios 15.45).
3. *Receber pela fé a salvação gratuita que Deus nos oferece.* Confiar a Deus o nosso destino eterno. Basta depositar a fé no valor eterno do sacrifício perfeito realizado por Jesus Cristo, o Filho de Deus (João 11.26).
4. *Entender a posição central, máxima e exclusiva que Jesus ocupa como Messias, Senhor e Salvador e aceitá-lo como tal em sua vida.* Veja João 1.12,13; 5.9-12,24; 11.25-27.
5. *Aceitar que não há outro mediador entre Deus e o homem além de Jesus Cristo, homem.* Veja 1Timóteo 2.5.
6. *Entender que a salvação é recebida pela fé; não pelo batismo nem por nenhum tipo de obra.* Veja Lucas 23.39-43; Romanos 4.2-8. O caso clássico dessa realidade, corroborado pelo próprio Jesus no exato momento em que entregava a vida na cruz, é o do criminoso que o reconheceu como Rei e lhe pediu para entrar em seu Reino. Isso foi suficiente para que Jesus lhe dissesse: " 'Eu lhe garanto: Hoje você estará comigo no paraíso' "(Lucas 23.43).
7. *Entender que é o próprio Deus que já preparou as boas obras segundo as quais devem viver para manifestar sua fé.* Veja Efésios 2.10.

Um texto bíblico e uma nota: Há pessoas que o Inimigo tem conseguido deixar cegas de tal maneira que, ainda que vejam a verdade, não decidem aceitá-la. Quando você estiver com alguém assim, deve entender que a nossa luta não é contra carne e sangue, como diz Paulo (Efésios 6.12) e que não está diante de uma pessoa com indisposição para com o evangelho, e sim uma pessoa que, de algum modo, é escrava do mundo das trevas.

É preciso orar e jejuar por essa pessoa e pedir ao Senhor sabedoria para ajudar a desfazer a cegueira causada pelo inimigo, antes que ela se decida a aceitar a salvação que Cristo lhe oferece através de você. Aqui está o texto bíblico no qual nos apoiamos e que deve ser considerado por sua grande importância:

> Mas, se o nosso evangelho está encoberto, para os que estão perecendo é que está encoberto. O deus desta era cegou o entendimento dos descrentes, para que não vejam a luz do evangelho da glória de Cristo, que é a imagem de Deus (2Coríntios 4.3,4).

VIII. FORMAS POSSÍVEIS DE APRESENTAR O EVANGELHO

O êxito das formas aqui mencionadas para apresentar a salvação depende das circunstâncias do momento, das pessoas que intervêm e da situação em que estão. Lembre-se de que será preciso ter sabedoria do alto para saber conduzir o tema e de que nenhuma dessas apresentações pode converter-se em tópico de discussão com alguém que não pensa como você. Se a pessoa aceita de maneira voluntária e com entendimento o plano de salvação, o final lógico deve ser uma oração na qual ela peça a Deus com suas próprias palavras que perdoe seus pecados, confesse sua fé em Cristo, o Filho de Deus que morreu e ressuscitou para trazer-lhe nova vida e o proclame como Senhor e Salvador de sua vida. Talvez sejam necessários vários encontros até que a pessoa chegue a esse ponto. Trata-se de uma alma imortal que precisa do Redentor e um Redentor que pôs sobre os ombros a responsabilidade de levá-la a seus pés. Não desanime. Faça o esforço que for necessário. Ore. Jejue. Deixe que o Espírito de Deus o dirija.

No entanto, se você acredita que não conseguiu levar a pessoa a entender o suficiente para tomar uma decisão ou se ela decide não tomá-la, não insista. A liberdade humana é uma realidade que em situações como essas pode ser algo terrível. Mesmo assim, a semente foi plantada e muitas vezes dá fruto quando menos imaginamos:

> de modo que nem o que planta nem o que rega são alguma coisa, mas unicamente Deus, que efetua o crescimento. O que planta e o que rega têm um só propósito, e cada um será recompensado de acordo com o seu próprio trabalho. Pois nós somos cooperadores de Deus; vocês são lavoura de Deus e edifício de Deus (1Coríntios 3.7-9).

A. A apresentação doutrinária

Essa apresentação é sobretudo bíblica, baseada em torno da carta aos Romanos, escrita por Paulo, na qual se explica a justificação por meio da fé em Cristo Jesus. Veja também "A Via Romana" e "As quatro leis espirituais", neste mesmo artigo. Vejamos um exemplo de apresentação doutrinária:

Apresentação doutrinária: "Justificados pela fé".
Amor de Deus: Deus não esperou que a nossa conduta mudasse para então nos demonstrar seu amor, mas nos amou quando ainda não o amávamos (leia Romanos 5.6-8).
O pecado do homem e o juízo de Deus: Todos pecamos e, como consequência, sofremos a morte (leia Romanos 5.12).
Próximo passo: 1Coríntios 15.3-6a, p. 1230.
Amor: Em seu grande amor, Jesus Cristo ocupou o nosso lugar na cruz, recebendo o castigo da morte que merecíamos, e depois ressuscitou. Desse modo, Cristo pagou o preço completo por nossa salvação (leia 1Coríntios 15.3-6a, p. 1230).
Próximo passo: Gálatas 2.16, p. 1248.
A fé em Cristo como condição para a salvação: Ninguém pode ser salvo por cumprir a lei de Deus, já que todos desobedecemos a ela. Portanto, como não podemos ganhar o céu com o nosso bom comportamento, Deus nos justifica de forma gratuita quando cremos em Jesus Cristo como nosso Salvador (leia Gálatas 2.16,21).
Próximo passo: Crer! Se deseja confiar em Jesus e receber a dádiva da salvação, fale com Deus: *Senhor, reconheço que pequei contra ti, mas creio que Jesus morreu na cruz por meus*

pecados e que ressuscitou dentre os mortos. Hoje aceito a dádiva da vida eterna. Confio em Jesus Cristo como meu Salvador de todo o coração. Obrigado. Em nome de Jesus. Amém.

Felicidades! Você pode ter certeza de que recebeu a salvação de acordo com a promessa de Deus. Agora que tem esse presente, pode ter a confiança de que:
- Você é membro da família de Deus (Gálatas 3.26).
- Deus enviou o Espírito Santo à sua vida (Gálatas 4.6).
- Deus deseja que você viva em obediência a ele com a ajuda do Espírito Santo (Gálatas 5.13, 22-25).

Para conhecer melhor a Deus, leia o artigo "De recém-convertido a discipulador: o crescimento na vida espiritual".

B. A apresentação narrativa

Esta apresentação, que também é sobretudo bíblica, pode ter como base o evangelho de João e é ideal para as pessoas que gostam de ouvir relatos e histórias — algo bastante comum na sociedade atual. Basta estudar detalhadamente o encontro de Jesus com a mulher samaritana, no capítulo 4, para ter uma ideia de como fazer esse tipo de apresentação. Vejamos:

Apresentação narrativa: Jesus viajava para a Galileia e parou para descansar junto a um poço em Samaria. Ali, encontrou uma mulher samaritana que vinha buscar água. Os judeus menosprezavam os samaritanos porque eram uma raça mista de judeus e assírios. No entanto, Jesus mostra amor a essa mulher e lhe diz como obter a vida eterna. Como introdução, leia João 4.3-6.

Amor de Deus: A vida é um presente que Deus oferece a todos gratuitamente. Jesus ofereceu a vida eterna sem nenhum custo a pessoas como nós (leia os versículos 7-14).

Transição: Ao saber que a vida eterna é um presente, deve-se reconhecer a necessidade da salvação e a identidade de Jesus como o Messias que pode dispor delas.

O pecado do homem e o juízo de Deus: Todos pecamos, por isso estamos, ou melhor, estivemos na mesma situação da mulher samaritana: sedentos e necessitados da água viva, que só Deus pode nos oferecer. Essa água é a única que pode tirar a nossa sede (leia os versículos 15-19).

Transição: Depois de tratar do tema do pecado (e da adoração nos versículos 20-24), Jesus revela sua identidade como o Messias.

O sacrifício de Cristo na cruz por nossos pecados e sua ressurreição: Jesus é o Messias que nos dá vida eterna. Ele morreu por nossos pecados e ressuscitou ao terceiro dia, o que demonstra que era e é Deus (leia os versículos 25,26).

Nota: Jesus disse: "Eu sou o Messias! Eu, que estou falando com você". Em contrapartida, Eu Sou é o nome de Deus segundo Êxodo 3.13,14. Ou seja, Jesus identifica-se como o Messias que é Deus em forma de homem (veja também João 6.16-21; 8.58,59; 18.1-6).

A fé em Cristo como condição para a salvação: A mulher samaritana tinha a mesma opção que você tem hoje. A mulher podia rejeitar a oferta da vida eterna ou aceitá-la pela fé. Sabemos que ela o aceitou, e não somente ela, mas também muitos de sua cidade (leia os versículos 39-42).

Transição: A sede causada pelo pecado será saciada na eternidade, se você aceitar pela fé a dádiva da vida eterna (leia os versículos 10,13,14).

Convite: É interessante que Jesus tenha usado a ilustração da "água viva" para falar sobre a vida eterna. Você já havia pensado que tomar água é um ato de fé? Bebemos a água com a confiança de que ela não nos fará nenhum mal e que saciará a nossa fé. Tomar a "água viva" que Jesus nos dá terá como resultado a vida eterna que saciará a sede da nossa alma para sempre. Você deseja receber a dádiva da salvação? Em caso afirmativo, pode usar a seguinte oração para declarar a sua decisão a Deus. A oração não substitui a fé, mas apenas expressa ao Senhor a sua confiança nele.

Oração: *Senhor, reconheço que pequei contra ti, mas creio que Jesus morreu na cruz por meus pecados e que ressuscitou dentre os mortos. Hoje aceito a dádiva da vida eterna. Confio em Jesus Cristo como meu Salvador de todo o coração. Obrigado. Em nome de Jesus. Amém.*

Conclusão: Releia o texto de João 5.24 com a pessoa. Confirme com ela os resultados de ter crido em Jesus:

1. Agora tem a vida eterna.
2. Não será condenado eternamente.
3. Passou da morte para a vida!

A consequência de ter recebido a vida eterna é a partir de agora demonstrar que ama a Deus obedecendo a ele em tudo (João 14.15; 15.10-12).

Para obter ajuda adicional, leia o artigo "De recém-convertido a discipulador: o crescimento na vida espiritual".

C. A apresentação a partir das profecias do Antigo Testamento

Esta apresentação é para pessoas mais intelectuais e com algum conhecimento das Escrituras e tem como base o cumprimento exato das profecias do Antigo Testamento na pessoa de Jesus. Se nele somente 16 profecias tivessem sido cumpridas, o cálculo de probabilidades de que isso teria acontecido com um único homem é de 10^{45}, ou seja, 10 elevado a 45ª potência. Em outras palavras, o número 1 seguido de 45 zeros! E não foram apenas 16 as profecias que se cumpriram em Jesus, mas, sim, todas as escritas séculos antes de sua vinda. O número anterior converte-se em uma cifra astronômica. O primeiro exemplo está em uma profecia que o próprio Deus fez contra o Inimigo em Gênesis 3.15 e que costuma receber o nome de "protoevangelho" (ou "a primeira boa-nova"), a partir da qual somos levados a uma série em cadeia de profecias messiânicas.

D. A apresentação simples

Sobre esta apresentação, talvez seja o mesmo caso de quando uma pessoa nos abre a porta com uma pergunta bastante comum: "Como posso ir para o céu?" (veja um exemplo concreto na p. XIII).

Em primeiro lugar, todos queremos ir para o céu, porque de uma forma ou de outra entendemos que, ainda que alguns não queiram reconhecer, esta vida não é a parada final e que há algo do outro lado da existência.

O primeiro a fazer é indicar à pessoa que Deus tem para nós uma vida eterna que começa aqui e agora e seu Reino vive dentro dos que creem nele. Nas palavras de Paulo, "Deus nos ressuscitou com Cristo e com ele nos fez assentar nas regiões celestiais em Cristo Jesus" (Efésios 2.6). Não se trata de algo futuro, mas, sim, de um Reino presente que ainda não se manifestou em toda a plenitude.

Lembre-se sempre do poder do testemunho pessoal. Estas são as ideias principais que precisamos desenvolver com uma pessoa que nos faz uma pergunta tão direta:

1. *A Bíblia diz que Deus nos ama*. Veja Ezequiel 18.32a; João 3.16,17.

2. *As Escrituras falam do amor de Deus, mas também proclamam sua justiça*. Veja Gênesis 18.25b; Atos 17.31a. Somos livres para amar e servir a Deus, mas lamentavelmente usamos nossa liberdade para pecar.

3. *Ninguém jamais conseguiu cumprir a Lei de Deus perfeitamente, a não ser Jesus*. Por isso, Deus buscou o meio de poder oferecer a nós sua casa de forma gratuita. Jamais teríamos como pagá-lo, de modo que o Filho pagou por nós. Veja Eclesiastes 7.20; Romanos 3.22,23a.

4. *Deus já manifestou seu amor e sua justiça na cruz.* Ali Jesus Cristo triunfou de maneira completa e decisiva: "Quando vocês estavam mortos em pecados e na incircuncisão da sua carne, Deus os vivificou com Cristo. Ele nos perdoou todas as transgressões e cancelou a escrita de dívida, que consistia em ordenanças e que nos era contrária. Ele a removeu, pregando-a na cruz, e, tendo despojado os poderes e as autoridades, fez deles um espetáculo público, triunfando sobre eles na cruz" (Colossenses 2.13-15; veja também Isaías 53.5,6; Efésios 2.8,9; Tito 3.3-5).

5. *A morte não conseguiu deter Cristo* (Atos 2.24). Depois de morrer e ressuscitar triunfante, Jesus tem agora nas mãos as chaves da morte e do Hades (Apocalipse 1.18). Tampouco poderá a morte reter para sempre os que creem em Jesus (veja 1Coríntios 15).

6. *A salvação que Cristo nos dá é de graça.* É a dádiva de Deus para todos os que creem que Jesus morreu na cruz por seus pecados e que ressuscitou dentre os mortos como "primícias entre aqueles que dormiram" (1Coríntios 15.20). " 'Asseguro a vocês que aquele que crê tem a vida eterna' " (João 6.47).

7. *Ainda que o desejo de Deus seja que todos sejam salvos, ele não força ninguém a que receba a vida eterna.* Ela é oferecida gratuitamente. É hora de tomar uma decisão. Não há motivo algum para esperar. Não é necessário estar em uma igreja ou em um lugar determinado. Diga: "Não espere mais, porque a espera nesse caso é perder tempo na vida. Você gostaria de orar agora para que Deus perdoe os seus pecados e para que você comece a caminhar na luz do Salvador?".

Depois de falar de métodos e recursos, terminemos com esta verdade tão profunda e essencial: devemos evangelizar de joelhos.

Cristo morreu também pelos líderes locais de uma seita ou falsa religião. Qual tem sido até hoje a sua atitude para com eles? Desprezá-los como fez o fariseu ao publicano (veja Lucas 18.9-14)? Tem jejuado e orado por eles com o mesmo amor que Cristo sente e com a esperança de vê-los chegar à casa paterna, assim como o pai bondoso do filho perdido que retorna ao lar (veja Lucas 15.11-32)?

Cristo também morreu por aqueles que nós chamamos de "pecadores", "ímpios" ou "incrédulos". Todos esses foram o motivo de Jesus ter dado a própria vida, por isso ele espera de você e de todos os verdadeiros discípulos, que são os únicos portadores das boas-novas eternas, que os levemos ao Caminho a fim de que se tornem também discípulos de Jesus. Devemos evangelizar de joelhos, com fé, esperança e amor.

E. A Via Romana

Sem sair da carta de Romanos, podemos ajudar um não cristão a tomar o caminho da salvação, que o levará a se tornar um verdadeiro discípulo de Jesus Cristo.

Romanos 3.23:
"[...] pois todos pecaram e estão destituídos da glória de Deus". [Não há exceção, nem mérito da nossa parte que nos possa manter ou restabelecer na presença de Deus.]

Romanos 6.23a:
"[...] o salário do pecado é a morte". [A morte física, a separação do corpo e do espírito que dá vida, é consequência da tendência universal ao pecado que assola toda a humanidade; a segunda morte, a separação eterna do Deus santo, é terrível e eterna.]

Romanos 6.23b:
"[...] mas o dom gratuito de Deus é a vida eterna em Cristo Jesus, nosso Senhor". [Esse "mas" é a nossa esperança; algo que não está em nós mesmos, mas vem da salvação de Deus em Cristo.]

Romanos 5.8:
"Mas Deus demonstra seu amor por nós: Cristo morreu em nosso favor quando ainda éramos pecadores". [Outro "mas" também cheio de esperança: Deus manifestou seu amor por nós ao entregar seu Filho à morte.]

Romanos 10.13:
" '[...] todo aquele que invocar o nome do Senhor será salvo' ". [Todo aquele que se identifica com o Senhor do céu e da terra receberá vida eterna.]

Romanos 10.9:
"Se você confessar com a sua boca que Jesus é Senhor e crer em seu coração que Deus o ressuscitou dentre os mortos, será salvo". [Com nossas palavras nos identificamos com Cristo, e essas palavras surgem de uma identificação interna que o Espírito Santo produz no nosso coração.]

Romanos 12.1,2:
"Portanto, irmãos, rogo pelas misericórdias de Deus que se ofereçam em sacrifício vivo, santo e agradável a Deus; este é o culto racional de vocês. Não se amoldem ao padrão deste mundo, mas transformem-se pela renovação da sua mente, para que sejam capazes de experimentar e comprovar a boa, agradável e perfeita vontade de Deus". [Não podemos continuar sendo as mesmas pessoas de antes. Não mais vivemos nas trevas, mas na luz perfeita do Filho de Deus, e temos um dever de gratidão a cumprir: transformar-nos pela renovação da mente para chegar a conhecer a vontade de Deus para a nossa vida.]

F. As quatro leis espirituais

Você já ouviu falar das quatro leis espirituais?
"Assim como há leis naturais que regem o Universo, também há leis espirituais que regem o nosso rela-cionamento com Deus."

• **PRIMEIRA LEI:**

DEUS **AMA VOCÊ** E TEM UM **PLANO** MARAVILHOSO PARA A SUA VIDA.
(Os textos das Escrituras que aparecem nesta seção devem ser lidos preferencialmente direto da Bíblia.)

O amor de Deus
João 3.16
" 'Porque Deus tanto amou o mundo que deu o seu Filho Unigênito, para que todo o que nele crer não pereça, mas tenha a vida eterna' ".

O plano de Deus
João 10.10b
[Jesus disse:] " 'O ladrão vem apenas para roubar, matar e destruir; eu vim para que tenham vida e a tenham plenamente' " (uma vida plena e com sentido).
Por que será que a maioria das pessoas não experimenta essa vida plena?
Porque

• **SEGUNDA LEI:**

O HOMEM É **PECADOR** E ESTÁ **SEPARADO** DE DEUS; PORTANTO, NÃO PODE CONHECER NEM EXPERIMENTAR O AMOR E O PLANO DE DEUS PARA A VIDA.

O homem é pecador

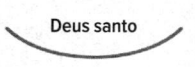
Deus santo

Romanos 3.23
"pois todos pecaram e estão destituídos da glória de Deus".

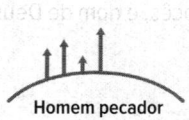
Homem pecador

O homem foi criado para ter comunhão com Deus, mas, por causa do seu egoísmo, escolheu seu próprio caminho, e seu relacionamento com Deus foi rompido. Essa vontade egoísta, caracterizada por uma atitude de rebeldia ativa ou indiferença passiva, é evidência do que a Bíblia chama de pecado.

O homem está separado de Deus
Romanos 6.23a
"Pois o salário do pecado é a morte [...]" (ou seja, separação espiritual de Deus).

Deus é santo, e o homem é pecador. Um grande abismo os separa. O homem procura continuamente alcançar Deus e ter uma vida plena, cruzando esse abismo por meio de seus próprios esforços: a religião, a moral, a filosofia, as boas obras etc.

A terceira lei nos dá a única solução para este problema...

• TERCEIRA LEI:
JESUS CRISTO É O ÚNICO CAMINHO DE DEUS PARA O PECADOR. SOMENTE NELE **VOCÊ** PODE CONHECER E EXPERIMENTAR O AMOR E O PLANO DE DEUS PARA A SUA VIDA.

Ele morreu em nosso lugar
Romanos 5.8
"Mas Deus demonstra seu amor por nós: Cristo morreu em nosso favor quando ainda éramos pecadores".

Ele ressuscitou
1Coríntios 15.3-6
"[...] Cristo morreu pelos nossos pecados [...] foi sepultado e ressuscitou no terceiro dia, segundo as Escrituras , e apareceu a Pedro e depois aos Doze. Depois disso apareceu a mais de quinhentos irmãos de uma só vez [...]".

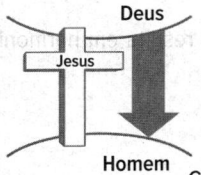
Deus
Jesus
Homem

Ele é o único caminho
João 14.6
"Respondeu Jesus: 'Eu sou o caminho, a verdade e a vida. Ninguém vem ao Pai, a não ser por mim' ".

Deus cruzou o abismo que nos separa dele enviando seu Filho, Jesus Cristo, para morrer na cruz em nosso lugar.

Não é suficiente conhecer estas três leis ou aceitá-las como verdade do ponto de vista intelectual.

• QUARTA LEI:
DEVEMOS INDIVIDUALMENTE **RECEBER** JESUS CRISTO COMO SENHOR E SALVADOR PARA PODER CONHECER E EXPERIMENTAR O AMOR E O PLANO DE DEUS PARA NOSSA VIDA.

Devemos receber Cristo
João 1.12

"Contudo, aos que o receberam, aos que creram em seu nome, deu-lhes o direito de se tornarem filhos de Deus".

Recebemos Cristo por meio da fé
Efésios 2.8,9
"Pois vocês são salvos pela graça, por meio da fé, e isto não vem de vocês, é dom de Deus; não por obras, para que ninguém se glorie".

Recebemos Cristo por meio de um convite pessoal
Apocalipse 3.20
[Disse Jesus:] " 'Eis que estou à porta e bato. Se alguém ouvir a minha voz e abrir a porta, entrarei e cearei com ele, e ele comigo' ".

Receber Jesus significa mudar de atitude para com Deus, confiar em Cristo para que ele entre na nossa vida e perdoe os nossos pecados.

Estes dois círculos representam dois tipos de vida:

E EGO ou o EU finito no trono.
✞✞ Cristo fora da vida.
- Interesses controlados pelo EU, que levam a discórdias e frustrações

✞✞ Cristo na vida.
E EGO ou o EU fora do trono.
- Interesses dominados pelo Deus todo-poderoso e infinito, o que resulta em harmonia e propósito.

Qual desses círculos representa a sua vida?

Qual desses círculos você gostaria que representasse a sua vida?

Veja a seguir como você pode receber Jesus Cristo como Salvador.

VOCÊ PODE RECEBER CRISTO AGORA MESMO FAZENDO UMA ORAÇÃO
(orar é falar com Deus)

Deus conhece o seu coração e não está tão preocupado com as palavras que você usará agora para falar com ele, mas principalmente com a atitude do seu coração. A seguinte oração é um exemplo de como você pode orar.

> Senhor Jesus, obrigado porque tu me amas e entendes que preciso de ti. Abro a porta da minha vida e te recebo como meu Senhor e Salvador. Ocupa o trono da minha vida. Faz de mim a pessoa que queres que eu seja. Obrigado por perdoares os meus pecados, por entrares na minha vida conforme prometeste e por escutares a minha oração.

Esta oração expressa o desejo do seu coração?

Em caso afirmativo, faça esta oração agora mesmo, e Cristo entrará na sua vida conforme ele prometeu.

COMO VOCÊ PODE TER CERTEZA DE QUE CRISTO HABITA SUA VIDA:

Você convidou Cristo para entrar na sua vida? De acordo com a promessa de Jesus em Apocalipse 3.20, onde ele está? Cristo afirmou que entrará na sua vida. Você acha que ele enganaria você? Como você pode ter certeza de que Deus respondeu à sua oração? A resposta está na fidelidade de Deus e em sua Palavra.

A BÍBLIA PROMETE VIDA ETERNA A TODOS OS QUE RECEBEM JESUS CRISTO

"E este é o testemunho: Deus nos deu a vida eterna, e essa vida está em seu Filho. Quem tem o Filho, tem a vida; quem não tem o Filho de Deus, não tem a vida. Escrevi estas coisas a vocês que creem no nome do Filho de Deus, para que saibam que têm a vida eterna" (1João 5.11-13).

Nunca deixe de agradecer o fato de que Cristo habita a sua vida e jamais o abandonará (Hebreus 13.5). Pode ter certeza de que o Cristo vivo mora em você e que garante a vida eterna a partir do momento em que você o convidou para fazer parte da sua história, com base no que ele prometeu. Ele jamais decepcionará você.

E se você não sentir nada?

NÃO DEPENDA DOS SENTIMENTOS

A nossa salvação não depende do que sentimos

A nossa segurança está na promessa da Palavra de Deus, não nos nossos sentimentos. O cristão vive pela fé (confiança) de que Deus é fiel e pela fé em sua Palavra. O diagrama do trem ilustra a relação entre o fato (Deus e sua Palavra), a fé (nossa confiança em Deus e em sua Palavra) e os sentimentos (o resultado da fé e da obediência). Veja o que diz João 14.21.

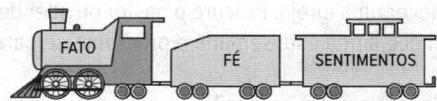

A locomotiva corre com ou sem o vagão. No entanto, seria inútil tentar fazer o vagão empurrar a locomotiva. Do mesmo modo, nós, cristãos, não dependemos dos sentimentos ou das emoções, mas, sim, da fé (confiança) que depositamos na fidelidade de Deus e nas promessas de sua Palavra.

AGORA QUE VOCÊ JÁ RECEBEU JESUS CRISTO

No momento em que você, em um ato de fé, recebeu Jesus, muitas coisas aconteceram. Veja algumas delas:
1. Cristo entrou na sua vida (Apocalipse 3.20; Colossenses 1.27).
2. Os seus pecados foram perdoados (Colossenses 1.14).
3. Você se tornou filho de Deus (João 1.12).
4. Você começou a viver a grande aventura para a qual Deus o criou (João 10.10b; 2Coríntios 5.17; 1Tessalonicenses 5.18).

Você consegue pensar em algo mais fantástico na sua vida do que receber Cristo? Gostaria de agradecer a Deus agora mesmo em oração tudo o que ele fez por você? O ato de dar graças a Deus já é uma manifestação da sua fé.

E o que acontece agora?

SUGESTÕES PARA O CRESCIMENTO NA VIDA CRISTÃ

O crescimento espiritual é o resultado de permanecer confiando em Jesus Cristo. " 'O justo viverá por fé' " (Gálatas 3.11). Uma vida de fé permitirá que você confie em Deus cada vez mais em cada detalhe da vida e para praticar o seguinte:

C	Converse com Deus em oração diariamente (João 15.7).
R	Renove-se pelo estudo. Leia sempre a Bíblia e estude-a diariamente para buscar respostas (Atos 17.11). Comece com o Evangelho de João.
I	Insista. Continue confiando em Deus e entregue a ele todos os detalhes da sua vida (1Pedro 5.7).
S	Ser cheio do Espírito Santo de Deus deve ser uma busca; permita que ele viva em você (Gálatas 5.16,17; Atos 1.8).
T	Testemunhe de Cristo às pessoas tanto com palavras como também com a sua vida (Mateus 4.19; João 15.8).
O	Obedeça a Deus em cada momento (João 14.21).

A IMPORTÂNCIA DA IGREJA

A Bíblia diz (Hebreus 10.25) que não podemos deixar de nos reunir como igreja. Os cristãos são como brasas no fogo, ardem quando estão juntos. Se estiverem separados, serão como brasa que se apaga sozinha. Procure uma igreja da qual você possa participar. Tome a iniciativa, caso não tenha sido convidado a conhecer uma igreja. Procure o pastor ou líder de uma igreja que exalte Cristo e pregue sua Palavra. Comece ainda esta semana e programe-se para fazer isso regularmente.

Você deseja contar tudo isso a outra pessoa?
Se essas explicações são úteis para você e o têm ajudado a conhecer Jesus de um modo pessoal, conte-as a outra pessoa ou leia-as com alguém.

OBJEÇÕES E DÚVIDAS TÊM VALOR PARA DEUS

Fé e dúvida: Quando o discípulo ainda não é maduro em sua caminhada cristã, é muito frequente que ele esconda as dúvidas que tem porque as considera indignas do Deus a quem serve. Pode assumir até mesmo uma atitude exterior de fé sólida que ainda não existe, de fato, interiormente e deixar de esclarecer aspectos da fé que o impedem de crescer, mas que o Senhor conhece perfeitamente, uma vez que ele é o único que conhece o nosso coração (veja Salmos 26.2 e 44.21). Além disso, Deus não tem medo das nossas dúvidas; ele pode resolver todas elas e torná-las um trampolim que nos empurra para um nível mais alto de comunhão com ele e de firmeza na vida espiritual.

A verdadeira inimiga da fé não é a dúvida, e sim a indiferença. Deus não se ofende quando temos dúvidas sobre ele ou sua Palavra. O que ofende a Deus é permanecermos indiferentes diante da verdade. Ao nascermos de novo, Deus não bloqueou o nosso pensamento, mas nos tornou livres (João 8.32,33). Como pessoas livres, continuamos sendo seres humanos que têm grande capacidade para que as nossas dúvidas se convertam em um incentivo que nos leve a pesquisar as Escrituras, indagar, perguntar e crescer. A fé sólida apoia-se em dúvidas tiradas a limpo e é firme como a rocha. Em contrapartida, a fé que não aceita a possibilidade da dúvida está seguindo o caminho do legalismo e do fanatismo e, além de causar prejuízo ao cristão, pode destruir sua vida familiar e o relacionamento com os amigos e outras pessoas que sejam alvo de sua intolerância.

Os mestres: Os discípulos que de alguma forma desempenham a função de mestres deverão ter muita humildade a ponto de poder dizer: "Não sei a resposta. Vou orar e pesquisar na Bíblia, e o Senhor dará a resposta".

Tiago nos adverte: "Meus irmãos, não sejam muitos de vocês mestres, pois vocês sabem que nós, os que ensinamos, seremos julgados com maior rigor" (3.1). As atitudes de arrogância são absurdas na vida do verdadeiro discípulo; muito mais em um discípulo que recebeu a tarefa de "passar o bastão" para a próxima geração.

Quem se acha superior a outros porque conhece muito de Bíblia ou porque estudou muita teologia que deixe de se comparar com os demais. Compare-se com o único que deve ser parâmetro de comparação, uma vez que a nossa meta é ser como ele. Compare-se com Jesus Cristo e procure ter a vida que ele teve: naturalmente sobrenatural.

As dúvidas que mencionamos a seguir não são as únicas. Apenas parte delas. Damos três sugestões:

1. *Torne as suas dúvidas um motivo para estudar a Bíblia diariamente até que tenha encontrado a resposta.* Você encontrará vários textos das Escrituras que valem a pena ser guardados na memória para o seu próprio uso e para ajudar outros. Lembre-se de que "o texto sem contexto é mero pretexto". Procure compreender os textos bíblicos que indicamos sempre dentro do contexto particular e geral a que pertencem, bem como do ambiente cultural em que foram escritos; nunca leia o texto do ponto de vista cultural contemporâneo nem busque na Bíblia um apoio para alguma doutrina da sua preferência. Isso seria forçar o texto (*eisegese*) a dizer o que não diz. Fazer *eisegese* bíblica em vez de *exegese* bíblica. A exegese consiste em que nos aproximemos humildemente da Palavra de Deus, interpretando-a da maneira mais adequada ao nosso alcance e aceitando que o

Espírito Santo nos fale através dela, quer nos agrademos quer não; ao final, teremos a confirmação do que cremos ou seremos levados a sentir a urgência de modificar o nosso pensamento.

2. *Quando alguém se aproximar com uma dúvida, sente-se com essa pessoa e estude as listas de textos indicados.* É bem provável que venha até você com a pergunta: "Qual é a sua opinião sobre...?". Não dê a sua opinião; ao contrário, diga que ela tem pouco valor e que é preferível buscar na Bíblia a resposta. As Escrituras Sagradas são o único texto do mundo que nos foi dado diretamente do céu pela inspiração do Espírito de Deus, e sua autoridade é única, exclusiva e suprema.

3. *Tenha em mente que muitas vezes as pessoas apresentam dúvidas do tipo teórico, mas na verdade estão escondendo uma vida de pecados ocultos, que querem que permaneça assim.* Não caia na armadilha das discussões teológicas inúteis. Não se deixe levar. E, a respeito das discussões intermináveis, é bom saber que tem gente que adorar discutir, mas nunca chega a lugar nenhum; saia de uma assim como entrou. Deixe essas pessoas nas mãos do Espírito Santo de Deus porque, antes de escutar a Palavra, vão precisar de uma boa chacoalhada! Portanto, siga a norma de Paulo: "Mas, se alguém quiser fazer polêmica a esse respeito, nós não temos esse costume nem as igrejas de Deus" (1Coríntios 11.16). Nossa responsabilidade é procurar levar a pessoa a um encontro real com Deus e a entender que não tem por que esconder o que ele já sabe; antes, precisa começar a acertar as contas com Deus.

Para facilitar, as dúvidas mais comuns aparecem em ordem alfabética, a seguir.

Agnosticismo

"Não sei se Deus existe; é impossível saber de fato. E, se existe, não tem nada a ver com a vida do ser humano."

O agnosticismo teve grande aceitação nas classes mais cultas da sociedade moderna. Era uma maneira útil de evitar pensar na existência de um Deus criador que é também nosso Juiz justo. Hoje passamos do agnosticismo para o indiferentismo, que se caracteriza por tirar Deus completamente da vida do ser humano. O indiferentismo costuma durar enquanto a vida não apresenta problemas, pois é totalmente alheio à verdadeira natureza do homem. Como a Bíblia apresenta Deus sempre presente na história da humanidade, essa atitude não se comenta com frequência em seu conteúdo.

Textos bíblicos: Salmos 10.11; 14.1; 53.1. Em outras palavras, o que a pessoa sem sabedoria, ou insensata, quer é que Deus não se meta em sua vida. Assim, poderá conduzi-la à sua maneira.

Apego ao pecado

"Estou muito velho (ou muito jovem) para mudar de vida."

Para encontrar-se com Deus, não há idade adequada nem momento na vida que não seja o melhor. Muitos têm seu primeiro encontro com Deus quando ainda têm o coração resistente ou quando não enfrentaram as dificuldades da vida. Outros o encontram no fim da vida, ou em uma prisão, ou talvez quando estão para ser executados, como aconteceu com o ladrão na cruz.

Textos bíblicos: Gênesis 7.5-7; 12.1-9; 21.1-7; 37; Deuteronômio 6.1,2; 2Reis 22.1,2; Salmos 90; Eclesiastes 3.12; 5.18-20; 8.15; 11.8—12.7; João 4.1-42; 5.24; 11.1-45; Atos 7.20-40; 14.17; 1Timóteo 4.1-5; 6.17; Tito 3.1-7.

Apego irresponsável à vida mundana

"Vou esperar até viver minha vida primeiro."

É frequente que o ser humano sinta que tem toda uma vida pela frente; principalmente quando tem saúde e é jovem. No entanto, há ocasiões em que a vida nos pega desprevenidos, como, um acidente, uma doença ou a morte de uma pessoa querida, e nos faz ver uma realidade difícil de suportar. Somos mortais e nunca sabemos se sobreviveremos ao dia seguinte. É absurdo adiar a única decisão que nos pode trazer a verdadeira paz de saber que estamos com Deus e que, não importa o que aconteça, nada nos poderá separar dele.

Textos bíblicos: Gênesis 19.1-22; Salmos 90.10; Eclesiastes 8.6-8; 9.12; 12.1-8; 95.6-11; Lucas 23.39-43; João 10.10; Atos 24.24,25; 2Coríntios 6.2; 1Pedro 4.1-8; 2Pedro 3.3-15; Hebreus 3.7-15; Tiago 4.13-17; Apocalipse 2.21.

Ateísmo teórico ou prático

"Nunca cri em nada; muito menos em Deus."

Há pessoas que sustentam abertamente não crer em nada. Outras vivem o ateísmo sem dizer absolutamente nada. Na maioria dos casos, trata-se de pessoas com traumas internos profundos, talvez por não terem tido os pais de que precisavam ou por causa de alguém que se dizia cristão, mas não passava de um hipócrita. Essas pessoas precisam de uma cura interior verdadeira que somente o Espírito de Deus pode realizar. Se você se encontra com alguém assim, não discuta. Ore e jejue por ela e demonstre amor.

Textos bíblicos: Salmos 1; 95.7-11; Provérbios 2.15; 4.19; 12.15; 14.12; 15.9; 16.25; 19.3; Hebreus 3.8-11.

Baixa autoestima

"Sou um pecador terrível. Deus não pode me perdoar."

Essa maneira autodestrutiva de pensar é produto de uma sociedade que continua tendo uma falsa imagem de Deus e da nossa relação com ele. Pensam que, se fazemos mais coisas boas do que ruins, a balança pende a nosso favor, e vamos para o céu depois da morte; e, se fazemos mais coisas erradas do que certas, acontece o contrário, e vamos parar no inferno. Em primeiro lugar, precisamos crer, e depois anunciar, na excelente notícia de que Deus está determinado em encher o céu, não o inferno. Ele sofre com a condenação de alguém criado à sua imagem e semelhança, mas alegra-se sempre que um pecador se arrepende e passa a fazer parte de sua família. Deus é o pai bom que deseja ter filhos, não o juiz rigoroso que deseja mandar para a cadeia. Com esse propósito é que enviou seu único Filho para morrer e ressuscitar dentre os mortos — por nossa causa — e prometeu que, embora os nossos pecados sejam vermelhos como escarlate, eles se tornarão brancos como a neve (cf. Isaías 1.18).

Textos bíblicos: 2Reis 21.1-18; 2Crônicas 33.1-20; Salmos 32; 51; 103; 107; Isaías 1.18; Oseias 1—3; 14; Lucas 7.36-50; 19.10; João 3.16-18; 4.1-26; 6.37; 8.1-11; Atos 7.54-60; Colossenses 2.13-15; 1Timóteo 1.12-17.

Conceito incompleto sobre a salvação

"Como posso entrar no céu?"

As meias verdades também são meias mentiras e muitas vezes, por conter elementos de verdade, causam mais dano às pessoas que as mentiras de fato. A vida do cristão não é uma simples separação nesta vida com base na "resignação" (palavra que nunca aparece nas Escrituras) e no sofrimento para poder chegar-se ao céu. Quando alguém nasce de novo e é selado com o Espírito Santo, já tem a vida eterna. A pergunta deveria ser: "Que faço para que Deus venha viver no meu coração?". E a resposta: "Nada. Tudo já foi feito. Para isso, Jesus morreu e ressuscitou. Só é necessário crer nele para ter a vida eterna a partir de agora". As boas obras são consequência do fato de sermos salvos, nunca a causa.

Textos bíblicos: Salmos 133.3; 139.24; Isaías 9.6; 45.17; Jeremias 31.3; Daniel 12.2; Mateus 19.16-21,29; João 3.16,17,36; 5.24; 6.40,47,54,68; 10.28; 12.25; 14.15; 15.9-17; 17.2,3; Romanos 4.4,5,25; 6.23; 1Timóteo 1.16; Hebreus 5.9; 9.15; 2Pedro 1.11; 1João 1.2; 2.25; 5.11,13.

Confiança excessiva e simplória nos avanços do ser humano

"O cristianismo é para os fracos e instáveis".

O cristianismo autêntico é "forte como a morte" (Cântico dos Cânticos 8.6), pois está fundamentado no zelo e na paixão pelo Deus que nos criou e nos resgatou, e em nosso Pai. A ciência e a tecnologia levaram o ser humano por um caminho de progresso material e retrocesso espiritual. Hoje em dia, essa mesma ciência, que se proclamava a salvação da pátria, que acabaria com as doenças, com a fome, com as guerras e os trabalhos do gênero humano, tem nas mãos mais problemas do que nunca, e a humanidade sente-se traída. Ao abandonar o poder e a solidez de vida que somente está na Palavra de Deus e na comunhão íntima com Deus, grande parte da humanidade anda sem rumo pela vida e às vezes vira presa de superstições e crenças destrutivas. Não nos enganemos: quem deixa de crer no Deus verdadeiro, não se torna ateu, mas começa a crer nas coisas mais absurdas e supersticiosas que encontra pela frente.

Textos bíblicos: Juízes 14—16; 1Samuel 17; 2Samuel 21.18-22; 1Crônicas 19; Daniel 1; 3; 6; Ester 4.13-16; João 2.12-17; Atos 5.40-42; 7; 14.8-20; 21.10-14; 27.21-44; 1Coríntios 1.25-31; 2Coríntios 4.7-18; 11.21-33; 12.1-10; Efésios 6.10-18; Filipenses 2.25-30; Hebreus 11; 12.1-3.

Confiança por frequentar a igreja ou os cultos

"Eu me criei na igreja e sempre tive o costume de assistir aos cultos."

Ninguém se converte em discípulo por viver o tempo todo na igreja, assim como ninguém que vive em uma jaula de zoológico deixa de ser humano. Não é a igreja que nos torna discípulos, nem o banho de religião, nem mesmo a tradição familiar ou social em que fomos criados. Todas essas coisas podem ajudar e também atrapalhar por criar uma falsa confiança. O nível social da religiosidade é o daquele que se proclama membro de determinada religião, porque "assim creem os que frequentam tal lugar". Essa maneira de "crer" puramente cultural e cheia de falsa religiosidade é a que tem provocado "limpezas étnicas", que têm sido uma grande lástima da humanidade.

Tem o nível familiar da religiosidade aquele que proclama nunca ter repensado o que lhe ensinaram, "porque na minha família todos somos dessa religião". É como se os hebreus tivessem tomado a decisão de não seguir Moisés e permanecer no Egito, "porque meus pais, avós e bisavós foram escravos ali e queremos ser fiéis a eles". O único nível aceitável aos olhos de Deus é o nível pessoal. O plano de salvação, que compreendeu como ponto máximo o sacrifício de seu Filho, deve ser aceito de maneira individual; a essa salvação têm acesso todos os seres humanos, quaisquer que forem as formas e crenças em que foram criados. Em uma forma popular de expressar isso, "Deus não tem netos; somente filhos". Devemos educar nossos filhos na fé, mas sempre com o propósito de que creiam porque eles mesmos tomaram essa decisão diante de Deus e de Jesus, não porque pensam nos agradar ou a seus mestres e professores da igreja.

Textos bíblicos: Mateus 5.10-12; 10.34-39; 28.18-20; Marcos 7.9-13; Lucas 23.39-43; João 3.16-18; 4.1-42; 5.24; 11.17-27; 20.30-31; Atos 2.40-47; 8.26-40; 10; 16.22-34; Romanos 3.9—4.25; 6; 1Coríntios 1.17; Gálatas 1—3; Efésios 2.1-10; Colossenses 2.8-23; Tito 3.3-7; 1João 5.9-13.

Fraqueza

"A vida cristã é muito difícil."

Essas palavras baseiam-se em uma meia realidade. De fato, não é fácil nadar contra a corrente quando se nada sozinho! No entanto, a pessoa que não se aproximou da igreja porque sabe que vai ter de deixar determinados hábitos de pecado e a que acaba de chegar à igreja e se dá conta da necessidade de levar uma vida distinta devem entender que Cristo não nos deixou órfãos, mas nos deu seu Espírito. No poder do Espírito Santo, não no nosso, podemos levar uma vida diferente, como corresponde ao novo gênero humano inaugurado pelo "último Adão", Jesus Cristo (1Coríntios 15.45).

Textos bíblicos: Mateus 10.37-39,42; Marcos 10.28-31; Lucas 12.13-34; 14.25-35; João 1.12; 3.16-18; 4.1-42; 5.24; 6.29; Romanos 5.1-8; 1Coríntios 3.10-15; 15.50-58; 9.24-27; 2Coríntios 4.7—5.11; 11.16-33; Efésios 2.1-10; Filipenses 1.19-26; 3.7-14; Hebreus 6.9-12; Apocalipse 22.12.

Desconhecimento do Deus verdadeiro

"Não posso crer no Deus da Bíblia."

O Deus da Bíblia, o único Deus real, é tão superior a tudo o que podemos imaginar que não permitiu que o representássemos por nenhum tipo de imagem, pois todas seriam um equívoco. Nosso problema consiste em querer fazer que Deus tenha a nossa imagem e semelhança, quando na realidade se trata exatamente do contrário. Não entendemos alguns atributos e modos de agir de Deus, mas nem por isso são irracionais e indignos de serem aceitos pela fé. Na verdade, estão acima da compreensão humana, superiores à capacidade do nosso limitado raciocínio:

> "Pois os meus pensamentos
>   não são os pensamentos de vocês,
> nem os seus caminhos
>   são os meus caminhos",
> declara o SENHOR.
> "Assim como os céus são mais altos
>   do que a terra,
> também os meus caminhos
>   são mais altos do que os seus caminhos;
> e os meus pensamentos,
>   mais altos do que os seus pensamentos" (Isaías 55.8,9).

O nosso Deus é o objetivo da nossa fé, não do nosso pensamento lógico, porque os pensamentos dele são infinitamente superiores ao nosso.

Textos bíblicos: Gênesis 1.1,2; Êxodo 3.13,14; Levítico 11.45; Salmos 14.1; 19.1-6; Mateus 1.18-25; 3.16,17; 10.17-20,32; João 1.1-14; 10.22-33; Mateus 28.18-20; Atos 5.1-5; 14.1-18; 17.22-31; Romanos 1.18—2.16; 1Coríntios 2.10,11; 2Coríntios 1.3-4; 13.14; Efésios 1.3-23; 1Timóteo 1.17; 2.5; 4.10.

Desculpa comum que tem um engano como fundamento

"A igreja está cheia de hipócritas."

E o resto da humanidade também. Essa objeção de tipo prática tende a ter como fundamento a decepção sofrida pela pessoa que foi em busca de Deus e só encontrou na igreja uma série de normas sufocantes, bem como aqueles que diziam uma coisa e faziam outra, ou que pareciam uma coisa na igreja, mas fora dela eram bem diferentes. Há também aqueles que usam essa expressão para justificar uma atitude indiferente em relação a Deus e à vida que lhes é oferecida, ou um modo de vida apegado a diferentes hábitos de pecado. Se somos verdadeiros discípulos, cumpre-nos mostrar-lhes o seguinte através do amor sacrificial que Cristo tem por todos nós:

1. Que existem cristão sinceros.

2. Que não apenas dizemos palavras bonitas, mas que vivemos o que anunciamos.
3. Que o cristianismo autêntico não se faz apenas de palavras, mas de amor, poder e alegria.
4. Que ainda que todos os cristãos falhem, Jesus Cristo nunca nos decepcionará.

Textos bíblicos: Provérbios 11.9; Mateus 6.1-7; 7.1-5; 15.1-9; 16.1-4; 22.15-22; 23; 24.45-51; Marcos 7.1-13; Lucas 6.41-42; 11.44; 12.1, 54-56; 13.10-17; Romanos 12.9; 1Timóteo 4.1-5; Tiago 3.17; 2Pedro 2.1-3.

Evasivas com artimanhas teológicas para fugir do assunto

"Como Deus julgará os que não ouviram o evangelho?"

Isso acontece muito com pessoas com as quais compartilhamos a mensagem de salvação e querem sair pela tangente a fim de desviar de tema. Podemos falar-lhes do assunto mais importante para seu espírito, e elas respondem com uma suposta "inquietude mental". A mulher samaritana quis usar esse subterfúgio com Jesus, mas não conseguiu, pois ele respondeu com poucas palavras o que ela perguntou e, em seguida, insistiu no que realmente a mulher precisava: o perdão de seus pecados e a salvação (veja João 4). Deus já determinou o que de fato precisamos: aceitar Cristo e segui-lo.

Textos bíblicos: Gênesis 18.25; Salmos 19.1-6; Isaías 49.5,6; 65.1,2; Malaquias 4.5,6; Mateus 2.1-12, 19,20; 9.35—10.16; 28.18-20; Lucas 9.1-6; João 3.16-18; 17.18-21; 4; Atos 1.8; 8.25-40; 10; Romanos 1.18-23; 2.14-16; 1Timóteo 2.1-8; Tiago 5.11; 2Pedro 3.3-9; Apocalipse 3.20.

Falsa humildade

"Não tenho fé suficiente."

Fé não é um produto que você compra, não é algo que podemos fabricar, nem intensificar com esforços humanos. Nós a recebemos de Deus, e ele nos dá de acordo com a nossa necessidade. Quanto a nós, devemos aceitá-la com humildade e gratidão, abrir o coração e nos permitir ser guiados por ela. As palavras cheias de angústia que um pai cujo filho estava endemoninhado disse a Jesus são um excelente exemplo do que devemos fazer: " 'Creio, ajuda-me a vencer a minha incredulidade!' " (Marcos 9.24). Também os discípulos de Jesus foram capazes de ter a humildade de pedir: " 'Aumenta a nossa fé!' " (Lucas 17.5). Em primeiro lugar, temos de ser humildes e reconhecer que somente teremos se a recebermos de Deus. Em segundo lugar, devemos estar seguros de que estamos pondo a nossa fé em Deus Pai, Filho e Espírito Santo. Ninguém mais ou nenhuma outra coisa em todo o Universo pode ser alvo da fé de um discípulo.

Textos bíblicos: Marcos 9.24; Lucas 17.5; João 1.12; 3.1-18; 4.1-42; 5.24; 6.40; 9.1-38; 11.25-27; 20.30,31; Atos 16.22-34; Romanos 3.19-28; 4.1-8; Gálatas 2.16; 3.24; Efésios 2.1-10; Tito 3.3-7; 1João 5.9-13; Apocalipse 21.8; 22.1-17.

Falsas ideias sobre o amor divino

"Não creio no Diabo nem no inferno."

Aprendemos de modo tão insistente sobre o amor de Deus que nos parece impossível a existência de um ser angélico rebelde e um lugar de castigo eterno que Deus tenha preparado para esse ser e para os anjos que o acompanharam em sua rebelião. Interessa ao Diabo que não creiamos em sua existência, porque isso permite que ele trabalhe livremente na nossa vida. Não nos enganemos. O fato de que não vemos algo não significa que não existe. No mundo físico, não vemos o ar, e ele existe. Além disso, existe outro mundo, o espiritual, e é importante lembrar que nem tudo que é espiritual é necessariamente bom, uma vez que no mundo espiritual também estão o Diabo e seus seguidores. Sobre o inferno, duvidar de sua existência seria duvidar das Escrituras, pois elas falam abertamente dele. No inferno sofrerão por toda a eternidade os que merecem a segunda morte por não terem aceitado a salvação oferecida por Deus na pessoa de seu Filho, Jesus Cristo. Depois do sacrifício que Jesus realizou, nenhum ser humano deveria ter a insensatez de passar a eternidade em um lugar assim, por rejeitar a salvação gratuita de Deus. Lembremo-nos de que a Palavra de Deus fala apenas de uma ocasião em que há festa no céu: quando um pecador se arrepende e recebe a salvação (Lucas 15.7).

Textos bíblicos: Jó 1.6-22; Isaías 14.12-17; Ezequiel 28.12-19; Mateus 4.1-11; 5.17-30; 10.28; 11.20-24; 16.18; 25.41; Lucas 15.7; Romanos 16.20; Efésios 6.10-18; 1Timóteo 2.1-7; 1Pedro 5.8,9; 2Pedro 3.9; 1João 3.8; Apocalipse 12; 20.1-3, 7-15; 21.6-8.

Falso conceito de cristianismo

"Os cristãos são pessoas chatas que têm de seguir uma infinidade de mandamentos e regras negativos."

Essa é a impressão que damos muitas vezes aos não cristãos. Eles pensam que não passamos de uns desmancha-prazeres e que nos deixamos levar por um código moral no qual toda diversão é proibida. Isso não é de surpreender, dada a tendência legalista que com frequência veem em nós. Talvez precisemos repensar de modo pessoal e coletivo estas palavras esclarecedoras de Cristo: " '[...] eu vim para que tenham vida e a tenham plenamente' " (João 10.10b). É possível que necessitemos deixar um conceito egocêntrico e individualista do que é a vida espiritual e centralizar a vida do nosso espírito em uma comunhão com Deus e com os irmãos de uma maneira tal que seja impactante para as pessoas que nos rodeiam, cristãs ou não.

Então, eles verão em nós uma qualidade de vida que ninguém tem no mundo e que não depende de posição social, bens materiais ou influências. Muitas das coisas em que o mundo busca alegria são indiferentes para nós, porque temos a alegria do Senhor, que é a nossa força (veja Neemias 8.10), e estamos ansiosos para o *grand finale* das bodas do Cordeiro (Apocalipse 19.6-10), a volta de Cristo em glória (Apocalipse 19.11-16) e a chegada da nova Jerusalém (Apocalipse 21—22).

Textos bíblicos: 1Crônicas 29.22; Neemias 8.10; Ester 8.16-17; Salmos 16.11; 43.4; 51.12; 81.1; 105.43; Eclesiastes 2.26; Isaías 12.3; 35.10; 51.11; Jeremias 31.13; João 10.10; 16.20,22; Atos 13.52; Gálatas 5.22,23; Filipenses 4.4-7; 1Pedro 1.8; Apocalipse 19.6-16; 21—22.

Falta de fé na inerrância das Escrituras

"A Bíblia está cheia de erros e contradições."

De modo geral, a pessoa que diz isso está apenas repetindo o que ouviu dizer um professor ou um não cristão. Ficaríamos surpresos se descobríssemos até que ponto quem faz tal afirmação e quem a propaga conhecem o conteúdo das Escrituras. Quando uma pessoa busca sinceramente a verdade, pesquisa por si mesma, sem se deixar levar pelo que os outros dizem.

Na Bíblia há coisas que, do nosso ponto de vista, depois de quase dois mil anos em que seu último livro foi escrito, soam como contradições. Necessitamos partir do ponto de vista da fé, não da razão. Em primeiro lugar, acreditando que é a Palavra de Deus que temos visto em ação, transformando vidas e realizando milagres. Em seguida, usar a razão para pesquisar até encontrar o verdadeiro significado dos textos que parecem contradizer-se, usando os recursos que hoje, como nunca antes, trazem ao nosso alcance o conhecimento humano. Vamos acabar descobrindo que os tais famosos erros e contradições que um mundo descrente proclama de forma superficial e triunfalista não são erros. "Seja Deus verdadeiro, e todo homem mentiroso" (Romanos 3.4).

Textos bíblicos: Mateus 5.10-12; 10.34-39; 28.18-20; Marcos 7.9-13; Lucas 23.39-43; João 3.16-18; 4.1-42; 5.24; 11.17-27; 20.30,31; Atos 2.40-47; 8.26-40; 10; 16.22-34; Romanos 3.4; 6; 1Coríntios 1.17; Gálatas 1—3; Efésios 2.1-10; Colossenses 2.8-23; Tito 3.3-7; 1João 5.9-13.

Incompreensão da justiça divina

"Há muita violência no Antigo Testamento."

Nas últimas décadas, a Igreja tem falado tanto do amor de Deus que por vezes pouco se sabe que ele também é "fogo consumidor" (Hebreus 12.29). Esquecemo-nos um pouco do fato de que um de seus nomes favoritos no Antigo Testamento é Javé Sebaot, "Senhor dos Exércitos". Em geral, o que chamamos violência na Bíblia é uma resposta à justiça divina e sua reação ao pecado. Essa é a razão por que Deus ordena a Israel que destrua completamente os povos que antes habitavam Canaã. E é também o motivo que permitiu que os assírios destruíssem Israel, o reino formado pelas dez tribos do norte do país, e dispersassem as dez tribos no ano 722 a.C.; e que depois os babilônios fizeram o mesmo com Judá, o Reino do Sul, incluindo Jerusalém, a cidade santa e o templo construído por Salomão. Por este motivo também, os romanos destruíram Jerusalém novamente, bem como o segundo templo no ano 70 d.C. Incluímos exemplos das Escrituras para entender que a justiça divina não pode tolerar o pecado. Seria uma atitude contrária à sua natureza. Cabe a nós evitar tudo o que provoque a ira divina. Claro que, se pecarmos, "temos um intercessor junto ao Pai, Jesus Cristo, o Justo" (1João 2.1).

Textos bíblicos: Gênesis 4.1-16; 6.1-8; 9.1-7; 14.1-16; 18.16-33; Êxodo 1; 2.11-15; Levítico 26.27-46; Deuteronômio 20; Josué 1—12; Juízes; 1Samuel 4.1-11; 27—31; 2Samuel 8.1-14; 13—21; 1Reis 20—22.40; Jeremias 15—25; Naum 1—3; Habacuque 1—3; Romanos 13.1-7; Hebreus 12.28,29; 1João 2.12; 2Pedro 2.4-9.

Incompreensão do que significa o livre-arbítrio do ser humano

"Se Deus é bom, por que existe o mal?"

Se não houvesse a possibilidade de ser mau, muito menos existiria a de ser bom. Se não existisse a possibilidade de seguir Satanás em sua rebelião, não existiria também a de adorar a Deus na grandeza de sua glória. Isso em se tratando do mal moral que aflige a humanidade, assim como os males físicos, em particular, doenças, acidentes e morte, que são consequências da natureza caída. A morte entrou na humanidade por causa do pecado humano, mas Jesus disse a João: "[...] 'Não tenha medo. Eu sou o Primeiro e o Último. Sou Aquele que Vive. Estive morto, mas agora estou vivo para todo o sempre! E tenho as chaves da morte e do Hades' " (Apocalipse 1.17,18). Além disso, Deus nunca enviou qualquer punição sem proteger o remanescente fiel de seu povo. No que se refere aos desastres da natureza, devemos ter em conta que o pecado da humanidade é o que tem transtornado cada vez mais o ambiente que o próprio Deus deixou sob nossa responsabilidade. Principalmente nos tempos contemporâneos, muitas vezes temos a impressão de que a natureza se mostra rebelde e inquieta diante da nossa corrupção e insensibilidade para com Deus e ao amor que ele nos manifestou (Romanos 8.22). Deus não é o problema; ele é a solução.

Textos bíblicos: Gênesis 3; 6.1—9.17; Jó; Salmos 51; João 8.31,36; Romanos 8.22; Apocalipse 1.17,18.

Influência das religiões orientais

"Creio no carma e na reencarnação."

É triste ver a maneira tão sutil com que essas ideias têm se misturado com o cristianismo autêntico em um sincretismo que nunca deveria ter acontecido. Tal invasão de ideias externas à Bíblia indica que não houve um esforço devido para dar um sólido ensino das Escrituras nas igrejas e nos lares cristãos. De acordo com a lei do carma, todas as nossas ações criam o nosso passado, presente e futuro, que é transferível às vidas subsequentes que uma alma tenha de passar nesse processo de purificação chamado "reencarnação". Trata-se de conceitos complicados que se baseiam no panteísmo, segundo o qual tudo é parte e emana de um único ser divino. Não é possível conciliar a ideia da reencarnação com os ensinamentos da Bíblia. Hebreus 9.27 diz com clareza: "Da mesma forma, como o homem está destinado a morrer uma só vez e depois disso enfrentar o juízo". Os mesmos que costumam acusar Deus de injusto não se dão conta da grande injustiça que haveria se uma pessoa fosse julgada pelos pecados cometidos em uma hipotética vida anterior e por outra pessoa distinta. O povo de Deus precisa conhecer melhor a verdade de Deus para que não seja enganado pelas falsificações deste mundo. Nem tudo que se fala sobre o mundo espiritual é bom e correto.

Textos bíblicos: 1Samuel 28; 2Reis 2.1-12; Salmos 90.9-12; Eclesiastes 3.17; 12.13,14; Mateus 17.10-13; 27.50-54; Lucas 1.17; 16.19-31; João 3.1-21; 9.1-3; 11.1-46; Atos 2.22-36; 1Coríntios 15.50-57; Hebreus 9.27; Apocalipse.

Influência de opiniões humanas que carecem de verdade e revelação

"Quem é Jesus Cristo? É Deus, profeta, mestre ou mago?"

Jesus continua causando as mesmas indagações de quando estava na terra (Mateus 10.34). Ao perguntar a seus discípulos quem as pessoas pensavam que ele era, ouviu respostas muito diferentes, todas honrosas, mas imprecisas. Por outro lado, quando perguntou aos próprios discípulos o que eles pensavam, um deles falou em nome de todos, por revelação do Pai: " 'Tu és o Cristo, o filho do Deus vivo' " (Mateus 16.16). Com a perspectiva humana e sob a influência de várias religiões, sobretudo de origem oriental, o ser humano é confrontado com a figura gigantesca do Homem cuja vinda dividiu a História em duas e sobre quem tem de dizer algo, uma vez que este mundo seria muito diferente e talvez já nem existisse se Jesus não tivesse nascido. Em sua incompetência, o homem continua dizendo que se trata de um mestre, um profeta, um mago, que certamente foi educado na Índia ou no Egito, e muitas outras coisas desde que foram escritos os chamados "Evangelhos gnósticos", que estão carregados de lendas e histórias completamente alheias à figura autêntica do Cristo de Deus. O Espírito é o quem nos revela quem Jesus é de verdade; e a resposta não é outra senão a que deu Pedro há milênios: " 'Tu és o Cristo, o filho do Deus vivo' ".

Textos bíblicos: Gênesis 3.15; 49.10; Deuteronômio 18.15; Isaías 6.1-10 (e João 12.37-41); 7.14; 9.6,7; 11.1-5; 42.1-9; 49.1; 53.1-12; Daniel 7.13,14; Miqueias 5.2; Zacarias 12.10; Mateus 1.18-24; 3.13-17; 4.1-11; 9.1-8; 10.34; 11.1-6; 16.16; 22.41-46; 27.32—28.20; Marcos 1.1; 15.37-39; Lucas 12.51; 24; João 1.1-14; 19.28—20.31; Atos 2.36; Filipenses 2.1-11; Colossenses 1.15-20; 2.9,10; 1Timóteo 2.5; 3.16; Tito 2.11-14; Hebreus; Apocalipse 19.11-16.

Influência das teorias impostas pela ciência como verdades irrefutáveis

"Não consigo aceitar os relatos dos primeiros capítulos de Gênesis."

A verdade é que nenhum ser humano presenciou a Criação. Nos primeiros capítulos de Gênesis o que encontramos é revelação pura por parte do Espírito de Deus, sem intervenção humana, com exceção da transmissão oral na época dos patriarcas, até que Moisés, homem educado na corte do faraó do Egito, resolveu registrá-las em forma escrita. As tradições orais dos povos antigos eram transmitidas de uma geração à seguinte com total fidelidade, de modo que esse não era o problema. O interessante é comparar o texto da Bíblia com textos semelhantes nos quais estão refletidas outras ideias impregnadas da fantasia humana e nos quais aparecem heróis que são seres humanos perfeitos, quase divinos, que realizam suas proezas em um mundo de deuses e monstros. Uma das grandes demonstrações de que a Bíblia é a única Palavra de Deus é o fato de que ela apresenta suas personagens exatamente como eram, sem idealizá-los. Os amigos de Deus cometiam erros, pecavam e se arrependiam. Eram seres humanos como nós, ainda que vivessem em uma realidade social e ambiental distinta da nossa. E isso podemos dizer de toda a Bíblia (Tiago 5.17-18).

Textos bíblicos: Gênesis 1—11; Mateus 23.29-36; 24.36-42; Marcos 10.6-9; Lucas 3.38; 11.50,51; 17.26,27; João 1.1; Romanos 1.18-20; 5.12-21; 8.19-22; 1Coríntios 15.22, 45-47; 2Coríntios 4.6; 1Timóteo 2.13,14; Hebreus 11.1-7; 12.22-24; 1Pedro 3.18-22; 2Pedro 2.4,5; 3.3-7; 1João 3.12; Judas 11,14.

Medo do que os outros vão pensar

"Que dirão os meus amigos e familiares?"

Eles podem dizer o que quiserem, mas, em última análise, se veem sua vida transformada para o bem e encontram em você uma paz e um amor que antes não existiam, depois de observarem se não se trata apenas de uma moda passageira, vão acabar se rendendo às evidências. É até possível que comecem a buscar o que você tem e eles não. Continue firme em Cristo e não ceda a nada nem a ninguém. Talvez o fato de ter aceitado Cristo na sua vida custe a você algumas amizades, que agora o Espírito Santo diz que não são o que você precisa. Ore por esses amigos e pelos parentes que não o compreendem e avance na sua nova vida. No final das contas, o que vai cuidar de você nesta vida e que o irá levar para casa na outra vida é o que você carrega dentro. Nenhum deles pode dar a você nada parecido ao que Cristo já deu a você.

Textos bíblicos: Gênesis 7.1,2; 8.18; 19.1-22; 50.15-21; Josué 6.17,22-25; Mateus 10.34-39; 13.55-58; 19.27-30; 23.8,9; Marcos 6.1-4; 10.28-31; Lucas 14.25-33; João 1.35-51; Atos 1.14; 10.2; 11.14; 16.15, 31-34; 18.8; Romanos 16; Colossenses 4.7-15; 2Timóteo 1.3-7; 4.9-18.

Rejeição a tudo o que é sobrenatural

"Os milagres não passam de fábulas."

Na própria natureza do ser humano está a abertura para o sobrenatural como algo lógico, não irracional nem produto de contos e fábulas. A cultura ocidental, em seu desejo pelo progresso material e científico, tentou jogar fora tudo o que não é suscetível à observação, análise, medição, prova ou teste. A ciência que, na verdade, nasceu no meio da teologia, elevou o "método científico" ao *status* de verdade suprema e irrefutável. Hoje, o ser humano, que se vê dominado por uma ciência que na maior parte apenas o ensinou a matar com mais eficácia e a corromper com mais "perfeição", sente que algo está faltando e já se cansou de palavras vazias. Quer fatos. Quer ver e conhecer o poder de Deus; vê-lo manifesto em quem se autodesigna seus filhos. Os milagres, que são intervenções de Deus nas leis que ele mesmo estabeleceu na natureza, existem para que, se a nossa mente não estiver tão fixa nas coisas materiais, possamos vê-los e discerni-los com frequência.

Textos bíblicos: Gênesis 1.1,2; Êxodo 7—11; 14.1-31; Josué 3—4; 1Reis 17—18; 2Reis 2.1-25; 4.1—6.23; Mateus 1.18-21; 9.1-8,18-38; 14.22-33; Marcos 1.29—2.12; Lucas 4.38,39; 5.12-26; 8.22-56; 9.37-42; 13.10-17; 14.1-6; João 2.1-11; 6.1-21; 9.1-34; 20; Atos 3.1-10; 5.12-16; 14.8-10; 19.11,12; Hebreus 2.1-4.

Redução da Bíblia ao nível de qualquer outro livro

"Como é possível que alguns simples homens, imperfeitos como todos os seres humanos, pudessem escrever sem cometer nenhum erro?"

Temos de começar por proclamar com fé que a Bíblia ocupa um lugar único e exclusivo neste mundo. É o único livro inspirado por Deus (2Timóteo 3.14-17). Ele inspirou quase quarenta autores que nos deram os livros que a compõem. A Bíblia não "contém" a palavra inspirada de Deus. A Bíblia é a Palavra inspirada de Deus. Há uma diferença. Não podemos ler a Bíblia com uma tesoura ou um marcador na mão para ir removendo o que não nos agrada ou riscando o que não nos pareça inspirado, muitas vezes porque seria conveniente para nós ou porque decidimos seguir alguém "ungido" que cruzou a linha do temor a Deus para passar para o reino do orgulho humano. Partindo de uma humilde posição, a criação de Deus que tem a Palavra do Criador, pode examinar, analisar, esclarecer o texto e tentar encontrar o sentido que teve seus primeiros destinatários, que se considera o sentido original na mente divina. Deus respeita a liberdade de autores inspirados de uma maneira ímpar, como somente ele, o Criador da nossa liberdade, poderia fazer. No texto original não há uma única letra a mais ou a menos; o bom número das traduções que temos hoje são produtos de um amplo estudo dos manuscritos mais antigos que se dispõe. Podemos ler a Bíblia com a tranquilidade de saber que reflete com fidelidade o texto original, graças aos recursos cada vez mais diversificados que a investigação, a arqueologia e a História têm posto à disposição, sem medo nenhum de que se trate de um pretenso texto inventado por homens.

Textos bíblicos: Josué 1.8,9; Salmos 119; Jeremias 32.27; Mateus 4.1-11; 5.17-21; 7.24-27; 12.1-21; 15.1-9; 19.3-6; 21.42-46; 22.23-46; Marcos 7.6-13; João 10.22-42; Atos 2.14-36; Romanos 11.25-27; Gálatas 3.15-18; 2Timóteo 3.14-17; Tito 1.1,2; Hebreus 4.12; 6.18; 2Pedro 1.16-21; Apocalipse 22.18.

Salvação pelas obras

"Eu sou um bom esposo, bom pai e cidadão impecável. Quando morrer, vou diretamente para o céu."

Ninguém chega a uma casa de outra pessoa, faz que lhe abram a porta e entra dizendo que decidiu tornar-se membro da família, começando a viver aí. Seria uma situação absurda e inaceitável. Fora de casa, não são os estranhos que põem condições, mas o proprietário. O céu é a habitação de Deus, e lá entram aqueles que ele quiser. Deus é quem estabelece as condições, não nós. As obras não salvam ninguém. Deus não precisa das obras de ninguém, mas da fé e da obediência (1Samuel 15.22). Deseja de nós uma fé que aceita de forma intelectual e converta em estilo de vida o fato de que temos um Redentor, seu único Filho, que morreu e ressuscitou por nós. Se nossas obras fossem suficientes para nos dar a vida eterna, Cristo não teria vindo a este mundo para morrer em nosso lugar e satisfazer a justiça divina. Não se engane com as superficialidades que dizem por aí sobre o céu, fruto de uma cultura popular que na realidade não crê nele. O que as Escrituras dizem é algo muito diferente e mais glorioso. Não se trata de morrer e ir para o céu. Trata-se, sim, de aceitar Cristo como centro da nossa vida e começar a viver a partir de hoje a vida do Eterno; trata-se de passar para uma dimensão espiritual superior reservada para a nova humanidade, cujo cabeça é "o último Adão", Jesus (1Coríntios 15.45).

Textos bíblicos: Gênesis 15.6; 1Samuel 15.22; Habacuque 2.4; João 3.3-5,14-19; Atos 2.38,39; Romanos 1.17; 1Coríntios 15.45; Gálatas 3.11; Efésios 2.8,9; Hebreus 10.38; Tiago 2.23.

Sofrimento do ser humano

"Se Deus existe como vocês afirmam, não entendo como pode existir tanto sofrimento no mundo."

Deus não é o causador do nosso sofrimento. É ele que nos ajuda quando temos problemas e nos dá a vitória. O sofrimento entrou no mundo através do pecado do homem. Era um risco necessário que o homem tinha de correr, a fim de poder ser livre realmente. Ninguém é livre para fazer o bem se não tem a possibilidade de fazer o mal. Muitas das coisas horríveis que vemos hoje são consequência direta ou indireta da rebeldia do ser humano, instigado por Satanás e seu reino das trevas — o mundo. Na nossa natureza caída levamos a semente da corrupção e da morte, além do fato de que fazemos mal a nós mesmos, aos outros e ao restante da criação: "Sabemos que toda a natureza criada geme até agora, como em dores de parto. E não só isso, mas nós mesmos, que temos os primeiros frutos do Espírito, gememos interiormente, esperando ansiosamente nossa adoção como filhos, a redenção do nosso corpo" (Romanos 8.22,23). A resposta encontra-se na adoção e na redenção do nosso corpo por parte de Deus. Por isso, é tão importante que levemos a sério a Grande Comissão que Jesus Cristo nos entregou pessoalmente.

Textos bíblicos: Gênesis 3.1-24; 6.1-8; 9.1-6; 18.25; 50.19-21; Deuteronômio 19.5; 28—30; 2Samuel 11—18; Jó 1—42; Eclesiastes 3.17; 7.29; 12.13,14; Isaías 11.1-16; 53; Jeremias 31.31-40; Ezequiel 18.4; Atos 14.22; João 19.16-30; Romanos 8.12-19; 2Coríntios 4.1-18; 2Tessalonicenses 1.3-10; 1Pedro 5.6-11; Apocalipse.

Superficialidade na análise das doutrinas religiosas

"Todas as religiões levam ao mesmo Deus."

Sim, todas as religiões levam ao mesmo *deus*, com minúscula. O problema é que o cristianismo não é uma religião, algo que o ser humano inventa com teologia, moral e culto para agradar a uma divindade distante e volúvel. O cristianismo é uma relação com um Deus que se revela a nós do alto céu e que, em seu amor e onipotência, é o único com direito de impor suas condições. Não nos enganemos. As coisas não podem ser brancas e negras ao mesmo tempo. A verdade de Deus não é subjetiva nem está sujeita aos caprichos de sua criação. Antes, é objetiva e imutável; e o cristianismo, que recebeu a revelação divina pelas Escrituras, é o único que conhece o caminho para o Pai. Esse caminho se chama Jesus (veja João 14.6).

Textos bíblicos: Êxodo 8.16-19; 20.1-6; Levítico 26.1; Deuteronômio 6.4; 13.1-18; 18.9-22; 1Reis 18.20-40; 2Reis 21.1-9; Salmos 106.34-43; 135.15-18; Provérbios 16.25; Isaías 46.1-13; Ezequiel 14.1-11; Mateus 7.15-23; João 14.6; Atos 4.12; 14.8-21; 19.1-41; Romanos 3.4; 1Coríntios 8.1-13; 10.1-22; 1João 5.21.

Supervalorização da mente humana como padrão para todas as coisas

"Tudo o que não está em conformidade com a razão é irracional."

Desde os dias em que surgiu a filosofia ocidental, os seres humanos gostam de usar a razão como valor de grandeza e distinguir somente entre o racional ou aceitável para a razão e o irracional ou desprovido de significado para ela. Por muito que a filosofia escolástica medieval proclamasse que "a filosofia é serva da teologia", a verdade é que a deusa Razão acabou sendo imposta à fé bíblica. No entanto, neste momento, a humanidade não é guiada por princípios bíblicos e sente-se decepcionada com a filosofia. É necessário que o ser humano volte a entender que há realidades que vão muito além da razão, e é esse o motivo pelo qual não podemos entendê-las. Não que sejam irracionais, mas "suprarracionais".

Texto bíblico: Isaías 55.8,9.

CEM PROBLEMAS E TREZENTAS RESPOSTAS BÍBLICAS

Neste artigo, você encontrará situações muito concretas e variadas com três respostas bíblicas cada.

Depois destas 100 sugestões, você encontrará algumas sugestões sobre o que fazer quando alguém se aproxima para pedir um conselho. Tais sugestões são muito úteis para quando o discípulo começa a discipular alguém.

1. *Como posso controlar a minha ira?*
   Provérbios 22.24,25; Efésios 4.26-32; Tiago 1.19,20.
2. *Preciso de ajuda para ser obediente.*
   Atos 5.27-29; Romanos 6.1-14; Efésios 6.1-9.
3. *Como posso vencer o egoísmo e a falta de generosidade?*
   Provérbios 22.9; Filipenses 2.3-8; Hebreus 13.1-6.
4. *Sou muito impaciente. O que posso fazer?*
   Salmos 27.14; Gálatas 6.9; Tiago 5.7-11.
5. *Como posso evitar o favoritismo?*
   Deuteronômio 16.19; Tito 3.2-7; Tiago 2.1-13.
6. *Sinto-me angustiado. O que posso fazer?*
   Salmos 46; Salmos 55.22; Salmos 138.7-8.
7. *Sinto-me insatisfeito. O que a Bíblia diz?*
   Filipenses 4.10-20; 1Timóteo 6.6-10; Hebreus 13.5,6.
8. *Necessito de ajuda na minha vida de oração.*
   Efésios 6.18; 1Timóteo 2.1-8; 1João 3.21-24.
9. *Como posso vencer a tendência a murmurar do meu próximo?*
   Provérbios 11.13; Provérbios 20.19; Tiago 3.1-12.
10. *Sinto que Deus está me disciplinando.*
    Provérbios 3.11,12; 1Coríntios 11.30-32; Hebreus 12.3-11.
11. *Tenho medo de coisas sem fundamento.*
    Salmos 34; 91; 1João 4.17-19.
12. *Como posso enfrentar a morte?*
    João 5.24; Romanos 8.31-39; Filipenses 1.19-26.
13. *Como devo me relacionar com alguém que se considera meu inimigo?*
    Salmos 60.12; Provérbios 25.21,22; Mateus 5.43-48.
14. *Sou viúvo e preciso da ajuda de Deus.*
    Salmos 68.5,6; 1Coríntios 7.39,40; 1Timóteo 5.3-16.
15. *Tenho dificuldade em perdoar os que me ferem.*
    Mateus 18.21-35; Marcos 11.25-26; Efésios 4.32.

16. *Tenho medo de ir para o inferno.*
    João 3.16,17; 5.24; Romanos 8.31-39.

17. *Observo que não estou crescendo na vida cristã.*
    Filipenses 3.7-16; Hebreus 5.12—6.12; 2Pedro 1.5-11.

18. *Não sei o que fazer. Preciso de orientação.*
    Salmos 48.14; 119.24; Tiago 1.2-8.

19. *Sinto-me culpado. Que posso fazer?*
    Salmos 32.1-7; 51; 1João 1.5—2.2.

20. *Não consigo sentir paz. O que a Bíblia diz sobre isso?*
    João 14.27; Filipenses 4.4-9; 1Pedro 5.7.

21. *Minto com facilidade.*
    Levítico 19.11,12; João 8.44; Efésios 4.25.

22. *Como posso vencer o orgulho?*
    Provérbios 16.18,19; Mateus 23.11,12; Tiago 4.6-10.

23. *Sou muito invejoso.*
    Deuteronômio 5.21; Salmos 73; Tiago 4.1-10.

24. *Sinto-me deprimido.*
    Salmos 42.5-11; Salmos 107; 2Coríntios 1.3-11.

25. *Sou preguiçoso e não quero fazer nada.*
    Provérbios 6.6-11; 24.30-34; 2Tessalonicenses 3.6-15.

26. *Sinto-me só. Em que a Bíblia pode me ajudar?*
    1Coríntios 12; 2Coríntios 7.5-7; 2Timóteo 4.16-18.

27. *Sou indiferente com as outras pessoas.*
    Mateus 5.43-48; João 13.34,35; 1João 4.7-21.

28. *Não tenho certeza de que Deus me ama.*
    João 3.16,17; Romanos 5.6-11; 1João 4.19.

29. *É difícil controlar o meu desejo carnal.*
    Mateus 5.27-30; 1Coríntios 7.1-9; Gálatas 5.16-26.

30. *Sou duro com as pessoas.*
    Mateus 5.7; Lucas 6.27-36; Tiago 2.12,13.

31. *Sempre me meto em conflitos com outras pessoas.*
    Mateus 5.9; Mateus 5.21-26; Colossenses 3.12-17.

32. *Estou com sérias dificuldades financeiras e não vejo uma saída.*
    Salmos 72.12,13; 2Tessalonicenses 3.6-12; Tiago 2.5.

33. *Sou chamado de bobo porque ainda sou virgem e tenho vontade de deixar de ser.*
    Cântico dos Cânticos 4.12; 1Coríntios 6.18-20; 1Coríntios 10.12,13.

34. *Deus parece estar muito longe de mim.*
    Jeremias 29.12,13; Hebreus 11.6; 1João 1.5-10.

35. *Vivo na imoralidade.*
    1Coríntios 6.18-20; 7.8,9; 1Tessalonicenses 4.3.

36. *Preciso de ajuda para vencer as tentações.*
    1Coríntios 10.13; Hebreus 2.17,18; Hebreus 4.14-16.

37. *Tenho uma enfermidade.*
    Salmos 103; Filipenses 2.25-30; Tiago 5.13-16.
38. *Preciso vencer o pecado.*
    Romanos 6—8; Gálatas 5.16-26; Hebreus 4.14-16.
39. *Tenho medo de Deus.*
    Mateus 14.22-33; João 5.24; 1João 4.7-21.
40. *Sou perseguido e ridicularizado por causa da minha fé.*
    Mateus 5.10-12; Hebreus 10.32-39; 1Pedro 4.12-19.
41. *Não tenho certeza da existência de Deus.*
    Salmos 19.1-6; Atos 17.22-34; Romanos 1.18-23.
42. *Tenho dúvidas sobre a veracidade da Bíblia.*
    Salmos 119.9-24; Mateus 5.17,18; 2Pedro 1.16-21.
43. *Não tenho certeza de que Deus seja justo.*
    Romanos 3.21-26; Hebreus 6.10; Apocalipse 20.11-15.
44. *Tenho desejo de vingança.*
    Romanos 12.17-21; 2Tessalonicenses 1.5-12; 1Pedro 2.21-23.
45. *Sinto-me mal por ser solteiro.*
    Provérbios 18.22; 1Coríntios 7; Tiago 1.16-17.
46. *Meu chefe quer que eu minta.*
    Atos 5.29; Efésios 4.25—5.14; Colossenses 4.5,6.
47. *Tenho problemas no trabalho.*
    Gênesis 3.17-19; Eclesiastes 5.18-20; Efésios 6.5-9.
48. *Não consigo deixar de criticar o meu marido.*
    Provérbios 14.1; Provérbios 19.13; Provérbios 21.19.
49. *Tenho problemas com meus sogros.*
    Gênesis 2.23-25; Êxodo 18; 1Timóteo 5.1,2.
50. *Tenho problemas com meu pastor.*
    1Timóteo 5.1; 1Timóteo 5.19,20; 3João 9-11.
51. *Tenho dúvidas da minha salvação.*
    João 5.24; Romanos 8.31-39; 1João 5.13.
52. *Luto contra a homossexualidade.*
    João 3.16-18; 1Coríntios 6.9-11; 1Coríntios 10.13.
53. *Estou pensando em me divorciar.*
    Malaquias 2.13-16; Mateus 19.1-12; 1Coríntios 7.10,11.
54. *Meus filhos estão muito rebeldes.*
    Provérbios 22.15; Efésios 6.1-4; Colossenses 3.18-21.
55. *O que Deus quer de mim agora que sou jovem?*
    Provérbios 23.22; Eclesiastes 11.9—12.1; 1Timóteo 4.12.
56. *Parece que Deus não responde às minhas orações.*
    Salmos 66.18-20; Tiago 4.1-10; 1João 3.16-23.
57. *Como posso cuidar dos meus pais anciãos?*
    Mateus 15.1-9; João 19.25-27; 1Timóteo 5.8.

58. *Estou envolvido com práticas do ocultismo.*
    Deuteronômio 18.9-14; Atos 19.11-20; Efésios 6.10-18.
59. *Vivo com alguém com quem não estou casado.*
    Gênesis 2.18-25; 1Coríntios 6.18-20; Hebreus 13.4.
60. *Não consigo controlar o meu peso.*
    1Coríntios 6.19-20; 1Coríntios 10.13; Filipenses 4.4-7.
61. *Tenho dificuldades em ser grato.*
    Salmos 95; 1Tessalonicenses 5.18; Hebreus 13.15,16.
62. *Estou envelhecendo, e isso me deprime.*
    Provérbios 20.29; Romanos 8.31-39; 2Timóteo 4.6-8.
63. *Estou preocupado com o governo do meu país.*
    Daniel 4.17; Romanos 13.1-7; 1Timóteo 2.1-7.
64. *Penso em fazer um aborto.*
    Salmos 127.3-5; 139.13-18; Provérbios 24.11,12.
65. *O que a Bíblia diz sobre a recompensa eterna?*
    1Coríntios 3.10-15; 2Coríntios 5.1-11; Lucas 19.11-27.
66. *Luto contra as ideias de homofobia que leio ou escuto a respeito.*
    Gênesis 12.1-3; Ester; Romanos 9-11.
67. *Tenho uma doença incurável.*
    João 5.24; 2Coríntios 12.7-10; Tiago 5.13-20.
68. *Não posso ter filhos. O que preciso saber?*
    Gênesis 18.9-15; 1Samuel 1; Jó 1.21.
69. *Perdi meu bebê.*
    Romanos 8.28; 2Coríntios 1.3-4; Filipenses 4.6-9.
70. *Sou alcoólatra. Que posso fazer?*
    Provérbios 23.20,21; 23.29-35; 1Coríntios 10.13.
71. *Estou pensando em cometer adultério.*
    Êxodo 20.14; Provérbios 5; Hebreus 13.4.
72. *Quero casar com uma pessoa que não é cristã.*
    Gênesis 24; 1Coríntios 7.39; 2Coríntios 6.14-18.
73. *Não creio que Deus possa perdoar todos os pecados que já cometi.*
    2Crônicas 33.1-13; 1Timóteo 1.12-17; 1João 1.8-10.
74. *Tenho insônia e não durmo bem.*
    Salmos 4.8; 3.5; Filipenses 4.6-9.
75. *Não sei administrar meu tempo.*
    Salmos 90.10-12; Eclesiastes 3.1-8; Efésios 5.15,16.
76. *Tenho dúvidas de que Deus seja bom.*
    Salmos 34.8; 107; 145.8,9.
77. *Estou diante de alguns perigos.*
    Salmos 91; Daniel 3; 2Coríntios 1.8-11.
78. *Preciso de ajuda durante esta fase de transição.*
    Salmos 46.1-3; Malaquias 3.6; Hebreus 13.8.
79. *Não consigo obedecer aos meus pais.*
    Provérbios 20.20; 23.22-25; Efésios 6.1-4.

80. *Preciso de sabedoria para criar os meus filhos.*
    Provérbios 22.6; 23.13,14; Efésios 6.4.
81. *Não consigo controlar minha língua.*
    Provérbios 15.1; 17.27,28; 18.20,21.
82. *Estou preocupado com a minha economia pessoal.*
    Mateus 6.24-34; 2Coríntios 9.6-11; Filipenses 4.10-20.
83. *Tenho receio do tipo de vida que pode existir após a morte.*
    João 5.24; 2Coríntios 5.1-11; Filipenses 1.19-26.
84. *Quero ser discípulo de Cristo e segui-lo.*
    Mateus 28.18-20; Lucas 14.25-33; João 15.1-21.
85. *Necessito saber o que é o batismo em água.*
    Mateus 28.18-20; Atos 2.40-47; Romanos 6.1-14.
86. *Quero dedicar-me ao ministério em tempo integral.*
    1Coríntios 12; Efésios 4.7-16; 1Timóteo 3.1-16.
87. *Os falsos mestres me preocupam.*
    Mateus 7.15-20; 2Coríntios 11.13,14; 2Pedro 2.
88. *O que devo fazer quando tenho dificuldades na vida cristã.*
    Romanos 8.16-27; Filipenses 1.27-30; 2Timóteo 3.10-17.
89. *Procuro evitar que alguns elementos de divisão causem dano na minha igreja.*
    Efésios 4; Filipenses 2; Tito 3.9-11.
90. *Estou diante da morte de uma pessoa querida.*
    Salmos 146.9; 2Coríntios 1.3-5; João 11.1-45.
91. *Creio que sou uma pessoa muito materialista.*
    Lucas 12.13-34; 1Timóteo 6.6-19; Hebreus 13.5,6.
92. *Quero superar o racismo.*
    João 3.16; 4.1-42; Romanos 3,4.
93. *Tenho vontade de me suicidar.*
    João 5.24; Atos 16.25-34; Romanos 8.26-39.
94. *Preciso manifestar mais amor pelas pessoas.*
    Mateus 22.34-40; Lucas 7.36-50; 1Coríntios 13.
95. *Meu trabalho me faz sentir angustiado.*
    Êxodo 18; 20.8-11; Marcos 6.30-32.
96. *Preciso de paz.*
    Números 6.24-26; João 14; Filipenses 4.4-9.
97. *Quero saber como funciona a disciplina na igreja.*
    Mateus 18.15-20; 1Coríntios 5; Gálatas 6.1.
98. *Luto contra um vício.*
    Romanos 6—8; Romanos 12.1,2; 1Coríntios 10.13.
99. *Sinto a tentação de voltar para o mundo.*
    Tito 2.11-15; Tiago 4.1-10; 1João 2.15-17.
100. *Algumas pessoas pecaram contra mim. O que faço?*
    Provérbios 19.11; 20.22; Colossenses 3.12-17.

80. Preciso de sabedoria para criar os meus filhos.
    Provérbios 22.6; 23.13,14; Efésios 6.4.

81. Vou começar a controlar a minha língua.
    Provérbios 15.1; 17.27; 29.11,18, 20, 21.

82. Estou preocupado com o futuro econômico pessoal.
    Mateus 6.24-34; 2Coríntios 9.6-11; Filipenses 4.10-20.

83. Tenho receio do que de vir que pode existir após a morte.
    João 5.24; 2Coríntios 5.1-11; Filipenses 1.19-26.

84. Quero ser discípulo de Cristo e seguí-lo.
    Mateus 28.18-20; Lucas 14.25-33; João 15.1-27.

85. Necessito de força, pois o botismo em água.
    Mateus 28.18-20; Atos 2.40-42; Romanos 6.1-14.

86. Quero testificar-me do ministério em tempo integral.
    1Coríntios 12; Efésios 4; 1Pedro 4; 7.18; 1Timóteo 3.1-16.

87. Os líderes cristãos me preocupam.
    Mateus 7.15-20; 2Coríntios 11.13,14; 2Pedro 2.

88. O que devo fazer quando tenho dificuldades na vida cristã.
    Romanos 8.10-27; Filipenses 1.27-30; 2Timóteo 3.10-17.

89. Procuro saber que outros elementos de oração consagração no mínimo grato.
    Efésios 4; Filipenses 2; Tito 2.9-11.

90. Estou aflita do nome de uma pessoa querida.
    Salmos 116.9; 2Coríntios 1.3-5; José 11.1-45.

91. Creio que sou para pessoa muito importante.
    Lucas 12.13-21; 1Timóteo 6.3-10; Hebreus 13.5,6.

92. Quer superar a minha.
    João 3.16; 5.1-42; Romanos 3.4.

93. Tenho vontade de me suicidar.
    João 3.14; Atos 16.25-34; Romanos 8.26-39.

94. Preciso amplificar meu amor pelos pessoas.
    Mateus 22.34-40; Lucas 4.25-60; 1Coríntios 13.

95. Meu trabalho me faz sentir indisposto.
    Êxodo 18.13-27; 5:11; Marcos 6.30-32.

96. Preciso de paz.
    Números 6.24-26; João 14; Filipenses 4.1-9.

97. Quero saber como ensinar e discipular no dia a dia.
    Mateus 15.15-20; 1Coríntios 5; Gálatas 5.1.

98. Lido como um vício.
    Salmos 51; 103; Romanos 5.12; 1Coríntios 10.13.

99. Sinto o temor de ir a outro povo e mundos.
    Tito 2.11-15; 1Tiago 1.4,10; 1João 2.15-17.

100. Algumas pessoas procuram esmoriar com Deus e me irrita.
     Provérbios 15.1; 2Cíntios 2.2; Colossenses 3.12-21.

PROMESSAS DE PODER PARA RESOLVER OS SEUS PROBLEMAS

I. O QUE VOCÊ DEVE FAZER QUANDO SE SENTE...

TENTADO
A Bíblia tem a resposta...
- Salmos 119.11
- Provérbios 28.13
- Romanos 6.14
- 1Coríntios 10.12,13
- Efésios 6.10,11,16
- Hebreus 2.18
- Hebreus 4.14-16
- Tiago 1.2,3,12-14
- Tiago 4.7
- 1Pedro 1.6,7
- 1Pedro 5.8,9
- 2Pedro 2.9
- 1João 1.9
- 1João 4.4

CONFUSO
A Bíblia tem a resposta...
- Salmos 32.8
- Salmos 55.22
- Salmos 119.165
- Provérbios 3.5,6
- Isaías 30.21
- Isaías 40.29
- Isaías 43.2
- Isaías 50.7
- 1Coríntios 14.33
- Filipenses 4.6,7
- 2Timóteo 1.7
- Tiago 1.5
- Tiago 3.16-18
- 1Pedro 4.12,13

PREOCUPADO
A Bíblia tem a resposta...
- Salmos 4.8
- Salmos 91.1,2
- Salmos 119.165
- Provérbios 3.24
- Isaías 26.3
- Mateus 6.25-34
- João 14.1
- João 14.27
- Romanos 8.6
- Filipenses 4.6,7
- Filipenses 4.19
- Colossenses 3.15
- Hebreus 4.3-9
- 1Pedro 5.7

DESCONTENTE
A Bíblia tem a resposta...
- Salmos 34.10
- Salmos 37.3
- Salmos 63.1-5
- Salmos 103.1-5
- Salmos 107.9
- Provérbios 12.14
- Isaías 12.2,3
- Isaías 44.3
- Isaías 55.1
- Jeremias 31.14
- Joel 2.26
- Mateus 5.6
- 2Coríntios 9.8
- Filipenses 4.12,13

IRRITADO
A Bíblia tem a resposta...
- Salmos 37.8
- Provérbios 14.16,17
- Provérbios 14.29
- Provérbios 15.1
- Provérbios 16.32
- Provérbios 25.21,22
- Eclesiastes 7.9
- Mateus 5.22-24
- Mateus 6.14
- Romanos 12.19-24
- Efésios 4.26
- Efésios 4.31,32
- Colossenses 3.8
- Hebreus 10.30
- Tiago 1.19,20

DEPRIMIDO
A Bíblia tem a resposta...
- Neemias 8.10
- Salmos 30.5
- Salmos 34.17
- Salmos 147.3
- Isaías 40.31
- Isaías 41.10
- Isaías 43.2
- Isaías 51.11
- Isaías 61.3
- Lucas 18.1
- Romanos 8.38,39
- 2Coríntios 1.3,4
- Filipenses 4.8
- 1Pedro 4.12,13
- 1Pedro 5.6,7

CONDENADO
A Bíblia tem a resposta...
- 2Crônicas 30.9
- Salmos 32.1
- Salmos 32.5
- Salmos 103.10,12
- Isaías 43.25
- Isaías 55.7
- Jeremias 31.34
- João 3.17,18
- João 8.10,11
- Romanos 8.1
- 2Coríntios 5.17
- Hebreus 8.12
- Hebreus 10.22
- 1João 1.9
- Apocalipse 12.10,11

SOZINHO
A Bíblia tem a resposta...
- Deuteronômio 4.31
- Deuteronômio 31.6
- 1Samuel 12.22
- Salmos 27.10
- Salmos 46.1
- Salmos 147.3
- Isaías 41.10
- Isaías 54.10
- Mateus 28.20
- João 14.1,18
- Romanos 8.35-39
- Hebreus 13.5
- 1Pedro 5.7

DESANIMADO
A Bíblia tem a resposta...
- Salmos 27.1-14
- Salmos 31.24
- Salmos 138.7
- Isaías 51.11
- João 14.1
- João 14.27

- 2Coríntios 4.8,9
- Gálatas 6.9
- Filipenses 1.6
- Filipenses 4.6-8

REBELDE
A Bíblia tem a resposta...
- 1Samuel 15.22,23
- Provérbios 12.21
- Provérbios 14.16,17
- Romanos 6.12,13
- Efésios 4.17,18
- Filipenses 2.5-8

- Hebreus 5.8
- Hebreus 13.17
- 1Pedro 1.13,14
- 1Pedro 5.5,6
- Tiago 4.7

II. O QUE FAZER QUANDO...

TEM DÚVIDAS SOBRE DEUS
A Bíblia tem a resposta...
- Salmos 18.30
- Isaías 46.10,11
- Isaías 55.10,11
- Isaías 59.1
- Marcos 11.22-24
- Lucas 12.29-31
- Romanos 4.20,21
- Romanos 10.17
- 1Tessalonicenses 5.24
- 1Pedro 4.12,13
- 2Pedro 3.9

ESTÁ CHEIO DE MEDO
A Bíblia tem a resposta...
- 2Timóteo 1.7
- Salmos 23.4,5
- Salmos 31.24
- Salmos 56.11
- Salmos 91.1,4-7,10,11
- Provérbios 3.25,26
- Isaías 54.14
- João 14.27
- Romanos 8.15,29,31
- Hebreus 13.6

PRECISA DE PAZ
A Bíblia tem a resposta...
- Salmos 37.11,37
- Salmos 119.165
- Isaías 26.3,12
- Isaías 55.12
- Isaías 57.2
- João 14.27
- Romanos 8.6
- Romanos 14.17-19
- Romanos 15.13
- 2Coríntios 13.11
- Filipenses 4.6,7

PRECISA DE CORAGEM
A Bíblia tem a resposta...
- Deuteronômio 33.27
- Salmos 27.14
- Salmos 30.5
- Salmos 31.24
- Salmos 118.17
- Isaías 41.10
- Isaías 43.2
- Isaías 51.11
- Romanos 8.38,39
- Filipenses 4.6,8,13
- 1Pedro 4.12,13

ESTÁ MENTALMENTE ANGUSTIADO
A Bíblia tem a resposta...
- Salmos 30.5
- Salmos 55.22
- Salmos 119.165
- Salmos 147.3
- Isaías 41.10
- Isaías 43.2
- Isaías 50.7
- Romanos 8.38,39
- 2Coríntios 1.3,4
- Filipenses 4.6-8
- 2Timóteo 1.7
- Tiago 3.16-18
- 1Pedro 2.6

EXPERIMENTA FRAQUEZA ESPIRITUAL
A Bíblia tem a resposta...
- Deuteronômio 4.9
- Deuteronômio 8.11-14
- Salmos 44.20,21
- Jeremias 6.16
- Oseias 6.4
- Malaquias 3.7
- Hebreus 3.12,13
- Hebreus 5.11,12
- Hebreus 12.15
- 2Pedro 2.20,21
- 1João 1.9
- Apocalipse 2.4
- Apocalipse 3.2,15,16

PRECISA DE PACIÊNCIA
A Bíblia tem a resposta...
- Salmos 27.14
- Salmos 37.7-9
- Salmos 40.1
- Eclesiastes 7.8,9
- Isaías 40.31
- Lamentações 3.26
- Gálatas 5.22
- Romanos 8.25
- Romanos 15.4,5
- Hebreus 6.12
- Hebreus 10.35-37
- Hebreus 12.1
- Tiago 1.3,4
- Tiago 5.7,8

SOFRE PELA PERDA DE UMA PESSOA QUERIDA
A Bíblia tem a resposta...
- Salmos 23.4
- Salmos 119.50
- Isaías 41.10
- Isaías 43.2
- Isaías 49.13
- Isaías 51.11
- Isaías 61.1-3
- Mateus 5.4
- 2Coríntios 5.8
- Hebreus 4.15,16
- 1Pedro 5.7
- Apocalipse 21.4

III. O QUE FAZER QUANDO...

NÃO COMPREENDE OS CAMINHOS DE DEUS
A Bíblia tem a resposta...
- Salmos 18.30
- Salmos 34.19
- Salmos 55.22
- Salmos 138.8
- Isaías 41.10
- Isaías 55.8,9
- Jeremias 32.40
- Jeremias 33.3
- Oseias 6.3
- *Romanos 8.28,35-37*
- 1Coríntios 10.13
- Hebreus 10.23
- 1Pedro 4.12,13

ESPERA NO SENHOR
A Bíblia tem a resposta...
- Salmos 27.14
- Salmos 33.20
- Salmos 62.5
- Salmos 130.5
- Salmos 145.15,16
- Isaías 25.9
- Isaías 40.31
- Habacuque 2.3
- Hebreus 3.14
- Hebreus 10.23

TEM PROBLEMAS NO CASAMENTO
A Bíblia tem a resposta...
- Gênesis 2.18,24
- Josué 24.15
- Salmos 101.2
- Provérbios 3.5,6
- Provérbios 10.12
- Romanos 13.10
- Efésios 4.31,32
- Efésios 5.21-33
- 1Pedro 1.22
- 1Pedro 3.1-7,8-11

É ABANDONADO POR ALGUÉM QUE AMA
A Bíblia tem a resposta...
- Deuteronômio 4.31
- Deuteronômio 31.6
- 1Samuel 12.22
- Salmos 9.10
- Salmos 37.25
- Salmos 43.5
- Salmos 91.14,15
- Salmos 94.14
- Isaías 41.17
- Isaías 49.15,16
- Isaías 62.4
- 2Coríntios 4.9
- 1Pedro 5.7

SOFRE TRIBULAÇÕES
A Bíblia tem a resposta...
- Salmos 31.7
- Salmos 121.1,2
- Salmos 138.7
- Isaías 43.2
- Isaías 51.11
- Naum 1.7
- Mateus 6.34
- João 14.1
- Romanos 8.28
- 2Coríntios 1.3,4
- 2Coríntios 4.8,9
- Filipenses 4.6,7
- Hebreus 4.15,16
- 1Pedro 5.7

SE SENTE FISICAMENTE ENFERMO
A Bíblia tem a resposta...
- Êxodo 15.26
- Salmos 103.3
- Salmos 107.20
- Provérbios 4.20-22
- Isaías 53.5
- Jeremias 17.14
- Jeremias 30.17
- Mateus 8.8
- Mateus 9.35
- Marcos 16.17,18
- Lucas 6.19
- Hebreus 13.8
- Tiago 5.14,15
- 1Pedro 2.24
- 3João 2

PRECISA SENTIR SEGURANÇA
A Bíblia tem a resposta...
- Provérbios 3.26
- Isaías 40.31
- Isaías 43.2
- Habacuque 3.19
- Zacarias 4.6
- João 14.12
- Romanos 8.37
- 2Coríntios 7.16
- Efésios 3.12
- Filipenses 1.6
- Filipenses 4.13
- Hebreus 10.35,36
- Hebreus 13.6
- 1João 3.21
- 1João 5.14,15

TEM PROBLEMAS FINANCEIROS
A Bíblia tem a resposta...
- Deuteronômio 8.7-14
- Deuteronômio 28.2-8
- Josué 1.8
- Salmos 23.1
- Salmos 34.10
- Salmos 37.25
- Provérbios 13.22
- Eclesiastes 2.26
- Malaquias 3.10-12
- Mateus 6.31-33
- Mateus 10.8
- Mateus 19.29
- Lucas 6.38
- 1Coríntios 16.2
- 2Coríntios 9.6-8
- Filipenses 4.19

IV. A BÍBLIA É...

AUTORIDADE INFALÍVEL
- Salmos 33.6,9
- Salmos 119.89
- Provérbios 30.5
- Isaías 55.10,11
- Marcos 13.31
- João 5.39
- 2Coríntios 1.20
- 2Timóteo 3.16
- Hebreus 4.12
- 1Pedro 1.23-25
- 2Pedro 1.20,21

GUIA PARA A SUA VIDA
- Josué 1.8
- Salmos 19.11
- Salmos 23.3
- Salmos 32.8
- Salmos 37.23
- Salmos 119.9,11,24
- Provérbios 6.22,23
- Isaías 30.21
- Lucas 1.70,79
- João 8.31,32
- 2Timóteo 3.16,17
- 2Pedro 1.4

ESTABILIDADE E REFÚGIO PARA A SUA VIDA
- Deuteronômio 33.27
- 1Reis 8.56
- Neemias 8.10
- Salmos 18.2
- Salmos 27.1
- Salmos 40.2
- Salmos 46.1
- Salmos 119.28,89
- Provérbios 4.20-22
- Provérbios 8.14
- Provérbios 18.10
- Isaías 30.15
- Isaías 40.8,29,31
- Isaías 41.10
- Ezequiel 12.25
- Daniel 10.19
- Mateus 5.18
- Mateus 24.35
- Romanos 8.31
- Efésios 3.16,17
- Efésios 6.10,13
- Filipenses 4.13
- Colossenses 1.10-12
- 2Tessalonicenses 3.3
- 1Pedro 1.23-25
- Judas 24,25

IV. NAS DIFICULDADES DA VIDA JESUS É....

EXEMPLO PARA VOCÊ
- Marcos 10.43-45
- João 13.14,15,34
- Romanos 15.5-7
- Efésios 5.1,2
- Filipenses 2.5-8
- Colossenses 3.13
- Hebreus 12.2,3
- 1Pedro 2.21
- 1João 2.6
- 1João 3.16

SUA PAZ
- Salmos 4.8
- Salmos 29.11
- Isaías 9.6,7
- Isaías 26.3,12
- João 14.27
- Romanos 5.1
- Romanos 16.20
- Efésios 2.13,14
- Filipenses 4.6,7,9
- Colossenses 3.15

SEU COMPANHEIRO INSEPARÁVEL
- Salmos 27.10
- Salmos 119.63
- Provérbios 18.24
- Isaías 54.10
- João 14.18
- João 15.12-16
- Hebreus 13.5
- Tiago 4.8
- 1João 1.3,7
- Apocalipse 3.20

SEU LIBERTADOR
- Isaías 9.4
- Isaías 61.1
- Marcos 16.17
- Lucas 4.18
- Lucas 10.19
- João 8.32,36
- Romanos 6.22
- Romanos 8.2
- 2Coríntios 3.17
- 1João 4.1-4
- Apocalipse 12.11

PROMESSAS DE PODER...

PERDÃO PARA A SUA VIDA
- Salmos 32.1,2
- Salmos 85.2
- Salmos 103.12
- Isaías 1.18
- Isaías 43.25
- Isaías 55.7
- Jeremias 33.8
- Marcos 11.25
- 2Coríntios 5.17
- Efésios 1.6,7
- Colossenses 2.13
- Colossenses 3.13
- Hebreus 8.12
- 1João 1.9
- 1João 2.1

TUDO O QUE VOCÊ NECESSITA!
- Salmos 22.26
- Salmos 37.4
- Salmos 63.5,6
- Salmos 68.19
- Salmos 103.2-5
- Salmos 107.9
- Salmos 145.15,16

SEU SALVADOR
- Salmos 106.8
- Lucas 1.47
- Lucas 19.10
- João 3.16
- João 4.42
- João 6.47
- Romanos 3.24,25
- Romanos 10.9
- Efésios 2.4,5, 8,9
- 2Coríntios 5.17
- 2Timóteo 1.9
- Tito 3.5,6
- 1João 4.14

- Isaías 55.2
- Isaías 58.10,11
- Jeremias 31.14
- Joel 2.19,26
- Mateus 5.6
- Mateus 21.22
- Marcos 11.24
- João 4.13,14

SUA SEGURANÇA
- Salmos 23.6
- Isaías 40.26
- João 6.27,37
- João 10.27-29
- Romanos 8.38,39
- Filipenses 1.6
- 2Coríntios 1.22
- Efésios 1.13
- Efésios 4.30
- 2Tessalonicenses 3.3
- Hebreus 6.11,12,18-20
- 1Pedro 1.3-5
- Judas 24-25

- João 6.35
- João 14.13
- João 15.7
- João 16.23,24
- Romanos 8.32,37
- 1Coríntios 3.21,23
- 2Coríntios 3.5
- 2Coríntios 5.17,21

SEU SENHOR
- Salmos 68.19
- Salmos 73.28
- Salmos 86.5
- Isaías 50.7
- Marcos 12.30
- Lucas 6.46
- Atos 2.25,36
- Romanos 6.13-16
- Romanos 10.9,10
- Romanos 12.1,2
- Romanos 14.8
- 1Coríntios 6.19,20
- Filipenses 2.9-11

- 2Coríntios 9.8
- 2Coríntios 12.9
- Efésios 1.3,19
- Efésios 3.20,21
- Filipenses 1.21
- Filipenses 4.13,19
- 2Pedro 1.3,4
- 1João 3.22

SUGESTÕES SOBRE ACONSELHAMENTO

DOIS PONTOS BÁSICOS INICIAIS:

1. *Não se ofereça para dar conselho a todo mundo.* Espere que alguém lhe peça algum conselho, a menos que se trate de uma emergência. Em geral, as pessoas que mais se oferecem a dar conselhos sem que ninguém peça são as menos adequadas e preparadas para a tarefa. Uma das metas que você tem durante os estudos bíblicos, a vida de oração e de crescimento espiritual é aprender que conselhos sábios podem ser dados a partir das Escrituras quando chegar o momento certo e conforme a orientação do Espírito Santo, que é o nosso Conselheiro e Consolador neste mundo.

2. *Lembre-se sempre de que, a menos que tenha a formação e o título de conselheiro, há coisas muito delicadas que somente um profissional da área poderá tratar.* Também há momentos em que até mesmo os conselheiros profissionais têm necessidade de enviar as pessoas que ele orienta a profissionais mais qualificados que ele. Você apenas tem permissão para pesquisar as Escrituras com a pessoa que busca a sua ajuda, encontrando os textos que podem ser essenciais para a situação que ela enfrenta e orientando-a para uma decisão que ela mesma deve tomar. Jamais pense que você pode tomar decisões em nome dessa pessoa.

OUTROS PRINCÍPIOS IMPORTANTES:

1. *O bom conselheiro sabe que é mais importante saber calar do que falar.* Aguarde em silêncio enquanto a pessoa põe as ideias em ordem e as expressa. Às vezes, o que uma pessoa que busca conselho precisa de verdade é ser escutada. Preste atenção em tudo o que ela diz e manifeste sua atenção com gestos e linguagem corporal: os olhos devem estar fixos na pessoa, o corpo inclinado em direção a ela e todas as distrações tiradas da conversa, desde o computador até o celular.

2. *Lembre-se de que cada pessoa é responsável por suas atitudes, embora tenhamos a tendência de transferi-las a outros.* Seja delicado ao responder, mas faça-a ver a parte de culpa que ela tem na situação pela qual esteja passando.

3. *É muito importante que você conheça em parte a situação familiar da pessoa em sua infância e no momento em que está.* Há coisas na vida familiar que marcam para sempre a vida da pessoa, positiva ou negativamente. É provável que a mais visível seja a presença, ou ausência, de uma boa figura paterna, o que repercute diretamente na transferência conceitual que é feita com relação à figura de Deus como Pai.

4. *Mesmo que seja necessário estar em um lugar onde se possa falar em particular, não se esqueça de deixar a porta aberta ou ter uma janela de vidro transparente visível do lado de fora.* Os homens disciplinam homens e as mulheres disciplinam mulheres, a menos que o cônjuge esteja presente. Evite situações desagradáveis e embaraçosas.

5. *Quando se trata de aconselhar casais, vá com o seu cônjuge.* Se o casal não quer receber o aconselhamento de outro casal, é melhor que você não se comprometa a aconselhá-los.

6. *O conselheiro deve manifestar interesse, e até mesmo afeto, pela pessoa que vem até ele em busca de aconselhamento.* Levá-la a sério e preocupar-se em ajudá-la a entender seu problema

com o fim de ela tomar suas próprias decisões para resolver a situação. No entanto, o conselheiro não deve identificar-se com a pessoa a ponto de se intrometer em seu problema e torná-lo seu.

7. *Lembre-se de que você só pode transmitir a vida espiritual que tem.* Conhecimento bíblico não é o bastante. É preciso manter-se cheio do Espírito.

VOCABULÁRIO BÁSICO

É muito possível que o novo cristão, enquanto esteja na fase do primeiro amor pelo Senhor e Salvador que acaba de conhecer, já tenha percebido algo: muito do que ouve de nós não entende bem, pois há uma boa quantidade de palavras que não sabe o que querem dizer, ou as compreende de forma diferente; e essa falta de compreensão faz surgir muitas perguntas e até mesmo alguns erros. Por isso, aqui está um pequeno vocabulário para auxiliar os novos discípulos na fé.

> **Nota para o discipulador:** Muitos dos artigos deste vocabulário poderiam ser ampliados em um livro, mas esse não é o objetivo. Nosso propósito é fornecer ao novo cristão um vocabulário simples tanto quanto possível, permitindo-lhe mover-se mais facilmente dentro do ambiente da igreja para melhor compreender os sermões, as aulas e conversas de que participa. Neste artigo evitamos palavras como "eleição", "predestinação" e outros. Questões como essas, em razão das diferenças existentes na interpretação teológica, devem sempre ser encaminhadas ao pastor da igreja, para que ele seja a pessoa que as explique ao novo discípulo.

–A–

Acróstico: Composição poética comum no Antigo Testamento que consiste em iniciar cada verso (Provérbios 31.10-31) ou cada parágrafo (Salmos 119) com uma palavra que começa com a letra correspondente na ordem tradicional do alfabeto hebraico. Consulte *Álef-Bêt, ou alfabeto hebraico*.

Adão: Pai da humanidade, o primeiro ser humano criado por Deus (Gênesis 1.27; 2.19ss). Ao desobedecer a Deus, junto com Eva, a primeira mulher, Deus o expulsou do jardim do Éden e privou-o de uma vida de comunhão com ele, a qual tivera até esse exato momento, e deixou para sempre em todos os seus descendentes uma natureza pecaminosa. O apóstolo Paulo chama-o de "o primeiro Adão", progenitor da raça humana caída, ao contrário de "o último Adão", Jesus, o único justo (1Coríntios 15.45), de cujo sacrifício todos os que creem recebem a justificação. Consulte *Justificação*.

Adoção: Processo legal pelo qual um estranho se torna filho de uma família, com direito a morar com ela, levar seu sobrenome e ser herdeiro dos pais adotivos. A Bíblia diz que Deus nos adota como filhos quando aceitamos seu Filho, Jesus Cristo, na nossa vida. "Se somos filhos, então somos herdeiros" (Romanos 8.17; Gálatas 3.29; 4.7; Tito 3.7).

Adoração: Ato e estilo de vida pelo qual reconhecemos e reverenciamos um ser divino pelo que é. Somente Deus é digno de receber a adoração do ser humano, e essa deve ser considerada mais como um estilo de vida totalmente submisso à vontade de Deus do que como um ato isolado pelo qual se manifesta, de forma oral, individual ou coletiva, essa forma de vida (exemplo, hinos e cânticos de adoração nos cultos). O princípio é apresentado com clareza em: " 'Sou servo como você e como os seus irmãos [...]. Adore a Deus!' " (Apocalipse 19.10; 22.9). O princípio da Reforma Protestante é aplicado aqui: *Soli Deo Gloria* [Glória somente a Deus].

Agnóstico: Pessoa cuja atitude mental e filosófica sustenta que é impossível à compreensão humana chegar ao conhecimento do divino, ou de tudo o que está além do que é experimentado pelos sentidos. Não nega sua existência, mas ignora-a. Não deve ser confundido com "gnóstico". Consulte *gnosticismo, gnóstico*.

Agur: Filho de Jaque, personagem conhecida unicamente por sua contribuição no livro de Provérbios (capítulo 30). A palavra "oráculo" (HaMassa), que aparece no versículo 1, pode ser uma referência à terra de Massa, situada entre a Judeia e a Babilônia. Nesse caso, o texto estaria dizendo que Agur era originário de Massa.

Álef-Bêt, ou alfabeto hebraico: O alfabeto hebraico, que leva esse nome por causa de suas duas primeiras letras, *álef* e *bêt*, é também chamado "alefato", por causa da primeira letra. Consiste em 22 letras, todas consoantes, e é escrito da direita para a esquerda. Os sons vocais são expressos desde a Idade Média por um sistema de pontos e linhas, desenhadas por sábios judeus chamados "massoretas". Consulte *Tetragrama*.

Aleluia: Do hebraico "Louvai o Senhor" (consulte *Jah* e *Tetragrama*). Uma expressão de louvor alegre a Deus, presente nas Escrituras e na adoração, tanto individual como coletiva, dos cristãos.

Aliança: (1) Voto mútuo feito entre duas ou mais partes, por vezes com a invocação de uma divindade, que tem como objetivo comprometer-se a cumprir algo. (2) Ao longo da Bíblia aparecem diversas alianças entre Deus e os homens. Dá-se a impressão de que a história da salvação se move de uma aliança para outra. Deus faz uma aliança com Adão no jardim do Éden, com Noé, com Abraão, que é repetida a seu filho Isaque e a seu neto Jacó, com o povo de Israel por meio de Moisés, com Davi e, por fim, a nova aliança feita com Israel por meio do sangue e do sacrifício de seu Filho, Jesus Cristo; dessa vez, escrita não em tábuas de pedra, mas em corações de carne (Ezequiel 36.26; Lucas 22.20; Hebreus 7.22; 8.6-13). Na nova aliança, que é de vigência eterna, participam tanto os gentios como os judeus que tenham aceitado a Jesus como o Messias (Romanos 9.24-26,33; Romanos 11; Gálatas 3.28).

Alma: A parte do ser humano que é o centro da vontade, da inteligência, da memória e do sentimento (leia 1Tessalonicenses 5.23). O texto de Gênesis 2.7 fala quando ela foi criada. Aqui está uma tradução mais literal do texto: "Jehová Elohim formou o homem, pó da terra, e soprou em suas narinas o fôlego da vida, e o homem torna-se em alma vivente".

Amém: Palavra hebraica que passou praticamente intacta para a língua portuguesa, talvez por ser de difícil tradução ou por causa das frequentes ocasiões em que o Senhor Jesus a usou. Em Mateus, aparece 28 vezes e, em João, 26. Um linguista definiu-a como dar um soco na mesa ao mesmo tempo que se diz: "Isso mesmo! Você está absolutamente certo!". No texto grego, percebemos que em algumas ocasiões solenes Jesus diz: "Amém, amém". Esse hebraísmo, que normalmente é traduzido em algumas versões bíblicas por "Em verdade, em verdade, vos digo", é uma proclamação absoluta e firme do que vem a seguir. Jesus exige de nós de modo especial que não devemos pôr em dúvida ou discussão o que Deus afirma com "amém, amém", por maior que seja a fé que precisemos para acreditar. A certeza do que foi dito baseia-se na respeitabilidade da pessoa que a declara (leia, entre outras citações, João 8.58).

Amor: Existem quatro palavras gregas que são traduzidas por "amor" em português: *ágape* (amor), o amor conforme o estilo de Deus, que é dado sem esperar nada em troca; *filia*, amor de amizade; *éros*, amor físico; e *storge*, amor de família. As três primeiras aparecem no Novo Testamento. O amor *ágape*, amplamente explicado por Paulo em 1Coríntios 13, é impossível de ser vivido sem a ajuda e o poder do Espírito Santo.

Ancião: Em grego, *presbyteros*; literalmente significa "aquele que tem mais idade". É por isso que algumas igrejas usam a palavra "presbítero" para referir-se a seus líderes locais. Esta palavra foi herdada do governo da sinagoga e refere-se aos que são responsáveis pelo pastoreio, pelo ensino e pela ajuda até que o grupo local de cristãos cresça na vida com Cristo. Nos tempos de Paulo, parece que os idosos formavam um grupo colegiado de líderes no sentido de que ser idoso queria indicar ser o mais sábio e ter uma vida mais exemplar. Paulo chama os presbíteros de Éfeso de bispos (consulte *Bispo*) da igreja (cf. Atos 20.17 e 20.28). Pelo menos no caso de Éfeso, a autoridade parece ter sido em conjunto, embora a impressão que temos do Novo Testamento em relação ao governo da igreja apostólica é que se tratava de algo com bastante flexibilidade e adaptação às circunstâncias locais.

Angelologia: Parte da teologia que se dedica ao estudo dos anjos. A parte dedicada aos anjos caídos costuma receber o nome de "demonologia".

Anjo: (1) A palavra grega da qual tem origem significa "mensageiro". Aplica-se no ambiente bíblico a alguns seres espirituais criados por Deus como ministros seus. A Bíblia refere-se a eles com frequência (Gênesis 28.12; João 1.51). Em Hebreus 1.14, explica-se a missão dos anjos: "Os anjos não são, todos eles, espíritos ministradores enviados para servir aqueles que hão de herdar a salvação?". Parecem existir diferentes categorias de anjos e dois grandes grupos: os anjos fiéis a Deus e os que seguiram Lúcifer em sua rebelião. Entre as inúmeras e diferentes crenças frequentes no movimento neopagão conhecido como Nova Era inclui-se o culto aos anjos, que, na verdade, não tem nada de novo. Veja Colossenses 2.18. **(2)** Em diversas ocasiões, aparece no texto bíblico a expressão o "Anjo do SENHOR", que, ao que tudo indica, trata-se de uma referência ao próprio Deus, conforme o que muitos pesquisadores consideram uma teofania, ou manifestação divina de Cristo antes de tomar a forma de homem (Gênesis 16.7-11; 21.17; 22.15; 31.11; Êxodo 3.2; 14.19; Números 22.22; Juízes 2.1; 6.11; 13.9-21; 2Reis 1.3,15).

Anticristo: Literalmente, "o que suplanta Cristo", "o que se faz passar por Cristo". João fala de "muitos anticristos" (1João 2.18), do "espírito do anticristo" (4.3) e daquele que "é o enganador e o anticristo" (2João 7). A palavra chegou a designar o "perverso [que] é segundo a ação de Satanás" (2Tessalonicenses 2.7-12). Apocalipse profetiza amplamente sua atuação e destruição e chama-o "a besta que saía do mar" (Apocalipse 13; 19.11-21).

Antigo Testamento: Uma coleção de 39 livros escritos antes da vinda de Jesus Cristo e que contém o mesmo material inspirado por Deus que o *Tanakh*, ou Bíblia hebraica, embora esta apresente uma ordem diferente dos livros. Nesses livros há vários tipos de gêneros literários: histórico, legislativo, sapiencial, poético e profético. Em geral, a Bíblia aceita pelo mundo protestante segue o delineamento da Bíblia traduzida para a língua alemã por Martinho Lutero (1534), na qual se reconhecem como inspirados os livros pertencentes ao primeiro cânon, lista aceita pelo mundo hebraico desde o final do século I d.C. A lista que a Igreja Católica aceita contém sete livros mais e algumas seções inseridas em outros livros. Isso se deve à decisão tomada no Concílio de Trento (1545-1563) de seguir em grande parte o cânon alexandrino.

Antropologia: Dentro da teologia, é a parte dedicada ao estudo do ser humano, sua origem e seu destino, sua missão na terra e sua relação com Deus.

Apocalipse: Do grego, "revelação". Trata-se do último livro da Bíblia e começa com as palavras: "Revelação de Jesus Cristo" (1.1). Corresponde a todo um gênero da literatura profética hebraica relativa aos últimos tempos que está em outros livros, em especial do Antigo Testamento, como Ezequiel e Daniel.

Apócrifo: Do grego *apókruphos*, "escondido". Na fala comum, tem o sentido de fingimento, hipotético ou inventado. Em termos eclesiásticos, tem o sentido de "escondido" e refere-se a textos cuja autenticidade é duvidosa, ou por questões de conteúdo ou por questões autorais. Houve a tentativa de incluir esses textos no cânon de livros inspirados por Deus para formar a Bíblia durante os períodos do Antigo Testamento e do Novo Testamento, mas não foram aceitos. Por causa desse fato, a palavra adquiriu o sentido de "falso" ou "ilegítimo". São vários os livros apócrifos e, ainda que sejam classificados como apócrifos, não significa que tudo o que afirmem seja falso. Por exemplo, vemos que Judas faz citações em sua carta que foram tiradas do livro de Enoque, que é considerado apócrifo (consulte *Pseudoepígrafes*). No mundo protestante recebem essa designação os livros que aparecem na Bíblia católica por disposição do Concílio de Trento (1545-1563): Tobias, Judite, Sabedoria, Eclesiástico ou Sirácida, Baruc, 1 e 2Macabeus e textos incluídos nos livros de Ester e Daniel. A Igreja católica designa-os de "deuterocanônicos", ou procedentes do segundo cânon, em referência à lista de livros que os judeus de Alexandria (Egito) consideravam inspirados por Deus até a decisão que, tudo indica, tomaram os líderes do judaísmo em uma reunião chamada Concílio de Jamnia ou Yavneh (em torno do ano 90 d.C.).

Apóstata: Culpado de apostasia ou de negar a fé. Pessoa que, depois de ter aceitado Cristo, nega o Salvador. O apóstata mais famoso da História foi o imperador romano Juliano, chamado "o Apóstata". Educado como cristão, renegou o cristianismo e procurou impor novamente no império uma forma de paganismo com traços da moralidade cristã. Diz certa lenda que, ao morrer ferido por uma seta numa batalha, Juliano lançava o próprio sangue ao céu e gritava: "Venceste, Galileu!".

Apóstolo: Do grego, "enviado". Jesus reuniu a seu redor um grupo de 12 homens, os quais discipulou. A esse grupo que chamamos "os discípulos" ou "os Doze" são considerados os apóstolos por excelência, no sentido de que foi Jesus quem os enviou ao mundo com uma missão. No entanto, a palavra também é usada para referir-se a outros ministros enviados com uma missão semelhante a diferentes lugares do mundo, como no caso de Barnabé e Paulo. O próprio Jesus recebe o título "apóstolo e sumo sacerdote que confessamos" (Hebreus 3.1). Leia Efésios 4.11ss.

Aramaico: Idioma semítico como o *hebraico* (consulte esse artigo), usado em grandes porções dos livros de Daniel e Esdras. Era o idioma usado no Império Babilônico e, nos tempos de Jesus, a língua comum no comércio e na comunicação do Oriente Médio. Falado na maior parte da terra santa nos tempos de Jesus, com provável exceção de Jerusalém, cujos habitantes se orgulhavam de ainda falar o hebraico (leia Atos 21.40). Depois do exílio na Babilônia, seu alfabeto substituiu o antigo idioma hebraico e é o que continua sendo usado até hoje no hebraico moderno.

Arca: (1) Embarcação de madeira de cipreste que Deus ordenou a Noé que construísse com o objetivo de salvá-lo e à sua família do Dilúvio, além dos animais que os acompanharam (Gênesis 6—8). Simboliza Jesus Cristo, o Salvador do Universo. (2) A arca da aliança, baú de madeira de acácia forrado em ouro por dentro e por fora, que Deus ordenou a Moisés que construísse no deserto e onde eram guardadas as tábuas da aliança entre Deus e seu povo, uma tigela com o maná que caíra do céu (que alimentava o povo no deserto) e a vara de Arão (que havia florescido para confirmá-lo em sua função sacerdotal). A tampa da arca, ou propiciatório, como era chamada, era de ouro puro e tinha dois querubins em atitude de adoração; em cima da tampa o sacerdote aspergia o sangue do sacrifício pelos pecados do povo uma vez ao ano, no Dia da Expiação, ou *Yom Kippur*.

Arrebatamento: Ensino interpretado de diversas maneiras nas igrejas e que tem origem nos textos de Paulo em 1Coríntios 15.51-58 e em 1Tessalonicenses 4.13-18. Nesses textos, Paulo afirma que antes da vinda do Senhor acontecerão duas coisas: primeiro, a ressurreição dos que morreram em Cristo; em segundo lugar, a transformação dos que ainda estiverem vivos, a fim de que sejam juntamente arrebatados deste mundo e levados às nuvens para receber o Senhor nos ares e, dessa forma, estarem para sempre com o Senhor.

Arrependimento: Tristeza por andar em caminhos errados, volta ao caminho correto, o que implica uma mudança de conduta. É imprescindível para que o Espírito Santo de Deus possa agir na pessoa e esta possa dar frutos condizentes com a nova vida em Cristo (leia 1Crônicas 21.8; 2Crônicas 7.14; Esdras 10.1-4,11; Mateus 3.3,6; Lucas 15.8-10).

Astrologia: Não deve ser confundida com astronomia, ciência que estuda os astros. Religião de procedência babilônica que data de tempos antigos, cuja base é a observação dos astros, em especial do Sol, da Lua, dos planetas e das 12 constelações que passam pelo zênite celeste noturno ao longo do ano. Tal observação era feita desde os chamados zigurates, torres muito altas que tinham tantos patamares quanto o número de "deuses" no céu. Trata-se da primeira das religiões falsas e a que mais lutou para impor-se sobre a fé verdadeira com suas superstições acerca de planetas e estrelas que dominam o destino do ser humano desde o nascimento. A Bíblia fala de seu engano e do muito que aborrece o Deus verdadeiro (Isaías 47.13). A carta astral em que pretensamente se prediz o futuro de uma pessoa conforme seu "signo" recebe o nome de *horóscopo* (do grego, "que observa a hora").

Ateísmo: Crença segundo a qual se nega a existência de Deus. Essa opinião só veio a ser conhecida na época moderna, quando foi desenvolvida nas ideias propagadas por alguns filósofos, dos quais o mais famoso foi o holandês Baruch Spinoza. Os salmos 14 e 53 começam exatamente com as mesmas palavras que professam os ateus: "Diz o tolo em seu coração: 'Deus não existe' ". Literalmente, poderia ser traduzido: "Disse o tolo para si mesmo: 'Deus não!' ". O louco aqui não nega a existência de Deus, mas rejeita o fato de que Deus possa ter alguma autoridade sobre sua vida.

–B–

Batismo: Vem de dois verbos gregos que significam "submergir". A palavra "batismo" é um vocábulo eclesiástico que pode ser substituído por "imersão", cujo simbolismo é mais expressivo. O autor de Hebreus fala da "instrução a respeito de batismos" (Hebreus 6.2) como algo essencial na vida e na doutrina da igreja. **(1)** *O batismo de João.* No mundo do século I existiam no judaísmo vários tipos de batismos de purificação; um deles era o de João, em água, para arrependimento. **(2)** *O batismo em água.* Jesus ordena a seus discípulos que façamos discípulos em todas as nações, "batizando-os em nome do Pai e do Filho e do Espírito Santo" (Mateus 28.19), ordem que vemos cumprida várias vezes no livro de Atos e outros. Aliado à ceia do Senhor, é uma das duas ordenanças estabelecidas por Jesus Cristo para os cristãos. O batismo em água é o símbolo público do que já deve ter acontecido internamente na vida do que crê em Jesus e manifesta sua identificação total com ele (Romanos 6.4). **(3)** *O Espírito Santo nos batiza em Cristo quando cremos.* Paulo fala principalmente em sermos batizados pelo Espírito em um só corpo, o Corpo de Cristo (1Coríntios 12.13, Gálatas 3.27) e de ser batizados na morte de Cristo (Romanos 6.3). **(4)** *O batismo no Espírito Santo.* João Batista identifica Jesus como o que "batizará com o Espírito Santo e com fogo" (Mateus 3.11; Marcos 1.7, 8; Lucas 3.16; João 1.26). Uma vez que o batismo no Espírito Santo é mencionado nos quatro Evangelhos, algo pouco habitual, indica sua importância na vida do discípulo. Leia em Atos 1.4-8 as últimas palavras de Jesus aos discípulos antes de ascender à direita do Pai.

Bem-aventurado: "Aquele que desfruta de boa ventura; bem-afortunado, feliz". É uma tradução do grego *makarios*. No grego clássico, considerava-se *makarios* a pessoa que desfrutava da felicidade eterna dos deuses do Olimpo. Já no Novo Testamento, indica que a pessoa desfruta a felicidade do próprio Deus, uma alegria tal que Paulo define como "a paz de Deus, que excede todo o entendimento" (Filipenses 4.7).

Bem-aventuranças: Conjunto de nove promessas feitas por Cristo a quem tinha uma vida semelhante à dele mesmo. Esse conjunto de promessas, que é um dos textos bíblicos mais conhecidos, constitui a introdução ao chamado Sermão do Monte (Mateus 5.3-11). Na realidade, a primeira delas é a expressão geral, da qual se desmembram as outras oito. Ser "pobre em espírito" significa não estar apegado a nada, viver dependente da Palavra e da providência de Deus. No hebraico, *ané* ou *aní*, uma das palavras traduzidas por "pobre", havia adquirido já no século I esse sentido profundamente espiritual (talvez por influência da espiritualidade essênia) tal como parecem indicar os manuscritos do mar Morto.

Bênção: Literalmente, abençoar significa "falar bem" de alguém ou algo. Do ponto de vista divino, quer dizer encher de bênçãos, tanto materiais como espirituais, uma pessoa; fazê-la prosperar no sentido legítimo que estabelecem as Escrituras. Os cristãos já receberam em Cristo toda sorte de bênçãos no Espírito (Efésios 1.3). Precisamos conhecê-las melhor estudando as Escrituras e submetendo-nos ao ensino da Igreja. Dessa maneira, saberemos usá-las melhor (v. 15-20). Em Deuteronômio 28, são pronunciadas em detalhes as bênçãos decorrentes da obediência ao Deus da aliança, assim como as consequências da desobediência.

Bíblia: Palavra grega no plural que significa "livros breves". Trata-se de 66 livros, divididos em dois grandes grupos: os 39 do Antigo Testamento, anteriores à vinda de Jesus; e os 27 do Novo Testamento, posteriores a Jesus. Os Evangelhos, que servem de pano de fundo para o Novo Testamento, tratam da época em que Jesus viveu entre os homens e durante a qual ainda não havia acontecido o sacrifício expiatório de Jesus por seu sangue. A Bíblia é a única Palavra inspirada de Deus sobre a terra. Princípio pertinente à Reforma Protestante: *Sola Scriptura* ("Somente as Escrituras são a autoridade para a fé e sua prática").

Bispo: Substantivo que significa "supervisor". Durante a época da Igreja chamada "católica antiga", sobretudo na área oriental do Império Romano, o governo das igrejas foi se desenvolvendo para conceitos como os de "paróquia" (do grego, *paroikía*, "vizinhos de um povoado"), "diocese" (do grego, "divisão administrativa", que coincidia com as divisões administrativas do governo) e "bispo", já então no sentido de uma pessoa que supervisionava o trabalho de todas as dioceses, paróquias e também os presbíteros, que em pouco tempo adotariam o título de "sacerdotes". Consulte *Ancião*.

Blasfêmia: Expressão ofensiva feita contra Deus. Jesus afirma que o único pecado e blasfêmia que não tem perdão é a blasfêmia contra o Espírito Santo (Mateus 12.31). Muitos recém-convertidos se sentem afligidos ao ouvir essas palavras porque temem ter dito algo contra o Espírito Santo em algum momento de desespero, ira ou pecado. Esse sentimento, no entanto, indica que amam a Deus e que não devem ter medo de ter cometido a blasfêmia contra o Espírito Santo.

–C–

Caminho: (1) A Bíblia, principalmente o Antigo Testamento, fala que os caminhos de Deus são distintos dos caminhos dos homens e infinitamente superiores a estes. Para chegar a Deus, é preciso seguir pelos caminhos dele, não pelos nossos (Salmos 95.10; Isaías 35.8; 55.8,9; Hebreus 3.11). A diferença é bastante semelhante à expressão "andar no Espírito" em oposição a "andar segundo a carne". (2) Primeiro nome dado ao considerável grupo de discípulos que aceitaram Jesus como Messias no início da Igreja cristã (Atos 9.2; 19.9,23; 22.4,14,22). Talvez inspirado no texto de Isaías 35.8 e, sem dúvida, pela declaração que Jesus fez de si mesmo: " 'Eu sou o caminho, a verdade e a vida. Ninguém vem ao Pai, a não ser por mim' " (João 14.6).

Cânon: Lista oficial dos livros que compõem as Escrituras Sagradas. Nele somente entraram, por orientação especial do Espírito Santo, os livros que "têm a medida" necessária para serem considerados divinamente inspirados. Tais livros são chamados canônicos. Os livros que formam a Bíblia do mundo judaico e do mundo protestante são normalmente chamados de protocanônicos, ou do primeiro cânon (o cânon da terra santa), ao passo que os da Bíblia católica, mas não no *Tanakh* judaico nem na Bíblia protestante costumam receber o nome de "deuterocanônicos" ou do segundo cânon (o cânon alexandrino). Consulte *Antigo Testamento*.

Carnal: Apesar da conotação sexual que se costuma dar a esta palavra, seu significado na Bíblia é diferente, ainda que tenha também esse sentido. De acordo com a explicação de Paulo, é carnal a pessoa que, depois de ter crido em Jesus, ainda segue vivendo segundo os princípios do homem natural (o não redimido), sem que se observe diferença significativa entre ambos. Leia sobre esse tema 1Coríntios 3.1-3. É inadmissível que o discípulo permaneça em um estado de letargia diante do Deus que aceitou e ao mesmo tempo manter os princípios e estilo de vida do mundo que deixou para trás.

Carne: Na Bíblia, esta palavra refere-se ao ser humano que, ao não se submeter ao Espírito Santo, continua seguindo seus próprios caminhos em vez de se orientar pelos caminhos de Deus. Trata-se de uma questão de rebelião e anarquia contra a submissão e a obediência. Nenhum discípulo genuíno deve seguir os princípios da carne, mas, sim, os da obediência ao Espírito. Veja Hebreus 5.7-10.

Carta ou epístola: Carta dirigida a um público ou a uma pessoa específica que tem como objetivo servir de instrução. No Novo Testamento, o gênero epistolar é representado pelas cartas do apóstolo Paulo, a carta aos Hebreus e as cartas chamadas "universais", escritas por Tiago, Pedro, João e Judas, sendo bastante provável que o primeiro e o último desses quatro tenham sido meios-irmãos de Jesus. Em razão do alto preço que tinha de ser pago naquele tempo por documentos escritos (Atos 19.19), era normal que uma epístola chegasse a uma igreja e fosse lida por um dos irmãos enquanto os outros a escutavam. Em geral, assim se fazia com todos os textos escritos. Consulte a bênção que aparece nas primeiras linhas de Apocalipse (1.3).

Ceia do Senhor: Conhecida também como santa ceia, comunhão ou eucaristia. Uma das ordenanças estabelecidas por Jesus Cristo, que a instituiu em sua última ceia com os discípulos. Contém elementos simbólicos procedentes da Páscoa hebraica, aplicados à nova aliança, que foi selada com a entrega do corpo de Jesus à morte e o derramamento de seu sangue poucas horas depois (Mateus 26.26-29; Marcos 14.22-25; Lucas 22.14-20; 1Coríntios 11.23-32). Deve-se ensinar ao novo cristão que, apesar de se tratar de um ato simbólico, a ceia é um cerimonial poderoso, uma excelente oportunidade de acertar contas com Deus e com os demais, e de crescer em comunhão com eles. Ao mesmo tempo, o Espírito Santo dá ao cristão a oportunidade de ter maior comunhão com Cristo e conhecer melhor a vontade de Deus para sua vida dentro do Corpo, que é a Igreja.

Centurião: Oficial do exército romano com autoridade sobre um grupo de pelo menos 100 soldados ("centúria"). No Novo Testamento vemos estima e até mesmo admiração por diversos centuriões que demonstraram respeito pelo povo judeu e sua fé no Deus verdadeiro (o centurião de Cafarnaum, Mateus 8.5-13). Além disso, o primeiro gentio mencionado nas Escrituras que tenha recebido o Espírito Santo, como também toda a sua casa, foi o centurião Cornélio, da legião Itálica (Atos 10).

Céu: (1) O primeiro céu, a atmosfera. (2) O segundo céu, o espaço sideral. (3) O terceiro céu, o lugar do trono de Deus, onde habitam com ele os anjos e os santos que passaram para a eternidade. O modelo do tabernáculo que Deus ordenou a Moisés pertence ao terceiro céu (Êxodo 26.30; Hebreus 8.1-2; Apocalipse 15.5). A nova Jerusalém descerá também do terceiro céu para ser o lugar da habitação de Deus e do Cordeiro no meio da humanidade redimida (Apocalipse 21.2,3). (4) Por causa da dificuldade no mundo judaico em relação ao uso do nome de Deus, o evangelho de Mateus costuma substituir a expressão "Reino de Deus" por seu equivalente "Reino dos céus" (Mateus 3.2; 5.3; 7.21; 16.19).

Chamado: Vocação. Segurança interna que tem o cristão com respeito aos planos que Deus tem para ele. É comum que se confunda o apelo geral dos fiéis ao discipulado e servir na obra de Deus com um chamado para o trabalho de tempo integral como pastor, evangelista ou mestre. Daí muitos cristãos poderem achar que não têm uma vocação ou sentir que devem chegar a uma posição visível dentro de uma igreja para demonstrar que o têm. É preciso discipular a pessoa de acordo com o princípio dado por Jesus: " 'Você foi fiel no pouco, eu o porei sobre o muito' " (Mateus 25.23). Em outras palavras, na Igreja do Senhor "o que não serve... não serve".

Circuncisão: Cerimônia segundo a qual se corta o prepúcio do homem como sinal de que ele começa a fazer parte do povo da aliança. Na época de Abraão (Gênesis 17.10-14), Deus ordenou ao patriarca que realizasse a circuncisão em todos os homens de seu clã e que fosse estabelecida como sinal de se pertencer ao povo escolhido. A esse respeito, era comum entre os judeus da época de Jesus utilizar-se a palavra "incircunciso" (literalmente, "prepúcio longo") como insulto dirigido aos gentios. A circuncisão foi motivo de controvérsia entre os apóstolos e os judaizantes quando os gentios começaram a aceitar Jesus como Salvador; assunto este que foi esclarecido, assim como outros, no concílio dos líderes cristãos convocado em Jerusalém cerca do ano 50 (leia Atos 15). Há pessoas que consideram esse concílio como o primeiro concílio geral da Igreja cristã.

Cisma: Divisão que pode ser produzida no interior de uma igreja. Costuma acontecer mais por motivos de forma de governo e conduta do que por crenças. Os seguidores desse tipo de divisão são chamados de "cismáticos".

Comunhão: Trato, convivência, participação em comum, comunidade. **(1)** Fala-se de comunhão com Deus (Salmos 25.14; Provérbios 3.32) e comunhão com os irmãos (Atos 2.42). **(2)** Consulte *Ceia do Senhor.*

Condenação: Separação eterna de Deus. Trata-se do destino final do ser humano que não tem comunhão com Deus. Será o futuro inevitável da pessoa que não conhece Deus nem aceita Cristo como Senhor e Salvador. Por ser uma separação, é a própria morte (não uma aniquilação) e corresponde à chamada segunda morte (Apocalipse 2.11; 20.6, 14; 21.8).

Confraternidade ou Associação: União de igrejas e ministérios autônomos que tomam a decisão de unir-se para realizar um trabalho conjunto, usando um nome comum e com princípios doutrinários semelhantes.

Conselheiro: Em grego tem a conotação de "ajudador, intercessor". Emprestada do vocabulário jurídico, é uma palavra que definia nos tribunais antigo algo quase equivalente a um advogado de defesa. Era uma pessoa influente e honrada que levava o acusado para que se pusesse em pé a seu lado e o defendesse. Jesus diz que temos dois Conselheiros: o primeiro, ele mesmo, nos céus; o segundo, o Espírito Santo, que habita conosco neste mundo de maneira permanente desde o dia de Pentecoste (João 14.16,17; Atos 2).

Coração: O conceito de "coração" na Bíblia não coincide com o popular. O coração é o centro do ser humano, no qual estão seus sentimentos e também sua fonte de inteligência, pensamentos, lembranças, vontade e capacidade para comunicar-se com Deus. Na realidade, reúne em si os conceitos de "alma" e de "espírito".

Coro: Canto breve e repetido de louvor ou adoração, extraído muitas vezes das Escrituras. A igreja às vezes utiliza os coros como meio para ensinar aos novos cristãos determinados textos básicos da Bíblia. São uma grande ajuda nos devocionais pessoais e na vida diária do cristão.

Corpo: **(1)** Uma das três partes constituintes do ser humano (1Tessalonicenses 5.23). É a parte material que Deus formou do pó da terra. É através do corpo que o homem se comunica com o ambiente em que vive pelos sentidos. Estes interiorizam as sensações que recebem do exterior, que são elaboradas e personalizadas na mente. Corrompido em grande parte em decorrência da queda da humanidade, nosso corpo, ao se separar da alma e do espírito, sofre a primeira morte e deixa a semente da qual o Senhor conceberá um novo corpo, perfeito e imortal, semelhante ao de Jesus, capaz de viver diante do Trono de Deus por toda a eternidade (1Coríntios 15.20-23,47-54). **(2)** Poderosa analogia utilizada por Paulo a fim de expressar em termos humanos a realidade espiritual ímpar da igreja como Corpo de Cristo. Todos os que cremos em Jesus somos membros desse corpo e membros uns dos outros (1Coríntios 12.27; Efésios 1.23).

Crente: Aquele que recebe a fé genuína que Deus oferece em sua Palavra e que a converte em vida prática. Não basta crer sem converter essa fé em vida (leia Tiago 2.19); tampouco em crer em qualquer coisa. Ao contrário do que o mundo tenta nos fazer crer, existe apenas um Caminho que conduz ao Pai. A fé nesse Caminho, que é Jesus, trata-se da fé que salva e que nos torna cristãos de fato. Nenhuma religião pode dar a salvação ao homem, pois seria um esforço humano inútil de alcançar Deus. O que salva o homem é a entrega de Deus em favor do homem e o ato de fazê-lo seu filho, esforço que custou a vida de Jesus Cristo, seu único Filho.

Cristão: A princípio, os inimigos de Jesus chamavam seus discípulos "daqueles que pertenciam ao Caminho" (Atos 9.3), ou "nazarenos" (Atos 24.5). O nome "cristãos" começou a ser usado em Antioquia da Síria na época de Paulo (Atos 11.26). Quer dizer "partidário" ou "seguidor" de Cristo. Não demorou para que este nome tivesse *status* de cidadania e, desde então, tem honrado os seguidores de Cristo, substituindo suas formas anteriores de designação (Atos 26.28; 1Pedro 4.16).

Cristo: Nome grego cujo sentido é o equivalente do hebraico *Messias*: "ungido", "consagrado". Trata-se de uma alusão à cerimônia de derramar azeite de oliva como símbolo do Espírito de Deus sobre uma pessoa ou algo para consagrá-los a determinada função junto ao povo de Deus. Na Bíblia, vemos a unção do tabernáculo de Moisés (Êxodo 30.26; 40.9) para convertê-lo em lugar no qual habitaria a presença de Deus; a de Arão como sumo sacerdote (Levítico 8.12); a de Davi como rei (1Samuel 16.13); a de Eliseu como profeta que substituiria Elias (1Reis 19.15,16). Chama-nos a atenção nesse último caso que Deus enviasse Elias para ungir o rei de Israel e o rei da Síria. Todos os anteriores e outros mais apresentados no Antigo Testamento são "messias", "ungidos", com letra minúscula. Durante séculos, o povo hebreu esperou a chegada do Messias (com maiúscula) que havia sido profetizado. Este reuniria em si mesmo as qualidades de ser o Templo de Deus e também as de Rei, Sumo Sacerdote e Profeta por excelência.

Cristologia: Seção da teologia dedicada ao estudo da pessoa e da missão de Jesus, o Messias, Cristo, o Ungido de Deus.

Curar, dons de: Um dos nove dons espirituais que Paulo menciona em 1Coríntios 12.8-10. Trata-se de uma capacitação sobrenatural e momentânea que o Espírito Santo concede ao cristão, graças à qual se manifesta através dele, sem mérito humano algum, o poder curador de Deus (Isaías 53.5; 1Pedro 2.24). Pertence ao segundo grupo de dons, os "de ministração". O fato de estar no plural significa a grande diversidade de curas que podem ser produzidas no corpo, na alma e no espírito do ser humano. Não se refere a curas realizadas pelos meios que o próprio Deus dispôs na natureza para restabelecer o equilíbrio do nosso ser, mas, sim, à ação sobrenatural do Espírito.

–D–

Deísmo: Crença filosófica em um Deus que criou o mundo, mas que, em seguida, o desconsidera por não cuidar da sua criação. Para o deísta, a providência divina é apenas uma ilusão de mentes fracas.

Demônio: Espírito maligno ou imundo que a maioria dos escritores considera como parte dos anjos que se rebelaram contra Deus, seguindo Lúcifer. Durante o ministério público de Jesus, parece ter havido uma atividade extraordinária por parte deles em tentar segui-lo por onde quer que fosse. Reconheciam a autoridade de Jesus e tentavam livrar-se dele, mas não tinham outra opção senão obedecer ao Mestre (Marcos 1.27). Também vemos essa atividade no livro de Atos (16.16). Parece haver diferentes classes entre eles, assim como há também entre os fiéis anjos de Deus (Daniel 10.13,21; Efésios 6.12). A Bíblia não dá muitos detalhes sobre Satanás nem sobre os demônios, pois esse não é seu tema, muito menos o de satisfazer a curiosidade humana; mas, sim, para expressar a necessidade urgente que o homem tem de um Redentor.

Demonologia: Estudo dos anjos caídos. Consulte *Angelologia*.

Denominação: Grupo de igrejas e ministérios com uma estrutura, um nome e objetivos comuns. Geralmente têm uma história comum e alguns princípios doutrinários semelhantes.

Deus: **(1)** Do grego *zeus*, "ser divino". Trata-se do nome de Zeus, o pai dos deuses na mitologia grega, equivalente a Júpiter na mitologia latina; com o tempo, adquiriu o sentido semelhante ao do vocábulo hebraico "El". **(2)** Com minúscula, e no ambiente politeísta, qualquer ídolo ou estátua humana, de animal ou outro ser criado pelo homem, por ele divinizado e adorado. Paulo apresenta em Romanos 1.16ss a relação existente entre o culto aos deuses falsos e os estilos de vida sexuais desviantes. A Bíblia repreende com veemência a idolatria (consulte *Idolatria*) como um tipo de adultério espiritual que provoca a ira e o castigo de Deus.

Dez Mandamentos: Mandamentos promulgados por Moisés em nome de Javé e que contêm os princípios mais básicos da moralidade judaico-cristã. Estão compilados em Êxodo 20.1-17 e são repetidos em Deuteronômio 5.1-21. Todos dizem respeito ao relacionamento humano. Os quatro primeiros referem-se à relação que deve ter a criação com o Criador; os últimos cinco aludem ao relacionamento que temos com os seres humanos. O quinto mandamento, que fala sobre a honra devida aos pais, é uma espécie de ponte entre o relacionamento com Deus como Pai e o relacionamento com nós mesmos e o próximo. O quinto mandamento é o único com promessa (leia Efésios 6.2,3).

Diácono: "Servidor". Na Igreja apostólica, pessoa que cuidava dos assuntos rotineiros das igrejas. Tradicionalmente, foi o título dado aos sete homens "de bom testemunho, cheios do Espírito e de sabedoria", sobre os quais os apóstolos impuseram as mãos para que fossem os responsáveis de atender as viúvas dos judeus helenistas ou de fala grega (Atos 6.2-6), ao passo que eles se dedicariam à Palavra de Deus. Paulo recomenda, em Romanos 16.1, Febe, diaconisa da igreja local de Cencreia.

Discernimento de espíritos: Um dos nove dons espirituais que Paulo menciona em 1Coríntios 12.8-10. Trata-se de uma capacitação sobrenatural que o Espírito Santo concede ao cristão, (em grande parte, líderes da igreja), por meio do qual se pode discernir, ou distinguir, o espírito que se manifesta em dado momento: se é o Espírito de Deus, se é um espírito maligno ou se é apenas uma manifestação do espírito humano. Este dom é muito necessário em épocas como a nossa, quando reinam as incertezas, e dado o grande número de ensinamentos estranhos de origens alheias ao Deus verdadeiro, como as religiões orientais e a Nova Era, ou de pessoas que sentem a necessidade de chamar a atenção da comunidade de cristãos com propósitos distintos. Pertence ao segundo grupo de dons chamados "de ministração".

Disciplina: (1) Doutrina ou atividade constante, sobretudo no que se refere à moral e ao crescimento espiritual: estudo das Escrituras, oração, dedicação à família e à igreja, ajuda ao próximo, domínio próprio, entre outros. (2) Correção. Conforme Provérbios 15.32, quem recusa a disciplina faz pouco caso de si mesmo. Em Hebreus 12.5-11, o autor compara a disciplina a que Deus submete o cristão com a dos pais terrenos ao educar seus filhos; para isso, inspira-se em Jó 5.17. A base da disciplina que vem de Deus, embora difícil de aceitar no início, é o amor que tem por nós e o desejo de ver-nos convertidos em discípulos maduros. A disciplina que por vezes é imposta nas igrejas deve partir do mesmo princípio básico: o amor, e ter como finalidade única a correção e a restauração do cristão.

Discípulo: Pessoa que segue e imita um mestre. Consulte a esse respeito o artigo "O discípulo de Jesus", que responde à pergunta "Quem é discípulo?", na p. 1389.

Dízimo: Décima parte de algo. Dar o dízimo a alguém significa reconhecer sua autoridade espiritual sobre tal pessoa. Abraão deu o dízimo dos despojos (Gênesis 14.20) a Melquisedeque. Em Levítico 27.30 o dízimo é apresentado como uma ordem a ser obedecida. O mandato de Números 18.21 é que todos os dízimos deviam ser entregues aos levitas. O profeta Malaquias (3.8-10), em nome de Deus, critica as pessoas que não estavam dando o dízimo. No Novo Testamento, Jesus censura o fariseu que se orgulha diante de Deus, entre outras coisas, por dar o dízimo de tudo (Lucas 18.10-14) e continuar confiando em sua própria justiça. O dízimo é um dever que se cumpre por amor; difere-se das ofertas e, como no Antigo Testamento, aliado a elas, consiste no sustento financeiro das igrejas, sua forma de crescimento e capacidade para cumprir sua missão.

Dons espirituais: Um dom é um presente, algo que não se conquista, mas é recebido conforme a vontade de quem o concede; nesse caso, o Espírito Santo. Os dons espirituais são uma manifestação da graça de Deus que permite que um cristão lhe sirva e desempenhe uma função especial dentro do plano redentor. Tais dons são distribuídos pelo Espírito "como quer" (1Coríntios 12.11), de acordo com os planos do Pai para a humanidade. Paulo fala sobre os dons espirituais em Romanos 12.6ss, 1Coríntios 12.7-11,28 e Efésios 4.7-16; sempre o faz dentro do contexto de como devemos amar e ajudar uns aos outros, de acordo com os dons que o Senhor nos tenha dado. Pedro também os menciona (1Pedro 4.9-11).

É bom saber que listas semelhantes, como virtudes, vícios, dons e outros, são características da literatura do século I e, no Novo Testamento, aparecem nos escritos de Paulo. Essas listas não são exaustivas; assim, ao fazer uma lista completa dos dons, os autores variam, mas todos concordam que há mais de 20 deles e que são habilidades de ordem sobrenatural que nos permitem fazer coisas que por nós mesmos não poderiam ser realizadas.

Duas listas nos chamam atenção em especial: a de 1Coríntios 12.8-10 e a de Efésios 4.11. A primeira contém nove dons, entre os quais se nota um equilíbrio necessário para a vida da igreja local. Na mente de Paulo parecia existir três grupos de dons que poderíamos chamar "de ensino", "de ministração" e "de adoração". Se há ensino e ministração, mas não adoração, haverá pouca celebração na igreja. (O filósofo ateu alemão Arthur Schopenhauer dizia: "Melhores canções deveriam cantar que me pudessem demonstrar que o seu Deus ressuscitou"). Se há ensino e adoração, mas não ministração, o discipulado e a evangelização serão deficientes na igreja; se há ministração e adoração, mas falta o ensino, será fácil de aparecer na igreja um incêndio difícil de controlar.

Sobre os dons tratados em Efésios 4.11, trata-se de dons-pessoas. São pessoas que o Senhor Jesus chamou e pôs na igreja como presente para ajudar os cristãos a crescer no discipulado e no ministério como membros de um mesmo Corpo "atingindo a medida da plenitude de Cristo" (Efésios 4.12,13). Consulte também a definição de cada um desses dons no lugar correspondente e lembre-se sempre da advertência de Paulo em 1Coríntios 12.1: "Irmãos, quanto aos dons espirituais, não quero que vocês sejam ignorantes".

–E–

Eclesiologia: Parte da teologia dedicada ao estudo da igreja como convocação divina, corpo de Cristo e edifício de pedras vivas, cujo único fundamento é Cristo.

Emanuel: Esta palavra aparece pela primeira vez nas profecias de Isaías 7.14 e 8.8, ecoando no evangelho de Mateus, no qual é uma referência direta a Jesus, o Messias, que haveria de nascer (1.23), ao mesmo tempo que explica seu significado: " 'A virgem ficará grávida e dará à luz um filho, e o chamarão Emanuel', que significa 'Deus conosco' ".

Escatologia: Parte da teologia dedicada ao estudo dos acontecimentos futuros dos últimos tempos deste mundo tal como o conhecemos hoje.

Escola Dominical: Instituição que surgiu na Inglaterra no século XVIII, quase sempre com a finalidade de proporcionar às crianças conhecimentos doutrinários básicos e orientação moral. Em muitas igrejas, foi expandida para atender também os adultos, mantendo o mesmo nome ou usando algo parecido. É normal que as escolas dominicais não sejam instituições de ensino reconhecidas, mas, sim, um trabalho de apoio básico às pessoas que frequentam a igreja local, independentemente da idade ou do estágio na caminhada espiritual e cristã. Geralmente assumem a forma de um estudo bíblico com duração aproximada de uma hora e cujos professores aconselham e ajudam seus alunos a tal ponto de se tornarem, muitas vezes, em verdadeiros discipuladores.

Escriba: Escrevente; copista; secretário; pessoa cujo trabalho era escrever textos oficiais, textos religiosos, cartas, contratos, divórcios e assuntos semelhantes. Na época após o exílio babilônico, destaca-se a figura do sacerdote e escriba Esdras, líder do primeiro grupo de exilados que voltaram para Jerusalém e muito respeitado dentro do judaísmo. Já sendo Neemias o governador, Esdras conseguiu recuperar uma cópia do Pentateuco, reuniu o remanescente que havia retornado do exílio e leu-o por completo e em voz alta "desde o raiar da manhã até o meio-dia" (Neemias 8.3). A partir dessa época, a profissão de escriba começou a ter um destaque com um forte sentido religioso. Nos tempos de Jesus, os escribas pertenciam principalmente à seita dos fariseus.

Espírito: Uma das três partes do ser humano pela qual este se comunica com Deus. Quando a pessoa ainda não conhece Deus pela fé nele, seu espírito está morto por causa da separação que o pecado causa (consulte *Morte*). Uma vez que a pessoa crê e recebe a justiça de Cristo, "nasce de novo" (leia João 3.3-8). Tanto no hebraico como no grego, as palavras "espírito" e "sopro ou fôlego" são o mesmo vocábulo. Por isso, na criação do homem (Gênesis 2.7) diz a Bíblia que Deus "soprou em suas narinas o fôlego de vida". Nesse momento, o homem era criado um ser espiritual, à imagem e semelhança de Deus, e totalmente diferente do restante da criação.

Espírito Santo: Terceira pessoa da Trindade. Recebe o nome de "Santo" no Novo Testamento, a partir do qual começa a habitar em nós e quando nos tornamos seu templo (1Coríntios 3.16,17; 6.19); ou seja, não se limita a estar conosco (João 14.17). Seus nomes e símbolos descrevem sua personalidade e obra, que são iguais tanto no Antigo quanto no Novo Testamentos.

Essênios: Embora não sejam mencionados diretamente nas Escrituras, são indicados em outras obras, como as do historiador Flávio Josefo, e existem numerosos copistas que acreditam que declarações como a de Lucas, segundo a qual João Batista "viveu no deserto, até aparecer publicamente a Israel" (Lucas 1.80), referem-se à influência dos essênios em João e, em consequência, nos primeiros discípulos de Jesus, que haviam sido discípulos de João. Os essênios eram na verdade um conjunto de diferentes grupos que haviam florescido entre o século II a.C. e o século I d.C. Pertenciam a um movimento originado por sacerdotes dissidentes que não aceitavam a corrupção dos saduceus, sacerdotes que controlavam o templo de Jerusalém. Eles tinham seus próprios livros e calendário, e seus centros costumavam estar localizados no deserto (daí talvez seja adequada a observação de Lucas; consulte *Qumran*), embora também vivessem no meio de outros israelitas. Na realidade, tratava-se de vários grupos cujas crenças e espiritualidade começam a ser mais bem conhecidas hoje graças à descoberta dos rolos do mar Morto (consulte esse artigo) e sua publicação recente.

Evangelho: Do grego, "boa-nova". Mesmo que tenhamos quatro Evangelhos canônicos ou divinamente inspirados, o evangelho, na realidade, é apenas um: Jesus Cristo. Ele é a boa-nova que veio do céu para encher de alegria e satisfação uma humanidade caída em um reino de trevas e injustiça. "Aquele que é a Palavra tornou-se carne e viveu [tabernaculou] entre nós" (João 1.14), para depois entregar sua vida e voltar a tomá-la (João 10.18), a fim de converter-se na ponte, ou seja, o único caminho entre Deus e os homens, uma vez que antes não havia caminho algum e jamais seria possível aos homens traçá-lo.

Evangelista: **(1)** Nome que se dá a Mateus, Marcos, Lucas e João, os escritores dos quatro Evangelhos (consulte *Evangelho*). **(2)** Aquele que divulga a outros a boa-nova. Em outras palavras, a pessoa que apresenta Jesus Cristo a quem não o conhece. Em nossa cultura e no momento contemporâneo, o problema não é tanto o desconhecimento, como o conhecimento falsificado ou distorcido. O evangelista é um dos cinco tipos de "homens-dons" que Cristo instituiu em sua Igreja a fim de aperfeiçoar os santos para a obra do ministério, com o objetivo de que cresçam juntos até atingir a plenitude do próprio Cristo (Efésios 4.11-13). Isso quer dizer que Deus tem um plano e um chamado para todos e cada um de seus filhos, princípio este conhecido como "sacerdócio universal dos fiéis". Para Deus não há grandes nem pequenos em seu Reino.

Evangelização: Ato de proclamar as boas-novas de Jesus Cristo como Senhor e Salvador de todo o gênero humano. Quando a evangelização cruza fronteiras étnicas, culturais e geográficas, toma o nome de missão.

Expiação: **(1)** Pena ou castigo que serve para ajustar contas com alguém ou com a sociedade por um delito ou crime cometido. **(2)** Os homens não têm meios próprios para expiar seus pecados contra Deus e contra outros seres humanos. A vinda do Filho de Deus ao mundo, o fato de se tornar homem, fez dele o sacrifício perfeito para expiar o pecado dos homens com uma eficácia total e para sempre. Em Gênesis 22, há um tipo de Jesus quando Abraão responde de forma profética a seu filho Isaque, a quem Deus lhe havia ordenado que sacrificasse: " 'Deus mesmo há de prover o cordeiro para o holocausto, meu filho' " (v. 8), referindo-se a um sacrifício que substituiria o de

Isaque, que aqui simbolizava toda a humanidade pecadora. Quando João Batista identifica Jesus, chama-o de "o Cordeiro de Deus, que tira o pecado do mundo" (João 1.29). Em Apocalipse, o ancião diz ao apóstolo João sobre o Leão da tribo de Judá e, ao voltar-se, João vê um "Cordeiro, que parecia ter estado morto" (5.6). O sacrifício expiatório de Cristo foi de "uma vez por todas" (Hebreus 7.27). Não há necessidade de nenhum outro sacrifício, com ou sem sangue. A realização de qualquer outro tipo de sacrifício equivaleria à negação do valor infinito e definitivo da obra redentora de Cristo.

–F–

Fariseus: (1) Movimento político-religioso de grande ascendência no meio do povo judeu na época de Jesus Cristo. Diferentemente dos saduceus, criam na ressurreição, nos anjos e na vida após a morte, e aceitavam como inspirados, além do Pentateuco, outros livros que hoje formam o Antigo Testamento. Pertenciam a todas as classes sociais e tinham a obrigação de aprender um ofício para ganhar a vida, além de estudar as Escrituras. Em razão da grande carga de normas que acrescentaram às Escrituras, tornaram a vida religiosa judaica muito difícil de ser suportada. Ainda que a opinião geral do Novo Testamento e do próprio Jesus nos pareça negativa (consulte o ponto 2), houve entre eles grandes homens sábios e prudentes, como Gamaliel (leia Atos 5.34-39), neto do distinto mestre Hillel e portador do título Rabbán ("nosso mestre"), outorgado somente a alguns poucos homens na história do judaísmo. Saulo, que depois viria a ser o apóstolo Paulo, fora "instruído rigorosamente por Gamaliel" (Atos 22.3); é provável que também Estêvão tivesse sido. O próprio Paulo, depois de ter aceitado Jesus como Messias, considerava que, do ponto de vista humano, era uma honra pertencer à seita dos fariseus (leia Filipenses 3.5), ainda que o considerasse como perda por amor a Cristo e pela excelência do conhecimento de Jesus, Senhor nosso ("Mas o que para mim era lucro passei a considerar como perda, por causa de Cristo. [...] considero tudo como perda, comparado com a suprema grandeza do conhecimento de Cristo Jesus" [v. 7,8]). Na seita dos fariseus era obrigatório, além do estudo das Escrituras e de outros documentos, aprender um ofício para sustento próprio, sem que fosse necessário depender de outras pessoas. Esse conceito foi muito útil a Paulo em sua obra missionária (Atos 18.2,3). (2) Na linguagem coloquial, "fariseu" também é sinônimo de "hipócrita". Essa interpretação tem como base as palavras do próprio Jesus (Mateus 23.13-15,23,25,27,29; Lucas 11.44) em suas polêmicas com os membros da seita.

Fé: (1) Qualidade recebida do Espírito Santo de Deus que nos permite ter segurança do que ele nos disse que devíamos esperar e convencidos de que existe aquilo que ele nos disse que existe, mesmo que ainda não o possamos contemplar (Hebreus 11.1). A fé salvadora é a que nos tira das trevas para que nos aproximemos da luz de Cristo. É a responsável pelo novo nascimento. Em um estágio posterior, manifesta-se nas nossas atitudes e obras (Tiago 1.22; 2.14,17-20), pois a fé não consiste em uma simples convicção intelectual sobre uma verdade ou conjunto de verdades. Para ser eficaz, a fé deve ser dirigida de maneira pessoal a Deus e a Jesus; não devemos depositá-la em nenhuma outra coisa alheia à Palavra de Deus nem a mesclar com a fé que os seres humanos põem em coisas e figuras outras muitas vezes contrárias a Deus. Nossa fé baseia-se na autoridade pessoal do Deus todo-poderoso e de Jesus Cristo, nosso Senhor e Salvador. Cremos em Deus e em Jesus e, por isso, cremos nas coisas que nos revelam sua Palavra. A fé influencia todos os aspectos da nossa vida. Ou seja, trata-se de uma maneira de viver. (2) Fidelidade, lealdade que manifesta nossa fé em uma pessoa.

Fé, dom da: Um dos nove dons espirituais que Paulo menciona em 1Coríntios 12.8-10. Trata-se de uma capacitação sobrenatural e momentânea que o Espírito Santo concede ao cristão, segundo a qual tem lugar uma medida extraordinária da fé necessária para uma ocasião específica. Pertence ao segundo grupo de dons, os chamados "de ministração". É uma fé distinta da fé para salvação ou da fé que recebemos cada um (Romanos 12.3) para ter uma vida cristã verdadeira e vitoriosa, mesmo que seja também comum a elas pelo fato de não ser uma criação nossa, e sim procedente de Deus.

Filho: (1) O Filho de Deus, a segunda pessoa da Trindade. Para muitos, manifestou-se no Antigo Testamento nas chamadas "teofanias" ou aparições da divindade. Quando chegou o tempo exato, Deus "enviou seu Filho, nascido de mulher, nascido debaixo da Lei" (Gálatas 4.4). Para isso, o Filho teve de despojar-se de seus privilégios divinos e fazer-se semelhante aos homens, menos no que se referia ao pecado (Filipenses 2.6-8). Em seguida, entregou-se como sacrifício expiatório para a nossa justificação, mas a morte não conseguiu detê-lo (1Coríntios 15.55). Exaltado à direita do Pai, vive para sempre para interceder por aqueles que "por meio dele, se aproximam de Deus" (Hebreus 7.25). Da primeira vez, veio como Servo do Senhor. Da segunda, voltará como Rei triunfante (Apocalipse 19.11-16). **(2)** O filho também é o novo cristão, ou recém-convertido, que Deus adota como filho, com todos os direitos, privilégios e responsabilidades inerentes ao sobrenome que leva (Romanos 8.15; 9.4; Gálatas 4.5).

Filho do homem: Nome com o qual Jesus preferia referir-se a si mesmo. Tal preferência reflete-se sobretudo no evangelho de Marcos (2.10,28; 8.31,38; 9.9,12,31;10.33,45; 13.26; 14.21,41,62). Ao que tudo indica, tratava-se de uma evocação à profecia de Daniel 7.13,14: " 'Em minha visão à noite, vi alguém semelhante a um filho de homem, vindo com as nuvens dos céus. Ele se aproximou do ancião e foi conduzido à sua presença. Ele recebeu autoridade, glória e o reino; todos os povos, nações e homens de todas as línguas o adoraram. Seu domínio é um domínio eterno que não acabará, e seu reino jamais será destruído' ".

Fruto do Espírito: Em oposição à ampla lista de obras da carne que apresenta Gálatas 5.19-21, Paulo fala do fruto do Espírito nos versículos 22 e 23. Fruto é algo que um ser vivo produz quando está em seu ambiente natural e é mantido sadio e bem alimentado. Quando o Espírito Santo vive no cristão com liberdade para atuar em sua vida e guiá-lo, produz nele esse fruto, que é "amor, alegria, paz, paciência, amabilidade, bondade, fidelidade [fé], mansidão e domínio próprio". Não é produto do nosso esforço. Mas, sim, o fruto natural e normal da nossa entrega ao Espírito Santo de Deus; sua manifestação externa em nossa conduta e nossas atitudes.

–G–

Gentio: No mundo bíblico e no mundo judaico, este termo define todos aqueles que não fazem parte do povo de Israel. Nos círculos judaicos mais nacionalistas, a palavra é pronunciada com desprezo, da mesma forma que o termo humilhante traduzido por "incircuncisos". Por outro lado, no Novo Testamento recebe um tratamento normal, apenas como uma distinção entre a pessoa de origem judaica e a pessoa que tem origem em outra etnia. Veja Efésios 2.14. Esse é o sentido que por vezes Paulo usa com respeito ao termo "grego". Veja 1Coríntios 12.13; Gálatas 3.28; Colossenses 3.11.

Glória: No Antigo Testamento é uma palavra associada à manifestação da presença de Deus. Moisés pediu a Deus que lhe mostrasse sua glória (Êxodo 33.18). No Novo Testamento, expressa majestade e perfeição quando se refere a Deus (Romanos 1.23; 3.23; Efésios 1.17). Em Hebreus, apresenta Jesus como "o resplendor da glória de Deus e a expressão exata do seu ser, sustentando todas as coisas por sua palavra poderosa" (Hebreus 1.3).

Gnosticismo, gnóstico: Esta palavra tem origem na palavra grega *gnosis*, que significa "conhecimento intelectual". Refere-se a um movimento religioso do tipo sincretista que se infiltrou na Igreja cristã, provavelmente desde o final do século I ou início do século II e penetrou também outros sistemas de crenças, como o judaísmo e as religiões orientais. Na realidade, o termo refere-se a vários sistemas de crenças, talvez anteriores à época de Cristo, que têm em comum a ideia de que é possível alcançar a "iluminação" ou o conhecimento de Deus através do poder da mente. Existente também em grupos isolados e de forte influência em várias religiões atuais, até mesmo em seitas alheias ao cristianismo, o gnosticismo entrou na Igreja usando duas armas: o tédio, que estavam começando a sentir os cristãos da terceira e da quarta gerações com a simplicidade da pregação e do ensino do evangelho, e os belos hinos que compunham seus seguidores e que pareciam apresentar uma espiritualidade mais elevada e mística. Continua valendo a norma segundo a qual nem tudo que é espiritual procede de Deus. Os historiadores consideravam-no o maior perigo que já ocorreu na Igreja de Cristo em toda a sua história.

Graça: Favor que recebemos de Deus. Não apenas não o merecemos, como também merecíamos exatamente o contrário. Não nos custa nada porque Deus o pagou com a vida de seu Filho (Romanos 5.7-11).

Grande Comissão: Missão que Jesus deu a seus discípulos e que tem sido realizada com maior ou menor eficácia ao longo de todas as gerações da Igreja. Supõe a transmissão de uma geração à seguinte até que seja completamente cumprida (Mateus 24.14). Leia Mateus 28.18-20; Marcos 16.15-20; Lucas 24.45-50; Atos 1.4-9.

Grego: O idioma mais internacional dentro do Império Romano no tempo de Cristo. Sua variedade mais simples é o coiné ("comum"), falado nas praças de comércio e na vida cotidiana, e na qual o Novo Testamento foi escrito. A grande extensão do grego em toda a bacia do Mediterrâneo — a um ponto tal que judeus chegaram a adotá-lo, teve como consequência a tradução do Antigo Testamento para o grego, que foi feita no Egito no século II a.C. (conhecida como *Septuaginta* ou "Tradução dos Setenta") — teve um grande peso nos escritos do Novo Testamento, nos escritos dos primeiros pais da Igreja e na vida espiritual da Igreja nascente.

–H–

Hamartiologia: Parte da Teologia dedicada ao estudo do pecado.

Hebraico: (1) Idioma semítico (por Sem, filho de Noé) falado pelo povo de Israel e em cuja forma clássica foi escrita a maior parte do Antigo Testamento. Por essa razão, é comum no mundo judaico referir-se a ele como "língua sagrada". (2) O hebraico moderno é o produto de um longo esforço que culminou na obra de Eliezer ben-Yehuda (1858-1922) e que teve como consequência a ressurreição do hebraico como o principal idioma oficial de Israel — feito único na história da humanidade. O hebraico moderno contém uma base forte do hebraico sefardita, misturado a elementos levados para a terra santa pelos judeus da Europa e modernizado para encontrar-se à altura dos demais idiomas do mundo civilizado atual.

Henoteísmo: Do grego, literalmente "um deus por vez". Forma especial de *politeísmo* (consulte esse artigo), muito comum no Oriente Médio durante a Antiguidade. Consistia na crença da existência de uma série de deuses (*baalins* ou "senhores"), cada um dos quais dominava sua própria jurisdição, formada por uma cidade ou região. Ao mover-se de uma cidade para outra, a pessoa devia adorar o Baal da cidade nova, que era quem a dominava. É possível que essa fosse a mentalidade do sírio Naamã, curado de sua lepra (2Reis 5.17), quando pediu permissão para carregar um par de mulas com a terra de Israel a fim de adorar ao SENHOR em seu país. Nas batalhas, os exércitos costumavam levar na bagagem seus deuses, e, em sua maneira de pensar, a batalha era de fato uma luta de forças entre os deuses envolvidos. O deus do exército derrotado era capturado e levado "prisioneiro" para o templo do deus dos vencedores. Como os israelitas não tinham representação idolátrica de Javé, iam para a guerra com a arca da aliança, que era levada nos ombros dos levitas (leia 1Samuel 15).

Herege, heresia: O herege é alguém que mantém suas próprias ideias sobre crenças bíblicas básicas. Essas ideias são contrárias a uma interpretação correta das Escrituras e causam separação entre o herege, ou heterodoxo, e aqueles cujas crenças ortodoxas estão de acordo com a verdadeira doutrina.

Heresiarca: Líder de um grupo herético, normalmente seu iniciador e ideólogo, que, por vezes, é elevado por seus seguidores a uma categoria divina ou quase divina.

Herodiano: Membro do partido político leal à família dos Herodes na época de Jesus Cristo.

Hino: Composição musical para louvor ou adoração a Deus. Os hinos são geralmente mais solenes do que os coros e possuem um forte conteúdo teológico. Ambas as expressões têm seu lugar na adoração pessoal a Deus e na expressão comunitária das igrejas. Consulte *Coro*.

Holocausto: Do grego, "completamente queimado". Um dos tipos de sacrifícios oferecidos no tabernáculo e mais tarde no templo. Nesse tipo de sacrifício, a vítima era totalmente consumida no fogo como símbolo de dedicação total a Deus (cf. Levítico 1.3,4).

Horóscopo: Consulte *Astrologia*.

Hosana: Expressão hebraica equivalente a "salva, peço-te" ou "salva agora". Era usada na adoração do povo judeu e também aparece no Novo Testamento como um grito de reconhecimento, louvor e adoração que o povo dirigiu ao Messias durante sua entrada triunfal em Jerusalém (Mateus 21.9,15; Marcos 11.9,10; João 12.13).

–I–

Idolatria: Adoração de um *ídolo* (consulte esse artigo) em vez de adorar a Deus (ou além de adorar a Deus, ou, ainda, pensamento que o ídolo representa Deus). A Bíblia está cheia de exemplos práticos como esse que sempre rodearam e pressionaram o povo de Israel ao pecado. A idolatria remonta à época de Abraão, de Ur dos caldeus (região idólatra), depois ao tempo em que Israel viveu no Egito (país idólatra por excelência) e, ainda mais tarde, quando instalado na terra de Canaã, em contato mais ou menos pacífico (o mais perigoso) com povos pagãos que haviam chegado a um alto grau de corrupção espiritual. A idolatria é proibida nos dois primeiros mandamentos (consulte *Dez Mandamentos*). Em nenhum lugar das Escrituras há autorização para render-se culto a algum tipo de falso deus, muito menos a qualquer ser criado, angelical ou humano (Apocalipse 19.10; 22.8).

Ídolo: Representação material de um ser supostamente divino, ou digno de veneração, diante do qual se produz algum tipo de culto. Sem dúvida nenhuma, a Bíblia proíbe qualquer ídolo no segundo dos Dez Mandamentos, e no Antigo Testamento sempre foi um motivo grave de julgamento contra o povo de Deus, ao qual falava por meio de seus profetas; a prática de ter ídolos era qualificada de adultério espiritual (1Coríntios 8.4-6) e de adoração dirigida a demônios (1Coríntios 10.19-21), inaceitável para o cristão. A representação de Deus por meio de uma imagem é também uma forma de ídolo, como foi o caso com o bezerro de ouro ao monte Sinai (Êxodo 32.4-8; Deuteronômio 4.15-20). Nenhuma mente humana pode representar Deus corretamente. Sua única imagem exata é Jesus Cristo, seu filho (Colossenses 1.15-17).

Igreja: Do grego *ekklesia*, "assembleia, convocação". Está muito próxima do significado da palavra "sinagoga". Ambas têm a conotação de "convocação do Senhor", como no Antigo Testamento, quando o povo era convocado por Deus. Entendia-se que era o próprio Deus, seu legítimo rei, que chamava seu povo e que o fazia com nenhum outro fim que não fosse estreitar laços de comunhão com ele. Outro ponto de vista das nossas reuniões nas igrejas deve surgir daí: não somos convidados por pastores ou líderes, nem participamos porque queremos, mas o nosso Rei dos reis e Senhor dos senhores é quem nos convoca. Se nos convocamos a nós mesmos, estaremos fazendo coisas religiosas que talvez nem a Deus lhe interesse. Cristo é o rei e cabeça da Igreja (Efésios 1.22,23 e nosso ajuntamento deve girar em torno do desejo de agradá-lo, não em torno do desejo de "agradar ao público".

Iluminação: Trabalho realizado pelo Espírito Santo no discípulo quando este lê as Escrituras, a fim de dar-lhe uma compreensão mais completa. O discípulo deve fazer sua parte, estudando e lendo tudo sobre o contexto do que está lendo das Escrituras, bem como fazê-lo sob oração e submissão à voz do Espírito Santo. A iluminação não é inspiração, o que significa que não pode surgir nenhuma nova verdade. Tudo o que Deus havia planejado comunicar à humanidade, já comunicara na revelação objetiva geral da criação e específica das Escrituras (Hebreus 1.1,2).

Imanente: Pensamento segundo o qual Deus é imanente (latim: "que permanece no interior") a todas as coisas criadas; ou seja, que ele está dentro de todas elas. Ao mesmo tempo, é "transcendente", ou seja, é diferente delas. Isso significa que as Escrituras não aceitam o conceito panteísta presente na maioria das religiões orientais e de origem oriental, que acreditam que toda a realidade equivale a Deus e tudo o que existe nada mais é do que uma manifestação dele. Esse conceito não segue a orientação bíblica nem o cristianismo. Consulte *Transcendente*.

Imundo: Em latim, "sujo, impuro, contaminado". No Antigo Testamento fala-se de alimentos impuros, pessoas e coisas impuras. Essas leis, que muitas vezes tinham como objetivo um propósito higiênico, guiou o povo de Deus até a chegada do Novo Testamento, quando a situação se inverteu. O puro passa a purificar a coisa impura; não o contrário. Considere a história de Jesus com a mulher que era impura por causa de um fluxo de sangue. Seu contato com ela não deixou Jesus imundo; pelo contrário, ele a curou e salvou (Lucas 8.43-50). A proibição de comer determinados animais foi aproveitada por Deus para convencer Pedro de que ele entrasse em contato com o centurião Cornélio e sua família (Atos 10.9-16). Pedro não ficou impuro por ter entrado na casa desse gentio; o gentio, porém, sua família e seus amigos foram purificados, salvos e cheios do Espírito graças a Pedro que havia entrado em sua casa. Tal princípio tem uma aplicação profunda e muito direta à evangelização.

Inferno: Lugar no qual os condenados sofrem a maior de todas as torturas: a separação eterna de Deus, chamada de segunda morte (Apocalipse 2.11; 20.14; 21,8). O inferno é o lago de fogo que não foi criado para o homem, mas, sim, para o Diabo e seus anjos (Mateus 25.41), que aí serão lançados nos finais dos tempos (Apocalipse 20.10), com todos aqueles cujos nomes não estiverem no livro da vida (Apocalipse 20.15).

Inspiração: **(1)** Na cultura geral, estímulo eficaz que, em particular, recebe de fora ou de seu próprio interior um escritor, palestrante ou artista, e que lhe permite produzir de maneira espontânea e sem esforço. **(2)** Uma influência sobrenatural que exerceu o Espírito Santo sobre cerca de 40 escritores escolhidos ao longo de cerca de um milênio e meio para escrever o plano de Deus e tudo o que estivesse relacionado à nossa salvação. O resultado foram 66 livros escritos, completamente confiáveis e com autoridade divina (2Timóteo 3.16,17). Nesse sentido, os escritos da Bíblia são os únicos divinamente inspirados que existem em todo o mundo (Consulte *Bíblia*). Os manuscritos originais foram perdidos nas sombras dos séculos, mas hoje temos versões que são o produto de um trabalho de exaustiva pesquisa e comparação de manuscritos, alguns dos quais (por exemplo, os rolos do mar Morto) datam do século I a. C. Muitas dessas versões são fiéis aos originais em mais de 99%. Vale a pena lembrar-se de que, comparada aos livros da Antiguidade que chegaram a nós, a Bíblia ultrapassa os demais no que se refere ao número e antiguidade dos manuscritos da atualidade. Isso permitiu que fosse empreendido um trabalho muito mais perfeito e completo para aproximar os textos traduzidos de seu texto e sentido originais. Consulte também *Bíblia*.

Israel: Em hebraico, "O que luta com Deus". **(1)** Nome que o Senhor deu a Jacó em Peniel depois de lutar com ele "até o amanhecer" (Gênesis 32.24-30). **(2)** Nome usado por Deus para se referir ao povo descendente de Abraão, Isaque e Jacó por meio de seus 12 filhos. **(3)** Nome que tomou o Reino do Norte, formado pelas dez tribos do Norte, ao ser separado do governo central da dinastia de Davi em Jerusalém. Sua capital, edificada por Onri, um de seus reis, foi a cidade de Samaria, famosa por seu luxo e corrupção. O Império Assírio derrotou o Reino do Norte e o levou para o cativeiro no ano 721 a.C. **(4)** Nome do moderno Estado de Israel, que nasceu em 14 de maio de 1948, como lar nacional para o povo judeu após a catástrofe do Holocausto na Europa.

–J–

Jah: Ao que parece, abreviatura de Javé. Surge em numerosos salmos (Salmos 68.4,18; 118.5,14-19; 150.6) e em Isaías (12.2; 38.11), ou combinada em palavras compostas como Aleluia ("Louvai ao SENHOR").

Javé: Consulte *Tetragrama*.

Jerusalém: Capital de Israel. De localização estratégica, esteve nas mãos dos jebuseus até que foi conquistada por Davi. Os arqueólogos afirmam ter encontrado no ano 2008, debaixo do monte Sião, ponto central na localização original da cidade, o túnel pelo qual Davi entrou na cidade com seus homens (2Samuel 5.6-10). Nos últimos tempos, também encontraram no monte Sião os restos de um palácio-fortaleza que corresponde à época do rei Davi (cerca do ano 1050 a.C.).

Jesus Cristo: Nome do Redentor, composto do nome próprio de *Jesus* e o título *Cristo*. O nome Jesus em hebraico aparece no Antigo Testamento traduzido por *Josué*, que significa literalmente "o SENHOR salva" ou "o SENHOR resgata". É encontrado pela primeira vez quando Moisés dá a Oseias, filho de Num, o nome de Josué e o elege como seu ajudante, que viria a ser seu sucessor como líder de todo o Israel (Números 13.16).

Joio: Planta gramínea, impossível de ser distinguida até que comece a espigar; nesse momento já é muito tarde para ser arrancada, uma vez que suas raízes ficam entrelaçadas com as do trigo. O joio é venenoso, principalmente para o gado. Jesus o menciona em uma parábola para simbolizar determinadas pessoas que o Inimigo põe nas igrejas para causar divisão, confusão e discórdia (Mateus 13.24-30; 37—43). Não cabe a nós qualificar ninguém de joio; essa tarefa só cabe a Jesus, conforme explicou a seus discípulos. Mesmo que o uso popular fale de "semear joio" como sinônimo de criar dissensão, o sentido da parábola é mais profundo, conforme vimos.

Judaísmo: Adaptação da religião bíblica do Antigo Testamento à nova situação em que estava o povo judeu com a destruição do templo, a expatriação de Jerusalém e a Diáspora ou dispersão por todo o mundo conhecido. Sua estruturação mais determinante procedia do campo dos fariseus. Hoje, permanece dividido em diversos grupos e subgrupos, dos quais os principais são os judeus ortodoxos (os mais extremistas são os *haredi* e *judaísmo chassídico*), os conservadores e os reformistas. Seu conjunto de livros sagrados é o *Tanakh*, que equivale ao Antigo Testamento. Além disso, têm uma série de obras consideradas normativas, que correspondem a uma tradição oral, entre as quais se destaca o *Talmude*.

Judeu: Diz-se em sentido étnico a respeito dos descendentes de Abraão pela linhagem de Isaque, o filho de sua esposa Sara, mas geralmente é considerado judeu todo aquele cuja mãe tenha sido judia. Este patronímico começou a ser usado durante a época posterior ao exílio babilônico pelo fato de que os exilados eram descendentes de cidadãos do Reino do Sul, ou seja, de Judá.

Juiz: (1) Em linguagem atual, funcionário do poder judicial de uma nação. (2) Na Bíblia, líderes que Deus levantava entre as épocas de Josué e de Saul, o primeiro rei de Israel, para conduzir o povo à libertação dos povos opressores vizinhos. Os juízes cumpriam a função de líderes civis, militares e, por vezes, também de religiosos. O último juiz foi Samuel, que governou todo o Israel e que, por pressão do povo, foi substituído, com a autorização de Deus, pela monarquia representada por Saul, em primeiro lugar, e depois por Davi.

Justificação: Ação de declarar, aceitar e tratar como justo alguém que não o é e não tem mérito algum para sê-lo. Por um lado, isso significa que se está concedendo a essa pessoa anistia plena e exoneração total do castigo que merecia; por outro, que lhe estão outorgando todos os direitos inerentes aos justos. A justificação ocorre no momento em que você aceita Cristo como Salvador (Romanos 3.21-26). Deus recebe-o como filho, perdoa os pecados de sua vida passada, anula a sentença que havia contra ele e proclama-o justo, em resposta ao sacrifício de valor eterno feito por seu Filho. Entre os vários textos que se referem a esse tema no Novo Testamento, destaca-se Colossenses 2.13-15, que descreve o que realmente aconteceu na cruz do Calvário.

Justo: Uma das acepções do dicionário para a palavra "justo" assim é definida: "aquele que está em estado de graça perante Deus" (*Houaiss*). Nesse sentido estrito, é um adjetivo que só pode ser aplicado a Jesus (leia Atos 3.14; Romanos 3.10,26). No entanto, graças ao sacrifício expiatório, hoje Deus aceita como justo todos aqueles que depositaram sua fé nele como Redentor, Senhor e Salvador. Essa é a declaração de Habacuque 2.4, a que se referiu o apóstolo Paulo (Romanos 1.17; Gálatas 3.11): "O justo viverá pela fé". Essas foram as palavras que queimaram o coração de Martinho Lutero e que deram início ao movimento da Reforma Protestante.

–L–

Lemuel: Seu nome significa "dedicado a Deus". Trata-se de um rei desconhecido que coleta ensinamentos por escrito de sua mãe no capítulo 31 de Provérbios. Alguns estudiosos atribuem a ele os versículos 1 a 9, ao passo que outros incluem também o acróstico sobre a mulher virtuosa (v. 10-31). Os comentaristas rabínicos o identificam com o próprio rei Salomão; outros consideram que talvez fosse o *xeique* de qualquer tribo árabe que vivesse ao lado da terra santa, talvez irmão de Agur, que escreve o capítulo 30 do mesmo livro. Assim como no caso de Agur, a palavra "profecia" ou "carga" (HaMassa) pode ser traduzida por "Massa" ou "Mash", e nesse caso estaríamos falando sobre o rei ou *xeique* árabe daquele lugar. Consulte *Agur*.

Liberto: Do latim, "tornado livre". Alguém que foi escravo e a quem é concedida a categoria de homem livre. Em Jerusalém havia uma sinagoga chamada "Dos Libertos", que entrou em disputa com Estêvão, contra quem chegou a pagar falsas testemunhas para provocar sua morte (Atos 6.9-14).

Línguas, diversos gêneros de: Um dos nove dons espirituais mencionados por Paulo em 1Coríntios 12.8-10. Trata-se de uma capacitação sobrenatural e momentânea que o Espírito Santo concede ao cristão, que permite à pessoa falar em uma língua que lhe é totalmente desconhecida. Faz parte do terceiro grupo de dons, os chamados "de adoração". No livro de Atos, vemos suas manifestações em diversas ocasiões. Paulo menciona-as e explica alguns detalhes sobre seu uso, e abuso, em 1Coríntios 12—14, porque tal abuso foi um dos principais problemas existentes na igreja de Corinto que impediam o crescimento na fé e criava uma superficialidade sensacionalista que afugentava os não cristãos.

Línguas, interpretação de: Um dos nove dons espirituais mencionados por Paulo em 1Coríntios 12.8-10. Trata-se de uma capacitação sobrenatural e momentânea que o Espírito Santo concede ao cristão, que permite à pessoa interpretar línguas sobrenaturais faladas por alguém na reunião dos cristãos. A ordem de Paulo é que, se não há interpretação, os que falam línguas estranhas devem ficar calados (leia 1Coríntios 14.28). A interpretação de línguas pertence ao terceiro grupo de dons, os chamados "de adoração"; na maioria das vezes, as línguas e a interpretação têm como objetivo levar os cristãos a uma adoração mais profunda.

Liturgia: Ordem predefinida e escrita para a celebração de cultos. É comum que haja livros escritos e aprovados pelas autoridades eclesiásticas com essa finalidade e esse conteúdo. Este tipo de festa é característica das igrejas mais antigas, tanto antes da Reforma do século XVI quanto posteriores a ela, e consiste principalmente em trechos das Escrituras e orações inspiradas neles. Na liturgia cristã conservam-se hinos que datam dos primeiros séculos da Igreja cristã. As igrejas que usam esse tipo de adoração recebem o nome comum de "igrejas litúrgicas". As igrejas evangélicas tendem a desenvolver uma adoração mais livre e espontânea.

Louvor: Elogio; celebração quase sempre por meio de palavras. Louvamos a Deus por suas grandes obras e fazemos isso de muitas formas, internas e externas; muitas vezes incluindo o uso da música e do canto (Salmos 145.3; Hebreus 13.15; Tiago 5.13; Apocalipse 5.13). "Os céus declaram a glória de Deus; o firmamento proclama a obra das suas mãos" (Salmos 19.1). A tudo isso, o ser humano responde com louvor, conforme indica o salmo 150, que termina o Saltério com chave de ouro, especialmente no primeiro versículo: "Louvem a Deus no seu santuário, louvem-no em seu magnífico firmamento".

–M–

Maldição: (1) Expressão quase sempre verbal de ira de uma pessoa contra outra, a partir da qual se deseja a ela algum tipo de dano. (2) Assim como Deus promete abençoar o obediente, também garante que os desobedientes são afastados de sua proteção para cair nas garras do Inimigo (leia Deuteronômio 11. 26ss). Não pode haver nesta vida maldição pior do que essa.

Maná: Literalmente do hebraico, quer dizer "O que é isso?". Substância com que Deus alimentou de forma milagrosa o povo hebreu durante todo o tempo em que vagou no deserto (Êxodo 16.14-20). Parou de cair do céu quando o povo entrou na terra prometida (Josué 5.12). Jesus disse ser o pão que descia do céu, em clara referência ao maná (João 31.58).

Mártir: Do grego *mártyros*, que significa literalmente "testemunha". Palavra usada nos tribunais para indicar a pessoa que testemunhava em favor de alguém. A Igreja adotou o termo para designar aqueles que, desde o século I até hoje, preferem dar a própria vida a ter que negar o testemunho de Cristo.

Messias: Palavra que se origina no hebraico e significa "ungido, consagrado". O Novo Testamento nos dá seu equivalente grego, *khristós*, da qual provém a palavra "Cristo".

Mestre: (1) Aquele que ensina algo a uma pessoa ou um grupo de discípulos. Ao contrário de seu significado atual, esta palavra tinha um significado mais profundo na Antiguidade. O ensino não se limitava a transmitir conhecimentos, mas comunicava vida. O mestre vivia com seus discípulos, e estes aprendiam não apenas das lições que recebiam, mas, acima de tudo, da vida do mestre, suas atitudes e suas ações. Jesus pregou a multidões, mas sempre teve um grupo de discípulos ao qual repetidamente ensinava o significado das parábolas que contava à multidão (leia Mateus 13.3-23). Nessas explicações se nota a diferença de intimidade e profundidade de compreensão dos discípulos e da multidão. (2) Um dos cinco tipos de servos que Jesus dá à sua Igreja para que cresça até o pleno conhecimento de Jesus e então esteja apta para realizar o ministério como é devido (Efésios 4.11ss). Os mestres na igreja nascente eram anciãos da igreja dedicados a esse trabalho, como também o eram pastores e outros. Tiago recomenda muito cuidado com essa responsabilidade, que é consideravelmente maior do que a de outros pela grande influência espiritual que pode ter (Tiago 3.1).

Milagres, poder para operar: Literalmente, "fazer milagres". Um dos nove dons espirituais que Paulo menciona em 1Coríntios 12.8-10. Trata-se de uma capacitação sobrenatural e momentânea que o Espírito Santo concede ao cristão, a partir da qual Deus interrompe ou altera as leis da natureza que ele mesmo criou para realizar algo que o ser humano não tem capacidade de fazer. Pertence ao segundo grupo de dons, os chamados "de ministração".

Milênio: De acordo com Apocalipse 20.1-10, em especial no versículo 6, reinado de mil anos durante o qual Cristo se estabelecerá sobre a terra quando voltar, antes que apareçam o novo céu e a nova terra que nos prometeu (Apocalipse 21).

Ministério: Responsabilidade e ação de servir. Não é causa de arrogância ou engrandecimento, mas de humildade e manifestação do amor a Deus e ao próximo (Mateus 23.12; Lucas 14.11; 18.14). Todos os cristãos somos chamados para realizar a obra do ministério (Efésios 4.11,12) com o apoio e a orientação de pessoas que Cristo tem para nos instruir e guiar nessa tarefa. Não há nenhum cristão qualquer que seja sua idade, etnia, condição social, formação escolar ou situação financeira, que possa eximir-se da necessidade de ministrar a outros, atitude esta própria de um discípulo maduro.

Ministro: Do latim, *mínister*, "o mais jovem de todos". É o oposto de *mágister*, "o maior de todos", palavra que se traduz para o português por "mestre". (1) Em Roma, trata-se do escravo encarregado de lavar os pés dos outros, equivalente do grego *diákonos*, vocábulo do qual se origina a palavra "diácono". **(2)** Título dado de maneira apropriada àqueles que servem ao povo de Deus e a outros povos em nome de Jesus Cristo.

Missiologia: Estudo da obra de evangelização transcultural, ou missionária, por diferentes ângulos, especialmente o teológico e o sociológico. Existem duas grandes tendências que parecem opor-se entre si, mas que na realidade deveriam andar lado a lado: o tratamento de missões como trabalho de apoio para o bem-estar físico e o progresso social, e o tratamento de missões como trabalho espiritual para a propagação da fé cristã. Esses dois aspectos, na realidade, não são opostos, mas, sim, complementares.

Missionário: Discípulo de Cristo que aceitou o chamado de fazer discípulos em outras etnias e terras. Atualmente as igrejas, por causa do grande movimento dos povos que ocorreu na segunda metade do século XX e no início do século XXI, também estabeleceram o que se designa "missões nacionais", cujo foco está no trabalho com pessoas da própria nação a quem lhes falta conhecer Jesus Cristo ou um contato firme com a Igreja de Cristo. Consulte *Missões*.

Missões: Obras de evangelização do tipo transcultural. Somos chamados para ir até os confins da terra; alguns vão pessoalmente; outros ajudam com encorajamento, orações e apoio de todo tipo a quem tem e segue o chamado missionário. Como acreditamos que o ser humano é espírito, alma e corpo (1Tessalonicenses 5.23), muitas vezes os missionários desenvolvem trabalhos de assistência social, aconselhamento, entre outros, em meio a quem não conhece Cristo ou têm pouco tempo no evangelho. No que se refere a missões nacionais, muitas vezes também são um fenômeno transcultural, porque não raramente se destinam a pessoas de outros grupos étnicos, ainda que vivam no mesmo país, ou com pessoas do mesmo grupo étnico, que estão em uma cultura marcada pela ausência de Deus, de Cristo e da Igreja.

Monoteísmo: Crença segundo a qual existe apenas um Deus. Seus grandes representantes são duas religiões de origem bíblica, o judaísmo e o cristianismo, que adoram o Senhor; e o islamismo, que adora Alá, que, para muitos, originariamente era o deus da Lua.

Mordomia: Função e trabalho do mordomo ou administrador de outra pessoa. Este termo é usado nas igrejas para ensinar o princípio de que não pertencemos a nós mesmos, mas a Deus, e que nossa pessoa e vida (nossos talentos, nosso tempo e nossos bens) pertencem a ele, a quem um dia prestaremos contas de tudo o que estava sob nossa responsabilidade. Em Gênesis, encontramos na pessoa de José o exemplo de bom administrador (Gênesis 39.1-6); no Novo Testamento, Jesus conta a parábola de um administrador astuto que é infiel a seu dono (Lucas 16.1-13).

Morte: Separação. A primeira morte consiste na separação entre o lado material do homem (o corpo) e o imaterial, que é eterno (sua alma e seu espírito). Depois da primeira morte, a pessoa ressuscitará com um corpo novo para desfrutar com Deus da vida eterna, ou experimentará a segunda morte, que consiste na separação eterna e definitiva de Deus (veja 1Coríntios 15.12ss; Apocalipse 20.12-15).

Mundano: Tudo o que vive em conformidade com as normas do mundo em detrimento das de Deus (Salmos 17.14). Os dois conjuntos de normas são incompatíveis entre si (Tiago 4.4). Na Bíblia, o mundo é apresentado como temporário e sujeito ao Diabo; portanto, o cristão deve escolher entre segui-lo ou fazer a vontade de Deus (1João 2.15-17).

Mundo: Esta palavra tem vários e diferentes significados, segundo seu contexto. **(1)** O universo material (João 1.10). **(2)** O gênero humano (Salmos 9.8; 96.13; 1Coríntios 3.16,17). **(3)** A humanidade sem Cristo (João 15.18; 1João 2.15). **(4)** Os habitantes do Império Romano (Lucas 2.1).

—N—

Natal: Celebração em que a Igreja ocidental comemora o nascimento de Jesus, desde antes do fim do Império Romano. Na Antiguidade, a festa cristã mais importante era (e continua sendo para a Igreja ortodoxa) a Epifania (do grego, "manifestação"), realizada em 6 de janeiro, quando se comemoram as três manifestações do Filho de Deus feito homem: a adoração dos magos, o batismo no rio Jordão e a conversão da água em vinho durante as bodas de Caná. Na verdade, não se sabe a data em que Jesus nasceu, mas é quase certo que não é em 25 de dezembro, data escolhida por outros motivos.

Nazareno: (1) Habitante de Nazaré, uma aldeia da Galileia, onde Jesus cresceu e trabalhou. (2) Um dos nomes que receberam os seguidores de Jesus nos primeiros estágios da igreja primitiva. Em Atos 24.5, um grupo de líderes dos judeus e o sumo sacerdote Ananias contrataram o orador chamado Tértulo para que acusasse Paulo diante do governador romano Félix, entre outras coisas, de ser "o principal cabeça da seita dos nazarenos".

Nazireu: Voto especial de consagração a Deus que faziam alguns homens de Israel em circunstâncias específicas e que tinha caráter temporal. Enquanto cumprissem o voto, deviam abster-se de bebidas alcoólicas e não raspar o cabelo. Não podiam aproximar-se de um cadáver humano, ainda que fosse o de seus pais ou irmãos. Veja Números 6.1-21. No caso de Sansão, o anjo do Senhor indicou que ele deveria ser nazireu até o resto da vida (Juízes 13.5).

Nicolaítas: Nenhum redator sabe bem a que se refere Jesus nas cartas aos anjos das igrejas de Éfeso e Pérgamo (Apocalipse 2.6,15). Nos escritos dos pais da Igreja não há certeza sobre o tema. Alguns sustentam que se trata de uma seita ou tendência que seguia as ideias de um líder não identificado, então chamado Nicolau [grego, *Nikolaos*]. Outros, com base no fato de que o nome de Nicolau significa em grego "vencedor do povo", sugerem que pode tratar-se do germe que posteriormente constituiria a imposição de um "clero" sobre o "laicato", criando, assim, a típica estrutura em pirâmide de diversas igrejas da atualidade.

Nome: Na Bíblia, todos os nomes têm significado especial e geralmente tendem a ser uma descrição da pessoa (Nabal, "tolo") ou sua missão de vida (Josué, "o SENHOR salva"). O fato de pôr um nome, tarefa que Deus confiou a Adão com respeito a todos os animais (Gênesis 2.19), indica o domínio ou autoridade sobre a criação que o recebe. Da mesma maneira, a mudança de nome indica uma mudança profunda na vida e no desempenho da pessoa (como o de Jacó a Israel, Gênesis 32.28). Consulte *Israel*.

Nova Jerusalém: Lugar definitivo de habitação de Deus com os seus e que descerá do céu para situar-se na nova terra. Existe uma ampla descrição dessa cidade de origem celestial em Apocalipse 21. Suas dimensões são assombrosamente grandes: a longitude, a altura e a largura serão iguais e medirão 12 mil estádios (ou seja, 2.200 quilômetros). Seu muro terá 144 côvados (ou seja, 65 metros) de altura.

Novo Testamento: Conjunto de 27 livros que distinguem a Bíblia do *Tanakh* hebraico. Entre eles há 4 Evangelhos (Mateus, Marcos, Lucas e João), 1 livro sobre o princípio da Igreja (Atos), 13 epístolas do apóstolo Paulo, 1 epístola de sua escola, embora provavelmente escrita por outra pessoa (Hebreus), 7 epístolas chamadas "universais", por não estarem dirigidas a uma igreja em especial (escritas por Tiago, Pedro, João e Judas), e 1 último livro profético com estilo apocalíptico, atribuído ao apóstolo João (Apocalipse ou Revelação de Jesus Cristo).

–O–

Obras: Ações externas que geralmente correspondem a atitudes internas e a decisões da vontade ou do sentimento. As obras de uma pessoa não a conduzem a ser salva por Cristo, mas, sim, a fé movida pela graça de Deus (Romanos 3.27; Efésios 2.8,9). Uma vez que a pessoa recebe a salvação, começa a agir e atuar de modo condizente com sua nova vida (v. 10).

Onipotente: Todo-poderoso. Atributo exclusivo de Deus pelo qual, segundo uma definição antiga, Deus faz tudo o que quer, como quer e quando quer. Deus só não pode fazer o que vai contra sua natureza, como pecar, deixar de amar sua criação, homens e mulheres, ou cometer injustiça.

Onipresente: Do latim, "que se faz presente em todo lugar". Atributo exclusivo de Deus. Consulte *Imanente, Trascendente* e *Panteísmo.* Veja também Salmos 139.7-12.

Onisciente: Do latim, "que sabe todas as coisas". Atributo exclusivo de Deus, que vive na eternidade e no tempo. Portanto, tudo é do conhecimento dele.

Oração: Comunicação com Deus por diversos meios, entre os quais se destacam o verbal e o musical. A comunicação íntima entre dois seres pessoais é necessária para que haja amor, relacionamento, comunhão ou *koinonia.* Na oração, o discípulo deve aprender a seguir o esquema que Cristo ensinou em Mateus 6.9-13 e Lucas 11.2-4. Essa oração, conhecida como "Pai-nosso" por causa das duas palavras iniciais, não tem como objetivo ser recitada, mas simplesmente nos serve de orientação e inspiração. Vemos que a primeira preocupação do discípulo ao orar deve ser "santificado seja o teu nome". Duas grandes limitações para o desenvolvimento de uma vida de oração são, em primeiro lugar, que não deve restringir-se a pedir; em segundo lugar, que nossa oração se converta em um monólogo, como se fosse um discurso para impressionar Deus ou os outros (Mateus 6.5-8). A oração deve ser um diálogo simples entre pai e filho. Por essa mesma razão, deve-se preferir o uso da palavra "orar" em vez de "recitar", que significa "declamar, ler". A um pai amoroso não se recitam coisas escritas no papel, mas lhe dizemos o que está no nosso coração e na nossa mente; estabelecendo um diálogo com ele, no qual não somente pedimos coisas, como também lhe brindamos com amor, louvor e adoração, para confirmar a fé que nos move e pedir-lhe sabedoria para as situações que se apresentam na vida.

Ortodoxia: Do grego, "opinião conforme à doutrina". A pessoa ou igreja ortodoxa é a que sustenta as doutrinas bíblicas centrais sem distorcê-las nem interpretá-las de uma maneira contrária ao que o texto permite. O contrário da ortodoxia é a "heterodoxia".

–P–

Pai: **(1)** A primeira pessoa da Trindade (João 14.9-16). **(2)** No Antigo Testamento são poucas as vezes em que aparece a ideia de paternidade de Deus sobre o ser humano. É mais frequente que se fale de Deus como "o Deus dos nossos pais". No Novo Testamento, Jesus fala abertamente do Pai (Mateus 6.9), ainda que faça distinção entre ele, o Filho único de Deus, e de nós, que somos filhos de Deus por adoção (João 20.17).

Palavra: Do latim, *Verbum,* "Palavra", na *NVI.* No grego original se utiliza o vocábulo *Logos,* que tem o mesmo sentido de comunicação pessoal ou palavra. Na introdução do evangelho de João (1.1, 14) e em outros dois escritos joaninos (1João 1.1; Apocalipse 19.13), é utilizada para referir-se à segunda pessoa da Trindade divina, que se fez carne (homem) e habitou entre nós (literalmente, "armou seu tabernáculo [tenda] no meio do nosso acampamento").

Palavra de conhecimento: Um dos nove dons espirituais que Paulo menciona em 1Coríntios 12.8-10. Trata-se de uma capacitação sobrenatural e momentânea que o Espírito Santo concede ao cristão, que lhe permite saber de coisas que não conheceria de uma maneira natural. Não é resultante de conhecimentos pessoais, nem dos conhecimentos de outras pessoas, mas algo sobrenatural e que procede do mesmo Espírito. Trata-se de um dos dons que Paulo inclui no primeiro grupo de 1Coríntios 12 e que podemos chamar de "dons de ensino".

Palavra de sabedoria: Um dos nove dons espirituais que Paulo menciona em 1Coríntios 12.8-10. Trata-se de uma capacitação sobrenatural e momentânea que o Espírito Santo concede ao cristão, que lhe permite saber o que deve ser feito em determinada ocasião. Essa sabedoria não procede de estudos pessoais nem da prudência humana do cristão, mas é revelada diretamente pelo Espírito de Deus. Trata-se de um dos dons que Paulo inclui no primeiro grupo de 1Coríntios 12 e que podemos chamar de "dons de ensino".

Panteísmo: A ideia, comum na espiritualidade oriental, segundo a qual Deus e o Universo são a mesma coisa. Ele é o Universo, e cada um dos seres que existem são diferentes manifestações da divindade, sem uma verdadeira existência própria. Consulte *Imanente* e *Transcendente.*

Páscoa: Do hebraico *Pessach*, "passar por alto". A mais importante das festas bíblicas. Tem a duração de uma semana, e nela se comemora a libertação milagrosa do povo hebreu, que até então tinha sido escravo no Egito, e sua saída desse país sob a liderança de Moisés, guiado pelas mãos poderosas de Deus. A cerimônia mais importante estava relacionada com o cordeiro cujo sangue cada família hebreia deveria usar para marcar os batentes de sua porta e assim o anjo exterminador "passaria por alto" essas casas. Durante a décima praga, a mais terrível delas, todos os primogênitos egípcios morreram, desde o filho do faraó até os primogênitos do gado (Êxodo 12). Durante a última ceia da Páscoa, Jesus instituiu a santa ceia, cujo Cordeiro de Deus era ele mesmo (João 1.36), em cujo sangue ficaria selada a nova aliança de Deus com Israel (Marcos 14.24; Lucas 22.20; 1Coríntios 11.23-30).

Pastor: **(1)** Desde o livro de Gênesis, vemos a ideia de Deus como o Pastor de Israel (Gênesis 49.24). No Novo Testamento, Jesus proclama-se o bom pastor (João 10.11,14-16), que, no contexto do Antigo Testamento, é uma afirmação de sua divindade. No conhecido salmo 23, vemos a personalidade do Senhor como pastor ser desenvolvida de maneira bela. **(2)** Um dos cinco tipos de pessoas-dons que Jesus dispôs em sua Igreja, com o objetivo de aperfeiçoar os santos para a obra do ministério (cf. Efésios 4.11,12ss). Desses cinco tipos de pessoas, pastor e mestre são os que permanecem no âmbito interno da igreja local com uma função de paternidade espiritual para ajudar os santos a crescer e atingir "a medida da plenitude de Cristo" (v. 13).

Pecado: Transgressão voluntária contra uma norma estabelecida por Deus, segundo a qual nos submetemos àquilo que o Diabo, o mundo ou nossa própria carne nos querem ditar. Deus é o nosso Criador e o único que realmente sabe o que nos convém e o que fere e causa problemas. O cristão ainda tem a possibilidade de pecar, mas não deve estar submisso em nenhum momento a algum tipo de pecado físico, mental ou espiritual. Temos uma promessa: Deus não permitirá que sejamos tentados além das nossas forças (1Coríntios 10.13).

Pecador: O uso dado na igreja a esta palavra é diferente do uso comum. Na linguagem em geral, um pecador é alguém que se destaca por ter uma vida licenciosa. Na linguagem bíblica e eclesiástica, todos nascemos com uma natureza pecaminosa, que alguns chamam de "pecado original". Mesmo depois do novo nascimento, apesar de salvos e justificados por Cristo, continuamos propensos ao pecado. Nossa antiga natureza humana continua lutando para nos fazer pecar. O discípulo precisa estar consciente dessa realidade e de outra bastante reconfortante: "Meus filhinhos, escrevo a vocês estas coisas para que vocês não pequem. Se, porém, alguém pecar, temos um intercessor junto ao Pai, Jesus Cristo, o Justo" (1João 2.1). Para evangelizar, é necessário ter muito cuidado em relação à maneira de expressar isso, porque podemos dar a impressão de arrogância ou de exagerada autoconfiança, parecendo-nos superiores aos demais, em vez de ajudá-los a ver que estamos oferecendo-lhes a solução para sair da situação em que estão, da qual também saímos pela graça de Cristo.

Pentateuco: Chamado em hebraico *Torá* ("lei, ensino"), é o conjunto dos cinco primeiros livros da Bíblia (Gênesis, Êxodo, Levítico, Números e Deuteronômio), atribuídos a Moisés e que constituem a base sobre a qual se fundamenta o restante das Sagradas Escrituras.

Pentecoste: Festa bíblica que se celebra no dia seguinte após as sete semanas da festa das primícias, com a qual termina o ciclo da Páscoa. Literalmente, "quinquagésimo", por ser celebrada no quinquagésimo dia após a anterior. Em hebraico é chamada de *Shavuot* ou festa das semanas. No dia de Pentecoste, que ocorrido dez dias depois da ascensão de Cristo ao céu, o Senhor enviou sobre os discípulos "todos reunidos" seu Santo Espírito, como havia prometido (Atos 1.8; 2.1ss). A chegada do Espírito Santo para habitar nos discípulos a partir desse momento e até o presente manifestou-se acompanhada de outros fenômenos, como vento impetuoso, línguas que pareciam de fogo e o fato de que os discípulos, todos galileus, falassem as coisas de Deus, pelo menos em 15 línguas diferentes, correspondentes aos lugares de onde haviam saído com direção a Jerusalém, em peregrinação a essa cidade, como era costume de uma grande quantidade de judeus para celebrar a festa de Pentecoste.

Pneumatologia: Seção da teologia dedicada à pessoa e à obra do Espírito Santo.

Politeísmo: Adoração de mais de um deus ou sincretismo consistente em unir a adoração do Deus verdadeiro à adoração de deuses falsos ou de seres humanos elevados a uma categoria divina ou semidivina por outros seres humanos.

Pregação: Apresentação pública das verdades bíblicas com o propósito de mover os ouvintes à ação de aceitar a salvação que lhes é proporcionada por Deus, em Cristo, ou para doutrinar, encorajar e inspirar o cristão a uma vida de compromisso com Deus, em tudo coerente com a instrução de sua Palavra, a Bíblia, nossa Regra de fé e prática. Embora haja numerosas formas de pregar, a pregação expositiva parece ser a mais eficaz, por ser a que mais se apega aos textos bíblicos. Conquanto seja uma disciplina e uma arte, a pregação perde sua eficácia se o pregador não cultivar uma vida de oração e consagração a Cristo.

Presbítero: Líder espiritual de uma igreja local. Consulte *Ancião*.

Primogênito: Primeiro homem nascido na família, o qual, nos tempos patriarcais, herdava de seu pai as funções de governador, legislador, sacerdote e porta-voz de Deus para todo o clã ou tribo. O desprezo por sua primogenitura foi o que privou Esaú de sua bênção e o fez dá-la a seu irmão, Jacó (Gênesis 25.29-34; 27.30-40), além de ofender Deus (Hebreus 12.16). Jesus foi o primogênito de Maria (Mateus 1.25; Lucas 2.7), não seu "unigênito", uma vez que depois teve ela mais filhos, como era costume em toda família hebraica. Mais adiante, são mencionados os nomes de seus meios-irmãos (Tiago, José, Simão e Judas) e de suas meias-irmãs (Mateus 13.55,56).

Profecia, dom de: Um dos nove dons espirituais que Paulo menciona em 1Coríntios 12.8-10. Trata-se de uma capacitação sobrenatural e momentânea que o Espírito Santo concede ao cristão, segundo a qual o próprio Deus põe palavras em seus lábios para apresentar uma mensagem necessária em determinada ocasião. O dom de profecia pertence ao segundo grupo de dons, os chamados "de ministração". Consulte *Profeta*.

Profeta: Na Bíblia, o profeta fala em nome de Deus, principalmente para encorajar à santidade e alertar sobre o juízo vindouro, caso não haja arrependimento. Nem sempre se trata de uma previsão do futuro e, quando isso acontece, costuma-se tratar de um futuro sujeito à resposta do povo com respeito à mensagem que Deus envia. **(1)** No Antigo Testamento, o profeta mais destacado é Moisés, que avisa o povo do surgimento de um profeta semelhante a ele, em alusão direta ao Messias (Deuteronômio 18.15). Deus utilizou os profetas, sobretudo nos tempos de corrupção moral e idolatria de reis e sacerdotes e também do povo. Havia profetas, como Elias, e profetisas, como Hulda (2Reis 22.14; 2Crônicas 34.22). Lembremo-nos de que, nas sociedades antigas, a cultura hebraica era uma das poucas que dava à mulher um lugar de honra e que a admitia em papel de liderança. **(2)** Deus inspirou profetas escritores para que deixassem 17 livros do Antigo Testamento, os quais são classificados em *Maiores* (Isaías, Jeremias, Lamentações, Ezequiel e Daniel), pelo fato de suas obras serem mais extensas, e *Menores*, cujas obras são mais breves, mas igualmente inspiradas (Oseias, Joel, Amós, Obadias, Jonas, Miqueias, Naum, Habacuque, Sofonias, Ageu, Zacarias e Malaquias). **(3)** No Novo Testamento aparecem cristãos que receberam de Cristo a função de profetas (Efésios 4.11; Atos 15.32; 21.10). A função profética na Igreja tem o propósito de edificar, encorajar e consolar (1Coríntios 14.3).

Protoevangelho: Nome que se dá tradicionalmente ao texto de Gênesis 3.15, no qual, curiosamente, Deus faz a primeira profecia; nela se dirige a Satanás, ao anunciar sua destruição pelas mãos da semente da mulher: o homem, cujo calcanhar seria ferido pela serpente, mas que esmagaria a cabeça dela. Trata-se do primeiro anúncio em que Deus nos assegura de que seus planos para conosco continuam firmes e serão cumpridos, apesar da interferência do Inimigo.

Protomártir: "A primeira testemunha", título que a tradição da Igreja tem atribuído a Estêvão, o primeiro a ser registrado na Bíblia que deu testemunho de Cristo diante de seus inimigos e que entregou a vida por lealdade a Jesus, o Messias, em quem havia crido (leia Atos 6 e 7).

Providência: Intervenção de Deus na vida dos seres humanos, a fim de protegê-los e curar o estrago produzido pelo pecado e pelas circunstâncias da vida. É uma consequência lógica do fato de que Deus é nosso pai e de que o amor faz parte de sua natureza.

Pseudoepígrafe: No ambiente bíblico, livro falsamente atribuído a uma personagem relevante da Bíblia com a intenção de dar-lhe autoridade. É normal que esses livros tenham sido escritos muito depois de seus supostos autores e que os verdadeiros autores permaneçam anônimos. Não foram aceitos como parte das Escrituras inspiradas.

Publicano: Pessoa cuja profissão era coletar impostos e tributos devidos ao Império Romano, o que lhe permitia extorquir dinheiro do povo e ficar com o montante que considerava adequado. Por essa razão, os publicanos eram desprezados e vistos como pecadores e traidores aos olhos do povo judeu. No entanto, Jesus, consciente de miséria espiritual deles, apesar da riqueza material de que dispunham, aproximou-se desses indivíduos (ver Lucas 19) para oferecer-lhes a salvação. Mateus, um publicano (Mateus 9.9; 10.3; Lucas 19), pertencia ao grupo dos 12 discípulos e foi o escritor do primeiro dos quatro Evangelhos inspirados.

—Q—

Querubins: Anjos que Deus pôs como guardiões no lado oriental do jardim do Éden para impedir a entrada de Adão e Eva ao paraíso (Gênesis 3.24). Sobre a arca da aliança foi colocado o propiciatório, ou assento da misericórdia, do qual saíam dois querubins que o cobriam com suas asas. A glória de Deus manifestava-se entre os dois querubins como símbolo da presença de Deus e ao mesmo tempo da distância entre a santidade divina e o pecado do povo (Êxodo 25.18-20; 37.7-9). Além disso, Deus ordenou que fossem bordadas figuras de querubins nas cortinas do tabernáculo (Êxodo 26.1). No Antigo Testamento há inúmeras alusões a esses seres angelicais.

Qumran: Ruínas situadas em um planalto desértico a aproximadamente 2 quilômetros da costa noroeste do mar Morto. Foi habitada desde o século II a.C. até pouco depois da destruição de Jerusalém pelos romanos, no ano 70 d. C. A maioria dos arqueólogos e estudiosos pensa tratar-se das dependências de um forte núcleo de essênios cuja vida era semelhante à monástica, embora também haja outras possibilidades. Sua fama atual tem origem nos rolos do mar Morto, que foram encontrados em cavernas próximas dessas ruínas e que talvez tivessem sido escondidas pelos habitantes de Qumran antes da destruição do local. Consulte *Rolos do mar Morto*.

—R—

Reencarnação: Também chamada de transmigração de almas ou metempsicose, trata-se de uma doutrina de origem oriental muito popularizada no Ocidente. Crença segundo a qual um mesmo ser passa por um número incontável de vidas como forma de aperfeiçoar-se; seu destino no presente dependerá de como tenha se comportado em suas vidas anteriores. O hinduísmo, que é panteísta, crê na reencarnação de outros seres, geralmente animais, ao passo que a reencarnação ocidental acredita na reencarnação em outro ser humano, que, por vezes, preserva algo da memória de sua vida anterior. O estranho é que essa vida anterior tende a ser quase sempre a de alguma pessoa de destaque. Aparentemente, ninguém gostaria de ser a reencarnação de um joão-ninguém. O que a Bíblia diz claramente é que cada um prestará contas de si mesmo a Deus pela única vida que terá do lado de cá da eternidade: "Da mesma forma, como o homem está destinado a morrer uma só vez e depois disso enfrentar o juízo [...]" (Hebreus 9.27).

Regeneração: Jesus chama-a de "nascer de novo" ou "nascer do Espírito" (João 3.3-8). Trata-se da nova criação que tem lugar na natureza do ser humano pela ação soberana do Espírito Santo, graças ao sacrifício expiatório realizado por Cristo para que pudéssemos ter a justificação. A salvação do ser humano, segundo as Escrituras, é consequência de uma renovação do relacionamento com Deus em Cristo, a qual produz transformação radical e completa nele (Romanos 12.2). Por esse motivo, não é suficiente a aceitação intelectual de uma série de princípios doutrinários. Esses princípios devem produzir uma vida transformada, em cuja expressão externa se observe a presença de um Deus amigo (Tiago 2.17,18). Consulte *Expiação* e *Justificação*.

Rei: **(1)** Até a era moderna, os reis não apenas governavam um povo e algumas terras, mas também eram proprietários absolutos e responsáveis por promulgar leis e decretos. Dizia-se que eles eram "senhores e donos das pessoas e suas fazendas". O fato de que na atualidade os palácios reais, por exemplo no Ocidente, sejam governados por uma Constituição é um obstáculo para que o discípulo compreenda em toda a profundidade o que significa chamar Jesus "REI DOS REIS E SENHOR DOS SENHORES" (Apocalipse 19.16). **(2)** Jesus é o Rei dos reis. Por isso Deus o exaltou "à mais alta posição e lhe deu o nome que está acima de todo nome, para que ao nome de Jesus se dobre todo joelho, nos céus, na terra e debaixo da terra, e toda língua confesse que Jesus Cristo é o Senhor, para a glória de Deus Pai" (Filipenses 2.9-11). Nossa gloriosa tarefa como discípulos é anunciar seu Reino em toda a terra (1Coríntios 15.25). Alcançamos esse objetivo cumprindo a Grande Comissão de fazer discípulos de todas as nações do mundo (Mateus 28.19).

Reino: **(1)** Demarcação e domínio de um rei (Consulte *Rei*). **(2)** O Reino de Deus, estabelecido sobre a terra de maneira definitiva, embora não visível, desde o triunfo de Cristo na cruz (Colossenses 2.13,14). A Igreja é o braço ativo de Deus para a propagação desse Reino, que hoje vive entre nós (Mateus 16.18). **(3)** Na tensão do "já, mas agora não" que caracteriza esse Reino, que está aqui, como pregavam João Batista (Mateus 3.2) e o próprio Jesus (Mateus 4.17), embora ainda não seja visível, vemos a promessa da segunda vinda de Jesus, quando ele voltará de maneira definitiva para estabelecer visivelmente seu Reino neste mundo (Apocalipse 20.4; 21—22).

Religião: Esforço feito pelo ser humano na tentativa de se comunicar com a divindade e até mesmo controlá-la. A religião é uma estrutura inteira de origem humana que consiste em dogma, moral e culto; ou seja, doutrinas, princípios de conduta e rituais para agradar a Deus ou aos deuses que são adorados. A fé das Escrituras difere das demais religiões pelo fato de ser uma revelação de Deus (2Timóteo 3.16,17). Não é algo que parte da terra em direção ao céu, mas que vem do céu à terra por iniciativa de um Deus que é amor.

Ressurreição: Voltar à vida depois de morto (Consulte *Morte*). Na primeira ressurreição, que é a ressurreição para a vida eterna (1Coríntios 15), os que creram em Cristo receberão um corpo semelhante ao dele. Os que participam da segunda ressurreição ressuscitarão para a condenação, por não terem o nome inscrito no livro da vida (Apocalipse 20.12). Deve ser mencionada a linguagem utilizada no texto citado, no qual João diz que viu "mortos, grandes e pequenos, em pé diante do trono". Ressuscitam para receber seu castigo eterno e definitivo, mas continuam mortos, por terem rejeitado Deus e a vida que ele lhes poderia oferecer.

Revelação: Manifestação de Deus com relação ao que estava oculto ao homem, mas que a ele lhe agrada revelar a outrem. Nas Escrituras, esse tipo de acontecimento recebe muitas vezes o nome de "mistério" (Colossenses 1.26). **(1)** A revelação divina objetiva está contida de maneira única e exclusiva no texto sagrado da Bíblia, ao qual não é possível acrescentar nada novo, uma vez que já nos foi apresentado por meio de Cristo como revelação definitiva de Deus (Hebreus 1.1,2). **(2)** A revelação divina subjetiva é pessoal e intransferível e está relacionada ao plano e à vontade de Deus para uma pessoa ou determinado grupo de cristãos. Deve sempre estar totalmente de acordo com as Escrituras, posto que Deus não se contradiz; nunca está acima ou à mesma altura das Escrituras reveladas. **(3)** A revelação geral é a que Deus nos oferece através da natureza e que é manifesta diante de todos os seres humanos (Salmos 19.1). **(4)** A revelação especial é a do plano divino da salvação, contida unicamente nas Escrituras Sagradas (2Timóteo 3.16).

Rolos do mar Morto: Em torno de 80 documentos e fragmentos de documentos, escritos em rolos, na grande maioria entre os anos 150 a.C. e 68 d.C. Os primeiros foram descobertos por acaso em 1947, seguidos de vários outros em diversas cavernas próximas do mar Morto e das ruínas de Qumran (Consulte esse artigo). Entre eles estão textos de todos os livros do Antigo Testamento, à exceção de Ester. Um deles é cópia quase integral do livro de Isaías. Há também outros escritos, principalmente relacionados ao grupo que os escondeu, cuja finalidade era proteger os escritores dos romanos. Ao que tudo indica esse grupo era de essênios. Sua publicação foi bastante lenta em razão do estado em que estava a maioria dos rolos, mas de fato lançam uma luz esclarecedora sobre a confiabilidade das Escrituras e as ideias da seita dos essênios.

–S–

Sacerdote: (1) O encarregado das coisas sagradas, intermediário entre a divindade e o povo que lhe presta adoração. **(2)** O sacerdócio do Antigo Testamento era hereditário e havia sido confiado a Arão (Êxodo 28.1), irmão de Moisés, como sumo sacerdote, bem como aos homens de sua família que não tivessem nenhuma imperfeição física. Os demais membros da tribo de Levi (os "levitas") os ajudavam com o restante dos deveres sagrados relacionados primeiramente com o tabernáculo e depois com o templo. Não possuíam terras próprias de sua tribo, mas viviam em cidades de refúgio situadas nas terras das demais tribos. **(2)** No Novo Testamento há apenas um único sumo sacerdote que o é para sempre: Jesus Cristo. Não lhe corresponderia ser um sacerdote, uma vez que pertencia à tribo de Judá. Em contrapartida, é sacerdote segundo a ordem de Melquisedeque porque não tem princípio nem fim (Hebreus 6.20; 7—8) e seu sacerdócio é superior ao de Arão. Os que fazem parte de seu corpo participam também de seu sacerdócio. Em Cristo, somos um povo de reis e sacerdotes (1Pedro 2.9,10; Apocalipse 1.6; 5.10).

Saduceu: Pertencente à seita rival dos fariseus, que se consideravam seguidores e descendentes do sumo sacerdote Zadoque, que ungiu Salomão como rei. Nos tempos de Cristo eram os que cuidavam do templo. Além disso, eram aliados das autoridades romanas, as quais controlavam até mesmo quem devia ser o sumo sacerdote. Os saduceus também adotaram costumes gregos, uma vez que somente aceitavam a *Torá* como divinamente inspirada e não criam nem na ressurreição nem nos anjos (Atos 23.6-8). Com a destruição do templo de Jerusalém no ano 70 d.C., os saduceus perderam rapidamente sua autoridade em meio ao povo judeu, que ficou praticamente de forma exclusiva nas mãos dos fariseus e dos zelotes.

Salmo: Composição poético-musical para honrar a Deus. O livro de Salmos é composto por 150 deles, na maioria atribuídos ao rei Davi (73) e aos chefes dos levitas, entre os quais Asafe, Jedutum, os coraítas e outros de identidade desconhecida. Uma das características básicas da poesia hebraica é o paralelismo, a repetição de uma ideia na linha seguinte com palavras distintas. Estão divididos em cinco "livros", provavelmente por identificação com os cinco livros de Moisés. Sua numeração varia em algumas partes entre as distintas versões, mas ao final sempre há 150 salmos, e tudo se deve a uma forma diferente de dividir o mesmo material.

Salvação: Ação pela qual o homem é liberto do poder e dos efeitos do pecado. O contrário da "condenação". Trata-se da ação do sacrifício de Cristo, sua morte e ressurreição. Somente nele há salvação; somos salvos pela fé por meio de sua graça, "não por obras, para que ninguém se glorie" (Efésios 2.9). Princípios da Reforma Protestante aplicados aqui: *Solus Christus* [Somente pela mediação de Cristo], *Sola Gratia* [Somente pela graça] e *Sola Fide* [Somente pela fé]. Consulte *Condenação*.

Santidade: Qualidade que compreende dois movimentos. O primeiro, o de estar separado do mundo e de sua corrupção. O segundo, de ser separado para Deus como templo e vaso sagrado.

Processo de colaboração entre o Espírito Santo e o discípulo, no qual este vai desenvolvendo de maneira progressiva sua comunhão com Deus, o amor ao próximo e o fruto do Espírito. É o resultado natural da salvação, e, sem ela, ninguém verá Deus (Hebreus 12.14). Não devemos confundi-la com os sinais de Deus que acompanharão os que creem (Marcos 16.17). A busca da santidade é uma tarefa a ser cumprida pelo cristão; a manifestação dos prodígios e sinais milagrosos corresponde a Deus, conforme sua vontade (Hebreus 2.4), não a nossa.

Santificação: Ação que realiza o Espírito Santo em quem creu para a salvação e que se manifesta em atitudes de fé e santidade, fruto da presença do Espírito na pessoa (Gálatas 5.22,23). Recebemos a santificação ao ser regenerados (nascer de novo) e justificados em Cristo, mas necessitamos permitir que o Espírito Santo desenvolva em nós uma vida de santidade legítima, não fingida, que passe da infantilidade do cristão carnal (1Coríntios 3.1), que continua vivendo como o homem natural e conforme inclinação para o pecado, à maturidade do cristão espiritual (1Coríntios 2.14,15), o discípulo consagrado que vive segundo o Espírito.

Santo: "Separado". O uso que a Bíblia dá a esta palavra é muito distinto ao que comumente recebe. Todo aquele que tenha sido santificado em Cristo pelo Espírito é santo nesta vida; ou seja, foi separado do reino das trevas para servir a Deus no reino da luz (2Coríntios 6.14). Consulte *Santidade*.

Satanás: Do hebraico, "acusador" (Apocalipse 12.10). Trata-se do anjo rebelde que "foi lançado fora [...]. Ele e os seus anjos foram lançados à terra" (Apocalipse 12.9). Ao que parece, tinha originariamente o nome de Luzeiro ou Lúcifer, "portador de luz"; ao rebelar-se contra Deus, cujo trono tentou usurpar (Isaías 14.12ss; Ezequiel 28.11-19), foi expulso do céu, arrastando consigo a terça parte dos anjos (Consulte *Demônio*). Em Apocalipse 12.9; 20.2, é identificado como "O grande dragão [que] foi lançado fora. Ele é a antiga serpente chamada Diabo ou Satanás, que engana o mundo todo".

Séforis: Conhecida como "a cidade esquecida", atualmente em completa ruína. Foi uma cidade judaica reconstruída e melhorada por Herodes Antipas, na qual girava dinheiro em grande quantidade graças à sua localização estratégica no comércio de toda a região. Estava situada a cerca de 6 quilômetros a noroeste de Nazaré e a 8 quilômetros a oeste de Caná. Era como um ninho de águia num topo do qual podiam ser vistas as cidades de Nazaré e Caná. Teve grande influência social, política e comercial até que Herodes construiu Tiberíades e mudou-se para lá. As investigações arqueológicas feitas nessa área revelaram admiráveis destroços arquitetônicos e artísticos. Em épocas recentes, foi escavado um grande anfiteatro com 4 mil lugares, construído nos anos da adolescência de Jesus. Na época em que Jesus crescia e aprendia a profissão de José, a cidade estava em plena reconstrução. Assim, não poderia ser dito que a família de José e Maria talvez desfrutasse de uma excelente situação financeira.

Seita: Grupo que tem suas próprias crenças. Em geral, é fundada por um líder cujos seguidores o tratam com reverência, por vezes como se fosse divino, bem como suas palavras. Um líder assim é capaz de levar toda a seita ao desastre e à tragédia. No mundo judaico do século I, houve várias seitas que debatiam entre si, mesmo que não fosse o costume haver líderes desse tipo. Talvez a exceção tenha sido a seita dos zelotes, que seguiu Simão Bar Kokhba ("filho da estrela", por alusão à profecia messiânica de Balaão em Números 24.17), que se autoproclamou Messias e se rebelou contra os romanos no ano 132 d.C. Com isso, levou milhares de judeus à morte e separou de maneira definitiva os seguidores de Jesus de seus seguidores, por aqueles não o terem aceitado como Messias.

Serafins: Seres angelicais que estão ao redor do trono de Deus em adoração constante (Isaías 6). Seu nome significa "exaltado", o que indica uma posição elevada e uma profunda reverência pelo Deus que está assentado no trono. Em toda a Bíblia, são mencionados apenas no capítulo mencionado de Isaías.

Servo: Criado, quase sempre um escravo. No livro de Isaías há quatro textos proféticos relacionados com o Redentor como o Servo sofredor de Javé, os quais costumam ser chamados "Os quatro cânticos do Servo sofredor"; estes estão em: 42.1-4 (o chamado do Servo); 49.1-13 (a missão do Servo); 50.4-10 (a entrega do Servo) e o cântico mais conhecido de todos, considerado por muitos comentaristas cristãos como o texto mais importante do Antigo Testamento: 52.13—53.12 (o ministério do Servo), que faz clara referência profética ao sacrifício redentor de Jesus e a suas consequências.

Shekiná: A glória ou resplendor de Deus que se manifesta de maneira especial em um lugar. Tal como os vocábulos hebraicos *memra* ("palavra", "verbo", "*logos*") e *yekará*, era usada para referir-se a uma manifestação de Deus captável pelos sentidos. Origina-se do verbo *shaján*, que significa literalmente "pousar, habitar ou permanecer". Esse verbo aparece com frequência no Antigo Testamento, sobretudo para referir-se à presença manifesta de Deus no tabernáculo de Moisés, em meio ao povo e no templo, na forma de uma nuvem radiante. A esse respeito, leia Êxodo 40.35. "Moisés não podia entrar na Tenda do Encontro, porque a nuvem estava [*shaján*] sobre ela, e a glória do SENHOR enchia o tabernáculo". A palavra hebraica que se refere a esse tabernáculo é *mishján,* que se origina desse mesmo verbo para indicar a presença de Deus nele. (Veja também outros usos em Gênesis 9.27; 14.13; Salmos 37.3; Jeremias 33.16.) A bênção semanal que era recitada todos os sábados no templo de Jerusalém dizia: "Que Aquele que faz que seu Nome habite [*shoján*] nesta casa, queira também fazer que habitem entre vós o amor e a fraternidade; a paz e a amizade".

Sinagoga: Consulte *Igreja*.

Sincretismo: Tendência religiosa muito em voga na atualidade, embora sempre tenha existido. Consiste em unir numa mesma fé uma série de crenças que nada têm que ver entre si e que podem chegar até mesmo a ser antagônicas. Por exemplo, trata-se de sincretismo crer na ressurreição e ao mesmo tempo crer na reencarnação ou transmigração da alma. Outro sincretismo é crer que há somente um Deus e render culto a uma infinidade de falsos deuses e pessoas mortas, princípios que procedem de religiões pagãs antigas ou de crenças alheias e contrárias às Escrituras, como as crenças animistas e espiritistas. Um dos motivos históricos para a existência tão diversa de sincretismos entre os cristãos é a falta de um discipulado pessoal. Muitos povos "se converteram" na Antiguidade e também até bem pouco tempo por um decreto de seus governantes ou conquistadores, sem que houvesse uma real mudança de mentalidade e de coração, fruto da Palavra de Deus. Como consequência, foram produzidas várias formas de sincretismo entre o cristianismo e o paganismo original dos povos, que perduram até hoje.

Soteriologia: Parte da teologia dedicada à salvação eterna do ser humano e tudo o que está relacionado com ela.

Superstição: Crença falsa e sem nenhum fundamento. As superstições costumam ser concretizadas em amuletos, gestos, palavras e rituais de feitiçaria, aos quais são atribuídos determinados poderes mágicos.

–T–

Tabernáculo: (1) Tenda de acampamento; lugar de habitação temporal dos povos nômades, levantado com lonas e outros materiais leves, que vai sendo mudado de lugar conforme as necessidades dos rebanhos. **(2)** A Tenda do Encontro, sobre a qual repousava a presença de Deus no deserto em cujo interior os sacerdotes ministravam ao Senhor; foi construída por Moisés conforme as ordens expressas de Deus e o modelo que ele havia mostrado no céu (Êxodo 25.8ss). Quando Moisés necessitava falar com Deus, dirigia-se ao tabernáculo, razão pela qual se chama "encontro". A peça mais importante da mobília era a arca da aliança (Consulte *Arca*), que ficava no Lugar Santíssimo, no qual somente o sumo sacerdote entrava uma vez por ano, depois de ter oferecido um sacrifício por seu próprio pecado e outro pelos pecados do povo, que eram apresentados diante da arca. Em frente a esse lugar ficava o Lugar Santo, onde os sacerdotes ministravam e estavam o candelabro de sete braços (*menorá*), a mesa dos 12 pães da Presença (um para cada tribo de Israel) e o altar do incenso. Diante deste, estava o pátio de entrada com a bacia de bronze, onde os sacerdotes se purificavam antes de ministrar, e o altar dos sacrifícios, onde se sacrificavam e queimavam os animais destinados a diversas ofertas. O simbolismo (a tipologia) do tabernáculo com respeito a Cristo e ao Novo Testamento é muito amplo. Vale considerar o fato de que Josué, servo de Moisés e depois seu sucessor, nunca se separou do tabernáculo (Êxodo 33.11). **(3)** O tabernáculo de Davi em Jerusalém. Tenda que levantou o rei Davi quando levou a arca da aliança a Jerusalém, sua então recém-conquistada capital (2Samuel 6.12ss), ao mesmo tempo que era edificado um templo para Javé. Ali permaneceu quarenta anos, até que Salomão dedicou o primeiro templo. O culto no tabernáculo de Davi era muito mais livre do que no tabernáculo de Moisés, que continuava em Siló. Davi estabeleceu turnos de levitas cantores para manter a adoração constante a Deus e começou a usar salmos como hinos de adoração. No Novo Testamento, Tiago refere-se a uma profecia de Amós, segundo a qual o estabelecimento da igreja em meio aos gentios em uma adoração livre de rituais seria a restauração do tabernáculo de Davi (veja Amós 9.11,12; Atos 15.13-18). **(4)** O tabernáculo celestial, "no verdadeiro tabernáculo que o Senhor erigiu, e não o homem" (Hebreus 8.1-5), que serviu de modelo para o de Moisés e no qual ministra por toda a eternidade em nosso favor Jesus Cristo, nosso Sumo Sacerdote (leia o texto anterior). **(5)** No plural, festa bíblica (Levítico 23.34-36) durante a qual o povo judeu comemora seus quarenta anos de peregrinação pelo deserto fazendo tendas improvisadas que lhes serve de moradia durante toda uma semana em meio aos festejos e cânticos de adoração.

Tanakh: Acrônimo hebraico formado pelas iniciais de três palavras hebraicas que correspondem às divisões tradicionais no judaísmo do Antigo Testamento. Essas três palavras são *Torá* (o Pentateuco), *Nevi'im* (os Profetas) e *Ketuvim* (os Escritos). A *Torá* inclui Gênesis, Êxodo, Levítico, Números e Deuteronômio. Os *Nevi'im* referem-se a Josué, Juízes, Samuel em um livro, Reis em um livro, Isaías, Jeremias, Ezequiel e o livro dos 12 Profetas Menores. Os *Ketuvim* são todos os demais livros que fazem parte do Antigo Testamento como o conhecemos, incluindo Daniel (que talvez não fosse considerado um dos profetas pelo fato de Daniel ter sido funcionário de um governo estrangeiro): Salmos, Provérbios, Jó, Cânticos dos Cânticos, Rute, Lamentações, Eclesiastes, Ester, Daniel, Esdras-Neemias em um só livro e Crônicas em um livro. A distribuição é distinta, mas o material é o mesmo que temos no Antigo Testamento atual.

Teísmo: Crença em um Deus que não apenas criou o Universo, mas que também mantém toda a criação e intervém na História. Trata-se do ser necessário; todos os outros são seres contingentes (que dependem de Deus). Disso e de seus atributos, conclui-se necessariamente que existe um plano de Deus para cada um de nós e a providência divina que cuida de toda a criação.

Templo: **(1)** Lugar dedicado ao culto de um ou vários deuses. **(2)** Templo do SENHOR que foi edificado pelo rei Salomão em Jerusalém com os materiais reunidos por Davi, seu pai. Foi consagrado no ano 960 a.C. e destruído pelos babilônios no ano 587 a.C. **(3)** O segundo templo foi edificado pelos exilados, a quem foi permitido voltar para Jerusalém. Começou a ser construído em 537 a.C. e foi inaugurado no ano 515 a.C., por autorização dos imperadores persas. O rei Herodes empreendeu sua reforma, que durou vários anos, obra que concluiu em torno do ano 20 a.C. Este foi o templo que teve a presença do Filho de Deus encarnado e que, tal como Jesus mesmo profetizou a respeito, foi destruído pelos romanos quando estes sitiaram e tomaram Jerusalém, em 70 d.C. Somente ficaram algumas paredes externas do muro de contenção (o Muro das Lamentações). **(4)** Desde a destruição do segundo templo, o povo judeu tem incluído em suas três orações diárias o pedido de poder construir um terceiro templo. Tradicionalmente, costuma-se indicar que o lugar onde foram construídos os dois primeiros templos é o mesmo monte Moriá no qual Deus salvou Isaque da morte, depois de ter ordenado que Abraão o sacrificasse (Gênesis 22.1-18). Na nova Jerusalém não será necessário ter um templo (Apocalipse 21.22): "Não vi templo algum na cidade, pois o Senhor Deus todo-poderoso e o Cordeiro são o seu templo".

Teologia: Estudo da personalidade e dos atributos de Deus, de suas obras e sua intervenção na História para a salvação do ser humano. Esse estudo é feito do ponto de vista da fé; por isso, para que haja o resultado esperado, deve partir da submissão à verdade das Escrituras, como Palavra revelada de Deus. A escola de teologia medieval chamada "escolasticismo" ou "tomismo" (por Tomás de Aquino, seu maior representante) sustentava um princípio básico elementar expressado na seguinte máxima: *Philosophia ancilla Theologiæ*. Com isso queria afirmar que todo conhecimento humano deve estar condicionado ao conhecimento supremo de Deus em sua Palavra.

Tetragrama: Conjunto das quatro letras hebraicas que formam o nome sagrado do Deus da aliança: **YHWH**. Na escritura quadrática que procede do aramaico, usado no idioma hebraico desde os tempos posteriores ao exílio babilônico, o tetragrama tem este aspecto: XXXX. Em português, o tetragrama costuma ser substituído pelas palavras Senhor, Javé, Jeová, Yahweh ou formas que signifiquem "Eu Sou".

Tipo: Pessoa ou coisa do Antigo Testamento que é uma representação ou figura tipológica profética, incompleta ou imperfeita, de uma realidade do Novo Testamento. Essa realidade neotestamentária recebe o nome de antítipo. Desse modo, José é um tipo muito evidente de Jesus, como também a arca de Noé, o cordeiro sacrificado no lugar de Isaque, o cordeiro da Páscoa, a arca da aliança e o maná do deserto, entre vários outros.

Torá: "Lei, ensino". Consulte *Pentateuco*.

Trabalhadores: **(1)** Todos os que trabalham em uma obra. A fé leva à ação, por isso o discípulo deve ser um trabalhador (Mateus 9.37; Lucas 10.2). Paulo exorta Timóteo a que seja um trabalhador que não tenha motivos de que se envergonhar (2Timóteo 2.15). **(2)** Em um bom número de igrejas, refere-se a todos os ministros e líderes locais.

Transcendente: Do latim, quer dizer literalmente "que vai mais além". Diz-se sobre Deus com respeito à sua criação, por ser distinta dela, ainda que esteja em todas e sustente a existência de cada uma com seu poder (leia Efésios 4.6; Hebreus 1.3). Consulte *Imanente*.

Trindade: Palavra com a qual os teólogos latinos apresentam o fato da existência de três pessoas em um único Deus, desde que começou a ser utilizada por Tertuliano, o pai da teologia latina. Antes de Tertuliano, o teólogo grego Teófilo de Antioquia já havia utilizado na segunda metade do século II a palavra "trias", "tríade", para expressar essa realidade, mas foi Tertuliano quem generalizou seu uso. Este termo procede da teologia, não das Escrituras, mas nelas encontramos em vários textos uma clara menção das três pessoas divinas: Pai, Filho e Espírito Santo (2Coríntios 13.14; Efésios 4.4-6).

–U–

Unigênito: Do latim, "filho único". Em João 1.14, diz-se claramente que Jesus é o "Unigênito vindo do Pai".

–V–

Vida eterna: A vida do Deus eterno em nós, que compartilhamos com Cristo desde que morremos e ressuscitamos com ele (Romanos 6.4-11). Essa vida já se manifesta aqui e alcançará a plenitude na presença eterna de Deus, após a morte física do homem. O batismo na água simboliza esse processo, que o próprio Jesus Cristo estabeleceu como ordenança para todo cristão (Mateus 28.19). Consulte *Batismo*.

Vontade de Deus: Em sua soberania e amor, Deus sabe o que é melhor para cada um de nós, sabe do que fomos feitos e tem um plano e propósito para a vida de cada ser humano. O discípulo deve manter uma íntima comunhão com Deus e nela descobrir qual é a vontade soberana dele para a sua vida. Se fizer sua própria vontade, nunca poderá fazer outra coisa senão trilhar seus próprios caminhos, cujo fim lhe parecerá muito bom, mas "conduz à morte" (Provérbios 14.12).

Vulgata Latina: Versão da Bíblia em latim, cuja tradução foi realizada, na maior parte, pelo monge Jerônimo (347-420), trabalho encomendado pelo bispo Dâmaso, de Roma, no ano 382. Embora tenha partido do *Tanakh* hebraico para sua tradução, em muitos trechos trata-se apenas de uma revisão da chamada *Vetus Latina*, versão mais antiga em latim, a língua oficial do Império Romano. Finalizada no início do século V, acabou por se tornar a versão oficial da Bíblia da Igreja católica, uma distinção que não lhe foi tirada, pois continua tendo grande prestígio e influência nessa igreja. Forçado a deixar Roma no ano 385, Jerônimo estabeleceu-se em Belém, onde fez uma nova tradução dos 39 livros do Antigo Testamento (em 390-405). Uma vez que lhe haviam ordenado que também traduzisse os livros apócrifos e deuterocanônicos, Jerônimo cumpriu com a ordem dada, embora sob protestos. Em seus prólogos aos livros, classificou como "não canônicos" todos os livros do Antigo Testamento que não estão no *Tanakh* hebraico. Consulte *Tanakh*.

–Z–

Zelote: Membro de um partido nacionalista judeu de tendências violentas, descrito pelo historiador Flávio Josefo como uma das quatro seitas daquela época (saduceus, fariseus, zelotes e essênios). Seus princípios doutrinários eram semelhantes aos da seita dos fariseus, mas muitos deles insistiam na violência. Também eram chamados de "canaanitas", ou "sicários" (Atos 21.38), este último pelo fato de os mais extremistas sempre carregarem por baixo da roupa uma "sica", punhal curvo usado diante do mínimo descuido para eliminar qualquer romano ou colaborador dos romanos. Simão chamado "zelote" [ou "cananeu" em algumas versões] estava entre os 12 discípulos ou apóstolos de Jesus (Marcos 3.18).

A LINGUAGEM SIMBÓLICA E AS ESCRITURAS

Um símbolo é uma realidade que podemos captar com os nossos sentidos, mas que vai além de si mesma, uma vez que comunica a existência de outra realidade que seria difícil ou, em alguns casos, impossível de ser percebida. A cultura do ser humano está repleta de símbolos. Este texto mesmo está formado por sinais gráficos chamados "letras", que, por sua vez, foram agrupadas em símbolos maiores para formar "palavras". Esses símbolos em seu conjunto, combinados de determinada maneira transmitem, no eixo espaço-temporal, os pensamentos de seu autor. Se não existisse a escrita, essa tarefa seria muito mais complicada e difícil.

Poderíamos continuar falando de como são importantes os símbolos para o ser humano, até mesmo na cultura ocidental, em que a razão parece ter se sobreposto ao próprio simbolismo. No entanto, a semiologia, que estuda os sistemas de signos e os sistemas de comunicação de uma sociedade, funciona como uma espécie de semáforo — ou portadora de sinais —, no sentido de procurar facilitar o "tráfego" de informações com o objetivo de dar-lhe maior segurança e firmeza.

O mais importante de tudo isso é que o simbolismo do qual a nossa vida está repleta é algo que herdamos do nosso Criador, que se compadeceu de nós ao nos criar à sua imagem e semelhança (Gênesis 1.26). Isso deveria significar para nós a verdade de que somos símbolos viventes de Cristo neste mundo — o qual ele nos ordenou que subjugássemos (Gênesis 1.28). Nas palavras de Paulo: "rogo-lhes que vivam de maneira digna da vocação que receberam" (Efésios 4.1). Por isso, o verdadeiro discípulo não deve jamais deixar de cumprir esse dever.

As Escrituras Sagradas não estão isentas desse tipo de simbolismo. Pelo contrário; estão repletas dele e, se não o levarmos em conta, nunca poderemos chegar a entender o suficiente e descobrir as preciosidades que Deus nos deixou em sua Palavra para que as desfrutemos. Ao pensar em símbolos carregados de significados, podemos mencionar a água do batismo, acompanhada do pão e do vinho da ceia do Senhor. No evangelho de João, onde estão mencionados os sete milagres de Jesus, símbolos de seu domínio sobre toda a criação, os quais o evangelista prefere chamar de "sinais" em vez de "milagres", vemos que tinha o objetivo de nos levar a compreender uma realidade superior, acima dos próprios sinais, e que somente entendemos com a ajuda do Espírito Santo.

Na Bíblia, há muitos atos simbólicos com um alto conteúdo profético, por exemplo, o de Isaías nu e descalço (Isaías 20). Os "tipos", ou figuras tipológicas, do Antigo Testamento são uma espécie de prévia da realidade mais clara e profunda dos "antítipos" do Novo Testamento dos quais são símbolos. Também existem dados simbólicos como números, cores, objetos e edifícios, assim como altares, erigidos em forma de "memoriais". Além destes, encontramos visões e sonhos simbólicos. Fazem parte desse grupo as alianças estabelecidas entre Deus e o homem (Deus e Abraão; Deus e Israel), entre seres humanos (Jônatas e Davi) e o sistema de sacrifícios do Antigo Testamento. É necessário estar alerta às realidades que Deus pôs nas Escrituras de modo que as encontremos.

Ao mesmo tempo, precisamos saber que não devemos ir em busca de um símbolo em cada detalhe do texto sagrado. A norma é sempre interpretar o texto de modo literal até que ele mesmo nos dê indícios de que existe um simbolismo mais profundo a ser compreendido. Vejamos o exemplo das parábolas, o gênero discursivo que Jesus usou com frequência e segundo o qual se utiliza um relato da vida diária para ensinar uma verdade que, por outros meios, seria muito difícil ou impossível captar. O importante da parábola é seu ensino geral. No entanto, nem sempre todos os detalhes apresentados nela precisam de uma interpretação simbólica em particular. Poderíamos deixar de ver o todo perdendo-nos em detalhes sem maior importância. A Bíblia foi escrita para ser interpretada (exegese) como um todo. Não temos autorização para ir além em busca de significados escusos e estranhos, às vezes até contrários ao sentido geral das Escrituras, conferindo-lhe um sentido que não vem de seu Autor. Agir dessa maneira seria fazer uma *eisegese* do texto bíblico, ou seja, "dar ao texto uma interpretação" que é fruto da imaginação ou da fantasia humana e que não é respaldada pelo conjunto do que se entende como ideias do Autor.

Comecemos fazendo uma pequena lista de OBJETOS simbólicos, que sempre estará incompleta, mas que pode ser de grande ajuda à nossa compreensão do propósito de Deus, ao estabelecer objetos simbólicos em sua Palavra.

OBJETOS	O QUE SIMBOLIZAM
Altar	Lugar do sacrifício e adoração
Âncora	A segurança do cristão
Arca da aliança	A presença de Deus e sua aliança com o povo, Jesus Cristo
Arca de Noé	A salvação; Jesus Cristo
Armadura	A preparação que Deus nos proporciona para as batalhas espirituais
Azeite	O Espírito Santo, seu poder, seus dons e sua presença
Balança	Escassez; julgamento das ações do ser humano
Cadeias	Escravidão e trevas; prisão de Satanás durante mil anos
Cálice	Julgamento; sofrimento
Cama	Descanso; a primeira morte
Celeiro	Provisão que faz o ser humano para o futuro
Cesto	Provisão de Deus para satisfazer nossas necessidades
Címbalos	Instrumento de cobre semelhante às castanholas, que simboliza a alegria
Cisternas	Depósitos de água feitos pelo homem
Cidade	Estabilidade e segurança
Colete do sumo sacerdote	Fé e proteção; a união das 12 tribos em um único povo
Colírio	Unção do Espírito Santo como Espírito de sabedoria e revelação
Coluna	Estabilidade, firmeza, apoio
Couraça	Proteção do coração
Dardo (flecha)	Sofrimento e convicção de pecado
Espada	Castigo; a arma de ataque contra o Inimigo que consiste na segurança de ter escutado a Deus.
Espada de dois gumes	A Palavra de Deus, com a qual o Espírito nos faz discernir entre o que é nosso e o que vem dele
Estandarte	Bandeira posta no alto para reunir os guerreiros
Farinha refinada	A humanidade perfeita de Cristo
Fermento	A ação do pecado que trabalha no oculto do ser humano
Forno	Provas, aflições, tensões produzidas pelas circunstâncias da vida

A LINGUAGEM SIMBÓLICA E AS ESCRITURAS

OBJETOS	O QUE SIMBOLIZAM
Fortaleza	Segurança; proteção
Harpa	Adoração, os salmos, espírito profético
Janela	Iluminação, visão sobrenatural, derramamento abundante dos céus
Lâmpada	A Palavra e o Espírito de Deus
Linho fino	A justiça de Jesus e de seus santos
Machado	Instrumento do juízo divino
Maná	Provisão divina no deserto, símbolo de Jesus Cristo
Martelo	A Palavra de Deus
Pão	Jesus, o verdadeiro pão vivo que desceu do céu para o nosso alimento espiritual
Pedra angular	Cristo, em quem se apoia todo o edifício do templo vivo de Deus, que são os santos
Peneira	O que separa o grão da palha e elimina em nós o que é inútil ou vazio
Poço	A salvação; a vida eterna
Porta	Porta de entrada para a vida e para a verdade, porta de proteção para seu rebanho
Prumo	A norma divina pela qual se mede o homem
Rede	O poder do evangelho pregado por meio do testemunho para levar os homens a Deus
Sabão	Limpeza do pecado
Tenda (tabernáculo)	Cobertura do nômade, do estrangeiro e do peregrino
Torre	A segurança que há no nome do Senhor
Trombeta	Voz profética
Trono	Soberania universal de Deus
Vara	Medida do juízo divino; proteção do pastor e defesa do rebanho
Vestes	Necessidade de cobrir a nudez revelada após o pecado
Vinho	Alegria; o sangue derramado de Cristo; a plenitude do Espírito

Vejamos agora as AÇÕES simbólicas, muitas delas de tipo profético, notáveis em escritos como os dos profetas Jeremias e Ageu, entre muitos outros:

AÇÕES	O QUE SIMBOLIZAM
Andar	Viver, progredir, avançar
Banhar-se	Purificar-se
Bater palmas	Sentir a alegria da vitória
Casar-se	Estabelecimento entre um homem e uma mulher da aliança que os torna uma só carne.
Casar-se com uma prostituta	O que Deus ordenou a Oseias, símbolo de fidelidade a um povo infiel ao qual ele ama apesar de tudo.
Celebrar um banquete	Tempo de festa e união com outras pessoas
Circuncidar	Cortar de modo radical a vida carnal; no Antigo Testamento, sinal da aliança com Deus
Correr	Sentir zelo pelo Senhor e atuar em consequência
Dançar	Manifestação de um tipo de adoração com exuberância e vigor

A LINGUAGEM SIMBÓLICA E AS ESCRITURAS

AÇÕES	O QUE SIMBOLIZAM
Dormir	Descansar; indiferença espiritual
Estar em pé	Manter-se firme, ser justo; alistar-se para fazer algo
Levantar as mãos	Fazer um voto; adorar; submeter-se
Prostituir-se	Faltar à aliança estabelecida com Deus; cometer idolatria
Receber o batismo em água	Símbolo de ter sepultado a velha vida e de ter ressuscitado com Cristo para uma nova vida
Sentar-se	Trabalho finalizado; autoridade; realeza
Soprar	Repartir a vida do Espírito
Ungir	A preparação do ser humano por parte do Espírito Santo para que sirva a Deus com poder

Vejamos o simbolismo de algumas CORES:

CORES	O QUE SIMBOLIZAM
Amarelo	O cavalo amarelo simboliza a morte violenta e trágica e o inferno
Azul	O céu e o Espírito Santo
Branco	Pureza, justiça, alegria, luz; o cavalo branco simboliza a vitória
Cobre	A glória de Deus; a resistência inquebrantável diante do fogo.
Escarlata	A salvação; o sacrifício expiatório pelo pecado
Negro	Pecado, morte, fome, trevas da maldade
Ouro	Metal incorruptível e o mais valioso nos tempos bíblicos; simboliza a natureza de Deus, a mais elevada de todas; a única imortal e imutável
Púrpura	A cor do pecado e também o sacrifício expiatório por ele; é a cor da realeza
Verde	A vegetação; o crescimento
Vermelho	A cor do sangue; simboliza a vida e também o derramamento de sangue na batalha

Por último, temos os NÚMEROS, talvez o símbolo mais propagado nas Escrituras e cuja interpretação devemos fazer com muito cuidado. É preciso ter em conta o contexto imediato do texto em que se encontra e o contexto geral da Bíblia com seus ensinos e princípios:

NÚMEROS	O QUE SIMBOLIZAM
1	Unidade, unanimidade, começo
2	Separação, testemunho
3	O Ser divino
4	Os quatro cantos da terra; o mundo, a criação
5	A graça, a cruz, a expiação e a vida
6	Número de homem; número da besta; Satanás
7: 3+ 4	Deus e o mundo; a perfeição; a criação; o completo
8	Um novo começo
9	A plenitude

NÚMEROS	O QUE SIMBOLIZAM
10	A Lei, o governo, a restauração; aqueles pelos quais Deus não destrói os demais (a conversa de Deus com Abraão sobre Sodoma e Gomorra).
11	Algo incompleto, desorganizado, desintegrado
12: 3 x 4	O governo de Deus sobre o mundo; a plenitude do povo de Deus; os discípulos escolhidos por Cristo
13	Rebelião, apostasia
14	A Páscoa, celebrada no dia 14 do mês de nisã
24	Os turnos dos sacerdotes; 12 x 2: a antiga aliança e a nova aliança; o governo perfeito
30	Consagração; maturidade para o ministério; a idade em que Jesus começou seu ministério
40	Número de provação; um final vitorioso ou de julgamento
50	Jubileu, liberdade; Pentecoste
70	Número anterior ao aumento (7 x 10: a restauração de todas as coisas).
120: 12 x 10	A restauração do Reino de Deus sobre o mundo; o final de tudo o que é carnal e o começo da vida no Espírito
144: 12 x 12	A plenitude máxima nas criaturas de Deus
300	O remanescente fiel (veja relato de Gideão em Juízes 7).
666	O anticristo, Satanás; os condenados à morte eterna; o número que nunca poderá chegar a ser 7 por mais que tente

Poderíamos aprofundar-nos em todos esses simbolismos e apoiá-los com as devidas citações bíblicas, mas ultrapassaríamos o escopo deste artigo, que se destina apenas a semear na mente do discípulo certa inquietação ou desejo de pesquisar as Escrituras. Há muitos livros escritos sobre essas questões, embora recomendemos ao discípulo que, antes de lê-los, verifique bem a origem do autor e de seu material, a fim de não ser levado por interpretações relacionadas a tendências religiosas ou sectárias alheias ao cristianismo, de que o Inimigo pode aproveitar-se para causar confusão e desorientação, em vez de o discípulo ver-se diante dos tesouros de uma maior compreensão de Deus e de sua Palavra.

AS ALIANÇAS NA BÍBLIA

Os tempos antigos nos quais bastava um aperto de mão para confirmar a compra de uma propriedade ou qualquer outra negociação hoje parecem lenda. Vivemos hoje o tempo dos contratos por escrito, firmados e selados, com os quais muitas vezes temos de apelar aos tribunais para que a outra parte cumpra com as cláusulas estabelecidas.

Desde a mais remota Antiguidade e praticamente em todas as culturas, sempre existiu o conceito de aliança, muito diferente ao do contrato. Este, por sua vez, trata-se de um acordo feito por escrito entre duas partes, estabelecido para benefício de ambas, condicionado por disposições e por um tempo estipulado; quanto à aliança, já não é assim. Quando se fala de uma aliança, referimo-nos ao amor mútuo entre duas partes e a algo a que se é fiel, não importa o que aconteça, o que implica lealdade mútua, a ponto de morrer pelo outro, se necessário.

Não apenas na Bíblia e em Israel, mas também no restante da humanidade, tem havido diversas formas de aliança. A aliança matrimonial é uma das formas que aqui destacamos, pelo fato de ser a mais clara ao propósito deste artigo. As palavras de Adão, ao encontrar-se com Eva, foram: "Produza a terra seres vivos de acordo com as suas espécies: rebanhos domésticos, animais selvagens e os demais seres vivos da terra, cada um de acordo com a sua espécie" (Gênesis 2.24). Jesus repete essas mesmas palavras em Mateus 19.5 e Marcos 10.7-8. Mais tarde, Paulo explicaria a importância desse ministério por tratar-se de algo que simboliza uma aliança muito mais profunda e transcendente:

> Da mesma forma, os maridos devem amar cada um a sua mulher como a seu próprio corpo. Quem ama sua mulher, ama a si mesmo. Além do mais, ninguém jamais odiou o seu próprio corpo, antes o alimenta e dele cuida, como também Cristo faz com a igreja, pois somos membros do seu corpo. "Por essa razão, o homem deixará pai e mãe e se unirá à sua mulher, e os dois se tornarão uma só carne." Este é um mistério profundo; refiro-me, porém, a Cristo e à igreja (Efésios 5.28-32).

As alianças têm sido realizadas ao longo da História da humanidade entre duas pessoas, entre dois povos ou entre um rei e seus súditos; em todos os casos são impostas condições que devem ser cumpridas para não se romper a aliança. Tais condições, manifestas de maneira explícita e diante de alguma divindade, chegam a ponto de tomar o aspecto de verdadeiras "maldições": " 'Onde morreres morrerei, e ali serei sepultada. Que o SENHOR me castigue com todo o rigor se outra coisa que não a morte me separar de ti!' " (Rute 1.17).

A. As três principais alianças na Bíblia

Encontramos na Bíblia principalmente três tipos de alianças:

1. A aliança de sal. O uso do sal como selo de uma aliança parece ter origem em primeiro lugar pelo fato de que o sal se tratava de um produto de troca tão caro que funcionava praticamente como a moeda de hoje (de onde se originou a palavra "salário", distinta da "soldada", ou soldo, que o Império Romano pagava aos membros de seu exército). Além dessa função, o sal tem uma qualidade que o tornava muito valioso, sobretudo no momento de simbolizar uma aliança: é incorruptível e protege os alimentos, como carnes, da corrupção. Em Números 18.19, o próprio Deus insiste nessa qualidade ao falar com o sumo sacerdote Arão: " 'Tudo aquilo que for separado dentre todas as dádivas sagradas que os israelitas apresentarem ao Senhor eu dou a você e a seus filhos e filhas como decreto perpétuo. É uma aliança de sal perpétua perante o SENHOR, para você e para os seus descendentes' ".

2. A aliança de troca de objetos e roupa. O modelo clássico é a aliança de amizade selada entre Jônatas e Davi com a troca de suas roupas e armas. O príncipe de Israel, herdeiro do trono, trocou suas vestes e armas pelas pobres vestes e armas do valente pastor de Belém: "E Jônatas fez um acordo de amizade com Davi, pois se tornara o seu melhor amigo. Jônatas tirou o manto que estava vestindo e o deu a Davi, com sua túnica, e até sua espada, seu arco e seu cinturão. Tudo o que Saul lhe ordenava fazer, Davi fazia com tanta habilidade que Saul lhe deu um posto elevado no exército. Isso agradou a todo o povo, bem como aos conselheiros de Saul (1Samuel 18.3-5). Vemos aqui uma troca de personalidade; uma identificação entre dois homens que estabeleciam assim sua amizade perpétua, a qual ultrapassaria a morte de Jônatas e levou Davi a buscar e proteger o único filho sobrevivente daquele, o aleijado Mefibosete. Havia alianças mais temporais, como a que se fazia entre duas pessoas que comiam juntas. O fato de comer junto criava entre elas um laço que impedia que uma fizesse dano a outra por algum tempo, principalmente se estavam debaixo do mesmo teto, por piores inimigos que fossem.

3. A aliança de sangue. Essa é a mais frequente e aquela se pratica ainda hoje em muitos lugares do mundo. Duas pessoas fazem um corte na própria pele e misturam seu sangue, jurando diante de Deus, sob maldição em caso de não cumprimento, que se identificam plenamente entre si para sempre. Por amor mútuo, comprometem-se a apoiar-se e ajudar-se até mesmo com o preço da própria vida. No texto hebraico da Bíblia fala-se muito em "cortar a aliança" (*karath*, "cortar", traduzido em grande parte por "fazer": "Naquele dia, o SENHOR fez a seguinte aliança com Abrão", Gênesis 15.18). No contexto das palavras que acabamos de citar, está o motivo para o uso do verbo *karath*:

> Respondeu-lhe o SENHOR: "Traga-me uma novilha, uma cabra e um carneiro, todos com três anos de vida, e também uma rolinha e um pombinho". Abrão trouxe todos esses animais, cortou-os ao meio e colocou cada metade em frente à outra; as aves, porém, ele não cortou. Nisso, aves de rapina começaram a descer sobre os cadáveres, mas Abrão as enxotava. Ao pôr do sol, Abrão foi tomado de sono profundo, e eis que vieram sobre ele trevas densas e apavorantes. Então o Senhor lhe disse: "Saiba que os seus descendentes serão estrangeiros numa terra que não lhes pertencerá, onde também serão escravizados e oprimidos por quatrocentos anos. Mas eu castigarei a nação a quem servirão como escravos e, depois de tudo, sairão com muitos bens. Você, porém, irá em paz a seus antepassados e será sepultado em boa velhice. Na quarta geração, os seus descendentes voltarão para cá, porque a maldade dos amorreus ainda não atingiu a medida completa". Depois que o sol se pôs e veio a escuridão, eis que um fogareiro esfumaçante, com uma tocha acesa, passou por entre os pedaços dos animais (Gênesis 15.9-17).

Também encontramos a aliança de Deus com Abraão e sua descendência, selada com a circuncisão dos homens de sua casa: " 'Esta é a minha aliança com você e com os seus descendentes, aliança que terá de ser guardada: Todos os do sexo masculino entre vocês serão circuncidados na carne. Terão de fazer essa marca, que será o sinal da aliança entre mim e vocês' " (Gênesis 17.10,11). " 'Pois a vida da carne está no sangue, e eu o dei a vocês para fazerem propiciação por vocês mesmos no altar; é o sangue que faz propiciação pela vida' " (Levítico 17.11). "De fato, segundo a Lei, quase todas as coisas são purificadas com sangue, e sem derramamento de sangue não há perdão" (Hebreus 9.22).

Vemos aqui um princípio básico: uma vez que é no sangue que está a vida da carne, princípio que sustenta hoje a medicina, Deus afirma que sem derramamento de sangue não é possível haver remissão, ou seja, perdão de pecados. Por esse motivo, foi necessário que se estabelecera uma nova aliança, perfeita e eterna, entre Deus e a humanidade, baseada no derramamento do sangue de Jesus, o Deus em forma de homem. É a nova aliança que Jesus proclamou: "Em seguida tomou o cálice, deu graças e o ofereceu aos discípulos, dizendo: 'Bebam dele todos vocês. Isto é o meu sangue da aliança, que é derramado em favor de muitos, para perdão de pecados' " (Mateus 26.27,28; leia também Marcos 14.24; Lucas 22.20 e João 6.53-56).

B. Alianças de Deus com o ser humano

Como pudemos ver, o nosso Deus é um Deus de alianças, não de tirania nem de imposições. O motivo das alianças é o amor e a identificação mútuos. Na realidade, os pactos que estabelecemos por amor são um dos traços que melhor nos identificam como imagem e semelhança do nosso Criador. E mais: na maioria das ocasiões em que se fala de uma aliança na Bíblia, refere-se, de maneira subentendida ou expressa, duas alianças que Deus estabeleceu com uma pessoa e às vezes com todo um povo. De todos os nomes para Deus na Bíblia, o que se destaca é precisamente o tetragrama que a *Nova Versão Internacional* traduz por SENHOR (leia *Tetragrama* no artigo "Vocabulário básico", p. 1520). Esse nome, que significa literalmente "Eu Sou" (Êxodo 3.15) é o que o identifica como o Deus que não muda; o Deus fidedigno, sempre leal ao que prometeu:

> Esta palavra é digna de confiança:
> Se morremos com ele,
>   com ele também viveremos;
> se perseveramos,
>   com ele também reinaremos.
> Se o negamos,
>   ele também nos negará;
> se somos infiéis,
>   ele permanece fiel,
> pois não pode negar-se
>   a si mesmo (2Timóteo 2.11-13, grifo nosso).

Vejamos as principais alianças de Deus com o ser humano mencionadas nas Escrituras:

1. A aliança do Éden. Trata-se da aliança implícita entre Adão e Deus, cujas condições foram estabelecidas por Deus. Ele criou Adão e entregou-lhe a terra para que a vigiasse, cuidasse dela e a dominasse, assim como para que ela crescesse e multiplicasse (Gênesis 1.26-31). O ser humano, em troca, devia afastar-se de toda rebeldia e submeter-se à vontade divina de não comer da árvore do conhecimento do bem e do mal (2.16,17). Seria o embaixador do Rei neste mundo, mas não deveria ultrapassar a linha de autoridade que lhe havia sido concedida. Todas as alianças que Deus fez mais tarde foram conduzindo a história da humanidade até o cumprimento definitivo da primeira aliança na nova aliança, que a seu tempo foi selada com o sangue do Cordeiro. O primeiro Adão desobedeceu, mas o que Deus prometeu será cumprido, porque ele é fiel e onipotente. Em seguida, enviou Jesus Cristo, o último Adão e "espírito vivificante" (1Coríntios 15.45), cuja obediência perfeita e sacrifício de valor eterno nos levam de volta à aliança do Éden, da qual todas as outras são renovações necessárias.

2. A aliança com Adão. Também foi uma aliança implícita, na qual Deus estabeleceu as consequências da queda de Adão e Eva. Ao mesmo tempo promete pela primeira vez a vinda de um Redentor que resgataria a humanidade de seu triste estado (Gênesis 3.15). Uma vez que já havia pecado no mundo, Deus sacrifica animais inocentes para cobrir com a pele deles a nudez de Adão e Eva. Esse é um símbolo de sua graça, amor e misericórdia, e de Jesus Cristo, o Cordeiro de Deus, o único em quem há salvação.

3. A aliança com Noé. Deus disse a Noé: " '[...] com você estabelecerei a minha aliança' " (Gênesis 6.18). Após o Dilúvio, o SENHOR cumpre o que prometeu a Noé. A primeira atitude que tomou ao sair da arca foi restabelecer sua função sacerdotal: "Depois Noé construiu um altar dedicado ao SENHOR e, tomando alguns animais e aves puros, ofereceu-os como holocausto, queimando-os sobre o altar. O SENHOR sentiu o aroma agradável e disse a si mesmo: 'Nunca mais amaldiçoarei a terra por causa do homem, pois o seu coração é inteiramente inclinado para o mal desde a infância. E nunca mais destruirei todos os seres vivos como fiz desta vez' "(Gênesis 8.20,21). Nesta aliança, Deus restabelece a dimensão do governo, ainda que dessa vez, por causa do pecado, seja o homem o que necessita ter autoridade sobre sua própria descendência, a fim de permitir a convivência e a sobrevivência. Promete não voltar a amaldiçoar a terra por causa do homem e garante a sucessão das estações do ano, o que garante também as colheitas. Abençoa o remanescente da humanidade caída e reitera a ordem anterior: " 'Sejam férteis, multipliquem-se e encham a terra' " (Gênesis 9.1), como sinal de que as estipulações da primeira aliança continuavam vigentes.

4. A aliança com Abraão. Deus interrompe novamente a história do ser humano. Dessa vez, escolhe um rico habitante de Ur dos caldeus: Abraão (Gênesis 12). O culto ao Deus verdadeiro parece ter sido perdido na memória dos tempos, e Deus, em sua fidelidade ao que já havia prometido no princípio, elege um homem pagão cujo coração conhece muito bem. A iniciativa é sempre dele, não do homem. Não se trata da iniciativa religiosa de um ser humano dotado de sensibilidade e iluminação especiais. Mas, sim, da iniciativa de um Deus que quer restaurar sua família. Nesta aliança há elementos proféticos dos mais diversos. A esse ancião com uma esposa estéril, Deus fala do futuro de um povo numeroso que sairia de suas entranhas, em uma terra então desconhecida. Fala a Abraão, que habitava em uma terra onde o deus principal era Nanar, ou deus-lua, e para quem Deus era um desconhecido, dando-lhe uma ordem:

> " 'Saia da sua terra, do meio dos seus parentes e da casa de seu pai, e vá para a terra que eu lhe mostrarei.
>
> Farei de você um grande povo,
>   e o abençoarei.
> Tornarei famoso o seu nome,
>   e você será uma bênção.
> Abençoarei os que o abençoarem
> e amaldiçoarei os que o amaldiçoarem;
> e por meio de você
>   todos os povos da terra
>   serão abençoados' " (Gênesis 12.1-3).

A resposta de Abraão nos assusta: "Partiu Abrão, como lhe ordenara o SENHOR" (v. 4). Não é à toa que o povo judeu considera esse homem como "o pai da fé". Aqui tem início uma aliança entre Abraão e seu clã, que inclui a circuncisão, parte significativa da aliança e da mudança de nome de Abrão ("pai grande") para Abraão ("pai de muitas nações").

Isaque. Seu nome significa "sorriso". Deus ratifica-lhe a aliança que havia feito com seu pai:

> O SENHOR apareceu a Isaque e disse: "Não desça ao Egito; procure estabelecer-se na terra que eu lhe indicar. Permaneça nesta terra mais um pouco, e eu estarei com você e o abençoarei. Porque a você e a seus descendentes darei todas estas terras e confirmarei o juramento que fiz a seu pai, Abraão. Tornarei seus descendentes tão numerosos como as estrelas do céu e lhes darei todas estas terras; e por meio da sua descendência todos os povos da terra serão abençoados, porque Abraão me obedeceu e guardou meus preceitos, meus mandamentos, meus decretos e minhas leis" (Gênesis 26.2-5).

Observemos que nesta aliança sempre estará presente o fator terra que Deus prometeu a Abraão e a toda a sua descendência.

Jacó. Apesar de começar a vida como "Jacó", depois de lutar toda a noite com o anjo do SENHOR, seu nome passa a ser Israel. Seria o pai das 12 tribos de Israel (Rúben, Simeão, Levi, Judá, Dã,

Naftali, Gade, Aser, Issacar, Zebulom, José e Benjamim). Ainda que tenha obtido de Isaque, o pai, a bênção da primogenitura de maneira fraudulenta, mais tarde, ao despedir-se dele, Isaque repetiu a bênção sobre ele e sua descendência e, ao fazê-lo, refere-se à aliança com Deus que sua família havia herdado: " 'Que o Deus todo-poderoso o abençoe, faça-o prolífero e multiplique os seus descendentes, para que você se torne uma comunidade de povos. Que ele dê a você e a seus descendentes a bênção de Abraão, para que você tome posse da terra na qual vive como estrangeiro, a terra dada por Deus a Abraão' " (Gênesis 28.3,4). Pouco depois, Deus mesmo se encarregaria de validar essa bênção, enquanto Jacó fugia de seu irmão, no lugar antes chamado "Luz" e ao qual Jacó pôs o nome de "Betel" ("casa de Deus", Gênesis 28.19):

> E teve um sonho no qual viu uma escada apoiada na terra; o seu topo alcançava os céus, e os anjos de Deus subiam e desciam por ela. Ao lado dele estava o SENHOR, que lhe disse: "Eu sou o SENHOR, o Deus de seu pai Abraão e o Deus de Isaque. Darei a você e a seus descendentes a terra na qual você está deitado. Seus descendentes serão como o pó da terra, e se espalharão para o Oeste e para o Leste, para o Norte e para o Sul. Todos os povos da terra serão abençoados por meio de você e da sua descendência. Estou com você e cuidarei de você, aonde quer que vá; e eu o trarei de volta a esta terra. Não o deixarei enquanto não fizer o que lhe prometi" (Gênesis 28.12-15).

5. A aliança do Sinai (chamada "mosaica", por ter sido feita tendo Moisés como intermediário entre o Senhor e o povo). Depois dessa aliança de forte teor profético, já fora da escravidão do Egito, Deus estabelece uma aliança com o povo cujo centro está na mensagem imutável dos Dez Mandamentos (Êxodo 20.1-17; Deuteronômio 5.1-21). Essa aliança é muito ampla. Não contém conselhos nem sugestões, mas, sim, ordens destinadas a criar uma estrutura social, cultural e moral estável. Nesse aspecto, trata-se de uma aliança dominada pelo trabalho e pela presença do corpo sacerdotal e levítico. O povo saiu do Egito, símbolo da idolatria, da escravidão e da corrupção. Deus, por meio dessa aliança, deseja eliminar a mentalidade do Egito em seu povo, a fim de que possa viver em ordem, paz e poder sob a soberania de Deus, como povo livre, santo e eleito. A aliança parece seguir a forma típica das chamadas "alianças de soberania" que se realizavam entre um rei e um povo naquela época. Tais pactos, que se originaram no ambiente do Império Hitita, tinham uma forma convencional: "Eu serei teu rei, e tu serás meu povo". O rei tinha a obrigação de proteger e auxiliar o povo que a ele estava submisso, e o povo se obrigava a obedecer de modo exclusivo e único a esse rei, assim como a pagar-lhe tributos. Moisés desceu do monte com as tábuas da Lei e as depositou na arca da aliança, sinal e local da presença de Deus em meio ao seu povo. Os detalhes sobre esta aliança aparecem amplamente desenvolvidos em grande parte do texto dos últimos quatro livros do Pentateuco, ou *Torá*.

6. A aliança com Davi. Novamente Deus estabelece uma aliança com um homem e com sua descendência. Dessa vez, trata-se de um pacto pelo qual Deus se compromete a manter para sempre a descendência de Davi no trono de Israel. Davi era o "homem segundo o seu coração", aquele que o SENHOR havia procurado (1Samuel 13.14).Com ele, Deus substituiu Saul, o rei que o povo havia escolhido. A aliança que Deus fez com Davi é algo eterno que está à espera do cumprimento definitivo da profecia de Jacó sobre Judá e sua tribo (Gênesis 49.10). Em resumo, esta é a promessa de Deus a Davi: " 'Quando a sua vida chegar ao fim e você descansar com os seus antepassados, escolherei um dos seus filhos para sucedê-lo, um fruto do seu próprio corpo, e eu estabelecerei o reino dele. Será ele quem construirá um templo em honra ao meu nome, e eu firmarei o trono dele para sempre' " (2Samuel 7.12,13). Na pessoa de Jesus Cristo será cumprida para sempre a aliança feita com Davi e também a aliança profética feita com Abraão, por meio da qual "todos os povos da terra serão abençoados" (leia Gênesis 12). Jesus Cristo é Rei, Profeta e Sacerdote segundo uma ordem muito superior à de Arão, ou seja, a ordem eterna de Melquisedeque. Trata-se de toda uma história e de todo um plano de salvação destinados a abrir o caminho do Rei da Glória, o Filho de Deus feito homem (Salmos 24.7,9).

7. A nova aliança do sangue do Cordeiro. Quando João Batista anunciou ao ver Jesus: " 'Vejam! É o Cordeiro de Deus, que tira o pecado do mundo!' " (João 1.29), estava se referindo a uma espera de vários séculos durante os quais o povo de Israel havia ansiado pela chegada do Ungido de Deus por excelência (o Messias; do grego, o Cristo), o qual não ocultaria o pecado do mundo, mas acabaria com ele (Colossenses 2.13-15). A unção está destinada nas Escrituras à consagração do sacerdote, do profeta e do rei. O povo de Israel esperava a chegada do Ungido por antonomásia, o grande Sacerdote, o grande Profeta de que falara Moisés (Deuteronômio 18.15) e o grande Rei que ocuparia para sempre o trono de Davi, seu pai. Sua pessoa, seu ministério, sacrifício, sua ressurreição e ascensão aos céus para sentar-se à direita do Pai significariam a restauração de todas as coisas nele. O que Deus tinha planejado para a humanidade por toda a eternidade seria cumprido em Jesus, o Cristo. A nova aliança tornaria desnecessária a antiga aliança, uma vez que já estaria cumprida em sua totalidade (Hebreus 8 e 9). A nova aliança seria selada com o sangue do Cordeiro: "[...] sem derramamento de sangue não há perdão" (Hebreus 9.22).

- Jesus é o "último Adão" (1Coríntios 15.45), "espírito vivificante", iniciador de uma nova espécie humana pela qual se quebra a maldição do Éden. Foi quem se tornou maldição para romper a maldição que pesava sobre nós; o que nos dá a nova vida; o que nos ofereceu a oportunidade de nascer de novo para poder ver o Reino de Deus (veja João 3.3).
- Desde a aliança feita com *Noé*, Deus nos deu a capacidade de governar, mas, ao longo dos séculos e milênios, apenas temos conseguido demonstrar nossa total falta de habilidade para a tarefa. Jesus é quem nos traz o governo perfeito: "Pois é necessário que ele reine até que todos os seus inimigos sejam postos debaixo de seus pés" (1Coríntios 15.25).
- Ele é a semente da mulher sobre a qual Deus profetizou ao Inimigo: " 'Porei inimizade entre você e a mulher, entre a sua descendência e o descendente dela; este ferirá a sua cabeça, e você lhe ferirá o calcanhar" (Gênesis 3.15). Assim sucedeu, a fim de que em Jesus, semente também de *Abraão*, fossem benditos todos os povos da terra (Gênesis 12.3). Nele, conforme diz Paulo: "Não há judeu nem grego, escravo nem livre, homem nem mulher; pois todos são um em Cristo Jesus. E, se vocês são de Cristo, são descendência de Abraão e herdeiros segundo a promessa" (Gálatas 3.28,29).
- Jesus foi o sacrifício perfeito, feito "para sempre" (Hebreus 10.12), do qual os sacrifícios da *aliança mosaica* são apenas símbolos e sombras imperfeitas. Nele, único Cordeiro de Deus, vemos cumprida a Lei com perfeição: "[...] alguém que, como nós, passou por todo tipo de tentação, porém sem pecado" (Hebreus 4.15). Graças a ele somos convidados a nos aproximar "[...] do trono da graça com toda a confiança, a fim de recebermos misericórdia e encontrarmos graça que nos ajude no momento da necessidade" (Hebreus 4.16).
- O trono de *Davi* já está ocupado para sempre por um descendente dele. Já chegou "aquele a quem ele [o cetro] pertence" (Gênesis 49.10). Seu Reino, no entanto, não se manifestou plenamente neste mundo, mas os que creem já têm se tornado semelhantes a ele:

  > Não mintam uns aos outros, visto que vocês já se despiram do velho homem com suas práticas e se revestiram do novo, o qual está sendo renovado em conhecimento, à imagem do seu Criador. Nessa nova vida já não há diferença entre grego e judeu, circunciso e incircunciso, bárbaro e cita, escravo e livre, mas Cristo é tudo e está em todos (Colossenses 3.9-11).

- "Pois ele é a nossa paz, o qual de ambos fez um e destruiu a barreira, o muro de inimizade, anulando em seu corpo a Lei dos mandamentos expressa em ordenanças. O objetivo dele era criar em si mesmo, dos dois, um novo homem, fazendo a paz, e reconciliar com Deus os dois em um corpo, por meio da cruz, pela qual ele destruiu a inimizade" (Efésios 2.14-16). *A nova aliança* não é uma simples transformação. É sermos uma nova criação (2Coríntios 5.17) em Cristo e nos prepara para reinar com ele. Novamente as palavras de Paulo são elucidativas: "As coisas antigas já passaram; eis que surgiram coisas novas!" (v. 17). Trata-se do trabalho da igreja e, para que os discípulos possam realizar o maravilhoso ministério da reconciliação que lhes foi atribuído e crescer na vida espiritual:

> E ele designou alguns para apóstolos, outros para profetas, outros para evangelistas, e outros para pastores e mestres, com o fim de preparar os santos para a obra do ministério, para que o corpo de Cristo seja edificado, até que todos alcancemos a unidade da fé e do conhecimento do Filho de Deus, e cheguemos à maturidade, atingindo a medida da plenitude de Cristo (Efésios 4.11-13).

- Desse modo, aquele que é "o Alfa e o Ômega, o Princípio e o *Fim*" (Apocalipse 1.8; 21.6, grifo nosso) fecha o círculo da História com o triunfo definitivo e eterno do Reino, utilizando as mesmas palavras que usou um dia na cruz: " 'Está feito' " (21.6). Estas são ditas diante de um novo céu e de uma nova terra, enquanto João vê "a Cidade Santa, a nova Jerusalém, que descia dos céus, da parte de Deus, preparada como uma noiva adornada para o seu marido" e ouve "uma forte voz que vinha do trono e dizia: 'Agora o tabernáculo de Deus está com os homens, com os quais ele viverá. Eles serão os seus povos; o próprio Deus estará com eles e será o seu Deus. Ele enxugará dos seus olhos toda lágrima. Não haverá mais morte, nem tristeza, nem choro, nem dor, pois a antiga ordem já passou' " (Apocalipse 21;2-4). Toda essa nova humanidade, que habitará na Cidade Santa, onde estará a árvore da vida, a mesma que estava no jardim do Éden, é única, sem divisões, nem contendas. São todos

> "[...] geração eleita, sacerdócio real, nação santa, povo exclusivo de Deus, para anunciar as grandezas daquele que os chamou das trevas para a sua maravilhosa luz. Antes vocês nem sequer eram povo, mas agora são povo de Deus; não haviam recebido misericórdia, mas agora a receberam" (1Pedro 2.9,10, grifo nosso).

Assim seremos para sempre reis com o Rei dos reis, e senhores com o Senhor dos senhores. Uma vez mais, tal como Deus o havia planejado, dominaremos a terra sob a autoridade amorosa e justa do Deus dos Exércitos, nosso Pai, e de seu Cordeiro.

OS NOMES E TÍTULOS DE DEUS NA BÍBLIA

O que Deus nos ensina através da Bíblia nenhum outro texto de teologia poderia fazer: ajuda-nos a conhecer de maneira pessoal seus atributos, seu ser e sua maneira de pensar e atuar no decorrer da história da salvação, tanto quanto os relatos de suas intervenções na história da humanidade e de outros meios, como os nomes que recebe no texto sagrado. Esse é o motivo de em torno de 80% das Escrituras pertencer ao gênero histórico. Todos os nomes de Deus têm um significado profundo e alentador para os seus. Somos os filhos do Deus forte, do Deus dos Exércitos que, no entanto, "amou o mundo de tal maneira" a ponto de dar seu próprio Filho para satisfazer seu sentido de justiça e santidade, que havia sido alvo de ofensa com a desobediência do ser humano.

Ab, Abinu: AT, hebraico, "Pai", "nosso Pai", Salmos 68.5; Isaías 63.16; 64.8.
Abba: NT, aramaico, "Pai", Marcos 14.36; Romanos 8.15; Gálatas 4.6.
Abir Yaaqob: AT, hebraico, "o Poderoso de Jacó", Gênesis 49.24; Isaías 49.26.
Adonai: AT, hebraico, "Senhor", "Amo". Um plural que aparece cerca de 300 vezes no Antigo Testamento, sempre para referir-se a Deus. O singular "adon", que ainda se usa no hebraico moderno, refere-se a um ser humano. Veja Gênesis 15.2. Maior número de ocorrências no livro de Ezequiel (cerca de 200 vezes).
Aní Rishón af aní Ajar'ón: AT, hebraico, "Eu sou o primeiro e eu sou o último", Isaías 44.6; 48.12.
Attiq Yomín: AT, aramaico, "ancião", Daniel 7.9,13,22.
Despotes: NT, grego, "Senhor", "amo", Lucas 2.29; Atos 4.24; 2Pedro 2.1; Judas 4.
Eben, Ebem Yisrael: AT, hebraico, "Rocha", "Rocha de Israel", Gênesis 49.24.
Egó eimí: NT, grego, "Eu sou", expressão que Jesus usou em diversas ocasiões e que causou a ira de seus inimigos por evocar de maneira consciente a revelação de Javé a Moisés em Êxodo 3. Com essas afirmações, estava identificando-se com o SENHOR. Leia no artigo "Os nomes e títulos de Jesus na Bíblia", a última entrada intitulada "Eu Sou".
El: AT, hebraico. O vocábulo "El" significa "o poderoso; o forte" e aplica-se a Deus. Veja, entre muitas outras citações bíblicas: Gênesis 28.3; 35.11; Números 23.22; Josué 3.10; 2Samuel 22.31,32; Neemias 1.5; 9.32; Isaías 9.6 e Ezequiel 10.5. Em um sentido linguístico, em razão do fato de que o hebraico e o árabe são línguas semitas, corresponde ao nome "Alá", utilizado pelo mundo muçulmano. Não obstante, os atributos do Deus de Israel o separam e distinguem completamente do deus do islamismo. "El" aparece no Antigo Testamento cerca de 250 vezes. A forma que toma no aramaico, língua também semítica, é "Elah", que também é usada em algumas partes do livro de Daniel.
El Elyon: AT, hebraico, "Deus Altíssimo", o exaltado sobre todas as coisas existentes: Deuteronômio 32.8; Daniel 7.25.
Eloí, Eloí: NT, aramaico, "Deus meu", Mateus 27.46.
El Roi: AT, hebraico, "o Deus que me vê", nome que a escrava Hagar deu a Deus em Gênesis 16.13.
El Shadai: AT, hebraico, "o Deus que tudo pode" ou "o Deus onipotente". Indica provisão e origina-se da palavra hebraica "shad", que significa "peito materno". Aparece cerca de 50 vezes no Antigo Testamento, a primeira delas em Gênesis 17.1,2, e a maioria (31) no livro de Jó. Em Apocalipse 16.7 aparece no caso vocativo o equivalente grego, *Kýrie ho Zeos ho Pantokrator* [Senhor Deus todo-poderoso].

El Gibor: AT, hebraico, "Deus Poderoso", Isaías 9.6.

Elohim: AT, hebraico; o plural "Elohim" é o primeiro nome que Deus recebe na Bíblia (Gênesis 1.1). Em razão da existência de outra forma intermediária chamada "dual", que se refere a dois de uma mesma classe, "Elohim" define três ou mais de uma mesma classe. No entanto, na Bíblia é acompanhado de verbos no singular, o que pode ser um primeiro indício de revelação com respeito à existência das três pessoas do único e verdadeiro Deus. No primeiro capítulo da Bíblia, "Elohim" aparece em 32 ocasiões. "Elohim" é o Deus criador, o Deus que sustenta todas as coisas, o Deus onipotente e poderoso. Em todo o Antigo Testamento, encontramos esta palavra 2.750 vezes para fazer menção a Deus, principalmente em Eclesiastes, Daniel e Jonas. Veja, entre vários outros exemplos, Gênesis 6.18; 9.15; 17.7; 50.24; 1Reis 8.23; Isaías 40.1 e Jeremias 31.33.

El Olam: AT, hebraico, "Deus eterno", "Deus Eterno", Gênesis 21.33.

Eyalut, Eyalut'í: AT, hebraico, "Minha força", Salmos 22.19.

Ga'al, Ga'alí, Go'el: AT, hebraico, "o Meu Redentor", Jó 19.25. Para obter uma melhor compreensão sobre este título, veja a atuação de Boaz no livro de Rute.

Ga'aleinu Meolam: AT, hebraico, originado do nome anterior (veja "Ga'al"); Isaías 63.16. "Nosso Redentor".

Jitzq'í: AT, hebraico, "Minha fortaleza", Salmos 18.2.

Kadosh: AT, hebraico, "Santo", Salmos 71.22; Isaías 6.3. Isaías chama-o "o Santo de Israel" em 26 ocasiões.

Kyrios: NT, grego, "Senhor", usado cerca de 600 vezes, para referir-se tanto a Deus Pai como a Jesus Cristo.

M'odat'í: AT, aramaico, "Minha sabedoria", Salmos 18.2.

Maguén: AT, hebraico, "Escudo", Salmos 3.3; 18.30.

Melek, Mal'kí: AT, hebraico, "Rei", "meu Rei", Salmos 5.2; 44.4; Isaías 41.21.

Palet'í: AT, hebraico, "Meu libertador", Salmos 18.2.

Pantokrator: NT, grego, "Todo-poderoso", 2Coríntios 6.18; Apocalipse 19.6.

Qanná: AT, hebraico, "Zeloso", Êxodo 34.14.

Raah: AT, hebraico, "Pastor", Gênesis 49.24; Isaías 40.11.

Sal'í: AT, hebraico, "Minha rocha", Salmos 18.2.

Shafat: AT, hebraico, "Juiz", Salmos 7.8; 96.13.

Shafat kal-HaAretz: AT, hebraico, "Juiz de toda a terra", Gênesis 18.25.

Soter: NT, grego, "Salvador", Lucas 1.47.

Tsur: AT, hebraico, "Rocha", Deuteronômio 32.18.

Yahweh: AT, hebraico, "Aquele que é". Seu nome como Deus da aliança. Veja no artigo "Vocabulário básico" a palavra *Tetragrama*. Indica em primeiro lugar que ele é o único que tem existência em si mesmo; em segundo lugar, que há nele uma fidelidade imutável às alianças que faz, pois isso faz parte inseparável de sua natureza. Termo sagrado para os hebreus desde antes da vinda de Jesus; somente o pronunciava devidamente o sumo sacerdote, que o fazia no Dia da Expiação em forma de sussurro diante de todos os presentes, logo após sair do Lugar Santíssimo ou Santo dos Santos. Segundo as tradições judaicas, a linhagem dos sumos sacerdotes foi interrompida porque um sumo sacerdote morreu antes de revelar a pronúncia correta a seu sucessor, e este não se atreveu a assumir o cargo. A palavra Javé ou Jeová procedem de uma combinação do Tetragrama com as vogais de Adonai. Em muitas versões da Bíblia, tanto hebraicas como cristãs, acabou sendo substituída pela expressão "o SENHOR".

Yahweh elohim: AT, hebraico, "SENHOR Deus", Gênesis 2.4; Isaías 17.6; Sofonias 2.9.

Yahweh m'kadoshkem: AT, hebraico, "O SENHOR que os santifica", em Levítico 20.8. É o Deus que separa seu povo dos demais povos para seu serviço exclusivo.

Yahweh nissi: AT, hebraico, "O Senhor é minha bandeira", em Êxodo 17.15. De *nasas*, palavra que denota algo que resplandece, ondula ou chama a atenção a distância, como ponto de reunião das tropas. Veja Salmos 4.6.

Yahweh rofeka: AT, hebraico, "O Senhor que os cura", em Êxodo 15.26. Ainda que aqui se refira diretamente à saúde física; no contexto geral da Bíblia entendemos que o Senhor é o que cura o nosso ser em todas as dimensões: espírito, alma e corpo.

Yahweh rohí: AT, hebraico, "O Senhor é o meu pastor", Salmos 23.1.

Yahweh shalom: AT, hebraico, "O Senhor é Paz", Juízes 6.24.

Yahweh shamah: AT, hebraico, "O Senhor está aqui", Ezequiel 48.35.

Yahweh ts'baot: AT, hebraico, "O Senhor dos Exércitos", o líder dos exércitos angelicais e celestiais, Salmos 46.7; Isaías 1.24; Jeremias 11.20. No Novo Testamento, *Kyrios Sabaoz*, com o mesmo significado, tendo uma palavra em grego e a seguinte transliterada do hebraico, Romanos 9.29; Tiago 5.4.

Yahweh tsidkenu: AT, hebraico, "O Senhor é a Nossa Justiça", Jeremias 23.6.

Yahweh yiré: AT, hebraico, "O Senhor Proverá", em Gênesis 22.14.

Zeós: NT, grego, "Deus". Usado pelo apóstolo Tomé para referir-se a Jesus: João 20.28. Aparece mais de 1.300 vezes no Novo Testamento para referir-se alternadamente a uma das três pessoas da Trindade divina.

Zeotes: NT, grego, "a Divindade", "a Deidade", "o Ser divino", Romanos 1.20; Colossenses 2.9.

OS NOMES E TÍTULOS DE JESUS NA BÍBLIA

A Palavra de Deus dá a Jesus diferentes nomes e títulos por meio dos quais apresenta um panorama geral de sua personalidade, divindade, missão salvadora e relação com quem são seus discípulos. Veja a seguir uma breve relação desses nomes e títulos, que servem de base para que o discípulo conheça melhor o Redentor de sua alma e sinta-se privilegiado de servir a ele e amá-lo.

Intercessor: Do grego, *parákletos*, advogado de defesa; 1João 2.1.
Intercessor junto ao Pai: 1João 2.1.
Maravilhoso Conselheiro: Isaías 9.6.
Apóstolo e sumo sacerdote que confessamos: Do grego, *apóstolos*, enviado com plenos poderes; Hebreus 3.1.
Sol nascente: Lucas 1.78.
A fonte da salvação eterna para todos os que lhe obedecem: Hebreus 5.9.
Autor e consumador da nossa fé: Hebreus 12.2.
Debaixo de cujos pés estão todas as coisas: Efésios 1.22.
Cabeça de todas as coisas para a igreja: Efésios 1.22; 4.15; 5.23.
Pedra angular: Atos 4.11; 1Pedro 2.7.
Cabeça de todo poder e autoridade: Colossenses 2.10.
Conselheiro: Do grego, *parákletos*, defensor; João 14.16.
Cordeiro de Deus: João 1.29.
Cordeiro sem mancha e sem defeito: 1Pedro 1.19.
Deus: João 1.1; 20.28; Romanos 9.5; Hebreus 1.8; 2Pedro 1.1; 1João 5.20.
Deus Poderoso: Isaías 9.6.
O Amém: "Proclamo que assim é"; Apocalipse 3.14.
O autor da salvação: Hebreus 2.10.
O autor da vida: Atos 3.15.
O Alfa e o Ômega: Do grego, "primeira e última letras do alfabeto: princípio e fim de tudo"; Apocalipse 1.8; 22.13.
O bendito e único Soberano: 1Timóteo 6.15.
O bom pastor: João 10.11,14.
O caminho: João 14.6.
O Cordeiro de Deus, que tira o pecado do mundo: João 1.29.
O Cordeiro que foi morto desde a criação do mundo: Apocalipse 13.8.
O Cristo: Do grego, "o Ungido por antonomásia ou excelência"; 1João 2.22.
O Cristo, o Filho do Deus vivo: Mateus 16.16.
O grande Pastor das ovelhas: Hebreus 13.20.
Grande sumo sacerdote: Hebreus 4.14.
O líder que conduzirá Israel: Mateus 2.6.
Herdeiro de todas as coisas: Hebreus 1.2.
O Filho de Deus: João 1.49; Hebreus 4.14.
O Filho Unigênito de Deus: João 1.18; 1João 4.9.
O homem celestial: 1Coríntios 15.48.

O Justo: Atos 7.52.
O Leão da tribo de Judá: Apocalipse 5.5.
O Redentor: Romanos 11.26.
O Messias: Do hebraico, "o Ungido por antonomásia ou excelência", como Rei, Sacerdote e Profeta; João 1.41.
O mesmo, ontem, hoje e para sempre: Hebreus 13.8.
O pão de Deus: João 6.33.
O pão de vida: João 6.35,48.
O último Adão: 1Coríntios 15.45.
O Primeiro e o Último: Apocalipse 1.17; 2.8; 22.13.
O primogênito dentre os mortos: Apocalipse 1.5.
O Supremo Pastor: 1Pedro 5.4.
O soberano da criação de Deus: Apocalipse 3.14.
O Princípio e o fim: Apocalipse 1.8; 22.13.
O que ele abre ninguém pode fechar, e o que ele fecha ninguém pode abrir: Apocalipse 3.7.
O que deve reinar até que todos os seus inimigos sejam postos debaixo de seus pés: 1Coríntios 15.25.
O que é, o que era e o que há de vir: Apocalipse 1.8.
O que morreu e tornou a viver: Apocalipse 2.8.
O que tem a chave de Davi: Apocalipse 3.7.
Aquele que vive e esteve morto: Apocalipse 1.18.
O Rei de Israel: João 1.49.
O rei dos judeus: Mateus 27.11.
O Santo: Atos 3.14; Apocalipse 3.7.
O Santo de Deus: Marcos 1.24.
O Senhor da glória: 1Coríntios 2.8.
O Senhor Jesus: Atos 15.11.
O soberano dos reis da terra: Apocalipse 1.5.
O sol da justiça: Malaquias 4.2.
A testemunha fiel: Apocalipse 1.5.
A testemunha fiel e verdadeira: Apocalipse 3.14.
O Todo-poderoso: Apocalipse 1.8.
O único mediador entre Deus e os homens: 1Timóteo 2.5.
A Palavra: Do latim; no original grego, *Lógos*; João 1.1,14.
A Palavra de Deus: Apocalipse 19.13.
A Palavra da vida: 1João 1.1.
O Verdadeiro: Apocalipse 3.7.
O Verdadeiro Deus: 1João 5.20.
O verdadeiro pão do céu: em referência ao maná do deserto; João 6.32.
Emanuel: Em hebraico, "Deus conosco"; Isaías 7.14; 8.8; Mateus 1.23.
Cristo em vocês, a esperança da glória: Colossenses 1.27.
Em quem habita a plenitude da divindade: Colossenses 2.9.
Em quem recebemos a plenitude: Colossenses 2.10.
Espírito vivificante: 1Coríntios 15.45.
Fiel e Verdadeiro: Apocalipse 19.11.
Filho de Davi: Refere-se à aliança de Deus com Davi sobre o Rei que seria seu descendente e que ocuparia o trono para sempre (veja 2Samuel 7.16,29). Observe as duas genealogias de Jesus (veja Mateus 1.1-17; Lucas 3.23-38); Lucas 18.39.

OS NOMES E TÍTULOS DE JESUS NA BÍBLIA

Filho do Altíssimo: Lucas 1.32.
O Senhor é a Nossa Justiça: Jeremias 23.6.
Jesus: "o SENHOR salva"; Mateus 1.21.
Jesus Cristo, o Justo: 1João 2.1.
A resplandecente Estrela da Manhã: Apocalipse 22.16.
A imagem de Deus: 2Coríntios 4.4.
A imagem do Deus invisível: Colossenses 1.15.
A luz do mundo: João 8.12.
A verdadeira luz: João 1.9.
A pedra angular, escolhida e preciosa: 1Pedro 2.6.
A pedra que os construtores rejeitaram: Atos 4.11; 1Pedro 2.7.
A pedra viva: 1Pedro 2.4.
Pedra angular: Efésios 2.20.
A propiciação pelos nossos pecados: 1João 2.2.
A porta: João 10.9.
A porta das ovelhas: João 10.7.
A raiz de Davi: Apocalipse 5.5.
A Raiz de Jessé: Isaías 11.10.
A Raiz e o Descendente de Davi: Apocalipse 22.16.
A ressurreição e a vida: João 11.25.
A rocha espiritual que acompanhava o povo no deserto: 1Coríntios 10.4.
A verdade: João 14.6.
A videira: João 15.5.
A vida: João 14.6; Colossenses 3.4.
A vida eterna: 1João 1.2; 5.20.
A videira verdadeira: João 15.1.
Mestre: Mateus 8.19; 23.8; Lucas 9.33.
Mediador: 1Timóteo 2.5; Hebreus 8.6; 9.15; 12.24.
Mediador de uma nova aliança: Hebreus 9.15.
A nossa esperança: 1Timóteo 1.1.
Nosso Cordeiro pascal: 1Coríntios 5.7.
Sabedoria de Deus para nós, justiça, santidade e redenção: 1Coríntios 1.30.
Único marido: 2Coríntios 11.2.
Nosso grande Deus e Salvador, Jesus Cristo: Tito 2.13.
Nosso Salvador: Tito 1.4; 3.6.
Pai eterno: Isaías 9.6.
Pastor e Bispo das nossas almas: Em grego, a palavra bispo significa "supervisor"; 1Pedro 2.25.
Pedra viva escolhida por Deus e preciosa para ele: 1Pedro 2.4.
Poder de Deus e a sabedoria de Deus: 1Coríntios 1.24.
Poderosa salvação: Lucas 1.69.
Príncipe da Paz: Isaías 9.6.
Profeta: Deuteronômio 18.15; Atos 3.22.
Rabôni: Do hebraico, "meu grande mestre"; João 20.16.
Rabi: Do hebraico, "mestre"; João 1.38,49; 9.2.
Renovo justo: Jeremias 23.5.
Rei das nações: Apocalipse 15.3.
Rei dos reis: 1Timóteo 6.15; Apocalipse 19.16.
Sacerdote para sempre, segundo a ordem de Melquisedeque: Salmos 110.4; Hebreus 5.6.

Salvador da igreja: Efésios 5.23.
Senhor de todos: Atos 10.36.
Senhor dos senhores: Apocalipse 19.16.
Senhor e Salvador: 2Pedro 2.20.
Siló: Do hebraico, "aquele a quem pertence"; Gênesis 49.10.
Sumo sacerdote misericordioso e fiel: Hebreus 2.17.
Sumo sacerdote, segundo a ordem de Melquisedeque: Hebreus 5.10.
Ramo do tronco de Jessé: Isaías 11.1.
Eu Sou: Clara alusão a Êxodo 3, identificando-se assim como o Senhor Deus e provocando a ira de seus inimigos: "Eu sou o pão da vida" (João 6.35). "Eu sou a luz do mundo" (8.12). "Eu sou a porta das ovelhas" (10.7). "Eu sou o bom pastor" (10.11). "Eu sou a ressurreição e a vida" (11.25). "Eu sou o caminho, a verdade e a vida" (14.6). "Eu sou a videira verdadeira" (15.1). No total, sete vezes. "Eu afirmo que antes de Abraão nascer, Eu Sou!" (8.58). "Estou dizendo antes que aconteça, a fim de que, quando acontecer, vocês creiam que Eu Sou" (13.19).

UMA VISÃO SINÓPTICA DOS QUATRO EVANGELHOS

Entre os redatores dos primeiros Evangelhos (Mateus, Marcos e Lucas) houve, sem dúvida, algum tipo de comunicação e troca de informações. Assunto este já bastante especulado, uma vez que há uma quantidade notável de textos que aparecem em dois ou em três deles, repetidos quase literalmente. Exatamente por esse motivo, são chamados "Evangelhos sinópticos", e podem ser colocados em colunas paralelas com o objetivo de comprovar facilmente suas semelhanças e diferenças.

A tradição sustenta que o apóstolo João se viu movido a escrever seu Evangelho já quase no final do século I da era cristã, pois seu propósito expresso era deixar para a posteridade coisas que não haviam sido escritas pelos outros três evangelistas. Por essa razão, são bem poucas as coincidências entre os três Sinópticos e João, como veremos nesta representação que pode ajudar o discípulo em seu estudo sobre a vida e a missão de Cristo. Com o amor ímpar que sentia pelo Mestre, João, o discípulo que Jesus amava (quem não gostaria de ser um discípulo amado de Jesus?) repete no último versículo de seu livro o que já havia dito antes: "Jesus fez também muitas outras coisas. Se cada uma delas fosse escrita, penso que nem mesmo no mundo inteiro haveria espaço suficiente para os livros que seriam escritos" (João 21.25).

Em meados do século II, o apologeta cristão Taciano decidiu combinar os quatro Evangelhos em uma única obra, que recebeu o nome de *Diatéssaron* (do grego: "composto por quatro [ingredientes]", entre os anos 150 e 160). No século III, o filósofo Amônio de Alexandria corrigiu alguns erros e omissões de Taciano e redigiu outra obra de harmonia dos Evangelhos; até hoje são vistos esforços nesse sentido. No entanto, dada a disparidade de critérios e destinatários para os quais foram escritos os Evangelhos, isso tem produzido mais problemas que soluções. Mesmo assim, tem respondido mais a curiosidades que a um verdadeiro anelo de crescer em comunhão com Cristo.

No quadro sinóptico dos quatro Evangelhos que aparece em seguida, procuramos seguir as opiniões mais generalizadas entre os estudiosos ao longo dos séculos de cristianismo no que se refere à ordem dos acontecimentos sobre a vida, o ministério, a morte, a ressurreição e a ascensão do Senhor Jesus Cristo.

A ETERNIDADE PASSADA E A ORIGEM HUMANA DO DEUS FEITO HOMEM				
TEMA	MATEUS	MARCOS	LUCAS	JOÃO
A Palavra de Deus				1.1-18
Primeira genealogia de Jesus (José)	1.1-17			
Segunda genealogia de Jesus (Maria)			3.23-38	
Um anjo anuncia o nascimento de João Batista			1.1-25	
A anunciação do anjo a *Maria*			1.26-38	
Visita de Maria à sua prima Isabel, mãe de João Batista			1.39-56	
O nascimento de João Batista			1.57-80	
Um anjo fala em sonho a José	1.18-25			

VISÃO SINÓPTICA DOS 4 EVANGELHOS

A ETERNIDADE PASSADA E A ORIGEM HUMANA DO DEUS FEITO HOMEM				
TEMA	MATEUS	MARCOS	LUCAS	JOÃO
O nascimento de Jesus			2.1-7	
A visita dos pastores			2.8-20	
A circuncisão de Jesus			2.21	
Os magos adoram o menino	2.1-12			
José foge do Egito com a família	2.13-15			
A morte dos inocentes em Belém	2.16-18			
José se estabelece novamente em Nazaré com a família	2.19-23		2.39	
A infância de Jesus			2.40-52	

O MINISTÉRIO, OS MILAGRES E OS ENSINOS DE JESUS				
TEMA	MATEUS	MARCOS	LUCAS	JOÃO
João Batista prega o arrependimento e batiza em água	3.1-12	1.1-8	3.1-20	
O batismo de Jesus	3.13-17	1.9-11	3.21-23	
A tentação de Jesus no deserto	4.1-11	1.12,13	4.1-13	
O testemunho de João: ele não é o Messias				1.19-28
João dá testemunho do batismo de Jesus				1.29-34
Os primeiros discípulos de Jesus				1.35-51
O primeiro milagre: a transformação da água em vinho				2.1-12
Jesus expulsa os negociantes do pátio dos gentios (primeira vez)				2.13-25
A conversa noturna com Nicodemos				3.1-21
Os discípulos de Jesus e os discípulos de João				3.22-36
João Batista encarcerado por Herodes, o tetrarca	4.12	1.14	3.19,20	
Jesus se retira da Judeia				4.1-3
O encontro com a mulher samaritana e suas consequências				4.4-42
Jesus vai para a Galileia			4.14,15	4.43
Jesus é rejeitado em Nazaré			4.16-30	
Jesus chega a Caná. Segundo milagre: cura do filho de um oficial				4.43-54
Jesus se estabelece em Cafarnaum	4.13-17	1.14,15	4.31,32	
Jesus chama os pecadores para que o sigam	4.18-22	1.16-20		
O endemoninhado da sinagoga de Cafarnaum		1.21-28	4.33-37	
Jesus cura a sogra de Pedro	8.14-17	1.29-31	4.38,39	
Jesus cura muitas pessoas ao anoitecer de um mesmo dia		1.32-34	4.40,41	
Jesus sai para orar ao amanhecer; seus discípulos o procuram		1.35-38	4.42,43	
Jesus prega nas sinagogas da Galileia	4.23-25	1.39	4.44	
Jesus prega do barco de Simão Pedro; a pesca maravilhosa			5.1-11	
Cura de um leproso	8.2-4	1.40-45	5.12-16	

O MINISTÉRIO, OS MILAGRES E OS ENSINOS DE JESUS				
TEMA	MATEUS	MARCOS	LUCAS	JOÃO
Cura de um paralítico	9.2-8	2.1-12	5.17-26	
Jesus chama Mateus (ou Levi)	9.9	2.13,14	5.27,28	
Crítica dos fariseus; Jesus responde com duas parábolas	9.10-17	2.15-22	5.29-39	
Jesus em Jerusalém para uma festa; cura do paralítico de Betesda				5.1-15
Jesus é perseguido por curar no sábado				5.16-47
Os discípulos colhem espigas no sábado	12.1-8	2.23-28	6.1-5	
Jesus cura no sábado o homem com uma das mãos atrofiada	12.9-14	3.1-6	6.6-11	
Jesus retira-se do lugar	12.14-21	3.7		
Jesus é seguido por uma grande multidão que busca milagres	4.23-25	3.7-12		
Jesus ora em um monte			6.12	
Jesus escolhe os 12 discípulos		3.13-19	6.13-16	
Jesus desce com os Doze e cura muitos que vêm de longe			6.17-19	
Jesus sobe ao monte para falar à multidão; Sermão do Monte	5.1—8.1		6.20-49	
Cura do servo do centurião em Cafarnaum	8.5-13		7.1-10	
Jesus ressuscita o filho da viúva de Naim			7.11-17	
João envia dois discípulos para que interroguem Jesus	11.2-6		7.18-23	
Jesus elogia João	11.7-19		7.24-35	
Jesus repreende Corazim, Betsaida e Cafarnaum	11.20-30			
Ceia na casa de Simão, o fariseu			7.36-50	
Mulheres generosas seguem Jesus e o ajudam também			8.1-3	
Jesus cura um endemoninhado	12.22,23			
Jesus repreende alguns fariseus e escribas	12.24-37	3.22-30		
O sinal de Jonas: Jesus prediz sua morte e ressurreição	12.38-45			
Sua mãe e seus irmãos vão buscá-lo	12.46-50	3.31-35	8.19-21	
Jesus fala em parábolas junto ao mar	13.1-35	4.1-34	8.4-18	
Jesus explica as parábolas aos discípulos	13.36-53			
Jesus manda passar ao outro lado do mar da Galileia	8.18	4.35	8.22	
Jesus acalma a tempestade	8.23-27	4.36-41	8.23-25	
Jesus expulsa uma legião de demônios de um homem	8.28-34	5.1-20	8.26-39	
Jesus vai à casa de Jairo para curar sua filha	9.18,19	5.22,23	8.41,42	
A mulher com fluxo de sangue fica curada ao tocar em seu manto	9.20-22	5.24-34	8.42-48	
Jesus ressuscita a filha de Jairo	9.23-26	5.35-43	8.49-56	
Jesus cura dois cegos	9.27-31			
Cura de um endemoninhado mudo	9.32-34			
Jesus é rejeitado pela segunda vez em Nazaré	13.54-58	6.1-6		
Jesus envia os 12 discípulos	9.35—11.1	6.7-13	9.1-6	

O MINISTÉRIO, OS MILAGRES E OS ENSINOS DE JESUS				
TEMA	MATEUS	MARCOS	LUCAS	JOÃO
João Batista é decapitado na prisão	14.1-12			
Herodes teme que João Batista ressuscite		6.14-29	9.7-9	
O retorno dos 12 discípulos; vão a um lugar afastado	14.13	6.30-32	9.10	6.1
Jesus ensina e cura	14.14	6.33-34	9.11	6.2
A primeira multiplicação dos pães	14.15-21	6.35-44	9.12-17	6.3-14
Jesus retira-se para orar	14.22,23	6.45-47		6.15
Jesus caminha sobre o mar	14.24-27	6.48-52		6.16-21
Pedro anda sobre o mar, mas depois precisa da ajuda de Jesus	14.28-33			
Milagres na terra de Genesaré	14.34-36	6.53-56		
"Eu sou o pão da vida"				6.22—7.1
Jesus rejeita tradições dos homens	15.1-11	7.1-16		
Jesus explica uma parábola somente aos discípulos	15.12-20	7.17-23		
A fé de uma mulher cananeia	15.21-28	7.24-30		
Cura de um surdo		7.31-37		
Jesus cura muitas pessoas em um monte	15.29-31			
A segunda multiplicação dos pães	15.32-39	8.1-10		
Os fariseus pedem um sinal	16.1-4	8.11-13		
O fermento dos fariseus	16.5-12	8.13-21		
Jesus cura um cego de Betsaida		8.22-26		
A confissão de Pedro: Jesus é o Cristo	16.13-20	8.27-30		
Jesus tem de repreender Pedro	16.21-28	8.31—9.1	9.18-27	
A transfiguração	17.1-8	9.2-8	9.28-36	
Os discípulos falam de Elias enquanto descem do monte	17.9-13	9.9-13		
Jesus expulsa o demônio de um menino	17.14-18	9.14-27	9.37-43	
Os discípulos perguntam por que não conseguiram expulsar o demônio	17.19-21	9.28-29		
Jesus fala de sua morte	17.22,23	9.30-32	9.44,45	
Jesus paga o imposto do templo de maneira milagrosa	17.24-27			
Os discípulos discutem sobre qual deles é o maior	18.1-6	9.33-37	9.46-48	
Jesus ordena a João que não proíba de se pregar em seu nome		9.38-41	9.49,50	
Jesus fala contra as pedras de tropeço	18.7-11	9.42-50		
Parábola da ovelha perdida e ensino sobre a disciplina	18.12-20			
Pedro pergunta a Jesus sobre quantas vezes deve perdoar	18.21-35			
A festa dos tabernáculos			9.51	7.2-10
Mensageiros não recebidos em Samaria; Jesus repreende Tiago e João			9.51-56	
Atitudes indevidas dos que querem segui-lo	8.19-22		9.57-62	

COMEÇA A OPOSIÇÃO ABERTA CONTRA JESUS					
TEMA	MATEUS	MARCOS	LUCAS	JOÃO
As pessoas têm medo de falar de Jesus em público				7.11-13
Jesus no templo durante a celebração				7.14-30
Reações da multidão e entre os fariseus				7.31-36
O clamor de Jesus no último dia da festa				7.37-39
Opiniões divididas; os fariseus, os líderes judeus e Nicodemos				7.40-53
Jesus no monte das Oliveiras e seu ensino no templo				8.1,2
A mulher em flagrante adultério				8.3-11
Jesus, a luz do mundo; ele fala, debate e sai do templo				8.12-59
A cura do cego de nascença e acontecimentos posteriores				9.1—10.6
Jesus, o bom pastor				10.7-18
Várias opiniões				10.19-21
Jesus envia 72 discípulos; a alegria dos que voltam			10.1-22	
Bênção aos 12 discípulos			10.23,24	
O perito na lei põe Jesus à prova			10.25-28	
A parábola do bom samaritano			10.29-37	
O incidente na casa de Marta e Maria			10.38-42	
Jesus ensina os discípulos a orar			11.1-13	
Jesus ensina sobre os demônios			11.14-26	
Uma mulher bendiz a mãe de Jesus; a reação de Jesus			11.27,28	
Jesus está disposto a dar apenas o sinal de Jonas			11.29-32	
A necessidade de cuidar dos olhos como lâmpada do corpo			11.33-36	
Jesus recrimina os fariseus e os intérpretes da lei			11.37-54	
Ensino e parábola a uma imensa multidão			12.1-40	
Uma pergunta de Pedro e outras parábolas			12.41-59	
A necessidade do arrependimento; parábola da figueira			13.1-9	
A mulher curada no sábado e a reação na sinagoga			13.10-17	
As parábolas do grão de mostarda e do fermento			13.18-21	
A festa da dedicação do templo (Hanucá)				10.22-42
Jesus volta a Jerusalém			13.22-30	
Alguns fariseus advertem Jesus de que Herodes quer matá-lo			13.31-35	
Jesus ceia no sábado com um fariseu e cura um homem com hidropsia			14.1-6	
Três parábolas: os convidados e seus lugares, o anfitrião e os convidados que rejeitaram Jesus			14.7-24	
A multidão e o preço do discipulado			14.25-35	
Jesus come com cobradores de impostos e pecadores; apresenta as parábolas da ovelha perdida, da moeda perdida e do filho perdido			15	

COMEÇA A OPOSIÇÃO ABERTA CONTRA JESUS

TEMA	MATEUS	MARCOS	LUCAS	JOÃO
A parábola do administrador astuto; o relato do rico e Lázaro			16	

JESUS COMEÇA A FALAR SEM RODEIOS SOBRE SUA MORTE, QUE SE APROXIMA

TEMA	MATEUS	MARCOS	LUCAS	JOÃO
Jesus prepara os discípulos			17.1-10	
A morte e a ressurreição de Lázaro ao quarto dia				11.1-53
Jesus fica na cidade de Efraim. Aproxima-se a Páscoa				11.54-57
A cura dos dez leprosos: o samaritano agradecido			17.11-19	
Os fariseus perguntam sobre o Reino, e Jesus adverte os discípulos			17.20-37	
A parábola do juiz injusto			18.1-8	
A parábola do fariseu e do publicano			18.9-14	
Jesus na Judeia; a questão do divórcio	19.1-12	10.1-12		
Jesus abençoa as crianças	19.13-15	10.13-16	18.15-17	
O jovem rico e a recompensa dos discípulos	19.16-30	10.17-31	18.18-30	
Os últimos serão os primeiros	20.1-16			
A caminho de Jerusalém; Jesus prediz sua morte	20.17-19	10.32-34	18.31-34	
O pedido de Tiago e João; o relacionamento entre os discípulos	20.20-28	10.35-45		
Cura de dois cegos à saída de Jericó	20.29-34	10.46-52	18.35-43	
Jesus entra em Jericó; a conversão de Zaqueu			19.1-10	
A parábola dos servos e as minas, a caminho de Jerusalém			19.11-27	
Opositores procuram prender Jesus durante a Páscoa				11.55-57
Jesus em Betânia; Maria unge os pés de Jesus				12.1-8
O ato de Maria será lembrado	26.6-13	14.3-9		
Uma multidão vai ver Jesus e Lázaro; querem matar Lázaro				12.10,11
Jesus sobe a Jerusalém; sua entrada triunfal	21.1-11	11.1-10	19.28-38	12.12-18
A reação dos fariseus			19.39,40	12.19
Jesus chora por Jerusalém			19.41-44	
Jesus volta para Betânia		11.11		
Jesus amaldiçoa a figueira		11.12-14		
Jesus limpa de novo o pátio dos gentios no templo	21.12,13	11.15-17	19.45,46	
Jesus cura muitas pessoas no templo	21.14			

OS LÍDERES RELIGIOSOS PLANEJAM DESTRUIR JESUS

TEMA	MATEUS	MARCOS	LUCAS	JOÃO
Os líderes do povo querem destruir Jesus	21.15,16	11.18	19.47-48	
Jesus sai de Jerusalém	21.17	11.19		

OS LÍDERES RELIGIOSOS PLANEJAM DESTRUIR JESUS

TEMA	MATEUS	MARCOS	LUCAS	JOÃO
Encontram a figueira seca	21.18-22	11.20-26		
Os líderes desafiam a autoridade de Jesus no templo	21.23-27	11.27-33	20.1-8	
A parábola dos dois filhos	21.28-32			
A parábola dos lavradores	21.33-46	12.1-12	20.9-18	
A parábola do banquete de casamento	22.1-14			
Jesus é questionado sobre o imposto a César para ser pego em algum erro	22.15-22	12.13-17	20.19-26	
A pergunta dos saduceus sobre a ressurreição	22.23-33	12.18-27	20.27-40	
Os escribas e os fariseus perguntam sobre o maior mandamento	22.34-40	12.28-34		
Jesus pergunta sobre o Messias, e ninguém se atreve a perguntar novamente	22.41-46	12.35-37	20.41-44	
Advertências sobre os escribas e fariseus	23.1-39	12.38-40	20.45-47	
A oferta da viúva	12.41-44	21.1-4		
Os discípulos contemplam a beleza do templo	24.1,2	13.1,2	21.5,6	
Pedro, Tiago, João e André perguntam a Jesus sobre a destruição do templo	24.3	13.3,4	21.7	
Jesus fala da perseguição, da queda de Jerusalém e de sua segunda vinda	24.4-31	13.5-27	21.8-28	
A parábola da figueira; Os discípulos devem estar alerta	24.32-51	13.28-37	21.29-36	
A parábola das dez virgens	25.1-13			
A parábola dos talentos	25.14-30			
Advertências sobre o juízo	25.31-46			
Jesus prediz sua morte	26.1-2			
O povo aproxima-se para escutá-lo			21.37,38	

JESUS PROCLAMA QUE SE APROXIMA O FIM

TEMA	MATEUS	MARCOS	LUCAS	JOÃO
Alguns gregos querem falar com Jesus				12.20-22
O grão de trigo; o Pai fala do céu				12.23-33
Jesus adverte pela última vez os descrentes				12.34-50
Os líderes do povo conspiram para matá-lo	26.3-5	14.1,2	22.1,2	

A ÚLTIMA CEIA E A TRAIÇÃO DE JUDAS

TEMA	MATEUS	MARCOS	LUCAS	JOÃO
Judas se oferece para trair Jesus	26.14-16	14.10,11	22.3-6	
Pedro e João preparam a Páscoa	26.17-19	14.12-16	22.7-13	
Jesus e os discípulos sentam-se para comer	26.20	14.17	22.14	
Jesus lava os pés dos discípulos				13.1-20

… VISÃO SINÓPTICA DOS 4 EVANGELHOS

A ÚLTIMA CEIA E A TRAIÇÃO DE JUDAS

TEMA	MATEUS	MARCOS	LUCAS	JOÃO
Jesus prediz que um deles o trairá	26.21-25	14.18-21	22.21-23	13.21-26
A instituição da ceia do Senhor (também em 1Coríntios 11.23-29)	26.26-30	14.22-26	22.14-20	
Judas se retira				13.27-30
Um novo mandamento				13.31-35
Discussão entre os discípulos sobre quem é o maior			22.24-30	
Jesus prediz que o abandonarão e trairão	26.31,32	14.27,28		
Jesus ora por Pedro e diz que ele o negará	26.33-35	14.29-31	22.31-34	13.36-38
Jesus adverte os discípulos que estejam preparados			22.35-38	
Jesus consola os discípulos				14.1-4
Resposta a Tomé, Filipe e Judas Tadeu				14.5-31
Jesus e os discípulos cantam o hino final da ceia e se retiram	26.30	14.26		14.31
Palavras de despedida de Jesus; Jesus ora por seus discípulos				15—17

O PRINCÍPIO DO FIM: JESUS É PRESO POR SEUS INIMIGOS

TEMA	MATEUS	MARCOS	LUCAS	JOÃO
Chegam ao Getsêmani; Jesus se afasta para orar	26.36-46	14.32-42	22.39-46	18.1
Chegam Judas e uma grande multidão para prender Jesus	26.47	14.43		18.2,3
O beijo de Judas	26.48-50	14.44-45	22.47,48	
Pedro corta a orelha de Malco, e Jesus o cura	26.50-54	14.46-47	22.49-51	18.10-11
A prisão; os discípulos fogem	26.55,56	14.48-52	22.52-54	18.12
Jesus é levado à casa do sumo sacerdote; Pedro os segue	26.57,58	14.53,54	22.54	18.13-16
A primeira negação de Pedro	26.69,70	14.66,68	22.55-57	18.17,18
Anás interroga Jesus				18.19-24
A segunda negação de Pedro	26.71,72	14.69,70	22.58	18.25
A terceira negação de Pedro	26.73-75	14.70-72	22.59-62	18.26,27
Os soldados batem em Jesus			22.63-65	
Falsas testemunhas são trazidas	26.59-61	14.55-59		
Caifás condena Jesus, que é golpeado no Sinédrio	26.62-68	14.60-65	22.66-71	
Jesus é levado da casa de Caifás ao Pretório				18.28
O remorso e o suicídio de Judas (veja também Atos 1.16-20)	27.1-10			
Jesus diante do governador romano Pôncio Pilatos	27.11-14		23.1-7	18.29-38
Jesus diante de Herodes				23.8-10
Os soldados de Herodes zombam de Jesus		15.15	23.11,12	
Pilatos solta Barrabás	27.15-26	15.6-15	23.13-25	18.38-40
Os soldados romanos põem uma coroa de espinhos em Jesus e zombam dele	27.27-30	15.16-20		19.1-3
Pilatos tenta libertar Jesus				19.4-7

O PRINCÍPIO DO FIM: JESUS É PRESO POR SEUS INIMIGOS				
TEMA	MATEUS	MARCOS	LUCAS	JOÃO
Pilatos volta a interrogar Jesus				19.8-11
Pilatos tenta novamente pôr Jesus em liberdade				19.12

UMA SENTENÇA POLITICAMENTE CORRETA E UMA EXECUÇÃO ASSASSINA				
TEMA	MATEUS	MARCOS	LUCAS	JOÃO
Pilatos sentencia Jesus e ordena sua crucificação				19.13-17
Simão de Cirene ajuda Jesus a levar a cruz	27.31-32	15.20,21	23.26	
Jesus fala às mulheres que choram por ele			23.27-32	
Jesus chega ao Gólgota ou monte da Caveira	27.33	15.22	23.32,33	19.17
Os soldados lhe oferecem vinagre misturado com fel	27.34	15.23		
Jesus é crucificado às 9 horas da manhã (à hora terceira)		15.25		
Dois ladrões são crucificados cada qual a um dos lados de Jesus	27.38	15.27,28	23.33	19.18
A inscrição ordenada por Pilatos	27.37	15.26	23.38	19.19-22
Primeira palavra na cruz: "Pai, perdoa-lhes, pois não sabem o que estão fazendo".			23.34	
Os soldados dividem suas roupas	27.35,36	15.24	23.34	19.23,24
Segunda palavra na cruz: "Aí está o seu filho [...] Aí está a sua mãe".				19.25-27
A multidão zomba de Jesus	27.39-43	15.29-32	23.35-37	
Os ladrões insultam Jesus	27.44	15.32	23.39	
Um dos ladrões repreende o outro e fala com Jesus			23.40-42	
Terceira palavra na cruz: "Eu garanto: Hoje você estará comigo no paraíso".			23.43	
Trevas desde o meio-dia até as 3 horas da tarde	27.45	15.33	23.44,45	
Quarta palavra na cruz: "Eloí, Eloí, lamá sabactâni?".	27.46	15.34		
Quinta palavra na cruz: "Tenho sede".				19.28
Oferecem-lhe, através de uma vara, uma esponja embebida em vinagre	27.47-49	15.35-36		19.29,30
Sexta palavra na cruz: "Está consumado!".				19.30
Jesus clama em alta voz	27.50	15.37	23.46	
Sétima palavra na cruz: "Pai, nas tuas mãos entrego o meu espírito".			23.46	
Jesus entrega seu espírito	27.50	15.37	23.46	19.30

O QUE ACONTECEU LOGO DEPOIS DE ENTREGAR SEU ESPÍRITO				
TEMA	MATEUS	MARCOS	LUCAS	JOÃO
O véu do santuário rasgou-se em duas partes, de alto a baixo	27.51	15.38	23.45	
A terra tremeu, e as rochas se fenderam; muitos santos ressuscitam e aparecem para várias pessoas em Jerusalém após a ressurreição de Jesus	27.51-53			

O QUE ACONTECEU LOGO DEPOIS DE ENTREGAR SEU ESPÍRITO

TEMA	MATEUS	MARCOS	LUCAS	JOÃO
Um centurião e seus soldados o proclamam Filho de Deus	27.54	15.39	23.47	
A multidão começa a bater no peito e a afastar-se			23.48	
As mulheres que o seguiam observam de longe	27.55,56	15.40,41	23.49	
Os líderes pedem a Pilatos que quebrem as pernas dos crucificados				19.31,32
Um soldado perfura o lado de Jesus com uma lança, e saem sangue e água da ferida				19.33,34
Destaque ao cumprimento de duas profecias (primeira: Êxodo 12.46; Números 9.12; Salmos 34.20. Segunda: Zacarias 12.10)				19.35-37
José de Arimateia pede a Pilatos o corpo de Jesus	27.57,58	15.42,43	23.50-52	19.38
Um centurião informa Pilatos da morte de Jesus		15.44,45		
José de Arimateia recebe o corpo de Jesus		15.45		19.38
Nicodemos e José de Arimateia preparam o corpo para a sepultura				19.39,40
O corpo de Jesus é posto em um sepulcro novo cavado em uma rocha	27.59,60	15.46	23.53	19.41,42
Maria Madalena e Maria, mãe de Tiago, o menor, e de José	27.61	15.47	23.54,55	
São postos soldados de guarda à porta do sepulcro	27.62-66			
As mulheres preparam perfumes e especiarias aromáticas e descansam no sábado			23.56	

RESSUSCITOU! NÃO ESTÁ AQUI

TEMA	MATEUS	MARCOS	LUCAS	JOÃO
Um anjo remove a pedra	28.2-4			
Ao amanhecer, chegam as mulheres com as especiarias	28.1	16.1-4	24.1-3	20.1
Dois anjos aparecem às mulheres	28.5-7	16.5-7	24.4-8	
As mulheres correm para dar a notícia aos demais discípulos	28.8	16.8	24.9-11	20.2
Pedro e João veem o sepulcro vazio e voltam para casa			24.12	20.3-10
Maria Madalena chora ao ver o sepulcro vazio				20.11
Maria vê dois anjos				20.12,13
Jesus aparece a Maria Madalena		16.9		20.14-17
Jesus aparece a outras mulheres	28.9,10			
As mulheres vão contar aos outros discípulos		16.10,11		20.18
Os guardas informam os sacerdotes	28.11-15			

AS APARIÇÕES POSTERIORES À RESSURREIÇÃO

TEMA	MATEUS	MARCOS	LUCAS	JOÃO
O encontro de Jesus com os dois discípulos no caminho para Emaús		16.12,13	24.13-32	

AS APARIÇÕES POSTERIORES À RESSURREIÇÃO				
TEMA	MATEUS	MARCOS	LUCAS	JOÃO
Jesus aparece a Simão Pedro (veja também 1Coríntios 15.5)			24.34	
Os dois discípulos de Emaús informam os discípulos em Jerusalém			24.33-35	
Jesus aparece aos discípulos na ausência de Tomé			24.36-46	20.19-24
Os discípulos informam Tomé, mas ele não crê				20.25
Jesus aparece aos discípulos estando Tomé presente; confissão de Tomé		16.14		20.26-29
Jesus aparece a sete discípulos junto ao mar de Galileia				21.1-14
As três preguntas de Jesus a Pedro à beira do mar da Galileia				21.15-23
Jesus aparece a 500 pessoas (veja 1Coríntios 15.6)				
Jesus aparece a seu meio-irmão Tiago (veja 1Coríntios 15.7)				
Jesus dá aos discípulos a Grande Comissão	28.16-20	16.15-18	24.44-49	

A ASCENSÃO DE JESUS, O TESTEMUNHO DE JOÃO E O RESUMO DOS QUARENTA DIAS EM ATOS				
TEMA	MATEUS	MARCOS	LUCAS	JOÃO
A ascensão de Jesus aos céus		16.19,20	24.50-53	
O primeiro testemunho de João sobre as obras de Jesus				20.30,31
O segundo testemunho de João sobre as obras de Jesus				21.24,25
Resumo das aparições dos quarenta dias corridos entre a ressurreição e a ascensão de Jesus (veja Atos 1.4-11)				

INFORMAÇÕES ESPECIAIS SOBRE OS QUATRO EVANGELHOS

"Jesus realizou na presença dos seus discípulos muitos outros sinais milagrosos, que não estão registrados neste livro. Mas estes foram escritos para que vocês creiam que Jesus é o Cristo, o Filho de Deus e, crendo, tenham vida em seu nome." (João 20.30,31)

De que tratam os Evangelhos? História, ensino, mito, mescla de relatos e teologia?

A pergunta é válida. Caso se tratasse apenas da biografia de um homem excepcional da história da humanidade, um único Evangelho teria sido suficiente. No entanto, há quatro Evangelhos, e cada um deles relata verdades complementares de maneiras distintas.

As quatro obras têm algo muito importante em comum: surgem da necessidade de se dar uma boa notícia. Conforme o público-alvo de cada texto, escolhe-se dentro do amplo conteúdo disponível o que exatamente deve chegar ao coração do ouvinte/leitor, com o objetivo de "evangelizá-lo". Em outras palavras, transformar sua vida e mudar o rumo de sua história antes que seja tarde, em vez de limitar-se a convencê-lo de forma intelectual sobre a existência e os ensinos de um grande homem chamado Jesus.

A própria natureza de Jesus Cristo, a universalidade de sua missão e a tarefa que deixou nas mãos dos discípulos fazem dos Evangelhos um gênero literário próprio e singular. Não existe na literatura mundial nada similar; e isso por três motivos bastante simples. Em primeiro lugar, porque os textos foram escritos por homens inspirados pelo Espírito Santo.

Em segundo lugar, porque o objetivo dos escritos era a transformação. Em terceiro lugar, e mais importante, porque o protagonista desse relato é tão único e exclusivo em toda a História que a dividiu em dois momentos: antes e depois de Cristo. É aquele que é a Palavra e que se fez carne:

que, embora sendo Deus,
    não considerou
que o ser igual a Deus
    era algo a que devia apegar-se;
mas esvaziou-se a si mesmo,
    vindo a ser servo,
tornando-se semelhante
    aos homens.
E, sendo encontrado
    em forma humana,
humilhou-se a si mesmo
    e foi obediente até a morte,
    e morte de cruz!
Por isso Deus o exaltou
    à mais alta posição
e lhe deu o nome que está acima de todo nome,

para que ao nome de Jesus
   se dobre todo joelho,
nos céus, na terra
   e debaixo da terra,
e toda língua confesse que Jesus Cristo é o Senhor,
   para a glória de Deus Pai. (Filipenses 2.6-11)

Por que quatro Evangelhos? Na verdade, não há apenas um evangelho e somente um Cristo?

Certo. Há apenas um evangelho, que é o único Cristo que a humanidade terá. Pensamos em princípios, doutrinas e normas, sem nos dar conta de que o evangelho é uma Pessoa: a Pessoa do nosso Salvador. Certa vez, alguém disse a um público que talvez não estivesse preparado para receber uma verdade tão profunda: "A santidade é Jesus". Há apenas um evangelho; somente uma boa-nova para a humanidade. Como consideramos aqui, no entanto, cada um dos quatros evangelistas tinha um propósito e um público-alvo definidos que os fizeram escolher e apresentar os materiais da vida e do ministério de Jesus conforme atendia às necessidades da boa-nova que anunciavam. Os Evangelhos não são uma biografia de Cristo, nem foram escritos para satisfazer curiosidades, e sim para trazer a salvação ao homem e sua comunhão com ele e o Pai no poder do Espírito. Sobre esse assunto, consulte a seção "Uma visão sinóptica dos quatro Evangelhos", na p. 1545.

ANOS, MESES, DIAS E HORAS: O CALENDÁRIO HEBRAICO DO ANTIGO TESTAMENTO

NOME POSTERIOR AO EXÍLIO BABILÔNICO (ATRIBUÍDO A ESDRAS)	NOME ANTERIOR AO EXÍLIO BABILÔNICO	NÚMERO	DURAÇÃO	EQUIVA-LENTES NO CALENDÁ-RIO GRECO-RIANO	FESTAS E CO-MEMORAÇÕES	ESTAÇÃO CLIMÁTI-CA	ESTAÇÃO AGRÍCOLA
NISÃ (ano-novo religioso)	**ABIBE** ("espigas verdes", Êxodo 13.14; 23.15; 34.18)	1	30 dias	março-abril	14 – Páscoa (*Pessach*) 22 – Primeiros frutos	Chuvas tardias (serôdias)	Colheita da cevada
IYYAR	**ZIVE**	2	29 dias	abril-maio			Colheita geral
SIVÃ (Ester 8.9)		3	30 dias	maio-junho	6 – Pentecoste (festa das semanas)	Estação seca	Colheita do trigo
TAMUZ		4	29 dias	junho-julho			Princípio da colheita de uvas
ABE (Números 33.38)		5	30 dias	julho-agosto	9 – Destruição do templo (*Tisha B'Av*)		Colheita de uvas, de figos e azeitonas
ELUL ("colheita", Neemias 6.15)		6	29 dias	agosto-setembro			Frutas de verão
TISRI (ano-novo civil)	**ETANIM** (1Reis 8.2)	7	30 dias	setembro-outubro	1 – Ano-novo (*Rosh Hashanah*) 10 - Expiação (*Yom Kippur*) 15-21 – Cabanas (*Sukot*) 23 – *Simjat Torá* - (Alegria pela *Torá*)		Arado da terra; colheita de azeitonas

NOME POSTERIOR AO EXÍLIO BABILÔNICO (ATRIBUÍDO A ESDRAS)	NOME ANTERIOR AO EXÍLIO BABILÔNICO	NÚMERO	DURAÇÃO	EQUIVA-LENTES NO CALENDÁ-RIO GRECO-RIANO	FESTAS E CO-MEMORAÇÕES	ESTAÇÃO CLIMÁTI-CA	ESTAÇÃO AGRÍCOLA
MARCHESHVÃ	BUL (1Reis 6.38)	8	29 ou 30 dias	outubro-novembro		Chuvas temporãs	Colheita de azeitonas; semeadura do trigo
QUISLEU (Neemias 1.1; Zacarias 7.1)		9	30 ou 29 dias	novembro-dezembro	25 – Dedicação do templo		Semeadura do trigo
TEBETE (Ester 2.16)		10	29 dias	Dezembro-janeiro		Estação de chuvas	Últimas semeaduras; chegada da primavera
SEBATE (Zacarias 1.7)		11	30 dias	janeiro-fevereiro			Últimas semeaduras; figos de inverno
PRIMEIRO ADAR (ou *adar álef*; somente nos anos bissextos; Esdras 6.15; Ester 3.7, 13; 8.12; 9.1,15,17, 19,21)		12	30 dias	fevereiro-março			Colheita da linhaça; florescem as amendoeiras
SEGUNDO ADAR (chamado *adar bêt* [Segundo Adar] nos anos bissextos)		12 (13 nos anos bissextos)	29 dias; intercalado nos anos bissextos	mês intercalado	Sortes (ou Purim) nos anos bissextos		

O calendário hebraico é do tipo lunar. Os meses do ano começam com a lua nova, no mês de nisã. O primeiro dia é celebrado com holocaustos, sacrifícios e banquetes (Êxodo 19.1; Números 29.6; 1Samuel 20.5; 1Crônicas 23.31). O último mês, adar, sempre tem 29 dias. Nos anos bissextos, no entanto, esse mês passa a chamar-se *adar bêt* (Adar "B"), e antes dele é posto um novo mês de 30 dias, *adar álef* (Adar "A"), a fim de ajustar o calendário às estações climáticas e agrícolas.

Nota importante: Os anos proféticos, como em Daniel 9.24-27, são normalmente considerados anos de 366 dias.

As estações na terra santa

Na terra santa há duas estações bem marcadas durante o ano: a de verão ou de semeadura (época de seca) e a de inverno ou colheita (época de chuva). Essa última estende-se desde o mês de outubro até os meses de março e abril, ao passo que a primeira ocupa o restante do ano. A época de semeadura começa quando as primeiras chuvas umedecem o solo o bastante para que possam ser arados.

A colheita dos frutos tem início em pleno verão e estende-se até depois do início do inverno. No Antigo Testamento há uma expressão que se repete: "Na primavera, época em que os reis saíam para a guerra" (2Samuel 11.1; 1Reis 20.22). É possível que se refira à época em que terminam as chuvas e na qual tem início o tempo da seca, que costuma corresponder ao mês de nisã (veja o quadro dos meses neste artigo).

Os dias da semana

A semana de sete dias, inspirada nos sete dias da Criação e que culmina com o dia de descanso solene, data de muitos séculos; o mais provável é que seja anterior à promulgação da Lei de Moisés e continua sendo observada no mundo ocidental da atualidade. Infelizmente, assim como aconteceu com os nomes dos meses, a cultura do Ocidente inseriu nomes relacionados a deuses pagãos por todo o calendário. Em língua portuguesa, o nome "sábado" foi conservado e, de acordo com a observância mais universal no cristianismo, o primeiro dia da semana recebeu o nome de "domingo" (do latim, *dominicus*, "dia do Senhor"):

NOME EM HEBRAICO	NOME EM PORTUGUÊS
Yom Rishón	Domingo (latim, *dominicus*)
Yom Sheiní	Segunda-feira (latim, *feria secunda*)
Yom Shlishí	Terça-feira (latim, *feria tertia*)
Yom R'vií	Quarta-feira (latim, *feria quarta*)
Yom Jamishí	Quinta-feira (latim, *feria quinta*)
Yom Shishí	Sexta-feira (latim, *feria sexta*)
Yom Shabbat	Sábado (latim, *sabbatum*)

Diferentemente do estabelecido no Ocidente, o dia começa no mundo hebraico quando o sol se esconde no horizonte. Por isso, lemos no primeiro capítulo de Gênesis uma expressão que se repete cada dia: "Passaram-se a tarde e a manhã; esse foi o primeiro dia" ... o segundo... o terceiro etc. (v. 5,8,13,19, 23,31).

Como podemos notar no quadro anterior, antes da aparição do cristianismo os dias eram apenas enumerados pela ordem que tinham dentro da semana (primeiro, segundo etc.). O sétimo dia, ou *shabbat*, tinha uma importância especial, e continua até hoje para o mundo judaico, em razão do quarto mandamento (Êxodo 29.8-11; Deuteronômio 5.12-15). Seu nome tem origem no número "sete" (*shebbah*) em hebraico, pois com ele se celebra o sétimo dia da criação: "No sétimo dia Deus já havia concluído a obra que realizara, e nesse dia descansou. Abençoou Deus o sétimo dia e o santificou, porque nele descansou de toda a obra que realizara na criação" (Gênesis 2.2,3).

A maioria dos grupos cristãos tem seu dia de descanso no domingo (do latim, "dia do Senhor"), que foi o dia em que Jesus ressuscitou, dia de um novo começo, do descanso que se seguiu à nova aliança firmada com o sangue de Cristo. Ainda que seja bom e útil dispor de um dia para descansar e crescer de maneira física e espiritual, o descanso da nova aliança não se limita a um dia, mas, sim, a uma Pessoa que está presente na nossa vida todas as horas do dia: a Pessoa sobre a qual se disse: " 'Venham a mim, todos os que estão cansados e sobrecarregados, e eu darei descanso a vocês. Tomem sobre vocês o meu jugo e aprendam de mim, pois sou manso e humilde de coração, e vocês encontrarão descanso para as suas almas' " (Mateus 11.28,29; veja Hebreus 4.4-11).

O calendário juliano, romano antigo, contava a partir da fundação da cidade de Roma. O calendário cristão (hoje, chamado gregoriano, pelo fato de ser o resultado de uma atualização do calendário juliano decretada pelo papa Gregório XIII, necessário por motivos astronômicos e agrícolas, vigente desde 24 de fevereiro de 1582), divide a História em dois períodos: antes de Cristo (a.C.) e depois de Cristo (d.C.). O mundo judaico prefere dizer AEC (antes da era comum) e EC (era comum), a fim de evitar a conotação religiosa.

O calendário hebraico tem também seu próprio início. Os rabinos fizeram cálculos com base em observações minuciosas do texto bíblico para determinar a quantidade de anos transcorridos desde a criação do mundo. Com isso, a terça-feira 16 de março de 2010 (1º de nisã) passou a celebrar no mundo hebraico o ano-novo 5770 AM (latim, *Anno Mundi*, "ano mundial"), contado a partir do dia da criação do mundo.

As divisões do dia

Para o povo judeu, ainda hoje o dia começa com o pôr do sol. Assim parece ter sido desde o princípio, como indica a expressão "Passaram-se a tarde e a manhã; esse foi o primeiro dia", que se repete com as devidas variações com respeito a cada dia da Criação (Gênesis 1.5,8,13,19,23,31). O costume de começar a contar o dia à meia-noite tem origem romana.

1. *O Antigo Testamento*: No período anterior ao exílio, a noite estava dividida em três "vigílias", cuja duração variava segundo a extensão da noite nessa época do ano. Falava-se do começo das vigílias (Lamentações 2.19) desde o entardecer até em torno do que seriam hoje as 10 horas da noite; a vigília da meia-noite (Juízes 7.19), aproximadamente das dez até as 2 da madrugada; e a vigília matutina (Êxodo 14.24), desde essa hora até o nascer do sol. Em nenhum lugar do Antigo Testamento aparece uma duração precisa (Salmos 90.4; 119.148).

No que se refere ao dia, a divisão em horas não parece ter sido comum antes do exílio, ainda que pela influência do calendário egípcio, que se baseava nos movimentos do Sol, os reis medissem as horas de luz com uma espécie de escadaria (ou relógio) de sol dotada de uma escala circular, como a do rei Acaz, mencionada em 2Reis 20.9-11 e Isaías 38.8. No Egito, conserva-se um relógio de sol datado do ano 1500 a.C. Considerava-se que esses relógios de sol eram sinais da riqueza e da alta classe social de seus donos.

2. *O Novo Testamento*: Já nesta época se havia adotado a divisão romana da noite em quatro vigílias. A primeira vigília correspondia ao entardecer e princípio da noite. A segunda compreendia o equivalente a umas três horas atuais, até a meia-noite. A terceira terminava na metade da madrugada; a quarta partia desse momento até o amanhecer. É provável que o povo judeu seguisse usando o sistema anterior de três vigílias.

Durante o dia, as horas principais para os romanos eram a terceira (9 horas), a sexta (12 horas), a nona (15 horas) e a décima segunda (18 horas). O povo judeu tinha o costume de orar em determinadas horas do dia: "Sete vezes por dia eu te louvo por causa das tuas justas ordenanças" (Salmos 119.164). Os primeiros seguidores do Caminho cumpriam esse costume e, se estavam em Jerusalém, subiam ao templo nas horas da oração: Certo dia Pedro e João estavam subindo ao templo na hora da oração, às três horas da tarde [à hora nona] (Atos 3.1).

FESTAS BÍBLICAS E FESTAS CRISTÃS

Principalmente em Levítico 23, há um conjunto de dias festivos que Deus ordena ao povo que celebre. Pelo fato de que Jesus e os primeiros discípulos viveram em meio a esse ambiente, e pelo ensino que essas festas contêm, apresentamos um resumo dessas celebrações, seguido pelas principais festas que o cristianismo celebra. Umas fazem parte do grupo original de Levítico, ainda que tenham adquirido um novo sentido por circunstâncias relacionadas à paixão, morte e ressurreição de Cristo e ao nascimento da igreja cristã.

Celebrações bíblicas em Levítico 23

- Dia de descanso
- Páscoa
- Festa dos pães sem fermento
- Festa dos primeiros frutos
- Festa das semanas (Pentecoste)
- Festa das trombetas
- Dia da Expiação
- Festa das cabanas

Festa bíblica que lembra a rainha Ester

- Festa de Purim (em hebraico *Pûrîm*, significa "sortes")

Festa extrabíblica celebrada nos tempos de Jesus

- A festa da dedicação do templo

Principais celebrações adotadas pelo cristianismo

- *A Páscoa cristã, precedida pelo Domingo de Ramos e pela Semana Santa*
- *A ascensão de Jesus*
- *Começo da igreja no Pentecoste*
- *O nascimento de Jesus*

TABELA DE PESOS, MEDIDAS E MOEDAS MAIS USADAS NA BÍBLIA

	UNIDADE BÍBLICA	EQUIVALENTE APROXIMADO NO SISTEMA MÉTRICO
PESO	talento (60 arráteis)	34 quilogramas
	arrátel (50 siclos)	0,6 quilograma
	siclo (2 becas)	11,5 gramas
	beca (10 geras)	5,5 gramas
	gera	0,6 grama
COMPRIMENTO	côvado	0,5 metro
	palmo	23 centímetros
	dedo	2 centímetros
VOLUME — Medida seca	coro [gômer] (10 efas)	220 litros
	leteque (5 efas)	110 litros
	efa (10 ômeres)	22 litros
	medida (1/3 do efa)	7,3 litros
	ômer (1/10 do efa)	2 litros
	cabo (1/18 do efa)	1 litro
VOLUME — Medida líquida	bato (1 efa)	22 litros
	him (1/6 do bato)	4 litros
	logue (1/72 do bato)	0,3 litro

Os números foram calculados com base em um siclo equivalente a 11,5 gramas, um côvado de 50 centímetros e um efa de 22 litros.

    A tabela se baseia nas melhores informações disponíveis, mas não tem a intenção de ser matematicamente precisa; ela apenas fornece quantidades e distâncias aproximadas. Os pesos e medidas variavam um pouco em diferentes tempos e lugares do mundo antigo. Há incertezas em especial quanto ao efa e o bato; descobertas futuras podem lançar mais luz à questão das unidades de medida.

A BIBLIOTECA DO DISCÍPULO

Além de fazer parte de uma igreja que creia, ensine e pregue a Bíblia como um todo, o cristão que deseja crescer como discípulo deve ter o costume de ler, à parte da Bíblia, livros de consulta ou temas variados que o ajudem em seu desenvolvimento na caminhada cristã. Com uma boa administração dos nossos recursos financeiros, podemos adquirir pouco a pouco um conjunto de livros úteis até formar a nossa própria biblioteca, que sempre será uma "biblioteca auxiliar" à grande biblioteca de Deus.

O discípulo deve ter em mente algumas características antes de adquirir um livro, para saber se vale a pena o investimento em tempo, dinheiro e esforço. Por exemplo, o autor, a editora, o tema geral e, para comprovar que o tema está desenvolvido de maneira devida, considerar o sumário do livro.

Convém pedir ajuda ao pastor ou a um líder da igreja local para obter orientação sobre o programa de leituras que pode seguir. Caro discípulo, não leia tudo que cair em suas mãos, principalmente se for do tipo de literatura sensacionalista ou falsamente "espiritual", que torça os princípios fundamentais da fé cristã. Muitos livros criam na mente do leitor um sincretismo religioso perigoso entre os princípios bíblicos em que se baseiam a nossa fé e princípios outros alheios e contrários a ela. As obras que indicamos a seguir são apenas algumas que podem ajudar o discípulo a iniciar sua própria biblioteca da vida espiritual.

OBRAS GERAIS DE CONSULTA

Comentário Bíblico NVI — Antigo e Novo Testamentos. 2. ed. São Paulo: Vida, 2012.

Dicionário Bíblico Ilustrado Vida. São Paulo: Vida, 2018.

Dicionário Bíblico Universal. 4. ed. rev. e atual. São Paulo: Vida, 2007.

GONZÁLEZ, Justo L. **História ilustrada do cristianismo** [2 volumes]. São Paulo: Vida Nova, 2011.

HENRY, Matthew. **Comentário bíblico Matthew Henry**. Rio de Janeiro: CPAD, 2010.

Manual Bíblico de Halley. São Paulo: Vida, 2002

Manual Bíblico Ilustrado Vida. São Paulo: Vida, [no prelo].

Pequena Enciclopédia Bíblica. 8. ed. rev. e atual. São Paulo: Vida, 2011.

VINE, W. E. **Dicionário Vine**: o significado exegético e expositivo das palavras do Antigo e do Novo Testamento. Rio de Janeiro: CPAD, 2006.

GRANDES TEMAS

Bíblia de Estudo Arqueológica. São Paulo: Vida, 2013.

Bíblia Nova Reforma. São Paulo: Vida, 2017.

GEISLER, Norman. **Enciclopédia de apologética**: respostas aos críticos da fé cristã. São Paulo: Vida, 2002.

HENDRICKS, Howard. **Ensinando para transformar vidas**. Belo Horizonte: Betânia, 1991.

Sproul, R.C. **O conhecimento das Escrituras:** passos para um estudo bíblico sério e eficaz. São Paulo: Cultura Cristã, 2003.

_____. **Salvo de quê?:** compreendendo o significado da salvação. São Paulo: Vida, 2006.

DISCIPULADO

Bíblia Ministerial. São Paulo: Vida, 2016.

Phillips, Keith. **A formação de um discípulo**. 2. ed. rev. e atual. São Paulo: Vida, 2008.

EVANGELIZAÇÃO

Smith, Oswald. **O clamor do mundo**. 2. ed. São Paulo: Vida, 2009.

Lai, Patrick. **Fazedores de tendas**. São Paulo: Vida, 2017.

SAIBA MAIS SOBRE OS PROFETAS

A palavra "profeta" costuma fazer referência à pessoa que prediz o futuro em nome de Deus. Mesmo que tal predição, condicionada muitas vezes à obediência ou desobediência do povo, faça parte da atividade do profeta, seu trabalho é muito mais abrangente. O profeta é aquele que recebeu de Deus a possibilidade de conhecer profundamente, e de maneira sobrenatural, a vontade e os propósitos do Senhor e, ao mesmo tempo, o poder para transmiti-los de maneira inspirada. A função da profecia no Novo Testamento tem objetivos determinados, estabelecidos pelo Espírito Santo, como declara Paulo: "[...] quem profetiza o faz para edificação, encorajamento e consolação dos homens" (1Coríntios 14.3).

A revelação escrita e objetiva em que consiste as Escrituras chegou à máxima perfeição na pessoa de Jesus Cristo:

> Há muito tempo Deus falou muitas vezes e de várias maneiras aos nossos antepassados por meio dos profetas, mas nestes últimos dias falou-nos por meio do Filho, a quem constituiu herdeiro de todas as coisas e por meio de quem fez o Universo (Hebreus 1.1,2).

No Antigo Testamento, segundo a maneira pela qual Deus se comunicava com o profeta, chamava-se profeta (Deuteronômio 18.18) aquele que recebia de Deus sua palavra e que a transmitia ao povo por escrito ou verbalmente; e chamava-se vidente (1Samuel 9.9; Isaías 30.10) aquele a quem Deus permitia ver algo e que depois o transmitia ao povo, também por escrito ou verbalmente. Esta parece ser a maneira mais frequente. Vemos todo o processo nas seguintes palavras do profeta Habacuque:

> Ficarei no meu posto de sentinela
> e tomarei posição sobre a muralha;
> aguardarei para ver o que o Senhor me dirá
> e que resposta terei à minha queixa.
> Então o Senhor me respondeu:
> "Escreva claramente a visão
> em tábuas,
> para que se leia facilmente" (2.1,2).

Entre os profetas do Antigo Testamento encontramos profetas escritores e profetas que não eram escritores, ou cujas obras não chegaram a ser conhecidas pela vontade de Deus, mas que foram mencionadas nos livros sagrados. Os profetas que escreveram suas profecias costumam ser classificados em pré-exílicos, exílicos e pós-exílicos, conforme tenham escrito antes, durante ou depois do exílio do povo judeu na Babilônia.

PROFETAS ESCRITORES DO ANTIGO TESTAMENTO

PRÉ-EXÍLICOS: A função da maioria desses profetas consistia em advertir o povo do juízo divino que se aproximava e de chamá-los ao arrependimento.

MOISÉS, o grande profeta escritor, o libertador do povo de Israel, a quem o Senhor falava "face a face" como se fala a um amigo. Escreveu todo o Pentateuco e foi superado apenas por Jesus, cuja vinda o próprio Moisés profetizara (Êxodo 33.11).

PROFETAS ESCRITORES DO ANTIGO TESTAMENTO

SAMUEL, juiz de todo o Israel e grande profeta precursor da instauração da monarquia. Escreveu os dois livros que têm seu nome.

NATÃ, profeta durante os reinados de Davi e Salomão, que escreveu crônicas (1Crônicas 29.29; 2Crônicas 9.29). Grande amigo de Davi, enviado por Deus para censurar seu pecado e depois para dizer-lhe que seu filho Salomão construiria o templo de Jerusalém.

OBADIAS, escreve sobre o julgamento de Edom.

AMÓS, OSEIAS E JOEL escrevem para advertir Israel, o reino das dez tribos do Norte.

ISAÍAS, MIQUEIAS, NAUM, HABACUQUE, SOFONIAS E JEREMIAS escrevem para advertir Judá, onde reinavam os descendentes de Davi.

JONAS, muito contra sua vontade, prega uma mensagem de arrependimento na cidade mais cruel e perversa da época: Nínive, a capital do Império Assírio, que tempos depois voltaria ao pecado e destruiria o Reino do Norte.

EXÍLICOS: Escrevem para o povo no exílio babilônico a fim de consolá-lo e assegurá-lo de que voltaria para a terra santa.

EZEQUIEL E DANIEL escrevem da Babilônia para predizer o final do exílio e a restauração da nação.

PÓS-EXÍLICOS: Escrevem para o público remanescente que havia regressado do exílio a fim de fazê-lo ver que o Senhor não havia sido derrotado pelos deuses da Babilônia, mas que tinham passado pelo exílio por uma questão disciplinar da parte do Senhor, o mesmo que os levou de volta à terra prometida na segurança de que a aliança feita a Abraão, Isaque e Jacó jamais seria anulada.

AGEU, ZACARIAS E MALAQUIAS escrevem para o povo que havia voltado à terra prometida.

PROFETAS NÃO ESCRITORES DO ANTIGO TESTAMENTO

ELIAS prega sobre o Senhor como o único Deus verdadeiro em razão da apostasia do Reino do Norte em favor do deus Baal, iniciada e levada a cabo pela rainha Jezabel (1Reis 17.1—2Reis 2.18).

MICAÍAS declara quais são os sinais de uma profecia autêntica (1Reis 22; 2Crônicas 18).

ELISEU manifesta o grande poder de Deus como discípulo e continuador da obra de Elias (1Reis 19.15-21; 2Reis 2—9,13).

ODEDE repreende o exército do Norte na cidade de Samaria, por ter este ido além do que o Senhor lhe ordenara que fizesse (2Crônicas 28.9-11).

PROFETAS NÃO ESCRITORES DO ANTIGO TESTAMENTO

HULDA, mulher de Salum, profetisa de Jerusalém que envia ao rei Josias a mensagem de que o livro encontrado no templo era realmente a palavra do Senhor e que tudo que nele estava escrito seria cumprido (2Reis 22; 2Crônicas 34).

DOIS PROFETAS ANÔNIMOS, um de Judá e outro de Betel, que atuaram nos eventos relacionados à destruição, por Deus, do altar que Jeroboão levantara (1Reis 13).

PROFETAS MENCIONADOS NO NOVO TESTAMENTO

JOÃO BATISTA, o precursor do Messias (Malaquias 4.5; Lucas 7.24-28).

JESUS, o Cristo, o Filho de Deus, Senhor e Salvador (Lucas 1.76; 7.16; Mateus 21.11; Atos 3.22; 7.37), profetizado em várias ocasiões desde a época de Moisés (pesquise sobre o assunto).

OS PROFETAS E MESTRES DA IGREJA DE ANTIOQUIA na época de Barnabé e Paulo (Atos 13.1).

JUDAS E SILAS, enviados de Jerusalém para consolar a igreja de Antioquia (Atos 15.32).

ÁGABO predisse a prisão de Paulo em Jerusalém (Atos 21.10,11).

AS QUATRO FILHAS DE FILIPE em Cesareia (Atos 21.9).

ÍNDICE DE QUADROS

Os sete dias da Criação	12
Deus e suas estruturas	16
Os doze filhos de Jacó por ordem de nascimento e agrupados cada um à sua respectiva mãe	60
Um resumo das dez pragas do Egito	74
A "Tenda do Encontro" no deserto	89
A família de Herodes, o Grande	1009
As parábolas de Jesus em Mateus	1016
A história da fé: uma corrida de revezamento	1045
As parábolas de Jesus no evangelho de Marcos	1054
A tentação de Jesus no deserto (Lucas 4.1-13)	1081
As parábolas de Jesus no evangelho de Lucas	1084
Jesus, o grande Eu Sou	1127
As parábolas de Jesus no evangelho de João	1135
O preço do testemunho dos primeiros apóstolos de Cristo, segundo as tradições mais antigas da Igreja	1155
Os avivamentos da Bíblia	1158
Divisão do livro de Atos dos Apóstolos	1160
As tentações do ser humano desde o princípio dos tempos até hoje	1344
Os sete motivos para a felicidade plena e a maldição de Apocalipse	1364
As mensagens de Jesus às sete igrejas da Ásia Menor em Apocalipse 2—3	1366
A promessa ao vencedor em cada uma das sete igrejas	1368
Jesus Cristo em Apocalipse	1382

CONCORDÂNCIA BÍBLICA ABREVIADA

ABA
Mc14.36 E dizia: "*Aba*, Pai", tudo te é possível.
Rm8.15 por meio do qual clamamos: "*Aba*, Pai".
Gl4.6 e ele clama: "*Aba*, Pai".

ABANDONAR
Dt12.19 não *abandonar* os levitas
Js24.16 "Longe de nós *abandonar* o Senhor..."
Jz2.19 Recusavam-se a *abandonar* suas práticas
1Cr28.9 se você o *abandonar*, ele o rejeitará para sempre
2Cr11.14 chegaram até a *abandonar* as suas pastagens
Jó18.4 Deve-se *abandonar* a terra por sua causa?
Is57.8 Ao me *abandonar*, você descobriu seu leito
Jr2.17 ao *abandonar* o Senhor, o seu Deus?
Jr2.19 como é mau e amargo *abandonar* o Senhor
At7.19 obrigando-os a *abandonar* os seus recém-nascidos
Ef4.25 ...deve *abandonar* a mentira

ABATIDO
Dt28.31 ...*abatido* diante dos seus olhos
1Sm1.18 e seu rosto já não estava mais *abatido*
1Sm17.32 "...ficar com o coração *abatido*"
2Sm13.4 "...por que todo dia você está *abatido*?..."
2Cr35.1 e o cordeiro da Páscoa foi *abatido*
Jó22.29 ...ele salvará o *abatido*
Sl34.18 O Senhor...salva os de espírito *abatido*
Sl38.6 ...e muitíssimo *abatido*
Sl57.6 fiquei muito *abatido*
Sl61.2 com o coração *abatido*
Sl109.22 o meu coração está *abatido*
Sl142.6 estou muito *abatido*
Is2.11 o orgulho dos homens será *abatido*
Is5.15 o homem será *abatido*
Ez32.28 "Você também, ó faraó, será *abatido*..."
Zc10.11 O orgulho da Assíria será *abatido*
Mc10.22 ...ficou *abatido*

ABENÇOAR
Gn27.30 Isaque acabou de *abençoar* Jacó
Gn48.20 "...para *abençoar* uns aos outros"
Nm23.20 ordem para *abençoar*
Nm24.1 agradava ao Senhor *abençoar* Israel
Dt27.12 "...para *abençoar* o povo..."
Dt28.12 "O Senhor abrirá o céu...para *abençoar*"
1Sm9.13 pois ele deve *abençoar* o sacrifício
2Sm6.20 Voltando Davi...para *abençoar* sua família
1Cr16.43 Davi voltou...para *abençoar* sua família
2Cr30.27 ...levantaram-se para *abençoar* o povo
Sl109.17 Não tinha prazer em *abençoar*...

ABISMO
Gn1.2 trevas cobriam a face do *abismo*
Jó41.32 como se fossem os cabelos brancos do *abismo*
Sl42.7 Abismo chama *abismo*
Pv8.27 sobre a superfície do *abismo*
Is14.15 irá ao fundo do *abismo*!
Ez26.19 cobrir com as vastas águas do *abismo*
Am7.4 secou o grande *abismo*
Jn2.5 o *abismo* me cercou
Hc3.10 o *abismo* estrondou..
Lc8.31 ...que não os mandasse para o *Abismo*
Lc16.26 ...há um grande *abismo*
Rm10.7 'Quem descerá ao *abismo*?'
Ap9.1 a chave do poço do *Abismo*
Ap9.11 o anjo do *Abismo*, cujo nome, em hebraico, é Abadom
Ap11.7 a besta que vem do *Abismo*
Ap20.3 lançou-o no *Abismo*

ABRIGO
Dt32.38 Que eles ofereçam *abrigo* a vocês!
Rt2.7 sentou-se um pouco no *abrigo*
2Sm22.3 ...o meu *abrigo* seguro
Jó24.8 abraçam-se às rochas por falta de *abrigo*
Sl31.20 No *abrigo* da tua presença
Sl32.7 Tu és o meu *abrigo*
Is16.4 sê para eles *abrigo* contra o destruidor
Jr16.19 meu *abrigo* seguro...
Ez17.23 ...*abrigo* à sombra de seus galhos
Dn4.21 *abrigo* para os animais do campo
Jn4.5 construiu para si um *abrigo*

ACUSADOR
Jó31.35 que o meu *acusador* faça...
Sl109.6 ...à sua direita esteja um *acusador*
Is50.8 Quem é meu *acusador*?
Ap12.10 foi lançado fora o *acusador*

ADORAR
Dt11.16 a desviar-se para *adorar*...
1Sm1.3 para *adorar* e sacrificar ao Senhor
1Rs12.30 ia até Dã para *adorar* aquele bezerro
2Rs17.28 ...lhes ensinou a *adorar* o Senhor
Sl102.22 ...se reunirem para *adorar* o Senhor
Is36.7 Vocês devem *adorar* aqui
Jr7.2 atravessam...para *adorar* o Senhor
Dn3.28 prestar culto e *adorar*
Zc14.16 para *adorar* o rei, o Senhor

Jo4.20 ...o lugar onde se deve *adorar*
At18.13 ...persuadindo o povo a *adorar*
Ap14.9 Se alguém *adorar* a besta e...

ADOÇÃO
Rm8.23 nossa *adoção* como filhos
Rm9.4 Deles é a *adoção* de filhos
Gl4.5 para que recebêssemos a *adoção* de filhos

ADULTÉRIO
Lv20.10 Se um homem cometer *adultério*...
Pv6.32 o homem que comete *adultério*
Jr3.9 cometendo *adultério* com ídolos
Os1.2 vergonhoso *adultério*
Mt5.28 ...já cometeu *adultério* com ela
Tg2.11 Se você não comete *adultério*...
2Pe2.14 os olhos cheios de *adultério*

ADVERSIDADE
Sl91.15 na *adversidade* estarei com ele
Pv27.10 quando for atingido pela *adversidade*
Is30.20 ...o Senhor lhe dê o pão da *adversidade*
Jr16.19 abrigo seguro na hora da *adversidade*

ADVERSÁRIO
Êx23.22 ...*adversário* dos seus adversários
Nm10.9 em guerra contra um *adversário*
1Sm29.4 senão se tornará nosso *adversário*
2Sm2.16 Cada soldado pegou o *adversário*
Lm2.4 como um *adversário*...
Mt5.25 Entre em acordo...com seu *adversário*
Lc18.3 ...justiça contra o meu *adversário*

ADVOGADO
Jó16.19 nas alturas está o meu *advogado*
Pv22.23 o Senhor será o *advogado* deles
At24.1 um *advogado* chamado...

AFLIÇÃO
Dt16.3 Não o comam...o pão da *aflição*
1Sm2.32 e você verá *aflição* na minha habitação
2Sm16.12 Talvez o Senhor considere a minha *aflição*
Jó7.11 na *aflição* do meu espírito desabafarei
Sl18.6 Na minha *aflição* clamei ao Senhor
Is48.10 eu o provei na fornalha da *aflição*
Jr10.18 Trarei *aflição* sobre eles
Lc21.23 Haverá grande *aflição* na terra
2Co2.4 ...eu escrevi com grande *aflição*

AGRADAR
Lv19.15 nem procurem *agradar* os grandes
Nm14.8 Se o Senhor se *agradar* de nós...
Dt21.14 Se você já não se *agradar* dela,...
Jó34.9 Não dá lucro *agradar* a Deus
Mc15.15 Desejando *agradar* a multidão
Rm15.1 ...e não *agradar* a nós mesmos
1Co7.32 ...em como *agradar* ao Senhor
2Co5.9 temos o propósito de lhe *agradar*
Gl1.10 ...estou tentando *agradar* a homens?

1Ts2.4 não falamos para *agradar* pessoas
2Tm2.4 ...deseja *agradar* àquele que o alistou
Hb11.6 Sem fé é impossível *agradar*...

AGRADÁVEL
Gn3.6 ...a árvore parecia *agradável* ao paladar
Gn8.21 O Senhor sentiu o aroma *agradável*
Êx29.41 oferta de aroma *agradável*
Dt28.63 também lhe será *agradável*...
Sl84.1 é *agradável* o lugar da tua habitação
Pv2.10 o conhecimento será *agradável* à sua alma
Ec11.7 A luz é *agradável*, é bom ver o sol.
Jr31.26 Meu sono tinha sido *agradável*.
Os4.13 onde a sombra é *agradável*.
Os9.13 plantado num lugar *agradável*
Rm12.1 sacrifício vivo, santo e *agradável*
Rm12.2 ...*agradável* e perfeita vontade de Deus
Fp4.18 um sacrifício...*agradável* a Deus
Cl4.6 seu falar seja sempre *agradável*
1Tm2.3 Isso é bom e *agradável*
Hb13.21 opere em nós o que lhe é *agradável*

AJUDAR
Nm8.26 Poderão *ajudar* seus companheiros
Nm34.18 *ajudar* a distribuir a terra
Jz5.23 não vieram *ajudar* o Senhor
1Cr12.22 ...soldados para *ajudar* Davi
2Cr14.11 não há ninguém...para *ajudar* os fracos
Is20.6 a quem recorremos para nos *ajudar*
Is64.5 *ajudar* aqueles que praticam a justiça
Jr47.3 ...não se voltarão para *ajudar* seus filhos
Zc6.15 Gente...virá *ajudar* a construir o templo
At20.35 devemos *ajudar* os fracos
2Co9.2 Reconheço a sua disposição em *ajudar*

ALEGRA
Sl16.9 ...o meu coração se *alegra*
Sl21.1 O rei se *alegra* na tua força, ó Senhor!
Sl33.21 Nele se *alegra* o nosso coração
Pv17.5 quem se *alegra* com a desgraça...
Lc1.47 e o meu espírito se *alegra* em Deus
1Co13.6 O amor não se *alegra* com a injustiça

ALEGRAM
Sl45.8 os instrumentos...que te *alegram*
Sl46.4 ...rio cujos canais *alegram* a cidade de Deus
Sl107.42 Os justos...se *alegram*
Is9.3 eles se *alegram* diante de ti
Jr31.4 sairá dançando com os que se *alegram*
Lm1.21 eles se *alegram* com o que fizeste
Os7.3 Eles *alegram* o rei...
Mq1.16 filhos nos quais...tanto se *alegram*
Jo4.36 de forma que se *alegram* juntos
Rm12.15 Alegrem-se com os que se *alegram*
1Co12.26 Todos os outros se *alegram* com ele

ALEGRE
Jz19.6 que fique esta noite, e que se *alegre*

Rt3.7 ficou *alegre* e foi deitar-se
1Sm25.36 estava *alegre* e bastante bêbado
1Rs5.7 ...ficou muito *alegre* quando...
1Rs8.66 jubilosos e de coração *alegre*
Et1.10 já estava *alegre* por causa do vinho
Ec10.19 ...o vinho torna a vida *alegre*
Jr50.11 Ainda que...esteja *alegre* e exultante
Os9.1 não se *alegre* como as outras nações
Ag1.8 para que eu me *alegre*
Lc23.8 ...Herodes viu Jesus, ficou muito *alegre*
At2.26 o meu coração está *alegre*
Fp2.17 estou *alegre* e me regozijo
Hb12.22 milhares...de anjos em *alegre* reunião

ALEGRIA
Gn31.27 celebrado a sua partida com *alegria*
Lv9.24 gritou de *alegria* e prostrou-se
Dt16.15 e a sua *alegria* será completa
Dt28.47 não serviram com júbilo e *alegria*
Dt32.43 Cantem de *alegria*, ó nações
Jz16.25 Com o coração cheio de *alegria*
1Sm11.15 ...tiveram momentos de grande *alegria*
2Sm6.15 ao som dos gritos de *alegria*
1Cr12.40 havia grande *alegria* em Israel
Ed3.12 muitos, porém, gritavam de *alegria*
Ne8.10 a *alegria* do Senhor os fortalecerá
Et8.17 havia *alegria* e júbilo entre os judeus
Jó3.22 aos que se enchem de *alegria*
Sl4.7 Encheste o meu coração de *alegria*
Sl45.15 Com *alegria* e exultação
Pv8.31 a humanidade me dava *alegria*
Ec2.1 Experimente a *alegria*
Jr25.10 ...às vozes de júbilo e de *alegria*
Lm5.15 Dos nossos corações fugiu a *alegria*
Mt13.44 "e, então, cheio de *alegria*..."
Mc4.16 ouvem a palavra e...a recebem com *alegria*
Lc1.14 motivo de prazer e de *alegria*
Jo3.29 Esta é a minha *alegria*,
Jd24 sem mácula e com grande *alegria*

ALFA
Ap1.8 "Eu sou o *Alfa* e o Ômega"

ALIANÇA
Gn6.18 estabelecerei a minha *aliança*
Gn9.17 Esse é o sinal da *aliança* que estabeleci
Êx2.24 e lembrou-se da *aliança* que fizera com...
Êx16.34 junto às tábuas da *aliança*
Lv2.13 o sal da *aliança* do seu Deus
Lv16.13 acima das tábuas da *aliança*
1Sm20.16 uma *aliança* com a família de Davi
2Sm15.24 carregavam a arca da *aliança* de Deus
Sl132.12 ...forem fiéis à minha *aliança*
Pv2.17 ...a *aliança* que fez diante de Deus
Is61.8 e com eles farei *aliança* eterna
Jr11.2 Ouça os termos desta *aliança*
Dn11.32 ...aqueles que tiverem violado a *aliança*
Os6.7 eles quebraram a *aliança*
Mt26.28 Isto é o meu sangue da *aliança*
Lc1.72 e lembrar sua santa *aliança*
At7.44 ...tinham o tabernáculo da *aliança*
1Co11.25 Este cálice é a nova *aliança* no meu sangue
2Co3.6 ministros de uma nova *aliança*
Gl4.24 estas mulheres representam duas *alianças*
Hb7.22 a garantia de uma *aliança* superior
Hb13.20 que pelo sangue da *aliança* eterna...
Ap11.19 e ali foi vista a arca da sua *aliança*
Ap15.5 o tabernáculo da *aliança*.

ALMA
Dt4.29 ...e de toda a sua *alma*
Js23.14 lá no fundo do coração e da *alma*
Jz5.21 Avante, minh'*alma*!
1Sm1.10 e, com a *alma* amargurada...
1Sm1.15 estava derramando minha *alma*
1Cr22.19 consagrem o coração e a *alma*
Jó3.20 ...e vida aos de *alma* amargurada
Jó7.11 na amargura da minha *alma*...
Sl19.7 A lei do Senhor é perfeita, e revigora a *alma*
Sl25.1 ...elevo a minha *alma*
Pv13.19 O anseio satisfeito agrada a *alma*
Pv16.24 ...são doces para a *alma*
Is61.10 Regozija-se a minha *alma*...
Mt10.28 ...mas não podem matar a *alma*
Mt16.26 que adiantará ao homem...perder a sua *alma*?
Mt26.38 minha *alma* está profundamente triste
Lc1.46 "Minha *alma* engrandece ao Senhor..."
Hb4.12 até o ponto de dividir *alma* e espírito
Hb6.19 ...esperança como âncora da *alma*
3Jo2 assim como vai bem a sua *alma*
Jd19 seguem a tendência da sua própria *alma*

ALTAR
Gn13.18 Abraão...construiu um *altar*...ao Senhor
Gn35.1 Suba a Betel...e faça um *altar*
Êx27.1 Faça um *altar* de madeira de acácia
Êx30.6 Coloque o *altar* em frente do véu
Lv1.7 acenderão o fogo do *altar*
Lv22.22 animais sobre o *altar* como oferta
Nm4.13 Tirarão a cinza do *altar* de bronze...
Dt27.5 Construam ali um *altar* ao Senhor
Dt27.6 Façam o *altar* do Senhor
Js8.30 Josué construiu no monte Ebal um *altar* ao Senhor
Js22.29 ...um *altar* que não seja o *altar* do Senhor
Jz21.4 o povo...construiu um *altar* e...
1Rs1.50 Adonias...foi agarrar-se às pontas do *altar*
1Rs18.36 Elias colocou-se à frente do *altar*
Sl43.4 Então irei ao *altar* de Deus
Sl84.3 para abrigar os seus filhotes...perto do teu *altar*
Is60.7 serão aceitos como ofertas em meu *altar*
Lm2.7 O Senhor rejeitou o seu *altar*
Ez43.13 Estas são as medidas do *altar*
Am9.1 Vi o Senhor junto ao *altar*
Mq1.5 Qual é o *altar* idólatra de Judá?

ALTÍSSIMO

Zc9.15 ...aspergir água nos cantos do *altar*
Zc14.20 ...quanto às bacias diante do *altar*
Ml1.7 Trazendo comida impura ao meu *altar*!
Ml2.13 Enchem de lágrimas o *altar* do Senhor
Mt5.24 deixe sua oferta ali, diante do *altar*
Mt23.18 Se alguém jurar pelo *altar*,...
Mt23.19 ...a oferta, ou o *altar* que santifica a oferta?
Lc1.11 um anjo...apareceu a Zacarias, à direita do *altar*
1Co9.13 os que servem diante do *altar* participam...
Hb13.10 Nós temos um *altar*...
Tg2.21 Abraão...ofereceu seu filho Isaque sobre o *altar*?
Ap6.9 vi debaixo do *altar*...

ALTÍSSIMO

Gn14.18 rei de Salém e sacerdote do Deus *Altíssimo*
Nm24.16 daquele que...possui o conhecimento do *Altíssimo*
2Sm22.14 ressoou a voz do *Altíssimo*
Sl7.17 ao nome do...*Altíssimo* cantarei louvores
Sl82.6 "...todos vocês são filhos do *Altíssimo*"
Sl91.1 Aquele que habita no abrigo do *Altíssimo*
Is14.14 ...serei como o *Altíssimo*
Dn3.26 ...servos do Deus *Altíssimo*
Os7.16 não se voltam para o *Altíssimo*
Mc5.7 Que queres comigo...Filho do Deus *Altíssimo*?
Lc1.32 e será chamado Filho do *Altíssimo*
Lc1.35 o poder do *Altíssimo* a cobrirá...
At7.48 o *Altíssimo* não habita em casas

AMADO

Ct1.13 O meu *amado* é para mim...
Ct6.3 Eu sou do meu *amado*, e o meu *amado*...
Dn10.11 Daniel, você é muito *amado*
Mt3.17 Este é o meu Filho *amado*
Mc1.11 Tu és o meu Filho *amado*
Jo14.21 Aquele que...será *amado* por meu Pai
1Co4.17 Timóteo, meu filho *amado* e fiel...
Cl4.14 Lucas, o médico *amado*

AMALDIÇOAR

Êx21.17 Quem *amaldiçoar* seu pai ou sua mãe...
Lv24.15 Se alguém *amaldiçoar* seu Deus...
Nm22.12 Você não poderá *amaldiçoar* este povo
Nm23.11 Eu o chamei para *amaldiçoar* meus inimigos
Sl109.28 ...podem *amaldiçoar*, tu, porém, me abençoas
Mt15.4 Quem *amaldiçoar* seu pai ou sua mãe..
Ap13.6 ...para blasfemar contra Deus e *amaldiçoar*

AMAR

Dt19.9 *Amar* o Senhor, o seu Deus
Js23.11 dediquem-se com zelo a *amar* o Senhor
2Cr19.2 ...ajudar os ímpios e *amar* aqueles que...
Sl34.12 ...*amar* a vida e deseja ver dias felizes?
Ec3.8 tempo de *amar* e tempo de odiar
Mc12.33 *amar* ao próximo como a si mesmo
Ef5.28 os maridos devem *amar*...
1Pe3.10 quem quiser *amar* a vida e ver dias felizes...
1Jo4.11 devemos *amar* uns aos outros

AMIGO

Rt4.1 Meu *amigo*, venha cá e sente-se
1Sm18.1 ...Jônatas tornou-se o seu melhor *amigo*
Jó16.20 O meu intercessor é meu *amigo*
Sl41.9 o meu melhor *amigo*, em quem eu confiava...
Pv18.24 existe *amigo* mais apegado que um irmão
Ec4.10 Se um cair, o *amigo* pode ajudá-lo
Jr9.5 Amigo engana *amigo*...
Mt11.19 *amigo* de publicanos e "pecadores"
Jo11.11 Nosso *amigo* Lázaro adormeceu
Tg2.23 ...e ele foi chamado *amigo* de Deus
Tg4.4 Quem quer ser *amigo* do mundo...

AMIZADE

Jó29.4 a *amizade* de Deus abençoava a minha casa
Tg4.4 a *amizade* com o mundo é inimizade com Deus?

AMOR

Êx15.13 Com o teu *amor* conduzes o povo...
Lv26.45 por *amor* deles eu me lembrarei da aliança
2Sm1.26 Sua amizade era...mais preciosa que o *amor* das...
1Cr16.34 o seu *amor* dura para sempre
Ne10.28 por *amor* à Lei de Deus
Sl36.5 O teu *amor*, Senhor, chega até os céus
Sl36.7 Como é precioso o teu *amor*, ó Deus!
Sl63.3 O teu *amor* é melhor do que a vida!
Sl109.26 Salva-me pelo teu *amor* leal!
Sl118.2 "O seu *amor* dura para sempre!"
Pv7.18 gozemos as delícias do *amor*!
Pv10.12 o *amor* cobre todos os pecados
Ct2.4 o seu estandarte sobre mim é o *amor*
Ct2.5 pois estou doente de *amor*
Is16.5 em *amor* será firmado um trono
Is63.17 por *amor* dos teus servos
Jr14.7 age por *amor* do teu nome, ó Senhor!
Dn9.17 Por *amor* de ti, Senhor
Os2.19 com *amor* e compaixão
Sf3.17 com o seu *amor* a renovará
Mt24.12 o *amor* de muitos esfriará
Jo15.9 permaneçam no meu *amor*
Jo15.13 Ninguém tem maior *amor* do que...
Rm5.8 Mas Deus demonstra seu *amor* por nós
Rm8.35 Quem nos separará do *amor* de Cristo?
Fp2.30 ...por *amor* à causa de Cristo
2Tm1.7 mas de poder, de *amor* e de equilíbrio
Hb13.1 Seja constante o *amor* fraternal
1Jo2.15 Se alguém...o mundo, o *amor* do Pai...
Ap2.4 você abandonou o seu primeiro *amor*

AMÉM

Dt27.15 Todo o povo dirá: '*Amém*!'
Ap3.14 Estas são as palavras do *Amém*

ANJO

Gn16.7 O *Anjo* do Senhor encontrou Hagar...
Gn22.12 "Não toque no rapaz", disse o *Anjo*
Gn22.15 ...o *Anjo* do Senhor chamou do céu a Abraão

Êx3.2 o *Anjo* do Senhor lhe apareceu...
Êx14.19 o *anjo* de Deus que ia à frente...
Nm20.16 enviou um *anjo* e nos tirou do Egito.
Nm22.22 o *Anjo* do Senhor pôs-se no caminho...
Nm22.35 o *Anjo* do Senhor disse a Balaão...
1Sm29.9 como um *anjo* de Deus
2Sm24.16 Quando o *anjo* estendeu a mão...
1Rs19.5 um *anjo* tocou nele e disse...
1Cr21.15 Deus enviou um *anjo* para destruir Jerusalém
Sl34.7 O *anjo* do Senhor é sentinela...
Sl35.5 quando o *anjo* do Senhor os expulsar
Is63.9 e o *anjo* da sua presença os salvou
Os12.4 lutou com o *anjo* e saiu vencedor
Zc12.8 como o *anjo* do Senhor que vai adiante...
Mt1.20 apareceu-lhe um *anjo* do Senhor
Lc1.11 um *anjo* do Senhor apareceu a Zacarias
Lc22.43 Apareceu-lhe então um *anjo* dos céus
Jo5.4 descia um *anjo* do Senhor e agitava as águas
Jo12.29 um *anjo* lhe tinha falado
At5.19 um *anjo* do Senhor abriu as portas...
1Co10.10 e foram mortos pelo *anjo* destruidor
2Co11.14 Satanás se disfarça de *anjo* de luz
Gl1.8 Mas ainda que nós ou um *anjo* dos céus...
Ap2.1 "Ao *anjo* da igreja em Éfeso, escreva...
Ap2.8 "Ao *anjo* da igreja em Esmirna, escreva...
Ap2.12 "Ao *anjo* da igreja em Pérgamo, escreva...
Ap2.18 "Ao *anjo* da igreja em Tiatira, escreva...
Ap3.1 "Ao *anjo* da igreja em Sardes, escreva...
Ap3.7 "Ao *anjo* da igreja em Filadélfia, escreva...
Ap3.14 "Ao *anjo* da igreja em Laodiceia, escreva...
Ap22.16 Eu, Jesus, enviei o meu *anjo* para...

ANO
Gn8.13 primeiro mês do *ano* seiscentos e um...
Êx34.22 encerramento da colheita, no fim do *ano*
Lv25.10 Consagrem o quinquagésimo *ano* e...
Lv27.24 No *ano* do Jubileu as terras serão devolvidas
Nm29.36 um carneiro e sete cordeiros de um *ano*
Dt15.12 no sétimo *ano* dê-lhe a liberdade
JS5.12 e naquele mesmo *ano*...
1Sm1.7 Isso acontecia ano após *ano*
1Rs14.25 No quinto *ano* do reinado de Roboão...
2Rs4.16 Por volta desta época, no *ano* que vem
Sl65.11 Coroas o *ano* com a tua bondade
Is6.1 No *ano* em que o rei Uzias morreu
Jr28.16 Este *ano* você morrerá
Ez46.17 mantê-lo consigo até o *ano* da liberdade
Dn10.1 No terceiro *ano* de Ciro, rei da Pérsia...
Lc4.19 e proclamar o *ano* da graça do Senhor
Jo11.51 sendo o sumo sacerdote naquele *ano*...
Hb9.7 ...Lugar Santíssimo, apenas uma vez por *ano*...
Tg4.13 ...passaremos um *ano* ali, faremos negócios...

ANSIOSO
2Cr26.20 ...ele mesmo ficou *ansioso* para sair
Jó7.2 o assalariado que espera *ansioso* pelo pagamento
Pv12.25 O coração *ansioso* deprime o homem
Jd3 embora estivesse muito *ansioso*...

ANTICRISTO
1Jo2.18 Filhinhos,...o *anticristo* está vindo
2Jo7 Tal é o enganador e o *anticristo*

APARÊNCIA
Gn39.6 José era atraente e de boa *aparência*
Nm9.15 ...tinha a *aparência* de fogo
Dt28.50 nação de *aparência* feroz
1Sm9.2 jovem de boa *aparência*
1Sm16.7 Não considere sua *aparência* nem sua altura
1Sm16.12 era ruivo, de belos olhos e boa *aparência*
Sl49.14 A *aparência* deles se desfará na sepultura
Ct5.15 Sua *aparência* é como o Líbano
Is11.3 Não julgará pela *aparência*
Is52.14 sua *aparência* estava tão desfigurada
Lm4.7 sua *aparência* lembrava safiras
Ez1.5 Na *aparência* tinham forma de homem
Ez1.10 Quanto à *aparência* dos seus rostos...
Ez1.28 Tal como a *aparência* do arco-íris
Ez40.2 tinham a *aparência* de uma cidade
Dn7.5 tinha a *aparência* de um urso
Jl2.4 Eles têm a *aparência* de cavalos
Mt6.16 não mostrem uma *aparência* triste...
Mt22.16 ...não te prendes à *aparência* dos homens.
Mt28.3 Sua *aparência* era como um relâmpago
Jo7.24 Não julguem apenas pela *aparência*
Gl2.6 Deus não julga pela *aparência*
2Tm3.5 tendo *aparência* de piedade, mas...

ARCA
Gn6.14 ...fará uma *arca* de madeira de cipreste
Êx25.16 coloque dentro da *arca* as tábuas da aliança
Nm3.31 Tinham a responsabilidade de cuidar da *arca*
Dt10.2 escreverei nas tábuas...você as colocará na *arca*
Js3.3 Quando virem a *arca* da aliança do Senhor
Js3.6 Levantem a *arca* da aliança...
Js3.11 Vejam, a *arca* da aliança do Soberano...
2Sm6.3 Puseram a *arca* de Deus num carroção novo...
2Sm6.7 ele morreu ali mesmo, ao lado da *arca* de Deus
1Cr13.12 "Como vou conseguir levar a *arca* de Deus?"
2Cr5.2 a *arca* da aliança do Senhor
2Cr5.4 os levitas pegaram a *arca*
Sl132.6 Soubemos que a *arca* estava em Efrata
Mt24.38 ...até o dia em que Noé entrou na *arca*
Hb9.5 Acima da *arca* estavam os querubins da Glória
Ap11.19 e ali foi vista a *arca* da sua aliança...

ARREPENDER-SE
Jr5.3 ...mais que a rocha, e recusaram *arrepender-se*
Os11.5 ...eles se recusam a *arrepender-se*?
Lc15.7 por noventa e nove justos que não precisam *arrepender-se*
Ap16.9 contudo, recusaram *arrepender-se* e glorificá-lo

ARREPENDIMENTO
Is30.15 "No *arrependimento* e no descanso está a salvação..."
Mt3.8 Deem fruto que mostre o *arrependimento*!

ARROGÂNCIA

Mt3.11 "Eu os batizo com água para *arrependimento*..."
Mc1.4 pregando um batismo de *arrependimento*
Lc5.32 não vim chamar justos, mas pecadores ao *arrependimento*
Lc24.47 em seu nome seria pregado o *arrependimento*
At5.31 para dar a Israel *arrependimento* e perdão de pecados
At11.18 Então, Deus concedeu *arrependimento*...
At13.24 João pregou um batismo de *arrependimento*
At20.21 ...eles precisam converter-se a Deus com *arrependimento*
At26.20 obras que mostrassem o seu *arrependimento*
Rm2.4 ...a bondade de Deus o leva ao *arrependimento*?
2Co7.9 ...porque a tristeza os levou ao *arrependimento*
2Co7.10 A tristeza segundo Deus não produz...mas sim um *arrependimento*
2Tm2.25 na esperança de que Deus lhes conceda o *arrependimento*
Hb6.1 sem lançar...o fundamento do *arrependimento*
Hb6.6 que sejam reconduzidos ao *arrependimento*
2Pe3.9 mas que todos cheguem ao *arrependimento*

ARROGÂNCIA

1Sm2.3 nem saia de sua boca tal *arrogância*
1Sm15.23 ...a *arrogância* como o mal da idolatria
Ne9.10 sabias com quanta *arrogância* os egípcios os tratavam
Jó15.26 afrontando-o com *arrogância*
Jó35.12 ele não responde, por causa da *arrogância* dos ímpios
Jó36.9 ele lhes dirá...que pecaram com *arrogância*
Sl10.2 Em sua *arrogância* o ímpio persegue o pobre
Sl17.10 fecham o coração...e com a boca falam com *arrogância*.
Sl31.18 ...com *arrogância* e desprezo humilham os justos
Sl73.8 ...em sua *arrogância* ameaçam com opressão
Pv8.13 odeio o orgulho e a *arrogância*
Pv21.29 O ímpio mostra no rosto a sua *arrogância*
Is2.17 A *arrogância* dos homens será abatida
Is13.11 Darei fim à *arrogância* dos altivos
Jr48.30 Conheço bem a sua *arrogância*
Jr50.32 A *arrogância* tropeçará e cairá
Ez7.10 A condenação irrompeu...a *arrogância* floresceu!
Dn7.8 ...e uma boca que falava com *arrogância*
Dn11.18 um comandante reagirá com arrogância à *arrogância*...
Os5.5 A *arrogância* de Israel testifica contra eles
Ob1.3 A *arrogância* do seu coração o tem enganado
Mq2.3 não vão mais andar com *arrogância*
2Co12.20 Temo que haja entre vocês...intrigas, *arrogância*...
2Pe2.18 com palavras de vaidosa *arrogância*

ASSEMBLEIA

Gn49.6 ...não entre no conselho deles, nem participe de sua *assembleia*
Lv16.17 por sua família e por toda a *assembleia* de Israel.
Nm10.7 Para reunir a *assembleia*, faça soar as cornetas
Nm16.3 por que vocês se colocam acima da *assembleia* do Senhor?
Dt23.1 ...não poderá entrar na *assembleia* do Senhor
2Rs10.20 Convoquem uma *assembleia* em honra a Baal...
1Cr13.4 Toda a *assembleia* concordou
1Cr29.1 Então o rei Davi disse a toda a *assembleia*...
Ne8.2 Esdras trouxe a Lei diante da *assembleia*
Sl89.7 Na *assembleia* dos santos Deus é temível
Sl107.32 Que o exaltem na *assembleia* do povo
Jl1.14 convoquem uma *assembleia* sagrada
Mq2.5 vocês não estarão na *assembleia* do Senhor...
Mq6.9 Ouçam, tribo de Judá e *assembleia* da cidade!
Lc23.1 Então toda a *assembleia* levantou-se e o levou a Pilatos
At15.12 Toda a *assembleia* ficou em silêncio
At19.32 A *assembleia* estava em confusão
At19.39 Se há mais alguma coisa...será decidido em *assembleia*
At23.7 e a *assembleia* ficou dividida

ASSENTADO

1Rs22.19 Vi o Senhor *assentado* em seu trono
Sl47.8 Deus está *assentado* em seu santo trono
Is6.1 No ano em que o rei Uzias morreu, eu vi o Senhor *assentado*...
Mt24.3 Tendo Jesus se *assentado* no monte das Oliveiras...
Mt26.64 o dia em que vereis o Filho do homem *assentado*...
Mc16.5 viram um jovem...de roupas brancas *assentado* à direita
Cl3.1 ...onde Cristo está *assentado* à direita de Deus
Ap4.3 Aquele que estava *assentado* era de aspecto semelhante...
Ap4.10 diante daquele que está *assentado* no trono
Ap5.13 Àquele que está *assentado* no trono e ao Cordeiro...
Ap14.14 *assentado* sobre a nuvem, alguém...
Ap21.5 Aquele que estava *assentado* no trono disse...

AUTORIDADE

Êx7.1 Dou a você a minha *autoridade* perante o faraó
Nm27.20 Dê-lhe parte da sua *autoridade* para...
Jz10.4 Eles tinham *autoridade* sobre trinta cidades
Ed7.24 vocês não têm *autoridade* para exigir impostos
Ne3.7 localidades que estavam sob a *autoridade* do govenador
Et10.2 a quem o rei dera *autoridade*...
Pv16.10 Os lábios do rei falam com grande *autoridade*
Ec10.4 Se a ira de uma *autoridade* se levantar contra você,...
Mt7.29 ele as ensinava como quem tem *autoridade*
Mt8.9 também sou homem sujeito à *autoridade*
Mt28.18 Foi-me dada toda a *autoridade* nos céus e na terra
Mc1.27 O que é isto? Um novo ensino — e com *autoridade*!

Mc3.15 e tivessem *autoridade* para expulsar demônios
Lc4.32 Todos ficavam maravilhados...porque falava com *autoridade*
Jo5.27 E deu-lhe *autoridade* para julgar,
Jo10.18 Tenho *autoridade* para dá-la e para retomá-la
Jo19.10 tenho *autoridade* para libertá-lo e para crucificá-lo?
Rm13.1 Todos devem sujeitar-se às *autoridades* governamentais,
Rm13.2 aquele que se rebela contra a *autoridade*...
Rm13.3 quer viver livre do medo da *autoridade*?
1Co7.4 A mulher não tem *autoridade* sobre o seu próprio corpo
2Co13.10 ...não precise ser rigoroso no uso da *autoridade*
Ef1.21 muito acima de todo governo e *autoridade*...
Cl2.10 ...que é o Cabeça de todo poder e *autoridade*
Tt2.15 exortando-os e repreendendo-os com toda a *autoridade*
Hb13.17 Obedeçam aos seus líderes e submetam-se à *autoridade* deles
1Pe2.13 Por causa do Senhor, sujeitem-se a toda *autoridade*
Ap2.26 "...e fizer a minha vontade...darei *autoridade* sobre as nações
Ap2.28 lhe darei a mesma *autoridade* que recebi de meu Pai
Ap20.4 Vi...a quem havia sido dada *autoridade* para julgar

AUXÍLIO
Gn4.1 "Com o *auxílio* do Senhor tive um filho homem".
Êx2.17 Moisés...veio em *auxílio* delas e deu água ao rebanho
Rt1.6 Noemi soube...que o Senhor viera em *auxílio* do seu povo
Sl18.29 Com o teu *auxílio* posso atacar uma tropa
Sl20.2 Do santuário te envie *auxílio* e de Sião te dê apoio
Sl30.10 Senhor, sê tu o meu *auxílio*
Sl33.20 Nossa esperança está no Senhor; ele é o nosso *auxílio*
Sl146.5 é feliz aquele cujo *auxílio* é o Deus de Jacó
Is38.14 Estou aflito, ó Senhor! Vem em meu *auxílio*!
Jr15.15 vem em meu *auxílio* e vinga-me
Ef4.16 ...ajustado e unido pelo *auxílio* de todas as juntas
Fp1.19 ...graças às orações...e ao *auxílio* do Espírito de Jesus

BARCO
Is2.16 para todo navio mercante e todo *barco* de luxo
Mt4.22 ...deixando imediatamente seu pai e o *barco*, o seguiram
Mt8.23 Entrando ele no *barco*, seus discípulos o seguiram
Mt13.2 ...ele entrou num *barco* e assentou-se
Mt14.13 Jesus retirou-se de *barco*...para um lugar deserto.
Mc6.47 Ao anoitecer, o *barco* estava no meio do mar
Lc5.3 sentou-se, e do *barco* ensinava o povo
Lc8.22 entraram num *barco* e partiram
Jo6.19 viram Jesus aproximando-se do *barco*
Jo6.22 a multidão...percebeu que apenas um *barco* estivera ali
At27.32 ...cortaram as cordas que prendiam o *barco*

BARRO
Êx1.14 ...a árdua tarefa de preparar o *barro* e fazer tijolos
Lv14.42 Depois...rebocarão a casa com *barro* novo.
1Rs7.46 ...que o rei os mandou fundir, em moldes de *barro*
Jó10.9 Lembra-te de que me moldaste como o *barro*
Jó33.6 eu também fui feito do *barro*
Jó38.14 A terra toma forma como o *barro* sob o sinete
Sl22.15 Meu vigor secou-se como um caco de *barro*
Is30.14 Ele o fará em pedaços como um vaso de *barro*
Is41.25 Pisa em governantes...como o oleiro amassa o *barro*
Jr18.4 Mas o vaso de *barro* que ele estava formando...
Jr19.1 "Vá comprar um vaso de *barro* de um oleiro..."
Dn2.33 ...em parte de ferro e em parte de *barro*
Mq7.10 ela será pisada como o *barro* das ruas
Na3.14 Entre no *barro*...prepare a forma para os tijolos!
Rm9.21 de fazer do mesmo *barro* um vaso para fins nobres...?
2Co4.7 Mas temos esse tesouro em vasos de *barro*
2Tm2.20 Numa grande casa há vasos de...madeira e *barro*
Ap2.27 as governará...e as despedaçará como a um vaso de *barro*

BATALHA
Nm27.21 seguirão suas instruções quando saírem para a *batalha*
Nm31.4 Enviem à *batalha* mil homens de cada tribo de Israel
Dt2.32 Seom saiu à *batalha* contra nós em Jaza...
Dt20.2 Quando chegar a hora da *batalha*...
Js8.14 saíram para enfrentar Israel no campo de *batalha*
Jz2.15 Sempre que os israelitas saíam para a*batalha*...
Jz20.39 "Nós os derrotamos como na primeira *batalha*"
1Sm4.16 Acabei de chegar da linha de *batalha*
1Sm26.10 ...ele irá para a *batalha* e perecerá
1Rs20.14 "E quem começará a *batalha*?"
1Cr5.20 Durante a *batalha* clamaram a Deus
1Cr11.11 matou trezentos homens numa mesma *batalha*
2Cr20.17 Vocês não precisarão lutar nessa *batalha*
2Cr35.23 Na *batalha*, flecheiros atingiram o rei Josias
Sl18.34 Ele treina as minhas mãos para a *batalha*
Sl140.7 tu me proteges a cabeça no dia da *batalha*
Pv21.31 Prepara-se o cavalo para o dia da *batalha*
Is9.3 ...quando dividem os bens tomados na *batalha*
Jr6.4 Preparem-se para enfrentá-la na *batalha*!
Jr8.6 ...um cavalo que se lança com ímpeto na *batalha*
Os10.14 o fragor da *batalha* se levantará contra vocês
1Co14.8 quem se preparará para a *batalha*?
Hb11.34 tornaram-se poderosos na *batalha*

Ap9.7 Os gafanhotos pareciam...preparados para a *batalha*
Ap16.14 a fim de reuni-los para a *batalha*

BATISMO
Mt21.25 De onde era o *batismo* de João?
Mc1.4 pregando um *batismo* de arrependimento
Mc11.30 O *batismo* de João era dos céus ou dos homens?
Lc12.50 tenho que passar por um *batismo*
At18.25 embora conhecesse apenas o *batismo* de João
At19.3 que *batismo* vocês receberam?
Rm6.4 fomos sepultados...na morte por meio do *batismo*
Ef4.5 há um só Senhor, uma só fé, um só *batismo*
1Pe3.21 e isso é representado pelo *batismo* que...

BEBER
Gn21.19 encheu de água a vasilha e deu de *beber* ao menino
Gn24.14 incline o seu cântaro e dê-me de *beber*
Êx7.18 os egípcios não suportarão *beber* das suas águas
Êx15.23 não puderam *beber* das águas...eram amargas
Êx17.2 "Dê-nos água para *beber*"
Êx17.6 Bata na rocha, e dela sairá água para...*beber*
Lv10.9 não devem *beber* vinho nem outra bebida fermentada.
Am4.1 "Tragam bebidas e vamos *beber!*"
Mt6.31 'Que vamos comer?' ou 'Que vamos *beber?'*
Mt25.42 tive sede, e nada me deram para *beber*
Lc12.29 Não busquem ansiosamente o que comer ou *beber*
Jo4.9 ...pede a mim, uma samaritana, água para *beber?*
Jo4.14 quem *beber* da água que eu lhe der...
Rm12.20 ...se tiver sede, dê-lhe de *beber*
1Co9.4 Não temos nós o direito de comer e *beber?*
1Co10.21 não podem *beber* do cálice do Senhor e...
1Co11.22 não têm casa onde comer e *beber?*
1Tm5.23 Não continue a *beber* somente água...
Ap21.6 A quem tiver sede, darei de *beber*...da água da vida

BEIJO
Gn27.26 "Venha cá, meu filho, dê-me um *beijo*"
2Sm14.33 ...o rei saudou-o com um *beijo*
1Rs19.20 ...um *beijo* de despedida em meu pai e minha mãe
Pv24.26 A resposta sincera é como *beijo* nos lábios
Mt26.48 a quem eu saudar com um *beijo*, é ele
Lc7.45 Você não me saudou com um *beijo*,
Rm16.16 Saúdem uns aos outros com *beijo* santo

BONDADE
Gn24.27 ...não retirou sua *bondade* e sua fidelidade do meu senhor
Gn32.10 não sou digno de toda a *bondade* e lealdade
Gn39.21 o Senhor estava com ele e o tratou com *bondade*
Êx33.19 farei passar toda a minha *bondade*
Dt5.10 mas trato com *bondade* até mil gerações...

2Sm7.29 por tua *bondade,* abençoa a família de teu servo
2Sm15.20 Que o Senhor o trate com *bondade* e fidelidade!
2Rs25.28 Ele o tratou com *bondade*
Sl116.12 Como posso retribuir ao Senhor toda a sua *bondade*...?
Pv14.31 tratar com *bondade* o necessitado é honrar a Deus.
Is63.15 Retiveste a tua *bondade* e a tua compaixão
Os11.4 Eu os conduzi com laços de *bondade* humana
Rm2.4 será que você despreza as riquezas da sua *bondade*...?
Rm15.14 vocês estão cheios de *bondade*
2Co6.6 em pureza, conhecimento, paciência e *bondade*;
Gl5.22 o fruto do Espírito é amor, alegria...*bondade*...
Ef5.9 o fruto da luz consiste em toda *bondade*...
Ef2.7 demonstrada em sua *bondade* para conosco
Hb6.5 experimentaram a *bondade* da palavra de Deus

CARNE
Gn2.21 tirou-lhe uma das costelas, fechando...com *carne*
Gn2.23 osso dos meus ossos e carne da minha *carne!*
Jó2.5 Estende a tua mão e fere a sua *carne*
Jó6.12 Acaso a minha *carne* é de bronze?
Sl78.27 Fez chover *carne* sobre eles como pó
Is9.20 Cada um comerá a *carne* do seu próprio irmão
Mt16.17 não foi revelado a você por *carne* ou sangue
Mt19.5 ...os dois se tornarão uma só *carne*
Mt26.41 O espírito está pronto, mas a *carne* é fraca
Lc24.39 um espírito não tem *carne* nem ossos
At15.29 Que se abstenham...do sangue, da *carne*
Rm8.4 não vivemos segundo a *carne*
Rm8.6 A mentalidade da *carne* é morte

CASA
Gn12.1 Saia da sua terra...da *casa* de seu pai
Êx2.21 concordou também em morar na *casa*
Lv25.33 porque as *casas* das cidades dos levitas
Lv27.14 "Se um homem consagrar a sua *casa* ao Senhor...
Nm24.11 Agora, fuja para a sua *casa!*
Nm24.25 Balaão se levantou e voltou para *casa*
Sl112.3 Grande riqueza há em sua *casa*
Sl135.2 nos pátios da *casa* de nosso Deus
Pv3.33 A maldição do Senhor está sobre a *casa* dos ímpios
Jr16.5 Não entre numa *casa* onde há luto
Mt10.12 Ao entrarem na *casa*, saúdem-na.
Mt12.44 Voltarei para a *casa* de onde saí
Lc6.4 Ele entrou na *casa* de Deus
Jo14.2 Na *casa* de meu Pai há muitos aposentos
At7.49 Que espécie de *casa* vocês me edificarão?
Hb3.4 toda *casa* é construída por alguém...de tudo.

CASAMENTO
Gn29.26 ...entregar em *casamento* a filha mais nova
Mt22.2 ...um banquete de *casamento* para seu filho
Mt22.8 banquete de *casamento* está pronto...

Mt24.38 casando-se e dando-se em *casamento*
Jo2.1 ...um *casamento* em Caná da Galileia
Rm7.2 ela estará livre da lei do *casamento*
1Tm4.3 e proíbem o *casamento*...
Hb13.4 O *casamento* deve ser honrado por todos
Ap19.7 Pois chegou a hora do *casamento*...
Ap19.9 para o banquete do *casamento* do Cordeiro!

CAVEIRA
Mt27.33 ...Gólgota, que quer dizer lugar da *Caveira*
Jo19.17 ele saiu para o lugar chamado *Caveira*

CEIA
Lc22.20 depois da *ceia*, tomou o cálice...
1Co11.20 ...não é para comer a *ceia* do Senhor

CELEBRAR
Êx10.9 vamos *celebrar* uma festa ao Senhor
Nm9.2 Os israelitas devem *celebrar* a Páscoa
Jz11.40 para *celebrar* a memória da filha de Jefté
2Cr30.2 decidiram *celebrar* a Páscoa
Zc14.16 ...para *celebrar* a festa das cabanas
Mt26.18 Vou *celebrar* a Páscoa com meus discípulos
Lc15.32 tínhamos que *celebrar* a volta deste seu irmão

CELESTIAL
Is40.26 que põe em marcha...seu exército celestial
Mt5.48 sejam perfeitos como perfeito é o Pai *celestial*
Mt25.31 "ele se assentará em seu trono na glória *celestial*
Lc2.13 uma grande multidão do exército *celestial*
At26.19 não fui desobediente à visão *celestial*
1Co15.48 os que são dos céus, ao homem *celestial*
2Co5.2 ...revestidos da nossa habitação *celestial*
Fp3.14 a fim de ganhar o prêmio...*celestial*
Hb3.1 participantes do chamado *celestial*
Hb11.16 esperavam eles uma...a pátria *celestial*
Hb12.22 chegaram ao monte Sião, à Jerusalém *celestial*

CÉU
Gn1.8 Ao firmamento, Deus chamou *céu*
Êx9.22 Estenda a mão para o *céu*, e cairá granizo...
Êx16.4 Eu lhes farei chover pão do *céu*
Dt1.10 tão numerosos quanto as estrelas do *céu*
1Rs8.35 Quando se fechar o *céu*, e não houver chuva
1Rs21.24 as aves do *céu* se alimentarão dos que...
Mt3.16 o *céu* se abriu, e ele viu o Espírito de Deus
Mt24.29 as estrelas cairão do *céu*, e os poderes...
Mc7.34 voltou os olhos para o *céu* e...
Mc8.11 Os fariseus...pediram-lhe um sinal do *céu*
At1.11 por que vocês estão olhando para o *céu*?
At7.49 O *céu* é o meu trono, e a terra, o estrado dos meus pés
Ap21.1 vi novos céus e nova terra, pois o primeiro *céu*...

CÉUS
Gn1.1 No princípio Deus criou os *céus* e a terra
Êx20.11 em seis dias o Senhor fez os *céus* e a terra
Dt10.14 Ao Senhor...pertencem os *céus* e até .
2Sm22.10 Ele abriu os *céus* e desceu
1Rs22.19 com todo o exército dos *céus* ao seu redor
1Cr16.26 mas o Senhor fez os *céus*
1Cr16.31 Que os *céus* se alegrem e a terra exulte
2Cr6.25 ouve dos *céus* e perdoa o pecado de Israel
Sl78.23 deu ordens às nuvens e abriu as portas dos *céus*
Is65.17 Criarei novos *céus* e nova terra
Mt3.2 o Reino dos *céus* está próximo.
Mt5.18 Enquanto existirem *céus* e terra...
Mt28.18 Foi-me dada toda a autoridade nos *céus* e na terra
At7.56 Vejo os *céus* abertos e o Filho do homem em pé
Rm10.6 Quem subirá aos *céus*?
Ap19.11 Vi os *céus* abertos e diante de mim um cavalo branco
Ap19.14 Os exércitos dos *céus* o seguiam
Ap21.2 a nova Jerusalém, que descia dos *céus*

CHAMAR
Gn12.18 ...faraó mandou *chamar* Abrão
Gn24.57 Vamos *chamar* a jovem...
Êx2.7 quer que eu vá *chamar* uma mulher...?
Êx2.8 a moça foi *chamar* a mãe do menino
Nm22.5 enviou mensageiros para *chamar* Balaão
Jz12.1 ...sem nos *chamar* para irmos juntos?
2Rs4.36 ...e o mandou *chamar* a sunamita
Jr16.16 agora mandarei *chamar* muitos pescadores
Jl2.32 para aqueles a quem o Senhor *chamar*
Mt9.13 eu não vim *chamar* justos, mas pecadores
Jo1.48 ...antes de Filipe o *chamar*
At2.39 para todos quantos o Senhor...*chamar*
At24.24 mandou *chamar* Paulo
Rm1.5 para *chamar* dentre todas as nações...
Tg5.14 Que ele mande *chamar* os presbíteros...

CHAVE
Jz3.25 pegaram a *chave* e a abriram
Is22.22 ...a *chave* do reino de Davi
Lc11.52 se apoderaram da *chave* do conhecimento
Ap3.7 ...que é santo e verdadeiro, que tem a *chave*
Ap9.1 À estrela foi dada a *chave* do poço do Abismo
Ap20.1 um anjo que trazia...a *chave* do Abismo

CHORAR
Gn21.16 Sentada ali perto, começou a *chorar*
Nm14.1 comunidade começou a *chorar* em alta voz
Sl6.6 De tanto *chorar* inundo de noite a minha cama
Lc6.25 haverão de se lamentar e *chorar*
Jo11.31 supondo que ela ia ao sepulcro, para ali *chorar*

CHORO
Gn21.17 Deus ouviu o *choro* do menino
Sl6.8 o Senhor ouviu o meu *choro*
Sl30.5 o *choro* pode persistir uma noite...
Lm1.16 É por isso que eu *choro*
Mt8.12 onde haverá *choro* e ranger de dentes
Ap21.4 Não haverá mais morte...nem *choro*

CHUVA
Gn7.12 a *chuva* caiu sobre a terra
Êx9.34 Quando o faraó viu que a *chuva*...
Lv26.4 eu mandarei a vocês *chuva* na estação certa
Dt32.2 como *chuva* branda sobre o pasto novo
Zc14.17 ...não virá para ele a *chuva*.
Mt7.25 Caiu a *chuva*, transbordaram os rios...
At14.17 mostrou sua bondade, dando-lhes *chuva* do céu
Hb6.7 ...absorve a *chuva* que cai frequentemente
Tg5.18 Orou outra vez, e os céus enviaram *chuva*

CLAMAR
Êx22.27 Quando ele *clamar* a mim...
Dt24.15 ele poderá *clamar* ao Senhor...
1Sm7.8 Não pares de *clamar* por nós...
Sl56.9 quando eu *clamar* por socorro
Sl102.2 quando eu *clamar*, responde-me depressa!
Pv2.3 se *clamar* por entendimento...
Is30.19 quando você *clamar* por socorro!
Jr11.11 Ainda que venham a *clamar* a mim
Ez9.1 ...o ouvi *clamar* em alta voz

CLAMOR
Gn30.6 Ouviu o meu *clamor* e deu-me um filho
Jó27.9 Ouvirá Deus o seu *clamor* quando vier...
Sl142.2 Dá atenção ao meu *clamor*
Is15.8 Com efeito, seu *clamor* espalha-se...
Jr14.12 Ainda que jejuem, não escutarei o *clamor* deles
Lm3.56 Tu ouviste o meu *clamor*
Jn2.2 gritei por socorro, e ouviste o meu *clamor*

COMPAIXÃO
Êx33.19 ...e terei *compaixão* de quem eu quiser
Dt32.36 defenderá o seu povo e terá *compaixão*...
Ne9.27 na tua grande *compaixão* deste-lhes libertadores
Sl25.6 Lembra-te, Senhor, da tua *compaixão*
Sl77.9 Em sua ira refreou sua *compaixão*?
Is30.18 se levantará para mostrar-lhes *compaixão*
Zc7.9 mostrem misericórdia e *compaixão*
Mt9.36 Ao ver as multidões, teve *compaixão* delas
Mc1.41 Cheio de *compaixão*, Jesus estendeu a mão
Mc8.2 Tenho *compaixão* desta multidão
Lc15.20 seu pai o viu e, cheio de *compaixão*...
Fp2.1 ...alguma profunda afeição e *compaixão*
Cl3.12 revistam-se de profunda *compaixão*
Tg5.11 O Senhor é cheio de *compaixão* e misericórdia
Jd22 Tenham *compaixão* daqueles que duvidam

COMUNHÃO
Êx20.24 ...e as suas ofertas de *comunhão*
Lv3.3 Desse sacrifício de *comunhão*...
At2.42 ...ao ensino dos apóstolos e à *comunhão*
1Co1.9 o qual os chamou à *comunhão*
1Co10.20 tenham *comunhão* com os demônios
2Co6.14 que *comunhão* pode ter a luz com as trevas?
2Co13.14 o amor de Deus e a *comunhão* do...
Gl2.9 em sinal de *comunhão*

Fp2.1 alguma *comunhão* no Espírito
Fm6 para que a *comunhão* que procede...
1Jo1.3 Nossa *comunhão* é com o Pai
1Jo1.6 que temos *comunhão* com ele
1Jo1.7 temos *comunhão* uns com os outros

CONDENAÇÃO
Jó31.28 pecados merecedores de *condenação*
Ez30.9 ...se apoderará deles no dia da *condenação*
Mt23.33 ...escaparão da *condenação* ao inferno?
Mc12.40 ...receberão *condenação* mais severa!
Rm3.8 A *condenação* dos tais é merecida
Rm8.1 agora já não há *condenação* para os que...
1Co11.29 come e bebe para...*condenação*
Gl5.10 seja quem for, sofrerá a *condenação*
1Tm3.6 ...mesma *condenação* em que caiu o Diabo
Tg5.12 para que não caiam em *condenação*
2Pe2.3 ...a sua *condenação* paira sobre eles

CONFIANÇA
Êx14.31 pôs nele a sua *confiança*...
Js14.7 lhe dei um relatório digno de *confiança*
2Rs18.19 Em que você baseia sua *confiança*?
Ne4.23 os meus homens de *confiança* e os guardas...
Jó4.6 Sua vida piedosa não inspira *confiança* a você?
Sl71.5 em ti está a minha *confiança*...
Pv11.13 quem merece *confiança* guarda o segredo
Is8.2 como testemunhas de *confiança*
Jr17.7 ...o homem cuja *confiança* está no Senhor
At12.20 ...homem de *confiança* do rei
Rm15.13 ...por sua *confiança* nele
2Co5.6 temos sempre *confiança* e sabemos que...
Ef3.12 temos livre acesso a Deus em *confiança*...
1Tm3.1 ...afirmação é digna de *confiança*
Hb2.13 Nele porei a minha *confiança*
1Jo2.28 ...*confiança* e não sejamos envergonhados
Ap21.5 ...verdadeiras e dignas de *confiança*

CONFIAR
2Rs18.30 convencê-los a *confiar* no Senhor
Is2.22 Parem de *confiar* no homem...
Is48.2 ...e dizem *confiar* no Deus de Israel
Jr28.15 ...persuadiu esta nação a *confiar* em mentiras
Fp3.4 ...para *confiar* na carne, eu ainda mais
1Pe4.19 *confiar* sua vida ao seu fiel Criador

CONFISSÃO
2Co9.13 obediência que acompanha a *confissão*
1Tm6.12 fez a boa *confissão* na presença...

CONHECER
Gn24.29 ...apressado à fonte para *conhecer* o homem
Jó21.14 ...queremos *conhecer* os teus caminhos
Pv14.33 entre os tolos ela se deixa *conhecer*
Mq3.1 Vocês deveriam *conhecer* a justiça!
Lc2.15 e que o Senhor nos deu a *conhecer*
Jo17.26 Eu os fiz *conhecer* o teu nome
At7.13 o faraó pôde *conhecer* a família de José

Rm16.26 revelado e dado a *conhecer* pelas Escrituras
1Co8.2 Quem pensa *conhecer* alguma coisa...
Gl1.18 subi a Jerusalém para *conhecer* Pedro
Ef3.5 ...não foi dado a *conhecer* aos homens
Fp3.10 Quero *conhecer* Cristo...

CONHECIDO
1Rs18.36 ...fique *conhecido* que tu és Deus
Sl76.1 Em Judá Deus é *conhecido*
Is46.10 Desde o início faço *conhecido* o fim
Mt10.26 nem oculto que não venha a se tornar *conhecido*
Mc14.3 um homem *conhecido* como Simão
Lc12.2 ...oculto que não venha a ser *conhecido*
Jo16.14 ...e o tornará *conhecido* a vocês
At1.23 também *conhecido* como Justo...
1Co8.3 quem ama a Deus, este é *conhecido*...
2Pe2.21 ...tivessem *conhecido* o caminho da justiça

CONHECIMENTO
Lc1.77 ...ao seu povo o *conhecimento* da salvação
At18.24 ...e tinha grande *conhecimento* das Escrituras
At26.26 nada disso escapou do seu *conhecimento*
Rm1.28 desprezaram o *conhecimento* de Deus
1Co1.5 em toda palavra e em todo *conhecimento*
1Co15.34 ...há que não têm *conhecimento* de Deus
2Co4.6 para iluminação do *conhecimento*
Ef1.17 no pleno *conhecimento* dele.
Cl1.9 pleno *conhecimento* da vontade de Deus
Cl1.10 crescendo no *conhecimento* de Deus
1Tm2.4 ...e cheguem ao *conhecimento* da verdade
2Tm2.25 levando-os ao *conhecimento* da verdade
Tt1.2 fé e *conhecimento*...
2Pe3.18 Cresçam...na graça e no *conhecimento*

CONSAGRAR
1Cr23.13 para *consagrar* as coisas santíssimas
Jó11.13 ...*consagrar* o coração e estender as mãos...
Pv20.25 uma armadilha *consagrar* algo precipitadamente
Ez46.20 levá-las ao pátio externo e *consagrar* o povo

CONSCIÊNCIA
Lv4.13 ainda que não tenha *consciência* disso
Jó27.6 a minha *consciência* não me repreenderá
At24.16 conservar minha *consciência* limpa
Rm9.1 minha *consciência* o confirma...
1Co4.4 em nada minha *consciência* me acuse
Hb13.18 certos de que temos *consciência* limpa
1Pe2.19 ...de sua *consciência* para com Deus
1Pe3.16 conservando boa *consciência*
1Pe3.21 ...boa *consciência* diante de Deus

CONSELHEIRO
Gn26.26 ...Abimeleque, de Gerar, com Auzate, seu *conselheiro*
2Sm15.12 ...Aitofel, da cidade de Gilo, *conselheiro* de Davi.

1Rs4.5 sacerdote e *conselheiro* pessoal do rei
2Rs3.11 Um *conselheiro* do rei de Israel respondeu: "Eliseu, filho de Safate, está aqui..."
2Rs25.8 ...Nebuzaradã, comandante da guarda imperial, *conselheiro* do rei da Babilônia
1Cr26.14 Então lançaram sortes para seu filho Zacarias, sábio *conselheiro*.
1Cr27.32 Jônatas, tio de Davi, era *conselheiro*;
1Cr27.33 Aitofel era *conselheiro* do rei.
2Cr25.16 "Por acaso nós o nomeamos *conselheiro* do rei?..."
Is3.3 o capitão e o nobre, o *conselheiro*, o conhecedor...
Is9.6 E ele será chamado Maravilhoso *Conselheiro*
Is40.13 ...Espírito do Senhor, ou o instruiu como seu *conselheiro*?
Is41.28 nenhum *conselheiro* que dê resposta quando pergunto.
Mq4.9 Seu *conselheiro* morreu, para que a dor seja tão forte para você...?
Jo14.16 E eu pedirei ao Pai, e ele dará a vocês outro *Conselheiro*...
Jo14.26 Mas o *Conselheiro*, o Espírito Santo, que o Pai enviará...
Jo15.26 "Quando vier o *Conselheiro*, que eu enviarei a vocês...
Jo16.7 Se eu não for, o *Conselheiro* não virá para vocês
Rm11.34 "...Ou quem foi seu *conselheiro*?"

CONSELHO
Gn49.6 Que eu não entre no *conselho* deles
Êx18.19 Agora ouça o meu *conselho*
Êx18.24 Moisés aceitou o *conselho* do sogro
Nm31.16 seguiram o *conselho* de Balaão
Jó12.13 a ele pertencem o *conselho*...
Sl73.24 Tu me diriges com o teu *conselho*
Pv1.30 não quiseram aceitar o meu *conselho*
Is11.2 o Espírito que traz *conselho* e poder
Jr49.7 ...o *conselho* desapareceu dos prudentes?
Dn4.27 Portanto, ó rei, aceita o meu *conselho*
Lc23.50 ...membro do *Conselho*, homem bom e justo
Ef6.4 ...criem-nos segundo...o *conselho* do Senhor

CONSOLADOR
Jó29.25 eu era como um *consolador* dos que choram

CONSOLAR
Is61.2 para *consolar* todos os que andam tristes
Zc1.17 o Senhor tornará a *consolar* Sião

CONSOLAÇÃO
Jó6.5 a *consolação* dos meus lábios daria alívio para vocês
Jr16.7 ...dará de beber do cálice da *consolação*
Lc2.25 ...e que esperava a *consolação* de Israel
2Co1.3 ...e Deus de toda *consolação*
2Ts2.16 ...e nos deu eterna *consolação* e boa esperança
Fm7 Seu amor me tem dado grande alegria e *consolação*

CONSPIRAR
Sl119.23 ...se reúnam para *conspirar* contra mim
Mt12.14 saíram e começaram a *conspirar*...
At4.27 para *conspirar* contra o teu santo servo Jesus

CONTENTE
1Sm19.5 tu mesmo viste tudo e ficaste *contente*
Mt18.13 garanto que ele ficará mais *contente*
Jo11.15 e para o bem de vocês estou *contente*
Fp4.12 Aprendi o segredo de viver *contente*
Ef1.10 de fazer *convergir* em Cristo todas as coisas

CONVERSAR
Gn34.20 dirigiram-se à porta da cidade para *conversar*
1Sm17.29 Será que não posso nem mesmo *conversar*?
Jó18.2 Proceda com sensatez, e depois poderemos *conversar*
Pv23.9 Não vale a pena *conversar* com o tolo
Lc7.15 sentou-se e começou a *conversar*
At16.13 Sentamo-nos e começamos a *conversar*
At28.20 pedi para vê-los e *conversar* com vocês

CONVICÇÃO
Rm14.14 plena *convicção* de que nenhum alimento...
1Ts1.5 ...no Espírito Santo e em plena *convicção*
2Tm3.14 nas coisas que aprendeu e das quais tem *convicção*
Hb10.22 aproximemo-nos de Deus...com plena *convicção* de fé

CORAÇÃO
Gn6.6 ...e isso cortou-lhe o *coração*
Gn8.21 seu *coração* é inteiramente inclinado para o mal
Êx7.3 Eu, porém, farei o *coração* do faraó resistir
Lv26.41 se o seu *coração* obstinado se humilhar...
Nm32.11 não me seguiram de *coração* íntegro
Dt1.36 pois seguiu o Senhor de todo o *coração*
Js11.20 o próprio Senhor...lhes endureceu o *coração*
1Sm2.1 Meu *coração* exulta no Senhor
2Sm18.14 e com eles traspassou o *coração* de Absalão
Jó10.13 Mas algo escondeste em teu *coração*
Jó22.22 ...e ponha no *coração* as suas palavras
Sl4.7 Encheste o meu *coração* de alegria
Sl64.6 A mente e o *coração* de cada um deles se escondem!
Sl143.4 o meu *coração* está em pânico
Pv16.1 Ao homem pertencem os planos do *coração*...
Jr11.20 ...justo juiz que provas o *coração* e a mente
Mt5.8 Bem-aventurados os puros de *coração*
Mt5.28 ...cometeu adultério com ela no seu *coração*
Mt22.37 Ame o Senhor...de todo o seu *coração*
Mc6.52 O *coração* deles estava endurecido
Jo14.1 Não se perturbe o *coração* de vocês
At2.26 o meu *coração* está alegre e a minha língua exulta
Rm10.10 com o *coração* se crê para justiça
Cl3.23 Tudo o que fizerem, façam de todo o *coração*
Hb3.15 não endureçam o *coração*, como na rebelião
1Jo3.21 Amados, se o nosso *coração* não nos condenar

CORDEIRO
Gn22.7 Onde está o *cordeiro* para o holocausto?
Is53.7 como um *cordeiro* foi levado para o matadouro
Jo1.36 Vejam! É o *Cordeiro* de Deus!
1Co5.7 Cristo, nosso *Cordeiro* pascal, foi sacrificado
Ap5.12 Digno é o *Cordeiro* que foi morto...
Ap22.1 ...fluía do trono de Deus e do *Cordeiro*

COROA
Lv8.9 isto é, a *coroa* sagrada, na frente do turbante
2Sm1.10 Peguei a *coroa* e o bracelete dele...
Et2.17 colocou nela uma *coroa* real e tornou-a rainha
Mt27.29 fizeram uma *coroa* de espinhos
1Co9.25 para ganhar uma *coroa* que dura para sempre
Fp4.1 vocês que são a minha alegria e a minha *coroa*
1Ts2.19 quem é a nossa esperança, alegria ou *coroa*
2Tm4.8 Agora me está reservada a *coroa* da justiça
Tg1.12 depois de aprovado receberá a *coroa* da vida
Ap2.10 Seja fiel até a morte, e eu lhe darei a *coroa* da vida
Ap3.11 para que ninguém tome a sua *coroa*
Ap12.1 uma *coroa* de doze estrelas sobre a cabeça
Ap14.14 Ele estava com uma *coroa* de ouro na cabeça

CORPO
Gn25.25 todo o seu *corpo* era como um manto de pêlos
1Sm31.10 penduraram seu *corpo* no muro de Bete-Seã
1Rs13.29 O profeta apanhou o *corpo* do homem de Deus
Mt5.29 É melhor perder uma parte do seu *corpo*
Mt6.22 Os olhos são a candeia do *corpo*
Mt6.23 todo o seu *corpo* será cheio de trevas
Mt10.28 Não tenham medo dos que matam o *corpo*
Mt14.12 levaram o seu *corpo* e o sepultaram
Mt28.13 ...vieram durante a noite e furtaram o *corpo*
Mc14.22 Tomem; isto é o meu *corpo*
Mc15.43 dirigiu-se...a Pilatos e pediu o *corpo* de Jesus
Lc24.23 e não acharam o *corpo* dele
Jo2.21 o templo do qual ele falava era o seu *corpo*
Rm7.23 vejo outra lei atuando nos membros do meu *corpo*
Rm7.24 Quem me libertará do *corpo* sujeito a esta morte?
Rm8.10 o *corpo* está morto por causa do pecado
1Co5.5 entreguem...a Satanás, para que o *corpo* seja destruído
1Co11.29 come e bebe sem discernir o *corpo* do Senhor
1Co12.13 em um só *corpo* todos nós fomos batizados
1Co12.14 O *corpo* não é feito de um só membro
1Co12.20 há muitos membros, mas um só *corpo*
2Jo7 ...não confessam que Jesus Cristo veio em *corpo*

CRENTE
At16.15 ...me consideram uma *crente* no Senhor
1Co9.5 direito de levar conosco uma esposa *crente*
2Co6.15 Que há de comum entre o *crente* e o descrente?
1Tm5.16 alguma mulher *crente* tem viúvas em sua família

CRER
Nm14.11 Até quando se recusará a *crer* em mim...?

Mc11.23 mas *crer* que acontecerá o que diz...
Mc16.16 Quem *crer* e for batizado será salvo
Jo3.15 ...o que nele *crer* tenha a vida eterna
Jo7.38 Quem *crer* em mim, como diz a Escritura
At14.1 ...de tal modo que veio a *crer* grande multidão
Rm10.9 que Jesus é Senhor e *crer* em seu coração
1Co3.5 servos por meio dos quais vocês vieram a *crer*
Fp1.29 o privilégio de não apenas *crer* em Cristo
1Tm1.16 que nele haveriam de *crer* para a vida eterna
Hb11.6 quem dele se aproxima precisa *crer*...

CRESCER
Êx23.11 os pobres do povo poderão...*crescer*
Jó8.11 Poderá o papiro *crescer* senão no pântano?
Jó12.23 faz *crescer* as nações, e as dispersa
Sl147.8 e faz *crescer* a relva nas colinas
At12.24 a palavra de Deus continuava a *crescer* e a espalhar-se
1Co3.6 Apolo regou, mas Deus é quem fez *crescer*
2Co9.10 ...a semente e fará *crescer* os frutos da sua justiça
1Ts3.12 Que o Senhor faça *crescer* e transbordar o amor...

CRIADOR
Gn14.22 o Deus Altíssimo, *Criador* dos céus e da terra
Ec12.1 Lembre-se do seu *Criador* nos dias da sua juventude
Jó35.10 Onde está Deus, o meu *Criador*
Sl95.6 ...e ajoelhemos diante do Senhor, o nosso *Criador*
Os8.14 Israel esqueceu o seu *Criador* e construiu palácios
Am1.1 Palavras que Amós, *criador* de ovelhas em Tecoa
1Pe4.19 devem confiar sua vida ao seu fiel *Criador*

CRIAÇÃO
Gn2.3 ...descansou de toda a obra que realizara na *criação*
Mt13.35 proclamarei coisas ocultas desde a *criação* do mundo
Mt25.34 ...que foi preparado para vocês desde a *criação* do mundo
Mc10.6 no princípio da *criação* Deus 'os fez homem e mulher'
Rm8.39 nem qualquer outra coisa na *criação* será capaz...
2Co5.17 se alguém está em Cristo, é nova *criação*
Gl6.15 O que importa é ser uma nova *criação*
Ef1.4 Deus nos escolheu nele antes da *criação* do mundo
Cl1.15 ...o primogênito sobre toda a *criação*,
Hb4.13 Nada, em toda a *criação*, está oculto aos olhos de Deus
1Pe1.20 conhecido antes da *criação* do mundo
2Pe3.4 tudo continua como desde o princípio da *criação*
Ap3.14 ...o soberano da *criação* de Deus

CRISTO
Mt16.16 "Tu és o *Cristo*, o Filho do Deus vivo"
Mt16.20 ...não contassem a ninguém que ele era o *Cristo*
Mt22.42 O que vocês pensam a respeito do *Cristo*?
Mt24.23 'Vejam, aqui está o *Cristo*!'
Mt27.22 "Que farei então com Jesus, chamado *Cristo*?"
Mc15.32 O *Cristo*, o Rei de Israel...
Lc2.11 ...nasceu o Salvador, que é *Cristo*
Lc2.26 ele não morreria antes de ver o *Cristo* do Senhor
Lc22.67 "Se você é o *Cristo*, diga-nos"
Jo11.27 eu tenho crido que tu és o *Cristo*
At2.31 Prevendo isso, falou da ressurreição do *Cristo*
At3.6 Em nome de Jesus *Cristo*, o Nazareno, ande
At24.24 ...e o ouviu falar sobre a fé em *Cristo* Jesus
At26.23 que o *Cristo* haveria de sofrer
Rm8.1 ...condenação para os que estão em *Cristo* Jesus
Rm8.17 herdeiros de Deus e co-herdeiros com *Cristo*
Rm8.34 Foi *Cristo* Jesus que morreu
Rm8.35 Quem nos separará do amor de *Cristo*?
Rm16.24 Que a graça de nosso Senhor Jesus *Cristo*...
1Co1.2 aos santificados em *Cristo* Jesus
1Co1.6 o testemunho de *Cristo* foi confirmado entre vocês
1Co1.9 ...os chamou à comunhão com seu Filho Jesus *Cristo*
2Co2.15 para Deus somos o aroma de *Cristo*
Gl1.12 ...eu o recebi de Jesus *Cristo* por revelação
Gl5.1 Foi para a liberdade que *Cristo* nos libertou
Ef2.6 Deus nos ressuscitou com *Cristo*
Ef3.1 prisioneiro de *Cristo* Jesus por amor de vocês
Fp3.7 a considerar como perda, por causa de *Cristo*
Ap20.4 ...e reinaram com *Cristo* durante mil anos

CRISTÃO
At26.28 ...pode convencer-me a tornar-me *cristão*?
Fm16 muito amado,...tanto como pessoa quanto como *cristão*
1Pe4.16 se sofre como *cristão*, não se envergonhe

CRUCIFICADO
Mt26.2 o Filho do homem será entregue para ser *crucificado*
Mt28.5 ...vocês estão procurando Jesus, que foi *crucificado*
Jo19.16 Pilatos o entregou...para ser *crucificado*
1Co1.13 Foi Paulo *crucificado* em favor de vocês?
1Co1.23 nós, porém, pregamos Cristo *crucificado*
2Co13.4 Pois, na verdade, foi *crucificado* em fraqueza
Gl2.20 Fui *crucificado* com Cristo.
Ap11.8 onde também foi *crucificado* o seu Senhor

CRUZ
Mt10.38 e quem não toma a sua *cruz*...
Mt27.40 "...Desça da *cruz*, se é Filho de Deus!"
Mc8.34 ...negue-se a si mesmo, tome a sua *cruz* e siga-me
Mc15.30 desça da *cruz* e salve-se a si mesmo!
Jo19.17 Levando a sua própria *cruz*, ele saiu...
1Co1.17 para que a *cruz* de Cristo não seja esvaziada
1Co1.18 a mensagem da *cruz* é loucura
Fp2.8 e foi obediente até a morte, e morte de *cruz*!
Fp3.18 ...que vivem como inimigos da *cruz* de Cristo

CULPA

Cl2.15 ...triunfando sobre eles na *cruz*
Hb12.2 pela alegria que lhe fora proposta, suportou a *cruz*

CULPA

Gn44.16 Deus trouxe à luz a *culpa* dos teus servos
1Sm25.24 Meu senhor, a *culpa* é toda minha
Jó20.27 Os céus revelarão a sua *culpa*
Sl32.2 é feliz aquele a quem o Senhor não atribui *culpa*
Jo9.41 ...a *culpa* de vocês permanece
Rm9.19 por que Deus ainda nos *culpa*?

CULPADO

Mc3.29 ...nunca terá perdão: é *culpado* de pecado eterno
Jo19.11 ...me entregou a ti é *culpado* de um pecado maior
At28.18 eu não era *culpado* de crime algum
1Co11.27 que comer o pão ou beber...será *culpado*
Tg2.10 torna-se *culpado* de quebrá-la inteiramente

CULTO

Êx3.12 prestarão *culto* a Deus neste monte
Êx7.16 Deixe ir o meu povo, para prestar-me *culto*
Dt4.19 e prestem *culto* àquilo que o Senhor
Js23.7 Não lhes prestem *culto* nem se inclinem perante eles
2Rs21.21 ...prestou *culto* aos ídolos
Is19.21 A ele prestarão *culto* com sacrifícios e ofertas
Mt4.10 'Adore o Senhor...e só a ele preste *culto*'
At13.7 O procônsul, sendo homem *culto*...
At17 .23 observei cuidadosamente seus objetos de *culto* e encontrei...
Rm12.1 este é o *culto* racional de vocês

CURAR

Ec3.3 tempo de matar e tempo de *curar*
Mt10.1 deu-lhes autoridade...*curar* todas as doenças
Lc5.17 o poder do Senhor estava com ele para *curar*
Lc7.3 pedindo-lhe que fosse *curar* o seu servo
Lc9.2 os enviou a pregar...e a *curar* os enfermos
Lc14.3 'É permitido ou não *curar* no sábado?'
At4.30 Estende a tua mão para *curar* e realizar sinais
1Co12.30 Têm todos o dom de *curar*?

DÁDIVA

Gn30.20 presenteou-me com uma *dádiva* preciosa
Dt16.17 cada um de vocês trará uma *dádiva*
Rm5.15 comparação entre a *dádiva* e a transgressão
Tg1.17 Toda boa *dádiva* e todo dom perfeito vêm...

DAR

Gn4.2 Voltou a *dar* à luz, desta vez a Abel
Êx2.16 água para encher os bebedouros e *dar* de beber
Êx7.13 ele não quis *dar* ouvidos a Moisés e a Arão
Lv7.36 Foi isso que o Senhor ordenou *dar* a eles
Nm20.10 que tirar água desta rocha para *dar* a vocês?
Js1.2 na terra que eu estou para *dar* aos israelitas
Mt7.11 sabem *dar* boas coisas aos seus filhos
Mt7.18 A árvore boa não pode *dar* frutos ruins
Mt12.36 os homens haverão de *dar* conta de toda palavra
Mt16.26 ...homem poderá *dar* em troca de sua alma?
Mc10.45 ...e *dar* a sua vida em resgate por muitos
Jo15.4 Nenhum ramo pode *dar* fruto por si mesmo
At20.35 Há maior felicidade em *dar* do que em receber
Gl5.13 a liberdade para *dar* ocasião à vontade da carne
Ef1.16 não deixo de *dar* graças por vocês
2Ts1.3 devemos sempre *dar* graças a Deus por vocês

DEFENDER

Jz6.31 vão *defender* a causa de Baal?
2Sm5.6 os aleijados podem se *defender* de você
Is16.5 se apressa em *defender* o que é justo
Lc21.14 preocupar-se com o que dirão para se *defender*
At25.16 oportunidade de se *defender* das acusações

DEMÔNIO

Mt17.18 Jesus repreendeu o *demônio*
Mc7.26 que expulsasse de sua filha o *demônio*
Lc4.33 um homem possesso de um *demônio*
Lc4.35 o *demônio* jogou o homem no chão
Lc8.29 e era levado pelo *demônio* a lugares solitários
Jo10.21 um *demônio* abrir os olhos dos cegos?

DERRAMADO

Lv21.10 sobre cuja cabeça tiver sido *derramado* o óleo da unção...
Sl133.2 como óleo precioso *derramado* sobre a cabeça
Mt26.28 sangue da aliança, que é *derramado*...
Lc22.20 nova aliança no meu sangue, *derramado*

DERRAMAR

Gn9.6 Quem *derramar* sangue do homem
Êx4.9 ...você *derramar* essa água em terra seca
1Sm25.26 o Senhor que te impediu de *derramar* sangue
Is59.7 ...ágeis em *derramar* sangue inocente
Jr48.10 impede a sua espada de *derramar* sangue!
Ml3.10 e *derramar* sobre vocês tantas bênçãos
Rm3.15 Seus pés são ágeis para *derramar* sangue
Hb12.4 ...o ponto de *derramar* o próprio sangue
Ap16.1 *derramar* sobre a terra as sete taças...

DESCANSAR

Gn47.30 Quando eu *descansar* com meus pais
Dt31.16 vai *descansar* com os seus antepassados
Pv6.4 Não se entregue ao sono, não procure *descansar*
Is13.20 não fará *descansar* ali o seu rebanho
Lm5.5 estamos exaustos e não temos como *descansar*

DESCANSO

Êx16.23 Amanhã será dia de *descanso*...
Lv16.31 Este lhes será um sábado de *descanso*
Dt3.20 até que o Senhor conceda *descanso*
Js11.23 E a terra teve *descanso* da guerra.
2Sm4.5 na hora do seu *descanso* do meio-dia
1Rs8.56 o Senhor, que deu *descanso* a Israel
Mt11.28 ...e eu darei *descanso* a vocês
Mt11.29 encontrarão *descanso* para as suas almas

At7.49 onde seria meu lugar de *descanso*?
Hb4.9 resta um *descanso*...para o povo de Deus
Ap14.11 ...recebe a marca do seu nome, não há *descanso*

DESCENDÊNCIA
Gn22.17 Sua *descendência* conquistará as cidades
Lv21.15 ele não profanará a sua *descendência*
At13.23 Da *descendência* desse homem Deus...
Rm4.16 garantida a toda a *descendência* de Abraão
Ap12.17 guerrear contra o restante da sua *descendência*

DESCRECENTE
1Co7.14 o marido *descrente* é santificado...
1Co7.15 se o *descrente* separar-se, que se separe
2Co6.15 há de comum entre o crente e o *descrente*?
1Tm5.8 negou a fé e é pior que um *descrente*

DESEJO
Gn3.16 Seu *desejo* será para o seu marido
Sl21.2 lhe concedeste o *desejo* do seu coração
Pv11.6 o *desejo* dos infiéis os aprisiona
Mt9.13 *Desejo* misericórdia, não sacrifícios
Rm7.8 todo tipo de *desejo* cobiçoso
Rm7.15 não faço o que *desejo*, mas o que odeio
Rm7.16 se faço o que não *desejo*...
Rm7.18 tenho o *desejo* de fazer o que é bom
Rm7.19 o que faço não é o bem que *desejo*
Fp1.23 *desejo* partir e estar com Cristo
Tg1.14 Cada um...é tentado pelo próprio *mau desejo*
Tg1.15 esse *desejo*, tendo concebido, dá à luz o pecado

DESERTO
Êx14.11 ...nos trouxe para morrermos no *deserto*?
Êx16.32 para que vejam o pão que lhes dei no *deserto*
Lv16.10 e será enviado para Azazel no *deserto*
Lv16.21 Em seguida, enviará o bode para o *deserto*
Nm34.3 o lado sul começará no *deserto* de Zim
1Sm23.14 Davi permaneceu nas fortalezas do *deserto*
Sl78.52 e o conduziu como a um rebanho pelo *deserto*
Mt3.1 surgiu João Batista, pregando no *deserto*
Mt3.3 Voz do que clama no *deserto*
Mt4.1 Jesus foi levado pelo Espírito ao *deserto*
Mc1.35 Jesus...foi para um lugar *deserto*
Jo6.31 ...comeram o maná no *deserto*
At7.38 Ele estava na congregação, no *deserto*
At21.38 levou quatro mil assassinos para o *deserto*?
Ap12.6 A mulher fugiu para o *deserto*

DESIGNOU
1Sm12.6 O Senhor *designou* Moisés e Arão
Lc10.1 o Senhor *designou* outros setenta e dois
At17.31 por meio do homem que *designou*
Ef1.22 e o *designou* cabeça de todas as coisas
Ef4.11 E ele *designou* alguns para apóstolos

DESIGUAL
2Co6.14 ...em jugo *desigual* com descrentes

DESLIGAR
Mt16.19 e o que você *desligar* na terra...

DESOBODECER
Mt5.19 que *desobedecer* a um desses mandamentos
2Ts3.14 Se alguém *desobedecer* ao que dizemos

DESOBEDIÊNCIA
Ez33.12 se ele se voltar para a *desobediência*
Rm5.19 por meio da *desobediência* de um só homem
Rm11.32 Deus sujeitou todos à *desobediência*
2Co10.6 para punir todo ato de *desobediência*
Ef2.2 o espírito que...vivem na *desobediência*
Cl3.6 sobre os que vivem na *desobediência*
Hb4.11 seguindo aquele exemplo de *desobediência*

DESONRA
Mt1.19 não querendo expô-la à *desonra* pública...
Rm2.23 Você, que se orgulha da Lei, *desonra* a Deus
2Co6.8 por honra e por *desonra*
Hb11.26 considerou sua *desonra* uma riqueza maior
Hb13.13 suportando a *desonra* que ele suportou

DESONRAR
Dt27.16 Maldito quem *desonrar* o seu pai ou a sua mãe

DESPEDAÇAR
Sl137.9 ...e os *despedaçar* contra a rocha!
Jr5.6 para *despedaçar* qualquer pessoa
Ez19.3 aprendeu a *despedaçar* a presa
Mq4.13 e cascos de bronze para *despedaçar* muitas nações

DESPREZO
Jó9.21 *desprezo* a minha própria vida
Pv18.3 Com a impiedade vem o *desprezo*
Dn12.2 para a vergonha, para o *desprezo* eterno
Ml1.13 e riem dela com *desprezo*
Mc9.12 sofra muito e seja rejeitado com *desprezo*?
1Ts5.20 Não tratem com *desprezo* as profecias

DESPREZÍVEL
1Sm15.9 tudo o que era *desprezível* e inútil
Jó30.8 Prole *desprezível* e sem nome
Jr22.28 ...um vaso *desprezível* e quebrado
Ez5.14 e a tornarei *desprezível* entre as nações
Ml1.7 que a mesa do Senhor é *desprezível*
2Co10.10 ...e a sua palavra é *desprezível*

DESTRUIDOR
Êx12.23 não permitirá que o *destruidor* entre na casa
Jr48.8 O *destruidor* virá contra todas as cidades
Na2.1 O *destruidor* avança contra você, Nínive!
1Co10.10 e foram mortos pelo anjo *destruidor*
Hb11.28 para que o *destruidor* não tocasse nos filhos

DESTRUIR
Gn6.17 para *destruir* debaixo do céu toda criatura

DESTRUIÇÃO

2Sm20.20 Longe de mim...*destruir* esta cidade!
Mt26.61 capaz de *destruir* o santuário de Deus...
Mc1.24 Vieste para nos *destruir*?
1Co3.17 Se alguém *destruir* o santuário de Deus
2Co10.4 são poderosas em Deus para *destruir* fortalezas
1Jo3.8 ...para *destruir* as obras do Diabo.
Ap11.18 e de *destruir* os que destroem a terra

DESTRUIÇÃO

Êx12.13 A praga de *destruição* não os atingirá
Hc1.3 A *destruição* e a violência estão diante de mim
Gl6.8 da carne colherá *destruição*
Fp1.28 Para eles isso é sinal de *destruição*
1Ts5.3 a *destruição* virá sobre eles de repente
2Ts1.9 sofrerão a pena de *destruição* eterna
2Pe3.7 ...e para a *destruição* dos ímpios

DETERMINADO

Lc11.1 Jesus estava orando em *determinado* lugar
At2.23 foi entregue por propósito *determinado*
Gl4.2 até o tempo *determinado* por seu pai
Hb4.7 Deus estabelece outra vez um *determinado* dia
Ap6.2 cavalgava como vencedor *determinado* a vencer

DETERMINAR

Lv14.57 para se *determinar* quando uma coisa
Jó38.33 pode *determinar* o domínio de Deus sobre a terra?

DEUS

Gn1.1 No princípio *Deus* criou os céus e a terra
Gn3.5 como *Deus*, serão conhecedores do bem e do mal
Gn16.13 Tu és o *Deus* que me vê
Gn17.1 Eu sou o *Deus* todo-poderoso
Gn21.22 *Deus* está contigo em tudo o que fazes
Gn31.13 Sou o *Deus* de Betel, onde você ungiu
Êx2.24 Ouviu *Deus* o lamento deles
Êx3.6 Eu sou o *Deus* de seu pai, o *Deus* de Abraão
Êx6.7 Eu os farei meu povo e serei o *Deus* de vocês
Êx20.2 Eu sou...o teu *Deus*, que te tirou do Egito
Êx31.18 tábuas de pedra, escritas pelo dedo de *Deus*
Lv24.15 Se alguém amaldiçoar seu *Deus*...
Nm23.19 *Deus* não é homem para que minta
Dt4.31 o Senhor...é *Deus* misericordioso
Dt5.24 o nosso *Deus*, mostrou-nos sua glória
Dt33.27 O *Deus* eterno é o seu refúgio
Jz5.5 Os montes tremeram perante...o *Deus* do Sinai
1Sm3.3 A lâmpada de *Deus* ainda não havia se apagado
2Sm728 Ó Soberano Senhor, tu és *Deus*!
1Rs8.23 não há *Deus* como tu em cima nos céus
1Cr12.18 pois o teu *Deus* te ajudará
2Cr13.10 Quanto a nós, o Senhor é o nosso *Deus*
Ed6.10 ofereçam sacrifícios agradáveis ao *Deus* dos céus
Jó2.9 Amaldiçoe a *Deus*, e morra!
Jó4.9 Pelo sopro de *Deus* são destruídos
Sl18.31 Pois quem é *Deus* além do Senhor?
Ec8.17 percebi tudo o que *Deus* tem feito
Dn6.22 O meu *Deus* enviou o seu anjo
Ml3.15 como escapam ilesos os que desafiam a *Deus*!
Mt1.23 "...Emanuel", que significa "*Deus* conosco"
Mt4.3 Se és o Filho de *Deus*...
Mc1.24 "...Sei quem tu és: o Santo de *Deus*!"
Mc10.24 como é difícil entrar no Reino de *Deus*!
Mc12.26 Eu sou o *Deus* de Abraão, o *Deus* de Isaque...
Mc12.29 Ouça, ó Israel, o Senhor, o nosso *Deus*...
At2.24 Mas *Deus* o ressuscitou dos mortos
At3.9 todo o povo o viu andando e louvando a *Deus*
Rm6.23 o dom gratuito de *Deus* é a vida eterna
Gl1.24 glorificavam a *Deus* por minha causa
Ef4.30 Não entristeçam o Espírito Santo de *Deus*
1Pe1.1 aos eleitos de *Deus*
1Jo5.3 Porque nisto consiste o amor a *Deus*
1Jo5.4 O que é nascido de *Deus* vence o mundo
Ap14.19 e as lançou no grande lagar da ira de *Deus*
Ap22.19 *Deus* tirará dele a sua parte na árvore da vida

DEVER

Nm18.23 É *dever* dos levitas fazer o trabalho
Mc7.12 vocês o desobrigam de qualquer *dever*
Lc17.10 apenas cumprimos o nosso *dever*
At23.1 tenho cumprido meu *dever* para com Deus
Fm8 para mandar que você cumpra o seu *dever*
Fm19 ...não dizer que você me *deve* a própria vida.
3Jo8 É, pois, nosso *dever* receber com hospitalidade

DEVORAR

2Sm11.25 a espada não escolhe a quem *devorar*
Jó20.21 Nada lhe restou para *devorar*
Sl57.4 ...em meio a leões, ávidos para *devorar*
Hc1.8 como ave de rapina que mergulha para *devorar*
1Pe5.8 rugindo e procurando a quem possa *devorar*

DIA

Gn1.5 Deus chamou à luz *dia*
Êx20.10 mas o sétimo *dia* é o sábado
Lv25.9 no *Dia* da Expiação façam soar a trombeta
Nm32.10 A ira do Senhor se acendeu naquele *dia*
Dt32.35 o *dia* da sua desgraça está chegando
Js14.11 tão forte como no *dia* em que Moisés...
2Rs7.9 Este é um *dia* de boas notícias
1Cr29.21 No *dia* seguinte fizeram sacrifícios
Jó3.8 Amaldiçoem aquele *dia* os que amaldiçoam...
Sl19.2 Um *dia* fala disso a outro dia
Sl50.15 e clame a mim no *dia* da angústia
Sl74.16 O *dia* é teu, e tua também é a noite
Sl84.10 Melhor é um *dia* nos teus átrios do que...
Sl86.7 No *dia* da minha angústia clamarei a ti, pois
Pv11.4 De nada vale a riqueza no *dia* da ira divina
Is58.2 Pois *dia* a *dia* me procuram
Mt10.15 No *dia* do juízo haverá menor rigor...
Mc13.32 Quanto ao *dia* e à hora ninguém sabe
Rm13.12 A noite está quase acabando; o *dia* logo vem
1Co3.13 ...porque o *Dia* a trará à luz
Fp1.10 puros e irrepreensíveis até o *dia* de Cristo
1Ts5.2 o *dia* do Senhor virá como ladrão à noite

2Pe2.9 ...em castigo os ímpios para o *dia* do juízo
Ap1.10 No *dia* do Senhor achei-me no Espírito
Ap6.17 chegou o grande *dia* da ira deles
Ap21.25 Suas portas jamais se fecharão de *dia*

DIABO
Mt4.1 ...ao deserto, para ser tentado pelo *Diabo*
Mt25.41 preparado para o *Diabo* e os seus anjos
Lc4.2 durante quarenta dias, foi tentado pelo *Diabo*
Lc8.12 então vem o *Diabo* e tira a palavra...
Jo6.70 Todavia, um de vocês é um *diabo*!
Jo8.44 pertencem ao pai de vocês, o *Diabo*
Jo13.2 e o *Diabo* já havia induzido Judas Iscariotes
2Tm2.26 e escapem da armadilha do *Diabo*
Tg4.7 Resistam ao *Diabo*, e ele fugirá de vocês
1Jo3.8 Aquele que pratica o pecado é do *Diabo*
Jd9 estava disputando com o *Diabo*
Ap2.10 O *Diabo* lançará alguns...na prisão

DIARIAMENTE
Lc9.23 tome *diariamente* a sua cruz e siga-me
At2.47 o Senhor lhes acrescentava *diariamente*...

DIFERENTE
Êx8.22 tratarei de maneira *diferente* a terra de Gósen
2Co11.4 ...ou um evangelho *diferente* do que aceitaram
Fp3.15 vocês pensam de modo *diferente*

DIFERENÇA
Rm10.12 Não há *diferença* entre judeus e gentios
Gl2.6 então não faz *diferença* para mim
Ef6.9 e ele não faz *diferença* entre as pessoas

DIFÍCIL
Dt30.11 ...estou ordenando a vocês não é *difícil* fazer
2Rs2.10 Seu pedido é *difícil*; mas...
Pv19.19 O homem de gênio *difícil* precisa do castigo
Jr32.27 Há alguma coisa *difícil* demais para mim?
Mc10.23 é *difícil* aos ricos entrar no Reino de Deus!
1Pe4.18 se ao justo é *difícil* ser salvo...

DIGNO
2Sm22.4 Senhor, que é *digno* de louvor
Sl18.3 Clamo ao Senhor, que é *digno* de louvor
Mt3.11 não sou *digno* nem de levar as suas sandálias
Mt10.38 ...e não me segue, não é *digno* de mim
Mc14.64 Todos o julgaram *digno* de morte
Hb3.3 Jesus...*digno* de maior glória do que Moisés
Hb11.38 O mundo não era *digno* deles
Ap5.4 ninguém que fosse *digno* de abrir o livro
Ap5.12 *Digno* é o Cordeiro que foi morto

DILÚVIO
Gn6.17 vou trazer águas sobre a terra, o *Dilúvio*
Sl29.10 ...assentou-se soberano sobre o *Dilúvio*
Mt24.38 Pois nos dias anteriores ao *Dilúvio*
Mt24.39 até que veio o *Dilúvio* e os levou a todos

DINHEIRO
Ed7.17 Com esse *dinheiro* compre novilhos
Ne5.4 Tivemos que tomar *dinheiro* emprestado
Sl15.5 não empresta...*dinheiro* visando a algum lucro
Pv17.16 De que serve o *dinheiro* na mão do tolo
Ec5.10 Quem ama o *dinheiro* jamais terá o suficiente.
Is55.2 gastar *dinheiro* naquilo que não é pão
Mt6.24 Vocês não podem servir a Deus e ao *Dinheiro*
Mt19.21 venda os seus bens e dê o *dinheiro* aos pobres
1Tm6.10 o amor ao *dinheiro* é a raiz de todos os males
Hb13.5 Conservem-se livres do amor ao *dinheiro*
Tg4.13 faremos negócios e ganharemos *dinheiro*

DIREITA
Gn13.9 se for para a *direita*, irei para a esquerda
Sl91.7 Mil...cair ao seu lado, dez mil à sua *direita*
Sl110.1 Senta-te à minha *direita* até que eu faça...
Mt6.3 não saiba o que está fazendo a *direita*
Mt25.33 colocará as ovelhas à sua *direita*
Mc10.37 nos assentemos um à tua *direita* e o outro
Mc14.62 vereis o Filho do homem assentado à *direita*
Lc22.69 assentado à *direita* do Deus todo-poderoso
At2.25 ele está à minha *direita*, não serei abalado
At7.55 e Jesus em pé, à *direita* de Deus
Rm8.34 ressuscitou e está à *direita* de Deus
Ef1.20 fazendo-o assentar-se à sua *direita*

DISCERNIR
2Sm14.17 capaz de *discernir* entre o bem e o mal
1Rs3.12 darei a você um coração sábio e capaz de *discernir*
Jó34.4 Tratemos de *discernir* juntos
Sl19.12 Quem pode *discernir* os próprios erros?
Pv14.8 A sabedoria do homem prudente é *discernir*
Pv15.14 O coração que sabe *discernir* busca...
1Co11.29 come e bebe sem *discernir* o corpo do Senhor
Ef5.10 a *discernir* o que é agradável ao Senhor

DISCIPLINA
Dt11.2 experimentaram e viram a *disciplina* do Senhor
Jó5.17 não despreze a *disciplina* do Todo-poderoso
Pv3.11 Meu filho, não despreze a *disciplina*
Hb12.6 pois o Senhor *disciplina* a quem ama
Hb12.10 Deus nos *disciplina* para o nosso bem

DISCÍPULA
At9.36 *discípula* chamada Tabita, que em grego é Dorcas

DISCÍPULO
Mt10.24 O *discípulo* não está acima do seu mestre
Mt10.25 Basta ao *discípulo* ser como o seu mestre
Lc14.33 ...não pode ser meu *discípulo*
Jo19.27 e ao *discípulo*: "Aí está a sua mãe"
At9.10 um *discípulo* chamado Ananias.
At9.26 tentou reunir-se aos *discípulos*,
At16.1 onde vivia um *discípulo* chamado Timóteo

DÍVIDA

Dt15.3 cancelar qualquer *dívida* de seus irmãos
Mt18.27 cancelou a *dívida* e o deixou ir
Mt18.30 até que pagasse a *dívida*
Mt18.32 cancelei toda a sua *dívida*
Lc7.43 a quem foi perdoada a *dívida* maior
Rm8.12 Portanto, irmãos, estamos em *dívida*
Cl2.14 e cancelou a escrita de *dívida*

DIVINDADE

At17.29 *Divindade* é semelhante a uma escultura de ouro
Cl2.9 Pois em Cristo habita...toda a plenitude da *divindade*

DIVINO

Gn41.38 em quem está o espírito *divino*?
At8.10 Este homem é o poder *divino* conhecido
2Pe1.3 Seu *divino* poder nos deu tudo de que necessitamos

DIVISÃO

Js14.2 A *divisão* da herança foi decidida
Lc12.51 Ao contrário, vim trazer *divisão*!
Jo9.16 E houve *divisão* entre eles
1Co3.3 visto que há inveja e *divisão* entre vocês
1Co12.25 a fim de que não haja *divisão* no corpo

DIVORCIAR

Jr3.1 Se um homem se *divorciar* de sua mulher
Mt5.31 Aquele que se *divorciar* de sua mulher
Mc10.11 Todo aquele que se *divorciar*

DIVORCIASSEM

Mt19.8 permitiu que vocês se *divorciassem*

DÍZIMO

Gn14.20 E Abrão lhe deu o *dízimo* de tudo
Gn28.22 e de tudo...certamente te darei o *dízimo*
Ml3.10 Tragam o *dízimo* todo ao depósito do templo
Lc18.12 dou o *dízimo* de tudo quanto ganho

DOENÇA

Êx23.25 Tirarei a *doença* do meio de vocês
Sl106.15 mandou sobre eles uma *doença* terrível
Is38.9 Depois de recuperar-se dessa *doença*
Lc13.12 "Mulher, você está livre da sua *doença*."
Jo5.4 era curado de qualquer *doença* que tivesse
Gl4.14 Embora a minha *doença* tenha sido

DOM

Jo4.10 Se você conhecesse o *dom* de Deus
At2.38 e receberão o *dom* do Espírito Santo
At8.20 pode comprar o *dom* de Deus com dinheiro?
Rm6.23 o *dom* gratuito de Deus é a vida eterna
Rm12.7 Se o seu *dom* é servir, sirva
1Co12.29 Têm todos o *dom* de realizar milagres?
2Co9.15 Graças a Deus por seu *dom* indescritível!
1Tm4.14 Não negligencie o *dom* que lhe foi dado
Tg1.17 ...e todo *dom* perfeito vêm do alto

DOMÍNIO

Jó25.2 O *domínio* e o temor pertencem a Deus
Sl145.13 teu *domínio* permanece de geração em geração
Is9.7 Ele estenderá o seu *domínio*, e haverá paz
Ez27.4 Seu *domínio* abrangia o coração dos mares
Dn4.22 Seu *domínio* se estende até os confins da terra
1Co15.24 destruído todo *domínio*, toda autoridade e todo poder
2Co1.24 Não que tenhamos *domínio* sobre a sua fé
Cl1.13 ele nos resgatou do *domínio* das trevas
2Tm3.3 sem *domínio* próprio, cruéis, inimigos do bem
Ap16.9 que tem *domínio* sobre estas pragas

DONO

Mt10.25 Se o *dono* da casa foi chamado Belzebu
Mt13.52 como o *dono* de uma casa que tira
Mt21.40 quando vier o *dono* da vinha, o que fará...?
Mt24.43 se o *dono* da casa soubesse a que hora
Mc14.14 digam ao *dono* da casa em que ele entrar
At27.11 seguiu o conselho do piloto e do *dono* do navio

DOR

Jó14.22 Só sente a *dor* do seu próprio corpo
Jó16.6 se falo, a minha *dor* não se alivia
Sl10.14 tu enxergas o sofrimento e a *dor*
Sl38.17 e a minha *dor* está sempre comigo
Ec2.23 seu trabalho é pura *dor* e tristeza
Is26.17 a dar à luz se contorce e grita de *dor*
At26.14 Resistir ao aguilhão só lhe trará *dor*!
Ap21.4 nem choro, nem *dor*, pois a antiga...

DOUTRINA

Jó11.4 A *doutrina* que eu aceito é perfeita
Ef4.14 para lá por todo vento de *doutrina*
1Tm1.10 para todo aquele que se opõe à sã *doutrina*
1Tm4.16 para a sua própria vida e para a *doutrina*
1Tm6.3 Se alguém ensina falsas *doutrinas*
2Tm4.2 exorte com toda a paciência e *doutrina*
Tt2.1 o que está de acordo com a sã *doutrina*
Ap2.24 a vocês que não seguem a *doutrina*

DRAGÃO

Ne2.13 na direção da fonte do *Dragão*
Ap12.4 O *dragão* pôs-se diante da mulher
Ap12.7 Miguel e seus anjos lutaram contra o *dragão*
Ap12.9 O grande *dragão* foi lançado fora
Ap12.18 o *dragão* se pôs em pé na areia do mar
Ap20.2 Ele prendeu o *dragão*, a antiga serpente

EDIFICAR

2Sm24.21 ...Davi: "Para comprar sua eira e *edificar* nela um altar..."
2Cr2.9 ...o templo que vou *edificar* seja grande e imponente.
Jr1.10 "...arruinar e destruir; para *edificar* e plantar".
Jr31.28 também os vigiarei para *edificar* e plantar
Ef4.29 mas apenas a que for útil para *edificar* os outros

EDIFICAÇÃO
Rm14.19 ...tudo quanto conduz à paz e à *edificação* mútua.
1Co14.3 Mas quem profetiza o faz para *edificação*
1Co14.12 procurem crescer naqueles que trazem a *edificação* para a igreja.
1Co14.26 Tudo seja feito para a *edificação* da igreja.
1Pe2.5 vocês também estão sendo utilizados como pedras vivas na *edificação*...

EDIFÍCIO
1Rs6.5 construiu uma estrutura em torno do *edifício*, na qual havia salas laterais.
Ed5.4 E como se chamam os homens...este *edifício*?
1Co3.9 vocês são lavoura de Deus e *edifício* de Deus.
2Co5.1 temos da parte de Deus um *edifício*.
Ef2.21 no qual todo o *edifício* é ajustado e cresce...

EFETUA
1Co3.7 ...mas unicamente Deus, que *efetua* o crescimento.
1Co12.6 ...mas é o mesmo Deus quem *efetua* tudo em todos.
Fp2.13 pois é Deus quem *efetua* em vocês tanto o querer quanto o realizar
Cl2.19 ...sustentado e unido por seus ligamentos e juntas, *efetua* o crescimento dado por Deus.

EFICAZ
Fm6 ...Oro para que a comunhão que procede da sua fé seja *eficaz*
Hb4.12 ...Pois a palavra de Deus é viva e *eficaz*, e mais afiada
Tg5.16 A oração de um justo é poderosa e *eficaz*.

EFICÁCIA
1Ts2.13 atua com *eficácia* em vocês, os que creem

ELABORAR
Jó37.19 não podemos *elaborar* a nossa defesa
Lc1.1 se dedicaram a *elaborar* um relato

ELEITO
Rm16.13 Saúdem Rufo, *eleito* no Senhor

ELEIÇÃO
Rm9.11 o propósito de Deus conforme a *eleição*
Rm11.28 mas, quanto à *eleição*, são amados
2Pe1.10 o chamado e a *eleição* de vocês

ELEVADO
Is2.2 será *elevado* acima das colinas
Is30.25 água fluirão sobre todo monte *elevado*
Jr52.32 deu-lhe um assento de honra mais *elevado*
Mc16.19 Jesus foi *elevado* aos céus e...
Lc24.51 ele os deixou e foi *elevado* ao céu
At1.2 até o dia em que foi *elevado* aos céus
At22.28 precisei pagar um *elevado* preço
Tg1.9 ...deve orgulhar-se quando estiver em *elevada* posição

EMANUEL
Is7.14 dará à luz um filho, e o chamará *Emanuel*
Mt1.23 o chamarão *Emanuel*..."Deus conosco"

ENCHER
Êx2.16 foram buscar água para *encher* os bebedouros
Jó41.7 consegue *encher* de arpões o seu couro
Mt23.32 Acabem...de *encher* a medida do pecado
Lc15.16 desejava *encher* o estômago com as vagens
Ef5.18 ...mas deixem-se *encher* pelo Espírito

ENCONTRO
Gn18.2 correu ao *encontro* deles e curvou-se
Mt8.28 foram ao seu *encontro* dois endemoninhados
Mt8.34 Toda a cidade saiu ao *encontro* de Jesus
Jo19.6 não *encontro* base para acusá-lo
1Ts4.17 para o *encontro* com o Senhor nos ares
2Tm4.9 Procure vir logo ao meu *encontro*

ENDEMONINHADA
Mt15.22 Minha filha está *endemoninhada*

ENDEMONINHADO
Mt9.32 levado a Jesus um homem *endemoninhado*
Jo10.20 Ele está *endemoninhado* e enlouqueceu
At19.16 o *endemoninhado* saltou sobre eles

ENFERMIDADE
Dt28.61 fará vir sobre vocês todo tipo de *enfermidade*
2Cr21.15 terá uma *enfermidade* no ventre
Sl41.3 O Senhor o susterá em seu leito de *enfermidade*
Is10.16 ...enviará uma *enfermidade* devastadora

ENFERMO
Mt25.36 estive *enfermo*, e vocês cuidaram de mim

ENGANADOR
Jó12.16 tanto o enganado quanto o *enganador*...
Jr9.4 cada parente é um *enganador*
Ml1.14 Maldito seja o *enganador* que...

ENGANAR
Mt24.24 se possível, *enganar* até os eleitos
1Co6.9 Não se deixem *enganar*: nem imorais...
Ap20.8 e sairá para *enganar* as nações

ENGANO
Mt27.64 último *engano* será pior do que o primeiro
Mc4.19 o *engano* das riquezas e os anseios...
2Co4.2 não usamos de *engano*, nem torcemos a palavra
Hb3.13 seja endurecido pelo *engano* do pecado
1Pe2.22 nenhum *engano* foi encontrado em sua boca

ENGANOSO
Pv12.5 O conselho dos ímpios é *enganoso*
Jr17.9 O coração é mais *enganoso* que...
Os10.2 O coração deles é *enganoso*

ENSINAR
Mt11.1 Jesus saiu para *ensinar* e pregar
Mt13.54 começou a *ensinar* o povo na sinagoga
Mc1.21 entrou na sinagoga e começou a *ensinar*
Jo9.34 como tem a ousadia de nos *ensinar*?
At19.9 a *ensinar* diariamente na escola de Tirano
Rm12.7 se é *ensinar*, ensine
Rm15.4 foi escrito para nos *ensinar*
Tt2.15 É isso que você deve *ensinar*

ENSINO
Pv1.8 não despreze o *ensino* de sua mãe
Mt22.33 a multidão ficou admirada com o seu *ensino*
At2.42 se dedicavam ao *ensino* dos apóstolos
2Tm2.17 O *ensino* deles alastra-se como câncer
2Tm3.16 inspirada por Deus e útil para o *ensino*
2Jo9 que não permanece no *ensino* de Cristo

ENTENDER
Mt13.15 *entender* com o coração e converter-se
Lc24.25 Como vocês custam a *entender*
Gl3.16 dando a *entender* que se trata

ENTENDIMENTO
Jz13.18 Meu nome está além do *entendimento*
1Cr22.12 dê a você prudência e *entendimento*...
Sl119.32 pois me deste maior *entendimento*
Pv19.8 quem acalenta o *entendimento* prospera
Is56.11 São pastores sem *entendimento*
Mt22.37 e de todo o seu *entendimento*
Ef1.8 com toda a sabedoria e *entendimento*
Fp4.7 ...que excede todo o *entendimento*
2Tm2.7 o Senhor dará a você *entendimento* em tudo
Ap13.18 Aquele que tem *entendimento* calcule

ENVERGONHADO
Rm9.33 que nela confia jamais será *envergonhado*
Fp1.20 espero que em nada serei *envergonhado*
2Ts3.14 para que se sinta *envergonhado*

ENVERGONHAR
Lc9.26 Se alguém se *envergonhar* de mim...
1Co1.27 é fraqueza para *envergonhar* o que é forte.
2Tm2.15 obreiro que não tem do que se *envergonhar*

ENXERTADO
Rm11.19 para que eu fosse *enxertado*
Rm11.24 foi *enxertado* numa oliveira cultivada

ERRO
Mt18.15 a sós com ele, mostre-lhe o *erro*
Mc14.1 flagrar Jesus em algum *erro* e matá-lo
Tg5.20 Quem converte um pecador do *erro*...
2Pe3.17 para que não sejam levados pelo *erro*
1Jo4.6 o Espírito da verdade e o espírito do *erro*

ESCARNECEDORES
At13.41 ...*escarnecedores*, admirem-se e pereçam
2Pe3.3 surgirão *escarnecedores* zombando...

ESCOLHIDO
Lc1.9 Ele foi *escolhido* por sorteio
Lc9.35 "Este é o meu Filho, o *Escolhido*...!"
At1.2 aos apóstolos que havia *escolhido*
Rm11.5 um remanescente *escolhido* pela graça
2Co8.19 ele também foi *escolhido* pelas igrejas

ESCONDIDO
Mt10.26 Não há nada *escondido* que não venha
Hb11.23 foi *escondido* durante três meses
Ap2.17 Ao vencedor darei do maná *escondido*

ESCRAVA
Gn21.10 Livre-se daquela *escrava* e do seu filho
At16.16 encontramos uma *escrava*
Gl4.22 ...um da *escrava* e outro da livre
Gl4.31 não somos filhos da *escrava*, mas da livre

ESCRAVIDÃO
Êx1.13 e os sujeitaram a cruel *escravidão*
Dt6.12 os tirou do Egito, da terra da *escravidão*
Rm8.21 libertada da *escravidão* da decadência
Gl5.1 submeter novamente a um jugo de *escravidão*
1Tm6.1 os que estão sob o jugo da *escravidão*

ESCRAVO
Mt20.27 ...quiser ser o primeiro deverá ser *escravo*
At7.9 venderam-no como *escravo* para o Egito
Rm7.14 fui vendido como *escravo* ao pecado
1Co7.21 Foi você chamado sendo *escravo*?
Gl3.28 Não há judeu nem grego, *escravo* nem livre
Fm16 não mais como *escravo*, mas...como...

ESCREVER
Jo8.6 Jesus inclinou-se e começou a *escrever*
2Jo12 Tenho muito que *escrever* a vocês
Jd3 estivesse muito ansioso para *escrever* a vocês
Ap10.4 eu estava prestes a *escrever*

ESCRITURA
Jo2.22 Então creram na *Escritura* e na palavra
Jo7.38 Quem crer em mim, como diz a *Escritura*
At1.16 era necessário que se cumprisse a *Escritura*
Gl3.22 a *Escritura* encerrou tudo debaixo do...
1Tm4.13 dedique-se à leitura pública da *Escritura*
2Tm3.16 Toda a *Escritura* é inspirada por Deus
Tg4.5 a *Escritura* diz que o Espírito que ele...
2Pe1.20 nenhuma profecia da *Escritura* provém...

ESCRITURAS
Mt22.29 porque não conhecem as *Escrituras*
Mc14.49 as *Escrituras* precisam ser cumpridas
Jo5.39 estudam cuidadosamente as *Escrituras*
At18.24 tinha grande conhecimento das *Escrituras*
At18.28 provando pelas *Escrituras* que Jesus é o Cristo
Rm16.26 dado a conhecer pelas *Escrituras* proféticas

ESCUDO
Gn15.1 Eu sou o seu *escudo*

2Sm22.31 Ele é *escudo* para todos os que...
2Cr25.5 capazes de empunhar a lança e o *escudo*
Sl3.3 és o *escudo* que me protege
Sl91.4 a fidelidade dele será o seu *escudo*
Pv30.5 é um *escudo* para quem nele se refugia
Ef6.16 usem o *escudo* da fé, com o qual...

ESCURIDÃO
Dt5.23 a voz que vinha do meio da *escuridão*
Jó22.11 você se vê envolto em *escuridão*
Is29.18 não mais em trevas e *escuridão*
Is60.2 A *escuridão* cobre a terra
Jr13.16 fará dela uma *escuridão* profunda
Lm3.2 me fez andar na *escuridão*, e não na luz
Mt10.27 O que eu digo a vocês na *escuridão*...
At13.11 ...vieram sobre ele névoa e *escuridão*

ESPADA
Gn3.24 uma *espada* flamejante que se movia
Dt32.25 Nas ruas a *espada* os deixará sem filhos
Js24.12 Não foram a *espada* e o arco
2Sm3.29 quem morra à *espada*, ou quem passe fome
Sl17.13 Com a tua *espada* livra-me dos ímpios
Pv5.4 afiada como uma *espada* de dois gumes
Ct3.8 todos eles trazem *espada*
Is14.19 dos mortos que foram feridos à *espada*
Jr9.16 enviarei...a *espada* até exterminá-los
Mt10.34 não vim trazer paz, mas *espada*
At12.2 mandou matar à *espada* Tiago
Rm8.35 ou nudez, ou perigo, ou *espada*?
Ef6.17 *espada* do Espírito, que é a palavra de Deus
Hb4.12 mais afiada que...*espada* de dois gumes
Ap1.16 da sua boca saía uma *espada* afiada

ESPERANÇA
Sl119.74 na tua palavra depositei a minha *esperança*
Ec9.4 Quem está entre os vivos tem *esperança*
Is8.17 Nele porei a minha *esperança*
Jr14.22 a nossa *esperança* está em ti
Lm3.24 nele porei a minha *esperança*
At2.26 o meu corpo também repousará em *esperança*
Rm12.12 Alegrem-se na *esperança*...
1Co13.13 ...a fé, a *esperança* e o amor
1Pe1.13 ponham toda a *esperança* na graça
1Pe1.21 a fé e a *esperança* de vocês estão em Deus

ESPERAR
Mt11.3 "És tu...ou devemos *esperar* algum outro?"
1Co11.21 come sua própria ceia sem *esperar*...
1Ts1.10 e *esperar* dos céus seu Filho, a quem...

ESPETÁCULO
Ez28.17 fiz de você um *espetáculo* para os reis
1Co4.9 Viemos a ser um *espetáculo* para o mundo
Cl2.15 fez deles um *espetáculo* público

ESPIRITUAL
Rm7.14 Sabemos que a Lei é *espiritual*

1Co1.7 não falta a vocês nenhum dom *espiritual*
1Co2.15 quem é *espiritual* discerne todas as coisas
1Co15.46 Não foi o *espiritual* que veio antes
Cl1.9 com toda a sabedoria e entendimento *espiritual*
Tg3.15 não é *espiritual*, mas é demoníaca
1Pe2.2 desejem de coração o leite *espiritual*

ESPIRITUALMENTE
1Co2.14 ...elas são discernidas *espiritualmente*

ESPOSA
Pv5.18 Alegre-se com a *esposa* da sua juventude
Mt1.24 e recebeu Maria como sua *esposa*
Mc12.23 Na ressurreição, de quem ela será *esposa*
1Co7.2 cada um deve ter sua *esposa*
Ap21.9 mostrarei a você a noiva, a *esposa* do Cordeiro

ESPÍRITO
Gn1.2 o *Espírito*...se movia sobre a face das águas.
Gn6.3 meu *Espírito* não contenderá...para sempre
Êx31.3 e o enchi do *Espírito* de Deus
Nm11.17 tirarei do *Espírito* que está sobre você
1Sm10.6 O *Espírito* do Senhor se apossará de você
1Rs22.21 um *espírito* apresentou-se diante do Senhor
Mt1.18 ...achou-se grávida pelo *Espírito* Santo
Mt4.1 Jesus foi levado pelo *Espírito* ao deserto
Mt5.3 Bem-aventurados os pobres em *espírito*
Mc1.12 o *Espírito* o impeliu para o deserto
Lc12.10 quem blasfemar contra o *Espírito* Santo...
Lc12.12 o *Espírito* Santo ensinará...
Jo1.32 vi o *Espírito* descer dos céus como pomba
At1.8 receberão poder quando o *Espírito* Santo...
At2.4 Todos ficaram cheios do *Espírito* Santo
Rm15.19 por meio do poder do *Espírito* de Deus
1Co3.16 que o *Espírito* de Deus habita em vocês?
1Co12.4 diferentes tipos de dons...o *Espírito* é o mesmo
Gl5.25 Se vivemos pelo *Espírito*...
Ef4.3 para conservar a unidade do *Espírito*
Ef4.4 Há um só corpo e um só *Espírito*
Ef4.30 Não entristeçam o *Espírito* Santo de Deus
Ef6.18 Orem no *Espírito* em todas as ocasiões
1Tm3.16 justificado no *Espírito*, visto pelos anjos...
2Tm1.7 não nos deu *espírito* de covardia
Hb4.12 ...até o ponto de dividir alma e *espírito*
1Jo4.13 porque ele nos deu do seu *Espírito*
1Jo5.6 o *Espírito* é quem dá testemunho
Ap2.29 ...ouça o que o *Espírito* diz às igrejas

ESPÍRITOS
1Sm28.7 uma mulher que invoca *espíritos*
Pv9.18 ...que ali estão os *espíritos* dos mortos
Mt8.16 ele expulsou os *espíritos* com uma palavra
Lc11.26 vai e traz outros sete *espíritos* piores
At8.7 Os *espíritos* imundos saíam de muitos
1Jo4.1 não creiam em qualquer *espírito*
Ap22.6 o Deus dos *espíritos* dos profetas

ESTRANGEIRO
Êx22.21 "...maltratem nem oprimam o *estrangeiro*

ESTRELA

Dt10.18 Ele...ama o *estrangeiro*
Mt25.35 fui *estrangeiro*, e vocês me acolheram
At7.29 ...onde ficou morando como *estrangeiro*

ESTRELA
Nm24.17 Uma *estrela* surgirá de Jacó
Is14.12 você caiu dos céus, ó *estrela* da manhã
Mt2.2 Vimos a sua *estrela* no oriente
2Pe1.19 que o dia clareie e a *estrela* da alva nasça
Ap2.28 Também lhe darei a *estrela* da manhã
Ap8.10 ...e caiu do céu uma grande *estrela*
Ap22.16 a resplandecente *Estrela* da Manhã

ESTRELAS
Dt1.10 tão numerosos quanto as *estrelas* do céu
Mt24.29 as *estrelas* cairão do céu,
At27.20 Não aparecendo nem sol nem *estrelas*
1Co15.41 as *estrelas* diferem em esplendor
Fp2.15 brilham como *estrelas* no universo
Ap1.16 ...em sua mão direita sete *estrelas*
Ap1.20 Este é o mistério das sete *estrelas* que você
Ap12.4 arrastou...um terço das *estrelas* do céu

ETERNIDADE
1Cr29.10 nosso pai, de *eternidade* a *eternidade*.
Pv8.23 fui formada desde a *eternidade*
Ec3.11 no coração do...o anseio pela *eternidade*
Hc1.12 Senhor, tu não és desde a *eternidade*?

ETERNO
Gn21.33 invocou o nome do...o Deus *Eterno*
Sl145.13 O teu reino é reino *eterno*
Ec12.5 o homem se vai para o seu lar *eterno*
Is9.6 ...Deus Poderoso, Pai *Eterno*, Príncipe da Paz
Is40.28 O Senhor é o Deus *eterno*
Jr10.10 ele é o Deus vivo; o rei *eterno*
Dn4.34 O seu domínio é um domínio *eterno*
Mt18.8 ser lançado no fogo *eterno*
Mc3.29 é culpado de pecado *eterno*
Hb9.14 que pelo Espírito *eterno* se ofereceu
Jd7 Estando sob o castigo do fogo *eterno*
Ap14.6 tinha na mão o evangelho *eterno*

EVANGELHO
Mt26.13 onde este *evangelho* for anunciado
Mc1.1 Princípio do *evangelho* de Jesus Cristo
Mc16.15 pelo mundo todo e preguem o *evangelho*
At8.40 pregava o *evangelho* em todas as cidades
Rm1.1 separado para o *evangelho* de Deus
1Co4.15 os gerei por meio do *evangelho*
2Co11.7 pregando a vocês gratuitamente o *evangelho*
Gl4.13 ...uma doença que preguei o *evangelho*
Ef6.15 com a prontidão do *evangelho* da paz
1Pe4.6 o *evangelho* foi pregado também a mortos
Ap14.6 ...na mão o *evangelho* eterno

EVANGELISTA
At21.8 ficamos na casa de Filipe, o *evangelista*
2Tm4.5 faça a obra de um *evangelista*

EVANGELISTAS
Ef4.11 ele designou...outros para *evangelistas*

EVANGÉLICA
Fp1.27 lutando unânimes pela fé *evangélica*

EXCEDE
2Co4.7 poder que a tudo *excede* provém de Deus
Ef3.19 o amor...que *excede* todo conhecimento
Fp4.7 a paz...que *excede* todo o entendimento

EXEMPLAR
Pv12.4 mulher *exemplar* é a coroa do seu marido
1Pe2.12 ...entre os pagãos de maneira *exemplar*

EXEMPLO
1Tm4.12 seja um *exemplo* para os fiéis
Tg5.10 como *exemplo* de paciência
2Pe2.6 *exemplo* do que acontecerá aos ímpios

FAMÍLIA
Gn6.9 Esta é a história da *família* de Noé
Pv15.27 O avarento põe sua *família* em apuros
Mt10.36 os inimigos...serão os da sua própria *família*
Mc5.19 Vá para casa, para a sua *família*
At7.14 seu pai, Jacó, e toda a sua *família*
Gl6.10 especialmente aos da *família* da fé
Ef2.19 ...e membros da *família* de Deus
1Tm3.4 ...deve governar bem sua própria *família*
Hb11.7 construiu uma arca para salvar sua *família*

FAVOR
Mt26.28 que é derramado em *favor* de muitos
Mc9.40 ...não é contra nós está a nosso *favor*
Lc1.49 fez grandes coisas em meu *favor*
Jo17.19 Em *favor* deles eu me santifico
At4.9 ato de bondade em *favor* de um aleijado
Rm15.30 orando a Deus em meu *favor*
1Co11.24 o meu corpo, que é dado em *favor*...
Hb9.24 se apresentar...de Deus em nosso *favor*
3Jo12 a própria verdade testemunha a seu *favor*

FELICIDADE
Et8.16 ...foi uma ocasião de *felicidade*
Jó7.7 meus olhos jamais...a ver a *felicidade*
At20.35 maior *felicidade* em dar do que em receber
Rm4.9 Destina-se esta *felicidade* apenas...

FELIZ
Sl128.1 é *feliz* quem teme o Senhor...!
Ec11.9 Seja *feliz* o seu coração
Mt11.6 *feliz* é aquele que não se escandaliza
Rm4.8 *feliz*...a quem o Senhor não atribui culpa

FERIR
Êx12.13 não os atingirá quando eu *ferir* o Egito
Jz20.31 Começaram a *ferir* alguns dos israelitas
2Cr21.14 o Senhor vai *ferir* terrivelmente seu povo

Jó21.9 a vara de Deus não os vem *ferir*
Mt5.39 Se alguém o *ferir* na face direita...
Lc4.35 e saiu dele sem o *ferir*

FERMENTO
Mt16.6 tenham cuidado com o *fermento*
Mc14.12 dia da festa dos pães sem *fermento*
Lc22.7 chegou o dia dos pães sem *fermento*
1Co5.7 Livrem-se do *fermento* velho
Gl5.9 ...de *fermento* leveda toda a massa

FIDELIDADE
Gn24.49 se quiserem mostrar *fidelidade*
Êx34.6 cheio de amor e de *fidelidade*
Nm14.18 muito paciente e grande em *fidelidade*
2Cr19.9 com *fidelidade* e com coração íntegro
Sl89.1 anunciarei a tua *fidelidade*
Ap13.10 a perseverança e a *fidelidade* dos santos

FIEL
Mt25.21 Muito bem, servo bom e *fiel*!
Lc16.10 Quem é *fiel* no pouco...é *fiel* no muito
1Co1.9 *Fiel* é Deus, o qual os chamou à...
1Ts5.24 Aquele que os chama é *fiel*
1Tm4.9 uma afirmação *fiel* e digna de plena...
Hb3.2 foi *fiel* àquele que o havia constituído
Ap1.5 Jesus Cristo, que é a testemunha *fiel*
Ap2.13 você permanece *fiel* ao meu nome
Ap3.14 a testemunha *fiel* e verdadeira
Ap19.11 cujo cavaleiro se chama *Fiel* e Verdadeiro

FILHINHOS
Jo13.33 Meus *filhinhos*, vou estar com vocês
1Jo5.21 *Filhinhos*, guardem-se dos ídolos

FILHO
Sl2.7 Tu és meu *filho*; eu hoje te gerei
Mt1.1 genealogia de Jesus Cristo, *filho* de Davi
Mt2.15 "Do Egito chamei o meu *filho*"
Mt3.17 Este é o meu *Filho* amado
Mt4.3 Se és o *Filho* de Deus...
Mc6.3 *filho* de Maria e irmão de Tiago...?
Mc9.17 Mestre, eu te trouxe o meu *filho*
Lc9.41 Traga-me aqui o seu *filho*
Jo5.22 confiou todo julgamento ao *Filho*
Jo5.26 concedeu ao *Filho* ter vida
Jo13.32 Deus também glorificará o *Filho*...
Hb7.28 constitui o *Filho* perfeito para sempre
Ap12.4 para devorar o seu *filho*
Ap12.5 Ela deu à luz um *filho*
Ap21.7 serei seu Deus, e ele será meu *filho*

FOME
Gn12.10 Houve *fome* naquela terra
Êx16.3 ...morrer de *fome* toda esta multidão!
Dt8.3 ele os humilhou e os deixou passar *fome*
Am8.11 não *fome* de comida nem sede de água
Mt5.6 ...os que têm *fome* e sede de justiça

Mt25.37 quando te vimos com *fome*
Mc8.3 os mandar para casa com *fome*
At7.11 houve *fome* em todo o Egito
Rm12.20 Se o seu inimigo tiver *fome*...
2Co11.27 passei *fome* e sede
Ap7.16 Nunca mais terão *fome*

FORÇA
Gn49.3 ...é meu primogênito, minha *força*
Êx15.2 O Senhor é a minha *força*
Lv26.20 A *força* de vocês será gasta...
Nm14.17 que a *força* do Senhor se manifeste
Dt32.36 quando vir que a *força* deles...
1Sm2.4 os fracos são revestidos de *força*
Sl18.1 te amo, ó Senhor, minha *força*
Sl18.32 é o Deus que me reveste de *força*
Sl28.7 O Senhor é a minha *força*
Sl28.8 O Senhor é a *força* do seu povo
Mt11.12 o Reino dos céus é tomado à *força*
1Co15.56 ...e a *força* do pecado é a Lei
Cl1.29 lutando conforme a sua *força*
Hb11.34 da fraqueza tiraram *força*

FRAQUEZA
Rm8.26 o Espírito nos ajuda em nossa *fraqueza*
1Co1.25 a *fraqueza* de Deus é mais forte
1Co15.43 é semeado em *fraqueza* e ressuscita...
2Co12.9 meu poder se aperfeiçoa na *fraqueza*
2Co13.4 foi crucificado em *fraqueza*, mas vive
Hb5.2 ele próprio está sujeito à *fraqueza*
Hb11.34 da *fraqueza* tiraram força

FRUTO
Gn3.3 Não comam do *fruto* da árvore
Gn4.3 Caim trouxe do *fruto* da terra uma...
Lv26.4 as árvores do campo darão o seu *fruto*
Nm15.19 e comerem do *fruto* da terra
Mt3.8 ...*fruto* que mostre o arrependimento!
Mt3.10 toda árvore que não der bom *fruto*
Mt12.33 Uma árvore boa dá *fruto* bom
Gl5.22 o *fruto* do Espírito é amor, alegria...
Fp1.11 cheios do *fruto* da justiça
Hb12.11 produz *fruto* de justiça e paz
Tg3.18 O *fruto* da justiça semeia-se em paz

FRUTOS
Gn1.11 ...cujos *frutos* produzam sementes
Nm13.20 Tragam alguns *frutos* da terra
Dt1.25 Trouxeram alguns *frutos* da região
Ez47.12 Seus *frutos* servirão de comida
Dn4.21 com belas folhas e muitos *frutos*
Mt7.16 os reconhecerão por seus *frutos*
Mt7.17 toda árvore boa dá *frutos* bons
Tg3.17 cheia de misericórdia e de bons *frutos*

FÉ
2Cr20.20 Tenham *fé* no Senhor, o seu Deus
Mt6.30 ...homens de pequena *fé*?

Mt9.2 Vendo a *fé* que eles tinham
Mt9.22 Ânimo, filha, a sua *fé* a curou!
Mt15.28 Mulher, grande é a sua *fé*!
Mt17.20 a *fé* que vocês têm é pequena
Lc7.50 Sua *fé* a salvou; vá em paz
Lc8.25 "Onde está a sua *fé*?"
Lc8.48 "Filha, a sua *fé* a curou! Vá em paz"
Lc12.28 homens de pequena *fé*!
Lc17.5 "Aumenta a nossa *fé*!"
At11.24 cheio do Espírito Santo e de *fé*
At14.9 o homem tinha *fé* para ser curado
Rm3.28 o homem é justificado pela *fé*
Rm14.1 Aceitem o que é fraco na *fé*

GANÂNCIA
Sl10.3 em sua *ganância*, amaldiçoa e insulta
Mt23.25 por dentro...cheios de *ganância*
Lc11.39 cheios de *ganância* e de maldade
Cl3.5 ...e a *ganância*, que é idolatria
1Ts2.5 nem de pretexto para *ganância*
1Pe5.2 Não façam isso por *ganância*
2Pe2.14 o coração exercitado na *ganância*

GENEROSO
Sl37.26 é sempre *generoso* e empresta
Pv11.25 O *generoso* prosperará
Pv22.9 Quem é *generoso* será abençoado
Lc8.15 com coração bom e *generoso*

GLÓRIA
Êx16.7 cedo verão a *glória* do Senhor
Êx16.10 a *glória* do Senhor apareceu na nuvem
Dt5.24 mostrou-nos sua *glória* e sua majestade
1Sm15.29 Aquele que é a *Glória* de Israel
Sl19.1 Os céus declaram a *glória* de Deus
Sl24.7 para que o Rei da *glória* entre
Sl24.8 Quem é o Rei da *glória*?
Sl29.1 atribuam ao Senhor *glória* e força
Sl29.3 o Deus da *glória* troveja
Is6.3 a terra..está cheia da sua *glória*
Mt24.30 vindo...com poder e grande *glória*
Mt25.31 Filho do homem vier em sua *glória*
Lc2.9 a *glória* do Senhor resplandeceu
Lc2.14 *Glória* a Deus nas alturas
Jo1.14 Vimos a sua *glória*...
Jo5.41 não aceito *glória* dos homens
Rm3.23 ...destituídos da *glória* de Deus
Ap21.23 a *glória* de Deus a ilumina

GLORIAR
Jr9.24 quem se *gloriar*, glorie-se nisto
Rm4.2 ele tem do que se *gloriar*
1Co1.31 Quem se *gloriar*, glorie-se no Senhor

GLORIFICAR
Jo21.19 ...Pedro iria *glorificar* a Deus

GLORIOSO
Dt28.58 temerem este nome *glorioso* e terrível
Sl72.19 Bendito seja o seu *glorioso* nome
Is11.10 seu lugar de descanso será *glorioso*
Mt19.28 ...se assentar em seu trono *glorioso*
Lc9.31 Apareceram em *glorioso* esplendor
At2.20 antes que venha...e *glorioso* dia do Senhor
Fp3.21 semelhantes ao seu corpo *glorioso*
1Tm1.11 se vê no *glorioso* evangelho

GRAÇA
Gn29.15 você vai trabalhar de *graça*?
Sl86.5 rico em *graça* para com todos
Mt10.8 receberam de *graça*; deem...de *graça*
Lc2.40 a *graça* de Deus estava sobre ele
Lc4.19 proclamar o ano da *graça* do Senhor
At6.8 Estêvão, homem cheio da *graça*
Rm5.20 ...aumentou o pecado, transbordou a *graça*
Rm6.1 pecando para que a *graça* aumente?
Rm12.3 pela *graça* que me foi dada
2Co1.2 *graça* e paz da parte de Deus
Ef2.8 são salvos pela *graça*, por meio da fé
Ef3.7 ...pelo dom da *graça* de Deus
Ap22.17 beba de *graça* da água da vida

HERANÇA
Gn15.7 dar a você esta terra como *herança*
Êx15.17 o plantarás no monte da tua *herança*
Êx34.9 ...e faze de nós a tua *herança*
Lv25.46 como *herança* para os seus filhos
Nm18.24 dou como *herança* aos levitas
Dt18.2 o Senhor é a sua *herança*
Js13.14 à tribo de Levi não deu *herança*
Pv3.35 A honra é *herança* dos sábios
Is61.7 ele se regozijará em sua *herança*
Mt5.5 receberão a terra por *herança*
Cl1.12 dignos de participar da *herança* dos santos
Cl3.24 receberão do Senhor a...da *herança*
Hb9.15 a promessa da *herança* eterna
1Pe1.4 *herança* que jamais poderá perecer
1Pe3.9 para receberem bênção por *herança*

HERDAR
Jó13.26 me fazes *herdar* os pecados
Is14.21 se levantem para *herdar* a terra
Mc10.17 que farei para *herdar* a vida eterna?
1Co15.50 não podem *herdar* o Reino de Deus
Hb1.14 aqueles que hão de *herdar* a salvação
Hb12.17 quando quis *herdar* a bênção

HERDEIRO
Gn24.36 *herdeiro* de tudo o que Abraão possui
Mt21.38 Este é o *herdeiro*
Rm4.13 ele seria *herdeiro* do mundo
Hb1.2 a quem constituiu *herdeiro*
Hb11.7 tornou-se *herdeiro* da justiça

HOMEM
Gn1.26 Façamos o *homem* à nossa imagem
Êx21.12 Quem ferir um *homem* e o matar...
Lv16.22 o *homem* soltará o bode no deserto
Nm1.4 Um *homem* de cada tribo
Dt5.24 vimos que Deus fala com o *homem*
Jó9.32 Ele não é *homem* como eu
Sl144.4 O *homem* é como um sopro
Pv15.18 O *homem* irritável provoca dissensão
Mt9.3 Este *homem* está blasfemando!
Mt9.6 saibam que o Filho do *homem*...
Mt9.9 Saindo, Jesus viu um *homem* chamado Mateus
Mc1.23 *homem* possesso de um espírito imundo
Lc10.6 Se houver ali um *homem* de paz
Lc10.30 Um *homem* descia de Jerusalém
Jo5.11 O *homem* que me curou me disse
At14.8 um *homem* paralítico dos pés
Gl6.7 o que o *homem* semear, isso também colherá
2Pe2.19 o *homem* é escravo daquilo que o domina
Ap1.13 alguém "semelhante a um filho de *homem*"

HONRA
Dt5.16 *Honra* teu pai e tua mãe
1Sm7.17 ...um altar em *honra* ao Senhor
1Sm9.22 lhes deu o lugar de *honra*
Pv3.35 A *honra* é herança dos sábios
Pv8.18 Comigo estão riquezas e *honra*
Pv15.33 a humildade antecede a *honra*
Mt15.8 Este povo me *honra* com os lábios
Mt23.6 gostam do lugar de *honra* nos banquetes
Rm13.7 se honra, *honra*
2Tm2.21 será vaso para *honra*, santificado
Hb2.7 o coroaste de glória e de *honra*
2Pe1.17 *honra* e glória da parte de Deus

HONRAR
Nm27.14 ordem de *honrar* minha santidade
Jr3.17 se reunirão para *honrar* o nome do Senhor
2Co8.19 para *honrar* o próprio Senhor
1Pe2.14 ...e *honrar* os que praticam o bem

HUMANO
Pv30.2 o entendimento de um ser *humano*
Is52.14 não parecia um ser *humano*
Jo5.34 Não que busque testemunho *humano*
Rm2.9 angústia para todo ser *humano*
Rm9.16 não depende...do esforço *humano*
1Co4.3 ou por qualquer tribunal *humano*
1Co9.8 ponto de vista meramente *humano*
Tg5.17 Elias era *humano* como nós
Ap9.7 e o rosto deles parecia rosto *humano*

HUMILDADE
Pv15.33 a *humildade* antecede a honra
Sf2.3 busquem a *humildade*; talvez...
Lc1.48 atentou para a *humildade* da sua serva
At20.19 Servi ao Senhor com toda a *humildade*
Cl2.23 falsa *humildade* e severidade
Tg3.13 *humildade* que provém da sabedoria

HUMILDE
Pv16.19 Melhor é ter espírito *humilde*
Pv29.23 o de espírito *humilde* obtém honra
Is66.2 A este eu estimo: ao *humilde* e...Ez29.14 Ali serão um reino *humilde*
Ez29.15 Será o mais *humilde* dos reinos
Mt11.29 sou manso e *humilde* de coração
Mt18.4 quem se faz *humilde* como esta criança
2Co10.1 eu, que sou "*humilde*"

HUMILDEMENTE
Is38.15 Andarei *humildemente* toda a minha vida
Mq6.8 ...e ande *humildemente* com o seu Deus
Tg1.21 aceitem *humildemente* a palavra

HUMILHAÇÃO
Gn30.23 Deus tirou de mim a minha *humilhação*.
Pv6.33 a sua *humilhação* jamais se apagará
Lc1.25 desfazer a minha *humilhação*
At8.33 Em sua *humilhação* foi privado de justiça

IDOLATRIA
1Sm15.23 a arrogância como o mal da *idolatria*
2Cr21.13 levando...a se prostituírem na *idolatria*
Ez14.4 responderei a ele conforme a sua *idolatria*
1Co10.14 meus amados irmãos, fujam da *idolatria*
Cl3.5 desejos maus e a ganância, que é *idolatria*

IGREJA
Mt16.18 sobre esta pedra edificarei a minha *igreja*
At5.11 ...temor apoderou-se de toda a *igreja*
At9.31 A *igreja* passava por um período de paz
At12.5 a *igreja* orava intensamente a Deus
Rm16.1 Febe, serva da *igreja* em Cencreia
1Co1.2 à *igreja* de Deus que está em Corinto
1Co11.22 Ou desprezam a *igreja* de Deus
1Co14.4 quem profetiza edifica a *igreja*
1Co14.26 Tudo...para a edificação da *igreja*
Ef5.32 refiro-me, porém, a Cristo e à *igreja*
1Tm3.5 ...poderá cuidar da *igreja* de Deus?
Ap2.1 Ao anjo da *igreja* em Éfeso

INCREDULIDADE
Mt13.58 ...por causa da *incredulidade* deles
Mc6.6 ficou admirado com a *incredulidade* deles
Mc9.24 ajuda-me a vencer a minha *incredulidade*!
Rm11.20 foram cortados devido à *incredulidade*
Rm11.23 se não continuarem na *incredulidade*...
1Tm1.13 por ignorância e na minha *incredulidade*
Hb3.19 ...da *incredulidade* não puderam entrar

INFERNO
Mt5.22 corre o risco de ir para o fogo do *inferno*
Mt5.29 ...ser todo ele lançado no *inferno*

Mt23.33 ...escaparão da condenação ao *inferno*?
Lc12.5 poder para lançar no *inferno*
2Pe2.4 não poupou os anjos...os lançou no *inferno*

INFIEL
Pv13.15 o caminho do *infiel* é áspero
Jr3.6 viu o que fez Israel, a *infiel*?
Os2.5 A mãe deles foi *infiel*
Ml2.11 Judá tem sido *infiel*
Ml2.15 ...seja *infiel* à mulher da sua mocidade

INIMIGO
Êx15.6 a tua mão...despedaçou o *inimigo*
Dt32.27 temi a provocação do *inimigo*
1Sm26.8 Deus entregou o seu *inimigo*...
Pv25.21 Se o seu *inimigo* tiver fome...
Mt13.25 veio o seu *inimigo* e semeou o joio
At13.10 ...e *inimigo* de tudo o que é justo!
1Co15.26 último *inimigo* a ser destruído é a morte
Gl4.16 Tornei-me *inimigo* de vocês...
2Ts3.15 não o considerem como *inimigo*
Tg4.4 ...amigo do mundo faz-se *inimigo* de Deus
1Pe5.8 O Diabo, o *inimigo* de vocês...

INJUSTIÇA
Lv19.15 Não cometam *injustiça* num julgamento
Jó5.16 a *injustiça* cala a própria boca
Sl92.15 nele não há *injustiça*
Pv22.8 semeia a *injustiça* colhe a maldade
Hc1.3 Por que me fazes ver a *injustiça*
Sf3.5 é justo e jamais comete *injustiça*
Rm1.29 cheios de toda sorte de *injustiça*
Rm6.13 como instrumentos de *injustiça*
2Ts2.12 tiveram prazer na *injustiça*
2Pe2.15 que amou o salário da *injustiça*
1Jo5.17 Toda *injustiça* é pecado
Ap22.11 Continue o injusto a praticar *injustiça*

INSENSATO
Jó5.2 O ressentimento mata o *insensato*
Sl69.5 Tu bem sabes como fui *insensato*
Sl73.22 agi como *insensato* e ignorante
Pv24.9 A intriga do *insensato* é pecado
Ec10.12 os lábios do *insensato* o destroem
Is32.6 o *insensato* fala com insensatez
Jr5.21 povo tolo e *insensato*
Rm1.21 o coração *insensato* deles obscureceu-se
2Co11.16 Ninguém me considere *insensato*

ÍNTEGRO
Gn6.9 Noé era homem justo, *íntegro*
1Cr29.9 e de coração *íntegro* ao Senhor
Ne7.2 Hananias era *íntegro* e temia a Deus
Pv29.10 e procuram matar o homem *íntegro*
Mt22.16 Mestre, sabemos que és *íntegro*

INTELIGÊNCIA
2Cr2.12 que tem *inteligência* e discernimento

Jó39.26 É graças à *inteligência* que você...
Is29.14 a *inteligência* dos inteligentes
Dn5.11 era um iluminado e tinha *inteligência*
Dn5.12 Daniel...tinha *inteligência* extraordinária
Os13.2 imagens modeladas com muita *inteligência*
1Co1.19 rejeitarei a *inteligência* dos inteligentes

INTERCEDER
Et4.8 *interceder* em favor do seu povo
Jr18.20 para *interceder* em favor deles
Hb7.25 vive sempre para *interceder* por eles

INTERCESSOR
Jó16.20 O meu *intercessor* é meu amigo
1Jo2.1 ...temos um *intercessor* junto ao Pai

INTERCESSÕES
1Tm2.1 que se façam...*intercessões*

INVEJA
Gn30.1 teve *inveja* de sua irmã.
Sl73.3 tive *inveja* dos arrogantes
Pv24.1 Não tenha *inveja* dos ímpios
Mt20.15 está com *inveja* porque sou generoso?
At7.9 Os patriarcas, tendo *inveja* de José
At13.45 ficaram cheios de *inveja*
At17.5 os judeus ficaram com *inveja*
Rm1.29 Estão cheios de *inveja*
1Co3.3 que há *inveja* e divisão entre vocês
Fp1.15 alguns pregam Cristo por *inveja*
Tg3.14 abrigam no coração *inveja* amarga
Tg3.16 onde há *inveja* e ambição egoísta

INVEJOSO
Pv23.6 ...a refeição de um hospedeiro *invejoso*
Pv28.22 O *invejoso* é ávido por riquezas

INVOCAR
Gn4.26 ...a *invocar* o nome do Senhor
Dt29.19 *invocar* uma bênção sobre si
Ne13.2 contratado Balaão para *invocar* maldição
Sl4.3 o Senhor ouvirá quando eu o *invocar*
Jl2.32 que *invocar* o...Senhor será salvo
At19.13 tentaram *invocar* o nome do Senhor

IRMÃ
Gn12.13 Diga que é minha *irmã*
Êx2.4 A *irmã* do menino
Lv18.9 Não se envolva...com a sua *irmã*
Lc10.39 Maria, sua *irmã*, ficou sentada
Jo11.5 Jesus amava Marta, a *irmã* dela e Lázaro
Rm16.1 *irmã* Febe, serva da igreja em Cencreia
Tg2.15 ou *irmã* estiver necessitando de roupa
2Jo13 Os filhos da sua *irmã* eleita

IRMÃO
Gn4.9 Onde está seu *irmão* Abel?
Dt15.11 abra o coração para o seu *irmão*

Jz9.3 "Ele é nosso *irmão*"
1Sm17.28 Eliabe, o *irmão* mais velho
1Cr19.11 sob o comando de seu *irmão* Abisai
Ne7.2 encarreguei o meu *irmão* Hanani
Pv18.19 Um *irmão* ofendido é mais inacessível
Pv18.24 amigo mais apegado que um *irmão*
Mt5.24 vá primeiro reconciliar-se com seu *irmão*
Mt10.21 O *irmão* entregará à morte o seu *irmão*
Lc15.32 celebrar a volta deste seu *irmão*
Lc17.3 Se o seu *irmão* pecar, repreenda-o
Jo11.23 "O seu *irmão* vai ressuscitar"
At12.2 ...matar à espada Tiago, *irmão* de João
2Co2.13 não encontrei ali meu *irmão* Tito
1Pe5.12 Silvano, a quem considero *irmão* fiel
1Jo2.9 ...odeia seu *irmão*, continua nas trevas
1Jo2.10 ama seu *irmão* permanece na luz

IRREPREENSÍVEL
2Sm22.24 Tenho sido *irrepreensível* para com ele
2Sm22.26 ao *irrepreensível* te revelas irrepreensível
Lc1.6 obedecendo de modo *irrepreensível*
Fp3.6 quanto à justiça que há na Lei, *irrepreensível*
1Tm3.2 que o bispo seja *irrepreensível*
1Tm6.14 mandamento imaculado e *irrepreensível*
Tt1.6 que o presbítero seja *irrepreensível*

JEJUAR
2Sm12.23 ...ela morreu, por que deveria *jejuar*?
Sl109.24 De tanto *jejuar* os meus joelhos fraquejam
Mt4.2 ...*jejuar* quarenta dias e quarenta noites
Mt6.17 Ao *jejuar*, arrume o cabelo e lave o rosto
At13.3 depois de *jejuar* e orar...

JEJUM
1Rs21.9 Decretem um dia de *jejum*...
Et9.31 observações sobre tempos de *jejum*
Sl35.13 humilhei-me com *jejum* e...
Is58.5 Será esse o *jejum* que escolhi...?
Mt17.21 ...só sai pela oração e pelo *jejum*
2Co11.27 muitas vezes fiquei em *jejum*

JESUS
Mt1.1 *Jesus* Cristo, filho de Davi, filho de Abraão
Mt1.16 da qual nasceu *Jesus*, que é chamado Cristo
Mt3.13 *Jesus* veio da Galileia ao Jordão
Mt4.1 *Jesus* foi levado pelo Espírito ao deserto
Mt27.55 haviam seguido *Jesus* desde a Galileia
At1.11 Este mesmo *Jesus*, que dentre vocês...
At9.5 Eu sou *Jesus*, a quem você persegue
At10.38 Deus ungiu *Jesus* de Nazaré
Rm3.26 justificador daquele que tem fé em *Jesus*
1Co12.3 pode dizer: "*Jesus* é Senhor" a não ser
Fp2.10 ao nome de *Jesus* se dobre todo joelho
1Ts4.14 cremos que *Jesus* morreu e ressurgiu
Hb2.9 Vemos...*Jesus*, coroado de honra e...
Hb12.2 os olhos fitos em *Jesus*
1Jo5.1 aquele que crê que *Jesus* é o Cristo
Ap22.16 Eu, *Jesus*, enviei o meu anjo

JUIZ
Gn18.25 Não agirá com justiça o *Juiz*
Êx2.14 Quem o nomeou líder e *juiz* sobre nós?
Dt17.9 o *juiz* que estiver exercendo o cargo
Jz11.27 Que o Senhor, o *Juiz*, julgue
Sl50.6 pois o próprio Deus é o *juiz*
Mt5.25 ele poderá entregá-lo ao *juiz*
Lc18.2 Em certa cidade havia um *juiz* que
Lc18.6 Ouçam o que diz o *juiz* injusto
Jo12.48 Há um *juiz* para quem me rejeita
At10.42 ...constituiu *juiz* de vivos e de mortos
Cl3.15 a paz de Cristo seja o *juiz* em seu coração
Hb12.23 chegaram a Deus, *juiz* de todos
Tg4.12 Há apenas um Legislador e *Juiz*
Tg5.9 O *Juiz* já está às portas!

JULGAMENTO
Lv19.15 Não cometam injustiça num *julgamento*
1Sm12.7 vou entrar em *julgamento* com vocês
Ec12.14 Deus trará a *julgamento* tudo o que foi feito
Jó19.29 então vocês saberão que há *julgamento*
Sl1.5 os ímpios não resistirão no *julgamento*
Sl143.2 não leves o teu servo a *julgamento*
Mt5.21 quem matar estará sujeito a *julgamento*
Jo5.22 ...mas confiou todo *julgamento* ao Filho
At12.4 pretendia submetê-lo a *julgamento* público
Rm5.16 por um pecado veio o *julgamento*
1Pe4.17 hora de começar o *julgamento* pela...
Ap17.1 ...o *julgamento* da grande prostituta

JULGAR
Êx18.13 Moisés assentou-se para *julgar*
Nm35.24 a comunidade deverá *julgar* entre ele
1Rs7.7 a Sala da Justiça, onde iria *julgar*
Jó22.13 ...*julgar* através de tão grande escuridão?
Jo5.27 E deu-lhe autoridade para *julgar*
At17.31 um dia em que há de *julgar* o mundo
Rm2.16 ...em que Deus *julgar* os segredos
1Co5.12 como haveria eu de *julgar* os de fora
1Co6.2 os santos hão de *julgar* o mundo?
2Tm4.1 ...que há de *julgar* os vivos e os mortos
Ap20.4 havia sido dada autoridade para *julgar*

JUMENTINHO
Mt21.7 Trouxeram a jumenta e o *jumentinho*
Mc11.2 encontrarão um *jumentinho* amarrado
Lc19.33 estavam desamarrando o *jumentinho*
Jo12.14 Jesus conseguiu um *jumentinho* e montou

JURAMENTO
Gn26.3 ...o *juramento* que fiz a seu pai, Abraão
Nm30.2 ou um *juramento* que o obrigar
Dt4.31 ...da aliança que com *juramento* fez
Mt23.16 ...está obrigado por seu *juramento*
Lc1.73 o *juramento* que fez ao nosso pai Abraão
At2.30 prometera sob *juramento* que poria
Hb7.21 ele se tornou sacerdote com *juramento*

JUSTIFICAÇÃO
Rm4.25 e ressuscitado para nossa *justificação*
Rm5.18 um só ato de justiça resultou na *justificação*
Rm10.4 o fim da Lei é Cristo, para a *justificação*

JUSTIÇA
Gn15.6 e isso lhe foi creditado como *justiça*
Êx23.2 não perverta a *justiça* para apoiar a...
Lv19.15 julguem o seu próximo com *justiça*
Dt16.20 Sigam única e exclusivamente a *justiça*
Sl4.1 ó Deus que me fazes *justiça*!
Sl5.8 Conduze-me, Senhor, na tua *justiça*
Pv21.15 Quando se faz *justiça*, o justo se alegra
Is1.27 Sião será redimida com *justiça*
Mt5.6 os que têm fome e sede de *justiça*
Lc1.75 em santidade e *justiça*, diante dele
Rm3.22 *justiça* de Deus mediante a fé em Jesus
1Tm6.11 fuja de tudo isso e busque a *justiça*
2Tm3.16 e para a instrução na *justiça*
Tg3.18 O fruto da *justiça* semeia-se em paz
2Pe3.13 ...céus e nova terra, onde habita a *justiça*

JUSTO
Gn7.1 você é o único *justo* que encontrei
Êx9.27 O Senhor é *justo*; eu e o meu povo
Dt6.18 Façam o que é *justo* e bom perante
Dt32.4 Ele é a Rocha...*justo* e reto ele é
Sl7.11 Deus é um juiz *justo*, um Deus que
Sl112.6 O *justo* jamais será abalado
Sl116.5 O Senhor é misericordioso e *justo*
Pv10.3 O Senhor não deixa o *justo* passar fome
Pv10.11 A boca do *justo* é fonte de vida
Lc23.47 Certamente este homem era *justo*
At10.22 é um homem *justo* e temente a Deus
Rm7.12 o mandamento é santo, *justo* e bom
Gl3.11 "o *justo* viverá pela fé"
Tg5.16 A oração de um *justo* é poderosa
1Jo1.9 ele é fiel e *justo* para perdoar
1Jo3.7 Aquele que pratica a justiça é *justo*

JUÍZO
Êx6.6 ...e com poderosos atos de *juízo*
Dt32.28 uma nação sem *juízo* e sem discernimento
2Cr24.24 o *juízo* foi executado sobre Joás
Sl76.8 Dos céus pronunciaste *juízo*
Is3.14 O Senhor entra em *juízo* contra
Mt10.15 No dia do *juízo* haverá menor rigor
Mt12.42 A rainha do Sul se levantará no *juízo*
Tg2.13 será exercido *juízo* sem misericórdia
2Pe3.7 guardados para o dia do *juízo* e para
Ap14.7 pois chegou a hora do seu *juízo*

LADRÃO
Jo10.10 O *ladrão* vem apenas para roubar...
1Ts5.2 o dia do Senhor virá como *ladrão*
Ap3.3 virei como um *ladrão* e você
Ap16.15 Eis que venho como *ladrão*!

LAMENTAÇÕES
2Cr35.25 escritos na coletânea de *lamentações*
Lm2.5 e as *lamentações* da filha de Judá

LEI
Êx24.12 darei as tábuas de pedra com a *lei*
Lv24.22 terão a mesma *lei* para o estrangeiro
Dt4.44 Esta é a *lei* que Moisés apresentou
Ne8.8 Leram o Livro da *Lei* de Deus
Sl119.18 ...eu veja as maravilhas da tua *lei*
Ml2.9 são parciais quando ensinam a *Lei*
Mt5.17 ...vim abolir a *Lei* ou os Profetas
Jo1.17 a *Lei* foi dada por intermédio de Moisés
Rm2.12 aquele que pecar sem a *Lei*
Gl3.11 ninguém é justificado pela *Lei*
Gl3.12 A *Lei* não é baseada na fé
1Tm1.8 Sabemos que a *Lei* é boa
Hb7.28 a *Lei* constitui sumos sacerdotes
1Jo3.4 o pecado é a transgressão da *Lei*

LEÃO
2Tm4.17 eu fui libertado da boca do *leão*
1Pe5.8 O Diabo...anda ao redor como *leão*
Ap4.7 O primeiro ser parecia um *leão*
Ap5.5 Eis que o *Leão* da tribo de Judá
Ap10.3 como o rugido de um *leão*

LIBERDADE
2Sm22.20 Deu-me ampla *liberdade*
Sl31.8 deste-me segurança e *liberdade*
Lc4.18 me enviou para proclamar *liberdade*
At9.28 e andava com *liberdade* em Jerusalém
1Co10.29 minha *liberdade* deve ser julgada
2Co3.17 está o Espírito do Senhor ali há *liberdade*
Gl5.1 para a *liberdade* que Cristo nos libertou
1Pe2.16 não usem a *liberdade* como desculpa

LIBERTADOR
Jz3.9 ele lhes levantou um *libertador*
2Sm22.2 a minha fortaleza e o meu *libertador*
Sl40.17 és o meu socorro e o meu *libertador*
At7.35 para ser líder e *libertador* deles

LIVRAMENTO
Gn45.7 salvar-lhes a vida com grande *livramento*
Sl3.8 Do Senhor vem o *livramento*.
Pv12.6 quando os justos falam há *livramento*
Is59.16 seu braço lhe trouxe *livramento*
Jl2.32 em Jerusalém haverá *livramento*

LIVRO
Êx24.7 leu o *Livro* da Aliança para o povo
Êx32.32 ...risca-me do teu *livro* que escreveste
Dt29.27 as maldições escritas neste *livro*
Sl40.7 No *livro* está escrito a meu respeito
Ez2.9 Nela estava o rolo de um *livro*
Na1.1 *Livro* da visão de Naum
Lc4.17 Foi-lhe entregue o *livro* do profeta

At1.1 Em meu *livro* anterior, Teófilo
At1.20 está escrito no *Livro* de Salmos
Ap22.10 as palavras da profecia deste *livro*

LOUVAR
1Cr23.30 dar graças e *louvar* ao Senhor
Lc13.13 e passou a *louvar* a Deus
Lc19.37 a *louvar* a Deus alegremente

LOUVOR
Lv19.24 uma oferta de *louvor* ao Senhor
1Cr25.7 o ministério do *louvor* do Senhor
Jó36.24 dedicam cânticos de *louvor*
Sl18.3 ...ao Senhor, que é digno de *louvor*
Sl119.108 Aceita, Senhor, a oferta de *louvor*
Rm2.29 Para estes o *louvor* não provém
Ef1.6 para o *louvor* da sua gloriosa graça
Hb13.15 ...a Deus um sacrifício de *louvor*
Ap5.13 ao Cordeiro sejam o *louvor*, a honra...

LUTO
Gn27.41 Os dias de *luto* pela morte...
Lv10.6 rasguem as roupas em sinal de *luto*
Dt34.8 até passar o período de pranto e *luto*
Ec7.2 melhor ir a uma casa onde há *luto*
Mt9.15 convidados do noivo ficar de *luto*
1Co9.26 não *luto* como quem esmurra o ar

LUZ
Gn1.3 "Haja *luz*", e houve *luz*
Êx1.16 ajudarem as hebreias a dar à *luz*
Js16.2 De Betel, que é *Luz*, iam para
Sl97.11 A *luz* nasce sobre o justo
Pv4.18 A vereda do justo é como a *luz*
Is42.16 transformarei as trevas em *luz*
Is60.1 chegou a sua *luz*, e a glória do Senhor
Ez32.7 e a lua não dará a sua *luz*
Mt4.16 vivia nas trevas viu uma grande *luz*
Mt5.14 Vocês são a *luz* do mundo
Rm2.19 *luz* para os que estão em trevas
Rm13.12 revistamo-nos da armadura da *luz*
Ap21.24 As nações andarão em sua *luz*
Ap22.5 não precisarão de *luz* de candeia

MADEIRO
Dt21.23 não deixem o corpo no *madeiro*
At5.30 suspendendo-o num *madeiro*
At13.29 tiraram-no do *madeiro* e o colocaram
1Pe2.24 levou...nossos pecados sobre o *madeiro*

MAJESTADE
Dt5.24 mostrou-nos sua glória e sua *majestade*
1Cr16.27 e a *majestade* estão diante dele
Jó37.22 Deus vem em temível *majestade*
Mq5.4 na *majestade* do nome do Senhor
At19.27 ser destituída de sua *majestade* divina
2Ts1.9 e da *majestade* do seu poder

2Pe1.16 testemunhas oculares da sua *majestade*

MAL
Gn2.9 árvore do conhecimento do bem e do *mal*
Êx32.12 não tragas este *mal* sobre o teu povo!
Êx32.14 o Senhor arrependeu-se do *mal*
Jr5.12 Nenhum *mal* nos acontecerá
Mt6.13 mas livra-nos do *mal*, porque teu
Mt6.34 Basta a cada dia o seu próprio *mal*.
Mc16.18 não lhes fará *mal* nenhum
Rm7.19 mas o *mal* que não quero fazer
Rm12.21 Não se deixem vencer pelo *mal*
1Pe3.17 do que por fazer o *mal*
3Jo11 aquele que faz o *mal* não viu a Deus

MALDADE
Gn15.16 a *maldade* dos amorreus ainda não atingiu
Gn50.17 o trataram com tanta *maldade*!
Dt13.11 a cometer uma *maldade* dessas
Jó4.8 quem cultiva o mal e semeia *maldade*
Jó27.4 meus lábios não falarão *maldade*
Sl10.7 violência e *maldade* estão em sua língua
Sl50.19 Sua boca está cheia de *maldade*
Mt24.12 Devido ao aumento da *maldade*
At8.22 Arrependa-se dessa *maldade* e ore
2Co6.14 em comum a justiça e a *maldade*?
Tt2.14 nos remir de toda a *maldade* e purificar
Hb8.12 lhes perdoarei a *maldade* e não
1Pe2.1 livrem-se de toda *maldade*

MALDITO
Js6.26 *Maldito* seja diante do Senhor o homem
Jz21.18 *Maldito* seja todo aquele que
Jr11.3 *Maldito* é aquele que não obedecer
Jr17.5 *Maldito* é o homem que confia nos homens
Ml1.14 *Maldito* seja o enganador que...
Gl3.10 *Maldito* todo aquele que não persiste
Gl3.13 *Maldito* todo aquele que for pendurado

MALDIÇÃO
Dt23.5 transformou a *maldição* em bênção
Ne13.2 para invocar *maldição* sobre eles
Pv3.33 A *maldição* do Senhor está sobre
Pv26.2 a *maldição* sem motivo justo não pega
Jr26.6 objeto de *maldição* entre todas as nações
Zc5.4 lancei essa *maldição* para que
Ml3.9 debaixo de grande *maldição* porque
Mt26.74 Aí ele começou a *lançar maldições* e a jurar
Rm3.14 boca está cheia de *maldição*
Gl3.13 ...se tornou *maldição* em nosso lugar
Tg3.10 mesma boca procedem bênção e *maldição*
Ap22.3 Já não haverá *maldição* nenhuma

MALIGNO
Jz9.23 Deus enviou um espírito *maligno*
1Sm16.15 Há um espírito *maligno*, mandado...
Et9.25 para que o plano *maligno* de Hamã
Mt5.37 o que passar disso vem do *Maligno*

Mt13.19 o *Maligno* vem e lhe arranca o que
Mt13.38 O joio são os filhos do *Maligno*
Jo17.15 mas que os protejas do *Maligno*
Ef6.16 todas as setas inflamadas do *Maligno*
2Ts3.3 ele os fortalecerá e os guardará do *Maligno*
1Jo5.18 ...e o *Maligno* não o atinge

MANDAMENTO
Js22.5 guardem fielmente o *mandamento* e a lei
1Sm12.15 se rebelarem contra o seu *mandamento*
Sl119.96 não há limite para o teu *mandamento*
Sl122.4 conforme o *mandamento* dado a Israel
Pv6.23 o *mandamento* é lâmpada
Is8.16 Guarde o *mandamento* com cuidado
Mt15.3 transgridem o *mandamento* de Deus
Mt22.36 "...qual é o maior *mandamento* da Lei?"
Jo13.34 Um novo *mandamento* dou a vocês
Rm7.12 o *mandamento* é santo, justo e bom
1Co7.25 não tenho *mandamento* do Senhor
Gl5.14 a Lei se resume num só *mandamento*

MANIFESTAR
Sl106.8 para *manifestar* o seu poder
Lc19.11 que o Reino de Deus ia se *manifestar*
1Pe5.4 se *manifestar* o Supremo Pastor
1Jo2.28 quando ele se *manifestar*

MANIFESTAÇÃO
Is60.21 para *manifestação* da minha glória
1Co12.7 é dada a *manifestação* do Espírito
2Ts2.8 destruirá pela *manifestação* de sua vinda
1Tm6.14 até a *manifestação* de nosso Senhor
Tt2.13 gloriosa *manifestação* de nosso grande

MARAVILHOSO
Sl31.21 mostrou o seu *maravilhoso* amor
Sl118.23 e é algo *maravilhoso* para nós
Sl139.6 Tal conhecimento é *maravilhoso*
Is9.6 ele será chamado *Maravilhoso*...
Ap15.1 no céu outro sinal, grande e *maravilhoso*

MARIDO
Mt1.16 Jacó gerou José, *marido* de Maria
Jo4.16 "Vá, chame o seu *marido* e volte"
1Co7.2 e cada mulher o seu próprio *marido*
1Co7.3 O *marido* deve cumprir os seus deveres
Ef5.22 sujeite-se cada uma a seu *marido*
Ef5.23 o *marido* é o cabeça da mulher
1Tm3.2 *marido* de uma só mulher
Ap21.2 uma noiva adornada para o seu *marido*

MATAR
Gn4.15 se alguém *matar* Caim...
Êx12.23 pela terra para *matar* os egípcios
Nm35.30 Quem *matar* uma pessoa terá...
Mt5.21 quem *matar* estará sujeito ao julgamento
Mt10.28 mas não podem *matar* a alma
Jo10.10 vem apenas para roubar, *matar* e...
At12.2 e mandou *matar* à espada Tiago
Ap9.15 para *matar* um terço da humanidade

MAU
Mt25.26 Servo *mau* e negligente!
Lc6.45 e o homem *mau* tira coisas más
Jo7.7 ...de que o que ele faz é *mau*
Rm12.9 Odeiem o que é *mau*
Ef6.13 que possam resistir no dia *mau*
3Jo11 Amado, não imite o que é *mau*

MEDO
Sl27.1 de quem terei *medo*?
Sl55.5 o *medo* tomou conta de mim
Pv3.24 quando se deitar, não terá *medo*
Mt14.5 mas tinha *medo* do povo
Mt14.27 Não tenham *medo*!
Jo12.42 com *medo* de serem expulsos
At7.32 Moisés, tremendo de *medo*
Rm13.3 viver livre do *medo* da autoridade?
Hb2.15 escravizados pelo *medo* da morte
1Jo4.18 No amor não há *medo*
Ap2.10 Não tenha *medo* do que você...

MENINA
2Rs5.2 levado cativa uma *menina*
Lm2.18 dê repouso à *menina* dos seus olhos
Zc2.8 toca na *menina* dos olhos dele
Mt9.24 A *menina* não está morta, mas dorme
Mc5.41 "*menina*, eu ordeno a você, levante-se!"

MENINO
Êx2.22 Ela deu à luz um *menino*
Jz13.12 como devemos criar o *menino*?
1Sm1.25 e levaram o *menino* a Eli
Is9.6 um *menino* nos nasceu, um filho...
Mt2.13 Herodes vai procurar o *menino*
Mc9.20 causou uma convulsão no *menino*
Lc2.40 O *menino* crescia e se fortalecia
Lc2.43 o *menino* Jesus ficou em Jerusalém
1Co13.11 eu era *menino*, falava como *menino*

MENSAGEIRO
2Sm15.13 um *mensageiro* chegou e disse
Jó1.14 um *mensageiro* veio dizer a Jó
Is41.27 darei um *mensageiro* de boas-novas
Mt11.10 Enviarei o meu *mensageiro* à tua frente
2Co12.7 um *mensageiro* de Satanás
Fp2.25 *mensageiro* que vocês enviaram

MENSAGEM
Mc1.7 esta era a sua *mensagem*
Jo12.38 quem creu em nossa *mensagem*
At2.41 ...aceitaram a *mensagem* foram batizados
At15.31 se alegraram com a sua animadora *mensagem*
1Co1.18 a *mensagem* da cruz é loucura para
Hb2.2 se a *mensagem* transmitida por anjos

1Pe2.8 porque desobedecem à *mensagem*
1Jo1.5 é a *mensagem* que dele ouvimos

MENTIR
Lv6.3 bem perdido e *mentir* a respeito
Jr9.5 treinaram a língua para *mentir*
At5.3 *mentir* ao Espírito Santo e guardar...

MENTIRA
Pv30.8 longe de mim a falsidade e a *mentira*
Rm1.25 Trocaram a verdade de Deus pela *mentira*
Ef4.25 abandonar a *mentira* e falar a verdade
2Ts2.11 a fim de que creiam na *mentira*
1Jo2.21 nenhuma *mentira* procede da verdade
Ap14.5 *Mentira* nenhuma foi encontrada na...
Ap22.15 os que amam e praticam a *mentira*

MESSIAS
Jo1.41 "Achamos o *Messias*"
Jo4.26 Eu sou o *Messias*!

MESTRE
Ec1.1 As palavras do *Mestre*, filho de Davi
Mt10.24 " não está acima do seu *mestre*..."
Mt10.25 ser como o seu *mestre*
Mt12.38 alguns dos fariseus e *mestres*
Lc3.12 *Mestre*, o que devemos fazer?
Jo11.28 O *Mestre* está aqui e...
Jo13.13 me chamam '*Mestre*' e 'Senhor'
At5.34 Gamaliel, *mestre* da lei
2Tm1.11 constituído pregador, apóstolo e *mestre*

MILAGRE
Mc6.5 não pôde fazer ali nenhum *milagre*
Mc6.52 não tinham entendido o *milagre*
Mc9.39 que faça um *milagre* em meu nome
Lc23.8 esperava vê-lo realizar algum *milagre*
Jo7.21 Fiz um *milagre*, e vocês estão admirados
At4.16 eles realizaram um *milagre* notório

MINISTRO
Gn45.8 me tornou *ministro* do faraó
Rm15.16 ser um *ministro* de Cristo Jesus
Cl1.7 fiel *ministro* de Cristo para conosco
Cl4.7 *ministro* fiel e cooperador
1Tm4.6 será um bom *ministro* de Cristo

MISERICORDIOSO
Êx22.27 eu o ouvirei, pois sou *misericordioso*.
Êx34.6 Deus compassivo e *misericordioso*
Sl112.4 para quem é *misericordioso*
Sl116.5 O Senhor é *misericordioso* e justo
Lc6.36 o Pai de vocês é *misericordioso*
Hb2.17 sumo sacerdote *misericordioso*

MISERICÓRDIA
Gn19.16 o Senhor teve *misericórdia* deles

1Rs8.28 ao seu pedido de *misericórdia*
Sl4.1 tem *misericórdia* de mim
Sl26.11 livra-me e tem *misericórdia* de mim
Sl30.8 ao Senhor pedi *misericórdia*
Sl51.1 Tem *misericórdia* de mim, ó Deus
1Pe1.3 Conforme a sua grande *misericórdia*
Jd23 mostrem *misericórdia* com temor

MORRER
Gn21.16 Não posso ver o menino *morrer*.
Gn50.24 Antes de *morrer* José disse
Nm27.8 um homem *morrer* e não deixar filho
Dt9.28 tirou-os para fazê-los *morrer* no deserto
Jn4.3 para mim é melhor *morrer* do que viver
Jn4.9 estou furioso ao ponto de querer *morrer*
Lc8.24 "Mestre, Mestre, vamos *morrer*!"
Lc20.36 e não podem mais *morrer*
Jo12.24 não cair na terra e não *morrer*
Jo19.7 ele deve *morrer*, porque se declarou
Fp1.21 o viver é Cristo e o *morrer* é lucro
Ap9.6 desejarão *morrer*, mas a morte fugirá

MORTAL
Êx10.17 ...esta praga *mortal* para longe
Jó4.17 algum *mortal* ser mais justo que Deus?
Jó9.2 como pode o *mortal* ser justo
Mc16.18 se beberem algum veneno *mortal*
Rm1.23 a semelhança do homem *mortal*
1Co15.53 e aquilo que é *mortal*, se revista
2Co4.11 se manifeste em nosso corpo *mortal*
Ap13.12 cujo ferimento *mortal* havia sido curado

MORTE
Gn24.67 consolado após a *morte* de sua mãe
Gn25.11 Depois da *morte* de Abraão
Dt22.26 pecado algum que mereça a *morte*
Dt31.29 depois da minha *morte* vocês
2Sm1.9 Estou na angústia da *morte*!
2Rs4.40 há *morte* na panela!
Sl68.20 é o Senhor que nos livra da *morte*
Sl79.11 preserva os condenados à *morte*
Pv16.25 mas no final conduz à *morte*
Mc10.33 Eles o condenarão à *morte*
Mc14.64 Todos o julgaram digno de *morte*
Lc9.27 de modo nenhum experimentarão a *morte*
At26.31 nada que mereça *morte* ou prisão
Rm6.23 o salário do pecado é a *morte*
1Co15.21 a *morte* veio por meio de um só homem
1Co15.26 último inimigo a ser destruído é a *morte*
Hb11.21 Pela fé Jacó, à beira da *morte*
Ap9.6 os homens procurarão a *morte*
Ap20.14 O lago de fogo é a segunda *morte*
Ap21.4 Não haverá mais *morte*
Ap21.8 Esta é a segunda *morte*

MULHER
Gn1.27 ...homem e *mulher* os criou

MUNDO

Gn2.22 o Senhor Deus fez uma *mulher*...
Êx18.5 veio com os filhos e a *mulher* de Moisés
Js15.16 Darei minha filha Acsa por *mulher*
Is42.14 como *mulher* em trabalho de parto
Mt1.6 cuja mãe tinha sido *mulher* de Urias
Mt5.28 Qualquer que olhar para uma *mulher*
Mc12.22 Finalmente, morreu também a *mulher*
1Co7.33 em como agradar sua *mulher*
1Co7.39 A *mulher* está ligada a seu marido
Cl3.19 ame cada um a sua *mulher*
1Tm2.11 A *mulher* deve aprender em silêncio
1Tm2.12 Não permito que a *mulher* ensine
Ap12.17 O dragão irou-se contra a *mulher*
Ap17.18 A *mulher* que você viu é a grande cidade

MUNDO

Gn11.9 confundiu a língua de todo o *mundo*
Sl50.12 o *mundo* é meu, e tudo o que nele existe
Sl96.13 julgará o *mundo* com justiça
Sl97.4 Seus relâmpagos iluminam o *mundo*
Mt25.34 preparado para vocês desde a criação do *mundo*
Mc13.19 desde que Deus criou o *mundo*
Mc16.15 Vão pelo *mundo* todo e preguem
Jo6.51 que eu darei pela vida do *mundo*
Jo8.23 Vocês são deste *mundo*
Jo9.5 sou a luz do *mundo*
Jo9.39 vim a este *mundo* para julgamento
Ef2.12 sem esperança e sem Deus no *mundo*
1Tm3.16 ...crido no *mundo*, recebido na glória
1Jo5.5 Quem é que vence o *mundo*?
Ap13.8 morto desde a criação do *mundo*

MÃE

Gn2.24 o homem deixará pai e *mãe*
Gn3.20 ela seria *mãe* de toda a humanidade.
2Cr13.2 O nome de sua *mãe* era Maaca
2Cr26.3 Sua *mãe* era de Jerusalém
Sl139.13 me teceste no ventre de minha *mãe*
Ec5.15 ...sai nu do ventre de sua *mãe*
Mt10.37 ...ou sua *mãe* mais do que a mim
Mt12.46 sua *mãe* e seus irmãos chegaram
Mt13.55 O nome de sua *mãe* não é Maria...?
Hb7.3 Sem pai, sem *mãe*, sem genealogia

NASCER

Gn2.9 o Senhor Deus fez *nascer*
Gn32.31 Ao *nascer* do sol atravessou Peniel
Jz13.8 ...com o menino que vai *nascer*
Jó3.11 Por que não morri ao *nascer*...?
Is66.8 Pode uma nação *nascer* num só dia...?
Lc1.35 aquele que há de *nascer* será...
Jo3.4 Como alguém pode *nascer*...
Jo3.5 se não *nascer* da água e do Espírito
Jo8.58 antes de Abraão *nascer*, Eu Sou!

NASCIMENTO

Gn25.13 alistados por ordem de *nascimento*

Jó3.1 amaldiçoou o dia do seu *nascimento*
Is49.1 desde o meu *nascimento* ele fez
Mt1.18 Foi assim o *nascimento* de Jesus Cristo
Lc19.12 Um homem de nobre *nascimento*
At14.8 aleijado desde o *nascimento*
Gl2.15 Nós, judeus de *nascimento*
Ef2.11 vocês eram gentios por *nascimento*

NATUREZA

Rm1.20 eterno poder e sua *natureza* divina
Rm11.24 de uma oliveira brava por *natureza*
Gl4.8 escravos daqueles que, por *natureza*
Ef2.3 éramos por *natureza* merecedores
2Pe1.4 participantes da *natureza* divina

NAÇÃO

Gn15.14 castigarei a *nação* a quem servirão...
Gn46.3 lá farei de você uma grande *nação*
Êx33.13 ...de que esta *nação* é o teu povo.
Mq4.7 e dos dispersos, uma *nação* forte
Hc1.6 *nação* cruel e impetuosa
Ml3.9 a *nação* toda está me roubando
Mt24.7 Nação se levantará contra *nação*
1Pe2.9 ...sacerdócio real, *nação* santa

NECESSIDADE

2Sm20.10 sem *necessidade* de um segundo...
Jó30.3 Desfigurados de tanta *necessidade*
Sl34.10 Os leões podem passar *necessidade*
Lc15.14 ele começou a passar *necessidade*
At2.45 a cada um conforme a sua *necessidade*
Ef4.28 com quem estiver em *necessidade*
1Ts1.8 não temos *necessidade* de dizer
Hb7.27 *necessidade* de oferecer sacrifícios

NECESSITADO

Jó31.19 ou um *necessitado* sem cobertor
Sl10.9 à espreita para apanhar o *necessitado*
Is25.4 refúgio para o *necessitado* em sua aflição
Jr22.16 a causa do pobre e do *necessitado*
Zc7.10 nem o estrangeiro e o *necessitado*

NEGAR

Dt27.19 Maldito quem *negar* justiça
Mt10.33 que me *negar* diante dos homens
Mc6.26 não quis *negar* o pedido à jovem
At10.47 Pode alguém *negar* a água

NOIVA

Jo3.29 A *noiva* pertence ao noivo
Ap19.7 e a sua *noiva* já se aprontou
Ap21.2 preparada como uma *noiva* adornada
Ap21.9 Venha, eu mostrarei a você a *noiva*
Ap22.17 O Espírito e a *noiva* dizem...

NOIVO

Dt28.30 Você ficará *noivo* de uma mulher
Sl19.5 como um *noivo* que sai de seu

Is62.5 o *noivo* se regozija por sua noiva
Mt25.6 O *noivo* se aproxima!

NOME
Gn3.20 ...deu à sua mulher o *nome* de Eva
Êx9.16 que o meu *nome* seja proclamado
Êx20.7 ...em vão o *nome* do Senhor
Dt32.3 Proclamarei o *nome* do Senhor
Jz13.6 e ele não me disse o seu *nome*
1Sm17.45 vou contra você em *nome* do Senhor
Sl113.2 Seja bendito o *nome* do Senhor
Ml4.2 vocês que reverenciam o meu *nome*
Mt1.21 deverá dar-lhe o *nome* de Jesus
Mt24.5 muitos virão em meu *nome*
Jo16.26 vocês pedirão em meu *nome*
Rm10.13 aquele que invocar o *nome* do Senhor
Fp2.9 lhe deu o *nome* que está acima
Hb7.2 seu *nome* significa "rei de justiça"
Ap22.4 o seu *nome* estará na testa deles

NOVA
Rm6.4 também nós vivamos uma vida *nova*
1Co11.25 é a *nova* aliança no meu sangue
2Co3.6 ministros de uma *nova* aliança
2Co5.17 alguém está em Cristo, é *nova* criação
Cl3.11 Nessa *nova* vida já não há diferença
Hb8.8 quando farei uma *nova* aliança
2Pe3.13 esperamos novos céus e *nova* terra
Ap3.12 a *nova* Jerusalém, que desce dos céus
Ap21.1 vi novos céus e *nova* terra
Ap21.2 a Cidade Santa, a *nova* Jerusalém

OBEDECER
Êx16.28 recusarão a *obedecer* aos meus...
Lv8.35 e *obedecer* às exigências do Senhor
Dt6.25 nos aplicarmos a *obedecer* a toda
Js1.7 Tenha o cuidado de *obedecer*
1Rs3.14 andar nos meus caminhos e *obedecer*
Mt28.20 ensinando-as a *obedecer* a tudo
Jo8.51 se alguém *obedecer* à minha palavra
At5.29 É preciso *obedecer* antes a Deus
Rm6.17 passaram a *obedecer* de coração
Hb5.8 ele aprendeu a *obedecer* por meio
1Jo5.3 ...em *obedecer* aos seus mandamentos

OBEDIENTE
1Cr10.13 não foi *obediente* à palavra...
2Co10.5 para torná-lo *obediente* a Cristo
Fp2.8 e foi *obediente* até a morte...

OBEDIÊNCIA
Êx16.34 Em *obediência* ao que o Senhor...
1Sm15.22 A *obediência* é melhor do que o sacrifício
Rm1.5 um povo para a *obediência*
2Co9.13 louvarão a Deus pela *obediência*
1Pe1.2 para a *obediência* a Jesus Cristo
1Pe1.22 purificaram a sua vida pela *obediência*
2Jo6 que andemos em *obediência* aos...

OBRA
Gn2.3 nele descansou de toda a *obra*
Êx40.33 Assim, Moisés terminou a *obra*.
Dt33.11 e aprova a *obra* das suas mãos
1Rs7.51 Terminada toda a *obra* que Salomão
Ne4.19 A *obra* é grande e extensa
Lc1.25 Isto é *obra* do Senhor!
Jo4.34 que me enviou e concluir a sua *obra*
At13.2 para a *obra* a que os tenho chamado
Rm14.20 Não destrua a *obra* de Deus
1Pe1.2 pela *obra* santificadora do Espírito

OBSTINADO
Êx7.14 O coração do faraó está *obstinado*
Lv26.41 se o seu coração *obstinado*...
Dt2.30 tornou-lhe *obstinado* o espírito
Jz2.19 práticas e seu caminho *obstinado*
At7.51 *obstinado* de coração e de ouvidos!
Rm2.5 ...e do seu coração *obstinado*

ODIAR
Dt19.11 se alguém *odiar* o seu próximo
Pv8.13 Temer o Senhor é *odiar* o mal
Ec3.8 tempo de amar e tempo de *odiar*

OFENSA
Gn20.16 reparar a *ofensa* feita a você
Gn40.1 fizeram uma *ofensa* ao seu senhor
Lv6.2 ...cometendo um erro contra o Senhor
1Sm25.28 Esquece...a *ofensa* de tua serva
Jó10.14 sem punição a minha *ofensa*
Pv17.9 que cobre uma *ofensa* promove amor
2Co12.13 Perdoem-me esta *ofensa*!

OFERECER
Gn47.18 nada mais nos resta para *oferecer*
Êx5.3 para *oferecer* sacrifícios ao Senhor
Êx8.8 deixarei o povo ir e *oferecer* sacrifícios
Lv12.8 não tiver recursos para *oferecer*
Lc1.10 Chegando a hora de *oferecer* incenso
Hb5.3 ele precisa *oferecer* sacrifícios por
Ap8.3 muito incenso para *oferecer*

OFERTA
Lv1.13 trará tudo isso como *oferta*
Lv2.8 Traga ao Senhor a *oferta* de cereal
Nm6.15 com a *oferta* derramada
Dt16.10 e tragam uma *oferta* voluntária
Jz13.23 e a *oferta* de cereal das nossas mãos
Jz21.13 enviou uma *oferta* de comunhão
Mt5.24 deixe sua *oferta* ali, diante do altar
Mc7.11 uma *oferta* dedicada a Deus
Rm15.16 se tornem uma *oferta* aceitável a Deus
2Co9.5 estará pronta como *oferta* generosa
Ef5.2 se entregou por nós como *oferta*

OLHAR
Gn16.4 começou a *olhar* com desprezo

Jó14.6 desvia dele o teu *olhar*, e deixa-o
Jr46.5 ...às pressas, sem *olhar* para trás
Mt5.28 que *olhar* para uma mulher e
Lc18.13 nem ousava *olhar* para o céu.
Jo20.11 ...para *olhar* dentro do sepulcro
Tg1.24 depois de *olhar* para si mesmo
Ap5.4 ...abrir o livro e de *olhar* para ele

OLHO
Êx21.24 *olho* por *olho*, dente por dente
Jó20.9 O *olho* que o viu não o verá mais
Is41.28 *Olho*, e não há ninguém
Mt5.29 Se o seu *olho* direito o fizer pecar
Mt18.9 se o seu *olho* o fizer tropeçar
Lc6.41 cisco que está no *olho* do seu irmão
1Co12.17 Se todo o corpo fosse *olho*...
1Co12.21 O *olho* não pode dizer à mão
Ap1.7 todo *olho* o verá, até mesmo aqueles...

OPINIÃO
2Sm17.5 para que ouçamos a *opinião* dele
2Sm17.6 ou você tem outra *opinião*?
Jó32.17 Também vou dar a minha *opinião*
Is5.21 inteligentes em sua própria *opinião*!

OPRESSOR
Sl72.4 esmague ele o *opressor*!
Pv29.13 O pobre e o *opressor* têm algo
Is14.4 Como chegou ao fim o *opressor*!
Jr21.12 o explorado das mãos do *opressor*
Jr46.16 para longe da espada do *opressor*
Jr50.16 Por causa da espada do *opressor*
Zc9.8 ...um *opressor* passará por cima...

OPRESSÃO
Ez45.9 Abandonem a violência e a *opressão*
Os8.10 a *opressão* no meio do seu povo
At7.34 ...visto a *opressão* sobre o meu povo

OPRIMIDO
Jz4.3 os havia *oprimido* cruelmente
Jó5.15 Ele salva o *oprimido* da espada
Sl10.18 Defendes o órfão e o *oprimido*
Pv15.15 os dias do *oprimido* são infelizes
Is3.12 Meu povo é *oprimido* por uma criança
Is53.7 Ele foi *oprimido* e afligido
Jr50.33 O povo de Israel está sendo *oprimido*

ORAR
Mt14.23 subiu sozinho a um monte para *orar*
Mc14.32 "Sentem-se aqui enquanto vou *orar*"
Lc11.1 Senhor, ensina-nos a *orar*
Lc22.41 ajoelhou-se e começou a *orar*
At10.9 Pedro subiu ao terraço para *orar*
At13.3 Assim, depois de jejuar e *orar*
At22.17 estando eu a *orar* no templo
Rm8.26 pois não sabemos como *orar*
1Co11.13 apropriado a uma mulher *orar* a Deus
Cl1.9 não deixamos de *orar* por vocês
1Ts3.10 Noite e dia insistimos em *orar*

ORAÇÃO
Gn25.21 O Senhor respondeu à sua *oração*
Jz13.9 Deus ouviu a *oração* de Manoá
1Rs8.45 ouve dos céus a sua *oração*
2Cr6.19 atende à *oração* do teu servo
Jó42.9 o Senhor aceitou a *oração* de Jó
Sl54.2 Ouve a minha *oração*, ó Deus
Mt17.21 esta espécie só sai pela *oração*
Mt21.22 tudo o que pedirem em *oração*
Lc19.46 A minha casa será casa de *oração*
At3.1 subindo ao templo na hora da *oração*
At6.4 nos dedicaremos à *oração* e ao ministério
Rm12.12 ...perseverem na *oração*
Ef6.18 com toda *oração* e súplica
Cl4.2 Dediquem-se à *oração*
1Tm4.5 santificado pela palavra...e pela *oração*
Tg5.15 A *oração*...com fé curará o doente

ORDENANÇA
Nm15.16 A mesma lei e *ordenança* se aplicará
1Sm30.25 ...e uma *ordenança* para Israel
Sl81.4 uma *ordenança* do Deus de Jacó
Hb7.18 A *ordenança* anterior é revogada

ÓRFÃO
Dt10.18 defende a causa do *órfão* e da viúva
Jó31.21 se levantei a mão contra o *órfão*
Sl10.14 tu és o protetor do *órfão*
Zc7.10 Não oprimam a viúva e o *órfão*

OUVIDOS
Mt6.7 por muito falarem serão *ouvidos*
Mt11.15 Aquele que tem *ouvidos*, ouça!
Mc7.33 colocou os dedos nos *ouvidos* dele
Lc1.44 sua saudação chegou aos meus *ouvidos*
At7.51 obstinado de coração e de *ouvidos*!
2Tm4.4 recusarão a dar *ouvidos* à verdade
Tg5.4 chegou aos *ouvidos* do Senhor
1Pe3.12 seus *ouvidos* estão atentos

PACIENTE
Êx34.6 *paciente*, cheio de amor
Nm12.3 era um homem muito *paciente*
Nm14.18 O Senhor é muito *paciente*
Ec7.8 o *paciente* é melhor que o orgulhoso
1Co13.4 O amor é *paciente*, o amor é bondoso
2Tm2.24 apto para ensinar, *paciente*
2Pe3.9 ele é *paciente* com vocês

PACIÊNCIA
Pv19.11 A sabedoria do homem lhe dá *paciência*
Rm9.22 suportou com grande *paciência*
Cl1.11 toda a perseverança e *paciência*

2Tm3.10 a minha fé, a minha *paciência*
Hb6.12 por meio da fé e da *paciência*
Tg5.10 como exemplo de *paciência*

PAI
Gn2.24 o homem deixará *pai* e mãe
Mt7.21 que faz a vontade de meu *Pai*
Mc11.26 o seu *Pai* que está nos céus
Lc1.62 fizeram sinais ao *pai* do menino
Lc1.67 Seu *pai*, Zacarias, foi cheio do Espírito
Jo5.22 o *Pai* a ninguém julga
Jo5.26 o *Pai* tem vida em si mesmo
Jo6.42 não conhecemos seu *pai* e sua mãe ?
Jo6.44 se o *Pai*, que me enviou, não o atrair
Jo8.39 Abraão é o nosso *pai*...
At28.8 Seu *pai* estava doente, acamado
Rm4.16 Ele é o *pai* de todos nós
Fp4.20 A nosso Deus e *Pai* seja a glória

PALAVRA
Gn24.9 e jurou cumprir aquela *palavra*
Nm11.23 verá se a minha *palavra* se cumprirá
Dt33.9 apesar de que guardaram a tua *palavra*
Jz11.36 sua *palavra* foi dada ao Senhor
Sl119.105 tua *palavra* é lâmpada que ilumina
Jo8.31 permanecerem firmes na minha *palavra*
At13.49 A *palavra* do Senhor se espalhava
Ap6.9 mortos por causa da *palavra* de Deus

PÃO
Gn19.3 e assar *pão* sem fermento, e eles comeram.
Êx13.6 comam *pão* sem fermento
Am7.12 vá ganhar lá o seu *pão*
Mt4.4 Nem só de *pão* viverá o homem
Mt6.11 Dá-nos hoje o nosso *pão*
Mc8.14 haviam se esquecido de levar *pão*
Mc14.22 Jesus tomou o *pão*, deu graças, partiu-o
Jo6.33 o *pão* de Deus é aquele que desceu do céu
Jo6.35 Eu sou o *pão* da vida
At2.42 ao partir do *pão* e às orações
At20.11 partiu o *pão* e comeu
1Co11.26 sempre que comerem deste *pão*...

PARÁBOLA
Mt13.24 Jesus lhes contou outra *parábola*
Mc4.13 não entendem esta *parábola*?
Lc19.11 passou a contar-lhes uma *parábola*

PASTOR
Gn4.2 Abel tornou-se *pastor* de ovelhas
Lv27.32 passem debaixo da vara do *pastor*
Nm27.17 não seja como ovelhas sem *pastor*
Sl23.10 Senhor é o meu *pastor*
Mt26.31 Ferirei o *pastor*, e as ovelhas...
Mc6.34 porque eram como ovelhas sem *pastor*
Jo10.11 O bom *pastor* dá a sua vida pelas ovelhas
Hb13.20 o grande *Pastor* das ovelhas

PAZ
Gn15.15 irá em *paz* a seus antepassados
Êx14.12 Deixe-nos em *paz*!
Nm6.26 o Senhor volte para ti o seu rosto e te dê *paz*
Sl85.10 a justiça e a *paz* se beijarão
Is57.21 "Para os ímpios não há *paz*"
Ml2.5 uma aliança de vida e de *paz*
Mt10.13 que a *paz* de vocês repouse sobre ela
Mt10.34 que vim trazer *paz* à terra
Lc2.14 ...e paz na terra aos homens
Lc24.36 "*Paz* seja com vocês!"
At16.36 Agora podem sair. Vão em *paz*
Rm3.17 e não conhecem o caminho da *paz*
Rm5.1 temos *paz* com Deus
Rm8.6 a mentalidade do Espírito é vida e *paz*
Rm16.20 o Deus da *paz* esmagará Satanás

PECADO
Gn4.7 saiba que o *pecado* o ameaça à porta
Êx10.17 perdoem ainda esta vez o meu *pecado*
Lv4.3 como oferta pelo *pecado* que cometeu
Dt9.21 o bezerro do *pecado* de vocês
Sl25.11 Senhor, perdoa o meu *pecado*
Ez18.26 por causa do *pecado* que cometeu
Mt23.32 encher a medida do *pecado*
Mc3.29 é culpado de *pecado* eterno
Jo9.34 Você nasceu cheio de *pecado*
Rm5.20 onde aumentou o *pecado*, transbordou...
Rm6.7 pois quem morreu, foi justificado do *pecado*
1Co15.56 O aguilhão da morte é o *pecado*
Hb3.13 seja endurecido pelo engano do *pecado*
Tg1.15 dá à luz o *pecado*, e o pecado...
1Jo3.4 que pratica o *pecado* transgride a Lei

PECADOR
Sl51.5 sou *pecador* desde que nasci
Pv11.31 quanto mais o ímpio e o *pecador*!
Lc5.8 porque sou um homem *pecador*!
Jo9.25 Não sei se ele é *pecador* ou não
Rm8.3 à semelhança do homem *pecador*
Tg5.20 Quem converte um *pecador* do erro
1Pe4.18 que será do ímpio e *pecador*?

PECAR
Mt18.15 Se o seu irmão *pecar* contra você
Lc17.2 levar um desses pequeninos a *pecar*
Lc17.3 Se o seu irmão *pecar*, repreenda-o
Jo5.14 você está curado. Não volte a *pecar*
Rm2.12 aquele que *pecar* sem a Lei
1Co8.13 como leva o meu irmão a *pecar*
Hb10.26 Se continuarmos a *pecar* deliberadamente
2Pe2.14 nunca param de *pecar*
1Jo2.1 Se, porém, alguém *pecar*...

PEIXINHOS
Mt15.34 "e alguns *peixinhos*."
Jo6.9 cinco pães de cevada e dois *peixinhos*

PERDIDO
Mt18.11 para salvar o que se havia *perdido*
Lc15.24 estava *perdido* e foi achado
At27.9 Tínhamos *perdido* muito tempo
Ef4.19 Tendo *perdido* toda a sensibilidade

PERDIÇÃO
Mt7.13 "e amplo o caminho que leva à *perdição*
Jo17.12 aquele que estava destinado à *perdição*
Fp3.19 O destino deles é a *perdição*
2Ts2.3 o homem do pecado, o filho da *perdição*
Ap17.11 um dos sete, e caminha para a *perdição*

PERDOADO
Lv4.26 e este será *perdoado*
Nm14.19 como a este povo tens *perdoado*
Is6.7 e o seu pecado será *perdoado*
Mt12.32 contra o Filho do homem será *perdoado*
Tg5.15 cometido pecados, ele será *perdoado*

PERDOADOR
Ne9.17 tu és um Deus *perdoador*
Sl86.5 Tu és bondoso e *perdoador*, Senhor
Sl99.8 tu eras um Deus *perdoador*
Dn9.9 Deus é misericordioso e *perdoador*

PERDOAR
2Rs24.4 e o Senhor não o quis *perdoar*
Mt9.6 autoridade para *perdoar* pecados
Mt18.21 ...quantas vezes deverei *perdoar* ...?
Lc5.21 Quem pode *perdoar* pecados
2Co2.10 coisa para *perdoar*, perdoei na presença
1Jo1.9 Se...ele é fiel e justo para *perdoar*

PERDÃO
Sl130.4 contigo está o *perdão* para que...
Mt26.28 para *perdão* de pecados
Mc1.4 de arrependimento para o *perdão*
At2.38 para *perdão* dos seus pecados
At5.31 arrependimento e *perdão* de pecados
Cl1.14 a saber, o *perdão* dos pecados
Hb9.22 ...derramamento de sangue não há *perdão*

PERFEITO
2Sm22.31 é o Deus cujo caminho é *perfeito*
Mt5.48 sejam perfeitos como *perfeito* é o Pai
1Co13.10 quando, porém, vier o que é *perfeito*
Cl1.28 ...todo homem *perfeito* em Cristo
Cl3.14 revistam-se do amor, que é o elo *perfeito*
Hb7.28 constitui o Filho *perfeito* para sempre
Tg1.17 e todo dom *perfeito* vêm do alto
1Jo4.18 o *perfeito* amor expulsa o medo

PERFUME
Mt26.7 contendo um *perfume* muito caro
Mc14.4 Por que este desperdício de *perfume*?
Lc7.37 um frasco de alabastro com *perfume*
Jo11.2 a mesma que derramara *perfume*

PERSEGUIR
Gn35.5 ninguém ousou *perseguir* os filhos de Jacó
Dt32.30 um só homem *perseguir* mil
Js8.15 deixaram-se *perseguir* por eles e fugiram
Jz7.25 depois de *perseguir* os midianitas
1Sm14.46 Saul parou de *perseguir* os filisteus
Sl35.6 quando o anjo do Senhor os *perseguir*
Jo5.16 os judeus passaram a *perseguir* Jesus
Ap12.13 *perseguir* a mulher que dera à luz

PERSEGUIÇÃO
Gn14.14 em *perseguição* aos inimigos
Êx14.9 saíram em *perseguição* aos israelitas
Jz8.4 já exaustos, continuaram a *perseguição*
1Sm23.25 Saul foi para lá em *perseguição* a Davi
Mt13.21 ...ou *perseguição* por causa da palavra
At11.19 dispersos por causa da *perseguição*
Rm8.35 tribulação, ou angústia, ou *perseguição*
2Tm3.11 Quanta *perseguição* suportei!

PLANO
Gn41.37 O *plano* pareceu bom ao faraó
1Sm18.25 O *plano* de Saul era que Davi fosse morto
2Sm2.18 como uma gazela em terreno *plano*
2Cr6.8 *plano* de construir um templo
Sl143.10 Espírito me conduza por terreno *plano*
Is14.26 é o *plano* estabelecido para toda a terra
Jr51.12 O Senhor executará o seu *plano*
Lc6.17 desceu com eles e parou num lugar *plano*
At9.24 Saulo ficou sabendo do *plano* deles
Ef1.11 predestinados conforme o *plano* daquele...
Ef3.11 de acordo com o eterno *plano*

PLENITUDE
Dt33.16 os...frutos da terra e a sua *plenitude*
Jo1.16 Todos recebemos da sua *plenitude*
Rm11.12 quanto mais significará a sua *plenitude*!
Rm11.25 até que chegue a *plenitude* dos gentios
Gl4.4 quando chegou a *plenitude* do tempo
Ef1.10 dispensação da *plenitude* dos tempos
Ef4.13 atingindo a medida da *plenitude* de Cristo
Cl1.19 que nele habitasse toda a *plenitude*

POBRE
Êx23.3 para favorecer o *pobre* num processo
Sl10.2 o ímpio persegue o *pobre*
Is41.17 O *pobre* e o necessitado buscam água
Mc12.42 uma viúva *pobre* chegou-se e colocou
2Co8.9 sendo rico, se fez *pobre* por amor
Tg2.2 um homem...*pobre* com roupas velhas
Tg2.6 vocês têm desprezado o *pobre*
Ap3.17 digno de compaixão, *pobre*, cego...

POBREZA
Dt28.48 em nudez e *pobreza* extrema
1Sm2.7 O Senhor é quem dá *pobreza* e riqueza
Pv6.11 a sua *pobreza* o surpreenderá
Pv10.15 a *pobreza* é a ruína dos pobres

Mc12.44 mas ela, da sua *pobreza*, deu tudo
2Co8.2 a grande alegria e a extrema *pobreza*...
Ap2.9 as suas aflições e a sua *pobreza*

PODER
Gn30.33 Se estiver em meu *poder* alguma cabra
Êx15.6 a tua mão direita foi majestosa em *poder*
Jz6.9 Eu os livrei do *poder* do Egito
Sl148.14 Ele concedeu *poder* ao seu povo
Mc12.24 as Escrituras nem o *poder* de Deus!
Lc8.46 eu sei que de mim saiu *poder*
Lc21.27 numa nuvem com *poder* e grande glória
1Jo5.19 ...está sob o *poder* do Maligno
Ap20.6 A segunda morte não tem *poder*...

PODEROSAMENTE
Jó19.12 Suas tropas avançam *poderosamente*
Sl22.31 pois ele agiu *poderosamente*
Jr25.30 ruge *poderosamente* contra a sua propriedade
Cl1.29 conforme a sua força, que atua *poderosamente*

PODEROSO
Gn10.8 o primeiro homem *poderoso* na terra
Nm20.20 ...com um exército grande e *poderoso*
Dt10.17 o grande Deus, *poderoso* e temível
Mt26.64 assentado à direita do *Poderoso*
2Tm1.12 ele é *poderoso* para guardar o que...
Jd24 Àquele que é *poderoso* para impedi-los
Ap10.1 Então vi outro anjo *poderoso*

POMBA
Gn8.8 Depois soltou uma *pomba*
Gn8.11 Quando voltou ...a *pomba* trouxe...
Sl55.6 eu tivesse asas como a *pomba*
Ct2.14 Minha *pomba* que está nas fendas
Is38.14 gemi como uma *pomba* chorosa
Mt3.16 descendo como *pomba* e pousando sobre ele
Lc3.22 desceu sobre ele...como *pomba*

PORTA
Mt6.6 feche a *porta* e ore a seu Pai
Mt7.7 batam, e a *porta* lhes será aberta
Mc2.2 não havia lugar nem junto à *porta*
Lc7.12 Ao se aproximar da *porta* da cidade
Lc11.10 e àquele que bate, a *porta* será aberta
Jo5.2 perto da *porta* das Ovelhas
Jo10.2 que entra pela *porta* é o pastor
At3.2 para a *porta* do templo chamada
Rm13.4 ela não *porta* a espada sem motivo
Cl4.3 para que Deus abra uma *porta*
Ap3.8 uma *porta* aberta que ninguém

POSSESSO
Mc1.23 um homem *possesso* de um espírito imundo
Mc5.15 o homem que fora *possesso* da legião
Lc4.33 havia um homem *possesso*

POSSÍVEL
Lv13.12 até onde é *possível* ao sacerdote verificar
Jó25.3 Seria *possível* contar os seus exércitos?
Is55.6 o Senhor enquanto é *possível* achá-lo
Mt24.24 se *possível*, enganar até os eleitos
Mc9.23 Tudo é *possível* àquele que crê
At27.7 Não sendo *possível* prosseguir
Rm12.18 o *possível* para viver em paz com todos

POVO
Gn6.9 íntegro entre o *povo* da sua época
Gn12.2 Farei de você um grande *povo*
Êx1.9 O *povo* israelita é agora numeroso
Êx5.12 O *povo*, então, espalhou-se
Êx13.18 Deus fez o *povo* dar a volta pelo deserto
Lv17.9 será eliminado do meio do seu *povo*
Lv26.12 e vocês serão o meu *povo*
Nm10.30 para a minha terra e para o meu *povo*
2Cr6.34 Quando o teu *povo* for à guerra
2Cr15.15 Todo o *povo* de Judá alegrou-se
2Cr21.11 levando o *povo* de Jerusalém a prostituir-se
Sl106.40 a ira do Senhor contra o seu *povo*
Mt27.1 e líderes religiosos do *povo*
Mc1.32 o *povo* levou a Jesus todos os doentes
Lc1.10 o *povo* todo estava orando do lado de fora
Jo11.50 que morra um homem pelo *povo*
At2.47 e tendo a simpatia de todo o *povo*
Hb11.29 Pela fé o *povo* atravessou o mar
1Pe2.9 *povo* exclusivo de Deus
2Pe2.5 o Dilúvio sobre aquele *povo* ímpio
Jd5 o Senhor libertou um *povo* do Egito

PREGAR
Am7.16 *pregar* contra a descendência de Isaque
Mt4.17 Jesus começou a *pregar*
Mt11.1 Jesus saiu para ensinar e *pregar*
At16.10 para lhes *pregar* o evangelho
Rm1.15 estou disposto a *pregar* o evangelho
1Co9.16 me é imposta a necessidade de *pregar*
2Co10.16 para que possamos *pregar* o evangelho

PREGAÇÃO
Ed6.14 encorajados pela *pregação* dos profetas
Mt12.41 se arrependeram com a *pregação* de Jonas
At18.5 se dedicou exclusivamente à *pregação*
1Co1.21 por meio da loucura da *pregação*
1Co15.14 é inútil a nossa *pregação*
Gl2.7 confiada a *pregação* do evangelho
Tt1.3 por meio da *pregação* a mim confiada

PREGUIÇA
Pv19.15 A *preguiça* leva ao sono profundo
Pv31.27 não dá lugar à *preguiça*
Ec10.18 causa da *preguiça*, o telhado se enverga

PRESBÍTERO
1Tm5.19 aceite acusação contra um *presbítero*

Tt1.6 que o *presbítero* seja irrepreensível
1Pe5.1 e o faço na qualidade de *presbítero*
2Jo1 O *presbítero* à senhora eleita
3Jo1 O *presbítero* ao amado Gaio

PRESO
Jr32.2 Jeremias estava *preso* no pátio
Jr36.5 Estou *preso*; não posso ir
Ez3.25 você ficará *preso*, e não conseguirá
Mt4.12 Jesus ouviu que João tinha sido *preso*
Lc23.17 obrigado a soltar-lhes um *preso*
At8.23 cheio de amargura e *preso* pelo pecado
Ef6.20 sou embaixador *preso* em correntes
2Tm1.16 se envergonhou por eu estar *preso*
Fm13 estou *preso* por causa do evangelho

PREÇO
Mt26.9 poderia ser vendido por alto *preço*
Mt27.6 visto que é *preço* de sangue
Mt27.9 *preço* em que foi avaliado pelo povo
At5.8 foi esse o *preço* que vocês conseguiram
At22.28 um elevado *preço* por minha cidadania
1Co6.20 foram comprados por alto *preço*

PRIMOGÊNITO
Gn49.3 você é meu *primogênito*, minha força
Nm8.17 Todo *primogênito* em Israel
Dt21.17 terá que reconhecer como *primogênito*
1Cr9.5 O *primogênito* Asaías com seus filhos
Jó18.13 o *primogênito* da morte devora os membros
Lc2.7 e ela deu à luz o seu *primogênito*
Rm8.29 a fim de que ele seja o *primogênito*
Cl1.15 o *primogênito* sobre toda a criação
Ap1.5 o *primogênito* dentre os mortos

PRINCÍPIO
Gn1.1 No *princípio* Deus criou os...
Sl111.10 ...é o *princípio* da sabedoria
Mt19.4 não leram que, no *princípio*, o Criador
Mc1.1 *Princípio* do evangelho de Jesus
Jo1.1 *princípio* era aquele que é a Palavra
Jo1.2 Ele estava com Deus no *princípio*
Ap22.13 e o Último, o *Princípio* e o Fim

PRISÃO
Mt11.2 João, ao ouvir na *prisão* o que...
Mc6.17 o amarrassem e o colocassem na *prisão*
Lc3.20 elas a de colocar João na *prisão*
At24.27 Félix deixou Paulo na *prisão*.
Rm16.7 que estiveram na *prisão* comigo
Fp1.14 motivados no Senhor pela minha *prisão*
Cl4.10 Aristarco, meu companheiro de *prisão*
Hb13.3 Lembrem-se dos que estão na *prisão*
1Pe3.19 foi e pregou aos espíritos em *prisão*
Ap20.7 Satanás será solto da sua *prisão*

PROFECIA
Ez14.9 levado a proferir uma *profecia*
Mt13.14 se cumpre a *profecia* de Isaías
1Co14.1 principalmente o dom de *profecia*
1Co14.22 a *profecia*, porém, é para os que creem
2Pe1.21 jamais a *profecia* teve origem
Ap22.7 as palavras da *profecia* deste livro
Ap22.19 alguma palavra deste livro de *profecia*

PROFETA
Gn20.7 Ele é *profeta*, e orará em seu favor
Nm12.6 entre vocês há um *profeta* do Senhor
Dt18.18 do meio dos seus irmãos um *profeta*
Jz6.8 ele lhes enviou um *profeta*
Jr46.1 do Senhor que veio ao *profeta*
At13.6 praticava magia e era falso *profeta*
1Co14.37 pensa que é *profeta* ou espiritual
Ap16.13 e da boca do falso *profeta*

PROFETIZAR
1Sm10.13 que Saul parou de *profetizar*
1Cr25.1 para o ministério de *profetizar*
Jr19.14 o Senhor o mandara *profetizar*
Am7.12 Vá *profetizar* em Judá
Zc13.3 E, se alguém ainda *profetizar*,
At19.6 a falar em línguas e a *profetizar*
Rm12.6 Se alguém tem o dom de *profetizar*
1Co14.31 vocês todos podem *profetizar*

PROFISSÃO
Jn1.8 Qual é a sua *profissão*? De onde você vem?
At18.3 e, uma vez que tinham a mesma *profissão*
At19.25 ...reuniu-os com os trabalhadores dessa *profissão* e disse
At19.27 Não somente há o perigo de nossa *profissão* perder sua reputação.
At19.38 ...Se Demétrio e seus companheiros de *profissão*
Ap18.22 ...se achará dentro de seus muros artífice algum, de qualquer *profissão*.

PROFUNDEZAS
Gn7.11 das grandes *profundezas* jorraram
Jó7.12 ou o monstro das *profundezas*
Sl130.1 Das *profundezas* clamo a ti, Senhor
Pv20.30 os açoites limpam as *profundezas*
Mt18.6 se afogar nas *profundezas* do mar

PROFUNDIDADE
At27.28 verificaram que a *profundidade*
Rm8.39 nem altura nem *profundidade*
Rm11.33 *profundidade* da riqueza da sabedoria
Ef3.18 o comprimento, a altura e a *profundidade*

PROMESSA
Gn21.2 fixada por Deus em sua *promessa*.
Lc24.49 envio a vocês a *promessa* de meu Pai
Rm4.13 receberam a *promessa* de que ele
Rm9.9 foi assim que a *promessa* foi feita
Gl3.17 de modo que venha a invalidar a *promessa*
Ef3.6 co-participantes da *promessa* em Cristo Jesus.
Ef6.2 este é o primeiro mandamento com *promessa*
1Jo2.25 esta é a *promessa* que ele nos fez

PROPÓSITO
Êx9.16 exatamente com este *propósito*
1Rs8.17 Davi tinha no coração o *propósito*...
1Cr28.2 tinha no coração o *propósito* de...
At2.23 foi entregue por *propósito* determinado
Rm8.28 de acordo com o seu *propósito*
2Co2.9 escrevi com o *propósito*...
Ef1.11 segundo o *propósito* da sua vontade
Hb6.17 a natureza imutável do seu *propósito*
Ap17.13 Eles têm um único *propósito*

PROSPERIDADE
Dt28.11 concederá grande *prosperidade* a vocês
1Sm25.6 muita *prosperidade* para tudo o que é seu!
Ed9.12 o bem-estar e a *prosperidade* desses povos
Sl128.5 para que você veja a *prosperidade*
Zc1.17 transbordarão de *prosperidade* novamente

PROVA
Gn22.1 Deus pôs Abraão à *prova*
Êx3.12 *prova* de que sou eu quem o envia
Dt8.2 para humilhá-los e pô-los à *prova*
Jz2.22 para pôr Israel à *prova*
Sl78.18 puseram Deus à *prova*
Mt4.7 Não ponha à *prova* o Senhor
Lc11.16 Outros o punham à *prova*
Hb11.1 e a *prova* das coisas que não vemos
Tg1.3 a *prova* da sua fé produz perseverança
Ap2.2 pôs à *prova* os que dizem ser apóstolos
Ap3.10 para pôr à *prova* os que habitam na terra

PROVADO
Gn42.16 ficará *provado* se as suas palavras
Dt19.18 se ficar *provado* que a testemunha mentiu
Jo19.30 Tendo-o *provado*, Jesus disse
At20.19 sendo severamente *provado*

PROVAR
Gn44.16 podemos *provar* nossa inocência?
Jó24.25 quem poderá *provar* que minto
Is43.26 o argumento para *provar* sua inocência
At25.7 graves acusações que não podiam *provar*
1Pe4.12 que surge entre vocês para *prová-los*

PROVAÇÃO
Lc8.13 mas desistem na hora da *provação*.
Gl4.14 doença lhes tenha sido uma *provação*
Hb3.8 o tempo da *provação* no deserto
Tg1.12 o homem que persevera na *provação*
2Pe2.9 sabe livrar os piedosos da *provação*
Ap3.10 o guardarei da hora da *provação*

PRÍNCIPE
Gn23.6 o senhor é um *príncipe* de Deus
Ez7.27 o *príncipe* se vestirá de desespero
Dn8.11 a desafiar o *príncipe* do exército
Dn12.1 o grande *príncipe* que protege o seu povo
Mt12.24 por Belzebu, o *príncipe* dos demônios

Jo16.11 porque o *príncipe* deste mundo já...
Ef2.2 e o *príncipe* do poder do ar

PUNIR
Êx24.11 estendeu a mão para *punir*
Êx34.7 não deixa de *punir* o culpado
Rm13.4 agente da justiça para *punir*
2Co10.6 para *punir* todo ato de desobediência
1Pe2.14 para *punir* os que praticam o mal

PURIFICAR
2Sm11.4 que havia acabado de se *purificar*
Ne13.9 Mandei *purificar* as salas
Ez36.33 os *purificar* de todos os seus pecados
2Tm2.21 alguém se *purificar* dessas coisas
Tt2.14 e *purificar* para si mesmo um povo
Hb10.22 nos *purificar* de uma consciência culpada
1Jo1.9 e nos *purificar* de toda injustiça

PURIFICAÇÃO
Lv12.4 os dias da sua *purificação*
Nm19.20 A água da *purificação* não foi aspergida
Ne12.45 culto ao seu Deus e o ritual de *purificação*
Mc1.44 e ofereça pela sua *purificação*
Lc2.22 Completando-se o tempo da *purificação*
Jo3.25 a respeito da *purificação* cerimonial
At21.26 cumprimento dos dias da *purificação*
Hb1.3 ter realizado a *purificação* dos pecados
2Pe1.9 esquecendo-se da *purificação*

RAIZ
Dt29.18 *raiz* que produza esse veneno amargo
Os9.16 Efraim está ferido, sua *raiz* está seca
Mt3.10 O machado já está posto à *raiz* das árvores
Mt13.6 e secaram, porque não tinham *raiz*
Mt13.21 Todavia, visto que não tem *raiz* em
Lc8.13 mas não têm *raiz*
1Tm6.10 o dinheiro é a *raiz* de todos os males
Ap5.5 a *Raiz* de Davi, venceu

RECONCILIAÇÃO
Rm5.11 quem recebemos agora a *reconciliação*.
Rm11.15 a rejeição deles é a *reconciliação* do mundo
2Co5.18 e nos deu o ministério da *reconciliação*

REDENTOR
Jó19.25 sei que o meu *Redentor* vive
Sl78.35 o Deus Altíssimo era o seu *Redentor*
Is59.20 O *Redentor* virá a Sião
Jr50.34 o *Redentor* deles é forte
Rm11.26 Virá de Sião o *redentor* que...

REDENÇÃO
Sl111.9 trouxe *redenção* ao seu povo
Lc21.28 estará próxima a *redenção* de vocês
Rm3.24 da *redenção* que há em Cristo Jesus
Ef1.7 a *redenção* por meio de seu sangue
Cl1.14 em quem temos a *redenção*

REI
Êx1.18 o *rei* do Egito convocou as parteiras
Sl47.7 Deus é o *rei* de toda a terra
Dn2.5 O *rei* respondeu aos astrólogos
Mt27.29 "Salve, *rei* dos judeus!"
Lc1.5 Herodes, *rei* da Judeia
Jo1.49 tu és o *Rei* de Israel!
At13.21 o povo pediu um *rei*, e Deus lhes deu Saul
1Tm1.17 Ao *Rei* eterno, o Deus único
Hb7.1 Melquisedeque, *rei* de Salém
1Pe2.17 temam a Deus e honrem o *rei*

REINO
Êx19.6 *reino* de sacerdotes e uma nação santa
Nm24.7 o seu *reino* será exaltado
Dt17.18 subir ao trono do seu *reino*
1Sm10.16 o que Samuel tinha dito sobre o *reino*
Sl145.13 O teu reino é *reino* eterno
Dn7.24 dez reis que sairão desse *reino*
Mt12.25 *reino* dividido contra si mesmo
Mt13.45 O *Reino* dos céus também é como
Mt16.28 o Filho do homem vindo em seu *Reino*
At28.23 e lhes testemunhou do *Reino* de Deus
Rm14.17 o *Reino* de Deus não é comida
1Co15.24 quando ele entregar o *Reino* a Deus
2Ts1.5 considerados dignos do seu *Reino*
Hb1.8 de equidade é o cetro do teu *Reino*
Tg2.5 o *Reino* que ele prometeu aos que o amam

RELIGIOSO
At15.5 alguns do partido *religioso*
At10.7 e um soldado *religioso* dentre os...
Tg1.26 Se alguém se considera *religioso*

RELIGIÃO
At25.19 acerca de sua própria *religião*
At26.5 a seita mais severa da nossa *religião*
1Tm5.4 pôr a sua *religião* em prática
Tg1.26 Sua *religião* não tem valor algum!
Tg1.27 A *religião* que Deus, o nosso Pai,

RESISTIR
Êx7.3 farei o coração do faraó *resistir*
Jz1.35 estavam decididos a *resistir*
2Cr13.8 pretendem *resistir* ao reino do Senhor
Jó41.10 Quem...será capaz de *resistir* a mim?
Jr49.19 E que pastor pode me *resistir*?
Ez13.5 para que ela pudesse *resistir* firme
Dn4.35 Ninguém é capaz de *resistir* à sua mão
Lc21.15 adversários será capaz de *resistir*
At6.10 não podiam *resistir* à sabedoria
At26.14 *Resistir* ao aguilhão só lhe trará dor!
At27.15 sem poder *resistir* ao vento
Ef6.13 para que possam *resistir* no dia mau

RESPLANDECENTE
Êx34.30 viram Moisés com o rosto *resplandecente*
Mt17.5 uma nuvem *resplandecente* os envolveu
Mc9.3 brancas, de um branco *resplandecente*
At26.13 mais *resplandecente* que o sol
Ap15.6 vestidos de linho puro e *resplandecente*
Ap22.16 e a *resplandecente* Estrela da Manhã

RESSURREIÇÃO
Mt22.23 que dizem que não há *ressurreição*
Mt22.31 quanto à *ressurreição* dos mortos
Mt27.53 depois da *ressurreição* de Jesus
Mc12.23 Na *ressurreição*, de quem ela será esposa
Lc20.36 são filhos da *ressurreição*
Jo11.24 ressuscitar na *ressurreição*, no último dia
Jo11.25 Eu sou a *ressurreição* e a vida
At4.2 em Jesus a *ressurreição* dos mortos
At23.6 esperança na *ressurreição* dos mortos!
Rm1.4 pela sua *ressurreição* dentre os mortos
1Co15.12 que não existe *ressurreição* dos mortos?
Fp3.10 o poder da sua *ressurreição*
1Pe1.3 por meio da *ressurreição* de Jesus
Ap20.6 participam da primeira *ressurreição*!

RESSUSCITAR
Mt26.32 depois de *ressuscitar*, irei adiante de vocês
Mc9.10 o que significaria "*ressuscitar* dos mortos"
Lc24.46 e *ressuscitar* dos mortos no terceiro dia
Jo11.23 "O seu irmão vai *ressuscitar*"
At26.23 sendo o primeiro a *ressuscitar*
Hb11.19 Deus pode *ressuscitar* os mortos

RETRIBUIÇÃO
Nm18.21 como *retribuição* pelo trabalho que fazem
Dt32.35 A mim pertence a vingança e a *retribuição*
Sl69.22 torne-se *retribuição* e armadilha
Pv14.14 Os infiéis receberão a *retribuição*
Jr51.56 o Senhor é um Deus de *retribuição*
Rm11.9 pedra de tropeço e *retribuição*
2Tm4.14 lhe dará a *retribuição* pelo que fez
2Pe2.13 receberão *retribuição* pela injustiça

REVELAÇÃO
Pv29.18 não há *revelação* divina, o povo se desvia
Lc2.32 luz para *revelação* aos gentios
Rm16.25 com a *revelação* do mistério oculto
1Co14.6 a não ser que leve alguma *revelação*
1Co14.30 Se vier uma *revelação* a alguém
Gl1.12 o recebi de Jesus Cristo por *revelação*
Gl2.2 por causa de uma *revelação*
Ef1.17 espírito de sabedoria e de *revelação*
Ef3.3 me foi dado a conhecer por *revelação*

RICO
1Sm9.1 um homem de Benjamim, *rico* e influente
1Rs10.23 Salomão era o mais *rico* e o mais sábio
Sl86.5 Senhor, *rico* em graça para com todos
Zc11.5 'Bendito seja o Senhor, estou *rico*!'
Mt19.23 Dificilmente um *rico* entrará...
Lc12.21 mas não é *rico* para com Deus

Lc16.19 um homem *rico* que se vestia de púrpura
Lc19.2 um homem *rico* chamado Zaqueu
At8.10 do mais simples ao mais *rico*
2Co8.9 sendo *rico*, se fez pobre
Ef2.4 Deus, que é *rico* em misericórdia
Ap2.9 e a sua pobreza; mas você é *rico*!

RIR
Jó41.29 o brandir da grande lança o faz *rir*
Sl2.4 o Senhor põe-se a *rir* e caçoa deles
Ec2.2 Concluí que o *rir* é loucura
Mt9.24 Todos começaram a *rir* dele
Lc6.21 que agora choram, pois haverão de *rir*

RISO
Gn21.6 Deus me encheu de *riso*
Êx32.25 tornado objeto de *riso* para os seus inimigos
Jó20.5 o *riso* dos maus é passageiro
Sl126.2 a nossa boca encheu-se de *riso*
Pv14.13 Mesmo no *riso* o coração pode sofrer
Ec7.3 A tristeza é melhor do que o *riso*
Lm3.14 objeto de *riso* de todo o meu povo
Tg4.9 Troquem o *riso* por lamento

ROCHA
Gn49.24 pelo nome do Pastor, a *Rocha* de Israel
Êx17.6 estarei à sua espera no alto da *rocha*
Dt32.31 a rocha deles não é como a nossa *Rocha*
Jz21.13 que estavam na *rocha* de Rimom
1Sm2.2 não há *rocha* alguma como o nosso Deus
Sl94.22 Deus é a *rocha* em que encontro refúgio
Mt7.24 construiu a sua casa sobre a *rocha*
Mc15.46 num sepulcro cavado na *rocha*
Rm9.33 uma *rocha* que faz cair
1Pe2.8 "pedra de tropeço e *rocha* que faz cair"

SABEDORIA
1Rs5.12 O Senhor deu *sabedoria* a Salomão
Jó28.13 não percebe o valor da *sabedoria*
Pv1.2 ajudarão a experimentar a *sabedoria*
Pv8.11 a *sabedoria* é mais preciosa do que rubis
Mt11.19 a *sabedoria* é comprovada pelas obras
Lc2.52 Jesus ia crescendo em *sabedoria*
Lc11.49 Deus disse em sua *sabedoria*
At6.10 não podiam resistir à *sabedoria*
Rm11.33 profundidade da riqueza da *sabedoria*
1Co1.22 os gregos procuram *sabedoria*
Tg3.15 Esse tipo de "*sabedoria*" não vem dos céus
2Pe3.15 com a *sabedoria* que Deus lhe deu
Ap13.18 Aqui há *sabedoria*

SACERDOTE
Gn14.18 e *sacerdote* do Deus Altíssimo
Êx2.16 o *sacerdote* de Midiã tinha sete filhas
Lv2.16 O *sacerdote* queimará a porção
Jz18.24 os deuses que fiz e o meu *sacerdote*
Mc2.26 aos *sacerdotes* era permitido comer

Mc14.53 Levaram Jesus ao sumo *sacerdote*
At24.1 o sumo *sacerdote* Ananias
Hb5.5 a glória de se tornar sumo *sacerdote*
Hb9.11 Cristo veio como sumo *sacerdote*
Hb10.21 Temos, pois, um grande *sacerdote*

SACERDÓCIO
Nm3.3 foram ungidos para o *sacerdócio*
Js18.7 o *sacerdócio* do Senhor é a herança deles
1Rs2.27 expulsou Abiatar do *sacerdócio* do Senhor
Ne7.64 considerados impuros para o *sacerdócio*
Lc1.9 com o costume do *sacerdócio*
Hb7.12 quando há mudança de *sacerdócio*
Hb7.24 Jesus tem um *sacerdócio* permanente
1Pe2.5 espiritual para serem *sacerdócio* santo
1Pe2.9 geração eleita, *sacerdócio* real

SACRIFÍCIO
Gn31.54 Ofereceu um *sacrifício* no monte
Êx12.27 É o *sacrifício* da Páscoa ao Senhor
Lv3.6 como *sacrifício* de comunhão ao Senhor
Nm6.16 oferecerá o *sacrifício* pelo pecado
Dt18.10 que queime em *sacrifício* o seu filho
Jz16.23 para oferecer um grande *sacrifício*
Hb9.7 sem apresentar o sangue do *sacrifício*
Hb13.15 a Deus um *sacrifício* de louvor

SAGRADO
Êx29.31 cozinhe a sua carne num lugar *sagrado*
Êx37.29 o óleo *sagrado* para as unções
Zc8.3 será chamado monte *Sagrado*
Mt7.6 Não deem o que é *sagrado* aos cães
Jo19.31 seria um sábado especialmente *sagrado*

SALVADOR
Dt32.15 e rejeitou a Rocha, que é o seu *Salvador*
2Sm22.3 e o meu poderoso *salvador*
Lc1.47 meu espírito se alegra em Deus, meu *Salvador*
Fp3.20 de onde esperamos...o *Salvador*
1Jo4.14 para ser o *Salvador* do mundo
Jd25 ao único Deus, nosso *Salvador*

SALVAÇÃO
1Cr16.23 Proclamem a sua *salvação* dia após dia!
2Cr6.41 teus sacerdotes vestidos de *salvação*
Sl91.16 e lhe mostrarei a minha *salvação*
Is12.2 Deus é a minha *salvação*
Jo4.22 a *salvação* vem dos judeus.
At4.12 Não há *salvação* em nenhum outro
Ap7.10 A *salvação* pertence ao nosso Deus

SANGUE
Gn4.10 o *sangue* do seu irmão está clamando
Lv1.5 trarão o *sangue* e o derramarão
Dt12.23 não poderão comer a vida com o *sangue*
Mt27.25 o *sangue* dele caia sobre nós
Mc14.24 é o meu *sangue* da aliança
Jo6.55 e o meu *sangue* é verdadeira bebida

SANTIFICADO
Mt6.9 *Santificado* seja o teu nome
1Co7.14 o marido descrente é *santificado*
1Tm4.5 é *santificado* pela palavra de Deus
2Tm2.21 *santificado*, útil para o Senhor

SANTUÁRIO
Gn28.22 como coluna servirá de *santuário* de Deus
Sl114.2 Judá tornou-se o *santuário* de Deus
Hb8.5 servem num *santuário* que é cópia
Ap3.12 do vencedor uma coluna no *santuário*
Ap16.17 e do *santuário* saiu uma forte voz

SANTÍSSIMO
Êx29.37 o altar será *santíssimo*
Lv21.22 comer o alimento *santíssimo*
Nm18.10 Comam-na como algo *santíssimo*
Dn9.24 e a profecia, e ungir o *santíssimo*

SATANÁS
1Cr21.1 *Satanás* levantou-se contra Israel
Jó1.6 e *Satanás* também veio com eles
Zc3.1 e *Satanás*, à sua direita, para acusá-lo
Mt12.26 Se Satanás expulsa *Satanás*...
Lc22.31 *Satanás* pediu vocês para peneirá-los
At26.18 e do poder de *Satanás* para Deus
Rm16.20 o Deus da paz esmagará *Satanás*
1Co5.5 entreguem esse homem a *Satanás*
Ap20.7 *Satanás* será solto da sua prisão

SENHOR
Gn2.4 o Senhor Deus fez a terra e os céus
Gn47.8 "Quantos anos o *senhor* tem?"
Êx7.20 fizeram como o Senhor tinha ordenado
Êx8.1 O Senhor falou a Moisés: "Vá ao faraó e...
Lv2.14 trouxer ao *Senhor* uma oferta de cereal
Nm9.23 suas responsabilidades para com o *Senhor*
Dt1.36 pois seguiu o Senhor de todo o coração
Js3.3 a arca da aliança do *Senhor*
Js3.5 o *Senhor* fará maravilhas entre vocês
Jz8.34 não se lembraram do Senhor
1Cr21.18 que construísse um altar ao Senhor
Sl4.8 *Senhor*, me fazes viver em segurança
Is23.18 serão separados para o *Senhor*
Jr1.2 A palavra do Senhor veio a ele
Lm2.7 O *Senhor* rejeitou o seu altar
Ez5.13 saberão que eu, o Senhor, falei
Jl3.14 o dia do *Senhor* está próximo
Mt11.25 *Senhor* dos céus e da terra
Mt25.44 *Senhor*, quando te vimos com fome
Lc1.17 um povo preparado para o *Senhor*
Jo5.4 um anjo do *Senhor* e agitava as águas
At9.10 O *Senhor* o chamou numa visão
Ef6.1 obedeçam a seus pais no *Senhor*
Hb12.5 não despreze a disciplina do *Senhor*
Tg5.10 os profetas que falaram em nome do *Senhor*
Ap22.6 O *Senhor*, o Deus dos espíritos dos profetas

SEPULCRO
Sl16.10 tu não me abandonarás no *sepulcro*
Mt27.60 e o colocou num *sepulcro* novo
Lc23.55 seguiram José, e viram o *sepulcro*
Jo20.1 chegou ao *sepulcro* e viu que a pedra
At2.27 tu não me abandonarás no *sepulcro*
At13.29 do madeiro e o colocaram num *sepulcro*

SERPENTE
Gn3.1 a *serpente* era o mais astuto...
Êx4.4 pegou a *serpente* e esta se transformou
Sl91.13 pisoteará o leão forte e a *serpente*
Am9.3 ali ordenarei à *serpente* que os morda
Mq7.17 Lamberão o pó como a *serpente*
Jo3.14 Moisés levantou a *serpente* no deserto
Ap12.9 é a antiga *serpente* chamada Diabo

SOCORRO
Gn39.15 me ouviu gritar por *socorro*
Jz6.6 clamaram por *socorro* ao Senhor
2Sm21.17 foi em *socorro* de Davi e matou o filisteu
Sl39.12 escuta o meu grito de *socorro*
Is58.9 você gritará por *socorro*, e ele dirá
Lm3.8 quando chamo ou grito por *socorro*

SUPRIR
1Rs5.11 *suprir* de mantimento a sua corte
Sl78.20 Poderá *suprir* de carne o seu povo?
Fp2.30 arriscando a vida para *suprir* a ajuda
1Ts3.10 e *suprir* o que falta à sua fé

SÚPLICAS
1Sm7.2 buscava o Senhor com *súplicas*
2Sm24.25 o Senhor aceitou as *súplicas*
Sl130.2 os teus ouvidos às minhas *súplicas*!
Dn9.17 as orações e as *súplicas* do teu servo
Fp4.6 pela oração e *súplicas*, e com ação...
1Tm2.1 que se façam *súplicas*, orações
Hb5.7 Jesus ofereceu orações e *súplicas*

TABERNÁCULO
Êx25.9 conforme o modelo do *tabernáculo*
Êx40.36 a nuvem se erguia sobre o *tabernáculo*
At7.45 Tendo recebido o *tabernáculo*...
Hb8.2 verdadeiro *tabernáculo* que o Senhor erigiu
Hb13.10 os que ministram no *tabernáculo*
2Pe1.13 estiver no *tabernáculo* deste corpo
Ap7.15 estenderá sobre eles o seu *tabernáculo*
Ap15.5 o santuário, o *tabernáculo* da aliança
Ap21.3 o *tabernáculo* de Deus está com os homens

TEMOR
Gn31.42 o *Temor* de Isaque, não estivesse comigo
Jó4.14 *temor* e tremor se apoderaram de mim
Pv9.10 O *temor*...é o princípio da sabedoria
Mt9.8 a multidão ficou cheia de *temor*
2Co7.15 recebendo-o com *temor* e tremor
Hb12.28 de modo aceitável, com reverência e *temor*

TEMPESTADE
Êx9.18 enviarei a pior *tempestade* de granizo
Jr25.32 uma terrível *tempestade* se levanta
Jr30.23 Vejam, a *tempestade* do Senhor!
Ez1.4 Olhei e vi uma *tempestade*
At27.15 O navio foi arrastado pela *tempestade*

TENTADOR
Mt4.3 O *tentador* aproximou-se dele
1Ts3.5 que o *tentador* não os seduzisse

TENTAÇÃO
Mt6.13 E não nos deixes cair em *tentação*
Lc22.40 para que vocês não caiam em *tentação*
1Tm6.9 querem ficar ricos caem em *tentação*
Hb4.15 passou por todo tipo de *tentação*

TESOURO
Gn43.23 deu um *tesouro* em suas bagagens
Dt14.2 os escolheu para serem o seu *tesouro*
Mt6.21 onde estiver o seu *tesouro*...
Mt12.35 do seu bom *tesouro* tira coisas boas
Lc12.33 um *tesouro* nos céus
Lc18.22 e você terá um *tesouro* nos céus
1Tm6.19 acumularão um *tesouro* para si

TESTAMENTO
Gl3.15 ninguém pode anular um *testamento*
Hb9.16 No caso de um *testamento*...
Hb9.17 um *testamento* só é validado no caso...

TESTEMUNHA
Gn31.48 é uma *testemunha* entre mim e você
Jo1.8 veio como *testemunha* da luz
At1.22 conosco *testemunha* de sua ressurreição
2Co1.23 Invoco a Deus como *testemunha*
Fp1.8 Deus é minha *testemunha*
1Pe5.1 *testemunha* dos sofrimentos de Cristo
Ap1.5 Jesus Cristo, que é a *testemunha* fiel

TODO-PODEROSO
Gn17.1 Eu sou o Deus *todo-poderoso*
Nm24.16 a visão que vem do *Todo-poderoso*
Rt1.21 O *Todo-poderoso* me trouxe desgraça!
Ap16.14 do grande dia do Deus *todo-poderoso*
Ap19.15 ...do furor da ira do Deus *todo-poderoso*

TRAIDOR
2Rs17.4 descobriu que Oseias era um *traidor*
Is21.2 O *traidor* fora traído, o saqueador,
Is33.1 Ai de você, *traidor*, que não foi traído!
Mt26.48 O *traidor* havia combinado um sinal
Lc6.16 e Judas Iscariotes, que veio a ser o *traidor*
Jo18.2 Judas, o *traidor*, conhecia aquele lugar

TRAIÇÃO
Sl38.12 passam o dia planejando *traição*
Mt26.4 planejaram prender Jesus à *traição*

TRANSFIGURADO
Mt17.2 ele foi *transfigurado* diante deles

TRANSGRESSOR
Rm2.27 é *transgressor* da Lei
Gl2.18 provo que sou *transgressor*
Tg2.11 torna-se *transgressor* da Lei

TRIBULAÇÃO
Mt13.21 surge alguma *tribulação* ou perseguição
Mt24.21 haverá então grande *tribulação*
Mc13.19 aqueles serão dias de *tribulação*
Rm2.9 Haverá *tribulação* e angústia
Rm12.12 sejam pacientes na *tribulação*
2Co8.2 No meio da mais severa *tribulação*
1Ts3.7 em toda a nossa necessidade e *tribulação*
Ap7.14 são os que vieram da grande *tribulação*

TRIBUNAL
Dn7.10 O *tribunal* iniciou o julgamento
Mt5.22 será levado ao *tribunal*
At18.16 mandou expulsá-los do *tribunal*
Rm14.10 compareceremos diante do *tribunal* de Deus
1Co6.6 um irmão vai ao *tribunal* contra outro irmão
2Co5.10 comparecer perante o *tribunal* de Cristo

TROPEÇAR
Sl38.16 triunfem sobre mim quando eu *tropeçar*
Mt18.8 mão ou o seu pé o fizerem *tropeçar*
Lc17.1 coisas que levem o povo a *tropeçar*
1Co8.13 para não fazer meu irmão *tropeçar*

UNGIR
Êx30.26 Use-o para *ungir* a Tenda
Jz9.8 saíram para *ungir* um rei para si
1Sm16.3 *ungir* para mim aquele que eu indicar
Dn9.24 ...a profecia, e *ungir* o santíssimo
Mc16.1 ...aromáticas para *ungir* o corpo de Jesus
Ap3.18 colírio para *ungir* os seus olhos

UNIGÊNITO
Jo1.14 glória como do *Unigênito* vindo do Pai
Jo3.16 que deu o seu Filho *Unigênito*
Jo3.18 por não crer no nome do Filho *Unigênito*
1Jo4.9 enviou o seu Filho *Unigênito* ao mundo

UNÇÃO
Êx25.6 especiarias para o óleo da *unção*
Êx29.7 Unja-o com o óleo da *unção*
1Jo2.20 têm uma *unção* que procede do Santo

VIDA
Jo6.48 Eu sou o pão da *vida*
Jo10.10 eu vim para que tenham *vida*
At3.15 mataram o autor da *vida*, mas Deus o...
2Co4.10 para que a *vida* de Jesus também...
Gl6.8 do Espírito colherá a *vida* eterna

VIRGEM

Cl3.11 Nessa nova *vida* já não há diferença
Ap22.17 beba de graça da água da *vida*

VIRGEM
Gn24.16 A jovem era muito bonita e *virgem*
Mt1.23 A *virgem* ficará grávida e dará à luz um filho
Lc1.27 a uma *virgem* prometida em casamento
1Co7.37 e decidiu não se casar com a *virgem*
2Co11.2 apresentá-los a ele como uma *virgem* pura

VIRTUDE
2Tm1.9 não em *virtude* das nossas obras
2Pe1.3 ...para a sua própria glória e *virtude*.
2Pe1.5 para acrescentar à sua fé a *virtude*

VITÓRIA
Pv21.31 mas o Senhor é que dá a *vitória*.
Pv24.6 com muitos conselheiros se obtém a *vitória*
Mt12.20 até que leve à *vitória* a justiça
1Co15.54 A morte foi destruída pela *vitória*
1Co15.55 Onde está, ó morte, a sua *vitória*?
1Jo5.4 e esta é a *vitória* que vence o mundo

ZELOSO
Êx20.5 sou Deus *zeloso*, que castigo os filhos
Êx34.14 o Senhor, cujo nome é *Zeloso*
At22.3 sendo tão *zeloso* por Deus quanto...
Gl1.14 era extremamente *zeloso* das tradições
Gl4.18 É bom sempre ser *zeloso* pelo bem

ANOTAÇÕES

ANOTAÇÕES

Luxo Preta   ISBN 978-85-383-0369-5
Luxo Marrom   978-80-000-0395-5
Luxo Rosa   978-80-000-0396-2

Esta obra foi composta em *Minion Pro*,
Proxima Nova e *Sansation* e impressa na
Coreia do Sul por SW Press sobre papel
Bíblia 30 g/m² para Editora Vida.